Inhaltsverzeichnis	Table des matières

HARRAP'S

de Poche

DICTIONNAIRE

Français – Allemand
Allemand – Français

Edinburgh • Paris • Stuttgart

Le dictionnaire HARRAP'S de Poche est identique au

PONS
Standardwörterbuch Französisch paru aux éditions
Ernst Klett Sprachen GmbH, Stuttgart R.F.A, ISBN 3-12-517277-2

Harrap's Dictionnaire de Poche
Français - Allemand / Allemand - Français

Collaborateurs : Nathalie Karanfilovic, Katja Meister,
Bernadette Poltorak-Pfenning, Anja Tauchmann

Marques déposées
Les mots qui selon nous sont considérés comme des marques déposées sont
balisés comme tels. Il est à noter, néanmoins, que ni la présence ni l'absence
d'un tel balisage n'a d'incidence sur le statut juridique des marques déposées.

1ère édition 2005

en coopération avec Harrap Publishing Group Ltd, Edinburgh
© Ernst Klett Sprachen GmbH, Stuttgart 2005
Tous droits réservés

Direction rédactionnelle : Gabrielle Villard
Gestion informatique : Dr. Wolfgang Schindler, Gabrielle Villard
Composition : Dörr und Schiller GmbH, Stuttgart
Imprimé en Italie par LEGOPRINT, Lavis

ISBN 0-245-50667-5
dépôt légal pour cette édition : juin 2005

Verwendete Lautschriftzeichen

Signes utilisés pour la transcription phonétique

Die französische Phonetik

Die deutsche Phonetik

[:]	longueur vocalique	[:]	Längezeichen
[ø]	Europe	[']	Betonungszeichen
[a]	bac	[ʔ]	Knacklaut
[ɑ]	classe	[ø]	Amöbe
[ɛ]	caisse	[a]	Mechanik
[ã]	chanson	[ɑ]	Hardware
[b]	beau	[ai̯]	Seife
[d]	du	[au̯]	Frau
[e]	état	[ɛ]	Tabelle
[ə]	menace	[ã]	Branche
[ɛ̃]	afin	[æ]	Jazz
[f]	feu	[b]	Getriebe
[g]	gant	[ç]	Teich
[']	héros (h aspiré)	[dʒ]	Dschungel
[i]	diplôme	[e]	Gremium
[j]	yacht	[ə]	Tempel
[ʒ]	jour	[ɛ̃]	Bulletin
[k]	cœur	[f]	Hafen
[l]	loup	[g]	Hagebutte
[m]	marché	[h]	Hagel
[n]	nature	[i]	Hindi
[ɲ]	digne	[ɪ]	Brille
[ŋ]	camping	[i̯]	Emission
[o]	auto	[j]	Injektion
[ɔ]	obtenir	[ʒ]	Etage
[œ]	cœur	[k]	Insekt
[õ]	bonbon	[l]	Luft
[œ̃]	aucun	[m]	Macht
[p]	page	[n]	Abnahme
[ʀ]	règle	[ŋ]	Gedanke
[s]	sel	[o]	Abo

[ʃ]	**ch**ef	[ɔ]	Rolle
[t]	**t**imbre	[ǫ]	Pointe
[u]	c**ou**p	[õ]	Bronze
[v]	**v**apeur	[œ]	Töpfer
[w]	k**i**wi	[ɔy]	Freude
[y]	nat**u**re	[p]	Abstinenz
[ɥ]	h**u**ile	[pf]	Gipfel
[z]	**z**èbre	[r]	**R**eise
		[ɐ]	Hafer
		[ɐ̯]	Herd
		[s]	Respekt
		[ʃ]	Flasche
		[θ]	**Th**riller
		[ts]	**Z**iel
		[tʃ]	**K**itsch
		[ʊ]	Runde
		[ʌ]	Publicity
		[x]	Sprache
		[ɣ]	St**ü**ck

Zeichen und Abkürzungen Symboles et abréviations

►	phraseologischer Block	bloc phraséologique	►
|	zusammengesetztes, trennbares Verb	verbe composé séparable	
=	Kontraktion	contraction	=
*	Partizip ohne ge-	pas de ge- au participe passé	
≈	entspricht etwa	correspond	≈
·	Sprecherwechsel	changement d'interlocuteur	·
®	Warenzeichen	marque déposée	®
RR	reformierte Schreibung	nouvelle orthographe	
ALT	alte Schreibung	ancienne orthographe	
a.	auch	aussi	*a.*
A	österreichisch	autrichien	
Abk	Abkürzung	abréviation	*abr*
adj	Adjektiv	adjectif	*adj*
ADMIN	Verwaltung	administration	ADMIN
adv	Adverb	adverbe	*adv*
AGR	Landwirtschaft	agriculture	AGR
akk	Akkusativ	accusatif	
ANAT	Anatomie	anatomie	ANAT
app	Apposition	apposition	*app*
ARCHÄOL	Archäologie	archéologie	ARCHEOL
ARCHIT	Architektur	architecture	ARCHIT
art	Artikel	article	*art*
	Kunst	beaux-arts	ART
ASTRO	Astrologie, Astronomie	astrologie, astronomie	ASTRO
attr	attributiv	épithète	
AUT	Auto, Transport und Verkehr	automobile, moyens de transport	AUT
aux	Hilfsverb	auxiliaire	*aux*
AVIAT	Luftfahrt, Raumfahrt	aviation, espace	AVIAT
	belgisch	belge	BELG
bes.	besonders	surtout	
BIO	Biologie	biologie	BIO
BOT	Botanik, Gartenbau	botanique, horticulture	BOT
	kanadisch	canadien	CAN
CH	schweizerisch	suisse	CH
	Jagd	chasse	CHASSE
	Eisenbahn	chemin de fer	CHEMDFER
CHEM	Chemie	chimie	CHIM
CINE	Film, Kino	cinéma	CINE
COM	Handel	commerce	COM
	Komparativ	comparatif	*comp*
	Ergänzung, Objekt	complément	*compl*

conj	Konjunktion	conjonction	*conj*
COUT	Mode	couture	COUT
dat	Dativ	datif	
def	bestimmt	défini	*déf*
	unvollständiges Verb	verbe défectif	*défec*
dekl	dekliniert	décliné	
dem	demonstrativ	démonstratif	*dém*
	Begleiter des Substantivs	déterminant	*dét*
Dim	Verkleinerungsform	diminutif	*dim*
EISENBAHN	Eisenbahn	chemin de fer	
	Ökologie	écologie	ECOL
	Wirtschaft	économie	ECON
ELEC	Elektrizität	électricité	ELEC
	Kindersprache	langage enfantin	*enfantin*
etw	etwas	quelque chose	
f	Femininum	féminin	*f*
fam	umgangssprachlich	familier	*fam*
fig	figurativ, übertragen	figuré	*fig*
FIN	Finanzen, Börse	finances, bourse	FIN
form	förmlicher Sprachgebrauch	langage formel	*form*
	Futur	futur	*fut*
GASTR	Gastronomie	gastronomie	GASTR
geh	gehobener Sprachgebrauch	soutenu	
gen	Genitiv	génitif	
	meist	généralement	*gén*
GEO	Geographie, Geologie	géographie, géologie	GEO
HIST	Geschichte	histoire	HIST
Imp	Imperfekt	imparfait	*imparf*
	unpersönlich	impersonnel	*impers*
IND	Industrie	industrie	IND
indef	unbestimmt	indéfini	*indéf*
indic	Indikativ	indicatif	*indic*
Infin	Infinitiv	infinitif	*infin*
INFORM	Informatik	informatique	INFORM
interj	Interjektion	interjection	*interj*
interrog	fragend	interrogatif	*interrog*
inv	unveränderlich	invariable	*inv*
iron	ironisch, scherzhaft	ironique, humoristique	*iron*
JAGD	Jagd	chasse	
irr	unregelmäßig	irrégulier	*irr*
jd	jemand	qn (nominatif)	
jdm	jemandem	qn (datif)	
jdn	jemanden	qn (accusatif)	
jds	jemandes	qn (génitif)	

	Spiele	jeux	JEUX
JUR	Jura, Recht	juridique	JUR
Kinderspr.	Kindersprache	langage enfantin	
Komp	Komparativ	comparatif	
KUNST	Kunst	beaux-arts	
LING	Linguistik, Grammatik	linguistique, grammaire	LING
LITER	Literatur	littérature	LITTER
	Wendung	locution	*loc*
m	Maskulinum	masculin	*m*
MATH	Mathematik, Geometrie	mathématiques, géométrie	MATH
MED	Medizin, Pharmazie	médecine, pharmacie	MED
MEDIA	(audiovisuelle) Medien	médias, audiovisuel	MEDIA
METAL	Hüttenwesen	métallurgie	METAL
METEO	Meteorologie	météorologie	METEO
	südfranzösisch	du Midi	MIDI
MIL	Militär	militaire	MIL
MIN	Bergbau	industrie minière	MIN
MINER	Mineralogie	minéralogie	MINER
MUS	Musik	musique	MUS
NAUT	Seefahrt	navigation	NAUT
NDEUTSCH	norddeutsch	allemand du Nord	
	Verneinung	négation	*nég*
nom	Nominativ	nominatif	
	nordfranzösisch	du Nord	NORD
NS	nationalsozialistisch	national-socialiste	
nt	Neutrum	neutre	
num	Zahlwort	numéral	*num*
o	oder	ou	*o*
ÖKOL	Ökologie	écologie	
ÖKON	Wirtschaft	économie	
opp	Gegenteil	opposé, antonyme	*opp*
OPT	Optik	optique	OPT
	Angeln	pêche	PECHE
pej	abwertend	péjoratif	*péj*
pers	persönlich	personnel	*pers*
Pers	Person	personne	*pers.*
PHILOS	Philosophie	philosophie	PHILOS
PHOT	Fotografie	photographie	PHOT
PHYS	Physik	physique	PHYS
Pl	Plural	pluriel	*pl*
POL	Politik	politique	POL
poss	possessiv	possessif	*poss*
POST	Post	poste	POST
PP	Partizip Perfekt	participe passé	*part passé*

	Partizip Präsens	participe présent	*part prés*
präd	prädikativ	attribut	
präp	Präposition	préposition	*prép*
Präs	Präsens	présent	*prés*
PRESSE	Presse	presse	PRESSE
pron	Pronomen	pronom	*pron*
prov	sprichwörtlich	proverbe	*prov*
PSYCH	Psychologie	psychologie	PSYCH
	etwas	quelque chose	qc
	jemand	quelqu'un	qn
RADIO	Rundfunk	radio	RADIO
refl	reflexiv	réfléchi	
reg	regelmäßig	régulier	
rel	relativ	relatif	*rel*
REL.	Religion	religion	REL
s.	siehe	voir	
S.	Sache	chose	
SCI	Naturwissenschaften	sciences naturelles	SCI
SCHULE	Schulwesen	école	SCOL
SDEUTSCH	süddeutsch	allemand du Sud	
Sing	Singular	singulier	*sing*
SOZIOL	Soziologie	sociologie	SOCIOL
	gehoben	soutenu	*soutenu*
SPIEL	Spiele	jeux	
SPORT	Sport	sport	SPORT
	Konjunktiv	subjonctif	*subj*
	Substantiv	substantif	*subst*
Superl	Superlativ	superlatif	*superl*
TECH	Technik	technique	TECH
TELEC	Nachrichtentechnik	télécommunications	TELEC
TEXTIL	Textilien	textile	TEXTIL
THEAT	Theater	théâtre	THEAT
TOUR	Tourismus	tourisme	TOUR
TV	Fernsehen	télévision	TV
TYP	Buchdruck	typographie	TYP
UNIV	Universität	université	UNIV
unpers	unpersönlich	impersonnel	
	siehe	voir	*v.*
vi	intransitives Verb	verbe intransitif	*vi*
vr	reflexives Verb	verbe pronominal	*vpr*
vt	transitives Verb	verbe transitif	*vt*
vulg	vulgär	vulgaire	*vulg*
ZOOL	Zoologie	zoologie	ZOOL

A

A, a [ɑ] *m inv* A *nt,* a *nt;* **a commercial** IN-FORM at-Zeichen *nt*

a [a] *indic prés de* **avoir**

à [a] <à + le = au, à la, à + les = aux> *prép*
❶ *(introduit une notion de temps)* **à 8 heu-res** um acht [Uhr]; **à Noël** an Weihnach-ten; **à l'arrivée** bei der Ankunft; **le cinq juin au matin** am fünften Juni morgens; **au printemps** im Frühling; **à mon retour** bei meiner Rückkehr; **à demain!** bis mor-gen!; **de 2 à 8 heures** von 2 bis 8 Uhr ❷ *(introduit une notion de lieu)* **aller à l'école/la poste** in die Schule/auf die Post gehen; **aller à la mer/montagne/à Paris** ans Meer/ins Gebirge/nach Paris fahren; **aller au Japon/aux États-Unis** nach Ja-pan/in die Vereinigten Staaten fliegen; **s'asseoir à son bureau** sich an seinen Schreibtisch setzen; **être à la piscine/pos-te** im Schwimmbad/auf der Post sein; **ha-biter à Paris/aux États-Unis** in Paris/in den Vereinigten Staaten leben; **être assis à son bureau** an seinem Schreibtisch sit-zen; **au coin de la rue** an der Straßenecke; **à la page 36** auf Seite 36; **à cinq minutes d'ici** fünf Minuten von hier [entfernt]; **à la télévision** im Fernsehen; **avoir mal à la tête** Kopfschmerzen haben; **les larmes aux yeux** mit Tränen in den Augen ❸ *(par)* **à l'heure/la journée** in der Stun-de/am Tag; **7 litres aux 100 [kilomètres]** 7 Liter auf 100 [Kilometer]; **acheter au poids/au mètre** nach Gewicht/meterwei-se [ein]kaufen ❹ *(cause)* **à cette nouvelle, ...** bei dieser Nachricht ... ❺ *(indique une appartenance)* **c'est à moi/lui** das gehört mir/ihm; **un ami à eux** ein Freund von ih-nen; **avoir une maison à soi** ein eigenes Haus haben ❻ *(indique le moyen)* **coudre/écrire qc à la machine** etw auf der Ma-schine nähen/schreiben; **cuisiner au beurre** mit Butter kochen; **à la loupe** durch die Lupe ❼ *(indique la manière)* **à 2/3** zu zweit/dritt; **s'ennuyer à mourir** sich zu Tode langweilen; **c'est à mourir de rire** das ist zum Totlachen

abaissement [abɛsmɑ̃] *m (d'un niveau,*
siège) Niedrigerstellen *nt; (de l'âge de la re-traite)* Herabsetzen *nt*

abaisser [abese] <1> I. *vt (niveau)* niedri-ger stellen; *(âge de la retraite)* herabsetzen II. *vpr (s'humilier)* **s'~** sich erniedrigen

abandon [abɑ̃dɔ̃] *m* ❶ Verlassen *nt; (d'un nouveau-né, animal)* Aussetzen *nt;* **laisser qc à l'~** etw verkommen lassen ❷ *a.* SPORT *(des études, d'une piste)* Aufgabe *f; (des re-cherches)* Einstellung *f*

abandonné, e [abɑ̃dɔne] *adj (maison)* ver-lassen; *(enfant)* ausgesetzt; *(animal)* herren-los

abandonner [abɑ̃dɔne] <1> I. *vt* ❶ verlassen; *(nouveau-né, animal)* ausset-zen; *(véhicule)* stehen lassen; **se sentir abandonné** sich allein gelassen fühlen ❷ *(renoncer à)* aufgeben; *(pouvoir, fonction)* verzichten auf (+ *akk*) II. *vi* aufgeben III. *vpr* **s'~ au désespoir** sich der Ver-zweiflung hingeben

abasourdir [abazuʀdiʀ] <8> *vt (stupéfier)* sprachlos machen; **être abasourdi** ver-blüfft sein

abat-jour [abaʒuʀ] *m inv* Lampenschirm *m*

abats [aba] *mpl* Innereien *Pl*

abattage [abataʒ] *m (d'un mur, d'une mai-son)* Abreißen *nt; (d'une cloison)* Einreißen *nt*

abattoir [abatwaʀ] *m* Schlachthof *m*

abattre [abatʀ] <irr> I. *vt (mur, maison)* abreißen; *(cloison)* einreißen; *(arbre)* fällen; *(forêt)* abholzen; *(avion)* abschießen ❷ *(ani-mal de boucherie)* schlachten; *(personne)* erschießen ❸ *(travailler vite et beaucoup)* **~ de la besogne** seine Arbeit flott erledigen II. *vpr* **s'~** ❶ *(tomber brutalement)* umstür-zen; *(pluie)* niederprasseln ❷ *(fondre sur: aigle, personne)* sich stürzen auf (+ *akk*)

abattu, e [abaty] I. *part passé de* **abattre** II. *adj (physiquement)* geschwächt; *(morale-ment)* niedergeschlagen

abbaye [abei] *f* Abtei *f*

abbé [abe] *m* ❶ *(prêtre)* Priester *m* ❷ *(supé-rieur d'une abbaye)* Abt *m*

abbesse [abes] *f* Äbtissin *f*

abcès [apsɛ] *m* Abszess *m*

abdication [abdikasjɔ̃] *f* Abdankung *f*

abdiquer [abdike] <1> *vi* ❶ *(roi)* abdanken ❷ *(renoncer)* aufgeben

abdomen [abdɔmɛn] *m* Bauch *m*

abdominal, e [abdɔminal, o] <-aux> *adj* Bauch-

abdominaux [abdɔmino] *mpl* Bauchmuskeln *Pl*

abeille [abɛj] *f* Biene *f*

aberrant, e [abeʀɑ̃, ɑ̃t] *adj* widersinnig; (*prix, idée*) irrsinnig

aberration [abeʀasjɔ̃] *f* Widersinnigkeit *f*

abîmer [abime] <1> **I.** *vt* beschädigen **II.** *vpr* ❶ (*se détériorer*) **s'~** sich abnutzen ❷ (*détériorer*) **s'~ les yeux** sich (*dat*) die Augen verderben; **s'~ la santé** seine Gesundheit ruinieren

abject, e [abʒɛkt] *adj* niederträchtig

aboiement [abwamɑ̃] *m* Bellen *nt*

abolir [abɔliʀ] <8> *vt* abschaffen; (*frontière*) aufheben

abolition [abɔlisjɔ̃] *f* Abschaffung *f*; (*des frontières*) Aufhebung *f*

abominable [abɔminabl] *adj* (*acte*) abscheulich; (*temps*) scheußlich

abomination [abɔminasjɔ̃] *f* abscheuliche Tat

abondamment [abɔ̃damɑ̃] *adv* reichlich

abondance [abɔ̃dɑ̃s] *f* Fülle *f* ►**en ~** in Hülle und Fülle

abondant, e [abɔ̃dɑ̃, ɑ̃t] *adj* (*nourriture*) reichhaltig; **des pluies ~es** ergiebige Regenfälle *Pl*

abonder [abɔ̃de] <1> *vi* reichlich vorhanden sein

abonné, e [abɔne] **I.** *adj* **être ~ à un journal** eine Zeitung abonniert haben, auf eine Zeitung abonniert werden (CH) **II.** *m, f* (*d'un théâtre, journal*) Abonnent(in) *m(f)*; **~ au téléphone** Fernsprechteilnehmer *m*

abonnement [abɔnmɑ̃] *m* Abonnement *nt*; (*au téléphone*) Anschluss *m*; **~ hebdomadaire/mensuel** Wochen-/Monatskarte *f*

abonner [abɔne] <1> **I.** *vpr* **s'~ à qc** etw abonnieren **II.** *vt* **~ qn à un journal** jdn für ein Zeitungsabonnement werben

abord [abɔʀ] *m* (*alentours*) **les ~s d'une ville** die unmittelbare Umgebung einer Stadt ►**au premier ~** auf den ersten Blick; |**tout**| **d'~** zu|aller|erst; **d'~ tu n'avais qu'à ...** *fam* also, du hättest einfach nur ...; **et d'~, qui ...** *fam* und überhaupt, wer ...

abordable [abɔʀdabl] *adj* (*prix*) erschwinglich

abordage [abɔʀdaʒ] *m* (*assaut*) Entern *nt*

aborder [abɔʀde] <1> **I.** *vt* ❶ (*accoster, évoquer*) ansprechen ❷ (*sujet*) herangehen an (+ *akk*); (*épreuve*) anpacken **II.** *vi* anle-

gen

aborigène [abɔʀiʒɛn] *adj* (*peuple*) eingeboren

aboutir [abutiʀ] <8> *vi* ❶ (*réussir*) Erfolg haben; (*projet*) erfolgreich abgeschlossen werden; **ne pas ~** erfolglos |geblieben| sein ❷ (*se terminer par*) führen zu

aboutissement [abutismɑ̃] *m* Ergebnis *nt*

aboyer [abwaje] <6> *vi* bellen

abracadabrant, e [abʀakadabʀɑ̃, ɑ̃t] *adj* ungewöhnlich

abrasif [abʀazif] *m* Schleifmittel *nt*

abrégé [abʀeʒe] *m* ❶ (*texte réduit*) gekürzte Fassung; **en ~** abgekürzt ❷ (*ouvrage*) Abriss *m*

abréger [abʀeʒe] <2a, 5> *vt* (*souffrances*) verkürzen; (*rencontre, mot*) abkürzen; (*texte*) kürzen

abreuver [abʀœve] <1> **I.** *vt* **~ qn de compliments** jdn mit Komplimenten überhäufen **II.** *vpr* (*boire*) **s'~** trinken

abreuvoir [abʀœvwaʀ] *m* Tränkrinne *f*

abréviation [abʀevjasjɔ̃] *f* Abkürzung *f*

abri [abʀi] *m* ❶ (*protection naturelle*) Schutz *m*; **mettre qc à l'~** etw in Sicherheit bringen ❷ MIL Unterstand *m* ❸ (*lieu aménagé*) Hütte *f*; (*en montagne*) Schutzhütte ►**être à l'~** (*personne*) in Sicherheit sein; (*vélo, voiture*) untergestellt sein; **être à l'~ du besoin** keine finanziellen Sorgen |mehr| haben; **être à l'~ des gelées** vor Frost geschützt sein

abribus® [abʀibys] *m* Wartehäuschen *nt*

abricot [abʀiko] **I.** *m* Aprikose *f*, Marille *f* (A) **II.** *adj inv* aprikosenfarben

abricotier [abʀikɔtje] *m* Aprikosenbaum *m*

abriter [abʀite] <1> **I.** *vt* ❶ (*protéger*) schützen vor (+ *dat*) ❷ (*héberger*) beherbergen **II.** *vpr* ❶ **s'~** (*se protéger du danger*) in Deckung gehen; (*population*) Schutz suchen; (*se protéger des intempéries*) sich unterstellen ❷ *fig* **s'~ derrière qn/qc** sich hinter jdm/etw verstecken

abroger [abʀɔʒe] <2a> *vt* aufheben

abrupt, e [abʀypt] *adj* (*pente*) steil

abruti, e [abʀyti] **I.** *adj* (*idiot*) blöd **II.** *m, f fam* Idiot(in) *m(f)*

abrutir [abʀytiʀ] <8> *vt* (*bruit, soleil*) |ganz| benommen machen; **~ qn de travail** jdn mit Arbeit überhäufen

abrutissant, e [abʀytisɑ̃, ɑ̃t] *adj* (*travail*) stumpfsinnig; (*musique*) |ohren|betäubend

abrutissement [abʀytismã] *m* Benommenheit *f*

ABS [abeɛs] *m abr de* **Anti Blockier System** ABS *nt*

absence [apsãs] *f* ❶ Abwesenheit *f*; **en l'~ de qn** in jds Abwesenheit ❷ (*manque*) **l'~ de qc** das Fehlen einer S. (*gen*); **~ d'humour** Humorlosigkeit *f*

absent, e [apsã, ãt] **I.** *adj* ❶ abwesend; (*élève*) fehlend; **être ~ à une réunion** bei einer Besprechung fehlen; **être ~ du bureau** nicht im Büro sein ❷ (*air, regard*) |geistes|abwesend **II.** *m, f* Abwesende(r) *f(m)*

absentéisme [apsãteism] *m* (*d'un élève*) häufiges Fernbleiben vom Unterricht

absenter [apsãte] <1> *vpr* **s'~** weggehen

absinthe [apsɛ̃t] *f* Absinth *m*

absolu [apsɔly] *m* **l'~** das Absolute

absolu, e [apsɔly] *adj* absolut; (*confiance*) uneingeschränkt; (*amour*) bedingungslos

absolument [apsɔlymã] *adv* ❶ (*d'une manière absolue*) unbedingt; **~ pas** überhaupt nicht; **~ rien** absolut nichts ❷ (*remarquable*) ganz; (*vrai*) vollkommen; (*faux*) völlig ▶**~!** genau!; **mais ~!** aber sicher!

absorbant, e [apsɔʀbã, ãt] *adj* (*tissu*) saugfähig

absorber [apsɔʀbe] <1> *vt* ❶ (*consommer*) zu sich nehmen; (*médicament*) einnehmen ❷ (*s'imbiber*) aufsaugen; (*odeur*) absorbieren ❸ ECON (*concurrent*) übernehmen ❹ (*accaparer*) in Anspruch nehmen; **être absorbé par une lecture** in eine Lektüre völlig vertieft sein

absorption [apsɔʀpsjɔ̃] *f* (*d'un médicament*) Einnahme *f*

absoudre [apsudʀ] <irr> *vt* REL **~ qn** jdm |die| Absolution erteilen

abstenir [apstəniʀ] <9> *vpr* ❶ (*se refuser*) **s'~ de qc** auf etw (*akk*) verzichten ❷ (*ne pas voter*) **s'~** sich der Stimme (*gen*) enthalten

abstention [apstãsjɔ̃] *f* |Stimm|enthaltung *f*

abstentionniste [apstãsjɔnist] *mf* Nichtwähler(in) *m(f)*

abstinence [apstinãs] *f* ❶ (*chasteté*) Enthaltsamkeit *f* ❷ (*sobriété*) Abstinenz *f*

abstraction [apstʀaksjɔ̃] *f* **faire ~ de qc** etw außer Acht lassen

abstraire [apstʀɛʀ] <irr> *vt* ❶ (*schématiser*) abstrahieren ❷ (*isoler par la pensée*) absehen von (+ *dat*)

abstrait [apstʀɛ] *m* (*abstraction*) Abstrakte *nt*

abstrait, e [apstʀɛ, ɛt] *adj* abstrakt

absurde [apsyʀd] *adj* absurd

absurdité [apsyʀdite] *f* ❶ (*caractère absurde*) Absurdität *f* ❷ (*bêtise*) Unsinn *m* kein Pl

abus [aby] *m* ❶ (*consommation excessive*) **~ d'alcool/de tabac** übermäßiger Alkohol-/Tabakgenuss ❷ (*usage abusif*) Missbrauch *m*; **~ sexuel sur qn** sexueller Missbrauch von jdm; **~ de biens sociaux** Unterschlagung *f*; **~ de pouvoir** Amtsmissbrauch

abuser [abyze] <1> **I.** *vi* ❶ übertreiben; **~ de l'alcool/du tabac** zu viel trinken/rauchen ❷ (*faire un usage excessif*) **~ de son pouvoir** seine Macht missbrauchen ❸ (*exploiter*) **~ de la confiance de qn** jds Vertrauen ausnutzen ❹ (*violer*) **~ de qn** jdn missbrauchen (*geh*) **II.** *vpr* **si je ne m'abuse** wenn ich |mich| nicht irre

abusif, -ive [abyzif, -iv] *adj* übermäßig; (*licenciement*) ungerechtfertigt

acacia [akasja] *m* Akazie *f*

académicien, ne [akademisjɛ̃, jɛn] *m, f* Mitglied *nt* der Académie française

académie [akademi] *f* ❶ (*société savante*) Akademie *f* ❷ SCOL, UNIV Schule *f*; (*circonscription*) ~ Schulaufsichtsbezirk *m* ❸ (*service administratif d'une académie*) ≈ Oberschulamt *nt*

Académie [akademi] *f* Akademie *f*; **l'~ française** die Académie française

> Die **Académie française** in Paris ist mit der Pflege der französischen Sprache betraut. Die vierzig Mitglieder sind auf Lebenszeit gewählt, ebenso wie der *Secrétaire perpétuel*, der die Académie leitet. Die Sprachpflege besteht vor allem in der Erarbeitung eines Wörterbuchs, das für die französische Sprache maßgeblich sein soll. Darüber hinaus vergibt die **Académie française** begehrte Literaturpreise.

académique [akademik] *adj* ❶ (*d'une société savante*) Akademie- ❷ (*de l'Académie française*) der Académie française

acajou [akaʒu] *m* (*bois*) Mahagoni|holz *nt*| *nt*

acariens [akaʀjɛ̃] *mpl* Milben *Pl*

A

accablant, e [akablã, ãt] *adj* ❶ (*chaleur*) drückend; (*nouvelle*) deprimierend; (*travail*) erschöpfend ❷ (*témoignage, preuve*) belastend

accabler [akable] <1> *vt* ❶ (*abattre*) ~ **qn** (*nouvelle*) jdn deprimieren; (*dettes*) auf jdm lasten; **être accablé de travail** mit Arbeit überhäuft sein ❷ (*imposer*) ~ **qn de reproches** jdn mit Vorwürfen überschütten; ~ **le peuple d'impôts** dem Volk [viel zu] hohe Steuern aufbürden ❸ (*confondre*) ~ **qn** (*témoignage*) jdn belasten

accalmie [akalmi] *f* ❶ METEO [vorübergehendes] Nachlassen ❷ (*trêve*) etwas ruhigere Phase

accaparer [akapaʀe] <1> *vt* ❶ (*conversation*) an sich (*akk*) reißen; (*attention*) auf sich (*akk*) ziehen ❷ (*occuper complètement*) völlig in Anspruch nehmen

accéder [aksede] <5> *vi* ❶ (*parvenir à*) gelangen zu ❷ (*atteindre*) ~ **à un poste** eine Stelle erlangen; ~ **en finale** ins Finale kommen

accélérateur [akseleʀatœʀ] *m* AUT Gaspedal *nt;* **donner un coup d'~** aufs Gaspedal treten

accélération [akseleʀasjõ] *f* Beschleunigung *f*

accéléré [akseleʀe] *m* Zeitraffer *m*

accélérer [akseleʀe] <5> I. *vt, vi* beschleunigen II. *vpr* **s'~** (*pouls*) sich beschleunigen; (*travaux*) schneller gehen

accent [aksã] *m* ❶ **e ~ aigu/grave/circonflexe** e Akut *m*/Gravis *m*/Zirkumflex *m* ❷ (*manière de prononcer*) Akzent *m* ❸ (*accentuation*) Akzent *m,* Betonung *f;* **mettre l'~ sur qc** etw [besonders] hervorheben

accentuation [aksãtɥasjõ] *f* ❶ (*des symptômes*) Verschlimmerung *f* ❷ LING Setzen *nt* der Akzente

accentué, e [aksãtɥe] *adj* LING betont

accentuer [aksãtɥe] <1> I. *vt a.* LING betonen; (*efforts*) verstärken II. *vpr* **s'~** sich verstärken; (*froid*) sich verschärfen

acceptable [aksɛptabl] *adj* akzeptabel

acceptation [aksɛptasjõ] *f* Zustimmung *f*

accepter [aksɛpte] <1> I. *vt* (*cadeau, échec, destin*) annehmen; (*excuses*) akzeptieren; (*responsabilité*) übernehmen; ~ **une thèse/théorie** einer These/Theorie zustimmen II. *vi* ❶ (*être d'accord*) akzeptie-

ren; ~ **de faire qc** damit einverstanden sein etw zu tun ❷ (*tolérer*) dulden ❸ (*permettre*) zulassen

accès [aksɛ] *m* ❶ Eingang *m;* (*pour piétons*) Zugang *m;* (*pour véhicules*) Zufahrt *f;* ~ **interdit** kein Zutritt ❷ (*action d'accéder à une position*) ~ **à un poste** Zugang *m* zu einer Stelle ❸ (*crise*) Anfall *m;* ~ **d'humeur** Launenhaftigkeit *f* ❹ INFORM Zugang *m*

accessible [aksesibl] *adj* ❶ (*lieu*) zugänglich; **être ~ à qn** für jdn erreichbar sein ❷ (*compréhensible*) verständlich ❸ (*prix*) erschwinglich

accession [aksesjõ] *f* ~ **à qc** Erlangen *nt* einer S. (*gen*); ~ **à la propriété** Erwerb *m* von [Wohnungs]eigentum

accessoire [akseswaʀ] I. *adj* nebensächlich II. *m* ❶ (*pièce complémentaire*) Zubehörteil *nt;* **les ~s** das Zubehör ❷ COUT Accessoire *nt* ❸ THEAT, CINE Requisit *nt*

accessoirement [akseswaʀmã] *adv* nebenbei

accessoiriste [akseswaʀist] *mf* Requisiteur(in) *m(f)*

accident [aksidã] *m* Unfall *m;* ~ **de parcours** Missgeschick *nt;* **avoir un ~** verunglücken

accidenté, e [aksidãte] I. *adj* ❶ (*terrain*) uneben ❷ (*personne*) verunglückt; (*voiture*) Unfall- II. *m, f* Verunglückte(r) *f(m)*

accidentel, le [aksidãtɛl] *adj* (*dû au hasard*) zufällig; (*dû à un accident*) Unfall-

accidentellement [aksidãtɛlmã] *adv* ❶ zufällig ❷ (*dans un accident*) **mourir ~** tödlich verunglücken

acclamation [aklamasjõ] *f* Jubel *m* kein Pl; **les ~s du public** die Beifall[s]rufe des Publikums

acclamer [aklame] <1> *vt* ~ **qn** jdm zujubeln

acclimatation [aklimatasjõ] *f* Akklimatisierung *f*

acclimater [aklimate] <1> *vpr* **s'~** sich gewöhnen an (+ *akk*)

accolade [akɔlad] *f* ❶ (*embrassade*) feierliche Umarmung *f* ❷ TYP geschweifte Klammer

accoler [akɔle] <1> *vt* anhängen an (+ *akk*)

accommodant, e [akɔmɔdã, ãt] *adj* (*patron, directeur*) entgegenkommend

accommodation [akɔmɔdasjõ] *f* ❶ (*adaptation*) ~ **à une nouvelle vie** Anpassung *f* an ein neues Leben ❷ GASTR [Art *f* der] Zubereitung *f*

accommoder [akɔmɔde] <1> I. *vt* GASTR zubereiten; (*restes*) verwerten II. *vpr* (*se contenter de*) **s'~ de qc** mit etw zufrieden sein

accompagnateur, -trice [akɔ̃paɲatœʀ, -tʀis] *m, f* Begleiter(in) *m(f)*

accompagnement [akɔ̃paɲmɑ̃] *m* MUS Begleitung *f*

accompagner [akɔ̃paɲe] <1> *vt* begleiten

accompli, e [akɔ̃pli] *adj* perfekt

accomplir [akɔ̃pliʀ] <8> I. *vt* (*travail*) erledigen; (*tâche*) erfüllen; (*devoir*) tun II. *vpr* **s'~** (*prophétie*) sich erfüllen

accomplissement [akɔ̃plismɑ̃] *m* (*d'un travail, d'une tâche*) Erledigung *f*

accord [akɔʀ] *m* ❶ Einverständnis *nt*; **d'un commun ~** einmütig; **donner son ~ à qn** jdm seine Zustimmung geben; **d'~!** einverstanden! ❷ (*convention*) Vereinbarung *f* ❸ (*entente*) [gutes] Einvernehmen; **faire qc en ~ avec qn** etw in Übereinstimmung mit jdm tun; **se mettre** [*o* **tomber**] **d'~ avec qn/sur qc** sich mit jdm/auf etw (*akk*) einigen ❹ MUS Akkord *m* ❺ LING **faute d'~** Kongruenzfehler *m*

accordéon [akɔʀdeɔ̃] *m* Akkordeon *nt*

accordéoniste [akɔʀdeɔnist] *mf* Akkordeonspieler(in) *m(f)*

accorder [akɔʀde] <1> I. *vt* ❶ (*crédit, délai*) gewähren; (*permission*) erteilen; (*faveur*) erweisen; (*circonstances atténuantes*) zubilligen; (*confiance*) schenken ❷ (*attribuer*) **~ de l'importance à qc** einer S. (*dat*) Gewicht beilegen ❸ MUS stimmen ❹ (*verbe, adjectif*) angleichen an (+ *akk*) II. *vpr* ❶ (*s'entendre*) **s'~ avec qn sur une solution** sich mit jdm über eine Lösung einigen ❷ (*s'octroyer*) **s'~ une pause** sich (*dat*) eine Pause gönnen

accoster [akɔste] <1> I. *vi* anlegen II. *vt* ❶ (*aborder*) ansprechen ❷ NAUT (*quai*) anlegen an (+ *dat*)

accouchement [akuʃmɑ̃] *m* Geburt *f*

accoucher [akuʃe] <1> I. *vi* MED entbinden; **~ d'une fille** ein Mädchen zur Welt bringen ►**allez, accouche!** *fig* los, raus damit! II. *vt* **~ qn** jdn entbinden

accoucheur, -euse [akuʃœʀ, -øz] *m, f* Hebamme *f*

accouder [akude] <1> *vpr* **s'~ à qc** sich

mit den Ellbogen auf etw (*akk*) stützen

accoudoir [akudwaʀ] *m* Armlehne *f*

accouplement [akupləmɑ̃] *m* ZOOL Paarung *f*

accoupler [akuple] <1> I. *vpr* ZOOL **s'~** sich paaren II. *vt* ZOOL paaren mit

accourir [akuʀiʀ] <irr> *vi* + *avoir o être* (*personne*) herbeieilen; (*animal*) angelaufen kommen

accoutrement [akutʀəmɑ̃] *m* Aufmachung *f*

accoutrer [akutʀe] <1> *vpr* **s'~** sich ausstaffieren

accoutumance [akutymɑ̃s] *f* Gewöhnung *f*

accoutumé, e [akutyme] *adj* gewohnt

accoutumer [akutyme] <1> *vt* **~ son enfant à qc** (*habituer*) sein Kind an etw (*akk*) gewöhnen

accro [akʀo] *abr de* **accroché** I. *adj fam* ❶ (*dépendant d'une drogue*) süchtig ❷ (*passionné*) **~ de jazz** [ganz] verrückt auf Jazz (*akk*) II. *mf fam* ❶ (*drogué*) Junkie *m* ❷ (*passionné*) Fan *m*

accroc [akʀo] *m* (*déchirure*) Riss *m*; **faire un ~ à sa chemise** sich (*dat*) ein Loch ins Hemd reißen

accrochage [akʀɔʃaʒ] *m* ❶ (*collision*) [leichter] Zusammenstoß ❷ (*altercation*) Auseinandersetzung *f*

accroche [akʀɔʃ] *f* MEDIA Blickfang *m*

accrocher [akʀɔʃe] <1> I. *vt* ❶ (*suspendre*) aufhängen; **~ qc à qc** etw an etw (*akk*) hängen ❷ (*déchirer*) hängen bleiben mit ❸ (*entrer en collision*) streifen II. *vpr* ❶ (*se tenir à qc*) **s'~ à qc** sich an etw (*dat*) festklammern ❷ (*se faire un accroc*) **s'~ à qc** an etw (*dat*) hängen bleiben ❸ (*persévérer*) **s'~** durchhalten ❹ (*se disputer*) **s'~ avec qn** mit jdm in die Haare kriegen

accrocheur, -euse [akʀɔʃœʀ, -øz] *adj* **titre ~/publicité accrocheuse** Titel, der/Werbung, die Aufmerksamkeit erregt

accroissement [akʀwasmɑ̃] *m* Zunahme *f*; (*du chiffre d'affaires*) Steigerung *f*

accroître [akʀwɑtʀ] <irr> I. *vt* (*patrimoine*) vermehren II. *vpr* **s'~** (*mécontentement*) zunehmen

accroupir [akʀupiʀ] <8> *vpr* **s'~** in die Hocke gehen; **être accroupi** kauern

accru, e [akʀy] *adj* höher

accu [aky] *m souvent pl fam abr de* **accumulateur** Akku *m*

accueil [akœj] *m* ❶ (*fait de recevoir*) Empfang *m*; **faire bon/mauvais ~ à qn** jdn freundlich/unfreundlich empfangen ❷ (*lieu*) Rezeption *f* ❸ INFORM (*badge*) Home *nt*

accueillant, e [akœjɑ̃, ɑ̃t] *adj* (*personne*) freundlich; (*pièce*) gastlich

accueillir [akœjiʀ] <irr> *vt* empfangen; (*nouvelle, hôte*) aufnehmen; (*projet*) begrüßen

accumulateur [akymylatœʀ] *m* Akku *m*

accumulation [akymylasjɔ̃] *f* Anhäufung *f*; (*de preuves*) Sammeln *nt*

accumuler [akymyle] <1> I. *vt* anhäufen; (*preuves*) sammeln; **~ les erreurs** einen Fehler nach dem anderen begehen II. *vpr* **s'~** sich sammeln; (*difficultés*) sich häufen

accusateur, -trice [akyzatœʀ, -tʀis] I. *adj* (*regard*) anklagend II. *m, f* Ankläger(in) *m(f)*

accusatif [akyzatif] *m* LING Akkusativ *m*

accusation [akyzasjɔ̃] *f* Anschuldigung *f*; JUR Anklage *f*

accusé, e [akyze] *m, f* JUR Angeklagte(r) *f(m)*

accuser [akyze] <1> *vt* ❶ JUR anklagen; **~ qn d'un vol** jdn des Diebstahls beschuldigen ❷ (*montrer*) **son visage accuse la fatigue** er/sie sieht müde aus

ace [ɛs] *m* SPORT Ass *nt*

acerbe [asɛʀb] *adj* (*ton, paroles*) scharf

acéré, e [aseʀe] *adj* (*griffes, couteau*) scharf

acétate [asetat] *m* CHIM Acetat *nt*

acétone [asetɔn] *f* CHIM Aceton *nt*

acharné, e [aʃaʀne] *adj* (*travailleur*) verbissen; (*joueur*) leidenschaftlich; (*combat*) erbittert; **être ~** hartnäckig sein

acharnement [aʃaʀnəmɑ̃] *m* Hartnäckigkeit *f*, Verbissenheit *f*

acharner [aʃaʀne] <1> *vpr* **s'~ sur qn** von jdm nicht ablassen; **s'~ sur qc** sich an etw (*dat*) festbeißen; (*détruire*) einen Gegenstand blindwütig zerstören; **s'~ à faire qc** sich darauf versteifen etw zu tun

achat [aʃa] *m* Kauf *m*; (*de biens durables*) Anschaffung *f*; **faire des ~s** einkaufen

acheminer [aʃ(ə)mine] <1> *vt* befördern

acheter [aʃ(ə)te] <4> I. *vt* ❶ **~ qc chez qn** etw bei jdm [ein]kaufen ❷ *péj* (*silence*) sich (*dat*) erkaufen II. *vpr* **s'~ qc** sich (*dat*) etw kaufen

acheteur, -euse [aʃtœʀ, -øz] *m, f* Käufer(in) *m(f)*

achèvement [aʃɛvmɑ̃] *m* (*d'un immeuble*) Fertigstellung *f*; (*des travaux*) Abschluss *m*

achever [aʃ(ə)ve] <4> *vt* ❶ (*œuvre*) vollenden; **~ de faire qc** etw zu Ende tun ❷ (*tuer*) töten ❸ (*épuiser*) den Rest geben (*fam*)

acide [asid] I. *adj* sauer II. *m* CHIM Säure *f*

acidité [asidite] *f* (*d'un fruit*) saurer Geschmack

acidulé, e [asidyle] *adj* (*goût, bonbon*) säuerlich

acier [asje] *m* ❶ (*métal*) Stahl *m* ❷ (*industrie*) l'~ die Stahlindustrie

aciérie [asjeʀi] *f* Stahlwerk *nt*

acné [akne] *f* Akne *f*

acolyte [akɔlit] *m* *péj* Komplize *m*

acompte [akɔ̃t] *m* Anzahlung *f*

Açores [asɔʀ] *fpl* **les ~** die Azoren

à-côté [akote] <à-côtés> *m* ❶ (*détail*) Nebensächlichkeit *f* ❷ (*gain occasionnel*) Zubrot *nt kein Pl* **à-coup** [aku] <à-coups> *m* Ruck *m*; **par ~s** stoßweise

acoustique [akustik] *f sans pl* (*qualité sonore*) Akustik *f*

acquéreur [akeʀœʀ] *m* Käufer *m*

acquérir [akeʀiʀ] <irr> *vt* ❶ erwerben ❷ (*compétence*) sich (*dat*) aneignen; (*expérience*) sammeln

acquiescer [akjese] <2> *vi* zustimmen

acquis [aki] *mpl* (*avantages sociaux*) Errungenschaften *Pl*

acquis, e [aki, iz] I. *part passé de* **acquérir** II. *adj* ❶ (*fortune*) erworben; (*droit*) wohlerworben; (*expériences*) gewonnen; (*avantages*) erkämpft ❷ (*reconnu*) feststehend; **considérer qc comme ~** etw als gesichert betrachten

acquisition [akizisjɔ̃] *f* ❶ (*action*) Erwerb *m*; **faire l'~ de qc** [sich (*dat*)] etw anschaffen ❷ (*objet acquis*) Anschaffung *f*

acquittement [akitmɑ̃] *m* (*d'un accusé*) Freispruch *m*

acquitter [akite] <1> I. *vt* (*personne*) freisprechen II. *vpr* **s'~ d'une dette** eine Schuld begleichen; **s'~ d'une fonction** eine Funktion ausüben

âcre [ɑkʀ] *adj* herb; (*fumée*) beißend

acrobate [akʀɔbat] *mf* Akrobat(in) *m(f)*

acrobatie [akʀɔbasi] *f* (*tour*) Akrobatenstück *nt*; **~ aérienne** Kunstflug *m*

acrobatique [akʀɔbatik] *adj* akrobatisch

acrylique [akʀilik] I. *adj* acrylhaltig II. *m* Acryl *nt*

acte [akt] *m* ❶ (*action*) Tat *f*, Handlung *f*; ~ **d'agression** aggressiver Akt; ~ **de vandalisme** Akt *m* blinder Zerstörungswut; ~ **désespéré** Verzweiflungstat; ~ **sexuel** Geschlechtsakt *m*; **faire** ~ **de présence** sich kurz blicken lassen; **passer à l'**~ zur Tat schreiten ❷ JUR (*document*) Urkunde *f*; **l'Acte Unique Européen** die Einheitliche Europäische Akte; ~ **de vente** Kaufvertrag *m*; ~ **d'origine** CH Heimatschein (CH); **prendre** ~ **de qc** (*écrire*) etw zu Protokoll nehmen; (*prendre connaissance de*) etw zur Kenntnis nehmen ❸ THEAT Akt *m*

acteur, -trice [aktœʀ, -tʀis] *m, f* Schauspieler(in) *m(f)*

actif, -ive [aktif, -iv] **I.** *adj* ❶ aktiv ❷ ECON (*population*) erwerbstätig ❸ LING **la voix active** das Aktiv **II.** *m, f* (*travailleur*) Erwerbstätige(r) *f(m)*

action [aksjɔ̃] *f* ❶ (*acte*) Tat *f* ❷ *sans pl* (*fait d'agir*) Handeln *nt*, Handlung *f*; (*démarche*) Vorgehen *nt*, Aktion *f*; (*du gouvernement*) Maßnahmen *Pl*; ~ **syndicale** Kampf *m* der Gewerkschaft(en); **passer à l'**~ etwas unternehmen ❸ CINE, THEAT Handlung *f*; **manquer d'**~ zu wenig Action haben (*fam*) ❹ FIN Aktie *f*

actionnaire [aksjɔnɛʀ] *mf* Aktionär(in) *m(f)*

actionnement [aksjɔnmɑ̃] *m* (*d'un levier*) Betätigen *nt*; (*d'une machine*) Ingangsetzen *nt*

actionner [aksjɔne] <1> *vt* (*levier*) betätigen

activation [aktivasjɔ̃] *f* Aktivierung *f*

activement [aktivmɑ̃] *adv* aktiv

activer [aktive] <1> **I.** *vt* ❶ (*feu*) anfachen; (*processus*) beschleunigen; (*travaux*) vorantreiben ❷ INFORM aktivieren **II.** *vi* ein bisschen schneller machen; **faire** ~ **qn** jdn antreiben **III.** *vpr* **s'**~ geschäftig hin und her sausen

activiste [aktivist] **I.** *adj* aktivistisch **II.** *mf* Aktivist(in) *m(f)*

activité [aktivite] *f* ❶ *sans pl* (*fait d'être actif*) Aktivität *f*; (*agitation dans un lieu*) geschäftiges Treiben; **entrer en** ~ (*volcan*) ausbrechen ❷ (*professionnelle*) Tätigkeit *f*; (*politique*) Aktivität *f*; ~ **économique** Wirtschaft *f*; ~ **industrielle** produzierendes Gewerbe *nt*; ~ **commerciale** Handelsgewerbe *nt*; (*dans une société*) kaufmännische Tätigkeit; **avoir plusieurs** ~**s** verschiedenen Beschäftigungen nachgehen

actrice [aktʀis] *f v.* **acteur**

actualisation [aktyalizasjɔ̃] *f* Aktualisierung *f*

actualiser [aktyalize] <1> *vt* aktualisieren

actualité [aktyalite] *f* ❶ *sans pl* Aktualität *f*; **d'**~ aktuell ❷ *sans pl* (*événements*) Zeitgeschehen *nt*; **l'**~ **économique** das Neueste aus der Wirtschaft ❸ *pl* TV, RADIO Nachrichten *Pl*

actuel, le [aktyɛl] *adj* aktuell; (*régime*) herrschend; (*directeur*) jetzig; (*monde*) von heute; (*état, circonstances*) gegenwärtig

actuellement [aktyɛlmɑ̃] *adv* zurzeit

acuité [akyite] *f* ❶ (*de la douleur*) Heftigkeit *f*; (*du son*) Intensität *f* ❷ (*sensibilité*) Schärfe *f*

acuponcteur, -trice, acupuncteur, -trice [akypɔ̃ktœʀ, -tʀis] *m, f* Akupunkteur/Akupunkteuse *m/f*

acuponcture, acupuncture [akypɔ̃ktyʀ] *f* Akupunktur *f*

adage [adaʒ] *m* geflügeltes Wort

adaptable [adaptabl] *adj* passend

adaptateur [adaptatœʀ] *m* TECH Adapter *m*

adaptation [adaptasjɔ̃] *f* ❶ *sans pl* Anpassung *f* ❷ CINE, THEAT Bearbeitung *f*

adapter [adapte] <1> **I.** *vt* ❶ (*embout*) anbringen; ~ **qc à qc** etw mit etw verbinden ❷ CINE, THEAT bearbeiten **II.** *vpr* (*s'habituer à*) **s'**~ **à qn/qc** sich jdm/einer S. anpassen

addictif, -ive [adiktif, -iv] *adj* Sucht-; **comportement** ~ Suchtverhalten *nt*

addiction [adiksjɔ̃] *f* Sucht *f*; ~ **à la nicotine** Nikotinsucht

addictologie [adiktoloʒi] *f* MED Suchtmedizin *f*

additif [aditif] *m* (*supplément*) Zusatz *m*

addition [adisjɔ̃] *f* ❶ Addition *f* ❷ (*facture*) Rechnung *f* ❸ (*ajout*) Hinzufügen *nt*

additionner [adisjɔne] <1> **I.** *vt* zusammenzählen **II.** *vpr* **s'**~ (*erreurs*) sich summieren

adepte [adɛpt] *mf* Anhänger(in) *m(f)*

adéquat, e [adekwa, at] *adj* passend; (*tenue*) angemessen

adhérence [adeʀɑ̃s] *f* Haftung *f*

adhérent, e [adeʀɑ̃, ɑ̃t] **I.** *adj* **être** ~ **à qc** auf etw (*dat*) haften **II.** *m, f* Mitglied *nt*

adhérer [adeʀe] <5> *vi* ❶ (*coller*) ~ **à qc** an etw festkleben (*dat*); (*pneu*) auf etw (*dat*) haften ❷ (*approuver*) ~ **à qc** einer S. zustimmen ❸ (*devenir membre de*) ~ **à un parti** einer Partei beitreten

A

adhésif [adezif] *m* ❶ (*pansement*) Heftpflaster *nt* ❷ (*ruban ~*) Klebeband *nt*

adhésif, -ive [adezif, -iv] *adj* haftend; **ruban ~** Klebestreifen *m*

adhésion [adezjɔ̃] *f* ❶ (*approbation*) ~ **à qc** Zustimmung *f* zu etw ❷ (*inscription*) ~ **à l'Union européenne** Beitritt *m* in die Europäische Union ❸ (*fait d'être membre*) Mitgliedschaft *f*

adieu [adjø] <x> I. *m* **les ~x** Abschied *m;* **faire ses ~x à qn** von jdm Abschied nehmen II. *interj* lebe wohl!/leben Sie wohl!; **~, la belle vie** ade, du schönes Leben

adjectif [adʒɛktif] *m* Adjektiv *nt;* ~ **épithète** Attribut *nt*

adjectival, e [adʒɛktival, o] <-aux> *adj* adjektivisch

adjoindre [adʒwɛ̃dʀ] <irr> *vt* (*ajouter*) ~ **qc** etw hinzufügen

adjoint, e [adʒwɛ̃, wɛ̃t] I. *adj* stellvertretend II. *m, f* Assistent(in) *m(f);* (*remplaçant*) Stellvertreter(in) *m(f)*

adjonction [adʒɔ̃ksjɔ̃] *f* TECH **l'~ à qc** (*à l'extérieur*) das Anbringen an etw; (*à l'intérieur*) der Einbau in etw

adjudant [adʒydɑ̃] *m* MIL Hauptfeldwebel *m*

adjudication [adʒydikasjɔ̃] *f* ❶ (*vente aux enchères*) Versteigerung *f* ❷ (*appel d'offres, attribution*) [öffentliche] Ausschreibung

adjuger [adʒyʒe] <2a> *vt* (*décerner*) **être adjugé à qn** (*prix*) an jdn gehen ▶**une fois, deux fois, trois fois, adjugé!** zum Ersten, zum Zweiten, zum Dritten!

adjuvant [adʒyvɑ̃] *m* (*médicament*) unterstützendes Mittel

admettre [admɛtʀ] <irr> *vt* ❶ (*accepter*) dulden; (*personne, animal*) hineinlassen; (*visites*) erlauben ❷ SCOL, UNIV zulassen ❸ (*reconnaître*) zugeben ❹ (*supposer*) annehmen; **admettons que ...** angenommen, dass ...; **en admettant que ...** vorausgesetzt, dass ... ❺ (*plusieurs interprétations*) zulassen

administrateur, -trice [administʀatœʀ, -tʀis] *m, f* ❶ (*gestionnaire*) Verwalter(in) *m(f);* ~ **de site** INFORM Webmaster *m* ❷ (*membre d'un conseil d'administration*) Mitglied *nt* des Verwaltungsrats

administratif, -ive [administʀatif, -iv] *adj* (*démarche*) administrativ; **services ~s** Verwaltung *f*

administration [administʀasjɔ̃] *f* ❶ *sans pl* Verwaltung *f;* (*d'une entreprise*) Leitung *f* ❷ (*secteur du service public*) [Verwaltungs]behörde *f*

Administration [administʀasjɔ̃] *f* **l'~** die Verwaltung

administré, e [administʀe] *m* **chers ~s!** liebe Mitbürger!

administrer [administʀe] <1> *vt* ❶ (*gérer*) verwalten; (*pays*) regieren ❷ (*médicament*) verabreichen

admirable [admiʀabl] *adj* bewundernswert

admirablement [admiʀabləmɑ̃] *adv* sehr gut

admirateur, -trice [admiʀatœʀ, -tʀis] *m, f* Bewunderer/Bewund[r]erin *m/f;* (*d'une vedette*) Verehrer(in) *m(f)*

admiratif, -ive [admiʀatif, -iv] *adj* (*regard*) bewundernd

admiration [admiʀasjɔ̃] *f* *sans pl* Bewunderung *f;* **avec ~** voller Bewunderung; **rester/tomber en ~ devant qn/qc** jdn sehr bewundern/etw voller Bewunderung betrachten

admirer [admiʀe] <1> *vt* bewundern

admissible [admisibl] *adj* akzeptabel; (*candidat*) zugelassen

admission [admisjɔ̃] *f* ❶ *sans pl* (*accès*) ~ **dans un club/à l'Union européenne** Aufnahme *f* in einem Klub/der Europäischen Union; ~ **dans une discothèque** Zutritt *m* zu einer Diskothek ❷ SCOL, UNIV Zulassung *f*

ADN [adeɛn] *m* *abr de* **acide désoxyribonucléique** DNS *f*

ado [ado] *mf* *fam abr de* **adolescent**

adolescence [adɔlesɑ̃s] *f* Jugend *f*

adolescent, e [adɔlesɑ̃, ɑ̃t] I. *adj* jugendlich; **être ~** jung sein II. *m, f* Jugendliche(r) *f(m)*

adonner [adɔne] <1> *vpr* **s'~ à la boisson/au jeu** dem Alkohol/dem Spiel verfallen

adopter [adɔpte] <1> *vt* ❶ (*enfant*) adoptieren ❷ (*point de vue*) einnehmen; (*motion*) annehmen; (*loi*) verabschieden; (*procédé*) einführen

adoptif, -ive [adɔptif, -iv] *adj* Adoptiv-

adoption [adɔpsjɔ̃] *f* ❶ JUR (*d'un enfant*) Adoption *f* ❷ (*approbation*) Annahme *f;* (*d'un procédé*) Einführung *f*

adorable [adɔʀabl] *adj* (*joli*) süß; (*gentil*) sehr lieb

A

adorateur, -trice [adɔratœʀ, -tʀis] *m, f* (*d'une divinité, d'une femme*) Verehrer(in) *m(f)*; (*d'un objet*) Liebhaber(in) *m(f)*

adoration [adɔʀasjɔ̃] *f sans pl* Verehrung *f*; **être en ~ devant qn** jdn anbeten

adorer [adɔʀe] *vt* ❶ (*aimer*) sehr mögen; (*plat*) schrecklich gern essen (*fam*); (*musique, chanteur*) schwärmen für; **~ faire qc** etw sehr gern tun ❷ REL anbeten

adosser [adose] <1> *vpr* **s'~ à qc** sich [mit dem Rücken] an etw (*akk*) lehnen

adoucir [adusiʀ] <8> **I.** *vt* (*linge, peau*) weich machen; (*voix*) dämpfen; (*peine*) lindern; (*personne*) besänftigen **II.** *vpr* **s'~** (*personne, température*) milder werden; (*voix*) sanfter werden

adoucissant [adusisɑ̃] *m* Weichspüler *m*

adrénaline [adʀenalin] *f* Adrenalin *nt*

adresse¹ [adʀɛs] *f a.* INFORM Adresse *f*; **changer d'~** umziehen; **~ électronique** E-Mail-Adresse

adresse² [adʀɛs] *f sans pl* Geschicklichkeit *f*

adresser [adʀese] <1> **I.** *vt* ❶ (*envoyer*) schicken ❷ (*parler*) **~ la parole à qn** jdn ansprechen **II.** *vpr* **s'~ à qn** (*personne*) sich an jdn wenden; (*remarque*) jdm gelten; (*publicité*) sich an jdn richten; (*littérature*) für jdn bestimmt sein

Adriatique [adʀijatik] *f* l'**~** die Adria

adroit, e [adʀwa, wat] *adj* geschickt

adroitement [adʀwatmɑ̃] *adv* geschickt

adulte [adylt] **I.** *adj* (*personne*) erwachsen; (*animal*) ausgewachsen **II.** *mf* Erwachsene(r) *f(m)*; **réservé aux ~s** nur für Erwachsene

adultère [adyltɛʀ] *m* Ehebruch *m*

advenir [advəniʀ] <9> **I.** *vi* geschehen **II.** *vi impers* **quoi qu'il advienne** was auch geschehen mag; **que va-t-il ~ de moi?** was wird aus mir?

adverbe [advɛʀb] *m* Adverb *nt*

adverbial, e [advɛʀbjal, jo] <-aux> *adj* adverbial

adversaire [advɛʀsɛʀ] *mf* Gegner(in) *m(f)*

adverse [advɛʀs] *adj* (*forces, camp*) feindlich; (*équipe*) gegnerisch

adversité [advɛʀsite] *f sans pl, soutenu* (*détresse*) Unglück *nt*

aération [aeʀasjɔ̃] *f sans pl* Lüftung *f*; (*d'une pièce*) Lüften *nt*

aéré, e [aeʀe] *adj* (*pièce*) gelüftet

aérer [aeʀe] <5> **I.** *vt* [aus]lüften **II.** *vpr* **s'~** frische Luft schnappen (*fam*)

aérien, ne [aeʀjɛ̃, jɛn] *adj* Luft-; (*ligne, compagnie*) Flug-

aérobic [aeʀɔbik] *f* Aerobic *nt kein Art*

aérodrome [aeʀɔdʀom] *m* Flugplatz *m*

aérodynamique [aeʀɔdinamik] *adj* (*véhicule*) aerodynamisch

aérodynamisme [aeʀɔdinamism] *m* Aerodynamik *f*

aérogare [aeʀɔgaʀ] *f* Flughafen[gebäude *nt*] *m*; (*terminal*) Terminal *nt o m*

aéroglisseur [aeʀɔglisœʀ] *m* Luftkissenfahrzeug *nt*

aéronautique [aeʀonotik] *f sans pl* Luftfahrt *f*

aéronaval, e [aeʀonaval] <s> *adj* zur Marine und zur Luftfahrt zugehörig

Aéronavale [aeʀonaval] *f:* Luftwaffe *der französischen Marine*

aéroport [aeʀɔpɔʀ] *m* Flughafen *m*

Aéropostale [aeʀɔpɔstal] *f:* ehemalige *französische Luftpostgesellschaft* (*1927 - 1933*)

aérosol [aeʀosɔl] *m* Spray *nt o m*

aérospatial, e [aeʀospasjal, jo] <-aux> *adj* **recherche ~e** [Welt]raumforschung *f*

aérospatiale [aeʀospasjal] *f* Luft- und Raumfahrtindustrie *f*

affable [afabl] *adj* freundlich

affabulation [afabylasjɔ̃] *f* Lügenmärchen *nt*

affaiblir [afebliʀ] <8> **I.** *vt* schwächen **II.** *vpr* **s'~** nachlassen; (*personne*) schwächer werden

affaiblissement [afeblismɑ̃] *m* Schwächung *f*; (*d'une monnaie*) Abschwächung *f*

affaire [afɛʀ] *f* ❶ Angelegenheit *f*; **c'est mon ~** das ist meine Sache; **ce n'est pas ton ~** das geht dich nichts an; **~ de pots-de-vin** Bestechungsaffäre *f*; **embarquer qn dans une sale ~** jdn in eine schmutzige Sache verwickeln ❷ JUR Fall *m*; **classer une ~** eine Sache zu den Akten legen ❸ *sans pl* (*entreprise*) Geschäft *nt*, Betrieb *m* ❹ *pl* (*commerce*) Geschäft *nt*, Geschäfte *Pl*; **être dans les ~s** Geschäftsmann-/frau sein; **parler ~s** über das Geschäft reden; **rendez-vous d'~s** geschäftliche Verabredung ❺ *pl* POL Staatsgeschäfte *Pl*; **~ d'État** *a. iron* Staatsangelegenheit *f*; **les Affaires étrangères** die auswärtigen Angelegenheiten; (*ministère*) das Auswärtige Amt ❻ *pl* (*effets personnels*) Sachen *Pl* ▶**la belle ~!**

was soll's! (*fam*); **c'est une ~ classée!** vergessen wir die Sache!; **avoir ~ à qn/qc** es mit jdm/etw zu tun haben

affaissement [afɛsmã] *m* Senkung *f*

affaisser [afese] <1> *vpr* **s'~** (*baisser de niveau*) sich senken; (*poutre*) durchhängen

affaler [afale] <1> *vpr* **s'~ dans un fauteuil** sich in einen Sessel fallen lassen; **être affalé dans un fauteuil** in einem Sessel zusammengesunken sein

affamé, e [afame] *adj* hungrig; (*population*) hungernd

affectation [afɛktasjõ] *f* ❶ *sans pl* (*mise à disposition*) **l'~ d'une somme à qc** die Verwendung einer Summe für etw ❷ (*nomination*) Einstellungsbescheid *m*

affecté, e [afɛkte] *adj* (*sentiment*) unecht

affecter [afɛkte] <1> *vt* ❶ (*sentiment, attitude*) vortäuschen ❷ (*nommer*) **~ qn à un poste** jdn in eine Position stellen ❸ (*émouvoir*) **~ qn** jdm nahe gehen

affectif, -ive [afɛktif, -iv] *adj* Gefühls-

affection [afɛksjõ] *f* ❶ Zuneigung *f*; **prendre qn en ~** jdn lieb gewinnen ❷ MED Erkrankung *f*

affectionner [afɛksjɔne] <1> *vt* bevorzugen

affectueusement [afɛktɥøzmã] *adv* liebevoll; **je vous embrasse ~** liebe Grüße [und Küsse]

affectueux, -euse [afɛktɥø, -øz] *adj* liebevoll

affichage [afiʃaʒ] *m* ❶ *sans pl* (*action de poser des affiches*) Anschlagen *nt*; **~ électoral** Wahlplakate *Pl*; **~ publicitaire** Plakatwerbung *f* ❷ (*moyen de renseigner*) Bekanntmachung *f* durch Aushang; (*des départs*) Anzeigetafel *f* ❸ INFORM Anzeige *f*; **~ électronique** elektronische Anzeigetafel; **~ à cristaux liquides** LCD-Anzeige

affiche [afiʃ] *f* ❶ (*feuille imprimée*) Plakat *nt*; ADMIN Aushang *m*; **~ électorale** Wahlplakat *nt* ❷ *sans pl* THEAT [Theater]programm *nt*; **être à l'~** auf dem Spielplan stehen

afficher [afiʃe] <1> **I.** *vt* ❶ (*placarder*) aufhängen; (*résultat*) aushängen ❷ INFORM, TECH anzeigen; **être affiché sur l'écran** auf dem Bildschirm zu sehen sein ❸ (*opinions politiques*) bekannt geben **II.** *vi* **défense d'~!** Plakate ankleben verboten! **III.** *vpr* **s'~** (*personne*) sich zur Schau stellen; **s'~ avec qn** sich in aller Öffentlichkeit mit jdm zeigen

affilée [afile] ►**d'~** ununterbrochen, ohne Pause

affiliation [afiljasjõ] *f* ❶ (*adhésion*) **~ à un parti** Eintritt *m* in eine Partei; **~ à une fédération** Beitritt *m* zu einer Föderation ❷ (*fait d'être membre*) **~ à qc** Mitgliedschaft *f* in etw (*dat*)

affilié, e [afilje] **I.** *adj* **être ~ à un parti** einer Partei angehören; **être ~ à la Sécurité sociale** in der gesetzlichen Krankenkasse sein **II.** *m, f* Mitglied *nt*

affiner [afine] <1> *vt* (*style*) verfeinern

affinité [afinite] *f* Gemeinsamkeit *f*

affirmatif [afiʀmatif] *interj fam* ja[wohl]; TELEC positiv

affirmatif, -ive [afiʀmatif, -iv] *adj* (*réponse*) positiv; (*geste, sourire*) zustimmend; (*ton*) bestimmt; **être ~** sich sicher sein

affirmation [afiʀmasjõ] *f* Behauptung *f*

affirmative [afiʀmativ] *f sans pl* **répondre par l'~** bejahen

affirmativement [afiʀmativmã] *adv* mit ja

affirmer [afiʀme] <1> *vt* ❶ (*soutenir*) behaupten; **~ sur l'honneur que ...** bei seiner/ihrer Ehre [be]schwören, dass ... ❷ (*originalité, autorité*) beweisen; (*position*) festigen

affligé, e [afliʒe] *adj* **être ~ de qn/qc** unter jdm/etw (*akk*) leiden

affligeant, e [afliʒã, ʒãt] *adj* (*lamentable*) erbärmlich

affluence [aflyãs] *f sans pl* Andrang *m*; (*de visiteurs*) Strom *m*

affluent [aflyã] *m* Zufluss *m*

affluer [aflye] <1> *vi* (*manifestants*) [zusammen]strömen; (*sang*) strömen; (*argent*) fließen

afflux [afly] *m sans pl* (*arrivée massive: de clients*) Ansturm *m*; (*de visiteurs*) Strom *m*

affolant, e [afɔlã, ãt] *adj* beängstigend

affolé, e [afɔle] *adj* (*personne, foule*) von panischer Angst ergriffen; (*animal*) zu Tode erschrocken; **être ~ in** Panik sein (*fam*)

affolement [afɔlmã] *m sans pl* Panik *f*

affoler [afɔle] <1> **I.** *vt* sehr erschrecken **II.** *vpr* **s'~** in Panik geraten

affranchi, e [afʀãʃi] *adj* (*esclave, serf*) freigelassen

affranchir [afʀãʃiʀ] <8> *vt* ❶ POST frankieren ❷ (*esclave*) freilassen

affranchissement [afʀãʃismã] *m* (*action*) Frankieren *nt*

affréter [afʀete] <5> vt ❶ (donner en location) vermieten ❷ (prendre en location) mieten

affreusement [afʀøzmɑ̃] adv furchtbar

affreux, -euse [afʀø, -øz] adj ❶ (laid) furchtbar hässlich ❷ (horrible) schrecklich; (temps) scheußlich

affront [afʀɔ̃] m soutenu Beleidigung f

affrontement [afʀɔ̃tmɑ̃] m Konfrontation f

affronter [afʀɔ̃te] <1> I. vt ❶ a. SPORT (combattre) ~ **qn** jdm gegenübertreten ❷ (situation difficile) konfrontiert werden mit; (hiver) gerüstet sein für II. vpr **s'~** aufeinander treffen

affût [afy] m ❶ CHASSE (endroit) Hochsitz m ❷ (attente) Warten nt ▶**être à l'~** auf der Lauer liegen

affûter [afyte] <1> vt schärfen

afghan [afgɑ̃] m Afghanisch nt; v.a. **allemand**

afghan, e [afgɑ̃, a:n] adj afghanisch; v.a. **allemand**

Afghan, e [afgɑ̃, a:n] m, f Afghane/Afghanin m/f

Afghanistan [afganistɑ̃] m l'~ Afghanistan nt

afin [afɛ̃] prép ~ **de...** um zu...; ~ **que...** + subj damit...

africain, e [afʀikɛ̃, ɛn] adj afrikanisch

Africain, e [afʀikɛ̃, ɛn] m, f Afrikaner(in) m(f)

Afrikan[d]er [afʀikanɛʀ, afʀikɑ̃dɛʀ] m, f Afrik[a]ander(in) m(f)

afrikans [afʀikɑ̃s] m Afrikaans nt; v.a. **allemand**

Afrique [afʀik] f l'~ Afrika nt; l'~ **du Nord/Sud** Nord-/Südafrika; l'~ **noire** Schwarzafrika

afro-américain, e [afʀoameʀikɛ̃, ɛn] <afro-américains> adj afroamerikanisch

Afro-Américain, e [afʀoameʀikɛ̃, ɛn] <Afro-Américains> m, f Afroamerikaner(in) m(f)

after-shave [aftɛʀʃɛv] m inv Aftershave nt

agaçant, e [agasɑ̃, ɑ̃t] adj äußerst ärgerlich

agacement [agasmɑ̃] m Ärger m

agacer [agase] <2> vt ärgern

âge [ɑʒ] m ❶ (temps de vie) Alter nt; **arriver à l'~ adulte** erwachsen werden; **avoir l'~ de faire qc** alt genug sein etw zu tun; **faire plus vieux que son ~** älter aussehen, als man ist; **elle a passé l'~ de voyager** sie ist zu alt zum [Ver]reisen; **prendre de l'~** älter werden; **à l'~ de 8 ans** im Alter von 8 Jahren; **quel ~ as-tu?** wie alt bist du? ❷ (ère) Zeitalter nt ▶**le troisième ~** die Senioren; ~ **de la retraite** Pensionsalter nt

âgé, e [ɑʒe] adj alt; **être ~ de 10 ans** 10 Jahre alt sein; **un enfant ~ de 10 ans** ein Kind im Alter von 10 Jahren

agence [aʒɑ̃s] f ❶ (bancaire) [Bank]niederlassung f; (commerciale) Geschäftsstelle f; (pour les photos) Agentur f; ~ **de voyages** Reisebüro nt ❷ ADMIN l'**Agence nationale pour l'emploi** Arbeitsamt nt

agencement [aʒɑ̃smɑ̃] m ❶ (d'éléments) Zusammenfügen nt; (de faits) Aneinanderreihung f ❷ LITTER (d'un roman, d'une phrase) Aufbau m

agencer [aʒɑ̃se] <2> vt ❶ (ordonner: éléments) zusammensetzen ❷ (structurer, combiner: phrase) [auf]bauen; (couleurs) [aufeinander] abstimmen ❸ (aménager) **être bien agencé** gut angelegt sein ❹ (équiper: cuisine) einrichten

agenda [aʒɛ̃da] m [Termin]kalender m; ~ **électronique** Organizer m

agenouiller [aʒ(ə)nuje] <1> vpr **s'~** sich hinknien; (pour prier) niederknien; **être agenouillé sur qc** auf etw (dat) knien

agent [aʒɑ̃] m ❶ ~ **[de police]** Polizist(in) m(f); ~ **de la force publique** Polizeibeamte(r)/-beamtin m/f; ~ **du littoral** Spezialist(in) für den [ökologischen] Küstenschutz ❷ ECON Vertreter(in) m(f); (immobilier) Makler(in) m(f) ❸ ART, LITTER Agent(in) m(f); ~ **secret** Geheimagent m

agglomération [aglɔmeʀasjɔ̃] f ❶ (localité) Ortschaft f ❷ (ville et banlieue) Großraum m

agglomérer [aglɔmeʀe] <5> vt ❶ (neige, sable) anhäufen ❷ TECH (bois) pressen

agglutiner [aglytine] <1> vpr (se rassembler) **s'~** sich sammeln

aggravant, e [agʀavɑ̃, ɑ̃t] adj erschwerend

aggravation [agʀavasjɔ̃] f (d'une crise) Zuspitzung f; (d'une situation) Verschlechterung f; (du chômage) Zunahme f

aggraver [agʀave] <1> I. vt verschlimmern; (crise) verschärfen; (difficultés) vergrößern II. vpr **s'~** schlimmer werden; (conflit) sich zuspitzen; (conditions sociales) schlechter werden; (difficultés) größer werden

agile [aʒil] adj geschickt

agilité [aʒilite] *f sans pl* Beweglichkeit *f*

agir [aʒiʀ] <8> I. *vi* ❶ handeln ❷ *(influencer)* ~ **sur qn/qc** jdn/etw beeinflussen ❸ MED wirken II. *vpr impers* **il s'agit de qn/qc** es handelt sich um jdn/etw; **il s'agit de faire qc** es geht darum etw zu tun

agissements [aʒismã] *mpl péj (machinations)* Machenschaften *Pl*

agitateur, -trice [aʒitatœʀ, -tʀis] *m, f* Agitator(in) *m(f)*

agitation [aʒitasjɔ̃] *f* ❶ *(animation)* geschäftiges Treiben ❷ *(excitation)* Aufregung *f* ❸ *(troubles)* Unruhe *f*

agité, e [aʒite] *adj (personne)* unruhig; *(mer)* bewegt

agiter [aʒite] <1> I. *vt (drapeau)* schwenken; *(mouchoir)* winken mit; *(bouteille)* schütteln II. *vpr* **s'~** *(s'énerver)* unruhig werden; **arrête de t'~ comme ça!** hör auf so herumzurennen!

agneau, agnelle [aɲo, aɲɛl] <x> *m, f* Lamm *nt*

agonie [agɔni] *f* Todeskampf *m*

agoniser [agɔnize] <1> *vi* im Sterben liegen

agrafe [agʀaf] *f* ❶ COUT Haken *m* ❷ *(pour papiers)* Heftklammer *f*

agrafer [agʀafe] <1> *vt (feuilles)* zusammenheften

agrafeuse [agʀaføz] *f* ❶ *(pour papiers)* Heftgerät *nt* ❷ *(pour clouer)* Tacker *m*

agraire [agʀɛʀ] *adj (politique)* Agrar-; *(réforme)* Boden-

agrandir [agʀɑ̃diʀ] <8> I. *vt* ❶ *(rendre plus grand)* größer machen ❷ *(rendre plus large)* erweitern ❸ *(entreprise, photo)* vergrößern II. *vpr* **s'~** größer werden; *(entreprise)* sich vergrößern; *(ville)* sich ausdehnen; *(famille)* Zuwachs bekommen

agrandissement [agʀɑ̃dismã] *m* Vergrößerung *f*

agréable [agʀeabl] *adj* angenehm

agréablement [agʀeabləmã] *adv* angenehm

agréé, e [agʀee] *adj (expert)* zugelassen

agréer [agʀee] <1> *vt soutenu (remerciements)* annehmen; **veuillez ~, Madame/ Monsieur, mes salutations distinguées** ≈ mit freundlichen Grüßen

agrégation [agʀegasjɔ̃] *f: eine Staatsprüfung für Gymnasiallehrer in Form eines "Concour-* *s\(, mit deren Bestehen die Lehrerlaubnis an höheren Schulen erworben wird*

agrégé, e [agʀeʒe] I. *adj* **être ~ die „Agrégation" haben** II. *m, f* Gymnasiallehrer(in) *m(f)*/Dozent(in) *m(f)* mit „Agrégation"

agrémenter [agʀemãte] <1> *vt (pièce)* verschönern

agrès [agʀɛ] *mpl* SPORT |Turn|geräte *Pl*

agresser [agʀese] <1> *vt* überfallen; *(verbalement)* angreifen

agresseur, -euse [agʀesœʀ, -øz] *m, f* Angreifer(in) *m(f)*

agressif, -ive [agʀesif, -iv] *adj* aggressiv; *(couleur)* grell

agression [agʀesjɔ̃] *f* Überfall *m*; **être victime d'une ~** überfallen werden

agressivité [agʀesivite] *f* Aggressivität *f*

agricole [agʀikɔl] *adj* landwirtschaftlich

agriculteur, -trice [agʀikyltœʀ, -tʀis] *m, f* Landwirt(in) *m(f)*

agriculture [agʀikyltyʀ] *f* Landwirtschaft *f*

agripper [agʀipe] <1> I. *vt* packen II. *vpr* **s'~ à qn/qc** sich an jdn/etw klammern

agroalimentaire [agʀoalimãtɛʀ] I. *adj* **société ~ Nahrungsmittelfirma *f*; industrie ~ Nahrungsgüterindustrie *f* II. *m* Lebensmittelsektor *m*

agronomie [agʀɔnɔmi] *f* Agrarwissenschaft *f*

agrotourisme [agʀotuʀism] *m* Agrotourismus *m*

agrume [agʀym] *m* Zitrusfrucht *f*

aguets [agɛ] **être aux ~ auf der Lauer liegen**

ah [´a] *interj* ❶ *(de joie, d'admiration)* ~! ah! ❷ *(de sympathie, de déception)* ~! ach! ❸ *interrog a. iron* ~ ~! ach ja? ❹ *(rire)* ~! ~! haha! ► **~ bon** *(résignation)* na ja; *(polémique)* soso; *(étonnement)* ach ja; **~ non** ach nein; **~ non alors!** o nein!; **~ oui** *(confirmation)* doch, doch; *(polémique)* soso; *(évidence)* ach ja!; **~ oui, je vois…** Ach ja, ich verstehe

ahuri, e [ayʀi] I. *adj* verblüfft II. *m, f péj* Blödmann *m*

ahurissant, e [ayʀisã, ãt] *adj* verblüffend

ai [e] *indic prés de* avoir

aide [ɛd] I. *f* ❶ Hilfe *f*; *(financière)* Unterstützung *f*; **à l'~!** [zu] Hilfe!; **appeler à l'~** um Hilfe rufen ❷ *fig* **à l'~ de qc** mit Hilfe einer S. II. *mf* Aushilfe *f*; **~ familiale** Haushaltshilfe *f*

aide-mémoire [ɛdmemwaʀ] *m inv* ❶ (*mémento*) kurzer Abriss ❷ (*feuille*) Merkzettel *m* **aide-ménagère** [ɛdmenaʒɛʀ] <aides-ménagères> *f* Haushaltshilfe *f*

aider [ede] <1> I. *vt* ~ **qn** jdm helfen; (*financièrement*) jdn |finanziell| unterstützen II. *vpr* (*utiliser*) **s'~ de qc** etw zu Hilfe nehmen

aide-soignante [ɛdswaɲɑ̃t] <aides-soignantes> *f* Hilfsschwester *f*

aie [ɛ] *subj prés de* **avoir**

aïe [aj] *interj* ❶ (*douleur*) ~! au! ❷ (*problème*) ~! oje! ►~ ~ ~! *fam* auwei|a|!

aigle [ɛgl] *mf* Adler/Adlerweibchen *m/f*

aigre [ɛgʀ] *adj* ❶ sauer; (*odeur*) säuerlich ❷ (*critique*) scharf ❸ (*vent*) schneidend

aigre-doux, aigre-douce [ɛgʀədu, ɛgʀədus] <aigres-doux> *adj* süß-sauer

aigreur [ɛgʀœʀ] *f* ❶ (*acidité*) Säure *f* ❷ (*saveur aigre*) saurer Geschmack

aigri, e [egʀi] *adj* verbittert

aigrir [egʀiʀ] <8> *vpr* **s'~** sauer werden; (*personne*) verbittern

aigu, ë [egy] *adj* (*angle*) spitz; (*voix*) schrill; (*note*) hoch; (*intelligence, perception*) scharf; (*douleur*) stechend; (*crise*) akut

aiguillage [egɥijaʒ] *m* CHEMDFER Weiche *f*

aiguille [egɥij] *f* Nadel *f*; (*d'une montre*) Zeiger *m*

aiguiller [egɥije] <1> *vt* ❶ CHEMDFER umsetzen ❷ (*orienter*) **mal ~ qn** jdn in die falsche Richtung schicken

aiguillonner [egɥijɔne] <1> *vt* antreiben

aiguiser [egize] <1> *vt* ❶ (*outil*) schärfen; (*couteau*) schleifen ❷ (*appétit, sens*) anregen

aïkido [aikido] *m* Aikido *nt*

ail [aj] *m* Knoblauch *m*

aile [ɛl] *f* ❶ (*organe*) Flügel *m* ❷ (*partie latérale: d'un véhicule*) Kotflügel *m*; (*d'un avion*) Tragfläche *f* ❸ ARCHIT |Seiten|flügel *m* ►**voler de ses propres ~s** auf eigenen Füßen stehen

aileron [ɛlʀɔ̃] *m* (*de requin*) Flosse *f*

ailier [elje] *m* Flügelstürmer(in) *m(f)*; **~ droit** Rechtsaußen *m*

aille [aj] *subj prés de* **aller**

ailleurs [ajœʀ] *adv* woanders; **regarder ~** woandershin schauen; **nulle part ~** nirgendwo anders; **partout ~** überall sonst ►**d'~, ...** übrigens; **par ~** außerdem

ailloli [ajɔli] *m* Knoblauchmajonäse *f*

aimable [ɛmabl] *adj* freundlich ►**trop ~**! *iron* tausend Dank! (*fam*)

aimablement [ɛmabləmɑ̃] *adv* ❶ (*avec politesse*) höflich ❷ (*avec cordialité*) freundlich

aimant [ɛmɑ̃] *m* Magnet *m*

aimanté, e [ɛmɑ̃te] *adj* **corps ~** Magnet *m*

aimanter [ɛmɑ̃te] <1> *vt* magnetisieren

aimer [eme] <1> I. *vi* (*apprécier*) **tu aimes?** gefällt es dir? II. *vt* ❶ (*éprouver de l'amour*) lieben ❷ (*apprécier*) mögen; (*nourriture*) gern essen; (*boisson*) gern trinken ❸ (*désirer, souhaiter*) **j'aimerais ...** ich würde gern ... ❹ (*préférer*) ~ **mieux** qc etw lieber mögen; **j'aimerais mieux du fromage** ich hätte lieber |etwas| Käse; **j'aime mieux le football que le tennis** mir gefällt Fußball besser als Tennis; **j'aime autant m'en aller** ich gehe lieber weg; **j'aimerais mieux que** + *subj* mir wäre es lieber, wenn III. *vpr* **s'~** (*d'amour*) sich lieben; (*d'amitié*) sich mögen

aine [ɛn] *f* ANAT Leiste *f*

aîné, e [ene] I. *adj* ❶ (*plus âgé de deux*) ältere(r, s) ❷ (*plus âgé de plusieurs*) älteste(r, s) II. *m, f* ❶ (*plus âgé de deux*) Ältere(r, s) ❷ (*plus âgé parmi plusieurs*) Älteste(r, s); **elle est mon ~e de 3 ans** sie ist 3 Jahre älter als ich

aînés [ene] *mpl* CAN (*le troisième âge*) **les ~** die Senioren *Pl*

ainsi [ɛ̃si] *adv* ❶ (*de cette manière*) so; **et ~ de suite** und so weiter; **pour ~ dire** sozusagen ❷ REL **~ soit-il!** amen! ►**~ que** (*comparaison*) |so| wie; (*énumération*) und |auch|

air¹ [ɛʀ] *m sans pl* Luft *f*; **~ conditionné** Klimaanlage *f*; **en plein ~** im Freien; **avoir besoin de changer d'~** einen Klimawechsel brauchen

air² [ɛʀ] *m* ❶ (*allure*) Aussehen *nt*; **avoir l'~ distingué/d'une reine** vornehm/wie eine Königin aussehen ❷ (*ressemblance*) **un faux ~ de qn** eine entfernte Ähnlichkeit mit jdm (*dat*) ❸ (*expression*) Miene *f* ❹ (*apparence*) **avoir l'~ triste** einen traurigen Eindruck machen; **ça a l'~ délicieux** es sieht appetitlich aus; **cette proposition m'a l'~ idiote** dieser Vorschlag kommt mir dumm vor; **ça m'en a tout l'~** es sieht mir ganz danach aus ►**sans en avoir l'~** obwohl man es |gar| nicht vermuten würde

air³ [ɛʀ] *m* MUS Melodie *f*; **~ populaire**

A

Volksweise *f*

airbag® [ɛʀbag] *m* Airbag *m*

airbus® [ɛʀbys] *m* Airbus *m*

aire [ɛʀ] *f* Platz *m;* ~ **de repos** Rastplatz *m*

airelle [ɛʀɛl] *f* Preiselbeere *f*

aisance [ɛzɑ̃s] *f* ❶ (*richesse*) Wohlstand *m* ❷ (*facilité*) Leichtigkeit *f*

aise [ɛz] *f* se sentir à l'~ sich wohl fühlen; **se mettre à l'~** (*s'installer confortablement*) es sich (*dat*) bequem machen; (*enlever sa veste*) ablegen

aisé, e [eze] *adj* (*fortuné*) wohlhabend

aisément [ezemɑ̃] *adv* ohne weiteres

aisselle [ɛsɛl] *f* Achselhöhle *f*

Aix-la-Chapelle [ɛkslaʃapɛl] Aachen *nt*

ajournement [aʒuʀnəmɑ̃] *m* (*d'un examen, d'une élection*) Verschiebung *f*

ajourner [aʒuʀne] <1> *vt* (*voyage*) verschieben; (*décision*) aufschieben

ajout [aʒu] *m* Zusatz *m*

ajouter [aʒute] <1> I. *vt* ❶ (*mettre, dire en plus*) hinzufügen; **ajoute deux assiettes!** stell noch zwei Teller auf den Tisch!; **sans ~ un mot** ohne ein weiteres Wort ❷ (*additionner*) ~ **qc à qc** etw zu etw dazurechnen II. *vpr* **s'~ à qc** zu etw [noch] hinzukommen

ajusté, e [aʒyste] *adj* (*vêtement*) tailliert

ajuster [aʒyste] <1> I. *vt* TECH anpassen; (*ceinture de sécurité*) richtig einstellen II. *vpr* **s'~ sur/à qc** auf etw (*akk*) passen

alambic [alɑ̃bik] *m* Destillierkolben *m*

alambiqué, e [alɑ̃bike] *adj* (*discours*) kompliziert

alarmant, e [alaʀmɑ̃, ɑ̃t] *adj* alarmierend

alarme [alaʀm] *f* ❶ Alarm *m;* **donner l'~** Alarm schlagen ❷ (*dispositif*) Alarmanlage *f*

alarmer [alaʀme] <1> I. *vt* alarmieren II. *vpr* **s'~ de qc** sich wegen etw ängstigen

alarmiste [alaʀmist] *adj* dramatisierend

albanais [albanɛ] *m* Albanisch *nt; v.a.* **allemand**

albanais, e [albanɛ, ɛz] *adj* albanisch; *v.a.* **allemand**

Albanais, e [albanɛ, ɛz] *m, f* Albaner(in) *m(f)*

Albanie [albani] *f* l'~ Albanien *nt*

albatros [albatʀos] *m* Albatros *m*

albinos [albinos] *mf* Albino *m*

album [albɔm] *m* ❶ (*cahier, disque*) Album *nt* ❷ (*volume illustré*) Bildband *m;* (*pour enfants*) Bilderbuch *nt*

alchimie [alʃimi] *f* Alchimie *f*

alchimiste [alʃimist] *mf* Alchimist(in) *m(f)*

alcool [alkɔl] *m* ❶ CHIM Alkohol *m;* ~ **à brûler** [Brenn]spiritus *m* ❷ (*spiritueux*) Spirituose *f meist Pl*

alcoolémie [alkɔlemi] *f* Blutalkohol[spiegel *m*] *m*

alcoolique [alkɔlik] I. *adj* (*personne*) alkoholabhängig II. *mf* Alkoholiker(in) *m(f)*

alcoolisé, e [alkɔlize] *adj* alkoholhaltig

alcoolisme [alkɔlism] *m* Alkoholismus *m*

alcoologue [alkɔlɔg] *mf* Facharzt/ -ärztin *m/f* für Alkoholismus

alcootest® [alkɔtɛst] *m* Alkoholtest *m*

aléatoire [aleatwaʀ] *adj* [rein] zufällig

alémanique [alemanik] I. *adj* alemannisch; **la Suisse** ~ die deutschsprachige Schweiz II. *m* Alemannisch *nt; v.a.* **allemand**

alentours [alɑ̃tuʀ] *mpl* ❶ (*abords*) Umgebung *f* ❷ *fig* **aux** ~ **de midi** gegen Mittag

alerte [alɛʀt] I. *adj* schwungvoll II. *f* Alarm *m;* ~ **à la bombe** Bombenalarm; **donner l'~** Alarm geben; **être en** [état d'] ~ in Alarmbereitschaft sein

alerter [alɛʀte] <1> *vt* alarmieren; (*informer*) in Kenntnis setzen

alexandrin [alɛksɑ̃dʀɛ̃] *m* Alexandriner *m*

algèbre [alʒɛbʀ] *f* Algebra *f*

algébrique [alʒebʀik] *adj* algebraisch

Alger [alʒe] Algier *nt*

Algérie [alʒeʀi] *f* l'~ Algerien *nt*

algérien [alʒeʀjɛ̃] *m* Algerisch *nt; v.a.* **allemand**

algérien, ne [alʒeʀjɛ̃, jɛn] *adj* algerisch; *v.a.* **allemand**

Algérien, ne [alʒeʀjɛ̃, jɛn] *m, f* Algerier(in) *m(f)*

algue [alg] *f* Alge *f*

alias [aljas] *adv* alias

alibi [alibi] *m* Alibi *nt*

alicament [alikamɑ̃] *m:* synthetischer Lebensmittelersatz

aliénation [aljenasjɔ̃] *f* MED ~ **mentale** Geistesgestörtheit *f*

aliéné, e [aljene] *m, f* Geisteskranke(r) *f(m)*

aliéner [aljene] <5> *vt* JUR (*donner*) übertragen

alignement [aliɲ(ə)mɑ̃] *m* (*de maisons*) Reihe *f*

aligner [aliɲe] <1> I. *vt* ❶ (*mettre en ligne*) in einer Reihe aufstellen; (*chiffres*) untereinander schreiben ❷ (*rendre conforme*) ~

une monnaie sur qc eine Währung an etw (*akk*) angleichen **II.** *vpr* s'~ sich [in einer Reihe] aufstellen

aliment [alimɑ̃] *m* Lebensmittel *nt*

alimentaire [alimɑ̃tɛʀ] *adj* (*industrie*) Nahrungsmittel-; **régime** ~ Diät *f*

alimentation [alimɑ̃tasjɔ̃] *f* ❶ (*action: d'une personne*) Ernährung *f*; (*d'un animal*) Fütterung *f* ❷ (*produits*) Nahrungsmittel *Pl*; **magasin d'**~ Lebensmittelgeschäft *nt* ❸ (*approvisionnement*) ~ **en eau** Wasserversorgung *f*

alimenter [alimɑ̃te] <1> **I.** *vt* ❶ (*nourrir*) ernähren ❷ (*approvisionner*) ~ **qc en eau** etw mit Wasser versorgen ❸ (*entretenir*) ~ **la conversation** (*sujet*) für Gesprächsstoff sorgen **II.** *vpr* s'~ (*personne, animal*) Nahrung zu sich nehmen

alinéa [alinea] *m* ❶ (*renfoncement*) Einzug *m* ❷ (*paragraphe*) Absatz *m*

aliter [alite] <1> *vt* **être alité** das Bett hüten müssen

alizé [alize] *m* Passat[wind *m*] *m*

Allah [a(l)la] *m* Allah *m*

allaitement [alɛtmɑ̃] *m* (*d'un bébé*) Stillen *nt;* (*d'un animal*) Säugen *nt*

allaiter [alete] <1> **I.** *vi* stillen **II.** *vt* (*bébé*) stillen; (*animal*) säugen

alléchant, e [aleʃɑ̃, ɑ̃t] *adj* (*odeur, plat*) verlockend

allécher [aleʃe] <5> *vt* anlocken

allée [ale] *f* ❶ (*chemin bordé d'arbres*) Allee *f* ❷ (*passage*) ~ **centrale** [Mittel]gang *m*

allégé, e [aleʒe] *adj* fettarm

allégement, allègement [alɛʒmɑ̃] *m* (*des charges*) Verringerung *f*; ~ **des impôts** steuerliche Entlastung

alléger [aleʒe] <2a, 5> *vt* ❶ leichter machen ❷ (*impôts*) senken; (*programmes scolaires*) entlasten

allégorie [a(l)egɔʀi] *f* Allegorie *f*

alléguer [a(l)lege] <5> *vt* (*prétexter*) vorschützen

Allemagne [almaɲ] *f* l'~ Deutschland *nt;* l'~ **de l'Est/de l'Ouest** Ost-/Westdeutschland; l'~ **fédérale** die Bundesrepublik Deutschland; **la réunification des deux** ~**s** die [Wieder]vereinigung Deutschlands; **aller en** ~ nach Deutschland fahren

allemand [almɑ̃] *m* l'~ Deutsch *nt*, das Deutsche; **parler** [l']~ Deutsch sprechen; **écrire en** ~ auf Deutsch schreiben; **tra**-duire en ~ ins Deutsche übersetzen

allemand, e [almɑ̃, ɑ̃d] *adj* deutsch; **ces légumes sont** ~**s** dieses Gemüse kommt aus Deutschland

Allemand, e [almɑ̃, ɑ̃d] *m, f* Deutsche(r) *f(m)*

aller¹ [ale] <irr> **I.** *vi* + *être* ❶ (*se déplacer à pied*) gehen; **on a sonné, peux-tu y** ~**?** es hat geklingelt, kannst du mal hingehen?; **y** ~ **en courant** hinlaufen; ~ **et venir** hin und her laufen; **pour** ~ **à l'hôtel de ville?** wie komme ich zum Rathaus?; ~ **au-devant de qn/qc** jdm/einer S. entgegenkommen ❷ (*pour faire quelque chose*) ~ **à la boulangerie** zum Bäcker gehen; ~ **se coucher/se promener** schlafen gehen/spazieren gehen; ~ **voir qn** jdn besuchen; **je vais voir ce qui se passe** ich gehe [mal] nachsehen, was los ist; ~ **chercher les enfants à l'école** die Kinder von der Schule abholen gehen ❸ (*rouler/voler*) fahren/fliegen ❹ (*faire un voyage*) reisen ❺ (*être acheminé*) ~ **à Paris** (*marchandise*) nach Paris geliefert werden; (*courrier*) nach Paris gehen ❻ (*avoir sa place quelque part*) ~ **à la cave** in den Keller kommen ❼ (*être conçu pour*) **ce plat ne va pas au micro-ondes** diese Schüssel ist nicht mikrowellenfest ❽ (*oser*) ~ **jusqu'à faire qc** so weit gehen etw zu tun ❾ (*progresser*) ~ **vite** (*personne*) schnell vorankommen; (*chose*) schnell vorangehen; (*nouvelles*) sich schnell herumsprechen ❿ (*se porter*) **il va bien** ihm geht es gut; **comment ça va/vas-tu/allez-vous?** wie geht's?/wie geht es dir?/Ihnen?; **ça va pas[, la tête]?** *fam* sonst geht's dir gut! ⓫ (*fonctionner, évoluer*) **ça va les études ?** was macht das Studium?; **tout va bien/mal** alles geht gut/schief; **quelque chose ne va pas** da stimmt etwas nicht ⓬ (*pour donner un âge approximatif*) ~ **sur ses 3 ans** bald drei [Jahre alt] sein ⓭ (*convenir à qn*) **ça va** das ist gut; **ça ira** das passt schon; **ça peut** ~ es geht schon; **ça [te] va?** [bist du damit] einverstanden? ⓮ (*être seyant*) ~ **bien/mal à qn** jdm gut/nicht stehen ⓯ (*être coordonné, assorti*) ~ **avec qc** zu etw gehören; ~ **ensemble** zusammengehören; ~ **bien avec qc** gut zu etw passen ⓰ (*se dérouler*) **ne pas** ~ **sans difficulté** nicht ohne Schwierigkeiten ablaufen; **laisser** ~ **les affaires** die Sache laufen lassen (*fam*) ⑰ (*pour commencer, démarrer*) **on y va?** packen wir's an? ⑱ *impers* (*être en jeu*) **il y va de notre vie** es geht um unser Leben ⑲ (*ne rien faire*) **se laisser ~** (*se négliger*) sich gehen lassen; (*abandonner*) aufgeben; (*se décontracter*) sich entspannen ⑳ (*être*) **il en va de même pour toi** dasselbe gilt auch für dich ▶**cela va de soi** [das ist doch] selbstverständlich; **ça va** [**comme ça**]! *fam* das reicht!; **où allons-nous?** wo soll/wird das [noch] enden? **II.** *aux* + *être* (*pour exprimer le futur proche*) **~ faire qc** gleich etw tun; **le train va partir** der Zug fährt gleich ab; **elle allait faire qc** sie wollte gerade etw tun; **ne va pas croire/imaginer que ...** glaub bloß nicht, dass ... (*fam*) **III.** *vpr* + *être* **s'en ~** ❶ (*partir: à pied*) [weg]gehen; (*en voiture, à vélo, en bateau*) [weg]fahren; (*en avion*) [weg]fliegen; **s'en ~ en vacances/à l'étranger** in Urlaub fahren/ins Ausland gehen ❷ (*disparaître: héritage*) zerrinnen; (*tache*) herausgehen; (*cicatrice*) weggehen **IV.** *interj* ❶ *fam* (*invitation à agir*) **vas-y/allons-y/allez-y!** (*en route!*) los geht's!; (*au travail!*) [na] dann wollen wir mal!; **vas-y/allez-y!** (*pour encourager*) los!; **allons!** nur Mut!; **allons debout!** auf geht's!; **allez, presse-toi un peu!** komm, beeil dich ein bisschen!; **allez, allez, circulez!** los, weitergehen/weiterfahren!; **allez, au revoir!** also dann, auf Wiedersehen!; **allons/allez donc!** *iron* (*c'est évident!*) natürlich!; (*vraiment?*) ach komm/kommen Sie! ❷ (*voyons!*) **un peu de calme, allons!** etwas Ruhe, bitte! ❸ (*pour exprimer la résignation, la conciliation*) **je le sais bien, va!** schon gut, ich weiß es ja! (*fam*); **allez, allez, ça ne sera rien!** schon gut, es wird nicht so schlimm! (*fam*); **va/allez savoir!** tja! (*fam*) ❹ (*non!?*) **allez!** *fam* [ach] komm! ❺ (*d'accord!*) **alors, va pour le ciné!** also gut, dann gehen wir eben ins Kino!

aller² [ale] *m* ❶ (*trajet: à pied*) Hinweg *m*; (*en voiture, train*) Hinfahrt *f*; (*en avion*) Hinflug *m* ❷ (*voyage*) Hinreise *f*; **à l'~** hinwärts ❸ (*billet*) **~ simple** einfache Hinfahrt; **un ~ pour Grenoble, s'il vous plaît** bitte einmal Grenoble [Hinfahrt]!

allergie [alɛʀʒi] *f* Allergie *f*

allergique [alɛʀʒik] *adj* allergisch

alliage [aljaʒ] *m* Legierung *f*

alliance [aljɑ̃s] *f* ❶ (*engagement mutuel*) Bündnis *nt* ❷ (*anneau*) Ehering *m*

allié, e [alje] **I.** *adj* POL verbündet **II.** *m, f* ❶ POL Bündnispartner(in) *m(f)* ❷ (*ami*) Verbündete(r) *f(m)* ❸ *pl* HIST **les Alliés** die Alliierten

allier [alje] <1> *vpr* **s'~ à qn** sich mit jdm verbünden

allô [alo] *interj* hallo

> In der Regel meldet man sich in Frankreich am Telefon nicht mit seinem Namen, sondern nur mit **Allô?**. Der Anrufer nennt daraufhin seinen Namen, häufig, indem er sagt: „C'est ... à l'appareil."

alloc [alɔk] *f fam abr de* **allocation**

allocation [alɔkasjɔ̃] *f* **~ chômage/logement** Arbeitslosen-/Wohngeld *nt;* **~s familiales** Kindergeld *nt*, Familienbeihilfe *f* (A)

allocution [alɔkysjɔ̃] *f* Ansprache *f*

allongement [alɔ̃ʒmɑ̃] *m* ❶ (*fait de s'allonger*) Verlängerung *f*; (*d'un muscle*) Streckung *f*; (*des métaux*) [Längs]dehnung *f*; (*d'une voyelle*) Längung *f* ❷ (*action d'allonger*) Verlängerung *f*; (*d'un réseau de transport*) Ausbau *m*

allonger [alɔ̃ʒe] <2a> **I.** *vi* (*devenir plus long*) länger werden **II.** *vt* ❶ (*rendre plus long*) verlängern ❷ (*cou*) recken; (*bras*) [aus]strecken ❸ (*blessé*) [ausgestreckt] hinlegen; **être allongé** [ausgestreckt] liegen **III.** *vpr* **s'~** ❶ (*devenir plus long*) länger werden ❷ (*se coucher*) sich hinlegen

allouer [alwe] <1> *vt* (*attribuer*) gewähren

allumage [alymaʒ] *m* AUT Zündung *f*

allume-cigare [alymsigaʀ] <allume-cigares> *m* Zigarettenanzünder *m*

allumer [alyme] <1> **I.** *vt* ❶ (*feu, cigarette, bougie*) anzünden; **être allumé** brennen ❷ (*briquet, lampe*) anmachen; (*projecteur, four*) einschalten; **~ le couloir** im Flur [das] Licht [an]machen; **la cuisine est allumée** in der Küche brennt [das] Licht **II.** *vi* Licht [an]machen **III.** *vpr* **s'~** ❶ (*lumière*) angehen; (*yeux*) aufleuchten; (*regard*) sich aufhellen ❷ (*se mettre en marche automatiquement: appareil*) sich einschalten

allumette [alymɛt] *f* Streichholz *nt*

allumeuse [alymøz] *f péj fam* Vamp *m*

allure [alyʀ] *f* ❶ *sans pl* (*vitesse*) Geschwin-

A

digkeit f; **à toute ~** mit voller Geschwindigkeit ❷ sans pl (apparence) Aussehen nt; **avoir de l'~** (personne) Stil haben; (chose) elegant wirken ❸ pl (airs) Gebaren nt

allusion [a(l)lyzjɔ̃] f Anspielung f; **faire ~ à qn/qc** eine Anspielung auf jdn/etw machen

alluvions [a(l)lyvjɔ̃] fpl Schwemmland Pl

almanach [almana] m Kalender m

alors [alɔʀ] **I.** adv ❶ (à ce moment-là) damals; **jusqu'~** bis dahin ❷ (par conséquent) da ❸ (dans ce cas) ja dann; **~, je comprends!** ja dann verstehe ich das!; **~, qu'est-ce qu'on fait?** ja, was machen wir denn da? ❹ fam (impatience, indignation) **~, tu viens?** also, kommst du jetzt [endlich]? ▸**ça ~!** Na, so was!; **et ~?** (la belle affaire!) na und? (fam); (suspense) und dann?; **~ là!** ja, dann!; **non, mais ~!** nein, also wirklich! (fam) **II.** conj **~ que** ❶ (pendant que) während ❷ (tandis que) wohingegen ❸ (bien que) obwohl

alouette [alwɛt] f Lerche f

alourdir [aluʀdiʀ] <8> vt ❶ schwer[er] machen ❷ (impôts, charges) erhöhen

Alpes [alp] fpl **les ~** die Alpen

alphabet [alfabɛ] m Alphabet nt

alphabétique [alfabetik] adj alphabetisch; **par ordre ~** in alphabetischer Reihenfolge

alphabétisation [alfabetizasjɔ̃] f Alphabetisierung f

alphabétiser [alfabetize] <1> vt alphabetisieren

alpin, e [alpɛ̃, in] adj GEO Alpen-

alpinisme [alpinism] m Bergsteigen nt

alpiniste [alpinist] mf Bergsteiger(in) m(f)

Alsace [alzas] f l'~ das Elsass

alsacien [alzasjɛ̃] m Elsässisch nt; v.a. **allemand**

alsacien, ne [alzasjɛ̃, jɛn] adj elsässisch; v.a. **allemand**

Alsacien, ne [alzasjɛ̃, jɛn] m, f Elsässer(in) m(f)

altération [alteʀasjɔ̃] f (d'un aliment) Verderben nt; (de la qualité) Minderung f; (des traits) Entstellung f

altercation [altɛʀkasjɔ̃] f [heftiger] Wortwechsel

alter ego [altɛʀego] m inv Alter Ego nt

altérer [alteʀe] <5> vt ❶ (relation, santé) beeinträchtigen; (couleur, métal) verändern; (qualité) mindern ❷ (visage, traits) entstellen

altermondialiste [altɛʀmɔ̃djalist] mf Globalisierungsgegner(in) m(f)

alternance [altɛʀnɑ̃s] f Wechsel m; **en ~ avec** im Wechsel mit

alternatif, -ive [altɛʀnatif, -iv] adj (courant) Wechsel-; **mouvement ~** Bewegung f hin und zurück

alternative [altɛʀnativ] f Alternative f

alternativement [altɛʀnativmɑ̃] adv abwechselnd

alterner [altɛʀne] <1> vi abwechseln

altesse [altɛs] f Hoheit f

altitude [altityd] f Höhe f [über dem Meeresspiegel]; **être à 400 m d'~** sich in 400 m Höhe befinden; (village) in 400 m Höhe liegen; **prendre de l'~** an Höhe gewinnen

alto [alto] m ❶ (instrument) Bratsche f ❷ (musicien) Bratschist(in) m(f)

alu [aly] m abr de **aluminium** Alu nt

aluminium [alyminjɔm] m Aluminium nt

alunir [alyniʀ] <8> vi auf dem Mond landen

alunissage [alynisaʒ] m Mondlandung f

alvéole [alveɔl] f Wabe f; **en forme d'~** wabenförmig

amabilité [amabilite] f ❶ Liebenswürdigkeit f; **ayez l'~ de m'apporter un café** wären Sie so freundlich mir einen Kaffee zu bringen ❷ pl (politesses) Höflichkeiten Pl

amadouer [amadwe] <1> vt umstimmen; **~ qn pour qu'il fasse qc** jdn dazu bringen etw zu tun

amaigrir [amegʀiʀ] <8> vt **être amaigri par qc** durch etw abgemagert sein

amaigrissant, e [amegʀisɑ̃, ɑ̃t] adj gewichtsreduzierend

amalgame [amalgam] m ❶ a. MED (alliage de métaux) Amalgam nt; (matière obturatrice) Amalgamfüllung f ❷ (mélange: de matériaux) Gemisch nt; (de gens, de choses) Mischung f; (d'idées) Amalgam nt

amalgamer [amalgame] <1> vt (métal) amalgamieren; (éléments) vermischen

amande [amɑ̃d] f Mandel f

amandier [amɑ̃dje] m Mandelbaum m

amant [amɑ̃] m Liebhaber m; (seulement extraconjugal) Geliebter m; **les ~s** die Liebenden

amarre [amaʀ] f Halteleine f; **larguez les ~s!** Leinen los!

amarrer [amaʀe] <1> vt (bateau) vertäuen

amas [ama] m Haufen m

amasser [amɑse] <1> I. *vt* anhäufen II. *vpr* **s'~** (*personnes*) sich drängen

amateur, -trice [amatœʀ, -tʀis] I. *mf* ❶ Amateur(in) *m(f)* ❷ *sans art* (*connaisseur*) ~ **d'art** Kunstliebhaber(in) *m(f);* **être ~ de films/de bons vins** gerne Filme sehen/gute Weine trinken ❸ *péj* Stümper(in) *m(f)* II. *adj pas de forme féminine* (*équipe*) Amateur-; (*peintre*) Hobby-

amateurisme [amatœʀism] *m* SPORT Amateursport *m*

amazone [amazon] *f* (*cavalière*) Reiterin *f;* **en ~** im Damensitz

ambassade [ɑ̃basad] *f* Botschaft *f*

ambassadeur, -drice [ɑ̃basadœʀ, -dʀis] *m, f* Botschafter(in) *m(f)*

ambiance [ɑ̃bjɑ̃s] *f* Atmosphäre *f;* (*entre personnes*) Stimmung *f*

ambiant, e [ɑ̃bjɑ̃, jɑ̃t] *adj* (*enthousiasme*) allgemein; **se boire à [la] température ~e** bei Zimmertemperatur getrunken werden

ambidextre [ɑ̃bidɛkstʀ] *adj* **être ~** beidhändig sein

ambigu, ë [ɑ̃bigy] *adj* mehrdeutig

ambiguïté [ɑ̃biguite] *f* Mehrdeutigkeit *f;* **sans ~** unmissverständlich

ambitieux, -euse [ɑ̃bisjø, -jøz] I. *adj* ehrgeizig II. *m, f* ehrgeiziger Mensch

ambition [ɑ̃bisjɔ̃] *f* Ehrgeiz *m*

ambitionner [ɑ̃bisjɔne] <1> *vt* (*poste, prix*) anstreben

ambre [ɑ̃bʀ] *m* ~ |jaune| Bernstein *m*

ambulance [ɑ̃bylɑ̃s] *f* Krankenwagen *m*

ambulancier, -ière [ɑ̃bylɑ̃sje, -jɛʀ] *m, f* Krankenwagenfahrer(in) *m(f)*

ambulant, e [ɑ̃bylɑ̃, ɑ̃t] *adj* (*marchand*) fliegend

ambulatoire [ɑ̃bylatwaʀ] *adj* ambulant

âme [ɑm] *f* Seele *f* ▶**être violoniste dans l'~** mit Leib und Seele Geiger sein

amélioration [ameljɔʀasjɔ̃] *f* Verbesserung *f;* (*du temps, de la santé*) Besserung *f*

améliorer [ameljɔʀe] <1> I. *vt* verbessern; (*qualité, production*) steigern; (*budget*) aufbessern II. *vpr* **s'~** besser werden; (*santé, temps, situation*) sich bessern

amen [amɛn] *interj* amen

aménagement [amenaʒmɑ̃] *m* ❶ (*d'une pièce*) Einrichtung *f;* (*d'un quartier*) Errichtung *f* ❷ (*modification*) Umstellung *f;* **~ du temps de travail** Arbeitszeitregelung *f*

aménager [amenaʒe] <2a> *vt* ❶ (*pièce*)

einrichten ❷ (*modifier*) umstellen; (*par des travaux*) umbauen

amende [amɑ̃d] *f* Geldstrafe *f*

amendement [amɑ̃dmɑ̃] *m* (*d'une loi*) [Ab]änderungsantrag *m*

amender [amɑ̃de] <1> *vt* POL [ab]ändern

amener [am(ə)ne] <4> I. *vt* ❶ *fam* (*apporter*) mitbringen ❷ (*mener*) bringen; **qu'est-ce qui t'amène ici?** was führt dich hierher? ❸ (*provoquer*) verursachen ❹ (*entraîner à*) ~ **qn à faire qc** jdn dazu bringen etw zu tun II. *vpr fam* **amène-toi!** komm [schon] her!

amenuiser [amənɥize] <1> *vpr* **s'~** sich verringern; (*espoir*) schwinden (*geh*)

amer, -ère [amɛʀ] *adj* bitter; (*souvenir*) schmerzlich

amèrement [amɛʀmɑ̃] *adv* bitter; (*critiquer*) scharf

américain [ameʀikɛ̃] *m* Amerikanisch *nt; v.a.* **allemand**

américain, e [ameʀikɛ̃, ɛn] *adj* amerikanisch; *v.a.* **allemand**

Américain, e [ameʀikɛ̃, ɛn] *m, f* Amerikaner(in) *m(f)*

Amérique [ameʀik] *f* l'~ Amerika *nt;* l'~ **centrale/latine/du Nord/du Sud** Mittel-/Latein-/Nord-/Südamerika

amerrir [ameʀiʀ] <8> *vi* wassern

amertume [amɛʀtym] *f* Bitterkeit *f*

améthyste [ametist] *f* Amethyst *m*

ameublement [amœbləmɑ̃] *m* Einrichtung *f*

ameuter [amøte] <1> *vt* alarmieren

ami, e [ami] I. *m, f* Freund(in) *m(f);* **se faire des ~s** Freunde finden II. *adj* (*pays*) befreundet; **être très ~ avec qn** mit jdm eng befreundet sein

amiable [amjabl] *adj* (*constat*) einvernehmlich; **à l'~** gütlich

amiante [amjɑ̃t] *m* Asbest *m*

amibe [amib] *f* Amöbe *f*

amical, e [amikal, o] <-aux> *adj* ❶ (*rencontre, conseil*) freundschaftlich; (*attitude*) freundlich ❷ SPORT **match ~** Freundschaftsspiel *nt*

amicale [amikal] *f* (*association*) Vereinigung *f*

amicalement [amikalmɑ̃] *adv* (*formule de fin de lettre*) herzliche Grüße

amidon [amidɔ̃] *m* Stärke *f*

amidonner [amidɔne] <1> *vt* stärken

amincir [amɛ̃siʀ] <8> **I.** *vt* schlank|er| machen **II.** *vpr* **s'~** (*personne*) schlanker werden

amincissant, e [amɛ̃sisɑ̃, ɑ̃t] *adj* **être ~** (*robe*) schlank machen

amiral [amiʀal, o] <-aux> *m* Admiral *m*

amitié [amitje] *f* Freundschaft *f*; **se lier d'~ avec qn** sich mit jdm anfreunden; **avoir de l'~ pour qn** jdn mögen; **~s** (*formule de fin de lettre*) alles Liebe; **faire toutes ses ~s à qn** jdn herzlich grüßen lassen

ammoniac [amɔnjak] *m* Ammoniak *nt*

ammoniaque [amɔnjak] *f* (*liquide*) Salmiakgeist *m*

amnésie [amnezi] *f* Gedächtnisschwund *m*

amnésique [amnezik] **I.** *adj* an Gedächtnisschwund leidend **II.** *mf* an Gedächtnisschwund Leidende(r) *f(m)*

amnistie [amnisti] *f* Amnestie *f*

amnistier [amnistje] <1> *vt* amnestieren

amocher [amɔʃe] <1> *vt fam* ramponieren; (*blesser*) |übel| zurichten

amoindrir [amwɛ̃dʀiʀ] <8> **I.** *vt* (*autorité*) schwächen **II.** *vpr* **s'~** (*forces*) abnehmen

amonceler [amɔ̃s(ə)le] <3> *vt* aufhäufen

amoncellement [amɔ̃sɛlmɑ̃] *m* Haufen *m*

amont [amɔ̃] *m* (*d'un cours d'eau*) Oberlauf *m*; **vers l'~** flussaufwärts

amoral, e [amɔʀal, o] <-aux> *adj* amoralisch

amorcer [amɔʀse] <2> **I.** *vt* **❶** (*explosif*) scharf machen **❷** PÊCHE beködern **❸** (*commencer*) **~ un virage** in eine Kurve gehen **II.** *vpr* **s'~** (*dialogue*) in Gang kommen

amortir [amɔʀtiʀ] <8> *vt* **❶** (*bruit, choc*) dämpfen; (*chute*) bremsen **❷** (*dette*) tilgen **❸** (*équipement, voiture*) amortisieren

amortissement [amɔʀtismɑ̃] *m* (*d'un choc, bruit*) Dämpfung *f*

amortisseur [amɔʀtisœʀ] *m* Stoßdämpfer *m*

amour [amuʀ] *m* **❶** (*sentiment, acte*) Liebe *f*; **l'~ maternel** die Mutterliebe; **faire l'~** miteinanderschlafen **❷** (*personne*) Liebe *f*; **mon ~** |mein| Liebling; **être un ~** *fam* ein |richtiger| Schatz sein **❸** (*attachement, altruisme*) **~ du prochain** Nächstenliebe; **~ de la nature** Liebe *f* zur Natur ▶**pour l'~ de Dieu** um Gottes willen; **vivre d'~ et d'eau fraîche** von Luft und Liebe leben

amouracher [amuʀaʃe] <1> *vpr péj* **s'~ de qn** sich in jdn vernarren

amoureusement [amuʀøzmɑ̃] *adv* liebevoll

amoureux, -euse [amuʀø, -øz] **I.** *adj* **être ~ de qn** in jdn verliebt sein; **tomber ~ de qn** sich in jdn verlieben **II.** *m, f* **❶** (*soupirant*) Verehrer(in) *m(f)*; **des ~** Verliebte *Pl*; (*sentiment plus profond*) Liebende *Pl*; **en ~** in trauter Zweisamkeit **❷** (*passionné*) **~ de la musique/de la nature** Musikliebhaber *m*/Naturfreund *m*

amour-propre [amuʀpʀɔpʀ] <amours-propres> *m* Selbstachtung *f*

amours [amuʀ] *mpl* *f si poétique* Liebschaften *Pl*; **comment vont tes ~?** was macht die Liebe? ▶**à tes/vos ~!** *iron* Gesundheit!

amovible [amɔvibl] *adj* abnehmbar

ampère [ɑ̃pɛʀ] *m* Ampere *nt*

amphétamine [ɑ̃fetamin] *f* Amphetamin *nt*

amphi [ɑ̃fi] *m* UNIV *fam abr de* **amphithéâtre** Hörsaal *m*

amphibie [ɑ̃fibi] *m* ZOOL Amphibie *f*

amphithéâtre [ɑ̃fiteatʀ] *m* **❶** Amphitheater *nt* **❷** UNIV Hörsaal *m*

amphore [x] *f* Amphore *f*

ample [ɑ̃pl] *adj* **❶** weit **❷** (*sujet*) umfangreich; (*information*) ausführlich

amplement [ɑ̃pləmɑ̃] *adv* ausführlich; **être ~ suffisant** völlig ausreichen

ampleur [ɑ̃plœʀ] *f* **❶** (*d'un vêtement*) Weite *f* **❷** (*importance: d'une catastrophe*) Ausmaß *nt*; **prendre de l'~** (*événement*) an Bedeutung gewinnen

ampli [ɑ̃pli] *m fam abr de* **amplificateur**

amplificateur [ɑ̃plifikatœʀ] *m* Verstärker *m*

amplifier [ɑ̃plifje] <1> **I.** *vt* **❶** verstärken **❷** (*exagérer*) aufblähen **II.** *vpr* **s'~** (*bruit*) anschwellen; (*mouvement, scandale*) sich ausweiten

amplitude [ɑ̃plityd] *f* (*ampleur*) Ausmaß *nt*

ampoule [ɑ̃pul] *f* **❶** ELEC |Glüh|birne *f* **❷** MED Ampulle *f* **❸** (*cloque*) Blase *f*

amputation [ɑ̃pytasjɔ̃] *f* Amputation *f*

amputer [ɑ̃pyte] <1> *vt* amputieren

amulette [amylɛt] *f* Amulett *nt*

amusant, e [amyzɑ̃, ɑ̃t] *adj* **❶** (*jeu*) unterhaltsam; (*travail, vacances*) abwechslungsreich **❷** (*drôle*) lustig **❸** (*curieux*) witzig (*fam*)

amuse-gueule [amyzgœl] *m inv fam* Knabbereien *Pl*

amusement [amyzmɑ̃] *m* **❶** (*divertissement*) Zeitvertreib *m* **❷** (*plaisir*) Vergnügen *nt*

amuser [amyze] <1> I. vt ❶ (*divertir*) unterhalten; ~ **qn** (*activité*) jdm Spaß machen ❷ (*faire rire*) amüsieren II. vpr s'~ ❶ (*jouer*) spielen ❷ (*se divertir*) **bien s'~** sich gut amüsieren; **amuse-toi/amusez-vous bien!** viel Spaß!; **qn s'amuse à faire qc** es macht jdm Spaß etw zu tun

amuseur, -euse [amyzœʀ, -øz] m, f ~ **public/amuseuse publique** Alleinunterhalter(in) m(f); (à la télé) Entertainer(in) m(f)

amygdale [amidal] f Mandel f

an [ã] m ❶ (*durée*) Jahr nt; **après cinq ~s de vie commune** nach fünfjährigem Zusammenleben ❷ (*âge*) Jahr nt; **avoir cinq ~s** fünf [Jahre alt] sein; **à quarante ~s** mit vierzig [Jahren]; **homme de cinquante ~s** fünfzigjähriger Mann; **fêter ses vingt ~s** seinen/ihren zwanzigsten Geburtstag feiern ❸ (*point du temps*) Jahr nt; **l'~** dernier/prochain letztes/nächstes Jahr; **par ~** jährlich; **en l'~ 200 avant Jésus-Christ** [im Jahr] 200 vor Christus; **le nouvel ~, le premier de l'~** Neujahr nt, der Neujahrstag; **au nouvel ~** an [o zu] Neujahr

anagramme [anagʀam] f Anagramm nt

anal, e [anal, o] <-aux> adj anal

analgésique [analʒezik] m Schmerzmittel nt

analogie [analɔʒi] f Analogie f; **par ~** analog

analogue [analɔg] adj analog, ähnlich

analphabète [analfabɛt] I. adj des Lesens und Schreibens unkundig II. mf Analphabet(in) m(f)

analphabétisme [analfabetism] m Analphabetismus m

analyse [analiz] f Analyse f; MED Untersuchung f

analyser [analize] <1> vt ❶ analysieren; (*mot*) bestimmen ❷ MATH, MED untersuchen

analyste [analist] mf Analytiker(in) m(f)

analytique [analitik] adj analytisch

ananas [anana(s)] m Ananas f

anarchie [anaʀʃi] f Chaos nt; POL Anarchie f

anarchique [anaʀʃik] adj anarchisch

anarchiste [anaʀʃist] I. adj anarchistisch II. mf Anarchist(in) m(f)

anathème [anatɛm] m Exkommunikation f

anatomie [anatɔmi] f Anatomie f

anatomique [anatɔmik] adj anatomisch

ancestral, e [ãsɛstral, o] <-aux> adj alt[überliefert]

ancêtre [ãsɛtʀ] mf ❶ (*aïeul*) Vorfahr(in) m(f) ❷ (*précurseur*) Vorläufer(in) m(f)

ancêtres [ãsɛtʀ] mpl HIST Vorfahren Pl

anchois [ãʃwa] m Sardelle f

ancien, ne [ãsjɛ̃, jɛn] I. adj ❶ (*bâtiment, coutume*) alt; (*objet d'art, culture, peuple*) antik; (*livre*) antiquarisch ❷ antéposé (*ex-*) ehemalig ❸ (*qui a de l'ancienneté*) **être ~ dans le métier** schon lange im Beruf sein II. m, f (*personne*) **les ~s** die Alten

anciennement [ãsjɛnmã] adv früher

ancienneté [ãsjɛnte] f ADMIN Dienstalter nt

anciens [ãsjɛ̃] mpl HIST Völker des Altertums

ancre [ãkʀ] f Anker m

ancrer [ãkʀe] <1> vt ❶ NAUT verankern; **être ancré dans la rade** auf der Reede liegen ❷ fig **être ancré dans qc** in etw (akk) [fest] verankert sein

Andorre [ãdɔʀ] f Andorra nt

andouille [ãduj] f: *Wurst aus Innereien von Schwein oder Kalb*

andouillette [ãdujɛt] f: *Würstchen aus Innereien*

androgyne [ãdʀɔʒin] I. adj BIO androgyn II. mf BIO Zwitter m

âne [ɑn] m ❶ ZOOL Esel m ❷ (*imbécile*) **quel ~!** so ein Esel! ▶**être têtu comme un ~** störrisch wie ein Esel sein

anéantir [aneãtiʀ] <8> vt ❶ (*ville*) dem Erdboden gleichmachen; (*effort, espoir*) zunichte machen ❷ (*déprimer, accabler*) niederdrücken; ~ **qn** (*mauvaise nouvelle*) jdn niederschmettern

anéantissement [aneãtismã] m Zerstörung f

anecdote [anɛkdɔt] f Anekdote f

anecdotique [anɛkdɔtik] adj anekdotisch

anémie [anemi] f Blutarmut f

anémier [anemje] <1a> vt a. fig schwächen

anémone [anemɔn] f BOT Anemone f

ânerie [ɑnʀi] f Dummheit f

ânesse [ɑnɛs] f Eselin f; v.a. **âne**

anesthésie [anɛstezi] f Narkose f

anesthésier [anɛstezje] <1> vt betäuben

anesthésiste [anɛstezist] mf Narkosearzt/ -ärztin m/f

ange [ãʒ] m ❶ Engel m; ~ **gardien** Schutzengel

angélique¹ [ãʒelik] adj engelhaft

angélique² [ãʒelik] f BOT Engelwurz f

angine [ãʒin] f Angina f

anglais [ãglɛ] m Englisch nt; v.a. **allemand**

anglais, e [ɑ̃glɛ, ɛz] *adj* englisch ▶**filer à l'~e** sich [auf] französisch verabschieden; *v.a.* **allemand**

Anglais, e [ɑ̃glɛ, ɛz] *m, f* Engländer(in) *m(f)*

angle [ɑ̃gl] *m* Ecke *f*; MATH Winkel *m*

Angleterre [ɑ̃glətɛʀ] *f* l'~ England *nt*

anglicisme [ɑ̃glisism] *m* (*emprunt*) Anglizismus *m*

anglophone [ɑ̃glɔfɔn] **I.** *adj* englischsprechend; (*dont l'anglais est la langue maternelle*) englischsprachig **II.** *mf* Englischsprechende(r) *f(m)*; (*dont l'anglais est la langue maternelle*) Englischsprachige(r) *f(m)*

anglo-saxon, ne [ɑ̃glosaksɔ̃, ɔn] <anglo-saxons> *adj* angelsächsisch **Anglo-Saxon, ne**, **ne** [ɑ̃glosaksɔ̃, ɔn] <Anglo-Saxons> *m, f* Angelsachse/-sächsin *m/f*

angoissant, e [ɑ̃gwasɑ̃, ɑ̃t] *adj* beängstigend

angoisse [ɑ̃gwas] *f* (*peur*) Angst *f*; (*malaise*) Angstzustand *m*

angoissé, e [ɑ̃gwase] **I.** *adj* (*visage, voix*) angsterfüllt; (*personne*) verängstigt **II.** *m, f* ängstlicher Mensch

angoisser [ɑ̃gwase] <1> *vt* ängstigen

angora [ɑ̃gɔʀa] **I.** *adj* Angora- **II.** *m* (*laine*) Angorawolle *f*

anguille [ɑ̃gij] *f* Aal *m*

angulaire [ɑ̃gylɛʀ] *adj* eckig; **pierre ~** Eckstein *m*

anguleux, -euse [ɑ̃gylø, -øz] *adj* (*menton*) eckig

animal, e [animal, o] <-aux> *m* Tier *nt*; **~ domestique** Haustier

animal, e [animal, o] <-aux> *adj* (*matières*) tierisch; (*fonctions*) animalisch

animalier, -ière [animalje, -jɛʀ] *adj* **documentaire ~** Tierfilm *m*

animateur, -trice [animatœʀ, -tʀis] *m, f* ➊ (*spécialiste de l'animation*) Betreuer(in) *m(f)*; (*d'un club de sport*) Leiter(in) *m(f)* ➋ RADIO, TV Moderator(in) *m(f)*; (*d'un débat*) Leiter(in) *m(f)*

animation [animasjɔ̃] *f* ➊ (*grande activité: d'un bureau*) [rege] Betriebsamkeit; (*d'un quartier*) lebhaftes Treiben; **mettre de l'~** für Stimmung sorgen ➋ (*conduite de groupe*) Leitung *f* ➌ CINE Animation *f*

animé, e [anime] *adj* (*discussion*) lebhaft; (*rue*) belebt; **dessin ~** Zeichentrickfilm *m*

animer [anime] <1> **I.** *vt* ➊ (*débat*) leiten; (*émission*) moderieren ➋ (*mouvoir*) bewe-

gen ➌ (*égayer*) beleben **II.** *vpr* **s'~** (*rue, yeux*) sich beleben; (*conversation*) lebhaft werden

animisme [animism] *m* Animismus *m*

animosité [animozite] *f* Feindseligkeit *f*

anis [anis] *m* Anis *m*

anisette [anizɛt] *f* Anisette *m*

ankyloser [ɑ̃kiloze] <1> *vpr* **s'~** (*devenir raide*) steif werden

annales [anal] *fpl* Annalen *Pl*

anneau [ano] <x> *m* ➊ Ring *m* ➋ (*maillon*) Glied *nt*

année [ane] *f* Jahr *nt*; **au cours des dernières ~s** in den letzten Jahren; **bien des ~s après** Jahre später; **tout au long de l'~** das ganze Jahr [über]; **~ scolaire** [Schul]jahr *nt*; **~ universitaire** akademisches Jahr; **l'~ prochaine/dernière/passée** nächstes/letztes/vergangenes Jahr; **~ de naissance** Geburtsjahr; **les ~s trente** die dreißiger Jahre; **1985, c'est une bonne ~ pour le Bordeaux** 1985 ist ein Bordeaux ein guter Jahrgang; **bonne ~!** ein gutes neues Jahr!

année-lumière [anelymjɛʀ] <années-lumière> *f* Lichtjahr *nt*

annexe [anɛks] *f* Anhang *m*; **nous joignons en ~ …** als Anlage fügen wir … bei

annexer [anɛkse] <1> *vt* (*territoire, pays*) annektieren

annexion [anɛksjɔ̃] *f* Annexion *f*

annihiler [aniile] <1> *vt* (*efforts, espoir*) zunichte machen

anniversaire [anivɛʀsɛʀ] **I.** *adj* **jour ~** Jahrestag *m*; **cérémonie ~** Gedenkfeier *f* **II.** *m* (*d'une personne*) Geburtstag *m*; (*d'un événement*) Jahrestag *m*; **bon ~!** alles Gute zum Geburtstag!

annonce [anɔ̃s] *f* ➊ (*avis*) Ankündigung *f* ➋ (*information officielle*) **~ de qc** Bekanntgabe *f* einer S. (*gen*); MEDIA Meldung *f* einer S. (*gen*) ➌ (*texte*) |**petite**| **petite** *f* Anzeige *f*; **les petites ~s** (*rubrique*) die Kleinanzeigen; **passer une ~** eine Anzeige aufgeben

annoncer [anɔ̃se] <2> **I.** *vt a.* METEO ankündigen; (*fait, décision*) mitteilen; (*à la radio, la TV*) melden; **~ qn** jdn melden **II.** *vpr* ➊ (*arriver*) **s'~** sich ankündigen; (*été*) vor der Tür stehen ➋ (*se présenter*) **bien/mal s'~** gut/schlecht anfangen; **ça s'annonce bien** es sieht gut aus

annonceur, -euse [anɔ̃sœʀ, -søz] *m, f*

(*speaker*) Sprecher(in) *m(f)*
annotation [anɔtasjɔ̃] *f* Anmerkung *f*
annoter [anɔte] <1> *vt* mit Anmerkungen versehen
annuaire [anɥɛʀ] *m* Jahrbuch *nt; ~ téléphonique* [*o* **des téléphones**] Telefonbuch
annuel, le [anɥɛl] *adj* jährlich; (*congé*) Jahres-
annulaire [anɥlɛʀ] *m* Ringfinger *m*
annulation [anɥlasjɔ̃] *f* (*d'une commande*) Stornierung *f;* (*d'un rendez-vous*) Absage *f;* (*d'un examen, contrat*) Annullierung *f*
annuler [anɥle] <1> *vt* ❶ (*voyage, commande*) stornieren; (*rendez-vous*) absagen ❷ (*jugement*) aufheben; (*mariage*) annullieren ❸ INFORM abbrechen
anoblir [anɔbliʀ] <8> *vt* adeln
anodin, e [anɔdɛ̃, in] *adj* (*personne, détail*) unbedeutend
anomalie [anɔmali] *f* Anomalie *f*
anonymat [anɔnima] *m* Anonymität *f; dans l'~* anonym
anonyme [anɔnim] *adj* anonym
anorak [anɔʀak] *m* Anorak *m*
anorexie [anɔʀɛksi] *f* Magersucht *f*
anorexique [anɔʀɛksik] *adj* magersüchtig
anormal, e [anɔʀmal, o] <-aux> *adj* ungewöhnlich
anormalement [anɔʀmalmɑ̃] *adv* ungewöhnlich
ANPE [ɑɛnpøø] *f abr de* **Agence nationale pour l'emploi**
anse [ɑ̃s] *f* Henkel *m*
antagonisme [ɑ̃tagɔnism] *m* Gegensatz *m*
antagoniste [ɑ̃tagɔnist] *mf* Gegner(in) *m(f)*
antarctique [ɑ̃taʀktik] *adj* antarktisch
Antarctique [ɑ̃taʀktik] *m* l'~ die Antarktis
antécédent [ɑ̃tesedã] *m* ❶ LING Bezugswort *nt* ❷ *pl a.* MED Vorgeschichte *f*
antenne [ɑ̃tɛn] *f* ❶ Antenne *f* ❷ RADIO, TV Sender *m;* **une heure d'~** eine Stunde Sendezeit ❸ ZOOL Fühler *m*
antérieur, e [ɑ̃teʀjœʀ] *adj* ❶ (*précédent*) frühere(r, s); **être ~ à qc** vor etw (*dat*) liegen ❷ (*patte, membre*) Vorder-
antérieurement [ɑ̃teʀjœʀmɑ̃] *adv* früher
antériorité [ɑ̃teʀjɔʀite] *f* (*zeitlich*) früheres Vorhandensein; LING Vorzeitigkeit *f*
anthologie [ɑ̃tɔlɔʒi] *f* Anthologie *f*
anthracite [ɑ̃tʀasit] *m* Anthrazit *m*
anthropologue [ɑ̃tʀɔpɔlɔg] *mf* Anthropologe/Anthropologin *m/f*

antiacnéique [ɑ̃tiakneik] I. *adj* gegen Akne; **crème ~** [Anti-]Aknecreme *f* II. *m* Aknemittel *nt*
antialcoolique [ɑ̃tialkɔlik] *adj* **campagne ~** Antialkoholkampagne *f*
antiatomique [ɑ̃tiatɔmik] *adj* **abri ~** Strahlenschutzbunker *m*
antibiotique [ɑ̃tibjɔtik] *m* Antibiotikum *nt*
antibrouillard [ɑ̃tibʀujaʀ] *m* Nebelscheinwerfer *m*
anticerne[s] [ɑ̃tisɛʀn] *m* Augencreme *f* (*gegen Schwellungen und Augenringe*)
antichambre [ɑ̃tiʃɑ̃bʀ] *f* Vorzimmer *nt*
anticipation [ɑ̃tisipasjɔ̃] *f* **par ~** im Voraus
anticiper [ɑ̃tisipe] <1> *vi* (*devancer les faits*) vorgreifen
anticlérical, e [ɑ̃tikleʀikal, o] <-aux> I. *adj* antiklerikal II. *m, f* Antiklerikale(r) *f(m)*
anticonformiste [ɑ̃tikɔ̃fɔʀmist] *adj* nonkonformistisch
anticonstitutionnel, le [ɑ̃tikɔ̃stitysjɔnɛl] *adj* verfassungswidrig
anticorps [ɑ̃tikɔʀ] *m* Antikörper *m*
anticyclone [ɑ̃tisiklɔn] *m* Hoch[druckgebiet] *nt*
antidépresseur [ɑ̃tidepʀɛsœʀ] *m* Antidepressivum *nt*
antidérapant, e [ɑ̃tideʀapɑ̃, ɑ̃t] *adj* rutschfest
antidote [ɑ̃tidɔt] *m* MED Gegenmittel *nt*
antiémeute [ɑ̃tiemøt] *adj* Antikonflikt-; **police ~** Antikonflikt-Team *nt* der Polizei
antigel [ɑ̃tiʒɛl] *m* Frostschutzmittel *nt*
anti-inflammatoire [ɑ̃tiɛ̃flamatwaʀ] <anti-inflammatoires> *adj* entzündungshemmend
antillais, e [ɑ̃tijɛ, jɛz] *adj* antillisch
Antillais, e [ɑ̃tijɛ, ɛz] *m, f* Bewohner(in) *m(f)* der Antillen
Antilles [ɑ̃tij] *fpl* **les ~** die Antillen
antilope [ɑ̃tilɔp] *f* Antilope *f*
antimilitariste [ɑ̃timilitaʀist] *adj* antimilitaristisch
antimite [ɑ̃timit] I. *adj* gegen Motten II. *m* Mottenschutzmittel *nt*
antipathie [ɑ̃tipati] *f* ~ **pour qn/qc** Abneigung *f* gegen jdn/etw
antipathique [ɑ̃tipatik] *adj* unsympathisch
antipelliculaire [ɑ̃tipelikylɛʀ] *adj* gegen Schuppen
antipode [ɑ̃tipɔd] *m* GEO Ort *m* auf der anderen Seite der Erdkugel

A

antipoison [ɑ̃tipwazɔ̃] *adj inv* **centre** ~ *Spezialklinik für Vergiftungen*

antipolio [ɑ̃tipɔljo] *adj inv abr de* **antipolio-myélitique** gegen Kinderlähmung

antiquaire [ɑ̃tikɛʀ] *mf* Antiquitätenhändler(in) *m(f)*

antique [ɑ̃tik] *adj* antik

antiquité [ɑ̃tikite] **I.** *f sans pl* ❶ HIST **l'Antiquité** *(ancienne civilisation)* das Altertum; *(civilisation gréco-romaine)* die Antike ❷ *(période très reculée)* Vorzeit *f* **II.** *fpl* ❶ *(œuvres d'art antiques)* Altertümer *Pl* ❷ *(objets anciens)* Antiquitäten *Pl*

Antiquité [ɑ̃tikite] *f sans pl* **l'~** die Antike

antiquités [ɑ̃tikite] *fpl* Antiquitäten *Pl*

antireflet [ɑ̃tiʀəflɛ] *adj* Antireflex-

antirides [ɑ̃tiʀid] *adj* gegen Falten

antirouille [ɑ̃tiʀuj] *adj inv* Rostschutz-

antisèche [ɑ̃tisɛʃ] *f fam* Spickzettel *m*

antisémite [ɑ̃tisemit] *adj* antisemitisch

antisémitisme [ɑ̃tisemitism] *m* Antisemitismus *m*

antiseptique [ɑ̃tisɛptik] *adj* antiseptisch

antitabac [ɑ̃titaba] *adj inv* gegen das Rauchen

antithèse [ɑ̃titɛz] *f* PHILOS Antithese *f*

anti-virus [ɑ̃tiviʀys] *adj inv* INFORM *(programme)* Antiviren-

antivol [ɑ̃tivɔl] *m (d'un vélo)* [Fahrrad]schloss *nt*

antonyme [ɑ̃tɔnim] *m* Antonym *nt*

anus [anys] *m* After *m*

Anvers [ɑ̃vɛʀ] Antwerpen *nt*

anxiété [ɑ̃ksjete] *f* Angst *f*

anxieusement [ɑ̃ksjøzmɑ̃] *adv* ängstlich

anxieux, -euse [ɑ̃ksjø, -jøz] **I.** *adj* ängstlich **II.** *m, f* ängstlicher Mensch

AOC [aose] *abr de* **appellation d'origine contrôlée** *Qualitätsmerkmal für Wein oder Käse aus einem bestimmten Anbaugebiet*

AOC-Weine sind Weine mit kontrollierter Herkunftsbezeichnung. Die Rebsorte und das Herstellungsverfahren sind vorgeschrieben. In Frankreich gibt es ca. 460 Weine mit dem angesehenen AOC-Prädikat. Auf 40% der gesamten Weinanbaufläche Frankreichs werden **AOC-Weine** angebaut.

aorte [aɔʀt] *f* Aorta *f*

août [u(t)] *m* August *m;* **en** ~ im August;

début/fin ~ Anfang/Ende August; **pendant tout le mois d'**~ den ganzen August über; **le 15** ~, **c'est l'Assomption** der 15. August ist Mariä Himmelfahrt

aoûtien, ne [ausjɛ̃, jɛn] *m, f* Augusturlauber(in) *m(f)*

apaisement [apɛzmɑ̃] *m* Beruhigung *f*

apaiser [apeze] <1> **I.** *vt* beruhigen; *(douleur)* lindern **II.** *vpr* **s'**~ *(douleur)* nachlassen; *(colère, tempête)* sich legen

aparté [apaʀte] *m (entretien)* vertrauliches Gespräch

apartheid [apaʀtɛd] *m* Apartheid *f*

apathie [apati] *f* Apathie *f*

apathique [apatik] *adj* apathisch

apatride [apatʀid] *mf* Staatenlose(r) *f(m)*

apercevoir [apɛʀsəvwaʀ] <12> **I.** *vt* ❶ *(entrevoir)* flüchtig wahrnehmen ❷ *(remarquer)* bemerken **II.** *vpr* ❶ *(se voir)* **s'**~ sich sehen ❷ *(se rendre compte)* **s'**~ **de qc/de la présence de qn** etw/jdn bemerken

aperçu [apɛʀsy] *m* kurzer Überblick; INFORM Seitenansicht *f*

apéritif [apeʀitif] *m* Aperitif *m*

apéro [apeʀo] *m fam abr de* **apéritif**

apesanteur [apəzɑ̃tœʀ] *f* Schwerelosigkeit *f*

à-peu-près [apøpʀɛ] *m inv (approximation)* **c'est de l'**~ das ist alles nur so ungefähr

apeuré, e [apœʀe] *adj* verängstigt

aphone [afɔn] *adj* ohne Stimme

aphrodisiaque [afʀɔdizjak] *m* Aphrodisiakum *nt*

aphte [aft] *m* MED Aphthe *f*

à-pic [apik] <à-pics> *m* Steilhang *m;* *(en bord de mer)* Kliff *nt*

apiculteur, -trice [apikyltœʀ, -tʀis] *m, f* Imker(in) *m(f)*

apitoiement [apitwamɑ̃] *m* ~ **sur qn** Mitleid *nt* mit jdm

apitoyer [apitwaje] <6> *vpr* **s'**~ **sur qn/qc** jdn/etw bemitleiden

aplanir [aplaniʀ] <8> *vt (niveler)* einebnen

aplati, e [aplati] *adj* platt [gedrückt]

aplatir [aplatiʀ] <8> **I.** *vt* platt drücken **II.** *vpr (se plaquer)* **s'**~ **contre qc** sich gegen etw drücken; *(s'écraser)* gegen etw prallen

aplomb [aplɔ̃] *m* ❶ *(équilibre)* Gleichgewicht *nt;* *(verticalité)* Lot *nt;* **d'**~ senkrecht ❷ *(assurance)* Selbstsicherheit *f*

apnée [apne] *f* SPORT Tauchen *nt* ohne Sauerstoffgerät

apnéiste [apneist] *mf* Apnoetaucher(in) *m(f)*

apocalypse [apɔkalips] *f* Apokalypse *f*

apocalyptique [apɔkaliptik] *adj* apokalyptisch

apogée [apɔʒe] *m* Höhepunkt *m*

apolitique [apɔlitik] *adj* unpolitisch

apologie [apɔlɔʒi] *f* ❶ (*éloge*) Verherrlichung *f* ❷ (*justification*) Verteidigung *f*

a posteriori [a pɔsterjɔri] *adv* im Nachhinein, nachträglich

apostrophe [apɔstrɔf] *f* ❶ Apostroph *m* ❷ (*interpellation*) barscher Zuruf

apostropher [apɔstrɔfe] <1> *vt* anfahren

apo·théose [apɔteoz] *f* Höhepunkt *m*

apôtre [apotr] *m* ❶ REL, HIST Jünger *m* ❷ (*propagateur d'une idée*) Verfechter(in) *m(f)*

apparaître [aparɛtr] <irr> *vi* + *être* ❶ (*se montrer*) erscheinen ❷ (*surgir: difficulté, fièvre*) auftreten ❸ (*sembler*) ~ **grand à qn** jdm groß scheinen

appareil [aparɛj] *m* ❶ (*machine, instrument*) Gerät *nt*; ~ **photo|graphique** Fotoapparat *m*; ~**s ménagers** Haushaltsgeräte *Pl* ❷ (*prothèse*) Prothese *f*; (*dentaire*) Zahnspange *f*; (*dentier*) Gebiss *nt*; ~ **auditif** Hörgerät *nt* ❸ (*avion*) Maschine *f* ❹ ANAT ~ **digestif** Verdauungsapparat *m*; ~ **circulatoire** Kreislaufsystem *nt*; ~ **respiratoire** Atmungsorgane *Pl*

appareillage [aparɛjaʒ] *m* NAUT Auslaufen *nt*

appareiller [apareje] <1> *vi* ablegen

apparemment [aparamɑ̃] *adv* anscheinend; (*vraisemblablement*) offensichtlich

apparence [aparɑ̃s] *f* ❶ (*aspect*) Anblick *m*; ~ **physique** äußeres Erscheinungsbild ❷ (*ce qui semble être*) [An]schein *m* ▸**sauver** les ~**s** den Schein wahren

apparent, e [aparɑ̃, ɑ̃t] *adj* ❶ (*visible*) sichtbar ❷ (*évident, manifeste*) offensichtlich

apparenté, e [aparɑ̃te] *adj* (*parent*) ~ **à qn/qc** mit jdm/etw verwandt

apparenter [aparɑ̃te] <1> *vpr* **s'~ à qc** ❶ (*ressembler*) einer S. (*dat*) ähneln ❷ (*se lier par mariage*) in etw (*akk*) einheiraten

apparition [aparisjɔ̃] *f* ❶ (*d'une personne*) Erscheinen *nt*; (*d'un acteur*) Auftritt *m* ❷ *sans pl* (*d'un phénomène*) Auftreten *nt*; (*d'une étoile*) Erscheinen *nt* ❸ (*d'un être surnaturel*) Erscheinung *f* ❹ (*fantôme*) Gespenst *nt*

appart [apar] *m fam abr de* **appartement**

appartement [apartəmɑ̃] *m* (*habitation*) Wohnung *f*

appartenance [apartənɑ̃s] *f* (*dépendance: à un parti*) Mitgliedschaft *f*

appartenir [apartənir] <9> I. *vi* ❶ (*être la propriété de*) ~ **à qn** jdm gehören ❷ (*faire partie de*) ~ **à qc** einer S. (*dat*) angehören II. *vi impers* **il appartient à qn de faire qc** es ist jds Sache, etw zu tun

appât [apɑ] *m* Köder *m*

appâter [apɑte] <1> *vt* (*allécher*) locken

appauvrir [apovrir] <8> *vt* (*personne*) arm machen; (*pays*) verarmen lassen

appauvrissement [apovrismɑ̃] *m* Verarmung *f*

appel [apɛl] *m* ❶ (*cri*) Ruf *m* ❷ (*signal*) Zeichen *nt* ❸ (*demande*) Appell *m*; **faire ~ à qn/qc** an jdn/etw appellieren ❹ (*exhortation*) ~ **à qc** Aufruf *f* zu etw; **lancer un ~ à qn** einen Appell an jdn richten ❺ (*vérification de présence*) **faire l'~** die Namen aufrufen ❻ TELEC Anruf *m* ❼ INFORM Aufruf *m* ▸**faire** ~ Berufung einlegen; ~ **d'offres** Ausschreibung *f*

appelé, e [aple] *m, f* MIL Einberufene(r) *m*

appeler [aple] <4> I. *vt* ❶ rufen ❷ (*faire venir*) |herbei|rufen ❸ (*téléphoner à*) anrufen ❹ (*nommer*) nennen; ~ **qn par son prénom** jdn mit seinem Vornamen anreden ❺ (*désigner*) ~ **qn à un poste** jdm eine Stelle zuteilen ❻ (*se référer à*) **en ~ à qc** an etw (*akk*) appellieren ❼ INFORM aufrufen II. *vi* (*héler*) rufen; (*téléphoner*) anrufen III. *vpr* **s'~** heißen; **comment t'appelles-tu/s'appelle cette plante?** wie heißt du/diese Pflanze?; **je m'appelle** ich heiße

appellation [apelasjɔ̃] *f* Bezeichnung *f*; ~ **d'origine** Herkunftsbezeichnung

appendice [apɛ̃dis] *m* Anhang *m*

appendicite [apɛ̃disit] *f* Blinddarmentzündung *f*

appétissant, e [apetisɑ̃, ɑ̃t] *adj* appetitanregend

appétit [apeti] *m* Appetit *m*; **donner de/couper l'~ à qn** jdm Appetit machen/den Appetit verderben

applaudir [aplodir] <8> I. *vi* [Beifall] klatschen II. *vt* ~ **qn/qc** jdm/etw applaudieren

applaudissements [aplodismɑ̃] *mpl* Applaus *m*

A

applicable [aplikabl] *adj* ~ **à qn/qc** anwendbar auf jdn/etw

application [aplikasjɔ̃] *f* ❶ (*pose*) Auftragen *nt* ❷ (*utilisation*) *a.* INFORM Anwendung *f*; ❸ (*mise en pratique: d'une idée*) Umsetzung *f*; **mettre en ~** praktisch anwenden

applique [aplik] *f* Wandleuchte *f*

appliqué, e [aplike] *adj* (*élève*) fleißig

appliquer [aplike] <1> I. *vt* ❶ (*poser*) auftragen ❷ (*mettre en pratique*) |praktisch| anwenden; (*décision*) ausführen; (*règlement*) befolgen II. *vpr* **s'~ à faire qc** sich (*dat*) Mühe geben etw zu tun

appoint [apwɛ̃] *m* Zubrot *nt* ▶**faire l'~** eine Geldsumme passend geben

appontement [apɔ̃tmɑ̃] *m* Landungsbrücke *f*

apport [apɔʀ] *m* **l'~ de qn/qc à qc** jds Beitrag/der Beitrag einer S. (*gen*) zu etw

apporter [apɔʀte] <1> *vt* ❶ bringen; **~ sa contribution à qc** seinen Beitrag zu etw leisten ❷ (*avec soi*) mitbringen ❸ (*preuve*) liefern ❹ (*profiter à*) **~ beaucoup à qn/qc** jdm/einer S. viel geben

apposer [apoze] <1> *vt* **~ qc sur qc** (*timbre*) etw an etw (*dat*) aufkleben; (*signature*) etw unter etw (*akk*) setzen

apposition [apozisjɔ̃] *f* LING Apposition *f*

appréciable [apʀesjabl] *adj* beachtlich

appréciation [apʀesjasjɔ̃] *f* Beurteilung *f*

apprécier [apʀesje] <1> I. *vt* ❶ (*distance, vitesse*) abschätzen ❷ (*aimer*) schätzen II. *vi* **il n'a pas apprécié!** das hat ihm gar nicht gefallen!; **je vous laisse ~** ich lasse Sie selbst urteilen

appréhender [apʀeɑ̃de] <1> *vt* ❶ (*redouter*) **~ de faire qc** Angst haben etw zu tun ❷ (*arrêter*) fassen

appréhension [apʀeɑ̃sjɔ̃] *f* Befürchtung *f*; **avec ~** ängstlich

apprendre [apʀɑ̃dʀ] <13> I. *vt* ❶ (*informer*) **~ qc à qn** jdm etw mitteilen; **~ qc par qn/qc** von einer S. durch jdn/etw erfahren ❷ (*leçon, langue*) lernen; (*science, art, métier, technique*) lernen; **~ à faire qc** lernen etw zu tun ❸ (*enseigner*) beibringen II. *vi* lernen

apprenti, e [apʀɑ̃ti] *m, f* Lehrling *m*, Auszubildende(r) *f(m)*

apprentissage [apʀɑ̃tisaʒ] *m* (*formation*) Lehre *f*; **être en ~** in der Lehre sein

apprêté, e [apʀete] *adj* affektiert

apprêter [apʀete] <1> *vpr* **s'~ à faire qc** im Begriff sein etw zu tun

apprivoiser [apʀivwaze] <1> *vt* zähmen

approbateur, -trice [apʀɔbatœʀ, -tʀis] *adj* zustimmend

approbation [apʀɔbasjɔ̃] *f* Zustimmung *f*

approche [apʀɔʃ] *f* ❶ Näherkommen *nt*; (*d'un événement, danger*) |Heran|nahen *nt* ❷ (*manière d'aborder un sujet*) Vorgehensweise *f*; **l'~ du problème** der Problemansatz; **une ~** eine Einführung

approcher [apʀɔʃe] <1> I. *vi* näher kommen; (*moment, date*) näher rücken; (*saison*) nahen; (*nuit*) hereinbrechen; (*orage*) |her|aufziehen II. *vt* ❶ (*mettre plus près*) **~ qc de qn/qc** etw an jdn/etw näher heranschieben; **elle approche son visage du sien** sie nähert ihr Gesicht dem seinen/ihren ❷ (*venir plus près*) **~ qn** sich jdm nähern; **ne m'approche pas!** komm mir nicht zu nahe! III. *vpr* **s'~ de qn/qc** sich jdm/einer S. nähern

approfondi, e [apʀɔfɔ̃di] *adj* gründlich; (*connaissance*) fundiert

approfondir [apʀɔfɔ̃diʀ] <8> *vt* (*trou*) vertiefen; (*sujet*) sich näher beschäftigen mit; (*connaissances*) erweitern

approprié, e [apʀɔpʀije] *adj* **~ à qc** für etw geeignet

approprier [apʀɔpʀije] <1> *vpr* **s'~ qc** sich (*dat*) etw aneignen

approuver [apʀuve] <1> *vt* ❶ (*agréer*) **~ qn/qc** jdm zustimmen/etw gutheißen; **~ que + subj** es begrüßen, dass ❷ JUR (*projet de loi*) annehmen

approvisionnement [apʀɔvizjɔnmɑ̃] *m* **~ en qc** Versorgung *f* mit etw

approvisionner [apʀɔvizjɔne] <1> I. *vt* **~ en qc** (*ville*) mit etw versorgen; (*magasin*) mit etw beliefern; (*compte*) mit etw auffüllen II. *vpr* **s'~ en qc** sich mit etw versorgen

approximatif, -ive [apʀɔksimatif, iv] *adj* ungefähr

approximation [apʀɔksimasjɔ̃] *f* |ungefähre| Schätzung *f*

approximativement [apʀɔksimativmɑ̃] *adv* ungefähr

appui [apɥi] *m* ❶ (*support*) Stütze *f* ❷ (*aide*) Unterstützung *f*

appuie-tête [apɥitɛt] <appuie-tête[s]> *m* Kopfstütze *f*

appuyer [apɥije] <6> I. *vi* ❶ (*presser*) **~ sur**

qc (avec la main/le pied) drücken/treten auf etw (akk) ❷ (insister sur) ~ **sur qc** (prononciation) etw betonen; (argumentation) etw hervorheben II. vt ❶ (poser) ~ **qc contre/sur qc** etw gegen etw lehnen/auf etw (akk) stützen ❷ (presser) ~ **sa main/son pied sur qc** mit der Hand auf etw (akk) drücken/mit dem Fuß auf etw (akk) treten ❸ (soutenir) unterstützen III. vpr **s'~ contre qn/qc** sich an jdn/etw [an]lehnen; **s'~ sur qn/sur qc** sich auf jdn/etw stützen; (compter sur) sich auf jdn/etw verlassen

âpre [ɑpʀ] adj a. fig herb

après [apʀɛ] I. prép ❶ (temporel) nach (+ dat); **bien/peu ~ qc** lange/kurz nach etw; ~ **avoir fait qc** nachdem jd etw getan hat ❷ (plus loin que) nach (+ dat) ❸ (derrière) hinter (+ dat); **courir ~ l'autobus** dem Bus hinterherrennen; ~ **toi/vous!** [bitte] nach dir/nach Ihnen! ❹ (chaque) **page ~ page** Seite für Seite ❺ (selon) **d'~ qn/qc** nach jdm/etw II. adv ❶ (plus tard, ensuite) danach; (par la suite) nachher; **longtemps/peu ~** viel später/bald darauf ❷ (plus loin, derrière) dahinter ❸ (à part ça) ansonsten ❹ fam (à la suite de) hinterher ❺ (qui suit) **d'~** danach ▶**et ~?** fam [na] und?; ~ **tout** schließlich III. conj ~ **que** nachdem

après-demain [apʀɛdmɛ̃] adv übermorgen

après-guerre [apʀɛɡɛʀ] <après-guerres> m Nachkriegszeit f **après-midi** [apʀɛmidi] I. m o f inv Nachmittag m; **cet|te| ~** heute Nachmittag; |dans| l'~ am Nachmittag; **4 heures de l'~** 4 Uhr nachmittags II. adv **mardi ~** |am| Dienstagnachmittag; **demain ~** morgen Nachmittag; **tous les lundis ~** montagnachmittags

après-11-septembre [apʀɛɔ̃zsɛptɑ̃bʀ] sans pl m l'~ die Zeit nach dem 11. September (dem Tag des Attentats auf das World Trade Center in New York) **après-rasage** [apʀɛʀazaʒ] m inv Rasierwasser nt **après-ski** [apʀɛski] m inv Schneestiefel m **après-vente** [apʀɛvɑ̃t] m inv Kundendienst m

âpreté [ɑpʀəte] f ❶ (d'un vin) Herbheit f ❷ (d'un paysage, d'une voix) Rauheit f

a priori [apʀijɔʀi] I. adv a priori II. m inv Apriori nt

à-propos [apʀɔpo] m **esprit d'~** Schlagfertigkeit f

apte [apt] adj geeignet

aptitude [aptityd] f Eignung f

aquarelle [akwaʀɛl] f Aquarell nt

aquarium [akwaʀjɔm] m Aquarium nt

aquatique [akwatik] adj Wasser-

aqueduc [akdyk] m Aquädukt m o nt

aquilin [akilɛ̃] adj **un nez ~** eine Adlernase

Aquitaine [akitɛn] f l'~ Aquitanien nt

arabe [aʀab] I. adj arabisch; v.a. **allemand** II. m Arabisch nt; v.a. **allemand**

Arabe [aʀab] mf Araber(in) m(f)

arabesque [aʀabɛsk] f Arabeske f

Arabie [aʀabi] f l'~ |Saoudite| |Saudi-|Arabien nt

arachide [aʀaʃid] f ❶ (plante) Erdnuss f ❷ CAN (cacahouète) **des ~s salées** gesalzene Erdnüsse Pl

araignée [aʀeɲe] f Spinne f

arbalète [aʀbalɛt] f Armbrust f

arbitrage [aʀbitʀaʒ] m SPORT Schiedsrichteramt nt

arbitraire [aʀbitʀɛʀ] adj willkürlich

arbitrairement [aʀbitʀɛʀmɑ̃] adv willkürlich

arbitre [aʀbitʀ] mf ❶ SPORT Schiedsrichter(in) m(f) ❷ (conciliateur) Vermittler(in) m(f)

arbitrer [aʀbitʀe] <1> vt ~ **qc** bei etw schlichten; SPORT bei etw Schiedsrichter(in) sein

arborer [aʀbɔʀe] <1> vt (drapeau) hissen

arborescence [aʀbɔʀesɑ̃s] f INFORM Baumstruktur f

arboriculteur, -trice [aʀbɔʀikyltœʀ, tʀis] m, f Baumpfleger(in) m(f)

arbre [aʀbʀ] m ❶ BOT Baum m ❷ TECH Welle f

arbuste [aʀbyst] m Strauch m

arc [aʀk] m Bogen m; ~ **de triomphe** Triumphbogen

arcade [aʀkad] f Arkade f

arc-boutant [aʀkbutɑ̃] <arcs-boutants> m ARCHIT Strebebogen m **arc-bouter** [aʀkbute] <1> vpr **s'~ contre qc** sich gegen etw stemmen

arceau [aʀso] <x> m kleiner Bogen

arc-en-ciel [aʀkɑ̃sjɛl] <arcs-en-ciel> m Regenbogen m

archaïque [aʀkaik] adj archaisch; (mot, tournure) veraltet

archaïsme [aʀkaism] m ❶ (caractère désuet) Veraltetsein nt ❷ LING Archaismus m

A

arche [aʀʃ] *f* ❶ Bogen *m* ❷ REL ~ **de Noé** Arche *f* Noah

archéologie [aʀkeɔlɔʒi] *f* Archäologie *f*

archéologique [x] *adj* archäologisch

archéologue [aʀkeɔlɔg] *mf* Archäologe/-login *m/f*

archet [aʀʃɛ] *m* Bogen *m*

archétype [aʀketip] *m* Archetyp[us] *m*

archevêché [aʀʃəveʃe] *m* Erzbistum *nt*

archevêque [aʀʃəvɛk] *m* Erzbischof *m*

archiconnu, e [aʀʃikɔny] *adj* überall bekannt

archiduc, archiduchesse [aʀʃidyk, aʀʃidyʃɛs] *m, f* Erzherzog(in) *m(f)*

archipel [aʀʃipɛl] *m* Archipel *m*

architecte [aʀʃitɛkt] *mf* Architekt(in) *m(f)*

architectural, e [aʀʃitɛktyʀal, o] < -aux> *adj* architektonisch

architecture [aʀʃitɛktyʀ] *f* Architektur *f*; INFORM Struktur *f*

archive [aʀʃiv] *f* INFORM Archiv *nt*

archiver [aʀʃive] <1> *vt* archivieren

archives [aʀʃiv] *fpl* Archiv *nt*

archiviste [aʀʃivist] *mf* Archivar(in) *m(f)*

arçon [aʀsɔ̃] *m* Sattelbogen *m*

arctique [aʀktik] *adj* arktisch; (*pôle*) Nord-

Arctique [aʀktik] *m* l'~ die Arktis

ardemment [aʀdamã] *adv* sehnlichst

ardent, e [aʀdã, ãt] *adj* ❶ (*brûlant*) glühend ❷ *fig* (*désir, passion*) brennend; (*amour, lutte*) heiß

ardeur [aʀdœʀ] *f* ❶ (*chaleur*) glühende Hitze ❷ (*force vive*) Heftigkeit *f* ❸ (*zèle*) Begeisterung *f*; ~ **à qc** Eifer *m* bei etw

ardoise [aʀdwaz] I. *f sans pl* Schiefer *m* II. *adj inv* (*couleur*) schieferfarben; (*bleu, gris*) schiefer-

ardu, e [aʀdy] *adj* (*problème, question*) schwierig

are [aʀ] *m* Ar *nt*

arène [aʀɛn] *f* Arena *f*

arête [aʀɛt] *f* ❶ (*d'un poisson*) Gräte *f* ❷ (*bord saillant*) Kante *f*

argent [aʀʒã] I. *m* ❶ Geld *nt*; ~ **de poche** Taschengeld *nt* ❷ (*métal*) Silber *nt* II. *adj inv* (*couleur*) Silber-

argenté, e [aʀʒãte] *adj* ❶ (*couleur, reflets*) silbern ❷ (*recouvert d'argent*) versilbert

argenterie [aʀʒãtʀi] *f sans pl* Silbergeschirr *nt*

argentin, e [aʀʒãtɛ̃, in] *adj* argentinisch

Argentin, e [aʀʒãtɛ̃, in] *m, f* Argentinier(in) *m(f)*

Argentine [aʀʒãtin] *f* l'~ Argentinien *nt*

argile [aʀʒil] *f* Ton *m*

argileux, -euse [aʀʒilø
, -øz] *adj* tonhaltig

argot [aʀgo] *m* ❶ *sans pl* (*langue verte*) Argot *m* o *nt* ❷ (*langage particulier*) Jargon *m*

argotique [aʀgɔtik] *adj* **expression ~** Argotausdruck *m*

argument [aʀgymã] *m* Argument *nt*

argumentation [aʀgymãtasjɔ̃] *f* Argumentation *f*

argumenter [aʀgymãte] <1> *vi* argumentieren

Argus [aʀgys] *m* ≈ Schwackeliste *f*

aride [aʀid] *adj* trocken

aridité [aʀidite] *f sans pl* Trockenheit *f*

aristocrate [aʀistɔkʀat] *mf* Aristokrat(in) *m(f)*

aristocratie [aʀistɔkʀasi] *f* Aristokratie *f*

aristocratique [aʀistɔkʀatik] *adj* aristokratisch

arithmétique [aʀitmetik] I. *f* ❶ SCOL Rechnen *nt* ❷ (*science*) Arithmetik *f* II. *adj* arithmetisch

arlequin [aʀləkɛ̃] *m* Harlekin *m*

armada [aʀmada] *f* Heer *nt*

armagnac [aʀmaɲak] *m* Armagnac *m*

armateur [aʀmatœʀ] *m* Reeder(in) *m(f)*

armature [aʀmatyʀ] *f* Gerüst *nt*; (*d'une tente*) Gestänge *nt*; (*d'un soutien-gorge*) Bügel *Pl*

arme [aʀm] *f* Waffe *f*; ~**s de destruction massive** Massenvernichtungswaffen

armé, e [aʀme] *adj* bewaffnet

armée [aʀme] *f* Armee *f*; **être à l'~** seinen Militärdienst absolvieren; ~ **du Salut** Heilsarmee

armement [aʀməmã] *m* Bewaffnung *f*; (*d'un pays*) Rüstung *f*

Arménie [aʀmeni] *f* l'~ Armenien *nt*

arménien [aʀmenjɛ̃] *m* Armenisch *nt*; *v.a.* allemand

arménien, ne [aʀmenjɛ̃, jɛn] *adj* armenisch; *v.a.* allemand

Arménien, ne [aʀmenjɛ̃, jɛn] *m, f* Armenier(in) *m(f)*

armer [aʀme] <1> I. *vt* ❶ (*soldat, pays*) bewaffnen ❷ (*fusil*) laden; (*appareil photo*) spannen ❸ (*équiper*) ausrüsten II. *vpr* ❶ **s'~** (*soldat*) sich bewaffnen ❷ *fig* **s'~ de patience** sich mit Geduld wappnen

armistice [aʀmistis] *m* Waffenstillstand *m*

Am 11. November wird in Frankreich der Feiertag **l'Armistice** begangen. An diesem Tag wird des Waffenstillstands gedacht, der am 11.11.1918 den Ersten Weltkrieg beendete. Am *Arc de Triomphe* in Paris findet am Grab des Unbekannten Soldaten eine offizielle Kranzniederlegung statt.

armoire [aʀmwaʀ] *f* Schrank *m*

armoiries [aʀmwaʀi] *fpl* Wappen *nt*

armure [aʀmyʀ] *f* MIL Rüstung *f*

armurerie [aʀmyʀʀi] *f* (*commerce*) Waffenhandlung *f*

armurier [aʀmyʀje] *m* Waffenhändler(in) *m(f)*

arnaque [aʀnak] *f fam* Betrug *m*

arnaquer [aʀnake] <1> *vt fam* übers Ohr hauen

arnaqueur, -euse [aʀnakœʀ, -øz] *m, f fam* Betrüger(in) *m(f)*

arobas [aʀɔba(z)] *m* INFORM at *nt*

aromate [aʀɔmat] *m* Gewürzkraut *nt*

aromatiser [aʀɔmatize] <1> *vt* (*aliments*) würzen

arôme, arome [aʀom] *m* Aroma *nt;* (*d'un vin*) Bouquet *nt*

arpenter [aʀpɑ̃te] <1> *vt* ❶ (*parcourir: pièce*) durchmessen ❷ (*mesurer*) vermessen

arqué, e [aʀke] *adj* **avoir les jambes ~es** O-Beine haben (*fam*)

arrache-pied [aʀaʃpje] *adv* **d'~** (*lutter, travailler*) unermüdlich

arracher [aʀaʃe] <1> **I.** *vt* ❶ herausreißen; (*arbre*) entwurzeln; (*clou*) herausziehen; (*dent*) ziehen ❷ (*affiche*) abreißen ❸ (*prendre*) ~ **qn des mains de qn** jdn jds Händen entreißen; ~ **qc des mains de qn** jdm etw aus den Händen reißen **II.** *vpr* (*se disputer*) **s'~ qn/qc** sich um jdn/etw reißen ▶**s'~ les cheveux** sich (*dat*) die Haare ausreißen

arrangeant, e [aʀɑ̃ʒɑ̃, ʒɑ̃t] *adj* umgänglich

arrangement [aʀɑ̃ʒmɑ̃] *m* ❶ Zusammenstellung *f* ❷ (*accord*) Einigung *f* ❸ MUS Arrangement *nt*

arranger [aʀɑ̃ʒe] <2a> **I.** *vt* ❶ ordnen; (*pièce*) einrichten ❷ (*organiser*) organisieren; (*rencontre*) arrangieren ❸ (*régler*) regeln; (*réparer*) in Ordnung bringen ❹ (*contenter*) ~ **qn** jdm gelegen kommen; **ça m'arrange** [**que** + *subj*] es passt mir gut[, dass] ❺ *fam* (*malmener*) übel zurichten **II.** *vpr* **s'~** ❶ (*se*

mettre d'accord) sich einigen ❷ (*s'améliorer: problème*) sich regeln; (*situation*) sich bessern ❸ (*se débrouiller*) **s'~ pour que** + *subj* es sich (*dat*) so einrichten, dass

arrestation [aʀɛstasjɔ̃] *f* Verhaftung *f*

arrêt [aʀɛ] *m* ❶ (*d'une machine, d'un moteur*) Abstellen *nt;* (*d'un réacteur*) Abschalten *nt;* (*des négociations, hostilités*) Einstellen *nt;* (*de la production*) Einstellung *f;* ~ **cardiaque** Herzstillstand *m;* **sans ~** unaufhörlich; **en ~ maladie** krankgeschrieben sein ❷ AUT Halt *m;* **dix minutes d'~** zehn Minuten Aufenthalt; **rester** [*o* **tomber**] **en ~** stehen bleiben ❸ (*station*) Haltestelle *f*

arrêté [aʀete] *m* Erlass *m*

arrêté, e [aʀete] *adj* fest; *péj* festgefahren

arrêter [aʀete] <1> **I.** *vi* ~ **de faire qc** aufhören etw zu tun **II.** *vt* ❶ (*stopper*) anhalten; (*télé, machine*) ausmachen; **au voleur, arrêtez-le!** haltet den Dieb! ❷ (*terminer, abandonner*) aufhören mit ❸ (*interrompre*) unterbrechen ❹ (*bloquer*) aufhalten ❺ (*faire prisonnier*) verhaften ❻ (*date*) festlegen **III.** *vpr* **s'~** ❶ (*s'immobiliser*) stehen bleiben; (*véhicule, chauffeur*) [an]halten ❷ (*cesser*) aufhören; (*épidémie, inflation, production*) zum Stillstand kommen

arrêt-maladie [aʀɛmaladi] <arrêts-maladie> *m* (*congé*) Beurlaubung *f* wegen Krankheit; (*certificat*) Arbeitsunfähigkeitsbescheinigung *f;* **être en ~** krank geschrieben sein

arrhes [aʀ] *fpl* Anzahlung *f*

arriéré [aʀjeʀe] *m* FIN Rückstand *m*

arrière [aʀjɛʀ] **I.** *m* ❶ *sans pl* AUT, NAUT, AVIAT Heck *nt;* (*d'un train*) hinteres Teil; **à l'~ de la voiture** auf dem Rücksitz des Wagens ❷ SPORT Verteidiger(in) *m(f)* ▶**se pencher en ~** sich zurückbeugen; **regarder en ~** (*derrière soi/vers le passé*) nach hinten sehen/zurücksehen; **rester en ~** hinten bleiben; **aller en ~** rückwärts gehen **II.** *adj inv* (*roue*) Hinter-; (*siège*) Rück-

arrière-cour [aʀjɛʀkuʀ] <arrière-cours> *f* Hinterhof *m* **arrière-goût** [aʀjɛʀgu] <arrière-goûts> *m* Nachgeschmack *m* **arrière-grand-mère** [aʀjɛʀgʀɑ̃mɛʀ] <arrière-grands-mères> *f* Urgroßmutter *f* **arrière-grand-père** [aʀjɛʀgʀɑ̃pɛʀ] <arrière-grands-pères> *m* Urgroßvater *m* **arrière-grands-parents** [aʀjɛʀgʀɑ̃paʀɑ̃] *mpl* Urgroßeltern *Pl* **arrière-pays** [aʀjɛʀpei] *m inv* Hinterland *nt* **arrière-petite-fille**

A

[aʀjɛʀpətitfij] <arrière-petites-filles> f Urenkelin f **arrière-petit-fils** [aʀjɛʀpətifis] <arrière-petits-fils> m Urenkel m **arrière-petits-enfants** [aʀjɛʀpətizãfã] mpl Urenkel Pl **arrière-plan** [aʀjɛʀplã] <arrière-plans> m a. fig Hintergrund m **arrière-saison** [aʀjɛʀsɛzɔ̃] <arrière-saisons> f Nachsaison f **arrière-train** [aʀjɛʀtʀɛ̃] <arrière-trains> m ZOOL Hinterteil nt

arrivage [aʀivaʒ] m Lieferung f

arrivant, e [aʀivã, ãt] m, f Ankommende(r) f(m)

arrivée [aʀive] f ❶ Ankunft f ❷ (endroit) Ziel nt ❸ TECH Anschluss m

arriver [aʀive] <1> I. vi + être ❶ (venir, finir) ankommen; ~ |le| **premier** als Erster ankommen ❷ (approcher) kommen ❸ (être acheminé) ~ **par un tuyau** durch ein Rohr kommen ❹ (aller jusque) ~ **aux genoux** bis an die Knie gehen; **il m'arrive à l'épaule** er reicht mir bis zur Schulter ❺ (atteindre) ~ **à qc** (personne) etw erreichen ❻ (réussir) **qn arrive à faire qc** es gelingt jdm etw zu tun ❼ (survenir) **qu'est-ce qui est arrivé?** was ist passiert? ❽ (aboutir) **en** ~ **à faire qc** schließlich etw tun II. vi impers + être (se produire) **qu'est-ce qu'il t'est arrivé?** was ist dir denn passiert?; **il m'arrive de faire qc** (de temps en temps) es kommt vor, dass ich etw tue

arriviste [aʀivist] mf Karrierist(in) m(f)

arrogance [aʀɔgãs] f Arroganz f

arrogant, e [aʀɔgã, ãt] adj arrogant

arrondir [aʀɔ̃diʀ] <8> I. vt ❶ (rendre rond) rund machen ❷ (simplifier) ~ **qc à qc** (vers le haut/le bas) etw auf etw (akk) aufrunden/abrunden II. vpr **s'~** |immer| runder werden

arrondissement [aʀɔ̃dismã] m Arrondissement nt

In Paris, Lyon und Marseille heißen die Stadtbezirke **arrondissements**. Aber auch die Verwaltungsbezirke eines Departements werden so genannt. Paris ist in zwanzig durchnummerierte Arrondissements unterteilt. Diejenigen mit den niedrigen Nummern befinden sich im Zentrum. An der Postleitzahl kann man das Arrondissement ablesen: 75020 Paris steht für „Paris vingtième", also für das zwanzigste Arrondissement.

arrosage [aʀozaʒ] m ❶ (au jet) Sprengen nt ❷ (à l'arrosoir) Gießen nt

arroser [aʀoze] <1> vt ❶ gießen ❷ GASTR a. fig begießen

arrosoir [aʀozwaʀ] m Gießkanne f

arsenal [aʀsənal, o] <-aux> m a. fig Arsenal nt

arsenic [aʀsənik] m Arsen nt

art [aʀ] m Kunst f; **avoir l'~ du compromis** es meisterhaft verstehen Kompromisse zu schließen

artère [aʀtɛʀ] f ❶ ANAT Arterie f ❷ (voie de communication) |Haupt|verkehrsader f

artériel, le [aʀteʀjɛl] adj arteriell

arthrose [aʀtʀoz] f Arthrose f

artichaut [aʀtiʃo] m Artischocke f

article [aʀtikl] m Artikel m; JUR Paragraph m

articulaire [aʀtikylɛʀ] adj Gelenk-

articulation [aʀtikylasjɔ̃] f ❶ Gelenk nt ❷ (prononciation) Artikulieren nt

articulé, e [aʀtikyle] adj (opp: rigide) **une poupée ~e** eine Gliederpuppe

articuler [aʀtikyle] <1> I. vt (prononcer) artikulieren II. vpr **s'~ à qc** (os) durch ein Gelenk mit etw verbunden sein

artifice [aʀtifis] m ❶ (moyen ingénieux) Trick m ❷ souvent pl (tromperie) List f

artificiel, le [aʀtifisjɛl] adj künstlich

artificiellement [aʀtifisjɛlmã] adv künstlich

artificier [aʀtifisje] m ❶ (fabricant, organisateur) Feuerwerker(in) m(f) ❷ (spécialiste du désamorçage) |Bomben|entschärfer(in) m(f)

artillerie [aʀtijʀi] f Artillerie f

artisan, e [aʀtizã, an] m, f Handwerker(in) m(f)

artisanal, e [aʀtizanal, o] <-aux> adj handwerklich; (produit) handgearbeitet

artisanat [aʀtizana] m Handwerk nt

artiste [aʀtist] mf Künstler(in) m(f)

artistique [aʀtistik] adj künstlerisch

aryen, ne [aʀjɛ̃, jɛn] adj arisch

as¹ [a] indic prés de **avoir**

as² [ɑs] m Ass nt

ascendance [asãdãs] f Abstammung f

ascendant [asãdã] m sans pl ~ **sur qn/qc** |starker| Einfluss auf jdn/etw

ascenseur [asãsœʀ] m Aufzug m

ascension [asãsjɔ̃] f ❶ Aufstieg m; **faire l'~ d'une montagne** einen Berg besteigen ❷ sans pl REL **l'Ascension** Christi Himmelfahrt

aseptisé, e [asɛptize] adj ❶ (instrument)

sterilisiert; (*pansement*) keimfrei; (*chambre, plaie*) desinfiziert ❷ *fig* steril

aseptiser [asɛptize] <1> *vt* (*instrument*) sterilisieren; (*chambre, plaie*) desinfizieren

asexué, e [asɛksɥe] *adj* ungeschlechtlich

asiatique [azjatik] *adj* asiatisch

Asiatique [azjatik] *mf* Asiat(in) *m(f)*

Asie [azi] *f* l'~ Asien *nt;* l'~ centrale/Mineure Zentral-/Kleinasien

asile [azil] *m* ❶ Asyl *nt* ❷ (*refuge*) Zufluchtsort *m;* offrir un ~ à qn jdm Unterschlupf gewähren

asocial, e [asɔsjal, jo] <-aux> *adj* asozial

aspect [aspɛ] *m* ❶ *sans pl* Aussehen *nt* ❷ (*point de vue*) Aspekt *m*

asperge [aspɛrʒ] *f* Spargel *m*

asperger [aspɛrʒe] <2a> I. *vt* ~ qn/qc de qc jdn/ɛtw mit etw bespritzen II. *vpr* s'~ de parfum/d'eau sich mit Parfüm besprühen/mit Wasser bespritzen; s'~ le visage d'eau froide sich (*dat*) kaltes Wasser ins Gesicht spritzen

asphalte [asfalt] *m* Asphalt *m*

asphyxie [asfiksi] *f sans pl* Ersticken *nt;* mourir par ~ ersticken

asphyxier [asfiksje] <1> *vt, vpr* [s']~ ersticken

aspic [aspik] *m* GASTR Sülze *f*

aspirant [aspirɑ̃] *m* MIL Offiziersanwärter(in) *m(f)*

aspirateur [aspiratœr] *m* Staubsauger *m;* passer l'~ staubsaugen

aspiration [aspirasjɔ̃] *f* ❶ *sans pl* (*inspiration*) Einatmen *nt* ❷ *sans pl* (*élan*) ~ à la liberté Streben *nt* nach Freiheit ❸ *pl* (*désirs*) Sehnsüchte *Pl*

aspiré, e [aspire] *adj* LING aspiriert

aspirer [aspire] <1> I. *vt* ❶ (*inspirer, inhaler*) einatmen; ~ à pleins poumons tief durchatmen ❷ (*avec la bouche*) [ein]saugen ❸ TECH absaugen II. *vi* (*désirer*) ~ à qc sich nach etw sehnen

aspirine [aspirin] *f* Aspirin® *nt*

assagir [asaʒir] <8> *vpr* s'~ ruhiger werden

assaillant, e [asajɑ̃, jɑ̃t] *m, f* Angreifer(in) *m(f)*

assaillir [asajir] <irr> *vt* angreifen

assainir [asenir] <8> *vt* sanieren

assainissement [asenismɑ̃] *m* ARCHIT Sanierung *f;* (*d'un marécage*) Trockenlegung *f*

assaisonnement [asɛzɔnmɑ̃] *m* ❶ *sans pl*

Würzen *nt;* (*d'une salade*) Anmachen *nt* ❷ (*ingrédient*) Würze *f*

assaisonner [asɛzɔne] <1> *vt* (*plat*) würzen; (*salade*) anmachen

assassin [asasɛ̃] *m* Mörder(in) *m(f)*

assassinat [asasina] *m* ❶ (*action*) Ermordung *f* ❷ (*résultat*) Mord *m*

assassiner [asasine] <1> *vt* ermorden

assaut [aso] *m* ❶ (*ruée*) Ansturm *m* ❷ MIL ~ de qc Sturm *m* auf etw (*akk*); à l'~! Attacke!

assèchement [asɛʃmɑ̃] *m* Trockenlegung *f*

assécher [aseʃe] <5> *vt* trocken legen

ASSEDIC [asedik] *fpl abr de* Association pour l'emploi dans l'industrie et le commerce ❶ (*organisme*) für die Zahlung der Arbeitslosenversicherung in Frankreich zuständige Organisation ❷ (*régime d'assurance*) ≈ Arbeitslosenversicherung *f* ❸ (*cotisation*) ≈ Beitrag *m* für die Arbeitslosenversicherung ❹ (*indemnités*) ≈ Arbeitslosengeld *nt;* toucher les ~ Arbeitslosengeld bekommen

assemblage [asɑ̃blaʒ] *m* (*de pièces mécaniques*) Zusammenbauen *nt;* (*de couleurs*) Zusammenstellung *f*

assemblée [asɑ̃ble] *f* Versammlung *f;* l'Assemblée nationale die Nationalversammlung; l'Assemblée fédérale CH Rat *m* (CH)

Die **Assemblée nationale** ist die erste Kammer des französischen Parlaments. Sie setzt sich aus 577 Abgeordneten zusammen, die nach dem Mehrheitswahlrecht für fünf Jahre gewählt werden.

assembler [asɑ̃ble] <1> I. *vt* zusammensetzen; (*meuble, moteur*) zusammenbauen II. *vpr* s'~ sich versammeln

assembleur [asɑ̃blœr] *m* INFORM Assembler *m*

asseoir [aswar] <irr> I. *vt* ~ qn sur/dans/contre qc jdn auf/in/an etw (*akk*) setzen; faire ~ qn jdn bitten sich zu setzen; être/rester assis sitzen/sitzen bleiben; assis! (*à une personne/un chien*) hingesetzt!/sitz! II. *vpr* s'~ sich [hin]setzen; asseyez-vous! setzt euch!/setzen Sie sich!

assermenté, e [asɛrmɑ̃te] *adj* vereidigt

asservir [asɛrvir] <8> *vt* unterwerfen

assesseur [asesœr] *m* Beisitzer(in) *m(f)*

assez [ase] *adv* ❶ (*suffisamment*) genug; ~

parlé! genug der Worte! ❷ (*plutôt*) ziemlich; **aimer ~ les films de Bergman** die Filme von Bergman ganz gerne sehen ❸ (*quantité suffisante*) **c'est/ce n'est pas ~** das reicht/reicht nicht ❹ (*dans l'ensemble*) **être ~ content de soi** [eigentlich] ganz zufrieden mit sich sein ❺ SCOL **~ bien** ≈ befriedigend ❻ (*exprimant la lassitude*) **~!** genug!; **en voilà ~!** jetzt ist es aber genug!; **j'en ai ~ de tes bêtises!** jetzt reicht's mir aber mit deinen Dummheiten!

assidu, e [asidy] *adj* (*élève*) immer anwesend; (*travail*) ständig

assiduité [asidɥite] *f sans pl* regelmäßige Anwesenheit; **~ au travail** Beharrlichkeit *f* bei der Arbeit

assidûment [asidymã] *adv* (*fréquenter*) regelmäßig, eifrig

assiéger [asjeʒe] <2a, 5> *vt* belagern

assiette [asjɛt] *f* Teller *m*

assignation [asiɲasjɔ̃] *f* Vorladung *f*

assigner [asiɲe] <1> *vt* ❶ (*attribuer*) zuteilen ❷ JUR **~ qn à résidence** jdm einen Aufenthaltsort zuweisen; **~ qn à comparaître** jdn vorladen

assimilation [asimilasjɔ̃] *f* ❶ *fig* (*de connaissances*) Aneignen *nt* ❷ (*intégration*) **~ à qc** Eingliederung *f* in etw (*akk*)

assimiler [asimile] <1> I. *vt* ❶ (*confondre*) **~ qn/qc à qn/qc** jdn/etw mit jdm/etw gleichsetzen; **~ qn à qc** jdn mit etw vergleichen ❷ (*connaissances*) sich (*dat*) aneignen, aufnehmen ❸ (*intégrer*) eingliedern II. *vpr* (*s'intégrer*) **s'~ à qc** sich in etw (*akk*) integrieren

assis, e [asi, iz] I. *part passé de* **asseoir** II. *adj* sitzend

assise [asiz] *f* ❶ ARCHIT (*rangée*) Schicht *f* ❷ *souvent pl* (*fondement*) Grundlage *f*

assises [asiz] *fpl* JUR Schwurgericht *nt*

assistanat [asistana] *m* UNIV, SCOL Assistenz *f*

assistance [asistɑ̃s] *f* ❶ (*public*) Publikum *nt* ❷ (*secours*) Hilfe *f*; (*médicale*) Betreuung; **demander ~ à qn** jdn um Hilfe bitten; **prêter ~ à qn** jdm Hilfe leisten

assistant, e [asistɑ̃, ɑ̃t] *m, f* ❶ (*aide*) Assistent(in) *m(f)*; (*Arzt*)helfer(in) *m(f)*; **~ social** Sozialarbeiter *m* ❷ INFORM **~ personnel** Organizer *m*

assisté, e [asiste] *adj* ❶ SOCIOL **personne ~e** Sozialhilfeempfänger(in) *m(f)* ❷ AUT **di-**

rection ~e Servolenkung *f* ❸ INFORM **dessin ~ par ordinateur** Computer Aided Design *nt;* **traduction ~e par ordinateur** computergestützte Übersetzung

assister [asiste] <1> I. *vi* ❶ (*être présent*) bei etw anwesend sein; (*regarder*) sich (*dat*) etw ansehen; (*participer*) an etw (*dat*) teilnehmen; (*être témoin de*) etw miterleben II. *vt* **~ qn dans qc** jdm bei etw helfen

associatif, -ive [asɔsjatif, -iv] *adj* ❶ PSYCH, MATH assoziativ ❷ (*relatif à une association*) **vie associative** Vereinsleben *nt*

association [asɔsjasjɔ̃] *f* ❶ (*action d'associer*) Vereinigung *f* ❷ (*action de s'associer*) Zusammenschluss *m* ❸ (*groupement*) Organisation *f*; JUR (*opp: société*) Verein *m;* **~ économique/sportive** Wirtschaftsverband *m*/Sportverein *m*

associé, e [asɔsje] I. *m, f* Gesellschafter(in) *m(f)* II. *adj* (*gérant*) teilhabend

associer [asɔsje] <1> I. *vt* (*choses, personnes*) [miteinander] verbinden II. *vpr* ❶ (*s'allier*) **s'~** sich zusammenschließen ❷ (*participer à*) **s'~ à qc** sich an etw (+ *dat*) beteiligen

assoiffé, e [aswafe] *adj* ❶ (*qui a soif*) [sehr] durstig ❷ (*avide*) **~ de vengeance** rachsüchtig

assombrir [asɔ̃bʀiʀ] <8> I. *vt* ❶ (*obscurcir*) verdunkeln ❷ (*personne*) trübsinnig machen II. *vpr* **s'~** sich verdunkeln; (*horizon, visage*) sich verfinstern; (*personne*) trübsinnig werden

assommant, e [asɔmɑ̃, ɑ̃t] *adj fam* nervtötend

assommer [asɔme] <1> *vt* ❶ bewusstlos schlagen ❷ *fam* (*ennuyer*) zu Tode langweilen

Assomption [asɔ̃psjɔ̃] *f* Mariä Himmelfahrt *f*

> Der 15. August, **l'Assomption**, ist ein Feiertag, an dem für viele die Ferien zu Ende gehen. Oft kommt es auf den Straßen zu Verkehrsbehinderungen. Dieses Datum steht in einigen Gegenden Frankreichs auch klimatisch für das Ende des Sommers.

assorti, e [asɔʀti] *adj* (*couleurs, vêtements*) passend; **être ~ à qc** zu etw passen; **être bien/mal ~s** gut/schlecht zusammenpassen

assortiment [asɔʀtimɑ̃] *m* Sortiment *nt;* ~ **de charcuterie** Wurstplatte *f;* ~ **de gâteaux** Gebäckmischung *f*

assortir [asɔʀtiʀ] <8> *vt* (*couleurs, fleurs*) zusammenstellen; ~ **qc à qc** etw auf etw (+ *akk*) abstimmen

assoupi, e [asupi] *adj* ❶ (*somnolent*) dösend ❷ (*affaibli*) abgekühlt; (*douleur*) gelindert

assoupir [asupiʀ] <8> *vpr* **s'~** dösen

assoupissement [asupismɑ̃] *m* Schläfrigkeit *f*

assouplir [asupliʀ] <8> **I.** *vt* ❶ (*cheveux, cuir*) geschmeidig machen; (*linge*) weich machen ❷ (*règlement*) lockern **II.** *vpr* **s'~** ❶ (*devenir plus souple: chaussures*) weich[er] werden; (*cuir*) geschmeidig[er] werden; (*personne*) gelenkig[er] werden ❷ (*devenir moins rigide*) umganglich[er] werden

assouplissant [asuplisɑ̃] *m* Weichspüler *m*

assouplissement [asuplismɑ̃] *m a. fig* Lockerung *f*

assourdir [asuʀdiʀ] <8> **I.** *vt* (*abasourdir*) betäuben **II.** *vpr* **s'~** (*bruit*) schwächer werden

assouvir [asuviʀ] <8> *vt* (*faim, vengeance*) stillen

assujetti, e [asyʒeti] **I.** *adj* unterworfen; ~ **à l'impôt** steuerpflichtig **II.** *m, f* ADMIN (*à l'impôt*) Steuerpflichtige(r) *f(m);* (*à la sécurité sociale*) Beitragspflichtige(r) *f(m)*

assujettir [asyʒetiʀ] <8> *vt* ~ **qn à l'impôt** jdm eine Steuer auferlegen

assumer [asyme] <1> **I.** *vt* (*risque*) auf sich (*akk*) nehmen; (*tâche, responsabilité*) übernehmen **II.** *vi fam* dazustehen

assurance [asyʀɑ̃s] *f* ❶ *sans pl* (*aplomb*) Selbstbewusstsein *nt;* **avec** ~ selbstsicher ❷ (*garantie*) Zusicherung *f* ❸ (*contrat*) Versicherung *f* ❹ (*société*) Versicherung[sgesellschaft *f*| *f*

assuré, e [asyʀe] **I.** *adj* sicher **II.** *m, f* Versicherte(r) *f(m)*

assurément [asyʀemɑ̃] *adv soutenu* gewiss

assurer [asyʀe] <1> **I.** *vt* ❶ versichern ❷ (*protection*) gewährleisten; (*avenir*) sichern ❸ SPORT sichern **II.** *vpr* **s'~** ❶ (*contracter une assurance*) sich versichern ❷ (*vérifier*) sich überzeugen **III.** *vi fam* wissen, wo's langgeht

assureur [asyʀœʀ] *m* Versicherungsträger *m*

astérisque [asteʀisk] *m* Sternchen *nt*

astéroïde [asteʀɔid] *m* Asteroid *m*

asthmatique [asmatik] **I.** *adj* asthmatisch **II.** *mf* Asthmatiker(in) *m(f)*

asthme [asm] *m* Asthma *nt*

asticot [astiko] *m fam* Made *f*

asticoter [astikɔte] <1> *vt fam* nerven

astigmate [astigmat] *adj* astigmatisch

astiquer [astike] <1> *vt* polieren

astral, e [astʀal, o] < -aux> *adj* **signe ~** Sternzeichen *nt*

astre [astʀ] *m* ❶ (*astronomie*) Gestirn *nt* ❷ (*astrologie*) Stern *m*

astreignant, e [astʀɛɲɑ̃, ɑ̃t] *adj* anstrengend

astreindre [astʀɛ̃dʀ] <irr> *vt* ~ **qn à un travail** jdn zu einer Arbeit zwingen

astreinte [astʀɛ̃t] *f* Zwang *m;* JUR Zwangsgeld *nt*

astringent [astʀɛ̃ʒɑ̃] *m* adstringierendes Mittel *nt*

astrologie [astʀɔlɔʒi] *f* Astrologie *f*

astrologique [astʀɔlɔʒik] *adj* astrologisch

astrologue [astʀɔlɔg] *mf* Astrologe/Astrologin *m/f*

astronaute [astʀonot] *mf* Astronaut(in) *m(f)*

astronautique [astʀonotik] *f* Raumfahrt *f*

astronome [astʀɔnɔm] *mf* Astronom(in) *m(f)*

astronomie [astʀɔnɔmi] *f* Astronomie *f*

astronomique [astʀɔnɔmik] *adj a. fig* astronomisch

astrophysique [astʀofizik] *f* Astrophysik *f*

astuce [astys] *f* ❶ *sans pl* (*qualité*) Raffiniertheit *f* ❷ *souvent pl* (*truc*) Trick *m*

astucieux, -euse [astysjø, -jøz] *adj* schlau

asymétrie [asimetʀi] *f* Asymmetrie *f*

asymétrique [asimetʀik] *adj* asymmetrisch

atchoum [atʃum] *interj* hatschi

atelier [atəlje] *m* Werkstatt *f;* (*d'un artiste*) Atelier *m*

athée [ate] **I.** *adj* atheistisch **II.** *mf* Atheist(in) *m(f)*

athéisme [ateism] *m* Atheismus *m*

Athènes [atɛn] Athen *nt*

athlète [atlɛt] *mf* Leichtathlet(in) *m(f)*

athlétique [atletik] *adj* athletisch

athlétisme [atletism] *m* Leichtathletik *f*

atlantique [atlɑ̃tik] *adj* atlantisch; (*côte*) Atlantik-

Atlantique [atlɑ̃tik] *m* **l'~** der Atlantik

atlas [atlɑs] *m* Atlas *m*

atmosphère [atmɔsfɛʀ] *f* ❶ METEO Atmosphäre *f* ❷ (*ambiance*) Stimmung *f*

atmosphérique [atmɔsfeʀik] *adj* atmosphärisch; (*pression*) Luft-

atoll [atɔl] *m* Atoll *nt*

atome [atom] *m* Atom *nt*

atomique [atɔmik] *adj* atomar

atomiser [atɔmize] <1> *vt* (*pulvériser*) zerstäuben

atomiseur [atɔmizœʀ] *m* Zerstäuber *m*

atout [atu] *m* ❶ Trumpf *m* ❷ (*qualité*) Pluspunkt *m*

âtre [ɑtʀ] *m* Feuerstelle *f*

atroce [atʀɔs] *adj* grauenhaft; (*peur*) furchtbar

atrocement [atʀɔsmɑ̃] *adv* furchtbar

atrocité [atʀɔsite] *f* ❶ (*d'un acte*) Abscheulichkeit *f* ❷ *pl* (*action*) Gräuel|taten *Pl*| *Pl* ❸ (*calomnie*) **dire des ~s** Gräuelmärchen erzählen

atrophier [atʀɔfje] <1> *vpr* **s'~** verkümmern

attabler [atable] <1> *vpr* **s'~** sich zu Tisch setzen

attachant, e [ataʃɑ̃, ɑ̃t] *adj* (*personne, personnalité*) fesselnd; (*enfant*) reizend

attache [ataʃ] *f* (*lien*) Befestigung *f*

attaché, e [ataʃe] *m, f* Attaché *m*; **~(e) de presse** Pressesprecher(in) *m(f)*

attaché-case [ataʃekɛz] <attachés-cases> *m* Aktenkoffer *m*

attachement [ataʃmɑ̃] *m* Anhänglichkeit *f*

attacher [ataʃe] <1> I. *vt* ❶ (*fixer*) **~ qn/qc à qc** jdn/etw an etw (*dat*) festmachen; (*avec une corde, ficelle*) jdn/etw an etw (*akk*) anbinden; **~ qn sur/à qc** jdn an etw (*akk*) fesseln ❷ (*lacets, tablier*) binden; (*montre, collier*) zumachen; **~ sa ceinture de sécurité** sich anschnallen ❸ (*cheveux*) zusammenbinden ❹ (*attribuer*) **~ de l'importance à qc** einer S. (*dat*) Bedeutung beimessen II. *vpr* ❶ (*mettre sa ceinture de sécurité*) **s'~** sich anschnallen ❷ (*se lier d'affection*) **s'~ à qn** jdn lieb gewinnen; **être ~ à qn/qc** an jdm/etw hängen

attaquant, e [atakɑ̃, ɑ̃t] *m, f* Angreifer(in) *m(f)*

attaque [atak] *f* ❶ Angriff *m* ❷ MED Anfall *m*

attaquer [atake] <1> I. *vt* ❶ angreifen ❷ (*jugement*) anfechten; **~ qn en justice** jdn verklagen ❸ (*commencer*) beginnen ►**~ le mal à la racine** das Übel an der Wurzel packen II. *vpr* ❶ (*chercher à résoudre*) **s'~ à un problème** ein Problem angehen ❷ (*commencer*) **s'~ à qc** etw in Angriff nehmen

attardé, e [ataʀde] *adj* (*en retard*) verspätet

attarder [ataʀde] <1> *vpr* **s'~** sich verspäten

atteindre [atɛ̃dʀ] <irr> *vt* ❶ erreichen ❷ (*personne, cible*) treffen

atteint, e [atɛ̃, ɛ̃t] *adj* ❶ **malade ~ du cancer** Krebspatient *m* ❷ *fam* übergeschnappt

atteinte [atɛ̃t] *f* ❶ (*préjudice*) Beeinträchtigung *f* ❷ (*portée*) **réputation hors d'~** unantastbares Ansehen; **se mettre hors d'~** sich in Sicherheit bringen

attelage [at(ə)laʒ] *m* (*dispositif: de chevaux*) Geschirr *nt*

atteler [at(ə)le] <3> I. *vt* anspannen II. *vpr* **s'~ à un travail** sich an eine Arbeit machen (*fam*)

attelle [atɛl] *f* Schiene *f*

attenant, e [at(ə)nɑ̃, ɑ̃t] *adj* angrenzend

attendre [atɑ̃dʀ] <14> I. *vt* warten auf (+ *akk*); (*enfant*) erwarten; (*occasion*) abwarten II. *vi* warten III. *vpr* **s'~ à qc** etw erwarten; (*en cas de chose désagréable*) auf etw (*akk*) gefasst sein

attendri, e [atɑ̃dʀi] *adj* gerührt

attendrir [atɑ̃dʀiʀ] <8> I. *vt* rühren II. *vpr* **se laisser ~** sich erweichen lassen; **s'~ sur soi-même** sich selbst bemitleiden

attendrissant, e [atɑ̃dʀisɑ̃, ɑ̃t] *adj* rührend

attendu, e [atɑ̃dy] *adj* (*espéré*) erwartet

attentat [atɑ̃ta] *m* **~ contre qn/qc** Attentat *nt* auf jdn/etw

attente [atɑ̃t] *f* ❶ (*expectative*) **l'~ de qn/qc** das Warten auf jdn/etw; **salle d'~** Wartesaal *m*; **mise en ~** Warteschleife *f* ❷ (*espoir*) **contre toute ~** wider Erwarten

attenter [atɑ̃te] <1> *vi* **~ à sa vie** Selbstmord verüben; **~ à la vie de qn** jdm nach dem Leben trachten (*geh*)

attentif, -ive [atɑ̃tif, -iv] *adj* aufmerksam; **être ~ à qc** auf etw (*akk*) achten

attention [atɑ̃sjɔ̃] *f* Aufmerksamkeit *f*; **avec ~** aufmerksam; **à l'~ de qn** zu jds Händen; **faire ~ à qn/qc** auf jdn/etw aufpassen; **fais ~!** pass |doch| auf!; **~!** Vorsicht!

attentionné, e [atɑ̃sjɔne] *adj* aufmerksam

attentivement [atɑ̃tivmɑ̃] *adv* aufmerksam

atténuation [atenɥasjɔ̃] *f* (*d'un sentiment*) Milderung *f*

A

atténuer [atenɥe] <1> I. *vt* (*douleur*) lindern; (*bruit*) dämpfen II. *vpr* **s'~** nachlassen

atterré, e [atere] *adj* erschüttert

atterrir [ateʀiʀ] <8> *vi* landen

atterrissage [ateʀisaʒ] *m* Landen *nt*; ~ **en catastrophe** Bruchlandung *f*

attestation [atɛstasjɔ̃] *f* Bescheinigung *f*

attester [atɛste] <1> *vt* ~ **qc/que** ... (*personne*) etw bestätigen/bestätigen, dass ...; (*par écrit*) etw bescheinigen/bescheinigen, dass ...; (*document*) ein Beweis für etw sein/dafür sein, dass ...

attirail [atiʀaj] *m fam* Zeug *nt*

attirance [atiʀɑ̃s] *f* Anziehungskraft *f*; **éprouver de l'~ pour qn** sich zu jdm hingezogen fühlen

attirant, e [atiʀɑ̃, ɑ̃t] *adj* (*personne*) anziehend; (*proposition*) verlockend

attirer [atiʀe] <1> I. *vt* ❶ (*personne*) anziehen; (*animal, client*) anlocken ❷ (*intéresser: projet, pays*) ansprechen; ~ **le regard** Aufsehen erregen ❸ (*procurer*) ~ **des ennuis à qn** jdn in Schwierigkeiten bringen II. *vpr* sich anziehen; **s'~ des ennuis** in Schwierigkeiten geraten

attiser [atize] <1> *vt a. fig* schüren

attitré, e [atitʀe] *adj* (*promoteur*) beauftragt

attitude [atityd] *f* Haltung *f*

attouchement [atuʃemɑ̃] *m* Berührung *f*

attractif, -ive [atʀaktif, -iv] *adj* (*prix*) interessant

attraction [atʀaksjɔ̃] *f* ❶ Anziehungskraft *f* ❷ (*divertissement*) Attraktion *f*

attrait [atʀɛ] *m* Reiz *m*

attrape [atʀap] *f* Scherzartikel *m*

attraper [atʀape] <1> I. *vt* ❶ fangen; (*bus, train*) erreichen ❷ (*tromper*) reinlegen (*fam*) ❸ (*maladie*) sich (*dat*) holen; (*punition, amende*) bekommen II. *vpr* **s'~** (*maladie contagieuse*) sich übertragen

attrayant, e [atʀɛjɑ̃, jɑ̃t] *adj* interessant

attribuer [atʀibɥe] <1> *vt* (*prix*) verleihen

attribut [atʀiby] *m* ❶ Attribut *nt* ❷ LING ~ **du sujet** prädikative Ergänzung zum Subjekt

attribution [atʀibysjɔ̃] *f* Zuweisung *f*; (*d'une indemnité*) Gewährung *f*; (*d'un prix*) Verleihung *f*

attristant, e [atʀistɑ̃] *adj* traurig

attrister [atʀiste] <1> *vt* traurig machen

attroupement [atʀupmɑ̃] *m* Menschenansammlung *f*

attrouper [atʀupe] <1> *vpr* **s'~ sur la place** auf dem Platz zusammenströmen

atypique [atipik] *adj* atypisch

au [o] = **à le** *v.* **à**

aubaine [obɛn] *f* Geschenk *nt* des Himmels

aube [ob] *f* Morgendämmerung *f*

aubépine [obepin] *f* [eingriffeliger] Weißdorn

auberge [obɛʀʒ] *f* [Land]gasthaus *nt*; ~ **de jeunesse** Jugendherberge *f*

aubergine [obɛʀʒin] I. *f* Aubergine *f*, Melanzani *f* (A) II. *adj inv* (*couleur*) aubergine[-farben]

aubergiste [obɛʀʒist] *mf* [Gast]wirt(in) *m(f)*

auburn [oboœʀn] *adj inv* kastanienbraun

aucun, e [okœ̃, yn] I. *adj antéposé* ~ ... **ne** ..., **ne** ... ~ ... kein(e); **sans** ~ ohne II. *pron* ~ **ne** ..., **ne** ... ~ keine(r, s); **n'aimer** ~ **ces romans** keinen dieser Romane mögen

aucunement [okynmɑ̃] *adv* keineswegs

audace [odas] *f* ❶ Kühnheit *f* ❷ (*effronterie*) Dreistigkeit *f*

audacieux, -euse [odasjø, -jøz] *adj* ❶ kühn; (*projet, mode*) gewagt ❷ (*effronté*) frech

au-dedans [odədɑ̃] I. *adv* drinnen II. *prép* ~ **de qc** (*sans mouvement*) innerhalb einer S. (*gen*); (*avec mouvement*) in etw (*akk*) [hinein] **au-dehors** [odəɔʀ] I. *adv* ❶ (*sans mouvement*) draußen ❷ (*avec mouvement*) nach [dr]außen ❷ (*dans l'apparence extérieure*) äußerlich II. *prép* ~ **de qc** außerhalb einer S. (*gen*); (*avec mouvement*) aus etw [heraus] **au-delà** [od(ə)la] I. *adv* (*plus loin*) weiter II. *prép* ~ **de qc** (*sans mouvement*) jenseits (*gen*) einer S.; (*avec mouvement*) auf die andere Seite einer S. (*gen*); (*dépassant*) über etw (*akk*) hinaus III. *m* Jenseits *nt* **au-dessous** [od(ə)su] I. *adv* darunter II. *prép* ❶ (*plus bas*) ~ **de qn/qc** unter jdm/etw; ~ **de Lyon** unterhalb von Lyon ❷ (*inférieur, subordonné*) **être** ~ **de qn** unter jdm stehen; **être** ~ **de tout** nutzlos sein **au-dessus** [od(ə)sy] I. *adv* darüber II. *prép* ❶ ~ **de qn/qc** (*sans mouvement*) über jdm/etw; (*avec mouvement*) über jdn/etw; ~ **de Lyon** oberhalb von Lyon ❷ (*supérieur*) **être** ~ **de qn/qc** über jdm/etw (*dat*) stehen **au-devant** [od(ə)vɑ̃] *prép* ~ **de** entgegen (*dat*)

audible [odibl] *adj* hörbar

audience [odjɑ̃s] *f* ❶ Audienz *f*; JUR Ge-

richtsverhandlung f ❷ MEDIA Einschaltquote
f
audimat [odimat] m (*taux d'écoute*) Einschaltquote f
audionumérique [odjonymeʀik] adj digital
audiovisuel [odjovisɥɛl] m TV audiovisuelle
Medien Pl
audiovisuel, le [odjovisɥɛl] adj audiovisuell
audit [odit] m Revision f
auditeur, -trice [oditœʀ, -tʀis] m, f
❶ Zuhörer(in) m(f) ❷ UNIV ~ **libre** Gast-
hörer m
auditif, -ive [oditif, -iv] adj (*mémoire*) audi-
tiv; **appareil** ~ Hörgerät m
audition [odisjɔ̃] f ❶ (*sens*) Hören nt ❷ JUR
Anhörung f ❸ THEAT, CINE (*d'un acteur*) Vorsprechen nt; (*d'un chanteur*) Vorsingen nt;
(*d'un musicien*) Vorspielen nt
auditionner [odisjɔne] <1> I. vt (*acteur*)
vorsprechen lassen; (*musicien*) vorspielen
lassen; (*chanteur*) vorsingen lassen II. vi (*acteur*) vorsprechen; (*musicien*) vorspielen;
(*chanteur*) vorsingen
auditoire [oditwaʀ] m Zuhörerschaft f
auge [oʒ] f ❶ (*abreuvoir*) Tränke f ❷ (*mangeoire*) Futtertrog m
augmentation [ɔgmɑ̃tasjɔ̃] f Erhöhung f;
(*d'une production*) Steigerung f; (*du chômage, de l'inflation*) Zunahme f
augmenter [ɔgmɑ̃te] <1> I. vt erhöhen;
(*misère*) vergrößern; ~ |**le salaire de**| **qn
de 5%** jds Gehalt/Lohn um 5% erhöhen
II. vi steigen; (*impôts*) erhöht werden;
(*marchandise, vie*) teurer werden; (*douleur*) stärker werden
augure[1] [ogyʀ] m **être de bon**/**mauvais** ~
Gutes/nichts Gutes verheißen
augure[2] [ogyʀ] m HIST Augur m
aujourd'hui [oʒuʀdɥi] adv heute; **il y a** ~
huit jours heute vor acht Tagen ▶**c'est
pour** ~ **ou pour demain?** fam wird's bald?
aula [ola] f CH ❶ UNIV (*amphithéâtre*) Hörsaal
m ❷ (*grande salle: d'un établissement scolaire*) Aula f
aulne [o(l)n] m Erle f
aumône [omon] f Almosen nt
aumônier [omonje] m ~ **d'un lycée** Religionsunterricht erteilender Geistlicher; ~
d'une prison/**d'un hôpital** Gefängnis-/
Krankenhauspfarrer m
auparavant [opaʀavɑ̃] adv vorher
auprès de [opʀɛ də] prép bei; **viens t'as-**

seoir ~ **moi** komm, setz dich zu mir
auquel [okɛl] = **à lequel** v. **lequel**
aura [ɔʀa] f Aura f (*geh*)
aurai [ɔʀɛ] fut de **avoir**
auréole [ɔʀeɔl] f ❶ (*tache*) Rand m ❷ REL
Heiligenschein m
auréoler [ɔʀeɔle] <1> vt ❶ (*parer*) ~ **qn de
gloire** jdn mit einem Glorienschein umgeben ❷ (*entourer*) einrahmen
auriculaire [ɔʀikylɛʀ] m kleiner Finger
aurore [ɔʀɔʀ] f Morgenröte f; (*heure du jour*)
Morgengrauen nt
auscultation [ɔskyltasjɔ̃] f Abhören nt
ausculter [ɔskylte] <1> vt abhören
aussi [osi] I. adv ❶ (*élément de comparaison*) ~ **... que** so ... wie; **elle est** ~ **grande
que moi** sie ist |genau|so groß wie ich;
Paul ~ **bien que son frère** Paul |eben|so
wie sein Bruder ❷ (*également*) auch; **bon
appétit! — merci, vous** ~! guten Appetit!
— danke, gleichfalls! ❸ (*en plus*) auch noch
II. conj daher
aussitôt [osito] I. adv sofort; ~ **après** gleich
danach; ~ **dit,** ~ **fait** gesagt, getan II. conj
~ **que** sobald
austère [ostɛʀ] adj streng; (*vie*) asketisch
austérité [osteʀite] f Strenge f; **mesure d'**~
Sparmaßnahmen Pl
austral, e [ɔstʀal] <s> adj (*hémisphère*)
südlich
Australie [ɔstʀali] f l'~ Australien nt
australien, ne [ɔstʀaljẽ, jɛn] adj australisch
Australien, ne [ɔstʀaljẽ, jɛn] m, f Aust-
ralier(in) m(f)
autant [otɑ̃] adv ❶ (*tant*) so viel ❷ (*relation
d'égalité*) ~ **que** ebenso |sehr|/ebenso
viel... wie; **d'**~ **bien** so viel; ~ **de beurre
que de farine** genauso viel Butter wie
Mehl; **pas** ~ **de... que** nicht so viel... wie
❸ (*dans la mesure où*) |pour| ~ **que je sa-
che** soviel ich weiß; ~ **que possible** so
weit wie möglich ❹ **d'**~ **plus** umso mehr
autarcie [otaʀsi] f Autarkie f
autel [otɛl] m Altar m
auteur [otœʀ] m ❶ (*écrivain*) Autor(in) m(f)
❷ (*créateur*) Schöpfer(in) m(f) ❸ (*responsable*) Verursacher(in) m(f)
auteur-compositeur [otœʀkɔ̃pozitœʀ]
<auteurs-compositeurs> m Texter(in)
m(f) und Komponist(in) m(f)
authenticité [otɑ̃tisite] f Echtheit f
authentifier [otɑ̃tifje] <1> vt (*document, si-*

gnature) beglaubigen; (*tableau*) für echt befinden

authentique [otãtik] *adj* echt

autisme [otism] *m* Autismus *m*

autiste [otist] **I.** *adj* autistisch **II.** *mf* Autist(in) *m(f)*

auto [oto] *f abr de* **automobile** Auto *nt*

autobiographe [otobjɔgʀaf] *mf* Autobiograf(in) *m(f)*

autobiographie [otobjɔgʀafi] *f* Autobiografie *f*

autobiographique [otobjɔgʀafik] *adj* autobiografisch

autobus [otobys] *m* [Auto]bus *m*

autocar [otokaʀ] *m* Reisebus *m*

autochtone [otokton] *mf* Einheimische(r) *f(m)*

autocollant [otokɔlã] *m* Aufkleber *m*

autocollant, e [otokɔlã, ãt] *adj* selbstklebend

autocritique [otokʀitik] *f* Selbstkritik *f*

autocuiseur [otokɥizœʀ] *m* Schnellkochtopf *m*

autodafé [otodafe] *m* HIST ~ **de livres** Bücherverbrennung *f*

autodéfense [otodefãs] *f* Selbstverteidigung *f*

autodérision [otodeʀizjɔ̃] *f* Selbstironie *f*

autodétermination [otodetɛʀminasjɔ̃] *f* Selbstbestimmung *f*

autodétruire [otodetʀɥiʀ] <*irr*> *vpr* **s'~** (*machine, cassette*) sich selbst vernichten; (*personne*) sich [selbst] zugrunde richten

autodidacte [otodidakt] *mf* Autodidakt(in) *m(f)*

autodiscipline [otodisiplin] *f* Selbstdisziplin *f*

autoécole, auto-école [otoekɔl] <*auto-écoles*> *f* Fahrschule *f*

autofiction [otofiksjɔ̃] *f* LITTER Autofiktion *f*

autofinancement [otofinãsmã] *m* Eigenfinanzierung *f*

autofocus [otofɔkys] **I.** *adj* mit Autofokus **II.** *m* Automatikkamera *f*

autogestion [otoʒɛstjɔ̃] *f* Selbstverwaltung *f*

autographe [otogʀaf] *m* Autogramm *nt*

automate [otomat] *m* Automat *m*

automatique [otomatik] *adj* automatisch

automatiquement [otomatikmã] *adv* automatisch

automatisation [otomatizasjɔ̃] *f* ❶ (*action*)

Automatisierung *f* ❷ (*résultat*) Automation *f*

automatiser [otomatize] <1> *vt* automatisieren

automatisme [otomatism] *m* Automatismus *m*

automnal, e [otɔnal, o] <-aux> *adj* herbstlich; (*brume, fleurs*) Herbst-

automne [otɔn] *m* Herbst *m;* **en** ~ im Herbst

automobile [otomɔbil] **I.** *adj* Auto-; (*industrie, salon*) Automobil- **II.** *f* (*voiture*) Auto *nt*

automobiliste [otomɔbilist] *mf* Autofahrer(in) *m(f)*

autonome [otonom] *adj* ❶ (*personne*) unabhängig; (*responsable*) selb[st]ständig; (*état, province*) autonom; **travailleur** ~ CAN (*free-lance*) Freiberufler *m* ❷ INFORM offline

autonomie [otonomi] *f* ❶ (*indépendance*) Autonomie *f;* (*sur le plan financier*) Unabhängigkeit *f* ❷ TECH Betriebsdauer *f*

autonomiste [otonomist] *mf* Anhänger(in) *m(f)* einer Autonomiebewegung

autoportrait [otopɔʀtʀɛ] *m* Selbstporträt *nt*

autopsie [otɔpsi] *f* Autopsie *f*

autoradio [otoʀadjo] *m* Autoradio *nt*

autoreverse [otoʀivœʀs] *adj inv* mit Autoreverse

autorisation [otoʀizasjɔ̃] *f* Erlaubnis *f;* (*de caractère officiel*) schriftliche Genehmigung; ~ **de sortie du territoire** Ausreisegenehmigung (*für Minderjährige*)

autorisé, e [otoʀize] *adj* erlaubt

autoriser [otoʀize] <1> *vt* ❶ ~ **qn à faire qc** jdm erlauben, etw zu tun ❷ (*habiliter*) ~ **qn à faire qc** (*titre, décret*) jdn berechtigen, etw zu tun; (*personne*) jdn ermächtigen, etw zu tun

autoritaire [otoʀitɛʀ] *adj* autoritär

autorité [otoʀite] *f* ❶ Autorität *f;* (*parentale*) Gewalt *f;* **avec** ~ bestimmt; **avoir de l'~ sur qn** Macht über jdn haben; **être sous l'~ de qn** (*employé*) jdm unterstehen; (*enfant*) unter jds Aufsicht (*dat*) stehen ❷ (*influence, considération*) Ansehen *nt;* **jouir d'une grande** ~ großes Ansehen genießen; **faire** ~ (*ouvrage*) als maßgebend gelten; (*personne*) als Autorität gelten ❸ *souvent pl* (*organisme*) Behörde *f*

autoroute [otoʀut] *f* Autobahn *f*

autoroutier, -ière [otoʀutje, -jɛʀ] *adj* Autobahn-

autostop, auto-stop [otostɔp] *m sans pl* Trampen *nt;* **faire de l'~** trampen

autostoppeur, -euse, auto-stoppeur, -euse [otostɔpœʀ, -øz] <auto-stoppeurs> *m, f* Tramper(in) *m(f)*

autour [otuʀ] **I.** *adv* herum; **tout ~** rundherum **II.** *prép* ❶ (*entourant*) **~ de** qn/qc um jdn/etw herum; **tout ~ de** qn/qc ringsherum um jdn/etw ❷ (*à proximité de*) **~ de...** in der Umgebung von... ❸ (*environ*) **~ des 1000 euros** um die 1000 Euro [herum]; **~ des 15 heures** [so] gegen 15 Uhr

autre [otʀ] **I.** *adj antéposé* ❶ (*différent*) andere(r, s); **~ chose** etwas anderes; **d'une ~ manière** anders ❷ (*supplémentaire*) weitere(r, s) ❸ (*second des deux*) **l'~ ...** der/die/das andere ... ▶**nous** ❹ (*à quelqu'un ...*) wir ..., ihr [dagegen] .. **II.** *pron indéf* ❶ andere(r); **un ~/une ~ que** ein anderer/eine andere als; **tout ~ ... que** ein ganz anderer/eine ganz andere ... als; **quelqu'un d'~** jemand anders; **qui d'~?** wer sonst? ❷ (*chose différente*) andere(r, s); **d'~s** andere; **quelques ~s** ein paar andere; **quelque chose d'~** etwas anderes; **rien d'~** nichts anderes; **quoi d'~?** was sonst? ❸ (*personne, chose supplémentaire*) weitere(r, s); **tu es une menteuse! — j'en connais une ~!** du bist eine Lügnerin! — du ebenfalls! ❹ (*opp: l'un*) **l'un l'~/l'une l'~/les uns les ~s** einander ▶ **entre ~s** unter anderem; **une ~!** Zugabe!

autrefois [otʀəfwa] *adv* früher

autrement [otʀəmɑ̃] *adv* ❶ (*différemment*) anders; **on ne peut pas faire ~** es geht nicht anders ❷ (*sinon*) sonst ▶**~ dit** mit anderen Worten

Autriche [otʀiʃ] *f* l'**~** Österreich *nt*

autrichien, ne [otʀiʃjɛ̃, jɛn] *adj* österreichisch

Autrichien, ne [otʀiʃjɛ̃, jɛn] *m, f* Österreicher(in) *m(f)*

autruche [otʀyʃ] *f* ZOOL Strauß *m*

autrui [otʀɥi] *pron inv* ein anderer/eine andere; (*les autres*) andere; **pour le compte d'~** auf fremde Rechnung

auvent [ovɑ̃] *m* Vordach *nt*

auvergnat, e [ovɛʀɲa, at] *adj* aus der Auvergne

aux [o] = **à les** *v.* **à**

auxiliaire [ɔksiljɛʀ] **I.** *adj* Hilfs- **II.** *mf* Hilfskraft *f* **III.** *m* LING Hilfsverb *nt;* **~ de mode**

Modalverb

avachi, e [avaʃi] *adj* ❶ (*personne*) schlaff ❷ (*chaussures*) ausgetreten

avachir [avaʃiʀ] <8> *vpr* ❶ **s'~** (*s'affaisser*) (*muscles, traits*) erschlaffen; (*chaussures*) ausleiern ❷ *fam* (*devenir amorphe*) träge werden

avais [avɛ] *imparf de* **avoir**

aval [aval] *m* (*d'un cours d'eau*) Unterlauf *m;* **en ~ de** unterhalb (*gen*)

avalanche [avalɑ̃ʃ] *f* Lawine *f*

avaler [avale] <1> **I.** *vt* ❶ [hinunter]schlucken; (*par accident*) verschlucken ❷ (*dévorer*) verschlingen ❸ (*croire*) **~ n'importe quoi** einem alles abkaufen (*fam*) **II.** *vi* schlucken; (*manger*) zu sich nehmen

avance [avɑ̃s] *f* ❶ (*progression*) Vormarsch *m* ❷ (*opp: retard*) **en ~** [de cinq minutes] [fünf Minuten] zu früh; **être en ~ dans un travail** weiter in einer Arbeit sein als vorgesehen ❸ (*précocité*) **être en ~ pour son âge** seinem Alter voraussein; **être en ~ sur qn** jdm voraussein ❹ (*distance*) **avoir de l'~ sur** qn/qc einen Vorsprung vor jdm/etw haben ❺ (*somme*) Vorschuss *m* ❻ *pl* (*approche amoureuse*) **faire des ~s à** qn bei jdm Annäherungsversuche machen

avancé, e [avɑ̃se] *adj* (*nuit, âge*) fortgeschritten; (*enfant*) weit entwickelt; (*civilisation, technique*) hoch entwickelt ▶**ne pas être plus ~** nicht viel weiter als vorher sein

avancée [avɑ̃se] *f* ❶ (*saillie*) Vorsprung *m* ❷ (*de l'ennemi*) Vormarsch *m*

avancement [avɑ̃smɑ̃] *m* ❶ (*des travaux*) Vorankommen *nt* ❷ (*promotion*) Beförderung *f;* **avoir de l'~** befördert werden

avancer [avɑ̃se] <2> **I.** *vt* ❶ (*montre*) vorstellen; (*rendez-vous, départ*) vorverlegen ❷ (*chaise, table*) vorrücken; (*voiture*) vorfahren; **~ de huit cases** JEUX acht Felder vorrücken ❸ (*idée, thèse*) vorbringen ❹ (*argent*) vorstrecken ▶**ça t'avance à quoi?** [und] was hast du davon?; **ça ne nous avance à rien!** das bringt uns gar nichts [ein]! **II.** *vi* ❶ (*approcher: conducteur, voiture*) [weiter] vorfahren; (*personne*) vorwärts kommen; (*ennemi, armée*) vorrücken ❷ (*être en avance: montre*) vorgehen ❸ (*progresser: personne*) vorankommen; (*travail*) vorangehen **III.** *vpr* ❶ **s'~** (*pour sortir d'un rang*) vortreten; (*en s'appro-*

chant) näher kommen; **s'~ vers qn/qc** auf jdn/etw zugehen ❷ *(prendre de l'avance)* **s'~ dans son travail** mit der Arbeit vorankommen ❸ *(se risquer, anticiper)* **s'~ trop** sich zu weit vorwagen

avant [avã] **I.** *prép (temps, lieu)* vor (+ *dat*); **~ de faire qc** bevor jd etw tut; **en ~ de qn/qc** vor jdm/etw ▶**~ tout** vor allem **II.** *adv (temps, lieu)* vorher; **passer ~** vorgehen; **en ~** nach vorne; **plus/trop ~** weiter vor/zu weit vor; **le jour d'~** am Tag[e] davor **III.** *conj* **~ que** + *subj* bevor **IV.** *m* ❶ Vorderteil *nt o m*; **à l'~** vorn[e]; **vers l'~** nach vorn ❷ SPORT Stürmer(in) *m(f)* **V.** *adj inv* Vorder-; **le clignotant ~ droit** der Blinker vorne rechts

avantage [avãtaʒ] *m* ❶ *a.* SPORT Vorteil *m;* **à son ~** zu seinem/ihrem Vorteil; **être à son ~** vorteilhaft aussehen; **avoir l'~** führen ❷ *(supériorité)* Überlegenheit *f*

avantager [avãtaʒe] <2a> *vt* ❶ *(favoriser)* begünstigen ❷ *(mettre en valeur)* **~ qn** *(vêtement, coiffure)* jdm gut stehen

avantageusement [avãtaʒøzmã] *adv* günstig

avantageux, -euse [avãtaʒø, -ʒøz] *adj (prix)* günstig

avant-bras [avãbʀɑ] <avant-bras> *m* Unterarm *m* **avant-centre** [avãsɑ̃tʀ] <avants-centres> *m* Mittelstürmer(in) *m(f)* **avant-coureur** [avãkuʀœʀ] <avant-coureurs> *adj (bruit)* vorauseilend **avant-dernier, -ière** [avãdɛʀnje, -jɛʀ] **I.** *adj* vorletzte(r, s) **II.** *m, f* Vorletzte(r) *f(m)* **avant-garde** [avãgaʀd] <avant-gardes> *f* ART, LITTER Avantgarde *f* **avant-goût** [avãgu] <avant-goûts> *m* Vorgeschmack *m* **avant-guerre** [avãgɛʀ] <avant-guerres> *m o f* Vorkriegszeit *f* **avant-hier** [avãtjɛʀ] *adv* vorgestern **avant-midi** [avãmidi] *m o f inv* CAN *(matinée)* Vormittag *m* **avant-première** [avãpʀəmjɛʀ] <avant-premières> *f* Voraufführung *f* **avant-propos** [avãpʀɔpo] <avant-propos> *m* Vorwort *nt* **avant-veille** [avãvɛj] <avant-veilles> *f* zwei Tage zuvor

avare [avaʀ] **I.** *adj* geizig **II.** *mf* Geizhals *m*

avarice [avaʀis] *f* Geiz *m*

avarie [avaʀi] *f* Schaden *m*

avarié, e [avaʀje] *adj* verdorben

avatar [avataʀ] *m gén pl* Unannehmlichkeit *f*

avec [avɛk] **I.** *prép* mit (+ *dat*); **agir ~ précaution** vorsichtig handeln; **être gentil ~ qn** nett zu jdm sein; **~ toutes ces histoires, j'ai oublié...** wegen all dieser Geschichten habe ich vergessen... **II.** *adv fam* damit; **tu viens ~?** BELG kommst du mit? ▶**faire ~** sich [eben] damit abfinden

avènement [avɛnmã] *m (d'un roi)* Thronbesteigung *f*

avenir [av(ə)niʀ] *m* Zukunft *f;* **à l'~** in Zukunft

avent [avã] *m* Advent *m*

aventure [avãtyʀ] *f* Abenteuer *nt;* **avoir le goût de l'~** abenteuerlustig sein ▶**dire la bonne ~ à qn** jdm die Zukunft voraussagen; **à l'~** aufs Geratewohl

aventurer [avãtyʀe] <1> *vpr* **s'~** sich wagen; *fig* sich einlassen

aventureux, -euse [avãtyʀø, -øz] *adj* abenteuerlich; *(projet)* waghalsig

aventurier, -ière [avãtyʀje, -jɛʀ] *m, f* Abenteurer(in) *m(f)*

avenue [av(ə)ny] *f* Avenue *f*

avéré, e [aveʀe] *adj* erwiesen

avérer [aveʀe] <5> *vpr* **s'~** sich erweisen als; *(exact, faux)* sich herausstellen als; **il s'avère que ...** es stellt sich heraus, dass ...

averse [avɛʀs] *f* [Regen]schauer *m; (d'injures)* Flut *f*

aversion [avɛʀsjɔ̃] *f* Abneigung *f*

averti, e [avɛʀti] *adj* kompetent

avertir [avɛʀtiʀ] <8> *vt* ❶ *(informer)* benachrichtigen ❷ *(mettre en garde)* warnen

avertissement [avɛʀtismã] *m* ❶ *(mise en garde)* Warnung *f* ❷ SPORT Verwarnung *f*

avertisseur [avɛʀtisœʀ] *m* Hupe *f*

aveu [avø] <x> *m souvent pl* Geständnis *nt;* **passer aux ~x** ein Geständnis ablegen

aveuglant, e [avœglã, ãt] *adj (lumière, soleil)* grell

aveugle [avœgl] **I.** *adj* blind **II.** *mf* Blinde(r) *f(m);* **~ de naissance** Blindgebor[e]ne(r) *f(m)*

aveuglement [avœgləmã] *m* Blindheit *f*

aveuglément [avœglemã] *adv (en toute confiance)* blind[lings]

aveugler [avœgle] <1> *vt* ❶ *(éblouir)* blenden ❷ *fig* blind machen

aveuglette [avœglɛt] ▶**à l'~** wie ein Blinder [tastend]

avez [ave] *indic prés de* **avoir**

aviateur, -trice [avjatœʀ, -tʀis] *m, f* Flieger(in) *m(f)*

aviation [avjasjɔ̃] *f* ❶ AUT Luftfahrt *f;* **compagnie d'~** Fluggesellschaft *f* ❷ MIL Luftwaffe *f*

avide [avid] *adj* ~ **de qc** gierig nach etw; ~ **d'argent/de pouvoir** geldgierig/machthungrig

avidité [avidite] *f* Gier *f*

avilir [aviliʀ] <8> *vt* erniedrigen

avion [avjɔ̃] *m* Flugzeug *nt;* **aller en ~** fliegen; **par ~** POST mit Luftpost

avion-cargo [avjɔ̃kaʀgo] <avions-cargos> *m* Frachtflugzeug *nt*

aviron [aviʀɔ̃] *m* (*sport*) Rudern *nt*

avis [avi] *m* ❶ (*opinion*) Ansicht *f;* **donner son ~ sur qc** seine Meinung über etw (*akk*) äußern; **changer d'~** seine Meinung ändern; (*se raviser*) es sich (*dat*) anders überlegen; **être de l'~ de qn** jds Meinung sein; **si tu veux mon ~** wenn du mich fragst ❷ (*notification*) Mitteilung *f;* (*affiche officielle*) Bekanntmachung *f;* **~ au lecteur** Hinweis *m* für den Leser; **~ de décès/recherche** Todes-/Suchanzeige *f;* **sauf ~ contraire** sofern keine gegenteilige Mitteilung ergeht (*form*) ▶**~ aux amateurs!** falls es jdn interessiert

avisé, e [avize] *adj* klug

aviser [avize] <1> *vt* ~ **qn de qc** jdn von etw benachrichtigen

aviver [avive] <1> *vt* (*couleurs, teint*) auffrischen

avocat [avɔka] *m* Avocado *f*

avocat, e [avɔka, at] *m, f* [Rechts]anwalt/-anwältin *m/f*, Advokat(in) *m(f)* (A, CH)

avoine [avwan] *f* Hafer *m*

avoir [avwaʀ] <irr> **I.** *vt* ❶ haben; ~ **de la visite** Besuch haben; ~ **15 ans** 15 Jahre alt sein; ~ **2 mètres de haut/large** 2 Meter hoch/breit sein ❷ (*chapeau*) aufhaben; (*vêtement*) anhaben ❸ (*obtenir, attraper*) bekommen; (*examen*) bestehen; **pouvez-vous m'~ ce livre?** können Sie mir dieses Buch besorgen? ❹ (*devoir*) haben; ~ **qc à faire** etw zu tun haben; **ne pas ~ à faire qc** etw nicht tun sollen; (*ne pas avoir besoin*) etw nicht zu machen brauchen; **j'ai des cachets à prendre** ich muss Tabletten [ein-]nehmen ❺ *fam* (*rouler*) reinlegen ▶**en ~ après qn** *fam* etwas gegen jdn haben; **en ~ jusque-là de qc** *fam* die Nase voll von etw haben; **en ~ pour deux minutes/10**

euros zwei Minuten brauchen/es kostet jdn 10 Euro; **qu'est-ce qu'il a?** was hat er denn? **II.** *aux* **il n'a rien dit** er hat nichts gesagt; **elle a couru/marché deux heures** sie ist zwei Stunden gelaufen/gegangen; **l'Italie a été battue par le Brésil** Italien ist von Brasilien geschlagen worden **III.** *vt impers* ❶ (*exister*) **il y a ...** es gibt ...; **il y a 300 km de Nancy à Paris** von Nancy nach Paris sind es 300 km; **il y a champagne et champagne** Champagner ist nicht gleich Champagner; **il n'y a pas que l'argent dans la vie** Geld ist nicht alles im Leben; **il n'y a qu'à partir plus tôt** wir müssen nur früher losfahren; **il n'y a que toi pour faire cela!** das bringst du nur fertig! ❷ (*temporel*) **il y a 3 jours/4 ans** vor 3 Tagen/4 Jahren; (*durée*) [schon] seit 3 Tagen/4 Jahren ▶ **il n'y a plus rien à faire** da ist nichts mehr zu machen; **il n'y en a que pour lui/elle** alles dreht sich nur [noch] um ihn/sie; **il n'y a pas de quoi!** keine Ursache! **IV.** *m* ❶ (*crédit*) Guthaben *nt* ❷ (*bon d'achat*) Gutschein *m*

avoisinant, e [avwazinɑ̃, ɑ̃t] *adj* benachbart; (*rue*) Nachbar-

avoisiner [avwazine] <1> *vt a. fig* ~ **qc** an etw (*akk*) grenzen

avons [avɔ̃] *indic prés de* **avoir**

avortement [avɔʀtəmɑ̃] *m* Abtreibung *f*

avorter [avɔʀte] <1> *vi* ❶ abtreiben ❷ (*échouer*) fehlschlagen

avouer [avwe] <1> **I.** *vt* gestehen; (*erreur, méprise*) eingestehen **II.** *vi* ❶ (*confesser*) gestehen ❷ (*admettre*) zugeben

avril [avʀil] *m* April *m* ▶**poisson d'~** Aprilscherz *m;* **poisson d'~!** April, April!; *v.a.* **août**

axe [aks] *m* Achse *f*

axer [akse] <1> *vt* ausrichten

ayant [εjɑ̃] *part prés de* **avoir**

azalée [azale] *f* BOT Azalee *f*

azimut [azimyt] *m* ASTRO Azimut *m o nt*

azote [azɔt] *m* Stickstoff *m*

aztèque [astεk] *adj* aztekisch

Aztèque [astεk] *mf* Azteke/Aztekin *m/f*

azur [azyʀ] *m* ciel d'~ azurblauer Himmel

B
b

B, b [be] *m inv* B *nt*, b *nt*
baba¹ [baba] *m* GASTR ≈ Savarin *m* (*mit Rum und Sirup übergossener Hefekuchen*)
baba² [baba] *m* ▶l'**avoir** dans le ~ *fam* (*être bien roulé*) der/die Gelackmeierte sein
babiller [babije] <1> *vi* plappern
babines [babin] *fpl* Lefzen *Pl*
babiole [babjɔl] *f* Kleinigkeit *f*
bâbord [babɔʀ] *m* Backbord *nt*
babouin [babwɛ̃] *m* Pavian *m*
baby-foot® [babifut] *m inv* Tischfußball[-spiel *nt*] *m* **baby-sitting** [bebisitiŋ, babisitiŋ] *m sans cpl* Babysitting *nt*
bac¹ [bak] *m* ❶ (*récipient*) Behälter *m*; (*d'un évier*) [Spül]becken *nt* ❷ (*bateau*) Fähre *f*
bac² [bak] *m fam abr de* **baccalauréat** ≈ Abi *nt*
baccalauréat [bakalɔʀea] *m* ≈ Abitur *nt*

> Das **baccalauréat** ist die Abschlussprüfung des *lycée* und berechtigt zum Hochschulstudium. Termin und Inhalt der Abiturprüfung werden in Frankreich vom Staat einheitlich für das ganze Land festgelegt.

bâche [baʃ] *f* Plane *f*
bachelier, -ière [baʃəlje, -jɛʀ] *m, f* Abiturient(in) *m(f)*
bacille [basil] *m* Bazillus *m*
bâcler [bakle] <1> *vt fam* hinschludern
bacon [bekɔn] *m* Lachsschinken *m*
bactérie [bakteʀi] *f* Bakterie *f*
bactériologique [bakteʀjɔlɔʒik] *adj* bakteriologisch
badaud, e [bado, od] *m, f* Schaulustige(r) *f(m)*
Bade-Wurtemberg [badvyʀtɑ̃bɛʀg] *m* le ~ Baden-Württemberg *nt*
badge [badʒ] *m* Button *m*
badigeon [badiʒɔ̃] *m* Tünche *f*
badigeonner [badiʒɔne] <1> *vt* einpinseln
badiner [badine] <1> *vi* scherzen
baffe [baf] *f fam* Ohrfeige *f*
baffle [bafl] *m* Lautsprecherbox *f*
bafouer [bafwe] <1> *vt* verhöhnen
bafouiller [bafuje] <1> *vt, vi fam* stammeln
bagage [bagaʒ] *m* ❶ *pl* Gepäck *nt* ❷ (*con-

naissances*) Kenntnisse *Pl*
bagarre [bagaʀ] *f* Schlägerei *f*
bagarrer [bagaʀe] <1> *vpr fam* se ~ sich prügeln
bagarreur, -euse [bagaʀœʀ, -øz] *m, f fam* Raufbold *m*
bagatelle [bagatɛl] *f* Kleinigkeit *f*; (*vétille*) Bagatelle *f*
bagnard [baɲaʀ] *m* Sträfling *m*
bagne [baɲ] *m* ▶**quel** ~! die reinste Sklavenarbeit!
bagnole [baɲɔl] *f fam* Karre *f*
bague [bag] *f* Ring *m*
baguette [bagɛt] *f* ❶ (*pain*) Baguette *f* o *nt* ❷ (*bâton*) Stab *m*; (*d'un tambour*) Schlegel *m*; (*d'un chef d'orchestre*) Taktstock *m*; ~ **chinoise** Stäbchen *nt* ❸ TECH [Profil]leiste *f*

> Das **baguette** ist das bekannteste französische Stangenweißbrot. Die Bäckereien bieten es mehrmals am Tag ofenfrisch an. Selbst sonntagvormittags wird es frisch gebacken. Es gehört praktisch zu jeder Mahlzeit.

bahut [bay] *m* ❶ (*buffet*) Anrichte *f* ❷ *fam* (*lycée*) Penne *f*
baie [bɛ] *f* ❶ GEO Bucht *f* ❷ (*fenêtre*) ~ **vitrée** großes Glasfenster ❸ BOT Beere *f*
baignade [bɛɲad] *f* Baden *nt*
baigner [beɲe] <1> *vt* baden **II.** *vi* ~ **dans qc** in etw (*dat*) schwimmen **III.** *vpr* se ~ baden; (*dans une piscine*) schwimmen
baigneur [beɲœʀ] *m* (*poupée*) Babypuppe *f*
baignoire [beɲwaʀ] *f* Badewanne *f*
bail [baj, bo] <-aux> *m* (*d'un local commercial*) Pachtvertrag *m*; (*d'une maison*) Mietvertrag *m*
bâillement [bajmɑ̃] *m* Gähnen *nt*
bâiller [baje] <1> *vi* ❶ (*personne*) gähnen ❷ (*col*) abstehen
bâillon [bajɔ̃] *m* Knebel *m*
bâillonner [bajɔne] <1> *vt* knebeln
bain [bɛ̃] *m* Bad *nt*; **grand/petit ~** Schwimmer-/Nichtschwimmerbecken
bain-marie [bɛ̃maʀi] <bains-marie> *m* Wasserbad *nt*
baïonnette [bajɔnɛt] *f* Bajonett *nt*
baisemain [bɛzmɛ̃] *m* Handkuss *m*
baiser¹ [beze] *m* Kuss *m*; **bons ~s** (*en formule*) liebe Grüße
baiser² [beze] <1> **I.** *vt* ❶ *soutenu* küssen ❷ *fam* (*coucher avec*) bumsen (*vulg*) ❸ *fam*

(*tromper*) |he|reinlegen **II.** *vi fam* bumsen (*vulg*)

baisse [bɛs] *f* Rückgang *m;* FIN Baisse *f;* (*de pouvoir*) Schwinden *nt;* (*de popularité*) Einbuße *f;* ~ **de tension** MED Blutdruckabfall *m*

baisser [bese] <1> **I.** *vt* ❶ (*store, rideau*) herunterlassen; (*vitre de voiture*) herunterkurbeln; (*col*) herunterschlagen ❷ (*tête, prix*) senken; (*yeux*) niederschlagen ❸ (*rendre moins fort: ton*) leiser machen; (*voix*) senken (*geh*) **II.** *vi* (*forces, mémoire, vue*) nachlassen; (*niveau, rivière*) sinken; (*température*) zurückgehen; (*prix*) sinken **III.** *vpr* **se** ~ sich bücken

bal [bal] <s> *m* Ball *m*

balade [balad] *f fam* Spaziergang *m;* (*en voiture*) Spazierfahrt *f*

balader [balade] <1> *vpr* **se** ~ *fam* spazieren gehen; (*en voiture*) spazieren fahren

baladeur [baladœʀ] *m* Walkman® *m;* ~ **numérique** MP3-Player *m*

balafre [balafʀ] *f* Schmiss *m*

balai [balɛ] *m* Besen *m*

balai-brosse [balɛbʀɔs] <balais-brosses> *m* Schrubber *m*

balan [balɑ̃] *m* CH **je suis sur le** ~ **ich schwanke**; (*incertain*) ich bin unsicher

balance [balɑ̃s] *f* Waage *f;* ~ **commerciale** Handelsbilanz *f*

Balance [balɑ̃s] *f* Waage *f;* **être |du signe de la|** ~ Waage sein

balancé, e [balɑ̃se] *adj* ❶ (*équilibré*) ausgewogen ❷ *fam* (*bien bâti*) **bien** ~ gut gebaut

balancer [balɑ̃se] <2> **I.** *vt* ❶ (*personne*) schaukeln; (*bras*) schlenkern mit; (*jambes*) baumeln mit ❷ *fam* (*jeter*) schmeißen; (*à la poubelle*) wegschmeißen **II.** *vpr* **se** ~ ❶ (*bateau*) |hin und her| schaukeln; (*branches*) sich hin und her bewegen ❷ (*sur une balançoire*) schaukeln

balancier [balɑ̃sje] *m* (*d'une horloge*) Pendel *nt*

balançoire [balɑ̃swaʀ] *f* Schaukel *f*

balayage [balɛjaʒ] *m* ❶ Kehren *nt* ❷ INFORM Scannen *nt*

balayer [baleje] <7> *vt* ❶ (*ramasser*) zusammenkehren ❷ (*nettoyer*) fegen ❸ INFORM scannen ❹ (*objection, argument*) vom Tisch wischen (*fam*)

balayette [balɛjɛt] *f* Handfeger *m*, Bartwisch *m* (A)

balayeur, -euse [balɛjœʀ, -jøz] *m, f* Straßenfeger(in) *m(f)*

balayeuse [balɛjøz] *f* |Straßen|kehrmaschine *f*

balbutiement [balbysimɑ̃] *m* ❶ Stammeln *nt;* (*d'un bébé*) Brabbeln *nt* ❷ *pl* (*débuts*) Anfänge *Pl*

balbutier [balbysje] <1> *vt, vi* stammeln; (*bébé*) brabbeln

balcon [balkɔ̃] *m* Balkon *m*

Bâle [bɑl] Basel *nt*

Baléares [baleaʀ] *fpl* **les |îles|** ~ die Balearen

baleine [balɛn] *f* ZOOL Wal *m*

balisage [balizaʒ] *m* Markierung *f*

balise [baliz] *f* ❶ AVIAT, NAUT Bake *f;* (*lumineuse*) Leuchtfeuer *nt* ❷ AUT Leitpfosten *m* ❸ INFORM Tag *m*

baliser [balize] <1> *vt a.* INFORM markieren

baliverne [balivɛʀn] *f* Unsinn *m kein Pl*

balkanique [balkanik] *adj* Balkan-

Balkans [balkɑ̃] *mpl* **les** ~ der Balkan

ballade [balad] *f* Ballade *f*

ballant, e [balɑ̃, ɑ̃t] *adj* (*jambes*) baumelnd; (*bras*) schlenkernd

ballast [balast] *m* Schotter|bett *nt*| *m*

balle [bal] *f* ❶ Ball *m;* **jouer à la** ~ Ball spielen ❷ (*projectile*) Kugel *f* ❸ *pl fam* (*francs*) **100** ~**s** 100 Kröten ❹ *fam* (*nul*) **à deux** ~**s** (*fête, musique*) lahm; (*histoire, cours*) totlangweilig

ballerine [balʀin] *f* ❶ (*danseuse*) Ballerina *f* ❷ (*chaussure*) Ballerinaschuh *m*

ballet [balɛ] *m* Ballett *nt*

ballon [balɔ̃] *m* ❶ Ball *m;* **jouer au** ~ Ball spielen ❷ (*baudruche*) Luftballon *m* ❸ (*aérostat*) Ballon *m* ❹ GEO Belchen *m*

ballonnement [balɔnmɑ̃] *m* (*du ventre*) Aufgeblähtsein *nt*

ballot [balo] *m* |kleiner| Ballen *m*

ballottage [balɔtaʒ] *m* **être en** ~ in die Stichwahl kommen

ballotter [balɔte] <1> **I.** *vi* hin- und herrutschen **II.** *vt* (*voiture*) durchschütteln

balluchon [balyʃɔ̃] *m* Bündel *nt*

balnéaire [balneɛʀ] *adj* **station** ~ Seebad *nt*

balourd, e [baluʀ, uʀd] *adj* unbeholfen

balte [balt] *adj* **les États** ~**s** die Baltischen Staaten

Balte [balt] *mf* Balte/Baltin *m/f*

Baltique [baltik] *f* **la |mer|** ~ die Ostsee

baluchon [balyʃɔ̃] *m v.* **balluchon**

balustrade [balystʀad] *f* (*en bois, métal*) Geländer *nt;* (*en maçonnerie*) Brüstung *f*

bambin [bɑ̃bɛ̃] *m* kleiner Junge/kleines Mädchen

bambou [bɑ̃bu] *m* Bambus *m*

ban [bɑ̃] *m* ❶ *pl* (*de mariage*) Aufgebot *nt* ❷ *fam* (*applaudissements*) rhythmischer Beifall

banal, e [banal] <s> *adj* banal; (*choses, idée*) alltäglich; (*personne*) durchschnittlich

banalisation [banalizasjɔ̃] *f* Banalisierung *f*

banaliser [banalize] <1> *vt* banalisieren

banalité [banalite] *f* Banalität *f*

banane [banan] *f* ❶ Banane *f* ❷ (*pochette*) Gürteltasche *f*

bananier [bananje] *m* Bananenstaude *f*

banc [bɑ̃] *m* ❶ Bank *f;* ~ **des accusés** Anklagebank ❷ (*colonie: de poissons*) Schwarm *m*

bancaire [bɑ̃kɛʀ] *adj* Bank-

bancal, e [bɑ̃kal] <s> *adj* (*meuble*) wack[e]lig

bandage [bɑ̃daʒ] *m* Verband *m*

bande[1] [bɑ̃d] *f* ❶ (*long morceau étroit*) Streifen *m;* (*d'un magnétophone*) [Ton]band; CINE Film[streifen] *m* ❷ MED Binde *f* ▸~ **dessinée** Comic[strip] *m*

bande[2] [bɑ̃d] *f* (*groupe constitué*) Bande *f;* ~ **d'amis** Clique *f*

bande-annonce [bɑ̃danɔ̃s] <bandes-annonces> *f* Vorschau *f*

bandeau [bɑ̃do] <x> *m* ❶ (*serre-tête*) Stirnband *nt* ❷ (*sur les yeux*) Binde *f*

bander [bɑ̃de] <1> I. *vt* ❶ (*panser*) verbinden ❷ (*tendre*) spannen II. *vi fam* einen Ständer haben

banderole [bɑ̃dʀɔl] *f* Spruchband *nt*

bande-son [bɑ̃dsɔ̃] <bandes-son> *f* Tonstreifen *m* ▸ en **bande-vidéo** [bɑ̃dvideo] <bandes-vidéo> *f* Videoband *nt*

bandit [bɑ̃di] *m* (*malfaiteur*) Bandit *m;* (*malhonnête*) Gauner *m*

banditisme [bɑ̃ditism] *m* Verbrechertum *nt*

bandoulière [bɑ̃duljɛʀ] *f* Schulterriemen *m*

bang [bɑ̃g] *interj* peng!

Bangladesh [bɑ̃gladɛʃ, bɛ̃gladɛʃ] *m* Banglades[c]h *nt*

banlieue [bɑ̃ljø] *f* Vorort *m*

banlieusard, e [bɑ̃ljøzaʀ, aʀd] *m, f* Vorstädter(in) *m(f)*

banni, e [bani] *adj* verbannt

bannière [banjɛʀ] *f* Banner *nt*

bannir [baniʀ] <8> *vt* verbannen

banque [bɑ̃k] *f* Bank *f*

Banque centrale *f* Zentralbank *f*

Banque européenne d'investissement *f* Europäische Investitionsbank

banqueroute [bɑ̃kʀut] *f* Bankrott *m*

banquet [bɑ̃kɛ] *m* Bankett *nt* (*geh*)

banquette [bɑ̃kɛt] *f* [Sitz]bank *f;* ~ **arrière** AUT Rücksitz *m*

banquier, -ière [bɑ̃kje, -jɛʀ] *m, f* Bankier *m*

banquise [bɑ̃kiz] *f* Packeis *nt*

baobab [baɔbab] *m* Affenbrotbaum *m*

baptême [batɛm] *m* Taufe *f*

baptiser [batize] <1> *vt* ❶ taufen ❷ (*surnommer*) einen Spitznamen geben

baquet [bakɛ] *m* Bottich *m*

bar[1] [baʀ] *m* (*café, comptoir, meuble*) Bar *f*

Die französischen **bars** sind kleine, einfache Lokale, in denen man am Tresen oder am Tisch einen Kaffee oder Aperitif trinkt. Es gibt dort nur kleine Imbisse wie Sandwiches oder überbackenen Toast, denn die **bars** sind keine Speiselokale.

bar[2] [baʀ] *m* ZOOL Seebarsch *m*

bar[3] [baʀ] *m* PHYS Bar *nt*

baragouiner [baʀagwine] <1> I. *vt fam* radebrechen II. *vi fam* Kauderwelsch reden

baraque [baʀak] *f* ❶ [Holz]baracke *f* ❷ *fam* (*maison*) Bude *f*

baraqué, e [baʀake] *adj fam* breitschultrig

baraquement [baʀakmɑ̃] *m* Barackenlager *nt*

baratin [baʀatɛ̃] *m fam* Geschwätz *nt*

baratiner [baʀatine] <1> I. *vt fam* ~ **qn** auf jdn einreden II. *vi fam* dummes Zeug reden

barbant, e [baʀbɑ̃, ɑ̃t] *adj fam* öde

barbare [baʀbaʀ] I. *adj* ❶ (*cruel*) barbarisch ❷ (*grossier*) unkultiviert II. *m* ❶ (*brute*) Barbar *m* ❷ (*inculte*) [Kultur]banause *m*

barbarie [baʀbaʀi] *f* Barbarei *f*

barbe [baʀb] *f* ❶ (*poils*) Bart *m* ❷ GASTR ~ **à papa** Zuckerwatte *f*

barbecue [baʀbəkju] *m* Grill *m;* **faire un** ~ grillen

barbelé [baʀbəle] *m* Stacheldraht *m*

barbelé, e [baʀbəle] *adj* **fil de fer** ~ Stacheldraht *m*

barber [baʀbe] <1> *vt fam* anöden

barbiturique [baʀbityʀik] *m* BIO Barbiturat *nt*

barboter [baʀbɔte] <1> **I.** vi |herum|plan-
schen **II.** vt fam klauen

barboteuse [baʀbɔtøz] f Strampelhöschen
nt

barbouillage [baʀbuja3] m Geschmier[e] nt

barbouiller [baʀbuje] <1> fam **I.** vt
❶ beschmieren; (papier, page) vollkritzeln
❷ **avoir l'estomac barbouillé** einen verdorbenen Magen haben **II.** vpr **se ~ le visage de qc** sich (dat) das Gesicht mit etw
voll schmieren

barbu [baʀby] m Bärtige(r) m

barbu, e [baʀby] adj bärtig

barbue [baʀby] f ZOOL Glattbutt m

barder [baʀde] <1> vi fam ▶**ça barde** es ist
dicke Luft

barème [baʀɛm] m Tabelle f; SCOL Bewer-
tungsmaßstab m

baril [baʀil] m Fass nt

barillet [baʀijɛ] m (d'une montre) Feder-
gehäuse nt; (d'un revolver) Trommel f

bariolé, e [baʀjɔle] adj bunt bemalt

barioler [baʀjɔle] <1> vt bunt bemalen

barmaid [baʀmɛd] f Bardame f

barman [baʀman] <s> m Barkeeper m

baromètre [baʀɔmɛtʀ] m Barometer nt

baron, ne [baʀɔ̃, ɔn] m, f Baron(in) m(f)

baroque [baʀɔk] **I.** adj barock **II.** m Barock
m o nt

baroudeur [baʀudœʀ] m fam Haudegen m

barque [baʀk] f Kahn m

barquette [baʀkɛt] f ❶ (tartelette) kleines
Gebäck in Form eines Schiffchens ❷ (récipient) Schale f

barrage [baʀa3] m ❶ (barrière) Sperre f
❷ ELEC [Stau|damm m

barre [baʀ] f ❶ (pièce) Stange f; ~ **de chocolat** Schokoladenriegel m ❷ JUR **des té-
moins** Zeugenstand m ❸ (trait) Strich m
❹ SPORT (pour la danse) Stange f; (en athlé-
tisme) Latte f ❺ NAUT [Ruder|pinne f ❻ IN-
FORM Leiste f; ~ **de défilement/des tâches** Bildlauf-/Taskleiste f; ~ **d'espacement**
Leertaste f

barré, e [baʀe] adj (rue) gesperrt

barreau [baʀo] <x> m ❶ (d'une échelle)
Sprosse f; (d'une grille) [Gitter|stab m ❷ JUR
Anwaltschaft f

barrer [baʀe] <1> **I.** vt ❶ (chemin, route)
(fermer) sperren; (bloquer) versperren
❷ (biffer) durchstreichen ❸ NAUT steuern
❹ CAN (fermer à clé) abschließen **II.** vi steu-

ern **III.** vpr fam **se ~** abhauen

barrette [baʀɛt] f [Haar|spange f

barreur, -euse [baʀœʀ, -øz] m, f Steuermann m/-frau f

barricade [baʀikad] f Barrikade f

barricader [baʀikade] <1> vt (porte) ver-
barrikadieren; (rue) versperren **II.** vpr **se ~**
❶ (derrière une barricade) sich verbarrika-
dieren ❷ (s'enfermer) sich einschließen

barrière [baʀjɛʀ] f ❶ (fermeture) Absperrung f; CHEMDFER Schranke f ❷ (clôture)
Zaun m ❸ (séparation) Barriere f

barrique [baʀik] f Fass nt

barrir [baʀiʀ] <8> vi trompeten

bar-tabac [baʀtaba] <bars-tabac> m: Bistro mit Tabakwarenverkauf

baryton [baʀitɔ̃] m Bariton m

bas, se [bɑ, bɑs] adj ❶ niedrig; (stature)
klein; (branche, ciel) tief hängend; **à voix
~se** leise ❷ (opp: aigu) tief ❸ antéposé (peuple) einfach; (sentiment) erbärmlich

bas¹ [bɑ] m Strumpf m

bas² [bɑ] **I.** m (partie inférieure) unterer
Teil; (d'une maison) Erdgeschoss nt **II.** adv
❶ **en ~** unten; **voir plus ~** siehe unten;
en ~ de la colline am Fuße des Hügels
❷ (opp: aigu/haut) tief; **tomber très ~**
(thermomètre) stark fallen ❸ (doucement)
leise

basalte [bazalt] m Basalt m

basané, e [bazane] adj dunkel|häutig|

bas-côté [bakote] <bas-côtés> m (d'une
route) |Straßen|rand m

bascule [baskyl] f ❶ (balançoire) Wippe f
❷ (balance) Waage f

basculer [baskyle] <1> **I.** vi ❶ (tomber)
umkippen ❷ fig (sombrer) abgleiten **II.** vt
(faire pivoter) |um|kippen

base [bɑz] f ❶ a. MIL Basis f; (d'un monument) Fundament nt; ~ **aérienne/navale**
Luftwaffen-/Flottenstützpunkt m ❷ (principe) Grundlage f ❸ INFORM ~ **de données**
Datenbank f

base-ball [bɛzbol] m Baseball m

baser [bɑze] <1> **I.** vt ❶ (fonder) stützen
❷ MIL **être basé à Strasbourg** in Straßburg
stationiert sein **II.** vpr **se ~ sur qc** sich auf
etw (akk) stützen

bas-fond [bafɔ̃] <bas-fonds> m ❶ (endroit) Untiefe f ❷ pl (d'une ville) Elendsviertel Pl; (d'une société) Abschaum m (pej)

basilic [bazilik] m Basilikum nt

B

basilique [bazilik] *f* Basilika *f*
basique [bazik] *adj* CHIM basisch
basket [baskɛt] *f* Basketballschuh *m*
basketteur, -euse [basketœʀ, -øz] *m, f* Basketballspieler(in) *m(f)*
basque[1] [bask] I. *adj* baskisch; **Pays ~** Baskenland *nt; v.a.* **allemand** II. *m* Baskisch *nt; v.a.* **allemand**
basque[2] [bask] *f* |Rock|schoß *m*
Basque [bask] *mf* Baske/Baskin *m/f*
basse [bas] *f* Bass *m*
basse-cour [baskuʀ] <basses-cours> *f* (*lieu*) Hühnerhof *m*; (*animaux*) Kleinvieh *nt*
Basse-Saxe [bassaks] *f* **la ~** Niedersachsen *nt*
bassesse [basɛs] *f* Niederträchtigkeit *f*; (*d'un sentiment*) Erbärmlichkeit *f*
bassin [basɛ̃] *m* Becken *nt*
bassine [basin] *f* Wanne *f*
bassiste [basist] *mf* Bassist(in) *m(f)*
basson [basɔ̃] *m* (*instrument*) Fagott *nt*
baster [baste] <1> *vi* CH (*céder, s'incliner*) nachgeben
bastille [bastij] *f* **la Bastille** die Bastille

Die im 14. Jahrhundert erbaute **Bastille** war ein berüchtigtes Staatsgefängnis in Paris. Bei dem berühmten „Sturm auf die Bastille" am 14. Juli 1789 wurden die Gefangenen befreit und das Gebäude zerstört. Dieser Tag markierte den Beginn der Französischen Revolution. Er ist heute Nationalfeiertag in Frankreich.

bastion [bastjɔ̃] *m* Bastion *f*
bas-ventre [bavɑ̃tʀ] <bas-ventres> *m* Unterleib *m*
bataille [bataj] *f* ❶ Schlacht *f* ❷ (*jeu*) Kartenspiel, bei dem der gewinnt, der zuletzt alle Karten hat
batailler [bataje] <1> *vi* **~ pour qc** um etw kämpfen
batailleur, -euse [batajœʀ, -jøz] I. *adj* **être ~** ein Raufbold sein II. *m, f* Kämpfer(in) *m(f)*
bataillon [batajɔ̃] *m* ❶ Bataillon *nt* ❷ (*grand nombre*) Heer *nt*
bâtard, e [bɑtaʀ, aʀd] I. *adj* (*enfant*) unehelich; (*chien*) nicht reinrassig II. *m, f* (*enfant*) uneheliches Kind; (*chien*) Promenadenmischung *f*
bateau [bato] <x> *m* Schiff *nt*
bateau-citerne [batositɛʀn] <bateaux-citernes> *m* Tanker *m* **bateau-mouche** [batomuʃ] <bateaux-mouches> *m:* kleines Vergnügungsschiff auf der Seine
batelier, -ière [batəlje, -jɛʀ] *m, f* |Fluss|schiffer(in) *m(f)*
bâti, e [bati] *adj* bebaut; **être bien/mal ~** eine gute/schlechte Figur haben
bâtiment [batimɑ̃] *m* ❶ (*édifice*) Gebäude *nt* ❷ ECON Baugewerbe *nt* ❸ NAUT |großes| Schiff
bâtir [batiʀ] <8> *vt* bauen
bâtisse [batis] *f* Kasten *m* (*fam*)
bâton [batɔ̃] *m* ❶ (*canne*) Stock *m* ❷ (*bâtonnet*) Stiel *m* ❸ (*stick*) Stift *m* ❹ (*trait vertical*) |senkrechter| Strich
bâtonnet [batɔnɛ] *m* Stöckchen *nt*
batracien [batʀasjɛ̃] *m* ZOOL Lurch *m*
battage [bataʒ] *m* (*publicité*) Rummel *m* (*fam*)
battant [batɑ̃] *m* ❶ (*d'une cloche*) Klöppel *m* ❷ (*d'une fenêtre, porte*) Flügel *m*
battant, e [batɑ̃, ɑ̃t] I. *adj* (*personne*) einsatzfreudig II. *m, f* Kämpfernatur *f*
batte [bat] *f* Schläger *m*
battement [batmɑ̃] *m* ❶ (*bruit, rythme*) Schlagen *m*; (*de la pluie*) Prasseln *nt* ❷ (*intervalle de temps*) |verfügbare| Zeit; (*entre deux cours*) Pause *f*
batterie [batʀi] *f* Batterie *f*; MUS Schlagzeug *nt*; **~ de cuisine** Topf- und Pfannenset *nt*
batteur [batœʀ] *m* ❶ (*mixeur*) |Hand|rührgerät *nt* ❷ MUS Schlagzeuger(in) *m(f)*
battre [batʀ] <irr> I. *vt* ❶ *a.* MUS schlagen ❷ (*blé*) dreschen; (*fer*) schmieden; (*tapis, matelas*) |aus|klopfen ❸ (*blanc d'œuf, crème*) schlagen; (*œuf entier*) verquirlen ❹ (*campagne, forêt*) durchkämmen II. *vi* ❶ (*cogner, frapper*) schlagen; (*porte, volet*) klappern; (*pluie*) gegen etw (*akk*) trommeln ❷ (*agiter*) **~ des ailes** mit den Flügeln schlagen; **~ des cils** blinzeln; **~ des mains** |in die Hände| klatschen III. *vpr* ❶ (*se bagarrer*) **se ~** |contre qn| |mit jdm| kämpfen ❷ (*se disputer*) **se ~ avec qn pour qc** sich mit jdm um etw streiten ❸ (*militer*) **se ~ pour qc** für etw streiten (*geh*)
battu, e [baty] I. *part passé de* **battre** II. *adj* (*vaincu*) geschlagen
battue [baty] *f* Suchaktion *f*; CHASSE Treibjagd *f*
baudet [bodɛ] *m fam* Esel *m*

baudruche [bodʀyʃ] f **ballon de ~** Luftballon m

baume [bom] m Balsam m

baux [bo] v. **bail**

bauxite [boksit] f Bauxit m

bavard, e [bavaʀ, aʀd] **I.** adj ❶ (loquace) redselig ❷ (indiscret) geschwätzig (pej) **II.** m, f (qui parle beaucoup) Schwätzer(in) m(f)

bavardage [bavaʀdaʒ] m ❶ (papotage) Plauderei f ❷ (propos vides) Geschwätz nt (fam)

bavarder [bavaʀde] <1> vi plaudern

bavarois [bavaʀwa] m ❶ (dialecte) Bairisch nt; v.a. **allemand** ❷ GASTR Bayerische Creme

bavarois, e [bavaʀwa, waz] adj bay[e]risch; (dialecte) bairisch; v.a. **allemand**

Bavarois, e [bavaʀwa, waz] m, f Bayer(in) m(f)

bave [bav] f Geifer m; (des gastéropodes) Schleim m

baver [bave] <1> vi ❶ geifern; (escargot, limace) Schleim absondern ❷ (stylo) auslaufen

bavette [bavɛt] f ❶ (bavoir) Lätzchen nt ❷ (viande) Steakfleisch aus dem oberen Teil des Bauchlappens

baveux, -euse [bavø, -øz] adj ❶ (personne, animal) speichelnd; (escargot, limace) schleimig ❷ (omelette) nicht ganz gar

Bavière [bavjɛʀ] f **la ~** Bayern nt

bavoir [bavwaʀ] m Latz m

bavure [bavyʀ] f (erreur) Irrtum m

bazar [bazaʀ] m ❶ (magasin) Kaufhalle f ❷ (souk) Basar m ❸ fam (désordre) Kuddelmuddel nt

bazarder [bazaʀde] <1> vt fam wegschmeißen

BCE [beseø] f abr de **Banque centrale européenne** EZB f

beach-volley [bitʃvɔlɛ] m inv Beachvolleyball m

béant, e [beɑ̃, ɑ̃t] adj (gouffre, trou) gähnend

béat, e [bea, at] adj (air, sourire) [glück]selig

béatifier [beatifje] <1> vt selig sprechen

béatitude [beatityd] f Glücksgefühl nt

beau [bo] <x> m ❶ **le ~** das Schöne ❷ MÉTÉO **se mettre au ~** schön werden

beau, bel, belle [bo, bɛl] <x> adj antéposé schön ▶**avoir ~** faire qc etw tun können, so viel man will; **il fait ~** es ist schön|es

Wetter]; **se faire ~** sich fein machen; **de plus belle** umso schlimmer

beaucoup [buku] adv ❶ (en grande quantité) viel ❷ (intensément) **ça m'a ~ plu** es hat mir sehr gut gefallen ❸ (fréquemment) [sehr] oft ❹ (~ de personnes) ~ **pensent la même chose** viele glauben dasselbe ❺ (~ de choses) **avoir ~ à faire** viel zu tun haben ❻ avec un comp ~ **plus rapide/petit** viel schneller/kleiner ❼ avec un adv ~ **trop** viel zu viel

beauf [bof] m fam abr de **beau-frère** Schwager m

beau-fils [bofis] <beaux-fils> m ❶ (gendre) Schwiegersohn m ❷ (fils du conjoint) Stiefsohn m **beau-frère** [bofʀɛʀ] <beaux-frères> m Schwager m **beau-père** [bopɛʀ] <beaux-pères> m ❶ (père du conjoint) Schwiegervater m ❷ (conjoint de la mère) Stiefvater m

beauté [bote] f Schönheit f

beaux-arts [bozaʀ] mpl **les ~** die schönen Künste **beaux-enfants** [bozɑ̃fɑ̃] mpl Stiefkinder Pl **beaux-parents** [bopaʀɑ̃] mpl Schwiegereltern Pl

bébé [bebe] m Baby nt

bébé-éprouvette [bebepʀuvɛt] <bébés-éprouvettes> m Retortenbaby nt

bébête [bebɛt] adj fam bisschen doof

bec [bɛk] m a. fam Schnabel m

bécane [bekan] f fam (bicyclette) [Fahr]rad nt; (moto) Maschine f

bécasse [bekas] f ❶ ZOOL [Wald]schnepfe f ❷ fam (sotte) dumme Gans

bec-de-lièvre [bɛkdəljɛvʀ] <becs-de-lièvre> m Hasenscharte f

béchamel [beʃamɛl] f Béchamelsoße f

bêche [bɛʃ] f Spaten m

bêcher [beʃe] <1> vt, vi umgraben

bécoter [bekɔte] <1> **I.** vt fam abknutschen **II.** vpr fam **se ~** knutschen

becqueter [bɛkte] <3> **I.** vt ZOOL aufpicken **II.** vi ZOOL picken

becter [bɛkte] <1> vi fam futtern

bédé [bede] f fam Comic m

bedonnant, e [bədɔnɑ̃, ɑ̃t] adj fam dick-|bäuchig]

Bédouin, e [bedwɛ̃, win] m, f Beduine/Beduinin m/f

bée [be] adj v. **bouche**

beefsteak [biftɛk] v. **bifteck**

beffroi [befʀwa] m Wach[t]turm m; (d'une

église) Turm *m*
bégaiement [begɛmã] *m* Stottern *nt*
bégayer [begeje] <7> I. *vi* stottern II. *vt* stammeln
bégonia [begɔnja] *m* Begonie *f*
bègue [bɛg] I. *adj* stotternd II. *mf* Stotterer/Stotterin *m/f*
beige [bɛʒ] I. *adj* beige II. *m* Beige *nt*
beignet [bɛɲɛ] *m* Krapfen *m*, Buchtel *f* (A)
bel [bɛl] *v.* **beau**
bêler [bele] <1> *vi (mouton)* blöken; *(chèvre)* meckern
belette [bəlɛt] *f* Wiesel *nt*
belge [bɛlʒ] *adj* belgisch
Belge [bɛlʒ] *mf* Belgier(in) *m(f)*
belgicisme [bɛlʒisism] *m* belgischer Ausdruck
Belgique [bɛlʒik] *f* **la ~** Belgien *nt*
Belgrade [bɛlgrad] Belgrad *nt*
bélier [belje] *m* Widder *m*
Bélier [belje] *m* Widder *m*; *v.a.* **Balance**
belle [bɛl] I. *adj v.* **beau** II. *f* SPORT Entscheidungsspiel *nt*
belle-fille [bɛlfij] <belles-filles> *f* ❶ *(bru)* Schwiegertochter *f* ❷ *(fille du conjoint)* Stieftochter *f* **belle-mère** [bɛlmɛr] <belles-mères> *f* ❶ *(mère du conjoint)* Schwiegermutter *f* ❷ *(conjointe du père)* Stiefmutter *f* **belle-sœur** [bɛlsœr] <belles-sœurs> *f* Schwägerin *f*
belligérant, e [beliʒerã, ãt] *adj* Krieg führend
belligérants [beliʒerã] *mpl* Krieg führende Mächte *Pl*
belliqueux, -euse [belikø, -øz] *adj* ❶ *(guerrier)* kriegerisch ❷ *(personne)* streitsüchtig
belote [bəlɔt] *f* dem Schafkopf ähnliches französisches Kartenspiel
belvédère [bɛlvedɛr] *m* ❶ *(édifice)* Belvedere *nt* ❷ *(point de vue)* Aussichtspunkt *m*
bémol [bemɔl] *m* MUS b *nt*
ben [bɛ̃] *adv fam* eh ~! Mensch [Meier]!
bénédiction [benediksjɔ̃] *f* Segen *m*
bénéfice [benefis] *m* ❶ COM Profit *m* ❷ *(avantage)* Vorteil *m*
bénéficiaire [benefisjɛr] *mf* Empfänger(in) *m(f)*; *(d'une retraite)* CH Bezieher(in) *m(f)*, Bezüger(in) *m(f)* (CH)
bénéficier [benefisje] <1> *vi* profitieren
bénéfique [benefik] *adj* günstig
Benelux [benelyks] *m* **le ~** die Benelux[staaten]

bénévolat [benevɔla] *m* ehrenamtliche Tätigkeit *f*
bénévole [benevɔl] I. *adj* freiwillig; *(fonction)* ehrenamtlich II. *mf* Freiwillige(r) *f(m)*; *(dans une fonction)* Ehrenamtliche(r) *f(m)*
bénévolement [benevɔlmã] *adv* freiwillig
Bengladesh [bãgladɛʃ] *v.* **Bangladesh**
bénin, -igne [benɛ̃, -iɲ] *adj* harmlos; *(tumeur)* gutartig
Bénin [benɛ̃] *m* **le ~** Benin *nt*
bénir [benir] <8> *vt* segnen
bénit, e [beni, it] *adj* geweiht
bénitier [benitje] *m* Weihwasserbecken *nt*
benjamin, e [bɛ̃ʒamɛ̃, in] *m, f* Jüngste(r) *f(m)*
benne [bɛn] *f* ❶ Kübel *m*; *(d'un camion)* Mulde *f*
benzine [bɛ̃zin] *f* Reinigungsbenzin *nt*
béotien, ne [beɔsjɛ̃, jɛn] *m, f* [Kultur]banause *m*
BEPC [beøpese] *m abr de* **brevet d'études du premier cycle** ≈ Mittlere Reife
béqueter [bekte] <3> *v.* **becqueter**
béquille [bekij] *f* Krücke *f*; *(d'une moto, d'un vélo)* Ständer *m*
berbère [bɛrbɛr] I. *adj* berberisch; *v.a.* **allemand** II. *m* Berberisch *nt*; *v.a.* **allemand**
Berbère [bɛrbɛr] *mf* Berber(in) *m(f)*
berceau [bɛrso] <x> *m* Wiege *f*
bercement [bɛrsəmã] *m* Wiegen *nt*
bercer [bɛrse] <2> *vt* wiegen
berceuse [bɛrsøz] *f* Wiegenlied *nt*
béret [berɛ] *m* ~ **basque** Baskenmütze *f*
berge [bɛrʒ] *f* ❶ *(rive)* Ufer *nt* ❷ *pl, fam (années)* Jahre *Pl*
berger [bɛrʒe] *m (chien)* Schäferhund *m*
berger, -ère [bɛrʒe, -ɛr] *m, f* Hirte/Hirtin *m/f*
bergerie [bɛrʒəri] *f* Schafstall *m*
Berlin [bɛrlɛ̃] Berlin *nt*
berline [bɛrlin] *f* AUT Limousine *f*
berlingot [bɛrlɛ̃go] *m* ❶ *(bonbon)* tetraederförmiges, weiß gestreiftes Frucht-/Gewürzbonbon ❷ *(emballage)* Tetrapak® *m*
berlinois [bɛrlinwa] *m* Berlinerisch *nt*; *v.a.* **allemand**
berlinois, e [bɛrlinwa, az] *adj* aus Berlin, Berliner
Berlinois, e [bɛrlinwa, az] *m, f* Berliner(in) *m(f)*
bermuda [bɛrmyda] *m* Bermudashorts *Pl*
berne [bɛrn] ▶être **en** ~ auf halbmast [ge-

setzt] sein

Berne [bɛʁn] Bern *nt*

berner [bɛʁne] <1> *vt* an der Nase herumführen

besace [bəzas] *f* Umhängetasche *f*

besogne [bəzɔɲ] *f* Arbeit *f*

besogneux, -euse [bəzɔɲø, -øz] *adj* ❶ (*nécessiteux*) bedürftig ❷ (*affecté à de petits travaux*) bescheiden

besoin [bəzwɛ̃] *m* ❶ (*nécessité*) le ~ de qc (*constant*) der Bedarf an etw (*dat*); (*momentané*) das Bedürfnis nach etw; ~s financiers finanzielle Bedürfnisse ❷ (*nécessité d'uriner*) ~ naturel Notdurft *f* (*geh*) ▶avoir de qc/de faire qc etw brauchen/etw machen müssen; au ~ bei Bedarf; dans le ~ Not leidend

bestial, e [bɛstjal, jo] <-aux> *adj* brutal; (*instinct*) tierisch

bestialité [bɛstjalite] *f* Bestialität *f*

bestiaux [bɛstjo] *mpl* Vieh *nt*

bestiole [bɛstjɔl] *f fam* Tier[chen] *nt*

best-seller [bɛstsɛlœʁ] <best-sellers> *m* Bestseller *m*

bêta [beta] *app* INFORM **version ~** Betaversion *f*

bétail [betaj] *m sans pl* Vieh *nt*

bête [bɛt] **I.** *f* ❶ (*animal*) Tier *nt*; **les ~s** (*bétail*) Vieh *nt* ❷ (*insecte*) Viech *nt* (*pej*) (*vermine*) Ungeziefer *nt* ❸ (*être humain*) Bestie *f* ❹ (*animalité*) **la ~** das Animalische **II.** *adj* (*idiot*) dumm ▶c'est tout ~ es ist ganz einfach

bêtement [bɛtmɑ̃] *adv* dummerweise

bêtise [betiz] *f* ❶ (*a. acte*) Dummheit *f* ❷ (*parole*) Unsinn *m kein Pl* ❸ (*peccadille*) Lappalie *f*

béton [betɔ̃] *m* Beton *m*

bétonner [betɔne] <1> *vt* betonieren

bétonnière [betɔnjɛʁ] *f* Betonmischmaschine *f*; (*camion*) Transportmischer *m*

bette [bɛt] *f* Mangold *m*

betterave [bɛtʁav] *f* Rübe *f*

beuglement [bøgləmɑ̃] *m* (*meuglement: de la vache, du veau*) Muhen *nt*; (*du taureau, bœuf*) Brüllen *nt*

beugler [bøgle] <1> *vi* (*vache, veau*) muhen; (*taureau, bœuf*) brüllen

beur, e [bœʁ] *m, f fam* in Frankreich geborene Kinder maghrebinischer Einwanderer

beurre [bœʁ] *m* Butter *f*

beurré, e [bœʁe] *adj fam* blau

beurrer [bœʁe] <1> *vt* (*tartine, toast*) mit Butter bestreichen; (*moule*) einfetten

beurrier [bœʁje] *m* Butterdose *f*

beuverie [bœvʁi] *f* Trinkgelage *nt*

bévue [bevy] *f* Fehler *m*

biais [bjɛ] *m* Umweg *m*; (*échappatoire*) Ausweg *m* ▶de ~ = schräg

biaiser [bjeze] <1> *vi* ausweichen

biathlon [biatlɔ̃] *m* Biathlon *nt*

bibelot [biblo] *m* Nippfigur *f*

biberon [bibʁɔ̃] *m* Flasche *f*

bible [bibl] *f* Bibel *f*

bibliographie [biblijɔgrafi] *f* Bibliographie *f*

bibliographique [biblijɔgrafik] *adj* bibliographisch

bibliothécaire [biblijɔtekɛʁ] *mf* Bibliothekar(in) *m(f)*

bibliothèque [biblijɔtɛk] *f* ❶ (*salle*) Bibliothek *f*; (*~ publique*) Bücherei *f*; **~-en-ligne** Onlinebibliothek ❷ (*meuble*) Bücherregal *nt*

biblique [biblik] *adj* biblisch

bicarbonate [bikaʁbɔnat] *m* Hydrogenkarbonat *nt*

biceps [bisɛps] *m* Bizeps *m*

biche [biʃ] *f* Hirschkuh *f*

bichette [biʃɛt] *f* **ma ~** mein Schätzchen

bichonner [biʃɔne] <1> **I.** *vt* [ver]hätscheln **II.** *vpr* **se ~** sich fein machen

bicolore [bikɔlɔʁ] *adj* zweifarbig

bicross® [bikʁɔs] *m* ❶ (*bicyclette*) BMX[-Rad] *nt*; (*V.T.T.*) Mountainbike *nt* ❷ (*sport*) Mountainbiking *nt*

bicyclette [bisiklɛt] *f* [Fahr]rad *nt*; **faire de la ~** Rad fahren

bide [bid] *m fam* Wampe *f*

bidet [bidɛ] *m* Bidet *nt*

bidon [bidɔ̃] **I.** *m* ❶ Kanister *m*; (*de lait*) Kanne *f* ❷ *fam* (*ventre*) Wampe *f* **II.** *adj inv, fam* Schein-

bidonner [bidɔne] <1> *vpr fam* **se ~** sich schieflachen

bidonville [bidɔ̃vil] *m* Slum *m*

bidule [bidyl] *m fam* Dings[bums] *nt*

bielle [bjɛl] *f* (*de voiture*) Pleuel[stange *f*] *m*

bien [bjɛ̃] **I.** *adv* ❶ (*beaucoup: rire*) viel; (*manger*) gut; (*boire*) viel; **~ des gens** viele Leute; **il a ~ du mal à faire qc** ihm fällt es sehr schwer, etw zu tun ❷ (*au moins*) mindestens ❸ (*plus*) **c'est ~ mieux** das ist viel besser; **~ assez** mehr als genug ❹ (*agir, se tenir*) richtig; **tu ferais ~ de me le dire** du sagst es mir wohl besser ❺ (*vrai*) *ment, très*) sehr; (*imaginer, voir*) gut; **aimer ~ qn/qc** jdn/etw gern haben; **je veux ~, merci!** gern, danke! ❻ (*à la rigueur*) schon; **il a ~ voulu nous recevoir** er war so nett, uns zu empfangen; **je vous prie de ~ vouloir faire qc** ich bitte Sie, etw zu tun ❼ (*effectivement*) wirklich ❽ (*sans le moindre doute*) [sehr] wohl; (*sûrement*) bestimmt ❾ (*typiquement*) **c'est ~ toi** das ist typisch für dich ▶**qn va ~** jdm geht es gut; **ou ~** oder [lieber]; **~ plus** schlimmer noch; **~ que** + *subj* obwohl; **tant ~ que mal** mehr schlecht als recht **II.** *adj inv* ❶ (*satisfaisant*) **être ~** gut sein ❷ (*en forme, à l'aise*) **se sentir ~** sich wohl fühlen; **être ~ avec qn** sich gut mit jdm verstehen ❸ (*joli*) schön; (*homme*) gut aussehend ❹ (*sympathique*) nett ❺ (*comme il faut*) anständig **III.** *m* ❶ (*capital physique ou moral*) Gut *nt;* **le ~ général** das [All]-gemeinwohl; **le ~ et le mal** das Gute und das Böse ❷ (*capital matériel*) Eigentum *nt;* **~s collectifs/de consommation** Kollektiv-/Konsumgüter *Pl*

bien-aimé, e [bjɛ̃neme] <bien-aimés> *adj* geliebt **bien-être** [bjɛ̃nɛtʀ] *m sans pl* Wohlbefinden *nt*

bienfaisance [bjɛ̃fəzɑ̃s] *f* Wohltätigkeit *f*

bienfaisant, e [bjɛ̃fəzɑ̃, ɑ̃t] *adj* (*personne*) wohltätig; (*climat, pluie*) wohltuend

bienfait [bjɛ̃fɛ] *m* Wohltat *f;* **les ~s** (*d'un traitement*) wohltuende Wirkung

bienfaiteur, -trice [bjɛ̃fɛtœʀ, -tʀis] *m, f* Wohltäter(in) *m(f)*

bien-fondé [bjɛ̃fɔ̃de] <bien-fondés> *m* Richtigkeit *f*

bienheureux, -euse [bjɛ̃nœʀø, -øz] **I.** *adj* REL (*personne*) selig **II.** *m, f* Selige(r) *f(m)*

biennal, e [bjɛnal, o] <-aux> *adj* zweijährlich

bienséance [bjɛ̃seɑ̃s] *f* Anstand *m*

bientôt [bjɛ̃to] *adv* bald; **à ~!** bis bald!

bienveillance [bjɛ̃vɛjɑ̃s] *f* Wohlwollen *nt*

bienveillant, e [bjɛ̃vɛjɑ̃, jɑ̃t] *adj* wohlwollend

bienvenu, e [bjɛ̃v(ə)ny] **I.** *adj* willkommen **II.** *m, f* **être le/la ~(e) pour qn/qc** jdm/einer S. gelegen kommen

bienvenue [bjɛ̃v(ə)ny] **I.** *f* **souhaiter la ~ à qn** jdn [herzlich] willkommen heißen **II.** *interj* CAN *fam* (*je vous en prie*) **~!** gern geschehen!

bière [bjɛʀ] *f* Bier *nt;* **~ blonde/brune** helles/dunkles Bier; **~ [à la] pression** Bier vom Fass

biffer [bife] <1> *vt* streichen

bifteck [biftɛk] *m* [Beef]steak *nt*

bifurcation [bifyʀkasjɔ̃] *f* Gabelung *f*

bifurquer [bifyʀke] <1> *vi* ❶ (*se diviser*) sich gabeln ❷ (*changer de direction*) abbiegen

bigamie [bigami] *f* Bigamie *f*

bigarré, e [bigaʀe] *adj* (*tissu*) bunt[gemustert]

bigarreau [bigaʀo] <x> *m* BOT Knorpelkirsche *f*

big-bang [bigbɑ̃g] *m* Urknall *m*

bigleux, -euse [biglø, -øz] *adj fam* **être ~** (*loucher*) schielen

bigorneau [bigɔʀno] <x> *m* Strandschnecke *f*

bigot, e [bigo, ɔt] **I.** *adj* bigott **II.** *m, f* Frömmler(in) *m(f)*

bigoudi [bigudi] *m* Lockenwickler *m*

bijou [biʒu] <x> *m* ❶ (*joyau*) Schmuckstück *nt;* **des ~x** Schmuck *m* ❷ (*chef-d'œuvre*) Kleinod *nt*

bijouterie [biʒutʀi] *f* Juweliergeschäft *nt*

bijoutier, -ière [biʒutje, -jɛʀ] *m, f* Juwelier(in) *m(f)*

bilan [bilɑ̃] *m* ❶ Bilanz *f;* **déposer le ~** Konkurs anmelden ❷ MED Untersuchung *f*

bilatéral, e [bilateʀal, o] <-aux> *adj* ❶ (*stationnement*) auf beiden Seiten ❷ JUR, POL bilateral

bile [bil] *f* Galle *f*

bilingue [bilɛ̃g] **I.** *adj* zweisprachig **II.** *mf* Zweisprachige(r) *f(m)*

bilinguisme [bilɛ̃gɥism] *m* Zweisprachigkeit *f*

billard [bijaʀ] *m* Billard *nt*

bille [bij] *f* Murmel *f;* **stylo à ~** Kugelschreiber *m*

billet [bijɛ] *m* ❶ (*entrée*) Eintrittskarte *f* ❷ (*titre de transport: d'autobus*) Fahrschein *m;* (*de train*) Fahrkarte *f;* (*d'avion*) Flugticket *nt;* **~ aller/aller-retour** Einzel-/Rückfahrkarte *f* ❸ (*numéro*) Los *nt* ❹ (*argent*) [Geld]schein *m*

billetterie [bijɛtʀi] *f* (*distributeur de billets*) Geldautomat *m;* **~ automatique** Fahrkartenautomat *m*

bimbo [bimbo] *f fam* Modetussi *f*

bimensuel, le [bimɑ̃sɥɛl] *adj* **être ~** (*jour-*

nal, revue) zweimal im Monat erscheinen

bimestriel, le [bimɛstʀijɛl] *adj* **être ~** (*journal, revue*) alle zwei Monate erscheinen

bimoteur [bimɔtœʀ] **I.** *adj inv* (*avion, bateau*) zweimotorig **II.** *m* (*avion*) zweimotoriges Flugzeug

binaire [binɛʀ] *adj* binär

biner [bine] <1> *vt* |durch]hacken

bing [biŋ] *interj* peng

biniou [binju] *m* |bretonischer| Dudelsack

biocarburant [bjokaʀbyʀɑ̃] *m* Biokraftstoff *m*

biochimie [bjoʃimi] *f* Biochemie *f*

biodégradable [bjodegʀadabl] *adj* biologisch abbaubar

biodégrader [bjodegʀade] *vpr* ECOL **se ~** sich zersetzen

biodiversité [bjodivɛʀsite] *f* Artenvielfalt *f*

bioénergie [bjoenɛʀʒi] *f* PSYCH Bioenergetik *f*

biographie [bjɔgʀafi] *f* Biografie *f*

biographique [bjɔgʀafik] *adj* biografisch

bioindustrie [bjɔɛ̃dystʀi] *f*: *Industrie* (*chemische, Pharma-*), *die sich der Umwandlung von organischen Substanzen durch Mikroorganismen bedient*

biologie [bjɔlɔʒi] *f* Biologie *f*

biologique [bjɔlɔʒik] *adj* biologisch; **aliments ~s** Biokost *f*

biologiste [bjɔlɔʒist] *mf* Biologe/Biologin *m/f*

biomasse [bjomas] *f* Biomasse *f*

biopsie [bjɔpsi] *f* Biopsie *f*

biorythme [bjɔʀitm] *m* Biorhythmus *m*

biosphère [bjosfɛʀ] *f* Biosphäre *f*

biosynthèse [bjosɛ̃tɛz] *f* Biosynthese *f*

biotechnique [bjotɛknik] *f* Biotechnik *f*

biotechnologie [bjotɛknɔlɔʒi] *f* Biotechnologie *f*

bioterrorisme [bjotɛʀɔʀism] *m* Bioterrorismus *m*

bioterroriste [bjotɛʀɔʀist] **I.** *adj* bioterroristisch **II.** *mf* Bioterrorist(in) *m(f)*

biotope [bjɔtɔp] *m* Biotop *nt*

biovigilance [bjoviʒilɑ̃s] *f*: *Überwachung der Auswirkungen gentechnisch veränderter Lebensmittel*

bip [bip] *m* Tonzeichen *nt*; *fam* (*appareil*) Piepser *m*; **~ sonore** Pfeifton *m*

bipède [bipɛd] **I.** *adj* zweifüßig **II.** *m* Zweifüßer *m*

biper [bipe] <1> *vt fam* anpiepsen

biplace [biplas] **I.** *adj* zweisitzig **II.** *m* Zwei-

sitzer *m*

bique [bik] *f fam* Ziege *f*

biquet, te [bikɛ, ɛt] *m, f fam* ▶**mon** ~ mein Schätzchen

biréacteur [biʀeaktœʀ] *m* zweistrahliges Flugzeug

bis [bis] **I.** *adv* ~! Zugabe! **II.** *app* n° **12** ~ Nr. 12a

bis, e [bi, biz] *adj* graubraun

biscornu, e [biskɔʀny] *adj* bizarr

biscotte [biskɔt] *f* Zwieback *m*

biscuit [biskɥi] *m* ❶ (*gâteau sec*) Keks *m* ❷ (*pâtisserie*) Biskuit *m*

bise[1] [biz] *f* (*vent du Nord*) kalter Nordwind

bise[2] [biz] *f fam* Küsschen *nt*; **se faire la ~** sich Küsschen geben; **grosses ~s!** viele Grüße und Küsse!

biseau [bizo] <x> *m* |abgeschrägte| Kante

biseauter [bizote] <1> *vt* abschrägen

bisexualité [bisɛksɥalite] *f* (*d'une personne*) Bisexualität *f*

bisexuel, le [bisɛksɥɛl] *adj* bisexuell

bison [bizɔ̃] *m* Bison *m* ▶**Bison futé** *Informationssystem zum Vermeiden und Umfahren von Staus*

bisou [bizu] *m fam* Küsschen *nt*

bissectrice [bisɛktʀis] *f* MATH Winkelhalbierende *f*

bisser [bise] <1> *vt* **~ un musicien** eine Zugabe von einem Musiker fordern

bissextile [bisɛkstil] *adj* **année ~** Schaltjahr *nt*

bistouri [bisturi] *m* Skalpell *nt*

bistro[t] [bistro] *m fam* Kneipe *f*

bit [bit] *m* INFORM Bit *nt*

bitume [bitym] *m* Asphalt *m*

bivouac [bivwak] *m* Biwak *nt*

bivouaquer [bivwake] <1> *vi* biwakieren

bizarre [bizaʀ] *adj* seltsam

bizarrement [bizaʀmɑ̃] *adv* seltsam

bizarrerie [bizaʀʀi] *f* (*d'une personne*) seltsame Art; (*d'une idée, initiative*) Eigenartigkeit *f*

blabla [blabla] *m fam* Blabla *nt*

blackbouler [blakbule] <1> *vt* POL **se faire ~** eine Niederlage erleiden

black-out [blakaut] *m inv* ❶ (*obscurité*) Verdunkelung *f* ❷ *fig* Nachrichtensperre *f*

blafard, e [blafaʀ, aʀd] *adj* (*teint*) bleich; (*lumière*) fahl (*geh*)

blague [blag] *f fam* ❶ (*histoire drôle*) Witz *m* ❷ (*farce*) Streich *m* ▶**sans ~!** im Ernst!

blaguer [blage] <1> *vi* Witze machen

blagueur, -euse [blagœʀ, -øz] *m, f* Spaßvogel *m*

blaireau [blɛʀo] <x> *m* ❶ ZOOL Dachs *m* ❷ (*pour la barbe*) Rasierpinsel *m* ❸ *fam* dummer Spießer *m* (*pej*)

blairer [blɛʀe] <1> *vt fam* riechen

blâmable [blamabl] *adj* tadelnswert

blâme [blam] *m* (*sanction*) Verweis *m*

blâmer [blame] <1> *vt* (*personne*) tadeln; (*conduite*) verurteilen

blanc [blɑ̃] *m* ❶ (*couleur*) Weiß *nt;* **en ~** in Weiß ❷ TYP, INFORM Leerstelle *f* ❸ (*espace vide*) Lücke *f* ❹ (*vin*) Weißwein *m* ❺ (*linge*) Weißwäsche *f* ❻ GASTR **~ d'œuf** Eiweiß *nt; ~* **de poulet** Hähnchenbrust *f* ❼ ANAT **le ~ de l'œil** das Weiße im Auge

blanc, he [blɑ̃, ɑ̃ʃ] *adj* ❶ (*de couleur ~he*) weiß ❷ (*bulletin de vote*) leer; (*feuille*) unbeschrieben ❸ (*fictif*) **mariage ~** Scheinheirat *f;* **examen ~** Probeklausur *f*

Blanc, he [blɑ̃, ɑ̃ʃ] *m, f* Weiße(r) *f(m)*

blanc-bec [blɑ̃bɛk] <blancs-becs> *m fam* Grünschnabel *m*

blanchâtre [blɑ̃ʃatʀ] *adj* weißlich

blanche [blɑ̃ʃ] *f* MUS halbe Note

Blanche-Neige [blɑ̃ʃnɛʒ] *f* Schneewittchen *nt*

blancheur [blɑ̃ʃœʀ] *f* Weiß *nt*

blanchiment [blɑ̃ʃimɑ̃] *m* (*d'un mur, d'une façade*) Weißen *nt; ~* **de l'argent** Geldwäsche *f*

blanchir [blɑ̃ʃiʀ] <8> I. *vt* ❶ (*rendre blanc*) weiß machen; (*mur*) weißen ❷ (*argent*) waschen II. *vi* weiße Haare bekommen

blanchissage [blɑ̃ʃisaʒ] *m* (*du linge*) Waschen *nt*

blanchisserie [blɑ̃ʃisʀi] *f* Wäscherei *f*

blanquette [blɑ̃kɛt] *f* Frikassee *nt*

blasé, e [blaze] I. *adj* blasiert II. *m, f* blasierter Mensch

blason [blazɔ̃] *m* Wappen *nt*

blasphème [blasfɛm] *m* Blasphemie *f*

blasphémer [blasfeme] <5> *vi* Gott lästern

blazer [blazɛʀ, blazœʀ] *m* Blazer *m*

blé [ble] *m* ❶ (*plante*) Weizen *m;* (*grain*) Getreide *nt* ❷ *fam* (*argent*) Knete *f*

bled [blɛd] *m péj fam* Kaff *nt*

blême [blɛm] *adj* (*visage*) bleich

blêmir [blemiʀ] <8> *vi* bleich werden

blennorragie [blenɔʀaʒi] *f* MED Gonorrhö[e] *f*

blessant, e [blesɑ̃, ɑ̃t] *adj* verletzend

blessé, e [blese] I. *adj* verletzt II. *m, f* Verletzte(r) *f(m)*

blesser [blese] <1> I. *vt* ❶ verletzen ❷ (*meurtrir: chaussures*) drücken II. *vpr* **se ~** sich verletzen

blessure [blesyʀ] *f* (*lésion*) Verletzung *f;* (*plaie*) Wunde *f*

blette [blɛt] *f* Mangold *m*

bleu [blø] *m* ❶ (*couleur*) Blau *nt; ~* **ciel/ foncé** Himmel-/Dunkelblau ❷ (*marque*) blauer Fleck ❸ (*vêtement*) blauer Arbeitsanzug ❹ (*fromage*) Blauschimmelkäse *m* ❺ *pl* SPORT **les ~s** *französische Fußballnationalmannschaft*

bleu, e [blø] *adj* ❶ (*de couleur bleue*) blau ❷ (*steak*) englisch

bleuâtre [bløatʀ] *adj* bläulich

bleuet [bløɛ] *m* Kornblume *f*

bleuir [bløiʀ] <8> I. *vt* **avoir les mains toutes bleues par le froid** von der Kälte ganz blaue Hände haben II. *vi* blau werden; (*visage*) blau anlaufen

bleuté, e [bløte] *adj* bläulich

blindage [blɛ̃daʒ] *m* Panzerung *f*

blindé [blɛ̃de] *m* Panzer *m*

blindé, e [blɛ̃de] *adj* ❶ gepanzert ❷ *fam* (*endurci*) abgehärtet

blinder [blɛ̃de] <1> *vt* ❶ (*renforcer: véhicule, porte*) panzern ❷ *fam* (*endurcir*) **~ qn contre qc** jdn gegen etw abhärten

bloc [blɔk] *m* Block *m* ▸**en ~** im Ganzen

blocage [blɔkaʒ] *m* ❶ (*des roues, freins*) Blockieren *nt;* (*de la porte*) Versperren *nt* ❷ (*des prix, salaires*) Stopp *m;* (*d'un crédit, des commandes*) Sperre *f* ❸ PSYCH innerer Widerstand

bloc-cuisine [blɔkkɥizin] <blocs-cuisines> *m* Küchenzeile *f*

blockhaus [blɔkos] *m* Bunker *m*

bloc-moteur [blɔkmɔtœʀ] <blocs-moteurs> *m* (*de la voiture*) Motorblock *m*

bloc-notes [blɔknɔt] <blocs-notes> *m* Notizblock *m*

blocus [blɔkys] *m* Blockade *f*

blond [blɔ̃] *m* (*couleur*) Blond *nt; ~* **cendré** Aschblond

blond, e [blɔ̃, blɔ̃d] I. *adj* blond; (*tabac*) hell II. *m, f* (*personne*) Blonde(r) *f(m);* (*femme*) Blondine *f*

blonde [blɔ̃d] *f* ❶ (*bière*) helles Bier ❷ (*cigarette*) Zigarette *f* aus hellem Tabak

blondinet, te [blɔ̃dinɛ, ɛt] *m, f* Blondschopf *m*

blondir [blɔ̃diʀ] <8> *vi* (*cheveux*) blond werden

bloquer [blɔke] <1> **I.** *vt* ❶ blockieren; (*passage, route, porte*) versperren; **être bloqué dans l'ascenseur** im Fahrstuhl festsitzen ❷ ECON sperren; (*négociations*) zum Stocken bringen ❸ (*jours de congés*) zusammenlegen ❹ (*balle*) stoppen **II.** *vpr* **se ~** ❶ (*s'immobiliser*) klemmen; (*roues, freins*) blockieren ❷ PSYCH sich innerlich sperren ❸ INFORM (*programme*) abstürzen **III.** *vi* INFORM blockieren

blottir [blɔtiʀ] <8> *vpr* **se ~ contre qn** sich an jdn kuscheln; **se ~ dans un coin** sich in eine Ecke kauern

blouse [bluz] *f* |Arbeits|kittel *m*

blouson [bluzɔ̃] *m* Blouson *m o nt* ▶**~ noir** Rocker *m*

blue-jean [bludʒin] <blue-jeans> *m* |Blue|jeans *f*

blues [blus] *m inv* ❶ (*musique*) Blues *m* ❷ (*cafard*) **avoir un coup de ~** schwermütig sein

bluffer [blœfe] <1> *vt, vi* bluffen

boa [bɔa] *m* Boa *f*

bob [bɔb] *m* ❶ SPORT Bob *m* ❷ (*chapeau*) Stoffhut *m*

bobard [bɔbaʀ] *m fam* |Lügen|märchen *nt*

bobine [bɔbin] *f* Spule *f*; (*de fil*) Rolle *f*

bobo [bobo] *m fam* Wehwehchen *nt*

bobsleigh [bɔbslɛg] *m v.* bob

bocal [bɔkal, o] <-aux> *m* Glas *nt*

Boche [bɔʃ] *mf péj fam* Boche *mf* (*abwertende Bezeichnung für Deutsche aus dem 2. Weltkrieg*)

bock [bɔk] *m* Glas *nt* Bier

bœuf [bœf] *m* ❶ ZOOL Rind *nt* ❷ (*opp: taureau, vache*) Ochse *m* ❸ (*viande*) Rindfleisch *nt*

bof [bɔf] *interj* na ja

bogue [bɔg] *m o f* INFORM bug *m*

bohème [bɔɛm] *adj* unkonventionell

Bohême [bɔɛm] *f* la **~** Böhmen *nt*

bohémien, ne [bɔemjɛ̃, jɛn] *m, f* Zigeuner(in) *m(f)*

boille [bɔj] *f* CH (*récipient à lait*) Milchkanne *f*

boire [bwaʀ] <irr> **I.** *vt* ❶ trinken; (*finir de ~*) austrinken ❷ (*s'imprégner de*) aufsaugen **II.** *vi* trinken; **~ à la santé de qn** auf jds Wohl trinken

bois [bwa] **I.** *m* ❶ (*forêt*) |kleiner| Wald ❷ (*matériau*) Holz *nt* ▶**toucher du ~** |dreimal| auf Holz klopfen **II.** *mpl* ❶ MUS Holzblasinstrumente *Pl* ❷ (*cornes: des cervidés*) Geweih *nt*

boisé, e [bwaze] *adj* bewaldet

boiser [bwaze] <1> *vt* (*région*) aufforsten

boiserie [bwazʀi] *f* |Holz|täfelung *f*

boisson [bwasɔ̃] *f* Getränk *nt*

boîte [bwat] *f* ❶ (*récipient*) Schachtel *f*; **~ à outils** Werkzeugkasten *m*; **~ en plastique** Plastikdose *f* ❷ (*conserve*) Dose *f*; **en ~ aus der Dose ❸** *fam* (*discothèque*) Disko *f*; **~ de nuit** Nachtklub *m* ❹ *fam* (*entreprise*) Laden *m* ❺ AVIAT **~ noire** Flugschreiber *m* ❻ AUT **~ de vitesses** |Schalt|getriebe *nt* ❼ INFORM **~ de dialogue** Dialogfeld *nt*; **~ aux lettres |électronique|** Mailbox *f*; **~ à rythmes** Drumcomputer *m* ❽ (*casier*) **~ aux lettres** Briefkasten *m*; **~ postale** Postfach *nt*

boiter [bwate] <1> *vi* hinken

boiteux, -euse [bwatø, -øz] *adj* (*personne*) hinkend

boîtier [bwatje] *m* Gehäuse *nt*

boitiller [bwatije] <1> *vi* leicht hinken

boiton [bwatɔ̃] *m* CH (*porcherie*) Schweinestall *m*

bol [bɔl] *m* ❶ (*récipient*) Schale *f* ❷ CAN (*cuvette*) **~ de toilette** Toilettenschüssel *f* ▶**avoir du ~** *fam* Schwein haben; **en avoir ras le ~** *fam* die Nase voll haben

bolet [bɔlɛ] *m* BOT Röhrling *m*

bolide [bɔlid] *m* Rennwagen *m*

bombance [bɔ̃bɑ̃s] *f* **faire ~** *fam* ein großes Eß- und Trinkgelage machen

bombardement [bɔ̃baʀdəmɑ̃] *m* Bombardierung *. f*; **~ aérien** Luftangriff *m*

bombarder [bɔ̃baʀde] <1> *vt* bombardieren; **~ qn de qc** jdn mit etw bewerfen

bombardier [bɔ̃baʀdje] *m* Bomber *m*

bombe [bɔ̃b] *f* ❶ Bombe *f*; **~ atomique** Atombombe; **~ lacrymogène** Tränengas *nt*; **~ humaine** menschliche Bombe ❷ (*atomiseur*) Spraydose *f* ❸ (*casquette*) Reitkappe *f*

bombé, e [bɔ̃be] *adj* gewölbt

bomber [bɔ̃be] <1> *vt* ❶ (*poitrine, torse*) |he|rausstrecken (*fam*) ❷ *fam* (*peindre*) sprühen

bon [bɔ̃] **I.** *m* ❶ (*coupon d'échange*) Gutschein *m* ❷ (*ce qui est ~*) Gute(s) *nt* ❸ (*per-*

sonne) Gute(r) *f(m)* ▶**avoir** du ~ seine Vorzüge haben **II.** *adv* sentir ~ duften ▶ il **fait** ~ es ist mild

bon, ne [bɔ̃, bɔn] <meilleur> *adj* antéposé ❶ (*opp: mauvais*) gut; **être ~ en maths** gut in Mathe sein; **être très ~** sehr gut schmecken ❷ (*adéquat, correct*) richtig; **tous les moyens sont ~s** alle Mittel sind recht ❸ (*valable*) gültig ❹ (*soirée, moment, vacances, week-end*) schön; (*eau*) sehr angenehm ❺ (*intensif de quantité*) gut; (*intensif de qualité*) anständig (*fam*) ❻ (*être fait pour*) **c'est ~ à savoir** das ist gut zu wissen ❼ (*être destiné à*) **être ~ pour qc** reif für etw sein (*fam*) ❽ (*moralement*) gut; **ne pas avoir de ~nes lectures/fréquentations** nichts Anständiges lesen/keine anständigen Freunde haben ▶**c'est ~** (*a bon goût*) das schmeckt gut; (*fait du bien*) das tut gut; (*ça ira comme ça*) das reicht; **n'**ê**tre ~ à rien** zu nichts zu gebrauchen sein; **à quoi ~?** wozu?

bonbon [bɔ̃bɔ̃] *m* Bonbon *m o nt*

bonbonne [bɔ̃bɔn] *f* [bauchige] Korbflasche

bond [bɔ̃] *m* (*saut*) Satz *m;* ~ **en avant** ECON Sprung *m* nach vorn

bonde [bɔ̃d] *f* (*bouchon: de l'évier, de la baignoire*) Stöpsel *m*

bondé, e [bɔ̃de] *adj* überfüllt

bondir [bɔ̃diʀ] <8> *vi* [hoch]springen; ~ **à la porte** an die Tür stürzen; ~ **de joie** Freudensprünge machen (*fam*)

bonheur [bɔnœʀ] *m* Glück *nt;* **par ~** zum Glück; **porter ~ à qn** jdm Glück bringen

bonhomie [bɔnɔmi] *f* Herzlichkeit *f*

bonhomme [bɔnɔm, bɔ̃zɔm] <bonshommes> *m fam* (*homme*) Mann *m;* (*plutôt négatif*) Kerl *m;* ~ **de neige** Schneemann *m*

boniche [bɔniʃ] *f péj fam* Dienstmädchen *nt*

bonification [bɔnifikasjɔ̃] *f* (*amélioration: d'un vin*) Verbesserung *f*

bonifier [bɔnifje] <1> *vpr* **se ~** (*vin*) besser werden

boniment [bɔnimɑ̃] *m* ❶ (*baratin: d'un vendeur, camelot*) Anpreisen *nt* der Ware ❷ (*mensonges*) Lügengeschichte *f*

bonjour [bɔ̃ʒuʀ] *m* ~! guten Tag/Morgen! CAN (*bonne journée*) einen schönen Tag noch!; **donner bien le ~ à qn de la part de qn** jdm von jdm einen schönen Gruß bestellen

bonne [bɔn] *f* Dienstmädchen *nt*

bonnement [bɔnmɑ̃] *adv* ▶**tout** ~ ganz einfach

bonnet [bɔnɛ] *m* ❶ Mütze *f;* ~ **de bain** Badekappe *f* ❷ (*du soutien-gorge*) Körbchen *nt*

bonsoir [bɔ̃swaʀ] *m* (*en arrivant*) guten Abend; (*en partant*) auf Wiedersehen; (*avant le coucher*) gute Nacht

bonté [bɔ̃te] *f* Güte *f*

bonus [bɔnys] *m* Schadenfreiheitsrabatt *m*

bonze [bɔ̃z] *m* Bonze *m*

boom [bum] *m* Boom *m;* ~ **démographique** Bevölkerungsexplosion *f*

boomerang [bumʀɑ̃g] *m* Bumerang *m*

booter [bute] <1> *vi* INFORM [hoch]booten

bord [bɔʀ] *m* Rand *m;* (*d'une table, d'un trottoir*) Kante *f;* (*d'un lac, d'une rivière*) Ufer *nt;* **au ~ de [la] mer** am Meer ▶**passer par-dessus** ~ über Bord gehen; **virer de** ~ wenden; *fig* umschwenken; **à** ~ an Bord

bordeaux [bɔʀdo] **I.** *m* Bordeaux[wein *m*] *m* **II.** *app inv* weinrot

bordel [bɔʀdɛl] *m* ❶ *vulg* (*maison close*) Puff *m* (*fam*) ❷ *fam* (*désordre*) Saustall *m*

bordélique [bɔʀdelik] *adj fam* chaotisch

border [bɔʀde] <1> *vt* ❶ (*rivière, route*) säumen (*geh*) ❷ COUT ~ **qc de dentelle** mit Spitze besetzen ❸ (*enfant, malade*) zudecken; (*lit*) machen (*indem man die Laken unter der Matratze feststeckt*)

bordereau [bɔʀdəʀo] <x> *m* (*formulaire*) Schein *m;* ~ **d'achat** [Kauf]beleg *m;* ~ **de livraison** Lieferschein

bordier [bɔʀdje] *m* CH (*riverain*) Anlieger *m*, Anstößer *m* (CH)

bordure [bɔʀdyʀ] *f* ❶ (*bord*) Rand *m* ❷ (*rangée*) Reihe *f*

boréal, e [bɔʀeal] <s> *adj* nördlich

borgne [bɔʀɲ] *adj* einäugig

borne [bɔʀn] *f* ❶ (*pierre*) Grenzstein *m;* ~ **kilométrique** Kilometerstein *m* ❷ *pl* (*limite*) Grenzen *Pl;* **dépasser les ~s** zu weit gehen ❸ *fam* (*distance de 1 km*) Kilometer *m*

borné, e [bɔʀne] *adj* (*personne*) borniert

borner [bɔʀne] <1> *vpr* **se ~ à qc** (*se contenter de*) sich mit etw begnügen

bosquet [bɔskɛ] *m* Baumgruppe *f*

bosse [bɔs] *f* ❶ (*déformation*) Beule *f;* (*difformité*) Buckel *m;* (*du chameau*) Höcker *m* ❷ (*accident de terrain*) [leichte] Erhebung *f*

bosser [bɔse] <1> *vi fam* arbeiten; (*travailler dur*) schuften

bosseur, -euse [bɔsœʀ, -øz] *m, f fam* Arbeitstier *nt*

bossu, e [bɔsy] **I.** *adj* buck|e|lig **II.** *m, f* Buck|e|lige(r) *f(m)*

botanique [bɔtanik] **I.** *adj* botanisch **II.** *f* Botanik *f*

botaniste [bɔtanist] *mf* Botaniker(in) *m(f)*

botte [bɔt] *f* ❶ (*chaussure*) Stiefel *m* ❷ (*de légumes*) Bund *nt;* (*de foin*) Ballen *m*

botté, e [bɔte] *adj* gestiefelt

botter [bɔte] <1> *vt* ~ **le derrière/les fesses à qn** jdn in den Hintern treten (*fam*)

bottin® [bɔtɛ̃] *m* Telefonbuch *nt*

bottine [bɔtin] *f* Stiefelette *f*

bouc [buk] *m* ❶ ZOOL Ziegenbock *m* ❷ (*barbe*) Spitzbart *m* ▸~ **émissaire** Sündenbock *m*

boucan [bukã] *m fam* Radau *m*

bouche [buʃ] *f* ❶ Mund *m;* **parler la ~ pleine** mit vollem Mund sprechen ❷ (*ouverture*) ~ **de métro** Metroeingang *m* ❸ *pl* GEO **les ~s du Rhône** die Mündung der Rhône ▸~ **bée** bass erstaunt; **être une fine ~** ein Feinschmecker sein; **faire la fine ~** wählerisch sein

bouché, e [buʃe] *adj* ❶ (*obstrué*) verstopft ❷ (*sans avenir*) ohne Zukunft ❸ *fam* (*personne*) beschränkt

bouche-à-bouche [buʃabuʃ] *m sans pl* Mund-zu-Mund-Beatmung *f*

bouchée [buʃe] *f* ❶ (*petit morceau*) Bissen *m* ❷ GASTR ~ **au chocolat** Praline *f* ▸**pour une ~ de pain** für ein Butterbrot (*fam*)

boucher [buʃe] <1> **I.** *vt* (*bouteille*) zukorken; (*trou*) zumachen; (*toilettes, évier*) verstopfen **II.** *vpr* **se ~** (*évier*) verstopfen; **se ~ le nez/les oreilles** sich (*dat*) die Nase/Ohren zuhalten

boucher, -ère [buʃe, -ɛʀ] *m, f* Metzger(in) *m(f)*

bouchère [buʃɛʀ] *f* (*femme du boucher*) Fleischersfrau *f*

boucherie [buʃʀi] *f* ❶ (*magasin*) Metzgerei *f* ❷ (*massacre*) Gemetzel *nt*

boucherie-charcuterie [buʃʀiʃaʀkytʀi] <boucheries-charcuteries> *f* Fleisch- und Wurstwarengeschäft *nt*

bouche-trou [buʃtʀu] <bouche-trous> *m* (*émission, article de journal*) [Lücken]füller *m*

bouchon [buʃɔ̃] *m* ❶ (*d'une bouteille*) Korken *m;* (*d'un bidon, tube*) Verschluss *m;* (*d'un réservoir*) Deckel *m* ❷ PECHE Schwim-

mer *m* ❸ (*embouteillage*) Stau *m*

bouchonner [buʃɔne] <1> *vi fam* stauen

boucle [bukl] *f* ❶ (*de soulier, ceinture*) Schnalle *f;* ~ **d'oreille** Ohrring *m* ❷ (*qui s'enroule*) ~ **de cheveux** Haarlocke *f* ❸ IN-FORM, MATH Schleife *f*

bouclé, e [bukle] *adj* (*cheveux, poils*) lockig

boucler [bukle] <1> **I.** *vt* schließen; (*ceinture*) zumachen; (*dossier*) abschließen **II.** *vi* ❶ (*friser*) **ses cheveux bouclent naturellement** er/sie hat Naturlocken ❷ INFORM eine Schleife machen

bouclette [buklɛt] *f* [Ringel]löckchen *nt*

bouclier [buklije] *m* Schild *m;* (*protection*) Schutz[schild *m*]

bouddhisme [budism] *m* Buddhismus *m*

bouddhiste [budist] **I.** *adj* buddhistisch **II.** *mf* Buddhist *m*

bouder [bude] <1> *vi* schmollen

boudeur, -euse [budœʀ, -øz] **I.** *adj* beleidigt **II.** *m, f* jd, der schmollt

boudin [budɛ̃] *m* ❶ (*charcuterie*) ~ **noir** ≈ Blutwurst *f,* ≈ Blunze[n] *f* (A); ~ **blanc** *aus Geflügelfleisch, Milch, Ei und Brotkrume hergestellte Wurst* ❷ *fam* (*fille*) Pummel *m*

boudiné, e [budine] *adj* ❶ (*doigt*) Wurst- (*fam*) ❷ (*serré dans un vêtement étriqué*) beengt

boue [bu] *f* Schlamm *m,* Gatsch *m* (A)

bouée [bwe] *f* ❶ (*balise*) Boje *f* ❷ (*protection gonflable*) Schwimmreifen *m;* ~ **de sauvetage** Rettungsring *m*

boueux, -euse [bwø, -øz] *adj* schlammig

bouffant, e [bufã, ãt] *adj* **des manches ~es** Puffärmel *Pl*

bouffe [buf] *f fam* Essen *nt*

bouffée [bufe] *f* ❶ (*souffle*) ~ **d'air frais/chaud** frische Brise/Schwall *m* heißer Luft ❷ (*poussée*) ~ **de chaleur** [Hitze]wallung *f*

bouffer [bufe] <1> **I.** *vi fam* (*manger*) essen **II.** *vt fam* ❶ (*manger*) futtern ❷ (*essence, huile*) schlucken

bouffi, e [bufi] *adj* (*visage*) aufgedunsen; (*yeux*) verquollen

bouffon, ne [bufɔ̃, ɔn] *m, f* Narr *m*

bouffon *m fam* (*personne sans intérêt, niaise, ridicule*) Witzfigur *f*

bouge [buʒ] *m* (*bar mal famé*) Spelunke *f* (*pej*)

bougeoir [buʒwaʀ] *m* Kerzenständer *m*

bougeotte [buʒɔt] *f* **avoir la ~** *fam* kein Sitzfleisch haben

B

bouger [buʒe] <2a> **I.** vi ❶ (remuer) sich bewegen; **je ne bouge pas d'ici!** ich rühre mich nicht vom Fleck! ❷ fam (changer) **ne pas ~** (prix, taux) unverändert bleiben; **faire ~ qc** etw ins Rollen bringen **II.** vt ❶ (meuble, objet) umstellen ❷ (bras, doigt, tête) bewegen **III.** vpr fam **se ~** ❶ (se remuer) sich bewegen ❷ (faire un effort) sich anstrengen

bougie [buʒi] f Kerze f; AUT Zündkerze f

bougon, ne [bugɔ̃, ɔn] adj mürrisch

bougonner [bugɔne] <1> vi murren

bougre, bougresse [bugʀ, bugʀɛs] m, f fam Kerl m

boui-boui [bwibwi] <bouis-bouis> m péj fam Spelunke f

bouillant, e [bujɑ̃, jɑ̃t] adj ❶ (qui bout) kochend ❷ (boisson) kochend heiß

bouille [buj] f fam Gesicht nt

bouilli, e [buji] part passé de **bouillir**

bouillie [buji] f Brei m

bouillir [bujiʀ] <irr> vt, vi ❶ kochen; **faire ~** zum Kochen bringen ❷ (laver à l'eau bouillante, stériliser) [aus]kochen ❸ fig **~ d'impatience** vor Ungeduld (+ dat) platzen

bouilloire [bujwaʀ] f [Wasser]kessel m

bouillon [bujɔ̃] m Brühe f

bouillon-cube [bujɔ̃kyb] <bouillon-cubes> m Brühwürfel m

bouillonnement [bujɔnmɑ̃] m ❶ (ébullition) Sprudeln nt ❷ fig (des idées) Überschäumen nt

bouillonner [bujɔne] <1> vi ❶ brodeln ❷ fig **~ d'idées** vor Ideen überschäumen

bouillotte [bujɔt] f Wärmflasche f

boulanger, -ère [bulɑ̃ʒe, -ɛʀ] m, f Bäcker(in) m(f)

boulangère [bulɑ̃ʒɛʀ] f (femme d'un boulanger) Bäckersfrau f

boulangerie [bulɑ̃ʒʀi] f Bäckerei f

boulangerie-pâtisserie [bulɑ̃ʒʀipatisʀi] <boulangeries-pâtisseries> f Bäckerei-Konditorei f

boulanger-pâtissier [bulɑ̃ʒepatisje] <boulangers-pâtissiers> m Bäcker und Konditor m

boule [bul] f ❶ Kugel f; **~ de neige** Schneeball m ❷ pl JEUX **jeu de ~s** Boule[spiel] nt; **jouer aux ~s** Boule spielen ❸ (tête) **avoir la ~ à zéro** fam eine Glatze haben; **perdre la ~** fam durchdrehen

bouleau [bulo] <x> m Birke f

bouledogue [buldɔg] m Bulldogge f

boulet [bulɛ] m (de canon) [Kanonen]kugel f; (boule de métal attachée aux pieds des condamnés) [Eisen]kugel f

boulette [bulɛt] f ❶ Kügelchen nt; **~ de pétrole** Ölklumpen m ❷ GASTR Frikadelle f

boulevard [bulvaʀ] m Boulevard m

bouleversant, e [bulvɛʀsɑ̃, ɑ̃t] adj (spectacle, récit) erschütternd

bouleversement [bulvɛʀsəmɑ̃] m grundlegende Veränderung; (émotion) Erschütterung f

bouleverser [bulvɛʀse] <1> vt ❶ (personne) [zutiefst] erschüttern ❷ (carrière, vie) völlig verändern; (emploi du temps, programme) umstoßen

boulimie [bulimi] f MED Bulimie f

boulimique [bulimik] **I.** adj ❶ (vorace) gefräßig ❷ fig unersättlich **II.** mf Bulimiekranke(r) f(m)

bouliste [bulist] mf Boulespieler(in) m(f)

boulodrome [bulodʀom] m Bouleplatz m

boulon [bulɔ̃] m Schraubenbolzen m [mit Mutter]

boulonner [bulɔne] <1> vi fam schuften

boulot [bulo] m fam (travail) Arbeit f; (emploi) Job m

boum¹ [bum] **I.** interj bum[s] **II.** m (bruit sonore) Bums m (fam)

boum² [bum] f fam Fete f

bouquet [bukɛ] m ❶ (de fleurs) Strauß m; (de persil, thym) Bund nt ❷ (parfum: d'un vin) Blume f

bouquetin [buktɛ̃] m Steinbock m

bouquin [bukɛ̃] m fam Schmöker m

bouquiner [bukine] <1> vi fam schmökern

bouquiniste [bukinist] mf Bouquinist m

bourbier [buʀbje] m Schlammloch nt

bourde [buʀd] f fam Schnitzer m

bourdon [buʀdɔ̃] m ZOOL Hummel f

bourdonnement [buʀdɔnmɑ̃] m Summen nt; (des voix) Gemurmel nt

bourdonner [buʀdɔne] <1> vi (insecte) summen

bourg [buʀ] m Marktflecken m

bourgade [buʀgad] f kleiner Marktflecken

bourge [buʀʒ] mf péj fam abr de **bourgeois II.2.** Spießer(in) m(f)

bourgeois, e [buʀʒwa, waz] **I.** adj ❶ bürgerlich ❷ péj spießbürgerlich **II.** m, f ❶ Bürgerliche(r) f(m) ❷ péj Spießbürger(in) *m(f)* ❸ HIST (*citoyen*) Bürger(in) *m(f)*

bourgeoisie [buʀʒwazi] *f* Bürgertum *nt;* HIST Bourgeoisie *f*

bourgeon [buʀʒɔ̃] *m* Knospe *f*

bourgeonner [buʀʒɔne] <1> *vi* BOT Knospen treiben

bourgmestre [buʀgmɛstʀ] *m* BELG (*maire*) Bürgermeister *m*

bourgogne [buʀgɔɲ] *m* Burgunder(wein *m*) *m*

Bourgogne [buʀgɔɲ] *f* la ~ Burgund *nt*

bourguignon, ne [buʀgiɲɔ̃, ɔn] *adj* burgundisch; GASTR Burgunder-

Bourguignon, ne [buʀgiɲɔ̃, ɔn] *m, f* Burgunder(in) *m(f)*

bourlinguer [buʀlɛ̃ge] <1> *vi fig fam* [viel] herumreisen

bourrade [buʀad] *f* Stoß *m*

bourrage [buʀaʒ] *m* ❶ (*d'un coussin, matelas*) Füllen *nt*; (*d'une pipe*) Stopfen *nt* ❷ *fig fam* ~ **de crâne** (*endoctrinement*) Indoktrination *f*; (*gavage intellectuel*) stures [Ein]pauken (*pej*) ❸ TECH ~ **de papier** Papierstau *m*

bourrasque [buʀask] *f* (*de vent*) Bö *f*

bourratif, -ive [buʀatif, -iv] *adj* sättigend

bourre [buʀ] *f* ❶ (*matière de remplissage*) Füllung *f* ❷ (*duvet des bourgeons*) Flaum *m*

bourré, e [buʀe] *adj* ❶ randvoll; (*portefeuille*) prall; (*valise*) voll gestopft; **être ~ de fautes/complexes** voller Fehler/Komplexe sein ❷ *fam* (*ivre*) besoffen

bourreau [buʀo] <x> *m* ❶ (*exécuteur*) Henker *m* ❷ (*tortionnaire*) Peiniger *m;* ~ **d'enfants** *jd, der Kinder misshandelt*; ~ **des cœurs** *iron* Herzensbrecher *m*

bourrée [buʀe] *f* Bourrée *f alter franz. Volkstanz*

bourrelet [buʀlɛ] *m* ❶ (*pour isoler*) Abdichtung *f* ❷ ANAT Wulst *m o f*

bourrer [buʀe] <1> I. *vt* (*pipe*) stopfen; ~ **qn/qc de qc** *jdn/etw* mit etw voll stopfen II. *vpr* **se ~ de qc** sich mit etw voll stopfen III. *vi* sättigen

bourricot [buʀiko] *m fam* Esel *m*

bourrique [buʀik] *f fam* Esel(in) *m(f)* ►**faire tourner** qn en ~ *jdn wahnsinnig machen*

bourru, e [buʀy] *adj* mürrisch

bourse¹ [buʀs] *f* ❶ (*porte-monnaie*) Geldbeutel *m* ❷ (*allocation*) ~ **d'études** Stipendium *nt* ❸ *pl* ANAT Hodensack *m*

bourse² [buʀs] *f* **la Bourse** (*lieu*) die Börse;

(*ensemble des cours*) die [Börsen]kurse; **jouer à la Bourse** [an der Börse] spekulieren

boursicoter [buʀsikɔte] <1> *vi fam* kleine Börsengeschäfte machen

boursier, -ière¹ [buʀsje, -jɛʀ] I. *adj* **étudiant** ~ Stipendiat *m* II. *m, f* Stipendiat(in) *m(f)*

boursier, -ière² [buʀsje, -jɛʀ] I. *adj* (*relatif à la Bourse*) Börsen- II. *m, f* (*professionnel de la Bourse*) Börsenmakler(in) *m(f)*

boursouflé, e [buʀsufle] *adj* [an]geschwollen; (*visage*) aufgedunsen

boursoufler [buʀsufle] <1> *vt* anschwellen

boursouflure [buʀsuflyʀ] *f* (*de la peau, du visage*) Schwellung *f*; (*d'une surface, peinture*) Blase *f*

bousculade [buskylad] *f* ❶ Gedränge *nt* ❷ (*précipitation*) Eile *f*

bousculer [buskyle] <1> I. *vt* ❶ (*personne*) anstoßen; (*presser*) drängen; (*livres, chaises*) umwerfen ❷ (*déranger*) völlig durcheinander bringen; (*habitudes, traditions*) von Grund auf ändern II. *vpr* **se ~** sich drängeln

bouse [buz] *f* Kuhfladen *m*

bousiller [buzije] <1> *vt fam* kaputt machen

boussole [busɔl] *f* [Magnet]kompass *m*

bout [bu] *m* ❶ (*extrémité, limite*) Ende *nt*; (*du doigt, nez*) Spitze *f*; ~ **à** ~ aneinander; **jusqu'au** ~ bis zum Schluss; **tout au** ~ ganz hinten; **tenir jusqu'au** ~ durchhalten ❷ (*morceau*) Stück\chen *nt*] *nt* ❸ (*terme*) nach (+ *dat*); **au** ~ **d'un moment** nach einer Weile ►**savoir** qc **sur le** ~ **des doigts** etw im Schlaf können; **tenir le bon** ~ es bald geschafft haben; **joindre les deux** ~s mit seinem Geld auskommen; **à tout** ~ **de champ** alle naselang (*fam*); **être à** ~ **de forces** mit seinen Kräften am Ende sein (*fam*); **à** ~ **de souffle** außer Atem; **venir à** ~ **de** qc/qn mit etw/jdm fertig werden; **au** ~ **du compte** letzten Endes

boutade [butad] *f* Bonmot *nt*

boute-en-train [butɑ̃tʀɛ̃] *m inv* Stimmungskanone *f* (*fam*)

bouteille [butɛj] *f* Flasche *f*; ~ **consignée/ non consignée** Pfand-/Einwegflasche; ~ **de lait** Milchflasche; **boire à la** ~ aus der Flasche trinken; **une bonne** ~ (*de vin*) ein guter Tropfen *m*

boutique [butik] *f* Laden *m*

bouton [butɔ̃] *m* ❶ Knopf *m;* (*de porte*)

Knauf *m*; (*d'un interrupteur*) Schalter *m* ❷ MED ~ **de fièvre** Fieberbläschen *nt*; ~ **d'acné** Aknepickel *m* ❸ BOT Knospe *f*

bouton-d'or [butɔdɔʀ] <boutons-d'or> *m* Butterblume *f*

boutonner [butɔne] <1> I. *vt* zuknöpfen II. *vpr* **se** ~ (*vêtement*) zugeknöpft werden; (*personne*) seine Knöpfe zumachen

boutonneux, -euse [butɔnø, -øz] *adj* pick[e]lig

boutonnière [butɔnjɛʀ] *f* Knopfloch *nt*

bouton-poussoir [butɔpuswaʀ] <boutons-poussoirs> *m* Druckschalter *m* **bouton-pression** [butɔpʀesjɔ̃] <boutons-pression> *m* Druckknopf *m*

bouture [butyʀ] *f* Steckling *m*

bouvreuil [buvʀœj] *m* Dompfaff *m*

bovin, e [bɔvɛ̃, in] *adj* Rinder-

bovins [bɔvɛ̃] *mpl* Rinder *Pl*

box [bɔks] <es> *m* ❶ (*dans une écurie*) Box *f*; (*dans un garage*) Stellplatz *m* ❷ JUR ~ **des accusés** Anklagebank *f*

boxe [bɔks] *f* Boxen *nt*

boxer [bɔkse] <1> *vt, vi* boxen

boxeur, -euse [bɔksœʀ, -øz] *m, f* Boxer(in) *m(f)*

boxon [bɔksɔ̃] *m fam* Durcheinander *nt*

boyau [bwajo] <x> *m* ❶ ANAT Darm *m* ❷ (*chambre à air*) Schlauch *m*

boycott [bɔjkɔt] *m*, **boycottage** [bɔjkɔtaʒ] *m* Boykott *m*

boycotter [bɔjkɔte] <1> *vt* boykottieren

boy-scout [bɔjskut] <boys-scouts> *m* Pfadfinder *m*

BP [bepe] *abr de* **boîte postale**

Brabant [bʀabɑ̃] *m* **le** ~ Brabant

bracelet [bʀaslɛ] *m* Armband *nt*

bracelet-montre [bʀaslɛmɔ̃tʀ] <bracelets-montres> *m* Armbanduhr *f*

braconnage [bʀakɔnaʒ] *m* CHASSE Wilderei *f*

braconner [bʀakɔne] <1> *vi* CHASSE wildern; PECHE ohne Angelschein angeln

braconnier, -ière [bʀakɔnje, -jɛʀ] *m, f* ❶ CHASSE Wilderer *m* ❷ PECHE Angler(in) *m(f)* ohne Angelschein

brader [bʀade] <1> *vt* COM verschleudern

braderie [bʀadʀi] *f* Trödelmarkt *m*

braguette [bʀagɛt] *f* Hosenschlitz *m*

braillard, e [bʀajaʀ, -jaʀd] I. *adj fam* plärrend; (*ivrogne, foule*) grölend II. *m, f fam* Schreihals *m*

braille [bʀaj] *m* Blindenschrift *f*

brailler [bʀaje] <1> *vt, vi* brüllen; (*ivrogne, foule*) grölen

braise [bʀɛz] *f* Glut *f*

braiser [bʀɛze] <1> *vt* schmoren

bramer [bʀame] <1> *vi* ZOOL röhren

brancard [bʀɑ̃kaʀ] *m* Tragbahre *f*

brancardier, -ière [bʀɑ̃kaʀdje, -jɛʀ] *m, f* Träger(in) *m(f)*

branchage [bʀɑ̃ʃaʒ] *m* Geäst *nt*

branche [bʀɑ̃ʃ] *f* ❶ (*d'un arbre*) Ast *m* ❷ (*tige: d'une paire de lunettes*) Bügel *m*; (*d'un chandelier*) Arm *m* ❸ (*famille*) Linie *f* ❹ (*domaine: d'enseignement, d'une science*) Zweig *m*; (*de l'économie, de profession*) Branche *f*

branché, e [bʀɑ̃ʃe] *adj fam* up to date; **être** ~ **cinéma** auf Kino abfahren

branchement [bʀɑ̃ʃmɑ̃] *m* Anschluss *m*

brancher [bʀɑ̃ʃe] <1> I. *vt* ❶ (*raccorder*) anschließen [an (+ *akk*)] ❷ (*orienter*) ~ **la conversation sur qn/qc** die Unterhaltung auf jdn/etw lenken II. *vpr* **se** ~ **sur qc** etw einschalten

branchies [bʀɑ̃ʃi] *fpl* Kiemen *Pl*

brandir [bʀɑ̃diʀ] <8> *vt* (*arme*) drohend schwingen; (*drapeau*) schwenken

branlant, e [bʀɑ̃lɑ̃, ɑ̃t] *adj* wack[e]lig

branle-bas [bʀɑ̃lba] *m inv fig* Trubel *m*

branler [bʀɑ̃le] <1> I. *vi* wackeln II. *vpr vulg* **se** ~ sich (*dat*) einen runterholen

braquage [bʀakaʒ] *m* ❶ (*des roues*) Einschlagen *nt* ❷ *fam* (*attaque*) bewaffneter Überfall *m*

braquer [bʀake] <1> *vt* ❶ AUT ~ **le volant à droite** nach rechts einschlagen ❷ (*diriger*) ~ **qc sur qn** (*arme*) etw auf jdn richten ❸ *fam* (*banque, magasin*) überfallen

bras [bʀa] *m* ❶ Arm *m*; ~ **dessus ~ dessous** untergehakt; (*d'un fauteuil*) Armlehne ❷ (*main-d'œuvre*) Arbeitskraft *f* ▶**rester les ~ ballants** untätig herumsitzen/-stehen; **baisser les ~** das Handtuch werfen

brasier [bʀazje] *m* Flammenmeer *nt* (*geh*); *fig* Inferno *nt*

bras-le-corps [bʀaləkɔʀ] ▶**prendre à ~** in die Arme schließen

brassage [bʀasaʒ] *m* (*de la bière*) Brauen *nt*

brassard [bʀasaʀ] *m* Armbinde *f*

brasse [bʀas] *f* Brustschwimmen *nt*; ~ **papillon** Delphinschwimmen *nt*

brassée [bʀase] *f* einen Arm voll[er]

brasser [brase] <1> vt ❶ (*cartes*) mischen ❷ *fig* ~ **de l'argent** mit großen Summen umgehen ❸ (*bière*) brauen

brasserie [brasri] f ❶ (*restaurant*) Café-Restaurant ❷ (*entreprise de bière*) Brauerei f

brasseur [brasœr] m |Bier|brauer m

brassière [brasjɛr] f ❶ (*de bébé*) Jäckchen nt ❷ CAN *fam* (*soutien-gorge*) BH m

bravade [bravad] f ❶ (*ostentation de bravoure*) Imponiergehabe nt ❷ (*attitude de défi insolent*) dreiste Herausforderung

brave [brav] adj ❶ (*soldat*) tapfer ❷ *antéposé* (*honnête*) anständig ❸ (*naïf*) [lieb und] gut

braver [brave] <1> vt ❶ (*défier*) ~ **l'adversaire** dem Gegner die Stirn bieten; ~ **le danger/la mort** der Gefahr/dem Tod ins Auge sehen ❷ (*loi*) sich hinwegsetzen über (+ *akk*)

bravo [bravo] I. *interj* bravo II. m Bravo|ruf m| nt

bravoure [bravur] f Mut m

break [brɛk] m AUT Kombi|wagen m| m

brebis [brəbi] f |Mutter|schaf nt ►~ **galeuse** schwarzes Schaf

brèche [brɛʃ] f ❶ Öffnung f; (*dans une coque*) Loch nt

bredouille [brəduj] adj mit leeren Händen

bredouiller [brəduje] <1> vt, vi stottern

bref [brɛf] adv **en** ~ kurz; **enfin** ~ kurz und gut

bref, brève [brɛf, brɛv] adj kurz; **soyez** ~! fassen Sie sich kurz!

breloque [brələk] f |Armband|anhänger m

Brême [brɛm] Bremen

Brésil [brezil] m **le** ~ Brasilien

brésilien, ne [breziljɛ̃, -jɛn] adj brasilianisch

Brésilien, ne [breziljɛ̃, -jɛn] m, f Brasilianer(in) m(f)

Bretagne [brətaɲ] f **la** ~ die Bretagne

bretelle [brətɛl] f ❶ (*de pantalon*) Hosenträger m; (*de soutien-gorge*) Träger m ❷ (*bifurcation d'autoroute*) Auffahrt f/Abfahrt f

breton [brətɔ̃] m Bretonisch nt; *v.a.* **allemand**

breton, ne [brətɔ̃, ɔn] adj bretonisch; *v.a.* **allemand**

Breton, ne [brətɔ̃, -ɔn] m, f Bretone/Bretonin m/f

breuvage [brœvaʒ] m ❶ Trank m (*geh*); *péj* Gebräu nt ❷ CAN (*boisson non alcoolisée*) nichtalkoholisches Getränk

brève [brɛv] adj v. **bref**

brevet [brəvɛ] m ❶ (*diplôme*) Diplom nt ❷ (*certificat*) [Abschluss|zeugnis nt; ~ **d'invention** Patent nt ❸ MIL, NAUT, AVIAT Schein m

breveté, e [brəv(ə)te] adj ❶ (*invention*) patentiert ❷ (*ingénieur, interprète*) Diplom-

breveter [brəv(ə)te] <3> vt patentieren

bréviaire [brevjɛr] m Brevier nt

bribe [brib] f souvent pl fig (*de conversation*) Wortfetzen m

bric-à-brac [brikabrak] m inv Durcheinander nt

bricelet [brislɛ] m CH (*gaufre*) dünne, knusprige Waffel

bricolage [brikɔlaʒ] m ❶ Basteln nt ❷ (*mauvais travail*) Pfusch m (*pej fam*)

bricole [brikɔl] f ❶ (*objet de peu de valeur*) Kleinigkeit f ❷ (*petit événement*) Lappalie f (*fam*)

bricoler [brikɔle] <1> I. vi basteln; **savoir** ~ |handwerklich| geschickt sein II. vt |zusammen|basteln; (*tant bien que mal*) herumbasteln an (+ *dat*)

bricoleur, -euse [brikɔlœr, -øz] I. adj |handwerklich| geschickt II. m, f Heimwerker(in) m(f)

bride [brid] f Zügel m

bridé, e [bride] adj **des yeux** ~**s** Schlitzaugen Pl

brider [bride] <1> vt ❶ (*mettre la bride: cheval*) |auf|zäumen ❷ (*réprimer*) zügeln

bridge [bridʒ] m ❶ JEUX Bridge nt ❷ (*prothèse dentaire*) Brücke f

briefer [brife] <1> vt instruieren

briefing [brifiŋ] m Instruktion f

brièvement [brijɛvmɑ̃] adv kurz

brièveté [brijɛvte] f Kürze f

brigade [brigad] f Brigade f; ~ **antidrogue** Abteilung f zur Drogenbekämpfung; ~ **des stupéfiants** Rauschgiftdezernat

brigadier [brigadje] m (*de gendarmerie*) Brigadeführer m; MIL Gefreite(r) m

brigand [brigɑ̃] m péj Betrüger m

briguer [brige] <1> vt (*emploi*) sich bemühen um

brillamment [brijamɑ̃] adv glänzend

brillance [brijɑ̃s] f Glanz m

brillant [brijɑ̃] m ❶ (*diamant*) Brillant m ❷ (*aspect brillant*) Glanz m

brillant, e [brijɑ̃, jɑ̃t] adj glänzend; (*couleurs*) leuchtend; (*discours, candidat*) bril-

B

lant; (*victoire*) glorreich

briller [bʀije] <1> *vi* ❶ (*soleil, étoile*) scheinen; (*diamant*) funkeln; (*chaussures, cheveux*) glänzen ❷ (*se mettre en valeur*) ~ **par qc** durch etw glänzen

brimade [bʀimad] *f* Schikane *f*

brimer [bʀime] <1> *vt* schikanieren

brin [bʀɛ̃] *m* ❶ ~ **de paille/d'herbe** Stroh-/Grashalm *m;* ~ **de muguet** Maiglöckchen *nt;* ~ **de laine** [kurzer] Wollfaden ❷ (*petite quantité*) **un ~ de bon sens** ein Funke *m* Verstand

brindille [bʀɛ̃dij] *f* Reis *nt* (*geh*)

bringue [bʀɛ̃g] *f* ❶ *péj* **fam** (*fille*) **grande ~** Bohnenstange *f* ❷ *fam* Fete *f*

brio [bʀijo] *m* Bravour *f*

brioche [bʀijɔʃ] *f* Brioche *f*

brique¹ [bʀik] **I.** *f* ❶ (*ustensile*) Ziegelstein *m;* **maison de** ~ Backsteinhaus *nt* ❷ *fam* (*francs*) 10.000 Francs **II.** *app inv* (*couleur*) ziegelrot

brique®² [bʀik] *f* (*emballage*) Tetra Pak® *m*

briquer [bʀike] <1> *vt* [auf Hochglanz] polieren

briquet [bʀikɛ] *m* Feuerzeug *nt*

briqueterie [bʀik(ə)tʀi, bʀikɛtʀi] *f* Ziegelei *f*

brise [bʀiz] *f* Brise *f*

brise-glace [bʀizglas] *m inv* Eisbrecher *m*
brise-lames [bʀizlam] *m inv* Wellenbrecher *m*

briser [bʀize] <1> **I.** *vt* ❶ (*vaisselle, vase*) zerbrechen; (*vitre, carreau*) einschlagen ❷ (*grève, révolte, forces*) brechen; (*espoir, illusions*) zerstören ▶~ **le cœur à qn** jdm das Herz brechen; **être brisé** CAN (*être en panne*) defekt sein **II.** *vpr* **se ~** zerbrechen

briseur, -euse [bʀizœʀ, -øz] *m, f* ~ **de grève** Streikbrecher *m*

britannique [bʀitanik] *adj* britisch

Britannique [bʀitanik] *mf* Brite/Britin *m/f*

broc [bʀo] *m* Krug *m*

brocante [bʀɔkɑ̃t] *f* (*boutique*) Trödelladen *m* (*foire*) Trödelmarkt *m*

brocanteur, -euse [bʀɔkɑ̃tœʀ, -øz] *m, f* Trödler(in) *m(f)*

broche [bʀɔʃ] *f* ❶ (*bijou*) Brosche *f* ❷ GASTR [Brat]spieß *m*

brochet [bʀɔʃɛ] *m* Hecht *m*

brochette [bʀɔʃɛt] *f* GASTR Spieß *m*, Schaschlik *m o nt*

brochure [bʀɔʃyʀ] *f* Broschüre *f*

brocoli [bʀɔkɔli] *m* Brokkoli *Pl*

broder [bʀɔde] <1> **I.** *vt* (*étoffe*) besticken; (*motif*) sticken **II.** *vi* (*affabuler*) fabulieren

broderie [bʀɔdʀi] *f* Stickerei *f*

brome [bʀom] *m* CHIM Brom *nt*

bromure [bʀɔmyʀ] *m* CHIM Bromid *nt*

bronche [bʀɔ̃ʃ] *f* Bronchie *f*

broncher [bʀɔ̃ʃe] <1> *vi* aufmucken (*fam*)

bronchite [bʀɔ̃ʃit] *f* Bronchitis *f*

bronzage [bʀɔ̃zaʒ] *m* [Sonnen]bräune *f*

bronze [bʀɔ̃z] *m* Bronze *f*

bronzé, e [bʀɔ̃ze] *adj* braun gebrannt

bronzer [bʀɔ̃ze] <1> *vi* [sich] bräunen

brosse [bʀɔs] *f* ❶ (*ustensile*) Bürste *f;* ~ **à dents** Zahnbürste ❷ (*pinceau*) Quast *m* ❸ (*coupe de cheveux*) Bürsten|haar|schnitt *m*

brosser [bʀɔse] <1> **I.** *vt* ❶ (*épousseter*) abbürsten ❷ (*portrait*) zeichnen **II.** *vpr* **se ~** sich abbürsten; **se ~ les cheveux** sich (*dat*) die Haare bürsten; **se ~ les dents** sich (*dat*) die Zähne putzen

brouette [bʀuɛt] *f* Schubkarre *f*

brouhaha [bʀuaa] *m* Lärm *m*

brouillard [bʀujaʀ] *m* Nebel *m*

brouille [bʀuj] *f* Streit *m*

brouillé, e [bʀuje] *adj* ❶ (*fâché*) zerstritten ❷ (*nul*) **être ~ avec les chiffres** *fam* mit Zahlen auf Kriegsfuß stehen(*iron*)

brouiller [bʀuje] <1> **I.** *vt* ❶ (*rendre trouble*) trüben ❷ (*cartes*) mischen; (*pistes*) verwischen **II.** *vpr* ❶ (*se fâcher*) sich zerstreiten ❷ (*se troubler*) **ma vue se brouille** ich sehe alles ganz verschwommen; **mes idées se brouillent** ich kann keine klaren Gedanken fassen

brouillon [bʀujɔ̃] *m* Konzept *nt*

brouillon, ne [bʀujɔ̃, jɔn] *adj* (*élève*) schlampig(*pej fam*)

broussaille [bʀusɑj] *f* Gestrüpp *nt*

broussailleux, -euse [bʀusɑjø, -jøz] *adj* voller Gestrüpp; (*jardin*) verwildert

brousse [bʀus] *f* (*contrée tropicale*) Busch *m*

brouter [bʀute] <1> **I.** *vt* abweiden **II.** *vi* weiden

broutille [bʀutij] *f fig* Lappalie *f*

broyer [bʀwaje] <6> *vt* zerkleinern

Bruges [bʀyʒ] Brügge

brugnon [bʀyɲɔ̃] *m* Nektarine *f*

bruine [bʀɥin] *f* Nieselregen *m*

bruiner [bʀɥine] <1> *vi impers* nieseln

bruire [bʀɥiʀ] <irr, déf> *vi* (*vent*) säuseln

bruissement [bʀɥismɑ̃] *m* (*des feuilles*)

Säuseln *nt; (du tissu, papier)* Rascheln *nt*

bruit [brɥi] *m* ❶ *(son)* Geräusch *nt; (de vaisselle)* Klappern *nt; (de ferraille)* Scheppern *nt* ❷ *(vacarme)* Lärm *m* ❸ *(rumeur)* Gerücht *nt;* **le ~ court que ...** es geht das Gerücht um, dass ... ▶**faire du ~** Aufsehen erregen

bruitage [brɥitaʒ] *m* Geräuschkulisse *f*

brûlant, e [brylɑ̃, ɑ̃t] *adj* ❶ glühend heiß; *(plat, liquide)* kochend heiß ❷ *(sujet)* heiß

brûlé [bryle] *m* ❶ *(résultat)* Verbrannte(s) *nt* ❷ GASTR Angebrannte(s) *nt*

brûlé, e [bryle] **I.** *adj* verbrannt; *(plat)* angebrannt **II.** *m, f* **grand ~** Verletzter *m* mit schweren Verbrennungen

brûle-pourpoint [brylpurpwɛ̃] ▶**à ~** ohne Umschweife

brûler [bryle] <1> **I.** *vi* ❶ brennen ❷ *(être très chaud)* heiß sein ❸ GASTR anbrennen ❹ *(être dévoré)* **~ de faire qc** darauf brennen, etw zu tun ▶**tu brûles!** du bist ganz nah dran! **II.** *vt* ❶ verbrennen; *(forêt, maison)* niederbrennen ❷ *(endommager)* **~ qc** *(liquide bouillant)* etw verbrühen; *(gel)* etw erfrieren lassen; *(soleil)* etw verbrennen ❸ *(stop, signal)* überfahren; *(étape)* überspringen; **~ un feu rouge** bei Rot über die Ampel fahren ❹ *(calories, électricité)* verbrauchen **III.** *vpr* **se ~** sich verbrennen; **se ~ qc** sich *(dat)* etw verbrennen

brûleur [brylœr] *m* Brenner *m*

brûlure [brylyr] *f* ❶ *(blessure)* Verbrennung *f; (plaie)* Brandwunde *f* ❷ *(trou)* Brandloch *nt* ❸ MED **~s d'estomac** Sodbrennen *nt*

brume [brym] *f* Nebel *m*

brumeux, -euse [brymø, -øz] *adj (temps)* diesig

brumisateur® [brymizatœr] *m* Zerstäuber *m*

brun [brœ̃] *m (couleur)* Braun *nt*

brun, e [brœ̃, bryn] **I.** *adj (opp: blond)* braun; *(cheveux, tabac)* dunkel; **être ~** dunkelhaarig sein **II.** *m, f* Dunkelhaarige(r) *f(m)*

brunante [brynɑ̃t] *f* CAN *(crépuscule)* [Abend]dämmerung *f*

brunâtre [brynɑtr] *adj* bräunlich

brune [bryn] *f* dunkles Bier

brunir [brynir] <8> **I.** *vi* braun werden **II.** *vt* bräunen

Brunswick [brœ̃svik] Braunschweig *nt*

brushing® [brœʃiŋ] *m* Föhnfrisur *f*

brusque [brysk] *adj* ❶ *(soudain)* plötzlich ❷ *(personne, ton)* barsch; *(geste)* heftig

brusquement [bryskəmɑ̃] *adv* plötzlich

brusquer [bryske] <1> *vt* ❶ *(précipiter)* überstürzen ❷ *(bousculer)* brüsk behandeln; *(parler durement)* anfahren

brusquerie [bryskəri] *f* Barschheit *f*

brut [bryt] *adv* brutto

brut, e [bryt] *adj* ❶ Roh-; *(champagne)* brut; *(diamant)* ungeschliffen ❷ ECON Brutto-

brutal, e [brytal, o] <-aux> *adj* brutal; *(langage, réponse)* unverblümt

brutalement [brytalmɑ̃] *adv* ❶ heftig ❷ *(soudainement)* [ur]plötzlich

brutaliser [brytalize] <1> *vt* brutal behandeln

brutalité [brytalite] *f* ❶ *sans pl* Brutalität *f* ❷ *pl (actes violents)* **être victime de ~s** ein Opfer der Gewalt sein

brute [bryt] *f* brutaler Kerl

Bruxelles [bry(k)sɛl] Brüssel *nt*

bruyamment [brɥijamɑ̃, brɥijamɑ̃] *adv* laut

bruyant, e [brɥijɑ̃, brɥijɑ̃, jɑ̃t] *adj* laut

bruyère [brɥijɛr] *f* Heidekraut *nt*

BTS [beteɛs] *m abr de* **brevet de technicien supérieur** Ingenieurdiplom *nt*

bu, e [by] *part passé de* **boire**

buanderie [bɥɑ̃dri] *f* Waschküche *f*

Bucarest [bykarɛst] Bukarest *nt*

buccal, e [bykal, o] <-aux> *adj* Mund-

buccodentaire [bykodɑ̃tɛr] *adj (hygiène)* Mund- und Zahn-

bûche [byʃ] *f* [Holz]scheit *m; ~* **de Noël** GASTR *Weihnachtscremerolle*

bûcher [byʃe] <1> *vi fam* büffeln

bûcheron, ne [byʃrɔ̃, ɔn] *m, f* Holzfäller(in) *m(f)*

bûcheur, -euse [byʃœr, -øz] **I.** *adj fam* fleißig **II.** *m, f fam* Arbeitstier *nt*

Budapest [bydapɛst] Budapest *nt*

budget [bydʒɛ] *m* FIN Budget *nt;* **le ~ de l'Etat** der Staatshaushalt

budgétaire [bydʒetɛr] *adj* Haushalts-

buée [bɥe] *f* Beschlag *m*

buffet [byfɛ] *m* Büfett *nt; ~* **de la gare** Bahnhofsgaststätte *f*

buffle [byfl] *m* Büffel *m*

bug [bœg] *m* INFORM Programmfehler *m*

building [b(y)ildiŋ] *m* Hochhaus *nt*

buis [bɥi] *m* Buchs[baum] *m*

buisson [bɥisɔ̃] *m* Busch *m*

bulbe [bylb] *m* Zwiebel *f*

bulgare [bylgar] **I.** *adj* bulgarisch; *v.a.* **allemand II.** *m* Bulgarisch *nt; v.a.* **allemand**

Bulgare [bylgaʀ] *mf* Bulgare/Bulgarin *m/f*
Bulgarie [bylgaʀi] *f* la ~ Bulgarien *nt*
bulldozer [byldɔzɛʀ] *m* Bulldozer *m*
bulle [byl] *f* Blase *f*; (*dans une bande dessinée*) Sprechblase *f*
bulletin [byltɛ̃] *m* ① (*communiqué*) Bericht *m* ② PRESSE (*journal*) Bulletin *nt*; ~ **d'information** Nachrichten *Pl* ③ POL ~ **de vote** Stimmzettel *m* ④ SCOL ~ **scolaire** Schulzeugnis *nt* ⑤ (*certificat*) ~ **de paye** (*d'un ouvrier*) Lohnzettel *m*; (*d'un employé*) Gehaltszettel *m*
buraliste [byʀalist] *mf* Tabak|waren|händler(in) *m(f)*
bureau [byʀo] <x> *m* ① (*meuble*) Schreibtisch *m* ② (*lieu de travail*) Büro *nt*, Arbeitszimmer *nt* ③ (*service*) ~ **des objets trouvés** Fundbüro *nt*; ~ **de poste** Postamt *nt*; ~ **de tabac** Tabak|waren|laden *m*; ~ **de vote** Wahllokal *nt*
bureaucrate [byʀokʀat] *mf* Bürokrat(in) *m(f)*
bureaucratie [byʀokʀasi] *f* Bürokratie *f*
bureaucratique [byʀokʀatik] *adj* bürokratisch
bureautique® [byʀotik] *f* Bürokommunikation *f*
burette [byʀɛt] *f* TECH Ölkanne *f*
burin [byʀɛ̃] *m* ① (*outil*) [Gravier]nadel *f* ② (*ciseau*) Meißel *m*
buriné, e [byʀine] *adj* (*visage*) zerfurcht; (*traits*) scharf
burka [buʀka] *f* Burka *f*
burlesque [byʀlɛsk] *adj* THEAT, CINE burlesk
burnous [byʀnu(s)] *m* Burnus *m*
bus¹ [bys] *m abr de* **autobus** Bus *m*
bus² [bys] *m* INFORM ~ **de données** Datenbus *m*
bus³ [by] *passé simple de* **boire**
buse [byz] *f* ZOOL Bussard *m*
busqué, e [byske] *adj* (*nez*) Haken-
buste [byst] *m* ① Oberkörper *m*; (*poitrine de femme*) Brust *f* ② (*sculpture*) Büste *f*
bustier [bystje] *m* Bustier *nt*
but [by(t)] *m* ① Ziel *nt* ② SPORT Tor *nt*
butane [bytan] *m* Butan|gas *nt*| *nt*
buté, e [byte] *adj* trotzig
buter [byte] <1> I. *vi* stoßen II. *vt fam* (*tuer*) umlegen III. *vpr* **se** ~ bockig werden
buteur [bytœʀ] *m* Torjäger *m*
butin [bytɛ̃] *m* Beute *f*
butiner [bytine] <1> *vi* Nektar sammeln

butoir [bytwaʀ] *m* ① CHEMDFER Prellbock *m* ② TECH Anschlag *m*
butte [byt] *f* [Erd]hügel *m*; **la ~ Montmartre** der Hügel, auf dem Montmartre liegt
buvable [byvabl] *adj* trinkbar
buvais [byvɛ] *imparf de* **boire**
buvant [byvɑ̃] *part prés de* **boire**
buvard [byvaʀ] *m* Löschblatt *nt*
buvette [byvɛt] *f* Bar *f*
buveur, -euse [byvœʀ, -øz] *m, f* Trinker(in) *m(f)*
buvez [byve], **buvons** [byvɔ̃] *indic prés et impératif de* **boire**
byte [bajt] *m* INFORM Byte *nt*
byzantin, e [bizɑ̃tɛ̃, in] *adj* byzantinisch

C

C, c [se] *m inv* C *nt*, c; **c** cédille C-Cedille
c' < *devant a* ç'> *pron dém v.* **ce**
ça [sa] *pron dém* ① *fam* (*pour désigner ou renforcer*) das; **ah ~ non!** das auf gar keinen Fall!; *v.a.* **cela** ② *fam* (*répétitif*) **le fer, ~ rouille** Eisen rostet nun eben mal ③ *péj* (*personne*) **et ~ vote!** und so etwas wählt! ▶**c'est** ~ (*ganz*) genau; ~ **va?** wie geht's?; *v.a.* **cela**
çà [sa] ~ **et là** hier und da
caban [kabɑ̃] *m* Caban *m* (*modischer kurzer Herrenmantel*)
cabane [kaban] *f* Hütte *f*
cabanon [kabanɔ̃] *m* Schuppen *m*
cabaret [kabaʀɛ] *m* ① Nachtlokal *nt* ② CAN (*plateau*) Tablett *nt*
cabas [kabɑ] *m* Einkaufstasche *f*
cabillaud [kabijo] *m* Kabeljau *m*
cabine [kabin] *f* Kabine *f*; ~ **téléphonique** Telefonzelle *f*
cabinet [kabinɛ] *m* ① *pl* (*toilettes*) Toilette *f*; **être aux ~s** auf der Toilette sein ② (*d'un médecin*) Praxis *f*; (*d'un avocat*) Kanzlei *f* ③ POL Kabinett *nt* ④ (*endroit isolé*) ~ **de toilette** [kleiner] Waschraum
câble [kabl] *m* Kabel *nt*; ~ **métallique** Drahtseil *nt*
câbler [kable] <1> *vt* TV verkabeln

caboche [kabɔʃ] *f fam* Schädel *m*

cabosser [kabɔse] <1> *vt* verbeulen

cabot [kabo] *m fam péj* (*chien*) Köter *m*

cabrer [kabʀe] <1> *vt* (*cheval*) steigen lassen; (*avion*) hochziehen

cabri [kabʀi] *m* Zicklein *nt*

cabriole [kabʀijɔl] *f* Luftsprung *m*

cabriolet [kabʀijɔlɛ] *m* Kabrio|lett] *nt*

caca [kaka] *m enfantin fam* **faire ~** Aa machen

cacahuète, cacahouète [kakawɛt] *f* Erdnuss *f*

cacao [kakao] *m* Kakao *m*

cacatoès [kakatɔɛs] *m* Kakadu *m*

cachalot [kaʃalo] *m* Pottwal *m*

cache [kaʃ] *m* INFORM Cache|speicher] *m*

cache-cache [kaʃkaʃ] *m inv* Versteckspiel *nt*

cache-col [kaʃkɔl] *m inv* Halstuch *nt*

cachemire [kaʃmiʀ] *m* Kaschmir *m*

cache-nez [kaʃne] *m inv* Schal *m* **cache-pot** [kaʃpo] <cache-pots> *m* Übertopf *m*

cacher[1] [kaʃe] <1> I. *vt* ❶ (*dissimuler*) verstecken ❷ (*masquer*) verdecken ❸ (*ne pas laisser voir*) verbergen ❹ (*garder secret*) ~ **qc à qn** jdm etw verheimlichen II. *vpr* ❶ **se** ~ sich verstecken; (*chose*) sich verbergen ❷ (*tenir secret*) **ne pas se ~ de qc** kein[en] Hehl aus etw machen

cacher[2] [kaʃɛʀ] *adj v.* **casher**

cachet [kaʃɛ] *m* ❶ MED Tablette *f* ❷ (*tampon*) Stempel *m*; **~ officiel** Amtssiegel *nt* ❸ (*rétribution*) Honorar *nt*; (*d'un acteur*) Gage *f*

cacheter [kaʃte] <3> *vt* versiegeln

cachette [kaʃɛt] *f* Versteck *nt* ▶**en** ~ heimlich

cachot [kaʃo] *m* (*cellule*) Kerker *m*

cachotterie [kaʃɔtʀi] *f gén pl* Geheimniskrämerei *f*

cachottier, -ière [kaʃɔtje, -jɛʀ] I. *adj* heimlich tuend II. *m, f* Heimlichtuer(in) *m(f)*

cacophonie [kakɔfɔni] *f* Missklang *m*

cactus [kaktys] *m* Kaktus *m*

c.-à-d. *abr de* **c'est-à-dire** d.h.

cadastre [kadastʀ] *m* Kataster *m o nt*

cadavre [kadavʀ] *m* (*d'une personne*) Leiche *f*; (*d'un animal*) Kadaver *m*

cadeau [kado] <x> *m* Geschenk *nt*; **faire ~ de qc à qn** jdm etw schenken

cadenas [kadnɑ] *m* Vorhängeschloss *nt*

cadenasser [kadnɑse] <1> *vt* mit einem Vorhängeschloss verschließen

cadence [kadɑ̃s] *f* ❶ (*rythme*) Rhythmus *m* ❷ (*vitesse*) Tempo *nt*

cadet, te [kadɛ, ɛt] I. *adj* ❶ (*le plus jeune*) jüngste(r, s) ❷ (*plus jeune que qn*) jüngere(r, s) II. *m, f* ❶ (*dernier-né*) Jüngste(r) *f(m)* ❷ (*plus jeune que qn*) Jüngere(r) *f(m)*; **elle est ma ~te de trois mois** sie ist drei Monate jünger als ich

cadrage [kɑdʀaʒ] *m* Bildeinstellung *f*

cadran [kadʀɑ̃] *m* ❶ Zifferblatt *nt*; **~ solaire** Sonnenuhr *f* ❷ CAN *fam* (*réveil*) Wecker *m*

cadre [kɑdʀ] I. *m* ❶ (*encadrement*) Rahmen *m* ❷ (*environnement*) Umgebung *f* ❸ (*limites*) Rahmen *m* II. *mf* leitende(r) Angestellte(r) *f(m)*; **~ moyen/supérieur** mittlere/obere Führungskraft

cadrer [kadʀe] <1> *vi* ~ **avec qc** mit etw übereinstimmen

cadreur [kadʀœʀ] *m* Kameramann *m*/Kamerafrau *f*

caduc, caduque [kadyk] *adj* ❶ (*périmé*) überholt ❷ BOT **à feuilles ~s** im Winter die Blätter verlierend

cafard [kafaʀ] *m* ❶ (*insecte*) [Küchen]schabe *f* ❷ (*spleen*) Depressionen *Pl*

café [kafe] *m* ❶ (*boisson*) Kaffee *m*; **~ crème/filtre/au lait** Milch-/Filter-/Milchkaffee; **~ liégeois** Mokkaeis, Mokkasoße und Schlagsahne ❷ (*établissement*) Kneipe *f* (*fam*) ❸ (*moment du repas*) **au ~** beim Kaffee ❹ CH (*dîner*) **un ~ complet** ein leichtes Nachtessen (CH)

> Der französische **café** ist ähnlich stark wie ein Espresso und wird in kleinen Tassen serviert. Ein **café crème** ist ein Milchkaffee. Er wird mit aufgeschäumter Milch in einer größeren Tasse serviert. Ein **café au lait** ist die einfache Variante eines Milchkaffees, wie man ihn sich privat zubereitet: mit Milch, die nicht unbedingt aufgeschäumt oder erwärmt ist, und in dem Mischungsverhältnis zwischen Kaffee und Milch, wie man es bevorzugt. (In der Gastronomie wird der Begriff **café au lait** kaum verwendet.)

caféine [kafein] *f* Koffein *nt*

café-restaurant [kafeʀɛstɔʀɑ̃] <cafés-restaurants> *m* Bar *f* mit Restaurationsbetrieb **café-tabac** [kafetaba] <cafés-

tabacs> *m* Bar *f* mit Tabakladen

cafétéria [kafeteʀja] *f* Cafeteria *f*

café-théâtre [kafeteɑtʀ] <cafés-théâtres>
m Kleinkunstbühne *f*

cafetière [kaftjɛʀ] *f* Kaffeekanne *f*; ~ **élec-**
trique Kaffeemaschine *f*

cafouiller [kafuje] <1> *vi fam* ❶ (*agir avec*
confusion) Murks machen ❷ (*s'embrouiller*)
chaotisch werden

cage [kaʒ] *f* ❶ (*pour enfermer*) Käfig *m*; ~ **à**
lapin Kaninchenstall *m* ❷ TECH ~ **d'ascen-**
seur Aufzugschacht *m*; ~ **d'escalier** Treppenhaus *nt*

cageot [kaʒo] *m* |Obst|kiste *f*

cagette [kaʒɛt] *f* |Obst|kiste *f*

cagibi [kaʒibi] *m* Abstellkammer *f*

cagnotte [kaɲɔt] *f* gemeinsame Kasse

cagoule [kagul] *f* Kapuzenmütze *f*

cagoulé, e [kagule] *adj* maskiert; (*encagou-*
lé) vermummt

cahier [kaje] *m* |Schreib|heft *nt*; ~ **de textes**
Aufgabenheft

cahoter [kaɔte] <1> *vi* holpern

caïd [kaid] *m* |Gangster|boss *m*

caille [kaj] *f* Wachtel *f*

caillé, e [kaje] *adj* (*sang*) geronnen

cailler [kaje] <1> *vi, vpr* ❶ (*sang, lait*) gerinnen ❷ *fam* (*avoir froid*) sich (*dat*) einen abfrieren

caillot [kajo] *m* Gerinnsel *nt*

caillou [kaju] <x> *m* (*pierre*) Kiesel|stein *m*|
m

caillouteux, -euse [kajutø, -øz] *adj* steinig

caïman [kaimã] *m* Kaiman *m*

Caire [kɛʀ] *m* **le** ~ Kairo *nt*

caisse [kɛs] *f* ❶ (*boîte*) Kiste *f*; ~ **à outils**
Werkzeugkasten ❷ (*dépôt d'argent, guichet*)
Kasse *f*; ~ **noire** Geheimfonds *m*; ~ **d'épar-**
gne Sparkasse ❸ (*organisme de gestion*)
Kasse *f*; ~ **d'assurance maladie** Kranken-
kasse

caissier, -ière [kesje, -jɛʀ] *m, f* Kassierer(in)
m(f)

cajoler [kaʒɔle] <1> *vt* liebkosen

cajolerie [kaʒɔlʀi] *f* gén *pl* Zärtlichkeiten *Pl*

cajoleur, -euse [kaʒɔlœʀ, -øz] *adj* zärtlich;
(*voix*) sanft

cajou [kaʒu] *m* |noix de| ~ Cashewnuss *f*

cake [kɛk] *m* englischer |Tee|kuchen *m*

cal [kal] *m* Schwiele *f*

calamar [kalamaʀ] *m* Tintenfisch *m*

calamité [kalamite] *f* Katastrophe *f*

calanque [kalãk] *f* |kleine| Felsbucht

calcaire [kalkɛʀ] **I.** *adj* kalkhaltig **II.** *m* GEO
Kalk|stein| *m*

calciné, e [kalsine] *adj* verkohlt

calciner [kalsine] <1> *vt* CHIM kalzinieren

calcium [kalsjɔm] *m* Kalzium *nt*

calcul [kalkyl] *m* ❶ Berechnung *f*; **faire le ~**
de berechnen; **faire une erreur de ~** sich
verrechnen ❷ (*arithmétique*) ~ **algébrique**
algebraisches Rechnen ❸ *pl* (*estimation*) Berechnung *f*

calculable [kalkylabl] *adj* berechenbar

calculatrice [kalkylatʀis] *f* Rechner *m*

calculer [kalkyle] <1> **I.** *vi* rechnen **II.** *vt*
ausrechnen; (*risque*) einkalkulieren

calculette [kalkylɛt] *f* Taschenrechner *m*

cale¹ [kal] *f* NAUT Laderaum *m*

cale² [kal] *f* (*coin*) Keil *m*

calé, e [kale] *adj fam* **être ~ en qc** in etw
(*dat*) etwas draufhaben

calèche [kalɛʃ] *f* Kalesche *f*

caleçon [kalsõ] *m* Unterhose *f*

calembour [kalãbuʀ] *m* Kalauer *m*; **faire**
un ~ kalauern

calendrier [kalãdʀije] *m* ❶ Kalender *m*
❷ (*programme*) Zeitplan *m*

cale-pied [kalpje] <cale-pieds> *m* Renn-
bügel *m*

calepin [kalpɛ̃] *m* Notizbuch *nt*

caler [kale] <1> **I.** *vi* ❶ AUT (*conducteur*)
den Motor abwürgen; (*moteur*) absterben
❷ *fam* (*être rassasié*) bis obenhin voll sein
II. *vt* ❶ (*meuble*) unterlegen ❷ (*rendre*
stable) ~ **qc contre qc** etw gegen etw lehnen

calfeutrer [kalføtʀe] <1> *vt* abdichten

calibre [kalibʀ] *m* Durchmesser *m*; (*d'un*
projectile) Kaliber *nt*; (*des fruits, œufs*) Größe *f*

calice [kalis] *m* BOT |Blüten|kelch *m*

califourchon [kalifuʀʃõ] **à ~** rittlings

câlin [kɑlɛ̃] *m* Zärtlichkeit *f*; **faire un ~ à**
qn/au chat *fam* mit jdm schmusen/die
Katze streicheln

câlin, e [kɑlɛ̃, in] *adj* anschmiegsam

câliner [kɑline] <1> *vt* ~ **qn** zu jdm zärtlich
sein

call-girl [kolgœʀl] <call-girls> *f* Callgirl *nt*

calligraphie [ka(l)ligʀafi] *f* ❶ (*technique*)
Kalligraphie *f* ❷ (*écriture élégante*) Schönschrift *f*

calmant [kalmã] *m* Beruhigungsmittel *nt*

C

calmant, e [kalmã, ãt] *adj* beruhigend
calmar [kalmaʀ] *m v.* **calamar**
calme [kalm] **I.** *adj* ruhig; (*lieu*) still **II.** *m*
Ruhe *f;* **du ~!** Ruhe bewahren!
calmement [kalməmã] *adv* ruhig
calmer [kalme] **I.** *vt* **❶** (*personne, es-prits, nerfs*) beruhigen **❷** (*douleur*) lindern; (*faim*) stillen **II.** *vpr* **se ~** sich beruhigen; (*tempête*) nachlassen
calomnie [kalɔmni] *f* Verleumdung *f*
calomnier [kalɔmnje] <1a> *vt* verleumden
calomnieux, -euse [kalɔmnjø, -jøz] *adj* verleumderisch
calorie [kalɔʀi] *f* Kalorie *f*
calorifique [kalɔʀifik] *adj* wärmeerzeugend
calotte [kalɔt] *f fam* (*gifle*) Ohrfeige *f*
calque [kalk] *m* (*papier*) Pauspapier *nt*
calumet [kalymɛ] *m* Kalumet *nt* ▶**fumer le ~ de la paix** die Friedenspfeife rauchen
calvados [kalvados] *m* Calvados *m*
calvaire [kalvɛʀ] *m* Martyrium *nt*
calvitie [kalvisi] *f* **❶** (*tonsure*) Glatze *f* **❷** (*phénomène*) Kahlköpfigkeit *f*
camarade [kamaʀad] *mf* **❶** (*collègue*) Kamerad(in) *m(f);* **~ d'études** Kommilitone/Kommilitonin *m/f* **❷** POL Genosse/Genossin *m/f*
camaraderie [kamaʀadʀi] *f* Kameradschaft *f*
Camargue [kamaʀg] *f* **la ~** die Camargue
Cambodge [kãbɔdʒ] *m* **le ~** Kambodscha *nt*
cambouis [kãbwi] *m* [gebrauchtes] Schmieröl
cambré, e [kãbʀe] *adj* **être très ~** ein starkes Hohlkreuz haben
cambriolage [kãbʀijɔlaʒ] *m* Einbruch-[sdiebstahl] *m] m*
cambrioler [kãbʀijɔle] <1> *vt* **~ qc** in etw (*akk*) einbrechen
cambrioleur, -euse [kãbʀijɔlœʀ, -øz] *m, f* Einbrecher(in) *m(f)*
cambrousse [kãbʀus] *f fam* ländliche Gegend; **en pleine ~** mitten in der Pampa; **débarquer de sa ~** gerade aus seinem Kuhdorf kommen
came [kam] *f fam* Stoff *m*
camé, e [kame] *m, f fam* Fixer(in) *m(f)*
caméléon [kameleɔ̃] *m* ZOOL Chamäleon *nt*
camélia [kamelja] *m* BOT Kamelie *f*
camelote [kamlɔt] *f fam* Ramsch *m*
camembert [kamãbɛʀ] *m* Camembert *m*

caméra [kameʀa] *f* Kamera *f*
caméraman [kameʀaman] <s> *m* Kameramann/-frau *m/f*
Cameroun [kamʀun] *m* **le ~** Kamerun *nt*
caméscope [kameskɔp] *m* Camcorder *m*
camion [kamjɔ̃] *m* Lastwagen *m,* Lkw *m*
camion-citerne [kamjɔ̃sitɛʀn] <camions-citernes> *m* Tankwagen *m*
camionnette [kamjɔnɛt] *f* Lieferwagen *m*
camionneur [kamjɔnœʀ] *m* Lastwagenfahrer(in) *m(f)*
camisole [kamizɔl] *f* Mieder *nt*
camomille [kamɔmij] *f* **❶** (*fleur*) Kamille *f* **❷** (*tisane*) Kamillentee *m*
camouflage [kamuflaʒ] *m* MIL Tarnung *f*
camoufler [kamufle] <1> *vt* **❶** MIL tarnen **❷** (*tenir secret*) verheimlichen
camp [kã] *m* **❶** *a.* MIL, POL Lager *nt; ~* **de concentration** Konzentrationslager **❷** SPORT Seite *f* ▶**ficher le ~** *fam* abhauen
campagnard, e [kãpaɲaʀ, aʀd] **I.** *adj* ländlich **II.** *m, f* Landbewohner(in) *m(f)*
campagne [kãpaɲ] *f* **❶** (*opp: ville*) Land *nt;* **à la ~** auf dem Land[e] **❷** (*paysage*) ländliche Gegend **❸** MIL Feldzug *m,* Kampf *m* **❹** (*action de communication*) **~ électorale/publicitaire** Wahl-/Werbekampagne *f*
campement [kãpmã] *m* Lager *nt*
camper [kãpe] <1> *vi* **❶** (*monter une tente*) campen **❷** (*être installé provisoirement*) kampieren (*fam*)
campeur, -euse [kãpœʀ, -øz] *m, f* Camper *m*
camping [kãpiŋ] *m* **❶** (*action de camper*) Zelten *nt,* Camping *nt;* **faire du ~** zelten **❷** (*lieu*) [terrain de] ~ Campingplatz *m*
camping-car [kãpiŋkaʀ] <camping-cars> *m* Wohnmobil *nt* ■ **camping-gaz®** [kãpiŋgaz] *m inv* Gaskocher *m*
campus [kãpys] *m* Campus *m*
Canada [kanada] *m* **le ~** Kanada *nt*
canadair® [kanadɛʀ] *m* Löschflugzeug *nt*
canadien, ne [kanadjɛ̃, jɛn] *adj* kanadisch
Canadien, ne [kanadjɛ̃, jɛn] *m, f* Kanadier(in) *m(f)*
canadienne [kanadjɛn] *f* **❶** (*veste*) lammfellgefütterte Jacke (*aus Stoff oder Leder*) **❷** (*tente*) kleines [Zweimann]zelt
canaille [kanaj] *f* **❶** (*fripon*) Halunke *m* **❷** *iron* (*enfant*) Schlingel *m*
canal [kanal, o] <-aux> *m* Kanal *m*

canalisation [kanalizasjɔ̃] f ❶ (tuyauterie) Rohrleitung f; ~ d'eau/de gaz Wasser-/Gasleitung ❷ (égouts) Kanalisation f

canaliser [kanalize] <1> vt kanalisieren

canapé [kanape] m ❶ (meuble) Couch f ❷ GASTR Häppchen nt

canapé-lit [kanapeli] <canapés-lits> m Schlafcouch f

canard [kanaʀ] m ❶ (oiseau) Ente f ❷ fam (journal) Blatt nt

canari [kanaʀi] m Kanarienvogel m

canasson [kanasɔ̃] m péj Gaul m

cancan [kɑ̃kɑ̃] m french ~ French-Cancan m

cancer [kɑ̃sɛʀ] m Krebs m

Cancer [kɑ̃sɛʀ] m Krebs m; v.a. **Balance**

cancéreux, -euse [kɑ̃seʀø, -øz] I. adj Krebs- II. m, f Krebskranke(r) f(m)

cancérigène [kɑ̃seʀiʒɛn] adj, **cancérogène** [kɑ̃seʀɔʒɛn] adj Krebs erregend

cancérologue [kɑ̃seʀɔlɔg] mf Krebsspezialist(in) m(f)

cancre [kɑ̃kʀ] m fam fauler Schüler/faule Schülerin m/f

candélabre [kɑ̃delɑbʀ] m [mehrarmiger] Kerzenständer m

candidat, e [kɑ̃dida, at] m, f ❶ Kandidat(in) m(f) ❷ (à un poste) Bewerber(in) m(f)

candidature [kɑ̃didatyʀ] f ❶ (aux élections) Kandidatur f ❷ (à une poste, un jeu) Bewerbung f; **poser sa ~ à un poste** sich um eine Stelle bewerben; **retenir une ~** eine Bewerbung berücksichtigen

candide [kɑ̃did] adj (ingénu) unverdorben

cane [kan] f (opp: mâle) Entenweibchen nt

caneton [kantɔ̃] m Entenküken nt

canette [kanɛt] f [Bier]dose f

canevas [kanva] m Kanevas m

caniche [kaniʃ] m Pudel m

caniculaire [kanikylɛʀ] adj (chaleur) unerträglich

canicule [kanikyl] f ❶ (période) Hundstage Pl ❷ (chaleur) Hitze f

canif [kanif] m Taschenmesser nt, Feitel m (A)

canin, e [kanɛ̃, in] adj Hunde-; **races ~es** Hunderassen Pl

canine [kanin] f Eckzahn m

caniveau [kanivo] <x> m Rinnstein m

cannabis [kanabis] m Cannabis m

canne [kan] f ❶ (bâton) [Spazier]stock m ❷ (tige) ~ **à sucre** Zuckerrohr nt ❸ (gaule) ~ **à pêche** Angelrute f

cannelle [kanɛl] f Zimt m

cannibale [kanibal] I. adj kannibalisch II. mf Kannibale/Kannibalin m/f

cannibalisme [kanibalism] m Kannibalismus m

canoë [kanɔe] m ❶ (embarcation) Kanu nt ❷ (sport) Kanufahren nt

canoë-kayak [kanɔekajak] <canoës-kayaks> m Kajak m o nt; **faire du ~** Kajak fahren

canon [kanɔ̃] I. adj inv fam **super ~** echt stark II. m ❶ (arme) Kanone f ❷ (tube: d'un fusil) Lauf m ❸ (machine) ~ **à neige** Schneekanone f

canot [kano] m Boot nt

cantatrice [kɑ̃tatʀis] f |Opern|sängerin f

cantine [kɑ̃tin] f Kantine f

cantique [kɑ̃tik] m [Kirchen]lied nt

canton [kɑ̃tɔ̃] m ❶ (en France) ≈ Land-/Stadtkreis m ❷ (en Suisse) Kanton m

cantonal, e [kɑ̃tɔnal, o] <-aux> adj ❶ (en France) **élections ~es** ≈ Kreiswahlen Pl ❷ (en Suisse) kantonal; **autorités ~es** Kantonsbehörden Pl

cantonner [kɑ̃tɔne] <1> I. vt (reléguer) ~ **qn dans qc** jdn auf etw (akk) beschränken II. vpr se ~ **dans qc** sich auf etw (akk) beschränken

cantonnier [kɑ̃tɔnje] m Straßenarbeiter m

canular [kanylaʀ] m fam Scherz m

canyoning [kanjɔniŋ] m SPORT Canyoning nt

CAO [seao] abr de **conception assistée par ordinateur** CAD nt

caoutchouc [kautʃu] m ❶ (matière) Kautschuk m ❷ (élastique) Gummi[ring m] m ❸ (plante) Gummibaum m

cap [kap] m ❶ (pointe de terre) Kap nt ❷ (direction) Kurs m

CAP [seape] m abr de **certificat d'aptitude professionnelle** Zeugnis für eine abgeschlossene Berufsausbildung (z.B. Gesellenbrief)

capable [kapabl] adj fähig

capacité [kapasite] f ❶ (contenance) Fassungsvermögen nt ❷ INFORM Kapazität f; ~ **d'une mémoire** Speicherkapazität f ❸ (faculté) Fähigkeit f ❹ (puissance) ~ **de production** Produktionskapazität f ❺ SCOL ~ **en droit** Abschlusszeugnis eines vereinfachten Jurastudiums für Nichtabiturienten

cape [kap] f Umhang m

C

capeline [kaplin] *f: Damenhut mit breiter Krempe*

CAPES [kapɛs] *m abr de* **certificat d'aptitude au professorat de l'enseignement secondaire** ≈ *Staatsexamen für das Lehramt an höheren Schulen*

capharnaüm [kafaʀnaɔm] *m fam* Rumpelkammer *f*

capillaire [kapilɛʀ] *adj* **lotion ~** Haarwasser *nt*

capitaine [kapitɛn] *m* ❶ MIL Hauptmann *m* ❷ NAUT, AVIAT, SPORT Kapitän *m*

capital [kapital, o] <-aux> *m* ❶ Kapital *nt* ❷ *pl* FIN Gelder *Pl*

capital, e [kapital, o] <-aux> *adj* wesentlich

capitale [kapital] *f* ❶ (*ville*) Hauptstadt *f* ❷ (*lettre*) Großbuchstabe *m*

capitaliser [kapitalize] <1> *vt* FIN kapitalisieren

capitalisme [kapitalisɱ] *m* Kapitalismus *m*

capitaliste [kapitalist] *mf* Kapitalist(in) *m(f)*

capitonner [kapitɔne] <1> *vt* polstern

capitulation [kapitylasjɔ̃] *f* Kapitulation *f*

capituler [kapityle] <1> *vi* kapitulieren

caporal [kapɔʀal, o] <-aux> *m* Gefreite(r) *m*

capot [kapo] *m* Motorhaube *f*

capote [kapɔt] *f* ❶ AUT Verdeck *nt* ❷ *fam* (*préservatif*) **~ |anglaise|** Pariser *m*

câpre [kɑpʀ] *f* Kaper *f*

caprice [kapʀis] *m* ❶ (*fantaisie*) Laune *f* ❷ *pl* (*changement*) Launen *Pl* ❸ (*exigence d'un enfant*) Quengelei *f*

capricieux, -euse [kapʀisjø, -jøz] *adj* (*personne*) launisch; (*temps*) unbeständig

Capricorne [kapʀikɔʀn] *m* Steinbock *m*; *v.a.* **Balance**

capsule [kapsyl] *f* ❶ (*d'une bouteille*) Kron[en]korken *m* ❷ (*médicament*) Kapsel *f*

capter [kapte] <1> *vt* ❶ (*source*) fassen; (*énergie*) einfangen ❷ (*émission*) empfangen; (*message*) mitbekommen (*fam*) ❸ (*chercher à obtenir*) **~ l'attention de qn** jdn fesseln

capteur [kaptœʀ] *m* Sensor *m*

captif, -ive [kaptif, -iv] *adj* (*personne, animal*) gefangen [gehalten]

captivant, e [kaptivɑ̃, ɑ̃t] *adj* fesselnd

captiver [kaptive] <1> *vt* fesseln

captivité [kaptivite] *f* Gefangenschaft *f*

capture [kaptyʀ] *f* (*d'un animal*) [Ein]fangen *nt*

capturer [kaptyʀe] <1> *vt* (*personne*) fassen; (*animal*) einfangen

capuche [kapyʃ] *f* Kapuze *f*

capuchon [kapyʃɔ̃] *m* (*bouchon*) [Verschluss]kappe *f*

capucine [kapysin] *f* Kapuzinernonne *f*

car¹ [kaʀ] *m* Bus *m*

car² [kaʀ] *conj* denn

carabine [kaʀabin] *f* Karabiner *m*

caractère [kaʀaktɛʀ] *m* ❶ (*tempérament*) Charakter *m* ❷ (*fermeté*) Charakter|stärke *f|*; **avoir beaucoup de ~** willensstark sein ❸ (*personne*) |starke| Persönlichkeit ❹ (*symbole*) [Schrift]zeichen *nt*; **~s d'imprimerie** Druckschrift *f*; **en ~s gras/italiques** fett/kursiv

caractériel, le [kaʀaktejɛl] **I.** *adj* (*personne*) verhaltensgestört **II.** *m, f* Verhaltensgestörte(r) *f(m)*

caractériser [kaʀakteʀize] <1> **I.** *vt* ❶ (*être typique de*) kennzeichnen ❷ (*définir*) charakterisieren **II.** *vpr* **se ~ par qc** sich durch etw auszeichnen

caractéristique [kaʀakteʀistik] **I.** *adj* **être ~ de qn/qc** charakteristisch für jdn/etw sein **II.** *f* typisches Merkmal

carafe [kaʀaf] *f* Karaffe *f*

Caraïbes [kaʀaib] *fpl* **les ~** die Karibik

carambolage [kaʀɑ̃bɔlaʒ] *m* [Massen]karambolage *f*

caramel [kaʀamɛl] *m* ❶ (*bonbon*) Karamellbonbon *m o nt* ❷ (*substance*) Karamell *m*

caraméliser [kaʀamelize] <1> *vt, vi, vpr* karamellisieren

carapace [kaʀapas] *f* (*d'un crabe, d'une tortue*) Panzer *m*

carat [kaʀa] *m* Karat *nt*

caravane [kaʀavan] *f* ❶ (*nomades*) Karawane *f* ❷ (*véhicule*) Wohnwagen *m*

caravelle [kaʀavɛl] *f* Karavelle *f*

carbone [kaʀbɔn] *m* Kohlenstoff *m*

carboniser [kaʀbɔnize] <1> *vt* verkohlen

carburant [kaʀbyʀɑ̃] *m* Treibstoff *m*

carburateur [kaʀbyʀatœʀ] *m* Vergaser *m*

carburer [kaʀbyʀe] <1> *vi* (*moteur*) vergasen

carcasse [kaʀkas] *f* ❶ (*squelette*) Gerippe *nt* ❷ *fam* (*corps*) **ma vieille ~** meine alten Knochen ❸ (*charpente: d'un bateau*) Gerippe *nt*; (*d'un édifice*) Skelett *nt*

carcéral, e [kaʀseʀal, o] <-aux> *adj* Ge-

fängnis-
cardiaque [kaʀdjak] **I.** *adj* **malaise** ~ Herzanfall *m* **II.** *mf* Herzkranke(r) *f(m)*
cardinal [kaʀdinal, o] <-aux> *m* Kardinal *m*
cardinal, e [kaʀdinal, o] <-aux> *adj* MATH Kardinal-
cardiologie [kaʀdjɔlɔʒi] *f* Kardiologie *f*
cardiologue [kaʀdjɔlɔg] *mf* Herzspezialist(in) *m(f)*
carême [kaʀɛm] *m* ❶ (*jeûne*) Fasten *nt* ❷ (*période*) Fastenzeit *f*
carence [kaʀɑ̃s] *f* MED Mangel *m;* ~ **alimentaire** einseitige Ernährung
caressant, e [kaʀɛsɑ̃, ɑ̃t] *adj* (*personne*) anschmiegsam; (*voix*) zärtlich
caresse [kaʀɛs] *f* Streicheln *nt*
caresser [kaʀese] <1> *vt* ❶ (*faire des caresses*) streicheln ❷ (*nourrir: espoir*) hegen
cargaison [kaʀgɛzɔ̃] *f* Ladung *f*
cargo [kaʀgo] *m* Frachtschiff *nt*
caricatural, e [kaʀikatyʀal, o] <-aux> *adj* grotesk
caricature [kaʀikatyʀ] *f* Karikatur *f*
caricaturer [kaʀikatyʀe] <1> *vt* karikieren
caricaturiste [kaʀikatyʀist] *mf* Karikaturist(in) *m(f)*
carie [kaʀi] *f* Karies *f*
carié, e [kaʀje] *adj* von Karies befallen
carillon [kaʀijɔ̃] *m* ❶ (*d'une église*) Glockenspiel *nt;* (*d'une porte d'entrée*) Türglocke *f*
carillonner [kaʀijɔne] <1> *vi* (*cloche, horloge*) läuten, schlagen
carmin [kaʀmɛ̃] **I.** *adj inv* karm[es]in[rot] **II.** *m* (*couleur*) Karm[es]inrot *nt*
carnage [kaʀnaʒ] *m* ❶ (*tuerie*) Blutbad *nt* ❷ *fam* (*dévastation*) Verwüstung *f*
carnassier [kaʀnasje] *m* Fleischfresser *m*
carnassier, -ière [kaʀnasje, -jɛʀ] *adj* Fleisch fressend
carnaval [kaʀnaval] <s> *m* Karneval *m*, Fasching *m* (SDEUTSCH)
carnet [kaʀnɛ] *m* ❶ (*calepin*) Heft *nt;* ~ **d'adresses** Adressbuch *nt;* ~ **de notes** Zeugnisheft; ~ **d'épargne** CH (*livret d'épargne*) Sparbuch *nt*, Sparheft (CH); ~ **de santé** Gesundheitspass *m* ❷ (*paquet*) ~ **de tickets** Fahrscheinheft *nt;* ~ **de timbres** Briefmarkenheftchen *nt;* ~ **de chèques** Scheckheft
carnivore [kaʀnivɔʀ] *m* Fleischfresser *m*
carnotset [kaʀnɔtsɛ] *m* CH Partykeller *m*
carotide [kaʀɔtid] *f* Halsschlagader *f*

carotte [kaʀɔt] *f* Karotte *f*, Möhre *f;* ~ **rouge** CH (*betterave*) rote Rübe *f* (CH)
carpe [kaʀp] *f* Karpfen *m*
carpette [kaʀpɛt] *f* (*tapis*) Läufer *m*
carré [kaʀe] *m* ❶ MATH Quadrat *nt;* **quatre/six au** ~ vier/sechs im Quadrat ❷ JEUX **un** ~ **d'as** vier Asse ❸ (*parcelle*) ~ **de terre** Stück *nt* Land
carré, e [kaʀe] *adj* ❶ (*rectangulaire*) quadratisch ❷ (*robuste: épaules*) breit ❸ MATH **mètre/kilomètre** ~ Quadratmeter *m/*-kilometer *m*
carreau [kaʀo] <x> *m* ❶ (*vitre*) [Fenster]scheibe *f;* **faire les ~x** die Fenster putzen ❷ (*carrelage*) Fliese *f* ❸ (*motif sur tissu*) Karo *nt;* (*sur papier*) Kästchen *nt;* **à grands/petits ~x** groß/klein kariert ❹ JEUX Karo *nt*
carrefour [kaʀfuʀ] *m* ❶ (*de routes*) Kreuzung *f* ❷ (*point de rencontre*) Treffpunkt *m*
carrelage [kaʀlaʒ] *m* Fliesen *Pl*
carreler [kaʀle] <3> *vt* fliesen
carrelet [kaʀlɛ] *m* Scholle *f*
carreleur, -euse [kaʀlœʀ, -øz] *m, f* Fliesenleger(in) *m(f)*
carrément [kaʀemɑ̃] *adv fam* geradeheraus
carrière[1] [kaʀjɛʀ] *f* Laufbahn *f;* **faire** ~ Karriere machen
carrière[2] [kaʀjɛʀ] *f* ~ **de pierres** Steinbruch *m*
carrosse [kaʀɔs] *m* Karosse *f*
carrosserie [kaʀɔsʀi] *f* Karosserie *f*
carrousel [kaʀuzɛl] *m* TECH kreisförmiges Förderband
carrure [kaʀyʀ] *f* ❶ (*largeur du dos*) Schulterbreite *f* ❷ (*envergure*) Format *nt*
cartable [kaʀtabl] *m* ❶ SCOL Schultasche *f* ❷ CAN (*classeur à anneaux*) Ringordner *m*
carte [kaʀt] *f* ❶ GEO [Land]karte *f;* ~ **en relief** Reliefkarte *f* ❷ JEUX ~ **à jouer** Spielkarte *f;* **jouer aux ~s** Karten spielen ❸ POST ~ **postale** Ansichtskarte *f*, [Post]karte ❹ GASTR [SPEISE]KARTE *f* ❺ (*bristol*) ~ **de visite** Visitenkarte *f* ❻ (*moyen de paiement*) ~ **à mémoire/à puce** Magnet-/Chipkarte *f;* ~ **bancaire/de crédit** Kreditkarte; ~ **de téléphone** Telefonkarte *f* ❼ (*document*) ~ **d'électeur** Wahlschein *m;* ~ **d'étudiant** Studentenausweis *m;* ~ [**nationale**] **d'identité** Personalausweis *m;* ~ **de séjour** Aufenthaltserlaubnis *f;* ~ **grise** Kraftfahrzeugschein
cartel [kaʀtɛl] *m* Kartell *nt*

C

cartilage [kaʀtilaʒ] *m* Knorpel *m*
cartilagineux, -euse [kaʀtilaʒinø, -øz] *adj* (*viande*) knorp[e]lig
cartomancien, ne [kaʀtɔmãsjɛ̃, jɛn] *m, f* Kartenleger(in) *m(f)*
carton [kaʀtɔ̃] *m* ❶ (*matière*) Pappe *f* ❷ (*emballage*) Karton *m* ►~ **jaune/rouge** gelbe/rote Karte
carton-pâte [kaʀtɔ̃pat] *m* Pappmaché *nt*
cartouche [kaʀtuʃ] *f* ❶ (*d'un fusil*) Patrone *f* ❷ ~ **de cigarettes** Stange *f* Zigaretten ❸ ~ **d'encre** Tintenpatrone *f*
cas [ka] *m* ❶ (*circonstance*) Fall *m*; ~ **difficile** schwierige Angelegenheit; ~ **d'urgence** Notfall; **dans ce** ~ in diesem Fall; **dans le** ~ **contraire** andernfalls; **en tout** ~ auf jeden Fall ❷ (*hypothèse*) **au** ~ **où** für den Fall, dass; **en** ~ **de** im Falle von; **en** ~ **d'absence** bei Abwesenheit; **en** ~ **de besoin** wenn nötig ❸ MED, JUR, LING Fall *m*
casanier, -ière [kazanje, -jɛʀ] *adj* (*personne*) häuslich
cascade [kaskad] *f* ❶ (*chute d'eau*) Wasserfall *m* ❷ CINE Stunt *m*
cascadeur, -euse [kaskadœʀ, -øz] *m, f* CINE Stuntman-/girl *m/f*
case [kaz] *f* ❶ (*d'un formulaire, damier*) Feld *nt*; **avancer de huit ~s** acht Felder vorrücken; ~ **spéciale** Spezialfeld ❷ (*hutte*) Hütte *f*
caser [kaze] <1> I. *vt* ❶ (*loger*) unterbringen ❷ (*marier*) unter die Haube bringen II. *vpr* **se** ~ ❶ (*se loger*) unterkommen ❷ (*se marier*) heiraten
caserne [kazɛʀn] *f* Kaserne *f*
cash [kaʃ] *adv fam* cash
casher [kaʃɛʀ] *adj inv* koscher
casier [kazje] *m* ❶ (*case*) Fach *nt* ❷ JUR ~ **judiciaire** Strafregister *nt*
casino [kazino] *m* |Spiel|kasino *nt*
casque [kask] *m* ❶ (*protection*) Helm *m*; (*d'un motocycliste*) Sturzhelm ❷ MUS Kopfhörer *m* ►~ **bleu** Blauhelm *m*
casquer [kaske] <1> *vi fam* blechen
casquette [kaskɛt] *f* Schirmmütze *f*
cassant, e [kasɑ̃, ɑ̃t] *adj* bruchempfindlich
cassation [kasasjɔ̃] *f* (*d'un testament, d'un acte*) Ungültigkeitserklärung *f*
casse [kas] I. *f* ❶ (*dégât*) Schaden *m* ❷ (*bagarre*) **il va y avoir de la** ~ *fam* gleich wird es eine Schlägerei geben ❸ (*commerce de ferrailleur*) Schrottplatz *m* II. *m fam* Bruch *m*

cassé, e [kase] *adj* (*voix*) rau
casse-cou [kasku] *m inv fam* Draufgänger(in) *m(f)* **casse-croûte** [kaskrut] *m inv fam* Imbiss *m*, Zwischenmahlzeit *f*
casse-gueule [kasgœl] *inv m fam* **c'est un vrai** ~! (*endroit glissant*) das ist die reinste Rutschbahn! **casse-noisettes** [kasnwazɛt] *m inv* Nussknacker *m* **casse-noix** [kasnwa] *m inv* Nussknacker *m* **casse-pieds** [kaspje] *inv* I. *adj fam* ❶ (*importun*) nervig ❷ (*ennuyeux*) langweilig II. *mf fam* Nervensäge *f*
casser [kase] <1> I. *vt* ❶ (*objet*) zerbrechen; (*branche*) abbrechen; (*noix*) knacken; ~ **qc en deux** etw in zwei Teile brechen ❷ (*ambiance*) stören ❸ ECON ~ **les prix** die Preise radikal senken ❹ (*jugement*) aufheben ►~ **les pieds à qn** *fam* jdm auf die Nerven gehen II. *vi* (*objet*) zerbrechen; (*branche*) abbrechen; (*fil*) |ab|reißen III. *vpr* ❶ (*se rompre*) **se** ~ zerbrechen; (*branche*) abbrechen; **se** ~ **en mille morceaux** in tausend Stücke zerspringen ❷ (*être fragile*) **se ~/ne pas se** ~ zerbrechlich/unzerbrechlich sein ❸ (*se briser*) **se** ~ **un bras** sich (*dat*) einen Arm brechen ❹ *fam* (*se fatiguer*) **se** ~ **la tête** sich den Kopf zerbrechen ❺ *fam* (*s'en aller*) abhauen
casserole [kasʀɔl] *f* |Stiel|kasserole *f*
casse-tête [kastɛt] *m inv* ~ **chinois** kniffliges Problem
cassette [kasɛt] *f* Kassette *f*; ~ **vidéo** Videokassette
casseur, -euse [kasœr, -øz] *m, f* Schrotthändler(in) *m(f)*
cassis [kasis] *m* schwarze Johannisbeere
cassoulet [kasulɛ] *m*: weißer Bohneneintopf mit Würstchen und Fleisch aus Südwestfrankreich
cassure [kasyr] *f* Bruch *m*
castagnettes [kastaɲɛt] *fpl* Kastagnetten *Pl*
caste [kast] *f* Kaste *f*
casting [kastiŋ] *m* CINE, THEAT Casting *nt*
castor [kastɔʀ] *m* Biber *m*
castration [kastʀasjɔ̃] *f* Kastration *f*
castrer [kastʀe] <1> *vt* kastrieren
cataclysme [kataklism] *m* |Natur|katastrophe *f*
catacombes [katakɔ̃b] *fpl* Katakomben *Pl*
catalogue [katalɔg] *m* Katalog *m*
cataloguer [katalɔge] <1> *vt* katalogisieren

catalyseur [katalizœʀ] *m* CHIM Katalysator *m*

catamaran [katamaʀɑ̃] *m* Katamaran *m*

catapulter [katapylte] <1> *vt a.* AVIAT katapultieren

cataracte [kataʀakt] *f* MED grauer Star

catastrophe [katastʀɔf] *f* Katastrophe *f*; **faire qc en ~** etw überstürzt tun; **atterrir en ~** notlanden

catastrophé, e [katastʀɔfe] *adj fam* entsetzt

catastrophique [katastʀɔfik] *adj* katastrophal

catch [katʃ] *m* Catchen *nt*

catéchisme [kateʃism] *m* Religionsunterricht *m*

catégorie [kategɔʀi] *f* ❶ *(groupe)* Kategorie *f*; **~ grammaticale** Wortart *f*; **~ socioprofessionnelle** Berufsstand *m*; **~ d'âge** Altersklasse *f* ❷ SPORT Klasse *f* ❸ *(qualité)* **de 1ère ~** *(produit alimentaire)* Güteklasse *f* 1; *(hôtel)* erster Klasse

catégorique [kategɔʀik] *adj* kategorisch

catégoriquement [kategɔʀikmɑ̃] *adv* kategorisch

cathédrale [katedʀal] *f* Kathedrale *f*; **~ de Cologne/de Strasbourg** Kölner Dom *m*/Straßburger Münster *nt*

catholicisme [katɔlisism] *m* Katholizismus *m*

catholique [katɔlik] **I.** *adj* REL katholisch **II.** *mf* Katholik(in) *m(f)*

catimini [katimini] ▶**en ~** [klamm]heimlich

cauchemar [koʃmaʀ] *m a. fig* Alptraum *m*; **faire un ~** einen Alptraum haben

cauchemardesque [koʃmaʀdɛsk] *adj* alptraumhaft

causant, e [kozɑ̃, ɑ̃t] *adj* gesprächig

cause [koz] **I.** *f* ❶ *(raison)* Ursache *f*, Grund *m*; **fermé pour ~ de maladie** wegen Krankheit geschlossen ❷ JUR Fall *m* ❸ *(ensemble d'intérêts)* Sache *f*; **pour la bonne ~** für einen guten Zweck ▶**mettre qn en ~** jdn beschuldigen **II.** *prép* **à ~ de** wegen *(+ gen)*

causer¹ [koze] <1> *vt* verursachen

causer² [koze] <1> *vt, vi* plaudern; **cause toujours!** *fam* red' du nur!

causette [kozɛt] *f* **faire la ~** *fam* einen [kleinen] Schwatz halten

caustique [kostik] *adj* CHIM ätzend

caution [kosjɔ̃] *f* ❶ *(garantie)* Bürgschaft *f*; **se porter ~ pour qn** für jdn bürgen ❷ *(somme)* Kaution *f*

cautionner [kosjɔne] <1> *vt* JUR *(personne)* bürgen für

cavaler [kavale] <1> *vi fam (courir)* Gas geben

cavalerie [kavalʀi] *f* MIL Kavallerie *f*

cavalier [kavalje] *m* ❶ MIL Kavallerist *m* ❷ JEUX Pferd *nt* ❸ *(titre de politesse)* Kavalier *m*

cavalier, -ière [kavalje, -jɛʀ] **I.** *adj péj* unverschämt **II.** *m, f* ❶ SPORT Reiter(in) *m(f)* ❷ *(au bal)* Tanzpartner(in) *m(f)*

cave [kav] *f* ❶ *(local souterrain)* Keller *m* ❷ *(provision de vins)* Weinkeller *m* ❸ *pl* **~s viticoles** Weinkellerei *f* ❹ *(cabaret)* Kellerbar *f*

caveau [kavo] <x> *m (tombeau)* Gruft *f*

caverne [kavɛʀn] *f* Höhle *f*

caviar [kavjaʀ] *m* GASTR Kaviar *m*

cavité [kavite] *f (caverne)* Höhle *f*

CB [sibi] *f abr de* **Citizen's band** CB-Funk *m*

CCP [sesepe] *m abr de* **compte chèques postal**

CD [sede] *m abr de* **Compact Disc** CD *f*

CDI [sedei] *m* ❶ *abr de* **centre de documentation et d'information** *Dokumentations- und Informationsstelle einer Schule* ❷ *abr de* **Compact Disc Interactive** CD-I *f*

CD-ROM [sedeʀɔm] *m abr de* **Compact Disc Read Only Memory** CD-ROM *f*

ce¹ [sə] < *devant en et formes de "être" commençant par une voyelle* **c'**, *devant a* **ç'**> *pron dém* ❶ *(pour désigner)* das; **ce sont de bons souvenirs** das sind schöne Erinnerungen ❷ *(dans une question)* **qui est-ce?, c'est qui?** *fam* wer ist das?; *(au téléphone)* wer ist da?; **qui est-ce qui/que** wer/wen; **qu'est-ce [que c'est]?, c'est quoi?** *fam* was ist das?; **qu'est-ce qui/que** was ❸ *(pour insister)* **c'est à elle de faire qc** *(c'est à son tour)* sie ist dran [etw zu tun]; *(c'est son rôle)* sie soll etw tun ❹ *(devant une relative)* **voilà tout ce que je sais** das ist alles, was ich weiß; **dis-moi ce dont tu as besoin** sag mir, was du brauchst ▶**et ce** und zwar; **sur ce** daraufhin

ce² [sə] *adj dém* ❶ *(pour désigner)* diese(r, s); **~ vase/tableau/cet homme** diese Vase/dieses Bild/dieser Mann; *v.a.* **cette** ❷ *(intensif, péjoratif)* **~ garçon[-là]** der Junge [da]

C

❸ (*en opposition*) ~ **livre-ci ...** ~ **livre-là** dieses Buch hier ... jenes Buch dort ❹ (*matin, midi, après-midi, soir*) heute; ~ **jour-là** an jenem Tag; ~ **mois-ci** diesen/in diesem Monat

CE [seø] *f abr de* **Communauté européenne** HIST EG *f*

ceci [səsi] *pron dém* dieses [hier]; **à ~ près qu'il ment** außer, dass er lügt; *v.a.* **cela**

cécité [sesite] *f* Blindheit *f*

céder [sede] <5> **I.** *vt* ❶ (*abandonner au profit de qn*) überlassen ❷ (*vendre*) veräußern **II.** *vi* ❶ (*renoncer*) nachgeben ❷ (*capituler*) aufgeben ❸ (*succomber*) nachgeben ❹ (*se rompre*) nachgeben; (*chaise*) zusammenbrechen

cédérom [sederɔm] *m* CD-ROM *f*

CEDEX [sedɛks] *m abr de* **courrier d'entreprise à distribution exceptionnelle** *Sammelpostamt für gesondert zugestellte Firmen- und Behördenpost*

cédille [sedij] *f* Cedille *f* (*kommaähnliches, diakritisches Zeichen unter einem c/C*)

cèdre [sɛdʀ] *m* Zeder *f*

CEE [seəə] *f abr de* **Communauté économique européenne** HIST EWG *f*

ceinture [sɛ̃tyʀ] *f* ❶ (*pour la taille*) Gürtel *m* ❷ (*partie d'un vêtement*) Bund *m;* (*d'une robe*) Taille *f* ❸ AUT, AVIAT [Sicherheits]gurt *m;* **attacher sa ~ de sécurité** sich anschnallen

ceinturer [sɛ̃tyʀe] <1> *vt* (*personne*) umklammern

ceinturon [sɛ̃tyʀɔ̃] *m* MIL Koppel *nt*

cela [s(ə)la] *pron dém* ❶ (*pour désigner*) das; **pour ~** deshalb; **après ~** danach ❷ (*pour renforcer*) **qui/quand/où ~?** wer [*o* wen]/ wann/wo [*o* wohin] [sagst du/sagen Sie]?; **~ fait dix jours que j'attends** ich warte jetzt schon seit zehn Tagen ▸**et avec ~?** was darf es sonst noch sein?; **sans ~** ansonsten; *v.a.* **ça, ceci**

célébration [selebʀasjɔ̃] *f* Feier[lichkeiten *Pl*] *f*

célèbre [selɛbʀ] *adj* berühmt

célébrer [selebʀe] <5> *vt* ❶ (*fêter*) feiern ❷ (*exploit*) rühmen

célébrissime [selebʀisim] *adj* (*très célèbre*) hochberühmt

célébrité [selebʀite] *f* Berühmtheit *f*

céleri [sɛlʀi] *m* Sellerie *m o f*

céleri-rave [sɛlʀiʀav] <céleris-raves> *m*

Sellerie[knolle *f*] *m o f*

céleste [selɛst] *adj* (*relatif au ciel*) **corps ~** Himmelskörper *m*

célibat [seliba] *m* Ehelosigkeit *f;* (*d'un prêtre*) Zölibat *nt o m*

célibataire [selibatɛʀ] **I.** *adj* ledig **II.** *mf* Junggeselle/-gesellin *f*

celle, celui [sɛl] <s> *pron dém* ❶ + *prép* ~ **de Paul est plus jolie** der[jenige]/die[jenige]/das[jenige] von Paul ist schöner ❷ + *pron rel* ~ **que tu as achetée est moins chère** der, den/das, das/die, die du gekauft hast, ist billiger

celle-ci, celui-ci [sɛlsi] <celles-ci> *pron dém* ❶ (*chose*) diese(r, s) [hier]; (*personne*) diese [hier] ❷ (*référence à un antécédent*) diese ❸ (*en opposition*) ~ **est moins chère que celle-là** diese(r, s) ist billiger als jene(r, s); (*avec un geste*) diese(r, s) [hier] ist billiger als diese(r, s) [da] **celle-là, celui-là** [sɛlla] <celles-là> *pron dém* ❶ (*chose*) diese(r, s) [da]; (*personne*) diese [da] ❷ (*référence à un antécédent*) jene(r, s) ❸ (*en opposition*) *v.* **celle-ci**

celles, ceux [sɛl] *pl pron dém* ❶ + *prép* die[jenigen] + *Präp;* ~ **d'entre vous** diejenigen von Ihnen ❷ + *pron rel* die[jenigen]; *v.a.* **celle**

celles-ci, ceux-ci [sɛlsi] *pl pron dém* ❶ (*pour distinguer*) diese [hier] ❷ (*référence à un antécédent*) diese ❸ (*en opposition*) *v.* **celle-ci celles-là, ceux-là** [sɛlla] *pl pron dém* ❶ (*en désignant*) diese [da] ❷ (*référence à un antécédent*) jene ❸ (*en opposition*) diese da; *v.a.* **celle-ci**

cellier [selje] *m* Vorratsraum *m*

cellophane® [selɔfan] *f* Zellophan® *nt;* (*emballage*) Frischhaltefolie *f*

cellulaire [selylɛʀ] *m* CAN (*téléphone portable*) Handy *nt*

cellule [selyl] *f* Zelle *f*

cellulite [selylit] *f* MED Zellulitis *f*

cellulose [selyloz] *f* Zellulose *f*

celte [sɛlt] *adj* keltisch

Celte [sɛlt] *m, f* Kelte/Keltin *m/f*

celtique [sɛltik] **I.** *adj* keltisch **II.** *m* Keltisch *nt; v.* **allemand**

celui, celle [səlɥi] <ceux> *pron dém* der[jenige]/die[jenige]/das[jenige]; *v.a.* **celle**

celui-ci, celle-ci [səlɥisi] <ceux-ci> *pron dém* (*chose*) diese(r, s) [hier]; (*personne*) dieser [hier]; *v.a.* **celle-ci, celui-là** celui-

là, celle-là [səlɥila] <ceux-là> *pron dém* **❶** (*chose*) diese(r, s) [da]; (*personne*) dieser [da] **❷** (*référence à un antécédent*) jene(r, s) **❸** (*en opposition*) *v.* **celui-ci, celle-ci**

cendre [sɑ̃dR] *f* Asche *f*

cendré, e [sɑ̃dRe] *adj* (*cheveux*) aschblond

cendrier [sɑ̃dRije] *m* Aschenbecher *m*

Cendrillon [sɑ̃dRijɔ̃] *f* Aschenputtel *nt*

censé, e [sɑ̃se] *adj* **être ~ faire qc** [eigentlich] etw tun wollen; **je te le dis, mais tu n'es pas ~ le savoir** ich sage es dir, aber eigentlich darfst du es gar nicht wissen

censeur [sɑ̃sœR] *m* **❶** MEDIA Kritiker(in) *m(f)* **❷** POL Zensor(in) *m(f)* **❸** SCOL Beamter/ Beamtin, der/die an Gymnasien für die Schulordnung zuständig ist

censure [sɑ̃syR] *f* Zensur *f*

censurer [sɑ̃syRe] <1> *vt* zensieren

cent [sɑ̃] I. *num* [ein]hundert; **cinq ~s euros** fünfhundert Euro ▸**pour ~** Prozent *nt;* **~ pour ~** hundertprozentig II. *m inv* Hundert *f; v.a.* **cinq, cinquante**

centaine [sɑ̃tɛn] *f* **❶ une ~ de personnes** etwa hundert Personen; **des ~s de personnes** Hunderte *Pl* von Personen; **plusieurs ~s** mehrere Hundert; **par ~s** zu Hunderten **❷** (*cent unités*) Hunderter *m*

centenaire [sɑ̃tnɛR] I. *adj* hundertjährig; **être ~** hundert Jahre alt sein II. *mf* Hundertjährige(r) *f(m)* III. *m* (*d'une personne*) hundertster Geburtstag; (*d'un événement*) hundertster Jahrestag

centième [sɑ̃tjɛm] *adj antéposé* hundertste(r, s)

centigramme [sɑ̃tigRam] *m* Zentigramm *nt*

centilitre [sɑ̃tilitR] *m* Zentiliter *m o nt*

centime [sɑ̃tim] *m* Centime *m;* **une pièce de 50 ~s** eine Fünfzigcentimemünze

centimètre [sɑ̃timɛtR] *m* Zentimeter *m o nt*

central [sɑ̃tRal] *m* TELEC [Telefon]zentrale *f*

central, e [sɑ̃tRal, o] <-aux> *adj* zentral; (*personnage*) Haupt-

centrale [sɑ̃tRal] *f* **❶** ELEC Kraftwerk *nt;* **~ électrique** Elektrizitätswerk; **~ atomique/nucléaire** Atom-/Kernkraftwerk **❷** POL Arbeitnehmerorganisation *f* **❸** COM Zentrale *f*

Centrale [sɑ̃tRal] *f* SCOL Hochschule für die Ingenieurausbildung

centralisation [sɑ̃tRalizasjɔ̃] *f* **❶** (*de la politique*) Zentralisierung *f;* (*des secours*) zentrale Koordination; (*des renseignements*)

zentrale Erfassung **❷** (*résultat*) Zentralisation *f*

centraliser [sɑ̃tRalize] <1> *vt* zentralisieren

centre [sɑ̃tR] *m* **❶** (*d'un cercle*) Mittelpunkt *m;* (*d'une ville*) Zentrum *nt* **❷** POL Mitte; **~ gauche/droit** gemäßigte Linke/Rechte **❸** (*lieu d'activités, organisme*) Zentrum *nt;* **~ aéré** Ferien- und Freizeitzentrum; **~ commercial/culturel** Einkaufs-/Kulturzentrum; **~ d'achats** CAN (~ *commercial*) Einkaufszentrum; **~ d'appels** Call-Center *nt;* **~ équestre/sportif** Reit-/Sportzentrum; **~ hospitalier régional/universitaire** Landes-/Universitätsklinik *f;* **~ de détention pour jeunes** Jugendstrafanstalt *f* **❹** (*joueur*) Mittelstürmer *m* **❺** (*point essentiel*) Mittelpunkt *m;* **~ d'intérêt** [Themen]schwerpunkt

centrer [sɑ̃tRe] <1> *vt* **❶** *a. fig* (*placer au centre*) zentrieren; **~ son discours sur un sujet** ein Thema in den Mittelpunkt seiner Rede stellen **❷** SPORT [zur Mitte] flanken

centre[-]ville [sɑ̃tRəvil] <centres-villes> *m* Stadtzentrum *nt*

centrifuge [sɑ̃tRify3] *adj* zentrifugal; **force ~** Zentrifugalkraft *f*

centrifugeuse [sɑ̃tRify3øz] *f* Zentrifuge *f*

centuple [sɑ̃typl] I. *adj* hundertfach II. *m a. fig* Hundertfache(s) *nt*

cep [sɛp] *m* Rebstock *m*

cépage [sepa3] *m* Rebsorte *f*

cèpe [sɛp] *m* Steinpilz *m*, Herrenpilz (A)

cependant [s(ə)pɑ̃dɑ̃] *adv* jedoch

céramique [seRamik] *f* Keramik *f*

cerceau [sɛRso] <x> *m* Reifen *m*

cercle [sɛRkl] *m* **❶** (*forme géométrique, groupe*) Kreis *m* **❷** (*groupe sportif*) Club *m*, Klub *m* ▸**~ vicieux** Teufelskreis *m*

cercueil [sɛRkœj] *m* Sarg *m*

céréale [seReal] *f* **❶** AGR Getreide *nt;* **les ~s** das Getreide **❷** (*petit-déjeuner*) Haferflocken, Cornflakes, Müsli *etc*

cérébral, e [seRebRal, o] <-aux> *adj* **❶** ANAT Gehirn- **❷** (*intellectuel*) geistig

cérémonial [seRemɔnjal] <s> *m* Zeremoniell *nt*

cérémonie [seRemɔni] *f* Zeremonie *f*

cerf [sɛR] *m* Hirsch *m*

cerfeuil [sɛRfœj] *m* Kerbel *m*

cerf-volant [sɛRvɔlɑ̃] <cerfs-volants> *m* Drachen *m*

cerise [s(ə)Riz] I. *f* Kirsche *f* II. *adj inv*

C

|rouge| ~ kirschrot

cerisier [s(ə)ʀizje] m Kirschbaum m

cerne [sɛʀn] m Ringe Pl unter den Augen

cerné, e [sɛʀne] adj avoir les yeux ~s Ringe Pl unter den Augen haben

cerner [sɛʀne] <1> vt ❶ a. fig (entourer d'un trait) umreißen ❷ (ennemi) umstellen ❸ (problème) erfassen

certain, e [sɛʀtɛ̃, ɛn] I. adj sicher; être sûr et ~ hundertprozentig sicher sein; un plaisir ~ ein sicheres Vergnügen II. adj indéf ❶ pl, antéposé (quelques) gewisse Pl ❷ (bien déterminé) un ~ endroit eine bestimmte Stelle III. pron pl manche Pl, gewisse Pl (pej)

certainement [sɛʀtɛnmɑ̃] adv ❶ (selon toute apparence) sicher|lich| ❷ (sans aucun doute) zweifellos

certes [sɛʀt] adv (pour exprimer une réserve: en début de phrase) zugegeben ...; (au milieu de la phrase) zwar; (dans une négation) bestimmt

certificat [sɛʀtifika] m ❶ (attestation) Bescheinigung f; ~ médical ärztliches Attest; ~ de naissance Geburtsurkunde f; ~ de scolarité Schulbescheinigung ❷ (diplôme) Zeugnis nt; (d'études universitaires) Diplom nt; délivrer un ~ à qn jdm ein Zeugnis ausstellen

certifier [sɛʀtifje] <1> vt ❶ versichern ❷ JUR beglaubigen

certitude [sɛʀtityd] f Gewissheit f

cerveau [sɛʀvo] <x> m ❶ ANAT Gehirn nt ❷ (esprit, organisateur) Kopf m ❸ (d'une organisation) |Schalt|zentrale f

cervelas [sɛʀvəla] m Zervelatwurst f

cervelet [sɛʀvəlɛ] m ANAT Kleinhirn nt

cervelle [sɛʀvɛl] f ❶ fam ne rien avoir dans la ~ nichts im Kopf m haben ❷ GASTR Hirn nt

cervical, e [sɛʀvikal, o] <-aux> adj ANAT vertèbres ~es Halswirbel Pl

ces [se] adj dém pl ❶ (pour désigner) diese; ~ tableaux/dames diese Bilder/Damen; v.a. **cette** ❷ (plus intensif, péjoratif) **il a de ~ idées!** er hat vielleicht Ideen! ❸ (avec étonnement) diese ❹ (en opposition) diese; ~ gens-ci ... ~ gens-là die Leute hier ... die Leute dort ❺ (temporel) ~ nuits-ci diese Nächte; ~ jours-ci zur Zeit; **dans ~ années-là** in jenen Jahren

CES [seøɛs] m ❶ abr de **collège d'ensei-gnement secondaire** ❷ abr de **contrat emploi-solidarité** ≈ ABM-Stelle f

césarienne [sezaʀjɛn] f MED Kaiserschnitt m

cessation [sesasjɔ̃] f Einstellen nt

cesser [sese] <1> I. vt einstellen; **faire ~ qc** etw beenden II. vi aufhören

cessez-le-feu [sesel(e)fø] m inv (prolongé) Waffenruhe f; (momentané) Waffenpause f

cession [sesjɔ̃] f Übertragung f

c'est-à-dire [sɛtadiʀ] conj ❶ (à savoir) das bedeutet |also| ❷ (justification) eigentlich ❸ (rectification) besser gesagt

cet [sɛt] adj dém v. **ce**

cétacé [setase] m Wal m

cette [sɛt] adj dém ❶ (pour désigner) diese(r, s); ~ **chaise/dame** dieser Stuhl/diese Dame ❷ (intensif, péjoratif) ~ **fille|-là|** das Mädchen |da| ❸ (avec étonnement) so ein(e) ❹ (en opposition) ~ **version-ci** ... ~ **version-là** diese Fassung hier ... jene Fassung dort ❺ (temporel) ~ **nuit** heute Nacht; ~ **semaine** diese Woche

ceux, celles [sø] pl pron dém die|jenigen|; v.a. **celles**

ceux-ci, celles-ci [søsi] pl pron dém ❶ (pour distinguer) diese |hier| ❷ (référence à un antécédent) diese ❸ (en opposition) v. **celle-ci ceux-là, celles-là** [søla] pl pron dém ❶ (en désignant) diese da ❷ (référence à un antécédent) jene ❸ (en opposition) diese da; v.a. **ceux-ci, celles-ci**

Cévennes [sevɛn] fpl **les ~** die Cevennen

cf., Cf. [ksfɛʀ] abr de **confer** vgl.

CFC [seɛfse] m abr de **chlorofluorocarbone** FCKW m

ch [ʃavo] abr de **cheval-vapeur** PS f

chacal [ʃakal] <s> m Schakal m

chacun, e [ʃakœ̃, ʃakyn] pron ❶ (chose ou personne dans un ensemble défini) jede(r, s) |Einzelne|; (de deux personnes) jede(r) von beiden; ~/~e **de nous** jeder/jede |Einzelne| von uns; ~ |à| **son tour** einer nach dem anderen ❷ (toute personne) jede(r)

chagrin [ʃagʀɛ̃] m Kummer m

chagriner [ʃagʀine] <1> vt ~ **qn** jdm Kummer machen

chah [ʃa] m v. **schah**

chahut [ʃay] m Krach m

chahuter [ʃayte] <1> I. vi (enfants) herumtoben; (faire du bruit) Radau machen (fam) II. vt ~ **un professeur** den Unterricht eines Lehrers stören

chaîne [ʃɛn] *f* ❶ Kette *f* ❷ IND [Fließ]band *nt*
❸ RADIO, TV (*émetteur*) Sender *m*; (*programme*) Programm *nt*; ~ **câblée** Kabelkanal *m*
❹ (*appareil stéréo*) Anlage *f*

chaînette [ʃɛnɛt] *f* Kettchen *nt*

chaînon [ʃɛnɔ̃] *m a. fig* [Ketten]glied *nt*

chair [ʃɛʀ] I. *f* Fleisch *nt* II. *adj inv* hautfarben

chaire [ʃɛʀ] *f* ❶ (*du prêtre*) Kanzel *f* ❷ UNIV Lehrstuhl *m*

chaise [ʃɛz] *f* Stuhl *m*

châle [ʃal] *m* [Schulter]tuch *nt*

chalet [ʃalɛ] *m* Chalet *nt* (CH)

chaleur [ʃalœʀ] *f* ❶ (*température élevée*) Wärme *f*; (*très élevée*) Hitze *f*; **vague de ~** Hitzewelle *f* ❷ ANAT Körperwärme *f* ❸ *fig* Wärme *f*; (*d'un accueil*) Herzlichkeit *f*

chaleureusement [ʃalœʀøzmã] *adv* warm

chaleureux, -euse [ʃalœʀø, -øz] *adj* warm; (*accueil*) herzlich

challenge [ʃalɑ̃ʒ, tʃalɛndʒ] *m* Pokalwettbewerb *m*

chalumeau [ʃalymo] <x> *m* (*pour souder*) Schweißbrenner *m*

chalutier [ʃalytje] *m* Fischkutter *m*

chamailler [ʃamaje] <1> *vpr* **se ~** (*enfants*) sich zanken

chambouler [ʃãbule] <1> *vt fam* (*projets, programme*) über den Haufen werfen

chambre [ʃãbʀ] *f* ❶ (*pièce où l'on couche*) Schlafzimmer *nt*; ~ **individuelle/double** Einzel-/Doppelzimmer; ~ **d'amis** Gästezimmer ❷ POL, JUR Kammer *f* ❸ COM ~ **de commerce et d'industrie** Industrie- und Handelskammer *f* ❹ (*tuyau*) ~ **à air** Schlauch *m*

chambrer [ʃãbʀe] <1> *vt* ❶ (*tempérer*) auf Zimmertemperatur bringen ❷ *fam* (*se moquer de*) aufziehen

chameau [ʃamo] <x> *m* ❶ Kamel *nt* ❷ *fam* (*femme*) Biest *nt*; (*homme*) Schuft *m*

chamois [ʃamwa] *m* Gämse *f*

champ [ʃã] *m* ❶ (*de céréales, fleurs*) Feld *nt*; (*de pommes de terre, betteraves*) Acker *m* ❷ MIL ~ **de bataille** Schlachtfeld *nt*; ~ **de Mars** *früher*: Exerzier- und Paradeplatz, *heute*: Park am Fuß des Eiffelturms in Paris

champagne [ʃãpaɲ] *m* Champagner *m*

champêtre [ʃãpɛtʀ] *adj* ländlich

champignon [ʃãpiɲɔ̃] *m* Pilz *m*

champion, ne [ʃãpjɔ̃, -jɔn] I. *adj fam* **être ~** [einsame] Spitze sein II. *m, f* Meister(in)
m(f)

championnat [ʃãpjɔna] *m* Meisterschaft *f*

chance [ʃãs] *f* ❶ (*bonne fortune*) Glück *nt*; **avoir de la ~** Glück haben; (*toujours*) ein Glückskind sein; **avoir de la ~ de faire qc** Glück haben, dass man etw tut; **la ~ a tourné** das Glück hat sich gewendet; **par ~** glücklicherweise; **bonne ~!** viel Glück! ❷ (*hasard*) Glück *nt*; **par ~** [rein] zufällig ❸ (*probabilité, possibilité de succès*) Chance *f*; **rater une ~** eine Gelegenheit verpassen

chanceler [ʃãs(ə)le] <3> *vi* schwanken

chancelier [ʃãsəlje] *m* ❶ (*garde des Sceaux en France*) ≈ Justizminister(in) *m(f)* ❷ (*Premier ministre en Allemagne/Autriche*) [Bundes]kanzler(in) *m(f)*

chancellerie [ʃãsɛlʀi] *f* ❶ (*ministère de la Justice en France*) Justizministerium *nt* ❷ (*service du Premier ministre en Allemagne/Autriche*) [Bundes]kanzleramt *nt*

chanceux, -euse [ʃãsø, -øz] *adj* **être ~** Glück haben

Chandeleur [ʃãd(ə)lœʀ] *f* REL **la ~** [Mariä] Lichtmess

Anlässlich dieses Feiertags, der am 2. Februar begangen wird, findet vielerorts in Frankreich ein traditionelles Crêpe-Essen im Familien- oder Freundeskreis statt.

chandelier [ʃãdəlje] *m* Kerzenständer *m*

chandelle [ʃãdɛl] *f* (*bougie*) Kerze *f* ▶**voir trente-six** ~**s** Sterne sehen (*fam*)

change [ʃãʒ] *m* ❶ (*échange d'une monnaie*) [Geld]wechsel *m*; **bureau de ~** Wechselstube *f* ❷ (*taux du change*) [Wechsel]kurs *m*

changeant, e [ʃãʒã, ãt] *adj* (*temps, humeur*) wechselhaft

changement [ʃãʒmã] *m* ❶ (*modification*) Veränderung *f*; **avoir besoin de ~** Abwechslung brauchen; ~ **de gouvernement/direction** Regierungs-/Richtungswechsel *m*; ~ **d'adresse** Adressenänderung *f* ❷ AUT **il n'y a aucun ~** man muss kein einziges Mal umsteigen

changer [ʃãʒe] <2a> I. *vt* ❶ (*personne, comportement*) verändern; (*date*) ändern; **ne ~ en rien qc** an etw (*dat*) nichts ändern ❷ (*déplacer*) ~ **qc de place** etw umstellen; ~ **qn de poste** jdn versetzen ❸ (*remplacer*) ~ **les draps** die Betten frisch beziehen ❹ (*échanger*) ~ **pour** [*o* **contre**] **qc** gegen etw |aus|tauschen ❺ FIN ~ **contre qc** in etw umtauschen **II.** *vi* ❶ (*se transformer*) sich verändern ❷ (*temps, personne*) sich ändern ❸ (*se modifier*) ~ **de qc** etw ändern ❹ (*substituer*) wechseln ❺ (*déménager*) ~ **d'adresse** umziehen ❻ AUT ~ **de vitesse** einen anderen Gang einlegen; ~ **à Paris** in Paris umsteigen; ~ **de train/bus à Berlin** in Berlin den Zug/Bus wechseln; ~ **de file** die |Fahr|spur wechseln ❼ (*faire un échange*) ~ **de place avec qn** |den Platz| mit jdm tauschen **III.** *vpr* **se** ~ sich umziehen

chanson [ʃɑ̃sɔ̃] *f* Lied *nt;* **la** ~ **française** das französische Chanson

chansonnette [ʃɑ̃sɔnɛt] *f* Liedchen *nt*

chansonnier [ʃɑ̃sɔnje] *m* Kabarettist(in) *m(f)*

chant [ʃɑ̃] *m* ❶ (*action de chanter, musique vocale*) Gesang *m* ❷ (*chanson*) ~ **populaire** Volkslied *nt;* ~ **de Noël** Weihnachtslied ❸ (*du coq*) Krähen *nt;* (*des oiseaux*) Zwitschern *nt*

chantage [ʃɑ̃taʒ] *m* Erpressung *f*

chanter [ʃɑ̃te] <1> **I.** *vi* ❶ (*produire des sons*) singen; (*coq*) krähen ❷ (*menacer*) **faire** ~ erpressen **II.** *vt* ❶ (*interpréter*) singen ❷ (*célébrer*) besingen

chanterelle [ʃɑ̃tʀɛl] *f* Pfifferling *m,* Eierschwamm *m* (A)

chanteur, -euse [ʃɑ̃tœʀ, -øz] *m, f* Sänger(in) *m(f)*

chantier [ʃɑ̃tje] *m* ❶ (*lieu*) Baustelle *f;* (*travaux*) Bauarbeiten *Pl;* **être en** ~ im Bau sein ❷ *fam* (*désordre*) Durcheinander *nt*

chantilly [ʃɑ̃tiji] *f* geschlagene süße Sahne

chantonner [ʃɑ̃tɔne] <1> *vi* leise singen, summen

chanvre [ʃɑ̃vʀ] *m* Hanf *m*

chaos [kao] *m* Chaos *nt*

chaotique [kaɔtik] *adj* chaotisch

chape [ʃap] *f* (*de béton*) Estrich *m;* (*d'asphalte*) Asphaltdecke *f*

chapeau [ʃapo] <x> *m* Hut *m;* ~ **de sécurité** CAN (*casque*) Schutzhelm *m* ▶~**!** fam Hut ab!

chapelet [ʃaplɛ] *m* ❶ REL (*objet*) Rosenkranz *m* ❷ (*prières*) Rosenkranz|gebete *Pl| m*

chapelle [ʃapɛl] *f* Kapelle *f*

chapelure [ʃaplyʀ] *f* Paniermehl *nt*

chapiteau [ʃapito] <x> *m* Zelt *nt*

chapitre [ʃapitʀ] *m* Kapitel *nt*

chaque [ʃak] *adj inv* ❶ (*qui est pris séparément*) jede(r, s); ~ **élève** jeder Schüler/jede Schülerin ❷ *fam* (*chacun*) je|weils|; **un peu de** ~ ein bisschen von allem ❸ *abusif* (*tous/ toutes les*) alle; ~ **été** jeden Sommer; ~ **fois** jedes Mal; **à** ~ **fois que** ... jedes Mal wenn ...

char [ʃaʀ] *m* ❶ MIL Panzer *m* ❷ (*voiture décorée*) Wagen *m*

charabia [ʃaʀabja] *m fam* Kauderwelsch *nt*

charade [ʃaʀad] *f* Scharade *f*

charbon [ʃaʀbɔ̃] *m* Kohle *f*

charcuter [ʃaʀkyte] <1> *vt fam péj* übel zurichten

charcuterie [ʃaʀkytʀi] *f* ❶ (*boutique*) Fleischerei *f,* Metzgerei *f* (SDEUTSCH) (*für Fleisch und Wurst vom Schwein*) ❷ (*spécialité*) Wurst|waren *Pl| f* (*aus Schweinefleisch*)

charcutier, -ière [ʃaʀkytje, -jɛʀ] *m, f* Fleischer(in) *m(f),* Metzger(in) *m(f)* (SDEUTSCH), Schlachter(in) *m(f)* (NDEUTSCH)

chardon [ʃaʀdɔ̃] *m* Distel *f*

charge [ʃaʀʒ] *f* ❶ (*fardeau*) Last *f;* (*d'un camion*) Ladung *f* ❷ (*responsabilité*) Belastung *f;* **avoir la** ~ **de qn/qc** für jdn/etw verantwortlich sein; **être à** |la| ~ **de qn** für jds Unterhalt aufkommen; **personnes à** ~ unterhaltspflichtige Angehörige; **prendre qc en** ~ etw übernehmen ❸ (*fonction*) Amt *nt* ❹ *souvent pl* (*obligations financières*) Kosten *Pl* ❺ JUR Anklagepunkt *m* ❻ MIL Angriff *m*

chargé, e [ʃaʀʒe] *adj* ❶ ~ **de qc** mit etw beladen; **voyageur très** ~ Reisender mit schwerem Gepäck ❷ (*programme*) voll; (*journée*) |gut| ausgefüllt; (*classe*) überfüllt ❸ (*responsable*) ~ **de qn/qc** zuständig für jdn/etw ❹ (*fusil*) geladen; (*batterie*) |auf|geladen

chargement [ʃaʀʒəmɑ̃] *m* ❶ (*action*) Beladen *nt;* (*d'une arme*) Laden *nt;* (*d'une marchandise*) Einladen *nt* ❷ (*marchandises*) Ladung *f* ❸ (*fret*) Fracht *f* ❹ INFORM Laden *nt*

charger [ʃaʀʒe] <2a> **I.** *vt* ❶ (*marchandise*) verladen; ~ **qc/qn de qc** jdn/etw mit etw beladen; ~ **sur/dans qc** auf etw |akk| |auf|laden/in etw (*akk*) |ein|laden ❷ (*attribuer une mission*) ~ **qn de qc** jdn mit etw beauftragen; **être chargé de qc** für etw verantwortlich sein ❸ (*attaquer*) angreifen ❹ TECH laden; ~ **un appareil photo** einen Film in einen Fotoapparat einlegen ❺ INFORM laden

II. *vi* (*attaquer*) zum Angriff übergehen III. *vpr* **se ~ de qn/qc** sich um jdn/etw kümmern; **se ~ de faire qc** es übernehmen etw zu tun

chargeur [ʃaʀʒœʀ] *m* ❶ (*docker*) Docker *m* ❷ (*d'une arme à feu*) Magazin *nt*

chariot [ʃaʀjo] *m* Wagen *m;* COM Einkaufswagen *m*

charismatique [kaʀismatik] *adj* charismatisch

charisme [kaʀism] *m* Charisma *nt*

charitable [ʃaʀitabl] *adj* wohltätig

charité [ʃaʀite] *f* ❶ (*amour du prochain*) Nächstenliebe *f* ❷ (*action*) Wohltätigkeit *f*

charlatan [ʃaʀlatɑ̃] *m* ❶ (*escroc*) Scharlatan *m* ❷ (*guérisseur*) Quacksalber *m*

Charlemagne [ʃaʀləmaɲ(ə)] *m* Karl der Große

charlotte [ʃaʀlɔt] *f* ❶ GASTR Charlotte *f* ❷ (*bonnet*) Duschhaube *f*

charmant, e [ʃaʀmɑ̃, ɑ̃t] *adj* ❶ (*agréable*) reizend ❷ (*ravissant*) charmant ❸ *antéposé iron* entzückend

charme [ʃaʀm] *m* ❶ (*d'une personne*) Charme *m;* (*d'un lieu*) Zauber *m;* **faire du ~ à qn** jdn zu bezirzen versuchen ❷ *souvent pl* (*beauté*) Reize *Pl* ❸ (*envoûtement*) Zauber *m*

charmer [ʃaʀme] <1> *vt* ❶ (*enchanter*) bezaubern ❷ (*envoûter*) verzaubern

charmeur, -euse [ʃaʀmœʀ, -øz] I. *adj* (*sourire, manières*) bezaubernd; (*air*) einschmeichelnd II. *m, f* Charmeur/Circe *m/f*

charnel, le [ʃaʀnɛl] *adj* ❶ (*corporel*) fleischlich ❷ (*sexuel*) körperlich

charnier [ʃaʀnje] *m* Massengrab *nt*

charnière [ʃaʀnjɛʀ] I. *f* Scharnier *nt* II. *adj* ❶ (*de transition*) Übergangs- ❷ (*décisif*) entscheidend

charnu, e [ʃaʀny] *adj* (*lèvre*) wulstig; (*fruit*) fleischig

charognard [ʃaʀɔɲaʀ] *m* ❶ (*animal*) Aasfresser *m* ❷ (*vautour*) [Aas]geier *m*

charogne [ʃaʀɔɲ] *f* Aas *nt*

charpente [ʃaʀpɑ̃t] *f* Gerüst *nt*

charpentier [ʃaʀpɑ̃tje] *m* Zimmermann *m*

charrette [ʃaʀɛt] *f* Karren *m*

charrier [ʃaʀje] <1> I. *vt* ❶ (*transporter*) **~ qc** etw fahren; (*rivière*) etw mit sich führen ❷ *fam* auf den Arm nehmen II. *vi fam* übertreiben

charrue [ʃaʀy] *f* Pflug *m*

charte [ʃaʀt] *f* Charta *f*

charter [ʃaʀtɛʀ] *m* ❶ (*vol*) Charter|flug *m| m* ❷ (*avion*) Chartermaschine *f*

chasse¹ [ʃas] *f* ❶ (*action*) Jagd *f* ❷ (*poursuite*) **prendre qn/qc en ~** jds Verfolgung/ die Verfolgung einer S. (*gen*) aufnehmen ❸ (*lieu*) Jagdrevier *nt*

chasse² [ʃas] *f fam* (*chasse d'eau*) [Wasser]spülung *f;* **tirer la ~** spülen

chassé-croisé [ʃasekʀwaze] <chassés-croisés> *m* Hin und Her *nt*

chasse-neige [ʃasnɛʒ] *m inv* Schneepflug *m*

chasser [ʃase] <1> I. *vi* (*aller à la chasse*) auf die Jagd gehen II. *vt* ❶ jagen ❷ (*faire partir*) **~ qn/qc de qc** jdn/etw aus etw vertreiben ❸ *fig* (*idées noires*) vertreiben

chasseur [ʃasœʀ] *m* ❶ Jäger *m* ❷ *fig* **~ de têtes** Headhunter *m*

chasseur, -euse [ʃasœʀ, -øz] *m, f* Jäger(in) *m(f)*

châssis [ʃasi] *m* TECH, AUT Chassis *nt*

chaste [ʃast] *adj a. antéposé* keusch

chasteté [ʃastəte] *f* Keuschheit *f*

chat¹ [ʃa] *m* Katze *f;* (*mâle*) Kater *m;* *v.a.* **chatte ▶il n'y a pas un ~ dans la rue** es ist keine Menschenseele auf der Straße

chat² [tʃat] *m* INFORM Chat *m*

châtaigne [ʃatɛɲ] *f* Esskastanie *f*

châtaignier [ʃateɲe] *m* Kastanie|nbaum *m|*

châtain [ʃatɛ̃] *adj pas de forme féminine* [kastanien]braun

château [ʃato] <x> *m* ❶ (*palais*) Schloss *nt* ❷ (*forteresse*) **~ [fort]** Burg *f* ❸ (*belle maison*) Herrensitz *m* ❹ (*fig*) **~ d'eau** Wasserturm *m*

châtelain, e [ʃat(ə)lɛ̃, ɛn] *m, f* HIST Schlossherr(in) *m(f)*

châtiment [ʃatimɑ̃] *m* Strafe *f*

chaton [ʃatɔ̃] *m a.* BOT Kätzchen *nt*

chatouiller [ʃatuje] <1> *vt* kitzeln

chatouilles [ʃatuj] *fpl* Kitzeln *nt;* **faire des ~ à qn** jdn kitzeln

chatouilleux, -euse [ʃatujø, -jøz] *adj* **être ~ de qc** an etw (*dat*) kitz[e]lig sein

chatoyant, e [ʃatwajɑ̃, ɑ̃t] *adj* schillernd

chatoyer [ʃatwaje] <6> *vi* schillern

châtrer [ʃatʀe] <1> *vt* kastrieren

chatte [ʃat] *f* Katze *f;* *v.a.* **chat**

chatter [tʃate] <1> *vi* INFORM chatten

chaud [ʃo] *m* (*chaleur*) Wärme *f;* (*chaleur extrême*) Hitze *f;* **il/elle a ~** ihm/ihr ist [es] warm/heiß; **il fait ~** es ist warm/heiß; **au ~** im Warmen; **garder qc au ~** etw warm halten

chaud, e [ʃo, ʃod] *adj* **❶** (*opp: froid*) warm; (*très chaud*) heiß; **vin ~** Glühwein *m;* **chocolat ~** heiße Schokolade **❷** *antéposé* (*discussion*) hitzig **❸** (*couleur, ton*) warm **❹** *fam* (*sensuel*) heiß

chaudement [ʃodmɑ̃] *adv* **❶** (*contre le froid*) warm **❷** (*recommander*) wärmstens

chaudière [ʃodjɛʀ] *f* Kessel *m*

chaudron [ʃodʀɔ̃] *m* [Koch]kessel *m*

chauffage [ʃofaʒ] *m* Heizung *f*

chauffagiste [ʃofaʒist] *mf* Heizungsmonteur(in) *m(f)*

chauffant, e [ʃofɑ̃, ɑ̃t] *adj* Heiz-; **brosse ~e** Lockenstab *m*

chauffard [ʃofaʀ] *m* Verkehrsrowdy *m*

chauffe-biberon [ʃofbibʀɔ̃] <chauffe-biberons> *m* Flaschenwärmer *m* **chauffe-eau** [ʃofo] *m* *inv* Durchlauferhitzer *m* **chauffe-plat** [ʃofpla] <chauffe-plats> *m* Warmhalteplatte *f*

chauffer [ʃofe] <1> I. *vi* **❶** (*devenir chaud*) warm werden; (*très chaud*) heiß werden; (*moteur*) warm laufen **❷** (*mettre du chauffage*) heizen II. *vt* **❶** (*personne*) wärmen; (*pièce*) erwärmen; (*maison*) heizen; (*eau*) heiß machen; **faire ~** [auf]wärmen; **faire ~ le four** den Backofen vorheizen **❷** TECH zum Glühen bringen **❸** (*mettre dans l'ambiance*) aufheizen III. *vpr* **se ~ au gaz/charbon** mit Gas/Kohle heizen

chauffeur [ʃofœʀ] *m* Fahrer(in) *m(f);* **~ de taxi** Taxifahrer

chaume [ʃom] *m* Stroh *nt*

chaumière [ʃomjɛʀ] *f* strohgedeckte Hütte

chaussée [ʃose] *f* Fahrbahn *f* ▶**"~ déformée"** „Fahrbahnschäden" *Pl;* **~ glissante** Straßenglätte *f*

chausse-pied [ʃospje] <chausse-pieds> *m* Schuhlöffel *m*

chausser [ʃose] <1> I. *vt* **❶** (*skis*) anschnallen **❷** (*mettre une chaussure*) **~ un enfant** einem Kind Schuhe anziehen II. *vi* **~ du 38/42** Schuhgröße 38/42 haben III. *vpr* **se ~** [sich (*dat*)] Schuhe anziehen

chaussette [ʃosɛt] *f* **❶** (*socquette*) Socke *f;* **en ~s** in Socken **❷** (*mi-bas*) Kniestrumpf *m*

chausson [ʃosɔ̃] *m* **❶** (*chaussure*) Hausschuh *m;* **~ de danse** Ballettschuh **❷** GASTR **~ aux pommes** Apfeltasche *f*

chaussure [ʃosyʀ] *f* Schuh *m;* **~s à crampons** Spikes *Pl*

chauve [ʃov] I. *adj* kahl[köpfig]; **être ~** eine Glatze haben II. *m* Mann *m* mit einer Glatze

chauve-souris [ʃovsuʀi] <chauves-souris> *f* Fledermaus *f*

chauvin, e [ʃovɛ̃, in] *adj* chauvinistisch

chauvinisme [ʃovinism] *m* Chauvinismus *m*

chaux [ʃo] *f* Kalk *m*

chavirer [ʃaviʀe] <1> *vi* kentern

chef [ʃɛf] *m* **❶** (*responsable*) Chef(in) *m(f)*, Vorgesetzte(r) *f(m);* (*d'une tribu*) Häuptling *m;* **rédacteur/ingénieur en ~** Chefredakteur(in) *m(f)/-*ingenieur(in) *m(f);* **~ d'État** Staatsoberhaupt *nt;* **~ d'entreprise** Firmenchef; **~ d'orchestre** Dirigent(in) *m(f)* **❷** (*meneur*) [An]führer(in) *m(f)* **❸** *fam* Ass *nt* **❹** MIL (*sergent-~*) Feldwebel *m* **❺** (*cuisinier*) Chefkoch/-köchin *m/f*

chef-d'œuvre [ʃɛdœvʀ] <chefs-d'œuvre> *m* Meisterwerk *nt* **chef-lieu** [ʃɛfljø] <chefs-lieux> *m* Hauptstadt *f*, Hauptort *m*

cheftaine [ʃɛftɛn] *f* Führerin *f*

cheik [ʃɛk] *m* Scheich *m*

chelem [ʃlɛm] *m* Schlemm *m*

chemin [ʃ(ə)mɛ̃] *m* **❶** (*voie*) Weg *m;* **demander son ~ à qn** jdn nach dem Weg fragen; **prendre le ~ de la gare** in Richtung Bahnhof gehen; **rebrousser ~** umkehren; **en ~** unterwegs; **se tromper de ~** (*à pied*) sich verlaufen; (*en voiture*) sich verfahren **❷** (*distance à parcourir*) Strecke *f* **❸** (*méthode, voie*) Weg *m* ▶**le droit ~** der rechte Weg

chemin de fer [ʃ(ə)mɛ̃dəfɛʀ] <chemins de fer> *m* Eisenbahn *f*

cheminée [ʃ(ə)mine] *f* **❶** (*à l'extérieur*) Schornstein *m* **❷** (*dans une pièce*) [offener] Kamin

cheminement [ʃ(ə)minmɑ̃] *m* Dahinwandern *nt*

cheminer [ʃ(ə)mine] <1> *vi* **❶** seines Weges ziehen **❷** *fig* (*pensée*) sich entwickeln

cheminot [ʃ(ə)mino] *m* Eisenbahner *m*

chemise [ʃ(ə)miz] *f* **❶** (*vêtement*) Hemd *nt* **❷** (*dossier*) [Akten]mappe *f*

chemisette [ʃ(ə)mizɛt] *f* kurzärmeliges Hemd

chemisier [ʃ(ə)mizje] *m* Bluse *f*

chêne [ʃɛn] *m* Eiche *f*

chêne-liège [ʃɛnljɛʒ] <chênes-lièges> *m*

C

Korkeiche f
chenil [ʃ(ə)nil] m ➊ (lieu de garde) Hunde-heim ➋ CH (désordre) Durcheinander nt
chenille [ʃ(ə)nij] f ➊ ZOOL Raupe f ➋ TECH Raupe[nkette f] f
cheptel [ʃɛptɛl] m Viehbestand m
chèque [ʃɛk] m Scheck m; ~ **bancaire/pos-tal** Bank-/Postscheck; **faire un ~ de 100 euros à qn** jdm einen Scheck über 100 Eu-ro ausstellen
chèque-restaurant [ʃɛkʀɛstɔʀɑ̃] <chèques-restaurant> m Essensgutschein m (für be-stimmte Restaurants)
chéquier [ʃekje] m Scheckheft nt
cher [ʃɛʀ] adv ➊ (opp: bon marché) teuer; **acheter qc trop ~** für etw zu viel bezah-len; **coûter ~** teuer sein; **revenir ~ à qn** jdn viel kosten ⟋ fig **coûter ~ à qn** jdn teu-er zu stehen kommen; **payer ~ qc** sich (dat) etw teuer erkaufen
cher, chère [ʃɛʀ] I. adj ➊ (coûteux) teuer; **moins** ~ billiger ➋ (aimé) lieb ➌ antéposé liebe(r, s); ~ **Monsieur** lieber Herr X; **chère Madame** liebe Frau X; ~**s tous** Ihr Lieben II. m, f appellatif **mon** ~/**ma chère** mein Lieber/meine Liebe
chercher [ʃɛʀʃe] <1> I. vt ➊ (personne, ob-jet, compromis) suchen ➋ (ramener, rappor-ter) **aller** ~ [ab]holen; **envoyer un enfant** ~ **qn/qc** ein Kind jdn/etw holen schicken II. vi ➊ ~ **à faire qc** versuchen etw zu tun; ~ **à ce que** +subj bestrebt sein, dass ➋ (fouiller) ~ **dans qc** in etw (dat) herum-stöbern ➌ (réfléchir) nachdenken
chercheur, -euse [ʃɛʀʃœʀ, -øz] m, f For-scher(in) m(f)
chéri, e [ʃeʀi] I. adj geliebt II. m, f ➊ (per-sonne aimée) Liebling m, Schatz m ➋ péj (favori) **le** ~/**la** ~**e de qn** jds Liebling m
chérir [ʃeʀiʀ] <8> vt (aimer) [zärtlich] lieben
chérot [ʃeʀo] adj fam **ça fait** ~ das ist happig
chérubin [ʃeʀybɛ̃] m REL Cherub m
chétif, -ive [ʃetif, -iv] adj (arbre) kümmer-lich; (personne) schmächtig
cheval [ʃ(ə)val, o] <-aux> m ➊ ZOOL Pferd nt ➋ SPORT **faire du/monter à** ~ reiten; **promenade à** ~ Ausritt m ➌ AUT **elle fait combien de chevaux, votre voiture?** wie viel PS hat Ihr Wagen? ➍ FIN ~ **fiscal** Kfz-Steuereinheit
chevalerie [ʃ(ə)valʀi] f Rittertum nt
chevalet [ʃ(ə)valɛ] m (de peintre) Staffelei f;

(d'un violon) Steg m
chevalier [ʃ(ə)valje] m Ritter m
chevalière [ʃ(ə)valjɛʀ] f Siegelring m
chevalin, e [ʃ(ə)valɛ̃, in] adj Pferde-
cheval-vapeur [ʃ(ə)valvapœʀ] <chevaux-vapeur> m Pferdestärke f
chevauchée [ʃ(ə)voʃe] f Ausritt m
chevaucher [ʃ(ə)voʃe] <1> vt ~ **qc** auf etw (dat) reiten
chevelu, e [ʃəvly] adj mit langen Haaren
chevelure [ʃəvlyʀ] f Haar nt
chevet [ʃ(ə)vɛ] m **table de** ~ Nachttisch m; **être au** ~ **de qn** an jds Bett (dat) sitzen
cheveu [ʃ(ə)vø] <x> m [Kopf]haar nt; **avoir les** ~**x courts/longs** kurze/lange Haare haben ▶**avoir un** ~ **sur la langue** lispeln
cheville [ʃ(ə)vij] f ➊ ANAT Knöchel m ➋ (tige pour boucher) Dübel m
chèvre [ʃɛvʀ] I. f Ziege f II. m (fromage) Zie-genkäse m
chevreau [ʃəvʀo] <x> m Zicklein nt
chèvrefeuille [ʃɛvʀəfœj] m Jelängerjelieber nt
chevreuil [ʃəvʀœj] m ➊ (animal) a. GASTR Reh nt ➋ (mâle) Rehbock m
chevron [ʃəvʀɔ̃] m ➊ (poutre) [Dach]sparren m ➋ (galon) Chevron m ➌ TYP Spitzklam-mer f
chevronné, e [ʃəvʀɔne] adj routiniert
chevrotine [ʃəvʀɔtin] f [Reh]posten m
chewing-gum [ʃwiŋɡɔm] <chewing-gums> m Kaugummi m o nt
chez [ʃe] prép ➊ (au logis de qn) ~ **qn** bei jdm [zu Hause]; ~ **nous** bei uns; **je vais/rentre** ~ **moi** ich gehe nach Hause; **tu es/restes** ~ **toi** du bist/bleibst zu Hause; **je viens** ~ **toi** ich komme zu dir; **passer** ~ **qn** bei jdm vorbeigehen; **aller** ~ **le coif-feur** zum Frisör gehen ➋ (dans le pays de qn) **ils rentrent** ~ **eux, en Italie** sie keh-ren nach Italien zurück ➌ (dans la per-sonne) ~ **les Durand** in der Familie Du-rand; ~ **Corneille** bei Corneille
chez-moi [ʃemwa] m inv eigene vier Wände
chez-soi [ʃeswa] m inv eigene vier Wände
chialer [ʃjale] <1> vi fam heulen
chiant, e [ʃjɑ̃, ʃjɑ̃t] adj fam stinklangweilig
chiasse [ʃjas] f vulg Dünnschiss m
chic [ʃik] I. m sans pl Schick m II. adj inv ➊ (élégant) schick; (allure) vornehm ➋ (sé-lect) vornehm ➌ fam ~ **type** feiner Kerl ➍ antéposé fam (agréable) toll ▶**bon** ~ **bon**

genre *iron* geschniegelt und gebügelt **III.** *interj fam* ~ |**alors**|! klasse!

chicane [ʃikan] *f* Streiterei *f*

chicaner [ʃikane] <1> *vi* ~ **sur qc** wegen etw streiten

chiche [ʃiʃ] **I.** *adj* **t'es pas ~ de le faire!** *fam* du traust dich doch nie es zu tun! **II.** *interj fam* ~! (*pari accepté*) die Wette gilt!

chichi [ʃiʃi] *m gén pl* **en voilà des chichis!** das ist vielleicht ein Getue!

chicorée [ʃikɔʀe] *f* ① (*plante*) Endivie *f* ② (*café*) Kaffee-Ersatz *m*

chicot [ʃiko] *m* |Zahn|stumpf *m*

chien [ʃjɛ̃] *m* Hund *m*; ~ **de race** Rassehund; *v.a.* **chienne** ▶**vie de** ~ Hundeleben *nt* (*fam*)

chiendent [ʃjɛ̃dã] *m* Quecke *f*

chienlit [ʃjãli] *f* Chaos *nt*

chienne [ʃjɛn] *f* Hündin *f*; *v.a.* **chien**

chier [ʃje] <1a> *vt, vi vulg* scheißen, kacken

chiffon [ʃifɔ̃] *m* Lappen *m*

chiffonné, e [ʃifɔne] *adj* zerknittert; (*papier*) zerknüllt

chiffonner [ʃifɔne] <1> *vt* ① zerknittern; (*papier*) zerknüllen ② (*chagriner*) bedrücken

chiffonnier, -ière [ʃifɔnje, -jɛʀ] *m, f* ▶**se battre comme des ~s** sich heftig schlagen

chiffre [ʃifʀ] *m* ① Ziffer *f*, Zahl *f*; **à/de trois ~s** dreistellig ② (*montant*) Summe *f*; ~ **d'affaires** Umsatz *m* ③ (*statistiques*) **les ~s** die Zahlen; **les ~s du chômage** die Arbeitslosenzahl ④ (*d'un coffre-fort*) |Zahlen|kombination *f*; (*d'un message*) Kode *m*, Code *m*

chiffrer [ʃifʀe] <1> **I.** *vt* beziffern **II.** *vpr se* ~ **à qc** sich auf etw (*akk*) belaufen

chignole [ʃiɲɔl] *f* (*perceuse*) Handbohrmaschine *f*

chignon [ʃiɲɔ̃] *m* |Haar|knoten *m*

chiite [ʃiit] *adj* schiitisch

Chiite [ʃiit] *mf* Schiit/Schiitin *m/f*

Chili [ʃili] *m* **le ~** Chile *nt*

chilien, ne [ʃiljɛ̃, jɛn] *adj* chilenisch; *v.a.* **allemand**

Chilien, ne [ʃiljɛ̃, jɛn] *m, f* Chilene/Chilenin *m/f*

chimère [ʃimɛːʀ(ə)] *f* Hirngespinst *nt*

chimie [ʃimi] *f* Chemie *f*

chimio [ʃimjo] *f fam abr de* **chimiothérapie**

chimiothérapie [ʃimjoteʀapi] *f* Chemotherapie *f*

chimique [ʃimik] *adj* chemisch

chimiste [ʃimist] *mf* Chemiker(in) *m(f)*

chimpanzé [ʃɛ̃pɑ̃ze] *m* Schimpanse *m*

chinchilla [ʃɛ̃ʃila] *m* Chinchilla *f o nt*

Chine [ʃin] *f* **la ~** China *nt*

chiné, e [ʃine] *adj* meliert

chinois [ʃinwa] *m* ① (*langue*) Chinesisch *nt*; *v.a.* **allemand** ② GASTR trichterförmiges Sieb

chinois, e [ʃinwa, waz] *adj* chinesisch; *v.a.* **allemand**

Chinois, e [ʃinwa, waz] *m, f* Chinese/Chinesin *m/f*

chinoiser [ʃinwaze] <1> *vi* pingelig sein (*fam*)

chiot [ʃjo] *m* Welpe *m*

chiottes [ʃjɔt] *fpl fam* Klo *nt*

chiper [ʃipe] <1> *vt fam* klauen

chipie [ʃipi] *f* ① (*mégère*) zänkisches Weib; **vieille ~** alte Hexe (*fam*) ② (*petite fille*) Luder *nt*

chipoter [ʃipɔte] <1> *vi* ~ **sur qc** wegen etw nörgeln

chips [ʃips] *f gén pl* |Kartoffel|chip *m*

chique [ʃik] *f* Kautabak *m*

chiqué [ʃike] *m fam* Schau *f*; **c'est du ~** das ist reine Angabe

chiquer [ʃike] <1> *vi* Tabak kauen

chirurgical, e [ʃiʀyʀʒikal, o] <-aux> *adj* chirurgisch

chirurgie [ʃiʀyʀʒi] *f* Chirurgie *f*

chirurgien, ne [ʃiʀyʀʒjɛ̃, jɛn] *m, f* Chirurg(in) *m(f)*; ~ **dentiste** Zahnarzt/-ärztin *m/f*

Chleuh [ʃlø] *mf péj fam* Boche *mf* (*abwertende Bezeichnung für Deutsche aus dem 2. Weltkrieg*)

chlinguer [ʃlɛ̃ge] <1> *vi v.* **schlinguer**

chlore [klɔʀ] *m* Chlor *nt*

chlorofluorocarbone [klɔʀoflyɔʀokaʀbɔn] *m* Fluorchlorkohlenwasserstoff *m*

chloroforme [klɔʀɔfɔʀm] *m* Chloroform *nt*

chlorophylle [klɔʀɔfil] *f* Chlorophyll *nt*

choc [ʃɔk] **I.** *m* ① Schock *m* ② (*coup*) Stoß *m* ③ (*heurt*) Aufprall *m* ④ (*collision*) Zusammenstoß *m* **II.** *app* **prix-~** Preisknüller *m* (*fam*)

chochotte [ʃɔʃɔt] **I.** *adj fam* (*snob*) **être ~** sich zieren (*pej*) **II.** *f fam* ▶**faire la** [*o* **sa**] ~ herumdrucksen

chocolat [ʃɔkɔla] **I.** *m* ① (*produit*) Schokolade *f*; **barre de ~** Schokoladenriegel *m*; **en ~** aus Schokolade; ~ **en poudre** Kakaopulver

C

nt ❷ (*boisson*) Kakao *m;* ~ **liégeois** *Schoko-ladeneis, Schokoladensoße mit Schlagsahne* ❸ (*friandise*) Praline *f* **II.** *adj inv* (*couleur*) schokoladenfarben

chocolaté, e [ʃɔkɔlate] *adj* **crème ~e** Schokoladencreme *f;* **barre ~e** Schokoriegel *m*

chocolatier, -ière [ʃɔkɔlatje, -jɛʀ] **I.** *adj* **industrie chocolatière** Schokoladenindustrie *f* **II.** *m, f* ❶ (*producteur*) Schokoladenfabrikant(in) *m(f)* ❷ (*commerçant*) Schokoladen[groß]händler(in) *m(f)*

chœur [kœʀ] *m* Chor *m*

choisi, e [ʃwazi] *adj* ❶ (*morceau*) ausgewählt ❷ (*langage*) gewählt

choisir [ʃwaziʀ] <8> **I.** *vi* ❶ ~ **entre qn et qn/qc et qc** zwischen jdm und jdm/etw und etw wählen ❷ (*trancher*) sich entscheiden **II.** *vt* ❶ [aus]wählen; (*métier*) wählen; ~ **qn/qc pour faire qc** jdn/etw wählen um etw zu tun; ~ **qn entre deux personnes** sich zwischen zwei Menschen für jdn entscheiden ❷ (*se décider à*) ~ **de faire qc** sich entscheiden etw zu tun ❸ (*élire*) wählen; (*désigner*) bestimmen

choix [ʃwa] *m* ❶ (*d'un ami, cadeau*) Wahl *f;* **faire un bon/mauvais** ~ eine gute/schlechte Wahl treffen; **au** ~ (*dessert*) nach Wahl ❷ (*décision*) **arrêter son** ~ **sur qc** sich für etw entscheiden ❸ (*variété*) Auswahl *f;* **au** ~ zur Auswahl ❹ (*qualité*) **de** ~ bester Qualität; **premier/second** ~ erste/zweite Wahl

choléra [kɔleʀa] *m* Cholera *f*

cholestérol [kɔlɛsteʀɔl] *m* Cholesterin *nt*

chômage [ʃomaʒ] *m* Arbeitslosigkeit *f;* ~ **temporaire** zeitweilige Arbeitslosigkeit; **être au** ~ arbeitslos sein; **toucher le** ~ *fam* Arbeitslosengeld kriegen

chômer [ʃome] <1> *vi* ❶ (*être sans travail*) arbeitslos sein ❷ (*ne pas travailler*) nicht arbeiten

chômeur, -euse [ʃomœʀ, -øz] *m, f* Arbeitslose(r) *f(m)*

chope [ʃɔp] *f* Humpen *m*

choper [ʃɔpe] <1> *vt fam* (*attraper: grippe*) sich (*dat*) holen

choquant, e [ʃɔkã, ãt] *adj* schockierend

choquer [ʃɔke] <1> **I.** *vi* Aufsehen erregen **II.** *vt* ❶ (*scandaliser*) schockieren ❷ (*pudeur*) verletzen

choral [kɔʀal] <s> *m* Choral *m*

choral, e [kɔʀal] <-aux> *adj* Chor-

chorale [kɔʀal] *f* Chor *m*

chorégraphe [kɔʀegʀaf] *mf* Choreograph(in) *m(f)*

chorégraphie [kɔʀegʀafi] *f* Choreographie *f*

choriste [kɔʀist] *mf* Chormitglied *nt*

chose [ʃoz] **I.** *f* ❶ (*objet abstrait*) Sache *f;* (*objet matériel*) Ding *nt;* **chaque ~ en son temps** alles zu seiner Zeit; **c'est la moindre des ~s** das ist das wenigste ❷ (*ce dont il s'agit*) Sache *f;* **mettre les ~s au point** die Dinge auf den Punkt bringen ❸ (*paroles*) **j'ai deux/plusieurs ~s à vous dire** ich habe Ihnen Verschiedenes zu sagen; **parler de ~s et d'autres** von diesem und jenem reden ▶**pas grand-**~ nicht viel **II.** *m fam* (*truc*) Dingsda *nt;* **monsieur Chose** Herr Dings[da]

chou [ʃu] <x> *m* ❶ (*légume*) Kohl *m;* ~ **de Bruxelles** Rosenkohl ❷ GASTR ~ **à la crème** Windbeutel *m*

chouchou, te [ʃuʃu, ut] *m, f fam* Herzchen *nt;* ~**(te) de qn** jds Liebling *m*

choucroute [ʃukʀut] *f* Sauerkraut *nt*

chouette [ʃwɛt] **I.** *adj fam* klasse **II.** *f* (*oiseau*) Eule *f*

chou-fleur [ʃuflœʀ] <choux-fleurs> *m* Blumenkohl *m* **chou-rave** [ʃuʀav] <choux-raves> *m* Kohlrabi *m*

choyer [ʃwaje] <6> *vt* ~ **qn** für jdn liebevoll sorgen

chrétien, ne [kʀetjɛ̃, jɛn] **I.** *adj* christlich; **être** ~ Christ sein **II.** *m, f* Christ(in) *m(f)*

chrétienté [kʀetjɛ̃te] *f* Christenheit *f*

christ [kʀist] *m* Christus[figur *f*] *m*

christianiser [kʀistjanize] <1> *vt* christianisieren

christianisme [kʀistjanism] *m* Christentum *nt*

chrome [kʀom] *m* Chrom *nt*

chromé, e [kʀome] *adj* verchromt

chromosome [kʀomozom] *m* Chromosom *nt*

chronique [kʀɔnik] **I.** *adj* ❶ (*maladie*) chronisch ❷ (*problème*) andauernd **II.** *f* ❶ LITTER Chronik *f* ❷ MEDIA Kolumne *f;* RADIO Kommentar *m*

chroniqueur, -euse [kʀɔnikœʀ, -øz] *m, f* ❶ LITTER Chronist(in) *m(f)* ❷ MEDIA ~ **financier/sportif** Wirtschafts-/Sportredakteur *m*

chronologie [kʀɔnɔlɔʒi] *f* Chronologie *f*

chronologique [kʀɔnɔlɔʒik] *adj* chronologisch

chronomètre [kʀɔnɔmɛtʀ] *m* Stoppuhr *f*
chronométrer [kʀɔnɔmetʀe] <5> *vt* stoppen
chrysalide [kʀizalid] *f* Puppe *f*
chrysanthème [kʀizɑ̃tɛm] *m* Chrysantheme *f*
CHU [seaʃy] *m abr de* **centre hospitalier universitaire**
chuchotement [ʃyʃɔtmɑ̃] *m* Flüstern *nt;* (*en cachette*) Tuscheln *nt*
chuchoter [ʃyʃɔte] <1> *vt, vi* flüstern
chut [ʃyt] *interj* pst
chute [ʃyt] *f* ❶ (*d'une personne*) Sturz *m;* (*des feuilles*) [Ab]fallen *nt;* ~ **des cheveux** Haarausfall *m;* **faire une ~ de 5 m** 5 m in die Tiefe stürzen ❷ (*d'un gouvernement, du dollar*) Sturz *m* ❸ GEO ~ **d'eau** Wasserfall *m* ❹ METEO ~ **de neige** Schneefall *m;* ~ **de température** Temperatursturz *m* ❺ (*d'une histoire*) Schluss *m*
chuter [ʃyte] <1> *vi* ❶ *fam* (*tomber*) stürzen ❷ *fam* (*candidat*) durchfallen ❸ (*baisser*) sinken
Chypre [ʃipʀ] *f* |**l'île de**| ~ Zypern *nt*
chypriote [ʃipʀijɔt] *adj v.* **cypriote**
ci [si] *adv* **comme** ~ **comme ça** *fam* so lala; **à cette heure-**~ zu dieser Zeit; *v.a.* **ceci, celui**
ci-après [siapʀe] *adv* nachstehend
cibiste [sibist] *mf* CB-Funker(in) *m(f)*
cible [sibl] *f* ❶ Zielscheibe *f;* **atteindre la ~** das Ziel treffen ❷ COM, MEDIA Zielgruppe *f*
cibler [sible] <1> *vt* ~ **des personnes** Menschen gezielt ansprechen
ciboulette [sibulɛt] *f* Schnittlauch *m*
cicatrice [sikatʀis] *f* Narbe *f*
cicatrisation [sikatʀizasjɔ̃] *f* Vernarbung *f*
cicatriser [sikatʀize] <1> I. *vt* ❶ (*plaie*) vernarben lassen ❷ *fig* überwunden sein II. *vi, vpr* vernarben
ci-contre [sikɔ̃tʀ] *adv* nebenstehend **ci-dessous** [sid(ə)su] *adv* |weiter| unten **ci-dessus** [sid(ə)sy] *adv* |weiter| oben
cidre [sidʀ] *m* Cidre *m*
Cie *abr de* **compagnie** Co
ciel [sjɛl, sjø] <cieux> *m* Himmel *m* ▶**au nom du** ~**!** um Himmels willen!
cierge [sjɛʀʒ] *m* Kerze *f*
cieux [sjø] *pl de* **ciel**
cigale [sigal] *f* Zikade *f*
cigare [sigaʀ] *m* Zigarre *f*
cigarette [sigaʀɛt] *f* Zigarette *f*

cigarillo [sigaʀijo] *m* Zigarillo *nt o m*
ci-gît [siʒi] hier ruht
cigogne [sigɔɲ] *f* Storch *m*
ci-inclus [siɛ̃kly] in der Anlage; **la copie ~e** die beiliegende Kopie **ci-joint** [siʒwɛ̃] anbei; **les documents ~s** die beiliegenden Dokumente
cil [sil] *m* Wimper *f*
cime [sim] *f* (*d'un arbre*) Wipfel *m;* (*d'une montagne*) Gipfel *m*
ciment [simɑ̃] *m* Zement *m*
cimenter [simɑ̃te] <1> *vt* ❶ zementieren ❷ *fig* festigen
cimetière [simtjɛʀ] *m* Friedhof *m*
ciné [sine] *m fam abr de* **cinéma**
cinéaste [sineast] *m* Filmemacher(in) *m(f)*
ciné-club [sineklœb] <ciné-clubs> *m* Filmclub *m*
cinéma [sinema] *m* Kino *nt;* **faire du** ~ in der Filmbranche arbeiten ▶**arrête ton** ~ *fam* hör auf mit dem Theater
cinémascope® [sinemaskɔp] *m* Cinemascope® *nt*
cinémathèque [sinematɛk] *f* Filmarchiv *nt*
cinématographique [sinematɔgʀafik] *adj* Film-
cinéphile [sinefil] *mf* Kinofreund(in) *m(f)*
cinétique [sinetik] *adj* kinetisch
cinglé, e [sɛ̃gle] I. *adj fam* bekloppt II. *m, f fam* **quel ~/quelle ~e!** was für ein Spinner/eine blöde Ziege!
cingler [sɛ̃gle] <1> *vt* ❶ (*frapper*) ~ **le visage à qn** jdm ins Gesicht schlagen ❷ (*fouetter*) ins Gesicht peitschen
cinoche [sinɔʃ] *m fam* Kintopp *m*
cinq [sɛ̃k, *devant une consonne* sɛ̃] I. *num* ❶ fünf; **en ~ exemplaires** in fünffacher Ausfertigung; **dans ~ jours** heute in fünf Tagen; **faire qc un jour sur ~** alle fünf Tage etw tun; **un Français/foyer sur ~** jeder fünfte Franzose/Haushalt; **rentrer ~ par ~** |jeweils| zu fünft hineingehen; **à ~** zu fünft ❷ (*dans l'indication de l'âge, la durée*) **avoir/avoir bientôt ~ ans** fünf |Jahre alt| sein/werden; **à ~** mit fünf |Jahren|; **personne/période de ~ ans** Fünfjährige(r)/Zeitraum von fünf Jahren ❸ (*dans l'indication de l'heure*) **il est ~ heures** es ist fünf |Uhr|; **il est dix heures ~/moins ~** es ist fünf |Minuten| nach/vor zehn; **toutes les ~ heures** alle fünf Stunden ❹ (*dans l'indication de la date*) **le ~ mars** der fünfte

März; **arriver le ~ mars** am fünften März kommen; **arriver le ~** am Fünften kommen; **le vendredi ~ mars** am Freitag, den fünften März; **Aix, le ~ mars** Aix, den fünften März II. *m inv* ❶ Fünf *f;* **compter de ~ en ~** in Fünferschritten zählen ❷ SCOL **avoir ~ sur dix/sur vingt** ≈ eine Vier/eine Sechs haben ▶**~ sur ~** einwandfrei III. *adv* (*dans une énumération*) fünftens; (*dans un ordre du jour*) Punkt fünf

cinquantaine [sɛ̃kɑ̃tɛn] *f* ❶ (*environ cinquante*) **une ~ de personnes/pages** etwa fünfzig Personen/Seiten ❷ (*âge approximatif*) **avoir la ~** [*o* **une ~ d'années**] ungefähr fünfzig [Jahre alt] sein; **approcher de la ~** auf die Fünfzig zugehen; **avoir dépassé la ~** über fünfzig [Jahre alt] sein

cinquante [sɛ̃kɑ̃t] I. *num* ❶ fünfzig; **à ~ à l'heure** mit fünfzig Stundenkilometern ❷ (*dans l'indication des époques*) **les années ~** die fünfziger Jahre II. *m inv* ❶ (*cardinal*) Fünfzig *f* ❷ (*taille de confection*) **faire du ~** ≈ Größe 48 tragen; *v.a.* **cinq**

cinquantenaire [sɛ̃kɑ̃tnɛʀ] *m* fünfzigjähriges Jubiläum

cinquantième [sɛ̃kɑ̃tjɛm] I. *adj antéposé* fünfzigste(r, s) II. *mf* **le/la ~** der/die/das Fünfzigste III. *m* (*fraction*) Fünfzigstel *nt; v.a.* **cinquième**

cinquième [sɛ̃kjɛm] I. *adj antéposé* fünfte(r, s); **la ~ page avant la fin** die fünftletzte Seite; **arriver ~, obtenir la ~ place** Fünfte(r) werden II. **le/la ~** der/die/das Fünfte; **être le ~ de la classe** der Fünftbeste [in] der Klasse sein III. *m* ❶ (*fraction*) Fünftel *nt* ❷ (*étage*) fünfter Stock ❸ (*arrondissement*) **habiter dans le ~** im fünften Arrondissement wohnen ❹ (*dans une charade*) fünfte Silbe IV. *f* ❶ (*vitesse*) fünfter Gang; **passer en ~** den fünften Gang einlegen ❷ SCOL ≈ siebte Klasse; **élève de ~** ≈ Siebtklässler(in) *m(f);* **professeur de ~** ≈ Lehrer(in) *m(f)* einer siebten Klasse

cinquièmement [sɛ̃kjɛmmɑ̃] *adv* fünftens

cintre [sɛ̃tʀ] *m* [Kleider]bügel *m*

cintré, e [sɛ̃tʀe] *adj* (*chemise, manteau*) tailliert

cirage [siʀaʒ] *m* Schuhcreme *f*

circoncis, e [siʀkɔ̃si, iz] *adj* beschnitten

circoncision [siʀkɔ̃sizjɔ̃] *f* Beschneidung *f*

circonférence [siʀkɔ̃feʀɑ̃s] *f* [Kreis]umfang *m*

circonscription [siʀkɔ̃skʀipsjɔ̃] *f* ❶ ADMIN [Verwaltungs]bezirk *m* ❷ POL Wahlkreis *m*

circonscrire [siʀkɔ̃skʀiʀ] <irr> *vt* (*délimiter*) abgrenzen

circonspect, e [siʀkɔ̃spɛ(kt), ɛkt] *adj* (*termes*) besonnen

circonspection [siʀkɔ̃spɛksjɔ̃] *f* Umsichtigkeit *f*

circonstance [siʀkɔ̃stɑ̃s] *f* ❶ *souvent pl* (*conditions*) Umstand *m;* **les ~s d'un accident** die Einzelheiten eines Unfalls ❷ (*occasion*) Gelegenheit *f*

circonstancié, e [siʀkɔ̃stɑ̃sje] *adj* ausführlich

circuit [siʀkɥi] *m* ❶ (*itinéraire touristique*) Rundfahrt *f* ❷ (*parcours*) Strecke *f* ❸ SPORT Rennstrecke *f* ❹ (*jeu*) Spielzeugautorennbahn *f* ❺ ELEC Stromkreis *m* ❻ ECON Kreislauf *m*

circulaire [siʀkylɛʀ] I. *adj* (*mouvement, scie*) Kreis- II. *f* Rundschreiben *nt*

circulation [siʀkylasjɔ̃] *f* ❶ (*trafic*) Verkehr *m;* **~ interdite** (*aux piétons*) kein Durchgang; (*aux voitures*) keine Durchfahrt ❷ ECON Umlauf *m* ❸ MED Blutkreislauf *m;* **bonne/mauvaise ~** gute/schlechte Durchblutung

circulatoire [siʀkylatwaʀ] *adj* **appareil ~** Kreislaufsystem *nt*

circuler [siʀkyle] <1> *vi* ❶ (*aller et venir*) herumgehen; **~ en voiture** mit dem Auto unterwegs sein ❷ (*passer de main en main*) in Umlauf sein ❸ (*couler*) fließen ❹ (*nouvelle*) kursieren

cire [siʀ] *f* Wachs *nt*

ciré [siʀe] *m* Ölzeug *nt*

cirer [siʀe] <1> *vt* (*chaussures, meuble*) polieren; (*parquet*) [wachsen und] bohnern ▶**j'en ai rien à ~, moi, de toutes tes histoires!** *fam* mit deinen Geschichten habe ich nichts am Hut

cirque [siʀk] *m* Zirkus *m*

cirrhose [siʀoz] *f* Zirrhose *f*

cisailler [sizaje] <1> *vt* ❶ (*couper*) [zer]schneiden ❷ (*élaguer*) [be]schneiden

cisailles [sizaj] *fpl* Schere *f*

ciseau [sizo] <x> *m* ❶ *pl* Schere *f;* **une paire de ~x** eine Schere ❷ (*outil*) Meißel *m*

ciseler [sizle] <4> *vt* ziselieren

citadelle [sitadɛl] *f* Festung *f*

citadin, e [sitadɛ̃, in] I. *adj* städtisch II. *m, f*

Städter(in) *m(f)*

citation [sitasjɔ̃] *f* ❶ (*extrait*) Zitat *nt* ❷ JUR [Vor]ladung *f*

cité [site] *f* ❶ (*ville*) Stadt *f* ❷ (*vieux quartier*) Altstadt *f* ❸ (*immeubles*) Siedlung *f*; **~ universitaire** Studenten|wohn|heim *nt*

cité-dortoir   [sitedɔʀtwaʀ]   <cités-dortoirs> *f* Schlafstadt *f* (*fam*)

citer [site] <1> *vt* ❶ (*rapporter*) zitieren ❷ (*énumérer*) nennen; **~ en exemple** als Beispiel nehmen ❸ JUR vorladen

citerne [sitɛʀn] *f* ❶ (*réservoir*) Tank *m* ❷ (*pour l'eau de pluie*) ZIsterne *f*

citoyen, ne [sitwajɛ̃, jɛn] *m, f* [Staats]bürger(in) *m*

citron [sitʀɔ̃] I. *m* Zitrone *f*; **~ pressé** *frisch gepresster Zitronensaft mit Wasser* II. *adj inv* |jaune| ~ zitronengelb

citronnade [sitʀɔnad] *f* Zitronenwasser *nt*

citronnelle [sitʀɔnɛl] *f* Zitronenmelisse *f*

citronnier [sitʀɔnje] *m* Zitronenbaum *m*

citrouille [sitʀuj] *f* Kürbis *m*

civet [sivɛ] *m: in Wein geschmortes Wildra-gout*

civière [sivjɛʀ] *f* [Trag]bahre *f*

civil [sivil] *m* ❶ (*personne*) Zivilist *m* ❷ (*vie ~e*) **dans le** ~ im Zivilleben

civil, e [sivil] *adj* ❶ (*relatif au citoyen*) Zivil-; **guerre ~e** Bürgerkrieg *m* ❷ (*opp: religieux*) **mariage ~** standesamtliche Trauung ❸ JUR bürgerlich; **responsabilité ~e** zivilrecht-liche Haftung

civilisation [sivilizasjɔ̃] *f* ❶ (*culture*) Kultur *f* ❷ (*état*) Zivilisation *f*

civiliser [sivilize] <1> *vt* zivilisieren

civique [sivik] *adj* [staats]bürgerlich

civisme   [sivism]   *m*   staatsbürgerliches Pflichtgefühl

clafoutis [klafuti] *m: Süßspeise, die aus ei-nem Eierkuchenteig und Kirschen besteht*

clair [klɛʀ] I. *adv* ❶ (*distinctement*) klar ❷ (*sans ambiguïté*) deutlich II. *m* **~ de lune** Mondschein

clair, e [klɛʀ] *adj* ❶ (*lumineux*) klar ❷ (*opp: foncé*) hell; (*bleu*) hell· ❸ (*peu consistant*) dünn ❹ (*intelligible, transparent*) klar; (*explication*) einleuchtend ❺ (*évident*) deutlich

claire [klɛʀ] *f* (*huître*) Auster *f* aus einem Austernpark

clairement [klɛʀmɑ̃] *adv* deutlich

clairière [klɛʀjɛʀ] *f* Lichtung *f*

clair-obscur [klɛʀɔpskyʀ] <clairs-obscurs>

m ❶ ART Helldunkel *nt* ❷ (*lumière tamisée*) Halbdunkel *nt*

clairon [klɛʀɔ̃] *m* Bügelhorn *nt*

claironner [klɛʀɔne] <1> *vt iron, fig* aus-posaunen

clairsemé, e [klɛʀsəme] *adj* ❶ (*dispersé*) vereinzelt ❷ (*peu dense*) spärlich

clairvoyance [klɛʀvwajɑ̃s] *f* Weitblick *m*

clairvoyant, e [klɛʀvwajɑ̃, jɑ̃t] *adj* weit bli-ckend

clamer [klame] <1> *vt* hinausschreien

clan [klɑ̃] *m* ❶ *péj* Clique *f* ❷ HIST Klan *m*

clandestin, e [klɑ̃dɛstɛ̃, in] I. *adj* geheim; (*commerce*) Schwarz-; **passager ~** blinder Passagier II. *m, f* illegaler Einwanderer/ille-gale Einwanderin

clandestinité [klɑ̃dɛstinite] *f* Heimlichkeit *f*

clapet [klapɛ] *m* ❶ TECH [Klappen]ventil *nt* ❷ *fam* (*bouche*) Klappe *f*

clapier [klapje] *m* Kaninchenstall *m*

clapoter [klapɔte] <1> *vi* plätschern

claquage [klakaʒ] *m* MED Muskel|faser|riss *m*

claque [klak] *f* (*tape: sur la joue*) Ohrfeige *f*; (*sur l'épaule*) Klaps *m* ▶**j'en ai ma/il en a sa ~** *fam* mir/ihm reicht's

claqué, e [klake] *adj fam* fix und fertig

claquer [klake] <1> I. *vt* ❶ (*jeter violem-ment*) knallen ❷ *fam* (*dépenser*) verpulvern ❸ *fam* (*fatiguer*) |fix und| fertig machen II. *vi* ❶ (*drapeau*) schlagen; (*porte, volet*) |zu|-schlagen; (*fouet*) knallen; **~ des dents** mit den Zähnen klappern ❷ *fam* (*élastique*) rei-ßen III. *vpr* MED *fam* **se ~ un muscle** sich (*dat*) einen Muskel|faser|riss zuziehen

claquettes [klakɛt] *fpl* Stepptanz *m*; **faire des ~** steppen

clarification [klaʀifikasjɔ̃] *f* (*d'une question*) Klärung *f*

clarifier [klaʀifje] <1> I. *vt* **~ un fait** Licht in eine Sache bringen II. *vpr* **se ~** (*fait*) sich klären

clarinette [klaʀinɛt] *f* MUS Klarinette *f*

clarté [klaʀte] *f* ❶ (*d'une étoile*) Helligkeit *f*; (*d'une bougie*) Schein *m*; (*du soleil*) Helle *f* ❷ (*transparence*) Reinheit *f* ❸ (*éclat*) Fri-sche *f* ❹ (*opp: confusion*) Klarheit *f*

classe [klɑs] *f* ❶ (*groupe*) Klasse *f*; **~s moyennes** Mittelstand *m*; **~ ouvrière/di-rigeante** Arbeiterklasse/Oberschicht *f*; **~ d'âge** Altersklasse ❷ AUT **billet de pre-mière ~** Fahrschein *m* erster Klasse ❸ *fam* (élégance) **être ~** Klasse sein ❹ SCOL (niveau) Klasse f; (élèves) |Schul|klasse; (cours) Unterricht m; (salle) Klasse|nzimmer nt|; **en ~** in der Klasse; **~ de cinquième/seconde** ≈ 8./11. Klasse; **~ de terminale** ≈ Abitur-/13. Klasse; **~ préparatoire** Vorbereitungsklasse |auf eine der „grandes écoles"|; **passer dans la ~ supérieure** versetzt werden; **être en ~** Unterricht haben ❺ (séjour) **~ verte** Schullandheim mit Unterricht in Biologie ❻ MIL **faire ses ~s** die Grundausbildung machen

classé, e [klɑse] adj ❶ (protégé) unter Denkmalschutz stehend ❷ (réglé) abgeschlossen ❸ (de valeur) klassifiziert

classement [klɑsmɑ̃] m ❶ (rangement) Einordnen nt ❷ (d'un élève) Einstufung f; (d'un joueur) Ranglistenplatz m; (d'un hôtel) Kategorie f ❸ (place sur une liste) Rangfolge f ❹ (liste par ordre de mérite) Wertung f

classer [klɑse] <1> I. vt ❶ (ordonner) ordnen; (timbres) sortieren ❷ (ranger selon la performance) einstufen ❸ (régler) abschließen ❹ (monument) unter Denkmalschutz stellen; (site) zum Landschaftsschutzgebiet erklären ❺ péj (juger définitivement) einordnen II. vpr **se ~ 1ᵉʳ** sich als 1. platzieren

classeur [klɑsœr] m |Akten|ordner m

classicisme [klasisism] m ART Klassik f

classification [klasifikɑsjɔ̃] f Klassifizierung f

classifier [klasifje] <1> vt klassifizieren

classique [klasik] I. adj ❶ ART klassisch ❷ (habituel) typisch; (produit) herkömmlich ❸ SCOL humanistisch II. m ❶ (auteur, œuvre) Klassiker m ❷ (musique) Klassik f

clause [kloz] f Klausel f

claustrophobe [klostrɔfɔb] adj **être ~** unter Klaustrophobie leiden

claustrophobie [klostrɔfɔbi] f Klaustrophobie f

clavecin [klavsɛ̃] m MUS Cembalo nt

clavicule [klavikyl] f ANAT Schlüsselbein nt

clavier [klavje] m Tastatur f

clé [kle] f a. MUS, TECH Schlüssel m; **~ de contact** Zündschlüssel; **fermer à ~** abschließen

clean [klin] adj fam ❶ (propre) proper ❷ (bien) schwer in Ordnung ❸ (opp: speedé) clean

clef [kle] f v. **clé**

clémence [klemɑ̃s] f Milde f

clément, e [klemɑ̃, ɑ̃t] adj mild

clémentine [klemɑ̃tin] f Klementine f

cleptomane [klɛptɔman] mf Kleptomane/Kleptomanin m/f

clerc [klɛr] m ❶ (de notaire) Schreiber m ❷ (clergé) Geistliche(r) m

clergé [klɛrʒe] m Klerus m

clérical, e [klerikal, o] <-aux> adj geistlich

clic [klik] I. interj klick II. m Klick m; **~ sur la souris** Mausklick

clic-clac [klikklak] m inv Klappsofa nt

cliché [kliʃe] m ❶ Klischee nt ❷ (photo) Abzug m

client, e [klijɑ̃, jɑ̃t] m, f ❶ (acheteur) Kunde/Kundin m/f ❷ (d'un restaurant) Gast m; (d'un avocat) Klient(in) m(f); (d'un médecin) Patient(in) m(f) ❸ ECON Abnehmer(in) m(f)

clientèle [klijɑ̃tɛl] f ❶ Kundschaft f; (d'un avocat) Klientel f; (d'un médecin) Patienten Pl; (d'un restaurant) Gäste Pl

cligner [kliɲe] <1> vt **~ des yeux** blinzeln; **~ de l'œil** zwinkern

clignotant [kliɲɔtɑ̃] m AUT Blinker m; **mettre le/son ~** blinken

clignotant, e [kliɲɔtɑ̃, ɑ̃t] adj Blink-

clignoter [kliɲɔte] <1> vi blinken; (lampe) flackern

clim [klim] f fam abr de **climatisation** Klimaanlage f

climat [klima] m ❶ METEO Klima nt ❷ (ambiance) Atmosphäre f

climatique [klimatik] adj klimatisch

climatisation [klimatizɑsjɔ̃] f ❶ (action) Klimatisierung f ❷ (dispositif) Klimaanlage f

climatiser [klimatize] <1> vt klimatisieren

climatiseur [klimatizœr] m Klimaanlage f

clin d'œil [klɛ̃dœj] <clins d'œil> m Augenzwinkern nt; **faire un ~** |à qn| |jdm zu|zwinkern ▶**en un ~** im Nu

clinique [klinik] I. adj klinisch II. f |Privat|klinik f

clip [klip] m ❶ TV Clip m ❷ (bijou) Klipp m, Clip m

clique [klik] f péj fam Clique f

cliquer [klike] <1> vi INFORM klicken; **~ sur un symbole avec la souris** ein Symbol mit der Maus anklicken

cliqueter [klik(ə)te] <3> vi (monnaie, clés) klimpern; (verre) klirren

cliquetis [klik(ə)ti] m (de la monnaie, clés) Klimpern nt; (de verres) Klirren nt

clitoris [klitɔris] m ANAT Klitoris f

clivage [kliva3] *m* (*des groupes*) Spaltung *f*
cloaque [kloak] *m* Kloake *f*
clochard, e [klɔʃaʀ, aʀd] *m, f* Stadtstreicher(in) *m(f)*
cloche¹ [klɔʃ] *f* Glocke *f*
cloche² [klɔʃ] **I.** *adj fam* dämlich **II.** *f fam* Dussel *m*
cloche-pied [klɔʃpje] **à ~** auf einem Bein
clocher¹ [klɔʃe] *m* Kirchturm *m*
clocher² [klɔʃe] <1> *vi fam* nicht stimmen
clochette [klɔʃɛt] *f* Glöckchen *nt*
clodo [klodo] *m fam abr de* **clochard**
cloison [klwazɔ̃] *f* [Zwischen]wand *f*
cloisonnement [klwazɔnmɑ̃] *m* (*séparation idéologique, sociale*) Abgrenzung *f*
cloisonner [klwazɔne] <1> *vt* durch Zwischenwände abtrennen
cloître [klwatʀ] *m* Kloster *nt*
cloîtrer [klwatʀe] <1> **I.** *vt fig* einsperren **II.** *vpr* **se ~ dans une maison** sich in einem Haus einschließen
clonage [klɔnaʒ] *m* Klonen *nt*
clone [klon] *m* BIO, INFORM Klon *m*
clope [klɔp] *f fam* Glimmstängel *m*
clopin-clopant [klɔpɛ̃klɔpɑ̃] *adv fam* humpelnd
cloque [klɔk] *f* Blase *f*
cloquer [klɔke] <1> *vi* Blasen bilden; (*peau*) Brandblasen bilden
clore [klɔʀ] <irr> *vt* schließen, [be]enden
clos, e [klo, kloz] *adj* ❶ geschlossen ❷ (*achevé*) erledigt
clôture [klotyʀ] *f* ❶ Zaun *m*; (*d'arbustes*) Hecke *f* ❷ (*d'un festival*) Ende *nt*; (*d'un débat*) Beendigung *f*
clôturer [klotyʀe] <1> *vt* ❶ (*entourer*) einfrieden ❷ (*finir*) beenden
clou [klu] *m* ❶ (*pointe*) Nagel *m* ❷ (*attraction*) Höhepunkt *m* ❸ *pl fam* (*passage*) Zebrastreifen *m* ❹ GASTR **~ de girofle** Gewürznelke *f* ▸**ne pas valoir un ~** *fam* keinen Pfifferling wert sein
clouer [klue] <1> *vt* ❶ annageln; (*planches*) zusammennageln; (*caisse*) vernageln ❷ *fam* **~ qn au lit** jdn ans Bett fesseln
clouté, e [klute] *adj* mit Nägeln beschlagen; **pneus ~s** Spikesreifen *Pl*
clown [klun] *m* Clown *m*
club [klœb] *m* ❶ Klub *m*; **~ de théâtre** Theater-AG *f*; **~ de volley** Volleyballverein *m* ❷ SPORT Golfschläger *m*
CMU [seɛmy] *f abr de* **couverture maladie**

universelle *Krankenfürsorgekasse, die bei Menschen mit sehr geringem Einkommen sämtliche Kosten für die medizinische Versorgung übernimmt*
CNRS [seɛnɛʀɛs] *m abr de* **Centre national de la recherche scientifique** *nationales Forschungszentrum für Wissenschaft und Technik*
coaguler [kɔagyle] <1> *vi, vpr* gerinnen
coalition [kɔalisjɔ̃] *f* Bündnis *nt*, Koalition *f*
coasser [kɔase] <1> *vi* quaken
cobalt [kɔbalt] *m* CHIM Kobalt *nt*
cobaye [kɔbaj] *m* ❶ (*animal*) Meerschweinchen *nt* ❷ *fig* Versuchskaninchen *nt* (*fam*)
Coblence [kɔblɑ̃s] Koblenz *nt*
cobra [kɔbʀa] *m* Kobra *f*
coca[-cola]® [kɔkakɔla] *m* [Coca-]Cola® *f*
cocaïne [kɔkain] *f* Kokain *nt*
cocaïnomane [kɔkainɔman] *mf* Kokainsüchtige(r) *f(m)*
cocarde [kɔkaʀd] *f* Kokarde *f*
cocasse [kɔkas] *adj fam* drollig
coccinelle [kɔksinɛl] *f* ❶ ZOOL Marienkäfer *m* ❷ AUT Käfer *m*
coccyx [kɔksis] *m* Steißbein *nt*
coche [kɔʃ] *m* ▸**rater le ~** *fam* die Gelegenheit verpassen
cocher¹ [kɔʃe] <1> *vt* ankreuzen
cocher² [kɔʃe] *m* Kutscher *m*
cochon [kɔʃɔ̃] *m* ❶ (*animal*) Schwein *nt*; **~ d'Inde** Meerschweinchen *nt* ❷ GASTR Schweinefleisch *nt*
cochon, ne [kɔʃɔ̃, ɔn] **I.** *adj fam* ❶ (*sale*) schmuddelig ❷ (*obscène*) schweinisch; **histoires ~nes** Zoten *Pl* **II.** *m, f péj fam* ❶ (*personne sale*) Ferkel *nt* ❷ (*vicieux*) Schwein *nt*; **vieux ~** Lustmolch *m*
cochonner [kɔʃɔne] <1> *vt fam* ❶ (*bâcler*) hinpfuschen ❷ (*salir*) dreckig machen
cochonnerie [kɔʃɔnʀi] *f fam* ❶ (*nourriture*) Dreckzeug *nt* ❷ (*obscénités*) Schweinereien *Pl*; (*saletés*) Dreck *m*
cochonnet [kɔʃɔnɛ] *m* ❶ ZOOL Ferkel *nt* ❷ (*aux boules*) Zielkugel *f*
cocker [kɔkɛʀ] *m* Cockerspaniel *m*
cockpit [kɔkpit] *m* Cockpit *nt*
cocktail [kɔktɛl] *m* ❶ (*boisson*) Cocktail *m*; **~ de bienvenue** Begrüßungscocktail ❷ (*réunion*) Cocktailparty *f* ❸ (*mélange*) Mischung *f*
coco [koko] *m péj* (*type*) Früchtchen *nt* (*fam*)

cocon [kɔkɔ̃] *m* Kokon *m*

cocorico [kɔkɔʀiko] *m* Kikeriki *nt*

cocoter [kɔkɔte] <1> *vi fam* stinken

cocotier [kɔkɔtje] *m* Kokospalme *f*

cocotte [kɔkɔt] *f (marmite)* Topf *m*

cocotte-minute® [kɔkɔtminyt] <cocottes-minute> *f* Schnellkochtopf *m*

cocu, e [kɔky] **I.** *adj fam* betrogen **II.** *m, f fam* betrogener Ehemann/betrogene Ehefrau

code [kɔd] *m* ❶ *(chiffrage)* Kode *m;* ~ **postal** Postleitzahl *f* ❷ *(permis)* theoretische Fahrprüfung ❸ *(feux)* Abblendlicht *nt* ❹ JUR Gesetzbuch *nt;* ~ **de la route** Straßenverkehrsordnung *f*

code-barres [kɔdbaʀ] <codes-barres> *m* Strichcode *m*

codécision [kɔdesizjɔ̃] *f* POL *(de l'Union européenne)* gemeinsamer Entschluss *m*

coder [kɔde] <1> *vt* verschlüsseln

codifier [kɔdifje] <1> *vt* kodifizieren

coefficient [kɔefisjɑ̃] *m* ❶ MATH, PHYS Koeffizient *m* ❷ *(facteur)* ~ **d'erreur** Fehlerquote *f;* ~ **annuel** CH Steuer(an)satz *m*, Steuerfuß *m* (CH)

coéquipier, -ière [koekipje, -jɛʀ] *m, f* Mannschaftskamerad(in) *m(f)*

cœur [kœʀ] *m* ❶ ANAT Herz *nt;* **mon ~ bat mein** Herz klopft ❷ *(d'un débat)* Kernpunkt *m* ▸**avoir un ~ d'or/de pierre** ein Herz aus Gold/Stein haben; **faire qc de bon ~** etw [von Herzen] gern tun; **qn a mal au ~** jdm ist schlecht; **par ~** *(apprendre, connaître)* auswendig; **sans ~** herzlos

coexistence [kɔɛgzistɑ̃s] *f* Nebeneinanderbestehen *nt*

coexister [kɔɛgziste] <1> *vi* nebeneinander bestehen

coffre [kɔfʀ] *m* ❶ *(meuble)* Truhe *f;* ~ **à jouets** Spielzeugkiste *f* ❷ AUT Kofferraum *m*

coffre-fort [kɔfʀəfɔʀ] <coffres-forts> *m* Safe *m*

coffrer [kɔfʀe] <1> *vt fam* ins Kittchen bringen

coffret [kɔfʀɛ] *m* Schatulle *f*

cogiter [kɔʒite] <1> *vi iron* scharf nachdenken

cognac [kɔɲak] *m* Cognac *m*

cogner [kɔɲe] <1> **I.** *vt* ~ **qn/qc** an jdn/etw [an]stoßen **II.** *vi* zuschlagen; ~ **à/sur/contre qc** an/auf/gegen etw *(akk)* schlagen **III.** *vpr* **se ~ la tête contre qc** sich den Kopf an etw *(dat)* stoßen

cohabitation [kɔabitasjɔ̃] *f* POL Kohabitation *f*

cohabiter [kɔabite] <1> *vi* zusammen unter einem Dach leben; POL kohabitieren

cohérence [kɔeʀɑ̃s] *f (d'un propos)* Zusammenhang *m; (d'un raisonnement)* Kohärenz *f*

cohérent, e [kɔeʀɑ̃, ɑ̃t] *adj* kohärent; *(texte)* [logisch] zusammenhängend

cohésion [kɔezjɔ̃] *f* Zusammenhalt *m;* ~ **sociale** sozialer Zusammenhalt

cohorte [kɔɔʀt] *f (de touristes, fans)* Schar *f*

cohue [kɔy] *f* ❶ *(foule)* [Menschen]menge *f* ❷ *(bousculade)* Gedränge *nt*

coi, te [kwa, kwat] *adj* **rester ~** völlig sprachlos sein

coiffe [kwaf] *f* [Trachten]haube *f*

coiffé, e [kwafe] *adj* frisiert

coiffer [kwafe] <1> *vt, vpr* |**se**| ~ |sich| frisieren

coiffeur, -euse [kwafœʀ, -øz] *m, f* Friseur(in) [o Friseuse] *m/f*

coiffeuse [kwaføz] *f* Frisierkommode *f*

coiffure [kwafyʀ] *f* Frisur *f*

coin [kwɛ̃] *m* Ecke *f;* **au ~ de la rue** an der [Straßen]ecke; ~ **cuisine/repas** Koch-/Essecke ▸**ça t'en/vous en bouche un ~!** *fam* da staunste/staunt ihr|, was|?

coincé, e [kwɛ̃se] *adj fam* verklemmt

coincer [kwɛ̃se] <2> **I.** *vt* ❶ ~ **qc** *(personne)* etw einklemmen; *(grain de sable)* etw blockieren ❷ *fam (attraper)* schnappen ❸ *fam (coller)* in Verlegenheit bringen **II.** *vpr* **se ~ le doigt** sich *(dat)* den Finger einklemmen

coïncidence [kɔɛ̃sidɑ̃s] *f* Zufall *m*

coïncider [kɔɛ̃side] <1> *vi* ❶ *(être concomitant)* [zeitlich] zusammenfallen ❷ *(correspondre)* übereinstimmen

coin-coin [kwɛ̃kwɛ̃] *m inv* Quakquak *nt*

coing [kwɛ̃] *m* Quitte *f*

coït [kɔit] *m* Koitus *m*

coite [kwat] *adj v.* **coi**

coke [kɔk] *f fam abr de* **cocaïne** Koks *m*

col [kɔl] *m* ❶ *(d'un vêtement)* Kragen *m;* ~ **roulé** Rollkragen ❷ GEO [Gebirgs]pass *m* ❸ *(goulot)* Hals *m*

colchique [kɔlʃik] *m* BOT Herbstzeitlose *f*

coléoptère [kɔleɔptɛʀ] *m* ZOOL Käfer *m*

colère [kɔlɛʀ] *f* Wut *f;* **être/se mettre en ~ contre qn** auf jdn wütend sein/werden; **en ~ aufgebracht**

coléreux, -euse [kɔleʀø, -øz] *adj*, **colérique** [kɔleʀik] *adj* jähzornig
colibri [kɔlibʀi] *m* Kolibri *m*
colimaçon [kɔlimasɔ̃] *m* Schnecke *f*
colin [kɔlɛ̃] *m* Seehecht *m*
colin-maillard [kɔlɛ̃majaʀ] *m sans pl* **jouer à ~** Blindekuh spielen
colique [kɔlik] *f* ❶ (*diarrhée*) Durchfall *m* ❷ *gén pl* (*douleurs*) Kolik *f*
colis [kɔli] *m* Paket *nt*
collabo *mf fam abr de* **collaborateur**
collaborateur, -trice [ko(l)labɔʀatœʀ, -tʀis] *m, f* ❶ (*membre du personnel*) Mitarbeiter(in) *m(f)* ❷ (*pendant une guerre*) Kollaborateur(in) *m(f)*
collaboration [ko(l)labɔʀasjɔ̃] *f* Zusammenarbeit *f*
collaborer [ko(l)labɔʀe] <1> *vi* ❶ **~ avec qn** mit jdm zusammenarbeiten; **~ à qc** an etw (*dat*) mitarbeiten ❷ (*pendant une guerre*) kollaborieren
collage [kɔlaʒ] *m* (*d'une étiquette*) Aufkleben *nt*; (*d'une affiche*) Ankleben *nt*
collant [kɔlɑ̃] *m* Strumpfhose *f*
collant, e [kɔlɑ̃, ɑ̃t] *adj* ❶ (*moulant*) hauteng ❷ (*poisseux*) klebrig
collation [kɔlasjɔ̃] *f* Imbiss *m*
colle [kɔl] *f* ❶ (*matière*) Klebstoff *m* ❷ (*punition*) Nachsitzen *nt*
collecte [kɔlɛkt] *f* Sammlung *f*
collecter [kɔlɛkte] <1> *vt* sammeln
collecteur [kɔlɛktœʀ] *m* (*égout*) Hauptkanal *m*
collectif, -ive [kɔlɛktif, -iv] *adj* gemeinsam; (*travail*) Gemeinschafts-
collection [kɔlɛksjɔ̃] *f* ❶ (*réunion d'objets*) Sammlung *f*; **faire la ~ de qc** etw sammeln ❷ (*de livres*) Reihe *f* ❸ (*modèles*) Kollektion *f*
collectionner [kɔlɛksjɔne] <1> *vt* sammeln
collectionneur, -euse [kɔlɛksjɔnœʀ, -øz] *m, f* Sammler(in) *m(f)*
collectivité [kɔlɛktivite] *f* Gemeinschaft *f*; **~s locales** Gebietskörperschaften *Pl*
collector [kɔlɛktɔʀ] *m* Sammlerstück *nt*; **édition ~** Sammleredition *f*
collège [kɔlɛʒ] *m* SCOL **~ [d'enseignement secondaire]** ≈ Realschule *f*; **aller au ~** auf das Collège gehen; **Collège de France** universitätsähnliche Lehranstalt, deren Vorlesungen von jedermann besucht werden können, an der jedoch keine Diplome vergeben werden

Im Anschluss an die Grundschule, im Alter von elf Jahren, beginnt für alle französischen Schulkinder das **collège**. Es handelt sich hierbei um eine vierklassige Gesamtschule, in der ganztägig unterrichtet wird. Die Klassen, die die Schülerinnen und Schüler durchlaufen, heißen *sixième*, *cinquième*, *quatrième* und *troisième*. Das Abschlusszeugnis, mit dem man danach abgehen kann, ist das *brevet des collèges*.

collégien, ne [kɔleʒjɛ̃, jɛn] *m, f* ≈ Realschüler(in) *m(f)*
collègue [kɔ(l)lɛg] *mf* Kollege/Kollegin *m/f*
coller [kɔle] <1> **I.** *vt* ❶ kleben; (*timbre, étiquette*) aufkleben; (*affiche, papier peint*) ankleben; (*enveloppe*) zukleben ❷ *fam* **~ une baffe à qn** jdm eine kleben ❸ *fam* (*embarrasser par une question*) **~ qn** jdm eine knifflige Frage stellen **II.** *vi* ❶ (*adhérer*) kleben; **qc qui colle** etw Klebriges ❷ (*mouler*) hauteng [sein] **III.** *vpr* **se ~ à qn** sich an jdn schmiegen
collet [kɔlɛ] *m* Schlinge *f*
collier [kɔlje] *m* Halskette *f*; (*d'un chien*) Halsband *nt*
collimateur [kɔlimatœʀ] *m* ▸**avoir dans le ~** im Visier haben
colline [kɔlin] *f* Hügel *m*
collision [kɔlizjɔ̃] *f* Zusammenstoß *m*
colloque [kɔ(l)lɔk] *m* Kolloquium *nt*
colmater [kɔlmate] <1> *vt* (*fuite*) abdichten; (*brèche*) schließen
colo [kɔlo] *f fam abr de* **colonie de vacances**
colocataire [kɔlɔkatɛʀ] *mf* Mitbewohner(in) *m(f)*
Cologne [kɔlɔɲ] Köln *nt*
colombage [kɔlɔ̃baʒ] *m* Fachwerk *nt*; **maison à ~** Fachwerkhaus *nt*
colombe [kɔlɔ̃b] *f* Taube *f*
Colombie [kɔlɔ̃bi] *f* **la ~** Kolumbien *nt*
colon [kɔlɔ̃] *m* Siedler *m*
côlon [kolɔ̃] *m* ANAT Grimmdarm *m*
colonel [kɔlɔnɛl] *m* Oberst *m*
colonial [kɔlɔnjal, jo] <-aux> *m* Kolonist *m*
colonialisme [kɔlɔnjalism] *m* Kolonialismus *m*
colonie [kɔlɔni] *f* ❶ (*territoire, communauté*) Kolonie *f* ❷ (*centre*) **~ de vacances** Ferien-

lager *nt*
colonisation [kɔlɔnizasjɔ̃] *f* Kolonisation *f*
coloniser [kɔlɔnize] <1> *vt* kolonisieren
colonnade [kɔlɔnad] *f* Säulengang *m*
colonne [kɔlɔn] *f* ❶ ARCHIT Säule *f* ❷ (*section*) Spalte *f* ❸ (*file*) Reihe *f* ❹ MIL Kolonne *f* ❺ ANAT ~ **vertébrale** Wirbelsäule *f*
colorant [kɔlɔrɑ̃] *m* Farbstoff *m*
colorant, e [kɔlɔrɑ̃, ɑ̃t] *adj* Färbe-
coloration [kɔlɔrasjɔ̃] *f* ❶ (*teinte*) Farbe *f* ❷ (*nuance*) Färbung *f*
coloré, e [kɔlɔre] *adj* gefärbt
colorer [kɔlɔre] <1> *vt, vpr* [se] ~ [sich] färben
coloriage [kɔlɔrjaʒ] *m* Ausmalen *nt*
colorier [kɔlɔrje] <1> *vt* ausmalen
coloris [kɔlɔri] *m* ❶ (*teinte*) Farbgebung *f* ❷ (*couleur*) Farbe *f*
coloriser [kɔlɔrize] <1> *vt* kolorieren
colossal, e [kɔlɔsal, o] <-aux> *adj* kolossal
colosse [kɔlɔs] *m* Koloss *m*
colportage [kɔlpɔrtaʒ] *m* (*métier*) **le ~ de qc** das Hausieren mit etw
colporter [kɔlpɔrte] <1> *vt péj* (*nouvelles*) [überall] herumerzählen
colporteur, -euse [kɔlpɔrtœr, -øz] *m, f* Hausierer(in) *m(f)*
colza [kɔlza] *m* Raps *m*
coma [kɔma] *m* Koma *nt*
comateux, -euse [kɔmatø, -øz] *adj* komatös
combat [kɔ̃ba] *m* Kampf *m*
combatif, -ive [kɔ̃batif, -iv] *adj* kämpferisch
combattant, e [kɔ̃batɑ̃, ɑ̃t] *m, f* Kämpfer(in) *m(f);* **ancien ~** Veteran *m*
combattre [kɔ̃batr] <irr> I. *vt* (*ennemi*) kämpfen gegen; (*incendie, maladie*) bekämpfen II. *vi* ~ **contre qn/qc/pour qc** gegen jdn/etw/für etw kämpfen III. *vpr* se ~ sich bekämpfen
combien [kɔ̃bjɛ̃] I. *adv* (*quantité*) wie viel; (*nombre*) wie viele; ~ **de temps** wie lange; **depuis ~ de temps** seit wann; ~ **coûte cela?** wie viel kostet das?; **ça fait ~?** *fam* wie viel macht das?; **je vous dois ~?** was macht das?; ~ **de personnes/kilomètres** wie viele Personen/Kilometer; ~ **de fois** wie oft II. *m* **nous sommes le ~?** *fam* den Wievielten haben wir heute? III. *mf* **le ~?** der Wievielte?
combinaison [kɔ̃binɛzɔ̃] *f* ❶ (*association*) Kombination *f* ❷ (*sous-vêtement*) Unterrock

m ❸ (*vêtement*) ~ **de plongée/ski** Taucher-/Skianzug *m*
combine [kɔ̃bin] *f fam* Dreh *m*
combiné [kɔ̃bine] *m* TELEC Hörer *m*
combiner [kɔ̃bine] <1> I. *vt* ❶ (*réunir*) kombinieren ❷ (*organiser*) aushecken II. *vpr* (*s'assembler*) **se ~ avec qc** sich mit etw kombinieren lassen
comble[1] [kɔ̃bl] *m* ❶ (*summum*) Gipfel *m* ❷ *souvent pl* (*grenier*) Dachboden *m*
comble[2] [kɔ̃bl] *adj* [brechend] voll
combler [kɔ̃ble] <1> *vt* ❶ (*boucher*) auffüllen ❷ (*retard*) aufholen; (*déficit*) ausgleichen; (*lacune*) schließen ❸ (*personne*) wunschlos glücklich machen; (*vœu*) erfüllen
combustible [kɔ̃bystibl] I. *adj* brennbar II. *m* Brennstoff *m*
combustion [kɔ̃bystjɔ̃] *f* Verbrennung *f*
comédie [kɔmedi] *f* ❶ CINE, THEAT Komödie *f;* ~ **musicale** Musical *nt* ❷ (*simulation*) Theater *nt*
comédien, ne [kɔmedjɛ̃, jɛn] *m, f* ❶ (*acteur*) Schauspieler(in) *m(f)* ❷ (*hypocrite*) Heuchler(in) *m(f)*
comestible [kɔmɛstibl] *adj* essbar
comète [kɔmɛt] *f* Komet *m*
coming-out [kɔmiŋaut] <coming-out[s]> *m* Coming-out *nt;* **faire son ~** sein Coming-out haben
comique [kɔmik] I. *adj* ❶ (*amusant*) komisch ❷ THEAT, CINE, LITTER Komödien- II. *m* Komiker(in) *m(f)*
comité [kɔmite] *m* Komitee *nt;* ~ **d'entreprise** ≈ Betriebsrat *m*
Comité des régions *m* Ausschuss *m* der Regionen
Comité économique et social *m* Wirtschafts- und Sozialausschuss *m*
commandant, e [kɔmɑ̃dɑ̃, ɑ̃t] *m, f* ❶ MIL Major(in) *m(f)* ❷ NAUT Kommandant(in) *m(f)*
commande [kɔmɑ̃d] *f* ❶ COM, ECON Bestellung *f;* **passer une ~** eine Bestellung aufgeben ❷ TECH ~ **à distance** Fernbedienung ❸ INFORM Befehl *m* ▶**sur** ~ (*vendre*) auf Bestellung; (*pleurer*) auf Kommando
commandement [kɔmɑ̃dmɑ̃] *m* ❶ Befehl *m* ❷ MIL Kommando *nt* ❸ REL Gebot *nt*
commander [kɔmɑ̃de] <1> I. *vt* ❶ (*passer commande*) ~ **qc à qn** etw bei jdm bestellen ❷ (*exercer son autorité*) kommandieren ❸ (*ordonner*) befehlen ❹ (*diriger*) leiten

C

⑤ (*faire fonctionner*) in Gang setzen **II.** *vi* **①** (*passer commande*) bestellen **②** (*exercer son autorité*) befehlen

commanditaire [kɔmãditɛʀ] *m* COM Kommanditist(in) *m(f)*

commanditer [kɔmãdite] <1> *vt* finanzieren

commando [kɔmãdo] *m* Kommando *nt*

comme [kɔm] **I.** *conj* **①** (*au moment où*) [gerade] als **②** (*étant donné que*) da **③** (*de même que*) wie auch **④** (*exprimant une comparaison*) wie; **grand/petit ~** ça so groß/klein; **~ si** als ob **⑤** (*en tant que*) als; **~ plat principal** als Hauptgericht **⑥** (*tel que*) wie **⑦** (*quel genre de*) was für...?; **qu'est-ce que tu fais ~ sport?** was für Sport treibst du? **II.** *adv* **①** (*exclamatif*) wie; **~ c'est gentil!** wie nett! **②** (*manière*) wie; **savoir ~ ...** wissen wie (sehr) ...; **~ ça** so; **c'est ~ ça** so ist es nun mal; **il n'est pas ~ ça** so ist er nicht ▶**~ ci ~ ça** so lala (*fam*)

commémoration [kɔmemɔʀasjɔ̃] *f* Gedenkfeier *f*; **en ~ de qc** zum Gedenken an etw (*akk*)

commémorer [kɔmemɔʀe] <1> *vt* **~ qc** einer S. (*gen*) gedenken

commencement [kɔmãsmã] *m* Anfang *m*

commencer [kɔmãse] <2> **I.** *vt* **~ qc** [mit] etw anfangen **II.** *vi* **①** (*débuter*) anfangen **②** (*faire en premier*) **~ par qc** mit etw anfangen; **~ par faire qc** erst einmal etw tun ▶**pour ~** zunächst

comment [kɔmã] *adv* **①** (*de quelle façon*) wie; **~ ça va?** wie geht's dir?; **et toi, ~ tu t'appelles?** und du? Wie heißt du?; **~ est-ce que ça s'appelle en français?** wie heißt es auf Französisch? **②** (*invitation à répéter*) **~?** wie bitte?

commentaire [kɔmãtɛʀ] *m* Kommentar *m*

commentateur, -trice [kɔmãtatœʀ, -tʀis] *m, f* Kommentator(in) *m(f)*

commenter [kɔmãte] <1> *vt* kommentieren

commérage [kɔmeʀaʒ] *m souvent pl* Gerede *nt kein Pl*

commerçant, e [kɔmɛʀsã, ãt] **I.** *adj* **①** (*rue*) Geschäfts- **②** (*habile*) geschäftstüchtig **II.** *m, f* (*personne*) Geschäftsmann/-frau *m/f*, Händler(in) *m(f)*

commerce [kɔmɛʀs] *m* **①** (*activité*) Handel *m*; **~ électronique** E-Commerce *m* **②** (*magasin*) Geschäft *nt*; **~ de détail/en gros**

Einzel-/Großhandel *m*

commercial, e [kɔmɛʀsjal, jo] <-aux> **I.** *adj* Handels-; **centre ~** Einkaufszentrum *nt* **II.** *m, f* kaufmännische(r) Angestellte(r) *f(m)*

commercialisation [kɔmɛʀsjalizasjɔ̃] *f* Vermarktung *f*

commercialiser [kɔmɛʀsjalize] <1> *vt* vermarkten

commettre [kɔmɛtʀ] <irr> *vt* (*délit, faute*) begehen; (*attentat*) ausüben

commis [kɔmi] *m* kleine(r) Angestellte(r) *f(m)*, Gehilfe *m*/Gehilfin *f*

commissaire [kɔmisɛʀ] *m* Kommissar(in) *m(f)*; **madame le ~** Frau Kommissarin

commissaire-priseur, -euse [kɔmisɛʀpʀizœʀ, -øz] <commissaires-priseurs> *m, f* Auktionator(in) *m(f)*

commissariat [kɔmisaʀja] *m* Revier *nt*, Wache *f*

commission [kɔmisjɔ̃] *f* **①** ADMIN Kommission *f* **②** (*message*) Nachricht *f*; **faire une ~ à qn** jdm etwas ausrichten **③** *pl* (*courses*) Einkäufe *Pl*; **faire les ~s** einkaufen **④** COM Provision *f*

Commission européenne *f* Europäische Kommission

commissionnaire [kɔmisjɔnɛʀ] *m* (*coursier*) Bote *m*/Botin *f*

commode¹ [kɔmɔd] *adj* **①** (*pratique*) praktisch **②** *souvent négatif* (*facile*) einfach **③** (*personne, caractère*) umgänglich

commode² [kɔmɔd] *f* Kommode *f*

commodité [kɔmɔdite] *f* Komfort *m*

commotion [kɔmosjɔ̃] *f* **①** (*traumatisme*) Erschütterung *f* **②** (*émotion*) Schock *m*

commuer [kɔmɥe] <1> *vt* umwandeln

commun [kɔmœ̃] *m* ▶**hors du ~** außergewöhnlich; **en ~** zusammen; **faire qc en ~** etw gemeinsam tun

commun, e [kɔmœ̃, yn] *adj* **①** (*comparable*) gemeinsam **②** (*collectif*) Gemeinschafts- **③** (*courant*) [weit] verbreitet; (*trivial*) gewöhnlich

communal, e [kɔmynal, o] <-aux> *adj* (*fonds*) kommunal; (*forêt*) Gemeinde-

communautaire [kɔmynotɛʀ] *adj* **①** (*commun*) gemeinschaftlich **②** (*de l'UE*) EU-; **la politique ~** die EU-Politik

communauté [kɔmynote] *f* **①** (*groupe*) Gemeinschaft *f* **②** REL [Kirchen]gemeinde *f*

Communauté économique européenne *f* Europäische Wirtschaftsgemeinschaft

Communauté européenne f Europäische Gemeinschaft

commune [kɔmyn] f Gemeinde f

communément [kɔmynemã] adv gemeinhin

communiant, e [kɔmynjã, jãt] m, f Kommunikant(in) m(f)

communicatif, -ive [kɔmynikatif, -iv] adj ❶ (contagieux) ansteckend ❷ (expansif) kommunikativ

communication [kɔmynikasjõ] f ❶ (message) Mitteilung f ❷ TELEC (jonction) Verbindung f; (conversation) Gespräch nt; **être en ~** avec qn mit jdm sprechen ❸ (relation) Verständigung f ❹ (liaison) **moyen de ~** Verkehrsmittel nt

communier [kɔmynje] <1> vi REL kommunizieren

communion [kɔmynjõ] f REL Kommunion f

communiqué [kɔmynike] m Kommuniqué nt; ~ **de presse** Pressemitteilung f

communiquer [kɔmynike] <1> I. vt ❶ ~ **une demande à qn** jdm eine Bitte mitteilen ❷ (transmettre) ~ **un dossier à qn** jdm eine Akte aushändigen II. vi ❶ ~ **avec qn** mit jdm kommunizieren (geh) ❷ TELEC ~ **avec qc** mit etw verbunden sein

communisme [kɔmynism] m Kommunismus m

communiste [kɔmynist] I. adj kommunistisch II. mf Kommunist(in) m(f)

commutateur [kɔmytatœr] m Schalter m

compact [kõpakt] m CD f

compact, e [kõpakt] adj kompakt

compagne [kõpaɲ] f Lebensgefährtin f

compagnie [kõpaɲi] f ❶ Gesellschaft f ❷ MIL Kompanie f ▶**en ~ de qn** in jds Begleitung

compagnon [kõpaɲõ] m ❶ (concubin) Lebensgefährte m ❷ (ouvrier) [Handwerks]geselle m

comparable [kõparabl] adj vergleichbar

comparaison [kõparɛzõ] f Vergleich m; **en ~ de/par ~ à** im Vergleich zu

comparaître [kõparɛtr] <irr> vi JUR erscheinen

comparatif [kõparatif] m GRAM Komparativ m

comparatif, -ive [kõparatif, -iv] adj Vergleichs-

comparativement [kõparativmã] adv vergleichsweise

comparé, e [kõpare] adj (droit, grammaire) vergleichend; ~ **à** verglichen mit

comparer [kõpare] <1> I. vt ~ **qn/qc à** [o **avec**] **qn/qc** jdn/etw mit jdm/etw vergleichen II. vi vergleichen III. vpr **se ~ à** [o **avec**] sich vergleichen mit

comparse [kõpars] mf péj Komparse /Komparsin m

compartiment [kõpartimã] m ❶ (casier) Fach nt ❷ AUT Abteil m

comparution [kõparysjõ] f Erscheinen nt

compas [kõpa] m ❶ MATH Zirkel m ❷ NAUT, AVIAT Kompass m

compassion [kõpasjõ] f soutenu Mitgefühl nt

compatibilité [kõpatibilite] f ❶ ~ **entre qc et qc** Vereinbarkeit f von etw und etw ❷ INFORM, MED Kompatibilität f

compatible [kõpatibl] adj ❶ (conciliable) vereinbar ❷ INFORM, MED kompatibel

compatir [kõpatir] <8> vi soutenu Anteil nehmen

compatissant, e [kõpatisã, ãt] adj (personne, parole) mitfühlend

compatriote [kõpatrijɔt] mf Landsmann/Landsmännin m/f

compensation [kõpãsasjõ] f ❶ Gegenleistung f; ~ **financière** Entschädigung f ❷ (équilibre) Ausgleich m ▶**en ~** dafür

compenser [kõpãse] <1> vt kompensieren

compère [kõpɛr] m Kumpan m

compétence [kõpetãs] f ❶ a. JUR Kompetenz f ❷ (responsabilité) Zuständigkeit f

compétent, e [kõpetã, ãt] adj ❶ **être ~ en qc** kompetent in etw (dat) sein ❷ JUR zuständig

compétitif, -ive [kõpetitif, -iv] adj wettbewerbsfähig

compétition [kõpetisjõ] f ❶ COM Konkurrenz f ❷ SPORT Wettkampf m

compétitivité [kõpetitivite] f Wettbewerbsfähigkeit f

compil [kõpil] f abr de **compilation** Sampler m

compilateur [kõpilatœr] m INFORM Compiler m

compilation [kõpilasjõ] f ❶ MUS Sampler m ❷ INFORM (action) Kompilieren nt; (logiciels) Programmpaket nt

compiler [kõpile] <1> vt INFORM kompilieren

complainte [kõplɛ̃t] f Klagelied nt

complaisance [kɔ̃plɛzɑ̃s] f ❶ soutenu (obligeance) Liebenswürdigkeit f; **par ~** aus Gefälligkeit f ❷ (autosatisfaction) Selbstgefälligkeit f

complaisant, e [kɔ̃plɛzɑ̃, ɑ̃t] adj gütig, hilfsbereit

complément [kɔ̃plemɑ̃] m a. LING Ergänzung f; **~ d'objet direct** direktes Objekt

complémentaire [kɔ̃plemɑ̃tɛʀ] adj ergänzend; (renseignement) zusätzlich

complet, -ète [kɔ̃plɛ, -ɛt] adj ❶ (entier) vollständig; (pain) Vollkorn-; **les œuvres complètes** die gesammelten Werke ❷ (total) völlig; **succès/échec ~** voller Erfolg/totaler Misserfolg ❸ (achevé) vollendet ❹ (hôtel) voll belegt; (parking) besetzt

complètement [kɔ̃plɛtmɑ̃] adv ❶ (entièrement) vollständig ❷ (absolument) völlig

compléter [kɔ̃plete] <5> vt, vpr [se] ~ [sich] ergänzen

complexe [kɔ̃plɛks] I. adj komplex II. m ECON, PSYCH Komplex m

complexé, e [kɔ̃plɛkse] adj fam voller Komplexe

complexer [kɔ̃plɛkse] <1> vt ~ **qn** bei jdm Komplexe hervorrufen

complexité [kɔ̃plɛksite] f Komplexität f

complication [kɔ̃plikasjɔ̃] f ❶ (difficulté) Schwierigkeit f ❷ MED Komplikation f

complice [kɔ̃plis] I. adj verständnisinnig II. mf Komplize/Komplizin m/f

complicité [kɔ̃plisite] f ❶ (participation) Mittäterschaft f ❷ (connivence) [geheimes] Einverständnis

compliment [kɔ̃plimɑ̃] m ❶ (éloge) Kompliment nt ❷ (félicitations) Glückwunsch m

complimenter [kɔ̃plimɑ̃te] <1> vt ❶ (congratuler) **~ qn pour qc** jdn zu etw beglückwünschen ❷ (faire l'éloge) **~ qn pour qc** jdm für etw Komplimente machen

compliqué, e [kɔ̃plike] adj kompliziert; (problème) schwierig

compliquer [kɔ̃plike] <1> I. vt erschweren II. vpr **se ~** (choses) komplizierter werden; (situation) sich zuspitzen; (maladie) sich verschlimmern; **se ~ la vie** sich (dat) das Leben [unnötig] schwer machen

complot [kɔ̃plo] m Komplott nt

comploter [kɔ̃plɔte] <1> I. vt ausklügeln II. vi **~ contre qn** gegen jdn ein Komplott schmieden

comportement [kɔ̃pɔʀtəmɑ̃] m Verhalten nt

comporter [kɔ̃pɔʀte] <1> I. vt bestehen aus II. vpr **se ~** sich verhalten

composant [kɔ̃pozɑ̃] m Bestandteil m

composante [kɔ̃pozɑ̃t] f Komponente f

composé [kɔ̃poze] m CHIM Verbindung f

composer [kɔ̃poze] <1> I. vt ❶ (constituer) zusammenstellen ❷ (plat) kreieren; (musique) komponieren; (texte) verfassen ❸ (former) bilden II. vi MUS komponieren III. vpr **se ~ de qc** aus etw bestehen

composite [kɔ̃pozit] adj [bunt]gemischt, zusammengewürfelt

compositeur, -trice [kɔ̃pozitœʀ, -tʀis] m, f Komponist(in) m(f)

composition [kɔ̃pozisjɔ̃] f ❶ (organisation) Zusammenstellung f ❷ (d'une musique) Komponieren nt; (d'un texte) Schreiben nt ❸ (œuvre) Komposition f

compost [kɔ̃pɔst] m Kompost m

composter [kɔ̃pɔste] <1> vt entwerten

compote [kɔ̃pɔt] f Kompott nt

compréhensible [kɔ̃pʀeɑ̃sibl] adj verständlich

compréhensif, -ive [kɔ̃pʀeɑ̃sif, -iv] adj verständnisvoll

compréhension [kɔ̃pʀeɑ̃sjɔ̃] f ❶ (clarté) Verständlichkeit f ❷ (tolérance) Verständnis nt

comprendre [kɔ̃pʀɑ̃dʀ] <13> I. vt ❶ (saisir, concevoir) verstehen; **faire ~ qc à qn** (expliquer) jdm etw klarmachen; (dire indirectement) jdm etw zu verstehen geben ❷ (s'apercevoir de) **~ qc** sich (dat) über etw (akk) im Klaren sein ❸ (comporter) bestehen aus ❹ (inclure) **~ qn/qc** jdn/etw mit einschließen II. vi verstehen III. vpr **se ~** ❶ (être compréhensible) verständlich sein ❷ (communiquer) sich verständigen ❸ (s'accorder: personnes) sich [gut] verstehen

compresse [kɔ̃pʀɛs] f Kompresse f

compresseur [kɔ̃pʀɛsœʀ] m Kompressor m

compression [kɔ̃pʀesjɔ̃] f ❶ (réduction) Reduzierung f ❷ INFORM Komprimierung f

comprimé [kɔ̃pʀime] m Tablette f

comprimer [kɔ̃pʀime] <1> vt ❶ (presser) komprimieren ❷ (réduire) reduzieren ❸ INFORM komprimieren

compris, e [kɔ̃pʀi, iz] I. part passé de **comprendre** II. adj ❶ (inclus) inklusive; **être ~ dans le prix** im Preis inbegriffen sein ❷ (situé) **être ~ entre cinq et sept pourcent** zwischen fünf und sieben Pro-

C

zent liegen

compromettant, e [kɔ̃prɔmetɑ̃, ɑ̃t] *adj* kompromittierend

compromettre [kɔ̃prɔmɛtʀ] <irr> **I.** *vt* (*personne*) kompromittieren; (*réputation*) gefährden **II.** *vpr* **se ~ avec qn/dans qc** wegen jdm/einer S. ins Gerede kommen

compromis [kɔ̃prɔmi] *m* Kompromiss *m*

compromission [kɔ̃prɔmisjɔ̃] *f* Zugeständnis *nt*

comptabiliser [kɔ̃tabilize] <1> *vt* FIN [ver]-buchen

comptabilité [kɔ̃tabilite] *f* ❶ (*comptes*) Buchführung *f* ❷ (*service*) Buchhaltung *f*

comptable [kɔ̃tabl] *mf* Buchhalter(in) *m(f)*

comptage [kɔ̃taʒ] *m* Zählung *f*

comptant [kɔ̃tɑ̃] *adv* (*payer*) bar

compte [kɔ̃t] *m* ❶ *sans pl* (*calcul*) Zählung *f*; (*des points*) [Aus]zählung *f*; **~ à rebours** Countdown *m* ❷ *sans pl* (*résultat*) Ergebnis *nt;* **le ~ y est** *fam* es haut hin ❸ (*note*) Rechnung *f* ❹ (*écritures comptables*) Konto *nt;* **faire les ~s** Bilanz ziehen ❺ (*~ en banque*) Konto *nt;* **~ chèque/courant** Scheck-/Girokonto; **~ chèque postal/** **[d']épargne** ≈ Postgiro-/Sparkonto; **ou-** **vrir/fermer un ~** ein Konto eröffnen/auf-lösen ►**en fin de ~** letztes Endes; **tout ~** **fait** alles in allem; **se rendre ~ de qc** sich (*dat*) über etw (*akk*) im Klaren sein; **tenir ~** **de qc** etw berücksichtigen; **à son ~** selb-ständig; **pour le ~ de qn/qc** in jds Auf-trag/im Auftrag einer S.

compte-gouttes [kɔ̃tgut] *m inv* Pipette *f* ►**au ~** in Etappen

compter [kɔ̃te] <1> **I.** *vt* ❶ (*chiffrer*) zäh-len; (*totaliser*) zusammenzählen ❷ (*mesu-* *rer*) **~ son argent** mit seinem Geld geizen ❸ (*facturer*) berechnen ❹ (*prévoir*) **~ 200** **g/10 euros par personne** 200 g/10 Euro pro Person rechnen ❺ (*prendre en compte*) berücksichtigen ❻ (*ranger parmi*) **~ qn/qc** **parmi ...** jdn/etw zu ... zählen ❼ (*dénom-* *brer*) zählen ❽ (*avoir l'intention de*) **~ faire** **qc** beabsichtigen etw zu tun; (*espérer*) da-mit rechnen etw zu tun ❾ SCOL (*faute*) an-rechnen **II.** *vi* ❶ (*énumérer*) zählen ❷ (*cal-* *culer*) rechnen; **~ sur ses doigts** an den Fingern abzählen ❸ (*être économe*) **dépen-** **ser sans ~** ausgeben ohne aufs Geld zu se-hen ❹ (*s'appuyer*) **~ sur qn/qc** auf jdn/ etw zählen ❺ (*avoir de l'importance*) zäh-

len; **~ pour qn** jdm etwas bedeuten **III.** *vpr* **se ~** sich mitzählen

compte rendu [kɔ̃tʀɑ̃dy] *m* Bericht *m*

compteur [kɔ̃tœʀ] *m* ❶ Tachometer *m* ❷ (*~* *d'électricité*) Zähler *m*

comptine [kɔ̃tin] *f* Abzählreim *m*

comptoir [kɔ̃twaʀ] *m* Theke *f*

compulser [kɔ̃pylse] <1> *vt* nachschlagen in (+ *dat*)

comte [kɔ̃t] *m* Graf *m*

comté [kɔ̃te] *m* Grafschaft *f*

comtesse [kɔ̃tɛs] *f* Gräfin *f*

con, ne [kɔ̃, kɔn] **I.** *adj parfois inv fam* be-scheuert **II.** *m, f fam* (*homme*) [Voll]idiot *m;* (*femme*) blöde Ziege

conard [kɔnaʀ] *m fam v.* **connard**

conasse [kɔnas] *f fam v.* **connasse**

concasser [kɔ̃kase] <1> *vt* (*roche*) zerklei-nern; (*épices*) zerstoßen; (*grain*) schroten

concave [kɔ̃kav] *adj* konkav

concéder [kɔ̃sede] <5> *vt* (*droit, privilège*) zugestehen, zubilligen

concentration [kɔ̃sɑ̃tʀasjɔ̃] *f* Konzentration *f*

concentré, e [kɔ̃sɑ̃tʀe] *adj* ❶ (*condensé*) konzentriert; **lait ~** Kondensmilch *f* ❷ (*at-* *tentif*) konzentriert

concentrer [kɔ̃sɑ̃tʀe] <1> **I.** *vt* konzentrie-ren **II.** *vpr* **se ~ sur qn/qc** sich auf jdn/etw konzentrieren

concept [kɔ̃sɛpt] *m* Konzept *nt*

conception [kɔ̃sɛpsjɔ̃] *f sans pl* ❶ BIO Emp-fängnis *f* ❷ (*élaboration*) Konzeption *f;* (*d'un produit*) Entwicklung *f* ❸ (*idée*) Auf-fassung *f*

concernant [kɔ̃sɛʀnɑ̃] *prép* bezüglich (+ *gen*)

concerner [kɔ̃sɛʀne] <1> *vt* betreffen; **en** **ce qui concerne qn/qc** was jdn/etw be-trifft

concert [kɔ̃sɛʀ] *m* Konzert *nt*

concertation [kɔ̃sɛʀtasjɔ̃] *f* Abstimmung *f*

concerter [kɔ̃sɛʀte] <1> *vpr* **se ~ sur qc** sich hinsichtlich einer S. (*gen*) besprechen

concerto [kɔ̃sɛʀto] *m* Concerto *nt*

concession [kɔ̃sesjɔ̃] *f* ❶ (*compromis*) Zu-geständnis *nt* ❷ COM Konzession *f*

concessionnaire [kɔ̃sesjɔnɛʀ] *mf* COM Ver-tragshändler(in) *m(f)*

concevable [kɔ̃s(ə)vabl] *adj* denkbar

concevoir [kɔ̃s(ə)vwaʀ] <12> *vt* ❶ *soutenu* (*engendrer*) zeugen ❷ (*se représenter*) be-

greifen ❸ (*élaborer*) konzipieren ❹ (*comprendre*) verstehen
concierge [kɔ̃sjɛʀʒ] *mf* Hausmeister(in) *m(f)*, Abwart/Abwärtin *m/f* (CH)
conciliant, e [kɔ̃siljɑ̃, jɑ̃t] *adj* (*personne*) entgegenkommend
conciliation [kɔ̃siljasjɔ̃] *f* Ausgleich *m;* **tentative de ~** Vermittlungsversuch *m*
concilier [kɔ̃silje] <1> *vt* |miteinander| in Einklang bringen
concis, e [kɔ̃si, iz] *adj* kurz und bündig
concision [kɔ̃sizjɔ̃] *f sans pl* Knappheit *f*
concitoyen, ne [kɔ̃sitwajɛ̃, jɛn] *m, f* Mitbürger(in) *m(f)*
conclu, e [kɔ̃kly] *part passé de* **conclure**
concluant, e [kɔ̃klyɑ̃, ɑ̃t] *adj* stichhaltig
conclure [kɔ̃klyʀ] <irr> I. *vt* ❶ (*marché, pacte*) |ab|schließen ❷ (*terminer*) beenden ❸ (*déduire*) **~ qc de qc** etw aus etw schließen II. *vi* (*terminer*) zum Schluss kommen; **pour ~** um abzuschließen; **~ par qc** mit etw schließen
conclusion [kɔ̃klyzjɔ̃] *f* ❶ (*d'un accord*) Abschluss *m;* (*d'un mariage*) Schließen *nt* ❷ (*fin*) Ende *nt*, Schluss *m;* **en ~** letzten Endes; **~,...** Fazit ... ❸ (*d'une thèse*) |Schluss|folgerung *f*
concombre [kɔ̃kɔ̃bʀ] *m* Gurke *f*
concordance [kɔ̃kɔʀdɑ̃s] *f* ❶ (*accord*) Übereinstimmung *f* ❷ GRAM **~ des temps** Zeitenfolge *f*
concorder [kɔ̃kɔʀde] <1> *vi* übereinstimmen
concourir [kɔ̃kuʀiʀ] <irr> *vi* (*être en compétition*) **~ à qc** am Wettbewerb um etw teilnehmen
concours [kɔ̃kuʀ] *m* ❶ (*compétition*) Wettbewerb *m;* SPORT Wettkampf *m* ❷ (*jeu*) Preisausschreiben *nt* ❸ SCOL, UNIV Aufnahmeprüfung *f* ❹ (*aide*) Beitrag *m*

Zahlreiche Auswahlverfahren für Studienplätze, Beamtenstellen sowie für Beförderungen finden in Frankreich in Form von **concours** statt. Dies sind einheitliche Prüfungen, bei denen eine von vornherein feststehende Zahl von Plätzen oder Posten vergeben wird. Die Auslese ist in der Regel sehr streng, besonders dann, wenn über die Zulassung zum Studium an den Elitehochschulen, den *grandes écoles*, entschieden wird.

concret, -ète [kɔ̃kʀɛ, -ɛt] *adj* konkret
concrètement [kɔ̃kʀɛtmɑ̃] *adv* konkret
concrétiser [kɔ̃kʀetize] <1> I. *vt* (*rêve, projet*) verwirklichen II. *vpr* **se ~** (*projet*) konkrete Formen annehmen; (*rêve*) wahr werden
conçu, e [kɔ̃sy] *part passé de* **concevoir**
concubin, e [kɔ̃kybɛ̃, in] *m, f* Lebensgefährte(in) *m(f)*
concubinage [kɔ̃kybinaʒ] *m* wilde Ehe
concurrence [kɔ̃kyʀɑ̃s] *f sans pl a.* COM Konkurrenz
concurrencer [kɔ̃kyʀɑ̃se] <2> *vt* **~ qn/qc** mit jdm/etw konkurrieren
concurrent, e [kɔ̃kyʀɑ̃, ɑ̃t] I. *adj* konkurrierend II. *m, f* Konkurrent(in) *m(f)*
condamnable [kɔ̃danabl] *adj* verwerflich
condamnation [kɔ̃danasjɔ̃] *f sans pl* JUR *a. fig* Verurteilung *f;* (*peine*) Strafe *f*
condamné, e [kɔ̃dane] *m, f* Strafgefangene(r) *f(m);* **~ à mort** zum Tode Verurteilte(r) *f(m)*
condamner [kɔ̃dane] <1> *vt* ❶ JUR **~ qn à 10 ans de prison** jdn zu 10 Jahren Haft verurteilen ❷ *fig* **~ qn** jdm keine Chancen |mehr| geben ❸ (*obliger*) **~ qn à faire qc** jdn dazu zwingen etw zu tun ❹ (*fenêtre, porte*) versperren
condensation [kɔ̃dɑ̃sasjɔ̃] *f sans pl* Kondensation *f*
condensé [kɔ̃dɑ̃se] *m* Kondensat *nt*
condenser [kɔ̃dɑ̃se] <1> *vt* kondensieren
condescendant, e [kɔ̃desɑ̃dɑ̃, ɑ̃t] *adj* herablassend
condiment [kɔ̃dimɑ̃] *m a. fig* würzige Zutat
condition [kɔ̃disjɔ̃] *f* ❶ (*exigence*) Bedingung *f;* **à ~ que** + *subj* unter der Bedingung, dass; **sans ~|s|** bedingungslos ❷ *pl* COM **~s de livraison** Lieferbedingungen *Pl* ❸ *sans pl* SOCIOL Situation *f* ❹ *sans pl* (*forme*) Kondition *f* ❺ *pl* (*cadre*) **~s de travail/vie** Arbeits-/Lebensbedingungen *Pl* ❻ *pl* (*circonstances*) Umstände *Pl;* **dans ces ~s** unter diesen Bedingungen ❼ (*rang social*) soziale Stellung
conditionnel [kɔ̃disjɔnɛl] *m* Konditional *m;* **~ présent** Konditionalpräsens *nt*
conditionnelle [kɔ̃disjɔnɛl] *f* GRAM Konditionalsatz *m*
conditionnement [kɔ̃disjɔnmɑ̃] *m* Präsentation *f,* Aufmachung *f*
conditionner [kɔ̃disjɔne] <1> *vt* ❶ (*embal-*

ler) verpacken ❷ (*traiter*) haltbar machen
condoléances [kɔ̃dɔleãs] *fpl* |**toutes**| **mes ~! mein Beileid!**
conducteur, -trice [kɔ̃dyktœʀ, -tʀis] I. *adj* PHYS leitend II. *m, f* Fahrer(in) *m(f)*; ~ **de TGV** TGV-Lokführer *m*
conduire [kɔ̃dɥiʀ] <irr> I. *vi* ❶ fahren ❷ (*aboutir*) führen II. *vt* ❶ AUT steuern ❷ (*emmener*) bringen ❸ (*guider, mener*) führen ❹ (*diriger*) leiten; (*pays*) führen III. *vpr* **se ~** sich benehmen
conduit [kɔ̃dɥi] *m* |Rohr|leitung *f*
conduit, e [kɔ̃dɥi, it] *part passé de* **conduire**
conduite [kɔ̃dɥit] *f* ❶ AUT **leçon de ~** Fahrstunde *f*; **~ accompagnée** *für Jugendliche ab 16 erlaubtes Fahren im Beisein eines erwachsenen Führerscheinbesitzers* ❷ (*comportement*) Benehmen *nt* ❸ (*tuyau*) Leitung *f*

> Jugendliche ab 16 Jahren dürfen in Frankreich in Begleitung eines Erwachsenen mit einer Sondergenehmigung Auto fahren. Die so genannte **conduite accompagnée** erkennen andere Autofahrer an einem Aufkleber, auf dem ein kleines schwarzes Männchen am Steuer neben einem größeren zu sehen ist.

cône [kon] *m* Kegel *m*; **en** |**forme de**| ~ kegelförmig
confection [kɔ̃fɛksjɔ̃] *f* ❶ GASTR Zubereitung *f* ❷ *sans pl* (*prêt-à-porter*) Bekleidungsindustrie *f*
confectionner [kɔ̃fɛksjɔne] <1> *vt* ❶ GASTR zubereiten ❷ (*fabriquer*) anfertigen
confédération [kɔ̃federasjɔ̃] *f* POL Konföderation *f*, Staatenbund *m*
conférence [kɔ̃feʀãs] *f* ❶ (*exposé*) Vortrag *m* ❷ (*réunion*) *a*. POL Konferenz *f*; **être en ~** in einer Sitzung sein
conférencier, -ière [kɔ̃feʀãsje, -jɛʀ] *m, f* Vortragende(r) *f(m)*
confesser [kɔ̃fese] <1> I. *vt* (*péché*) beichten II. *vpr* **se ~ à qn** bei jdm beichten
confesseur [kɔ̃fesœʀ] *m* Beichtvater *m*
confession [kɔ̃fesjɔ̃] *f* ❶ (*religion*) Konfession *f* ❷ (*aveu*) Geständnis *nt*
confessionnal [kɔ̃fesjɔnal, o] < -aux> *m* Beichtstuhl *m*
confessionnel, le [kɔ̃fesjɔnɛl] *adj* konfessionell

confetti [kɔ̃feti] *m* Konfetti *nt*
confiance [kɔ̃fjãs] *f sans pl* Vertrauen *nt*
confiant, e [kɔ̃fjã, jãt] *adj* ❶ (*sans méfiance*) vertrauensselig; ~ **en qn/qc** auf jdn/etw vertrauend ❷ (*sûr de soi*) selbstbewusst
confidence [kɔ̃fidãs] *f* vertrauliche Mitteilung
confident, e [kɔ̃fidã, ãt] *m, f* Vertraute(r) *f(m)*
confidentiel, le [kɔ̃fidãsjɛl] *adj* vertraulich
confier [kɔ̃fje] <1> I. *vt* anvertrauen; ~ **une mission à qn** jdn mit einem Auftrag betrauen II. *vpr* **se ~** sich anvertrauen
configuration [kɔ̃figyʀasjɔ̃] *f* Beschaffenheit *f*
confiné, e [kɔ̃fine] *adj* (*reclus*) eingesperrt
confirmation [kɔ̃fiʀmasjɔ̃] *f* ❶ (*preuve, document*) Bestätigung *f* ❷ REL (*catholique*) Firmung *f*; (*protestante*) Konfirmation *f*
confirmer [kɔ̃fiʀme] <1> I. *vt* bestätigen II. *vpr* **se ~** sich bewahrheiten
confiserie [kɔ̃fizʀi] *f* (*sucrerie*) Süßigkeit *f*
confiseur, -euse [kɔ̃fizœʀ, -øz] *m, f* Süßwarenfabrikant(in) *m(f)*
confisquer [kɔ̃fiske] <1> *vt* ~ **un objet** einen Gegenstand abnehmen; (*police*) einen Gegenstand beschlagnahmen
confit [kɔ̃fi] *m* ~ **d'oie** Gänse-Confit *nt* (*im eigenen Fett gebratenes Fleisch*)
confit, e [kɔ̃fi, it] *adj* (*fruits*) kandiert
confiture [kɔ̃fityʀ] *f* Marmelade *f*
conflictuel, le [kɔ̃fliktɥɛl] *adj* (*pulsions, intérêts*) entgegengesetzt
conflit [kɔ̃fli] *m* Konflikt *m*; **~s sociaux** soziale Spannungen *Pl*
confluent [kɔ̃flyã] *m* Zusammenfluss *m*
confondre [kɔ̃fɔ̃dʀ] <14> *vt* durcheinander bringen
conforme [kɔ̃fɔʀm] *adj* **certifié ~** |amtlich| beglaubigt; **être ~ à qc** mit etw übereinstimmen
conformément [kɔ̃fɔʀmemã] *adv* ~ **aux termes de votre courrier du ...** *form* mit Bezug auf Ihr Schreiben vom ...
conformiste [kɔ̃fɔʀmist] *adj* angepasst
conformité [kɔ̃fɔʀmite] *f* Übereinstimmung *f*
confort [kɔ̃fɔʀ] *m* Komfort *m*
confortable [kɔ̃fɔʀtabl] *adj* bequem
confortablement [kɔ̃fɔʀtabləmã] *adv* bequem
confrère [kɔ̃fʀɛʀ] *m* Kollege *m*

confrérie [kɔ̃fʀeʀi] *f* Bruderschaft *f*

confrontation [kɔ̃fʀɔ̃tasjɔ̃] *f* Konfrontation *f*

confronter [kɔ̃fʀɔ̃te] <1> *vt* konfrontieren

confus, e [kɔ̃fy, yz] *adj* ❶ (*indistinct*) undeutlich ❷ (*embrouillé*) konfus ❸ (*embarrassé*) verwirrt

confusion [kɔ̃fyzjɔ̃] *f* ❶ *sans pl* (*embarras*) Verlegenheit *f* ❷ (*erreur*) Verwechslung *f* ❸ *sans pl* (*agitation*) Unruhe *f*

congé [kɔ̃ʒe] *m* ❶ Urlaub *m*; SCOL [Schul]ferien *Pl*; UNIV Semesterferien; **~s payés** bezahlter Urlaub; **être en ~ de maladie** krankgeschrieben sein ❷ (*salutation*) **prendre ~ de qn/qc** sich von jdm/etw verabschieden

congédier [kɔ̃ʒedje] <1> *vt* (*employé*) entlassen

congélateur [kɔ̃ʒelatœʀ] *m* Tiefkühltruhe *f*

congeler [kɔ̃ʒ(ə)le] <4> *vt* einfrieren; **être congelé** tiefgefroren sein

congénital, e [kɔ̃ʒenital, o] <-aux> *adj a. fig* angeboren

congère [kɔ̃ʒɛʀ] *m* Schneewehe *f*

congestion [kɔ̃ʒɛstjɔ̃] *f* MED Schlaganfall *m*; **~ cérébrale** [Ge]hirnschlag *m*; **~ pulmonaire** [leichte] Lungenentzündung

Congo [kɔ̃go] *m* **le ~** der Kongo

congrégation [kɔ̃gʀegasjɔ̃] *f* Kongregation *f*

congrès [kɔ̃gʀɛ] *m* Kongress *m*

conifère [kɔnifɛʀ] *m* Nadelbaum *m*

conique [kɔnik] *adj* kegelförmig

conjoint, e [kɔ̃ʒwɛ̃, wɛ̃t] *m, f form* [Ehe]gatte/-gattin *m/f*

conjointement [kɔ̃ʒwɛ̃tmɑ̃] *adv* zusammen

conjonctif, -ive [kɔ̃ʒɔ̃ktif, -iv] *adj* (*tissu*) Binde-

conjonction [kɔ̃ʒɔ̃ksjɔ̃] *f* LING Konjunktion *f*, Bindewort *nt*

conjonctive [kɔ̃ʒɔ̃ktiv] *f* ANAT Bindehaut *f*

conjonctivite [kɔ̃ʒɔ̃ktivit] *f* Bindehautentzündung *f*

conjoncture [kɔ̃ʒɔ̃ktyʀ] *f* ❶ *sans pl* (*situation*) Bedingungen *Pl* ❷ *sans pl* ECON Konjunktur *f*

conjoncturel, le [kɔ̃ʒɔ̃ktyʀɛl] *adj* (*crise, cycle*) Konjunktur-

conjugaison [kɔ̃ʒygɛzɔ̃] *f* Konjugation *f*

conjugal, e [kɔ̃ʒygal, o] <-aux> *adj* ehelich, (*lit, vie*) Ehe-

conjuguer [kɔ̃ʒyge] <1> *vt* ❶ LING konjugieren ❷ (*unir*) vereinigen

conjurer [kɔ̃ʒyʀe] <1> *vt* ❶ (*éviter*) abwen-

den ❷ (*supplier*) beschwören

connaissance [kɔnɛsɑ̃s] *f* ❶ *sans pl* (*fait de connaître*) Kenntnis *f*; **prendre ~ de qc** etw zur Kenntnis nehmen; **pas à ma ~** nicht, dass ich wüsste ❷ *pl* (*choses apprises*) Kenntnisse *Pl* ❸ (*personne*) Bekannte(r) *f(m)*, Bekanntschaft *f*; **faire la ~ de qn** die Bekanntschaft von jdm machen ❹ (*lucidité*) Bewusstsein *nt*; **sans ~** bewusstlos

connaisseur, -euse [kɔnɛsœʀ, -øz] I. *adj* Kenner- II. *m, f* Kenner(in) *m(f)*

connaître [kɔnɛtʀ] <irr> I. *vt* ❶ kennen; (*nom, adresse*) wissen; **comme je te connais, ...** wie ich dich kenne, ... ❷ (*comprendre*) **~ son métier** sein Handwerk verstehen ❸ (*rencontrer*) kennen lernen; **faire ~ qn à qn** jdn mit jdm bekannt machen ❹ (*éprouver*) erleben; **~ un succès fou** (*personne*) einen Riesenerfolg haben; (*film*) ein Riesenerfolg sein II. *vpr* ❶ **se ~** sich kennen ❷ (*être spécialiste*) **s'y ~** etwas davon verstehen; **s'y ~ en ordinateurs** sich [gut] mit Computern auskennen

connard [kɔnaʀ] *m fam* [Voll]idiot *m*

connasse [kɔnas] *f fam* blöde Ziege

connecter [kɔnɛkte] <1> I. *vt* anschließen an (+ *akk*); **~ des ordinateurs en réseau** Computer vernetzen II. *vpr* **se ~ au réseau/sur Internet** sich ins Netz/ins Internet einloggen

connerie [kɔnʀi] *f fam* ❶ *sans pl* (*stupidité*) Schwachsinn *m* ❷ (*acte*) Quatsch *m kein Pl*

connexion [kɔnɛksjɔ̃] *f a.* INFORM Verbindung *f*

connotation [kɔnɔtasjɔ̃] *f* Konnotation *f*

connu, e [kɔny] I. *part passé de* **connaître** II. *adj* bekannt

conquérant, e [kɔ̃keʀɑ̃, ɑ̃t] *m, f* Eroberer/Eroberin *m/f*

conquérir [kɔ̃keʀiʀ] <irr> *vt* erobern

conquête [kɔ̃kɛt] *f* Eroberung *f*

conquis, e [kɔ̃ki, iz] *part passé de* **conquérir**

consacré, e [kɔ̃sakʀe] *adj* ❶ (*église*) geweiht ❷ (*adéquat*) üblich

consacrer [kɔ̃sakʀe] <1> I. *vt* ❶ (*vie*) widmen ❷ REL weihen II. *vpr* **se ~ à qn/qc** sich jdm/einer S. widmen

consanguin, e [kɔ̃sɑ̃gɛ̃, in] *adj* (*mariage*) zwischen Blutsverwandten

consciemment [kɔ̃sjamɑ̃] *adj* bewusst

C

conscience [kɔ̃sjɑ̃s] *f* ❶ *sans pl* PSYCH Bewusstsein *nt*; **avoir/prendre ~ de qc** sich (*dat*) einer S. (*gen*) bewusst sein/werden ❷ *sans pl* (*sens moral*) **une bonne/mauvaise ~** ein gutes/schlechtes Gewissen

consciencieusement [kɔ̃sjɑ̃sjøzmɑ̃] *adv* gewissenhaft

consciencieux, -euse [kɔ̃sjɑ̃sjø, -jøz] *adj* gewissenhaft

conscient, e [kɔ̃sjɑ̃, jɑ̃t] *adj* ❶ (*informé*) bewusst; **être ~ de qc** sich (*dat*) einer S. (*gen*) bewusst sein ❷ (*lucide*) bei Bewusstsein

consécration [kɔ̃sekrasjɔ̃] *f* (*d'une carrière*) Krönung *f*

consécutif, -ive [kɔ̃sekytif, -iv] *adj* ❶ (*à la file*) aufeinander folgendend ❷ (*résultant de*) **~ à qc** durch eine S. hervorgerufen

conseil [kɔ̃sɛj] *m* ❶ (*recommandation*) Rat-[schlag *m*] *m*; **demander ~ à qn** jdn um Rat fragen ❷ (*personne*) Berater(in) *m(f)* ❸ (*assemblée: privée*) Vorstand *m*; (*publique*) Verwaltungsrat *m*; **Conseil exécutif** CH Regierungsrat (CH); **Conseil fédéral** CH Bundesrat (CH); **~ général** *oberstes Exekutivorgan eines Departements*; **~ municipal /régional** Gemeinde-/Regionalrat; **Conseil national** CH Nationalrat (CH); **~ de l'Europe** Europarat; **~ de classe** Schulkonferenz *f*

conseiller [kɔ̃seje] <1> *vt* ❶ (*recommander*) raten; (*vin*) empfehlen ❷ (*guider*) **~ qn dans qc** jdn bei etw beraten

conseiller, -ère [kɔ̃seje, -ɛʀ] *m*, *f* Berater(in) *m(f)*

consensus [kɔ̃sɛ̃sys] *m* Konsens *m*

consentant, e [kɔ̃sɑ̃tɑ̃, ɑ̃t] *adj* **être ~** einverstanden sein

consentement [kɔ̃sɑ̃tmɑ̃] *m* Zustimmung *f*

consentir [kɔ̃sɑ̃tiʀ] <10> I. *vi* **~ à qc** einer S. (*dat*) zustimmen; **~ à faire qc/à ce que** + *subj* damit einverstanden sein etw zu tun/, dass II. *vt* gewähren

conséquence [kɔ̃sekɑ̃s] *f* Folge *f*; **avoir qc pour ~** etw zur Folge haben; **en ~** (*donc*) infolgedessen; (*conformément à cela*) [dem]-entsprechend

conséquent, e [kɔ̃sekɑ̃, ɑ̃t] *adj* ❶ (*cohérent*) konsequent; **par ~** folglich ❷ *fam* (*considérable*) beachtlich

conservateur, -trice [kɔ̃sɛʀvatœʀ, -tʀis] I. *adj* ❶ POL konservativ ❷ GASTR **agent ~** Konservierungsstoff *m* II. *m*, *f* ❶ (*d'un mu-*

sée) Verwalter(in) *m(f)* ❷ POL Konservative(r) *f(m)*

conservation [kɔ̃sɛʀvasjɔ̃] *f* (*d'un monument*) Instandhaltung *f*; (*d'un aliment*) Aufbewahrung *f*

conservatisme [kɔ̃sɛʀvatism] *m* Konservatismus *m*

conservatoire [kɔ̃sɛʀvatwaʀ] *m* MUS Konservatorium *nt*; THEAT Schauspielschule *f*

conserve [kɔ̃sɛʀv] *f* Konserve *f*; **en ~** aus der Dose

conserver [kɔ̃sɛʀve] <1> I. *vt* ❶ (*papiers, aliments*) aufbewahren ❷ GASTR konservieren ❸ (*ne pas perdre*) behalten; (*tradition*) pflegen; (*habitude*) beibehalten II. *vpr* **se ~** sich halten

considérable [kɔ̃sideʀabl] *adj* beachtlich

considérablement [kɔ̃sideʀabləmɑ̃] *adv* beachtlich

considération [kɔ̃sideʀasjɔ̃] *f* ❶ *pl* (*raisonnement*) Überlegungen *pl* ❷ (*estime*) Ansehen *nt* ❸ (*attention*) **prendre qn/qc en ~** jdn/etw berücksichtigen

considérer [kɔ̃sideʀe] <5> *vt* ❶ überdenken; (*détail*) bedenken ❷ (*contempler*) [eingehend] betrachten ❸ (*penser*) **~ que ...** finden, dass ...

consigne [kɔ̃siɲ] *f* ❶ *sans pl* AUT Gepäckaufbewahrung *f*; **~ automatique** Schließfach *nt* ❷ *sans pl* COM Pfand *nt* ❸ (*instructions*) Anweisungen *pl*, Vorschriften *pl*

consigné, e [kɔ̃siɲe] *adj* (*bouteille*) Pfand-

consigner [kɔ̃siɲe] <1> *vt* ❶ (*mettre à la consigne: bagages*) zur Aufbewahrung geben ❷ (*facturer*) **qc est consigné** auf etw (*akk*) wird Pfand erhoben

consistance [kɔ̃sistɑ̃s] *f* Konsistenz *f*

consistant, e [kɔ̃sistɑ̃, ɑ̃t] *adj* ❶ (*épais*) dickflüssig ❷ *fam* (*substantiel*) gehaltvoll ❸ (*argument*) stichhaltig

consister [kɔ̃siste] <1> *vi* ❶ (*se composer de*) **~ en qc** aus etw bestehen ❷ (*être*) **~ en qc** in etw (*dat*) bestehen; **~ à faire qc** darin bestehen etw zu tun

consœur [kɔ̃sœʀ] *f* Kollegin *f*; *v.a.* **confrère**

consolation [kɔ̃sɔlasjɔ̃] *f* Trost *m*

console [kɔ̃sɔl] *f* *a.* TECH Konsole *f*

consoler [kɔ̃sɔle] <1> *vt*, *vpr* [**se**] **~** [sich] trösten

consolider [kɔ̃sɔlide] <1> *vt* sichern; (*mur*) befestigen

consommable [kɔ̃sɔmabl] *adj* essbar

C

consommateur, -trice [kɔ̃sɔmatœʀ, -tʀis] *m, f* ❶ (*acheteur*) Verbraucher(in) *m(f)* ❷ (*client*) Gast *m*

consommation [kɔ̃sɔmasjɔ̃] *f* ❶ *sans pl* ~ **de qc** Verbrauch *m* an etw (*dat*); ECON Konsum *m* an etw (*dat*) ❷ (*boisson*) Getränk *nt*

consommé [kɔ̃sɔme] *m* [Kraft]brühe *f*

consommer [kɔ̃sɔme] <1> I. *vi* ❶ (*boire*) etwas zu sich (*dat*) nehmen ❷ (*acheter*) konsumieren II. *vt* ❶ GASTR zu sich (*dat*) nehmen ❷ (*user*) verbrauchen III. *vpr* **qc se consomme chaud** etw wird warm gegessen; (*boisson*) etw wird warm getrunken; **à ~ avant le ...** mindestens haltbar bis ...

consonance [kɔ̃sɔnɑ̃s] *f* MUS Konsonanz *f*

consonne [kɔ̃sɔn] *f* Konsonant *m*

conspirateur, -trice [kɔ̃spiʀatœʀ, -tʀis] *m, f* Verschwörer(in) *m(f)*

conspiration [kɔ̃spiʀasjɔ̃] *f* Verschwörung *f*

conspirer [kɔ̃spiʀe] <1> *vi* konspirieren

constamment [kɔ̃stamɑ̃] *adv* ununterbrochen

constance [kɔ̃stɑ̃s] *f* Beständigkeit *f*

Constance [kɔ̃stɑ̃s] Konstanz *nt*

constant, e [kɔ̃stɑ̃, ɑ̃t] *adj* ❶ (*invariable*) konstant ❷ (*continuel*) ständig

constat [kɔ̃sta] *m* Protokoll *nt;* ~ **à l'amiable** Unfallaufnahme *f* (*ohne die Polizei hinzuzuziehen*)

constatation [kɔ̃statasjɔ̃] *f* Feststellung *f*

constater [kɔ̃state] <1> *vt* feststellen

constellation [kɔ̃stelasjɔ̃] *f* ASTRO Sternbild *nt*

consternant, e [kɔ̃stɛʀnɑ̃, ɑ̃t] *adj* erschütternd

consternation [kɔ̃stɛʀnasjɔ̃] *f* Betroffenheit *f*

consterné, e [kɔ̃stɛʀne] *adj* bestürzt

consterner [kɔ̃stɛʀne] <1> *vt* betroffen machen

constipation [kɔ̃stipasjɔ̃] *f* Verstopfung *f*

constipé, e [kɔ̃stipe] *adj* ❶ MED verstopft ❷ *fam* verklemmt

constituant, e [kɔ̃stitɥɑ̃, ɑ̃t] *adj* ❶ POL verfassungsgebend ❷ (*constitutif*) **les éléments ~s de qc** die Bestandteile einer S. (*gen*)

constitué, e [kɔ̃stitɥe] *adj* ❶ (*composé*) **être ~ de qc** aus etw bestehen ❷ (*conformé*) **bien ~** gut entwickelt

constituer [kɔ̃stitɥe] <1> I. *vt* ❶ (*composer*) bilden ❷ (*gouvernement*) bilden; (*dossier*) anlegen ❸ (*représenter*) darstellen II. *vpr* JUR **se ~ témoin** als Zeuge auftreten

constitution [kɔ̃stitysjɔ̃] *f* ❶ POL Verfassung *f;* **la Constitution** die Frz. Verfassung ❷ *sans pl* (*d'un groupe*) Bildung *f;* (*dossier*) Anlage *f* ❸ *sans pl* (*composition*) Zusammensetzung *f*

constitutionnel, le [kɔ̃stitysjɔnɛl] *adj* verfassungskonform

constructeur [kɔ̃stʀyktœʀ] *m* ❶ (*ingénieur*) Konstrukteur(in) *m(f)* ❷ (*firme*) Hersteller *m* ❸ (*bâtisseur*) Baumeister(in) *m(f)*

constructif, -ive [kɔ̃stʀyktif, -iv] *adj* konstruktiv

construction [kɔ̃stʀyksjɔ̃] *f* ❶ *sans pl* (*action*) Bau *m;* **la ~ de l'Europe** *fig* der Aufbau Europas ❷ (*édifice*) Bauwerk *nt*, Konstruktion *f*

construire [kɔ̃stʀɥiʀ] <irr> *vt* ❶ (*bâtir*) bauen ❷ (*fabriquer*) herstellen ❸ (*élaborer*) aufstellen

consul [kɔ̃syl] *m* Konsul(in) *m(f)*

consulat [kɔ̃syla] *m* Konsulat *nt*

consultant, e [kɔ̃syltɑ̃, ɑ̃t] I. *adj* beratend II. *m, f* Berater(in) *m(f)*

consultation [kɔ̃syltasjɔ̃] *f* ❶ *sans pl* (*d'un ouvrage*) Nachschlagen *nt* in (+ *dat*); (*d'un agenda, d'un horaire*) Nachsehen *nt* in (+ *dat*) ❷ (*séance*) Beratung *f;* (*médicale*) Sprechstunde *f* ❸ CH (*prise de position*) Stellungnahme *f*, Vernehmlassung *f* (CH)

consulter [kɔ̃sylte] <1> I. *vi* Sprechstunde haben II. *vt* ❶ (*demander avis*) zu Rate ziehen; (*médecin*) aufsuchen ❷ (*ouvrage*) nachschlagen in (+ *dat*); (*agenda*) nachsehen in (+ *dat*)

consumer [kɔ̃syme] <1> *vt, vpr* [se] ~ [sich] verbrennen

contact [kɔ̃takt] *m* ❶ *sans pl* (*toucher*) Kontakt *m*, Berührung *f;* **entrer/être en ~** (*choses*) in Berührung treten/stehen ❷ (*rapport*) Kontakt *m;* **au ~ de qn** im Umgang *m* mit jdm; **entrer en ~** Kontakt aufnehmen; **rester en ~** in Verbindung bleiben ❸ ELEC, AUT Kontakt *m;* **couper/mettre le ~** den Motor abstellen/anlassen

contacter [kɔ̃takte] <1> *vt* ~ **qn/qc** sich mit jdm/etw in Verbindung setzen

contagieux, -euse [kɔ̃taʒjø, -jøz] *adj* ansteckend

contagion [kɔ̃taʒjɔ̃] f Ansteckung f
container [kɔ̃tɛnɛʀ] m Behälter m
contamination [kɔ̃taminasjɔ̃] f (d'une personne) Ansteckung f
contaminer [kɔ̃tamine] <1> vt (milieu) verseuchen; ~ qn (personne) jdn anstecken; (virus) jdn infizieren
conte [kɔ̃t] m Märchen nt
contemplation [kɔ̃tɑ̃plasjɔ̃] f sans pl Betrachtung f
contempler [kɔ̃tɑ̃ple] <1> vt, vpr [se] ~ [sich] betrachten
contemporain, e [kɔ̃tɑ̃pɔʀɛ̃, ɛn] I. adj zeitgenössisch; (français) heutig II. m, f Zeitgenosse/-genossin m/f
contenance [kɔ̃t(ə)nɑ̃s] f ❶ (d'un récipient) Inhalt m; (d'un réservoir) Fassungsvermögen nt ❷ (attitude) Haltung f
contenant [kɔ̃t(ə)nɑ̃] m Behältnis nt
conteneur [kɔ̃t(ə)nœʀ] m Container m
contenir [kɔ̃t(ə)niʀ] <9> I. vt ❶ (renfermer) enthalten ❷ (rire) unterdrücken; (foule) in Schach halten II. vpr se ~ sich beherrschen
content, e [kɔ̃tɑ̃, ɑ̃t] adj ❶ (heureux) ~ de qc erfreut über etw (akk); très ~ glücklich; être ~ pour qn sich für jdn freuen; être ~ de faire qc/que + subj sich freuen etw zu tun/, dass ❷ (satisfait) ~ de qn/qc zufrieden mit jdm/etw
contentement [kɔ̃tɑ̃tmɑ̃] m sans pl Zufriedenheit f
contenter [kɔ̃tɑ̃te] <1> I. vt (personne) zufrieden stellen II. vpr se ~ de qc sich mit etw zufrieden geben
contenu [kɔ̃t(ə)ny] m Inhalt m
contenu, e [kɔ̃t(ə)ny] adj unterdrückt
conter [kɔ̃te] <1> vt ne pas s'en laisser ~ sich (akk) nichts vormachen lassen
contestable [kɔ̃tɛstabl] adj zweifelhaft; (argument) fraglich
contestataire [kɔ̃tɛstatɛʀ] I. adj oppositionell; (mouvement) Protest- II. mf Systemgegner(in) m(f)
contestation [kɔ̃tɛstasjɔ̃] f Einwand m
contester [kɔ̃tɛste] <1> I. vi widersprechen II. vt in Frage stellen
conteur, -euse [kɔ̃tœʀ, tøz] m, f Märchendichter(in) m(f)
contexte [kɔ̃tɛkst] m a. LING Kontext m, Zusammenhang m
continent [kɔ̃tinɑ̃] m ❶ GEO Kontinent m ❷ (opp: île) Festland nt

continental, e [kɔ̃tinɑ̃tal, o] < -aux> adj Kontinental-
contingences [kɔ̃tɛ̃ʒɑ̃s] fpl Belanglosigkeiten Pl
contingent [kɔ̃tɛ̃ʒɑ̃] m ❶ MIL [Truppen]kontingent nt ❷ (part) a. COM [An]teil m
continu [kɔ̃tiny] m sans pl en ~ ohne Pause
continu, e [kɔ̃tiny] adj (ligne) durchgehend; (effort, bruit) kontinuierlich
continuation [kɔ̃tinɥasjɔ̃] f Weiterführung f
continuel, le [kɔ̃tinɥɛl] adj ständig
continuellement [kɔ̃tinɥɛlmɑ̃] adv ununterbrochen
continuer [kɔ̃tinɥe] <1> I. vi ❶ (se poursuivre) weitergehen ❷ (poursuivre) weitermachen; (à pied) weitergehen; (en voiture) weiterfahren ❸ (persister) weitermachen; ~ à faire qc fortfahren etw zu tun II. vt ❶ fortsetzen; (exposé) fortfahren mit ❷ (prolonger) verlängern
continuité [kɔ̃tinɥite] f Kontinuität f
contorsionner [kɔ̃tɔʀsjɔne] <1> vpr se ~ sich verrenken
contour [kɔ̃tuʀ] m Umrisse Pl
contourner [kɔ̃tuʀne] <1> vt ❶ ~ qc (route) um etw herumführen; (personne) um etw herumgehen; (en véhicule) um etw herumfahren ❷ (éluder) umgehen
contraceptif [kɔ̃tʀasɛptif] m Verhütungsmittel nt
contraceptif, -ive [kɔ̃tʀasɛptif, -iv] adj empfängnisverhütend
contraception [kɔ̃tʀasɛpsjɔ̃] f [Empfängnis]verhütung f
contracté, e [kɔ̃tʀakte] adj (tendu) angespannt
contracter [kɔ̃tʀakte] <1> I. vt ANAT anspannen II. vpr se ~ sich zusammenziehen; (visage) sich verzerren
contraction [kɔ̃tʀaksjɔ̃] f ❶ (action) Zusammenziehen nt ❷ (état) Anspannung f ❸ pl (lors d'un accouchement) Wehen Pl
contractuel, le [kɔ̃tʀaktɥɛl] m, f (agent) Hilfspolizist/Politesse m/f
contradiction [kɔ̃tʀadiksjɔ̃] f sans pl Widerspruch m
contradictoire [kɔ̃tʀadiktwaʀ] adj widersprüchlich
contraignant, e [kɔ̃tʀɛɲɑ̃, ɑ̃t] adj zwingend; (horaire) streng [festgelegt]
contraindre [kɔ̃tʀɛ̃dʀ] <irr> vt ~ qn à qc jdn zu etw zwingen

contraint, e [kɔ̃tʀɛ̃, ɛ̃t] *adj* gezwungen

contrainte [kɔ̃tʀɛ̃t] *f* Zwang *m*

contraire [kɔ̃tʀɛʀ] **I.** *adj* ❶ (*opposé*) entgegengesetzt; (*preuve*) Gegen- ❷ (*incompatible*) ~ **à l'usage** gegen die Gewohnheit ❸ (*défavorable*) ungünstig **II.** *m* Gegenteil *nt*; **bien** [*o* **tout**] **au** ~ ganz im Gegenteil

contrairement [kɔ̃tʀɛʀmɑ̃] *adv* ~ **à qn/qc** im Gegensatz zu jdm/entgegen etw

contralto [kɔ̃tʀalto] *m* Kontraalt *m*

contrariant, e [kɔ̃tʀaʀjɑ̃, jɑ̃t] *adj* ärgerlich

contrarier [kɔ̃tʀaʀje] <1> *vt* ❶ (*fâcher*) ärgern ❷ (*projets*) durchkreuzen

contrariété [kɔ̃tʀaʀjete] *f sans pl* Verärgerung *f*

contraste [kɔ̃tʀast] *m a.* TV Kontrast *m*

contraster [kɔ̃tʀaste] <1> *vi* ~ **avec qc** im Gegensatz zu etw stehen

contrat [kɔ̃tʀa] *m* Vertrag *m*; ~ **de travail** Arbeitsvertrag; **passer/conclure un** ~ **avec qn** mit jdm einen Vertrag [ab]schließen

contravention [kɔ̃tʀavɑ̃sjɔ̃] *f* ❶ (*procès-verbal*) Strafzettel *m* (*fam*) ❷ (*amende*) Geldstrafe *f*

contre [kɔ̃tʀ] **I.** *prép* ❶ (*proximité, contact: avec mouvement*) an (+ *akk*); (*sans mouvement*) an (+ *dat*); **venir tout** ~ **qn** sich [eng] an jdn schmiegen ❷ (*opposition, échange*) gegen ❸ (*proportion*) zu (+ *dat*), gegen; **ils se battaient à dix** ~ **un** sie waren zehn gegen einen **II.** *adv* (*opposition*) dagegen; **je n'ai rien** ~ ich habe nichts dagegen; **par** ~ dagegen

contre-attaque [kɔ̃tʀatak] *f* Gegenangriff *m*

contrebalancer [kɔ̃tʀəbalɑ̃se] <2> **I.** *vt* ausgleichen **II.** *vpr* **s'en** ~ *fam* sich darüber lustig machen

contrebande [kɔ̃tʀəbɑ̃d] *f* ❶ (*activité*) Schmuggel *m* ❷ (*marchandise*) Schmuggelware *f*

contrebandier, -ière [kɔ̃tʀəbɑ̃dje, -jɛʀ] *m, f* Schmuggler(in) *m(f)*

contrebas [kɔ̃tʀəba] *adv* **en** ~ unterhalb

contrebasse [kɔ̃tʀəbas] *f* Kontrabass *m*

contrecarrer [kɔ̃tʀəkaʀe] <1> *vt* vereiteln

contrecœur [kɔ̃tʀəkœʀ] *adv* **à** ~ widerwillig

contrecoup [kɔ̃tʀəku] *m* Folge *f*

contre-courant [kɔ̃tʀəkuʀɑ̃] *m* **à** ~ gegen den Strom

contredanse [kɔ̃tʀədɑ̃s] *f fam* ❶ (*procès-*

C

verbal) Strafzettel *m* ❷ (*amende*) Geldstrafe *f*

contredire [kɔ̃tʀədiʀ] <irr> **I.** *vt* ~ **qn/qc** jdm/einer S. widersprechen **II.** *vpr* **se** ~ sich (*dat*) widersprechen

contre-espionnage [kɔ̃tʀɛspjɔnaʒ] *m sans pl* |Spionage|abwehr *f* **contre-exemple** [kɔ̃tʀɛgzɑ̃pl] *m* Gegenbeispiel *nt* **contre-expertise** [kɔ̃tʀɛkspɛʀtiz] *f* Gegengutachten *nt*

contrefaçon [kɔ̃tʀəfasɔ̃] *f* Fälschung *f*

contrefaire [kɔ̃tʀəfɛʀ] <irr> *vt* fälschen

contrefait, e [kɔ̃tʀəfɛ, ɛt] *adj* (*imité*) gefälscht

contrefort [kɔ̃tʀəfɔʀ] *m* ARCHIT Strebepfeiler *m*

contre-indication [kɔ̃tʀɛ̃dikasjɔ̃] *f* Gegenanzeige *f* **contre-indiqué, e** [kɔ̃tʀɛ̃dike] *adj* ❶ MED **être** ~ nicht geeignet sein ❷ (*déconseillé*) nicht ratsam **contre-jour** [kɔ̃tʀəʒuʀ] *m* Gegenlicht *nt*

contremaître, -esse [kɔ̃tʀəmɛtʀ, -ɛs] *m, f* Vorarbeiter(in) *m(f)*

contre-offensive [kɔ̃tʀɔfɑ̃siv] *f* Gegenangriff *m*

contrepartie [kɔ̃tʀəpaʀti] *f* **en** ~ als Gegenleistung [*o* Entschädigung]; (*par contre*) andererseits

contre-pied [kɔ̃tʀəpje] *m sans pl* [genaues] Gegenteil **contre-plaqué** [kɔ̃tʀəplake] *m sans pl* Sperrholz *nt* **contre-plongée** [kɔ̃tʀəplɔ̃ʒe] *f* CINE, TV Aufnahme *f* von unten

contrepoids [kɔ̃tʀəpwa] *m* Gegengewicht *nt*

contrepoison [kɔ̃tʀəpwazɔ̃] *m* Gegengift *nt* **contre-productif, -ive** [kɔ̃tʀəpʀɔdyktif, -iv] *adj* kontraproduktiv

contrer [kɔ̃tʀe] <1> *vt* ~ **qn/qc** jdm Kontra geben/etw durchkreuzen

contre-révolution [kɔ̃tʀəʀevɔlysjɔ̃] *f* Gegenrevolution *f*

contresens [kɔ̃tʀəsɑ̃s] *m* Fehlinterpretation *f*; (*dans une traduction*) Übersetzungsfehler *m*

contresigner [kɔ̃tʀəsiɲe] <1> *vt* gegenzeichnen

contretemps [kɔ̃tʀətɑ̃] *m* **j'ai eu un** ~ mir ist etwas dazwischengekommen

contrevenir [kɔ̃tʀəv(ə)niʀ] <9> *vi* ~ **à qc** gegen etw verstoßen

contribuable [kɔ̃tʀibɥabl] *mf* Steuerzahler(in) *m(f)*

contribuer [kɔ̃tʀibɥe] <1> *vi* ~ **à qc** zu etw beitragen

contribution [kɔ̃tʀibysjɔ̃] *f* ❶ ~ **à qc** Beitrag *m* zu etw; **mettre qn à ~ pour qc** jds Dienste bei etw in Anspruch nehmen ❷ *pl* (*impôts*) Steuern *Pl*

contrit, e [kɔ̃tʀi] *adj* reuevoll

contrôle [kɔ̃tʀol] *m* ❶ (*des passeports*) Kontrolle *f;* (*de la caisse*) Prüfung *f;* (*douane*) Zoll *m;* ~ **d'identité** Ausweiskontrolle; ~ **technique** ≈ TÜV ❷ *sans pl* (*surveillance*) Aufsicht *f* ❸ SCOL Arbeit *f*, Test *m;* ~ **de géographie** Erdkundetest ❹ (*maîtrise*) **garder/perdre le ~ de qc** die Kontrolle über etw (*akk*) behalten/verlieren

In Frankreich muss ein Kraftfahrzeug alle zwei Jahre auf seine Fahrtüchtigkeit und seine Abgasemissionen hin überprüft werden. Dies geschieht im Rahmen der **contrôles techniques**. Wenn das Fahrzeug verkehrssicher ist und die Abgase der Norm entsprechen, bekommt man einen Aufkleber, der auf der Windschutzscheibe angebracht werden muss.

contrôler [kɔ̃tʀole] <1> I. *vt* ❶ kontrollieren; (*liste, affirmation*) überprüfen; (*comptes*) prüfen ❷ (*prix*) überwachen ❸ (*maîtriser*) unter Kontrolle haben II. *vpr* **se ~** sich beherrschen

contrôleur, -euse [kɔ̃tʀolœʀ, -øz] *m, f* AUT Kontrolleur(in) *m(f)*

contrordre [kɔ̃tʀɔʀdʀ] *m* Gegenbefehl *m*

controverse [kɔ̃tʀɔvɛʀs] *f* Kontroverse *f*

controversé, e [kɔ̃tʀɔvɛʀse] *adj* umstritten

contusion [kɔ̃tyzjɔ̃] *f* Prellung *f*

convaincant, e [kɔ̃vɛ̃kɑ̃, ɑ̃t] *adj* überzeugend

convaincre [kɔ̃vɛ̃kʀ] <irr> *vt* ❶ (*persuader*) überzeugen ❷ JUR überführen

convaincu, e [kɔ̃vɛ̃ky] *part passé de* **convaincre**

convalescence [kɔ̃valesɑ̃s] *f* Genesung *f*

convalescent, e [kɔ̃valesɑ̃, ɑ̃t] I. *m, f* Genesende(r) *f(m)* II. *adj* auf dem Wege der Besserung

convenable [kɔ̃vnabl] *adj* ❶ (*adéquat*) passend ❷ (*correct*) anständig ❸ (*salaire*) angemessen; (*vin*) ordentlich

convenablement [kɔ̃vnabləmɑ̃] *adv* ❶ (*ha-* *billé*) passend; (*être équipé*) entsprechend ❷ (*se tenir, s'habiller*) anständig ❸ (*de manière acceptable*) ordentlich

convenance [kɔ̃vnɑ̃s] *f pl* (*bon usage*) Anstand *m*

convenir[1] [kɔ̃vniʀ] <9> I. *vi* ❶ (*aller*) ~ **à qn** jdm passen; (*climat, nourriture*) jdm bekommen ❷ (*être approprié*) ~ **à qc** zu etw passen II. *vi impers* **il convient de** es ist angebracht; **comme il convient** wie es sich gehört

convenir[2] [kɔ̃vniʀ] <9> I. *vt, vi* ~ **de qc/ que …** etw zugeben/zugeben, dass … II. *vt impers* **il est convenu que** + *subj* es ist abgemacht, dass; **comme convenu** wie vereinbart

convention [kɔ̃vɑ̃sjɔ̃] *f* ❶ (*accord*) Abkommen *nt* ❷ (*règle*) Konvention *f*

conventionné, e [kɔ̃vɑ̃sjɔne] *adj* (*établissement*) Vertrags-; (*médecin*) Kassen-

conventionnel, le [kɔ̃vɑ̃sjɔnɛl] *adj* konventionell

convenu, e [kɔ̃vny] I. *part passé de* **convenir** II. *adj* vereinbart

convergence [kɔ̃vɛʀʒɑ̃s] *f* ❶ (*des lignes*) Zusammenlaufen *nt;* (*des intérêts*) Übereinstimmung *f* ❷ (*UE*) Konvergenz *f*

convergent, e [kɔ̃vɛʀʒɑ̃, ʒɑ̃t] *adj* (*lignes, routes*) zusammenlaufend; (*points de vue, intérêts*) übereinstimmend

converger [kɔ̃vɛʀʒe] <2a> *vi* (*intérêts*) übereinstimmen; **les regards convergent sur** [*o* **vers**] **qn/qc** die Blicke richten sich auf jdn/etw

conversation [kɔ̃vɛʀsasjɔ̃] *f* Unterhaltung *f*, Gespräch *nt;* ~ **téléphonique** Telefongespräch; **changer de ~** vom Thema ablenken

conversion [kɔ̃vɛʀsjɔ̃] *f* ❶ REL Übertritt *m*, Konvertieren *nt* ❷ FIN Umtausch *m*

converti, e [kɔ̃vɛʀti] I. *adj* bekehrt II. *m, f* Konvertit(in) *m(f)*

convertible [kɔ̃vɛʀtibl] *adj* ~ **en qc** konvertierbar in etw (*akk*)

convertir [kɔ̃vɛʀtiʀ] <8> I. *vt* ❶ ~ **qn à une religion** jdn zu einer Religion bekehren ❷ (*transformer*) ~ **des dollars en euros** Dollar in Euro umrechnen ❸ INFORM konvertieren II. *vpr* (*adopter*) **se ~** konvertieren

convexe [kɔ̃vɛks] *adj* konvex

conviction [kɔ̃viksjɔ̃] *f* Überzeugung *f*

convier [kɔ̃vje] <1> *vt soutenu* ~ **qn à un repas** jdn zu einem Essen laden

convive [kɔ̃viv] *mf gén pl* Gast *m*

convivial, e [kɔ̃vivjal, jo] < -aux> *adj* ❶ gesellig ❷ INFORM benutzerfreundlich

convocation [kɔ̃vɔkasjɔ̃] *f* ❶ (*action*) Einberufung *f* ❷ JUR Vorladung *f* ❸ SCOL [schriftliche] Aufforderung [zu erscheinen]

convoi [kɔ̃vwa] *m* ❶ (*véhicules*) Konvoi *m*; ~ **militaire** Militärkolonne *f* ❷ CHEMDFER Zug *m*

convoiter [kɔ̃vwate] <1> *vt* begehren

convoitise [kɔ̃vwatiz] *f* Begierde *f*

convoquer [kɔ̃vɔke] <1> *vt* ❶ bestellen; (*assemblée*) einberufen ❷ JUR vorladen

convoyer [kɔ̃vwaje] <6> *vt* ~ **qc** den Transport von etw bewachen

convoyeur [kɔ̃vwajœʀ] *m* TECH Förderer *m*

convulser [kɔ̃vylse] <1> *vt* (*visage, traits*) verzerren

convulsif, -ive [kɔ̃vylsif, -iv] *adj* krampfhaft; (*toux*) krampfartig

convulsion [kɔ̃vylsjɔ̃] *f gén pl* MED Zuckung *f*

cool [kul] *adj inv fam* cool; **super** ~ total cool; **c'est** ~! das sieht cool aus!

coopérant, e [kɔɔpeʀɑ̃, ɑ̃t] *m, f* Entwicklungshelfer(in) *m(f)*

coopératif, -ive [kɔ(ɔ)peʀatif, -iv] *adj* kooperativ

coopération [kɔɔpeʀasjɔ̃] *f a.* POL Kooperation *f*, Zusammenarbeit *f*

coopérative [kɔ(ɔ)peʀativ] *f* Genossenschaft *f*

coopérer [kɔɔpeʀe] <5> *vi* zusammenarbeiten; ~ **à qc** bei etw mitwirken

coordinateur, -trice [kɔɔʀdinatœʀ, -tʀis] *m, f v.* **coordonnateur**

coordination [kɔɔʀdinasjɔ̃] *f sans pl* Koordination *f*

coordonnateur, -trice [kɔɔʀdɔnatœʀ, -tʀis] I. *adj* koordinierend; (*bureau*) Koordinations- II. *m, f* Koordinator(in) *m(f)*; **être** ~ **de qc** etw koordinieren

coordonné, e [kɔɔʀdɔne] *adj* aufeinander abgestimmt

coordonnées [kɔɔʀdɔne] *f* ❶ *pl fam* **les** ~ **de qn** jds Adresse *f* und Telefonnummer *f* ❷ MATH Koordinate *f*

coordonner [kɔɔʀdɔne] <1> *vt* koordinieren

copain, copine [kɔpɛ̃, kɔpin] *m, f fam* Freund(in) *m(f)*, Kamerad(in) *m(f)*; **de vieux** ~**s** alte Kumpel *Pl*; **être très** ~ **avec qn** mit jdm eng befreundet sein; **petit** ~/**petite copine** [fester] Freund/[feste] Freundin

copeau [kɔpo] <x> *m* Span *m*

Copenhague [kɔpεnag] Kopenhagen *nt*

copie [kɔpi] *f* ❶ (*double*) Kopie *f*; ~ **de sécurité** [o **de sauvegarde**] INFORM Sicherheitskopie *f* ❷ (*produit*) Imitation *f* ❸ (*feuille double*) Doppelbogen *m* ❹ (*devoir*) Arbeit *f*

copier [kɔpje] <1> I. *vt* ❶ (*transcrire*) abschreiben ❷ (*photocopier*) [foto]kopieren ❸ (*imiter*) nachmachen II. *vi* SCOL ~ **sur qn** bei jdm abschreiben

copieur [kɔpjœʀ] *m* Kopierer *m*

copieur, -euse [kɔpjœʀ, -jøz] *m, f* SCOL Abschreiber(in) *m(f)*

copieusement [kɔpjøzmɑ̃] *adv* reichlich

copieux, -euse [kɔpjø, -jøz] *adj* reichlich

copilote [kɔpilɔt] *mf* ❶ AVIAT Kopilot(in) *m(f)* ❷ AUT Beifahrer(in) *m(f)*

copinage [kɔpinaʒ] *m péj fam* Vetternwirtschaft *f*

copine [kɔpin] *f v.* **copain**

coproduction [kɔpʀɔdyksjɔ̃] *f* Koproduktion *f*

copropriétaire [kɔpʀɔpʀijetεʀ] *mf* Miteigentümer(in) *m(f)*

copuler [kɔpyle] <1> *vi* (*animal*) kopulieren; (*personne*) Geschlechtsverkehr haben

copyright [kɔpiʀajt] *m inv* Urheberrecht *nt*

copyrighté, e [kɔpiʀajte] *adj* urheberrechtlich geschützt

coq [kɔk] *m a.* GASTR Hahn *m*

coq-à-l'âne [kɔkalɑn] *m inv* Gedankensprung *m*

coque [kɔk] *f* ❶ TECH Rumpf *m* ❷ ZOOL Herzmuschel *f*

coquelet [kɔklε] *m* Hähnchen *nt*

coquelicot [kɔkliko] *m* [Klatsch]mohn *m*

coqueluche [kɔklyʃ] *f* MED Keuchhusten *m*

coquet, te [kɔkε, εt] *adj* ❶ (*élégant*) **être** ~ eitel sein ❷ (*charmant*) nett ❸ *fam* (*important*) stolz

coquetier [kɔktje] *m* Eierbecher *m*

coquetterie [kɔkεtʀi] *f* ❶ (*d'une personne*) Eitelkeit *f* ❷ (*désir de plaire*) Koketterie *f*

coquillage [kɔkijaʒ] *m* Muschel *f*

coquille [kɔkij] *f* ❶ ZOOL (*de l'escargot*) [Schnecken]haus *nt*; (*des mollusques*) Schale *f*; (*d'un œuf*) [Eier]schale; ~ **Saint-Jacques** GASTR Jakobsmuschel ❷ TYP Druckfehler *m*

coquillettes [kɔkijɛt] *fpl* Hörnchen *Pl*

coquin, e [kɔkɛ̃, in] I. *adj* ❶ (*espiègle*) schelmisch ❷ (*grivois*) anzüglich II. *m, f* Frechdachs *m*

cor [kɔr] *m* Horn *nt*

corail [kɔraj, kɔro] <coraux> I. *m* Koralle *f* II. *app inv* korallenrot

Coran [kɔrã] *m* le ~ der Koran

coranique [kɔranik] *adj* koranisch; (*loi a.*) des Koran; (*école*) Koran-

corbeau [kɔrbo] <x> *m* Rabe *m*

corbeille [kɔrbɛj] *f* Korb *m*; ~ à papier/ pain Papier-/Brotkorb

corbillard [kɔrbijar] *m* Leichenwagen *m*

cordage [kɔrdaʒ] *m* ❶ (*corde*) Tau *nt* ❷ NAUT Takelage *f*

corde [kɔrd] *f* ❶ (*lien, câble*) Strick *m*; (*d'un alpiniste, d'une balançoire*) Seil *nt*; (*d'un bateau*) Leine *f*; ~ à sauter Springseil ❷ MUS Saite *f*; *pl* Streichinstrumente *Pl* ❸ SPORT (*d'une raquette*) Saite *f*; (*d'un arc*) Sehne *f* ❹ ANAT ~s vocales Stimmbänder *Pl*

cordial, e [kɔrdjal, jo] <-aux> *adj* herzlich

cordialement [kɔrdjalmã] *adv* herzlich

cordialité [kɔrdjalite] *f sans pl* Herzlichkeit *f*

cordillère [kɔrdijɛr] *f* Gebirgskette *f*; ~ des Andes Andenkordilleren *Pl*

cordon [kɔrdɔ̃] *m* Schnur *f*

cordon-bleu [kɔrdɔ̃blø] <cordonsbleus> *m fam* fabelhafter Koch/fabelhafte Köchin *m/f*

cordonnier, -ière [kɔrdɔnje, -jɛr] *m, f* Schuster(in) *m(f)*

Corée [kɔre] *f* la ~ Korea *nt*; la ~ du Nord/ du Sud Nord-/Südkorea

coréen [kɔreɛ̃] *m* Koreanisch *nt*; *v.a.* allemand

coréen, ne [kɔreɛ̃, ɛn] *adj* koreanisch; *v.a.* allemand

Coréen, ne [kɔreɛ̃, ɛn] *m, f* Koreaner(in) *m(f)*

coriace [kɔrjas] *adj* zäh

coriandre [kɔrjɑ̃dr] *f* Koriander *m*

cormoran [kɔrmɔrã] *m* Kormoran *m*

corne [kɔrn] *f* ZOOL Horn *nt*

cornée [kɔrne] *f* ANAT Hornhaut *f* [des Auges]

corneille [kɔrnɛj] *f* Krähe *f*

cornélien, ne [kɔrneljɛ̃, jɛn] *adj* (*situation*) qualvoll; (*personnage*) wie bei Corneille; la tragédie ~ne die Corneillesche Tragödie

cornemuse [kɔrnəmyz] *f* Dudelsack *m*

corner¹ [kɔrne] <1> *vt* ~ une page die Ecke einer Seite umknicken

corner² [kɔrnɛr] *m* SPORT Eckball *m*

cornet [kɔrnɛ] *m* GASTR [Papier]tüte *f*; (*d'une glace*) Waffeltüte

corniche [kɔrniʃ] *f* ❶ ARCHIT Sims *nt o m* ❷ (*escarpement*) [Fels]vorsprung *m* ❸ (*route*) Straße an einer Steilküste, einem Steilhang

cornichon [kɔrniʃɔ̃] *m* Gürkchen *nt*

cornu, e [kɔrny] *adj* gehörnt

corolle [kɔrɔl] *f* Blütenkrone *f*

coron [kɔrɔ̃] *m* Bergarbeitersiedlung *f*

coronaire [kɔrɔnɛr] *adj* ANAT Herzkranz-

corporation [kɔrpɔrasjɔ̃] *f* ❶ (*association*) Körperschaft *f*; (*d'artisans*) Innung *f* ❷ HIST (*d'artisans*) Zunft *f*; (*de commerçants*) Gilde *f*

corporel, le [kɔrpɔrɛl] *adj* körperlich

corps [kɔr] *m* ❶ ANAT Körper *m* ❷ (*cadavre*) Leiche *f* ❸ (*défunt*) Leichnam *m* ❹ CHIM Substanz *f* ❺ (*groupe*) Körperschaft *f*; ~ médical Ärzteschaft *f*

corpulence [kɔrpylɑ̃s] *f* être de forte ~ korpulent sein

corpulent, e [kɔrpylɑ̃, ɑ̃t] *adj* korpulent

corpus [kɔrpys] *m* Korpus *nt*

correct, e [kɔrɛkt] *adj* ❶ (*exact*) korrekt; c'est ~ CAN (*ça va*) [das] ist/geht in Ordnung ❷ (*convenable*) korrekt ❸ *fam* (*acceptable*) annehmbar

correctement [kɔrɛktəmã] *adv* richtig; (*se conduire, s'habiller*) korrekt

correcteur, -trice [kɔrɛktœr, -tris] *m, f* SCOL, TYP Korrektor(in) *m(f)*

correction [kɔrɛksjɔ̃] *f* ❶ (*action*) Korrektur *f*, Verbesserung *f* ❷ (*châtiment*) recevoir une bonne ~ eine ordentliche Tracht Prügel *Pl* bekommen ❸ (*bienséance*) Korrektheit *f*

correctionnel, le [kɔrɛksjɔnɛl] *adj* Straf-

correctionnelle [kɔrɛksjɔnɛl] *f fam* passer en ~ sich vor der Strafkammer verantworten müssen

corrélation [kɔrelasjɔ̃] *f* [direkter] Zusammenhang

corres [kɔrɛs] *mf fam abr de* **correspondant(e)**

correspondance [kɔrɛspɔ̃dãs] *f* ❶ (*échange de lettres*) Briefwechsel *m* ❷ COM Schriftverkehr *m* ❸ AUT Anschluss *m;* **nous avons une ~ à Stuttgart** wir steigen in Stuttgart um

correspondancier, -ière [kɔʀɛspɔ̃dɑ̃sje, -jɛʀ] *m, f* Korrespondent(in) *m(f)*

correspondant, e [kɔʀɛspɔ̃dɑ̃, ɑ̃t] I. *adj* entsprechend II. *m, f* ❶ *(contact)* Briefpartner(in) *m(f);* (*d'un jeune*) Brieffreund(in) *m(f)* ❷ *(au téléphone)* Gesprächspartner *m* ❸ COM [Geschäfts]partner *m* ❹ MEDIA Korrespondent(in) *m(f)*

correspondre [kɔʀɛspɔ̃dʀ] <14> I. *vi* ❶ *(être en contact)* **~ avec qn** mit jdm im Briefwechsel stehen; **~ par fax/courrier électronique** per Fax/E-Mail korrespondieren ❷ AUT **~ avec qc** Anschluss an etw *(akk)* haben ❸ *(aller avec)* **~ à qc** zu etw gehören ❹ *(s'accorder avec, être l'équivalent de)* **~ à qc** etw *(dat)* entsprechen II. *vpr* **se ~** sich entsprechen

corrida [kɔʀida] *f* Stierkampf *m*

corridor [kɔʀidɔʀ] *m* Korridor *m*

corrigé [kɔʀiʒe] *m* Lösung *f*

corriger [kɔʀiʒe] <2a> I. *vt* ❶ *(relever les fautes)* korrigieren ❷ *(supprimer les fautes)* verbessern ❸ *(rectifier)* korrigieren; *(théorie, prévisions)* revidieren; *(mauvaise habitude)* abstellen ❹ *(punir)* schlagen II. *vpr* **se ~** sich bessern

corroborer [kɔʀɔbɔʀe] <1> *vt* erhärten

corroder [kɔʀɔde] <1> *vt (oxyder)* angreifen

corrompre [kɔʀɔ̃pʀ] <irr> *vt* bestechen

corrompu, e [kɔʀɔ̃py] I. *part passé de* **corrompre** II. *adj* ❶ *(malhonnête)* korrupt ❷ *(pervertir)* verdorben

corrosif, -ive [kɔʀozif, -iv] *adj* ❶ *(caustique)* korrosiv ❷ *(acerbe)* bissig

corrosion [kɔʀozjɔ̃] *f* Korrosion *f*

corruptible [kɔʀyptibl] *adj* bestechlich

corruption [kɔʀypsjɔ̃] *f* Korruption *f*

corsage [kɔʀsaʒ] *m* Bluse *f*

corsaire [kɔʀsɛʀ] *m* Freibeuter *m*

corse [kɔʀs] I. *adj* korsisch; *v.a.* **allemand** II. *m* Korsisch *nt; v.a.* **allemand**

Corse [kɔʀs] *f* **la ~** Korsika *nt* II. *mf* Corse/Korsin *m/f*

corsé, e [kɔʀse] *adj* ❶ *(épicé)* scharf [gewürzt]; *(vin)* vollmundig; *(café)* aromatisch ❷ *(compliqué)* knifflig

corser [kɔʀse] <1> I. *vt (mets)* würzen; *(situation)* komplizieren II. *vpr* **se ~** spannend werden

corset [kɔʀsɛ] *m* Korsett *nt*

cortège [kɔʀtɛʒ] *m* Zug *m;* REL Prozession *f*

cortex [kɔʀtɛks] *m* Rinde *f;* **~ cérébral** Großhirn *nt*

cortisone [kɔʀtizɔn] *f* Kortison *nt*

corvée [kɔʀve] *f* ❶ *(obligation pénible)* lästige Pflicht ❷ CH *(travail non payé, fait de plein gré)* Fronarbeit *f* (CH)

cosaque [kɔzak] *m* Kosak *m*

cosinus [kɔsinys] *m* MATH Kosinus *m*

cosmétique [kɔsmetik] *adj* kosmetisch

cosmique [kɔsmik] *adj* kosmisch

cosmonaute [kɔsmɔnot] *mf* Kosmonaut(in) *m(f)*

cosmopolite [kɔsmɔpɔlit] *adj* kosmopolitisch

cosmos [kɔsmos] *m* Kosmos *m*

cosse [kɔs] *f* BOT Hülse *f*

cossu, e [kɔsy] *adj* wohlhabend

costaud, e [kɔsto, od] *adj fam* ❶ *(fort)* kräftig ❷ *(solide)* robust

costume [kɔstym] *m* ❶ *(complet)* [Herren]anzug *m* ❷ *(d'époque, de théâtre)* Kostüm *nt; (d'un pays)* Tracht *f*

costumer [kɔstyme] <1> *vpr* **se ~ en clown** sich als Clown verkleiden

costumier, -ière [kɔstymje, -jɛʀ] *m, f* ❶ *(loueur)* Kostümverleiher(in) *m(f)* ❷ *(fabricant)* Kostümschneider(in) *m(f)* ❸ THEAT, CINE Gewandmeister(in) *m(f)*

cotation [kɔtasjɔ̃] *f* FIN [Börsen]notierung *f*

cote [kɔt] *f* ❶ FIN [Kurs]notierung *f* ❷ *(popularité)* Beliebtheit *f*

coté, e [kɔte] *adj* beliebt

côte [kot] *f* ❶ *(littoral)* Küste *f;* **la ~ atlantique** die Atlantikküste ❷ *(pente qui monte)* Steigung *f* ❸ *(pente qui descend)* [Ab]hang *m* ❹ ANAT Rippe *f* ❺ GASTR Kotelett *nt; ~ de bœuf* T-Bone-Steak *nt* ▸**~ à ~** Seite *f* an Seite

côté, e [kote] I. *m* ❶ *(partie latérale)* Seite *f;* **des deux ~s de qc** auf beiden/beide Seiten einer S. *(gen);* **du ~ de ...** im Bereich von ... ❷ *(aspect)* Seite *f;* **par certains ~s** in mancher Hinsicht ❸ *(direction)* Richtung *f; suivi d'un subst sans art* -seite; **de quel ~ allez-vous?** in welche Richtung gehen Sie? ❹ *(parti)* Seite *f;* **du ~ de qn** auf jds Seite *(akk o dat);* **aux ~s de qn** an jds Seite *(dat);* **de mon ~** ich meinerseits ▸**d'un ~ ..., de l'autre** [~] einerseits ..., andererseits; **laisser qn/qc de ~** jdn links liegen/etw beiseite lassen **II.** *adv* ❶ (*à proximité*) **à ~** (*chambre*) nebenan ❷ (*en comparaison*) **à ~** daneben ❸ (*en plus*) **à ~** nebenher ❹ (*voisin*) **les gens [d']** **à ~** die Leute von nebenan **III.** *prép* ❶ (*à proximité de*) **à ~ de qn/jdn/etw;** **juste à ~ de qc** direkt neben etw (*akk o dat*) ❷ (*en comparaison de*) **à ~ de qn/qc** gemessen an jdm/etw ❸ (*hors de*) **à ~ de qc** neben etw (*akk o dat*)

coteau [kɔto] <x> *m* ❶ (*versant*) Hang *m* ❷ (*vignoble*) Weinberg *m*

Côte d'Azur [kotdazyʀ] *f* **la ~** die Côte d'Azur

Côte d'Ivoire [kotdivwaʀ] *f* **la ~** die Elfenbeinküste

côtelé, e [kot(ə)le] *adj* gerippt

côtelette [kotlɛt] *f* GASTR Kotelett *nt*

coter [kɔte] <1> *vt* ❶ FIN [an der Börse] notieren ❷ (*apprécier*) **la voiture est cotée à l'Argus** das Auto steht auf der Zeitwerttabelle

côtier, -ière [kotje, -jɛʀ] *adj* Küsten-

cotillons [kɔtijɔ̃] *mpl* Partyartikel *Pl* (*Konfetti, Papierschlangen, -hütchen etc*)

cotisant, e [kɔtizɑ̃, ɑ̃t] *m, f* Beitragszahler(in) *m(f)*; (*d'un club*) [zahlendes] Mitglied

cotisation [kɔtizasjɔ̃] *f* Beitrag *m*

cotiser [kɔtize] <1> **I.** *vi* **~ à qc** [seine] Beiträge zu etw entrichten **II.** *vpr* **se ~ pour faire qc** zusammenlegen um etw zu tun

coton [kɔtɔ̃] *m* ❶ Baumwolle *f* ❷ (*fil*) [Baumwoll]garn *nt* ❸ (*ouate*) Wattebausch *m*; **du ~** Watte *f*

cotonnade [kɔtɔnad] *f* Baumwollstoff *m*

coton-tige® [kɔtɔ̃tiʒ] <cotons-tiges> *m* Wattestäbchen *nt*

côtoyer [kotwaje] <6> **I.** *vt soutenu* **~ qn** mit jdm verkehren **II.** *vpr soutenu* **se ~** miteinander verkehren

cou [ku] *m* Hals *m*; **je fais ... cm de tour de ~** ich trage Kragengröße ...

couchage [kuʃaʒ] *m* Liegefläche *f*

couchant [kuʃɑ̃] **I.** *adj* **au soleil ~** bei Sonnenuntergang *m* **II.** *m* Westen *m*

couche [kuʃ] *f* ❶ *a.* GEO, METEO, SOCIOL Schicht *f* ❷ (*lange*) Windel *f* ❸ MED **fausse ~** Fehlgeburt *f*

couché, e [kuʃe] *adj* ❶ liegend; **être ~** liegen ❷ (*au lit*) **rester ~** im Bett bleiben

couche-culotte [kuʃkylɔt] <couches-culottes> *f* Windelhöschen *nt*

coucher [kuʃe] <1> **I.** *vi* ❶ schlafen; **~ à l'hôtel** im Hotel übernachten ❷ *fam* **~ avec qn** mit jdm schlafen **II.** *vt* ❶ (*mettre au lit*) ins Bett bringen ❷ legen; (*bouteille*) liegend lagern **III.** *vpr* **se ~** ❶ (*aller au lit*) ins Bett gehen ❷ (*s'allonger*) sich [hin]legen ❸ (*soleil*) untergehen **IV.** *m* **au ~ du soleil** bei Sonnenuntergang

couchette [kuʃɛt] *f* Liege|wagen|platz *m*

couci-couça [kusikusa] *adv fam* so lala

coucou [kuku] **I.** *m* ❶ (*oiseau*) Kuckuck *m* ❷ (*pendule*) Kuckucksuhr *f* ❸ *péj* (*vieil avion*) [alte] Mühle **II.** *interj* kuckuck

coude [kud] *m* ❶ ANAT Ell|en|bogen *m* ❷ (*courbure*) Biegung *f* ▸ **~ à ~** Seite an Seite

coudre [kudʀ] <irr> **I.** *vi* nähen **II.** *vt* ❶ (*assembler*) zusammennähen ❷ (*fixer*) **~ un bouton à qc** einen Knopf an etw (*akk*) annähen; **~ une pièce sur qc** ein Teil auf etw (*akk*) aufnähen

coudrier [kudʀije] *m* BOT Haselstrauch *m*

couenne [kwan] *f* Schwarte *f*

couette [kwɛt] *f* ❶ Federbett *nt* ❷ *gén pl* (*coiffure*) Rattenschwänzchen *nt* (*fam*)

couffin [kufɛ̃] *m* [Baby]tragekorb *m*

couillon, ne [kujɔ̃, jɔn] *m, f fam* Blödmann *m*

couillonner [kujɔne] <1> *vt fam* reinlegen

couiner [kwine] <1> *vi* (*rat, porc*) quieken; (*porte*) quietschen

coulant, e [kulɑ̃, ɑ̃t] *adj* ❶ *fam* kulant ❷ (*pâte*) flüssig; (*fromage*) so weich, dass er läuft

coulée [kule] *f* **~ de lave** Lavastrom *m*

couler [kule] <1> **I.** *vi* ❶ (*s'écouler*) fließen; (*fortement*) strömen ❷ (*préparer*) **faire ~ un bain à qn** jdm ein Bad einlassen ❸ (*robinet*) tropfen; (*récipient*) lecken; (*stylo*) auslaufen ❹ (*goutter*) laufen; (*œil*) tränen ❺ (*sombrer*) untergehen **II.** *vt* ❶ **~ du plomb dans un moule** Blei in eine Form gießen ❷ (*sombrer*) versenken

couleur [kulœʀ] *f* ❶ Farbe *f*; **d'une seule ~** einfarbig; **de plusieurs ~s** mehrfarbig ❷ (*linge*) Buntwäsche *f* ❸ POL [politische] Couleur *f*

couleuvre [kulœvʀ] *f* Natter *f*

coulis [kuli] *m* **~ de framboises** Himbeersoße *f*

coulissant, e [kulisɑ̃, ɑ̃t] *adj* Schiebe-

coulisse [kulis] *f souvent pl a.* THEAT Kulisse

f

coulisser [kulise] <1> *vi* [in einer Schiene] laufen

couloir [kulwar] *m* ❶ *a.* CHEMDFER, AVIAT Gang *m*, Flur *m* ❷ GEO Schlucht *f* ❸ AUT ~ **aérien** Luftkorridor *m*

coup [ku] *m* ❶ (*agression*) Schlag *m;* **donner un ~ à qn** jdn schlagen; **~ de poing/ de pied** Faustschlag/Fußtritt *m;* **~ de couteau** Messerstich *m* ❷ (*bruit*) Klopfen *nt;* **~ de sifflet** Pfiff *m* ❸ (*heurt*) Stoß *m* ❹ (*décharge*) ~ [**de feu**] Schuss *m* ❺ (*choc moral*) Schlag *m* ❻ (*action rapide*) **d'un ~ de crayon** mit wenigen schnellen [Bleistift]strichen *Pl;* **~ de fil** [*o* **téléphone**] Anruf *m* ❼ SPORT **le ~ droit** die Vorhand; **~ franc** Freistoß *m* ❽ JEUX Zug *m* ❾ (*manifestation brusque*) **~ de tonnerre** Donnerschlag *m;* **~ de foudre** Liebe *f* auf den ersten Blick; **~ de soleil** Sonnenbrand *m* ❿ (*action*) Coup *m;* **~ d'État** Staatsstreich *m;* **être sur un ~** gerade etwas aushecken ⓫ (*quantité bue*) Schluck *m;* **boire un ~** *fam* einen trinken ▶**prendre un ~ de <u>froid</u>** sich erkälten; **donner un ~ de <u>main</u> à qn** jdm zur Hand gehen; **jeter un ~ d'<u>œil</u> sur le feu** ein Auge auf das Feuer (*akk*) haben; **avoir un ~ de <u>pompe</u>** *fam* einen Durchhänger haben; **ça <u>vaut</u> le ~ de faire qc** es lohnt sich etw zu tun; **du <u>même</u> ~** gleichzeitig; **du <u>premier</u> ~** auf Anhieb; **d'un <u>seul</u> ~** auf ein Mal; **tout <u>à</u> ~** plötzlich; **<u>après</u> ~** im Nachhinein; **<u>du</u> ~** *fam* darum

coupable [kupabl] I. *adj* ❶ (*fautif*) schuldig ❷ (*condamnable*) verwerflich II. *mf* ❶ (*responsable*) Schuldige(r) *f(m)* ❷ (*malfaiteur*) Täter(in) *m(f)*

coupant, e [kupã, ãt] *adj* scharf

coup-de-poing [kudpwɛ̃] *adj inv* (*opération, politique*) knallhart

coupe [kup] *f* ❶ (*verre*) Trinkschale *f;* **une ~ de champagne** ein Glas *nt* Champagner ❷ (*récipient*) Schale *f* ❸ SPORT Pokal *m;* (*épreuve*) Pokal[wettbewerb *m*] *m;* **la ~ du monde de football** die Fußballweltmeisterschaft

coupe-circuit [kupsirkɥi] <coupe-circuits> *m* Sicherung *f* **coupe-faim** [kupfɛ̃] <coupe-faim[s]> *m* Appetitzügler *m* **coupe-feu** [kupfø] <coupe-feu[x]> I. *m* [Brand]schneise *f* II. *app inv* **porte ~** Brandschutztür *f*

coupelle [kupɛl] *f* Schälchen *nt*

coupe-ongle [kupɔ̃gl] <coupe-ongles> *m* Nagelknipser *m* **coupe-papier** [kuppapje] *m inv* Brieföffner *m*

couper [kupe] <1> I. *vi* ❶ (*être tranchant*) schneiden; **attention, ça coupe!** Achtung, das ist scharf! ❷ (*prendre un raccourci*) abkürzen ❸ (*interrompre*) unterbrechen ❹ TELEC **ne coupez pas!** bleiben Sie am Apparat! ❺ CINE **coupez!** Schnitt! ❻ JEUX abheben II. *vt* ❶ schneiden; (*tête, branche*) abschneiden; (*gorge*) durchschneiden; (*volaille*) aufschneiden; (*poisson*) zerlegen; (*arbre*) fällen ❷ (*isoler*) **être coupé de toute civilisation** von jeglicher Zivilisation abgeschnitten sein ❸ (*texte*) kürzen; (*film*) schneiden; (*passage*) herausnehmen ❹ (*ligne téléphonique*) unterbrechen; (*communication, relations*) abbrechen; **~ l'eau/ l'électricité à qn** jdm das Wasser/den Strom abstellen; (*faim*) nehmen ❺ (*route*) versperren; **~ la respiration à qn** jdm den Atem nehmen ❻ (*diluer*) verdünnen ❼ JEUX abheben III. *vpr* ❶ **se ~** sich schneiden; **se ~ la main** sich (*akk o dat*) in die Hand schneiden ❷ (*trancher*) **se ~ les ongles** sich (*dat*) die Nägel schneiden; **se ~ du pain** sich (*dat*) Brot abschneiden

couperet [kuprɛ] *m* Schlachtermesser *nt*

couperose [kuproz] *f* Kupferrose *f*

coupe-vent [kupvã] <coupe-vent[s]> *m* Windjacke *f*

couple [kupl] I. *m* [Liebes]paar *nt* II. *f* CAN *fam* **une ~ de qc** (*quelques*) ein paar etw

couplet [kuplɛ] *m* Strophe *f*

coupole [kupɔl] *f* Kuppel *f*

coupon [kupɔ̃] *m* ❶ COUT Stoffrest *m* ❷ (*bon*) Abschnitt *m*

coupon-réponse [kupɔ̃repɔ̃s] <coupons-réponse> *m* Antwortkarte *f*

coupure [kupyr] *f* ❶ Schnittwunde *f* ❷ PRESSE **~ de presse** Zeitungsausschnitt *m* ❸ (*interruption*) **~ d'électricité** Unterbrechung *f* der Stromversorgung ❹ (*billet*) **petites ~s** kleine Scheine *Pl* ❺ (*changement*) Einschnitt *m*

cour [kur] *f* ❶ (*d'un bâtiment*) Hof *m;* **~ de l'école** Schulhof ❷ JUR **la Cour suprême** der oberste Gerichtshof ▶**<u>faire</u> la ~ à qn** jdm den Hof machen

courage [kuraʒ] *m* ❶ Mut *m;* **bon ~!** nur Mut! ❷ (*ardeur*) **avec ~** eifrig

C

courageusement [kuraʒøzmã] *adv* tapfer

courageux, -euse [kuraʒø, -ʒøz] *adj* mutig; (*soldat, attitude*) tapfer

couramment [kuramã] *adv* ❶ (*parler*) fließend ❷ (*souvent*) häufig

courant [kurã] *m* ❶ ELEC Strom *m* ❷ (*cours d'eau*) Strömung *f* ❸ (*dans l'air*) Luftstrom *m*; ~ **d'air** [Luft]zug *m*; (*gênant*) Durchzug; **il y a un ~ d'air** es zieht ❹ (*mouvement*) Bewegung *f* ❺ (*cours*) **dans le ~ de la journée** im Laufe des Tages ►**être au ~ de qc** über etw (*akk*) auf dem Laufenden sein

courant, e [kurã, ãt] *adj* ❶ (*habituel*) üblich; (*dépenses*) laufend; (*usage*) geläufig ❷ (*année, affaires*) laufend

courbature [kurbatyr] *f souvent pl* Muskelkater *m kein Pl*

courbe [kurb] **I.** *adj* gebogen; (*ligne, trajectoire*) gekrümmt **II.** *f* GEO, FIN Kurve *f*; (*d'une route, d'un fleuve*) Biegung *f*; (*des reins*) Wölbung *f*

courbé, e [kurbe] *adj* krumm

courber [kurbe] <1> **I.** *vi* ~ **sous qc** (*personne*) den Rücken wegen etw krümmen; (*bois*) sich unter etw (*dat*) biegen **II.** *vt* ❶ (*plier*) biegen ❷ (*pencher*) ~ **le dos** den Rücken krümmen; ~ **la tête devant qn** sich jdm beugen **III.** *vpr* **se** ~ ❶ (*se baisser*) den Rücken krümmen; (*à cause de l'âge*) einen krummen Rücken haben ❷ (*ployer*) sich biegen

courbette [kurbɛt] *f* **faire des ~s à qn** vor jdm katzbuckeln

courbure [kurbyr] *f* (*des sourcils, du nez*) Bogen *m*

coureur [kurœr] *m* (*de jupons*) Schürzenjäger *m*

coureur, -euse [kurœr, -øz] *m, f* ❶ SPORT Läufer(in) *m(f)* ❷ AUT Fahrer(in) *m(f)*

courge [kurʒ] *f* Kürbis *m*

courgette [kurʒɛt] *f* Zucchini *f*

courir [kurir] <irr> **I.** *vi* ❶ (*se mouvoir, se dépêcher*) laufen; (*plus vite*) rennen; ~ **partout** überall herumrennen; ~ **faire qc** schnell etw tun gehen ❷ (*se répandre*) umgehen; **faire ~ le bruit que ...** das Gerücht in Gang setzen, dass ... ❸ (*se diriger vers*) ~ **à la faillite** kurz vor dem Bankrott stehen **II.** *vt* ► ~ **les filles** hinter den Mädchen her sein (*fam*)

couronne [kurɔn] *f* ❶ *a.* BOT, MED, FIN Krone *f* ❷ (*pour décorer*) Kranz *m*

couronné [kurɔne] *adj* preisgekrönt

couronnement [kurɔnmã] *m* Krönung *f*

couronner [kurɔne] <1> *vt* ❶ (*roi*) krönen ❷ (*récompenser*) auszeichnen

courriel [kurjɛl] *m* INFORM E-Mail *m*

courrier [kurje] *m* Post *f*; INFORM ~ **électronique** E-Mail *nt*

courroie [kurwa] *f* Riemen *m*

cours [kur] *m* ❶ (*déroulement*) Verlauf *m*; (*des saisons*) Ablauf; (*du temps*) Lauf *m*; **au ~ de qc** im Laufe einer S. (*gen*) ❷ (*leçon*) Unterricht *m*; (*leçon privée*) Kurs *m*; UNIV Seminar *nt*; ~ **magistral** Vorlesung *f*; ~ **particulier** Privatunterricht; (*pour rattraper*) Nachhilfeunterricht; **faire ~ de qc à qn** jdn etw (*dat*) unterrichten; **suivre un ~** einen Kurs besuchen; ~ **de maths** *fam* Mathe-Stunde *f* ❸ (*d'une monnaie*) Kurs *m* ❹ (*courant*) ~ **d'eau** Wasserlauf *m*

course [kurs] *f* ❶ (*action de courir*) Laufen *nt* ❷ (*épreuve*) Rennen *nt*; (*à pied*) Lauf *m*; **vélo de** ~ Rennrad *nt*; **faire la** ~ **avec qn** mit jdm um die Wette laufen; ~ **à pied** Laufsport *m*; ~ **de vitesse** Sprint *m* ❸ (*déplacement*) **en taxi** Taxifahrt *f* ❹ (*commission*) **les** ~**s** die Besorgungen *Pl*; **faire les** [*o* **ses**] ~**s** Besorgungen machen

coursier, -ière [kursje, -jɛr] *m, f* Laufbursche *m*

court, e [kur, kurt] *adj* kurz

court¹ [kur] *m* ~ **de tennis** Tennisplatz *m*

court² [kur] *adv* kurz ►**être à** ~ **de qc** von etw nicht genug haben

court-bouillon [kurbujɔ̃] <courts-bouillons> *m* Brühe *f* **court-circuit** [kursirkɥi] <courts-circuits> *m* Kurzschluss *m* **court-circuiter** [kursirkɥite] <1> *vt* ELEC kurzschließen

courtier, -ière [kurtje, -jɛr] *m, f* Makler(in) *m(f)*

courtisan [kurtizã] *m* Höfling *m*

courtisane [kurtizan] *f* HIST, LITTER Kurtisane *f*

courtiser [kurtize] <1> *vt* ~ **qn** jdm den Hof machen

court-métrage [kurmetraʒ] <courts-métrages> *m* Kurzfilm *m*

courtois, e [kurtwa, waz] *adj* höflich

courtoisie [kurtwazi] *f* Höflichkeit *f*

couru, e [kury] *part passé de* **courir**

couscous [kuskus] *m* Couscous *nt*

couscoussier [kuskusje] *m* Kuskustopf *m*

cousin, e [kuzɛ̃, in] *m, f* Cousin/Cousine [*o* Kusine] *m/f*

coussin [kusɛ̃] *m* ❶ Kissen *nt* ❷ BELG (*oreiller*) Kopfkissen *nt* ❸ (*partie rembourrée*) Polster *nt*

coussinet [kusinɛ] *m* kleines Kissen

cousu, e [kuzy] *part passé de* **coudre**

coût [ku] *m* Kosten *Pl*; (*d'une marchandise*) Preis *m*

coûtant [kutɑ̃] *adj* **prix ~** Selbstkostenpreis *m*

couteau [kuto] <x> *m* Messer *nt*; **~ de cuisine/suisse** Küchen-/Schweizermesser

coutellerie [kutɛlri] *f* Schneidwarenindustrie *f*

coûter [kute] <1> *vt* kosten; **ça coûte cher** das ist teuer

coûteux, -euse [kutø, -øz] *adj* kostspielig

coutume [kutym] *f* Brauch *m*; **c'est la ~** das ist so üblich

coutumier, -ière [kutymje, -jɛʀ] *adj* üblich, gewöhnlich

couture [kutyʀ] *f* ❶ (*action*) Nähen *nt* ❷ (*ouvrage*) Näharbeit *f* ❸ (*profession*) Konfektion[sindustrie *f*] *f*; **la haute ~** die Haute Couture *f* ❹ (*suite de points*) Naht *f*

couturier [kutyʀje] *m* Modeschöpfer *m*

couturière [kutyʀjɛʀ] *f* Schneider[meister]in *f*

couvée [kuve] *f* (*œufs*) Gelege *nt*; (*poussins*) Brut *f*

couvent [kuvɑ̃] *m* Kloster *nt*

couver [kuve] <1> *vt* ❶ [aus]brüten ❷ (*materner*) umhegen

couvercle [kuvɛʀkl] *m* Deckel *m*

couvert [kuvɛʀ] *m* ❶ Besteck *nt*; **mettre le ~** den Tisch decken ❷ (*place*) Gedeck *nt*

couvert, e [kuvɛʀ, ɛʀt] **I.** *part passé de* **couvrir II.** *adj* ❶ (*habillé*) **être trop ~** zu warm angezogen sein ❷ (*protégé*) **être ~** (*par qc*) zugedeckt sein; (*par qn*) Rückendeckung bekommen ❸ (*assuré*) **être ~ par une assurance** bei einer Versicherung versichert sein ❹ (*opp: en plein air*) überdacht ❺ METEO (*ciel*) bedeckt; (*temps*) trüb ❻ (*recouvert*) **~ de poussière** mit Staub bedeckt; **~ de sang** voller Blut

couverture [kuvɛʀtyʀ] *f* ❶ (*d'un lit*) [Bett]-decke *f* ❷ (*d'un cahier*) Umschlag *m*; (*d'un livre*) Deckel *m*; (*d'un magazine*) Titelblatt

couveuse [kuvøz] *f* (*incubateur*) **~ artificielle** (*pour œufs*) Brutapparat *m*; (*pour prématurés*) Brutkasten *m*

couvre-chef [kuvʀəʃɛf] <couvre-chefs> *m* Kopfbedeckung *f* **couvre-feu** [kuvʀəfø] <couvre-feux> *m* (*signal*) Alarm *m*; (*période*) Sperrstunde *f* **couvre-lit** [kuvʀəli] <couvre-lits> *m* Tagesdecke *f*

couvreur, -euse [kuvʀœʀ, -øz] *m, f* Dachdecker(in) *m(f)*

couvrir [kuvʀiʀ] <11> **I.** *vt* ❶ abdecken; (*récipient, personne*) zudecken; (*toit*) decken; (*livre*) einbinden ❷ (*recouvrir*) **~ qc** (*couverture, toile*) etw zudecken; **qc couvre qn** jd ist mit etw zugedeckt; **~ de qc** mit etw bedecken ❸ (*habiller*) **~ qn** jdn warm anziehen ❹ (*visage*) verdecken; (*son*) übertönen ❺ (*protéger*) **~ qn** hinter jdm stehen ❻ (*parcourir*) zurücklegen ❼ (*relater*) berichten über (+ *akk*) **II.** *vpr* **se ~** ❶ (*s'habiller*) sich anziehen ❷ (*se protéger*) sich absichern ❸ METEO (*ciel*) sich bewölken

covoiturage [kovwatyʀaʒ] *m* Fahrgemeinschaftssystem *nt*

cow-boy [kobɔj] <cow-boys> *m* Cowboy *m*

coyote [kɔjɔt] *m* Coyote *m*

crabe [kʀab] *m* Krabbe *f*

crac [kʀak] *interj* knack

crachat [kʀaʃa] *m* Spucke *f*

craché, e [kʀaʃe] *adj* ▶**c'est lui tout ~** *fam* (*très ressemblant*) er/sie ist ihm wie aus dem Gesicht geschnitten; (*typique de qn*) das sieht ihm ähnlich

cracher [kʀaʃe] <1> **I.** *vi* (*expectorer*) [aus]-spucken **II.** *vt* ❶ ausspucken; (*sang*) spucken; (*venin*) verspritzen ❷ (*fumée*) ausstoßen; (*lave*) speien

cracheur [kʀaʃœʀ, -øz] *m* **~ de feu** Feuerschlucker *m*

crachin [kʀaʃɛ̃] *m* Sprühregen *m*

crack¹ [kʀak] *m fam* Ass *nt*

crack² [kʀak] *m* (*drogue*) Crack *nt o m*

cracker [kʀakœʀ, kʀakɛʀ] *m* INFORM Hacker *m*

craie [kʀɛ] *f* Kreide *f*

craindre [kʀɛ̃dʀ] <irr> **I.** *vt* ❶ (*redouter*) fürchten ❷ (*pressentir*) [be]fürchten ❸ (*être sensible à*) **~ la chaleur** hitzeempfindlich sein **II.** *vi* **~ pour qn/qc** Angst um jdn/etw haben

craint, e [kʀɛ̃, ɛ̃t] *part passé de* **craindre**

C

crainte [kʀɛ̃t] f ❶ (*peur*) ~ **de qn/qc** Furcht f vor jdm/etw; **de** ~ **de qc** aus Furcht vor etw (*dat*) ❷ (*pressentiment*) Befürchtungen *Pl*

craintif, -ive [kʀɛ̃tif, -iv] *adj* ängstlich

cramer [kʀame] <1> *vi fam* (*maison*) abbrennen

cramoisi, e [kʀamwazi] *adj* purpurrot

crampe [kʀɑ̃p] f [Muskel]krampf *m*

crampon [kʀɑ̃pɔ̃] *m* sport Steigeisen *nt;* (*de foot*) Stollen *m*

cramponner [kʀɑ̃pɔne] <1> *vpr* **se** ~ **à qn/qc** sich an jdm/etw festklammern

cran¹ [kʀɑ̃] *m* ❶ **hausser/baisser qc d'un** ~ **etw** [um] ein Loch höher/tiefer stellen ❷ (*trou*) Loch *nt*

cran² [kʀɑ̃] *m fam* **avoir du** ~ Mumm haben

crâne [kʀɑn] *m* Schädel *m*

crâner [kʀɑne] *vi fam* eine Schau abziehen

crâneur, -euse [kʀɑnœʀ, -øz] I. *adj* angeberisch (*fam*) II. *m, f* Angeber(in) *m(f)*

crânien, ne [kʀɑnjɛ̃, jɛn] *adj* Schädel-

crapaud [kʀapo] *m* Kröte f

crapule [kʀapyl] f Schuft *m*

crapuleux, -euse [kʀapylø, -øz] *adj* niederträchtig

craquant, e [kʀakɑ̃, ɑ̃t] *adj fam* toll

craqueler [kʀakle] <3> I. *vt* rissig werden lassen II. *vpr* **se** ~ Risse bekommen

craquelure [kʀaklyʀ] f Riss *m*

craquer [kʀake] <1> *vi* ❶ (*bonbon*) krachen; (*parquet*) knarren; (*feuilles mortes*) rascheln; (*neige*) knirschen; (*bois*) knacken ❷ (*branche, glace*) brechen; (*vêtement*) reißen; (*aux coutures*) [auf]platzen ❸ (*personne*) zusammenbrechen; (*nerfs*) versagen ❹ (*s'attendrir*) schwach werden ▶**plein à** ~ zum Bersten voll

crash [kʀaʃ] <[e]s> *m* Absturz *m*

crasse [kʀas] f Dreck *m*

crasseux, -euse [kʀasø, -øz] *adj* schmutzig

cratère [kʀatɛʀ] *m* Krater *m*

cravache [kʀavaʃ] f [Reit]gerte f

cravacher [kʀavaʃe] <1> *vt* ~ **un animal** einem Tier die Peitsche geben

cravate [kʀavat] f Krawatte f

crawl [kʀol] *m* Kraulen *nt*

crawler [kʀole] <1> *vi* kraulen; **dos crawlé** Rückenkraulen *m*

crayon [kʀɛjɔ̃] *m* Bleistift *m;* ~ **de couleur** Buntstift *m;* ~ **pour les yeux** Eyeliner *m*

crayonner [kʀɛjɔne] <1> *vt* [mit dem Bleistift] zu Papier bringen

créance [kʀeɑ̃s] f Forderung f, Schuld f

créancier, -ière [kʀeɑ̃sje, -jɛʀ] *m, f* FIN Gläubiger(in) *m(f)*

créateur, -trice [kʀeatœʀ, -tʀis] I. *adj* schöpferisch II. *m, f* Schöpfer(in) *m(f)*

Créateur [kʀeatœʀ] *m* REL **le** ~ der Schöpfer

créatif, -ive [kʀeatif, -iv] *adj* schöpferisch

création [kʀeasjɔ̃] f ❶ *sans pl* REL **la Création** die Schöpfung ❷ ART Werk *nt;* (*d'un couturier*) Kreation f ❸ (*invention*) Herstellung f ❹ ECON ~ **d'emploi** Schaffung f eines Arbeitsplatzes; ~ **d'entreprise** Firmengründung f

créativité [kʀeativite] f Kreativität f

créature [kʀeatyʀ] f Lebewesen *nt*

crèche [kʀɛʃ] f ❶ REL Krippe f ❷ (*pouponnière*) Kinderkrippe f

crécher [kʀeʃe] <5> *vi fam* wohnen

crédibiliser [kʀedibilize] <1> *vt* glaubwürdig machen

crédibilité [kʀedibilite] f Glaubwürdigkeit f

crédible [kʀedibl] *adj* glaubwürdig

crédit [kʀedi] *m* ❶ (*paiement échelonné*) Ratenzahlung f; **acheter/vendre à** ~ auf Raten *Pl* kaufen/verkaufen ❷ (*prêt*) Kredit *m* ❸ (*opp: débit*) Guthaben *nt*

créditer [kʀedite] <1> *vt* ~ **un compte de 100 euros** einem Konto 100 Euro gutschreiben

créditeur, -trice [kʀeditœʀ, -tʀis] *m, f* Gläubiger(in) *m(f)*

credo [kʀedo] *m* REL Glaubensbekenntnis *nt*

crédule [kʀedyl] *adj* gutgläubig

crédulité [kʀedylite] f Gutgläubigkeit f

créer [kʀee] <1> *vt* (*besoins, emploi, œuvre*) schaffen; (*entreprise*) gründen; (*produit*) kreieren; (*monde*) erschaffen; (*problèmes*) bereiten

crémaillère [kʀemajɛʀ] f ▶**pendre la** ~ eine Einweihungsparty geben

crématoire [kʀematwaʀ] *adj* **four** ~ Krematorium *nt*

crème [kʀɛm] I. *adj inv* cremefarben II. f ❶ (*produit laitier*) Rahm *m;* ~ **chantilly** Schlagsahne f ❷ (*entremets*) Creme f; ~ **glacée** Eiscreme f ❸ (*liqueur*) ~ **de cassis** Johannisbeerlikör *m* ❹ (*de soins*) Creme f ❺ (*le meilleur*) gesellschaftliche Elite III. *m* Milchkaffee *m*

crémerie [kʀemʀi] *f* Milch-[und Käse]-geschäft *nt* ▶**changer** de ~ woanders hingehen

crémeux, -euse [kʀemø, -øz] *adj* cremig

crémier, -ière [kʀemje, -jɛʀ] *m, f* Milch-[und Käse]händler(in) *m(f)*

créneau [kʀeno] <x> *m* faire un ~ einparken

créole [kʀeɔl] **I.** *adj* kreolisch; *v.a.* **allemand II.** *m* Kreol *nt; v.a.* **allemand**

Créole [kʀeɔl] *mf* Kreole/Kreolin *m/f*

crêpe [kʀɛp] *f* GASTR Crêpe *f*, Pfannkuchen *m*

crêper [kʀepe] <1> *vt* ❶ TEXTIL kreppen ❷ (*cheveux*) toupieren

crêperie [kʀepʀi] *f* Crêperie *f*

crépi [kʀepi] *m* [Rau]putz *m*

crêpière [kʀepjɛʀ] *f* (*plaque*) Crêpeeisen *nt;* (*poêle*) Crêpepfanne *f*

crépiter [kʀepite] <1> *vi* (*feu*) knistern

crépon [kʀepɔ̃] *m* Krepon *m*

crépu, e [kʀepy] *adj* gekräuselt

crépuscule [kʀepyskyl] *m* Dämmerung *f*

cresson [kʀesɔ̃] *m* Kresse *f*

Crète [kʀɛt] *f* Kreta *nt*

crête [kʀɛt] *f* ❶ ZOOL Kamm *m* ❷ (*d'une montagne*) Grat *m*

crétin, e [kʀetɛ̃, in] *fam* **I.** *adj* blöd[e] **II.** *m, f* Depp *m*

creuser [kʀøze] <1> **I.** *vt* ❶ ausheben; (*sillon*) ziehen; (*tunnel*) bohren ❷ (*évider*) graben **II.** *vi* hungrig machen **III.** *vpr* se ~ einfallen; (*roche*) ausgehöhlt werden ▶se ~ **la tête** sich (*dat*) den Kopf zerbrechen

creuset [kʀøze] *m* [Schmelz]tiegel *m*

creux [kʀø] *m* ❶ (*cavité*) Höhle *f*, Loch *nt;* **le ~ de la main** die hohle Hand ❷ *fam* **avoir un ~** Kohldampf *m* haben

creux, -euse [kʀø, -øz] *adj* ❶ (*vide*) hohl; (*ventre, tête*) leer ❷ (*vain*) nichts sagend ❸ (*concave*) nach innen gewölbt ❹ (*rentré: visage*) eingefallen ❺ (*sans activité*) ruhig; **les heures creuses** die Zeiten außerhalb des Stoßbetrieb[e]s

crevaison [kʀəvɛzɔ̃] *f* Reifenpanne *f*

crevant, e [kʀəvɑ̃, ɑ̃t] *adj fam* mörderisch

crevasse [kʀəvas] *f* ❶ (*fissure*) Spalte *f* ❷ (*gerçure*) Riss *m*

crevassé, e [kʀəvase] *adj* (*mur, sol*) rissig

crevé, e [kʀəve] *adj fam* kaputt

crève [kʀɛv] *f fam* böse Erkältung

crever [kʀəve] <4> **I.** *vi* ❶ (*ballon*) platzen; (*sac*) aufplatzen ❷ AUT eine Reifenpanne haben ❸ (*être plein de*) ~ ~ **de jalousie** vor Eifersucht (*dat*) platzen ❹ *fam* ~ **de froid/de faim** vor Kälte/Hunger umkommen; **une chaleur à** ~ eine mörderische Hitze **II.** *vt* (*ballon, pneu*) kaputtstechen **III.** *vpr fam* **se** ~ sich kaputtmachen

crevette [kʀəvɛt] *f* Garnele *f*

cri [kʀi] *m* Schrei *m*

criailler [kʀijaje] <1> *vi* (*bébé*) plärren, schreien

criant, e [kʀijɑ̃, jɑ̃t] *adj* ❶ (*injustice*) himmelschreiend ❷ (*preuve*) offenkundig

criard, e [kʀijaʀ, jaʀd] *adj* ❶ (*voix*) keifend ❷ (*couleur*) grell

crible [kʀibl] *m* [grobes] Sieb ▶**passer** qc au ~ etw genau unter die Lupe nehmen (*fam*)

criblé, e [kʀible] *adj* ❶ (*percé*) ~ **de balles** von Kugeln durchsiebt ❷ (*couvert de*) ~ **de dettes** hochverschuldet

cribler [kʀible] <1> *vt* ~ **qn de balles** jdn mit Kugeln durchsieben; ~ **qc de trous** etw durchlöchern

cric [kʀik] *m* Winde *f*

cricket [kʀikɛt] *m* Kricket[spiel *nt*]

criée [kʀije] *f* **vente à la** ~ Versteigerung *f*

crier [kʀije] <1> **I.** *vi* ❶ (*hurler*) schreien ❷ *fam* (*se fâcher*) ~ **contre/après qn** jdn anschreien **II.** *vt* (*à voix forte*) rufen; ~ **qc à qn** jdm etw zurufen

crime [kʀim] *m* ❶ Mord *m* ❷ JUR ~ **contre qn/qc** Verbrechen *nt* gegen jdn/etw

criminalité [kʀiminalite] *f sans pl* Kriminalität *f*

criminel, le [kʀiminɛl] **I.** *adj* kriminell **II.** *m, f* Verbrecher(in) *m(f)*

crin [kʀɛ̃] *m sans pl* (*matière*) Rosshaar *nt*

crinière [kʀinjɛʀ] *f* Mähne *f*

crique [kʀik] *f* kleine Bucht

criquet [kʀikɛ] *m* Heuschrecke *f*

crise [kʀiz] *f* ❶ MED ~ **cardiaque** Herzanfall *m;* ~ **d'appendicite** Blinddarmentzündung *f;* **faire une** ~ **de nerfs** einen Nervenzusammenbruch bekommen ❷ ECON, POL, FIN Krise *f*

crispation [kʀispasjɔ̃] *f* Zucken *nt;* (*d'un muscle*) Krampf *m*

crispé, e [kʀispe] *adj* verkrampft

crisper [kʀispe] <1> **I.** *vt* (*visage*) verzerren **II.** *vpr* **se** ~ sich verkrampfen

crisser [kʀise] <1> *vi* (*pneus*) quietschen; (*freins*) kreischen

cristal [kʀistal, o] <-aux> *m* ❶ MINER [Quarz]-kristall *m* ❷ (*verre*) Kristall *nt* ❸ *pl* (*cristallisation*) Kristalle *Pl*

cristallin [kʀistalɛ̃] *m* (*de l'œil*) Linse *f*

cristallisé [kʀistalize] *adj* kristallisiert; **sucre ~** [Kristall]zucker *m*

cristalliser [kʀistalize] <1> I. *vi* CHIM Kristalle *Pl* bilden II. *vt* CHIM auskristallisieren III. *vpr* CHIM **se ~** Kristalle bilden

critère [kʀitɛʀ] *m* Kriterium *nt*

critiquable [kʀitikabl] *adj* kritisierbar

critique [kʀitik] I. *adj* kritisch II. *f* Kritik *f* III. *mf* Kritiker(in) *m(f)*

critiquer [kʀitike] <1> *vt* ❶ (*condamner*) kritisieren ❷ (*juger*) rezensieren

croasser [kʀɔase] <1> *vi* krächzen

croc [kʀo] *m* Fangzahn *m*

croche [kʀɔʃ] *f* MUS Achtel *nt*, Achtelnote *f*

croche-pied [kʀɔʃpje] <croche-pieds> *m* **faire un ~ à qn** jdm ein Bein stellen

crochet [kʀɔʃɛ] *m* ❶ (*pour accrocher*) [Wand]-haken *m* ❷ (*aiguille*) Häkelhaken *m* ❸ *pl* TYP eckige Klammern *Pl* ❹ (*détour*) einen Umweg machen

crocheter [kʀɔʃte] <4> *vt* (*porte, serrure*) mit dem Dietrich öffnen

crochu, e [kʀɔʃy] *adj* (*bec*) gekrümmt; (*doigts*) verkrümmt

croco [kʀɔko] *m fam abr de* **crocodile**

crocodile [kʀɔkɔdil] *m* Krokodil *nt*

crocus [kʀɔkys] *m* Krokus *m*

croire [kʀwaʀ] <irr> I. *vt* ❶ (*tenir pour vrai*) glauben; **faire ~ qc à qn** jdn etw (*akk*) glauben machen ❷ (*avoir confiance en qn*) **~ qn** jdm trauen; **~ qn, car il ne ment jamais** jdm glauben, denn er lügt niemals ❸ (*s'imaginer*) sich einbilden ❹ (*supposer*) **il faut ~ que ...** es ist anzunehmen, dass ... ❺ (*estimer*) **~ qn capable** jdn für fähig halten II. *vi* ❶ REL glauben; **~ en Dieu** an Gott (*akk*) glauben ❷ (*faire confiance à qn*) **~ en qn** an jdn glauben ❸ (*être convaincu de qc*) **~ à qc** an etw (*akk*) glauben; **~ en qc** in etw (*akk*) vertrauen III. *vpr* **se ~ intelligent** sich für intelligent halten

croisade [kʀwazad] *f* HIST Kreuzzug *m*

croisé, e [kʀwaze] *adj* ▶**mots** **~s** Kreuzworträtsel *nt*

croisement [kʀwazmɑ̃] *m* Kreuzung *f*

croiser [kʀwaze] <1> I. *vt* ❶ (*bras*) verschränken; (*jambes*) übereinander schlagen; (*mains*) falten ❷ (*route, regard*) kreuzen; (*véhicule*) begegnen ❸ (*passer à côté de*) **~ qn** jdm begegnen ❹ BIO, ZOOL kreuzen II. *vpr* **se ~** (*personnes*) sich treffen; (*regards*) sich begegnen

croiseur [kʀwazœʀ] *m* NAUT Kreuzer *m*

croisière [kʀwazjɛʀ] *f* Kreuzfahrt *f*

croisiériste [kʀwazjeʀist] *mf* Kreuzfahrtteilnehmer(in) *m(f)*

croissance [kʀwasɑ̃s] *f sans pl a.* ECON Wachstum *nt;* (*d'un enfant*) Entwicklung *f*

croissant [kʀwasɑ̃] *m* GASTR Croissant *nt*, Hörnchen *nt*

croissant, e [kʀwasɑ̃, ɑ̃t] *adj* wachsend; (*nombre*) steigend

croissanterie [kʀwasɑ̃tʀi] *f* Croissanterie *f*

croître [kʀwatʀ] <irr> *vi* ❶ (*grandir*) wachsen ❷ (*augmenter*) zunehmen

croix [kʀwa] *f* Kreuz *nt;* **mettre une ~** ankreuzen

Croix-Rouge [kʀwaʀuʒ] *f* **la ~** das Rote Kreuz

croquant, e [kʀɔkɑ̃, ɑ̃t] *adj* knusprig

croque-madame [kʀɔkmadam] *m inv:* getoastetes Käse-Schinken-Sandwich mit Spiegelei **croque-monsieur** [kʀɔkmǝsjø] *m inv:* getoastetes Käse-Schinken-Sandwich

croque-mort [kʀɔkmɔʀ] <croque-morts> *m fam* Leichenbestatter *m*

croquer [kʀɔke] <1> I. *vt* ❶ (*biscuit*) knabbern; (*bonbons*) zerbeißen ❷ (*dessiner*) skizzieren II. *vi* **~ dans une pomme** [kräftig] in einen Apfel beißen

croquet [kʀɔkɛ] *m* SPORT Krocket *nt*

croquette [kʀɔkɛt] *f* Krokette *f*

croquis [kʀɔki] *m* Skizze *f*

cross [kʀɔs] *m* ❶ (*course à pied*) Geländelauf *m* ❷ (*course de moto*) Querfeldeinwettbewerb *m*

crosse [kʀɔs] *f* ❶ (*d'un fusil*) Kolben *m;* (*d'un revolver*) Griff *m* ❷ REL Bischofsstab *m* ❸ SPORT Schläger *m*

crotale [kʀɔtal] *m* Klapperschlange *f*

crotte [kʀɔt] *f* Kot *m* (*geh*); (*de chien*) Haufen *m* (*fam*); (*de cheval*) Pferdeapfel *m;* (*de nez*) Popel *m* (*fam*)

crotté, e [kʀɔte] *adj* schmutzig

crottin [kʀɔtɛ̃] *m* ❶ (*d'un âne*) Mist *m;* (*d'un cheval*) Pferdeapfel *m* ❷ (*fromage*) kleiner, runder Ziegenkäse

crouler [kʀule] <1> *vi* ❶ (*s'écrouler*) einstürzen ❷ (*s'effondrer*) zusammenbrechen

croupe [kʀup] *f* (*d'un cheval*) Kruppe *f; fam*

(*d'une femme*) Hintern *m* ►**monter en ~**
hinten aufsitzen

croupier, -ière [kʀupje, -jɛʀ] *m, f* Croupier *m*

croupion [kʀupjɔ̃] *m* Sterz *m*

croupir [kʀupiʀ] <8> *vi* ~ **en prison** im Gefängnis verfaulen

croustillant, e [kʀustijɑ̃, jɑ̃t] *adj* GASTR knusprig

croustille [kʀustij] *f* CAN [Kartoffel]chips *m*

croustiller [kʀustije] <1> *vi* knusprig sein

croûte [kʀut] *f* ❶ *sans pl* (*de pain, fromage*) Rinde *f* ❷ GASTR **pâté en ~** Blätterteigpaste *f* ❸ *sans pl* MED Schorf *m*; (*de sang*) Kruste *f* ❹ (*sédiment*) Belag *m* ❺ GEO ~ **terrestre** Erdkruste *f* ►**casser** la ~ *fam* etw essen

croûton [kʀutɔ̃] *m* Croûton *m*

croyable [kʀwajabl] *adj* **c'est à peine ~** es ist kaum zu glauben

croyance [kʀwajɑ̃s] *f* **la ~ dans/en qc** der Glaube an/in etw (*akk*); **~ religieuse** Glaube *m*

croyant [kʀwajɑ̃] *part prés de* **croire**

croyant, e [kʀwajɑ̃, jɑ̃t] **I.** *adj* religiös **II.** *m, f* Gläubige(r) *f(m)*

CRS [sɛɛʀɛs] *m abr de* **compagnie républicaine de sécurité les ~** ≈ die Bereitschaftspolizei; (*policier*) Bereitschaftspolizist(in) *m(f)*

cru [kʀy] *m* ❶ (*terroir*) [Wein]anbaugebiet *nt* ❷ (*vin*) **un grand ~** ein großer Wein

cru, e [kʀy] **I.** *part passé de* **croire II.** *adj* ❶ (*aliments*) roh ❷ (*vif*) grell ❸ (*direct*) ungeschminkt

crû, e [kʀy] *part passé de* **croître**

cruauté [kʀyote] *f sans pl* Grausamkeit *f*

cruche [kʀyʃ] *f* Krug *m*

crucial, e [kʀysjal, jo] <-aux> *adj* entscheidend

crucifier [kʀysifje] <1> *vt* kreuzigen

crucifix [kʀysifi] *m* Kruzifix *nt*

crucifixion [kʀysifiksjɔ̃] *f* Kreuzigung *f*

cruciforme [kʀysifɔʀm] *adj* kreuzförmig; **tournevis ~** Kreuzschlitzschraubendreher *m*

cruciverbiste [kʀysivɛʀbist] *mf* Kreuzworträtselfan *m*

crudité [kʀydite] *f pl* GASTR [Gemüse]rohkost *f*; **assiette de ~s** ≈ Salatplatte *f*

crue [kʀy] *f* Hochwasser *nt*

cruel, le [kʀyɛl] *adj* ❶ (*méchant*) grausam ❷ (*sort*) grausam

cruellement [kʀyɛlmɑ̃] *adv* (*méchamment*) grausam

crus [kʀy] *passé simple de* **croire**

crûs [kʀy] *passé simple de* **croître**

crustacé [kʀystase] *m* Krustentier *nt*

cryptage [kʀiptaʒ] *m* INFORM Verschlüsselung *f*

crypte [kʀipt] *f* Krypta *f*

crypter [kʀipte] <1> *vt* verschlüsseln

cube [kyb] *m* ❶ **mètre ~** Kubikmeter *m* ❷ MATH Würfel *m* ❸ (*jouet*) Holzklötzchen *nt* ❹ MATH Kubikzahl *f*

cubique [kybik] *adj* würfelförmig

cubisme [kybism] *m* ART Kubismus *m*

cucu[l] [kyky] *adj inv fam* doof; (*personne*) einfältig; (*film*) kitschig

cueillette [kœjɛt] *f sans pl* Ernten *nt*; (*des fruits*) Pflücken *nt*; (*des champignons*) Sammeln *nt*

cueilli, e [kœji] *part passé de* **cueillir**

cueillir [kœjiʀ] <irr> *vt* (*fleurs*) pflücken; (*légumes*) ernten; (*champignons*) sammeln; (*raisins*) lesen

cui-cui [kɥikɥi] *interj* piep-piep

cuiller, cuillère [kɥijɛʀ] *f* Löffel *m*; **~ à café** [*o* **à thé** CAN] Teelöffel; **~ à soupe** [*o* **à table** CAN] Esslöffel

cuillerée, cuillérée [kɥijeʀe] *f* **~ à café/soupe** Tee-/Esslöffel *m*

cuir [kɥiʀ] *m sans pl* Leder *nt* ►**~ chevelu** Kopfhaut *f*

cuirasse [kɥiʀas] *f* ❶ MIL Panzer[ung *f*] *m* ❷ HIST [Brust]harnisch *m* ►**le défaut de la ~** die verwundbare Stelle

cuirassé [kɥiʀase] *m* Panzerkreuzer *m*

cuire [kɥiʀ] <irr> *vt, vi* kochen; (*à la vapeur*) garen; (*à la poêle*) frittieren; (*au four: viande*) braten; (*pain, gâteau*) backen

cuisant, e [kɥizɑ̃, ɑ̃t] *adj* (*déception*) bitter

cuisine [kɥizin] *f* ❶ (*pièce*) Küche *f*; (*meubles*) Einbauküche ❷ (*art culinaire*) Kochkunst *f*; (*nourriture*) Küche *f*; **livre de ~** Kochbuch *nt*; **faire la ~** kochen

cuisiner [kɥizine] <1> **I.** *vi* kochen **II.** *vt* ❶ kochen ❷ *fam* (*interroger*) **~ qn** jdn ausquetschen

cuisinier, -ière [kɥizinje, -jɛʀ] *m, f* Koch/Köchin *m/f*

cuisinière [kɥizinjɛʀ] *f* [Küchen]herd *m*

cuissardes [kɥisaʀd] *fpl* overknee Stiefel *Pl*

cuisse [kɥis] *f* ❶ ANAT Schenkel *m* ❷ GASTR (*de lièvre, volaille*) Keule *f*; (*de grenouille*)

Schenkel *m*

cuisson [kɥisɔ̃] *m* ❶ *sans pl* Kochen *nt;* (*d'un rôti*) Braten *nt;* (*du pain, gâteau*) Backen *nt* ❷ (*durée*) Koch-/Brat-/Backzeit *f*

cuissot [kɥiso] *m* Keule *f*

cuistot [kɥisto] *m fam* Koch *m*

cuit, e [kɥi, kɥit] **I.** *part passé de* **cuire II.** *adj* ❶ GASTR gar; (*légumes, jambon*) gekocht; (*steak*) gebraten; (*gâteau, pain*) gebacken; **ne pas être [assez]** ~ nicht gar/nicht durchgebraten/nicht durchgebacken sein; **être trop** ~ zerkocht/zu stark gebraten/zu stark gebacken sein ❷ TECH gebrannt; **terre** ~**e** Terrakotta *f*

cuite [kɥit] *f fam* Rausch *m;* **prendre une** ~ sich (*dat*) einen antrinken

cuivre [kɥivʀ] *m* ❶ (*métal et ustensiles*) Kupfer *nt* ❷ *pl* MUS Blech[blas]instrumente *Pl*

cuivré, e [kɥivʀe] *adj* kupferfarben

cul [ky] *m sans pl fam* Hintern *m*

culasse [kylas] *f* ❶ (*d'un moteur*) Zylinderkopf *m* ❷ (*d'un fusil*) Verschluss *m*

culbute [kylbyt] *f* ❶ **faire une** ~ einen Purzelbaum schlagen ❷ (*chute*) **faire des** ~**s dans l'escalier** kopfüber die Treppe hinunterfallen

culbuter [kylbyte] <1> **I.** *vi* (*tomber*) stürzen **II.** *vt* (*faire tomber*) umwerfen

cul-de-jatte [kydʒat] <culs-de-jatte> *mf* beinloser Krüppel **cul-de-sac** [kydsak] <culs-de-sac> *m* Sackgasse *f*

culinaire [kylinɛʀ] *adj* **art** ~ Kochkunst *f*

culminant, e [kylminɑ̃, ɑ̃t] *adj fig* **point** ~ Höhepunkt *m*

culminer [kylmine] <1> *vi* (*avoir une hauteur de*) **le pic culmine à 8000 m** der Berggipfel liegt bei 8000 m

culot [kylo] *m* ❶ (*d'une ampoule*) Sockel *m* ❷ *fam* (*assurance*) Frechheit *f;* **avoir du** ~ unverschämt sein

culotte [kylɔt] *f* Unterhose *f*

culotté, e [kylɔte] *adj* dreist

culpabiliser [kylpabilize] <1> **I.** *vt* ~ **qn** bei jdm Schuldgefühle wecken **II.** *vi* sich schuldig fühlen

culpabilité [kylpabilite] *f sans pl* Schuld *f*

culte [kylt] *m* ❶ *sans pl* (*vénération*) Kult *m* ❷ *sans pl* (*religion*) Religion *f* ❸ (*office protestant*) [Predigt]gottesdienst *m*

cultivable [kyltivabl] *adj* bebaubar

cultivateur, -trice [kyltivatœʀ, -tʀis] *m, f* Landwirt(in) *m(f)*

cultivé, e [kyltive] *adj* ❶ (*personne*) gebildet ❷ (*terre*) bebaut

cultiver [kyltive] <1> **I.** *vt* ❶ AGR anbauen ❷ (*mémoire*) trainieren; (*don*) fördern ❸ (*entretenir*) pflegen **II.** *vpr* **se** ~ **en faisant qc** sich bilden, indem man etw tut

culture [kyltyʀ] *f* ❶ *sans pl* Anbau *m;* ~ **de la vigne** Weinbau ❷ *sans pl* (*d'un champ*) Bebauen *nt* ❸ *pl* (*terres cultivées*) Felder *Pl* ❹ BIO Kultur *f* ❺ *sans pl* (*savoir*) Bildung *f;* (*connaissances spécialisées*) Wissen *nt;* ~ **générale** Allgemeinbildung; **ministre de la Culture** Kultusminister *m* ❻ (*civilisation*) Kultur *f*

culturel, le [kyltyʀɛl] *adj* Kultur-

culturisme [kyltyʀism] *m sans pl* Bodybuilding *nt*

cumin [kymɛ̃] *m* Kümmel *m*

cumul [kymyl] *m sans pl* Häufung *f*

cumuler [kymyle] <1> *vt* kumulieren

cumulus [kymylys] *m* (*nuage*) Haufenwolke *f*

curatif, -ive [kyʀatif, -iv] *adj* Heil-

cure [kyʀ] *f* Kur *f;* ~ **de désintoxication** Entziehungskur; ~ **thermale** Thermalkur

curé [kyʀe] *m* Pfarrer(in) *m(f)*

cure-dent [kyʀdɑ̃] <cure-dents> *m* Zahnstocher *m*

curer [kyʀe] <1> **I.** *vt* reinigen **II.** *vpr* **se** ~ **les ongles** sich (*dat*) die Nägel sauber machen

curieusement [kyʀjøzmɑ̃] *adv* merkwürdig

curieux [kyʀjø] *mpl* (*badauds*) Schaulustige(n) *Pl*

curieux, -euse [kyʀjø, -jøz] *adj* ❶ (*indiscret*) neugierig ❷ (*intéressé*) **être** ~ **d'apprendre qc** auf etw (*akk*) gespannt sein; **être** ~ **de savoir** wissen wollen ❸ (*étrange*) seltsam; **ce qui est** ~, **c'est que** ... das Seltsame [daran] ist, dass ...

curiosité [kyʀjozite] *f* ❶ *sans pl* Neugier[de] *f* ❷ (*site*) Sehenswürdigkeit *f* ❸ (*objet rare*) Rarität *f*

curiste [kyʀist] *mf* Kurgast *m*

curriculum [vitae] [kyʀikylɔm(vite)] *m inv* Lebenslauf *m*

curry [kyʀi] *m sans pl* Curry *nt o m*

curseur [kyʀsœʀ] *m* INFORM Cursor *m*

cursus [kyʀsys] *m* UNIV Studiengang *m*

customiser [kœstɔmize] <1> *vt* ~ **qc** einer S. eine persönliche Note verleihen

cutané, e [kytane] *adj* **maladie** ~**e** Hautkrankheit f

cutter [kœtœʀ, kytɛʀ] m Cutter|-Messer nt| m

cuve [kyv] f (fermée) Tank m; (ouverte) Bottich m; ~ **à vin** Bütte f

cuvée [kyve] f Jahrgang m

cuver [kyve] <1> vt fam - **son vin** seinen Rausch ausschlafen

cuvette [kyvɛt] f ❶ (récipient) Waschschüssel ❷ (d'un évier) Becken nt ❸ GEO Kessel m

CV [seve] m ❶ abr de **curriculum vitae** ❷ abr de **cheval fiscal**

cyanure [sjanyʀ] m Zyanid nt

cyberboutique [sibɛʀbutik] f Shopping Mall f

cybercafé [sibɛʀkafe] m Internetcafé nt

cybercriminalité [sibɛʀkʀiminalite] f Internetkriminalität f

cybernaute [sibɛʀnot] mf |Internet|surfer(in) m(f)

cybernétique [sibɛʀnetik] f Kybernetik f

cyberspace [sibɛʀspas] m Cyberspace m

cyclamen [siklamɛn] m Alpenveilchen nt

cycle [sikl] m ❶ BIO, MED Zyklus m; ~ **menstruel** Periode f ❷ ASTRO, ECON Kreislauf m ❸ SCOL **premier ~** ≈ Unter- und Mittelstufe f; **deuxième ~** ≈ Oberstufe; ~ **d'orientation** Orientierungsstufe (8. und 9. Schuljahr als Orientierung für die Wahl der Abiturtyps) ❹ UNIV **premier ~** Grundstudium nt; **deuxième ~** Hauptstudium; **troisième ~** Doktorandenstudium

cyclique [siklik] adj zyklisch

cyclisme [siklism] m sans pl Radsport m

cycliste [siklist] I. adj Rad- II. mf Radfahrer(in) m(f)

cyclomoteur [siklomɔtœʀ] m Mofa nt

cyclone [siklon] m Zyklon m

cyclope [siklɔp] m Zyklop m

cygne [siɲ] m Schwan m

cylindre [silɛ̃dʀ] m ❶ (rouleau) Walze f ❷ MATH, AUT, TECH Zylinder m

cylindrée [silɛ̃dʀe] f sans pl (volume) Hubraum m

cylindrique [silɛ̃dʀik] adj zylindrisch

cymbale [sɛ̃bal] f sans pl MUS Becken nt

cynique [sinik] I. adj zynisch II. mf Zyniker(in) m(f)

cynisme [sinism] m Zynismus m

cyprès [sipʀɛ] m Zypresse f

cypriote [sipʀijɔt] adj zypriotisch

Cypriote [sipʀijɔt] mf Zypriot(in) m(f)

cystite [sistit] f Blasenentzündung f

D d

D

D, d [de] m inv D nt, d nt

d' v. **de**

d'abord [dabɔʀ] v. **abord**

d'accord [dakɔʀ] v. **accord**

dactylo [daktilo] I. mf abr de **dactylographe** Schreibkraft f; **être ~** als Schreibkraft arbeiten II. f abr de **dactylographie** **apprendre la ~** Schreibmaschine f schreiben lernen; **cours de ~** Schreibmaschinenkurs m

dactylographie [daktilɔgʀafi] f sans pl Maschinenschreiben nt

dactylographier [daktilɔgʀafje] <1> vt auf der |Schreib|maschine schreiben

dada¹ [dada] m fam **avoir un ~** ein Steckenpferd haben

dada² [dada] adj inv ART, LITTER dadaistisch

dadais [dadɛ] m grand ~ Tollpatsch m

dahlia [dalja] m Dahlie f

daim [dɛ̃] m ❶ ZOOL Damwild nt; (mâle) Damhirsch m ❷ (cuir) Wildleder nt

dalle [dal] f |Stein|platte f

daltonien, ne [daltɔnjɛ̃, jɛn] adj farbenblind

dame [dam] f ❶ Dame f, Frau f ❷ JEUX **jouer aux ~s** Dame spielen; ~ **de trèfle** Kreuzdame

damer [dame] <1> vt (terre) fest stampfen

damier [damje] m JEUX Damebrett nt

damné, e [dane] I. adj antéposé, fam verdammt II. m, f Verdammte(r) f(m)

damner [dane] <1> vt verdammen

dandiner [dɑ̃dine] <1> vpr se ~ (canard, personne) watscheln

Danemark [danmaʀk] m le ~ Dänemark nt

danger [dɑ̃ʒe] m Gefahr f; **attention ~!** Vorsicht!; ~ **de mort!** Lebensgefahr!; **courir un ~** sich in Gefahr begeben; **mettre qc en ~** etw in Gefahr bringen

dangereusement [dɑ̃ʒʀøzmɑ̃] adv gefährlich

dangereux, -euse [dɑ̃ʒʀø, -øz] adj gefährlich

danois [danwa] *m* Dänisch *nt; v.a.* **allemand**

danois, e [danwa, waz] *adj* dänisch; *v.a.* **allemand**

Danois, e [danwa, waz] *m, f* Däne/Dänin *m/f*

dans [dã] *prép* ❶ (*local, sans changement de lieu*) in (+ *dat*); **jouer ~ la cour** im Hof spielen; **~ le grenier** auf dem Dachboden ❷ (*à travers*) durch (+ *akk*); **rentrer ~ un arbre** gegen einen Baum fahren ❸ (*à l'intérieur de*) in (+ *dat*), innerhalb (+ *gen*); **porter qn ~ ses bras** jdn auf dem Arm tragen ❹ (*contenant*) aus (+ *dat*); **boire ~ un verre** aus einem Glas trinken ❺ (*futur*) in (+ *dat*); **~ combien de temps?** wann? ❻ (*dans un délai de*) innerhalb von (+ *dat*), binnen (+ *dat*); **~ une heure** in einer Stunde ❼ (*dans le courant de*) im Laufe (+ *gen*) ❽ (*état, manière, cause*) in (+ *dat*); **~ ces conditions** unter diesen Bedingungen; **travailler ~ les ordinateurs** im Bereich Computer arbeiten

dansant, e [dãsã, ãt] *adj* **soirée ~e** Tanzabend *m*

danse [dãs] *f* Tanz *m*, Tanzen *nt;* **~ classique** Ballett *nt*

danser [dãse] <1> **I.** *vi* ❶ ART tanzen ❷ (*flammes, reflets*) flackern **II.** *vt* tanzen

danseur, -euse [dãsœʀ, -øz] *m, f* Tänzer(in) *m(f)*

Danube [danyb] *m* **le ~** die Donau

dard [daʀ] *m* Stachel *m*

dare-dare [daʀdaʀ] *adv fam* schnurstracks

dartre [daʀtʀ] *f* [Haut]flechte *f*

date [dat] *f* (*jour, événement*) Datum *nt;* **~ de naissance/de mariage** Geburts-/Hochzeitstag *m;* **à quelle ~?** wann?

dater [date] <1> **I.** *vt* datieren **II.** *vi* (*remonter à*) **cette décision date de quelques minutes** diese Entscheidung ist einige Minuten alt

datif [datif] *m* LING Dativ *m*

datte [dat] *f* Dattel *f*

dattier [datje] *m* Dattelpalme *f*

daube [dob] *f* GASTR Schmorbraten *m*

dauphin [dofɛ̃] *m* Delphin *m*

daurade [dɔʀad] *f* ZOOL Goldbrasse *f*

davantage [davãtaʒ] *adv* ❶ (*plus*) mehr ❷ (*temporel*) länger

DDASS [das] *f abr de* **direction départementale d'action sanitaire et sociale** DDASS

de¹ [də, dy, de] <d', de la, du, des> *prép* ❶ (*point de départ*) von [... aus]; **~ ... à ...** von ... bis ... ❷ (*origine*) aus; **venir ~ Paris/d'Angleterre** aus Paris/aus England stammen; **le vin d'Italie** italienischer Wein; **tu es d'où?** woher bist du?; **le train ~ Paris** (*provenance*) der Zug aus Paris; (*destination*) der Zug nach Paris ❸ (*appartenance*) des, der, des (+ *gen*); **la femme d'Antoine** Antoines Frau ❹ *sans art* (*matière*) aus ❺ (*spécificité*) **roue ~ secours** Ersatzrad *nt* ❻ (*partie*) *souvent non traduit* **la majorité des Français** die Mehrheit der Franzosen ❼ *avec un contenant, âge, poids, temps* (*contenu*) **un sac ~ pommes de terre** ein Sack Kartoffeln; **combien ~ kilos?** wie viel Kilo?; **un billet ~ cent euros** ein Hundert-Euro-Schein; **une jeune fille ~ 20 ans** ein zwanzigjähriges Mädchen ❽ (*identification*) **la Ville ~ Paris** die Stadt Paris ❾ (*qualification*) von einem/einer; **cet idiot ~ Durand** dieser Dummkopf von Durand (*fam*) ❿ (*partie*) **le/la doué(e) ~ nous** der/die Begabteste von uns ⓫ (*qualité*) von (+ *dat*); **ce film est d'un ennui!** dieser Film ist vielleicht langweilig! (*fam*) ⓬ (*particule nobiliaire*) von; **le général ~ Gaulle** der General de Gaulle ⓭ *après un nom dérivé de verbe* (*compl de nom*) des, der, des; **la crainte ~ qn/qc** die Angst vor jdm/etw ⓮ + *compl d'un verbe* (*agent*) von (+ *dat*); **~ quoi ...?** von was ...?; **~ qui?** von wem? ⓯ (*cause*) **mourir ~ qc** an etw (*dat*) sterben ⓰ (*temporel*) **~ nuit** nachts; **ne rien faire ~ la journée** den ganzen Tag über nichts tun ⓱ (*manière*) mit; **~ mémoire** aus dem Gedächtnis ⓲ (*moyen*) mit; **faire signe ~ la main** [mit der Hand] winken ⓳ (*introduction d'un compl*) **c'est à toi ~ jouer** du bist dran

de² [də, dy, de] <d', de la, du, des> *art partitif, non traduit* **du vin/~ la bière/des gâteaux** Wein/Bier/Kekse; **il ne boit pas ~ vin/d'eau** er trinkt keinen Wein/kein Wasser

dé¹ [de] *m* (*jeu*) Würfel *m;* **jeter les/jouer aux ~s** würfeln

dé² [de] *m* **~ à coudre** Fingerhut *m*

dealeur, -euse [diloœʀ, -øz] *m, f fam* Dealer(in) *m(f)*, Drogenhändler(in) *m(f)*

déambuler [deãbyle] <1> *vi* auf und ab wandern

débâcle [debɑkl] *f* Zusammenbruch *m*

déballage [debalaʒ] *m* ❶ (*opp: emballage: d'un paquet*) Auspacken *nt* ❷ *fam* (*désordre*) Chaos *m* ❸ *péj fam* (*divulgations*) Erguss *m*

déballer [debale] <1> *vt* auspacken

débander [debãde] <1> **I.** *vt* MED ~ **le bras à qn** jdm den Verband vom Arm nehmen **II.** *vi fam* schlaff werden

débarbouiller [debaʀbuje] <1> **I.** *vt* ~ **qn** jdm das Gesicht waschen **II.** *vpr* **se** ~ sich (*dat*) das Gesicht waschen

débarcadère [debaʀkadɛʀ] *m* Landungsbrücke *f*

débardeur [debaʀdœʀ] *m* (*t-shirt sans bras*) ärmelloses T-Shirt

débarquement [debaʀkəmã] *m* ❶ (*des marchandises*) Ausladen *nt*; (*des voyageurs*) Aussteigen *nt* ❷ (*descente: des troupes*) Landung *f*

débarquer [debaʀke] <1> **I.** *vt* NAUT (*marchandises*) löschen; (*passagers*) an Land setzen **II.** *vi* ❶ (*opp: embarquer: passager*) mit dem Schiff ankommen; NAUT von Bord gehen; (*troupes*) landen ❷ *fam* ~ **chez qn** bei jdm aufkreuzen

débarras [debaʀɑ] *m* Abstellraum *m* ▸**bon** ~**!** den/die/das wären wir los!

débarrasser [debaʀɑse] <1> **I.** *vt* (*pièce*) ausräumen; (*grenier*) entrümpeln; (*table*) abdecken; ~ **qn de son manteau** jdm aus dem Mantel helfen **II.** *vpr* ❶ **se** ~ **de son manteau** seinen Mantel ablegen ❷ (*donner, vendre*) **se** ~ **de vieux livres** alte Bücher weggeben ❸ (*liquider*) **se** ~ **d'une affaire** sich einer Sache (*gen*) entledigen ❹ (*éloigner*) **se** ~ **de qn** sich (*dat*) jdn vom Hals schaffen

débat [deba] *m* ❶ Diskussion *f* ❷ *pl* POL Debatte *f*

débattre [debatʀ] <irr> **I.** *vt* ~ **qc** über etw (*akk*) diskutieren ▸**à** ~ auszuhandeln **II.** *vi* ~ **de qc** über etw (*akk*) verhandeln **III.** *vpr* **se** ~ um sich schlagen

débauche [deboʃ] *f* Ausschweifung *f*

débauché, e [deboʃe] *m, f* Wüstling *m*

débaucher [deboʃe] <1> **I.** *vt* (*licencier*) entlassen **II.** *vpr* **se** ~ ausschweifen

débile [debil] *adj* ❶ *fam* schwachsinnig ❷ (*atteint de débilité*) geistig behindert

débilité [debilite] *f fam* Schwachsinn *m*

débit [debi] *m* ❶ (*d'un tuyau, robinet*) Durchflussmenge *f*; (*d'une rivière*) Wasserführung *f* ❷ (*élocution*) Redefluss *m* ❸ FIN Soll *nt*

débiter [debite] <1> *vt* ❶ FIN ~ **un compte de 100 euros** ein Konto mit 100 Euro belasten ❷ (*vendre*) verkaufen ❸ *péj* (*banalités, sottises*) verzapfen ❹ (*produire*) ausstoßen ❺ (*bois, tissu*) zerschneiden

débiteur, -trice [debitœʀ, -tʀis] **I.** *m, f* Schuldner(in) *m(f)* **II.** *adj* (*compte*) Debet-

déblatérer [deblatere] <5> *vi fam* ~ **contre qn/qc** über jdn/etw vom Leder ziehen

déblayer [debleje] <7> *vt* (*débarrasser*) freimachen

déblocage [deblɔkaʒ] *m* ❶ ECON (*du crédit, des prix*) Freigabe *f* ❷ (*issue: de la situation*) Verbesserung *f*; (*d'une crise*) Überwindung *f*

débloquer [deblɔke] <1> **I.** *vt* ❶ TECH (*frein, vis*) lösen; (*écrou*) lockern; (*serrure*) entriegeln; (*porte*) wieder aufbekommen ❷ ECON (*crédit, marchandise*) freigeben **II.** *vi fam* überschnappen

déboguer [debɔge] <1> *vt* INFORM ~ **qc** einen Systemfehler in etw beheben

déboires [debwaʀ] *mpl* Enttäuschungen *Pl*

déboisement [debwazmã] *m* Abholzen *nt*

déboiser [debwaze] <1> *vt* abholzen

déboîter [debwate] <1> *vt* ❶ MED **sa chute lui a déboîté une épaule** er hat sich bei seinem Sturz die Schulter verrenkt ❷ (*démonter: porte*) aus den Angeln heben

débonnaire [debɔnɛʀ] *adj* gutmütig

débordant, e [debɔʀdã, ãt] *adj* (*activité*) rastlos; (*imagination*) blühend

débordé, e [debɔʀde] *adj* (*submergé*) überlastet

débordement [debɔʀdəmã] *m* ❶ (*d'un liquide*) Überlaufen *nt* ❷ (*flot*) ~ **de paroles** Wortschwall *m* ❸ *gén pl* (*désordres*) Ausschreitungen *Pl*

déborder [debɔʀde] <1> **I.** *vi* ❶ (*liquide*) überlaufen; (*lac, rivière*) über die Ufer treten; (*récipient*) überlaufen ❷ (*être plein de*) ~ **de joie** außer sich vor Freude sein **II.** *vt* (*être dépassé*) **être débordé par qn/ qc** jds/einer S. nicht mehr Herr werden

débouché [debuʃe] *m* ❶ (*marché*) Absatzmarkt *m* ❷ *pl* (*perspectives*) Berufsaussichten *Pl* ❸ (*d'une rue*) [Ein]mündung *f*

déboucher [debuʃe] <1> I. *vt* ❶ (*nez*) frei-bekommen; (*lavabo*) frei machen ❷ (*ouvrir*) öffnen II. *vpr* se ~ (*tuyau, lavabo, nez*) frei werden III. *vi* ❶ (*piéton*) hervorkommen; (*véhicule*) herausgefahren kommen ❷ (*aboutir*) ~ dans/sur une rue (*per-sonne*) auf eine Straße stoßen; (*voie*) in ei-ne Straße [ein]münden ❸ (*aboutir à*) ~ sur qc zu etw führen

déboucler [debukle] <1> *vt* (*ceinture*) auf-schnallen

débouler [debule] <1> *vi fig fam* ~ chez qn bei jdm hereingestolpert kommen

déboulonner [debulɔne] <1> *vt* abschrau-ben

débourser [debuʀse] <1> *vt* ausgeben

déboussoler [debusɔle] <1> *vt fam* verstö-ren

debout [d(ə)bu] *inv* ❶ (*personne*) stehend; (*manger, voyager*) im Stehen; être/rester ~ stehen/stehen bleiben; se mettre ~ auf-stehen; poser/ranger qc ~ etw [aufrecht] hinstellen ❷ (*levé*) être/rester ~ auf sein/aufbleiben ❸ (*opp: malade, fatigué*) ne plus tenir ~ nicht mehr stehen können

déboutonner [debutɔne] <1> *vt* aufknöp-fen

débraillé, e [debʀɑje] *adj* schlampig

débrancher [debʀɑ̃ʃe] <1> *vt* ~ une lampe den Stecker einer Lampe herauszie-hen

débrayage [debʀɛjaʒ] *m* AUT Auskuppeln *nt*

débrayer [debʀeje] <7> *vi* AUT [aus]kuppeln

débridé, e [debʀide] *adj* ungezügelt

débris [debʀi] *m* ❶ *gén pl* (*fragment*) Scher-be *f* ❷ *pl* (*restes*) Überreste *Pl*

débrouillard, e [debʀujaʀ, jaʀd] *fam* I. *adj* gewitzt II. *m, f* Schlaukopf *m*

débrouiller [debʀuje] <1> I. *vt* (*affaire*) Klarheit bringen in (+ *akk*) II. *vpr fam* se ~ zurechtkommen

débroussailler [debʀusaje] <1> *vt* ~ un terrain das Gestrüpp von einem Gelände entfernen

débusquer [debyske] <1> *vt* (*animal*) auf-scheuchen

début [deby] *m* ❶ (*commencement*) Anfang *m*, Beginn *m*; au ~ de qc am Anfang/zu Beginn von etw ❷ *pl* les ~s de qn dans/à qc jds erste Schritte in/auf etw (*dat*)

débutant, e [debytɑ̃, ɑ̃t] I. *adj* unerfahren II. *m, f* Anfänger(in) *m(f)*

débuter [debyte] <1> I. *vi* anfangen; ~ au théâtre beim Theater debütieren II. *vt* be-ginnen

déca [deka] *m fam abr de* décaféiné Kof-feinfreie(r) *m*

décacheter [dekaʃte] <3> *vt* (*lettre*) öffnen

décade [dekad] *f* Dekade *f*

décadence [dekadɑ̃s] *f* (*d'une civilisation*) Niedergang *m*; (*des mœurs*) Verfall *m*

décadent, e [dekadɑ̃, ɑ̃t] *adj* (*art, civilisa-tion*) untergehend; (*personne*) dekadent

décaféiné [dekafeine] *m* koffeinfreier Kaf-fee

décalage [dekalaʒ] *m* ❶ (*d'un horaire*) [zeit-liche] Verschiebung ❷ (*écart temporel*) Zeit-abstand *m* ❸ (*écart spatial*) Versetzung *f*

décalcomanie [dekalkɔmani] *f* Abziehbild *nt*

décalé, e [dekale] *adj* versetzt

décaler [dekale] <1> I. *vt* ❶ ~ qc d'un jour etw um einen Tag verschieben ❷ (*meuble, appareil*) [ein bisschen] weiter schieben; (*titre, paragraphe*) versetzen II. *vpr* se ~ sich einen Platz weiter setzen

décalquer [dekalke] <1> *vt* ~ qc sur qc etw aus etw abpausen

décamper [dekɑ̃pe] <1> *vi fam* sich aus dem Staub machen

décan [dekɑ̃] *m* ASTRO Dekade *f*

décanter [dekɑ̃te] <1> *vt* (*liquide*) klären

décapant [dekapɑ̃] *m* Beizmittel *nt*

décapant, e [dekapɑ̃, ɑ̃t] *adj* ❶ (*produit*) Abbeiz- ❷ (*article, humour*) ätzend

décaper [dekape] <1> *vt* (*métal*) beizen; (*bois, meuble*) abbeizen

décapiter [dekapite] <1> *vt* köpfen

décapotable [dekapɔtabl] I. *adj* mit auf-klappbarem Verdeck II. *f* Kabriolett *nt*

décapsuler [dekapsyle] <1> *vt* öffnen

décapsuleur [dekapsylœʀ] *m* Flaschenöff-ner *m*

décarcasser [dekaʀkase] <1> *vpr fam* se ~ pour qn sich für jdn abrackern

décathlon [dekatlɔ̃] *m* Zehnkampf *m*

décathlonien, ne [dekatlɔnjɛ̃, jɛn] *m, f* Zehnkämpfer(in) *m(f)*

décéder [desede] <5> *vi* + *être form* ver-sterben; ~ de qc an etw (*dat*) sterben

déceler [des(ə)le] <4> *vt* entdecken; (*cau-se, raison*) herausfinden

décembre [desɑ̃bʀ] *m* Dezember *m*; *v.a.* août

décence [desɑ̃s] f Anstand m

décennie [deseni] f Jahrzehnt nt

décent, e [desɑ̃, ɑ̃t] adj anständig

décentralisation [desɑ̃tralizasjɔ̃] f Dezentralisierung f

décentraliser [desɑ̃tralize] <1> vt dezentralisieren

déception [desɛpsjɔ̃] f Enttäuschung f

décerner [desɛrne] <1> vt verleihen

décès [desɛ] m form Ableben nt

décevant, e [des(ə)vɑ̃, ɑ̃t] adj enttäuschend

décevoir [des(ə)vwar] <12> vt enttäuschen; **qc déçoit qn** jd ist von etw enttäuscht

déchaîné, e [deʃene] adj (passions) hemmungslos; (vent) entfesselt; (mer) tosend; (foule, enfant) außer Rand und Band

déchaînement [deʃɛnmɑ̃] m (de la tempête) Wüten nt; (de la haine, violence) Ausbruch m

déchaîner [deʃene] <1> I. vt (passions) entfesseln II. vpr se ~ toben; se ~ contre qn/qc gegen jdn/etw wüten

déchanter [deʃɑ̃te] <1> vi fam seine Illusionen aufgeben

décharge [deʃarʒ] f ❶ (dépôt) Mülldeponie f, Müllkippe f ❷ (salve) Schüsse Pl ❸ ELEC Schlag m

déchargement [deʃarʒəmɑ̃] m (d'un camion) Ausladen nt; (d'un navire) Löschen nt

décharger [deʃarʒe] <2a> I. vt ❶ (voiture) ausladen; (bateau) löschen ❷ (soulager) erleichtern II. vpr ❶ se ~ du travail sur qn die Arbeit auf jdn abwälzen ❷ ELEC se ~ sich entladen

décharné, e [deʃarne] adj (visage) abgezehrt

déchausser [deʃose] <1> I. vt (skis) abschnallen II. vpr se ~ ❶ seine Schuhe ausziehen ❷ MED (dent) locker werden

déchéance [deʃeɑ̃s] f Verfall m; (d'une civilisation) Untergang m

déchets [deʃɛ] mpl (restes, ordures) Abfall m, Müll m; ~ biodégradables Biomüll m; ~ nucléaires Atommüll m

déchetterie [deʃɛtri] f Müllverwertungsanlage f

déchiffrer [deʃifre] <1> vt ❶ (message, code) entschlüsseln ❷ (hiéroglyphes, texte) entziffern

déchiqueté, e [deʃikte] adj (feuille) gezackt

déchiqueter [deʃikte] <3> vt zerfetzen

déchirant, e [deʃirɑ̃, ɑ̃t] adj (spectacle, adieux) herzzerreißend

déchiré, e [deʃire] adj zerrissen

déchirement [deʃirmɑ̃] m ❶ (souffrance) großer Kummer ❷ (divisions) Zwietracht f

déchirer [deʃire] <1> I. vt ❶ (papier, tissu) zerreißen; (pantalon, enveloppe) aufreißen; ~ qc en morceaux etw in Stücke reißen ❷ (faire souffrir) ~ qn jdm das Herz zerreißen ❸ (parti, pays) spalten II. vpr se ~ ❶ (sac) [auf]reißen; (vêtement) einen Riss bekommen ❷ (se quereller) sich gegenseitig zerfleischen

déchirure [deʃiryr] f a. MED Riss m

déchu, e [deʃy] adj (souverain) gestürzt

décibel [desibɛl] m Dezibel nt

décidé, e [deside] adj (air, personne) entschlossen; (ton) bestimmt

décidément [desidemɑ̃] adv also wirklich

décider [deside] <1> I. vt ❶ beschließen; ~ de faire qc beschließen etw zu tun ❷ (persuader) ~ qn à faire qc jdn dazu bewegen etw zu tun II. vi ~ de qc über etw (akk) entscheiden III. vpr se ~ sich entscheiden; se ~ à faire qc sich dazu entschließen etw zu tun

décilitre [desilitr] m Deziliter m

décimal, e [desimal, o] <-aux> adj Dezimal-

décimer [desime] <1> vt dezimieren

décimètre [desimɛtr] m Dezimeter m o nt

décisif, -ive [desizif, -iv] adj (moment, bataille) entscheidend; (argument) ausschlaggebend

décision [desizjɔ̃] f ❶ Entscheidung f; prendre une ~ einen Entschluss fassen ❷ (choix fait par une assemblée) Beschluss m ❸ (choix fait par un tribunal) Entscheid m

déclamer [deklame] <1> vt (poème, vers) vortragen

déclaration [deklarasjɔ̃] f ❶ (discours) [öffentliche] Erklärung; faire une ~ eine Erklärung abgeben ❷ (propos) Aussage f; ~ des droits de l'homme et du citoyen Erklärung der Menschen- und Bürgerrechte ❸ (témoignage) Aussage f ❹ (aveu) ~ d'amour Liebeserklärung f ❺ ADMIN (d'un décès) Meldung f; (d'une naissance) Anzeige f ❻ (formulaire) Meldung f

déclaré, e [deklare] adj erklärt

déclarer [deklare] <1> I. vt ❶ ~ son

amour à qn jdm seine Liebe erklären; **~ la guerre** den Krieg erklären ❷ ADMIN (*employé, marchandise*) anmelden; (*décès, naissance*) melden; **vous avez quelque chose à ~?** haben Sie etwas zu verzollen? **II.** *vpr* ❶ **se ~** (*incendie, orage*) ausbrechen; (*fièvre, maladie*) zum Ausbruch kommen ❷ (*se prononcer*) **se ~ pour/contre qn/qc** sich für/gegen jdn/etw aussprechen

déclenchement [deklɑ̃ʃmɑ̃] *m* Auslösen *nt*

déclencher [deklɑ̃ʃe] <1> **I.** *vt a.* TECH auslösen **II.** *vpr* **se ~** (*mécanisme*) in Gang kommen

déclencheur [deklɑ̃ʃœʀ] *m* Auslöser *m;* **~ à retardement** Selbstauslöser *m*

déclic [deklik] *m* ❶ (*mécanisme*) Auslöseknopf *m* ❷ (*bruit*) Klicken *nt*

déclin [deklɛ̃] *m* (*des forces physiques et mentales*) Nachlassen *nt;* (*du jour*) Abnehmen *nt;* (*d'une civilisation*) Niedergang *m*

déclinaison [deklinɛzɔ̃] *f* LING, ASTRO Deklination *f*

décliner [dekline] <1> **I.** *vt* ❶ (*refuser*) zurückweisen ❷ LING deklinieren **II.** *vi* (*jour*) sich neigen (*geh*) (*forces, prestige*) schwinden (*geh*)

décocher [dekɔʃe] <1> *vt* **~ un regard/ une œillade** jdm einen Blick zuwerfen

décoction [dekɔksjɔ̃] *f* BIO Abkochung *f*

décodage [dekɔdaʒ] *m* (*d'une information, d'un message*) Dekodierung *f*

décoder [dekɔde] <1> *vt* dekodieren

décodeur [dekɔdœʀ] *m* Decoder *m*

décoiffer [dekwafe] <1> *vt* **~ qn** jds Haare durcheinander bringen; **être tout décoiffé** ganz zerzaust sein

décoincer [dekwɛ̃se] <2> *vt* ❶ (*dégager: pied, doigt, tiroir*) herausziehen; (*porte*) aufziehen; (*pièce, jeton*) herausbekommen ❷ *fam* (*détendre: personne*) locker machen

décollage [dekɔlaʒ] *m* Start *m*

décollement [dekɔlmɑ̃] *m* Abgehen *nt;* (*d'un papier peint, d'une moquette*) Ablösen *nt*

décoller [dekɔle] <1> **I.** *vt* **~ un timbre de l'enveloppe** eine Briefmarke vom Umschlag ablösen **II.** *vi* ❶ AVIAT **~ de qc** von etw abfliegen; **nous décollons à 13 h** wir fliegen um 13 Uhr ab ❷ ECON (*pays*) einen wirtschaftlichen Aufschwung erleben; (*économie*) einen Aufschwung erleben ❸ *fam* **ne pas ~ de chez qn** bei jdm hängen bleiben **III.** *vpr* **se ~** (*carrelage, timbre*) sich lösen

décolleté [dekɔlte] *m* Dekolletee *nt*

décolleté, e [dekɔlte] *adj* ausgeschnitten

décolonisation [dekɔlɔnizasjɔ̃] *f* Dekolonisation *f*

décoloniser [dekɔlɔnize] <1> *vt* in die Unabhängigkeit entlassen

décolorant [dekɔlɔʀɑ̃] *m* Entfärber *m*

décolorant, e [dekɔlɔʀɑ̃, ɑ̃t] *adj* **produit ~** Entfärbungsmittel *nt*

décoloration [dekɔlɔʀasjɔ̃] *f* Entfärben *nt;* (*des cheveux*) Aufhellen *nt*

décoloré, e [dekɔlɔʀe] *adj* (*cheveux*) gebleicht; (*papier, affiches*) vergilbt

décolorer [dekɔlɔʀe] <1> **I.** *vt* (*tissu, vêtement*) entfärben; (*cheveux*) bleichen **II.** *vpr* ❶ **se ~** (*cheveux*) [aus]bleichen; (*étoffe*) (*au soleil*) ausbleichen; (*au lavage*) die Farbe verlieren ❷ (*enlever la couleur*) **se ~ les cheveux** sich (*dat*) die Haare aufhellen

décombres [dekɔ̃bʀ] *mpl a. fig* Trümmer *Pl*

décommander [dekɔmɑ̃de] <1> **I.** *vt* (*rendez-vous, réunion*) absagen; (*marchandise*) abbestellen; **~ qn** jdm absagen **II.** *vpr* **se ~** absagen

décomplexé, e [dekɔ̃plɛkse] *adj fam* ohne Hemmungen

décomposé, e [dekɔ̃poze] *adj* ❶ (*substance organique*) zersetzt ❷ (*visage, traits*) entstellt

décomposer [dekɔ̃poze] <1> **I.** *vt* ❶ CHIM, PHYS, MATH, LING zerlegen ❷ (*idée, problème*) analysieren ❸ (*détailler*) im Einzelnen zeigen **II.** *vpr* **se ~** (*substance organique*) sich zersetzen; (*cadavre*) verwesen; (*visage, traits*) sich verzerren

décomposition [dekɔ̃pozisjɔ̃] *f* (*putréfaction: d'une substance organique*) Zersetzung *f;* (*d'un cadavre*) Verwesung *f*

décompresser [dekɔ̃pʀese] <1> *vi fam* ausspannen

décomprimer [dekɔ̃pʀime] <1> *vt* TECH **~ de l'air** den Luftdruck vermindern

décompte [dekɔ̃t] *m* Abrechnung *f*

décompter [dekɔ̃te] <1> *vt* (*votes*) [aus]zählen

déconcentré, e [dekɔ̃sɑ̃tʀe] *adj* unkonzentriert

déconcentrer [dekɔ̃sɑ̃tʀe] <1> **I.** *vt* (*personne*) aus dem Konzept bringen **II.** *vpr* **se ~** sich aus dem Konzept bringen lassen

déconcertant, e [dekɔ̃sɛʀtɑ̃, ɑ̃t] *adj* verwirrend

déconcerter [dekɔ̃sɛʀte] <1> *vt* verwirren

déconfiture [dekɔ̃fityʀ] *f fam* (*faillite*) Pleite *f*

décongélation [dekɔ̃ʒelasjɔ̃] *f* Auftauen *nt*

décongeler [dekɔ̃ʒ(ə)le] <4> *vt, vi* auftauen

déconnecter [dekɔnɛkte] <1> **I.** *vt* **①** ELEC unterbrechen **②** INFORM ausloggen; (*serveur, réseau*) verlassen **II.** *vi fam* abschalten

déconner [dekɔne] <1> *vi fam* **①** (*dire/faire des bêtises*) Mist reden/machen **②** (*être détraqué*) ~ **complètement** [total] durchdrehen

déconseillé, e [dekɔ̃seje] *adj* nicht empfehlenswert; **il est ~ de faire qc** es ist nicht ratsam etw zu tun

déconseiller [dekɔ̃seje] <1> **I.** *vt* ~ **un livre à un ami** einem Freund von einem Buch abraten **II.** *vi* ~ **à un collègue de faire qc** einem Kollegen davon abraten etw zu tun

déconsidérer [dekɔ̃sidere] <5> **I.** *vt* in Misskredit bringen **II.** *vpr* **se** ~ **auprès de qn/aux yeux de qn** sich bei jdm/in jds Augen in Verruf bringen

décontaminer [dekɔ̃tamine] <1> *vt* (*lieu, personne*) dekontaminieren; INFORM (*disquettes*) von Viren befreien

décontenancer [dekɔ̃t(ə)nɑ̃se] <2> *vt* aus der Fassung bringen

décontracté, e [dekɔ̃tʀakte] *adj* entspannt; (*style, ton, air*) locker

décontracter [dekɔ̃tʀakte] <1> *vt, vpr* [**se**] ~ [sich] entspannen

décontraction [dekɔ̃tʀaksjɔ̃] *f* **①** (*détente: du corps, d'une personne*) Entspannung *f* **②** (*désinvolture*) Ungezwungenheit *f*; *péj* Lässigkeit *f*

décor [dekɔʀ] *m* **①** Dekor *m o nt*, Ausstattung *f* **②** THEAT Bühnenbild *nt*, Kulisse *f*; CINE Szenenaufbau *m* **③** (*cadre*) Umgebung *f*

décorateur, -trice [dekɔʀatœʀ, -tʀis] *m, f* Dekorateur(in) *m(f)*; ~ **d'intérieurs** Innenausstatter *m*

décoratif, -ive [dekɔʀatif, -iv] *adj* dekorativ

décoration [dekɔʀasjɔ̃] *f* **①** Dekoration *f* **②** (*art*) Innenarchitektur *f* **③** (*distinction honorifique*) Auszeichnung *f*

décoré, e [dekɔʀe] *adj* **①** (*lieu, plat*) verziert; (*vitrines*) dekoriert **②** (*personne*) [mit einem Orden] ausgezeichnet

décorer [dekɔʀe] <1> *vt* **①** (*plat*) garnieren; (*vitrine*) dekorieren **②** (*agrémenter*) [ver]zieren **③** (*personne*) auszeichnen

décortiquer [dekɔʀtike] <1> *vt* **①** (*marrons, arbre*) schälen **②** (*texte*) analysieren

découdre [dekudʀ] <irr> *vt* (*boutons*) abtrennen; (*ourlet*) auftrennen

découler [dekule] <1> *vi* ~ **de qc** von etw kommen

découpage [dekupaʒ] *m* **①** [Zu]schneiden *nt* **②** *souvent pl* (*images*) Ausschneidebilder *Pl* **③** ADMIN, POL Einteilung *f*

découpe [dekup] *f* **①** COUT Passe *f* **②** TECH Zuschneiden *nt*; (*avec une scie*) Aussägen *nt*

découpé, e [dekupe] *adj* (*côte, relief*) zerklüftet; (*sommet, feuille*) gezackt

découper [dekupe] <1> *vt* **①** (*gâteau, viande*) aufschneiden; (*volaille*) tranchieren **②** (*tissu, moquette*) zuschneiden; ~ **un article dans qc** einen Artikel aus etw ausschneiden

découragé, e [dekuʀaʒe] *adj* entmutigt

décourageant, e [dekuʀaʒɑ̃, ʒɑ̃t] *adj* entmutigend

découragement [dekuʀaʒmɑ̃] *m* Mutlosigkeit *f*

décourager [dekuʀaʒe] <2a> **I.** *vt* **①** (*démoraliser*) entmutigen **②** (*dissuader*) ~ **qn de la création d'une entreprise** jdn davon abhalten eine Firma zu gründen **II.** *vpr* **se** ~ den Mut verlieren

décousu, e [dekuzy] *adj* **①** COUT aufgetrennt **②** (*conversation, récit*) unzusammenhängend; (*idées*) wirr

découvert [dekuvɛʀ] *m* FIN Defizit *nt*; (*d'un compte*) Überziehung *f*; **être à** ~ im Soll sein (*fam*)

découvert, e [dekuvɛʀ, ɛʀt] *adj* **①** (*nu*) bloß **②** (*lieu*) offen[liegend]

découverte [dekuvɛʀt] *f* Entdeckung *f*, Erkundung *f*; **être à la** ~ **de qc** etw entdecken; **partir à la** ~ **de qc** etw erkunden gehen

découvrir [dekuvʀiʀ] <11> **I.** *vt* **①** entdecken **②** (*enfant, malade*) aufdecken **③** (*statue*) enthüllen **④** (*ruines, objet*) ausgraben **⑤** (*jambes, épaules*) zeigen **II.** *vpr* **se** ~ **①** (*enlever sa couverture*) sich aufdecken; (*enlever son chapeau*) den Hut abnehmen **②** (*ciel*) sich aufhellen

décrépit, e [dekʀepi, it] *adj* (*personne*) altersschwach

décrépitude [dekʀepityd] *f* (*d'un empire*) Niedergang *m*

décret [dekʀɛ] *m* [Rechts]verordnung *f*

décréter [dekʀete] <5> *vt* ❶ POL anordnen ❷ *fig* ~ **que ...** bestimmen, dass ...

décrire [dekʀiʀ] <irr> *vt* beschreiben; (*événement, situation*) schildern

décrisper [dekʀispe] <1> *vt* (*situation, affrontement*) entschärfen

décrocher [dekʀɔʃe] <1> I. *vt* ❶ (*rideaux, linge*) abnehmen; ~ **le téléphone** den [Telefon]hörer abnehmen ❷ *fam* (*obtenir*) kriegen II. *vi* (*au téléphone*) den [Telefon]hörer abnehmen

décroiser [dekʀwaze] <1> *vt* (*jambes*) nebeneinander stellen; (*bras*) wieder fallen lassen; (*fils*) entwirren

décroissant, e [dekʀwasã, ãt] *adj* (*intensité*) abnehmend; **à vitesse ~e** mit herabgesetzter Geschwindigkeit

décroître [dekʀwatʀ] <irr> *vi* + *avoir o être* abnehmen; (*jours*) kürzer werden; (*vitesse*) abnehmen

décrue [dekʀy] *f* (*des eaux*) Sinken *nt*

décrypter [dekʀipte] <1> *vt* (*hiéroglyphe*) entziffern

déçu, e [desy] I. *part passé de* **décevoir** II. *adj* enttäuscht III. *m, f souvent pl* Enttäuschte(r) *f(m)*

déculotter [dekylɔte] <1> *vt* ❶ ~ **qn** jdm die Hosen ausziehen ❷ (*vider: pipe*) ausklopfen

déculpabiliser [dekylpabilize] <1> *vt* (*action, situation*) entschuldbar machen; ~ **qn** jdm das Schuldgefühl nehmen

dédaigner [dedɛɲe] <1> *vt* ~ **qn** jdn verachten, jdn herabsehen

dédaigneux, -euse [dedɛɲø, -øz] *adj* (*comportement, personne*) herablassend; (*regard, air*) verächtlich

dédale [dedal(ə)] *m* (*de rues, chemins*) Gewirr *nt*

dedans [d(ə)dã] I. *adv* + *verbe de mouvement* hinein + *verbe d'état* darin; (*dans un lieu*) innen; **de ~** (*venir*) von drinnen; **en ~ innen** II. *m sans pl* **le ~ de qc** die Innenseite einer S. (*gen*)

dédicace [dedikas] *f* Widmung *f*

dédicacer [dedikase] <2> *vt* widmen

dédier [dedje] <1> *vt* widmen

dédommagement [dedɔmaʒmã] *m* Entschädigung *f*

dédommager [dedɔmaʒe] <2a> *vt* ~ **une victime de qc** ein Opfer für etw entschädigen

dédouanement [dedwanmã] *m* Verzollung *f*

dédouaner [dedwane] <1> *vt* (*marchandise*) verzollen

dédramatiser [dedʀamatize] <1> *vt, vi* entdramatisieren

déductible [dedyktibl] *adj* FIN **être ~ des impôts** von der Steuer absetzbar sein

déduction [dedyksjɔ̃] *f* ❶ COM Abzug *m*; FIN Absetzung *f*; ~ **d'impôt** Steuerabzug; **moins la ~ de 10%** abzüglich 10% ❷ (*conclusion*) Deduktion *f*

déduire [deduiʀ] <irr> *vt* ❶ (*acompte, frais*) abziehen ❷ (*conclure*) ableiten; ~ **de qc que ...** aus etw folgern, dass ...

déesse [deɛs] *f* Göttin *f*

défaillance [defajãs] *f* ❶ (*d'une personne*) Schwäche *f* ❷ (*d'un moteur, système*) Versagen *nt*; (*d'un appareil*) Defekt *m*

défaillant, e [defajã, jãt] *adj* ❶ (*insuffisant: forces*) geschwächt; (*mémoire*) nachlassend ❷ (*affaibli: personne*) geschwächt; (*voix*) zitternd; (*main*) unsicher

défaire [defɛʀ] <irr> I. *vt* ❶ aufmachen; (*nœud, corde*) lösen; (*chaussures, manteau*) ausziehen; (*skis, bretelles*) abmachen ❷ (*enlever ce qui est fait*) aufmachen; (*ourlet*) auftrennen; ~ **le lit** das Bett abziehen/aufdecken ❸ (*déballer*) auspacken II. *vpr* ❶ **se ~** (*paquet, ourlet*) aufgehen; (*nœud, lacets*) aufgehen; (*bouton*) abgehen; (*coiffure*) in Unordnung geraten ❷ (*se séparer*) **se ~ de qn/qc** jdn/etw loswerden

défait, e [defɛ, defɛt] *part passé de* **défaire**

défaite [defɛt] *f* Niederlage *f*

défaut [defo] *m* Fehler *m*

défavorable [defavɔʀabl] *adj* ❶ (*conditions, temps*) ungünstig ❷ (*opp: en faveur de*) ablehnend; **être ~ à un projet** einem Vorhaben ablehnend gegenüberstehen

défavorisé, e [defavɔʀize] *adj* benachteiligt; **un milieu ~** ein sozial schwaches Milieu

défavoriser [defavɔʀize] <1> *vt* ~ **Jean par rapport à Paul** Jean im Vergleich zu Paul benachteiligen

défection [defɛksjɔ̃] *f* (*d'un partisan, ami*) Abfall *m*

D

défectueux, -euse [defɛktɥø, -øz] *adj* defekt

défendable [defɑ̃dabl] *adj* MIL **être ~** verteidigt werden können

défendeur, défenderesse [defɑ̃dœʀ, defɑ̃dəʀɛs] *m, f* JUR Beklagte(r) *f(m)*

défendre¹ [defɑ̃dʀ] <14> **I.** *vt* verteidigen; **~ une cause** sich für eine Sache einsetzen **II.** *vpr* ❶ *(se protéger)* **se ~** sich wehren ❷ *(se débrouiller)* **se ~ en qc** in etw *(dat)* zurechtkommen

défendre² [defɑ̃dʀ] <1> *vt* **~ que** + *subj* untersagen, dass

défendu, e [defɑ̃dy] **I.** *part passé de* **défendre II.** *adj* verboten

défenestrer [def(ə)nɛstʀe] <1> *vt* aus dem Fenster stürzen

défense¹ [defɑ̃s] *f* Verteidigung *f*; **légitime ~** Notwehr *f*; **prendre la ~ de qn/qc** jdn/etw verteidigen; **sans ~** ausgeliefert

défense² [defɑ̃s] *f (interdiction)* Verbot *nt*; **~ de fumer** Rauchen verboten

défense³ [defɑ̃s] *f (d'un éléphant)* Stoßzahn *m*

défenseur [defɑ̃sœʀ] *mf* ❶ MIL, JUR, SPORT Verteidiger(in) *m(f)* ❷ *(partisan)* Anhänger(in) *m(f)*; *(d'un projet)* Befürworter(in) *m(f)*

défensif, -ive [defɑ̃sif, -iv] *adj* ❶ MIL Verteidigungs- ❷ *fig (attitude)* defensiv

défensive [defɑ̃siv] *f* Defensive *f*

déféquer [defeke] <5> *vi form* den Darm entleeren

déférer [defeʀe] <5> *vt* **~ qn à la justice** jdn vor Gericht *(akk)* bringen

déferlement [defɛʀləmɑ̃] *m (des vagues)* Brechen *nt*; *(de la mer)* Brandung *f*

déferler [defɛʀle] <1> *vi (vagues)* sich brechen; *(foule)* strömen

défi [defi] *m* Herausforderung *f*

déficience [defisjɑ̃s] *f* Schwäche *f*

déficient, e [defisjɑ̃, jɑ̃t] *adj (intelligence)* schwach ausgeprägt; *(raisonnement)* unterdurchschnittlich; *(forces, personne)* schwach

déficit [defisit] *m* ❶ FIN Fehlbetrag *m*; **~ de la balance des paiements** Zahlungsbilanzdefizit ❷ *(perte)* Verlust *m*; MED *(manque)* Mangel *m*

déficitaire [defisitɛʀ] *adj (budget, entreprise)* defizitär

défier [defje] <1> *vt* ❶ *(provoquer)* **~ qn** aux échecs jdn zu einer Partie Schach herausfordern ❷ *(parier)* **je te défie de faire ça** ich wette, dass du das nicht tun kannst ❸ *(braver)* **~ l'autorité** sich der Autorität *(dat)* widersetzen

défigurer [defigyʀe] <1> *vt* ❶ *(abîmer le visage de qn)* entstellen ❷ *(monument, paysage)* verunstalten

défilé [defile] *m* Umzug *m*; **~ de mode** Modenschau *f*; MIL [Militär]parade *f*; *(de gens)* Andrang *m*

défilement [defilmɑ̃] *m* Ablauf *m*; INFORM Scrollen *nt*

défiler [defile] <1> **I.** *vi* ❶ *(personnes)* vorbeimarschieren; *(cortège, manifestants)* vorbeiziehen; *(voitures)* vorbeifahren; *(souvenirs, images)* vorüberziehen; *(jours)* dahinziehen ❷ INFORM **faire ~ qc vers le haut/bas** etw nach oben/unten blättern **II.** *vpr fam* **se ~** sich drücken

défini, e [defini] *adj* ❶ *(déterminé: chose)* bestimmt; **bien/mal ~** *(mot, terme)* gut/schlecht definiert; *(douleur)* ganz bestimmt/undefinierbar ❷ GRAM *(article)* bestimmt

définir [definir] <8> **I.** *vt* ❶ *(concept, terme)* definieren ❷ *(sensation)* genau beschreiben; *(position)* erläutern ❸ *(modalités, objectifs)* festlegen; *(politique)* bestimmen **II.** *vpr* **se ~ comme qn** sich selbst als jdn beschreiben

définitif, -ive [definitif, -iv] *adj* endgültig; *(refus, décision)* definitiv ▶**en définitive** letzten Endes

définition [definisjɔ̃] *f* ❶ LING, MATH Definition *f*; **~ d'un mot** Begriffsbestimmung *f* ❷ TV **~ de l'image** Bildauflösung *f*

définitivement [definitivmɑ̃] *adv* endgültig; *(s'installer, quitter)* für immer

déflagration [deflagʀasjɔ̃] *f* Verpuffung *f*

déflation [deflasjɔ̃] *f* Deflation *f*

défonce [defɔ̃s] *f fam* Trip *m*

défoncé, e [defɔ̃se] *adj* ❶ *(détérioré)* beschädigt; *(canapé, sommier, matelas)* kaputt ❷ *(déformé: route, chaussée)* uneben ❸ *fam (sous l'effet de la drogue)* **être ~** auf dem Trip sein

défoncer [defɔ̃se] <2> **I.** *vt* eindrücken; *(porte, vitre)* einschlagen **II.** *vpr fam* **se ~** ❶ *(se droguer)* sich einen Trip reinziehen ❷ *(se donner du mal)* sich abschinden

déformant, e [defɔʀmɑ̃, ɑ̃t] *adj* **miroir ~**

Zerrspiegel *m*

déformation [defɔʀmasjɔ̃] *f* (*d'une pièce, d'un objet*) Verformung *f*; (*d'un nom*) Abänderung *f*; (*de pensées, faits*) Verzerrung *f*

déformer [defɔʀme] <1> I. *vt* ❶ verformen; (*chaussures*) austreten ❷ (*faits*) falsch darstellen; (*pensées*) falsch wiedergeben; ~ **la voix** die Stimme verzerren II. *vpr* **se** ~ (*chaussures*) sich verformen; (*vêtement*) die Form verlieren

défoulement [defulmã] *m* Abreagieren *nt*

défouler [defule] <1> *vpr* **se** ~ sich abreagieren; (*enfant, jeune*) sich austoben

défraîchi, e [defʀeʃi] *adj* (*couleur*) verblasst

défricher [defʀiʃe] <1> *vt* (*forêt*) roden

défriser [defʀize] <1> *vt* ❶ *fam* (*gêner*) fuchsen ❷ (*enlever la frisure*) entkrausen; (*temps, pluie*) glatt machen; ~ **qn** jds Frisur zerstören

défroisser [defʀwase] <1> *vt* glätten

dégagé, e [degaʒe] *adj* ❶ (*ciel*) wolkenlos; (*route, front*) frei ❷ (*allure, air*) lässig

dégagement [degaʒmã] *m* ❶ (*fait de déterrer*) Bergung *f*; (*fait de décoincer: d'un boulon, membre*) Herausziehen *nt*; (*d'une personne*) Bergung, Befreiung *f* ❷ (*déblaiement: d'une route, rue*) Räumung *f* ❸ (*émanation*) ~ **de gaz** Ausströmen *nt* von Gas; ~ **de chaleur** Wärmeabgabe *f*

dégager [degaʒe] <2a> I. *vt* ❶ (*personnes enfouies*) befreien ❷ (*bronches, nez*) freimachen; (*rue, couloir*) räumen ❸ (*odeur, parfum*) verströmen; (*gaz*) freisetzen ❹ (*idée*) herausarbeiten II. *vpr* ❶ **se** ~ (*passage, voie d'accès*) sich leeren; (*ciel*) sich aufhellen ❷ (*émaner*) **se** ~ **de qc** (*gaz, vapeur*) aus etw entweichen; (*odeur*) von etw ausgehen ❸ (*ressortir*) **se** ~ **de qc** (*idée*) sich in etw (*dat*) abzeichnen

dégainer [degene] <1> *vt, vi* ziehen

dégarni, e [degaʀni] *adj* **front** ~ Stirnglatze *f*

dégât [degɑ] *m pl* Schaden *m*, Schäden *Pl*

dégazage [degazaʒ] *m* Ablassen *nt* von Ölrückständen; ~ **sauvage** illegales Ablassen von Altöl

dégel [deʒɛl] *m* Tauwetter *nt*

dégeler [deʒ(ə)le] <4> I. *vt* ❶ auftauen ❷ (*crédits, dossier*) freigeben II. *vi* auftauen

dégénéré, e [deʒeneʀe] *adj* ❶ MED geistesgestört ❷ (*dénaturé: art, idéologie*) degeneriert

dégénérer [deʒeneʀe] <5> *vi* ❶ degenerieren ❷ (*se changer en*) ~ **en qc** in etw (*akk*) ausarten

dégivrer [deʒivʀe] <1> *vt* (*réfrigérateur*) abtauen; (*vitres*) enteisen

déglutir [deglytiʀ] <8> I. *vt* hinunterschlucken II. *vi* schlucken

dégonflé, e [degɔ̃fle] *adj* nicht aufgepumpt; (*pneu*) platt

dégonfler [degɔ̃fle] <1> I. *vt* (*enflure*) zum Abschwellen bringen; ~ **un ballon/pneu** die Luft aus einem Ball/Reifen [heraus]lassen II. *vpr* **se** ~ ❶ (*ballon, pneu*) [die] Luft verlieren; (*enflure*) abschwellen ❷ *fam* (*avoir peur*) Bammel kriegen; (*reculer*) kneifen III. *vi* (*enflure*) abschwellen

dégorger [degɔʀʒe] <2a> *vi* ❶ (*se déverser*) ~ **dans qc** (*égouts, rivière*) in etw (*akk*) fließen ❷ GASTR (*concombres, aubergines*) Wasser ziehen; (*poisson, viande*) wässern

dégouliner [deguline] <1> *vi* (*goutte à goutte*) [herab]tropfen; (*en filet*) laufen

dégourdi, e [deguʀdi] *adj* (*enfant*) aufgeweckt; (*adulte*) geschickt

dégourdir [deguʀdiʀ] <8> *vpr* **se** ~ sich auflockern; **se** ~ **les jambes** sich (*dat*) die Beine vertreten

dégoût [degu] *m* ❶ ~ **d'un aliment** Ekel *m* vor einem Nahrungsmittel; **avec** ~ angeekelt ❷ (*aversion*) ~ **pour qn/qc** Widerwillen *m* gegen jdn/etw ❸ (*lassitude*) Überdruss *m*

dégoûtant, e [degutã, ãt] I. *adj* ❶ (*nourriture, plat, odeur*) widerlich ❷ (*sale*) [ekelhaft] dreckig ❸ (*abject, ignoble: personne*) gemein ❹ (*grivois, licencieux: personne*) widerlich; (*histoire*) obszön II. *m, f fam* (*personne sale*) Ferkel *nt*

dégoûté, e [degute] *adj* angewidert

dégoûter [degute] <1> *vt* ❶ (*nourriture, odeur*) anekeln ❷ (*ôter l'envie de*) ~ **qn** es jdm verleiden

dégoutter [degute] <1> *vi* (*couler*) ~ **des marronniers** (*eau, sueur*) von den Kastanienbäumen [herab]tropfen

dégradant, e [degʀadã, ãt] *adj* erniedrigend

dégradation [degʀadasjɔ̃] *f* ❶ (*dégâts*) Beschädigung *f*; (*de l'environnement*) Zerstörung *f* ❷ (*détérioration*) Verschlechterung *f* ❸ (*avilissement: d'une personne*) Erniedrigung *f* ❹ MIL Degradierung *f*

dégradé [degʀade] *m* ❶ (*de couleurs*) Abstufung *f* ❷ (*coupe de cheveux*) Stufenschnitt *m*

dégrader [degʀade] <1> I. *vt* ❶ (*édifice, route*) beschädigen ❷ (*faire un dégradé*) abstufen ❸ MIL degradieren II. *vpr* **se ~** ❶ (*s'avilir*) sich erniedrigen ❷ (*se détériorer: édifice*) verfallen; (*situation, temps*) sich verschlechtern

dégrafer [degʀafe] <1> I. *vt* aufmachen II. *vpr* **une robe se dégrafe** der Verschluss eines Kleides geht auf

dégraissage [degʀɛsaʒ] *m* (*d'un bouillon, d'une sauce*) Abschöpfen *nt* des Fettes

dégraissant [degʀɛsɑ̃] *m* (*solvant*) Fettlöser *m;* (*détachant*) Fleck[en]entferner *m*

dégraissant, e [degʀɛsɑ̃, ɑ̃t] *adj* (*solvant*) fettlösend; **produit ~** Fettlöser *m*

dégraisser [degʀese] <1> *vt* entfetten

degré¹ [dəgʀe] *m* ❶ *a.* MATH, MED, SOCIOL Grad *m* ❷ (*dans la hiérarchie*) Stufe *f* ❸ SCOL **l'enseignement du premier/second ~** das Grundschulwesen/das höhere Schulwesen

degré² [dəgʀe] *m* ❶ *a.* GEO, MATH Grad *m* ❷ (*d'un alcool*) [Volum]prozent *nt;* **~ en alcool** Alkoholgehalt *m*

dégriffé, e [degʀife] *adj* ohne Markenzeichen

dégringolade [degʀɛ̃gɔlad] *f fam* (*d'une monnaie*) Sturz *m;* (*des titres*) Fall *m*

dégringoler [degʀɛ̃gɔle] <1> I. *vi fam* ❶ (*actions, monnaie*) [stark] fallen ❷ (*tomber*) **~ de qc** von etw [he]runterpurzeln II. *vt fam* (*escalier*) [he]runtersausen

dégriser [degʀize] <1> *vt* (*désenivrer*) nüchtern machen

déguenillé, e [deg(ə)nije] *adj* zerlumpt

déguerpir [degɛʀpiʀ] <8> *vi* sich davonmachen

dégueulasse [degœlas] *adj fam* ❶ (*mains, pantalon*) [total] verdreckt ❷ (*personne, nourriture*) widerlich

déguisé, e [degize] *adj* verkleidet; (*pour le carnaval*) kostümiert

déguisement [degizmɑ̃] *m* ❶ Verkleidung *f* ❷ (*costume*) [Masken]kostüm *nt*

déguiser [degize] <1> I. *vt* ❶ verkleiden ❷ (*voix, écriture*) verstellen II. *vpr* **se ~ en qc** sich als etw verkleiden

dégustation [degystasjɔ̃] *f* Probe *f*

déguster [degyste] <1> *vt, vi* genießen

déhancher [deɑ̃ʃe] <1> *vpr* **se ~** die Hüften schwingen

dehors [dəɔʀ] I. *adv* ❶ (*à l'extérieur*) draußen ❷ (*pas chez soi*) außer Haus ▶**mettre qn ~** jdn hinauswerfen; **au ~** äußerlich; **de ~** von draußen; **rester en ~** sich heraushalten; **en ~ de** (*à l'extérieur de*) außerhalb; (*mis à part*) abgesehen von; **~!** raus! II. *m* **les bruits du ~** die Geräusche von draußen

déjà [deʒa] I. *adv* ❶ (*dès maintenant*) schon; **il était ~ parti** er war schon weg; **~?** schon? ❷ (*auparavant*) schon [einmal]; **à cette époque ~** damals schon ❸ (*intensif*) schon; **il est ~ assez paresseux!** der ist so schon faul genug! ❹ (*à la fin d'une question*) noch [gleich] II. *conj fam* **~ que ...** schon genug, dass ...

déjeuner [deʒœne] <1> I. *vi* ❶ (*à midi*) zu Mittag essen ❷ (*le matin*) frühstücken II. *m* Mittagessen *nt;* **au ~** zum Mittagessen

déjouer [deʒwe] <1> *vt* vereiteln

délabré, e [delabʀe] *adj* (*maison, mur*) verfallen; (*façade*) verwittert

délabrement [delabʀəmɑ̃] *m* (*d'une maison, d'un mur*) Verfall *m*

délabrer [delabʀe] <1> *vpr* (*se dégrader*) **se ~** (*maison, mur*) verfallen

délacer [delase] <2> *vt* aufschnüren

délai [delɛ] *m* ❶ Frist *f* ❷ (*sursis*) Aufschub *m* ▶**dans les ~s** termingerecht; **dans un ~ de** innerhalb von; **sans ~** unverzüglich

délaissé, e [delese] *adj* ❶ (*abandonné*) im Stich gelassen ❷ (*négligé*) vernachlässigt

délaisser [delese] <1> *vt* ❶ (*négliger*) vernachlässigen ❷ verlassen; (*enfant*) im Stich lassen; (*activité*) aufgeben

délasser [delase] <1> *vt, vpr* [se] **~** [sich] entspannen

délateur, -trice [delatœʀ, -tʀis] *m, f* Denunziant(in) *m(f)*

délation [delasjɔ̃] *f* Denunziation *f*

délavé, e [delave] *adj* verwaschen

délaver [delave] <1> I. *vt* ❶ (*diluer: peinture, couleur*) verdünnen ❷ (*éclaircir: jean*) bleichen; (*inscription*) abwaschen II. *vpr* **se ~** (*peinture*) sich abwaschen; (*inscription*) verblassen

délayer [deleje] <7> *vt* **~ la farine/le plâtre dans qc** das Mehl/den Gips mit etw anrühren

délectation [delɛktasjɔ̃] *f* (*plaisir sensuel*) Genuss *m;* (*plaisir intellectuel*) Genugtuung *f*

D

délecter [delɛkte] <1> *vpr* se ~ **à qc** sich an etw (*dat*) ergötzen (*geh*)

délégation [delegasjɔ̃] *f* (*d'élus*) Abordnung *f*; ~ **syndicale** Gewerkschaftsdelegation

délégué, e [delege] I. *adj* abgeordnet II. *m, f* (*d'une association, d'un parti*) Delegierte(r) *f(m)*, Vertreter(in) *m(f)*

déléguer [delege] <5> *vt* ~ **qn à un congrès** jdn zu einem Kongress entsenden

délestage [delɛstaʒ] *m* ELEC [kurzzeitige] Stromabschaltung

délester [delɛste] <1> *vt* ❶ ELEC ~ **qc** [kurzzeitig] den Strom in etw (*dat*) abstellen ❷ AUT entlasten

délibération [deliberasjɔ̃] *f* ❶ (*de l'assemblée*) Debatte *f*; (*du jury*) Beratung *f* ❷ (*décision*) Beschluss *m* ❸ (*réflexion*) Überlegung *f*

délibéré [delibere] *m* Beratung *f*

délibérément [deliberemã] *adv* absichtlich

délibérer [delibere] <5> *vi* beraten

délicat, e [delika, at] *adj* ❶ (*peau, parfum*) zart; (*visage, traits*) fein; (*mets*) delikat ❷ (*geste*) behutsam ❸ (*fragile*) empfindlich; (*enfant*) zart; (*santé*) schwach ❹ (*question, situation*) heikel; (*opération*) schwierig ❺ (*raffiné, sensible: personne*) feinfühlig; (*odorat, oreilles*) empfindlich; (*palais*) fein ❻ (*plein de tact: personne*) taktvoll; (*geste*) aufmerksam

délicatement [delikatmã] *adv* fein

délicatesse [delikatɛs] *f* ❶ (*douceur*) Behutsamkeit *f* ❷ (*d'une opération, situation*) Schwierigkeit *f* ❸ (*raffinement*) Finesse *f* ❹ (*tact*) Feingefühl *nt*; **avec/sans** ~ taktvoll/taktlos

délice [delis] *m* Genuss *m*

délicieux, -euse [delisjø, -jøz] *adj* köstlich

délictueux, -euse [deliktɥø, -øz] *adj* strafbar

délier [delje] <1a> *vt* losbinden; (*corde*) lösen

délimitation [delimitasjɔ̃] *f* Abgrenzung *f*

délimiter [delimite] <1> *vt a. fig* abgrenzen

délinquance [delɛ̃kɑ̃s] *f* Kriminalität *f*; ~ **juvénile** Jugendkriminalität

délinquant, e [delɛ̃kɑ̃, ɑ̃t] *m, f* Straffällige(r) *f(m)*

délirant, e [delirɑ̃, ɑ̃t] *adj* (*histoire, idée*) [völlig] verrückt; (*enthousiasme, joie*) wahnsinnig

délire [delir] *m* ❶ (*divagation*) Delirium *nt*; (*dû à la fièvre*) [Fieber]wahn *m* ❷ (*exaltation*) **une foule en** ~ eine tobende Menge

délirer [delire] <1> *vi* ❶ MED delirieren ❷ (*dérailler*) spinnen (*fam*)

délit [deli] *m* Straftat *f*; ~ **informatique** Datenmissbrauch *m*

délivrance [delivrɑ̃s] *f* ❶ (*soulagement*) Erleichterung *f* ❷ (*libération*) Befreiung *f* ❸ ADMIN (*d'un passeport*) Ausstellung *f*

délivrer [delivre] <1> I. *vt* ❶ (*otage*) befreien ❷ ADMIN (*passeport*) ausstellen II. *vpr* se ~ **de ses liens** sich von seinen Fesseln befreien

délocaliser [delɔkalize] <1> *vt* auslagern

déloger [delɔʒe] <2a> *vt* ausquartieren

déloyal, e [delwajal, jo] <-aux> *adj* (*adversaire, attitude*) unfair; (*procédé*) unlauter

delta [dɛlta] *m* Delta *nt*

deltaplane® [dɛltaplan] *m* Drachen *m*; **faire du** ~ Drachen fliegen

deltiste [dɛltist] *mf* Drachenflieger(in) *m(f)*

déluge [delyʒ] *m* Sturzregen *m*

démagogie [demagɔʒi] *f* Demagogie *f*

démagogique [demagɔʒik] *adj* demagogisch

démagogue [demagɔg] *mf* Demagoge *m*/Demagogin *f*

demain [dəmɛ̃] *adv* morgen; ~ **soir** morgen Abend; **à ~!** bis morgen!

demande [d(ə)mɑ̃d] *f* ❶ Bitte *f*; ~ **en mariage** Heiratsantrag *m* ❷ ADMIN Antrag *m*; ~ **d'emploi** Stellengesuch *nt* ❸ ECON ~ **en qc** Nachfrage *f* nach etw ❹ JUR ~ **en qc** [Klage]antrag *m* auf etw (*akk*) ❺ (*formulaire*) [Antrags]formular *nt* ▶**à la** ~ nach Bedarf; **sur** |**simple**| ~ auf Anfrage

demandé, e [d(ə)mɑ̃de] *adj* **être** ~ gefragt sein

demander [d(ə)mɑ̃de] <1> I. *vt* ❶ ~ **qc** um etw bitten; ~ **conseil** um Rat fragen; ~ **un renseignement à qn** jdn um eine Auskunft bitten; ~ **pardon à qn** jdn um Verzeihung bitten; ~ **à qn de faire qc** jdn |darum| bitten etw zu tun ❷ (*employé*) sprechen wollen; (*au téléphone: personne, poste*) verlangen ❸ (*s'enquérir de*) ~ **le chemin/l'heure à qn** jdn nach dem Weg/der Uhrzeit fragen ❹ (*efforts, travail*) erfordern; (*soin, eau*) brauchen ❺ (*exiger*) ~ **l'obéissance à qn** von jdm Gehorsam verlangen; ~ **la liberté** die Freiheit fordern; ~ **un prix pour qc** einen Preis für etw verlangen ▶**qn ne demande qu'à faire qc** jd möchte [ja] gerne etw tun **II.** *vi* ~ **à qn si** jdn fragen, ob ▶ **il n'y a qu'à** ~ man braucht doch nur zu fragen **III.** *vpr* **se** ~ **ce que/comment** sich fragen, was/wie

demandeur, -euse [d(ə)mãdœʀ, -øz] *m, f* Antragsteller(in) *m(f)*; ~ **d'emploi** Arbeit[s]- suchender *m*

démangeaison [demãʒɛzõ] *f gén pl* Juck- reiz *m kein Pl*, Jucken *nt kein Pl*

démanger [demãʒe] <2a> *vt, vi a. fig* ju- cken

démanteler [demãt(ə)le] <4> *vt* (*cartel, or- ganisation*) zerschlagen

démaquillant [demakijã] *m* Make-up- Entferner *m*

démaquillant, e [demakijã, jãt] *adj* Reini- gungs-

démaquiller [demakije] <1> **I.** *vt* ab- schminken **II.** *vpr* **se** ~ **le visage** sich (*dat*) das Gesicht abschminken

démarcation [demaʀkasjõ] *f a. fig* Abgren- zung *f*

démarche [demaʀʃ] *f* ❶ (*allure*) Gang *m* ❷ (*d'une personne*) Methode *f*, Vorgehen *nt* ❸ (*intervention*) Schritt *m*; **faire des ~s** Schritte unternehmen

démarcher [demaʀʃe] <1> *vt* ~ **qn** bei jdm einen Vertreterbesuch machen; ~ **les gens par téléphone** Kunden per Telefon werben

démarqué, e [demaʀke] *adj* ❶ (*dégriffé*) ohne Markenzeichen ❷ (*soldé*) herab- gesetzt

démarquer [demaʀke] <1> **I.** *vt* COM ~ **qc** (*dégriffer*) das Markenzeichen von etw ent- fernen; (*solder*) etw herabsetzen **II.** *vpr* **se** ~ SPORT sich freispielen

démarrage [demaʀaʒ] *m* ❶ AUT Anlassen *nt*, Starten *nt* ❷ (*départ*) Anfahren *nt* ❸ (*lancement*) Start *m* ❹ INFORM ~ **à chaud/à froid** Warm-/Kaltstart *m*

démarrer [demaʀe] <1> **I.** *vi* ❶ (*voiture*) anspringen; (*machine*) anlaufen; **faire** ~ **qc** etw anlassen ❷ (*partir*) anfahren ❸ (*campagne, exposition*) beginnen; (*indus- trie, économie*) in Schwung kommen **II.** *vt* ❶ (*mettre en marche*) anlassen ❷ *fam* star- ten; (*mouvement*) ins Leben rufen; (*proces- sus*) in Gang setzen

démarreur [demaʀœʀ] *m* Anlasser *m*

démasquer [demaske] <1> **I.** *vt* (*voleur, traître*) entlarven **II.** *vpr* **se** ~ seine Maske fallen lassen

démêlé [demele] *m* Auseinandersetzung *f*

démêler [demele] <1> *vt* ❶ (*fil*) entwirren; (*cheveux*) auskämmen ❷ (*affaire*) aufklären

démembrer [demãbʀe] <1> *vt* (*pays, pro- priété*) zerstückeln

déménagement [demenaʒmã] *m* ❶ (*chan- gement de domicile*) Umzug *m* ❷ (*fait de quitter le logement*) Auszug *m*

déménager [demenaʒe] <2a> **I.** *vi* ❶ (*changer de domicile*) umziehen; ~ **à Pa- ris/rue de ...** nach Paris/in die ... Straße [um]ziehen ❷ (*quitter un logement*) auszie- hen **II.** *vt* ❶ (*meubles*) [um]räumen ❷ (*mai- son, pièce*) ausräumen

déménageur [demenaʒœʀ] *m* Spediteur *m*

démence [demãs] *f* Wahnsinn *m*

démener [dem(ə)ne] <4> *vpr* **se** ~ ❶ (*se débattre*) um sich schlagen ❷ (*faire des ef- forts*) sich [große] Mühe geben

dément, e [demã, ãt] *m, f* Geisteskranke(r) *f(m)*

démenti [demãti] *m* Dementi *nt*

démentir [demãtiʀ] <10> *vt* ❶ ~ **qn** jdm widersprechen ❷ (*nier*) dementieren

démesuré, e [deməzyʀe] *adj* maßlos

démesurément [deməzyʀemã] *adv* (*grand, long*) unverhältnismäßig

démettre [demɛtʀ] *irr* **I.** *vt* ~ **qn de ses fonctions** jdn seines Amtes entheben **II.** *vpr* **se** ~ **le bras** sich (*dat*) den Arm ver- renken; **se** ~ **l'épaule** sich (*dat*) die Schul- ter auskugeln

demeurant [dəmœʀã] ▶**au** ~ alles in allem

demeure [d(ə)mœʀ] *f* Wohnsitz *m*

demeuré, e [dəmœʀe] **I.** *adj* [geistig] zu- rückgeblieben **II.** *m, f* Schwachsinnige(r) *f(m) fig* Schwachkopf *m*

demeurer [dəmœʀe] <1> *vi* ❶ + *avoir* (*ha- biter*) wohnen ❷ + *avoir* (*subsister*) weiter- bestehen ❸ + *être* (*rester*) bleiben

demi [d(ə)mi] *m* ❶ (*fraction*) **un** ~ ein Halb ❷ (*bière*) Bier *nt*

demi, e [d(ə)mi] **I.** *m, f* (*moitié*) Hälfte *f* **II.** *adj* **une heure/deux heures et ~e** ein- einhalb/zweieinhalb Stunden; **avoir quatre ans et** ~ viereinhalb [Jahre alt] sein

demi-bouteille [d(ə)mibutɛj] <demi- bouteilles> *f* halbe Flasche **demi-cercle** [d(ə)misɛʀkl] <demi-cercles> *m* Halb- kreis *m* **demi-douzaine** [d(ə)miduzɛn] <demi-douzaines> *f* halbes Dutzend

D

demie [d(ə)mi] **I.** *adj v.* **demi II.** *f (heure)* **neuf heures et ~** halb neun; **partir à la ~** um halb gehen

demi-finale [d(ə)mifinal] <demi-finales> *f* Halbfinale *nt* **demi-finaliste** [d(ə)mifinalist] <demi-finalistes> *mf* Teilnehmer(in) *m(f)* am Halbfinale **demi-frère** [d(ə)mifʀɛʀ] <demi-frères> *m* Halbbruder *m* **demi-heure** [d(ə)mijœʀ] <demi-heures> *f* halbe Stunde **demi-jour** [d(ə)miʒuʀ] *m inv* Halbdunkel *nt* **demi-journée** [d(ə)miʒuʀne] <demi-journées> *f* halber Tag

démilitariser [demilitaʀize] <1> *vt* entmilitarisieren

demi-litre [d(ə)militʀ] <demi-litres> *m* ❶ *(contenu)* halber Liter ❷ *(contenant)* Halbliterflasche *f* **demi-mesure** [d(ə)mimzyʀ] <demi-mesures> *f* Halbheit *f* **demi-mot** [d(ə)mimo] <demi-mots> *m* **à ~** andeutungsweise

déminer [demine] <1> *vt* entminen

demi-pension [d(ə)mipɑ̃sjɔ̃] <demi-pensions> *f* ❶ *(hôtel)* Halbpension *f*; **en ~** mit Halbpension ❷ scol [Schul]kantine *f* **demi-pensionnaire** [d(ə)mipɑ̃sjɔnɛʀ] <demi-pensionnaires> *mf* Schüler, der/ Schülerin, die in der [Schul]kantine isst

démis, e [demi, iz] *part passé de* **démettre**

demi-sœur [d(ə)misœʀ] <demi-sœurs> *f* Halbschwester *f*

démission [demisjɔ̃] *f* ❶ *(d'un ministre)* Rücktritt *m*; *(d'un salarié)* Kündigung *f* ❷ *(renoncement)* Kapitulation *f*

démissionnaire [demisjɔnɛʀ] *adj* zurückgetreten

démissionner [demisjɔne] <1> *vi* **~ d'une fonction** von einem Amt zurücktreten; **~ de son poste** seine Stelle kündigen

demi-tarif [d(ə)mitaʀif] <demi-tarifs> *m* halber Preis; **à ~** zum halben Preis **demi-tour** [d(ə)mituʀ] <demi-tours> *m* Kehrtwendung *f*; **faire ~** umkehren

démobiliser [demɔbilize] <1> *vt* MIL demobilisieren

démocrate [demɔkʀat] **I.** *adj* demokratisch **II.** *mf* Demokrat(in) *m(f)*

démocrate-chrétien, ne [demɔkʀatkʀetjɛ̃, jɛn] <démocrates-chrétiens> *adj* christlich-demokratisch

démocratie [demɔkʀasi] *f* Demokratie *f* **démocratique** [demɔkʀatik] *adj* demokra-

tisch

démocratisation [demɔkʀatizasjɔ̃] *f* Demokratisierung *f*

démocratiser [demɔkʀatize] <1> *vt* demokratisieren

démodé, e [demɔde] *adj* altmodisch; *(procédé, théorie)* überholt

démoder [demɔde] <1> *vpr* **se ~** aus der Mode kommen

démographie [demɔgʀafi] *f* Demographie *f* **démographique** [demɔgʀafik] *adj* *(données, étude)* demographisch; *(croissance, poussée)* Bevölkerungs-

demoiselle [dəmwazɛl] *f* *(jeune fille)* Fräulein *nt; iron* [junge] Dame

démolir [demɔliʀ] <8> *vt* abreißen; *(mur)* niederreißen; *(jouet, objet)* kaputtmachen

démolition [demɔlisjɔ̃] *f (d'une maison)* Abbruch *m; (d'un mur)* Niederreißen *nt*

démon [demɔ̃] *m* Teufel *m*

démoniaque [demɔnjak] *adj* dämonisch

démonstratif [demɔ̃stʀatif] *m* Demonstrativpronomen *nt*

démonstration [demɔ̃stʀasjɔ̃] *f* ❶ *a.* MATH Beweis *m* ❷ *(argumentation)* Beweisführung *f* ❸ *(présentation)* Demonstration *f*; COM *(d'un produit)* Vorführung *f*; **faire la ~ de qc** etw vorführen

démontable [demɔ̃tabl] *adj* zerlegbar

démontage [demɔ̃taʒ] *m* Zerlegen *nt*

démonté, e [demɔ̃te] *adj (mer)* aufgewühlt

démonter [demɔ̃te] <1> **I.** *vt* ❶ zerlegen; *(auvent, tente)* abbauen ❷ *(déconcerter)* aus der Fassung bringen **II.** *vpr* **se ~** ❶ *(appareil, meuble)* sich zerlegen lassen; *(accidentellement)* auseinander fallen ❷ *(se troubler)* **sans se ~** ohne sich aus der Fassung bringen zu lassen

démontrer [demɔ̃tʀe] <1> *vt* **~ que ...** beweisen, dass ...

démoralisant, e [demɔʀalizɑ̃, ɑ̃t] *adj* deprimierend

démoraliser [demɔʀalize] <1> **I.** *vt, vi* entmutigen **II.** *vpr* **se ~** den Mut verlieren

démotiver [demɔtive] <1> *vt* **~ qn** jdm die Motivation nehmen

démouler [demule] <1> *vt* aus der Form nehmen

démuni, e [demyni] *adj* ❶ *(pauvre)* mittellos ❷ *(impuissant)* **~ devant qn/qc** hilflos jdm/etw gegenüber ❸ *(privé de)* **être ~ de qc** etw nicht besitzen

démystifier [demistifje] <1a> vt aufklären

dénaturer [denatyʀe] <1> vt (goût, saveur) verfälschen

dénicher [deniʃe] <1> vt ausfindig machen; (bistrot, objet rare) aufstöbern

dénigrer [denigʀe] <1> vt (action, personne) schlecht machen

dénivellation [denivelasjɔ̃] f Höhenunterschied m

dénombrer [denɔ̃bʀe] <1> vt zählen

dénominateur [denɔminatœʀ] m MATH Nenner m

dénomination [denɔminasjɔ̃] f Bezeichnung f

dénommé, e [denɔme] adj antéposé **un ~ Durand** ein gewisser [Herr] Durand; **le ~ Durand** benannter Durand

dénommer [denɔme] <1> vt bezeichnen

dénoncer [denɔ̃se] <2> **I.** vt ❶ **~ un complice à qn** einen Komplizen an jdn verraten; **~ un opposant politique à qn** einen Oppositionellen bei jdm denunzieren; **~ qn à la police** jdn bei der Polizei anzeigen ❷ (abus, injustice) anprangern **II.** vpr **se ~ à la police** sich [der Polizei] stellen

dénonciateur, -trice [denɔ̃sjatœʀ, -tʀis] m, f ❶ (délateur: d'une personne) Denunziant(in) m(f) ❷ (accusateur: d'une injustice) Ankläger(in) m(f)

dénonciation [denɔ̃sjasjɔ̃] f Anzeige f; (dans une dictature) Denunzierung f

dénouement [denumã] m Ausgang m; (de l'enquête) Ergebnis nt

dénouer [denwe] <1> **I.** vt (ficelle, lacets) aufknoten; (noeud) aufbinden; (intrigue, affaire) lösen **II.** vpr **se ~** sich lösen

dénoyauter [denwajote] <1> vt entsteinen

denrée [dãʀe] f Essware f

dense [dãs] adj a. PHYS dicht

densité [dãsite] f Dichte f

dent [dã] f ❶ ANAT (de l'homme, animal) Zahn m; **~ de devant** Vorderzahn; **~ de lait** Milchzahn; **se laver les ~s** sich die Zähne putzen; **une brosse à ~s** eine Zahnbürste ❷ fig (d'une fourchette) Zinke f; (d'un peigne, engrenage) Zahn m

dentaire [dãtɛʀ] adj **plaque/prothèse ~** Zahnbelag m/Zahnersatz m

dental, e [dãtal, o] <-aux> adj dental

dentelé, e [dãt(ə)le] adj gezackt

dentelle [dãtɛl] f Spitze f

dentier [dãtje] m Gebiss nt

dentifrice [dãtifʀis] m Zahnpasta f

dentiste [dãtist] mf Zahnarzt/-ärztin m/f

dentition [dãtisjɔ̃] f Gebiss nt

dénucléarisé, e [denyklearize] adj atomwaffenfrei

dénudé, e [denyde] adj (dos, épaules) entblößt; (montagne, arbre) kahl; (câble électrique) abisoliert

dénuder [denyde] <1> vt entkleiden

dénué, e [denye] adj **être ~ de qc** einer S. (gen) entbehren

dénuement [denymã] m Elend nt

dénutrition [denytʀisjɔ̃] f Unterernährung f

déodorant [deɔdɔʀã] m Deodorant nt

dépannage [depanaʒ] m Reparatur f; **service de ~** Pannenhilfe f

dépanner [depane] <1> vt ❶ (machine, voiture) reparieren; (d'une panne) jds Panne beheben; (remorque) jdn abschleppen ❷ fam (aider) **~ qn** jdm aushelfen

dépanneur, -euse [depanœʀ, -øz] m, f Mechaniker(in) m(f)

dépanneuse [depanøz] f Abschleppwagen m

dépaqueter [depakte] <3> vt auspacken

dépareillé, e [depaʀeje] adj (collection) unvollständig

départ [depaʀ] m ❶ (action de partir: d'une personne) (à pied) Weggehen nt; (en avion) Abflug m; (en voiture, bateau) Abfahrt f; (d'un train, bateau) Abfahrt f ❷ SPORT Start m; **faux ~** Fehlstart ❸ (démission) Rücktritt m; (licenciement) Entlassung f; **~ à la retraite** Pensionierung f ❹ (début, origine) Beginn m, Anfang m; **de ~** (idée) anfänglich; (point) Ausgangs-; **au ~** zu Beginn ▶**au ~ de Paris** ab Paris; **être sur le ~** im Aufbruch sein

départager [depaʀtaʒe] <2a> vt **~ les candidats** zwischen den Kandidaten entscheiden

département [depaʀtəmã] m ❶ ADMIN Departement nt; **~ d'outre-mer** Überseedepartement ❷ (d'une entreprise) Abteilung f; UNIV Fachbereich m ❸ ADMIN, POL CH Direktion f (CH)

Ein französisches **département** ist eine Verwaltungseinheit, also ein Teil des Staatsgebiets mit eigenen Zuständigkeiten, z. B. im sozialen und medizinischen Bereich. In Frankreich gibt es 96 Departements und fünf *départements d'outre-mer (DOM)*.

D

départemental, e [depaʀtəmãtal, o] <-aux>
adj Departements-; **route ~e** ≈ Landstraße *f*

dépassé, e [depase] *adj* ❶ (*démodé*) überholt ❷ (*désorienté*) **être ~ par qc** bei etw nicht mehr mitkommen (*fam*)

dépassement [depasmã] *m* (*d'une véhicule*) Überholen *nt*

dépasser [depase] <1> **I.** *vt* ❶ (*doubler*) überholen ❷ (*aller plus loin que: à pied*) vorbeigehen an (+ *dat*); (*en véhicule*) vorbeifahren an (+ *dat*) ❸ (*outrepasser*) überschreiten ▶**ça me/le dépasse!** das ist mir/ihm zu hoch! (*fam*) **II.** *vi* ❶ (*doubler*) überholen ❷ (*bâtiment, tour*) hervorragen; (*vêtement*) hervorschauen **III.** *vpr* **se ~** sich selbst übertreffen

dépaysé, e [depeize] *adj* fremd

dépaysement [depeizmã] *m* ❶ (*désorientation*) Fremdheit *f*; (*changement*) Umstellung *f* ❷ (*changement salutaire*) [willkommene] Abwechslung

dépayser [depeize] <1> *vt* ❶ (*désorienter*) verwirren ❷ (*changer les idées*) ablenken

dépecer [depəse] <2> *vt* (*animal*) zerlegen

dépêche [depeʃ] *f* Nachricht *f*

dépêcher [depeʃe] <1> *vpr* **se ~ de faire qc** sich beeilen etw zu tun

dépeindre [depɛ̃dʀ] <irr> *vt* schildern

dépendance [depãdãs] *f* Abhängigkeit *f*

dépendant, e [depãdã, ãt] *adj* abhängig

dépendre [depãdʀ] <14> *vi* ❶ (*être sous la dépendance de*) **~ de qn/qc** von jdm/etw abhängig sein ❷ (*faire partie de*) **~ de qc** (*terrain*) zu etw gehören ❸ (*relever de*) **~ de qn/qc** jdm/etw unterstehen ❹ (*être conditionné par*) **~ de qc/qn** von jdm/etw abhängen; **ça dépend** *fam* das kommt drauf an; **ça dépend du temps** das hängt vom Wetter ab

dépens [depã] *mpl* **aux ~ de qn/qc** auf jds Kosten (*akk*)/auf Kosten einer S. (*gen*)

dépense [depãs] *f* Ausgabe *f*

dépenser [depãse] <1> **I.** *vt* ❶ (*débourser*) ausgeben ❷ (*électricité, énergie*) verbrauchen ❸ (*user*) **~ son temps à faire qc** kostbare Zeit aufwenden um etw zu machen **II.** *vpr* **se ~** sich verausgaben; (*enfant*) sich austoben

dépensier, -ière [depãsje, -jɛʀ] *adj* verschwenderisch

dépérir [depeʀiʀ] <8> *vi* (*personne*) dahinvegetieren; (*animal*) eingehen

dépêtrer [depetʀe] <1> *vt fam* herausholen; **~ qn d'une situation** jdm aus der Klemme helfen

dépeuplement [depœpləmã] *m* ~ **d'une région** Entvölkerung *f* einer Region

dépeupler [depœple] <1> **I.** *vt* (*pays, région*) entvölkern **II.** *vpr* **une ville se dépeuple** die Bevölkerung einer Stadt geht zurück

déphasé, e [defaze] *adj fam* **être ~ neben sich** (*dat*) stehen

dépilatoire [depilatwaʀ] *adj* **crème ~** Enthaarungscreme

dépistage [depistaʒ] *m* (*d'une maladie*) Erkennung *f*; **~ du cancer** Krebsvorsorge *f*; **test de ~ du Sida** Aidstest *m*

dépister [depiste] <1> *vt* (*personne, animal*) aufspüren

dépit [depi] *m* Ärger *m*; **par ~** aus Trotz ▶**en ~ du bon sens** gegen den gesunden Menschenverstand

déplacé, e [deplase] *adj* unpassend

déplacement [deplasmã] *m* ❶ (*d'un objet*) Umstellen *nt* ❷ (*voyage*) [Geschäfts]reise *f* ❸ (*mouvement*) Bewegung *f* ❹ (*mutation*) Versetzung *f*

déplacer [deplase] <2> **I.** *vt* ❶ (*objet*) an einen anderen Platz legen/stellen; (*meuble*) umstellen ❷ (*fonctionnaire*) versetzen ❸ (*population*) umsiedeln **II.** *vpr* **se ~** ❶ (*personne, animal*) sich fortbewegen; (*cyclone*) sich bewegen ❷ (*se décaler: en position debout*) zur Seite gehen; (*en position assise*) zur Seite rücken ❸ (*voyager*) reisen; **se ~ en avion/voiture** fliegen/mit dem Auto fahren

déplaire [deplɛʀ] <irr> *vi* **~ à qn** jdm missfallen

déplaisant, e [deplɛzã, ãt] *adj* unangenehm

dépliant [deplijã] *m* Faltprospekt *m*

déplier [deplije] <1> **I.** *vt* (*drap, vêtement*) auffalten; (*plan, journal*) auseinander falten **II.** *vpr* **se ~** sich öffnen

déploiement [deplwamã] *m* ❶ (*action de déployer: d'une aile*) Ausbreiten *nt*; (*d'un drapeau*) Hissen *nt* ❷ (*étalage: de richesses*) Zurschaustellen *nt* ❸ (*dépense*) ~ **d'énergie** Aufwand *m* an Energie

déplorable [deplɔʀabl] *adj* (*effet, fin*) bedauerlich

déplorer [deplɔʀe] <1> *vt* ❶ (*regretter*) bedauern ❷ *(enregistrer)* **on déplore des victimes** Opfer sind zu beklagen *(geh)*

déployer [deplwaje] <7> **I.** *vt* ❶ *(ailes, carte)* ausbreiten ❷ *(énergie, ingéniosité)* einsetzen; *(étaler: charmes, richesses)* zur Schau stellen **II.** *vpr* **se ~** *(soldats, troupes)* ausschwärmen; *(cortège)* sich auseinander ziehen

déplumer [deplyme] <1> *vpr* **se ~** die Federn verlieren

dépoli, e [depɔli] *adj* matt

dépolluer [depɔlɥe] <1> *vt* *(lieu)* säubern; *(rivière, mer)* sanieren

dépopulation [depɔpylasjɔ̃] *f* Bevölkerungsrückgang *m*

déportation [depɔʀtasjɔ̃] *f* Deportation *f*

déporté, e [depɔʀte] *m, f* Deportierte(r) *f(m)*

déporter [depɔʀte] <1> **I.** *vt* ❶ HIST *(exiler)* deportieren; *(bannir)* verbannen ❷ *(voiture, vélo)* abdrängen **II.** *vpr* AUT **se ~** ausscheren

déposer [depoze] <1> **I.** *vt* ❶ *(poser)* stellen/legen; *(se débarrasser)* abstellen/ablegen ❷ *(personne)* absetzen; *(ordures)* abladen ❸ *(bagages, carte de visite)* abgeben; *(lettre, document)* hinterlegen; *(paquet, colis)* abgeben ❹ FIN *(argent)* einzahlen; *(chèque)* einreichen ❺ *(brevet)* anmelden; *(marque déposée)* eintragen lassen; *(réclamation)* einreichen; **~ plainte** Anzeige erstatten **II.** *vi (témoigner)* aussagen **III.** *vpr* **se ~** *(lie, poussière)* sich absetzen

dépositaire [depozitɛʀ] *m* Verwahrer(in) *m(f)*; *(d'un secret)* Mitwisser(in) *m(f)*

déposition [depozisjɔ̃] *f (témoignage)* [Zeugen]aussage *f*

déposséder [depɔsede] <5> *vt* enteignen

dépossession [depɔsesjɔ̃] *f* Enteignung *f*

dépôt [depo] *m* ❶ *(d'une plainte)* Erheben *nt;* *(d'une marque déposée)* Eintragen *nt;* *(d'un brevet)* Anmeldung *f* ❷ FIN *(d'un chèque)* Einreichen *nt;* *(d'argent, d'espèces)* Einzahlung *f;* **~ de bilan** Konkursanmeldung *f* ❸ *(d'objets précieux, d'un testament)* Hinterlegung *f* ❹ *(sédiment)* Ablagerung *f* ❺ *(d'autobus)* Depot *nt;* **~ d'ordures** Mülldeponie *f,* Kehrichtdeponie *f (CH)*

dépotoir [depotwaʀ] *m* Müllhalde *f*

dépouille [depuj] *f* ❶ *(peau: d'un animal à fourrure)* Fell *nt;* *(d'un serpent)* Haut *f* ❷ *form (corps)* **~ mortelle** sterbliche Überreste *Pl*

dépouillé, e [depuje] *adj* ❶ *(sobre)* karg; *(texte)* nüchtern ❷ *(exempt)* **être ~ de qc** ohne etw sein

dépouillement [depujmɑ̃] *m (d'un scrutin)* [Aus]zählen *nt;* *(du courrier)* Durchsehen *nt*

dépouiller [depuje] <1> *vt* ❶ *(scrutin)* [aus]zählen; *(courrier)* durchsehen ❷ *(dévaliser)* berauben

dépourvu, e [depuʀvy] *adj* **être ~ de qc** ohne etw sein

dépoussiérer [depusjeʀe] <5> *vt* abstauben

dépravation [depʀavasjɔ̃] *f* Verfall *m*

dépravé, e [depʀave] *adj (goût, personne)* verdorben

dépraver [depʀave] <1> *vt (goût, personne)* verderben

dépréciation [depʀesjasjɔ̃] *f (d'une marchandise)* Wertminderung *f*

déprédation [depʀedasjɔ̃] *f gén pl* Verwüstung *f*

dépressif, -ive [depʀesif, -iv] **I.** *adj* depressiv **II.** *m, f* Depressive(r) *f(m)*

dépression [depʀesjɔ̃] *f* ❶ PSYCH Depression *f* ❷ METEO Tief *nt* ❸ ECON Konjunkturtief *nt*

déprimant, e [depʀimɑ̃, ɑ̃t] *adj* deprimierend

déprime [depʀim] *f fam* Katzenjammer *m;* **être en pleine ~** total am Ende sein

déprimé, e [depʀime] *adj* deprimiert

déprimer [depʀime] <1> **I.** *vt* deprimieren **II.** *vi fam* deprimiert sein

déprogrammer [depʀɔgʀame] <1> *vt* ❶ MEDIA aus dem Programm nehmen ❷ INFORM *(robot)* umprogrammieren

dépuceler [depys(ə)le] <3> *vt fam* entjungfern

depuis [dəpɥi] **I.** *prép* ❶ *(à partir de)* seit; **~ quelle date?** seit wann?; **~ Paris, ...** seit Paris ...; **~ ma fenêtre** von meinem Fenster aus; **~ mon plus jeune âge** seit meiner frühesten Kindheit; **~ que ...** seit[dem] ... ❷ *(durée, distance)* seit; **~ longtemps** seit langem; **~ peu** seit kurzem; **~ 10 minutes** *(être parti)* seit 10 Minuten; **~ cela** seitdem **II.** *adv* seither

députation [depytasjɔ̃] *f* Entsendung *f*

député, e [depyte] *m, f* Abgeordnete(r) *f(m)*

déraciner [deʀasine] <1> *vt* entwurzeln

déraillement [deʀajmɑ̃] *m* Entgleisung *f*

D

dérailler [deʁaje] <1> *vi* ❶ (*train*) entgleisen ❷ *fam* (*déraisonner*) Unsinn reden; **il déraille complètement** der spinnt total

dérailleur [deʁajœʁ] *m* Kettenschaltung *f*

déraisonnable [deʁɛzɔnabl] *adj* unvernünftig

déraisonner [deʁɛzɔne] <1> *vi* faseln (*pej fam*)

dérangé, e [deʁɑ̃ʒe] *adj* ❶ *fam* (*fou*) verwirrt ❷ MED **être** ~ eine Magenverstimmung haben; **avoir l'intestin** ~ eine Darmbeschwerden haben ❸ (*désordonné*) unaufgeräumt

dérangement [deʁɑ̃ʒmɑ̃] *m* ❶ (*gêne*) Störung *f* ❷ (*incident technique*) **être en** ~ (*ligne*) gestört sein

déranger [deʁɑ̃ʒe] <2a> I. *vt* ❶ (*gêner*) stören ❷ in Unordnung bringen; (*objet, affaires*) durcheinander bringen II. *vi* ❶ (*arriver mal à propos*) stören ❷ (*mettre mal à l'aise*) für Unbehagen sorgen III. *vpr* ❶ **je me suis dérangé pour rien** mein Gang war umsonst ❷ (*se déplacer*) **se** ~ **pour qn** sich (*dat*) wegen jdm Umstände machen

dérapage [deʁapaʒ] *m* AUT Schleudern *nt*

déraper [deʁape] <1> *vi* ❶ ausrutschen; (*voiture*) ins Schleudern geraten ❷ (*conversation*) abgleiten

déréglé, e [deʁegle] *adj* ❶ (*machine, mécanisme*) nicht in Ordnung ❷ (*vie*) ausschweifend

dérèglement [deʁɛɡləmɑ̃] *m* (*de l'appétit, d'une machine*) Störung *f*

déréglementation [deʁɛɡləmɑ̃tasjɔ̃] *f* Deregulierung *f*

déréglementer [deʁɛɡləmɑ̃te] <1> *vt* deregulieren

dérégler [deʁegle] <5> I. *vt* (*machine*) verstellen; (*climat*) verändern II. *vpr* **se** ~ (*machine*) sich verstellen

dérider [deʁide] <1> *vt* aufheitern

dérision [deʁizjɔ̃] *f* Spott *m*

dérivation [deʁivasjɔ̃] *f* (*d'un cours d'eau, d'une route*) Umleitung *f*

dérive [deʁiv] *f* (*d'un avion, bateau*) Abdrift *f;* GEO Verschiebung *f; fig* (*d'une politique*) Abdriften *nt;* (*d'une monnaie*) Abgleiten *nt;* (*de l'économie*) Abflauen *nt;* **être à la** ~ (*bateau*) dahintreiben

dérivé [deʁive] *m* CHIM Derivat *nt*

dériver [deʁive] <1> I. *vt* umleiten II. *vi* ❶ LING ~ **de qc** aus etw kommen ❷ (*bar-*

que) abtreiben

dériveur [deʁivœʁ] *m* Sturmsegel *nt*

dermatologie [dɛʁmatɔlɔʒi] *f* Dermatologie *f*

dermatologue [dɛʁmatɔlɔɡ] *mf* Hautarzt/ -ärztin *m/f*

dernier, -ière [dɛʁnje, -jɛʁ] I. *adj* ❶ antéposé (*ultime*) letzte(r, s); **le** ~ **étage** das oberste Stockwerk; **la dernière marche** (*la plus haute*) die oberste Stufe; (*la plus basse*) die unterste Stufe; **arriver** ~ (*dans une course, une réunion*) als Letzter eintreffen; (*dans un classement*) Letzter sein; **être** ~ **en classe** der Schlechteste in der Klasse sein ❷ antéposé (*le plus récent: œuvre, temps, heure*) letzte(r, s); (*mode, nouvelle, édition*) neueste(r, s); (*événement*) jüngste(r, s); **ces** ~**s temps/jours** in letzter Zeit/in den letzten Tagen ❸ postposé (*antérieur: an, mois, siècle*) letzte(r, s); **l'an** ~ **à cette époque** letztes Jahr um diese Zeit; **au siècle** ~ im letzten Jahrhundert II. *m, f* **le/la** ~(**-ière**) (*dans le temps*) der/die/das Letzte; (*pour le mérite*) der/die/das Schlechteste; **son petit** ~ ihr/sein Jüngster; **habiter au** ~ ganz oben wohnen; **être le** ~ **des imbéciles** der Letzte sein; **en** ~ als Letzte(r, s)

dernière [dɛʁnjɛʁ] *f* ❶ (*représentation*) **la** ~ die Schlussvorstellung ❷ *fam* (*histoire, nouvelle*) **la** ~ das Neueste

dernièrement [dɛʁnjɛʁmɑ̃] *adv* neulich

dernier-né, dernière-née [dɛʁnjene, dɛʁnjɛʁne] <derniers-nés> *m, f* Letztgeborene(r) *f(m)*

dérobé, e [deʁɔbe] *adj* (*escalier, porte*) Geheim-

dérober [deʁɔbe] <1> *vt* stehlen; (*secret*) entlocken; (*baiser*) rauben

dérogation [deʁɔgasjɔ̃] *f* Ausnahme *f;* **par** ~ aufgrund einer Sonderregelung

déroger [deʁɔʒe] <2a> *vi* ~ **à une loi** gegen ein Gesetz verstoßen

dérouiller [deʁuje] <1> I. *vt* (*ôter la rouille*) entrosten II. *vi fam* (*recevoir une correction*) etwas einstecken müssen III. *vpr* **se** ~ **les muscles** die Muskeln spielen lassen

déroulement [deʁulmɑ̃] *m* ❶ (*processus: d'une cérémonie*) Verlauf *m;* (*suite des faits: d'un crime*) Ablauf *m* ❷ (*d'un rouleau, tuyau*) Abrollen *nt;* (*d'une bobine, cassette*) Abspulen *nt*

dérouler [deʀule] <1> I. *vt* (*tuyau, rouleau*) abrollen; (*bobine, cassette*) abspulen II. *vpr* **se ~** ❶ (*vie, manifestation*) verlaufen; (*crime, événement*) sich abspielen; (*action, film*) spielen ❷ (*bobine, cassette*) sich abwickeln

déroutant, e [deʀutɑ̃, ɑ̃t] *adj* verwirrend

déroute [deʀut] *f* Flucht *f*

dérouter [deʀute] <1> *vt* ❶ umleiten ❷ verwirren; (*orateur, candidat*) aus dem Konzept bringen

derrière [dɛʀjɛʀ] I. *prép* (*sans mouvement*) hinter (+ *dat*); (*avec mouvement*) hinter (+ *akk*); **être ~ qn** hinter jdm sein; (*dans un classement*) hinter jdm kommen; (*dans une compétition*) hinter jdm liegen; (*soutenir qn*) hinter jdm stehen; (*suivre qn*) hinter jdm her sein; **avoir qn/qc ~ soi** jdn/etw hinter sich (*dat*) haben; **faire qc ~ qn** *fig* etw hinter jds Rücken (*dat*) tun; **laisser qn/qc ~ soi** (*abandonner*) jdn/etw zurücklassen; (*après la mort*) etw hinterlassen; **de ~ qc** hinter etw (*dat*) vor; **par ~** von hinten; **par ~ qc** hinter etw (*dat*) herum II. *adv* hinten; **de ~** von hinten; **là ~** da hinten; **marcher ~** am Ende gehen; **rester loin ~** weit zurückbleiben; **courir ~** hinterherlaufen III. *m* ❶ (*d'une maison*) Rückseite *f*; **la porte de ~** die Hintertür *f* ❷ *fam* (*postérieur*) Hintern *m*

des¹ [de] I. *art déf pl contracté* **les pages ~ livres** die Seiten der Bücher; *v.a.* **de** II. *art partitif, non traduit* **je mange ~ épinards** ich esse Spinat

des² [de, də] < *devant adj* de> *art indéf pl, non traduit* **j'ai acheté ~ pommes et de beaux citrons** ich habe Äpfel und schöne Zitronen gekauft

dès [dɛ] *prép* (*à partir de*) bereits; **~ lors** (*à partir de ce moment-là*) seitdem; (*par conséquent*) infolgedessen; **~ maintenant** ab sofort; **~ que ...** sobald ...; **~ le matin ...** schon morgens ...; **~ mon retour je ferai ...** gleich nach meiner Rückkehr werde ich ...

désabusé, e [dezabyze] *adj* (*expression, geste*) enttäuscht

désaccord [dezakɔʀ] *m* ❶ (*mésentente*) Unstimmigkeit *f* ❷ (*divergence*) Uneinigkeit *f*; **être en ~ avec qn/qc sur qc** mit jdm/etw in etw (*dat*) nicht einig sein ❸ (*contradiction*) Diskrepanz *f*

désaccordé, e [dezakɔʀde] *adj* verstimmt

désaccorder [dezakɔʀde] <1> I. *vt* verstimmen II. *vpr* **se ~** sich verstimmen

désaffecté, e [dezafɛkte] *adj* (*église, école*) geschlossen

désaffection [dezafɛksjɔ̃] *f* Unbeliebtheit *f*

désagréable [dezagʀeabl] *adj* unangenehm

désagréger [dezagʀeʒe] <2a, 5> I. *vt* (*désintégrer*) zersetzen II. *vpr* **se ~** (*corps chimique*) zerfallen; (*roche*) verwittern; (*foule*) sich auflösen

désaltérant, e [dezalteʀɑ̃, ɑ̃t] *adj* durststillend

désaltérer [dezalteʀe] <5> I. *vt, vi* den Durst stillen II. *vpr* **se ~** seinen Durst stillen

désamorcer [dezamɔʀse] <2> *vt* (*arme*) sichern; (*bombe*) entschärfen

désapprobateur, -trice [dezapʀɔbatœʀ, -tʀis] *adj* missbilligend

désapprouver [dezapʀuve] <1> I. *vt* (*comportement*) missbilligen; (*projet*) ablehnen II. *vi* nicht einverstanden sein

désargenté, e [dezaʀʒɑ̃te] *adj fam* **être ~** pleite [*o* blank] sein

désarmant, e [dezaʀmɑ̃, ɑ̃t] *adj* entwaffnend

désarmement [dezaʀməmɑ̃] *m* Abrüstung *f*

désarmer [dezaʀme] <1> *vt* (*personne*) entwaffnen; (*pays, navire*) abrüsten

désarroi [dezaʀwa] *m* ❶ (*trouble*) Verwirrung *f* ❷ (*désespoir*) Verzweiflung *f*

désastre [dezastʀ] *m* ❶ Katastrophe *f* ❷ (*dégât*) Schaden *m*

désastreux, -euse [dezastʀø, -øz] *adj* ❶ verheerend ❷ (*nul*) miserabel

désavantage [dezavɑ̃taʒ] *m* Nachteil *m*; (*physique*) Handikap *nt*

désavantager [dezavɑ̃taʒe] <2a> *vt* benachteiligen

désavantageux, -euse [dezavɑ̃taʒø, -jøz] *adj* nachteilig

descendance [desɑ̃dɑ̃s] *f* Nachkommenschaft *f*

descendant, e [desɑ̃dɑ̃, ɑ̃t] I. *adj* (*chemin*) abschüssig II. *m, f* Nachkomme *m*

descendre [desɑ̃dʀ] <14> I. *vi + être* ❶ hinuntergehen; **~ en voiture/par l'ascenseur** mit dem Auto/mit dem Aufzug herunterfahren ❷ (*opp: grimper, escalader: vu d'en haut/d'en bas*) hinunterklettern/he-

D

runterklettern ❸ (*quitter, sortir*) aussteigen; ~ **du bateau** von Bord gehen; ~ **de la voiture/du train** aus dem Auto/dem Zug [aus]steigen ❹ (*voler*) tiefer fliegen; (*pour se poser, vu d'en haut/d'en bas: avion*) runtergehen (*fam*)/herunterkommen ❺ (*aller, se rendre*) ~ **en ville** in die Stadt gehen/fahren ❻ (*faire irruption*) ~ **dans un bar** (*police, justice*) in einer Bar eine Razzia machen ❼ (*loger*) ~ **à l'hôtel/chez qn** im Hotel/bei jdm absteigen ❽ (*être issu de*) ~ **de qn/d'une famille pauvre** von jdm abstammen/aus einer armen Familie stammen ❾ (*aller en pente*) ~ **en pente douce** (*route, chemin*) leicht abwärts führen ❿ (*aller de haut en bas: ballon, voiture*) hinunterrollen; ~ **dans la plaine** (*rivière*) in die Ebene [hinunter]fließen; (*route*) in die Ebene [hinunter]führen ⓫ (*baisser: marée*) zurückgehen; (*niveau de l'eau, prix, taux*) sinken; (*baromètre, thermomètre*) fallen ⓬ (*atteindre*) ~ **à/jusqu'à** (*robe, cheveux*) bis zu etw gehen; (*puits, tunnel*) [bis] auf etw (*akk*) hinuntergehen **II.** *vt* + *avoir* ❶ (*se déplacer à pied: vu d'en haut/d'en bas*) hinuntergehen/herunterkommen ❷ (*se déplacer en véhicule: vu d'en haut/d'en bas*) hinunterfahren/herunterkommen ❸ (*porter en bas: vu d'en haut/d'en bas*) hinunterbringen/herunterbringen; ~ **qc à la cave** etw in den Keller bringen ❹ (*stores, rideaux*) herunterlassen

descente [desɑ̃t] *f* ❶ (*d'une pente*) (*à pied, en escalade*) Abstieg *m*; (*en voiture, à ski*) Abfahrt *f*; (*d'un fleuve*) Fahrt *f* stromabwärts ❷ AVIAT Landung *f* ❸ (*arrivée*) **à la ~ d'avion/de bateau** bei der Ankunft im Flughafen/Hafen ❹ (*action de descendre au fond de*) ~ **dans qc** Hinuntersteigen *nt* in etw (*akk*) ❺ (*attaque brusque*) **une ~ de police** eine Polizeikontrolle; **faire une ~ dans un bar** *fam* eine Razzia in einer Bar machen ❻ (*pente*) Gefälle *nt*; **dans la ~/les ~s** auf abfallender Strecke

descriptif [dɛskriptif] *m* Beschreibung *f*

description [dɛskripsjɔ̃] *f* Beschreibung *f*

désemparé, e [dezɑ̃pare] *adj* (*personne*) hilflos

désenchanté, e [dezɑ̃ʃɑ̃te] *adj* ernüchtert

désenfler [dezɑ̃fle] <1> **I.** *vt* zum Abschwellen bringen **II.** *vi, vpr* abschwellen

déséquilibre [dezekilibʀ] *m* ❶ (*des forces, valeurs*) Ungleichgewicht *nt;* (*d'une construction, d'une personne*) mangelndes Gleichgewicht; **être en ~** (*personne, objet*) wackelig sein ❷ PSYCH ~ **mental** psychische Störungen *Pl*

déséquilibré, e [dezekilibʀe] *adj* (*personne, balance*) unausgeglichen; PSYCH psychisch gestört

déséquilibrer [dezekilibʀe] <1> *vt* aus dem Gleichgewicht bringen

désert [dezɛʀ] *m* ❶ GEO Wüste *f* ❷ (*lieu dépeuplé*) Einöde *f*, Einschicht *f* (A)

désert, e [dezɛʀ, ɛʀt] *adj* ❶ (*pays, région*) unbewohnt; (*île, maison*) verlassen ❷ (*plage, rue*) menschenleer

déserter [dezɛʀte] <1> **I.** *vt* verlassen **II.** *vi* MIL desertieren

déserteur [dezɛʀtœʀ] *m* MIL Deserteur *m*

désertification [dezɛʀtifikasjɔ̃] *f* GEO Versteppung *f*

désertion [dezɛʀsjɔ̃] *f* MIL Fahnenflucht *f*

désertique [dezɛʀtik] *adj* (*climat, plante*) Wüsten-; (*région*) öde

désespérant, e [dezɛspeʀɑ̃, ɑ̃t] *adj* **être ~** (*notes, comportement*) zum Verzweifeln sein

désespéré, e [dezɛspeʀe] *adj* verzweifelt; (*cas*) hoffnungslos; (*situation*) ausweglos

désespérément [dezɛspeʀemɑ̃] *adv* (*appeler, lutter*) verzweifelt

désespérer [dezɛspeʀe] <5> **I.** *vi* verzweifeln; ~ **de qc** die Hoffnung auf etw (*akk*) aufgeben **II.** *vt* ❶ (*affliger*) verzweifeln lassen ❷ (*décourager*) zur Verzweiflung bringen

désespoir [dezɛspwaʀ] *m* ❶ (*perte ou absence d'espoir*) Hoffnungslosigkeit *f* ❷ (*détresse, désespérance*) Verzweiflung *f*

déshabillé [dezabije] *m* (*vêtement*) Negligé *nt*

déshabiller [dezabije] <1> *vt, vpr* |**se**| ~ [sich] ausziehen

déshabituer [dezabitɥe] <1> *vpr* **se ~ de qc** sich (*dat*) etw abgewöhnen

désherbant [dezɛʀbɑ̃] *m* Unkrautvertilgungsmittel *nt*

désherber [dezɛʀbe] <1> *vi* Unkraut jäten

déshérité, e [dezeʀite] *adj* enterbt

déshériter [dezeʀite] <1> *vt* JUR enterben

déshérités [dezeʀite] *mpl* **les ~** die Bedürftigen

déshonorant, e [dezɔnɔʀɑ̃, ɑ̃t] *adj*

(*conduite*) unehrenhaft; (*échec, accusation*) entehrend

déshonorer [dezɔnɔʀe] <1> **I.** *vt* (*famille*) Schande bringen über (+ *akk*); (*profession*) in Misskredit bringen; (*femme*) entehren **II.** *vpr* **se ~** seine Ehre verlieren

design [dezajn] *m* Design *nt*

désignation [deziɲasjɔ̃] *f* Bezeichnung *f*

designer [dizajnœʀ] *mf* Designer(in) *m(f)*

désigner [deziɲe] <1> *vt* ❶ (*montrer, indiquer*) **~ qn/qc** auf jdn/etw hinweisen; **~ qn/qc du doigt** mit dem Finger auf jdn/etw zeigen ❷ (*choisir*) **~ qn comme qc** jdn zu etw ernennen ❸ (*qualifier*) **être tout désigné pour qc** besonders geeignet sein für etw ❹ (*dénommer*) **~ qn par son nom** jdn beim Namen nennen

désillusion [dezi(l)lyzjɔ̃] *f* Enttäuschung *f*

désinfectant [dezɛ̃fɛktɑ̃] *m* Desinfektionsmittel *nt*

désinfectant, e [dezɛ̃fɛktɑ̃, ɑ̃t] *adj* desinfizierend

désinfecter [dezɛ̃fɛkte] <1> *vt* desinfizieren

désinfection [dezɛ̃fɛksjɔ̃] *f* Desinfektion *f*

désinflation [dezɛ̃flasjɔ̃] *f* Rückgang *m* der Inflation

désinformation [dezɛ̃fɔʀmasjɔ̃] *f* Desinformation *f*

désintégration [dezɛ̃tegʀasjɔ̃] *f* PHYS (*d'une matière*) Zerfall *m*

désintégrer [dezɛ̃tegʀe] <5> *vt, vpr* PHYS |**se**| **~** |sich| spalten

désintéressé, e [dezɛ̃teʀese] *adj* ❶ (*personne, attitude*) uneigennützig ❷ (*esprit, jugement*) unvoreingenommen

désintéresser [dezɛ̃teʀese] <1> *vpr* **se ~ de qn/qc** das Interesse an jdm/etw verlieren

désintérêt [dezɛ̃teʀɛ] *m* Desinteresse *nt*

désintoxication [dezɛ̃tɔksikasjɔ̃] *f* Entgiftung *f*

désintoxiquer [dezɛ̃tɔksike] <1> *vt* (*drogué, alcoolique*) entwöhnen; **se faire ~** sich einer Entziehungskur unterziehen

désinvolte [dezɛ̃vɔlt] *adj* (*mouvement, attitude*) ungezwungen

désinvolture [dezɛ̃vɔltyʀ] *f* Ungezwungenheit *f*

désir [deziʀ] *m* ❶ Wunsch *m;* **~ de qc** Wunsch nach etw ❷ (*appétit sexuel*) Verlangen *nt*

désirable [deziʀabl] *adj* ❶ (*qualités, attention*) wünschenswert ❷ (*personne*) begehrenswert

désirer [deziʀe] <1> *vt* ❶ wünschen; **je désire/désirerais un café** ich möchte [gerne] einen Kaffee [haben]; **désirer qc** [sich] etw wünschen/haben wollen ❷ (*convoiter*) begehren

désireux, -euse [deziʀø, -øz] *adj* **être ~ de qc** nach etw streben

désistement [dezistəmɑ̃] *m* POL Rücktritt *m*

désister [deziste] <1> *vpr* **se ~** POL zurücktreten

désobéir [dezɔbeiʀ] <8> *vi* **~ à qn** jdm nicht gehorchen; (*soldat*) jds Befehl verweigern; **~ à un ordre** sich einem Befehl widersetzen

désobéissance [dezɔbeisɑ̃s] *f* **~ à qn** Ungehorsam *m* gegenüber jdm; **~ à un ordre/une loi** Nichtbeachtung *f* eines Befehls/eines Gesetzes

désobéissant, e [dezɔbeisɑ̃, ɑ̃t] *adj* ungehorsam

désobligeant, e [dezɔbliʒɑ̃, ʒɑ̃t] *adj* (*attitude, propos*) unfreundlich

désodorisant [dezɔdɔʀizɑ̃] *m* De[s]odorant *nt*

désodorisant, e [dezɔdɔʀizɑ̃, ɑ̃t] *adj* desodorierend

désodoriser [dezɔdɔʀize] <1> *vt* **~ le couloir** den unangenehmen Geruch im Korridor beseitigen

désœuvré, e [dezœvʀe] *adj* untätig

désœuvrement [dezœvʀəmɑ̃] *m* Untätigkeit *f*

désolant, e [dezɔlɑ̃, ɑ̃t] *adj* (*spectacle, nouvelle*) traurig

désolation [dezɔlasjɔ̃] *f* Trostlosigkeit *f*

désolé, e [dezɔle] *adj* ❶ (*éploré*) untröstlich ❷ (*navré*) **je suis vraiment ~** es tut mir wirklich Leid ❸ (*lieu, paysage*) trostlos

désoler [dezɔle] <1> *vt* traurig machen, betrüben

désolidariser [desɔlidaʀize] <1> *vpr* **se ~ de qn/qc** sich von jdm/etw distanzieren

désopilant, e [dezɔpilɑ̃, ɑ̃t] *adj* wahnsinnig lustig

désordonné, e [dezɔʀdɔne] *adj* ❶ (*sans ordre*) unordentlich ❷ (*esprit, personne*) chaotisch ❸ (*gestes, mouvements*) unkontrolliert

désordre [dezɔʀdʀ] *m* ❶ sans pl (*d'une per-*

D

sonne, d'un lieu) Unordnung *f* ❷ (*de l'esprit*) Durcheinander *nt* ❸ *gén pl* POL Unruhen *Pl*

désorganiser [dezɔʀganize] <1> *vt* (*service, projets*) durcheinander bringen

désorienté, e [dezɔʀjɑ̃te] *adj* verwirrt

désorienter [dezɔʀjɑ̃te] <1> *vt* ❶ (*personne*) verwirren ❷ (*déconcerter*) verunsichern

désormais [dezɔʀmɛ] *adv* von nun an

désosser [dezɔse] <1> *vt* GASTR (*viande*) von den Knochen lösen

desquels, desquelles [dekɛl] *pron* v. lequel

dessaisir [deseziʀ] <8> *vpr* se ~ de qc etw abgeben

dessaler [desale] <1> *vt* entsalzen

dessèchement [desɛʃmɑ̃] *m* (*de la peau, du sol*) Austrocknung *f*

dessécher [deseʃe] <1> I. *vt* (*terre, peau*) austrocknen; (*végétation*) verdörren lassen; (*plantes*) trocknen; (*fruits*) dörren II. *vpr* se ~ (*bouche, lèvres*) trocken werden; (*terre, peau*) austrocknen; (*végétation*) verdörren

desserré, e [deseʀe] *adj* (*vis, lacet*) locker; (*ceinture, cravate*) gelockert; (*frein*) gelöst

desserrer [deseʀe] <1> I. *vt* ❶ (*dévisser*) lockern (*étau, cravate*) lockern; (*ceintre*) weiter machen; (*frein à main*) lösen ❸ (*poing*) öffnen II. *vpr* se ~ (*vis, étau, nœud*) sich lockern; (*frein à main*) sich lösen; (*personnes*) auseinander rücken; (*rangs*) sich auflösen

dessert [desɛʀ] *m* Nachtisch *m*, Dessert *nt*

desserte [desɛʀt] *f* ❶ (*meuble*) Serviertisch *m* ❷ AUT ~ de qc [Verkehrs]verbindung *f* zu etw

desservir [desɛʀviʀ] <irr> *vt* ❶ (*table*) abräumen ❷ (*nuire à*) ~ qn/qc jdm/einer S. schaden ❸ AUT ~ qc (*bus, train*) etw anfahren; (*compagnie aérienne*) etw anfliegen

dessin [desɛ̃] *m* ❶ (*image*) Zeichnung *f*; ~[s] **animé**[s] Zeichentrickfilm *m* ❷ (*activité*) Zeichnen *nt* ❸ (*motif*) Muster *nt*

dessinateur, -trice [desinatœʀ, -tʀis] *m, f* ❶ ART Zeichner(in) *m(f)* ❷ IND Designer(in) *m(f)*

dessiner [desine] <1> I. *vi* zeichnen II. *vt* ❶ ART zeichnen ❷ TECH (*plan d'une maison*) zeichnen; (*meuble, véhicule*) entwerfen ❸ (*contours, formes*) betonen

dessoûler [desule] <1> *vi* nüchtern werden

dessous [d(ə)su] I. *adv* (*sous: passer, regarder, être [placé]*) d[a]runter II. *prép* ❶ (*sous*) **en ~ de qc** unterhalb einer S. (*gen*) unter etw (*dat*); **d'en ~** *fam* (*voisin, appartement*) von unten; **habiter en ~ de chez qn** unter jdm wohnen ❷ (*plus bas que*) **en ~ de qc** unter einer S. (*dat*) III. *m* ❶ (*face inférieure, de ce qui est plus bas: d'une assiette, langue*) Unterseite *f*; (*des pieds, chaussures*) Sohle *f*; **le voisin/l'étage du ~** der Nachbar von unten/die untere Etage ❷ *pl* TEXTIL Dessous *Pl* ❸ *pl* (*d'une affaire, de la politique*) Hintergründe *Pl*

dessous-de-plat [d(ə)sud(ə)pla] *m inv* [Schüssel]untersetzer *m* **dessous-de-table** [d(ə)sud(ə)tabl] *m inv* Schmiergeld *nt*

dessus [d(ə)sy] I. *adv* (*sur qn/qc*) darauf; **mettre ~** darauf stellen/darauf legen; **elle lui a tapé/tiré ~** sie hat auf ihn eingeschlagen/geschossen II. *prép* **enlever qc ~ qc** von etw herunternehmen III. *m* (*de la tête, du pied*) Oberseite *f*; **le voisin/l'étage du ~** der Nachbar von oben/die obere Etage ▶**avoir le ~** überlegen sein

dessus-de-lit [d(ə)syd(ə)li] *m inv* Tagesdecke *f*

déstabilisation [destabilizasjɔ̃] *f* Destabilisierung *f*

déstabiliser [destabilize] <1> *vt* (*Etat, économie*) destabilisieren; (*personne*) verunsichern

destin [dɛstɛ̃] *m* Schicksal *nt*

destinataire [dɛstinatɛʀ] *mf* Empfänger(in) *m(f)*

destination [dɛstinasjɔ̃] *f* ❶ Ziel *nt*; (*d'une lettre*) Bestimmungsort *m*; **arriver à ~** am Ziel ankommen; **le train à ~ de Hambourg** der Zug nach Hamburg

destinée [dɛstine] *f* Schicksal *nt*

destiner [dɛstine] <1> I. *vt* ❶ ~ **un poste à qn** eine Stelle für jdn vorsehen; **être destiné à qn** (*fortune, emploi, livre*) für jdn bestimmt sein; (*remarque, allusion*) sich an jdn richten ❷ (*prévoir un usage*) ~ **un local à qc** ein Lokal für etw bestimmen II. *vpr* se ~ **à la politique** sich der Politik verschreiben

destituer [dɛstitɥe] <1> *vt* absetzen

destitution [dɛstitysjɔ̃] *f* Absetzung *f*; (*d'un fonctionnaire*) [Dienst]entlassung *f*; (*d'un mi-*

nistre) Amtsenthebung *f*

déstresser [destʀese] <1> I. *vi fam* entstressen II. *vpr* **se** ~ Stress abbauen

destructeur, -trice [dɛstʀyktœʀ, -tʀis] *adj* (*critique, idée*) destruktiv; (*action, feu, guerre*) zerstörerisch; (*fléau*) verheerend

destructif, -ive [dɛstʀyktif, -iv] *adj* destruktiv

destruction [dɛstʀyksjɔ̃] *f* (*d'un immeuble, d'un objet*) Zerstörung *f*; (*d'archives, de preuves*) Vernichtung *f*

déstructurer [destʀyktyʀe] <1> *vt* ~ **qc** die Struktur einer S. (*gen*) auflösen

désuet, désuète [dezɥɛ, dezɥɛt] *adj* (*coutume, vêtement*) altmodisch

désuétude [dezɥetyd] *f* **tomber en** ~ (*expression*) außer Gebrauch kommen

désuni, e [dezyni] *adj* zerstritten

désunion [dezynjɔ̃] *f* (*d'un parti, d'une famille*) Uneinigkeit *f*

désunir [dezyniʀ] <8> *vt* (*couple*) auseinander bringen; (*famille, équipe*) entzweien

détachable [detaʃabl] *adj* (*partie, capuche*) abtrennbar; (*feuilles*) abreißbar

détachant [detaʃɑ̃] *m* Fleckentferner *m*

détaché, e [detaʃe] *adj* (*air, œil*) gleichgültig

détachement [detaʃmɑ̃] *m* Gleichgültigkeit *f*

détacher¹ [detaʃe] <1> I. *vt* ❶ (*prisonnier, chien*) losmachen; (*en enlevant un lien*) losbinden ❷ (*cheveux, nœud*) lösen ❸ (*timbre*) ablösen; (*feuille*) abreißen ❹ ADMIN ~ **qn à Paris** jdn einstweilig nach Paris versetzen ❺ (*lettres, notes*) voneinander absetzen II. *vpr* ❶ (*se libérer*) **se** ~ sich befreien ❷ (*se séparer*) **se** ~ **de qc** (*bateau, satellite*) sich von etw trennen ❸ (*se défaire*) **se** ~ (*chaîne, lacet*) aufgehen ❹ (*prendre ses distances*) **se** ~ **de qn** sich [gefühlsmäßig] von jdm lösen

détacher² [detaʃe] <1> *vt* ~ **qc** etw reinigen

détail [detaj] <s> *m* ❶ (*d'une description, d'un récit*) Detail *nt*; **dans les moindres** ~s bis ins kleinste Detail ❷ *sans pl* (*des dépenses, d'un compte*) detaillierte Aufstellung *f*

détaillant, e [detajɑ̃, jɑ̃t] *m, f* Einzelhändler(in) *m(f)*

détaillé, e [detaje] *adj* (*explications, récit*) ausführlich; (*plan*) detailliert

détailler [detaje] <1> *vt* ❶ COM (*articles*) einzeln verkaufen; (*marchandise*) in kleineren Mengen verkaufen ❷ (*plan, histoire*) ausführlich erörtern

détaler [detale] <1> *vi fam* sich aus dem Staub machen

détartrant [detaʀtʀɑ̃] *m* Entkalker *m*

détartrer [detaʀtʀe] <1> *vt* (*chaudière, conduit*) entkalken

détaxe [detaks] *f* Steuerermäßigung *f*

détecter [detɛkte] <1> *vt* (*objets cachés, personne*) aufspüren; (*fuite de gaz, mines*) ausfindig machen

détecteur [detɛktœʀ] *m* ~ **de fumée** Rauchmelder *m*

détective [detɛktiv] *mf* Detektiv(in) *m(f)*

déteindre [detɛ̃dʀ] <irr> *vi* die Farbe verlieren; ~ **sur qc** auf etw (*akk*) abfärben

détendre [detɑ̃dʀ] <14> I. *vt* (*arc, corde*) lockern; (*muscle, situation*) entspannen; (*atmosphère*) auflockern II. *vpr* ~ (*se relâcher: ressort*) sich lockern; (*arc, corde*) an Spannung verlieren; (*muscle, personne, situation*) sich entspannen; (*atmosphère*) sich auflockern

détendu, e [detɑ̃dy] *adj* entspannt

détenir [det(ə)niʀ] <9> *vt* ❶ (*objet, pouvoir*) besitzen; (*preuve, majorité*) verfügen über (+ *akk*); (*record, titre*) halten ❷ (*retenir prisonnier*) gefangen halten

détente [detɑ̃t] *f* Entspannung *f*

détenteur, -trice [detɑ̃tœʀ, -tʀis] *m, f* Besitzer(in) *m(f)*; (*d'un compte, d'un brevet*) Inhaber(in) *m(f)*; ~ **du titre/du record** Titelträger *m*/Rekordhalter *m*

détention [detɑ̃sjɔ̃] *f* ❶ (*possession: d'un document, d'une somme*) Besitz *m* ❷ (*incarcération*) Haft *f*

détenu, e [det(ə)ny] *m, f* Häftling *m*

détergent [detɛʀʒɑ̃] *m* Reinigungsmittel *nt*

détérioration [deteʀjɔʀasjɔ̃] *f* (*d'un appareil, de marchandises*) Beschädigung *f*; (*des relations*) Verschlechterung *f*

détériorer [deteʀjɔʀe] <1> I. *vt* ❶ (*appareil, marchandise*) beschädigen ❷ (*climat social, relations*) verschlechtern II. *vpr* **se** ~ ❶ (*appareil, marchandise*) Schaden nehmen ❷ (*temps, santé*) sich verschlechtern

déterminant, e [detɛʀminɑ̃, ɑ̃t] *adj* (*action, rôle, événement*) entscheidend; (*argument, raison*) ausschlaggebend

détermination [detɛʀminasjɔ̃] *f* ❶ (*fixation:*

d'une grandeur, d'une date) Bestimmung *f*; (*de l'heure, du lieu*) Festlegung *f*; (*de la cause, de l'origine*) Ermittlung *f* ❷ (*décision*) Entschluss *m* ❸ (*fermeté*) Entschlossenheit *f*

déterminé, e [detɛʀmine] *adj* ❶ (*idée, lieu, but*) bestimmt ❷ (*personne, air*) entschlossen

déterminer [detɛʀmine] <1> *vt* ❶ (*sens, inconnue*) bestimmen; (*cause*) ermitteln ❷ (*date, lieu*) festlegen

déterminisme [detɛʀminism] *m* Determinismus *m*

déterré, e [detere] *m, f* ▶**avoir une mine de ~** *fam* leichenblass aussehen

déterrer [detere] <1> *vt* (*arbre, personne*) ausgraben; (*mine, obus*) freilegen

détestable [detɛstabl] *adj* (*personne, comportement*) abscheulich

détester [detɛste] <1> *vt* hassen; (*aliment*) [ganz und] gar nicht mögen

détonant, e [detɔnɑ̃, ɑ̃t] *adj* **gaz ~** Knallgas *nt*

détonateur [detɔnatœʀ] *m* Zündkapsel *f*

détonation [detɔnasjɔ̃] *f* (*d'une arme à feu*) Knall *m*

détoner [detɔne] <1> *vi* detonieren

détonner [detɔne] <1> *vi* (*couleurs*) nicht zusammenpassen

détour [detuʀ] *m* ❶ (*sinuosité*) Biegung *f* ❷ (*trajet plus long*) Umweg *m* ❸ (*biais*) Ausflucht *f*

détourné, e [detuʀne] *adj* ❶ (*faisant un détour*) **sentier ~** Umweg *m* ❷ (*indirect: reproche, allusion*) versteckt

détournement [detuʀnəmɑ̃] *m* ❶ **~ d'avion** Flugzeugentführung *f* ❷ (*vol*) Unterschlagung *f*; **~ de fonds** Unterschlagung *f* von Geldern; **~ de mineur** Verführung *f* Minderjähriger

détourner [detuʀne] <1> **I.** *vt* ❶ (*rivière, circulation*) umleiten; (*par la contrainte: avion*) entführen ❷ (*tête, visage, regard*) abwenden ❸ (*texte*) verfremden; **~ qn de sa route** jdn von seinem Weg abbringen ❹ (*distraire*) **~ qn de qc** jdn von etw ablenken ❺ (*somme, fonds*) unterschlagen **II.** *vpr* **se ~** sich abwenden

détracteur, -trice [detʀaktœʀ, -tʀis] *m, f* Gegner(in) *m(f)*

détraqué, e [detʀake] **I.** *adj* ❶ (*appareil, mécanisme*) gestört ❷ (*santé, estomac*) an-

gegriffen **II.** *m, f fam* Verrückte(r) *f(m)*

détraquer [detʀake] <1> **I.** *vt* ❶ (*appareil*) kaputtmachen ❷ *fam* (*santé*) angreifen; (*estomac*) verderben **II.** *vpr fam* **se ~ l'estomac** sich (*dat*) den Magen verderben

détrempé, e [detʀɑ̃pe] *adj* (*sol, chemin*) aufgeweicht

détremper [detʀɑ̃pe] <1> *vt* (*couleur, mortier*) anrühren

détresse [detʀɛs] *f* ❶ Verzweiflung *f* ❷ (*situation difficile*) Not *f*

détriment [detʀimɑ̃] *m* **au ~ de qc** auf Kosten einer S. (*gen*)

détritus [detʀity(s)] *mpl* Abfall *m*

détroit [detʀwa] *m* Meerenge *f*

détromper [detʀɔ̃pe] <1> *vt* **~ qn** jdn über seinen Irrtum aufklären

détrôner [detʀone] <1> *vt* entthronen

détruire [detʀɥiʀ] <irr> *vt* ❶ zerstören ❷ (*armes, population*) vernichten; (*fig: personne, illusions*) zerstören; (*plans, espoirs*) zunichte machen

dette [dɛt] *f* ❶ (*somme d'argent*) [Geld]schuld *f* ❷ (*devoir*) Schuld *f*; **avoir une ~ envers qn** in jds Schuld (*dat*) stehen (*geh*)

deuil [dœj] *m* ❶ (*affliction*) Trauer *f* ❷ (*décès*) Trauerfall *m*

deux [dø] **I.** *num* ❶ zwei; **tous les ~** alle beide; **à ~** zu zweit ❷ (*quelques*) **habiter à ~ pas d'ici** um die Ecke wohnen; **il ne faut que ~ minutes pour aller à la gare** [bis] zum Bahnhof sind es nur ein paar Minuten; **j'ai ~ mots à vous dire!** ich hätte [da] ein Wörtchen mit Ihnen zu reden! **II.** *m inv* (*cardinal*) Zwei *f*

deuxième [døzjɛm] **I.** *adj antéposé* zweite(r, s); **vingt-~** zweiundzwanzigste(r, s) **II.** *mf* **le/la ~** der/die/das Zweite **III.** *f* (*vitesse*) zweiter Gang; *v.a.* **cinquième**

deuxièmement [døzjɛmmɑ̃] *adv* zweitens

deux-pièces [døpjɛs] *m inv* ❶ (*appartement*) Zweizimmerwohnung *f* ❷ (*maillot de bain*) Bikini *m* **deux-points** [døpwɛ̃] *mpl inv* LING Doppelpunkt *m* **deux-roues** [døʀu] *m inv* Zweirad *nt* **deux-temps** [døtɑ̃] *m inv* Zweitakter *m*

deuzio [døzjo] *adv* zweitens

dévaler [devale] <1> *vi* (*vu d'en haut/vu d'en bas*) etw hinunterrennen/herunterrennen; (*skieur*) etw hinuntersausen/heruntersausen

dévaliser [devalize] <1> *vt* (*personne*) ausplündern; (*banque*) ausrauben

dévalorisant, e [devalɔRizɑ̃, -ɑ̃t] *adj* abwertend

dévalorisation [devalɔRizasjɔ̃] *f* (*d'une monnaie*) Entwertung *f*; (*d'une voiture*) Wertminderung *f*

dévaloriser [devalɔRize] <1> **I.** *vt* ❶ (*dévaluer*) entwerten ❷ (*mérite, talent*) abwerten; (*personne*) herabsetzen; **être dévalorisé** (*métier*) an Ansehen verloren haben **II.** *vpr* **se** ~ ❶ (*monnaie, marchandise*) an Wert verlieren ❷ (*personne*) sich selbst herabsetzen

dévaluation [devalɥasjɔ̃] *f* FIN Abwertung *f*

dévaluer [devalɥe] <1> *vt* FIN abwerten

devancer [d(ə)vɑ̃se] <2> *vt* ❶ (*être le premier*) übertreffen ❷ (*précéder*) ~ **qn** jdm zuvorkommen ❸ (*aller au devant de*) zuvorkommen (+ *dat*)

devant [d(ə)vɑ̃] **I.** *prép* ❶ (*en face de: être, se trouver, rester*) vor (+ *dat*); (*avec mouvement: aller, passer*) vor (+ *akk*); **passer** ~ **qn/qc** an jdm/etw vorbeigehen ❷ (*en avant de*) vor (+ *dat*); (*avec mouvement*) vor (+ *akk*); **passer** ~ **qn** vor jdn gehen ❸ (*face à, en présence de*) ~ **qn** (*s'exprimer, pleurer*) vor jdm; ~ **le danger** (*rester calme*) angesichts der Gefahr ▶**avoir du temps ~ soi** [genug] Zeit haben **II.** *adv* ❶ (*en face*) davor ❷ (*en avant*) vorn|e|; (*avec mouvement*) nach vorn|e| **III.** *m* (*d'un vêtement*) Vorderteil *nt*; (*d'un objet*) Vorderseite *f*

devanture [d(ə)vɑ̃tyR] *f* **en** ~ im Schaufenster

dévastateur, -trice [devastatœR, -tRis] *adj* (*orage, effet*) verheerend; (*virus*) todbringend; (*passion*) zerstörerisch

dévastation [devastasjɔ̃] *f* Verwüstung *f*

dévaster [devaste] <1> *vt* (*pays, les terres*) verwüsten; (*récoltes*) vernichten

développé, e [dev(ə)lɔpe] *adj* entwickelt

développement [dev(ə)lɔpmɑ̃] *m* ❶ BIO Entwicklung *f* ❷ ECON (*de l'industrie, d'une affaire*) Entwicklung *f*; (*de la production*) Steigerung *f*; **être en plein** ~ (*économie, entreprise*) einen bedeutenden Aufschwung erleben; **pays en voie de** ~ Entwicklungsland *nt* ❸ (*des connaissances*) Erweiterung *f*; (*d'une maladie*) Fortschreiten *nt* ❹ (*de l'intelligence*) Entwicklung *f*; (*d'une civilisation*) [Weiter]entwicklung *f* ❺ (*d'un thème, problème*) Erläuterung *f*; SCOL (*d'une disserta-*

D

tion) Hauptteil *m* ❻ PHOT Entwickeln *nt*

développer [dev(ə)lɔpe] <1> **I.** *vt* ❶ entwickeln; (*créativité*) fördern; (*attention*) wecken; (*connaissances*) erweitern ❷ (*usine, secteur*) ausbauen ❸ (*technique, machine*) entwickeln ❹ (*thème*) ausführen; (*aspect, pensée*) darlegen ❺ PHOT **faire** ~ entwickeln lassen **II.** *vpr* **se** ~ ❶ *a.* ECON, TECH sich entwickeln ❷ (*échanges*) zunehmen; (*relations*) sich entwickeln

devenir [dəv(ə)niR] <9> *vi* + **être** ~ **riche/ingénieur** reich/Ingenieur *m* werden

dévergondé, e [devɛRgɔ̃de] *adj* (*personne*) schamlos

déverrouiller [deveRuje] <1> *vt* (*arme à feu*) entsichern

déverser [devɛRse] <1> **I.** *vt* ❶ (*liquide*) gießen ❷ (*sable, ordures*) [aus]schütten **II.** *vpr* **se** ~ **dans une rivière** sich in einen Fluss (*akk*) ergießen

dévêtir [devetiR] <irr> *vpr* **se** ~ sich ausziehen

déviant, e [devjɑ̃, jɑ̃t] *adj* von der Norm abweichend

déviation [devjasjɔ̃] *f* Umleitung *f*

dévider [devide] <1> *vt* (*câble, pelote*) abwickeln

dévier [devje] <1> **I.** *vi* abweichen **II.** *vt* (*circulation*) umleiten; (*coup, balle*) ablenken; (*conversation*) in eine andere Richtung lenken

devin, devineresse [dəvɛ̃, dəvin(ə)Rɛs] *m*, *f* Wahrsager(in) *m(f)*

deviner [d(ə)vine] <1> *vt* ❶ (*réponse, secret*) erraten ❷ (*sens, pensée*) [er]ahnen; (*intention*) durchschauen

devinette [d(ə)vinɛt] *f* Rätsel *nt*

devis [d(ə)vi] *m* Kostenvoranschlag *m*

dévisager [deviʒaʒe] <2a> *vt* anstarren

devise [d(ə)viz] *f* ❶ (*règle de conduite*) Motto *nt* ❷ (*monnaie*) Devisen *Pl*

dévisser [devise] <1> **I.** *vi* SPORT abstürzen **II.** *vt* (*écrou, couvercle*) abschrauben

dévoiler [devwale] <1> **I.** *vt* enthüllen; (*charmes, rondeurs*) entblößen **II.** *vpr* **se** ~ (*mystère, fourberie*) offenkundig werden

devoir [d(ə)vwaR] <irr> **I.** *vt* ❶ (*argent*) schulden; ~ **qc à qn** jdm etw schulden ❷ (*être redevable de*) ~ **un succès à qn/qc** jdm/einer S. einen Erfolg verdanken **II.** *aux* ❶ ~ **faire qc** etw tun müssen ❷ (*obligation exprimée par autrui*) sollen ❸ (*fatalité*) müssen ❹ (*hypothèse*) müssen; **il doit se faire tard, non?** es wird wohl spät werden, oder? **III.** *m* ❶ (*obligation morale*) Pflicht *f* ❷ (*ce que l'on doit faire*) Aufgabe *f* ❸ SCOL (*~ surveillé*) [Klassen]arbeit *f*; **~ sur table** SCOL Klassenarbeit; UNIV Klausur *f*; (*~s à la maison*) *pl* Hausaufgabe *f*

dévorer [devɔʀe] <1> **I.** *vi* (*personne*) das Essen hinunterschlingen **II.** *vt* ❶ (*avaler*) **~ qc** (*personne*) etw verschlingen; (*animal*) etw fressen ❷ (*lire*) verschlingen ❸ (*tourmenter*) **~ qn** (*remords, peur*) jdn quälen

dévot, e [devo, ɔt] *adj* (*pieux*) fromm

dévotion [devosjɔ̃] *f* Frömmigkeit *f*

dévoué, e [devwe] *adj* ergeben

dévouement [devumã] *m* ❶ (*attachement*) Ergebenheit *f* ❷ (*action de se sacrifier*) **~ à qn/qc** Aufopferung *f* für jdn/etw

dévouer [devwe] <1> *vpr* **se ~** sich [auf]opfern

dextérité [dɛksteʀite] *f* ❶ (*adresse*) Geschicklichkeit *f*; (*des doigts*) Fingerfertigkeit *f* ❷ (*adresse d'esprit*) Gewandtheit *f*

dézipper [dezipe] <1> *vt* INFORM (*fichier*) entzippen

diabète [djabɛt] *m* Zuckerkrankheit *f*

diabétique [djabetik] **I.** *adj* zuckerkrank **II.** *mf* Diabetiker(in) *m(f)*

diable [djabl] *m* Teufel *m*

diablesse [djablɛs] *f* Teufelin *f*

diablotin [djablɔtɛ̃] *m* Teufelchen *nt*

diabolique [djabɔlik] *adj* diabolisch

diabolo [djabɔlo] *m* Diabolo *nt*

diacre [djakʀ] *m* Diakon *m*

diadème [djadɛm] *m* Diadem *nt*

diagnostic [djagnɔstik] *m a.* MED Diagnose *f*

diagnostiquer [djagnɔstike] <1> *vt* diagnostizieren (*geh*)

diagonale [djagɔnal] *f* Diagonale *f*

diagramme [djagʀam] *m* Diagramm *nt*

dialecte [djalɛkt] *m* Mundart *f*

dialogue [djalɔg] *m* Gespräch *nt*

dialoguer [djalɔge] <1> *vi* ❶ **~ avec qn** (*parler*) ein Gespräch mit jdm führen; (*négocier*) einen Dialog mit jdm führen ❷ INFORM **~ avec qc** im Dialog mit etw stehen

diamant [djamã] *m* Diamant *m*

diamantaire [djamɑ̃tɛʀ] *mf* ❶ (*tailleur*) Diamantschleifer(in) *m(f)* ❷ (*commerçant*) Diamantenhändler(in) *m(f)*

diamètre [djamɛtʀ] *m* Durchmesser *m*

diapason [djapazɔ̃] *m* (*instrument*) Stimm-gabel *f*

diaphragme [djafʀagm] *m* ANAT Zwerchfell *nt*

diapo [djapo] *f abr de* **diapositive** Dia *nt*

diapositive [djapozitiv] *f* Dia[positiv] *nt*

diarrhée [djaʀe] *f* Durchfall *m*

diaspora [djaspɔʀa] *f* Diaspora *f*

dico [diko] *m abr de* **dictionnaire** *fam* Wörterbuch *nt*

dictateur, -trice [diktatœʀ, -tʀis] *m, f* Diktator(in) *m(f)*

dictatorial, e [diktatɔʀjal, jo] <*-aux*> *adj* diktatorisch

dictature [diktatyʀ] *f* ❶ POL Diktatur *f* ❷ (*autoritarisme*) Tyrannei *f*

dictée [dikte] *f a.* SCOL Diktat *nt*

dicter [dikte] <1> *vt* ❶ diktieren ❷ vorschreiben; (*volonté, vues*) aufzwingen

diction [diksjɔ̃] *f* Sprechweise *f*

dictionnaire [diksjɔnɛʀ] *m* Wörterbuch *nt*

dicton [diktɔ̃] *m* sprichwörtliche Redensart

didacticiel [didaktisjɛl] *m* INFORM Lernsoftware *f*

didactique [didaktik] *adj* didaktisch

dièse [djɛz] *m* Kreuz *nt*

diesel [djezɛl] *m* Diesel[motor] *m*

diète [djɛt] *f* Schonkost *f*

diététicien, ne [djetetisjɛ̃, jɛn] *m, f* Ernährungsberater(in) *m(f)*

diététique [djetetik] **I.** *adj* Diät-; (*aliment*) diätetisch **II.** *f* Ernährungswissenschaft *f*

dieu [djø] <*x*> *m* ❶ Gott *m* ❷ *sans pl* **le bon Dieu** *fam* der liebe Gott ▸**Dieu merci!** Gott sei Dank!; **Dieu soit loué!** Oh Gott!; **Oh, mon Dieu!** Oh, mein Gott!

diffamateur, -trice [difamatœʀ, -tʀis] *adj* verleumderisch

diffamation [difamasjɔ̃] *f* Diffamierung *f*

diffamatoire [difamatwaʀ] *adj* diffamierend

diffamatrice [difamatʀis] *adj v.* **diffamateur**

diffamer [difame] <1> *vt* in Verruf (*akk*) bringen

différé [difeʀe] *m* TV Aufzeichnung *f*

différemment [difeʀamã] *adv* anders

différence [difeʀãs] *f* ❶ **~ avec qn/qc** Unterschied *m* zu jdm/etw; **à la ~ de qn/qc** im Unterschied zu jdm/etw ❷ (*écart*) Differenz *f*

différencier [difeʀãsje] <1> **I.** *vt* auseinander halten **II.** *vpr* **se ~ du copain par qc** sich vom Kumpel durch (*akk*)/in etw (*dat*) unterscheiden

différend [difeʀɑ̃] *m* Meinungsverschieden-heit *f*

différent, e [difeʀɑ̃, ɑ̃t] *adj* ❶ andere(r, s) *präd;* ~ **de** anders als ❷ *pl, antéposé* (*divers*) verschieden

différer [difeʀe] <5> I. *vi* ❶ (*être différent*) unterschiedlich sein ❷ (*avoir une opinion différente*) **deux personnes diffèrent sur qc** die Meinungen zweier Personen (*dat*) gehen in etw (*dat*) auseinander II. *vt* ver-schieben

difficile [difisil] *adj* ❶ schwierig ❷ (*moment*) schwer|wiegend]

difficilement [difisilmɑ̃] *adv* schwierig; (*pé-niblement*) schwer

difficulté [difikylte] *f sans pl* Schwierigkeit *f*

difforme [difɔʀm] *adj* missgestaltet; (*mem-bre, arbre*) unförmig

diffraction [difʀaksjɔ̃] *f* Beugung *f*

diffus, e [dify, yz] *adj* (*lumière*) diffus; (*sen-timents, souvenirs*) vage

diffuser [difyze] <1> I. *vt* ❶ (*lumière, bruit*) verbreiten ❷ MEDIA senden; (*concert, dis-cours*) übertragen II. *vpr* **se** ~ (*bruit, cha-leur*) sich verbreiten

diffuseur, -euse [difyzœʀ, -øz] *m, f* (*de li-vres, d'un éditeur*) Vertreiber(in) *m(f);* (*d'une marque*) Vertriebshändler(in) *m(f)*

diffusion [difyzjɔ̃] *f* ❶ (*de la chaleur, lu-mière*) Verbreitung *f* ❷ MEDIA Ausstrahlung *f*, Sendung *f;* (*d'un concert, discours*) Über-tragung *f*

digérer [diʒeʀe] <5> I. *vi* verdauen; **bien/ mal** ~ eine gute/schlechte Verdauung ha-ben II. *vt* ❶ ANAT verdauen ❷ (*assimiler*) |geistig| verarbeiten ❸ *fam* (*affront*) schlu-cken

digeste [diʒɛst] *adj* bekömmlich

digestif [diʒɛstif] *m* Verdauungsschnaps *m*

digestion [diʒɛstjɔ̃] *f* Verdauung *f*

digital, e [diʒital, o] <-aux> *adj* Finger-

digitale [diʒital] *f* BOT Fingerhut *m*

digne [diɲ] *adj* ~ **de ce nom** dieses Namens würdig

dignement [diɲ(ə)mɑ̃] *adv* würdig

dignitaire [diɲitɛʀ] *mf* Würdenträger(in) *m(f)*

dignité [diɲite] *f* ❶ Würde *f* ❷ (*amour-propre*) Selbstachtung *f*

digue [dig] *f* Damm *m*

dilapider [dilapide] <1> *vt* vergeuden; (*for-*

tune, patrimoine) verschleudern

dilater [dilate] <1> *vpr* **se** ~ (*métal, corps*) sich |aus|dehnen; (*pupille, cœur*) sich wei-ten

dilemme [dilɛm] *m* Dilemma *nt*

dilettante [diletɑ̃t] *mf* Dilettant(in) *m(f)*

diluer [dilɥe] <1> I. *vt* ❶ ~ **avec de l'eau/ dans de l'eau** mit Wasser verdünnen/in Wasser (*dat*) auflösen ❷ (*affaiblir*) verwäs-sern II. *vpr* **se** ~ sich auflösen

dimanche [dimɑ̃ʃ] *m* Sonntag *m;* ~ **de l'Avent/de Pâques/des Rameaux** Ad-vents-/Oster-/Palmsonntag; ~, **on part en vacances** am Sonntag fahren wir in Urlaub; **le** ~ sonntags; **tous les** ~**s** jeden Sonntag; ~ **matin** |am| Sonntagmorgen; ~ **dans la nuit** Sonntagnacht

dimension [dimɑ̃sjɔ̃] *f* ❶ (*taille*) Größe *f* ❷ *pl* (*mesures*) Dimension |en *Pl*| *f;* **prendre les** ~**s de la table** den Tisch abmessen ❸ (*importance*) Dimension *f* ❹ (*aspect*) Tragweite *f*

diminué, e [diminɥe] *adj* **être très** ~ **men-talement/physiquement** psychisch/kör-perlich sehr geschwächt sein

diminuer [diminɥe] <1> I. *vi* nachlassen; (*bruit, vent*) schwächer werden; (*forces*) schwinden; (*nombre, brouillard*) zurück-gehen; (*jours*) kürzer werden; **faire** ~ re-duzieren; ~ **de longueur/de largeur/ d'épaisseur** kürzer/schmaler/dünner wer-den II. *vt* ❶ verringern; (*impôts, prix*) sen-ken; (*durée*) verkürzen; (*salaire, rideau*) kürzen ❷ (*autorité*) mindern; (*forces*) schwächen; (*souffrance*) lindern III. *vpr* **se** ~ sich selbst erniedrigen

diminutif [diminytif] *m* Verkleinerungsform *f*

diminution [diminysjɔ̃] *f* ❶ (*des forces, des chances*) Schwinden *nt;* (*de l'autorité*) Ab-nahme *f;* (*du nombre*) Rückgang *m;* (*des im-pôts, prix*) Sinken *nt;* (*de la température*) Rückgang *m* ❷ (*de la consommation*) Ein-schränkung *f;* (*des prix, impôts*) Senkung *f;* (*des salaires*) Kürzung *f*

dinde [dɛ̃d] *f* ZOOL Truthenne *f;* GASTR Pute *f*

dindon [dɛ̃dɔ̃] *m* Truthahn *m*

dindonneau [dɛ̃dɔno] <x> *m* junger Trut-hahn

dîner [dine] <1> I. *vi* zu Abend essen II. *m* Abendessen *nt;* **au** ~ zum Abendessen

dînette [dinɛt] *f* Puppengeschirr *nt*

D

dingue [dɛ̃g] I. *adj fam* **être** ~ übergeschnappt; ~ **de qn/qc** verrückt nach jdm/auf etw (*akk*) II. *mf fam* ❶ Bekloppte(r) *f/m/* ❷ (*fan*) ~ **du foot** Fußballfanatiker(in) *m(f)*
dinosaure [dinɔzɔʀ] *m a. fig* Dinosaurier *m*
diocèse [djɔsɛz] *m* Diözese *f*
diode [djɔd] *f* Diode *f*
dioxine [diɔksin, djɔksin] *f* Dioxin *nt*
diphtérie [diftɛʀi] *f* Diphtherie *f*
diphtongue [diftɔ̃g] *f* Diphthong *m*
diplomate [diplɔmat] I. *adj* diplomatisch II. *mf* Diplomat(in) *m(f)*
diplomatie [diplɔmasi] *f* Diplomatie *f*
diplomatique [diplɔmatik] *adj* diplomatisch
diplôme [diplom] *m* ❶ SCOL, UNIV Diplom *nt*; ~ **de fin d'études** Abschlusszeugnis *nt*; ~ **d'ingénieur/d'infirmière** Ingenieursdiplom/Abschluss *m* als Krankenschwester ❷ (*prix, titre*) Auszeichnung *f*
diplômé, e [diplome] I. *adj* mit einem Diplom/einer Abschlussprüfung versehen II. *m, f* ~ **d'une université** Absolvent *m* einer Universität (*gen*)
dire [diʀ] <irr> I. *vt* ❶ (*exprimer*) sagen; (*peur*) ausdrücken; (*projets*) verraten; ~ **qc** (*loi*) etw besagen; (*journal*) etw schreiben; (*test, sondage*) etw aussagen; ~ **qc à qn** jdm etw sagen; ~ **du bien/mal de qn/qc** über jdn/etw nur Gutes/Schlechtes sagen; **qu'est-ce que tu dis de ça?** was sagst du dazu?; **dis voir** sag mal; **dis donc, ...** sag mal, ...; **dis, comment tu t'appelles, toi?** sag, wie heißt denn du? ❷ (*prétendre*) sagen; **entendre ~ qc** (*von etw*) hören ; (*faire savoir*) ausrichten lassen ❹ (*ordonner*) ~ **à qn de venir** jdm sagen, er soll kommen ❺ (*plaire*) **ça vous dit d'aller voir ce film?** habt ihr Lust den Film anzusehen? ❻ (*croire, penser*) **je veux ~ que qn a fait qc** ich meine, jd hat etw getan; **On dirait que...** Man könnte sagen, dass.../Es ist, als ob... ❼ (*reconnaître*) **il faut ~ que ...** man muss sagen, dass ... ❽ (*messe*) lesen; (*prière*) sprechen; (*poème*) aufsagen ❾ (*signifier*) **vouloir ~** bedeuten; (*mot*) heißen; **ce qui veut ~ que** was heißt, [dass] ❿ (*traduire*) **comment dit-on ... en allemand?** was heißt ... auf Deutsch?; **on dit** man sagt/so wird etwas ausgedrückt ⓫ (*évoquer*) bekannt vorkommen; **quelque chose me dit que ...** ich habe [irgendwie] das Gefühl, dass ... ▶**disons** sagen wir [mal];

je ne te/vous le fais pas ~! allerdings! II. *vpr* ❶ (*penser*) **se ~ que ...** sich (*dat*) sagen, dass ... ❷ (*se prétendre*) **se ~ médecin/malade** behaupten Arzt/krank zu sein ❸ (*l'un/e) à l'autre*) **se ~ qc** sich (*dat*) etw sagen ❹ (*s'employer*) **qc se dit en français** etw sagt man im Französischen ❺ (*être traduit*) heißen; **comment se dit ... en allemand?** was heißt ... auf Deutsch? III. *m gén pl* Gerede *nt*; (*d'un témoin*) Aussage *f*
direct [diʀɛkt] *m* ❶ MEDIA Livesendung *f*; **en ~** (*émission*) Direkt-; (*chanter*) live; (*retransmettre*) direkt; **être en ~** direkt übertragen werden ❷ CHEMDFER Direktverbindung *f*
direct, e [diʀɛkt] *adj* direkt; (*vente, accès*) Direkt-; (*héritier*) in direkter Linie; (*propos*) unmissverständlich
directement [diʀɛktəmã] *adv* direkt
directeur, -trice [diʀɛktœʀ, -tʀis] I. *adj* (*idée, ligne*) Leit-; (*roue*) Lenk- II. *m, f* Direktor(in) *m(f)*, Leiter(in) *m(f)*; (*d'un théâtre*) Intendant(in) *m(f)*; (*d'une école primaire*) Rektor(in) *m(f)*, Schulleiter(in) *m(f)*
directif, -ive [diʀɛktif, -iv] *adj* autoritär
direction [diʀɛksjɔ̃] *f* ❶ Richtung *f*; **prendre la ~ de Nancy** in Richtung Nancy gehen/fahren ❷ (*action*) Leitung *f*; (*d'un groupe, pays*) Führung *f* ❸ (*fonction*) Direktion *f*, Leitung *f* ❹ (*bureau*) Direktion|sabteilung *f*| *f* ❺ AUT Lenkung *f*
directive [diʀɛktiv] *f gén pl* Richtlinie *f*
directrice [diʀɛktʀis] *v.* **directeur**
dirigeable [diʀiʒabl] *m* Luftschiff *nt*
dirigeant, e [diʀiʒã, ʒãt] I. *adj* führend II. *m, f* führende Persönlichkeit; **les ~s die** Führung
diriger [diʀiʒe] <2a> I. *vi* die Leitung haben II. *vt* ❶ (*administration, entreprise*) leiten; (*personnes*) führen; (*musicien, orchestre*) dirigieren ❷ (*voiture*) lenken; (*avion, bateau*) steuern ❸ (*faire aller*) ~ **vers qn/qc** auf jdn/etw richten III. *vpr* ❶ **se ~ vers qn/qc** (*personne*) auf jdn/etw zugehen; (*véhicule*) auf jdn/etw zufahren; *fig* sich auf jdn/eine S. zubewegen; **se ~ vers Marseille** (*avion, bateau*) Kurs m auf Marseille nehmen ❷ SCOL, UNIV **se ~ vers la médecine** die medizinische Laufbahn einschlagen
dis [di] *indic prés et passé simple de* **dire**
discal, e [diskal, o] <-aux> *adj* **hernie ~e** Bandscheibenvorfall *m*

discerner [disɛʀne] <1> vt ❶ (*percevoir*) wahrnehmen ❷ (*saisir*) erkennen ❸ (*différencier*) ~ **qc de qc** etw von etw unterscheiden

disciple [disipl] m ❶ (*élève*) Schüler(in) m(f) ❷ (*adepte*) Anhänger(in) m(f)

disciplinaire [disiplinɛʀ] adj disziplinarisch

discipline [disiplin] f ❶ a. SPORT Disziplin f ❷ (*matière*) Fach nt

discipliné, e [disipline] adj diszipliniert

discipliner [disipline] <1> vt (*faire obéir*) ~ **la classe** in der Klasse für Disziplin sorgen

disc-jockey [diskʒɔkɛ] <disc-jockeys> m Diskjockey m

disco [disko] adj inv **musique** ~ Diskomusik f

discographie [diskɔgʀafi] f Diskographie f

discontinu, e [diskɔ̃tiny] adj (*ligne*) gestrichelt; (*effort*) nicht kontinuierlich

discordant, e [diskɔʀdɑ̃, ɑ̃t] adj (*incompatible*) widersprüchlich; (*opinions*) unterschiedlich; (*caractères*) gegensätzlich; (*couleurs*) sich beißend; (*sons*) disharmonisch

discothèque [diskɔtɛk] f ❶ Diskothek f ❷ (*collection*) Schallplattensammlung f

discount [diskɔ̃t, diskaunt] m **faire du** ~ Discountgeschäfte machen

discours [diskuʀ] m ❶ Rede f; **faire un** ~ eine Rede halten ❷ (*bavardage*) Gerede nt **kein Pl** (*fam*)

discréditer [diskʀedite] <1> vt ~ **qn/qc auprès de qn** jdn/etw bei jdm in Misskredit bringen

discret, -ète [diskʀɛ, -ɛt] adj ❶ (*réservé*) diskret ❷ (*sobre*) dezent ❸ (*retiré*) ruhig

discrètement [diskʀɛtmɑ̃] adv (*avertir*) diskret; (*observer*) unauffällig

discrétion [diskʀesjɔ̃] f ❶ Diskretion f ❷ (*sobriété*) Dezenz f

discrimination [diskʀiminasjɔ̃] f Diskriminierung f

discriminatoire [diskʀiminatwaʀ] adj diskriminierend

disculper [diskylpe] <1> vt, vpr [**se**] ~ [sich] entlasten

discussion [diskysjɔ̃] f ❶ Gespräch nt ❷ (*d'un problème*) Besprechung f; ~ **sur qc** Diskussion f über etw (*akk*)

discutable [diskytabl] adj (*théories*) anfechtbar; (*goût*) zweifelhaft

discuté, e [diskyte] adj umstritten

discuter [diskyte] <1> **I.** vt ❶ diskutieren;

~ **un projet de loi** über einen Gesetzesentwurf beraten ❷ (*ordre, autorité*) in Frage stellen **II.** vi ❶ ~ **de qc avec qn** sich mit jdm über etw (*akk*) unterhalten; ~ **d'un problème** ein Problem diskutieren/besprechen ❷ (*négocier*) verhandeln **III.** vpr **ça se discute** darüber lässt sich streiten

disent [diz] indic et subj prés de **dire**

disgracieux, -euse [disgʀasjø, -jøz] adj (*démarche*) plump

disjoncter [disʒɔ̃kte] <1> vi fam ❶ ELEC **ça a disjoncté!** die Sicherung ist durchgebrannt! ❷ (*débloquer*) ausrasten

disjoncteur [disʒɔ̃ktœʀ] m Unterbrecher m

dislocation [dislɔkasjɔ̃] f Auseinanderfallen nt

disloquer [dislɔke] <1> **I.** vt auseinander nehmen **II.** vpr se ~ (*meuble, voiture*) in die Brüche gehen; (*famille*) auseinander brechen; (*manifestation, parti*) sich auflösen

disons [dizɔ̃] indic prés et impératif de **dire**

disparaître [dispaʀɛtʀ] <irr> vi + avoir ❶ verschwinden; (*trace*) sich verlieren; (*espoir*) schwinden ❷ (*mourir: personne*) versterben

disparate [dispaʀat] adj (*couleurs, garderobe*) bunt zusammengewürfelt

disparité [dispaʀite] f (*d'une œuvre*) Vielschichtigkeit f

disparition [dispaʀisjɔ̃] f ❶ Verschwinden nt; (*du soleil, d'une culture*) Untergang m ❷ (*mort*) Versterben nt

disparu, e [dispaʀy] **I.** part passé de **disparaître** **II.** adj **être porté** ~ als vermisst gelten **III.** m, f ❶ Vermisste(r) f(m) ❷ (*défunt*) Verstorbene(r) f(m)

dispatcher [dispatʃe] <1> vt verteilen

dispensaire [dispɑ̃sɛʀ] m: öffentliches Gesundheitsamt für Schutzimpfungen und Vorsorgeuntersuchungen

dispense [dispɑ̃s] f Sondererlaubnis f; ~ **de qc** Befreiung f von etw

dispenser [dispɑ̃se] <1> **I.** vt ~ **qn de qc** jdn von etw befreien **II.** vpr se ~ **de qc** etw unterlassen

disperser [dispɛʀse] <1> **I.** vt ❶ (*éparpiller*) zerstreuen ❷ (*répartir*) verteilen **II.** vpr se ~ ❶ sich zerstreuen ❷ (*se déconcentrer*) sich verzetteln (*fam*)

dispersion [dispɛʀsjɔ̃] f Zerstreuen nt; (*de l'esprit*) Zerstreuung f

disponibilité [dispɔnibilite] f sans pl Verfüg-

D

barkeit *f*

disponible [dispɔnibl] *adj* verfügbar; (*article*) vorrätig; (*appartement, place*) frei

disposé, e [dispoze] *adj* être ~ à faire qc bereit sein etw zu tun

disposer [dispoze] <1> I. *vt* anordnen; (*joueurs, soldats*) aufstellen II. *vi* ~ **de qc** über etw (*akk*) verfügen

dispositif [dispozitif] *m* ❶ (*mécanisme*) Vorrichtung *f* ❷ (*ensemble de mesures*) Reihe *f* von Maßnahmen

disposition [dispozisjɔ̃] *f* ❶ *sans pl* Anordnung *f*; (*d'un article, texte*) Gliederung *f* ❷ (*d'une loi, d'un contrat*) Bestimmung *f*; (*d'un testament*) Verfügung *f* ▶**avoir qc à sa** ~ etw zu seiner Verfügung haben

disproportion [dispʀɔpɔʀsjɔ̃] *f* Missverhältnis *nt*

disproportionné, e [dispʀɔpɔʀsjɔne] *adj* (*corps*) schlecht proportioniert; (*réactions*) unangemessen

dispute [dispyt] *f* Streit *m*

disputer [dispyte] <1> I. *vt* ❶ *fam* (*gronder*) ausschimpfen ❷ (*contester*) ~ **qc à qn** jdm etw streitig machen ❸ SPORT (*match*) austragen II. *vpr* ❶ (*se quereller*) **se ~ avec qn** sich mit jdm streiten ❷ (*lutter pour*) **se ~ qc** sich um etw streiten

disquaire [diskɛʀ] *m* Schallplattenhändler(in) *m(f)*

disqualification [diskalifikasjɔ̃] *f* Disqualifikation *f*

disqualifier [diskalifje] <1> *vt, vpr* |**se**| ~ |sich| disqualifizieren

disque [disk] *m* ❶ Scheibe *f* ❷ MUS [Schall]platte *f*; ~ **compact** CD *f*; **mettre un** ~ eine Platte auflegen ❸ SPORT Diskus *m* ❹ INFORM ~ **dur** Festplatte *f*; ~ **optique compact** CD-ROM *f*

disquette [diskɛt] *f* Diskette *f*

dissection [disɛksjɔ̃] *f* Sezieren *nt*

dissémination [diseminasjɔ̃] *f* Verstreuung *f*

disséminer [disemine] <1> I. *vt* verstreuen II. *vpr* **se** ~ sich verteilen

dissension [disɑ̃sjɔ̃] *f* Meinungsverschiedenheit *f*

disséquer [diseke] <5> *vt* (*cadavre*) sezieren

dissertation [disɛʀtasjɔ̃] *f* Aufsatz *m*

disserter [disɛʀte] <1> *vi* ~ **sur qc** sich über etw (*akk*) auslassen

dissidence [disidɑ̃s] *f* Spaltung *f*

dissident, e [disidɑ̃, ɑ̃t] *m, f* Dissident(in) *m(f)*

dissimulation [disimylasjɔ̃] *f* ❶ *sans pl* (*duplicité*) Heuchelei *f* ❷ (*action de cacher*) Verbergen *nt*; (*de bénéfices, revenus*) Unterschlagung *f*

dissimuler [disimyle] <1> I. *vt* ❶ verstecken; (*visage, difficultés*) verbergen ❷ (*masquer*) ~ **ses sentiments à qn** seine Gefühle vor jdm verbergen ❸ (*taire*) ~ **qc à qn**/**que** jdm etw verschweigen/jdm verschweigen, dass ❹ FIN unterschlagen II. *vpr* **se** ~ sich verbergen

dissipation [disipasjɔ̃] *f* Disziplinlosigkeit *f*; (*du patrimoine*) Verschwendung *f*; (*de la brume*) Auflösung *f*

dissipé, e [disipe] *adj* undiszipliniert

dissiper [disipe] <1> I. *vt* ❶ (*faire disparaître*) vertreiben ❷ zerstreuen; (*soupçons, doutes*) ausräumen; (*illusions*) zerstören; (*malentendu*) aufklären ❸ SCOL ablenken II. *vpr* **se** ~ (*brume*) sich auflösen; (*doutes, soupçons*) sich zerstreuen; SCOL sich leicht ablenken lassen

dissocier [disɔsje] <1> *vt* ~ **qc de qc** etw getrennt von etw betrachten

dissolution [disɔlysjɔ̃] *f* ❶ Auflösung *f* ❷ (*liquide*) Lösung *f*

dissolvant [disɔlvɑ̃] *m* Lösungsmittel *nt*

dissonance [disɔnɑ̃s] *f* Dissonanz *f*

dissoudre [disudʀ] <irr> *vt, vpr* |**se**| ~ |sich| auflösen

dissuader [disɥade] <1> *vt* ~ **qn de qc** (*par la persuasion*) jdn von etw abbringen; (*par la peur*) jdn von etw abschrecken

dissuasif, -ive [disɥazif, -iv] *adj* abschreckend

dissuasion [disɥazjɔ̃] *f* Abschreckung *f*

distance [distɑ̃s] *f* ❶ Entfernung *f*; **à quelle** ~ **est Cologne?** wie weit ist Köln entfernt?; **à une** ~ **de 500 m** 500 m weit |entfernt| ❷ MATH Abstand *m* ❸ SPORT Distanz *f*

distancer [distɑ̃se] <2> *vt* SPORT abhängen

distant, e [distɑ̃, ɑ̃t] *adj* ❶ (*personne, attitude*) distanziert ❷ (*éloigné*) entfernt

distendre [distɑ̃dʀ] <14> *vt* ausleiern; (*liens*) lockern

distillation [distilasjɔ̃] *f* Destillation *f*; (*d'un alcool*) Brennen *nt*

distiller [distile] <1> *vt* destillieren

distillerie [distilʀi] *f* Brennerei *f*

distinct, e [distɛ̃, ɛ̃kt] *adj* ❶ (*différent*) verschieden ❷ (*net*) deutlich

distinctement [distɛ̃ktəmã] *adv* deutlich

distinctif, -ive [distɛ̃ktif, -iv] *adj* charakteristisch

distinction [distɛ̃ksjɔ̃] *f* ❶ (*différenciation*) Unterscheidung *f* ❷ (*décoration, honneur*) Auszeichnung *f* ❸ (*élégance*) Vornehmheit *f*

distingué, e [distɛ̃ge] *adj* ❶ (*élégant*) vornehm ❷ (*éminent*) berühmt

distinguer [distɛ̃ge] <1> I. *vt* ❶ (*percevoir*) erkennen ❷ (*différencier*) unterscheiden ❸ (*honorer*) auszeichnen II. *vpr* ❶ se ~ de qn/qc par qc sich durch etw von jdm/etw unterscheiden ❷ (*s'illustrer*) se ~ par qc sich durch etw auszeichnen

distorsion [distɔʀsjɔ̃] *f* PHYS Verzerrung *f*

distraction [distʀaksjɔ̃] *f* ❶ (*étourderie*) Unachtsamkeit *f* ❷ *sans pl* (*dérivatif*) Abwechslung *f* ❸ *gén pl* (*passe-temps*) Zeitvertreib *m*

distraire [distʀɛʀ] <irr> I. *vt* ❶ (*délasser*) unterhalten ❷ (*déranger*) ~ qn de qc jdn von etw ablenken II. *vpr* se ~ sich amüsieren

distrait, e [distʀɛ, ɛt] I. *part passé de* **distraire** II. *adj* zerstreut

distrayant, e [distʀɛjã, jãt] *adj* unterhaltsam

distribuer [distʀibɥe] <1> *vt* ❶ ~ qc à qn etw an jdn verteilen; ~ des coups/gifles Schläge/Ohrfeigen austeilen ❷ COM vertreiben

distributeur [distʀibytœʀ] *m* Automat *m*; ~ de billets Geldautomat

distributeur, -trice [distʀibytœʀ, -tʀis] *m, f* COM ❶ Vertreiber(in) *m(f)* ❷ (*entreprise*) Vertriebsgesellschaft *f* ❸ (*diffuseur*) Verkaufsstelle *f*

distribution [distʀibysjɔ̃] *f* ❶ Verteilung *f*; (*du courrier*) Zustellung *f*; (*des cartes*) Ausgeben *nt*; (*des tâches*) Zuteilung *f* ❷ FIN ~ des prix Preisverteilung *f* ❸ COM Vertrieb *m*; la ~ d'eau die Wasserversorgung *f* ❹ CINE, THEAT [Rollen]besetzung *f*

district [distʀikt] *m* Bezirk *m*

dit [di] *indic prés de* **dire**

dit, e [di, dit] I. *part passé de* **dire** II. *adj* (*le Sage, le Bègue*) mit dem Beinamen; (*touristique, socialiste*) so genannt

dites [dit] *indic prés de* **dire**

diurne [djyʀn] *adj* (*animal*) tagaktiv

divagation [divagasjɔ̃] *f gén pl* wirres Gere-

de *nt kein Pl*

divaguer [divage] <1> *vi* (*malade*) phantasieren

divan [divã] *m* Diwan *m*

divergence [divɛʀʒãs] *f* Divergenz *f*

divergent, e [divɛʀʒã, ʒãt] *adj* voneinander abweichend

diverger [divɛʀʒe] <2a> *vi* ❶ (*s'écarter*) auseinander gehen ❷ (*s'opposer*) ~ de qc von etw abweichen

divers, e [divɛʀ, ɛʀs] *adj* ❶ (*paysages, coutumes*) verschiedenartig; (*hypothèses, personnes*) verschieden ❷ (*mouvements, intérêts*) unterschiedlich ❸ *pl* (*plusieurs*) mehrere

diversement [divɛʀsəmã] *adv* unterschiedlich

diversification [divɛʀsifikasjɔ̃] *f* Diversifikation *f*

diversifier [divɛʀsifje] <1> *vt* diversifizieren

diversion [divɛʀsjɔ̃] *f a.* MIL Ablenkung *f*

diversité [divɛʀsite] *f* Verschiedenartigkeit *f*; (*multiplicité*) Vielfalt *f*

divertir [divɛʀtiʀ] <8> I. *vt* unterhalten II. *vpr* se ~ sich amüsieren

divertissant, e [divɛʀtisã, ãt] *adj* unterhaltsam

divertissement [divɛʀtismã] *m sans pl* Unterhaltung *f*; (*passe-temps*) Beschäftigung *f*

dividende [dividãd] *m* Dividende *f*

divin, e [divɛ̃, in] *adj* ❶ REL göttlich ❷ (*beauté*) bezaubernd

divinement [divinmã] *adv* wundervoll

divinité [divinite] *f sans pl* Göttlichkeit *f*

diviser [divize] <1> I. *vt* ❶ [ein]teilen; ~ qc en qc etw in etw (*akk*) teilen; ~ qc entre plusieurs personnes etw unter mehreren Personen aufteilen; **divisé par** geteilt durch ❷ MATH dividieren ❸ (*désunir*) entzweien; (*groupe, population*) spalten II. *vpr* se ~ en qc (*cellule, route*) sich in etw (*akk*) teilen; (*parti*) sich in etw (*akk*) spalten

divisible [divizibl] *adj* ~ par qc teilbar durch etw

division [divizjɔ̃] *f* ❶ ~ en qc (*d'un pays*) Gliederung *f* in etw (*akk*) (*des tâches*) Verteilung *f* ❷ MATH Division *f* ❸ MIL Division *f* ❹ SPORT Liga *f*

divisionnaire [divizjɔnɛʀ] *adj* **commissaire** ~ Oberkommissar(in) *m(f)*

divorce [divɔʀs] *m* [Ehe]scheidung *f*; ~ avec qn Scheidung von jdm; **demander le** ~ die Scheidung einreichen

D

divorcé, e [divɔʀse] *adj* ~ **de qn** von jdm geschieden

divorcer [divɔʀse] <2> *vi* ~ **de qn** sich von jdm scheiden lassen

divulgation [divylgasjɔ̃] *f* (*d'un secret*) Preisgabe *f*

divulguer [divylge] <1> *vt* verraten

dix [dis, *devant une voyelle* diz, *devant une consonne* di] **I.** *num* zehn ▶**répéter** ~ **fois la même chose** immer wieder dasselbe wiederholen **II.** *m inv* Zehn *f*; *v.a.* **cinq**

dix-huit [dizɥit, *devant une consonne* dizɥi] **I.** *num* achtzehn **II.** *m inv* Achtzehn *f*; *v.a.* **cinq dix-huitième** [dizɥitjɛm] <dix-huitièmes> **I.** *adj antéposé* achtzehnte(r, s) **II.** *mf* **le/la** ~ der/die/das Achtzehnte **III.** *m* (*fraction*) Achtzehntel *nt*; *v.a.* **cinquième**

dixième [dizjɛm] **I.** *adj antéposé* zehnte(r, s) **II.** *mf* **le/la** ~ der/die/das Zehnte **III.** *m* (*fraction*) Zehntel *nt*; *v.a.* **cinquième**

dix-neuf [diznœf] **I.** *num* neunzehn **II.** *m inv* Neunzehn *f*; *v.a.* **cinq dix-neuvième** [diznœvjɛm] <dix-neuvièmes> **I.** *adj antéposé* neunzehnte(r, s) **II.** *mf* **le/la** ~ der/die/das Neunzehnte **III.** *m* (*fraction*) Neunzehntel *nt*; *v.a.* **cinquième dix-sept** [dissɛt] **I.** *num* siebzehn **II.** *m inv* Siebzehn *f*; *v.a.* **cinq dix-septième** [dissɛtjɛm] <dix-septièmes> **I.** *adj antéposé* siebzehnte(r, s) **II.** *mf* **le/la** ~ der/die/das Siebzehnte **III.** *m* (*fraction*) Siebzehntel *nt*; *v.a.* **cinquième**

dizaine [dizɛn] *f* ❶ (*environ dix*) **une** ~ **de personnes/pages** etwa zehn Personen/Seiten; **quelques/plusieurs** ~**s de personnes** ein paar/mehrere Dutzend Personen ❷ (*âge approximatif*) **avoir une** ~ **d'années** ungefähr zehn [Jahre alt] sein

djembé [dʒɛmbe] *m* MUS Djembe *f*

dl *abr de* **décilitre** dl

dm *abr de* **décimètre** dm

DM [dœtʃmaʀk] *abr de* **Deutsche Mark** DM

do [do] *m inv* C *nt*, c *nt*

docile [dɔsil] *adj* folgsam

docilement [dɔsilmã] *adv* (*se comporter*) folgsam

docker [dɔkɛʀ] *m* Hafenarbeiter *m*

docteur [dɔktœʀ] *mf* Doktor *m*

doctorat [dɔktɔʀa] *m* ~ **en** Doktorwürde *f* in (+ *dat*); **un doctorat** ein Doktortitel

doctrine [dɔktʀin] *f* Doktrin *f*

document [dɔkymã] *m* Dokument *nt*; *pl* Unterlagen *Pl*

documentaire [dɔkymãtɛʀ] **I.** *adj* dokumentarisch **II.** *m* Dokumentarfilm *m*

documentaliste [dɔkymãtalist] *mf* Dokumentalist(in) *m(f)*

documentation [dɔkymãtasjɔ̃] *f* Dokumentation *f*, eine Materialsammlung

documenter [dɔkymãte] <1> **I.** *vt* informieren **II.** *vpr* **se** ~ sich (*dat*) Informationsmaterial beschaffen

dodo [dodo] *m enfantin fam* **faire** ~ heia machen; **le dodo** *fam* das Schlafen

dodu, e [dɔdy] *adj fam* gut genährt; (*bras, poule*) fleischig

dogmatique [dɔgmatik] *adj* dogmatisch

dogme [dɔgm] *m* Dogma *nt*

doigt [dwa] *m* ❶ ANAT Finger *m*; **compter sur ses** ~**s** mit den Fingern zählen; **lever le** ~ sich melden ❷ (*mesure*) Fingerbreit *m* ▶**faire qc les** ~**s dans le** <u>nez</u> *fam* etw mit links machen

doigté [dwate] *m* Fingerspitzengefühl *nt*

dois [dwa] *indic prés de* **devoir**

doit [dwa] *indic prés de* **devoir**

doivent [dwav] *indic et subj prés de* **devoir**

dollar [dɔlaʀ] *m* Dollar *m*

dolmen [dɔlmɛn] *m* Dolmen *m*

D.O.M. [dɔm] *m abr de* **département d'outre-mer** überseeisches Departement

Die **D.O.M.** sind frühere französische Kolonialgebiete in Übersee, die heute den Status von Departements haben. Sie werden – unter Berücksichtigung landesspezifischer Besonderheiten – wie alle anderen Departements verwaltet. Es gibt fünf **D.O.M.**: Französisch-Guyana, die Antilleninseln Guadeloupe und Martinique, die im Indischen Ozean gelegene Insel La Réunion sowie die Inselgruppe Saint-Pierre-et-Miquelon vor der Ostküste Kanadas.

domaine [dɔmɛn] *m* ❶ (*terre*) Ländereien *Pl*; ~ **familial** Familienbesitz *m* ❷ (*sphère*) Gebiet *nt*, Bereich *m*, Branche *f* ❸ INFORM Domäne *f*

dôme [dom] *m* [Außen]kuppel *f*

domestique [dɔmɛstik] **I.** *adj* **animal** ~ Haustier *nt* **II.** *mf* Hausangestellte(r) *f(m)*

domestiquer [dɔmɛstike] <1> *vt* (*énergie*

D

solaire, vent, marées) nutzbar machen

domicile [dɔmisil] *m* ❶ Wohnung *f* ❷ ADMIN Wohnsitz *m* ▶**à ~** (*livrer*) ins Haus; (*recevoir*) zu Hause

domiciliation [dɔmisiljasjɔ̃] *f* (*d'un chèque*) Zahlungsort *m*

domicilier [dɔmisilje] <1> *vt form* **être domicilié à Paris** seinen Wohnsitz in Paris haben

dominant, e [dɔminɑ̃, ɑ̃t] *adj* dominierend; (*opinion, vent*) vorherrschend; (*position, nation*) führend

dominateur, -trice [dɔminatœʀ, -tʀis] *adj* herrisch

domination [dɔminasjɔ̃] *f* Vormacht *f*

dominer [dɔmine] <1> **I.** *vt* ❶ (*être le maître de*) **~ qn/qc** über jdn/etw herrschen ❷ (*contrôler*) zügeln; (*sujet*) beherrschen ❸ (*surpasser*) übertreffen ❹ (*surplomber*) überragen ❺ (*orateur, voix*) übertönen **II.** *vi* ❶ (*prédominer*) vorherrschen ❷ SPORT dominieren

dominical, e [dɔminikal, o] <-aux> *adj* **repos ~** Sonntagsruhe *f kein Pl*

domino [dɔmino] *m* Dominostein *m*

dommage [dɔmaʒ] *m* ❶ (*préjudice*) Schaden *m*; **~s matériels** Sachschaden *m*; **~ et intérêts** Schaden[s]ersatz *m kein Pl* ❷ *pl* (*dégâts*) Schäden *Pl* ▶**quel ~!** wie schade!

dompter [dɔ̃(p)te] <1> *vt* bändigen

dompteur, -euse [dɔ̃(p)tœʀ, -øz] *m, f* Dompteur/Dompteuse *m/f*

D.O.M.-T.O.M. [dɔmtɔm] *mpl abr de* **départements et territoires d'outre-mer** überseeische Departemente und Gebiete

don [dɔ̃] *m* ❶ (*action*) Schenkung *f*; (*cadeau*) Geschenk *nt*; (*cadeau charitable*) Spende *f*; **faire un ~ à qn** jdm eine Spende zukommen lassen ❷ (*aptitude*) Begabung *f*

donateur, -trice [dɔnatœʀ, -tʀis] *m, f* Spender(in) *m(f)*

donation [dɔnasjɔ̃] *f* Schenkung *f*

donc [dɔ̃k] *conj* also; (*en interrogative*) denn; (*en impérative*) doch

donne [dɔn] *f* JEUX Geben *nt*

donné, e [dɔne] *adj* bestimmt ▶**étant ~ qc** in Anbetracht einer S. (*gen*)

donnée [dɔne] *f gén pl* ❶ (*élément d'appréciation*) Angabe *f* ❷ SCOL **~s du problème** Problemstellung *f* ❸ *pl* INFORM, ADMIN Daten *Pl*

donner [dɔne] <1> **I.** *vt* ❶ (*remettre*) geben

❷ (*offrir*) schenken ❸ (*communiquer*) **~ le bonjour à qn** jdm Grüße ausrichten, jdn grüßen ❹ SCOL **~ des devoirs à qn** jdm Hausaufgaben aufgeben ❺ (*causer*) **~ faim/soif** hungrig/durstig machen; **qn/qc lui donne envie de faire qc** er/sie bekommt durch jdn/etw Lust etw zu tun ❻ (*attribuer*) **~ qc à qn** jdm etw zuschreiben ❼ (*produire*) **~ qc** (*arbre*) etw tragen; (*vigne*) etw geben ❽ (*faire passer pour*) **~ qc pour certain** etw als sicher darstellen ❾ (*échanger*) **~ qc pour qc** etw für etw [her]geben **II.** *vi* **~ sur qc** (*pièce, fenêtre*) auf etw (*akk*) hingehen; (*porte*) zu etw hinführen **III.** *vpr* **se ~ à qn/qc** sich jdm/einer S. widmen

donneur, -euse [dɔnœʀ, -øz] *m, f a.* MED Spender(in) *m(f)*

dont [dɔ̃] *pron rel* ❶ *compl d'un subst* dessen/deren ❷ *compl d'un verbe* dessen/deren, wovon/woraus/womit/woran ❸ (*partie d'un tout*) von denen, darunter

dopage [dɔpaʒ] *m* Doping *nt*

dopant [dɔpɑ̃] *m* Dopingmittel *nt*

doper [dɔpe] <1> *vpr* **se ~** Aufputschmittel nehmen; SPORT sich dopen

doré, e [dɔʀe] *adj* ❶ vergoldet ❷ (*blés, lumière*) golden; (*pain, gâteau*) goldbraun; (*peau*) gebräunt

dorénavant [dɔʀenavɑ̃] *adv* von jetzt an

dorer [dɔʀe] <1> **I.** *vt* ❶ (*recouvrir d'or*) vergolden ❷ (*peau*) bräunen **II.** *vi* GASTR knusprig braun werden **III.** *vpr* **se faire ~ au soleil** sich in der Sonne bräunen lassen

dorloter [dɔʀlɔte] <1> *vt* verwöhnen

dormant, e [dɔʀmɑ̃, ɑ̃t] *adj* **eau ~e** stehendes Gewässer

dormeur, -euse [dɔʀmœʀ, -øz] *m, f* ❶ Schläfer(in) *m(f)* ❷ (*qui dort beaucoup*) Langschläfer(in) *m(f)*

dormi [dɔʀmi] *part passé de* **dormir**

dormir [dɔʀmiʀ] <irr> *vi* ❶ (*sommeiller*) schlafen ❷ (*maison, nature*) ruhig sein

dorsal, e [dɔʀsal, o] <-aux> *adj* Rücken-

dortoir [dɔʀtwaʀ] *m* Schlafsaal *m*

dorure [dɔʀyʀ] *f* Vergoldung *f*

doryphore [dɔʀifɔʀ] *m* Kartoffelkäfer *m*

dos [do] *m* ❶ ANAT Rücken *m* ❷ *fig* (*d'une chaise*) Lehne *f*; (*d'un couteau, livre*) Rücken *m*; (*de la main*) Handrücken *m*; (*d'un papier écrit*) Rückseite *f* ▶**faire qc dans le ~ de qn** etw hinter jds Rücken (*dat*) tun

dosage [dozaʒ] *m* a. *fig* Dosierung *f*
dos d'âne [dodɑn] *m inv* Bodenwelle *f*
dose [doz] *f* ❶ BIO Dosis *f* ❷ GASTR Menge *f*
doser [doze] <1> *vt* dosieren
doseur [dozœʀ] *m* Dosierhilfe *f*
dossard [dosaʀ] *m* Startnummer *f*
dossier [dosje] *m* ❶ (*appui pour le dos*) |Rü-cken|lehne *f* ❷ (*classeur*) |Akten|ordner *m* ❸ ADMIN Akte|n *Pl*| *f*; ~ **de candidature** Be-werbungsunterlagen *Pl*
dot [dɔt] *f* Aussteuer *f*
dotation [dɔtasjɔ̃] *f* ❶ (*action*) **la ~ en qc** die Zuteilung von etw ❷ ADMIN finanzielle Ausstattung *f*
doté, e [dɔte] *adj* **être ~ de qc** (*machine*) mit etw ausgestattet sein; (*personne*) etw haben
doter [dɔte] <1> *vt* ~ **qn** jdm eine Aussteu-er mitgeben
douane [dwan] *f* ❶ (*administration*) Zoll|be-hörde *f*| *m* ❷ (*poste*) Zoll|stelle *f* ❸ (*droit*) Zoll|gebühren *Pl*| *m*
douanier, -ière [dwanje, -jɛʀ] **I.** *adj* Zoll- **II.** *m, f* Zollbeamte(r)/-beamtin *m/f*
doublage [dublaʒ] *m* ❶ CINE Synchronisa-tion *f* ❷ COUT (*d'un vêtement*) Füttern *nt*
double [dubl] **I.** *adj adv* doppelt **II.** *m* ❶ Doppelte(s) *nt* ❷ Kopie *f*; **un ~ de clé** ein Zweitschlüssel *m* ❸ (*exemplaire identique*) Dublette *f*; (*personne*) Doppelgänger(in) *m(f)*; **en ~** doppelt ❹ SPORT Doppel *nt*
doublé, e [duble] *adj* ❶ (*vêtement*) gefüttert ❷ (*acteur*) gedoubelt; (*film*) synchronisiert
doublement [dublamɑ̃] *m* Verdoppelung *f*
doubler [duble] <1> **I.** *vt* ❶ (*multiplier par deux*) verdoppeln ❷ (*vêtement*) füttern ❸ MEDIA (*acteur*) doubeln; (*film*) synchroni-sieren ❹ (*véhicule*) überholen **II.** *vi* (*nom-bre, prix*) sich verdoppeln
doublure [dublyʀ] *f* ❶ COUT Futter *nt* ❷ CI-NE Double *nt*
douce [dus] *adj v.* **doux**
douceâtre [dusɑtʀ] *adj* süßlich
doucement [dusmɑ̃] *adv* ❶ (*avec précau-tion*) sacht|e|; (*sans bruit*) leise; (*avec délica-tesse*) vorsichtig ❷ (*descendre, monter*) all-mählich; (*appuyer*) mit Gefühl
douceur [dusœʀ] *f* ❶ (*d'une étoffe*) Ge-schmeidigkeit *f*; **en ~** sachte ❷ (*d'un carac-tère*) Sanftmut *f*; (*de la vie*) Annehmlichkei-ten *Pl* ❸ *gén pl* (*friandises*) Süßigkeiten *Pl*
douche [duʃ] *f* Dusche *f*

doucher [duʃe] <1> **I.** *vt* |ab|duschen **II.** *vpr* **se ~** |sich| duschen
doudoune [dudun] *f* Daunenjacke *f*
doué, e [dwe] *adj* begabt
douille [duj] *f* TECH Tülle *f*
douillet, te [duje, jɛt] *adj* ❶ (*sensible*) zim-perlich; (*pleurnicheur*) wehleidig ❷ (*logis, nid, lit*) behaglich
douleur [dulœʀ] *f* Schmerz *m*
douloureuse [duluʀøz] *f fam* Rechnung *f*
douloureux, -euse [duluʀø, -øz] *adj* ❶ (*blessure, maladie*) schmerzhaft; (*partie du corps*) schmerzend ❷ (*souvenir, événe-ment*) schmerzlich
doute [dut] *m* Zweifel *m* ▸**sans ~** sicher-lich; **sans ~ que** qn a fait qc wahrschein-lich hat jd etw getan
douter [dute] <1> **I.** *vi* ❶ ~ **de qc** an etw (*dat*) zweifeln; ~ **que** + *subj* bezweifeln, dass ❷ (*se méfier*) ~ **de qn/qc** jdm/etw misstrauen **II.** *vpr* **se ~ de qc** etw ver-muten
douteux, -euse [dutø, -øz] *adj* ❶ (*issue, ori-gine*) ungewiss; (*sens*) nicht eindeutig ❷ *péj* (*goût, mœurs*) zweifelhaft
doux, douce [du, dus] *adj* ❶ weich ❷ (*fruit, saveur*) süß; (*piment*) edelsüß; **les drogues douces** die leichten Drogen ❸ (*voix*) sanft ❹ (*odeur, vin*) lieblich ❺ (*cli-mat, temps*) mild ❻ (*personne*) freundlich ❼ (*gestes*) ruhig; (*pente*) sanft; **à feu ~** auf kleiner Flamme ❽ (*vie, souvenir, visage*) an-genehm
douzaine [duzɛn] *f* ❶ (*douze*) Dutzend *nt*; **à la ~** im Dutzend ❷ (*environ douze*) **une ~ de personnes** etwa zwölf Personen
douze [duz] **I.** *num* zwölf **II.** *m inv* Zwölf *f*; *v.a.* **cinq**
douzième [duzjɛm] **I.** *adj antéposé* zwölf-te(r, s) **II.** *mf* **le/la ~** der/die/das Zwölfte **III.** *m* Zwölftel *nt*; *v.a.* **cinquième**
doyen, ne [dwajɛ̃, jɛn] *m, f* ❶ (*aîné*) Älte-ste(r) *f(m)* ❷ UNIV Dekan(in) *m(f)*
draconien, ne [dʀakɔnjɛ̃, jɛn] *adj* drako-nisch
dragée [dʀaʒe] *f* Dragee *nt*
dragon [dʀagɔ̃] *m* Drache *m*
drag-queen [dʀagkwin] <drag-queens> *f* Drag-Queen *f*
drague [dʀag] *f* (*filet*) Schleppnetz *nt*
draguer [dʀage] <1> *vt* ❶ (*pêcher*) mit dem Schleppnetz fangen ❷ (*dégager*) aus-

baggern ❸ *fam* anmachen, anbandeln (A)

dragueur [dʀagœʀ] *m* Baggerschiff *nt*

drainage [dʀɛnaʒ] *m a.* MED Dränage *f*

drainer [dʀɛne] <1> *vt a.* MED dränieren

dramatique [dʀamatik] *adj* ❶ THEAT **l'art ~** die Schauspielkunst; **le genre ~** das Drama ❷ (*histoire, récit*) dramatisch

dramatisation [dʀamatizasjɔ̃] *f* Dramatisierung *f*

dramatiser [dʀamatize] <1> *vt, vi* dramatisieren

dramaturge [dʀamatyʀʒ] *m* Bühnenautor(in) *m(f)*

drame [dʀam] *m* Drama *nt;* **tourner au ~** tragisch ausgehen

drap [dʀa] *m* Bettlaken *nt*

drapé [dʀape] *m* Faltenwurf *m*

drapeau [dʀapo] <x> *m* Fahne *f*, Flagge *f*

draper [dʀape] <1> I. *vt* ❶ **~ qc/qn de qc** etw/jdn mit etw umhüllen ❷ (*plisser*) drapieren II. *vpr* **se ~ dans une cape** sich in einen Umhang hüllen

drap-housse [dʀa] <draps-housses> *m* Spann|bett|laken *nt*

Dresde [dʀɛsd] Dresden *nt*

dressage [dʀesaʒ] *m* Dressur *f*

dresser [dʀese] <1> I. *vt* ❶ (*bilan, liste*) aufstellen; (*carte, plan*) zeichnen; (*procès-verbal*) ausstellen ❷ (*barrière, monument*) errichten; (*tente*) aufschlagen ❸ (*autel*) heben ❹ (*piège*) aufstellen; (*autel*) schmücken ❺ (*animal*) dressieren II. *vpr* ❶ (*se mettre droit*) sich aufrichten ❷ (*bâtiment, statue*) sich erheben ❸ (*mettre en opposition*) **se ~ contre qn/qc** sich gegen jdn/etw auflehnen

dresseur, -euse [dʀesœʀ, -øz] *m, f* Dresseur(in) *m(f)*

DRH [deɛʀaʒ] I. *f abr de* **direction des ressources humaines** HRM *nt* II. *mf abr de* **directeur(-trice) des ressources humaines** HR-Manager(in) *m(f)*

dribbler [dʀible] <1> *vt, vi* dribbeln; **~ qn** an jdm vorbeidribbeln

drogue [dʀɔg] *f a. fig* Droge *f*, Rauschgift *nt;* **~ douce/dure** weiche/harte Droge

drogué, e [dʀɔge] *m, f* Drogensüchtige(r) *f(m)*

droguer [dʀɔge] <1> *vpr* **se ~** Drogen/zu viele Medikamente nehmen

droguerie [dʀɔgʀi] *f* Drogerie *f*

droguiste [dʀɔgist] *mf* Drogist(in) *m(f)*

droit [dʀwa] I. *m* ❶ Recht|sanspruch *m*] *nt;* **~s civiques** Bürgerrechte *Pl;* **de quel ~** mit welchem Recht; **avoir ~ à qc** Recht auf etw (*akk*) haben; **avoir le ~ de faire qc** das Recht haben etw zu tun; **être en fin de ~s** keinen Anspruch auf Arbeitslosengeld mehr haben ❷ JUR Recht *nt;* (*études juridiques*) Rechtswissenschaft *f;* **~ civil** Zivilrecht; **~ public** öffentliches Recht ❸ *pl* (*taxe*) Gebühr *f* II. *adv* ❶ (*marcher, se tenir*) aufrecht ❷ (*rouler, marcher*) geradeaus ❸ (*mettre, poser*) gerade; (*tenir*) gerade ▶**tout ~** geradeaus

droit, e [dʀwa, dʀwat] *adj* ❶ (*opp: gauche*) rechte(r, s) ❷ gerade; **angle ~** rechter Winkel ❸ (*personne*) aufrichtig; (*chemin*) recht

droite [dʀwat] *f* ❶ MATH Gerade *f* ❷ POL Rechte *f;* **un parti de ~** eine rechte Partei ❸ (*côté droit*) Rechte *f*, rechte Seite *f;* **à ~** [nach] rechts; **tourner à ~** rechts abbiegen; **de ~** auf der rechten Seite

droitier, -ière [dʀwatje, -jɛʀ] *m, f* Rechtshänder(in) *m(f)*

droiture [dʀwatyʀ] *f* Aufrichtigkeit *f*

drôle [dʀol] *adj* ❶ (*comique*) lustig ❷ *fam* (*bizarre*) komisch

drôlement [dʀolmɑ̃] *adv* ❶ (*bizarrement*) komisch ❷ *fam* (*rudement*) ganz schön

drôlerie [dʀolʀi] *f* Spaß *m*

dromadaire [dʀɔmadɛʀ] *m* Dromedar *nt*

dru, e [dʀy] *adj* dicht

druide [dʀyid] *m* Druide *m*

du [dy] = **de le** *v.* **de**

dû [dy] <dus> *m* Schuld *f*

dû, due [dy] <dus> I. *part passé de* **devoir** II. *adj* ❶ (*que l'on doit*) schuldig ❷ (*imputable*) **être ~ à qc** von etw herrühren ❸ (*mérité*) **être ~ à qn** jdm zustehen

dualité [dɥalite] *f* Dualität *f*

dubitatif, -ive [dybitatif, -iv] *adj* zweifelnd

duc [dyk] *m* Herzog *m*

duché [dyʃe] *m* Herzogtum *nt*

duchesse [dyʃɛs] *f* Herzogin *f*

duel [dɥɛl] *m a. fig* Duell *nt*

dune [dyn] *f* Düne *f*

duo [dɥo, dyo] *m* MUS Duett *nt*

dupe [dyp] I. *f* Betrogene(r) *f(m)* II. *adj* **être ~ de qc** sich (*akk*) von etw täuschen lassen

duper [dype] <1> *vt* hinters Licht führen

duplex [dyplɛks] *m* ARCHIT **appartement en ~** Maisonettewohnung *f*

duplicata [dyplikata] *m* Duplikat *nt*

duquel, de laquelle [dykɛl] <desquel(­le)s> = **de lequel** v. **lequel**

dur, e [dyʀ] **I.** adj ❶ (ferme) hart; (viande) zäh ❷ (travail, obligation) schwer; (personne) schwierig; (temps, vie) hart ❸ (climat) extrem; (combat, punition) hart; (lumière) grell; **Dur, dur!** Das ist hart! ❹ (drogue) hart ❺ (regard) ernst; (critique) hart **II.** adv (travailler) hart **III.** m, f ▸**jouer les ~s** fam den starken Mann markieren

durable [dyʀabl] adj (chose) dauerhaft; (souvenir) bleibend; (effet, influence) nachhaltig

durablement [dyʀabləmɑ̃] adv auf Dauer

durant [dyʀɑ̃] prép (au cours de) während (+ gen); ~ **l'hiver** den Winter über

durcir [dyʀsiʀ] <8> **I.** vt ❶ a. fig hart machen; (acier) härten ❷ (attitude, position) verhärten **II.** vi (aliment, pâte) hart werden; (colle, peinture) aushärten **III.** vpr se ~ ❶ hart werden; (colle) aushärten ❷ (devenir intransigeant) sich verhärten

durcissement [dyʀsismɑ̃] m ❶ (solidification) Hartwerden nt; (du ciment) Abbinden nt; (de la colle) Aushärten nt ❷ (raffermissement) Verhärtung f; (d'un conflit) Verschärfung f

durée [dyʀe] f Dauer f; **un chômeur de longue ~** ein Langzeitarbeitsloser m

durement [dyʀmɑ̃] adv hart

durer [dyʀe] <1> vi ❶ + compl de temps dauern ❷ (personne) sich halten; (matériel, vêtement) haltbar sein ▸**ça ne peut plus ~** so kann das nicht weitergehen

dureté [dyʀte] f ❶ a. fig Härte f ❷ (difficulté) Schwierigkeit f

durillon [dyʀijɔ̃] m Schwiele f

dus [dy] passé simple de **devoir**

duvet [dyvɛ] m ❶ (plume) Daune f ❷ (d'une personne, feuille) Flaum m ❸ (sac de couchage) |Daunen|schlafsack m

dynamique [dinamik] **I.** adj dynamisch **II.** f Dynamik f

dynamiser [dinamize] <1> vt mobilisieren

dynamisme [dinamism] m Dynamik f

dynamite [dinamit] f Dynamit nt

dynamiter [dinamite] <1> vt a. fig sprengen

dynamo [dinamo] f Dynamo m

dynastie [dinasti] f a. fig Dynastie f

dysfonctionnement [disfɔ̃ksjɔnmɑ̃] m Funktionsstörung f

dyslexie [dislɛksi] f Legasthenie f

dyslexique [dislɛksik] adj legasthenisch

E

E, e [ø, ə] m inv E nt, e nt

eau [o] <x> f ❶ Wasser nt; **un verre d'~** ein Glas Wasser; ~ **du robinet** Leitungswasser; ~ **minérale** Mineralwasser; ~ **de source** Quellwasser ❷ (étendue de l'eau) Gewässer nt

eau-de-vie [od(ə)vi] <eaux-de-vie> f Schnaps m

ébahi, e [ebai] adj verblüfft

ébahir [ebaiʀ] <8> vt verblüffen

ébats [eba] mpl (des animaux, enfants) Herumtollen nt ▸~ **amoureux** Liebesspiele Pl

ébauche [eboʃ] f (d'une œuvre) Entwurf m; (d'un tableau) Skizze f; (d'un sourire) Andeutung f

ébaucher [eboʃe] <1> vt (œuvre) entwerfen; (peinture) skizzieren

ébène [ebɛn] f Ebenholz nt

ébéniste [ebenist] mf Kunsttischler(in) m(f)

éberlué, e [ebɛʀlɥe] adj fam perplex

éblouir [ebluiʀ] <8> vt blenden

éblouissant, e [ebluisɑ̃, ɑ̃t] adj (lumière) grell

éblouissement [ebluismɑ̃] m Blendung f

éborgner [ebɔʀɲe] <1> vt ~ **qn** jdm ein Auge ausstechen

éboueur [ebuœʀ] m Müllmann m (fam)

ébouillanter [ebujɑ̃te] <1> vpr s'~ **qc** sich (dat) etw verbrühen

éboulement [ebulmɑ̃] m Einsturz m

éboulis [ebuli] m Geröll nt kein Pl

ébouriffant, e [ebuʀifɑ̃, ɑ̃t] adj fam (nouvelle) unglaublich

ébouriffé, e [ebuʀife] adj zerzaust

ébranler [ebʀɑ̃le] <1> **I.** vt a. fig erschüttern **II.** vpr s'~ sich in Bewegung setzen

ébréché, e [ebʀeʃe] adj angeschlagen

ébriété [ebʀijete] f form Trunkenheit f

ébruiter [ebʀɥite] <1> vt ausplaudern

ébullition [ebylisjɔ̃] f ❶ (d'un liquide) |Auf|kochen nt; **porter à ~** zum Kochen bringen ❷ fig **en ~** (quartier, esprit) in Aufruhr

écaille [ekaj] f ZOOL Schuppe f

écailler [ekaje] <1> vt (poisson) |ab|schuppen

écarlate [ekaʀlat] adj scharlachrot

écarquiller [ekaʀkije] <1> vt ~ **les yeux**

devant qc angesichts einer S. (*gen*) die Augen aufreißen

écart [ekaʀ] *m* ❶ (*distance*) Abstand *m* ❷ (*de prix*) Unterschied *m* ❸ (*mouvement brusque*) **faire un ~** zur Seite ausweichen ▶**mettre qn à l'~** jdn ausschließen

écarté, e [ekaʀte] *adj* ❶ (*lieu*) abgelegen ❷ (*bras*) weit offen; (*dents*) auseinander stehend; (*jambes*) gespreizt

écarteler [ekaʀtəle] <4> *vt* HIST vierteilen

écartement [ekaʀtəmɑ̃] *m* Abstand *m*

écarter [ekaʀte] <1> **I.** *vt* ❶ (*objets*) zur Seite schieben; (*bras*) ausbreiten; (*jambes*) spreizen ❷ (*idée*) verwerfen; (*danger*) abwenden **II.** *vpr* ❶ (*se séparer*) **s'~** (*foule*) sich teilen ❷ (*s'éloigner*) **s'~ de qc** sich von etw entfernen

ecchymose [ekimoz] *f* Bluterguss *m*

ecclésiastique [eklezjastik] **I.** *adj* kirchlich; (*vie*) geistlich **II.** *m* Geistliche(r) *m*

écervelé, e [esɛʀvəle] *adj* gedankenlos

échafaud [eʃafo] *m* Schafott *nt*

échafaudage [eʃafodaʒ] *m* ❶ (*construction*) Gerüst *nt* ❷ (*empilement*) Stapel *m*

échafauder [eʃafode] <1> *vt* (*projets*) entwerfen

échalote [eʃalɔt] *f* Schalotte *f*

échancré, e [eʃɑ̃kʀe] *adj* ausgeschnitten

échancrure [eʃɑ̃kʀyʀ] *f* Ausschnitt *m*

échange [eʃɑ̃ʒ] *m* ❶ [Aus]tausch *m*; **faire un ~ avec qn** mit jdm tauschen ❷ *gén pl* ECON Handel *m*; **~s scolaires** Schüleraustausch

échanger [eʃɑ̃ʒe] <2a> *vt* (*adresses, idées*) austauschen; (*anneaux, regards*) wechseln; (*timbres*) tauschen; (*marchandise*) umtauschen

échangeur [eʃɑ̃ʒœʀ] *m* Kreuzung *f* (*auf mehreren Ebenen*)

échantillon [eʃɑ̃tijɔ̃] *m* COM [Waren]probe *f*, Muster *nt*

échantillonnage [eʃɑ̃tijɔnaʒ] *m* [repräsentativer] Querschnitt

échappatoire [eʃapatwaʀ] *f* (*subterfuge*) Ausflucht *f*; (*issue*) Ausweg *m*

échappée [eʃape] *f* SPORT Ausreißversuch *m*

échapper [eʃape] <1> **I.** *vi* ❶ (*s'enfuir*) entkommen; **~ à un danger** einer Gefahr (*dat*) entgehen ❷ (*se soustraire à*) **~ à qc** sich einer S. (*dat*) entziehen; **~ à la mort** dem Tod entrinnen ❸ (*être oublié*) **~ à qn** jdm entfallen sein ❹ (*ne pas être compris*) **le**

problème échappe à qn jd versteht das Problem nicht ❺ (*glisser des mains*) **~ à qn** jdm entgleiten (*geh*); **laisser ~ qc** etw fallen lassen ❻ (*dire par inadvertance*) **~ à qn** (*gros mot, paroles*) jdm entfahren **II.** *vpr* ❶ (*s'évader*) **s'~ de qc** aus etw ausbrechen; (*souris*) aus etw entwischen ❷ (*sortir*) **s'~ de qc** (*fumée*) aus etw herausdringen; (*gaz*) aus etw entweichen

écharde [eʃaʀd] *f* [Holz]splitter *m*

écharpe [eʃaʀp] *f* ❶ (*vêtement*) Schal *m* ❷ (*bandage*) Schlinge *f*

échasse [eʃas] *f* ZOOL Strandreiter *m*

échassier [eʃasje] *m* Stelzvogel *m*

échauffement [eʃofmɑ̃] *m* ❶ (*de l'atmosphère, du sol*) Erwärmung *f* ❷ SPORT Aufwärmen *nt*

échauffer [eʃofe] <1> *vpr* **s'~** SPORT sich aufwärmen

échauffourée [eʃofuʀe] *f* Schlägerei *f*

échéance [eʃeɑ̃s] *f* ❶ (*date limite*) Fälligkeit *f* ❷ (*délai*) Fälligkeitsfrist *f* ❸ (*règlement*) fällige Zahlung

échéant, e [eʃeɑ̃, ɑ̃t] *adj* (*annuité*) fällig [werdend]; **le cas ~** gegebenenfalls

échec¹ [eʃɛk] *m* (*de négociations*) Scheitern *nt;* (*d'un spectacle*) Misserfolg *m*

échec² [eʃɛk] *m pl* Schach *nt*; **jeu d'~s** Schachspiel *nt* ▶[être] **~ et mat** schachmatt [sein]

échelle [eʃɛl] *f* ❶ (*escabeau*) Leiter *f* ❷ (*proportion, rapport*) Maßstab *m*; **à l'~ de 1:100 000** im Maßstab 1:100 000 (*eins zu hunderttausend*); **à l'~ nationale/communale** auf nationaler/kommunaler Ebene ❸ (*graduation*) Skala *f*

échelon [eʃlɔ̃] *m* ❶ (*barreau*) Sprosse *f* ❷ ADMIN Stufe *f*, Ebene *f*

échelonnement [eʃ(ə)lɔnmɑ̃] *m* MIL Staff[e]lung *f*

échelonner [eʃ(ə)lɔne] <1> *vt* ❶ (*paiements*) [gleichmäßig] verteilen ❷ (*salaires*) staffeln

échevelé, e [eʃəv(ə)le] *adj* (*personne*) zerzaust

échine [eʃin] *f* **~ dorsale** Rückgrat *nt*

échiquier [eʃikje] *m* Schachbrett *nt*

écho [eko] *m* ❶ Echo *nt* ❷ PRESSE Klatschspalte *f*

échographie [ekɔgʀafi] *f* Ultraschalluntersuchung *f*

échoppe [eʃɔp] *f* [Verkaufs]bude *f*

E

échouer [eʃwe] <1> I. *vi* scheitern; ~ à l'**examen** die Prüfung nicht bestehen II. *vt* **faire ~ qc** etw vereiteln

éclabousser [eklabuse] <1> *vt* bespritzen

éclaboussure [eklabusyʀ] *f* Spritzer *m*

éclair [eklɛʀ] *m* ❶ *a.* METEO, PHOT Blitz *m* ❷ GASTR Eclair *m* ▶**en un** ~ blitzschnell

éclairage [eklɛʀaʒ] *m* Beleuchtung *f*

éclaircie [eklɛʀsi] *f* METEO [kurze] Aufheiterung

éclaircir [eklɛʀsiʀ] <8> I. *vt* ❶ (*rendre clair*) aufhellen ❷ (*élucider*) ~ **une affaire** Licht in eine Sache bringen II. *vpr* ❶ s'~ (*temps*) aufklaren ❷ (*rendre plus distinct*) s'~ **la gorge** sich räuspern ❸ (*devenir compréhensible*) s'~ (*idée*) klarer werden; (*mystère*) sich aufklären

éclaircissement [eklɛʀsismɑ̃] *m* (*d'une situation*) Klärung *f*; (*d'un malentendu*) Beseitigung *f*

éclairé, e [ekleʀe] *adj* (*averti*) aufgeklärt; **agir en esprit** ~ aufgeklärt handeln

éclairer [ekleʀe] <1> I. *vt* ❶ erhellen; ~ **qn** jdm leuchten ❷ (*texte*) erläutern; (*situation*) klären ❸ (*instruire*) ~ **un collègue sur qn/qc** einen Kollegen über jdn/etw aufklären II. *vi* leuchten; **peu/beaucoup** ~ wenig/viel Licht geben III. *vpr* s'~ **à l'électricité/au gaz** elektrisches Licht/Gaslicht haben

éclaireur, -euse [eklɛʀœʀ, -øz] *m, f* MIL Aufklärer(in) *m(f)*

éclat [ekla] *m* ❶ (*fragment*) Splitter *m* ❷ (*scandale*) Eklat *m* ❸ (*d'un métal*) Glanz *m*; (*d'un diamant*) Feuer *nt* ▶**rire aux ~s** schallend lachen

éclatant, e [eklatɑ̃, ɑ̃t] *adj* ❶ (*beauté*) strahlend; (*santé*) blühend ❷ (*exemple*) eklatant; (*succès*) durchschlagend; (*victoire*) glänzend

éclatement [eklatmɑ̃] *m* Explosion *f*

éclater [eklate] <1> I. *vi* ❶ (*bombe*) explodieren ❷ (*pneu*) platzen ❸ (*structure*) auseinander brechen; (*verre*) zerspringen ❹ (*orage*) losbrechen ❺ (*nouvelle*) wie eine Bombe einschlagen ❻ (*cris, rires*) erschallen; ~ **de rire** in lautes Gelächter ausbrechen; (*coup de feu*) krachen ❼ (*se manifester*) **faire ~ le scandale** einen Skandal auslösen; **laisser ~ sa colère** seiner Wut (*dat*) freien Lauf lassen II. *vpr fam* s'~ sich prima amüsieren

éclectique [eklɛktik] *adj* eklektisch

éclectisme [eklɛktism] *m* Eklektizismus *m*

éclipse [eklips] *f* Finsternis *f*

éclipser [eklipse] <1> *vt* ASTRO verfinstern, verdunkeln

éclore [eklɔʀ] <irr> *vi* + *être* (*bourgeon*) aufbrechen; (*poussin*) ausschlüpfen

éclosion [eklozjɔ̃] *f* (*d'une couvée*) Ausschlüpfen *nt*; (*d'un bourgeon*) Aufbrechen *nt*

écluse [eklyz] *f* Schleuse *f*

éco [eko] *adj fam abr de* **économique**

écœurant, e [ekœʀɑ̃, ɑ̃t] *adj* widerlich ▶**en** ~ CAN (*très, beaucoup*) sehr

écœurement [ekœʀmɑ̃] *m* ❶ (*nausée*) Übelkeit *f* ❷ (*dégoût*) Ekel *m*

écœurer [ekœʀe] <1> *vt, vi* anekeln

écolage [ekɔlaʒ] *m* CH (*frais de scolarité*) Schulgeld *nt*

école [ekɔl] *f* Schule *f*; ~ **cantonale** CH Kantonsschule (CH); ~ **maternelle** Kindergarten *m*; ~ **primaire** Grundschule; ~ **publique** öffentliche Schule; ~ **secondaire** höhere Schule; (*en Suisse*) Sekundarschule (CH); **aller à l'**~ zur Schule gehen; **entrer à l'**~ in die Schule kommen

Die französischen Kinder kommen mit sechs Jahren in die *école primaire*, die fünf Klassen hat (*cours préparatoire, cours élémentaire 1 und 2 sowie cours moyen 1 und 2*).
Mit elf Jahren wechseln die Kinder aufs *collège* über, das vier Jahre dauert. Erst danach gabelt sich der gemeinsame Bildungsweg. Die Jugendlichen können nach dem *collège* entweder die Schule verlassen oder die drei Klassen des *lycée* durchlaufen, um das *baccalauréat* abzulegen.

écolier, -ière [ekɔlje, -jɛʀ] *m, f* Schüler(in) *m(f)*

écolo [ekɔlo] *abr de* **écologiste, écologique**

écologie [ekɔlɔʒi] *f* Ökologie *f*

écologique [ekɔlɔʒik] *adj* (*solution*) umweltfreundlich; (*société*) umweltbewusst; **catastrophe** ~ Umweltkatastrophe *f*

écologiste [ekɔlɔʒist] I. *m, f* ❶ (*ami de la nature*) Umweltschützer(in) *m(f)* ❷ POL Grüne(r) *f(m)* ❸ (*spécialiste de l'écologie*) Ökologe/Ökologin *m/f* II. *adj* (*pratique, politique*) umweltbewusst; **politique/mouve-**

ment ~ Umweltpolitik *f*/-bewegung *f*; **parti** ~ grüne Partei

écologue [ekɔlɔg] *mf* Ökologe/Ökologin *m/f*

écomusée [ekɔmyze] *m: Museum, das die geographischen, sozialen und kulturellen Gegebenheiten einer menschlichen Gemeinschaft beschreibt*

économe [ekɔnɔm] *adj* sparsam

économie [ekɔnɔmi] *f* ❶ Wirtschaft *f;* **l'~ nationale** die Volkswirtschaft; ~ **libérale** freie Marktwirtschaft; ~ **de marché** |freie| Marktwirtschaft ❷ (*science*) Wirtschaftswissenschaften *Pl* ❸ (*gain*) Gewinn *m* ❹ *pl* (*épargne*) Ersparnisse *Pl*

économique [ekɔnɔmik] *adj* ❶ (*bon marché*) sparsam |im Verbrauch| ❷ (*qui a rapport à l'économie*) wirtschaftlich; **crise** ~ Wirtschaftskrise *f*

économiquement [ekɔnɔmikmɑ̃] *adv* sparsam

économiser [ekɔnɔmize] <1> *vt, vi* ❶ (*épargner*) sparen; ~ **sur qc** an etw (*dat*) sparen ❷ (*utiliser en moins*) einsparen

économiseur [ekɔnɔmizœʀ] *m* INFORM ~ **d'écran** Bildschirmschoner *m*

économiste [ekɔnɔmist] *mf* Wirtschaftsexperte *m*/-expertin *f*

écoper [ekɔpe] <1> *vt fam* (*coup*) abbekommen

écorce [ekɔʀs] *f* (*d'un arbre*) Rinde *f*

écorché, e [ekɔʀʃe] *m, f* ▸**être un ~ vif/ une ~e vive** überempfindlich sein

écorcher [ekɔʀʃe] <1> **I.** *vt* ❶ être écorché aufgeschürft sein ❷ (*nom*) falsch aussprechen; (*vérité*) entstellen **II.** *vpr* **s'~** sich (*dat*) die Haut abschürfen; **s'~ qc** sich (*dat*) etw zerkratzen

écorchure [ekɔʀʃyʀ] *f* Hautabschürfung *f*

écorner [ekɔʀne] <1> *vt* ~ **un livre** Eselsohren in ein Buch (*akk*) machen

écossais [ekɔsɛ] *m* Schottisch *nt; v.a.* **allemand**

écossais, e [ekɔsɛ, ɛz] *adj* schottisch; **tissu** ~ Schotten *m; v.a.* **allemand**

Écossais, e [ekɔsɛ, ɛz] *m, f* Schotte/Schottin *m/f*

Écosse [ekɔs] *f* **l'~** Schottland *nt*

écosser [ekɔse] <1> *vt* aushülsen

écosystème [ekɔsistɛm] *m* Ökosystem *nt*

écotourisme [ekɔtuʀism] *m* Ökotourismus *m*

écoulement [ekulmɑ̃] *m* ❶ (*d'un liquide*) Ablaufen *nt* ❷ (*du temps*) Verrinnen *nt* (*geh*) ❸ COM (*des stocks*) Absatz *m*

écouler [ekule] <1> **I.** *vt* COM (*marchandises*) absetzen **II.** *vpr* **s'~** ❶ (*liquide*) ablaufen; **s'~ dans/de qc** in etw (*akk*)/aus etw fließen ❷ (*temps*) vergehen ❸ (*marchandises*) Absatz finden

écourter [ekuʀte] <1> *vt* ❶ kürzen ❷ (*séjour*) abkürzen

écoute [ekut] *f* ❶ RADIO, TV **avoir une grande ~** eine hohe Einschaltquote haben ❷ (*surveillance*) **~s téléphoniques** telefonische Überwachung ▸**être à l'~ de qn** für jdn da sein; **être à l'~ d'une radio** einen Sender hören; **rester à l'~** (*à la radio, au téléphone*) dranbleiben

écouter [ekute] <1> **I.** *vt* ❶ zuhören; ~ **les informations** Nachrichten hören ❷ (*tenir compte de, obéir*) ~ **qn/qc** auf jdn/etw hören **II.** *vi* zuhören **III.** *vpr* **aimer s'~ parler** sich |selbst| gern reden hören

écouteur [ekutœʀ] *m* ❶ (*du téléphone*) Hörer *m* ❷ *pl* (*casque*) Kopfhörer *m*

écoutille [ekutij] *f* NAUT Luke *f*

écran [ekʀɑ̃] *m* ❶ (*protection*) Schutz *m* ❷ TV Bildschirm *m;* |petit| ~ Fernsehen *nt* ❸ CINE Leinwand *f;* |grand| ~ Kino *nt;* **à l'~** im Kino ❹ (*moniteur*) Monitor *m; (d'ordinateur*) Bildschirm *m*

écrasant, e [ekʀazɑ̃, ɑ̃t] *adj* (*poids*) erdrückend; (*nombre*) überwältigend; (*défaite*) vernichtend

écrasé, e [ekʀaze] *adj* (*nez*) breit

écraser [ekʀaze] <1> **I.** *vt* ❶ zerdrücken; (*légumes*) pürieren; (*cigarette*) ausdrücken ❷ (*conducteur*) überfahren ❸ (*ennemi*) vernichten; (*équipe adverse*) haushoch schlagen **II.** *vpr* ❶ **s'~ contre un arbre** frontal gegen einen Baum prallen ❷ (*se crasher*) **s'~** abstürzen

écrémer [ekʀeme] <5> *vt* entrahmen

écrevisse [ekʀavis] *f* |Fluss|krebs *m*

écrier [ekʀije] <1> *vpr* **s'~** schreien

écrin [ekʀɛ̃] *m* Schmuckkästchen *nt*

écrire [ekʀiʀ] <irr> **I.** *vt* schreiben; (*rédiger*) verfassen **II.** *vi* schreiben; ~ **à la main/machine/au stylo** mit der Hand/Maschine/ dem Füller schreiben **III.** *vpr* **s'~** geschrieben werden

écrit [ekʀi] *m* ❶ (*document*) Schriftstück *nt* ❷ (*ouvrage*) Schrift *f* ❸ (*épreuve, examen*)

Schriftliche(s) *nt*, [Prüfungs]klausur *f*; **l'~ das Schriftliche ▶par** ~ schriftlich

écrit, e [ekʀi, it] *part passé de* **écrire**

écriteau [ekʀito] <x> *m* [Hinweis]schild *nt*

écriture [ekʀityʀ] *f* ❶ [Hand]schrift *f* ❷ (*alphabet*) Schrift *f* ❸ (*style*) Schreibweise *f*

écrivain [ekʀivɛ̃] *m* Schriftsteller(in) *m(f)*

écrou [ekʀu] *m* [Schrauben]mutter *f*

écrouer [ekʀue] <1> *vt* inhaftieren

écroulement [ekʀulmɑ̃] *m* Zusammenbruch *m*

écrouler [ekʀule] <1> *vpr* **s'~** ❶ (*tomber*) einstürzen ❷ (*cours de la bourse*) zusammenbrechen ❸ (*empire*) zusammenbrechen; (*projet*) sich zerschlagen

écru, e [ekʀy] *adj* naturfarben

ECU [eky] *m* HIST *abr de* **European Currency Unit** Ecu *m o f*

écueil [ekœj] *m* Klippe *f*

écuelle [ekɥɛl] *f* Napf *m*

écume [ekym] *f* (*mousse*) Schaum *m*; (*des vagues*) Gischt *f*

écumer [ekyme] <1> *vt* ❶ (*enlever l'écume*) ~ **qc** den Schaum von etw abschöpfen ❷ (*piller: région*) plündern

écumoire [ekymwaʀ] *f* Schaumlöffel *m*

écureuil [ekyʀœj] *m* Eichhörnchen *nt*

écurie [ekyʀi] *f* [Pferde]stall *m*

écuyer, -ère [ekɥije, -ɛʀ] *m, f* ❶ HIST [Schild]knappe *m* ❷ (*cavalier*) [guter] Reiter *m*/[gute] Reiterin *f*

édam [edam] *m* (*fromage*) Edamer *m*

édenté, e [edɑ̃te] *adj* zahnlos

EDF [ødeɛf] *f abr de* **Électricité de France** *Französische Elektrizitätsgesellschaft*

édicter [edikte] <1> *vt* verfügen

édifiant, e [edifjɑ̃, jɑ̃t] *adj* (*exemplaire*) beispielhaft

édification [edifikasjɔ̃] *f* Bau *m*

édifice [edifis] *m* Gebäude *nt*

édifier [edifje] <1> *vt* (*temple, palais*) errichten

Édimbourg [edɛ̃buʀ] Edinburg

édit [edi] *m* HIST, POL Edikt *nt*

éditer [edite] <1> *vt* herausgeben

éditeur [editœʀ] *m* INFORM Editor *m*; ~ **de textes** Texteditor

éditeur, -trice [editœʀ, -tʀis] I. *adj* **maison éditrice** Verlag *m*; **la maison éditrice Klett** der Klett Verlag II. *m, f* Herausgeber(in) *m(f)*

édition [edisjɔ̃] *f* ❶ (*d'un disque*) Herausgabe *f*; (*d'un livre*) Veröffentlichung *f* ❷ (*livre*) Auflage *f*; ~ **complète** Gesamtausgabe *f* ❸ (*établissement*) **les ~s** der Verlag ❹ INFORM Edition *f*

éditique [editik] *m* INFORM Desktoppublishing *nt*

éditorial [editɔʀjal, jo] <-aux> *m* Leitartikel *m*

éditorialiste [editɔʀjalist] *mf* Leitartikler(in) *m(f)*

édredon [edʀədɔ̃] *m* Daunenbett *nt*

éducateur, -trice [edykatœʀ, -tʀis] *m, f* Erzieher(in) *m(f)*

éducatif, -ive [edykatif, -tiv] *adj* **jeu** ~ Lernspiel *nt*; **système** ~ Bildungssystem *nt*

éducation [edykasjɔ̃] *f* ❶ Erziehung *f*; **l'Éducation nationale** das Schul- und Hochschulwesen ❷ (*culture générale*) Bildung *f* ❸ (*enseignement*) ~ **physique** Sport[unterricht *m*] *m*

édulcorant [edylkɔʀɑ̃] *m* Süßstoff *m*

édulcorer [edylkɔʀe] <1> *vt* süßen

éduquer [edyke] <1> *vt* erziehen

efface [efas] *f* CAN (*gomme*) Radiergummi *m*

effacé, e [efase] *adj* (*manière, personne*) zurückhaltend

effacement [efasmɑ̃] *m* ❶ (*d'une inscription*) [Aus]löschen *nt* ❷ (*suppression d'information*) Löschen *nt*

effacer [efase] <2> I. *vt* ❶ [aus]löschen; (*trace*) verwischen; (*tache*) entfernen; ~ **qc avec une gomme** etw ausradieren ❷ (*tableau noir*) abwischen; (*disquette*) löschen ❸ (*faire oublier*) auslöschen; (*crainte*) zerstreuen II. *vpr* **s'~** ❶ (*s'estomper*) verblassen ❷ (*tache*) sich entfernen lassen

effaceur [efasœʀ] *m* Tintenkiller *m*

effarant, e [efaʀɑ̃, ɑ̃t] *adj* unerhört

effaré, e [efaʀe] *adj* (*personne*) verstört

effarer [efaʀe] <1> *vt* aus der Fassung bringen

effaroucher [efaʀuʃe] <1> *vt* (*animal*) aufschrecken, aufscheuchen; (*personne*) einschüchtern

effectif [efɛktif] *m* (*d'une armée, d'un parti*) Stärke *f*; (*d'une entreprise*) Belegschaft *f*

effectif, -ive [efɛktif, -iv] *adj* (*pouvoir*) tatsächlich; (*travail*) effektiv

effectivement [efɛktivmɑ̃] *adv* tatsächlich

effectuer [efɛktɥe] <1> I. *vt* ausführen; (*parcours*) zurücklegen; (*réforme*) durchführen II. *vpr* **s'~** (*mouvement*) ausgeführt werden; (*paiement*) erfolgen

effervescence [efɛʀvesɑ̃s] *f* Aufregung *f*

effervescent, e [efɛʀvesɑ̃, ɑ̃t] *adj* (*liquide*) sprudelnd

effet [efɛ] *m* ❶ Wirkung *f*; ~ **secondaire** Nebenwirkung; **être l'~ de qc** die Folge von etw sein ❷ (*impression*) Eindruck *m* ❸ (*phénomène*) Effekt *m*; ~s **spéciaux** Spezialeffekte *Pl*; ~ **de serre** Treibhauseffekt ►**en** ~ tatsächlich; (*pour confirmer le propos d'un tiers*) in der Tat

efficace [efikas] *adj* wirksam; (*personne*) kompetent

efficacement [efikasmɑ̃] *adv* effizient

efficacité [efikasite] *f* Wirksamkeit *f*; (*d'une machine*) Leistungsfähigkeit *f*; (*d'une personne*) Tüchtigkeit *f*

effigie [efiʒi] *f* Bildnis *nt*

effiler [efile] <1> *vt* ❶ (*effilocher*) ausfransen ❷ (*couper en amincissant: cheveux*) ausdünnen

effilocher [efiloʃe] <1> *vt* zerfasern

effleurer [eflœʀe] <1> *vt* ❶ *a. fig* streifen ❷ (*passer par la tête*) ~ **qn** jdm in den Sinn kommen

effluve [eflyv] *m souvent pl* Wohlgeruch *m*

effondré, e [efɔ̃dʀe] *adj* (*personne*) völlig gebrochen

effondrement [efɔ̃dʀəmɑ̃] *m* ❶ Einsturz *m*; (*d'un sportif*) Zusammenbruch *m* ❷ (*des prix*) Sturz *m*

effondrer [efɔ̃dʀe] <1> *vpr* s'~ ❶ (*s'écrouler*) einstürzen ❷ (*être anéanti*) zusammenbrechen ❸ (*cours de la bourse*) stürzen ❹ INFORM (*ordinateur*) abstürzen

efforcer [efɔʀse] <2> *vpr* s'~ **de faire qc** sich bemühen etw zu tun

effort [efɔʀ] *m* ❶ (*physique*) Anstrengung *f* ❷ (*intellectuel*) Bemühung *f*

effraction [efʀaksjɔ̃] *f* Einbruch *m*

effrayant, e [efʀɛjɑ̃, ɑ̃t] *adj* (*silence*) beängstigend

effrayer [efʀeje] <7> I. *vt* erschrecken II. *vpr* s'~ **de qc** über etw (*akk*) erschrecken

effréné, e [efʀene] *adj* wild

effriter [efʀite] <1> *vt* (*érosion*) bröck[e]lig machen

effronté, e [efʀɔ̃te] I. *adj* dreist II. *m, f* unverschämte Person

effronterie [efʀɔ̃tʀi] *f* Dreistigkeit *f*; **avec** ~ dreist

effroyable [efʀwajabl] *adj* entsetzlich

effusion [efyzjɔ̃] *f* Gefühlsausbruch *m*; ~ **de sang** Blutvergießen *nt*

égal, e [egal, o] <-aux> I. *adj* ❶ (*de même valeur*) gleich; **de prix** ~ gleich teuer ❷ (*sans variation*) **être d'humeur** ~e ausgeglichen sein II. *m, f* **la femme est l'~e de l'homme** die Frau ist dem Mann ebenbürtig

également [egalmɑ̃] *adv* ❶ (*pareillement*) gleich[ermaßen] ❷ (*aussi*) ebenfalls

égaler [egale] <1> *vt* ❶ MATH **deux plus deux égale[nt] quatre** zwei plus zwei ist vier ❷ (*être pareil*) ~ **qn/qc en beauté/grosseur** jdm/einer S. an Schönheit/Größe (*dat*) gleichkommen

égalisation [egalizasjɔ̃] *f* SPORT Ausgleich *m*

égaliser [egalize] <1> I. *vt* ausgleichen; (*revenus*) [einander] angleichen II. *vi* den Ausgleich erzielen

égalité [egalite] *f* ❶ Gleichheit *f*; ~ **des forces** Gleichgewicht *nt* der Kräfte; ~ **des chances** Chancengleichheit; ~ **des droits** Gleichberechtigung *f* ❷ MATH Kongruenz *f*

égard [egaʀ] *m pl* Achtung *f* ►**par** ~ **pour qn/qc** mit Rücksicht auf jdn/etw

égaré, e [egaʀe] *adj* verirrt

égarement [egaʀmɑ̃] *m* geistige Verwirrung

égarer [egaʀe] <1> I. *vt* ❶ (*induire en erreur*) in die Irre führen ❷ (*perdre*) verlegen II. *vpr* s'~ (*se perdre*) sich verirren

égayer [egeje] <7> *vt* aufheitern

églantier [eglɑ̃tje] *m* Heckenrosenstrauch *m*

églantine [eglɑ̃tin] *f* Heckenrose *f*

églefin [egləfɛ̃] *m* Schellfisch *m*

église [egliz] *f* Kirche *f*

ego [ego] *m inv* Ego *nt*

égocentrique [egosɑ̃tʀik] *adj* egozentrisch

égocentrisme [egosɑ̃tʀism] *m* Egozentrik *f*

égoïsme [egoism] *m* Egoismus *m*

égoïste [egoist] I. *adj* egoistisch II. *mf* Egoist(in) *m(f)*

égorger [egɔʀʒe] <2a> *vt* ~ **qn/un animal avec qc** jdm die Kehle/einem Tier die Gurgel mit etw durchschneiden

égosiller [egozije] <1> *vpr* s'~ sich heiser schreien

égout [egu] *m* [Abwasser]kanal *m*; **les** ~s die Kanalisation; **bouche d'~** Gully *m o nt*

égoutter [egute] <1> *vt, vpr* [s']~ abtropfen

égouttoir [egutwaʀ] *m* ~ **à vaisselle** Ab-

E

tropfkorb *m*

égratigner [egʀatiɲe] <1> **I.** *vt* zerkratzen **II.** *vpr* **s'~ qc** sich (*dat*) etw aufschürfen

égratignure [egʀatiɲyʀ] *f* Kratzer *m*

égrener [egʀəne] <4> *vt* ❶ (*cosse*) enthülsen; (*épi*) entkörnen; (*grappe, raisin*) abbeeren; (*coton*) egrenieren ❷ (*chapelet*) herunterbeten

Égypte [eʒipt] *f* l'~ Ägypten *nt*

égyptien [eʒipsjɛ̃] *m* Ägyptisch *nt;* **l'~ moderne** das Neuägyptische; *v.a.* **allemand**

égyptien, ne [eʒipsjɛ̃, jɛn] *adj* ägyptisch; *v.a.* **allemand**

Égyptien, ne [eʒipsjɛ̃, jɛn] *m, f* Ägypter(in) *m(f)*

eh [e, ɛ] *interj* he !; ~ **oui!** tja!/In der Tat!; ~ **bien ça par exemple!** na so was! (*fam*); ~ **bien!** *fam* nun gut!; **Eh bien, ...** nun, ...

éhonté, e [eɔ̃te] *adj* schamlos

éjaculation [eʒakylasjɔ̃] *f* Samenerguss *m*

éjectable [eʒɛktabl] *adj* **siège ~** Schleudersitz *m*

éjecter [eʒɛkte] <1> *vt* ❶ (*machine*) auswerfen ❷ (*projeter*) **être éjecté de qc** aus etw [heraus]geschleudert werden

élaboration [elabɔʀasjɔ̃] *f* Ausarbeitung *f*

élaborer [elabɔʀe] <1> *vt* ausarbeiten

élaguer [elage] <1> *vt* (*arbre*) ausschneiden

élan [elɑ̃] *m* ❶ **prendre son ~** Schwung *m* holen ❷ (*accès*) **~ de tendresse** Anwandlung *f* von Zärtlichkeit

élancé, e [elɑ̃se] *adj* schlank

élancement [elɑ̃smɑ̃] *m* stechender Schmerz

élancer [elɑ̃se] <2> *vpr* ❶ **s'~ vers qn/qc** sich auf jdn/etw stürzen ❷ (*prendre son élan*) **s'~** Schwung holen

élargir [elaʀʒiʀ] <8> **I.** *vt* ❶ (*rendre plus large*) verbreitern ❷ (*jupe*) weiter machen ❸ (*horizon*) erweitern; (*débat*) ausdehnen **II.** *vpr* **s'~** (*fleuve*) breiter werden; (*horizon*) sich erweitern

élargissement [elaʀʒismɑ̃] *m* (*d'une route*) Verbreiterung *f;* (*de l'Union européenne*) Erweiterung *f*

élasticité [elastisite] *f* Elastizität *f;* (*de la peau*) Geschmeidigkeit *f*

élastique [elastik] **I.** *adj* elastisch **II.** *m a.* cout Gummi[band *nt*] *nt*

électeur, -trice [elɛktœʀ, -tʀis] *m, f* Wähler(in) *m(f)*

élection [elɛksjɔ̃] *f* Wahl *f;* **~s européennes** Europawahlen *Pl;* **~ présidentielle** Präsidentenwahl

électoral, e [elɛktɔʀal, -o] < -aux> *adj* Wahl-

électorat [elɛktɔʀa] *m* Wählerschaft *f*

électricien, ne [elɛktʀisjɛ̃, jɛn] *m, f* Elektriker(in) *m(f)*

électricité [elɛktʀisite] *f* ❶ Strom *m* ❷ phys Elektrizität *f*

électrifier [elɛktʀifje] <1a> *vt* elektrifizieren

électrique [elɛktʀik] *adj* elektrisch

électriser [elɛktʀize] <1> *vt a. fig* elektrisieren

électrocardiogramme [elɛktʀokaʀdjɔgʀam] *m* Elektrokardiogramm *m*

électrochoc [elɛktʀoʃɔk] *m* Elektroschock *m*

électrocuter [elɛktʀɔkyte] <1> *vpr* **s'~ avec qc** von etw einen tödlichen Stromstoß bekommen

électrocution [elɛktʀɔkysjɔ̃] *f* [tödlicher] elektrischer Schlag; **condamner qn par ~** jdn zum Tod auf dem elektrischen Stuhl verurteilen

électrode [elɛktʀɔd] *f* Elektrode *f*

électrogène [elɛktʀɔʒɛn] *adj* stromerzeugend

électromagnétique [elɛktʀomaɲetik] *adj* elektromagnetisch

électroménager [elɛktʀomenaʒe] **I.** *adj* **appareil ~** elektrisches Haushaltsgerät **II.** *m* elektrische Haushaltsgeräte *Pl*

électron [elɛktʀɔ̃] *m* Elektron *nt*

électronicien, ne [elɛktʀɔnisjɛ̃, jɛn] *m, f* Elektroniker(in) *m(f)*

électronique [elɛktʀɔnik] **I.** *adj* elektronisch **II.** *f* Elektronik *f*

élégamment [elegamɑ̃] *adv* (*s'habiller*) elegant

élégance [elegɑ̃s] *f sans pl* Eleganz *f*

élégant, e [elegɑ̃, ɑ̃t] *adj* elegant

élément [elemɑ̃] **I.** *m* ❶ (*composant*) Element *nt*, Bestandteil *m* ❷ (*mobilier*) Element *nt* ❸ (*d'un problème*) Element *nt* ❹ (*groupe dans une collectivité*) Teil *m* ❺ chim Element *nt* **II.** *mpl* ❶ (*principes de base*) Grundbegriffe *Pl* ❷ (*connaissances sommaires*) Grundkenntnisse *Pl* ❸ (*forces naturelles*) Naturgewalten *Pl;* **les quatre ~s** die vier Elemente

élémentaire [elemɑ̃tɛʀ] *adj* elementar

éléphant [elefɑ̃] *m* Elefant *m*

éléphanteau [elefɑ̃to] <x> *m* Elefantenkalb *nt*

élevage [el(ə)vaʒ] *m* Zucht *f*

élévation [elevasjɔ̃] *f* ❶ *(accession)* Erhebung *f;* ~ **de qn à une dignité** jds Einsetzung *f* in ein Amt ❷ *(hausse)* Ansteigen *nt;* ~ **de la température** Temperaturanstieg *m*

élevé, e[1] [el(ə)ve] *adj* ❶ hohe(r, s) ❷ *(conversation, style)* gepflegt; *(opinion)* hoch

élevé, e[2] [el(ə)ve] *adj* **bien/mal** ~ gut/schlecht erzogen

élève [elɛv] *mf* Schüler(in) *m(f)*

élever[1] [el(ə)ve] <4> I. *vt* ❶ *(monument)* errichten ❷ *(porter vers le haut)* hochheben ❸ *(niveau, ton)* heben; *(voix)* erheben ❹ *(promouvoir)* ~ **qn à un rang** jdn in einen Rang erheben ❺ *(critique, doute)* äußern II. *vpr* ❶ **s'~ à 1000 euros** sich auf 1000 Euro *(akk)* belaufen ❷ *(mépriser)* **s'~ au-dessus des injures** sich über Beleidigungen hinwegsetzen ❸ *(s'opposer à)* **s'~ contre qc** sich gegen etw wenden

élever[2] [el(ə)ve] <4> *vt* aufziehen; *(éduquer)* erziehen

éleveur, -euse [el(ə)vœʀ, -øz] *m, f* [Vieh]züchter(in) *m(f)*

éligible [eliʒibl] *adj* wählbar

élimination [eliminasjɔ̃] *f* Beseitigung *f;* *(d'un adversaire)* Ausschaltung *f;* *(des déchets)* Entsorgung *f*

éliminatoire [eliminatwaʀ] I. *adj* ❶ SCOL, UNIV *(note, faute)* zum Ausschluss führend ❷ SPORT **match** ~ Ausscheidungsspiel *nt* II. *f souvent pl* Ausscheidungs|wett|kämpfe *Pl*

éliminer [elimine] <1> I. *vt* ❶ *(erreurs)* beseitigen ❷ *(tuer)* eliminieren ❸ SCOL, UNIV **il a été éliminé à l'oral** er ist im Mündlichen durchgefallen ❹ SPORT ~ **qn de la course** jdn aus dem Rennen werfen; **être éliminé** ausscheiden ❺ *(possibilité)* ausschließen ❻ IND *(déchets)* entsorgen II. *vpr* **s'~ facilement** *(tache)* leicht zu entfernen sein

élire [eliʀ] <irr> *vt* wählen

élite [elit] *f* Elite *f*

élitiste [elitist] *adj* **école** ~ Eliteschule *f*

élixir [eliksiʀ] *m* Elixier *nt*

elle [ɛl] *pron pers* ❶ *(féminin)* sie ❷ *interrog, non traduit* **Sophie a-t-~ ses clés?** hat Sophie ihre Schlüssel? ❸ *(répétitif)* **la vache,**

~ **fait meuh** die Kuh macht muh ❹ *fam (pour renforcer)* **la mer,** ~ **aussi, est polluée** auch das Meer ist verschmutzt; **il veut l'aider, ~?** der möchte er helfen? ❺ *avec une prép* **avec/sans** ~ mit ihr/ohne sie ❻ *dans une comparaison* sie ❼ *(soi)* sich; *v.a.* **moi, lui**

elle-même [ɛlmɛm] *pron pers* sie selbst; *v.a.* **lui-même**

elles [ɛl] *pron pers* ❶ *(féminin pl)* sie ❷ *interrog, non traduit* **les filles, sont-~ là?** sind die Mädchen da? ❸ *(répétitif)* **regarde les fleurs comme** ~ **sont belles** sieh mal, wie schön die Blumen sind ❹ *fam (pour renforcer)* ~, ~ **n'ont pas bu** die haben nicht getrunken ❺ *avec une prép* **avec/sans** ~ mit ihnen/ohne sie ❻ *dans une comparaison* sie ❼ *(soi)* sich; *v.a.* **moi, lui**

elles-mêmes [ɛlmɛm] *pron pers* sie selbst; *v.a.* **moi-même, nous-même**

ellipse [elips] *f* LING, GEOM Ellipse *f*

elliptique [eliptik] *adj* elliptisch

élocution [elɔkysjɔ̃] *f* Aussprache *f;* **avoir une** ~ **lente/rapide** langsam/schnell sprechen

éloge [elɔʒ] *m* Lob *nt*

élogieux, -euse [elɔʒjø, -jøz] *adj* lobend

éloigné, e [elwaɲe] *adj* ❶ *(dans l'espace)* fern ❷ *(avenir)* fern; *(passé)* weit zurückliegend ❸ *(parent)* entfernt

éloignement [elwaɲmɑ̃] *m* ❶ *(distance)* die Entfernung ❷ *(recul)* der [zeitliche] Abstand

éloigner [elwaɲe] <1> I. *vt* ❶ *(mettre à distance)* fern halten ❷ *(danger)* bannen II. *vpr* ❶ **s'~** sich entfernen ❷ *(s'écarter de)* **s'~ du sujet** vom Thema abkommen ❸ *(prendre ses distances par rapport à)* **s'~ de qn/qc** auf Distanz zu jdm/etw gehen

élongation [elɔ̃gasjɔ̃] *f* Zerrung *f*

élu, e [ely] I. *part passé de* **élire** II. *adj* gewählt III. *m, f* POL Abgeordnete(r) *f(m)*

élucider [elyside] <1> *vt* aufklären

éluder [elyde] <1> *vt* umgehen

Élysée [elize] *m* l'~ der Elyseepalast

email, E-mail, e-mail [imel] *m* E-Mail *nt o f*

émail [emaj, emo] <-aux> *m* ❶ *sans pl (vernis)* Glasur *f* ❷ *(sur métal)* Email *nt*

émaillé, e [emaje] *adj* emailliert

émancipation [emɑ̃sipasjɔ̃] *f* Emanzipation *f*

émancipé, e [emɑ̃sipe] *adj* emanzipiert

émanciper [emɑ̃sipe] <1> *vpr* **s'~** sich

emanzipieren

émaner [emane] <1> *vi* ~ **de qn/qc** (*autorité, charme*) von jdm/etw ausgehen

emballage [ɑ̃balaʒ] *m* [Ver]packung *f*

emballant, e [ɑ̃balɑ̃, ɑ̃t] *adj fam* (*enthousiasmant*) toll

emballer [ɑ̃bale] <1> I. *vt* einpacken II. *vpr* **s'~** ❶ *fam* (*s'emporter*) sich aufregen ❷ (*animal*) durchgehen; (*moteur*) aufheulen

embarcadère [ɑ̃baʀkadɛʀ] *m* Anlegestelle *f*

embarcation [ɑ̃baʀkasjɔ̃] *f* Boot *nt*

embardée [ɑ̃baʀde] *f* AUT schnelles Ausweichen *nt*

embargo [ɑ̃baʀgo] *m* Embargo *nt*

embarquement [ɑ̃baʀkəmɑ̃] *m* ❶ (*des marchandises*) Verladen *nt* ❷ NAUT Einschiffen *nt*

embarquer [ɑ̃baʀke] <1> I. *vi* ❶ an Bord gehen ❷ CAN (*monter*) ~ **dans l'autobus/dans une voiture** in den Bus einsteigen/in einem Wagen steigen II. *vt* ❶ (*marchandises*) verladen ❷ (*passagers*) einsteigen lassen ❸ (*voler*) mitgehen lassen (*fam*) III. *vpr* (*s'engager*) **s'~ dans qc** sich auf etw (*akk*) einlassen

embarras [ɑ̃baʀa] *m* ❶ (*gêne*) Verlegenheit *f* ❷ (*tracas*) Unannehmlichkeit *f*

embarrassant, e [ɑ̃baʀasɑ̃, ɑ̃t] *adj* ❶ (*délicat*) unangenehm ❷ (*situation*) misslich

embarrassé, e [ɑ̃baʀase] *adj* verlegen

embarrasser [ɑ̃baʀase] <1> I. *vt* ❶ (*déconcerter*) in Verlegenheit bringen ❷ (*gêner dans ses mouvements*) behindern ❸ (*couloir*) versperren II. *vpr* (*s'encombrer*) **s'~ de qn/qc** sich mit jdm/etw belasten

embauche [ɑ̃boʃ] *f* ❶ (*recrutement*) Einstellung *f* ❷ (*travail*) Beschäftigung *f*; **offre d'~** Stellenangebot *nt*

embaucher [ɑ̃boʃe] <1> *vt, vi* einstellen

embellie [ɑ̃beli] *f* METEO Aufheiterung *f*

embellir [ɑ̃beliʀ] <8> I. *vi* schöner werden II. *vt* (*maison, ville*) verschönern; (*réalité*) beschönigen

embêtant, e [ɑ̃bɛtɑ̃, ɑ̃t] *adj fam* ❶ (*personne*) lästig ❷ (*fâcheux*) dumm

embêtement [ɑ̃bɛtmɑ̃] *m fam* Scherereien *Pl*

embêter [ɑ̃bete] <1> I. *vt fam* ❶ (*contrarier*) nerven ❷ (*casser les pieds*) anöden II. *vpr fam* (*s'ennuyer*) **s'~** sich [zu Tode] langweilen

emblée [ɑ̃ble] *adv* **d'~** auf Anhieb

emblème [ɑ̃blɛm] *m* Emblem *nt*

embobiner [ɑ̃bɔbine] <1> *vt fam* beschwatzen

emboîter [ɑ̃bwate] <1> *vt* zusammensetzen

embolie [ɑ̃bɔli] *f* Embolie *f*

embonpoint [ɑ̃bɔ̃pwɛ̃] *m* Leibesfülle *f*

embouchure [ɑ̃buʃyʀ] *f* GEO Mündung *f*

embourber [ɑ̃buʀbe] <1> *vpr* **s'~** im Schlamm stecken bleiben

embourgeoisement [ɑ̃buʀʒwazmɑ̃] *m* Verbürgerlichung *f*

embourgeoiser [ɑ̃buʀʒwaze] <1> *vpr* **s'~** verbürgerlichen

embout [ɑ̃bu] *m* (*d'un parapluie*) Spitze *f*

embouteillage [ɑ̃butɛjaʒ] *m* AUT [Verkehrs]stau *m*

emboutir [ɑ̃butiʀ] <8> *vt* AUT einbeulen

embranchement [ɑ̃bʀɑ̃ʃmɑ̃] *m* Abzweigung *f*

embrassades [ɑ̃bʀasad] *fpl* Küsse [und Umarmungen] *Pl*

embrasser [ɑ̃bʀase] <1> I. *vt* ❶ (*donner un baiser*) küssen ❷ (*saluer*) **je t'/vous embrasse** viele Grüße ❸ (*prendre dans ses bras*) umarmen II. *vpr* **s'~** ❶ (*donner un baiser*) sich küssen ❷ (*prendre dans ses bras*) sich umarmen

embrayage [ɑ̃bʀɛjaʒ] *m* Kupplung *f*

embrayer [ɑ̃bʀeje] <7> *vi* ❶ AUT (*conducteur*) [an]kuppeln ❷ (*commencer à parler*) ~ **sur qn/qc** auf jdn/etw zu sprechen kommen

embrigader [ɑ̃bʀigade] <1> *vt péj* ~ **qn dans qc** jdn für etw rekrutieren

embrouille [ɑ̃bʀuj] *f* Verwirrspiel *nt*

embrouillé, e [ɑ̃bʀuje] *adj* verworren

embrouiller [ɑ̃bʀuje] <1> I. *vt* ❶ (*chose*) kompliziert machen ❷ (*personne*) verwirren II. *vpr* **s'~** durcheinander geraten

embroussaillé, e [ɑ̃bʀusaje] *adj* (*terrain*) mit Gestrüpp zugewachsen; (*sourcils*) buschig

embruns [ɑ̃bʀœ̃] *mpl* Gischt *m o f*

embryon [ɑ̃bʀijɔ̃] *m* Embryo *m*

embûches [ɑ̃byʃ] *fpl* Fallstricke *Pl*

embuer [ɑ̃bɥe] <1> *vt* beschlagen

embuscade [ɑ̃byskad] *f* **dresser une ~ à qn** jdn in einen Hinterhalt locken

embusquer [ɑ̃byske] <1> *vt* **être embusqué** im Hinterhalt liegen

émeché, e [emeʃe] *adj fam* beschwipst
émeraude [emʀod] **I.** *adj inv* smaragdgrün **II.** *f* Smaragd *m*
émergence [emɛʀʒɑ̃s] *f* [plötzliches] Auftauchen
émerger [emɛʀʒe] <2a> *vi* ❶ ~ **de qc** (*plongeur*) aus etw auftauchen ❷ *fam* (*se réveiller*) munter werden
émeri [emʀi] *m* **toile** [d']~ Schleifpapier *nt*
émérite [emeʀit] *adj* (*professeur*) emeritiert
émerveillement [emɛʀvejmɑ̃] *m* Entzückung *f*
émerveiller [emɛʀveje] <1> **I.** *vt* entzücken **II.** *vpr* **s'~ de qc** in Entzückung über etw (*akk*) geraten
émetteur [emetœʀ] *m* MEDIA, LING Sender *m*
émetteur, -trice [emetœʀ, -tʀis] *adj* Sende-
émetteur-récepteur [emetœʀʀesɛptœʀ] <émetteurs-récepteurs> *m* kombiniertes Sende- und Empfangsgerät
émettre [emɛtʀ] <irr> **I.** *vi* MEDIA ausstrahlen **II.** *vt* ❶ (*son*) von sich geben; (*odeur*) verbreiten ❷ (*opinion*) äußern; (*hypothèse*) aufstellen ❸ FIN ausgeben
émeute [emøt] *f* Aufruhr *m*
émietter [emjete] <1> **I.** *vt* zerbröseln **II.** *vpr* **s'~** zerbröckeln
émigrant, e [emigʀɑ̃, ɑ̃t] *m, f* Auswanderer/Auswanderin *m/f*
émigration [emigʀasjɔ̃] *f* Auswanderung *f*
émigré, e [emigʀe] *m, f* Emigrant(in) *m(f)*
émigrer [emigʀe] <1> *vi* auswandern
émincer [emɛ̃se] <2> *vt* in dünne Scheiben schneiden
éminence [eminɑ̃s] *f* GEO Anhöhe *f*
éminent, e [eminɑ̃, ɑ̃t] *adj* hervorragend
émirat [emiʀa] *m* Emirat *nt*
émissaire [emisɛʀ] *m* Abgesandte(r) *f(m)* [mit geheimem Auftrag]
émission [emisjɔ̃] *f* ❶ MEDIA Sendung *f*; ~ **radiophonique/télévisée** Radio-/Fernsehsendung *f* ❷ PHYS Emission *f* ❸ FIN Ausgabe *f*
emmagasiner [ɑ̃magazine] <1> *vt* [ein]lagern
emmêler [ɑ̃mele] <1> **I.** *vt* durcheinander bringen **II.** *vpr* **s'~** sich verwickeln
emménagement [ɑ̃menaʒmɑ̃] *m* Einzug *m* [in eine Wohnung]
emménager [ɑ̃menaʒe] <2a> *vi* einziehen
emmener [ɑ̃m(ə)ne] <4> *vt* ❶ ~ **qn au ci-**

néma jdn zum Kino bringen ❷ (*prendre avec soi*) mitnehmen
emmerdant, e [ɑ̃mɛʀdɑ̃, ɑ̃t] *adj fam* ❶ (*agaçant*) nervig ❷ (*ennuyeux*) stinklangweilig
emmerde [ɑ̃mɛʀd] *f fam* Mordsärger *m kein Pl*
emmerdement [ɑ̃mɛʀdəmɑ̃] *m fam* Scherrerei *f*
emmerder [ɑ̃mɛʀde] <1> **I.** *vt fam* ❶ (*énerver*) nerven ❷ (*contrarier*) **être emmerdé** in der Klemme sitzen ❸ (*barber*) ankotzen (*vulg*) **II.** *vpr fam* ❶ (*s'ennuyer*) **s'~** Däumchen drehen ❷ (*se démener*) **s'~ à faire qc** sich abrackern um etw zu tun
emmerdeur, -euse [ɑ̃mɛʀdœʀ, -øz] *m, f fam* ❶ (*raseur*) Langweiler(in) *m(f)* ❷ (*personne agaçante*) Nervensäge *f*
emmitoufler [ɑ̃mitufle] <1> *vpr* **s'~ dans qc** sich in etw (*akk*) einmummen
emmurer [ɑ̃myʀe] <1> *vt* einmauern
émoluments [emɔlymɑ̃] *mpl* ADMIN Bezüge *Pl*
émotif, -ive [emɔtif, -iv] *adj* (*personne*) feinfühlig; **choc ~** Schock *m*
émotion [emosjɔ̃] *f* ❶ (*surprise, chagrin*) Aufregung *f* ❷ (*sentiment*) Emotion *f* ▶~**s fortes** Nervenkitzel *m*
émotionnel, le [emosjɔnɛl] *adj* (*choc*) emotional; (*réaction a.*) gefühlsmäßig
émotivité [emotivite] *f* [starke] Erregbarkeit
émousser [emuse] <1> *vt* **être émoussé** stumpf sein
émoustiller [emustije] <1> *vt* aufheitern
émouvant, e [emuvɑ̃, ɑ̃t] *adj* bewegend
émouvoir [emuvwaʀ] <irr> **I.** *vt* bewegen **II.** *vpr* **s'~ de qc** sich über etw (*akk*) aufregen
empaillé, e [ɑ̃paje] *adj* ausgestopft
empaqueter [ɑ̃pak(ə)te] <3> *vt* einpacken
emparer [ɑ̃paʀe] <1> *vpr* **s'~ de qc** etw an sich (*akk*) reißen; **s'~ d'un objet** sich eines Gegenstands bemächtigen (*geh*)
empâter [ɑ̃pate] <1> *vt* **être empâté** (*langue*) schwer sein
empattement [ɑ̃patmɑ̃] *m* AUT Radstand *m*
empêché, e [ɑ̃peʃe] *adj* verhindert
empêchement [ɑ̃pɛʃmɑ̃] *m* **avoir un ~** verhindert sein
empêcher [ɑ̃peʃe] <1> **I.** *vt* ❶ (*faire obstacle à*) verhindern; ~ **que** + *subj* verhindern, dass ❷ (*opp: permettre à*) ~ **qn de faire qc**

E

jdn [daran] hindern etw zu tun ►**|il| n'empêche que...** trotzdem/dennoch... **II.** *vpr* **ne |pas| pouvoir s'~ de faire qc** ganz einfach etw tun müssen

empereur [ɑ̃pʀœʀ] *m* Kaiser *m; v.a.* **impératrice**

empester [ɑ̃pɛste] <1> **I.** *vi* stinken **II.** *vt* **~ qc** nach etw stinken

empêtrer [ɑ̃petʀe] <1> *vpr* **s'~ dans qc** sich in etw (*dat*) verfangen

empiècement [ɑ̃pjɛsmɑ̃] *m* COUT Einsatz *m*

empiéter [ɑ̃pjete] <5> *vi* **❶** (*terrain*) sich ausdehnen **❷** (*déborder dans le temps*) sich überschneiden

empiffrer [ɑ̃pifʀe] <1> *vpr fam* **s'~ de qc** sich (*dat*) mit etw den Bauch vollschlagen

empilement [ɑ̃pilmɑ̃] *m* |Auf|stapeln *nt*

empiler [ɑ̃pile] <1> **I.** *vt* |auf|stapeln **II.** *vpr* **s'~** sich stapeln

empire [ɑ̃piʀ] *m* Kaiserreich *nt*, Imperium *nt*

empirer [ɑ̃piʀe] <1> *vi* sich verschlimmern

empirique [ɑ̃piʀik] *adj* empirisch

emplacement [ɑ̃plasmɑ̃] *m* **❶** (*endroit*) Stelle *f* **❷** (*place*) Standort *m*; (*dans un parking*) Parkplatz *m*; (*sur un camping*) |Stell|platz *m*

emplettes [ɑ̃plɛt] *fpl* ►**faire des ~** Einkäufe *Pl* machen

emploi [ɑ̃plwa] *m* **❶** (*poste*) (Arbeits-)Stelle *f*, Arbeitsplatz *m*; **un ~ d'informaticienne** eine Arbeitsstelle als Informatikerin; **~ à mi-temps/à temps partiel/à plein temps** Halbtags-/Teilzeit-/Ganztagsstelle *f* **❷** ECON **l'~** die Beschäftigung; **situation/politique de l'~** Beschäftigungslage *f*/-politik *f*; **être sans ~** arbeitslos sein **❸** (*utilisation*) Gebrauch *m*; (*d'un appareil*) Bedienung *f*; (*d'une somme*) Verwendung *f* **❹** LING Gebrauch *m* ►**~ du temps** Terminkalender *m*; SCOL Stundenplan *m*

employé, e [ɑ̃plwaje] *m, f* Angestellte(r) *f(m)*

employer [ɑ̃plwaje] <6> **I.** *vt* **❶** (*faire travailler*) beschäftigen **❷** (*produit*) verwenden; (*force*) anwenden **❸** LING gebrauchen **II.** *vpr* **❶** LING **s'~** gebraucht werden **❷** (*se consacrer*) **s'~ à faire qc** sich sehr bemühen etw zu tun

employeur, -euse [ɑ̃plwajœʀ, -jøz] *m, f* Arbeitgeber(in) *m(f)*

empocher [ɑ̃pɔʃe] <1> *vt* (*argent*) einste-

cken

empoignade [ɑ̃pwaɲad] *f* (*bagarre*) Auseinandersetzung *f*

empoigner [ɑ̃pwaɲe] <1> **I.** *vt* (*personne*) packen **II.** *vpr* **s'~** sich verprügeln

empoisonnant, e [ɑ̃pwazɔnɑ̃, ɑ̃t] *adj fam* sterbenslangweilig

empoisonnement [ɑ̃pwazɔnmɑ̃] *m* Vergiftung *f*; **~ dû à des champignons** Pilzvergiftung

empoisonner [ɑ̃pwazɔne] <1> **I.** *vt* **❶** (*intoxiquer*) vergiften **❷** (*vie*) schwer machen **❸** (*air*) verpesten **❹** *fam* (*embêter*) **~ qn avec qc** jdm mit etw auf den Wecker gehen **II.** *vpr* **s'~** sich vergiften

emporté, e [ɑ̃pɔʀte] *adj* leicht aufbrausend

emporter [ɑ̃pɔʀte] <1> **I.** *vt* **❶** (*prendre avec soi*) mitnehmen **❷** (*enlever*) wegbringen; (*blessé*) wegtragen **❸** (*transporter*) **~ qn vers qc** jdn zu etw bringen **❹** (*entraîner, arracher*) **~ qc** (*vent*) etw fortwehen; **~ qn** (*enthousiasme*) jdn mit |sich| reißen; (*récit, rêve*) jdn entführen **❺** (*faire mourir*) dahinraffen (*geh*) **II.** *vpr* **s'~ contre qn/qc** sich über jdn/etw erregen

empoté, e [ɑ̃pɔte] *adj fam* **❶** (*maladroit*) tollpatschig **❷** (*lent*) lahm

empreint, e [ɑ̃pʀɛ̃, ɛ̃t] *adj* **~ de qc** von etw geprägt

empreinte [ɑ̃pʀɛ̃t] *f* **❶** (*trace*) Abdruck *m*; **~s digitales** Fingerabdrücke *Pl* **❷** (*marque durable*) Gepräge *nt* (*geh*)

empressé, e [ɑ̃pʀese] *adj* beflissen

empressement [ɑ̃pʀɛsmɑ̃] *m* Übereifer *m*

empresser [ɑ̃pʀese] <1> *vpr* **s'~ de faire qc** sich beeilen etw zu tun

emprise [ɑ̃pʀiz] *f* (*d'une personne*) |beherrschender| Einfluss; (*d'une drogue*) Macht *f*; **avoir agi sous l'~ de la colère/jalousie** im Zorn/aus Eifersucht gehandelt haben

emprisonnement [ɑ̃pʀizɔnmɑ̃] *m* Inhaftierung *f*

emprisonner [ɑ̃pʀizɔne] <1> *vt* inhaftieren

emprunt [ɑ̃pʀœ̃] *m* **❶** FIN (*somme*) Darlehen *nt*; (*auprès d'une banque*) Kredit *m* **❷** (*emprunt public*) Anleihe *f*

emprunté, e [ɑ̃pʀœ̃te] *adj* linkisch

emprunter [ɑ̃pʀœ̃te] <1> **I.** *vi* FIN ein Darlehen aufnehmen **II.** *vt* **❶** leihen; (*livre*) ausleihen; **je peux t'~ 100 euros/ta voiture?** kannst du mir 100 Euro/deinen Wagen leihen? **❷** (*passage souterrain*) benutzen

emprunteur, -euse [ɑ̃prœ̃tœʀ, -øz] *m, f*
❶ (*qui emprunte qc*) Entleiher(in) *m(f)* **❷** FIN
Kreditnehmer(in) *m(f)*
ému, e [emy] *adj* bewegt
émulation [emylasjɔ̃] *f* **❶** Wetteifer *m* **❷** IN-
FORM Emulation *f*
émuler [emyle] <1> *vt* INFORM emulieren
en [ɑ̃] **I. *prép* ❶** (*lieu*) in (+ *dat*); ~ **ville** in
der Stadt; **habiter ~ Meurthe et Mo-**
selle/Corse im Departement Meurthe et
Moselle/auf Korsika wohnen; ~ **Allema-**
gne in Deutschland; ~ **mer/~ bateau** auf
See/auf dem Schiff; ~ **pleine mer** mitten
im Meer/auf hoher See; **être ~ 5e** in der
"5e" [Klassenstufe] sein; **elle se disait ~**
elle-même que ... sie dachte bei sich, dass
... **❷** (*direction*) in (+ *akk*); **aller ~ ville** in
die Stadt fahren; **aller ~ Rhénanie** ins
Rheinland gehen; **aller ~ Normandie/**
Iran in die Normandie fahren/in den Iran
fliegen; **aller ~ France/Corse** nach Frank-
reich/Korsika fahren; **passer ~ seconde** in
die "seconde" versetzt werden **❸** (*date, mo-*
ment) ~ **[l'an] 2000** im Jahre 2000; ~ **été/**
automne/hiver im Sommer/Herbst/Win-
ter; ~ **avril 1999** im April 1999; ~ **dix mi-**
nutes/deux jours/mois innerhalb von
zehn Minuten/zwei Tagen/Monaten; ~
semaine die Woche über; **de jour ~ jour**
von Tag zu Tag **❹** (*manière d'être, de faire*)
être ~ bonne/mauvaise santé bei guter/
schlechter Gesundheit sein; **être/se met-**
tre ~ colère wütend sein/werden; **être ~**
réunion/déplacement in einer Sitzung/
unterwegs sein; **être parti ~ voyage** auf
Reisen sein; ~ **deuil** in Trauer; **des ceri-**
siers ~ fleurs blühende Kirschbäume;
une voiture ~ panne ein Wagen mit einer
Panne; **écouter ~ silence** schweigend zuhören; **peindre qc ~ blanc** etw weiß [an]-
streichen **❺** (*changer, convertir*) in (+ *akk*)
(*se déguiser*) als **❻** (*en tant que*) als **❼** *géron-*
dif (*simultanéité*) beim + *Infin*; ~ **sortant**
beim Hinausgehen **❽** *gérondif* (*condition*)
wenn; ~ **travaillant beaucoup, tu réussi-**
ras wenn du viel arbeitest, wirst du Erfolg
haben **❾** *gérondif* (*concession*) obgleich
❿ *gérondif* (*manière*) ~ **chantant/courant**
singend/im Laufschritt **⓫** (*état, forme*) ~
morceaux in Stücken; ~ **vrac** lose; **du café**
~ **grains/~ poudre** ungemahlener/gemah-
lener Kaffee; **deux boîtes ~ plus/~ trop**

zwei Dosen mehr/zu viel; ~ **trois actes** in
drei Akten **⓬** (*fait de*) **être ~ laine/bois**
aus Wolle/Holz sein **⓭** (*moyen de trans-*
port) mit + *Art*; ~ **train/voiture** mit dem
Zug/Auto; ~ **vélo** *fam* mit dem Rad **⓮** (*par-*
tage, division) in (+ *akk*); **je coupe le gâ-**
teau ~ six ich schneide den Kuchen in
sechs Stücke **⓯** (*pour indiquer le domaine*)
in (+ *dat*); ~ **math/allemand** in Mathe/
Deutsch; ~ **économie** im Bereich der Wirtschaft; **fort ~ math** gut in Mathe **⓰** *après*
certains verbes **croire ~ qn** an jdn glauben;
avoir confiance ~ qn Vertrauen zu jdm
haben; **parler ~ son nom** in seinem/ihrem
Namen sprechen ►**s'~ aller** weggehen/
fahren; ~ **arrière** nach hinten/rückwärts;
~ **plus, ...** außerdem ...; ~ **plus** zusätzlich;
~ **plus de...** über ... hinaus **II.** *pron* **❶** (*pour*
des indéfinis, des quantités) davon; (*savoir*)
darüber; **as-tu un stylo? — oui, j'~ ai**
un/non, je n'~ ai pas hast du einen Kuli?
— ja, ich habe einen/nein, ich habe keinen
❷ *tenant lieu de subst* **j'~ connais qui fe-**
raient mieux de ... ich kenne welche, die
besser daran täten, ... **❸** (*de là*) **j'~ viens**
ich komme von dort **❹** (*de cela*) **on ~ parle**
man spricht darüber; **j'~ ai besoin** ich
brauche es; **je m'~ souviens** ich erinnere
mich daran; **j'~ suis fier/sûr/content** ich
bin stolz darauf/dessen sicher/damit zufrieden; **j'~ conclus que ...** ich schließe daraus, dass ... **❺** (*à cause de cela*) **elle ~ est**
malade sie ist deshalb ganz krank; **j'~ suis**
malheureux ich bin unglücklich darüber
❻ *annonce ou reprend un subst* **j'~ vends,**
des livres ich verkaufe Bücher; **vous ~**
avez, de la chance! Sie haben ja wirklich
[ein] Glück! **❼** *avec valeur de possessif* **ne**
jette pas cette rose, je voudrais ~ gar-
der les pétales wirf die Rose nicht weg,
ich möchte die/ihre Blütenblätter aufheben
encadré [ɑ̃kadʀe] *m* Kasten *m*
encadrement [ɑ̃kadʀəmɑ̃] *m* **❶** Rahmen *m*
❷ (*prise en charge*) Betreuung *f*
encadrer [ɑ̃kadʀe] <1> *vt* **❶** [ein]rahmen
❷ (*entourer*) umranden **❸** (*s'occuper de*)
betreuen
encaissement [ɑ̃kɛsmɑ̃] *m* Einkassieren *nt*
encaisser [ɑ̃kese] <1> **I.** *vi* **❶** kassieren
❷ *fam* (*savoir prendre des coups*) einiges
einstecken können **II.** *vt* **❶** [ein]kassieren;
(*chèque*) einlösen **❷** *fam* einstecken

E

encart [ãkaʀ] *m* Beilage *f*

en-cas [ãka] *m inv* Imbiss *m*

encastrable [ãkastʀabl] *adj* zum Einbauen

encastrer [ãkastʀe] <1> I. *vt* ~ qc dans/ sous qc etw in etw *(akk)*/unter etw *(dat)* einbauen II. *vpr* s'~ dans/sous qc genau in/unter etw *(akk)* passen

encaustique [ãkostik] *f* |Bohner|wachs *nt*

encavage [ãkavaʒ] *m* CH *(mettre en cave des aliments)* Einkellern *nt*

enceinte¹ [ãsɛ̃t] *adj* schwanger; être ~ de trois mois im dritten Monat schwanger sein

enceinte² [ãsɛ̃t] *f* ❶ *(fortification, rempart)* Ringmauer *f* ❷ *(espace clos)* abgeschlossener Bereich; *(d'une ville, d'un tribunal)* Innenraum *m; (d'une foire, d'un parc naturel)* Gelände *nt* ❸ *(haut-parleur)* Lautsprecherbox *f*

encens [ãsã] *m* Weihrauch *m*

encenser [ãsãse] <1> *vt* weihräuchern

encercler [ãsɛʀkle] <1> *vt* einkreisen

enchaînement [ãʃɛnmã] *m* ❶ ~ de circonstances Verkettung *f* von Umständen; ~ des événements Abfolge *f* der Ereignisse ❷ *(structure logique)* Herleitung *f* ❸ *(transition)* ~ entre qc et qc Überleitung *f* von etw zu etw

enchaîner [ãʃene] <1> I. *vt* ❶ ~ des personnes l'une à l'autre Menschen aneinander ketten ❷ *(idées)* aneinander reihen II. *vpr* ❶ des personnes s'enchaînent à qc Menschen ketten sich an etw *(akk)* an ❷ *(se succéder)* ineinander übergehen III. *vi* ~ sur qc mit etw fortfahren

enchanté, e [ãʃãte] *adj* ❶ *(ravi)* hocherfreut ❷ *(magique)* verzaubert ►~ de faire votre connaissance es freut mich Ihre Bekanntschaft zu machen; ~! sehr erfreut!

enchantement [ãʃãtmã] *m* ❶ *(ravissement)* Entzücken *nt* ❷ *(sortilège)* Zauber *m*

enchanter [ãʃãte] <1> *vt* ❶ *(ravir)* bezaubern ❷ *(ensorceler)* verzaubern

enchanteur, enchanteresse [ãʃãtœʀ, ãʃãt(ə)ʀɛs] *m, f* Zauberer *m/* Zauberin *f*

enchère [ãʃɛʀ] *f gén pl* Gebot *nt;* acheter aux ~s ersteigern; vendre aux ~s versteigern

enchérir [ãʃeʀiʀ] <8> *vi* ~ sur qn/qc jdn/ etw überbieten

enchevêtré, e [ãʃ(ə)vetʀe] *adj* verschlungen; *(fils)* |ineinander| verwickelt

enchevêtrement [ãʃ(ə)vɛtʀəmã] *m* wirres Durcheinander

enchevêtrer [ãʃ(ə)vetʀe] <1> *vpr* s'~ *(branches)* sich |ineinander| verschlingen; *(fils)* sich verwickeln

enclave [ãklav] *f* Enklave *f*

enclencher [ãklãʃe] <1> I. *vt* ❶ TECH einrasten lassen; *(vitesse)* einlegen ❷ *(engager)* in Gang setzen II. *vpr* s'~ *(levier de commande)* einrasten; *(mécanisme)* sich einschalten

enclin, e [ãklɛ̃, in] *adj* être ~ à qc zu etw neigen

enclos [ãklo] *m* eingefriedetes Grundstück

enclume [ãklym] *f* Amboss *m*

encoche [ãkɔʃ] *f* Kerbe *f*

encoder [ãkɔde] <1> *vt* |en|kodieren

encolure [ãkɔlyʀ] *f* ❶ *(d'un animal, d'une personne)* Hals *m* ❷ *(d'une robe)* |Hals|ausschnitt *m* ❸ *(tour de cou)* Kragenweite *f*

encombrant, e [ãkɔ̃bʀã, ãt] *adj* ❶ *(embarrassant)* sperrig ❷ *(importun)* lästig ❸ *iron (passé)* belastend

encombre [ãkɔ̃bʀ] ►sans ~ |ganz| problemlos

encombré, e [ãkɔ̃bʀe] *adj* ❶ versperrt; *(route)* verstopft ❷ *(pièce)* voll gestopft; *(table)* vollgestellt ❸ *(lignes téléphoniques)* überlastet

encombrement [ãkɔ̃bʀəmã] *m* ❶ *(d'une rue)* Verstopfung *f; (des lignes téléphoniques)* Überlastung *f* ❷ *(embouteillage)* Stau *m*

encombrer [ãkɔ̃bʀe] <1> I. *vt* ❶ verstopfen; *(passage)* versperren ❷ *(s'amonceler)* des choses encombrent une table/pièce ein Tisch/Zimmer ist voller Sachen ❸ *(surcharger)* überladen II. *vpr* ne pas s'~ de qn/qc sich nicht mit jdm/ etw belasten

encontre [ãkɔ̃tʀ] ►aller à l'~ de qc im Gegensatz zu etw stehen

encore [ãkɔʀ] I. *adv* ❶ *(continuation)* noch; le chômage augmente ~ die Arbeitslosigkeit steigt noch weiter |an|; en être ~ à qc immer noch bei etw sein; hier/ce matin ~ noch gestern/heute Morgen ❷ *(répétition)* noch ein|mal|; voulez-vous ~ une tasse de thé? wollen Sie noch eine Tasse Tee?; c'est ~ de ma faute und ich bin wieder schuld; c'est ~ moi! ich bin's noch mal! ❸ + *nég* pas ~/~ pas noch nicht; elle n'est ~ jamais partie sie ist noch nie weggewesen ❹ ~ + *comp* ~ **mieux/moins/plus** noch besser/weniger/mehr; **il aime ~ mieux qc** ihm ist etw immer noch lieber ❺ (*renforcement*) **non seulement ..., mais ~** nicht nur ..., sondern auch |noch|; ~ **et toujours** immer wieder ❻ (*objection*) ~ **faut-il le savoir!** das muss man allerdings wissen! ❼ (*restriction*) **..., et ~!** ..., und |selbst| das noch nicht einmal!; **si ~ on avait son adresse!** wenn wir wenigstens seine/ihre Adresse hätten! ►**et puis quoi ~!** sonst fehlt dir nichts?(*iron fam*) II. *conj fam* ~ **que ...** obwohl ...

encourageant, e [ãkuraʒã, ãt] *adj* ermutigend

encouragement [ãkuraʒmã] *m* ❶ Ermutigung *f,* Aufmunterung *f* ❷ SCOL *Belobigung, die dazu ermuntert weiterhin gute und noch bessere Leistungen zu zeigen*

encourager [ãkuraʒe] <2a> *vt* ❶ (*élève*) ermuntern; ~ **qn d'un regard/geste** jdn mit einem Blick/einer Geste ermutigen; ~ **un sportif en criant** einen Sportler durch Zurufe anfeuern ❷ (*inciter à*) ~ **qn à qc** jdn zu etw ermuntern ❸ (*soutenir*) unterstützen

encourir [ãkuriʀ] <irr> *vt* ~ **un châtiment/une amende** mit Bestrafung/einer Geldstrafe rechnen müssen

encrasser [ãkrase] <1> *vt, vpr* |**s'**|~ verschmutzen

encre [ãkʀ] *f* Tinte *f*

encrer [ãkʀe] <1> *vt* (*tampon*) |mit Tinte/ Tusche| tränken

encrier [ãkʀije] *m* Tintenfass *nt*

encroûter [ãkʀute] <1> *vt* ❶ (*couvrir d'une croûte*) mit einer Kruste bedecken ❷ (*abêtir*) verknöchern lassen

enculé [ãkyle] *m vulg* Arschloch *nt*

enculer [ãkyle] <1> *vt vulg* in den Arsch ficken

encyclopédie [ãsiklɔpedi] *f* Enzyklopädie *f*

encyclopédique [ãsiklɔpedik] *adj* enzyklopädisch; (*esprit*) universal

endetté, e [ãdete] *adj* verschuldet

endettement [ãdɛtmã] *m* Verschuldung *f*

endetter [ãdete] <1> *vpr* **s'~** sich verschulden

endeuiller [ãdœje] <1> *vt* (*personne, famille*) in Trauer versetzen

endiablé, e [ãdjable] *adj* (*danse*) wild;

(*rythme*) rasend

endiguer [ãdige] <1> *vt a. fig* eindämmen

endimanché, e [ãdimãʃe] *adj* sonntäglich gekleidet

endimancher [ãdimãʃe] <1> *vpr* **s'~** sich sonntäglich kleiden

endive [ãdiv] *f* Chicorée *m o f*

endoctrinement [ãdɔktʀinmã] *m* Indoktrinierung

endoctriner [ãdɔktʀine] <1> *vt* indoktrinieren

endolori, e [ãdɔlɔʀi] *adj* schmerzend

endommager [ãdɔmaʒe] <2a> *vt* |be|schädigen

endormant, e [ãdɔʀmã, ãt] *adj* einschläfernd

endormi, e [ãdɔʀmi] I. *adj* ❶ **il est encore tout ~** er ist noch ganz verschlafen ❷ (*bras, jambe*) eingeschlafen ❸ *fam* (*personne*) lahm; (*esprit*) träge; (*regard*) verschlafen II. *m, f fam* Schlafmütze *f*

endormir [ãdɔʀmiʀ] <irr> I. *vt* ❶ ~ **qn** jdn zum |Ein|schlafen bringen; (*chaleur, bercement*) jdn schläfrig machen ❷ (*anesthésier*) betäuben ❸ (*ennuyer*) ~ **qn** einschläfernd auf jdn wirken ❹ (*douleur*) betäuben; (*soupçons*) zerstreuen; (*vigilance*) einschläfern ❺ (*tromper*) ~ **qn avec qc** jdn mit etw einlullen (*fam*) II. *vpr* **s'~** einschlafen

endosser [ãdose] <1> *vt* (*responsabilité*) übernehmen; **faire ~ qc à qn** jdm etw zuschieben

endroit¹ [ãdʀwa] *m* ❶ (*lieu*) Stelle *f;* **par ~s** stellenweise ❷ (*localité*) Ort *m*

endroit² [ãdʀwa] *m* (*d'un vêtement*) rechte Seite; (*d'un tapis, d'une étoffe*) Oberseite *f;* **être à l'~** (*vêtement*) richtig herum sein

enduire [ãdɥiʀ] <irr> I. *vt* ~ **de qc** mit etw bestreichen/einreiben/einlassen (SDEUTSCH, A); ~ **le papier peint de colle** Leim auf die Tapete auftragen II. *vpr* **s'~ de qc** sich mit etw einreiben

enduit [ãdɥi] *m* Spachtel|kitt *m*| *m*

endurance [ãdyʀãs] *f* Ausdauer *f,* Durchhaltevermögen *nt*

endurant, e [ãdyʀã, ãt] *adj* ausdauernd

endurci, e [ãdyʀsi] *adj* ❶ (*personne*) hartherzig ❷ (*célibataire*) eingefleischt

endurcir [ãdyʀsiʀ] <8> *vt, vpr* (*moralement*) |**s'**|~ verhärten

endurer [ãdyʀe] <1> *vt* ertragen

énergétique [enɛʀʒetik] *adj* Energie-

E

énergie [enɛrʒi] *f* ❶ (*force*) Energie *f* ❷ IND ~ **atomique** [*o* **nucléaire**] [*o* Kernenergie] ~ **solaire** Sonnenenergie

énergique [enɛrʒik] *adj* energisch

énergiquement [enɛrʒikmã] *adv* energisch; (*frotter, secouer*) kräftig

énergisant, e [enɛrʒizɑ̃, ɑ̃t] *adj* (*action*) belebend

énergumène [enɛrgymɛn] *m fam* verrückter Kerl

énervant, e [enɛrvɑ̃, ɑ̃t] *adj* nervtötend

énervé, e [enɛrve] *adj* ❶ (*agacé*) gereizt ❷ (*excité*) aufgeregt ❸ (*nerveux*) nervös

énervement [enɛrvəmɑ̃] *m* ❶ (*agacement*) Gereiztheit *f* ❷ (*surexcitation*) Unruhe *f* ❸ (*nervosité*) Nervosität *f*

énerver [enɛrve] <1> I. *vt* ❶ (*agacer*) ~ **qn** jdm auf die Nerven gehen (*fam*) ❷ (*exciter*) ~ **qn** jdn unruhig machen II. *vpr* **s'~ après qn/qc** sich über jdn/etw aufregen

enfance [ɑ̃fɑ̃s] *f* Kindheit *f*; **dès la petite ~** von klein auf ▶[re]**tomber en ~** [wieder] kindisch werden

enfant [ɑ̃fɑ̃] *mf* ❶ Kind *nt*; ~ **trouvé** Findelkind ❷ (*fils ou fille de qn*) Kind *nt*; ~ **légitime/naturel/adopté** eheliches/uneheliches Kind/Adoptivkind; ~ **unique** Einzelkind ▶~ **prodige** Wunderkind *nt*

enfantillage [ɑ̃fɑ̃tija3] *m* Albernheit *f*

enfantin, e [ɑ̃fɑ̃tɛ̃, in] *adj* ❶ (*rires*) kindlich; **chanson ~e** Kinderlied *nt* ❷ (*simple*) kinderleicht

enfer [ɑ̃fɛr] *m* Hölle *f*; **c'est l'~** [*o* **un véritable ~**] das ist die Hölle [auf Erden] ▶**avoir un look d'~** *fam* irre toll aussehen; **bruit d'~** Höllenlärm *m*

enfermer [ɑ̃fɛrme] <1> I. *vt* ❶ einschließen ❷ (*mettre en prison*) einsperren ▶**être enfermé dehors** *fam* ausgesperrt sein II. *vpr* **s'~** sich einschließen

enfiler [ɑ̃file] <1> *vt* ❶ (*aiguille*) einfädeln; (*perles*) auffädeln ❷ (*pull-over*) überziehen

enfin [ɑ̃fɛ̃] *adv* ❶ (*fin d'une attente*) endlich; **te voilà ~!** da bist du ja endlich! ❷ (*fin d'une énumération*) schließlich ❸ (*pour corriger ou préciser*) genauer gesagt; **elle est jolie, ~, à mon sens** sie ist hübsch, jedenfalls meiner Meinung nach ❹ (*pour clore la discussion*) ~, **on verra bien** na ja, wir werden es ja sehen; ~, **tu fais pour le mieux** du tust jedenfalls, was du kannst ❺ (*marque l'irritation*) also wirklich!; ~,

c'est quelque chose, quand même! das ist doch wirklich allerhand! ▶~ **bref** kurz und gut; ~ **quoi** *fam* also wirklich

enflammé, e [ɑ̃flame] *adj* ❶ (*passionné*) leidenschaftlich; (*paroles a.*) glühend; (*nature a.*) feurig ❷ MED entzündet

enflammer [ɑ̃flame] <1> I. *vt* ❶ entzünden ❷ (*exalter*) entflammen; (*imagination*) anregen II. *vpr* **s'~** sich entzünden; (*personne*) in helle Begeisterung geraten

enflé, e [ɑ̃fle] *adj* MED [an]geschwollen

enfler [ɑ̃fle] <1> I. *vt* (*doigts, rivière*) anschwellen lassen II. *vi, vpr* anschwellen

enfoiré, e [ɑ̃fware] *m vulg* Arschloch *nt*

enfoncé, e [ɑ̃fɔ̃se] *adj* (*yeux*) tief liegend

enfoncement [ɑ̃fɔ̃smɑ̃] *m* (*d'une pièce*) Nische *f*; (*d'une falaise*) Vertiefung *f*

enfoncer [ɑ̃fɔ̃se] <2> I. *vt* ❶ (*clou*) hineinschlagen; (*punaise*) hineindrücken; (*couteau*) hineinstechen ❷ (*mettre*) ~ **ses mains dans qc** die/seine Hände tief in etw (*akk*) hineinstecken ❸ (*sens figuré perdre*) niedermachen II. *vi* ~ **dans qc** in etw (*dat*) einsinken III. *vpr* ❶ **s'~ dans la neige** im Schnee einsinken ❷ (*se planter*) **s'~ une aiguille dans le bras** sich (*dat*) eine Nadel in den Arm stechen ❸ (*s'engager*) **s'~ dans l'obscurité** in die Dunkelheit eintauchen ❹ (*s'installer au fond*) **s'~ dans un fauteuil** es sich (*dat*) in einem Sessel bequem machen ❺ *fam* (*se perdre*) **s'~** sich reinreißen

enfoui, e [ɑ̃fwi] I. *part passé de* **enfouir** II. *adj* ~ **dans/sous qc** in/unter etw (*dat*) vergraben

enfouir [ɑ̃fwir] <8> I. *vt* ❶ (*mettre en terre*) vergraben ❷ (*cacher*) verstecken II. *vpr* ❶ **s'~ sous ses couvertures** sich unter der Decke vergraben ❷ (*se réfugier*) **s'~ dans un trou/terrier** sich in einem Loch/seinem Bau verkriechen

enfourcher [ɑ̃furʃe] <1> *vt* ~ **son cheval/vélo** sein Pferd besteigen/aufs Fahrrad steigen

enfourner [ɑ̃furne] <1> *vt* ❶ in den [Back]ofen schieben ❷ *fam* (*ingurgiter*) in sich (*akk*) hineinschaufeln

enfreindre [ɑ̃frɛdr] <*irr*> *vt* ~ **qc** gegen etw verstoßen

enfuir [ɑ̃fɥir] <*irr*> *vpr* **s'~ quelque part** irgendwohin fliehen; **s'~ de qc** aus etw fliehen

enfumer [ɑ̃fyme] <1> *vt* ❶ (*emplir de fumée: pièce*) verräuchern ❷ (*incommoder par la fumée: personnes*) einräuchern

engagé, e [ɑ̃ɡaʒe] I. *adj* engagiert II. *m, f* MIL Freiwillige(r) *f(m)*

engageant, e [ɑ̃ɡaʒɑ̃, ɑ̃t] *adj* (*avenir, paroles*) verlockend; (*mine*) verführerisch

engagement [ɑ̃ɡaʒmɑ̃] *m* ❶ (*promesse*) Verpflichtung *f* ❷ (*embauche*) Anstellung *f* ❸ MIL Verpflichtung *f* [zum Militärdienst] ❹ THEAT, CINE, POL Engagement *nt* ❺ SPORT Anspiel *nt* ❻ (*inscription*) Anmeldung *f* ❼ *gén pl* (*dépense*) Verbindlichkeit *f* ▶**sans ~** unverbindlich

engager [ɑ̃ɡaʒe] <2a> I. *vt* ❶ (*mettre en jeu*) ~ **qc** mit etw bürgen ❷ (*lier*) verpflichten ❸ (*représentant*) anstellen; (*comédien*) engagieren ❹ (*bataille, débat*) eröffnen II. *vpr* ❶ **s'~ à faire qc** sich [dazu] verpflichten etw zu tun ❷ MIL **s'~** sich [freiwillig] verpflichten ❸ (*pénétrer*) **s'~ dans une rue** in eine Straße einbiegen ❹ (*se lancer*) **s'~ dans qc** sich auf etw (*akk*) einlassen ❺ (*prendre position*) **s'~ dans la lutte contre qc** sich im Kampf gegen etw engagieren ❻ (*commencer*) **s'~** (*processus, négociation*) in Gang kommen

engelure [ɑ̃ʒlyʀ] *f* Frostbeule *f*

engendrer [ɑ̃ʒɑ̃dʀe] <1> *vt* zeugen

engin [ɑ̃ʒɛ̃] *m* ❶ *fam* Ding *nt* ❷ TECH [Bau]maschine *f*, Gerät *nt*

englober [ɑ̃ɡlɔbe] <1> *vt* [mit] einbeziehen

engloutir [ɑ̃ɡlutiʀ] <8> *vt* ❶ (*dévorer*) verschlingen ❷ (*dilapider*) verprassen ❸ (*faire disparaître*) ~ **qn/qc** jdn/etw versenken; (*vagues*) jdn/etw verschlingen

engluer [ɑ̃ɡlye] <1> *vt* mit Leim bestreichen

engouement [ɑ̃ɡumɑ̃] *m* Schwärmerei *f*

engouffrer [ɑ̃ɡufʀe] <1> I. *vt fam* (*dévorer*) runterschlingen II. *vpr* **s'~ dans qc** (*personnes*) sich in etw (*akk*) stürzen

engourdi, e [ɑ̃ɡuʀdi] *adj* ❶ (*doigts*) klamm ❷ (*de froid*) steif

engourdir [ɑ̃ɡuʀdiʀ] <8> I. *vt* (*doigts, mains*) klamm werden lassen II. *vpr* **s'~** steif werden

engourdissement [ɑ̃ɡuʀdismɑ̃] *m* Steifwerden *nt*, Gefühlloswerden *nt*

engrais [ɑ̃ɡʀɛ] *m* Dünger *m*

engraisser [ɑ̃ɡʀese] <1> *vt* (*rendre plus gras*) mästen

engrenage [ɑ̃ɡʀənaʒ] *m* Verkettung *f*

engueulade [ɑ̃ɡœlad] *f fam* Anpfiff *m*

engueuler [ɑ̃ɡœle] <1> I. *vt fam* anschnauzen II. *vpr fam* **s'~** sich anbrüllen

énième [ɛnjɛm] *adj* **pour la ~ fois** zum x-ten Mal

énigmatique [enigmatik] *adj* rätselhaft

énigme [eniɡm] *f* Rätsel *nt*

enivrant, e [ɑ̃nivʀɑ̃, ɑ̃t] *adj* berauschend; (*parfum*) betäubend

enivrer [ɑ̃nivʀe] <1> *vpr* **s'~** sich betrinken

enjambée [ɑ̃ʒɑ̃be] *f* großer Schritt

enjamber [ɑ̃ʒɑ̃be] <1> *vt* ~ **un fossé** einen großen Schritt über einen Graben hinweg machen; ~ **un mur** über eine Mauer hinwegsteigen

enjeu [ɑ̃ʒø] <x> *m* ❶ (*argent*) Einsatz *m* ❷ *fig* **être l'~ de qc** bei etw auf dem Spiel stehen

enjôler [ɑ̃ʒole] <1> *vt* ~ **qn par qc** jdn mit etw umgarnen (*fam*)

enjôleur, -euse [ɑ̃ʒolœʀ, -øz] *adj* (*paroles*) [ein]schmeichelnd

enjoliver [ɑ̃ʒɔlive] <1> *vt* [ver]zieren

enjoliveur [ɑ̃ʒɔlivœʀ] *m* Radkappe *f*

enjoué, e [ɑ̃ʒwe] *adj* heiter

enlacer [ɑ̃lase] <2> I. *vt* umschlingen II. *vpr* **s'~** sich umarmen

enlaidir [ɑ̃lediʀ] <8> I. *vi* hässlich werden II. *vt* (*personne*) entstellen; (*paysage*) verunstalten

enlèvement [ɑ̃lɛvmɑ̃] *m* Entführung *f*

enlever [ɑ̃lve] <4> I. *vt* ❶ (*déplacer*) herunternehmen; ~ **les draps d'un lit** ein Bett abziehen ❷ (*tache*) entfernen; (*mot*) streichen ❸ (*ôter*) ~ **l'envie/le goût à qn de faire qc** jdm die Lust nehmen etw zu tun ❹ (*chapeau, montre, lunettes*) abnehmen; (*vêtement, chaussures*) ausziehen ❺ (*kidnapper*) entführen II. *vpr* **s'~** ❶ (*tache*) herausgehen ❷ (*se détacher*) abgehen

enliser [ɑ̃lize] <1> *vpr* **s'~** ❶ (*s'enfoncer*) stecken bleiben ❷ (*stagner*) ins Stocken geraten

enneigé, e [ɑ̃neʒe] *adj* verschneit

enneigement [ɑ̃nɛʒmɑ̃] *m* Schneedecke *f*

ennemi, e [en(ə)mi] I. *adj* feindlich; (*frères*) verfeindet II. *m, f* Feind(in) *m(f)*

ennui [ɑ̃ɥi] *m* ❶ Lang[e]weile *f* ❷ *souvent pl* (*problème*) Unannehmlichkeit *f* ▶**l'~, c'est que** das Dumme ist [nur], dass

ennuyé, e [ɑ̃ɥije] *adj* verärgert

E

ennuyer [ɑ̃nɥije] <6> I. *vt* ❶ (*lasser*) langweilen, fadisieren (A) ❷ (*être peu attrayant*) ~ **qn** jdm lästig sein ❸ (*être gênant*) **ça ennuie qn de devoir faire qc** es ist jdm unangenehm etw tun zu müssen ❹ (*irriter*) ~ **qn avec qc** jdm mit etw lästig sein ❺ (*déplaire*) stören II. *vpr* **s'~** sich langweilen, sich fadisieren (A)

ennuyeux, -euse [ɑ̃nɥijø, -jøz] *adj* ❶ langweilig; ~ **à mourir** todlangweilig ❷ (*contrariant*) ärgerlich

énoncé [enɔ̃se] *m* Wortlaut *m*

énoncer [enɔ̃se] <2> *vt* klar darlegen

énonciation [enɔ̃sjasjɔ̃] *f* LING Äußerung *f*

enorgueillir [ɑ̃nɔʁɡœjiʁ] <8> *vpr* **s'~ de qc** stolz auf etw (*akk*) sein

énorme [enɔʁm] *adj* riesig

énormément [enɔʁmemɑ̃] *adv* sehr

énormité [enɔʁmite] *f* [ausgemachter] Unsinn *kein Pl*

enquête [ɑ̃kɛt] *f* ❶ COM, SOCIOL (*étude*) ~ **sur qc** Untersuchung *f* über etw ❷ (*sondage d'opinions*) [Meinungs]umfrage *f* ❸ ADMIN, JUR Untersuchung *f;* **ouvrir une** ~ eine Untersuchung einleiten

enquêter [ɑ̃kete] <1> *vi* ADMIN, JUR ~ **sur qn** eine Untersuchung gegen jdn einleiten; **la police va** ~ **sur qc** die Polizei wird in einer S. (*dat*) ermitteln

enquêteur, -euse [ɑ̃ketœʁ, -øz] *m, f* Untersuchungsbeamte(r)/-beamtin *m/f*

enquiquinant, e [ɑ̃kikinɑ̃, ɑ̃t] *adj fam* nervig

enquiquiner [ɑ̃kikine] <1> I. *vt fam* (*importuner*) ~ **qn avec qc** jdn mit etw nerven II. *vpr fam* ❶ (*s'ennuyer*) **s'~** sich langweilen ❷ (*se donner du mal*) **s'~ avec qc** sich mit etw herumplagen

enquiquineur, -euse [ɑ̃kikinœʁ, -øz] *m, f fam* Nervensäge *f*

enraciner [ɑ̃ʁasine] <1> I. *vt* (*plante*) einpflanzen II. *vpr* **s'~** (*personne*) Wurzeln schlagen

enragé, e [ɑ̃ʁaʒe] I. *adj* tollwütig II. *m, f* Besessene(r) *f(m)*

enrager [ɑ̃ʁaʒe] <2a> *vi* rasend werden [vor Wut]

enrayer [ɑ̃ʁeje] <7> *vt* bremsen

enregistrement [ɑ̃ʁ(ə)ʒistʁəmɑ̃] *m* ❶ MEDIA Aufnahme *f;* (*d'une émission*) Aufzeichnung *f* ❷ INFORM (*action*) Speicherung *f* ❸ INFORM (*document*) Datensatz *m* ❹ AUT

Abfertigung *f*

enregistrer [ɑ̃ʁ(ə)ʒistʁe] <1> I. *vt* ❶ MEDIA aufnehmen ❷ INFORM speichern ❸ (*mémoriser*) registrieren ❹ (*noter par écrit*) ~ **une déclaration** eine Aussage zu Protokoll nehmen; ~ **une commande** eine Bestellung aufnehmen ❺ AUT abfertigen; **faire** ~ **ses bagages** sein/das Gepäck aufgeben II. *vi* ❶ MEDIA aufnehmen ❷ INFORM speichern

enregistreur [ɑ̃ʁ(ə)ʒistʁœʁ] *m* Schreiber *m*

enrhumer [ɑ̃ʁyme] <1> *vpr* **s'~** [einen] Schnupfen bekommen

enrichi, e [ɑ̃ʁiʃi] *adj* (*devenu riche*) neureich

enrichir [ɑ̃ʁiʃiʁ] <8> I. *vt* ❶ (*rendre riche*) reich/reicher machen ❷ (*augmenter*) ~ **une collection de nouveaux tableaux** eine Sammlung um neue Bilder erweitern II. *vpr* **s'~ de qc** ❶ (*devenir riche*) sich an etw (*dat*) bereichern ❷ (*s'améliorer*) durch etw bereichert werden ❸ (*augmenter*) um etw reicher werden

enrichissant, e [ɑ̃ʁiʃisɑ̃, ɑ̃t] *adj* bereichernd

enrichissement [ɑ̃ʁiʃismɑ̃] *m* Reich[er]werden *nt*

enrobé, e [ɑ̃ʁɔbe] *adj* ❶ GASTR ~ **de chocolat** mit Schokoladenüberzug ❷ *fam* (*personne*) gut gepolstert

enrober [ɑ̃ʁɔbe] <1> *vt* ~ **qc de qc** etw mit etw überziehen

enrôlement [ɑ̃ʁolmɑ̃] *m* Anwerbung *f*

enrôler [ɑ̃ʁole] <1> *vt* ❶ ~ **qn dans qc** jdn zu etw einziehen ❷ MIL anwerben

enroué, e [ɑ̃ʁwe] *adj* heiser

enrouer [ɑ̃ʁwe] <1> *vt* heiser machen

enrouler [ɑ̃ʁule] <1> I. *vt* (*câble*) aufwickeln II. *vpr* **s'~ autour de/sur qc** sich um/auf etw (*akk*) wickeln; **s'~ sur soi-même** sich einrollen

ensabler [ɑ̃sable] <1> *vpr* **s'~** (*bateau*) auf Sand laufen; (*véhicule*) im Sand stecken bleiben

ensanglanté, e [ɑ̃sɑ̃glɑ̃te] *adj* blutverschmiert

enseignant, e [ɑ̃sɛɲɑ̃, ɑ̃t] *m, f* Lehrer(in) *m(f)*

enseigne [ɑ̃sɛɲ] *f* [Aushänge]schild *nt;* ~ **lumineuse** [Neon]leuchtschild

enseignement [ɑ̃sɛɲ(ə)mɑ̃] *m* ❶ Unterricht *m;* ~ **élémentaire** Grundschulunterricht *m* ❷ (*profession*) Lehrberuf *m* ❸ (*institution*) Unterrichtswesen *nt;* ~ **obli-**

gatoire Schulpflicht f; ~ **public** staatliches Schulwesen; ~ **secondaire** (institution) Sekundarbereich m; (action) weiterführender Unterricht m; ~ **supérieur** (institution) Hochschulwesen nt; (action) Hochschulunterricht m ➍ (leçon) Lehre f

enseigner [āsᴇɲe] <1> vt lehren; ~ **le français à qn** jdn in Französisch unterrichten

ensemble [āsābl] I. adv ➊ (opp: seul) zusammen; **travailler** ~ zusammenarbeiten; **tous** ~ alle zusammen ➋ (en commun) gemeinsam ➌ (l'un avec l'autre) miteinander ➍ (en même temps) zugleich ▶**aller bien/mal** ~ gut/schlecht zusammenpassen; **aller** ~ zusammengehören II. m ➊ (totalité) Gesamtheit f; **l'~ du personnel/des questions** die gesamte Belegschaft/sämtliche Fragen ➋ (unité) [harmonisches] Einheit; **former un** ~ **harmonieux** ein harmonisches Ganzes bilden ➌ (groupement) ~ **de lois** Gesetzespaket nt ➍ MATH Menge f ➎ (vêtement) MUS Ensemble nt ▶ **dans l'**~ im Großen und Ganzen

ensemencer [ās(ə)māse] <2> vt (terre) besäen

ensevelir [āsəvliʀ] <8> vt begraben

ensoleillé, e [āsɔleje] adj sonnig

ensommeillé, e [āsɔmeje] adj schläfrig

ensorceler [āsɔʀsəle] <3> vt verzaubern

ensorcellement [āsɔʀsɛlmā] m Zauber m

ensuite [āsɥit] adv ➊ (par la suite) danach ➋ (derrière en suivant) dahinter; **d'accord, mais ~?** einverstanden, aber was dann? ➌ (en plus) außerdem

ensuivre [āsɥivʀ] <irr, défec> vpr **s'**~ sich ergeben

entaille [ātaj] f ➊ (encoche) Kerbe f ➋ (coupure) |tiefe| Schnittwunde

entailler [ātaje] <1> vt einkerben

entame [ātam] f (de pain, jambon) Anschnitt m

entamer [ātame] <1> vt ➊ (fromage) anschneiden; (bouteille) aufmachen ➋ (amorcer) einleiten; (négociations) aufnehmen; (poursuites) anstellen

entartrer [ātaʀtʀe] <1> vt verkalken lassen

entassement [ātasmā] m ➊ (pile) Durcheinander nt ➋ (encombrement) Zusammengedrängtsein nt

entasser [ātase] <1> I. vt ➊ anhäufen; (argent) horten ➋ (serrer) zusammenpferchen II. vpr ➊ (s'amonceler) **s'**~ sich türmen ➋ (se serrer) **s'**~ **dans qc** sich in etw (dat) zusammendrängen

entendre [ātādʀ] <14> I. vi hören; **se faire** ~ sich (dat) Gehör verschaffen II. vt ➊ (percevoir) hören; ~ **qn parler/la pluie tomber** jdn reden/den Regen fallen hören; **je l'ai entendu dire** ich habe es gehört ➋ (comprendre) verstehen; **laisser** ~ **que ...** zu verstehen geben, dass ... ➌ (vouloir) ~ **faire qc** gedenken etw zu tun III. vpr ➊ **s'~ avec qn** sich mit jdm verstehen ➋ (se mettre d'accord) **s'~ sur qc** sich über etw (akk) verständigen; **s'~ pour faire qc** sich darauf einigen etw zu tun

entendu, e [ātādy] I. part passé de **entendre** II. adj abgemacht; **il est |bien| ~ que ...** es versteht sich von selbst, dass ... ▶**bien** ~ selbstverständlich

entente [ātāt] f ➊ (amitié) Einvernehmen nt ➋ (fait de s'accorder) Verständigung f ➌ (accord) Übereinkunft f

entériner [āteʀine] <1> vt billigen

entérite [āteʀit] f |Dünn|darmentzündung f

enterrement [ātɛʀmā] m Beerdigung f

enterrer [āteʀe] <1> vt ➊ (inhumer) beerdigen ➋ (enfouir) vergraben ➌ (affaire) begraben

entêtant, e [ātɛtā, āt] adj (parfum) schwer

en-tête [ātɛt] <en-têtes> f |gedruckter| Briefkopf

entêté, e [ātete] I. adj (personne) eigensinnig II. m, f eigensinniger Mensch

entêtement [ātɛtmā] m Eigensinn|igkeit f| m

entêter [ātete] <1> vpr **s'~ dans qc** sich auf etw (akk) versteifen; **s'~ à faire qc** sich darauf versteifen etw zu tun

enthousiasme [ātuzjasm] m Begeisterung f, Enthusiasmus m

enthousiasmer [ātuzjasme] <1> I. vt in Begeisterung versetzen II. vpr **s'~** sich begeistern

enthousiaste [ātuzjast] I. adj begeistert II. mf Enthusiast(in) m(f)

enticher [ātiʃe] <1> vpr **s'~ de qn** für jdn schwärmen

entier [ātje] m Ganze(s) nt

entier, -ière [ātje, -jɛʀ] adj ➊ (dans sa totalité) ganz; **dans le monde** ~ auf der ganzen Welt ➋ (absolu) völlig; **ma confiance en lui est entière** er hat mein vollstes Vertrauen ➌ (personne) heil; (objet) ganz; (col-

lection) vollständig

entièrement [ãtjɛʀmã] *adv* völlig

entité [ãtite] *f* PHILOS Wesenheit *f*

entonner [ãtɔne] <1> *vt* anstimmen

entonnoir [ãtɔnwaʀ] *m* Trichter *m*

entorse [ãtɔʀs] *f* Verstauchung *f*

entortiller [ãtɔʀtije] <1> I. *vt* ❶ (*enrouler*) ~ qc autour de qc etw um etw |herum|wickeln ❷ (*enjôler*) einwickeln (*fam*) II. *vpr* ❶ (*s'enrouler*) s'~ autour de qc sich um etw ranken ❷ (*s'envelopper*) s'~ dans qc sich in etw (*akk*) einwickeln

entourage [ãtuʀaʒ] *m* Umgebung *f*

entouré, e [ãtuʀe] *adj* ❶ (*admiré*) umschwärmt ❷ (*aidé*) umsorgt ❸ (*accompagné*) être bien/mal ~ von den richtigen/nicht von den richtigen Leuten umgeben sein

entourer [ãtuʀe] <1> I. *vt* ❶ ~ qn/qc jdn/etw umgeben; (*police*) jdn/etw umstellen; la foule entoure le chanteur die Menge umringt den Sänger; être entouré d'arbres von Bäumen umgeben sein ❷ (*mettre autour*) ~ un mot ein Wort einkreisen ❸ *fig* ~ qc de mystère etw mit einem Geheimnis umgeben ❹ (*soutenir*) ~ qn jdm zur Seite stehen; ~ qn de soins jdn liebevoll pflegen II. *vpr* s'~ de bons amis sich mit guten Freunden umgeben; s'~ de garanties/précautions sich nach allen Seiten absichern

entracte [ãtʀakt] *m* THEAT, CINE Pause *f*

entraide [ãtʀɛd] *f* |gegenseitige| Hilfe

entraider [ãtʀede] <1> *vpr* s'~ sich |gegenseitig| helfen

entrailles [ãtʀaj] *fpl* Eingeweide *Pl*

entrain [ãtʀɛ̃] *m* Schwung *m*

entraînant, e [ãtʀɛnã, ãt] *adj* mitreißend

entraînement [ãtʀɛnmã] *m* ❶ Übung *f* ❷ SPORT Training *nt*

entraîner [ãtʀene] <1> I. *vt* ❶ (*emporter*) mit sich |fort|reißen ❷ (*emmener*) ziehen ❸ (*inciter*) ~ qn à qc jdn zu etw verleiten; ~ qn à faire qc jdn dazu verleiten etw zu tun ❹ (*causer*) zur Folge haben ❺ SPORT trainieren II. *vpr* s'~ à qc/à faire qc sich in etw (*dat*)/darin üben etw zu tun

entraîneur, -euse [ãtʀɛnœʀ, -øz] *m, f* Trainer(in) *m(f)*

entrapercevoir [ãtʀapɛʀsəvwaʀ] <12> *vt* |nur| flüchtig sehen

entrave [ãtʀav] *f* Hemmnis *nt*

entraver [ãtʀave] <1> *vt* ~ qn/qc dans qc jdn/etw bei etw behindern

entre [ãtʀ] *prép* ❶ (*position dans l'intervalle*) zwischen (+ *dat*); il était assis ~ les deux enfants er saß zwischen den beiden Kindern ❷ (*mouvement vers l'intervalle*) zwischen (+ *akk*); il s'assit ~ les deux enfants er setzte sich zwischen die beiden Kinder ❸ (*parmi des choses*) zwischen (+ *dat*) ❹ (*parmi des personnes*) unter (+ *dat*), von (+ *dat*); la plupart d'~ eux/elles die meisten von ihnen; ~ autres unter anderem; ~ hommes unter Männern; ~ nous unter uns |gesagt| ❺ (*à travers*) durch (+ *akk*) ❻ (*dans*) in (+ *akk*); remettre son sort ~ les mains de son médecin sein Schicksal in die Hände seines Arztes legen ❼ (*indiquant une relation*) zwischen (+ *dat*)

entrebâillement [ãtʀəbajmã] *m* Spalt *m*

entrebâiller [ãtʀəbaje] <1> *vt* einen Spalt|breit| öffnen

entrechoquer [ãtʀəʃɔke] <1> *vt* gegeneinander schlagen

entrecouper [ãtʀəkupe] <1> *vt* ~ qc de qc etw mit etw unterbrechen

entrecroiser [ãtʀəkʀwaze] <1> I. *vt* |miteinander| verflechten II. *vpr* s'~ (*routes*) sich kreuzen

entre-déchirer [ãtʀədeʃiʀe] <1> *vpr* s'~ (*animaux*) sich |gegenseitig| zerreißen

entre-deux-guerres [ãtʀədøgɛʀ] *m sans pl* l'~ die Zeit zwischen den beiden Weltkriegen **entre-deux-tours** [ãtʀədøtuʀ] *m inv* POL Zeit|raum| zwischen den beiden Wahlgängen einer Wahl

entrée [ãtʀe] *f* ❶ (*d'une personne*) Eintreten *nt*; (*d'un acteur*) Auftritt *m*; (*d'un train*) Einfahrt *f*; faire une ~ triomphale einen triumphalen Einzug halten ❷ (*accès*) Eingang *m*; ~ principale/de service Haupt-/Dienstboteneingang ❸ (*droit d'entrer*) Zutritt *m*; ~ interdite! kein Zutritt!; ~ interdite à tout véhicule Einfahrt verboten ❹ (*d'un appartement*) Diele *f*; (*d'un hôtel, immeuble*) Eingangshalle *f* (*d'une maison*) Hausflur *m* ❺ (*billet*) Eintrittskarte *f*; ~ non payante Freikarte *f* ❻ (*somme perçue*) Eintrittspreis *m* ❼ (*adhésion*) Beitritt *m* ❽ (*commencement*) ~ en matière Einleitung *f* ❾ GASTR erster Gang; en ~ als Vorspeise ❿ (*d'un dictionnaire*) Eintrag *m* ⓫ IN-

FORM Eingabe *f*
entrefilet [ãtrəfilɛ] *m* kurze |Zeitungs|notiz
entrejambe [ãtrəʒãb] *m* Schritt m
entrelacer [ãtrəlase] <2> *vpr* s'~ sich |in-einander| verschlingen
entremêler [ãtrəmele] <1> *vt fig* ~ **qc de qc** etw in etw (*akk*) einstreuen
entremets [ãtrəmɛ] *m* Süßspeise *f*
entremetteur, -euse [ãtrəmetœr, -øz] *m, f péj* Kuppler(in) *m(f)*
entremettre [ãtrəmɛtr] <irr> *vpr* s'~ **dans qc** vermittelnd in etw (*akk*) eingreifen
entremise [ãtrəmiz] *f* Vermittlung *f*
entreposer [ãtrəpoze] <1> *vt* (ein)lagern; (*meubles*) unterstellen; ~ **qc en douane** etw unter Zollverschluss lagern
entrepôt [ãtrəpo] *m* Lagerhalle *f*
entreprenant, e [ãtrəprənã, ãt] *adj* ❶ (*dy-namique*) unternehmungslustig ❷ (*galant*) galant
entreprendre [ãtrəprãdr] <13> *vt* unter-nehmen; (*étude, travail*) in Angriff nehmen
entrepreneur, -euse [ãtrəprənœr, -øz] *m, f* ❶ Unternehmer(in) *m(f)* ❷ TECH Bau-unternehmer(in) *m(f)*
entreprise [ãtrəpriz] *f* ❶ (*firme*) Unterneh-men *nt*, Betrieb *m*, Firma *f*; ~ **de construc-tion** Baufirma; ~ **de transports** Speditions-firma ❷ (*opération*) Unternehmung *f*
entrer [ãtre] <1> I. *vi + être* ❶ (*pénétrer*) eintreten; (*vu de l'intérieur*) hereinkommen; (*vu de l'extérieur*) hineingehen; **défense d'~!** Eintritt verboten!; **faire ~ qn/un ani-mal** jdn hereinbitten/ein Tier hereinholen; **laisser ~ qn/un animal** jdn/ein Tier herein-/hineinlassen ❷ (*pénétrer dans un lieu*) ~ **dans qc** etw betreten; (*chien*) in etw (*akk*) |herein-|/|hinein|laufen; **le train en-tre en gare** der Zug fährt |in den Bahnhof| ein ❸ (*aborder*) ~ **dans les détails** ins De-tail gehen; ~ **dans le vif du sujet** sofort zum Kern der Sache kommen ❹ *fam* (*heur-ter*) ~ **dans qc** gegen etw laufen/fahren ❺ (*s'engager dans*) ~ **dans un club** Mit-glied eines Klubs werden; ~ **dans un parti** einer Partei beitreten; ~ **dans l'armée** zur Armee gehen; ~ **dans la vie active** ins Er-werbsleben eintreten ❻ (*être admis*) ~ **à l'hôpital/l'école/en sixième** ins Kran-kenhaus/in die Schule/die 1. Klasse des Gymnasiums kommen; **faire ~ qn dans une entreprise** jdm eine Stelle in einem

Unternehmen verschaffen ❼ (*s'enfoncer*) **la clé n'entre pas dans le trou de la ser-rure** der Schlüssel passt nicht ins Schlüssel-loch ❽ (*s'associer à*) ~ **dans la discussion** sich an der Diskussion beteiligen ❾ (*faire partie de*) ~ **dans la composition d'un produit** Bestandteil eines Produkts sein ❿ ~ **en application** in Kraft treten; ~ **en contact avec qn** mit jdm Kontakt aufneh-men; ~ **en guerre** in den Krieg eintreten; ~ **en scène** auftreten II. *vt + avoir* ❶ ~ **qc dans qc** etw in etw (*akk*) hineinbringen ❷ INFORM eingeben
entre-temps [ãtrətã] *adv* inzwischen
entretenir [ãtrət(ə)nir] <9> I. *vt* ❶ in Stand halten; (*beauté, voiture*) pflegen ❷ (*faire vivre*) ~ **qn** für jds Unterhalt auf-kommen ❸ (*correspondance, relations*) un-terhalten; (*doute, espoir*) hegen ❹ (*parler à*) ~ **qn de qn/qc** jdm von jdm/etw erzäh-len II. *vpr* s'~ **avec qn de qn/qc** sich mit jdm über jdn/etw unterhalten
entretenu, e [ãtrət(ə)ny] I. *part passé de* **entretenir** II. *adj* gepflegt
entretien [ãtrətjɛ̃] *m* ❶ (*de la peau, d'un vê-tement*) Pflege *f*; (*d'une maison*) Instandhal-tung *f*; (*d'une machine*) Wartung *f* ❷ (*dis-cussion en privé*) Gespräch *nt*, Unterhaltung *f*
entretuer [ãtrətɥe] <1> *vpr* s'~ sich gegen-seitig umbringen
entrevoir [ãtrəvwar] <irr> *vt* ❶ (*voir: indis-tinctement*) undeutlich sehen; (*brièvement*) |nur| flüchtig sehen ❷ (*pressentir*) vorherse-hen; ~ **une amélioration** Anzeichen einer Besserung sehen
entrevue [ãtrəvy] *f* Unterredung *f*
entrouvert, e [ãtruver, ɛrt] *adj* halb geöff-net
entrouvrir [ãtruvrir] <11> *vt, vpr* |s'|~ |sich| ein wenig öffnen
entuber [ãtybe] <1> *vt fam* übers Ohr hau-en
énumération [enymerasjɔ̃] *f* Aufzählung *f*
énumérer [enymere] <5> *vt* aufzählen
envahir [ãvair] <8> *vt* ❶ MIL (*pays*) einfal-len in (+ *akk*) ❷ (*se répandre*) ~ **les rues** auf die Straßen strömen; ~ **un terrain** (*mauvaises herbes*) ein Gelände über-wuchern; (*eau*) ein Gelände überschwem-men ❸ (*doute, terreur*) überkommen
envahissant, e [ãvaisã, ãt] *adj* (*personne*)

E

aufdringlich

envahissement [ãvaismã] *m* ❶ MIL l'~ de l'Europe par les Huns der Einfall der Hunnen in Europa ❷ (*fait d'occuper, de proliférer*) Überhandnehmen *nt;* l'~ du stade/ magasin der Ansturm auf das Stadion/den Laden

envahisseur, -euse [ãvaisœr, -øz] *m, f* MIL Angreifer(in) *m(f)*

enveloppe [ãvlɔp] *f* ❶ POST [Brief]umschlag *m;* être sous ~ sich in einem [verschlossenen] [Brief]umschlag befinden ❷ (*protection*) [Schutz]hülle *f* ❸ FIN Gelder *Pl*

enveloppé, e [ãvlɔpe] *adj* rundlich

envelopper [ãvlɔpe] <1> I. *vt* (*verre*) einpacken; ~ un bébé dans une couverture ein Baby in eine Decke einwickeln II. *vpr* s'~ dans son manteau sich in seinen Mantel hüllen

envenimé, e [ãv(ə)nime] *adj* (*propos*) böswillig

envenimer [ãv(ə)nime] <1> I. *vt* verschlimmern II. *vpr* s'~ (*situation, conflit*) sich zuspitzen

envergure [ãvɛrgyr] *f* ❶ (*dimension*) Spannweite *f* ❷ (*valeur, ampleur*) Tragweite *f;* avoir de l'~ (*personne*) Format haben

envers [ãvɛr] I. *prép* ~ qn/qc jdm/einer S. gegenüber II. *m* (*d'une feuille de papier*) Rückseite *f;* (*d'un vêtement*) linke Seite; (*d'une assiette*) Unterseite *f* ▶ à l'~ (*dans le mauvais sens*) verkehrt herum; (*à rebours*) umgekehrt; (*de bas en haut*) auf dem Kopf; (*à reculons*) rückwärts; (*en désordre*) durcheinander

enviable [ãvjabl] *adj* beneidenswert

envie [ãvi] *f* ❶ Lust *f;* avoir ~ de cacahuètes Lust auf Erdnüsse haben; avoir ~ de faire qc Lust haben etw zu tun; avoir ~ de faire pipi/d'aller au W.-C. *fam* mal aufs Klo müssen; ~ de vomir Brechreiz *m;* mourir d'~ de faire qc darauf brennen etw zu tun; ça me donne ~ de partir en vacances da bekomme ich Lust zu verreisen ❷ (*convoitise*) Begierde *f* ❸ (*péché capital*) Wollust *f* ❹ (*jalousie*) Neid *m*

envier [ãvje] <1> *vt* beneiden; ~ qn pour sa richesse/d'être riche jdn um seinen Reichtum beneiden/jdn darum beneiden, dass er reich ist

envieux, -euse [ãvjø, -jøz] I. *adj* neidisch II. *m, f* Neider(in) *m(f)*

environ [ãvirõ] I. *adv* ungefähr II. *mpl* (*d'une ville*) Umgebung *f;* aux ~s de 20 euros an die 20 Euro

environnant, e [ãvirɔnã, ãt] *adj* der Umgebung

environnement [ãvirɔnmã] *m* ❶ (*milieu écologique*) Umwelt *f* ❷ (*environs*) Umgebung *f* ❸ (*milieu social*) Umfeld *nt*

environner [ãvirɔne] <1> *vt* umgeben

envisager [ãvizaʒe] <2a> *vt* ❶ (*question, situation*) in Betracht ziehen; ~ l'avenir/la mort der Zukunft/dem Tod entgegensehen ❷ (*projeter*) planen ❸ (*prévoir*) ~ que + *subj* davon ausgehen, dass

envoi [ãvwa] *m* ❶ [Ab]schicken *nt;* (*d'une marchandise, commande*) Versand *m;* (*de vivres*) Sendung *f* ❷ (*colis, courrier*) Sendung *f;* ~ recommandé Einschreiben *nt*

envol [ãvɔl] *m* Auffliegen *nt*

envolée [ãvɔle] *f* (*des oiseaux*) Auffliegen *nt*

envoler [ãvɔle] <1> *vpr* s'~ ❶ (*quitter le sol*) wegfliegen; (*avion*) abfliegen ❷ (*monnaie, prix*) hochschnellen ❸ (*disparaître*) sich in Luft auflösen (*fam*)

envoûtement [ãvutmã] *m* Bann *m*

envoûter [ãvute] <1> *vt* in seinen Bann ziehen

envoyé, e [ãvwaje] I. *part passé de* envoyer II. *m, f* ❶ PRESSE Korrespondent(in) *m(f);* ~ spécial Sonderberichterstatter *m,* (Sonder-)Korrespondent ❷ POL, REL Abgesandte(r) *f(m)*

envoyer [ãvwaje] <irr> *vt* ❶ (*démission*) einreichen; ~ un colis/une lettre à qn jdm ein Paket/einen Brief schicken; ~ ses amitiés/félicitations à qn jdm eine Gruß-/Glückwunschkarte schicken; ~ qn à la poste/chez qn jdn zur Post/zu jdm schicken ❷ (*ballon*) werfen; (*avec le pied*) schießen; ~ un ballon à qn (*avec la main/le pied*) jdm den Ball zuwerfen/zuschießen ▶~ tout promener *fam* alles hinschmeißen

enzyme [ãzim] *m o f* Enzym *nt*

éolienne [eɔljɛn] *f* (*machine*) Windrad *nt*

épagneul, e [epaɲœl] *m, f* Spaniel *m*

épais, se [epɛ, ɛs] *adj* ❶ dick; cette planche est ~se de 4 cm dieses Brett ist 4 cm dick ❷ (*forêt, brouillard*) dicht ❸ (*liquide*) dickflüssig

épaisseur [epɛsœr] *f* ❶ (*dimension*) Stärke *f;* (*d'une couche, couverture*) Dicke *f;* (*de la neige*) Höhe *f;* avoir une ~ de 7 cm 7 cm dick sein ❷ (*consistance: d'un liquide*) Dickflüssigkeit *f*

épaissir [epesiʀ] <8> **I.** *vi* (*liquide*) eindicken **II.** *vpr* **s'~** (*liquide, air*) dicker werden; (*forêt, brouillard*) dichter werden

épanoui, e [epanwi] *adj* ❶ (*fleur*) aufgeblüht; (*sourire, visage*) strahlend ❷ (*caractère, personne*) ausgeglichen

épanouir [epanwiʀ] <8> *vpr* **s'~** ❶ (*fleur*) aufblühen ❷ (*visage*) sich erhellen ❸ (*trouver le bonheur*) aufblühen ❹ (*beauté*) sich entfalten

épanouissement [epanwismɑ̃] *m* (*d'une personne*) Selbstverwirklichung *f*

épargnant, e [epaʀɲɑ̃, ɑ̃t] *m, f* Sparer(in) *m(f)*

épargne [epaʀɲ] *f* Sparen *nt*

épargne-logement [epaʀɲləʒmɑ̃] *f sans pl* Bausparen *nt*

épargner [epaʀɲe] <1> **I.** *vt* ❶ (*forces*) schonen ❷ (*éviter*) ~ **un discours à qn** jdn mit einer Rede verschonen ❸ (*laisser vivre*) verschonen **II.** *vpr* **s'~ qc** sich (*dat*) etw ersparen

éparpiller [epaʀpije] <1> **I.** *vt* (*personnes*) [überall] verteilen; (*miettes*) [überall] verstreuen **II.** *vpr* **s'~** (*foule*) sich zerstreuen

épars, e [epaʀ, aʀs] *adj* (*maisons*) vereinzelt; (*cheveux*) zerzaust

épatant, e [epatɑ̃, ɑ̃t] *adj fam* toll

épaté, e [epate] *adj fam* platt

épater [epate] <1> *vt fam* verblüffen

épaule [epol] *f* Schulter *f*; **hausser les ~s** mit den Schultern zucken

épauler [epole] <1> *vt* ❶ (*aider*) ~ **qn** jdm unter die Arme greifen ❷ (*arme*) anlegen

épaulette [epolɛt] *f* COUT Schulterpolster *nt*

épave [epav] *f* Wrack *nt*

épée [epe] *f* Schwert *nt*

épeler [ep(ə)le] <3> *vt, vi* buchstabieren

épépiner [epepine] <1> *vt* entkernen

éperdu, e [epɛʀdy] *adj* (*personne*) außer sich

éperon [ep(ə)ʀɔ̃] *m* Sporn *m*

éperonner [ep(ə)ʀɔne] <1> *vt* ~ **un cheval** einem Pferd die Sporen geben

épervier [epɛʀvje] *m* ZOOL Sperber *m*

éphémère [efemɛʀ] *adj* vergänglich

épi [epi] *m* (*de maïs*) Kolben *m*

épice [epis] *f* Gewürz *nt*

épicé, e [epise] *adj* ❶ GASTR gewürzt ❷ (*histoire*) pikant

épicéa [episea] *m* Fichte *f*

épicentre [episɑ̃tʀ] *m* Epizentrum *nt*

épicer [epise] <2> *vt* würzen

épicerie [episʀi] *f* Lebensmittelgeschäft *nt*; ~ **fine** Feinkostgeschäft *nt*

épicier, -ière [episje, -jɛʀ] *m, f* Lebensmittelhändler(in) *m(f)*

épicurien, ne [epikyʀjɛ̃, jɛn] *adj* epikureisch

épidémie [epidemi] *f* Seuche *f*

épiderme [epidɛʀm] *m* [Ober]haut *f*

épidermique [epidɛʀmik] *adj* Oberhaut-

épier [epje] <1> *vt* [heimlich] beobachten; ~ **qn** jdm nachspionieren

épilation [epilasjɔ̃] *f* Epilieren *nt*

épilepsie [epilɛpsi] *f* Epilepsie *f*

épileptique [epilɛptik] **I.** *adj* epileptisch **II.** *mf* Epileptiker(in) *m(f)*

épiler [epile] <1> *vt* enthaaren, epilieren

épilogue [epilɔg] *m* Epilog *m*; (*d'un roman*) Nachwort *nt*

épiloguer [epilɔge] <1> *vi* ~ **sur qc** sich lang und breit über etw (*akk*) auslassen

épinard [epinaʀ] *m* Spinat *m*

épine [epin] *f* (*d'un hérisson, cactus*) Stachel *m*; (*d'un buisson*) Dorn *m*

épineux [epinø] *m* Dornenstrauch *m*

épingle [epɛ̃gl] *f* [Steck]nadel *f*; ~ **à cheveux** Haarnadel; ~ **à nourrice** Sicherheitsnadel

épingler [epɛ̃gle] <1> *vt* ❶ ~ **des photos au mur** Fotos an die Wand pinnen (*fam*) ❷ *fam* (*attraper*) schnappen

Épiphanie [epifani] *f sans pl* l'~ das Fest der Heiligen Drei Könige

épique [epik] *adj* (*poésie, style*) episch; **poème** ~ Epos *nt*

épiscopal, e [episkɔpal, o] <-aux> *adj* bischöflich

épisode [epizɔd] *m* ❶ Episode *f* ❷ (*d'un film, feuilleton*) Folge *f* ▶**par** ~**s** zeitweise

épisodique [epizɔdik] *adj* gelegentlich

épisodiquement [epizɔdikmɑ̃] *adv* gelegentlich

épitaphe [epitaf] *f* Grabinschrift *f*

épithète [epitɛt] *f* GRAM Attribut *nt*

épître [epitʀ] *f* REL Apostelbrief *m*, Epistel *f*

éploré, e [eplɔʀe] *adj* ❶ (*en pleurs*) in Tränen aufgelöst ❷ (*triste*) untröstlich

épluchage [eplyʃaʒ] *m* (*des fruits, légumes*) Schälen *nt*

éplucher [eplyʃe] <1> *vt* ❶ (*fruits, légumes*) schälen ❷ *fig* (*comptes*) [genau] unter die

E

Lupe nehmen

épluchure [eplyʃyʀ] *f souvent pl* Schalen *Pl*

éponge [epɔ̃ʒ] *f* Schwamm *m* ►**jeter** l'~ das Handtuch werfen

éponger [epɔ̃ʒe] <2a> *vt* (*sol*) wischen; (*liquide*) aufwischen

épopée [epɔpe] *f* LITTER Epos *nt*

époque [epɔk] *f* Zeit *f*, Epoche *f*; **à l'~** damals; **à l'~ de qn/qc** zu jds Zeit/zur Zeit einer S. (*gen*); **à cette ~ de l'année** um diese Jahreszeit ►**d'~** [stil]echt

époumoner [epumɔne] <1> *vpr* **s'~ à faire qc** sich (*dat*) die Lunge aus dem Hals schreien um etw zu tun

épouse [epuz] *f v.* **époux**

épouser [epuze] <1> *vt* ❶ heiraten ❷ (*idées, point de vue*) teilen; **~ une cause** für eine Sache eintreten

épousseter [epuste] <3> *vt* abstauben

époustouflant, e [epustuflɑ̃, ɑ̃t] *adj fam* unglaublich

époustoufler [epustufle] <1> *vt fam* umhauen

épouvantable [epuvɑ̃tabl] *adj* schrecklich; (*temps*) scheußlich

épouvantail [epuvɑ̃taj] <s> *m a. fig* Vogelscheuche *f*

épouvante [epuvɑ̃t] *f* film d'~ Horrorfilm *m*

épouvanter [epuvɑ̃te] <1> *vt* ❶ (*horrifier*) in Angst und Schrecken versetzen ❷ (*inquiéter*) **~ qn** jdm Angst machen

époux, épouse [epu, epuz] *m, f form* Gatte/Gattin *m/f*; **les ~** die Eheleute; **Mme Dumas, épouse Meier** Frau Meier, geborene Dumas

épreuve [epʀœv] *f* ❶ (*test*) Prüfung *f*, Probe *f*; **mettre qn/qc à l'~/à rude ~** jdn/etw auf die Probe/auf eine harte Probe stellen ❷ (*examen, moment difficile*) Prüfung *f* ❸ SPORT Wettkampf *m* ❹ (*adversité, malheur*) harte Zeit ►**~ de force** Kraftprobe *f* **être à l'~ du feu/de l'eau** feuer-/wasserfest sein; **à toute ~** bewährt

épris, e [epʀi, iz] *adj* **~ de qn** in jdn verliebt, von jdm angetan

éprouvant, e [epʀuvɑ̃, ɑ̃t] *adj* anstrengend; (*chaleur*) drückend

éprouvé, e [epʀuve] *adj* ❶ (*pays, région*) hart getroffen; **être très ~** viel durchmachen ❷ (*confirmé*) bewährt

éprouver [epʀuve] <1> *vt* ❶ (*besoin, envie*) verspüren; (*sentiment*) haben; (*tendresse, douleur*) empfinden ❷ (*ébranler: physiquement, moralement*) mitnehmen; (*matériellement*) schwer treffen

éprouvette [epʀuvɛt] *f* Reagenzglas *nt*

épuisant, e [epɥizɑ̃, ɑ̃t] *adj* anstrengend

épuisé, e [epɥize] *adj* ❶ (*völlig*) erschöpft ❷ (*gisement*) [völlig] abgebaut; (*terre*) ausgelaugt; (*réserves*) aufgebraucht; (*stock, ressources*) erschöpft ❸ (*édition, livre*) vergriffen; (*article*) ausverkauft

épuisement [epɥizmɑ̃] *m* ❶ Erschöpfung *f* ❷ (*des réserves, ressources*) Erschöpfung *f* ❸ (*vente totale*) Ausverkauf *m*

épuiser [epɥize] <1> I. *vt* ❶ (*fatiguer*) strapazieren ❷ (*économies, réserves*) aufbrauchen; (*sujet*) erschöpfend behandeln; (*possibilités, ressources*) ausschöpfen ❸ (*stock, articles*) ausverkaufen II. *vpr* ❶ **s'~** (*réserves*) zu Ende gehen; (*source*) versiegen ❷ (*se fatiguer*) **s'~ à faire qc** sich abmühen etw zu tun

épuisette [epɥizɛt] *f* Kescher *m*

épuration [epyʀasjɔ̃] *f* CHIM Reinigung *f*

épurer [epyʀe] <1> *vt* reinigen

équateur [ekwatœʀ] *m* Äquator *m*

équation [ekwasjɔ̃] *f* MATH Gleichung *f*

équatorial, e [ekwatɔʀjal, jo] <-aux> *adj* (*climat*) äquatorial; (*forêt, région*) Äquatorial-

équerre [ekɛʀ] *f* Geodreieck *nt*

équestre [ekɛstʀ] *adj* Reit-

équilatéral, e [ekɥilateʀal, o] <-aux> *adj* (*triangle*) gleichseitig

équilibre [ekilibʀ] *m* ❶ Gleichgewicht *nt*; **en ~** im Gleichgewicht; **être en ~ sur le bord de la table** halb auf der Tischkante stehen; **mettre qc en ~** etw ausbalancieren ❷ PSYCH seelisches Gleichgewicht ❸ POL, ECON Gleichgewicht *nt*

équilibré, e [ekilibʀe] *adj* ❶ (*balance*) austariert; (*chargement*) gleichmäßig verteilt; (*repas*) ausgewogen; (*budget*) ausgeglichen ❷ (*personne, esprit*) ausgeglichen

équilibrer [ekilibʀe] <1> I. *vt* ❶ (*balance*) austarieren; (*charge, pouvoirs*) gleichmäßig verteilen; (*budget*) ausgleichen; **bien ~ ses repas** sich sehr ausgewogen ernähren ❷ (*stabiliser*) **~ qn/qc** jdm/einer S. Halt geben ❸ (*contrebalancer*) ausgleichen II. *vpr* **s'~** sich die Waage halten

équilibriste [ekilibʀist] *mf* Akrobat(in) *m(f)*

équinoxe [ekinɔks] *m* Tagundnachtgleiche *f*

équipage [ekipaʒ] *m* (*d'un avion, bateau*) Besatzung *f*

équipe [ekip] *f* ➊ SPORT Mannschaft *f;* **faire ~ avec qn** mit jdm in einer Mannschaft sein ➋ (*groupe*) Team *nt;* **l'~ de jour/ nuit/du matin/soir** die Tages-/Nacht-/ Früh-/Spätschicht; **en ~** im Team; SCOL in Gruppen

équipée [ekipe] *f* (*aventure*) |abenteuerliches| Unterfangen

équipement [ekipmã] *m* ➊ Ausrüstung *f;* (*d'un hôtel, hôpital*) Einrichtung *f;* (*d'une voiture*) Ausstattung *f* ➋ *souvent pl* (*installations*) Anlage *f;* **des ~s sportifs/collectifs** Sportanlagen/öffentliche Einrichtungen ➌ ADMIN **l'Equipement |du territoire|** ≈ die Landesplanungsbehörde

équiper [ekipe] <1> *vpr* **s'~ en qc** sich mit etw ausrüsten

équipier, -ière [ekipje, -jɛʀ] *m, f* |Mannschafts|kamerad(in) *m(f)*

équitable [ekitabl] *adj* gerecht

équitablement [ekitabləmã] *adv* gerecht

équitation [ekitasjɔ̃] *f* Reiten *nt;* **faire de l'~** reiten

équité [ekite] *f* (*d'un jugement, d'une loi*) Angemessenheit *f*

équivalence [ekivalãs] *f* ➊ Gleichwertigkeit *f* ➋ UNIV Äquivalenz *f;* **elle obtient une ~ pour qc** ihr wird etw anerkannt

équivalent [ekivalã] *m* Entsprechende(s) *nt;* (*d'un mot*) Entsprechung *f;* **sans ~** ohnegleichen

équivalent, e [ekivalã, ãt] *adj* (*part, forme*) gleich; (*diplôme*) gleichwertig; (*expression*) gleichbedeutend

équivaloir [ekivalwaʀ] <irr> *vi* **~ à qc** einer S. (*dat*) entsprechen

équivoque [ekivɔk] *adj* ➊ (*ambigu*) zweideutig ➋ (*louche*) zwielichtig

érable [eʀabl] *m* Ahorn *m*

éradication [eʀadikasjɔ̃] *f* Ausrotten *nt*

éradiquer [eʀadike] <1> *vt* ausrotten

érafler [eʀafle] <1> **I.** *vt* **~ qn/qc** jdn/etw zerkratzen; (*balle*) jdn/etw streifen; **être éraflé** (*genou*) aufgeschürft sein **II.** *vpr* **s'~ qc** sich (*dat*) etw zerkratzen; **s'~ le genou** sich (*dat*) das Knie aufschürfen

éraflure [eʀaflyʀ] *f* Schramme *f*

ère [ɛʀ] *f* ➊ Zeitalter *nt,* Ära *f;* **~ industrielle** Industriezeitalter ➋ Zeitrechnung *f*

➌ GEO **~ tertiaire/quaternaire** Tertiär *nt/* Quartär *nt*

érection [eʀɛksjɔ̃] *f* Erektion *f*

éreintant, e [eʀɛ̃tã, ãt] *adj* aufreibend

éreinté, e [eʀɛ̃te] *adj* |völlig| erschöpft

érémiste [eʀemist] *mf* Sozialhilfeempfänger(in) *m(f)*

ergonomique [ɛʀgɔnɔmik] *adj* ergonomisch

ériger [eʀiʒe] <2a> *vt form* (*monument*) errichten

ermitage [ɛʀmitaʒ] *m* Einsiedelei *f*

ermite [ɛʀmit] *m* Eremit *m*

éroder [eʀɔde] <1> *vt* (*vent*) erodieren; (*pluie, eau*) auswaschen

érogène [eʀɔʒɛn] *adj* (*zone*) erogen

érosion [eʀozjɔ̃] *f* Erosion *f*

érotique [eʀɔtik] *adj* erotisch

érotisme [eʀɔtism] *m* Erotik *f*

errant, e [eʀã, ãt] *adj* umherirrend; **vie ~e** Nomadenleben *nt*

erratum [eʀatɔm, eʀata] <errata> *m* Druckfehler *m*

errer [eʀe] <1> *vi* umherirren; (*animal*) streunen(*pej*) umherirren

erreur [eʀœʀ] *f* ➊ (*faute*) Fehler *m* ➋ (*idée/ opinion erronée*) Irrtum *m;* **~ d'ordinateur/de système** Computer-/Systemfehler; **~ d'appréciation/de jugement** Fehleinschätzung *f*/Fehlurteil *nt;* **raccrochez! c'est une ~ |de numéro|** legen Sie auf! Sie haben sich verwählt; **~ judiciaire** Justizirrtum; **~ médicale** |ärztlicher| Kunstfehler; **il y a ~/n'y a pas d'~** hier liegt ein/ kein Irrtum vor; **j'ai commis une ~** mir ist ein Fehler unterlaufen; **être dans l'~** im Irrtum sein; **faire ~** sich irren; **induire qn en ~** jdn irreführen; **par ~** aus Versehen; **sauf ~ de ma part** wenn ich mich nicht täusche ▶**l'~ est humaine** *prov* Irren ist menschlich (*prov*)

erroné, e [eʀɔne] *adj* irrig

ersatz [ɛʀsats] *m inv* **~ de café/savon** Kaffee-/Seifenersatz *m*

érudit, e [eʀydi, it] *adj* gelehrt

érudition [eʀydisjɔ̃] *f* Gelehrsamkeit *f*

éruption [eʀypsjɔ̃] *f* GEO Ausbruch *m*

es [ɛ] *indic prés de* **être**

escabeau [ɛskabo] *m* |Tritt|leiter *f*

escadrille [ɛskadʀij] *f* MIL Staffel *f*

escadron [ɛskadʀɔ̃] *m* (*de cavalerie*) Schwadron *f;* (*de chasseurs, gendarmerie*)

Staffel *f*

escalade [ɛskalad] *f* ❶ Erklettern *nt;* **faire l'~ d'une montagne** auf einen Berg steigen ❷ (*sport*) Bergsteigen/Klettern *nt,* Klettersport *m;* **faire de l'~** klettern ❸ (*surenchère*) [schneller] Anstieg; **au Pérou, c'est l'~ de la violence** in Peru eskaliert die Gewalt

escalader [ɛskalade] <1> *vt* ❶ (*montagne*) steigen auf (+ *akk*) ❷ (*grille, mur*) steigen über (+ *akk*)

escalator [ɛskalatɔʀ] *m* Rolltreppe *f*

escale [ɛskal] *f* ❶ NAUT Zwischenstopp *m* ❷ AVIAT Zwischenlandung *f*

escalier [ɛskalje] *m sing o pl* Treppe *f;* **~ roulant** Rolltreppe; **~ de service** Hintertreppe; **être dans l'~** im Treppenhaus sein; **tomber dans les ~s** die Treppe hinunter-/ herunterfallen

escalope [ɛskalɔp] *f* Schnitzel *nt*

escamotable [ɛskamɔtabl] *adj* (*antenne*) einschiebbar

escamoter [ɛskamɔte] <1> *vt* (*train d'atterrissage*) einfahren; (*antenne*) einziehen

escapade [ɛskapad] *f* Eskapade *f*

escargot [ɛskaʀɡo] *m* ❶ ZOOL, GASTR Schnecke *f* ❷ (*personne*) **rouler comme un ~** im Schneckentempo fahren (*fam*)

escarmouche [ɛskaʀmuʃ] *f* MIL Gefecht *nt*

escarpé, e [ɛskaʀpe] *adj* (*montagne*) steil [aufragend]

escarpin [ɛskaʀpɛ̃] *m* Pumps *m*

esclaffer [ɛsklafe] <1> *vpr* **s'~** schallend [los]lachen

esclavage [ɛsklavaʒ] *m* Sklaverei *f*

esclave [ɛsklav] **I.** *adj* versklavt; **~ de qn/ qc** jdm/einer S. verfallen **II.** *mf* Sklave/ Sklavin *m/f*

escompte [ɛskɔ̃t] *m* COM Skonto *nt o m*

escompter [ɛskɔ̃te] <1> *vt* FIN diskontieren

escorte [ɛskɔʀt] *f* Eskorte *f;* (*d'un prisonnier*) Wache *f*

escorter [ɛskɔʀte] <1> *vt* ❶ (*personne*) geleiten ❷ (*protéger*) eskortieren

escrime [ɛskʀim] *f* Fechten *nt*

escroc [ɛskʀo] *m* Betrüger(in) *m(f)*

escroquer [ɛskʀɔke] <1> *vt* **~ qn de mille euros** jdn um 1000 Euro betrügen

escroquerie [ɛskʀɔkʀi] *f* Betrug *m,* Schwindel *m*

ésotérique [ezɔteʀik] *adj* esoterisch

espace [ɛspas] **I.** *m* ❶ (*place*) Platz *m;* **~** vide Zwischenraum *m;* **~ publicitaire** Werbefläche *f* ❷ (*zone*) Gebiet *nt fig* Raum *m;* **~ vert** Grünfläche *f* ❸ (*cosmos*) Weltraum *m;* MATH Raum *m;* **~ aérien** Luftraum *m* ❹ (*distance*) Abstand *m,* Zwischenraum *m* ❺ (*durée*) **~** [de temps] Zeitraum *m* ❻ TYP, INFORM Leerstelle *f* **II.** *f* TYP Leerzeichen *nt*

espacement [ɛspasmɑ̃] *m* Abstand *m*

espacer [ɛspase] <2> **I.** *vt* (*élèves*) auseinander setzen; **~ les lignes un peu plus** etwas mehr Abstand zwischen den Zeilen lassen **II.** *vpr* **s'~** seltener werden

espadon [ɛspadɔ̃] *m* ZOOL Schwertfisch *m*

espadrille [ɛspadʀij] *f* ❶ Espandrillo *m* ❷ CAN (*basket*) Turnschuh *m*

Espagne [ɛspaɲ] *f* **l'~** Spanien *nt*

espagnol [ɛspaɲɔl] *m* Spanisch *nt; v.a.* **allemand**

espagnol, e [ɛspaɲɔl] *adj* spanisch; *v.a.* **allemand**

Espagnol, e [ɛspaɲɔl] *m, f* Spanier(in) *m(f)*

espèce [ɛspɛs] *f* ❶ (*catégorie*) Art *f;* **~ animale/de rosiers** Tier-/Rosenart; **~ canine** Hunderasse *f;* **l'~** [humaine] das Menschengeschlecht ❷ *souvent péj* (*sorte*) Art *f;* **c'est un(e) ~ de pot de chambre** das ist so eine Art Nachttopf (*fam*); **~ d'imbécile!** *fam* |du/Sie/so ein| Blödmann!/|du/Sie/so eine| blöde Kuh!; **de ton/cette/de la pire ~** *fam* von deiner/dieser/der schlimmsten Sorte ❸ *pl* (*argent liquide*) Bargeld *nt;* **régler en ~s** bar bezahlen

espérance [ɛspeʀɑ̃s] *f* ❶ (*confiance*) Zuversicht *f* ❷ (*espoir*) Hoffnung *f;* **donner de grandes ~s** viel versprechend sein; **fonder de grandes ~s sur qn/qc** große Hoffnungen auf jdn/etw setzen; **dans l'~ de faire qc/que** + *subj* in der Hoffnung etw zu tun/, dass ❸ (*durée*) **~ de vie** Lebenserwartung *f*

espérer [ɛspeʀe] <5> **I.** *vt* ❶ (*souhaiter*) hoffen auf (+ *akk*); **je l'espère bien** das hoffe ich [doch] sehr; **nous espérons vous revoir bientôt** wir hoffen Sie bald wieder zu sehen; **j'espère n'avoir rien oublié** ich hoffe, ich habe nichts vergessen ❷ (*compter sur*) rechnen mit (+ *dat*), erwarten **II.** *vi* hoffen; **espérons!** hoffentlich!

espiègle [ɛspjɛɡl] *adj* schelmisch

espièglerie [ɛspjɛɡləʀi] *f* Schalk *m*

espion, ne [ɛspjɔ̃, jɔn] **I.** *m, f* Spion(in) *m(f)*

II. *app* (*satellite-, avion-*) Spionage-

espionnage [ɛspjɔnaʒ] *m* Spionage *f;* **les services d'~** der Spionagedienst; **~ industriel** Industriespionage; **d'~** (*film, roman*) Spionage-

espionner [ɛspjɔne] <1> *vt* ausspionieren; (*conversation*) [heimlich] belauschen; **~ qn** jdm nachspionieren

esplanade [ɛsplanad] *f* [großer, freier] [Vor]platz

espoir [ɛspwaʀ] *m* ❶ Hoffnung *f;* **sans ~** hoffnungslos; (*amour*) aussichtslos; **conserver l'~/ne pas perdre ~** die Hoffnung nicht aufgeben; **enlever tout ~ à qn** jdm jede Hoffnung nehmen; **tu as encore l'~ que...?** + *subj* glaubst du wirklich noch, dass...?; **je garde l'~ qu'il viendra** ich gebe die Hoffnung nicht auf, dass er kommt; **dans l'~ de faire qc** in der Hoffnung etw zu tun ❷ (*personne, chose*) Hoffnung *f;* **les ~s de la boxe française** der Nachwuchs des französischen Boxsports

esprit [ɛspʀi] *m* ❶ (*pensée*) Geist *m,* Verstand *m;* **avoir l'~ clair/vif** einen klaren/regen Verstand haben; **avoir l'~ étroit/large** engstirnig/großzügig sein; **avoir l'~ libre/pratique** ein unabhängig denkender/praktischer Mensch sein ❷ (*tête*) **avoir qn/qc à l'~** jdn/etw im Sinn haben; **une idée me traverse l'~** eine Idee geht mir durch den Kopf; **une idée/un mot me vient à l'~** mir fällt [gerade] etw/ein Wort ein; **dans mon/son ~** meiner/seiner/ihrer Meinung nach; **avoir l'~ ailleurs** mit seinen Gedanken woanders sein ❸ (*humour*) Geist *m,* Witz *m;* **plein d'~** äußerst geistreich; **faire de l'~** witzig sein wollen ❹ (*personne*) **~ libre** Freidenker(in) *m(f)* ❺ (*humeur*) **les ~s** die Gemüter *Pl* ❻ (*caractère*) **avoir bon/mauvais ~** umgänglich/aufsässig sein ❼ (*intention, prédisposition*) Sinn *m;* **dans cet ~** in diesem Sinne; **l'~ français** die französische Wesensart; **avoir l'~ de compétition/de contradiction/d'équipe** Kampf-/Widerspruchs-/Mannschaftsgeist haben; **avoir l'~ de famille** Familiensinn haben; **avoir l'~ d'observation** eine gute Beobachtungsgabe haben; **l'~ de sacrifice** die Opferbereitschaft; **avoir l'~ d'entreprise** unternehmungslustig sein ▶**reprendre ses ~s** sich wieder fassen

esquimau, de [ɛskimo, -od] <x> *adj* Eskimo-; **le peuple ~** die Eskimos *Pl*

esquimau®¹ [ɛskimo] <x> *m* GASTR *Eis am Stiel mit Schokoladenüberzug*

esquimau² [ɛskimo] *m* Eskimoisch *nt; v.a.* **allemand**

Esquimau, de [ɛskimo, -od] *m, f* Eskimo/Eskimofrau *m/f*

esquinté, e [ɛskɛ̃te] *adj fam* kaputt

esquinter [ɛskɛ̃te] <1> I. *vt fam* ❶ (*chose*) kaputtmachen; (*personne*) vermöbeln; (*voiture*) ramponieren ❷ (*santé*) ruinieren II. *vpr fam* **s'~** (*chose*) kaputtgehen; (*personne*) sich kaputtmachen; **s'~ les yeux** sich (*dat*) die Augen verderben; **s'~ à faire qc** sich damit abplagen etw zu tun

esquisse [ɛskis] *f* ❶ ART, IND Skizze *f,* Entwurf *m;* **dessiner une ~ de qc** etw skizzieren ❷ (*d'un sourire*) Andeutung *f* ❸ (*présentation rapide*) Abriss *m,* Überblick *m*

esquisser [ɛskise] <1> I. *vt* ❶ *a.* ART skizzieren ❷ (*sourire*) andeuten II. *vpr* **s'~** (*silhouette, solution*) sich abzeichnen; **s'~ sur le visage de qn** (*sourire*) über jds Gesicht (*akk*) huschen

esquiver [ɛskive] <1> I. *vt* (*éviter*) [geschickt] ausweichen (+ *dat*) II. *vpr* **s'~** sich wegstehlen

essai [ɛsɛ] *m* ❶ *gén pl* (*test*) Versuch *m;* (*d'un appareil, médicament*) Test *m;* **~s nucléaires** Atom[waffen]tests *Pl;* **faire l'~ de qc** etw ausprobieren; **à l'~** auf Probe; **mettre qn à l'~** jdn auf die Probe stellen ❷ (*tentative*) Versuch *m;* **ne pas en être à son premier ~** das nicht zum ersten Mal machen ❸ SPORT Versuch *m;* (*en sport automobile*) Trainingsrunde *f* ❹ LITTER Essay *m o nt*

essaim [ɛsɛ̃] *m* Schwarm *m*

essaimer [ɛseme] <1> *vi* (*abeilles*) schwärmen

essayage [ɛsɛjaʒ] *m* Anprobe *f*

essayer [ɛseje] <7> I. *vt* ❶ (*chaussures, vêtement*) [an]probieren; (*nourriture, méthode*) [aus]probieren; (*boucher, coiffeur*) ausprobieren; **~ un médicament sur qn/une souris** an jdm/einer Maus ein Medikament testen ❷ (*tenter*) **~ qc** es mit etw versuchen II. *vi* versuchen; **ça ne coûte rien d'~** Probieren kostet nichts

essence [esɑ̃s] *f* ❶ Benzin *nt;* **prendre de l'~** tanken ❷ (*nature profonde*) Wesentliche(s) nt

essentiel [esɑ̃sjɛl] m ❶ (le plus important) l'~ das Wesentliche; **pour l'~** im Wesentlichen; **tu es en bonne santé? c'est l'~** du bist gesund? das ist die Hauptsache; **l'~ est que** + subj das Wichtigste ist, dass; **aller à l'~** zur Sache kommen ❷ (la plus grande partie) **l'~ de qc** das Gros einer S. (gen)

essentiel, le [esɑ̃sjɛl] adj ❶ wesentlich; (changement) grundlegend ❷ (indispensable) **être ~ à qc/pour faire qc** unentbehrlich für etw sein/unentbehrlich sein um etw zu tun ❸ PHILOS essenziell

essentiellement [esɑ̃sjɛlmɑ̃] adv im Wesentlichen

essieu [esjø] <x> m TECH, AUT [Rad]achse f

essor [esɔʀ] m Aufschwung m

essorage [esɔʀaʒ] m Schleudern nt

essorer [esɔʀe] <1> vt, vi schleudern

essoreuse [esɔʀøz] f (à linge) [Wäsche]schleuder f

essouffler [esufle] <1> I. vt außer Atem bringen; **être complètement essoufflé** völlig außer Atem sein II. vpr **s'~ à faire qc** außer Atem kommen, wenn man etw tut; fig bei etw nicht mehr mithalten können

essuie-glace [esɥiglas] <essuie-glaces> m Scheibenwischer m **essuie-mains** [esɥimɛ̃] m inv Handtuch nt **essuie-tout** [esɥitu] m inv Küchentuch nt

essuyer [esɥije] <6> I. vt ❶ abtrocknen; (larmes) trocknen (geh) ❷ (éponger) wegwischen; (de l'eau par terre) aufwischen ❸ (meubles) abstauben; (chaussures) abputzen ❹ (échec, perte) erleiden; (reproches, coups) hinnehmen müssen; (refus) bekommen II. vpr ❶ (se sécher) **s'~** sich abtrocknen ❷ (se nettoyer) **s'~ les pieds** sich (dat) die Füße abputzen

est¹ [ɛ] indic prés de **être**

est² [ɛst] I. m sans pl l'~ der Osten; **les régions de l'~** die Gebiete im Osten; **l'Europe de l'~** Osteuropa nt; **à l'~** (vers le point cardinal) nach Osten; (dans/vers la région) im/in den Osten; **à l'~ de qc** östlich von etw; **être exposé à l'~** nach Osten gehen; **dans l'~ de** im Osten von; **de l'~** aus dem Osten; **vent d'~** Ostwind m; **d'~ en ouest** von Ost[en] nach West[en]; **vers l'~** nach Osten II. adj inv Ost-; (banlieue, longitude) östlich

Est [ɛst] m sans pl l'~ der Osten; **l'autoroute de l'~** die Autobahn nach Osten; **les régions de l'~** die Gebiete im Osten; **les gens de l'~** die Leute aus dem Osten; **l'Europe de l'~** Osteuropa nt; **les pays de l'~** die osteuropäischen Staaten; **le bloc de l'~** der Ostblock

est-allemand, e [ɛstalmɑ̃, ɑ̃d] adj ostdeutsch

est-ce que [ɛskə] adv ne se traduit pas **où ~ tu vas?** wohin gehst du?

esthète [ɛstɛt] mf Ästhet(in) m(f)

esthéticien, ne [ɛstetisjɛ̃, jɛn] m, f Kosmetiker(in) m(f)

esthétique [ɛstetik] I. adj ästhetisch II. f Ästhetik f

estimable [ɛstimabl] adj ❶ (personne) respektabel; (travail) lobenswert ❷ (résultats) anständig

estimatif, -ive [ɛstimatif, -iv] adj **devis ~** Kostenvoranschlag m

estimation [ɛstimasjɔ̃] f (des dégâts) Schätzung f; (d'une somme) Veranschlagung f; **une première ~ des résultats** eine erste Hochrechnung der Ergebnisse; **faire une ~ de qc** etw schätzen; **faire une ~ rapide de qc** etw kurz überschlagen

estime [ɛstim] f [Hoch]achtung f; **digne d'~** achtenswert; **l'~ de soi-même** die Selbstachtung; **avoir de l'~ pour qn** jdn schätzen

estimer [ɛstime] <1> I. vt ❶ (dégâts) schätzen; (coûts, somme) veranschlagen; (résultat) beurteilen; **être estimé à cent euros/vingt morts** auf hundert Euro/zwanzig Tote geschätzt werden ❷ (considérer) **~ qc inutile** etw für unnötig halten; **~ avoir le droit de donner son avis** glauben das Recht zu haben seine Meinung zu sagen; **ne pas ~ que** + subj nicht glauben, dass ❸ (respecter) **~ qn pour ses qualités humaines** jdn wegen seiner menschlichen Qualitäten achten; **être estimé de tous** von allen hoch geschätzt werden II. vpr **s'~ heureux d'avoir été sélectionné** sich glücklich schätzen ausgewählt worden zu sein

estival, e [ɛstival, o] <-aux> adj Sommer-

estivant, e [ɛstivɑ̃, ɑ̃t] m, f Sommerurlauber(in) m(f)

estomac [ɛstɔma] m Magen m; **avoir mal à l'~** Magenschmerzen haben ▶**peser sur**

l'~ **à qn** jdm schwer im Magen liegen

estomaquer [ɛstɔmake] <1> vt fam verblüffen

estomper [ɛstɔ̃pe] <1> vt (contours, dessin) verwischen

Estonie [ɛstɔni] f l'~ Estland nt

estonien [ɛstɔnjɛ̃] m Estnisch nt; v.a. **allemand**

estonien, ne [ɛstɔnjɛ̃, jɛn] adj estnisch; v.a. **allemand**

Estonien, ne [ɛstɔnjɛ̃, jɛn] m, f Estländer(in) m(f), Este/Estin m/f

estrade [ɛstʀad] f Podium nt; (à l'université) Katheder nt; (pour un orchestre) Bühne f

estropié, e [ɛstʀɔpje] adj verkrüppelt

estropier [ɛstʀɔpje] <1a> vt zum Krüppel machen

estuaire [ɛstɥɛʀ] m Mündung f

estudiantin, e [ɛstydjɑ̃tɛ̃, in] adj studentisch

esturgeon [ɛstyʀʒɔ̃] m Stör m

et [e] conj ➊ und (dans des indications d'heures) nach; **à quatre heures ~ demie** um halb fünf ➌ (aussi bien ... que) ~ **son mari ~ son amant ...** sowohl ihr Mann als auch ihr Freund ... ➍ (et qui plus est) und zwar ▶~ **alors!** na und!

étable [etabl] f Stall m

établi, e [etabli] adj ➊ (ordre) allgemein gültig ➋ (vérité, fait) allgemein bekannt ➌ CH (installé) niedergelassen (CH)

établir [etabliʀ] <8> I. vt ➊ (usine) aufbauen; (centre de vacances) einrichten; (quartier général) aufschlagen ➋ (liste) zusammenstellen; (emploi du temps) ausarbeiten; (prix) festsetzen ➌ (facture, chèque) ausstellen; (constat) aufnehmen ➍ (comparaison) anstellen; (rapport) herstellen ➎ SPORT (record) aufstellen II. vpr s'~ ➊ (s'installer) sich niederlassen; (colonisateur) sich ansiedeln ➋ (professionnellement) sich niederlassen; **s'~ à son compte** sich selb(st)ständig machen ➌ (usage) sich einbürgern; (relations) sich entwickeln; (régime) sich etablieren; **le silence s'établit/s'établit de nouveau** es wird still/es kehrt wieder Ruhe ein

établissement [etablismɑ̃] m (institution) Einrichtung f, Anstalt f; (hôtel) Haus nt; (d'une banque, société) Niederlassung f; **aux ~s Dupond** bei [der Firma] Dupond; ~ **scolaire** Lehranstalt f; ~ **d'enseignement secondaire** Schule f der Mittel- und Oberstufe

étage [etaʒ] m (d'une maison) Stock|werk nt| m, Etage f; **immeuble à trois/quatre ~s** drei-/vierstöckiges Haus; **à l'~** oben

étager [etaʒe] <2a> vt (objets) auftürmen

étagère [etaʒɛʀ] f ➊ (tablette) [Regal]brett nt ➋ (meuble) Regal nt

étain [etɛ̃] m Zinn nt

étais [etɛ] imparf de **être**

étal [etal] <s> m Marktstand m

étalage [etalaʒ] m COM Ausstellen/-legen nt

étalement [etalmɑ̃] m (de papiers) Ausbreiten nt

étaler [etale] <1> I. vt ➊ (éparpiller) ausbreiten ➋ (exposer pour la vente) auslegen ➌ (peinture) auftragen; (gravier) verteilen ➍ (dans le temps) verteilen; **être étalé dans le temps** (réforme) sich über einen bestimmten Zeitraum erstrecken ➎ (connaissances) prahlen mit; (luxe) zur Schau stellen II. vpr ➊ **bien/mal s'~** (beurre) sich gut/schlecht streichen lassen; (peinture) sich gut/schlecht verarbeiten lassen ➋ (dans l'espace) s'~ (plaine, ville) sich ausbreiten/-dehnen ➌ (s'afficher) s'~ (inscription, nom) prangen ➍ (se vautrer) s'~ es sich (dat) bequem machen ➎ fam (tomber) **s'~** auf die Nase fallen ➏ **s'~ dans le temps** sich über einen bestimmten Zeitraum erstrecken

étalon [etalɔ̃] m Zuchthengst m

étalon-or [etalɔ̃ɔʀ] m sans pl Goldwährung m

étamine [etamin] f BOT Staubblatt nt

étanche [etɑ̃ʃ] adj wasserdicht

étanchéité [etɑ̃ʃeite] f **vérifier l'~ de qc** überprüfen, ob etw wasserdicht ist

étancher [etɑ̃ʃe] <1> vt (sang) stillen

étang [etɑ̃] m Teich m

étant [etɑ̃] part prés de **être**

étape [etap] f ➊ (trajet) Etappe f ➋ (lieu d'arrêt) Etappenziel nt ➌ (période dans la vie) Abschnitt m ➍ (période dans une évolution) Phase f; (dans la résolution d'un problème) Schritt m; ~ **de la vie** Lebensabschnitt m; **faire qc par ~s** etw schrittweise machen

état [eta] m ➊ Zustand m; (des recherches) Stand m; ~ **d'urgence** Notstand; **dans l'~ actuel des choses** beim gegenwärtigen Stand der Dinge; ~ **physique** körperliche Verfassung; ~ **de santé** Gesundheits-

E

zustand; **être en ~ de marche** (*voiture*) fahren; (*machine*) funktionieren; **être en ~ de faire qc** in der Lage sein etw zu tun ➋ (*des recettes, dépenses*) Verzeichnis *nt*, Aufstellung *f* ▶~ **d'esprit** Einstellung *f* ~ **civil** Personenstand *m;* (*service*) Standesamt *nt, ≈* Einwohnermeldeamt *nt*

État [eta] *m* POL Staat *m; ~* **de droit** Rechtsstaat; **~s membres de l'UE** EU-Mitgliedstaaten

état-major [etamaʒɔʀ] <états-majors> *m* MIL Generalstab *m*

états-unien, ne [etazynjɛ̃, jɛn] *adj* US-amerikanisch **États-Unien, ne** [etazynjɛ̃, jɛn] *m, f* US-Amerikaner(in) *m(f)* **États-Unis** [etazyni] *mpl* **les ~ d'Amérique** die Vereinigten Staaten von Amerika

étau [eto] <x> *m* Schraubstock *m*

étayer [eteje] <7> *vt* |ab|stützen

etc [ɛtseteʀa] *abr de* **et cætera, et cetera** usw.

été¹ [ete] *m* Sommer *m; v.a.* **automne**

été² [ete] *part passé de* **être**

éteindre [etɛ̃dʀ] <irr> **I.** *vt* ➊ ausmachen; (*radio*) abstellen; (*chauffage*) abdrehen; (*four*) abschalten; (*bougie*) ausblasen; (*feu*) löschen; (*cigarette*) ausdrücken ➋ (*~ la lumière de*) ~ **la pièce/l'escalier** im Zimmer/auf der Treppe das Licht ausmachen **II.** *vi* das Licht ausmachen **III.** *vpr* **s'~** ausgehen

éteint, e [etɛ̃, ɛ̃t] **I.** *part passé de* **éteindre** **II.** *adj* (*bougie, cigarette*) aus|gegangen|; (*volcan*) inaktiv

étendard [etɑ̃daʀ] *m* Standarte *f*

étendre [etɑ̃dʀ] <14> **I.** *vt* ➊ (*coucher*) hinlegen ➋ (*tapis*) ausrollen; ~ **une couverture sur qn** eine Decke über jdm ausbreiten ➌ (*faire sécher*) aufhängen ➍ (*bras, jambes*) ausstrecken; (*ailes*) ausbreiten **II.** *vpr* ➊ (*se reposer*) **s'~** sich hinlegen; (*s'allonger*) sich ausstrecken ➋ (*s'appesantir*) **s'~ sur qc** sich über etw (*akk*) auslassen ➌ (*augmenter*) **s'~** (*épidémie, incendie*) um sich greifen; (*tache*) sich vergrößern; (*ville, pouvoir*) wachsen; (*connaissances, cercle*) sich erweitern

étendu, e [etɑ̃dy] **I.** *part passé de* **étendre** **II.** *adj* ➊ (*personne, jambes*) ausgestreckt; (*ailes*) ausgebreitet ➋ (*vaste*) ausgedehnt; (*plaine, vue*) weit; (*ville*) groß ➌ (*connaissances*) umfangreich; (*pouvoir*) weit reichend

étendue [etɑ̃dy] *f* ➊ (*d'un pays*) Ausdehnung *f* ➋ (*espace*) Weite *f*, Fläche *f;* **de vastes ~s de forêts** große Waldgebiete ➌ (*d'une catastrophe*) Ausmaß *nt;* **l' ~ des connaissances de qn** jds umfassende Kenntnisse

éternel, le [etɛʀnɛl] *adj* ➊ (*qui dure longtemps*) ewig; (*regrets*) tief; (*recommencement*) ständig ➋ *antéposé* (*inévitable*) unvermeidlich ➌ *antéposé péj* (*sempiternel*) ewig

éternellement [etɛʀnɛlmɑ̃] *adv* ewig; (*depuis toujours*) schon immer; (*sans arrêt*) immer

éterniser [etɛʀnize] <1> *vpr* **s'~** ➊ (*traîner*) sich hinziehen ➋ *fam* (*s'attarder*) ewig bleiben; **s'~ sur un sujet** sich endlos über ein Thema auslassen

éternité [etɛʀnite] *f* Ewigkeit *f*

éternuement [etɛʀnymɑ̃] *m gén pl* Niesen *nt kein Pl*

éternuer [etɛʀnɥe] <1> *vi* niesen

êtes [ɛt] *indic prés de* **être**

étêter [etete] <1> *vt* (*arbre*) kappen

éther [etɛʀ] *m* Äther *m*

Éthiopie [etjɔpi] *f* **l'~** Äthiopien *nt*

éthiopien [etjɔpjɛ̃] *m* Äthiopisch *nt; v.a.* **allemand**

éthiopien, ne [etjɔpjɛ̃, jɛn] *adj* äthiopisch; *v.a.* **allemand**

Éthiopien, ne [etjɔpjɛ̃, jɛn] *m, f* Äthiopier(in) *m(f)*

éthique [etik] *adj* ethisch

ethnie [ɛtni] *f* Volksstamm *m*

ethnique [ɛtnik] *adj* ethnisch

ethnologie [ɛtnɔlɔʒi] *f* Ethnologie *f*

ethnologue [ɛtnɔlɔg] *mf* Ethnologe *m/*Ethnologin *f*

éthylique [etilik] *adj* Alkohol-

éthylisme [etilism] *m* Alkoholismus *m*

étincelant, e [etɛ̃s(ə)lɑ̃, ɑ̃t] *adj* ➊ (*scintillant*) glitzernd ➋ (*couleurs*) leuchtend ➌ (*regard*) strahlend

étinceler [etɛ̃s(ə)le] <3> *vi* (*or, diamant*) funkeln; (*couteau, lame*) blitzen; (*étoile*) blinken

étincelle [etɛ̃sɛl] *f* Funke|n| *m* ▶**cela fait des ~s** *fam* es funkt

étiqueter [etikte] <3> *vt* etikettieren

étiquette [etikɛt] *f* ➊ (*marque*) Etikett *nt;* (*sur un paquet*) Aufschrift *f* ➋ (*adhésif*) Aufkleber *m*; (*de prix*) Preisschild *nt* ❸ (*protocole*) l'~ die Etikette ❹ INFORM (*label*) Label *nt*

étirer [etiʀe] <1> *vpr* **s'~** ❶ (*s'allonger*) sich strecken ❷ (*textile*) sich dehnen

étoffe [etɔf] *f* Stoff *m*

étoffé, e [etɔfe] *adj* LITTER (*style*) reich, üppig

étoffer [etɔfe] <1> *vt* LITTER (*récit*) ausbauen, ausschmücken

étoile [etwal] *f* ❶ Stern *m*; ~ **filante** Sternschnuppe *f*; ~ **du berger** Abendstern ❷ (*d'un hôtel, général*) Stern *m*; **restaurant cinq ~s** Fünf-Sterne-Restaurant ▸**coucher à la belle ~** unter freiem Himmel schlafen

étoilé, e [etwale] *adj* (*nuit*) stern[en]klar

étole [etɔl] *f* Stola *f*

étonnant [etɔnɑ̃] *m* l'~ **est que** + *subj* das Erstaunliche daran ist, dass

étonnant, e [etɔnɑ̃, ɑ̃t] *adj* erstaunlich; **c'est ~, ...** das ist aber merkwürdig, ...; **ce n'est pas ~** das ist kein Wunder

étonné, e [etɔne] *adj* erstaunt

étonnement [etɔnmɑ̃] *m* Verwunderung *f*, Erstaunen *nt*

étonner [etɔne] <1> **I.** *vt* erstaunen **II.** *vpr* **s'~ de qc** sich über etw (*akk*) wundern; **s'~ que** + *subj* sich darüber wundern, dass

étouffant, e [etufɑ̃, ɑ̃t] *adj* (*chaleur*) drückend; (*air*) stickig

étouffé, e [etufe] *adj* (*personne*) erstickt; (*bruit, son*) gedämpft; (*rires*) unterdrückt

étouffement [etufmɑ̃] *m sans pl* Ersticken *nt*

étouffer [etufe] <1> **I.** *vt* ❶ ersticken; **cette chaleur m'étouffe** diese Hitze bringt mich um (*fam*) ❷ (*feu*) löschen ❸ (*bruit*) dämpfen ❹ (*sanglot*) ersticken ❺ (*scandale*) vertuschen; (*rumeur*) aus der Welt schaffen; (*opposition*) zum Schweigen bringen ❻ (*révolte*) niederschlagen **II.** *vi* ❶ (*mourir*) ersticken ❷ (*suffoquer*) keine Luft mehr bekommen; **on étouffe ici!** hier erstickt man ja! **III.** *vpr* **s'~** ersticken

étourderie [etuʀdəʀi] *f* ❶ *sans pl* (*caractère*) Unbesonnenheit *f* ❷ (*acte*) Leichtsinn *m*

étourdi, e [etuʀdi] **I.** *adj* leichtsinnig **II.** *m, f* leichtsinniger Mensch

étourdiment [etuʀdimɑ̃] *adv* gedankenlos

étourdir [etuʀdiʀ] <8> **I.** *vt* ❶ (*assommer*) betäuben ❷ (*abrutir*) ~ **qn** (*mouvement*) jdn ganz schwind[e]lig machen; (*paroles*) jdn ganz benommen machen ❸ (*enivrer*) ~ **qn** (*parfum*) jdn regelrecht betäuben; **le vin l'étourdit** der Wein steigt ihr/ihm zu Kopf **II.** *vpr* **s'~** sich betäuben

étourdissant, e [etuʀdisɑ̃, ɑ̃t] *adj* (*bruit*) [ohren]betäubend; (*succès*) überwältigend; (*personne*) umwerfend; (*rythme*) atemberaubend

étourdissement [etuʀdismɑ̃] *m* Schwindelgefühl *nt*, Schwindelanfall *m*

étourneau [etuʀno] <x> *m* ZOOL Star *m*

étrange [etʀɑ̃ʒ] *adj* seltsam

étrangement [etʀɑ̃ʒmɑ̃] *adv* seltsam

étranger [etʀɑ̃ʒe] *m* (*pays*) l'~ das Ausland; **séjour à l'~** Auslandsaufenthalt *m*

étranger, -ère [etʀɑ̃ʒe, -ɛʀ] **I.** *adj* ❶ (*d'un autre pays*) ausländisch; (*politique*) Außen-; (*affaires*) auswärtig; (*travailleur*) Gast-; (*langue, corps*) Fremd- ❷ (*d'un autre groupe*) fremd; **être ~ à la famille** nicht zur Familie gehören ❸ (*non familier*) fremd; (*usage, notion*) unbekannt ❹ (*extérieur*) **être ~ à une affaire** in eine Affäre nicht verwickelt sein **II.** *m, f* ❶ (*d'un autre pays*) Ausländer(in) *m(f)* ❷ (*d'une autre région*) Fremde(r) *f(m)*

étrangeté [etʀɑ̃ʒte] *f sans pl* Seltsamkeit *f*, Eigenartigkeit *f*

étranglement [etʀɑ̃gləmɑ̃] *m* Erwürgen *nt*, Erdrosseln *nt*

étrangler [etʀɑ̃gle] <1> **I.** *vt* ❶ (*tuer*) erwürgen; ~ **un animal** einem Tier den Hals umdrehen ❷ (*serrer le cou*) ~ **qn** (*cravate*) jdm den Hals zuschnüren; (*émotion, fureur*) jdm die Kehle zuschnüren **II.** *vpr* **s'~ avec qc** ❶ (*mourir*) sich mit etw strangulieren ❷ (*en mangeant*) sich an etw (*dat*) verschlucken

être [ɛtʀ] <irr> **I.** *vi* ❶ (*pour qualifier*) sein ❷ (*pour indiquer la date, la période*) **quel jour sommes-nous?** was ist heute für ein Tag?; **on est le 2 mai/mercredi** es ist der 2. Mai/Mittwoch ❸ (*pour indiquer le lieu*) sein; **le stylo est là, sur le bureau** der Kuli liegt da, auf dem Schreibtisch; **le vase est là, sur la table** die Vase steht da, auf dem Tisch; **les clés sont là, dans la serrure** die Schlüssel stecken da, im Schloss; **les clés sont là, au crochet** die Schlüssel hängen da, am Haken ❹ (*appartenir*) ~ **à qn** jdm gehören ❺ (*travailler*) ~ **dans l'ensei-**

E

gnement/le textile im Bildungswesen/in der Textilindustrie beschäftigt sein ❻ *(pour indiquer l'activité en cour)* ~ **toujours à faire qc** ständig dabei sein etw zu tun ❼ *(pour exprimer une étape d'une évolution)* **où en es-tu de tes maths?** wie weit bist du mit deinen Matheaufgaben?; **en ~ à faire qc** gerade dabei sein etw zu tun; *(en arriver à)* so weit gekommen sein, dass man etw tut; **j'en suis à me demander si ...** ich frage mich inzwischen, ob ... ❽ *(attentif)* **ne pas ~ à ce qu'on fait** nicht [ganz] bei der Sache sein ❾ *(pour exprimer l'obligation)* **à faire** erledigt werden müssen; **ce livre est à lire absolument** dieses Buch muss man unbedingt gelesen haben ❿ *(provenir)* ~ **de qn** *(enfant, œuvre)* von jdm sein; ~ **d'une région/famille** aus einer Region/einer Familie kommen ⓫ *(vêtu de)* ~ **en costume** einen Anzug tragen ⓬ *au passé (aller)* **avoir été faire/acheter qc** etw gemacht/gekauft haben ⓭ *(exister)* sein; **la voiture la plus économique qui soit** das sparsamste Auto, das es gibt ▶**n'y ~ pour rien** nichts damit zu tun haben; **ça y est** *(c'est fini)* so; *(je comprends)* ach so; *(je te l'avais dit)* siehst du; **ça y est, voilà qu'il pleut!** jetzt haben wir die Bescherung, es regnet!; **ça y est?** *(alors)* was ist?; **n'est-ce pas?** nicht wahr? II. *vi impers* ❶ **il est impossible/étonnant ...** es ist unmöglich/erstaunlich, ... ❷ *(pour indiquer l'heure)* **il est dix heures/midi/minuit** es ist zehn [Uhr]/zwölf Uhr mittags/Mitternacht III. *aux* ❶ *(comme auxiliaire du passé actif)* ~ **venu** gekommen sein; **s'~ rencontrés** sich getroffen haben ❷ *(comme auxiliaire du passif)* **le sol est lavé chaque jour** der Boden wird jeden Tag geputzt IV. *m* ❶ *(opp: chose)* ~ **vivant** Lebewesen *nt* ❷ *(opp: animal)* ~ **humain** Mensch *m*

étreindre [etʀɛ̃dʀ] <irr> *vt (ami)* umarmen; *(adversaire)* umklammern, packen

étreinte [etʀɛ̃t] *f (d'un ami)* Umarmung *f*; *(d'un adversaire)* Umklammerung *f*

étrennes [etʀɛn] *fpl* Neujahrsgeschenk *nt*

étrier [etʀije] *m* Steigbügel *m*

étriller [etʀije] <1> *vt (cheval)* striegeln

étriper [etʀipe] <1> *vt* ❶ *(vider)* ausnehmen ❷ *fam (personne)* verdreschen

étriqué, e [etʀike] *adj (vêtement)* zu eng

étroit, e [etʀwa, wat] *adj* ❶ *(opp: large)* schmal; *(chaussures)* eng; **qn est à l'~ dans un vêtement** jdm ist ein Kleidungsstück zu eng ❷ *(opp: lâche: lien)* eng ❸ *(surveillance)* streng

étroitement [etʀwatmɑ̃] *adv (serré)* eng

étroitesse [etʀwatɛs] *f* **l'~ de sa jupe la gênait** ihr enger Rock behinderte sie

étude [etyd] I. *f* ❶ *(apprentissage)* Lernen *nt*, Studieren *nt*; **l'~ des mathématiques** das Studium der Mathematik ❷ *(de la nature)* Studium *nt*, Erforschung *f*; *(d'un dossier)* Studium; *(d'un projet)* Prüfung *f*, Untersuchung *f*; ~ **d'une question** Beschäftigung *f* mit einer Frage; ~ **de marché** Marktstudie *f* ❸ *(ouvrage)* ~ **sur qc** Studie über etw *(akk)* ❹ *(d'un notaire)* Kanzlei *f*, Büro *nt* ❺ SCOL *(moment)* ≈ Hausaufgabenbetreuung *f* in der Schule II. *fpl* ❶ SCOL Schulbildung *f*; ~**s primaires/secondaires** Grundschulbildung/Mittelstufen- und Oberstufenbildung *f*; **faire des** ~**s** eine Schule besuchen ❷ UNIV Studium *nt*; ~**s supérieures** Studium; **faire des** ~**s** studieren

In Frankreich sind **les études** nicht in Semester, sondern in Studienjahre eingeteilt. Ist man in einem Jahr gescheitert, kann man Nachholkurse belegen. Die Vorgabe der Studienzeit ist strenger und das System generell „verschulter". Dafür haben Studenten ihr Studium durchschnittlich mit 23 bis 24 Jahren abgeschlossen.

étudiant, e [etydjɑ̃, jɑ̃t] I. *adj* studentisch; *(vie, révolte)* Studenten- II. *m, f* Student(in) *m(f)*

étudié, e [etydje] *adj* ❶ *(soigné)* **jeu d'un acteur très** ~ gut einstudierte Rolle ❷ *(avantageux)* günstig

étudier [etydje] <1> I. *vt* ❶ *(leçon)* lernen; *(langue)* [er]lernen; *(cours)* nacharbeiten; *(rôle)* [ein]studieren; *(à l'université)* studieren; ~ **le piano/le violon** Klavier-/Geigespielen lernen ❷ *(faire des recherches)* untersuchen; *(nature)* beobachten; *(région)* erforschen ❸ *(en vue d'une décision, action)* studieren; *(dossier)* bearbeiten; *(plan)* prüfen; *(question)* sich befassen mit ❹ SCOL *(sujet)* sich beschäftigen mit; *(texte, auteur)* lesen ❺ *(personne)* studieren II. *vi* studieren

étui [etyi] *m* Etui *nt*

étuve [etyv] *f (à désinfection)* Sterilisator *m*

étymologie [etimɔlɔʒi] f Etymologie f

étymologique [etimɔlɔʒik] adj etymologisch

eu, e [y] part passé de **avoir**

eucalyptus [økaliptys] m Eukalyptus m

euh [ø] interj ❶ en tête d'un énoncé hm ❷ interrompant une énonciation (trou de mémoire) äh; (émotion, auto-correction) ach

eunuque [ønyk] m Eunuch m

euphémisme [øfemism] m Euphemismus m

euphorie [øfɔʀi] f Euphorie f

euphorique [øfɔʀik] adj euphorisch

EUR m abr de **euro** EUR

eurasien, ne [øʀazjɛ̃, jɛn] adj eurasisch

Eurasien, ne [øʀazjɛ̃, jɛn] m, f Eurasier(in) m(f)

euro [øʀo] m Euro m inv

euro centime m Cent m

eurochèque [øʀoʃɛk] m Eurocheque m

eurocrate [øʀokʀat] mf souvent péj Eurokrat(in) m(f)

eurodéputé, e [øʀodepyte] m, f Europaabgeordnete(r) f(m)

eurodevise [øʀod(ə)viz] f Euro-Währung f

Europe [øʀɔp] f l'~ Europa nt; l'~ **centrale/de l'Est/l'Ouest** Mittel-/Ost-/Westeuropa nt; l'~ **des Quinze** die 15 Mitgliedsländer der EU; **faire l'~** ein vereinetes Europa schaffen

européanisation [øʀɔpeanizasjɔ̃] f Europäisierung f

européaniser [øʀɔpeanize] <1> I. vt europäisieren II. vpr s'~ europäisiert werden

européen, ne [øʀɔpeɛ̃, ɛn] adj ❶ GEO (continent) europäisch; **les fleuves ~s** die Flüsse Europas ❷ POL, ECON europäisch; (parlement, élections) Europa-; **l'Union ~ne** die Europäische Union

Européen, ne [øʀɔpeɛ̃, ɛn] m, f Europäer(in) m(f)

européennes [øʀɔpeɛn] fpl (élections) **les ~** die Wahl zum Europaparlament

eurosignal [øʀosiɲal] m Notruf m

eus [y] passé simple de **avoir**

euthanasie [øtanazi] f Euthanasie f

eux [ø] pron pers, pl masculin ou mixte ❶ fam (pour renforcer) ~, **ils n'ont pas bu** die haben nicht getrunken ❷ avec une prép **avec/sans ~** mit ihnen/ohne sie ❸ dans une comparaison ou ❹ (soi) selbst; v.a. **lui**

eux-mêmes [ømɛm] pron pers sie selbst; v.a. **moi-même, nous-même**

évacuation [evakɥasjɔ̃] f ❶ (des habitants) Evakuierung f; (des blessés) Abtransport m; (d'une salle de tribunal) Räumung f ❷ (action de quitter) Räumung f; (d'un bateau) Verlassen nt ❸ (écoulement) Abfließen nt; **système d'~** Ablauf m; l'~ **des eaux usées se fait ...** das Abwasser wird ... geleitet ❹ CH (action de vider) ~ **des ordures** Kehrichtabfuhr f (CH)

évacuer [evakɥe] <1> vt ❶ MIL (ville) räumen ❷ (habitants) evakuieren; (blessés) abtransportieren ❸ (quitter) räumen; (bateau) verlassen ❹ (eaux usées) ablassen

évadé, e [evade] m, f entflohener Häftling

évader [evade] <1> vpr ❶ s'~ **de qc** aus etw ausbrechen ❷ (fuir) s'~ **du réel** vor der Realität flüchten

évaluation [evalɥasjɔ̃] f ❶ (des coûts) Überschlag m; (des risques) Abschätzung f; (des chances) Einschätzung f; (d'une fortune) Schätzung f ❷ (des dégâts) Schätzung f; ~ **des connaissances** SCOL Klassenarbeit f

évaluer [evalɥe] <1> vt (poids) schätzen; (distance) abschätzen; (chances) einschätzen

évangélique [evãʒelik] adj evangelisch

évangéliste [evãʒelist] m Evangelist m

évangile [evãʒil] m (texte, livre) Evangelium nt

Évangile [evãʒil] m l'~ das Evangelium

évanoui, e [evanwi] adj ❶ (personne) ohnmächtig ❷ (bonheur) vergangen; (rêve) geplatzt

évanouir [evanwiʀ] <8> vpr ❶ (perdre connaissance) s'~ ohnmächtig werden ❷ (disparaître) s'~ (image, fantôme) |ver|schwinden; (illusions) schwinden; (espoirs) zerrinnen

évanouissement [evanwismã] m Ohnmacht|sanfall m| f

évaporation [evapɔʀasjɔ̃] f Verdampfung f

évaporer [evapɔʀe] <1> vpr s'~ verdunsten

évasé, e [evaze] adj (jupe) ausgestellt

évaser [evaze] <1> vt (trou) vergrößern, erweitern

évasif, -ive [evazif, -iv] adj (réponse) ausweichend; (geste) vage; **devenir ~** ausweichen

évasion [evazjɔ̃] f ~ **de qn de prison** jds Ausbruch m aus dem Gefängnis

évêché [eveʃe] m Bistum nt

éveil [evɛj] m ❶ (état éveillé) **tenir qn en ~**

E

jdn wach halten ❷ (*réveil*) ~ **des sens/ d'un sentiment chez qn** Erwachen *nt* der Sinne bei jdm/eines Gefühls in jdm

éveillé, e [eveje] *adj* ❶ (*en état de veille*) wach ❷ (*alerte*) aufgeweckt; **esprit** ~ heller Kopf

éveiller [eveje] <1> I. *vt* ❶ (*attention*) erregen; (*désir*) wachrufen; (*soupçons*) wecken ❷ (*intelligence*) fördern II. *vpr* **s'~ à l'amour** seine ersten Erfahrungen in der Liebe machen

événement, évènement [evɛnmã] *m* Ereignis *nt;* **les ~s de mai 1968** *die politischen Unruhen im Mai 1968* ►**elle est dé-passée par les ~s** ihr wächst alles über den Kopf

éventail [evãtaj] <s> *m* Fächer *m*

éventé, e [evãte] *adj* (*terrasse*) windig; (*vin*) schal, abgestanden

éventer [evãte] <1> *vt* (*secret*) lüften, aufdecken

éventrer [evãtʀe] <1> *vt* ❶ (*tuer*) ~ **qn/un animal** jdm/einem Tier den Bauch aufschlitzen ❷ (*sac*) aufreißen; (*matelas*) aufschlitzen

éventualité [evãtɥalite] *f* ❶ **dans l'~ d'une guerre** im Falle eines Krieges ❷ (*possibilité*) Eventualität *f,* Möglichkeit *f*

éventuel, le [evãtɥɛl] *adj* möglich; (*successeur a.*) potenziell

éventuellement [evãtɥɛlmã] *adv* eventuell

évêque [evɛk] *m* Bischof *m*

évertuer [evɛʀtɥe] <1> *vpr* **s'~ à faire qc** sich abquälen etw zu tun

éviction [eviksjɔ̃] *f* Ausschaltung *f*

évidemment [evidamã] *adv* ❶ (*en tête de phrase*) natürlich ❷ (*en réponse*) na klar (*fam*) ❸ (*comme on peut le voir*) offenbar

évidence [evidãs] *f* ❶ *sans pl* (*caractère*) Offensichtlichkeit *f,* Offenkundigkeit *f;* **de toute** ~ ganz offensichtlich ❷ (*fait*) klare Tatsache; **se rendre à l'~** sich den Tatsachen beugen ❸ (*vue*) **être bien en ~** (*objet*) gut sichtbar sein

évident, e [evidã, ãt] *adj* ❶ (*progrès*) klar [erkennbar]; (*signe*) eindeutig; (*bonne volonté*) unbestreitbar ❷ (*clair*) **c'est ~ pour qn** das ist jdm klar; **il est ~ que ...** es versteht sich von selbst, dass ... ❸ (*visible*) offensichtlich; **il est ~ que ...** es ist offensichtlich, dass ... ►**c'est pas ~!** *fam* das ist gar nicht so einfach!

évider [evide] <1> *vt* aushöhlen

évier [evje] *m* Spüle *f*

évincer [evɛ̃se] <2> *vt* JUR vertreiben

évitable [evitabl] *adj* vermeidbar

éviter [evite] <1> I. *vt* ❶ (*erreur*) vermeiden; (*endroit*) meiden; ~ **de faire qc** es vermeiden etw zu tun ❷ (*corvée*) sich entziehen (+ *dat*); ~ **de faire qc** sich davor hüten etw zu tun ❸ (*fuir*) ausweichen (+ *dat*); (*regard*) ~ **qn** jdn meiden; (*essayer de ne pas rencontrer*) jdm aus dem Weg gehen ❹ (*empêcher: personne*) vermeiden; ~ **qc** etw verhindern; ~ **que qn [ne]** + *subj* verhindern, dass jd ❺ (*obstacle, coup*) ausweichen (+ *dat*) ❻ (*épargner*) ~ **qc à qn** jdm etw ersparen II. *vpr* ❶ **s'~** sich meiden; (*essayer de ne pas se rencontrer*) sich aus dem Weg gehen ❷ (*ne pas avoir*) **s'~ des soucis** sich (*dat*) Sorgen ersparen

évocateur, -trice [evɔkatœʀ, -tʀis] *adj* (*style*) anschaulich

évocation [evɔkasjɔ̃] *f* (*de souvenirs*) Wachrufen *nt*

évolué, e [evɔlɥe] *adj* (*pays, société*) [hoch]entwickelt; (*idées, personne*) liberal

évoluer [evɔlɥe] <1> *vi* ❶ (*chose, monde*) sich entwickeln; (*goûts, situation*) sich ändern ❷ (*se transformer*) sich verändern; ~ **vers qc** sich zu etw hin entwickeln ❸ MED (*maladie*) fortschreiten

évolution [evɔlysjɔ̃] *f* ❶ (*d'une personne, d'un phénomène*) Entwicklung *f;* (*des goûts, comportements*) Veränderung *f,* Wandel *m;* (*des sciences*) [Weiter]entwicklung *f;* **l'~ des techniques** der technische Fortschritt ❷ MED (*d'une maladie*) Fortschreiten *nt;* (*d'une tumeur*) Ausbreiten *nt* ❸ BIO Evolution *f*

évoquer [evɔke] <1> *vt* ❶ (*personne*) erinnern an (+ *akk*); (*fait, enfance*) in Erinnerung rufen; (*souvenirs*) wachrufen ❷ (*décrire*) schildern ❸ (*problème*) erwähnen; (*question, sujet*) anschneiden

ex [ɛks] *mf fam* Ex *mf*

ex, ex. [ɛks] *m abr de* **exemple** Bsp.

exacerbé, e [ɛgzasɛʀbe] *adj* übersteigert

exacerber [ɛgzasɛʀbe] <1> *vt* (*jalousie*) anstacheln

exact, e [ɛgzakt] *adj* ❶ genau; (*description*) präzis[e]; (*définition, valeur*) exakt; (*mot*) treffend; (*calculs, réponse*) korrekt; **c'est ~ que ...** es ist richtig, dass ... ❷ (*personne*) pünktlich

exactement [ɛgzaktəmɑ̃] *adv* genau; **c'est ~ ce que ...** das ist haargenau das, was ... (*fam*)

exaction [ɛgzaksjɔ̃] *f pl* (*violences*) Ausschreitungen *Pl*

exactitude [ɛgzaktityd] *f* ❶ (*précision*) Korrektheit *f*; (*des mesures*) Genauigkeit *f* ❷ (*ponctualité*) Pünktlichkeit *f*; **avec ~** (*arriver*) pünktlich

ex æquo [ɛgzeko] I. *adj inv* **être ~ en qc** in etw gleich stehen; (*équipes*) die gleiche Punktzahl haben II. *adv* (*classer*) gleich; (*arriver*) gleichzeitig III. *mpl* Kandidaten *Pl*/ Sportler *Pl* mit gleicher Punktzahl

exagération [ɛgzaʒeʁasjɔ̃] *f* Übertreibung *f*

exagéré, e [ɛgzaʒeʁe] *adj* übertrieben; (*prix*) überhöht; **être un peu ~** (*plaisanterie*) ein bisschen zu weit gehen

exagérer [ɛgzaʒeʁe] <5> I. *vt* (*attitude*) übertreiben; **il ne faut rien ~, n'exagérons rien** man soll nichts übertreiben II. *vi* ❶ (*amplifier en parlant*) übertreiben ❷ (*abuser*) es übertreiben

exaltant, e [ɛgzaltɑ̃, ɑ̃t] *adj* erhebend, begeisternd

exaltation [ɛgzaltasjɔ̃] *f* Begeisterung *f*

exalté, e [ɛgzalte] *adj* schwärmerisch; (*personne*) exaltiert

exalter [ɛgzalte] <1> *vt* (*faire vibrer: foule*) begeistern

examen [ɛgzamɛ̃] *m* ❶ (*des faits*) [Über]prüfung *f*; (*d'une proposition*) Prüfung; (*des empreintes digitales*) Untersuchung *f* ❷ MED, BIO Untersuchung *f* ❸ SCOL Prüfung *f*; UNIV [Abschluss]examen *nt*; **~ d'entrée** Aufnahmeprüfung ❹ JUR **mise en ~** Festnahme *f* mit gleichzeitiger Eröffnung eines Ermittlungsverfahrens

examinateur, -trice [ɛgzaminatœʁ, -tʁis] *m, f* Prüfer(in) *m(f)*

examiner [ɛgzamine] <1> *vt* ❶ prüfen; (*faits, causes*) [über]prüfen; (*dossier*) einsehen; (*texte, ouvrage*) genau durchlesen; (*objet, patient*) untersuchen ❷ (*regarder attentivement*) mustern

exaspérant, e [ɛgzaspeʁɑ̃, ɑ̃t] *adj* nervenaufreibend

exaspération [ɛgzaspeʁasjɔ̃] *f* Verzweiflung *f*

exaspérer [ɛgzaspeʁe] <5> *vt* **~ qn avec qc** jdn mit etw zur Verzweiflung bringen

exaucer [ɛgzose] <2> *vt* ❶ (*Dieu*) erhören ❷ (*vœu*) erfüllen

excédant, e [ɛksedɑ̃, ɑ̃t] *adj* lästig

excédent [ɛksedɑ̃] *m* Überschuss *m;* **~ de bagages** Gepäckübergewicht *nt*

excédentaire [ɛksedɑ̃tɛʁ] *adj* überschüssig

excéder [ɛksede] <5> *vt* (*poids, durée*) überschreiten; (*moyens, forces*) übersteigen

excellence [ɛkselɑ̃s] *f* Vorzüglichkeit *f*

excellent, e [ɛkselɑ̃, ɑ̃t] *adj* hervorragend

exceller [ɛksele] <1> *vi* **~ en musique/ dans son domaine** sich in der Musik/in seinem Bereich auszeichnen

excentré, e [ɛksɑ̃tʁe] *adj* (*région, quartier*) abgelegen

excentricité [ɛksɑ̃tʁisite] *f sans pl* Exzentrizität *f*; (*d'un vêtement*) Extravaganz *f*

excentrique [ɛksɑ̃tʁik] I. *adj* exzentrisch; (*tenue*) extravagant II. *mf* Exzentriker(in) *m(f)*

excepté [ɛksɛpte] *prép* außer (+ *dat*); **~ que/si** außer, dass; **avoir tout prévu, ~ ce cas** mit allem gerechnet haben, nur damit nicht

excepter [ɛksɛpte] <1> *vt* **~ qn de qc** jdn von etw ausnehmen

exception [ɛksɛpsjɔ̃] *f* Ausnahme *f;* **faire ~ à la règle** eine Ausnahme von der Regel bilden; **faire une ~ pour qn** bei jdm eine Ausnahme machen; **à l'~ de qn/qc** abgesehen von jdm/etw; **sauf ~** von Ausnahmen abgesehen

exceptionnel, le [ɛksɛpsjɔnɛl] *adj* ❶ außergewöhnlich; (*occasion*) einmalig ❷ (*prime, congé*) Sonder-; **mesures ~les** Sondermaßnahmen *Pl*; **à titre ~** ausnahmsweise

exceptionnellement [ɛksɛpsjɔnɛlmɑ̃] *adv* ❶ ausnahmsweise ❷ (*très*) außergewöhnlich

excès [ɛksɛ] *m* ❶ **~ de vitesse** Geschwindigkeitsüberschreitung *f* ❷ *pl* (*abus*) Exzesse *Pl* ❸ (*violences*) Ausschreitungen *Pl*

excessif, -ive [ɛksesif, -iv] *adj* übertrieben; (*prix*) überhöht

excessivement [ɛksesivmɑ̃] *adv* äußerst; (*manger*) unmäßig; **être ~ cher** überteuert sein

excision [ɛksizjɔ̃] *f* ❶ MED (*d'un cor, tissu*) Herausschneiden *nt* ❷ (*ablation rituelle*) **~ d'une fille** Beschneidung *f* eines Mädchens

excitant, e [ɛksitɑ̃, ɑ̃t] *adj* ❶ aufregend; (*livre, projet*) spannend ❷ (*café*) anregend; (*médicament*) stimulierend

excitation [ɛksitasjɔ̃] *f* Aufregung *f*

excité, e [ɛksite] I. *adj* aufgeregt II. *m, f*

E

Hitzkopf *m*

exciter [ɛksite] <1> I. *vt* ❶ (*désir, curiosité*) erregen; (*imagination*) anregen ❷ (*idée*) reizen ❸ (*troubler sexuellement*) erregen II. *vpr* **s'~ sur qc** ❶ (*s'énerver*) sich über etw (*akk*) aufregen ❷ *fam* (*s'acharner*) sich an etw (*dat*) festbeißen

exclamation [ɛksklamasjɔ̃] *f* Ausruf *m*

exclamer [ɛksklame] <1> *vpr* **s'~ de joie** freudig ausrufen

exclu, e [ɛkskly] I. *part passé de* **exclure** II. *adj* **il n'est pas ~ que** + *subj* es ist nicht ausgeschlossen, dass III. *m, f* **les ~s** die [von der Gesellschaft] Ausgeschlossenen

exclure [ɛsklyʀ] <irr> *vt* ❶ ~ **qn d'un groupe** jdn aus einer Gruppe ausschließen; ~ **qn de l'école** jdn von der Schule verweisen ❷ (*écarter*) ausschließen

exclusif, -ive [ɛksklyzif, -iv] *adj* ausschließlich; (*droit, privilège*) alleinig; **reportage ~** Exklusivbericht *m*

exclusion [ɛksklyzjɔ̃] *f* Ausschluss *m*; (*du lycée*) Verweis *m*; ~ **sociale** soziale Ausgrenzung

exclusivement [ɛksklyzivmɑ̃] *adv* ❶ (*seulement*) ausschließlich ❷ (*uniquement*) nur

exclusivité [ɛksklyzivite] *f* (*d'une marque*) Alleinvertrieb *m*; (*d'un livre*) Exklusivrecht *nt*; **une ~ XY** (*produit*) ein geschütztes Produkt von XY; (*scoop*) eine Exklusivmeldung von XY ▶**en** ~ ausschließlich

excommunier [ɛkskɔmynje] <1a> *vt* exkommunizieren

excréments [ɛkskʀemɑ̃] *mpl* Kot *m*

excroissance [ɛkskʀwasɑ̃s] *f* Wucherung *f*

excursion [ɛkskyʀsjɔ̃] *f* Ausflug *m*, Exkursion *f*

excusable [ɛkskyzabl] *adj* verzeihlich

excuse [ɛkskyz] *f* ❶ Entschuldigung *f* ❷ (*prétexte*) Ausrede *f*; **la belle ~!** schöne Ausrede!

excuser [ɛkskyze] <1> I. *vt* ❶ **excuse-moi/excusez-moi!** entschuldige/entschuldigen Sie [bitte]! ❷ (*personne*) in Schutz nehmen; (*conduite*) entschuldigen II. *vpr* **s'~ de qc** sich für etw entschuldigen ▶**je m'excuse de vous <u>déranger</u>** entschuldigen Sie bitte die Störung

exécrable [ɛgzekrabl] *adj* scheußlich

exécutant, e [ɛgzekytɑ̃, ɑ̃t] *m, f* (*agent*) Befehlsempfänger(in) *m(f)*

exécuter [ɛgzekyte] <1> *vt* ❶ a. INFORM (*ef-fectuer*) ausführen; (*projet*) durchführen; (*travail*) erledigen; (*peine*) vollziehen ❷ (*tuer*) hinrichten ❸ (*assassiner*) umbringen

exécuteur, -trice [ɛgzekytœʀ, -tʀis] *m, f* Ausführende(r) *f(m)*

exécutif [ɛgzekytif] *m* Exekutive *f*

exécution [ɛgzekysjɔ̃] *f* ❶ Ausführung *f*; (*d'un travail*) Durchführung *f*; (*d'une commande*) Erledigung *f*; (*d'une peine*) Vollzug *m* ❷ (*mise à mort*) Hinrichtung *f*

exégèse [ɛgzeʒɛz] *f* Interpretation *f*, Auslegung *f*

exemplaire [ɛgzɑ̃plɛʀ] I. *adj* ❶ (*conduite, personne*) beispielhaft ❷ (*punition*) exemplarisch II. *m* ❶ (*d'un livre*) Exemplar *nt*; **en deux ~s** in zweifacher Ausfertigung *f* ❷ (*spécimen*) Exemplar *nt*

exemple [ɛgzɑ̃pl] *m* ❶ (*modèle*) Beispiel *nt*; **donner l'~** mit gutem Beispiel vorangehen; **prendre ~ sur qn** sich (*dat*) an jdm ein Beispiel nehmen ❷ (*illustration*) Beispiel *nt*; **par ~** zum Beispiel

exempt, e [ɛgzɑ̃(pt), ɑ̃(p)t] *adj* ❶ (*dispensé: personne*) befreit ❷ (*dépourvu*) frei

exempter [ɛgzɑ̃(p)te] <1> *vt* (*personne*) befreien; (*réformer*) freistellen

exemption [ɛgzɑ̃psjɔ̃] *f* (*d'une charge*) Befreiung *f*

exercer [ɛgzɛʀse] <2> I. *vt* ❶ (*métier, pouvoir*) ausüben; (*fonction*) bekleiden ❷ (*entraîner*) schulen; (*oreille, mémoire*) trainieren II. *vi* tätig sein; (*médecin*) praktizieren III. *vpr* **s'~** üben; **s'~ à la trompette** Trompete üben

exercice [ɛgzɛʀsis] *m* ❶ SCOL, MUS, SPORT Übung *f* ❷ *sans pl* (*activité physique*) Bewegung *f*; **faire de l'~** sich (*dat*) Bewegung verschaffen ❸ (*d'un métier, du pouvoir*) Ausübung *f*; (*d'une fonction*) Bekleidung *f*; **dans l'~ de ses fonctions** in Ausübung seines Amtes ▶**en** ~ im Dienst; POL amtierend

exergue [ɛgzɛʀg] *m* **en ~** als Inschrift

ex-femme [ɛksfam] <ex-femmes> *f* **mon ~** meine frühere Frau

exhaler [ɛgzale] <1> *vt* (*répandre*) ausströmen

exhaustif, -ive [ɛgzostif, -iv] *adj* erschöpfend

exhiber [ɛgzibe] <1> *vt* vorzeigen

exhibition [ɛgzibisjɔ̃] *f* (*d'un animal*) Vorführung *f*; (*d'un athlète*) Darbietung *f*

exhibitionnisme [ɛgzibisjɔnism] *m* a. *fig*

Exhibitionismus *m*

exhibitionniste [ɛgzibisjɔnist] *mf* Exhibitionist(in) *m(f)*

exhortation [ɛgzɔʀtasjɔ̃] *f* |Er|mahnung *f*

exhumer [ɛgzyme] <1> *vt* (*corps*) exhumieren

exigeant, e [ɛgziʒɑ̃, ʒɑ̃t] *adj* anspruchsvoll

exigence [ɛgziʒɑ̃s] *f* ❶ (*caractère*) anspruchsvolles Wesen ❷ *pl* (*prétentions*) Ansprüche *Pl*

exiger [ɛgziʒe] <2a> *vt* ❶ verlangen; ~ **trop de qn** jdn überfordern; ~ **que** + *subj* verlangen, dass ❷ (*travail*) erfordern

exigible [ɛgziʒibl] *adj* (*impôt*) fällig

exigu, exiguë [ɛgzigy] *adj* (*logement*) winzig |klein|

exil [ɛgzil] *m* Exil *nt;* **condamner qn à l'~** jdn verbannen

exilé, e [ɛgzile] **I.** *adj* ❶ (*expatrié*) emigriert ❷ (*chassé*) ausgebürgert; (*banni*) verbannt ❸ (*retiré*) zurückgezogen **II.** *m, f* ❶ (*expatrié*) Emigrant(in) *m(f)* ❷ (*banni*) Verbannte(r) *f(m);* ~ **politique** politischer Flüchtling

exiler [ɛgzile] <1> **I.** *vt* verbannen **II.** *vpr* **s'~** ins Exil gehen

existant, e [ɛgzistɑ̃, ɑ̃t] *adj* bestehend

existence [ɛgzistɑ̃s] *f* ❶ (*vie*) Existenz *f;* (*mode de vie*) Lebensweise *f* ❷ (*d'une institution*) Bestehen *nt*

existentialisme [ɛgzistɑ̃sjalism] *m* Existenzialismus *m*

existentiel, le [ɛgzistɑ̃sjɛl] *adj* existenziell

exister [ɛgziste] <1> **I.** *vi* existieren; **ce mot existe** dieses Wort gibt es; **continuer d'~** fortbestehen **II.** *vi impers* **il existe qc** es gibt etw

ex-mari [ɛksmaʀi] <ex-maris> *m* **mon ~** mein früherer Mann

exode [ɛgzɔd] *m* |Massen|auswanderung *f;* ~ **rural** Landflucht *f*

exonération [ɛgzɔneʀasjɔ̃] *f* ~ **d'impôts** Steuerbefreiung *f*

exonérer [ɛgzɔneʀe] <5> *vt* FIN **être exonéré de la T.V.A.** nicht der Mehrwertsteuer unterliegen

exorbitant, e [ɛgzɔʀbitɑ̃, ɑ̃t] *adj* übertrieben

exorciser [ɛgzɔʀsize] <1> *vt* exorzieren

exotique [ɛgzɔtik] *adj* exotisch

exotisme [ɛgzɔtism] *m* Exotik *f*

expansif, -ive [ɛkspɑ̃sif, -iv] *adj* gesprächig

expansion [ɛkspɑ̃sjɔ̃] *f* ECON Expansion *f;* ~ **économique** Wirtschaftswachstum *nt;*

E

secteur en pleine ~ Wachstumsbranche *f*

expatrié, e [ɛkspatʀije] *m, f* Emigrant(in) *m(f)*

expatrier [ɛkspatʀije] <1> **I.** *vt* (*personne*) ausbürgern **II.** *vpr* **s'~** auswandern

expédier [ɛkspedje] <1> *vt* |ab|schicken; ~ **qc par bateau** etw verschiffen

expéditeur, -trice [ɛkspeditœʀ, -tʀis] *m, f* Absender(in) *m(f)*

expéditif, -ive [ɛkspeditif, -iv] *adj* schnell

expédition [ɛkspedisjɔ̃] *f* ❶ (*envoi*) Versand *m* ❷ (*mission*) Expedition *f;* SCI *a.* Forschungsreise *f*

expérience [ɛkspeʀjɑ̃s] *f* ❶ *sans pl* (*pratique*) Erfahrung *f;* **par ~** aus Erfahrung ❷ (*événement*) Erlebnis *nt* ❸ (*essai*) Experiment *nt;* ~**s sur les animaux** Tierversuche *Pl*

expérimental, e [ɛkspeʀimɑ̃tal, o] <-aux> *adj* (*données, science*) empirisch

expérimentation [ɛkspeʀimɑ̃tasjɔ̃] *f* Experimentieren *nt*

expérimenté, e [ɛkspeʀimɑ̃te] *adj* erfahren

expérimenter [ɛkspeʀimɑ̃te] <1> *vt* ~ **un médicament sur qn/un animal** ein Medikament an jdm/einem Tier ausprobieren

expert, e [ɛkspɛʀ, ɛʀt] **I.** *adj* (*cuisinière, médecin*) erfahren; (*technicien*) fachkundig; **être ~ en qc** sich in etw (*dat*) auskennen **II.** *m, f* ❶ (*spécialiste*) Experte/Expertin *m/f* ❷ JUR (*pour évaluer un objet*) Sachverständige(r) *f(m);* (*pour évaluer des dommages*) Gutachter(in) *m(f)*

expert-comptable, experte-comptable [ɛkspɛʀkɔ̃tabl] <experts-comptables> *m, f* Buchprüfer(in) *m(f)*

expertise [ɛkspɛʀtiz] *f* Begutachtung *f* |durch einen Sachverständigen|; ~ **judiciaire** gerichtliches Gutachten

expertiser [ɛkspɛʀtize] <1> *vt* ❶ (*étudier l'authenticité*) begutachten ❷ (*estimer*) schätzen

expier [ɛkspje] <1a> *vt* (*crime*) büßen für

expiration [ɛkspiʀasjɔ̃] *f* ❶ ANAT Ausatmen *nt* ❷ (*d'un délai, mandat*) Ablauf *m*

expirer [ɛkspiʀe] <1> **I.** *vt* ausatmen **II.** *vi* (*mandat, délai*) ablaufen

explicable [ɛksplikabl] *adj* erklärbar

explicatif, -ive [ɛksplikatif, -iv] *adj* **note explicative** Erläuterung *f;* **notice explicative** Gebrauchsanweisung *f*

explication [ɛksplikasjɔ̃] *f* ❶ (*indication*) Erklärung *f* ❷ (*commentaire, annotation*) Er-

läuterung *f;* ~ **de texte** Textinterpretation *f*
❸ *(discussion)* Aussprache *f* ❹ *(raison)* Begründung *f*

explicite [ɛksplisit] *adj* eindeutig, klar

explicitement [ɛksplisitmɑ̃] *adv* [klar und]
deutlich

expliquer [ɛksplike] <1> I. *vt* ~ **qc à qn**
jdm etw erklären; **tu lui as bien expliqué
que ...?** du hast ihm doch gesagt, dass ...?
II. *vpr* ❶ *(se faire comprendre)* **s'**~ sich ausdrücken ❷ *(justifier)* **s'~ sur qc** sich für etw
entschuldigen; **s'~ sur son choix** seine
Wahl rechtfertigen ❸ *(rendre des comptes)*
s'~ devant le tribunal sich vor Gericht
verantworten ❹ *(avoir une discussion)* **s'~
avec qn sur qc** sich mit jdm über etw *(akk)*
aussprechen ❺ *(comprendre)* **s'~ qc** sich
(dat) etw erklären können

exploit [ɛksplwa] *m a. iron* Leistung *f*

exploitable [ɛksplwatabl] *adj* *(terre, domaine)* [landwirtschaftlich] nutzbar

exploitant, e [ɛksplwatɑ̃, ɑ̃t] *m, f* ~**(e) agricole** Landwirt(in) *m(f)*

exploitation [ɛksplwatasjɔ̃] *f* ❶ *(d'une
ferme)* Bewirtschaftung *f;* *(de ressources naturelles)* Nutzung *f;* *(d'une mine)* Abbau *m*
❷ *(bien)* Betrieb *m* ❸ *(de données)* Auswertung *f* ❹ *(abus)* Ausbeutung *f*

exploiter [ɛksplwate] <1> *vt* ❶ *(terre)* bewirtschaften; *(ressources)* nutzen; *(mine)*
ausbeuten ❷ *(utiliser: situation)* nutzen;
(idée) verwerten ❸ *(abuser: personne)* ausbeuten; *(chose)* ausnutzen

exploiteur, -euse [ɛksplwatœr, -øz] *m, f*
Ausbeuter(in) *m(f)*

explorateur [ɛksplɔratœr] *m* INFORM Explorer *m*

explorateur, -trice [ɛksplɔratœr, -tris] *m,
f* Forscher(in) *m(f)*

exploration [ɛksplɔrasjɔ̃] *f* ❶ Erforschung *f*
❷ INFORM Browsen *nt*

explorer [ɛksplɔre] <1> *vt* *(pays)* erforschen

exploser [ɛksploze] <1> *vi a. fig* explodieren

explosif [ɛksplozif] *m* Sprengstoff *m*

explosion [ɛksplozjɔ̃] *f* ❶ *(d'une bombe)* Explosion *f* ❷ *(manifestation soudaine)* ~ **de
joie/colère** Freuden-/Wutausbruch *m;* ~
démographique Bevölkerungsexplosion *f*

exportable [ɛkspɔrtabl] *adj* exportierbar

exportateur [ɛkspɔrtatœr] *m* *(pays)* Exportland *nt*

exportateur, -trice [ɛkspɔrtatœr, -tris] I.
adj exportierend II. *m, f* *(personne)* Exporteur(in) *m(f)*

exportation [ɛkspɔrtasjɔ̃] *f* ❶ *(action)* Export *m* ❷ *pl* *(biens)* Export *m* ❸ INFORM
Übertragung *f*

exporter [ɛkspɔrte] <1> *vt* ❶ exportieren
❷ INFORM ~ **des fichiers sur qc** Dateien
auf etw *(akk)* transferieren

exposé [ɛkspoze] *m* ❶ Referat *nt;* **faire un
~ sur qc** ein Referat über etw *(akk)* halten
❷ *(description)* Darstellung *f*

exposer [ɛkspoze] <1> I. *vt* ❶ *(tableau)*
ausstellen; *(marchandise)* auslegen ❷ *(décrire)* darlegen ❸ *(vie, honneur)* aufs Spiel setzen ❹ *(disposer)* ~ **qc au soleil** etw der
Sonne *(dat)* aussetzen; **une pièce bien exposée** ein helles Zimmer II. *vpr* **s'~ à qc**
sich einer Sache *(dat)* aussetzen

exposition [ɛkspozisjɔ̃] *f* ❶ *(de marchandises)* Ausstellen *nt* ❷ *a.* ART *(présentation,
foire)* Ausstellung *f* ❸ *(orientation)* ~ **au sud**
Ausrichtung *f* nach Süden ❹ *(action de soumettre à qc)* Aussetzen *nt;* PHOT Belichtung *f*

exprès [ɛksprɛ] *adv* ❶ absichtlich ❷ *(spécialement)* [tout] ~ eigens

express [ɛksprɛs] *adj inv* **café ~** Espresso
m; **train ~** Schnellzug *m*

expressément [ɛkspresemɑ̃] *adv* ausdrücklich

expressif, -ive [ɛkspresif, -iv] *adj* ausdrucksvoll

expression [ɛkspresjɔ̃] *f* ❶ *(action)* Ausdruck *m;* **mode d'~** Ausdrucksweise *f*
❷ *(mots)* ~ **familière/figée** umgangssprachlicher/feststehender   Ausdruck
▶**veuillez agréer l'~ de mes sentiments
distingués** mit freundlichen Grüßen

expressionnisme [ɛkspresjɔnism] *m* Expressionismus *m*

exprimer [ɛksprime] <1> I. *vt* *(pensée, sentiment)* ausdrücken; *(opinion, désir)* äußern
II. *vpr* **s'~ en français** sich auf Französisch
ausdrücken; **s'~ par gestes** sich durch Gesten verständlich machen

expropriation [ɛksprɔprijasjɔ̃] *f* Enteignung *f*

expulser [ɛkspylse] <1> *vt* *(étranger)* abschieben; *(élève, joueur)* verweisen; ~ **un
locataire de son appartement** einen Mieter zur Räumung seiner Wohnung zwingen

expulsion [ɛkspylsjɔ̃] *f* *(d'un élève)* Verweisung *f* von der Schule; (*d'un étranger*) Abschiebung *f*; (*d'un locataire*) Zwangsräumung *f*; (*d'un joueur*) Platzverweis *m*

expurger [ɛkspyʀʒe] <2a> *vt* zensieren

exquis, e [ɛkski, iz] *adj* ausgezeichnet; (*goût, manières, parfum*) erlesen

extase [ɛkstaz] *f* Ekstase *f*

extasier [ɛkstazje] *vpr* **s'~ sur qn/qc** über jdn/etw in Ekstase geraten

extatique [ɛkstatik] *adj* (*air*) verzückt

extenseur [ɛkstɑ̃sœʀ] *adj* **muscle ~** Streckmuskel

extensible [ɛkstɑ̃sibl] *adj* dehnbar

extensif, -ive [ɛkstɑ̃sif, -iv] *adj* (*culture*) extensiv

extension [ɛkstɑ̃sjɔ̃] *f* ❶ (*d'un ressort*) Dehnen *nt*; (*d'un bras*) Strecken *nt* ❷ (*d'une ville*) Ausdehnung *f*; (*d'un incendie, d'une épidémie*) Ausbreitung *f* ❸ INFORM **~ de mémoire** Speichererweiterung *f*

exténuant, e [ɛkstenɥɑ, ɑ̃t] *adj* anstrengend

exténuer [ɛkstenɥe] <1> *vt* erschöpfen

extérieur [ɛksteʀjœʀ] *m* ❶ (*monde extérieur*) Außenwelt *f* ❷ (*dehors*) Außenseite *f*; **à l'~ de** außerhalb (*gen*); **de l'~** von außen

extérieur, e [ɛksteʀjœʀ] *adj* ❶ äußere(r, s); (*activité*) außerhäuslich ❷ POL, COM Außen- ❸ (*visible*) äußerlich; **aspect ~** äußere Erscheinung

extérieurement [ɛksteʀjœʀmɑ̃] *adv* äußerlich

extérioriser [ɛksteʀjɔʀize] <1> *vpr* **s'~** sich äußern; (*personne*) aus sich herausgehen; (*colère, joie*) zum Ausdruck kommen

extermination [ɛkstɛʀminasjɔ̃] *f* Ausrottung *f*

exterminer [ɛkstɛʀmine] <1> *vt* ausrotten

externat [ɛkstɛʀna] *m* SCOL Externat *nt*

externe [ɛkstɛʀn] **I.** *adj* (*surface*) äußere(r, s) **II.** *mf* SCOL Externe(r) *f(m)*

extincteur [ɛkstɛ̃ktœʀ] *m* Feuerlöscher *m*

extinction [ɛkstɛ̃ksjɔ̃] *f* ❶ (*d'un incendie*) Löschen *nt* ❷ (*disparition*) Aussterben *nt* ❸ *fig* **~ de voix** völlige Heiserkeit

extirper [ɛkstiʀpe] <1> *vt* (*völlig*) entfernen

extorquer [ɛkstɔʀke] <1> *vt* **~ de l'argent à qn** von jdm Geld erpressen

extorsion [ɛkstɔʀsjɔ̃] *f* Erpressung *f*

extra [ɛkstʀa] **I.** *adj inv* ❶ (*qualité*) erstklassig ❷ *fam* (*formidable*) stark **II.** *m* **un ~** etwas Besonderes

extraction [ɛkstʀaksjɔ̃] *f* MINER (*du pétrole/charbon*) Förderung *f*

extrader [ɛkstʀade] <1> *vt* ausliefern

extradition [ɛkstʀadisjɔ̃] *f* Auslieferung *f*

extraire [ɛkstʀɛʀ] <irr> *vt* ❶ herausholen; (*charbon, pétrole*) fördern; (*dent*) ziehen ❷ (*séparer*) gewinnen; **~ le jus de qc** den Saft aus etw [her]auspressen

extrait [ɛkstʀɛ] *m* ❶ (*d'un texte*) Auszug *m*; **~ de compte** Kontoauszug; **~ de naissance** Geburtsurkunde *f* ❷ (*concentré*) Extrakt *m o nt*

extrait, e [ɛkstʀɛ, ɛt] *part passé de* **extraire**

extralucide [ɛkstʀalysid] *adj* **voyante ~** Hellseherin *f*

extraordinaire [ɛkstʀaɔʀdinɛʀ] *adj* ❶ (*opp: ordinaire*) Sonder- ❷ (*insolite*) ungewöhnlich ❸ (*exceptionnel*) außergewöhnlich

extrapoler [ɛkstʀapɔle] <1> *vi* verallgemeinern

extraterrestre [ɛkstʀateʀɛstʀ] *mf* Außerirdische(r) *f(m)*

extravagance [ɛkstʀavagɑ̃s] *f* ❶ (*d'une personne*) exzentrisches Wesen; (*d'une conduite, d'un costume*) Extravaganz *f*; (*d'un projet*) Ausgefallenheit *f* ❷ (*action*) Verrücktheit *f* ❸ (*idée*) verrückte Idee

extravagant, e [ɛkstʀavagɑ̃, ɑ̃t] *adj* (*personne*) exzentrisch; (*robe, idée*) extravagant; (*prix*) überhöht

extrême [ɛkstʀɛm] **I.** *adj* ❶ (*au bout d'un espace, d'une durée*) äußerste(r, s) ❷ (*excessif*) extrem; **d'~ droite/gauche** rechts-/linksradikal **II.** *m* ❶ (*dernière limite*) Extrem *nt* ❷ *pl* (*opposé*) Extreme *Pl* ❸ POL **l'~ gauche/droite** die Links-/Rechtsextremisten *Pl*

extrêmement [ɛkstʀɛmmɑ̃] *adv* äußerst

Extrême-Orient [ɛkstʀɛmɔʀjɑ̃] *m* **l'~** der Ferne Osten

extrémisme [ɛkstʀemism] *m* Extremismus *m*

extrémiste [ɛkstʀemist] **I.** *adj* POL radikal **II.** *mf* Radikale(r) *f(m)*

extrémité [ɛkstʀemite] *f* ❶ (*bout*) äußerstes Ende ❷ *pl* (*mains, pieds*) Extremitäten *Pl*

exubérant, e [ɛgzybeʀɑ̃, ɑ̃t] *adj* (*personne*) überschwänglich

exutoire [ɛgzytwaʀ] *m* **~ à qc** Ventil *nt* für etw

eye-liner [ajlajnœʀ] <eye-liners> *m* Eyeliner *m* **eye-shadow** [ajʃɛdo] <eyeshadows> *m* Lidschatten *m*

E

Ff

F, f [ɛf] *m inv* F *nt*, f *nt*

F *hist abr de* **franc** F

fa [fa] *m inv* F *nt*, f *nt*

fable [fabl] *f* Fabel *f*

fabricant, e [fabʀikã, ãt] *m, f* Hersteller(in) *m(f)*; (*propriétaire*) Fabrikant(in) *m(f)*

fabrication [fabʀikasjõ] *f* Herstellung *f*; (*artisanale*) [handwerkliche] Anfertigung *f* ▶**de ma/sa ~** selbst gemacht

fabrique [fabʀik] *f* Fabrik *f*

fabriquer [fabʀike] <1> I. *vt* ❶ herstellen ❷ *fam* (*faire*) **mais qu'est-ce que tu fabriques?** was machst du denn so lange? II. *vpr* **se ~ une table avec qc** sich (*dat*) aus etw einen Tisch bauen

fabulateur, -trice [fabylatœʀ, -tʀis] *m, f* Geschichtenerzähler(in) *m(f)*

fabulation [fabylasjõ] *f* Erfinden *nt* von Geschichten

fabuler [fabyle] <1> *vi* Geschichten erfinden

fabuleusement [fabyløzmã] *adv* sagenhaft

fabuleux, -euse [fabylø, -øz] *adj* ❶ (*fantastique*) sagenhaft ❷ *fam* (*incroyable*) unglaublich

fac [fak] *f fam abr de* **faculté** Uni *f*

façade [fasad] *f a. fig* Fassade *f*

face [fas] *f* ❶ (*visage*) Gesicht *nt* ❷ (*côté*) Seite *f*; (*d'une monnaie*) Vorderseite *f*; **pile ou ~?** Kopf oder Zahl? ❸ (*aspect*) Seite *f* ❹ (*indiquant une orientation*) **de ~** von vorne; **être en ~ de qn** [direkt] vor jdm stehen; (*assis*) jdm gegenübersitzen; **être en ~ de qc** einer S. (*dat*) gegenüberliegen; **en ~ de qn/qc** gegenüber von jdm/etw; **le voisin d'en ~** der Nachbar von gegenüber ❺ (*indiquant une circonstance*) **~ à qc** angesichts (*gen*) etw ▶**être/se trouver ~ à ~ avec qn/qc** jdm/einer S. gegenüberstehen

face-à-face [fasafas] *m inv* Streitgespräch *nt*

facétie [fasesi] *f* Scherz *m*

facétieux, -euse [fasesjø, -jøz] *adj* spaßig

facette [fasɛt] *f a. fig* Facette *f*

fâché, e [faʃe] *adj* verärgert; **être ~ avec qn** mit jdm zerstritten sein

fâcher [faʃe] <1> I. *vt* (*irriter*) verärgern II.

vpr ❶ (*se mettre en colère*) **se ~** sich ärgern; **se ~ contre qn** mit jdm schimpfen ❷ (*se brouiller*) **se ~ avec qn** sich mit jdm überwerfen (*geh*)

fâcherie [faʃʀi] *f* Unstimmigkeit *f*

fâcheusement [faʃøzmã] *adv* unangenehm

fâcheux, -euse [faʃø, -øz] *adj* (*contretemps*) widrig; (*nouvelle*) unerfreulich

facho [faʃo] *adj fam abr de* **fasciste** faschistisch

facial, e [fasjal, jo] <-aux> *adj* Gesichts-

faciès [fasjɛs] *m* (*mine*) Gesicht|sausdruck *m*| *nt*

facile [fasil] I. *adj* leicht; **c'est plus ~ de faire qc** es ist leichter etw zu tun II. *adv fam* ❶ (*sans difficulté*) locker; **faire qc ~** etw mit links tun ❷ (*au moins*) gut und gerne

facilement [fasilmã] *adv* ❶ (*sans difficulté*) leicht ❷ (*au moins*) mindestens

facilité [fasilite] *f* ❶ (*opp: difficulté*) Leichtigkeit *f* ❷ (*aptitude*) **avoir des ~s** begabt sein ❸ *sans pl péj* Bequemlichkeit *f* ❹ *pl* (*occasion*) Gelegenheit *f* ❺ (*possibilité*) Möglichkeit *f*

faciliter [fasilite] <1> *vt* erleichtern

façon [fasõ] *f* ❶ (*manière*) **~ de faire qc** Art [und Weise] *f* etw zu tun; **~ d'agir** Handlungsweise *f* ❷ *pl* (*comportement*) Benehmen *nt*; **avoir des ~s de ...** sich wie ein(e) ... benehmen ▶**d'une ~ générale** im Allgemeinen; **de toute ~, ...** auf jeden Fall; **à ma ~** auf meine Art; **faire qc de ~ à ce que** + *subj* etw tun, damit

façonner [fasɔne] <1> *vt* bearbeiten

fac-similé [faksimile] <fac-similés> *m* Faksimile *nt*

facteur [faktœʀ] *m a.* MATH Faktor *m*

facteur, -trice [faktœʀ, -tʀis] *m, f* POST Briefträger(in) *m(f)*

factice [faktis] *adj* falsch; (*fleur*) künstlich; (*sourire*) aufgesetzt

faction [faksjõ] *f* aufrührerische Gruppe

factrice [faktʀis] *f v.* **facteur**

facturation [faktyʀasjõ] *f* ❶ (*action*) Inrechnungstellung *f* ❷ (*service*) Rechnungsabteilung *f*

facture [faktyʀ] *f* Rechnung *f*

facturer [faktyʀe] <1> *vt* **~ qc à qn** (*établir une facture*) jdm eine Rechnung über etw ausstellen; (*faire payer*) jdm etw berechnen

facultatif, -ive [fakyltatif, -iv] *adj* fakultativ;

matière **facultative** Wahlfach nt
faculté¹ [fakylte] f UNIV Fachbereich m; ~ **de droit** juristische Fakultät
faculté² [fakylte] f Fähigkeit f; ~**s intellectuelles** pl geistige Kräfte
fada [fada] I. adj fam verrückt II. m, f fam Spinner m
fadaise [fadɛz] f gén pl dummes Zeug kein Pl
fadasse [fadas] adj fam a. fig fade; (couleur) langweilig
fade [fad] adj **être** ~ nach nichts schmecken
fadeur [fadœʀ] f Geschmacklosigkeit f
fagot [fago] m Reisigbündel nt
fagoter [fagɔte] <1> vt péj unmöglich anziehen
faiblard, e [fɛblaʀ, aʀd] adj péj fam schwach
faible [fɛbl] I. adj ❶ (sans force) schwach; (après une maladie) geschwächt ❷ antéposé (restreint) gering; (protestation, espoir) schwach; **à une ~ majorité** mit knapper Mehrheit ❸ (bête) ~ **d'esprit** geistig Zurückgebliebene(r) f(m) II. m, f ❶ Schwache(r) f(m) ❷ (personne sans volonté) Schwächling m ❸ ECON **les économiquement ~s** die wirtschaftlich Schwachen III. m sans pl Schwäche f; **avoir un ~ pour qn/qc** ein Faible für jdn/etw haben
faiblement [fɛbləmã] adv ❶ (mollement) schwach ❷ (légèrement) leicht
faiblesse [fɛblɛs] f ❶ (manque de force) Schwäche f; (après une maladie) geschwächter Zustand; (due à la constitution) Schwächlichkeit f; **avoir une ~** einen Schwächeanfall bekommen ❷ (manque de volonté) Willensschwäche f
faiblir [feblir] <8> vi (personne) schwach werden; (cœur, lumière) schwächer werden; (espoir, force) schwinden; (résistance, vent) nachlassen; (revenu, rendement) sinken; (chances, écart) sich verringern
faïence [fajãs] f Fayence f
faïencerie [fajãsʀi] f ❶ (industrie) Steingutindustrie f ❷ (fabrique) Steingutfabrik f ❸ (vaisselle) Steingut|geschirr nt| nt
faille¹ [faj] subj prés de **falloir**
faille² [faj] f ❶ GEO Verwerfung f ❷ (crevasse) Spalte f ❸ (défaut) Schwachstelle f; **détermination sans ~** unerbittliche Entschlossenheit
faillible [fajibl] adj fehlbar

faillir [fajiʀ] <irr> vi ❶ **il a failli acheter ce livre** er hätte das Buch beinahe gekauft ❷ (manquer) ~ **à son devoir** seine Pflicht verletzen
faillite [fajit] f Konkurs m
faim [fɛ̃] f ❶ Hunger m; ~ **de loup** Bärenhunger; **donner** ~ **à qn** jdn hungrig machen; **ne pas manger à sa** ~ sich nicht satt essen ❷ (famine) Hungersnot f ❸ (désir ardent) **avoir** ~ **de qc** Verlangen nt nach etw haben
fainéant, e [fɛneã, ãt] I. adj faul II. m, f Faulenzer(in) m(f)
fainéanter [fɛneãte] <1> vi faulenzen
fainéantise [fɛneãtiz] f Faulheit f
faire [fɛʀ] <irr> I. vt ❶ (objet, vêtement) machen; (maison, nid) bauen; (produit) herstellen; (gâteau) backen; (repas) zubereiten; **le bébé fait ses dents** das Baby zahnt ❷ (enfant) bekommen ❸ (évacuer) ~ **ses besoins** seine Notdurft verrichten ❹ (faute, cadeau) machen; (livre) schreiben; (conférence) abhalten; (discours) halten; (loi) erlassen; ~ **un chèque à qn** jdm einen Scheck ausstellen; ~ **une promesse à qn** jdm ein Versprechen geben; ~ **la guerre contre qn** gegen jdn Krieg führen; ~ **la paix** Frieden schließen; ~ **l'amour à qn** mit jdm schlafen; ~ **la bise à qn** jdn mit Wangenkuss begrüßen; ~ **du bruit** Lärm machen; fig Aufsehen erregen; ~ **l'école buissonnière** die Schule schwänzen; ~ **étape** eine Pause machen [unterwegs]; ~ **grève** streiken; ~ **signe à qn** jdm zuwinken; ~ **sa toilette** sich waschen ❺ (avoir une activité) machen; (tâche, travail) erledigen; (métier) ausüben; (service militaire) ableisten; **je n'ai rien à** ~ ich habe nichts zu tun; ~ **une bonne action** ein gutes Werk tun; ~ **du théâtre/jazz** Theater/Jazz spielen; ~ **du violon/du piano** Geige/Klavier spielen; ~ **de la politique** Politik betreiben; ~ **du sport** Sport treiben; ~ **de l'escalade** klettern; ~ **de la voile** segeln; ~ **du tennis** Tennis spielen; ~ **du vélo/canoë** Fahrrad/Kanu fahren; ~ **du cheval** reiten; ~ **du patin à roulettes** Rollschuh laufen; ~ **du skate/ski** Skateboard/Ski fahren; ~ **un petit jogging** etwas joggen; ~ **du camping** zelten/campen; ~ **de la couture/du tricot** nähen/stricken; ~ **des photos** Fotos machen/fotografieren; ~ **du cinéma** in der

Filmbranche arbeiten; **ne ~ que bavarder** nur schwatzen; **que faites-vous dans la vie?** was tun Sie beruflich? ❻ *(étudier: école)* besuchen; **~ des études** studieren; **~ de la recherche** Forschung betreiben; **~ du français** Französisch lernen/haben ❼ *(café)* machen; *(bagages)* packen; **~ la cuisine** kochen ❽ *(argenterie, chaussures)* putzen; *(chambre, salle à manger)* aufräumen; *(lit)* machen; **~ le ménage** *(nettoyer)* putzen; *(mettre de l'ordre)* aufräumen; **~ la vaisselle** abspülen ❾ *(mouvement, promenade)* machen; *(pansement)* anlegen; *(numéro de téléphone)* wählen; *(tournoi)* teilnehmen an (+ *dat*); **~ les courses** einkaufen; **~ la manche** *fam* betteln [gehen]; **~ le portrait de qn** jdn beschreiben; **~ bon voyage** eine gute Reise machen ❿ *MED fam* **~ de la fièvre** Fieber haben ⓫ *(distance, trajet)* zurücklegen; *(pays)* bereisen; *(circuit)* machen; *(magasins)* abklappern *(fam)*; *(à pied: rue)* abgehen; *(avec un véhicule: rue)* abfahren; **~ des zigzags/du stop** Zickzacklinien/per Anhalter fahren ⓬ COM *(produit)* führen ⓭ AGR *(cultiver)* anbauen ⓮ *(fixer un prix)* **ils/elles font combien?** wie viel kosten sie? ⓯ *(feindre, agir comme)* **~ le pitre** den Clown spielen; **~ l'idiot** Blödsinn machen; **il a fait comme s'il ne me voyait pas** er hat so getan, als ob er mich nicht sähe ⓰ *(tenir un rôle)* **~ le Père Noël** den Weihnachtsmann spielen ⓱ *(transformer)* **il a fait de lui une star** er hat aus ihm einen Star gemacht ⓲ *(causer)* **~ plaisir à qn** *(personne)* jdm Freude machen; **~ du bien/mal à qn** jdm gut tun/schaden; **ça ne fait rien** das macht nichts; **~ honte à qn** jdm ein schlechtes Gewissen einjagen; **qu'est-ce que ça peut bien te ~?** was geht dich das an? ⓳ *(servir de)* **la cuisine fait salle à manger** die Küche dient als Esszimmer ⓴ *(laisser quelque part)* **qu'ai-je bien pu ~ de mes lunettes?** wo habe ich nur meine Brille gelassen? ㉑ *(donner comme résultat)* machen; **deux et deux font quatre** zwei und zwei macht vier ㉒ *(dire)* machen; **~ comprendre qc à qn** jdm etw begreiflich machen ㉓ *(avoir pour conséquence)* **~ que ...** zur Folge haben, dass ... ㉔ *(être la cause de)* **~ chavirer un bateau** ein Boot zum Kentern bringen ㉕ *(inviter à)* **~ venir qn** jdn kommen las-

sen; **~ entrer qn** jdn reinlassen; **~ voir qc à qn** jdm etw herzeigen ㉖ *(charger de)* **~ réparer/changer qc par qn** etw von jdm reparieren/ändern lassen; **~ faire qc à qn** jdn etw tun lassen ㉗ *(forcer, inciter à)* **~ ouvrir qc** etw öffnen lassen; **~ payer qn** jdn zahlen lassen ㉘ *(pour remplacer un verbe déjà énoncé)* **qn le fait/l'a fait** jd tut es/hat es getan **II.** *vi* ❶ *(agir)* **~ vite** sich beeilen; **~ attention à qc** auf etw aufpassen; **~ de son mieux** sein Bestes tun; **tu peux mieux ~** du kannst das noch besser; **tu ferais mieux/bien de te taire** du bist besser/am besten still; **~ comme si de rien n'était** so tun, als ob nichts gewesen wäre ❷ *fam* **ce manteau me fera encore un hiver** der Mantel hält noch einen Winter ❸ *(paraître)* **~ vieux/paysan** alt/wie ein Bauer aussehen ❹ *(rendre)* **~ bon/mauvais effet** einen guten/schlechten Eindruck machen ❺ *(mesurer, peser)* **~ 1,2 m de long/de large/de haut** 1,2 m lang/breit/hoch sein; **~ trois kilos** drei Kilo wiegen; **~ ... cm de tour de cou** Kragengröße ... tragen/haben; **~ 70 litres** 70 Liter fassen; **~ 8 euros** 8 Euro machen ❻ *(être incontinent)* **~ dans la culotte** in die Hose machen ▶**~ partie de qc** zu etw gehören; **~ la queue** Schlange stehen; **~ manger qn** jdn füttern; **faites comme chez vous!** *iron* fühlen Sie sich |ganz| wie zu Hause!; **ne pas s'en ~** *fam* sich keine Sorgen machen; **se ~ mal** sich wehtun; **ça ne se fait pas** das gehört sich nicht **III.** *vi impers* ❶ METEO **il fait chaud** es ist warm; **il fait beau/mauvais** es ist schön|es Wetter|/schlechtes Wetter; **il fait degrés** es sind zehn Grad ❷ *(temps écoulé)* **cela fait bien huit ans** das ist gut acht Jahre her ❸ *(pour indiquer l'âge)* **ça me fait 40 ans** *fam* ich bin 40 |Jahre alt| **IV.** *vpr* ❶ **se ~ une robe** *(dat)* ein Kleid machen; **se ~ 1500 euros par mois** *fam* 1500 Euro im Monat verdienen ❷ *(action réciproque)* **se ~ des politesses** Höflichkeiten austauschen ❸ *fam* **je me le suis fait** *(avoir couché avec)* mit dem bin ich schon ins Bett gegangen; **je vais me le ~ celui-là!** *(le brutaliser)* den werde ich mir vornehmen! ❹ *(se former)* **se ~** *(fromage, vin)* seinen vollen Geschmack entwickeln ❺ *(devenir)* **se ~ vieux** alt werden; **se ~ curé** Priester werden ⑥ (*s'habituer à*) **se ~ à qc** sich an etw (+ *akk*) gewöhnen ⑦ (*être à la mode*) **se ~** (*look, vêtement*) Mode sein ⑧ (*arriver*) **se ~** stattfinden; (*film, livre*) zustande kommen ⑨ *impers* **comment ça se fait?** wie kommt das?; **il se fait tard** es wird spät ⑩ (*sens passif*) **se ~ opérer** operiert werden; **qn se fait voler qc** jdm wird etw gestohlen ▶ **t'en fais pas!** *fam* mach dir nichts draus!

faire-part [fɛʀpaʀ] *m inv* Anzeige *f*

fair-play [fɛʀplɛ] **I.** *m inv* Fairness *f* **II.** *adj inv* fair

faisabilité [fəzabilite] *f* Machbarkeit *f*

faisable [fəzabl] *adj* machbar

faisan, e [fəzɑ̃, an] *m, f* Fasan *m*

faisandé, e [fəzɑ̃de] *adj* mit Hautgout

faisceau [fɛso] <x> **~ lumineux** Lichtkegel *m*; NAUT Leuchtfeuer *nt*

faiseur, -euse [fəzœʀ, -øz] *m, f* *péj* ~ **de belles phrases** Schwätzer *m*; ~ **de bons mots** Witzbold *m*

faisselle [fɛsɛl] *f* ① (*passoire*) Abtropfsieb *nt* (*für die Molke des Quarks*) ② (*fromage blanc*) Quark *m*

fait [fɛ] *m* ① Tatsache *f*; **un ~ nouveau** ein neues Element ② (*événement*) Ereignis *nt*; (*phénomène*) Phänomen *nt* ③ JUR **les ~s** (*action criminelle, délit*) die Tat; (*éléments constitutifs*) der Tatbestand; (*état des choses*) der Sachverhalt ④ (*conséquence*) **être le ~ de qc** die Folge von etw sein ⑤ RADIO, PRESSE ~ **divers** [Lokal]nachricht *f*, vermischte Nachrichten *Pl*; (*à la radio, télé*) Meldung *f* ▶ **au** ~ übrigens; **tout à** ~ ganz/völlig; **du** ~ **que** da; **en** ~ in Wirklichkeit

fait, e [fɛ, fɛt] **I.** *part passé de* **faire II.** *adj* ① (*propre à*) **être ~ pour qc** für etw geeignet sein; **être ~ pour qc** *fam* das Zeug dazu haben ② (*constitué*) **être bien ~** eine gute Figur haben ③ (*ongles*) lackiert; (*yeux*) geschminkt ④ (*fromage*) reif ⑤ *fam* (*pris*) **être ~** geliefert sein ⑥ (*tout prêt*) **expression toute ~e** feststehender Ausdruck ▶ **c'est bien ~ pour toi/lui** das geschieht dir/ihm recht; **vite ~ bien ~** ganz schnell

faîte [fɛt] *m* (*de l'arbre*) Wipfel *m*; (*d'une montagne*) Gipfel *m*

faitout, fait-tout [fɛtu] *m inv* [Koch]topf *m*

fakir [fakiʀ] *m* Fakir *m*

falaise [falɛz] *f* ① (*paroi*) Felswand *f* ② (*côte*) Steilküste *f* ③ (*rocher*) Felsen *m*

falbalas [falbala] *mpl péj* Firlefanz *m*

falloir [falwaʀ] <irr> *vi impers* ① (*besoin*) **il faut qn/qc pour faire qc** man braucht jdn/etw um etw zu tun; **il me faudra du temps** ich werde Zeit brauchen ② (*devoir*) **il faut faire qc** man muss etw tun; **que faut-il faire?** was sollen wir tun?; **il a bien fallu!** es musste sein!; **il faut que** + *subj* jd muss ③ (*être probablement*) **il faut être fou pour parler ainsi** man muss schon verrückt sein um so zu reden ④ (*se produire fatalement*) **j'ai fait ce qu'il fallait** ich habe [das] getan, was sein musste ⑤ (*faire absolument*) **il fallait me le dire** du hättest es mir sagen sollen ▶ **il le faut** es muss sein; **comme il faut** wie es sich gehört

falsification [falsifikasjɔ̃] *f* Fälschen *nt*

falsifier [falsifje] <1> *vt* fälschen

falzar [falzaʀ] *m fam* Hose *f*

famé, e [fame] *adj* **mal ~** verrufen

famélique [famelik] *adj* abgemagert

fameux, -euse [famø, -øz] *adj* ① (*mets, vin*) köstlich; (*idée*) glänzend ② (*célèbre*) berühmt ▶ **ne pas être** ~ nicht gerade besonders sein

familial, e [familjal, jo] <-aux> *adj* (*atmosphère, milieu*) familiär; **vie ~e** Familienleben *nt*

familiariser [familjaʀize] <1> *vpr* **se ~ avec qc** sich mit etw vertraut machen; **se ~ avec qn** mit jdm vertraut werden

familiarité [familjaʀite] *f* ① (*amitié*) Vertrautheit *f* ② *pl péj* (*paroles*) Vertraulichkeiten *Pl*; (*comportement*) Zudringlichkeit *f*

familier [familje] *m* Stammgast *m*

familier, -ière [familje, -jɛʀ] *adj* ① vertraut; (*problème, spectacle*) bekannt ② (*comportement, tâche*) üblich ③ (*conduite, entretien*) ungezwungen; (*personne*) umgänglich ④ (*expression, style*) umgangssprachlich ⑤ *péj* (*cavalier*) ~ **avec qn** allzu vertraulich gegenüber jdm ⑥ (*domestique*) **des animaux ~s** Haustiere *Pl*

familièrement [familjɛʀmɑ̃] *adv* ① (*en langage courant*) umgangssprachlich ② (*s'exprimer*) einfach; (*parler*) ungezwungen ③ (*amicalement*) ungezwungen ④ *péj* (*cavalièrement*) allzu vertraulich

famille [famij] *f* ① Familie *f*; (*sens large*) Verwandtschaft *f*; ~ **d'accueil** Gastfamilie; **avoir de la ~** (*parenté*) Verwandte haben; (~ *proche*) Angehörige haben; (*femme/ mari et enfants*) Familie haben; **en ~** im [engsten]

F

Familienkreis ❷ *a.* BOT, ZOOL Familie *f*

famine [famin] *f* Hungersnot *f*

fan [fan] *mf* Fan *m*, Anhänger(in) *m(f)*

fana [fana] *abr de* **fanatique I.** *adj fam* être ~ **de** qn/qc nach jdm/auf etw (*akk*) verrückt sein **II.** *mf fam* Fan *m*; ~ **d'ordinateur** Computerfreak *m*

fanatique [fanatik] **I.** *adj* fanatisch **II.** *mf* ❶ (*passionné*) begeisterter Anhänger/begeisterte Anhängerin ~ **de football** Fußballfanatiker(in) *m(f)* ❷ (*militant*) Fanatiker(in) *m(f)*; ~ **de** qc fanatischer Anhänger einer S. (*gen*)

fanatiser [fanatize] <1> *vt* fanatisch machen

fanatisme [fanatism] *m* Fanatismus *m*

fané, e [fane] *adj* (*fleur*) verwelkt; (*couleur*) verblasst; (*étoffe, beauté*) verblichen

faner [fane] <1> *vpr* se ~ (*fleur*) verwelken; (*couleur*) verblassen

fanes [fan] *fpl* Kraut *nt*

fanfare [fɑ̃faʀ] *f* Blaskapelle *f*

fanfaron, ne [fɑ̃faʀɔ̃, ɔn] **I.** *adj* großtuerisch **II.** *m, f* Angeber(in) *m(f)*; **faire le** ~ sich aufspielen

fanfaronnade [fɑ̃faʀɔnad] *f* Wichtigtuerei *f*

fanfaronner [fɑ̃faʀɔne] <1> *vi* sich aufspielen

fanfreluche [fɑ̃fʀəlyʃ] *f gén pl souvent péj* Firlefanz *m kein Pl* (*fam*)

fanion [fanjɔ̃] *m* (*d'un club*) Wimpel *m*; (*d'une voiture officielle*) Flagge *f*; (*de marquage*) Fähnchen *nt*

fantaisie [fɑ̃tezi] *f* ❶ (*caprice*) Laune *f* ❷ (*imagination*) Fantasie *f* ❸ (*originalité*) Einfallsreichtum *m*; **manquer de** ~ (*vie*) eintönig sein ❹ (*original*) **bijoux** ~ origineller Schmuck

fantaisiste [fɑ̃tezist] **I.** *adj* ❶ (*nouvelle, version*) frei erfunden; (*explication, hypothèse*) aus der Luft gegriffen ❷ (*peu fiable*) unzuverlässig **II.** *mf* Luftikus *m*

fantasme [fɑ̃tasm] *m* Wunschvorstellung *f*; **vivre dans ses** ~**s** in einer Traumwelt leben

fantasmer [fɑ̃tasme] <1> *vi* fantasieren

fantasque [fɑ̃task] *adj* launisch; (*bizarre*) seltsam

fantassin [fɑ̃tasɛ̃] *m* Infanterist *m*

fantastique [fɑ̃tastik] **I.** *adj* ❶ fantastisch; (*atmosphère*) unwirklich; (*événement, rêve*) irreal; **personnage** ~ Fabelwesen *nt* ❷ *fam*

(*formidable*) fantastisch; (*personne, réalisation*) großartig; (*richesse, progrès*) ungeheuer[lich] **II.** *m* Übernatürliche(s) *nt*

fantoche [fɑ̃tɔʃ] *m* ❶ (*tiré d'en bas*) Hampelmann *m* ❷ (*tiré d'en haut*) Marionette *f*

fantomatique [fɑ̃tomatik] *adj* gespenstisch

fantôme [fɑ̃tom] **I.** *m* ❶ (*spectre*) Gespenst *nt* ❷ (*illusion, souvenir*) Phantom *nt* **II.** *app* ❶ **train** ~ Geisterbahn *f* ❷ (*sans réalité*) **société** ~ Scheinfirma *f*

faon [fɑ̃] *m* [Reh]kitz *nt*; (*du cerf*) Hirschkalb *nt*

far [faʀ] *m* ~ **breton** Auflauf mit Backpflaumen

faramineux, -euse [faʀaminø, -øz] *adj fam* wahnsinnig

farandole [faʀɑ̃dɔl] *f* Farandole *f* (*provenzalischer Volkstanz*)

farce[1] [faʀs] *f* ❶ (*tour*) Streich *m* ❷ (*plaisanterie*) Scherz *m* ❸ (*objet*) ~**s et attrapes** Scherzartikel *Pl*

farce[2] [faʀs] *f* GASTR Füllung *f*

farceur, -euse [faʀsœʀ, -øz] *m, f* Spaßvogel *m*

farci, e [faʀsi] *adj* GASTR gefüllt

farcir [faʀsiʀ] <8> **I.** *vt* ❶ GASTR ~ qc de qc etw mit etw füllen ❷ *péj* (*bourrer*) ~ qc de qc etw mit etw voll stopfen (*fam*) **II.** *vpr péj fam* **se** ~ qc etw zu ertragen haben; **se** ~ qn jdn auf dem Hals haben

fard [faʀ] *m* Schminke *f*; ~ **à joues** Rouge *nt*; ~ **à paupières** Lidschatten *m* ▸**piquer un** ~ *fam* einen roten Kopf bekommen

fardeau [faʀdo] <x> *m* Last *f*

farder [faʀde] <1> *vt, vpr* [se] ~ [sich] schminken

farfelu, e [faʀfəly] **I.** *adj fam* verrückt **II.** *m, f fam* Spinner(in) *m(f)*

farfouiller [faʀfuje] <1> *vi fam* ~ **dans** qc in etw (*dat*) herumstöbern

farine [faʀin] *f* Mehl *nt*

fariner [faʀine] <1> *vt* (*poisson*) in Mehl wälzen; (*plaque de four*) mit Mehl bestäuben

farineux [faʀinø] *m* stärkehaltiges Nahrungsmittel

farineux, -euse [faʀinø, -øz] *adj* mehlig

farniente [faʀnjɛnte, faʀnjɑ̃t] *m* Dolcefarniente *nt*

farouche [faʀuʃ] *adj* ❶ (*timide*) scheu ❷ (*haine*) wild

farouchement [faʀuʃmɑ̃] *adv* heftig

fart [faʀt] *m* |Ski|wachs *nt*

farter [faʀte] <1> *vt* wachsen

Far West [faʀwɛst] *m* **le ~** der Wilde Westen

fascicule [fasikyl] *m* ❶ (*livret*) Heft *nt* ❷ (*~ d'information*) Broschüre *f*

fascinant, e [fasinɑ̃, ɑ̃t] *adj* faszinierend

fascination [fasinasjɔ̃] *f* ❶ (*envoûtement*) Verzauberung *f* ❷ (*séduction*) Faszination *f*

fasciner [fasine] <1> *vt* ❶ (*hypnotiser*) in seinen Bann schlagen ❷ (*séduire*) faszinieren

fascisant, e [faʃizɑ̃, ɑ̃t] *adj* faschistoid

fascisme [faʃism] *m* Faschismus *m*

fasciste [faʃist] **I.** *adj* faschistisch **II.** *mf* Faschist(in) *m(f)*

fasse [fas] *subj prés de* **faire**

faste¹ [fast] *m* Prunk *m*

faste² [fast] *adj* **jour ~** Glückstag *m*

fast-food, fastfood [fastfud] <fast-foods> *m* Fastfood-Restaurant *nt*, Schnellimbissrestaurant *nt*

fastidieux, -euse [fastidjø, -jøz] *adj* eintönig

fastoche [fastɔʃ] *adj fam* total einfach

fastueux, -euse [fastɥø, -øz] *adj* (*fête*) glanzvoll; (*vie*) luxuriös

fatal, e [fatal] *adj* ❶ verhängnisvoll; **être ~ à qn** jdm zum Verhängnis werden ❷ (*mortel*) tödlich ❸ (*inévitable*) unabwendbar ❹ (*marqué par le destin*) schicksalhaft

fatalement [fatalmɑ̃] *adv* zwangsläufig

fatalisme [fatalism] *m* Fatalismus *m*

fataliste [fatalist] **I.** *adj* fatalistisch **II.** *mf* Fatalist(in) *m(f)*

fatalité [fatalite] *f* ❶ (*destin hostile*) Schicksal *nt* ❷ (*inévitabilité*) Unabwendbarkeit *f*

fatidique [fatidik] *adj* schicksalhaft

fatigant, e [fatigɑ̃, ɑ̃t] *adj* ermüdend

fatigue [fatig] *f* ❶ (*d'une personne*) Müdigkeit *f*; (*des yeux*) Ermüdung *f* ❷ (*état d'épuisement*) Erschöpfung *f*

fatigué, e [fatige] *adj* müde

fatiguer [fatige] <1> **I.** *vt* **~ qn** ❶ (*travail, marche*) jdn anstrengen; (*personne*) jdn überanstrengen ❷ (*excéder*) jdm lästig sein ❸ (*ennuyer*) jdn langweilen **II.** *vpr* ❶ **se ~** (*personne*) sich überanstrengen; (*cœur*) ermüden ❷ (*se lasser*) **se ~ à faire qc** es Leid sein etw zu tun

fatma [fatma] *f: maghrebinische Hausangestellte*

fatras [fatʀɑ] *m* wirres Durcheinander

fatuité [fatɥite] *f* Überheblichkeit *f*

faubourg [fobuʀ] *m* Vorort *m*

fauche [foʃ] *f sans pl, fam* Diebstahl *m*

fauché, e [foʃe] *adj fam* pleite

faucher [foʃe] <1> *vt* ❶ (*couper*) mähen ❷ (*véhicule*) erfassen; (*mortellement*) überfahren ❸ *fam* (*voler*) klauen

faucheuse [foʃøz] *f* Mähmaschine *f*

faucille [fosij] *f* Sichel *f*

faucon [fokɔ̃] *m* ZOOL, POL Falke *m*

faudra [fodʀa] *fut de* **falloir**

faufiler [fofile] <1> *vpr* **se ~ dans un passage étroit** durch einen engen Durchgang schlüpfen; **se ~ parmi la foule** sich durch die Menge schlängeln

faune [fon] *f* ZOOL Fauna *f*

faussaire [fosɛʀ] *mf* Fälscher(in) *m(f)*

fausse [fos] *adj v.* **faux**

faussé, e [fose] *adj* verbogen; (*porte*) verzogen

fausser [fose] <1> *vt* (*altérer*) verfälschen; (*intentionnellement*) fälschen; (*réalité*) entstellen

faut [fo] *indic prés de* **falloir**

faute [fot] *f* ❶ *a.* SPORT Fehler *m*; **faire un ~** einen Volltreffer landen (*fam*); **sans ~** ganz sicher ❷ (*manquement des lois, règles*) Vergehen *nt* ❸ (*responsabilité*) **c'est [de] la ~ de qn/qc** daran ist jd/etw schuld; **c'est [de] ma ~** das ist meine Schuld; **c'est la faute à qn** *fam* das ist die Schuld von jdm ❹ (*par manque de*) **~ de temps** aus Zeitmangel; **~ de preuves** aus Mangel an Beweisen; **~ de mieux** mangels Alternative ▶**~ de quoi** sonst

fauteuil [fotœj] *m* Sessel *m*; **~ roulant** Rollstuhl *m*

fauteur [fotœʀ] *m* **~ de désordre/troubles** Unruhestifter *m*

fautif, -ive [fotif, -iv] **I.** *adj* schuldig; **être ~** schuld sein **II.** *m, f* Schuldige(r) *f(m)*

fauve [fov] **I.** *adj* ❶ (*couleur*) fahlgelb ❷ (*sauvage*) wild **II.** *m* ❶ (*couleur*) Fahlgelb *nt* ❷ (*animal*) Raubtier *nt*

fauvette [fovɛt] *f* Grasmücke *f*

faux, fausse [fo, fos] *adj* ❶ *antéposé* falsch; (*perle*) unecht; (*signature, tableau*) gefälscht; **fausse monnaie** Falschgeld *nt* ❷ *postposé* (*air, personne*) falsch; (*regard*) trügerisch

faux¹ [fo] *f* (*outil*) Sense *f*

faux² [fo] **I.** *m* ❶ Falsche(s) *nt* ❷ (*falsification, imitation*) Fälschung *f* **II.** *adv* falsch

F

faux-filet [fofilɛ] <faux-filets> *m* Lende[n-stück *nt*] *f* **faux-fuyant** [fofyijã] <faux-fuyants> *m* Ausflucht *f* **faux-monnayeur** [fomɔnɛjœʀ] <faux-monnayeurs> *m* Falschmünzer(in) *m(f)* **faux-semblant** [fosãblã] <faux-semblants> *m* user de ~s sich verstellen **faux-sens** [fosãs] <faux-sens> *m* Fehlinterpretation *f*

faveur [favœʀ] *f* ❶ (*bienfait*) Gefallen *m;* **de ~** Sonder- ❷ (*bienveillance*) Gunst *f;* **en ma/ta ~** zu meinen/deinen Gunsten

favorable [favɔʀabl] *adj* günstig; **donner un avis ~** sich positiv äußern; **être ~ à qn/qc** jdn unterstützen/etw befürworten

favorablement [favɔʀabləmã] *adv* positiv

favori, te [favɔʀi, it] **I.** *adj* Lieblings- **II.** *m, f* ❶ (*préféré*) Liebling *m* ❷ SPORT Favorit(in) *m(f)*

favoris [favɔʀi] *mpl* Koteletten *Pl*

favoriser [favɔʀize] <1> *vt* ❶ begünstigen; (*ambition, commerce*) unterstützen; (*personne*) bevorzugen ❷ (*aider*) unterstützen

favorite [favɔʀit] *adj v.* favori

favoritisme [favɔʀitism] *m* POL Günstlingswirtschaft *f*

fax [faks] *m abr de* **téléfax** Fax *nt*

faxer [fakse] <1> *vt* faxen

fayot [fajo] *m fam* (*haricot*) grüne Bohne

FB *m abr de* **franc belge** *v.* franc

FC [ɛfse] *m abr de* **football club** FC *m*

fébrile [febʀil] *adj* fiebrig; (*agité*) fieberhaft

fébrilement [febʀilmã] *adv* hektisch

fébrilité [febʀilite] *f* Hektik *f*

fécal, e [fekal, o] <-aux> *adj* **les matières ~es** Fäkalien *Pl*

fécond, e [fekɔ̃, ɔ̃d] *adj* fruchtbar; (*esprit*) kreativ; (*idée*) zündend; (*écrivain, siècle*) produktiv; (*conversation, sujet*) ergiebig

fécondation [fekɔ̃dasjɔ̃] *f* Befruchtung *f;* **~ in vitro** In-vitro-Fertilisation *f*

féconder [fekɔ̃de] <1> *vt* befruchten

fécondité [fekɔ̃dite] *f* Fruchtbarkeit *f;* (*d'un artiste, écrivain*) Produktivität *f;* **taux de ~** Geburtenrate *f*

fécule [fekyl] *f* Stärke *f*

féculent [fekylã] *m* stärkehaltiges Nahrungsmittel

fédéral, e [fedeʀal, o] <-aux> *adj* ❶ (*régime*) bundesstaatlich; (*en Suisse*) eidgenössisch; **gouvernement ~** Bundesregierung *f* ❷ (*central*) **union ~e** Zentralverband *m*

Belgien ist eine konstitutionelle Monarchie mit einer föderativen Staatsform, d. h. es ist ein **État fédéral**, der sich aus den Gemeinschaften (eine flämische, eine französische und eine deutschsprachige) und den Regionen (Flandern, Wallonien, Brüssel) zusammensetzt.

fédéralisme [fedeʀalism] *m* Föderalismus *m*

fédéraliste [fedeʀalist] **I.** *adj* föderalistisch **II.** *mf* Föderalist(in) *m(f)*

fédérateur, -trice [fedeʀatœʀ, -tʀis] *adj* **thème ~** gemeinsames Thema; **jouer un rôle ~** eine vermittelnde Rolle spielen

fédération [fedeʀasjɔ̃] *f* ❶ Bündnis *nt;* **~ européenne** europäische Gemeinschaft ❷ (*associations*) Verband *m;* **~ syndicale** Gewerkschaftsbund

fédéré, e [fedeʀe] *adj* föderiert; (*au sein d'une association*) vereinigt

fédérer [fedeʀe] <5> *vt* vereinigen; (*États*) in einer Föderation zusammenschließen

fée [fe] *f* Fee *f*

feeling [filiŋ] *m* Gespür *nt*

féerie [fe(e)ʀi] *f* THEAT, CINE Märchenspiel *nt*

féerique [fe(e)ʀik] *adj* märchenhaft

feignant, e [fɛɲã, ãt] *v.* fainéant

feint, e [fɛ̃, fɛ̃t] *adj* gespielt; (*maladie*) vorgeschoben

feinte [fɛ̃t] *f* Täuschungsmanöver *nt*

feinter [fɛ̃te] <1> *vt* SPORT täuschen

fêlé, e [fele] *adj* ❶ gesprungen; (*bras, côte*) angebrochen ❷ *fam* **tu es complètement ~!** du bist ja völlig bekloppt!

fêler [fele] <1> *vpr* **se ~** einen Sprung/Sprünge bekommen; **se ~ qc** sich (*dat*) etw brechen

félicitations [felisitasjɔ̃] *fpl* Glückwünsche *Pl;* **avec les ~ du jury** summa cum laude

féliciter [felisite] <1> *vt* **I.** *vt* **~ qn de qc** jdm zu etw gratulieren; **~ qn de faire qc** jdn loben, dass er etw tut **II.** *vpr* **se ~ de qc** über etw (*akk*) froh sein

félin [felɛ̃] *m* Raubkatze *f*

félin, e [felɛ̃, in] *adj* (*race*) der Katzen; (*démarche, grâce*) katzenartig

fêlure [felyʀ] *f* Sprung *m*

femelle [fəmɛl] **I.** *adj* weiblich **II.** *f* ❶ ZOOL Weibchen *nt* ❷ *péj fam* Weibsbild *nt*

féminin [feminɛ̃] *m* LING Femininum *nt*

féminin, e [feminɛ̃, in] *adj* ❶ weiblich

❷ (*voix*) Frauen-; (*vêtements, mode*) Damen-; (*condition, revendication*) der Frauen-
féminisation [feminizasjɔ̃] *f* ~ **de l'enseignement** (*action*) Steigerung *f* des Frauenanteils im Lehramt; (*résultat*) Zunahme *f* des Frauenanteils im Lehramt
féminiser [feminize] <1> I. *vt* ~ **une profession** Frauen Zugang zu einem Beruf verschaffen II. *vpr* **se** ~ ❶ (*se faire femme*) fraulicher werden ❷ (*comporter de plus en plus de femmes*) **un parti politique se féminise** der Frauenanteil in einer politischen Partei steigt
féminisme [feminism] *m* Feminismus *m*
féministe [feminist] I. *adj* feministisch; **mouvement** ~ Frauenbewegung *f* II. *mf* Feminist(in) *m(f)*
féminité [feminite] *f* Weiblichkeit *f*
femme [fam] *f* ❶ (*opp: homme*) Frau *f*; (*épouse*) [Ehe]frau *f*; **vêtements de ~s** Damenbekleidung *f*; **t'as vu la bonne ~ là-bas!** *fam* hast du die Tante dahinten gesehen! ❷ (*profession*) **une ~ médecin/politique** eine Ärztin/Politikerin; ~ **au foyer** Hausfrau; ~ **de ménage** Putzfrau, Bedienerin *f*(A); ~ **d'intérieur** tüchtige Hausfrau; ~ **d'État** Staatsfrau
femme-enfant [famɑ̃fɑ̃] <femmes-enfants> *f* Kindfrau *f*
femmelette [famlɛt] *f péj* Schwächling *m*
fémur [femyʀ] *m* Oberschenkelknochen *m*
fenaison [fənɛzɔ̃] *f* Heuernte *f*
fendiller [fɑ̃dije] <1> *vpr* **se** ~ rissig werden
fendre [fɑ̃dʀ] <14> I. *vt* (*bois*) spalten; (*fissurer: glace*) zum Springen bringen II. *vpr* ❶ **se** ~ (*mur, terre*) Risse bekommen; (*verre, glace*) Sprünge bekommen ❷ (*se blesser*) **se** ~ **la lèvre** sich (*dat*) die Lippe aufschlagen
fendu, e [fɑ̃dy] *adj* ❶ (*crâne*) gespalten; (*lèvre*) aufgeplatzt ❷ (*côte*) angebrochen; (*assiette, verre*) gesprungen ❸ (*jupe, veste*) geschlitzt
fenêtre [f(ə)nɛtʀ] *f* Fenster *nt*
fennec [fenɛk] *m* ZOOL Fennek *m*
fenouil [fənuj] *m* Fenchel *m*
fente [fɑ̃t] *f* ❶ (*d'un mur, rocher*) Spalt *m* ❷ (*interstice*) Schlitz *m*
féodal [feodal, o] <-aux> *adj* feudal
féodalité [feodalite] *f* HIST Feudalismus *m*
fer [fɛʀ] *m* ❶ (*métal, sels de ~*) Eisen *nt*; **en** ~ [*o* **de**] aus Eisen ❷ (*pièce métallique*) ~ **à**

cheval Hufeisen *nt* ❸ (*appareil*) ~ **à repasser** Bügeleisen *nt* ▸**main/santé/volonté de** ~ eiserne Hand/Gesundheit/eiserner Wille
ferai [f(ə)ʀɛ] *fut de* **faire**
fer-blanc [fɛʀblɑ̃] <fers-blancs> *m* [Weiß]blech *nt*
férié, e [feʀje] *adj* **jour** ~ Feiertag *m*
fermage [fɛʀmaʒ] *m* Pacht *f*
ferme¹ [fɛʀm] I. *adj* fest; (*seins, peau*) straff; (*ton*) bestimmt; (*main*) ruhig; (*volonté*) unerschütterlich; **être** ~ **avec qn** jdm gegenüber bestimmt auftreten II. *adv* ❶ (*s'ennuyer*) fürchterlich ❷ (*discuter*) heftig
ferme² [fɛʀm] *f* ❶ (*bâtiment*) Bauernhaus *nt* ❷ (*exploitation*) Bauernhof *m*
ferme³ [fɛʀm] ▸**la** ~! *fam* halt/haltet die Klappe!
fermé, e [fɛʀme] *adj* ❶ (*opp: ouvert*) geschlossen; (*à clé*) verschlossen; (*col, route*) gesperrt ❷ (*société*) geschlossen; (*club, cercle*) exklusiv ❸ (*personne*) verschlossen
fermement [fɛʀməmɑ̃] *adv* fest
ferment [fɛʀmɑ̃] *m* BIO Gärstoff *m*
fermentation [fɛʀmɑ̃tasjɔ̃] *f* BIO Gärung *f*
fermenter [fɛʀmɑ̃te] <1> *vi* (*jus*) gären; (*pâte*) arbeiten
fermer [fɛʀme] <1> I. *vi* ❶ (*être, rester fermé*) schließen ❷ (*pouvoir être fermé*) **bien/mal** ~ gut/schlecht schließen II. *vt* ❶ (*opp: ouvrir: porte, yeux*) schließen; (*rideau*) zuziehen; (*tiroir*) zuschieben; (*livre*) zuklappen; ~ **une maison à clé** ein Haus abschließen ❷ (*boutonner*) zuknöpfen ❸ (*enveloppe*) zukleben ❹ (*robinet*) zudrehen ❺ (*passage, accès*) versperren; (*aéroport, frontière*) sperren ❻ (*clore*) **fermez la parenthèse!** Klammer zu! III. *vpr* **se** ~ ❶ (*se refermer: porte, yeux*) zufallen; (*plaie*) verheilen ❷ (*passif: boîte*) sich schließen lassen
fermeté [fɛʀməte] *f* ❶ (*consistance*) Festigkeit *f* ❷ (*autorité*) Bestimmtheit *f*; (*dans l'éducation de qn*) Strenge *f*
fermette [fɛʀmɛt] *f* kleines Bauernhaus
fermeture [fɛʀmətyʀ] *f* ❶ (*d'un sac, vêtement*) Verschluss *m*; ~ **automatique** automatischer Türschließer ❷ (*d'une porte, d'un magasin, guichet*) Schließen *nt*; (*d'une école, frontière*) Schließung *f*; (*d'une entreprise, d'un aéroport*) Stilllegung *f*; ~ **annuelle** Betriebsferien *Pl*

fermier, -ière [fɛʀmje, -jɛʀ] **I.** adj (beurre) Land-; (poulet, canard) vom Bauernhof **II.** m, f ❶ (agriculteur) Bauer/Bäuerin m/f ❷ (locataire) Pächter(in) m(f)

fermoir [fɛʀmwaʀ] m Verschluss m

féroce [feʀɔs] adj ❶ (animal) wild ❷ (personne) unbarmherzig; (critique) scharf; (air, regard) böse ❸ (appétit, envie) riesig

férocité [feʀɔsite] f ❶ (d'un animal) Grausamkeit f; (d'une critique) Schärfe f ❷ (d'un combat) Heftigkeit f

ferraille [feʀɑj] f Schrott m; **mettre une voiture à la ~** ein Auto verschrotten lassen

ferrailleur, -euse [feʀɑjœʀ, -jøz] m, f Schrotthändler(in) m(f)

ferré, e [feʀe] adj (cheval) beschlagen; (bâton, soulier) [mit Eisen] beschlagen

ferrer [feʀe] <1> vt (cheval) beschlagen; (souliers) mit Eisen beschlagen

ferreux, -euse [feʀø, -øz] adj eisenhaltig

ferronnerie [feʀɔnʀi] f Kunstschmiedearbeiten Pl

ferroviaire [feʀɔvjɛʀ] adj Eisenbahn-

ferrure [feʀyʀ] f (d'un meuble, d'une porte) [Eisen]beschlag m

ferry [feʀi] <-ies> m abr de **ferry-boat**

ferry-boat [feʀibot] <ferry-boats> m Fähre f

fertile [fɛʀtil] adj a. fig fruchtbar

fertilisation [fɛʀtilizasjɔ̃] f Fruchtbarmachung f

fertiliser [fɛʀtilize] <1> vt fruchtbar machen

fertilité [fɛʀtilite] f Fruchtbarkeit f

fervent, e [fɛʀvɑ̃, ɑ̃t] adj ❶ REL (croyant) fromm; (disciple) leidenschaftlich; (prière) inbrünstig ❷ (supporter) begeistert

ferveur [fɛʀvœʀ] f a. REL (d'une personne) Eifer m; (d'une prière, foi) Inbrunst f

fesse [fɛs] f Hinterbacke f; **les ~s** das Gesäß ▸**avoir qn aux ~s** fam jdn auf dem Hals haben

fessée [fese] f **donner une ~ à qn** jdm eine Tracht Prügel geben

fessier, -ière [fesje] **I.** adj (muscle) Gesäß- **II.** m iron fam Hinterteil nt

festin [fɛstɛ̃] m Festessen nt

festival [fɛstival] <s> m Festspiele Pl, Festival nt; **le ~ de Cannes** das Filmfestival von Cannes

festivalier, -ière [fɛstivalje, -jɛʀ] m, f Festspielbesucher(in) m(f)

festivités [fɛstivite] fpl Festveranstaltungen Pl

festoyer [fɛstwaje] <6> vi schlemmen

fêtard, e [fɛtaʀ, aʀd] m, f fam Nachtschwärmer(in) m(f)

fête [fɛt] f ❶ (religieuse, civile) Fest nt; (jour du prénom) Namenstag m; **~ des Mères/Pères** Mutter-/Vatertag; **~ du travail** Tag der Arbeit ❷ pl (congé) Feiertage Pl ❸ (kermesse) **~ foraine** Jahrmarkt m; **~ de la bière à Munich** Münchner Oktoberfest ❹ (réception) Fest nt, Feier f, Fete f; (entre amis) Party f; **un jour de ~** ein Feiertag/Festtag m

Als **fêtes** bezeichnet man im weiteren Sinn die Zeit zwischen Weihnachten und Neujahr, im engeren Sinn aber den 25. Dezember, den Weihnachtsfeiertag, und den 1. Januar, den Neujahrstag.

Fête-Dieu [fɛtdjø] <Fêtes-Dieu> f **la ~** Fronleichnam m

Der 14. Juli ist die **fête nationale** zum Gedenken an die Französische Revolution im Jahr 1789. An diesem Feiertag sind die Städte mit Fahnen geschmückt, und in Paris findet auf den Champs-Elysées eine große Militärparade statt. Abends gibt es überall in Frankreich Feuerwerke. Belgiens Nationalfeiertag ist der 21. Juli und die Schweiz feiert am 1. August.

fêter [fete] <1> vt ❶ feiern ❷ (faire fête à) feierlich empfangen

fétiche [fetiʃ] app objet **~** Talisman m

fétichisme [fetiʃism] m Fetischismus m

fétichiste [fetiʃist] **I.** adj fetischistisch **II.** mf Fetischist(in) m(f)

fétide [fetid] adj übel riechend; (odeur) widerlich

feu [fø] <x> m ❶ (source de chaleur) Feuer nt; **~ de camp** Lagerfeuer ❷ (incendie) Feuer nt; **mettre le ~ à qc** etw anzünden ❸ souvent pl (d'un véhicule) Licht nt ❹ AUT **~ de signalisation** Verkehrsampel f; **passer au ~ rouge** bei Rot durchfahren; **le ~ est [au] rouge** die Ampel ist rot ❺ (brûleur d'un réchaud) **à ~ doux/vif** (réchaud à gaz) auf kleiner/starker Flamme; (réchaud électrique) bei schwacher/starker Hitze ❻ (spectacle) **~ d'artifice** Feuerwerk nt

▶~ **vert** grünes Licht; **y'a pas le** ~ *fam* immer mit der Ruhe; **péter le** ~ vor Energie sprühen; **n'y voir que du** ~ nichts merken

feuillage [fœjaʒ] *m* Laub *nt*

feuille [fœj] *f* ❶ Blatt *nt; (d'aluminium, or)* Folie *f;* ~ **de papier** Blatt [Papier] *nt* ❷ *(formulaire)* ~ **de paie** Gehaltsabrechnung *f;* ~ **de soins** (ärztlicher) Behandlungsschein ❸ *(Excel)* [Arbeits]blatt *nt*

feuillet [fœjɛ] *m* Blatt *nt*

feuilleté [fœjte] *m* GASTR Blätterteiggebäck *nt*

feuilleté, e [fœjte] *adj* GASTR **pâte ~e** Blätterteig *m*

feuilleter [fœjte] <3> *vt* durchblättern

feuilleton [fœjtɔ̃] *m* ~ **télévisé** Fernsehserie *f*

feuillu [fœjy] *m* Laubbaum *m*

feuillu, e [fœjy] *adj* ❶ [dicht] belaubt ❷ *(opp: résineux)* Laub tragend

feutre [føtʀ] *m* ❶ *(stylo)* Filzstift *m* ❷ *(étoffe)* Filz *m*

feutré, e [føtʀe] *adj (fait de feutre)* verfilzt

feutrer [føtʀe] <1> *vi, vpr* |**se**| ~ verfilzen

fève [fɛv] *f* Saubohne *f*

février [fevʀije] *m* Februar *m; v.a.* **août**

FF [ɛfɛf] **I.** *m abr de* **franc français II.** *f abr de* **Fédération française** Französischer Verband

FFI [ɛfɛfi] *fpl* HIST *abr de* **Forces françaises de l'intérieur** *Widerstandstruppen der Gaullisten im Zweiten Weltkrieg*

fiabilité [fjabilite] *f* Zuverlässigkeit *f; (d'un dispositif)* Betriebssicherheit *f*

fiable [fjabl] *adj* zuverlässig; *(machine)* betriebssicher

fiacre [fjakʀ] *m* [Pferde]droschke *f*

fiançailles [fjɑ̃saj] *fpl* Verlobung *f*

fiancé, e [fjɑ̃se] **I.** *adj* verlobt **II.** *m, f* Verlobte(r) *f(m)*

fiancer [fjɑ̃se] <2> *vpr* **se** ~ **avec qn** sich mit jdm verloben

fiasco [fjasko] *m* Fiasko *nt;* **être un** ~ ein Reinfall sein; *(pièce)* ein Flop sein

fibre [fibʀ] *f* Faser *f*

fibreux, -euse [fibʀø, -øz] *adj* faserig

ficelé, e [fis(ə)le] *adj fam* ▶**bien/mal** ~ *(intrigue, travail)* gut/schlecht gemacht

ficeler [fis(ə)le] <3> *vt (paquet)* [ver]schnüren; *(rôti)* [mit einem Bindfaden] umwickeln

ficelle [fisɛl] *f* ❶ *(corde mince)* Schnur *f; (en cuisine)* Bindfaden *m* ❷ *(pain)* dünnes Baguette

fiche [fiʃ] *f* ❶ *(carte)* [Kartei]karte *f; (formulaire)* Blatt *nt;* ~ **d'état civil** Auszug *m* aus dem Personenstandsregister ❷ CH *(dossier)* Akte *f,* Fiche *f* (CH)

fiche-horaire [fiʃɔʀɛʀ] <fiches-horaires> *f* Fahrplanauszug *m*

ficher¹ [fiʃe] <1> **I.** *vt part passé:* **fichu**, *fam* ❶ *(faire)* treiben; **ne rien** ~ keinen Finger krumm machen ❷ *(claque)* verpassen ▶~ **un coup à qn** jdm einen schweren Schlag versetzen; **je t'en fiche!** von wegen! **II.** *vpr part passé:* **fichu**, *fam* **qn se fiche de qn/qc** jd/etw ist jdm piepegal

ficher² [fiʃe] <1> *vt (inscrire)* registrieren

fichier [fiʃje] *m* ❶ Kartei *f* ❷ INFORM Datei *f*

fichier-texte [fiʃjetɛkst] <fichiers-textes> *m* INFORM Textdatei *f*

fichu [fiʃy] *m* Schal *m*

fichu, e [fiʃy] **I.** *part passé de* **ficher II.** *adj fam* ❶ *antéposé (caractère, métier)* mies; *(problème, question)* verflixt; *(idée)* [sau]blöd; **quel** ~ **temps!** so ein Sauwetter! ❷ *(en mauvais état)* **être** ~ *(vêtement, appareil)* hin sein; **être mal** ~ *(personne)* sich elend fühlen ❸ *(vacances, soirée)* im Eimer ❹ *(habillé)* zurechtgemacht ❺ *(capable)* **ne pas être** ~ **de faire qc** nicht imstande sein etw zu tun

fictif, -ive [fiktif, -iv] *adj* fiktiv

fiction [fiksjɔ̃] **I.** *f* ❶ *(imagination)* Fantasie *f* ❷ *(fait imaginé)* [freie] Erfindung; *(histoire)* frei erfundene Geschichte; **film de** ~ frei erfundener Film **II.** *adj* ❶ *(futuriste)* futuristisch ❷ *(imaginaire)* rein fiktiv

fidèle [fidɛl] **I.** *adj* ❶ treu; **être** ~ **à ses habitudes** seinen Gewohnheiten treu sein ❷ *(récit)* wirklichkeitsgetreu; *(reproduction)* originalgetreu; *(traduction)* wortgetreu **II.** *mpl* REL Gläubige[n] *Pl* **III.** *mf (d'un homme politique)* Anhänger(in) *m(f); (d'un magasin)* Stammkunde/-kundin *m/f*

fidèlement [fidɛlmɑ̃] *adv* ❶ *(servir, obéir)* treu ❷ *(reproduire, décrire)* genau; *(traduire)* wortgetreu

fidéliser [fidelize] <1> *vt* als Stammkunden gewinnen

fidélité [fidelite] *f* ❶ *(dévouement)* ~ **à qn** Treue *f* zu jdm ❷ *(d'une copie, d'un portrait)* Genauigkeit *f*

fief [fjɛf] *m* POL Hochburg *f*

F

fieffé, e [fjefe] *adj antéposé fam* **être un ~ menteur** ein abgefeimter Lügner sein

fiel [fjɛl] *m* Boshaftigkeit *f*

fiente [fjɑ̃t] *f* Kot *m*

fier [fje] <1> *vpr* **se ~ à qn** sich auf jdn verlassen

fier, fière [fjɛʀ] *adj* **~ de qn/qc** stolz auf jdn/etw

fièrement [fjɛʀmɑ̃] *adv* stolz

fierté [fjɛʀte] *f* Stolz *m*

fiesta [fjɛsta] *f fam* Fete *f*

fièvre [fjɛvʀ] *f* ❶ MED Fieber *nt* ❷ (*vive agitation*) Hektik *f*

fiévreusement [fjevʀøzmɑ̃] *adv* fieberhaft

fiévreux, -euse [fjevʀø, -øz] *adj* ❶ MED fiebrig ❷ (*activité, excitation*) fieberhaft

figé, e [fiʒe] *adj* starr; LING (*expression*) fest

figer [fiʒe] <2a> I. *vt* **~ qn** (*surprise, terreur*) jdn erstarren lassen II. *vpr* **se ~** (*visage, sourire*) erstarren

fignoler [fiɲɔle] <1> *vt fam* ausfeilen

figue [fig] *f* Feige *f*

figuier [figje] *m* Feigenbaum *m*

figurant, e [figyʀɑ̃, ɑ̃t] *m, f* CINE, THEAT Statist(in) *m(f)*

figuratif, -ive [figyʀatif, -iv] *adj* ART gegenständlich

figuration [figyʀasjɔ̃] *f* CINE, THEAT **faire de la ~** als Statist(in) arbeiten

figure [figyʀ] *f* ❶ (*visage*) Gesicht *nt* ❷ (*personnage*) [große] Persönlichkeit ❸ (*image*) Figur *f*; MATH grafische Darstellung ❹ SPORT Figur *f*; **~s imposées/libres** Pflicht *f*/Kür *f* ►**casser la ~ à qn** *fam* jdn verhauen; **se casser la ~** *fam* hinfliegen; (*d'en haut*) runterfliegen

figuré, e [figyʀe] *adj* (*sens*) übertragen; (*langage*) bilderreich

figurer [figyʀe] <1> I. *vi* ❶ THEAT, CINE als Statist auftreten ❷ (*être mentionné*) stehen II. *vpr* **se ~ qc** sich (*dat*) etw vorstellen

figurine [figyʀin] *f* Figürchen *nt*

fil [fil] *m* ❶ (*brin*) Faden *m*; (*de haricot*) Faser *f*; (*corde à linge*) [Wäsche]leine *f*; **~ de fer** Eisendraht *m*; (*personne maigre*) Bohnenstange *f* ❷ ELEC Leitung *f*; (*d'un téléphone*) Schnur *f* ►**au ~ des ans** im Laufe der Jahre

filament [filamɑ̃] *m* ELEC Glühfaden *m*

filandreux, -euse [filɑ̃dʀø, -øz] *adj* (*viande*) sehnig, flachsig (A)

filasse [filas] *adj inv péj* (*cheveux*) strohig

filature [filatyʀ] *f* ❶ (*usine*) Spinnerei *f* ❷ (*action*) Spinnen *nt* ❸ (*surveillance*) Beschattung *f*; **prendre qn en ~** jdn beschatten

file [fil] *f* ❶ (*colonne*) Reihe *f*; (*d'attente*) Schlange *f*; **se mettre à la ~** sich [hinten] anstellen ❷ (*voie de circulation*) [Fahr]spur *f*; **prendre la ~ de droite** sich rechts einordnen ►**en ~ indienne** im Gänsemarsch

filer [file] <1> I. *vi* ❶ (*maille*) laufen; (*collant*) eine Laufmasche haben ❷ (*personne*) rennen; (*en voiture*) rasen; (*véhicule*) rasen; (*étoile*) vorbeiziehen; (*temps*) verfliegen ❸ *fam* (*partir vite*) lossausen; (*se retirer*) sich verziehen II. *vt* ❶ (*tisser*) spinnen ❷ (*surveiller*) **~ qn** jdn beschatten ❸ *fam* (*donner*) **~ de l'argent à qn** jdm Geld geben; **~ une claque à qn** jdm eine Ohrfeige verpassen

filet [filɛ] *m* ❶ (*réseau de maille*) Netz *nt* ❷ GASTR Filet *nt* ❸ (*petite quantité*) **~ d'huile** Schuss *m* Öl; **~ d'eau** Wasserstrahl *m*

filetage [filtaʒ] *m* Gewinde *nt*

filial, e [filjal, jo] <-aux> *adj* (*amour*) kindlich

filiale [filjal] *f* Tochtergesellschaft *f*

filiation [filjasjɔ̃] *f* Abstammung *f*

filière [filjɛʀ] *f* ❶ (*suite de formalités*) Dienstweg *m* ❷ UNIV Studiengang *m* ❸ (*de la drogue*) Ring *m*

filiforme [filifɔʀm] *adj* (*jambes, personne*) spindeldürr; (*antennes*) fadenförmig

filigrane [filigʀan] *m* (*d'un billet de banque*) Wasserzeichen *nt*

fille [fij] *f* ❶ (*opp: garçon*) Mädchen *nt*, Gitsch[e] *f* (A); **jeune ~** junges Mädchen ❷ (*opp: fils*) Tochter *f*

fillette [fijɛt] *f* kleines Mädchen

filleul, e [fijœl] *m, f* Patenkind *nt*

film [film] *m* Film *m*; **~ vidéo/d'action** Video-/Actionfilm *m*; **~ plastique** Plastikfolie *f*

filmer [filme] <1> *vt, vi* filmen

filmographie [filmɔgʀafi] *f* Filmverzeichnis *nt*

filon [filɔ̃] *m* ❶ MINER Ader *f* ❷ *fam* (*travail*) lukrativer Job

filou [filu] *m fam* (*escroc*) Gauner *m*; (*coquin*) Schlingel *m*

filouter [filute] <1> *vt fam* übers Ohr hauen

fils [fis] *m* Sohn *m*; **Dupont ~** Dupont junior; **Alexandre Dumas ~** Alexandre Dumas der Jüngere ►**de père en fils** von Generation zu Generation; **être bien le ~ de**

son **père** ganz der Vater sein

filtrage [filtʀaʒ] *m* Filtern *nt*

filtrant, e [filtʀɑ̃, ɑ̃t] *adj* Filter-

filtre [filtʀ] *m* Filter *m o nt*

filtrer [filtʀe] <1> *vt* filtern; (*informations*) genau überprüfen

fin [fɛ̃] *f* ❶ (*issue*) Ende *nt;* ~ **de série** Restposten *m;* ~ **de siècle** *adj inv* der Jahrhundertwende; **la** ~ **du monde** der Weltuntergang; **mettre** ~ **à qc** einer S. (*dat*) ein Ende setzen; **à la** ~ am Ende; **sans** ~ endlos ❷ (*mort*) Ende *nt* ❸ (*but*) **arriver à ses** ~**s** sein Ziel erreichen ▶**en** ~ **de compte** letztlich; **arrondir ses** ~**s de** **mois** sein Gehalt aufbessern

fin, e [fɛ̃, fin] I. *adj* ❶ (*cheveux, sable*) fein; (*couche, étoffe, tranche*) dünn ❷ (*traits, visage*) fein; (*jambes, taille*) schlank ❸ (*mets*) erlesen; (*vin*) erstklassig; (*lingerie*) Fein- ❹ (*personne*) klug; (*dans ses remarques*) feinsinnig; (*dans ses actes*) geschickt; (*humour, nuance*) fein; (*esprit, observation*) scharfsinnig; (*remarque*) geistreich ❺ *antéposé* (*cuisinier, tireur*) ausgezeichnet; ~ **connaisseur** Spezialist *m* II. *adv* (*soûl*) völlig; (*prêt*) ganz

final, e [final] <s> *adj* endgültig; (*point, accord*) Schluss-; (*consonne, résultat*) End-

finale [final] <s> *f* Finale *nt*

finalement [finalmɑ̃] *adv* schließlich

finaliste [finalist] *mf* Finalist(in) *m(f)*

finalité [finalite] *f* PHILOS Zweckbestimmtheit *f*

finance [finɑ̃s] *f pl* Finanzen *Pl;* **les Finances** (*ministère*) das Finanzministerium

financement [finɑ̃smɑ̃] *m* Finanzierung *f*

financer [finɑ̃se] <2> *vt* finanzieren

financier [finɑ̃sje] *m* Finanzier *m*

financier, -ière [finɑ̃sje, -jɛʀ] *adj* (*problèmes*) finanziell; (*crise, politique*) Finanz-; **soucis** ~**s** Geldsorgen *Pl*

financièrement [finɑ̃sjɛʀmɑ̃] *adv* finanziell [gesehen]

finasser [finase] <1> *vi* mit Tricks arbeiten

finaud, e [fino, od] I. *adj* pfiffig II. *m, f* Pfiffikus *m*

fine [fin] *f* feiner Weinbrand

finement [finmɑ̃] *adv* ❶ (*brodé, ciselé*) [sehr] fein; (*agir*) clever; (*manœuvrer, observer*) geschickt

finesse [finɛs] *f* ❶ Feinheit *f;* (*des mains, de la taille*) Zierlichkeit *f* ❷ (*d'une personne*)

Scharfsinn *m;* (*d'une allusion*) Spitzfindigkeit *f*

fini [fini] *m* (*d'un produit*) sorgfältige Verarbeitung

fini, e [fini] *adj* ❶ **être** ~ zu Ende sein; (*travail, études*) beendet sein ❷ (*personne*) erledigt ❸ (*nombre*) endlich ❹ *péj* (*menteur, voleur*) ausgemacht ❺ (*cousu*) **bien/mal** ~ gut/schlecht gearbeitet

finir [finiʀ] <8> I. *vi* ❶ (*rue, propriété*) enden; (*vacances, spectacle*) zu Ende sein; (*contrat*) auslaufen; **bien/mal** ~ ein gutes/böses Ende nehmen; **n'en pas** ~ kein Ende nehmen ❷ (*terminer*) aufhören; **avoir fini** fertig sein; **je finirai par le plus important ...** zum Abschluss nun das Wichtigste ...; **en** ~ **avec qc** eine Lösung für etw finden ❸ SPORT ~ **à la quatrième place** auf Platz vier kommen ❹ (*en venir à*) ~ **par faire qc** schließlich etw tun ❺ (*se retrouver*) ~ **en prison** im Gefängnis enden II. *vt* ❶ beenden; (*devoirs*) fertig machen; ~ **de manger/de s'habiller** fertig essen/sich fertig anziehen; ~ **le mois** in diesem Monat mit dem Geld auskommen ❷ (*plat*) aufessen; (*assiette*) leer essen; (*bouteille, verre*) leer trinken (*fam*) ❸ (*passer la fin de*) ~ **ses jours à la campagne** den Rest seiner Tage auf dem Land verbringen ❹ (*dispute*) aufhören mit

finish [finiʃ] *m inv* SPORT Endspurt *m*

finition [finisjɔ̃] *f* (*action*) Fertigstellung *f;* TECH *gén pl* Feinarbeiten *Pl;* (*résultat*) Verarbeitung *f*

finlandais, e [fɛ̃lɑ̃dɛ, ɛz] *adj* finnisch

Finlandais, e [fɛ̃lɑ̃dɛ, ɛz] *m, f* Finne/Finnin *m/f*

Finlande [fɛ̃lɑ̃d] *f* **la** ~ Finnland *nt*

finnois [finwa] *m* Finnisch *nt; v.a.* **allemand**

finnois, e [finwa, waz] *adj* finnisch; *v.a.* **allemand**

Finnois, e [finwa, waz] *m, f* Finne/Finnin *m/f*

fiole [fjɔl] *f* Phiole *f*

fiord [fjɔʀd] *m* Fjord *m*

fioriture [fjɔʀityʀ] *f* Schnörkel *m*

firent [fiʀ] *passé simple de* **faire**

firmament [fiʀmamɑ̃] *m* Firmament *nt*

firme [fiʀm] *f* Firma *f o*

fis [fi] *passé simple de* **faire**

fisc [fisk] *m* Fiskus *m*

fiscal, e [fiskal, o] <-aux> *adj* Steuer-

F

fiscalité [fiskalite] *f* Steuerwesen *nt*

fission [fisjɔ̃] *f* Spaltung *f*

fissure [fisyʀ] *f* Riss *m*; (*d'un vase*) Sprung *m*

fissurer [fisyʀe] <1> I. *vt* (*éclair*) Risse verursachen in (+ *dat*) II. *vpr* se ~ rissig werden

fiston [fistɔ̃] *m fam* Sohnemann *m*

fit [fi] *passé simple de* **faire**

fites [fit] *passé simple de* **faire**

fixateur [fiksatœʀ] *m* PHOT Fixiermittel *nt*

fixation [fiksasjɔ̃] *f* ❶ (*obsession*) Fixierung *f*; **faire une ~ sur qn/qc** auf jdn/etw fixiert sein ❷ (*dispositif*) Befestigungsvorrichtung *f*

fixe [fiks] I. *adj* fest; (*point*) Fix-; (*idée*) fix; (*regard*) starr II. *m* festes Gehalt III. *interj* ~! stillgestanden!

fixé, e [fikse] *adj* **ne pas encore être ~** noch nicht so recht wissen

fixement [fiksəmɑ̃] *adv* **regarder qn/qc ~** jdn/etw anstarren

fixer [fikse] <1> I. *vt* ❶ (*personne*) befestigen ❷ (*regarder*) ~ **qn/qc** (*personne*) auf jdn/etw starren; (*regard*) auf jdn/etw starr gerichtet sein ❸ (*arrêter*) ~ **son attention sur qc** seine Aufmerksamkeit auf etw (*akk*) richten ❹ (*règle, conditions*) festlegen; (*rendez-vous, délai*) ausmachen II. *vpr* ❶ se ~ **au mur** an der Wand befestigt werden ❷ (*s'établir*) se ~ **à Paris** sich in Paris niederlassen ❸ (*se poser*) se ~ **sur qn/qc** (*attention*) sich auf jdn/etw richten; (*choix*) auf jdn/etw fallen ❹ (*se définir*) se ~ **un but** sich (*dat*) ein Ziel setzen

fjord [fjɔʀd] *m v.* **fiord**

flac [flak] *interj* platsch

flacon [flakɔ̃] *m* Fläschchen *nt*; (*de parfum*) Flakon *m*

flagada [flagada] *adj inv, fam* **être ~ fix und fertig sein**

flagellation [flaʒelasjɔ̃] *f* Geißelung *f*

flageller [flaʒele] <1> *vt, vpr* [**se**] ~ [sich] geißeln

flageoler [flaʒɔle] <1> *vi* (*jambes*) zittern

flageolet [flaʒɔlɛ] *m* MUS Flageolett *nt*

flagrant, e [flagʀɑ̃, ɑ̃t] *adj* offenkundig

flair [flɛʀ] *m* (*du chien*) Geruchssinn *m* ▶**avoir du** ~ eine feine Nase haben

flairer [fleʀe] <1> *vt* (*pressentir*) wittern

flamand [flamɑ̃] *m* Flämisch *nt*; *v.a.* **allemand**

flamand, e [flamɑ̃, ɑ̃d] *adj* flämisch; *v.a.* **allemand**

Flamand, e [flamɑ̃, ɑ̃d] *m, f* Flame/Flämin *m/f*

flamant [flamɑ̃] *m* Flamingo *m*

flambé, e [flɑ̃be] *adj* GASTR flambiert

flambeau [flɑ̃bo] <x> *m* Fackel *f*

flambée [flɑ̃be] *f* ❶ (*feu*) [hell] loderndes Feuer *nt* ❷ (*du dollar*) plötzlicher Anstieg

flamber [flɑ̃be] <1> I. *vi* brennen; (*maison*) lichterloh brennen II. *vt* GASTR flambieren

flamboyant, e [flɑ̃bwajɑ̃, jɑ̃t] *adj* ❶ (*feu*) lodernd; (*couleur*) leuchtend; (*soleil*) glühend ❷ ART spätgotisch

flamboyer [flɑ̃bwaje] <6> *vi* [auf]lodern; (*soleil*) glühen; (*couleur*) leuchten

flamenco [flamɛnko] *m* Flamenco *m*

flamme [flam] *f* ❶ Flamme *f* ❷ *pl* (*brasier*) Feuer *nt*; **être en ~s** in Flammen stehen ❸ (*des yeux*) Feuer *nt*

flammèche [flamɛʃ] *f* brennendes Teilchen

flan [flɑ̃] *m* GASTR (*préparé au four*) Flan *m*; (*crème*) Pudding *m*

flanc [flɑ̃] *m* Seite *f*; (*d'une montagne*) Hang *m*

flancher [flɑ̃ʃe] <1> *vi fam* (*personne*) kneifen; (*cœur, mémoire*) nicht mehr mitmachen

Flandre [flɑ̃dʀ] *f* **la ~/les ~s** Flandern *nt*

flanelle [flanɛl] *f* Flanell *m*

flâner [flɑne] <1> *vi* ❶ (*se promener*) bummeln ❷ (*musarder*) herumtrödeln

flânerie [flɑnʀi] *f* ❶ (*promenade*) Umherschlendern *nt* ❷ (*musardise*) Herumtrödeln *nt*

flâneur, -euse [flɑnœʀ, -øz] *m, f* Müßiggänger *m*

flanquer [flɑ̃ke] <1> *vt fam* ❶ (*chose*) schmeißen; ~ **qn dehors** jdn rausschmeißen ❷ (*donner*) ~ **une gifle à qn** jdm eine runterhauen

flapi, e [flapi] *adj fam* hundemüde

flaque [flak] *f* Pfütze *f*; (*de sang*) Lache *f*

flash [flaʃ] <es> *m* ❶ PHOT Blitz *m* ❷ RADIO, TV ~ **d'information** Kurznachrichten *Pl* ❸ CINE Flash *m*

flash-back [flaʃbak] *m inv* Rückblende *f*

flasher [flaʃe] <1> *vi fam* ~ **sur qn/qc** sich auf den ersten Blick für jdn/etw begeistern

flasque [flask] *adj* schlaff

flatter [flate] <1> *vt* schmeicheln

flatterie [flatʀi] *f* Schmeichelei *f*

flatteur, -euse [flatœʀ, -øz] I. *adj* schmeichelhaft **II.** *m, f* Schmeichler(in) *m(f)*

fléau [fleo] <x> *m* Plage *f*

flèche [flɛʃ] *f* ❶ *a.* MATH Pfeil *m* ❷ (*toit pointu*) |Turm|spitze *f* ▸**en** ~ blitzschnell

flécher [fleʃe] <5> *vt* mit Pfeilen markieren

fléchette [fleʃɛt] *f* ❶ (*petite flèche*) kleiner Pfeil ❷ *pl* (*jeu*) Darts *nt*

fléchir [fleʃiʀ] <8> **I.** *vt* (*bras, genoux*) beugen **II.** *vi* ❶ (*se plier*) sich beugen ❷ (*céder*) schwach werden; (*volonté*) schwächer werden

fléchissement [fleʃismɑ̃] *m* (*du bras, de la jambe*) Beugen *nt;* (*de la poutre, planche*) Biegen *nt*

flegmatique [flɛgmatik] *adj* phlegmatisch

flegme [flɛgm] *m* ❶ (*placidité*) Gelassenheit *f* ❷ (*lourdeur*) Phlegma *nt*

flemmard, e [flemaʀ, aʀd] **I.** *adj fam* faul **II.** *m, f fam* Faulpelz *m*

flemme [flɛm] *f fam* avoir la ~ de faire qc zu faul sein etw zu tun

flétri, e [fletʀi] *adj* (*plante*) welk; (*fleur*) verwelkt

flétrir [fletʀiʀ] <8> *vpr* se ~ (*plante, fleur*) verwelken; (*visage*) welk werden

flétrissement [fletʀismɑ̃] *m* BOT Welken *nt*

fleur [flœʀ] *f* ❶ Blume *f;* (*partie d'une plante*) Blüte *f;* en ~|s| blühend ❷ (*objet, motif, dessin décoratif*) Blume *f;* à ~s (*chapeau*) blumengeschmückt; (*tissu, papier*) geblümt ❸ (*compliment*) jeter des ~s à qn *fam* jdm Komplimente machen ▸~ bleue sentimental

fleuret [flœʀɛ] *m* Florett *nt*

fleurette [flœʀɛt] *f* ▸conter ~ à une femme *iron* in Gegenwart einer Frau Süßholz raspeln

fleuri, e [flœʀi] *adj* ❶ (*en fleurs*) blühend ❷ (*garni de fleurs*) blumengeschmückt; (*avec des motifs floraux*) geblümt ❸ (*style*) blumenverziert

fleurir [flœʀiʀ] <8> **I.** *vi* blühen **II.** *vt* mit Blumen schmücken

fleuriste [flœʀist] *mf* Blumenhändler(in) *m(f)*

fleuron [flœʀɔ̃] *m* ART (*d'une couronne*) stilisierte Blume; (*de ferronnerie*) Eisenzacke *f* ▸être le |plus beau| ~ d'une collection das Schmuckstück einer Sammlung sein

fleuve [flœv] *m* Fluss *m;* (*très grand*) Strom *m*

flexibilité [flɛksibilite] *f* ❶ (*souplesse*) Bieg-

samkeit *f* ❷ (*adaptabilité*) Flexibilität *f*

flexible [flɛksibl] *adj* ❶ (*souple*) biegsam ❷ (*adaptable*) flexibel

flexion [flɛksjɔ̃] *f* Beugen *nt*

flibustier [flibystje] *m* Freibeuter(in) *m(f)*

flic [flik] *m fam* Bulle *m*

flicaille [flikaj] *f péj fam* Bullen *Pl*

flic flac [floc] [flikflak(flɔk)] pitsch, patsch

flingue [flɛ̃g] *m fam* Knarre *f*

flinguer [flɛ̃ge] <1> **I.** *vt fam* abknallen **II.** *vpr fam* se ~ sich (*dat*) eine Kugel in den Kopf jagen

flipper¹ [flipœʀ] *m* Flipper *m*

flipper² [flipe] <1> *vi fam* eine Mordsangst haben

flique [flik] *adj* ça fait ~ *fam* das geht einem/mir/ihm/... auf den Zeiger

flirt [flœʀt] *m* Flirt *m*

flirter [flœʀte] <1> *vi* flirten

floc [flɔk] ▸faire ~ [~] (*caillou qui tombe dans l'eau*) plumps machen; (*bottes qui ont pris l'eau*) platsch machen

flocon [flɔkɔ̃] *m* Flocke *f;* ~s de maïs GASTR Cornflakes *Pl*

floconneux, -euse [flɔkɔnø, øz] *adj* flockig

flonflons [flɔ̃flɔ̃] *mpl fam* Klänge *Pl*

flop [flɔp] faire ~ platsch machen (*fam*)

flopée [flɔpe] *f fam* (*de gamins*) Haufen *m;* (*de badauds*) Menge *f;* (*de touristes*) Masse *f*

floraison [flɔʀɛzɔ̃] *f* Blüte[zeit] *f*

floral, e [flɔʀal, o] <-aux> *adj* Blumen-

flore [flɔʀ] *f* Flora *f*

florilège [flɔʀilɛʒ] *m* Auswahl *f*

florin [flɔʀɛ̃] *m* Gulden *m*

florissait [flɔʀisɛ] *imparf de* fleurir

florissant, e [flɔʀisɑ̃, ɑ̃t] *adj* blühend

flot [flo] *m* ❶ Flut *f* ❷ *soutenu* (*de personnes*) Scharen *Pl* ▸être à ~ (*bateau*) flott sein

flottaison [flɔtɛzɔ̃] *f* ligne de ~ Wasserlinie *f*

flottant, e [flɔtɑ̃, ɑ̃t] *adj* ❶ (*glace, bois*) Treib- ❷ (*foulard, drapeaux*) flatternd; (*crinière*) wehend; (*chevelure*) fliegend ❸ (*instable*) schwankend; (*monnaie*) fluktuierend

flotte¹ [flɔt] *f* MIL, ECON Flotte *f;* ~ aérienne Luftflotte *f*

flotte² [flɔt] *f fam* Wasser *nt;* (*pluie*) Regen *m*

flottement [flɔtmɑ̃] *m* (*hésitation*) Schwanken *nt*

flotter [flɔte] <1> **I.** *vi* ❶ schwimmen;

F

(*brouillard*) hängen; (*parfum*) schweben ❷ (*onduler*) flattern ❸ (*hésiter*) zögern **II.** *vi impers, fam* (*pleuvoir*) schütten

flotteur [flɔtœʀ] *m* TECH Schwimmer *m*

flou [flu] **I.** *m* ❶ Verschwommenheit *f*; (*d'une pensée*) Unbestimmtheit *f* ❷ CINE, PHOT ~ **artistique** weiche Manier; *iron* gewollte Unklarheit **II.** *adv* verschwommen

flou, e [flu] *adj* verschwommen; (*photo*) unscharf ❷ (*pensée*) vage

flouer [flue] <1> *vt fam* reinlegen

fluctuation [flyktɥasjɔ̃] *f gén pl* Fluktuation *f*; (*de l'opinion*) Schwanken *nt kein Pl*

fluctuer [flyktɥe] <1> *vi* schwanken

fluet, te [flyɛ, ɛt] *adj* zart

fluide [flɥid] **I.** *adj* flüssig **II.** *m* ❶ CHIM Flüssigkeit *f* ❷ (*force occulte*) Fluidum *nt*

fluidifier [flɥidifje] <1> *vt* verflüssigen

fluidité [flɥidite] *f* (*du sang*) Dünnflüssigkeit *f*; (*d'un style*) Flüssigkeit *f*; ~ **du trafic** Verkehrsfluss *m*

fluo [flyo] *adj sans pl abr de* **fluorescent**

fluor [flyɔʀ] *m* Fluor *nt*

fluoré, e [flyɔʀe] *adj* mit Fluor angereichert

fluorescence [flyɔʀesɑ̃s] *f* Fluoreszenz *f*

fluorescent, e [flyɔʀesɑ̃, ɑ̃t] *adj* leuchtend

flûte [flyt] **I.** *f* Flöte *f*; (*pain*) Stangenbrot *nt* **II.** *interj fam* verflixt

flûtiste [flytist] *mf* Flötist(in) *m(f)*

fluvial, e [flyvjal, jo] <-aux> *adj* Fluss-; (*port*) Binnen-; (*transport*) auf Binnenwasserstraßen

flux [fly] *m* ❶ Flut *f*; **le ~ et le reflux** (*marée*) Ebbe *f* und Flut *f*; (*alternance*) Auf *nt* und Ab *nt* ❷ MED ~ **de sang** Blutung *f* ❸ PHYS, ECON Fluss *m*

fluxion [flyksjɔ̃] *f* Entzündung *f*

FM [ɛfɛm] *f abr de* **Frequency Modulation** Frequenzmodulation *f*

FMI [ɛfɛmi] *m abr de* **Fonds monétaire international** IWF *m*

focal, e [fɔkal, o] <-aux> *adj* (*distance, plan*) Brenn-

focale [fɔkal] *f* Brennweite *f*

focaliser [fɔkalize] <1> *vt fig* (*attention*) richten

foehn [føn] *m* ❶ (*vent*) Föhn *m* ❷ CH (*sèche-cheveux*) Föhn *m*

fœtal, e [fetal, o] <-aux> *adj* des Fötus; (*position*) Embryonal-

fœtus [fetys] *m* Fötus *m*

fofolle [fɔfɔl] *adj v.* **foufou**

foi [fwa] *f* ❶ (*croyance*) ~ **en qn** Glaube|n| *m* an jdn; **avoir la ~** gläubig sein ❷ (*confiance*) **avoir ~ en qn/qc** *soutenu* Vertrauen *nt* zu jdm/in etw (*akk*) haben ▶**être de bonne/mauvaise** ~ aufrichtig/unaufrichtig sein; **avoir la ~** mit Überzeugung bei der Sache sein; **ma** ~ na ja; **ma** ~ **oui/non** aber ja/nein

foie [fwa] *m* Leber *f*; **avoir mal au** ~ eine Magenverstimmung haben

foin [fwɛ̃] *m sans pl* Heu *nt*; (*herbe sur pied*) Wiesengras *nt*

foire [fwaʀ] *f* ❶ (*grand marché*) [Waren]markt *m* ❷ (*exposition commerciale*) [Waren]messe *f* ❸ (*fête foraine*) Jahrmarkt *m*; ~ **du Trône** *ein traditioneller Pariser Jahrmarkt* ❹ *fam* (*endroit bruyant*) Rummel *m* ▶**faire la** ~ *fam* durchfeiern

foirer [fwaʀe] <1> *vi fam* (*rater*) schief gehen

foireux, -euse [fwaʀø, -øz] *adj fam* feige

fois [fwa] *f* ❶ **une** ~ einmal/ein Mal; **une** ~ **par an** einmal im Jahr; **les autres** ~ sonst; [à] **chaque** ~ jedesmal; **à chaque** ~ **que ...** jedes Mal wenn ...; **c'est la dernière** ~ das ist das letzte Mal; **en plusieurs** ~ in mehreren Etappen; **il était une** ~ **...** es war einmal ...; **pour la première** ~ zum ersten Mal; **pour une** ~ ausnahmsweise; **trente-six** ~ x-mal; **une dernière** ~ ein letztes Mal ❷ *dans un comp* **deux** ~ **plus/moins vieux que qn/qc** doppelt/halb so alt wie jd/etw; **cinq** ~ **plus d'argent/de personnes** fünfmal so viel Geld/Personen ❸ (*comme multiplicateur*) **9 – 3 font 27** 9 mal 3 ist 27 ▶**plutôt deux** ~ **qu'une** herzlich gern|e|; **c'est trois** ~ **rien** das ist nicht der Rede wert; **un** [seul] **enfant/bateau à la** ~ ein Kind/Schiff nach dem anderen; |**tout**| **à la** ~ gleichzeitig; **des** ~ *fam* ab und zu; **une** ~ **parti, ...** als er schließlich weg war, ...; **une** ~ **que ...** sobald ...

foison [fwazɔ̃] ▶**à** ~ in Hülle und Fülle

foisonnement [fwazɔnmɑ̃] *m* Fülle *f*

foisonner [fwazɔne] <1> *vi* reichlich vorhanden sein

fol [fɔl] *adj v.* **fou**

folâtre [fɔlɑtʀ] *adj* ausgelassen

folâtrer [fɔlɑtʀe] <1> *vi* sich tummeln

folichon, ne [fɔliʃɔ̃, ɔn] *adj fam* **ne pas être** ~ nicht gerade umwerfend sein

folie [fɔli] *f* ❶ (*démence*) Wahnsinn *m* ❷ (*dé-*

raison) Verrücktheit *f* ❸ (*passion*) **avoir la ~ de qc** verrückt nach etw (*dat*) sein; **aimer qn/qc à la ~** jdn/etw wahnsinnig lieben ❹ (*conduite, paroles*) Torheit *f*

folio [fɔljo] *m* TYP ❶ (*feuillet*) Folio[blatt *nt*] *nt* ❷ (*numéro*) Seitenzahl *f*

folklo [fɔlklo] *adj inv, fam abr de* **folklorique**

folklore [fɔlklɔʀ] *m* Folklore *f*

folklorique [fɔlklɔʀik] *adj* folkloristisch

folle [fɔl] I. *adj v.* **fou** II. *f péj fam* (*homosexuel*) Tunte *f*

follement [fɔlmɑ̃] *adv* wahnsinnig (*fam*); (*amoureux*) unsterblich; (*comique*) irrsinnig

foncé, e [fɔ̃se] *adj* dunkel; (*bleu, rouge*) dunkel-

foncer [fɔ̃se] <2> I. *vt* dunkler machen II. *vi* ❶ (*se jeter sur*) losgehen ❷ *fam* (*aller très vite*) [los]wetzen ❸ (*devenir plus foncé*) dunkler werden

fonceur, -euse [fɔ̃sœʀ, -øz] *m, f* Draufgänger(in) *m(f)*

foncier, -ière [fɔ̃sje, -jɛʀ] *adj* Grund-; (*revenus*) aus Liegenschaften *Pl*

foncièrement [fɔ̃sjɛʀmɑ̃] *adv* von Grund auf

fonction [fɔ̃ksjɔ̃] *f* ❶ Funktion *f*; **qn a pour ~ de faire qc** jds Aufgabe ist es, etw zu tun; **faire ~ de qc** als etw dienen; **faire ~ de qn** jds Rolle übernehmen ❷ (*activité professionnelle*) Tätigkeit *f* ❸ (*charge*) Amt *nt* ❹ BIO, LING, MATH, TECH, INFORM Funktion *f* ❺ CHIM Wirkung *f* ▶**la ~ publique** der öffentliche Dienst; **être ~ de qc** von etw abhängen; **en ~ de qc** einer S. (*dat*) entsprechend

fonctionnaire [fɔ̃ksjɔnɛʀ] *mf* Beamte(r)/Beamtin *m/f*

fonctionnalité [fɔ̃ksjɔnalite] *f* ❶ *sans pl* Funktionalität *f* ❷ *gén pl* INFORM Funktionen *Pl*

fonctionnariser [fɔ̃ksjɔnaʀize] <1> *vt* (*entreprise, personne*) in den Staatsdienst übernehmen

fonctionnel, le [fɔ̃ksjɔnɛl] *adj* funktionell; MED, MATH Funktions-

fonctionnement [fɔ̃ksjɔnmɑ̃] *m* Funktionieren *nt*

fonctionner [fɔ̃ksjɔne] <1> *vi* funktionieren; (*organe, administration*) arbeiten

fond [fɔ̃] *m* ❶ *a.* GASTR Boden *m*; (*de la mer*) Grund *m* ❷ (*d'une pièce, d'un couloir*) hin-

terer Teil; **au ~ de qc** in der Tiefe von etw; **au ~ du jardin** [ganz] am Ende des Gartens; **au ~ de la cour** hinten im Hof ❸ (*du cœur, de l'âme*) Innere(s) *nt*; **avoir un bon ~** einen guten Kern haben; **du ~ du cœur** von ganzem Herzen ❹ (*degré le plus bas*) **être au ~ de l'abîme** am Boden zerstört sein ❺ (*ce qui est essentiel: des choses*) Wesentliche(s) *nt*; (*d'un problème*) Kern *m* ❻ (*opp: forme*) Inhalt *m* ❼ (*de bouteille, verre*) Rest *m* ❽ (*sonore*) Hintergrund *m* ❾ SPORT **course de ~** Langstreckenlauf *m*; **ski de ~** [Ski]langlauf *m* ❿ (*base*) **~ de teint** Grundierung *f* ▶**à ~** voll und ganz; (*nettoyer, remanier*) gründlich; (*respirer*) tief; (*connaître*) in- und auswendig; **à ~ la caisse** *fam* mit einem Affenzahn; **au ~, ...** *fam* im Grunde genommen ...; **de ~** Haupt-; (*article*) Leit-

fondamental, e [fɔ̃damɑtal, o] <-aux> *adj* ❶ grundlegend; (*élément, loi*) Grund- ❷ (*essentiel*) wesentlich

fondamentalement [fɔ̃damɑtalmɑ̃] *adv* von Grund auf; (*modifier*) grundlegend; (*opposé*) grund-

fondamentaliste [fɔ̃damɑtalist] *mf* REL Fundamentalist(in) *m(f)*

fondant, e [fɔ̃dɑ̃, ɑ̃t] *adj* ❶ (*glace*) schmelzend ❷ (*poire*) saftig ❸ (*tendre*) zart

fondateur, -trice [fɔ̃datœʀ, -tʀis] *m, f* (*d'une usine, ville*) Gründer(in) *m(f)*

fondation [fɔ̃dasjɔ̃] *f* ❶ (*fait de fonder*) Gründung *f* ❷ (*établissement*) Stiftung *f* ❸ ARCHIT *pl* Fundament *nt*

fondé, e [fɔ̃de] *adj* **bien ~** (*crainte, critique*) berechtigt; (*opinion*) fundiert

fondement [fɔ̃dmɑ̃] *m* Grundlage *f*; **ne reposer sur aucun ~** völlig unbegründet sein

fonder [fɔ̃de] <1> I. *vt* ❶ gründen; (*dispensaire, institution*) ins Leben rufen ❷ (*faire reposer*) **~ une décision sur qc** eine Entscheidung mit etw begründen II. *vpr* **se ~ sur qc** (*personne*) sich auf etw (*akk*) berufen; (*raisonnement*) durch etw (*akk*) begründet sein

fonderie [fɔ̃dʀi] *f* [Metall]gießerei *f*

fondeur [fɔ̃dœʀ] *m* [Metall]gießer(in) *m(f)*

fondeur, -euse [fɔ̃dœʀ, -øz] *m, f* (*au ski*) Langläufer(in) *m(f)*

fondre [fɔ̃dʀ] <14> I. *vi* ❶ schmelzen ❷ (*se dissoudre*) **~ dans un liquide** zerfließen; **~ sous la langue** auf der Zunge zergehen

F

❸ (*s'attendrir*) ~ **en larmes** in Tränen ausbrechen ❹ (*diminuer rapidement: argent,
muscles*) dahinschwinden; (*diminuer partiel-
lement*) |zusammen|schrumpfen **II.** *vt*
❶ schmelzen; (*bijoux, argenterie*) ein-
schmelzen; (*beurre*) zerlassen ❷ (*fabriquer*)
gießen **III.** *vpr* se ~ **dans qc** ❶ (*former un
tout avec*) in etw (*dat*) aufgehen ❷ (*disparaître*) in etw (*dat*) verschwinden

fonds [fɔ̃] *m* ❶ (*commerce*) Geschäft *nt*
❷ (*capital*) Vermögen *nt*; ~ **publics** [*o*
d'État] öffentliche Gelder *Pl*

fondu, e [fɔ̃dy] **I.** *part passé de* **fondre II.**
adj (*fromage*) Schmelz-; **neige** ~**e** Schneeregen *m*; (*au sol*) Pappschnee *m*

fondue [fɔ̃dy] *f* Fondue *nt*; ~ **savoyarde** Käsefondue

font [fɔ̃] *indic prés de* **faire**

fontaine [fɔ̃tɛn] *f* Brunnen *m* ▶**pleurer
comme une** ~ *iron* wie ein Schlosshund
heulen (*fam*)

fonte [fɔ̃t] *f* ❶ Schmelzen *nt* ❷ (*métal*) Gusseisen *nt*

fonts [fɔ̃] *mpl* ~ **baptismaux** Taufstein *m*

foot [fut] *m sans pl abr de* **football** Fußball
m

football [futbol] *m sans pl* Fußball *m*

footballeur, -euse [futbolœʀ, -øz] *m, f*
Fußballspieler(in) *m(f)*

footing [futiŋ] *m* Joggen *nt*; **faire du/son** ~
joggen

for [fɔʀ] ▶**en/dans mon/son** ~ **intérieur**
in meinem/seinem/ihrem tiefsten Inneren

forage [fɔʀaʒ] *m* Bohrung *f*

forain, e [fɔʀɛ̃, ɛn] **I.** *adj* (*attraction, baraque*) Jahrmarkts-; **fête** ~**e** Jahrmarkt *m*
II. *m, f* Schausteller(in) *m(f)*

forçat [fɔʀsa] *m* zur Zwangsarbeit verurteil-
ter Sträfling

force [fɔʀs] *f* ❶ *a.* PHYS Kraft *f* ❷ (*niveau intellectuel*) Geistesgabe *f* ❸ (*pouvoir*) Stärke
f; **employer la** ~ Gewalt anwenden ❹ *gén
pl* (*ensemble de personnes*) Kräfte *Pl* ❺ MIL
~ **de frappe** schlagwortartige Bezeichnung
für die französische Atomstreitmacht; ~**s de
l'ordre** Polizei *f*; ~|s| **armée|s|** Streitkräfte
Pl ❻ (*d'un argument, préjugé*) Stärke *f*
❼ (*principe d'action*) Kraft *f*; (*de la nature,
du mal*) Kräfte *Pl* ❽ (*d'un choc, coup*)
Wucht *f*; (*du vent*) Stärke *f*; (*d'un désir,
d'une passion*) Heftigkeit *f*; **avec un vent
de** ~ **7** bei Windstärke 7 ❾ (*d'un moteur*)

Leistungskraft *f*; (*d'un médicament, poison*)
Wirkungskraft *f* ❿ (*d'un style, terme*) Aus-
druckskraft *f* ▶**à** ~ mit der Zeit; **à** ~ **de
pleurer** durch das viele Weinen; **faire qc
de** ~ etw unter Zwang tun

forcé, e [fɔʀse] **I.** *part passé de* **forcer II.**
adj ❶ (*bain, mariage*) unfreiwillig; (*travail*)
Zwangs-; (*atterrissage*) Not- ❷ (*rire, sourire*)
gezwungen; (*amabilité, gaieté*) aufgesetzt

forcément [fɔʀsemɑ̃] *adv* zwangsläufig; **pas**
~ nicht unbedingt; ~! na klar! (*fam*)

forcené, e [fɔʀsəne] **I.** *adj* ❶ (*très violent*)
gewaltig ❷ (*démesuré*) wahnsinnig **II.** *m, f*
Verrückte(r) *f(m)*

forceps [fɔʀsɛps] *m sans pl* Geburtszange *f*

forcer [fɔʀse] <2> **I.** *vt* ❶ (*obliger*) zwingen
❷ (*tordre*) verbiegen ❸ (*coffre, porte, serrure*) aufbrechen; (*barrage*) durchbrechen
❹ (*admiration, estime*) hervorrufen; (*respect*) einflößen ❺ (*voix*) heben; (*pas*) beschleunigen **II.** *vi* ❶ sich überanstrengen
❷ (*agir avec force*) ~ **sur qc** etw mit Gewalt
tun **III.** *vpr* se ~ **à faire qc** sich Mühe geben etw zu tun; **se** ~ **à qc** sich zu etw (*dat*)
zwingen

forcing [fɔʀsiŋ] *m sans pl* ❶ SPORT schneller
Vorstoß ❷ *fam* (*déploiement d'énergie*)
Kraftakt *m*; **faire le** ~ **pour obtenir qc**
nicht locker lassen, bis man etw erreicht;
faire qc au ~ etw unter Aufbietung aller
Kräfte tun

forcir [fɔʀsiʀ] <8> *vi* (*grossir*) zunehmen

forer [fɔʀe] <1> *vt* bohren

forestier, -ière [fɔʀɛstje, -jɛʀ] **I.** *adj* Wald-
II. *m, f* Förster(in) *m(f)*

foret [fɔʀɛ] *m* Bohrer *m*

forêt [fɔʀɛ] *f* Wald *m*

forêt-noire [fɔʀɛnwaʀ] <forêts-noires> *f*
(*gâteau*) Schwarzwälder Kirschtorte *f*
Forêt-Noire [fɔʀɛnwaʀ] *f* GEO **la** ~ der
Schwarzwald

forfait [fɔʀfɛ] *m* ❶ (*prix fixé*) Pauschale *f*
❷ SPORT **le** ~ **de neige** die Schneepauschale
▶**déclarer** ~ aussteigen

forfaitaire [fɔʀfɛtɛʀ] *adj* (*indemnité*) pauschal festgesetzt; (*montant, prix*) Pauschal-

forge [fɔʀʒ] *f* (*fourneau*) Schmiedeofen *m*

forger [fɔʀʒe] <2a> *vt* ❶ (*façonner*) schmieden ❷ (*excuse, prétexte*) erfinden

forgeron [fɔʀʒəʀɔ̃] *m* Schmied *m*

formaliser [fɔʀmalize] <1> *vpr* se ~ **de qc**
Anstoß an etw (*dat*) nehmen

formalisme [fɔʀmalism] *m* *péj* Überbetonung *f* der Form

formalité [fɔʀmalite] *f* ❶ ADMIN, JUR Formalität *f;* ~ **administrative** Verwaltungsformalität ❷ (*démarche de peu d'importance*) [reine] Formsache

format [fɔʀma] *m* Format *nt*

formatage [fɔʀmataʒ] *m* INFORM Formatierung *f*

formater [fɔʀmate] <1> *vt* INFORM formatieren

formateur, -trice [fɔʀmatœʀ, -tʀis] *m, f* Ausbilder(in) *m(f)*

formation [fɔʀmasjɔ̃] *f* ❶ (*d'une équipe*) Aufstellung *f* ❷ LING (*d'un mot*) Bildung *f* ❸ (*du monde*) Entstehung *f;* (*du capitalisme*) Entwicklung *f;* (*d'une couche*) Bildung *f;* (*d'un embryon*) Entwicklung *f* ❹ (*apprentissage professionnel*) Ausbildung *f;* ~ **professionnelle** Berufsausbildung; ~ **continue** Weiterbildung *f* ❺ (*éducation morale et intellectuelle*) Bildung *f* ❻ (*groupe*) Gruppe *f;* (*dans le domaine politique*) Gruppierung *f*

forme [fɔʀm] *f* ❶ Form *f;* **en ~ de croix/de cœur** kreuz-/herzförmig; **sous la ~ de qn/qc** in jds Gestalt/in der Gestalt einer S. (*gen*); **sous toutes ses ~s** in all seinen/ihren Erscheinungsformen ❷ (*silhouette*) Gestalt *f* ❸ *pl* (*galbe du corps*) Rundungen *Pl* ❹ (*condition physique, intellectuelle*) Form *f,* Kondition *f* ❺ *pl* (*bienséance*) [Umgangs]formen *Pl* ❻ ART, LITTER, MUS [Ausdrucks]form *f* ❼ LING, JUR Form *f* ▶**prendre** ~ (*projet*) Gestalt annehmen

formel, le [fɔʀmɛl] *adj* ❶ (*déclaration, engagement*) ausdrücklich; (*refus*) entschieden; (*ordre*) strikt; (*preuve*) eindeutig; **être ~ sur qc** sich in Bezug auf etw (*akk*) klar ausdrücken ❷ (*de pure forme*) formell

formellement [fɔʀmɛlmã] *adv* ausdrücklich

former [fɔʀme] <1> I. *vt* ❶ (*façonner*) formen ❷ (*créer*) bilden; (*association, parti*) gründen; (*complot*) schmieden ❸ (*armée*) aufbauen ❹ (*projet*) entwerfen; (*vœu*) äußern ❺ (*produire, donner*) herausbilden ❻ (*personne*) ausbilden; (*caractère*) formen ❼ (*cercle*) bilden; (*boucle*) machen II. *vpr* **se** ~ sich bilden

formica® [fɔʀmika] *m* ≈ Resopal® *nt*

formidable [fɔʀmidabl] *adj* ❶ *fam* (*film, type*) toll ❷ (*volonté*) ungeheuer; (*dépense*) gewaltig; **c'est ~!** das ist ja irre!

formidablement [fɔʀmidabləmã] *adv* unheimlich

formol [fɔʀmɔl] *m* Formalin® *nt*

formulaire [fɔʀmylɛʀ] *m* Formular *nt,* Drucksorte *f*(A)

formulation [fɔʀmylasjɔ̃] *f* Formulierung *f*

formule [fɔʀmyl] *f* ❶ Formulierung *f* ❷ (*paroles rituelles*) Formel *f;* ~ **de politesse** [Höflichkeits]floskel *f* ❸ (*choix, possibilité*) Angebot *nt;* ~ **à 10 euros** Menü *nt* zu 10 Euro ❹ (*façon de faire*) Methode *f* ❺ SCI, CHIM Formel *f* ❻ AUT, SPORT ~ **I** Formel I *f*

formuler [fɔʀmyle] <1> *vt* formulieren; (*requête*) abfassen

forniquer [fɔʀnike] <1> *vi* ~ **avec qn** mit jdm Unzucht treiben

forsythia [fɔʀsisja] *m* Forsythie *f*

fort [fɔʀ] I. *adv* ❶ (*frapper*) kräftig; (*parler, crier*) laut; (*sentir*) streng riechen; **le vent souffle ~** es weht ein starker Wind ❷ (*beaucoup*) **j'en doute ~** das möchte ich stark bezweifeln ❸ *fam* (*bien*) gut ▶**y aller ~** *fam* zu weit gehen II. *m* ❶ (*forteresse*) Fort *nt* ❷ (*spécialité*) **la cuisine, ce n'est pas mon ~** Kochen ist nicht gerade meine Stärke

fort, e [fɔʀ, fɔʀt] I. *adj* ❶ (*constitution, nature*) kräftig; (*personne, animal*) stark ❷ *postposé* (*homme, régime*) stark; (*monnaie*) hart ❸ *postposé* (*carton, fil, papier*) dick ❹ (*lumière*) hell; (*averse, battement*) heftig; ~**e chaleur** [Affen]hitze *f* (*fam*) ❺ (*moutarde, sauce*) scharf ❻ (*désir, douleur, rhume*) stark; (*fièvre*) hoch ❼ (*doué*) gut ❽ (*terme*) hart; **dire qc haut et ~** etw laut und deutlich sagen ❾ (*chevilles, jambes*) kräftig; (*poitrine*) groß ❿ *postposé* (*courageux*) stark ⓫ (*somme, mortalité*) hoch; (*différence*) groß; (*baisse, hausse*) stark; **il y a de ~es chances pour que** + *subj* es bestehen gute Chancen, dass ▶**c'est un peu ~!** das gibt's doch nicht! II. *m, f* **Starke(r)** *f(m)*

fortement [fɔʀtəmã] *adv* ❶ fest; (*secouer*) kräftig ❷ (*vivement*) **insister ~ sur qc** nachdrücklich auf etw (*dat*) bestehen

forteresse [fɔʀtəʀɛs] *f* Festung *f*

fortiche [fɔʀtiʃ] *adj* *fam* **être ~ en math** in Mathe echt was loshaben

fortifiant [fɔʀtifjã] *m* (*remède*) Stärkungsmittel *nt*

fortifiant, e [fɔʀtifjã, jãt] *adj* (*remède*) stär-

F

kend; (*nourriture*) Kraft-

fortification [fɔʀtifikasjɔ̃] *f* Befestigungsanlage *f*

fortifier [fɔʀtifje] <1> *vt* ❶ (*rendre vigoureux*) kräftigen ❷ MIL befestigen

fortin [fɔʀtɛ̃] *m* kleines Fort

fortuit, e [fɔʀtɥi, it] *adj* zufällig

fortuitement [fɔʀtɥitmã] *adv* zufällig[erweise]

fortune [fɔʀtyn] *f* ❶ (*richesse*) Vermögen *nt;* **faire ~** reich werden ❷ *fam* (*grosse somme*) Vermögen *nt* ❸ (*chance*) Glück *nt* ▸**de ~** behelfsmäßig

fortuné, e [fɔʀtyne] *adj* wohlhabend

forum [fɔʀɔm] *m* ❶ (*débat*) a. HIST Forum *nt* ❷ (*place*) Platz *m* ❸ INFORM newsgroup; **~ de discussion sur Internet** Internetforum *nt*

fosse [fos] *f* ❶ (*cavité*) Grube *f;* GEO Graben *m* ❷ (*tombe*) Grab *nt;* (*charnier*) Massengrab *nt* ❸ ANAT **~s nasales** Nasen[neben]höhlen *Pl*

fossé [fose] *m* ❶ (*tranchée*) Graben *m* ❷ (*écart*) Kluft *f*

fossette [fosɛt] *f* Grübchen *nt*

fossile [fosil] I. *adj* GEO fossil II. *m* GEO Fossil *nt*

fossilisation [fosilizasjɔ̃] *f* Versteinerung *f*

fossiliser [fosilize] <1> *vt, vpr* GEO [**se**] ~ versteinern

fossoyeur [foswajœʀ] *m* Totengräber *m*

fou, fol, folle [fu, fɔl] I. *adj* ❶ (*dément*) verrückt; **devenir ~ furieux** einen Tobsuchtsanfall bekommen ❷ (*dérangé*) **être ~ à lier** völlig übergeschnappt sein (*fam*); **devenir ~** durchdrehen (*fam*) ❸ (*idiot*) **qn est/serait ~ de faire qc** jd ist/wäre verrückt, etw zu tun; **il faut être ~ pour faire cela** man muss ganz schön dumm sein, um das zu tun ❹ (*désir*) unbändig; (*idée, projet*) verrückt; (*amour*) wahnsinnig; **avoir le ~ rire** einen Lachkrampf bekommen ❺ (*éperdu*) **être ~ de qn** ganz verrückt nach jdm sein (*fam*); **être ~ de qc** ganz versessen auf etw (*akk*) sein (*fam*) ❻ (*courage, énergie, mal*) wahnsinnig (*fam*); **un monde ~** wahnsinnig viele Leute (*fam*) ❼ (*exubérant*) **être tout ~** außer Rand und Band sein (*fam*) ❽ (*cheveux, mèche*) widerspenstig II. *m, f* ❶ (*dément*) Wahnsinnige(r) *f(m);* MED Geistesgestörte(r) *f(m)* ❷ (*écervelé*) **vieux ~** närrischer Alter *m;* **travailler comme un ~** wie ein Irrer arbeiten ❸ (*personne*

exubérante) **faire le ~** (*faire, dire des bêtises*) Blödsinn machen; (*se défouler*) sich austoben ❹ JEUX Läufer *m* ❺ (*bouffon*) Narr *m*

foudre [fudʀ] *f* Blitz *m* ▸**un coup de ~** Liebe auf den ersten Blick

foudroyant, e [fudʀwajã, jãt] *adj* (*succès*) durchschlagend; (*vitesse*) rasant; (*nouvelle*) umwerfend

foudroyer [fudʀwaje] <6> *vt* ❶ (*frapper par la foudre*) **être foudroyé** (*personne*) vom Blitz erschlagen werden; (*animal*) vom Blitz getroffen werden ❷ (*électrocuter*) **être foudroyé** einen elektrischen Schlag bekommen ❸ (*tuer*) tödlich treffen

fouet [fwɛ] *m* ❶ (*verge*) Peitsche *f* ❷ (*châtiment*) **donner le ~ à qn** jdn mit der Peitsche schlagen ❸ GASTR Schneebesen *m* ▸**de plein ~** mit voller Wucht

fouetter [fwete] <1> *vt* ❶ (*personne, animal*) mit der Peitsche schlagen ❷ GASTR schlagen

foufou, fofolle [fufu, fɔfɔl] *adj fam* **être un peu ~** (*personne*) leicht verrückt sein; (*chien*) ein bisschen verspielt sein

fougère [fuʒɛʀ] *f* BOT Farn *m*

fougue [fug] *f* Schwung *m*

fougueux, -euse [fugø, -øz] *adj* (*tempérament, personne*) aufbrausend; (*cheval*) feurig

fouille [fuj] *f* ❶ (*inspection*) Durchsuchung *f* ❷ *pl* ARCHEOL [Aus]grabungen *Pl*

fouillé, e [fuje] *adj* (*commentaire*) ausführlich; (*étude*) eingehend; (*travail*) gewissenhaft

fouille-merde [fujmɛʀd] <fouille-merdes> *mf fam* Schmierfink *m*

fouiller [fuje] <1> I. *vt* ❶ (*lieu, poches*) durchsuchen ❷ (*creuser*) **~ qc** (*animal*) in etw (*dat*) wühlen; (*archéologue*) in etw (*dat*) graben II. *vi* ❶ (*inspecter*) **~ dans qc** in etw (*dat*) herumwühlen ❷ (*creuser: animal*) wühlen; (*archéologue*) [Aus]grabungen machen

fouillis [fuji] *m* Unordnung *f*

fouine [fwin] *f* Steinmarder *m*

fouiner [fwine] <1> *vi fam* herumschnüffeln

fouineur, -euse [fwinœʀ, -øz] *m, f* Schnüffler(in) *m(f)*

foulard [fulaʀ] *m* ❶ (*fichu*) Kopftuch *nt* ❷ (*écharpe*) Halstuch *nt*

foule [ful] *f* ❶ (*multitude de personnes*)

[Menschen]menge *f;* **il y a/n'y a pas ~** es sind viele/wenige Leute da ❷ (*grand nombre*) **une ~ de gens** eine Menge Leute

foulée [fule] *f* SPORT Schritt *m;* (*d'un coureur*) Tritt *m;* **à grandes/petites ~s** mit großen/ kleinen Schritten

fouler [fule] <1> *vpr* ❶ **se ~ la cheville** sich (*dat*) den Knöchel verstauchen ❷ *iron fam* (*se fatiguer*) **se ~** sich ins Zeug legen

foulure [fulyʀ] *f* MED Verstauchung *f*

four [fuʀ] *m* GASTR Backofen *m;* TECH Ofen *m;* **~ électrique/[à] micro-ondes** Elektro-/Mikrowellenherd *m*

fourbe [fuʀb] *adj* falsch

fourberie [fuʀbəʀi] *f* Hinterlist *f*

fourbi [fuʀbi] *m fam* Krempel *m*

fourbu, e [fuʀby] *adj* erschöpft

fourche [fuʀʃ] *f* ❶ (*outil*) Gabel *f* ❷ SPORT **~ de bicyclette** Radgabel *f*

fourcher [fuʀʃe] <1> *vi* (*cheveux*) sich [an den Spitzen] spalten

fourchette [fuʀʃɛt] *f* ❶ GASTR, JEUX Gabel *f* ❷ (*marge*) Spanne *f*

fourchu, e [fuʀʃy] *adj* **cheveux ~s** gespaltene Haarspitzen *Pl*

fourgon [fuʀgɔ̃] *m* ❶ CHEMDFER Güterwagen *m* ❷ (*voiture*) Kastenwagen *m;* **~ funéraire** Leichenwagen *m*

fourgonnette [fuʀgɔnɛt] *f* Lieferwagen *m*

fourguer [fuʀge] <1> *vt fam* **~ qc à qn** (*vendre*) etw an jdn verkloppen; (*refiler*) jdm etw andrehen

fourme [fuʀm] *f: französische Käsesorte*

fourmi [fuʀmi] *f* ZOOL Ameise *f* ▸ **qn a des ~s dans les jambes** jdm sind die Beine eingeschlafen

fourmilier [fuʀmilje] *m* ZOOL Ameisenbär *m*

fourmilière [fuʀmiljɛʀ] *f* ❶ ZOOL Ameisenhaufen *m* ❷ (*foule grouillante*) geschäftiges Treiben

fourmillement [fuʀmijmɑ̃] *m* ❶ (*agitation*) Gewimmel *nt* ❷ (*picotement*) Kribbeln *nt;* **j'ai des ~s dans les bras** es kribbelt mir in den Armen

fourmiller [fuʀmije] <1> *vi* **les moustiques/fautes fourmillent** es wimmelt von Stechmücken/Fehlern

fournaise [fuʀnɛz] *f* Brutkasten *m* (*fam*)

fourneau [fuʀno] <x> *m* ❶ (*cuisinière*) [Küchen]herd *m* ❷ (*chaufferie*) Schmelzofen *m*

fournée [fuʀne] *f* **~ de pains** Schub *m* Bro-

te

fourni, e [fuʀni] *adj* (*barbe*) dicht; (*sourcils*) buschig

fournil [fuʀni] *m* Backstube *f*

fournir [fuʀniʀ] <8> I. *vt* ❶ (*approvisionner*) **~ qn en qc** jdn mit etw beliefern ❷ (*prétexte*) liefern; (*renseignement*) erteilen; **~ qc à des réfugiés** Flüchtlinge mit etw versorgen ❸ (*alibi, preuve*) liefern; (*pièce d'identité*) vorzeigen ❹ (*produire*) hervorbringen; **~ un gros effort** sich sehr anstrengen II. *vpr* **se ~ en qc chez qn** bei jdm etw einkaufen

fournisseur, -euse [fuʀnisœʀ, -øz] *m, f* ❶ (*détaillant*) Händler(in) *m(f)* ❷ (*producteur*) Anbieter(in) *m(f)* ❸ (*livreur*) Lieferant(in) *m(f)*

fourniture [fuʀnityʀ] *f* ❶ (*livraison*) Lieferung *f* ❷ *pl* (*accessoires*) Ausstattung *f;* COUT Utensilien *Pl;* **~s scolaires** Schulbedarf *m;* **~ de bureau** Büromaterial *nt*

fourrage [fuʀaʒ] *m* [Vieh]futter *nt*

fourrager, -ère [fuʀaʒe, -ɛʀ] *adj* Futter-

fourre [fuʀ] *f* CH ❶ (*taie d'oreiller*) Kopfkissenbezug *m* ❷ (*housse d'édredon*) Bettbezug *m*

fourré [fuʀe] *m* Gestrüpp *nt*

fourré, e [fuʀe] *adj* ❶ COUT gefüttert ❷ GASTR gefüllt

fourreau [fuʀo] <x> *m* (*d'une épée*) Scheide *f;* (*d'un parapluie*) Hülle *f*

fourrer [fuʀe] <1> I. *vt* ❶ *fam* (*mettre*) **~ qc dans qc** etw in etw (*akk*) hineinstecken ❷ GASTR **~ qc au chocolat** etw mit Schokolade füllen II. *vpr fam* **être tout le temps fourré au café** wieder mal im Café rumhängen ▸ **s'en ~ jusque-là** sich (*dat*) den Bauch voll schlagen (*fam*)

fourre-tout [fuʀtu] *m inv* (*sac*) Reisetasche *f*

fourreur, -euse [fuʀœʀ, -øz] *m, f* Kürschner(in) *m(f)*

fourrière [fuʀjɛʀ] *f* ❶ (*pour voitures*) Abstellplatz *m* für amtlich abgeschleppte Fahrzeuge ❷ (*pour animaux*) Tierheim *nt*

fourrure [fuʀyʀ] *f* Pelz *m*

fourvoyer [fuʀvwaje] <6> *vpr* **se ~ dans qc** sich in etw (*dat*) verirren

foutaise [futɛz] *f fam* Mist *m;* **quelle ~!** was für 'n Quatsch!

foutoir [futwaʀ] *m péj vulg* Saustall *m*

foutre [futʀ] <14> I. *vt fam* ❶ (*faire*) **ne rien ~** stinkfaul sein; **qu'est-ce que tu fous?** was treibst du [bloß]? ❷ (*donner*) **~**

F

une baffe à qn jdm eine runterhauen; **fous-moi la paix!** lass mich in Ruhe! ❸ (*mettre*) stecken; **tout ~ par terre** alles auf den Boden schmeißen; *fig* alles vermasseln ▶**je n'en ai rien à ~!** das ist mir piepegal!; **qu'est-ce que ça peut me/te ~?** was geht mich/dich das an?; **je t'en fous!** von wegen! II. *vpr fam* ❶ **se ~ un coup de marteau sur les doigts** sich (*dat*) mit dem Hammer auf die Finger hauen ❷ (*se moquer*) **se ~ de qn** jdn auf die Schippe nehmen ❸ (*se désintéresser*) **se ~ de qn/qc** auf jdn/etw pfeifen; **qn se fout que** + *subj* es ist jdm völlig schnuppe, ob ▶ **va te faire ~!** mach dass du wegkommst!; **se ~ dedans** sich total verhauen

foutrement [futRəmã] *adv fam* verdammt

foutu, e [futy] I. *part passé de* **foutre** II. *adj fam* ❶ (*chose*) kaputt; **être ~** (*chose*) im Eimer sein; (*personne*) erledigt sein; (*malade*) es nicht mehr lange machen ❷ *antéposé* (*maudit*) mies ❸ (*capable*) **ne pas être ~ de faire qc** es nicht hinkriegen, etw zu tun ▶**être mal ~** nicht auf dem Damm sein

foyer [fwaje] *m* ❶ (*famille*) [häusliches] Heim *nt;* **fonder un ~** eine Familie gründen ❷ (*résidence*) Heim *nt* ❸ (*salle de réunion*) Aufenthaltsraum *m;* THEAT Foyer *nt* ❹ (*cheminée*) Kamin *m;* (*d'un four, fourneau*) Feuerstelle *f* ❺ (*incendie*) Brand *m* ❻ MATH, PHYS, OPT Brennpunkt *m*

frac [fRak] *m* Frack *m*

fracas [fRaka] *m* Krach *m*

fracassant, e [fRakasã, ãt] *adj* ohrenbetäubend

fracasser [fRakase] <1> I. *vt* ~ qc à qn jdm etw zertrümmern II. *vpr* **se ~** zerspringen

fraction [fRaksjõ] *f* ❶ MATH Bruch *m* ❷ (*d'un groupe, d'une somme*) Teil *m;* **une ~ de seconde** der Bruchteil einer Sekunde

fractionnel, le [fRaksjɔnɛl] *adj* Spaltungs-

fractionnement [fRaksjɔnmã] *m* Zersplitterung *f*

fractionner [fRaksjɔne] <1> I. *vt* zerlegen II. *vpr* **se ~ en plusieurs groupes** sich in mehrere Gruppen aufspalten

fracture [fRaktyR] *f* ❶ MED [Knochen]bruch *m;* **se faire une ~ du poignet** sich das Handgelenk brechen ❷ GEO Bruch *m* ❸ *fig* **~ sociale** das Auseinanderbrechen der Gesellschaft, die soziale Kluft

fracturer [fRaktyRe] <1> I. *vt* ❶ (*porte, voi*

ture) aufbrechen ❷ MED brechen II. *vpr* MED **se ~ le bras** sich (*dat*) den Arm brechen

fragile [fRaʒil] *adj* ❶ (*cassant*) zerbrechlich ❷ (*personne, santé*) zart; (*organisme*) anfällig; (*estomac*) empfindlich; (*cœur*) schwach ❸ (*gloire, bonheur*) vergänglich; (*argument, preuve*) nicht stichhaltig; (*équilibre*) labil; (*hypothèse*) auf schwachen Füßen stehend; (*paix*) unsicher; (*économie*) instabil ❹ (*bâtiment*) baufällig

fragilisé, e [fRaʒilize] *adj* (*santé*) angegriffen

fragiliser [fRaʒilize] <1> *vt* schwächen

fragilité [fRaʒilite] *f* ❶ (*facilité à se casser*) Zerbrechlichkeit *f* ❷ (*faiblesse*) Anfälligkeit *f;* (*d'un corps*) Schwäche *f;* (*d'une personne*) Zartheit *f*

fragment [fRagmã] *m* (*débris*) Teil *nt;* (*d'os*) Splitter *m*

fragmentaire [fRagmãtɛR] *adj* (*connaissance, exposé*) lückenhaft

fragmentation [fRagmãtasjõ] *f a.* BIO Teilung *f;* (*d'un problème*) Gliederung *f*

fragmenter [fRagmãte] <1> *vt* ~ qc en qc etw in etw (*akk*) aufteilen

fraîche [fRɛʃ] I. *adj v.* **frais** II. *f* **à la ~** (*le matin*) in der Morgenfrische; (*le soir*) in der Abendkühle

fraîchement [fRɛʃmã] *adv* frisch

fraîcheur [fRɛʃœR] *f* ❶ Kühle *f;* **chercher la ~** Kühlung suchen ❷ (*d'un accueil*) Kühle *f* ❸ (*d'une fleur, d'un teint*) Frische *f;* (*d'une couleur*) Leuchtkraft *f* ❹ (*d'un produit alimentaire*) Frische *f*

fraîchir [fRɛʃiR] <8> *vi* (*air, temps*) sich abkühlen; (*vent*) auffrischen

frais [fRɛ] I. *mpl* ❶ Kosten *Pl;* ~ **de scolarité** Schulgeld *nt;* **faux ~** Nebenkosten; **tous ~ compris** einschließlich aller Unkosten ❷ COM, ECON ~ **généraux** allgemeine Unkosten *Pl;* ~ **de gestion** Verwaltungskosten II. *m* frische Luft; **mettre qc au ~** etw kalt stellen; **à conserver au ~** kühl lagern; **être au ~** (*personne*) im Kühlen sitzen; (*chose*) gut gekühlt sein

frais, fraîche [fRɛ, fRɛʃ] *adj* ❶ (*légèrement froid*) kühl; **servir qc très ~** etw gut gekühlt servieren ❷ (*opp: avarié, sec, en conserve*) frisch ❸ (*peu cordial*) kühl ❹ (*teint, parfum*) frisch ❺ (*personne*) fit ❻ (*récent*) frisch; **des nouvelles fraîches** neueste Nachrichten

fraise [fRɛz] *f* ❶ Erdbeere *f;* **confiture de**

~|s| Erdbeermarmelade *f;* **glace à la** ~ Erdbeereis *nt* ❷ *fam* (*figure*) Fresse *f*

fraiser [fʀeze] <1> *vt* TECH |aus|fräsen

fraiseuse [fʀezøz] *f* TECH Fräsmaschine *f*

fraisier [fʀezje] *m* Erdbeerpflanze *f*

framboise [fʀɑ̃bwaz] *f* ❶ (*fruit*) Himbeere *f* ❷ (*eau-de-vie*) Himbeergeist *m*

framboisier [fʀɑ̃bwazje] *m* Himbeerstrauch *m*

franc [fʀɑ̃] *m* ~ **français** französischer Franc; ~ **suisse/belge** Schweizer/belgischer Franken

franc, franche [fʀɑ̃, fʀɑ̃ʃ] *adj* ❶ (*personne, regard*) aufrichtig; (*rire, gaieté*) ungezwungen; **pour être** ~ ehrlich gesagt; **être** ~ **avec qn** |ganz| offen mit jdm reden ❷ (*couleur*) rein; (*hostilité*) offen ❸ *antéposé* (*véritable*) rein; (*succès*) klar ❹ (*libre*) frei; **port** ~ Freihafen *m*

franc, franque [fʀɑ̃, fʀɑ̃k] *adj* fränkisch; **la langue franque** das Fränkische

Franc, Franque [fʀɑ̃, fʀɑ̃k] *m, f* Franke/Fränkin *m/f*

français [fʀɑ̃sɛ] *m* ❶ Französisch *nt;* **le** ~ **familier** das umgangssprachliche Französisch; **le** ~ **standard** das Standardfranzösisch; *v.a.* **allemand** ❷ THEAT **le Français** *verkürzter Name für das Théâtre Français* (*Comédie Française*) *in Paris*

français, e [fʀɑ̃sɛ, ɛz] *adj* französisch; *v.a.* **allemand**

Français, e [fʀɑ̃sɛ, ɛz] *m, f* Franzose/Französin *m/f*

française [fʀɑ̃sɛz] *f* **à la** ~ auf französische Art und Weise

France [fʀɑ̃s] *f* **la** ~ Frankreich *nt*

Francfort [fʀɑ̃kfɔʀ] *m* Frankfurt *nt*

franche [fʀɑ̃ʃ] *adj v.* **franc**

franchement [fʀɑ̃ʃmɑ̃] *adv* ❶ (*sincèrement*) offen ❷ (*sans hésiter*) **entrer** ~ **dans le sujet** gleich zur Sache kommen ❸ (*clairement*) klar ❹ (*vraiment*) wirklich ▸~! mal |ganz| ehrlich!; (*refus indigné*) also wirklich!

franchir [fʀɑ̃ʃiʀ] <8> *vt* ❶ ~ **un obstacle** über ein Hindernis springen ❷ (*aller au-delà*) passieren; (*barrage*) durchbrechen; (*seuil*) überschreiten; ~ **la ligne d'arrivée** durchs Ziel laufen ❸ (*col*) überqueren

franchise [fʀɑ̃ʃiz] *f* ❶ (*sincérité*) Offenheit *f* ❷ (*des assurances*) Selbstbeteiligung *f* ❸ (*exonération*) |Gebühren|freiheit *f*

franchissable [fʀɑ̃ʃisabl] *adj* (*obstacle*)

überwindbar; **la limite est** ~ die Grenze kann überschritten werden; **la rivière est** ~ der Fluss kann überquert werden

franchissement [fʀɑ̃ʃismɑ̃] *m* (*de la barre*) Überspringen *nt;* (*d'une frontière*) Überschreiten *nt;* (*d'une rivière*) Überqueren *nt*

francilien, ne [fʀɑ̃siljɛ̃, jɛn] *adj* |aus| der Ile-de-France

franciscain, e [fʀɑ̃siskɛ̃, ɛn] **I.** *adj* franziskanisch **II.** *m, f* Franziskaner(in) *m(f)*

franciser [fʀɑ̃size] <1> *vt* franzö|s|isieren

franc-maçon, ne [fʀɑ̃masɔ̃, ɔn] <francs-maçons> *m, f* Freimaurer(in) *m(f)* **franc-maçonnerie** [fʀɑ̃masɔnʀi] <franc-maçonneries> *f* Freimaurerei *f*

franco [fʀɑ̃ko] *adv* ❶ COM |fracht|frei ❷ *fam* (*carrément*) ohne Umschweife

franco-allemand, e [fʀɑ̃koalmɑ̃, ɑ̃d] <franco-allemands> *adj* deutsch-französisch

francophile [fʀɑ̃kɔfil] **I.** *adj* frankophil **II.** *mf* Frankophile(r) *f(m)*

francophobe [fʀɑ̃kɔfɔb] **I.** *adj* frankreichfeindlich **II.** *mf* Franzosenhasser(in) *m(f)*

francophone [fʀɑ̃kɔfɔn] **I.** *adj* französischsprachig **II.** *mf* Frankophone(r) *f(m)*

francophonie [fʀɑ̃kɔfɔni] *f* Frankophonie *f,* Französisch sprechende Welt

---

Als **francophonie** bezeichnet man die Gesamtheit aller französischsprachigen Länder. Diese Staaten befinden sich in Afrika, Amerika, Asien und Europa. Sie veranstalten regelmäßig Gipfeltreffen, um Fragen zu erörtern, die mit der Pflege und der Verbreitung der französischen Sprache zu tun haben.

---

franc-parler [fʀɑ̃paʀle] <francs-parlers> *m* **avoir son** ~ kein Blatt vor den Mund nehmen **franc-tireur** [fʀɑ̃tiʀœʀ] <francs-tireurs> *m* MIL Freischärler(in) *m(f)*

frange [fʀɑ̃ʒ] *f* ❶ (*bordure*) Rand *m* ❷ (*mèche*) Pony *m*

frangin, e [fʀɑ̃ʒɛ̃, ʒin] *m, f fam* Bruderherz *nt,* Schwesterherz *nt*

frangipane [fʀɑ̃ʒipan] *f* GASTR Mandelcreme *f*

franglais [fʀɑ̃glɛ] *m* Franglais *nt mit Anglizismen durchsetztes Französisch*

franque [fʀɑ̃k] *adj v.* **franc**

Franque [fʀɑ̃k] *adj v.* **Franc**

franquette [frãkɛt] ▶à la **bonne** ~ *fam* ganz einfach

franquisme [frãkism] *m* Franco-Regime *nt*

franquiste [frãkist] I. *adj* francofreundlich; l'Espagne ~ Spanien unter Franco II. *mf* Anhänger(in) *m(f)* Francos

frappant, e [frapã, ãt] *adj* (*contraste*) auffallend; (*ressemblance*) verblüffend

frappe [frap] *f* (*d'une monnaie*) Prägung *f*

frappé, e [frape] *adj* ❶ ~ **de stupeur** wie vor den Kopf geschlagen ❷ (*refroidi*) [eis]gekühlt; **café** ~ Kaffee Frappee *m*

frapper [frape] <1> I. *vt* ❶ ~ **qn au visage** jdn ins Gesicht schlagen; ~ **qn à la tête** (*pierre*) jdn am Kopf treffen; **la pluie frappe les vitres** der Regen klopft gegen die Scheiben ❷ (*saisir*) ~ **qn d'horreur** jdn in Schrecken (*akk*) versetzen; ~ **qn de stupeur** jdn bestürzen ❸ (*affliger*) ~ **qn** (*maladie*) jdn befallen; (*mesure, impôt*) jdn betreffen; (*sanction, malheur*) jdn treffen ❹ (*étonner*) **être frappé de qc** über etw verblüfft sein ❺ TECH (*médaille, monnaie*) prägen ❻ (*champagne, café*) kühlen II. *vi* ❶ (*donner des coups*) zuschlagen; ~ **à la porte** an die Tür klopfen ❷ (*taper*) ~ **dans ses mains** in die Hände klatschen

fraternel, le [fratɛrnɛl] *adj* ❶ (*amour*) (*de frère*) brüderlich; (*de sœur*) Schwester- ❷ (*affectueux*) freundschaftlich; (*amitié*) innig

fraternellement [fratɛrnɛlmã] *adv iron* brüderlich

fraternisation [fratɛrnizasjɔ̃] *f* Verbrüderung *f*

fraterniser [fratɛrnize] <1> *vi* Freundschaft schließen

fraternité [fratɛrnite] *f* Brüderlichkeit *f*

fratricide [fratrisid] I. *adj* brudermörderisch/schwestermörderisch *m*; **guerre** ~ Bruderkrieg *m* II. *m* (*meurtre d'un frère*) Brudermord *m*; (*meurtre d'une sœur*) Schwestermord *m*

fraude [frod] *f* Betrug *m*; ~ **fiscale** Steuerhinterziehung *f* ▶en ~ auf betrügerische Weise; **passer qc en** ~ etw schmuggeln

frauder [frode] <1> *vt* betrügen; ~ **le fisc** Steuern hinterziehen

fraudeur, -euse [frodœr, -øz] *m, f* Betrüger(in) *m(f)*; (*à la frontière*) Schmuggler(in) *m(f)*

frauduleusement [frodyløzmã] *adv* auf betrügerische Weise

frauduleux, -euse [frodylø, -øz] *adj* betrügerisch; (*concurrence, moyen*) unlauter; (*banquier*) unredlich; **trafic** ~ Schmuggel *m*

frayer [freje] <7> I. *vt* ~ **à qn un passage dans la foule** jdm einen Weg durch die Menge bahnen II. *vpr* **se** ~ **un chemin** sich (*dat*) einen Weg bahnen

frayeur [frejœr] *f* Schreck[en] *m*

freak [frik] *m* Freak *m*

fredonner [frədɔne] <1> *vt* summen

free-lance [frilãs] <free-lances> I. *mf* Freiberufler(in) *m(f)* II. *adj inv* (*journaliste, styliste*) freiberuflich **free-party** [friparti] <free-parties> *f* Open-Air-Rave *m*

freezer [frizœr] *m* Gefrierfach *nt*

frégate [fregat] *f* Fregatte *f*

frein [frɛ̃] *m* ❶ (*dispositif*) Bremse *f* ❷ (*limite*) **être/mettre un** ~ **à qc** etw bremsen

freinage [frɛnaʒ] *m* Bremsen *nt*

freiner [frene] <1> I. *vi* bremsen II. *vt* ❶ (*ralentir, entraver*) behindern ❷ (*personne, ambitions*) bremsen; (*hausse des prix, production*) drosseln

frelater [frəlate] <1> *vt* (*vin*) panschen

frêle [frɛl] *adj* schwach; **silhouette** ~ zierliche Gestalt

frelon [frəlɔ̃] *m* ZOOL Hornisse *f*

frémir [fremir] <8> *vi* ❶ *soutenu* ~ **d'horreur** [vor Entsetzen (*dat*)] erschauern (*geh*); **faire** ~ **qn** (*récit*) jdn schaudern lassen (*geh*) (*criminel*) jdn in Angst und Schrecken versetzen (*geh*) ❷ (*eau*) sieden

frémissant, e [fremisã, ãt] *adj* (*voix*) zitternd; (*eau*) siedend

frémissement [fremismã] *m* ❶ *soutenu* Zittern *nt* ❷ (*de l'eau*) leichte Bewegung

french cancan [frɛnʃkãkã] <french cancans> *m* Cancan *m*

frêne [frɛn] *m* BOT Esche *f*

frénésie [frenezi] *f* Leidenschaft *f*

frénétique [frenetik] *adj* (*passion, agitation*) wild; (*applaudissements*) stürmisch; **enthousiasme** ~ wahrer Begeisterungssturm

frénétiquement [frenetikmã] *adv* stürmisch

fréquemment [frekamã] *adv* oft

fréquence [frekãs] *f* ❶ (*nombre*) Häufigkeit *f* ❷ PHYS Frequenz *f*

fréquent, e [frekã, ãt] *adj* häufig

fréquentable [frekãtabl] *adj* (*lieu, personne*) akzeptabel; **un type peu** ~ ein Typ,

dem man [lieber] aus dem Wege gehen sollte

fréquentation [fʀekɑ̃tasjɔ̃] f ❶ (action) häu-
figer Besuch ❷ gén pl (relation) Umgang m

fréquenté, e [fʀekɑ̃te] adj (établissement,
lieu) viel besucht; (promenade, rue) belebt;
ce lieu est bien ~ (qualitatif) an diesem
Ort verkehren anständige Leute; (quantitatif) dieser Ort ist gut besucht

fréquenter [fʀekɑ̃te] <1> I. vt ❶ (bars,
théâtres) häufig besuchen ❷ (avoir des relations avec) ~ **qn** mit jdm verkehren II. vpr
se ~ (par amitié) sich häufig sehen; (par
amour) miteinander gehen (fam)

frère [fʀɛʀ] m a. REL Bruder m

frérot [fʀeʀo] m fam Brüderchen nt

fresque [fʀɛsk] f Fresko nt

fret [fʀɛ(t)] m NAUT, AVIAT ❶ (prix) Frachtkosten Pl ❷ (chargement) Ladung f

frétillant, e [fʀetijɑ̃, jɑ̃t] adj ❶ (poisson)
zappelnd; (queue) wedelnd ❷ fig **être ~
d'impatience** vor Ungeduld (dat) ganz
zappelig sein (fam); **être ~ de joie** vor
Freude in die Luft springen

frétiller [fʀetije] <1> vi (poisson) zappeln; ~
de la queue (chien) mit dem Schwanz wedeln

fretin [fʀətɛ̃] m junge Fische ►**menu ~** péj
kleine Fische (fam)

freudien, ne [fʀødjɛ̃, jɛn] adj freudianisch;
la doctrine ~ne die Lehre Freuds

friable [fʀijabl] adj (pâte) mürbe; (roche, sol)
bröckelig

friand [fʀijɑ̃] m ❶ (pâté) kleine Blätterteigpastete ❷ (dessert) kleiner Kuchen mit Man-
delpaste

friand, e [fʀijɑ̃, jɑ̃d] adj ~ **de chocolat** versessen auf Schokolade

friandise [fʀijɑ̃diz] f Süßigkeit f

Fribourg [fʀibuʀ] Freiburg nt

fric [fʀik] m fam Knete f

fricassée [fʀikase] f Frikassee f

fric-frac [fʀikfʀak] m inv, fam Einbruch m

friche [fʀiʃ] f AGR Brachland nt; **être en ~**
brachliegen

fricoter [fʀikɔte] <1> vi iron fam ~ **avec qn**
etwas mit jdm haben

friction [fʀiksjɔ̃] f ❶ Abreiben nt; ~ **de cheveux** Kopfhautmassage f ❷ gén pl (désaccord) Reibereien Pl (fam)

frictionner [fʀiksjɔne] <1> vt, vpr [se]
[sich] abreiben

Fridolin [fʀidɔlɛ̃] mf péj fam Boche mf (abwertende Bezeichnung für Deutsche aus dem
2. Weltkrieg)

frigidaire® [fʀiʒidɛʀ] m Kühlschrank m

frigide [fʀiʒid] adj frigid[e]

frigidité [fʀiʒidite] f Frigidität f

frigo [fʀigo] m fam abr de **frigidaire**

frigorifier [fʀigɔʀifje] <1> vt fam **être frigo-
rifié** völlig durchgefroren sein

frigorifique [fʀigɔʀifik] adj Kühl-

frileusement [fʀiløzmɑ̃] adv ❶ (en raison du
froid) fröstelnd ❷ (craintivement) ängstlich

frileux, -euse [fʀilø, -øz] adj kälteempfind-
lich; (personne) verfroren

frilosité [fʀilozite] f ❶ (sensibilité au froid)
Kälteempfindlichkeit f ❷ (manque d'audace)
Zurückhaltung f

frime [fʀim] f fam ❶ (bluff) Theater nt
❷ (vantardise) Angeberei f; **pour la ~** zum
Schein

frimer [fʀime] <1> vi fam ❶ (fanfaronner)
eine Show abziehen ❷ (se vanter) angeben

frimeur, -euse [fʀimœʀ, -øz] m, f fam An-
geber(in) m(f)

frimousse [fʀimus] f fam [Puppen]gesicht nt

fringale [fʀɛ̃gal] f fam Heißhunger m

fringant, e [fʀɛ̃gɑ̃, ɑ̃t] adj (personne) munter; (personne âgée) rüstig; (cheval) feurig

fringué, e [fʀɛ̃ge] adj fam ausstaffiert; **être
bien ~** sich in Schale geworfen haben

fringuer [fʀɛ̃ge] <1> I. vt fam **être bien
fringué** sich in Schale geworfen haben
II. vpr fam **se ~** sich anziehen

fringues [fʀɛ̃g] fpl fam Klamotten Pl

fripe [fʀip] f gén pl Kleider Pl aus zweiter
Hand

fripé, e [fʀipe] adj zerknittert

friper [fʀipe] <1> vt zerknittern

friperie [fʀipʀi] f Secondhandshop m

fripier, -ière [fʀipje, -jɛʀ] m, f Inhaber(in)
m(f) eines Secondhandshops

fripon, ne [fʀipɔ̃, ɔn] I. adj fam (air, visage)
spitzbübisch II. m, f fam (malin) Schelm(in)
m(f)

fripouille [fʀipuj] f fam Spitzbube m

frire [fʀiʀ] <irr> I. vt (faire) ~ **qc** (dans une
poêle) etw braten; (dans une friteuse) etw
frittieren II. vi [in schwimmendem Fett] braten

frisbee® [fʀizbi] m Frisbee® nt

frise [fʀiz] f ARCHIT Fries m

frisé, e [fʀize] adj (cheveux) kraus; **per-**

sonne **~e** Mensch *m* mit lockigem Haar

Frisé [fʀize] *mf péj fam* Boche *mf* (*abwertende Bezeichnung für Deutsche aus dem 2. Weltkrieg*)

frisée [fʀize] *f* Friseesalat *m*

friser [fʀize] <1> I. *vt* ❶ (*cheveux*) in Locken legen ❷ (*frôler*) **~ le ridicule** (*situation, remarque*) ans Lächerliche grenzen; **~ la soixantaine** knapp sechzig sein II. *vi* (*cheveux*) sich kräuseln; **qn frise** (*naturellement*) jd hat Naturlocken III. *vpr* **se faire ~** sich (*dat*) Locken machen lassen

frisette [fʀizɛt] *f* Löckchen *nt*

frisotter [fʀizɔte] <1> *vi* (*cheveux*) kraus werden

frisquet, te [fʀiskɛ, ɛt] *adj fam* frisch

frisson [fʀisɔ̃] *m* Beben *nt;* ▸**avoir des ~s** Schüttelfrost *m* haben ▸**le grand ~** [Nerven]kitzel *m*

frissonner [fʀisɔne] <1> *vi* **~ de désir/plaisir** vor Verlangen/Lust (*dat*) beben (*geh*); **~ de froid/peur** vor Kälte/Angst (*dat*) zittern

frit, e [fʀi, fʀit] *part passé de* **frire**

frite [fʀit] *f* Pommes frites *Pl*

friterie [fʀitʀi] *f* Pommesbude (*fam*)

friteuse [fʀitøz] *f* Fritteuse *f*

friture [fʀityʀ] *f* ❶ (*aliments*) frittierte Speise ❷ (*graisse*) Frittüre *f* (*heißes Fett zum Frittieren*) ❸ RADIO, TELEC **il y a de la ~ sur la ligne** es rauscht in der Leitung

Fritz [fʀits] *mf inv péj fam* Boche *mf* (*abwertende Bezeichnung für Deutsche aus dem 2. Weltkrieg*)

frivole [fʀivɔl] *adj* (*personne*) leichtfertig; (*occupation*) nutzlos; (*lecture*) seicht

frivolité [fʀivɔlite] *f* (*d'une personne*) Leichtfertigkeit *f;* (*d'une occupation*) Nutzlosigkeit *f*

froc [fʀɔk] *m fam* Hose *f* ▸**faire dans son ~** *fam* sich (*dat*) ins Hemd machen

froid [fʀwa] I. *m* ❶ Kälte *f;* **qn a ~** jdm ist kalt; **il fait ~** es ist kalt; **attraper ~** sich erkälten ❷ (*brouille*) Verstimmung *f;* **être en ~ avec qn** ein unterkühltes Verhältnis zu jdm haben ▸**~ de canard** *fam* Saukälte *f* **qn en a ~ dans le dos** jdm läuft es kalt den Rücken herunter II. *adv* **à ~** TECH kalt; (*sans préparation*) unvorbereitet

froid, e [fʀwa, fʀwad] *adj* ❶ (*opp: chaud*) kalt ❷ (*accueil, personne*) kühl

froidement [fʀwadmɑ̃] *adv* ❶ (*sans chaleur*) kühl; (*accueillir, recevoir*) frostig ❷ (*raisonner*) nüchtern; (*réagir*) gelassen ❸ (*avec insensibilité*) kaltblütig

froideur [fʀwadœʀ] *f* (*d'un comportement*) Kälte *f;* (*d'un accueil*) Frostigkeit *f*

froissable [fʀwasabl] *adj* **être ~** leicht knittern

froissement [fʀwasmɑ̃] *m* Rascheln *nt*

froisser [fʀwase] <1> I. *vt* ❶ (*tissu, papier*) zerknittern; (*tôles*) verbiegen ❷ (*personne*) kränken II. *vpr* ❶ (*se chiffonner*) **se ~** knittern ❷ (*se claquer*) **se ~ un muscle** sich (*dat*) eine Muskelzerrung zuziehen

frôlement [fʀolmɑ̃] *m* leichte Berührung

frôler [fʀole] <1> I. *vt* ❶ (*effleurer*) streifen; (*passer très près*) fast berühren ❷ (*passer très près*) **~ le ridicule** (*personne*) sich lächerlich machen; (*remarque, situation*) ans Lächerliche grenzen ❸ (*éviter de justesse*) **~ la mort** dem Tod mit knapper Not entgehen II. *vpr* **se ~** (*avec contact*) sich leicht berühren; (*sans contact*) haarscharf aneinander vorbeigehen

fromage [fʀɔmaʒ] *m* Käse *m;* **~ blanc** Quark *m*

fromager, -ère [fʀɔmaʒe, -ɛʀ] I. *adj* (*industrie, production*) Käse- II. *m, f* Käsehersteller(in) *m(f)*

fromagerie [fʀɔmaʒʀi] *f* ❶ (*industrie*) Käseindustrie *f* ❷ (*lieu de fabrication*) Käserei *f*

froment [fʀɔmɑ̃] *m* Weizen *m*

froncement [fʀɔ̃smɑ̃] *m* Hochziehen *nt*

froncer [fʀɔ̃se] <2> *vt* ❶ COUT raffen ❷ (*sourcils*) hochziehen; (*nez*) rümpfen

fronces [fʀɔ̃s] *fpl* Falte *f*

fronde [fʀɔ̃d] *f* Schleuder *f*

frondeur, -euse [fʀɔ̃dœʀ, -øz] *adj* widerspenstig; **avoir une mentalité frondeuse** oft und gerne widersprechen

front [fʀɔ̃] *m* ❶ ANAT Stirn *f* ❷ (*façade*) Front *f;* (*d'une montagne*) Vorderseite *f;* **~ de mer** Strandpromenade *f* ❸ POL, MIL, METEO Front *f;* **Front populaire** Volksfront *f*

frontal, e [fʀɔ̃tal, o] <-aux> *adj* Frontal-

frontalier, -ière [fʀɔ̃talje, -jɛʀ] I. *adj* Grenz- II. *m, f* Grenzbewohner(in) *m(f)*

frontière [fʀɔ̃tjɛʀ] *f* Grenze *f*

fronton [fʀɔ̃tɔ̃] *m* [Front]giebel *m*

frottement [fʀɔtmɑ̃] *m* ❶ (*contact*) Reiben *nt* ❷ *pl* (*frictions*) Reibereien *Pl*

frotter [fʀɔte] <1> I. *vi* **~ contre qc** an etw reiben (*dat*); (*porte*) über etw (*akk*) scheuern II. *vt* ❶ (*nettoyer*) sauber reiben; (*avec une brosse*) [aus]bürsten; (*partie du corps, plancher*) schrubben (*fam*); (*carreaux*) blank reiben; (*linge*) rubbeln ❷ (*frictionner: pour laver*) gründlich säubern; (*pour sécher*) trocken reiben; (*pour réchauffer*) warm reiben ❸ (*allumette*) anzünden; ~ qc contre/sur qc etw an etw (*dat*) reiben III. *vpr* ❶ se ~ (*se laver*) sich gründlich waschen; (*se sécher*) sich abfrottieren ❷ (*se gratter*) se ~ les yeux sich (*dat*) die Augen reiben ❸ (*entrer en conflit*) se ~ à qn sich mit jdm anlegen

frottis [fʀɔti] *m* Abstrich *m*

froufrou [fʀufʀu] *m pl* Rüschen *Pl*

froussard, e [fʀusaʀ, aʀd] I. *adj fam* ängstlich II. *m, f fam* Angsthase *m*

frousse [fʀus] *f fam* Schiss *m*

fructifier [fʀyktifje] <1> *vi* (*capital*) Gewinn bringen; faire ~ qc etw gewinnbringend anlegen

fructueux, -euse [fʀyktɥø, -øz] *adj* (*collaboration*) fruchtbar; (*lecture*) lohnend; (*recherches, travaux*) erfolgreich; (*commerce*) gewinnbringend

frugal, e [fʀygal, o] <-aux> *adj* karg

fruit [fʀɥi] *m* ❶ *pl* Obst *nt*, Obstsorte *f*; jus de ~[s] Fruchtsaft *m*; ~s rouges/confits rote/kandierte Früchte ❷ BIO Frucht *f* (*crustacés*) ~s de mer Meeresfrüchte *Pl* ❹ (*de l'expérience*) Ergebnis *nt*; (*d'un effort, du travail*) Früchte *Pl*; (*d'une union*) Frucht *f* ▶~ **defendu** verbotene Frucht

fruité, e [fʀɥite] *adj* fruchtig

fruitier, -ière [fʀɥitje, -jɛʀ] I. *adj* arbre ~ Obstbaum *m* II. *m, f* Obst- und Gemüsehändler(in) *m(f)*

frusques [fʀysk] *fpl fam* Klamotten *Pl*

fruste [fʀyst] *adj* (*personne*) ungebildet; (*manières*) ungehobelt

frustrant, e [fʀystʀã, ãt] *adj* frustrierend

frustration [fʀystʀasjɔ̃] *f* Frustration *f*

frustré, e [fʀystʀe] *adj* frustriert

frustrer [fʀystʀe] <1> *vt a.* PSYCH frustrieren

FS [ɛfɛs] *m abr de* franc suisse sFr

fuchsia [fyʃja] I. *m* ❶ BOT Fuchsie *f* ❷ (*couleur*) Fuchsienrot *nt* II. *adj inv* pinkfarben

fuel [fjul] *m* Heizöl *nt*; se chauffer au ~ mit Öl heizen

fugace [fygas] *adj* flüchtig

fugitif, -ive [fyʒitif, -iv] I. *adj* ❶ (*en fuite*) entflohen ❷ (*éphémère*) flüchtig II. *m, f*

Flüchtige(r) *f(m)*

fugue [fyg] *f* ❶ (*d'un mineur*) Ausreißen *nt*; (*d'un adulte*) Verschwinden *nt*; faire une ~ weglaufen; (*adulte*) eine Zeit lang verschwinden ❷ MUS Fuge *f*

fuguer [fyge] <1> *vi fam* ausreißen

fugueur, -euse [fygœʀ, -øz] I. *m, f* Ausreißer(in) *m(f)* II. *adj* enfant ~ Ausreißer(in) *m(f)*

fuir [fɥiʀ] <irr> I. *vi* ❶ ~ d'un pays aus einem Land fliehen ❷ (*détaler*) weglaufen; ~ devant qn/qc vor jdm/etw fliehen; faire ~ qn jdn in die Flucht schlagen ❸ (*se dérober*) ~ devant qc sich einer S. (*dat*) entziehen ❹ (*récipient*) undicht sein; (*robinet d'eau*) tropfen ❺ (*liquide*) auslaufen; (*gaz*) ausströmen II. *vt* (*danger*) flüchten vor (+ *dat*)

fuite [fɥit] *f* ❶ Flucht *f*; prendre la ~ die Flucht ergreifen; (*chauffeur accidenté*) Fahrerflucht begehen; être en ~ (*accusé*) flüchtig sein ❷ (*trou*) undichte Stelle; avoir une ~ undicht sein ❸ (*perte*) il y a une ~ d'eau Wasser tritt aus; il y a une ~ de gaz Gas strömt aus; il y a une ~ da läuft etwas aus ❹ (*d'une information*) Durchsickern *nt*

fulgurant, e [fylgyʀã, ãt] *adj* ❶ (*vitesse*) rasend; (*progrès*) rasend schnell ❷ (*douleur*) stechend

fulminer [fylmine] <1> *vi* fuchsteufelswild sein (*fam*)

fumant, e [fymã, ãt] *adj* ❶ (*qui dégage de la fumée*) qualmend ❷ (*qui dégage de la vapeur*) dampfend

fumé, e [fyme] *adj* ❶ GASTR geräuchert; (*saumon*) Räucher- ❷ (*verre, plastique*) rauchfarben; (*verres de lunettes*) getönt

fume-cigarette [fymsigaʀɛt] <fume-cigarettes> *m* Zigarettenspitze *f*

fumée [fyme] *f* ❶ Rauch *m*; (*nuage épais*) Qualm *m*; ~s industrielles Industrieabgase *Pl*; la ~ ne vous gêne pas? stört es Sie, wenn ich rauche? ❷ (*vapeur: légère*) Dunst *m*; (*épaisse*) Dampf *m*

fumer [fyme] <1> I. *vi* ❶ rauchen ❷ (*dégager de la vapeur*) dampfen II. *vt* ❶ rauchen ❷ GASTR räuchern

fumet [fymɛ] *m* Duft *m*

fumeur, -euse [fymœʀ, -øz] I. *m, f* Raucher(in) *m(f)* II. *app* AUT compartiment ~s Raucherabteil *nt*; zone ~/non-~ Raucherbereich *m*/Nichtraucherbereich

fumeux, -euse [fymø, -øz] *adj* (*théorie, explication, idées*) verworren

fumier [fymje] *m* ❶ [Stall]mist *m;* **~ de cheval** Pferdemist ❷ *fam* (*salaud*) Mistkerl *m*

fumigation [fymigasjɔ̃] *f* MED Inhalation *f*

fumigène [fymiʒɛn] *adj* **appareil ~** Raucherzeuger *m*

fumiste [fymist] *mf péj fam* (*plaisantin*) Nichtsnutz *m*

fumisterie [fymistəri] *f fam* (*farce*) Schau *f*

fumoir [fymwaʀ] *m* Rauchsalon *m*

funambule [fynãbyl] *mf* Seiltänzer(in) *m(f)*

funboard [fœnbɔʀd] *m* ❶ (*planche à voile*) Funboard *nt* ❷ (*sport*) Funboard-Surfen *nt*

funèbre [fynɛbʀ] *adj* ❶ **marche ~** Trauermarsch *m;* **oraison ~** Grabrede *f* ❷ (*lugubre*) finster

funérailles [fyneʀaj] *fpl* Bestattung *f* (*geh*); **~s nationales** Staatsbegräbnis *nt*

funéraire [fyneʀɛʀ] *adj* **monument ~** Grabmal *nt*

funeste [fynɛst] *adj* (*jour*) unselig; (*suites, coup*) fatal; **être ~ à qn** jdm zum Verhängnis werden

funiculaire [fynikylɛʀ] *m* Seilbahn *f*

funk [fœnk] *adj inv* **musique ~** Funk *m*

fur [fyʀ] ►**au ~ et à mesure** nach und nach

furax [fyʀaks] *adj fam* wutschnaubend

furet [fyʀɛ] *m* Frettchen *nt*

fureter [fyʀ(ə)te] <4> *vi* [herum]schnüffeln (*fam*)

fureteur [fyʀ(ə)tœʀ] *m* CAN Browser *m*

fureur [fyʀœʀ] *f* Wut *f,* Zorn *m* ►**faire ~** (*chanson, mode*) Furore machen; (*danse, sport*) groß in Mode sein

furibond, e [fyʀibɔ̃, ɔ̃d] *adj* (*regard, ton*) wütend; (*personne*) wutentbrannt

furie [fyʀi] *f* ❶ (*violence*) Heftigkeit *f;* **en ~** (*mer*) tosend ❷ *péj* (*femme déchaînée*) Furie *f*

furieusement [fyʀjøzmã] *adv* (*avec violence*) wütend

furieux, -euse [fyʀjø, -jøz] *adj* ❶ wütend ❷ *iron* (*envie*) unheimlich (*fam*)

furoncle [fyʀɔ̃kl] *m* Furunkel *m o nt*

furtif, -ive [fyʀtif, -iv] *adj* flüchtig; (*regard*) verstohlen

furtivement [fyʀtivmã] *adv* heimlich

fus [fy] *passé simple de* **être**

fusain [fyzɛ̃] *m* ❶ (*dessin*) Kohlezeichnung *f* ❷ (*crayon*) [Zeichen]kohle *f* ❸ BOT Pfaffenhütchen *nt*

fuseau [fyzo] <x> *m* ❶ (*instrument*) Spindel *f* ❷ (*pantalon*) Steghose *f* ❸ GEO **~ horaire** Zeitzone *f*

fusée [fyze] *f* Rakete *f*

fuselage [fyz(ə)laʒ] *m* [Flugzeug]rumpf *m*

fuselé, e [fyz(ə)le] *adj* schlank

fuser [fyze] <1> *vi* (*étincelles*) sprühen; **des questions fusent** es hagelt Fragen

fusible [fyzibl] *m* Sicherung *f*

fusil [fyzi] *m* Gewehr *nt*

fusillade [fyzijad] *f* Schießerei *f*

fusiller [fyzije] <1> *vt* erschießen

fusil-mitrailleur [fyzimitʀajœʀ] <fusils-mitrailleurs> *m* Schnellfeuergewehr *nt*

fusion [fyzjɔ̃] *f* ❶ (*d'un métal*) Schmelzen *nt* ❷ ECON, POL (*de sociétés*) Fusion *f* ❸ INFORM (*de fichiers*) Vereinigen *nt*

fusionner [fyzjɔne] <1> **I.** *vi* (*sociétés*) fusionieren; (*partis, organisations*) sich vereinigen **II.** *vt* INFORM vereinigen

fût [fy] *m* Fass *nt*

futaie [fytɛ] *f* **haute ~** [alter] Hochwald

futal [fytal] *m fam* Hose *f*

futé, e [fyte] **I.** *adj* clever **II.** *m, f* **petit ~** Schlaumeier *m*

futile [fytil] *adj* ❶ (*choses*) belanglos; (*propos*) nichts sagend; (*conversation*) seicht; **pour une raison ~** wegen einer Lappalie ❷ (*personne*) oberflächlich

futilité [fytilite] *f* ❶ *sans pl* (*d'une conversation*) Banalität *f* ❷ *pl* (*bagatelles*) Nichtigkeiten *Pl*

futur [fytyʀ] *m* Zukunft *f;* LING **~ proche/simple** nahes/einfaches Futur

futur, e [fytyʀ] **I.** *adj* ❶ [zu]künftige(r, s) ❷ antéposé (*collaborateur, époux*) [zu]künftige(r, s); **une ~e maman** eine werdende Mutter **II.** *m, f fam* (*fiancé*) Zukünftige(r) *f(m)*

futuriste [fytyʀist] *adj* futuristisch

fuyais [fɥijɛ] *imparf de* **fuir**

fuyant [fɥijã] *part prés de* **fuir**

fuyant, e [fɥijã, ãt] *adj* (*regard*) unstet; (*front*) fliehend

fuyard, e [fɥijaʀ, aʀd] *m, f* Flüchtige(r) *f(m)*

fuyez [fɥije], **fuyons** [fɥijɔ̃] *indic prés et impératif de* **fuir**

G
g

G, g [ʒe] *m inv* G *nt*, g *nt*
gabardine [gabaʀdin] *f* Gabardine *m o f*
gabarit [gabaʀi] *m* Größe *f*; (*d'un véhicule*) Maße *Pl*; (*d'une personne*) *fam* Statur *f*
gabegie [gabʒi] *f* Misswirtschaft *f*
Gabon [gabɔ̃] *m* **le ~** Gabun *nt*
gabonais, e [gabɔnɛ, ɛz] *adj* gabunisch
Gabonais, e [gabɔnɛ, ɛz] *m, f* Gabuner(in) *m(f)*
gâcher [gaʃe] <1> *vt* (*plaisir, vacances*) verderben; (*vie*) verpfuschen; (*temps, argent*) vergeuden
gâchette [gaʃɛt] *f* Abzug *m*; **appuyer sur la ~** abdrücken
gâchis [gaʃi] *m* (*gaspillage*) Vergeudung *f*
gadget [gadʒɛt] *m* ❶ (*bidule*) Spielerei *f* ❷ (*innovation*) neumodische Ideen *Pl*
gadoue [gadu] *f* Matsch *m*
gaffe¹ [gaf] *f fam* Schnitzer *m*; **faire une ~** einen Bock schießen
gaffe² [gaf] *f fam* ▶**faire** ~ aufpassen
gaffer [gafe] <1> *vi fam* sich (*dat*) einen Schnitzer leisten; (*en parole*) ins Fettnäpfchen treten
gaffeur, -euse [gafœʀ, -øz] *fam* **I.** *adj* ungeschickt **II.** *m, f* Tollpatsch *m*
gag [gag] *m* Gag *m*
gaga [gaga] *adj fam* gaga
gage [gaʒ] *m* ❶ (*garantie*) Garantie *f* für etw; (*témoignage*) Beweis *m* für etw ❷ (*dépôt*) Pfand *nt*; **mettre qc en ~** etw verpfänden; **sur ~** gegen Pfand ❸ JEUX Strafe *f* ❹ *pl* (*salaire*) Lohn *m*; (*d'un acteur*) Gage *f*
gageure [gaʒyʀ] *f* Ding *nt* der Unmöglichkeit
gagnant, e [gaɲɑ̃, ɑ̃t] **I.** *adj* (*carte, coup*) spielentscheidend; **billet ~** Gewinnlos *nt* **II.** *m, f* Sieger(in) *m(f)*; (*d'un jeu*) Gewinner(in) *m(f)*
gagne-pain [gaɲpɛ̃] *m inv* Broterwerb *m*
gagner [gaɲe] <1> **I.** *vi* ❶ **~ à qc** bei etw gewinnen; **on a gagné!** [wir haben] gewonnen! ❷ (*trouver un avantage*) **est-ce que j'y gagne?** bringt mir das [et]was? **II.** *vt* ❶ (*s'assurer: argent*) verdienen ❷ (*rapporter: argent, place, ami*) gewinnen; (*temps*) gutmachen ❸ (*lieu*) erreichen; **~ qc** (*incendie, épidémie*) auf etw (*akk*) übergreifen ❹ (*fatigue, peur*)

überkommen ▶**c'est gagné!** *iron* Volltreffer!
gagneur, -euse [gaɲœʀ, -øz] *m, f* Gewinner(in) *m(f)*
gai, e [ge, gɛ] *adj* fröhlich; (*événement*) lustig
gaiement, gaîment [gemɑ̃, gɛmɑ̃] *adv* fröhlich ▶**allons-y ~!** *iron* na, dann wollen wir mal! (*fam*)
gaieté, gaîté [gete] *f* Fröhlichkeit *f*, Heiterkeit *f*
gaillard [gajaʀ] *m* Kerl *m* (*fam*)
gaillard, e [gajaʀ, aʀd] *adj* rüstig
gain [gɛ̃] *m* ❶ (*profit*) Gewinn *m* ❷ (*économie*) Einsparung *f*; **~ de place** Platzgewinn *m*; **~ d'argent** Ersparnis *f*
gaine [gɛn] *f* ❶ (*ceinture*) Hüfthalter *m* ❷ (*étui*) Hülle *f*
gala [gala] *m* [Gala]empfang *m*; **~ de bienfaisance** Wohltätigkeitsveranstaltung *f*
galamment [galamɑ̃] *adv* galant
galant, e [galɑ̃, ɑ̃t] *adj* ❶ (*courtois*) zuvorkommend ❷ (*d'amour*) **rendez-vous ~** Rendezvous *nt*
galanterie [galɑ̃tʀi] *f* Höflichkeit *f*
galaxie [galaksi] *f* Galaxie *f*, Milchstraßensystem *nt*; **la Galaxie** die Galaxis
galbe [galb] *m* perfekte Rundung
galbé, e [galbe] *adj* **des jambes bien ~es** wohlgeformte Beine *Pl*
gale [gal] *f* (*chez les hommes*) Krätze *f*; (*chez les animaux*) Räude *f* ▶**ne pas avoir la ~** nicht beißen
galère [galɛʀ] *f* ❶ *fam* **c'est [la] ~** [das ist] echt ätzend; **quelle ~!** so eine Plackerei! ❷ HIST Galeere *f*
galérer [galeʀe] <5> *vi fam* (*chercher*) herumsuchen
galerie [galʀi] *f* ❶ (*souterrain*) Gang *m* ❷ COM **~ marchande** Einkaufspassage *f* ❸ ART Galerie *f* ❹ AUT Dachgepäckträger *m*
galérien [galeʀjɛ̃] *m* Galeerensklave *m*
galet [galɛ] *m* [Kiesel]stein
galette [galɛt] *f* ❶ GASTR Galette *f* ❷ (*objet en forme de ~*) **~ de pétrole** Ölplacken *m*

Die **galette des Rois** ist ein Blätterteigkuchen mit Marzipanfüllung, der traditionell am Dreikönigsfest gegessen wird. In ihn ist eine Bohne oder eine kleine Figur – *la fève* – eingebacken. Wer das Kuchenstück hat, in dem sie sich befindet, ist an diesem Tag „König" oder „Königin".

G

galeux, -euse [galø, -øz] *adj* räudig

galipette [galipɛt] *f fam* Purzelbaum *m*

gallicisme [ga(l)lisism] *m* Spracheigentümlichkeit *f* des Französischen

gallinacé [galinase] *m* Hühnervogel *m*

gallois [galwa] *m* Walisisch *nt*; *v.a.* **allemand**

gallois, e [galwa, waz] *adj* walisisch; *v.a.* **allemand**

Gallois, e [galwa, waz] *m*, *f* Waliser(in) *m(f)*

gallo-romain, e [ga(l)lorɔmɛ̃, ɛn] <gallo-romains> *adj* galloromanisch

galoche [galɔʃ] *f* [Holz]pantine *f*

galon [galɔ̃] *m pl* MIL Tresse *f*

galop [galo] *m* **au** ~ im Galopp

galopant, e [galɔpɑ̃, ɑ̃t] *adj* (*inflation*) galoppierend

galoper [galɔpe] <1> *vi* galoppieren

galopin [galɔpɛ̃] *m fam* Lausbub *m*

galvaniser [galvanize] <1> *vt* begeistern

galvaudé, e [galvode] *adj* abgedroschen

gambader [gɑ̃bade] <1> *vi* herumlaufen; (*animal*) herumspringen

gambas [gɑ̃bas] *fpl* Gambas *Pl* (*große Garnelen*)

gamberger [gɑ̃bɛʀʒe] <2a> *vi fam* grübeln

gambette [gɑ̃bɛt] *f fam* Beinchen *nt*

gamelle [gamɛl] *f* Blechgeschirr *nt*; (*d'un ouvrier*) Henkelmann *m* (*fam*); (*d'un chien*) Napf *m* ▸**prendre une** ~ *fam* hinfliegen

gamepad [gɛmpad] *m* Gamepad *nt*

gamin, e [gamɛ̃, in] **I.** *adj* kindisch **II.** *m*, *f fam* **un** ~ ein Kind *nt*; **une** ~**e** ein Mädchen *nt*

gaminerie [gaminʀi] *f* Kinderei *f*

gamme [gam] *f* ❶ MUS Tonleiter *f* ❷ (*série*) Palette *f*

Gand [gɑ̃] Gent *nt*

gang [gɑ̃g] *m* Gang *f*

ganglion [gɑ̃glijɔ̃] *m* Lymphknoten *m*

gangrène [gɑ̃gʀɛn] *f* [Wund]brand *m*

gangster [gɑ̃gstɛʀ] *m* Gangster *m*

gant [gɑ̃] *m* Handschuh *m*; ~ **de toilette** Waschlappen *nt* ▸**aller** à **qn comme un** ~ (*vêtement*) jdm wie angegossen passen

garage [gaʀaʒ] *m* ❶ (*abri*) Garage *f* ❷ (*entreprise*) Reparaturwerkstatt *f*

garagiste [gaʀaʒist] *mf* Automechaniker(in) *m(f)*; **chez le** ~ in der Werkstatt

garant, e [gaʀɑ̃, ɑ̃t] *m*, *f* Bürge/Bürgin *m/f*; **se porter** ~ **de qc** für etw bürgen

garantie [gaʀɑ̃ti] *f* ❶ Garantie *f*; **qc est sous** ~ auf etw (*akk*) ist Garantie ❷ (*gage, caution*) Sicherheit *f*

garantir [gaʀɑ̃tiʀ] <8> *vt* ❶ (*répondre de*) garantieren ❷ (*par contrat*) ~ **qc** à **qn** jdm eine Garantie auf etw (*akk*) geben ❸ (*assurer*) gewährleisten ❹ *iron* **je te garantis que ...** du kannst sicher sein, dass ...

garce [gaʀs] *f péj fam* Luder *nt*

garçon [gaʀsɔ̃] *m* ❶ (*enfant*) Junge *m* ❷ (*jeune homme*) **être beau** ~ ein hübscher Kerl sein ❸ (*fils*) Junge *m* (*fam*) ❹ (*serveur*) Kellner *m*; ~! Herr Ober! ❺ (*employé subalterne*) ~ **boucher** Metzgergehilfe *m* ▸**vieux** ~ alter Junggeselle

garde¹ [gaʀd] *f* ❶ *sans pl* Bewachung *f*; **confier qn** à **la** ~ **de qn** jdn jdm anvertrauen ❷ JUR (*d'enfants*) Sorgerecht *f*; ~ à **vue** Polizeigewahrsam *m* ❸ (*permanence: le week-end*) Wochenenddienst *m*; (*de nuit*) Nachtdienst *m*; **être de** ~ (*médecin*) Notdienst haben; (*pharmacie*) Bereitschaftsdienst haben ❹ (*patrouille*) ~ **républicaine** *Gendarmeriekorps in Paris zur Bewachung der Regierungsgebäude und zum Ehrendienst* ▸**être sur ses** ~**s** auf der Hut sein; **monter la** ~ Wache halten

garde² [gaʀd] *m* ❶ (*d'une propriété*) Wächter *m*, Hüter *m*; ~ **des Sceaux** Justizminister *m*; ~ **du corps** Leibwächter ❷ (*sentinelle*) Wache *f*

garde-à-vous [gaʀdavu] *m inv* ~! stillgestanden! **garde-barrière** [gaʀd(ə)baʀjɛʀ] <gardes-barrières> *mf* Bahnwärter(in) *m(f)* **garde-boue** [gaʀdəbu] *m inv* Schutzblech *nt* **garde-chasse** [gaʀdaʃas] <gardes-chasse[s]> *mf* Jagdaufseher(in) *m(f)* **garde-côte** [gaʀdəkot] <gardes-côtes> *m* Wasser[schutz]polizeiboot *nt* **garde-fou** [gaʀdəfu] <garde-fous> *m* Geländer *nt* **garde-malade** [gaʀd(ə)malad] <gardes-malades> *mf* Krankenpfleger(in) *m(f)* **garde-manger** [gaʀd(ə)mɑ̃ʒe] *m inv* Vorratsschrank *m* **garde-meuble** [gaʀdəmœbl] <garde-meubles> *m* Möbellager *nt* **garde-pêche** [gaʀdəpɛʃ] <gardes-pêche> *mf* Fischereiaufseher(in) *m(f)*

garder [gaʀde] <1> **I.** *vt* ❶ bewachen; (*banque, bagages*) aufpassen auf (+ *akk*); (*maison, enfant, personne âgée*) betreuen; (*bétail*) hüten; (*personne âgée*) betreuen; **donner** à ~ anvertrauen ❷ (*stocker*) aufbewahren; (*marchandises*) lagern ❸ (*ne pas perdre*) behalten; (*espoir*) nicht aufgeben; (*séquelles*) zurückbehalten ❹ (*réserver*) aufheben; (*place*) freihalten ❺ (*distance*) wahren ❻ (*manteau, montre*) anbehalten; (*chapeau, lunettes*) aufbehalten ❼ (*secret*) für sich behalten ❽ (*lit*) hüten **II.** *vpr* ❶ **se ~** (*aliment*) sich halten ❷ (*s'abstenir*) **se ~ de faire qc** sich hüten etw zu tun

garderie [gaʀdəʀi] *f* |Kinder|tagesstätte *f*
garde-robe [gaʀdəʀɔb] <garde-robes> *f* Garderobe *f*

gardien, ne [gaʀdjɛ̃, jɛn] *m, f* ❶ Wächter(in) *m(f)*; (*d'un immeuble*) Hausmeister(in) *m(f)*; (*d'un zoo*) Wärter(in) *m(f)*; **~ de musée/prison** Museums-/Gefängniswärter; **~ de nuit** Nachtwärter ❷ (*défenseur*) Hüter(in) *m(f)*; **~ de la paix** Polizist *m*
gardiennage [gaʀdjena3] *m* Wachdienst *m*
gardienné, e [gaʀdjene] *adj* bewacht; **parc ~** bewachter Park
gardon [gaʀdɔ̃] *m* ▶**frais comme un ~** voll in Form
gare¹ [gaʀ] *f* Bahnhof *m*; **~ centrale** Hauptbahnhof; **~ routière** Busbahnhof
gare² [gaʀ] *interj* ▶**sans crier ~** ohne Vorwarnung
garer [gaʀe] <1> **I.** *vt* parken; **il est garé à 100 m** er parkt 100 m entfernt **II.** *vpr* **se ~** ❶ (*parquer*) parken ❷ (*se ranger*) ausweichen
gargantuesque [gaʀgɑ̃tɥɛsk] *adj* unersättlich
gargariser [gaʀgaʀize] <1> *vpr* **se ~** gurgeln
gargarisme [gaʀgaʀizm] *m* Gurgeln *nt*
gargote [gaʀgɔt] *f péj* mieses Restaurant
gargouille [gaʀguj] *f* Wasserspeier *m*
gargouillement [gaʀgujmɑ̃] *m* Gluckern *nt*
gargouiller [gaʀguje] <1> *vi* gluckern; (*estomac*) knurren
garnement [gaʀnəmɑ̃] *m* Bengel *m*
garni, e [gaʀni] *adj* GASTR mit Beilage
garnir [gaʀniʀ] <8> *vt* ❶ (*orner*) schmücken ❷ (*équiper*) **~ qc de qc** etw mit etw versehen ❸ (*remplir*) **garnir de qc** mit etw füllen
garnison [gaʀnizɔ̃] *f* Garnison *f*
garniture [gaʀnityʀ] *f* ❶ GASTR Beilage *f* ❷ AUT Innenausstattung *f*
garrigue [gaʀig] *f* Garide *f*
garrot [gaʀo] *m* ❶ MED Druckverband *m*

❷ (*d'un cheval*) Widerrist *m*
gars [gɑ] *m fam* Kerl *m*; **salut les ~!** hallo, Jungs!
Gascogne [gaskɔɲ] *f* **la ~** die Gascogne
gascon [gaskɔ̃] *m* **le ~** das Gascognische
Gascon, ne [gaskɔ̃, ɔn] *m, f* Gascogner(in) *m(f)*
gas-oil, gasoil [gazwal] *m* Diesel *m*
gaspillage [gaspijaʒ] *m* Verschwendung *f*
gaspiller [gaspije] <1> *vt* verschwenden; (*temps*) vergeuden; (*fortune*) verschleudern
gastrique [gastʀik] *adj* **troubles ~s** Magenbeschwerden *Pl*
gastrite [gastʀit] *f* Gastritis *f*
gastroentérite [gastʀoɑ̃teʀit] *f* Magen-Darm-Entzündung *f*
gastronome [gastʀɔnɔm] *mf* Feinschmecker(in) *m(f)*
gastronomie [gastʀɔnɔmi] *f* Kochkunst *f*
gastronomique [gastʀɔnɔmik] *adj* (*restaurant*) Feinschmecker-; (*guide*) Gastronomie-
gâteau [gato] <x> *m* Kuchen *m*; (*individuel*) Gebäck *nt*; **~ sec** Keks *m*; **~ de riz** Reispudding *m*; **faire un ~ au chocolat/à la crème** einen Schokoladenkuchen/eine Cremetorte backen *f* ▶**c'est pas du ~!** *fam* das ist kein Zuckerschlecken
gâter [gate] <1> **I.** *vt* ❶ (*personne*) verwöhnen ❷ (*endommager*) **gâté** (*fruits, dent*) faul ▶**être gâté** Glück haben **II.** *vpr* **se ~** (*viande*) schlecht werden; (*fruits*) faulen; (*temps*) umschlagen; (*situation, choses*) sich verschlechtern
gâterie [gatʀi] *f* Süßigkeiten *Pl*
gâteux, -euse [gatø, -øz] *adj* ❶ *péj* (*sénile*) verkalkt ❷ (*fou de*) närrisch
gâtisme [gatism] *m* Verkalkung *f*
gauche [goʃ] **I.** *adj* ❶ (*opp:droit*) linke(r, s) ❷ (*maladroit*) ungeschickt **II.** *f* ❶ Linke *f*, linke Seite; **à ~** links; **à la ~ de qn** zu jds Linken; **sur la ~ de qc** auf der linken Seite einer Sache (*gen*); **de ~ à droite** von links nach rechts ❷ POL **la ~** die Linke; **idées de ~** linke Ansichten; **partis de ~** Linksparteien *Pl*
gauchement [goʃmɑ̃] *adv* auf ungeschickte Weise
gaucher, -ère [goʃe, -ɛʀ] **I.** *adj* linkshändig **II.** *m, f* Linkshänder(in) *m(f)*
gaucherie [goʃʀi] *f* Unbeholfenheit *f*
gauchisme [goʃism] *m* Linksextremismus *m*

gauchiste [goʃist] *mf* Linksextreme(r) *f(m)*
gaufre [gofʀ] *f* Waffel *f*
gaufrette [gofʀɛt] *f* [Eis]waffel *f*
gaufrier [gofʀije] *m* Waffeleisen *nt*
Gaule [gol] *f* la ~ Gallien *nt*
gaullisme [golism] *m* Gaullismus *m*
gaulliste [golist] *mf* Gaullist(in) *m(f)*
gaulois, e [golwa, waz] *adj* gallisch; (*humour*) derb
Gaulois, e [golwa, waz] *m, f* Gallier(in) *m(f)*
gauloiserie [golwazʀi] *f* derber Witz
gaver [gave] <1> **I.** *vt* ❶ (*oie*) stopfen ❷ (*bourrer*) ~ **qn de qc** jdn mit etw voll stopfen (*fam*) **II.** *vpr* **se ~ de qc** sich mit etw voll stopfen (*fam*)
gavroche [gavʀɔʃ] *m* [Pariser] Straßenjunge *m*
gay [gɛ] **I.** *adj inv* homosexuell **II.** *mpl* Schwule *Pl* (*fam*)
gaz [gɑz] *m* ❶ Gas *nt*; ~ **toxique/naturel** Gift-/Erdgas; ~ **lacrymogène** Tränengas; ~ **d'échappement** Abgas ❷ *pl* **avoir des** ~ **Blähungen haben**
gaze [gɑz] *f* ❶ (*tissu*) Gaze *f* ❷ (*pansement*) Mull *m*
gazelle [gazɛl] *f* Gazelle *f*
gazer [gɑze] <1> *vt* (*exterminer*) vergasen
gazeux, -euse [gɑzø, -øz] *adj* ❶ gasförmig ❷ (*qui contient du gaz*) **eau gazeuse** Mineralwasser *nt* mit Kohlensäure
gazinière [gɑzinjɛʀ] *f* Gasherd *m*
gazoduc [gɑzodyk] *m* Gasleitung *f*
gazole [gɑzɔl] *m* Diesel *m*
gazon [gɑzɔ̃] *m* Rasen *m*
gazouillement [gazujmɑ̃] *m* (*d'un oiseau*) Zwitschern *nt*
gazouiller [gazuje] <1> *vi* (*bébé*) lallen; (*oiseau*) zwitschern
geai [ʒɛ] *m* Häher *m*
géant [ʒeɑ̃] *m* COM Gigant *m*
géant, e [ʒeɑ̃, -ɑ̃t] **I.** *adj* riesig **II.** *m, f* Riese/Riesin *m/f*
geignard, e [ʒɛɲaʀ, aʀd] *adj péj fam* weinerlich; **enfant ~** Heulpeter *m*
geindre [ʒɛ̃dʀ] <irr> *vi* stöhnen
gel [ʒɛl] *m* ❶ METEO Frost *m* ❷ (*blocage*) Einfrieren *nt* ❸ (*crème*) Gel *nt*
gélatine [ʒelatin] *f* Gelatine *f*
gélatineux, -euse [ʒelatinø, -øz] *adj* gallertartig
gelé, e [ʒ(ə)le] *adj* ❶ (*rivière*) zugefroren; (*terre*) [hart]gefroren ❷ (*endommagé par le froid*) erfroren

gelée [ʒ(ə)le] *f* ❶ METEO Frost *m*; ~ **blanche** Reif *m* ❷ GASTR Aspik *m*
geler [ʒ(ə)le] <4> **I.** *vt* ❶ METEO gefrieren lassen; (*bourgeons*) erfrieren lassen ❷ ECON einfrieren **II.** *vi* ❶ METEO gefrieren; (*rivière*) zufrieren; (*fleurs*) erfrieren ❷ (*avoir froid*) frieren; **on gèle ici!** hier erfriert man ja!; **gelé** eiskalt; (*personne*) durchgefroren ❸ *impers* **il gèle** es friert
gélule [ʒelyl] *f* Gelatinekapsel *f*
Gémeaux [ʒemo] *mpl* Zwillinge *Pl v.a.* **Balance**
gémir [ʒemiʀ] <8> *vi* stöhnen
gémissement [ʒemismɑ̃] *m* Stöhnen *nt*
gênant, e [ʒɛnɑ̃, ɑ̃t] *adj* störend; (*question, situation*) unangenehm
gencive [ʒɑ̃siv] *f* Zahnfleisch *nt*
gendarme [ʒɑ̃daʀm] *m* Polizist(in) *m(f)*, Gendarm *m*, (Militär)Polizist *m* (*in ländlichen Gebieten und kleinen Ortschaften*)
gendarmer [ʒɑ̃daʀme] <1> *vpr* **se ~ contre qn/qc** sich gegen jdn/etw zur Wehr setzen
gendarmerie [ʒɑ̃daʀməʀi] *f* Gendarmerie *f*

Die **gendarmerie** gehört zu den französischen Streitkräften, erfüllt aber zum größten Teil polizeiliche Funktionen. Wenn man die Polizei braucht, wendet man sich in den größeren Städten an ein *commissariat de police*, in kleineren Orten oder auf dem Land dagegen an die **gendarmerie**. Sie ist in fast jedem Dorf vertreten.

gendre [ʒɑ̃dʀ] *m* Schwiegersohn *m*
gène [ʒɛn] *m* Gen *nt*
gène [ʒɛn] *f* ❶ (*malaise*) Beschwerden *Pl* ❷ (*trouble*) Befangenheit *f* ▶**être sans ~** keine Hemmungen kennen
gêné, e [ʒene] *adj* (*personne, sourire*) verlegen; (*silence*) betreten
généalogie [ʒenealɔʒi] *f* Genealogie *f*
généalogique [ʒenealɔʒik] *adj* genealogisch
gêner [ʒene] <1> **I.** *vt* ❶ (*déranger*) stören ❷ (*entraver*) ~ **les piétons** die Fußgänger behindern ❸ (*mettre mal à l'aise*) verlegen machen; **gêné** verlegen; (*silence*) betreten; **être gêné** sich genieren; **ça gêne qn de faire qc/que** + *subj* es ist jdm peinlich etw zu tun/dass **II.** *vpr* **ne pas se ~ pour dire**

qc etw [ganz] offen sagen

général [ʒeneral, o] <-aux> *m* General *m*

général, e [ʒeneral, o] < -aux> *adj*
❶ allgemein; **grève ~e** Generalstreik *m*; **le
conseil ~** die Ratsversammlung des Departements; **en règle ~e** in der Regel ❷ (*directeur*) General-; (*quartier, assemblée*)
Haupt- ▶**en ~** im Allgemeinen; **d'une fa-
çon ~e** im Allgemeinen

générale [ʒeneral] *f* THEAT Generalprobe *f*

généralement [ʒeneralmɑ̃] *adv* ❶ (*habituellement*) im Allgemeinen ❷ (*opp: en détail*) allgemein

généralisation [ʒeneralizasjɔ̃] *f* Verallgemeinerung *f*; (*d'un conflit*) Ausweitung *f*

généraliser [ʒeneralize] <1> I. *vt* ❶ (*rendre général*) verallgemeinern ❷ (*méthode*)
allgemein einführen; **un cancer générali-
sé** ein Krebs, der Metastasen gebildet hat
II. *vpr* **se ~** (*procédé*) allgemein eingeführt
werden

généraliste [ʒeneralist] *adj* **médecin ~**
Arzt/Ärztin *m/f* für Allgemeinmedizin

généralité [ʒeneralite] *f gén pl* Allgemeine(s) *nt*

générateur, -trice [ʒeneratœr, -tris] *m, f*
Generator *m*

génération [ʒenerasjɔ̃] *f* Generation *f*

générer [ʒenere] <5> *vt* erzeugen; INFORM
generieren

généreusement [ʒenerøzmɑ̃] *adv* ❶ (*avec
libéralité*) großzügig ❷ (*avec abondance*)
reichlich

généreux, -euse [ʒenerø, -øz] *adj* großzügig

générique [ʒenerik] I. *m* Vorspann *m*; (*à la
fin*) Nachspann *m* II. *adj* (*terme*) Ober-

générosité [ʒenerozite] *f* Großzügigkeit *f*,
Großmut *m*

genèse [ʒənɛz] *f* Entstehung *f*; (*d'une idée*)
Aufkommen *nt*

Genèse [ʒənɛz] *f* REL **la ~** die Schöpfungsgeschichte

genêt [ʒənɛ] *m* Ginster *m*

généticien, ne [ʒenetisjɛ̃, jɛn] *m, f* Genetiker(in) *m(f)*

génétique [ʒenetik] I. *adj* genetisch; (*manipulation, recherche*) Gen-; **patrimoine ~**
Erbgut *nt* II. *f* Genetik *f*

génétiquement [ʒenetikmɑ̃] *adv* genetisch

gêneur, -euse [ʒɛnœr, -øz] *m, f* Störenfried
m

Genève [ʒ(ə)nɛv] Genf *nt*; **de ~** Genfer

génial, e [ʒenjal, jo] < -aux> *adj* ❶ genial
❷ *fam* (*formidable*) toll

génialement [ʒenjalmɑ̃] *adv* auf geniale
Weise

génie [ʒeni] *m* ❶ Genie *nt* ❷ HIST Geist *m*

genièvre [ʒənjɛvr] *m* Wacholder *m*

génique [ʒenik] *adj* **thérapie ~** Gentherapie *f*

génisse [ʒenis] *f* Färse *f*

génital, e [ʒenital, o] < -aux> *adj* Geschlechts-

géniteur [ʒenitœr] *m* ZOOL (*animal mâle*)
männliches Zuchttier

génitif [ʒenitif] *m* LING Genitiv *m*

génocidaire [ʒenɔsidɛr] I. *adj* Völkermord-
II. *mf* Völkermörder(in) *m(f)*

génocide [ʒenɔsid] *m* Völkermord *m*

génoise [ʒenwaz] *f* Biskuit *nt o m*

génome [ʒenom] *m* Genom *nt*

génothèque [ʒenɔtɛk] *f* (*banque de génotypes*) Genbank *f*

genou [ʒ(ə)nu] <x> *m* Knie *nt*; **sur les ~x
de qn** auf jds Schoß; **à ~x** auf Knien

genouillère [ʒənujɛr] *f* Knieschutz *m*

genre [ʒɑ̃r] *m* ❶ (*sorte*) Art *f*; **elle n'est
pas mon ~** sie ist nicht mein Typ (*fam*)
❷ ART Gattung *f* ❸ (*espèce*) **~ humain**
Menschengeschlecht *nt* ❹ LING Genus *nt*
▶**ce n'est pas son ~** das ist doch gar nicht
seine Art!

gens [ʒɑ̃] *mfpl* Leute *Pl*

gentiane [ʒɑ̃sjan] *f* Enzian *m*

gentil, le [ʒɑ̃ti, ij] *adj* ❶ **~ avec qn** nett/
freundlich zu jdm ❷ (*sage*) brav ▶**c'est
[bien] ~, mais ...** *fam* schön und gut, aber
...

gentilhomme [ʒɑ̃tijɔm, ʒɑ̃tizɔm] <gentils-
hommes> *m* Edelmann *m*

gentillesse [ʒɑ̃tijɛs] *f* (*qualité*) Freundlichkeit *f*; **avoir la ~ de faire qc** so nett sein
etw zu tun

gentiment [ʒɑ̃timɑ̃] *adv* ❶ (*aimablement*)
freundlich ❷ (*sagement*) ruhig

gentleman [dʒɛntləman] <s> *m* Gentleman *m*

géo [ʒeo] *f fam abr de* **géographie**

géographe [ʒeɔgraf] *mf* Geograph(in) *m(f)*

géographie [ʒeɔgrafi] *f* Geographie *f*, Erdkunde *f*

géographique [ʒeɔgrafik] *adj* geographisch; (*carte*) Land-

G

géologie [ʒeɔlɔʒi] f Geologie f
géologique [ʒeɔlɔʒik] adj geologisch
géologue [ʒeɔlɔg] mf Geologe/Geologin m/f
géomètre [ʒeɔmɛtʀ] mf Geometer m
géométrie [ʒeɔmetʀi] f Geometrie f
géométrique [ʒeɔmetʀik] adj geometrisch
géophysicien, ne [ʒeofizisjɛ̃, jɛn] m, f Geophysiker(in) m(f)
géophysique [ʒeofizik] f Geophysik f
géopolitique [ʒeopɔlitik] f Geopolitik f
géothermique [ʒeotɛʀmik] adj geothermisch
gérance [ʒeʀɑ̃s] f (d'une entreprise) Geschäftsführung f; (d'une succursale) Leitung f; (d'un fonds de commerce) Pacht f; **mettre/prendre en ~** verpachten/pachten
géranium [ʒeʀanjɔm] m Geranie f
gérant, e [ʒeʀɑ̃, ɑ̃t] m, f (d'une entreprise) Geschäftsführer(in) m(f); (d'un capital, immeuble) Verwalter(in) m(f); (d'un fonds de commerce) Betreiber(in) m(f), Inhaber(in) m(f)
gerbe [ʒɛʀb] f (de blé) Garbe f; (de fleurs) Strauß m
gercer [ʒɛʀse] <2> vi aufspringen
gerçure [ʒɛʀsyʀ] f **avoir des ~s aux mains** rissige Hände haben
gérer [ʒeʀe] <5> vt ❶ (entreprise, succursale) leiten; (magasin) führen; (immeuble, capital) verwalten ❷ INFORM verwalten ❸ (crise) in den Griff bekommen (fam); (temps libre) sinnvoll gestalten
gériatrie [ʒeʀjatʀi] f Altersheilkunde f
germain, e [ʒɛʀmɛ̃, ɛn] adj (relatif à la Germanie) germanisch
Germain, e [ʒɛʀmɛ̃, ɛn] m, f Germane/Germanin m/f
germanique [ʒɛʀmanik] adj ❶ (teuton) germanisch ❷ (allemand) deutsch; (pays) deutschsprachig
germanisme [ʒɛʀmanism] m Germanismus m
germaniste [ʒɛʀmanist] mf Germanist(in) m(f)
germanophile [ʒɛʀmanɔfil] adj deutschfreundlich
germanophobe [ʒɛʀmanɔfɔb] adj deutschfeindlich
germanophone [ʒɛʀmanɔfɔn] **I.** adj deutschsprachig; **être ~** Deutsch als Muttersprache haben **II.** mf Deutschsprachige(r) f(m)

germe [ʒɛʀm] m ❶ (semence) Keim m ❷ MED Krankheitserreger m
germer [ʒɛʀme] <1> vi keimen; (idée) aufkeimen
gérondif [ʒeʀɔ̃dif] m Gerundium nt
gérontologie [ʒeʀɔ̃tɔlɔʒi] f Altersforschung f
gésier [ʒezje] m [Muskel]magen m
gestation [ʒɛstasjɔ̃] f Trächtigkeit f; (durée) Tragezeit f
geste [ʒɛst] m ❶ Geste f; **~ de la main** Handbewegung f ❷ (action) **~ d'amour** Zeichen nt der Liebe
gesticuler [ʒɛstikyle] <1> vi gestikulieren
gestion [ʒɛstjɔ̃] f ❶ Verwaltung f; (d'une entreprise) Geschäftsführung f; **~ des entreprises** UNIV Betriebswirtschaft[slehre f] f ❷ INFORM Verwaltung f
gestionnaire [ʒɛstjɔnɛʀ] **I.** mf Geschäftsführer(in) m(f) **II.** m **~ de fichiers** Dateimanager m
gestuel, le [ʒɛstɥɛl] adj (langage) Gebärden-
gestuelle [ʒɛstɥɛl] f Gestik f
geyser [ʒezɛʀ] m Geysir m
ghetto [geto] m Getto nt
gibet [ʒibɛ] m Galgen m
gibier [ʒibje] m Wild nt
giboulée [ʒibule] f Schauer m
giclée [ʒikle] f Spritzer m
gicler [ʒikle] <1> vi spritzen
gicleur [ʒiklœʀ] m Vergaserdüse f
gifle [ʒifl] f Ohrfeige f
gifler [ʒifle] <1> vt ohrfeigen
gigantesque [ʒigɑ̃tɛsk] adj riesig
giga-octet [ʒigaɔktɛ] <giga-octets> m Gigabyte nt
GIGN [ʒeiʒeɛn] m abr de **Groupe d'intervention de la gendarmerie nationale** Spezialeinheit zur Bekämpfung des Terrorismus
gigolo [ʒigɔlo] m péj Gigolo m
gigot [ʒigo] m Keule f, Schlögel m (A)
gigoter [ʒigɔte] <1> vi fam herumzappeln; (bébé) strampeln
gilet [ʒilɛ] m Weste f; (lainage) Strickjacke f; **~ de sauvetage** Schwimmweste f
gin [dʒin] m Gin m
gingembre [ʒɛ̃ʒɑ̃bʀ] m Ingwer m
gingivite [ʒɛ̃ʒivit] f Zahnfleischentzündung f
girafe [ʒiʀaf] f Giraffe f
giratoire [ʒiʀatwaʀ] adj **sens ~** Kreisverkehr m

girlie [gœʀli] *adj inv* Girlie-

giroflée [ʒiʀɔfle] *f* Goldlack *m*

girolle [ʒiʀɔl] *f* Pfifferling *m*, Eierschwammerl *nt* (A)

girouette [ʒiʀwɛt] *f* ❶ Wetterhahn *m* ❷ *fam* (*personne*) unbeständiger Mensch

gisant [ʒizɑ̃] *m* ART liegende Figur

gisement [ʒizmɑ̃] *m* Vorkommen *nt*

gitan, e [ʒitɑ̃, an] *m, f* Zigeuner(in) *m(f)*

gîte [ʒit] *m* Unterkunft *f*; **~ rural** Unterkunftsmöglichkeit *f* für Touristen

givrant, e [ʒivʀɑ̃, ɑ̃t] *adj* raureifbildend

givre [ʒivʀ] *m* [Rau]reif *m*

givré, e [ʒivʀe] *adj* ❶ bereift; (*fenêtre*) vereist ❷ *fam* (*fou*) **être ~** einen Knall haben

glaçage [glasaʒ] *m* ❶ (*d'une photographie*) Glanztrocknen *nt* ❷ GASTR Glasur *f*

glace [glas] *f* ❶ *a.* GASTR Eis *nt*; **~ au chocolat** Schokolade[n]eis ❷ (*miroir*) Spiegel *m* ❸ (*vitre*) [Glas]scheibe *f*

glacé, e [glase] *adj* ❶ (*très froid*) *a. fig* eiskalt; **servir ~** eisgekühlt servieren ❷ (*fruit, marrons*) kandiert ❸ (*papier*) Glanz-

glacer [glase] <2> *vt* ❶ (*refroidir*) zu Eis erstarren lassen ❷ (*impressionner*) **~ qn d'effroi** jdn vor Schreck (*dat*) erstarren lassen

glaciaire [glasjɛʀ] *adj* **période ~** Eiszeit *f*; **érosion ~** Gletschererosion *f*

glacial, e [glasjal] <s> *adj a. fig* eiskalt

glaciation [glasjasjɔ̃] *f* Glazial[zeit *f*] *nt*

glacier [glasje] *m* ❶ GEO Gletscher *m* ❷ (*métier*) Eiskonditor *m*

glacière [glasjɛʀ] *f* Kühlbox *f*

glaçon [glasɔ̃] *m* Eiswürfel *m*

gladiateur [gladjatœʀ] *m* Gladiator *m*

glaïeul [glajœl] *m* Gladiole *f*

glaise [glɛz] *f* Lehm *m*

glaive [glɛv] *m* Schwert *nt*

glam [glam] *adj inv fam* glamourös

glamoureux, -euse [glamuʀø, -øz] *adj* glamourös

gland [glɑ̃] *m* Eichel *f*

glande [glɑ̃d] *f* Drüse *f*

glander [glɑ̃de] <1> *vi fam* herumgammeln

glandeur, -euse [glɑ̃dœʀ, -øz] *m, f fam* Nichtstuer(in) *m(f)*

glaner [glane] <1> *vt* zusammentragen

glapir [glapiʀ] <8> *vi* (*chiot*) kläffen

glapissement [glapismɑ̃] *m* (*du renard*) Bellen *nt*

glas [glɑ] *m* **sonner le ~** die Totenglocke läuten

glaucome [glokom] *m* MED grüner Star

glauque [glok] *adj* ❶ (*verdâtre*) graugrün ❷ (*lugubre*) düster

glissade [glisad] *f* (*action de glisser par jeu*) Schlittern *nt*

glissant, e [glisɑ̃, ɑ̃t] *adj* glatt

glisse [glis] *f* ❶ (*façon de glisser*) Gleiten *nt*; **les sports de ~** die Gleitsportarten *Pl* ❷ CH (*luge*) Schlitten *m*

glissement [glismɑ̃] *m* **~ de terrain** Erdrutsch *m*

glisser [glise] <1> **I.** *vi* ❶ (*être glissant*) rutschig sein ❷ (*se déplacer*) **~ sur qc** über etw (*akk*) gleiten ❸ (*déraper*) rutschen ❹ (*échapper de*) **ça m'a glissé des mains** es ist mir aus den Händen gerutscht **II.** *vt* schieben; **~ qc à qn** jdm etw zuschieben; (*dire*) jdm etw zuflüstern **III.** *vpr* **se ~** schlüpfen; **se ~ dans la maison** sich ins Haus schleichen

glissière [glisjɛʀ] *f* **~ de sécurité** Leitplanke *f*

global, e [glɔbal, o] < -aux> *adj* global; (*somme*) Gesamt-; **vue ~e** Überblick *m*

globalement [glɔbalmã] *adv* alles in Allem

globalisation [glɔbalizasjɔ̃] *f* Pauschalisierung *f*

globalité [glɔbalite] *f* Gesamtheit *f*

globe [glɔb] *m* ELEC Kugelleuchte *f*; GEO Globus *m*

globe-trotter [glɔbtʀɔtœʀ, -tʀɔtɛʀ] <globe-trotters> *mf* Globetrotter *m*

globule [glɔbyl] *m* Blutkörperchen *nt*

globuleux, -euse [glɔbylø, -øz] *adj* hervorstehend

gloire [glwaʀ] *f* Ruhm *m* ▸ **à la ~ de qn/qc** zu jds Ehre/um etw zu ehren

glorieux, -euse [glɔʀjø, -jøz] *adj* ruhmreich

glorification [glɔʀifikasjɔ̃] *f* Glorifizierung *f*

glorifier [glɔʀifje] <1> *vpr* **se ~ de qc** sich einer S. (*gen*) rühmen

gloriole [glɔʀjɔl] *f* Selbstgefälligkeit *f*

gloss [glɔs] *m* Lipgloss *nt*

glossaire [glɔsɛʀ] *m* Glossar *nt*

glotte [glɔt] *f* Stimmritze *f*

glouglou [gluglu] *m fam* **faire ~** gluckern

gloussement [glusmɑ̃] *m* Glucken *nt*

glousser [gluse] <1> *vi* (*poule*) glucken *fam*; (*personne*) glucksen

glouton, ne [glutɔ̃, ɔn] **I.** *adj* gefräßig **II.** *m, f* Vielfraß *m* (*fam*)

gloutonnerie [glutɔnʀi] f Gefräßigkeit f

glu [gly] f ➊ (colle) Leim m ➋ fam (personne) Klette f

gluant, e [glyɑ̃, ɑ̃t] adj klebrig

glucide [glysid] m Kohle[n]hydrat nt

glucose [glykoz] m Traubenzucker m

gluten [glytɛn] m Gluten nt

glycémie [glisemi] f Blutzucker m

glycérine [gliseʀin] f Glyzerin nt

glycine [glisin] f Glyzinie f

gnangnan [nɑ̃nɑ̃] adj inv fam être ~ (personne) eine Tranfunzel sein

gnôle [nol] f fam Schnaps m

gnome [gnom] m Gnom m

gnon [nɔ̃] m fam Schlag m

go [go] ▸**tout** de ~ fam mir nichts, dir nichts

Go abr de **giga-octet** GB nt

GO [ʒeo] fpl abr de **grandes ondes** LW f

gobelet [gɔblɛ] m Becher m

gober [gɔbe] <1> vt ➊ (œuf) ausschlürfen ➋ fam (croire) fressen

godasse [gɔdas] f fam Latschen m

godet [gɔdɛ] m Becher m

godille [gɔdij] f ➊ NAUT Wrickriemen nt ➋ SPORT (petits virages) Wedeln nt

godiller [gɔdije] <1> vi ➊ NAUT wricken ➋ SPORT (faire de petits virages) wedeln

goéland [gɔelɑ̃] m große Möwe

goélette [gɔelɛt] f Schoner m

gogo [gogo] ▸à ~ fam in rauen Mengen

go-go dancer [gogodɛnsœʀ] mf Go-go-Tänzer(in) m(f)

gogol, e [gɔgɔl] adj fam bescheuert

goguenard, e [gɔg(ə)naʀ, aʀd] adj spöttisch

goinfre [gwɛ̃fʀ] I. adj verfressen (fam) II. mf péj Fresssack m (fam)

goinfrer [gwɛ̃fʀe] <1> vpr péj fam se ~ de qc sich (dat) den Bauch mit etw voll schlagen

goinfrerie [gwɛ̃fʀəʀi] f péj Gefräßigkeit f

goitre [gwatʀ] m Kropf m

golden [gɔldɛn] f Golden Delicious m

golf [gɔlf] m Golf[spiel nt] nt

golfe [gɔlf] m Golf m

golfeur, -euse [gɔlfœʀ, -øz] m, f Golfer(in) m(f)

gominer [gɔmine] <1> vpr se ~ sich (dat) Pomade ins Haar schmieren

gommage [gɔmaʒ] m ➊ (effacement) Ausradieren nt ➋ (nettoyage de la peau) Peelen nt

gomme [gɔm] f Gummi m o nt

gommé, e [gɔme] adj gummiert

gommer [gɔme] <1> vt ausradieren

gond [gɔ̃] m [Tür]angel f ▸**sortir** de ses ~s außer sich geraten

gondole [gɔ̃dɔl] f Gondel f

gondoler [gɔ̃dɔle] <1> vi sich wellen; (planche) sich verziehen

gondolier, -ière [gɔ̃dɔlje, -jɛʀ] m, f Gondoliere m

gonflable [gɔ̃flabl] adj aufblasbar

gonflé, e [gɔ̃fle] adj ➊ (rempli) aufgeblasen; (visage) aufgedunsen; (yeux) verquollen ➋ fam (culotté) dreist

gonflement [gɔ̃fləmɑ̃] m (d'un pneu) Aufpumpen nt; (d'un ballon) Aufblasen nt; (d'une plaie, d'un organe) Schwellung f

gonfler [gɔ̃fle] <1> I. vt (pneus) aufpumpen; (ballon) aufblasen II. vi (membre) anschwellen; (pâte) aufgehen III. vpr se ~ (poitrine) schwellen; (ballon) sich füllen

gonflette [gɔ̃flɛt] f péj fam Bodybuilding nt

gong [gɔ̃(g)] m Gong m

gonzesse [gɔ̃zɛs] f péj fam Tussi f

gore [gɔʀ] adj inv Horror-

goret [gɔʀɛ] m Ferkel nt

gorge [gɔʀʒ] f ➊ Hals m, Kehle f ➋ GEO Schlucht f

gorgé, e [gɔʀʒe] adj fruits ~s de soleil von der Sonne verwöhnte Früchte

gorgée [gɔʀʒe] f Schluck m

gorille [gɔʀij] m Gorilla m

gosier [gozje] m Kehle f; (d'un oiseau) Schlund m

gosse [gɔs] mf fam Kleine(r) f(m); un ~ ein Bengel m; une ~ eine Göre; sale ~ Rotzbengel

gothique [gɔtik] I. adj gotisch II. m Gotik f

gouache [gwaʃ] f Temperafarbe f

gouailleur, -euse [gwajœʀ, -øz] adj fam spöttisch

gouda [guda] m Gouda m

goudron [gudʀɔ̃] m Teer m; (pour les routes) Asphalt m

goudronné, e [gudʀɔne] adj asphaltiert

gouffre [gufʀ] m Abgrund m

gouine [gwin] f péj fam Lesbe f

goujat [guʒa] m Rüpel m

goujaterie [guʒatʀi] f Rüpelhaftigkeit f

goujon [guʒɔ̃] m Gründling m ▸**taquiner** le ~ fam angeln

goulache [gulaʃ] *m o f* Gulasch *m o nt*

goulet [gulɛ] *m* ~ **d'étranglement** Engpass *m*

goulot [gulo] *m* Hals *m*; **boire au** ~ aus der Flasche trinken

goulu, e [guly] *adj* gefräßig

goulûment [gulymã] *adv* gierig

goupiller [gupije] <1> *vt fam* aushecken; **bien** ~ **son coup** die Sache geschickt einfädeln

gourd, e [guʀ, guʀd] *adj* steifgefroren

gourde [guʀd] *f* Trinkflasche *f*

gourer [guʀe] <1> *vpr fam* **se** ~ **de qc** sich in etw (*dat*) vertun

gourmand, e [guʀmã, ãd] **I.** *adj* **être** ~ ein Schlemmer *m* sein; (*de sucreries*) eine Naschkatze sein (*fam*) **II.** *m, f* Schlemmer(in) *m(f)*; (*de sucreries*) Naschkatze *f* (*fam*)

gourmandise [guʀmãdiz] *f* Schwelgerei *f*; (*défaut*) Gier[igkeit *f*] *f*; **manger par/avec** ~ aus purer Lust/gierig essen

gourmet [guʀmɛ] *m* Gourmet *m*

gourmette [guʀmɛt] *f* Gliederarmband *nt*

gousse [gus] *f* Schote *f*; (*d'ail*) Zehe *f*

goût [gu] *m* Geschmack *m*; **être sans** ~ nach nichts schmecken; **avoir un** ~ **de qc** nach einer S. (*dat*) schmecken; **prendre** ~ **à qc** Gefallen an etw (*dat*) finden; **avec** ~ geschmackvoll; **être de mauvais** ~ geschmacklos sein; **trouver qn/qc à son** ~ jdn/etw nach seinem Geschmack finden

goûter [gute] <1> **I.** *vi* ❶ (*enfant*) [nachmittags] eine Kleinigkeit essen ❷ (*essayer*) ~ **à qc** etw probieren **II.** *vt* probieren **III.** *m:* kleine Zwischenmahlzeit für Kinder und Jugendliche am Spätnachmittag

goutte [gut] *f* Tropfen *m*; ~ **à** ~ tröpfchenweise

goutte-à-goutte [gutagut] *m inv* Tropf *m*

goutter [gute] <1> *vi* tropfen

gouttière [gutjɛʀ] *f* Dachrinne *f*

gouvernable [guvɛʀnabl] *adj* regierbar

gouvernail [guvɛʀnaj] *m* Ruder *nt*

gouvernante [guvɛʀnãt] *f* ❶ (*bonne*) Haushälterin *f* ❷ (*préceptrice*) Gouvernante *f*

gouvernants [guvɛʀnã] *mpl* Entscheidungsträger *Pl*

gouverne [guvɛʀn] *f* **pour ta** ~ zu deiner Orientierung

gouvernement [guvɛʀnəmã] *m* Regierung *f*

gouvernemental, e [guvɛʀnəmãtal, o] <-aux> *adj* (*parti, politique*) Regierungs-

gouverner [guvɛʀne] <1> *vi, vt* regieren

gouverneur [guvɛʀnœʀ] *m* Gouverneur *m*

goyave [gɔjav] *f* Gua[ja]ve *f*

GPL [ʒepeɛl] *m abr de* **gaz de pétrole liquéfié** Autogas *nt*

GR [ʒeɛʀ] *m abr de* **(sentier) de grande randonnée** markierter Wanderweg

grabuge [gʀabyʒ] *m fam* **faire du** ~ Krach schlagen; **il y a du** ~ es kracht

grâce [gʀɑs] *f* ❶ *sans pl* (*charme*) Anmut *f*; **avec** ~ anmutig ❷ JUR Begnadigung *f* ▸~ **à lui/elle** dank ihm/ihr; ~ **à qc** dank einer S. (*dat o gen*)

gracier [gʀasje] <1> *vt* begnadigen

gracieusement [gʀasjøzmã] *adv* (*gratuitement*) unentgeltlich

gracieux, -euse [gʀasjø, -jøz] *adj* anmutig

gradation [gʀadasjɔ̃] *f* schrittweise Steigerung

grade [gʀad] *m* Dienstgrad *m*; UNIV Grad *m*; (*de capitaine*) Rang *m*; **monter en** ~ befördert werden

gradé, e [gʀade] *m, f* unterer Dienstgrad

gradins [gʀadɛ̃] *mpl* Ränge *Pl*

graduation [gʀaduasjɔ̃] *f* Gradeinteilung *f*

gradué, e [gʀadɥe] *adj* abgestuft

graduel, le [gʀadɥɛl] *adj* allmählich

graduellement [gʀadɥɛlmã] *adv* ❶ (*par degrés*) Schritt für Schritt ❷ (*peu à peu*) allmählich

graduer [gʀadɥe] <1> *vt* graduieren; **gradué** mit einer Skala

graffiti [gʀafiti] <[s]> *m* Graffiti *nt*

graillon [gʀajɔ̃] *m* Geruch *m* von Bratfett

grain [gʀɛ̃] *m* ❶ *sing o pl* Korn *nt*; ~ **de beauté** Leberfleck *m* ❷ (*graine*) Körnchen *nt*; (*pour les poules*) Körner *Pl*; ~ **de café** Kaffeebohne *f*; ~ **de raisin** [Wein]traube *f*; **en** ~**s** (*café, poivre*) ungemahlen ❸ (*particule*) Korn *nt*, Körnchen *nt* ❹ *sans pl* (*petite quantité*) Spur *f* ▸**avoir un** ~ *fam* eine Meise haben

graine [gʀɛn] *f* Samen *m*; AGR Saatgut *nt*

graissage [gʀɛsaʒ] *m* Schmieren *nt*

graisse [gʀɛs] *f* Fett *nt*; TECH Schmierfett *nt*

graisser [gʀɛse] <1> *vt* TECH schmieren

graisseux, -euse [gʀɛsø, -øz] *adj* fettig

grammaire [gʀa(m)mɛʀ] *f* Grammatik *f*

grammatical, e [gʀamatikal, o] <-aux> *adj* grammatisch

G

grammaticalement [gʀamatikalmã] *adv* grammati[kali]sch

gramme [gʀam] *m* Gramm *nt*

grand, e [gʀɑ̃, ɑ̃d] **I.** *adj* ❶ groß; (*arbre*) hoch; (*jambe, avenue*) lang; (*format, entreprise*) Groß-; ~ **magasin** Kaufhaus *nt* ❷ (*buveur, fumeur*) stark; (*collectionneur*) eifrig ❸ (*bruit, cri*) laut; (*coup*) gewaltig ❹ (*vin*) besondere(r, s); (*homme*) bedeutend ❺ (*respectable*) nobel; **la "~e Nation"** die „große Nation" (*Name für Frankreich*); **~es écoles** Elite-Hochschulen *Pl* ❻ (*exagéré*) **employer de ~s mots** große Worte machen; **prendre de ~s airs** vornehm tun **II.** *adv* ~ **ouvert** ganz weit aufgemacht; **voir ~** großzügig planen **III.** *m, f* ❶ Große(r) *f(m)* ❷ (*personne importante*) **un ~ du football** ein bedeutender Fußballspieler

Die **grandes écoles** sind Hochschulen unterschiedlicher Fachrichtungen. Um an ihnen studieren zu können, muss man bereits ein zweijähriges Universitätsstudium oder einen ebenso langen Vorbereitungskurs (*les classes préparatoires*) vorweisen können. Außerdem muss man sich einem strengen Auswahlverfahren stellen. Die Absolventinnen und Absolventen dieser Hochschulen sind bei der Besetzung von Führungspositionen in Politik und Wirtschaft sehr gefragt.

grand-angle [gʀɑ̃tɑ̃gl] <grands-angles> *m* Weitwinkel *m* **grand-chose** [gʀɑ̃ʃoz] **pas ~** nicht viel **grand-duc** [gʀɑ̃dyk] <grands-ducs> *m* Großherzog *m* **grand-duché** [gʀɑ̃dyʃe] <grands-duchés> *m* Großherzogtum *nt*

Grande-Bretagne [gʀɑ̃dbʀətaɲ] *f* **la ~** Großbritannien *nt*

grandement [gʀɑ̃dmɑ̃] *adv* sehr; (*avoir raison*) völlig; **contribuer ~ à qc** einen großen Beitrag zu etw leisten

grandeur [gʀɑ̃dœʀ] *f* Größe *f*; **de quelle ~ est ...?** wie groß ist ...?; **de même ~** gleich groß

grandiloquence [gʀɑ̃dilɔkɑ̃s] *f* hochtrabende Ausdrucksweise

grandiloquent, e [gʀɑ̃dilɔkɑ̃, ɑ̃t] *adj* schwülstig; (*personne*) hochtrabend redend

grandiose [gʀɑ̃djoz] *adj* großartig

grandir [gʀɑ̃diʀ] <8> **I.** *vi* (auf)wachsen; ~

de dix centimètres zehn Zentimeter wachsen **II.** *vt* (*personne*) größer machen; (*chose*) vergrößern **III.** *vpr* **se** ~ sich größer machen

grandissant, e [gʀɑ̃disɑ̃, ɑ̃t] *adj* wachsend

grand-mère [gʀɑ̃mɛʀ] <grand[s]-mères> *f* Großmutter *f* **grand-messe** [gʀɑ̃mɛs] <grand[s]-messes> *f* Hochamt *nt*

grand-oncle [gʀɑ̃tɔ̃kl] <grands-oncles> *m* Großonkel *m* **grand-peine** [gʀɑ̃pɛn] ▶**avoir ~ à faire qc** Mühe haben etw zu tun; **à ~** mit Mühe und Not **grand-père** [gʀɑ̃pɛʀ] <grands-pères> *m* Großvater *m* **grand-rue** [gʀɑ̃ʀy] <grand-rues> *f* Hauptstraße *f*

grands-parents [gʀɑ̃paʀɑ̃] *mpl* Großeltern *Pl*

grand-tante [gʀɑ̃tɑ̃t] <grands-tantes> *f* Großtante *f* **grand-voile** [gʀɑ̃vwal] <grand[s]-voiles> *f* Großsegel *nt*

grange [gʀɑ̃ʒ] *f* Scheune *f*

granit[e] [gʀanit] *m* Granit *m*

granitique [gʀanitik] *adj* Granit-

granulé [gʀanyle] *m* Granulat *nt*

granuleux, -euse [gʀanylø, -øz] *adj* körnig

graphe [gʀaf] *m* Graph *m*

graphie [gʀafi] *f* Schreibweise *f*

graphique [gʀafik] **I.** *adj* grafisch **II.** *m* Schaubild *nt*

graphisme [gʀafism] *m* ART Zeichenstil *m*

graphiste [gʀafist] *mf* Grafiker(in) *m(f)*

graphite [gʀafit] *m* Graphit *m*

graphologue [gʀafɔlɔg] *mf* Graphologe/ Graphologin *m/f*

grappe [gʀap] *f* Traube *f*; ~ **de raisin** Weintraube

grappiller [gʀapije] <1> *vt* (*nouvelles*) aufschnappen (*fam*)

grappin [gʀapɛ̃] *m* ▶**mettre le ~ sur qn** *fam* jdn nicht aus den Klauen lassen

gras [gʀɑ] **I.** *m a.* GASTR Fett *nt* **II.** *adv* fett **gras, se** [gʀɑ, gʀɑs] *adj* ❶ (*formé de graisse*) fett; **40 % de matières ~ses** 40 % Fett *nt* ❷ (*graisseux*) fettig; (*terre, boue*) lehmig ❸ (*toux*) schleimig; **en [caractère] ~** fett gedruckt ❹ BOT (*plante*) Fett- **gras-double** [gʀɑdubl] <gras-doubles> *m* Kutteln *Pl*

grassement [gʀɑsmɑ̃] *adv* (*payer*) reichlich

grassouillet, te [gʀasujɛ, jɛt] *adj fam* pummelig

gratifiant, e [gʀatifjɑ̃, jɑ̃t] *adj* (*travail*) befriedigend

gratification [gʀatifikasjɔ̃] *f* Gratifikation *f*

gratifier [gʀatifje] <1> *vt* ~ **qn d'une ré-compense** jdm eine Belohnung zuteil werden lassen

gratin [gʀatɛ̃] *m* ❶ GASTR Gratin *nt* ❷ *sans pl, fam* (*haute société*) Crème *f* de la crème (*iron*)

gratiné, e [gʀatine] *adj* GASTR überbacken

gratinée [gʀatine] *f:* mit Käse überbackene Zwiebelsuppe

gratiner [gʀatine] <1> *vt* **faire** ~ **qc** etw überbacken

gratis [gʀatis] *adj adv fam* gratis

gratitude [gʀatityd] *f* Dankbarkeit *f*

gratte-ciel [gʀatsjɛl] *m inv* Wolkenkratzer *m*

grattement [gʀatmɑ̃] *m* Kratzen *nt*

gratte-papier [gʀatpapje] <gratte-papier[s]> *mf péj* schlecht bezahlter Kopist

gratter [gʀate] <1> **I.** *vi* ❶ (*racler*) kratzen ❷ (*récurer*) scheuern **II.** *vt* ❶ (*mur, table*) abkratzen; ~ **le dos à qn** jdn am Rücken kratzen ❷ (*démanger*) kratzen; ~ **qn** (*cicatrice*) jdn jucken; **ça me gratte à la jambe** mein Bein juckt **III.** *vpr* **se** ~ **qc** sich an etw (*dat*) kratzen; **se** ~ **jusqu'au sang** sich blutig kratzen

gratuit, e [gʀatɥi, ɥit] *adj* ❶ (*entrée*) frei; (*consultation*) kostenlos; (*supplément*) Gratis-; **à titre** ~ kostenlos ❷ (*accusation*) grundlos; (*acte*) unmotiviert

gratuité [gʀatɥite] *f* ❶ ~ **de l'enseignement** Schulgeldfreiheit *f* ❷ (*d'un acte*) Unmotiviertheit *f*

gratuitement [gʀatɥitmɑ̃] *adv* kostenlos; (*entrer, voyager*) ohne etwas zu bezahlen

gravats [gʀava] *mpl* [Bau]schutt *m*

grave [gʀav] *adj* ❶ ernst; (*accident*) schwer; (*ennuis*) ernsthaft; (*faute*) schwerwiegend; (*nouvelles*) schlimm; **blessé** ~ Schwerverletzter *m;* **ce n'est pas** ~ das ist nicht schlimm ❷ LING **accent** ~ Accent *m* grave ❸ (*son, note, voix*) tief

gravement [gʀavmɑ̃] *adv* (*fortement*) schwer

graver [gʀave] <1> *vt* ❶ (ein)gravieren; ~ **qc sur/dans qc** etw in etw (*akk*) [ein]ritzen ❷ *fig* ~ **qc dans sa mémoire** sich (*dat*) etw fest einprägen

graveur [gʀavœʀ] *m* ~ **de CD** CD-Brenner *m*

graveur, -euse [gʀavœʀ, -øz] *m, f* ART Graveur(in) *m(f)*

gravier [gʀavje] *m* Kies *m*

gravillon [gʀavijɔ̃] *m* Splitt *m;* AUT Rollsplitt

gravir [gʀaviʀ] <8> *vt* klettern auf (+ *akk*)

gravitation [gʀavitasjɔ̃] *f* Gravitation *f*

gravité [gʀavite] *f* ❶ (*d'une situation*) Ernst *m;* (*d'une faute*) Schwere *f* ❷ PHYS Schwerkraft *f*

graviter [gʀavite] <1> *vi* ~ **autour de qc** um etw kreisen

gravure [gʀavyʀ] *f* ❶ *sans pl* (*technique*) Gravieren *nt;* (*à l'eau-forte*) Radieren *nt* ❷ (*œuvre*) Gravur *f;* (*sur cuivre*) Kupferstich *m;* (*sur bois*) Holzschnitt *m;* (*à l'eau-forte*) Radierung *f* ❸ (*reproduction*) Stich *m*

gré [gʀe] ▶**de mon/son plein** ~ aus freien Stücken; **au** ~ **de** je nach (+ *dat*)

grec [gʀɛk] *m* **le** ~ **ancien/moderne** Alt-/Neugriechisch *nt; v.a.* **allemand**

grec, grecque [gʀɛk] *adj* griechisch; *v.a.* **allemand**

Grec, Grecque [gʀɛk] *m, f* Grieche/Griechin *m/f*

Grèce [gʀɛs] *f* **la** ~ Griechenland *nt*

gréco-romain, e [gʀekoʀɔmɛ̃, ɛn] <gréco-romains> *adj* griechisch-römisch

grecque [gʀɛk] *f* (*ornement*) Mäander *m*

greffe [gʀɛf] *f* MED Transplantation *f*

greffer [gʀefe] <1> *vt* transplantieren

greffier, -ière [gʀefje, -jɛʀ] *m, f* Justizbeamter/-beamtin *m/f*

greffon [gʀefɔ̃] *m* BOT Pfropfreis *nt*

grégaire [gʀegɛʀ] *adj* **instinct** ~ Herdentrieb *m*

grégorien, ne [gʀegɔʀjɛ̃, jɛn] *adj* gregorianisch

grêle [gʀɛl] *f* Hagel *m*

grêlé, e [gʀele] *adj* pockennarbig

grêler [gʀele] <1> *vi impers* **il grêle** es hagelt

grêlon [gʀelɔ̃] *m* Hagelkorn *nt*

grelot [gʀəlo] *m* Glöckchen *nt*

grelotter [gʀəlɔte] <1> *vi* ~ **de qc** vor etw (*dat*) zittern

grenade [gʀənad] *f* ❶ MIL Granate *f* ❷ BOT Granatapfel *m*

grenadine [gʀənadin] *f* Grenadine *f*

grenat [gʀəna] *adj inv* granatfarben

grenier [gʀənje] *m* [Dach]boden *m*

grenouille [gʀənuj] *f* Frosch *m*

grenouillère [gʀənujɛʀ] *f* Strampelhose *f*

grès [gʀɛ] *m* (*roche*) Sandstein *m*

grésil [gʀezil] *m* Graupeln *Pl*

G

grésillement [gʀezijmã] *m* Rauschen *nt*

grésiller [gʀezije] <1> *vi* brutzeln

grève [gʀɛv] *f* Streik *m*; **appel à la ~** Streikaufruf *m*; **~ de la faim** Hungerstreik; **être en ~**, **faire ~** streiken; **se mettre en ~** in den Streik treten

grever [gʀəve] <4> *vt* **~ de qc** mit etw belasten

gréviste [gʀevist] *mf* Streikende(r) *f(m)*

gribouillage [gʀibujaʒ] *m* Gekritzel *nt*

gribouiller [gʀibuje] <1> *vt*, *vi* kritzeln

grief [gʀijɛf] *m* Klage[punkt *m*] *f*; **nourrir des ~s contre qn** einen Groll gegen jdn hegen

grièvement [gʀijɛvmã] *adv* schwer

griffe [gʀif] *f* ❶ Kralle *f* ❷ (*marque*) Markenzeichen *nt* ❸ (*signature*) Unterschrift *f*

griffé, e [gʀife] *adj* **vêtements ~s** Markenkleidung *f*

griffer [gʀife] <1> *vt* (*personne*) kratzen; (*visage, voiture*) zerkratzen

griffonner [gʀifɔne] <1> *vt*, *vi* kritzeln

griffure [gʀifyʀ] *f* Kratzer *m*

grignoter [gʀiɲɔte] <1> I. *vi* (*personne*) eine Kleinigkeit essen; (*animal*) knabbern II. *vt* ❶ **~ qc** (*personne*) etw knabbern; (*animal*) an etw (+ *dat*) nagen ❷ (*capital*) aufzehren

grigou [gʀigu] *m fam* Geizkragen *m*

gril [gʀil] *m* Grill *m*

grillade [gʀijad] *f* Gegrillte(s) *nt*; **faire des ~s** grillen

grillage [gʀijaʒ] *m* Gitter *nt*; (*clôture*) Drahtzaun *m*

grillager [gʀijaʒe] <2a> *vt* (*fenêtre*) vergittern

grille [gʀij] *f* ❶ (*clôture*) Drahtzaun *m* ❷ (*porte*) Gittertür *f* ❸ (*treillis*) Gitter *nt*; (*d'un four*) Rost *m* ❹ (*tableau*) Tabelle *f*; **~ d'horaires** Stundenplan *m*

grille-pain [gʀijpɛ̃] *m inv* Toaster *m*

griller [gʀije] <1> *vt* ❶ grillen; (*café, châtaignes*) rösten; (*pain*) toasten ❷ (*soleil, feu*) verbrennen ❸ ELEC **être grillé** durchgebrannt sein ❹ (*feu rouge*) überfahren

grillon [gʀijõ] *m* Grille *f*

grimace [gʀimas] *f* Grimasse *f*; **faire la ~** das Gesicht verziehen; **faire des ~s** Grimassen schneiden

grimacer [gʀimase] <2> *vi* Grimassen schneiden; **~ de douleur** das Gesicht vor Schmerz (*dat*) verziehen

grimoire [gʀimwaʀ] *m* Zauberbuch *nt*

grimpant, e [gʀɛ̃pã, ãt] *adj* **rosier ~** Kletterrose *f*

grimper [gʀɛ̃pe] <1> I. *vi* ❶ **~ sur le toit/à l'arbre/à l'échelle** auf das Dach/den Baum/die Leiter klettern; **~ le long de qc** (*plante*) sich an etw (*dat*) emporranken ❷ (*monter*) **~ dans la montagne** (*route*) bergauf führen ❸ (*augmenter*) klettern II. *vt* (*escalier*) hinaufsteigen; (*côte*) hinaufklettern; (*à vélo, en voiture*) hinauffahren

grimpette [gʀɛ̃pɛt] *f fam* kurzer Aufstieg

grimpeur, -euse [gʀɛ̃pœʀ, -øz] *m, f* (*alpiniste*) Kletterer/Kletterin *m/f*

grinçant, e [gʀɛ̃sã, ãt] *adj* (*ton*) schrill; (*humour*) beißend

grincement [gʀɛ̃smã] *m* (*d'une roue, porte*) Quietschen *nt*

grincer [gʀɛ̃se] <2> *vi* quietschen; (*parquet*) knarren; (*craie*) kratzen ►**~ des dents** mit den Zähnen knirschen

grincheux, -euse [gʀɛ̃ʃø, -øz] I. *adj* (*enfants*) quengelig (*fam*); (*personne*) griesgrämig II. *m, f* Griesgram *m*

gringalet [gʀɛ̃galɛ] *m péj* mickriges Kerlchen (*fam*)

griotte [gʀijɔt] *f* Weichselkirsche *f*

grippal, e [gʀipal, o] <-aux> *adj* grippal

grippe [gʀip] *f* Grippe *f*; **~ intestinale** Darmgrippe

grippé, e [gʀipe] *adj* grippekrank

gripper [gʀipe] <1> *vi*, *vpr* **[se] ~** klemmen; (*moteur*) festfressen

grippe-sou [gʀipsu] <grippe-sous> *m fam* Pfennigfuchser(in) *m(f)*

gris, e [gʀi, gʀiz] *adj a.* METEO grau; (*temps*) trüb

grisaille [gʀizaj] *f* ❶ Eintönigkeit *f* ❷ (*du paysage*) Grau *nt*

grisant, e [gʀizã, ãt] *adj* berauschend

grisâtre [gʀizatʀ] *adj* gräulich

gris-bleu [gʀiblø] *adj inv* blaugrau

grisé [gʀize] *m* Schraffur *f*

griser [gʀize] <1> *vt*, *vi* berauschen; **~ [qn]** (*vin*) [jdn] betrunken machen; (*flatteries, succès*) [jdm] zu Kopf steigen

griserie [gʀizʀi] *f* Rausch *m*

grisonnant, e [gʀizɔnã, ãt] *adj* (*personne*) leicht ergraut; (*cheveux, tempes*) grau meliert

grisonner [gʀizɔne] <1> *vi* ergrauen

Grisons [gʀizõ] *mpl* **les ~** Graubünden *nt*

grisou [gʀizu] *m* coup de ~ Schlagwetter-explosion *f*

gris-vert [gʀivɛʀ] *adj inv* graugrün

grive [gʀiv] *f* Drossel *f*

grivois, e [gʀivwa, waz] *adj* schlüpfrig

grizzli, grizzly [gʀizli] *m* Grislibär *m*

grog [gʀɔg] *m* Grog *m*

groggy [gʀɔgi] *adj inv, fam* groggy

grogne [gʀɔɲ] *f* Murren *nt*

grognement [gʀɔɲmɑ̃] *m* (*du chien*) Knurren *nt;* (*du cochon*) Grunzen *nt;* (*de l'ours*) Brummen *nt;* (*d'une personne*) Murren *nt*

grogner [gʀɔɲe] <1> *vi* ❶ (*chien*) knurren; (*cochon*) grunzen; (*ours*) brummen ❷ (*ronchonner*) murren; (*enfant*) quengeln (*fam*); ~ **après qn** über jdn maulen (*fam*)

grognon, ne [gʀɔɲɔ̃, ɔn] *adj* mürrisch; (*enfant*) quengelig

groin [gʀwɛ̃] *m* Schnauze *f*

grommeler [gʀɔmle] <3> *vi* murren

grondement [gʀɔ̃dmɑ̃] *m* (*du tonnerre*) Grollen *nt;* (*d'un moteur*) Dröhnen *nt;* (*d'un chien*) Knurren *nt*

gronder [gʀɔ̃de] <1> **I.** *vi* ❶ grollen; (*chien*) knurren ❷ (*révolte*) gären **II.** *vt* schimpfen mit

groom [gʀum] *m* Page *m*

gros [gʀo] **I.** *m* ❶ COM de/en ~ Groß-; prix de ~ Großhandelspreis *m* ❷ (*plus grande partie*) le ~ du travail der Großteil der Arbeit; le ~ de la troupe das Gros der Truppe ▶en ~ COM en gros; (*à peu près*) ungefähr; (*dans l'ensemble*) im Großen und Ganzen; (*schématiquement*) in groben Zügen **II.** *adv* ❶ (*beaucoup*) viel; (*jouer, parier*) mit hohem Einsatz ❷ (*écrire*) groß

gros, se [gʀo, gʀos] **I.** *adj* ❶ (*manteau, couverture*) dick; (*poitrine, lèvres*) voll; ~ **comme le poing** faustgroß ❷ (*de taille supérieure*) groß; **en** ~ **caractères** in großen Buchstaben ❸ (*corpulent*) dick ❹ (*averse, fièvre*) stark; (*appétit*) groß; (*soupir*) schwer; (*voix*) laut; ~**ses bises** viele Grüße/Küsse! ❺ (*faute, dépenses*) groß; (*dégâts, travaux*) schwer; ~ **client** Großkunde *m* ❻ (*buveur, mangeur*) stark; (*fainéant*) groß; ~ **malin** Schlaumeier *m* (*fam*) ❼ (*peu raffiné*) grob; (*plaisanterie a.*) derb; ~ **rouge** billiger Rotwein ❽ (*travaux*) schwer ❾ (*mer*) bewegt **II.** *m, f* Dicke(r) *f(m)*

groseille [gʀozɛj] *f* Johannisbeere *f*

groseillier [gʀozeje] *m* Johannisbeerstrauch *m*

gros-porteur [gʀopɔʀtœʀ] <gros-porteurs> *adj* avion ~ Großraumflugzeug *nt*

grossesse [gʀosɛs] *f* Schwangerschaft *f*

grosseur [gʀosœʀ] *f* Dicke *f;* (*d'un caillou*) Größe *f*

grossier, -ière [gʀosje, -jɛʀ] *adj* ❶ (*imparfait*) grob; (*réparation*) notdürftig; (*imitation*) schlecht; (*manières*) ungehobelt; (*personne*) unkultiviert; (*plaisanterie*) plump ❷ (*personne*) flegelhaft; **quel** ~ **personnage!** was für ein Flegel! ❸ *postposé* (*vulgaire*) derb

grossièrement [gʀosjɛʀmɑ̃] *adv* ❶ grob; (*emballer, réparer*) notdürftig; (*exécuter*) oberflächlich; (*imiter*) schlecht ❷ (*de façon impolie*) flegelhaft; (*répondre*) grob; (*insulter*) wüst

grossièreté [gʀosjɛʀte] *f sans pl* Grobheit *f*

grossir [gʀosiʀ] <8> **I.** *vi* (*personne, nombre*) zunehmen; (*ganglions, nuage, foule*) größer werden; (*fruit, tumeur*) wachsen; (*bruit*) lauter werden; **faire** ~ (*sucre*) dick machen **II.** *vt* ❶ (*rendre plus gros*) dick machen; ~ **qn/qc** (*loupe, microscope*) jdn/etw vergrößern ❷ (*taille, nombre de chômeurs*) anwachsen lassen; (*équipe*) verstärken ❸ (*événement, fait*) übertreiben

grossissant, e [gʀosisɑ̃, ɑ̃t] *adj* (*flot*) ansteigend

grossissement [gʀosismɑ̃] *m* ❶ (*d'une personne*) Gewichtszunahme *f;* (*d'une tumeur*) Größerwerden *nt* ❷ OPT Vergrößerung *f*

grossiste [gʀosist] *mf* Großhändler(in) *m(f)*

grosso modo [gʀosomɔdo] im Großen und Ganzen; (*expliquer, décrire*) in groben Zügen; (*calculer, estimer*) ungefähr

grotesque [gʀɔtɛsk] *adj* grotesk

grotte [gʀɔt] *f* Höhle *f;* (*artificielle, peu profonde*) Grotte *f*

grouillant, e [gʀujɑ̃, jɑ̃t] *adj* (*foule, masse*) wimmelnd

grouiller [gʀuje] <1> **I.** *vi* (*foule*) lebhaft durcheinander laufen **II.** *vpr fam* se ~ schnell machen

groupe [gʀup] *m* ❶ Gruppe *f;* par ~s de quatre in Vierergruppen ❷ MUS Band *f;* ~ de rock Rockgruppe *f* ❸ POL ~ parlementaire ≈ Fraktion *f* ❹ ECON Konzern *m* ❺ MED ~ sanguin Blutgruppe *f*

groupement [gʀupmɑ̃] *m* (*d'entreprises*) Zusammenschluss *m;* ~ syndical/professionnel Gewerkschafts-/Berufsverband *m*

G

grouper [gʀupe] <1> I. *vt* ❶ (*personnes*) in Gruppen einteilen ❷ (*classer*) ordnen II. *vpr* **se ~ autour de qn** sich um jdn gruppieren

groupie [gʀupi] *mf* Groupie *nt*

groupuscule [gʀupyskyl] *m péj* Splittergruppe *f*

gruau [gʀyo] <x> *m* Grütze *f*

grue [gʀy] *f* TECH Kran *m*

gruger [gʀyʒe] <2a> *vt* betrügen

grumeau [gʀymo] <x> *m* Klümpchen *nt*

grumeleux, -euse [gʀym(ə)lø, -øz] *adj* GASTR klumpig

grunge [gʀœnʒ] I. *adj* grungig II. *mf* Grunger(in) *m(f)*

grungy *adj inv fam* **être ~** im Grunge-Look herumlaufen

grutier, -ière [gʀytje, -jɛʀ] *m, f* Kranführer(in) *m(f)*

gruyère [gʀyjɛʀ] *m* Greyerzer *m*

Guadeloupe [gwadlup] *f* **la ~** [die Insel] Guadeloupe

gué [ge] *m* Furt *f*; **traverser une rivière à ~** eine Furt durchqueren

guenilles [gənij] *fpl* Lumpen *Pl*

guenon [gənɔ̃] *f* Affenweibchen *nt*; *v.a.* **singe**

guépard [gepaʀ] *m* Gepard *m*

guêpe [gɛp] *f* Wespe *f*

guêpier [gepje] *m* Wespennest *nt* ▶**se fourrer dans un ~** in Schwierigkeiten geraten

guère [gɛʀ] *adv* ❶ (*pas beaucoup*) **ne ~ manger** kaum essen; **ne plus ~ lire** kaum noch lesen; **n'être ~ poli** nicht besonders höflich sein; **ne ~ se soucier de qc** sich nicht sehr um etw sorgen ❷ (*pas souvent*) **ne faire plus ~ qc** etw nur noch selten tun

guéridon [geʀidɔ̃] *m* rundes[, einbeiniges] Tischchen

guérilla [geʀija] *f* Guerillakrieg *m*

guérir [geʀiʀ] <8> I. *vt* ❶ MED heilen; **~ qn d'une maladie** jdn von einer Krankheit heilen ❷ PSYCH **~ qn de sa timidité** jdn von seiner Schüchternheit befreien II. *vi* wieder gesund werden; (*plaie, blessure*) heilen; (*rhume*) weggehen III. *vpr* MED **se ~** sich erfolgreich behandeln lassen; (*tout seul*) sich kurieren

guérison [geʀizɔ̃] *f* Genesung *f*; (*d'une blessure*) Heilung *f*

guérissable [geʀisabl] *adj* (*maladie*) heilbar

guérisseur, -euse [geʀisœʀ, -øz] *m, f* Heilpraktiker(in) *m(f)*

guérite [geʀit] *f* MIL Schilderhäuschen *nt*

guerre [gɛʀ] *f* ❶ Krieg *m*; **~ civile** Bürgerkrieg; **la Première/Seconde Guerre mondiale** der Erste/Zweite Weltkrieg; **l'après-~** die Nachkriegszeit; **ministre de la ~** Kriegsminister *m*; **déclarer la ~** den Krieg erklären; **faire la ~ à qn/à un pays** gegen jdn/ein Land Krieg führen ❷ *fig* **faire la ~ à qc** etw bekämpfen ▶**à la ~ comme à la ~** es gibt Schlimmeres

guerrier, -ière [gɛʀje, -jɛʀ] I. *adj* kriegerisch II. *m, f* Krieger(in) *m(f)*

guet [gɛ] *m* **faire le ~** aufpassen

guet-apens [gɛtapɑ̃] *m inv* Hinterhalt *m*

guêtre [gɛtʀ] *f* Gamasche *f*

guetter [gete] <1> *vt* ❶ **~ une proie** einer Beute auflauern ❷ (*occasion, signal*) abwarten; **~ qn/qc** nach jdm/etw Ausschau halten

guetteur [getœʀ] *m* MIL Wach[t]posten *m*

gueulante [gœlɑ̃t] *f* ▶**pousser une ~** *fam* eine Schimpfkanonade loslassen

gueule [gœl] *f* ❶ (*bouche d'un animal*) Maul *nt* ❷ *fam* (*figure*) Fresse *f* (*vulg*); **avoir une bonne/sale ~** nett/fies aussehen ❸ *fam* (*bouche humaine*) **avoir une grande ~** eine große Klappe haben; **être une grande ~** ein Großmaul sein; [**ferme**] **ta ~!** halt die Klappe! ▶**avoir la ~ de bois** *fam* einen Kater haben; **casser la ~ à qn** *fam* jdm eins in die Fresse hauen (*vulg*); **se casser la ~** *fam* (*personne*) hinfliegen; **faire la ~ à qn** *fam* auf jdn sauer sein; **se fendre la ~** *fam* sich kaputtlachen

gueule-de-loup [gœldəlu] <gueules-de-loup> *f* BOT Löwenmäulchen *nt*

gueuler [gœle] <1> *vi, vt fam* (*crier*) brüllen

gueuleton [gœltɔ̃] *m fam* Fressgelage *nt*

gui [gi] *m* Mistel *f*

guichet [giʃɛ] *m* Schalter *m*

guichetier, -ière [giʃ(ə)tje, -jɛʀ] *m, f* Schalterbeamte(r) *m/*-beamtin *f*

guide [gid] I. *mf* Führer(in) *m(f)* II. *m* (*livre*) **~ touristique** Reiseführer *m*

guider [gide] <1> *vt* führen

guidon [gidɔ̃] *m* Lenker *m*

guigne [giɲ] *f fam* Pech *nt*

guigner [giɲe] <1> *vt* **~ qn/qc** einen verstohlenen Blick auf jdn/etw werfen

guignol [giɲɔl] *m* Kasper *m*

guili [gili] *m* **faire des ~s à qn** *fam* [bei] jdm killekille machen

guili-guili [giligili] *inv* faire ~ **à qn** *fam* [bei] jdm killekille machen

guillemets [gijmɛ] *mpl* Anführungszeichen *Pl*; **entre** ~ in Anführungszeichen

guilleret, te [gijʀɛ, ɛt] *adj* (*gai*) munter

guillotine [gijɔtin] *f* Guillotine *f*, Fallbeil *nt*

guillotiner [gijɔtine] <1> *vt* guillotinieren

guimauve [gimov] *f* ❶ |**pâte de**| ~ den *Marshmallows ähnelnde Süßigkeit aus Schaumzucker* ❷ BOT Eibisch *m*

guindé, e [gɛ̃de] *adj* steif

Guinée [gine] *f* la ~ Guinea *nt*

guingois [gɛ̃gwa] ▶**de** ~ schief

guinguette [gɛ̃gɛt] *f* Heurige *m* (A) *Gartenwirtschaft und Tanzlokal außerhalb der Stadt*

guirlande [giʀlɑ̃d] *f* Girlande *f*

guise [giz] ▶**à ma/sa** ~ wie es mir/ihm/ihr passt; **en** ~ **de** als

guitare [gitaʀ] *f* Gitarre *f*

guitariste [gitaʀist] *mf* Gitarrist(in) *m(f)*

gus [gys] *m fam* Kerl *m*

gustatif, -ive [gystatif, -iv] *adj* Geschmacks-

guttural, e [gytyʀal, o] <-aux> *adj* guttural

Guyane [gɥijan] *f* la ~ Guyana *nt*

gym [ʒim] *f fam abr de* **gymnastique**

gymnase [ʒimnɑz] *m* Turnhalle *f*

gymnaste [ʒimnast] *mf* Turner(in) *m(f)*

gymnastique [ʒimnastik] *f* (*sport*) Turnen *nt*; (*exercices*) Gymnastik *f*; (*discipline*) Kunstturnen *nt*

gynéco [ʒineko] *mf fam abr de* **gynécologue**

gynécologie [ʒinekɔlɔʒi] *f* Frauenheilkunde *f*

gynécologique [ʒinekɔlɔʒik] *adj* gynäkologisch

gynécologue [ʒinekɔlɔg] *mf* Frauenarzt/ -ärztin *m/f*

gypse [ʒips] *m* Gips *m*

gyrophare [ʒiʀofaʀ] *m* Blaulicht *nt*

H
h

H, h [aʃ] *m inv* H *nt*, h *nt*; **le** ~ **muet** das stumme H

h *abr de* **heure**

ha [´a] *abr de* **hectare** ha

habile [abil] *adj* geschickt

habilement [abilmɑ̃] *adv* geschickt

habileté [abilte] *f* Geschicklichkeit *f*; (*dextérité*) Fingerfertigkeit *f*

habilitation [abilitasjɔ̃] *f* JUR Ermächtigung *f*

habiliter [abilite] <1> *vt* ~ **qn à faire qc** jdn ermächtigen, etw zu tun

habillé, e [abije] *adj* **bien/mal** ~ gut/ schlecht gekleidet

habillement [abijmɑ̃] *m* Kleidung *f*

habiller [abije] <1> I. *vt* anziehen II. *vpr* ❶ **s'**~ sich anziehen; **s'**~ **de qc** sich in etw kleiden ❷ (*se déguiser*) **s'**~ **en qc** sich als etw verkleiden

habilleur, -euse [abijœʀ, -jøz] *m, f* THEAT Garderobier/Garderobiere *m/f*

habit [abi] *m* ❶ *pl* Kleider *Pl* ❷ (*costume de fête*) Frack *m*

habitable [abitabl] *adj* bewohnbar

habitacle [abitakl] *m* ❶ AUT Fahrgastzelle *m* ❷ AVIAT Cockpit *nt*

habitant, e [abitɑ̃, ɑ̃t] *m, f* Einwohner(in) *m(f)*; (*d'une maison, île*) Bewohner(in) *m(f)*

habitat [abita] *m* ❶ BOT Standort *m* ❷ ZOOL Lebensraum *m* ❸ GEO Siedlungsform *f*

habitation [abitasjɔ̃] *f* ❶ Behausung *f*; ~ **à loyer modéré** Sozialwohnung *f*; (*immeuble*) Wohnblock *m* mit Sozialwohnungen

habiter [abite] <1> I. *vi* wohnen; ~ **à la campagne/en ville/à Rennes** auf dem Land/in der Stadt/in Rennes wohnen; ~ **dans un appartement/une maison** in einer Wohnung/einem Haus wohnen II. *vt* ~ **qc** in etw wohnen; ~ |**le**| **17, rue Leblanc** in der Rue Leblanc [Nummer] 17 wohnen

habitude [abityd] *f* ❶ (*pratique*) Gewohnheit *f*; (*manie*) Angewohnheit *f*; **avoir l'**~ **de qc** an etw (*akk*) gewöhnt sein; **d'**~ gewöhnlich ❷ (*coutume*) Brauch *m*

habitué, e [abitɥe] *m, f* (*d'un magasin*) Stammkunde/ -kundin *m/f*; (*d'un café*) Stammgast *m*

habituel, le [abitɥɛl] *adj* üblich

habituellement [abitɥɛlmɑ̃] *adv* gewöhnlich

habituer [abitɥe] <1> I. *vt* ❶ ~ **qn/un animal à qc** jdn/ein Tier an etw (*akk*) gewöhnen ❷ (*avoir l'habitude*) **être habitué à qc** an etw (*akk*) gewöhnt sein II. *vpr* **s'**~ **à qn/ qc** sich an jdn/etw gewöhnen

hâbleur, -euse [´ablœʀ, -øz] *m, f* Aufschneider(in) *m(f)*

H

hache [´aʃ] f Axt f

haché, e [´aʃe] adj Hack-

hacher [´aʃe] <1> vt (fines herbes, légumes) zerkleinern; (viande) durch [den Wolf] drehen

hachis [´aʃi] m Mett nt

hachisch [´aʃiʃ] m v. haschich

hachoir [´aʃwaʀ] m ❶ (couteau) Hackbeil nt; (avec lame courbe) Wiegemesser nt ❷ (machine) ~ à viande Fleischwolf m

hachurer [´aʃyʀe] <1> vt schraffieren

hachures [´aʃyʀ] fpl Schraffierung f

hacker [´akœʀ] m INFORM Hacker m

haddock [´adɔk] m geräucherter Schellfisch

hagard, e [´agaʀ, aʀd] adj verstört

haie [´ɛ] f ❶ (clôture) Hecke f ❷ SPORT Hürde f

haillons [´ajɔ̃] mpl Lumpen Pl

Hainaut [´ɛno] m le ~ der Hennegau

haine [´ɛn] f Hass m; la ~ de qc der Hass auf etw (akk)

haineusement [´ɛnøzmã] adv (regarder) hasserfüllt

haineux, -euse [´ɛnø, -øz] adj hasserfüllt

haï, e [´ai] part passé de haïr

haïr [´aiʀ] <irr> vt hassen

haïssable [´aisabl] adj (personne) hassenswert; (comportement) verabscheuungswürdig; (temps) scheußlich

hâle [´al] m [Sonnen]bräune f

hâlé, e [´ale] adj [sonnen]gebräunt

haleine [alɛn] f Atem m; mauvaise ~ Mundgeruch m

hâler [´ale] <1> vt bräunen

haletant, e [´al(ə)tã, ãt] adj (personne, respiration) keuchend; (chien) hechelnd

halètement [´alɛtmã] m (d'une personne) Keuchen nt; (d'un chien) Hecheln nt

haleter [´al(ə)te] <4> vi (coureur) keuchen; (chien) hecheln

hall [´ol] m Halle f; (entrée) Eingangshalle f

halle [´al] f Markthalle f

hallucinant, e [a(l)lysinã, ãt] adj (ressemblance) verblüffend; (spectacle) atemberaubend

hallucination [a(l)lysinasjɔ̃] f Sinnestäuschung f; MED Halluzination f

halluciné, e [a(l)lysine] adj ❶ (drogué, fou) an Halluzinationen leidend ❷ (air) irr

halluciner [a(l)lysine] <1> vi halluzinieren; j'hallucine! fam ich glaube, ich spinne!

halo [´alo] m ASTRO Hof m

halogène [alɔʒɛn] m Halogen nt

halte [´alt] I. f Halt m; (repos) Pause f II. interj ~! halt!

haltère [altɛʀ] m Hantel f

haltérophile [alteʀɔfil] mf Gewichtheber(in) m(f)

haltérophilie [alteʀɔfili] f Gewichtheben nt

hamac [´amak] m Hängematte f

Hambourg [´ãbuʀ] Hamburg nt

hambourgeois, e [´ãbuʀʒwa, waz] adj hamburgisch

Hambourgeois, e [´ãbuʀʒwa, waz] m, f Hamburger(in) m(f)

hameau [´amo] m <x> m Weiler m

hameçon [amsɔ̃] m Angelhaken m

hamster [´amstɛʀ] m Hamster m

han [´ã] interj ah

hanche [´ãʃ] f Hüfte f

handball, hand-ball [´ãdbal] m Handball m

handballeur, -euse [´ãdbalœʀ, -øz] m, f Handballspieler(in) m(f)

handicap [(´)ãdikap] m ❶ a. SPORT Handikap nt ❷ MED Behinderung f

handicapé, e [´ãdikape] I. adj behindert II. m, f Behinderte(r) f(m); ~ physique Körperbehinderte(r) f(m)

handicaper [´ãdikape] <1> vt ~ qn/qc dans qc für jdn/etw bei etw ein Handikap sein

hangar [´ãgaʀ] m Schuppen; (entrepôt) Lagerhalle f

hanneton [´an(ə)tɔ̃] m Maikäfer m

Hanovre [´anɔvʀ] Hannover nt

hanséatique [´ãseatik] adj hanseatisch

hanter [ãte] <1> vt ~ qc (fantôme) in etw (dat) spuken; ~ qn jdm keine Ruhe lassen

hantise [´ãtiz] f ~ de qc [panische] Angst vor etw (akk)

happer [´ape] <1> vt ❶ ~ qn/qc (train, voiture) jdn/etw erfassen ❷ (attraper) ~ qc (animal) etw schnappen

happy end [´apiɛnd] <happy ends> m o f Happyend nt

hara-kiri [´aʀakiʀi] m sans pl Harakiri nt

harangue [´aʀãg] f (discours solennel) [feierliche] Rede

haranguer [´aʀãge] <1> vt ~ qn eine [feierliche] Ansprache an jdn halten

haras [´aʀa] m Gestüt nt

harassant, e [aʀasɑ̃, ɑ̃t] *adj* ermüdend; *(journée)* |sehr| anstrengend

harassé, e [ˈaʀase] *adj* erschöpft

harasser [ˈaʀase] <1> *vt* **être harassé(e) de travail** mit Arbeit überhäuft werden

harcèlement [ˈaʀsɛlmɑ̃] *m* Belästigung *f;* ~ **moral** Mobbing *nt*

harceler [ˈaʀsəle] <4> *vt* belästigen

harceleur, -euse [ˈaʀsəlœʀ, -øz] *m, f* Belästiger(in) *m(f)*

hardes [ˈaʀd] *fpl péj* Klamotten *Pl (fam)*

hardi, e [ˈaʀdi] *adj (audacieux: personne, réponse)* mutig; *(entreprise)* kühn

hardiesse [ˈaʀdjɛs] *f (audace)* Unerschrockenheit *f*

hard rock [aʀdʀɔk] *m* **le ~** Hardrock *m*

hardware [ˈaʀdwɛʀ] *m* INFORM Hardware *f*

harem [ˈaʀɛm] *m* Harem *m*

hareng [ˈaʀɑ̃] *m* Hering *m*

hargne [ˈaʀɲ] *f* Gereiztheit *f*

hargneux, -euse [ˈaʀɲø, -øz] *adj* gereizt; *(chien)* bissig

haricot [ˈaʀiko] *m* Bohne *f*

harmonica [aʀmɔnika] *m* |Mund|harmonika *f*

harmonie [aʀmɔni] *f* Harmonie *f;* **être en ~ avec qc** gut zu etw passen; *(idées, opinion)* mit etw in Einklang stehen

harmonieusement [aʀmɔnjøzmɑ̃] *adv* harmonisch

harmonieux, -euse [aʀmɔnjø, -øz] *adj* harmonisch; *(instrument, voix)* wohlklingend

harmonique [aʀmɔnik] *adj* harmonisch

harmonisation [aʀmɔnizasjɔ̃] *f* ❶ *(des instruments)* Stimmen *nt* ❷ ECON Harmonisierung *f*

harmoniser [aʀmɔnize] <1> I. *vt* ❶ *(intérêts, idées)* miteinander in Einklang bringen; *(couleurs)* aufeinander abstimmen ❷ MUS harmonisieren II. *vpr* **s'~** |miteinander| harmonieren

harmonium [aʀmɔnjɔm] *m* MUS Harmonium *nt*

harnachement [ˈaʀnaʃmɑ̃] *m* ❶ *(harnais)* Geschirr *nt* ❷ *fam (accoutrement)* |schwere| Montur

harnacher [ˈaʀnaʃe] <1> *vt péj* **être harnaché de qc** mit etw ausstaffiert sein

harnais [ˈaʀnɛ] *m (d'un cheval)* Geschirr *nt*

harpe [ˈaʀp] *f* MUS Harfe *f*

harpie [ˈaʀpi] *f* ▶**vieille ~** *péj* alter Drachen *(fam)*

harpiste [ˈaʀpist] *mf* Harfenspieler(in) *m(f)*

harpon [ˈaʀpɔ̃] *m* Harpune *f*

harponner [ˈaʀpɔne] <1> *vt* harpunieren

hasard [ˈazaʀ] *m* Zufall *m* ▶**à tout ~** für alle Fälle; **essayer qc à tout ~** etw auf gut Glück versuchen; **au** ~ aufs Geratewohl; **comme** par ~ *iron* |ganz| zufällig; **par** ~ zufällig

hasarder [ˈazaʀde] <1> I. *vt (remarque, question)* wagen II. *vpr* ❶ **se ~ dans un quartier** sich in ein Viertel wagen ❷ *(se risquer à)* **se ~ à faire qc** es wagen, etw zu tun

hasardeux, -euse [ˈazaʀdø, -øz] *adj* gewagt

hasch [ˈaʃ] *m abr de* **haschich** *fam* Hasch *nt*

haschich, haschisch [ˈaʃiʃ] *m* Haschisch *nt o m*

hâte [ˈɑt] *f* Eile *f;* **avoir ~ de faire qc** es kaum erwarten können, etw zu tun

hâter [ˈɑte] <1> *vpr* **se ~** sich beeilen

hâtif, -ive [ˈɑtif, -iv] *adj (réponse)* übereilt; *(conclusion)* voreilig

hauban [ˈobɑ̃] *m (d'un pont)* Schrägseil *nt*

hausse [ˈos] *f* ❶ *(des prix, salaires)* Anhebung *f* ❷ *(processus)* Anstieg *m;* **être en ~** steigen

haussement [ˈosmɑ̃] *m* ~ **d'épaules** Achselzucken *nt*

hausser [ˈose] <1> *vt* ❶ ~ **le ton/la voix** den Ton/die Stimme heben ❷ *(sourcils)* heben

haut [ˈo] I. *m* ❶ Höhe *f;* **avoir un mètre de** ~ einen Meter hoch sein; **être à un mètre de** ~ sich in einem Meter Höhe befinden; **appeler du** ~ **de la tribune/du balcon** von der Tribüne/vom Balkon herunterrufen; **du** ~ **de ...** von ... herunter ❷ *(d'un pyjama)* Oberteil *nt;* **l'étagère du** ~ das oberste Regalbrett; **les voisins du** ~ die Nachbarn von oben ▶**des ~s et des bas** Höhen und Tiefen II. *adv* ❶ *(sauter, chanter)* hoch ❷ *(ci-dessus)* **voir plus** ~ siehe oben ❸ *(dire, lire)* laut ❹ *(à un haut degré)* **fonctionnaire ~ placé** hoher Beamter ▶**d'en** ~ von oben; **en** ~ *(sans mouvement)* oben; *(avec mouvement)* nach oben; **en** ~ **de** oben in/auf (+ *dat*)

haut, e [ˈo, ˈot] *adj* ❶ hoch; *(montagne, tension)* Hoch-; **le plus** ~ **étage** das oberste Stockwerk; **marée ~e** Flut *f;* **à voix ~e** laut ❷ *(supérieur)* obere(r, s); *(commandement)*

Ober-; ~**e société** Oberschicht *f* ❸ LING le
~ **allemand** [das] Hochdeutsch

hautain, e [´otɛ̃, ɛn] *adj* herablassend; (*personne*) hochmütig

hautbois [´obwa] *m* Oboe *f*

haut-de-forme [´od(ə)fɔrm] *m inv* Zylinder *m*

haute [´ot] *f fam* Hautevolee *f*

haute-fidélité [´otfidelite] *f sans pl* Highfidelity *f*

hautement [´otmã] *adv* äußerst

haute-technologie *f* Hightech *f o nt*, Hochtechnologie *f*

hauteur [´otœr] *f* ❶ Höhe *f*; **quelle est la ~ de ce mur?** wie hoch ist diese Mauer?; **la ~ est de 3 mètres** die Höhe beträgt 3 Meter ❷ SPORT **saut en ~** Hochsprung *m* ❸ (*même niveau*) **à la ~ du carrefour** in Höhe der Kreuzung ❹ (*colline*) Anhöhe *f*, Hügel *m* ▶**être à la ~ de qn/qc** jdm/einer S. gewachsen sein

haut-fond [´ofɔ̃] <hauts-fonds> *m* Untiefe *f* **haut-le-cœur** [´ol(ə)kœr] *m inv* Übelkeit *f* **haut-le-corps** [´ol(ə)kɔr] *m inv* **avoir un ~** hochfahren **haut-lieu** [´oljø] <hauts-lieux> *m* Hochburg *f* **haut-parleur** [´oparlœr] <haut-parleurs> *m* Lautsprecher *m*

havane [´avan] *m* Havanna *f*

Havane [´avan] *f* **la ~** Havanna *nt*

havre [´avr] *m* **~ de paix** Oase *f* des Friedens

hé [he] *interj* he

hebdo [ɛbdo] *m fam abr de* **hebdomadaire**

hebdomadaire [ɛbdɔmadɛr] **I.** *adj* wöchentlich; (*revue*) Wochen- **II.** *m* Wochenzeitschrift *f*

hébergement [ebɛrʒəmã] *m* ❶ (*logement*) Unterkunft *f* ❷ INFORM Web-Hosting *nt*

héberger [ebɛrʒe] <2a> *vt* unterbringen

hébergeur [ebɛrʒœr] *m* INFORM Web-Hoster *m*

hébété, e [ebete] *adj* stumpfsinnig

hébétement [ebetmã] *m* Benommenheit *f*

hébraïque [ebraik] *adj* hebräisch

hébreu [ebrø] <x> **I.** *adj féminin: israélite, juive* hebräisch; *v.a.* **allemand II.** *m* Hebräisch *nt*; *v.a.* **allemand**

Hébreux [ebrø] *mpl* **les ~** die Hebräer

HEC [´aʃøse] *abr de* [**École des**] **hautes études commerciales** *Elitehochschule für Betriebswirtschaft*

hécatombe [ekatɔ̃b] *f* ❶ Blutbad *nt* ❷ *fig* verheerende Niederlage

hectare [ɛktar] *m* Hektar *m o nt*

hectolitre [ɛktɔlitr] *m* Hektoliter *m*

hégémonie [eʒemɔni] *f* Hegemonie *f*

hein [´ɛ̃] *interj fam* ❶ (*comment*) hä? ❷ (*marque l'étonnement*) **~? qu'est-ce qui se passe?** nanu? was ist denn da los? ❸ (*renforcement de l'interrogation*) **tu veux bien, ~?** du willst doch, oder? (*fam*); **..., ~?** *fam* ..., nicht?/ja?/nicht wahr?

hélas [elas] *interj soutenu* leider

héler [´ele] <5> *vt* (*porteur*) [herbei]rufen; (*taxi*) herbeiwinken

hélice [elis] *f* TECH (*d'un avion*) Propeller *m*; (*d'un bateau*) Schraube *f*

hélicoptère [elikɔptɛr] *m* Hubschrauber *m*

héliomarin, e [eljomarɛ̃, in] *adj* (*cure*) auf der Heilkraft von Sonne und Seeluft basierend

héliport [elipɔr] *m* Hubschrauberlandeplatz *m*

héliporté, e [elipɔrte] *adj* (*blessé, troupe*) per Hubschrauber befördert

hélium [eljɔm] *m* CHIM Helium *nt*

helvétique [ɛlvetik] *adj* schweizerisch; **la Confédération ~** die Schweizer Eidgenossenschaft

helvétisme [ɛlvetism] *m* Helvetismus *m*

hem [hɛm, ´ɛm] *interj* (*hé, holà*) he [da] (*fam*)

hématome [ematom] *m* MED Bluterguss *m*

hémicycle [emisikl] *m* (*d'un parlement*) Halbrund *nt*; (*de l'Assemblée nationale*) Plenarsaal *m*

hémiplégie [emipleʒi] *f* MED halbseitige Lähmung

hémiplégique [emipleʒik] **I.** *adj* MED halbseitig gelähmt **II.** *mf* MED halbseitig Gelähmte(r) *f(m)*

hémisphère [emisfɛr] *m* ❶ GEO [Erd]halbkugel *f* ❷ ANAT Gehirnhälfte *f*

hémisphérique [emisferik] *adj* halbkugelförmig

hémoglobine [emɔglɔbin] *f* Hämoglobin *nt*

hémophile [emɔfil] *m* Bluter *m*

hémophilie [emɔfili] *f* Bluterkrankheit *f*

hémorragie [emɔraʒi] *f* Blutung *f*

hémorroïde [emɔrɔid] *f gén pl* Hämorrhoide *f*

henné [´ene] *m* Henna *f o nt*

hennir [´enir] <8> *vi* wiehern

hennissement [ˈenismɑ̃] *m* Wiehern *nt*

hep [ˈɛp] *interj* hallo

hépatique [epatik] **I.** *adj* Leber-; **colique ~** Gallenkolik *f* **II.** *mf* MED Leberkranke(r) *f(m)*

hépatite [epatit] *f* ~ **virale** infektiöse Leberentzündung *f*

heptagone [ɛptagɔn, ɛptagɔn] *m* Siebeneck *nt*

héraldique [eʁaldik] *adj* Wappen-

herbacé, e [ɛʁbase] *adj* krautig

herbage [ɛʁbaʒ] *m* Weide *f*

herbe [ɛʁb] *f* ❶ BOT Gras *nt;* **mauvaise ~** Unkraut *nt* ❷ MED, GASTR Kraut *nt;* **les ~s de Provence** die Kräuter der Provence

herbeux, -euse [ɛʁbø, -øz] *adj* grasbewachsen

herbicide [ɛʁbisid] *m* Unkrautbekämpfungsmittel *nt*

herbier [ɛʁbje] *m* Herbarium *nt*

herbivore [ɛʁbivɔʁ] **I.** *adj* Pflanzen fressend **II.** *m* Pflanzenfresser *m*

herboriser [ɛʁbɔʁize] <1> *vi* Pflanzen sammeln

herboriste [ɛʁbɔʁist] *mf* Kräuterhändler(in) *m(f)*

herboristerie [ɛʁbɔʁistəʁi] *f* [Heil]kräuterladen *m*

hercule [ɛʁkyl] *m* Kraftmensch *m*

Hercule [ɛʁkyl(ə)] *m* Herkules *m,* Herakles *m*

herculéen, ne [ɛʁkyleɛ̃, ɛn] *adj* Herkules-

héréditaire [eʁeditɛʁ] *adj* ❶ erblich; *(maladie)* Erb-; *(transmis)* ererbt ❷ *(biens)* Erb-; *(titre)* erblich

hérédité [eʁedite] *f* Vererbung *f; (patrimoine héréditaire)* Erbanlagen *Pl*

hérésie [eʁezi] *f a.* REL Ketzerei *f*

hérétique [eʁetik] **I.** *adj* ketzerisch **II.** *mf a.* REL Ketzer(in) *m(f)*

hérissé, e [ˈeʁise] *adj* gesträubt

hérisser [ˈeʁise] <1> **I.** *vt (poils, plumes)* sträuben; *(piquants)* aufrichten **II.** *vpr* ❶ *(se dresser)* **ses poils se hérissent** ihm/ihr sträuben sich die Haare ❷ *(dresser ses poils, plumes)* **se ~** *(chat)* sein Fell sträuben; *(oiseau)* sich aufplustern

hérisson [ˈeʁisɔ̃] *m* Igel *m*

héritage [eʁitaʒ] *m a. fig* Erbe *nt;* **laisser qc en ~ à qn** jdm etw vererben

hériter [eʁite] <1> *vt, vi* erben

héritier, -ière [eʁitje, -jɛʁ] *m, f* Erbe/Erbin *m/f*

hermaphrodite [ɛʁmafʁɔdit] *m* Zwitter *m*

hermétique [ɛʁmetik] *adj* hermetisch; *(à l'air)* luftdicht; *(à l'eau)* wasserdicht

hermétiquement [ɛʁmetikmɑ̃] *adv* hermetisch

hermine [ɛʁmin] *f* Hermelin *m*

hernie [ˈɛʁni] *f* [Eingeweide]bruch *m*

héroïne¹ [eʁɔin] *f* Heroin *nt*

héroïne² [eʁɔin] *f v.* **héros**

héroïnomane [eʁɔinɔman] *mf* Heroinsüchtige(r) *f(m)*

héroïque [eʁɔik] *adj* heldenhaft

héroïsme [eʁɔism] *m* Heldenmut *m*

héron [ˈeʁɔ̃] *m* Reiher *m*

héros, héroïne [ˈeʁo, eʁɔin] *m, f* Held(in) *m(f); (d'un livre, film a.)* Hauptfigur *f*

herpès [ɛʁpɛs] *m* Herpes *m*

herse [ˈɛʁs] *f* Egge *f*

hertz [ɛʁts] *m* Hertz *nt*

hésitant, e [ezitɑ̃, ɑ̃t] *adj* zögernd

hésitation [ezitasjɔ̃] *f* Zögern *nt kein Pl*

hésiter [ezite] <1> *vi* ~ **à faire qc** zögern, etw zu tun; *(en parlant)* stocken

Hesse [ˈɛs] *f* **la ~** Hessen *nt*

hétéro [eteʁo] *abr de* **hétérosexuel(le) I.** *adj fam* hetero **II.** *mf fam* Hetero *mf*

hétéroclite [eteʁoklit] *adj* zusammengewürfelt; *(œuvre, bâtiment)* uneinheitlich

hétérogène [eteʁɔʒɛn] *adj* heterogen

hétérosexuel, le [eteʁosɛksɥɛl] **I.** *adj* heterosexuell **II.** *m, f* Heterosexuelle(r) *f(m)*

hêtre [ˈɛtʁ] *m* Buche *f*

heu [ˈø] *interj* ❶ *(pour ponctuer à l'oral)* äh ❷ *(embarras)* hm

heure [œʁ] *f* ❶ Stunde *f;* **une ~ et demie** anderthalb Stunden; **une demi-~** eine halbe Stunde; **une ~ de cours** eine Stunde Unterricht; **24 ~s sur 24** rund um die Uhr; **une ~ de retard** eine Stunde Verspätung ❷ *(indication chiffrée)* **à dix ~s du matin/du soir** um zehn Uhr morgens/abends; **à trois ~s** um drei [Uhr]; **il est trois ~s/trois ~s et demie** es ist drei [Uhr]/halb vier; **6 ~s moins 20** 20 vor 6 ❸ *(point précis du jour)* **il est quelle ~?** *fam* wie spät ist es?/wie viel Uhr ist es?; **vous avez l'~, s'il vous plaît?** können Sie mir bitte sagen, wie spät/wie viel Uhr ist es?; **regarder l'~** auf die Uhr schauen; **à la même ~** zur selben Zeit ❹ *(distance)* **être à deux ~s de qc** zwei Stunden von etw entfernt sein ❺ *(moment de la jour-*

H

née) ~ **de fermeture** COM Ladenschluss *m;* ~ **d'affluence** AUT Hauptverkehrszeit *f;* **à ~ fixe** zu einer bestimmten Zeit; **à toute ~** jederzeit; **à cette ~-ci** zu dieser Zeit; **à l'~ où** gerade als/zu der Zeit als; **en première ~** in der ersten Stunde; **c'est l'~ de faire qc** es ist Zeit, etw zu tun; **avant l'~** vorzeitig; ⑥ *(moment dans le cours des événements)* **des ~s mémorables** denkwürdige Stunden; **l'~ est grave** die Lage ist ernst ▶**l'H** die Stunde X; **de bonne ~** *(tôt)* früh [am Morgen]; *(précocement)* frühzeitig; **être/ne pas être à l'~** *(personne)* pünktlich/unpünktlich sein; *(montre)* richtig/falsch gehen; **tout à l'~** *(il y a peu de temps)* [so]eben; *(dans peu de temps)* gleich; **à tout à l'~!** bis gleich!

heureusement [øʀøzmɑ̃] *adv* glücklicherweise

heureux, -euse [øʀø, -øz] I. *adj* glücklich; **être ~ de qc** sich über etw *(akk)* freuen; **être ~ au jeu** Glück im Spiel haben ▶**encore ~!** zum Glück! II. *m, f* **faire un ~** *fam* jemandem [eine] Freude machen

heurt [ˈœʀ] *m* Zusammenstoß *m*

heurté, e [ˈœʀte] *adj (tons)* nicht harmonierend

heurter [ˈœʀte] <1> I. *vt* ~ **qn** *(personne)* mit jdm zusammenstoßen; *(en voiture)* jdn anfahren; *(voiture)* jdn streifen; ~ **qc** *(personne)* gegen etw stoßen; *(en tombant)* auf etw *(akk)* aufschlagen; *(objet)* auf etw *(akk)* [auf]prallen; *(voiture)* gegen etw *(akk)* fahren II. *vpr (buter contre)* **se ~ à qc** auf etw *(akk)* stoßen

heurtoir [ˈœʀtwaʀ] *m (d'une porte)* Türklopfer *m*

hévéa [evea] *m* Kautschukbaum *m*

hexagonal, e [ɛgzagɔnal, o] <-aux> *adj* sechseckig

hexagone [ɛgzagon] *m* Sechseck *nt*

Hexagone [ɛgzagon] *m* **l'~** Frankreich *nt*

hexamètre [ɛgzamɛtʀ] *m* Hexameter *m*

hiatus [ˈjatys] *m* Hiatus *m*

hibernation [ibɛʀnasjɔ̃] *f* Winterschlaf *m*

hiberner [ibɛʀne] <1> *vi* Winterschlaf halten

hibou [ˈibu] <x> *m* Eule *f*

hic [ˈik] *m fam* Haken *m*

hideux, -euse [ˈidø, -øz] *adj (visage)* hässlich; *(monstre, être)* abscheulich

hier [jɛʀ] *adv* gestern

hiérarchie [jeʀaʀʃi] *f* Hierarchie *f*

hiérarchique [ˈjeʀaʀʃik] *adj* hierarchisch

hiéroglyphe [ˈjeʀɔglif] *m a. fig* Hieroglyphe *f*

hi-fi [ˈifi] I. *adj inv* Hi-Fi- II. *f sans pl* Hi-Fi *f*

high tech [ˈajtɛk] *f sans pl* Hightech *f o nt*

hilarant, e [ilaʀɑ̃, ɑ̃t] *adj* sehr komisch

hilare [ilaʀ] *adj* ausgelassen fröhlich; *(visage)* strahlend

hilarité [ilaʀite] *f* Heiterkeit *f*

hindi [ˈindi] *m* Hindi *nt; v.a.* **allemand**

hindou, e [ɛ̃du] *adj* hinduistisch

hindouisme [ɛ̃duism] *m* Hinduismus *m*

hip [ˈip] *interj* ~ ~ ~**! hourra!** hipp, hipp, hurra!

hippie [ˈipi] <s> *mf* Hippie *m*

hippique [ipik] *adj* Pferde-; **concours ~** Reitturnier *nt*

hippisme [ipism] *m* Pferdesport *m*

hippocampe [ipɔkɑ̃p] *m* Seepferdchen *nt*

hippodrome [ipodʀom] *m* [Pferde]rennbahn *f*

hippopotame [ipɔpɔtam] *m* Nilpferd *nt*

hirondelle [iʀɔ̃dɛl] *f* Schwalbe *f*

hirsute [iʀsyt] *adj* zerzaust; *(barbe)* struppig

hispanique [ispanik] *adj* spanisch

hispano-américain, e [ispanoameʀikɛ̃, ɛn] <hispano-américains> *adj* hispanoamerikanisch

hispanophone [ispanɔfɔn] *adj* spanischsprechend

hisser [ˈise] <1> I. *vt* hissen II. *vpr* **se ~** sich hochziehen

histoire [istwaʀ] *f* ① Geschichte *f; (conte)* Märchen *nt; (blague)* Witz *m; (propos mensonger)* Lügengeschichte *f;* ② *fam (complications)* Schwierigkeiten *f;* ▶~ **de faire qc** *fam* einfach nur, um etw zu tun

historien, ne [istɔʀjɛ̃, jɛn] *m, f* Historiker(in) *m(f)*

historique [istɔʀik] I. *adj* historisch II. *m* Geschichte *f*

historiquement [istɔʀikmɑ̃] *adv* historisch

hitlérien, ne [itleʀjɛ̃, jɛn] *adj* Hitler-

hit-parade [ˈitpaʀad] <hit-parades> *Pl* ▶~ MEDIA Hitparade *f*

HIV [ˈaʃive] *m abr de* **Human Immunodeficiency Virus** HIV *nt*

hiver [ivɛʀ] *m* Winter *m;* **station de sports d'~** Wintersportort *m; v.a.* **automne**

hivernal, e [ivɛʀnal, o] <-aux> *adj* winterlich

HLM [aʃɛlɛm] *m o f inv abr de* **habitation à loyer modéré**

ho [´o] *interj* he [Sie/du]!

hobby [´ɔbi] <hobbies> *m* Hobby *nt*

hochement [´ɔʃmã] *m* ~ **de tête** *(pour approuver)* Kopfnicken *nt;* (*pour désapprouver)* Kopfschütteln *nt*

hocher [´ɔʃe] <1> *vt* ~ **la tête** *(pour approuver)* [mit dem Kopf] nicken; *(pour désapprouver)* den Kopf schütteln

hochet [´ɔʃɛ] *m* Rassel *f*

hockey [´ɔkɛ] *nt* Hockey *nt*

holà [´ɔla] *interj* ~! halt!

holding [´ɔldiŋ] *m o f* Holding *f*

hold-up [´ɔldœp] *m inv* Raubüberfall

hollandais [´ɔllādɛ] *m* Holländisch *nt; v.a.* **allemand**

hollandais, e [´ɔllādɛ, -ɛz] *adj* holländisch; *v.a.* **allemand**

Hollandais, e [´ɔllādɛ, -ɛz] *m, f,* Holländer(in) *m(f)*

Hollande [´ɔllād] *f* **la** ~ Holland *nt*

holocauste [ɔlokost] *m* Holocaust *m*

hologramme [ɔlɔgʀam] *m* Hologramm *nt*

homard [´ɔmaʀ] *m* Hummer *m*

home cinéma [´omsinema] *m* DVD-Heimkino *nt*

homéopathe [ɔmeɔpat] *mf* Homöopath(in) *m(f)*

homéopathie [ɔmeɔpati] *f* Homöopathie *f*

homéopathique [ɔmeɔpatik] *adj* homöopathisch

home-trainer [´omtʀɛnœʀ] <home-trainers> *m* Heimtrainer *m*

homicide [ɔmisid] *m* ~ **involontaire** fahrlässige Tötung; ~ **volontaire** Totschlag *m*

hommage [ɔmaʒ] *m* Hommage *f*

homme [ɔm] *m* ❶ Mann *m;* **jeune** ~ junger Mann; **vêtements pour** ~**s** Herren[be]kleidung *f;* ~ **politique** Politiker *m;* ~ **d'État** Staatsmann; **entre** ~**s** unter Männern ❷ *(être humain)* Mensch *m*

homme-grenouille [ɔmgʀənuj] <hommes-grenouilles> *m* Froschmann *m* **homme-orchestre** [ɔmɔʀkɛstʀ] <hommes-orchestres> *m* Einmannorchester *nt* **homme-sandwich** [ɔmsādwitʃ] <hommes-sandwichs> *m* Sandwichmann *m*

homo [omo] *fam abr de* **homosexuel(le)** I. *adj* homo II. *mf* Homo/Lesbe *m/f*

homogène [ɔmɔʒɛn] *adj* homogen

homogénéiser [ɔmɔʒeneize] <1> *vt* homogenisieren

homogénéité [ɔmɔʒeneite] *f* Homogenität *f*

homologue [ɔmɔlɔg] *adj* entsprechend

homologuer [ɔmɔlɔge] <1> *vt* ❶ *(prix)* genehmigen; *(record)* anerkennen ❷ *(siège-auto)* zulassen

homonyme [ɔmɔnim] *m* LING Homonym *nt*

homoparentalité [ɔmɔpaʀātalite] *f* homosexuelle Elternschaft *f*

homosexualité [ɔmɔsɛksyalite] *f* Homosexualität *f*

homosexuel, le [ɔmɔsɛksyɛl] I. *adj* homosexuell II. *m,* *f* Homosexuelle(r) *f(m)*

hongre [´ɔ̃gʀ] *adj* *(cheval)* kastriert; **poulain** ~ Fohlenwallach *m*

Hongrie [´ɔ̃gʀi] *f* **la** ~ Ungarn *nt*

hongrois [´ɔ̃gʀwa] *m* Ungarisch *nt; v.a.* **allemand**

hongrois, e [´ɔ̃gʀwa, waz] *adj* ungarisch; *v.a.* **allemand**

Hongrois, e [´ɔ̃gʀwa, waz] *m, f* Ungar(in) *m(f)*

honnête [ɔnɛt] *adj* ❶ *(personne)* ehrlich; *(commerçant, entreprise)* korrekt ❷ *(franc)* aufrichtig ❸ *(résultat)* recht ordentlich; *(prix)* angemessen

honnêtement [ɔnɛtmã] *adv (gagner sa vie)* anständig; *(gérer une affaire)* auf ehrliche Weise

honnêteté [ɔnɛte] *f* Ehrlichkeit *f*

honneur [ɔnœʀ] *m* Ehre *f;* **être tout à l'**~ **de qn** jdm ganz zur Ehre gereichen; **j'ai l'**~ **de solliciter un poste de ...** *form* [hiermit] bewerbe ich mich um die Stelle als ...; **j'ai l'**~ **de vous informer que ...** *form* ich freue mich, Ihnen mitteilen zu können, dass ... ▸**en quel** ~? *iron* wozu?

honorabilité [ɔnɔʀabilite] *f* Ehrenhaftigkeit *f;* *(d'une personne)* Ehrbarkeit *f*

honorable [ɔnɔʀabl] *adj* ❶ ehrenhaft; *(personne)* ehrenwert; *(profession)* ehrbar ❷ *(résultat)* ganz gut; *(fortune)* ansehnlich

honorablement [ɔnɔʀabləmã] *adv* auf ehrenhafte Weise

honoraire [ɔnɔʀɛʀ] I. *adj (membre)* Ehren-; *(professeur)* emeritiert II. *mpl* Honorar *nt*

honorer [ɔnɔʀe] <1> *vt* ehren; ~ **qn** *(sentiments, conduite)* jdm Ehre machen

honorifique [ɔnɔʀifik] *adj* ehrenamtlich

honte [´ɔ̃t] *f* ❶ Schande *f;* [**c'est**] **la** ~! *fam* so eine Blamage! ❷ *sans pl (sentiment d'hu-*

H

miliation) Scham *f*; **avoir ~ de qn/qc** sich für jdn/einer S. (*gen*) schämen ▶**faire ~ à qn** jdm ein schlechtes Gewissen machen

honteusement [ˈɔ̃tøzmɑ̃] *adv* (*se conduire*) schändlich

honteux, -euse [ˈɔ̃tø, -øz] *adj* **être ~ de qc** sich für etw schämen

hop [ˈɔp] *interj* **~ [là]**! Hopp!

hôpital [ɔpital, o] <-aux> *m* Krankenhaus *nt*

hoquet [ˈɔkɛ] *m* Schluckauf *m kein Pl*

hoqueter [ˈɔkte] <3> *vi* den Schluckauf haben; (*sangloter*) schluchzen

horaire [ɔʀɛʀ] **I.** *adj* Stunden- **II.** *m* ❶ Zeitplan *m*; **~ mobile** gleitende Arbeitszeit ❷ (*des trains, bus*) Fahrplan *m*; (*des vols*) Flugplan *m*; (*des cours*) Stundenplan *m*

horde [ˈɔʀd] *f* Horde *f*

horizon [ɔʀizɔ̃] *m* ❶ *sans pl* Horizont *m* ❷ (*étendue*) Aussicht *f* ❸ (*perspectives*) Horizont *m*

horizontal, e [ɔʀizɔ̃tal, o] < -aux> *adj* waag(e)recht

horizontale [ɔʀizɔ̃tal] *f* ❶ MATH Waag[e]-rechte *f* ❷ (*position*) **être à l'~** waagerecht sein/liegen

horizontalement [ɔʀizɔ̃talmɑ̃] *adv* waag[e]-recht

horloge [ɔʀlɔʒ] *f* Uhr *f*

horloger, -ère [ɔʀlɔʒe, -ɛʀ] *m, f* Uhrmacher(in) *m(f)*

horlogerie [ɔʀlɔʒʀi] *f* ❶ Uhrenindustrie *f*; (*commerce*) Uhrenhandel *m* ❷ (*magasin*) **~ bijouterie** Uhren- und Schmuckgeschäft *nt*

hormonal, e [ɔʀmɔnal, o] <-aux> *adj* hormonal

hormone [ɔʀmɔn] *f* Hormon *nt*

horodateur [ɔʀɔdatœʀ] *m* Parkscheinautomat *m*

horoscope [ɔʀɔskɔp] *m* Horoskop *nt*

horreur [ɔʀœʀ] *f* ❶ Entsetzen *nt*, Horror *m*; **film d'~** Horrorfilm *m* ❷ *pl* Abscheulichkeiten *Pl* ❸ (*aversion*) **avoir ~ de qn/qc** jdn/etw verabscheuen; (*détester*) jdn/etw nicht ausstehen können ❹ *fam* (*chose laide*) Scheußlichkeit *f*; **quelle ~!, l'~!** *fam* wie entsetzlich!; **c'est l'~!** es/das ist entsetzlich!

horrible [ɔʀibl] *adj* ❶ (*acte*) abscheulich; (*spectacle*) grauenhaft; (*accident, cris*) schrecklich ❷ (*repas*) scheußlich

horriblement [ɔʀibləmɑ̃] *adv* (*triste, cher, chaud*) furchtbar

horrifier [ɔʀifje] <1> *vt* entsetzen

horripiler [ɔʀipile] <1> *vt fam* fürchterlich nerven

hors [ˈɔʀ] *prép* ❶ außer(halb); **~ de** außerhalb von; **habiter ~ de qc** außerhalb einer S. (*gen*) wohnen ❷ (*au-delà de*) **~ de portée** außer Reichweite ▶**~ de danger** außer Gefahr; **~ de prix** unerschwinglich; **être ~ de soi** außer sich sein

hors-bord [ˈɔʀbɔʀ] *m inv* Außenborder *m*

hors-d'œuvre [ˈɔʀdœvʀ] *m inv* Vorspeise *f* **hors-jeu** [ˈɔʀʒø] *m inv* Abseits *nt* **hors-la-loi** [ˈɔʀlalwa] *m inv* Bandit *m*

hortensia [ɔʀtɑ̃sja] *m* Hortensie *f*

horticole [ɔʀtikɔl] *adj* Garten[bau]-

horticulteur, -trice [ɔʀtikyltœʀ, -tʀis] *m, f* Gärtner(in) *m(f)*

horticulture [ɔʀtikyltyʀ] *f* Gartenbau *m*

hospice [ɔspis] *m* Pflegeheim *nt*

hospitalier, -ière [ɔspitalje, -jɛʀ] *adj* ❶ Krankenhaus-; (*personnel*) Pflege- ❷ (*accueillant*) gastfreundlich

hospitalisation [ɔspitalizasjɔ̃] *f* Einweisung *f* ins Krankenhaus; (*séjour*) Krankenhausaufenthalt *m*

hospitaliser [ɔspitalize] <1> *vt* in ein Krankenhaus einweisen

hospitalité [ɔspitalite] *f* Gastfreundschaft *f*

hostie [ɔsti] *f* Hostie *f*

hostile [ɔstil] *adj* feindlich; (*attitude*) feindselig

hostilité [ɔstilite] *f* ❶ Feindseligkeit *f* ❷ *pl* MIL **les ~s** die Kampfhandlungen *Pl*

hosto [ɔsto] *m fam* Krankenhaus *nt*

hôte [ot] **I.** *mf* Gast *m* **II.** *m* INFORM Host *m*

hôte, -esse [ot, ɛs] *m, f soutenu* Gastgeber(in) *m(f)*

hôtel [ɔtɛl, otɛl] *m* ❶ Hotel *nt* ❷ (*riche demeure*) herrschaftliches Stadthaus ▶**~ Matignon** Amtssitz des französischen Premierministers ~ **de ville** Rathaus *nt*

hôtelier, -ière [ɔtalje, ɔtalje, -jɛʀ] **I.** *adj* Hotel- **II.** *m, f* Hotelbesitzer(in) *m(f)*

hôtellerie [otɛlʀi, ɔtɛlʀi] *f* Hotelgewerbe *nt*

hôtesse [otɛs] *f* ❶ *v.* **hôte** ❷ (*profession*) **~ d'accueil** (*dans une exposition*) Hostess *f*; **~ de l'air** Stewardess *f*

hot-line [ˈɔtlajn] <hot-line[s]> *f* Hotline *f*

hotte [ˈɔt] *f* ❶ **~ aspirante** [Dunst]abzugshaube *f* ❷ (*panier*) Kiepe *f*

hou [´u] *interj* ❶ (*pour faire honte*) pfui; (*pour conspuer*) buh ❷ (*pour faire peur*) hu ►~, ~! hallo!

houblon [´ublɔ̃] *m* Hopfen *m*

houe [´u] *f* Hacke *f*

houille [´uj] *f* Steinkohle *f*

houiller, -ère [´uje, -ɛʀ] *adj* Steinkohlen-

houle [´ul] *f* Seegang *m*

houlette [´ulɛt] ►**être sous la ~ de qn** unter jds Führung (*dat*) stehen

houleux, -euse [´ulø, -øz] *adj* (*mer*) bewegt; (*séance*) turbulent

houppe [´up] *f* Büschel *nt*

houppette [´upɛt] *f* Puderquaste *f*

hourra [´uʀa] **I.** *interj* hurra **II.** *m* Hurra *nt*

houspiller [´uspije] <1> *vt* ausschimpfen

housse [´us] *f* Hülle *f*; **~ de couette** Bettbezug *m*

houx [´u] *m* Stechpalme *f*

hovercraft [´ɔvœʀkʀaft] *m* Luftkissenfahrzeug *nt*

HS [aʃɛs] *abr de* **hors service** ►**être ~** *fam* groggy sein

hublot [´yblo] *m* (*d'un bateau*) Bullauge *nt*; (*d'un avion*) Fenster *nt*

huche [´yʃ] *f* Kasten *m*

hue [´y] *interj* hü!

huées [´ɥe] *fpl* Buhrufe *Pl*

huer [´ɥe] <1> *vt* auspfeifen

huguenot, e [´ygno, ɔt] *m, f* Hugenotte/ Hugenottin *m/f*

huile [ɥil] *f* ❶ Öl *nt*; **~ d'olive/de tournesol** Oliven-/Sonnenblumenöl ❷ (*hydrocarbure*) Motoröl *nt*

huilé, e [ɥile] *adj* **bien ~** gut laufend

huiler [ɥile] <1> *vt* (*mécanisme*) ölen; (*moule*) einfetten

huileux, -euse [ɥilø, -øz] *adj péj* (*plat, surface*) ölig

huis [ɥi] ►**à ~ clos** hinter verschlossenen Türen

huissier [ɥisje] *m* Gerichtsvollzieher(in) *m(f)*, Exekutor(in) *m(f)* (A)

huit [´ɥit, *devant une consonne* ´ɥi] **I.** *num* acht **II.** *m inv* Acht *f* ►**le grand ~** die Achterbahn; *v.a.* **cinq**

huitaine [´ɥitɛn] *f* ❶ **une ~ de personnes/ pages** etwa acht Personen/Seiten ❷ (*semaine*) **dans une ~** in etwa acht Tagen

huitante [´ɥitɑ̃t] *num* CH (*quatre-vingts*) achtzig; *v.a.* **cinq, cinquante**

huitantième [´ɥitɑ̃tjɛm] *num* CH (*quatre-*

vingtième) achtzigste(r, s); *v.a.* **cinquième**

huitième [´ɥitjɛm] **I.** *adj antéposé* achte(r, s) **II.** *mf* **le/la ~** der/die/das Achte **III.** *m* ❶ (*fraction*) Achtel *nt* ❷ SPORT **~ de finale** Achtelfinale *nt*; *v.a.* **cinquième**

huitièmement [´ɥitjɛmmɑ̃] *adv* achtens

huître [ɥitʀ] *f* Auster *f*

hulotte [´ylɔt] *f* Waldkauz *m*

hululement [´ylylmɑ̃] *m* Schrei *m*

hululer [´ylyle] <1> *vi* (*oiseau de nuit*) schreien

hum [´œm] *interj* hm

humain, e [ymɛ̃, ɛn] *adj* menschlich; (*vie, dignité*) Menschen-; **les êtres ~s** die Menschen

humainement [ymɛnmɑ̃] *adv* menschenwürdig

humaniser [ymanize] <1> *vt* menschenwürdiger gestalten

humanisme [ymanism] *m* Humanismus *m*

humaniste [ymanist] *adj* humanistisch

humanitaire [ymanitɛʀ] *adj* humanitär

humanité [ymanite] *f* ❶ Menschheit *f* ❷ *sans pl* (*bonté*) Menschlichkeit *f*

humanoïde [ymanɔid] **I.** *adj* menschenähnlich **II.** *m* menschenähnliches Wesen

humble [œ̃bl] *adj* ❶ *postposé* (*personne*) unscheinbar ❷ *antéposé* (*pauvre, sans prétention*) einfach

humblement [œ̃bləmɑ̃] *adv* demütig

humecter [ymɛkte] <1> **I.** *vt* anfeuchten **II.** *vpr* **s'~ les lèvres** sich (*dat*) die Lippen befeuchten

humer [´yme] <1> *vt* (*air frais, odeur*) [tief] einatmen; (*plat*) riechen an (+ *dat*)

humérus [ymeʀys] *m* Oberarmknochen *m*

humeur [ymœʀ] *f* Laune *f*; **être de bonne/ mauvaise ~** gut/schlecht gelaunt sein

humide [ymid] *adj* ❶ feucht ❷ METEO (*climat*) feucht; (*temps*) nass

humidificateur [ymidifikatœʀ] *m* Luftbefeuchter *m*

humidifier [ymidifje] <1> *vt* befeuchten

humidité [ymidite] *f* Feuchtigkeit *f*

humiliant, e [ymiljɑ̃, jɑ̃t] *adj* demütigend; (*échec*) schimpflich

humiliation [ymiljasjɔ̃] *f* ❶ *sans pl* (*état*) Demütigung *f* ❷ (*affront*) Kränkung *f*

humilier [ymilje] <1> **I.** *vt* demütigen **II.** *vpr* **s'~ devant qn** sich vor jdm erniedrigen

humilité [ymilite] *f* Demut *f*

humoriste [ymɔʀist] *mf* Humorist(in) *m(f)*

H

humoristique [ymɔʀistik] *adj* humoristisch

humour [ymuʀ] *m* Humor *m*

humus [ymys] *m* Humus *m*

huppe [´yp] *f* Haube *f*

huppé, e [´ype] *adj fam* vornehm

hurlant, e [´yʀlɑ̃, ɑ̃t] *adj* schreiend

hurlement [´yʀləmɑ̃] *m* (*d'une personne*) Schrei *m*; (*de la foule*) Geschrei *nt*; (*des loups*) Heulen *nt*

hurler [´yʀle] <1> *vi* (*animal, vent*) heulen; (*personne*) schreien

hurluberlu, e [yʀlybɛʀly] *m, f fam* Luftikus *m*

hurrah [´uʀa] *interj v.* **hourra**

hussard [´ysaʀ] *m* Husar *m*

hussarde [´ysaʀd] ▶à la ~ ohne Rücksicht- [nahme]

hutte [´yt] *f* Hütte *f*

hybride [ibʀid] *m* Hybride *m o f*

hydrant [idʀɑ̃] *m* CH (*borne d'incendie*) Überflurhydrant *m*

hydratant, e [idʀatɑ̃, ɑ̃t] *adj* Feuchtigkeits-

hydratation [idʀatasjɔ̃] *f* Hydratation *f*

hydrate [idʀat] *m* CHIM Hydrat *nt;* ~ **de calcium** Löschkalk *m*

hydrater [idʀate] <1> *vt* mit Feuchtigkeit versorgen

hydraulique [idʀolik] I. *adj* (*frein, machine*) hydraulisch II. *f sans pl* Hydraulik *f*

hydravion [idʀavjɔ̃] *m* Wasserflugzeug *nt*

hydrocarbure [idʀokaʀbyʀ] *m* Kohlenwasserstoff *m*

hydrocéphalie [idʀosefali] *f* MED Wasserkopf *m*

hydrocution [idʀɔkysjɔ̃] *f* Kaltwasserschock *m*

hydroélectrique, **hydro-électrique** [idʀoelɛktʀik] *adj* hydroelektrisch; **centrale** ~ Wasserkraftwerk *nt*

hydrogène [idʀɔʒɛn] *m* Wasserstoff *m*

hydroglisseur [idʀoglisœʀ] *m* Gleitboot *nt*

hydrophile [idʀɔfil] *adj* **coton** ~ Watte *f*

hyène [jɛn] *f* Hyäne *f*

hygiène [iʒjɛn] *f sans pl* Hygiene *f*; (*des cheveux, du bébé*) Pflege *f*; **les services d'**~ das Gesundheitsamt

hygiénique [iʒjenik] *adj* hygienisch; (*papier*) Toiletten-

hymen [imɛn] *m* ANAT Jungfernhäutchen *nt*

hymne [imn] *m* Hymne *f*

hyper [ipɛʀ] *m abr de* **hypermarché**

hyperactif, -ive [ipɛʀaktif, iv] *adj* hyperaktiv; **un enfant hyperactif** ein hyperaktives Kind

hyperbole [ipɛʀbɔl] *f* MATH, LITTER Hyperbel *f*

hyperglycémie [ipɛʀglisemi] *f* MED erhöhter Blutzuckergehalt

hyperlien [ipɛʀljɛ̃] *m* INFORM Hyperlink *m*

hypermarché [ipɛʀmaʀʃe] *m* großer Supermarkt

hypermétrope [ipɛʀmetʀɔp] *adj* weitsichtig

hypernerveux, -euse [ipɛʀnɛʀvø, -øz] *adj* übernervös

hypersensible [ipɛʀsɑ̃sibl] *adj* hypersensibel

hypertendu, e [ipɛʀtɑ̃dy] *adj fam* **être** ~ (*personne*) überreizt sein; (*ambiance*) sehr angespannt sein

hypertension [ipɛʀtɑ̃sjɔ̃] *f* erhöhter Blutdruck

hypertexte [ipɛʀtɛkst] *m* INFORM Hypertext *m*

hypertrophie [ipɛʀtʀɔfi] *f* übermäßige Vergrößerung

hypnose [ipnoz] *f* Hypnose *f*

hypnotique [ipnɔtik] *adj* hypnotisch

hypnotiser [ipnɔtize] <1> *vt a. fig* hypnotisieren

hypocalorique [ipokalɔʀik] *adj* kalorienarm

hypocondriaque [ipɔkɔ̃dʀijak] *adj péj* hypochondrisch

hypocrisie [ipɔkʀizi] *f* Heuchelei *f*

hypocrite [ipɔkʀit] I. *adj* heuchlerisch II. *mf* Heuchler(in) *m(f)*

hypocritement [ipɔkʀitmɑ̃] *adv* heuchlerisch

hypoglycémie [ipoglisemi] *f* MED verminderter Blutzuckergehalt *m*

hypophyse [ipɔfiz] *f* Hirnanhangdrüse *f*

hypotension [ipotɑ̃sjɔ̃] *f* MED [zu] niedriger Blutdruck

hypoténuse [ipotenyz] *f* MATH Hypotenuse *f*

hypothécaire [ipotekɛʀ] *adj* hypothekarisch [gesichert]

hypothèque [ipotɛk] *f* Hypothek *f*

hypothéquer [ipoteke] <5> *vt* mit einer Hypothek belasten

hypothermie [ipotɛʀmi] *f* Unterkühlung *f*

hypothèse [ipotɛz] *f* Hypothese *f*

hypothétique [ipotetik] *adj* hypothetisch

hystérie [isteʀi] *f* Hysterie *f*

hystérique [isteʀik] I. *adj* hysterisch II. *mf* Hysteriker(in) *m(f)*

I, i [i] *m inv* I *nt*, i *nt*
ibérique [ibeʀik] *adj* iberisch
ibid. [ibid] *adv abr de* **ibidem** ibid.
ibidem [ibidɛm] *adv* ibidem
iceberg [ajsbɛʀg] *m* Elsberg *m*
ici [isi] *adv* ❶ hier; **c'est ~ que...** hier..., ❷ (*de cc lieu*) **d'~** von hier; **les gens d'~** die Einheimischen; **par ~** hier [in der Gegend]; **d'~ à Paris/au musée** von hier [aus] bis Paris/zum Museum; **près/loin d'~** in der Nähe/weit von hier ❸ (*vers ce lieu*) hierher; **viens ~!** komm her!; **par ~** hier entlang ❹ (*temporel*) **jusqu'~** bis jetzt; **d'~ peu** bald; **d'~ là** bis dahin; **d'~ 2010/demain** bis 2010/morgen; **d'~ que** + *subj* bis
icône [ikon] *f* INFORM Icon *nt*
id. [id] *abr de* **idem** id.
idéal [ideal, o] <-aux> *m* ❶ Ideal *nt* ❷ *sans pl* **l'~ serait que** + *subj* das Beste wäre, wenn
idéal, e [ideal, o] <-aux> *adj* ideal; (*beauté*) vollkommen; (*vacances*) Traum-
idéalement [idealmɑ̃] *adv* ideal
idéaliser [idealize] <1> *vt* idealisieren
idéalisme [idealism] *m* Idealismus *m*
idéaliste [idealist] *mf* Idealist(in) *m(f)*
idée [ide] *f* ❶ Idee *f* ❷ (*opinion*) Meinung *f*; **~s politiques** politische Ansichten *Pl* ❸ (*pensée*) **~s noires** trübsinnige Gedanken *Pl*; **l'~ de qc/que qn est mort/qn ait pu faire ça** der Gedanke an etw (*akk*) [daran], dass jd tot ist/jd dies hätte tun können; **à l'~ de qc** bei dem Gedanken an etw (*akk*); **se faire à l'~ que ...** sich an den Gedanken gewöhnen, dass ... ❹ (*concept, notion*) Idee *f*; **~ reçue** überkommene Vorstellung; **se faire une ~ de qc** sich (*dat*) eine Vorstellung von etw machen; **Aucune ~!** Keine Ahnung!; **tu n'as pas ~ de ce que ...** du kannst dir nicht vorstellen, was ... ❺ (*esprit*) **venir à l'~ de faire qc** in den Sinn kommen etw zu tun
idem [idɛm] *adv* (*de même*) dasselbe
identification [idɑ̃tifikasjɔ̃] *f* Identifizierung *f*
identifier [idɑ̃tifje] <1> I. *vt* identifizieren II. *vpr* **s'~ à qn/qc** sich mit jdm/etw identifizieren

identique [idɑ̃tik] *adj* identisch
identité [idɑ̃tite] *f* Identität *f*; **vérifier l'~ de qn** jds Personalien überprüfen
idéologie [ideɔlɔʒi] *f* Ideologie *f*
idéologique [ideɔlɔʒik] *adj* ideologisch
idiomatique [idjɔmatik] *adj* idiomatisch
idiome [idjom] *m* Idiom *m*
idiot, e [idjo, idjɔt] I. *adj* dumm; **être complètement ~** ein Vol]idiot sein (*fam*) II. *m, f* Idiot(in) *m(f)*; **tu me prends pour un ~?** hältst du mich für blöd? (*fam*)
▶**faire l'~** Blödsinn machen
idiotie [idjɔsi] *f* Dummheit *f*
idole [idɔl] *f* Idol *nt*
idylle [idil] *f* Idylle *f*
idyllique [idilik] *adj* idyllisch
if [if] *m* Eibe *f*
ignoble [iɲɔbl] *adj* gemein
ignorance [iɲɔʀɑ̃s] *f* Unkenntnis *f*
ignorant, e [iɲɔʀɑ̃, ɑ̃t] I. *adj* unwissend II. *m, f* Ignorant(in) *m(f)*
ignoré, e [iɲɔʀe] *adj* unbekannt
ignorer [iɲɔʀe] <1> *vt* ❶ (*opp: savoir*) nicht kennen; **ne pas ~ qc** etw sehr wohl kennen ❷ (*négliger*) ignorieren
iguane [igwan] *m* Leguan *m*
il [il] *pron pers* ❶ (*masculin*) er ❷ *interrog, non traduit* **le courrier est-~ arrivé?** ist die Post schon da? ❸ (*répétitif*) **~ est beau, ce costume** der Anzug ist schön ❹ *impers* es; **~ est possible que** + *subj* es ist möglich, dass; **~ pleut** es regnet; **~ faut que je parte** ich muss gehen; **~ y a deux ans** vor zwei Jahren; *v.a.* **avoir**
île [il] *f* Insel *f*
Île-de-France [ildəfʀɑ̃s] *f* **l'~** die Ile-de-France
illégal, e [i(l)legal, o] <-aux> *adj* illegal
illégalement [i(l)legalmɑ̃] *adv* illegal
illégalité [i(l)legalite] *f* Illegalität *f*
illégitime [i(l)leʒitim] *adj* unrechtmäßig; (*enfant*) unehelich
illettré, e [i(l)letʀe] *adj* analphabetisch
illicite [i(l)lisit] *adj* unerlaubt
illico [i(l)liko] *adv fam* auf der Stelle
illimité, e [i(l)limite] *adj* unbegrenzt; (*pouvoirs*) uneingeschränkt; (*congé*) unbefristet
illisible [i(l)lizibl] *adj* (*écriture*) unleserlich
illogique [i(l)lɔʒik] *adj* unlogisch
illumination [i(l)lyminasjɔ̃] *f* Beleuchtung *f*
illuminé, e [i(l)lymine] *adj* festlich beleuchtet
illuminer [i(l)lymine] <1> I. *vt* **~ qn/qc**

(*personne*) jdn/etw beleuchten; (*lustre*) jdn/etw erleuchten; (*éclair*) jdn/etw erhellen II. *vpr* **à cette nouvelle, son visage s'est illuminé** bei der Nachricht strahlte er/sie übers ganze Gesicht

illusion [i(l)lyzjɔ̃] *f* Täuschung *f*; **donner l'~ de qc** die Illusion von etw vermitteln

illusionniste [i(l)lyzjɔnist] *mf* Zauberkünstler(in) *m(f)*

illusoire [i(l)lyzwaʀ] *adj* illusorisch

illustrateur, -trice [i(l)lystʀatœʀ, -tʀis] *m, f* Illustrator(in) *m(f)*

illustration [i(l)lystʀasjɔ̃] *f* Illustration *f*

illustre [i(l)lystʀ] *adj* berühmt

illustré [i(l)lystʀe] *m* Illustrierte *f*

illustrer [i(l)lystʀe] <1> *vt* ~ **qc de qc** etw mit etw illustrieren

îlot [ilo] *m* ❶ kleine Insel ❷ (*groupe isolé*) Insel *f*

ils [il] *pron pers* ❶ (*pl masculin ou mixte*) sie ❷ *interrog, non traduit* **les enfants sont-~ là?** sind die Kinder da? ❸ (*répétitif*) **regarde les paons comme ~ sont beaux** sieh mal, wie schön die Pfauen sind; *v.a.* **il**

image [imaʒ] *f* ❶ (*dessin*) Bild *nt*; ~ **de marque** Image *nt* ❷ (*reflet*) Spiegelbild *nt* ❸ *fig* Vorstellung *f* ▶**femme-~** Modellfrau *f* **à l'~ de qn/qc** so wie jd/etw

imagé, e [imaʒe] *adj* (*langage, style*) anschaulich

imaginable [imaʒinabl] *adj* vorstellbar

imaginaire [imaʒinɛʀ] I. *adj* unwirklich; (*crainte, maladie*) eingebildet; (*animal*) Fabel- II. *m* **l'~** das Imaginäre

imaginatif, -ive [imaʒinatif, -iv] *adj* fantasievoll

imagination [imaʒinasjɔ̃] *f* ❶ Vorstellung *f* ❷ (*invention*) Fantasie *f*

imaginer [imaʒine] <1> I. *vt* ❶ (*se représenter*) sich (*dat*) vorstellen ❷ (*croire, supposer*) glauben; ~ **que ...** vermuten, dass ... ❸ (*inventer*) sich (*dat*) ausdenken; ~ **qc** etw erfinden II. *vpr* ❶ **s'~ qn/qc autrement** sich (*dat*) jdn/etw anders vorstellen ❷ (*se voir*) **s'~ dans vingt ans** sich [in Gedanken] in zwanzig Jahren sehen ❸ (*croire faussement*) **s'~ qc** sich (*dat*) etw einbilden; **s'~ faire qc/que** sich (*dat*) einbilden, etw zu tun/dass

imbattable [ɛ̃batabl] *adj* unschlagbar; (*prix, record*) nicht zu unterbieten

imbécile [ɛ̃besil] I. *adj* sehr dumm II. *mf* Idiot(in) *m(f)*

imbécillité [ɛ̃besilite] *f* Dummheit *f*

imbiber [ɛ̃bibe] <1> *vt* |durch|tränken; **imbibé de sang** mit Blut getränkt

imbuvable [ɛ̃byvabl] *adj* nicht trinkbar

IME [iɛmø] *m abr de* **Institut monétaire européen** EWI *nt*

IMG [iɛmʒe] *f abr de* **interruption médicale de grossesse** medizinisch indizierter Schwangerschaftsabbruch *m*

imitateur, -trice [imitatœʀ, -tʀis] *m, f* Nachahmer(in) *m(f)*; (*comédien*) Imitator(in) *m(f)*

imitation [imitasjɔ̃] *f* Imitation *f*; (*d'une signature*) Fälschung *f*; [**en**] ~ Imitat *nt*

imiter [imite] <1> *vt* ❶ nachahmen; (*signature*) fälschen ❷ (*prendre pour modèle*) ~ **qn** jdm nacheifern

immaculé, e [imakyle] *adj* makellos

immangeable [ɛ̃mɑ̃ʒabl] *adj* ungenießbar

immanquablement [ɛ̃mɑ̃kabləmɑ̃] *adv* unvermeidbar

immatriculation [imatʀikylasjɔ̃] *f* (*d'un étudiant*) Immatrikulation *f*; (*d'une voiture*) Zulassung *f*; (*d'un commerçant*) Eintragung *f*

immatriculer [imatʀikyle] <1> *vt* eintragen; **faire ~ une voiture** ein Auto anmelden

immature [imatyʀ] *adj* unreif

immédiat [imedja] *m* ▶**dans l'~** im Augenblick

immédiat, e [imedja, jat] *adj* unmittelbar; (*contact, voisin a.*) direkt; (*effet*) sofortig; (*mesures*) Sofort-

immédiatement [imedjatmɑ̃] *adv* sofort

immense [i(m)mɑ̃s] *adj* ❶ (*mer*) unermesslich weit; (*espace, monde*) unermesslich groß ❷ (*énorme*) immens; (*mérite*) unglaublich; (*fortune, foule*) riesig; (*chagrin, gloire*) ungeheuer

immensément [i(m)mɑ̃semɑ̃] *adv* (*riche*) ungeheuer

immensité [i(m)mɑ̃site] *f* unermessliche Weite; (*de l'univers*) Unendlichkeit *f*

immergé, e [imɛʀʒe] *adj* unter Wasser liegend

immerger [imɛʀʒe] <2a> *vt* ~ **un trésor/corps dans qc** einen Schatz/einen Körper in etw (*dat*) versenken

immersion [imɛʀsjɔ̃] *f* Eintauchen *nt*

immettable [ɛ̃metabl] *adj* (*vêtement*) nicht tragbar

immeuble [imœbl] *m* [Wohn]haus *nt*, Gebäude *nt*; ~ **à usage locatif** Mietshaus

immigrant, e [imigʀɑ̃, ɑ̃t] *m*, *f* Einwanderer/Einwanderin *m/f*

immigration [imigʀasjɔ̃] *f* Einwanderung *f*

immigré, e [imigʀe] **I.** *adj* (*travailleur*) Gast- **II.** *m*, *f* Immigrant(in) *m(f)*

immigrer [imigʀe] <1> *vi* einwandern

imminent, e [iminɑ̃, ɑ̃t] *adj* **être ~** unmittelbar bevorstehen; (*conflit, danger*) drohen

immobile [i(m)mɔbil] *adj* unbeweglich; (*personne*) reg[ungs]los

immobilier [imɔbilje] *m* l'~ das Immobiliengeschäft

immobilier, -ière [imɔbilje, -jɛʀ] *adj* Immobilien-; (*placement*) in Immobilien; (*crédit, saisie*) Immobiliar-; (*crise*) im Immobiliengeschäft; (*revenus*) aus Immobilien; **biens ~s** Immobilien *Pl*

immobilisation [imɔbilizasjɔ̃] *f* ❶ (*d'un véhicule*) Stehenbleiben *nt*; (*d'une machine*) Stillstehen *nt* ❷ MED Ruhigstellung *f*

immobiliser [imɔbilize] <1> **I.** *vt* ❶ (*camions*) anhalten ❷ MED (*membre*) ruhig stellen; ~ **qn** (*fracture, grippe*) jdn lahm legen **II.** *vpr* **s'~** stehen bleiben; (*voiture*) liegen bleiben

immobilisme [imɔbilism] *m* Fortschrittsfeindlichkeit *f*

immobilité [imɔbilite] *f* Reg[ungs]losigkeit *f*

immodéré, e [imɔdeʀe] *adj* (*désir, usage*) unmäßig

immonde [i(m)mɔ̃d] *adj* widerwärtig; (*crime, propos*) gemein; (*propos*) schmutzig

immondices [i(m)mɔ̃dis] *fpl* Müll *m*

immoral, e [i(m)mɔʀal, o] <-aux> *adj* unmoralisch; (*conduite*) unsittlich; (*personne*) sittenlos

immoralité [i(m)mɔʀalite] *f* Unsittlichkeit *f*; (*d'une personne*) unsittliches Verhalten; (*d'une politique, société*) Unmoral *f*

immortaliser [imɔʀtalize] <1> *vt* unsterblich machen

immortalité [imɔʀtalite] *f* Unsterblichkeit *f*

immortel, le [imɔʀtɛl] *adj* unsterblich

immortelle [imɔʀtɛl] *f* BOT Strohblume *f*

immunisation [imynizasjɔ̃] *f* Immunisierung *f*

immuniser [imynize] <1> *vt* a. *fig* ~ **qn contre qc** jdn gegen etw immun machen

immunitaire [imynitɛʀ] *adj* **système ~** Immunsystem *nt*

immunité [imynite] *f* Immunität *f*

immunodéficience [imynodefisjɑ̃s] *f* Immunschwäche *f*

impact [ɛ̃pakt] *m* ❶ (*d'une balle*) Einschuss *m* ❷ (*influence*) Einfluss *m*

impair [ɛ̃pɛʀ] *m* (*gaffe*) Fauxpas *m*

impair, e [ɛ̃pɛʀ] *adj* ungerade

imparable [ɛ̃paʀabl] *adj* (*argument*) unwiderlegbar

impardonnable [ɛ̃paʀdɔnabl] *adj* (*erreur, faute*) unverzeihlich

imparfait [ɛ̃paʀfɛ] *m* Imperfekt *nt*, Imparfait *nt*; **à l'~** im Imperfekt

impartial, e [ɛ̃paʀsjal, jo] <-aux> *adj* (*arbitre, juge*) unparteiisch

impartialité [ɛ̃paʀsjalite] *f* Unvoreingenommenheit *f*

impasse [ɛ̃pɑs] *f* a. *fig* Sackgasse *f*; **être dans l'~** in einer Sackgasse stecken

impassible [ɛ̃pasibl] *adj* (*personne*) gefasst; (*visage*) unbewegt; **rester ~** die Fassung bewahren

impatiemment [ɛ̃pasjamɑ̃] *adv* ungeduldig

impatience [ɛ̃pasjɑ̃s] *f* Ungeduld *f*; **avec ~** ungeduldig

impatient, e [ɛ̃pasjɑ̃, jɑ̃t] *adj* ungeduldig; **être ~ de faire qc** darauf brennen, etw zu tun

impatienter [ɛ̃pasjɑ̃te] <1> **I.** *vt* ~ **qn avec** [*o* **par**] **qc** jdn mit etw ungeduldig machen **II.** *vpr* **s'~ de qc** wegen etw ungeduldig werden

impayé [ɛ̃peje] *m* ausstehende Zahlung

impeccable [ɛ̃pekabl] *adj* ❶ tadellos ❷ *fam* (*parfait*) ~! Spitze!

impensable [ɛ̃pɑ̃sabl] *adj* undenkbar

imper [ɛ̃pɛʀ] *m fam abr de* **imperméable**

impératif [ɛ̃peʀatif] *m* LING Imperativ *m*

impérativement [ɛ̃peʀativmɑ̃] *adv* unbedingt

impératrice [ɛ̃peʀatʀis] *f* Kaiserin *f*; *v.a.* **empereur**

imperceptible [ɛ̃pɛʀsɛptibl] *adj* nicht wahrnehmbar; (*bruit*) nicht hörbar

imperceptiblement [ɛ̃pɛʀsɛptibləmɑ̃] *adv* unmerklich

imperfection [ɛ̃pɛʀfɛksjɔ̃] *f sans pl* Unvollkommenheit *f*

impérial, e [ɛ̃peʀjal, jo] <-aux> *adj* kaiserlich

impérialisme [ɛ̃peʀjalism] *m* Imperialismus *m*

impérialiste [ɛ̃peʀjalist] *adj* imperialistisch

impérieusement [ɛ̃peʀjøzmɑ̃] *adv* dringend

impérieux, -euse [ɛ̃peʀjø, -jøz] *adj* herrisch

imperméabiliser [ɛ̃pɛʀmeabilize] <1> *vt* imprägnieren

imperméable [ɛ̃pɛʀmeabl] **I.** *adj* (*sol*) wasserundurchlässig; (*tissu, toile*) wasserdicht **II.** *m* Regenmantel *m*

impersonnel, le [ɛ̃pɛʀsɔnɛl] *adj* unpersönlich

impertinence [ɛ̃pɛʀtinɑ̃s] *f* Unverschämtheit *f*; **avec ~** unverschämt

impertinent, e [ɛ̃pɛʀtinɑ̃, ɑ̃t] *adj* unverschämt

imperturbable [ɛ̃pɛʀtyʀbabl] *adj* unerschütterlich

impétigo [ɛ̃petigo] *m* Eiterflechte *f*

impétueux, -euse [ɛ̃petɥø, -øz] *adj* stürmisch

impitoyable [ɛ̃pitwajabl] *adj* unerbittlich; (*personne, jugement*) unbarmherzig; (*critique*) schonungslos

impitoyablement [ɛ̃pitwajabləmɑ̃] *adv* mitleid[s]los

implacable [ɛ̃plakabl] *adj* (*ennemi, juge*) unerbittlich

implant [ɛ̃plɑ̃] *m* Implantat *nt*

implantation [ɛ̃plɑ̃tasjɔ̃] *f* Ansied[e]lung *f*

implanter [ɛ̃plɑ̃te] <1> *vt* **1** (*industrie*) ansiedeln **2** MED implantieren **II.** *vpr* **s'~** (*industrie*) sich ansiedeln

implémenter [ɛ̃plemɑ̃te] <1> *vt* INFORM implementieren

implication [ɛ̃plikasjɔ̃] *f* **1** *gén pl* (*conséquence*) Folge *f* **2** (*mise en cause*) **~ de qn dans qc** jds Verwicklung *f* in etw (*akk*)

implicite [ɛ̃plisit] *adj* implizit

implicitement [ɛ̃plisitmɑ̃] *adv* implizit

impliquer [ɛ̃plike] <1> *vt* **1** (*signifier*) bedeuten **2** (*mêler*) verwickeln **3** (*avoir pour conséquence*) implizieren

implorer [ɛ̃plɔʀe] <1> *vt* **~ qc** um etw flehen

imploser [ɛ̃ploze] <1> *vi* implodieren

impoli, e [ɛ̃pɔli] *adj* unhöflich

impolitesse [ɛ̃pɔlitɛs] *f* Unhöflichkeit *f*

impondérable [ɛ̃pɔ̃deʀabl] *adj* (*événement*) unvorhersehbar

impopulaire [ɛ̃pɔpylɛʀ] *adj* unpopulär; (*personne*) unbeliebt

impopularité [ɛ̃pɔpylaʀite] *f* Unbeliebtheit *f*

import [ɛ̃pɔʀ] *m abr de* **importation** Import *m*

importance [ɛ̃pɔʀtɑ̃s] *f* Bedeutung *f*; (*d'une personne*) Einfluss *m*; **se donner de l'~** *péj* sich wichtig machen; **sans ~** unwichtig

important [ɛ̃pɔʀtɑ̃] *m* Wichtige(s) *nt*

important, e [ɛ̃pɔʀtɑ̃, ɑ̃t] *adj* **1** wichtig; (*personnage*) einflussreich; **quelque chose d'~** etwas Wichtiges **2** (*gros*) beträchtlich; (*dégâts, retard*) erheblich; (*somme*) ansehnlich; **une quantité ~e** eine größere Menge

importateur, -trice [ɛ̃pɔʀtatœʀ, -tʀis] **I.** *adj* **un pays ~ de blé** ein Getreide importierendes Land **II.** *m, f* Importeur *m*

importation [ɛ̃pɔʀtasjɔ̃] *f* Import *m*

importer¹ [ɛ̃pɔʀte] <1> *vt* importieren; (*introduire*) einführen

importer² [ɛ̃pɔʀte] <1> *vi* **ce qui [m']importe, c'est ...** was [für mich] zählt, ist ...; **cela importe peu/beaucoup** das ist von geringer/großer Bedeutung; **peu importe [que + *subj*]** es spielt keine Rolle[, ob] ▶**n'importe comment** irgendwie; **n'importe lequel/laquelle** irgendeiner/irgendeine; **n'importe où** irgendwo[hin]; **suivre qn n'importe où** jdm überallhin folgen; **n'importe quand** irgendwann; **vous pouvez venir n'importe quand** Sie können kommen, wann Sie wollen; **n'importe qui** irgendwer; **n'importe qui pourrait ...** jeder x-beliebige könnte ...; **n'importe quoi** irgendwas; **dire n'importe quoi** (*des bêtises*) Unsinn reden

import-export [ɛ̃pɔʀɛkspɔʀ] <imports-exports> *m* Import-Export *m*

imposable [ɛ̃pozabl] *adj* steuerpflichtig

imposant, e [ɛ̃pozɑ̃, ɑ̃t] *adj* **1** (*majestueux*) imposant; (*stature*) stattlich **2** (*considérable*) beachtlich

imposé, e [ɛ̃poze] *adj* vorgeschrieben

imposer [ɛ̃poze] <1> **I.** *vt* **1** (*décision*) erfordern; (*repos*) verlangen; **~ qc à qn** etw von jdm erfordern **2** (*faire accepter de force*) durchsetzen; (*date*) festsetzen; **~ qc à qn** jdm etw auferlegen **3** FIN (*personne*) steuerlich veranlagen; (*revenu, marchandise*) besteuern **II.** *vpr* **1** **s'~ à qn** (*prudence, repos*) zwingend geboten sein; (*solution*) sich jdm aufdrängen; **ça s'impose** das ist ein Muss **2** (*se faire reconnaître*) **s'~** sich durchsetzen

imposition [ɛ̃pozisjɔ̃] *f* Besteuerung *f*

impossibilité [ɛ̃pɔsibilite] *f* Unmöglichkeit *f*

impossible [ɛ̃pɔsibl] **I.** *adj a. fig* unmöglich; **rendre la vie ~ à qn** jdm das Leben unerträglich machen **II.** *m* **tenter l'~** alles nur Mögliche versuchen; **faire l'~ pour qn/qc** das Menschenmögliche für jdn/etw tun

imposteur [ɛ̃pɔstœʀ] *m* Hochstapler(in) *m(f)*

impôt [ɛ̃po] *m* Steuer *f*; **~ sur le revenu** Einkommensteuer; **~ sur les salaires** Lohnsteuer; **~ foncier** Grundsteuer; **~s locaux** Kommunalsteuern *Pl*

impotent, e [ɛ̃pɔtɑ̃, ɑ̃t] **I.** *adj* bewegungsunfähig **II.** *m, f* [Körper]behinderte(r) *f(m)*

impraticable [ɛ̃pratikabl] *adj* (*route, piste*) unbefahrbar

imprécis, e [ɛ̃pʀesi, iz] *adj* ungenau; (*souvenir, contour*) undeutlich

imprécision [ɛ̃pʀesizjɔ̃] *f* Ungenauigkeit *f*

imprégner [ɛ̃pʀeɲe] <5> **I.** *vt* (*bois, étoffe*) imprägnieren; **~ un tampon de qc** einen Wattebausch mit etw tränken; **une odeur imprègne une pièce** ein Duft erfüllt ein Zimmer **II.** *vpr* **s'~ d'eau** sich mit Wasser vollsaugen; **s'~ d'une odeur** einen Duft annehmen

imprenable [ɛ̃pʀənabl] *adj* (*forteresse, château*) uneinnehmbar

imprésario [ɛ̃pʀezaʀjo, ɛ̃pʀesaʀjo] <s> *m* [Theater-, Konzert]agent *m*

impression [ɛ̃pʀesjɔ̃] *f* Eindruck *m*; **avoir l'~ que .../de faire qc** den Eindruck haben, dass .../etw zu tun; **avoir l'~ de faire qc** den Eindruck haben etw zu tun ►**une ~ de déjà-vu** ein Déjà-vu-Erlebnis *nt*

impressionnable [ɛ̃pʀesjɔnabl] *adj* empfindsam

impressionnant, e [ɛ̃pʀesjɔnɑ̃, ɑ̃t] *adj* ❶ (*imposant*) beeindruckend ❷ (*considérable*) beachtlich

impressionner [ɛ̃pʀesjɔne] <1> *vt* beeindrucken

impressionnisme [ɛ̃pʀesjɔnism] *m* Impressionismus *m*

impressionniste [ɛ̃pʀesjɔnist] **I.** *adj* impressionistisch **II.** *mf* Impressionist(in) *m(f)*

imprévisible [ɛ̃pʀevizibl] *adj* unvorhersehbar; (*personne*) unberechenbar

imprévu [ɛ̃pʀevy] *m* **l'~** das Unerwartete; **j'aime l'~** ich liebe Überraschungen *Pl*; **en cas d'~** falls etwas dazwischenkommt

imprévu, e [ɛ̃pʀevy] *adj* unvorhergesehen

imprimante [ɛ̃pʀimɑ̃t] *f* Drucker *m*

imprimé [ɛ̃pʀime] *m* Formular *nt*

imprimer [ɛ̃pʀime] <1> *vt* drucken; (*tissu*) bedrucken

imprimerie [ɛ̃pʀimʀi] *f* ❶ (*technique*) Buchdruck *m* ❷ (*établissement*) Druckerei *f*

imprimeur, -euse [ɛ̃pʀimœʀ, -øz] *m, f* Drucker(in) *m(f)*

improbable [ɛ̃pʀɔbabl] *adj* unwahrscheinlich

impromptu [ɛ̃pʀɔ̃pty] *m* MUS Impromptu *nt*

imprononçable [ɛ̃pʀɔnɔ̃sabl] *adj* unaussprechlich

improvisation [ɛ̃pʀɔvizasjɔ̃] *f* Improvisation *f*

improvisé, e [ɛ̃pʀɔvize] *adj* improvisiert; (*excursion*) spontan

improviser [ɛ̃pʀɔvize] <1> *vt, vi* improvisieren; (*discours*) aus dem Stegreif halten

improviste [ɛ̃pʀɔvist] ►**à l'~** überraschend; **arriver à l'~** unangemeldet vorbeikommen

imprudence [ɛ̃pʀydɑ̃s] *f* Unvorsichtigkeit *f*; (*d'une personne, action a.*) Leichtsinn *m*; **par ~** fahrlässig

imprudent, e [ɛ̃pʀydɑ̃, ɑ̃t] *adj* unvorsichtig

impudent, e [ɛ̃pydɑ̃, ɑ̃t] *adj* unverschämt

impuissance [ɛ̃pɥisɑ̃s] *f* Machtlosigkeit *f*; (*sur le plan sexuel*) Impotenz *f*

impuissant [ɛ̃pɥisɑ̃] *m* Impotenter *m*

impuissant, e [ɛ̃pɥisɑ̃, ɑ̃t] *adj* machtlos; (*sexuellement*) impotent

impulsif, -ive [ɛ̃pylsif, -iv] *adj* impulsiv

impulsion [ɛ̃pylsjɔ̃] *f a.* TECH, ELEC Impuls *m*

impulsivement [ɛ̃pylsivmɑ̃] *adv* impulsiv

impulsivité [ɛ̃pylsivite] *f* Impulsivität *f*

impunément [ɛ̃pynemɑ̃] *adv* ungestraft

impuni, e [ɛ̃pyni] *adj* ungestraft

impunité [ɛ̃pynite] *f* Straffreiheit *f*

impur, e [ɛ̃pyʀ] *adj* unrein

impureté [ɛ̃pyʀte] *f* Verschmutzung *f*

in [in] *adj inv, fam* in

inabordable [inabɔʀdabl] *adj* unerschwinglich; (*loyer*) horrend

inacceptable [inaksɛptabl] *adj* nicht akzeptabel; (*projet, proposition*) unannehmbar

inaccessible [inaksesibl] *adj* ❶ (*hors d'atteinte*) unerreichbar; (*sommet*) nicht ersteigbar ❷ (*personne*) unnahbar ❸ (*trop cher*) unerschwinglich

inachevé, e [inaʃ(ə)ve] *adj* unfertig

inactif, -ive [inaktif, -iv] **I.** *adj* ❶ (*oisif*) untätig; (*au repos: personne*) nicht arbeitend

❷ (*inefficace*) unwirksam **II.** *m, f* Nichterwerbstätige(r) *f(m)*

inaction [inaksjɔ̃] *f* Untätigkeit *f*

inactivité [inaktivite] *f* Untätigkeit *f*

inadapté, e [inadapte] *adj* (*médicament*) unwirksam; ~ **à qc** ungeeignet für etw

inadmissible [inadmisibl] *adj* untragbar; **il est ~ que** + *subj* es ist skandalös, dass

inadvertance [inadvɛʀtɑ̃s] *f soutenu* **par ~** versehentlich

inaltérable [inalteʀabl] *adj* unveränderlich

inanimé, e [inanime] *adj* unbelebt

inaperçu, e [inapɛʀsy] *adj* ▶**passer** ~ unbemerkt bleiben

inapplicable [inaplikabl] *adj* ~ **à qc** nicht anwendbar auf etw (*akk*); **cette mesure est ~ à la réalité** diese Maßnahme ist in der Praxis nicht durchführbar

inapproprié, e [inapʀɔpʀije] *adj* ungeeignet

inapte [inapt] *adj* unfähig

inaptitude [inaptityd] *f* Unfähigkeit *f*

inattaquable [inatakabl] *adj* (*personne, point de vue*) unangreifbar; (*argument*) unwiderlegbar; (*jugement, thèse*) unanfechtbar

inattendu, e [inatɑ̃dy] *m* **l'~** das Unerwartete

inattendu, e [inatɑ̃dy] *adj* unerwartet

inattentif, -ive [inatɑ̃tif, -iv] *adj* unaufmerksam

inattention [inatɑ̃sjɔ̃] *f* Unaufmerksamkeit *f*; **faute d'~** Flüchtigkeitsfehler *m*

inaudible [inodibl] *adj* nicht hörbar

inaugural, e [inogyʀal, o] <*aux*> *adj* (*cérémonie, discours*) Eröffnungs-

inauguration [inogyʀasjɔ̃] *f* (*d'une exposition*) feierliche Eröffnung; (*d'une statue, d'un monument*) Enthüllung *f*; (*d'une route, de locaux*) Einweihung *f*

inaugurer [inogyʀe] <1> *vt* (*exposition*) [feierlich] eröffnen; (*monument, plaque commémorative*) enthüllen; (*bâtiment, école, voiture*) einweihen; (*route*) [für den Verkehr] freigeben

inavouable [inavwabl] *adj* nicht hinnehmbar; (*mœurs*) unerhört; (*motifs*) unmoralisch

inavoué, e [inavwe] *adj* (*sentiment, amour*) uneingestanden; (*acte, crime*) nicht gestanden

inca [ɛ̃ka] *adj* **l'Empire** ~ das Reich der Inkas

incalculable [ɛ̃kalkylabl] *adj* beträchtlich; (*nombre*) unermesslich groß

incandescence [ɛ̃kɑ̃desɑ̃s] *f* [Weiß]glühen *nt*

incandescent, e [ɛ̃kɑ̃desɑ̃, ɑ̃t] *adj* [weiß]glühend

incapable [ɛ̃kapabl] **I.** *adj* unfähig; **être ~ de faire qc** nicht fähig sein, etw zu tun **II.** *mf* unfähiger Mensch

incapacité [ɛ̃kapasite] *f* **❶** (*inaptitude*) Unfähigkeit *f*; **être dans l'~ de faire qc** nicht in der Lage sein, etw zu tun **❷** (*convalescence*) ~ **de travail** Arbeitsunfähigkeit *f*

incarcération [ɛ̃kaʀseʀasjɔ̃] *f* Inhaftierung *f*

incarcérer [ɛ̃kaʀseʀe] <5> *vt* inhaftieren

incarnation [ɛ̃kaʀnasjɔ̃] *f* Inkarnation *f*

incarné, e [ɛ̃kaʀne] *adj* fleischgeworden

incarner [ɛ̃kaʀne] <1> *vt* verkörpern

Incas [ɛ̃ka] *mpl* **les** ~ die Inkas

incassable [ɛ̃kasabl] *adj* unzerbrechlich

incendiaire [ɛ̃sɑ̃djɛʀ] *adj* ❶ **bombe** ~ Brandbombe *f* ❷ (*article, discours*) aufwieglerisch

incendie [ɛ̃sɑ̃di] *m* Brand *m* ▶~ **criminel** Brandstiftung *f*

incendier [ɛ̃sɑ̃dje] <1> *vt* ❶ in Brand setzen ❷ *fam* (*engueuler*) anschnauzen

incertain, e [ɛ̃sɛʀtɛ̃, ɛn] *adj* ❶ (*opp: assuré*) unsicher; (*indécis*) unschlüssig ❷ (*douteux*) ungewiss; (*temps*) unbeständig; (*origine*) unbestimmt

incertitude [ɛ̃sɛʀtityd] *f* Ungewissheit *f*; (*d'une personne*) Unsicherheit *f*

incessant, e [ɛ̃sesɑ̃, ɑ̃t] *adj a. antéposé* unaufhörlich; (*réclamations, coups de fil*) ständig; (*bruit, pluie*) anhaltend; (*efforts*) stetig

inceste [ɛ̃sɛst] *m* Inzest *m*

incestueux, -euse [ɛ̃sɛstɥø, -øz] *adj* inzestuös

incidemment [ɛ̃sidamɑ̃] *adv* nebenbei

incident [ɛ̃sidɑ̃] *m* Zwischenfall *m*; ~ **technique** Betriebsstörung *f*; **sans ~** reibungslos ▶**l'~ est clos** der Fall ist erledigt

incinérateur [ɛ̃sineʀatœʀ] *m* Verbrennungsofen *m*

incinération [ɛ̃sineʀasjɔ̃] *f* Verbrennung *f*

incinérer [ɛ̃sineʀe] <5> *vt* (*cadavre*) einäschern

inciser [ɛ̃size] <1> *vt* (*abcès*) aufschneiden

incisif, -ive [ɛ̃sizif, -iv] *adj* bissig

incision [ɛ̃sizjɔ̃] *f a.* MED Einschnitt *m*

incitation [ɛ̃sitasjɔ̃] *f* Ansporn *m*

inciter [ɛ̃site] <1> *vt* ~ **qn à qc** jdn zu etw ermuntern; ~ **qn à l'achat** jdn zum Kaufen verführen

inclinable [ɛ̃klinabl] *adj* verstellbar

inclinaison [ɛ̃klinɛzɔ̃] *f* (*d'une pente, route*) Gefälle *nt*; (*d'un toit, mur*) Schräge *f*

incliné, e [ɛ̃kline] *adj* ❶ (*pente, terrain*) abschüssig; (*toit*) schräg ❷ (*penché*) schief; (*arbre, tête*) geneigt; **~ vers qc** gegen etw geneigt

incliner [ɛ̃kline] <1> **I.** *vt* (*buste*) beugen; (*tête*) neigen; (*bouteille*) schräg halten **II.** *vpr* ❶ (*se courber*) **s'~** sich verneigen ❷ (*céder*) **s'~ devant qn/qc** sich jdm/einer S. beugen

inclure [ɛ̃klyʀ] <irr> *vt* **~ qc dans qc** etw einer S. (*dat*) beifügen

inclus, e [ɛ̃kly, ɛ̃klyz] *adj* einschließlich (*+ gen*); **jusqu'au dix mars ~** bis einschließlich zehnten März

inclusion [ɛ̃klyzjɔ̃] *f* **~ dans qc** Einbeziehung *f* in etw (*akk*)

incognito [ɛ̃kɔɲito] **I.** *adv* inkognito **II.** *m* **garder l'~** sein Inkognito *nt* wahren

incohérence [ɛ̃kɔeʀɑ̃s] *f* ❶ Zusammenhang|s|losigkeit *f* ❷ (*illogisme*) Ungereimtheit *f*; (*contradiction*) Widerspruch *m*

incohérent, e [ɛ̃kɔeʀɑ̃, ɑ̃t] *adj* ungereimt; (*texte, histoire*) unzusammenhängend; (*gestes*) unmotiviert

incollable [ɛ̃kɔlabl] *adj fam* (*imbattable*) unschlagbar

incolore [ɛ̃kɔlɔʀ] *adj* farblos

incomber [ɛ̃kɔ̃be] <1> *vi* **~ à qn** jdm zufallen

incommensurable [ɛ̃kɔmɑ̃syʀabl] *adj* unermesslich

incomparable [ɛ̃kɔ̃paʀabl] *adj* unvergleichlich

incompatibilité [ɛ̃kɔ̃patibilite] *f* ❶ (*contrariété*) Unvereinbarkeit *f* ❷ (*des groupes sanguins*) Unverträglichkeit *f*

incompatible [ɛ̃kɔ̃patibl] *adj* unvereinbar; (*groupes sanguins*) unverträglich; **~ avec qc** unvereinbar mit etw

incompétence [ɛ̃kɔ̃petɑ̃s] *f* Inkompetenz *f*

incompétent, e [ɛ̃kɔ̃petɑ̃, ɑ̃t] *adj* inkompetent

incomplet, -ète [ɛ̃kɔ̃plɛ, -ɛt] *adj* unvollständig; (*œuvre, travail*) unvollendet

incompréhensible [ɛ̃kɔ̃pʀeɑ̃sibl] *adj* ❶ (*déconcertant*) unverständlich; (*personne*) undurchschaubar ❷ (*impénétrable*) unbegreiflich; (*mystère*) rätselhaft

incompréhensif, -ive [ɛ̃kɔ̃pʀeɑ̃sif, -iv] *adj* verständnislos

incompréhension [ɛ̃kɔ̃pʀeɑ̃sjɔ̃] *f* Unverständnis *nt*

incompressible [ɛ̃kɔ̃pʀesibl] *adj* FIN, JUR nicht einschränkbar

incompris, e [ɛ̃kɔ̃pʀi, iz] *adj* nicht verstanden; (*œuvre d'art*) unverstanden; (*artiste, génie*) verkannt

inconcevable [ɛ̃kɔ̃svabl] *adj* ❶ (*inimaginable*) unvorstellbar ❷ (*incompréhensible*) unbegreiflich ❸ (*incroyable*) unglaublich

inconditionnel, le [ɛ̃kɔ̃disjɔnɛl] *adj* bedingungslos

inconditionnellement [ɛ̃kɔ̃disjɔnɛlmɑ̃] *adv* bedingungslos

inconfortable [ɛ̃kɔ̃fɔʀtabl] *adj* ❶ (*lit, siège*) unbequem ❷ (*situation*) misslich

inconnu [ɛ̃kɔny] *m* **l'~** das Unbekannte

inconnu, e [ɛ̃kɔny] **I.** *adj* ❶ (*ignoré*) unbekannt; **il est ~ ici** er ist hier nicht bekannt ❷ (*nouveau*) unbekannt; (*odeur, parfum*) ungewöhnlich **II.** *m, f* Unbekannte(r) *f(m)*; **devant des ~s** vor Fremden

inconnue [ɛ̃kɔny] *f* MATH Unbekannte *f*

inconsciemment [ɛ̃kɔ̃sjamɑ̃] *adv* unbewusst

inconscience [ɛ̃kɔ̃sjɑ̃s] *f* ❶ (*légèreté*) Leichtsinn *m* ❷ (*irresponsabilité*) Leichtfertigkeit *f*

inconscient [ɛ̃kɔ̃sjɑ̃] *m* PSYCH Unbewusste(s) *nt*

inconscient, e [ɛ̃kɔ̃sjɑ̃, jɑ̃t] **I.** *adj* ❶ (*évanoui*) bewusstlos ❷ (*qui ne se rend pas compte*) leichtsinnig ❸ (*machinal, irréfléchi*) unbewusst **II.** *m, f* Leichtsinnige(r) *f(m)*

inconséquence [ɛ̃kɔ̃sekɑ̃s] *f* Inkonsequenz *f*

inconséquent, e [ɛ̃kɔ̃sekɑ̃, ɑ̃t] *adj* inkonsequent

inconsidéré, e [ɛ̃kɔ̃sideʀe] *adj* unbesonnen

inconsistant, e [ɛ̃kɔ̃sistɑ̃, ɑ̃t] *adj* (*argumentation*) nicht stichhaltig

inconsolable [ɛ̃kɔ̃sɔlabl] *adj* **~ de qc** untröstlich über etw (*akk*)

inconstant, e [ɛ̃kɔ̃stɑ̃, ɑ̃t] *adj* wankelmütig

incontestable [ɛ̃kɔ̃tɛstabl] *adj* unbestreitbar; (*principe, droit*) unbestritten; (*fait, preuve*) nicht zu leugnen; **il est ~ que ...** es ist nicht zu leugnen, dass ...

incontestablement [ɛ̃kɔ̃tɛstabləmɑ̃] *adv* zweifellos

incontesté, e [ɛ̃kɔ̃tɛste] *adj* unbestritten; (*champion, leader*) unangefochten; (*personne*) allgemein anerkannt

incontinent, e [ɛ̃kɔ̃tinɑ̃, ɑ̃t] *adj* an Inkontinenz leidend

incontournable [ɛ̃kɔ̃tuʀnabl] *adj* unvermeidlich; (*fait, exigence*) unumgänglich; **qn/qc est ~** an jdm/etw kommt niemand vorbei

incontrôlable [ɛ̃kɔ̃tʀolabl] *adj* ❶ (*invérifiable*) nicht nachprüfbar ❷ (*irrépressible*) unkontrollierbar; (*envie, passion*) unbezwingbar; (*attirance*) unwiderstehlich; (*mouvement*) unwillkürlich ❸ (*ingouvernable*) unkontrollierbar

inconvenant, e [ɛ̃kɔ̃v(ə)nɑ̃, ɑ̃t] *adj* (*conduite, proposition*) unpassend

inconvénient [ɛ̃kɔ̃venjɑ̃] *m* ❶ (*opp: avantage*) Nachteil *m* ❷ *gén pl* (*conséquence fâcheuse*) unangenehme Folge ❸ (*obstacle*) l'~, c'est que ... das Problem ist, dass ...

incorporation [ɛ̃kɔʀpɔʀasjɔ̃] *f* (*annexion*) Eingliederung *f*

incorporé, e [ɛ̃kɔʀpɔʀe] *adj* TECH eingebaut

incorporer [ɛ̃kɔʀpɔʀe] <1> *vt* GASTR, TECH (*sucre*) beimengen; (*blancs battus en neige*) unterheben

incorrect, e [ɛ̃kɔʀɛkt] *adj* ❶ (*expression, style*) nicht richtig; (*montage*) fehlerhaft ❷ (*inconvenant*) unpassend; (*langage, ton*) unangemessen ❸ (*impoli*) ungehörig

incorrigible [ɛ̃kɔʀiʒibl] *adj a. antéposé* unverbesserlich

incorruptible [ɛ̃kɔʀyptibl] *adj* unbestechlich

incrédule [ɛ̃kʀedyl] *adj* ungläubig

increvable [ɛ̃kʀəvabl] *adj* ❶ *fam* (*personne*) nicht kleinzukriegen; (*appareil, voiture*) unverwüstlich ❷ (*pneu*) pannensicher

incriminer [ɛ̃kʀimine] <1> *vt* beschuldigen

incroyable [ɛ̃kʀwajabl] *adj a. antéposé* unglaublich

incroyablement [ɛ̃kʀwajabləmɑ̃] *adv* unglaublich

incrustation [ɛ̃kʀystasjɔ̃] *f* INFORM Pop-up-Menü *nt*

incruster [ɛ̃kʀyste] <1> **I.** *vt* ART **~ qc de diamants** etw mit Diamanten verzieren; **être incrusté de qc** mit etw eingelegt sein **II.** *vpr* ❶ *fam* (*s'installer à demeure*) **s'~** sich einnisten ❷ (*adhérer fortement*) **s'~** (*odeur*) sich festsetzen

incubation [ɛ̃kybasjɔ̃] *f* Bebrütung *f*

inculpation [ɛ̃kylpasjɔ̃] *f* JUR Anklagepunkt *m*

inculpé, e [ɛ̃kylpe] *m, f* JUR Angeklagte(r) *f(m)*

inculper [ɛ̃kylpe] <1> *vt* **~ qn de qc** gegen jdn Anklage wegen einer S. (*gen*) erheben

inculquer [ɛ̃kylke] <1> *vt* **~ qc à qn** jdm etw einprägen

inculte [ɛ̃kylt] *adj* brachliegend

incurable [ɛ̃kyʀabl] *adj* unheilbar

incurvé, e [ɛ̃kyʀve] *adj* gebogen

Inde [ɛ̃d] *f* **l'~** Indien *nt*

indécence [ɛ̃desɑ̃s] *f* Anstößigkeit *f*

indécent, e [ɛ̃desɑ̃, ɑ̃t] *adj* anstößig; (*personne*) schamlos

indéchiffrable [ɛ̃deʃifʀabl] *adj* nicht zu entziffern

indécis, e [ɛ̃desi, iz] *adj* ❶ (*hésitant*) unentschlossen ❷ (*douteux*) unentschieden

indécision [ɛ̃desizjɔ̃] *f* Unentschlossenheit *f*

indéfendable [ɛ̃defɑ̃dabl] *adj* nicht zu verteidigen

indéfini, e [ɛ̃defini] *adj* ❶ (*indéterminé*) unbestimmt ❷ (*espace, nombre*) unbegrenzt

indéfiniment [ɛ̃definimɑ̃] *adv* auf unbegrenzte Zeit

indéfinissable [ɛ̃definisabl] *adj* undefinierbar; (*émotion, malaise*) unerklärlich

indéformable [ɛ̃defɔʀmabl] *adj* formbeständig

indélébile [ɛ̃delebil] *adj* ❶ (*ineffaçable*) nicht zu entfernen; (*couleur*) waschecht ❷ (*souvenir*) unauslöschlich

indemne [ɛ̃dɛmn] *adj* unversehrt; **sortir ~ de l'accident** bei dem Unfall nicht verletzt werden

indemnisation [ɛ̃dɛmnizasjɔ̃] *f* Schaden[s]ersatz *m;* (*dédommagement versé par l'État*) Entschädigung *f*

indemniser [ɛ̃dɛmnize] <1> *vt* ❶ (*rembourser*) **~ qn de qc** jdm etw erstatten ❷ (*compenser*) **~ qn pour qc** jdm Schaden[s]ersatz für etw leisten; (*État*) jdn für etw entschädigen; (*assurances, assureur*) [jdm] den Schaden für etw zahlen

indemnité [ɛ̃dɛmnite] *f* ❶ (*réparation*) Schaden[s]ersatz *m;* (*payé par l'État*) Entschädigung *f;* (*forfait*) Abfindung *f* ❷ (*prime*) Zulage *f;* **~ de chômage/logement** Arbeitslosen-/Wohnungsgeld *nt;* (*d'un maire, conseiller régional*) Bezüge *Pl;* (*journalière*)

Krankengeld *nt;* (*en cas de maternité*) Mutterschaftshilfe *f*

indépendamment [ɛ̃depɑ̃damɑ̃] *adv* ▶~ **de qc** (*outre*) zusätzlich zu etw; (*sans dépendre de*) unabhängig von etw

indépendance [ɛ̃depɑ̃dɑ̃s] *f* Unabhängigkeit *f*

indépendant, e [ɛ̃depɑ̃dɑ̃, ɑ̃t] *adj* ❶ (*libre*) unabhängig; (*qui se débrouille tout seul*) selb|st|ständig; (*qui est son propre maître*) eigenständig ❷ (*à son compte*) selb|st|ständig; (*artiste, architecte*) freischaffend; (*collaborateur, journaliste*) frei

indépendantiste [ɛ̃depɑ̃dɑ̃tist] *adj* POL separatistisch

indescriptible [ɛ̃dɛskriptibl] *adj a. antéposé* unbeschreiblich

indésirable [ɛ̃dezirabl] *adj* unerwünscht

indestructible [ɛ̃dɛstryktibl] *adj* unzerstörbar; (*liaison, amour*) dauerhaft

indétermination [ɛ̃detɛrminasjɔ̃] *f* Unentschlossenheit *f*

indéterminé, e [ɛ̃detɛrmine] *adj* unbestimmt; (*date*) nicht festgesetzt

indétrônable [ɛ̃detronablə] *adj* unschlagbar

index [ɛ̃dɛks] *m* ❶ (*doigt*) Zeigefinger *m* ❷ (*table alphabétique*) Verzeichnis *nt*

indexation [ɛ̃dɛksasjɔ̃] *f* ECON, FIN Indexierung *f*

indexer [ɛ̃dɛkse] <1> *vt* ECON, FIN ~ **qc sur qc** etw an etw (*akk*) koppeln

indicateur, -trice [ɛ̃dikatœr, -tris] *adj* (*panneau*) Hinweis-

indicatif [ɛ̃dikatif] *m* ❶ TELEC Vorwahl|nummer *f*| *f;* **l'~ de la France** die Vorwahl von Frankreich ❷ LING Indikativ *m*

indicatif, -ive [ɛ̃dikatif, -iv] *adj* ❶ annähernd; **à titre ~** zur Kenntnisnahme ❷ LING **mode ~** Indikativ *m*

indication [ɛ̃dikasjɔ̃] *f* ❶ (*information*) Hinweis *m* ❷ (*prescription*) Anweisung *f*

indice [ɛ̃dis] *m* ❶ (*signe*) Anzeichen *nt;* (*constatation*) Indiz *nt* ❷ (*trace*) Spur *f* ❸ (*preuve*) Beweis *m;* JUR Indiz *nt* ❹ ECON, FIN Indexzahl *f;* ~ **des prix** Preisindex *m*

indien, ne [ɛ̃djɛ̃, jɛn] *adj* ❶ (*d'Inde*) indisch ❷ (*d'Amérique*) indianisch

Indien, ne [ɛ̃djɛ̃, jɛn] *m, f* ❶ (*habitant de l'Inde*) Inder(in) *m(f)* ❷ (*indigène d'Amérique*) Indianer(in) *m(f);* (*d'Amérique du Sud*) Indio/Indiofrau *m/f*

indifféremment [ɛ̃diferamɑ̃] *adv* in gleicher Weise

indifférence [ɛ̃diferɑ̃s] *f* ❶ (*insensibilité*) Gleichgültigkeit *f* ❷ (*apathie*) Desinteresse *nt* ❸ (*détachement*) Teilnahmslosigkeit *f*

indifférent, e [ɛ̃diferɑ̃, ɑ̃t] *adj* I. ❶ (*attitude, personne*) gleichgültig; **être ~ à qc** einer S. (*dat*) gleichgültig gegenüberstehen; **laisser qn ~** jdn unberührt lassen ❷ (*égal*) **être ~ à qn** jdm gleichgültig sein II. *m, f* Gleichgültige(r) *f(m)*

indigène [ɛ̃diʒɛn] *adj* ❶ einheimisch ❷ (*opp: blanc*) eingeboren

indigeste [ɛ̃diʒɛst] *adj* schwer verdaulich

indigestion [ɛ̃diʒɛstjɔ̃] *f* Magenverstimmung *f;* **avoir une ~ de qc** sich (*dat*) mit etw den Magen verdorben haben (*fam*)

indignation [ɛ̃diɲasjɔ̃] *f* Empörung *f*

indigne [ɛ̃diɲ] *adj* ❶ (*qui ne mérite pas*) **être ~ de qn/qc** jds/einer S. nicht würdig sein ❷ (*inconvenant*) **être ~ de qn** (*attitude, sentiment*) unter jds Würde (*dat*) sein ❸ (*odieux*) unwürdig

indigné, e [ɛ̃diɲe] *adj* **~ de qc** entrüstet über etw (*akk*)

indigner [ɛ̃diɲe] <1> I. *vt* empören II. *vpr* **s'~ contre qn/contre** [*o de*] **qc** sich über jdn/etw empören; **s'~ de faire qc/**[**de ce**] **que** + *subj* sich darüber entrüsten, etw zu tun/dass

indigo [ɛ̃digo] *m* Indigo *m o nt*

indiqué, e [ɛ̃dike] *adj* ❶ (*conseillé*) ratsam ❷ (*adéquat*) geeignet ❸ (*fixé*) angegeben; (*date*) festgelegt

indiquer [ɛ̃dike] <1> *vt* ❶ (*désigner*) zeigen; **~ qc** (*horloge*) etw anzeigen; **~ qn/qc de la main** mit dem Finger auf jdn/etw deuten ❷ (*dire*) **~ à qn qc** jdm etw angeben ❸ (*révéler*) **~ qc/que** auf etw (*akk*) hinweisen/darauf hinweisen, dass ❹ (*marquer*) kennzeichnen

indirect, e [ɛ̃dirɛkt] *adj* indirekt

indirectement [ɛ̃dirɛktəmɑ̃] *adv* indirekt

indiscipliné, e [ɛ̃disipline] *adj* undiszipliniert

indiscret, -ète [ɛ̃diskrɛ, -ɛt] *adj* ❶ (*yeux, personne*) neugierig ❷ (*bavard*) indiskret II. *m, f* Neugierige(r) *f(m)*

indiscrétion [ɛ̃diskresjɔ̃] *f* Indiskretion *f;* **commettre beaucoup d'~s** sehr indiskret sein

indiscutable [ɛ̃diskytabl] *adj* (*fait*) unumstößlich; (*succès, réalité*) unbestreitbar; (*témoignage*) hieb- und stichfest; **il est ~ que ...** es besteht kein Zweifel darüber, dass ...

indiscutablement [ɛ̃diskytabləmɑ̃] *adv* zweifellos

indispensable [ɛ̃dispɑ̃sabl] **I.** *adj* unbedingt notwendig; (*précautions*) unerlässlich; (*devoir*) unvermeidlich; (*objet, personne*) unentbehrlich; **il est ~ de faire qc/que qn fasse qc** man muss unbedingt etw tun/es muss unbedingt etw getan werden; **~ à qn/qc** für jdn unentbehrlich/für etw unerlässlich **II.** *m* l'~ das Nötigste

indisponibilité [ɛ̃dispɔnibilite] *f* (*d'une personne*) mangelnde Verfügbarkeit

indisponible [ɛ̃dispɔnibl] *adj* nicht verfügbar

indisposé, e [ɛ̃dispoze] *adj* unpässlich

indisposition [ɛ̃dispozisjɔ̃] *f* Unpässlichkeit *f*

indissociable [ɛ̃disɔsjabl] *adj* untrennbar

indistinct, e [ɛ̃distɛ̃, ɛ̃kt] *adj* (*murmure, vision*) undeutlich; (*objet, voix*) nicht deutlich wahrnehmbar

indistinctement [ɛ̃distɛ̃ktəmɑ̃] *adv* (*prononcer, apercevoir*) undeutlich

individu [ɛ̃dividy] *m* Person *f*, Individuum *nt*

individualisation [ɛ̃dividɥalizasjɔ̃] *f* Individualisierung *f*

individualiser [ɛ̃dividɥalize] <1> *vt* (*particulariser*) voneinander unterscheiden

individualisme [ɛ̃dividɥalism] *m* Individualismus *m*

individualiste [ɛ̃dividɥalist] *mf* ❶ Individualist(in) *m(f)* ❷ *péj* Egozentriker(in) *m(f)*

individualité [ɛ̃dividɥalite] *f* ❶ (*personnalité*) Persönlichkeit *f* ❷ (*caractère*) Individualität *f*

individuel, le [ɛ̃dividɥɛl] *adj* persönlich; (*propriété*) Privat-; (*responsabilité, initiative*) eigen; (*épreuve, réclamation*) einzeln; (*cas*) Einzel-; **maison ~le** Einfamilienhaus *nt*; **sport ~** Einzelwettkampf *m*

individuellement [ɛ̃dividɥɛlmɑ̃] *adv* einzeln

indivisible [ɛ̃divizibl] *adj* unteilbar

Indochine [ɛ̃dɔʃin] *f* HIST l'~ Indochina *nt*

indo-européen, ne [ɛ̃dɔœʀɔpeɛ̃, ɛn] *adj* indogermanisch

indolence [ɛ̃dɔlɑ̃s] *f* Trägheit *f*

indolent, e [ɛ̃dɔlɑ̃, ɑ̃t] *adj* träge; (*caractère*)

phlegmatisch

indolore [ɛ̃dɔlɔʀ] *adj* schmerzlos; **être ~** nicht wehtun

indomptable [ɛ̃dɔ̃tabl] *adj* unzähmbar

Indonésie [ɛ̃donezi] *f* l'~ Indonesien *nt*

indubitable [ɛ̃dybitabl] *adj* unzweifelhaft

indubitablement [ɛ̃dybitabləmɑ̃] *adv* ganz ohne Zweifel

induction [ɛ̃dyksjɔ̃] *f* Induktion *f*

induire [ɛ̃dɥiʀ] <irr> *vt* **~ qn à faire qc** jdn dazu treiben, etw zu tun

indulgence [ɛ̃dylʒɑ̃s] *f* Nachsicht *f*

indulgent, e [ɛ̃dylʒɑ̃, ʒɑ̃t] *adj* nachsichtig; **être ~ envers l'accusé** gegenüber dem Angeklagten Milde walten lassen

industrialisation [ɛ̃dystʀijalizasjɔ̃] *f* Industrialisierung *f*

industrialiser [ɛ̃dystʀijalize] <1> *vt* industrialisieren

industrie [ɛ̃dystʀi] *f* ❶ ECON Industrie *f* ❷ (*secteur spécialisé*) -industrie *f*; **~ cinématographique** Filmgewerbe *nt*

industriel, le [ɛ̃dystʀijɛl] **I.** *adj* industriell; (*activité, secteur*) Industrie-; **véhicule ~** Nutzfahrzeug *nt*; (*pain*) industriell hergestellt; **le design ~** das Industriedesign **II.** *m, f* Industrielle(r) *f(m)*

industriellement [ɛ̃dystʀijɛlmɑ̃] *adv* (*fabriqué*) industriell

inébranlable [inebʀɑ̃labl] *adj* unerschütterlich; (*résolution*) fest

inédit [inedi] *m* ❶ unveröffentlichtes Werk ❷ (*chose nouvelle*) Neuheit *f*

inédit, e [inedi, it] *adj* ❶ (*non publié*) unveröffentlicht ❷ (*nouveau*) ganz neu

ineffaçable [inefasabl] *adj* ❶ (*empreinte, trace, couleur*) nicht zu entfernen ❷ (*souvenir*) unvergesslich

inefficace [inefikas] *adj* unwirksam; (*démarche*) erfolglos; (*employé*) unfähig; (*machine*) nicht leistungsfähig

inefficacité [inefikasite] *f* Wirkungslosigkeit *f*; (*d'une démarche, d'un secours*) Erfolglosigkeit *f*

inégal, e [inegal, o] < -aux> *adj* ❶ (*différent*) ungleich ❷ (*changeant*) **être d'une humeur ~** unausgeglichen sein

inégalable [inegalabl] *adj* (*qualité*) unerreichbar

inégalé, e [inegale] *adj* unerreicht

inégalement [inegalmɑ̃] *adv* ungleich

inégalitaire [inegalitɛʀ] *adj* **une société ~**

eine Gesellschaft, die große soziale Unterschiede aufweist

inégalité [inegalite] *f* Ungleichheit *f*; (*des forces*) Missverhältnis *nt*

inéluctable [inelyktabl] *adj* unausweichlich

inéluctablement [inelyktabləmɑ̃] *adv* unausweichlich

ineptie [inɛpsi] *f* Dummheit *f*

inépuisable [inepɥizabl] *adj* unerschöpflich; (*source*) nie versiegend; (*terre*) dauerhaft fruchtbar

inerte [inɛʀt] *adj* (*corps*) leblos

inertie [inɛʀsi] *f* a. PHYS Trägheit *f*

inespéré, e [inɛspere] *adj* ❶ (*secours, succès*) unverhofft ❷ (*profit*) unerwartet hoch; (*résultat*) unerwartet gut

inestimable [inɛstimabl] *adj* unschätzbar; (*objet*) von unschätzbarem Wert

inévitable [inevitabl] **I.** *adj* ❶ (*certain, fatal*) unvermeidlich; (*accident*) unabwendbar ❷ (*nécessaire*) unvermeidbar; (*opération*) unumgänglich; **il est ~ que** + *subj* es ist nicht zu vermeiden, dass ❸ *antéposé iron* (*habituel*) unvermeidlich **II.** *m* l'~ das Unvermeidliche

inévitablement [inevitabləmɑ̃] *adv* zwangsläufig

inexact, e [inɛgzakt] *adj* ❶ (*calcul, résultat*) ungenau; (*théorie*) unrichtig ❷ (*traduction, récit*) ungenau; **non, c'est ~** = nein, das stimmt nicht ❸ (*opp: ponctuel: personne*) unpünktlich

inexactitude [inɛgzaktityd] *f* ❶ (*caractère erroné*) Unrichtigkeit *f* ❷ (*manque de précision*) Ungenauigkeit *f*

inexcusable [inɛkskyzabl] *adj* unverzeihlich; (*personne*) nicht zu entschuldigen

inexistant, e [inɛgzistɑ̃, ɑ̃t] *adj* ❶ (*qui n'existe pas*) nicht vorhanden ❷ *péj* (*nul*) bedeutungslos; (*résultat*) gleich null; (*aide*) unnütz

inexorable [inɛgzɔʀabl] *adj* unerbittlich

inexorablement [inɛgzɔʀabləmɑ̃] *adv* unweigerlich

inexpérimenté, e [inɛkspeʀimɑ̃te] *adj* unerfahren

inexplicable [inɛksplikabl] *adj* unerklärlich

inexpliqué, e [inɛksplike] *adj* nicht geklärt; (*catastrophe, disparition*) nicht aufgeklärt

inexploité, e [inɛksplwate] *adj* (*gisement, richesses*) nicht ausgebeutet; (*talent*) ungenutzt

inexploré, e [inɛksplɔʀe] *adj* unerforscht

inexpressif, -ive [inɛkspʀesif, -iv] *adj* ausdruckslos

inexprimable [inɛkspʀimabl] *adj* unaussprechlich; (*émotion*) unbeschreiblich

in extremis [inɛkstʀemis] **I.** *adv* im letzten Augenblick **II.** *adj inv* (*sauvetage, succès*) in letzter Minute

inextricable [inɛkstʀikabl] *adj* (*affaire*) verzwickt

infaillibilité [ɛ̃fajibilite] *f* Unfehlbarkeit *f*

infaillible [ɛ̃fajibl] *adj* unfehlbar; (*instrument*) zuverlässig; (*signe*) untrüglich

infaisable [ɛ̃fazabl] *adj* nicht machbar

infalsifiable [ɛ̃falsifjabl] *adj* fälschungssicher

infâme [ɛ̃fam] *adj* a. antéposé (*acte, conduite*) schändlich

infamie [ɛ̃fami] *f* Schande *f*

infanterie [ɛ̃fɑ̃tʀi] *f* MIL Infanterie *f*

infantile [ɛ̃fɑ̃til] *adj* kindisch

infantiliser [ɛ̃fɑ̃tilize] <1> *vt* verdummen

infarctus [ɛ̃faʀktys] *m* Infarkt *m*

infatigable [ɛ̃fatigabl] *adj* unermüdlich; (*amour, patience*) unendlich

infect, e [ɛ̃fɛkt] *adj* ❶ widerlich; (*nourriture*) ekelhaft ❷ *fam* (*ignoble*) gemein

infecter [ɛ̃fɛkte] <1> *vpr* s'~ sich entzünden

infectieux, -euse [ɛ̃fɛksjø, -jøz] *adj* ansteckend

infection [ɛ̃fɛksjɔ̃] *f* Entzündung *f*

inférieur, e [ɛ̃feʀjœʀ] *adj* ❶ (*dans l'espace*) untere(r, s); (*lèvre, mâchoire*) Unter- ❷ (*en qualité*) niedriger; **être ~ à qn** jdm unterlegen sein; **être ~ à qc** hinter etw (*dat*) zurückbleiben; **se sentir ~** sich minderwertig fühlen ❸ (*en quantité*) geringer; **~ à qn/qc** geringer als jd/etw; **huit est ~ à dix** acht ist kleiner als zehn; **~ en qc** geringer an etw (*dat*)

infériorité [ɛ̃feʀjɔʀite] *f* ❶ (*moindre force*) Unterlegenheit *f* ❷ (*moindre valeur*) Minderwertigkeit *f*

infernal, e [ɛ̃fɛʀnal, o] < -aux> *adj* ❶ höllisch ❷ (*diabolique*) teuflisch

infester [ɛ̃fɛste] <1> *vt* heimsuchen

infidèle [ɛ̃fidɛl] *adj* ❶ (*perfide*) treulos; **être ~ à qn** jdm untreu sein ❷ (*inexact*) unzuverlässig; (*mémoire*) schlecht; (*narrateur, traduction*) ungenau ❸ REL ungläubig

infidélité [ɛ̃fidelite] *f* ❶ *sans pl* (*déloyauté*) Untreue *f*; (*d'un ami*) Treulosigkeit *f*; REL Unglaube *m* ❷ (*d'un conjoint*) Seitensprung *m*

infiltration [ɛ̃filtʀasjɔ̃] *f* (*d'un liquide*) Einsickern *nt*

infiltrer [ɛ̃filtʀe] <1> **I.** *vt* unterwandern **II.** *vpr* **s'~** eindringen

infime [ɛ̃fim] *adj* winzig [klein]

infini [ɛ̃fini] *m* (*immensité*) Unendlichkeit *f* ▸**à l'~** endlos

infini, e [ɛ̃fini] *adj* (*distance, nombre*) unendlich [groß]; (*étendue, durée, longueur*) endlos; (*reconnaissance*) grenzenlos; (*richesses*) unermesslich

infiniment [ɛ̃finimɑ̃] *adv* ❶ (*sans borne*) unendlich; (*vaste*) grenzenlos; (*plus grand, plus petit*) [unendlich] viel ❷ (*extrêmement*) außerordentlich; (*regretter*) unendlich ❸ (*beaucoup de*) ~ **de tendresse** unendlich viel Zärtlichkeit

infinité [ɛ̃finite] *f* ❶ Unendlichkeit *f* ❷ (*très grand nombre*) **une ~ de choses** eine Unmenge von Dingen

infinitésimal, e [ɛ̃finitezimal, o] <-aux> *adj* (*dose, quantité*) unendlich klein

infinitif [ɛ̃finitif] *m* Infinitiv *m*

infinitif, -ive [ɛ̃finitif, -iv] *adj* **proposition infinitive** Infinitivsatz *m;* **le mode ~** der Infinitiv

infirme [ɛ̃fiʀm] **I.** *adj* behindert **II.** *mf* Behinderte(r) *f(m)*

infirmerie [ɛ̃fiʀməʀi] *f* Krankenstation *f;* (*d'une école*) Krankenzimmer *nt*

infirmier, -ière [ɛ̃fiʀmje, -jɛʀ] *m, f* Krankenpfleger/-schwester *m/f;* **école d'infirmières** Krankenpflegeschule *f*

infirmité [ɛ̃fiʀmite] *f* Behinderung *f*

inflammable [ɛ̃flamabl] *adj* leicht entflammbar

inflammation [ɛ̃flamasjɔ̃] *f* MED Entzündung *f*

inflation [ɛ̃flasjɔ̃] *f* Inflation *f*

inflationniste [ɛ̃flasjɔnist] *adj* inflationistisch

infliger [ɛ̃fliʒe] <2a> *vt* ❶ ~ **une amende à qn pour qc** gegen jdn wegen etw eine Geldbuße verhängen; ~ **un châtiment à qn** jdn züchtigen ❷ (*faire subir*) zufügen; (*coups*) versetzen; (*politique*) auferlegen (*iron*)

influençable [ɛ̃flyɑ̃sabl] *adj* beeinflussbar

influence [ɛ̃flyɑ̃s] *f* ❶ (*effet*) Einfluss *m;* (*des mesures*) [Aus]wirkung *f;* (*d'un médicament*) Wirkung *f;* **sous l'~ de la colère** im Zorn ❷ (*autorité*) Einfluss *m;* **avoir de l'~** einflussreich sein

influencer [ɛ̃flyɑ̃se] <2> *vt* ~ [**qn**] [jdn] beeinflussen

influent, e [ɛ̃flyɑ̃, ɑ̃t] *adj* einflussreich

info [ɛ̃fo] *f fam abr de* **information** Meldung *f;* **les ~s** die Nachrichten

infographiste [ɛ̃fogʀafist] *mf* Computergrafiker(in) *m(f)*

infogroupe [ɛ̃fogʀup] *m* INFORM Newsgroup *f*

informateur, -trice [ɛ̃fɔʀmatœʀ, -tʀis] *m, f* Informant(in) *m(f)*

informaticien, ne [ɛ̃fɔʀmatisjɛ̃, jɛn] *m, f* Informatiker(in) *m(f)*

informatif, -ive [ɛ̃fɔʀmatif, -iv] *adj* informativ

information [ɛ̃fɔʀmasjɔ̃] *f* ❶ (*renseignement*) Information *f,* Auskunft *f;* **prendre des ~s sur qn/qc** Auskünfte über jdn/etw einholen; **une réunion d'~** eine Informationsveranstaltung ❷ *souvent pl* (*nouvelles*) Nachricht *f;* **les ~s routières** Hinweise für Autofahrer ❸ (*ensemble des médias*) Nachrichtenwesen *nt* ❹ *pl* INFORM, TECH Daten *Pl*

informatique [ɛ̃fɔʀmatik] **I.** *adj* **industrie ~** Computerindustrie *f;* **saisie ~** Datenerfassung *f* **II.** *f* Informatik *f,* EDV *f*

informatisation [ɛ̃fɔʀmatizasjɔ̃] *f* (*de l'information*) Computerisierung *f;* (*d'une entreprise*) Umstellung *f* auf EDV

informatisé, e [ɛ̃fɔʀmatize] *adj* **fichier ~** Datei *f;* **système ~** EDV-System; **communication ~e** Computerkommunikation *f*

informatiser [ɛ̃fɔʀmatize] <1> **I.** *vt* (*information, secteur*) computerisieren; (*gestion, entreprise*) auf EDV umstellen **II.** *vpr* **s'~** auf EDV umgestellt werden

informe [ɛ̃fɔʀm] *adj* formlos

informel, le [ɛ̃fɔʀmɛl] *adj* informell

informer [ɛ̃fɔʀme] <1> **I.** *vt, vi* informieren; ~ **qn que ...** jdm mitteilen, dass ... **II.** *vpr* **s'~ de qc** sich über etw (*akk*) informieren; **s'~ sur qn** Erkundigungen über jdn einziehen; **s'~ si ...** fragen, ob ...

infos *fpl* **les ~** *fam* die Nachrichten

infraction [ɛ̃fʀaksjɔ̃] *f* Vergehen *nt;* ~ **à la loi** Gesetzesverstoß *m*

infranchissable [ɛ̃fʀɑ̃fisabl] *adj* unüberwindlich

infrarouge [ɛ̃fʀaʀuʒ] *adj* infrarot

infrastructure [ɛ̃fʀastʀyktyʀ] *f* Infrastruktur *f*

infréquentable [ɛ̃fʀekɑ̃tabl] *adj péj* (*personne*) geächtet

infroissable [ɛ̃fʀwasabl] *adj* knitterfrei
infructueux, **-euse** [ɛ̃fʀyktɥø, -øz] *adj* fruchtlos
infuser [ɛ̃fyze] <1> *vt* (*Tee*) ziehen lassen
infusion [ɛ̃fyzjɔ̃] *f* Kräutertee *m*
ingénierie [ɛ̃ʒeniʀi] *f* Projektplanung *f*
ingénieur [ɛ̃ʒenjœʀ] *mf* Ingenieur(in) *m(f)*
ingénieux, **-euse** [ɛ̃ʒenjø, -jøz] *adj* genial
ingéniosité [ɛ̃ʒenjozite] *f* Genialität *f*
ingénu [ɛ̃ʒeny] *m* Naivling *m*
ingérable [ɛ̃ʒeʀabl] *adj* (*situation*) unkontrollierbar
ingérence [ɛ̃ʒeʀɑ̃s] *f* Einmischung *f*
ingérer [ɛ̃ʒeʀe] <5> *vt* (*médicament*) einnehmen
ingouvernable [ɛ̃guvɛʀnabl] *adj* (*pays, peuple*) unregierbar; (*parlement*) mehrheitsunfähig
ingrat, **e** [ɛ̃gʀa, at] **I.** *adj* ❶ ~ envers qn undankbar jdm gegenüber ❷ (*métier, sujet*) undankbar; (*vie*) mühevoll **II.** *m*, *f* undankbarer Mensch
ingratitude [ɛ̃gʀatityd] *f* Undank *m;* faire preuve d'~ sich als undankbar erweisen
ingrédient [ɛ̃gʀedjɑ̃] *m* (*d'un mélange*) Bestandteil *m;* (*d'une recette*) Zutat *f*
inguérissable [ɛ̃geʀisabl] *adj* unheilbar
ingurgiter [ɛ̃gyʀʒite] <1> *vt* (*nourriture*) hinunterschlingen; (*boisson*) hinunterschütten
inhabitable [inabitabl] *adj* unbewohnbar
inhabité, **e** [inabite] *adj* unbewohnt
inhabituel, **le** [inabitɥɛl] *adj* ungewöhnlich
inhalateur [inalatœʀ] *m* Inhalationsapparat *m*
inhalation [inalasjɔ̃] *f* Einatmen *nt*
inhaler [inale] <1> *vt* einatmen
inhibition [inibisjɔ̃] *f* Hemmung *f*
inhospitalier, **-ière** [inɔspitalje, -jɛʀ] *adj* ungastlich; (*lieu*) unwirtlich; (*peuple*) wenig gastfreundlich
inhumain, **e** [inymɛ̃, ɛn] *adj* unmenschlich
inimaginable [inimaʒinabl] *adj* unvorstellbar
inimitable [inimitabl] *adj* unnachahmlich
inintéressant, **e** [inɛ̃teʀesɑ̃, ɑ̃t] *adj* uninteressant
ininterrompu, **e** [inɛ̃teʀɔ̃py] *adj* ununterbrochen; (*vacarme*) ständig; (*sommeil*) ungestört; (*spectacle*) ohne Unterbrechung
initial, **e** [inisjal, jo] <-aux> *adj* anfänglich; (*cause, état*) ursprünglich; (*choc, feuillets*)

erste(r, s); (*position*) Ausgangs-; (*lettre*) Anfangs-
initiale [inisjal] *f* Anfangsbuchstabe *m;* les ~s Initialen *Pl*
initialement [inisjalmɑ̃] *adv* anfänglich
initialisation [inisjalizasjɔ̃] *f* INFORM Initialisierung *f*
initialiser [inisjalize] <1> *vt* initialisieren
initiation [inisjasjɔ̃] *f* ~ à qc Einführung *f* in etw
initiatique [inisjatik] *adj* être ~ der Einführung dienen
initiative [inisjativ] *f* ❶ (*idée première*) Einfall *m;* de sa/leur propre ~ aus eigenem Antrieb; prendre des ~s die Initiative ergreifen ❷ (*trait de caractère*) Initiative *f;* avoir de l'~ Unternehmungsgeist besitzen
initié, **e** [inisje] *adj* eingeweiht
initier [inisje] <1a> *vt* ❶ ~ qn à un art jdn in eine Kunst einführen ❷ (*impulser*) in die Wege leiten
injecté, **e** [ɛ̃ʒɛkte] *adj* ▶~ de sang (*yeux*) blutunterlaufen
injecter [ɛ̃ʒɛkte] <1> *vt* einspritzen
injection [ɛ̃ʒɛksjɔ̃] *f* (*d'un liquide*) Einspritzen *nt*, Injektion *f*
injure [ɛ̃ʒyʀ] *f* Beleidigung *f*
injurier [ɛ̃ʒyʀje] <1> **I.** *vt* beleidigen **II.** *vpr* s'~ sich beschimpfen
injurieux, **-euse** [ɛ̃ʒyʀjø, -jøz] *adj* beleidigend
injuste [ɛ̃ʒyst] *adj* ungerecht
injustement [ɛ̃ʒystəmɑ̃] *adv* (*à tort*) zu Unrecht
injustice [ɛ̃ʒystis] *f* Ungerechtigkeit *f*
injustifié, **e** [ɛ̃ʒystifje] *adj* ungerechtfertigt
inlassablement [ɛ̃lasabləmɑ̃] *adv* unermüdlich
inné, **e** [i(n)ne] *adj* angeboren
innocemment [inɔsamɑ̃] *adv* in aller Unschuld; (*sans penser à mal*) unschuldig
innocence [inɔsɑ̃s] *f* Unschuld *f;* (*naïveté*) Arglosigkeit *f*
innocent, **e** [inɔsɑ̃, ɑ̃t] **I.** *adj* ❶ (*opp: coupable*) unschuldig ❷ (*anodin*) harmlos; (*jeux, plaisanterie*) unschuldig ❸ (*naïf: personne*) naiv **II.** *m*, *f* Unschuldige(r) *f(m)*
innocenter [inɔsɑ̃te] <1> *vt* ~ qn de vol jdn vom Diebstahl entlasten
innombrable [i(n)nɔ̃bʀabl] *adj* unzählig
innovateur, **-trice** [inɔvatœʀ, -tʀis] **I.** *adj* (*méthode*) neu; (*politique*) der Erneuerung;

I

être ~ innovativ sein **II.** *m, f* Neuerer/ Neuerin *m/f*

innovation [inɔvasjɔ̃] *f* Innovation *f*

innover [inɔve] <1> **I.** *vt* neu einführen **II.** *vi* ~ **en qc** Neuerungen in etw (*dat*) einführen

inoccupé, e [inɔkype] *adj* (*place*) frei; (*maison*) leer

inodore [inɔdɔʀ] *adj* geruchlos

inoffensif, -ive [inɔfɑ̃sif, -iv] *adj* harmlos; (*piqûre*) ungefährlich; (*remède*) unbedenklich

inondable [inɔ̃dabl] *adj* überschwemmungsgefährdet

inondation [inɔ̃dasjɔ̃] *f* Überschwemmung *f*; (*d'un fleuve*) Hochwasser *nt*

inonder [inɔ̃de] <1> *vt* ❶ (*couvrir d'eaux*) überschwemmen; **être inondé** (*personnes*) hochwassergeschädigt sein ❷ (*tremper*) ~ **qn/qc de qc** jdn/etw mit etw überschütten

inopiné, e [inɔpine] *adj* unerwartet

inopinément [inɔpinemɑ̃] *adv* unerwartet

inopportun, e [inɔpɔʀtœ̃, yn] *adj* (*demande*) ungelegen

inoubliable [inublijabl] *adj* unvergesslich

inouï, e [inwi] *adj* unerhört

inoxydable [inɔksidabl] *adj* rostfrei

inqualifiable [ɛ̃kalifjabl] *adj* unbeschreiblich

inquiet, -ète [ɛ̃kjɛ, -ɛt] *adj* ❶ (*anxieux*) beunruhigt; (*caractère, personne*) ängstlich; **ne sois pas** ~ mach dir keine Sorgen; **être** ~ **au sujet de qn/qc** wegen jdm/etw besorgt sein ❷ (*qui dénote l'appréhension*) ängstlich; (*regard, attente*) bang

inquiétant, e [ɛ̃kjetɑ̃, ɑ̃t] *adj* beunruhigend

inquiéter [ɛ̃kjete] <5> **I.** *vt* beunruhigen **II.** *vpr* ❶ (*s'alarmer*) **s'~** sich (*dat*) Sorgen machen ❷ (*se soucier de*) **s'~ de savoir si/ qui** sich (*dat*) Gedanken darüber machen, ob/wer

inquiétude [ɛ̃kjetyd] *f* Beunruhigung *f* kein Pl

inquisiteur, -trice [ɛ̃kizitœʀ, -tʀis] *m, f* péj *a.* HIST, REL Inquisitor(in) *m(f)*

inquisition [ɛ̃kizisjɔ̃] *f* péj *a.* HIST, REL **l'Inquisition** die Inquisition

insalubre [ɛ̃salybʀ] *adj* (*climat*) ungesund; (*quartier*) heruntergekommen

insanité [ɛ̃sanite] *f* **dire des ~s** Unsinn von sich geben

insatiable [ɛ̃sasjabl] *adj* unersättlich; (*soif*) unstillbar; (*curiosité*) nicht zu befriedigen

insatisfaction [ɛ̃satisfaksjɔ̃] *f* ~ **devant qc** Unzufriedenheit *f* mit etw

insatisfait, e [ɛ̃satisfɛ, ɛt] **I.** *adj* ❶ ~ **de qn/ qc** unzufrieden mit jdm/etw ❷ (*inassouvi*) unbefriedigt **II.** *m, f* **un(e) éternel(le)** ~ jd, der ewig unzufrieden ist

inscription [ɛ̃skʀipsjɔ̃] *f* ❶ (*texte*) Inschrift *f*; (*d'un poteau indicateur*) Aufschrift *f* ❷ (*immatriculation*) Anmeldung *f*; ~ **de qn à une école** jds Anmeldung an einer Schule; ~ **de qn à un club** jds Eintritt *m* in einen Club

inscrire [ɛ̃skʀiʀ] <irr> **I.** *vt* ❶ (*noter*) ~ **qc dans un carnet** |sich (*dat*)| etw in einem Heft aufschreiben; ~ **qc sur une enveloppe** etw auf einen Briefumschlag schreiben; **être inscrit dans** [*o* sur] **qc** in etw (*dat*) /auf etw (*dat*) stehen ❷ (*immatriculer*) ~ **qn à une école/dans un club** jdn an einer Schule/in einem Verein anmelden; ~ **qn sur une liste** jdn in eine Liste eintragen; (*pour prendre rendez-vous*) jdn auf einer Liste vormerken; **être inscrit à la faculté** an der Universität eingeschrieben sein **II.** *vpr* ❶ (*s'immatriculer*) **s'~ à une école** sich an einer Schule anmelden; **s'~ à une faculté** sich an einer Universität einschreiben; **s'~ sur une liste** sich in eine Liste eintragen ❷ (*s'insérer dans*) **s'~ dans le cadre de qc** (*décision, projet*) im Rahmen von etw geschehen ❸ (*apparaître*) **s'~ sur l'écran** auf dem Bildschirm erscheinen

inscrit, e [ɛ̃skʀi, it] **I.** *part passé de* **inscrire II.** *adj* (*candidat*) gemeldet; (*député*) zu einer Fraktion gehörig; (*électeur*) in die Wählerliste eingetragen **III.** *m, f* (*sur une liste électorale*) Wahlberechtigte(r) *f(m)*; (*à une faculté*) |immatrikulierter| Student/|immatrikulierte| Studentin

insecte [ɛ̃sɛkt] *m* Insekt *nt*

insecticide [ɛ̃sɛktisid] *m* Insekten|vertilgungs|mittel *nt*

insécurité [ɛ̃sekyʀite] *f* Unsicherheit *f*

insémination [ɛ̃seminasjɔ̃] *f* Befruchtung *f*

insensé, e [ɛ̃sɑ̃se] *adj* absurd; (*acte*) unsinnig ▶**c'est** ~! das ist Unsinn!

insensibilité [ɛ̃sɑ̃sibilite] *f* Unempfindlichkeit *f*

insensible [ɛ̃sɑ̃sibl] *adj* ❶ (*physiquement*) **être** ~ (*personne*) nichts spüren; (*lèvres, membre*) gefühllos sein ❷ (*moralement*) gefühllos

inséparable [ɛ̃sepaʀabl] *adj* (*amis*) unzertrennlich

insérer [ɛ̃seʀe] <5> I. *vt* einfügen II. *vpr* **s'~ dans qc** (*personne*) sich in etw (*akk*) integrieren

insertion [ɛ̃seʀsjɔ̃] *f* Eingliederung *f;* ~ **dans qc** Integration (*akk*) in etw

insidieux, -euse [ɛ̃sidjø, -jøz] *adj* (*maladie*) heimtückisch

insigne [ɛ̃siɲ] *m* Abzeichen *nt*

insignifiance [ɛ̃siɲifjɑ̃s] *f* Bedeutungslosigkeit *f*

insignifiant, e [ɛ̃siɲifjɑ̃, jɑ̃t] *adj* unbedeutend

insinuation [ɛ̃sinɥasjɔ̃] *f* ❶ (*allusion*) Anspielung *f* ❷ (*accusation sournoise*) Unterstellung *f*

insinuer [ɛ̃sinɥe] <1> I. *vt* (*laisser entendre*) andeuten; (*accuser*) unterstellen II. *vpr* ❶ (*pénétrer*) **s'~ dans qc** in etw (*akk*) [ein]dringen ❷ (*se glisser*) **s'~ dans qc** (*personne*) sich durch etw schlängeln

insipide [ɛ̃sipid] *adj* geschmacklos

insistance [ɛ̃sistɑ̃s] *f* Beharrlichkeit *f;* **avec ~** beharrlich

insistant, e [ɛ̃sistɑ̃, ɑ̃t] *adj* dringend; (*ton*) drängend; (*regard*) eindringlich

insister [ɛ̃siste] <1> *vi* ❶ (*s'obstiner*) nicht nachgeben; **n'insistez pas!** Hören Sie auf!; ~ **pour faire qc** darauf bestehen, etw zu tun; ~ **sur qc** auf etw bestehen ❷ (*persévérer*) durchhalten ❸ (*mettre l'accent sur*) ~ **sur qc** etw betonen ▸**sans** ~ ohne besonderen Nachdruck

insolation [ɛ̃sɔlasjɔ̃] *f* Sonnenstich *m*

insolence [ɛ̃sɔlɑ̃s] *f* ❶ (*impertinence*) Frechheit *f;* **avec ~** frech ❷ (*arrogance*) Unverschämtheit *f*

insolent, e [ɛ̃sɔlɑ̃, ɑ̃t] I. *adj* ❶ (*impertinent*) frech ❷ (*provocant*) unverschämt II. *m, f* freche Person

insolite [ɛ̃sɔlit] *adj* (*inhabituel*) ungewöhnlich

insoluble [ɛ̃sɔlybl] *adj* ❶ (*produit*) unlöslich ❷ (*problème*) unlösbar

insolvable [ɛ̃sɔlvabl] *adj* zahlungsunfähig

insomniaque [ɛ̃sɔmnjak] *adj* **être ~** Schlafstörungen haben

insomnie [ɛ̃sɔmni] *f* Schlaflosigkeit *f*

insondable [ɛ̃sɔ̃dabl] *adj* (*abîme*) bodenlos, unermesslich tief

insonore [ɛ̃sɔnɔʀ] *adj* schalldämmend

insonorisé, e [ɛ̃sɔnɔʀize] *adj* schalldicht

insonoriser [ɛ̃sɔnɔʀize] <1> *vt* schalldicht machen

insouciance [ɛ̃susjɑ̃s] *f* Sorglosigkeit *f*

insouciant, e [ɛ̃susjɑ̃, jɑ̃t] *adj* unbekümmert; (*vie*) sorglos

insoumis, e [ɛ̃sumi, iz] *adj* widerspenstig

insoupçonné, e [ɛ̃supsɔne] *adj* ungeahnt

insoutenable [ɛ̃sutnabl] *adj* unerträglich

inspecter [ɛ̃spɛkte] <1> *vt* ❶ (*fonctionnaire*) kontrollieren; ~ **un professeur** den Unterricht eines Lehrers begutachten ❷ (*lieu*) inspizieren

inspecteur, -trice [ɛ̃spɛktœʀ, -tʀis] *m, f* Inspektor(in) *m(f);* ~ **de police** Polizeiinspektor; ~ **du travail** Gewerbeaufsichtsbeamte(r) *m;* ~ **d'Académie** SCOL ≈ Schulamtsdirektor *m*

inspection [ɛ̃spɛksjɔ̃] *f* ❶ (*contrôle*) Kontrolle *f;* (*des lieux*) Inspizierung *f* ❷ (*visite d'un inspecteur*) Inspektion *f;* (*d'un professeur*) [Unterrichts]besuch *m* ❸ (*corps de fonctionnaires*) ~ **des Finances** Finanzaufsichtsbehörde; ~ **du Travail** Gewerbeaufsichtsamt *nt;* ~ **académique** ≈ Oberschulamt *nt;* ~ **générale** SCOL oberste Schulaufsichtsbehörde

inspiration [ɛ̃spiʀasjɔ̃] *f* ❶ (*intuition*) Eingebung *f* ❷ (*poétique*) Inspiration *f;* **avoir de l'~/manquer d'~** Ideen/keine Ideen haben ❸ (*opp: expiration*) Einatmen *nt;* **prendre une grande ~** tief einatmen ▸**d'~ orientale** orientalisch beeinflusst

inspiré, e [ɛ̃spiʀe] *adj* beeinflusst

inspirer [ɛ̃spiʀe] <1> I. *vt* ❶ ANAT einatmen ❷ (*susciter*) ~ **de la confiance** (*personne*) Vertrauen einflößen ❸ (*suggérer*) ~ **une idée à qn** jdn auf eine Idee bringen ❹ (*être à l'origine de*) veranlassen; (*décision*) anregen; (*œuvre*) inspirieren; (*personnage de roman*) als Vorbild dienen für ❺ (*rendre créatif*) inspirieren II. *vpr* **s'~ de qn/qc** sich von jdm/etw inspirieren lassen III. *vi* einatmen

instabilité [ɛ̃stabilite] *f* ❶ Unbeständigkeit *f;* PSYCH Labilität *f;* FIN Schwankungen *Pl* ❷ (*précarité*) Instabilität *f;* (*d'une situation*) Unsicherheit *f*

instable [ɛ̃stabl] *adj* ❶ (*inconstant*) wechselhaft; (*temps*) unbeständig; (*personne*) (*dans son comportement*) unbeständig; (*dans son psychisme*) labil ❷ (*régime politique*) instabil;

(*paix, situation*) unsicher; (*objet*) wackelig

installateur, -trice [ɛ̃stalatœr, -tris] *m, f* Installateur(in) *m(f)*

installation [ɛ̃stalasjɔ̃] *f* ❶ Installation *f*; (*d'une machine*) Montage *f*; (*d'un campement, meuble*) Aufstellen *nt* ❷ *gén pl* (*équipement*) Anlagen *Pl*

installé, e [ɛ̃stale] *adj* ❶ **être bien ~** sich gemütlich eingerichtet haben ❷ (*qui jouit d'une situation confortable*) **c'est un homme ~** er ist ein gemachter Mann; **être ~** sich etabliert haben

installer [ɛ̃stale] <1> **I.** *vt* ❶ (*câbles, tuyaux*) installieren; (*téléphone*) anschließen; (*meuble*) aufstellen ❷ (*caser, loger: chose*) hinstellen; (*personne*) [unter]bringen **II.** *vpr* ❶ (*s'asseoir*) **s'~** sich setzen; (*commodément*) es sich (*dat*) bequem machen ❷ (*se loger*) **s'~** sich einrichten; **s'~ chez qn** sich bei jdm einquartieren ❸ (*s'établir*) **s'~** sich niederlassen; **s'~ à la campagne** aufs Land ziehen

instamment [ɛ̃stamɑ̃] *adv* inständig

instant [ɛ̃stɑ̃] *m* Augenblick *m*, Moment *m*; **à tout ~** ständig; **à l'~** [**même**] (*juste avant*) [gerade] eben; (*juste après*) sofort; **dans un ~** gleich; **dès l'~ où ...** (*puisque*) da ...; (*dès que*) sobald ...; **en un ~** im Nu; **pour l'~** im Moment; **un ~!** einen Augenblick!

instantané, e [ɛ̃stɑ̃tane] *adj* ❶ (*immédiat*) unmittelbar; (*mort*) augenblicklich; (*réponse*) prompt; **être ~** (*réponse*) prompt kommen; (*mort*) sofort eintreten ❷ GASTR (*potage, soupe*) Instant-; (*café*) Pulver-

instantanément [ɛ̃stɑ̃tanemɑ̃] *adv* augenblicklich

instauration [ɛ̃stɔrasjɔ̃] *f* Einführung *f*; (*d'un gouvernement*) Bildung *f*; (*d'un processus*) Einleitung *f*

instaurer [ɛ̃stɔre] <1> **I.** *vt* (*gouvernement*) bilden; (*mode*) kreieren; (*liens*) knüpfen; (*processus*) einleiten **II.** *vpr* **s'~** (*état d'esprit*) sich breit machen; (*doute*) sich einnisten

instigateur, -trice [ɛ̃stigatœr, -tris] *m, f* Initiator(in) *m(f)*; (*d'un complot*) Anstifter(in) *m(f)*

instinct [ɛ̃stɛ̃] *m* Instinkt *m*; (*grégaire, sexuel*) -trieb *m*; **~ maternel** Mutterinstinkt; **d'~** instinktiv

instinctif, -ive [ɛ̃stɛ̃ktif, -iv] *adj* spontan

instinctivement [ɛ̃stɛ̃ktivmɑ̃] *adv* instinktiv

instituer [ɛ̃stitɥe] <1> *vt* (*organisation, ordre*) einführen

institut [ɛ̃stity] *m* Institut *nt*; **Institut de France** die fünf französischen Akademien für Wissenschaft und Kunst; **~ de beauté** Kosmetiksalon *m*

instituteur, -trice [ɛ̃stitytœr, -tris] *m, f* Lehrer(in) *m(f)*; **~ spécialisé** Sonderschullehrer

institution [ɛ̃stitysjɔ̃] *f* Einrichtung *f*; *a.* POL Institution *f*

institutionnaliser [ɛ̃stitysjɔnalize] <1> *vt* institutionalisieren

Institut monétaire européen *m* Europäisches Währungsinstitut

instructeur, -trice [ɛ̃stryktœr, -tris] *m, f a.* MIL Ausbilder(in) *m(f)*

instructif, -ive [ɛ̃stryktif, -iv] *adj* lehrreich

instruction [ɛ̃stryksjɔ̃] *f* ❶ **~ civique** Gemeinschaftskunde *f* ❷ *a.* MIL (*prescription*) Instruktion *f*; ADMIN Verordnung *f*; (*interne*) Dienstanweisung *f* ❸ *gén pl* (*mode d'emploi*) Gebrauchsanweisung *f*

instruit, e [ɛ̃strɥi, it] *adj* gebildet

instrument [ɛ̃strymɑ̃] *m* ❶ (*outil*) Werkzeug *nt* ❷ MUS **~ [de musique]** [Musik]instrument *nt*; **jouer d'un ~** ein [Musik]instrument spielen ❸ (*moyen*) Instrument *nt*, Mittel *nt*

insu [ɛ̃sy] ▶ **à l'~ de qn** (*en cachette*) ohne jds Wissen

insubmersible [ɛ̃sybmɛrsibl] *adj* unsinkbar

insubordination [ɛ̃sybɔrdinasjɔ̃] *f* Ungehorsam *m*

insuccès [ɛ̃syksɛ] *m* Misserfolg *m*

insuffisamment [ɛ̃syfizamɑ̃] *adv* unzureichend

insuffisance [ɛ̃syfizɑ̃s] *f* **~ de qc** Knappheit *f* an etw (*dat*)

insuffisant, e [ɛ̃syfizɑ̃, ɑ̃t] *adj* ❶ (*en quantité*) ungenügend; (*moyens, personnel*) zu wenig; **être ~** nicht ausreichen ❷ (*en qualité*) unzureichend; (*candidat, élève*) zu schwach; (*travail*) ungenügend

insuffler [ɛ̃syfle] <1> *vt* **~ de la peur/du courage à qn** jdm Angst/Mut (*akk*) einflößen

insulaire [ɛ̃sylɛr] *mf* Inselbewohner(in) *m(f)*

insuline [ɛ̃sylin] *f* Insulin *nt*

insultant, e [ɛ̃syltɑ̃, ɑ̃t] *adj* (*paroles, soupçon*) beleidigend; (*ton*) unverschämt

insulte [ɛ̃sylt] *f* Beleidigung *f*

insulter [ɛ̃sylte] <1> *vt* beleidigen

insupportable [ɛ̃sypɔʀtabl] *adj* ❶ (*intolérable*) unerträglich ❷ (*caractère*) unausstehlich

insurgé, e [ɛ̃syʀʒe] *m, f* Aufständische(r) *f(m)*

insurger [ɛ̃syʀʒe] <2a> *vpr* s'~ **contre qn/qc** sich gegen jdn/etw auflehnen

insurmontable [ɛ̃syʀmɔ̃tabl] *adj* unüberwindbar

insurrection [ɛ̃syʀɛksjɔ̃] *f* Aufstand *m*

insurrectionnel, le [ɛ̃syʀɛksjɔnɛl] *adj* (*force*) aufständisch

intact, e [ɛ̃takt] *adj* ❶ (*objet*) unversehrt; (*argent*) vollständig; (*produit*) einwandfrei; (*richesse*) unberührt ❷ (*honneur, réputation*) makellos

intarissable [ɛ̃taʀisabl] *adj* unerschöpflich; (*eau, puits*) nie versiegend

intégral, e [ɛ̃tegʀal, o] <-aux> *adj* vollständig

intégralement [ɛ̃tegʀalmã] *adv* vollständig

intégralité [ɛ̃tegʀalite] *f* Vollständigkeit *f*

intégration [ɛ̃tegʀasjɔ̃] *f* Integration *f*

intègre [ɛ̃tɛgʀ] *adj* (*vie*) ehrenhaft, unbescholten

intégrer [ɛ̃tegʀe] <5> *vpr* s'~ **à qc** (*personne, chose*) sich in etw (*akk*) integrieren

intégrisme [ɛ̃tegʀism] *m* Fundamentalismus *m*

intégriste [ɛ̃tegʀist] *adj* fundamentalistisch

intégrité [ɛ̃tegʀite] *f* (*d'une vie*) Ehrbarkeit *f*

intellect [ɛ̃telɛkt] *m* Intellekt *m*

intellectuel, le [ɛ̃telɛktɥɛl] *adj* intellektuell; (*fatigue, travail*) geistig; (*vie*) Geistes- **II.** *m, f* Intellektuelle(r) *f(m)*

intellectuellement [ɛ̃telɛktɥɛlmã] *adv* intellektuell

intelligemment [ɛ̃teliʒamã] *adv* intelligent

intelligence [ɛ̃teliʒãs] *f* ❶ (*entendement*) Intelligenz *f* ❷ (*discernement*) Klugheit *f*

intelligent, e [ɛ̃teliʒã, ʒãt] *adj* intelligent

intelligible [ɛ̃teliʒibl] *adj* verständlich

intempéries [ɛ̃tãpeʀi] *fpl* schlechtes Wetter

intempestif, -ive [ɛ̃tãpɛstif, -iv] *adj* (*allusion, gaieté*) unpassend

intenable [ɛ̃t(ə)nabl] *adj* ❶ (*intolérable*) unerträglich ❷ (*classe*) aufsässig; (*enfant*) widerspenstig

intendance [ɛ̃tãdãs] *f* Verwaltung *f*

intendant, e [ɛ̃tãdã] *m* ❶ Verwaltungsdirektor(in) *m(f)* ❷ (*régisseur*) Verwalter(in) *m(f)*

intense [ɛ̃tãs] *adj* intensiv; (*joie, chaleur*) groß; (*douleur*) heftig; (*circulation*) dicht

intensément [ɛ̃tãsemã] *adv* intensiv

intensif, -ive [ɛ̃tãsif, -iv] *adj* intensiv

intensification [ɛ̃tãsifikasjɔ̃] *f* Intensivierung *f*; (*d'une lutte*) Verstärkung *f*; (*de la production*) Steigerung *f*

intensifier [ɛ̃tãsifje] <1> **I.** *vt* intensivieren; (*efforts, production*) steigern **II.** *vpr* s'~ an Intensität zunehmen; **le froid s'intensifie** es wird immer kälter

intensité [ɛ̃tãsite] *f* Intensität *f*; **de faible/d'une grande ~** schwach/stark; (*lumière*) schwach/hell; **~ du courant** Stromstärke *f*

intenter [ɛ̃tãte] <1> *vt* JUR **~ un procès contre qn** einen Prozess gegen jdn anstrengen

intention [ɛ̃tãsjɔ̃] *f* Absicht *f*, Intention *f* (*geh*); **avoir l'~ de faire qc** vorhaben, etw zu tun ▶**à l'~ de qn** für jdn [gedacht]

intentionné, e [ɛ̃tãsjɔne] *adj* ▶**être bien/mal ~ à l'égard de qn** jdm wohlgesinnt/übel gesinnt sein

intentionnel, le [ɛ̃tãsjɔnɛl] *adj* absichtlich

intentionnellement [ɛ̃tãsjɔnɛlmã] *adv* absichtlich

interactif, -ive [ɛ̃tɛʀaktif, -iv] *adj* interaktiv

interaction [ɛ̃tɛʀaksjɔ̃] *f* Wechselwirkung *f*; INFORM Dialog *m*

interbancaire [ɛ̃tɛʀbãkɛʀ] *adj* Interbanken-

intercepter [ɛ̃tɛʀsɛpte] <1> *vt* (*objet, personne*) abfangen; (*message radio*) abhören; (*suspect*) stellen; (*véhicule*) anhalten

interchangeable [ɛ̃tɛʀʃãʒabl] *adj* austauschbar

interclasse [ɛ̃tɛʀklas] *m* SCOL kleine Pause

interconnexion [ɛ̃tɛʀkɔnɛksjɔ̃] *f* Zusammenschaltung *f*

intercontinental, e [ɛ̃tɛʀkɔ̃tinãtal, o] <-aux> *adj* interkontinental

interdépendance [ɛ̃tɛʀdepãdãs] *f* (*des peuples, régions*) gegenseitige Abhängigkeit

interdiction [ɛ̃tɛʀdiksjɔ̃] *f* Verbot *nt*; **~ de stationner/de fumer** Parken *nt*/Rauchen *nt* verboten

interdire [ɛ̃tɛʀdiʀ] <irr> **I.** *vt* **~ à qn de faire qc** jdm verbieten, etw zu tun **II.** *vpr* s'~ **qc/de faire qc** sich (*dat*) etw verbieten/es sich (*dat*) verbieten, etw zu tun

interdisciplinaire [ɛ̃tɛʀdisiplinɛʀ] *adj* interdisziplinär

interdit [ɛ̃tɛʀdi] *m* Verbot *nt*

interdit, e [ɛ̃tɛʀdi, it] *adj* verboten; **chantier** ~ Betreten der Baustelle verboten; ~ **à qn** für jdn verboten; ~ **aux moins de 16 ans** frei ab 16; ~ **au public** kein Zutritt; **il est** ~ **à qn de faire qc** es ist jdm verboten, etw zu tun

intéressant, e [ɛ̃teʀesã, ãt] I. *adj* interessant; **il est** ~ **pour qn de faire qc** es lohnt sich für jdn, etw zu tun II. *m, f* **faire l'**~ *péj* sich interessant machen

intéressé, e [ɛ̃teʀese] I. *adj* **❶** (*captivé*) interessiert **❷** (*concerné*) betroffen **❸** (*égoïste*) eigennützig II. *m, f* (*personne concernée*) Betroffene(r) *f(m)*; (*personne qui s'intéresse à qc*) Interessierte(r) *f(m)*

intéressement [ɛ̃teʀɛsmã] *m* Gewinnbeteiligung *f*

intéresser [ɛ̃teʀese] <1> I. *vt* **❶** interessieren; **être intéressé à faire qc** daran interessiert sein, etw zu tun; **rien ne l'intéresse** er/sie interessiert sich für nichts **❷** (*concerner: loi, mesure*) betreffen II. *vpr* **s'**~ **à qn/qc** sich für jdn/etw interessieren

intérêt [ɛ̃teʀɛ] *m* **❶** Interesse *nt*; **avec/sans** ~ interessiert/ohne besonderes Interesse **❷** (*importance*) Bedeutung *f* **❸** (*d'un film, livre*) Reiz *m*; **sans** [**aucun**] ~ (*film, histoire*) [völlig] uninteressant; (*considérations, détail*) [völlig] belanglos **❹** *souvent pl* (*cause*) Interesse *nt*; **dans l'**~ **général** im Sinne des Allgemeinwohls; **défendre les** ~**s de qn** jds Interessen vertreten **❺** (*avantage*) **par** ~ eigennützig; **ne pas voir l'**~ **de faire qc** nicht einsehen, was es bringen soll, etw zu tun (*fam*); **elle a** [**tout**] ~ **à refuser** sie sollte [wirklich] ablehnen **❻** *souvent pl* (*rendement*) Zins *m*; **7 % d'**~ 7 % Zinsen; **avec/sans** ~**s** [~|s] verzinslich/zinslos ▶[**il**] **y a** ~! *fam* (*et comment*) und ob!; (*ça vaut mieux*) das will ich hoffen!

interface [ɛ̃tɛʀfas] *f* INFORM Schnittstelle *f*; ~ **graphique** grafische Benutzeroberfläche; ~ **utilisateur** Benutzeroberfläche *f*

interférence [ɛ̃tɛʀfeʀɑ̃s] *f a.* PHYS Interferenz *f*

interférer [ɛ̃tɛʀfeʀe] <5> *vi* sich gegenseitig schaden; (*domaines*) sich überschneiden

intérieur [ɛ̃teʀjœʀ] *m* **❶** (*opp: extérieur*) Innere(s) *nt*; **à l'**~ (*dedans*) innen; (*dans la maison*) drinnen; **à l'**~ **de** im Innern von/ in; **à l'**~ **d'une noix** im Inneren einer Walnuss **❷** (*d'une maison, d'un magasin*) Innen-

einrichtung *f* **❸** (*logement*) Zuhause *nt;* **femme d'**~ tüchtige Hausfrau *f* **❹** (*ministère*) **à l'Intérieur** im Innenministerium *nt*

intérieur, e [ɛ̃teʀjœʀ] *adj* **❶** (*opp: extérieur*) Innen- **❷** (*affaires*) innere(r,s); (*politique*) Innen-; (*commerce, marché*) Binnen- **❸** (*sentiment, voix*) innere(r, s); (*monde, vie*) Innen-

intérieurement [ɛ̃teʀjœʀmã] *adv* **❶** (*audedans*) innen **❷** (*dans l'esprit*) innerlich

intérim [ɛ̃teʀim] *m* **❶** (*fonction*) Vertretung *f* **❷** (*travail temporaire*) **agence d'**~ Zeitarbeitsagentur *f*

intérimaire [ɛ̃teʀimɛʀ] I. *adj* (*gouvernement*) Übergangs- II. *mf* Zeitarbeitnehmer(in) *m(f)*

interjection [ɛ̃tɛʀʒɛksjõ] *f* Interjektion *f*

interligne [ɛ̃tɛʀliɲ] *m* Zeilenzwischenraum *m*

interlocuteur, -trice [ɛ̃tɛʀlɔkytœʀ, -tʀis] *m, f* Gesprächspartner(in) *m(f)*

interloqué, e [ɛ̃tɛʀlɔke] *adj* fassungslos

interloquer [ɛ̃tɛʀlɔke] <1> *vt* aus der Fassung bringen

intermède [ɛ̃tɛʀmɛd] *m* THEAT, MUS Einlage *f*

intermédiaire [ɛ̃tɛʀmedjɛʀ] I. *adj* Zwischen-; (*époque, solution*) Übergangs- II. *mf* (*médiateur*) Vermittler(in) *m(f)* III. *m* **par l'**~ **de qn/qc** über jdn/etw

interminable [ɛ̃tɛʀminabl] *adj* endlos

intermittence [ɛ̃tɛʀmitãs] *f* **par** ~ ab und zu

intermittent, e [ɛ̃tɛʀmitã, ãt] *m, f* ~ **|du spectacle|** *nicht fest angestellter Beschäftigter beim Theater*

intermittent, e [ɛ̃tɛʀmitã, ãt] *adj* zeitweilig aussetzend

internat [ɛ̃tɛʀna] *m* SCOL Internat *nt*

international, e [ɛ̃tɛʀnasjɔnal, o] <-aux> *adj* international; (*langue, politique*) Welt-; (*communication*) Auslands-

internationalement [ɛ̃tɛʀnasjɔnalmã] *adv* auf internationaler Ebene; (*connu*) international

internationalisation [ɛ̃tɛʀnasjɔnalizasjõ] *f* Internationalisierung *f*

internaute [ɛ̃tɛʀnot] I. *adj* Internet- II. *mf* Surfer(in) *m(f)*

interne [ɛ̃tɛʀn] I. *adj* (*partie*) Innen-; (*structure, hémorragie*) innere(r, s); (*problème, promotion*) intern II. *mf* **❶** SCOL Internatsschüler(in) *m(f)* ❷ MED Assistenzarzt/ ärztin *m/f*

interné, e [ɛ̃tɛʀne] *adj* interniert

internement [ɛ̃tɛʀnəmɑ̃] *m* POL Internierung *f*

Internet [ɛ̃tɛʀnɛt] *m* Internet *nt;* **accéder à** ~ ins Internet kommen

interpellation [ɛ̃tɛʀpelasjɔ̃] *f* (*arrestation*) vorläufige Festnahme (*zur Überprüfung der Personalien*)

interpeller [ɛ̃tɛʀpəle] <1> *vt* ❶ (*police*) zur Überprüfung der Personalien vorübergehend festnehmen ❷ (*apostropher*) ~ **qn** jdm etwas zurufen; (*avec brusquerie*) jdn anfahren

interphone® [ɛ̃tɛʀfɔn] *m* Sprechanlage *f*

interposer [ɛ̃tɛʀpoze] <1> *vt* dazwischen stellen/setzen/legen

interprétariat [ɛ̃tɛʀpʀetaʀja] *m* Dolmetschen *nt*

interprétation [ɛ̃tɛʀpʀetasjɔ̃] *f* ❶ (*explication*) Interpretation *f;* ~ **des rêves** Traumdeutung *f* ❷ (*action de traduire*) Dolmetschen *nt*

interprète [ɛ̃tɛʀpʀɛt] *mf* ❶ MUS Interpret(in) *m(f)* ❷ CINE, THEAT Darsteller(in) *m(f)* ❸ (*traducteur*) Dolmetscher(in) *m(f);* **faire l'**~ dolmetschen ❹ (*porte-parole*) Fürsprecher(in) *m(f)*

interpréter [ɛ̃tɛʀpʀete] <5> *vt* ❶ MUS interpretieren, CINE, THEAT (*personnage*) darstellen; (*rôle*) spielen ❷ (*texte*) interpretieren; (*rêve*) deuten

interro *f* SCOL *fam* Test *m*

interrogateur, -trice [ɛ̃tɛʀɔgatœʀ, -tʀis] *adj* fragend

interrogatif [ɛ̃tɛʀɔgatif] *m* Fragewort *nt*

interrogation [ɛ̃tɛʀɔgasjɔ̃] *f* ❶ (*question*) Frage *f* ❷ SCOL Klassenarbeit *f* ❸ (*action de questionner*) Befragung *f,* Leistungsüberprüfung *f*

interrogatoire [ɛ̃tɛʀɔgatwaʀ] *m* Vernehmung *f*

interrogeable [ɛ̃tɛʀɔʒabl] *adj* ~ **à distance** (*répondeur*) mit Fernabfrage

interroger [ɛ̃tɛʀɔʒe] <2a> **I.** *vt* ❶ (*questionner*) ~ **qn sur un sujet** jdm Fragen über ein Thema stellen; (*pour un sondage*) jdn über ein Thema befragen; (*police*) jdn wegen eines Vorwurfs vernehmen; (*par écrit*) jdn über einen Stoff abfragen; (*par écrit*) jdn eine Arbeit über einen Stoff schreiben

lassen ❷ (*banque de données, répondeur*) abfragen **II.** *vpr* **s'**~ sich fragen; **s'**~ **sur qn/qc** sich (*dat*) Fragen über jdn/etw stellen

interrompre [ɛ̃tɛʀɔ̃pʀ] <irr> **I.** *vt* unterbrechen; (*grossesse*) abbrechen; ~ **qn dans un discours** jdn bei einer Rede unterbrechen; **être interrompu** (*trafic*) zum Erliegen gekommen sein **II.** *vpr* **s'**~ (*personne*) innehalten

interrupteur [ɛ̃tɛʀyptœʀ] *m* Schalter *m*

interruption [ɛ̃tɛʀypsjɔ̃] *f* (*arrêt définitif*) Abbruch *m;* (*arrêt provisoire*) Unterbrechung *f;* ~ |**volontaire**| **de grossesse** Schwangerschaftsabbruch; ~ **médicale de grossesse** medizinisch indizierter Schwangerschaftsabbruch; **sans** ~ ununterbrochen

intersection [ɛ̃tɛʀsɛksjɔ̃] *f* (*de routes*) Kreuzung *f*

interstice [ɛ̃tɛʀstis] *m* Spalt *m*

intervalle [ɛ̃tɛʀval] *m* ❶ (*écart*) Abstand *m;* (*espace de temps*) Zeit|spanne| *f;* **à huit jours d'**~ innerhalb von acht Tagen ❷ MUS Intervall *nt*

intervenant, e [ɛ̃tɛʀvənɑ̃, ɑ̃t] *m, f* (*participant*) Beteiligte(r) *f(m)*

intervenir [ɛ̃tɛʀvəniʀ] <9> *vi* ❶ (*entrer en action*) eingreifen; ~ **dans une affaire** sich in eine Angelegenheit einmischen; ~ **en faveur de qn auprès de qn** sich für jdn bei jdm einsetzen ❷ (*prendre la parole*) sich einschalten ❸ (*survenir: accord*) zustande kommen; (*fait*) eintreten

intervention [ɛ̃tɛʀvɑ̃sjɔ̃] *f* ❶ (*action*) Eingreifen; ~ **armée** bewaffnete Intervention ❷ (*prise de parole*) Beitrag *m* ❸ MED Eingriff *m*

interview [ɛ̃tɛʀvju] *f* Interview *nt*

interviewer [ɛ̃tɛʀvjuve] <1> *vt* interviewen

intestin [ɛ̃tɛstɛ̃] *m* Darm *m*

intestinal, e [ɛ̃tɛstinal, o] <-aux> *adj* Darm-

intime [ɛ̃tim] *adj* ❶ intim; (*hygiène, toilette*) Intim-; (*vie*) Privat-; **journal** ~ Tagebuch *nt* ❷ (*atmosphère, lieu*) gemütlich ❸ (*ami*) eng; (*rapports, relations*) intim; (*relation, union*) innig; (*cérémonie*) im engen Kreis

intimement [ɛ̃timmɑ̃] *adv* (*étroitement*) **des idées/personnes** ~ **liées** sehr eng miteinander verknüpfte Gedanken/miteinander befreundete Menschen

intimidation [ɛ̃timidasjɔ̃] *f* Einschüchterung *f*

intimider [ɛ̃timide] <1> vt einschüchtern

intimité [ɛ̃timite] f ❶ (vie privée) Privatleben nt; **dans l'~** privat ❷ (relation étroite) Vertrautheit f

intitulé [ɛ̃tityle] m (d'un livre) Titel m; (d'un texte) Überschrift f

intituler [ɛ̃tityle] <1> I. vt ~ **un livre "Mémoires"** einem Buch den Titel „Memoiren" geben II. vpr **s'~ "Mémoires"** den Titel „Memoiren" tragen

intolérable [ɛ̃tɔleʀabl] adj unerträglich

intolérance [ɛ̃tɔleʀɑ̃s] f Intoleranz f

intolérant, e [ɛ̃tɔleʀɑ̃, ɑ̃t] adj intolerant

intonation [ɛ̃tɔnasjɔ̃] f souvent pl Ton[fall m] m

intouchable [ɛ̃tuʃabl] I. adj fig unantastbar II. mf Unberührbare(r) f(m)

intox [ɛ̃tɔks] f fam abr de **intoxication** Fake m o nt; (fausse information) [gezielte] Fehlinformation f; **faire de l'~** manipulieren

intoxication [ɛ̃tɔksikasjɔ̃] f Vergiftung f

intoxiqué, e [ɛ̃tɔksike] adj **être ~ par un aliment** sich durch ein Nahrungsmittel vergiftet haben; **être ~ par la télé** fernsehsüchtig sein

intoxiquer [ɛ̃tɔksike] <1> vt, vpr |**s'**|**~** [sich] vergiften

intraduisible [ɛ̃tʀadɥizibl] adj unübersetzbar

intraitable [ɛ̃tʀetabl] adj unnachgiebig

intra-muros [ɛ̃tʀamyʀos] adv (habiter, se dérouler) im Stadtzentrum

intramusculaire [ɛ̃tʀamyskylɛʀ] adj intramuskulär

intransigeant, e [ɛ̃tʀɑ̃ziʒɑ̃, ʒɑ̃t] adj (attitude, personne) unnachgiebig; (adversaire) unerbittlich; (morale) starr

intransitif, -ive [ɛ̃tʀɑ̃zitif, -iv] adj intransitiv

intransportable [ɛ̃tʀɑ̃spɔʀtabl] adj (chose) nicht transportabel; (personne) nicht transportfähig

intraveineux, -euse [ɛ̃tʀavɛnø, -øz] adj intravenös

intrépide [ɛ̃tʀepid] adj waghalsig

intrigant, e [ɛ̃tʀigɑ̃, ɑ̃t] m, f Intrigant(in) m(f)

intrigue [ɛ̃tʀig] f ❶ CINE, LITTER, THEAT Handlung f ❷ (manœuvre) Intrige f

intriguer [ɛ̃tʀige] <1> I. vt (travailler qn) beschäftigen; (piquer la curiosité) neugierig machen; **être intrigué** rätseln II. vi intrigieren

introductif, -ive [ɛ̃tʀɔdyktif, -iv] adj einleitend

introduction [ɛ̃tʀɔdyksjɔ̃] f ❶ Einleitung f; **en ~** einleitend ❷ (d'un objet, de nourriture) Einführen nt ❸ (d'une réforme) Einführung f

introduire [ɛ̃tʀɔdɥiʀ] <irr> I. vt ❶ ~ **qn dans une pièce** jdn in ein Zimmer führen; ~ **qn chez une famille** jdn bei einer Familie einführen; ~ **une clé dans qc** einen Schlüssel in etw (akk) stecken; ~ **une pièce de monnaie dans qc** ein Geldstück in etw (akk) werfen ❷ (mode) aufbringen II. vpr ❶ (se faire admettre) **s'~ dans un milieu** sich in einem Umfeld einführen ❷ (s'infiltrer) **s'~ dans une maison** in ein Haus eindringen; **s'~ dans qc** (eau, fumée) in etw (akk) dringen

intronisation [ɛ̃tʀɔnizasjɔ̃] f Inthronisation f

introniser [ɛ̃tʀɔnize] <1> vt inthronisieren

introuvable [ɛ̃tʀuvabl] adj unauffindbar

introverti, e [ɛ̃tʀɔvɛʀti] adj introvertiert

intrus, e [ɛ̃tʀy, yz] m, f Eindringling m ►**cherchez l'~** wer/was gehört nicht dazu?

intrusion [ɛ̃tʀyzjɔ̃] f (dans une maison) Eindringen nt

intuitif, -ive [ɛ̃tɥitif, -iv] adj intuitiv

intuition [ɛ̃tɥisjɔ̃] f Intuition f

intuitivement [ɛ̃tɥitivmɑ̃] adv intuitiv

inusable [inyzabl] adj unverwüstlich

inusité, e [inyzite] adj ungebräuchlich

inutile [inytil] adj nutzlos; (parole, effort) zwecklos; (précaution, alarme) überflüssig; (personne) unnütz; **être ~ à qn** jdm nicht von Nutzen sein; **se sentir ~** sich (dat) überflüssig vorkommen; **il est/n'est pas ~ de faire qc/que** + subj es ist unnötig/es wäre angebracht, etw zu tun/dass; ~ **de te/vous dire que ...** ich brauche dir/Ihnen wohl nicht zu sagen, dass ...

inutilement [inytilmɑ̃] adv (sans utilité) unnötig; (en vain) vergeblich

inutilisable [inytilizabl] adj unbrauchbar; (dont on ne peut se servir) nicht benutzbar

inutilisé, e [inytilize] adj unbenutzt

inutilité [inytilite] f Nutzlosigkeit f

invaincu, e [ɛ̃vɛ̃ky] adj (sportif) ungeschlagen; (sommet) unbezwungen

invalide [ɛ̃valid] I. adj invalid[e]; **personne ~** Invalide mf II. mf Invalide mf

invalidité [ɛ̃validite] f (d'une personne) Erwerbsunfähigkeit f

invariable [ɛ̃vaʀjabl] *adj* (*qui ne change pas*) unverändert; (*qu'on ne peut changer*) unveränderlich

invariablement [ɛ̃vaʀjabləmɑ̃] *adv* unweigerlich

invasion [ɛ̃vazjɔ̃] *f a. fig* Invasion *f*

invendable [ɛ̃vɑ̃dabl] *adj* unverkäuflich

invendu, e [ɛ̃vɑ̃dy] *adj* nicht verkauft

inventaire [ɛ̃vɑ̃tɛʀ] *m* Inventar *nt*; COM Inventur *f*

inventer [ɛ̃vɑ̃te] <1> *vt* erfinden

inventeur, -trice [ɛ̃vɑ̃tœʀ, -tʀis] *m, f* Erfinder(in) *m(f)*

inventif, -ive [ɛ̃vɑ̃tif, -iv] *adj* erfinderisch

invention [ɛ̃vɑ̃sjɔ̃] *f* ❶ Erfindung *f*; (*d'une technique opératoire*) Entwicklung *f*; **de mon/son** ~ von mir/ihm erfunden ❷ (*imagination*) Einfallsreichtum *m*

invérifiable [ɛ̃veʀifjabl] *adj* nicht überprüfbar

inverse [ɛ̃vɛʀs] **I.** *adj* entgegengesetzt; (*phénomène*) gegenläufig **II.** *m* Gegenteil *nt*; **c'est l'~ qui est vrai** in Wahrheit ist es genau umgekehrt; **à l'~** hingegen; **à l'~ de qn/qc** im Gegensatz zu jdm/etw

inversement [ɛ̃vɛʀsəmɑ̃] *adv* hingegen; **et/ou** ~ und/oder umgekehrt

inverser [ɛ̃vɛʀse] <1> **I.** *vt* (*mots, phrases*) umstellen; (*rôles*) tauschen; (*évolution, mouvement*) umkehren **II.** *vpr* **s'~** (*mouvement, tendance*) sich umkehren

inversion [ɛ̃vɛʀsjɔ̃] *f* Umkehrung *f*

invertébré [ɛ̃vɛʀtebʀe] *m* wirbelloses Tier

investir [ɛ̃vɛstiʀ] <8> **I.** *vt, vi a. fig* investieren **II.** *vpr* **s'~ dans qc** sich bei etw engagieren

investissement [ɛ̃vɛstismɑ̃] *m* Investition *f*

investisseur [ɛ̃vɛstisœʀ] *m* Investor(in) *m(f)*

invincible [ɛ̃vɛ̃sibl] *adj* unbesiegbar

inviolable [ɛ̃vjɔlabl] *adj* unantastbar

invisible [ɛ̃vizibl] *adj* unsichtbar; (*phénomène*) nicht wahrnehmbar

invitation [ɛ̃vitasjɔ̃] *f* Einladung *f*; ~ **à une manifestation/au restaurant/à déjeuner** Einladung zu einer Demonstration/ins Restaurant/zum Mittagessen

invite [ɛ̃vit] *m* INFORM Eingabeaufforderung *f*

invité, e [ɛ̃vite] *m, f* Gast *m*

inviter [ɛ̃vite] <1> *vt* ❶ ~ **qn à faire qc** jdn einladen etw zu tun; ~ **qn à un anniversaire** jdn zu einem Geburtstag einladen; ~ **qn à danser/à dîner** jdn zum Tanz auffor-

dern/zum Abendessen einladen ❷ (*prier*) ~ **qn à faire qc** jdn bitten, etw zu tun; (*avec insistance/autorité*) jdn auffordern, etw zu tun

in vitro [invitʀo] *adj adv inv* im Reagenzglas |durchgeführt|

invivable [ɛ̃vivabl] *adj* unerträglich

involontaire [ɛ̃vɔlɔ̃tɛʀ] *adj* (*spectateur, témoin*) unfreiwillig; (*erreur*) unbeabsichtigt; (*mouvement*) unwillkürlich

involontairement [ɛ̃vɔlɔ̃tɛʀmɑ̃] *adv* unabsichtlich

invraisemblable [ɛ̃vʀɛsɑ̃blabl] *adj* unglaubwürdig; (*incroyable*) unglaublich

invulnérable [ɛ̃vylneʀabl] *adj* unverwundbar

iode [jɔd] *m* Jod *nt*

iodé, e [jɔde] *adj* (*eau, air*) jodhaltig

irai [iʀe] *fut de* **aller**

Irak [iʀak] *m* **l'~** der Irak

irakien, ne [iʀakjɛ̃, jɛn] *adj* irakisch

Irakien, ne [iʀakjɛ̃, jɛn] *m, f* Iraker(in) *m(f)*

Iran [iʀɑ̃] *m* **l'~** der Iran

iranien, ne [iʀanjɛ̃, jɛn] *adj* iranisch

Iranien, ne [iʀanjɛ̃, jɛn] *m, f* Iraner(in) *m(f)*

Iraq [iʀak] *m v.* **Irak**

irascible [iʀasibl] *adj* jähzornig

iris [iʀis] *m* ANAT, BOT Iris *f*

irisé, e [iʀize] *adj* schillernd

irlandais, e [iʀlɑ̃dɛ, ɛz] *adj* irisch

Irlandais, e [iʀlɑ̃dɛ, ɛz] *m, f* Ire/Irin *m/f*

Irlande [iʀlɑ̃d] *f* **l'~** Irland *nt*; **l'~ du Nord** Nordirland

ironie [iʀɔni] *f* Ironie *f*

ironique [iʀɔnik] *adj* ironisch

ironiquement [iʀɔnikmɑ̃] *adv* ironisch

ironiser [iʀɔnize] <1> *vi* ~ **sur qn/qc** über jdn/etw spötteln

irradiation [iʀadjasjɔ̃] *f* PHYS Bestrahlung *f*

irradier [iʀadje] <1a> *vi* (*lumière*) strahlen; (*douleur*) ausstrahlen

irrationnel [iʀasjɔnɛl] *m* **l'~** das Irrationale

irrationnel, le [iʀasjɔnɛl] *adj* irrational

irrattrapable [iʀatʀapabl] *adj* nicht wieder gutzumachen

irréalisable [iʀealizabl] *adj* nicht realisierbar

irréalisme [iʀealism] *m* mangelnde Wirklichkeitsnähe

irréaliste [iʀealist] *adj* unrealistisch

irréconciliable [iʀekɔ̃siljabl] *adj* unversöhnlich

irrécupérable [iʀekypeʀabl] *adj* être ~ nicht mehr zu reparieren sein

irrécusable [iʀekyzabl] *adj* (*juge, témoin*) nicht ablehnbar; (*témoignage*) nicht anfechtbar; (*preuve*) unwiderlegbar

irréductible [iʀedyktibl] *adj* (*ennemi, personne*) unbezwingbar

irréel, le [iʀeɛl] *adj* irreal

irréfléchi, e [iʀefleʃi] *adj* unüberlegt; (*personne*) unbesonnen

irréfutable [iʀefytabl] *adj* unwiderlegbar

irrégularité [iʀegylaʀite] *f* ❶ (*inégalité*) Ungleichmäßigkeit *f*; (*des traits*) Unregelmäßigkeit *f*; *pl* (*d'une surface*) Unebenheit *f* ❷ (*d'un élève, d'une équipe*) schwankende Leistungen *Pl* ❸ *gén pl* (*illégalité*) Unregelmäßigkeit *f*; (*d'une situation*) Regelwidrigkeit *f*

irrégulier, -ère [iʀegylje, -ɛʀ] *adj* ❶ unregelmäßig; (*écriture, vitesse*) ungleichmäßig; (*terrain*) uneben; (*effort, travail*) nicht regelmäßig; (*résultats*) schwankend ❷ (*illégal*) regelwidrig; (*procédure*) fehlerhaft; **des opérations irrégulières** Unregelmäßigkeiten *Pl*

irrémédiable [iʀemedjabl] *adj* (*erreur, défaut*) nicht wieder gutzumachen; (*situation*) hoffnungslos

irremplaçable [iʀɑ̃plasabl] *adj* unersetzbar

irréparable [iʀepaʀabl] **I.** *adj* (*objet, machine*) nicht mehr zu reparieren; (*dommage, erreur*) nicht wieder gutzumachen; (*perte*) unersetzbar **II.** *m* l'~ das Schlimmste

irrépressible [iʀepʀesibl] *adj* unbändig

irréprochable [iʀepʀɔʃabl] *adj* einwandfrei; (*vie, mère*) mustergültig

irrésistible [iʀezistibl] *adj* ❶ (*impérieux*) unwiderstehlich; (*désir*) unbändig; (*passion*) unbezähmbar ❷ (*qui fait rire*) sehr lustig; être ~ (*personne*) urkomisch sein

irrésolu, e [iʀezɔly] *adj* (*personne*) unentschlossen; (*problème*) ungelöst

irrespectueux, -euse [iʀɛspɛktyø, -øz] *adj* respektlos; ~ **envers qn** respektlos jdm gegenüber

irrespirable [iʀɛspiʀabl] *adj* unerträglich

irresponsable [iʀɛspɔ̃sabl] **I.** *adj* (*comportement*) unverantwortlich; (*personne*) verantwortungslos **II.** *mf* Verantwortungslose(r) *f(m)*

irréversible [iʀevɛʀsibl] *adj* nicht rückgängig zu machen

irrévocable [iʀevɔkabl] *adj* (*jugement*) unwiderruflich; (*décision*) endgültig

irrigation [iʀigasjɔ̃] *f* Bewässerung *f*

irriguer [iʀige] <1> *vt* AGR bewässern

irritabilité [iʀitabilite] *f* Reizbarkeit *f*

irritable [iʀitabl] *adj* reizbar

irritant, e [iʀitɑ̃, ɑ̃t] *adj* nervtötend

irritation [iʀitasjɔ̃] *f* ❶ (*énervement*) Gereiztheit *f* ❷ MED Reizung *f*

irrité, e [iʀite] *adj* gereizt

irriter [iʀite] <1> *vt* ❶ (*énerver*) ~ **qn** jdm auf die Nerven gehen ❷ MED reizen

irruption [iʀypsjɔ̃] *f* l'~ **de qn dans un lieu** jds plötzliches Auftauchen an einem Ort; **faire** ~ (*personne*) hereinstürmen; (*chose*) hereinbrechen

islam [islam] *m* l'~ der Islam; **l'Islam** die islamische Welt

islamique [islamik] *adj* islamisch

islandais [islɑ̃dɛ] *m* Isländisch *nt*; *v.a.* **allemand**

islandais, e [islɑ̃dɛ, ɛz] *adj* isländisch; *v.a.* **allemand**

Islandais, e [islɑ̃dɛ, ɛz] *m, f* Isländer(in) *m(f)*

Islande [islɑ̃d] *f* l'~ Island *nt*

isocèle [izɔsɛl] *adj* gleichschenklig

isolant [izɔlɑ̃] *m* Isoliermaterial *nt*

isolation [izɔlasjɔ̃] *f* Isolierung *f*

isolé, e [izɔle] *adj* ❶ (*endroit*) abgelegen; (*maison*) einsam gelegen ❷ (*personne*) isoliert; (*bâtiment*) frei stehend ❸ (*unique*) einzeln; **cas** ~ Einzelfall *m*

isolement [izɔlmɑ̃] *m* (*d'une personne*) Einsamkeit *f*; (*d'un lieu, d'une maison*) Abgeschiedenheit *f*; (*d'un détenu, malade*) Isolation *f*

isoler [izɔle] <1> **I.** *vt* ❶ isolieren; **être isolé du reste du monde** (*village*) von der restlichen Welt abgeschieden sein ❷ TECH, ELEC ~ **qc de l'humidité** etw gegen Feuchtigkeit isolieren **II.** *vi* ~ **de qc** (*matériau*) gegen etw isolieren **III.** *vpr* s'~ sich absondern

isoloir [izɔlwaʀ] *m* Wahlkabine *f*

isotherme [izɔtɛʀm] *adj* **bouteille** ~ Thermosflasche® *f*; **sac** ~ Kühltasche *f*

Israël [isʀaɛl] *m* l'~ Israel *nt*

israélien, ne [isʀaeljɛ̃, jɛn] *adj* israelisch

Israélien, ne [isʀaeljɛ̃, jɛn] *m, f* Israeli *mf*

israélite [isʀaelit] **I.** *adj* israelitisch **II.** *mf* Israelit(in) *m(f)*

issu, e [isy] *adj* ~ **de qc** aus etw stammend

issue [isy] *f* ❶ (*sortie, fin*) Ausgang *m;* ~ de secours Notausgang; **voie sans** ~ Sackgasse *f* ❷ (*solution*) Ausweg *m;* sans ~ (*situation*) auswegslos

Italie [itali] *f* l'~ Italien *nt*

italien [italjɛ̃] *m* Italienisch *nt; v.a.* **allemand**

italien, ne [italjɛ̃, jɛn] *adj* italienisch; *v.a.* **allemand**

Italien, ne [italjɛ̃, jɛn] *m, f* Italiener(in) *m(f)*

italique [italik] *m* Kursivschrift *f;* **en** ~ kursiv

itinéraire [itinerɛʀ] *m* ❶ (*parcours*) Route *f* ❷ *fig* Werdegang *m*

itinérant, e [itinerɑ̃, ɑ̃t] *adj* Wander-; **théâtre** ~ Wanderbühne *f*

IUFM [iyɛfɛm] *m abr de* **institut universitaire de formation des maîtres** ≈ PH *f*

IUT [iyte] *m abr de* **institut universitaire de technologie** ≈ TH *f*

ivoire [ivwaʀ] *m* Elfenbein *nt*

ivoirien, ne [ivwaʀjɛ̃, jɛn] *adj der* Elfenbeinküste

Ivoirien, ne [ivwaʀjɛ̃, jɛn] *m, f* Ivorer(in) *m(f)*

ivre [ivʀ] *adj* betrunken

ivresse [ivʀɛs] *f* **en état d'**~ in betrunkenem Zustand

ivrogne [ivʀɔɲ] *mf* Säufer(in) *m(f)* (*pej*)

ivrognerie [ivʀɔɲʀi] *f* Trunksucht *f*

J

J, j [ʒi] *m inv* J *nt,* j *nt*

j' [ʒ] *pron v.* **je**

jacasser [ʒakase] <1> *vi* ❶ (*pie*) schreien ❷ *fam* (*parler*) schnattern

jachère [ʒaʃɛʀ] *f* **être en** ~ brachliegen; **terre en** ~ Brachland *nt*

jacinthe [ʒasɛ̃t] *f* Hyazinthe *f*

jacter [ʒakte] <1> *vi fam* quasseln

jade [ʒad] *m* Jade *m o f*

jadis [ʒadis] *adv* früher

jaguar [ʒagwaʀ] *m* Jaguar *m*

jaillir [ʒajiʀ] <8> *vi* ❶ (*eau*) emporschießen; (*sang*) spritzen; (*flammes*) emporschlagen ❷ (*personne*) plötzlich auftauchen

jais [ʒɛ] *m* MINER Gagat *m* ▶**de** ~ tiefschwarz

jalon [ʒalɔ̃] *m* (*piquet*) Pflock *m*

jalonner [ʒalɔne] <1> *vt* ❶ (*terrain*) abstecken ❷ (*border*) ~ **qc** (*piquets*) etw markieren; (*arbustes*) etw säumen

jalousement [ʒaluzmɑ̃] *adv* ❶ (*avec envie*) neidisch ❷ (*avec soin*) sorgsam

jalouser [ʒaluze] <1> *vt* neidisch sein auf (+ *akk*)

jalousie [ʒaluzi] *f* Eifersucht *f;* (*envie*) Neid *m*

jaloux, -ouse [ʒalu, -uz] **I.** *adj* ❶ (*en amour, amitié*) ~ **de qn** eifersüchtig auf jdn ❷ (*envieux*) ~ **de qn/qc** neidisch auf jdn/etw **II.** *m, f* Eifersüchtige(r) *f(m);* (*envieux*) Neider(in) *m(f)*

jamaïcain, e, jamaïquain, e [ʒamaikɛ̃, ɛn] *adj* jamaikanisch

Jamaïcain, e [ʒamaikɛ̃, ɛn] *m, f* Jamaikaner(in) *m(f)*

Jamaïque [ʒamaik] *f* **la** ~ Jamaika *nt*

jamais [ʒamɛ] *adv* ❶ *avec construction négative* (*en aucun cas*) nie[mals]; *plus* ~ nie wieder ❷ (*seulement*) nur ❸ *avec construction positive ou interrogative* (*un jour*) je-[mals] ❹ (*dans une comparaison*) **pire que** ~ schlimmer als je zuvor

jambe [ʒɑ̃b] *f* Bein *nt* ▶**ça me fait une belle** ~! *iron fam* was nützt mir das schon?

jambière [ʒɑ̃bjɛʀ] *f* Beinschutz *m*

jambon [ʒɑ̃bɔ̃] *m* Schinken *m;* ~ **de Paris** gekochter Schinken; ~ **beurre** *Sandwich mit Butter und gekochtem Schinken*

jambonneau [ʒɑ̃bono] <x> *m* Eisbein *nt*

jante [ʒɑ̃t] *f* Felge *f*

janvier [ʒɑ̃vje] *m* Januar *m; v.a.* **août**

Japon [ʒapɔ̃] *m* **le** ~ Japan *nt*

japonais [ʒapɔnɛ] *m* Japanisch *nt; v.a.* **allemand**

japonais, e [ʒapɔnɛ, ɛz] *adj* japanisch; *v.a.* **allemand**

Japonais, e [ʒapɔnɛ, ɛz] *m, f* Japaner(in) *m(f)*

jappement [ʒapmɑ̃] *m* Kläffen *nt kein Pl*

japper [ʒape] <1> *vi* kläffen

jaquette [ʒakɛt] *f* ❶ (*d'un livre*) Umschlag *m* ❷ COUT Cut *m*

jardin [ʒaʀdɛ̃] *m* Garten *m;* ~ **public** Park *m* ▶~ **secret** tiefste(s) Innere(s)

jardinage [ʒaʀdinaʒ] *m* Gartenarbeit *f*

jardiner [ʒaʀdine] <1> *vi* im Garten arbeiten

jardinet [ʒaʀdinɛ] *m* Gärtchen *nt*

J

jardinier, -ière [ʒaʀdinje, -jɛʀ] **I.** *adj* (*plante*) Garten- **II.** *m, f* Gärtner(in) *m(f)*
jardinière [ʒaʀdinjɛʀ] *f* Blumenkasten *m*
jargon [ʒaʀgɔ̃] *m péj* ❶ (*charabia*) Kauderwelsch *nt* ❷ (*langue technique*) Jargon *m*
jarre [ʒaʀ] *f* Tonkrug *m*
jarret [ʒaʀɛ] *m* Kniekehle *f*
jarretelle [ʒaʀtɛl] *f* Straps *m*
jarretière [ʒaʀtjɛʀ] *f* Strumpfband *nt*
jars [ʒaʀ] *m* Gänserich *m*
jaser [ʒaze] <1> *vi* klatschen
jauge [ʒoʒ] *f* ~ **d'essence** Benzinuhr *f;* ~ |de niveau| **d'huile** Ölstandanzeiger *m*
jauger [ʒoʒe] <2a> *vt* ❶ TECH messen ❷ (*apprécier*) einschätzen
jaunâtre [ʒonɑtʀ] *adj* gelblich
jaune [ʒon] **I.** *adj* gelb **II.** *m* ❶ (*couleur*) Gelb *nt;* ~ **pâle/foncé** Blass-/Dunkelgelb; ~ **paille** Strohgelb ❷ (*partie d'un œuf*) Eigelb *nt* **III.** *adv* ▸**rire** ~ gezwungen lachen
jaunir [ʒoniʀ] <8> **I.** *vi* gelb werden; (*papier*) vergilben **II.** *vt* ~ **qc** (*lumière*) etw vergilben; (*nicotine*) etw gelb färben
jaunisse [ʒonis] *f* Gelbsucht *f*
jaunissement [ʒonismɑ̃] *m* Gelbwerden *nt*
java [ʒava] *f für den „bal musette"\ (typischer Tanz* ▸**faire** la ~ *fam* einen draufmachen
javel [ʒavɛl] *f sans pl* Chlorbleiche *f*
javelliser [ʒavelize] <1> *vt* (*eau*) chloren
javelot [ʒavlo] *m* Speer *m*
jazz [dʒaz] *m* Jazz *m*
jazzman [dʒazman] <s> *m* Jazzmusiker *m*
je [ʒə, ʒ] <j'> *pron pers* ich; **moi,** ~ **m'appelle Jean** ich heiße Jean
jean [dʒin] *m* ❶ (*tissu*) Jeansstoff *m* ❷ *sing o pl* (*pantalon*) Jeans *Pl*
je-m'en-foutisme [ʒ(ə)mɑ̃futism] *m sans pl fam* Wurstigkeit *f* ▸**je-m'en-foutiste** [ʒ(ə)mɑ̃futist] *inv* **I.** *adj fam* **elle est plutôt** ~ ihr ist alles Wurscht **II.** *mf fam jd dem alles egal ist*
je-ne-sais-quoi [ʒən(ə)sɛkwa] *m inv* **un** ~ ein Ich-weiß-nicht-was *nt*
jérémiade [ʒeʀemjad] *f souvent pl, fam* Gejammer *nt kein Pl*
jerrican[e], jerrycan [(d)ʒeʀikan] *m* Benzinkanister *m*
jersey [ʒɛʀzɛ] *m* Jersey *m*
Jersey [ʒɛʀzɛ] **l'île de** ~ die Insel Jersey
jésuite [ʒezɥit] *m* Jesuit *m*
jet [ʒɛ] *m* ❶ (*d'un tuyau*) Düse *f;* ~ **d'eau** Fontäne *f* ❷ (*action*) Werfen *nt;* (*d'un filet*)

Auswerfen; **d'un seul** ~ aus einem Guss ❸ (*résultat*) Wurf *m;* (*d'une bombe*) Abwurf
jetable [ʒ(ə)tabl] *adj* Wegwerf-
jeté [ʒ(ə)te] *m* ❶ (*action*) Werfen *nt* ❷ (*résultat*) Wurf *m*
jetée [ʒ(ə)te] *f* |Hafen|mole *f*
jeter [ʒ(ə)te] <3> **I.** *vt* ❶ (*lancer*) werfen ❷ (*projeter*) schleudern; ~ **les dés** würfeln ❸ (*donner: à qn*) zuwerfen; (*à un animal*) vorwerfen ❹ (*sonde*) auswerfen; (*bouée*) auslegen ❺ (*se débarrasser de*) wegwerfen; (*liquide*) weggießen; (*lest*) abwerfen ❻ *fam* (*employé*) feuern ❼ (*répandre*) ~ **le discrédit sur qn** jdn in Verruf bringen ▸~ **un |coup d'|œil à qn** jdm einen Blick zuwerfen; (*pour surveiller*) ein Auge auf jdn haben **II.** *vpr* ❶ (*s'élancer*) **se** ~ sich stürzen; **se** ~ **en arrière** zurückspringen; **se** ~ **à genoux/à plat ventre** sich auf die Knie/flach hinwerfen; **se** ~ **au cou de qn** jdm um den Hals fallen; **se** ~ **à l'eau** sich ertränken ❷ (*déboucher*) **se** ~ **dans qc** in etw (*akk*) münden
jeton [ʒ(ə)tɔ̃] *m* ❶ JEUX Jeton *m;* (*à la roulette*) Chip *m* ❷ TELEC Telefonmünze *f* ▸**faux** ~ *fam* falscher Fuffziger; **avoir les** ~**s** *fam* Muffe haben
jeu [ʒø] <x> *m* ❶ Spiel *nt;* **terrain de** ~**x** Spielplatz *m;* SPORT Spielfeld *nt* ❷ (~ *d'argent*) ~ **de hasard** Glücksspiel *nt* ❸ (*série*) ~ **de clés** Satz *m* Schlüssel ❹ (*action facile*) **c'est un** ~ **d'enfant** das ist [doch] kinderleicht ▸**les forces |mises| en** ~ die betroffenen Kräfte; **jouer franc** ~ mit offenen Karten spielen; **être vieux** ~ von gestern sein (*fam*); **mettre sa vie en** ~ sein Leben aufs Spiel setzen
jeu-concours [ʒøkɔ̃kuʀ] <jeux-concours> *m* Preisausschreiben *nt*
jeudi [ʒødi] *m* Donnerstag *m;* ~ **saint** Gründonnerstag; *v.a.* **dimanche**
jeun [ʒœ̃] ▸**à** ~ nüchtern; **à prendre à** ~ auf nüchternen Magen einnehmen
jeune [ʒœn] **I.** *adj* ❶ (*opp: vieux*) jung; (*enfant*) klein; **ma** ~ **sœur** meine kleine Schwester ❷ (*inexpérimenté*) unerfahren ❸ *postposé* (*comme un jeune*) jugendlich; **faire** ~ jung aussehen ❹ *postposé* (*vin*) jung **II.** *mf* ❶ junger Mann/junge Frau *m/f* ❷ *pl* Jugendliche *mf*
jeûne [ʒøn] *m* Fasten *nt*

Der **Jeûne fédéral** ist der eidgenössische Dank-, Buß- und Bettag, der seit 1832 jeweils am dritten Sonntag im September begangen wird. Kinos und sonstige Vergnügungseinrichtungen haben an diesem Tag verkürzte Öffnungszeiten. Traditionell wird an diesem Tag Zwetschgentorte gegessen.

jeûner [ʒøne] <1> *vi* fasten

jeunesse [ʒœnɛs] *f* ❶ Jugend *f* ❷ (*d'un vin*) junges Alter

jeunot, te [ʒœno, ɔt] I. *adj* reichlich jung II. *m, f fam* junges Bürschchen/junges Ding *m/f*

JO [ʒio] *mpl abr de* **Jeux olympiques** Olympische Spiele *Pl*

joaillerie [ʒɔajʀi] *f* ❶ (*bijouterie*) Juweliergeschäft *nt* ❷ (*art, métier*) Juwelierhandwerk *nt*

joaillier, -ière [ʒɔaje, -jɛʀ] *m, f* Juwelier(in) *m(f)*

job [dʒɔb] *m fam* Job *m*

jobard, e [ʒɔbaʀ, aʀd] I. *adj* (*personne*) einfältig; (*air*) dämlich II. *m, f* Trottel *m*

jockey [ʒɔkɛ] *m* Jockei *m*, Jockey *m*

Joconde [ʒɔkɔ̃:d(ə)] *f* la ~ die Mona Lisa

jogger [(d)ʒɔge] <1> *vi* SPORT joggen

joggeur [(d)ʒɔgœʀ] *m* Sportschuh *m* mit dicker Sohle

joggeur, -euse [(d)ʒɔgœʀ] *m, f* Jogger(in) *m(f)*

jogging [(d)ʒɔgiŋ] *m* ❶ (*footing*) Jogging *nt*; **faire du ~** joggen ❷ (*survêtement*) Jogginganzug *m*

joie [ʒwa] *f* ❶ (*bonheur*) Freude *f*; **être fou de ~** außer sich vor Freude sein; **pleurer de ~** vor Freude weinen ❷ *pl* (*plaisirs*) Freuden *Pl* (*geh*) ►**c'est pas la ~!** *fam* da gibt's nichts zu lachen!

joindre [ʒwɛ̃dʀ] <irr> I. *vt* ❶ (*faire se toucher*) zusammenfügen; (*mains*) falten; **~ à qc** an etw (*akk*) fügen ❷ (*relier*) miteinander verbinden ❸ (*ajouter*) **~ qc à un dossier** einer Akte etw beifügen; **~ le geste à la parole** seinen Worten Taten folgen lassen ❹ (*personne*) erreichen II. *vpr* **se ~ à qn/qc** sich jdm/einer S. anschließen; **se ~ à une conversation** sich an einer Unterhaltung (*dat*) beteiligen

joint [ʒwɛ̃] *m* ❶ (*espace*) Fuge *f* ❷ (*d'un couvercle, d'un robinet*) Dichtung *f*

joint, e [ʒwɛ̃, ɛ̃t] I. *part passé de* **joindre** II. *adj* ❶ (*mains*) gefaltet; (*pieds*) geschlossen ❷ (*efforts*) gemeinsam; (*compte*) Gemeinschafts- ❸ (*ajouté*) beigefügt; **pièce ~e** Anlage *f*

jointure [ʒwɛ̃tyʀ] *f* ❶ ANAT Gelenk *nt* ❷ TECH Fuge *f*

joint-venture [dʒɔjntvɛntʃœʀ] <joint-ventures> *f* Joint-Venture *nt*

jojo [ʒoʒo] I. *m* ►**un affreux ~** ein ganz übler Bursche II. *adj inv, fam* **ne pas être ~** nicht gerade umwerfend sein

joli, e [ʒɔli] *adj* ❶ (*agréable*) hübsch; (*vêtement, chanson*) nett; (*voix*) angenehm; (*objet*) schön ❷ (*considérable*) beachtlich ❸ *iron* **c'est du ~!** das ist ja reizend! (*fam*)

joliment [ʒɔlimɑ̃] *adv* ❶ (*agréablement*) nett ❷ (*très*) ganz schön (*fam*)

jonc [ʒɔ̃] *m* Binse *f*

joncher [ʒɔ̃ʃe] <1> *vt* bedecken; (*lit*) verstreut liegen auf (+ *dat*)

jonction [ʒɔ̃ksjɔ̃] *f* (*de routes*) Einmündung *f*; (*de fleuves*) Zusammenfluss *m*; (*de voies ferrées*) Weiche *f*

jongler [ʒɔ̃gle] <1> *vi* jonglieren

jonglerie [ʒɔ̃gləʀi] *f péj* (*manœuvre*) Hokuspokus *m*

jongleur, -euse [ʒɔ̃glœʀ, -øz] *m, f* Jongleur(in) *m(f)*

jonque [ʒɔ̃k] *f* Dschunke *f*

jonquille [ʒɔ̃kij] *f* Osterglocke *f*

Jordanie [ʒɔʀdani] *f* **la ~** Jordanien *nt*

jordanien, ne [ʒɔʀdanjɛ̃, jɛn] *adj* jordanisch

Jordanien, ne [ʒɔʀdanjɛ̃, jɛn] *m, f* Jordanier(in) *m(f)*

jouable [ʒwabl] *adj* (*faisable*) machbar

joual [ʒwal] *m* Frankokanadisch *nt*; *v.a.* **allemand**

joual, e [ʒwal] <s> *adj* frankokanadisch; *v.a.* **allemand**

joue [ʒu] *f* Backe *f*

jouer [ʒwe] <1> I. *vi* ❶ spielen; **à toi/vous de ~!** du bist/ihr seid dran! ❷ *fig* **c'est pour ~** das sollte ein Scherz sein ❸ SPORT **~ au foot** Fußball spielen ❹ MUS **~ du piano** Klavier spielen ❺ THEAT, CINE spielen ❻ FIN **~ à la bourse** an der Börse spekulieren ❼ (*miser*) **~ sur qc** auf etw (*akk*) setzen ❽ (*risquer*) **~ avec sa santé** mit seiner Gesundheit spielen ►**bien joué!** gut so!; **~ serré** höllisch aufpassen II. *vt* ❶ JEUX (*carte*) [aus]spielen; (*pion*) ziehen [mit]; **je**

joue atout cœur Herz ist Trumpf ❷ *fig* (*revanche*) geben ❸ (*miser*) setzen auf (+ *akk*) ❹ (*sa tête*) riskieren; (*sa réputation*) aufs Spiel setzen ❺ MUS [vor]spielen ❻ THEAT, CINE (*pièce, rôle*) spielen ❼ (*feindre*) ~ **la comédie** Theater spielen ▶ **rien** n'est encore **joué** noch ist nichts entschieden III. *vpr* **se** ~ (*avenir*) sich entscheiden

jouet [ʒwɛ] *m* Spielzeug *nt;* **des** ~**s** Spielsachen *Pl*

joueur, -euse [ʒwœʀ, -øz] I. *adj* (*animal, enfant*) verspielt II. *m, f* JEUX, SPORT Spieler(in) *m(f);* **être mauvais** ~ ein schlechter Verlierer sein

joufflu, e [ʒufly] *adj* pausbäckig

joug [ʒu] *m* AGR Joch *nt*

jouir [ʒwiʀ] <8> *vi* ❶ ~ **de la vie** das Leben genießen ❷ (*disposer de*) ~ **de privilèges** Privilegien genießen; ~ **d'un bien** Inhaber *m* eines Gutes sein; ~ **d'une fortune** vermögend sein ❸ (*sexuellement*) einen Orgasmus haben

jouissance [ʒwisãs] *f* ❶ (*plaisir*) Vergnügen *nt* ❷ (*usage*) Nutzung *f* ❸ (*orgasme*) Orgasmus *m*

joujou [ʒuʒu] <x> *m enfantin* Spielzeug *nt*

jour [ʒuʀ] *m* ❶ (*24 heures*) Tag *m;* **par** ~ täglich; **tous les** ~**s** jeden Tag ❷ (*opp: nuit*) Tag *m;* **être de** ~ Tagdienst haben ❸ (*opp: obscurité*) Tageslicht *nt;* **il fait** ~ es ist hell ❹ (*jour précis*) Tag *m;* **le** ~ **J** der Tag X; **les** ~**s de marché** an Markttagen; **plat du** ~ Tagessesen; **goût du** ~ Zeitgeist ❺ (*période vague*) **à ce** ~ bis heute; **un de ces** ~**s** demnächst; **de nos** ~**s** heutzutage; **l'autre** ~ *fam* neulich; **un** ~ **ou l'autre** früher oder später ❻ *pl, soutenu* (*vie*) **finir ses** ~**s à l'hospice** sein Leben im Altersheim beenden; **vieux** ~**s** Alter *nt* ❼ (*interstice*) Spalte *f* ▶ au **grand** ~ in aller Öffentlichkeit; **mettre** qc **à** ~ etw auf den neuesten Stand bringen; **voir le** ~ geboren werden

journal [ʒuʀnal, o] <-aux> *m* ❶ (*quotidien, bureaux*) Zeitung *f* ❷ (*hebdomadaire*) Zeitschrift *f* ❸ (*mémoire*) ~ **intime** Tagebuch *nt;* ~ **de bord** NAUT Logbuch *nt* ❹ MEDIA ~ **télévisé** [Fernseh]nachrichten *Pl*

journalier, -ière [ʒuʀnalje, -jɛʀ] *adj* täglich; (*salaire, gain*) Tages-

journalisme [ʒuʀnalism] *m* Journalismus *m*

journaliste [ʒuʀnalist] *mf* Journalist(in) *m(f)*

journalistique [ʒuʀnalistik] *adj* Zeitungs-, journalistisch

journée [ʒuʀne] *f* ❶ Tag *m;* **pendant la** ~ tagsüber ❷ (*temps de travail*) Arbeitstag *m;* ~ **de 8 heures** Achtstundentag *m*

journellement [ʒuʀnɛlmã] *adv* täglich

joute [ʒut] *f* ❶ SPORT ~ **nautique** Fischerstechen *nt* ❷ (*rivalité*) ~ **oratoire** Wortgefecht *nt*

jouvence [ʒuvãs] *f* **cure/eau de** ~ Verjüngungskur *f/*-elixier *nt*

jovial, e [ʒɔvjal] *adj* heiter

jovialement [ʒɔvjalmã] *adv* heiter; (*saluer*) freundlich

jovialité [ʒɔvjalite] *f* Heiterkeit *f*

joyau [ʒwajo] <x> *m* ❶ Juwel *nt* ❷ *fig* Kleinod *nt*

joyeusement [ʒwajøzmã] *adv* fröhlich

joyeux, -euse [ʒwajø, -jøz] *adj* (*chant*) fröhlich; (*personne*) vergnügt; (*compagnie*) lustig; **joyeuse fête!** frohes Fest!; ~ **anniversaire!** herzlichen Glückwunsch zum Geburtstag!

joystick [ʒɔjstik] *m* Joystick *m*

JT [ʒite] *m fam abr de* **journaux télévisés** [Fernseh]nachrichten *Pl*

jubilation [ʒybilasjɔ̃] *f* Jubel *m*

jubilé [ʒybile] *m* fünfzigjähriges [Dienst]jubiläum

jubiler [ʒybile] <1> *vi* sich unheimlich freuen (*fam*)

jucher [ʒyʃe] <1> I. *vt* ~ **sur** qc [hoch] oben auf etw (*akk*) stellen II. *vpr* **se** ~ **sur** qc sich [hoch] oben auf etw (*akk*) setzen

judaïque [ʒydaik] *adj* jüdisch; (*loi*) mosaisch

judaïsme [ʒydaism] *m* Judaismus *m*

judas [ʒyda] *m* ARCHIT Spion *m*

judiciaire [ʒydisjɛʀ] *adj* ❶ (*autorité*) Justiz-; (*police*) Kriminal- ❷ (*erreur*) Justiz-; (*casier*) Straf-

judicieusement [ʒydisjøzmã] *adv* sinnig; (*employer son temps*) sinnvoll; (*conseiller*) klug

judicieux, -euse [ʒydisjø, -jøz] *adj* klug; (*raisonnement*) stichhaltig

judo [ʒydo] *m* Judo *nt*

judoka [ʒydoka] *mf* Judoka *m*

juge [ʒyʒ] *m* Richter(in) *m(f);* **Madame le** ~ Frau Richterin; ~ **des enfants** Jugendrichter; ~ **de commune** CH (*dans le canton de Valois*) Friedensrichter (CH); ~ **de paix** CH (*dans les cantons de Fribourg, Genève et Vaud*) Friedensrichter (CH) ▶**je vous laisse**

~ ich überlasse es Ihnen

jugé [ʒyʒe] *m* ▶**au** ~ nach Augenmaß; (*environ*) ungefähr

juge-arbitre [ʒyʒaʀbitʀ] <juges-arbitres> *m* Schiedsrichter(in) *m(f)*

jugement [ʒyʒmɑ̃] *m* ❶ *a.* JUR Urteil *nt;* **faire passer qn en** ~ jdn vor Gericht stellen ❷ (*discernement*) Urteilsvermögen *nt*

jugeote [ʒyʒɔt] *f fam* Grips *m*

juger [ʒyʒe] <2a> I. *vt* ❶ JUR ~ **qn pour vol** jdn wegen Diebstahls verurteilen; ~ **qn coupable** jdn für schuldig befinden ❷ (*arbitrer*) entscheiden ❸ (*livre, situation*) beurteilen II. *vi* ❶ JUR entscheiden ❷ (*estimer*) **à en ~ par qc** nach etw zu urteilen III. *vpr* **se ~ incapable** sich für unfähig halten

juif, -ive [ʒɥif, -iv] *adj* jüdisch; (*quartier*) Juden-

Juif, -ive [ʒɥif, -iv] *m, f* Jude/Jüdin *m/f*

juillet [ʒɥijɛ] *m* Juli *m; v.a.* **août**

juin [ʒɥɛ̃] *m* Juni *m; v.a.* **août**

jules [ʒyl] *m fam* (*amoureux*) Kerl *m*

julienne [ʒyljɛn] *f* Julienne[suppe *f*] *f*

jumeau, -elle [ʒymo, -ɛl] <x> I. *adj* Zwillings-; **des lits ~x** zwei Einzelbetten II. *m, f* Zwilling *m;* (*frère*) Zwillingsbruder *m;* (*sœur*) Zwillingsschwester *f*

jumelage [ʒymlaʒ] *m* Partnerschaft *f*

jumeler [ʒymle] <3> *vt* POL **être jumelées** Partnerstädte sein

jumelles [ʒymɛl] *fpl* OPT Fernglas *nt*

jument [ʒymɑ̃] *f* Stute *f*

jumping [dʒœmpiŋ] *m* Springreiten *nt*

jungle [ʒɔ̃gl] *f* Dschungel *m*

junior [ʒynjɔʀ] I. *adj* (*catégorie*) Junioren- II. *mf* Junior(in) *m(f)*

junkie [dʒœnki] *mf fam* Junkie *m*

junte [ʒœ̃t] *f* Junta *f*

jupe [ʒyp] *f* Rock *m*

jupe-culotte [ʒypkylɔt] <jupes-culottes> *f* Hosenrock *m* **jupe-portefeuille** [ʒyppɔʀtəfœj] *f* Wickelrock *m*

jupette [ʒypɛt] *f* Röckchen *m*

Jupiter [ʒypitɛʀ] *m* ASTRO, HIST Jupiter *m*

jupon [ʒypɔ̃] *m* Unterrock *m*

Jura [ʒyʀa] *m* **le** ~ der Jura

jurassien, ne [ʒyʀasjɛ̃, jɛn] *adj* Jura-; **montagne ~ne** Jura *m*

jurassique [ʒyʀasik] *adj* GEO **période** ~ Jura *m*

juré, e [ʒyʀe] I. *adj* (*ennemi*) erklärt II. *m, f* JUR Geschworene(r) *f(m)*

jurer [ʒyʀe] <1> I. *vt* ❶ ~ **à qn de faire qc/que** jdm schwören, etw zu tun/, dass ❷ (*se promettre*) ~ **de se venger** Rache schwören ❸ (*croire*) **j'aurais juré que ...** ich hätte geschworen, dass ... ▶**je te** [*o* **vous**] **jure!** *fam* also ehrlich! II. *vi* ❶ (*pester*) ~ **contre qn/qc** über jdn/etw fluchen ❷ (*détonner*) ~ **avec qc** nicht zu etw passen ❸ (*affirmer*) ~ **de qc** etw beteuern III. *vpr* ❶ sich (*dat*) schwören ❷ (*décider*) **se ~ de faire qc** sich (*dat*) fest vornehmen, etw zu tun

juridique [ʒyʀidik] *adj* ❶ (*judiciaire*) gerichtlich ❷ (*qui a rapport au droit*) juristisch; (*statut*) rechtlich

juridiquement [ʒyʀidikmɑ̃] *adv* ❶ (*en justice*) gerichtlich ❷ (*légalement*) juristisch gesehen

jurisprudence [ʒyʀispʀydɑ̃s] *f* Rechtsprechung *f*

juriste [ʒyʀist] *mf* Jurist(in) *m(f)*

juron [ʒyʀɔ̃] *m* Fluch *m*

jury [ʒyʀi] *m* ❶ JUR Geschworene(n) *Pl* ❷ SPORT, ART Jury *f* ❸ SCOL, UNIV Prüfungskommission *f*

jus [ʒy] *m* ❶ Saft *m* ❷ *fam* (*café*) Kaffee *m*

jusqu'au-boutiste [ʒyskobutist] I. *adj* **qn est ~** jd geht immer aufs Ganze (*fam*); **politique ~** Durchhaltepolitik *f* II. *mf* Hardliner *m*

jusque [ʒysk] <jusqu'> I. *prép* ❶ (*limite de lieu*) bis; **jusqu'à 3000 m** bis auf 3000 m; **jusqu'aux genoux** bis zu den Knien; **jusqu'ici** bis hierher; **~-là** bis dorthin; **jusqu'où** bis wohin ❷ (*limite de temps*) bis; **jusqu'à maintenant** bis jetzt; **jusqu'à midi/au soir** bis Mittag/bis zum Abend; **jusqu'à quand?** bis wann?; **jusqu'alors** bis zu jenem Tag; **jusqu'au moment où** solange bis; **jusqu'en mai** bis Mai; **jusqu'ici** bis heute; **~-là** bis dahin ❸ (*y compris*) sogar; **tous jusqu'au dernier** alle ohne Ausnahme; **~ dans** sogar im/in der ❹ (*au plus*) **jusqu'à dix personnes** bis zu zehn Personen ❺ (*limite*) **jusqu'à quel point** wie sehr; **~-là** so weit; **jusqu'où** wie weit; **il va jusqu'à prétendre que ...** er geht so weit zu behaupten, dass ... II. *conj* **jusqu'à ce que** + *subj* bis

justaucorps [ʒystokɔʀ] *m* SPORT Body[suit] *m*

juste [ʒyst] I. *adj* ❶ (*équitable*) gerecht;

J

(*condition*) fair; **ce n'est pas ~** es ist ungerecht ❷ *antéposé* (*fondé*) berechtigt ❸ (*vêtement*) zu kurz; (*trop étroit*) zu eng ❹ (*à peine suffisant*) knapp ❺ (*exact*) richtig; (*heure*) genau; **c'est ~!** das stimmt! ❻ (*pertinent*) treffend **II.** *m* REL Gerechte(r) *f(m)* **III.** *adv* ❶ (*avec exactitude*) richtig; (*viser, tirer*) genau; (*penser*) folgerichtig; (*raisonner*) treffend; **dire ~** Recht haben ❷ (*exactement*) [ganz] genau; **~ à côté** direkt daneben; **~ quand** gerade als ❸ (*seulement*) bloß ❹ (*mesurer*) knapp; **cela entre ~** das passt gerade noch hinein; **tout ~** gerade noch ▶**au ~** eigentlich

justement [ʒystəmɑ̃] *adv* ❶ (*à bon droit*) zu Recht ❷ (*exactement*) genau ❸ (*précisément*) gerade

justesse [ʒystɛs] *f* ❶ (*précision*) Genauigkeit *f*; (*d'une réponse, note*) Richtigkeit *f*; ❷ (*pertinence*) Richtigkeit *f*; (*d'une expression*) Korrektheit *f*; (*d'une remarque*) Zutreffen *nt*; (*d'un raisonnement*) Stichhaltigkeit *f* ▶**de ~** ganz knapp

justice [ʒystis] *f* ❶ (*principe*) Gerechtigkeit *f* ❷ (*loi*) Gesetz *nt*; **rendre la ~** Recht sprechen; **obtenir ~** zu seinem Recht kommen ❸ (*juridiction*) Justiz *f*; **en ~** vor Gericht ▶**se faire ~** sich (*dat*) selbst Recht verschaffen

justiciable [ʒystisjabl] *adj* JUR justiziabel

justicier, -ière [ʒystisje, -jɛR] *m, f* Verfechter(in) *m(f)* der Gerechtigkeit

justifiable [ʒystifjabl] *adj* vertretbar

justificatif [ʒystifikatif] *m* (*preuve*) Beweis|stück *nt*| *m*; **~ d'identité** Ausweis *m*

justification [ʒystifikasjɔ̃] *f* ❶ (*d'un acte, d'une conduite*) Rechtfertigung *f* ❷ (*preuve*) Beweis *m*; (*d'un paiement*) Beleg *m*

justifier [ʒystifje] <1> **I.** *vt* ❶ rechtfertigen; (*point de vue*) bestätigen; (*affirmation*) beweisen ❷ TYP, INFORM **justifié à droite/gauche** rechts-/linksbündig **II.** *vpr* ❶ (*se disculper*) **se ~ de qc auprès de qn** sich wegen etw vor jdm rechtfertigen ❷ (*s'expliquer*) **se ~ par qc** durch etw zu rechtfertigen sein

jute [ʒyt] *m* Jute *f*

juteux, -euse [ʒytø, -øz] *adj* ❶ (*fruit*) saftig ❷ *fam* (*lucratif*) lukrativ

juvénile [ʒyvenil] *adj* jugendlich

juxtaposé, e [ʒykstapoze] *adj* nebeneinander liegend; (*idées*) gegenübergestellt

juxtaposer [ʒykstapoze] <1> *vt* **~ qc à qc** etw an etw (*akk*) aneinander reihen

juxtaposition [ʒykstapozisjɔ̃] *f* Aneinanderreihung *f*

K, k [kɑ] *m inv* K *nt*, k *nt*

kaki [kaki] **I.** *adj inv* k[h]akifarben **II.** *m sans pl* K[h]aki *nt*

kaléidoscope [kaleidɔskɔp] *m* Kaleidoskop *nt*

kangourou [kɑ̃guRu] *m* Känguru *nt*

karaoké [kaRaɔke] *m* Karaoke *nt*

karaté [kaRate] *m* Karate *nt*

kart [kaRt] *m* |Go-]Kart *m*

karting [kaRtiŋ] *m* Gokartsport *m*

kascher [kaʃɛR] *adj* koscher

kayak [kajak] *m* Kajak *m o nt*

kébab [kebab] *m* Döner *m*

Kenya [kenja] *m* **le ~** Kenia *nt*

kényan, e [kenjɑ̃, an] *adj* kenianisch

Kényan, e [kenjɑ̃, an] *mf* Kenianer(in) *m(f)*

képi [kepi] *m* Käppi *nt*

kermesse [kɛRmɛs] *f* ❶ Wohltätigkeitsbasar *m* ❷ BELG NORD (*fête patronale*) Kirmes *f*

kérosène [keRozɛn] *m* Kerosin *nt*

ketchup [kɛtʃœp] *m* Ketchup *m o nt*

khôl [kol] *m* Kajal|stift *m*| *nt*

kidnapper [kidnape] <1> *vt* entführen

kidnappeur, -euse [kidnapœR, -øz] *m, f* Entführer(in) *m(f)*

kif-kif [kifkif] *m* ▶**c'est ~** |bourricot| *fam* das ist Jacke wie Hose

kiki [kiki] *m fam* **serrer le ~ à qn** jdm die Gurgel zudrücken

kilo [kilo] *m abr de* **kilogramme** Kilo *nt*; **un ~ de fraises** ein Kilo Erdbeeren

kilogramme [kilɔgRam] *m* Kilogramm *nt*

kilohertz [kiloɛRts] *m* Kilohertz *nt*

kilométrage [kilɔmetraʒ] *m* Kilometerstand *m*

kilomètre [kilɔmɛtR] *m* Kilometer *m*; **140 ~s à l'heure** 140 Stundenkilometer; **~ carré** Quadratkilometer *m*

kilomètre-heure [kilɔmetRœR] <kilomètres-

heure> *m* Stundenkilometer *m*

kilo-octet [kiloɔktɛ] <kilo-octets> *m* Kilo-byte *nt*

kilotonne [kilotɔn] *f* Kilotonne *f*

kilowatt [kilowat] *m* Kilowatt *nt*

kilowattheure [kilowatœr] *m* Kilowattstun-de *f*

kiné [kine] *mf fam abr de* **kinésithérapeute**

kinési [kinezi] *mf fam abr de* **kinésithéra-peute kinésithérapeute** [kineziterapøt] *mf* Krankengymnast(in) *m(f)*

kiosque [kjɔsk] *m* Kiosk *m;* ~ **à journaux** Zeitungsstand *m*

kir® [kiʀ] *m* ~/~ **royal** Kir *m*/Kir royal

Der **kir** ist ein beliebter Aperitif aus Weißwein und schwarzem Johannis-beerlikör. Der **kir royal** besteht aus Champagner und schwarzem Johan-nisbeerlikör.

---

kirsch [kirʃ] *m* Kirschwasser *nt*

kit [kit] *m* Bausatz *m*

kitchenette [kitʃənɛt] *f* Kochnische *f*

kit[s]ch [kitʃ] *adj inv* kitschig

kiwi [kiwi] *m* Kiwi *f*

klaxon® [klaksɔn] *m* Hupe *f*

klaxonner [klaksɔne] <1> *vi* hupen

kleenex® [klinɛks] *m* Tempo® *nt*

kleptomane [klɛptɔman] *adj* kleptomanisch

km *abr de* **kilomètre** km

Ko [kao] *m abr de* **kilo-octet** KB *nt*

K-O [kao] *adj inv, fam abr de* **knock-out**
❶ *(assommé)* benommen; **mettre qn ~**
SPORT jdn k. o. schlagen ❷ *(épuisé)* k. o.;
mettre qn ~ jdn fix und fertig machen
(fam)

koala [kɔala] *m* Koala *m*

kouglof [kuglɔf] *m* Gugelhopf *m*

Koweït [kɔwɛt] *m* **le ~** Kuwait *nt*

koweïtien, ne [kɔwɛtjɛ̃, jɛn] *adj* kuwaitisch

Koweïtien, ne [kɔwɛtjɛ̃, jɛn] *m, f* Kuwai-ter(in) *m(f)*

krach [kʀak] *m* FIN Börsenkrach *m*

kurde [kyʀd] I. *adj* kurdisch II. *m* Kurdisch *nt; v.a.* **allemand**

Kurde [kyʀd] *m, f* Kurde/Kurdin *m/f*

Kurdistan [kyʀdistɑ̃] *m* **le ~** Kurdistan *nt*

Kuwait [kɔwɛt] *m v.* **Koweït**

kyrielle [kiʀjɛl] *f fam* **une ~ d'enfants** eine Schar Kinder

kyste [kist] *m* Zyste *f*

L

L, l [ɛl] *m inv* L *nt,* l *nt*

l *abr de* **litre** l

l' *art pron v.* **le, la**

la¹ [la] < *devant voyelle ou h muet* l'> I. *art déf* **la mouche/puce/poule** die Mücke/der Floh/das Huhn II. *pron pers, féminin*
❶ *(personne)* **il ~ voit** er sieht sie; **il l'aide** er hilft ihr; *(animal ou objet)* **où est ma montre/ceinture? Je ne ~ trouve pas!** wo ist meine Uhr/mein Gürtel? Ich finde sie/ihn nicht! ❷ *avec laisser* sie; **il ~ laisse conduire la voiture** er lässt sie das Auto fahren ❸ *avec un présentatif* sie; **~ voici!** hier ist sie!

la² [la] *m inv* A *nt,* a *nt;* **donner le ~** den Kammerton angeben

là¹ [la] *adv* ❶ *(avec déplacement à distance)* dorthin ❷ *(avec déplacement à proximité)* hierher; **passer par ~** da entlang gehen/fahren; **de ~** von dort [aus] ❸ *(sans déplacement à distance)* dort ❹ *(sans déplacement à proximité)* hier; *(à la maison)* da; **|quelque part| par ~** hier irgendwo ❺ *(à ce moment-là)* da; **à partir de ~** von da an; **jusque-~** bis dahin; **à ce moment-~** in diesem Au-genblick ❻ *(en ce moment)* da ❼ *(alors)* al-so da ❽ *(dont il est question)* **cette his-toire-~** diese Geschichte [da] ▶**les choses en sont ~** so stehen die Dinge

là² [la] *interj* na

là-bas [laba] *adv* ❶ *(avec déplacement)* dort-hin ❷ *(avec déplacement à proximité)* dort

label [labɛl] *m* Schutzmarke *f*

labo [labo], **laboratoire** [labɔʀatwaʀ] *m* *(salle)* Labor *nt;* ~ **d'analyses** diagnosti-sches Labor

laborantin, e [labɔʀɑ̃tɛ̃, in] *m, f* Labo-rant(in) *m(f)*

laborieux, -euse [labɔʀjø, -jøz] *adj* ❶ *(pé-nible)* mühsam; *(recherche)* langwierig ❷ *(classes, masses)* arbeitend

labour [labuʀ] *m* *(avec une charrue)* Pflügen *nt*

labourer [labuʀe] <1> *vt* AGR [um]pflügen

labrador [labʀadɔʀ] *m* Labrador[hund] *m*

labyrinthe [labiʀɛ̃t] *m* Labyrinth *nt*

lac [lak] *m* See *m*

lacer [lase] <2> vt |zu|binden

lacet [lasɛ] m ❶ Schnürsenkel m ❷ (virage) Serpentine f; (d'une rivière) Schleife f

lâche [lɑʃ] I. adj ❶ (poltron) feige ❷ (corde) locker II. mf Feigling m

lâchement [lɑʃmɑ̃] adv feige

lâcher [lɑʃe] <1> I. vt ❶ (laisser aller) loslassen; (ballon) fliegen lassen; (bêtise, mot) von sich geben ❷ fam (abandonner) aufgeben; ~ qn/qc jdn/etw fallen lassen II. vi versagen; (corde) nachgeben

lâcheté [lɑʃte] f Feigheit f

lacis [lasi] m Geflecht nt

laconique [lakɔnik] adj kurz und bündig

lacrymogène [lakʀimɔʒɛn] adj gaz ~ Tränengas nt

lacté, e [lakte] adj GASTR (dessert, bouillie) Milch-

lacune [lakyn] f Lücke f

là-dedans [lad(ə)dɑ̃] adv ❶ (lieu) da drin; je ne reste pas ~ ich bleibe nicht hier drin; n'avoir rien à voir ~ nichts damit zu tun haben ❷ (direction) da hinein **là-dessous** [lad(ə)su] adv darunter; fig dahinter **là-dessus** [lad(ə)sy] adv ❶ (direction, ici) hier hin-/herauf ❷ (direction, là-bas) dort hin-/herauf ❸ (lieu) darauf ❹ (à ce sujet) darüber; compte ~ verlass dich d|a|rauf ❺ (sur ce) daraufhin

ladite [ladit] adj antéposé v. ledit

lagon [lagɔ̃] m Lagune f

lagune [lagyn] f Lagune f

là-haut [lao] adv ❶ (au-dessus: direction) dort hinauf; (lieu) dort oben ❷ (dans le ciel) dort oben

La Haye [la´ɛ] Den Haag

laïcité [laisite] f Trennung f von Kirche und Staat; (de l'enseignement) religiöse Neutralität

In Frankreich herrscht seit 1905 das Prinzip der **laïcité**, also der gesetzlichen Trennung von Kirche und Staat. Dies bedeutet zum Beispiel, dass es keine Kirchensteuer gibt und dass in den staatlichen Schulen kein Religionsunterricht stattfindet.

laid, e [lɛ, lɛd] adj hässlich

laideron [lɛdʀɔ̃] m hässliches Mädchen

laideur [lɛdœʀ] f Hässlichkeit f

laie [lɛ] f Wildsau f

lainage [lɛnaʒ] m ❶ (étoffe) Wollstoff m

❷ (vêtement) Wollene(s) nt

laine [lɛn] f ❶ Wolle f; gilet de ~ Strickjacke f ❷ (vêtement) une petite ~ etwas Warmes ❸ (~ minérale) ~ de verre Glaswolle f

laineux, -euse [lɛnø, -øz] adj wollig

laïque [laik] adj ❶ POL laizistisch ❷ REL Laien-

laisse [lɛs] f Leine f

laissé-pour-compte, laissée-pour-compte [lesepurkɔ̃t] <laissés-pour-compte> m, f Abgeschobene(r) f(m)

laisser [lese] <1> I. vt ❶ (faire rester) lassen; ~ qn perplexe jdn perplex machen; ~ qn tranquille jdn in Ruhe lassen ❷ (choix) lassen; (parole) überlassen ❸ (ne pas prendre) |stehen| lassen; ~ qc etw zurücklassen/nicht mitnehmen ❹ (réserver) ~ qc à qn etw für jdn übrig lassen ❺ (quitter) je te/vous laisse! ich gehe jetzt! ❻ (traces, auréoles) hinterlassen ❼ (message) hinterlassen; (voiture) lassen; (maison) |über|lassen ❽ (léguer) hinterlassen II. aux ~ faire tun lassen; ~ qn faire qc jdm gestatten etw zu tun ▶~ faire die Dinge laufen lassen (fam); se ~ faire sich (dat) alles gefallen lassen (fam)

laisser-aller [leseale] m inv Nachlässigkeit f

laisser-faire [lesefɛʀ] m inv Laisser-faire nt

lait [lɛ] m Milch f; ~ en poudre Milchpulver nt; ~ longue conservation haltbare Milch

laitage [lɛtaʒ] m Milchprodukt nt

laiterie [lɛtʀi] f Molkerei f

laiteux, -euse [lɛtø, -øz] adj milchig

laitier, -ière [letje, -jɛʀ] m, f Milchmann/ -frau m/f

laiton [lɛtɔ̃] m Messing nt

laitue [lety] f Kopfsalat m

laïus [lajys] m fam Rede f

lama [lama] m Lama nt

lambeau [lɑ̃bo] <x> m souvent pl Fetzen m; en ~x in Fetzen

lambiner [lɑ̃bine] <1> vi |herum|trödeln

lambris [lɑ̃bʀi] m Täfelung f

lame [lam] f Klinge f

lamé [lame] m Lamé nt

lamelle [lamɛl] f (petite lame) schmaler Streifen m; (d'une jalousie) Lamelle f

lamentable [lamɑ̃tabl] adj (état, mine) jämmerlich; (ton, voix) kläglich; (résultats, travail) dürftig; (salaire) kümmerlich

lamentablement [lamɑ̃tabləmɑ̃] adv jämmerlich

lamentation [lamãtasjɔ̃] *f gén pl* Jammern *nt kein Pl*

lamenter [lamãte] <1> *vpr* **se ~ sur qc** über etw (*akk*) jammern

laminer [lamine] <1> *vt* TECH walzen

lampadaire [lɑ̃padɛʀ] *m* ❶ Stehlampe *f* ❷ (*réverbère*) Laterne *f*; (*sur l'autoroute*) Straßenbeleuchtung *f*

lampe [lɑ̃p] *f* Lampe *f*; **~ de chevet** Nachttischlampe

lampion [lɑ̃pjɔ̃] *m* Lampion *m*

lance [lɑ̃s] *f* ❶ (*arme*) Lanze *f* ❷ (*tuyau*) Schlauch *m*; **~ d'incendie** Feuerspritze *f*

lancée [lɑ̃se] *f* Elan *m*

lance-flammes [lɑ̃sflam] *m inv* Flammenwerfer *m*

lancement [lɑ̃smã] *m* ❶ (*d'un satellite*) Start *m*; (*d'une fusée*) Abschuss *m* ❷ COM Herausbringen *nt* ❸ INFORM [Programm]start *m*

lance-pierre [lɑ̃spjɛʀ] <lance-pierres> *m* Steinschleuder *f*

lancer [lɑ̃se] <2> I. *vt* ❶ (*projeter*) werfen; (*fusée*) abschießen; **~ qc** (*avion*) etw abwerfen; (*volcan*) etw ausstoßen; **~ qc à qn** jdm etw zuwerfen ❷ (*faire connaître*) herausbringen; (*acteur, chanteur*) bekannt machen; (*mode*) aufbringen ❸ (*donner de l'élan*) in Schwung bringen; (*moteur, voiture*) anlassen; (*marque, produit*) auf den Markt bringen; (*entreprise*) ins Leben rufen ❹ (*programme*) einführen; (*campagne*) einleiten; (*projet*) anlaufen lassen ❺ (*nouvelle*) in Umlauf setzen; (*ultimatum*) stellen ❻ (*accusation, menace*) aussprechen; **~ un appel à qn** einen Appell an jdn richten ❼ INFORM starten II. *vpr* **se ~** ❶ (*se précipiter*) sich werfen; **se ~ à la poursuite de qn** sich an jds Verfolgung (*akk*) machen ❷ (*s'engager*) sich stürzen; **se ~ dans le cinéma** sein Glück im Filmgeschäft versuchen III. *m* SPORT Wurf *m*; (*du poids*) Stoß *m*

lanceur [lɑ̃sœʀ] *m* (*fusée*) Trägerrakete *f*

lancinant, e [lɑ̃sinã, ãt] *adj* stechend

Land [lɑ̃d, lɛndœʀ] <Länder> *m* [Bundes]land *nt*

landau [lɑ̃do] <s> *m* Kinderwagen *m*

lande [lɑ̃d] *f* Heide *f*

Landes [lɑ̃d] *fpl* **les ~** die Landes (*Landschaft im Südwesten Frankreichs*)

langage [lɑ̃gaʒ] *m* Sprache *f*; **~ parlé** Umgangssprache *f*; **~ des sourds-muets** Taubstummensprache; **~ de programmation** INFORM Programmiersprache

lange [lɑ̃ʒ] *m* Wickeltuch *nt*

langer [lɑ̃ʒe] <2a> *vt* wickeln

langoureux, -euse [lɑ̃guʀø, -øz] *adj* (*regard, air*) schmachtend

langouste [lɑ̃gust] *f* Languste *f*

langoustine [lɑ̃gustin] *f* Kaisergranat[hummer *m*] *m*

langue [lɑ̃g] *f* ❶ ANAT Zunge *f*; **tirer la ~ à qn** jdm die Zunge herausstrecken ❷ (*langage*) Sprache *f*; **~ étrangère/maternelle** Fremd-/Muttersprache; **~ officielle/d'enseignement** Amts-/Unterrichtssprache ▶**~ de bois** Phrasendrescherei *f* (*fam*); **être mauvaise ~** ein Lästermaul sein (*fam*)

langue-de-chat [lɑ̃gdəʃa] <langues-de-chat> *f* Katzenzunge *f* (*Feingebäck*)

Languedoc [lɑ̃g(ə)dɔk] *m* **le ~** das Languedoc

languette [lɑ̃gɛt] *f* (*d'une chaussure*) Zunge *f*; (*d'une boîte*) Lasche *f*

languir [lɑ̃giʀ] <8> *vi* ❶ (*conversation*) stocken ❷ (*patienter*) **faire ~ qn** jdn schmachten lassen

lanière [lanjɛʀ] *f* Riemen *m*

lanterne [lɑ̃tɛʀn] *f* Laterne *f*

lapalissade [lapalisad] *f* Binsenweisheit *f*

laper [lape] <1> *vt* schlabbern (*fam*)

lapereau [lapʀo] <x> *m* junges Kaninchen

lapidaire [lapidɛʀ] *adj* lapidar

lapider [lapide] <1> *vt* steinigen

lapin [lapɛ̃] *m* ZOOL, GASTR Kaninchen *nt*; *v.a.* **lapine** ▶**le coup du ~** das Schleudertrauma; **poser un ~ à qn** *fam* jdn versetzen

lapine [lapin] *f* weibliches Kaninchen; *v.a.* **lapin**

laps [laps] *m* **~ de temps** Zeit *f*

lapsus [lapsys] *m* Lapsus *m*

laquais [lakɛ] *m* Lakai *m*

laque [lak] *f* ❶ [Haar]spray *nt o m* ❷ (*peinture*) Lack[farbe *f*] *m*

laqué, e [lake] *adj* ❶ (*peint*) lackiert ❷ GASTR **canard ~** Pekingente *f*

laquelle [lakɛl] *pron v.* **lequel**

laquer [lake] <1> *vt* lackieren

larbin [laʀbɛ̃] *m péj fam* Lakai *m*

lard [laʀ] *m* Speck *m*; **~ gras** Bauchspeck ▶**gros ~** Fettwanst *m* (*fam*)

lardon [laʀdɔ̃] *m* Speckwürfel *m*

large [laʀʒ] I. *adj* ❶ (*opp: étroit*) breit; (*cercle, vêtement*) weit; **être ~ d'épaules** breit-

L

schultrig sein; ~ **de 10 mètres** 10 Meter breit ❷ (*important*) breit; (*champ d'action, diffusion*) weit; (*mesure, succès*) groß ❸ (*acception, sens*) weit; (*idées*) großzügig; ~ **d'esprit** offen **II.** *adv* (*calculer, voir*) großzügig **III.** *m* ❶ (*haute mer*) offene See; **gagner le** ~ aufs offene Meer [hinaus]fahren ❷ (*largeur*) **de** ~ breit; **de 30 mètres de** ~ von 30 Meter(n) Breite ▶**prendre le** ~ *fam* sich aus dem Staub machen; **au** ~ **de la côte** vor der Küste

largement [laʀʒəmɑ̃] *adv* ❶ (*opp: étroitement*) weit ❷ (*amplement*) bei weitem; **avoir** ~ **le temps** reichlich Zeit haben; ~ **assez** weitaus genug

largesse [laʀʒɛs] *f pl* (*dons*) Zuwendungen *Pl*

largeur [laʀʒœʀ] *f* Breite *f*

larguer [laʀge] <1> *vt* ❶ NAUT losmachen ❷ AVIAT abwerfen; (*parachutistes, troupes*) absetzen ❸ *fam* ~ **un ami** mit einem Freund Schluss machen

larme [laʀm] *f* ❶ Träne *f*; **en** ~**s** in Tränen ❷ *fam* (*goutte*) Tropfen *m* ▶**fondre en** ~**s** in Tränen ausbrechen

larmoyant, e [laʀmwajɑ̃, jɑ̃t] *adj* (*ton, voix*) weinerlich

larmoyer [laʀmwaje] <6> *vi* (*œil*) tränen

larve [laʀv] *f* ❶ ZOOL Larve *f* ❷ (*personne déchue*) menschliches Wrack

laryngite [laʀɛ̃ʒit] *f* Kehlkopfentzündung *f*

larynx [laʀɛ̃ks] *m* Kehlkopf *m*

las, se [lɑ, lɑs] *adj* (*personne*) abgespannt

lasagne [lazan] <[s]> *f* Lasagne *f*

lascif, -ive [lasif, -iv] *adj* lasziv

laser [lazeʀ] **I.** *m* Laser *m* **II.** *app* Laser-; **platine** ~ Laserplatte *f*

lassant, e [lɑsɑ̃, ɑ̃t] *adj* ermüdend

lasser [lɑse] <1> **I.** *vt* ermüden **II.** *vpr* **se** ~ **de qc** einer S. (*gen*) überdrüssig werden; **se** ~ **de faire qc** es müde werden etw zu tun

lassitude [lɑsityd] *f* ❶ (*fatigue physique*) Mattigkeit *f* ❷ (*fatigue morale*) Überdruss *m*

lasso [laso] *m* Lasso *m o nt*

lasure [lazyʀ] *f* Lasur *f*

latent, e [latɑ̃, ɑ̃t] *adj* latent; (*conflit*) unterschwellig

latéral, e [lateʀal, o] <-aux> *adj* Seiten-

latex [latɛks] *m* Latex *m*

latin [latɛ̃] *m* Latein *nt*, das Lateinische; *v.a.* **allemand**

latin, e [latɛ̃, in] *adj* ❶ GEO, HIST, LING lateinisch; (*thème, version*) Latein-; (*civilisation, histoire*) römisch ❷ (*opp: anglo-saxon*) romanisch; (*tempérament*) südländisch ❸ REL römisch-katholisch

latino-américain, e [latinoameʀikɛ̃, ɛn] <latino-américains> *adj* lateinamerikanisch

Latino-américain, e [latinoameʀikɛ̃, ɛn] <Latino-américains> *m, f* Lateinamerikaner(in) *m(f)*

latitude [latityd] *f* GEO Breite *f*; (*degré*) Breitengrad *m*

latrines [latʀin] *fpl* Latrine *f*

latte [lat] *f* Latte *f*

lauréat, e [loʀea, at] *m, f* Preisträger(in) *m(f)*

laurier [loʀje] *m* ❶ BOT, GASTR Lorbeer *m* ❷ *pl* (*gloire*) Lorbeeren *Pl*

laurier-rose [loʀjeʀoz] <lauriers-roses> *m* Oleander *m*

lavable [lavabl] *adj* abwaschbar; ~ **en machine** waschmaschinenfest

lavabo [lavabo] *m* ❶ Waschbecken *nt* ❷ *pl* (*toilettes*) Toilette *f*

lavage [lavaʒ] *m* Wäsche *f*

lavande [lavɑ̃d] *f* (*a. parfum*) Lavendel *m*

lave [lav] *f* Lava *f*

lave-glace [lavglas] <lave-glaces> *m* Scheibenwaschanlage *f* **lave-linge** [lavlɛ̃ʒ] *m inv* Waschmaschine *f*

laver [lave] <1> **I.** *vt* ❶ (*nettoyer*) waschen; (*vaisselle*) spülen; (*mur*) abwaschen ❷ (*disculper*) ~ **qn d'un soupçon** jdn von einem Verdacht reinwaschen **II.** *vpr* ❶ (*se nettoyer*) **se** ~ sich waschen; **se** ~ **les dents** sich (*dat*) die Zähne putzen ❷ (*être lavable*) **se** ~ **à 90°** sich bis 90° waschen lassen

laverie [lavʀi] *f* ~ **automatique** Waschsalon *m*

lavette [lavɛt] *f* ❶ (*chiffon*) Spültuch *nt* ❷ *fam* (*personne*) Waschlappen *m*

laveur, -euse [lavœʀ, -øz] *m, f* ~(-euse) **de carreaux** Fensterputzer(in) *m(f)*; ~(-euse) **de voitures** Autowäscher(in) *m(f)*

laveuse [lavøz] *f* CAN (*lave-linge*) Waschmaschine *f*; ~ **de vaisselle** (*lave-vaisselle*) Geschirrspülmaschine *f*

lave-vaisselle [lavvɛsɛl] *m inv* Geschirrspülmaschine *f*

lavoir [lavwaʀ] *m* Waschhaus *nt*

laxatif [laksatif] *m* Abführmittel *nt*

laxatif, -ive [laksatif, -iv] *adj* abführend

laxisme [laksism] *m* Laxheit *f*

laxiste [laksist] *adj* lax

layette [lɛjɛt] *f* Babywäsche *f*

le [lə] < *devant voyelle ou h muet* l'> **I.** *art déf* **le chien/chat/cochon** der Hund/die Katze/das Schwein **II.** *pron pers, masculin* ❶ (*personne*) **elle ~ voit** sie sieht ihn; **elle l'aide** sie hilft ihm; (*animal ou objet*) **où est mon manteau/sac? Je ne ~ trouve pas!** wo ist mein Mantel/meine Tasche? Ich finde ihn/sie nicht! ❷ *avec laisser* ihn; **il ~ laisse conduire la voiture** er lässt ihn das Auto fahren ❸ (*valeur neutre*) **je ~ comprends** das verstehe ich; **je l'espère!** ich hoffe es! ❹ *avec un présentatif* er; **~ voici!** hier ist er!

lé [le] *m* (*d'une étoffe, d'un papier peint*) Bahn *f*

leader [lidœʀ] *m* ❶ COM Marktführer *m* ❷ SPORT Spitzenreiter(in) *m(f)* ❸ (*chef*) Führer(in) *m(f)*

leasing [liziŋ] *m* Leasing *nt*

lèche [lɛʃ] *f fam* **faire de la ~ à qn** vor jdm kriechen

lèchefrite [lɛʃfʀit] *f* Fettpfanne *f*

lécher [leʃe] <5> **I.** *vt* (*cuillère, visage*) ablecken; (*bol, plat*) auslecken; (*lait*) auflecken; (*glace*) [sch]lecken **II.** *vpr* **se ~ qc** sich (*dat*) etw ablecken

lèche-vitrine[s] [lɛʃvitʀin] *m sans pl* Schaufensterbummel *m*

leçon [l(ə)sɔ̃] *f* ❶ SCOL (*à apprendre*) Lektion *f* ❷ (*cours*) Stunde *f* ❸ (*morale*) Lehre *f*

lecteur [lɛktœʀ] *m* ❶ MEDIA Lesegerät *nt*; **~ de cassettes** Kassettenrecorder *m*; **~ de CD** CD-Player *m* ❷ INFORM Laufwerk *nt*; **~ optique** Scanner *m*

lecteur, -trice [lɛktœʀ, -tʀis] *m, f* ❶ (*liseur*) Leser(in) *m(f)* ❷ (*qui fait la lecture*) Vorleser(in) *m(f)* ❸ UNIV, SCOL Lektor(in) *m(f)*

lecture [lɛktyʀ] *f* ❶ (*action de lire*) Lesen *nt*; **aimer la ~** gern lesen ❷ (*action de lire à haute voix*) Vorlesen *nt* ❸ (*qc qui se lit*) Lektüre *f*; **mauvaises ~s** Schund[lektüre *f*] *m* ❹ MEDIA, INFORM Lesen *nt*; **~ optique** optische Zeichenerkennung

ledit, ladite [lədi, ladit, ledi, ledit] <**ledit(e)s**> *adj antéposé* der/die/das Genannte

légal, e [legal, o] <-aux> *adj* gesetzlich

légalement [legalmɑ̃] *adv* legal

légalisation [legalizasjɔ̃] *f* Legalisierung *f*

légaliser [legalize] <1> *vt* legalisieren

légalité [legalite] *f* Legalität *f*

légation [legasjɔ̃] *f* Gesandtschaft *f*

légendaire [leʒɑ̃dɛʀ] *adj* (*mythique: animal*) Fabel-; (*figure*) Sagen-; (*histoire*) legendär

légende [leʒɑ̃d] *f* ❶ (*mythe*) Sage *f*; **un personnage de ~** eine legendäre Gestalt ❷ (*d'un plan*) Legende *f*; (*d'une photo*) Unterschrift *f*

léger, -ère [leʒe, -ɛʀ] *adj* ❶ (*opp: lourd*) leicht; (*vêtement*) dünn ❷ (*de faible intensité*) leicht; (*peine*) mild; (*doute, soupçon*) leise; (*bruit*) schwach; (*couche de neige*) dünn; **les blessés ~s** die Leichtverletzten

légèrement [leʒɛʀmɑ̃] *adv* leicht; (*un peu*) etwas

légèreté [leʒɛʀte] *f* ❶ (*faible poids*) Leichtigkeit *f* ❷ (*insouciance*) Leichtfertigkeit *f* ❸ (*superficialité*) Oberflächlichkeit *f*

légiférer [leʒifeʀe] <5> *vi* Gesetze erlassen

Légion [leʒjɔ̃] *f* ❶ MIL **la ~ étrangère** die Fremdenlegion ❷ (*décoration*) **~ d'honneur** Ehrenlegion *f*

Die **Légion étrangère** wurde von Frankreich 1831 im Zuge der Kolonialisierung Algeriens eingerichtet. Die Söldnertruppe, in der eiserne Disziplin herrscht, kann von der Regierung schnell und ohne Zustimmung des Parlaments eingesetzt werden. Sie besteht zur Hälfte aus Nicht-Franzosen. Der Großteil der Fremdenlegion ist in Frankreich stationiert, der Rest in den Überseegebieten.

Napoleon Bonaparte stiftete im Jahre 1802 den nationalen Orden, **Légion d'honneur**, mit dem Zivilpersonen und Militärs auch heute noch für besondere Verdienste ausgezeichnet werden.

légionelle [leʒjɔnɛl] *f* BIO, MED Legionelle *f meist Pl*

légionellose [leʒjɔneloz] *f* MED Legionärskrankheit *f*

légionnaire [leʒjɔnɛʀ] *mf* (*membre de la Légion d'Honneur*) Mitglied *nt* der Ehrenlegion

législateur, -trice [leʒislatœʀ, -tʀis] *m, f* Gesetzgeber(in) *m(f)*

législatif, -ive [leʒislatif, -iv] *adj* gesetzgebend; **pouvoir ~** gesetzgebende Gewalt

législation [leʒislasjɔ̃] *f* Gesetzgebung *f*; **la**

L

~ **française** das französische Recht

législatives [leʒislativ] *fpl* Parlamentswahlen *Pl*

législatrice [leʒislatʀis] *f* v. **législateur**

législature [leʒislatyʀ] *f* Legislatur[periode *f*] *f*

légiste [leʒist] *mf* Jurist(in) *m(f)*

légitime [leʒitim] *adj* ❶ JUR rechtsgültig; (*enfant*) ehelich ❷ (*justifié*) berechtigt

légitimement [leʒitimmɑ̃] *adv* legitimerweise; JUR rechtmäßig

légitimer [leʒitime] <1> *vt* rechtfertigen; JUR legitimieren

légitimité [leʒitimite] *f* Rechtmäßigkeit *f*

legs [lɛ(g)] *m* JUR Vermächtnis *nt*

léguer [lege] <5> *vt* vermachen

légume [legym] *m* Gemüse *nt kein Pl*; ~s **secs** Hülsenfrüchte *Pl*

légumier, -ière [legymje, -jɛʀ] *m, f* BELG (*marchand*) Gemüsehändler(in) *m(f)*

lendemain [lɑ̃dmɛ̃] *m* ❶ *sans pl* (*jour suivant*) **le** ~ der/am nächste(n) Tag; **le** ~ **soir** am darauf folgenden Abend; **du jour au** ~ von heute auf morgen ❷ (*temps qui suit*) **au** ~ **du mariage** kurz nach der Hochzeit

lent, e [lɑ̃, lɑ̃t] *adj* langsam

lente [lɑ̃t] *f* Nisse *f*

lentement [lɑ̃tmɑ̃] *adv* langsam ▶~, **mais sûrement** langsam, aber sicher

lenteur [lɑ̃tœʀ] *f* ❶ (*opp: rapidité*) Langsamkeit *f* ❷ *pl* (*atermoiements*) **les ~s de l'administration** der schwerfällige Verwaltungsapparat

lentille [lɑ̃tij] *f* ❶ BOT, OPT Linse *f* ❷ *pl* GASTR Linsen *Pl*

léopard [leɔpaʀ] *m* ❶ ZOOL Leopard *m* ❷ (*fourrure*) Leopardenfell *nt*

lepénisme [løpenism] *m*: Ideologie des Front National und seines Gründers Le Pen

lepéniste *mf* Anhänger(in) *m(f)* des Front National

lèpre [lɛpʀ] *f* Lepra *f*

lépreux, -euse [lepʀø, -øz] *m, f* Leprakranke(r) *f(m)*

lequel, laquelle [ləkɛl, lakɛl] <lesquels, lesquelles> I. *pron interrog* welcher/welche/welches; **regarde cette fille! — laquelle?** sieh nur dieses Mädchen! — welches?; ~/**laquelle d'entre vous ...?** wer von euch ...? II. *pron rel* der/die/das; **la concierge, laquelle ...** die Hausmeisterin, die ...; **la personne à laquelle je**

pense die Person, an die ich denke; **la situation dans laquelle il se trouve** die Situation, in der er sich befindet

les [le] I. *art déf* die II. *pron pers, pl* ❶ **elle ~ voit/suit** sie sieht sie/folgt ihnen; **ces sacs? Je ~ ai trouvés** diese Taschen? Ich habe sie gefunden ❷ *avec laisser* sie; **il ~ laisse conduire la voiture** er lässt sie das Auto fahren ❸ *avec un présentatif* sie; ~ **voici!** hier sind sie!

lesbien, ne [lɛzbjɛ̃, jɛn] *adj* lesbisch

lesbienne [lɛzbjɛn] *f* Lesbierin *f*

léser [leze] <5> *vt* benachteiligen

lésiner [lezine] <1> *vi* ~ **sur qc** mit etw geizen

lésion [lezjɔ̃] *f* Verletzung *f*

lessivable [lesivabl] *adj* abwaschbar

lessive [lesiv] *f* ❶ Waschmittel *nt*; ~ **en poudre** Waschpulver *nt* ❷ (*lavage*) Wäsche *f*; **faire la** ~ waschen

lessiver [lesive] <1> *vt* (*pièce, sol*) schrubben; (*murs*) abwaschen

lest [lɛst] *m* Ballast *m*

leste [lɛst] *adj* ❶ (*vif*) behänd[e] (*geh*) ❷ (*grivois*) pikant

lester [lɛste] <1> *vt* Ballast laden, beschweren

léthargie [letaʀʒi] *f* Lethargie *f*

léthargique [letaʀʒik] *adj* lethargisch

letton [lɛtɔ̃] *m* Lettisch *nt*; *v.a.* **allemand**

letton, e [lɛtɔ̃, ɔn] *adj* lettisch; *v.a.* **allemand**

Letton, e [lɛtɔ̃, ɔn] *m, f* Lette/Lettin *m/f*

Lettonie [lɛtɔni] *f* la ~ Lettland *nt*

lettre [lɛtʀ] *f* ❶ (*missive*) Brief *m*; ~ **de candidature** Bewerbungsschreiben *nt*; **mettre une** ~ **à la poste** einen Brief aufgeben ❷ (*signe graphique*) Buchstabe *m*; **en ~s capitales** in Großbuchstaben ❸ *pl* UNIV (*opp: sciences*) Geisteswissenschaften *Pl*; **professeur de ~s** Professor/Lehrer für frz. Literatur ❹ *sans pl* **à la** ~ aufs Wort [genau] ▶**en toutes** ~s ausgeschrieben; (*écrit noir sur blanc*) schwarz auf weiß

lettré, e [letʀe] *adj* gebildet

leucémie [løsemi] *f* MED Leukämie *f*

leur¹ [lœʀ] *pron pers, inv* ❶ **je ~ ai demandé s'ils/si elles venaient** ich habe sie gefragt, ob sie kommen; **tu ~ as donné à boire?** hast du ihnen [schon] zu trinken gegeben? ❷ *avec faire, laisser* sie; **il ~ laisse/fait conduire la voiture** er lässt sie das Auto fahren ❸ *avec être, devenir, sembler, soutenu v.* **me** ❹ (*avec un sens possessif*) **le cœur ~ battait fort** ihre Herzen schlugen heftig

leur² [lœʀ] <leurs> I. *dét poss* ihr(e) *pl* ihre; **les enfants et ~ père/mère** die Kinder und ihr Vater/ihre Mutter; *v.a.* **ma, mon** II. *pron poss* ❶ **le/la ~** der/die/das ihre; **les ~s** die ihren; *v.a.* **mien** ❷ *pl* (*ceux de leur famille*) **les ~s** ihre Angehörigen; (*leurs partisans*) ihre Anhänger; *v.a.* **mien**

leurre [lœʀ] *m* PECHE künstlicher Köder

leurrer [lœʀe] <1> *vt* täuschen

leurs [lœʀ] *v.* **leur**

levain [ləvɛ̃] *m* (*pour pain*) Sauerteig *m*; (*pour gâteau*) Vorteig *m*

levant [ləvɑ̃] *m* (*est*) Morgenland *nt*

levée [l(ə)ve] *f* Leerung *f*

lever [l(ə)ve] <4> I. *vt* ❶ (*soulever*) heben; (*store, rideau de théâtre*) hochziehen; **~ le bras** den Arm in die Höhe strecken; **~ les yeux vers qn** zu jdm aufblicken ❷ (*enfant*) aus dem Bett holen ❸ (*faire cesser*) **être levé** (*séance*) geschlossen sein II. *vpr* **se ~** ❶ (*se mettre debout*) sich erheben; **se ~ de table** vom Tisch aufstehen ❷ (*sortir du lit*) aufstehen ❸ (*lune, soleil*) aufgehen; (*jour, aube*) anbrechen ❹ (*rideau*) aufgehen ❺ (*mer*) unruhig werden; (*vent*) aufkommen ❻ (*temps*) aufklaren; (*brouillard*) sich lichten III. *vi* ❶ (*pâte*) gehen ❷ (*pousser*) aufkeimen IV. *m* **au ~ du soleil** bei Sonnenaufgang; **~ du jour** Tagesanbruch *m*

lève-tard [lɛvtaʀ] *mf inv, fam* Langschläfer(in) *m(f)* **lève-tôt** [lɛvto] *mf inv, fam* Frühaufsteher(in) *m(f)*

levier [ləvje] *m* Hebel *m*; **~ de commande/ de vitesse** Schalthebel

lèvre [lɛvʀ] *f* ❶ (*de la bouche*) Lippe *f* ❷ *pl* (*parties de la vulve*) Schamlippen *Pl*

lévrier [levʀije] *m* Windhund *m*

levure [l(ə)vyʀ] *f a.* CHIM Hefe *f*, Germ *f* (A); **~ chimique** Backpulver *nt*

lexical, e [lɛksikal] <-aux> *adj* lexikalisch

lexicographie [lɛksikɔgʀafi] *f* Lexikographie *f*

lexique [lɛksik] *m* ❶ (*dictionnaire bilingue*) Wörterbuch *nt*; (*dictionnaire technique, spécialisé*) Lexikon *nt*; (*en fin d'ouvrage*) Glossar *nt* ❷ (*vocabulaire*) Wortschatz *m*

lézard [lezaʀ] *m* Eidechse *f*

lézarde [lezaʀd] *f* Riss *m*

lézarder¹ [lezaʀde] <1> *vi fam* Sonne tanken

lézarder² [lezaʀde] <1> *vt* **être lézardé** rissig sein

liaison [ljɛzɔ̃] *f* ❶ TELEC, MIL, AUT Verbindung *f*; **être en ~ avec qn** mit jdm verbunden sein; **mettre qn en ~ avec qn** jdn mit jdm in Verbindung setzen ❷ (*enchaînement*) Zusammenhang *m* ❸ LING Liaison *f* ❹ (*relation amoureuse*) Verhältnis *nt*

liane [ljan] *f* Liane *f*

liasse [ljas] *f* (*de documents*) Stoß *m*; (*de billets*) Bündel *nt*

Liban [libɑ̃] *m* **le ~** der Libanon

libanais [libanɛ] *m* Libanesisch *nt*; *v.a.* **allemand**

libanais, e [libanɛ, ɛz] *adj* libanesisch; *v.a.* **allemand**

Libanais, e [libanɛ, ɛz] *m, f* Libanese/Libanesin *m/f*

libellé [libele] *m* Wortlaut *m*

libeller [libele] <1> *vt* aufsetzen; (*chèque*) ausstellen

libellule [libelyl] *f* Libelle *f*

libéral, e [libeʀal, o] <-aux> I. *adj* ❶ ECON, POL liberal; **économie ~e** freie Marktwirtschaft ❷ (*activité*) freiberuflich; **professions ~es** selb[st]ständige Berufe ❸ (*parent*) tolerant; (*éducation*) frei II. *m, f* POL Liberale(r) *f(m)*

libéralisation [libeʀalizasjɔ̃] *f* Liberalisierung *f*

libéraliser [libeʀalize] <1> *vt* liberalisieren

libéralisme [libeʀalism] *m* ECON, POL Liberalismus *m*

libérateur, -trice [libeʀatœʀ, -tʀis] I. *adj* befreiend II. *m, f* Befreier(in) *m(f)*

libération [libeʀasjɔ̃] *f* ❶ (*d'un détenu*) [Haft]entlassung *f*; (*d'un prisonnier politique*) Freilassung *f* ❷ *a. fig* (*délivrance*) Befreiung *f*; **la Libération** die Befreiung

> Die **Libération** ist die Befreiung Frankreichs von deutscher Besatzung am Ende des Zweiten Weltkrieges. Die Landung der Alliierten erfolgte am 6.6.1944 in der Normandie.

libéré, e [libeʀe] *adj* emanzipiert

libérer [libeʀe] <5> I. *vt* ❶ (*relâcher*) freilassen; (*condamné*) entlassen ❷ (*délivrer, rendre disponible*) befreien; (*chambre*) räumen ❸ (*voie*) frei machen II. *vpr* **se ~** sich frei

L

machen
liberté [libɛʁte] f ❶ *sans pl* (*opp: oppression, emprisonnement*) Freiheit *f;* **en ~** (*opp: en captivité*) in Freiheit; (*opp: en prison*) auf freiem Fuß; **en ~ provisoire/surveillée** vorläufig/auf Bewährung entlassen ❷ *sans pl* (*loisir*) freie Zeit ❸ (*droit, indépendance*) Freiheit *f;* **~s syndicales** gewerkschaftliche Rechte *Pl* ❹ *sans pl* (*absence de contrainte*) Ungezwungenheit *f;* **parler en toute ~** ganz offen sprechen ►**Liberté, Égalité, Fraternité** Freiheit, Gleichheit, Brüderlichkeit
libertin, e [libɛʁtɛ̃, in] *adj* ausschweifend
libertinage [libɛʁtinaʒ] *m* (*d'une personne*) ausschweifender Lebenswandel
libido [libido] *f* Libido *f*
libraire [libʁɛʁ] *mf* Buchhändler(in) *m(f)*
librairie [libʁɛʁi] *f* Buchhandlung *f;* **en ~** im Buchhandel
librairie-papeterie [libʁɛʁipapɛtʁi] <librairies-papeteries> *f* Buch- und Schreibwarenhandlung *f*
libre [libʁ] *adj* frei; (*propos, mœurs*) locker; (*esprit, tête*) klar
libre-échange [libʁeʃɑ̃ʒ] <libres-échanges> *m* Freihandel *m*
librement [libʁəmɑ̃] *adv* frei; **parler ~** offen reden
libre-service [libʁəsɛʁvis] <libres-services> *m* ❶ (*magasin, restaurant*) Selbstbedienungs- ❷ *sans pl* (*système de vente*) Selbstbedienung *f*
Libye [libi] *f* **la ~** Libyen *nt*
licence [lisɑ̃s] *f* ❶ UNIV Licence *f*, Lizentiat *nt* (CH) ❷ COM, JUR, SPORT Lizenz *f*
licencié, e [lisɑ̃sje] *adj* UNIV mit Licence; **être ~** die Licence haben
licenciement [lisɑ̃simɑ̃] *m* Entlassung *f;* **~ économique** konjunkturbedingte Entlassung
licencier [lisɑ̃sje] <1> *vt* entlassen
lichen [likɛn] *m* BOT Flechte *f*
licite [lisit] *adj* zulässig
licorne [likɔʁn] *f* Einhorn *nt*
licou [liku] *m* Halfter *m o nt*
lie [li] *f* (*dépôt*) [Boden]satz *m;* **~ de vin** Weinstein *m*
lié, e [lje] *adj* (*proche*) **être ~ avec qn** jdm nahe stehen
Liechtenstein [liʃtɛnʃtajn] *m* **le ~** Liechtenstein *nt*

liechtensteinois, e [liʃtɛnʃtajnwa, waz] *adj* liechtensteinisch
Liechtensteinois, e [liʃtɛnʃtajnwa, waz] *m, f* Liechtensteiner(in) *m(f)*
lie-de-vin [lidvɛ̃] *adj inv* weinrot
liège [ljɛʒ] *m* Kork *m;* **bouchon de ~** Korken *m*
Liège [ljɛʒ] Lüttich *nt*
lien [ljɛ̃] *m* ❶ (*attache*) Band *nt;* (*chaîne*) Fessel *f* ❷ (*rapport*) Verbindung *f;* **~ entre deux choses** Zusammenhang zwischen zwei Dingen *m* ❸ (*ce qui unit*) **~ de parenté** Verwandtschaftsverhältnis *nt* ❹ INFORM Link *m*
lier [lje] <1> I. *vt* ❶ (*choses*) zusammenbinden; **~ qn à qc** jdn an etw (*akk*) fesseln ❷ (*mettre en relation*) **être lié à qc** mit etw zusammenhängen ❸ (*unir*) **~ qn/qc à qn/qc** jdn/etw mit jdm/etw verbinden II. *vpr* **se ~ avec qn** sich mit jdm anfreunden
lierre [ljɛʁ] *m* Efeu *m*
lieu¹ [ljø] <x> *m* ❶ (*endroit*) Ort *m;* **~ de séjour/de naissance** Aufenthalts-/Geburtsort ❷ *pl* (*locaux*) Räumlichkeiten *Pl;* (*endroit précis*) **sur les ~x de l'accident** am Unfallort ❸ (*endroit particulier*) **en haut ~** an höherer Stelle; **en ~ sûr** in Sicherheit ❹ (*dans une succession*) **en premier/second/dernier ~** zuerst/anschließend/schließlich ❺ (*place*) **avoir ~** stattfinden; (*événement, accident*) sich ereignen; **au ~ de qc** [an]statt einer S. (*gen*); **au ~ de cela** stattdessen ❻ (*raison*) **il n'y a pas ~ de s'inquiéter** es besteht kein Anlass zur Beunruhigung
lieu² [ljø] <s> *m* **~ noir** Seelachs *m*
lieu commun [ljøkɔmœ̃] <lieux communs> *m* Gemeinplatz *m*
lieue [ljø] *f* Meile *f*
lieutenant [ljøt(ə)nɑ̃] *m* Oberleutnant *m*
lièvre [ljɛvʁ] *m* [Feld]hase *m*
lifting [liftiŋ] *m* Facelifting *nt*
ligament [ligamɑ̃] *m* Band *nt*
light [lajt] *adj inv* light
ligne [liɲ] *f* ❶ a. MATH Linie *f* ❷ (*suite de mots*) Zeile *f;* **de huit ~s** achtzeilig; **à la ~!** neue Zeile!; **~ de commande** INFORM Befehlszeile ❸ *sans pl* (*silhouette*) Figur *f;* **garder la ~** schlank bleiben ❹ (*point*) **les grandes ~s de l'ouvrage** die Leitgedanken des Werkes ❺ (*direction*) **~ droite** Gerade *f* ❻ (*voie*) **~ de conduite** Grundsätze *Pl*

⑦ AUT Linie *f*; CHEMDFER Strecke *f*; **~ de métro** (Metro-)Linie; **~ maritime/aérienne** Schifffahrts-/Fluglinie **⑧** PECHE Angelschnur *f* **⑨** ELEC, TELEC Leitung *f*; **être en ~** gerade telefonieren; **gardez la ~!** CAN (*ne quittez pas*) legen Sie nicht auf! **⑩** (*rangée*) Reihe *f* ▶**entrer en ~ de compte** eine Rolle spielen; **en ~** INFORM online; **hors ~** überragend; INFORM offline

lignée [liɲe] *f* Nachkommenschaft *f*

lignite [liɲit] *m* [junge] Braunkohle *f*

ligoter [ligɔte] <1> *vt* fesseln

ligue [lig] *f* Liga *f*

liguer [lige] <1> *vpr* **se ~ contre qn** sich gegen jdn verschwören; POL sich gegen jdn verbünden

lilas [lila] **I.** *adj inv* lila[farben] **II.** *m* Flieder *m*

lilliputien, ne [li(l)lipysjɛ̃, jɛn] *m, f* Liliputaner(in) *m(f)*

limace [limas] *f* Nacktschnecke *f*

limande [limɑ̃d] *f* Kliesche *f*

Limbourg [lɛ̃buːʀ] *m* **le ~** [die Provinz] Limburg

lime [lim] *f* Feile *f*; **~ à ongles** Nagelfeile *f*

limer [lime] <1> *vt* feilen

limitation [limitasjɔ̃] *f* Einschränkung *f*; **~ de vitesse** Geschwindigkeitsbegrenzung *f*

limite [limit] **I.** *app* ⓵ **âge ~** Altersgrenze *f*; **cas ~** Grenzfall *m*; **vitesse ~** Höchstgeschwindigkeit *f* ⓶ (*presque impossible*) fast unmöglich ⓷ *fam* (*pas terrible*) **être ~** (*chose*) einen nicht vom Hocker hauen **II.** *f* ⓵ (*d'une étendue*) Grenze *f*; (*d'un terrain*) Begrenzung[slinie *f*] *f*; (*d'une forêt, prairie*) Rand *m* ⓶ (*dans le temps*) Frist *f* ⓷ (*borne*) Grenzen *Pl*; **sans ~s** (*ambition, vanité*) maßlos; (*pouvoir*) uneingeschränkt ▶**à la ~** na ja; **à la ~, je peux ...** im äußersten Fall kann ich ...

limité, e [limite] *adj* begrenzt; (*sens*) eng; **être un peu ~** *fam* (*personne*) minderbemittelt sein

limiter [limite] <1> **I.** *vt* ⓵ (*délimiter*) begrenzen ⓶ (*restreindre*) einschränken; **~ les dégâts** den Schaden begrenzen **II.** *vpr* (*se borner*) **se ~ à qc** sich auf etw (*akk*) beschränken

limitrophe [limitʀɔf] *adj* angrenzend

limoger [limɔʒe] <2a> *vt fam* kalt stellen

limon [limɔ̃] *m* (*terre*) Schlamm *m*

limonade [limɔnad] *f* Limonade *f*, Kracherl

nt (SDEUTSCH, A)

limousine [limuzin] *f* Limousine *f*

limpide [lɛ̃pid] *adj* klar; (*regard*) offen

limpidité [lɛ̃pidite] *f* Klarheit *f*; (*de l'air*) Reinheit *f*

lin [lɛ̃] *m* ⓵ BOT Flachs *m* ⓶ TEXTIL Leinen *nt*

linceul [lɛ̃sœl] *m* Leichentuch *nt*

linéaire [lineɛʀ] *adj* linear

linge [lɛ̃ʒ] *m* ⓵ *sans pl* (*vêtements*) Wäsche *f* ⓶ (*morceau de tissu*) Tuch *nt* ▶**blanc comme un ~** kreidebleich

lingerie [lɛ̃ʒʀi] *f sans pl* Damenwäsche *f*

lingot [lɛ̃go] *m* (*d'or*) [Gold]barren *m*; (*de métal*) Block *m*

linguiste [lɛ̃gɥist] *mf* Linguist(in) *m(f)*

linguistique [lɛ̃gɥistik] **I.** *adj* Sprach- **II.** *f* Linguistik *f*

linoléum [linɔleɔm] *m* Linoleum *nt*

linteau [lɛ̃to] <x> *m* ARCHIT Sturz *m*

lion [ljɔ̃] *m* Löwe *m*; *v.a.* **lionne**

Lion [ljɔ̃] *m* Löwe *m*; *v.a.* **Balance**

lionceau [ljɔ̃so] <x> *m* Löwenjunge(s) *nt*

lionne [ljɔn] *f* Löwin *f*; *v.a.* **lion**

lipide [lipid] *m* Lipid *nt*

liposuccion [liposysjɔ̃] *f* Fettabsaugung *f*

liquéfier [likefje] <1> **I.** *vt* verflüssigen **II.** *vpr* **se ~** (*gaz*) flüssig werden; (*solide*) schmelzen

liqueur [likœʀ] *f* Likör *m*

liquidation [likidasjɔ̃] *f* ⓵ (*solde*) **~ totale** Räumungsverkauf *m* ⓶ JUR Liquidation *f*

liquide [likid] **I.** *adj* ⓵ (*fluide*) flüssig; **être trop ~** (*sauce*) zu dünn sein ⓶ (*disponible*) **argent ~** Bargeld *nt* **II.** *m* ⓵ (*fluide*) Flüssigkeit *f* ⓶ *sans pl* (*argent*) Bargeld *nt*; **en ~** in bar

liquider [likide] <1> *vt* ⓵ COM (*marchandise*) ausverkaufen; (*stock*) räumen ⓶ *fam* (*dossier*) sich (*dat*) vom Hals schaffen ⓷ *fam* (*tuer*) liquidieren ⓸ JUR (*société, compte*) auflösen

liquidité [likidite] *f* Liquidität *f*

lire¹ [liʀ] <irr> **I.** *vi* ⓵ lesen; **~ à haute voix** laut lesen ⓶ (*deviner*) **~ dans les pensées de qn** jds Gedanken lesen **II.** *vt* ⓵ (*livre, auteur*) lesen ⓶ (*déchiffrer*) lesen [können] ⓷ (*donner lecture*) verlesen ⓸ (*faire la lecture*) **~ qc à qn** jdm etw [vor]lesen ⓹ (*deviner*) **~ la joie dans les yeux de qn** Freude in jds Augen (*dat*) erkennen **III.** *vpr* ⓵ **l'hébreu se lit de droite à gauche** das Hebräische wird von rechts nach links gelesen

L

② (*se deviner*) **la surprise se lisait sur son visage** man konnte ihm/ihr die Überraschung vom Gesicht ablesen

lire² [liʀ] *m* Lira *f*

lis¹ [lis] *m* Lilie *f*

lis² [li] *indic prés de* **lire**

lisais [lizɛ] *imparf de* **lire**

lisant [lizɑ̃] *part prés de* **lire**

Lisbonne [lisbɔn] Lissabon *nt*

liseron [lizʀɔ̃] *m* Winde *f*

lisez [lize] *indic prés et impératif de* **lire**

lisible [lizibl] *adj* gut lesbar

lisiblement [liziblǝmɑ̃] *adv* **écrire ~** deutlich schreiben

lisière [lizjɛʀ] *f* ① COUT Webkante *f* ② (*limite*) Rand *m*; (*d'un champ*) Rain *m*

lisons [lizɔ̃] *indic prés et impératif de* **lire**

lisse [lis] *adj* glatt

lisser [lise] <1> *vt* glattstreichen; (*papier*) glätten

liste [list] *f* Liste *f*; **~ électorale/de mariage** Wähler-/Wunschliste ▶**être sur [la] ~ rouge** nicht im Telefonbuch stehen

lister [liste] <1> *vt* INFORM ausdrucken

listing [listiŋ] *m* Liste *f*; (*document imprimé*) Ausdruck *m*

lit¹ [li] *m* ① Bett *nt*; **~ pour deux personnes** Doppelbett; **aller au ~** ins Bett gehen; **mettre qn au ~** jdn ins Bett bringen; **au ~!** [ab] ins Bett! ② (*d'une rivière*) Bett *nt*; **sortir de son ~** über die Ufer treten

lit² [li] *indic prés de* **lire**

litchi [litʃi] *m* Litschi *f*

literie [litʀi] *f* Bettrost *m* und Matratze *f*

litière [litjɛʀ] *f* Streu *f*

litige [litiʒ] *m* Streit *m*

litigieux, -euse [litiʒjø, -jøz] *adj* umstritten

litote [litɔt] *f* Litotes *f*

litre [litʀ] *m* ① Liter *m*; **un ~ d'eau/de lait** ein Liter Wasser/Milch ② (*bouteille*) Literflasche *f*

littéraire [liteʀɛʀ] **I.** *adj* ① literarisch; **genre ~** literarische Gattung ② (*opp: scientifique*) geisteswissenschaftlich; **avoir l'esprit ~** Sinn für Literatur haben **II.** *mf* ① (*opp: scientifique*) schöngeistiger Mensch ② (*étudiant, professeur*) Geisteswissenschaftler(in) *m(f)*

littéral, e [liteʀal, o] <-aux> *adj* (*traduction*) wortgetreu; (*sens*) eigentlich

littéralement [liteʀalmɑ̃] *adv* |wort|wörtlich

littérature [liteʀatyʀ] *f* Literatur *f*

littoral [litɔʀal, o] <-aux> *m* Küstengebiet *nt*

littoral, e [litɔʀal, o] <-aux> *adj* Küsten-

Lituanie [lityani] *f* **la ~** Litauen *nt*

lituanien [lityanjɛ̃] *m* Litauisch *nt*; *v.a.* **allemand**

lituanien, ne [lityanjɛ̃, jɛn] *adj* litauisch; *v.a.* **allemand**

Lituanien, ne [lityanjɛ̃, jɛn] *m, f* Litauer(in) *m(f)*

livide [livid] *adj* bleich

living [liviŋ] *m*, **living-room** [liviŋʀum] <living-rooms> *m* Wohnzimmer *nt*

livrable [livʀabl] *adj* lieferbar; **~ à domicile** wird [ins Haus] geliefert

livraison [livʀɛzɔ̃] *f* Lieferung *f*

livre¹ [livʀ] *m* Buch *nt*; **~ de poche/de cuisine** Taschen-/Kochbuch

livre² [livʀ] *f* ① *a.* GASTR Pfund *nt*; **~ sterling** Pfund *nt* Sterling ② CAN (*0,453 kg*) Pfund *nt*

livrer [livʀe] <1> **I.** *vt* ① (*commande*) liefern; (*client*) beliefern ② (*remettre*) **~ qn à la police** jdn der Polizei ausliefern ③ (*dénoncer*) verraten **II.** *vpr* ① (*se rendre*) **se ~ à qn** sich jdm stellen ② (*se confier*) **se ~ à qn** sich jdm offenbaren ③ (*se consacrer*) **se ~ à un sport** sich einer Sportart widmen

livret [livʀɛ] *m* (*registre*) Heft *nt*; **~ d'épargne/de famille** Spar-/Familienbuch *nt*; **~ scolaire** Zeugnis|heft| *nt*

livreur, -euse [livʀœʀ, -øz] *m, f* Lieferant(in) *m(f)*

lobe [lɔb] *m* Lappen *m*; **~ de l'oreille** Ohrläppchen *nt*

local [lɔkal, o] <-aux> *m* Raum *m*; **des locaux** (*salles*) Räumlichkeiten *Pl*; (*bureaux*) |Büro|räume *Pl*

local, e [lɔkal, o] <-aux> *adj* örtlich; (*anesthésie*) lokal; (*journal, page*) Lokal-; (*industrie*) ortsansässig; **heure ~e** Ortszeit

localement [lɔkalmɑ̃] *adv* (*par endroits*) stellenweise; (*à un endroit précis*) lokal

localisation [lɔkalizasjɔ̃] *f* Lokalisierung *f*

localiser [lɔkalize] <1> *vt* lokalisieren; (*avion, navire*) orten

localité [lɔkalite] *f* Ort *m*

locataire [lɔkatɛʀ] *mf* Mieter(in) *m(f)*; **être ~** zur Miete wohnen

locatif [lɔkatif] *m* GRAM Lokativ *m*

location [lɔkasjɔ̃] *f* ① (*d'une habitation*) (*par le locataire*) Mieten *nt*; (*par le propriétaire*) Vermieten; (*d'une voiture*) Verleih *m*; **voi-**

ture de ~ Leihwagen *m* ❷ (*maison à louer*)
prendre une ~ pour les vacances eine
Unterkunft für die Ferien mieten
location-vente [lɔkasjɔ̃vɑ̃t] <locations-
ventes> *f* Leasing *nt*
lock-out [lɔkaut] *m inv* Aussperrung *f*
locomotion [lɔkɔmosjɔ̃] *f* Fortbewegung *f*
locomotive [lɔkɔmɔtiv] *f* Lokomotive *f*
locuteur, -trice [lɔkytœʀ, -tʀis] *m, f* Spre-
cher(in) *m(f)*
locution [lɔkysjɔ̃] *f* |Rede|wendung *f*
logarithme [lɔgaʀitm] *m* Logarithmus *m*
loge [lɔʒ] *f a.* THEAT Loge *f; (d'un acteur)*
Garderobe *f*
logement [lɔʒmɑ̃] *m* ❶ (*habitation*) Wohnung *f;* MIL Unterkunft *f* ❷ (*secteur*) **le ~**
der Wohnungsmarkt
loger [lɔʒe] <2a> I. *vi* wohnen II. *vt* ❶ (*héberger*) unterbringen ❷ (*contenir*) **~ qn/qc**
(*hôtel*) Platz für jdn/etw bieten III. *vpr* **se
~ chez un ami** bei einem Freund unterkommen
logeur, -euse [lɔʒœʀ, -øz] *m, f* Vermie-
ter(in) *m(f)*
loggia [lɔdʒja] *f* Loggia *f*
logiciel [lɔʒisjɛl] *m* Software *f; ~* **anti-virus**
Antivirenprogramm *nt; ~* **de courrier électronique** Mailprogramm; **~ de traitement
de texte** Textverarbeitungsprogramm
logique [lɔʒik] I. *adj* logisch II. *f* Logik *f*
logiquement [lɔʒikmɑ̃] *adv* ❶ (*normalement*) logischerweise ❷ (*rationnellement*)
logisch
logistique [lɔʒistik] *f* Logistik *f*
logo[type] [lɔgo(tip)] *m* (*d'une entreprise*)
Logo *nt; (d'un produit)* Warenzeichen *nt*
loi [lwa] *f a.* PHYS, MATH Gesetz *nt;* **faire la ~**
befehlen
loin [lwɛ̃] *adv* ❶ (*distance*) **au ~** in der Ferne; **de ~** von weitem; **~ de** weit weg von;
c'est encore assez ~ das ist noch ziemlich
weit; **plus ~** weiter ❷ *fig* weit; **il ira ~** er
wird es weit bringen; **revenir de ~** gerade
noch einmal davonkommen; **de ~** bei weitem; **~ de là** [ganz] im Gegenteil; **pas ~ de
10/de 1000** fast 10/1000 ❸ (*dans le
temps: passé*) lange her; (*futur*) weit weg;
il n'est pas ~ de minuit es ist fast Mitternacht
lointain, e [lwɛ̃tɛ̃, ɛn] *adj* ❶ (*pays, avenir*)
fern; (*époque*) weit zurückliegend; (*souvenir*) alt ❷ (*indirect*) entfernt; (*rapport*) lose

❸ (*regard*) abwesend
loir [lwaʀ] *m* Siebenschläfer *m*
Loire [lwaʀ] *f* **la ~** die Loire
loisir [lwaziʀ] *m* ❶ *sing o pl* (*temps libre*)
Freizeit *f kein Pl* ❷ (*passe-temps*) Freizeitbeschäftigung *f*
lombaire [lɔ̃bɛʀ] *f* Lendenwirbel *m*
londonien, ne [lɔ̃dɔnjɛ̃, jɛn] *adj* Londoner
Londonien, ne [lɔ̃dɔnjɛ̃, jɛn] *m, f* Londo-
ner(in) *m(f)*
Londres [lɔ̃dʀ] London *nt*
long [lɔ̃] I. *adv* **qc en dit ~ sur qc** etw sagt
viel über etw (*akk*); **en savoir ~ sur qc** gut
Bescheid wissen über etw (*akk*) II. *m* **en ~**
in der Länge; **de ~ en large** auf und ab; **en
~ et en large** lang und breit; **tout au ~ de
sa vie** sein ganzes Leben lang; **avoir 2 km
de ~** 2 km lang sein
long, longue [lɔ̃, lɔ̃g] *adj* ❶ *a. antéposé*
(*dans l'espace*) lang; (*détour*) groß; **~ de 5
km** 5 km lang ❷ *antéposé* (*dans le temps*)
lang; (*habitude*) alt; **ce sera ~** das wird lange dauern
long-courrier [lɔ̃kuʀje] <long-courriers>
m Langstreckenflugzeug *nt*
longe [lɔ̃ʒ] *f* Leine *f*
longer [lɔ̃ʒe] <2a> *vt* ❶ (*border*) **~ qc** (*mur*)
an etw (*dat*) entlanglaufen; (*sentier*) an etw
(*dat*) entlangführen; (*rivière*) an etw (*dat*)
entlangfließen ❷ (*se déplacer le long de*) **~
qc** (*bateau, véhicule*) an etw (*dat*) entlang-
fahren; (*personne*) (*à pied*) an etw (*dat*)
entlanggehen; (*en voiture*) an etw (*dat*) ent-
langfahren
longévité [lɔ̃ʒevite] *f* Langlebigkeit *f;* (*durée
de vie*) Lebensdauer *f*
longitude [lɔ̃ʒityd] *f* Länge *f*
longitudinal, e [lɔ̃ʒitydinal, o] <-aux> *adj*
axe ~ Längsachse *f*
longtemps [lɔ̃tɑ̃] *adv* lange; **il y a ~** das ist
schon lange her; **il y a très ~, ...** vor langer
Zeit ...; **il y a ~ que j'ai fini** ich bin schon
lange fertig; **en avoir pour ~** lange brauchen; **aussi ~** so lange; **~ avant/après qc**
lange [Zeit] vor etw (*dat*)/nach etw
longue [lɔ̃g] I. *adj v.* **long** II. *f* ▶ **à la ~** auf
[die] Dauer
longuement [lɔ̃gmɑ̃] *adv* lange; (*expliquer*)
lang und breit; (*s'étendre sur un sujet*) ausführlich; (*étudier*) eingehend
longueur [lɔ̃gœʀ] *f* ❶ (*opp: largeur*) Länge *f;*
avoir une ~ de 10 cm, avoir 10 cm de ~

L

eine Länge von 10 cm haben ❷ (*durée*) Länge *f*; **à ~ d'année** das ganze Jahr ❸ SPORT Länge *f*; **avoir une ~ d'avance sur qn** *fig* vor jdm in Führung liegen ❹ PHYS **~ d'onde** Wellenlänge *f*

longue-vue [lɔ̃gvy] <longues-vues> *f* Fernrohr *nt*

look [luk] *m* Look *m* ▸**avoir un ~ d'enfer** *fam* irre mal aussehen

looping [lupiŋ] *m* Looping *m* o *nt*

lopin [lɔpɛ̃] *m* **~ de terre** Stück *nt* Land

loquace [lɔkas] *adj* gesprächig

loque [lɔk] *f* ❶ (*vêtement*) Lumpen *m* ❷ *péj* (*personne*) Wrack *nt*

loquet [lɔkɛ] *m* Riegel *m*

lorgner [lɔʀɲe] <1> *vt* ❶ (*reluquer*) anstarren ❷ (*convoiter*) schielen nach

lorgnette [lɔʀɲɛt] *f* Opernglas *nt*

lorrain, e [lɔʀɛ̃, ɛn] *adj* lothringisch

Lorrain, e [lɔʀɛ̃, ɛn] *m, f* Lothringer(in) *m(f)*

Lorraine [lɔʀɛn] *f* **la ~** Lothringen *nt*

lors [lɔʀ] *adv* **~ de** bei; **~ d'un congrès** auf einem Kongress; **dès ~** seitdem; **dès ~ que ... sobald ...**

lorsque [lɔʀsk(ə)] <lorsqu'> *conj* **~ tu fais/feras qc** wenn du etw machst/machen wirst; **~ tu faisais/as fait** als du etw machtest/gemacht hast; **lorsqu'il fera beau, nous sortirons** wenn das Wetter schön ist, werden wir hinausgehen

losange [lɔzɑ̃ʒ] *m* Raute *f*

lot [lo] *m* ❶ Preis *m*; **gagner le gros ~** das große Los ziehen ❷ (*assortiment*) Stapel *m* ❸ INFORM **traitement par ~s** Stapelverarbeitung *f*

loterie [lɔtʀi] *f* Lotterie *f*; (*hasard*) Lotteriespiel *m*

loti, e [lɔti] *adj* **être bien/mal ~** es gut/schlecht getroffen haben

lotion [losjɔ̃] *f* Lotion *f*

lotissement [lɔtismɑ̃] *m* Siedlung *f*

loto [lɔto] *m* ❶ (*jeu de société*) Lotto *nt* ❷ (*loterie*) **tirage du Loto** Ziehung der Lottozahlen *nt*; **jouer au Loto/Loto sportif** Lotto *nt*/Toto *nt* spielen

lotte [lɔt] *f* [Aal]quappe *f*

lotus [lɔtys] *m* Lotos *m*

louable¹ [lwabl] *adj* (*digne de louange*) lobenswert

louable² [lwabl] *adj* (*pièce, appartement*) zu vermieten

loubard, e [lubaʀ, aʀd] *m, f fam* Rowdy *m*

louche¹ [luʃ] *adj* zwielichtig; (*passé*) zweifelhaft; (*affaire, histoire*) dubios

louche² [luʃ] *f* Schöpflöffel *m*

loucher [luʃe] <1> *vi* ❶ MED schielen ❷ *fam* **~ sur qn** nach jdm schielen

louer¹ [lwe] <1> *vt* **~ qn de qc** jdn für etw loben

louer² [lwe] <1> *vt* **I.** *vt* ❶ (*donner en location*) vermieten ❷ (*prendre en location*) mieten ❸ (*emprunter*) ausleihen **II.** *vpr* **se ~** vermietet werden

loueur, -euse [lwœʀ, -øz] *m, f* **~ de chambres/voitures** Vermieter (in) *m(f)* von Zimmern/Autos

loufoque [lufɔk] *adj fam* verrückt

loup [lu] *m* ❶ (*mammifère*) Wolf *m* ❷ (*poisson*) **~ [de mer]** Barsch *m*; *v.a.* **louve** ❸ (*masque*) schwarze Halbmaske ▸**quand on parle du ~ on en voit la queue** wenn man vom Teufel spricht, dann kommt er

loupe [lup] *f* Lupe *f* ▸**examiner qc à la ~** etw genau unter die Lupe nehmen

louper [lupe] <1> **I.** *vt fam* ❶ (*examen*) verpatzen; **être loupé** (*soirée*) in die Hose gegangen sein; (*mayonnaise, gâteau*) nichts geworden sein ❷ (*manquer*) verpassen; (*cible*) verfehlen **II.** *vi fam* (*projet, tentative*) danebengehen; **ça n'a pas loupé** das musste ja so kommen

loup-garou [lugaʀu] <loups-garous> *m* Werwolf *m*

lourd, e [luʀ, luʀd] **I.** *adj* ❶ *a.* antéposé (*de grand poids*) schwer ❷ (*jambes, tête*) schwer ❸ *a.* antéposé (*chaleur*) drückend; **il fait ~** es ist schwül ❹ *a.* antéposé (*impôts, dettes*) hoch; (*perte, faute*) schwer ❺ (*gauche*) schwerfällig; (*plaisanterie*) plump ❻ (*parfum, vin*) schwer; (*nourriture*) schwer verdaulich **II.** *adv* (*peser*) schwer

lourdaud, e [luʀdo, od] *m, f* Trampel *m* o *nt* (*fam*)

lourdement [luʀdəmɑ̃] *adv* schwer; (*se tromper*) gewaltig (*fam*); (*insister*) hartnäckig

lourdeur [luʀdœʀ] *f* ❶ **~s d'estomac** Magendrücken *nt* ❷ (*caractère massif*) Plumpheit *f*

loutre [lutʀ] *f* Otter *m*

Louvain [luvɛ̃] Löwen *nt*

louve [luv] *f* Wölfin *f*; *v.a.* **loup**

louveteau [luvto] <x> *m* ❶ ZOOL junger Wolf ❷ (*jeune scout*) Wölfling *m*

louvoyer [luvwaje] <6> *vi (tergiverser)* geschickt lavieren

lover [lɔve] <1> *vpr* **se ~** sich einrollen

loyal, e [lwajal, jo] <-aux> *adj* loyal; *(ami, services)* treu; *(adversaire, procédés)* fair

loyalement [lwajalmɑ̃] *adv (reconnaître)* offen

loyauté [lwajote] *f* Loyalität *f; (d'un adversaire)* Fairness *f*

loyer [lwaje] *m* Miete *f*

lu, e [ly] *part passé de* **lire**

lubie [lybi] *f* Marotte *f (fam)*

lubrifiant [lybʁifjɑ̃] *m* Schmiermittel *nt; (pour l'amour)* Gleitmittel *nt*

lubrification [lybʁifikasjɔ̃] *f* Schmieren *nt*

lubrifier [lybʁifje] <1a> *vt* schmieren

lubrique [lybʁik] *adj (propos, scène)* obszön

lucarne [lykaʁn] *f* Dachfenster *nt*

lucide [lysid] *adj* ① *(jugement)* scharfsinnig ② *(conscient)* **être ~** bei Bewusstsein sein

lucidité [lysidite] *f* klares Bewusstsein

luciole [lysjɔl] *f* Glühwürmchen *nt*

lucratif, -ive [lykʁatif, -iv] *adj* lukrativ

ludique [lydik] *adj* **activités ~s** Spielen *nt*

ludothèque [lydotɛk] *f* Spielothek *f*

luette [lɥɛt] *f* Zäpfchen *nt*

lueur [lɥœʁ] *f* ① *(faible clarté)* Schein *m kein Pl (des braises)* Glühen *nt kein Pl* ② *(de colère, joie)* Andeutung *f* ③ *(signe passager)* Funke[n] *m;* **une ~ d'espoir** ein Hoffnungsschimmer

luge [lyʒ] *f* Schlitten *m*

lugubre [lygybʁ] *adj* düster; *(paysage)* trist; *(pensées)* trübsinnig

lui [lɥi] **I.** *pron pers* ① *(masculin ou féminin)* **je ~ ai demandé s'il/si elle venait** ich habe ihn/sie gefragt, ob er/sie kommt; **tu ~ as donné à boire?** hast du ihm/ihr [schon] zu trinken gegeben? ② *avec faire, laisser* **il ~ laisse/fait conduire la voiture** er lässt ihn/sie das Auto fahren ③ *avec être, devenir, sembler, soutenu* **cela ~ semble bon** das erscheint ihm/ihr gut; *v.a.* **me** ④ *(avec un sens possessif)* **le cœur ~ battait fort** sein/ihr Herz schlug heftig **II.** *pron pers, masculin* ① *fam (pour renforcer)* **~, il n'a pas bu** der hat nicht getrunken; **c'est ~ qui l'a dit** das hat der gesagt ② *avec une prép* **avec/sans ~** mit ihm/ohne ihn ③ *dans une comparaison* er; *v.a.* **moi** ④ *(soi)* sich; **il est fier de ~** er ist stolz auf sich

lui-même [lɥimɛm] *pron pers* ① *(lui en personne)* er selbst; **M. X? — ~!** Herr X? — Höchstpersönlich!; *v.a.* **moi-même** ② *(en soi)* selbst

luire [lɥiʁ] <irr> *vi (soleil)* scheinen; *(étoile, lune)* leuchten

luisant, e [lɥizɑ̃, ɑ̃t] *adj* glänzend

lumbago [lœ̃bago] *m* Hexenschuss *m*

lumière [lymjɛʁ] *f* ① Licht *nt* ② *pl (connaissances)* Wissen *nt* ③ *(personne intelligente)* **être/ne pas être une ~** ein heller Kopf/ keine Leuchte sein *(fam)*

luminaire [lyminɛʁ] *m* Leuchte *f*

lumineux, -euse [lyminø, -øz] *adj* ① leuchtend; *(enseigne)* Neon-; *(rayon)* Licht- ② *(pièce, appartement)* hell

luminosité [lyminozite] *f* ① *(du ciel, d'une couleur)* Leuchten *nt* ② *(d'une pièce)* Helligkeit *f*

lunaire [lynɛʁ] *adj* Mond-

lunatique [lynatik] *adj* launisch

lunch [lœ̃tʃ] <[e]s> *m* Lunch *m*

lundi [lœ̃di] *m* Montag *m; ~* **de Pâques/ Pentecôte** Oster-/Pfingstmontag; *v.a.* **dimanche**

lune [lyn] *f* Mond *m* ▶**demander la ~** Unmögliches verlangen

luné, e [lyne] *adj fam* **bien/mal ~** gut/ schlecht gelaunt

lunette [lynɛt] *f* ① *pl* Brille *f,* Augengläser *Pl* (A); **mettre ses ~s** die Brille aufsetzen ② *(instrument)* Fernrohr *nt* ③ AUT **~ arrière** Heckscheibe *f* ④ *(des WC)* WC-Brille *f*

lurette [lyʁɛt] *f fam* **il y a belle ~ que ...** es ist schon ewig her, dass ...

lus [ly] *passé simple de* **lire**

lustre [lystʁ] *m* Kronleuchter *m*

lustré, e [lystʁe] *adj* glänzend

lustrer [lystʁe] <1> *vt (voiture)* polieren

luth [lyt] *m* Laute *f*

luthérien, ne [lyteʁjɛ̃, jɛn] *adj* lutherisch

luthier [lytje] *m* Geigenbauer(in) *m(f)*

lutin [lytɛ̃] *m* Kobold *m*

lutte [lyt] *f* ① *(combat)* Kampf *m; ~* **antidrogue** Rauschgiftbekämpfung *f* ② SPORT Ringkampf *m;* **faire de la ~** ringen; **~ suisse** [*o* **à la culotte**] CH Hosenlupf *m,* Schwinget *m* (CH)

lutter [lyte] <1> *vi* ① kämpfen; **~ contre le sommeil** gegen die Müdigkeit ankämpfen ② *(mener une action)* kämpfen; **~ contre qc** etw bekämpfen

L

lutteur, -euse [lytœʀ, -øz] *m, f* ❶ SPORT Ringkämpfer(in) *m(f)* ❷ (*battant*) Kämpfer(in) *m(f)*

luxation [lyksasjɔ̃] *f* MED Auskugelung *f*

luxe [lyks] *m* ❶ (*opp: nécessité*) Luxus *m;* **s'offrir le ~ de faire qc** es sich (*dat*) leisten, etw zu tun ❷ (*coûteux*) Luxus-

Luxembourg [lyksɑ̃buʀ] *m* ❶ **le ~** Luxemburg *nt* ❷ (*ville*) Luxemburg ❸ (*à Paris*) **le |palais du| ~** *Sitz des französischen Senats*

luxembourgeois, e [lyksɑ̃buʀʒwa, waz] *adj* luxemburgisch

Luxembourgeois, e [lyksɑ̃buʀʒwa, waz] *m, f* Luxemburger(in) *m(f)*

luxer [lykse] <1> *vpr* **se ~ l'épaule** sich die Schulter verrenken

luxueux, -euse [lyksɥø, -øz] *adj a. antéposé* luxuriös

luxuriant, e [lyksyʀjɑ̃, jɑ̃t] *adj* (*végétation*) üppig

luzerne [lyzɛʀn] *f* Luzerne *f*

lycée [lise] *m: Schule für die letzten 3 Jahre vor dem Abitur;* **~ technique** ≈ technische Fachoberschule; **aller au ~** ein lycée besuchen

lycéen, ne [liseɛ̃, ɛn] *m, f* Schüler(in) *m(f)* eines lycée

lymphatique [lɛ̃fatik] *adj* **système ~** Lymphsystem *nt*

lyncher [lɛ̃ʃe] <1> *vt* lynchen

lynx [lɛ̃ks] *m* Luchs *m*

lyophiliser [ljɔfilize] <1> *vt* gefriertrocknen; **café lyophilisé** Pulverkaffee *m*

lyre [liʀ] *f* Lyra *f*

lyrique [liʀik] *adj* LITTER lyrisch; (*roman, film*) stimmungsvoll

lyrisme [liʀism] *m* LITTER Lyrik *f*

lys [lis] *m v.* **lis**

M

M, m [ɛm] *m inv* M *nt*, m *nt*

m [ɛm] *abr de* **mètre** m

M. <**MM.**> *m abr de* **Monsieur**

m' *pron v.* **me**

ma [ma, me] <**mes**> *dét poss* mein(e); **~ fleur/chaise/maison** meine Blume/mein Stuhl/Haus; **~ Sœur** Schwester **▶~ pauvre!** Sie/du arme!

macabre [makɑbʀ] *adj* makaber

macadam [makadam] *m* Makadam *m o nt*

macaron [makaʀɔ̃] *m* GASTR Makrone *f*

macération [maseʀasjɔ̃] *f* GASTR Einlegen *nt*

macérer [masere] <5> I. *vi* **~ dans qc** in etw (*dat*) eingelegt sein II. *vt* **faire ~** einlegen

mâcher [mɑʃe] <1> *vt* kauen

machette [maʃɛt] *f* Machete *f*

machin [maʃɛ̃] *m fam* Dings *nt;* (*untel*) **c'est Machin!** das ist der Dings!

machinalement [maʃinalmɑ̃] *adv* mechanisch

machination [maʃinasjɔ̃] *f* Intrige *f*

machine [maʃin] *f* Maschine *f;* **~ à coudre/à laver/à écrire** Näh-/Wasch-/Schreibmaschine; **~ à sous** Spielautomat *m*

Machine [maʃin] *f fam* Dings

machine-outil [maʃinuti] <**machines-outils**> *f* Werkzeugmaschine *f*

machinerie [maʃinʀi] *f* (*équipement*) Maschinen *Pl*

machiste [mat(t)ʃist] *adj* chauvinistisch

macho [matʃo] *m fam* Macho *m*

mâchoire [mɑʃwaʀ] *f* Kiefer *m*

mâchouiller [mɑʃuje] <1> *vt fam* herumkauen auf (+ *dat*)

maçon, ne [masɔ̃, ɔn] *m, f* Maurer(in) *m(f)*

maçonner [masɔne] <1> *vt* ❶ (*mur*) mauern ❷ (*portes, fenêtres*) zumauern

macramé [makʀame] *m* Makramee *nt*

Madagascar [madagaskaʀ] *f* Madagaskar *nt*

madame [madam, medam] <**mesdames**> *f* ❶ **bonjour ~, comment allez-vous?** guten Tag, wie geht es Ihnen?; **bonjour Madame Larroque** guten Tag, Frau Larroque; **bonjour mesdames** guten Tag, meine Damen ❷ (*profession*) **Madame le juge/la Présidente** Frau Richterin/Präsidentin ❸ (*sur une enveloppe*) **Madame Dupont** An Frau Dupont ❹ (*en-tête*) **Madame, ...** Sehr geehrte Frau + *Name*, ...; **Chère Madame, ...** Liebe Frau + *Name*, ...; (*dans une lettre officielle*) Sehr geehrte Frau + *Name*, ...

mademoiselle [mad(ə)mwazɛl, med(ə)mwazɛl] <**mesdemoiselles**> *f*

❶ bonjour ~, comment allez-vous? guten Tag, wie geht es Ihnen?; **bonjour Mademoiselle Labiche** guten Tag, Frau Labiche; **bonjour mesdemoiselles** Guten Tag, meine Damen; **Mesdames, mesdemoiselles, messieurs!** Meine Damen und Herren! ❷ *(sur une enveloppe)* **Mademoiselle Aporé** An Frau Aporé ❸ *(en-tête)* **Mademoiselle, ...** Sehr geehrte Frau + *Name*, ...; **Chère Mademoiselle, ...** Liebe Frau + *Name*, ...; *(dans une lettre officielle)* Sehr geehrte Frau + *Name*, ...; **Madame, Mademoiselle, Monsieur, ...** Sehr geehrte Damen und Herren, ...

Madrid [madʀid] Madrid *nt*

madrilène [madʀilɛn] *adj* **le climat ~** das Madrider Klima

magasin [magazɛ̃] *m* Geschäft *nt*; **grand ~** Kaufhaus *nt*; **tenir un ~** einen Laden haben

magazine [magazin] *m* ❶ PRESSE Zeitschrift *f* ❷ *(émission)* Magazin *nt*

Magdebourg [magdəbuːʀ] Magdeburg *nt*

mage [maʒ] **I.** *m* ASTRO Magier *m* **II.** *app* **les Rois ~s** die Heiligen Drei Könige

Maghreb [magʀɛb] *m* **le ~** der Maghreb

Mit **le Maghreb** werden die drei nordafrikanischen Länder Algerien, Marokko und Tunesien bezeichnet, die früher französische Kolonien waren und heute noch stark von der französischen Kultur durchdrungen sind. Aufgrund dieser Kolonialvergangenheit leben heute zahlreiche *maghrébins* in Frankreich.

maghrébin, e [magʀebɛ̃, in] *adj* nordafrikanisch

Maghrébin, e [magʀebɛ̃, in] *m, f* Nordafrikaner(in) *m(f)*

magicien, ne [maʒisjɛ̃, jɛn] *m, f* ❶ *(sorcier)* Zauberer/Zauberin *m/f* ❷ *(illusionniste)* Zauberkünstler(in) *m(f)*

magie [maʒi] *f* Magie *f*

magique [maʒik] *adj* ❶ *(surnaturel)* Zauber- ❷ *(merveilleux)* zauberhaft

magistralement [maʒistʀalmɑ̃] *adv* meisterhaft; *(se tromper, se planter)* gründlich

magner [maɲe] <1> *vpr fam* **se ~** sich beeilen

magnétique [maɲetik] *adj* magnetisch; *(bande)* Ton-

magnétisme [maɲetism] *m* PHYS Magnetismus *m*

magnéto [maɲeto] *m fam abr de* **magnétophone**

magnétophone [maɲetɔfɔn] *m (à cassettes)* Kassettenrecorder *m; (à bandes)* Tonbandgerät *nt*

magnétoscope [maɲetɔskɔp] *m* Videorecorder *m*

magnifique [maɲifik] *adj a. antéposé* wunderschön; *(temps)* herrlich; *(spectacle)* großartig

magnolia [maɲɔlja] *m* Magnolie *f*

magnum [magnɔm] *m* Magnum[flasche] *f*

magot [mago] *m fam* Zaster *m kein Pl;* **il a amassé un petit/joli ~** er hat eine kleine/hübsche Summe gespart

magouiller [maguje] <1> *vi fam* mauscheln

magrébin, e [magʀebɛ̃, in] *adj v.* **maghrébin**

Magrébin, e [magʀebɛ̃, in] *m, f v.* **Maghrébin**

magret [magʀɛ] *m* **~ de canard** Entenbrust *f*

mai [mɛ] *m* Mai *m*

maigre [mɛgʀ] *adj* ❶ *(opp: gros)* mager; *(jambe)* dünn; *(visage)* schmal ❷ GASTR mager; *(lard)* durchwachsen ❸ *antéposé (faible)* dürftig; *(chance)* gering; *(profit)* bescheiden ❹ *a. antéposé (récolte)* mager; *(repas)* karg

maigreur [mɛgʀœʀ] *f* Magerkeit *f*

maigrir [mɛgʀiʀ] <8> *vi* abnehmen; **~ de cinq kilos** fünf Kilo abnehmen

mailing [melin] *m* Mailing *nt*

maille [maj] *f* Masche *f*

maillon [majɔ̃] *m* Glied *nt*

maillot [majo] *m* ❶ **~ [de bain]** *(de femme)* Badeanzug *m; (d'homme)* Badehose *f;* **~ de bain une pièce/deux pièces** Einteiler *m/*Bikini *m* ❷ SPORT Trikot *nt* ❸ *(sous-vêtement)* Unterhemd *nt*

main [mɛ̃] *f* ❶ ANAT Hand *f;* **battre des ~s** in die Hände klatschen; **se donner la ~** Händchen halten; **prendre qn par la ~** jdn bei der Hand nehmen; **serrer la ~ à qn** jdm die Hand schütteln; **fait ~** handgearbeitet; **frein/sac à ~** Handbremse *f/*Handtasche *f;* **à deux ~s** mit beiden Händen; **haut les ~s!** Hände hoch! ❷ *(style: d'un artiste, maître)* meisterliche Kunst ❸ JEUX Blatt *nt;* **avoir la ~** ausspielen ❹ SPORT Hand[spiel *nt*] *f* ▶**donner un coup**

de ~ à qn jdm behilflich sein; **faire qc haut** la ~ etw mit links machen (*fam*); **à ~s nues** mit bloßen Händen; **de première/seconde** ~ aus erster/zweiter Hand; **se faire** la ~ üben; **passer** la ~ die Verantwortung aus der Hand geben

main-d'œuvre [mɛ̃dœvʀ] <mains-d'œuvre> *f* Arbeitskräfte *Pl*

maintenance [mɛ̃t(ə)nɑ̃] *f* Wartung *f*

maintenant [mɛ̃t(ə)nɑ̃] *adv* ❶ (*en ce moment*) jetzt; **dès** ~ ab sofort ❷ (*actuellement*) heute ❸ (*désormais*) von jetzt an

maintenir [mɛ̃t(ə)niʀ] <9> **I.** *vt* ❶ (*ordre, offre*) aufrechterhalten; (*tradition*) beibehalten; (*politique*) fortsetzen ❷ (*soutenir*) stützen ❸ (*affirmer*) ~ **qc** an etw (*dat*) festhalten; ~ **que** ... dabei bleiben, dass ... **II.** *vpr* **se** ~ sich halten; (*santé, prix*) stabil bleiben

maintien [mɛ̃tjɛ̃] *m* ❶ (*conservation*) Aufrechterhaltung *f*; (*d'une décision*) Beibehaltung *f*; (*des libertés*) Wahrung *f*; (*des traditions*) Fortbestehen *nt* ❷ (*soutien*) Halt *m*

maire [mɛʀ] *m* Bürgermeister *m*, Ammann *m* (CH)

mairie [meʀi] *f* Rathaus *nt*; (*administration*) Stadtverwaltung *f*

mais [mɛ] **I.** *conj* ❶ (*pour opposer deux séquences qui ne s'excluent pas*) aber ❷ (*pour opposer deux séquences qui s'excluent*) sondern **II.** *adv* ❶ (*pourtant*) aber ❷ (*renforcement*) aber doch; ~ **oui, bien sûr!** aber klar!; ~ **si!** aber ja doch! ❸ (*impatience*) also; ~ **encore** aber davon abgesehen ❹ *fam* **non** ~**, tu me prends pour ...** also hör mal, hältst du mich für ... **III.** *m* Aber *nt*

maison [mɛzɔ̃] **I.** *f* ❶ Haus *nt* ❷ (*entreprise*) Firma *f*; ~ **mère** Stammhaus *nt*; ~ **de couture** Modehaus *nt*; ~ **de disques** Schallplattenfirma *f*; ~ **d'édition** Verlag *m* ❸ (*bâtiment*) ~ **d'arrêt** Gefängnis *nt*; ~ **de repos** Sanatorium *nt*; ~ **de retraite** Altersheim *nt* ▸~ **close** Freudenhaus *nt* **c'est gros comme une** ~ das ist sonnenklar (*fam*) **II.** *app inv* (*pâté*) hausgemacht

Maison-Blanche [mɛzɔ̃blɑ̃ʃ] *f sans pl* **la** ~ das Weiße Haus

maisonnette [mɛzɔnɛt] *f* Häuschen *nt*

maître [mɛtʀ] *m* Meister *m*; **coup de** ~ Meisterleistung *f*

maître, -esse [mɛtʀ, -ɛs] **I.** *adj* ❶ œuvre **maîtresse** Hauptwerk *nt* ❷ (*qui peut disposer de*) **être** ~ **de qc** über etw bestimmen

II. *m, f* ❶ (*chef*) Herr(in) *m(f)*; ~ **d'hôtel** Oberkellner *m*; **régner** ~ autoritär regieren ❷ (*patron*) Chef(in) *m(f)*; ~ **nageur** Bademeister(in) *m(f)* ❸ SCOL Lehrer(in) *m(f)* ❹ UNIV ~ **de conférences** Dozent(in) *m(f)* ❺ (*d'un chien*) Herrchen *nt* (*fam*)/Frauchen *nt* (*fam*)

maître-autel [mɛtʀotɛl] <maîtres-autels> *m* Hauptaltar *m*

maître chanteur, -euse [mɛtʀəʃɑ̃tœʀ, -øz] *m, f* Erpresser(in) *m(f)*

maîtresse [mɛtʀɛs] *f* (*liaison*) Geliebte *f*

maîtrise [metʀiz] *f* ❶ (*contrôle*) Beherrschung *f* ❷ (*habileté*) Können *nt* ❸ (*sangfroid*) ~ **de soi** Selbstbeherrschung *f* ❹ UNIV Magisterprüfung *f* ❺ (*grade*) Magister *m*

maîtriser [metʀize] <1> **I.** *vt* ❶ (*situation*) meistern; (*incendie*) unter Kontrolle bringen; (*langue, sujet*) beherrschen ❷ (*forcené*) überwältigen; (*animal*) bändigen ❸ (*émotion, passion*) zügeln **II.** *vpr* **se** ~ sich beherrschen

Majesté [maʒɛste] *f* **Votre** ~ Eure Majestät

majeur [maʒœʀ] *m* Mittelfinger *m*

majeur, e [maʒœʀ] **I.** *adj* ❶ (*difficulté, intérêt*) sehr groß; (*événement*) wichtig ❷ (*le plus important*) wichtigste(r, s); (*défaut*) Haupt- ❸ *antéposé* **la ~e partie du temps** die meiste Zeit ❹ *vx* volljährig ❺ MUS groß; **do/ré/mi/fa** ~ C/D/E/F-Dur ▸**être** ~ **et vacciné** *fam* kein kleines Kind mehr sein **II.** *m, f* JUR Volljährige(r) *f(m)*

majoritairement [maʒɔʀitɛʀmɑ̃] *adv* mehrheitlich

majorité [maʒɔʀite] *f* ❶ (*des voix*) Mehrzahl *f*; (*des membres présents*) Mehrheit *f*; **en** ~ überwiegend ❷ JUR Volljährigkeit *f*

majuscule [maʒyskyl] **I.** *adj* große(r, s); (*lettre*) Groß- **II.** *f* Großbuchstabe *m*; **en** ~**s** in Blockschrift

mal¹ [mal] **I.** *adv* ❶ (*opp: bien*) schlecht; (*respirer*) schwer; (*finir*) böse ❷ (*pas au bon moment*) ungünstig ❸ (*pas de la bonne façon*) ~ **s'y prendre** sich ungeschickt anstellen ❹ (*répondre*) unverschämt ❺ (*comprendre, juger*) falsch; (*s'exprimer*) unklar ❻ (*de manière défavorable*) **être** ~ **vu** nicht gern gesehen sein ❼ (*en se vexant*) **elle a** ~ **pris ma remarque** sie hat meine Bemerkung in den falschen Hals gekriegt (*fam*) ▸**je m'en fiche pas** ~ das ist mir ganz egal (*fam*) **II.** *adj inv* ❶ schlecht; **faire quelque**

chose/ne rien faire de ~ etwas Böses/ nichts Böses tun ❷ (*pas à l'aise*) **être ~** sich nicht wohl fühlen

mal² [mal, mo] <maux> *m* ❶ *a.* REL **le ~** das Böse *kein Pl* ❷ *sans pl* (*action, parole, pensée mauvaise*) Schlechte(s) *nt kein Pl*; **faire du ~ à qn** jdm schaden; **dire du ~ de qn** schlecht über jdn sprechen; **il n'y a pas de ~ à qc** an etw (*dat*) ist doch nichts Schlimmes ❸ *sans pl* (*maladie, malaise*) Übel *nt*; **~ de mer** Seekrankheit *f* ❹ (*souffrance physique*) Schmerzen *Pl*; **il a ~ à la main** ihm tut die Hand weh; **avoir ~ à la tête** Kopfschmerzen haben; **avoir ~ à la jambe** Schmerzen im Bein haben; **[se] faire ~** [sich (*dat*)] wehtun ❺ (*souffrance morale*) **faire ~** wehtun; **~ du pays** Heimweh *nt*; **qn/qc me fait ~ au cœur** jd/etw tut mir Leid ❻ *sans pl* (*peine*) Mühe *f*; **il a du ~ à supporter qc** er kann etw nur schwer ertragen ❼ *sans pl* (*dégât*) Schaden *m*; **le travail ne fait pas de ~ à qn** Arbeit kann jdm nichts schaden (*fam*) ▶**le ~ est fait** das Unglück ist geschehen

malabar [malabaʁ] *m fam* Muskelprotz *m*

malade [malad] **I.** *adj* ❶ krank; **tomber ~** krank werden; **être ~ du sida/cœur** aids-/ herzkrank sein ❷ (*bouleversé*) **~ de jalousie** krank vor Eifersucht ❸ *fam* (*cinglé*) **être ~** spinnen **II.** *mf* ❶ Kranke(r) *f(m)*; **grand ~** Schwerkranker; **~ mental** Geisteskranker ❷ (*patient*) Patient(in) *m(f)*

maladie [maladi] *f* ❶ Krankheit *f*; **être en ~** krankgeschrieben sein ❷ (*manie*) Manie *f* ▶**faire une ~ de qc** *fam* ein Drama aus etw machen

maladif, -ive [maladif, -iv] *adj* ❶ (*personne*) kränkelnd; (*air, pâleur*) kränklich ❷ (*besoin, peur*) krankhaft

maladresse [maladʁɛs] *f* ❶ (*gaucherie*) Ungeschicklichkeit *f*; (*d'un style*) Unbeholfenheit *f* ❷ (*bévue, gaffe*) Fauxpas *m*

maladroit, e [maladʁwa, wat] **I.** *adj* ❶ (*geste, personne*) ungeschickt; (*style*) unbeholfen ❷ (*parole, remarque*) unpassend **II.** *m, f* ❶ (*personne malhabile*) Tollpatsch *m* (*fam*) ❷ (*gaffeur*) Tölpel *m*

maladroitement [maladʁwatmã] *adv* (*gauchement*) ungeschickt; **s'exprimer ~** sich unbeholfen ausdrücken

malaise [malɛz] *m* ❶ MED Unwohlsein *nt*; **avoir un ~** ohnmächtig werden ❷ (*crise*)

Unbehagen *nt*; **le ~ social** die sozialen Missstände *Pl*

malbouffe [malbuf] *f fam* Junk-Food *nt*

malchance [malʃãs] *f* Pech *nt*

malchanceux, -euse [malʃãsø, -øz] *adj* vom Pech verfolgt

mâle [mal] **I.** *adj* männlich **II.** *m* ❶ (*homme*) Mann *m* ❷ (*animal*) Männchen *nt*

malédiction [malediksjõ] *f* ❶ (*fatalité*) Fluch *m* ❷ (*malheur*) Unheil *nt*

malencontreusement [malãkõtʁøzmã] *adv* unpassenderweise

malentendant, e [malãtãdã, ãt] *m, f* Schwerhörige(r) *f(m)*

malentendu [malãtãdy] *m* Missverständnis *nt*

malfaiteur, -trice [malfɛtœʁ, -tʁis] *m, f* Übeltäter(in) *m(f)*

malformation [malfɔʁmasjõ] *f* Missbildung *f*; **~ du cœur** Herzfehler *m*

malgache [malgaʃ] **I.** *adj* madagassisch **II.** *m* Madagassisch *nt*; *v.a.* **allemand**

Malgache [malgaʃ] *mf* Madagasse/Madagassin *m/f*

malgré [malgʁe] *prép* ❶ (*en dépit de*) trotz (+ *dat o gen*); **~ tout** trotz allem ❷ (*contre le gré de*) **~ moi/elle/lui** gegen meinen/ ihren/seinen Willen

malheur [malœʁ] *m* ❶ (*événement pénible*) Unglück *nt* ❷ *sans pl* (*malchance*) Unglück *nt*; **par ~** unglücklicherweise ❸ (*tort*) **avoir le ~ de faire qc** dummerweise etw tun ▶**[ne] parle pas de ~!** *fam* mal den Teufel nicht an die Wand!; **oiseau de ~** Unglücksbote *m*

malheureusement [malœʁøzmã] *adv* leider

malheureux, -euse [malœʁø, -øz] **I.** *adj* ❶ (*personne, air*) unglücklich ❷ *a. antéposé* (*regrettable, fâcheux*) unglücklich; (*incident, suites*) bedauerlich; (*parole*) ungeschickt **II.** *m, f* ❶ (*indigent*) Notleidende(r) *f(m)* ❷ (*infortuné*) Unglückselige(r) *f(m)*

malhonnête [malɔnɛt] *adj* unehrlich; *iron* unanständig

malhonnêteté [malɔnɛtte] *f* Unehrlichkeit *f*

Mali [mali] *m* **le ~** Mali *nt*

malice [malis] *f* ❶ (*espièglerie*) Schalkhaftigkeit *f* ❷ (*méchanceté*) Böswilligkeit *f*

malicieux, -euse [malisjø, -jøz] *adj* (*réponse*) schelmisch; (*regard, sourire*) verschmitzt; (*enfant, personne*) spitzbübisch

M

malin, maligne [malɛ̃, maliɲ] **I.** *adj* ❶ (*personne*) schlau; (*sourire*) verschmitzt; (*air*) pfiffig ❷ (*tumeur*) bösartig **II.** *m, f* Schlaukopf *m* (*fam*); **faire le ~** sich aufspielen

malle [mal] *f* Überseekoffer *m* ▶**se faire la ~** *fam* abhauen

malléable [maleabl] *adj* (*argile*) knetbar; (*métal*) weich

mallette [malɛt] *f* Aktenkoffer *m*

malmener [malmǝne] <4> *vt* ❶ (*rudoyer*) schlecht behandeln ❷ (*bousculer*) hart bedrängen

malnutrition [malnytʀisjɔ̃] *f* Unterernährung *f*

malpoli, e [malpɔli] *adj fam* unhöflich; (*enfant*) ungezogen

malsain, e [malsɛ̃, ɛn] *adj* krankhaft

malt [malt] *m* Malz *nt*

maltais [maltɛ] *m* Maltesisch *nt*; *v.a.* **allemand**

Malte [malt] *f* **l'île de ~** die Insel Malta

maltraiter [maltʀete] <1> *vt* misshandeln

malus [malys] *m* Malus *m*

maman [mamɑ̃] *f* ❶ Mutter *f*; **future ~** werdende Mutter ❷ (*appellation*) Mama *f*

mamie [mami] *f fam* Oma *f*

mammifère [mamifɛʀ] *mf* Säugetier *nt*

mammouth [mamut] *m* Mammut *nt*

mammy [mami] *f v.* **mamie**

mamours [mamuʀ] *mpl fam* (*câlins*) **faire des ~ à qn** mit jdm schmusen

manager [mana(d)ʒe] <2a> *vt* managen

manageur, -euse [manmadʒœʀ, -øz] *m, f* Manager(in) *m(f)*

manche¹ [mɑ̃ʃ] *f* ❶ (*d'un vêtement*) Ärmel *m* ❷ (*aux courses*) Runde *f*; (*au ski*) Durchlauf *m* ❸ JEUX Spiel *nt* ▶**faire la ~** betteln

manche² [mɑ̃ʃ] *m* (*d'un outil*) Griff *m*; (*d'un balai*) Stiel *m*; (*d'une guitare, d'un violon*) Hals *m*

Manche [mɑ̃ʃ] *f* **la ~** der Ärmelkanal

manchette [mɑ̃ʃɛt] *f* Manschette *f*

manchot [mɑ̃ʃo] *m* Pinguin *m*

manchot, e [mɑ̃ʃo, ɔt] **I.** *adj* einarmig **II.** *m, f* (*personne*) Einarmige(r) *f(m)*

mandarine [mɑ̃daʀin] *f* Mandarine *f*

mandat [mɑ̃da] *m* ❶ Auftrag *m*; JUR, POL Mandat *nt*; **~ d'arrêt** Haftbefehl *m* ❷ COM, FIN Postanweisung *f*

mandat-carte [mɑ̃dakaʀt] <mandats-cartes> *m* Postanweisung *f* **mandat-lettre** [mɑ̃dalɛtʀ] <mandats-lettres> *m*: Post-

anweisung, die in einem Brief geschickt wird und auf der Post einzulösen ist

manège [manɛʒ] *m* Karussell *nt*; (*agissements*) Hin und Her *nt*

manette [manɛt] *f* INFORM **~ de jeu** Joystick *m*

mangeable [mɑ̃ʒabl] *adj* essbar

manger [mɑ̃ʒe] <2a> **I.** *vt* ❶ **~ qc** (*personne*) etw essen; (*animal*) etw fressen ❷ (*capital, héritage*) vergeuden ❸ *fam* (*mots*) verschlucken **II.** *vi* (*personne*) essen; (*animal*) fressen; **donner à ~ à un bébé/aux vaches** ein Baby/die Kühe füttern **III.** *vpr* **se manger chaud** warm gegessen werden

mangeur, -euse [mɑ̃ʒœʀ, -ʒøz] *m, f* **gros ~** starker Esser *m*

mangue [mɑ̃g] *f* Mango *f*

maniabilité [manjabilite] *f* (*d'une machine*) leichte Bedienung; (*d'une voiture*) Wendigkeit *f*; (*d'un appareil*) leichte Handhabung; (*d'un outil*) Handlichkeit *f*

maniaque [manjak] **I.** *adj* pingelig (*fam*) pedantisch **II.** *mf* ❶ Pedant(in) *m(f)*; **un ~ de l'ordre** ein Ordnungsfanatiker ❷ (*malade*) Irre(r) *f(m)*; **~ sexuel** Triebtäter *m*

manie [mani] *f* Tick *m*; **~ de la propreté** Sauberkeitsfimmel *m* (*fam*)

maniement [manimɑ̃] *m* Handhabung *f*; (*d'un appareil*) Bedienung *f*; (*d'une voiture*) Lenken *nt*

manier [manje] <1> *vt* ❶ (*objet, outil*) handhaben; (*appareil*) bedienen ❷ (*manipuler, avoir entre les mains*) **~ qn/qc** mit jdm/etw umgehen ❸ (*langue*) beherrschen

maniéré, e [manjeʀe] *adj* gekünstelt; (*ton, personne*) manieriert

manière [manjɛʀ] *f* ❶ (*façon*) Art *f*; **~ de faire qc** Art und Weise etw zu tun; **~ d'agir/de s'exprimer** Handlungs-/Ausdrucksweise *f*; **à la ~ ... nach ...** Art; **à la ~ de qn/qc** wie jd/etw; **à ma/sa ~** auf meine/seine/ihre Weise; **de ~ brutale/rapide** auf brutale/schnelle Art und Weise; **d'une ~ générale** im Allgemeinen; **d'une ~ ou d'une autre** so oder so; **de toute ~** auf jeden Fall; **de ~ à faire qc** um etw zu tun; **de ~ |à ce| que** + *subj* so, dass; **de quelle ~?** wie denn? ❷ *pl* (*comportement*) Manieren *Pl*; **faire des ~s** sich zieren ❸ LING **adverbe/complément de ~** Adverbialbestimmung *f* der Art und Weise

▶**employer la ~ forte** hart durchgreifen
manifestant, e [manifɛstɑ̃, ɑ̃t] *m, f* Demonstrant(in) *m(f)*
manifestation [manifɛstasjɔ̃] *f* ❶ POL Demonstration *f* ❷ (*événement*) Veranstaltung *f* ❸ (*d'un sentiment*) Äußerung *f;* (*de joie, amitié*) Bekundung *f*
manifeste [manifɛst] **I.** *adj* offensichtlich **II.** *m* Manifest *nt*
manifestement [manifɛstəmɑ̃] *adv* ganz offensichtlich
manifester [manifɛste] <1> **I.** *vt* zum Ausdruck bringen **II.** *vi* demonstrieren **III.** *vpr* **se ~** ❶ (*se révéler*) sich äußern; (*crise*) auftreten ❷ (*se faire connaître*) sich melden; (*candidat*) sich vorstellen ❸ (*s'exprimer*) sich äußern
manigance [manigɑ̃s] *f gén pl* Machenschaften *Pl*
manigancer [manigɑ̃se] <2> *vt* aushecken (*fam*)
manioc [manjɔk] *m* Maniok *m*
manipulation [manipylasjɔ̃] *f* ❶ (*d'une machine*) Bedienung *f;* (*d'un produit*) Umgehen *nt* mit (+ *dat*) ❷ *pl* (*expériences*) Versuche *Pl;* **les ~s génétiques** die Genmanipulation ❸ *péj* (*de l'opinion*) Manipulation *f*
manipuler [manipyle] <1> *vt* ❶ (*outil*) handhaben ❷ *péj* (*fausser*) manipulieren; (*résultats*) fälschen ❸ (*influencer*) manipulieren
manitou [manitu] *m* ❶ Manitu *m* ❷ *fig fam* **c'est lui, le grand ~ ici!** er ist hier der Häuptling! (*iron fam*)
manivelle [manivɛl] *f* Kurbel *f*
mannequin [mankɛ̃] *m* ❶ Mannequin *nt* ❷ (*pour le tailleur*) Schneiderpuppe *f;* (*pour la vitrine*) Schaufensterpuppe *f*
manœuvre [manœvʀ] **I.** *f* ❶ *a.* MIL Manöver *nt;* **fausse ~** Bedienungsfehler *m* ❷ *péj* Machenschaften *Pl* **II.** *m* Hilfsarbeiter(in) *m(f)*
manœuvrer [manœvʀe] <1> **I.** *vt* ❶ (*machine*) bedienen; (*outil*) handhaben ❷ (*véhicule*) steuern **II.** *vi* (*agir habilement*) geschickt vorgehen
manomètre [manɔmɛtʀ] *m* Manometer *m*
manouche [manuʃ] *mf fam* Zigeuner(in) *m(f)*
manquant, e [mɑ̃kɑ̃, ɑ̃t] *adj* ❶ (*pièce, somme*) fehlend ❷ (*article*) nicht vorrätig
manque [mɑ̃k] *m* ❶ Mangel *m;* ~ **de sé-**rieux Mangel an Ernsthaftigkeit; **~ d'ima-gination** Fantasielosigkeit *f* ❷ MED **être en ~** Entzugserscheinungen haben
manqué, e [mɑ̃ke] *adj* (*occasion, rendez-vous*) verpasst; (*photo, roman*) misslungen
manquer [mɑ̃ke] <1> **I.** *vt* ❶ (*cible, but*) verfehlen ❷ (*se venger*) **ne pas ~ qn** jdm kein Pardon geben ❸ (*film, réunion*) verpassen; (*école*) nicht gehen in (+ *akk*) **II.** *vi* ❶ (*être absent*) fehlen ❷ (*ne pas avoir assez de*) **qn/qc manque de qn/qc** jdm/einer S. fehlt jd/etw ❸ (*regretter de ne pas avoir*) **mes enfants me manquent** ich vermisse die Kinder ❹ (*attentat, tentative*) scheitern ❺ (*ne pas respecter*) **~ à sa parole** sein/ihr Wort nicht halten ❻ (*faillir*) **~ |de| faire qc** etw beinahe tun; **ne pas ~ de faire qc** etw auf jeden Fall tun ▶**il ne manquait plus que ça** das hat gerade noch gefehlt **III.** *vpr* **se ~ de 5 minutes** sich um 5 Minuten verpassen
manteau [mɑ̃to] <x> *m* Mantel *m*
manucure [manykyʀ] *mf* Maniküre *f*
manuel [manɥɛl] *m* Lehrbuch *nt;* (*manuel d'utilisation*) Handbuch
manuel, le [manɥɛl] *adj* (*métier, profession*) handwerklich; (*activité, travail*) manuell
manu militari [manymilitaʀi] *adv* kurzerhand; (*par la force physique*) gewaltsam
manuscrit, e [manyskʀi, it] **I.** *adj* handschriftlich **II.** *m* Manuskript *nt*
manutention [manytɑ̃sjɔ̃] *f* Warenumschlag *m*
manutentionnaire [manytɑ̃sjɔnɛʀ] *mf* Lagerist(in) *m(f)*
maquerelle [makʀɛl] *f fam* Puffmutter *f*
maquette [makɛt] *f* Modell *nt*
maquillage [makijaʒ] *m* (*action*) Schminken *nt;* (*résultat, produits*) Make-up *nt;* THEAT Maske *f* ❷ (*d'une voiture*) Frisieren *nt*
maquiller [makije] <1> **I.** *vt* ❶ schminken ❷ (*falsifier*) fälschen; (*vérité*) verdrehen; (*faits*) entstellen; (*voiture*) frisieren **II.** *vpr* **se ~** sich schminken
maquilleur, -euse [makijœʀ, -jøz] *m, f* Maskenbildner(in) *m(f)*
marais [maʀɛ] *m* Sumpf *m*
marathon [maʀatɔ̃] *m* Marathon *m*
marathonien, ne [maʀatɔnjɛ̃, -jɛn] *m, f* Marathonläufer(in) *m(f)*
marbre [maʀbʀ] *m* Marmor *m*
marbrer [maʀbʀe] <1> *vt* marmorieren;

M

gâteau marbré Marmorkuchen m

marcel [maʁsɛl] m (*maillot de corps masculin*) Muscleshirt nt

marchand, e [maʁʃɑ̃, ɑ̃d] **I.** adj (*marine, navire*) Handels- **II.** m, f Händler(in) m(f)

marchandage [maʁʃɑ̃daʒ] m Handeln nt

marchander [maʁʃɑ̃de] <1> vt, vi ~ |le **prix**| [um den Preis] handeln

marchandise [maʁʃɑ̃diz] f Ware f

marche¹ [maʁʃ] f ❶ (*action*) Gehen nt; SPORT Lauf m; **se mettre en ~** sich auf den Weg machen ❷ (*allure*) Gang m ❸ MIL, POL, MUS Marsch m; **faire ~ sur qc** auf etw (*akk*) zumarschieren ❹ (*mouvement continu*) **en ~ arrière** rückwärts; **faire** |une| ~ **arrière** AUT rückwärts fahren ❺ (*d'une entreprise*) Gang m; **moteur en ~** laufender Motor; **mettre qc en ~** etw einschalten ▶**faire ~ arrière** einen Rückzieher machen

marche² [maʁʃ] f (*d'un escalier*) Stufe f; (*d'un véhicule*) Trittbrett nt

marché [maʁʃe] m ❶ Markt m; **~ couvert** Markthalle|n Pl| f; **~ aux puces** Flohmarkt ❷ (*contrat*) Vertrag m; **~ conclu!** abgemacht!; **le ~ unique** der Europäische Binnenmarkt ▶**bon ~** inv billig

marcher [maʁʃe] <1> vi ❶ gehen ❷ MIL **~ sur la ville/Paris** auf die Stadt/Paris zumarschieren ❸ (*poser le pied*) **~ sur/dans qc** auf/in etw (*akk*) treten ❹ (*fonctionner*) laufen; (*montre*) gehen; (*télé, machine*) an sein; **~ à l'électricité** mit Strom betrieben werden ❺ (*affaire, film*) laufen; (*études*) vorangehen; (*procédé*) funktionieren ❻ fam **faire ~ qn** jdn auf den Arm nehmen ❼ fam **ça marche!** o.k.!

mardi [maʁdi] m Dienstag m; **~ gras** Karnevalsdienstag; v.a. **dimanche**

mare [maʁ] f Tümpel m; **~ de sang** Blutlache f

marécage [maʁekaʒ] m Sumpf m

maréchal-ferrant [maʁeʃalfeʁɑ̃] <maréchaux-ferrants> m Hufschmied m

maréchaussée [maʁeʃose] f hum Gesetzeshüter m

marée [maʁe] f ❶ Ebbe f und Flut f; **à ~ basse/haute** bei Ebbe/Flut ❷ fig **~ humaine** Menschenflut f ▶**~ noire** Ölpest f

margarine [maʁgaʁin] f Margarine f

marge [maʁʒ] f ❶ (*d'une feuille*) Rand m ❷ (*délai*) Spielraum m; **~ d'erreur** zulässige Abweichung ❸ fig **vivre en ~ de la so-**

ciété am Rande der Gesellschaft leben

marginal, e [maʁʒinal, o] <-aux-> **I.** adj ❶ (*accessoire*) marginal; (*occupation, rôle*) Neben- ❷ (*en marge de la société*) am Rande der Gesellschaft; (*groupe*) Rand- **II.** m, f Außenseiter(in) m(f)

marginalité [maʁʒinalite] f Außenseitertum nt

marguerite [maʁgəʁit] f Margerite f

mari [maʁi] m [Ehe]mann m

mariage [maʁjaʒ] m ❶ (*institution*) Ehe f; (*union*) Heirat f; **~ blanc** Scheinehe; **demander qn en ~** um jds Hand anhalten ❷ (*cérémonie*) Hochzeit f; **~ civil/religieux** standesamtliche/kirchliche Trauung ❸ (*vie conjugale*) Ehe f; **fêter les 25/10 ans de ~** silberne Hochzeit/den 10. Hochzeitstag feiern

marié, e [maʁje] **I.** adj verheiratet **II.** m, f (*le jour du mariage*) Bräutigam/Braut m/f; **les ~s** das Brautpaar

marier [maʁje] <1> **I.** vt ❶ trauen; **~ qn avec qn** jdn mit jdm verheiraten ❷ CAN BELG NORD (*épouser*) heiraten **II.** vpr **se ~ avec qn** jdn heiraten

marin [maʁɛ̃] m (*matelot*) Seemann m; (*navigateur*) Seefahrer m

marin, e [maʁɛ̃, in] adj Meeres-; (*air, carte*) See-

marine [maʁin] **I.** f Marine f **II.** adj gén inv marineblau

mariner [maʁine] <1> **I.** vt marinieren **II.** vi GASTR in |der| Marinade ziehen

marinière [maʁinjɛʁ] **I.** f Matrosenbluse f **II.** app inv GASTR |à la| ~ nach Seemannsart (*mit Weißwein und Zwiebeln zubereitet*)

marionnette [maʁjɔnɛt] f Marionette f

maritime [maʁitim] adj ❶ (*du bord de mer*) maritim; (*région, ville*) Küsten- ❷ (*relatif au commerce*) See-; (*transport*) zur See; **compagnie ~** Schifffahrtsgesellschaft f

mark [maʁk] m Mark f; **le deutsche Mark** die deutsche Mark

marketing [maʁkɛtiŋ] m Marketing nt

marmelade [maʁməlad] f Marmelade f

marmonner [maʁmɔne] <1> **I.** vt murmeln **II.** vi vor sich (*akk*) hin murmeln

marmotte [maʁmɔt] f Murmeltier nt

Maroc [maʁɔk] m **le ~** Marokko nt

marocain, e [maʁɔkɛ̃, ɛn] adj marokkanisch

Marocain, e [maʁɔkɛ̃, ɛn] m, f Marokkaner(in) m(f)

marquant, e [maʀkɑ̃, ɑ̃t] *adj* (*fait, événement*) einschneidend; (*souvenir*) prägend

marque [maʀk] *f* ❶ (*trace*) Spur *f*; (*tache*) Fleck *m* ❷ (*repère*) Zeichen *nt*; SPORT Start *m*; **à vos ~s!** auf die Plätze! ❸ (*témoignage*) **~ de confiance** Vertrauensbeweis *m*; **~ de respect** Ehrenbezeugung *f* ❹ (*signe distinctif*) Kennzeichen *nt* ❺ COM Marke *f*; **~ déposée** Warenzeichen ❻ LING Merkmal *nt*

marqué, e [maʀke] *adj* ❶ (*traits du visage*) ausgeprägt; (*préférence, différence*) deutlich ❷ (*traumatisé*) vorbelastet

marquer [maʀke] <1> *vt* ❶ (*indiquer*) markieren; (*heure, degré*) anzeigen ❷ (*distinguer par un signe*) kennzeichnen; **~ d'un trait/d'une croix** anstreichen/ankreuzen ❸ (*laisser une trace sur*) Spuren hinterlassen auf (+ *dat*) ❹ (*étape, progrès*) signalisieren ❺ (*inscrire, noter*) notieren ❻ SPORT erzielen

marqueur [maʀkœʀ] *m* ❶ (*crayon*) Textmarker *m* ❷ (*marqueur fluorescent*) Leuchtstift *m*

marquise [maʀkiz] *f* (*auvent*) Markise *f*

marraine [maʀɛn] *f* Patin *f*

marrant, e [maʀɑ̃, ɑ̃t] *adj fam* witzig

marre [maʀ] *adv fam* ►**en avoir ~ de qn/qc** jdn/etw satt haben

marrer [maʀe] <1> *vpr* **se ~** *fam* sich totlachen

marron [maʀɔ̃] I. *m* Marone *f* II. *adj inv* |kastanien|braun

mars [maʀs] *m* ❶ März *m; v.a.* **août** ❷ ASTRO Mars *m*

marseillais, e [maʀsɛjɛ, jɛz] *adj* Marseiller

Marseillaise [maʀsɛjɛz] *f* **la ~** die Marseillaise

Die **Marseillaise** ist seit 1795 die französische Nationalhymne. Sie wurde 1792 von C.J. Rouget de Lisle als Kriegslied für die Rheinarmee geschrieben. Während der Revolution wurde sie von einem Freiwilligenbataillon aus Marseille gesungen, als es in Paris einmarschierte, um an einer Volkserhebung teilzunehmen. So erhielt sie ihren Namen.

marteau [maʀto] <x> *m* Hammer *m*

marteler [maʀtəle] <4> *vt* ❶ (*frapper*) hämmern ❷ (*scander*) skandieren

Martien, ne [maʀsjɛ̃, jɛn] *m, f* Marsbewohner(in) *m(f)*

Martiniquais, e [maʀtinikɛ, ɛz] *m, f* Einwohner(in) *m(f)* von Martinique

Martinique [maʀtinik] *f* **la ~** die Insel Martinique

martin-pêcheur [maʀtɛ̃pɛʃœʀ] <martins-pêcheurs> *m* Eisvogel *m*

martre [maʀtʀ] *f* ZOOL Marder *m*

martyr, e [maʀtiʀ] I. *adj* (*enfant*) misshandelt; (*peuple*) geschunden II. *m, f* Märtyrer(in) *m(f)*

martyre [maʀtiʀ] *m* REL Martyrium *nt*

martyriser [maʀtiʀize] <1> *vt* quälen

mascara [maskaʀa] *m* Wimperntusche *f*

mascotte [maskɔt] *f* Maskottchen *nt*

masculin [maskylɛ̃] *m* LING Maskulinum *nt*

masculin, e [maskylɛ̃, in] *adj* männlich

masculinité [maskylinite] *f* männliches Geschlecht

maso [mazo] *adj inv, fam abr de* **masochiste être ~** Maso sein

masochiste [mazɔʃist] I. *adj* masochistisch II. *mf* Masochist(in) *m(f)*

masque [mask] *m* Maske *f*

masqué, e [maske] *adj* maskiert; (*bal, soirée*) Masken-

masquer [maske] <1> I. *vt* verdecken; (*vérité*) verheimlichen II. *vpr* **se ~ le visage** sich (*dat*) eine Maske aufsetzen

massacre [masakʀ] *m* Massaker *nt*; (*travail mal fait*) Stümperei *f*

massacrer [masakʀe] <1> I. *vt* ❶ (*peuple*) niedermetzeln; (*animaux*) abschlachten ❷ *fig fam* (*personne*) fertigmachen ❸ *fam* (*détériorer*) verhunzen II. *vpr* **se faire ~** sich abschlachten lassen

massage [masaʒ] *m* Massage *f*

masse [mas] *f* ❶ Masse *f*; **les ~s populaires** die |Volks|masse[n] ❷ ECON **~ monétaire** Geldvolumen *nt*; **~ salariale** Lohn- und Gehaltsaufkommen *nt*

masser[1] [mase] <1> I. *vt* (*grouper*) versammeln II. *vpr* **se ~** sich zusammenscharen

masser[2] [mase] <1> *vt* massieren

masseur, -euse [masœʀ, -øz] *m, f* Masseur(in) *m(f)*

massif [masif] *m* ❶ BOT Beet *nt* ❷ GEO Bergmassiv *nt*

massif, -ive [masif, -iv] *adj* ❶ (*carrure*) massig; (*bâtiment, meuble*) wuchtig ❷ (*argent, bois*) massiv ❸ (*important*) massiv; (*manifestation*) Massen-; (*dose*) hoch

M

massivement [masivmɑ̃] *adv* massenweise; (*licencier*) in großer Zahl; **la population a ~ répondu oui au référendum** die Bevölkerung hat sich mit großer Mehrheit für das Referendum ausgesprochen

mass media [masmedja] *mpl* Massenmedien *Pl*

masturbation [mastyʀbasjɔ̃] *f* Selbstbefriedigung *f*

masturber [mastyʀbe] <1> I. *vt* masturbieren II. *vpr* **se ~** onanieren

mat [mat] *adj inv* JEUX matt

mat, e [mat] *adj* matt; (*peau, teint*) dunkel; (*bruit*) dumpf

mât [mɑ] *m* Mast *m*

match [matʃ] <[e]s> *m* Spiel *nt*; **~ de boxe** Boxkampf *m*; **~ nul** Unentschieden *nt*

matelas [matlɑ] *m* Matratze *f*; **~ pneumatique** Luftmatratze

matelot [matlo] *m* Matrose *m*

matelote [matlɔt] *f* GASTR *Fischragout in Weinsoße*

mater[1] [mate] <1> *vt* ❶ (*faire s'assagir*) zur Vernunft bringen ❷ (*réprimer, vaincre*) bezwingen

mater[2] [mate] <1> *vt fam* (*regarder*) anglotzen

matérialisation [mateʀjalizasjɔ̃] *f* Realisierung *f*

matérialiser [mateʀjalize] <1> I. *vt* realisieren; (*idée*) in die Tat umsetzen II. *vpr* **se ~** Gestalt annehmen

matérialiste [mateʀjalist] I. *adj* materialistisch II. *mf* Materialist(in) *m(f)*

matériau [mateʀjo] <x> *m* ❶ (*matière*) Material *nt* ❷ *sans pl fig* Stoff *m*

matériel [mateʀjɛl] *m* ❶ (*équipement*) Material *nt*; **~ de camping/de pêche** Camping-/Angelausrüstung *f* ❷ (*assortiment proposé dans un magasin*) **~ de bureau/sport** Bürobedarf *m*/Sportartikel *Pl* ❸ INFORM Hardware *f*

matériel, le [mateʀjɛl] *adj* ❶ materiell; (*trace, preuve*) konkret; (*biens*) Sach- ❷ (*dégâts*) Sach-; (*problème*) technisch ❸ (*ennui, conditions*) finanziell

maternel, le [matɛʀnɛl] *adj* ❶ (*de/pour la mère*) Mutter-; (*tendresse, instinct*) mütterlich ❷ (*du côté de la mère: grand-père*) mütterlicherseits; (*biens*) von mütterlicher Seite

maternelle [matɛʀnɛl] *f* ≈ Kindergarten *m*

In Frankreich können Kinder ab dem Alter von zwei Jahren eine **maternelle** besuchen: einen Ganztagskindergarten mit Vorschulcharakter. Sie essen dort zu Mittag und haben Betten zur Verfügung, um einen Mittagsschlaf zu halten. In Vorbereitung auf die Grundschule werden sie spielerisch und ganz allmählich in das Lesen, Schreiben und Rechnen eingeführt.

materner [matɛʀne] <1> *vt péj* bemuttern

maternité [matɛʀnite] I. *f* ❶ (*bâtiment*) Entbindungsheim *nt* ❷ BIO Gebärfähigkeit *f* ❸ (*condition de mère*) Mutterschaft *f* II. *app* Mutterschafts-

mathématicien, ne [matematisjɛ̃, jɛn] *m, f* Mathematiker(in) *m(f)*

mathématique [matematik] I. *adj* mathematisch II. *fpl* Mathematik *f*

math[s] [mat] *fpl fam abr de* **mathématique** Mathe *f*

matière [matjɛʀ] *f* ❶ Material *nt*; **~ synthétique/première** Kunst-/Rohstoff *m* ❷ PHILOS, PHYS Materie *f* ❸ (*sujet, thème*) Material *nt*; (*d'une discussion*) Gegenstand *m*; **en ~ de qc** bezüglich einer S. (*gen*) ❹ SCOL Fach *nt*

matin [matɛ̃] I. *m* Morgen *m*; (*matinée*) Vormittag *m*; **le ~** morgens; **du ~ au soir** von morgens bis abends; **ce ~** heute Morgen; **tous les ~s** jeden Morgen; **6/11 heures du ~** 6 Uhr morgens/11 Uhr vormittags ►**un de ces quatre ~s** eines Tages II. *adv* **mardi ~** [am] Dienstagmorgen; **tous les lundis ~[s]** jeden Montagmorgen; **hier/demain ~** gestern/morgen früh; **~ et soir** morgens und abends

matinal, e [matinal, o] < -aux> *adj* ❶ morgendlich; (*rosée, toilette*) Morgen- ❷ (*qui se lève tôt*) **être ~** ein Frühaufsteher sein

matinée [matine] *f* (*matin*) Vormittag *m* ►**faire la grasse ~** ausschlafen

maton, ne [matɔ̃, ɔn] *m, f fam* [Gefängnis]wärter(in) *m(f)*

matraquage [matʀakaʒ] *m* ❶ (*coups de matraque*) **le ~ des manifestants par la police** der Schlagstockeinsatz der Polizei gegen die Demonstranten ❷ MEDIA Dauerberieselung *f*

matriarcal, e [matʀijaʀkal, o] <-aux> *adj*

matriarchalisch

mature [matyʀ] *adj* (*psychiquement*) reif; (*sexuellement*) geschlechtsreif

mâture [mɑtyʀ] *f* Bemastung *f*

maturité [matyʀite] *f* ❶ BOT, BIO Reife *f* ❷ CH (*baccalauréat*) Abitur *nt*, Maturität *f* (CH)

maudit, e [modi, it] *adj* ❶ *antéposé* (*fichu*) verdammt ❷ *postposé* (*poète, écrivain*) verfemt; (*funeste*) verflucht; (*lieu a.*) unheilvoll

maure [mɔʀ] *adj* HIST maurisch

mauresque [mɔʀɛsk] *adj* maurisch

Mauritanie [mɔʀitani] *f* **la** ~ Mauretanien *nt*

maussade [mosad] *adj* griesgrämig; (*ciel*) grau; (*humeur*) schlecht; (*temps, paysage*) trist

mauvais [movɛ] I. *adv* **il fait** ~ es ist schlechtes Wetter; **sentir** ~ nicht gut riechen II. *m* Schlechte(s) *nt*

mauvais, e [movɛ, ɛz] *adj* ❶ *antéposé* schlecht; (*action*) bös; **être** ~ **en qc** in etw (*dat*) schlecht sein; **être** ~ **pour la santé** ungesund sein; **faire un** ~ **rêve** schlecht träumen ❷ (*intention, regard*) böse ❸ (*mer*) stürmisch

mauve [mov] I. *adj* blasslila II. *m* Blasslila *nt*

max [maks] *m fam abr de* **maximum**

maxi [maksi] *adj inv* maximal

maximal, e [maksimal, o] <-aux> *adj* maximal; (*vitesse, peine*) Höchst-

maximum [maksimɔm] <s> I. *adj* maximal II. *m* Höchstmaß *nt;* JUR Höchststrafe *f;* ~ **de qc** Maximum an etw (*dat*); **faire le** ~ sein Möglichstes tun

Mayence [majɑ̃s] Mainz *nt*

mayonnaise [majɔnɛz] *f* Mayonnaise *f*

mazot [mazo] *m* CH *kleines ländliches Gebäude*

mazout [mazut] *m* [Heiz]öl *nt*

me [mə] < *devant voyelle ou h muet* m'> *pron pers* ❶ **il** ~ **voit/m'aime** er sieht/liebt mich; **il** ~ **suit** er folgt mir ❷ *avec faire, laisser* mich; **il** ~ **laisse/fait conduire** |**la voiture**| er lässt mich |das Auto| fahren ❸ *avec être, devenir, sembler, soutenu* **cela** ~ **semble bon** das erscheint mir gut; **le café m'est indispensable** ich kann nicht auf Kaffee verzichten ❹ *avec les verbes pronominaux* **je** ~ **nettoie** ich mache mich sauber; **je** ~ **nettoie les ongles** ich mache mir die Nägel sauber; **je** ~ **fais cou-**

per les cheveux ich lasse mir die Haare schneiden ❺ (*avec un sens possessif*) **le cœur** ~ **battait fort** mein Herz schlug heftig ❻ *avec un présentatif* ich; ~ **voici!** hier bin ich!

mec [mɛk] *m fam* Kerl *m*

mécanicien, ne [mekanisjɛ̃, jɛn] *m, f* Mechaniker(in) *m(f)*

mécanique [mekanik] I. *adj* mechanisch; (*jouet*) zum Aufziehen II. *f* Mechanik *f*

mécaniquement [mekanikmɑ̃] *adv* mechanisch

mécanisation [mekanizasjɔ̃] *f* Mechanisierung *f*

mécaniser [mekanize] <1> *vpr* **se** ~ auf mechanischen Betrieb umstellen

mécanisme [mekanism] *m* Mechanismus *m*

méchamment [meʃamɑ̃] *adv* ❶ böse ❷ *fam* (*très*) unheimlich; (*amoché*) übel

méchanceté [meʃɑ̃ste] *f* ❶ *sans pl* Boshaftigkeit *f;* **avec** ~ böse ❷ (*acte, parole*) Bosheit *f*

méchant, e [meʃɑ̃, ɑ̃t] I. *adj* ❶ (*opp: gentil*) böse; (*animal*) bösartig; **être** ~ **avec qn** gemein zu jdm sein ❷ *antéposé* (*sévère*) böse; (*soleil, mer*) gefährlich II. *m, f* Böse(r) *f(m)*

mèche [mɛʃ] *f* ❶ (*d'une bougie*) Docht *m* ❷ (*touffe*) ~ **de cheveux** [Haar]strähne *f* ▸**vendre la** ~ ein Geheimnis verraten

méconnaissable [mekɔnɛsabl] *adj* **être** ~ nicht wiederzuerkennen sein

méconnaître [mekɔnɛtʀ] <irr> *vt soutenu* ❶ (*mésestimer*) verkennen ❷ (*faits, vérité*) nicht kennen

méconnu, e [mekɔny] *adj* verkannt

mécontent, e [mekɔ̃tɑ̃, ɑ̃t] I. *adj* ~ **de qn/qc** unzufrieden mit jdm/etw II. *m, f* Nörgler(in) *m(f)*

médaille [medaj] *f* Medaille *f;* (*décoration*) Orden *m*

médaillé, e [medaje] I. *adj* ausgezeichnet II. *m, f* Träger(in) *m(f)* einer Medaille/eines Ordens; SPORT Medaillengewinner(in) *m(f)*

médecin [medsɛ̃] *m* Arzt/Ärztin *m/f;* ~ **de famille** Hausarzt

médecine [medsin] *f* ❶ (*science*) Medizin *f* ❷ (*profession*) Arztberuf *m*

média [medja] *m* Medium *nt;* **les** ~**s** die Medien

médiateur, -trice [medjatœʀ, -tʀis] I. *adj* vermittelnd *m* II. *m, f* Vermittler(in) *m(f)*

M

médiathèque [medjatɛk] *f* Mediothek *f*

médiation [medjasjɔ̃] *f* Vermittlung *f*

médiatique [medjatik] *adj* (*image*) durch die Medien bestimmt; (*sport, événement*) medienwirksam; (*personne*) telegen

médiatisation [medjatizasjɔ̃] *f* Vermarktung *f* durch die Medien

médiatiser [medjatize] <1> *vt* in den Medien vermarkten; (*excessivement*) in den Medien aufbauschen

médiatrice [medjatʀis] *f* ❶ *v.* **médiateur** ❷ GEOM Mittelsenkrechte *f*

médical, e [medikal, o] <-aux> *adj* ärztlich

médicalisation [medikalizasjɔ̃] *f* ❶ (*action*) medizinische Ausstattung ❷ (*fait d'être médicalisé*) medizinische Betreuung

médicament [medikamɑ̃] *m* Medikament *nt*

médiocre [medjɔkʀ] I. *adj* ❶ (*salaire*) dürftig ❷ (*minable*) mittelmäßig; (*vers, film*) zweitklassig ❸ (*élève*) schwach II. *mf* Durchschnittsmensch *m* III. *m* Mittelmäßigkeit *f*

médiocrité [medjɔkʀite] *f* (*insuffisance en qualité*) Mittelmäßigkeit *f*; (*d'une vie*) Bedeutungslosigkeit *f*

méditation [meditasjɔ̃] *f* Nachsinnen *nt;* REL Meditation *f*

méditer [medite] <1> *vi* nachsinnen; REL meditieren

Méditerranée [mediteʀane] *f* **la** [mer] **~** das Mittelmeer

méditerranéen, ne [mediteʀaneɛ̃, ɛn] I. *adj* (*climat*) mediterran; (*caractère*) südländisch; (*région, côte*) Mittelmeer- II. *m, f* Südländer(in) *m(f)*

médium [medjɔm] *m* Medium *nt*

méduse [medyz] *f* Qualle *f*

meeting [mitiŋ] *m* ❶ POL Versammlung *f*; (*en plein air*) Kundgebung *f* ❷ SPORT Veranstaltung *f*

méfait [mefɛ] *m* ❶ (*faute*) Missetat *f* ❷ *gén pl* (*de l'alcool*) verheerende Folgen *Pl*

méfiance [mefjɑ̃s] *f* Misstrauen *nt*

méfiant, e [mefjɑ̃, jɑ̃t] *adj* misstrauisch

méfier [mefje] <1> *vpr* **se ~ de qn/qc** jdm/einer S. misstrauen; (*faire attention*) **se ~** sich in Acht nehmen

méga [mega] *m fam abr de* **mégaoctet** INFORM Megabyte *nt*

mégalopole [megalɔpɔl] *f* Riesenstadt *f*

mégaoctet [megaɔktɛ] *m* INFORM Megabyte *nt*

mégaphone [megafɔn] *m* Megaphon *nt*

mégapole [megapɔl] *f v.* **mégalopole**

mégawatt [megawat] *m* Megawatt *nt*

meilleur [mɛjœʀ] I. *adv* **sentir ~** besser riechen; **il fait ~** es ist wärmer II. *m* **le ~** das Beste ▶**pour le ~ et pour le pire** auf Gedeih und Verderb

meilleur, e [mɛjœʀ] I. *adj* ❶ *comp de abr de* **bon** besser ❷ *superl* **le ~/la ~e élève** le beste Schüler/die beste Schülerin II. *m, f* **le ~/la ~e de la classe** der/die Beste in der Klasse

mélancolie [melɑ̃kɔli] *f* Melancholie *f*

mélancolique [melɑ̃kɔlik] *adj* melancholisch

mélange [melɑ̃ʒ] *m* Mischung *f*

mélangé, e [melɑ̃ʒe] *adj* gemischt

mélanger [melɑ̃ʒe] <2a> I. *vt* ❶ (*mêler*) [ver]mischen ❷ (*mettre en désordre*) durcheinander bringen ❸ (*confondre*) verwechseln II. *vpr* **se ~** sich [ver]mischen

mêlé, e [mele] *adj* ❶ (*miteinander*) vermischt; (*couleurs, races*) Misch- ❷ (*impliqué*) **être ~ à une affaire** in einen Skandal verwickelt sein

mêlée [mele] *f* ❶ SPORT Gedränge *nt* ❷ (*conflit*) **se jeter dans la ~** sich in den Kampf stürzen

mêler [mele] <1> I. *vt* ❶ (*mélanger*) [ver]mischen; (*voix*) vereinigen; (*ingrédients*) verrühren ❷ (*ajouter*) **~ des détails pittoresques à un récit** in einen Bericht malerische Einzelheiten einflechten ❸ (*impliquer*) **~ qn à qc** jdn in etw (*akk*) verwickeln II. *vpr* ❶ **se ~ à la foule** sich unter die Menge mischen ❷ *péj* (*s'occuper*) **se ~ de qc** sich in etw (*akk*) einmischen

mélisse [melis] *f* Melisse *f*

mélodie [melɔdi] *f* Melodie *f*

mélodieux, -euse [melɔdjø, -jøz] *adj* melodisch

melon [m(ə)lɔ̃] *m* Melone *f*

melting-pot [mɛltiŋpɔt] <melting-pots> *m* Schmelztiegel *m*

membre [mɑ̃bʀ] I. *m* ❶ ANAT Glied *nt;* **les ~s** die Gliedmaßen ❷ (*d'une association*) Mitglied *nt* II. *app* **État ~** Mitgliedsstaat *m*

mémé [meme] *f fam* Oma *f*

même [mɛm] I. *adj* ❶ **habiter le ~ quartier** in demselben Viertel wohnen; **il porte la ~ cravate qu'hier** er trägt dieselbe Kra-

watte wie gestern ❷ (*simultané*) **en ~ temps** zur gleichen Zeit ❸ (*semblable*) gleich; **la ~ chose** das Gleiche ❹ (*pour renforcer*) **c'est cela ~** genau so ist es ❺ *avec un pron pers* **toi-~** du selbst; **nous-~s** wir selbst **II.** *pron indéf* **le/la ~** (*une chose identique*) der-/die-/dasselbe; (*une chose semblable*) der/die/das Gleiche **III.** *adv* ❶ (*de plus, jusqu'à*) [ja] sogar; **~ pas** nicht einmal; **~ si** selbst wenn ❷ (*précisément*) **ici ~** genau an dieser Stelle; **je le ferai aujourd'hui ~** ich werde das heute noch tun ▶**à ~ le sol** direkt auf der Erde; **vous _de_ ~!** *soutenu* [danke,] deshalb!; **_de_ ~ que qn** [eben]so wie jd; **tout de ~** dennoch
mémère [memɛʀ] *f fam* Oma *f*
mémoire¹ [memwaʀ] *f* ❶ Gedächtnis *nt* ❷ (*souvenir*) **~ de qn/qc** Erinnerung *f* an jdn/etw; **faire qc à la ~ de qn** etw zum Andenken an jdn tun ❸ INFORM Speicher *m*; **~ vive** Arbeitsspeicher *m*; **mettre qc en ~** etw [ab]speichern
mémoire² [memwaʀ] *m* ❶ *pl* (*journal*) Memoiren *Pl* ❷ (*dissertation*) [wissenschaftliche] Arbeit
mémorable [memɔʀabl] *adj* unvergesslich
mémoriser [memɔʀize] <1> *vt* INFORM [ab]speichern
menaçant, e [mənasɑ̃, ɑ̃t] *adj* ❶ drohend; **geste ~** Drohgebärde *f* ❷ (*ciel, nuage*) bedrohlich; (*nuages*) Gewitter-
menace [mənas] *f* ❶ (*parole, geste*) Drohung *f*; **sous la ~ de qn/qc** unter jds Zwang (*dat*)/unter dem Zwang einer S. (*gen*) ❷ (*danger*) Bedrohung *f*
menacé, e [mənase] *adj* bedroht
menacer [mənase] <2> *vt* ❶ **~ qn d'une arme** jdn mit einer Waffe drohen ❷ (*faire des menaces de*) **~ qn de mort/de faire qc** jdm mit dem Tod drohen/jdm androhen, etw zu tun ❸ (*constituer une menace pour*) bedrohen **II.** *vi* (*orage, famine*) drohen
ménage [menaʒ] *m* ❶ Haushalt *m*; **faire le ~** sauber machen *fam* (*réorganiser*) Ordnung schaffen ❷ (*vie commune*) **être/se mettre en ~ avec qn** mit jdm zusammenleben/-ziehen ❸ (*couple*) Ehepaar *nt* ❹ (*famille*) Haushalt *m*
ménager [menaʒe] <2a> **I.** *vt* ❶ (*forces*) schonen; (*paroles*) mäßigen ❷ (*personne*) (*pour raisons de santé*) schonen; (*par respect ou intérêt*) rücksichtsvoll behandeln **II.** *vpr*

se ~ sich schonen
ménager, -ère [menaʒe, -ɛʀ] *adj* (*appareils*) Haushalts-; (*ordures*) Haus-
ménagère [menaʒɛʀ] *f* ❶ (*femme*) Hausfrau *f* ❷ (*service de couverts*) Besteckgarnitur *f*
mendiant, e [mɑ̃djɑ̃, jɑ̃t] *m, f* Bettler(in) *m(f)*
mendier [mɑ̃dje] <1> **I.** *vi* betteln **II.** *vt* (*argent, pain*) betteln um
mener [məne] <4> **I.** *vt* ❶ (*amener*) bringen; **~ qn chez qn/à l'école** jdn zu jdm/zur Schule bringen ❷ (*diriger*) leiten; (*négociations, affaire*) führen **II.** *vi* ❶ **~ à qn/qc** zu jdm/etw führen ❷ SPORT führen; **~ [par] deux à zéro** [mit] zwei zu null führen
méninge [menɛ̃ʒ] *f* Hirnhaut *f* ▶**se creuser les ~s** *fam* sich (*dat*) das Hirn zermartern
menottes [mənɔt] *fpl* (*pour attacher*) Handschellen *Pl*
mensonge [mɑ̃sɔ̃ʒ] *m* Lüge *f*
mensonger, -ère [mɑ̃sɔ̃ʒe, -ɛʀ] *adj* erlogen
menstruel, le [mɑ̃stʀyɛl] *adj* (*cycle*) Menstruations-; **flux ~** Monatsblutung *f*
mensuel [mɑ̃syɛl] *m* Monats|zeit|schrift *f*
mensuel, le [mɑ̃syɛl] *adj* monatlich
mensuellement [mɑ̃syɛlmɑ̃] *adv* monatlich
mensurations [mɑ̃syʀasjɔ̃] *fpl* (*dimensions du corps*) Maße *Pl*
mental [mɑ̃tal] *m sans pl* geistige Verfassung
mental, e [mɑ̃tal, o] <-aux> *adj* geistig; (*calcul*) Kopf-
mentalement [mɑ̃talmɑ̃] *adv* im Kopf
mentalité [mɑ̃talite] *f* Mentalität *f*
menteur, -euse [mɑ̃tœʀ, -øz] *m, f* Lügner(in) *m(f)*
menthe [mɑ̃t] *f* Minze *f*
mention [mɑ̃sjɔ̃] *f* ❶ (*fait de signaler*) Erwähnung *f*; **faire ~ de qn/qc** jdn/etw erwähnen ❷ (*indication*) Vermerk *m* ❸ SCOL, UNIV Auszeichnung *f*; **avec ~ bien** mit „gut"
mentionner [mɑ̃sjɔne] <1> *vt* erwähnen
mentir [mɑ̃tiʀ] <10> *vi* lügen; **~ à qn** jdn belügen ▶**il ment comme il respire** er lügt wie gedruckt
menton [mɑ̃tɔ̃] *m* Kinn *nt*; **double ~** Doppelkinn, Goder *m* (A)
menu [məny] *m* ❶ (*repas*) Menü *nt* ❷ (*carte: au restaurant*) Speisekarte *f*; (*à la cantine*) Speiseplan *m* ❸ INFORM Menü *nt*;

M

~ **déroulant** Pulldown-Menü

menu, e [mǝny] **I.** *adj postposé* zierlich **II.** *adv* **haché/coupé** ~ fein gehackt/klein geschnitten

menuiserie [mǝnɥizʀi] *f* ❶ *sans pl* (*métier*) Tischlern *nt* ❷ (*atelier*) Tischlerei *f*

menuisier [mǝnɥizje] *m* Tischler(in) *m(f)*

mépris [mepʀi] *m* Verachtung *f*

méprise [mepʀiz] *f* Irrtum *m*

mépriser [mepʀize] <1> *vt* ❶ (*opp: estimer*) verachten ❷ (*opp: prendre en compte*) missachten

mer [mɛʀ] *f* ❶ (*étendue d'eau*) Meer *nt*; ~ **Égée** Ägäis *f*; ~ **du Nord** Nordsee ❷ (*littoral*) **passer ses vacances à la** ~ seine Ferien am Meer verbringen ❸ (*eau de* ~) Meer|wasser *nt*| *nt*

mercenaire [mɛʀsǝnɛʀ] *m, f* Söldner(in) *m(f)*

mercerie [mɛʀsǝʀi] *f* ❶ (*magasin*) Kurzwarenhandlung *f* ❷ (*commerce*) Kurzwarenhandel *m* ❸ (*ensemble des marchandises*) Kurzwaren *Pl*

merci [mɛʀsi] **I.** *interj* ❶ (*pour remercier*) danke; ~ **bien** danke schön; (*négatif*) [nein,] vielen Dank; ~ **à vous pour tout** ich danke Ihnen/euch für alles ❷ (*pour exprimer l'indignation, la déception*) na danke **II.** *m* Dank *m* **III.** *f* **être à la** ~ **de qn/qc** jdm/einer S. ausgeliefert sein

mercredi [mɛʀkʀǝdi] *m* Mittwoch *m*; ~ **des Cendres** Aschermittwoch; *v.a.* **dimanche**

mercure [mɛʀkyʀ] *m* Quecksilber *nt*

Mercure [mɛʀkyʀ] *f* ASTRO, HIST Merkur *m*

merde [mɛʀd] **I.** *f* ❶ *vulg* Scheiße *f* ❷ *fam* (*saleté, personne, chose sans valeur*) Dreck *m*; **c'est de la** ~, **ce stylo** dieser Stift ist doch Scheiße ▶**foutre la** ~ *fam* ein Chaos veranstalten; **temps/boulot de** ~ Scheißwetter *nt*/Scheißarbeit *f* **II.** *interj fam* ❶ (*pour exprimer la colère*) ~ **alors!** [verdammte] Scheiße! ❷ (*pour exprimer la surprise*) verdammt

merder [mɛʀde] <1> *vi fam* (*personne*) Mist machen; (*chose*) schief laufen

merdique [mɛʀdik] *adj fam* beschissen

mère [mɛʀ] **I.** *f* ❶ (*femme*) Mutter *f*; ~ **adoptive** Adoptivmutter; ~ **célibataire** allein erziehende Mutter ❷ (*animal*) Muttertier *nt* ❸ REL ~ **supérieure** Mutter Oberin **II.** *app* **maison** ~ ECON Muttergesellschaft *f*

merguez [mɛʀɡɛz] *f*: kleine, scharf gewürzte Bratwurst aus Lammfleisch

méridien [meʀidjɛ̃] *m* Meridian *m*

meringue [mǝʀɛ̃ɡ] *f* Baiser *nt*

mérinos [meʀinos] *m* (*laine*) Merino|wolle *f*| *m*

méritant, e [meʀitɑ̃, ɑ̃t] *adj* verdienstvoll

mérite [meʀit] *m* ❶ Verdienst *nt*; **avoir bien du** ~ Verdienste haben ❷ (*d'un appareil, d'une organisation*) Vorzug *m*

mériter [meʀite] <1> *vt* ❶ (*avoir droit à qc*) verdienen; ~ **mieux** Besseres verdienen ❷ (*valoir*) wert sein; **cela mérite réflexion** darüber sollte man nachdenken

merlu [mɛʀly] *m* Seehecht *m*

merveille [mɛʀvɛj] *f* Wunder *nt*

merveilleusement [mɛʀvɛjøzmɑ̃] *adv* wunderbar

merveilleux [mɛʀvɛjø] *m* **le** ~ das Wunderbare

merveilleux, -euse [mɛʀvɛjø, -jøz] *adj* ❶ (*exceptionnel*) wunderbar; (*très beau*) wunderschön ❷ *postposé* (*monde, lampe*) Wunder-

mes [me] *dét poss v.* **ma, mon**

mésaventure [mezavɑ̃tyʀ] *f* Missgeschick *nt*

mesdames [medam] *fpl v.* **madame**

mesdemoiselles [medmwazɛl] *fpl v.* **mademoiselle**

mésestimer [mezɛstime] <1> *vt soutenu* unterschätzen

message [mesaʒ] *m* ❶ (*nouvelle*) Nachricht *f*; ~ **publicitaire** Werbespot *m* ❷ (*note écrite*) Zettel *m* ❸ INFORM, TELEC Meldung *f*; ~ **électronique** E-Mail *f*; ~ **d'erreur** Fehlermeldung

messager, -ère [mesaʒe, -ɛʀ] *m, f* Bote/Botin *m/f*

messagerie [mesaʒʀi] *f* Mailsystem *nt*; (*électronique*) Post *f*

messe [mɛs] *f* Messe *f*; ~ **de minuit** Christmette *f*

messie [mesi] *m* Messias *m*

messieurs [mesjø] *mpl v.* **monsieur**

mesure [m(ǝ)zyʀ] *f* ❶ Maß *nt*; (*de la température*) Messwert *m*; (*d'une personne*) Maße *Pl*; **prendre les** ~**s d'une pièce** einen Raum ausmessen; **prendre les** ~**s de qn** bei jdm Maß nehmen ❷ (*limite*) Maß *nt*; **outre** ~ übermäßig ❸ (*disposition*) Maßnahme *f*; ~ **disciplinaire** Disziplinarstrafe *f*; **par** ~ **de sécurité** aus Sicherheitsgrün-

den ❹ MUS Takt *m;* **battre la ~** den Takt angeben ►**à ~ que nous avancions, la forêt
devenait plus épaisse** je weiter wir vor-
drangen, desto dichter wurde der Wald;
dans une certaine ~ in gewissem Maße;
qn est en ~ de faire qc jd ist imstande,
etw zu tun; **sur ~**|**s** (*costume*) maß-
geschneidert

mesuré, e [məzyʀe] *adj* (*personne*) besonnen

mesurer [məzyʀe] <1> **I.** *vi* messen; **~ 1 m
70 de haut** 1,70 m hoch sein; **combien
mesures-tu?** wie groß bist du? **II.** *vt*
❶ messen; (*pièce*) ausmessen ❷ (*évaluer*)
ermessen; (*conséquences, risque*) abschätzen ❸ (*paroles, propos*) mäßigen **III.** *vpr* **se
~ à qn** sich mit jdm messen

métal [metal, o] < -**aux**> *m* Metall *nt;* **~
précieux** Edelmetall

métallique [metalik] *adj* ❶ (*en métal*) Me-
tall-; **fil ~** Draht *m* ❷ (*qui rappelle le métal*)
metallisch

métallisé, e [metalize] *adj* **peinture ~e**
Metalliclackierung *f*

métallo [metalo] *m fam abr de* **métallur-
giste** Metaller *m*

métallurgie [metalyʀʒi] *f sans pl* Metallindustrie *f*

métamorphose [metamɔʀfoz] *f* Verwandlung *f*

métastase [metastɑz] *f* Metastase *f*

météo [meteo] *inv abr de* **météorologique, météorologie**

météorite [meteɔʀit] *m o f* Meteorit *m*

météorologie [meteɔʀɔlɔʒi] *f* ❶ SCI Meteorologie *f* ❷ (*organisme*) meteorologisches
Institut

météorologique [meteɔʀɔlɔʒik] *adj* Wet-
ter-; (*instrument, observations*) meteorologisch

méthadone [metadɔn] *f* Methadon *nt*

méthode [metɔd] *f* ❶ (*technique*) Methode
f ❷ (*manuel: de piano, guitare*) -schule *f;* **~
de langue** Lehrbuch *nt*

méticuleusement [metikyløzmã] *adv* sorgfältig

méticuleux, -euse [metikylø, -øz] *adj* sorgfältig

---

tisser| Webstuhl *m*

métis, se [metis] **I.** *adj* (*personne*) Misch-
lings-; (*population*) Misch- **II.** *m, f* Mischling
m (*pej*)

métrage [metraʒ] *m* **court**/**long ~** Kurz-/
Spielfilm *m*

mètre [mɛtʀ] *m* ❶ Meter *m o nt;* **~ cube**/
carré Kubik-/Quadratmeter ❷ (*instrument*)
Metermaß *nt*

métro [metro] *m* U-Bahn *f;* **en ~** mit der
U-Bahn/Metro ❷ (*station*) U-Bahn-Station *f*

Die Pariser **métro** ist eine der ältesten
U-Bahnen Europas: Sie besteht seit
1900. Die meisten Linien verkehren
von etwa 5 Uhr 30 morgens bis 0 Uhr
30 nachts. Es gibt inzwischen auch
fahrerlose U-Bahn-Linien, so z. B. in
Lyon, bei denen alles vollautomatisch
gesteuert wird, vom Öffnen und
Schließen der Türen bis zur Regelung
der Geschwindigkeit.

metteur [metœʀ] *m* **~ en scène** Regis-
seur(in) *m(f)*

mettre [mɛtʀ] <**irr**> **I.** *vt* ❶ (*placer, poser*)
tun; (*à plat, couché, horizontalement*) legen;
(*debout, verticalement*) stellen; (*assis*) setzen ❷ (*déposer*) **~ au garage** (*véhicule*) in
die Garage bringen; **~ à la fourrière** abschleppen; **~ à l'abri** in Sicherheit bringen
❸ (*jeter*) **~ à la poubelle** in den Mülleimer
werfen ❹ (*beurre*) streichen; (*cirage*) auftragen ❺ (*introduire*) stecken ❻ (*conditionner*)
~ en bouteilles (*vin*) in Flaschen füllen
❼ (*écrire*) schreiben; (*sur une liste*) setzen;
(*note*) geben ❽ (*nommer*) **~ qn au service
clients** jdn beim Kundendienst einsetzen
❾ (*inscrire*) **~ à l'école privée** auf eine Pri-
vatschule schicken ❿ (*vêtement, chaussures*) anziehen; (*chapeau, lunettes*) aufsetzen; (*lentilles de contact*) einsetzen; (*maquillage*) auftragen; (*bijou*) anlegen; (*bague, broche*) anstecken ⓫ (*heures, journées*) brauchen; **tu as mis le temps!** du hast dir aber
Zeit gelassen! ⓬ (*investir: argent*) stecken
(*fam*) ⓭ (*placer dans une situation*) **~ qn à
l'aise** dafür sorgen, dass jd sich wohl fühlt;
~ qn au régime jdn auf Diät setzen
⓮ (*transformer*) **~ au pluriel** in den Plural
setzen ⓯ (*faire fonctionner*) einschalten
⓰ (*régler*) **~ à l'heure** (*montre*) stellen
⓱ (*rideaux*) aufhängen; (*moquette, électri-*

M

cité) verlegen ⑱ (*faire*) ~ **à cuire/à chauffer/à bouillir** aufsetzen ⑲ (*envoyer*) ~ **dans les buts** ins Tor schießen ⑳ (*admettre*) **mettons/mettez que** + *subj* angenommen, dass ►~ **à jour** INFORM aktualisieren **II.** *vpr* ❶ **se ~ debout/assis** aufstehen/sich [hin]setzen; **se ~ à genoux** sich hinknien ❷ (*placer sur soi*) **se ~ de la crème sur la figure** sich (*dat*) das Gesicht eincremen; **se ~ les doigts dans le nez** in der Nase bohren ❸ (*porter*) **se ~ en pantalon** eine Hose anziehen; **se ~ du parfum** sich parfümieren ❹ (*commencer à*) **se ~ au travail** sich an die Arbeit machen ❺ (*pour exprimer le changement d'état*) **se ~ en colère** wütend werden; **se ~ en route** sich auf den Weg machen ❻ *fam* **se ~ avec qn** (*constituer une équipe*) sich mit jdm zusammentun; (*vivre avec*) mit jdm zusammenziehen

meuble [mœbl] *m* Möbel *nt*; (*de rangement*) Schrank *m*

meublé [mœble] *m* (*chambre*) möbliertes Zimmer; (*appartement*) möblierte Wohnung

meubler [mœble] <1> **I.** *vt* ❶ (*garnir de meubles*) einrichten ❷ (*conversation*) in Gang halten **II.** *vpr* **se ~** sich einrichten

meuf [mœf] *f fam* Tussi *f*

meuh [mø] *interj* muh

meunière [mønjɛʀ] *f* Müllerin *f*

meure [mœʀ] *subj prés de* **mourir**

meurent [mœʀ], **meurs** [mœʀ], **meurt** [mœʀ] *indic prés de* **mourir**

meurtre [mœʀtʀ] *m* Mord *m*

meurtrier, -ière [mœʀtʀije, -ijɛʀ] **I.** *adj* mörderisch; (*accident, coup*) tödlich; (*carrefour, route*) lebensgefährlich **II.** *m, f* Mörder(in) *m(f)*

meurtrir [mœʀtʀiʀ] <8> *vt* ❶ (*contusionner*) zerquetschen; **il avait le dos meurtri par les coups** sein Rücken war von den Schlägen zerschunden ❷ (*fruits, légumes*) beschädigen ❸ (*blesser moralement*) tief verletzen

meurtrissure [mœʀtʀisyʀ] *f* ❶ (*marque*) Bluterguss *m* ❷ (*tache sur des fruits, légumes*) Fleck *m*, Druckstelle *f*

Meuse [mœz] *f* **la ~** die Maas

mexicain, e [mɛksikɛ̃, ɛn] *adj* mexikanisch

Mexicain, e [mɛksikɛ̃, ɛn] *m, f* Mexikaner(in) *m(f)*

Mexique [mɛksik] *m* **le ~** Mexiko *nt*

MF [ɛmɛf] *mpl abr de* **millions de francs** Mio F

mi [mi] *m inv* E *nt, e nt*

miam-miam [mjammjam] *interj fam* lecker, lecker

mi-août [miut] *f sans pl* **à la ~** Mitte August

miauler [mjole] <1> *vi* miauen

mi-avril [miavʀil] *f sans pl* **à la ~** Mitte April

mi-bas [miba] <~mi-bas~> *m* Kniestrumpf *m* **mi-chemin** [miʃmɛ̃] **à ~** auf halbem Weg **mi-clos, e** [miklo, kloz] *adj* halb geschlossen

micmac [mikmak] *m fam* ❶ (*manigance*) Machenschaften *Pl*; **cette affaire de pots-de-vin est un sacré ~** diese Bestechungsgeldaffäre ist eine entsetzliche Mauschelei ❷ *sans pl* (*affaire embrouillée*) Wirrwarr *nt*

micro [mikʀo] *abr de* **microphone, micro-ordinateur, micro-informatique**

microbe [mikʀɔb] *m* Mikrobe *f*

microbien, ne [mikʀɔbjɛ̃, jɛn] *adj* mikrobiell

microclimat [mikʀoklima] *m* Mikroklima *nt*

microfibre [mikʀofibʀ] *f* Mikrofaser *f*

micro-informatique [mikʀoɛ̃fɔʀmatik] *f sans pl* Mikroinformatik *f* **micro-onde** [mikʀoɔ̃d] <~micro-ondes~> *f* **four à ~s** Mikrowellenherd *m* **micro-ondes** [mikʀoɔ̃d] *m inv* (*four*) Mikrowelle *f* **micro-ordinateur** [mikʀoɔʀdinatœʀ] <~micro-ordinateurs~> *m* PC *m*

microphone [mikʀɔfɔn] *m* Mikrofon *nt*

microscope [mikʀɔskɔp] *m* Mikroskop *nt*

mi-décembre [midesɑ̃bʀ] *f sans pl* **à la ~** Mitte Dezember

midi [midi] *m* ❶ *inv, sans art ni autre dét* (*heure*) zwölf [Uhr]; **à ~** um zwölf; (*entre ~ et deux*) über Mittag; **entre ~ et deux** in der Mittagszeit; **mardi/demain ~** Dienstagmittag/morgen Mittag ❷ (*moment du déjeuner*) Mittag *m* ❸ (*sud*) Süden *m*

Midi [midi] *m* **le ~** Südfrankreich *nt*

mie [mi] *f sans pl* Brotkrume *f*

miel [mjɛl] *m* Honig *m*

mien, ne [mjɛ̃, mjɛn] *pron poss* ❶ **le ~/la ~ne** der/die/das Meine; **les ~s** die Meinen; **ce n'est pas votre valise, c'est la ~ne** es ist nicht Ihr Koffer, es ist der Meine; **cette maison est la ~ne** dies ist mein Haus ❷ *pl* (*ceux de ma famille*) **les ~s** meine Angehörigen; (*mes partisans*) meine Anhänger ►**j'y mets <u>du</u> ~** ich tue, was ich kann

miette [mjɛt] *f* **❶** (*de pain, gâteau*) Krümel *m* **❷** (*petit fragment*) **en ~s** (*verre, porcelaine*) in tausend Stücke

mieux [mjø] **I.** *adv comp de* **bien** besser; **qn va ~** jdm geht es besser; **on ferait ~ de réfléchir avant de parler** man sollte lieber erst denken, dann reden; **c'est ~ que rien** [das ist] besser als nichts; **elle le sait ~ que personne** sie weiß es selbst am besten; **aimer ~ faire qc** etw lieber tun; **de ~ en ~** immer besser; **tant ~ pour qn!** umso besser für jdn! ▶**il vaut ~ que** + *subj* es ist besser, wenn **II.** *adv superl de* **bien ❶** + *verbe* **c'est lui qui travaille le ~** er arbeitet am besten **❷** + *adj* **il est le ~ disposé à nous écouter** er wird uns am ehesten anhören; **un exemple des ~ choisis** ein besonders gut gewähltes Beispiel **❸** *en loc verbale* **le ~ serait de ne rien dire** es wäre das Beste, nichts zu sagen **❹** *en loc adverbiale* **il travaille de son ~** er arbeitet so gut er kann **❺** *en loc prépositionnelle* **au ~ des vos intérêts** in Ihrem Interesse **III.** *adj comp de* **bien ❶** (*en meilleure santé*) **il la trouve ~** er findet, sie sieht [wieder] besser aus **❷** (*plus agréable d'apparence*) **elle est ~ les cheveux courts** kurze Haare stehen ihr besser **❸** (*plus à l'aise*) **vous serez ~ dans le fauteuil** im Sessel sitzen Sie bequemer **❹** (*préférable*) **c'est ~ ainsi** es ist besser so **IV.** *adj superl de* **bien c'est avec les cheveux courts qu'elle est le ~** kurze Haare stehen ihr am besten **V.** *m* **❶** (*une chose meilleure*) **trouver ~** etwas Besseres finden **❷** (*amélioration*) **un léger ~** eine leichte Besserung

mi-février [mifevʀije] *f sans pl* **à la ~** Mitte Februar

mignon, ne [miɲɔ̃, ɔn] *adj* niedlich; (*gentil*) lieb

migraine [migʀɛn] *f* Migräne *f*

migrant, e [migʀɑ̃, ɑ̃t] **I.** *adj* **travailleur ~** Immigrant *m;* **population ~e** wandernde Bevölkerung **II.** *m, f* Immigrant(in) *m(f)*

migrateur, -trice [migʀatœʀ, -tʀis] *adj* (*oiseau*) Zug-

migration [migʀasjɔ̃] *f* Wanderung *f;* (*des oiseaux*) Migration *f*

mi-hauteur [mi´otœʀ] **à ~** auf halber Höhe

mi-janvier [miʒɑ̃vje] *f sans pl* **à la ~** Mitte Januar

mijaurée [miʒɔʀe] *f* eingebildete Pute (*fam*); **faire la ~** sich zieren

mijoter [miʒɔte] <1> **I.** *vt* **❶** (*faire cuire lentement*) auf kleiner Flamme kochen **❷** *fam* (*manigancer*) ausbrüten (*fam*); **~ qc contre qn** etw gegen jdn im Schilde führen **II.** *vi* (*cuire lentement*) köcheln

mi-juillet [miʒɥijɛ] *f sans pl* **à la ~** Mitte Juli

mi-juin [miʒɥɛ̃] *f sans pl* **à la ~** Mitte Juni

mil [mil] *m* tausend; **en |l'an| ~ neuf cent soixante-trois** neunzehnhundertdreiundsechzig

Milan [milɑ̃] Mailand *nt*

milice [milis] *f* Miliz *f*

milieu [miljø] <x> *m* **❶** *sans pl* (*dans l'espace*) Mitte *f;* **le ~ de la rue/pièce** die Mitte der Straße/des Zimmers; **en plein ~ de la rue** mitten auf der Straße; **le bouton du ~** der mittlere Knopf **❷** *sans pl* (*dans le temps*) Mitte *f;* **au ~ de la nuit/de l'aprèsmidi/du film** mitten in der Nacht/am Nachmittag/im Film **❸** *sans pl* (*moyen terme*) Mittelweg *m* **❹** (*environnement*) Umwelt *f* **❺** BIO, SOCIOL Milieu *nt* **❻** SPORT **~ de terrain** Mittelfeldspieler(in) *m(f)*

militaire [militɛʀ] **I.** *adj* Militär-; (*opération, discipline*) militärisch; **service ~** Wehrdienst *m* **II.** *mf* Soldat(in) *m(f); pl* Militär *nt;* **~ de carrière** Berufssoldat

militant, e [militɑ̃, ɑ̃t] *m, f* aktives Mitglied

militariser [militaʀize] <1> *vpr* **se ~** ein Heer aufbauen

militer [milite] <1> *vi* **❶** (*être militant*) aktiv sein **❷** (*lutter*) kämpfen

mille¹ [mil] **I.** *num* **❶** [ein]tausend; **deux/trois ~** zwei-/dreitausend; **~ un** tausend[und]eins; **billet de ~ marks** HIST Tausendmarkschein *m* **❷** (*dans l'indication de l'ordre*) **page ~** Seite tausend **❸** *antéposé* (*nombreux*) tausend **II.** *m inv* **❶** (*cardinal*) Tausend *f* **❷** (*cible*) Zentrum *nt* ▶**des ~ et des cents** *fam* ein Vermögen *nt; v.a.* **cinq, cinquante**

mille² [mil] *m* **~ |marin|** Seemeile *f*

millénaire [milenɛʀ] **I.** *adj* tausendjährig **II.** *m* **❶** Jahrtausend *nt* **❷** *sans pl* (*cérémonie*) Tausendjahrfeier *f*

millénium [milenjɔm] *m* Millennium *nt*

millésimé, e [milezime] *adj* (*vin*) Jahrgangs-; **une bouteille de Bordeaux ~e** eine Flasche Bordeaux Jahrgangswein

milliard [miljaʀ] *m* Milliarde *f;* **des ~s de**

personnes/choses Milliarden *Pl* von Menschen/Dingen

milliardaire [miljaʀdɛʀ] *mf* Milliardär(in) *m(f)*

millième [miljɛm] **I.** *adj antéposé* tausendste(r, s) **II.** *mf* **le/la** ~ der/die/das Tausendste **III.** *m* Tausendstel *nt; v.a.* **cinquième**

millier [milje] *m* **un/deux ~(s) de personnes/choses** um die tausend/zweitausend Menschen/Dinge; **des ~s de** Tausende *Pl* von; **par ~s** zu Tausenden

millilitre [mililitʀ] *m* Milliliter *m*

millimétré, e [milimetʀe] *adj* **papier** ~ Millimeterpapier *nt*

millimètre [milimɛtʀ] *m* Millimeter *m o nt*

million [miljɔ̃] *m* **un/deux ~(s) de personnes/choses** eine/zwei Million(en) Menschen/Dinge; **des ~s de** Millionen *Pl* von; *v.a.* **cinq, cinquante**

millionième [miljɔnjɛm] **I.** *adj antéposé* millionste(r, s) **II.** *mf* **le/la** ~ der/die/das Millionste **III.** *m* (*fraction*) Millionstel *nt; v.a.* **cinquième**

millionnaire [miljɔnɛʀ] *mf* Millionär(in) *m(f)*

mi-long, mi-longue [milɔ̃, milɔ̃g] <mi-longs> *adj* halb lang **mi-mai** [mimɛ] *f sans pl* **à la** ~ Mitte Mai **mi-mars** [mimaʀs] *f sans pl* **à la** ~ Mitte März

mime [mim] **I.** *mf* Pantomime/Pantomimin *m/f* **II.** *m sans pl* (*activité*) Pantomime *f*

mimer [mime] <1> *vt* mimen

mimosa [mimoza] *m* Mimose *f*

minable [minabl] **I.** *adj* erbärmlich **II.** *mf* Niete *f* (*fam*)

mince [mɛ̃s] **I.** *adj* ❶ (*fin*) dünn ❷ (*élancé*) schlank ❸ (*modeste*) gering; (*preuve, résultat*) dürftig **II.** *adv* dünn **III.** *interj* ~ [alors]! *fam* verflixt [noch mal]!

minceur [mɛ̃sœʀ] *f sans pl* Dünnheit *f*; (*d'une personne*) Schlankheit *f*

mincir [mɛ̃siʀ] <8> *vi* dünner werden

mine¹ [min] *f* ❶ *sans pl* Miene *f*; **avoir bonne/mauvaise** ~ gut/schlecht aussehen ❷ *sans pl* (*allure*) Aussehen *nt* ►~ **de rien** *fam* ganz unauffällig

mine² [min] *f* Mine *f*; (*de charbon a.*) Zeche *f*

mine³ [min] *f* (*d'un crayon*) Mine *f*

mine⁴ [min] *f* MIL Mine *f*

miner [mine] <1> *vt* ❶ MIL verminen ❷ (*ronger*) aushöhlen ❸ (*affaiblir*) zermürben

minerai [minʀɛ] *m* Erz *nt*

minéral [mineʀal, o] <-aux> *m* Mineral *nt*

minéral, e [mineʀal, o] <-aux> *adj* Mineral-

minerve [minɛʀv(ə)] *f* MED Zervikalstütze *f*

mineur [minœʀ] *m* Bergmann *m*

mineur, e [minœʀ] **I.** *adj* ❶ JUR minderjährig ❷ (*peu important*) unwichtig; (*œuvre, artiste*) unbedeutend ❸ MUS **do/ré/mi/fa** ~ c/d/e/f-Moll *nt* **II.** *m, f* JUR Minderjährige(r) *f(m)*

mini [mini] *adj inv, fam* Mini-

miniature [minjatyʀ] **I.** *f* Miniatur *f*; **en** ~ im Kleinformat **II.** *app* **voiture** ~ Modellauto *nt*

minichaîne [miniʃɛn] *f* Kompakt|stereo|anlage *f*

minigolf [minigɔlf] *m* Minigolf *nt*; (*terrain*) Minigolfanlage *f*

minijupe [miniʒyp] *f* Minirock *m*

minimal, e [minimal, o] <-aux> *adj* minimal

minime [minim] *adj* unbedeutend; (*dégâts, dépenses*) gering

mini-message [minimesaʒ] *m* SMS *f*

minimiser [minimize] <1> *vt* herunterspielen

minimum [minimɔm] <s> **I.** *adj* Mindest-; (*température*) Tiefst- **II.** *m sans pl* Minimum *nt*; **un** ~ **de risques** ein minimales Risiko; ~ **vital** Existenzminimum *nt*

ministère [ministɛʀ] *m* Ministerium *nt*; ~ **du Travail** Arbeitsministerium; ~ **de l'Intérieur/des Affaires étrangères** Innen-/Außenministerium

ministre [ministʀ] *mf* POL Minister(in) *m(f)*; **Premier** ~ Premierminister; ~ **d'Etat** Staatsminister

Der französische **Premier ministre** ist Regierungschef und leitet die Regierungsgeschäfte. Er regiert für eine Legislaturperiode von fünf Jahren und ist zum Beispiel befugt, in Bereichen, die nicht gesetzlich geregelt sind, Verordnungen zu erlassen. An der Bildung der Regierung wirkt er mit, indem er dem Präsidenten Minister zur Ernennung oder Absetzung vorschlagen kann.

minitel® [minitɛl] *m* Btx-Terminal *m*

minorer [minɔʀe] <1> *vt* ❶ (*bénéfices*) herabsetzen, mindern ❷ (*diminuer l'importance*) unterbewerten

minoritaire [minɔʀitɛʀ] *adj* Minderheits-; **groupe** ~ Minderheitengruppe *f;* **être ~s** in der Minderheit sein

minorité [minɔʀite] *f* ❶ Minderheit *f* ❷ *sans pl* **nous sommes une** ~ **de filles** wir Mädchen sind in der Minderheit ❸ JUR Minderjährigkeit *f*

mi-novembre [minɔvɑ̃bʀ] *f sans pl* **à la** ~ Mitte November

minuit [minɥi] *m sans pl ni dét* Mitternacht *f;* **à** ~ **et demi** nachts um halb eins

minuscule [minyskyl] **I.** *adj* ❶ (*très petit*) winzig [klein] ❷ (*en écriture*) klein; (*lettres*) Klein- **II.** *f* Kleinbuchstabe *m*

minute [minyt] *f* Minute *f;* **d'une** ~ **à l'autre** jeden Moment; **de dernière** ~ (*information*) allerneuste(r,s); (*modification*) kurzfristig; **je vous demande une** ~ **d'attention** ich bitte Sie einen Augenblick um Ihre Aufmerksamkeit

minuter [minyte] <1> *vt* (*organiser*) timen

minuteur [minytœʀ] *m* Schaltuhr *f*

minutie [minysi] *f sans pl* (*précision*) Genauigkeit *f;* (*soin*) Sorgfalt *f*

minutieusement [minysjøzmɑ̃] *adv* (*avec soin*) sorgfältig

minutieux, -euse [minysjø, -jøz] *adj* genau; (*personne, examen a.*) gründlich

mi-octobre [miɔktɔbʀ] *f sans pl* **à la** ~ Mitte Oktober

miracle [miʀakl] **I.** *m* Wunder *nt;* **par** ~ wie durch ein Wunder **II.** *app inv* Wunder-

miraculé, e [miʀakyle] *m, f* **c'est un** ~ (*d'une maladie*) er ist durch ein Wunder geheilt; (*d'un accident*) er hat wie durch ein Wunder überlebt

miraculeusement [miʀakyløzmɑ̃] *adv* wie durch ein Wunder

miraculeux, -euse [miʀakylø, -øz] *adj* wunderbar

mirage [miʀaʒ] *m* Fata Morgana *f*

miroir [miʀwaʀ] *m* Spiegel *m*

mis, e [mi, miz] *part passé de* **mettre**

mise [miz] *f* ❶ JEUX Einsatz *m* ❷ (*fait de mettre*) ~ **à jour** Aktualisierung *f;* INFORM Update *nt;* ~ **en circulation** (*d'une monnaie*) Ausgabe *f;* ~ **en garde** Warnung *f;* ~ **en marche** Inbetriebnahme *f;* ~ **en page|s|** Layout *nt;* ~ **en scène** CINE Regie *f;* THEAT a. Inszenierung *f*

mi-septembre [misɛptɑ̃bʀ] *f sans pl* **à la** ~ Mitte September

miser [mize] <1> *vt, vi* setzen

misérable [mizeʀabl] *adj* ❶ (*personne, famille*) sehr arm; (*logement, aspect*) armselig ❷ (*pitoyable*) erbärmlich ❸ *antéposé* (*malheureux*) armselig

misérablement [mizeʀabləmɑ̃] *adv* (*dans la pauvreté*) erbärmlich

misère [mizɛʀ] *f* ❶ (*détresse*) Elend *nt kein Pl* Not *f* ❷ *gén pl* (*souffrances*) Leiden *nt kein Pl;* **faire des ~s à qn** *fam* jdn ärgern ▶**salaire de** ~ kümmerliches Gehalt

miséricordieux,   -euse [mizeʀikɔʀdjø, -jøz] *adj* REL barmherzig

misogynie [mizɔʒini] *f* Frauenfeindlichkeit *f*

missile [misil] *m* Rakete *f*

mission [misjɔ̃] *f* ❶ (*tâche*) Aufgabe *f;* (*culturelle, dangereuse*) Mission *f;* (*officielle*) Auftrag *m;* MIL, AVIAT Einsatz *m* ❷ (*délégation*) Delegation *f* ❸ (*vocation*) Mission *f*

missionnaire [misjɔnɛʀ] *mf* Missionar(in) *m(f)*

mit [mi] *passé simple de* **mettre**

mite [mit] *f* Motte *f*

mi-temps [mitɑ̃] **I.** *f inv* SPORT Halbzeit *f* **II.** *m inv* (*travail*) Halbtagsstelle *f;* **travailler à** ~ halbtags arbeiten

mîtes [mit] *passé simple de* **mettre**

miteux, -euse [mitø, -øz] *adj* (*immeuble, lieu*) heruntergekommen; (*personne*) armselig; (*habit, meuble*) schäbig

mitigé, e [mitiʒe] *adj* (*réaction*) zwiespältig; (*impression*) unterschiedlich; (*sentiments*) gemischt

mitrailler [mitʀaje] <1> *vt* (*tirer*) beschießen

mitraillette [mitʀajɛt] *f* Maschinenpistole *f*

mi-voix [mivwa] ▶**à** ~ leise

mixage [miksaʒ] *m* Tonmischung *f*

mixer [mikse] <1> *vt* ❶ GASTR mixen ❷ MEDIA mischen

mixeur [miksœʀ] *m* GASTR Mixer *m*

mixité [miksite] *f* Mischung *f* der Geschlechter; **la** ~ **de l'enseignement** die Koedukation

mixte [mikst] *adj* ❶ (*chorale, classe*) gemischt ❷ (*mariage, végétation*) Misch-; (*cuisine, salade*) gemischt

mixture [mikstyʀ] *f* Mixtur *f péj* (*boisson*) Gebräu *nt*

MJC [ɛmʒise] *f abr de* **maison des jeunes**

M

et de la culture

Mlle [madmwazɛl] <s> f abr de **Mademoiselle** Frl.

MM. [mesjø] mpl abr de **Messieurs** die Herren

Mme [madam] <s> f abr de **Madame** Fr.

Mo [ɛmo] m abr de **mégaoctet** MB nt

mob [mɔb] f fam abr de **mobylette**

mobile [mɔbil] **I.** adj beweglich; (forces de police) mobil; (population) nicht sesshaft **II.** m ❶ le ~ **de qc** das Motiv für etw ❷ ART Mobile nt

mobilier [mɔbilje] m Einrichtung f

mobilisation [mɔbilizasjɔ̃] f Mobilisierung f; MIL Mobilmachung f

mobiliser [mɔbilize] <1> **I.** vt mobilisieren; MIL (réservistes) einziehen **II.** vpr se ~ aktiv werden

mobilité [mɔbilite] f Beweglichkeit f; (de la population) Mobilität f

mobylette® [mɔbilɛt] f Mofa nt

moche [mɔʃ] adj fam ❶ (laid) hässlich ❷ (regrettable) scheußlich

mocheté [mɔʃte] f fam ❶ (laideur) Hässlichkeit f ❷ (personne laide) Vogelscheuche f

modalité [mɔdalite] fpl (procédure) Modalitäten Pl

mode¹ [mɔd] f Mode f; **à la ~** [in] Mode

mode² [mɔd] m ❶ ~ **d'emploi** Gebrauchsanweisung f; ~ **d'expression/de production** Ausdrucks-/Produktionsweise f; ~ **de paiement** Zahlungsart f ❷ LING Modus m

modèle [mɔdɛl] **I.** m ❶ (référence) Vorbild nt; **prendre ~ sur qn** sich an jdm ein Beispiel nehmen ❷ TYP Vorlage f ❸ COUT, ART Modell nt ❹ (maquette) Modell nt; ~ **réduit** Miniaturmodell nt **II.** adj (exemplaire) vorbildlich; (usine) Muster-

modeler [mɔd(ə)le] <4> vt (poterie) modellieren; (pâte) formen

modélisme [mɔdelism] m Modellbau m

modération [mɔderasjɔ̃] f Mäßigung f; **avec** ~ in Maßen

modéré, e [mɔdere] adj (vent, enthousiasme) mäßig; (opinion, prix) gemäßigt; (personne) maßvoll

modérément [mɔderemã] adv maßvoll

modérer [mɔdere] <5> vt (dépenses) bremsen; (colère) dämpfen

moderne [mɔdɛrn] adj modern; (pays) fortschrittlich; (idée) neuartig

modernisation [mɔdɛrnizasjɔ̃] f Modernisierung f

moderniser [mɔdɛrnize] <1> **I.** vt modernisieren **II.** vpr se ~ modern umgestaltet werden

modernisme [mɔdɛrnism] m Modernismus m

modernité [mɔdɛrnite] f Modernität f; (d'une pensée) Neuartigkeit f

modeste [mɔdɛst] adj bescheiden; (maison) einfach

modestement [mɔdɛstəmã] adv in aller Bescheidenheit; (vivre) bescheiden

modestie [mɔdɛsti] f Bescheidenheit f

modifiable [mɔdifjabl] adj veränderbar; (conduite, personne) beeinflussbar; **le texte reste ~** der Text kann noch verändert werden

modification [mɔdifikasjɔ̃] f Änderung f

modifier [mɔdifje] <1> vt ändern

modique [mɔdik] adj niedrig

modulation [mɔdylasjɔ̃] f Modulation f

modus vivendi [mɔdysvivɛ̃di] m inv Modus vivendi m (geh)

moelle [mwal] f Mark nt; ~ **épinière** Rückenmark

moelleux, -euse [mwɛløø, -øz] adj weich; (tapis) flauschig; (vin) vollmundig

mœurs [mœr(s)] fpl ❶ (coutumes) Sitten und Bräuche Pl ❷ (règles morales) Moral f; (austères, dissolues) Sitten Pl

mohair [mɔɛr] **I.** m Mohair m **II.** app inv Mohair-

moi [mwa] **I.** pron pers ❶ fam (pour renforcer) ~, **je n'ai pas bu** ich habe nicht getrunken; **c'est ~ qui l'ai dit** ich habe das gesagt; **il veut m'aider, ~?** mir möchte er helfen? ❷ avec un verbe à l'impératif **regarde-~** sieh mich an; **donne-~ ça!** gib es mir! ❸ avec une prép **avec/sans ~** mit mir/ohne mich; **à ~ seul(e)** ich allein; **la maison est à ~** das Haus gehört mit; **c'est à ~ de décider** ich muss entscheiden ❹ dans une comparaison ich; **tu es comme ~** du bist wie ich; **plus fort que ~** stärker als ich ❺ (emphatique) **c'est ~!** (me voilà) hier bin ich!; (je suis le responsable) ich [bin es]!; **et ~|, alors|?** fam [ja,] und ich? ▸**à ~!** Hilfe! **II.** m PHILOS, PSYCH Ich nt

moignon [mwaɲɔ̃] m Stummel m; (d'une jambe, dent) Stumpf m

moi-même [mwamɛm] pron pers ❶ ~ **n'en savais rien** ich [selbst] wusste nichts davon; **je suis venu de ~** ich bin von selbst gekommen ❷ (*moi aussi*) **j'étais ~ furieux** ich war ebenfalls sehr wütend

moindre [mwɛ̃dʀ] *adj antéposé* (*bruit*) geringste(r, s); (*mal, inconvénient*) kleinere(r, s); **ce serait la ~ des choses** es wäre doch das Mindeste

moine [mwan] *m* Mönch *m*

moineau [mwano] <x> *m* ZOOL Sperling *m*, Spatz *m*

moins [mwɛ̃] **I.** *adv* ❶ weniger; **rouler ~ vite** langsamer fahren; **~ beau** [que] nicht so schön [wie]; **~ cher** günstiger; **les enfants de ~ de 13 ans** Kinder unter 13 Jahren; **à ~ de 3,6%** unter 3,6%; **~ ... ~ ...** je weniger ..., desto weniger ...; **~ ..., plus ...** je weniger ..., desto mehr ... ❷ *superl* **le ~** am wenigsten; **le ~ doué** der am wenigsten begabte ►**en ~ de** deux *fam* in null Komma nichts; **à ~ que** + *subj*/**de faire qc** es sei denn, jd tut etw; **au ~** (*au minimum*) mindestens (*je parie*) wetten, dass; (*j'espère*) hoffentlich; [*tout*] **au/du ~** wenigstens; **de ~ en ~** weniger; **il a un an de ~ que moi** er ist ein Jahr jünger als ich; **de ~ en ~** immer weniger; **~ que rien** weniger als nichts **II.** *prép* ❶ (*soustraction*) minus ❷ (*heure*) vor; **midi ~ le quart** Viertel vor zwölf ❸ (*température*) minus; **il fait ~ 3** es hat 3 Grad minus **III.** *m* ❶ (*minimum*) Mindeste(s) *nt* ❷ (*signe*) Minuszeichen *nt*

mois [mwa] *m* Monat *m*; **au ~** monatlich; **au ~ de janvier/d'août** im Januar/August; **être dans son deuxième ~** (*femme*) im zweiten Monat sein; **le cinq du/de ce ~** der Fünfte des/dieses Monats

moisi [mwazi] *m* Schimmel *m*

moisi, e [mwazi] *adj* verschimmelt

moisir [mwaziʀ] <8> *vi* ❶ schimmeln ❷ *fam* (*personne*) herumhängen

moisissure [mwazisyʀ] *f* Schimmel *m*

moisson [mwasɔ̃] *f* Ernte *f*

moissonneuse-batteuse [mwasɔ̃nøzbatøz] <moissonneuses-batteuses> *f* Mähdrescher *m*

moite [mwat] *adj* feucht

moiteur [mwatœʀ] *f* Feuchtigkeit *f*

moitié [mwatje] *f* Hälfte *f*; **la ~ du temps/de l'année** die halbe Zeit/das halbe Jahr; **~ moins/plus** halb so viel/um die Hälfte mehr; **à ~** halb; **à ~ prix** zum halben Preis; **de ~** um die Hälfte; **~ ... ~ ...** halb ... halb ...

mol [mɔl] *adj v.* **mou**

molaire [mɔlɛʀ] *f* Backenzahn *m*

mole [mɔl] *f* CHIM Mol *nt*

molécule [mɔlekyl] *f* Molekül *nt*

mollard [mɔlaʀ] *m fam* Spucke *f*

mollasson, ne [mɔlasɔ̃, ɔn] *adj fam* tranig

molle [mɔl] *adj v.* **mou**

mollet [mɔlɛ] *m* Wade *f*

mollusque [mɔlysk] *m* Weichtier *nt*

môme [mom] *m/f fam* Fratz *m*

moment [mɔmɑ̃] *m* ❶ Moment *m*, Augenblick *m*; **un** [long] **~** eine [ganze] Weile; **à ce ~-là** in dem Moment; **à quel ~?** wann?; **à tout ~** jederzeit; **au ~ où** gleich; **dans un ~** gleich; **à partir du ~ où** sobald; **du ~ que ...** da ja ...; **d'un ~ à l'autre** jeden Moment; **en ce ~, pour le ~** im Moment; **par ~s** ab und zu; **un ~!** [einen] Moment!; **au bon ~** zum richtigen Zeitpunkt; **le ~ présent** der Augenblick ❷ (*occasion*) Gelegenheit *f*; **le bon/mauvais ~** der richtige/ein ungünstiger Zeitpunkt; **à un ~ donné** plötzlich; **c'est le ~ ou jamais** jetzt oder nie; **c'est le ~ de** es ist an der Zeit; **ce n'est pas le ~** es ist nicht der richtige Zeitpunkt

momentané, e [mɔmɑ̃tane] *adj* (*arrêt*) von kurzer Dauer

momentanément [mɔmɑ̃tanemɑ̃] *adv* zur Zeit

momie [mɔmi] *f* Mumie *f*

mon [mɔ̃, me] <mes> *dét poss* mein(e); **~ vase/classeur/tableau** meine Vase/mein Ordner/Bild; **~ Dieu!** mein Gott!; **à ~ avis** meiner Meinung nach ►**~ amour/chéri** Geliebte(r)/Liebling; **~ œil!** Holzauge sei wachsam!; **~ pauvre!** Sie/du armer!

Monaco [mɔnako] Monaco *nt*, Monako *nt*

monarchie [mɔnaʀʃi] *f* Monarchie *f*; **~ constitutionnelle** konstitutionelle Monarchie

monarque [mɔnaʀk] *m* Monarch(in) *m(f)*; **~ absolu** Alleinherrscher(in) *m(f)*

monastère [mɔnastɛʀ] *m* Kloster *nt*

M

mondain, e [mɔ̃dɛ̃, ɛn] *adj* (*vie*) mondän; (*soirée, dîner*) Gesellschafts-; (*obligations, réunion*) gesellschaftlich

mondaine [mɔ̃dɛn] *f fam* (*police*) die Sitte[n-polizei]

mondanité [mɔ̃danite] *fpl* Mondänität *f*

monde [mɔ̃d] *m* ❶ (*univers*) Welt *f* ❷ (*groupe social*) Kreise *Pl*; ~ **rural** Landbevölkerung *f*; ~ **du travail/des affaires** Arbeits-/Geschäftswelt *f* ❸ (*foule*) Menschenmenge *f*; **beaucoup de** ~ viele Leute; **un** ~ **fou** eine riesige Menge ❹ (*société*) **tout le** ~ **en parle** jeder spricht davon ▶**mettre qn au** ~ jdn zur Welt bringen; **pour rien au** ~ um nichts auf der Welt

mondial, e [mɔ̃djal, jo] <-aux> *adj* weltweit; (*économie, politique*) Welt-

mondial [mɔ̃djal] *m* SPORT Weltmeisterschaft *f*

mondialement [mɔ̃djalmɑ̃] *adv* weltweit

mondialisation [mɔ̃djalizasjɔ̃] *f* Globalisierung *f*

monégasque [mɔnegask] *adj* monegassisch

Monégasque [mɔnegask] *mf* Monegasse/Monegassin *m/f*

monétaire [mɔnetɛʀ] *adj* (*marché, politique*) Geld-; (*union, unité*) Währungs-

mongol [mɔ̃gɔl] *m* Mongolisch *nt; v.a.* **allemand**

mongol, e [mɔ̃gɔl] *adj* mongolisch; *v.a.* **allemand**

Mongol, e [mɔ̃gɔl] *m, f* Mongole/Mongolin *m/f*

Mongolie [mɔ̃gɔli] *f* **la** ~ die Mongolei

mongolien, ne [mɔ̃gɔljɛ̃, jɛn] **I.** *adj* mongoloid **II.** *m, f* Mongoloide(r) *f(m)*

mongolisme [mɔ̃gɔlism] *m* MED Mongolismus *m*

moniteur [mɔnitœʀ] *m* Monitor *m*

moniteur, -trice [mɔnitœʀ, -tʀis] *m, f* ~(-trice) **de colonies** Betreuer(in) *m(f)*; ~(-trice) **d'auto-école** Fahrlehrer(in) *m(f)*

monitorat [mɔnitɔʀa] *m* ❶ (*formation*) Ausbildung *f* zum [Ferien]betreuer/zur [Ferien]betreuerin ❷ (*fonction*) [Ferien]betreuung *f*

monnaie [mɔnɛ] *f* ❶ ECON, FIN Geld *nt*; ~ **électronique** FIN E-Cash *m* ❷ (*devise*) Währung *f*; ~ **unique** einheitliche Währung ❸ (*petites pièces*) Kleingeld *nt*; **de la** ~ **de 20 euros** 20 Euro [in] ❹ (*argent rendu*) Wechselgeld *nt* ❺ (*pièce*) Münze *f*

monnayable [mɔnɛjabl] *adj* (*vendable*) in Geld umsetzbar; **ne pas être** ~ (*ne pas être à vendre*) nicht zu verkaufen sein

mono [mɔno] *mf fam abr de* **moniteur, monitrice**

monogame [mɔnogam] *adj* monogam

monologue [mɔnɔlɔg] *m* Monolog *m*

mononucléose [mɔnɔnykleoz] *f* MED Pfeifferisches Drüsenfieber

monoparental, e [monopaʀãtal, o] <-aux> *adj* (*famille*) mit nur einem Elternteil

monoparentalité [monopaʀãtalite] *f* Alleinerziehung *f*

monophasé [mɔnofaze] *m* Einphasen-Wechselstrom *m*

monoplace [mɔnoplas] **I.** *adj* einsitzig **II.** AUT, AVIAT Einsitzer *m*

monopole [mɔnɔpɔl] *m* ❶ ECON Monopol *nt* ❷ (*exclusivité*) **le** ~ **de qc** das ausschließliche Recht auf etw (*akk*)

monopoliser [mɔnɔpɔlize] <1> *vt* ❶ ECON monopolisieren ❷ (*accaparer*) in Beschlag nehmen

monospace [mɔnɔspas] *m* Großraumlimousine *f*, Van *m*

monotone [mɔnɔtɔn] *adj* monoton; (*style, vie*) eintönig

monotonie [mɔnɔtɔni] *f* Monotonie *f*; (*de la vie, du style*) Eintönigkeit *f*

Mons [mɔ̃:s] Bergen *nt*

monsieur [masjø, mesjø] <-messieurs-> *m* ❶ **bonjour** ~, **comment allez-vous?** guten Tag, wie geht es Ihnen?; **bonjour Monsieur Dupont** guten Tag, Herr Dupond; **bonjour messieurs** guten Tag, meine Herren; **messieurs dames** meine Damen und Herren; **Monsieur le Professeur Dupont** [Herr] Professor Dupont ❷ (*sur une enveloppe*) **Monsieur Pujol** An Herrn Pujol ❸ (*en-tête*) **Monsieur, ...** Sehr geehrter Herr + *Name*, ...; **Cher Monsieur, ...** Lieber Herr + *Name*, ...; (*dans une lettre officielle*) Sehr geehrter Herr + *Name*, ... ❹ (*un homme*) **un** ~ ein Herr *m*

monstre [mɔ̃stʀ] **I.** *m* ❶ (*animal fantastique*) Ungeheuer *nt* ❷ (*personne: laide*) Missgestalt *f*; (*moralement abjecte*) Ekel *nt* ❸ BIO, ZOOL Missgeburt *f* **II.** *adj fam* wahnsinnig; (*travail*) wahnsinnig viel

monstrueusement [mɔ̃stʀyøzmɑ̃] *adv* ❶ *antéposé* (*prodigieusement*) unheimlich ❷ (*ignoblement*) widerwärtig

monstrueux, -euse [mɔ̃stʀyø, -øz] *adj*

❶ (*difforme*) missgestaltet ❷ (*colossal*) riesig ❸ (*ignoble*) ungeheuer|lich|; (*crime*) abscheulich; (*méchanceté*) unerhört

monstruosité [mɔ̃stʀyozite] *f* (*d'un crime*) Abscheulichkeit *f*; (*d'un acte, de paroles*) Ungeheuerlichkeit *f*; (*d'une guerre*) Gräuel *Pl*

mont [mɔ̃] *m* Berg *m*; **le ~ Blanc** der Montblanc

montage [mɔ̃taʒ] *m* Montage *f*; (*d'un film*) Schnitt *m*

montagnard, e [mɔ̃taɲaʀ, aʀd] *m, f* Bergbewohner(in) *m(f)*

montagne [mɔ̃taɲ] *f* ❶ (*mont*) Berg *m*; (*région*) Gebirge *nt*; **habiter la ~** im Gebirge wohnen ❷ (*grande quantité*) Berge *Pl* ▶**gros comme une ~** *fam* klar wie Kloßbrühe; **~s russes** Achterbahn *f*

montagneux, -euse [mɔ̃taɲø, -øz] *adj* Berg-

montant [mɔ̃tɑ̃] *m* ❶ Betrag *m* ❷ (*d'un lit, d'une porte*) Pfosten *m*

montant, e [mɔ̃tɑ̃, ɑ̃t] *adj* (*chemin*) ansteigend; **marée ~e** Flut *f*

monte [mɔ̃t] *f* (*manière de monter un cheval*) Reitweise *f*

monté, e [mɔ̃te] *adj* (*à cheval*) beritten; **la police ~e** die berittene Polizei ▶**être bien/mal ~ en qc** gut/schlecht versorgt mit etw sein; **être ~ contre qn** nicht gut auf jdn zu sprechen sein

montée [mɔ̃te] *f* ❶ (*des eaux*) Ansteigen *nt*; **la ~ des prix** der Preisanstieg ❷ (*côte, pente*) Steigung *f* ❸ (*action de monter*) Aufstieg *m*; (*d'un ascenseur*) Hinauffahren *nt*; (*d'un téléférique*) Bergfahrt *f*

monter [mɔ̃te] <1> **I.** *vi* ❶ + *être* (*grimper*) hinaufsteigen; (*vu d'en haut*) heraufsteigen; **~ sur une échelle** eine Leiter besteigen; **~ dans sa chambre** in sein Zimmer gehen; **~ par l'ascenseur** mit dem Aufzug hochfahren; **~ jusqu'à qc** bis [zu] etw reichen; **~ à 200 km/h** es auf 200 km/h bringen; **~ à 1000 m d'altitude** auf 1000 m aufsteigen ❷ (*chevaucher*) **~ à cheval** reiten ❸ + *être* (*prendre place dans*) einsteigen in (+ *akk*) ❹ + *être* (*avion, flammes*) aufsteigen; (*route, chemin*) ansteigen ❺ + *avoir o être* (*baromètre, mer*) steigen; (*lait*) überkochen; (*impatience, bruits*) wachsen ❻ + *avoir o être* (*actions, pression*) steigen ❼ + *être* (*ton, voix*) höher werden

❽ + *avoir o être* (*faire une ascension sociale*) aufsteigen **II.** *vt* + *avoir* ❶ (*personne*) hinaufsteigen; (*vu d'en haut*) heraufsteigen; (*échelle*) steigen auf (+ *akk*) (*appareil*) hinaufführen; (*vu d'en haut*) heraufführen ❷ (*vu d'en bas: courrier*) hinauftragen; (*valise*) hochtragen; (*vu d'en haut: courrier*) heraufbringen; (*valise*) herauftragen ❸ GASTR schlagen ❹ (*prix*) anheben; **~ le son** lauter drehen ❺ (*affaire*) in die Wege leiten; (*association*) gründen; (*spectacle*) inszenieren; (*complot*) schmieden ❻ (*échafaudage, tente*) aufstellen; (*mur*) hochziehen; (*pneu*) montieren **III.** *vpr* **se ~ à 1000 euros** sich auf 1000 Euro (*akk*) belaufen

monteur, -euse [mɔ̃tœʀ, -øz] *m, f* CINE Cutter(in) *m(f)*

montgolfière [mɔ̃ɡɔlfjɛʀ] *f* Heißluftballon *m*

montre [mɔ̃tʀ] *f* Uhr *f*

montréalais, e [mɔ̃ʀealɛ, ɛz] *adj* aus Montreal

Montréalais, e [mɔ̃ʀealɛ, ɛz] *m, f* Einwohner(in) *m(f)* von Montreal

montre-bracelet [mɔ̃tʀabʀaslɛ] <montres-bracelets> *f* Armbanduhr *f*

montrer [mɔ̃tʀe] <1> **I.** *vt* ❶ (*présenter*) zeigen ❷ (*direction*) anzeigen; **~ la sortie** auf den Ausgang zeigen **II.** *vpr* **se ~** sich zeigen

montreur, -euse [mɔ̃tʀœʀ, -øz] *m, f* **~ de marionnettes** Puppenspieler; **~ d'ours** Bärenführer

monture [mɔ̃tyʀ] *f* ❶ (*animal*) Reittier *nt* ❷ OPT Gestell *nt*

monument [mɔnymɑ̃] *m* ❶ (*mémorial*) Denkmal *nt* ❷ (*édifice*) Monument *nt*; **être classé ~ historique** unter Denkmalschutz stehen

monumental, e [mɔnymɑ̃tal, o] < -aux> *adj* ❶ (*imposant*) gewaltig ❷ *fam* (*erreur*) gewaltig

moquer [mɔke] <1> *vpr* ❶ (*ridiculiser*) **se ~ de qn/qc** sich über jdn/etw lustig machen ❷ (*dédaigner*) **il se moque de faire qc** es macht ihm nichts aus etw zu tun; **je m'en moque** [**pas mal**] das ist mir [völlig] egal (*fam*) ❸ (*tromper*) **se ~ de qn** jdn zum Narren halten

moquerie [mɔkʀi] *f* Spott *m*; **les ~s** Gespött *nt*

moquette [mɔkɛt] *f* Teppichboden *m*

moqueur, -euse [mɔkœʀ, -øz] *adj* (*air*)

M

spöttisch

moral, e [mɔʀal, o] <-aux> *adj* ❶ moralisch ❷ (*relatif à l'esprit*) seelisch; (*force*) innere(r, s)

moral [mɔʀal, o] <-aux> *m* ❶ (*état psychologique*) Stimmung *f*, Moral *f* ❷ (*vie psychique*) Geisteszustand *m* ▶**avoir le ~** zuversichtlich sein; **ne pas avoir le ~** niedergeschlagen sein

morale [mɔʀal] *f* ❶ Moral *f* ❷ (*éthique*) Morallehre *f* ▶**faire la ~ à qn** jdm eine Moralpredigt halten

moralisateur, -trice [mɔʀalizatœʀ, -tʀis] *adj* (*enseignement, influence*) moralisch; (*histoire*) erbaulich; (*personne, ton*) moralisierend

moraliser [mɔʀalize] <1> *vi* moralisieren

moraliste [mɔʀalist] *adj* (*personne*) moralisierend; (*attitude*) moralistisch

moralité [mɔʀalite] *f* moralischer Wert; (*leçon*) Moral *f*

morbide [mɔʀbid] *adj* (*goût, littérature*) morbid; (*imagination*) krankhaft

morceau [mɔʀso] <x> *m* ❶ Stück *nt*; **sucre en ~x** Würfelzucker *m* ❷ ART Stück *nt* ▶**manger un ~** einen Happen essen

morceler [mɔʀsəle] <3> *vt* zerstückeln; (*terrain, héritage*) aufteilen

mordant, e [mɔʀdɑ̃, ɑ̃t] *adj* (*personne, trait d'esprit*) bissig; (*ton, voix*) schneidend

mordre [mɔʀdʀ] <14> **I.** *vi* ❶ beißen ❷ (*se laisser prendre*) ~ **à l'appât** (*poisson*) anbeißen; *fig* sich ködern lassen **II.** *vt* beißen; ~ **qn à la jambe** jdm/jdn ins Bein beißen **III.** *vpr* **se ~ la langue** sich (*dat*) auf die Zunge beißen

mordu, e [mɔʀdy] **I.** *part passé de* **mordre II.** *adj* **être ~** über beide Ohren verliebt sein **III.** *m, f fam* **~ de musique** Musikfan *m*

morfondre [mɔʀfɔ̃dʀ] <14> *vpr* **se ~** vor Langeweile vergehen

morgue [mɔʀg] *f* ❶ (*institut médico-légal*) Leichenschauhaus *nt* ❷ (*salle d'hôpital*) Leichenkammer *f*

morne [mɔʀn] *adj* trübselig

morose [mɔʀoz] *adj* verdrießlich

morosité [mɔʀozite] *f* Verdrossenheit *f*

morphinomane [mɔʀfinɔman] **I.** *adj* morphiumsüchtig **II.** *mf* Morphiumsüchtige(r) *f(m)*

morphologie [mɔʀfɔlɔʒi] *f* Morphologie *f*

morpion [mɔʀpjɔ̃] *m fam* Filzlaus *f*

morse¹ [mɔʀs] *m* Walross *nt*

morse² [mɔʀs] *adj* **l'alphabet ~** das Morsealphabet

morsure [mɔʀsyʀ] *f* ❶ (*action*) Biss *m* ❷ (*plaie*) Bisswunde *f*

mort, e [mɔʀ, mɔʀt] **I.** *part passé de* **mourir II.** *adj* ❶ (*personne, arbre*) tot; (*feuilles*) welk; (*feu*) erloschen ❷ *fam* ~ |de fatigue| todmüde ❸ (*avec un fort sentiment de*) **être ~ de peur** vor Angst sterben ❹ (*langue*) tot ❺ (*hors d'usage: piles*) leer; **être ~** (*moteur*) ausgedient haben **III.** *m, f* ❶ (*défunt*) Tote(r) *f(m)* ❷ (*dépouille*) Leiche *f*

mort [mɔʀ] *f* ❶ Tod *m* ❷ (*destruction*) Untergang *m* ▶**se donner la ~** sich umbringen; **frapper qn à ~** jdn totschlagen

mortalité [mɔʀtalite] *f* Sterblichkeit *f*

mort-aux-rats [mɔʀoʀa] *f inv* Rattengift *nt*

mortel, le [mɔʀtɛl] **I.** *adj* ❶ (*sujet à la mort*) sterblich ❷ (*causant la mort*) tödlich ❸ (*froid, chaleur*) mörderisch; (*ennemi*) Tod- ❹ *fam* (*ennuyeux*) sterbenslangweilig **II.** *m, f souvent pl* Sterbliche(r) *f(m)*

mortellement [mɔʀtɛlmɑ̃] *adv a. fig* tödlich

mort-né, e [mɔʀne] <mort-nés> *adj* (*enfant*) tot geboren

morue [mɔʀy] *f* **~ fraîche** Kabeljau *m*

morve [mɔʀv] *f* Nasenschleim *m*

morveux, -euse [mɔʀvø, -øz] *m, f péj fam* Rotznase *f*

mosaïque [mɔzaik] *f* Mosaik *nt*

Moscou [mɔsku] Moskau

moscovite [mɔskɔvit] *adj* Moskauer

Moscovite [mɔskɔvit] *mf* Moskauer(in) *m(f)*

Moselle [mozɛl] *f* **la ~** die Mosel

mosquée [mɔske] *f* Moschee *f*

mot [mo] *m* ❶ LING Wort *nt*; ~ **étranger** Fremdwort; ~ **composé** zusammengesetztes Wort ❷ (*message*) **un ~** ein paar Zeilen *Pl*; **laisser un ~ à qn** jdm eine Nachricht hinterlassen ❸ INFORM ~ **de passe** Passwort *nt* ❹ JEUX **~s croisés/fléchés** *pl* Kreuzworträtsel *nt* ▶**en deux ~s** mit wenigen Worten; **avoir son ~ à dire** ein Wörtchen mitzureden haben; **se donner le ~** sich absprechen; **~ à ~** wortwörtlich; **en un ~** |comme en cent| mit einem Wort

motard, e [mɔtaʀ] *m, f fam* ❶ (*motocycliste*) Motorradfahrer(in) *m(f)* ❷ (*policier*) motorisierter Polizist/motorisierte Polizistin

mot-clé [mokle] <mots-clés> *m* Schlüsselwort *nt*; (*dans un dictionnaire*) Stichwort *nt*

moteur [mɔtœʀ] I. *m* ❶ TECH Motor *m* ❷ (*cause*) **être le ~ de qc** (*personne*) die treibende Kraft für etw sein II. *app* **frein ~** Motorbremse *f*

moteur, -trice [mɔtœʀ, -tʀis] *adj* (*force, roue*) Antriebs-

motif [mɔtif] *m* ❶ (*raison*) |Beweg|grund *m* ❸ (*ornement*) Motiv *nt*

motivant, e [mɔtivã, ãt] *adj* motivierend

motivation [mɔtivasjɔ̃] *f* Motivation *f*; **lettre de ~** Bewerbungsschreiben *nt*

motivé, e [mɔtive] *adj* (*stimulé: personne*) motiviert

motiver [mɔtive] <1> *vt* ❶ (*justifier*) begründen ❷ (*stimuler*) motivieren

moto [mɔto] *f abr de* **motocyclette** Motorrad *nt*

motocross, moto-cross [mɔtokʀɔs] *m inv* Moto-Cross *nt*

motocycliste [mɔtosiklist] *mf* Motorradfahrer(in) *m(f)*

motoriser [mɔtɔʀize] <1> *vt* motorisieren

motrice [mɔtʀis] I. *adj* v. **moteur** II. *f* Triebwagen *m*

motus [mɔtys] ▶**~ et** bouche **cousue!** Mund halten und nichts verraten!

mou [mu] *m fam* Weichling *m*

mou, mol, molle [mu, mɔl] *adj* ❶ (*opp: dur*) weich ❷ (*flasque, faible*) schlaff

mouchard, e [muʃaʀ, aʀd] *m, f* ❶ Petzer/Petze *m/f* (*fam*) ❷ *péj* (*indicateur de police*) Spitzel *m*

moucharder [muʃaʀde] <1> I. *vi fam* petzen II. *vt fam* verpetzen

mouche [muʃ] *f* Fliege *f*

moucher [muʃe] <1> *vpr* **se ~ |le nez|** sich (*dat*) die Nase putzen

mouchoir [muʃwaʀ] *m* Taschentuch *nt*

moudre [mudʀ] <irr> *vt* mahlen

moue [mu] *f* schiefes Gesicht

mouette [mwɛt] *f* Möwe *f*

mouillé, e [muje] *adj* nass

mouiller [muje] <1> I. *vt* ❶ (*humecter*) nass machen ❷ (*tremper*) durchnässen ❸ NAUT (*ancre*) auswerfen II. *vpr* ❶ (*passer sous l'eau*) **se ~** nass werden ❷ (*se tremper*) **se ~** sich nass machen ❸ *fam* (*se compromettre*) **se ~ dans qc** sich in etw (*akk*) hineinziehen lassen

mouillette [mujɛt] *f: Brotschnittchen zum Eintunken*

moulage [mulaʒ] *m* ❶ (*action de mouler*) Gießen *nt* ❷ (*empreinte, objet*) Abguss *m*

moulant, e [mulã, ãt] *adj* eng anliegend

moule¹ [mul] *m* Form *f*

moule² [mul] *f* Miesmuschel *f*

mouler [mule] <1> *vt* ❶ (*fabriquer*) formen ❷ (*coller à*) **des vêtements qui moulent le corps** eng anliegende Kleidungsstücke

moulin [mulɛ̃] *m* Mühle *f* ▶**être un ~ à** paroles *fam* reden wie ein Wasserfall

mouliner [muline] <1> *vt* GASTR passieren

moulu, e [muly] I. *part passé de* **moudre** II. *adj* (*en poudre*) gemahlen

moulure [mulyʀ] *f* Zierleiste *f*

moumoute [mumut] *f fam* falsches Haarteil

mourant, e [muʀã, ãt] I. *adj* **être ~** im Sterben liegen II. *m, f* Sterbende(r) *f(m)*

mourir [muʀiʀ] <irr> *vi + être* ❶ (*cesser d'exister*) **~ de qc** (*personne, animal*) an etw (*dat*) sterben; **~ de faim** verhungern; **~ de soif** verdursten; **~ de froid** erfrieren; **~ dans un accident de voiture** bei einem Autounfall ums Leben kommen ❷ (*venir de ~*) **être mort** tot sein ❸ (*tuer*) **faire ~** töten ❹ (*feu*) erlöschen ▶**c'est à ~ de** rire das ist zum Totlachen; **s'ennuyer** à **~** sich tödlich langweilen

mouroir [muʀwaʀ] *m péj* Sterbeheim *nt*

mousquetaire [muskətɛʀ] *m* Musketier *m*

moussant, e [musã, ãt] *adj* Schaum-

mousse¹ [mus] *f* ❶ (*écume*) Schaum *m* ❷ BOT Moos *nt* ❸ GASTR Mousse *f* ❹ (*matière*) Schaumstoff *m*

mousse² [mus] *m* Schiffsjunge *m*

mousseline [muslin] I. *f* Musselin *m* II. *app inv* **pommes ~** schaumiges Kartoffelpüree

mousser [muse] <1> *vi* ❶ schäumen ❷ *fam* **se faire ~ auprès de qn** sich bei jdm in ein günstiges Licht setzen

mousseux [musø] *m* Schaumwein *m*

mousson [musɔ̃] *f* Monsun *m*

moustache [mustaʃ] *f* (*d'un homme*) Schnurrbart *m*; (*du chat*) Schnurrhaare *Pl*

moustachu, e [mustaʃy] *adj* schnurrbärtig

moustachu [mustaʃy] *m* Mann *m* mit Schnurrbart

moustiquaire [mustikɛʀ] *f* Moskitonetz *nt*

moustique [mustik] *m* Stechmücke *f*; (*sous les tropiques*) Moskito *m*

moutarde [mutaʀd] *f* Senf *m*

mouton [mutɔ̃] *m* ❶ *a. fig* Schaf *nt* ❷ (*viande*) Hammel *m* ❸ (*poussière*) Staubflocke *f* ▶**revenons à nos ~s** kommen wir wieder

M

zur Sache

mouvance [muvɑ̃s] *f* ❶ Einflussbereich *m* ❷ (*mouvement idéologique*) Bewegung *f*

mouvement [muvmɑ̃] *m* ❶ (*action*) Bewegung *f* ❷ (*impulsion*) Regung *f;* ~ **de colère** Wutausbruch *m* ❸ (*animation*) Treiben *nt* ❹ MUS Tempo *nt;* (*partie de l'œuvre*) Satz *m*

mouvementé, e [muvmɑ̃te] *adj* stürmisch; (*vie*) bewegt

moyen [mwajɛ̃] *m* ❶ (*procédé*) Mittel *nt;* **par tous les ~s** mit allen Mitteln ❷ (*solution*) Weg *m;* **au ~ de qc** mit Hilfe einer S. (*gen*) ❸ *pl* (*capacités*) Fähigkeiten ❹ *pl* (*ressources financières*) Mittel *Pl;* **avoir les ~s** *fam* es sich (*dat*) leisten können ❺ *souvent pl* (*instruments*) **~s publicitaires** Werbemittel *Pl;* ~ **de transport/contrôle** Transport-/Kontrollmittel *nt* ▸**pas ~!** nichts zu machen!

moyen, ne [mwajɛ̃, jɛn] *adj* ❶ (*intermédiaire*) mittlere(r, s); (*classe, ondes*) Mittel-; **à ~ terme** mittelfristig; *v.a.* **moyenne** ❷ (*ni bon, ni mauvais*) mittelmäßig ❸ (*en proportion*) durchschnittlich ❹ (*du type courant*) Durchschnitts-

Moyen Âge, Moyen-Âge [mwajɛnaʒ] *m* Mittelalter *nt*

moyenâgeux, -euse [mwajɛnaʒø, -jøz] *adj* *a. péj* mittelalterlich

moyen-courrier [mwajɛ̃kurje] <moyen-courriers> *m* Mittelstreckenflugzeug *nt*

moyennant [mwajɛnɑ̃] *prép* ~ **1000 euros** für 1000 Euro

moyenne [mwajɛn] *f* ❶ MATH Mittel *nt;* ~ **d'âge** Durchschnittsalter *nt;* **en ~** durchschnittlich ❷ *a.* SCOL Durchschnitt *m;* **avoir la ~ en qc** in etw (*dat*) eine durchschnittliche Note haben

Moyen-Orient [mwajɛnɔrjɑ̃] *m* **le ~** der Mittlere Osten

mue [my] *f* ❶ ZOOL (*de l'oiseau*) Mauser *f;* (*du serpent*) Häutung *f;* (*d'un mammifère*) [Sich]haaren *nt* ❷ ANAT Stimmbruch *m*

muer [mye] <1> *vi* ❶ ZOOL (*oiseau*) sich mausern; (*serpent*) sich häuten; (*mammifère*) [sich] haaren ❷ (*garçon*) im Stimmbruch sein

muesli [mysli] *m* Müsli *nt*

muet, te [mɥɛ, mɥɛt] I. *adj* stumm; ~ **de surprise** sprachlos vor Überraschung II. *m, f* Stumme(r) *f(m)*

muguet [mygɛ] *f* *m* Maiglöckchen *nt*

Am 1. Mai werden überall in den Straßen Maiglöckchensträuße verkauft. Man verschenkt die **brins de muguet** als Zeichen der Zuneigung und als Glücksbringer.

mulâtre, mulâtresse [mylɑtr, mylɑtrɛs] *m, f* Mulatte/Mulattin *m/f*

mule¹ [myl] *f* Mauselin *f* ▸**être têtu comme une ~** störrisch wie ein Esel sein (*fam*)

mule² [myl] *f* (*pantoufle*) Pantoffel *m*

mulet [mylɛ] *m* Maulesel *m*

mulot [mylo] *m* Feldmaus *f*

multicolore [myltikɔlɔr] *adj* bunt

multiculturel, le [myltikyltyrɛl] *adj* multikulturell

multifonction [myltifɔ̃ksjɔ̃] *adj inv* multifunktionell

multilingue [myltilɛ̃g] *adj* mehrsprachig

multimédia [myltimedja] *adj* INFORM multimedial

multinationale [myltinasjɔnal] *f* multinationaler Konzern

multiple [myltipl] I. *adj* ❶ (*nombreux*) vielfach; (*prise*) Mehrfach- ❷ (*aspects, raisons*) vielfältig; (*cas*) verschiedenartig II. *m* **être le ~ de qc** das Vielfache von etw sein

multiplexe [myltiplɛks] *m* Gebäudekomplex *m* mit mehreren Sälen

multiplication [myltiplikasjɔ̃] *f* Multiplikation *f*

multiplicité [myltiplisite] *f* Vielfalt *f*

multiplier [myltiplije] <1> I. *vt* ❶ MATH ~ **sept par trois** sieben mit drei multiplizieren ❷ (*augmenter le nombre de*) vervielfachen; (*efforts*) steigern; (*attaques*) wiederholen II. *vpr* **se ~** sich vermehren

multiprogrammation [myltiprɔgramasjɔ̃] *f* INFORM Multitasking *nt*

multiracial, e [myltirasjal, jo] <-aux> *adj* gemischtrassig

multitude [myltityd] *f* Vielzahl *f*

Munich [mynik] München

munichois, e [mynikwa, waz] *adj* Münchner

Munichois, e [mynikwa, waz] *m, f* Münchner(in) *m(f)*

municipal, e [mynisipal, o] <-aux> *adj* ❶ (*communal*) Gemeinde-; (*élections*) Kommunal-; **conseil ~** Stadtrat *m*, Gemeinderat *m* ❷ (*de la ville*) Stadt-

municipalité [mynisipalite] *f* ❶ (*administration*) Stadtverwaltung *f* ❷ (*commune*) Gemeinde *f*

munir [myniʀ] <8> *vpr* **se ~ de** qc etw mitnehmen

munitions [mynisjɔ̃] *fpl* Munition *f*

muqueuse [mykøz] *f* Schleimhaut *f*

mur [myʀ] *m* Mauer *f*; (*d'une pièce*) Wand *f* ▸**franchir le ~ du son** die Schallmauer durchbrechen

mûr, e [myʀ] *adj* reif; (*projet*) ausgereift

muraille [myʀɑj] *f* |dicke| Mauer

mural, e [myʀal, o] <-aux> *adj* Wand-

mûre [myʀ] *f* Brombeere *f*

mûrement [myʀmɑ̃] *adv* reiflich

murer [myʀe] <1> I. *vt* zumauern; **être muré dans le silence** in Schweigen (*akk*) gehüllt sein II. *vpr* **se ~ chez soi** sich von der Außenwelt abschließen

muret [myʀɛ] *m* Mäuerchen *nt*

mûrir [myʀiʀ] <8> *vi* reif werden; (*projet*) heranreifen

murmure [myʀmyʀ] *m* Murmeln *nt*; (*de protestations*) Murren *nt*

murmurer [myʀmyʀe] <1> I. *vi* ❶ (*chuchoter*) murmeln ❷ (*protester*) murren II. *vt* murmeln; **~ qc à qn** jdm etw zuflüstern

muscle [myskl] *m* Muskel *m*

musclé, e [myskle] *adj* ❶ (*athlétique*) muskulös ❷ *fig fam* (*gouvernement, discours*) stark; (*politique*) energisch

muscler [myskle] <1> *vt* **~ qn** jds Muskeln stärken

musculaire [myskylɛʀ] *adj* Muskel-

musculation [myskylasjɔ̃] *f* Bodybuilding *nt*

musculature [myskylatyʀ] *f* Muskulatur *f*

muse [myz] *f* Muse *f*

museau [myzo] <x> *m* Maul *nt*; (*du chien*) Schnauze *f*

musée [myze] *m* Museum *nt*

museler [myzle] <3> *vt* ❶ **~ un animal** einem Tier einen Maulkorb umbinden ❷ *fig* mundtot machen

muselière [myzəljɛʀ] *f* Maulkorb *m*

musical, e [myzikal, o] <-aux> *adj* (*études, film*) Musik-; (*soirée*) musikalisch; **comédie ~e** Musical *nt*

music-hall [myzikol] <music-halls> *m* Varietee *nt*; (*établissement*) Varieteetheater *nt*

musicien, ne [myzisjɛ̃, jɛn] I. *adj* musikalisch II. *m, f* Musiker(in) *m(f)*; (*amateur*) Musikant(in) *m(f)*

musique [myzik] *f* Musik *f* ▸**connaître la ~ fam** im Bilde sein

musqué, e [myske] *adj* (*odeur, parfum*) Moschus-

must® [mœst] *m fam* Muss *nt*

musulman, e [myzylmɑ̃, an] *adj* (*monde*) moslemisch; **être ~** Moslem sein

Musulman, e [myzylmɑ̃, an] *m, f* Moslem/Moslime *m/f*, Mohammedaner(in) *m(f)*

mutant, e [mytɑ̃, ɑ̃t] I. *adj* BIO mutierend II. *m, f* ❶ ZOOL, BOT Mutante *f* ❷ LITTER Mutant(in) *m(f)*

muter [myte] <1> *vt* ADMIN versetzen

mutilation [mytilasjɔ̃] *f a. fig* Verstümmelung *f*

mutilé, e [mytile] *m, f* **~ de guerre** Kriegsbeschädigter *m*

mutiler [mytile] <1> *vt a. fig* verstümmeln

mutin, e [mytɛ̃, in] *m, f* Meuterer/Meuterin *m/f*

mutinerie [mytinʀi] *f* Meuterei *f*

mutisme [mytism] *m* Schweigen *nt*

mutuel, le [mytɥɛl] *adj* gegenseitig

mutuelle [mytɥɛl] *f* Versicherung|sverein *m*| *f* auf Gegenseitigkeit; **~ des étudiants** studentische Krankenversicherung

mutuellement [mytɥɛlmɑ̃] *adv* gegenseitig

mycose [mikoz] *f* Pilzkrankheit *f*

mygale [migal] *f* Vogelspinne *f*

myopathie [mjopati] *f* Muskelerkrankung *f*

myope [mjɔp] *adj* kurzsichtig

myosotis [mjɔzɔtis] *m* Vergissmeinnicht *nt*

myrtille [miʀtij] *f* Heidelbeere *f*

mystère [mistɛʀ] *m* ❶ (*secret*) Geheimnis *nt* ❷ (*énigme*) Rätsel *nt*

mystérieusement [misteʀjøzmɑ̃] *adv* unerklärlicherweise

mystérieux [misteʀjø] *m* **le ~** das Geheimnisvolle

mystérieux, -euse [misteʀjø, -jøz] *adj* geheimnisvoll

mystifier [mistifje] <1> *vt* täuschen

mystique [mistik] *adj* ❶ (*religieux*) mystisch ❷ (*exalté, fervent*) schwärmerisch

mythe [mit] *m* Mythos *m*

mythique [mitik] *adj* mythisch; (*imaginaire*) erdichtet

mythologie [mitɔlɔʒi] *f* Mythologie *f*

mythomane [mitɔman] I. *adj* krankhaft verlogen II. *mf* krankhafter Lügner/krankhafte Lügnerin

M

N n

N, n [ɛn] I. *m inv* N *nt*, n *nt* II. *f* la N 7 ≈ die B 7 III. *adj* x

n' *v.* ne

na [na] *interj enfantin* ätsch

nabot, e [nabo, ɔt] *m, f* Zwerg(in) *m(f)*

nacre [nakʀ] *f* Perlmutt *nt*

nacré, e [nakʀe] *adj* perlmuttschimmernd

nage [naʒ] *f* Schwimmen *nt* ►**à la ~** schwimmend; **en ~** schweißgebadet

nageoire [naʒwaʀ] *f* Flosse *f*

nager [naʒe] <2a> I. *vi* ❶ *a. fig (personne, aliment)* schwimmen ❷ *fam* ~ **dans un vêtement** in einem Kleidungsstück ertrinken II. *vt* ~ **la brasse** Brust schwimmen; ~ **le crawl** kraulen

nageur, -euse [naʒœʀ, -ʒøz] *m, f* Schwimmer(in) *m(f)*

naguère [nagɛʀ] *adv soutenu* einst

naïf, naïve [naif, naiv] *adj* naiv

nain, e [nɛ̃, nɛn] *m, f* Zwerg(in) *m(f)*; ~ **de jardin** Gartenzwerg

naissance [nɛsɑ̃s] *f* ❶ Geburt *f*; **à la ~** bei der Geburt ❷ *(apparition)* Entstehung *f* ►**Allemand de** ~ gebürtiger Deutscher

naître [nɛtʀ] <irr> *vi + être* ❶ geboren werden ❷ *(crainte, désir, soupçon)* entstehen; *(idée)* geboren werden; *(difficulté)* auftreten

naïve [naiv] *adj v.* naïf

naïvement [naivmɑ̃] *adv* naiv

naïveté [naivte] *f* Naivität *f*

nana [nana] *f fam* Tussi *f*

nanti, e [nɑ̃ti] I. *adj* vermögend II. *m, f* Reiche(r) *f(m)*

naphtaline [naftalin] *f* Naphthalin *nt*

napoléon [napɔleɔ̃] *m* Napoleondor *m*

nappage [napaʒ] *m (action)* Glasieren *nt; (résultat)* Glasur *f*

nappe [nap] *f* ❶ *(linge)* Tischtuch *nt* ❷ *(vaste étendue)* ~ **de pétrole** Ölteppich *m;* ~ **de brouillard** Nebelbank *f*

napper [nape] <1> *vt* ~ **de chocolat** mit Schokolade glasieren

naquis [naki] *passé simple de* **naître**

narcisse [naʀsis] *m* Narzisse *f*

narcissique [naʀsisik] *adj* narzisstisch

narcissisme [naʀsisism] *m* Narzissmus *m*

narcodollars [naʀkodɔlaʀ] *mpl* Drogendollars *Pl*

narcose [naʀkoz] *f* Narkose *f*

narguer [naʀge] <1> *vt* verspotten; *(agacer)* ärgern

narine [naʀin] *f* Nasenloch *nt*

narquois, e [naʀkwa, waz] *adj* spöttisch

narrateur, -trice [naʀatœʀ, -tʀis] *m, f* Erzähler(in) *m(f)*

narratif, -ive [naʀatif, -iv] *adj* erzählend; **style/art** ~ Erzählstil *m/*-kunst *f*

narration [naʀasjɔ̃] *f* Erzählung *f*

nasal, e [nazal, o] <-aux> *adj* nasal

nasale [nazal] *f* Nasal *m*

nase [nɑz] *adj fam* kaputt

naseau [nazo] <x> *m* Nüster *f*

natal, e [natal] <s> *adj* Geburts-; **pays** ~ Heimat *f*

natalité [natalite] *f* Geburtenziffer *f*

natation [natasjɔ̃] *f* Schwimmen *nt*

natel [natɛl] *m* CH ❶ *(téléphone portable)* Handy *nt*, Natel *nt* (CH) ❷ *(téléphonie portable)* Mobilfunknetz *nt*, Natel *nt* (CH)

natif, -ive [natif, -iv] I. *adj* ~ **de Toulouse** gebürtiger Toulouser II. *m, f* Einheimische(r) *f(m);* **les** ~**s du cancer** die Krebsgeborenen

nation [nasjɔ̃] *f* Nation *f;* **les Nations unies** die Vereinten Nationen

national, e [nasjɔnal, o] <-aux> *adj* ❶ *(de l'État)* national; **fête** ~**e** Nationalfeiertag *m* ❷ *(opp: local, régional)* national; *(entreprise)* staatlich; *(assemblée, route)* National-

Nationale [nasjɔnal] *f (route)* la ~ 7/10 ≈ die Bundesstraße 7/10

nationalisation [nasjɔnalizasjɔ̃] *f* Verstaatlichung *f*

nationaliser [nasjɔnalize] <1> *vt* verstaatlichen

nationalisme [nasjɔnalism] *m* Nationalismus *m*

nationaliste [nasjɔnalist] I. *adj* nationalistisch II. *mf* Nationalist(in) *m(f)*

nationalité [nasjɔnalite] *f* Staatsangehörigkeit *f*

national-socialisme [nasjɔnalsɔsjalism] *m sans pl* Nationalsozialismus *m* **national-socialiste** [nasjɔnalsɔsjalist] <nationaux-socialistes> I. *adj* nationalsozialistisch II. *m, f* Nationalsozialist(in) *m(f)*

natte [nat] *f* Zopf *m*

naturalisation [natyʀalizasjɔ̃] *f* Einbürgerung f

naturalisé, e [natyʀalize] *adj* eingebürgert

naturaliser [natyʀalize] <1> *vt* ~ **qn** [**français**] jdn [als Franzose] einbürgern; **se faire** ~ sich einbürgern lassen

naturaliste [natyʀalist] *mf* Naturforscher(in) *m(f)*

nature [natyʀ] **I.** *f* ❶ (*environnement*) Natur *f* ❷ (*caractère*) Wesen *nt;* ~ **humaine** Natur *f* des Menschen ❸ ART ~ **morte** Stillleben *nt* ▸**de**[o **par**] ~ von Natur [aus]; **en** ~ in Naturalien **II.** *adj inv* ❶ (*café, thé*) ohne alles; (*yaourt*) Natur- ❷ *fam* (*simple*) natürlich

naturel [natyʀɛl] *m* (*caractère*) Wesen *nt* ❷ (*spontanéité*) Natürlichkeit *f* ▸**être d'un** ~ **timide** ein schüchternes Wesen haben

naturel, le [natyʀɛl] *adj* natürlich; (*père*) leiblich; (*gaz*) Erd-; (*produit*) Natur-

naturellement [natyʀɛlmɑ̃] *adv* ❶ (*bien entendu*) selbstverständlich ❷ (*opp: artificiellement*) auf natürliche Weise ❸ (*de façon innée*) von Natur aus ❹ (*aisément*) ganz einfach

naturisme [natyʀism] *m* Freikörperkultur *f*

naturiste [natyʀist] **I.** *adj* (*plage*) FKK- **II.** *mf* FKKler(in) *m(f)* (*fam*)

naufrage [nofʀaʒ] *m* Untergang *m* ▸**faire** ~ Schiffbruch erleiden

naufragé, e [nofʀaʒe] *m, f* Schiffbrüchige(r) *f(m)*

nausée [noze] *f* Übelkeit *f;* (*dégoût*) Ekel *m;* **j'ai la** ~ [o **des** ~**s**] mir ist schlecht ▸**qn/qc donne** la ~ **à qn** von jdm/etw wird jdm [ganz] schlecht

nautique [notik] *adj* Wasser-

naval, e [naval] <s> *adj* **forces** ~**es** Seestreitkräfte *Pl;* **chantier** ~ [Schiffs]werft *f*

navet [navɛ] *m* ❶ BOT weiße Rübe ❷ *péj fam* Schund[film *m*] *m*

navette [navɛt] *f* ❶ AUT Pendelbus *m/*-schiff *nt* ❷ (*va-et-vient*) **faire la** ~ pendeln ❸ AVIAT ~ **spatiale** Raumfähre *f*

navetteur, -euse [navøtœʀ, -øz] *m, f* BELG Pendler(in) *m(f)*

navigant, e [naviɡɑ̃, ɑ̃t] *adj* AVIAT (*personnel*) Flug-; NAUT Schiffs-

navigateur [naviɡatœʀ] *m* INFORM ~ **Web** Browser *m*

navigateur, -trice [naviɡatœʀ, -tʀis] *m, f* Seefahrer(in) *m(f)*

navigation [naviɡasjɔ̃] *f* NAUT Schifffahrt *f;* AVIAT Navigation *f*

naviguer [naviɡe] <1> *vi* ❶ AVIAT fliegen; NAUT fahren ❷ INFORM surfen

navire [naviʀ] *m* Schiff *nt;* ~ **poubelle** Rostschüssel *f* (*fam*)

navrant, e [navʀɑ̃, ɑ̃t] *adj* **c'est ~!** es ist zum Verzweifeln!

navré, e [navʀe] *adj* **être** ~ **de qc** etw [zutiefst] bedauern

navrer [navʀe] <1> *vt* bestürzen; (*contrarier*) zur Verzweiflung bringen; **ce malentendu me navre** ich bedauere dieses Missverständnis zutiefst

naze [nɑz] *adj v.* **nase**

nazi, e [nazi] *abr de* **national-socialiste I.** *adj* Nazi- **II.** *m, f* Nazi *m*

nazisme [nazism] *m abr de* **national-socialisme** Nazismus *m*

NB [ɛnbe] *abr de* **nota bene** N.B.

NDLR [ɛndeɛlɛʀ] *abr de* **note de la rédaction** Anm. d. Red.

ne [nə] < *devant voyelle ou h muet* n'> *adv* ❶ (*avec autre mot négatif*) **il** ~ **mange pas le midi** er isst nicht zu Mittag; **elle n'a guère d'argent** sie hat kaum Geld; **je** ~ **fume plus** ich rauche nicht mehr; **je** ~ **me promène jamais** ich gehe nie spazieren; **je** ~ **vois personne** ich sehe niemand[en]; **personne** ~ **vient** niemand kommt; **je** ~ **vois rien** ich sehe nichts; **rien** ~ **va plus** nichts geht mehr; **il n'a ni frère ni sœur** er hat weder Bruder noch Schwester; **tu n'as aucune chance** du hast keine Chance ❷ *sans autre mot négatif, soutenu* nicht; **je n'ose le dire** ich wage nicht, es zu sagen ❸ (*seulement*) **je** ~ **vois que cette solution** ich sehe nur diese Lösung; **il n'y a pas que vous qui le dites** Sie sind nicht der Einzige, der das sagt

né, e [ne] **I.** *part passé de* **naître II.** *adj souvent écrit avec un trait d'union* (*de naissance*) geboren

néant [neɑ̃] **I.** *m* Nichts *nt* **II.** *pron* **signes particuliers:** ~ besondere Kennzeichen: keine

nécessaire [neseseʀ] **I.** *adj* nötig; (*condition*) notwendig; **si** ~ falls nötig **II.** *m* ❶ **le** ~ das Nötige ❷ (*étui*) ~ **à ongles** Nagelnecessaire *nt*

nécessairement [neseseʀmɑ̃] *adv* unbedingt

nécessité [nesesite] *f* Notwendigkeit *f* ▸**de première** ~ unentbehrlich

nécessiter [nesesite] <1> *vt* erfordern

nec plus ultra [nɛkplysyltʀa] *m inv* Non-plusultra *nt*

nécrologie [nekʀɔlɔʒi] *f* ❶ (*rubrique*) Todesanzeigen *Pl* ❷ (*notice*) Nachruf *m*

nécrologique [nekʀɔlɔʒik] *adj* Todesnécrose [nekʀoz] *f* Nekrose *f* Fachspr.

nectar [nɛktaʀ] *m* Nektar *m*

nectarine [nɛktaʀin] *f* Nektarine *f*

néerlandais [neɛʀlɑ̃dɛ] *m* Niederländisch *nt; v.a.* **allemand**

néerlandais, e [neɛʀlɑ̃dɛ, ɛz] *adj* niederländisch; *v.a.* **allemand**

Néerlandais, e [neɛʀlɑ̃dɛ, ɛz] *m, f* Niederländer(in) *m(f)*

nef [nɛf] *f* [Kirchen]schiff *nt*

néfaste [nefast] *adj* unheilvoll; **être ~** schaden

néflier [neflije] *m* Mispel[baum *m*] *f*

négatif [negatif] *m* Negativ *nt*

négatif, -ive [negatif, -iv] *adj* negativ; (*phrase*) negiert

négation [negasjɔ̃] *f* Negation *f*

négative [negativ] *f* ▶**répondre par la ~** verneinen; (*refuser*) ablehnen

négativement [negativmɑ̃] *adv* negativ; **répondre ~** verneinen

négligé, e [negliʒe] *adj* nachlässig; (*tenue*) ungepflegt

négligeable [negliʒabl] *adj* unbedeutend; (*élément, facteur*) unwesentlich; (*détail*) belanglos

négligemment [negliʒamɑ̃] *adv* ❶ (*nonchalamment*) lässig ❷ (*sans soin*) nachlässig

négligence [negliʒɑ̃s] *f sans pl* Nachlässigkeit *f*

négligent, e [negliʒɑ̃, ʒɑ̃t] *adj* nachlässig

négliger [negliʒe] <2a> I. *vt* (*santé, tenue, ami*) vernachlässigen; (*détail, fait*) außer Acht lassen II. *vpr* **se ~** sich vernachlässigen

négoce [negɔs] *m soutenu* Handel *m;* **faire du ~ avec qn** mit jdm handeln

négociant, e [negɔsjɑ̃, jɑ̃t] *m, f* Händler(in) *m(f)*

négociation [negɔsjasjɔ̃] *f gén pl* Verhandlung *f*

négocier [negɔsje] <1> I. *vi* verhandeln II. *vt* ❶ (*discuter*) verhandeln über (+ *akk*) ❷ (*obtenir après discussion*) aushandeln ❸ AUT (*virage*) nehmen

nègre, négresse [nɛgʀ, negʀɛs] *m, f péj*

Neger(in) *m(f)*

négro [negʀo] *m péj fam* Nigger *m*

neige [nɛʒ] *f* ❶ METEO Schnee *m* ❷ GASTR **battre les blancs en ~** das Eiweiß zu Schnee schlagen

neiger [neʒe] <2a> *vi impers* **il neige** es schneit

néné [nene] *m fam* Titte *f*

nénette [nenɛt] *f fam* Tussi *f* ▶**se casser la ~** *fam* (*faire des efforts*) sich (*dat*) einen abrechen

nénuphar [nenyfaʀ] *m* Seerose *f*

néo-arriviste [neɔaʀivist] *mf* [typische(r)] Vertreter(in) *m(f)* der Start-up-Generation

néologisme [neɔlɔʒism] *m* Neologismus *m*

néon [neɔ̃] *m* ❶ CHIM Neon *nt* ❷ (*tube*) Neonröhre *f*

néonatal, e [neonatal] <s> *adj* neonatal; **mortalité ~e** Neugeborenensterblichkeit *f*

néonazi, e [neonazi] I. *adj* neonazistisch II. *m, f* Neonazi *mf*

néphrétique [nefʀetik] *adj* **coliques ~s** Nierenkoliken *Pl*

Neptune [nɛptyn] *f* ASTRO Neptun *m*

nerf [nɛʀ] *m* ❶ ANAT, MED Nerv *m* ❷ *pl* PSYCH Nerven *Pl;* **être sur les ~s** *fam* unruhig sein ▶**taper sur les ~s à qn** *fam* jdm auf die Nerven gehen

nerveusement [nɛʀvøzmɑ̃] *adv* ❶ nervös ❷ (*avec vigueur*) **démarrer ~** spritzig anfahren

nerveux, -euse [nɛʀvø, -øz] I. *adj* ❶ (*spasme, troubles*) nervös ❷ (*irritable*) nervös; (*animal, personne*) unruhig ❸ (*émotif*) empfindlich ❹ (*animal, personne*) dynamisch; (*style*) ausdrucksvoll; (*moteur, voiture*) spritzig II. *m, f* nervöser Mensch

nervosité [nɛʀvozite] *f* Nervosität *f*

n'est-ce-pas [nɛspɑ] *adv* ❶ (*invitation à acquiescer*) **~?** oder? ❷ (*renforcement*) nicht [wahr]

net, te [nɛt] I. *adj* ❶ *postposé* (*propre*) sauber ❷ *postposé* (*précis*) klar ❸ *a. antéposé* (*évident*) klar; (*amélioration, tendance*) spürbar ❹ *postposé* (*distinct*) klar; (*contours, image*) scharf; (*souvenir*) deutlich ❺ *fam* (*opp: cinglé*) klar [im Kopf] ❻ *postposé* (*salaire*) Netto-; **~ d'impôt** steuerfrei II. *adv* ❶ (*se casser*) glatt; (*s'arrêter*) abrupt ❷ (*dire, refuser*) klar und deutlich ❸ COM netto

Net [nɛt] *m* **le ~** das Netz

netiquette [netikɛt] *f* INFORM Netiquette *f*

nettement [nɛtmɑ̃] *adv* ❶ (*sans ambiguïté*) unmissverständlich ❷ (*distinctement*) deutlich; (*se détacher*) scharf; (*se souvenir*) genau ❸ (*largement*) eindeutig; ~ **moins/ plus** deutlich weniger/mehr

netteté [nɛtte] *f* Klarheit *f;* (*des contours, d'une image*) Schärfe *f*

nettoyage [netwajaʒ] *m* ❶ Reinigen *nt*, Reinigung *f;* (*d'une pièce*) Putzen *nt;* ~ **à sec** chemische Reinigung ❷ MIL, POL Säuberung *f*

nettoyer [netwaje] <6> *vt* putzen; (*plaie, tapis*) reinigen

neuf, neuve [nœf, nœv] *adj* neu ▶**quelque chose/rien de** ~ etwas/nichts Neues

neuf¹ [nœf] **I.** *num* neun **II.** *m inv* Neun *f; v.a.* **cinq**

neuf² [nœf] *m* Neue(s) *nt* ▶**il y a du** ~ es gibt etwas Neues

neurasthénie [nøʀasteni] *f* Nervenschwäche *f;* **faire de la** ~ Depressionen haben

neurasthénique [nøʀastenik] *adj* depressiv

neurochirurgie [nøʀoʃiʀyʀʒi] *f* Neurochirurgie *f*

neurochirurgien, ne [nøʀoʃiʀyʀʒjɛ̃, jɛn] *m, f* Neurochirurg(in) *m(f)*

neuroleptique [nøʀɔlɛptik] *m* Neuroleptikum *nt*

neurologie [nøʀɔlɔʒi] *f* Nervenheilkunde *f*

neurologique [nøʀɔlɔʒik] *adj* neurologisch

neurologue [nøʀɔlɔg] *mf* Neurologe/Neurologin *m/f*

neurone [nøʀon] *m a.* INFORM Neuron *nt*

neuropsychiatre [nøʀopsikjatʀ] *mf* Neuropsychiater(in) *m(f)*

neutraliser [nøtʀalize] <1> *vt* (*ennemi, gang*) unschädlich machen

neutraliste [nøtʀalist] **I.** *adj* neutralistisch **II.** *mf* Verfechter(in) *m(f)* des Neutralismus

neutralité [nøtʀalite] *f* Neutralität *f*

neutre [nøtʀ] **I.** *adj* ❶ *a.* POL, CHIM, ELEC neutral ❷ (*qui ne choque pas*) neutral; (*couleur, personne*) unauffällig; (*style*) farblos ❸ LING sächlich; **être du genre** ~ ein Neutrum sein **II.** *m* LING Neutrum *nt*

neuvième [nœvjɛm] **I.** *adj antéposé* neunte(r, s) **II.** *mf* **le/la** ~ der/die/das Neunte **III.** *m* (*fraction*) Neuntel *nt; v.a.* **cinquième**

neveu [n(ə)vø] <x> *m* Neffe *m*

névralgie [nevʀalʒi] *f* Neuralgie *f*

névralgique [nevʀalʒik] *adj* MED neuralgisch; **centre** ~ Nervenzentrum *nt*

névrite [nevʀit] *f* Nervenentzündung *f*

névrose [nevʀoz] *f* Neurose *f*

névrosé, e [nevʀoze] *m, f* Neurotiker(in) *m(f)*

new-look [njuluk] **I.** *adj inv* (*politique, style*) neuartig **II.** *m inv* Newlook *m*

newton [njutɔn] *m* Newton *nt*

newtonien, ne [njutɔnjɛ̃, jɛn] *adj* newtonsche(r, s)

nez [ne] *m* Nase *f;* **saigner du** ~ Nasenbluten haben ▶**fourrer son** ~ **dans qc** *fam* seine Nase in etw (*akk*) stecken; ~ **à** ~ Auge in Auge; **raccrocher au** ~ **de qn** einfach auflegen (*fam*); **sous le** ~ **de qn** *fam* vor jds Nase (*dat*)

NF [ɛnɛf] *f abr de* **norme française** französische Norm

ni [ni] *conj* ❶ *après une autre nég* **il ne sait pas dessiner** ~ **peindre** er kann weder zeichnen noch malen; **il n'a rien vu** ~ **personne** er hat nichts und niemand gesehen; **rien de fin** ~ **de distingué** weder etwas Feines noch etwas Vornehmes ❷ (*alternative négative*) ~ **l'un** ~ **l'autre** keiner von beiden; ~ **plus** ~ **moins** nicht mehr und nicht weniger

niais, e [njɛ, njɛz] *adj* albern

niaisement [njɛzmɑ̃] *adv* dümmlich

niaiserie [njɛzʀi] *f* Unsinn *m kein Pl*

Nice [nis] Nizza *nt*

niche [niʃ] *f* ❶ (*abri*) [Hunde]hütte *f* ❷ (*alcôve*) Nische *f*

nicher [niʃe] <1> **I.** *vi* nisten **II.** *vpr* **se** ~ sich einnisten

nichon [niʃɔ̃] *m fam* Titte *f*

nickel [nikɛl] **I.** *m* Nickel *nt* **II.** *adj inv, fam* blitzblank

nicotine [nikɔtin] *f* Nikotin *nt*

nid [ni] *m* Nest *nt*

nid-d'abeilles [nidabɛj] <nids-d'abeilles> *m* COUT Waffelmuster *nt* **nid-de-poule** [nidpul] <nids-de-poule> *m* Schlagloch *nt*

nièce [njɛs] *f* Nichte *f*

nième [ɛnjɛm] *adj v.* **énième**

nier [nje] <1> *vt* leugnen; (*refuser l'idée de*) verleugnen

Niger [niʒɛʀ] *m* **le** ~ Niger *nt*

Nigeria [niʒeʀja] *m* **le** ~ Nigeria *nt*

nigérian, e [niʒeʀjɑ̃, jan] *adj* nigerianisch

Nigérian, e [niʒeʀjɑ̃, jan] *m, f* Nigerianer(in) *m(f)*

N

nigérien, ne [niʒeʀjɛ̃, jɛn] *adj* nigrisch
Nigérien, ne [niʒeʀjɛ̃, jɛn] *m, f* Nigrer(in) *m(f)*
night-club [najtklœb] <night-clubs> *m* Nachtklub *m*
Nil [nil] *m* le ~ der Nil
n'importe [nɛ̃pɔʀt] *v.* importer
niôle [nol] *f v.* gnôle
nippes [nip] *fpl fam* Klamotten *Pl*
nippon, -on[n]e [nipɔ̃, -ɔn] *adj* japanisch
Nippon, -on[n]e [nipɔ̃, -ɔn] *m, f* Japaner(in) *m(f)*
niquer [nike] <1> *vt vulg* ficken
nirvana [niʀvana] *m* Nirwana *nt*
nitouche [nituʃ] *f* ►**sainte** ~ Unschulds-engel *m*
nitrate [nitʀat] *m* Nitrat *nt*
niveau [nivo] <x> *m* **❶** *(hauteur)* Höhe *f;* *(d'essence, huile)* -stand *m;* *(des devises, de la production)* Stand *m* **❷** *(degré)* Niveau *nt;* ~ **de vie** Lebensstandard *m* ►**au plus haut** ~ auf höchster Ebene
niveler [nivle] <3> *vt* nivellieren
noble [nɔbl] **I.** *adj* adlig **II.** *mf* Adlige(r) *f(m)*
noblement [nɔbləmɑ̃] *adv* *(dignement)* stolz
noblesse [nɔblɛs] *f* Adel *m;* *(dignité)* Würde *f*
noce [nɔs] *f a. pl* Hochzeit *f*
noceur, -euse [nɔsœʀ, -øz] *m, f* Genuss-mensch *m*
nocif, -ive [nɔsif, -iv] *adj* schädlich
nocturne [nɔktyʀn] **I.** *adj* nächtlich; **vente** ~ CH Abendverkauf *m* (CH) **II.** *f* **en** ~ am Abend
nodule [nɔdyl] *m* MED Knötchen *nt*
Noël [nɔɛl] *m* Weihnachten *nt;* **joyeux** ~ fröhliche Weihnachten

Für die Franzosen ist **Noël** am 25. De-zember. An diesem Tag findet gleich nach dem Frühstück die Bescherung statt. Die Erwachsenen beschenken sich im Anschluss daran beim Aperitif vor dem Mittagessen. Am Vorabend, dem 24., gehen viele Familien um Mit-ternacht in die Christmette. Einen zweiten Weihnachtsfeiertag gibt es in Frankreich nicht.

nœud [nø] *m* Knoten *m;* ~ **papillon** Fliege *f;* *(ornement)* Schleife *f*
noie [nwa] *indic et subj prés de* noyer
noierai [nwaʀe] *fut de* noyer

noir [nwaʀ] *m* **❶** *(couleur)* Schwarz *nt;* ~ **et blanc** schwarzweiß **❷** *(obscurité)* **dans le** ~ im Dunkeln ►~ **sur blanc** schwarz auf weiß; **broyer du** ~ Trübsal blasen *(fam);* **au** ~ schwarz
noir, e [nwaʀ] *adj* **❶** *(opp: blanc)* schwarz **❷** *(propre à la race)* der Schwarzen; **l'Afrique** ~**e** Schwarzafrika *nt* **❸** *(obscur)* finster **❹** *(idées)* düster; *(humour, film)* schwarz **❺** *(marché)* Schwarz-
Noir, e [nwaʀ] *m, f* Schwarze(r) *f(m)*
noirceur [nwaʀsœʀ] *f* **❶** *(perfidie)* Nieder-tracht *f;* *(de l'âme)* Schwärze *f;* *(d'un crime, forfait)* Ruchlosigkeit *f* **❷** *(caractère sinistre)* schwarze Natur
noircir [nwaʀsiʀ] <8> **I.** *vt* **❶** *(salir)* schwarz machen **❷** *(cahier, feuille)* voll-schreiben **II.** *vpr* **se** ~ *(façade)* schwarz werden; *(ciel)* sich verdunkeln
noire [nwaʀ] **I.** *adj v.* noir **II.** *f* MUS Viertel-note *f*
noise [nwaz] *f* ►**chercher des** ~**s à qn** Streit mit jdm suchen
noisetier [nwaztje] *m* Haselstrauch *m*
noisette [nwazɛt] **I.** *f* **❶** *(fruit)* Haselnuss *f* **❷** GASTR Flocke *f* **II.** *adj inv* haselnussbraun
noix [nwa] *f a.* GASTR Nuss *f;* **une** ~ **de beurre** ein walnussgroßes Stück Butter ►**à la** ~ *fam* wertlos
nom [nɔ̃] *m* **❶** *(dénomination)* Name *m;* ~ **patronymique** Familienname; ~ **commun/propre** Gattungs-/Eigenname; **quel est le** ~ **de ...?** wie heißt ...? **❷** LING Substantiv *nt* ►~ **de Dieu** [**de** ~ **de Dieu**] *(de surprise)* ach du lieber Gott!; *(de colère)* verdammt noch mal!
nomade [nɔmad] **I.** *adj* Nomaden- **II.** *m, f* Nomade/Nomadin *m/f*
no man's land [nomanslɑ̃d] *m inv* Nie-mandsland *nt*
nombre [nɔ̃bʀ] *m* **❶** *a.* MATH Zahl *f;* **en grand** ~ zahlreich **❷** LING Numerus *m*
nombreux, -euse [nɔ̃bʀø, -øz] *adj* zahl-reich; *(foule, famille)* groß
nombril [nɔ̃bʀil] *m* Nabel *m*
nombrilisme [nɔ̃bʀilism] *m fam* Nabelschau *f*
nomenclature [nɔmɑ̃klatyʀ] *f* Stichwortlis-te *f*
nominal, e [nɔminal, o] <-aux> *adj* Nomi-nal-; *(emploi)* substantivisch
nominatif [nɔminatif] *m* LING Nominativ *m*
nomination [nɔminasjɔ̃] *f* Ernennung *f*

nommer [nɔme] <1> vt ❶ (*personne*) nennen; (*chose*) benennen ❷ (*citer*) nennen ❸ (*désigner*) ernennen; ~ **qn à un poste** jdn auf einen Posten berufen

non [nɔ̃] I. adv ❶ (*réponse*) nein; **je pense que** ~ ich glaube nicht; **moi** ~, **mais** ich nicht, aber; **ah** ~! oh nein!; **ça** ~! das kommt nicht in Frage! ❷ (*opposition*) nicht; **moi** ~ **plus** ich auch nicht; **il n'en est pas question** ~ **plus** das kommt eben sowenig in Frage; ~ **seulement …, mais [encore]** nicht nur …, sondern [auch] ❸ *fam* (*sens interrogatif*) **vous venez, ~?** Sie kommen doch, oder?; ~, **pas possible!** nicht? (*fam*) ❹ (*sens exclamatif*) ~, **mais dis donc!** *fam* was fällt dir denn ein! ❺ (*qui n'est pas*) ~ **négligeable** beträchtlich; ~ **polluant** umweltfreundlich II. *m inv* Nein *nt;* **48% de** ~ 48% Neinstimmen

non-agression [nɔnagʀesjɔ̃] <non-agressions> *f* **pacte de** ~ Nichtangriffspakt *m*

nonante [nɔnɑ̃t] *num* BELG CH (*quatre-vingt-dix*) neunzig; *v.a.* **cinq, cinquante**

nonantième [nɔnɑ̃tjɛm] *num* BELG CH (*quatre-vingt-dixième*) neunzigste(r, s); *v.a.* **cinquième**

non-assistance [nɔnasistɑ̃s] <non-assistances> *f* ▶~ **à personne en danger** unterlassene Hilfeleistung **non-croyant, e** [nɔ̃kʀwajɑ̃, jɑ̃t] <non-croyants> I. *adj* nichtgläubig II. *m, f* Nichtgläubige(r) *f(m)* **non-dit** [nɔ̃di] <non-dits> *m* Unausgesprochene *nt* **non-événement** [nɔnevɛnmɑ̃] <non-événements> *m* Nicht-Ereignis *nt* **non-fumeur, -euse** [nɔ̃fymœʀ, -øz] <non-fumeurs> *m, f* Nichtraucher(in) *m(f)* **non-inscrit, e** [nɔnɛ̃skʀi, it] <non-inscrits> *adj* être ~ fraktionslos sein **non-lieu** [nɔ̃ljø] <non-lieux> *m* Einstellung *f* des Verfahrens **nonne** [nɔn] *f* Nonne *f* **non-paiement** [nɔ̃pɛmɑ̃] <non-paiements> *m* Nichtbegleichung *f* **non-respect** [nɔ̃ʀɛspɛ] <non-respects> *m* Nichtbeachtung *f;* ~ **de la loi** Übertretung *f* des Gesetzes **non-sens** [nɔ̃sɑ̃s] *m inv* Unsinn *m* **non-stop** [nɔnstɔp] *adj inv* Nonstop- **non-violence** [nɔ̃vjɔlɑ̃s] <non-violences> *f* Gewaltfreiheit *f* **non-violent, e** [nɔ̃vjɔlɑ̃, ɑ̃t] <non-violents> I. *adj* gewaltfrei II. *m, f* Gegner(in) *m(f)* der Gewalt **non-voyant, e** [nɔ̃vwajɑ̃, jɑ̃t] <non-voyants> *m, f* Blinde(r) *f(m)*

nord [nɔʀ] I. *m sans pl* **le** ~ der Norden; *v.a.* **est** ▶**perdre le** ~ den Kopf verlieren II. *adj inv* Nord-; (*partie, banlieue*) nördlich

Nord [nɔʀ] I. *m sans pl* **le** ~ der Norden; *v.a.* **Est** II. *adj inv* (*hémisphère*) nördlich; (*pôle*) Nord-

nord-africain, e [nɔʀafʀikɛ̃, ɛn] <nord-africains> *adj* nordafrikanisch **Nord-Africain, e** [nɔʀafʀikɛ̃, ɛn] <Nord-Africains> *m, f* Nordafrikaner(in) *m(f)* **nord-coréen, ne** [nɔʀkɔʀeɛ̃, ɛn] <nord-coréens> *adj* nordkoreanisch **Nord-Coréen, ne** [nɔʀkɔʀeɛ̃, ɛn] <Nord-Coréens> *m, f* Nordkoreaner(in) *m(f)* **nord-est** [nɔʀɛst] *m inv* Nordosten *m* **Nord-Est** [nɔʀɛst] *m inv* Nordosten *m* **nordique** [nɔʀdik] *adj* nordisch **Nordique** [nɔʀdik] *mf* Nordländer(in) *m(f)* **nord-ouest** [nɔʀwɛst] *m inv* Nordwesten *m* **Nord-Ouest** [nɔʀwɛst] *m inv* Nordwesten *m* **Nord-Sud** [nɔʀsyd] *adj inv* Nord-Süd-

normal, e [nɔʀmal, o] <-aux> *adj* normal **normale** [nɔʀmal] *f* Normalfall *m;* **au-dessus de la** ~ überdurchschnittlich **normalement** [nɔʀmalmɑ̃] *adv* normalerweise

normaliser [nɔʀmalize] <1> *vpr* **se** ~ sich normalisieren

normalité [nɔʀmalite] *f* Normalität *f* **normand, e** [nɔʀmɑ̃, ɑ̃d] *adj* der Normandie **Normand, e** [nɔʀmɑ̃, ɑ̃d] *m, f* GEO Bewohner(in) *m(f)* der Normandie **Normandie** [nɔʀmɑ̃di] *f* **la** ~ die Normandie **Normands** [nɔʀmɑ̃] *mpl* HIST **les** ~ die Normannen

normatif, -ive [nɔʀmatif, -iv] *adj* normativ **norme** [nɔʀm] *f* Norm *f*

Norvège [nɔʀvɛʒ] *f* **la** ~ Norwegen *nt* **norvégien** [nɔʀveʒjɛ̃] *m* Norwegisch *nt; v.a.* **allemand**

norvégien, ne [nɔʀveʒjɛ̃, jɛn] *adj* norwegisch; *v.a.* **allemand**

Norvégien, ne [nɔʀveʒjɛ̃, jɛn] *m, f* Norweger(in) *m(f)*

nos [no] *dét poss v.* **notre**

nostalgie [nɔstalʒi] *f* **avoir la** ~ **de qc** sich nach etw sehnen

nostalgique [nɔstalʒik] *adj* nostalgisch

nota [bene] [nɔta(bene)] *m inv* Anmerkung *f*

notable [nɔtabl] *mf* angesehene Persönlichkeit

N

notablement [nɔtabləmã] *adv* erheblich
notaire [nɔtɛʀ] *m* Notar(in) *m(f)*
notamment [nɔtamã] *adv* vor allem
note [nɔt] *f* ❶ SCOL, MUS Note *f* ❷ (*communication*) Notiz *f* ❸ (*facture*) Rechnung *f* ❹ (*annotation*) Anmerkung *f*; (*en bas de page*) Fußnote *f* ❺ *pl* (*compte rendu, support écrit*) Notizen *Pl*

In den französischen Schulen benutzt man entweder die alphabetische Benotung von A bis E oder die geläufigere Bewertungsskala von 1 bis 10, bzw. 1 bis 20, in der 10 bzw. 20 die beste **note** ist.

noter [nɔte] <1> *vt* ❶ (*inscrire*) [sich (*dat*)] aufschreiben ❷ (*remarquer*) feststellen ❸ ADMIN, SCOL benoten
notice [nɔtis] *f* Gebrauchsanweisung *f*
notion [nosjɔ̃] *f* ❶ (*idée*) Begriff *m* ❷ (*conscience*) **la ~ du temps** das Zeitgefühl ❸ *pl* (*connaissances*) **avoir des ~s de qc** Ahnung *f* von etw haben
notoirement [nɔtwaʀmã] *adv* (*manifestement*) offenkundig; (*incontestablement*) notorisch; (*connu, reconnu*) allgemein
notoriété [nɔtɔʀjete] *f* ❶ (*renommée*) Bekanntheitsgrad *m* ❷ (*caractère connu*) Bekanntheit *f*
notre [nɔtʀ, no] <nos> *dét poss* unser *m o nt*, uns[e]re *f*; **comment va ~ petit malade?** *iron fam* wie geht es denn uns[e]rem kleinen Patienten?; *v.a.* **ma, mon**
nôtre [notʀ] *pron poss* ❶ **le/la ~** der/die/das Uns[e]re; **les ~s** die Uns[e]ren; *v.a.* **mien** ❷ *pl* (*ceux de notre famille*) **les ~s** unsere Angehörigen; (*nos partisans*) uns[e]re Anhänger; **il est des ~s** er gehört zu uns; *v.a.* **mien** ▶**à la [bonne] ~!** *fam* auf unser Wohl!
Notre-Dame [nɔtʀədam] *f inv* Notre-Dame *f*
nouba [nuba] *f fam* Sause *f*; **faire la ~ toute la nuit** die ganze Nacht durchfeiern
nouer [nwe] <1> I. *vt* ❶ (*faire un nœud avec*) binden ❷ (*alliance, amitié*) schließen; (*contact, relation*) knüpfen II. *vpr* LITTER, THEAT **se ~** (*intrigue*) sich schürzen(*fig*) (*geh*)
nougat [nuga] *m* türkischer Honig
nougatine [nugatin] *f* Krokant *m*
nouille [nuj] *f* ❶ GASTR Nudel *f* ❷ *fam* (*empoté*) Tranfunzel *f*
nounou [nunu] *f enfantin* Tagesmutter *f*

nounours [nunuʀs] *m enfantin* Teddy[bär *m*] *m*
nourrice [nuʀis] *f* Tagesmutter *f*
nourrir [nuʀiʀ] <8> I. *vt* ❶ (*personne*) ernähren; (*animal*) füttern; **~ au biberon** mit der Flasche füttern; **~ au sein** stillen; **bien/mal nourri** gut/schlecht genährt ❷ (*faire vivre*) ernähren ▶**être nourri et logé** freie Kost und Logis haben II. *vi* nahrhaft sein III. *vpr* **se ~** sich ernähren
nourrisson [nuʀisɔ̃] *m* Säugling *m*
nourriture [nuʀityʀ] *f* Nahrung *f*; (*pour animaux*) Futter *nt*
nous [nu] I. *pron pers* ❶ *sujet* wir; **~ autres** wir ❷ *compl d'objet direct et indirect* uns; **il ~ aime** er liebt uns; **il ~ demande le chemin** er fragt uns nach dem Weg; **il ~ laisse/fait conduire [la voiture]** er lässt uns [das Auto] fahren ❸ *avec être, devenir, sembler, soutenu* uns ❹ *avec un présentatif* wir; **~ voici!** hier sind wir! ❺ *avec les verbes pronominaux* **nous ~ nettoyons [les ongles]** wir machen uns [die Nägel] sauber ❻ *fam* (*pour renforcer*) **~, ~ n'avons pas [o on n'a pas fam]** bu wir haben nicht getrunken; **c'est ~ qui l'avons dit** wir haben das gesagt; **il veut ~ aider, ~?** uns möchte er helfen?; *v.a.* **me** ❼ *avec une prép* **avec/ sans ~** mit/ohne uns; **à ~ deux** wir beide ❽ *dans une comparaison* wir; *v.a.* **moi** ❾ (*je*) **~, Roi de France** Wir, König von Frankreich ❿ *fam* (*signe d'intérêt*) **comment allons-~?** wie geht's uns denn? II. *m* Wir *nt*
nous-même [numɛm] <nous-mêmes> *pron pers* ❶ (*nous en personne*) **~s n'en savions rien** wir [selbst] wussten nichts davon; **nous sommes venu(e)s de ~s** wir sind von uns aus gekommen ❷ (*nous aussi*) ebenfalls; *v.a.* **moi-même**
nouveau [nuvo] <x> *m* **du ~** etwas Neues ▶**à [o de] ~** erneut
nouveau, nouvel, nouvelle [nuvo, nuvɛl, nuvɛl] <x> I. *adj* ❶ (*récent*) neu; **rien de ~** nichts Neues ❷ *antéposé* (*répété*) neu; **une nouvelle fois** erneut ❸ *antéposé* **les ~x venus** die Neuankömmlinge II. *m, f* Neue(r) *f(m)*
nouveau-né, e [nuvone] <nouveau-nés> *m, f* Neugeborene(s) *nt*
nouveauté [nuvote] *f* Neuheit *f*; *pl* MEDIA Neuerscheinungen *Pl*; **une ~** etwas Neues

nouvel, le [nuvɛl] *adj* v. **nouveau**

nouvelle [nuvɛl] *f* ❶ (*événement*) Neuigkeit *f*; (*information*) Nachricht *f* ❷ *pl* **donner de ses ~s** etwas von sich hören lassen ❸ *pl* MEDIA Nachrichten *Pl* ▶**tu m'en diras des ~s** du wirst begeistert sein; **il aura de mes ~s!** er bekommt es mit mir zu tun! (*fam*) *v.a.* **nouveau**

Nouvelle-Calédonie [nuvɛlkaledɔni] *f* la ~ Neukaledonien *nt* **Nouvelle-Zélande** [nuvɛlzelād] *f* la ~ Neuseeland *nt*

novembre [nɔvābʀ] *m* November *m*; *v.a.* **août**

novice [nɔvis] I. *adj* unerfahren II. *mf* Anfänger(in) *m(f)*

noyau [nwajo] <x> *m* Kern *m*

noyer[1] [nwaje] *m* Nussbaum *m*

noyer[2] [nwaje] <6> I. *vt* ❶ (*tuer*) ertränken ❷ (*inonder*) überschwemmen ❸ AUT absaufen lassen (*fam*) II. *vpr* **se ~** ertrinken

nu [ny] *m* ART Akt *m*

nu, e [ny] *adj* nackt; **pieds ~s** barfuß

nuage [nɥaʒ] *m* Wolke *f*; **~ de fumée** Rauchwolke *f*; **un ~ de lait** ein paar Tropfen Milch ▶**être dans les ~s** über den Wolken schweben

nuageux, -euse [nɥaʒø, -ʒøz] *adj* (*ciel*) bewölkt

nuance [nɥās] *f* ❶ (*couleur: gamme*) [Farb]schattierung *f*; (*gradation*) Farbabstufung *f*; (*détail*) Feinheit *f* ❷ (*légère différence*) kleiner Unterschied

nuancé, e [nɥāse] *adj* differenziert; (*chant, style*) nuanciert

nuancier [nɥāsje] *m* Farbmusterpalette *f*

nucléaire [nykleɛʀ] I. *adj* Atom- II. *m* Atomenergie *f*

nudisme [nydism] *m* Freikörperkultur *f*, FKK *kein Art*

nudiste [nydist] *mf* Nudist(in) *m(f)*

nue [ny] *f* ▶**tomber des ~s** aus allen Wolken fallen

nuée [nɥe] *f* Schwarm *m*

nui [nɥi] *part passé de* **nuire**

nuire [nɥiʀ] <irr> *vi* schaden

nuisance [nɥizās] *f* Umweltbeeinträchtigung *f*

nuisible [nɥizibl] *adj* schädlich; **animaux/insectes ~s** Schädlinge *Pl*; **être ~ à qc** einer S. (*dat*) schaden

nuit [nɥi] *f* ❶ Nacht *f*; **~ et jour** Tag und Nacht; **bonne ~!** gute Nacht!; [dans] la ~

nachts; **la ~ tombe** die Nacht bricht herein; **il fait/commence à faire ~** es ist/wird dunkel ❷ (*nuitée*) Übernachtung *f* ❸ (*temps d'activité*) **équipe de ~** Nachtschicht *f*; **être de ~** Nachtdienst haben ▶**~ blanche** schlaflose Nacht

nul [nyl] I. *adj* ❶ (*discours, film*) miserabel; **être ~ en qc** in etw (*dat*) eine Niete sein ❷ *fam* **c'est ~ d'avoir fait qc** es war idiotisch, dies zu tun ❸ SPORT **match ~** Unentschieden *nt* ❹ (*risque, différence*) minimal II. *pron indéf* **~ ne** *soutenu* (*personne*) niemand; (*aucun*) keiner III. *m, f* Niete *f*

nullement [nylmā] *adv* keinesfalls

nullissime [nylisim] *adj* (*très nul*) äußerst miserabel

nullité [nylite] *f* ❶ *a.* JUR Nichtigkeit *f* ❷ (*incompétence*) Unfähigkeit *f*

numérique [nymeʀik] *adj* zahlenmäßig; **en données ~s** in Zahlen ausgedrückt; INFORM, TELEC digital

numériquement [nymeʀikmā] *adv* zahlenmäßig

numérisé [nymeʀize] *adj* INFORM digitalisiert

numériser [nymeʀize] <1> *vt* INFORM digitalisieren

numéro [nymeʀo] *m a.* PRESSE Nummer *f*; **le ~ de la rue/de téléphone** die Haus-/Telefonnummer; **le ~ gagnant/de la page** die Gewinn-/Seitenzahl; **faire un ~** eine Nummer wählen

numérotation [nymeʀɔtasjɔ̃] *f* **~ à 10 chiffres** 10-stelliges Nummernsystem

numéroter [nymeʀɔte] <1> *vt* nummerieren

numerus clausus [nymeʀysklozys] *m inv* Numerus clausus *m*

nu-pieds [nypje] *adj inv* barfuß

nuque [nyk] *f* Nacken *m*

Nuremberg [nyʀābɛʀ] Nürnberg *nt*

nurse [nœʀs] *f* Kindermädchen *nt*

nu-tête [nytɛt] *adj inv* ohne Kopfbedeckung

nutritif, -ive [nytʀitif, -iv] *vt* nahrhaft; **besoins ~s** Nahrungsbedarf *m*

nutrition [nytʀisjɔ̃] *f* Ernährung *f*

nutritionniste [nytʀisjɔnist] *mf* Ernährungswissenschaftler(in) *m(f)*

nylon® [nilɔ̃] *m* Nylon® *nt*

nymphéa [nɛ̃fea] *m* weiße Seerose

nymphette [nɛ̃fɛt] *f* flotte Biene (*fam*)

nymphomane [nɛ̃fɔman] I. *adj* nymphoman II. *f* Nymphomanin *f*

nymphomanie [nɛ̃fɔmani] *f* Nymphomanie *f*

N

O

O, o [o] *m inv* O *nt*, o *nt*
ô [o] *interj* oh
oasis [ɔazis] *f* Oase *f*
obéir [ɔbeiʀ] <8> *vi* gehorchen; ~ **à un ordre** einen Befehl befolgen
obéissance [ɔbeisãs] *f* ~ **à qn/qc** Gehorsam *m* jdm/einer S. gegenüber
obèse [ɔbɛz] **I.** *adj* fettleibig **II.** *mf* Fettleibi-
ge(r) *f(m)*
obésité [ɔbezite] *f* Fettleibigkeit *f*
objecter [ɔbʒɛkte] <1> *vt* ~ **qc à qn** jdm
etw entgegenhalten
objecteur [ɔbʒɛktœʀ] *m* ~ **de conscience**
Wehrdienstverweigerer *m*
objectif [ɔbʒɛktif] *m* ❶ (*but*) Ziel *nt* ❷ OPT,
PHYS, PHOT Objektiv *nt*
objectif, -ive [ɔbʒɛktif, -iv] *adj* objektiv
objection [ɔbʒɛksjɔ̃] *f* Einwand *m*
objectivement [ɔbʒɛktivmã] *adv* objektiv
objectivité [ɔbʒɛktivite] *f* Objektivität *f*
objet [ɔbʒɛ] *m* ❶ (*chose*) Gegenstand *m*; ~
d'art Kunstobjekt *nt* ❷ (*but*) Zweck *m*
❸ LING Objekt *nt* ▶~**s trouvés** Fundbüro *nt*
obligation [ɔbligasjɔ̃] *f* ❶ (*nécessité*) Verpflichtung *f*; **être dans l'~ de faire qc** gezwungen sein, etw zu tun ❷ *pl* (*devoirs*)
Verpflichtungen *Pl*; (*devoirs civiques, scolaires*) Pflichten *Pl* ❸ FIN Obligation *f*
obligatoire [ɔbligatwaʀ] *adj* obligatorisch;
présence ~ Anwesenheitspflicht *f*
obligatoirement [ɔbligatwaʀmã] *adv* unbedingt
obligé, e [ɔbliʒe] *adj* (*nécessaire*) zwangsläufig; (*inévitable*) unvermeidlich
obligeamment [ɔbliʒamã] *adv* liebenswür-
digerweise; (*avec obligeance*) liebenswürdig
obligeance [ɔbliʒãs] *f* **avoir l'~ de faire qc**
so freundlich sein, etw zu tun
obliger [ɔbliʒe] <2a> *vt* ❶ ~ **qn à faire qc**
jdn zwingen, etw zu tun ❷ (*contraindre moralement*) verpflichten
oblique [ɔblik] *adj* schräg
obliquer [ɔblike] <1> *vi* abbiegen
oblitérer [ɔbliteʀe] <5> *vt* POST [ab]stem-
peln
oblong, oblongue [ɔblɔ̃, -ɔ̃g] *adj* länglich
obnubiler [ɔbnybile] <1> *vt* verfolgen; **être**

obnubilé par qc von etw besessen sein
obole [ɔbɔl] *f* Obolus *m*
obscène [ɔpsɛn] *adj* obszön
obscénité [ɔpsenite] *f* Obszönität *f*
obscur, e [ɔpskyʀ] *adj* ❶ (*sombre*) dunkel
❷ (*raison, affaire*) undurchsichtig
obscurcir [ɔpskyʀsiʀ] <8> **I.** *vt* verdunkeln
II. *vpr* **s'~** (*ciel*) sich verdunkeln
obscurcissement [ɔpskyʀsismã] *m* (*du
ciel*) Verdunkelung *f*; (*de la vue*) Trübung *f*
obscurément [ɔpskyʀemã] *adv* undeutlich;
(*deviner, sentir*) dunkel
obscurité [ɔpskyʀite] *f* Dunkel[heit *f*] *nt*
obsédant, e [ɔpsedã, ãt] *adj* einen verfol-
gend; **idée ~e** Zwangsvorstellung *f*; **musique ~e** Ohrwurm *m*
obsédé, e [ɔpsede] *m, f* Sexbesessene(r)
f(m)
obséder [ɔpsede] <5> *vt* verfolgen; ~ **qn**
(*souci, remords*) jdm keine Ruhe lassen;
être obsédé par qc von etw besessen sein
obsèques [ɔpsɛk] *fpl* Bestattung *f*, Abdankung *f* (CH)
obséquieux, -euse [ɔpsekjø, -jøz] *adj* unterwürfig
observable [ɔpsɛʀvabl] *adj* **être ~** zu beobachten sein
observateur, -trice [ɔpsɛʀvatœʀ, -tʀis] **I.**
adj aufmerksam **II.** *m, f* Beobachter(in) *m(f)*
observation [ɔpsɛʀvasjɔ̃] *f* ❶ (*examen, surveillance*) Beobachtung *f* ❷ (*remarque*) Bemerkung *f*
observatoire [ɔpsɛʀvatwaʀ] *m* Observatorium *nt*
observer [ɔpsɛʀve] <1> **I.** *vt* ❶ beobachten; ~ **qn faire qc** beobachten, wie jd
etw tut ❷ (*remarquer*) bemerken; **faire ~
qc à qn** jdn auf etw (*akk*) hinweisen
❸ (*respecter*) ~ **une règle** sich an eine Regel halten **II.** *vpr* **s'~** ❶ (*se surveiller*) sich
zusammennehmen ❷ (*s'épier*) sich beo-
bachten
obsession [ɔpsesjɔ̃] *f* Besessenheit *f*
obsessionnel, le [ɔpsesjɔnɛl] *adj* zwanghaft; (*idée*) Zwangs-
obstacle [ɔpstakl] *m a.* SPORT Hindernis *nt*,
faire ~ à qn/qc sich jdm/einer S. in den
Weg stellen
obstétricien, ne [ɔpstetʀisjɛ̃, jɛn] *m, f* Ge-
burtshelfer(in) *m(f)*
obstination [ɔpstinasjɔ̃] *f* Eigensinn *m*
obstiné, e [ɔpstine] *adj* eigensinnig

obstinément [ɔpstinemã] *adv* (*avec entête-ment*) stur

obstiner [ɔpstine] <1> *vpr* **s'~** stur bleiben; **s'~ dans qc** auf etw (*dat*) beharren

obtenir [ɔptəniʀ] <9> *vt* ❶ (*recevoir*) erhalten; (*avantage*) erzielen; **~ de qn que** + *subj* bei jdm erreichen, dass ❷ (*parvenir à*) erzielen; (*majorité, total*) erhalten

obtention [ɔptãsjɔ̃] *f* Erhalten *nt*

obtus, e [ɔpty, yz] *adj* ❶ (*borné*) beschränkt ❷ (*angle*) stumpf

obus [ɔby] *m* Granate *f*

occasion [ɔkazjɔ̃] *f* ❶ Gelegenheit *f*; **c'est l'~ ou jamais** jetzt oder nie; **être l'~ de qc** die Gelegenheit zu etw sein ❷ COM günstige Gelegenheit; **voiture d'~** Gebrauchtwagen *m* ▶**à l'~** bei Gelegenheit; **à l'~ de qc** anlässlich einer S. (*gen*)

occasionnel, le [ɔkazjɔnɛl] *adj* gelegentlich; (*travail*) Gelegenheits-

occasionner [ɔkazjɔne] <1> *vt* verursachen

occident [ɔksidã] *m* ❶ POL **l'Occident** der Westen ❷ (*opp: orient*) Abendland *nt*

occidental, e [ɔksidãtal, o] <*-aux*> *adj* ❶ GEO, POL westlich; (*côte, puissances*) West- ❷ (*opp: oriental*) abendländisch

Occidental, e [ɔksidãtal, o] <*-aux*> *m, f* ❶ (*opp: Oriental*) Abendländer(in) *m(f)* ❷ POL Westeuropäer(in) *m(f)*

occidentaliser [ɔksidãtalize] <1> **I.** *vt* ~ **qn/qc** jdn in die westliche Kultur eingliedern/etw der westlichen Kultur anpassen **II.** *vpr* **s'~** sich der westlichen Kultur anpassen

occire [ɔksiʀ] <*irr*> *vt hum* ~ **qn** jdm den Garaus machen

occitan [ɔksitã] *m* Okzitanisch *nt; v.a.* **allemand**

occulte [ɔkylt] *adj* okkult; (*secret*) verborgen

occupant, e [ɔkypã, ãt] *m, f* ❶ MIL **l'~** die Besatzung[smacht] ❷ (*d'une chambre*) Bewohner(in) *m(f)*; (*d'une voiture*) Insasse/Insassin *m/f*

occupation [ɔkypasjɔ̃] *f* ❶ Beschäftigung *f* ❷ MIL, HIST Besetzung *f*; **l'Occupation** die Besatzung[szeit] (*Frankreichs durch die Deutschen*)

occupé, e [ɔkype] *adj* ❶ (*personne*) beschäftigt; (*place, toilettes*) besetzt; **être ~ à qc** mit etw beschäftigt sein ❷ MIL, POL besetzt

occuper [ɔkype] <1> **I.** *vt* ❶ (*place*) einnehmen; (*temps, loisirs*) in Anspruch nehmen ❷ (*appartement*) wohnen in (+ *dat*) ❸ (*employer*) ~ **qn à qc** jdn mit etw beschäftigen ❹ MIL, POL besetzen **II.** *vpr* ❶ **s'~ de politique** sich mit Politik beschäftigen ❷ (*prendre en charge*) **s'~ de qn** sich um jdn kümmern

océan [ɔseã] *m* Ozean *m*, Weltmeer *nt;* **l'~ Atlantique** der Atlantische Ozean

océanique [ɔseanik] *adj* ozeanisch

océanologie [ɔseanɔlɔʒi] *f* Meeresforschung *f*

océanologue [ɔseanɔlɔg] *mf* Meeresforscher(in) *m(f)*

ocre [ɔkʀ] **I.** *f* Ocker *m* o *nt* **II.** *adj inv* ocker

octane [ɔktan] *m* Oktan *nt*

octante [ɔktãt] *num* BELG CH (*quatre-vingts*) achtzig; *v.a.* **cinq, cinquante**

octet [ɔktɛ] *m* Byte *nt*

octobre [ɔktɔbʀ] *m* Oktober *m; v.a.* **août**

octogénaire [ɔktɔʒenɛʀ] *adj* achtzigjährig

octroi [ɔktʀwa] *m* **l'~ de qc** die Bewilligung einer S. (*gen*)

octroyer [ɔktʀwaje] <6> **I.** *vt* bewilligen **II.** *vpr* **s'~ qc** sich etw (*akk*) gönnen

oculaire [ɔkylɛʀ] *adj* ❶ ANAT Seh- ❷ (*témoin*) Augen-

oculiste [ɔkylist] *mf* Augenarzt/-ärztin *m/f*

odeur [ɔdœʀ] *f* Geruch *m*; **il y a une ~ de brûlé** hier riecht es verbrannt

odieusement [ɔdjøzmã] *adv* schändlich

odieux, -euse [ɔdjø, -jøz] *adj* schändlich; (*caractère*) widerlich; (*personne*) unausstehlich

odorat [ɔdɔʀa] *m* Geruch[ssinn *m*] *m*

œil [œj, jø] <*yeux*> *m* ❶ ANAT Auge *nt;* **lever/baisser les yeux** den Blick heben/senken ❷ (*regard*) Blick *m* ❸ (*regard rapide*) **jeter un coup d'~ au journal/à l'heure** einen kurzen Blick in die Zeitung/auf die Uhr werfen ❹ (*jugement*) **d'un ~ critique** mit kritischem Blick ❺ (*judas*) Spion *m* ▶**avoir un ~ au beurre noir** ein blaues Auge haben; **coûter les yeux de la tête** ein Vermögen kosten; **à l'~ nu** mit bloßem Auge; **ouvrir l'~** aufpassen; **cela saute aux yeux** das sieht man auf den ersten Blick; **tourner de l'~** *fam* umkippen; **à l'~** *fam* umsonst; **aux yeux de qn** in jds Augen (*dat*) **mon ~!** *fam* wers glaubt wird selig!

œillade [œjad] *f* **jeter des ~s à qn** jdm

schöne Augen machen

œillère [œjɛʀ] *f* Scheuklappe *f*

œillet¹ [œjɛ] *m* BOT Nelke *f*

œillet² [œjɛ] *m* COUT Öse *f*

œnologue [enɔlɔg] *mf* Weinbauspezialist(in) *m(f)*

œsophage [ezɔfaʒ] *m* Speiseröhre *f*

œuf [œf] *m* Ei *nt;* ~s **de poisson** Rogen *m;* ~ **sur le** [o au] **plat** Spiegelei *nt;* ~ **de Pâques** Osterei ►va te faire <u>cuire</u> un ~! *fam* rutsch mir doch den Buckel runter!

œuvre [œvʀ] **I.** *f* ❶ ART, LITTER, TECH Werk *nt;* **les** ~**s complètes d'un auteur** das Gesamtwerk eines Autors ❷ *(organisation caritative)* ~ **de bienfaisance** Wohltätigkeitsverein *m* ►<u>mettre</u> **en** ~ in Bewegung setzen **II.** *m* **le gros** ~ Rohbau *m*

off [ɔf] *adj inv* ❶ CINE, TV *(personne, voix)* im Off ❷ *(festival)* alternativ

offense [ɔfɑ̃s] *f (affront)* Beleidigung *f*

offenser [ɔfɑ̃se] <1> *vt* beleidigen

offenseur [ɔfɑ̃sœʀ] *m* Beleidiger *m*

offensif, -ive [ɔfɑ̃sif, -iv] *adj* offensiv; *(armes, guerre)* Offensiv-

offensive [ɔfɑ̃siv] *f* Offensive *f;* **passer à l'**~ zum Angriff übergehen

office [ɔfis] *m* ❶ Amt *nt;* ~ **du tourisme** Fremdenverkehrsamt; ~ **franco-allemand pour la jeunesse** Deutsch-Französisches Jugendwerk; **Office de la prévoyance** CH Fürsorgeamt (CH) ❷ REL Gottesdienst *m* ►**d'**~ *(par voie d'autorité)* von Amts wegen; *(sans demander)* einfach so

officiant [ɔfisjɑ̃] **I.** *m* Zelebrant *m* **II.** *adj* zelebrierend

officiel, le [ɔfisjɛl] **I.** *adj* offiziell; *(langue, sceau)* Amts-; *(cachet, voiture)* Dienst-; *(visite)* Staats- **II.** *m, f* Person *f* des öffentlichen Lebens

officiellement [ɔfisjɛlmɑ̃] *adv* offiziell

officier [ɔfisje] *m* MIL Offizier(in) *m(f)*

officieusement [ɔfisjøzmɑ̃] *adv* halbamtlich

officieux, -euse [ɔfisjø, -jøz] *adj* halbamtlich

offrande [ɔfʀɑ̃d] *f* REL Opfer *nt*

offrant [ɔfʀɑ̃] *m* **le plus** ~ der/die Meistbietende

offre [ɔfʀ] *f* Angebot *nt;* ~ **d'emplois** Stellenangebot

offrir [ɔfʀiʀ] <11> **I.** *vt* ❶ *(faire un cadeau)* schenken ❷ *(proposer)* ~ **à qn de faire qc** jdm anbieten etw zu tun; **je vous offre 20**

euros **pour le vase** ich biete Ihnen 20 Euro für die Vase ❸ *(avantages)* bieten **II.** *vpr* **s'**~ **des vacances** sich *(dat)* Ferien gönnen

offshore [ɔfʃɔʀ] **I.** *adj inv* Offshore- **II.** *m* Offshorebohrung *f*

offusquer [ɔfyske] <1> **I.** *vt* ärgern **II.** *vpr* **s'**~ **de qc** an etw *(dat)* Anstoß nehmen

ogive [ɔʒiv] *f* ❶ MIL Sprengkopf *m* ❷ ARCHIT Spitzbogen *m*

ogre, -esse [ɔgʀ, -ɛs] *m, f* Menschen fressendes Ungeheuer

oh [o] *interj* oh

ohé [ɔe] *interj* he[da] *(fam)*

oie [wa] *f* ZOOL Gans *f*

oignon [ɔɲɔ̃] *m* Zwiebel *f* ►<u>occupe-toi</u> **de tes** ~**s!** *fam* kümmer dich um deinen eigenen Kram!

oindre [wɛ̃dʀ] <irr> *vt* REL salben

oiseau [wazo] <x> *m* ❶ ZOOL Vogel *m* ❷ *péj* komischer Kauz ►**200 kilomètres à vol d'**~ 200 km Luftlinie

oiseux, -euse [wazø, -øz] *adj* müßig

oisif, -ive [wazif, -iv] **I.** *adj* müßig **II.** *m, f* Müßiggänger(in) *m(f)*

oisillon [wazijɔ̃] *m* Jungvogel *m*

oisiveté [wazivte] *f* Müßiggang *m*

olé [ɔle] *interj* olé

olive [ɔliv] **I.** *f (noire, verte)* Olive *f;* *(huile)* Oliven- **II.** *adj inv* oliv[grün]

olivier [ɔlivje] *m* ❶ *(arbre)* Ölbaum *m* ❷ *(bois)* Olivenholz *nt*

OLP [ɔɛlpe] *f abr de* **Organisation de libération de la Palestine** PLO *f*

olympiade [ɔlɛ̃pjad] *f* Olympiade *f*

olympien, ne [ɔlɛ̃pjɛ̃, jɛn] *adj (air, regard, calme)* majestätisch *(geh);* *(dieu)* olympisch

olympique [ɔlɛ̃pik] *adj* olympisch; *(stade)* Olympia-

ombilical, e [ɔ̃bilikal, o] <-aux> *adj (cordon)* Nabel-

ombrage [ɔ̃bʀaʒ] *m* Schatten *m*

ombragé, e [ɔ̃bʀaʒe] *adj* schattig

ombrager [ɔ̃bʀaʒe] <2a> *vt* Schatten spenden

ombrageux, -euse [ɔ̃bʀaʒø, -øz] *adj (susceptible: caractère)* schwierig; *(personne)* empfindlich

ombre [ɔ̃bʀ] *f* ❶ Schatten *m;* **à l'**~ im Schatten ❷ *(soupçon)* **il n'y a pas l'**~ **d'un doute** es gibt nicht den leisesten Zweifel ❸ *(maquillage)* ~ **à paupières** Lidschatten *m* ►<u>faire</u> **de l'**~ **à qn** jdm Schatten spenden; *fig* jdn in den Schatten stellen

ombrelle [ɔ̃bʀɛl] *f* Sonnenschirm *m*

omelette [ɔmlɛt] *f* Omelett *nt*

omission [ɔmisjɔ̃] *f* ➊ (*fait d'omettre qc: d'un mot, détail*) Auslassen *nt*; (*fait d'omettre de faire qc*) Unterlassen *nt* ➋ (*chose omise*) Auslassung *f*

omnibus [ɔmnibys] **I.** *m* CHEMDFER Nahverkehrszug *m* **II.** *app* (*train*) Nahverkehrs-

omnipotent, e [ɔmnipɔtɑ̃, ɑ̃t] *adj* allmächtig

omniprésent, e [ɔmnipʀezɑ̃, ɑ̃t] *adj* allgegenwärtig

omniscient, e [ɔmnisjɑ̃, jɑ̃t] *adj* allwissend

omnisports [ɔmnispɔʀ] *adj inv* (*club, salle*) Sport-

omnivore [ɔmnivɔʀ] *adj* allesfressend

omoplate [ɔmɔplat] *f* Schulterblatt *nt*

on [ɔ̃] *pron pers* ➊ (*tout le monde*) man ➋ (*quelqu'un*) man; ~ **vous demande au téléphone** Sie werden am Telefon verlangt; **j'attends qu'~** [*o* **que l'~**] **apporte le dessert** ich warte auf das Dessert ➌ *fam* (*nous*) wir; ~ **s'en va!** wir gehen!

onagre¹ [ɔnagʀ] *m* ZOOL, HIST Onager *m*

onagre² [ɔnagʀ] *f* BOT Nachtkerze *f*

onanisme [ɔnanism] *m* Onanie *f*

oncle [ɔ̃kl] *m* Onkel *m*

onctueux, -euse [ɔ̃ktɥø, -øz] *adj* sämig

onctuosité [ɔ̃ktɥozite] *f* (*d'un potage, d'une sauce*) sämige Konsistenz; (*d'une crème*) sahnige Konsistenz

onde [ɔ̃d] *f* Welle *f*; **passer sur les ~s** im Radio kommen *m*

ondée [ɔ̃de] *f* Schauer *m*

on-dit [ɔ̃di] *m inv* Gerücht *nt*

ondulant, e [ɔ̃dylɑ̃, ɑ̃t] *adj* (*démarche*) wiegend; (*surface*) wogend

ondulation [ɔ̃dylasjɔ̃] *f* ➊ (*du blé, des vagues*) Wogen *nt* ➋ (*ligne sinueuse*) **les ~s du terrain** die hügelige Beschaffenheit des Geländes ➌ (*des cheveux*) Wellen *Pl*

ondulé, e [ɔ̃dyle] *adj* (*cheveux, surface*) gewellt; (*route*) uneben; (*carton, tôle*) Well-

onduler [ɔ̃dyle] <1> *vi* ➊ (*blé, vague*) wogen ➋ (*route*) sich schlängeln; (*cheveux*) sich wellen

one man show [wanmanʃo] *m inv* One-man-Show *f*, Einmannshow *f*

onéreux, -euse [ɔneʀø, -øz] *adj* kostspielig; (*loyer, marchandise*) teuer

ongle [ɔ̃gl] *m* Nagel *m*

onglée [ɔ̃gle] *f* **avoir l'~** klamme Finger haben

onglet [ɔ̃glɛ] *m* ➊ (*encoche*) Daumenindex *m* ➋ (*d'un canif, d'une règle*) Kerbe *f*

ont [ɔ̃] *indic prés de* **avoir**

ONU [ony] *f abr de* **Organisation des Nations unies** UNO *f*

onyx [ɔniks] *m* Onyx *m*

onze [ɔ̃z] **I.** *num* elf **II.** *m inv* Elf *f*; *v.a.* **cinq**

onzième [ɔ̃zjɛm] **I.** *adj antéposé* elfte(r, s) **II.** *mf* **le/la** ~ der/die/das Elfte **III.** *m* Elftel *nt*; *v.a.* **cinquième**

opale [ɔpal] *f* Opal *m*

opaline [ɔpalin] *f* Opalglas *nt*

opaque [ɔpak] *adj* undurchsichtig; (*verre*) Milch-

opéra [ɔpeʀa] *m* Oper *f*

opérable [ɔpeʀabl] *adj* operabel

opéra-comique [ɔpeʀakɔmik] <opéras-comiques> *m* komische Oper

opérant, e [ɔpeʀɑ̃, ɑ̃t] *adj* wirksam

opérateur [ɔpeʀatœʀ] *m* INFORM, MATH Operator *m*

opérateur, -trice [ɔpeʀatœʀ, -tʀis] *m, f* ➊ TECH, TELEC Techniker(in) *m(f)*; ~ **de téléphonie numérique mobile** Mobilfunkanbieter *m* ➋ (*standardiste*) Telefonist(in) *m(f)* ➌ CINE, TV Kameramann/-frau *m/f*

opération [ɔpeʀasjɔ̃] *f* ➊ *a.* MED, MATH, MIL Operation *f* ➋ (*action organisée*) Aktion *f* ➌ (*transaction*) Geschäft *nt*

opérationnel, le [ɔpeʀasjɔnɛl] *adj* (*personne, avion*) einsatzfähig; (*entreprise, machine*) betriebsbereit

opératoire [ɔpeʀatwaʀ] *adj* MED (*bloc*) Operations-; (*choc*) postoperativ

opéré, e [ɔpeʀe] *m, f* Operierte(r) *f(m)*

opérer [ɔpeʀe] <5> **I.** *vt* ➊ MED ~ **qn de qc** jdn an etw (*dat*) operieren ➋ (*changement, redressement*) bewirken **II.** *vi* ➊ (*charme, médicament*) wirken; (*méthode, procédé*) greifen ➋ (*procéder*) vorgehen

opérette [ɔpeʀɛt] *f* MUS Operette *f*

ophtalmo [ɔftalmo] *m abr de* **ophtalmologiste, ophtalmologue**

ophtalmologiste [ɔftalmɔlɔʒist] *mf*, **ophtalmologue** [ɔftalmɔlɔg] *mf* Augenarzt/-ärztin *m/f*

opiner [ɔpine] <1> *vi* ~ **de la tête** mit dem Kopf zustimmend nicken

opiniâtre [ɔpinjɑtʀ] *adj* (*travail, efforts*) unermüdlich; (*personne, caractère*) eigensin-

O

nig

opiniâtreté [ɔpinjɑtʀəte] *f* Hartnäckigkeit *f*

opinion [ɔpinjɔ̃] *f* ① (*avis*) Meinung *f*; **avoir une ~ sur un sujet** zu einem Thema eine Meinung haben; **se faire une ~** sich eine Meinung bilden ② (*jugement collectif*) **l'~ |publique|** die öffentliche Meinung

opium [ɔpjɔm] *m* Opium *nt*

opportun, e [ɔpɔʀtœ̃, yn] *adj* angebracht; **au moment ~** im geeigneten Augenblick

opportunément [ɔpɔʀtynemɑ̃] *adv* im richtigen Augenblick

opportuniste [ɔpɔʀtynist] *mf* Opportunist(in) *m(f)*

opportunité [ɔpɔʀtynite] *f* ① (*bien-fondé*) Zweckmäßigkeit *f* ② (*occasion*) günstige Gelegenheit

opposant, e [ɔpozɑ̃, ɑ̃t] *m, f* Gegner(in) *m(f)*

opposé [ɔpoze] *m* Gegenteil *nt* ▶**à l'~** in der anderen/in die andere Richtung; **à l'~ de qn/qc** im Gegensatz zu jdm/etw

opposé, e [ɔpoze] *adj* ① (*côté*) gegenüberliegend; (*sens, direction*) entgegengesetzt (*dat*) ② (*parti*) Gegen-; (*avis, intérêt*) entgegengesetzt; (*caractère, goût*) grundverschieden ③ (*hostile*) **être ~ à qc** gegen etw sein

opposer [ɔpoze] <1> I. *vt* ① (*comparer*) **~ qn/qc à qn/qc** jdn/etw mit jdm/etw vergleichen ② SPORT **ce match oppose l'équipe X à** [*o* et] **l'équipe Y** in diesem Spiel trifft die Mannschaft X auf die Mannschaft Y ③ (*répondre par*) **~ un refus à qn** jdm eine Absage erteilen II. *vpr* ① (*faire obstacle*) **s'~ à qn/qc** gegen jdn/etw sein ② (*faire contraste*) **s'~** gänzlich verschieden sein

opposition [ɔpozisjɔ̃] *f* ① (*résistance*) **~ à qc** Widerstand *m* gegen etw ② (*des opinions, caractères*) Gegensätzlichkeit *f* ③ POL Opposition *f* ▶**en ~** im Widerspruch

oppressant, e [ɔpʀesɑ̃, ɑ̃t] *adj* (*angoissant*) beklemmend

oppresser [ɔpʀese] <1> *vt* (*chaleur, temps*) die Luft zum Atmen nehmen

oppresseur, -euse [ɔpʀesœʀ] *m, f* Unterdrücker(in) *m(f)*

oppression [ɔpʀesjɔ̃] *f* ① (*tyrannie*) Unterdrückung *f* ② (*angoisse*) Beklemmung *f* ③ (*suffocation*) Atembeklemmung *f*

opprimé, e [ɔpʀime] *m, f* Unterdrückte(r)

f(m)

opprimer [ɔpʀime] <1> *vt* unterdrücken

opter [ɔpte] <1> *vi* **~ pour qc** sich für etw entscheiden

opticien, ne [ɔptisjɛ̃, jɛn] *m, f* Optiker(in) *m(f)*

optimal, e [ɔptimal, o] <-aux> *adj* optimal

optimiste [ɔptimist] I. *adj* optimistisch II. *mf* Optimist(in) *m(f)*

option [ɔpsjɔ̃] *f* ① (*choix*) Wahl *f*; SCOL Wahlfach *nt* ② AUT Sonderausstattung *f*

optique [ɔptik] I. *adj* (*nerf*) Seh-; (*verre*) optisch II. *f* ① (*science*) Optik *f* ② (*point de vue*) **vu sous cette ~** so gesehen

opulence [ɔpylɑ̃s] *f* Überfluss *m*

opulent, e [ɔpylɑ̃, ɑ̃t] *adj* ① (*personne, pays*) sehr reich ② (*poitrine*) üppig

or¹ [ɔʀ] I. *m* Gold *nt*; **d'~/en ~** golden/aus Gold ▶**affaire en ~** *fam* glänzendes Geschäft II. *app inv* ① (*couleur*) golden ② FIN (*étalon, valeur*) Gold-

or² [ɔʀ] *conj* nun

orage [ɔʀaʒ] *m* Gewitter *nt* ▶**il y a de l'~ dans l'air** *fam* es herrscht dicke Luft

orageux, -euse [ɔʀaʒø, -øz] *adj* ① METEO gewittrig; (*nuage*) Gewitter- ② (*discussion*) hitzig

oraison [ɔʀezɔ̃] *f* REL ① (*lecture*) Kirchengebet *nt*; **~ funèbre** Grabrede *f* ② (*méditation*) stilles Gebet

oral [ɔʀal, o] <-aux> *m* Mündliche(s) *nt*

oral, e [ɔʀal, o] <-aux> *adj* ① (*opp: écrit*) mündlich ② (*buccal*) **prendre par voie ~** oral einnehmen

oralement [ɔʀalmɑ̃] *adv* mündlich

orange [ɔʀɑ̃ʒ] I. *f* Orange *f*, Apfelsine *f*; **~ sanguine** Blutorange *f*. II. *m* (*couleur*) Orange *nt* III. *adj inv* orange|farben|

orangé, e [ɔʀɑ̃ʒe] *adj* orange *inv*

orangeade [ɔʀɑ̃ʒad] *f* Orangenlimonade *f*

oranger [ɔʀɑ̃ʒe] *m* Orangenbaum *m*

orangerie [ɔʀɑ̃ʒʀi] *f* Orangerie *f*

orang-outan[g] [ɔʀɑ̃utɑ̃] <orangs-outan[g]s> *m* Orang-Utan *m*

orateur, -trice [ɔʀatœʀ, -tʀis] *m, f* Redner(in) *m(f)*

orbite [ɔʀbit] *f* ① ANAT Augenhöhle *f* ② ASTRO Umlaufbahn *f*

orchestral, e [ɔʀkɛstʀal, o] <-aux> *adj* Orchester-

orchestre [ɔʀkɛstʀ] *m* ① MUS Orchester *nt* ② THEAT, CINE Platz *m* im Parkett

orchestrer [ɔʀkɛstʀe] <1> vt ❶ MUS orchestrieren ❷ (*campagne de presse, de publicité*) inszenieren; (*manifestation*) organisieren

orchidée [ɔʀkide] f Orchidee f

ordinaire [ɔʀdinɛʀ] I. adj ❶ (*fait*) alltäglich; (*réaction, geste*) üblich ❷ (*produit, vin*) einfach ❸ péj (*médiocre*) gewöhnlich II. m Alltägliche nt; **ça change de l'~** das ist mal etwas anderes; **d'~** normalerweise

ordinairement [ɔʀdinɛʀmɑ̃] adv gewöhnlich

ordinal, e [ɔʀdinal, o] <-aux> adj Ordnungs-

ordinateur [ɔʀdinatœʀ] m Computer m; ~ **personnel** PC m; ~ **portable** Laptop m; **assisté par ~** computerunterstützt; **travailler sur ~** am Computer arbeiten

ordinogramme [ɔʀdinɔgʀam] m Flussdiagramm nt

ordonnance [ɔʀdɔnɑ̃s] f ❶ MED Rezept nt ❷ JUR Anordnung f

ordonné, e [ɔʀdɔne] adj ordentlich

ordonner [ɔʀdɔne] <1> vt ❶ a. MATH ordnen ❷ (*commander*) befehlen; MED verordnen; ~ **que** + subj anordnen, dass

ordre¹ [ɔʀdʀ] m ❶ (*d'une pièce, personne*) Ordnung f; **avoir l'~** Ordnung haben; **mettre en ~** aufräumen ❷ (*classement*) Reihenfolge f; **par ~ alphabétique** in alphabetischer Reihenfolge ❸ (*genre*) **d'~ politique** politischer Art ❹ (*stabilité*) **faire régner l'~** für Ordnung sorgen ❺ (*des architectes*) Verband m; (*des avocats, des médecins*) Kammer f ❻ (*congrégation*) Orden m ▶**de l'~** **de** in der Größenordnung von; **en ~** in Ordnung

ordre² [ɔʀdʀ] m Befehl m; **donner l'~ à qn de faire qc** jdm den Befehl erteilen etw zu tun; **être sous les ~s de qn** jdm unterstellt sein ▶~ **du jour** Tagesordnung f, Agenda f (CH); **être à l'~ du jour** auf der Tagesordnung stehen

ordure [ɔʀdyʀ] f ❶ pl (*détritus*) Müll m ❷ fam (*personne*) Mistvieh nt

ordurier, -ière [ɔʀdyʀje, -jɛʀ] adj vulgär; (*propos, chanson*) derb

oreille [ɔʀɛj] f ❶ ANAT Ohr nt ❷ (*ouïe*) **avoir l'~ fine** (*entendre bien*) gute Ohren haben; (*percevoir les nuances*) ein feines Gehör haben ▶**dur d'~** schwerhörig; **prêter l'~** gut zuhören; **se faire tirer l'~** sich lange bitten lassen

oreiller [ɔʀeje] m |Kopf|kissen nt

oreillette [ɔʀɛjɛt] f ANAT Vorhof m

oreillons [ɔʀɛjɔ̃] mpl Mumps m o f

orfèvre [ɔʀfɛvʀ] mf Goldschmied(in) m(f)

orfèvrerie [ɔʀfɛvʀəʀi] f ❶ (*travail*) Goldschmiedehandwerk nt ❷ (*art*) Goldschmiedekunst f ❸ (*objet*) Goldschmiedearbeit f

organe [ɔʀgan] m a. ANAT Organ nt

organigramme [ɔʀganigʀam] m ❶ ADMIN Organigramm nt ❷ INFORM Flussdiagramm nt

organique [ɔʀganik] adj organisch

organisateur [ɔʀganizatœʀ] m INFORM Organizer m

organisateur, -trice [ɔʀganizatœʀ, -tʀis] m, f Organisator(in) m(f); (*d'une manifestation*) Veranstalter(in) m(f)

organisation [ɔʀganizasjɔ̃] f Organisation f; (*du temps*) Einteilung f

organisé, e [ɔʀganize] adj organisiert; (*méthodique*) methodisch

organiser [ɔʀganize] <1> I. vt organisieren; (*voyage, fête*) veranstalten; (*temps, travail*) einteilen; (*loisirs, vie*) planen II. vpr **s'~** sich (dat) seine Zeit/Arbeit einteilen

organisme [ɔʀganism] m ❶ BIO Organismus m; (*corps*) Körper m ❷ ADMIN Einrichtung f

organiste [ɔʀganist] mf Organist(in) m(f)

orgasme [ɔʀgasm] m Orgasmus m

orge [ɔʀʒ] f Gerste f

orgeat [ɔʀʒa] m |sirop d'|~ mit Mandelmilch zubereiteter Sirup

orgie [ɔʀʒi] f Orgie f

orgue [ɔʀg] m Orgel f; ~ **électronique** Keyboard nt

orgueil [ɔʀgœj] m ❶ (*fierté*) Stolz m ❷ (*prétention*) Hochmut m

orgueilleux, -euse [ɔʀgøjø, -jøz] adj ❶ (*fier*) stolz ❷ (*prétentieux*) hochmütig

Orient [ɔʀjɑ̃] m l'~ der Orient

orientable [ɔʀjɑ̃tabl] adj verstellbar; (*antenne, bras*) beweglich

oriental, e [ɔʀjɑ̃tal, o] <-aux> adj ❶ (*situé à l'est*) östlich; (*côte, frontière*) Ost- ❷ (*relatif à l'Orient*) orientalisch

Oriental, e [ɔʀjɑ̃tal, o] <-aux> m, f Orientale/Orientalin m/f

orientation [ɔʀjɑ̃tasjɔ̃] f ❶ (*d'une maison*) Ausrichtung f; (*du soleil*) Stand m ❷ (*d'un parti politique*) Kurs m kein Pl

orienté, e [ɔʀjɑ̃te] adj tendenziös

O

orienter [ɔRjɑ̃te] <1> I. *vt* ❶ être orienté au nord (*maison*) nach Norden ausgerichtet sein ❷ (*guider*) ~ **vers qc** (*activité, conversation*) auf etw (*akk*) lenken ❸ PSYCH, SCOL beraten II. *vpr* (*a. fig*) **s'~** sich orientieren

orienteur, -euse [ɔRjɑ̃tœR, -øz] *m, f* Schul- und Berufsberater(in) *m(f)*

orifice [ɔRifis] *m* Öffnung *f*; (*d'une canalisation*) Mündung *f*

origan [ɔRigɑ̃] *m* Oregano *m*

originaire [ɔRiʒinɛR] *adj* être ~ **de ...** aus ... kommen

originairement [ɔRiʒinɛRmɑ̃] *adv* ursprünglich

original [ɔRiʒinal, o] <-aux> *m* Original *nt*

original, e [ɔRiʒinal, o] < -aux> I. *adj* ❶ (*premier, authentique*) Original- ❷ (*inédit*) originell; (*personnel*) eigenständig; (*idée*) eigen II. *m, f* Original *nt*

originalité [ɔRiʒinalite] *f* origineller Zug; (*d'une personne, œuvre*) Besonderheit *f*

origine [ɔRiʒin] *f* ❶ Ursprung *m*; à l'~ ursprünglich ❷ (*cause*) Ursache *f*; quelle est l'~ **de ...?** woher kommt ...? ❸ (*ascendance*) Herkunft *f kein Pl* ❹ (*provenance*) Herkunft *f*; (*d'un produit*) Ursprung *m* ▶être à l'~ **de qc** (*personne*) etw in die Wege geleitet haben; **d'~** im Originalzustand; **elle est d'~ française** sie ist gebürtige Französin

originel, le [ɔRiʒinɛl] *adj* ursprünglich

originellement [ɔRiʒinɛlmɑ̃] *adv* ursprünglich

ORL [ɔɛRɛl] *mf abr de* **oto-rhino-laryngologiste** HNO-Arzt/-Ärztin *m/f*

orme [ɔRm] *m* Ulme *f*

ornement [ɔRnəmɑ̃] *m* ❶ (*chose décorative*) Schmuck *m* ❷ (*décoration*) Verzierung *f*

ornemental, e [ɔRnəmɑ̃tal, o] <-aux> *adj* (*style*) dekorativ; (*plante, motif*) Zier-

ornementation [ɔRnəmɑ̃tasjɔ̃] *f* Verzierung *f*

ornementer [ɔRnəmɑ̃te] <1> *vt* schmücken

orner [ɔRne] <1> *vt* schmücken

ornière [ɔRnjɛR] *f* Spurrille *f*

orpailleur, -euse [ɔRpajœR, -jøz] *m, f* Goldwäscher(in) *m(f)*

orphelin, e [ɔRfəlɛ̃, in] I. *adj* Waisen-; ~ **de père/mère** vaterlos/mutterlos II. *m, f* Waise *f*

orphelinat [ɔRfəlina] *m* Waisenhaus *nt*

orteil [ɔRtɛj] *m* Zehe *f*

orthodontiste [ɔRtodɔ̃tist] *mf* Kieferorthopäde/Kieferorthopädin *m/f*

orthographe [ɔRtɔgRaf] *f* ❶ Rechtschreibung *f*; (*d'un mot*) Schreibweise *f*; **réforme de l'~** Rechtschreibreform *f* ❷ (*maîtrise de la graphie*) Rechtschreibkenntnisse *Pl*; **les fautes d'~** Rechtschreibfehler

orthographier [ɔRtɔgRafje] <1> *vt* [richtig] schreiben

orthographique [ɔRtɔgRafik] *adj* Rechtschreib-

orthopédique [ɔRtɔpedik] *adj* orthopädisch

orthopédiste [ɔRtɔpedist] *mf* Orthopäde/Orthopädin *m/f*

orthophoniste [ɔRtɔfɔnist] *mf* Logopäde/Logopädin *m/f*

ortie [ɔRti] *f* Brennnessel *f*

orvet [ɔRvɛ] *m* Blindschleiche *f*

os [ɔs, o] <os> *m* Knochen *m*; **en ~** beinern ▶il y a un ~ *fam* die Sache hat einen Haken

OS [ɔɛs] *mf abr de* **ouvrier spécialisé**

oscar [ɔskaR] *m* ~ **de qc** Oscar *m* für etw

oscarisé, e [ɔskaRize] *adj* (*acteur, réalisateur*) oscarprämiert

oscillation [ɔsilasjɔ̃] *f* Schwankung *f*

osciller [ɔsile] <1> *vi* ❶ (*balancer*) schwingen; (*personne*) schwanken ❷ (*hésiter*) schwanken

osé, e [oze] *adj* ❶ (*téméraire*) kühn; (*démarche, expédition*) waghalsig ❷ (*choquant*) gewagt

oseille [ozɛj] *f* ❶ BOT Sauerampfer *m* ❷ *fam* (*argent*) Knete *f*

oser [oze] <1> I. *vt* wagen II. *vi* es wagen

osier [ozje] *m* Weidenrute *f*; **panier en ~** Weidenkorb *m*; **meubles en ~** Korbmöbel *Pl*

Oslo [ɔslo] Oslo *nt*

osselet [ɔslɛ] *m pl* JEUX Geschicklichkeitsspiel mit [Plastik]knöchelchen

ossements [ɔsmɑ̃] *mpl* Gebeine *Pl*

osseux, -euse [ɔsø, -øz] *adj* ❶ (*relatif aux os*) Knochen- ❷ (*corps, main*) knochig

ossuaire [ɔsɥɛR] *m* Beinhaus *nt*

ostensible [ɔstɑ̃sibl] *adj* offensichtlich

ostensiblement [ɔstɑ̃sibləmɑ̃] *adv* deutlich sichtbar; (*manifester*) offensichtlich

ostentation [ɔstɑ̃tasjɔ̃] *f* Zurschaustellung *f*

ostentatoire [ɔstɑ̃tatwaR] *adj* betont auffällig

ostéopathe [ɔsteɔpat] *mf* Chiropraktiker(in) *m(f)*

ostréiculteur, -trice [ɔstʀeikyltœʀ, -tʀis] *m, f* Austernzüchter(in) *m(f)*

otage [ɔtaʒ] *m* Geisel *f*

otarie [ɔtaʀi] *f* Ohrenrobbe *f*

ôter [ote] <1> **I.** *vt* ❶ *(retirer)* entfernen; *(vêtement, gants)* ausziehen; *(chapeau, pansement)* abnehmen ❷ *(prendre: objet)* wegnehmen; *(envie, illusion)* nehmen **II.** *vpr* **s'~** weggehen

otite [ɔtit] *f* Ohr|en|entzündung *f*

oto-rhino [ɔtɔʀino] <oto-rhinos> *mf abr de* oto-rhino-laryngologiste HNO-Arzt/-Ärztin *m/f*

oto-rhino-laryngologiste [ɔtɔʀinolaʀɛ̃gɔlɔʒist] <oto-rhino-laryngologistes> *mf* Hals-Nasen-Ohren-Arzt/-Ärztin *m/f*

ou [u] *conj* ❶ *(alternative)* oder; ~ ... ~ ... entweder ... oder ...; **c'est l'un ~ l'autre** entweder, oder ❷ *(sinon)* ~ |alors| oder ❸ *(en d'autres termes)* oder |auch|

où [u] **I.** *pron* ❶ *(spatial sans déplacement)* wo; *(dans lequel)* in dem/der; *(sur lequel)* auf dem/der; **là ~** da, wo ❷ *(spatial avec déplacement)* wohin; *(dans lequel)* in den/die/das; *(sur lequel)* auf den/die/das; **d'~** woher; *(duquel)* aus dem/der; **d'~ il était, il ne voyait rien** von seinem Platz aus konnte er nichts sehen; **jusqu'~** bis wohin; *(jusqu'auquel)* bis zu dem/der; **par ~** durch den/die/das; **le chemin par ~ nous sommes passés** der Weg, den wir genommen haben ❸ *(temporel)* als *(fam)*; *(jour, matin, soir)* an dem; *(moment, année, siècle)* in dem ❹ *(abstrait)* **dans l'état ~ tu es** in deinem Zustand; **dans l'obligation ~ j'étais de partir** da ich |derart| gezwungen war zu gehen **II.** *adv interrog* ❶ *(spatial sans déplacement)* wo; **~ s'arrêter?** wo muss man aufhören? ❷ *(spatial avec déplacement)* wohin; **~ aller?** wohin soll ich/sie gehen?; **d'~ êtes-vous?** woher sind Sie?; **jusqu'~** bis wo|hin|; *a. fig* wie weit; **par ~** wie ❸ *(abstrait)* **~ en étais-je?** wo war ich |stehen geblieben|?; **~ voulez-vous en venir?** worauf wollen Sie hinaus? **III.** *adv indéf* ❶ *(là où)* wo; *(allér)* wohin; **par ~ que vous passiez** auf welchem Weg Sie es auch |immer| versuchen ❷ *(de là)* **d'~ que** + *subj* woher auch immer; **d'~ l'on peut**

conclure que ... woraus man schließen kann, dass ...

ouah [wa] *interj* ❶ *(cri du chien)* wau ❷ *(exprime l'admiration ou la joie)* ~! o ja!

ouais [ˈwɛ] *adv fam* ❶ *(oui)* mhm ❷ *(sceptique)* soso ❸ *(hourra!)* ~! juhu!

ouate [wat] *f* Watte *f*

ouaté, e [wate] *adj* *(bruit, pas)* gedämpft; *(atmosphère)* behaglich

ouater [wate] <1> *vt* wattieren

oubli [ubli] *m* Vergessen *nt*; *(étourderie)* Versäumnis *nt*

oublier [ublije] <1> **I.** *vt* vergessen; *(mot, virgule)* auslassen ▶**se faire** ~ sich zurückhalten **II.** *vi* vergessen **III.** *vpr* **qn/qc s'oublie** man vergisst jdn/etw

oubliette [ublijɛt] *f* *(cachot)* Verlies *nt*

ouèbe [wɛb] *m fam* Internet *nt*

ouest [wɛst] **I.** *m sans pl* **l'~** der Westen; *v.a.* **est II.** *adj inv* West-; *(banlieue, longitude)* westlich

Ouest [wɛst] *m sans pl* **l'~** der Westen; *v.a.* **Est**

ouest-allemand, e [wɛstalmɑ̃, ɑ̃d] <ouest-allemands> *adj* westdeutsch

ouest-nord-ouest [wɛstnɔʀwɛst] *m sans pl* Westnordwesten *m* **ouest-sud-ouest** [wɛstsydwɛst] *m sans pl* Westsüdwesten *m*

ouf [ˈuf] *interj* uff

oui [ˈwi] **I.** *adv* ❶ *(opp: non)* ja; **~ ou non?** ja oder nein?; **répondre par ~ ou par non** mit einem klaren Ja oder Nein antworten ❷ *(intensif)* ja |,wirklich|; **ah ~,** |alors|! oh ja |, das kann man wohl sagen|!; **hé ~!** leider ja!; **~ ou merde?** *fam* oder was ist?; **alors, tu arrives, ~?** *fam* kommst du jetzt endlich?; **que ~!** *fam* na klar! ❸ *(substitut d'une proposition)* **croire/penser que ~** schon glauben/denken; **craindre/dire que ~** es befürchten/sagen; **je dirais que ~** ich würde |schon| ja sagen **II.** *m inv* ❶ *(approbation)* Ja *nt*; **~ à qn/qc** Ja zu jdm/etw ❷ *(suffrage)* Jastimme *f* ▶**pour un ~ |ou| pour un non** wegen nichts und wieder nichts

ouï-dire [ˈwidiʀ] *m inv* Gerücht *nt*

ouïe [wi] *f* ❶ *(audition)* Gehör *nt* ❷ *ZOOL* Kieme *f*

ouille [ˈuj] *interj* au|a|

ouistiti [ˈwistiti] *m ZOOL* Pinseläffchen *nt*

ouragan [uʀagɑ̃] *m* Orkan *m*

ourler [uʀle] <1> *vt* |ein|säumen

O

ourlet [uʀlɛ] *m* Saum *m*

ours [uʀs] *m* ❶ ZOOL Bär *m;* **~ polaire** Eisbär; *v.a.* **ourse** ❷ (*jouet d'enfant*) **un ~ en peluche** ein Plüschbär ❸ *fam* (*misanthrope*) Brummbär *m*

ourse [uʀs] *f* Bärin *f; v.a.* **ours ▶la Grande/ Petite Ourse** der Große/Kleine Bär

oursin [uʀsɛ̃] *m* Seeigel *m*

ourson [uʀsɔ̃] *m* Bärenjunge(s) *nt*

oust[e] [´ust] *interj fam* (*pour chasser qn*) weg mit dir/euch!; (*pour presser qn*) hopp[, hopp]

outil [uti] *m* ❶ Werkzeug *nt;* (*de navigation*) Instrument *nt;* l'**~ de travail** das Werkzeug ❷ INFORM Tool *nt;* **~ de recherche** Suchmaschine *f*

outiller [utije] <1> *vt* (*atelier*) ausstatten

outrage [utʀaʒ] *m* Beleidigung *f;* **~ à magistrat** JUR Missachtung *f* [der Würde] des Gerichts

outrager [utʀaʒe] <2a> *vt* beleidigen

outrance [utʀɑ̃s] *f* Übertreibung *f*

outrancier, -ière [utʀɑ̃sje, -jɛʀ] *adj* übertrieben

outre¹ [utʀ] *f* Schlauch *m*

outre² [utʀ] I. *prép* (*en plus de*) außer II. *adv* **en ~** außerdem

outré, e [utʀe] *adj* (*personne*) empört

outre-Atlantique [utʀatlɑ̃tik] *adv* auf der anderen/die andere Seite des Atlantiks

outre-Manche [utʀəmɑ̃ʃ] *adv* auf der anderen/die andere Seite des [Ärmel]kanals

outremer [utʀəmɛʀ] I. *m* (*bleu*) Ultramarin[blau] *nt* II. *adj inv* ultramarin[blau]

outre-mer [utʀəmɛʀ] *adv in* Übersee

outrepasser [utʀəpase] <1> *vt* überschreiten

outre-Rhin [utʀəʀɛ̃] *adv* in/nach Deutschland **outre-tombe** [utʀətɔ̃b] *adv* im Jenseits; **d'~** aus dem Jenseits

ouvert, e [uvɛʀ, ɛʀt] I. *part passé de* **ouvrir** II. *adj* ❶ offen; (*fenêtre, robinet, valise, magasin*) geöffnet; **être ~** (*porte*) auf sein; (*magasin, boulanger*) geöffnet haben; (*centre commercial*) offen sein ❷ (*commencé*) **être ~** (*foire, enquête, pêche*) eröffnet sein; (*chasse*) offen sein ❸ (*éveillé*) aufgeschlossen; **être ~ à qn/qc** offen für jdn/etw sein

ouvertement [uvɛʀtəmɑ̃] *adv* offen [und ehrlich]; (*publiquement*) öffentlich

ouverture [uvɛʀtyʀ] *f* ❶ (*d'une porte*) Öffnen *nt* ❷ (*d'une frontière, d'un magasin*)

Öffnung *f;* **jours/heures d'~** Öffnungstage/-zeiten; (*d'une banque*) Geschäftszeiten ❸ (*commencement, inauguration*) Eröffnung *f;* (*d'une route*) Freigabe *f* ❹ *pl* (*de négociations, paix*) -angebot *nt* ❺ MUS Ouvertüre *f* ❻ INFORM **~ d'une session** Login *nt*

ouvrable [uvʀabl] *adj* (*jour*) Werk-

ouvrage [uvʀaʒ] *m* ❶ (*travail*) Arbeit *f;* COUT [Hand]arbeit ❷ (*livre*) **~ d'histoire** Werk *n* über Geschichte

ouvragé, e [uvʀaʒe] *adj* kunstvoll gearbeitet

ouvré, e [uvʀe] *adj* (*jour*) Arbeits-

ouvre-boîte [uvʀəbwat] <ouvre-boîtes> *m* Dosenöffner *m* **ouvre-bouteille** [uvʀ(ə)butɛj] <ouvre-bouteilles> *m* Flaschenöffner *m*

ouvreur, -euse [uvʀœʀ, øz] *m, f* CINE, THEAT Platzanweiser(in) *m(f)*

ouvrier, -ière [uvʀije, -ijɛʀ] I. *adj* (*classe, mouvement, syndicat*) Arbeiter-; (*conflit, législation*) Arbeits-; (*condition*) der Arbeiter; (*militant*) der Arbeiterbewegung II. *m, f* Arbeiter(in) *m(f);* **~ d'usine** Fabrikarbeiter; **~ qualifié** Facharbeiter

ouvrière [uvʀijɛʀ] *f* (*abeille, termite, fourmi*) Arbeiterin *f*

ouvrir [uvʀiʀ] <11> I. *vt* ❶ (*opp: fermer*) öffnen; (*à clé*) aufschließen; (*livre, yeux*) aufschlagen; **~ grand ses oreilles** die Ohren weit aufsperren ❷ *fam* (*robinet, gaz*) öffnen ❸ (*écarter, déployer*) öffnen; (*bras*) ausbreiten; (*parapluie*) aufspannen; (*rideaux*) aufziehen ❹ (*frayer*) **~ un passage à qn/qc** jdm/einer S. eine Passage freimachen ❺ (*rendre accessible*) **~ une frontière à qn** eine Grenze für jdn öffnen; **~ les portes de qc** jdm zu etw Zutritt verschaffen; **~ des perspectives à qn** jdm [neue] Perspektiven eröffnen ❻ (*fonder, créer*) eröffnen ❼ (*commencer*) eröffnen; (*dialogue*) in Gang bringen ❽ SPORT (*piste, slalom*) öffnen; **~ la marque** den ersten Treffer erzielen ❾ (*marche, procession*) eröffnen ❿ (*abcès, ventre*) öffnen; (*brèche*) schlagen; (*route*) bauen ⓫ (*jambe, ventre*) aufreißen; (*crâne*) ein Loch schlagen in (+ *akk*) ⓬ FIN **~ un compte à qn** ein Konto für jdn eröffnen ⓭ JUR (*enquête, information*) eröffnen **▶l'~** *fam* die Klappe aufmachen II. *vi* ❶ (*donner sur*) **~ sur qc** auf etw (*akk*) gehen; (*porte*) auf etw (*akk*) führen ❷ (*être* accessible au public) ~ **le lundi** montags geöffnet sein; (cinéma, théâtre) montags Vorstellung haben; ~ **à 15 h** (magasin) um 15 Uhr öffnen; (cinéma, théâtre) um 15 Uhr Einlass haben **III.** vpr ❶ (opp: se fermer) **s'~** sich öffnen; (parapluie, vêtement) aufgehen; **mal s'~** schwer aufgehen ❷ (devenir accessible à) **s'~ à l'extérieur** sich [nach außen] öffnen; **s'~ au monde** beginnen die Welt wahrzunehmen ❸ (se blesser) **s'~ les veines** sich (dat) die Adern aufschneiden; **s'~ le crâne** sich (dat) den Kopf aufschlagen

ovale [ɔval] **I.** adj oval **II.** m Oval nt
ovation [ɔvasjɔ̃] f stürmischer Beifall kein Pl
ovationner [ɔvasjɔne] <1> vt ~ **qn** jdm zujubeln
overdose [ɔvœʀdoz] f Überdosis f kein Pl
ovin, e [ɔvɛ̃, in] adj (race) der Schafe
OVNI [ɔvni] m abr de **objet volant non identifié** UFO nt
ovuler [ɔvyle] <1> vi einen Eisprung haben
oxyde [ɔksid] m Oxid nt
oxyder [ɔkside] <1> vt, vpr **s'~** oxidieren
oxygéné, e [ɔksiʒene] adj **eau ~e** Wasserstoffperoxid nt
oxygène [ɔksiʒɛn] m ❶ CHIM Sauerstoff m ❷ (air pur) frische Luft
oxygéner [ɔksiʒene] <5> vpr **s'~** frische Luft tanken
ozone [ozon, ɔzɔn] f Ozon nt

P
p

P, p [pe] m inv P nt, p nt
pacemaker [pɛsmɛkœʀ] m [Herz]schrittmacher m
pacifique [pasifik] adj friedlich
Pacifique [pasifik] m **le ~** der Pazifik
pacifiquement [pasifikmɑ̃] adv friedlich
pacifiste [pasifist] **I.** adj pazifistisch; (manifestation, marche) Friedens- **II.** mf Pazifist(in) m(f)
pack [pak] m Großpackung f
packaging [paka(d)ʒiŋ] m [Verkaufs]verpackung f

pacotille [pakɔtij] f Ramsch m; **de ~** unecht
PACS [paks] m abr de **Pacte Civil de Solidarité** [zivilrechtlich geregelte] eheähnliche Lebensgemeinschaft
pacser [pakse] <1> vi einen PACS abschließen
pacte [pakt] m Pakt m; **~ d'alliance** Bündnisabkommen nt; **le ~ de Varsovie** der Warschauer Pakt
pactole [paktɔl] m Sümmchen nt (fam); **~ du loto** Hauptgewinn m im Lotto
pagaie [pagɛ] f Paddel nt
pagaie, pagaille [pagaj] f fam Durcheinander nt ▶**mettre la ~ dans qc** in etw (dat) ein Chaos anrichten; **en ~** unaufgeräumt
page [paʒ] f ❶ (feuillet) Seite f; (deux côtés) Blatt nt; [en] ~ **20** [auf] Seite 20; ~ **de publicité** TV, RADIO Werbespot m; PRESSE Reklameseite f ❷ INFORM ~ **personnelle/d'accueil** Homepage f; ~ **de codes** Codepage f; ~ **Web** Webseite; **accéder à une ~** auf eine Seite zugreifen; **visiter une ~** eine Seite laden; **bas/haut de ~** Seitenende nt/-anfang m; **pied de ~** Fußzeile f ▶**première** Titelseite f ▶**tourner la ~** (pour finir) einen Schlussstrich ziehen; (pour recommencer) ein neues Kapitel aufschlagen
paie¹ [pɛ] f Lohn m; (d'un employé) Gehalt nt
paie² [pɛ] indic et subj prés de **payer**
paiement [pɛmɑ̃] m Bezahlung f; (d'une amende, des impôts) Zahlung f; (d'une dette) Rückzahlung f
paierai [pɛʀe] fut de **payer**
paillasson [pajasɔ̃] m Fußmatte f
paille [pɑj] f ❶ (chaume) Stroh nt ❷ (tiges tressées) Geflecht nt ❸ (pour boire) Strohhalm m ▶**tirer à la courte ~** [mit Streichhölzern] knobeln
pain [pɛ̃] m Brot nt; ~ **au chocolat** Schoko-Croissant m ▶**avoir du ~ sur la planche** fam viel um die Ohren haben; **gagner son ~ à la sueur de son front** soutenu sein Brot im Schweiße seines Angesichts verdienen; **petit ~** Brötchen nt, Gebäck nt (A)
pair [pɛʀ] m ▶**aller de ~ avec qc** mit etw einhergehen; **jeune fille/jeune homme au ~** Aupairmädchen nt/-junge m **hors ~** unvergleichlich
pair, e [pɛʀ] adj (nombre, côté) gerade
paire [pɛʀ] f Paar nt; (de claques, gifles) ein paar; **une ~ de ciseaux/lunettes** eine

Schere/Brille ▶**c'est une autre ~ de man-**
ches *fam* das sind zwei Paar Stiefel; **les**
deux font la ~ *fam* die zwei haben sich gesucht und gefunden

paisible [pezibl] *adj* ruhig

paisiblement [pezibləmã] *adv* in aller Ruhe

paix [pɛ] *f* **❶** (*opp: guerre*) Frieden *m;* (*traité*)
Friedensvertrag *m; des manifestations en*
faveur de la ~ Friedensdemonstrationen *Pl*
❷ (*tranquillité*) Ruhe *f* ▶**faire la ~ avec qn**
mit jdm Frieden schließen; (*avec un ami*)
sich mit jdm versöhnen

Pakistan [pakistã] *m* le ~ Pakistan *nt*

pakistanais [pakistanɛ] *m* Pakistanisch *nt;*
v.a. **allemand**

Pakistanais, e [pakistanɛ, ɛz] *m, f* Pakista-
ner(in) *m(f)*, Pakistani *mf*

palais¹ [palɛ] *m* Palast *m;* ~ **des Papes**
Papstpalast; ~ **des sports** Sporthalle *f;* **Pa-**
lais fédéral CH Bundeshaus *nt* (CH); ~ **de**
l'Elysée Amtssitz des französischen Staats-
präsidenten

palais² [palɛ] *m* ANAT Gaumen *m*

Palatinat [palatina] *m* le ~ die Pfalz

pâle [pɑl] *adj* blass

Palestine [palɛstin] *f* la ~ Palästina *nt*

palestinien, ne [palɛstinjɛ̃, jɛn] *adj* palästi-
nensisch

Palestinien, ne [palɛstinjɛ̃, jɛn] *m, f* Palästi-
nenser(in) *m(f)*

palette [palɛt] *f* **❶** Palette *f* **❷** CAN (*raquette*)
~ **de ping-pong** Tischtennisschläger *m*

palier [palje] *m* Treppenabsatz *m;* **habiter**
sur le même ~ auf derselben Etage wohnen

pâlir [paliʀ] <8> *vi* blass werden; ~ **d'envie**
vor Neid (*dat*) erblassen

palissade [palisad] *f* Bretterzaun *m*

palmarès [palmaʀɛs] *m* **❶** (*liste des lau-*
réats) Liste *f* der Preisträger **❷** (*ensemble*
des succès: d'un sportif) Liste *f* der Siege;
(*d'un romancier, cinéaste, acteur*) Liste der
Erfolge

palpitant, e [palpitã, ãt] *adj* spannend

pampa [pɑ̃pa] *f* Pampa *f*

pamplemousse [pɑ̃pləmus] *m* Grapefruit *f*

pan [pɑ̃] *m* **❶** (*d'un vêtement*) Zipfel *m*
❷ (*partie: de mur*) Stück *nt*

panaché, e [panaʃe] *m* Panaschee *nt*

pancarte [pɑ̃kaʀt] *f* Schild *nt;* (*publicitaire*)

Plakat *nt*

panda [pɑ̃da] *m* Panda *m*

panel [panɛl] *m* **❶** SOCIOL Panel *nt* **❷** (*com-*
mission) Gremium *nt*

panier [panje] *m a.* SPORT Korb *m;* ~ **à pro-**
visions Einkaufskorb; ~ **à salade** Salat-
schleuder *f;* ~ **de cerises** Korb [voll] Kirschen *m* ▶**lui, c'est un vrai ~ percé!** er
ist ein echter Verschwender!

panière [panjɛʀ] *f* großer Korb (*mit zwei*
Henkeln)

panier-repas [panjeʀəpa] <paniers-
repas> *m* Lunchpaket *nt*

panique [panik] *f* Panik *f;* **être pris de ~** in
Panik geraten; **pas de ~!** nur keine Panik!

paniquer [panike] <1> **I.** *vt fam* in Panik
versetzen **II.** *vi fam* in Panik geraten

panne [pan] *f* Panne *f;* (*de courant*) -ausfall
m; (*de moteur*) -schaden *m;* **être [tombé]**
en ~ (*automobiliste, voiture*) eine Panne haben; (*moteur, machine*) defekt sein

panneau [pano] <x> *m* Schild *nt;* ~ **de si-**
gnalisation Verkehrsschild ▶**tomber dans**
le ~ sich hereinlegen lassen (*fam*)

panorama [panɔʀama] *m* Panorama *nt*

panoramique [panɔʀamik] *adj* (*restaurant*)
Panorama-; **écran** ~ Breitwand *f*

panosse [panɔs] *f* CH (*serpillière*) Scheuertuch *nt*

pansement [pɑ̃smɑ̃] *m* Verband *m;* ~ **ad-**
hésif Heftpflaster *nt;* **faire un ~ à qn** jdm
einen Verband anlegen

pantacourt [pɑ̃takuʀ] *m* Caprihose *f*

pantalon [pɑ̃talɔ̃] *m* Hose *f*

panthéisme [pɑ̃teism] *m* Pantheismus *m*

panthéon [pɑ̃teɔ̃] *m* **❶** HIST **le Panthéon**
das Pantheon **❷** (*monument*) Pantheon *nt*

panthère [pɑ̃tɛʀ] *f* Panther *m*

pantin [pɑ̃tɛ̃] *m* Hampelmann *m*

pantomime [pɑ̃tɔmim] *f* Pantomime *f*

pantouflard, e [pɑ̃tuflaʀ, aʀd] *m, f fam* Stu-
benhocker(in) *m(f)*

pantoufle [pɑ̃tufl] *f* Pantoffel *m*

paon [pɑ̃] *m* Pfau *m* ▶**fier comme un ~** eitel wie ein Pfau

papa [papa] *m* Papa *m*

papauté [papote] *f* Papstwürde *f*

pape [pap] *m* Papst *m*

papelard [paplaʀ] *m fam* (*feuille*) Wisch *m*

paperasse [papʀas] *f péj* Papierkram *m*

paperasserie [papʀasʀi] *f péj* Berge *Pl* von
Papier

papeterie [papɛtʀi] *f* ❶ (*magasin*) Schreibwarengeschäft *nt* ❷ (*usine*) Papierfabrik *f*

papi [papi] *m fam* v. **papy**

papier [papje] *m* ❶ *sans pl* (*matière*) Papier *nt;* **feuille/bout** |o **morceau**| **de** ~ Blatt *nt*/Stück *nt* Papier; ~ **peint** Tapete *f* ❷ *sans pl* (*feuille de métal*) ~ |**d'**|**aluminium** Aluminiumfolie ❸ *pl* (*document*) Unterlagen *Pl*; (~*s d'identité*) Papiere *Pl* ▶**être dans les petits** ~**s de qn** bei jdm gut angeschrieben sein

papier-filtre [papjefiltʀ] <papiers-filtres> *m* Filterpapier *nt*

papillon [papijɔ̃] *m* ❶ Schmetterling *m;* ~ **de nuit** Nachtfalter *m* ❷ SPORT |*nage*| ~ Delphinschwimmen *nt,* Delfinschwimmen *nt*

papillonner [papijɔne] <1> *vi* herumflattern (*fam*)

papillote [papijɔt] *f* GASTR **en** ~ (*dans un papier [huilé]*) in |gefettetem| Papier gebacken; (*dans une feuille d'aluminium*) in |Alu|folie gebraten

papilloter [papijɔte] <1> *vi* blinzeln

papoter [papɔte] <1> *vi* schwatzen

paprika [papʀika] *m* Paprika *m*

papy [papi] *m fam* Opa *m*

papy-boom <papy-booms>, **papy-boum** [papibum] <papy-boums> *m fam* (*forte augmentation du nombre des personnes âgées*) Rentnerschwemme *f* (*pej*)

paquebot [pakbo] *m* Passagierschiff *nt*

pâquerette [pakʀɛt] *f* Gänseblümchen *nt*

Pâques [pak] I. *m* Ostern *nt o Pl;* **lundi/vacances de** ~ Ostermontag *m*/-ferien *Pl* ▶**à** ~ **ou à la** Trinité *iron* am Nimmerleinstag II. *fpl* Ostern *Pl;* **joyeuses** ~**!** frohe Ostern! II. *fpl* Ostern *Pl;* **joyeuses** ~**!** frohe Ostern!

In der Vorstellung der französischen Kinder reisen an Ostern die Kirchenglocken im Himmel zum Papst nach Rom und lassen auf ihrem Weg Schokoladeneier, Schokoladenglocken und andere Leckereien auf die Erde fallen.

paquet [pakɛ] *m* ❶ *a.* INFORM Paket *nt;* (*de café*) Päckchen *nt;* (*de cigarettes*) Schachtel *f* ❷ *fam* (*de billets, de linge*) Bündel *nt* ▶mettre le ~ *fam* (*déployer tous ses efforts*) alles d[a]ransetzen

paquet-cadeau [pakɛkado] <paquets-cadeaux> *m* Geschenkverpackung *f;* **faire un** ~ als Geschenk einpacken

par [paʀ] *prép* ❶ (*grâce à l'action de*) von; **tout faire** ~ **soi-même** alles selbst machen ❷ (*au moyen de*) durch; ~ **tous les moyens** mit allen Mitteln; ~ **chèque/carte** |**bancaire**| mit Scheck-/|Kredit|karte ❸ *gén sans art* (*cause, motif*) aus ❹ (*à travers, via*) **regarder** ~ **la fenêtre** aus dem Fenster schauen; **passer** ~ **ici** hier vorbeikommen ❺ (*localisation*) **habiter** ~ **ici/là** hier/dort in der Gegend wohnen ❻ (*distribution, mesure*) pro; **un** ~ **un** einzeln; ~ **moments** zeitweise; ~ **milliers** zu tausenden ❼ (*durant, pendant*) ~ **temps de pluie** bei Regen|wetter|; ~ **les temps qui courent** in der heutigen Zeit ▶~ contre dagegen

parabole [paʀabɔl] *f* ❶ REL Gleichnis *nt* ❷ MATH Parabel *f* ❸ (*antenne*) Parabolantenne *f*

parabolique [paʀabɔlik] *adj* (*antenne*) Parabol-

parachute [paʀaʃyt] *m* Fallschirm *m;* **sauter en** ~ mit dem Fallschirm springen

parachutisme [paʀaʃytism] *m* Fallschirmspringen *nt*

parachutiste [paʀaʃytist] *mf* ❶ MIL Fallschirmjäger(in) *m(f)* ❷ SPORT Fallschirmspringer(in) *m(f)*

parade [paʀad] *f* Parade *f*

paradis [paʀadi] *m* Paradies *nt* ▶**tu ne** l'emporteras **pas au** ~ das wirst du mir |noch| büßen

paradisiaque [paʀadizjak] *adj* paradiesisch

paradoxal, e [paʀadɔksal, o] <-aux> *adj* paradox

paradoxalement [paʀadɔksalmɑ̃] *adv* paradoxerweise

paradoxe [paʀadɔks] *m* Paradox *nt*

parages [paʀaʒ] *mpl* **dans les** ~ in der Nähe

paragraphe [paʀagʀaf] *m* Absatz *m*

paraître [paʀɛtʀ] <irr> I. *vi* ❶ (*sembler*) **cela me paraît être une erreur** das scheint mir ein Irrtum zu sein; ~ **faire qc** anscheinend etw tun ❷ (*apparaître: personne*) sich zeigen; (*journal, livre*) erscheinen; **faire** ~ veröffentlichen II. *vi impers* **il paraît que** ... (*le bruit court*) wie man hört ...; (*soi-disant*) angeblich ...; **il paraît que oui!** anscheinend ja!

parallèle [paʀalɛl] I. *adj* parallel; (*activité*) Neben- II. *f* MATH Parallele *f* III. *m* ❶ GEO

P

Breitenkreis *m*; **le 38e** ~ der 38. Breitengrad ❷ *(comparaison)* **faire un** ~ **avec qc/ entre deux choses** eine Parallele zu etw/ zwischen zwei Dingen ziehen

parallèlement [paralεlmã] *adv* gleichzeitig

paralysant, e [paralizã, ãt] *adj* lähmend; *(attitude)* hemmend

paralysé, e [paralize] **I.** *adj* gelähmt; **être** ~ **des jambes** an den Beinen gelähmt sein **II.** *m, f* Gelähmte(r) *f(m)*

paralyser [paralize] <1> *vt* ❶ *(empêcher d'agir)* lähmen ❷ *(entraver: trafic, activité, économie)* lahm legen ❸ MED paralysieren

paralysie [paralizi] *f* ❶ MED Lähmung *f* ❷ *(arrêt complet)* Erliegen *nt*

paramètre [paramεtr] *m* ❶ MATH Parameter *m* ❷ *(élément important)* Element *nt* ❸ *pl* INFORM Einstellungen *Pl*

parano, paranoïaque [paranɔjak] **I.** *adj* paranoisch **II.** *mf* Geistesgestörte(r) *f(m)*

paranoïa [paranɔja] *f* Verfolgungswahn *m*

paranormal [paranɔrmal] *m* **le** ~ das Übersinnliche

parapente [parapãt] *m* ❶ *(parachute)* Gleitschirm *m* ❷ *(sport)* Gleitschirmfliegen *nt*

parapet [parapε] *m* Brüstung *f*

parapluie [paraplyi] *m* Regenschirm *m*

parascolaire [paraskɔlεr] *adj* außerschulisch

parasite [parazit] **I.** *adj* schmarotzend **II.** *m a. fig* Schmarotzer *m* ❷ *pl* RADIO, TV Störgeräusche *Pl*

parasiter [parazite] <1> *vt* ❶ BIO ~ **qn/qc** *(champignon, insecte, ver)* als Parasit auf [*o* in] jdm/etw leben ❷ *fig* ~ **qn/qc** auf jds Kosten *(akk)*/auf Kosten einer S. *(gen)* leben ❸ RADIO, TV stören

parasol [parasɔl] *m* Sonnenschirm *m*

paratonnerre [paratɔnεr] *m* Blitzableiter *m*

paravent [paravã] *m* Wandschirm *m*

parc [park] *m* ❶ Park *m*; ~ **d'attractions** Vergnügungspark; ~ **naturel** Naturschutzgebiet *nt*; ~ **national** Nationalpark *m*; ~ **des expositions** Messegelände *nt* ❷ *(pour bébé)* Laufstall *m* ❸ *(parking)* ~ **relais** Park-and-Ride *nt*

parcelle [parsεl] *f (terrain)* Parzelle *f*

parce que [parskə] *conj* + *indic* ❶ *(car)* weil; ~**!** darum! ❷ *fam (sinon)* sonst

par-ci [parsi] ~, **par-là** hier und da

parcmètre [parkmεtr] *m* Parkuhr *f*

parcourir [parkurir] <irr> *vt* ❶ *(trajet, distance)* zurücklegen ❷ *(ville)* durchlaufen; *(région, pays)* bereisen ❸ *(journal, lettre)* überfliegen

parcours [parkur] *m a.* SPORT Strecke *f*; *(équitation)* Parcours *m*; ~ **du combattant** *fig* Hindernislauf *m*

par-delà [pardəla] *prép (de l'autre côté)* jenseits (+ *gen)*, hinter (+ *dat)*; ~ **les problèmes** über die Probleme hinaus **par-derrière** [pardεrjεr] *adv* ❶ *(attaquer, emboîtir)* von hinten ❷ *(dans le dos de qn)* hinten; *fig (raconter, critiquer)* hintenherum *(fam)* **par-dessous** [pardəsu] **I.** *prép (avec mouvement)* unter (+ *akk)*; *(sans mouvement)* unter (+ *dat)* **II.** *adv* darunter **par-dessus** [pardəsy] **I.** *prép (avec mouvement)* über (+ *akk)*; *(sans mouvement)* über (+ *dat)* **II.** *adv* darüber

pardessus [pardəsy] *m* Überzieher *m*

pardon [pardõ] *m* Verzeihen *nt*; REL Vergebung *f*; **demander** ~ **à qn** jdm um Verzeihung bitten ▶**mille** ~**s**! ich bitte tausendmal um Verzeihung!; ~**?** wie bitte?

pardonnable [pardɔnabl] *adj* verzeihlich

pardonner [pardɔne] <1> **I.** *vt* verzeihen ▶**pardonne-moi/pardonnez-moi** verzeih mir/verzeihen Sie mir/verzeih mir **II.** *vi* ❶ *(être fatal)* **ne pas** ~ verhängnisvoll sein ❷ *(absoudre)* ~ **à qn** jdm verzeihen

paré, e [pare] *adj* gewappnet

pare-brise [parbriz] *m inv* Windschutzscheibe *f* **pare-chocs** [parʃɔk] *m inv* ~ **arrière**/**avant** hintere/vordere Stoßstange *f*

pareil, le [parεj] **I.** *adj* ❶ *(identique)* gleich; ~ **que** *[genau]*so wie ❷ *(tel)* solche(r, s) **II.** *m, f* ▶**c'est du** ~ **au même** *fam* das ist Jacke wie Hose; **rendre la** ~**le à qn** es jdm mit gleicher Münze heimzahlen; **sans** ~ ohnegleichen **III.** *adv fam* gleich

pareillement [parεjmã] *adv* ❶ *(également)* ebenso ❷ *(de la même façon)* gleich

parent [parã] *m gén pl* Eltern *Pl*; **un des deux** ~**s** ein Elternteil *m*

parent, e [parã, ãt] *m, f* Verwandte(r) *f(m)*

parenté [parãte] *f* Verwandtschaft *f (dat)*

parenthèse [parãtεz] *f* ❶ TYP Klammer *f* ❷ *(digression)* Exkurs *m*; **soit dit entre** ~**s** nebenbei bemerkt ▶**mettre qc entre** ~**s** TYP etw in Klammern setzen

parer [pare] <1> *vt (attaque, coup)* abwehren

pare-soleil [paʀsɔlɛj] *m inv* Sonnenblende *f*

paresse [paʀɛs] *f* Faulheit *f*

paresser [paʀese] <1> *vi* faulenzen

paresseusement [paʀesøzmɑ̃] *adv* ❶ (*avec paresse*) faul ❷ (*avec lenteur: avancer*) schwerfällig

paresseux, -euse [paʀesø, -øz] **I.** *adj* (*personne*) faul **II.** *m, f* Faulenzer(in) *m(f)*

parfait [paʀfɛ] *m* ❶ LING Perfekt *nt* ❷ GASTR Parfait *nt*; ~ **au café** Mokkaparfait

parfait, e [paʀfɛ, ɛt] *adj* ❶ perfekt; (*condition, exemple*) ideal; (*discrétion, harmonie*) vollkommen; (*amour, beauté*) vollendet; (*accord*) völlig ❷ *antéposé* (*gentleman*) vollendet; (*idiot, crapule*) ausgemacht

parfaitement [paʀfɛtmɑ̃] *adv* ❶ (*parler une langue*) perfekt; (*savoir, comprendre*) [ganz] genau ❷ (*tout à fait*) völlig ❸ (*oui, bien sûr*) [aber] natürlich

parfois [paʀfwa] *adv* manchmal

parfum [paʀfœ̃] *m* ❶ (*substance*) Parfum *nt*, Parfüm *nt* ❷ (*odeur*) Duft *m* ❸ GASTR Geschmack *m*; **je voudrais une glace - quel ~?** ich möchte ein Eis - welche Sorte? ▶**être au** ~ *fam* im Bilde sein; **mettre qn au** ~ *fam* jdn aufklären

parfumer [paʀfyme] <1> **I.** *vt* ❶ (*embaumer*) **qc parfume la cuisine** die Küche duftet nach etw ❷ (*imprégner de parfum*) parfümieren **II.** *vpr* **se** ~ sich parfümieren

parfumerie [paʀfymʀi] *f* Parfümerie *f*

parfumeur, -euse [paʀfymœʀ, -øz] *m, f* ❶ (*fabricant*) Parfümeur *m* ❷ (*propriétaire d'une parfumerie*) Parfümerieinhaber(in) *m(f)*

pari [paʀi] *m* Wette *f*; **faire un** ~ wetten

parier [paʀje] <1> **I.** *vt* ~ **qc à qn** mit jdm um etw wetten; ~ **qc sur qn/un animal/ qc** etw auf jdn/ein Tier/etw setzen; **tu paries que j'y arrive!** wetten, dass ich es schaffe! **II.** *vi* wetten; ~ **sur qn/un animal/qc** auf jdn/ein Tier/etw setzen; ~ **aux courses** Rennwetten abschließen

Paris [paʀi] *m* Paris *nt*

paris-brest [paʀibʀɛst] <paris-brest[s]> *m:* Cremegebäck

parisianisme [paʀizjanism] *m* ❶ (*façon de parler*) [typischer] Pariser Ausdruck ❷ (*habitude*) [typische] pariserische [An]gewohnheit

parisien, ne [paʀizjɛ̃, jɛn] *adj* Pariser; **la vie ~ne** das Pariser Leben, das Leben in Paris

Parisien, ne [paʀizjɛ̃, jɛn] *m, f* Pariser(in) *m(f)*

parka [paʀka] *m o f* Parka *m*

parking [paʀkiŋ] *m* Parkplatz *m*; ~ **souterrain** Tiefgarage *f*

parlant, e [paʀlɑ̃, ɑ̃t] *adj* (*cinéma*) Ton-; **horloge ~e** Zeitansage *f*

Parlement [paʀləmɑ̃] *m* Parlament *nt*

parlementaire [paʀləmɑ̃tɛʀ] **I.** *adj* parlamentarisch; (*débat, commission*) Parlaments-; **indemnité(s) ~(s)** Diäten *Pl* **II.** *mf* (*député*) Parlamentarier(in) *m(f)*; ~ **européen** Abgeordneter des Europäischen Parlaments

parlementer [paʀləmɑ̃te] <1> *vi* verhandeln

parler [paʀle] <1> **I.** *vi* ❶ sprechen; ~ **haut/du nez** laut/durch die Nase sprechen; ~ **avec les mains** mit den Händen reden; ~ **par gestes** sich mit Gesten verständigen ❷ (*discuter*) ~ **de qn/qc avec qn** mit jdm über jdn/etw sprechen; (*longuement*) sich mit jdm über jdn/etw unterhalten; ~ **de la pluie et du beau temps/ de choses et d'autres** über Gott und die Welt (*fam*)/über dies und das reden ❸ (*entretenir*) ~ **de qn/qc à qn** (*dans un but précis*) mit jdm über jdn/etw sprechen; (*raconter*) jdm von jdm/etw erzählen ❹ (*adresser la parole*) ~ **à qn** jdn ansprechen ❺ (*avoir pour sujet*) ~ **de qn/qc** (*film, livre*) von jdm/etw handeln; (*article, journal*) über jdn/etw berichten; (*brièvement*) jdn/etw erwähnen ▶**faire** ~ **de soi** von sich reden machen; **sans** ~ **de qn/qc** ganz zu schweigen von jdm/etw; **humainement parlant** vom menschlichen Standpunkt aus [betrachtet] **II.** *vt* ❶ (*langue*) sprechen ❷ (*aborder un sujet*) ~ **politique** über Politik (*akk*) reden **III.** *vpr* **se** ~ ❶ (*être employé: langue*) gesprochen werden ❷ (*s'entretenir*) miteinander sprechen; **se** ~ **à soi-même** Selbstgespräche führen **IV.** *m* ❶ (*manière*) Sprache *f* ❷ (*langue régionale*) Mundart *f*

parmi [paʀmi] *prép* ❶ (*entre*) unter (+ *dat*), von; **compter qn ~ ses amis** jdn zu seinen Freunden zählen ❷ (*dans: sans mouvement*) [mitten] unter (+ *dat*); (*avec mouvement*) [mitten] durch

parodie [paʀɔdi] *f* **être une ~ de qc** eine Parodie auf etw (*akk*) sein

P

paroisse [paʀwas] *f* Pfarrgemeinde *f*

paroissien, ne [paʀwasjɛ̃, jɛn] *m, f* Gemeinde[mit]glied *nt*

parole [paʀɔl] *f* ❶ *souvent pl* (*mot*) Wort *nt* ❷ (*promesse*) ~ **d'honneur** Ehrenwort *nt;* **de** ~ (*femme, homme*) zuverlässig; **croire qn sur** ~ jdm aufs Wort glauben ❸ *sans pl* (*faculté de parler*) Sprache *f* ❹ *sans pl* (*fait de parler*) **prendre la** ~ das Wort ergreifen; **couper la** ~ **à qn** jdn unterbrechen; **donner la** ~ **à qn** jdm das Wort erteilen; **ne plus adresser la** ~ **à qn** mit jdm nicht mehr reden ❺ *pl* MUS Text *m* ▶**ma** ~! (*je le jure!*) ich schwörs!; (*expriment l'étonnement*) das gibt's doch nicht!

parpaing [paʀpɛ̃] *m* ARCHIT Leichtbaustein *m*

parquet [paʀkɛ] *m* Parkett[boden *m*] *nt*

parrain [paʀɛ̃] *m* ❶ REL Patenonkel *m*, Göd *m* (A) ❷ *fig* Pate *m*

parrainage [paʀɛnaʒ] *m* (*soutien*) Schirmherrschaft *f;* (*financier*) Förderung *f*

parrainer [paʀene] <1> *vt* ❶ (*apporter son soutien*) ~ **qc** für etw die Schirmherrschaft übernehmen ❷ (*introduire*) ~ **qn** für jdn bürgen

parsemer [paʀsəme] <4> *vt* **parsemé de qc** mit etw übersät

part [paʀ] *f* ❶ Teil *m;* ~ **de gâteau** Stück *nt* Kuchen ❷ (*participation*) ~ **dans qc** Anteil *m* an etw (*dat*); **prendre** ~ **à qc** sich an etw (+ *dat*) beteiligen ▶**faire la** ~ **des cho-ses** allen Faktoren Rechnung tragen; **autre** ~ *fam* anderswo; **d'une** ~..., **d'autre** ~ ... einerseits ..., andererseits ...; **d'autre** ~ außerdem; **de** ~ **et d'autre de qn/qc** auf beiden Seiten einer Person/einer S. (*gen*) (*pl*) toyen à ~ **entière** Vollbürger *m* **un Fran-çais à** ~ **entière** ein Franzose mit allen Rechten und Pflichten; **nulle** ~ nirgendwo; **faire** ~ **de qc à qn** jdm etw mitteilen; **prendre qn à** ~ jdn beiseite nehmen; **ran-ger à** ~ getrennt einsortieren; **mettre qc à** ~ etw beiseite legen; **à** ~ **ça** *fam* abgesehen davon; **à** ~ **que** *fam* abgesehen davon, dass; **de ma/sa** ~/**de la** ~ **de qn** in meinem/seinem/ihrem Auftrag/in jds Auftrag (*dat*); **donner à qn le bonjour de la** ~ **de qn** jdn von jdm grüßen; **pour ma/sa** ~ was mich/ihn/sie betrifft

partage [paʀtaʒ] *m* Aufteilung *f*

partager [paʀtaʒe] <2a> I. *vt* ❶ teilen; ~ **qc en qc** (*gâteau*) etw in etw (*akk*) teilen; (*pièce, terrain*) etw in etw aufteilen; ~ **qc entre des personnes/qc et qc** etw unter Menschen/zwischen etw und etw (*dat*) aufteilen ❷ (*hésiter*) **être partagé entre qc et qc** zwischen etw und etw (*dat*) hin- und hergerissen sein II. *vpr* (*se répartir*) **se** ~ **qc** etw unter sich (*dat*) aufteilen

partagiciel [paʀtaʒisjɛl] *m* CAN Shareware *f*

partance [paʀtɑ̃s] **en** ~ (*avion*) abflugbereit; (*train, bateau*) abfahrbereit; **le train en** ~ **pour Paris** der Zug nach Paris

partant, e [paʀtɑ̃, ɑ̃t] I. *adj fam* **être** ~ **pour qc** bei etw mitmachen; **je suis** ~! ich bin dabei! II. *m, f* SPORT Teilnehmer(in) *m(f);* **non** ~(**e**) Nichtstarter(in) *m(f)*

partenaire [paʀtənɛʀ] *mf* Partner(in) *m(f)*

partenariat [paʀtənaʀja] *m* **en** ~ in Zusammenarbeit (*dat*)

parti [paʀti] *m* ❶ POL Partei *f;* **voter pour un** ~ eine Partei wählen ❷ (*camp*) **prendre le** ~ **de qn** sich jds Meinung (*dat*) anschließen ▶~ **pris** Voreingenommenheit *f* **pren-dre** ~ **pour/contre qn** für/gegen jdn Partei ergreifen; **prendre le** ~ **de faire qc** sich entschließen etw zu tun; **tirer** ~ **de qc** Nutzen aus etw ziehen

parti, e [paʀti] *part passé de* **partir**

partial, e [paʀsjal, jo] < -aux> *adj* parteiisch; (*juge*) befangen

participant, e [paʀtisipɑ̃, ɑ̃t] *m, f* Teilnehmer(in) *m(f)*

participatif, -ive [paʀtisipatif, -iv] *adj* ECON (*prêt, titre*) Partizipations-

participation [paʀtisipasjɔ̃] *f* Beteiligung *f*

participe [paʀtisip] *m* Partizip *nt*

participer [paʀtisipe] <1> *vi* ~ **à qc** an etw (+ *dat*) teilnehmen; ECON sich an etw (+ *dat*) beteiligen

particularité [paʀtikylaʀite] *f* Besonderheit *f;* **qn/qc a la** ~ **de** das Besondere an jdm/etw ist, dass

particulier [paʀtikylje] *m* Privatperson *f;* **vente aux** ~**s** Verkauf *m* [auch] an privat

particulier, -ière [paʀtikylje, -jɛʀ] *adj* ❶ (*aspect, exemple*) bestimmt; (*trait*) typisch; "**signes** ~**s** [**néant**]" „[keine] besondere[n] Kennzeichen" ❷ (*spécial*) besondere(r, s); (*cas*) Sonder- ❸ (*privé*) Privat-; **cours** ~**s** Nachhilfestunden *Pl* ▶**en** ~ (*en privé*) unter vier Augen; (*notamment*) besonders

particulièrement [paʀtikyljɛʀmɑ̃] *adv* besonders

partie [parti] *f* **①** (*part*) Teil *m*; **la majeure ~ du temps** die meiste Zeit; **en ~** teilweise; **en grande ~** zum größten Teil; **faire ~ de qc** zu etw gehören **②** *pl, fam* (*~s sexuelles masculines*) Weichteile *Pl* **③** JEUX, SPORT Spiel *nt*; **~ de tennis** Partie *f* Tennis ►**faire ~ des meubles** [schon] zum Inventar gehören; **être de la ~** (*participer*) mit von der Partie sein; (*s'y connaître*) vom Fach sein

partir [partir] <10> *vi* + *être* **①** (*s'en aller*) [weg]gehen; (*automobiliste, voiture, train*) abfahren; (*avion*) abfliegen; (*lettre*) hinausgehen; **~ en courant** losrennen; **~ en ville/pour** [*o* à] **Paris** in die Stadt/nach Paris fahren; **~ à la campagne/dans le Midi** aufs Land/in den Süden fahren; **~ en vacances** in die Ferien reisen; **~ en voyage** verreisen; **~ à la recherche de qn/qc** sich auf die Suche nach jdm/etw machen **②** (*après un séjour*) abreisen **③** (*s'en aller pour s'y installer*) **~ pour** [*o* à] **Paris** nach Paris ziehen **④** (*démarrer: coureur, fusée*) starten; (*moteur*) anspringen; (*coup de feu*) losgehen; **c'est parti!** *fam* es geht los! **⑤** (*disparaître*) weggehen; (*odeur, tache*) herausgehen **⑥** (*commencer*) **~ d'un principe** von einem Prinzip ausgehen; **partir de Berlin** von Berlin abfahren ►**à ~ de** (*dans l'espace*) von ... an; (*dans le temps*) ab; (*sur la base de*) aus

partisan, e [partizã, an] **I.** *adj* (*favorable à*) **être ~ de qc** etw befürworten **II.** *m, f* Befürworter(in) *m(f)*; (*d'une personne*) Anhänger(in) *m(f)*

partitif, -ive [partitif, -iv] *adj* (*article*) Teilungs-

partition [partisjɔ̃] *f* **①** MUS Partitur *f* **②** INFORM Partition *f*

partout [partu] *adv* **①** überall; **un peu ~** da und dort **②** SPORT [**être à**] **trois ~** drei zu drei [stehen]

paru, e [pary] *part passé de* **paraître**

parure [paryr] *f* (*bijoux*) Schmuck *m*

parution [parysjɔ̃] *f* Erscheinen *nt*

parvenir [parvənir] <9> *vi* + *être* **①** (*atteindre*) gelangen; **~ à une maison/au sommet** zu einem Haus/auf den Gipfel gelangen **②** (*arriver*) **~ à qn** (*colis, lettre*) jdn erreichen; **faire ~ une lettre à qn** jdm ein Schreiben zukommen lassen **③** (*réussir à ob-*

tenir) **~ à la gloire** zu Ruhm gelangen; **~ à convaincre qn** jdn überzeugen können

pas¹ [pa] *m* **①** (*enjambée*) Schritt *m*; **au ~ de course** im Laufschritt **②** *pl* (*trace*) Fußstapfen *Pl*; **revenir sur ses ~** umkehren **③** (*allure: d'un cheval*) Schritt *m*; (*d'une personne*) Gang *m*; **marcher au ~** im Gleichschritt marschieren **④** GEO **le ~ de Calais** die Straße von Dover **⑤** (*entrée*) **~ de la porte** Türschwelle *f*; **sur le ~ de la porte** in der Tür ►**faire les cent ~** auf und ab gehen; **à deux ~** ganz in der Nähe; **faux ~** *a. fig* Fehltritt *m*; **se sortir d'un mauvais ~** den Kopf aus der Schlinge ziehen; **à ~** Schritt für Schritt

pas² [pa] *adv* **①** (*négation*) **ne ~ croire** nicht glauben; [**ne**] **~ de ...** kein(e) ...; **il ne fait ~ son âge** er sieht jünger aus als er ist; **j'ai ~ le temps** *fam* ich habe keine Zeit; [**ne**] **~ assez/beaucoup ...** nicht genug/viel ... **②** *sans verbe* **~ bête!** gar nicht so dumm!; **~ encore** noch nicht; **~ du tout** überhaupt nicht; **~ que je sache** nicht, dass ich wüsste; **~ toi?** du nicht? **③** *avec un adj* inv; **~ ordinaire** ungewöhnliche

pascal [paskal] <s> *m* INFORM PASCAL *nt*

pas-de-porte [padpɔrt] *m inv* COM Abstandszahlung an den Vermieter eines Geschäftslokals

passable [pasabl] *adj* SCOL ausreichend

passage [pasaʒ] *m* **①** (*venue*) Vorbeikommen *nt*; **~ interdit** Durchfahrt verboten; **personne de ~** Durchreisende(r) *f(m)* **②** (*court séjour*) [*kurzer*] Aufenthalt **③** (*avancement*) **~ d'un élève en sixième** Versetzung *f* eines Schülers in die 6. Klasse; **~ au grade de capitaine** Beförderung *f* zum Hauptmann **④** (*transformation*) Übergang *m* **⑤** (*voie: pour piétons*) Weg *m*; (*pour véhicules*) Durchfahrt *f*; **~ clouté** Zebrastreifen *m*; **~ à niveau** Bahnübergang *m* **⑥** (*petite rue couverte*) Passage *f* **⑦** (*fragment*) Passage *f*; **~ de la Bible** Bibelstelle *f* ►**céder le ~ à qn/qc** jdm/einer S. die Vorfahrt lassen; **au ~** (*en chemin*) im Vorbeigehen; (*soit dit en passant*) nebenbei

passager, -ère [pasaʒe, -ɛr] **I.** *adj* vorübergehend; (*bonheur*) vergänglich; (*pluies*) gelegentlich **II.** *m, f* (*d'un navire*) Passagier *m*; (*d'un avion*) Fluggast *m*; (*d'un train*) Fahrgast *m*; (*d'une voiture*) Insasse/Insassin *m/f*; **~(-ère) avant** Beifahrer(in) *m(f)*

P

passant [pɑsɑ̃] *m* (*d'une ceinture*) Schlaufe *f*

passant, e [pɑsɑ̃, ɑ̃t] *m, f* Passant(in) *m(f)*

passe [pɑs] *f* Pass *m* ►**être dans une mauvaise ~** eine schwere Zeit durchleben

passé, e [pɑse] *adj* ❶ (*siècle*) letzte(r, s) ❷ (*révolu*) vergangen; (*angoisse*) früher ❸ (*plus de*) **il est midi ~** es ist schon Mittag vorbei ❹ (*couleur*) verblasst

passé [pɑse] I. *m* Vergangenheit *f*; **~ simple** Passé simple *nt*; **~ composé** Perfekt *nt*; **tout ça c'est du ~** *fam* all das ist Schnee von gestern II. *prép* **~ minuit** nach Mitternacht

passementerie [pɑsmɑ̃tʀi] *f* Posamenterie *f*

passe-plat [pɑspla] <passe-plats> *m* Durchreiche *f*

passeport [pɑspɔʀ] *m* |Reise|pass *m*

passer [pɑse] <1> I. *vi + avoir o être* ❶ (*se déplacer*) vorbeigehen; (*véhicule, automobiliste*) **laisser ~** vorbeilassen; **~ chez qn** bei jdm vorbeikommen ❷ AUT fahren; **le bus va bientôt ~** der Bus wird gleich kommen ❸ (*avoir un certain trajet*) **~ au bord de qc** (*train/route*) an etw (*dat*) vorbeifahren/-führen; **~ dans une ville** (*automobiliste, voiture*) durch eine Stadt fahren; (*rivière*) durch eine Stadt fließen; **~ devant qn/qc** an jdm/etw vorbeifahren; **~ entre deux maisons** (*personne/route*) zwischen zwei Häusern durchgehen/verlaufen; **~ par Francfort** (*automobiliste*) über Frankfurt fahren; (*avion/route*) über Frankfurt fliegen/führen; **~ par la porte** durch die Tür gehen; **~ sous/sur qc** unter etw (*dat*)/über etw (*akk*) gehen/fahren ❹ (*réussir à franchir: personne, animal, véhicule*) durchkommen; (*objet, meuble*) durchpassen ❺ (*filtrer, s'infiltrer par: café*) durchlaufen; (*eau, lumière*) durchdringen ❻ (*se trouver*) **où est passée ta sœur/la clé?** wo ist deine Schwester geblieben/der Schlüssel hingekommen? ❼ (*changer*) **~ d'une pièce à l'autre** von einem Zimmer in den andern |hinüber|gehen; **~ en seconde** AUT in den zweiten Gang schalten; **passer au rouge** auf Rot schalten ❽ (*moments difficiles*) durchmachen ❾ (*utiliser comme intermédiaire*) **~ par qn** sich an jdn wenden ❿ (*avoir son tour, être présenté*) drankommen; **faire ~ qn avant/après les autres** jdn vor/nach den anderen dranneh-

men (*fam*); **~ à la radio/télé** im Radio/Fernsehen kommen; **le film passe au Rex** der Film läuft im Rex ⓫ (*être accepté*) **~ en sixième** in die 6. Klasse versetzt werden; **bien/mal ~** (*plaisanterie*) gut/schlecht ankommen ⓬ (*ne pas tenir compte de, oublier*) **~ sur les détails** über die Einzelheiten hinwegsehen; **passons!** sei(')s drum! ⓭ JEUX passen ⓮ (*s'écouler: temps*) vergehen; **on ne voyait pas le temps ~** die Zeit verging im Nu ⓯ (*disparaître*) vergehen; (*colère*) verfliegen; (*mode, chagrin*) vorübergehen; (*pluie, orage*) nachlassen; (*couleur*) verblassen; **ça te passera** das wird dir schon vergehen ⓰ (*devenir*) **~ capitaine/directeur** zum Hauptmann befördert/zum Direktor ernannt werden ⓱ **~ pour qc** (*être pris pour*) für etw gehalten werden; (*avoir la réputation de*) als etw gelten; **faire ~ qn pour qc** jdn als etw ausgeben ►**~ outre à qc** sich über etw (*akk*) hinwegsetzen; **ça passe ou ça casse!** *fam* alles oder nichts! II. *vt + avoir* ❶ (*donner*) geben ❷ (*prêter*) leihen ❸ SPORT **~ la balle à qn** an jdn abspielen ❹ (*au téléphone*) **~ qn à qn** jdn mit jdm verbinden ❺ (*examen*) machen; **~ son bac** das Abitur machen ❻ (*vivre, occuper*) **~ ses vacances à Rome** seine Ferien in Rom verbringen ❼ (*film, diapositives*) zeigen; (*disque*) spielen; (*cassette*) abspielen ❽ (*rivière, montagne*) überqueren; (*seuil*) überschreiten; (*obstacle*) überwinden; (*en sautant*) überspringen; (*tunnel, écluse*) durchfahren; (*mur du son*) durchbrechen; (*frontière*) passieren ❾ (*faire mouvoir*) **~ le chiffon sur l'étagère** auf dem Regal etwas Staub wischen ❿ (*étaler*) **~ sur qc** (*couche de peinture*) auf etw (*akk*) auftragen ⓫ (*rincer*) **~ sous le robinet** kurz abspülen ⓬ GASTR (*sauce, soupe*) |durch|passieren; (*thé*) durch ein Sieb gießen ⓭ (*calmer*) **~ sa colère sur qn/qc** seine Wut an jdm/etw auslassen ⓮ (*oublier*) auslassen ⓯ (*permettre*) **~ tous ses caprices à qn** jdm alle Launen durchgehen lassen ⓰ (*vêtement*) überziehen ⓱ AUT (*vitesse*) einlegen ⓲ (*marché, contrat*) abschließen; (*accord*) treffen III. *vpr* ❶ (*avoir lieu*) **se ~** geschehen; **que s'est-il passé?** was ist passiert?; **que se passe-t-il?** was ist denn los? ❷ (*se dérouler*) **se ~** (*journée*) vergehen; (*action, histoire*) sich abspielen; (*fête, manifestation*) stattfinden; (*accident*) sich ereignen; **si tout se passe bien** wenn alles gut geht ❸ (*se débrouiller sans*) **se ~ de qn/qc** ohne jdn/etw auskommen; **se ~ de faire qc** darauf verzichten etw zu tun ❹ (*se mettre*) **se ~ de la crème sur le visage** sich (*dat*) das Gesicht eincremen; **se ~ la main sur le front** sich (*dat*) mit der Hand über die Stirn streichen ▸ **ça ne se passera pas comme ça!** *fam* so geht das ja nun nicht!

passerelle [pɑsʀɛl] *f* ❶ (*pont*) Steg *m* ❷ AVIAT, NAUT Gangway *f*; (*pont supérieur*) Brücke *f*

passe-temps [pɑstɑ̃] *m inv* Zeitvertreib *m*

passif [pasif] *m* LING Passiv *nt*

passif, -ive [pasif, -iv] *adj* ❶ (*apathique*) passiv ❷ (*qui n'agit pas*) untätig ❸ LING (*forme*) Passiv-

passion [pasjɔ̃] *f* Leidenschaft *f*; **~ du sport** Sportbegeisterung *f*

passionnant, e [pasjɔnɑ̃, ɑ̃t] *adj* faszinierend

passionné, e [pasjɔne] I. *adj* leidenschaftlich; **être ~ de qc** ein großer Liebhaber einer S. (*gen*) sein II. *m, f* **~ de cinéma** großer Kinofan

passionnément [pasjɔnemɑ̃] *adv* leidenschaftlich

passionner [pasjɔne] <1> I. *vt* **~ qn** (*personne*) jdn faszinieren; (*lecture, spectacle*) jdn fesseln II. *vpr* **se ~ pour qc** sich für etw begeistern

passivement [pasivmɑ̃] *adv* passiv; (*assister*) tatenlos

passivité [pasivite] *f* Passivität *f*

passoire [paswaʀ] *f* Sieb *nt*

pastel [pastɛl] I. *m* ❶ (*crayon*) Pastellstift *m* ❷ ART Pastell[bild] *nt* II. *app inv* (*couleur*) Pastell-

pastèque [pastɛk] *f* Wassermelone *f*

pasteur [pastœʀ] *m* [evangelischer] Pfarrer

pastille [pastij] *f* ❶ (*bonbon*) Bonbon *m o nt* ❷ AUT **~ verte** ≈ G-KAT-Plakette *f* ❸ IN-FORM Auswahlknopf *m*

pastis [pastis] *m* Pastis *m*

patate [patat] *f* ❶ *fam* Kartoffel *f*; **~ douce** Süßkartoffel *f*; **~s frites** CAN Pommes frites *Pl* ❷ *fam* (*imbécile*) Pflaume *f*

pataud, e [pato, od] I. *adj* (*air, démarche*) plump; (*personne*) ungeschickt II. *m, f* Tollpatsch *m*

pataugeoire [patoʒwaʀ] *f* Planschbecken *nt*

patauger [patoʒe] <2a> *vi* ❶ (*marcher*) waten ❷ (*ne pas suivre: élève*) nicht [mehr] mitkommen (*fam*) ❸ (*s'empêtrer*) sich [vergeblich] abstrampeln (*fam*)

patchwork [patʃwœʀk] *m* ❶ COUT Patchwork *nt* ❷ *fig* [buntes] Durcheinander

pâte [pɑt] *f* ❶ GASTR Teig *m*; **fromage à ~ molle/dure** Weich-/Hartkäse *m*; **les ~s** die Nudeln *Pl* ❷ (*substance molle*) Paste *f*; **~ à modeler** Knetmasse *f*

pâté [pate] *m* ❶ GASTR Pastete *f* ❷ (*tache d'encre*) Tintenklecks *m* ❸ (*ensemble*) **~ de maisons** Häuserblock *m*

pâtée [pate] *f* (*du chien, chat*) Futter *nt*

paternaliste [patɛʀnalist] *adj* paternalistisch

paternel, le [patɛʀnɛl] *adj* väterlich; **grands-parents ~s** Großeltern väterlicherseits

paternité [patɛʀnite] *f* Vaterschaft *f*

pâteux, -euse [patø, -øz] *adj* zähflüssig, (*sauce*) dickflüssig

patiemment [pasjamɑ̃] *adv* geduldig

patience [pasjɑ̃s] *f* Geduld *f*

patient, e [pasjɑ̃, jɑ̃t] I. *adj* geduldig; **être ~** Geduld haben II. *m, f* MED Patient(in) *m(f)*

patienter [pasjɑ̃te] <1> *vi* warten

patin [patɛ̃] *m* **faire du ~ à glace/à roulettes** Schlittschuh *m*/Rollschuh *m* laufen; **~s en ligne** Inlineskates *Pl* ▸ **rouler un ~ à qn** *fam* jdm einen Zungenkuss geben

patinage [patinaʒ] *m* **~ artistique** Eiskunstlauf *m*

patineur, -euse [patinœʀ, -øz] *m, f* Schlittschuhläufer(in) *m(f)*; **~ à roulettes** Rollschuhläufer(in) *m(f)*; **~(-euse) en ligne** Inlineskater(in) *m(f)*

patinoire [patinwaʀ] *f* ❶ (*piste de patinage*) Eisbahn *f* ❷ (*endroit glissant*) Rutschbahn *f* (*fam*)

patio [patjo, pasjo] *m* Patio *m*

pâtisserie [patisʀi] *f* ❶ (*magasin*) Konditorei *f* ❷ (*métier*) Konditorhandwerk *nt* ❸ (*gâ-

P

teaux) Gebäck *nt kein Pl* ❹ (*préparation de gâteaux*) Backen *nt*

pâtissier, -ière [patisje, -jɛʀ] *m, f* Konditor(in) *m(f)*

patois [patwa] *m* |lokale| Mundart

patrie [patʀi] *f* Heimat *f;* **mourir pour la ~** für das Vaterland sterben

patrimoine [patʀimwan] *m* ❶ (*biens de famille*) Vermögen *nt* ❷ (*bien commun*) Erbe *nt* ❸ BIO ~ **génétique** Erbgut *nt*

patriote [patʀijɔt] I. *adj* patriotisch; **être ~** ein Patriot sein II. *mf* Patriot(in) *m(f)*

patriotique [patʀijɔtik] *adj* patriotisch

patriotisme [patʀijɔtism] *m* Patriotismus *m*

patron, -onne [patʀɔ̃, ɔn] *m, f* ❶ Chef(in) *m(f);* *fam* Boss *m;* (*d'un restaurant, café, hôtel*) Wirt(in) *m(f)* ❷ (*le patronat*) **les ~s** die Arbeitgeber ❸ REL Schutzpatron(in) *m(f)*

patronage [patʀɔnaʒ] *m* Schirmherrschaft *f*

patronat [patʀɔna] *m* Arbeitgeberschaft *f*

patrouille [patʀuj] *f* Patrouille *f;* ~ |**de police**| |Polizei|streife *f*

patrouiller [patʀuje] <1> *vi* patrouillieren; (*policier*) Streife fahren

patte [pat] *f* ❶ (*d'un animal*) Bein *nt* ❷ (*extrémité: d'un chien, chat*) Pfote *f;* (*d'un lion*) Pranke *f;* (*d'un ours*) Tatze *f* ❸ *fam* Bein *nt;* (*main*) Pfote *f* ❹ CH (*chiffon*) Lappen *m* ▶**pantalon à ~s d'éléphant** Hose *f* mit Schlag; **bas les ~s!** *fam* Pfoten weg!; **à quatre ~s** *fam* auf allen vieren

pattemouille [patmuj] *f* Bügeltuch *nt*

pâturage [patyʀaʒ] *m* Weide *f*

paume [pom] *f* ~ |**de la main**| Handteller *m* ❷ SPORT **jeu de ~** Paumespiel *nt*

paumé, e [pome] I. *adj fam* (*lieu, village*) gottverlassen; **être ~** (*personne*) nicht mehr wissen, wo man ist; *fig* völlig neben der Kappe sein II. *m, f fam* **c'est un ~** er ist total von der Rolle

paumer [pome] <1> I. *vt fam* verbummeln II. *vpr fam* **se ~!** (*à pied*) sich verlaufen; (*en voiture*) sich verfahren

paupière [popjɛʀ] *f* |Augen|lid *nt*

paupiette [popjɛt] *f* ~ **de veau** Kalbsroulade *f*

pause [poz] *f* Pause *f;* MUS ganze Pause

pause-café [pozkafe] <pauses-café> *f fam* Kaffeepause *f*

pauvre [povʀ] I. *adj* ❶ arm; (*mobilier, vêtement*) ärmlich; (*végétation*) spärlich; ~ **en graisse** (*nourriture*) fettarm ❷ *antéposé* (*ar-*

gument, sourire) schwach; (*excuse*) fadenscheinig; (*salaire*) kümmerlich II. *mf* Arme(r) *f(m)*

pauvreté [povʀəte] *f* Armut *f;* (*du sol*) Kargheit *f;* (*du style*) Farblosigkeit *f;* (*d'une habitation, du mobilier*) Armseligkeit *f*

pavé [pave] *m* ❶ (*bloc, dalle*) Pflasterstein *m* ❷ (*revêtement*) |Straßen|pflaster *nt* ❸ *péj fam* (*livre*) |dicker| Wälzer ❹ (*morceau de viande*) ~ **de bœuf** *großes Rinder|filet|steak* ❺ INFORM ~ **numérique** Ziffernblock *m*

pavillon [pavijɔ̃] *m* ❶ (*maison particulière*) |kleineres| Einfamilienhaus; (*dans un jardin*) Pavillon *m* ❷ NAUT Flagge *f*

pavoiser [pavwaze] <1> *vi fam* sich mit stolzgeschwellter Brust zeigen

payable [pɛjabl] *adj* zahlbar; ~ **en espèces** |in| bar zu zahlen

payant, e [pɛjɑ̃, ɑ̃t] *adj* ❶ (*parking, stationnement*) gebührenpflichtig; **l'entrée est ~e** es muss Eintritt bezahlt werden; **c'est ~** das kostet Eintritt ❷ (*entreprise*) rentabel; (*coup*) Gewinn bringend

paye [pɛj] *f v.* **paie**

payer [peje] <7> I. *vt* ❶ bezahlen; (*intérêt, loyer*) zahlen ❷ (*service, moyen*) bezahlen für; **faire ~ qc à qn trente euros** jdm dreißig Euro für etw berechnen ❸ (*récompenser*) belohnen; **qn est bien/mal payé de qc** etw wird jdm gut/schlecht gelohnt ❹ (*offrir*) ~ **un livre à qn** jdm ein Buch kaufen; ~ **un coup à qn** *fam* jdm einen ausgeben ❺ (*expier*) ~ **qc de qc** etw mit etw bezahlen müssen; **tu me le paieras!** das sollst du mir büßen! II. *vi* ❶ zahlen ❷ (*être rentable*) sich lohnen; (*politique, tactique*) sich bezahlt machen ❸ (*expier*) ~ **pour qn/qc** für jdn/etw büßen müssen III. *vpr* **se ~** ❶ *fam* (*s'offrir*) **se ~ qc** sich (*dat*) etw leisten ❷ *fam* (*se prendre*) **se ~ un arbre** gegen einen Baum knallen ▶**se ~ la tête de qn** jdn veräppeln

pays [pei] *m* ❶ Land *nt;* ~ **natal** Heimatland; ~ **membres de l'UE** EU-Länder; ~ **de Galles** Wales; ~ **en voie de développement** Entwicklungsland ❷ *sans pl* (*région natale*) Heimat *f;* **les gens du ~** die Einheimischen *Pl;* **être du ~** aus der Gegend sein; **saucisson de ~** Bauernwurst *f* ❸ *sans pl* (*patrie*) Vaterland *nt* ❹ *sans pl* (*terre d'élection*) **le ~ du vin** das Land des Weins ❺ GEO **plat ~** Flachland *nt;* **voir du**

~ etwas von der Welt sehen ❻ (*village*) Ort *m*

paysage [peizaʒ] *m* ❶ Landschaft *f* ❷ *fig* ~ **audiovisuel** Fernsehlandschaft

paysagiste [peizaʒist] **I.** *mf* ❶ HORT Landschaftsgärtner(in) *m(f)* ❷ ART Landschaftsmaler(in) *m(f)* **II.** *app* **architecte** ~ Gartenarchitekt(in) *m(f)*

paysan, ne [peizã, an] **I.** *adj* (*vie*) ländlich; (*problème, revendications*) der Bauern; **le monde** ~ die Bauernschaft **II.** *m, f* ❶ Bauer/Bäuerin [*o* Bauersfrau] *m/f* ❷ *péj* **quel ~!** was für ein ungehobelter Kerl!

Pays-Bas [peibɑ] *mpl* **les** ~ die Niederlande

PC [pese] *m* ❶ *abr de* **personal computer** PC *m;* ~ **de poche** Taschencomputer *m* ❷ *abr de* **Parti communiste** KP *f*

PDG [pedeʒe] *m f am abr de* **président-directeur général**

péage [peaʒ] *m* ❶ (*lieu*) Gebührenzahlstelle *f;* (*sur autoroutes*) Mautstelle *f* ❷ (*taxe*) Benutzungsgebühr *f;* (*sur autoroutes*) Autobahngebühr *f;* **à** ~ gebührenpflichtig

> In Frankreich ist die Benutzung der Autobahn gebührenpflichtig. Die Autobahnen sind in Teilstrecken untergliedert und mit **péages**, Zahlstellen, versehen. Die Gebühr hängt davon ab, wie viele Teilstrecken man befährt und wie häufig man sie benutzt.

peau [po] <x> *f* ❶ Haut *f* ❷ *pl* ~**x mortes** Hornhaut *f* ❸ (*cuir*) Leder *nt* ❹ (*d'une pomme, orange*) Schale *f* ▶ **coûter la** ~ **des fesses** *fam* ein Heidengeld kosten; **n'avoir que la** ~ **sur les os** nur noch Haut und Knochen sein; **avoir la** ~ **dure** *fam* ein dickes Fell haben; **vieille** ~ *péj fam* alte Schachtel; **j'aurai ta** ~**!** *fam* dir dreh ich den Hals um!; **défendre sa** ~ um sein Leben kämpfen; **faire la** ~ **à qn** *fam* jdn kaltmachen; **risquer sa** ~ |**pour qn/qc**| *fam* Kopf und Kragen |für jdn/etw| riskieren; **y laisser sa** ~ *fam* dran glauben müssen; **tenir à sa** ~ *fam* a|n seine|m Leben hängen

péché [peʃe] *m* Sünde *f*

pêche¹ [pɛʃ] *f* Pfirsich *m* ▶ **avoir la** ~ *fam* topfit sein

pêche² [pɛʃ] *f sans pl* ❶ (*profession*) Fischerei *f;* ~ **au thon** Thunfischfang *m* ❷ (*loisir*) Fischen *nt;* (*à la ligne*) Angeln *nt;* **aller à la** ~ angeln gehen ❸ (*période*) Fangzeit *f;* **la** ~ **est ouverte** die Angelsaison ist eröffnet; (*en mer*) die Fangzeit hat begonnen ❹ (*prises*) Fang *m*

pêcher¹ [peʃe] <1> **I.** *vi* fischen; (*avec une canne*) angeln **II.** *vt* ❶ (*être pêcheur de*) fischen ❷ (*poissons, crustacés*) fangen ❸ *fam* (*idée, histoire*) ausgraben; (*costume, vieux meuble*) aufstöbern

pêcher² [peʃe] *m* Pfirsichbaum *m*

pécheur, -eresse [peʃœr, -rɛs] *m, f* Sünder(in) *m(f)*

pêcheur, -euse [pɛʃœr, -øz] *m, f* (*professionnel*) Fischer(in) *m(f);* (*amateur*) Angler(in) *m(f)*

pectine [pɛktin] *f* Pektin *nt*

pédagogie [pedagɔʒi] *f* ❶ (*science*) Pädagogik *f* ❷ (*méthode d'enseignement*) Lehrmethode *f* ❸ *sans pl* (*qualité*) pädagogisches Geschick

pédagogique [pedagɔʒik] *adj* pädagogisch; (*méthode*) Erziehungs-

pédagogue [pedagɔg] **I.** *mf* Pädagoge/Pädagogin *m/f* **II.** *adj* pädagogisch

pédale [pedal] *f* ❶ *a.* MUS Pedal *nt;* (*d'une poubelle*) Fußhebel *m* ❷ *péj fam* (*homosexuel*) Schwuchtel *f* ▶ **perdre les** ~**s** *fam* ins Schleudern kommen

pédalier [pedalje] *m* ❶ (*d'une bicyclette*) Kettenantrieb *m* (*Kettenblatt und Tretlager*) ❷ MUS Pedalklaviatur *f*

pédalo® [pedalo] *m* Tretboot *nt*

pédant, e [pedã, ãt] **I.** *adj péj* besserwisserisch **II.** *m, f péj* Besserwisser(in) *m(f)*

pédé [pede] *m péj fam abr de* **pédéraste** Homo *m*

pédéraste [pederast] *m* Homosexuelle(r) *m*

pédestre [pedɛstr] *adj* **randonnée** ~ Wanderung *f*

peeling [pilin] *m* Peeling *nt*

peigne [pɛɲ] *m* Kamm *m;* **se donner un coup de** ~ sich mal schnell durchkämmen (*fam*) ▶ **passer qc au** ~ **fin** etw genau unter die Lupe nehmen (*fam*)

peigner [peɲe] <1> **I.** *vt* kämmen **II.** *vpr* **se** ~ sich kämmen

peignoir [pɛɲwar] *m* Bademantel *m*

peinard, e [pɛnar, ard] *adj fam* ruhig; (*boulot, vie*) bequem

peindre [pɛ̃dr] <*irr*> **I.** *vi* ~ **au pinceau** mit

P

dem Pinsel malen **II.** *vt* ❶ |an|streichen; (*carrosserie*) spritzen ❷ ART malen

peine [pɛn] **I.** *f* ❶ (*chagrin, douleur*) Kummer *m;* **avoir de la ~** traurig sein; **faire de la ~ à qn** jdn verletzen ❷ JUR Strafe *f;* ~ **de mort** Todesstrafe ❸ (*effort, difficulté*) Mühe *f;* **avoir de la ~ à faire qc** [große] Mühe haben etw zu tun; **croire sans ~ qc** etw ohne weiteres glauben; **ne vous donnez pas cette ~** machen Sie sich (*dat*) keine Umstände; **avec ~** mühsam; **sans ~** mühelos ▸**c'est** bien la ~ de faire qc *iron* das lohnt sich vielleicht etw zu tun (*fam*); **sous ~ de ... un** ... zu vermeiden, dass ... **II.** *adv* **à** ~ kaum; (*tout au plus*) noch nicht einmal; (*finir, partir*) gerade erst

peiner [pene] <1> **I.** *vi* ~ **à/pour faire qc** Mühe haben etw zu tun; ~ **sur un problème** sich mit einem Problem [herum]plagen **II.** *vt* ❶ (*nouvelle, refus*) traurig machen ❷ (*décevoir*) enttäuschen

peint, e [pɛ̃, pɛ̃t] *part passé de* **peindre**

peintre [pɛ̃tʀ] *m* Maler(in) *m(f);* ~ **en bâtiment** Anstreicher(in) *m(f)*

peinture [pɛ̃tyʀ] *f* ❶ (*couleur*) Farbe *f* ❷ (*couche*) Anstrich *m;* ~ **fraîche!** frisch gestrichen! ❸ ART (*technique, genre*) Malerei *f;* (*toile*) Gemälde *nt*

péjoratif, -ive [peʒɔʀatif, -iv] *adj* pejorativ

péjorativement [peʒɔʀativmɑ̃] *adv* pejorativ

pelage [pəlaʒ] *m* Fell *nt*

pelé, e [pəle] *adj* kahl

pêle-mêle [pɛlmɛl] *adv* [kunterbunt] durcheinander

peler [pəle] <4> **I.** *vi* ❶ (*peau, nez*) sich schälen ❷ *fam* (*avoir froid*) sich (*dat*) einen abfrieren **II.** *vt* (*éplucher*) schälen

pèlerin [pɛlʀɛ̃] *m* REL Pilger(in) *m(f)*

pèlerinage [pɛlʀinaʒ] *m* REL Wallfahrt *f;* **lieu de ~** Wallfahrtsort *m*

pélican [pelikɑ̃] *m* Pelikan *m*

pelle [pɛl] *f* Schaufel *f;* ~ **à tarte** Tortenheber *m* ▸**à la** ~ *fam* haufenweise; **rouler une ~ à qn** *fam* mit jdm knutschen

pelletée [pɛlte] *f* **une ~ de sable** eine Schaufel [voll] Sand

pelleteuse [pɛltøz] *f* [Löffel]bagger *m*

pellicule [pelikyl] *f* ❶ PHOT, CINE Film *m* ❷ (*mince couche*) **une ~ de poussière** eine Staubschicht ❸ *pl* (*peau morte*) Schuppen *Pl*

pelote [p(ə)lɔt] *f* ❶ COUT Knäuel *nt* ❷ SPORT ~ |basque| Pelota|spiel *nt*| *f*

pelouse [p(ə)luz] *f* Rasen *m*

peluche [p(ə)lyʃ] *f* ❶ (*jouet*) Plüschtier *nt;* **ours en ~** Teddybär *m* ❷ (*poil*) Fussel *f o m*

pelucher [p(ə)lyʃe] <1> *vi* fusseln

pénal, e [penal, o] <-aux> *adj* Straf-; (*responsabilité*) strafrechtlich

pénaliser [penalize] <1> *vt* ❶ *a.* SPORT bestrafen ❷ (*désavantager: origine, religion*) benachteiligen

pénalité [penalite] *f* ❶ (*peine*) Strafgebühr *f* ❷ SPORT **coup de pied de ~** Strafstoß *m*

penaud, e [pəno, od] *adj* (*honteux*) beschämt; (*déçu*) enttäuscht

penchant [pɑ̃ʃɑ̃] *m* **avoir un ~ à qc** zu etw neigen

pencher [pɑ̃ʃe] <1> **I.** *vi* ❶ (*perdre l'équilibre: moto, pile de livres*) sich [zur Seite] neigen; (*arbre*) sich biegen; (*bateau*) **être penché** Schlagseite haben ❷ (*ne pas être droit*) **être penché** (*mur, tour*) schief sein; (*tableau*) schief hängen ❸ (*se courber vers*) **être penché sur qn/qc** sich über jdn/etw beugen ❹ (*se prononcer pour*) ~ **pour** qc einer S. (*dat*) zuneigen **II.** *vt* (*bouteille, carafe*) schräg halten; (*table, chaise*) kippen; (*tête*) (*en avant, sur qc*) beugen; (*sur le côté*) [zur Seite] neigen; (*en arrière*) zurücklegen **III.** *vpr* ❶ (*baisser*) **se ~** sich bücken; **se ~ par la fenêtre** sich zum Fenster hinauslehnen ❷ (*examiner*) **se ~ sur un problème** sich mit einem Problem befassen

pendant [pɑ̃dɑ̃] **I.** *prép* während (+ *gen*); ~ **ce temps** währenddessen; ~ **longtemps** lange Zeit hindurch; ~ **la journée** tagsüber; ~ **trois jours** drei Tage [lang]; ~ **le mois de janvier** im Laufe des Januar|s| **II.** *conj* ~ **que ...** (*tandis que*) während ...; (*aussi longtemps que*) solange ... ▸~ **que tu y es** *iron* wenn du schon mal dabei bist; ~ **que j'y pense** da fällt mir gerade ein ...

pendentif [pɑ̃dɑ̃tif] *m* |Schmuck|anhänger *m*

penderie [pɑ̃dʀi] *f* (*placard*) Wandschrank *m;* (*armoire*) Kleiderschrank *m*

pendouiller [pɑ̃duje] <1> *vi fam* |herum|baumeln

pendre [pɑ̃dʀ] <14> **I.** *vi* + *être* ~ **à qc** etw (*dat*) hängen; ~ **de qc** von etw herunterhängen **II.** *vt* ❶ (*accrocher*) aufhängen ❷ (*mettre à mort*) hängen; ~ **qn à qc** jdn an etw (*dat*) aufhängen **III.** *vpr* ❶ (*s'accrocher*) **se ~ à qc** sich an etw (*akk*) hängen ❷ (*se suicider*) **se ~** sich erhängen

pendu, e [pɑ̃dy] **I.** *part passé de* **pendre II.** *adj fam* (*agrippé*) **être ~ aux lèvres de qn/ au téléphone** an jds Lippen (*dat*)/an der Strippe hängen **III.** *m, f* ❶ Gehängte(r) *f(m)* ❷ JEUX **jouer au ~** Galgenraten *nt* spielen

pendule [pɑ̃dyl] **I.** *f* Uhr *f*; (*pour la cuisine*) Küchenuhr; (*murale*) Wanduhr ▶**remettre les ~s à l'heure** die/eine Sache richtig stellen **II.** *m* (*d'un sourcier, radiesthésiste*) |siderisches| Pendel

pénétrant, e [penetrɑ̃, ɑ̃t] *adj* ❶ durchdringend ❷ (*odeur*) penetrant(*pej*)

pénétrer [penetʀe] <5> **I.** *vi* (*personne*) hineingehen; (*vent, odeur, cambrioleur*) eindringen; (*soleil*) hereinscheinen; (*liquide, crème*) einziehen **II.** *vt* durchdringen

pénible [penibl] *adj* ❶ (*travail, voyage*) anstrengend; (*tâche*) schwierig ❷ (*circonstance, événement*) traurig; (*heure*) schwer ❸ *fam* (*personne*) unerträglich; **elle est ~** sie kann einen nerven

péniblement [peniblɑ̃mɑ̃] *adv* ❶ (*difficilement*) mühsam ❷ (*tout juste*) |nur| knapp

pénis [penis] *m* Penis *m*

pense-bête [pɑ̃sbɛt] <pense-bêtes> *m* Gedächtnisstütze *f*; (*petite feuille*) |Notiz|-zettel *m*; (*signe*) Merkzeichen *nt*

pensée [pɑ̃se] *f* ❶ (*idée*) Gedanke *m* ❷ *sans pl* (*opinion*) Meinung *f* ❸ *sans pl* PHILOS Denken *nt*; (*façon de pensée*) Denkweise *f* (*esprit*) Geist *m*

penser [pɑ̃se] <1> **I.** *vi* ❶ **~ à qn/qc** an jdn/etw denken; **faire ~ à qn/qc** an jdn/ etw erinnern ❷ (*réfléchir*) **~ à qc** über etw (*akk*) nachdenken ▶**je pense bien!** *fam* und ob!; **laisser à ~ que** darauf schließen lassen, dass; **mais j'y pense ...** da fällt mir ein ...; **tu n'y penses pas!** *fam* das ist doch wohl nicht dein Ernst!; **tu penses!** *fam* und ob! **II.** *vt* ❶ (*avoir comme opinion*) denken; **~ qc de qn/qc** etw von jdm/etw halten; **c'est bien ce que je pensais** das habe ich mir [doch] gedacht ❷ (*croire*) glauben; **je pense que oui/que non** ich denke ja/ ich glaube nicht; **vous pensez bien que ...** *fam* Sie können sich (*dat*) wohl denken, dass ... ❸ (*avoir l'intention de*) **~ faire qc** vorhaben etw zu tun

penseur, -euse [pɑ̃sœʀ, -øz] *m, f* Denker(in) *m(f)*

pensif, -ive [pɑ̃sif, -iv] *adj* nachdenklich

pension [pɑ̃sjɔ̃] *f* ❶ (*allocation*) Rente *f*; **~ alimentaire** (*en cas de divorce*) Unterhaltszahlung *f*; (*à un enfant naturel*) Alimente *Pl* ❷ (*internat*) Internat *nt* ❸ (*hôtel, hébergement*) Pension *f*; **~ complète** Vollpension *f*

pensionnaire [pɑ̃sjɔnɛʀ] *mf* ❶ SCOL Internatsschüler(in) *m(f)* ❷ (*dans un hôtel, une famille*) Pensionsgast *m*

pensivement [pɑ̃sivmɑ̃] *adv* nachdenklich

pente [pɑ̃t] *f* (*d'une route, d'un terrain*) Gefälle *nt*; (*d'un toit*) Schräge *f*; (*d'une montagne*) |Ab|hang *m*; **monter la ~** (*à pied/en voiture*) den Hang hinaufklettern/hinauffahren; **être en ~** (*descendre/monter*) abfallen/ansteigen ▶**qn/qc est sur une mauvaise ~** mit jdm/etw geht es bergab

Pentecôte [pɑ̃tkot] *f* Pfingsten *nt*

pénurie [penyʀi] *f* Knappheit *f*; **~ de logements** Wohnungsnot *f*

people [pipœl] *inv* **I.** *adj* Boulevard-, Regenbogen-; **presse/magazine ~** Boulevardpresse/Boulevardblatt **II.** *m* VIP *m o f*, berühmte Persönlichkeit *f*

pépé [pepe] *m fam* Opa *m*

pépin [pepɛ̃] *m* ❶ (*d'un fruit*) Kern *m* ❷ *fam* (*ennui*) Schererei *f meist Pl*

pépiniériste [pepinjeʀist] *mf* Baumschulgärtner(in) *m(f)*

perçant, e [pɛʀsɑ̃, ɑ̃t] *adj* (*regard*) stechend; (*cri*) gellend; (*voix*) schrill

perce-oreille [pɛʀsɔʀɛj] <perce-oreilles> *m* ZOOL Ohrwurm *m*

perceptible [pɛʀsɛptibl] *adj* wahrnehmbar

perception [pɛʀsɛpsjɔ̃] *f* Wahrnehmung *f*; **~ des couleurs** Farbensinn *m*

percer [pɛʀse] <2> **I.** *vi* ❶ (*dent*) durchkommen ❷ (*devenir célèbre*) den Durchbruch schaffen **II.** *vt* ❶ (*trou*) bohren; **être percé** (*vêtement, sac*) ein Loch/Löcher haben ❷ (*tonneau*) anzapfen; (*mur, rocher, tôle*) durchbohren; (*abcès, ampoule*) aufstechen; (*oreille, tympan*) durchstechen

perceuse [pɛʀsøz] *f* Bohrmaschine *f*

percevoir [pɛʀsəvwaʀ] <12> *vt* (*entendre, apercevoir*) wahrnehmen

perche¹ [pɛʀʃ] *f* ZOOL Barsch *m*

perche² [pɛʀʃ] *f* ❶ Stange *f*; (*pour saut à la ~*) Stab *m* ❷ SPORT |le saut à| la **~** der Stabhochsprung

percher [pɛʀʃe] <1> **I.** *vi* **être perché sur**

P

qc (*animal*) auf etw (*dat*) sitzen; (*personne*) auf etw (*dat*) hocken **II.** *vt fam* (*mettre*) ~ **qc sur qc** etw ganz weit oben auf etw (*akk*) stellen/legen **III.** *vpr* **se** ~ **sur qc** sich auf etw (*akk*) setzen

percheron [pɛʀʃəʀɔ̃] *m* Kaltblut|pferd *nt*| *nt* (*aus dem Perche*)

percuter [pɛʀkyte] <1> *vt* ~ **qc** auf etw (*akk*) prallen; ~ **qn** jdn anfahren

perdant, e [pɛʀdɑ̃, ɑ̃t] **I.** *adj* **numéro** ~ Niete *f*; **cheval** ~ Verlierer *m*; **être** ~ schlecht wegkommen **II.** *m, f* Verlierer(in) *m(f)*

perdre [pɛʀdʀ] <14> **I.** *vi* verlieren **II.** *vt* ❶ verlieren; (*page, enfant*) nicht mehr finden; ~ **son chemin** sich verlaufen ❷ (*réputation, estime*) einbüßen; (|*mauvaise*| *habitude*) ablegen; **n'avoir rien à** ~ **dans qc** bei etw nichts zu verlieren haben ❸ (*se voir privé d'une partie de soi*) ~ **la vue/l'ouïe** blind/taub werden ❹ (*gaspiller*) **faire** ~ **du temps à qn** jdn Zeit kosten ▶**tu ne perds rien pour attendre!** so leicht kommst du mir nicht davon! **III.** *vpr* ❶ (*s'égarer*) **se** ~ (*à pied/en voiture*) sich verirren/verfahren; **se** ~ **en route** (*colis, lettre*) unterwegs verloren gehen ❷ (*s'attarder à*) **se** ~ **dans des explications** sich in Erklärungen (*dat*) ergehen ❸ (*disparaître*) **se** ~ (*tradition*) in Vergessenheit geraten; (*métier*) aussterben

perdrix [pɛʀdʀi] *f* Feldhuhn *nt*

perdu, e [pɛʀdy] **I.** *part passé de* **perdre** **II.** *adj* ❶ verloren ❷ (*objet*) verloren gegangen; (*chien*) streunend ❸ (*gaspillé*) **se** ~ (*temps*) vergeudet; (*place*) ungenutzt ❹ (*de loisir*) **à mes heures** ~**es** in meiner freien Zeit ❺ (*pays, endroit*) entlegen

père [pɛʀ] *m* ❶ Vater *m*; **Durand** ~ Durand senior; **de** ~ **en fils** von Generation zu Generation ❷ *fam* (*monsieur*) **le** ~ **Dupont** Vater Dupont ❸ REL Pater *m*; **Notre Père** Vaterunser *nt* ▶~ **Noël** Weihnachtsmann *m*

perfection [pɛʀfɛksjɔ̃] *f sans pl* Perfektion *f*; **à la** ~ vollendet

perfectionné, e [pɛʀfɛksjɔne] *adj* **très** ~ hochentwickelt

perfectionnement [pɛʀfɛksjɔnmɑ̃] *m* Verbesserung *f*; **stage de** ~ Fortbildungslehrgang *m*

perfectionner [pɛʀfɛksjɔne] <1> **I.** *vt* verbessern; (*style, langue*) vervollkommnen **II.** *vpr* **se** ~ sich verbessern; **se** ~ **dans/en**

qc (*personne*) sich in etw (*dat*) weiterbilden

perfectionniste [pɛʀfɛksjɔnist] **I.** *mf* Perfektionist(in) *m(f)* **II.** *adj* perfektionistisch

perforatrice [pɛʀfɔʀatʀis] *f* INFORM Lochkartenstanzer *m*

perforer [pɛʀfɔʀe] <1> *vt* lochen; (*percer de plusieurs trous*) durchlöchern

perforeuse [pɛʀfɔʀøz] *f* Locher *m*

performance [pɛʀfɔʀmɑ̃s] *f a.* SPORT Leistung *f*; ~**s** (*d'une machine, voiture*) Leistung|sfähigkeit *f*| *f*

performant, e [pɛʀfɔʀmɑ̃, ɑ̃t] *adj* leistungsfähig; (*compétitif*) wettbewerbsfähig

péridurale [peʀidyʀal] *f* Periduralanästhesie *f*

périgourdin, e [peʀiguʀdɛ̃, in] *adj* aus dem Périgord

périmé, e [peʀime] *adj* (*carte, passeport*) abgelaufen; (*billet*) verfallen

périmer [peʀime] <1> *vpr* **se** ~ (*carte, passeport, visa*) ablaufen; (*billet*) verfallen

périnée [peʀine] *m* ANAT Damm *m*

période [peʀjɔd] *f* ❶ (*époque*) Zeit *f* ❷ (*espace de temps*) Zeit|raum *m*| *f*; ~ **électorale** Wahlkampf *m*; ~ **de double circulation/de transition** (*concernant l'euro*) Doppelwährungs-/Übergangsphase *f*

périodique [peʀjɔdik] **I.** *adj* **être** ~ regelmäßig wiederkehren; PRESSE periodisch erscheinend **II.** *m* PRESSE Zeitschrift *f*

périodiquement [peʀjɔdikmɑ̃] *adv* in regelmäßigen Abständen

péripatéticienne [peʀipatetisjɛn] *f hum* Prostituierte *f*

péripétie [peʀipesi] *f* unvorhergesehenes Ereignis

périphérie [peʀifeʀi] *f* (*banlieue*) Stadtrand *m*

périphérique [peʀifeʀik] **I.** *adj* (*quartier*) am Stadtrand **II.** *m* ❶ (*intérieur, extérieur*) Ring *m*; **le** ~ **de Paris** die Ringautobahn um Paris ❷ INFORM Peripheriegerät *nt*; ~ **son** Soundkarte *f*

périssable [peʀisabl] *adj* leicht verderblich

péritoine [peʀitwan] *m* Bauchfell *nt*

perle [pɛʀl] *f* Perle *f*

permanence [pɛʀmanɑ̃s] *f* ❶ ADMIN, MED Bereitschaftsdienst *m*; **assurer la** ~/**être de** ~ Bereitschaftsdienst haben ❷ (*d'un parti, syndicat*) Geschäftsstelle *f*; (*d'un commissariat*) Dienststelle *f* ▶**en** ~ ständig; (*siéger*) ununterbrochen; (*surveiller*) rund um die

Uhr

permanent, e [pɛʁmanɑ̃, ɑ̃t] *adj* ständig; (*caractère, phénomène*) beständig; (*tension, troubles*) anhaltend; (*emploi*) fest; (*exposition*) Dauer-

permanente [pɛʁmanɑ̃t] *f* Dauerwelle *f*

permettre [pɛʁmɛtʁ] <irr> **I.** *vt impers* (*être autorisé*) **il est permis à qn de faire qc** es ist jdm gestattet etw zu tun **II.** *vt* ~ **à qn de faire qc** (*autoriser*) jdm erlauben etw zu tun; (*donner droit à*) jdn dazu berechtigen etw zu tun; ~ **que** + *subj* erlauben, dass; **si le temps le permet** wenn es das Wetter zulässt ▶**vous permettez?** gestatten Sie?; **vous permettez que ...?** + *subj* hätten Sie etwas dagegen, wenn ...?; **permettez!/tu permets!** [na] erlauben Sie mal!/[na] erlaube mal! (*fam*) **III.** *vpr* ➊ (*s'accorder*) **se ~ une fantaisie** sich (*dat*) etwas Besonderes gönnen ➋ (*oser*) **se ~ sich** (*dat*) erlauben

permis [pɛʁmi] *m* ➊ (~ *de conduire*) Führerschein *m* ➋ (*licence*) ~ **de pêche** Angelschein *m*; ~ **de construire** Baugenehmigung *f* ➌ (*autorisation*) ~ **de séjour** Aufenthaltserlaubnis *f*; ~ **d'établissement** CH Niederlassungsbewilligung *f* (CH)

permis, e [pɛʁmi, z] *part passé de* **permettre**

permission [pɛʁmisjɔ̃] *f* ➊ *sans pl* ~ **de faire qc** Erlaubnis *f* etw zu tun ➋ MIL Urlaub *m*

Pérou [peʁu] *m* **le** ~ Peru *nt*

perpendiculaire [pɛʁpɑ̃dikylɛʁ] *adj* **être** ~ **à qc** rechtwinklig zu etw stehen; MATH senkrecht zu etw stehen; **la rue** ~ **à cette rue** die Querstraße zu dieser Straße

perpendiculairement [pɛʁpɑ̃dikylɛʁmɑ̃] *adv* ~ **à qc** im rechten Winkel [*o* senkrecht] zu etw

perpétuel, le [pɛʁpetɥɛl] *adj* dauernd; (*murmure, lamentations*) fortwährend

perpétuellement [pɛʁpetɥɛlmɑ̃] *adv* ➊ (*constamment*) ständig, dauernd ➋ (*éternellement*) unaufhörlich

perpétuer [pɛʁpetɥe] <1> **I.** *vt* (*tradition*) aufrechterhalten; (*nom*) weitergeben; (*souvenir*) wachhalten **II.** *vpr* **se ~** (*abus, injustices*) sich fortsetzen; (*tradition*) lebendig bleiben; (*espèce*) sich erhalten

perpétuité [pɛʁpetɥite] *f* **à** ~ lebenslang; (*condamnation*) lebenslänglich

perplexe [pɛʁplɛks] *adj* ratlos

perroquet [pɛʁɔkɛ] *m* Papagei *m*

perruche [pɛʁyʃ] *f* ZOOL Sittich *m*

perruque [pɛʁyk] *f* Perücke *f*

persan [pɛʁsɑ̃] *m* Persisch *nt*; *v.a.* **allemand**

persan, e [pɛʁsɑ̃, an] *adj* persisch; (*tapis, chat*) Perser-; *v.a.* **allemand**

Persan, e [pɛʁsɑ̃, an] *m, f* Perser(in) *m(f)*

perse [pɛʁs] **I.** *adj* HIST persisch; *v.a.* **allemand II.** *m* HIST Persisch *nt*; *v.a.* **allemand**

Perse [pɛʁs] **I.** *m, f* HIST Perser(in) *m(f)* **II.** *f* **la** ~ Persien *nt*

persécuter [pɛʁsekyte] <1> *vt* verfolgen

persécution [pɛʁsekysjɔ̃] *f* Verfolgung *f*

persévérance [pɛʁseveʁɑ̃s] *f* Beharrlichkeit *f*

persévérant, e [pɛʁseveʁɑ̃, ɑ̃t] *adj* beharrlich

persévérer [pɛʁseveʁe] <5> *vi* nicht aufgeben; ~ **dans ses efforts** in seinen Bemühungen nicht nachlassen

persienne [pɛʁsjɛn] *f* Fensterladen *m*

persifleur, -euse [pɛʁsiflœʁ, -øz] *m, f* Spötter(in) *m(f)*

persil [pɛʁsi] *m* Petersilie *f*

persillé, e [pɛʁsije] *adj* mit Petersilie; (*fromage*) mit Blauschimmel; (*viande*) durchwachsen

persister [pɛʁsiste] <1> *vi* ~ **dans qc** auf etw (*dat*) bestehen; ~ **à faire qc** etw weiterhin tun ▶**qn persiste et signe** jd bleibt dabei

perso [pɛʁso] *adj inv fam* persönlich

personnage [pɛʁsɔnaʒ] *m* ➊ ART, LITTER Figur *f*, Person *f*; CINE *a.* Rolle *f* ➋ (*personnalité*) Persönlichkeit *f* ➌ (*individu*) **un grossier** ~ ein ungehobelter Kerl

personnalisation [pɛʁsɔnalizasjɔ̃] *f* Personalisierung *f*

personnalisé, e [pɛʁsɔnalize] *adj* personalisiert; (*accessoire, vêtement*) individuell entworfen; (*service*) individuell

personnaliser [pɛʁsɔnalize] <1> *vt* (*adapter*) individuell gestalten

personnalité [pɛʁsɔnalite] *f* Persönlichkeit *f*; **avoir de la** ~ eine ausgeprägte Persönlichkeit sein

personne¹ [pɛʁsɔn] *f* ➊ *a.* LING Person *f*; **dix ~s** 10 Leute; **les ~s âgées** die Senioren; **la ~ qui/les ~s qui** derjenige, der/diejenigen, die ➋ (*être humain*) Mensch *m*

P

▶~ **à charge** Unterhaltsberechtigte(r) *f(m)* **grande** ~ Erwachsene(r) *f(m)* **en** ~ [höchst]-persönlich

personne² [pɛʀsɔn] *pron indéf* ❶ (*opp: quelqu'un*) niemand; **il n'y a** ~ es ist niemand da ❷ (*quelqu'un*) jemand

personnel, le [pɛʀsɔnɛl] **I.** *adj* ❶ (*individuel*) persönlich; (*objets*) des persönlichen Gebrauchs; (*biens, fortune*) Privat-; (*style, idées*) eigenwillig; **à titre** ~ persönlich ❷ LING persönlich; (*forme*) bestimmt; (*pronom*) Personal-; **mode** ~ Bezeichnung für Indikativ, Konditional, Konjunktiv und Imperativ **II.** *m* Personal *nt*; (*d'une entreprise*) Belegschaft *f;* ~ **enseignant** Lehrkörper *m*

personnellement [pɛʀsɔnɛlmɑ̃] *adv* persönlich

perspective [pɛʀspɛktiv] *f* ❶ MATH, ART Perspektive *f* ❷ (*éventualité, horizon*) ~ **de qc** Aussicht *f* auf etw (*akk*) ❸ (*panorama*) Ausblick *m* ▶~ (*en vue*) in Aussicht; MATH, ART perspektivisch

perspicace [pɛʀspikas] *adj* (*sagace*) scharfsinnig

perspicacité [pɛʀspikasite] *f* Scharfsinnigkeit *f*

persuader [pɛʀsɥade] <1> **I.** *vt* ~ **qn de qc** jdn von etw überzeugen; ~ **qn de faire qc** (*intellectuellement/ sentimentalement*) jdn [davon] überzeugen/jdn überreden etw zu tun; ~ **qn que ...** jdn davon überzeugen, dass ... **II.** *vpr* **se** ~ **de qc** von etw überzeugt sein; **se** ~ **que ...** sich (*dat*) einreden, dass ...

persuasif, -ive [pɛʀsɥazif, -iv] *adj* überzeugend

perte [pɛʀt] *f* ❶ Verlust *m;* (*de facultés physiques*) Nachlassen *nt;* ~ **de temps/d'argent** Zeit-/Geldverschwendung *f* ❷ *pl* (*morts*) Verluste *Pl* ▶**à** ~ **de vue** (*très loin*) so weit das Auge reicht; (*interminablement*) endlos; **à** ~ mit Verlust

pertinence [pɛʀtinɑ̃s] *f* Zutreffen *nt;* (*d'un argument, raisonnement*) Stichhaltigkeit *f*

pertinent, e [pɛʀtinɑ̃, ɑ̃t] *adj* treffend

perturbant, e [pɛʀtyʀbɑ̃, ɑ̃t] *adj* (*situation*) belastend

perturbation [pɛʀtyʀbasjɔ̃] *f* Störung *f*

perturbé, e [pɛʀtyʀbe] *adj* (*personne*) verstört; (*service*) durcheinander gebracht; **un trafic** ~ eine Verkehrsbehinderung

perturber [pɛʀtyʀbe] <1> *vt* durcheinander bringen

pervers, e [pɛʀvɛʀ, ɛʀs] **I.** *adj* pervers **II.** *m, f* perverser Mensch

pesant, e [pəzɑ̃, ɑ̃t] *adj* schwer; (*atmosphère, silence*) bedrückend

pèse-bébé [pɛzbebe] <pèse-bébé[s]> *m* Säuglingswaage *f*

peser [pəze] <4> **I.** *vt* ❶ (*mesurer le poids*) wiegen; (*marchandises, ingrédients*) abwiegen ❷ (*estimer*) abwägen **II.** *vi* ❶ schwer sein; **ne rien** ~ nicht viel wiegen; ~ **lourd/100 Kilo** viel/100 Kilo wiegen ❷ (*exercer une pression*) ~ **sur qc** auf etw (*akk*) drücken ❸ (*accabler*) ~ **sur qn** auf jdm lasten **III.** *vpr* **se** ~ sich wiegen

peseta [pezeta] *f* HIST (*monnaie*) Peseta *f*

pessimiste [pesimist] **I.** *adj* pessimistisch **II.** *m, f* Pessimist(in) *m(f)*

peste [pɛst] *f* ❶ MED Pest *f* ❷ *fig* Plage *f*

pester [pɛste] <1> *vi* schimpfen; ~ **contre qn/qc** auf jdn/etw schimpfen

pétanque [petɑ̃k] *f* Boulespiel *nt*

pétant, e [petɑ̃, ɑ̃t] *adj fam* **huit heures** ~**es** Punkt acht [Uhr]

pétard [petaʀ] *m* ❶ (*explosif*) Knallkörper *m* ❷ *fam* (*cigarette de haschich*) Joint *m* ❸ *fam* (*postérieur*) Hinterteil *nt*

pet-de-nonne [pɛdnɔn] <pets-de-nonne> *m: kleiner, in Schmalz gebackener Krapfen*

péter [pete] <5> **I.** *vi fam* ❶ (*faire un pet*) furzen ❷ (*éclater*) platzen; (*verre, assiette*) [zer]springen **II.** *vt fam* **j'ai pété la couture de mon pantalon** mir ist die Hosennaht geplatzt

pète-sec [pɛtsɛk] *adj inv, fam* schroff; (*air*) autoritär

pétillant, e [petijɑ̃, jɑ̃t] *adj* ❶ (*vin*) perlend; **eau ~e** Sprudel *m* ❷ (*brillant*) glitzernd

pétiller [petije] <1> *vi* (*faire des bulles*) sprudeln; (*champagne*) perlen; **boisson qui pétille** Getränk *nt* mit Kohlensäure

petiot, e [pətjo, jɔt] **I.** *adj fam* |ganz| klein **II.** *m, f fam* Kleine(r) *f(m)*

petit, e [p(ə)ti, it] **I.** *adj* ❶ klein; **au** ~ **jour** bei Tagesanbruch ❷ (*minute*) kurz; (*heure, kilo, mètre*) knapp ❸ (*jeune*) ~ **chat** Kätzchen *nt* ❹ (*terme affectueux*) ~ **copain** [*o* **ami**] Freund *m* ❺ (*miniature*) ~**es voitures** Spielzeugautos *Pl* ❻ (*vin, année, cru*) einfach; (*santé*) schwach ▶**se faire tout** ~ sich ganz klein machen **II.** *m, f* ❶ (*enfant*) Kleine(r) *f(m)* ❷ ZOOL Junge(s) *nt* ▶ **mon** ~ (*gentiment*) mein Kleiner; (*méchamment*) mein Guter **III.** *adv* **voir** ~ [zu] knapp rechnen ▶ ~ **à** ~ allmählich; **en** ~ im Kleinen

petit-bourgeois,   petite-bourgeoise [p(ə)tibuʀʒwa, p(ə)titbuʀʒwaz] <petits-bourgeois> **I.** *adj péj* spießig **II.** *m, f péj* Spießer(in) *m(f)* **petit-déj** [p(ə)tideʒ] *m fam v.* **petit-déjeuner   petit-déjeuner** [p(ə)tideʒœne] <petits-déjeuners> *m* Frühstück *nt* **petite-fille** [p(ə)titfij] <petites-filles> *f* Enkelin *f* **petite-nièce** [p(ə)titnjɛs] <petites-nièces> *f* Großnichte *f* **petit-fils** [p(ə)tifis] <petits-fils> *m* Enkel *m* **petit-four** [p(ə)tifuʀ] <petits-fours> *m: exquisites Kleingebäck*

pétition [petisjɔ̃] *f* Petition *f*

petit-neveu [p(ə)tin(ə)vø] <petits-neveux> *m* Großneffe *m* **petits-enfants** [p(ə)tizɑ̃fɑ̃] *mpl* Enkel|kinder| *Pl* **petit-suisse** [p(ə)tisɥis] <petits-suisses> *m: kleiner runder sahniger Frischkäse*

pétrifié, e [petʀifje] *adj* (*médusé*) wie versteinert

pétrin [petʀɛ̃] *m fam* **être dans le** ~ in der Patsche sitzen

pétrir [petʀiʀ] <8> *vt* kneten

pétrochimique [petʀoʃimik] *adj* petrochemisch

pétrole [petʀɔl] *m* |Erd|öl *nt*

pétrolier [petʀɔlje] *m* |Öl|tanker *m*

pétrolier, -ière [petʀɔlje, -jɛʀ] *adj* |Erd|öl-

peu [pø] **I.** *adv* (*opp: beaucoup, très*) wenig *avec un adj ou un adv* nicht sehr; ~ **avant/après** kurz davor/darauf; **sous** ~ in Kürze; **depuis** ~ seit kurzem; ~ **de temps** wenig Zeit; ~ **de jours** ein paar Tage; **en** ~ **de temps** in kurzer Zeit ▶~ **à** ~ nach und nach; **à** ~ **près** ungefähr; **de** ~ |nur| knapp **II.** *pron indéf* ❶ (*peu de personnes*) wenige ❷ (*peu de choses*) wenig; ~ **importe** das ist nicht so wichtig **III.** *m* **le** ~ **de personnes/choses** die paar Menschen/Dinge; **le** ~ **que …** das bisschen, das …; **un** ~ **de beurre/bonne volonté** ein wenig Butter/guten Willen; **un** ~ **de monde** ein paar Leute ▶ **un** ~ **partout** fast überall; **pour un** ~ beinahe; **pour si** ~ wegen so einer Kleinigkeit; **pour** ~ **que qn fasse qc** wenn jd auch nur etw tut; **attends un** ~ **que je t'attrape** *fam* warte nur, bis ich dich kriege; **un** ~ **que j'ai raison!** und ob ich Recht habe!

peuchère [pøʃɛʀ] *interj* MIDI du liebe Zeit

peuple [pœpl] *m* Volk *nt;* **le** ~ **palestinien** die Palästinenser ▶**se moquer du** ~ *fam* die Leute für dumm verkaufen wollen

peuplé, e [pœple] *adj* |dicht| bevölkert

peuplier [pøplije] *m* Pappel *f*

peur [pœʀ] *f* ~ **de qn/qc** Angst *f* vor jdm/etw; **avoir** ~ **de faire qc** Angst davor haben etw zu tun; **avoir** ~ **pour qn** Angst um jdn haben; **avoir** ~ **que** + *subj* Angst haben, dass; **faire** ~ **à qn** jdm Angst machen ▶**j'ai bien** ~ **que** ich befürchte sehr, dass; **à faire** ~ furchtbar; **prendre** ~ Angst bekommen; **de** ~ vor Angst; **de** |*o par*| ~ **des critiques** aus Angst vor Kritik; **de** ~ **de faire qc/que** + *subj* aus Angst davor|,| etw zu tun/dass

peureux, -euse [pœʀø, -øz] **I.** *adj* ängstlich **II.** *m, f* Angsthase *m* (*fam*)

peut [pø] *indic prés de* **pouvoir**

peut-être [pøtɛtʀ] *adv* ❶ (*éventuellement*) vielleicht; ~ **que …** es kann sein, dass …; ~ **bien** kann gut sein ❷ (*environ*) ungefähr ❸ (*marque de doute*) mag ja sein

peuvent [pøv], **peux** [pø] *indic prés de* **pouvoir**

pfennig [pfeniɡ] *m* Pfennig *m*

pH [peaʃ] *m abr de* **potentiel d'Hydrogène** *inv* pH-Wert *m*

phacochère [fakɔʃɛʀ] *m* ZOOL Warzenschwein *nt*

phallique [falik] *adj* Phallus-, phallisch

phare [faʀ] *m* ❶ (*projecteur*) Scheinwerfer *m;* **se mettre en** ~**s** das Fernlicht einschalten ❷ (*tour*) Leuchtturm *m*

pharmacie [faʀmasi] *f* ❶ (*boutique*) Apotheke *f;* ~ **de garde** Notdienstapotheke ❷ (*science*) Pharmazie *f*

pharmacien, ne [faʀmasjɛ̃, jɛn] *m, f* Apotheker(in) *m(f)*

phase [fɑz] *f* Phase *f;* (*d'une maladie*) Stadium *nt*

phénicien, ne [fenisjɛ̃, jɛn] *adj* phönizisch

phénicien [fenisjɛ̃] *m* Phönizisch *nt; v.a.* **allemand**

phénomène [fenɔmɛn] *m* ❶ Phänomen *nt* ❷ *fam* (*individu*) komischer Kauz

philatélie [filateli] *f* ❶ (*science*) Philatelie *f* ❷ (*hobby*) Briefmarkensammeln *nt*

philatéliste [filatelist] *mf* Briefmarkensammler(in) *m(f)*

P

Philippines [filipin] *fpl* les ~ die Philippinen
philo [filo] *f fam abr de* **philosophie**
philosophe [filɔzɔf] I. *mf* Philosoph(in) *m(f)*
II. *adj* weise
philosopher [filɔzɔfe] <1> *vi* philosophieren
philosophie [filɔzɔfi] *f* ❶ Philosophie *f*
❷ (*sagesse*) Weishelt *f*
philosophique [filɔzɔfik] *adj* philosophisch
philtre [filtʀ] *m* Liebestrank *m*
phocéen, ne [fɔseɛ̃, ɛn] *adj* cité ~ne Marseille *nt*; **l'équipe ~ne** die Marseiller Mannschaft
phonétique [fɔnetik] I. *f* ❶ Phonetik *f*
❷ (*transcription*) Lautschrift *f* II. *adj* phonetisch; (*écriture*) Laut-
phonétiquement [fɔnetikmɑ̃] *adv* phonetisch
phonographe [fɔnɔgʀaf] *m* Phonograph *m*
phoque [fɔk] *m* Seehund *m*
phosphorer [fɔsfɔʀe] <1> *vi fam* arbeiten bis jdm der Kopf raucht; ~ **sur une question** über einer Frage brüten
photo [fɔto] *f abr de* **photographie** ❶ (*cliché*) Foto *nt*; **faire une ~ de famille** ein Familienfoto machen; ~ **d'identité** Passfoto; **prendre qn/qc en** ~ ein Foto von jdm/etw machen ❷ (*art*) Fotografie *f*; **faire de la ~** fotografieren ▶**tu veux ma ~?** *fam* was glotzt du mich so an?
photocopie [fɔtɔkɔpi] *f* Fotokopie *f*
photocopier [fɔtɔkɔpje] <1> *vt* [foto]kopieren
photocopieur [fɔtɔkɔpjœʀ] *m*, **photocopieuse** [fɔtɔkɔpjøz] *f* [Foto]kopierer *m*
photographe [fɔtɔgʀaf] *mf* Fotograf(in) *m(f)*
photographie [fɔtɔgʀafi] *f* Fotografie *f*, Photographie *f*
photographier [fɔtɔgʀafje] <1> *vt* fotografieren
phrase [fʀɑz] *f* Satz *m*; ~ **affirmative/négative** bejahter/verneinter Satz ▶~ **toute faite** Redewendung *f*
physicien, ne [fizisjɛ̃, jɛn] *m, f* Physiker(in) *m(f)*
physiologiquement [fizjɔlɔʒikmɑ̃] *adv* physiologisch [gesehen]
physionomiste [fizjɔnɔmist] I. *adj* **être** ~ ein gutes Personengedächtnis haben II. *mf* Mensch *m*, der ein gutes Personengedächtnis hat
physique [fizik] I. *adj* ❶ physisch; (*effort, fatigue*) körperlich; (*culture*) Körper-; **éducation** ~ Turnen *nt* ❷ PHYS physikalisch; **sciences ~s** [die] Physik und [die] Chemie II. *m* (*aspect extérieur*) Äußere(s) *nt*; **avoir un beau** ~ gut aussehen ▶**il a le ~ de l'emploi** man sieht ihm seinen Beruf an III. *f* Physik *f*
physiquement [fizikmɑ̃] *adv* körperlich; **être très bien** ~ gut aussehen
piaillement [pjajmɑ̃] *m* (*d'un oiseau*) Gepiep[s]e *nt*; (*d'un enfant*) Geplärr[e] *nt*
piailler [pjaje] <1> *vi* kreischen
pianiste [pjanist] *mf* Pianist(in) *m(f)*
piano [pjano] I. *m* Klavier *nt*; **jouer du** ~ Klavier spielen II. *adv* leise
pianoter [pjanɔte] <1> *vi* ~ **sur l'ordinateur** am Rechner herumtippen
piaule [pjol] *f fam* Bude *f*
PIB [peibe] *m abr de* **produit intérieur brut** B.I.P. *nt*
pic [pik] *m* Bergspitze *f* ▶**tomber à** ~ wie gerufen kommen; **à** ~ steil
pickpocket [pikpɔkɛt] *m* Taschendieb *m*
picoler [pikɔle] <1> *vi fam* bechern
picorer [pikɔʀe] <1> *vt, vi* [qc] (*animal*) [etw] picken; (*personne*) [etw] knabbern
picoter [pikɔte] <1> *vt* (*yeux*) brennen in (+ *dat*); **les herbes picotent les mollets** die Gräser kitzeln an den Waden
picotin [pikɔtɛ̃] *m* **un** ~ **d'avoine** eine Haferration
pie [pi] *f* ❶ ZOOL Elster *f* ❷ *fam* (*femme*) Quasselstrippe *f*
pièce [pjɛs] *f* ❶ Stück *nt*; (*d'un puzzle, appareil*) Teil *nt*; ~ **de théâtre** Theaterstück *m* ❷ (*document*) ~ **d'identité** [Personal]ausweis *m* ❸ (*salle*) Zimmer *nt*; **un deux-~s** eine Zweizimmerwohnung ❹ (*monnaie*) ~ [de monnaie] Geldstück *nt*; ~ **de deux euros** Zweieurostück; ~**s** [en] **euro** Euro-Münzen *Pl* ❺ COUT Flicken *m* ▶**à la** ~ stückweise; ~ **de rechange** Ersatzteil *nt*; ~ **détachée** Einzelteil *nt* **être inventé de toutes** ~**s** von Anfang bis Ende erfunden sein
piécette [pjesɛt] *f* kleines Geldstück
pied [pje] *m* ❶ Fuß *m*; **à** ~ zu Fuß; **au** ~! zu Fuß! ❷ (*support*) Bein *nt* ❸ (*d'un lit*) Fußende *nt*; **au** ~ **de qc** unter etw; **au** ~ **d'une colline** am Fuß eines Hügels ❹ (*plant*) ~ **de salade** Salatpflanze *f* ▶**avoir les ~s sur terre** mit beiden Beinen [fest] auf der Erde

stehen; **des ~s à la tête** von Kopf bis Fuß; **se lever du ~ gauche** mit dem linken Fuß zuerst aufstehen; **~s nus** barfuß; <u>avoir</u> ~ Boden unter den Füßen haben; <u>casser</u> **les ~s à qn** *fam* jdm auf die Nerven gehen; **être sur ~** wieder auf den Beinen sein; **se jeter aux ~s de qn** sich jdm zu Füßen werfen

pied-de-biche [pjedbiʃ] <pieds-de-biche> *m* ❶ (*outil*) Nagelzieher *m* ❷ COUT Nähfuß *m* **pied-noir** [pjenwaʀ] <pieds-noirs> I. *mf fam* Algerienfranzose/-französin *m/f* II. *adj* der Algerienfranzosen

piégé, e [pjeʒe] *adj* (*colis*) Sprengstoff-; **voiture ~e** Autobombe *f*

piège [pjɛʒ] *m* Falle *f*; **prendre qn au ~** jdn in eine Falle locken; **tendre un ~ à qn** jdm eine Falle stellen; **tomber dans le ~** in die Falle gehen ▶**qc/c'est un ~ à** <u>cons</u> *fam* bei etw/dabei kann man ganz schön reinfallen

piéger [pjeʒe] <2a, 5> *vt* ❶ (*animal*) mit der Falle fangen ❷ (*personne*) in die Falle locken; **se faire ~ par qn** jdm in die Falle gehen

pierre [pjɛʀ] *f* Stein *m* ▶**faire d'une ~ deux** <u>coups</u> zwei Fliegen mit einer Klappe schlagen (*fam*)

Pierre [pjɛːʀ(ə)] *m* Peter *m*

piétiner [pjetine] <1> I. *vi* (*avancer péniblement*) kaum von der Stelle kommen; (*négociations, travail*) keine Fortschritte machen; **~ d'impatience/sur place** ungeduldig von einem Fuß aufs andere/auf der Stelle treten II. *vt* (*fleurs*) zertrampeln; **~ qc de rage** auf etw (*dat*) herumtrampeln

piéton, ne¹ [pjetɔ̃, ɔn] *m, f* Fußgänger(in) *m(f)*

piéton, ne² [pjetɔ̃, ɔn] *adj*, **piétonnier, -ière** [pjetɔnje, -jɛʀ] *adj* **zone/rue piétonnière** Fußgängerzone *f*

pieusement [pjøzmɑ̃] *adv* ❶ (*avec respect*) ehrfürchtig ❷ REL fromm

pigeon [piʒɔ̃] *m* ❶ Taube *f*; **~ voyageur** Brieftaube ❷ *fam* (*dupe*) **être le ~ dans l'affaire** der/die Gelackmeierte sein

pigeonnant, e [piʒɔnɑ̃, ɑ̃t] *adj* (*poitrine*) üppig; **soutien-gorge ~** tief ausgeschnittener Form-BH

pigeonner [piʒɔne] <1> *vt fam* rupfen; **se faire ~ par qn** sich von jdm anschmieren lassen

piger [piʒe] <2a> *vt, vi fam* kapieren

pigiste [piʒist] *mf* freier Journalist *m*/freie Journalistin *f*

pilaf [pilaf] *app* **riz ~** Pilaw *m*

pile¹ [pil] *f* ❶ (*tas*) Stapel *m* ❷ ELEC Batterie *f*; **fonctionner à ~s** mit |einer| Batterie laufen

pile² [pil] *adv* (*avec précision: arriver, |s'|arrêter*) ganz pünktlich; (*brusquement: |s'|arrêter*) jäh; (*au bon moment: arriver*) gerade richtig; **ça tombe ~!** das trifft sich gut!; **à 10 heures ~** Punkt 10 Uhr ▶**~ poil** *fam* exakt

pile³ [pil] *f* **le côté ~** die |Münz|vorderseite; **~ ou face?** Kopf oder Zahl?

piler [pile] <1> I. *vt* zerstoßen II. *vi fam* voll auf die Bremse latschen; (*voiture*) mit quietschenden Bremsen halten

pilier [pilje] *m* ARCHIT Pfeiler *m*

piller [pije] <1> *vt* (*mettre à sac*) |aus|plündern

pilleur, -euse [pijœʀ, -jøz] *m, f* Plünderer/Plünderin *m/f*

pilote [pilɔt] I. *mf* ❶ AVIAT Pilot(in) *m(f)*; **~ de ligne** Pilot einer Verkehrsmaschine ❷ AUT |Renn|fahrer(in) *m(f)* ❸ NAUT Lotse/Lotsin *m/f* II. *m* ❶ (*dispositif*) **~ automatique** Autopilot *m* ❷ INFORM Treiber *m*

piloter [pilɔte] <1> *vt* ❶ (*avion*) steuern; (*navire*) lotsen; (*voiture*) lenken ❷ INFORM steuern

pilule [pilyl] *f* Pille *f*; **la ~** die |Antibaby|pille (*fam*)

piment [pimɑ̃] *m* GASTR Peperoni *f*

pimenter [pimɑ̃te] <1> *vt* GASTR scharf würzen

pinailler [pinaje] <1> *vi fam* auf Kleinigkeiten herumreiten

pince [pɛ̃s] *f* ❶ TECH Zange *f* ❷ ZOOL Schere *f* ❸ COUT Abnäher *m*; **pantalon à ~s** Bundfaltenhose *f* ❹ (*épingle*) **~ à linge** Wäscheklammer *f* ❺ (*instrument d'épilation*) **~ à épiler** Pinzette *f*

pincé, e [pɛ̃se] *adj* (*hautain*) selbstgefällig; (*sourire*) gezwungen

pinceau [pɛ̃so] <x> *m* Pinsel *m* ▶**se mélanger les ~x** *fam* alles durcheinander bringen

pincée [pɛ̃se] *f* Prise *f*

pincer [pɛ̃se] <2> I. *vt* ❶ (*faire mal*) **~ qn** (*personne*) jdn kneifen; (*crabe, écrevisse*) jdn zwicken; **~ la joue à qn** jdn in die Backe kneifen ❷ (*lèvres*) aufeinander pressen

P

❸ *fam* (*arrêter*) schnappen **II.** *vpr* ❶ (*se serrer la peau*) **se ~** sich zwicken; **se ~ le doigt** (*se blesser*) sich (*dat*) den Finger quetschen ❷ (*boucher*) **se ~ le nez** sich die Nase zuhalten **III.** *vi* ▸**pince-moi, je rêve!** zwick' mich, ich glaub', ich träum'!

pincette [pɛsɛt] *f* Pinzette *f* ▸**ne pas être à prendre avec des ~s** *fam* mit Vorsicht zu genießen sein

ping-pong [piŋpɔ̃g] *m inv* Tischtennis *nt*

pinotte [pinɔt] *f* CAN *fam* (*cacahuète*) Erdnuss *f*

pin's [pins] *m inv* Anstecker *m*, Pin *m*

pinson [pɛ̃sɔ̃] *m* Buchfink *m*

pin up [pinœp] *f inv* Pin-up-girl *nt*

pion [pjɔ̃] *m* JEUX Stein *m*

pion, ne [pjɔ̃, pjɔn] *m, f fam* SCOL Aufpasser(in) *m(f)*

pionnier, -ière [pjɔnje, -jɛʀ] *m, f* Pionier(in) *m(f)*

pipe [pip] *f* Pfeife *f*

pipelette [piplɛt] *f fam* Tratsche *f* (*pej*)

pipette [pipɛt] *f* Pipette *f*

pipi [pipi] *m enfantin fam* Pipi *nt*

piquant [pikã] *m* (*épine*) Stachel *m;* (*d'un rosier*) Dorn *m*

piquant, e [pikã, ãt] *adj* ❶ (*goût, sauce*) pikant ❷ (*bise, froid*) schneidend

pique [pik] *m* JEUX Pik *nt*

pique-nique [piknik] <pique-niques> *m* Picknick *nt* **pique-niquer** [piknike] <1> *vi* [ein] Picknick machen **pique-niqueur, -euse** [piknikœʀ, -øz] <pique-niqueurs> *m, f* jemand, der ein Picknick macht

piquer [pike] <1> **I.** *vt* ❶ (*faire une piqûre*) **~ qn** (*personne, guêpe*) jdn stechen; (*serpent, puce*) jdn beißen ❷ (*animal*) einschläfern ❸ (*olive, insecte de collection*) aufspießen ❹ (*enfoncer par le bout*) **~ une aiguille dans qc** eine Nadel in etw (*akk*) stechen ❺ (*picoter*) pik[s]en (*fam*); **~ la langue/les yeux** auf der Zunge/in den Augen brennen ❻ *fam* (*colère, crise*) kriegen; **~ un cent mètres** einen Spurt einlegen; **~ une tête** einen Kopfsprung machen ❼ *fam* (*voler*) klauen **II.** *vi* ❶ (*faire une piqûre: moustique, aiguille*) stechen; (*serpent, puce*) beißen ❷ (*descendre*) **~ sur qc** auf etw (*akk*) niederstürzen ❸ (*irriter un sens: ortie*) brennen; (*moutarde, radis*) scharf sein; (*barbe, pull*) kratzen **III.** *vpr* ❶ (*se blesser*) **se ~ avec une aiguille/à un rosier** sich mit einer Nadel/an einem Rosenstock stechen; **se ~ avec des orties** sich [an Brennnesseln (*dat*)] verbrennen ❷ (*se faire une injection*) **se ~** sich spritzen; (*drogué*) spritzen (*fam*); **se ~ à qc** sich (*dat*) etw spritzen; (*drogué*) etw spritzen (*fam*)

piquet [pikɛ] *m* (*pieu*) Pflock *m;* (*de tente*) Hering *m* ▸**~ de grève** Streikposten *m*

piqûre [pikyʀ] *f* ❶ (*blessure*) Stich *m* ❷ MED Spritze *f;* **faire une ~ à qn** jdm eine Spritze geben

piranha [piʀana] *m* Piranha *m*

pirate [piʀat] **I.** *adj* (*bateau, radio*) Piraten-; **enregistrement ~** Raubkopie *f* **II.** *m* ❶ NAUT Seeräuber *m* ❷ AVIAT **~ de l'air** Luftpirat(in) *m(f)*

pirater [piʀate] <1> *vt* **~ qc** eine Raubkopie von etw machen

pire [piʀ] **I.** *adj comp, superl de* **mauvais** ❶ *comp* (*plus mauvais*) schlimmer; **rien de ~ que ...** nichts Schlimmeres als ...; **~ que ça** noch schlimmer; **de ~ en ~** immer schlimmer ❷ *superl* (*le plus mauvais*) **le ~ élève** der schlechteste Schüler **II.** *m* **le ~** das Schlimmste; **le ~ de tout, c'est que ...** das Allerschlimmste [daran] ist, dass ...; **au ~** schlimmstenfalls

pirouette [piʀwɛt] *f* (*culbute*) Pirouette *f*

pis¹ [pi] *m* Euter *nt*

pis² [pi] *adv* **tant ~!** [na,] dann sollte es wohl nicht sein!; **tant ~ pour lui/elle** Pech für ihn/sie

piscine [pisin] *f* Schwimmbad *nt;* (*privée*) Swimmingpool *m;* **~ couverte/en plein air** Hallen-/Freibad

pissenlit [pisãli] *m* Löwenzahn *m*

pisser [pise] <1> *vi fam* pinkeln

pisseux, -euse [pisø, -øz] *adj fam* verpinkelt

pissotière [pisɔtjɛʀ] *f fam* Pinkelbude *f*

pistache [pistaʃ] **I.** *f* Pistazie *f* **II.** *adj inv* lindgrün

piste [pist] *f* ❶ *a.* MEDIA Spur *f;* (*d'un animal*) Fährte *f;* **brouiller les ~s** die Spuren verwischen; **être sur la ~ de qn/d'un animal** jdm/einem Tier auf der Spur sein ❷ (*indice*) Hinweis *m* ❸ (*voie*) **~ d'atterrissage/de décollage** Lande-/Startbahn; **~ cyclable/cavalière** Rad-/Reitweg *m* ❹ SPORT [Renn]bahn *f;* (*pour la danse*) Tanzfläche *f;* (*au cirque*) Manege *f* ❺ (*chemin: à la montagne*) Pfad *m;* (*dans le désert, au ski*) Piste *f;*

~ de ski de fond [Langlauf]loipe *f* ▶**entrer en** ~ in Aktion treten

pisteur, -euse [pistœʀ, -øz] *m, f* Pistenwart *m*

pistolet [pistɔlɛ] *m* ❶ (*arme*) Pistole *f* ❷ (*pulvérisateur*) Spritzpistole *f* ❸ BELG (*petit pain*) längliches Milchbrötchen

piston [pistɔ̃] *m fam* (*favoritisme*) Vitamin *nt* B

pistonner [pistɔne] <1> *vt fam* ~ **qn** für jdn seine Beziehungen spielen lassen; **se faire ~ par qn** von jds Beziehungen profitieren

pistou [pistu] *m* **soupe au ~** Gemüsesuppe mit Basilikum und Knoblauch

piteux, -euse [pitø, -øz] *adj* erbärmlich; (*résultat*) kläglich

pithiviers [pitivje] *m:* mit Marzipan gefüllter Blätterteigkuchen

pitié [pitje] *f* (*compassion*) Mitleid *nt;* **par ~** aus Mitleid; **sans ~** erbarmungslos; **être sans ~** kein Mitleid haben; **avoir ~ de qn** mit jdm Mitleid haben; **faire ~ à qn** jds Mitleid erwecken; *péj* jdm direkt Leid tun

piton [pitɔ̃] *m* ❶ (*crochet*) Haken *m* ❷ GEO Bergspitze *f* ❸ CAN (*bouton*) [Dreh]knopf *m* ❹ CAN (*touche: d'un ordinateur, téléphone*) Taste *f*

pitonnage [pitɔnaʒ] *m* CAN *fam* (*zapping*) Zappen *nt*

pitoyable [pitwajabl] *adj* ❶ (*aspect, état*) Mitleid erregend; (*personne*) bemitleidenswert ❷ (*piteux*) erbärmlich

pitre [pitʀ] *m* Hanswurst *m* (*iron*)

pitrerie [pitʀəʀi] *f souvent pl* Albernheiten *Pl*

pittoresque [pitɔʀɛsk] *adj* (*paysage, quartier*) malerisch

pivoter [pivɔte] <1> *vi* ~ **sur qc** sich um etw drehen; **faire ~ qc** etw kreisen lassen

pixel [piksɛl] *m* Pixel *nt*

pizza [pidza] *f* Pizza *f*

pizzeria [pidzeʀja] *f* Pizzeria *f*

placard [plakaʀ] *m* Einbauschrank *m;* **~ à balais** Besenkammer *f*

placarder [plakaʀde] <1> *vt* anschlagen

place [plas] *f* ❶ Platz *m;* **à la ~ de qc** an Stelle einer S. (*gen*); ~ **assise/debout** Sitz-/Stehplatz; **~ de stationnement** [einzelner] Parkplatz; **sur ~** vor Ort; **être à sa ~** an seinem Platz sein; **se mettre à la ~ de qn** sich in jds Lage (*akk*) versetzen; **y a-t-il encore une ~ [de] libre?** ist noch ein Platz frei? ❷ (*endroit quelconque*) Stelle

f; **être/rester cloué sur ~** wie angewurzelt dastehen/stehen bleiben; **ne pas tenir en ~** nicht stillsitzen können; **tenir/prendre de la ~** [viel] Platz einnehmen ❸ (*billet*) Karte *f* ❹ (*emploi*) Stelle *f* ▶**faire ~ à qn/qc** jdm/einer S. weichen; **remettre qn à sa ~** jdn in seine Schranken weisen

placé, e [plase] *adj* ❶ (*situé*) **être bien/mal ~** (*objet*) einen günstigen/ungünstigen Standort haben; (*terrain*) eine gute/schlechte Lage haben; (*spectateurs*) einen guten/schlechten Platz haben; **c'est de la fierté mal ~e!** Stolz ist hier [wirklich] fehl am Platz!; **tu es mal ~ pour me faire des reproches!** du hast kein Recht mir Vorwürfe zu machen! ❷ SPORT platziert ❸ (*dans une situation*) **être haut ~** in hoher Stellung sein

placer [plase] <2> I. *vt* ❶ (*mettre*) ~ **qc sur qc** (*verticalement/à plat*) etw auf etw (*akk*) stellen/legen ❷ (*sentinelle*) aufstellen; ~ **les spectateurs/les invités** den Zuschauern die Plätze anweisen/den Gästen ihren Platz zuweisen; ~ **un enfant dans une famille d'accueil** ein Kind bei einer Pflegefamilie unterbringen ❸ (*anecdote, remarque*) anbringen; **ne pas pouvoir ~ un mot** nicht zu Wort kommen ❹ (*argent, capitaux*) anlegen II. *vpr* **se** ~ (*s'installer*) irgendwo Platz nehmen; (*debout*) sich irgendwohin stellen

plafond [plafɔ̃] *m* ❶ Decke *f* ❷ FIN Höchstbetrag *m* ▶**sauter au ~** *fam* [bis] an die Decke springen

plage [plaʒ] *f* ❶ Strand *m;* **sur la ~** am Strand; **aller à la ~** an den Strand gehen ❷ AUT ~ **arrière** Heckablage *f*

plagiste [plaʒist] *mf* Strandpächter(in) *m(f)*

plaie [plɛ] *f* ❶ (*blessure*) Wunde *f* ❷ *fam* (*personne*) Plagegeist *m*

plaindre [plɛ̃dʀ] <irr> I. *vt* (*personne*) bedauern; **je te plains** du tust mir Leid; **être/ne pas être à ~** zu bedauern sein/sich nicht beklagen können II. *vpr* ❶ (*se lamenter*) **se ~ de qc** über etw (*akk*) klagen; **se ~ tout le temps** immer am Jammern sein ❷ (*protester*) **se ~ à qn** sich bei jdm beklagen

plaine [plɛn] *f* Ebene *f*

plain-pied [plɛ̃pje] *m sans pl* (*au même niveau*) **être de ~** ebenerdig liegen

plainte [plɛ̃t] *f* ❶ *a.* JUR Klage *f;* **les ~s** das Wehgeschrei; **porter ~ contre qn auprès**

P

du tribunal pour qc wegen etw (gen) bei Gericht gegen jdn Klage erheben ❷ (récrimination) Beschwerde f

plaire [plɛʀ] <irr> **I.** vi ❶ ~ **à qn** jdm gefallen; (idée, projet) jdm zusagen ❷ (être bien accueilli: chose) Anklang finden **II.** vi impers **il plaît à qn de faire qc** es gefällt jdm etw zu tun; **comme il te plaira** wie du möchtest ►**s'il te/vous plaît** bitte **III.** vpr ❶ (se sentir à l'aise) **se ~ avec qn** gern mit jdm zusammen sein; **se plaire au Canada** sich in Kanada wohl fühlen ❷ (s'apprécier) **se ~** (personnes) sich mögen

plaisanter [plɛzɑ̃te] <1> vi scherzen; **je ne plaisante pas!** ich meine es ernst!; ~ **sur qc** Witze über etw (akk) machen; **ne pas ~ sur la discipline** keinen Spaß verstehen, was Disziplin anbelangt; **tu plaisantes!** das soll wohl ein Witz sein!

plaisanterie [plɛzɑ̃tʀi] f ❶ (blague) Scherz m; **mauvaise ~** übler Scherz; **aimer la ~** gerne Witze machen ❷ (farce) Streich m ►**les ~s les plus courtes sont les meilleures** man soll das Spiel nicht übertreiben

plaisir [pleziʀ] m ❶ Vergnügen nt; ~ **de faire qc** Freude etw zu tun; **pour le ~** aus Vergnügen; **qn prend un malin ~ à faire qc** es macht jdm einen Heidenspaß etw zu tun (fam); **faire ~ à qn** jdm Freude machen; **maintenant fais-moi le ~ de te taire!** jetzt tu mir den [einen] Gefallen und sei still! ❷ pl (sentiment agréable) Lustgefühl nt; **les ~s de la table** die Tafelfreuden ►**faire durer le ~** kein Ende finden; **au ~!** fam [ich hoffe,] bis bald!; **avec [grand]** ~ mit [größtem] Vergnügen

plan [plɑ̃] m ❶ (projet, représentation graphique) Plan m; **j'ai un ~ d'enfer!** fam ich hab' was ganz Tolles vor! ❷ (canevas: d'une dissertation) Gliederung f; (d'un livre) Entwurf m ❸ MEDIA Aufnahme f; (cadrage) Einstellung f; **au premier/à l'arrière-~** im Vorder-/Hintergrund ❹ (niveau) **sur le ~ national** auf nationaler Ebene; **passer au second ~** in den Hintergrund rücken; **sur le ~ moral** moralisch gesehen; **sur le ~ de qc** in Bezug auf etw (akk); **placer qn/qc sur le même ~** jdn/etw auf die gleiche Stufe stellen ❺ (surface) ~ **d'eau** Wasserfläche f ►**laisser qn en ~** fam jdn hängen lassen

planche [plɑ̃ʃ] f Brett nt; ~ **à repasser** Bü-

gelbrett; **les ~s** THEAT die Bühnenbretter Pl; ~ **à roulettes** Skateboard nt; ~ **à voile** (objet) Surfbrett; (sport) Windsurfing nt

plancher [plɑ̃ʃe] m Fußboden m ►**débarrasser le ~** fam 'ne Fliege machen

plancton [plɑ̃ktɔ̃] m Plankton nt

planer [plane] <1> vi ❶ (voler: oiseau) schweben; (avion) gleiten ❷ (peser) ~ **sur qn/qc** (danger) jdm/einer S. drohen; (soupçons) auf jdm/etw lasten ❸ fam (rêver) in höheren Regionen schweben; (être sous effet euphorisant) [total] weg[getreten] sein; (sous l'effet d'une drogue) high sein

planétarium [planetaʀjɔm] m Planetarium nt

planète [planɛt] f Planet m; **la ~ Terre** die Erde

planification [planifikasjɔ̃] f Planung f

planifier [planifje] <1> vt einen Plan aufstellen für

planisphère [planisfɛʀ] m Weltkarte f

planning [planiŋ] m ❶ (calendrier) Terminkalender m ❷ (planification) Terminplanung f

planque [plɑ̃k] f fam ❶ (cachette) Versteck nt ❷ (travail tranquille) ruhiger Job

planqué, e [plɑ̃ke] m, f péj fam Drückeberger(in) m(f)

planquer [plɑ̃ke] <1> vt, vpr fam [se] ~ [sich] in Sicherheit bringen

plantaire [plɑ̃tɛʀ] adj an der Fußsohle; **voûte ~** Fußwölbung f

plantation [plɑ̃tasjɔ̃] f ❶ (exploitation agricole) Plantage f ❷ (action) [An]pflanzen nt

plante [plɑ̃t] f Pflanze f

planté, e [plɑ̃te] adj (debout et immobile) **être/rester ~ là** wie angewurzelt dastehen/stehen bleiben

planter [plɑ̃te] <1> **I.** vt ❶ (arbre, fleurs) pflanzen; (salade, tomates) setzen ❷ (enfoncer) einschlagen; ~ **un clou dans le mur** einen Nagel in die Wand schlagen ❸ (tente) aufschlagen ❹ fam (abandonner) ~ **qn là** jdn sitzen lassen **II.** vpr **se ~** fam ❶ (avoir un accident) einen Unfall bauen ❷ INFORM (ordinateur) abstürzen ❸ (se poster) **se ~ devant qn** sich vor jdm aufpflanzen ❹ (se tromper) **se ~ dans qc** sich bei etw vertun; **se ~ à un examen** bei einer Prüfung danebenhauen

plaque [plak] f ❶ Platte f; (d'une porte, rue) Schild nt; (d'un policier) Dienstmarke f; ~

minéralogique Nummernschild *nt;* ~ **électrique**/**de cuisson** Elektro-/Kochplatte ❷ *(couche)* ~ **de verglas** vereiste Stelle ❸ MED *(tache)* Fleck *m* ❹ GEO Scholle *f* ▶**être à côté de la** ~ *fam* daneben liegen

> Die französischen **plaques minéralogiques** weisen nicht auf den Zulassungsort hin, sondern nur auf das Departement, in dem er sich befindet. Die letzten beiden Ziffern des Nummernschilds stimmen mit den ersten beiden Ziffern der Postleitzahlen des Departements überein. So fangen zum Beispiel alle Postleitzahlen des Departements Yvelines mit 78 an, und eine **plaque minéralogique** aus dieser Gegend könnte folgendermaßen aussehen:
> 6785 MN 78.

plaqué [plake] *m (bois)* Furnier *nt; (métal)* Dublee *nt;* **en** ~ **or**/**argent** vergoldet/versilbert

plaquer [plake] <1> *vt* ❶ *fam (conjoint)* sitzen lassen; **tout** ~ alles hinschmeißen ❷ *(cheveux)* glatt streichen ❸ *(serrer contre)* ~ **qn contre le mur** jdn gegen die Mauer drücken ❹ SPORT fassen

plastique [plastik] **I.** *m* Kunststoff *m,* Plastik *nt;* **sous** ~ in Plastik verpackt **II.** *adj inv* **bouteille**/**emballage** ~ Plastikflasche/-verpackung

plat [pla] *m* ❶ *(récipient creux)* Schüssel *f; (récipient plat)* Schale *f* ❷ *(contenu)* **un** ~ **de lentilles** eine Schüssel [voll] Linsen *(gen)* ❸ *(mets)* Gericht *nt; (élément d'un repas)* Gang *m;* ~ **principal**/**de résistance** Hauptgericht, Hauptspeise *f* (A); **de bons petits** ~**s** kleine leckere Gerichte *Pl* ▶**faire tout un** ~ **de qc** *fam* viel Wind um etw machen

plat, e [pla, plat] *adj* flach; *(surface, terrain)* eben; *(mer)* glatt; **mettre**/**poser qc à** ~ etw flach hinlegen; **faire de** ~**es excuses** unterwürfig um Verzeihung bitten ▶**être à** ~ *(pneu)* platt sein; *(batterie)* leer sein; *(personne) fam* völlig ausgepumpt sein

platane [platan] *m* Platane *f*

plateau [plato] <x> *m* ❶ *(support)* Tablett *nt* ❷ GASTR ~ **de fruits de mer**/**de fromages** Platte *f* mit Meeresfrüchten/mit Käse ❸ *(partie plate)* ~ **d'une balance** Waag-

schale *f* ❹ GEO [Hoch]plateau *nt* ❺ MEDIA Drehplatz *m; (invités)* [Star]aufgebot *nt*

plateau-repas [plato(ʀ)(ə)pa] <plateaux-repas> *m:* auf einem Tablett serviertes vollständiges Menü

platement [platmɑ̃] *adv (écrire, s'exprimer)* farblos; *(s'excuser)* unterwürfig

platiné, e [platine] *adj* platinblond; **une blonde** ~**e** eine Platinblonde

plâtre [platʀ] *m* Gips *m;* **avoir un bras dans le** ~ einen Arm in Gips haben

plâtrer [platʀe] <1> *vt* vergipsen; *(trou, fissure)* zugipsen; *(bras)* eingipsen; **être plâtré** *(personne)* in Gips liegen

plâtrier, -ière [platʀije, -jɛʀ] *m, f* Gipser(in) *m(f)*

plausible [plozibl] *adj* plausibel

play-back [plɛbak] *m inv* Playback *nt* **playboy** [plɛbɔj] <play-boys> *m* Playboy *m*

plein [plɛ̃] **I.** *adv* ❶ *fam (beaucoup)* ~ **d'argent** unheimlich viel Geld ❷ *(exactement)* **en** ~ **devant**/**sur**/**dans qc** genau vor/auf/in etw *(akk)* ▶**mignon**/**gentil tout** ~ *fam* unheimlich niedlich/nett **II.** *prép* **de l'argent** ~ **les poches** die Taschen voller Geld **III.** *m* Tankfüllung *f;* **faire le** ~ voll tanken; **le** ~**, s'il vous plaît!** bitte voll tanken!

plein, e [plɛ̃, plɛn] *adj* ❶ voll; *(journée)* ausgefüllt; **un panier** ~ **de champignons** ein Korb voller Pilze; **être** ~ **de bonne volonté** voll des guten Willens sein; ~ **de vie** lebenslustig; ~ **de risques**/**d'idées**/**d'esprit** risiko-/ideen-/geistreich; ~ **à craquer** brechend voll *(fam)* ❷ *(sans réserve)* **à** ~**e gorge** aus vollem Hals; **à** ~**es mains** mit vollen Händen ❸ *(au maximum de)* **à** ~ **régime** auf Hochtouren ❹ *(au plus fort de, au milieu de)* **en** ~ *(dat);* **en** ~**e nuit** mitten in der Nacht; **en** ~ **jour** am helllichten Tag; **en** ~ **soleil** in der prallen Sonne; **en** ~**e obscurité** in völliger Dunkelheit; **en** ~**e lumière** im [vollen] Licht; **en** ~**e rue** auf offener Straße; **en** ~ **vol** in vollem Flug; **être en** ~ **boum** einen ungeheuren Boom erleben ❺ *(trait)* durchgezogen; *(bois, porte)* massiv ❻ *(femelle)* trächtig ❼ *antéposé (succès, confiance)* voll; **avoir** ~**e conscience de qc** sich *(dat)* über etw *(akk)* voll und ganz im Klaren sein

pleinement [plɛnmɑ̃] *adv* voll [und ganz]

pleurer [plœʀe] <1> **I.** *vi* ❶ *(personne)* weinen; *(œil)* tränen; **faire** ~ **qn** jdn zum Wei-

nen bringen; ~ **de rage** vor Wut (*dat*) weinen; ~ **de rire** Tränen lachen ❷ (*se lamenter*) ~ **sur qn/qc** jdn bedauern/etw beklagen ❸ (*réclamer*) herumjammern (*fam*); ~
après qc *fam* nach etw jammern II. *vt* (*personne*) trauern um

pleurnicheur, -euse [plœʀniʃœʀ, -øz] *m, f*
fam ❶ (*qui pleure*) Heulpeter *m*, Heulsuse *f*
❷ (*qui se lamente*) Nörgelfritze *m*

pleuvoir [pløvwaʀ] <irr> I. *vi impers* il
pleut de grosses gouttes es regnet heftig
II. *vi* (*s'abattre*) **les coups/mauvaises
nouvelles pleuvent** es hagelt Schläge/
schlechte Nachrichten

pli [pli] *m* Falte *f*; (*du papier*) Kniff *m*; |faux|
~ Knitter|falte *f*| *m*; **faire le ~ d'un panta-
lon** eine Bügelfalte in eine Hose bügeln;
faire des ~s (*vêtement*) Falten werfen ▶**ça
ne fait pas un ~** *fam* das ist |tod|sicher

pliant, e [plijɑ̃, jɑ̃t] *adj* (*lit, table*) Klapp-;
mètre ~ Zollstock *m*

plier [plije] <1> I. *vt* ❶ (*papier, tissu*)
|zusammen|falten; (*linge, tente*) zusammen-
legen; **un papier plié en quatre** ein zweimal gefaltetes Papier ❷ (*refermer*) zusam-
menklappen; (*journal, carte routière*) zusammenfalten; (*éventail*) schließen ❸ (*bras,
jambe*) beugen ❹ (*courber*) biegen; **être
plié de douleur** sich vor Schmerzen (*dat*)
krümmen II. *vi* ❶ (*se courber*) ~ **sous qc**
sich unter etw (*dat*) biegen ❷ (*céder*) nachgeben; ~ **devant l'autorité du chef** sich
der Autorität des Chefs beugen III. *vpr*
❶ (*être pliant*) **se ~** zusammenklappbar sein
❷ (*se soumettre*) **se ~ à la volonté de qn**
sich jds Willen beugen; **se ~ à la discipline** sich der Disziplin unterwerfen

plisser [plise] <1> *vt* ❶ (*couvrir de faux plis*)
zerknittern ❷ (*front*) runzeln; (*yeux*) zu-
sammenkneifen

pliure [plijyʀ] *f* (*du bras, genou*) Beuge *f*;
(*d'un ourlet*) Kante *f*; (*d'un papier*) Kniff *m*

plomb [plɔ̃] *m* ❶ (*métal*) Blei *nt*; **lourd
comme du ~** bleischwer ❷ (*fusible*) Sicherung *f* ❸ CHASSE Schrotkugel *f* ❹ PECHE Blei-
kugel *f* ▶**avoir du ~ dans la tête** vernünftig sein; **un soleil de ~** drückende Hitze

plombier [plɔ̃bje] *m* Installateur(in) *m(f)*

plongé, e [plɔ̃ʒe] I. *part passé de* **plonger**
II. *adj* ❶ (*absorbé*) **être ~ dans qc** in etw
(*akk*) versunken sein; **être ~ dans un li-
vre/ses pensées** in ein Buch/seine Ge-

danken vertieft sein ❷ (*entouré*) **être ~
dans l'obscurité** in Dunkelheit (*akk*) gehüllt sein

plongeant, e [plɔ̃ʒɑ̃, ʒɑ̃t] *adj* (*décolleté*)
tief; **une vue ~e sur qc** ein weiter Ausblick
auf etw (*akk*)

plongée [plɔ̃ʒe] *f* ❶ (*action*) Tauchgang *m*
❷ SPORT ~ **sous-marine** Sporttauchen *nt*;
faire de la ~ Sporttaucher *m* sein

plongeoir [plɔ̃ʒwaʀ] *m* Sprungbrett *nt*

plongeon [plɔ̃ʒɔ̃] *m* Kopfsprung *m*; SPORT
Hechtsprung *m*

plonger [plɔ̃ʒe] <2a> I. *vi* ❶ (*s'immerger*)
tauchen ❷ (*faire un plongeon: personne*) einen Kopfsprung machen; (*oiseau*) tauchen;
(*voiture*) stürzen II. *vpr* **se ~ dans un projet** sich in ein Projekt stürzen

plongeur, -euse [plɔ̃ʒœʀ, -øz] *m, f*
❶ SPORT Springer(in) *m(f)* ❷ GASTR Teller-
wäscher(in) *m(f)*

plouc [pluk] I. *mf péj fam* Stoffel *m* II. *adj
péj fam* doof

plu¹ [ply] *part passé de* **plaire**

plu² [ply] *part passé de* **pleuvoir**

pluie [plɥi] *f* ❶ METEO Regen *m*; **des ~s** Niederschläge *Pl*; **saison des ~s** Regenzeit *f*;
sous la ~ im Regen ❷ *sans pl* ~ **d'étincelles** Funkenregen *m*; ~ **de pierres/bombes**
Stein-/Bombenhagel *m* ▶**ne pas être né
de la dernière ~** nicht von gestern sein
(*fam*)

plume [plym] *f* Feder *f*

plumer [plyme] <1> *vt* (*animal*) rupfen;
(*personne*) ausnehmen (*fam*)

plupart [plypaʀ] *f sans pl* **la ~** |des élèves|
die meisten |Schüler|; **la ~ d'entre eux/
elles** die meisten von ihnen; **la ~ du
temps** meistens ▶**pour la ~** größtenteils

pluriel [plyʀjɛl] *m* Plural *m*; **mettre au ~**
(*mot*) in den Plural setzen

plus¹ [ply] *adv* ❶ (*opp: encore*) **il n'est ~
très jeune** er ist nicht mehr ganz jung; **il
ne l'a ~ jamais vu** er hat ihn niemals mehr
gesehen; **il ne pleut ~ du tout** es regnet
überhaupt nicht mehr; **il ne neige presque ~** es schneit kaum noch; **il n'y a ~
personne** es ist niemand mehr da; **nous
n'avons ~ rien à manger** wir haben nichts
mehr zu essen; **il ne dit ~ un mot** er sagt
kein |einziges| Wort mehr; **ils n'ont ~ d'ar-
gent** sie haben kein Geld mehr ❷ (*seulement encore*) **on n'attend ~ que toi** wir

warten nur noch auf dich; **il ne manquait ~ que ça** das hat gerade noch gefehlt ❸ (*pas plus que*) **moi non ~** ich auch nicht **plus²** [ply(s)] **I.** *adv* ❶ (*davantage*) **être ~ vieux que lui** älter als er sein; **deux fois ~ âgé qu'elle** doppelt so alt wie sie; **~ tard/tôt/près/lentement qu'hier** später/früher/näher/langsamer als gestern ❷ (*dans une comparaison*) **je lis ~ que toi** ich lese mehr als du; **ce tissu me plaît ~ que l'autre** dieser Stoff gefällt mir besser als der andere ❸ (*très*) **il est ~ qu'intelligent** er ist mehr als intelligent; **elle est ~ que contente** sie ist überglücklich ▶**~ que jamais** mehr denn je; **~ ou moins** mehr oder weniger; **ni ~ ni moins** nicht mehr und nicht weniger; **on ne peut ~** äußerst **II.** *adv emploi superl* **le ~ rapide/important** der schnellste/wichtigste; **le ~ intelligent des élèves** der Intelligenteste unter den Schülern; **le ~ vite/souvent** am schnellsten/häufigsten; **le ~ tard possible** so spät wie möglich; **c'est François qui lit le ~** François liest am meisten; **le ~ d'argent/de pages** das meiste Geld/die meisten Seiten; **le ~ possible de choses/personnes** so viel/so viele Dinge/Personen wie möglich ▶ **au ~ tôt/vite** möglichst früh/schnell; **|tout| au ~** |aller|höchstens

plus³ [plys, ply] *adv* mehr; **pas ~** mehr nicht; **~ d'une heure/de 40 ans** über eine Stunde/40 Jahre; **les enfants de ~ de 12 ans** Kinder über 12 Jahre; **il est ~ de minuit** es ist schon nach Mitternacht; **~ qu'il n'en faut** mehr als nötig; **~ de la moitié** mehr als die Hälfte; **~..., ~...** je mehr..., desto mehr...; **~..., |et| moins...** je mehr..., desto weniger... ▶**|et| de ~** |und| außerdem; **une assiette de ~** ein zusätzlicher Teller; **une fois de ~** ein weiteres Mal; **boire de ~ en ~** immer mehr trinken; **de ~ en ~ beau/vite** immer schöner/schneller; **en ~** dazu; **en ~ de qc** zusätzlich zu etw; **sans ~** mehr nicht

plus⁴ [plys] **I.** *conj* ❶ (*et*) plus; **2 ~ 2 font 4** 2 plus 2 gibt 4 ❷ (*quantité positive*) **~ quatre degrés** 4 Grad plus **II.** *m* ❶ MATH Plus *nt* ❷ (*avantage*) Vorteil *m*

plus⁵ [ply] *passé simple de* **plaire**

plusieurs [plyzjœʀ] **I.** *adj antéposé, pl* **à ~ reprises** mehrmals; **~ fois** mehrere Male **II.** *pron pl* einige ▶**à ~** zu mehreren

plus-que-parfait [plyskəpaʀfɛ] <plus-que-parfaits> *m* Plusquamperfekt *nt*

plut [ply] *passé simple de* **pleuvoir**

plutonium [plytɔnjɔm] *m* Plutonium *nt*

plutôt [plyto] *adv* ❶ (*de préférence*) **prendre ~ l'avion que le bateau** eher das Flugzeug als das Schiff nehmen ❷ (*au lieu de*) **~ que de parler, il vaudrait mieux que vous écoutiez** anstatt zu reden sollten ihr besser zuhören ❸ (*mieux*) **~ mourir que |de| fuir** lieber sterben als fliehen ❹ (*et pas vraiment*) **être paresseux ~ que sot** eher faul als dumm sein ❺ (*assez*) **être ~ gentil** eigentlich nett sein; **~ mal/lentement** eher schlecht/langsam ❻ *fam* (*très*) unheimlich ❼ (*plus exactement*) **ou ~** oder besser gesagt

PMU [peemy] *m abr de* **Pari mutuel urbain** Pferdewettbüro *nt*

PNB [peɛnbe] *m abr de* **produit national brut**

pneu [pnø] *m* Reifen *m;* **avoir un ~ crevé** eine Reifenpanne haben

pneumatique [pnømatik] *adj* (*matelas*) Luft-; **canot ~** Schlauchboot *nt*

p.o. *abr de* **pour ordre** i.A.

poche¹ [pɔʃ] *f* ❶ (*cavité, sac*) Tasche *f;* **~ de thé** CAN (*sachet de thé*) Teebeutel *m* ❷ ANAT **avoir des ~s sous les yeux** Tränensäcke unter den Augen haben ▶**connaître qn/qc comme sa ~** jdn in- und auswendig/ etw wie seine Westentasche kennen; **se remplir les ~s** sich bereichern; **lampe de ~** Taschenlampe *f*

poche² [pɔʃ] *m fam* Taschenbuch *nt*

pochette [pɔʃɛt] *f* ❶ (*de disque*) Hülle *f* ❷ (*mouchoir de veste*) Einstecktuch *nt*

pochette-surprise [pɔʃɛtsyʀpʀiz] <pochettes-surprises> *f* Wundertüte *f*

podologue [pɔdɔlɔg] *mf* Fußspezialist(in) *m(f)*

poêle¹ [pwal] *f* GASTR [Brat]pfanne *f*

poêle² [pwal] *m* Ofen *m*

poème [pɔɛm] *m* Gedicht *nt*

poésie [pɔezi] *f* Gedicht *nt*

poète [pɔɛt] *m* Dichter(in) *m(f)*

poétique [pɔetik] *adj* poetisch; (*image, paysage*) stimmungsvoll; (*vision des choses*) verklärt

poétiquement [pɔetikmɑ̃] *adv* poetisch

poids [pwa] *m* ❶ Gewicht *nt;* **quel ~ faites-vous?** wie viel wiegen Sie?; **acheter**

P

au ~ nach Gewicht kaufen; **perdre/prendre du** ~ ab-/zunehmen ❷ (*charge pénible*) Last *f* ❸ *sans pl* (*influence*) Einfluss *m;* **peser de tout son** ~ seinen ganzen Einfluss geltend machen ❹ AUT ~ **lourd** Lastwagen *m* ▸**faire** le ~ das nötige Format haben; **faire le** ~ **devant qn/qc** jdm/etw gewachsen sein

poignard [pwaɲaʀ] *m* Dolch *m*

poignarder [pwaɲaʀde] <1> *vt* erdolchen

poigne [pwaɲ] *f* Kraft *f* [in den Händen] ▸**homme à** ~ energischer Mann

poignée [pwaɲe] *f* ❶ (*manche*) Griff *m;* (*d'une épée*) Schaft *m;* (*dans le bus, la baignoire*) Haltegriff ❷ (*quantité*) **une** ~ **de riz** eine Hand voll Reis ❸ INFORM Joystick *m* ▸~ **de main** Händedruck *m*

poignet [pwaɲɛ] *m* Handgelenk *nt*

poil [pwal] *m* ❶ ANAT [Körper]haar *nt;* **les ~s de la barbe** das Barthaar; **il n'a pas de ~s** er ist nicht behaart ❷ ZOOL Fell *nt;* **à** ~ **ras/ long** kurz-/langhaarig; **perdre ses ~s** haaren *fam* (*un petit peu*) **un** ~ **de gentillesse** ein Funken Höflichkeit ▸**être de bon/mauvais** ~ *fam* gut/schlecht gelaunt sein; **à** ~ *fam* (*nu*) nackt; **se mettre à** ~ sich [nackt] ausziehen; **au** ~! *fam* super!

poil-de-carotte [pwaldəkaʀɔt] *adj inv fam* leuchtend rot; **un enfant** ~ ein Rotschopf *m*

poilu, e [pwaly] *adj* behaart

poing [pwɛ̃] *m* Faust *f* ▸**mettre son** ~ **dans la figure à qn** *fam* jdm eine vor den Latz knallen; **dormir à ~s fermés** tief [und fest] schlafen

point [pwɛ̃] *m* ❶ Punkt *m;* ~s **de suspension** Auslassungspunkte *Pl;* ~ **d'exclamation/d'interrogation** Ausrufe-/Fragezeichen *nt* ❷ (*lieu*) ~ **de départ** Ausgangspunkt; ~ **de repère/d'intersection** Orientierungs-/Schnittpunkt; ~ **de vente** Verkaufsstelle *f* ❸ GEO **les quatre ~s cardinaux** die vier Himmelsrichtungen ▸~ **de vue** Aussicht[spunkt *m*] *f;* (*opinion*) Ansicht *f;* **d'un certain** ~ **de vue** in gewisser Weise; **de ce** ~ **de vue** so gesehen; **du** ~ **de vue de qc** was etw anbelangt; **au** ~ **de vue scientifique** aus wissenschaftlicher Sicht; **c'est un bon/mauvais** ~ **pour qn/ qc** das spricht für/gegen jdn/etw; ~ **commun** Gemeinsamkeit *f* ~ **faible/fort** Schwachpunkt *m*/Stärke *f* **mal en** ~ (*personne*) schlecht beieinander; (*voiture, ob-*

jet) in einem schlechten Zustand; **être toujours au même** ~ unverändert sein; ~ **noir** (*comédon*) Mitesser *m* **à** |**un**| **tel** ~ **que** derart, dass; **un** ~, **c'est tout** Schluss, Aus; **être au** ~ (*procédé, voiture*) ausgereift sein; **être sur le** ~ **de faire qc** im Begriff sein etw zu tun; **faire le** ~ |**de la situation**| Bilanz ziehen; **mettre au** ~ (*régler*) einstellen; (*préparer dans les détails*) ausarbeiten; **à** ~ (*viande*) medium; **comment a-t-il pu en arriver à ce** ~|-|**là**|**?** wie konnte es so weit mit ihm kommen?

pointe [pwɛ̃t] *f* ❶ Spitze *f* ❷ (*clou*) Drahtstift *m* ❸ (*de danse*) **faire des ~s** (*ballerine*) auf der Spitze tanzen ❹ (*petite quantité*) **une** ~ **de cannelle** eine Messerspitze Zimt; **une** ~ **d'ironie** ein Hauch *m* von Ironie; **une** ~ **d'accent** ein leichter Akzent ❺ CAN (*part*) Stück *nt* ▸**faire des ~s** |**de vitesse**| **de** [*o* à] 200/230 km/heure 200/230 km/h Spitze fahren (*fam*); |**être**| **à la** ~ **de qc** an der Spitze einer S. *gen* |stehen|; **vitesse de** ~ Spitzengeschwindigkeit *f* **heures de** ~ Hauptverkehrszeit *f* **de**[*o* en] ~ führend; **technologie de** ~ Spitzentechnologie; **marcher sur la** ~ **des pieds** auf Zehenspitzen gehen; (*prudemment*) behutsam vorgehen; **se mettre sur la** ~ **des pieds** sich auf die Zehenspitzen stellen

pointer [pwɛ̃te] <1> **I.** *vi* ❶ IND |**aller**| ~ (*ouvrier, employé*) die Stechuhr betätigen; (*chômeur*) stempeln gehen (*fam*) ❷ (*au jeu de boules*) die Setzkugel anspielen ❸ IN-FORM ~ **sur une icône** mit der Maus auf ein Icon zeigen **II.** *vt* (*diriger vers*) ~ **qc sur/vers qn/qc** etw auf/gegen jdn/etw richten; ~ **son/le doigt sur qn** mit dem Finger auf jdn zeigen **III.** *vpr* **se** ~ aufkreuzen

pointeur [pwɛ̃tœʀ] *m* INFORM ~ **de la souris** Mauszeiger *m*

pointillé [pwɛ̃tije] *m* punktierte Linie; **en ~**|**s**| gestrichelt |dargestellt|

pointilleux, -euse [pwɛ̃tijø, -jøz] *adj* übergenau; **être** ~ **sur qc** es mit etw sehr genau nehmen

pointu, e [pwɛ̃ty] *adj* ❶ (*acéré*) spitz ❷ (*grêle et aigu*) schrill ❸ (*analyse*) tief schürfend

pointure [pwɛ̃tyʀ] *f* Größe *f;* **quelle est votre ~?** welche Größe haben Sie?

point-virgule [pwɛ̃viʀgyl] <points-

virgules> m Strichpunkt m

poire [pwaʀ] f Birne f

poireau [pwaʀo] <x> m Lauch m

poirier [pwaʀje] m Birnbaum m

pois [pwa] m Erbse f; ~ **chiche** Kichererbse; **petit** ~ Erbse ▸**à** ~ getüpfelt

poison [pwazɔ̃] m Gift nt

poisse [pwas] f Pech nt; **porter la** ~ **à qn** fam jdm Unglück bringen

poisseux, -euse [pwasø, -øz] adj klebrig

poisson [pwasɔ̃] m Fisch m ▸**se sentir comme un** ~ **dans l'eau** in seinem Element sein; **engueuler qn comme du** ~ **pourri** fam jdn zur Schnecke machen; ~ **d'avril** Aprilscherz m ~ **d'avril!** April, April!; **faire à qn un** ~ **d'avril** jdn in den April schicken

poisson-chat [pwasɔ̃ʃa] <poissons-chats> m Wels m

poissonnerie [pwasɔnʀi] f Fischgeschäft nt

poissonnier, -ière [pwasɔnje, -jɛʀ] m, f Fischhändler(in) m(f)

Poissons [pwasɔ̃] m Fisch m; v.a. **Balance**

Poitou [pwatu] m **le** ~ das Poitou

poitrine [pwatʀin] f ➊ Brust f ➋ (seins) Busen m

poivre [pwavʀ] m sans pl Pfeffer m

poivré, e [pwavʀe] adj ➊ (épicé) gepfeffert ➋ (parfum, menthe) herb

poivrer [pwavʀe] <1> vt, vi pfeffern

poivrier [pwavʀije] m (récipient) Pfefferstreuer m

poivrière [pwavʀijɛʀ] f Pfefferstreuer m

poivron [pwavʀɔ̃] m Paprika|schote f| m

pokémonomaniaque [pɔkemɔnɔmanjak] mf Pokemon-Freak m

poker [pɔkɛʀ] m Poker|spiel nt| nt

polaire [pɔlɛʀ] adj (cercle) Polar-; (ours) Eis-

polder [pɔldɛʀ] m Polder m

pôle [pol] m Pol m; ~ **Nord/Sud** Nord-/Südpol

polenta [pɔlɛnta] f Polenta f

pole position [polpozisjɔ̃] f inv SPORT Poleposition f inv

poli, e [pɔli] adj höflich

police¹ [pɔlis] f sans pl Polizei f kein Pl; ~ **judiciaire/nationale** Kriminal-/Staatspolizei; ~ **secours** Notruf m ▸**faire la** ~ für Ordnung sorgen

police² [pɔlis] f ➊ ~ **d'assurance** Versicherungspolice f ➋ INFORM ~ **de caractères** Font m

policier, -ière [pɔlisje, -jɛʀ] I. adj (chien, état) Polizei-; (roman, film) Kriminal-; **femme** ~ Polizistin f II. m, f Polizist(in) m(f)

poliment [pɔlimɑ̃] adv höflich

politesse [pɔlitɛs] f sans pl Höflichkeit f; (règles) Anstandsregeln Pl

politicien, ne [pɔlitisjɛ̃, jɛn] m, f Politiker(in) m(f)

politique [pɔlitik] I. adj politisch; (droits) staatsbürgerlich f II. f Politik f; ~ **économique/extérieure/intérieure/sociale** Wirtschafts-/Außen-/Innen-/Sozialpolitik; ~ **de droite/gauche** rechts-/linksorientierte Politik; **faire de la** ~ (être militant) politisch engagiert sein; (être intéressé) sich für Politik interessieren III. mf (gouvernant) Politiker(in) m(f)

politiquement [pɔlitikmɑ̃] adv politisch

polka [pɔlka] f Polka f

polluant, e [pɔlɥɑ̃, ɑ̃t] adj umweltverschmutzend; (produit chimique) umweltschädlich; **non** ~ umweltfreundlich

polluer [pɔlɥe] <1> I. vt verschmutzen II. vi die Umwelt verschmutzen

pollution [pɔlysjɔ̃] f Umweltverschmutzung f

polo [pɔlo] m ➊ (chemise) Polohemd nt ➋ SPORT Polo nt

Pologne [pɔlɔɲ] f **la** ~ Polen nt

polonais [pɔlɔnɛ] m Polnisch nt; v.a. **allemand**

polonais, e [pɔlɔnɛ, ɛz] adj polnisch; v.a. **allemand**

Polonais, e [pɔlɔnɛ, ɛz] m, f Pole/Polin m/f

polonaise [pɔlɔnɛz] f MUS Polonaise f

polyamide [pɔliamid] m Polyamid nt

polyclinique [pɔliklinik] f Poliklinik f

Polynésie française [pɔlinezifʀɑ̃sɛz] f **la** ~ die französischen Südseeinseln

polyphonique [pɔlifɔnik] adj polyphon

pommade [pɔmad] f Salbe f

pomme [pɔm] f ➊ (fruit) Apfel m ➋ (pomme de terre) ~**s dauphines** Kroketten Pl ➌ BOT ~ **de pin** Tannenzapfen m ➍ ANAT ~ **d'Adam** Adamsapfel m ▸**tomber dans les** ~**s** umkippen; **pour ma/ta** ~ fam für mich/dich

pomme de terre [pɔmdɛtɛʀ] <pommes de terre> f Kartoffel f

pommier [pɔmje] m Apfelbaum m

pompe [pɔ̃p] f ➊ (machine) Pumpe f; ~ **à**

P

essence Zapfsäule f ❷ *fam* (*chaussure*) Treter m ❸ SPORT *fam* Liegestütz m ►**coup** de ~ *fam* Durchhänger m **être à côté de ses** ~**s** *fam* völlig daneben sein

pomper [pɔ̃pe] <1> *vi* ❶ (*puiser*) pumpen ❷ SCOL *fam* ~ **sur qn** von jdm abschreiben

pompeusement [pɔ̃pøzmɑ̃] *adv* hochtrabend

pompier [pɔ̃pje] m Feuerwehrmann m ►**fumer comme un** ~ wie ein Schlot rauchen (*fam*)

pompiste [pɔ̃pist] mf Tankwart m

poncer [pɔ̃se] <2> vt |ab|schleifen

ponceuse [pɔ̃søz] f Schleifmaschine f

poncho [pɔ̃(t)ʃo] m Poncho m

poncif [pɔ̃sif] m Gemeinplatz m

ponctualité [pɔ̃ktɥalite] f Pünktlichkeit f

ponctuation [pɔ̃ktɥasjɔ̃] f Zeichensetzung f; **signes de** ~ Satzzeichen Pl

ponctuel, le [pɔ̃ktɥɛl] *adj* ❶ (*exact*) pünktlich ❷ (*momentané*) punktuell

ponctuellement [pɔ̃ktɥɛlmɑ̃] *adv* ❶ (*à l'heure*) pünktlich ❷ (*momentanément*) punktuell

pondre [pɔ̃dʀ] <14> vt, vi legen

poney [pɔnɛ] m Pony nt

pont [pɔ̃] m ❶ ARCHIT Brücke f ❷ (*vacances*) verlängertes Wochenende ❸ NAUT Deck nt ►**couper** les ~s avec qn/qc den Kontakt zu jdm/etw abbrechen

pontifier [pɔ̃tifje] <1a> vi dozieren (*pej fam*)

pop [pɔp] *adj inv* (*groupe, musique*) Pop-

pop-corn [pɔpkɔʀn] m inv Popcorn m

populaire [pɔpylɛʀ] *adj* ❶ (*république*) Volks-; (*roman*) volkstümlich; **bal** ~ öffentliche Tanzveranstaltung ❷ (*quartier*) Arbeiter-; **classes** ~**s** untere Volksschichten ❸ (*qui plaît*) populär

popularité [pɔpylaʀite] f Popularität f

population [pɔpylasjɔ̃] f Bevölkerung f; (*d'une ville*) Einwohner Pl

porc [pɔʀ] m ❶ a. péj Schwein nt ❷ (*viande*) Schweinefleisch nt

porcelaine [pɔʀsəlɛn] f ❶ (*matière*) Porzellan nt ❷ (*vaisselle*) Porzellangeschirr nt

porcelet [pɔʀsəlɛ] m Ferkel nt

porche [pɔʀʃ] m |Portal|vorbau m

porcherie [pɔʀʃəʀi] f ❶ (*bâtiment*) Schweinestall m ❷ (*lieu très sale*) Saustall m (*fam*)

porno [pɔʀno] I. *adj fam abr de* **pornographique** (*film, roman*) Porno- II. m *fam abr*

de **pornographie** Pornografie f

pornographie [pɔʀnɔgʀafi] f Pornografie f

pornographique [pɔʀnɔgʀafik] *adj* pornografisch; **revue** ~ Pornoheft nt

port[1] [pɔʀ] m ❶ Hafen m; ~ **de pêche** Fischereihafen ❷ INFORM Port m

port[2] [pɔʀ] m ❶ (*d'un vêtement, casque, objet*) Tragen nt; ~ **obligatoire de la ceinture de sécurité** Anschnallpflicht f ❷ COM Transportkosten Pl; (*d'une lettre*) Porto nt; ~ **dû**/**payé** unfrankiert/frankiert

portable [pɔʀtabl] I. *adj* tragbar II. m ❶ TELEC Handy m ❷ INFORM Laptop m

portail [pɔʀtaj] <s> m a. INFORM Portal nt

portant, e [pɔʀtɑ̃, ɑ̃t] *adj* ►**bien** ~ gesund

portatif, -ive [pɔʀtatif, -iv] *adj* tragbar

porte [pɔʀt] f ❶ (*ouverture, panneau mobile*) Tür f; (*plus grand*) Tor nt; **battante** Flügeltür; ~ **de devant**/**derrière** Vorder-/Hintertür; **à deux** ~**s** (*voiture*) zweitürig; ~ **de secours** Notausgang m; ~ **de service** Lieferanteneingang; ~ **d'embarquement** Flugsteig m; **à la** ~ vor der Tür; **il y a qn à la** ~ es ist jd an der Tür; **de** ~ **en** ~ von Haus zu Haus; **forcer la** ~ die Tür aufbrechen ❷ (*d'un château, d'une ville*) Tor nt; ~ **de Clignancourt** Porte f de Clignancourt ►**être aimable comme une** ~ **de prison** sehr unfreundlich sein; |journée| ~s **ouvertes** Tag m der offenen Tür; **écouter aux** ~s an der Tür lauschen; **fermer**/**ouvrir sa** ~ **à qn** jdm sein Haus verbieten/öffnen; **frapper à la** ~ **de qn** bei jdm anklopfen (*fam*); **foutre qn à la** ~ *fam* jdn rausschmeißen; **prendre la** ~ |weg|gehen; **à la** ~**!** hinaus!; **ce n'est pas la** ~ **à côté!** das ist ganz schön weit! (*fam*)

porte-à-faux [pɔʀtafo] ►**en** ~ (*mur, roche*) überhängend; *fig* (*personne*) in einer heiklen Lage **porte-à-porte** [pɔʀtapɔʀt] m inv Hausieren nt; **faire du** ~ (*quêteur*) von Haus zu Haus gehen; (*marchand ambulant*) hausieren **porte-bagages** [pɔʀtbaɡaʒ] m inv Gepäckträger m **porte-bonheur** [pɔʀtbɔnœʀ] m inv Glücksbringer m **porte-clés** [pɔʀtəkle] m inv (*anneau*) Schlüsselring m; (*anneau avec breloque*) Schlüsselanhänger m; (*étui*) Schlüsseletui nt **porte-documents** [pɔʀtdɔkymɑ̃] m inv Aktentasche f

portée [pɔʀte] f ❶ (*distance*) Reichweite f; **à** ~ **de la main** griffbereit; **à la** ~ **de qn** in jds

Reichweite ❷ (*effet: d'un acte, d'un événement*) Tragweite *f*; (*d'un argument*) Schlagkraft *f*; (*de paroles*) Wirkung *f* ❸ mus Notensystem *nt* ❹ zool Wurf *m* ❺ (*niveau, accessibilité*) **être à la ~ de qn** (*livre, discours*) für jdn verständlich sein; (*voyage, achat*) für jdn erschwinglich sein

porte-fenêtre [pɔʀtfanɛtʀ] <portes-fenêtres> *f* Fenstertür *f*

portefeuille [pɔʀtafœj] *m* Brieftasche *f*

portemanteau [pɔʀtmãto] <x> *m* Garderobe *f*; (*mobile*) Garderobenständer *m*; (*crochets au mur*) Kleiderhaken *m*

porte-monnaie [pɔʀtmɔnɛ] *m inv* Geldbeutel *m* **porte-parapluies** [pɔʀtparaplɥi] *m inv* Schirmständer *m* **porte-parole** [pɔʀtparɔl] *m inv* (*personne*) Sprecher(in) *m(f)*

porter [pɔʀte] <1> I. *vt* ❶ tragen ❷ *a. fig* (*apporter*) bringen; (*lettre, colis*) austragen; (*attention*) schenken; **la nuit porte conseil** guter Rat kommt über Nacht ❸ (*diriger*) ~ **sur qn/qc** (*regard*) auf jdn/etw richten; **qn porte son choix sur qc** jds Wahl fällt auf etw (*akk*) ❹ (*nom, titre*) führen ❺ (*inscrire*) **être porté disparu** als vermisst gemeldet sein II. *vi* ❶ (*avoir pour objet*) ~ **sur qc** (*action, effort*) sich auf etw (*akk*) konzentrieren; (*discours*) sich um etw drehen; (*revendications, divergences*) etw betreffen; (*question, critique*) sich auf etw (*akk*) beziehen ❷ (*faire effet: conseil, critique*) wirken; (*coup*) sitzen (*fam*) ❸ (*avoir une certaine portée: voix*) gut tragen ❹ (*reposer sur*) ~ **sur qc** (*accent*) auf etw (*dat*) liegen III. *vpr* ❶ (*aller*) **qn se porte bien/mal/comme un charme** jdm geht es gut/schlecht/blendend ❷ (*être porté*) **se ~** (*vêtements*) getragen werden

porteur, -euse [pɔʀtœʀ, -øz] *m, f* Gepäckträger(in) *m(f)*

portier, -ière [pɔʀtje, -jɛʀ] *m, f* Portier/Portiersfrau *m(f)*

portière [pɔʀtjɛʀ] *f* CHEMDFER, AUT Tür *f*

portion [pɔʀsjɔ̃] *f* GASTR Portion *f*

portoricain, ne [pɔʀtɔʀikɛ̃, -ɛn] *adj* puertoricanisch

Portoricain, ne [pɔʀtɔʀikɛ̃, -ɛn] *m, f* Puerto-Ricaner(in) *m(f)*

portrait [pɔʀtʀɛ] *m* Porträt *nt*; ~ **fidèle** lebensnahes Abbild; **faire le ~ de qn** (*peindre*) jdn porträtieren; (*faire une photo*) eine Porträtaufnahme von jdm machen ▸**être tout le ~ de qn** jdm wie aus dem Gesicht geschnitten sein

portrait-robot [pɔʀtʀɛʀɔbo] <portraits-robots> *m* Phantombild *nt*

portugais [pɔʀtygɛ] *m* Portugiesisch *nt*; *v.a.* **allemand**

portugais, e [pɔʀtygɛ, ɛz] *adj* portugiesisch; *v.a.* **allemand**

Portugais, e [pɔʀtygɛ, ɛz] *m, f* Portugiese/Portugiesin *m/f*

portugaise [pɔʀtygɛz] *f* portugiesische Auster

Portugal [pɔʀtygal] *m* **le ~** Portugal *nt*

pose [poz] *f* (*attitude*) [Körper]haltung *f*; ART, PHOT Pose *f*

posément [pozemã] *adv* (*agir*) [wohl]überlegt; (*parler*) ruhig

poser [poze] <1> I. *vt* ❶ (*livre, main*) [hin]legen; (*échelle, bagages*) [hin]stellen; (*pieds*) [hin]setzen; **~ par terre** auf den Boden stellen ❷ (*équation, principe*) aufstellen; (*opération*) [hin]schreiben ❸ (*devinette*) aufgeben; (*question, condition*) stellen ❹ (*moquette*) verlegen; (*rideau, serrure*) anbringen; (*tapisserie*) ankleben II. *vi* ~ **pour qn/qc** jdm/für etw Modell sitzen III. *vpr* ❶ (*exister*) **se ~** (*question*) sich stellen; (*difficulté, problème*) auftauchen ❷ (*cesser de voler*) **se ~ sur qc** (*insecte, oiseau*) sich auf etw (*akk*) setzen; (*avion*) auf etw (*dat*) landen ❸ (*se fixer*) **se ~ sur qc** (*regard, yeux*) sich auf etw (*akk*) richten

positif, -ive [pozitif, -iv] *adj* positiv

position [pozisjɔ̃] *f* ❶ Lage *f*; (*d'un objet*) Platz *m*; (*d'une personne*) Position *f*; **être en première/dernière ~** in erster/letzter Position liegen; (*dans une course*) auf dem ersten/letzten Platz liegen; **arriver en première/dernière ~** (*coureur*) als Erster/Letzter durchs Ziel gehen; (*candidat*) an erster/letzter Stelle sein ❷ (*posture: d'une personne*) Stellung *f*; (*en danse*) Position *f*; (*du corps*) Haltung *f*

positionnement [pozisjɔnmã] *m* Positionierung *f*

positionner [pozisjɔne] <1> I. *vt* ❶ COM, TECH positionieren ❷ (*situer*) lokalisieren II. *vpr* **se ~** (*personne*) sich plazieren; (*produit*) sich positionieren

positivement [pozitivmã] *adv* positiv

posologie [pozɔlɔʒi] *f* Dosierung *f*

P

possédant, e [pɔsedã, ãt] I. *adj* (*classe*) besitzend II. *m, f gén pl* Besitzende(r) *f(m)*

posséder [pɔsede] <5> *vt* ❶ (*avoir*) besitzen ❷ (*expérience, talent*) verfügen über (+ *akk*); (*mémoire, réflexes*) haben ❸ *fam* (*rouler*) hereinlegen

possessif [pɔsesif] *m* Possessiv|pronomen *nt*| *nt*

possessif, -ive [pɔsesif, -iv] *adj* ❶ (*dominateur*) besitzergreifend ❷ LING possessiv

possession [pɔsesjɔ̃] *f* Besitz *m;* **avoir qc en sa ~** etw besitzen; **être en ~ de qc** im Besitz einer S. (*gen*) sein (*form*)

possibilité [pɔsibilite] *f* Möglichkeit *f*

possible [pɔsibl] I. *adj* möglich; (*projet*) durchführbar; **il est ~ que** + *subj* es ist möglich, dass; **le moins/plus ~** so wenig/so viel wie möglich; **le plus gros ~** der/das größtmögliche; **autant que ~** soweit das möglich ist; **autant d'argent que ~** möglichst viel Geld II. *m* Mögliche(s) *nt;* **faire** |tout| **son ~ pour que** + *subj* sein Möglichstes tun damit

postal, e [pɔstal, o] < -aux> *adj* (*carte, code*) Post-

postcommunisme [pɔstkɔmynism] *m* Postkommunismus *m*

poste¹ [pɔst] *f* Post *f;* **mettre à la ~** zur Post bringen

poste² [pɔst] *m* ❶ (*emploi*) Stelle *f;* (*dans une hiérarchie*) Stellung *f;* **~ de directeur** Direktorposten; **être en ~ à Berlin/au ministère** in Berlin/im Ministerium arbeiten ❷ (*lieu de travail*) |Arbeits|stelle *f* ❸ (*appareil*) Gerät *nt;* **~ de radio/de télévision** Radio-/Fernsehapparat *m* ❹ (*lieu*) **~ de douane/de contrôle** Zoll-/Kontrollstelle *f;* **~ d'incendie** Feuerlöschanlage *f;* **~ de police** |Polizei|wache *f;* **~ de secours** Erste-Hilfe-Posten; (*en montagne*) Bergwacht *f* ❺ MIL Posten *m* ❻ TELEC Apparat *m;* **~ téléphonique** Telefonanschluss *m* ❼ INFORM **~ de travail** Workstation *f;* (*Windows 95/NT*) Arbeitsplatz *f*

poster¹ [pɔste] <1> *vt* einwerfen

poster² [pɔstɛʀ] *m* Poster *nt*

postérieurement [pɔsteʀjœʀmã] *adv* später; **~ à qc** nach etw

postillon [pɔstijɔ̃] *m* Spucke *f* (*fam*)

postmoderne [pɔstmɔdɛʀn] *adj* postmodern

post mortem [pɔstmɔʀtɛm] *adj inv* (*mariage*) nach dem Tod eines der Partner erfolgend

postnatal, e [pɔstnatal] <s> *adj* postnatal, nach der Geburt |erfolgend|

postsynchronisation [pɔstsɛ̃kʀɔnizasjɔ̃] *f* Nachsynchronisierung *f*

pot [po] *m* ❶ (*en terre*) Topf *m;* (*en verre*) Glas *nt;* (*en métal*) Dose *f;* (*en plastique*) Becher *m;* **~ de peinture/colle** Topf Farbe/Leim; **~ de crème** Dose Creme; **petit ~** |pour bébé| Gläschen *nt* |Babynahrung|; **mettre en ~** (*plantes*) eintopfen ❷ *fam* (*chance*) **c'est pas de ~!** Pech |gehabt|!; **avoir du ~/ne pas avoir de ~** *fam* Schwein/Pech haben ❸ *fam* (*consommation*) Drink *m;* (*réception*) Umtrunk *m;* (*d'adieu*) Ausstand *m;* **payer un ~ à qn** jdm einen ausgeben; **prendre un ~** zusammen einen trinken ▶ **~ de colle** *fam* Klette *f* **~ catalytique** Auspuff *m* mit eingebautem Kat|alysator|; **~ d'échappement** Auspuff *m* **sourd comme un ~** stocktaub (*fam*)

potable [pɔtabl] *adj* trinkbar; (*eau*) Trink-; **eau non ~!** kein Trinkwasser!

potage [pɔtaʒ] *m* Suppe *f*

potager [pɔtaʒe] *m* Gemüsegarten *m*

potager, -ère [pɔtaʒe, -ɛʀ] *adj* Gemüse-

pote [pɔt] *m fam* Kumpel *m*

poteau [pɔto] <x> *m* a. SPORT Pfosten *m;* **~ électrique** Leitungsmast *m*

potelé, e [pɔtle] *adj* mollig; (*bras*) fleischig

potentiel [pɔtãsjɛl] *m* Potenzial *nt*

potentiel, le [pɔtãsjɛl] *adj* potenziell

potentiellement [pɔtãsjɛlmã] *adv* potenziell; (*dangereux*) möglicherweise

poterie [pɔtʀi] *f* ❶ (*objet*) Töpferware *f* ❷ (*activité*) Töpferei *f*

potiche [pɔtiʃ] *f* ❶ (*objet*) große Porzellanvase *f* ❷ *péj* Galionsfigur *f*

potier, -ière [pɔtje, -jɛʀ] *m, f* Töpfer(in) *m(f)*

potion [pɔsjɔ̃] *f* **~ magique** Zaubertrank *m*

potiron [pɔtiʀɔ̃] *m* Kürbis *m*

pou [pu] <x> *m* Laus *f* ▶ **chercher des ~x à qn** Streit mit jdm suchen; **laid comme un ~** *fam* hässlich wie die Nacht

pouah [pwa] *interj* igitt

poubelle [pubɛl] *f* (*dans la cuisine*) Mülleimer *m*, Mistkübel *m* (A) (*devant la porte*) Mülltonne *f*

pouce [pus] *m* ❶ (*doigt*) Daumen *m* ❷ (*mesure*) Zoll *m* ▶ **donner un coup de ~ à qc** bei etw ein bisschen nachhelfen; **se tour-**

ner les ~s *fam* Däumchen drehen

poudre [pudʀ] *f* ❶ (*fines particules*) Pulver *nt* ❷ (*produit cosmétique*) |Gesichts|puder *m* ►ne pas avoir <u>inventé</u> la ~ *fam* das Pulver |auch| nicht |gerade| erfunden haben

poudrerie [pudʀəʀi] *f* CAN (*tourbillons de neige*) Schneegestöber *nt*

poudrier [pudʀije] *m* Puderdose *f*

pouffer [pufe] <1> *vi* **pouffer** |de rire| in Lachen ausbrechen

poulailler [pulɑje] *m* Hühnerstall *m*

poulain [pulɛ̃] *m* Fohlen *nt*

poule [pul] *f* ❶ (*femelle du coq*) Henne *f* ❷ (*poulet*) Huhn *nt* ►~ <u>mouillée</u> Angsthase *m* (*fam*)

poulet [pulɛ] *m* ❶ ZOOL Huhn *nt* ❷ GASTR Hähnchen *nt*; ~ rôti Brathähnchen

pouliche [puliʃ] *f* Stut|en|fohlen *nt*

poumon [pumɔ̃] *m* Lunge *f*; les ~s die Lunge; à pleins ~s aus voller Lunge; (*respirer*) ganz tief

poupée [pupe] *f* Puppe *f*

pour [puʀ] I. *prép* ❶ für ❷ (*envers*) ~ qn (*amour*) zu jdm; (*respect*) vor jdm ❸ (*contre*) la toux/le rhume gegen Husten/Schnupfen ❹ (*jusqu'à, pendant*) ~ le moment im Augenblick; j'en ai ~ une heure! ich brauche eine Stunde! ❺ (*à l'occasion de*) zu; ~ Noël zu Weihnachten ❻ (*à cause de*) wegen; ~ le plaisir de qn zu jds Freude; c'est ~ ton bien das geschieht zu deinem Besten; remercier qn ~ avoir fait qc jdm danken, weil er etw getan hat ❼ (*comme*) prendre ~ femme zur Frau nehmen; j'ai ~ principe de faire es ist mein Prinzip etw zu tun; avoir ~ effet zur Folge haben ❽ (*pour ce qui est de*) ~ autant que je sache soviel ich weiß ❾ (*dans le but de*) ~ faire qc um etw zu tun; ~ que + *subj* damit II. *m* le ~ et le contre das Für und |das| Wider; il y a du ~ et du contre es gibt Argumente dafür und dagegen

pourboire [puʀbwaʀ] *m* Trinkgeld *nt*

pourcentage [puʀsɑ̃taʒ] *m* ❶ *a.* COM ~ sur qc |prozentualer| Anteil an etw (*dat*); ~ de bénéfices Gewinnanteil; le ~ des naissances die Geburtenrate; travailler au ~ auf Provisionsbasis arbeiten ❷ (*proportion pour cent*) Prozentsatz *m*

pourchasser [puʀʃase] <1> *vt* verfolgen

pourpre [puʀpʀ] I. *adj* purpurrot II. *m* (*couleur*) Purpur *m*

pourquoi [puʀkwa] I. *conj* warum ►c'est ~ deshalb; c'est ~? *fam* was kann ich für Sie tun? II. *adv* warum; voilà ~ deshalb; ~ pas? warum nicht? III. *m inv* le ~ de qc der Grund einer S. (*gen*); le ~ et le comment das Warum und Weshalb

pourri [puʀi] *m péj* (*homme corrompu*) Dreckskerl *m*

pourri, e [puʀi] *adj* ❶ (*fruit, œuf*) faul; (*poisson, viande*) verdorben; (*cadavre*) verwest; (*arbre, planche*) morsch; (*feuilles*) verfault ❷ (*infect*) mies (*fam*); (*saison, temps*) verregnet; quel temps ~! was für ein Mistwetter! (*fam*) ❸ (*personne, société*) korrupt

pourrir [puʀiʀ] <8> I. *vi* ❶ (*se putréfier*) *œuf* faul werden; (*fruit*) verfaulen; (*viande, poisson*) schlecht werden; (*cadavre*) verwesen; (*arbre, planche*) |ver|modern ❷ *fam* ~ en prison im Gefängnis verkümmern II. *vt* (*aliment*) verderben; (*bois, végétaux*) verfaulen lassen; (*fruit*) faulen lassen

poursuivant, e [puʀsɥivɑ̃, ɑ̃t] *m, f* ❶ Verfolger(in) *m(f)* ❷ JUR Kläger(in) *m(f)*

poursuivre [puʀsɥivʀ] <irr> I. *vt* ❶ (*personne, but*) verfolgen ❷ (*harceler*) ~ qn (*personne*) jdn bedrängen; (*remords*) jdn quälen ❸ (*idéal*) streben nach ❹ (*continuer*) fortsetzen; (*combat, enquête*) weiterführen; ~ son récit in seinem Bericht fortfahren II. *vi* ❶ (*continuer*) fortfahren ❷ (*persévérer*) weitermachen III. *vpr* se ~ andauern; (*enquête, grève*) weitergeführt werden

pourtant [puʀtɑ̃] *adv* ❶ (*marque l'opposition, le regret*) dennoch; cette fois ~, ... diesmal jedoch ... ❷ (*marque l'étonnement*) |aber| doch

pourvoyeur [puʀvwajœʀ] *m* MIL Munitionskanonier *m*

pourvu [puʀvy] *conj* ❶ (*souhait*) wenn ~ nur; ~ que + *subj* wenn ❷ (*condition*) pourvu que + *subj* vorausgesetzt, dass

poussé, e [puse] *adj* (*étude, enquête*) ausführlich

pousser [puse] <1> I. *vt* ❶ (*déplacer*) schieben; (*voiture*) |an|schieben; (*meuble*) rücken ❷ (*pour ouvrir/fermer: porte, fenêtre*) auf-/zumachen; (*en claquant*) aufstoßen/zuschlagen ❸ (*bousculer*) stoßen; ~ du coude mit dem Ellbogen anstoßen ❹ (*entraîner: courant, vent*) treiben ❺ (*candidat, élève, cheval*) antreiben; (*moteur, machine*) hoch drehen ❻ (*inciter à*) ~ qn à

P

faire qc jdn dazu bringen etw zu tun; *(envie, intérêt, ambition)* jdn dazu treiben etw zu tun ❼ *(diriger)* **~ qn vers qc/qn** jdn zu etw drängen/zu jdm hindrängen ❽ *(cri, soupir)* ausstoßen; **~ des cris de joie** in Freudengeschrei ausbrechen; **~ des gémissements** stöhnen ❾ *(exagérer)* **~ qc à l'extrême** etw [bis] zum Äußersten treiben ❿ *(approfondir)* **~ plus loin** *(études)* weiter vertiefen ⓫ *(cultiver)* **faire ~** *(salade)* [an]pflanzen; *(fleurs)* ziehen ⓬ *(grandir)* **se laisser ~** *(cheveux)* sich *(dat)* wachsen lassen **II.** *vi* ❶ *(croître)* wachsen ❷ *(faire un effort pour accoucher)* pressen ❸ *(exercer une poussée)* drängen ❹ *fam (exagérer)* übertreiben **III.** *vpr* **se ~** ❶ *(s'écarter)* Platz machen; **pousse-toi [un peu]!** rutsch mal [ein Stück] [zur Seite]! ❷ *(se bousculer)* sich drängen

poussette [pusεt] *f (voiture d'enfant)* [Kinder]sportwagen *m*

poussière [pusjεR] *f* Staub *m;* **faire la ~** Staub wischen; **avoir une ~ dans l'œil** ein Staubkorn im Auge haben ►**réduire qn/qc en ~** aus jdm/etw Kleinholz machen *(fam)*; **500 euros et des ~s** *fam* 500 Euro und ein paar Zerquetschte

poussiéreux, -euse [pusjεRø, -øz] *adj* staubig; *(chambre, livres)* verstaubt

poussin [pusε̃] *m* ZOOL Küken *nt*

poussoir [puswaR] *m (d'une montre, sonnette)* Knopf *m*

poutre [putR] *f* ❶ *(de bois)* Balken *m* ❷ SPORT Schwebebalken *m*

pouvoir¹ [puvwaR] <irr> **I.** *aux* ❶ *(être autorisé)* dürfen ❷ *(être capable de)* können; **ne pas ~ s'empêcher de tousser** ständig husten müssen ❸ *(éventualité)* **quel âge peut-il bien avoir?** wie alt er wohl sein mag? ❹ *(suggestion)* **tu aurais pu nous le dire plus tôt!** das hättest du uns früher sagen können! **II.** *aux impers* **cela peut arriver** das kann vorkommen **III.** *vt* **ne rien ~ [faire] pour qn** nichts für jdn tun können ►**n'en plus ~ de qc** nicht mehr können vor etw *(dat)* **qn n'y peut rien** *(ne peut y porter remède)* jd kann nichts dagegen tun; *(n'est pas responsable)* jd kann nichts dafür; **qu'est-ce que cela peut te faire?** was geht dich das an?; **ne rien ~ [y] faire** nichts [daran] ändern können **IV.** *vpr impers* **cela se peut/pourrait** das kann/könnte sein; **il**

se pourrait que + *subj* es könnte sein, dass

pouvoir² [puvwaR] *m* ❶ POL [regierende] Macht; **le parti au ~** die regierende Partei; **être au ~** an der Macht sein ❷ *(autorité)* **~ sur qn** Macht *f* über jdn ❸ *(influence)* Einfluss *m* [auf jdn] ❹ POL, JUR *(organes de décision)* [Staats]gewalt *f;* **~ exécutif** Exekutive *f;* **~ législatif** Legislative *f;* **~ judiciaire** richterliche Gewalt; **~s publics** Staatsorgane *Pl* ❺ ECON **~ d'achat** Kaufkraft *f*

Prague [pRag] Prag *nt*

prairie [pReRi] *f* Wiese *f*

praline [pRaline] *f* **~ grillée** gebrannte Mandel

pratique [pRatik] **I.** *adj* praktisch **II.** *f* ❶ *(opp: théorie)* Praxis *f;* **mettre en ~** in die Praxis umsetzen ❷ *(expérience)* [praktische] Erfahrung *f* ❸ *(procédé)* Praktik *f* ❹ *(coutume)* Gepflogenheit *f*

pratiquement [pRatikmã] *adv (presque)* praktisch *(fam)*

pratiquer [pRatike] <1> **I.** *vt* ❶ *(métier)* ausüben; *(religion, méthode)* praktizieren; *(politique, sport)* betreiben ❷ *(prix)* verlangen **II.** *vi* ❶ MED praktizieren ❷ REL in die Kirche gehen

pré [pRe] *m* Wiese *f*

préado [pReado] *m, f fam abr de* **préadolescent**

préadolescence [pReadɔlesãs] *f* Vorpubertät *f*

préadolescent, e [pReadɔlesã, ãt] *m, f* Teeny *m*

préalable [pRealabl] *adj (entretien)* vorhergehend; *(avis, accord)* vorherig; **question ~** Vorfrage *f;* **je voudrais votre accord/avis ~** ich hätte gerne vorher Ihre Zustimmung/Meinung

préau [pReo] <x> *m (d'une école)* überdachter Pausenhof

précaution [pRekosjõ] *f* ❶ *(disposition)* Vorsichtsmaßnahme *f* ❷ *(prudence)* Vorsicht *f;* **avec/sans ~** vorsichtig/unvorsichtig; **par ~** vorsichtshalber

précédent, e [pResedã, ãt] *adj* vorhergehend; *(année)* vorige(r, s); **le jour ~** am Vortag *m*

précéder [pResede] <5> *vt* ❶ **~ qc** *(dans le temps)* einer S. *(dat)* vorangehen; *(dans l'espace)* sich vor einer S. *(dat)* befinden; **l'article précède le nom** der Artikel steht vor dem Nomen ❷ *(devancer)* **~ qn** jdm vorangehen; (*en voiture*) vor jdm [her]fahren

préchauffer [pʀeʃofe] <1> *vt* (*four*) vorheizen

prêcher [pʀeʃe] <1> *vi* ❶ REL predigen ❷ *iron* Moralpredigten halten

précieusement [pʀesjøzmɑ̃] *adv* sorgsam

précieux, -euse [pʀesjø, -jøz] *adj* wertvoll; (*temps*) kostbar; (*métal, pierre*) Edel-; **objet ~** Wertgegenstand *m*

précipice [pʀesipis] *m* Abgrund *m*

précipitamment [pʀesipitamɑ̃] *adv* (*partir, s'enfuir*) überstürzt

précipitation [pʀesipitasjɔ̃] *f* ❶ (*hâte*) Hast *f*; (*d'un départ*) Überstürztheit *f* ❷ *pl* METEO Niederschläge *Pl*

précipité, e [pʀesipite] *adj* (*fuite, départ*) überstürzt; (*décision*) übereilt; (*personne*) voreilig

précipiter [pʀesipite] <1> I. *vt* ❶ (*jeter*) **~ qn dans l'escalier** jdn die Treppe hinunterstoßen ❷ (*pas*) beschleunigen II. *vpr* **se ~** (*s'accélérer*) sich beschleunigen

précis, e [pʀesi, iz] *adj* genau; (*diagnostic*) exakt; (*demande, ordre, idée*) klar; (*geste, style*) präzise; (*bruit, contours*) deutlich; **à 10 heures ~es** um Punkt 10 Uhr

précisément [pʀesizemɑ̃] *adv* ❶ (*au moment même*) gerade ❷ (*exactement*) genau; **plus ~** genauer gesagt

préciser [pʀesize] <1> I. *vt* (*point, fait*) genau[er] erklären; (*intention, idée*) klar[er] ausdrücken; (*date, lieu*) genau angeben; **~ que** klarstellen dass II. *vpr* **se ~** sich klarer abzeichnen; (*menace*) deutlicher werden; (*idée, situation*) klarer werden

précision [pʀesizjɔ̃] *f* ❶ (*justesse*) Genauigkeit *f*; (*d'un geste, instrument*) Präzision *f*; **avec ~** genau ❷ (*des contours, d'un trait*) Deutlichkeit *f* ❸ *souvent pl* (*détail*) [genauere] Angabe

précité, e [pʀesite] *adj* oben erwähnt

précuit, e [pʀekɥi, kɥit] *adj* vorgekocht

prédécesseur [pʀedesesœʀ] *m* Vorgänger(in) *m(f)*

prédécoupé, e [pʀedekupe] *adj* (*planche*) [schon] zugeschnitten; (*viande*) [schon] vorgeschnitten

prédestiné, e [pʀedɛstine] *adj* vor[her]bestimmt; **~ à qc** für etw prädestiniert

prédéterminer [pʀedetɛʀmine] <1> *vt* [vorher]bestimmen

prédication [pʀedikasjɔ̃] *f* ❶ REL Predigen

nt; **la ~ de l'Évangile** die Verkündigung des Evangeliums ❷ REL Predigt *f*

prédiction [pʀediksjɔ̃] *f* Voraussage *f*

prédire [pʀediʀ] <irr> *vt* vorhersagen

préface [pʀefas] *f* Vorwort *nt*

préfecture [pʀefɛktyʀ] *f* Präfektur *f*

préféré, e [pʀefeʀe] I. *adj* (*ami*) beste(r, s); (*chanteur*) Lieblings- II. *m, f* Liebling *m*

préférence [pʀefeʀɑ̃s] *f* Vorliebe *f* ▸**de ~** vorzugsweise

préférer [pʀefeʀe] <5> *vt* (*aimer mieux*) **~ qn à qn** jdn lieber mögen als jdn; **~ qc à qc** etw einer S. (*dat*) vorziehen; **~ le champagne** Champagner bevorzugen; **~ la ville à la campagne** lieber in der Stadt als auf dem Land leben; **je préfère que** + *subj* mir ist es lieber, wenn; **je te préfère avec les cheveux courts** mir gefällst du mit kurzen Haaren besser; **si tu préfères ...** wenn es dir lieber ist ...

préfet [pʀefɛ] *m* ❶ (*fonctionnaire*) Präfekt *m* ❷ BELG Schulleiter *m*

P

préfète [pʀefɛt] *f* ❶ (*femme du préfet*) **Madame la ~** die Präfektin ❷ BELG Schulleiterin *f*

préfixe [pʀefiks] *m* Präfix *nt*, Vorsilbe *f*

préhistoire [pʀeistwaʀ] *f* Vorgeschichte *f*

préhistorique [pʀeistɔʀik] *adj* HIST vorgeschichtlich

préjugé [pʀeʒyʒe] *m* Vorurteil *nt*

préjuger [pʀeʒyʒe] <2a> *vt, vi* ~ [d'] une **réaction**/[d'] une **conduite** eine Reaktion/ein Verhalten vorhersehen; **ne rien laisser ~ de la décision prise** keinen Hinweis auf die Entscheidung geben

prélavage [pʀelavaʒ] *m* Vorwäsche *f*

prélever [pʀel(ə)ve] <4> *vt* (*somme, pourcentage*) einbehalten; (*taxe*) abziehen; (*organe, tissu*) entnehmen; (*sang*) abnehmen; **~ sur le compte** (*argent*) vom Konto abheben

prématurément [pʀematyʀemɑ̃] *adv* vorzeitig; (*décider*) verfrüht

premier [pʀəmje] *m* ❶ (*aîné*) Erste(r, s) *f/m, nt*), erstes Kind ❷ (*jour*) Erste(r) *m*; **le ~ du mois/de l'an** am Monatsersten/Neujahrstag ►**en ~** (*avant les autres*) als Erste(r, s); (*pour commencer*) zunächst; *v.a.* **cinquième**

premier, -ière [pʀəmje, -jɛʀ] **I.** *adj* ❶ antéposé (*opp: dernier*) erste(r, s); (*page*) Titel-; **~ venu** erste(r, s); **en ~ lieu** zuerst; **dans les ~s temps** anfangs ❷ (*besoins, rudiments*) Grund-; (*vocation*) eigentlich; (*objectif, rôle*) Haupt-; (*qualité*) wichtigste(r, s) **II.** *m* **f** le/la ~(-ière) der/die/das Erste; *v.a.* **cinquième**

première [pʀəmjɛʀ] *f* ❶ (*vitesse*) erster Gang ❷ SCOL ≈ elfte Klasse ❸ (*manifestation sans précédent*) erstmaliges Ereignis; ~ **mondiale** Weltereignis *nt* ❹ THEAT, CINE Premiere *f* ❺ AUT erste Klasse; *v.a.* **cinquième**

premièrement [pʀəmjɛʀmɑ̃] *adv* erstens

prémisse [pʀemis] *f* Voraussetzung *f*

prenant, e [pʀənɑ̃, ɑ̃t] *adj* (*film, livre*) fesselnd; (*travail, activité*) Zeit raubend

prendre [pʀɑ̃dʀ] <13> **I.** *vt* **+ avoir** ❶ nehmen ❷ (*saisir*) ~ **qn par le bras** jdn am Arm fassen; ~ **qn par la main** jdn bei der Hand nehmen ❸ (*absorber*) [zu sich] nehmen; (*boisson, café*) trinken; (*sandwich*) essen; (*médicament*) einnehmen ❹ (*aller chercher*) abholen ❺ (*manteau, parapluie*) [mit]nehmen ❻ (*relais*) übernehmen; ~ **à qn** (*place, ballon*) jdm wegnehmen ❼ (*gibier*) erlegen; (*poisson, mouches*) fangen; (*forteresse, ville*) einnehmen; **se faire ~** gefasst werden; **être pris dans qc** in etw (*dat*) gefangen sein ❽ (*surprendre*) ~ **qn sur le fait** jdn auf frischer Tat ertappen; **on ne m'y prendra plus!** das passiert mir nicht noch einmal! ❾ (*commande, gouvernail*) übernehmen; (*direction*) einschlagen; ~ **l'autoroute** [über die] Autobahn fahren ❿ (*acheter*) kaufen; ~ **de l'essence** tanken ⓫ (*embaucher*) ~ **comme cuisinier** als Koch einstellen ⓬ PHOT ~ **qn en photo** ein Foto von jdm machen ⓭ (*notes*) machen; ~ **des nouvelles de qn** sich nach jdm erkundigen ⓮ (*décision, précautions*) treffen; (*air innocent*) aufsetzen; (*mesure, pouvoir*) ergreifen; (*ton menaçant*) anschla-

gen; ~ **la forme de qc** die Form einer S. (*gen*) annehmen ⓯ (*amant, maîtresse*) sich (*dat*) nehmen ⓰ (*couleur, goût de rance*) annehmen; ~ **du ventre** einen Bauch bekommen ⓱ MED ~ **froid** sich erkälten; **être pris d'un malaise** sich [plötzlich] unwohl fühlen ⓲ (*durer*) dauern ⓳ (*prélever: commission*) verlangen ⓴ *fam* (*averse, coup*) abkriegen; ~ **la balle en pleine figure** den Ball voll ins Gesicht kriegen ㉑ (*réagir à*) ~ **bien/mal la chose** die Sache gut aufnehmen/übel nehmen ㉒ (*considérer comme*) ~ **pour qc** für etw halten; ~ **qn pour qc** jdn mit jdm verwechseln ㉓ (*assaillir: colère, envie*) packen ㉔ LING (*s'écrire*) **ce mot prend deux s** dieses Wort schreibt man mit zwei s ►**c'est à ~ ou à** laisser entweder oder; ~ **qc sur soi** etw auf sich nehmen; **qu'est-ce qui te prend?** was ist denn mit dir los? **II.** *vi* ❶ (*réussir*) **avec moi, ça ne prend pas!** *fam* das zieht bei mir nicht! ❷ **+ avoir** (*s'enflammer: feu*) angehen ❸ **+ avoir o être** (*durcir: ciment, mayonnaise*) fest werden ❹ **+ avoir** (*se diriger*) ~ **à gauche** (*personne*) [nach] links abbiegen; (*chemin*) nach links führen ❺ **+ avoir** (*faire payer*) ~ **beaucoup** viel verlangen **III.** *vpr* ❶ (*s'accrocher*) **se ~ dans qc** sich in etw (*dat*) verfangen ❷ (*procéder*) **s'y ~ bien/mal avec qn** gut/schlecht mit jdm umgehen; **s'y ~ bien/mal avec qc** sich bei etw geschickt/ungeschickt anstellen; **s'y ~ à trois reprises** drei Anläufe unternehmen ❸ (*en vouloir*) **s'en ~ à qn/qc** jdn/etw dafür verantwortlich machen ❹ (*s'attaquer*) **s'en ~ à qn/qc** jdn/etw angreifen ❺ (*être pris*) **se ~** (*médicament*) [ein]genommen werden ❻ (*se tenir*) **se ~ par le bras** sich unterhaken

prénom [pʀenɔ̃] *m* Vorname *m*

préoccupation [pʀeɔkypasjɔ̃] *f* (*souci*) Sorge *f*

préoccupé, e [pʀeɔkype] *adj* besorgt; ~ [**par qc**] [um etw] besorgt

préoccuper [pʀeɔkype] <1> **I.** *vt* ~ **qn** jdm Sorge bereiten; (*avenir, situation*) jdn beunruhigen **II.** *vpr* **se ~ de qn/qc** sich um jdn/etw sorgen

préparatifs [pʀepaʀatif] *mpl* Vorbereitungen *Pl*

préparation [pʀepaʀasjɔ̃] *f* ❶ Vorbereitung *f*; (*d'un discours, plan*) Ausarbeitung *f*; (*d'un* *repas, poisson*) Zubereitung *f; (d'un médicament*) Herstellung *f* ❷ CHIM, MED Präparat *nt*

préparatoire [pʀepaʀatwaʀ] *adj* cours ~ ≈ 1. Klasse Grundschule; **classe** ~ Vorbereitungsklasse *f* [auf einer der „grandes écoles"]

préparer [pʀepaʀe] <1> I. *vt* ❶ vorbereiten ❷ (*thé, café*) zubereiten; (*médicament, pommade*) herstellen; **plat préparé** Fertiggericht *nt* ❸ (*affaires, valise*) [zusammen]packen; (*chambre, voiture*) herrichten; (*gibier, poisson*) zurechtmachen ❹ (*roman, thèse*) arbeiten an (+ *dat*); (*bac, concours*) sich vorbereiten auf (+ *akk*) ❺ (*rhume, grippe*) ausbrüten (*fam*); **que nous prépare-t-il?** was führt er im Schilde? II. *vpr* ❶ (*pour sortir*) **se** ~ sich fertig machen ❷ (*apprendre, s'entraîner*) **se** ~ **à qc** sich auf etw (*akk*) vorbereiten ❸ (*être sur le point de*) **se** ~ **à faire qc** sich anschicken etw zu tun (*geh*) ❹ (*approcher*) **se** ~ (*événement*) in der Luft liegen; (*orage*) im Anzug sein; (*grandes choses, tragédie*) sich abzeichnen ❺ (*devoir être préparé*) **se** ~ (*examen, plan, voyage*) vorbereitet werden

préposition [pʀepozisjɔ̃] *f* Präposition *f*

près [pʀɛ] I. *adv* ❶ (*à une petite distance*) nah[e] ❷ (*dans peu de temps*) nahe; **être** ~ (*événement, départ*) bevorstehen ►**qn n'en est pas/plus à qc** ~ jdm kommt es auf etw (*akk*) nicht/nicht mehr an; **à qc** ~ **à la minute** ~ auf die Minute genau; **au centime** ~ bis auf den letzten Cent; **à une exception** ~ bis auf eine Ausnahme; **à peu** [de **choses**] ~ beinahe; (*ressembler*) ziemlich; **à peu** ~ **vide/calme** fast [ganz] leer/einigermaßen ruhig; **à cela** ~ **que** abgesehen davon, dass; **de** ~ (*voir, regarder*) aus der Nähe; (*frôler, approcher*) nahe; (*suivre*) dicht; (*examiner, surveiller, y garder*) genau; (*se suivre*) kurz hintereinander II. *prép* ❶ (*à côté de*) ~ **de qn/d'un lieu** in jds Nähe (*dat*)/in der Nähe eines Ortes; ~ **de Paris/Cologne** bei Paris/Köln; **habiter** ~ **de chez qn** nicht weit von jdm wohnen ❷ (*à peu de temps de*) **être** ~ **du but** nahe am Ziel sein; **être** ~ **de la retraite** kurz vor der Pensionierung stehen ❸ (*presque*) ~ **de** fast ► **ne pas être** ~ **de faire qc** etw bestimmt nicht mehr tun

présence [pʀezɑ̃s] *f* ❶ (*d'une personne*) Anwesenheit *f;* (*d'une chose*) Vorhanden-

sein *nt*; **en** ~ **de qn** in jds Anwesenheit (*dat*) ❷ (*personnalité*) Ausstrahlungskraft *f*

présent [pʀezɑ̃] *m* ❶ (*opp: passé*) Gegenwart *f* ❷ LING Präsens *nt* ►**à** ~ jetzt; **à** ~ **que** jetzt, wo; **dès à** ~ ab sofort; **jusqu'à** ~ bis jetzt

présent, e [pʀezɑ̃, ɑ̃t] I. *adj* ❶ (*opp: absent: personne*) anwesend; **les personnes** ~**es** die Anwesenden ❷ (*qui existe*) **avoir qc** ~ **à l'esprit** etw im Kopf haben ❸ (*actuel: circonstances, état*) gegenwärtig; (*temps*) heutig II. *m, f* (*personne*) Anwesende(r) *f(m)*

présentable [pʀezɑ̃tabl] *adj* **être** ~ (*tenue, coiffure*) sich sehen lassen können; (*personne*) vorzeigbar sein (*fam*)

présentateur, -trice [pʀezɑ̃tatœʀ, -tʀis] *m, f* (*du journal télévisé*) [Nachrichten]sprecher(in) *m(f);* (*d'un programme*) Ansager(in) *m(f);* (*d'une émission*) Moderator(in) *m(f)*

présentation [pʀezɑ̃tasjɔ̃] *f* ❶ (*action de faire connaître: d'une collection, de tableaux*) Vorführung *f;* (*d'un film, invité*) Vorstellung *f;* (*d'un bilan, du budget*) Vorlage *f;* (*d'un problème, d'une idée*) Präsentation *f* ❷ RADIO, TV (*d'une émission*) Moderation *f;* (*d'un programme*) Ansage *f* ❸ (*action de montrer: d'une pièce d'identité*) Vorzeigen *nt* ❹ (*aspect extérieur: d'une personne*) [äußere] Erscheinung; (*d'un devoir, texte*) [äußere] Form; (*d'un produit*) Aufmachung *f* ❺ (*fait d'introduire qn*) **les** ~**s** das Vorstellen

présenter [pʀezɑ̃te] <1> I. *vt* ❶ vorstellen ❷ (*émission*) moderieren; (*programme*) ansagen ❸ (*décrire*) ~ **qn/qc comme qn/qc** jdn/etw als jdn/etw darstellen ❹ (*billet, carte d'identité*) vorzeigen; (*document*) vorlegen ❺ (*condoléances, félicitations*) aussprechen; ~ **ses excuses à qn** jdn um Entschuldigung bitten ❻ (*donner une apparence*) präsentieren; **c'est bien présenté** das ist gut dargeboten ❼ (*offrir*) bieten; (*plat, rafraîchissement*) reichen; (*fauteuil*) anbieten ❽ (*devis, dossier*) vorlegen; (*addition, facture*) präsentieren II. *vpr* ❶ (*décliner son identité*) **se** ~ **à qn** sich jdm vorstellen ❷ (*se rendre*) **se** ~ **chez qn** bei jdm erscheinen ❸ (*être candidat*) **se** ~ **à un examen** an einer Prüfung teilnehmen; **se** ~ **pour un emploi** sich um eine Stelle bewerben ❹ (*surgir: occasion, spectacle*) sich bie-

P

ten ❺ (*avoir un certain aspect*) se ~ sous forme de cachets es als Tabletten geben
présentoir [pʀezɑ̃twaʀ] *m* Verkaufsständer *m*
préservatif [pʀezɛʀvatif] *m* (*condom*) Kondom *nt*
présidence [pʀezidɑ̃s] *f* Präsidentschaft *f*
président, e [pʀezidɑ̃, ɑ̃t] *m, f* ❶ (*d'une assemblée, d'un tribunal*) Präsident(in) *m(f)*; (*d'une association, d'un comité*) Vorsitzende(r) *f(m)* ❷ (*chef de l'État*) **le Président de la République française** der französische Staatspräsident ❸ CH (*maire dans les cantons de Valais et de Neuchâtel*) Ammann *m* (CH)

> Der **Président de la République** ist das Staatsoberhaupt Frankreichs und wird vom Volk per Direktwahl für eine Amtszeit von fünf Jahren (*le quinquennat*) nach dem Mehrheitswahlrecht gewählt. Präsident und Regierung müssen nicht aus dem gleichen politischen Lager stammen. Die Befugnisse des Staatspräsidenten sind mit denen des Bundeskanzlers vergleichbar.

président-directeur général [pʀezidɑ̃ diʀɛktœʀʒeneʀal, o] <présidents-directeurs généraux> *m* Generaldirektor(in) *m(f)*
présidentiable [pʀezidɑ̃sjabl] I. *adj* être ~ [ein] möglicher Präsidentschaftskandidat sein II. *mf* [möglicher] Präsidentschaftskandidat/[möglicher] Präsidentschaftskandidatin
présidentiel, le [pʀezidɑ̃sjɛl] *adj* (*élections*) Präsidentschafts-
présidentielle [pʀezidɑ̃sjɛl] *f gén pl* Präsidentschaftswahl[en *Pl*] *f*
presque [pʀɛsk] *adv* fast; **c'est ~ sûr** das ist so gut wie sicher; **n'entendre ~ pas** kaum hören
presqu'île [pʀɛskil] *f* Halbinsel *f*
press-book [pʀɛsbuk] <press-books> *m* (*documents reliés*) Präsentationsmappe *f*
presse [pʀɛs] *f* Presse *f*; **~ écrite** Printmedien *Pl*; **~ sportive** Sportzeitschriften *Pl*
pressé, e¹ [pʀese] *adj* (*pas*) eilig; **être ~ d'arriver** es eilig haben anzukommen
pressé, e² [pʀese] *adj* (*citron*) [frisch] gepresst
pressentiment [pʀesɑ̃timɑ̃] *m* Vorahnung *f*; **avoir le ~ que ...** das Gefühl haben, dass ...

presse-papiers [pʀɛspapje] *m inv* INFORM Zwischenablage *f* **presse-purée** [pʀɛspyʀe] *m inv* Kartoffelpresse *f*
presser¹ [pʀese] <1> I. *vt* (*pas*) beschleunigen II. *vi* (*temps*) drängen; (*affaire*) eilen ▶**ça presse!** *fam* das/es ist dringend! III. *vpr* se ~ **de faire qc** sich beeilen etw zu tun
presser² [pʀese] <1> I. *vt* ❶ (*fruit*) auspressen; (*pis d'une vache, raisin*) pressen ❷ (*serrer*) drücken II. *vpr* (*se bousculer*) **se ~ vers la sortie** zum Ausgang drängen
pression [pʀesjɔ̃] *f* ❶ Druck *m* ❷ (*bouton*) Druckknopf *m* ❸ (*bière*) vom Fass ▶**être sous ~** unter Druck stehen; <u>mettre</u> **la ~ sur qn** (*exiger de qn des performances immédiates*) jdn unter [Leistungs]druck setzen
pressurisation [pʀesyʀizasjɔ̃] *f* Druckausgleich *m*
prestidigitation [pʀestidiʒitasjɔ̃] *f* Zauberei *f*; **tour de ~** Zauberkunststück *nt*
prestige [pʀestiʒ] *m* Ansehen *nt*
prestigieux, -euse [pʀestiʒjø, -jøz] *adj* (*lieu, événement*) glanzvoll; (*carrière*) glänzend; (*métier, école*) [hoch]angesehen; (*artiste, scientifique*) renommiert
présumé, e [pʀezyme] *adj* (*auteur*) mutmaßlich; **être ~ coupable/innocent** für schuldig/unschuldig gehalten werden
présupposé [pʀesypoze] *m* (*d'un article, d'une doctrine*) Voraussetzung *f*
présure [pʀezyʀ] *f* Lab *nt*
prêt [pʀɛ] *m* (*crédit*) Darlehen *nt*; (*prêt public*) Anleihe *f*
prêt, e [pʀɛ, pʀɛt] *adj* ❶ (*préparé*) fertig; **tout est ~** alles ist vorbereitet ❷ (*disposé*) **~ à faire qc** bereit etw zu tun
prêt-à-porter [pʀɛtapɔʀte] *m sans pl* Konfektionskleidung *f*
prétendre [pʀetɑ̃dʀ] <14> *vt* behaupten
prétendument [pʀetɑ̃dymɑ̃] *adv* angeblich
prétentieusement [pʀetɑ̃sjøzmɑ̃] *adv* auf überhebliche Weise
prétentieux, -euse [pʀetɑ̃sjø, -jøz] I. *adj* (*personne, ton*) überheblich II. *m, f* eingebildeter Mensch; (*femme*) eingebildete Person
prétention [pʀetɑ̃sjɔ̃] *f* ❶ *sans pl* (*vanité*) Überheblichkeit *f*; **sans ~** einfach; **avoir la ~ de faire qc** sich (*dat*) einbilden etw tun zu können ❷ *gén pl* (*ce à quoi on prétend*) Anspruch *m*

prêter [pʀete] <1> **I.** vt ❶ (*livre, voiture*) ausleihen; (*argent*) leihen ❷ (*attribuer*) ~ **une intention à qn** jdm eine Absicht unterstellen **II.** vi ❶ (*donner matière à*) ~ **à équivoque** missverständlich sein; ~ **à rire** lachhaft sein; (*consentir un prêt*) ~ **à 8%** zu 8% Zinsen [ver]leihen **III.** vpr ❶ (*consentir*) **se** ~ **à un jeu** bei einem Spiel mitmachen ❷ (*être adapté à*) **se** ~ **à qc** sich für etw eignen

prétexte [pʀetɛkst] m Vorwand m; (*excuse*) Ausrede f; **prendre qc comme** ~ etw zum Vorwand nehmen; **sous aucun** ~ unter keinen Umständen

prétexter [pʀetɛkste] <1> vt zum Vorwand nehmen

prêtre [pʀɛtʀ] m REL Priester m

prêtre-ouvrier [pʀɛtʀuvʀije] <prêtres-ouvriers> m Arbeiterpriester m

preuve [pʀœv] f ❶ Beweis m; **fournir la ~ de qc** den Beweis für etw erbringen ❷ MATH ~ **par neuf** Neunerprobe f ▶**faire** ~ **de bonne volonté/courage** guten Willen/Mut zeigen

prévenir [pʀev(ə)niʀ] <9> **I.** vt ❶ (*aviser*) benachrichtigen ❷ (*avertir*) warnen **II.** vi Bescheid sagen

préventif, -ive [pʀevɑ̃tif, -iv] adj vorbeugend; (*médecine*) Präventiv-

prévention [pʀevɑ̃sjɔ̃] f (*médicale*) Vorsorge f; ~ **de la délinquance** Vorbeugung f gegen die Kriminalität; **la Prévention routière** die Straßenverkehrswacht

prévenu, e [pʀev(ə)ny] m, f JUR Beschuldigte(r) f/m

prévisible [pʀevizibl] adj vorhersehbar

prévision [pʀevizjɔ̃] f ❶ (*d'un événement, phénomène*) Vorhersehen nt; ~**s météorologiques** Wettervorhersage f ❷ pl ECON, FIN Prognosen Pl; ~**s budgétaires** Haushaltsvoranschlag m

prévisionnel, le [pʀevizjɔnɛl] adj (*mesures*) vorausschauend; (*coûts*) veranschlagt; (*étude, analyse*) prognostisch

prévoir [pʀevwaʀ] <irr> vt ❶ (*anticiper l'avenir*) vorhersehen; **moins cher que prévu** billiger als erwartet ❷ (*envisager*) vorsehen; (*casse-croûte, couvertures*) [vor]sorgen für; **tout** ~ an alles denken

prier [pʀije] <1> **I.** vt ❶ REL ~ **Dieu/les saints** zu Gott/den Heiligen beten ❷ (*inviter, solliciter*) ~ **qn de faire qc** jdn bitten etw zu tun ▶**je vous prie d'agréer mes sincères salutations/sentiments les meilleurs** mit freundlichen Grüßen; **je t'en/vous en prie** (*fais/faites donc*) bitte sehr; (*s'il te/vous plaît*) bitte; (*il n'y a pas de quoi*) keine Ursache! **II.** vi REL beten

prière [pʀijɛʀ] f ❶ REL Gebet nt; **faire sa** ~ beten ❷ (*demande*) Bitte f

primaire [pʀimɛʀ] **I.** adj (*école*) Grund- **II.** m SCOL Grundschule f

primauté [pʀimote] f (*supériorité*) ~ **de qc sur qc** Vorrang m einer S. (*gen*) vor etw (*dat*)

prime [pʀim] f ❶ (*allocation*) Prämie f; (*en complément du salaire*) Zulage f; (*subvention payée par l'État*) Beihilfe f; ~ **de fin d'année** Weihnachtsgeld nt ❷ (*somme à payer*) ~ **d'assurance** Versicherungsprämie f ▶**en** ~ als Zugabe; (*par-dessus le marché*) noch dazu

primer [pʀime] <1> vt prämi[i]eren; **primé** (*film*) preisgekrönt

primevère [pʀimvɛʀ] f Primel f

primo-infection [pʀimoɛ̃fɛksjɔ̃] <primo-infections> f Erstinfektion f

prince, -esse [pʀɛ̃s, -ɛs] m, f Fürst(in) m(f); (*fils/fille ou femme de roi*) Prinz/Prinzessin m/f; ~ **charmant** Märchenprinz ▶**être bon** ~ großmütig sein

principal [pʀɛ̃sipal] m (*l'important*) **le** ~ das Wichtigste; **le** ~, **c'est que** + subj Hauptsache ist, dass

principal, e [pʀɛ̃sipal, o] < -aux> **I.** adj wichtigste(r, s); (*raison, rôle, proposition*) Haupt- **II.** m, f SCOL Schuldirektor(in) m(f)

principale [pʀɛ̃sipal] f LING Hauptsatz m

principalement [pʀɛ̃sipalmɑ̃] adv hauptsächlich

principauté [pʀɛ̃sipote] f Fürstentum nt

principe [pʀɛ̃sip] m Prinzip nt; (*règle de conduite a.*) Grundsatz m ▶**en** ~ im Prinzip; **par** ~ aus Prinzip; **pour le** ~ um des Prinzips willen

printanier, -ière [pʀɛ̃tanje, -jɛʀ] adj (*soleil*) Frühlings-

printemps [pʀɛ̃tɑ̃] m Frühling m; v.a. **automne**

prioritaire [pʀijɔʀitɛʀ] **I.** adj vorrangig; **être** ~ Priorität haben; (*véhicule, route*) Vorfahrt haben **II.** mf (*personne*) Bevorrechtigte(r) f(m)

priorité [pʀijɔʀite] f ❶ Priorität f; **en** ~ als

P

Erstes ❷ AUT Vorfahrt *f*; **avoir la ~** Vorfahrt haben; **il y a ~ à droite** hier gilt rechts vor links

pris [pʀi] *passé simple de* **prendre**

pris, e [pʀi, pʀiz] **I.** *part passé de* **prendre** **II.** *adj* (*occupé*) **être ~** (*place*) besetzt sein; (*emploi du temps complet*) [völlig] verplant sein; (*personne*) beschäftigt sein; **avoir les mains ~es** keine Hand frei haben

prise [pʀiz] *f* ❶ (*action de prendre avec les mains*) Griff *m* ❷ (*poignée, objet que l'on peut empoigner*) Halt *m*; **lâcher ~** loslassen; *fig* nachgeben ❸ PECHE Fang *m*; CHASSE Beute *f* ❹ ELEC **~ de courant** Steckdose *f* ❺ CINE Aufnahme *f* ❻ (*de tabac*) Prise *f* ❼ MED **~ de sang** Blutabnahme *f* ❽ (*action d'assumer*) **~ en charge** Übernahme *f*

prison [pʀizɔ̃] *f* Gefängnis *nt*

prisonnier, -ière [pʀizɔnje, -jɛʀ] **I.** *adj* **être ~** eingesperrt sein; (*soldat*) in Gefangenschaft sein **II.** *m, f* Gefangene(r) *f(m)*; **faire ~** gefangen nehmen

privatif, -ive [pʀivatif, -iv] *adj* JUR ausschließend; **jardin ~** Garten *m* [nur] zur Privatnutzung

privé [pʀive] *m* ❶ (*vie privée*) Privatleben *nt*; **dans le/en ~** privat ❷ IND (*secteur privé*) Privatwirtschaft *f*

privé, e [pʀive] *adj* (*opp: public*) privat; (*école, secteur*) Privat-

priver [pʀive] <1> **I.** *vt* ❶ (*refuser à*) entziehen; **~ qn de ses droits civiques** jdm seine Staatsbürgerrechte aberkennen; **~ qn de liberté** jdn seiner Freiheit (*gen*) berauben ❷ (*faire perdre à*) **~ qn de tous ses moyens** jdn handlungsunfähig machen; **qn/qc est privé de qc** jdm/einer S. fehlt etw ❸ (*frustrer*) **~ qn** jdn um etw bringen **II.** *vpr* ❶ (*se restreindre*) **se ~ pour qn** sich für jdn einschränken ❷ (*renoncer*) **se ~ de qc** auf etw (*akk*) verzichten ▶**ne pas se ~ de faire qc** es sich (*dat*) nicht nehmen lassen etw zu tun

privilège [pʀivilɛʒ] *m* Privileg *nt*

privilégié, e [pʀivileʒje] **I.** *adj* (*personne, lieu*) privilegiert; (*situation*) [besonders] günstig; (*relations*) besonders gut **II.** *m, f* Privilegierte(r) *f(m)*

privilégier [pʀivileʒje] <1> *vt* (*personne*) privilegieren; **~ qc** einer S. (*dat*) den Vorzug geben

prix [pʀi] *m* ❶ Preis *m*; **~ du pain** Brotpreis; **~ d'ami** Freundschaftspreis; **à bas/moitié ~** billig/zum halben Preis; **hors de ~** unerschwinglich; **à aucun/tout ~** um keinen/jeden Preis; **ne pas avoir de ~** von unschätzbarem Wert sein ❷ (*distinction*) Auszeichnung *f*; **~ Nobel** Nobelpreisträger ▶**y mettre le ~** weder Kosten noch Mühen scheuen

pro [pʀo] *mf fam abr de* **professionnel** Profi *m*

probabilité [pʀɔbabilite] *f* Wahrscheinlichkeit *f*; **selon toute ~** höchstwahrscheinlich

probable [pʀɔbabl] *adj* **il est ~ qu'il gagnera** wahrscheinlich wird er gewinnen

probablement [pʀɔbabləmɑ̃] *adv* wahrscheinlich

problématique [pʀɔblematik] **I.** *adj* problematisch **II.** *f* Problemstellung *f*

problème [pʀɔblɛm] *m* ❶ Problem *nt*; (*moral, philosophique*) Frage *f*; **enfant à ~s** *fam* Problemkind *nt*; **poser un ~ à qn** für jdn ein Problem darstellen; **les ~s de circulation/stationnement** die Verkehrs-/Parkprobleme ❷ SCOL Aufgabe *f*

procédé [pʀɔsede] *m* (*méthode*) Verfahren *nt*

procéder [pʀɔsede] <5> *vi* (*agir*) verfahren; **~ par ordre** der Reihe nach vorgehen

procédurier, -ière [pʀɔsedyʀje, -jɛʀ] *adj* (*personne*) pedantisch; (*formalités*) haarspalterisch

procès [pʀɔsɛ] *m* Prozess *m*; **être en ~ avec qn** gegen jdn prozessieren

prochain [pʀɔʃɛ̃] *m* Nächste(r) *m*

prochain, e [pʀɔʃɛ̃, ɛn] *adj* ❶ nächste(r, s); **la ~e fois** nächstes Mal ❷ *postposé* (*arrivée, départ*) baldig; (*avenir*) nahe

prochaine [pʀɔʃɛn] *f fam* ❶ (*station*) die nächste Haltestelle ❷ (*fois*) **à la ~!** bis zum nächsten Mal!

prochainement [pʀɔʃɛnmɑ̃] *adv* demnächst; **très ~** in Kürze

proche [pʀɔʃ] **I.** *adj* ❶ nah[e]; (*départ*) nah[e] bevorstehend; **la ville la plus ~** die nächste Stadt; **être ~ de qc** nah[e] an etw (*dat*) sein ❷ (*sens*) verwandt; **être ~ de qc** (*langue, attitude*) einer S. (*dat*) ähnlich sein **II.** *mf* ❶ (*ami intime*) Vertraute(r) *f(m)* ❷ *mpl* (*parents*) **les ~s de qn** jds Angehörige *Pl*

Proche-Orient [pʀɔʃɔʀjɑ̃] *m* **le ~** der Nahe Osten

proclamer [pʁɔklame] <1> **I.** *vt* ❶ *(vérité)* verkünden; *(innocence)* beteuern ❷ *(république)* ausrufen; **~ qn empereur** jdn zum Kaiser ausrufen **II.** *vpr (se déclarer)* **se ~ indépendant** sich für unabhängig erklären

procurer [pʁɔkyʁe] <1> **I.** *vt* **~ qc à qn** jdm zu etw verhelfen **II.** *vpr (obtenir)* **se ~ qc** sich *(dat)* etw verschaffen

prodige [pʁɔdiʒ] *m* ❶ Wunder *nt* ❷ *(génie)* Genie *nt*; **enfant ~** Wunderkind *nt*

prodigieusement [pʁɔdiʒjøzmɑ̃] *adv* *(beau, difficile)* ungemein; *(doué, intéressant)* sehr; *(agacer, s'ennuyer)* über alle Maßen

prodigue [pʁɔdig] *adj (dépensier)* verschwenderisch

producteur, -trice [pʁɔdyktœʁ, -tʁis] **I.** *adj* COM *(vie)* ❶ **~ de blé** Getreide anbauend; **~ de pétrole** Erdöl produzierend **II.** *m, f* ❶ *a.* CINE, RADIO, TV Produzent(in) *m(f)* ❷ AGR Erzeuger(in) *m(f)*

productif, -ive [pʁɔdyktif, -iv] *adj* produktiv; FIN gewinnbringend

production [pʁɔdyksjɔ̃] *f* ❶ Produktion *f* ❷ *(fabrication)* Herstellung *f*; **~ d'énergie** Energieerzeugung *f* ❸ AGR Anbau *m* ❹ *(quantité produite)* Produktionsmenge *f*; *(d'énergie)* erzeugte Menge; *(de pétrole)* Fördermenge *f*; AGR Erzeugnisse *Pl*

productivité [pʁɔdyktivite] *f* Produktivität *f*

produire [pʁɔduiʁ] <irr> **I.** *vt* ❶ *(matières premières)* produzieren; *(voitures)* herstellen; *(électricité)* erzeugen ❷ AGR, GEO **~ qc** *(cultivateur)* etw erzeugen; *(pays, région)* etw hervorbringen; *(arbre)* etw tragen **II.** *vi* FIN Gewinn abwerfen **III.** *vpr* **se ~** ❶ *(survenir)* sich ereignen; *(changement, silence)* eintreten ❷ *(se montrer sur scène)* auftreten

produit [pʁɔdui] *m* ❶ Produkt *nt* ❷ CHIM, BIO Mittel *nt*; **~ de beauté** Schönheitsmittel ❸ ECON **~ brut** Bruttoertrag; **~ net** Nettoerlös; **~ intérieur brut** Bruttoinlandsprodukt *nt*; **~ national brut** Bruttosozialprodukt *nt*

pro-européen, ne [pʁoøʁɔpeɛ̃, ɛn] *m, f* Europabefürworter(in) *m(f)*

prof [pʁɔf] *mf fam abr de* **professeur professeur** [pʁɔfesœʁ] *mf* ❶ SCOL Lehrer(in) *m(f)*; **~ d'allemand** Deutschlehrer; **~ des écoles** Grundschullehrer ❷ UNIV *(avec chaire)* Professor(in) *m(f)*; *(sans chaire)* Dozent(in) *m(f)*

profession [pʁɔfesjɔ̃] *f* Beruf *m*; **exercer la ~ de qc** von Beruf etw sein

professionnalisme [pʁɔfesjɔnalism] *m* ❶ *(opp: amateurisme)* Professionalismus *m* ❷ *(compétence)* Professionalität *f*

professionnel, le [pʁɔfesjɔnɛl] **I.** *adj* ❶ beruflich; *(vie, secret)* Berufs-; **lycée ~** ≈ Fachoberschule *f* ❷ *(écrivain, journaliste)* berufsmäßig; *(menteur)* ausgemacht ❸ *(compétent)* fachkundig **II.** *m, f* ❶ *(homme de métier)* Fachmann-/-frau *m/f* ❷ *(personne compétente)* Sachkundige(r) *f(m)*

professionnelle [pʁɔfesjɔnɛl] *f fam (prostituée)* Prostituierte *f*

professionnellement [pʁɔfesjɔnɛlmɑ̃] *adv* beruflich

profil [pʁɔfil] *m* ❶ Profil *nt*; **de ~** im Profil; *(d'une personne)* Silhouette *f* ❷ INFORM **~ utilisateur** Benutzerprofil *nt*

profilage [pʁɔfilaʒ] *m* *(technique policière)* Täterprofilerstellung *f*

profit [pʁɔfi] *m* ❶ COM, FIN Profit *m* ❷ *(avantage)* Gewinn *m*; **au ~ de qn/qc** zugunsten einer Person/S. *(gen)*

profiter [pʁɔfite] <1> *vi* **~ d'une situation** von einer Situation profitieren; **~ d'une occasion** eine Gelegenheit ausnützen

profiterole [pʁɔfitʁɔl] *f*: kleiner mit Eis oder Vanillecreme gefüllter Windbeutel

profiteur, -euse [pʁɔfitœʁ, -øz] *m, f péj* Profitmacher(in) *m(f)*

profond, e [pʁɔfɔ̃, ɔ̃d] **I.** *adj* ❶ tief ❷ *(intérêt)* stark; *(regard)* intensiv ❸ *postposé* *(cause)* tiefere(r, s); *(signification)* tiefer liegend; *(tendance)* unterschwellig; **la France ~e** das traditionelle Frankreich **II.** *adv* tief

profondément [pʁɔfɔ̃demɑ̃] *adv* ❶ tief ❶ *(influencer, ressentir)* stark; *(réfléchir, se tromper)* gründlich; *(aimer)* innig; *(souhaiter)* sehnlichst ❸ *antéposé (vexé)* schwer; *(convaincu)* felsenfest

profondeur [pʁɔfɔ̃dœʁ] *f* ❶ Tiefe *f*; **50 m de ~** 50 Meter tief ❷ *(d'un regard)* Intensität *f* ▶**en** ~ gründlich; *(réforme)* tief greifend

programmable [pʁɔgʁamabl] *adj* ❶ INFORM programmierbar ❷ TECH vorprogrammierbar

programmation [pʁɔgʁamasjɔ̃] *f* ❶ CINE, RADIO, TV Programmgestaltung *f* ❷ TECH, INFORM Programmierung *f*

P

programme [pʀɔgʀam] *m* ❶ Programm *nt* ❷ SCOL Lehrstoff *m;* UNIV Studienplan *m* ▶**tout un** ~ ein weites Feld

programmer [pʀɔgʀame] <1> *vt* ❶ MEDIA, CINE ins Programm nehmen; THEAT auf den Spielplan setzen; **être programmé** (*émission*) auf dem Programm stehen; **être programmé à dix heures** auf zehn Uhr angesetzt sein ❷ (*journée, vacances*) vorausplanen ❸ (*calculatrice*) [vor]programmieren; (*machine*) einstellen

progrès [pʀɔgʀɛ] *m* Fortschritt *m; pl* SCOL Fortschritte *Pl* ▶**on n'arrête pas le** ~ *fam* nobel geht die Welt zugrunde

progresser [pʀɔgʀese] <1> *vi* ❶ (*s'améliorer*) Fortschritte machen ❷ (*augmenter*) steigen ❸ (*s'étendre*) sich verbreiten ❹ (*avancer*) vorankommen; (*armée*) vorrücken

progressif, -ive [pʀɔgʀesif, -iv] *adj* (*évolution*) allmählich; (*développement*) schrittweise

progression [pʀɔgʀɛsjɔ̃] *f* ❶ (*d'une épidémie, d'un incendie*) Sichausbreiten *nt;* (*d'une maladie*) Fortschreiten *nt* ❷ (*d'un explorateur, véhicule*) Vorankommen *nt;* (*d'une armée*) Vordringen *nt* ❸ MATH Reihe *f*

progressivement [pʀɔgʀesivmɑ̃] *adv* nach und nach; (*procéder*) schrittweise

progressivité [pʀɔgʀesivite] *f* ❶ (*d'un changement, d'une évolution*) langsames Fortschreiten ❷ FIN Progression *f*

prohibé, e [pʀɔibe] *adj* [gesetzlich] verboten

proie [pʀwa] *f* ❶ (*opp: prédateur*) Beute *f;* **oiseau de** ~ Raubvogel *m* ❷ (*victime*) Opfer *nt*

projet [pʀɔʒɛ] *m* ❶ (*intention*) Plan *m;* ~ **de film** Filmprojekt *nt* ❷ (*ébauche*) Entwurf *m*

projeter [pʀɔʒ(ə)te] <3> *vt* ❶ (*faire un projet*) planen ❷ (*éjecter*) herausschleudern

prolétaire [pʀɔletɛʀ] **I.** *adj* proletarisch **II.** *mf* Proletarier(in) *m(f)*

prolétariat [pʀɔletaʀja] *m* Proletariat *nt*

prolongation [pʀɔlɔ̃gasjɔ̃] *f* Verlängerung *f*

prolongé, e [pʀɔlɔ̃ʒe] *adj* (*arrêt, week-end*) verlängert; (*effort*) anhaltend

prolonger [pʀɔlɔ̃ʒe] <2a> **I.** *vt* verlängern **II.** *vpr* **se** ~ (*durer: effet, séance*) andauern; (*débat*) sich in die Länge ziehen

promenade [pʀɔm(ə)nad] *f* ❶ (*balade: à pied*) Spaziergang *m;* (*en bateau/voiture*) Boots-/Spazierfahrt *f;* (*à cheval*) Ausritt *m;* ~ **à/en vélo** Fahrradtour *f* ❷ (*lieu où l'on se promène*) Promenade *f*

promener [pʀɔm(ə)ne] <4> **I.** *vt* (*accompagner*) ~ **qn/un animal** mit jdm/einem Tier spazieren gehen **II.** *vpr* (*faire une promenade*) [*aller*] **se** ~ (*animal*) herumlaufen; (*personne*) (*à pied*) spazieren gehen; (*à cheval*) ausreiten; (*en bateau*) eine Bootsfahrt machen; **se** ~ **en voiture** [mit dem Auto] spazieren fahren; **se** ~ **à vélo** eine [kleine] Fahrradtour machen

promeneur, -euse [pʀɔm(ə)nœʀ, -øz] *m, f* Spaziergänger(in) *m(f)*

promesse [pʀɔmɛs] *f* Versprechen *nt* ▶~ **en l'air** leere Versprechungen *Pl*

prometteur, -euse [pʀɔmɛtœʀ, -øz] *adj* (*acteur, débuts*) viel versprechend

promettre [pʀɔmɛtʀ] <irr> **I.** *vt* ❶ (*s'engager à*) versprechen; ~ **le secret à qn** jdm versprechen nichts zu verraten ❷ (*assurer*) versichern; **ça je te le promets!** das schwöre ich dir! ▶**c'est promis juré** *fam* das ist hoch und heilig versprochen **II.** *vi* ❶ (*faire une promesse*) sein Versprechen geben ❷ (*être prometteur*) zu Hoffnungen Anlass geben ▶ **ça promet!** *iron* das fängt ja gut an! **III.** *vpr* (*prendre la résolution de*) **se** ~ **de faire qc** sich (*dat*) fest vornehmen etw zu tun

promis, e [pʀɔmi, iz] *adj* **être** ~ **à qn/qc** für jdn/etw bestimmt sein

promotion [pʀɔmosjɔ̃] *f* ❶ (*avancement*) Beförderung *f* ❷ SCOL Jahrgang einer Hochschule ❸ (*produit en réclame*) Sonderangebot *nt*

pronom [pʀɔnɔ̃] *m* Pronomen *nt*

pronominal, e [pʀɔnominal, o] <-aux> *adj* pronominal; (*verbe*) reflexiv

prononcer [pʀɔnɔ̃se] <2> **I.** *vt* ❶ aussprechen ❷ (*parole*) äußern **II.** *vpr* **se** ~ ❶ (*être articulé: mot, nom*) ausgesprochen werden ❷ (*prendre position*) sich aussprechen ❸ (*formuler son point de vue*) **se** ~ **sur qc** zu etw Stellung nehmen

pronostic [pʀɔnɔstik] *m* Prognose *f*

propagande [pʀɔpagɑ̃d] *f* Propaganda *f*

propagation [pʀɔpagasjɔ̃] *f* ❶ (*extension*) Ausbreitung *f* ❷ (*d'une idée, nouvelle*) Verbreitung *f*

propager [pʀɔpaʒe] <2a> **I.** *vt* (*idée, nouvelle*) verbreiten **II.** *vpr* **se** ~ ❶ (*épidémie,* *incendie*) sich ausbreiten ❷ (*idée, nouvelle*) sich verbreiten

propice [pʀɔpis] *adj* günstig

proportion [pʀɔpɔʀsjɔ̃] *f* ❶ (*rapport*) [Größen]verhältnis *nt;* **être hors de ~ avec qc** in keinem Verhältnis zu etw stehen ❷ *pl* Proportionen *Pl;* (*d'une recette*) Mengenangaben *Pl;* (*importance*) Ausmaße *Pl*

proportionnel, le [pʀɔpɔʀsjɔnɛl] *adj* proportional

proportionnelle [pʀɔpɔʀsjɔnɛl] *f* POL **la ~** das Verhältniswahlrecht

proportionnellement [pʀɔpɔʀsjɔnɛlmɑ̃] *adv* verhältnismäßig

propos [pʀɔpo] *m gén pl* Worte *Pl* ▸**à ce ~** dazu; **à quel ~?** weswegen?; **à ~** übrigens; **à ~ de qc** etw betreffend

proposer [pʀɔpoze] <1> I. *vt* ❶ (*soumettre*) vorschlagen; (*décret, loi*) beantragen ❷ (*marchandise, récompense*) anbieten; (*prix, spectacle*) bieten II. *vpr* (*offrir ses services*) **se ~ à qn comme chauffeur** sich jdm als Chauffeur anbieten

proposition [pʀɔpozisjɔ̃] *f* ❶ (*offre*) Vorschlag *m;* **~ de loi** Gesetzesvorlage *f* ❷ *pl* (*avances*) Annäherungsversuche *Pl* ❸ LING Satz *m*

propre[1] [pʀɔpʀ] I. *adj* ❶ sauber ❷ (*non polluant*) umweltfreundlich II. *m* ▸**c'est du ~!** *fam* sauber!; **mettre qc au ~** etw ins Reine schreiben

propre[2] [pʀɔpʀ] I. *adj* ❶ *antéposé* (*à soi*) a. FIN eigen ❷ *postposé* (*mot, terme*) treffend; (*sens*) eigentlich; **le sens ~ d'un mot** der wörtliche Sinn eines Wortes II. *m* (*particularité*) charakteristisches Kennzeichen; (*de l'homme*) Wesensmerkmal *nt*

proprement [pʀɔpʀəmɑ̃] *adv* (*avec soin*) sauber; (*manger*) anständig

propret, te [pʀɔpʀɛ, ɛt] *adj* (*maison, chambre*) schmuck; (*personne*) adrett

propreté [pʀɔpʀəte] *f* ❶ Sauberkeit *f* ❷ ECOL Umweltfreundlichkeit *f*

propriétaire [pʀɔpʀijetɛʀ] *mf* ❶ (*possesseur*) Eigentümer(in) *m(f);* Besitzer(in) *m(f);* (*d'un animal, d'une voiture*) Halter(in) *m(f)* ❷ (*opp: locataire*) Hauswirt(in) *m(f);* (*bailleur*) Vermieter(in) *m(f)*

propriété [pʀɔpʀijete] *f* ❶ (*domaine, immeuble*) [privates] Anwesen; **~ [foncière]** Grundbesitz *m* ❷ (*chose possédée*) Eigentum *nt* ❸ (*qualité propre*) Eigenschaft *f*

prospecteur, -trice [pʀɔspɛktœʀ, -tʀis] *m, f* COM Kundenwerber(in) *m(f)*

prospectif, -ive [pʀɔspɛktif, -iv] *adj* ❶ (*prévisionnel*) vorausschauend; **une étude prospective du marché** eine Trendanalyse ❷ (*orienté vers l'avenir*) zukunftsorientiert

prospectus [pʀɔspɛktys] *m* Prospekt *m*

prostitué, e [pʀɔstitɥe] *m, f* Prostituierte(r) *f(m)*

prostitution [pʀɔstitysjɔ̃] *f* Prostitution *f*

protecteur, -trice [pʀɔtɛktœʀ, -tʀis] I. *adj* (*attitude, personne*) [be]schützend II. *m, f* (*défenseur*) Beschützer(in) *m(f)*

protection [pʀɔtɛksjɔ̃] *f* ❶ (*défense*) Schutz *m* ❷ (*élément protecteur*) Schutzvorrichtung *f* ▸**~ sociale** soziales Netz; **mesures de ~** Schutzmaßnahmen *Pl*

protégé, e [pʀɔteʒe] I. *adj* (*site, territoire*) geschützt; (*passage*) vorfahrtsberechtigt II. *m, f* (*favori*) Günstling *m* (*pej*)

protège-cahier [pʀɔtɛʒkaje] <protège-cahiers> *m* [Schutz]umschlag *m*

protéger [pʀɔteʒe] <2a, 5> I. *vt* (*défendre*) schützen II. *vpr* **se ~ contre qn/qc** sich vor jdm/etw schützen

protège-slip [pʀɔtɛʒslip] <protège-slips> *m* Slipeinlage *f*

protestant, e [pʀɔtɛstɑ̃, ɑ̃t] I. *adj* protestantisch; (*en Allemagne*) evangelisch II. *m, f* Protestant(in) *m(f);* (*en Allemagne*) Evangelische(r) *f(m)*

protestation [pʀɔtɛstasjɔ̃] *f* (*plainte*) Protestaktion *f*

protester [pʀɔtɛste] <1> *vi* protestieren

protide [pʀɔtid] *m* Proteid *nt*

protocole [pʀɔtɔkɔl] *m* Protokoll *nt;* **faire un ~** ein Protokoll erstellen

prototype [pʀɔtɔtip] *m* Prototyp *m*

prout [pʀut] *m fam* Pup[s] *m;* **faire [un] ~** pupsen

prouver [pʀuve] <1> *vt* beweisen; (*reconnaissance*) erweisen; **il est prouvé que ...** es ist erwiesen, dass ...; **il n'est pas prouvé que** + *subj* es gibt keinen Beweis dafür, dass

provenance [pʀɔv(ə)nɑ̃s] *f* Herkunft *f* ▸**être en ~ de ...** aus ... kommen

provençal [pʀɔvɑ̃sal, o] <-aux> *m* Provenzalisch *nt;* *v.a.* **allemand**

provençal, e [pʀɔvɑ̃sal, o] <-aux> *adj* provenzalisch; *v.a.* **allemand**

Provençal, e [pʀɔvɑ̃sal, o] <-aux> *m, f*

P

Provenzale/Provenzalin *m/f*

provençale [pʀɔvɑ̃sal] *f* GASTR ▶**à la** ~ auf provenzalische Art

Provence [pʀɔvɑ̃s] *f* **la** ~ die Provence

proverbe [pʀɔvɛʀb] *m* Sprichwort *nt;* **comme dit le** ~ wie es im Sprichwort |so schön| heißt

province [pʀɔvɛ̃s] *f* Provinz *f* ▶**la** <u>Belle</u> <u>Pro-</u> <u>vince</u> *Bezeichnung für die Provinz Quebec*

In Belgien gibt es zehn **provinces**. Sie sind mit den französischen Departements vergleichbar. Sie sind autonom, aber unterliegen trotzdem dem Föderalstaat, den Gemeinschaften und den Regionen.

provincial, e [pʀɔvɛ̃sjal, jo] <-aux> I. *adj* ❶ (*opp: parisien: air, manières*) provinziell; (*rythme*) der Provinz; (*vie*) in der Provinz ❷ CAN (*opp: fédéral: mesures, décision*) auf der Provinzebene II. *m, f* Provinzbewohner(in) *m(f)*

proviseur [pʀɔvizœʀ] *mf* Schulleiter(in) *m(f)* (*in Gymnasien*)

provision [pʀɔvizjɔ̃] *f* ❶ *pl* (*vivres*) |Essens| vorräte *Pl;* (*pour une excursion*) Proviant *m* ❷ (*réserve*) ~ **d'eau** Wasservorrat *m*

provisionnel, le [pʀɔvizjɔnɛl] *adj* **tiers** ~ Steuervorauszahlung

provisoire [pʀɔvizwaʀ] *adj* provisorisch; (*solution, mesure*) vorläufig; (*bonheur, liaison*) vorübergehend

provisoirement [pʀɔvizwaʀmɑ̃] *adv* vorübergehend

provoc *abr de* **provocation**

provocant, e [pʀɔvɔkɑ̃, ɑ̃t] *adj* provozierend

provocateur, -trice [pʀɔvɔkatœʀ, -tʀis] I. *adj* provokatorisch II. *m, f* Aufwiegler(in) *m(f)*

provocation [pʀɔvɔkasjɔ̃] *f* (*défi*) Herausforderung *f;* **être de la** ~ provozieren

provoquer [pʀɔvɔke] <1> *vt* ❶ (*causer*) verursachen; (*changement*) bewirken; (*colère, gaieté*) erregen; (*mort, accident*) herbeiführen ❷ (*énerver*) reizen; (*défier*) herausfordern ❸ (*aguicher*) aufreizen

prudemment [pʀydamɑ̃] *adv* vorsichtig

prudence [pʀydɑ̃s] *f* Vorsicht *f*

prudent, e [pʀydɑ̃, ɑ̃t] *adj* vorsichtig

prune [pʀyn] *f* Pflaume *f* ▶**pour des ~s** *fam* für nichts |und wieder nichts|

pruneau [pʀyno] <x> *m* Backpflaume *f*

prunier [pʀynje] *m* Pflaumenbaum *m*

Prusse [pʀys] *f* HIST **la** ~ Preußen *nt;* **la** ~ **Orientale** Ostpreußen

prussien, ne [pʀysjɛ̃, jɛn] *adj* preußisch

Prussien, ne [pʀysjɛ̃, jɛn] *m, f* HIST Preuße/ Preußin *m/f*

prussienne [pʀysjɛn] *f* ▶**à la** ~ preußisch

PS [peɛs] *m* ❶ *abr de* **Parti socialiste** *Sozialistische Partei Frankreichs* ❷ *abr de* **postscriptum** PS *nt*

pseudonyme [psødɔnim] *m* Pseudonym *nt*

psy [psi] *mf fam abr de* **psychanalyste, psychiatre, psychologue** *Bezeichnung für Berufe, die sich mit Psychologie beschäftigen*

psychiatre [psikjatʀ] *mf* Psychiater(in) *m(f)*

psychiatrique [psikjatʀik] *adj* (*hôpital*) psychiatrisch; (*troubles*) psychisch

psychique [psiʃik] *adj* seelisch

psychologie [psikɔlɔʒi] *f* Psychologie *f*

psychologique [psikɔlɔʒik] *adj* psychologisch; (*problème, état*) psychisch

psychologiquement [psikɔlɔʒikmɑ̃] *adv* psychologisch |gesehen|

psychologue [psikɔlɔg] I. *adj* psychologisch begabt II. *mf* Psychologe/Psychologin *m/f*

psychophonie [psikofɔni] *f* Gesangstherapie *f*

PTT [petete] *mpl abr de* **Postes, Télégraphes, Téléphones** Post- und Fernmeldewesen *nt*

pu [py] *part passé de* **pouvoir**

pub¹ [pyb] *f fam abr de* **publicité**

pub² [pœb] *m* (*bar*) Pub *m o nt*

puberté [pybɛʀte] *f* Pubertät *f*

public [pyblik] *m* ❶ (*assistance*) Publikum *nt* ❷ (*tous*) Allgemeinheit *f;* **en** ~ (*en présence de personnes*) in der Öffentlichkeit; (*devant un auditoire*) öffentlich; (*devant tout le monde*) in aller Öffentlichkeit

public, -ique [pyblik] *adj* ❶ öffentlich; **sur la voie publique** in der Öffentlichkeit ❷ (*de l'État*) staatlich

publication [pyblikasjɔ̃] *f* Veröffentlichung *f*

publiciste [pyblist] *mf* Werbefachmann/ -frau *m/f*

publicitaire [pyblisitɛʀ] *adj* Werbe-

publicité [pyblisite] *f* ❶ MEDIA (*dans la presse*) Anzeige *f;* (*à la radio, télé*) Werbespot *m* ❷ *sans pl* (*réclame, métier*) Werbung *f kein Pl*

publier [pyblije] <1> *vt* **❶** ~ **qc** etw veröffentlichen; (*éditeur*) etw herausgeben
❷ (*nouvelle*) bekannt geben; (*communiqué*)
herausgeben

publiquement [pyblikmɑ̃] *adv* öffentlich

puce [pys] *f* **❶** ZOOL Floh *m;* **le marché aux**
~**s** der Flohmarkt **❷** INFORM Chip *m*
▶**secouer** **les** ~**s** **à** **qn** *fam* (*réprimander*)
jdm den Kopf waschen

pucelage [pys(ə)laʒ] *m fam* Unschuld *f*

puceron [pys(ə)Rɔ̃] *m* Blattlaus *f*

pudding [pudiŋ] *m* Plumpudding *m*

pudeur [pydœR] *f* (*décence*) Scham-
[haftigkeit] *f*

pudique [pydik] *adj* (*décent*) schamhaft;
(*geste*) züchtig

pudiquement [pydikmɑ̃] *adv* **❶** (*par euphémisme*) verhüllend **❷** (*chastement*) schamhaft

puer [pɥe] <1> **I.** *vi péj* stinken; **il pue des**
pieds *fam* seine Füße stinken **II.** *vt* **❶** *péj*
(*empester*) ~ **le renfermé** muffig riechen
❷ *péj fam* (*porter l'empreinte de*) ~ **le fric**
nach Geld stinken

puéricultrice [pɥeRikyltRis] *f* **❶** (*s'occupant
des nouveau-nés*) Säuglingsschwester *f*
❷ (*s'occupant des tout-petits*) Kinderkran-
kenschwester *f*

puis[1] [pɥi] *adv* dann; **et** ~ **après** [*o* **quoi**]?
fam na und?; **et** ~ **quoi encore!?** *fam* ja,
was denn noch [alles]!?; **et** ~ (*en outre*)
und dann [noch]; (*en fin de compte*) und
überhaupt

puis[2] [pɥi] *indic prés de* **pouvoir**

puisque [pɥisk(ə)] <puisqu'> *conj* da [ja];
puisqu'il le faut! wenn's denn sein muss!

puissance [pɥisɑ̃s] *f* **❶** *sans pl* (*force*) Kraft
f; (*du vent*) Stärke *f*; (*d'un moteur*) Leistung[sfähigkeit] *f* **❷** *sans pl* (*État, pouvoir*)
Macht *f* **❸** *pl* (*forces*) Kräfte *Pl* **❹** MATH **dix**
~ **deux** zehn hoch zwei

puissant, e [pɥisɑ̃, ɑ̃t] *adj* **❶** stark **❷** POL,
ECON mächtig; (*armée*) schlagkräftig **❸** (*très
efficace*) wirksam; (*moteur*) leistungsfähig

puisse [pɥis] *subj prés de* **pouvoir**

puits [pɥi] *m* **❶** (*pour l'eau*) Brunnen *m*
❷ (*d'une mine*) Schacht *m;* ~ **de pétrole**
[Erd]ölbohrloch *nt*

pull [pyl] *m abr de* **pull-over** *fam* Pulli *m*

pull-over [pylɔvɛR] <pull-overs> *m* Pullover *m*

pulpeux, -euse [pylpø, -øz] *adj* (*lèvres*) voll

punaise [pynɛz] *f* **❶** ZOOL Wanze *f* **❷** (*petit
clou*) Reißzwecke *f*

punch [pœnʃ] *m inv* (*dynamisme*) Elan *m;*
avoir du ~ *fam* Schwung haben

punir [pyniR] <8> *vt* bestrafen

punition [pynisjɔ̃] *f* **❶** (*peine*) Strafe *f*
❷ SCOL Strafarbeit *f* **❸** (*action de punir*) Bestrafung *f*

punk [pœ̃k] **I.** *adj inv* Punk-; (*lunettes, bijoux*) punkig **II.** *mf* (*personne*) Punk[er]/
Punkerin *m/f*

pupitre [pypitR] *m* **❶** INFORM Steuerpult *nt*
❷ MUS (*d'un musicien, choriste*) Notenständer *m;* (*d'un chef d'orchestre*) [Dirigenten]-
pult; (*d'un piano*) Notenablage *f* **❸** (*meuble
à plan incliné*) Pult *nt*

pur, e [pyR] *adj* rein; (*air, eau, regard, profil*)
klar; (*jeune fille*) unschuldig; (*intentions*)
lauter (*geh*)

purée [pyRe] *f* Püree *nt*

purement [pyRmɑ̃] *adv* rein; ~ **et simplement** [schlicht und] einfach

pureté [pyRte] *f* Reinheit *f*; (*du regard, de
l'air, eau*) Klarheit *f*; (*d'un visage*) Makello-
sigkeit *f*; (*de l'enfance*) Unschuld *f*; ~ **de la
race** Reinrassigkeit *f*

purger [pyRʒe] <2a> *vt* **❶** (*radiateur*) ent-
lüften; (*huile*) ablassen **❷** JUR (*peine*) ver-
büßen

purificateur [pyRifikatœR] *m* Reinigungs-
gerät *nt;* ~ **d'air** Luftreiniger *m*

purifier [pyRifje] <1> *vt* (*air, atmosphère*)
reinigen; (*eau*) klären

purin [pyRɛ̃] *m* Jauche *f*

pur-sang [pyRsɑ̃] <pur[s]-sang[s]> *m*
Vollblut[pferd] *nt*

pus[1] [py] *m* Eiter *m*

pus[2] [py] *passé simple de* **pouvoir**

pute [pyt] *f péj vulg* Nutte *f*

putois [pytwa] *m* Iltis *m*

putsch [putʃ] *m* Putsch *m*

puzzle [pœzl] *m* Puzzle *nt*

P.V.C. [pevese] *m inv abr de* **Polyvinyl-
chloride** PVC *nt*

pyjama [piʒama] *m* Schlafanzug *m*, Pyjama
m

pyramide [piRamid] *f* Pyramide *f*

Pyrénées [piRene] *fpl* **les** ~ die Pyrenäen

P

Q, q [ky] *m inv* Q *nt*, q *nt*
QCM [kyseɛm] *m abr de* **questionnaire à choix multiple**
QI [kyi] *m abr de* **quotient intellectuel** IQ *m*
qu' [k] *v.* **que**
quadrangulaire [k(w)adʀɑ̃gylɛʀ] *adj* viereckig
quadriller [kadʀije] <1> *vt* ❶ (*procéder à une opération militaire, policière*) ~ **qc** in etw (*dat*) ein flächendeckendes Netz von Kontrollpunkten errichten ❷ (*tracer des lignes*) ~ **qc** etw in Quadrate einteilen
quadruplés, -ées [k(w)adʀyple] *mpl, fpl* Vierlinge *Pl*
quai [ke] *m* ❶ (*d'une gare*) Bahnsteig *m* ❷ (*pour accoster*) Kai *m* ❸ (*voie publique*) Uferstraße *f*
qualificatif [kalifikatif] *m* Bezeichnung *f*
qualificatif, -ive [kalifikatif, -iv] *adj* **adjectif** ~ Adjektiv *nt*
qualification [kalifikasjɔ̃] *f* Qualifikation *f*
qualifié, e [kalifje] *adj* qualifiziert
qualifier [kalifje] <1> *vpr* **se** ~ sich qualifizieren
qualitatif, -ive [kalitatif, -iv] *adj* qualitativ
qualitativement [kalitativmɑ̃] *adv* qualitativ, in Bezug auf die Qualität
qualité [kalite] *f* Qualität *f*; (*d'une personne*) gute Eigenschaft *f*; **de première** ~ erstklassig
quand [kɑ̃] **I.** *adv* wann **II.** *conj* ❶ (*temporel: événement unique du passé ou du présent*) als; (*événement répétitif, événement unique du futur*) wenn ❷ *fam* (*le moment où, le fait que*) wenn ❸ (*exclamatif*) ~ **je pense que ...!** wenn ich daran denke, dass ...! **▶** ~ **même** (*malgré cela*) trotzdem *fam* (*tout de même*) doch
quant [kɑ̃] *prép* ~ **à qn/qc** was jdn/etw betrifft; ~ **à moi** ich für mein[en] Teil
quantifier [kɑ̃tifje] <1a> *vt* ❶ (*chiffrer*) in Zahlen (*akk*) fassen ❷ PHYS quanteln
quantitatif, -ive [kɑ̃titatif, -iv] *adj* quantitativ
quantitativement [kɑ̃titativmɑ̃] *adv* quantitativ

quantité [kɑ̃tite] *f* Menge *f*; |**une**| ~ **de personnes/choses** eine Menge Menschen/Dinge; **en** ~ unzählig
quarantaine [kaʀɑ̃tɛn] *f* ❶ **une** ~ **de personnes/pages** etwa vierzig Personen/Seiten ❷ (*âge approximatif*) **avoir la** ~ etwa vierzig [Jahre alt] sein ❸ MED Quarantäne *f* **▶être en** ~ unter Quarantäne stehen; *v.a.* **cinquantaine**
quarante [kaʀɑ̃t] **I.** *num* vierzig; ~ **et un** einundvierzig **II.** *m inv* ❶ (*cardinal*) Vierzig *f* ❷ (*taille de confection*) **faire du** ~ ≈ Größe 38 tragen **▶les Quarante** die [vierzig Mitglieder der] Académie française; *v.a.* **cinq, cinquante**
quarantième [kaʀɑ̃tjɛm] **I.** *adj antéposé* vierzigste(r, s) **II.** *mf* **le/la** ~ der/die/das Vierzigste **III.** *m* (*fraction*) Vierzigstel *nt*; *v.a.* **cinquième**
quart [kaʀ] *m* ❶ Viertel *nt*; **trois** ~**s** drei Viertel; ~ **d'heure/de finale** Viertelstunde *f*/-finale *nt*; **3 heures et/un** ~ Viertel nach drei; **4 heures moins le** ~ Viertel vor vier ❷ (*partie appréciable*) Großteil *m*; **les trois** ~**s de qc** der Großteil einer S.; **les trois** ~**s du temps** die meiste Zeit **▶au** ~ **de tour** sofort
quarté [k(w)aʀte] *m* Rennquartett *nt* (*bei Pferdewetten*)
quartier [kaʀtje] *m* ❶ Viertel *nt;* **le Quartier latin** das Quartier Latin; **les gens du** ~ die Leute aus der Nachbarschaft ❷ CH (*banlieue*) ~ **périphérique** Vorstadtviertel *nt*, Außenquartier *nt* (CH) **▶avoir** ~ **libre** ausgehen dürfen
quart-monde [kaʀmɔ̃d] <quarts-mondes> *m* ❶ (*pauvreté*) **le** ~ die neue Armut ❷ (*pays les plus pauvres*) die Vierte Welt
quasi [kazi] *adv* fast; ~ **mort** halbtot
quatorze [katɔʀz] **I.** *num* vierzehn **II.** *m inv* Vierzehn *f; v.a.* **cinq**
quatorzième [katɔʀzjɛm] **I.** *adj antéposé* vierzehnte(r, s) **II.** *mf* **le/la** ~ der/die/das Vierzehnte **III.** *m* (*fraction*) Vierzehntel *nt*; *v.a.* **cinquième**
quatre [katʀ(ə)] **I.** *num* vier **▶manger comme** ~ für zwei essen; **un de ces** ~ |**matins**| *fam* demnächst **II.** *m inv* Vier *f; v.a.* **cinq**
quatre-heures [katʀœʀ] *m inv, fam* süße Nachmittagsmahlzeit für Kinder **quatre-quarts** [kat(ʀə)kaʀ] *m inv*: Butterkuchen in

rechteckiger *Form* **quatre-quatre** [katkatʀə] *m o f inv* AUT Auto *nt* mit Vierradantrieb **quatre-vingt** [katʀəvɛ̃] <quatre-vingts> I. *num* ~s achtzig; ~ **mille** achtzigtausend II. *m* ~s Achtzig *f; v.a.* **cinq, cinquante quatre-vingt-dix** [katʀəvɛ̃dis] I. *num* neunzig II. *m inv* Neunzig *f; v.a.* **cinq, cinquante quatre-vingt-dixième** [katʀəvɛ̃dizjɛm] <quatre-vingt-dixièmes> I. *adj antéposé* neunzigste(r, s) II. *mf* le/la ~ der/die/das Neunzigste III. *m* (*fraction*) Neunzigstel *nt; v.a.* **cinquième quatre-vingtième** [katʀəvɛ̃tjɛm] <quatre-vingtièmes> I. *adj antéposé* achtzigste(r, s) II. *mf* le/la ~ der/die/das Achtzigste III. *m* (*fraction*) Achtzigstel *nt; v.a.* **cinquième quatre-vingt-onze** [katʀəvɛ̃ɔ̃z] I. *num* einundneunzig II. *m inv* Einundneunzig *f; v.a.* **cinq, cinquante quatre-vingt-un, -une** [katʀəvɛ̃œ̃, -yn] I. *num* einundachtzig II. *m inv* Einundachtzig *f; v.a.* **cinq, cinquante quatre-vingt-unième** [katʀijɛ̃ynjɛm] I. *adj antéposé* einundachtzigste(r, s) II. *mf* le/la ~ der/die/das Einundachtzigste III. *m* (*fraction*) Einundachtzigstel *nt; v.a.* **cinquième**
quatrième [katʀijɛm] I. *adj antéposé* vierte(r, s) II. *mf* le/la ~ der/die/das Vierte III. *f* SCOL ≈ achte Klasse; *v.a.* **cinquième**
quatrièmement [katʀijɛmmɑ̃] *adv* viertens
que [kə] <qu'> I. *conj* ❶ (*introduit une complétive*) dass; **je ne crois pas que** + *subj* ich glaube nicht, dass ❷ (*dans des formules de présentation*) **peut-être** ~ vielleicht ❸ (*dans des questions*) **qu'est-ce ~ c'est?** was ist das?; **qu'est-ce que c'est ~ ça?** *fam* was ist denn das?; **quand/où est-ce ~ tu pars?** wann/wohin gehst du? ❹ (*reprend une conjonction de subordination*) **si tu as le temps et qu'il fait beau** wenn du Zeit hast und es schön ist ❺ (*introduit une proposition de temps*) **ça fait trois jours qu'il est là** er ist seit drei Tagen da ❻ (*introduit une proposition de but*) damit ❼ (*pour comparer*) **plus/moins/autre ...** ~ mehr/weniger/anders ... als; |**tout**| **aussi ...** ~ |genau|so ... wie; **autant de ...** ~ genauso viel(e) ... wie; **tel** ~ |genau| so, wie ❽ (*seulement*) nur; **ne... ~** nur; **n'arriver que demain** erst morgen ankommen; **la vérité, rien ~ la vérité** die Wahrheit, nichts als die Wahrheit II. *adv* (*comme*)

wie; |**qu'est-ce**| ~ **c'est beau!** wie schön das ist! III. *pron rel* ❶ (*compl direct: se rapportant à un subst au sing*) den/die/das; (*se rapportant à un substantif au pluriel*) die; **ce** ~ (*en fonction de sujet*) |das,| was; (*en fonction d'objet direct*) was; **chose** ~ was; **quoi** ~ **tu dises** was du auch sagst ❷ (*après une indication de temps*) **un jour qu'il faisait beau** eines Tages, als das Wetter schön war; **toutes les fois ~ ...** jedes Mal, wenn ...; **le temps ~ la police arrive, ...** bis die Polizei |endlich| kommt, ... IV. *pron interrog* **was ...?; qu'est-ce ~ ...? was ...?; ce ~ was ▶qu'est-ce qui vous prend?** was ist denn in Sie/euch gefahren?
Québec [kebɛk] *m* ❶ (*ville*) Quebec *nt* ❷ (*province*) **le ~** Quebec *nt*

> Die Provinz **Québec** mit ihrer gleichnamigen Hauptstadt ist die östlichste und größte Provinz Kanadas. Montréal im Süden der Provinz ist Kanadas zweitgrößte Metropole. Der Anteil der Frankokanadier, also der Bevölkerung mit französischer Muttersprache, ist in **Québec**, gemessen am Rest des Landes, mit Abstand am höchsten.

quel, le [kɛl] I. *adj* ❶ (*dans une question*) welche(r, s); ~ **temps fait-il?** wie ist das Wetter?; ~**le heure est-il?** wie viel Uhr ist es?; ~ **que soit son choix** ganz gleich, was er/sie wählt; ~**les que soient les conséquences, ...** was für Folgen das auch immer haben wird, ... ❷ (*exclamation*) was für ein(e); ~ **dommage!** wie schade! II. *pron* welche(r, s); **de nous deux, ~ est le plus grand?** wer ist der größere von uns beiden?
quelconque [kɛlkɔ̃k] *adj* ❶ (*n'importe quel*) **un ...** ~ irgendein ... ❷ (*ordinaire*) mittelmäßig
quelque [kɛlk] I. *adj indéf, antéposé* ❶ *pl* (*plusieurs*) einige ❷ *pl* (*petit nombre*) **les ~s fois où ...** die wenigen Male, die ... II. *adv ►* ~ **peu** ein wenig; **et** ~|**s**| *fam* **10 kg et** ~**s** etwas mehr als 10 kg
quelque chose [kɛlkəʃoz] *pron* etwas; ~ **de beau** etwas Schönes; **c'est déjà ~!** das ist doch immerhin etwas ►**apporter un petit** ~ **à qn** *fam* jdm eine Kleinigkeit mitbringen; **c'est** ~ |**tout de même**|! *fam* das ist |doch| allerhand!; ~ **comme** etwa

quelquefois [kɛlkəfwa] *adv* manchmal

quelque part [kɛlkpaʀ] *adv* **voir**/**lire** ~ irgendwo sehen/lesen; **aller**/**jeter** ~ irgendwohin gehen/werfen

quelques-uns, -unes [kɛlkəzœ̃, -yn] *pron indéf* einige; (*seulement une minorité*) einige wenige

quelqu'un [kɛlkœ̃] *pron indéf* jemand; ~ **d'autre** jemand anders

qu'en-dira-t-on [kɑ̃diʀatɔ̃] *m inv* **se moquer du** ~ auf das Gerede der Leute pfeifen

qu'est-ce que [kɛskə] *pron interrog* was

qu'est-ce qui [kɛski] *pron interrog* was

question [kɛstjɔ̃] *f* Frage *f;* **poser une** ~ **à qn** jdm eine Frage stellen; **[re]mettre qc en** ~ etw infrage stellen; **ce n'est pas la** ~ darum geht es [hier/jetzt] nicht ▶**il est** ~ **de qn**/**qc** (*il s'agit de*) es geht um jdn/etw; (*on parle de*) es ist die Rede von jdm/etw; **hors de** ~ das kommt überhaupt nicht infrage; **pas** ~! *fam* [das] kommt nicht in die Tüte!; ~ **qc, ...** *fam* in puncto etw, ...

questionnaire [kɛstjɔnɛʀ] *m* Fragebogen *m;* ~ **à choix multiple** Multiple-Choice-Fragebogen

questionner [kɛstjɔne] <1> *vt* ~ **qn sur qc** (*jury*) jdm zu etw Fragen stellen; (*police*) jdn zu etw befragen

question-piège [kɛstjɔ̃pjɛʒ] <questions-pièges> *f* ❶ (*apparemment facile*) Fußangel *f* ❷ (*pour nuire*) Fangfrage *f*

quête [kɛt] *f* [Geld]sammlung *f*

quetsche [kwɛtʃ] *f* Zwetsche *f,* Zwetschge *f* (CH)

queue [kø] *f* ❶ *a. fam* Schwanz *m* ❷ (*d'une casserole, poêle*) *a.* BOT Stiel *m;* (*d'un train*) Zugende *nt;* ~ **de billard** Queue *f* ❸ (*file de personnes*) **faire la** ~ Schlange *f* stehen ▶**n'avoir ni** ~ **ni tête** weder Hand noch Fuß haben

queue-de-pie [kød(ə)pi] <queues-de-pie> *f* Frack *m*

qui [ki] **I.** *pron rel* ❶ (*comme sujet: se rapportant à un substantif au singulier*) der/die/das; (*se rapportant à un substantif au pluriel*) die; **toi** ~ **sais tout** du weißt doch alles; **le voilà** ~ **arrive** da kommt er ja; **j'en connais** ~ **...** ich kenne Leute, die ...; **c'est lui**/**elle qui a fait cette bêtise** er/sie hat diesen Blödsinn gemacht; **ce** ~ **...** (*servant de sujet*) [das,] was ...; (*se rapportant à une phrase principale*) ..., was ...

❷ (*comme compl: remplace une personne*) **la dame à côté de** ~ **tu es assis**/**tu t'assois** die Dame, neben der du sitzt/neben die du dich setzt; **l'ami dans la maison de** ~ **...** der Freund, in dessen Haus ...; **la dame à** ~ **c'est arrivé** die Dame, der das passiert ist ❸ (*celui qui*) wer ▶**c'est à** ~ **criera le plus fort** jeder will am lautesten schreien; ~ **que tu sois** ganz gleich, wer du bist **II.** *pron interrog* ❶ (*qu'est-ce que*) **...?** wer ...?; ~ **ça?** wer? ❷ (*question portant sur la personne compl direct*) ~ **...?** wen/wem ...?; ~ **as-tu vu?** wen hast du gesehen?; ~ **croyez-vous?** wem glauben Sie? ❸ (*question portant sur la personne compl indirect*) **à**/**avec**/**pour**/**chez** ~ **...?** wem/mit wem/für wen/bei wem ...? ❹ (*marque du sujet, personne ou chose*) **qui est-ce** ~ **...?** wer ...?; **qu'est-ce** ~ **...?** was ...?

quiche [kiʃ] *f* ~ **[lorraine]** Quiche Lorraine *f*

quiconque [kikɔ̃k] **I.** *pron rel* jeder, der ... **II.** *pron indéf* **je le sais mieux que** ~ ich weiß es selbst am besten

qui est-ce que [kiɛskə] *pron interrog* (*question portant sur une personne en position compl*) ~ **...?** wen/wem ...?; **avec**/**par**/**pour** ~ **...?** mit wem/durch wen/für wen ...?

qui est-ce qui [kiɛski] *pron interrog* (*question portant sur une personne en position sujet*) ~ **...?** wer ...?

quille [kij] *f* Kegel *m;* **jouer aux** ~**s** kegeln

quincaillerie [kɛ̃kajʀi] *f* ❶ (*magasin d'articles de ménage*) Haushaltswarengeschäft *nt* ❷ (*magasin de petit outillage*) Eisenwarenhandlung *f*

quinquennal, e [kɛ̃kenal, o] < -aux> *adj* fünfjährlich

quinquennat [kɛ̃kena] *m* fünfjährige Regierungszeit

quinte [kɛ̃t] *f* ~ **de toux** Hustenanfall *m*

quinté [kɛ̃te] *m* Rennquintett *nt*

quinzaine [kɛ̃zɛn] *f* ❶ (*environ quinze*) **une** ~ **de personnes**/**pages** etwa fünfzehn Personen/Seiten ❷ (*deux semaines*) **revenir dans une** ~ **[de jours]** in zwei Wochen wiederkommen; **la première** ~ **de janvier** die erste Januarhälfte

quinze [kɛ̃z] **I.** *num* fünfzehn; **tous les** ~ **jours** alle vierzehn Tage **II.** *m inv* Fünfzehn *f;* *v.a.* **cinq**

quinzième [kɛ̃zjɛm] **I.** *adj antéposé* fünfzehnte(r, s) **II.** *mf* **le/la** ~ der/die/das Fünfzehnte **III.** *m* (*fraction*) Fünfzehntel *nt; v.a.* **cinquième**

quitte [kit] *adj* ❶ (*sans dettes*) **être** ~ quitt [miteinander] sein (*fam*) ❷ (*au risque de*) ~ **à faire qc** auch auf die Gefahr hin, dass man/jd etw tut

quitter [kite] <1> *vt* ❶ verlassen; **ne quittez pas** TELEC bleiben Sie am Apparat; ~ **Paris** aus Paris wegziehen; **quitter la route** (*véhicule*) von der Straße abkommen ❷ IN-FORM (*programme*) beenden

quiz [kwiz] *m* Quiz[sendung *f*] *nt*

quoi [kwa] **I.** *pron rel* ❶ (*annexe d'une phrase principale complète*) **..., ce à ~ il ne s'attendait pas** ..., womit er nicht rechnete; **..., ce en ~ elle se trompait** ..., worin sie sich täuschte ❷ (*dans une question indirecte*) **elle ne comprend pas ce à ~ on fait allusion** sie versteht nicht, worauf angespielt wird; **ce sur ~ je veux que nous discutions** das, worüber ich mit Ihnen/euch sprechen möchte ❸ (*comme pronom relatif*) **à/de ~ ...** woran/worüber ...; **voilà de ~ je voulais te parler** [gerade] darüber wollte ich mit dir sprechen; **voilà à ~ je pensais** [gerade] daran dachte ich ❹ (*cela*) **..., après ~ ...** ..., [und] danach ... ❺ (*ce qui est nécessaire pour*) **de ~ faire qc** etwas um etw zu tun; **elle n'a pas de ~ vivre** sie hat nicht genug zum Leben; **il est très fâché — il y a de ~!** er ist sehr böse — dazu hat er allen Grund!; **il n'y a pas de ~ rire** da gibt es nichts zu lachen ▶**il n'y a pas de ~!** keine Ursache!; ~ **que ce soit** irgendetwas; ~ **qu'il en soit** wie dem auch sei; ~ **que** ganz gleich, was **II.** *pron interrog* ❶ + *prép* **à ~ penses-tu?** woran denkst du?; **dites-nous à ~ cela sert** sagt uns, wozu das gut ist; **cette chaise est en ~?** *fam* woraus ist dieser Stuhl?; **par ~ commençons-nous?** womit fangen wir an? ❷ *fam* (*qu'est-ce que*) was; **c'est ~, ce truc?** was ist denn das da [für ein Ding]?; **tu sais ~?** weißt du was?; ~ **encore?** was ist denn jetzt schon wieder?; **tu es idiot, ou ~?** *fam* bist du dumm oder was? ❸ (*qu'est-ce qu'il y a de ...?*) ~ **de neuf?** was gibt's Neues?; ~ **de plus facile/beau que ...?** was gibt es Einfacheres/Schöneres als ...? ❹ *fam* (*comment?*) was? **III.** *interj* (*marque la surprise: comment!*) ~**!** was! ❷ *fam* (*en*

somme) **..., ~! eben ...!**

quoique [kwak(ə)] *conj* obwohl

quota [k(w)ɔta] *m* Quote *f*

quotidien [kɔtidjɛ̃] *m* ❶ (*journal*) Tageszeitung *f* ❷ (*vie quotidienne*) Alltag *m*

quotidien, ne [kɔtidjɛ̃, jɛn] *adj* ❶ (*journalier*) täglich ❷ (*banal: tâches*) banal

quotidiennement [kɔtidjɛnmã] *adv* täglich

quotient [kɔsjã] *m* Quotient *m*

R

R, r [ɛʀ] *m inv* R *nt,* r *nt;* **rouler les r** das R rollen

rab [ʀab] *m fam* **il y a du** ~ es ist noch etwas übrig

rabâcher [ʀabaʃe] <1> *vt* ~ **qc à qn** jdm ständig etw sagen

rabaisser [ʀabese] <1> *vt* herabsetzen

rabane [ʀaban] *f* [Raphia]bastgeflecht *nt*

rabat-joie [ʀabaʒwa] *mf inv* Spielverderber(in) *m(f)*

rabbin [ʀabɛ̃] *m* Rabbiner *m*

rabot [ʀabo] *m* Hobel *m*

raboter [ʀabɔte] <1> *vt* (*planche*) abhobeln

rabougri, e [ʀabugʀi] *adj* (*personne*) alt und gebückt

rabrouer [ʀabʀue] <1> *vt* anfahren

racaille [ʀakɑj] *f* Abschaum *m kein Pl* (*pej*)

raccard [ʀakaʀ] *m* CH (*grange à blé*) Weizenscheune *f*

raccommoder [ʀakɔmɔde] <1> **I.** *vt* (*chaussettes*) flicken **II.** *vpr fam* **se** ~ sich versöhnen

raccompagner [ʀakɔ̃paɲe] <1> *vt* begleiten

raccourci [ʀakuʀsi] *m* ❶ (*chemin*) Abkürzung *f* ❷ INFORM ~ **clavier** Shortcut *m*

raccourcir [ʀakuʀsiʀ] <8> **I.** *vt* kürzen **II.** *vi* kürzer werden

raccrocher [ʀakʀɔʃe] <1> **I.** *vi* ❶ TELEC auflegen ❷ SPORT *fam* aufhören **II.** *vpr* **se** ~ **à qn/qc** sich an jdn/etw klammern

race [ʀas] *f* ❶ Rasse *f* ❷ (*sorte*) Spezies *f*

racheter [ʀaʃte] <4> **I.** *vt* ❶ (*acheter en plus*) nachkaufen ❷ (*acheter d'autrui*) ab-

kaufen **II.** *vpr* se ~ es wieder gutmachen
rachitique [Raʃitik] *adj* ❶ MED rachitisch
❷ (*chétif*) schwächlich
rachitisme [Raʃitism] *m* Rachitis *f*
racine [Rasin] *f* ❶ BOT Wurzel *f* ❷ (*cause*)
Ursache *f* ▶**prendre** ~ Wurzeln schlagen
racisme [Rasism] *m* Rassismus *m*
raciste [Rasist] **I.** *adj* rassistisch **II.** *mf* Rassist(in) *m(f)*
racket [Rakɛt] *m* Schutzgelderpressung *f*
racketter [Rakete] <1> *vt* ~ qn Schutzgelder von jdm erpressen
racketteur, -euse [Raketœr, -øz] *m, f* Erpresser(in) *m(f)*
raclée [Rakle] *f fam* ❶ (*volée de coups*)
Tracht *f* Prügel ❷ (*défaite*) Schlappe *f*
racler [Rakle] <1> **I.** *vt* (*casserole*) scheuern; (*boue, croûte*) abkratzen **II.** *vpr* se ~
la gorge sich räuspern
raclette [Raklɛt] *f* Raclette *f o nt*; (*fromage*)
Raclettekäse *m*
racoler [Rakɔle] <1> *vt* ~ qn jdn werben;
(*prostituée*) jdn ansprechen
racontar [Rakɔ̃tar] *m gén pl, fam* Tratsch *m*
kein Pl
raconter [Rakɔ̃te] <1> *vt* erzählen
radar [Radar] *m* Radar[gerät *nt*] *m o nt*
radiateur [Radjatœr] *m* ❶ (*de chauffage central*) Heizkörper *m* ❷ AUT Kühler *m*
radical [Radikal, o] <-aux> *m* LING Stamm *m*
radical, e [Radikal, o] <-aux> *adj* radikal;
(*refus*) grundsätzlich
radicalement [Radikalmɑ̃] *adv* ❶ (*entièrement*) radikal ❷ (*absolument*) vollkommen
radicaliser [Radikalize] <1> *vt* (*position*)
verhärten; (*opinion, théorie*) radikalisieren
radier [Radje] <1> *vt* streichen; ~ qn de
l'ordre des médecins jdn aus der Ärztekammer ausschließen
radieux, -euse [Radjø, -jøz] *adj* strahlend
radin, e [Radɛ̃, in] **I.** *adj fam* knauserig **II.** *m,*
f fam Geizkragen *m*
radiner [Radine] <1> *vpr fam* se ~ auftauchen; **allez, radine-toi!** komm endlich!
radinerie [Radinri] *f fam* Knauserigkeit *f*
radio [Radjo] *f* ❶ Radio *nt*; **allumer/éteindre la** ~ das Radio ein-/ausschalten ❷ (*radiodiffusion*) Rundfunk *m*; **passer à la** ~
im Radio kommen ❸ (*station*) Sender *m*
❹ MED Röntgenaufnahme *f*
radioactif, -ive [Radjoaktif, -iv] *adj* radioaktiv

radioactivité [Radjoaktivite] *f* Radioaktivität
f
radioamateur, -trice [Radjoamatœr, -tris]
m, f Funkamateur(in) *m(f)*
radiographie [Radjɔgrafi] *f* MED Röntgenaufnahme *f*
radiologue [Radjɔlɔg] *mf* Radiologe/Radiologin *m/f*
radiophonique [Radjɔfɔnik] *adj* **pièce** ~
Hörspiel *nt*
radio-réveil [Radjorevɛj] <radios-réveils>
m Radiowecker *m*; **radio-taxi** [Radjotaksi]
<radio-taxis> *m* Funktaxi *nt*
radiotélévisé, e [Radjotelevize] *adj* **message** ~ **du chef de l'État** Rundfunk- und
Fernsehansprache des Staatschefs
radis [Radi] *m* Radieschen *nt*; (*grand* ~) Rettich *m*
radius [Radjys] *m* ANAT Speiche *f*
radoter [Radɔte] <1> *vi* sich wiederholen
radoucir [Radusir] <8> *vpr* se ~ ❶ (*personne*) sich besänftigen ❷ (*temps*) sich bessern
rafale [Rafal] *f* ~ **de vent** Windstoß *m*
raffermir [Rafɛrmir] <8> *vpr* se ~ (*voix*)
fester werden; (*peau, tissu*) straffer werden; (*muscles*) kräftiger werden
raffinage [Rafinaʒ] *m* Raffinieren *nt*
raffiné, e [Rafine] *adj* ❶ (*délicat*) edel
❷ (*personne*) subtil; (*coup*) raffiniert
raffiner [Rafine] <1> *vt* ❶ (*pétrole, sucre*)
raffinieren ❷ (*goût*) verfeinern
raffinerie [Rafinri] *f* Raffinerie *f*
raffoler [Rafɔle] <1> *vi* ~ **de qc** in etw vernarrt sein
raffut [Rafy] *m fam* Radau *m*
rafistolage [Rafistɔlaʒ] *m fam* ❶ (*bricolage*)
Zusammenflicken *nt* ❷ *fig* Notbehelf *m*
rafistoler [Rafistɔle] <1> *vt fam* zusammenflicken
rafle [Rafl] *f* Razzia *f*
rafler [Rafle] <1> *vt fam* mitgehen lassen
rafraîchir [Rafreʃir] <8> *vpr* se ~ ❶ METEO
(*air, temps*) abkühlen ❷ (*boire*) sich erfrischen ❸ (*se laver*) sich abkühlen ❹ (*arranger sa toilette*) sich frisch machen
rafraîchissement [Rafreʃismɑ̃] *m* ❶ (*boisson*) Erfrischung *f* ❷ INFORM **cycle de** ~ **de**
la mémoire Refreshzyklus *m*
raft [Raft] *m* Schlauchboot *nt* (*für Wildwasserfahrten*)

rafting [Raftiŋ] *m* Rafting *nt*

ragaillardir [RagajaRdiR] <8> *vt* (*boisson*) stärken

rage [Raʒ] *f* ❶ (*colère*) Wut *f* ❷ MED Tollwut *f*

rageant, e [Raʒã, ãt] *adj* c'est ~ *fam* das ist ärgerlich

rageusement [RaʒøzmÃ] *adv* wutentbrannt

ragondin [Ragõdɛ̃] *m* ❶ (*animal*) Biberratte *f* ❷ (*fourrure*) Nutria *f*

ragot [Rago] *m fam* Klatsch *m kein Pl*

ragoût [Ragu] *m* Ragout *nt*

raid [Rɛd] *m* MIL Überfall *m*; ~ aérien Luftangriff

raide [Rɛd] I. *adj* ❶ (*corps, membre*) steif; (*cheveux*) glatt ❷ (*escalier, pente*) steil ❸ *fam* (*alcool*) stark II. *adv* (*en pente*) steil ►tomber ~ mort plötzlich tot umfallen

raie¹ [Rɛ] *f* (*ligne*) Streifen *m*

raie² [Rɛ] *indic et subj prés de* **rayer**

raierai [RɛRe] *fut de* **rayer**

raifort [RɛfɔR] *m* Meerrettich *m*

rail [Raj] *m* Schiene *f*

raisin [Rɛzɛ̃] *m* Traube *f*; ~s secs Rosinen *Pl*

raison [Rɛzõ] *f* ❶ (*motif*) Grund *m*; avoir ses ~s seine Gründe haben ❷ (*sagesse*) Vernunft *f*; ~ qn à la raison jdn zur Vernunft bringen ❸ (*facultés intellectuelles*) Verstand *m*; avoir toute sa ~ bei [klarem] Verstand sein ►à tort ou à ~ zu Recht oder zu Unrecht; avoir ~ Recht haben; donner ~ à qn jdm Recht geben; entendre ~ Vernunft annehmen; se faire une ~ sich damit abfinden; pour quelle ~ weshalb

raisonnable [Rɛzɔnabl] *adj* vernünftig

raisonnement [RɛzɔnmÃ] *m* (*argumentation*) Schlussfolgerung *f*

raisonner [Rɛzɔne] <1> *vi* (*ramener à la raison*) zur Vernunft bringen

rajeunir [RaʒœniR] <8> I. *vt* verjüngen II. *vi* ❶ (*se sentir plus jeune*) sich jünger fühlen ❷ (*sembler plus jeune*) jünger scheinen

rajout [Raʒu] *m* Ergänzung *f*

rajouter [Raʒute] <1> *vt* ❶ ~ qc à qc etw zu etw hinzufügen ❷ (*sel, sucre*) hinzugeben ►en ~ *fam* übertreiben

rajuster [Raʒyste] <1> *vt* (*vêtement, lunettes*) zurechtrücken

râlant [Rɑlã] *adj* c'est ~ *fam* das ist ärgerlich

ralenti [Ralãti] *m* ❶ CINE, TV Zeitlupe *f*; au ~ in Zeitlupe ❷ AUT Leerlauf *m*

ralentir [RalãtiR] <8> I. *vt* verlangsamen; (*zèle, activité*) bremsen II. *vi* (*marcheur, véhicule*) abbremsen; (*croissance, production*) zurückgehen III. *vpr* se ~ sich verlangsamen

ralentissement [Ralãtismã] *m* Verlangsamung *f*

râler [Rɑle] <1> *vi* (*grogner*) motzen; faire ~ qn jdn ärgern

râleur, -euse [RɑlœR, -øz] I. *adj fam* motzig II. *m, f fam* Meckerer *m*/Meckerziege *f*, Motzer(in) *m(f)*

rallonge [Ralõʒ] *f* ❶ (*d'une table*) Ausziehplatte *f* ❷ ELEC Verlängerungskabel *nt*

rallonger [Ralõʒe] <2a> *vt* verlängern

rallumer [Ralyme] <1> *vt* (*cigarette, feu*) wieder anzünden; (*lampe, lumière*) wieder anmachen

rallye [Rali] *m* Rallye *f*

RAM [Ram] *f abr de* Random Access Memory RAM *m*

ramadan [Ramadã] *m* Ramadan *m*

ramasser [Ramase] <1> I. *vt* ❶ (*champignons, coquillages*) sammeln; (*ordures, copies*) einsammeln; (*argent*) zusammentragen ❷ (*chose tombée par terre*) aufheben ❸ *fam* (*embarquer*) festnehmen II. *vpr* se ~ *fam* (*tomber*) hinpurzeln

ramener [Ramne] <4> I. *vt* ❶ zurückbringen ❷ (*amener avec soi*) mitbringen ►la ~ *fam* angeben II. *vpr fam* (*arriver*) se ~ aufkreuzen

rameur [RamœR] *m* Rudergerät *nt*

rameuter [Ramøte] <1> *vt* (*rassembler*) ~ les militants die aktiven Mitglieder wieder zusammenholen

rami [Rami] *m* Rommee *nt*

rancard [RãkaR] *m fam* Treff *m*

rance [Rãs] *adj* ranzig

ranch [Rãtʃ] <[e]s> *m* Ranch *f*

rançon [Rãsõ] *f* ❶ (*rachat*) Lösegeld *nt* ❷ (*prix*) la ~ de la gloire der Preis des Ruhms

rancune [Rãkyn] *f* garder ~ à qn de qc jdm etw nachtragen ►sans ~! nichts für ungut!

rancunier, -ière [Rãkynje, -jɛR] *adj* nachtragend

randonnée [Rãdɔne] *f* ~ à pied/skis/bicyclette Wanderung *f*/Ski-/Radtour *f*

rang [Rã] *m* ❶ Reihe *f*; en ~ par deux in Zweierreihen; mettez-vous en ~ stellt euch in einer Reihe auf ❷ (*dans un classement*) Platz *m* ❸ (*condition*) Rang *m*

R

rangée [ʀɑ̃ʒe] f Reihe f

ranger [ʀɑ̃ʒe] <2a> I. vt aufräumen; (dossiers, fiches) ordnen II. vpr se ~ ❶ (s'écarter: piéton) beiseite gehen; (véhicule) den Platz freimachen ❷ (se mettre en rang) sich aufstellen ❸ (devenir plus sérieux: personnes) solide werden

ranimer [ʀanime] <1> vt (personne évanouie) wieder beleben

rap [ʀap] m Rap m

rapace [ʀapas] I. adj (cupide) habgierig II. m ZOOL Raubvogel m

rapatrié, e [ʀapatʀije] m, f Repatriierte(r) f(m)

rapatrier [ʀapatʀije] <1> vt (personne) [zurück]bringen

râpé, e [ʀɑpe] adj GASTR gerieben ►c'est ~ fam das ist geplatzt

râper [ʀɑpe] <1> vt reiben

rapiat, e [ʀapja, jat] I. adj fam knauserig II. m, f fam Knauser(in) m(f)

rapide [ʀapid] I. adj schnell; (progrès, réponse) rasch; (geste, personne) flink; (examen) flüchtig II. m (train) Schnellzug m

rapidement [ʀapidmɑ̃] adv schnell; (lire) flüchtig

rapidité [ʀapidite] f Schnelligkeit f

rapiécer [ʀapjese] <2, 5> vt flicken

rappel [ʀapɛl] m ❶ (souvenir) ~ de qc Erinnerung f an etw (akk) ❷ (avertissement: d'un paiement) Mahnung f; ~ à l'ordre Verweis m ❸ (panneau de signalisation) Wiederholungsschild nt ❹ THEAT Herausrufen vor den Vorhang; avoir trois ~s drei Vorhänge bekommen

rappeler [ʀap(ə)le] <3> I. vt ❶ (remémorer: souvenir) wachrufen; ~ qc à qn jdn an jdn/etw erinnern; ~ à qn que ... jdn daran erinnern, dass ... ❷ a. TELEC zurückrufen; (acteurs, comédiens) vor den Vorhang rufen II. vpr se ~ qn/qc sich an jdn/etw erinnern

rapper [ʀape] <1> vt, vi MUS rappen

rappeur, -euse [ʀapœʀ, øz] m, f Rapper(in) m(f)

rappliquer [ʀaplike] <1> vi fam auftauchen

rapport [ʀapɔʀ] m ❶ (lien) Zusammenhang m; ~ de cause à effet Kausalzusammenhang m; ~ qualité-prix Preis-Leistungs-Verhältnis nt ❷ (relations) Beziehungen Pl; les ~s franco-allemands die deutsch-französischen Beziehungen ❸ pl (relations se-

xuelles) Geschlechtsverkehr m ❹ (compte rendu) Bericht m; faire un ~ Bericht erstatten ►sous tous les ~s in jeder Hinsicht; par ~ à qn/qc (par comparaison) im Vergleich zu jdm/etw; (proportionnellement) im Verhältnis zu jdm/etw

rapporté, e [ʀapɔʀte] adj une pièce ~e fig fam ein(e) Angeheiratete(r) f(m)

rapporter [ʀapɔʀte] <1> I. vt ❶ (rendre) zurückbringen; (ramener) mitbringen ❷ (être profitable: métier, travail) jdm etw einbringen ❸ péj (répéter) petzen II. vpr se ~ à qc sich auf etw (akk) beziehen

rapprocher [ʀapʀɔʃe] <1> I. vt ❶ (objets) [näher] zusammenrücken; ~ qc de qc/qn etw an etw (akk)/zu jdm näher rücken ❷ (idées, thèses) annähern II. vpr ❶ (approcher) se ~ de qn/qc sich jdm/einer S. nähern; rapproche-toi de moi! komm näher [zu mir]! ❷ (sympathiser) se ~ sich näher kommen

raquer [ʀake] <1> vi fam blechen

raquette [ʀakɛt] f ❶ SPORT Schläger m ❷ (semelle pour la neige) Schneeschuh m

rare [ʀɑʀ] adj ❶ selten ❷ (exceptionnel) außergewöhnlich ►se faire ~ sich nur selten sehen lassen

rarement [ʀɑʀmɑ̃] adv selten

rascasse [ʀaskas] f Drachenkopf m

raser [ʀɑze] <1> I. vt ❶ (tondre) rasieren; (cheveux, tête) kahl scheren; rasé de près glatt rasiert ❷ (passer très près) ~ qc (mur) dicht an etw (dat) entlanggehen; (sol) dicht über etw (dat) fliegen ❸ (bâtiment) dem Erdboden gleichmachen ❹ fam (ennuyer) anöden II. vpr se ~ sich rasieren; se ~ qc sich (dat) etw rasieren

ras-le-bol [ʀɑl(ə)bɔl] m inv fam en avoir ~ die Nase voll haben; ~! mir reicht's!

rasoir [ʀɑzwaʀ] m Rasierapparat m ►comme un ~ wie ein Rasiermesser nt

rassembler [ʀasɑ̃ble] <1> I. vt (documents, objets épars) zusammentragen; (forces, idées) sammeln; ~ des personnes (personne) um sich versammeln II. vpr se ~ (badauds, foule) zusammenströmen; (participants) sich versammeln

rassembleur, -euse [ʀasɑ̃blœʀ, -øz] I. adj einigend II. m, f Einiger(in) m(f)

rasseoir [ʀaswaʀ] <irr> vpr se ~ sich wieder setzen

rassir [ʀasiʀ] <8> I. vi (pain, pâtisserie) trocken werden **II.** *vpr* **se ~** trocken werden

rassis, rassie [ʀasi] *adj* alt

rassurant, e [ʀasyʀɑ̃, ɑ̃t] *adj* zuversichtlich; (*nouvelle*) beruhigend; **c'est ~!** das ist ja ermutigend!

rassurer [ʀasyʀe] <1> **I.** *vt* beruhigen; **ne pas être rassuré** beunruhigt sein **II.** *vpr* **se ~** sich beruhigen; **rassurez-vous!** seien Sie unbesorgt!

rasta [ʀasta] **I.** *adj fam* Rasta- **II.** *m fam* Rasta *mf*

rat [ʀa] *m* Ratte *f*

ratatiné, e [ʀatatine] *adj* verschrumpelt (*fam*)

ratatiner [ʀatatine] <1> *vt* (*rabougrir: fruit, personne*) |zusammen|schrumpfen lassen; **être ratatiné(e)** verschrumpelt sein (*fam*)

rate [ʀat] *f* ANAT Milz *f*

raté, e [ʀate] *m, f* Versager(in) *m(f)*

rater [ʀate] <1> **I.** *vt* ❶ (*cible*) verfehlen; (*occasion, train*) verpassen ❷ (*examen*) nicht schaffen; (*travail, vie*) verpfuschen (*fam*); **être raté** missglückt sein; (*photos*) nichts geworden sein ▶**ne pas ~ qn** sich (*dat*) jdn vorknöpfen **II.** *vi* (*affaire, projet*) misslingen **III.** *vpr* ❶ *fam* (*mal se suicider*) **qn se rate** jds Selbstmordversuch missglückt ❷ (*ne pas se voir*) **se ~** sich verpassen

ratifier [ʀatifje] <1> *vt* ratifizieren

ration [ʀasjɔ̃] *f* Ration *f*

rationaliser [ʀasjɔnalize] <1> *vt* rationalisieren

rationalité [ʀasjɔnalite] *f* Rationalität *f*

rationnellement [ʀasjɔnɛlmɑ̃] *adv* rational

rationner [ʀasjɔne] <1> *vt* rationieren

raton [ʀatɔ̃] *m* ZOOL **~ laveur** Waschbär *m*

ratonnade [ʀatɔnad] *f* Ausschreitungen *Pl* (*gegen Minderheiten*)

RATP [ɛʀatepe] *f abr de* **Régie autonome des transports parisiens** öffentlicher Pariser Verkehrsbetrieb

rattacher [ʀataʃe] <1> *vt* ❶ (*renouer*) wieder anbinden; (*lacet*) wieder |zu|binden; (*ceinture, jupe*) wieder zumachen ❷ (*annexer*) **~ qc à qc** (*territoire*) ewt an etw (*akk*) angliedern

rattraper [ʀatʀape] <1> **I.** *vt* ❶ (*rejoindre*) einholen ❷ (*temps perdu, retard*) wettmachen; (*sommeil*) nachholen; (*heures d'absence*) nacharbeiten ❸ (*retenir*) auffangen; **~ qn par le bras** jdn am Arm fest halten

II. *vpr* ❶ (*se raccrocher*) **se ~ à qc** sich an etw (*dat*) fest halten ❷ (*compenser*) **se ~** das Versäumte nachholen

rature [ʀatyʀ] *f* Streichung *f*

raturer [ʀatyʀe] <1> *vt* |durch|streichen

rauque [ʀok] (*voix*) rau

ravage [ʀavaʒ] *m* ❶ (*dégâts*) Schäden *Pl* ❷ *pl* (*de l'alcool, de la drogue*) schädliche Auswirkungen *Pl* ▶**faire des ~s** verheerende Schäden anrichten

ravagé, e [ʀavaʒe] *adj fam* übergeschnappt

ravager [ʀavaʒe] <2a> *vt* verwüsten

ravaler [ʀavale] <1> *vt* (*larmes, colère*) unterdrücken

rave¹ [ʀav] *f* Rübe *f*

rave² [ʀɛv] *f* MUS Rave *m*

raveur, -euse [ʀɛvœʀ, -øz] *m, f* Raver(in) *m(f)*

ravi, e [ʀavi] *adj* **avoir l'air ~** strahlen; **être ~ de faire qc** erfreut sein etw zu tun

ravigoter [ʀavigɔte] <1> *vt fam* |wieder| auf die Beine (*akk*) bringen

ravin [ʀavɛ̃] *m* |Fels|schlucht *f*

ravir [ʀaviʀ] <8> *vt* begeistern; **ta visite me ravit** ich freue mich sehr über deinen Besuch

raviser [ʀavize] <1> *vpr* **se ~** seine Meinung ändern

ravissant, e [ʀavisɑ̃, ɑ̃t] *adj* bezaubernd

ravisseur, -euse [ʀavisœʀ, -øz] *m, f* Entführer(in) *m(f)*

ravitaillement [ʀavitajmɑ̃] *m* ❶ (*approvisionnement*) Versorgen *nt* mit Lebensmitteln; **~ en qc** Versorgung *f* mit etw ❷ (*provisions*) Verpflegung *f*

ravitailler [ʀavitaje] <1> **I.** *vt* **~ en qc** mit etw versorgen **II.** *vpr* **se ~ en qc** sich mit etw eindecken

ravoir [ʀavwaʀ] <irr, défec> *vt* toujours à l'infin ❶ (*récupérer*) zurückbekommen, zurückhaben ❷ *fam* (*casserole, vêtement*) wieder sauber kriegen

rayé, e [ʀeje] *adj* ❶ gestreift ❷ (*disque, vitre*) zerkratzt

rayer [ʀeje] <7> *vt* ❶ (*disque, vitre*) zerkratzen ❷ (*mot, nom*) durchstreichen; **~ de la liste** von der Liste streichen

rayon [ʀejɔ̃] *m* ❶ (*faisceau*) Strahl *m* ❷ *pl* (*radiations*) Strahlen *Pl* ❸ (*d'une armoire*) Fach *nt* ❹ COM Abteilung *f* ❺ (*distance*) Umkreis *m* ❻ (*d'une roue*) Speiche *f* ▶**~ de soleil** Sonnenschein *m* **c'est mon ~** ich

R

kenne mich da aus

rayonner [ʀɛjɔne] <1> vi ~ **de joie** vor Freude strahlen

raz-de-marée [ʀɑdəmaʀe] m inv Flutwelle f

razzia [ʀa(d)zja] f Razzia f

RDA [ɛʀdea] f HIST abr de **République démocratique allemande** DDR f

ré [ʀe] m inv D nt, d nt

réabonnement [ʀeabɔnmã] m Abonnement|s|verlängerung f

réac [ʀeak] abr de **réactionnaire** I. adj fam verstaubt (pej); POL reaktionär II. mf POL fam Reaktionär(in) m(f)

réacteur [ʀeaktœʀ] m PHYS Reaktor m

réaction [ʀeaksjɔ̃] f ~ **à qc** Reaktion f auf etw (akk)

réactiver [ʀeaktive] <1> vt (feu) wieder anfachen; MED (maladie, sérum) reaktivieren

réactualiser [ʀeaktɥalize] <1> vt aktualisieren; (conflit) wieder aufleben lassen

réadaptation [ʀeadaptasjɔ̃] f Wiedereingliederung f; (d'un handicapé) Rehabilitation f

réadapter [ʀeadapte] <1> vpr (se réaccoutumer) **se ~ à qc** sich wieder in etw (akk) eingliedern; ~ **à l'école** sich wieder an die Schule gewöhnen

réafficher [ʀeafiʃe] <1> vt INFORM wieder einblenden

réaffirmer [ʀeafiʀme] <1> vt (intention, volonté) bekräftigen

réagir [ʀeaʒiʀ] <8> vi ❶ (répondre spontanément) ~ **à qc** auf etw (akk) reagieren ❷ (s'opposer à) ~ **contre qc** sich gegen etw (akk) wehren

réajustement [ʀeaʒystəmã] m (des salaires, prix) Angleichung f

réajuster [ʀeaʒyste] <1> vt v. **rajuster**

réalisable [ʀealizabl] adj realisierbar

réalisateur, -trice [ʀealizatœʀ, -tʀis] m, f CINE, TV Regisseur(in) m(f)

réalisation [ʀealizasjɔ̃] f ❶ (exécution) Verwirklichung f ❷ CINE, RADIO, TV Regie f

réaliser [ʀealize] <1> I. vt ❶ (projet, rêve) verwirklichen; (exploit) vollbringen; (désir) erfüllen ❷ (travail) ausführen; (plan, maquette) ausarbeiten ❸ (se rendre compte de) sich über etw (akk) bewusst werden II. vpr **se ~** (ambition, projet) Wirklichkeit werden; (rêve) wahr werden; (vœu) in Erfüllung gehen

réalisme [ʀealism] m Realismus m

réaliste [ʀealist] adj realistisch

réalité [ʀealite] f ❶ (réel) Wirklichkeit f ❷ (chose réelle) Tatsache f ▸**en ~** in Wirklichkeit f

réaménagement [ʀeamenaʒmã] m (d'un site) Neugestaltung f

réaménager [ʀeamenaʒe] <2a> vt (site) neu gestalten; ~ **le centre de la ville en zone piétonne** die Innenstadt zu einer Fußgängerzone umgestalten

réanimation [ʀeanimasjɔ̃] f Wiederbelebung f; **service de ~** Intensivstation f

réanimer [ʀeanime] <1> vt wieder beleben

réapparaître [ʀeapaʀɛtʀ] <irr> vi + avoir o être wieder auftauchen

réapprendre [ʀeapʀɑ̃dʀ] <13> vt (leçon, poésie) noch einmal lernen; ~ **à marcher** wieder gehen lernen

réapprovisionner [ʀeapʀɔvizjɔne] <1> vpr **se ~ en qc** sich wieder mit etw eindecken; **se ~ en essence/fuel** sich wieder Benzin/Öl nachliefern lassen

réassortir [ʀeasɔʀtiʀ] <8> vt [wieder] ergänzen

réassurance [ʀeasyʀɑ̃s] f Rückversicherung f

rebaptiser [ʀ(ə)batize] <1> vt umbenennen

rébarbatif, -ive [ʀebaʀbatif, -iv] adj (air) abweisend; (tâche) undankbar

rebelote [ʀəbəlɔt] interj fam wie könnt's auch anders sein

rebiffer [ʀ(ə)bife] <1> vpr fam **se ~** aufmucken

rebiquer [ʀ(ə)bike] <1> vi fam in die Höhe stehen

reblochon [ʀəblɔʃɔ̃] m: milder Weichkäse aus Savoyen

rebond [ʀ(ə)bɔ̃] m Aufprall m; **faux ~** Abspringen nt |des Balls|

rebondir [ʀ(ə)bɔ̃diʀ] <8> vi ~ **contre qc** (balle, ballon) von etw (dat) abprallen

rebondissement [ʀ(ə)bɔ̃dismã] m Wiederaufleben nt; **nouveau ~ dans l'affaire X!** Neues nt im Fall X!

reboucher [ʀ(ə)buʃe] <1> vt (récipient) wieder zumachen

rebours [ʀ(ə)buʀ] **à ~** rückwärts; **compte à ~** Count-down m

reboutonner [ʀ(ə)butɔne] <1> I. vt wieder zuknöpfen II. vpr **se ~** sich wieder zuknöpfen

rébus [ʀebys] *m* Bilderrätsel *nt*

recaler [ʀ(ə)kale] <1> *vt* SCOL *fam* **se faire ~ au bac** durchs Abi rasseln

récapitulatif [ʀekapitylatif] *m* Auszug *m*

récapituler [ʀekapityle] <1> *vt* noch einmal kurz zusammenfassen

recel [ʀəsɛl] *m* Hehlerei *f*

récemment [ʀesamã] *adv* vor kurzem

recensement [ʀ(ə)sãsmã] *m* Volkszählung *f*

récent, e [ʀesã, ãt] *adj* (*événement, passé*) jüngste(r, s); **être ~** neu sein

recentrer [ʀ(ə)sãtʀe] <1> *vt* ❶ POL neu ausrichten ❷ TECH neu zentrieren

récepteur [ʀesɛptœʀ] *m* ❶ RADIO Empfänger *m* ❷ TELEC ~ |**téléphonique**| [Telefon]hörer *m* ❸ (*transformateur*) Energieumwandler *m*

récepteur, -trice [ʀesɛptœʀ, -tʀis] *adj* **antenne réceptrice** Empfangsantenne *f*; **appareil ~** Energieumwandler *m*; **poste ~** Empfänger *m*

réception [ʀesɛpsjɔ̃] *f* Empfang *m*; (*d'une entreprise*) Empfangsbüro *nt*; (*hall d'accueil*) [Empfangs]halle *f*

réceptionner [ʀesɛpsjɔne] <1> *vt* in Empfang (*akk*) nehmen

réceptionniste [ʀesɛpsjɔnist] *mf* Empfangschef/-dame *m/f*

réceptrice [ʀesɛptʀis] *adj v.* **récepteur**

récession [ʀesesjɔ̃] *f* Rezession *f*

recette [ʀ(ə)sɛt] *f* ❶ GASTR Rezept *nt* ❷ (*secret, truc*) Patentrezept *nt* ❸ COM Einnahmen *Pl*

receveur, -euse [ʀəs(ə)vœʀ, -øz] *m, f* MED Empfänger(in) *m(f)*

recevoir [ʀəs(ə)vwaʀ] <12> **I.** *vt* ❶ erhalten ❷ (*obtenir, percevoir*) bekommen; (*compliment*) ernten ❸ (*éducation*) genießen; **être reçu à un examen** eine Prüfung bestehen ❹ *a.* RADIO, TV empfangen; **~ qn à dîner** jdn zum Abendessen zu Gast haben ❺ (*coup, projectile*) abbekommen; **elle a reçu le ballon sur la tête** der Ball hat sie am Kopf getroffen ❻ (*avis, conseil*) annehmen; **être bien/mal reçu** gut/schlecht aufgenommen werden; **recevez, cher Monsieur/chère Madame, l'expression de mes sentiments distingués/mes sincères salutations** *form* mit vorzüglicher Hochachtung/mit freundli-

chen Grüßen ❼ (*contenir*) **pouvoir ~ des personnes** (*salle*) Menschen aufnehmen können; (*hôtel*) Menschen unterbringen können **II.** *vi* SPORT (*jouer sur son terrain*) Gastgeber sein

rechange [ʀ(ə)ʃãʒ] *m* ▶**pièce de ~** Ersatzteil *nt* **pantalon/chaussures de ~** Hose *f*/Schuhe *Pl* zum Wechseln

recharge [ʀ(ə)ʃaʀʒ] *f* Nachfüllpatrone *f*; (*d'un produit d'entretien*) Nachfüllpackung *f*; (*d'un stylo à bille*) Ersatzmine *f*

rechargeable [ʀ(ə)ʃaʀʒabl] *adj* (*briquet*) nachfüllbar; **stylo ~** Patronenfüllhalter *m*; **briquet/rasoir non ~** Einwegfeuerzeug *nt*/-rasierer *m*

recharger [ʀ(ə)ʃaʀʒe] <2a> *vt* (*arme*) nachladen; (*briquet*) nachfüllen; (*accumulateurs, batterie*) wieder [auf]laden

réchaud [ʀeʃo] *m* Kocher *m*

réchauffé [ʀeʃofe] *m* Aufgewärmte(s) *nt*; **ça doit être du ~** das ist sicher [nur] aufgewärmt

réchauffé, e [ʀeʃofe] *adj péj* aufgewärmt (*fam*)

réchauffement [ʀeʃofmã] *m* Erwärmung *f*

réchauffer [ʀeʃofe] <1> **I.** *vt* ❶ GASTR aufwärmen ❷ (*corps, membres*) wärmen **II.** *vpr* **se ~** (*personne*) sich wärmen; (*eau, planète*) sich erwärmen; (*temps, température*) wärmer werden

recherche [ʀ(ə)ʃɛʀʃ] *f* ❶ Suche *f*; **être à la ~ de qn/qc** auf der Suche nach jdm/etw sein ❷ *gén pl* (*enquête*) Nachforschung *f*; **faire des ~s sur qc** Nachforschungen über etw (*akk*) anstellen ❸ *sans pl* MED, UNIV Forschung *f*

recherché, e [ʀ(ə)ʃɛʀʃe] *adj* ❶ begehrt; (*produit*) gefragt ❷ (*expression, style*) gewählt; (*plaisir*) erlesen

rechercher [ʀ(ə)ʃɛʀʃe] <1> *vt* **~ qn/qc** nach jdm/etw suchen

rechigner [ʀ(ə)ʃiɲe] <1> *vi* **~ à faire un travail** sich gegen eine Aufgabe sträuben; **en rechignant** widerwillig

rechute [ʀ(ə)ʃyt] *f* MED Rückfall *m*

rechuter [ʀ(ə)ʃyte] <1> *vi* ❶ (*récidiver*) rückfällig werden ❷ MED einen Rückfall haben

récidive [ʀesidiv] *f* JUR Rückfall *m*

récidiver [ʀesidive] <1> *vi* JUR rückfällig werden

récidiviste [ʀesidivist] *mf* JUR Wieder-

R

holungstäter(in) *m(f)*

récipient [resipjä] *m* Gefäß *nt;* (*pour cuisiner*) Schüssel *f*

réciproque [resiprɔk] I. *adj* wechselseitig II. *f* Gleiche(s) *nt*

réciproquement [resiprɔkmä] *adv* gegenseitig; **et ~** und umgekehrt

récit [resi] *m* Bericht *m;* (*narration*) Erzählung *f;* **~ d'aventures** Abenteuergeschichte *f*

récital [resital] <s> *m* Konzert *nt*

récitation [resitasjɔ̃] *f* SCOL Aufsagen *nt* von Gedichten; (*poème*) Gedicht *nt*

réciter [resite] <1> *vt* (*leçon, poème*) aufsagen

réclamation [reklamasjɔ̃] *f* ❶ (*plainte*) Beschwerde *f;* COM Reklamation *f* ❷ (*service*) **les ~s** für Reklamationen zuständige Stelle; TELEC Störungsstelle *f*

réclame [reklam] *f* Reklame *f* ▶**en ~** im [Sonder]angebot *nt*

réclamer [reklame] <1> I. *vt* ❶ (*aide, argent*) erbitten; (*silence, parole*) bitten um ❷ (*exiger, revendiquer*) **~ qc à qn** von jdm etw fordern; **~ qn** nach jdm verlangen ❸ (*soin, temps*) erfordern II. *vi* sich beschweren

reclasser [rəklase] <1> *vt* (*remettre en ordre*) neu ordnen

réclusion [reklyzjɔ̃] *f* JUR Freiheitsstrafe *f*

recoiffer [rə kwafe] <1> *vpr* **se ~** sich noch einmal kämmen

recoin [rəkwɛ̃] *m* Winkel *m*

recoller [rə kɔle] <1> *vt* ❶ (*coller à nouveau: enveloppe*) wieder zukleben; (*étiquette, timbre*) wieder aufkleben ❷ (*raccommoder: morceaux, vase cassé*) wieder zusammenkleben

récoltant, e [rekɔltã, ãt] *m, f* Winzer(in) *m(f)*

récolte [rekɔlt] *f* Ernte *f*

récolter [rekɔlte] <1> *vt a. fig* ernten; (*argent*) sammeln; (*contraventions, ennuis*) bekommen

recommandable [rə kɔmãdabl] *adj* empfehlenswert

recommandation [rə kɔmãdasjɔ̃] *f* ❶ (*appui*) Empfehlung *f* ❷ (*conseil*) Rat *m*

recommandé [rə kɔmãde] *m* POST Einschreiben *nt*

recommander [rə kɔmãde] <1> *vt* ❶ (*conseiller*) empfehlen; **~ à qn de faire**

qc jdm raten etw zu tun; **il est recommandé de faire qc** es ist ratsam, etw zu tun ❷ (*lettre, paquet*) per Einschreiben schicken

recommencer [rə kɔmãse] <2> I. *vt* ❶ (*reprendre*) wieder anfangen; **~ un récit depuis le début** noch einmal von vorn erzählen ❷ (*travail*) noch einmal neu beginnen; (*erreur, expérience*) noch einmal machen; **ne recommence jamais ça!** mach das [ja] nie wieder! II. *vi* ❶ (*reprendre*) wieder anfangen ❷ (*essayer de nouveau*) es noch einmal versuchen; (*refaire un travail, un devoir*) noch einmal anfangen ❸ (*se remettre à*) **~ à marcher** wieder gehen

récompense [rekɔ̃pãs] *f* **~ de qc** Dank *m* für etw; (*matérielle*) Belohnung *f* für etw; SCOL, SPORT Preis *m* für etw

récompenser [rekɔ̃pãse] <1> *vt* (*personne*) belohnen

recomposer [rə kɔ̃poze] <1> *vt* (*numéro de téléphone*) noch einmal wählen

recomposition [rə kɔ̃pozisjɔ̃] *f* ❶ (*reconstitution*) [Wieder]zusammensetzen *nt* ❷ POL Umstrukturierung *f;* (*d'une majorité*) neue Zusammensetzung

recompter [rə kɔ̃te] <1> *vt, vi* (*monnaie*) [noch einmal] nachzählen; (*opération*) [noch einmal] nachrechnen

réconcilier [rekɔ̃silje] <1> I. *vt* (*personnes*) [miteinander] versöhnen II. *vpr* **se ~** (*personnes*) sich [miteinander] versöhnen; **se ~ avec qn/qc** sich mit jdm/etw aussöhnen

reconductible [rə kɔ̃dyktibl] *adj* (*contrat*) verlängerbar, erneuerbar

reconduire [rə kɔ̃dɥir] <irr> *vt* (*raccompagner*) zurückbringen; (*chez soi*) heimbringen; ADMIN (*à la frontière*) zurückführen

réconfort [rekɔ̃fɔr] *m* ❶ (*soutien*) Halt *m* kein Pl (*fig*) ❷ (*consolation*) Trost *m*

réconfortant, e [rekɔ̃fɔrtã, ãt] *adj* (*rassurant*) aufmunternd; (*événement*) ermutigend; (*consolant*) tröstlich; (*stimulant*) ermunternd

réconforter [rekɔ̃fɔrte] <1> *vt* **~ qn par qc** (*consoler*) jdn mit etw trösten; (*rassurer*) jdn durch etw ermutigen; (*stimuler*) jdn mit etw aufmuntern

reconnaissance [rə kɔnɛsãs] *f* ❶ (*gratitude*) Dankbarkeit *f* ❷ (*d'un pays, terrain*) Erkundung *f* ❸ INFORM **~ optique de caractères** automatische Schriftenerkennung;

~ **vocale** Spracherkennung *f*
reconnaissant, e [ʀ(ə)kɔnɛsã, ãt] *adj* dankbar
reconnaître [ʀ(ə)kɔnɛtʀ] <*irr*> **I.** *vt* ❶ (*identifier*) erkennen; ~ **qn à son style** (*se rappeler*) jdn an seinem Stil wieder erkennen ❷ (*innocence, qualité, droit*) anerkennen; (*erreur, faute*) eingestehen ❸ (*bienfait*) zu schätzen wissen **II.** *vpr* ❶ (*se retrouver*) **se** ~ **dans qn/qc** sich in jdm/etw wieder erkennen ❷ (*être reconnaissable*) **se** ~ **à qc** an etw (*dat*) zu erkennen sein
reconnu, e [ʀakɔny] **I.** *part passé de* **reconnaître II.** *adj* (*chef, fait*) anerkannt
reconsidérer [ʀ(ə)kõsidere] <5> *vt* noch einmal überdenken
reconstituer [ʀ(ə)kõstitɥe] <1> *vt* rekonstruieren; (*scène, bataille*) nachstellen; (*généalogie*) erstellen
reconstitution [ʀ(ə)kõstitysjõ] *f* Rekonstruktion *f*
reconstruction [ʀ(ə)kõstʀyksjõ] *f* Wiederaufbau *m*
reconstruire [ʀ(ə)kõstʀɥiʀ] <*irr*> *vt* wieder aufbauen
reconversion [ʀ(ə)kõvɛʀsjõ] *f* **suivre un stage de** ~ **en informatique** an einer Umschulungsmaßnahme in Informatik teilnehmen
reconvertir [ʀ(ə)kõvɛʀtiʀ] <8> **I.** *vt* (*adapter*) ~ **qc en qc** etw zu etw umrüsten; **être reconverti en qc** in etw (*akk*) umgewandelt werden **II.** *vpr* **se** ~ **dans/en qc** auf etw (*akk*) umschulen
recopier [ʀ(ə)kɔpje] <1> *vt* ❶ (*transcrire*) abschreiben ❷ (*mettre au propre*) ins Reine schreiben ❸ INFORM kopieren
record [ʀ(ə)kɔʀ] **I.** *m* Rekord *m* **II.** *app inv* **en un temps** ~ in Rekordzeit
recordman [ʀ(ə)kɔʀdman] <s> *m* Rekordhalter *m*
recordwoman [ʀ(ə)kɔʀdwuman] <s> *f* Rekordhalterin *f*
recoucher [ʀ(ə)kuʃe] <1> **I.** *vt* wieder ins Bett bringen **II.** *vpr* **se** ~ sich wieder hinlegen
recoudre [ʀ(ə)kudʀ] <*irr*> *vt* ❶ COUT wieder annähen ❷ MED nähen; (*opéré*) wieder zunähen
recouper [ʀ(ə)kupe] <1> **I.** *vt* ~ **un morceau** noch ein Stück abschneiden **II.** *vpr* **se** ~ (*coïncider*) [miteinander] übereinstim-

men
recourbé, e [ʀ(ə)kuʀbe] *adj* (*bec*) krumm; **nez** ~ Hakennase *f*
recours [ʀ(ə)kuʀ] *m* ❶ (*utilisation*) ~ **à qc** Zurückgreifen *nt* auf etw (*akk*); **avoir** ~ **à qn** sich an jdn wenden; **avoir** ~ **à la violence** Gewalt anwenden ❷ (*ressource*) Ausweg *m*; (*personne*) Rettung *f*; **en dernier** ~ als letzter Ausweg
recouvrir [ʀ(ə)kuvʀiʀ] <11> *vt* ❶ (*fauteuil*) beziehen; ~ **qc** (*neige, givre*) etw bedecken; **recouvert de buée/crépi** beschlagen/verputzt ❷ (*couvrir à nouveau*) ~ **un enfant de qc** (*personne*) ein Kind mit etw wieder zudecken
recracher [ʀ(ə)kʀaʃe] <1> *vt* (*expulser*) [wieder] ausspucken
récré [ʀekʀe] *f fam abr de* **récréation**
récréation [ʀekʀeasjõ] *f* SCOL Pause *f*
recréer [ʀ(ə)kʀee] <1> *vt* neu erschaffen; (*reconstruire*) rekonstruieren, wieder entstehen lassen
récrire [ʀekʀiʀ] <*irr*> *vt* neu schreiben; ~ **une lettre à qn** jdm einen Brief zurückschreiben
recroqueviller [ʀ(ə)kʀɔk(ə)vije] <1> *vpr* **se** ~ (*fleur*) welken; (*personne*) sich zusammenkauern
recrudescence [ʀ(ə)kʀydesãs] *f* Zunahme *f*
recruter [ʀ(ə)kʀyte] <1> *vt* ❶ MIL einziehen ❷ (*employés, travailleurs*) anwerben
recta [ʀɛkta] *adv* prompt
rectal, e [ʀɛktal, o] <-aux> *adj* rektal
rectangle [ʀɛktãgl] **I.** *m* Rechteck *nt* **II.** *adj* (*triangle*) rechtwinklig
rectangulaire [ʀɛktãgylɛʀ] *adj* rechteckig
rectificatif [ʀɛktifikatif] *m* Richtigstellung *f*
rectificatif, -ive [ʀɛktifikatif, -iv] *adj* **note rectificative** Berichtigung *f*
rectification [ʀɛktifikasjõ] *f* (*d'un texte, d'une erreur*) Korrektur *f*; (*d'une déclaration*) Richtigstellung *f*
rectifier [ʀɛktifje] <1> *vt* ❶ (*corriger*) berichtigen ❷ (*position*) korrigieren
rectiligne [ʀɛktiliɲ] *adj* gerade
recto [ʀɛkto] *m* [Blatt]vorderseite *f*; **au** ~ auf der [Blatt]vorderseite; ~ **verso** beidseitig
rectorat [ʀɛktɔʀa] *m* ❶ (*fonction*) ≈ Leitung *f* eines Oberschulamts (*Leitung eines Schulaufsichtsbezirks*) ❷ (*bureaux*) Behörde *f* der Schulverwaltung

R

reçu [ʀ(ə)sy] *m* Quittung *f*

reçu, e [ʀ(ə)sy] I. *part passé de* **recevoir** II. *adj* ❶ (*couramment admis*) [allgemein] üblich; **idée ~e** Vorurteil *nt* ❷ (*candidat, élève*) erfolgreich

recueil [ʀəkœj] *m* (*ensemble*) Sammlung *f;* (*livre*) Sammelband *m*

recueillement [ʀ(ə)kœjmɑ̃] *m* Besinnung *f;* (*religieux*) Andacht *f*

recueillir [ʀ(ə)kœjiʀ] <irr> I. *vt* ❶ (*documents, signatures*) sammeln; (*suffrages*) erhalten ❷ (*accueillir*) aufnehmen ❸ (*témoignage, déposition*) aufnehmen II. *vpr* **se ~ sur la tombe d'un ami** eines Freundes an dessen Grab gedenken

recuire [ʀ(ə)kɥiʀ] <irr> *vt* noch kochen lassen; (*dans une casserole*) noch einmal aufkochen; (*dans une poêle*) [noch] länger braten; (*au four*) noch einmal in den Ofen stellen; (*gâteau*) [noch] länger backen

recul [ʀ(ə)kyl] *m* (*dans le temps*) Abstand *m;* (*dans l'espace*) Entfernung *f;* **avec le ~** im Nachhinein

reculer [ʀ(ə)kyle] <1> I. *vi* ❶ (*opp: avancer: véhicule*) rückwärts fahren; (*involontairement*) zurückrollen; **~ devant qn/qc** vor jdm/etw zurückweichen; **~ de deux pas** zwei Schritte zurücktreten ❷ (*renoncer*) klein beigeben; **ne plus pouvoir ~** nicht mehr zurück können; **faire ~ qn** jdn abschrecken ❸ (*diminuer: chômage, influence*) zurückgehen ▸**~ pour mieux sauter** aufgeschoben ist nicht aufgehoben II. *vt* (*meuble*) zurückschieben; (*mur*) versetzen; (*frontière*) [nach hinten] verschieben; (*véhicule*) zurückfahren; (*rendez-vous*) verschieben; (*décision, échéance*) aufschieben III. *vpr* **se ~** zurücktreten; **recule-toi!** geh aus dem Weg!

reculons [ʀ(ə)kylɔ̃] ▸**à ~** rückwärts

récupérable [ʀekypeʀabl] *adj* (*réutilisable: objets*) wiederverwertbar; (*heure, congé*) (*à rattraper*) nachzuholen|d|; (*à compenser*) auszugleichen|d|; **ces heures supplémentaires sont ~s sous forme de congé** diese Überstunden können durch Urlaub ausgeglichen werden

récupération [ʀekypeʀasjɔ̃] *f* ❶ (*des biens*) Wiedererlangung *f;* (*des forces*) Wiederherstellung *f* ❷ (*de la chaleur*) Rückgewinnung *f;* (*des chiffons, du verre*) Wiederverwertung *f;* (*collecte*) Sammeln *nt;* **~ des vieux papiers** Altpapiersammlung *f* ❸ (*recouvrement*) Nachholen *nt;* (*des heures supplémentaires*) (*sous forme de congés*) Ausgleichen *nt*

récupérer [ʀekypeʀe] <5> I. *vi* sich erholen II. *vt* ❶ (*reprendre: argent, biens*) wieder bekommen ❷ *fam* (*personne*) abholen; (*stylo prêté*) wiederhaben ❸ (*journée de travail*) nachholen; (*sous forme de congés*) ausgleichen (*fam*)

recyclable [ʀ(ə)siklabl] *adj* ECOL wiederverwertbar

recyclage [ʀ(ə)siklaʒ] *m* ECOL Wiederverwertung *f;* (*de l'eau*) Wiederaufbereitung *f*

recycler [ʀ(ə)sikle] <1> I. *vt* ECOL (*déchets, verre*) recyceln; (*eau*) wieder aufbereiten; **papier recyclé** Umweltschutzpapier *nt* II. *vpr* (*se reconvertir*) **se ~ dans qc** auf etw (*akk*) umschulen; (*par une formation permanente*) sich in etw (*dat*) weiterbilden; (*entreprise*) auf etw (*akk*) umstellen

rédacteur, -trice [ʀedaktœʀ, -tʀis] *m, f* Redakteur(in) *m(f)*

rédaction [ʀedaksjɔ̃] *f* ❶ *a.* PRESSE Redaktion *f* ❷ SCOL Aufsatz *m*

redécouvrir [ʀ(ə)dekuvʀiʀ] <11> *vt* wiederentdecken

redéfinir [ʀ(ə)definiʀ] <8> *vt* neu definieren

redémarrer [ʀ(ə)demaʀe] <1> *vi* ❶ (*repartir*) wieder losfahren ❷ *fig* (*entreprise*) wieder in Schwung kommen; (*production, machines*) wieder anlaufen

redéploiement [ʀ(ə)deplwamɑ̃] *m* (*d'une économie, politique*) Umstrukturierung *f;* (*des personnes, postes*) Umschichtung *f;* (*des troupes*) [Um]verlegung *f*

redéployer [ʀ(ə)deplwaje] <6> I. *vt* (*industrie, économie*) umstrukturieren II. *vpr* **se ~** (*secteur économique*) umstrukturiert werden

redescendre [ʀ(ə)desɑ̃dʀ] <14> I. *vt* + *avoir* ❶ (*vu d'en haut*) wieder hinuntergehen; (*escalier, échelle*) wieder hinuntersteigen; (*en courant: escalier*) [wieder] hinunterrennen; (*en escaladant: échelle*) [wieder] hinunterklettern; (*vu d'en bas*) wieder herunterkommen; (*escalier, échelle*) [wieder] heruntersteigen; (*en courant: escalier*) wieder herunterrennen; (*en escaladant: échelle*) [wieder] herunterklettern ❷ (*porter vers le bas*) [wieder] herunterholen II. *vi*

+ *être* (*baromètre, fièvre*) wieder fallen; (*marée*) zurückgehen; **~ de l'échelle** wieder von der Leiter |herunter|steigen

redevenir [ʀ(ə)dəv(ə)niʀ] <9> *vi* wieder werden

rédhibitoire [ʀedibitwaʀ] *adj* grundlegend

rediffuser [ʀ(ə)difyze] <1> *vt* noch einmal senden

rediffusion [ʀ(ə)difyzjɔ̃] *f* Wiederholung *f*

redire [ʀ(ə)diʀ] <irr> *vt* (*histoire*) noch einmal erzählen; (*rapporter*) weitererzählen

redistribuer [ʀ(ə)distʀibɥe] <1> *vt* **~ qc à qn** etw an jdn verteilen

redite [ʀ(ə)dit] *f* |unnötige| Wiederholung

redonner [ʀ(ə)dɔne] <1> *vt* ❶ wieder geben; (*nom*) noch einmal sagen; (*appétit, courage*) wieder machen; **~ des forces** kräftigen ❷ (*resservir*) noch einmal servieren; **~ à boire à qn** jdm noch |etwas| zu trinken geben

redormir [ʀ(ə)dɔʀmiʀ] <irr> *vi* noch einmal |ein|schlafen

redoubler [ʀ(ə)duble] <1> **I.** *vt* ❶ SCOL wiederholen ❷ (*effort*) verdoppeln **II.** *vi* sitzen bleiben (*fam*)

redresser [ʀ(ə)dʀese] <1> **I.** *vt* ❶ (*buste, corps*) strecken; (*tête*) heben ❷ (*économie*) |wieder| ankurbeln; (*finances*) sanieren ❸ (*voiture*) geradeaus lenken **II.** *vpr* **se ~** ❶ (*se tenir très droit*) sich aufrichten; (*de nouveau*) sich wieder aufrichten; **redresse-toi!** halt dich gerade! ❷ (*se relever: finances, situation*) sich wieder erholen; (*économie*) wieder anlaufen

réduction [ʀedyksjɔ̃] *f* ❶ Verringerung *f;* (*de la durée*) Verkürzung *f;* (*du personnel*) Abbau *m;* (*d'impôts*) Ermäßigung *f* (*rabais*) **~ de 5% sur qc** Nachlass (*akk*) von 5% auf etw *m;* **~s jeunes** Ermäßigungen *Pl* für Jugendliche

réduire [ʀedɥiʀ] <irr> **I.** *vt* ❶ (*diminuer*) reduzieren; (*salaire, texte*) kürzen; (*temps de travail, peine*) verkürzen; (*personnel*) abbauen; (*activité, responsabilités*) einschränken ❷ (*transformer*) **~ qc en bouillie** aus etw Brei machen ❸ GASTR einkochen **II.** *vpr* **se ~ à qc** sich auf etw (*akk*) beschränken; (*montant*) sich auf etw (*akk*) belaufen

réduit, e [ʀedɥi, it] *adj* ❶ (*échelle, modèle*) verkleinert ❷ (*tarif*) ermäßigt

rééchelonnement [ʀeeʃ(ə)lɔnmɑ̃] *m* **~ |de la dette|** Umschuldung *f*

réécrire [ʀeekʀiʀ] <irr> *vt v.* **récrire**

rééditer [ʀeedite] <1> *vt* ❶ neu herausgeben ❷ *fig fam* wieder machen

réédition [ʀeedisjɔ̃] *f a. fig* Neuauflage *f;* **~ revue et corrigée** überarbeitete und korrigierte Auflage

réel [ʀeɛl] *m* Realität *f*

réel, le [ʀeɛl] *adj* (*véritable*) real; (*besoin*) tatsächlich; (*cause*) wahr

réellement [ʀeɛlmɑ̃] *adv* wirklich

réembaucher [ʀeɑ̃boʃe] <1> *vt* wieder einstellen

réemploi [ʀeɑ̃plwa] *m* (*d'un ouvrier*) Wiedereinstellung *f;* (*d'un produit*) Wiederverwendung *f;* (*d'une somme*) Reinvestition *f*

réemployer [ʀeɑ̃plwaje] <6> *vt* (*ouvrier, employé*) wieder einstellen; (*produit*) wieder verwenden; (*argent*) reinvestieren

réengager [ʀeɑ̃ɡaʒe] <2a> *vt* wieder einstellen

réessayer [ʀeeseje] <7> *vt* noch einmal versuchen; (*vêtement*) noch einmal anprobieren

refaire [ʀ(ə)fɛʀ] <irr> *vt* ❶ (*plat, fautes*) wieder machen; (*lit*) machen; (*nœud*) noch einmal binden ❷ (*sport*) wieder treiben; (*parcours*) noch einmal abgehen; **si c'était à ~** wenn ich noch einmal von vorn anfangen könnte ❸ (*toit*) neu decken; (*chambre*) renovieren; **~ la peinture de qc** etw neu streichen; **se faire ~ le nez** sich (*dat*) die Nase richten lassen

réfectoire [ʀefɛktwaʀ] *m* (*d'une école, d'un hôpital*) Speisesaal *m*

référence [ʀefeʀɑ̃s] *f* ❶ (*renvoi*) Bezug *m;* (*d'un texte*) Verweis *m;* (*d'une citation*) Quellenangabe *f;* (*d'une lettre*) |Akten|zeichen *nt;* **faire ~ à qn/qc** sich auf jdn/etw beziehen ❷ *iron* **ne pas être une ~** nicht gerade eine Empfehlung sein (*fam*)

référendum [ʀefeʀɑ̃dɔm] *m* Volksabstimmung *f*

refermer [ʀ(ə)fɛʀme] <1> **I.** *vt* |wieder| schließen; (*porte*) |wieder| zumachen **II.** *vpr* **se ~** sich |wieder| schließen

refiler [ʀ(ə)file] <1> *vt fam* (*objet sans valeur*) andrehen; **~ la grippe à qn** jdn mit ihrer/seiner Grippe anstecken

réfléchi, e [ʀefleʃi] *adj* ❶ (*action*) durchdacht ❷ (*verbe*) reflexiv

réfléchir [ʀefleʃiʀ] <8> *vi* ❶ (*penser*) nachdenken; **donner à ~** (*chose*) zu denken ge-

R

ben ❷ (*cogiter*) ~ **à qc** über etw (*dat*) brüten ▶**tout bien réfléchi** bei genauerer Überlegung

réflecteur [ʀeflɛktœʀ] *m* Reflektor *m*

reflet [ʀ(ə)flɛ] *m* (*d'une personne, d'une époque*) Spiegelbild *nt*

refléter <5> [ʀ(ə)flete] I. *vt* widerspiegeln II. *vpr* (*se réfléchir*) **se ~ dans l'eau** sich im Wasser spiegeln

reflex [ʀeflɛks] *m. adj* **appareil ~** Spiegelreflexkamera *f* II. *m* Spiegelreflexkamera *f*

réflexe [ʀeflɛks] *m* Reflex *m; avoir eu un bon ~ gut reagiert haben; manquer de ~s kein gutes Reaktionsvermögen haben; avoir le ~ de faire qc etw reflexartig tun

réflexion [ʀeflɛksjɔ̃] *f* ❶ (*analyse*) Betrachtung *f; après mûre ~ nach reiflicher Überlegung ❷ (*remarque désobligeante*) [spitze] Bemerkung ▶~ **faite** (*tout bien considéré*) eigentlich

réforme [ʀefɔʀm] *f* ❶ Reform *f* ❷ HIST **la Réforme** die Kirchenreform

réformé, e [ʀefɔʀme] *adj* MIL [wehrdienst]untauglich

reformer [ʀ(ə)fɔʀme] <1> I. *vt* wiederherstellen; (*armée*) formieren; (*équipe*) wieder aufstellen II. *vpr* **se ~** (*nuages*) sich wieder bilden; (*alliance, groupe*) sich wieder zustande kommen

réformer [ʀefɔʀme] <1> *vt* (*modifier*) reformieren

réformisme [ʀefɔʀmism] *m* Reformismus *m*

réformiste [ʀefɔʀmist] I. *adj* reformistisch II. *mf* Reformist(in) *m(f)*

refoulé, e [ʀ(ə)fule] I. *adj* (*pulsion*) verdrängt; (*personne*) verklemmt II. *m, f fam* Verklemmte(r) *f(m)*

refouler [ʀ(ə)fule] <1> *vt* ❶ (*envahisseur*) zurückschlagen ❷ (*réprimer*) unterdrücken; (*souvenir*) verdrängen; (*larmes*) zurückhalten

refrain [ʀ(ə)fʀɛ̃] *m* ❶ MUS Refrain *m* ❷ (*rengaine*) Lied *nt*

réfrigérateur [ʀefʀiʒeʀatœʀ] *m* Kühlschrank *m*, Eiskasten *m* (A)

refroidir [ʀ(ə)fʀwadiʀ] <8> I. *vt* ❶ (*rafraîchir*) **qc refroidit le jus** der Saft wird durch etw kalt ❷ (*décourager*) ~ **qn** jdm einen Dämpfer versetzen II. *vi* (*devenir plus froid: moteur, aliment*) [sich] abkühlen; (*devenir trop froid*) kalt werden

refuge [ʀ(ə)fyʒ] *m* ❶ Zuflucht *f; trouver ~

chez qn bei jdm Zuflucht finden; **chercher ~ dans la drogue** zu Drogen Zuflucht nehmen ❷ SPORT Schutzhütte *f*

réfugié, e [ʀefyʒje] *m, f* Flüchtling *m*

réfugier [ʀefyʒje] <1> *vpr* **se ~ chez qn** sich zu jdm flüchten

refus [ʀ(ə)fy] *m* (*résistance*) Weigerung *f; ~ par qn de l'ésotérisme** jds Ablehnung der Esoterik (*gen*); **~ de priorité** Missachtung *f* der Vorfahrt; **ce n'est pas de ~** *fam* da sage ich nicht nein

refuser [ʀ(ə)fyze] <1> I. *vt* ❶ ablehnen ❷ (*objet, permission*) nicht geben; (*entrée, accès*) verwehren; (*priorité*) nehmen II. *vt* ablehnen III. *vpr* ❶ (*se priver de*) **ne rien se ~** *iron* sich was gönnen ❷ (*être décliné*) **ça ne se refuse pas** dazu kann man doch nicht nein sagen

réfuter [ʀefyte] <1> *vt* widerlegen

régal [ʀegal] *m* Genuss *m*

régaler [ʀegale] <1> *vpr* ❶ (*savourer*) **qn se régale de qc** etw schmeckt einem ❷ (*éprouver un grand plaisir*) **se ~ en faisant qc** es genießen etw zu tun

regard [ʀ(ə)gaʀ] *m* Blick *m; fusiller qn du ~** jdn mit Blicken töten

regarder [ʀ(ə)gaʀde] <1> I. *vt* ❶ ansehen; **~ la mer pendant des heures** stundenlang aufs Meer schauen; **il la regarde bien** er sieht ihr zu ❷ (*observer*) beobachten; (*mécanisme, film*) sich (*dat*) ansehen ❸ (*consulter rapidement*) überfliegen; (*numéro, mot*) nachsehen; **~ sa montre auf** die Uhr sehen ❹ (*considérer: situation*) betrachten; **~ qc en face** einer S. (*dat*) ins Auge sehen ❺ (*concerner*) **ça ne te regarde pas** das geht dich nichts an ▶**regardez-moi ça!** *fam* hat man so etwas schon gesehen! II. *vi* (*s'appliquer à voir*) zusehen; **bien ~** gut hinsehen; **~ dans un livre** in einem Buch nachsehen III. *vpr* ❶ (*se contempler*) **se ~ dans qc** sich in etw (*dat*) betrachten ❷ (*se mesurer du regard*) **se ~** (*personnes*) sich ansehen ▶ **tu [ne] t'es [pas] regardé!** *fam* sieh dich doch erst mal selbst an!

régénérer [ʀeʒeneʀe] <5> I. *vt* ❶ (*chairs, tissu*) neu bilden; **~ ses forces** wieder zu Kräften kommen ❷ TECH (*catalyseur, matériau*) regenerieren II. *vpr* **se ~** sich regenerieren

reggae [ʀege] *m* Reggae *m*

régie [ʀeʒi] *f* ❶ CINE, THEAT, TV Aufnahmeleitung *f* ❷ TV, RADIO (*local*) Regieraum *m*

régime [ʀeʒim] *m* ❶ POL System *nt;* ~ **constitutionnel** Verfassung|sordnung *f*| *f* ❷ MED Diät *f;* **se mettre/être au ~** eine Diät machen; **mettre qn au ~** jdn auf Diät setzen

régiment [ʀeʒimɑ̃] *m* ❶ MIL Regiment *nt* ❷ (*quantité*) Unmenge *f*

région [ʀeʒjɔ̃] *f* ❶ (*contrée*) Gegend *f;* ~ **agricole** landwirtschaftliche Region; ~ **parisienne** Einzugsgebiet von Paris ❷ ADMIN Region *f*

régional, e [ʀeʒjɔnal, o] <-aux> *adj* regional

régionaliste [ʀeʒjɔnalist] I. *adj* regionalistisch II. *mf* Regionalist(in) *m(f)*

régisseur, -euse [ʀeʒisœʀ, -øz] *m, f* ❶ CINE, TV Aufnahmeleiter(in) *m(f)* ❷ THEAT Inspizient(in) *m(f)*

registre [ʀaʒistʀ] *m* ❶ (*livre*) Schreibheft *nt;* ~ **d'état civil** Personenstandsregister *nt;* ~ **d'hôtel** Gästebuch *nt* ❷ INFORM, MUS Register *nt;* **changer de ~** einen anderen Ton anschlagen

règle [ʀɛgl] *f* ❶ *a.* JEUX Regel *f;* **être en ~** in Ordnung sein; **en ~ générale** in der Regel ❷ (*instrument*) Lineal *nt* ❸ *pl* ANAT Regel *f*

règlement [ʀɛgləmɑ̃] *m* ❶ (*discipline*) Vorschriften *Pl;* ~ **intérieur** (*d'une entreprise/organisation/école*) Betriebs-/Geschäfts-/Schulordnung *f* ❷ (*différend*) ~ **de compte|s** Abrechnung *f;* (*acte de vengeance*) Vergeltungsakt *m* ❸ (*paiement*) Zahlung *f*

réglementer [ʀɛgləmɑ̃te] <1> *vt* gesetzlich regeln

régler [ʀegle] <5> I. *vt* ❶ (*résoudre*) regeln; (*problème, question*) klären; (*conflit, différend*) beilegen; **c'est une affaire réglée** die Sache ist erledigt ❷ (*payer*) bezahlen ❸ (*réguler*) einstellen; (*circulation*) regeln; (*montre*) stellen ❹ (*fixer: modalités, programme*) festlegen II. *vi* zahlen III. *vpr* ❶ (*se résoudre*) **se ~** (*affaire, question*) sich regeln lassen ❷ (*être mis au point*) **se ~** sich einstellen lassen

règles [ʀɛgl] *fpl* Periode *f*

réglisse [ʀeglis] I. *f* (*plante*) Süßholz *nt* II. *m o f* (*bonbon*) Lakritzebonbon *nt;* (*bâton*) Lakritze *f*

réglo [ʀeglo] *adj inv fam* korrekt; **c'est un type ~!** der Typ ist o.k.

régner [ʀeɲe] <5> *vi* ~ **sur qc** über etw (*akk*) regieren

regonfler [ʀ(ə)gɔ̃fle] <1> *vt* ❶ (*ballon, chambre à air*) wieder aufpumpen; (*avec la bouche*) wieder aufblasen; ~ **un pneu** im Reifen Luft nachfüllen ❷ *fam* **être regonflé |à bloc|** (*personne*) wieder in besserer Stimmung sein

régresser [ʀegʀese] <1> *vi* zurückgehen

regret [ʀ(ə)gʀɛ] *m* ❶ (*nostalgie*) **le|s| ~|s| de qc** die Sehnsucht nach etw; **~s éternels** in tiefer Trauer ❷ (*contrariété*) Bedauern *nt;* **avoir le ~ de faire qc** |es| bedauern etw zu tun; **ne pas avoir de ~s** nichts bereuen; **qn est au ~ de faire qc** jd bedauert etw tun zu müssen; **tous mes ~s** es tut mir wirklich Leid ►**à ~** (*partir*) ungern; (*accepter*) widerstrebend; **allez, sans ~!** nichts für ungut!

regrettable [ʀ(ə)gʀetabl] *adj* bedauerlich

regretter [ʀ(ə)gʀete] <1> I. *vt* ❶ (*se repentir de*) bereuen ❷ (*attitude, décision*) bedauern; ~ **sa jeunesse** seiner Jugend (*dat*) nachtrauern II. *vi* **je regrette** ich bedaure

regrouper [ʀ(ə)gʀupe] <1> I. *vt* ❶ (*mettre ensemble*) zusammenlegen; (*personnes*) vereinen II. *vpr* **se ~ autour de qn** sich um jdn herum aufstellen; (*dans un but commun*) sich jdm anschließen

régulariser [ʀegylaʀize] <1> *vt* (*acte administratif*) regeln; (*situation |de couple|*) legalisieren

réguler [ʀegyle] <1> *vt* regulieren

régulier, -ière [ʀegylje, -jɛʀ] *adj* ❶ *a.* LING regelmäßig; (*vie, habitudes*) geregelt ❷ (*effort*) kontinuierlich; (*résultats, vitesse*) gleich bleibend ❸ (*avion, train, ligne*) |fahr-|planmäßig; **vol ~** Linienflug *m* ❹ (*légal*) vorschriftsmäßig

régulièrement [ʀegyljɛʀmɑ̃] *adv* (*périodiquement*) regelmäßig

réhabilitation [ʀeabilitasjɔ̃] *f* ❶ (*remise en honneur*) Rehabilitierung *f* ❷ (*réinsertion*) Wiedereingliederung *f* in die Gesellschaft

réhabiliter [ʀeabilite] <1> *vt a.* JUR rehabilitieren

réhabituer [ʀeabitɥe] <1> I. *vt* ~ **un enfant à qn/qc** (*personne*) ein Kind wieder an jdn/etw gewöhnen; ~ **un élève à faire qc** einen Schüler wieder daran gewöhnen etw zu tun II. *vpr* **se ~ à qn/qc** sich wieder an jdn/etw gewöhnen

R

réimposer [ʀeɛ̃poze] <1> vt neu veranlagen

rein [ʀɛ̃] m ❶ Niere f ❷ pl (bas du dos) Kreuz nt

réincarnation [ʀeɛ̃kaʀnasjɔ̃] f Wiedergeburt f

réincarner [ʀeɛ̃kaʀne] <1> vpr REL se ~ dans qc (âme) in etw (dat) wiedergeboren werden

reine [ʀɛn] f ❶ Königin f ❷ JEUX Dame f

reinette [ʀɛnɛt] f Renette f

réinitialiser [ʀeinisjalize] <1> vt INFORM neu starten

réinscription [ʀeɛ̃skʀipsjɔ̃] f Wiedereinschreibung f; (chaque semestre) Rückmeldung f

réinscrire [ʀeɛ̃skʀiʀ] <irr> I. vt (mettre à nouveau sur une liste) |faire| ~ qn/qc sur une liste jdn/etw wieder auf eine Liste setzen; |faire| ~ qn dans une nouvelle école jdn in einer neuen Schule anmelden II. vpr se |faire| ~ sur une liste sich wieder auf eine Liste setzen lassen; se |faire| ~ à l'université sich wieder an der Universität einschreiben; (chaque semestre) sich |an der Universität| zurückmelden

réinsertion [ʀeɛ̃sɛʀsjɔ̃] f (d'un délinquant) Wiedereingliederung f

réintégrer [ʀeɛ̃tegʀe] <5> vt ❶ (revenir dans) ~ une place/sa cellule an einen Platz/in seine Zelle zurückkehren ❷ (rétablir) ~ qn dans la société jdn wieder in die Gesellschaft eingliedern

réinventer [ʀeɛ̃vɑ̃te] <1> vt (monde) wieder neu erfinden; (solidarité, relations) wieder neu entdecken

réinvestir [ʀeɛ̃vɛstiʀ] <8> vt FIN ~ de l'argent dans qc wieder Geld in etw (akk) investieren

réitérer [ʀeiteʀe] <5> vt wiederholen

rejeter [ʀəʒ(ə)te] <3> vt ❶ zurückweisen; (personne) verstoßen; (exclure d'un groupe) ausschließen ❷ (nourriture) wieder ausspucken; (épaves) spülen ❸ (se décharger de) ~ sur qn (responsabilité) auf jdn abwälzen; (faute) jdm zuschieben ❹ (tête) zurückwerfen

rejoindre [ʀ(ə)ʒwɛ̃dʀ] <irr> I. vt (personne) (rencontrer) treffen; (rattraper) einholen; vas-y, je te rejoins geh schon [voraus], ich komme nach II. vpr se ~ ❶ (se recouper: idées, points de vue) übereinstim-

men ❷ (se réunir: personnes) sich treffen; (choses) zusammenlaufen

réjouir [ʀeʒwiʀ] <8> vpr se ~ de faire qc sich [darüber] freuen etw zu tun; (à l'avance) sich darauf freuen etw zu tun; se ~ à l'idée de ... sich bei dem Gedanken freuen, dass ...

relâche [ʀəlɑʃ] f sans ~ unermüdlich; (travailler, harceler) pausenlos

relâcher [ʀ(ə)lɑʃe] <1> vt ❶ (desserrer) lockern; (muscles) entspannen ❷ (libérer) freilassen ❸ (objet, proie) loslassen

relais [ʀ(ə)lɛ] m Staffel f ▸prendre le ~ de qn/qc jdn/etw ablösen

relancer [ʀ(ə)lɑ̃se] <2> vt ❶ (donner un nouvel essor à) wieder aufnehmen; (idée, mouvement) wieder aufleben lassen; (économie, production) wieder ankurbeln ❷ fam (harceler) bedrängen; (client, débiteur) mahnen

relatif [ʀ(ə)latif] m LING Relativpronomen nt

relatif, -ive [ʀ(ə)latif, -iv] adj ❶ (opp: absolu) relativ ❷ (en liaison avec) être ~ à qn/qc sich auf jdn/etw beziehen ❸ postposé LING Relativ-

relation [ʀ(ə)lasjɔ̃] f ❶ (rapport) Beziehung f, Verhältnis nt ❷ pl (rapport entre personnes) Beziehungen pl ❸ (lien logique) Zusammenhang m ❹ (personne de connaissance) Bekannte(r) f(m) ▸~s publiques Public Relations pl; en ~ in Verbindung

relationnel, le [ʀ(ə)lasjɔnɛl] adj PSYCH relational; problèmes ~s Kontaktschwierigkeiten pl

relative [ʀ(ə)lativ] f LING Relativsatz m

relativement [ʀ(ə)lativmɑ̃] adv relativ

relativiser [ʀ(ə)lativize] <1> vt relativieren

relativité [ʀ(ə)lativite] f Relativität f

relaxant, e [ʀ(ə)laksɑ̃, ɑ̃t] adj entspannend

relaxer [ʀ(ə)lakse] <1> vpr se ~ sich entspannen

relayer [ʀ(ə)leje] <7> I. vt (remplacer) ablösen; se faire ~ par qn/qc (personne) sich von jdm/etw ablösen lassen II. vpr se ~ pour faire qc sich abwechseln um etw zu tun

relayeur, -euse [ʀ(ə)lɛjœʀ, -jøz] m, f Staffelläufer(in) m(f)

relecture [ʀ(ə)lɛktyʀ] f nochmaliges Lesen; TYP Korrekturlesen nt

relent [ʀ(ə)lɑ̃] m übler Geruch m

relevé [ʀəl(ə)ve] m (de compte) Auszug m;

~ **d'identité bancaire** Bescheinigung mit der Bankverbindung

relevé, e [ʀəl(ə)ve] *adj* GASTR gut gewürzt

relève [ʀ(ə)lɛv] *f* Ablösung *f*; **prendre la** ~ (*assurer la succession*) die Nachfolge antreten

relever [ʀəl(ə)ve] <4> **I.** *vt* ❶ (*blessé, objet tombé*) aufheben; (*chaise*) wieder aufstellen; ~ **qn** jdm hochhelfen ❷ (*siège*) höher stellen; (*strapontin*) hochklappen; (*store*) hochziehen; (*cheveux*) hochstecken ❸ (*adresse, renseignement*) notieren; (*compteur*) ablesen **II.** *vi* (*dépendre de*) ~ **de la compétence de qn** in jds Zuständigkeit fallen; ~ **du miracle** das reinste Wunder sein **III.** *vpr* **se** ~ (*se remettre debout*) [wieder] aufstehen

relief [ʀəljɛf] *m* Relief *nt*; **en** ~ (*carte*) Relief-; (*caractères*) in Relief [gedruckt] ▶**mettre qc en** ~ etw hervorheben

relier [ʀəlje] <1> *vt* ❶ (*personnes, choses*) [miteinander] verbinden; ~ **qc à qc** (*appareil*) etw an etw (*akk*) anschließen ❷ LING (*préposition*) zueinander in Beziehung setzen ❸ (*livre*) binden

religieuse [ʀ(ə)liʒjøz] *f* ❶ REL Ordensschwester *f* ❷ GASTR Windbeutel, der mit Schokoladenguss überzogen ist oder in der Schweiz ist es die braune Kruste, die der Fonduekäse am Boden des Caquelons bildet

religieux [ʀ(ə)liʒjø] *m* Ordensgeistliche(r) *m*

religieux, -euse [ʀ(ə)liʒjø, -jøz] *adj* religiös; (*cérémonie, mariage*) kirchlich; (*musique, chant*) Kirchen-; (*ordre*) geistlich

religion [ʀ(ə)liʒjɔ̃] *f* ❶ (*ensemble de croyances*) Religion *f* ❷ (*culte*) Glaube *m*

relire [ʀ(ə)liʀ] <*irr*> *vt* noch einmal lesen; (*pour corriger ou bien comprendre*) noch einmal durchlesen

reloger [ʀ(ə)lɔʒe] <2a> *vt* ~ **qn** jdm eine neue Unterkunft besorgen

relooker [ʀ(ə)luke] <1> *vt fam* neu stylen

remâcher [ʀ(ə)mɑʃe] <1> *vt* ❶ (*ressasser*) [immer wieder] nachgrübeln über (+ *akk*) ❷ ZOOL wiederkäuen

remake [ʀimɛk] *m* Neuverfilmung *f*

remaquiller [ʀ(ə)makije] <1> *vt, vpr* [se] ~ [sich] [neu] schminken

remarcher [ʀ(ə)maʀʃe] <1> *vi* wieder gehen

remarier [ʀ(ə)maʀje] <1> *vpr* **se** ~ **avec qn** jdn wieder heiraten

remarquable [ʀ(ə)maʀkabl] *adj* bemerkenswert

remarquablement [ʀ(ə)maʀkabləmã] *adv* (*beau, intelligent*) außerordentlich; (*jouer, se porter, réussir*) hervorragend

remarque [ʀ(ə)maʀk] *f* Bemerkung *f*; (*commentaire*) Anmerkung *f*

remarquer [ʀ(ə)maʀke] <1> **I.** *vt* bemerken; **faire** ~ **qc à qn** jdn auf etw (*akk*) hinweisen; **se faire** ~ *péj* auffallen; **sans se faire** ~ unauffällig; **remarque, il a essayé** er hat es immerhin versucht **II.** *vpr* **se** ~ auffallen

remastériser [ʀəmasteʀize] <1> *vt* (*disque*) digital neu aufnehmen

remballer [ʀɑ̃bale] <1> *vt* ❶ (*opp: déballer*) wieder einpacken ❷ *fam* (*garder pour soi*) für sich behalten

rembarrer [ʀɑ̃baʀe] <1> *vt fam* ~ **qn** jdm eine Abfuhr erteilen

rembobiner [ʀɑ̃bɔbine] <1> **I.** *vt* (*bande magnétique, film*) zurückspulen; (*fil*) wieder aufwickeln **II.** *vi* zurückspulen

rembourrer [ʀɑ̃buʀe] <1> *vt* [aus]polstern

remboursement [ʀɑ̃buʀsəmã] *m* Rückzahlung *f*; (*des frais*) [Rück]erstattung *f*; **contre** ~ gegen Nachnahme

rembourser [ʀɑ̃buʀse] <1> *vt* [zurück]erstatten; ~ **une dette à qn** jdm seine Schulden zurückzahlen; **ce médicament n'est pas remboursé** die Kosten für dieses Medikament werden nicht [zurück]erstattet; **je te rembourserai demain!** ich gebe dir das Geld morgen zurück!

remède [ʀ(ə)mɛd] *m* [Heil]mittel *nt*; (*d'un problème*) Lösung *f*

remédier [ʀ(ə)medje] <1> *vi* ~ **à qc** einer Sache (*dat*) Abhilfe schaffen

remerciement [ʀ(ə)mɛʀsimã] *m* Dank *m*; **des remerciements** Dankesbezeigungen *Pl*; **avec tous mes/nos remerciements** mit bestem Dank (*form*)

remercier [ʀ(ə)mɛʀsje] <1> *vt* (*dire merci à*) ~ **qn de qc** jdm für etw danken; ~ **qn de faire qc** jdm [dafür] danken, dass er/sie etw tut

remettre [ʀ(ə)mɛtʀ] <*irr*> **I.** *vt* ❶ (*replacer*) wieder zurückstellen; ~ **debout** wieder hinstellen ❷ (*rétablir*) ~ **à l'heure** (*montre*) [richtig] stellen; ~ **qn en liberté** jdn freilassen ❸ (*donner*) [über]geben; (*récompense, prix*) überreichen; (*démission*) einreichen

R

❹ (*ingrédient*) noch dazugeben; ~ **de l'huile dans le moteur** Öl in den Motor nachfüllen; ~ **du sel dans les légumes** das Gemüse nachsalzen ❺ (*ajourner*) ~ **à la semaine prochaine** (*décision*) auf die nächste Woche verschieben ❻ (*vêtement*) wieder anziehen; (*chapeau*) wieder aufsetzen ►~ **ça** *fam* wieder damit anfangen II. *vpr* ❶ (*recouvrer la santé*) **se** ~ sich erholen ❷ (*recommencer*) **se** ~ **au travail** sich wieder an die Arbeit machen; **se** ~ **à faire qc** wieder anfangen etw zu tun; **il se remet à pleuvoir** es fängt wieder an zu regnen ❸ (*se replacer*) **se** ~ **debout** wieder aufstehen ❹ (*se réconcilier*) **ils se sont remis ensemble** sie sind wieder zusammen

remise [ʀ(ə)miz] *f* ❶ Übergabe *f*; (*d'une lettre, d'un paquet*) Zustellung *f*; (*en mains propre*) Aushändigung *f* ❷ (*grâce*) ~ **de peine** Straferlass ❸ (*rabais*) Nachlass *m* ❹ (*local*) Schuppen *m* ►~ **en** **état** [Wieder]instandsetzung *f* ~ **en** **forme** Fitnesstraining *nt* ► ~ **en** **marche** Wieder-in-Gang-setzen *nt*

remix [ʀəmiks] *m* Remix *m*

remmener [ʀɑ̃m(ə)ne] <4> *vt* zurückbringen

remonte-pente [ʀ(ə)mɔ̃tpɑ̃t] <remonte-pentes> *m* Schlepplift *m*

remonter [ʀ(ə)mɔ̃te] <1> I. *vi* ❶ + *être* (*monter à nouveau*) ~ **dans une chambre/de la cuisine** wieder in ein Zimmer hinaufgehen/wieder von der Küche heraufkommen; ~ **à Paris** wieder nach Paris zurückfahren (*fam*); ~ **en bateau/à la nage** stromaufwärts fahren/schwimmen; ~ **sur l'échelle** wieder auf die Leiter [hinauf]steigen; ~ **sur scène** wieder zur Bühne zurückkehren ❷ + *être* (*reprendre place*) ~ **à bicyclette** wieder Fahrrad fahren; ~ **en voiture** wieder ins Auto steigen; ~ **à bord** [wieder] an Bord gehen ❸ + *avoir* (*s'élever de nouveau*) [wieder] ansteigen ❹ + *avoir* (*s'améliorer*) ~ **dans l'estime de qn** in jds Ansehen steigen ❺ + *être* (*glisser vers le haut: jupe, vêtement*) hochrutschen; (*col*) hochstehen ❻ + *avoir* (*dater de*) ~ **au mois dernier/à l'année dernière** (*événement, fait*) auf letzten Monat/letztes Jahr zurückgehen; **cet incident remonte à quelques jours** dieser Zwischenfall liegt einige Tage zurück II. *vt* + *avoir* ❶ (*parcourir: à pieds*) wieder hinaufgehen; (*dans un véhicule*) hinauffahren; (*à la nage: fleuve, rivière*) hinaufschwimmen ❷ (*col*) hochschlagen; (*chaussettes, pantalon*) hochziehen; (*bas du pantalon, manches*) hochkrempeln; (*mur*) höher ziehen; SCOL (*note*) anheben ❸ (*rapporter du bas*) ~ **une bouteille de la cave** aus dem Keller eine Flasche heraufbringen ❹ (*mécanisme, montre*) aufziehen; **être remonté contre qn** (*fâché*) wütend auf jdn sein; ~ **le moral de qn** jdm wieder Mut machen ❺ (*robinet*) wieder anbringen; (*roue*) wieder aufmontieren

remords [ʀ(ə)mɔʀ] *m* Schuldgefühl *nt;* **avoir des** ~ ein schlechtes Gewissen haben

remorque [ʀ(ə)mɔʀk] *f* (*d'un véhicule*) Anhänger *m*

remorquer [ʀ(ə)mɔʀke] <1> *vt* (*voiture*) abschleppen

rempart [ʀɑ̃paʀ] *m* MIL [Schutz]wall *m;* (*d'une ville*) Stadtmauer *f*

rempiler [ʀɑ̃pile] <1> I. *vt* wieder aufstapeln II. *vi fam* sich weiter verpflichten; ~ **pour trois ans** um drei Jahre verlängern

remplaçant, e [ʀɑ̃plasɑ̃, ɑ̃t] *m, f* ❶ MED, SCOL Vertretung *f* ❷ SPORT Ersatzspieler(in) *m(f)*

remplacement [ʀɑ̃plasmɑ̃] *m* (*intérim*) Vertretung *f*

remplacer [ʀɑ̃plase] <2> *vt* ❶ ersetzen ❷ (*personne*) (*relayer*) ablösen; (*temporairement*) vertreten

rempli, e [ʀɑ̃pli] *adj* voll; ~ **de personnes** voller Menschen; **tasse ~e de thé** Tasse *f* voll Tee

remplir [ʀɑ̃pliʀ] <8> I. *vt* ❶ (*rendre plein*) ~ **de qc** mit etw füllen; (*valise*) mit etw voll packen ❷ (*journée, formulaire, chèque*) ausfüllen ❸ (*page*) voll schreiben ❹ (*mission, contrat*) erfüllen II. *vpr* **se** ~ **de personnes/liquide** sich mit Menschen/Flüssigkeit füllen

remplumer [ʀɑ̃plyme] <1> *vpr fam* **se** ~ (*grossir*) wieder zunehmen

remporter [ʀɑ̃pɔʀte] <1> *vt* ❶ (*reprendre*) wieder mitnehmen ❷ (*gagner*) davontragen (*geh*); (*championnat, prix*) gewinnen

rempoter [ʀɑ̃pɔte] <1> *vt* umtopfen

remuer [ʀəmɥe] <1> I. *vi* sich bewegen II. *vt* ❶ bewegen; ~ **la queue** mit dem Schwanz wedeln ❷ (*sauce, mayonnaise*) rühren; (*café*) umrühren; (*salade*) mischen

❸ (*émouvoir*) ergreifen **III.** *vpr* **se** ~ (*faire des efforts*) sich bemühen

renaissance [ʀ(ə)nɛsɑ̃s] *f* ❶ Wiedergeburt *f* ❷ HIST, ART **la Renaissance** die Renaissance

renard [ʀ(ə)naʀ] *m* Fuchs *m*

rencontre [ʀɑ̃kɔ̃tʀ] *f* ❶ (*fait de se rencontrer*) Begegnung *f*; ~ **secrète** geheimes Treffen ❷ (*entrevue*) Zusammenkunft *f*; (*réunion*) Treffen *nt* ❸ SPORT Spiel *nt* ▶**aller/venir** **à la** ~ **de qn** jdm entgegengehen/-kommen; **faire la** ~ **de qn** jdn kennen lernen

rencontrer [ʀɑ̃kɔ̃tʀe] <1> **I.** *vt* ❶ (*croiser*) ~ **qn** jdm begegnen ❷ (*avoir une entrevue*) ~ **qn** sich mit jdm treffen ❸ (*faire la connaissance de*) kennen lernen ❹ SPORT ~ **qn** auf jdn treffen ❺ (*être confronté à*) ~ **qc** auf etw (*akk*) stoßen **II.** *vpr* **se** ~ ❶ (*se croiser*) sich begegnen ❷ (*avoir une entre-vue*) sich treffen ❸ (*faire connaissance*) sich kennen lernen

rendez-vous [ʀɑ̃devu] *m inv* ❶ (*rencontre officielle*) **avoir** ~ einen Termin haben; **donner** ~ **à qn/prendre** ~ **avec qn** mit jdm einen Termin ausmachen; **prendre** ~ sich einen Termin geben lassen; **sur** ~ nach Vereinbarung ❷ (*rencontre avec un ami*) Verabredung *f*; **avoir** ~ verabredet sein; **donner** ~ **à qn** sich mit jdm verabreden; ~ **à 8 heures/à la gare** wir treffen uns um 8 Uhr/am Bahnhof ❸ (*rencontre entre amoureux*) Rendezvous *nt* ❹ (*lieu de rencontre*) Treffpunkt *m*

rendre [ʀɑ̃dʀ] <14> **I.** *vt* ❶ zurückgeben ❷ (*devoir*) abgeben; (*invitation, salut*) erwidern; ~ **la monnaie sur 20 euros** auf 20 Euro herausgeben ❸ (*liberté*) wiederschenken; (*jugement, verdict*) fällen ❹ (*faire devenir*) ~ **plus facile** leichter machen; ~ **triste/joyeux** traurig/fröhlich stimmen; ~ **public** veröffentlichen ❺ (*vomir*) erbrechen **II.** *vi* (*vomir*) sich übergeben **III.** *vpr* ❶ (*capituler*) **se** ~ sich ergeben ❷ (*aller*) **se** ~ **chez qn/à son travail** zu jdm/zur Arbeit gehen

rendu, e [ʀɑ̃dy] *part passé de* **rendre**

rêne [ʀɛn] *f souvent pl* Zügel *m*

renfermé [ʀɑ̃fɛʀme] *m* **sentir le** ~ muffig riechen

renfermé, e [ʀɑ̃fɛʀme] *adj* verschlossen

renfermer [ʀɑ̃fɛʀme] <1> **I.** *vt* enthalten **II.** *vpr* **se** ~ **sur soi-même** sich in sich (*akk*) zurückziehen

renforcement [ʀɑ̃fɔʀsəmɑ̃] *m* Verstärkung *f*; (*de la paix*) Festigung *f*

renforcer [ʀɑ̃fɔʀse] <2> **I.** *vt* ❶ (*consolider, intensifier*) verstärken ❷ (*affermir: paix, position*) festigen **II.** *vpr* **se** ~ ❶ (*s'affermir*) sich festigen; (*popularité*) wachsen

renfort [ʀɑ̃fɔʀ] *m* ❶ *souvent pl* (*personnes*) Verstärkung *f* ❷ AUT ~ **latéral** [**de sécurité**] Seitenaufprallschutz *m*

renier [ʀənje] <1> *vt* verleugnen; (*idée, passé*) leugnen

renifler [ʀ(ə)nifle] <1> **I.** *vi* schnüffeln **II.** *vt* (*sentir*) ~ **qc** etw riechen; (*animal*) etw wittern

renne [ʀɛn] *m* Ren[tier *nt*] *nt*

renommée [ʀ(ə)nɔme] *f* ❶ *sans pl* (*célébrité*) Renommee *nt* ❷ (*réputation*) Ruf *m*

renoncer [ʀ(ə)nɔ̃se] <2> *vi* ~ **à qc** auf etw (*akk*) verzichten

renouer [ʀənwe] <1> *vi* ~ **avec qn** mit jdm wieder Verbindung aufnehmen

renouveler [ʀ(ə)nuv(ə)le] <3> **I.** *vt* ❶ (*remplacer*) erneuern; (*parlement*) neu wählen ❷ (*répéter*) ~ **une offre à qn** jdm gegenüber ein Angebot wiederholen; ~ **sa candidature** sich noch einmal bewerben ❸ (*bail, passeport*) verlängern **II.** *vpr* **se** ~ ❶ (*être remplacé*) ausgewechselt werden; (*peau, cellule*) sich erneuern ❷ (*se reproduire*) sich wiederholen ❸ (*innover*) sich weiterentwickeln

rénovateur, -trice [ʀenɔvatœʀ, -tʀis] **I.** *adj* reformerisch **II.** *m, f* Reformer(in) *m(f)*

rénover [ʀenɔve] <1> *vt* ❶ renovieren; (*quartier*) sanieren ❷ (*moderniser*) modernisieren

renseignement [ʀɑ̃sɛɲmɑ̃] *m* ❶ Auskunft *f*; **les** ~**s** TELEC die Auskunft ❷ MIL Geheimdienst *m*; **les** ~**s généraux** *französischer Geheimdienst*

renseigner [ʀɑ̃seɲe] <1> **I.** *vt* informieren **II.** *vpr* **se** ~ **sur qn/qc** sich über jdn/etw informieren

rentabilité [ʀɑ̃tabilite] *f* Rentabilität *f*

rentrée [ʀɑ̃tʀe] *f* ❶ SCOL Schuljahresbeginn *m*; **le jour de la** ~ der erste/am ersten Schultag; **aujourd'hui, c'est la** ~ [**des classes**] heute fängt die Schule wieder an ❷ UNIV Semesterbeginn *m* ❸ (*après les vacances d'été*) **à la** ~ nach der Sommerpause ❹ (*come-back*) Comeback *nt* ❺ (*somme d'argent*) Eingang *m*; ~**s d'argent** Geldeingänge *Pl*

R

Während der zweimonatigen Sommerferien kommt in Frankreich das öffentliche Leben stärker zum Erliegen, als es etwa in Deutschland während der Sommerpause der Fall ist. **La rentrée** bezeichnet den Wiederbeginn nicht nur der Schule und des Universitätsbetriebs, sondern überhaupt des öffentlichen und kulturellen Lebens.

rentrer [ʀɑ̃tʀe] <1> I. *vi + être* ❶ (*retourner chez soi*) nach Hause gehen; **comment rentres-tu?** wie kommst du nach Hause?; ~ **au pays natal** in seine Heimat zurückkehren ❷ (*revenir chez soi*) nach Hause kommen; ~ **de l'école** von der Schule nach Hause kommen; **elle est déjà rentrée?** ist sie schon zu Hause? ❸ (*entrer à nouveau*) zurückgehen ❹ (*entrer: voleur, eau*) eindringen; **faire** ~ **qn** jdn eintreten lassen; ~ **dans un café** in ein Café gehen ❺ (*s'insérer*) ~ **dans une valise** in einen Koffer hineinpassen; ~ **les uns dans les autres** (*tubes*) sich ineinander stecken lassen ❻ (*devenir membre*) ~ **dans la police** zur Polizei gehen; ~ **dans une entreprise** bei einer Firma anfangen; **faire** ~ **qn dans une entreprise** jdm zu einer Stelle in einem Unternehmen verhelfen ❼ (*commencer à étudier*) ~ **en fac** an der Uni anfangen ❽ (*percuter*) ~ **dans qc** gegen etw prallen; (*conducteur*) gegen etw fahren ❾ (*recouvrer*) ~ **dans ses frais** seine Unkosten decken II. *vt + avoir* ❶ (*ramener à l'intérieur*) hineinbringen; (*foin*) einbringen; (*tête, ventre*) einziehen; ~ **sa chemise dans le pantalon** sein Hemd in die Hose stecken; ~ **la voiture au garage** den Wagen in die Garage fahren ❷ (*enfoncer*) ~ **la clé dans la serrure** den Schlüssel in das Schloss stecken III. *vpr* **se** ~ **dedans** zusammenstoßen

renversant, e [ʀɑ̃vɛʀsɑ̃, ɑ̃t] *adj fam* umwerfend

renverse [ʀɑ̃vɛʀs] *f* **tomber à la** ~ hintenüber fallen

renversé, e [ʀɑ̃vɛʀse] *adj* ❶ (*stupéfait*) verblüfft ❷ (*à l'envers*) umgekehrt; **être** ~ **auf** dem Kopf stehen

renversement [ʀɑ̃vɛʀsəmɑ̃] *m* ❶ (*changement complet*) Verkehrung *f* ins Gegenteil; (*de tendance*) Umschwung *m* ❷ POL Sturz *m*; (*par un coup d'État*) Umsturz *m*

renverser [ʀɑ̃vɛʀse] <1> *vt* ❶ (*faire tomber*) ~ **qn**/**qc** jdn/etw umstoßen; (*voiture, vélo*) jdn/etw umfahren ❷ (*répandre*) verschütten ❸ POL stürzen; (*ordre établi*) umstürzen ❹ (*corps, tête*) nach hinten beugen ❺ (*retourner*) umdrehen; (*situation*) ins Gegenteil verkehren ❻ *fam* (*étonner*) umhauen

renvoi [ʀɑ̃vwa] *m* ❶ (*licenciement*) Entlassung *f* ❷ SCOL, UNIV Verweisung *f* ❸ (*indication*) ~ **à qc** Verweis *m* auf etw (*akk*) ❹ (*rot*) Aufstoßen *nt*; **avoir des** ~**s** aufstoßen müssen

renvoyer [ʀɑ̃vwaje] <6> *vt* ❶ (*envoyer à nouveau*) noch einmal schicken ❷ SPORT zurückspielen ❸ (*ascenseur*) zurückschicken ❹ (*licencier*) entlassen ❺ SCOL, UNIV verweisen ❻ (*ajourner*) ~ **à plus tard** auf später vertagen

réoccuper [ʀeɔkype] <1> *vt* erneut besetzen

réorganisation [ʀeɔʀganizasjɔ̃] *f* Reorganisation *f*

réorganiser [ʀeɔʀganize] <1> I. *vt* umorganisieren II. *vpr* **se** ~ sich neu organisieren

réorientation [ʀeɔʀjɑ̃tasjɔ̃] *f* Neuorientierung *f*

réorienter [ʀeɔʀjɑ̃te] <1> I. *vt* ❶ (*changer d'orientation*) neu ausrichten ❷ SCOL ~ **les élèves vers la littérature** die Schüler verstärkt in Literatur unterrichten II. *vpr* **se** ~ **vers une branche** die Branche wechseln

réouverture [ʀeuvɛʀtyʀ] *f* Wiedereröffnung *f*

repaire [ʀ(ə)pɛʀ] *m* ❶ (*d'un renard*) Bau *m*; (*d'un ours*) Höhle *f* ❷ (*refuge*) Schlupfwinkel *m*

répandre [ʀepɑ̃dʀ] <14> I. *vt* ❶ (*liquide*) schütten; ~ **qc par terre**/**sur la table** etw auf den Boden/Tisch streuen ❷ (*odeur, nouvelle*) verbreiten II. *vpr* **se** ~ ❶ (*s'écouler*) sich ergießen ❷ (*se disperser*) sich verteilen ❸ (*se dégager, se propager*) sich verbreiten; (*doctrine, mode*) sich durchsetzen; (*information*) verbreitet werden; (*épidémie*) sich ausbreiten

répandu, e [ʀepɑ̃dy] I. *part passé de* **répandre** II. *adj* ❶ (*épars*) ~ **sur qc** etw (*dat*) verstreut ❷ (*courant*) [weit] verbreitet

réparable [ʀepaʀabl] *adj* (*panne, objet*) reparabel; (*faute, perte*) wieder gutzumachen;

être ~ (*réveil*) repariert werden können; (*erreur*) wieder gutzumachen sein

reparaître [ʀ(ə)paʀɛtʀ] <irr> *vi* ➊ + *avoir* (*se montrer de nouveau*) wieder auftauchen; (*soleil, lune*) wieder hervorkommen ➋ + *avoir o être* PRESSE (*journal, livre*) wieder erscheinen

réparateur, -trice [ʀepaʀatœʀ, -tʀis] **I.** *adj* erquickend (*geh*) **II.** *m, f* Techniker(in) *m(f)*

réparation [ʀepaʀasjɔ̃] *f* ➊ *sans pl* (*remise en état*) Reparatur *f;* (*d'une maison*) Instandsetzung *f;* (*d'une route*) Ausbesserung *f;* (*d'une fuite*) Abdichten *nt* ➋ (*dédommagement*) Entschädigung *f*

réparer [ʀepaʀe] <1> *vt* ➊ (*remettre en état*) reparieren; (*maison*) instandsetzen; (*route*) ausbessern; (*dégât*) beheben; (*fuite*) abdichten ➋ (*rattraper*) wieder gutmachen

reparler [ʀ(ə)paʀle] <1> **I.** *vi* ~ de qn/qc auf jdn/etw zurückkommen; ~ à qn wieder mit jdm sprechen ▶on en reparlera *fam* darüber unterhalten wir uns später nochmal **II.** *vpr* se ~ wieder miteinander sprechen

repartie, répartie [ʀepaʀti] *f* avoir de la ~ schlagfertig sein

repartir [ʀ(ə)paʀtiʀ] <10> *vi* + être ➊ (*se remettre à avancer: voyageur*) wieder aufbrechen; (*véhicule*) weiterfahren ➋ (*s'en retourner*) wieder zurückkehren; **vous voulez déjà ~?** Sie wollen schon wieder gehen? ➌ (*fonctionner à nouveau: moteur*) wieder anspringen; (*chauffage, machine*) wieder gehen; (*discussion, dispute*) wieder anfangen; (*affaire*) wieder in Gang kommen

répartir [ʀepaʀtiʀ] <10> **I.** *vt* (*bénéfice*) aufteilen; ~ **en groupes** in Gruppen (*akk*) einteilen; ~ **qc sur qc** etw auf etw (*akk*) verteilen **II.** *vpr* ➊ (*se partager*) **se ~ des personnes/qc** Menschen/etw unter sich aufteilen ➋ (*être partagé*) **se ~** verteilt werden; **le travail se répartit comme suit** die Arbeit wird folgendermaßen aufgeteilt ➌ (*se diviser*) **se ~ en groupes** sich in Gruppen [auf]teilen

répartition [ʀepaʀtisjɔ̃] *f* ➊ (*partage*) Verteilung *f* ➋ (*division*) ~ **en groupes** Einteilung in Gruppen (*akk*) ➌ (*disposition: des troupes*) Aufstellung *f* ➍ (*étalement: d'une crème, lotion*) Auftragen *nt* ➎ (*localisation: de pièces, salles*) Anordnung *f*

repas [ʀ(ə)pɑ] *m* ➊ Essen *nt;* **faire un bon ~** gut essen ➋ (*fait de manger*) Mahlzeit *f;* ~ **d'enterrement** CH Leichenmahl *nt,* Traueressen *nt* (CH)

repasser¹ [ʀ(ə)pɑse] <1> *vt, vi* bügeln

repasser² [ʀ(ə)pɑse] <1> **I.** *vi* + être ➊ (*revenir*) noch einmal vorbeikommen ➋ (*passer à nouveau: film*) noch einmal laufen ➌ (*revoir le travail de*) ~ **derrière qn** jds Arbeit überprüfen **II.** *vt* + *avoir* ➊ (*franchir de nouveau*) von neuem überqueren ➋ (*examen*) wiederholen ➌ (*plat, outil*) noch einmal reichen; **je te repasse maman** ich gebe dir Mutti wieder; ~ **une couche de peinture sur qc** etw noch einmal streichen

repasseuse [ʀ(ə)pɑsøz] *f* ➊ (*femme*) Büglerin *f* ➋ (*machine*) Mangel *f*

repêchage [ʀ(ə)pɛʃaʒ] *m* SCOL, UNIV Durchkommenlassen *nt;* (*examen*) Nachprüfung *f*

repêcher [ʀ(ə)peʃe] <1> *vt* ➊ (*retirer de l'eau*) bergen ➋ SCOL, UNIV fam durchkommen lassen; (*par examen complémentaire*) nachprüfen

repenser [ʀ(ə)pɑse] <1> *vi* ~ **à qc** etw überdenken; **je vais y ~** ich werde es mir noch überlegen

repenti, e [ʀ(ə)pɑti] *adj* (*buveur, fumeur*) ehemalig; (*malfaiteur, terroriste*) reuig

repentir [ʀ(ə)pɑtiʀ] **I.** *m* Reue *f* **II.** <10> *vpr* se ~ **de qc/d'avoir fait qc** etw bereuen/bereuen etw getan zu haben

repérage [ʀ(ə)peʀaʒ] *m* ➊ (*localisation*) Orten *nt* ➋ CINE Location *f;* **faire des ~s** auf Drehortsuche sein

répercussion [ʀepɛʀkysjɔ̃] *f* (*effet*) Auswirkung *f;* ECON, FIN Abwälzung *f*

répercuter [ʀepɛʀkyte] <1> **I.** *vt* (*réfléchir*) zurückwerfen **II.** *vpr* ➊ (*être réfléchi*) **se ~** widerhallen ➋ (*se transmettre à*) **se ~ sur qc** sich auf etw (*dat*) niederschlagen

repère [ʀ(ə)pɛʀ] *m* (*signe*) Orientierungspunkt *m;* (*trait*) Markierungsstrich *m;* **tracer des ~s sur qc** etw markieren

repérer [ʀ(ə)peʀe] <5> **I.** *vt fam* (*découvrir*) ausfindig machen; **se faire ~** sich verraten **II.** *vpr fam* **se ~ dans qc** sich in etw (*dat*) zurechtfinden

répertoire [ʀepɛʀtwaʀ] *m* ➊ a. INFORM Verzeichnis *nt* ➋ (*carnet*) Register *nt* ➌ a. fam THEAT Repertoire *nt*

répertorier [ʀepɛʀtɔʀje] <1> *vt* ➊ (*inscrire*

R

dans un répertoire) in ein Verzeichnis aufnehmen ❷ (*classer*) ~ **des personnes/choses** ein Verzeichnis von Personen/Dingen aufstellen

répéter [ʀepete] <5> I. *vt* ❶ wiederholen; **répète après moi: ...** sprich mir nach: ...; ~ **à qn de faire qc** jdm noch einmal sagen, dass er etw tun soll ❷ (*rapporter*) weitererzählen ❸ (*mémoriser*) lernen ❹ THEAT, MUS proben II. *vi* ❶ (*redire*) wiederholen; **répète un peu!** sag das noch mal! (*fam*) ❷ THEAT proben III. *vpr* ❶ se ~ sich wiederholen ❷ (*se redire la même chose*) **se ~ qc/que** sich (*dat*) etw vorsagen/sich immer wieder sagen, dass

répétitif, -ive [ʀepetitif, -iv] *adj* sich ständig wiederholend; (*travail*) monoton

répétition [ʀepetisjɔ̃] *f* ❶ Wiederholung *f* ❷ THEAT, MUS Probe *f* ▶**faire des angines à ~** *fam* eine Angina nach der anderen haben

repeupler [ʀ(ə)pœple] <1> *vt* ❶ (*peupler à nouveau*) neu besiedeln ❷ (*regarnir: forêt*) aufforsten; ~ **qc d'animaux** etw wieder mit Tieren besetzen

repiquage [ʀ(ə)pikaʒ] *m* ❶ BOT Pikieren *nt* ❷ MEDIA Überspielen *nt*

repiquer [ʀ(ə)pike] <1> *vt* ❶ BOT pikieren ❷ MEDIA überspielen

répit [ʀepi] *m* Pause *f*; **sans** ~ pausenlos

replacement [ʀ(ə)plasmɑ̃] *m* Vermittlung *f* einer neuen Stelle

replacer [ʀ(ə)plase] <2> *vt* (*remettre à sa place*) zurückstellen/-legen

replanter [ʀ(ə)plɑ̃te] <1> *vt* ❶ (*repiquer*) umsetzen ❷ (*repeupler de végétaux*) neu bepflanzen

replat [ʀəpla] *m* Abflachung *f*

replâtrage [ʀ(ə)plɑtʀaʒ] *m* TECH Erneuerung *f* des Gipsverputzes

replâtrer [ʀ(ə)plɑtʀe] <1> *vt* ~ **qc** den Gipsverputz einer S. (*gen*) erneuern

replet, -ète [ʀəplɛ, -ɛt] *adj* wohlgenährt; (*visage*) voll

repli [ʀəpli] *m* ❶ *pl* (*ondulations: d'un drapeau*) Falten *Pl* ❷ (*retraite*) Rückzug *m* ❸ (*isolement*) ~ **sur soi-même** Abkapselung *f*

repliable [ʀ(ə)plijabl] *adj* ausklappbar

replier [ʀ(ə)plije] <1> I. *vt* ❶ (*journal, carte*) wieder zusammenfalten; (*nappe, étoffe*) wieder zusammenlegen; (*mètre rigide*) zu-

sammenklappen; (*lame*) wieder einklappen ❷ (*jambes, pattes*) anwinkeln; (*ailes*) wieder anlegen ❸ MIL zurückziehen II. *vpr* ❶ (*faire retraite*) **se** ~ sich zurückziehen ❷ (*se renfermer*) **se ~ sur soi-même** sich abkapseln

réplique [ʀeplik] *f* ❶ *a.* THEAT Antwort *f* ❷ (*objection*) ~ **à qc** Einwand *m* gegen etw ❸ ART Nachbildung *f*

répliquer [ʀeplike] <1> *vi* ❶ (*répondre*) erwidern ❷ (*protester*) protestieren

replonger [ʀ(ə)plɔ̃ʒe] <2a> I. *vi* (*faire un plongeon*) noch einmal springen II. *vt* (*précipiter à nouveau*) ~ **les gens/la région dans la misère** die Menschen/Region erneut ins Elend (*akk*) stürzen III. *vpr* **se ~ dans qc** sich wieder in etw (*akk*) vertiefen

répondant [ʀepɔ̃dɑ̃] *m* **avoir du** ~ (*de la répartie*) schlagfertig sein

répondant, e [ʀepɔ̃dɑ̃, ɑ̃t] *m, f* (*garant*) Bürge/Bürgin *m/f*

répondeur [ʀepɔ̃dœʀ] *m* Anrufbeantworter *m*

répondeur-enregistreur [ʀepɔ̃dœʀɑ̃ʀəʒistʀœʀ] <répondeurs-enregistreurs> *m*: Anrufbeantworter mit Aufzeichnungsteil

répondre [ʀepɔ̃dʀ] <14> I. *vi* ❶ (*donner une réponse*) ~ **à une question** [par qc] auf eine Frage [mit etw] antworten; ~ **à une lettre** einen Brief beantworten; **ne pas ~ au téléphone** nicht abnehmen ❷ (*être impertinent*) ~ **à qn** jdm freche Antworten geben II. *vt* antworten; ~ **oui** ja sagen

réponse [ʀepɔ̃s] *f* ~ **à qc** Antwort *f* auf etw (*akk*)

reportage [ʀ(ə)pɔʀtaʒ] *m* Reportage *f*

reporter¹ [ʀ(ə)pɔʀtɛʀ] *mf* Reporter(in) *m(f)*

reporter² [ʀ(ə)pɔʀte] <1> I. *vt* (*date*) verschieben II. *vpr* **se ~ à qc** sich auf etw (*akk*) beziehen

repos [ʀ(ə)po] *m* ❶ (*détente*) Ruhe *f*; **prendre un peu de** ~ sich (*dat*) ein wenig Ruhe gönnen ❷ (*congé*) **prendre un jour de** ~ einen Tag frei nehmen ▶**pas de tout** ~ anstrengend

reposer¹ [ʀ(ə)poze] <1> I. *vt* ❶ (*poser à nouveau*) zurückstellen ❷ (*question*) noch einmal stellen II. *vi* (*être fondé sur*) ~ **sur qc** sich auf etw (*akk*) stützen

reposer² [ʀ(ə)poze] <1> I. *vt* (*délasser*) entspannen II. *vpr* (*se délasser*) **se** ~ sich aus-

ruhen
repositionner [ʀ(ə)pɔzisjɔne] <1> **I.** vt (*satellite*) wieder in die Umlaufbahn bringen; (*produit*) wieder platzieren **II.** *vpr* **se** ~ sich wieder platzieren
repousse [ʀ(ə)pus] *f* Nachwachsen *nt*
repousser¹ [ʀ(ə)puse] <1> vt ❶ (*attaque, agresseur*) abwehren; (*ennemi, foule*) zurückdrängen ❷ (*aide, arguments*) zurückweisen; (*demande*) abschlagen ❸ (*remettre à sa place: meuble*) wieder zurückschieben ❹ (*différer*) verschieben
repousser² [ʀ(ə)puse] vi (*croître de nouveau*) nachwachsen; **laisser** ~ **sa barbe** seinen Bart wieder wachsen lassen
reprendre [ʀ(ə)pʀɑ̃dʀ] <13> **I.** vt ❶ (*employé*) wieder einstellen; (*objet prêté*) zurücknehmen; (*place*) wieder einnehmen; (*objet déposé*) wieder abholen; (*territoire, ville*) zurückerobern ❷ (*contact, habitudes, travail*) wieder aufnehmen; (*courage*) wieder schöpfen; (*nom de jeune fille*) wieder annehmen; ~ **confiance** wieder zuversichtlicher sein; ~ **conscience** wieder zu sich kommen ❸ (*fonds de commerce, entreprise*) übernehmen ❹ (*promenade*) fortsetzen; (*fonction*) wieder ausüben; ~ **la route** weiterfahren ❺ (*recommencer*) ~ **la lecture/le récit de qc** etw noch einmal lesen/berichten; **tout** ~ **à zéro** alles noch einmal von vorn anfangen ❻ (*corriger: élève, travail*) verbessern; (*article, chapitre*) überarbeiten ❼ COUT ändern ❽ (*viande, gâteau*) noch nehmen ❾ (*idée, suggestion*) aufgreifen ▶**on ne m'y reprendra plus** das passiert mir nicht noch einmal **II.** vi ❶ (*se revivifier: affaires*) wieder besser gehen; (*vie*) wieder seinen Gang gehen ❷ (*recommencer: douleurs, pluie*) wieder einsetzen; (*bruit, guerre*) von neuem beginnen; (*classe, cours*) wieder beginnen; (*conversation*) wieder aufgenommen werden ❸ (*enchaîner*) fortfahren ❹ (*répéter*) **je reprends: ...** ich wiederhole: ... **III.** *vpr* (*se ressaisir*) **se** ~ sich (*akk*) wieder fangen
représentant, e [ʀ(ə)pʀezɑ̃tɑ̃, ɑ̃t] *m, f* Vertreter(in) *m(f)*; ~**(e) en qc** COM Vertreter(in) *m(f)* für etw
représentation [ʀ(ə)pʀezɑ̃tasjɔ̃] *f* ❶ (*description*) Darstellung *f* ❷ THEAT Aufführung *f*
représenter [ʀ(ə)pʀezɑ̃te] <1> **I.** vt ❶ (*dé-*

crire) darstellen ❷ (*progrès, travail*) sein; (*menace, danger*) darstellen; (*autorité*) verkörpern ❸ JUR, POL, COM vertreten **II.** *vpr* ❶ (*s'imaginer*) **se** ~ sich (*dat*) vorstellen ❷ (*survenir à nouveau*) **se** ~ **à qn** (*occasion, possibilité*) sich jdm noch einmal bieten
répressif, -ive [ʀepʀesif, -iv] *adj* einschränkend, beschränkend; (*loi, mesure*) Straf-
répression [ʀepʀesjɔ̃] *f* ❶ JUR strafrechtliche Verfolgung *f* ❷ (*d'une insurrection, révolte*) Niederschlagung *f*
réprimander [ʀepʀimɑ̃de] <1> vt zurechtweisen
réprimer [ʀepʀime] <1> vt ❶ (*retenir*) unterdrücken; (*larmes*) zurückhalten ❷ POL (*révolte*) niederschlagen
reprisage [ʀ(ə)pʀizaʒ] *m* Stopfen *nt*
repris de justice [ʀ(ə)pʀid(ə)ʒystis] *m inv* Vorbestrafte(r) *f(m)*
reproche [ʀ(ə)pʀɔʃ] *m* Vorwurf *m*
reprocher [ʀ(ə)pʀɔʃe] <1> **I.** vt (*faire grief de*) vorwerfen **II.** *vpr* **se** ~ **qc** sich (*dat*) Vorwürfe wegen etw machen
reproduction [ʀ(ə)pʀɔdyksjɔ̃] *f* (*copie*) Reproduktion *f*
reproduire [ʀ(ə)pʀɔdɥiʀ] <irr> *vpr* **se** ~ (*se répéter*) sich wiederholen
reprographie [ʀ(ə)pʀɔgʀafi] *f* Reprographie *f*
républicain, e [ʀepyblikɛ̃, ɛn] *adj* republikanisch
république [ʀepyblik] *f* Republik *f*; **République démocratique allemande** Deutsche Demokratische Republik; **République fédérale d'Allemagne** Bundesrepublik Deutschland; **République française** Französische Republik ▶**on est en** ~ wir leben in einem freien Land

Die erste französische Republik wurde im Zuge der französischen Revolution am 21. September 1792 gegründet. Seit 1958 erlebt Frankreich bereits seine fünfte Republik. Die Revolutionsfigur der *Marianne*, eine Frauenbüste mit phrygischer Kopfbedeckung, gilt als Symbol für die **république**.

répudiation [ʀepydjasjɔ̃] *f* (*d'une chose*) Ausschlagung *f*; (*d'une personne*) Verstoßen *nt*
répugnant, e [ʀepyɲɑ̃, ɑ̃t] *adj* widerlich
réputation [ʀepytasjɔ̃] *f* Ruf *m*

R

réputé, e [Repyte] *adj* (*connu*) bekannt

requérir [RəkeRiR] <irr> *vt* ① (*nécessiter*) erfordern ② (*solliciter*) ~ **l'aide de qn** jds Hilfe erbitten

requête [Rəkɛt] *f* INFORM Abfrage *f*

requin [Rəkɛ̃] *m* ZOOL Hai[fisch *m*] *m*

requinquer [R(ə)kɛ̃ke] <1> **I.** *vt fam* aufmöbeln; **être requinqué** wieder in Form sein **II.** *vpr fam* **se ~** sich erholen

réquisitionner [Rekizisjɔne] <1> *vt* (*biens*) beschlagnahmen; (*hommes*) dienstverpflichten

RER [ɛRøɛR] *m abr de* **réseau express régional** *S-Bahn-Netz in Paris und Umgebung*

rescapé, e [Rɛskape] *m, f* Überlebende(r) *f(m)*

réseau [Rezo] <x> *m a.* INFORM Netz *nt;* **le ~ Internet** das Internet

réservation [RezɛRvasjɔ̃] *f* Reservierung *f*

réserve [RezɛRv] *f* ① (*provision*) Vorrat *m* ② (*lieu protégé*) ~ **botanique/naturelle/ornithologique** Pflanzen-/Natur-/Vogelschutzgebiet *nt;* ~ **indienne** Indianerreservat *nt*

réservé, e [RezɛRve] *adj* ① (*discret*) zurückhaltend ② (*limité à certains*) ~ **aux handicapés/autobus** nur für Behinderte/Busse

réserver [RezɛRve] <1> **I.** *vt* ① (*place*) freihalten ② (*retenir*) reservieren; (*voyage*) buchen **II.** *vpr* (*se ménager*) **se ~ pour le dessert** sich (*dat*) seinen Appetit für den Nachtisch aufheben

résidant, e [Rezidɑ̃, ɑ̃t] *m, f* (*d'un immeuble*) Bewohner(in) *m(f);* (*d'une ville, d'un pays*) Einwohner(in) *m(f)*

résidence [Rezidɑ̃s] *f* ① (*domicile*) Wohnsitz *m* ② (*pour les vacances: appartement*) Ferienwohnung *f;* (*maison*) Ferienhaus *nt* ③ (*immeuble*) Wohnanlage *f;* ~ **universitaire** Studentenwohnheim *nt*

résident, e [Rezidɑ̃, ɑ̃t] *m, f* (*étranger*) *in einem Gastland ansässiger Ausländer/ansässige Ausländerin;* **les ~s allemands en France** die in Frankreich ansässigen Deutschen

résider [Rezide] <1> *vi* (*habiter*) wohnen; **les étrangers qui résident en France** die in Frankreich ansässigen Ausländer

résigner [Reziɲe] <1> *vpr* **se ~** resignieren; **se ~ à faire qc** sich damit abfinden etw zu tun

résilier [Rezilje] <1> *vt* kündigen

résiné [Rezine] *m* (*vin*) geharzter Wein

résineux [Rezinø] *m* Nadelbaum *m;* **forêt de ~** Nadelwald *m*

résistance [Rezistɑ̃s] *f* (*opposition*) Widerstand *m;* **la Résistance** HIST die Resistance

résistant, e [Rezistɑ̃, ɑ̃t] **I.** *adj* (*robuste: couleur, matériau*) haltbar; (*personne, plante*) robust; **l'acier est plus ~ que le fer** Stahl ist härter als Eisen **II.** *m, f* HIST Widerstandskämpfer(in) *m(f)*

résister [Reziste] <1> *vi* ① (*s'opposer*) ~ **à qn** sich gegen jdn wehren; ~ **à un désir/une passion/tentation** einem Verlangen/einer Leidenschaft/Versuchung widerstehen ② (*supporter*) **qc résiste à qc** etw hält einer S. (*dat*) stand

résolu, e [Rezɔly] **I.** *part passé de* **résoudre** **II.** *adj* (*air, personne*) entschlossen; (*ton*) bestimmt

résolution [Rezɔlysjɔ̃] *f* ① (*décision*) Beschluss *m;* **prendre de bonnes ~s** gute Vorsätze fassen ② INFORM Auflösung *f*

résonance [Rezɔnɑ̃s] *f* ① (*répercussion*) Resonanz *f* ② (*connotation*) Anklang *m*

résonner [Rezɔne] <1> *vi* hallen

résoudre [RezudR] <irr> **I.** *vt* (*conflit, problème*) lösen **II.** *vpr* (*se décider*) **se ~ à qc** sich zu etw entschließen

respect [Rɛspɛ] *m* ~ **de qn/qc** Respekt *m* vor jdm/etw; **manquer de ~ à qn** sich jdm gegenüber respektlos benehmen; **par ~ pour qn/qc** aus Achtung vor jdm/etw

respectabilité [Rɛspɛktabilite] *f* Ehrenhaftigkeit *f*

respecter [Rɛspɛkte] <1> *vt* ① (*avoir des égards pour*) achten; **se faire ~** sich (*dat*) Respekt verschaffen ② (*forme, tradition*) wahren; (*loi, normes*) einhalten; (*ordre, priorité*) beachten

respectivement [Rɛspɛktivmɑ̃] *adv* jeweils

respectueusement [Rɛspɛktɥøzmɑ̃] *adv* mit Respekt

respiration [RɛspiRasjɔ̃] *f* Atmung *f;* **couper la ~ à qn** jdm den Atem verschlagen; **retenir sa ~** den Atem anhalten

respirer [RɛspiRe] <1> *vi* ① (*inspirer*) atmen; **respirez fort!** tief einatmen! ② (*se détendre*) Luft holen ③ (*être rassuré*) aufatmen

responsabiliser [Rɛspɔ̃sabilize] <1> *vt* ~ **qn** jds Verantwortungsbewusstsein wecken

responsabilité [Rɛspɔ̃sabilite] *f* ① (*culpabi-*

lité) Verantwortung *f* ❼ JUR Haftung *f;* **~ civile** Haftpflicht *f;* (*assurance*) Haftpflichtversicherung *f* ❸ (*charge de responsable*) **avoir/prendre des ~s** Verantwortung tragen/übernehmen; **avoir la ~ de qn/qc** die Verantwortung für jdn/etw haben

responsable [ʀɛspɔ̃sabl] **I.** *adj* ❶ (*coupable, chargé de*) **être ~ de qc** für etw verantwortlich sein ❷ (*civilement, pénalement*) haftbar ❸ (*personne*) verantwortungsbewusst **II.** *mf* ❶ (*auteur*) Verantwortliche(r) *f(m)* ❷ (*personne compétente*) Verantwortliche(r) *f(m);* (*d'une organisation, entreprise*) Führungskraft *f;* **~ technique** technischer Leiter/technische Leiterin

ressaisir [ʀ(ə)sɛziʀ] <8> *vpr* **se ~** sich wieder fangen

ressasser [ʀ(ə)sase] <1> *vt* bis zum Überdruss wiederholen

ressemblance [ʀ(ə)sɑ̃blɑ̃s] *f* Ähnlichkeit *f;* **avoir une ~ avec qc** einer S. (*dat*) sehr ähnlich sein

ressembler [ʀ(ə)sɑ̃ble] <1> **I.** *vi a. fam* **~ à qn** jdm ähnlich sehen; **~ à qc** einer S. (*dat*) gleichen; **ça te ressemble de faire qc** das sieht dir ähnlich etw zu tun **▶à quoi il ressemble, ton nouveau copain?** und wie ist dein neuer Freund? **II.** *vpr* (*être semblables physiquement*) sich ähnlich sehen

ressentir [ʀ(ə)sɑ̃tiʀ] <10> *vt* empfinden; (*coup*) spüren

resserrer [ʀ(ə)seʀe] <1> **I.** *vt* (*boulon, vis*) nachziehen; (*nœud*) fest ziehen; (*ceinture*) enger schnallen **II.** *vpr* **se ~** enger werden; (*personnes, groupe*) zusammenrücken; (*cercle d'amis*) schrumpfen

resservir [ʀ(ə)seʀviʀ] <irr> **I.** *vt* ❶ (*offrir à nouveau au restaurant*) noch servieren ❷ (*offrir à nouveau chez soi, des amis*) noch geben ❸ *péj* (*radoter*) noch einmal auftischen **II.** *vi* (*revenir en usage*) noch einmal Verwendung finden; **ces emballages me resserviront** ich werde diese Verpackungen weiter verwenden **III.** *vpr* ❶ (*reprendre*) **se ~ en/de qc** sich noch etw nehmen ❷ (*réutiliser*) **se ~ de qc** etw wieder benützen

ressortir [ʀ(ə)sɔʀtiʀ] <10> **I.** *vi + être* ❶ (*sortir à nouveau: personne*) noch einmal weggehen ❷ (*contraster*) **~ sur qc** (*couleur, qualité*) sich von etw abheben; (*détail*) von etw hervortreten; **faire ~ qc** (*mettre en relief: personne*) hervorheben; (*chose*) zur

Geltung bringen ❸ *fam* (*renouer*) **~ avec qn** wieder mit jdm gehen (*fam*) **II.** *vt + avoir* ❶ (*remettre d'actualité: projet*) wieder hervorholen; (*modèle*) wieder herausbringen ❷ (*remettre dehors: meubles de jardin*) wieder rausstellen; **peux-tu ~ l'agenda?** kannst du den Terminkalender noch einmal herausholen?

ressortissant, e [ʀ(ə)sɔʀtisɑ̃, ɑ̃t] *m, f* Staatsangehörige(r) *f(m)*

ressouder [ʀ(ə)sude] <1> **I.** *vt* ❶ TECH nachschweißen; (*choses*) zusammenschweißen ❷ (*braser*) nachlöten; (*choses*) neu verlöten ❸ (*amitié, amour*) wieder festigen **II.** *vpr* **se ~** ❶ MED wieder zusammenwachsen ❷ *fig* sich wieder festigen

ressource [ʀ(ə)suʀs] *f pl* (*moyens*) Mittel *Pl;* (*de l'État*) Einnahmequellen *Pl;* **~s naturelles** Bodenschätze *Pl;* **~s personnelles** Eigenkapital *nt;* **sans ~s** mittellos

ressourcer [ʀ(ə)suʀse] <2> *vpr* **se ~** ❶ (*revenir aux sources*) sich besinnen ❷ (*puiser de nouvelles forces*) neue Kraft schöpfen

ressuscité, e [ʀesysite] *m, f* ❶ REL **le Ressuscité** der Auferstandene ❷ *fig* **vous êtes un vrai ~!** Sie sind ja wieder auferstanden!

ressusciter [ʀesysite] <1> **I.** *vi + être* REL **être ressuscité** auferstanden sein **II.** *vt + avoir* REL zum Leben erwecken

restant [ʀɛstɑ̃, ɑ̃t] *m* Rest *m*

restau [ʀɛsto] *m fam abr de* **restaurant** *v.* **resto**

restaurant [ʀɛstɔʀɑ̃] *m* Restaurant *nt;* **aller au ~** essen gehen; **~ universitaire** Mensa *f;* **~ du cœur** Essen für Obdachlose [in den Wintermonaten]

restauration [ʀɛstɔʀasjɔ̃] *f* ❶ ARCHIT, ART Restaurierung *f* ❷ (*hôtellerie*) Gastronomie *f;* **~ rapide** Fastfood-Gastronomie *f* ❸ INFORM Wiederherstellung *f*

restaurer [ʀɛstɔʀe] <1> *vt* ❶ (*remettre en état*) restaurieren ❷ (*rétablir*) wiederherstellen

reste [ʀɛst] *m* Rest *m;* **tout le ~** alles Übrige **▶du ~** im Übrigen; **pour le ~** im Übrigen

rester [ʀɛste] <1> **I.** *vi + être* ❶ bleiben; **~ sans parler/manger** nicht sprechen/nicht essen; **~ debout/assis toute la journée** den ganzen Tag stehen/sitzen; **~ immobile** stillhalten ❷ (*ne pas se libérer de*) **~ sur un échec** sich von einem Misserfolg lähmen lassen **▶en ~ là** es dabei [bewen-

R

den] lassen; **y** ~ umkommen **II.** *vi impers*
+ *être* ❶ (*être toujours là*) **il reste du vin**
es ist noch Wein übrig; **il n'est rien resté**
es ist nichts übrig [geblieben]; **il ne me**
reste [plus] que toi ich habe nur noch dich
❷ (*ne pas être encore fait*) **je sais ce qu'il**
me reste à faire ich weiß, was ich zu tun
habe; **reste à savoir si ...** [es] bleibt abzuwarten, ob ...

resto [ʀɛsto] *m fam abr de* **restaurant**

restreint, e [ʀɛstʀɛ̃, ɛt] *adj* (*vocabulaire*) beschränkt; (*moyens, nombre*) gering; (*autorité, choix*) eingeschränkt

restriction [ʀɛstʀiksjɔ̃] *f* Einschränkung *f*;
(*des dépenses*) Beschränkung *f*; **faire des**
~s Vorbehalte haben; **sans [faire de] ~[s]**
ohne Vorbehalte

restructuration [ʀəstʀyktyʀasjɔ̃] *f* (*de l'économie, d'une entreprise*) Umstrukturierung
f; (*d'un parti*) Neuordnung *f*

restructurer [ʀəstʀyktyʀe] <1> *vt* (*entreprise, économie*) umstrukturieren; (*parti*)
neuordnen

résultat [ʀezylta] *m* Ergebnis *nt*; scol Leistung *f*; **n'obtenir aucun ~** nichts erreichen
▶**sans** ~ ohne Erfolg

résumé [ʀezyme] *m* Zusammenfassung *f*;
Resümee *nt* (*geh*) ▶**en** ~ (*en bref*) zusam-
menfassend; (*somme toute*) alles in Allem

résumer [ʀezyme] <1> *vt* ~ **qc [en une**
page] etw [auf einer Seite] zusammenfassen

résurrection [ʀezyʀɛksjɔ̃] *f* Auferstehung *f*;
la Résurrection die Auferstehung

rétablir [ʀetabliʀ] <8> **I.** *vt a.* MED wiederherstellen; (*contact, liaison*) wieder aufnehmen; ~ **la vérité** der Wahrheit zu ihrem
Recht verhelfen **II.** *vpr se* ~ ❶ (*guérir*) sich
erholen ❷ (*revenir: calme, silence*) wieder
einkehren

rétablissement [ʀetablismɑ̃] *m* Wiederherstellung *f*; **bon ~!** gute Besserung!

retaper [ʀ(ə)tape] <1> **I.** *vt* ❶ (*maison*) renovieren; (*voiture*) überholen; (*lit*) zurecht-
ziehen ❷ *fam* (*malade*) wieder auf die Beine
bringen **II.** *vpr fam* **se** ~ sich erholen

retard [ʀ(ə)taʀ] *m* ❶ (*arrivée tardive*) Verspätung *f*; **arriver en** ~ zu spät kommen;
avoir du ~/deux minutes de ~ (*personne*) zu spät/zwei Minuten zu spät kommen; (*moyen de transport*) Verspätung/
zwei Minuten Verspätung haben; **être en**
~ **de dix minutes** (*personne*) zehn Minu-

ten zu spät kommen; (*moyen de transport*)
zehn Minuten Verspätung haben ❷ (*réalisation tardive*) **avoir du ~ dans un travail/**
paiement mit einer Arbeit im Rückstand/
einer Zahlung im Verzug sein; **être en** ~
d'un mois pour [payer] le loyer mit [der
Zahlung] der Miete einen Monat im Verzug
sein ❸ (*développement plus lent*) Rückständigkeit *f*; scol Rückstand *m*; **présenter un**
~ **de langage** in seiner Sprachentwicklung
zurück sein

retardé, e [ʀ(ə)taʀde] *fam* **I.** *adj* (*enfant*)
zurückgeblieben; (*élève*) schwach **II.** *m, f*
~**(e) mental(e)** Zurückgebliebene(r) *f(m)*

retarder [ʀ(ə)taʀde] <1> **I.** *vt* aufhalten; ~
l'arrivée de qn jds Ankunft hinauszögern;
qc retarde le départ du train durch etw
verzögert sich die Abfahrt des Zuges; ~ **qn**
dans son travail jdn von seiner Arbeit abhalten **II.** *vi* (*être en retard*) ~ **d'une heure**
(*montre, horloge*) eine Stunde nachgehen

retendre [ʀ(ə)tɑ̃dʀ] <14> *vt* ❶ (*raidir à nouveau*) wieder anziehen; (*câble, chaîne*) wieder spannen; (*lien*) fest ziehen ❷ MUS (*corde*) nachspannen ❸ (*filet de pêche*) wieder
auswerfen ❹ (*présenter à nouveau*) ~ **la**
main à qn jdm wieder die Hand reichen

retenir [ʀ(ə)təniʀ] <9> **I.** *vt* ❶ [fest] halten;
(*foule, personne*) zurückhalten; **je ne sais**
pas ce qui me retient de le gifler ich
weiß nicht, was mich davon abhält ihn zu
ohrfeigen ❷ (*garder*) **je ne te retiens pas**
plus longtemps ich will dich nicht länger
aufhalten; ~ **qn prisonnier/en otage** jdn
gefangen halten/jdn als Geisel fest halten
❸ (*requérir*) ~ **l'attention** Aufmerksamkeit
erfordern ❹ (*réserver*) reservieren ❺ (*se
souvenir de*) [im Gedächtnis] behalten ❻ (*réprimer*) unterdrücken; (*souffle*) anhalten
❼ (*candidature*) annehmen ❽ (*prélever*) ~
sur le salaire (*montant/impôts*) vom Lohn
abziehen/einbehalten ▶**je te/la retiens!**
fam das vergesse ich dir/ihr nicht so
schnell! **II.** *vpr se* ~ sich beherrschen

retentissant, e [ʀ(ə)tɑ̃tisɑ̃, ɑ̃t] *adj*
❶ durchdringend; (*claque*) schallend ❷ (*fracassant*) Aufsehen erregend; (*scandale, succès*) Riesen-; (*déclaration, discours*) spektakulär

retentissement [ʀ(ə)tɑ̃tismɑ̃] *m* Wirkung
f; **avoir un grand ~** großes Aufsehen erregen

réticence [Retisɑ̃s] *f* Vorbehalt *m; avec ~* widerstrebend; (*accepter*) unter Vorbehalt[en]

réticent, e [Retisɑ̃, ɑ̃t] *adj* **être ~** Vorbehalte haben

retiré, e [R(ə)tiRe] *adj* (*lieu*) entlegen

retirer [R(ə)tiRe] <1> **I.** *vt* ❶ (*vêtement, montre*) ablegen; (*housses*) abziehen; (*lunettes*) absetzen; **~ qc du commerce** etw aus dem Handel zurückziehen; **~ à qn** (*jouet*) jdm wegnehmen; (*permis*) jdm abnehmen ❷ (*faire sortir*) herausnehmen; **la clé de la serrure** den Schlüssel aus dem Schloss ziehen; **~ qn de l'école** jdn von der Schule nehmen; **~ qn des décombres** jdn aus den Trümmern bergen ❸ (*argent*) holen; **~ de l'argent à la banque** Geld von der Bank abheben ❹ (*main, troupes, accusation, candidature*) zurückziehen ❺ (*obtenir*) **~ de qc** (*bénéfice, avantages*) aus etw ziehen ❻ (*tirer de nouveau*) **~ un coup de feu** noch einen Schuss abgeben ❼ (*faire un second tirage*) **faire ~ une photo** neue Abzüge von einem Foto machen lassen **II.** *vi* noch einmal schießen **III.** *vpr* (*partir*) **se ~** sich zurückziehen; (*mer*) zurückgehen

retombée [R(ə)tɔ̃be] *f pl* (*répercussions*) Auswirkungen *Pl*; **les ~s médiatiques de qc** das Medienecho unter S. (*gen*)

retomber [R(ə)tɔ̃be] <1> *vi* + *être* ❶ (*tomber à nouveau*) wieder hinfallen; **~ dans l'oubli/la drogue** wieder in Vergessenheit/an Drogen geraten ❷ (*tomber après s'être élevé: chat*) aufkommen; (*capot*) wieder zufallen; (*fusée*) abstürzen ❸ (*baisser: curiosité, enthousiasme*) nachlassen; (*fièvre, cote de popularité*) fallen; **~ au niveau d'il y a trois ans** (*consommation*) auf den Stand von vor drei Jahren zurückgehen ❹ (*redevenir*) **~ amoureux** sich wieder verlieben; **~ malade/enceinte** wieder krank/schwanger werden ❺ METEO (*brouillard*) wieder aufkommen; **la pluie/la neige retombe** es regnet/schneit wieder ❻ (*échoir à, peser*) **faire ~ la faute sur qn** die Schuld auf jdn schieben ❼ (*revenir, rencontrer*) **~ au même endroit** [zufällig] wieder an denselben Ort geraten; **~ sur qn** jdn [zufällig] wieder treffen

retouche [R(ə)tuʃ] *f* (*d'un vêtement*) Änderung *f*

retoucher [R(ə)tuʃe] <1> **I.** *vt* ❶ (*vêtement*) [ab]ändern ❷ (*être remboursé*) **~ mille euros** tausend Euro zurückbekommen **II.** *vi* ❶ (*toucher de nouveau*) **~ à qc** etw noch einmal anfassen ❷ (*regoûter à*) **~ à l'alcool** wieder [Alkohol] trinken

retour [R(ə)tuR] **I.** *m* ❶ (*opp: départ*) Rückkehr *f;* (*à la maison*) Heimkehr *f;* (*chemin*) Rückweg *m;* (*à la maison*) Heimweg *m;* (*voyage*) Rückreise *f;* (*à la maison*) Heimreise *f;* **au ~** auf dem Rückweg; (*en voiture*) auf der Rückfahrt; (*en avion*) auf dem Rückflug; (*à l'arrivée*) bei der Rückkehr; **au ~ du service militaire** nach Beendigung des Militärdienstes; **de ~ à la maison** wieder zurück zu Hause; **être de ~** [wieder] zurück sein ❷ (*à un état antérieur*) **~ à la nature** Rückkehr *f* zur Natur; (*slogan*) zurück zur Natur; **~ au calme** Beruhigung *f* [der Lage]; **~ en arrière** Rückblende *f* ❸ (*réapparition*) **~ du froid** erneuter Kälteeinbruch; **~ en force** Comeback *nt* ❹ AUT einfache Fahrkarte für die Rückfahrt; (*avion*) Flugschein *m* für den Rückflug; **un aller et ~ pour Paris** eine Rückfahrkarte/ein Hin- und Rückflug *m* nach Paris ▸**par ~ du courrier** postwendend; **~ à l'expéditeur!** zurück an Absender! **II.** *app* **match ~** Rückspiel *nt*

retourner [R(ə)tuRne] <1> **I.** *vt* + *avoir* ❶ (*mettre dans l'autre sens*) umdrehen; (*vêtement*) [auf] links drehen; (*matelas, viande*) wenden; (*caisse, tableau*) auf den Kopf stellen; JEUX aufdecken ❷ (*situation*) umkehren ❸ (*lettre*) zurückschicken; (*marchandise*) zurückgehen lassen; **~ un compliment à qn** jdm ein Kompliment zurückgeben ❹ *fam* (*maison, pièce*) auf den Kopf stellen; (*personne*) erschüttern; **le film m'a retourné** der Film hat mich aufgewühlt **II.** *vi* + *être* ❶ (*revenir*) zurückkehren; (*en bus, voiture, train*) zurückfahren; (*en avion*) zurückfliegen; **~ sur ses pas** kehrtmachen; **~ chez soi** nach Hause gehen ❷ (*aller de nouveau*) **~ à la montagne/chez qn** wieder ins Gebirge/zu jdm gehen; (*en bus, voiture, train*) wieder ins Gebirge/zu jdm fahren; (*en avion*) wieder ins Gebirge/zu jdm fliegen ❸ (*se remettre à*) **~ à son travail** wieder an die Arbeit gehen; (*après une maladie, des vacances*) die Arbeit wieder aufnehmen **III.** *vpr* + *être* ❶ (*se tourner dans un autre sens*) **se ~** (*personne*) sich umdrehen; (*voi-*

R

ture) sich überschlagen; (*barque*) kentern ❷ (*tourner la tête*) se ~ sich umschauen; **se ~ sur qn** sich nach jdm umdrehen; **se ~ vers qn/qc** sich zu jdm/etw drehen ❸ (*prendre parti, un nouveau cours*) **se ~ en faveur de/contre qn** (*personne*) sich hinter/gegen jdn stellen; (*situation*) sich zu jds Gunsten/Ungunsten kehren; (*acte, action*) sich zu jds Gunsten/Ungunsten auswirken

retrait [R(ə)tRɛ] *m* ❶ (*d'argent*) Abheben *nt*; (*des bagages, d'un billet*) Abholen *nt*; (*d'une candidature*) Zurückziehen *nt* ❷ (*d'une autorisation*) Aufhebung *f*; ~ **du permis** |**de conduire**| Führerscheinentzug *m*

retraite [R(ə)tRɛt] *f* ❶ (*cessation du travail*) [Eintritt in den] Ruhestand *m*; (*des fonctionnaires, militaires*) Pensionierung *f*; **être à la ~** im Ruhestand sein; (*ouvrier, employé*) in Rente sein; (*fonctionnaire, militaire*) pensioniert sein; **partir à la ~**, **prendre sa ~** in den Ruhestand gehen; (*ouvrier, employé*) in Rente gehen; (*fonctionnaire, militaire*) in Pension gehen; (*artisans, professions libérales*) sich zur Ruhe setzen ❷ (*pension*) Altersruhegeld *nt* (*form*); (*des ouvriers, employés*) [Alters]rente *f*; (*des fonctionnaires, militaires*) Pension *f*; ~ **complémentaire** (*assurance*) Zusatzrentenversicherung *f*; (*pension*) Zusatzrente *f*

retraité, e [R(ə)tRete] **I.** *adj* im Ruhestand; (*ouvrier, employé*) in Rente; (*fonctionnaire, militaire*) pensioniert **II.** *m, f* Ruhestandler(in) *m(f)*; (*ouvrier, employé*) Rentner(in) *m(f)*; (*fonctionnaire, militaire*) Pensionär(in) *m(f)*

retraitement [R(ə)tRɛtmã] *m* (*des combustibles nucléaires*) Wiederaufbereitung *f*; (*des déchets*) Wiederverwertung *f*; **centre/usine de ~** |**des déchets nucléaires**| Wiederaufbereitungsanlage *f*; ~ **des vieux papiers** Altpapierrecycling *nt*

retransmettre [R(ə)tRãsmɛtR] <irr> *vt* übertragen

retransmission [R(ə)tRãsmisjõ] *f* Übertragung *f*

retravailler [R(ə)tRavaje] <1> **I.** *vi* (*reprendre le travail*) wieder arbeiten **II.** *vt* überarbeiten; (*discours, texte*) umarbeiten; (*matière, minerai*) neu bearbeiten; (*question*) |noch einmal| überdenken

rétrécir [RetResiR] <8> **I.** *vt* (*rendre plus*

étroit) verengen; (*bague, vêtement*) enger machen **II.** *vi, vpr* **le pull a rétréci au lavage** der Pulli ist beim Waschen eingegangen

rétro [RetRo] *abr de* **rétrograde I.** *adj inv* (*démodé*) nostalgisch; (*mode*) Retro- (*kann den Stil der 20er bis 70er Jahre bezeichnen*) **II.** *adv* nostalgisch (*kann im Stil der 20er bis 70er Jahre sein*)

rétroactivement [RetRoaktivmã] *adv* rückwirkend

rétrocession [RetRosesjõ] *f* Rückgabe *f*; (*de biens patrimoniaux*) Rückübertragung *f*

rétrograder [RetRogRade] <1> *vi* AUT ~ **en seconde** in den Zweiten zurückschalten

rétroprojecteur [RetRopRɔʒɛktœR] *m* Overheadprojektor *m*

rétrospectif, -ive [RetRɔspɛktif, -iv] *adj* rückblickend

rétrospective [RetRɔspɛktiv] *f* Retrospektive *f*

retrousser [R(ə)tRuse] <1> *vt* (*manche, bas de pantalon*) umkrempeln

retrouvailles [R(ə)tRuvaj] *fpl* Wiedersehen *nt*

retrouver [R(ə)tRuve] <1> **I.** *vt* ❶ wiederfinden ❷ (*fonction*) wiedererhalten; (*place*) wiederbekommen; (*travail*) finden ❸ (*rejoindre*) ~ **qn** jdn treffen; **je vous retrouve dans un quart d'heure** ich komme in einer Viertelstunde nach ❹ (*recouvrer*) ~ **la santé** wieder zu Kräften kommen; **avoir retrouvé le sommeil** wieder schlafen können **II.** *vpr* ❶ (*se réunir*) **se ~** (*personnes*) sich [wieder] treffen; **se ~ au bistro** sich in der Kneipe treffen ❷ (*se présenter de nouveau*) **se ~** (*occasion*) sich wieder bieten ❸ (*être de nouveau*) **se ~ dans la même situation** sich wieder in der gleichen Situation befinden; **se ~ seul** wieder allein dastehen ❹ (*voir clair*) **s'y ~** sich zurechtfinden; **je n'arrive pas à m'y ~** ich komme damit nicht zurecht ▶**comme on se retrouve!** so sieht man sich wieder!

rétroviseur [RetRɔvizœR] *m* Rückspiegel *m*

réunification [Reynifikasjõ] *f* POL Wiedervereinigung *f*

réunifier [Reynifje] <1> *vt* wieder zusammenführen; (*nations, États*) wieder vereinigen; **l'Allemagne réunifiée** das wieder vereinigte Deutschland

réunion [Reynjõ] *f* (*séance*) Zusammenkunft

f; (*d'un comité, d'une commission*) Sitzung *f*; (*conférence*) Besprechung *f*; SCOL Konferenz; (*rassemblement politique/public*) Versammlung *f*; ~ **de famille** Familientreffen; ~ **de parents d'élèves** Elternabend *m*; ~ **d'information** Informationsveranstaltung; **être en** ~ in einer Besprechung sein

Réunion [ʀeynjɔ̃] *f* |**l'île de**| **la** ~ die Insel Réunion

réunir [ʀeyniʀ] <8> *I. vt* ❶ (*mettre ensemble*) sammeln; (*personnes*) versammeln ❷ (*cumuler*) ~ **toutes les conditions exigées** alle erforderlichen Bedingungen erfüllen *II. vpr* **se** ~ (*personnes*) sich treffen

réussi, e [ʀeysi] *adj* gelungen; (*examen*) bestanden ▶**c'est** ~! *iron* |das war ein| Volltreffer!

réussir [ʀeysiʀ] <8> *I. vi* ❶ (*aboutir à un résultat: chose*) gelingen; ~ **bien/mal** Erfolg/keinen Erfolg haben ❷ (*parvenir au succès*) ~ **dans la vie/dans les affaires** im Leben/im Geschäftsleben erfolgreich sein; ~ **à l'examen** die Prüfung bestehen; **tout lui réussit** ihm/ihr gelingt alles ❸ (*être capable de*) **il réussit à faire qc** es gelingt ihm etw zu tun; *iron* er bringt es fertig etw zu tun *II. vt* ❶ (*bien exécuter*) **il réussit qc** ihm gelingt etw ❷ (*épreuve, examen*) bestehen

réussite [ʀeysit] *f* Erfolg *m*; (~ *sociale*) Aufstieg *m*; ~ **d'une tentative** Gelingen *nt* eines Versuchs

réutiliser [ʀeytilize] <1> *vt* wieder benutzen; (*à d'autres fins*) |weiter| benutzen

revaloir [ʀ(ə)valwaʀ] <irr> *vt* **je te revaudrai ça** (*en bien*) dafür werde ich mich |bei dir| erkenntlich zeigen; (*en mal*) das zahle ich dir heim

revaloriser [ʀ(ə)valɔʀize] <1> *vt* aufwerten

revanchard, e [ʀ(ə)vɑ̃ʃaʀ, aʀd] *m, f* rachsüchtiger Mensch

revanche [ʀ(ə)vɑ̃ʃ] *f* Revanche *f*; **prendre sa** ~ sich |dafür| rächen; SPORT Revanche nehmen ▶**en** ~ (*par contre*) dagegen; (*en contrepartie*) dafür

rêve [ʀɛv] *m* Traum *m*; **mauvais** ~ Alptraum; **faire un** ~ einen Traum haben; **fais de beaux** ~**s!** träum was Schönes!; **de** ~ Traum-; **la femme de mes** ~**s** meine Traumfrau ▶**c'est le** ~ *fam* das ist traumhaft

rêvé, e [ʀeve] *adj* ideal; (*solution*) Ideal-

réveil [ʀevɛj] *m* ❶ Wecker *m*; **mettre le** ~ **à 6 heures** den Wecker auf 6 Uhr stellen ❷ (*retour à la réalité*) Erwachen *nt*

réveiller [ʀeveje] <1> *I. vt* ❶ (*sortir du sommeil*) |auf|wecken; **être** |**bien**| **réveillé** |ganz| wach sein ❷ (*ramener à la réalité*) wachrütteln *II. vpr* **se** ~ ❶ (*sortir du sommeil*) aufwachen ❷ (*se raviver*) wieder kommen; (*douleur*) wieder auftreten; (*appétit*) sich einstellen; (*souvenir*) wach werden; (*volcan*) wieder aktiv werden

réveillon [ʀevɛjɔ̃] *m* (*nuit de Noël/du nouvel an*) Heiligabend *m*/Silvester|nacht *f*| *nt o m*; (*fête*) Weihnachtsfeier *f*/Silvesterparty *f*; (*repas*) Weihnachts-/Silvesteressen *nt*

réveillonner [ʀevɛjɔne] <1> *vi* (*fêter Noël/le nouvel an*) Weihnachten/Silvester feiern

révéler [ʀevele] <5> *vt* (*divulguer*) aufdecken; (*faits*) aufzeigen; ~ **qc** (*enquête, journal*) etw ans Licht bringen

revendiquer [ʀ(ə)vɑ̃dike] <1> *vt* ❶ (*droit, augmentation de salaire*) fordern ❷ (*assumer*) **l'attentat a été revendiqué par la Maffia/n'a pas été revendiqué** die Maffia/niemand hat sich zu dem Anschlag bekannt

revendre [ʀ(ə)vɑ̃dʀ] <14> *vt* verkaufen

revenir [ʀ(ə)vəniʀ] <9> *vi* + *être* ❶ zurückkommen; ~ **en avion/en voiture/à pied** zurückfliegen/-fahren/-laufen; ~ **dans un instant** gleich wieder da sein ❷ (*venir de nouveau: personne, printemps*) wiederkommen ❸ (*reprendre*) ~ **à/sur qc** auf etw (*akk*) zurückkommen; ~ **sur une affaire** eine Affäre wieder aufgreifen; ~ **sur une décision** eine Entscheidung rückgängig machen ❹ (*se présenter à nouveau à l'esprit*) ~ **à qn** jdm wieder einfallen ❺ (*équivaloir à*) ~ **à 100 euros à qn** jdn 100 Euro kosten; ~ **cher** teuer kommen; **cela revient au même** das läuft aufs Gleiche hinaus; **cela revient à dire que ...** das heißt so viel wie dass .. ❻ GASTR **faire** ~ (*lard*) anbraten; (*oignons, légumes*) andünsten ▶**ne pas en** ~ **de qc** *fam* etw gar nicht fassen können; ~ **de loin** noch einmal davongekommen sein

revente [ʀ(ə)vɑ̃t] *f* Weiterverkauf *m*

revenu [ʀ(ə)vəny] *m* Einkommen *nt*; ~ **minimum d'insertion** Übergangsgeld zur Eingliederung in das Berufsleben, *entspricht etwa dem Sozialhilfesatz*

R

rêver [ʀeve] <1> *vi* **❶** ~ **de qn/qc** von jdm/etw träumen **❷** (*divaguer*) **te prêter de l'argent? tu rêves!** dir Geld leihen? du träumst wohl!

révérencieux, -euse [ʀeveʀɑ̃sjø, -jøz] *adj soutenu* ehrfürchtig; **être ~ envers qn** jdm gegenüber Respekt zeigen

réversion [ʀevɛʀsjɔ̃] *f* Übertragung *f*; **pension de ~** Hinterbliebenenrente *f*

revigorer [ʀ(ə)viɡɔʀe] <1> I. *vt* **❶** (*ragaillardir: air frais, boisson*) wieder munter machen; (*discours, promesse*) wieder aufheitern; (*repas*) stärken **❷** (*ranimer: entreprise, structures*) wieder Leben bringen in (+ *akk*); (*idée, doctrine*) wieder neu beleben II. *vi* wieder munter machen

réviser [ʀevize] <1> I. *vt* SCOL wiederholen II. *vi* SCOL den Stoff wiederholen

révision [ʀevizjɔ̃] *f* **❶** (*d'un jugement*) Revision *f* **❷** *pl* SCOL Wiederholung *f*

révisionnisme [ʀevizjɔnism] *m* Revisionismus *m*

révisionniste I. [ʀevizjɔnist] *adj* (*thèse, doctrine*) revisionistisch II. *mf* Revisionist(in) *m(f)*

revitalisant, e [ʀ(ə)vitalizɑ̃, ɑ̃t] *adj* **crème ~e** Aufbaucreme *f*; **shampooing ~** Revitalisierungsshampoo *nt*

revitaliser [ʀ(ə)vitalize] <1> *vt* (*organisme*) wieder kräftigen; (*alliance, union*) wieder beleben; (*région*) wirtschaftlich wieder beleben; (*cheveux*) revitalisieren

revivre [ʀ(ə)vivʀ] <irr> I. *vi* (*être revigoré*) wieder aufleben II. *vt* (*vivre à nouveau*) noch einmal erleben(*fig*)

révocation [ʀevɔkasjɔ̃] *f* (*annulation*) Widerrufung *f*

revoilà [ʀ(ə)vwala] *prép fam* **me ~** da bin ich wieder; **~ Nadine!** da ist Nadine schon wieder!

revoir [ʀ(ə)vwaʀ] <irr> I. *vt* **❶** (*voir à nouveau*) wieder sehen; **au ~** auf Wiedersehen **❷** (*regarder de nouveau*) sich (*dat*) noch einmal ansehen **❸** (*se souvenir*) vor sich (*dat*) sehen II. *vpr* **se ~** ~ **❶** (*se retrouver*) sich wieder sehen **❷** (*se souvenir de soi*) sich noch sehen

révolte [ʀevɔlt] *f* Revolte *f*

révolter [ʀevɔlte] <1> I. *vt* ~ **qn** (*individu*) jdn aufbringen; (*crime, injustice*) jdn empören II. *vpr* **se ~ contre qn/qc** **❶** (*s'insurger*) sich gegen jdn/etw auflehnen **❷** (*s'indigner*) sich über jdn/etw empören

révolution [ʀevɔlysjɔ̃] *f* (*changement*) Revolution *f*

Révolution [ʀevɔlysjɔ̃] *f* HIST **la ~** die Französische Revolution

révolutionnaire [ʀevɔlysjɔnɛʀ] I. *adj* revolutionär II. *mf* Revolutionär(in) *m(f)*

revolver [ʀevɔlvɛʀ] *m* Revolver *m*

revouloir [ʀ(ə)vulwaʀ] <irr> *vt fam* noch wollen

revue [ʀ(ə)vy] *f* (*magazine*) Zeitschrift *f*

révulser [ʀevylse] <1> I. *vt* zutiefst erschüttern II. *vpr* (*visage*) sich verzerren; **ses yeux se révulsent** er/sie verdreht die Augen

rez-de-chaussée [ʀed(ə)ʃose] *m inv* Erdgeschoss *nt*

RFA [ɛʀɛfa] *f abr de* **République fédérale d'Allemagne** BRD *f*

rhabiller [ʀabije] <1> *vpr* **se ~** sich wieder anziehen

Rhénanie [ʀenani] *f* **la ~** das Rheinland

Rhénanie-du-Nord-Westphalie [ʀenanidynɔʀvɛstfali] *f* **la ~** Nordrhein-Westfalen *nt* **Rhénanie-Palatinat** [ʀenanipalatina] *f* **la ~** Rheinland-Pfalz *nt*

rhésus [ʀezys] *m* MED Rhesusfaktor *m*

Rhin [ʀɛ̃] *m* **le ~** der Rhein

rhinocéros [ʀinɔseʀɔs] *m* Nashorn *nt*

rhinopharyngite [ʀinofaʀɛ̃ʒit] *f* Entzündung *f* der Nasen- und Rachenschleimhaut

Rhône [ʀon] *m* **le ~** die Rhone

rhubarbe [ʀybaʀb] *f* Rhabarber *m*

rhum [ʀɔm] *m* Rum *m*

rhumatologue [ʀymatɔlɔɡ] *mf* Rheumatologe /Rheumatologin *m/f*

rhume [ʀym] *m* **❶** (*coup de froid*) Erkältung *f*; **attraper un ~** sich erkälten **❷** (*rhinite*) Schnupfen *m*; **~ des foins** Heuschnupfen *m*

ri [ʀi] *part passé de* **rire**

riais [ʀ(i)jɛ] *imparf de* **rire**

riant, e [ʀ(i)jɑ̃, jɑ̃t] *part prés de* **rire**

ricaner [ʀikane] <1> *vi* **❶** (*avec mépris*) hämisch lachen **❷** (*bêtement*) albern kichern

riche [ʀiʃ] I. *adj* reich; **~ en calories** kalorienreich II. *mf* Reiche(r) *f(m)*

richesse [ʀiʃɛs] *f* **❶** (*fortune*) Reichtum *m* **❷** *pl* (*ressources*) Reichtümer *Pl*; (*d'un musée*) Schätze *Pl*

ricocher [ʀikɔʃe] <1> *vi* ~ **sur qc** (*caillou, pierre*) springen auf etw (*dat*)

ride [ʀid] *f* (*pli*) Falte *f*

ridé, e [ʀide] *adj* (*personne*) voller Falten; (*visage*) faltig

rideau [ʀido] <x> *m* ❶ Vorhang *m* ❷ HIST **le ~ de fer** der eiserne Vorhang

ridicule [ʀidikyl] **I.** *adj* lächerlich **II.** *m* Lächerliche(s) *f;* **le ~ de cette situation** das Lächerliche an dieser Situation; **couvrir qn/se couvrir de ~** jdn/sich lächerlich machen

ridiculiser [ʀidikylize] <1> *vt, vpr* |**se**| **~** |**sich**| lächerlich machen

ridule [ʀidyl] *f* Fältchen *nt*

rie [ʀi] *subj prés de* **rire**

rien [ʀjɛ̃] **I.** *pron indéf* ❶ (*aucune chose*) nichts; **c'est ça ou ~** entweder das oder nichts; **ça ne vaut ~** das ist nichts wert; **~ d'autre** nichts weiter; **~ de nouveau/ mieux** nichts Neues/Besseres; **il n'y a plus ~** es ist nichts mehr da ❷ (*seulement*) **~ que la chambre coûte 400F** das Zimmer allein kostet schon 400F ❸ (*quelque chose*) etwas; **rester sans ~ faire** untätig bleiben ▶**ce n'est ~** es ist nicht schlimm; **comme si de ~ n'était** als ob nichts gewesen wäre; **n'être pour ~ dans qc** mit etw nichts zu tun zu haben; **de ~!** keine Ursache!; **~ du tout** überhaupt nichts **II.** *m* ❶ (*très peu de chose*) Kleinigkeit *f* ❷ (*un petit peu*) ein wenig; **un ~ de cognac** ein Schuss *m* Cognac ▶ **en un ~ de temps** im Nu

rient [ʀi] *indic prés de* **rire**

riez [ʀ(i)je] *indic prés et impératif de* **rire**

rifle [ʀifl] *m: Gewehr mit gezogenem Lauf*

rigolade [ʀiɡɔlad] *f fam* Spaß *m* ▶**c'est de la ~** (*c'est facile*) das ist ein Kinderspiel; **prendre à la ~** als Spaß auffassen

rigolard, e [ʀiɡɔlaʀ, aʀd] *m, f fam* Spaßvogel *m*

rigoler [ʀiɡɔle] <1> *vi fam* ❶ (*rire*) lachen; **faire ~ qn** jdn zum Lachen bringen ❷ (*s'amuser*) Spaß haben; **pour ~** zum Spaß; **je |ne| rigole pas!** ich mache keine Witze! ▶**tu me fais ~!** *iron* du machst mir vielleicht Spaß!

rigolo, te [ʀiɡɔlo, ɔt] **I.** *adj fam* lustig **II.** *m, f fam* (*homme amusant*) lustiger Kerl

rigoureusement [ʀiɡuʀøzmɑ̃] *adv* streng; (*appliquer*) strikt

rigoureux, -euse [ʀiɡuʀø, -øz] *adj* ❶ streng ❷ (*exact, précis*) peinlich genau; (*analyse*) gründlich; (*raisonnement*) stich-

haltig; (*style*) streng und einfach

rigueur [ʀiɡœʀ] *f* ❶ Strenge *f;* **avec ~** strikt ❷ (*précision*) peinliche Genauigkeit; (*d'une analyse*) Gründlichkeit *f;* (*d'un raisonnement*) Stichhaltigkeit *f;* (*d'un style*) Strenge *f* und Einfachheit *f* ▶**à la ~** (*tout au plus*) allenfalls; (*si besoin est*) notfalls

rime [ʀim] *f* Reim *m*

rimer [ʀime] <1> *vi* **~ avec qc** sich mit etw reimen ▶**ne ~ à rien** keinen Sinn machen

rince-doigts [ʀɛ̃sdwa] *m inv* Fingerschale *f*

rincer [ʀɛ̃se] <2> **I.** *vt* abspülen **II.** *vpr* **se ~ la bouche** sich (*dat*) den Mund ausspülen

ringard, e [ʀɛ̃ɡaʀ, aʀd] *fam* **I.** *adj* altmodisch **II.** *m, f* Opa *m*

rions [ʀ(i)jɔ̃] *indic prés et impératif de* **rire**

ripou [ʀipu] <s> *fam* **I.** *adj* korrupt **II.** *m* korrupter Beamter

rire [ʀiʀ] <irr> **I.** *vi* ❶ (*opp: pleurer*) lachen; **faire ~ qn** jdn zum Lachen bringen; **laisse(z)-moi ~!** *iron* dass ich nicht lache! ❷ (*se moquer*) **de qn/qc** über jdn/etw lachen ❸ (*s'amuser*) Spaß haben ❹ (*plaisanter*) Spaß machen; **tu veux ~!** das ist doch nicht dein Ernst! ▶**sans ~?** echt? (*fam*) **II.** *m* ❶ (*action de rire*) Lachen *nt* ❷ (*hilarité*) Gelächter *nt;* **fou ~** Lachkrampf *m*

ris [ʀi] *indic prés et passé simple de* **rire**

risée [ʀize] *f* **être la ~ du quartier** das Gespött des ganzen Viertels sein

risque [ʀisk] *m* Risiko *nt;* **au ~ de déplaire** auf die Gefahr hin, Missfallen zu erregen; **courir un ~** ein Risiko eingehen; **les ~s du métier** *fam* Berufsrisiko *nt* ▶**à mes/ ses ~s et périls** auf eigenes Risiko

risqué, e [ʀiske] *adj* (*hasardeux*) riskant

risquer [ʀiske] <1> *vt* ❶ (*mettre en danger*) aufs Spiel setzen ❷ (*s'exposer à*) **la prison** Gefahr laufen, ins Gefängnis zu kommen; **qn ne risque rien** jdm kann nichts passieren ❸ (*tenter, hasarder*) riskieren ▶**ça ne risque pas de m'arriver** das kann mir nicht passieren

rissoler [ʀisɔle] <1> *vt* (*beignets*) goldbraun backen; (*pommes de terre*) goldbraun braten; **pommes rissolées** Bratkartoffeln *Pl*

ristourne [ʀistuʀn] *f* Rabatt *m*

rit [ʀi] *indic prés de* **rire**

rital, e [ʀital] <s> *m péj fam* Spaghettifresser *m*

rituel [ʀityɛl] *m* Ritual *nt*

rituel, le [ʀityɛl] *adj* (*coutumier*) gewohn-

R

heitsmäßig; REL, SOCIOL rituell

rituellement [ʀityɛlmɑ̃] adv ❶ (invariablement) wie gewohnt ❷ REL nach dem Ritus

rivage [ʀivaʒ] m Küste f

rival, e [ʀival, o] < -aux> m, f ❶ (concurrent) Rivale/Rivalin m/f ❷ (autre prétendant) Nebenbuhler(in) m(f)

rivaliser [ʀivalize] <1> vi (soutenir la comparaison) ~ avec qn sich mit jdm messen; ~ avec qc sich mit etw messen können

rive [ʀiv] f Ufer nt

Riviera [ʀivjɛʀa] f la ~ die Riviera

rivière [ʀivjɛʀ] f Fluss m

riz [ʀi] m Reis m

RMI [ɛʀɛmi] m abr de **revenu minimum d'insertion**

RMIste, RMiste [ɛʀɛmist] mf v. **érémiste**

RN [ɛʀɛn] f abr de **route nationale**

RNIS [ɛʀɛniɛs] m abr de **réseau de numérique à intégration de service** ≈ ISDN nt

roast-beef [ʀo:stbi:f] m v. **rosbif**

robe [ʀɔb] f (vêtement) Kleid nt

robe de chambre [ʀɔb də ʃɑ̃bʀ] f Morgenrock m

robinet [ʀɔbinɛ] m Hahn m

robot [ʀɔbo] m ❶ Roboter m ❷ (appareil ménager) Küchenmaschine f

robotique [ʀɔbɔtik] f Robotertechnik f

robotiser [ʀɔbɔtize] <1> vt automatisieren

robuste [ʀɔbyst] adj robust; (appétit) gesund

roc [ʀɔk] m ❶ (pierre) Fels m ❷ (personne) Fels m in der Brandung ▶**solide comme un** ~ kerngesund

rocade [ʀɔkad] f Umgehungsstraße f

roche [ʀɔʃ] f Gestein nt

rocher [ʀɔʃe] m Felsen m

Rocheuses [ʀɔʃøz] f pl les ~ die Rocky Mountains

rock [ʀɔk] adj concert de ~ Rockkonzert nt

rock[-and-roll] [ʀɔk[ɛnʀɔl]] m inv Rock [and Roll] m

rocker, -euse [ʀɔkœʀ, øz] m, f ❶ (musicien) Rockmusiker(in) m(f) ❷ fam (jeune) Rocker/Rockerbraut m/f

rococo [ʀɔkɔko] I. adj Rokoko- II. m Rokoko nt

rodéo [ʀɔdeo] m Rodeo m o nt

roder [ʀɔde] <1> vt ❶ (moteur) einfahren ❷ (méthode) ausarbeiten

rôder [ʀode] <1> vi (errer de façon suspecte) ~ **dans les parages** sich in der Gegend herumtreiben

rogatoire [ʀɔgatwaʀ] adj commission ~ Rechtshilfeersuchen nt

rogner [ʀɔɲe] <1> I. vt (page, pièce, plaque) beschneiden II. vi ~ **sur qc** an etw (dat) sparen

rognon [ʀɔɲɔ̃] m GASTR Niere f

roi [ʀwa] m König m; ~ **du pétrole** Erdölmagnat m; **le** ~ **des imbéciles** ein absoluter Dummkopf (fam) ▶**galette des Rois** Dreikönigskuchen m

Roi-Soleil [ʀɔlɛj] m inv le ~ der Sonnenkönig

rôle [ʀol] m Rolle f; **le premier** ~ die Hauptrolle ▶**avoir le beau** ~ gut dastehen

roller [ʀɔlœʀ] m ❶ [paire de] ~s ein Paar Rollerblades, Inlineskates ❷ (sport) **faire du** ~ Rollerblades fahren, inlineskaten

roller, -euse [ʀɔlœʀ, øz] m, f (patineur) Inlineskater(in) m(f)

roller [skates] [ʀɔlœʀskɛt] mpl Rollerskates pl

rollmops [ʀɔlmɔps] m Rollmops m

ROM [ʀɔm] f inv abr de **Read Only Memory** ROM m

romain, e [ʀɔmɛ̃, ɛn] adj a. TYP römisch

Romain, e [ʀɔmɛ̃, ɛn] m, f Römer(in) m(f)

roman [ʀɔmɑ̃] m ❶ LITTER Roman m; ~ **épistolaire/policier** Brief-/Kriminalroman ❷ ARCHIT, ART Romanik f

roman, e [ʀɔmɑ̃, an] adj ARCHIT, ART romanisch

romanche [ʀɔmɑ̃ʃ] I. adj langue ~ Romantsch nt; v.a. **allemand** II. m Romantsch nt; v.a. **allemand**

romancier, -ière [ʀɔmɑ̃sje, -jɛʀ] m, f Romanschriftsteller(in) m(f)

romand, e [ʀɔmɑ̃, ɑ̃d] adj la Suisse ~e die französische Schweiz

Romand, e [ʀɔmɑ̃, ɑ̃d] m, f Bewohner(in) m(f) der französischen Schweiz, Welschschweizer(in) m(f) (CH)

romanesque [ʀɔmanɛsk] m le ~ das Romantische

romantique [ʀɔmɑ̃tik] I. adj romantisch II. mf Romantiker(in) m(f)

romarin [ʀɔmaʀɛ̃] m Rosmarin m

Rome [ʀɔm] Rom nt

rompre [ʀɔ̃pʀ] <irr> I. vt (fiançailles) lösen; (pourparlers, relations) abbrechen II. vi (se séparer) Schluss machen (fam)

rompu, e [ʀɔ̃py] part passé de **rompre**

ronce [Rɔ̃s] *f* Dornenranken *Pl*

ronchon, ne [Rɔ̃ʃɔ̃, ɔn] I. *adj fam* miesepet[e]rig II. *m, f fam* (*homme*) Meckerfritze *m;* (*femme*) Meckerliese *f*

rond [Rɔ̃] I. *m* ① (*cercle*) Kreis *m* ② (*trace ronde*) Ring *m* ③ *fam* (*argent*) **ne pas avoir un ~** keine Knete haben II. *adv fam* **ne pas tourner ~** (*personne*) spinnen

rond, e [Rɔ̃, Rɔ̃d] *adj* ① rund ② (*personne*) rundlich ③ *fam* (*ivre*) blau

rondelet, te [Rɔ̃dlɛ, ɛt] *adj* ① (*personne*) mollig ② (*somme*) ansehnlich

rondelle [Rɔ̃dɛl] *f* GASTR Scheibe *f;* **en ~s** in Scheiben

rondouillard, e [Rɔ̃dujaR, aRd] *adj fam* (*grassouillet*) pummelig

rond-point [Rɔ̃pwɛ̃] <ronds-points> *m* Kreisverkehr *m*

ronfler [Rɔ̃fle] <1> *vi* (*personne*) schnarchen

ronger [Rɔ̃ʒe] <2a> I. *vt* (*grignoter*) nagen an (+ *dat*) II. *vpr* **se ~ les ongles** an den Nägeln kauen

ronron [Rɔ̃Rɔ̃] *m* (*du chat*) Schnurren *nt;* (*d'un moteur*) *fam* Surren *nt*

ronronner [Rɔ̃Rɔne] <1> *vi* (*chat*) schnurren

roquefort [RɔkfɔR] *m* Roquefort *m*

rosâtre [RozɑtR] *adj* schmutzigrosa

rosbif [Rɔzbif] *m* GASTR Roastbeef *nt,* Beiried *f* (A)

rose[1] [Roz] *f* Rose *f* ▸**envoyer** qn sur les ~s *fam* jdn abblitzen lassen

rose[2] [Roz] I. *adj* ① rosa; (*joue, teint*) rosig ② (*messagerie*) Erotik-; **téléphone ~** Telefonsex *m* II. *m* Rosa *nt;* **~ bonbon** Babyrosa ▸**voir la vie en ~** das Leben durch die rosarote Brille sehen

rosé [Roze] *m* (*vin*) Rosé[wein *m*] *m*

rosé, e [Roze] *adj* rosé

roseau [Rozo] <x> *m* Schilf[rohr *nt*] *nt*

rosée [Roze] *f* Tau *m*

rossignol [Rɔsiɲɔl] *m* ZOOL Nachtigall *f*

rotation [Rɔtasjɔ̃] *f* ① (*mouvement*) Drehung *f* ② (*série périodique d'opérations*) **~ du personnel** Personalwechsel *m*

roter [Rɔte] <1> *vi fam* rülpsen

rôti [Roti] *m* Braten *m*

rôtir [RotiR] <8> I. *vt* GASTR braten II. *vi* GASTR garen; **faire ~ qc** etw braten

rotor [RɔtɔR] *m* Rotor *m*

rotule [Rɔtyl] *f* Kniescheibe *f* ▸**être sur les ~s** *fam* fix und fertig sein

roturier, -ière [RɔtyRje, -jɛR] I. *adj* HIST bürgerlich II. *m, f* HIST Bürgerliche(r) *f(m)*

rouble [Rubl] *m* Rubel *m*

roucoulades [Rukulad] *fpl* (*du pigeon, de la tourterelle*) Gurren *nt*

roucouler [Rukule] <1> *vi* ① ZOOL gurren ② *iron* (*amoureux*) turteln

roue [Ru] *f* ① Rad *nt;* **~ de secours** AUT Reserverad *nt* ② (*supplice*) Rädern *nt* ▸**la cinquième ~ du carrosse** das fünfte Rad am Wagen

rouelle [Rwɛl] *f* Beinscheibe *f*

rouge [Ruʒ] I. *adj* ① rot; (*poisson*) Gold-; (*vin*) Rot- ② (*incandescent*) rot glühend ③ (*délicat*) **journée classée ~ pour le trafic routier** Tag *m* mit hohem Verkehrsaufkommen II. *m* ① (*couleur*) Rot *nt;* **le feu est au ~** die Ampel ist rot ② *fam* (*vin*) Rote(r) *m;* **un verre de ~** ein Glas Rotwein ③ (*fard*) Rouge *nt;* **~ à lèvres** Lippenstift *m* III. *adv* ▸**voir ~** rot sehen

rougeaud, e [Ruʒo, od] *m, f* **un gros ~** ein rotgesichtiger Dicker (*fam*)

rougeoiement [Ruʒwamɑ̃] *m* (*d'un incendie*) roter Schein; **le ~ du ciel au couchant** das Abendrot

rougeole [Ruʒɔl] *f* Masern *Pl*

rougir [RuʒiR] <8> *vi* ① rot werden ② (*avoir honte*) **~ de qn** sich für jdn schämen; **faire ~ qn** jdm die Röte in die Wangen treiben

rouille [Ruj] I. *f* (*corrosion*) Rost *m* II. *adj inv* rostbraun

rouillé, e [Ruje] *adj* ① rostig ② (*personne*) steif

rouiller [Ruje] <1> *vi* [ver]rosten

roulant, e [Rulɑ̃, ɑ̃t] *adj* (*personnel*) fahrend; **fauteuil ~** Rollstuhl *m;* **escalier ~** Rolltreppe *f;* **tapis ~** Förderband *nt*

roulé, e [Rule] *adj* **col ~** Rollkragen *m* ▸**bien ~** *fam* gut gebaut

rouler [Rule] <1> I. *vt* ① (*faire avancer*) rollen; (*brouette, poussette*) fahren ② (*enrouler*) aufrollen; (*parapluie, crêpe*) zusammenrollen; (*cigarette*) drehen; **~ qc dans la farine** etw in Mehl wälzen ③ *fam* (*tromper*) **~ qn** jdn übers Ohr hauen; **se faire ~ par qn** von jdm übers Ohr gehauen werden ④ (*faire tourner une partie du corps: épaules*) kreisen mit; (*hanches*) sich wiegen in (+ *dat*) II. *vi* ① (*se déplacer sur roues: véhicule, objet*) fahren ② (*tourner sur soi*) rollen; **~ sous la table** (*personne*) unterm Tisch landen ▸**ça**

R

roule *fam* alles paletti **III.** *vpr* (*se vautrer*) **se ~** sich rollen

roulette [ʀulɛt] *f* ❶ (*petite roue*) Rolle *f;* **patins à ~s** Rollschuhe *Pl* ❷ (*jeu*) Roulett(e) *nt* ►**marcher comme sur des ~s** *fam* wie geschmiert laufen

roumain [ʀumɛ̃] *m* Rumänisch *nt; v.a.* **allemand**

roumain, e [ʀumɛ̃, ɛn] *adj* rumänisch; *v.a.* **allemand**

Roumain, e [ʀumɛ̃, ɛn] *m, f* Rumäne/Rumänin *m/f*

Roumanie [ʀumãni] *f* **la ~** Rumänien *nt*

roupiller [ʀupije] <1> *vi fam* pennen

roupillon [ʀupijɔ̃] *m fam* Nickerchen *nt*

rouquin, e [ʀukɛ̃, in] **I.** *adj* rothaarig **II.** *m, f* Rothaarige(r) *f(m)*

rousse [ʀus] *adj v.* **roux**

roussi [ʀusi] *m* ►**sentir le ~** (*sentir le brûlé*) angebrannt riechen; (*être suspect*) nicht [ganz] koscher sein (*fam*)

routard, e [ʀutaʀ, aʀd] *m, f* Rucksacktourist(in) *m(f)*

route [ʀut] *f* ❶ (*voie*) Straße *f;* ~ **nationale/départementale** ≈ Bundes-/Landstraße *f* ❷ (*voyage*) Fahrt *f;* **trois heures de ~** drei Stunden Fahrzeit; **être en ~ pour Paris** nach Paris unterwegs sein ❸ (*itinéraire, chemin*) Weg *m;* NAUT, AVIAT Route *f;* **feuille de ~** MIL, POL (*marche à suivre*) Marschplan *m;* **être sur la bonne ~** auf dem richtigen Weg sein ►**faire de la ~** viel herumreisen; **mettre qc en ~** etw in Gang setzen; **en ~!** auf geht's! (*fam*)

routeur [ʀutœʀ] *m* INFORM Router *m*

routier, -ière [ʀutje, -jɛʀ] **I.** *adj* (*relatif à la route*) Straßen-; **prévention routière** Verkehrserziehung *f* **II.** *m, f* (*camionneur*) Fernfahrer(in) *m(f)*

routine [ʀutin] *f* ❶ Routine *f* ❷ INFORM Routineprogramm *nt*

rouvrir [ʀuvʀiʀ] <11> **I.** *vt, vi* wieder aufmachen **II.** *vpr* **se ~** (*porte*) wieder aufgehen; (*blessure, plaie*) wieder aufplatzen; (*débat*) wieder in Gang kommen

roux [ʀu] *m* ❶ (*couleur*) Rot *nt* ❷ GASTR Mehlschwitze, Einbrenn *f* (A)

roux, rousse [ʀu, ʀus] **I.** *adj* rot; (*personne*) rothaarig; (*pelage*) rotbraun *f* **II.** *m, f* (*personne*) Rothaarige(r) *f(m)*

royalement [ʀwajalmã] *adv* ❶ fürstlich ❷ *fam* **je m'en moque ~** das ist mir völlig

wurst

royalties [ʀwajalti] *fpl* ❶ (*pour un brevet, une licence*) Lizenzgebühr *f* ❷ (*pour une chanson, une adaptation*) Tantiemen *Pl*

royaume [ʀwajom] *m* Königreich *nt*

Royaume-Uni [ʀwajomyni] *m* **le ~** das Vereinigte Königreich

RTT [ɛʀtete] *f abr de* **réduction du temps de travail** Arbeitszeitverkürzung *f;* **être en ~** Überstunden abbauen (*in Form zusätzlicher Urlaubstage*)

ruban [ʀybã] *m* Band *nt;* ~ **magnétique** INFORM Magnetband

rubis [ʀybi] *m* (*pierre précieuse*) Rubin *m*

rubrique [ʀybʀik] *f* Rubrik *f;* ~ **littéraire/sportive** Literatur-/Sportteil *m*

ruche [ʀyʃ] *f* Bienenstock *m*

rude [ʀyd] *adj* ❶ (*pénible*) hart; (*montée*) steil ❷ (*peau, surface, personne, climat*) rau; (*étoffe, manières*) derb ❸ *antéposé* (*gaillard*) handfest

rudement [ʀydmã] *adv fam* verdammt

rudimentaire [ʀydimãtɛʀ] *adj* rudimentär; (*installation*) einfach

rue [ʀy] *f* Straße *f;* ~ **à sens unique** Einbahnstraße *f;* **dans la ~** auf der Straße; **traîner dans les ~s** sich auf der Straße herumtreiben

ruelle [ʀɥɛl] *f* Gässchen *nt*

rugby [ʀygbi] *m* Rugby *nt*

rugbyman [ʀygbiman] <s> *m* Rugbyspieler *m*

rugueux, -euse [ʀygø, -øz] *adj* rau

Ruhr [ʀuʀ] *f* ❶ (*région*) **la ~** das Ruhrgebiet ❷ (*rivière*) **la ~** die Ruhr

ruine [ʀɥin] *f* ❶ *pl* (*décombres*) Trümmer *Pl* ❷ (*édifice délabré*) Ruine *f;* **en ~** in Trümmern; **tomber en ~** zerfallen ❸ (*personne*) hinfälliger Mensch ❹ (*perte de biens*) wirtschaftlicher Ruin

ruiner [ʀɥine] <1> **I.** *vt* ruinieren; **ça** |ne| **va pas te ~** *fam* das wird dich |schon| nicht umbringen **II.** *vpr* **se ~ pour qn** sich wegen jdm in den Ruin stürzen

ruisseau [ʀɥiso] <x> *m* Bach *m*

rumeur [ʀymœʀ] *f* (*bruit qui court*) Gerücht *nt;* **faire courir une ~** ein Gerücht in Umlauf bringen

ruminer [ʀymine] <1> **I.** *vt* ❶ (*ressasser*) brüten über (+ *dat*) ❷ ZOOL wiederkäuen **II.** *vi* wiederkäuen

rupin, e [ʀypɛ̃, in] *adj fam* (*personne*) betucht; (*appartement*) nobel; (*quartier*) Nobel· **II.** *m, f fam* Steinreiche(r) *f(m)*

rupture [ʀyptyʀ] *f* ❶ (*cassure*) Bruch *m* ❷ (*déchirure: d'une corde*) Reißen *nt*; (*d'un tendon, d'une veine*) Riss *m* ❸ (*séparation*) Trennung *f*

ruse [ʀyz] *f* (*subterfuge*) List *f*

rusé, e [ʀyze] **I.** *adj* listig **II.** *m, f* raffinierte Person

ruser [ʀyze] <1> *vi* List anwenden

russe [ʀys] **I.** *adj* russisch; *v.a.* **allemand II.** *m* Russisch *nt*; *v.a.* **allemand**

Russe [ʀys] *mf* Russe/Russin *m/f*

Russie [ʀysi] *f* **la ~** Russland *nt*

rustique [ʀystik] *adj* (*meuble*) rustikal

rustre [ʀystʀ] *adj inv* ungehobelt

rythme [ʀitm] *m* ❶ Rhythmus *m* ❷ (*allure, cadence*) Tempo *nt*

rythmé, e [ʀitme] *adj* rhythmisch

S s

S, s [ɛs] *m inv* S *nt*, s *nt*

s *f inv abr de* **seconde** Sek.

s' *v.* **se, si**

sa [sa, se] <ses> *dét poss* ❶ sein(e)/ihr(e); *v.a.* **ma** ❷ *avec un titre, form* **Sa Majesté** Seine/Ihre Majestät

sabayon [sabajɔ̃] *m* Zaba[gl]ione *f*

sabbat [saba] *m* REL Sabbat *m*

sabbatique [sabatik] *adj* (*année, semestre*) Forschungs-; **congé ~** Beurlaubung *f*

sablage [sablaʒ] *m* Sandstreuen *nt*

sable [sabl] **I.** *m* Sand *m*; **~s mouvants** Treibsand *m* **II.** *adj inv* sandfarben

sablé [sable] *m* GASTR Sandgebäck *nt*

sablé, e [sable] *adj* GASTR (*pâte*) Mürbe-

sabler [sable] <1> *vt* ❶ (*couvrir de sable*) mit Sand bestreuen ❷ *fig* **~ le champagne** die Champagnerkorken knallen lassen

sableuse [sabløz] *f* (*appareil pour couvrir de sable*) Sandstreuwagen *m*

sabot [sabo] *m* ❶ (*chaussure*) Holzschuh *m*; (*de ville*) Clog *m* ❷ ZOOL Huf *m* ❸ (*pour les véhicules*) Parkkralle *f*

sabotage [sabotaʒ] *m* Sabotage *f*

saboter [sabɔte] <1> *vt* ❶ sabotieren; (*machine*) zerstören ❷ (*bâcler*) schludern bei

saboteur, -euse [sabɔtœʀ, -øz] *m, f* Saboteur(in) *m(f)*

sabrer [sabʀe] <1> *vt* ❶ (*biffer*) streichen ❷ (*raccourcir*) kürzen ❸ (*ouvrir*) **~ le champagne** einer/der Champagnerflasche den Hals brechen

sac¹ [sak] *m* ❶ (*contenant*) Sack *m*; (*en plastique, papier*) Tüte *f*; **~ congélation** Gefrierbeutel *m* ❷ (*bagage*) Tasche *f*; **~ à main/d'écolier** Hand-/Schultasche; **~ à dos/de couchage** Ruck-/Schlafsack *m* ❸ (*contenu*) **un ~ de pommes de terre** ein Sack *m* Kartoffeln; **~ à malice[s]** Zauberkiste *f* ❹ *fam* (*dix francs ou mille anciens francs*) 1000 alte franz. Franc ►**mettre dans le même ~** in einen Topf werfen; **vider son ~** *fam* auspacken

sac² [sak] *m* **mettre à ~** plündern

saccade [sakad] *f* Ruck *m*; **par ~s** stoßweise

saccadé, e [sakade] *adj* (*respiration, rire*) stoßweise

saccager [sakaʒe] <2a> *vt* (*dévaster*) verwüsten; (*récolte*) vernichten

sacerdoce [sasɛʀdɔs] *m* ❶ REL Priesteramt *nt* ❷ (*vocation*) heiliges Amt

sachant [saʃɑ̃] *part prés de* **savoir**

sache [saʃ] *subj prés de* **savoir**

sachet [saʃɛ] *m* Tüte *f*

sacoche [sakɔʃ] *f* Umhängetasche *f*; **~ de cycliste** [Fahrrad]satteltasche *f*

sac-poubelle [sakpubɛl] <sacs-poubelles> *m* Müllbeutel *m*

sacquer [sake] <1> *vt fam* ❶ (*renvoyer*) feuern ❷ (*noter sévèrement*) schlecht benoten ❸ (*détester*) **ne pas pouvoir ~ qn** jdn nicht riechen können

sacraliser [sakʀalize] <1> *vt* ❶ (*rendre sacral*) als heilig verehren ❷ (*accorder de la valeur à*) **~ qc** einer Sache (*dat*) einen hohen Wert beimessen

sacre [sakʀ] *m* ❶ (*d'un souverain, évêque*) Inthronisation *f* ❷ (*du printemps*) Krönung *f*

sacré, e [sakʀe] *adj* heilig; (*art, édifice*) sakral; (*musique*) geistlich; (*droits*) unantastbar ❷ *antéposé, fam* (*satané*) verdammt; (*farceur, gaillard*) irrsinnig; **avoir un ~ talent** ein Wahnsinnstalent haben

sacrebleu [sakʀablø] *interj* Donnerwetter

Sacré-Cœur [sakʀekœʀ] *m sans pl* Sacré-

S

Cœur *f*

sacrement [sakʀəmã] *m* Sakrament *nt;*
derniers ~s Sterbesakramente *Pl*

sacrément [sakʀemã] *adv fam* wahnsinnig

sacrer [sakʀe] <1> *vt* inthronisieren

sacrifice [sakʀifis] *m* ❶ (*privation*) Opfer *nt;*
faire un ~ ein Opfer bringen ❷ *sans pl* (*renoncement*) Aufgabe *f;* **sens du ~** Opfergeist *m;* **faire le ~ de qc pour qc** etw für
etw opfern ❸ REL (*immolation*) Opferung *f*

sacrifié, e [sakʀifje] *m, f* Opfer *nt*

sacrifier [sakʀifje] <1> I. *vt* opfern II. *vpr*
se ~ pour qn sich für jdn aufopfern

sacro-saint, e [sakʀosɛ̃, sɛt] <sacro-
saints> *adj iron* sakrosankt

sadique [sadik] I. *adj* sadistisch II. *mf* Sadist(in) *m(f)*

sado [sado] I. *adj fam* Sado- II. *m, f fam* Sado/Sado-Frau *m/f*

sadomaso [sadomazo] *adj inv, fam* Sadomaso-; **être ~** sadomasochistisch sein

sadomasochiste [sadomazɔʃist] I. *adj* sadomasochistisch II. *mf* Sadomasochist(in) *m(f)*

safari [safaʀi] *m* Safari *f*

safari-photo [safaʀifɔto] <safaris-
photos> *m* Fotosafari *f*

safran [safʀã] I. *m* ❶ Safran *m* ❷ (*couleur*)
Safrangelb *nt* II. *adj inv* safrangelb

saga [saga] *f* ❶ (*histoire familiale*) Familiensaga *f* ❷ (*légende*) Saga *f*

sagacité [sagasite] *f* Scharfsinn *m*

sagaie [sagɛ] *f* Lanze *f*

sage [saʒ] I. *adj* ❶ (*conseil, personne*) weise; (*décision*) klug ❷ (*écolier, enfant*) brav
❸ (*jeune fille*) sittsam (*geh*) II. *m* Weise(r) *f(m)*

sage-femme [saʒfam] <sages-femmes> *f*
Hebamme *f*

sagement [saʒmã] *adv* ❶ (*raisonnablement*)
klug ❷ (*docilement*) artig

sagesse [saʒɛs] *f* Weisheit *f;* **agir avec ~**
klug handeln

Sagittaire [saʒitɛʀ] *m* Schütze *m; v.a.* **Balance**

sagouin, e [sagwɛ̃, in] *m, f fam* (*personne
malpropre*) Schwein *nt*

Sahara [saaʀa] *m* **le ~** die Sahara

saharien, ne [saaʀjɛ̃, jɛn] *adj* aus der Sahara; (*oasis*) in der Sahara; (*température*) tropisch

saharienne [saaʀjɛn] *f* Safari-Jacke *f*

Sahel [saɛl] *m* **le ~** die Sahelzone

saignant, e [sɛɲã, ãt] *adj* GASTR englisch

saignement [sɛɲmã] *m* Blutung *f;* **~s de
nez** Nasenbluten *nt*

saigner [seɲe] <1> I. *vi* bluten; **~ du nez**
aus der Nase bluten II. *vt* (*animal*) abstechen; **~ qn** jdm die Gurgel durchschneiden
III. *vpr* **se ~ pour qn** für jdn bluten müssen(*fig*)

saillant [sajã] *m* (*d'un bastion*) Vorsprung *m;*
(*d'une frontière*) Ausbuchtung *f*

sain, e [sɛ̃, sɛn] *adj* ❶ gesund ❷ (*fruit,
viande*) einwandfrei ❸ (*affaire, gestion*) seriös ❹ (*lectures, idées*) vernünftig ▶**~ et sauf**
gesund und wohlbehalten

saindoux [sɛ̃du] *m* Schweineschmalz *nt*

saint, e [sɛ̃, sɛt] I. *adj* heilig; **la Sainte
Vierge** die Heilige Jungfrau II. *m, f* Heilige(r) *f(m);* **~ des saints** Allerheiligste(s) *nt*

Saint-Barthélemy [sɛ̃baʀtelemi] *f sans pl*
la ~ die Bartholomäusnacht **saint-bernard**
[sɛ̃bɛʀnaʀ] <saint-bernard[s]> *m*
❶ (*chien*) Bernhardiner *m* ❷ (*âme secourable*) Samariter *m* **saint-cyrien, ne**
[sɛ̃siʀjɛ̃, jɛn] <saint-cyriens> *m, f:* Schüler
der Elite-Militärschule Saint-Cyr **Sainte-
Catherine** [sɛ̃tkatʀin] *f sans pl* ▶**elle
coiffe ~** sie ist fünfundzwanzig Jahre alt
und ledig **Saint-Esprit** [sɛ̃tɛspʀi] *m sans
pl* **le ~** der Heilige Geist **saint-frusquin**
[sɛ̃fʀyskɛ̃] *m inv, fam* Krempel *m* **saint-
glinglin** [sɛ̃glɛ̃glɛ̃] *f fam sans pl* ▶**à la ~**
am Sankt-Nimmerleins-Tag **saint-honoré**
[sɛ̃tɔnɔʀe] *m inv:* mit Sahne oder Pudding
gefüllter Brandteigkuchen **Saint-Jean**
[sɛ̃ʒã] *f sans pl* **la ~** das Johannisfest
Saint-Jean-Baptiste [sɛ̃ʒãbatist] *f sans
pl* **la ~** Nationalfeiertag der Frankokanadier
am 24. Juni

Das Fest **la Saint-Jean-Baptiste** wird
am 24. Juni mit großen Freudenfeuern
begangen: Hohe Scheiterhaufen werden errichtet und entzündet, und die
Menschen tanzen singend um das
Feuer. Dieser Feiertag ist für die Identität der Frankokanadier viel wichtiger
als der kanadische Nationalfeiertag
Confederation Day, der am 1. Juli gefeiert wird.

Saint-Nicolas [sɛ̃nikɔla] *f sans pl* **la ~** der
Nikolaustag **Saint-Père** [sɛ̃pɛʀ] <Saints-

Pères> *m* Heiliger Vater **Saint-Pierre** [sɛ̃pjɛʀ] *m sans pl* Sankt Petrus *m* **Saint-Siège** [sɛ̃sjɛʒ] *m sans pl* Heiliger Stuhl **Saint-Sylvestre** [sɛ̃silvɛstʀ] *f sans pl* Silvester *m o nt*

sais [sɛ] *indic prés de* **savoir**

saisie [sezi] *f* ❶ JUR Pfändung *f*, Exekution *f* (A) ❷ INFORM Erfassen *nt*; ~ **de l'écran** Screenshot *m*

saisir [seziʀ] <8> I. *vt* ❶ (*prendre*) packen ❷ (*chance*) wahrnehmen; (*occasion*) ergreifen; (*prétexte*) zum Anlass nehmen ❸ (*comprendre*) begreifen ❹ (*impressionner*) ~ **qn** (*beauté*) jdn bezaubern; (*ressemblance, changement*) jdn verblüffen ❺ (*viande*) anbraten ❻ JUR beschlagnahmen; ~ **un tribunal d'une affaire** mit einer Sache vor Gericht gehen ❼ INFORM erfassen II. *vi fam* durchblicken III. *vpr* **se** ~ **de qc** zu etw greifen

saisissant, e [sezisɑ̃, ɑ̃t] *adj* (*différence*) erstaunlich

saison [sɛzɔ̃] *f* ❶ (*division de l'année*) Jahreszeit *f*; **fruits de** ~ Früchte der Saison; ~ **des amours** Paarungszeit *f* ❷ SPORT, TOUR Saison *f*; **faire la** ~ während der Saison arbeiten

saisonnier, -ière [sɛzɔnje, -jɛʀ] I. *adj* ❶ (*propre à la saison*) jahreszeitlich ❷ (*limité à la saison*) saisonal II. *m, f* Saisonarbeiter(in) *m(f)*

sait [sɛ] *indic prés de* **savoir**

salade [salad] *f* ❶ Salat *m*; ~ **de tomates/fruits** Tomaten-/Obstsalat *m* ❷ *pl, fam* (*mensonges*) Geschichten *Pl*

saladier [saladje] *m* Salatschüssel *f*

salage [salaʒ] *m* (*contre le verglas*) **le** ~ **des routes** das Salzstreuen [auf den Straßen]

salaire [salɛʀ] *m* Gehalt *nt*; (*d'un ouvrier*) Lohn *m*; ~ **minimum interprofessionnel de croissance** tariflich festgelegter Mindestlohn; ~ **de misère** Hungerlohn

salami [salami] *m* Salami *f*

salarial, e [salaʀjal, jo] <-aux> *adj* (*politique*) Lohn-

salarié, e [salaʀje] *m, f* Arbeitnehmer(in) *m(f)*

salaud [salo] I. *adj fam* hundsgemein II. *m fam* Dreckskerl *m*

sale [sal] I. *adj* ❶ (*opp: propre*) schmutzig ❷ *antéposé, fam* (*vilain, louche*) übel; (*type, temps*) mies; (*coup*) hart; **avoir une** ~ **gueule** fies aussehen II. *m fam* **être au** ~

in der Schmutzwäsche sein

salé [sale] I. *m* **petit** ~ gepökeltes Schweinefleisch II. *adv* salzig

salé, e [sale] *adj* ❶ (*beurre, cacahuètes*) gesalzen; (*eau*) Salz-; **trop** ~ (*plat*) versalzen ❷ *fam* (*addition*) gesalzen

salement [salmɑ̃] *adv* ❶ (*manger*) unmanierlich; (*travailler*) schludrig (*fam*); (*gagner*) auf unsaubere Weise ❷ *fam* (*très*) ganz schön

saler [sale] <1> I. *vi* ❶ GASTR salzen ❷ TECH Salz streuen II. *vt* ❶ GASTR salzen ❷ TECH (*route*) streuen

saleté [salte] *f* ❶ Dreck *m* ❷ *fam* (*crapule: homme*) Dreckskerl *m*; (*femme*) Miststück *nt kein Pl* ❸ (*obscénité*) Unanständigkeit *f* ►~ **d'ordinateur/de Maurice!** *fam* dieser verdammte Computer/Maurice!

salir [saliʀ] <8> I. *vt* schmutzig machen; (*complètement*) verschmutzen II. *vpr* **se** ~ ❶ (*se souiller*) sich schmutzig machen; **se** ~ **les mains** sich *dat* die Hände schmutzig machen ❷ (*devenir sale*) schmutzig werden

salive [saliv] *f* Speichel *m* ►**ravaler sa** ~ schlucken

saliver [salive] <1> *vi* (*baver*) Speichel produzieren

salle [sal] *f* ❶ (*pièce*) Saal *m*; ~ **à manger/de bains/de classe** Ess-/Bade-/Klassenzimmer *nt*; ~ **de séjour** Wohnzimmer *nt*; ~ **polyvalente/des fêtes** Mehrzweck-/Festhalle *f*; ~ **d'étude** Hausaufgabenraum *m*; **sport en** ~ Hallensport *f* ❷ (*cinéma*) Kino *nt*; ~**s obscures** Kinos *Pl* ❸ (*spectateurs*) Publikum *nt*; **toute la** ~ der ganze Saal ►**faire** ~ **comble** die Säle füllen

salmonelle [salmɔnɛl] *f* Salmonelle *f*

salmonellose [salmɔneloz] *f* Salmonellose *f*

salon [salɔ̃] *m* ❶ (*salle de séjour*) Wohnzimmer *nt* ❷ (*mobilier*) ~ **de jardin** Gartenmöbel *Pl* ❸ (*exposition*) Messe *f* ❹ (*commerce*) ~ **de coiffure** Friseursalon *m*; ~ **de thé** Teestube *f*

salopard [salɔpaʀ] *m fam* Dreckskerl *m*

salope [salɔp] *f vulg* (*débauchée*) Nutte *f*; (*garce*) Miststück *nt*

saloper [salɔpe] <1> *vt fam* ❶ (*bâcler*) hinschludern ❷ (*salir*) versauen

saloperie [salɔpʀi] *f fam* ❶ (*objet sans valeur*) Ramsch *m kein Pl* ❷ (*saletés*) *gén pl* Sauerei *f* ❸ (*mauvaise nourriture*) Fraß *m*

S

kein Pl ❹ (*méchanceté*) Gemeinheit *f*
▸**c'est de la** ~ das taugt nichts; ~ **de bagnole** Scheißkiste *f*
salopette [salɔpɛt] *f* Latzhose *f*
salsa [salsa] *f* Salsa *m*
salsifis [salsifi] *m* GASTR Schwarzwurzel *f*
salubre [salybʀ] *adj* gesund
salubrité [salybʀite] *f* ❶ (*du climat*) gesundheitsfördernde Wirkung; (*de l'air*) Reinheit *f*; (*d'un logement*) gesundheitliche Zuträglichkeit ❷ (*hygiène*) Hygiene *f*; ~ **publique** öffentliches Gesundheitswesen
saluer [salɥe] <1> I. *vt* ❶ (*dire bonjour*) grüßen; ~ **qn de la main** jdm zuwinken ❷ (*dire au revoir*) ~ **qn** sich von jdm verabschieden ❸ (*rendre hommage*) würdigen ❹ (*accueillir*) begrüßen ❺ MIL ~ **un supérieur** vor einem Vorgesetzten salutieren II. *vi* ❶ THEAT sich verbeugen ❷ MIL salutieren
salut¹ [saly] I. *m* ❶ (*salutation*) Gruß *m*; **faire un** ~ **de la main** winken ❷ MIL ~ **aux supérieurs** Salutieren *nt* vor den Vorgesetzten II. *interj* ❶ *fam* (*bonjour*) ~! hallo! ❷ *fam* (*au revoir*) ~! tschüs!
salut² [saly] *m* ❶ (*sauvegarde*) Rettung *f* ❷ REL Heil *nt*
salutaire [salytɛʀ] *adj* heilsam; (*décision*) richtig
salutations [salytasjɔ̃] *fpl form* Grüße *Pl*; **nous vous prions d'agréer, Madame/Monsieur, nos ~s distinguées** mit freundlichen Grüßen
Salzbourg [saltsbuʀ] Salzburg *nt*
samba [sɑ̃mba] *f* Samba *f*
samedi [samdi] *m* Samstag *m*; *v.a.* **dimanche**
samouraï [samuʀaj] *m* Samurai *m*
SAMU [samy] *m abr de* **Service d'aide médicale d'urgence** ärztlicher Bereitschaftsdienst; (*médecin*) Notarzt/-ärztin *m/f*
sanction [sɑ̃ksjɔ̃] *f* Strafe *f*; SCOL Strafarbeit *f*; POL Sanktion *f*
sanctionner [sɑ̃ksjɔne] <1> *vt* (*punir*) bestrafen
sandwich [sɑ̃dwitʃ] <[e]s> *m* Sandwich *nt*; ~ **au jambon** Schinkensandwich
sandwicherie [sɑ̃dwi(t)ʃʀi] *f* Sandwichbude *f*
sang [sɑ̃] *m* Blut *nt*; **donner son** ~ Blut spenden; **être en** ~ bluten ▸**avoir le** ~ **chaud** hitziges Blut haben; **se faire du mauvais** ~ sich (*dat*) Sorgen machen;

avoir qc dans le ~ etw im Blut haben
sang-froid [sɑ̃fʀwa] *m sans pl* (*maîtrise de soi*) Beherrschung *f*; **garder son** ~ einen kühlen Kopf bewahren
sanglant, e [sɑ̃glɑ̃, ɑ̃t] *adj* ❶ (*saignant*) blutig ❷ (*violent*) hart; (*rencontre, match*) hitzig
sanglier [sɑ̃glije] *m* Wildschwein *nt*
sangloter [sɑ̃glɔte] <1> *vi* schluchzen
sangria [sɑ̃gʀija] *f* Sangria *f*
sangsue [sɑ̃sy] *f* ZOOL Blutegel *m*
sanguin, e [sɑ̃gɛ̃, in] *adj* ANAT **plasma** ~ Blutplasma *nt*
sanguine [sɑ̃gin] *f* (*orange*) Blutorange *f*
sanitaire [sanitɛʀ] I. *adj* sanitär; (*mesure*) gesundheitspolizeilich; **les services ~s** der Wirtschaftskontrolldienst II. *m gén pl* Sanitäranlagen *Pl*
sans [sɑ̃] I. *prép* ohne; ~ **scrupules/manches** skrupel-/ärmellos; ~ **arrêt** ununterbrochen; **partir** ~ **faire qc/~ que** + *subj* gehen ohne etw zu tun/ohne dass ▸~ **plus** das ist aber auch alles; ~ **quoi** sonst II. *adv fam* ohne
sans-abri [sɑ̃zabʀi] *m inv* Obdachlose(r) *f(m)*
sanscrit [sɑ̃skʀi] *m* Sanskrit *nt*; *v.a.* **allemand**
sans-culotte [sɑ̃kylɔt] <sans-culottes> *m* Sansculotte *m* **sans-emploi** [sɑ̃zɑ̃plwa] *m inv* Arbeitslose(r) *f(m)* **sans-faute** [sɑ̃fot] *m inv* hervorragende Leistung; SPORT fehlerfreier Durchgang **sans-fil** [sɑ̃fil] *m inv* Funktelefon *nt* **sans-gêne** [sɑ̃ʒɛn] I. *adj inv* ungeniert II. *m sans pl* (*désinvolture*) Ungeniertheit *f* III. *mf inv* (*personne désinvolte*) unverfrorene Person
sanskrit [sɑ̃skʀi] *v.* **sanscrit**
sans-le-sou [sɑ̃lsu] *mf inv, fam* armer Schlucker **sans-logis** [sɑ̃lɔʒi] *mf inv, soutenu* Obdachlose(r) *f(m)* **sans-papiers** [sɑ̃papje] *mf inv:* Ausländer, die sich illegal in Frankreich aufhalten
santé [sɑ̃te] *f* ❶ (*opp: malade*) Gesundheit *f*; **être bon pour la** ~ gesund sein; **être en bonne/mauvaise** ~ es geht einem gesundheitlich gut/schlecht ❷ ADMIN **le ministre de la Santé** der Gesundheitsminister; **les services de** ~ das Gesundheitsamt; (*armée*) der Sanitätsdienst ▸**y laisser sa** ~ *fam* dabei seine Gesundheit ruinieren; **se refaire une** ~ *fam* mal wieder ausspannen;

à la ~ de qn auf jds Wohl (*akk*); **à ta ~!** auf dein Wohl!

santiag [sɑ̃tjag] *f fam* Cowboystiefel *m*

santon [sɑ̃tɔ̃] *m* Krippenfigur *f*

saoudien, ne [saudjɛ̃, jɛn] *adj* saudi-arabisch; *v.a.* **allemand**

Saoudien, ne [saudjɛ̃, jɛn] *m, f* Saudi-Araber(in) *m(f)*

saoul, e [su, sul] *adj v.* **soûl**

saouler [sule] <1> *vt v.* **soûler**

saper [sape] <1> *vpr fam* **se ~** sich in Schale werfen; **être bien sapé** rausgeputzt sein

sapeur-pompier [sapœʀpɔ̃pje] <sapeurs-pompiers> *m* Feuerwehrmann *m;* **femme ~** Feuerwehrfrau *f;* **les ~s** die Feuerwehr, die Brandwache (CH)

saphir [safiʀ] *adj inv* saphirblau

sapin [sapɛ̃] **I.** *m* Tanne *f;* **~ de Noël** Weihnachtsbaum *m* **II.** *app inv* dunkelgrün

saquer [sake] <1> *vt v.* **sacquer**

sarbacane [saʀbakan] *f* Blasrohr *nt*

sarcasme [saʀkasm] *m* Sarkasmus *m; (remarque)* sarkastische Bemerkung

sarcastique [saʀkastik] *adj* sarkastisch

Sardaigne [saʀdɛɲə] *f* **la ~** Sardinien *nt*

sardine [saʀdin] *f* Sardine *f*

sardinerie [saʀdinʀi] *f* Sardinenkonservenfabrik *f*

SARL [ɛsaɛʀɛl] *f abr de* **société à responsabilité limitée** GmbH *f*

sarment [saʀmɑ̃] *m* Weinrebe *f*

sarrasin [saʀazɛ̃] *m* Buchweizen *m*

Sarre [saʀ] *f* ❶ *(région)* **la ~** Saarland *nt* ❷ *(rivière)* Saar *f*

Sarrebruck [saʀbʀyk] Saarbrücken *nt*

sas [sɑs] *m (pièce intermédiaire)* Schleuse *f*

satané, e [satane] *adj antéposé* ❶ *(maudit)* verflucht *(fam)* ❷ *(sacré)* **~ farceur!** du Teufelskerl! *m (fam)*

satanique [satanik] *adj a.* REL satanisch; *(ruse)* teuflisch

sataniste [satanist] **I.** *adj* satanistisch **II.** *mf* ⊦Satanist(in) *m(f)*

satellite [satelit] *m* ❶ AVIAT Satellit *m* ❷ ASTRO Trabant *m* ❸ POL Satellitenstaat *m*

satin [satɛ̃] *m* Satin *m*

satiné, e [satine] *adj* seidig glänzend; *(peinture)* seidenmatt

satire [satiʀ] *f* Satire *f;* **faire la ~ de qn/qc** *(pièce, texte)* eine Satire auf jdn/etw sein; *(auteur)* über jdn/etw spotten

satisfaction [satisfaksjɔ̃] *f* ❶ *(raison d'être*

---

satisfait) Befriedigung *f* ❷ *sans pl (joie)* Zufriedenheit *f* **~qn/qc donne** |toute| **~ à une personne** ein Mensch ist mit jdm/etw |sehr| zufrieden; **donner ~ à qn** jdn zufrieden stellen

satisfaire [satisfɛʀ] <irr> **I.** *vt (faim, soif)* stillen; **~ qn** jdn befriedigen; *(personne)* jdn zufrieden stellen **II.** *vi* **~ à une obligation** einer Verpflichtung nachkommen

satisfait, e [satisfɛ, ɛt] *adj* **~ de qn/qc** mit jdm/etw zufrieden

saturer [satyʀe] <1> *vt* ❶ *(soûler)* **mes élèves me saturent avec leurs questions** ich habe die Fragen meiner Schüler satt *(fam)* ❷ *(plus que rassasier)* **être saturé de publicité** mit Werbung übersättigt sein ❸ *(surcharger)* verstopfen; **être saturé** *(standard)* besetzt sein; *(marché)* gesättigt sein

Saturne [satyʀn] *f* Saturn *m*

sauce [sos] *f* Soße *f;* **~ vinaigrette** Vinaigrette *f* ▶**mettre qc à toutes les ~s** *fam* etw in allen Variationen servieren

saucée [sose] *f fam* Guss *m*

saucer [sose] <2> *vt* ❶ *(essuyer)* austunken ❷ *fam (tremper)* **se faire ~** klatschnass werden

sauciflard [sosiflaʀ] *m fam v.* **saucisson**

saucisse [sosis] *f* GASTR Würstchen *nt*

saucisson [sosisɔ̃] *m:* luftgetrocknete Salami; **~ sec** Hartwurst *f*

sauf [sof] *prép* ❶ *(à l'exception de)* bis auf (+ *akk*); **~ quand/si** außer wenn; **~ que ...** abgesehen davon, dass ... ❷ *(à moins de)* abgesehen von; **~ erreur de ma part** wenn ich mich nicht irre

saugrenu, e [sogʀəny] *adj* albern; *(idée)* hirnrissig *(fam)*

saumon [somɔ̃] **I.** *m* Lachs *m* **II.** *adj inv* lachsfarben

saumoné, e [somɔne] *adj* **truite ~e** Lachsforelle *f*

saumure [somyʀ] *f* Salzlake *f*

sauna [sona] *m* Sauna *f*

saupoudrer [sopudʀe] <1> *vt* GASTR **~ de sucre** mit Zucker bestreuen; **~ de farine** mit Mehl bestäuben

saurai [sɔʀɛ] *fut de* **savoir**

saut [so] *m a.* INFORM Sprung *m; ~* **périlleux** Salto *m; ~* **à la perche/en longueur** Stabhoch-/Weitsprung *m; ~* **en parachute** Fallschirm|ab|sprung ▶**faire le ~** den Schritt

S

wagen; **faire un ~ chez qn** *fam* auf einen Sprung bei jdm vorbeischauen

saute [sot] *f* **~ d'humeur/de température** plötzlicher Stimmungs-/Temperaturumschwung

sauté [sote] *m* **~ de veau** Kalbsragout *nt*

saute-mouton [sotmutɔ̃] *m inv* Bockspringen *nt*

sauter [sote] <1> **I.** *vi* ❶ springen; (*sautiller*) [herum]hüpfen; (~ *vers le haut*) hochspringen; **~ à la corde/du lit** Seil/aus dem Bett springen; **~ en parachute** mit dem Fallschirm abspringen ❷ (*se précipiter*) **~ sur l'occasion** die Gelegenheit beim Schopf packen ❸ (*jaillir: bouchon*) knallen; (*bouton, chaîne*) abspringen ❹ (*exploser*) in die Luft fliegen (*fam*) (*bombe*) hochgehen (*fam*); **faire ~ qn/qc** jdn/etw in die Luft sprengen ❺ ELEC (*fusibles, plombs*) durchbrennen ❻ *fam* (*ne pas avoir lieu: classe, cours*) ausfallen ❼ GASTR **faire ~ qc** etw braten; **des pommes de terre sautées** Bratkartoffeln *Pl* ❽ (*clignoter: image*) flackern **II.** *vt* ❶ (*franchir*) **~ qc** über etw springen (*akk*) ❷ (*omettre*) überspringen ❸ *fam* (*avoir des relations sexuelles*) bumsen

sauterelle [sotʀɛl] *f* Heuschrecke *f*

sauteur, -euse [sotœʀ, -øz] *m, f* SPORT Springer(in) *m(f)*

sauteuse [sotøz] *f* GASTR Bratpfanne *f*

sautiller [sotije] <1> *vi* hüpfen

sauvage [sovaʒ] **I.** *adj* ❶ wild ❷ (*plante*) wild wachsend; (*lieu, pays*) unberührt **II.** *mf* ❶ (*indigène*) Wilde(r) *f(m)* ❷ (*brute*) Rohling *m*

sauvagement [sovaʒmɑ̃] *adv* auf bestialische Weise

sauvageon, ne [sovaʒɔ̃, ɔn] *m, f* jugendliche(r) Randalierer(in) *m(f)*

sauvegarde [sovgaʀd] *f* ❶ (*protection*) Schutz *m;* **~ de l'emploi** Sicherung *f* der Arbeitsplätze ❷ INFORM Sicherheitskopie *f;* **faire la ~ d'un fichier** eine Sicherungskopie einer Datei erstellen

sauvegarder [sovgaʀde] <1> *vt* ❶ (*indépendance, liberté*) sich (*dat*) bewahren; (*droits*) wahren; (*biens, patrimoine*) schützen ❷ INFORM sichern

sauve-qui-peut [sovkipø] *m inv* Panik *f*

sauver [sove] <1> **I.** *vt* ❶ (*porter secours*) **~ qn/qc de qc** jdn/etw vor etw (*dat*) retten; **~ la vie à qn** jdm das Leben retten ❷ (*sau-*

vegarder) **~ de la faillite** (*entreprise*) vor dem Konkurs bewahren ❸ INFORM (*fichiers*) sichern **II.** *vi* retten ▶**sauve qui peut!** rette sich wer kann! **III.** *vpr* **se ~** ❶ (*s'enfuir*) flüchten ❷ *fam* (*s'en aller*) sich auf die Socken machen ❸ (*déborder*) überkochen

sauvetage [sov(ə)taʒ] *m* Rettung *f;* (*de naufragés*) Bergung *f*

sauveteur, -euse [sov(ə)tœʀ, -øz] *m, f* Retter(in) *m(f)*

sauvette [sovɛt] *f* **à la ~** *fam* auf die Schnelle

sauveur, sauveuse [sovœʀ, -øz] *m, f* Retter(in) *m(f)*

savant, e [savɑ̃, ɑ̃t] **I.** *adj* ❶ (*érudit*) gelehrt ❷ *péj* kompliziert ❸ (*habile*) geschickt ❹ (*dressé*) dressiert **II.** *m, f* ❶ (*lettré*) Gelehrte(r) *f(m)* ❷ (*scientifique*) Wissenschaftler(in) *m(f)*

savate [savat] *f* Hauslatschen *m* (*fam*); (*chaussure*) Treter *m* (*fam*); **en ~s** *fam* in Pantoffeln

saveur [savœʀ] *f* Geschmack *m*

Savoie [savwa] *f* **la ~** Savoyen *nt*

savoir [savwaʀ] <irr> **I.** *vt* ❶ wissen; **faire ~ à qn que ...** jdm Bescheid sagen, dass ... ❷ (*leçon, rôle*) können; (*détails*) kennen ❸ (*être capable de*) **~ attendre/dire non** warten/nein sagen können ❹ BELG (*pouvoir*) **ne pas ~ venir à l'heure** nicht pünktlich sein können ▶**~ y faire** *fam* wissen, wie man's macht; **qn ne sait plus où se mettre** jd würde sich am liebsten in ein Mauseloch verkriechen; **ne rien vouloir ~** davon nichts wissen wollen; **à ~** nämlich; **en ~ quelque chose** ein Lied davon singen können (*fam*); **n'en rien ~** keine Ahnung haben **II.** *vi* wissen ▶ **pas que je sache** nicht dass ich wüsste **III.** *vpr* ❶ (*être connu*) **se ~** bekannt sein ❷ (*avoir conscience*) **se ~ malade** wissen, dass man krank ist ▶ **tout se sait** nichts bleibt verborgen **IV.** *m* Wissen *nt*

savoir-faire [savwaʀfɛʀ] *m inv* Know-how *nt* **savoir-vivre** [savwaʀvivʀ] *m inv* Benehmen *nt*

savon [savɔ̃] *m* ❶ (*savonnette*) Seife *f;* **~ de Marseille** Kernseife ❷ *fam* (*réprimande*) Rüffel *m*

savonner [savɔne] <1> **I.** *vt* einseifen **II.** *vpr* **se ~** sich einseifen

savonnette [savɔnɛt] *f* Toilettenseife *f*

savourer [savuʀe] <1> **I.** *vt* (*mets, boisson*) genießen; (*triomphe, vengeance*) auskosten **II.** *vi* genießen

savoureux, -euse [savuʀø, -øz] *adj* köstlich

saxe [saks] *m* Meiß[e]ner Porzellan *nt*

Saxe [saks] *f* la ~ Sachsen *nt*

Saxe-Anhalt [saksanalt] *f* Sachsen-Anhalt *nt*

saxo [sakso] **I.** *m* Saxophon *nt* **II.** *mf* Saxophonist(in) *m(f)*

saxon [saksɔ̃] *m* Sächsisch *nt*; *v.a.* **allemand**

saxon, ne [saksɔ̃, ɔn] *adj* sächsisch; *v.a.* **allemand**

Saxon, ne [saksɔ̃, ɔn] *m, f* Sachse/Sächsin *m/f*

saxophone [saksɔfɔn] *m* Saxophon *nt*

saxophoniste [saksɔfɔnist] *mf* Saxophonist(in) *m(f)*

saynète [sɛnɛt] *f* Sketch *m*

scabreux, -euse [skabʀø, -øz] *adj* (*histoire*) schlüpfrig; (*allusion*) anzüglich

scalp [skalp] *m* Skalp *m*

scampi [skãpi] *mpl* Scampi *Pl*

scandale [skãdal] *m* ❶ (*éclat*) Skandal *m* ❷ (*indignation*) Empörung *f* ❸ (*tapage*) Lärm *m* ▶**faire** ~ Staub aufwirbeln

scandaleusement [skãdaløzmã] *adv* ❶ (*honteusement*) skandalös ❷ (*outrageusement*) unerhört; (*exagéré, sous-estimé*) maßlos

scandaleux, -euse [skãdalø, -øz] *adj* (*honteux*) skandalös; (*prix, propos*) unverschämt; (*vie*) skandalumwittert

scandaliser [skãdalize] <1> *vt* schockieren; **être scandalisé que** + *subj* empört darüber sein, dass

scander [skãde] <1> *vt* (*slogans*) im Sprechchor rufen

scandinave [skãdinav] *adj* skandinavisch

Scandinave [skãdinav] *mf* Skandinavier(in) *m(f)*

Scandinavie [skãdinavi] *f* la ~ Skandinavien *nt*

scanner [skane] <1> *vt* scannen

scanner [skanɛʀ] *m*, **scanneur** [skanœʀ] *m* Scanner *m*

scarification [skaʀifikasjɔ̃] *f* ❶ AGR (*d'une écorce*) Einritzen *nt*; (*du gazon*) Vertikutieren *nt* ❷ MED Hautritzung *f*

scarole [skaʀɔl] *f* Endivie *f*

scatologique [skatɔlɔʒik] *adj* skatologisch

sceau [so] <x> *m* Siegel *nt*

sceller [sele] <1> *vt* ❶ TECH (*crochet, cou-*

ronne dentaire) einzementieren; (*pierre*) einmauern; (*barreaux*) einlassen; (*dalle*) kleben ❷ (*authentifier par un sceau*) siegeln ❸ (*fermer hermétiquement*) versiegeln

scellés [sele] *mpl* Amtssiegel *Pl*; **sous** ~ unter Verschluss

scénario [senaʀjo] <s> *m* CINE Drehbuch *nt*

scénariste [senaʀist] *mf* Drehbuchautor(in) *m(f)*

scène [sɛn] *f* ❶ *a.* THEAT Szene *f*; ~ **d'amour** Liebesszene; ~ **de ménage** Ehekrach *m* ❷ THEAT (*estrade*) Bühne *f*; (*décor*) Bühnenbild *nt*; **entrer en** ~ auftreten; **mettre en** ~ inszenieren ❸ (*d'un crime, drame*) Schauplatz *m*

scénique [senik] *adj* **indications** ~**s** Bühnenanweisungen

sceptique [sɛptik] **I.** *adj* skeptisch **II.** *mf* Skeptiker(in) *m(f)*

schah [ʃa] *m* Schah *m*

schéma [ʃema] *m* Schema *nt*; ~ **de montage** Montageplan *m*

schématique [ʃematik] *adj a. péj* schematisch

schématiquement [ʃematikmã] *adv* in groben Zügen

schématisation [ʃematizasjɔ̃] *f* Schematismus *m*

schématiser [ʃematize] <1> *vt* schematisch darstellen

schilling [ʃiliŋ] *m* Schilling *m*

schizophrène [skizɔfʀɛn] **I.** *adj* schizophren **II.** *mf* Schizophrene(r) *f(m)*

schizophrénie [skizɔfʀeni] *f* Schizophrenie *f*

Schleswig-Holstein [ʃlɛsvigɔlʃtajn] *m* **le** ~ Schleswig-Holstein *nt*

Schleu, e [ʃlø] *v.* **Chleuh**

schlinguer [ʃlɛ̃ge] <1> *vi fam* müffeln

schmolitz [ʃmɔlits] *m* CH **faire** ~ Brüderschaft trinken

schnaps [ʃnaps] *m* Schnaps *m*

schuss [ʃus] *m* **descendre tout** ~ *fam* Schuss fahren

scie [si] *f* Säge *f*

sciemment [sjamã] *adv* absichtlich

science [sjãs] *f* ❶ Wissenschaft *f* ❷ SCOL **les** ~**s** die Naturwissenschaften *Pl* ❸ (*érudition*) Wissen *nt*

science-fiction [sjãsfiksjɔ̃] *f inv* Science-fiction *f*

S

scientifique [sjãtifik] I. *adj* wissenschaftlich
II. *mf* ❶ (*savant*) Wissenschaftler(in) *m(f)*
❷ (*élève*) Naturwissenschaftler(in) *m(f)*

scientifiquement [sjãtifikmã] *adv* wissenschaftlich

scientologie [sjãtɔlɔʒi] *f* Scientology *f*;
Église de ~ Scientology-Kirche *f*

scier [sje] <1> *vt* ❶ (*couper*) sägen; (*arbres*)
absägen ❷ *fam* (*estomaquer*) umhauen

scinder [sɛ̃de] <1> I. *vt* (*parti*) spalten
II. *vpr* **se ~ en qc** (*parti*) sich in etw (*akk*)
spalten

scintiller [sɛ̃tije] <1> *vi* funkeln

scission [sisjɔ̃] *f* Spaltung *f*

sclérose [skleʀoz] *f* ❶ MED Sklerose *f* ❷ *fig*
(*des institutions*) Verknöcherung *f*; (*d'une
personne*) Verkalkung *f*

scléroser [skleʀoze] <1> *vpr* **se ~** ❶ MED
sich verhärten ❷ (*se figer*) unbeweglich
werden

scolaire [skɔlɛʀ] *adj* Schul-; (*résultats*) schulisch; **année ~** Schuljahr *nt*

scolariser [skɔlaʀize] <1> *vt* ❶ (*admettre
dans une école*) einschulen ❷ (*doter d'écoles*) **~ un pays/une région** in einem
Land/in einem Gebiet Schulen einrichten

scolarité [skɔlaʀite] *f* Schulbesuch *m*; **~
obligatoire** Schulpflicht *f*

scoliose [skɔljoz] *f* Skoliose *f*

scoop [skup] *m* Knüller *m* (*fam*)

scooter [skutœʀ] *m* Motorroller *m*; **~ des
mers** Jetski *m*; **~ des neiges** Motorschlitten *m*

score [skɔʀ] *m* SPORT Spielergebnis *nt*; (*en
cours de partie*) Spielstand *m*; POL Ergebnis *nt*

scorpion [skɔʀpjɔ̃] *m* ZOOL Skorpion *m*

Scorpion [skɔʀpjɔ̃] *m* Skorpion *m*; *v.a.* **Balance**

scotch® [skɔtʃ] *m sans pl* (*adhésif*) Tesafilm® *m*

scotcher [skɔtʃe] <1> *vt* ❶ (*coller*) [mit Tesafilm] kleben ❷ *fig fam* **être/rester scotché devant la télé** vor dem Fernseher kleben/kleben bleiben

scout, e [skut] I. *adj* Pfadfinder-; (*fraternité*)
der Pfadfinder II. *m*, *f* Pfadfinder(in) *m(f)*

scratcher [skʀatʃe] <1> *vi fam* scratchen

script [skʀipt] *m* ❶ CINE Drehbuch *nt*; THEAT
Regiebuch *nt* ❷ (*écriture*) Druckschrift *f*
❸ (*retranscription*) Skript *m*

scrupule [skʀypyl] *m souvent pl* (*hésitation*)
Skrupel *m*; **avoir des ~s à faire qc** Hem-

mungen haben etw zu tun

scrupuleusement [skʀypyløzmã] *adv* peinlich genau

scruter [skʀyte] <1> *vt* (*horizon*) mit den
Augen absuchen

scrutin [skʀytɛ̃] *m* Wahl *f*; **~ majoritaire**
Mehrheitswahl

sculpter [skylte] <1> I. *vt* formen; (*bois*)
schnitzen; (*meuble, objet en bois*) mit
Schnitzereien verzieren; (*marbre, pierre*)
behauen; **~ qc dans du marbre** etw in
Marmor hauen II. *vi* sich als Bildhauer betätigen

sculpteur, -euse [skyltœʀ, -øz] *m*, *f* Bildhauer(in) *m(f)*; **~ sur bois** Holzschnitzer(in)
m(f)

sculpture [skyltyʀ] *f* ❶ (*statue*) Skulptur *f*
❷ (*art*) Bildhauerei *f*; **~ sur pierre** Meißeln
nt; **~ sur bois** Holzschnitzerei *f*

SDF [ɛsdeɛf] *m*, *f abr de* **sans domicile fixe**
Obdachlose(r) *f(m)*

SDN [ɛsdeɛn] *f abr de* **Société des Nations**

se [sə] < *devant voyelle ou h muet* **s'**> *pron
pers* ❶ sich; **il/elle ~ voit dans le miroir**
er/sie sieht sich im Spiegel; **il/elle ~ demande s'il/si elle a raison** er/sie fragt
sich, ob er/sie Recht hat ❷ (*l'un l'autre*)
sich; **ils/elles ~ suivent/font confiance**
sie folgen/vertrauen einander ❸ *avec les
verbes pronominaux* sich; *v.a.* **me**

séance [seãs] *f* ❶ CINE Vorstellung *f* ❷ (*période, réunion*) Sitzung *f*; **~ de tir** Schießübung *f*; **~ de spiritisme** Séance *f*

seau [so] <x> *m* Eimer *m*; **un ~ d'eau** ein
Eimer Wasser; **~ à glace** Eiskübel *m*

SEBC [ɛsøbese] *m abr de* **Système européen de banques centrales** ESZB *nt*

sec [sɛk] I. *adv* (*démarrer*) ruckartig;
(*frapper, boire*) kräftig ▶**aussi ~** *fam* sofort;
(*répondre*) wie aus der Pistole geschossen
II. *m* **être à ~** ausgetrocknet sein; (*sans argent*) blank sein (*fam*); **mettre au ~** ins
Trockene bringen

sec, sèche [sɛk, sɛʃ] *adj* ❶ trocken ❷ (*figue*) getrocknet; **légumes ~s** Hülsenfrüchte *Pl*; **fruits ~s** Dörrobst *nt*; **raisins ~s** Rosinen *Pl* ❸ (*bras*) dürr; (*cheveu*) spröde
❹ (*bruit, rire*) kurz und heftig; (*coup*) rasch
❺ (*ton, refus*) schroff; (*réponse, merci*)
knapp ❻ (*whisky, gin*) pur

sèche-cheveux [sɛʃʃəvø] *m inv* Föhn *m*

sèche-linge [sɛʃlɛ̃ʒ] *m inv* Wäschetrockner *m* **sèche-mains** [sɛʃmɛ̃] *m inv* Händetrockner *m*

sèchement [sɛʃmɑ̃] *adv* (*refuser, répondre*) schroff

sécher [seʃe] <5> I. *vt* ❶ (*rendre sec*) trocknen; (*en essuyant: personne, mains*) abtrocknen ❷ *fam* (*ne pas assister à*) schwänzen II. *vi* ❶ trocknen ❷ (*bois*) trocken werden; (*plante, terre*) austrocknen; (*fleur, fruits*) vertrocknen ❸ *fam* (*ne pas savoir*) passen müssen III. *vpr* se ~ sich abtrocknen; (*au soleil*) sich trocknen; **se ~ les mains** sich (*dat*) die Hände abtrocknen; **se ~ les cheveux |avec un séchoir|** sich (*dat*) die Haare föhnen

sécheresse [sɛʃʀɛs] *f* Trockenheit *f*

sécheuse [seʃøz] *f* CAN (*sèche-linge*) Wäschetrockner *m*

séchoir [seʃwaʀ] *m* ❶ Wäscheständer *m* ❷ (*sèche-cheveux*) Föhn *m*

second [s(ə)gɔ̃] *m* (*dans une charade*) zweite Silbe; *v.a.* **cinquième**

second, e [s(ə)gɔ̃, ɔ̃d] I. *adj antéposé* zweite(r, s) II. *m, f* **le/la ~(e)** der/die/das Zweite; *v.a.* **cinquième**

secondaire [s(ə)gɔ̃dɛʀ] I. *adj* ❶ (*action, rôle, effets*) Neben-; (*secteur*) sekundär ❷ SCOL **l'enseignement ~** der Unterricht an weiterführenden Schulen II. *m* SCOL **le ~** die weiterführende Schule; (*au lycée*) die Gymnasialstufe

seconde [s(ə)gɔ̃d] *f* ❶ *a.* MATH, MUS Sekunde *f* ❷ (*temps très court*) Augenblick *m*; **une ~, j'arrive!** Sekunde, ich komme! ❸ SCOL ≈ zehnte Klasse ❹ AUT zweite Klasse

seconder [s(ə)gɔ̃de] <1> *vt* **~ qn dans qc** jdm bei einer S. zur Hand gehen

secouer [s(ə)kwe] <1> I. *vt* ❶ schütteln; (*nappe, tapis*) ausschütteln ❷ (*réveiller: personne*) wachrütteln ❸ (*ballotter: explosion, bombardement*) erschüttern; (*autobus, avion*) (*personne*) durchrütteln; (*arbre, embarcation*) hin und her schütteln ❹ (*traumatiser*) erschüttern II. *vpr fam* **se ~** (*réagir*) sich aufraffen

secourable [s(ə)kuʀabl] *adj* hilfreich; **tendre une main ~ à qn** jdm seine Hilfe anbieten

secourir [s(ə)kuʀiʀ] <irr> *vt* **~ qn** jdm Hilfe leisten

secourisme [s(ə)kuʀism] *m* erste Hilfe;

faire du ~ beim Rettungsdienst arbeiten

secouriste [s(ə)kuʀist] *mf* Sanitäter(in) *m(f)*

secours [s(ə)kuʀ] *m* ❶ (*sauvetage*) erste Hilfe; (*organisme*) Rettungsdienst *m*; (*en montagne*) Bergwacht *f*; **les ~** die Rettungsmannschaft *f*; (*aide*) Hilfe *f*; **porter ~ à qn** jdm Hilfe leisten; **au ~!** [zu] Hilfe!; **sortie de ~** Notausgang *m* ❸ (*subvention*) Unterstützung *f*

secousse [s(ə)kus] *f* (*choc*) Stoß *m*

secret [səkʀɛ] *m* ❶ Geheimnis *nt* ❷ *sans pl* (*confidentialité*) Verschwiegenheit *f*; **~ médical** ärztliche Schweigepflicht; **garder le ~ sur qc** etw geheim halten ▶**l'astrologie n'a plus de ~ pour elle** sie weiß alles über die Astrologie; **en ~** im Geheimen

secret, -ète [səkʀɛ, -ɛt] *adj* (*agent, service, code*) Geheim-; **garder qc ~** etw geheim halten

secrétaire [s(ə)kʀetɛʀ] I. *mf* Sekretär(in) *m(f)*; **~ médical** Sprechstundenhilfe *f*; **~ de direction** Chefsekretär; **~ général des Nations Unies** UNO-Generalsekretär II. *m* Sekretär *m*

secrétariat [s(ə)kʀetaʀja] *m* ❶ Sekretariat *nt* ❷ (*fonction officielle*) Amt *nt* des Sekretärs

secrètement [səkʀɛtmɑ̃] *adv* (*agir, informer*) heimlich; (*espérer*) insgeheim

secte [sɛkt] *f* Sekte *f*

secteur [sɛktœʀ] *m* ❶ (*domaine*) Bereich *m*; (*primaire, secondaire, tertiaire*) Sektor *m* ❷ (*quartier*) Bezirk *m*; (*coin*) Gegend *f* ❸ ELEC Netz *nt*

section [sɛksjɔ̃] *f* ❶ ADMIN, POL Abschnitt *m*; AUT Zone *f* ❷ (*branche*) JUR Abteilung *f*; SCOL Fachrichtung *f* ❸ (*groupe*) Gruppe *f*; MIL Zug *m* ❹ MED Durchtrennung *f*

sectionnement [sɛksjɔnmɑ̃] *m* Durchtrennung *f*

sectionner [sɛksjɔne] <1> *vt* (*artère, fil*) durchtrennen; **il a eu trois doigts sectionnés** ihm wurden drei Finger abgetrennt

sectoriel, le [sɛktɔʀjɛl] *adj* nach Sektoren

sectorisation [sɛktɔʀizasjɔ̃] *f* Aufteilung *f* [in Bezirke]; (*d'un projet, de revendications*) Aufspaltung *f*

sécu [seky] *f abr de* **Sécurité sociale**

séculaire [sekylɛʀ] *adj* jahrhundertealt

sécularisation [sekylaʀizasjɔ̃] *f* Säkularisierung *f*

secundo [səgɔ̃do] *adv* zweitens

S

sécuriser [sekyʀize] <1> *vt* ~ **qn** jdm ein Gefühl der Sicherheit geben; **ne pas se sentir très sécurisé** sich nicht sehr sicher fühlen

sécurité [sekyʀite] *f* ❶ Sicherheit *f*; **conseils de** ~ Sicherheitshinweise *Pl*; **en** ~ (*se sentir*) sicher ❷ POL, ECON **de l'emploi** sicherer Arbeitsplatz; ~ **civile** Zivilschutz *m*; ~ **routière** Sicherheit *f* auf den Straßen; **Sécurité sociale** *staatliche Sozial- und Krankenversicherung*

sédatif [sedatif] *m* Beruhigungsmittel *nt*; (*qui calme la douleur*) schmerzstillendes Mittel

sédentaire [sedɑ̃tɛʀ] *adj* sesshaft; (*profession, travail*) ortsgebunden

sédentarité [sedɑ̃taʀite] *f* Sesshaftigkeit *f*

séducteur, -trice [sedyktœʀ, -tʀis] *m, f* Verführer(in) *m(f)*

séduction [sedyksjɔ̃] *f* (*pouvoir de séduire*) verführerischer Charme

séduire [sedɥiʀ] <irr> *vt* ❶ (*tenter*) verführen ❷ (*plaire à*) ~ **qn** jdn überzeugen; (*pièce*) jdn begeistern

séduisant, e [sedɥizɑ̃, ɑ̃t] *adj* verführerisch; (*personne*) anziehend; (*projet, proposition*) verlockend

segmenter [sɛɡmɑ̃te] <1> *vt* aufteilen

ségrégation [seɡʀeɡasjɔ̃] *f* Trennung *f*

ségrégationniste [seɡʀeɡasjɔnist] I. *adj* segregationistisch (*geh*); (*politique, problème*) der Rassentrennung; (*idée, article, journal*) rassistisch II. *mf* Befürworter(in) *m(f)* der Rassentrennung

seigle [sɛɡl] *m* Roggen *m*

sein [sɛ̃] *m* ANAT Brust *f*

Seine [sɛn] *f* **la** ~ die Seine

seize [sɛz] I. *num* sechzehn II. *m inv* Sechzehn *f*; *v.a.* **cinq**

seizième [sɛzjɛm] I. *adj antéposé* sechzehnte(r, s) II. *mf* **le/la** ~ der/die/das Sechzehnte III. *m* ❶ (*fraction*) Sechzehntel *nt* ❷ SPORT ~ **de finale** Ausscheidungsrunde *f* zum Achtelfinale; *v.a.* **cinquième**

séjour [seʒuʀ] *m* ❶ Aufenthalt *m* ❷ (*salon*) Esszimmer *nt*

séjourner [seʒuʀne] <1> *vi* sich aufhalten

sel [sɛl] *m* ❶ Salz *nt*; **gros** ~ grobes Salz ❷ (*piquant: d'une histoire*) Witz *m*

sélectif, -ive [selɛktif, -iv] *adj* selektiv

sélection [selɛksjɔ̃] *f* ❶ (*fait de choisir*) Auswahl *f* ❷ (*choix avec règles et critères*) Aus- wahlverfahren *nt*; **critères de** ~ Auswahl- kriterien *Pl* ❸ ZOOL, BIO Selektion *f*

sélectionné, e [selɛksjɔne] *m, f* SPORT Auswahlspieler(in) *m(f)*

sélectionner [selɛksjɔne] <1> *vt* ❶ auswählen; (*joueur*) aufstellen ❷ INFORM anklicken

sélectionneur, -euse [selɛksjɔnœʀ, -øz] *m, f* Eignungsprüfer(in) *m(f)*; SPORT ≈ Bundes- trainer(in) *m(f)* (*der/die die Mannschaftsauf- stellung vornimmt*)

sélénium [selenjɔm] *m* CHIM Selen *nt*

self [sɛlf] *m fam* Selbstbedienungsrestaurant *nt*

self-control [sɛlfkɔtʀol] <self-controls> *m* Selbstbeherrschung *f* **self-service** [sɛlfsɛʀvis] <self-services> *m* Selbstbedie- nung *f*; (*magasin*) Selbstbedienungsladen *m*; (*restaurant*) Selbstbedienungsrestaurant *nt*

selle [sɛl] *f* ❶ (*siège*) Sattel *m* ❷ GASTR Rü- cken *m* ❸ (*matières fécales*) ~**s** Stuhl(gang *m*) *m*

sellerie [sɛlʀi] *f* ❶ (*profession*) Sattlerei *f* ❷ (*selles, harnais*) Sattelzeug *nt* ❸ (*lieu*) Sattelraum *m*

sellette [sɛlɛt] *f* **mettre qn sur la** ~ jdn auf die Anklagebank bringen

selon [s(ə)lɔ̃] *prép* ❶ (*conformément à*) ge- mäß (*dat*) ❷ (*en fonction de*) je nach; ~ **leur âge** nach Alter ❸ (*d'après*) ~ **qc** etw (*dat*) zufolge; ~ **moi** meines Erachtens

semaine [s(ə)mɛn] *f* ❶ Woche *f*; **la** ~ **trente-cinq heures** die Fünfunddreißig- stundenwoche; **en** ~ unter der Woche ❷ REL ~ **sainte** Karwoche *f*

sémantique [semɑ̃tik] I. *adj* semantisch; **champ** ~ Wortfeld *nt* II. *f* Semantik *f*

semblable [sɑ̃blabl] I. *adj* ❶ (*pareil*) sol- che(r, s); (*objets, personnes*) gleich; **rien de** ~ nichts Derartiges ❷ (*ressemblant*) ähn- lich II. *mf* ❶ (*prochain*) Mitmensch *m* ❷ (*congénère*) **mon/ton/son** ~ meines-/ deines-/seines-/ihresgleichen

semblant [sɑ̃blɑ̃] *m* **un** ~ **de vérité** ein Hauch von Wahrheit ▶**faire** ~ **de dormir** so tun, als würde man schlafen; **faire juste** ~ nur so tun (als ob)

sembler [sɑ̃ble] <1> I. *vi* ~ **préoccupé** be- sorgt zu sein scheinen II. *vi impers* ❶ (*paraî- tre*) **il semble que** + *indic o subj* es sieht ganz so aus, als; **il semblerait que** + *subj* allem Anschein nach ❷ (*avoir l'impression* *de)* **il me semble bien vous avoir déjà rencontré** ich habe das Gefühl, Ihnen schon einmal begegnet zu sein ➌ *(paraître)* **il me semble, à ce qu'il me semble** [wie] mir scheint

semelle [s(ə)mɛl] *f* Sohle *f;* *(intérieure)* Einlage *f* ▶**être de la |vraie| ~** *(bifteck, escalope)* zäh wie Leder sein; **ne pas lâcher qn d'une ~** jdm auf Schritt und Tritt folgen

semer [s(ə)me] <4> **I.** *vi* säen **II.** *vt* ➊ *(graines)* |aus|säen ➋ *(discorde, zizanie)* säen; *(terreur, panique)* verbreiten ➌ *(truffer)* **être semé de difficultés** voller Schwierigkeiten sein ➍ *(se débarrasser de)* abhängen *(fam)*

semestre [s(ə)mɛstʀ] *m* Halbjahr *nt;* UNIV Semester *nt*

semestriel, le [s(ə)mɛstʀijɛl] *adj* *(assemblée)* halbjährlich; *(bulletin)* Halbjahres-; *(revue)* halbjährlich erscheinend

séminaire [seminɛʀ] *m* Seminar *nt*

sémite [semit] *adj* semitisch

semoule [s(ə)mul] **I.** *f* Grieß *m* **II.** *app* *(sucre)* Streu-

sempiternel, le [sɑ̃pitɛʀnɛl] *adj antéposé* ewig

sénat [sena] *m* Senat *m;* **le Sénat** der Senat

Der **Sénat** ist die zweite Kammer des französischen Parlaments. Sein Sitz ist das *Palais du Luxembourg* in Paris. Er setzt sich aus 341 Senatoren zusammen, die für sechs Jahre in indirekter Wahl bestimmt werden. Ein neues Gesetz kann nur mit Zustimmung der beiden Kammern – der *Assemblée nationale* und des **Sénat** – verabschiedet werden. Der **Sénat** vertritt die Interessen der Gebietskörperschaften und wacht über die Verfassung.

sénateur [senatœʀ] *m* Senator(in) *m(f)*

sénatoriales [senatɔʀjal] *fpl* Senatswahlen *Pl*

Sénégal [senegal] *m* **le ~** der Senegal

sénégalais, e [senegalɛ, ɛz] *adj* senegalesisch; *v.a.* **allemand**

Sénégalais, e [senegalɛ, ɛz] *m, f* Senegalese/Senegalesin *m/f*

sénile [senil] *adj* altersschwach

senior [senjɔʀ] **I.** *adj* *(équipe)* Senioren- **II.** *mf* ➊ *(sportif plus âgé)* Senior(in) *m(f)* ➋ *(vieillard)* **les ~s** die älteren Herrschaften

sens¹ [sɑ̃s] *m* *(signification)* Sinn *m;* **au ~ large/figuré** im weiteren/übertragenen Sinn

sens² [sɑ̃s] *m* ➊ *(direction)* Richtung *f;* **dans le ~ contraire** andersherum; **dans le ~ de la longueur** der Länge nach; **dans le ~ des aiguilles d'une montre** im Uhrzeigersinn; **en ~ inverse** umgekehrt; **en ~ inverse** *(rouler)* in die entgegengesetzte Richtung ➋ *(idée)* Sinn *m;* **aller dans le même ~** dasselbe Ziel verfolgen; **aller dans le bon ~** *(personne)* auf dem richtigen Weg sein ➌ AUT **~ giratoire** Kreisverkehr *m;* **~ interdit** Einbahnstraße *f;* *(panneau)* Durchfahrtsverbot *nt* ▶**en ce ~ que ...** insofern als ...; **en un |certain| ~** in gewissem Sinn

sens³ [sɑ̃s] *m* ➊ ANAT Sinn *m* ➋ *(aptitude)* **~ pratique/de l'humour** Sinn für das Praktische/für Humor ➌ *(sagesse, raison)* **bon ~, ~ commun** gesunder Menschenverstand ▶**à mon ~** meines Erachtens

sensas[s] [sɑ̃sɑs] *adj inv, fam abr de* **sensationnel**

sensation [sɑ̃sasjɔ̃] *f* Empfindung *f;* *(impression)* Gefühl *nt* ▶**~s fortes** Nervenkitzel *m*

sensationnel, le [sɑ̃sasjɔnɛl] *adj* ➊ *(extraordinaire)* sensationell ➋ *fam* *(super)* sagenhaft

sensé, e [sɑ̃se] *adj* vernünftig

sensibilisation [sɑ̃sibilizasjɔ̃] *f* **~ à qc** Sensibilisierung *f* für etw

sensibiliser [sɑ̃sibilize] <1> *vt* **~ qn à qc** jdn für etw sensibilisieren; **être sensibilisé à qc** für etw empfänglich sein

sensibilité [sɑ̃sibilite] *f* Sensibilität *f;* **être d'une extrême ~** äußerst empfindlich sein

sensible [sɑ̃sibl] *adj* ➊ *(émotif)* sensibel; **~ aux attentions** empfänglich für Aufmerksamkeiten ➋ *(fragile)* empfindlich ➌ *(perceptible)* spürbar; *(goût, odeur)* deutlich ➍ *(odorat, ouïe)* fein ➎ *(délicat)* heikel; **point ~** wunder Punkt

sensiblement [sɑ̃sibləmɑ̃] *adv* deutlich

sensoriel, le [sɑ̃sɔʀjɛl] *adj* *(organe, nerf)* Sinnes-

sensualité [sɑ̃syalite] *f* Sinnlichkeit *f*

sensuel, le [sɑ̃sɥɛl] *adj* sinnlich

sentence [sɑ̃tɑ̃s] *f* JUR Urteil *nt*

sentencieux, -euse [sɑ̃tɑ̃sjø, -jøz] *adj* *(langage, style, ton)* sentenziös *(geh)*; *(personne)* schulmeisterlich

senti, e [sɑ̃ti] *adj* **un discours bien ~** tref-

S

fende Worte; **vérité bien ~e** bittere Wahrheit

sentier [sãtje] *m* [Fuß]weg *m*

sentiment [sãtimã] *m* ❶ Gefühl *nt* ❷ *pl* (*formule de politesse*) **veuillez agréer l'assurance de mes ~s distingués** mit freundlichen Grüßen ▶**prendre** **qn par les ~s** jdn von der Gefühlsseite her anpacken

sentimental, e [sãtimãtal, o] <-aux> I. *adj* ❶ (*nature, personne*) gefühlsbetont ❷ (*problème, vie*) Liebes- ❸ (*réaction, valeur*) gefühlsmäßig ❹ *péj* (*film*) schnulzig II. *m, f* Gefühlsmensch *m*

sentimentalisme [sãtimãtalism] *m* Gefühlsduselei *f*

sentir [sãtiʀ] <10> I. *vt* ❶ (*humer*) riechen ❷ (*avoir une odeur*) ~ **la fumée** nach Rauch riechen; **ça sent le brûlé** es riecht verbrannt ❸ (*ressentir, pressentir*) spüren; **ça sent la neige** es sieht nach Schnee aus ❹ (*rendre sensible*) **faire ~ à qn que ...** jdn merken lassen, dass ... ▶**ne pas pouvoir** ~ **qn** jdn nicht ausstehen können II. *vi* ❶ (*avoir une odeur*) riechen; ~ **bon** gut riechen ❷ (*puer*) stinken; **il sent des pieds** er hat Schweißfüße III. *vpr* ❶ (*se trouver*) **se** ~ **fatigué** sich müde fühlen ❷ (*être perceptible*) **se** ~ (*amélioration, changement*) zu spüren sein; **se faire** ~ (*conséquences*) seine Wirkung zeigen; (*effet*) spürbar sein ▶ **se** ~ **mal** (*s'évanouir*) ohnmächtig werden *fam* (*déménager*) eine Meise haben; **ne pas pouvoir se** ~ sich nicht ausstehen können

séparation [sepaʀasjɔ̃] *f* ❶ Trennung *f*; (*de convives, manifestants*) Auseinandergehen *nt* ❷ (*cloison*) [mur de] ~ Trennwand *f*

séparé, e [sepaʀe] *adj* getrennt; (*étude*) gesondert; (*pièce*) separat

séparément [sepaʀemã] *adv* (*examiner*) einzeln; (*vivre*) getrennt

séparer [sepaʀe] <1> I. *vt* ❶ trennen ❷ (*problèmes*) auseinander halten II. *vpr* **se** ~ ❶ sich trennen ❷ (*branche*) sich gabeln; (*route*) abzweigen

sept [sɛt] I. *num* sieben II. *m inv* Sieben *f*; *v.a.* **cinq**

septante [sɛptãt] *num* BELG CH (*soixante-dix*) siebzig; *v.a.* **cinq, cinquante**

septantième [sɛptãtjɛm] *adj* BELG CH (*soixante-dixième*) siebzigste(r, s); *v.a.* **cin-**

quième

septembre [sɛptãbʀ] *m* September *m*; *v.a.* **août**

septennat [sɛptena] *m* siebenjährige Amtszeit

septième [sɛtjɛm] I. *adj antéposé* sieb[en]te(r, s) II. *mf* **le/la** ~ der/die/das Sieb[en]te III. *m* (*fraction*) Sieb[en]tel *nt*; *v.a.* **cinquième**

septièmement [sɛtjɛmmã] *adv* sieb[en]tens

septuagénaire [sɛptɥaʒenɛʀ] I. *adj* siebzigjährig II. *mf* Siebzigjährige(r) *f(m)*

séquelle [sekɛl] *f* Folge[erscheinung *f*] *f*

séquence [sekãs] *f* CINE, TV, LING Sequenz *f*; INFORM Folge *f*

séquentiel, le [sekãsjɛl] *adj* INFORM fortlaufend

séquestration [sekɛstʀasjɔ̃] *f* (*de biens*) Beschlagnahmung *f*; ~ **de personne** Freiheitsberaubung *f*; ~ **d'enfant** Kindesraub *m*

séquestrer [sekɛstʀe] <1> *vt* (*personne*) einsperren; (*otage*) gefangen halten

sera [səʀa], **serai** [səʀɛ], **seras** [səʀa] *fut de* **être**

serbe [sɛʀb] I. *adj* serbisch; *v.a.* **allemand** II. *m* Serbisch *nt*; *v.a.* **allemand**

Serbe [sɛʀb] *mf* Serbe/Serbin *m/f*

Serbie [sɛʀbi] *f* **la** ~ Serbien *nt*

serbo-croate [sɛʀbokʀɔat] <serbo-croates> I. *adj* serbokroatisch; *v.a.* **allemand** II. *m* Serbokroatisch *nt*; *v.a.* **allemand**

serein, e [səʀɛ̃, ɛn] *adj* heiter

sereinement [səʀɛnmã] *adv* mit Ruhe

sérénité [seʀenite] *f* Heiterkeit *f*; **en toute** ~ mit aller Ruhe

serez [səʀe] *fut de* **être**

sergent-chef [sɛʀʒãʃɛf] <sergents-chefs> *m* Stabsunteroffizier *m*

série [seʀi] *f a.* CINE, TV Serie *f*; (*de casseroles*) Satz *m*; (*de volumes, questions*) Reihe *f* ▶**en** ~ serienweise; **tueur en** ~ Serienmörder *m*

sérieusement [seʀjøzmã] *adv* ❶ (*croire, penser*) im Ernst ❷ (*agir, travailler*) ernsthaft ❸ (*gravement*) ernstlich; (*touché, blessé*) schwer

sérieux [seʀjø] *m* ❶ Ernst *m*; **garder son** ~ ernst bleiben ❷ (*conscience: d'une personne*) Gewissenhaftigkeit *f*; (*d'un employé*) Zuverlässigkeit *f* ▶**prendre au** ~ ernst nehmen; **se prendre au** ~ sich wichtig nehmen

sérieux, -euse [seʀjø, -jøz] *adj* ❶ ernst

❷ (*digne de confiance*) seriös; (*employé*) zuverlässig; (*promesse*) ernst gemeint ❸ (*élève, apprenti, travail*) ernsthaft ❹ (*problème*) ernst zu nehmen ❺ *a. antéposé* (*fort: différence, somme*) gewaltig; (*raison*) gewichtig ❻ (*sage*) anständig

seriner [s(ə)ʀine] <1> *vt fam* (*rabâcher*) ~ **qc à un enfant** einem Kind etw wieder und wieder sagen

seringue [s(ə)ʀɛ̃g] *f* Spritze *f*

serment [sɛʀmɑ̃] *m* Schwur *m*; ~ **d'Hippocrate** hippokratischer Eid; **prêter** ~ einen Eid ablegen

séropo [seʀopo] *mf fam abr de* **séropositif**

séropositif, -ive [seʀopozitif, -iv] **I.** *adj* seropositiv; (*en parlant du sida*) HIV-positiv **II.** *m, f* Seropositive(r) *f(m)*; (*atteint du sida*) HIV-Positive(r) *f(m)*

serpent [sɛʀpɑ̃] *m* Schlange *f*

serpentin [sɛʀpɑ̃tɛ̃] *m* Luftschlange *f*

serpillière [sɛʀpijɛʀ] *f* Scheuertuch *nt*; **passer la** ~ feucht [auf]wischen

serpolet [sɛʀpɔlɛ] *m* Feldthymian *m*

serre [sɛʀ] *f AGR* Gewächshaus *nt*; (*chauffée*) Treibhaus *nt*

serré [seʀe] *adv* ❶ **jouer** ~ vorsichtig spielen; *fig* taktieren ❷ (*écrire*) eng

serré, e [seʀe] *adj* ❶ (*café, alcool*) stark ❷ (*forêt, foule*) dicht; **en rangs ~s** in dichten Reihen ❸ (*débat, discussion*) heiß; (*combat*) hart; (*course*) Kopf-an-Kopf-

serre-joint [sɛʀʒwɛ̃] <serre-joints> *m* |Schraub|zwinge *f*

serrer [seʀe] <1> **I.** *vt* ❶ (*tenir en exerçant une pression*) umklammern; ~ **la main de qn** jdm die Hand schütteln; ~ **qn/qc dans ses bras/contre soi** jdn/etw an sich (*akk*) drücken ❷ (*dents, mâchoires*) zusammenbeißen; (*lèvres*) zusammenpressen; (*poings*) ballen ❸ (*ceinture*) enger schnallen; (*nœud*) fest ziehen ❹ (*se tenir près de*) ~ **qn/qc** sich dicht an jdn/etw halten; ~ **qn/qc contre un mur** jdn/etw gegen eine Mauer drängen ❺ (*invités*) zusammenrücken lassen; **être serrés** (*personnes*) eng nebeneinander sitzen/stehen/…; (*objets*) dicht gedrängt stehen/liegen/… ❻ (*budget*) kürzen; (*dépenses*) einschränken **II.** *vi* ~ **à droite/à gauche** sich rechts/links halten **III.** *vpr* **se** ~ ❶ (*se rapprocher: personnes*) enger zusammenrücken; **se** ~ **contre qn** sich [eng] an jdn schmiegen ❷ (*se contrac-*

ter) **sa gorge se serre** seine/ihre Kehle ist wie zugeschnürt

serrure [seʀyʀ] *f* Schloss *nt*

serrurier, -ière [seʀyʀje, -jɛʀ] *m, f* Schlosser(in) *m(f)*

serveur [sɛʀvœʀ] *m* Server *m*; ~ **de courrier** Mail Server

serveur, -euse [sɛʀvœʀ, -øz] *m, f* (*employé*) Bedienung *f*, Kellner(in) *m(f)*

servi, e [sɛʀvi] *part passé de* **servir**

serviable [sɛʀvjabl] *adj* hilfsbereit

service [sɛʀvis] *m* ❶ (*au restaurant, bar*) Bedienung *f*; (*à l'hôtel, dans un magasin*) Service *m* ❷ (*organisme officiel*) ~ **administratif** (*d'État*) Behörde *f*; (*d'une commune*) Dienststelle *f*; ~ **du feu** CH Feuerwehr *f*, Brandwache *f* (CH); ~ **d'ordre** Ordnungsdienst *m*; **le** ~ **public** der öffentliche Dienst; **les ~s sociaux** die sozialen Einrichtungen; ~**s secrets** Geheimdienst *m* ❸ (*département*) *a. MED* Abteilung *f*; ~ **après-vente**/[**de**] **dépannage** Kunden-/Reparaturdienst *m*; ~ **de cardiologie** Kardiologie *f* ❹ (*militaire, civil*) -dienst *m* ❺ (*activité professionnelle*) Dienst *m*; **être de** ~ Dienst haben ❻ *ECON* (*prestations*) Dienstleistung *f* ❼ (*action de servir*) Dienst *m* ❽ (*faveur*) Gefallen *m*; **rendre** ~ **à qn** jdm behilflich sein ❾ (*assortiment pour la table*) Service *m*; ~ **à fondue**/**raclette** Fondue-/Racletteset *nt* ❿ *SPORT* (*au tennis*) Aufschlag *m*; (*au volleyball*) Aufgabe *f*; (*jeu où on sert au tennis*) Aufschlagspiel *nt* ⓫ *REL* ~ [**religieux**] Gottesdienst *m* ▸ **à ton/votre** ~! gern geschehen!; **en** ~ in Betrieb; **hors** ~ außer Betrieb

serviette [sɛʀvjɛt] *f* ❶ (*pour la toilette*) Handtuch *nt*; ~ **de bain** Badetuch *nt*; ~ **hygiénique** |Damen|binde *f* ❷ (~ **de table**) Serviette *f* ❸ (*attaché-case*) Aktentasche *f*

servir [sɛʀviʀ] <irr> **I.** *vt* ❶ (*boisson, repas*) servieren ❷ (*client*) bedienen; **on vous sert, Madame/Monsieur?** werden Sie schon bedient?; **qu'est-ce que je vous sers?** was darf es sein? **II.** *vi* ❶ (*être utile: voiture, outil*) von Nutzen sein; (*conseil, explication*) nützlich sein; ~ **à qn à la réparation/à faire la cuisine** jdm zur Reparatur dienen/dazu dienen zu kochen; **rien ne sert de t'énerver** es bringt nichts, wenn du dich aufregst (*fam*) ❷ (*tenir lieu de*) ~ **de guide à qn** für jdn den Fremdenführer machen; **ça te servira de leçon!** das wird

S

dir eine Lehre sein! ❸ SPORT (*au tennis*) aufschlagen; (*au volley-ball*) aufgeben **III.** *vpr* ❶ (*utiliser*) **se ~ de qn** jdn benutzen; **se ~ de ses relations** seine Beziehungen spielen lassen ❷ (*prendre soi-même qc*) **se ~** sich bedienen ❸ (*être servi*) **ce vin se sert frais** dieser Wein wird kühl serviert

serviteur [sɛʀvitœʀ] *m* (*domestique*) Diener *m*

ses [se] *dét poss v.* **sa, son**

sésame [sezam] *m* ❶ BOT Sesam *m* ❷ (*passe-partout*) Zauberformel *f* ▸**Sésame, ouvre-toi** Sesam, öffne dich

session [sesjɔ̃] *f* ❶ Sitzung *f*; **~ d'examens** Prüfungsphase *f* ❷ INFORM Sitzung *f*; **ouvrir/clore une ~** sich ein-/ausloggen

set [sɛt] *m* ❶ SPORT Satz *m* ❷ (*service de table, nécessaire*) Set *nt*

seuil [sœj] *m* ❶ (*pas de la porte*) [Tür]-schwelle *f* ❷ (*limite*) Grenze *f*

seul, e [sœl] **I.** *adj* ❶ (*sans compagnie*) allein; **~ à ~** unter vier Augen; **parler tout ~** Selbstgespräche führen ❷ *antéposé* (*unique*) einzig ❸ (*uniquement*) nur; **lui ~ est** [*o* **il est ~**] **capable de le faire** er allein ist dazu fähig; **~ le résultat importe** nur das Ergebnis zählt **II.** *m, f* **le/la ~[e]** der/ die Einzige

seulement [sœlmɑ̃] *adv* ❶ (*pas davantage*) nur ❷ (*opp: déjà*) erst ▸**non ~ ..., mais [encore]** ... nicht nur ..., sondern auch [noch]; **si ~** wenn nur

sève [sɛv] *f* BOT Saft *m*

sévère [sevɛʀ] *adj* ❶ (*rigoureux*) streng; (*critique, jugement*) hart; (*concurrence*) scharf; (*lutte*) unerbittlich ❷ (*pertes*) schwer; (*échec*) schlimm

sévèrement [sevɛʀmɑ̃] *adv* (*éduquer, punir*) streng; (*critiquer*) scharf

sévérité [severite] *f* Strenge *f*; (*d'une critique*) Härte *f*

sévices [sevis] *mpl* Misshandlung *f*; **exercer des ~ sur qn** jdn misshandeln

sèvres [sɛvʀ] *f* Sèvresporzellan *nt*

sexagénaire [sɛksaʒenɛʀ] **I.** *adj* (*personne*) in den Sechzigern; **être ~** über sechzig Jahre alt sein **II.** *mf* Sechzigjährige(r) *f(m)*

sex-appeal [sɛksapil] <sex-appeals> *m* Sexappeal *m*

sexe [sɛks] *m* ❶ (*catégorie*) Geschlecht *nt* ❷ *fam* (*sexualité*) Sex *m* ❸ (*organe*) Geschlechtsorgan *nt*

sex-shop [sɛksʃɔp] <sex-shops> *m* Sexshop *m* **sex-symbol** [sɛkssɛ̃bɔl] <sexsymbols> *m* Sexsymbol *nt*

sexualité [sɛksɥalite] *f a.* BIO Sexualität *f*

sexué, e [sɛksɥe] *adj* (*être, reproduction*) geschlechtlich

sexuel, le [sɛksɥɛl] *adj* ❶ (*relatif à la sexualité*) sexuell; (*éducation*) Sexual-; (*tourisme*) Sex- (*fam*) ❷ (*relatif au sexe*) Geschlechts-

sexuellement [sɛksɥɛlmɑ̃] *adv* sexuell

sexy [sɛksi] *adj inv, fam* sexy

shah [ʃa] *m* Schah *m*

shaker [ʃɛkœʀ] *m* Shaker *m*

shampo[o]ing [ʃɑ̃pwɛ̃] *m* Shampoo *nt;* **faire un ~ à qn** jdm die Haare waschen

shérif [ʃeʀif] *m* Sheriff *m*

sherry [ʃeʀi] *m* Sherry *m*

shetland [ʃɛtlɑ̃d] *m* Shetland *m*

shooter [ʃute] <1> **I.** *vi* SPORT schießen **II.** *vpr fam* **se ~ à qc** (*se droguer*) etw fixen

short [ʃɔʀt] *m* Shorts *Pl*

shorty [ʃɔʀti] *m* Boxershorts *Pl* (*für Frauen*)

si¹ [si] < *devant voyelle ou h muet* **s'**> **I.** *conj* ❶ (*condition, hypothèse*) wenn; **si j'étais riche, ...** wenn ich reich wäre ...; **si j'avais su!** wenn ich das gewusst hätte! ❷ (*opposition*) auch wenn ..., so ... [doch]; **si toi tu es mécontent, moi, je ne le suis pas!** auch wenn du unzufrieden bist, ich bin es nicht! ❸ (*désir, regret*) wenn ... nur; **ah si je le tenais!** wenn ich sie nur zu fassen bekäme! ▸**si ce n'est ...** wenn nicht [sogar] ...; **si ce n'est qn/qc** außer jdm/etw; **si c'est ça** *fam* ja dann **II.** *m inv* (*hypothèse*) Wenn *nt;* **avec des si, on mettrait Paris en bouteille** wenn das Wörtchen „wenn" nicht wär', wär' mein Vater Millionär

si² [si] *adv* ❶ (*dénégation*) doch; **mais si!** [aber ja] doch! ❷ (*tellement*) so ❸ (*aussi*) **si ... que** so ... wie; **il n'est pas si intelligent qu'il le paraît** er ist nicht so klug, wie er aussieht ▸**si bien que** so ..., dass; [oh] **que si!** [o] doch!

si³ [si] *adv* (*interrogation indirecte*) ob

si⁴ [si] *m inv* MUS H *nt,* h *nt*

siamois [sjamwa] *m* (*chat*) Siamkatze *f*

siamois, es [sjamwa, waz] *mpl, fpl* (*jumeaux*) **des ~s** siamesische Zwillinge *Pl*

Sibérie [siberi] *f* **la ~** Sibirien *nt*

sibérien, ne [siberjɛ̃, jɛn] *adj* sibirisch

Sibérien, ne [siberjɛ̃, jɛn] *m, f* Sibir[i]er(in) *m(f)*

sibyllin, e [sibilɛ̃, in] *adj* (*comportement*) rätselhaft; (*ouvrage*) unverständlich

sic [sik] *adv* sic

SICAV [sikav] *f abr de* **Société d'Investissement à Capital Variable** (*titre*) Investmentfondsanteil *m*

Sicile [sisil] *f* la ~ Sizilien *nt*

sicilien [sisiljɛ̃] *m* Sizilianisch *nt*; *v.a.* **allemand**

sicilien, ne [sisiljɛ̃, jɛn] *adj* sizilianisch

Sicilien, ne [sisiljɛ̃, jɛn] *m, f* Sizilianer(in) *m(f)*

sida [sida] *m* le ~ Aids *nt*

side-car [sidkaʀ] <side-cars> *m* (*motocyclette plus side-car*) Motorrad *nt* mit Beiwagen

sidérant, e [sideʀɑ̃, ɑ̃t] *adj* verblüffend

sidérer [sideʀe] <5> *vt fam* verblüffen

sidérurgie [sideʀyʀʒi] *f* Eisen- und Stahlindustrie *f*

sidérurgique [sideʀyʀʒik] *adj* Eisen- und Stahl-; **usine** ~ Stahlwerk *nt*

sidérurgiste [sideʀyʀʒist] *mf* Hüttenarbeiter(in) *m(f)*

sidologue [sidɔlɔg] *mf* Aids-Spezialist(in) *m(f)*

siècle [sjɛkl] *m* ❶ (*période de cent ans*) Jahrhundert *nt*; **au IIIe** ~ **avant J.C.** im 3. Jahrhundert v. Chr. ❷ (*période remarquable*) **le Siècle des Lumières** das Zeitalter der Aufklärung ❸ (*période très longue*) Ewigkeit *f* (*fam*) ▶**du** ~ *fam* Jahrhundert-

siège [sjɛʒ] *m* ❶ *a.* POL Sitz *m*; ~ **pour enfant** AUT Kindersitz *m* ❷ (*action d'assiéger*) Belagerung *f*

siéger [sjeʒe] <2a, 5> *vi* ❶ (*députés, procureur*) sitzen ❷ (*tenir séance*) tagen

sien, ne [sjɛ̃, sjɛn] *pron poss* ❶ **le ~/la ~ne** der/die/das Seine/Ihre; **les ~s** die Seinen/Ihren; *v.a.* **mien** ❷ *pl* (*ceux de sa famille*) **les ~s** seine/ihre Angehörigen; (*ses partisans*) seine/ihre Anhänger ▶**faire des ~nes** *fam* (*personne*) Unfug machen; **y mettre du** ~ tun, was man kann

sierra [sjeʀa] *f* Sierra *f*

sieste [sjɛst] *f* Mittagsschlaf *m*

siester [sjɛste] <1> *vi fam* Siesta machen

sifflement [sifləmɑ̃] *m* Pfeifen *nt*; (*du serpent, de la vapeur*) Zischen *nt*

siffler [sifle] <1> **I.** *vi* pfeifen; (*gaz, serpent*) zischen; ~ **aux oreilles de qn** an jds Ohr (*dat*) vorbeipfeifen **II.** *vt* ❶ pfeifen; ~ **la fin du match** das Spiel abpfeifen ❷ (*copain, chien*) pfeifen nach (*dat*); ~ **une fille** hinter einer jungen Frau herpfeifen ❸ (*huer*) auspfeifen ❹ *fam* (*verre*) hinunterstürzen

sifflet [siflɛ] *m* ❶ (*instrument*) Pfeife *f*; **coup de** ~ Pfiff *m* ❷ *pl* (*huées*) Pfiffe *Pl*

siffloter [siflɔte] <1> *vt, vi* [vor sich hin] pfeifen

sigle [sigl] *m* Abkürzung *f*

signal [siɲal, o] <-aux> *m* ❶ Signal *nt*; (*signe convenu*) Zeichen *nt*; ~ **d'alarme** Alarmsignal; CHEMDFER Notbremse *f*; ~ **de détresse** Notsignal *nt*; ~ **de sollicitation** Eingabeaufforderung *f*

signalement [siɲalmɑ̃] *m* Beschreibung *f*

signaler [siɲale] <1> *vt* ❶ (*fait nouveau, perte, vol*) melden; ~ **une erreur à qn** jdn auf einen Fehler hinweisen ❷ (*marquer par un signal: direction*) weisen ▶**rien à** ~ keine besonderen Vorkommnisse; MED ohne Befund

signalisation [siɲalizasjɔ̃] *f* (*d'un aéroport, port*) (*par lumière*) Befeuerung *f*; (*au sol*) Pistenmarkierung *f*; (*d'une route*) (*par panneaux*) Beschilderung *f*; (*au sol*) Fahrbahnmarkierung *f*; (*par feu*) Ampelanlage[n *Pl*] *f*; **feu de** ~ Ampel *f*

signataire [siɲatɛʀ] **I.** *adj* (*État, pays*) Signatar- **II.** *mf* Unterzeichner(in) *m(f)*

signature [siɲatyʀ] *f* ❶ (*d'une personne*) Unterschrift *f* ❷ (*action*) Unterzeichnung *f*

signe [siɲ] *m* ❶ (*geste, symbole*) Zeichen *nt*; ~ **de la main** [Hand]zeichen *nt*; ~ **de la tête** Kopfbewegung *f*; ~ **de tête affirmatif/négatif** Nicken *nt*/Kopfschütteln *nt*; ~ **de bienvenue** Willkommensgeste *f*; **faire** ~ **à qn** (*pour signaler qc*) jdm zuwinken; (*pour contacter qn*) sich bei jdm melden; **faire** ~ **de la tête à qn** jdm zunicken; **faire** ~ **que oui/non** (*de la tête*) zustimmend nicken/den Kopf schütteln; (*d'un geste*) ein Zeichen der Zustimmung/Ablehnung machen; **faire le** ~ **de la croix** sich bekreuzigen ❷ (*indice*) Anzeichen *nt*; MED Symptom *nt* ❸ (*trait distinctif*) Merkmal *nt* ❹ ASTRO Sternzeichen *nt* ▶**c'est bon/mauvais** ~ das ist ein gutes/schlechtes Zeichen

signer [siɲe] <1> *vt* ❶ unterschreiben; (*pétition, traité*) unterzeichnen; (*tableau*) signieren ❷ (*œuvre, pièce*) verfassen; **être signé de qn** von jdm stammen ▶**être signé** *fam* jds Stempel tragen

S

signet [siɲɛ] *m* INFORM Bookmark *f*

significatif, -ive [siɲifikatif, -iv] *adj* (*date, décision, fait*) bedeutsam; (*geste, silence, sourire*) vielsagend; **être ~ de qc** etw erkennen lassen

signification [siɲifikasjɔ̃] *f* (*sens*) Bedeutung *f*

signifier [siɲifje] <1> *vt* (*avoir pour sens*) bedeuten ►**qu'est-ce que ça signifie?** was soll denn das?

silence [silɑ̃s] *m* ❶ *sans pl* (*absence de bruit*) Stille *f*; (*calme*) Ruhe *f*; **~ de mort** Totenstille; **travailler en ~** arbeiten, ohne Lärm zu machen ❷ (*absence de paroles, d'information*) Schweigen *nt*; **garder le ~ sur qc** über etw (*akk*) Stillschweigen bewahren; **réduire qn au ~** jdn zum Schweigen bringen

silencieusement [silɑ̃sjøzmɑ̃] *adv* (*sans bruit*) lautlos

silencieux [silɑ̃sjø] *m* Schalldämpfer *m*

silencieux, -euse [silɑ̃sjø, -jøz] *adj* ❶ still ❷ (*opp: bruyant*) leise; **majorité silencieuse** schweigende Mehrheit; **rester ~** schweigen

silhouette [silwɛt] *f* ❶ (*d'une personne*) Silhouette *f* ❷ (*figure indistincte*) Umriss *m*

silice [silis] *f* Kieselerde *f*

siliceux, -euse [silisø, -øz] *adj* Kiesel-; (*terrain*) kieselsäurehaltig

silicium [silisjɔm] *m* Silizium *nt*

silicone [silikɔn] *m* Silikon *nt*

silicose [silikoz] *f* [Quarz]staublunge *f*

sillonner [sijɔne] <1> *vt* (*traverser*) **~ une ville** (*personnes, touristes*) kreuz und quer durch eine Stadt gehen/fahren; (*canaux, routes*) eine Stadt durchziehen; **~ le ciel** (*avions*) am Himmel ihre Bahnen ziehen; (*éclairs*) den Himmel durchzucken

similaire [similɛʀ] *adj* vergleichbar; (*goûts*) sehr ähnlich

simili [simili] *m* Imitation *f*; **en ~** unecht

similicuir [similikɥiʀ] *m* Kunstleder *nt*

similitude [similityd] *f* (*analogie*) Ähnlichkeit *f*

simple [sɛ̃pl] I. *adj* ❶ einfach; **rien de plus ~ à réaliser!** nichts leichter als das!; **le plus ~, c'est ...** am einfachsten ist es, ... ❷ (*personne, revenus*) bescheiden; (*cérémonie*) schlicht ❸ (*rien d'autre que*) **~ formalité** reine Formalität; **un ~ coup de téléphone aurait suffi** ein [kurzer] Anruf hätte

genügt ❹ (*naïf*) einfältig ►**c'est** [bien] **~** *fam* das ist ganz einfach; **écoute, c'est ~, si tu ...** jetzt hör' mir mal gut zu: wenn du ...; **c'est bien ~, il ne m'écoute jamais!** er hört mir einfach nie zu! II. *m* ❶ SPORT Einzel *nt*; **un ~ dames/messieurs** ein Damen-/Herreneinzel ❷ (*personne naïve*) **~ d'esprit** geistig Behinderte(r) *f(m)*

simplement [sɛ̃pləmɑ̃] *adv* ❶ (*s'exprimer*) einfach; (*se vêtir*) schlicht; (*recevoir*) ungezwungen ❷ (*seulement*) [einfach] nur

simplicité [sɛ̃plisite] *f* ❶ (*opp: complexité*) Einfachheit *f* ❷ (*naturel*) Schlichtheit *f*; **parler avec ~** sich einfach [und verständlich] ausdrücken; **recevoir qn en toute ~** jdn empfangen ohne große Umstände zu machen

simplificateur, -trice [sɛ̃plifikatœʀ, -tʀis] *adj* [zu] stark vereinfachend

simplification [sɛ̃plifikasjɔ̃] *f* Vereinfachung *f*

simplifier [sɛ̃plifje] <1> I. *vt* vereinfachen; (*tâche, travail*) leichter machen II. *vpr* **se ~ la vie** sich (*dat*) das Leben erleichtern

simplisme [sɛ̃plism] *m* übermäßige Vereinfachung; **faire preuve de ~** die Dinge simplifizieren (*geh*)

simplissime [sɛ̃plisim] *adj* (*très simple*) kinderleicht

simpliste [sɛ̃plist] *adj* einseitig

simulation [simylasjɔ̃] *f* ❶ TECH Simulation *f* ❷ (*action de simuler un sentiment*) Heuchelei *f*; (*une maladie*) Simulieren *nt*

simuler [simyle] <1> *vt* ❶ (*feindre*) vortäuschen; (*sentiment*) heucheln ❷ TECH simulieren

simultané, e [simyltane] *adj* gleichzeitig

simultanéité [simyltaneite] *f* Gleichzeitigkeit *f*

simultanément [simyltanemɑ̃] *adv* gleichzeitig

sincère [sɛ̃sɛʀ] *adj* aufrichtig; (*aveu*) offen; (*ami, repentir*) echt; (*explication, réponse*) ehrlich; **veuillez agréer mes plus ~s salutations** mit [den] besten Grüßen

sincèrement [sɛ̃sɛʀmɑ̃] *adv* (*avouer*) offen; (*regretter*) aufrichtig

sincérité [sɛ̃seʀite] *f* (*d'une personne, d'un sentiment*) Aufrichtigkeit *f*; (*d'une explication, réponse*) Ehrlichkeit *f*; **en toute ~** ehrlich gesagt

Singapour [sɛ̃gapuʀ] Singapur *nt* ◀

singe [sɛ̃ʒ] *m* ❶ ZOOL Affe *m; v.a.* **guenon** ❷ *fam* (*personne qui imite*) Kasper *m;* **faire le ~** herumkaspern

singerie [sɛ̃ʒʀi] *f pl, fam* (*grimaces*) Grimassen *Pl;* (*pitreries*) Albereien *Pl*

singulariser [sɛ̃gylaʀize] <1> *vpr* **se ~ par qc** durch etw auffallen

singularité [sɛ̃gylaʀite] *f sans pl* (*originalité*) Originalität *f*

singulier [sɛ̃gylje] *m* Singular *m*

singulier, -ière [sɛ̃gylje, -jɛʀ] *adj* (*bizarre*) sonderbar; (*étonnant*) erstaunlich

singulièrement [sɛ̃gyljɛʀmɑ̃] *adv* ❶ (*étrangement*) eigenartig ❷ (*fortement*) außerordentlich

sinistre [sinistʀ] I. *adj* ❶ (*lugubre*) trostlos ❷ (*inquiétant*) unheilvoll ❸ (*nouvelle, spectacle*) schrecklich II. *m* (*catastrophe*) Katastrophe *f*

sinistré, e [sinistʀe] I. *adj* (*bâtiment*) zerstört; **personnes ~es à la suite des inondations** Opfer *Pl* der Überschwemmungskatastrophe; **zone/région ~e** Katastrophengebiet *nt* II. *m, f* [Katastrophen]opfer *nt*

sinistrose [sinistʀoz] *f* Pessimismus *m*

sinologue [sinɔlɔg] *mf* Sinologe/Sinologin *m/f*

sinon [sinɔ̃] *conj* ❶ (*dans le cas contraire*) sonst ❷ (*si ce n'est*) **que faire ~ attendre?** was können wir anderes tun als warten?

sinus [sinys] *m* ANAT [Nasen]nebenhöhle *f*

sinusite [sinyzit] *f* Nebenhöhlenentzündung *f*

siphonné, e [sifone] *adj fam* **être ~** spinnen

siphonner [sifɔne] <1> *vt* (*transvaser le contenu*) absaugen; (*vider un contenant*) leeren

sirène [siʀɛn] *f* ❶ (*signal*) Sirene *f* ❷ (*femme poisson*) Meerjungfrau *f*

sirop [siʀo] *m* ❶ (*solution sucrée concentrée*) Sirup *m* ❷ (*boisson diluée*) Saft *m* (*mit Wasser verdünnter Sirup*) ❸ MED Sirup *m; ~* **contre la toux** Hustensaft

siroter [siʀɔte] <1> *vt fam* [langsam und mit Genuss] trinken

sismique [sismik] *adj* **secousse ~** Erdstoß *m*

site [sit] *m* ❶ (*paysage*) Landschaft *f;* (*région*) Gegend *f; ~* **naturel** Naturschönheit *f; ~* **touristique** Sehenswürdigkeit *f* ❷ (*lieu d'activité*) Standort *m; ~* **archéologique/ de production** Ausgrabungs-/Produktionsstätte *f* ❸ INFORM **~ Web** Web-Site *f;* **s'offrir un ~ sur Internet** [sich] eine Website einrichten

sitôt [sito] I. *adv* ▶**pas de ~** so bald nicht II. *conj* **~ entré, ...** sobald er eingetreten war, **... ▶ ~ dit, ~ fait** gesagt, getan

situation [sitɥasjɔ̃] *f* ❶ (*Lage*) Lage *f; ~* **de famille** Familienstand *m;* **la ~ sociale de qn** jds soziale Verhältnisse ❷ (*emploi*) [An]stellung *f;* **avoir une belle ~** eine gute Stellung haben

situé, e [sitɥe] *adj* gelegen; **être ~ au sud** (*quartier, région/ maison*) im Süden liegen/ stehen; **bien/mal ~** günstig/ungünstig gelegen

situer [sitɥe] <1> I. *vt* ❶ (*dans l'espace par la pensée*) **~ son film à Paris** seinen Film in Paris spielen lassen; (*dans le temps*) **~ qc en l'an ...** etw um ... ansiedeln ❷ *fam* (*personne*) einordnen II. *vpr* ❶ (*dans l'espace, à un certain niveau*) liegen; **l'action de ce roman se situe à Paris** dieser Roman spielt in Paris ❷ (*dans le temps*) **se ~ en l'an ...** im Jahr ... stattfinden

six [sis, *devant une voyelle* siz, *devant une consonne* si] I. *num* sechs II. *m inv* Sechs *f; v.a.* **cinq**

sixième [sizjɛm] I. *adj antéposé* sechste(r, s) II. *mf* **le/la ~** der/die/das Sechste III. *m* (*fraction*) Sechstel *nt* IV. *f* SCOL ≈ sechste Klasse; *v.a.* **cinquième**

skate [skɛt] *m fam abr de* **skate-board**

skate-board [skɛtbɔʀd] <skate-boards> *m* Skateboard *nt;* **faire du ~** Skateboard fahren

sketch [skɛtʃ] <[e]s> *m* Sketch *m*

ski [ski] *m* ❶ (*objet*) Ski *m* ❷ (*sport*) Skilauf[en *nt*], Skifahren *nt; ~* **de fond** [Ski]langlauf; **~ de piste** Abfahrt[slauf *m*] *f; ~* **hors piste** Tourenskilauf[en]; **faire du ~** Ski fahren; **chaussures de ~** Skistiefel *Pl;* **station de ~** Wintersportort *m*

skiable [skjabl] *adj* (*domaine, piste*) Ski-

skier [skje] <1> *vi* Ski fahren

skieur, -euse [skjœʀ, -jøz] *m, f* Skifahrer(in) *m(f)*

skin[head] [skin(ɛd)] *m* Skin[head *m*] *m*

slalom [slalɔm] *m* Slalom *m;* **faire du ~** (*en marchant*) im Zickzack gehen; (*en conduisant*) Slalom fahren; **en ~** im Slalom

slalomer [slalɔme] <1> *vi* (*en marchant*) im Zickzack gehen; (*en conduisant, en roulant, en skis*) Slalom fahren

S

slalomeur, -euse [slalɔmœʀ, -øz] *m, f* Slalomfahrer(in) *m(f)*

slash [slaʃ] *m* TYP Slash *m*

slave [slav] *adj* slawisch

Slave [slav] *mf* Slawe/Slawin *m/f*

slip [slip] *m* Slip *m*; ~ |**de bain**| Badehose *f*

slogan [slɔgã] *m* Slogan *m*; (*politique*) Schlagwort *nt*

slovaque [slɔvak] **I.** *adj* slowakisch; *v.a.* **allemand** **II.** *m* Slowakisch *nt*; *v.a.* **allemand**

Slovaque [slɔvak] *mf* Slowake/Slowakin *m/f*

Slovaquie [slɔvaki] *f* la ~ die Slowakei

slovène [slɔvɛn] **I.** *adj* slowenisch; *v.a.* **allemand** **II.** *m* Slowenisch *nt*; *v.a.* **allemand**

Slovène [slɔvɛn] *mf* Slowene/Slowenin *m/f*

Slovénie [slɔveni] *f* la ~ Slowenien *nt*

slow [slo] *m* Slowfox *m*

smala [smala] *f hum fam* Sippe *f*; **avec toute sa** ~ mit Kind und Kegel

smash [sma(t)ʃ] *m* Schmetterball *m*

smasher [sma(t)ʃe] <1> *vt, vi* schmettern

SME [ɛsɛmø] *m abr de* **Système monétaire européen** EWS *nt*

S.M.I.C. [smik] *m abr de* **salaire minimum interprofessionnel de croissance** tariflich festgelegter Mindestlohn

Der seit 1970 bestehende **S.M.I.C.** wurde mit dem Ziel geschaffen, die Kaufkraft benachteiligter Arbeitnehmer aufrechtzuerhalten. Es handelt sich um einen festgelegten, aber dynamischen Bruttostundenlohn, den kein Arbeitgeber bei der Entlohnung volljähriger Arbeitnehmer unterschreiten darf. Dieser Mindestlohn wird jährlich erhöht, und zwar um einen Betrag, der mindestens 50% der durchschnittlichen Lohn- und Gehaltserhöhungen im Land betragen muss.

smicard, e [smikaʀ, aʀd] *m, f fam* Mindestlohnempfänger(in) *m(f)*

smurf [smœʀf] *m* Breakdance *m*

snack [snak] *m,* **snack-bar** [snakbaʀ] <snack-bars> *m* Schnellimbiss *m*

SNCF [ɛsɛnseɛf] *f abr de* **Société nationale des chemins de fer français** französische Eisenbahngesellschaft

snob [snɔb] **I.** *adj* versnobt (*pej*) **II.** *mf* Snob *m* (*pej*)

snober [snɔbe] <1> *vt* (*personne*) von oben herab behandeln; (*invitation*) sich (*dat*) zu gut sein für; (*repas*) verschmähen

snowboard [snobɔʀd] *m* Snowboard *m*

soap [sop] *m fam abr de* **soap-opéra**

soap-opéra [sopɔpeʀa] <soap-opéras> *m* Soap *f*

sobrement [sɔbʀəmã] *adv* ❶ (*boire, manger*) mäßig ❷ (*s'habiller*) schlicht

sociable [sɔsjabl] *adj* (*aimable*) gesellig

social [sɔsjal] *m* ❶ (*questions sociales*) sozialer Bereich ❷ (*politique*) Sozialpolitik *f*

social, e [sɔsjal, jo] <-aux> *adj* sozial; (*aide, logement, partenaires*) Sozial-; (*vie, convention*) gesellschaftlich; (*insecte*) staatenbildend

social-démocrate, **sociale-démocrate** [sɔsjaldemɔkʀat, sɔsjɔdemɔkʀat] <sociaux-démocrates> **I.** *adj* sozialdemokratisch **II.** *m, f* Sozialdemokrat(in) *m(f)* **social-démocratie** [sɔsjaldemɔkʀasi] <social-démocraties> *f* Sozialdemokratie *f*

socialement [sɔsjalmã] *adv* sozial

socialisation [sɔsjalizasjõ] *f* ❶ POL Sozialisierung *f* ❷ PSYCH Sozialisation *f*

socialiser [sɔsjalize] <1> *vt* POL, PSYCH sozialisieren

socialisme [sɔsjalism] *m* Sozialismus *m*

socialiste [sɔsjalist] **I.** *adj* sozialistisch **II.** *mf* Sozialist(in) *m(f)*

socialo [sɔsjalo] *mf fam abr de* **socialiste** Sozi *mf*

socialo-communiste [sɔsjalokɔmynist] <socialo-communistes> *adj* sozialistisch-kommunistisch

sociétaire [sɔsjetɛʀ] *mf* Mitglied *nt*; (*membre d'une société*) Gesellschafter(in) *m(f)*

société [sɔsjete] *f* ❶ *a.* ECON (*communauté*) Gesellschaft *f*; ~ **à responsabilité limitée** Gesellschaft mit beschränkter Haftung; ~ **anonyme** Aktiengesellschaft; **vivre en** ~ (*fourmis*) in Staaten leben ❷ (*ensemble de personnes*) Gruppe *f*; **la haute** ~ die Highsociety ❸ POL **Société des Nations** Völkerbund *m*

socioculturel, le [sɔsjokyltyʀɛl] *adj* soziokulturell

socio-économique [sɔsjoekɔnɔmik] <socio-économiques> *adj* sozioökonomisch **socio-éducatif, -ive** [sɔsjoedykatif, iv] <socio-éducatifs> *adj* sozialpädagogisch

sociolinguistique [sɔsjolɛ̃gɥistik] **I.** *f* Soziolinguistik *f* **II.** *adj* soziolinguistisch

sociologie [sɔsjɔlɔʒi] *f* Soziologie *f*
sociologique [sɔsjɔlɔʒik] *adj* soziologisch
sociologiquement [sɔsjɔlɔʒikmã] *adv* soziologisch
sociologue [sɔsjɔlɔg] *mf* Soziologe/Soziologin *m/f*
sociopolitique [sɔsjɔpɔlitik] *adj* sozialpolitisch
socio-professionnel, le [sɔsjɔpRɔfesjɔnɛl] <socio-professionnels> I. *adj* (*activité*) beruflich und gesellschaftlich; (*enquête*) das berufliche und soziale Umfeld betreffend; **catégorie ~le** Berufsgruppe *f* II. *m, f* (*responsable*) Vertreter(in) *m(f)* beruflicher und sozialer Gruppen
socquette [sɔkɛt] *f* Socke *f*; (*pour femmes, enfants*) Söckchen *nt*
soda [sɔda] *m* (*boisson aromatisée*) Limonade *f*, Kracherl *m* (A) (*fam*)
sodomie [sɔdɔmi] *f* Analverkehr *m*
sodomiser [sɔdɔmize] <1> *vt* ~ **qn** mit jdm anal koitieren
sœur [sœR] *f* ❶ (*opp: frère*) Schwester *f* ❷ (*objet semblable*) Gegenstück *nt* ❸ REL |Ordens|schwester *f*; **bonne ~** *fam* fromme Schwester ►**et ta ~|, elle bat le beurre|?** *fam* kümmere dich um deinen eigenen Mist!
sœurette [sœRɛt] *f* Schwesterchen *nt*
sofa [sɔfa] *m* Sofa *nt*
SOFRES [sɔfRɛs] *f abr de Société française d'enquêtes par sondages* kommerzielles Meinungsforschungsinstitut in Frankreich
software [sɔftwɛR] *m* Software *f*
soi [swa] I. *pron pers avec une prép* sich (*dat o akk*); **chez ~** |bei sich (*dat*)| zu Hause; **malgré ~** (*à contrecœur*) gegen seinen Willen; (*par hasard*) unabsichtlich ►**avoir qc sur ~** etw bei sich haben; **en ~** an sich; **un genre en ~** eine Gattung für sich II. *m* Selbst *nt*; **la conscience du ~** das Ich-Bewusstsein
soi-disant [swadizã] I. *adj inv, antéposé* sogenannt II. *adv* angeblich; ~ **qu'il serait en vacances** *fam* anscheinend ist er auf Urlaub
soie [swa] *f* ❶ (*tissu*) Seide *f* ❷ (*poils*) Borste *f*
soif [swaf] *f* ❶ (*besoin de boire*) Durst *m*; **avoir ~** Durst haben; **donner ~ à qn** jdn durstig machen ❷ (*désir*) ~ **de vengeance** Rachsucht *f* ►**mourir de ~** verdursten
soignant, e [swaɲã, ãt] *adj* (*personnel*)

Pflege-
soigner [swaɲe] <1> I. *vt* ❶ (*traiter: rhume*) auskurieren; ~ **qn** (*médecin*) jdn behandeln; (*infirmier*) jdn pflegen; **se faire ~** sich behandeln lassen ❷ (*personne*) sich kümmern um; (*animal*) versorgen; (*mains, chevelure, plante*) pflegen; (*style, tenue*) achten auf (+ *akk*); **être soigné** (*travail*) sorgfältig gemacht sein ►**va te faire ~!** *fam* du hast sie wohl nicht alle! II. *vpr* ❶ (*essayer de se guérir*) **se ~** sich pflegen; **se ~ tout seul** sich selbst kurieren ❷ *iron* (*avoir soin de soi*) **se ~** es sich (*dat*) gut gehen lassen ❸ (*pouvoir être soigné*) **se ~** (*maladie*) behandelt werden können ► **ça se soigne!** *fam* du hast/der hat sie wohl nicht alle!
soigneusement [swaɲøzmã] *adv* (*travailler*) gewissenhaft; (*installer*) sorgfältig; (*ranger*) ordentlich; (*éviter*) peinlich
soigneux, -euse [swaɲø, -øz] *adj* (*appliqué*) sorgfältig; (*ordonné*) ordentlich; **être ~ dans son travail** gewissenhaft arbeiten
soi-même [swamɛm] *pron pers* selbst; **le respect de ~** die Selbstachtung
soin [swɛ̃] *m* ❶ *sans pl* (*application*) Sorgfalt *f*; **avec ~** sorgfältig ❷ *pl* MED Behandlung *f*; **donner des ~s à qn** jdn pflegen ❸ *pl* (*hygiène*) ~**s du visage/corps** Gesichts-/Körperpflege *f* ❹ *sans pl* (*responsabilité*) **laisser à qn le ~ de faire qc** es jdm überlassen etw zu tun ❺ *pl* (*attention*) Zuwendung *f*
soir [swaR] I. *m* Abend *m*; **le ~ tombe** es wird Abend; **pour le repas de ce ~** heute zum Abendessen; **8 heures du ~** 8 Uhr abends; **le ~** abends; **un |beau| ~** eines |schönen| Abends; **l'autre ~** neulich Abend ►**du ~ au matin** die ganze Nacht |über| II. *adv* abends; **hier ~** gestern Abend; **mardi ~** |am| Dienstagabend
soirée [swaRe] *f* ❶ (*fin du jour*) Abend *m*; **en ~** abends; **demain en ~** morgen Abend; **en fin de ~** am späten Abend; **dans la ~** im Laufe des Abends ❷ (*fête*) |Abend|gesellschaft *f*; ~ **dansante/costumée** Tanzabend *m*/Kostümfest *nt*; **tenue de ~** Abendkleidung *f* ❸ THEAT, CINE Abendvorstellung *f*
sois [swa] *subj prés de* **être**
soit I. [swat] *adv* (*d'accord*) einverstanden; **eh bien ~!** also gut! II. [swa] *conj* ❶ (*alternative*) ~ **...**, ~ **...** |entweder| ... oder ... ❷ (*c'est-à-dire*) das heißt

S

soixantaine [swasãtɛn] *f* ❶ (*environ soixante*) **une ~ de personnes/pages** etwa sechzig Personen/Seiten ❷ (*âge approximatif*) **avoir la ~** [*o* **une ~ d'années**] ungefähr sechzig [Jahre alt] sein; **approcher de la ~** auf die Sechzig zugehen; **avoir [largement] dépassé la ~** [weit] über sechzig sein

soixante [swasãt] **I.** *num* sechzig; **~ et un** einundsechzig; **~ et onze** einundsiebzig **II.** *m inv* Sechzig *f*; *v.a.* **cinq, cinquante**

soixante-dix [swasãtdis] **I.** *num* siebzig **II.** *m inv* Siebzig *f*; *v.a.* **cinq, cinquante**

soixante-dixième [swasãtdizjɛm] <soixante-dixièmes> **I.** *adj antéposé* siebzigste(r, s) **II.** *mf* **le/la ~** der/die/das Siebzigste **III.** *m* (*fraction*) Siebzigstel *nt; v.a.* **cinquième**

soixante-huitard, e [swasãtɥitaʀ, -aʀd] <soixante-huitards> *m, f* Achtundsechziger(in) *m(f)*

soixantième [swasãtjɛm] **I.** *adj antéposé* sechzigste(r, s) **II.** *mf* **le/la ~** der/die/das Sechzigste **III.** *m* (*fraction*) Sechzigstel *nt; v.a.* **cinquième**

soja [sɔʒa] *m* Soja|bohne *f*| *f*

sol[1] [sɔl] *m* Boden *m*; (*plancher*) |Fuß|boden, GEO [Erd]boden; **être allongé sur le ~** auf dem Boden liegen; **personnel au ~** AVIAT Bodenpersonal *nt*

sol[2] [sɔl] *m inv* MUS G *nt*, g *nt*

solaire [sɔlɛʀ] *adj* (*système, huile*) Sonnen-; **centrale ~** Solarkraftwerk *nt*

soldat [sɔlda] *m* MIL Soldat *m*; **se faire ~ |de métier|** Berufssoldat werden

soldate [sɔldat] *f fam* Soldatin *f*

solde[1] [sɔld] *m* ❶ *pl* (*marchandises*) Sonderangebot[e *Pl*] *nt*; (*braderie*) Ausverkauf *m*; **~s d'été/d'hiver** Sommer-/Winterschlussverkauf; **en ~** im Sonderangebot ❷ FIN (*reliquat*) Restbetrag *m*; **~ débiteur/créditeur** Passiv-/Aktivsaldo

solde[2] [sɔld] *f* (*d'un soldat*) Sold *m*; (*d'un matelot*) Heuer *f*

solder [sɔlde] <1> **I.** *vt* ❶ COM herabsetzen; **~ qc à un client** einem Kunden etw billiger verkaufen; **~ tout son stock** einen Räumungsverkauf machen ❷ FIN (*dette*) begleichen; (*compte*) abschließen **II.** *vpr* **se ~ par un échec/succès** mit einem Misserfolg/Erfolg enden

soldeur, -euse [sɔldœʀ, -øz] *m, f* Discoun-

ter(in) *m(f)*

soleil [sɔlɛj] *m* Sonne *f*; **le Soleil** die Sonne; **~ couchant/levant** Sonnenuntergang/ -aufgang *m*; **se mettre au ~** sich in die Sonne legen; **déteindre au ~** in der Sonne bleichen; **il fait ~** die Sonne scheint; **prendre le ~** Sonne abbekommen

solennel, le [sɔlanɛl] *adj* ❶ (*cérémonie, obsèques, promesse*) feierlich ❷ *péj* (*affecté*) gekünstelt

solennellement [sɔlanɛlmã] *adv* ❶ (*avec éclat*) in feierlichem Rahmen ❷ (*avec gravité: jurer*) feierlich; (*promettre*) hoch und heilig; (*s'exprimer*) gewählt

solennité [sɔlanite] *f* ❶ (*d'un événement, d'une cérémonie*) Feierlichkeit *f*; (*d'un lieu*) Würde ❷ *péj* übertriebene Förmlichkeit

solidaire [sɔlidɛʀ] *adj* (*lié*) solidarisch; **être ~ de qn** hinter jdm stehen

solidariser [sɔlidaʀize] <1> *vpr* **se ~** sich zusammenschließen; **se ~ avec qn** sich mit jdm solidarisch erklären

solidarité [sɔlidaʀite] *f* Solidarität *f*; **la ~ entre les collègues** die Solidarität unter den Kollegen

solide [sɔlid] **I.** *adj* ❶ (*opp: liquide*) fest; (*corps*) Fest- ❷ (*construction, outil*) stabil; (*matériau*) haltbar; (*personne, santé*) robust ❸ (*connaissances*) fundiert; (*amitié*) unerschütterlich; (*position*) gesichert ❹ (*robuste*) kräftig ❺ *antéposé, fam* (*fortune, coup de poing*) ordentlich; (*appétit*) gesund **II.** *m* ❶ MATH, PHYS [geometrischer] Körper ❷ *fam* (*chose sûre, résistante*) **c'est du ~!** das ist was Solides!

solidement [sɔlidmã] *adv* ❶ (*fixer*) gut; (*construire*) solide ❷ (*s'établir, s'installer*) fest; (*structurer*) schlüssig

solidité [sɔlidite] *f* ❶ (*d'une machine*) Robustheit *f*; (*d'un meuble*) Stabilität *f*; (*d'un tissu, vêtement*) Strapazierfähigkeit *f*; (*d'un nœud*) Festigkeit *f* ❷ (*d'une position*) Sicherheit *f*; (*d'un argument*) Stichhaltigkeit *f*

solitaire [sɔlitɛʀ] **I.** *adj* einsam; (*vie*) zurückgezogen; (*caractère*) einzelgängerisch **II.** *mf* Einzelgänger(in) *m(f)*; (*ermite*) Einsiedler(in) *m(f)* ►**en ~** allein[e] **III.** *m* ❶ (*diamant*) Solitär *m* ❷ (*jeu*) Solitär|spiel *nt*| *m*

solitude [sɔlityd] *f* ❶ (*isolement*) Einsamkeit *f* ❷ (*tranquillité*) Alleinsein *nt* ❸ (*lieu solitaire*) Abgeschiedenheit *f*

solliciter [sɔlisite] <1> *vt form* (*demander*)

~ **une autorisation de qn** jdn um eine Genehmigung ersuchen; ~ **de qn une audience** von jdm eine Audienz erbitten; ~ **un emploi** sich auf eine Stelle bewerben

solstice [sɔlstis] *m* Sonnenwende *f;* ~ **d'été/d'hiver** Sommer-/Wintersonnenwende

solubilité [sɔlybilite] *f* Löslichkeit *f;* **la ~ d'une substance dans l'eau** die Wasserlöslichkeit einer Substanz *(gen)*

soluble [sɔlybl] *adj (substance, café)* löslich; ~ **dans l'eau** wasserlöslich

solution [sɔlysjɔ̃] *f a.* CHIM, MED Lösung *f;* ~ **à un problème** Lösung für ein Problem; ~ **miracle** Patentrezept *nt;* ~ **médicamenteuse** flüssiges Medikament ▸~ **finale** HIST, POL Endlösung *f*

solvable [sɔlvabl] *adj (client, pays)* zahlungsfähig; *(débiteur)* kreditwürdig; **non** ~ *(client, pays)* zahlungsunfähig; *(débiteur)* nicht kreditwürdig

sombre [sɔ̃bʀ] *adj* ❶ dunkel ❷ *(avenir, tableau, roman)* düster; *(pensée)* trübe; *(visage)* bedrückt; *(caractère, personne)* trübsinnig ❸ *antéposé fam (histoire)* finster; *(bizarre)* konfus

sombrer [sɔ̃bʀe] <1> *vi* ❶ *(faire naufrage)* untergehen ❷ *(se perdre: personne)* den Boden unter den Füßen verlieren; ~ **dans la folie/l'alcool** dem Wahnsinn/dem Alkohol verfallen

sommaire [sɔmɛʀ] **I.** *adj* ❶ *(analyse, réponse)* kurz|gefasst]; *(examen)* flüchtig ❷ *(exécution)* standrechtlich **II.** *m (table des matières)* Inhaltsverzeichnis *nt*

sommairement [sɔmɛʀmɑ̃] *adv (brièvement)* kurz

somme[1] [sɔm] *f* Summe *f;* **faire la ~ de qc** etw zusammenrechnen ▸**en ~** ~ **toute** alles in Allem

somme[2] [sɔm] *m (sieste)* Schläfchen *nt;* **piquer un** ~ *fam* ein Nickerchen machen

sommeil [sɔmɛj] *m* Schlaf *m;* **avoir** ~ müde sein; **tomber de** ~ zum Umfallen müde sein; **être réveillé en plein** ~ mitten aus dem Schlaf gerissen werden

sommeiller [sɔmeje] <1> *vi* im Halbschlaf liegen

sommes [sɔm] *indic prés de* **être**

sommet [sɔmɛ] *m* ❶ *(d'une montagne)* Gipfel *m;* *(d'une tour, hiérarchie)* Spitze *f;* *(d'une pente, vague)* Kamm *m;* *(d'un arbre)* Wipfel *m;* ~ **d'un toit** Dachfirst *m;* **sur les** ~**s** in den Bergen ❷ *(apogée)* Höhepunkt *m;* **être au** ~ **de la gloire** am Gipfel des Ruhms angelangt sein ❸ POL Gipfel|treffen *nt| m*

somnambule [sɔmnɑ̃byl] **I.** *adj* mondsüchtig **II.** *mf* Schlafwandler

somnifère [sɔmnifɛʀ] *m* Schlafmittel *nt;* *(cachet, pilule)* Schlaftablette *f*

somnoler [sɔmnɔle] <1> *vi (dormir à moitié)* halb schlafen

somptueusement [sɔ̃ptɥøzmɑ̃] *adv* verschwenderisch

somptueux, -euse [sɔ̃ptɥø, -øz] *adj (vêtement)* luxuriös; *(résidence)* prunkvoll; *(repas)* feudal; *(cadeau)* großzügig

son[1] [sɔ̃] **I.** *m (d'une voix, d'un instrument, appareil)* Klang *m;* *(bruit)* Lautstärke *f;* *(ondes)* Schall *m;* LING Laut *m* **II.** *app* |**spectacle**| ~ **et lumière** Licht-Ton-Inszenierung *f (an historischen Bauwerken)*

son[2] [sɔ̃, se] <**ses**> *dét poss* ❶ sein(e)/ihr(e); ~ **vase** seine/ihre Vase; *v.a.* **mon** ❷ *après un indéfini* sein; **à chacun** ~ **dû** jedem das Seine; **c'est chacun** ~ **tour** immer der Reihe nach ❸ *avec un titre, form* **Son Altesse Royale** Seine/Ihre Königliche Hoheit

sondage [sɔ̃daʒ] *m (enquête)* ~ |**d'opinion**| |Meinungs|umfrage *f*

sonde [sɔ̃d] *f* MED Sonde *f;* *(cathéter)* Katheter *m*

sondé, e [sɔ̃de] *m, f* Befragte(r) *f/m|*

sonder [sɔ̃de] <1> *vt (personnes)* befragen; *(insidieusement)* ausfragen; *(intentions, sentiments)* erforschen; ~ **l'opinion** Meinungsumfragen machen

sondeur [sɔ̃dœʀ] *m* ❶ NAUT Peilgerät *nt* ❷ TECH Sondiergerät *nt;* ~ **à ultrasons** Ultraschallecholot *m*

songer [sɔ̃ʒe] <2a> *vi (penser)* ~ **à qn/qc** an jdn/etw denken; *(réfléchir)* über jdn/etw nachdenken

songeur, -euse [sɔ̃ʒœʀ, -øz] *adj* nachdenklich

sonnant, e [sɔnɑ̃, ɑ̃t] *adj* **à minuit** ~/**à 4 heures** ~**es** Punkt Mitternacht/4 Uhr

sonné, e [sɔne] *adj* ❶ *fam (cinglé)* bescheuert ❷ *fam (groggy)* groggy ❸ *(annoncé par la cloche)* **il est 4 heures** ~**es** es schlägt 4 Uhr

sonner [sɔne] <1> **I.** *vt* ❶ *(cloche)* läuten;

S

(*clairon*) blasen; ~ **trois coups** dreimal klingeln[*o* läuten (A)] ❷ (*appeler*) ~ **qn** [*nach*] jdm klingeln[*o* läuten (A)] ❸ *fam* (*étourdir, secouer*) ~ **qn** jdn fertig machen; (*coup, nouvelle*) jdn umhauen; **être sonné** groggy sein ►**on** [**ne**] **t'a pas sonné** *fam* du hast hier gar nichts zu melden **II.** *vi* ❶ (*produire un son: cloche*) läuten; (*réveil, téléphone*) klingeln, läuten (A) (*angélus, trompette*) ertönen ❷ (*produire un effet*) ~ **bien** (*proposition*) gut klingen; ~ **faux** (*aveux*) unaufrichtig klingen ❸ (*être annoncé: fin*) gekommen sein; **midi/minuit sonne** es schlägt Mittag/Mitternacht; **la récréation sonne** es klingelt [*o* läutet (A)] zur Pause ❹ (*s'annoncer*) klingeln, läuten (A) ❺ (*tinter: monnaie, clé*) klimpern; (*marteau*) klingen

sonnerie [sɔnʀi] *f* ❶ (*appel sonore*) Läuten *nt;* (*d'un téléphone*) Klingeln *nt,* Läuten (A) ❷ (*mécanisme: d'un réveil*) Läutwerk *nt*

sonnette [sɔnɛt] *f* (*d'une porte d'entrée*) Klingel *f* ►**tirer la ~ d'alarme** Alarm schlagen

sono [sɔno] *f fam abr de* **sonorisation** ❶ (*équipement*) Verstärkeranlage *f* ❷ (*équipe*) Tontechniker *Pl*

sonore [sɔnɔʀ] *adj* ❶ (*voix*) klangvoll; (*gifle, rire*) schallend; (*baiser*) schmatzend; (*signal*) akustisch ❷ (*relatif au son*) **onde ~** Schallwelle *f;* **bande/film ~** Tonband *nt/* -film *nt;* **fond ~** Geräuschkulisse *f* ❸ (*lieu, voûte*) hallend ❹ (*consonne*) stimmhaft

sont [sɔ̃] *indic prés de* **être**

sophistiqué, e [sɔfistike] *adj* ❶ (*perfectionné*) hochentwickelt; (*fonctionnel*) durchdacht ❷ (*complexe*) kompliziert ❸ (*beauté*) künstlich; (*manières*) gekünstelt; (*tenue*) aufwendig

sophistiquer [sɔfistike] <1> *vt* (*perfectionner*) perfektionieren

soprano [sɔpʀano] <s> *m* (*voix*) Sopran- [stimme *f*] *m*

sorbet [sɔʀbɛ] *m* Sorbet[t] *m o nt*

sorcier, -ière [sɔʀsje, -jɛʀ] *m, f* Hexe *f;* (*homme*) Hexer *m*

sordide [sɔʀdid] *adj* ❶ (*quartier, ruelle*) heruntergekommen ❷ (*avarice, égoïsme*) schnöde

sort [sɔʀ] *m* ❶ (*destinée*) Schicksal *nt* ❷ (*hasard*) Zufall *m;* **tirer au ~** auslosen

sortable [sɔʀtabl] *adj fam* vorzeigbar; **il**

n'est pas ~ er kann sich nirgends sehen lassen

sortant, e [sɔʀtɑ̃, ɑ̃t] *adj* ❶ (*député, ministre*) scheidend *attr* ❷ (*tiré au sort*) durch das Los bestimmt; **les numéros ~s** die Gewinnzahlen

sorte [sɔʀt] *f* Art *f,* Sorte *f;* **toutes ~s de personnes/choses** alle möglichen Menschen/Dinge; **des disques de toutes ~s** Schallplatten aller Art ►**en quelque ~** in gewisser Weise; **faire en ~ que** + *subj* so einrichten, dass; **de la ~** auf diese Art und Weise

sortie [sɔʀti] *f* ❶ (*action de sortir: d'une personne*) Herauskommen *nt;* (*action de quitter: d'une personne*) Hinausgehen *nt;* ~ **de prison** Entlassung *f* aus dem Gefängnis; **la ~ de piste** AUT das Abkommen von der Fahrbahn ❷ (*promenade*) Spaziergang *m;* (*en voiture, à bicyclette*) Spazierfahrt *f;* (*excursion*) Ausflug *m;* SCOL Exkursion *f;* **être de ~** (*personne*) ausgehen ❸ (*lieu par où l'on sort: d'un bâtiment*) Ausgang *m;* (*d'une autoroute, d'un garage*) Ausfahrt *f;* (*d'une localité*) Ortsausgang *m;* (*grande route*) Ausfallstraße *f;* (*panneau*) ~ **de camions** *vant une usine*) Werksausfahrt; (*devant un chantier*) Baustellenausfahrt; ~ **d'école** [Vorsicht] Schulkinder!; ~ **de garage** Ausfahrt freihalten! ❹ (*fin: d'un spectacle, d'une saison*) Ende *nt;* ~ **de l'école/des bureaux** Schul-/Büroschluss *m;* **à la ~** [**du magasin/du bureau**] nach der Arbeit ❺ (*parution: d'une publication, d'un disque*) Erscheinen *nt;* (*d'un film*) Anlaufen *nt;* (*d'un nouveau modèle, véhicule*) Markteinführung *f* ❼ SPORT (*d'un ballon*) Aus *nt;* (*d'un gardien*) Herauslaufen *nt;* ~ [**de but**] Torlinie *f* ❽ (*exportation: de capitaux, devises*) Abfluss *m* ❾ INFORM (*output*) Ausgabe *f;* (*édition*) ~ [**sur imprimante**] Ausdruck *m*

sortir [sɔʀtiʀ] <10> **I.** *vi + être* ❶ (*partir*) hinausgehen; (*venir*) herauskommen; **faire ~** (*personne*) hinausschicken; (*animal*) hinausjagen; **laisser ~ qn** jdn [weg]gehen lassen ❷ (*quitter*) ~ **du magasin** aus dem Geschäft gehen; (*venir*) aus dem Geschäft kommen; **elle vient justement de ~ d'ici** sie ist gerade weggegangen; **à quelle heure sors-tu du bureau?** um wie viel Uhr verlässt du das Büro?; ~ **de prison** aus dem Gefängnis kommen; **en sortant**

du théâtre beim Verlassen des Theaters; ~ **du garage** (*voiture*) aus der Garage fahren; ~ **de la piste/route** von der Fahrbahn/Straße abkommen ❸ (*quitter son domicile*) weggehen; ~ **de chez soi** aus dem Haus gehen; **laisser ~** (*enfant, animal*) hinauslassen ❹ (*se divertir*) ausgehen; ~ **en boîte/en ville** in die Disko/in die Stadt gehen ❺ *fam* (*avoir une relation amoureuse avec*) ~ **avec qn** mit jdm gehen ❻ (*en terminer avec*) ~ **d'une période difficile** eine schwierige Zeit hinter sich (*dat*) haben; **ne pas être encore sorti d'embarras** noch nicht aus dem Schneider sein (*fam*) ❼ (*être tel après un événement*) ~ **indemne d'un accident** einen Unfall unverletzt überstehen; ~ **vainqueur/vaincu d'un concours** als Sieger/Verlierer aus einem Wettbewerb hervorgehen ❽ (*faire saillie*) ~ **de qc** aus etw (*dat*) vorstehen; (*en haut*) aus etw (*dat*) herausragen; (*en bas*) unter etw (*dat*) hervorschauen ❾ COM (*capitaux, devises*) abfließen ❿ (*s'écarter*) ~ **du sujet/de la question** vom Thema/von der Frage abkommen ⓫ SPORT ins Aus gehen; ~ **en touche** ins Seitenaus gehen; **être sorti** im Aus sein ⓬ (*être issu de*) ~ **de qc** aus etw (*dat*) kommen; ~ **de l'école de musique** die Musikschule besucht haben ⓭ (*apparaître: bourgeons, plante*) sprießen; (*dent*) durchkommen ⓮ (*paraître: livre, disque*) erscheinen; (*film*) anlaufen; (*nouveau modèle, voiture*) auf den Markt kommen ⓯ JEUX (*numéro*) fallen; (*couleur*) ausgespielt werden ▶**|mais| d'où tu sors?** *fam* wo lebst du denn? **II.** *vt* + *avoir* ❶ (*mener dehors*) ausführen; (*porter dehors*) hinausbringen; **ça vous sortira** so kommen Sie auch mal raus (*fam*) ❷ (*expulser*) hinauswerfen ❸ (*libérer*) ~ **qn d'une situation difficile** jdn aus einer schwierigen Lage befreien ❹ (*retirer d'un lieu*) herausholen; (*d'un sac/d'une valise*) herausnehmen; **ne pas arriver à ~ qc** etw nicht herausbekommen; ~ **du garage** (*voiture*) aus der Garage fahren ❺ COM (*marchandises*) ausführen; (*en fraude*) schmuggeln ❻ (*nouveau modèle, véhicule, livre*) herausbringen ❼ *fam* (*âneries, sottises*) von sich geben; ~ **des âneries** *fam* dummes Zeug auftischen ❽ *fam* (*éliminer*) aus dem Rennen werfen; **se faire ~ par qn** gegen jdn ausscheiden **III.** *vpr* + *être*

❶ (*se tirer*) **se ~ d'une situation** aus einer Situation herauskommen ❷ (*réussir*) **s'en ~** klarkommen (*fam*); (*échapper à un danger, un ennui*) noch einmal davonkommen (*fam*); (*survivre*) durchkommen (*fam*)

S.O.S. [ɛsoɛs] *m* ❶ (*appel*) SOS *nt* ❷ (*organisation*) ~ **médecins** medizinischer Not[fall]dienst; ~ **dépannage** Pannenhilfe *f*; ~ **Racisme** *franz.* Organisation gegen Rassismus ▶<u>lancer</u> un ~ SOS funken; *fig fam* einen Hilferuf loslassen

sottement [sɔtmɑ̃] *adv* dummerweise

sou [su] *m pl*, *fam* Kröten *Pl*; **ça en fait des ~s!** *fam* das ist ein ganzer Haufen Geld! ▶**ne pas avoir un ~ en** <u>poche</u> *fam* keinen Pfennig [Geld] in der Tasche haben

souci [susi] *m* ❶ *souvent pl* (*inquiétude*) Sorge *f*; **se faire du ~ pour qn/qc** sich (*dat*) Sorgen um jdn/wegen etw machen ❷ (*préoccupation*) Anliegen *nt*

soucier [susje] <1> *vpr* **se ~ de qn/qc** sich um jdn/etw kümmern

soucieux, -euse [susjø, -jøz] *adj* (*personne, air, ton*) besorgt; **être ~ de qn/de l'avenir** sich um jdn/um die Zukunft sorgen

soucoupe [sukup] *f* Untertasse *f*

soudain, e [sudɛ̃, ɛn] **I.** *adj* (*événement, geste*) unerwartet; (*sentiment*) jäh **II.** *adv* plötzlich

soudainement [sudɛnmɑ̃] *adv* plötzlich

souffle [sufl] *m* ❶ (*expiration*) Atemzug *m*; (*respiration*) Atmen *nt*; (*capacité pulmonaire*) Atmung *f*; **au ~** Herzgeräusche *Pl*; **manquer de ~** atemlos sein ❷ (*déplacement d'air: d'une explosion*) Druckwelle *f*; (*d'un ventilateur*) Luftzug *m*; ~ **du vent** Wind[hauch *m*] *m*; **il n'y a pas un ~ [d'air]** es regt sich kein Lüftchen ❸ (*inspiration: d'un artiste*) Schöpferkraft *f*; (*d'une œuvre*) Inspiration *f* ▶**avoir du ~** Kondition haben; **<u>couper</u> le ~ à qn** jdm die Sprache verschlagen; **<u>reprendre</u> son ~** (*respirer*) Luft holen; (*se calmer*) tief durchatmen

soufflé [sufle] *m* GASTR Auflauf *m*

souffler [sufle] <1> **I.** *vi* ❶ METEO (*vent*) wehen; **ça souffle** es ist windig ❷ (*insuffler de l'air*) ~ **sur/dans qc** auf/in etw (*akk*) blasen ❸ (*haleter*) keuchen ❹ (*se reposer*) verschnaufen ❺ (*prendre du recul*) **laisser ~ qn** jdm [noch] etwas Zeit lassen **II.** *vt* ❶ (*éteindre*) ausblasen ❷ (*déplacer en soufflant*) ~ **qc** etw [weg]pusten; (*vent*) etw

S

wegwehen ❸ (*détruire*) zerstören ❹ (*dire discrètement*) ~ qc à l'oreille de qn jdm etw ins Ohr flüstern; THEAT jdm etw soufflieren; SCOL jdm etw vorsagen ❺ *fam* (*stupéfier*) umhauen ❻ TECH ~ le verre Glas *nt* blasen

souffrance [sufʀɑ̃s] *f* ❶ (*douleur*) Schmerz *m* ❷ (*fait de souffrir*) Leiden *nt*

souffre-douleur [sufʀədulœʀ] *m inv* Prügelknabe *m*

souffrir [sufʀiʀ] <11> *vi* ❶ leiden; faire ~ qn jdm wehtun; (*rendre malheureux: personne*) jdn unglücklich machen; (*échec, séparation*) jdn schmerzen ❷ (*avoir mal quelque part*) ~ de l'estomac/des reins Magen-/Nierenschmerzen haben ❸ (*avoir mal à cause de*) ~ du froid/de la chaleur unter der Kälte/Hitze leiden; ~ de la faim/de la soif Hunger/Durst leiden ❹ *fam* (*avoir des difficultés*) il a souffert pour avoir l'examen es war nicht einfach für ihn die Prüfung zu bestehen

soufisme [sufism] *m* Sufismus *m*

soufre [sufʀ] *m* Schwefel *m*

souhait [swε] *m* ❶ (*désir*) Wunsch *m*; exprimer le ~ de faire qc den Wunsch äußern etw zu tun ❷ (*très, très bien*) joli à ~ bildhübsch ▸à tes/vos ~s! Gesundheit!

souhaiter [swete] <1> *vt* ❶ (*désirer*) qc sich (*dat*) etw wünschen; ~ que + *subj* hoffen, dass; nous souhaitons manger wir möchten essen; je souhaiterais t'aider davantage ich würde dir gern|e| noch mehr helfen ❷ (*espérer pour quelqu'un*) ~ bonne nuit/beaucoup de bonheur jdm gute Nacht/viel Glück wünschen; ~ bien des choses pour la nouvelle année à qn jdm alles Gute für das neue Jahr wünschen; ~ un joyeux anniversaire à qn jdm alles Gute zum Geburtstag wünschen

soul [sul] *f* la musique ~ Soulmusik *f*

soûl, e [su, sul] *adj fam* (*ivre*) blau

soulagement [sulaʒmɑ̃] *m* Erleichterung *f*

soulager [sulaʒe] <2a> I. *vt* ~ qn *a. fig* jdn entlasten; (*nouvelle, aveu*) jdn erleichtern ❷ (*calmer la douleur*) jds Schmerzen lindern II. *vpr* ❶ (*se défouler*) se ~ en faisant qc sich (*dat*) Erleichterung verschaffen, indem man etw tut ❷ *fam* (*satisfaire un besoin naturel*) se ~ sich erleichtern

soûler [sule] <1> I. *vt* ❶ (*enivrer*) ~ qn au whisky jdn mit Whiskey betrunken ma-

chen; ça soûle! das macht blau! (*fam*) ❷ (*tourner la tête*) |ganz| benommen machen (*fam*) II. *vpr* se ~ sich betrinken

soulever [sul(ə)ve] <4> *vt* ❶ (*poids*) |hoch|heben ❷ (*relever légèrement*) anheben ❸ (*problème, question*) aufwerfen

souligner [suliɲe] <1> *vt* ❶ (*phrase, importance*) unterstreichen ❷ (*accentuer*) betonen

soumettre [sumεtʀ] <irr> I. *vt* ❶ (*faire subir*) ~ qn à des tests jdn |einer Reihe von| Untersuchungen unterwerfen; ~ qn à une épreuve jdm eine Prüfung auferlegen ❷ (*présenter*) ~ une idée à qn jdm einen Vorschlag unterbreiten II. *vpr* ❶ (*obéir*) ~ sich unterwerfen; se ~ à la loi sich einem Gesetz fügen ❷ (*se plier à, suivre*) se ~ à un entraînement spécial sich einer speziellen Behandlung unterziehen

soumis, e [sumi, iz] *part passé de* **soumettre**

soupçon [supsɔ̃] *m* ❶ (*suspicion*) Verdacht *m kein Pl*; de graves ~s ein schwerer Verdacht ❷ (*très petite quantité*) un ~ de sel/poivre eine Spur Salz/Pfeffer; un ~ d'ironie ein Hauch von Ironie

soupçonner [supsɔne] <1> *vt* ~ qn de vol jdn des Diebstahls verdächtigen

soupe [sup] *f* ❶ (*potage*) Suppe *f*; assiette/cuillère à ~ Suppenteller *m*/-löffel *m* ❷ (*neige fondue*) Schneematsch *m* ▸être trempé comme une ~ *fam* klatschnass sein

soupir [supiʀ] *m* Seufzer *m*; pousser un ~ de soulagement |erleichtert| aufatmen

soupirant [supiʀɑ̃] *m hum* Verehrer *m*

soupirer [supiʀe] <1> *vi* seufzen

souple [supl] *adj* ❶ (*opp: rigide*) biegsam; (*lentilles de contact*) weich; (*cuir*) geschmeidig ❷ (*personne*) gelenkig ❸ (*adaptable*) flexibel

souplesse [suplεs] *f* (*adaptabilité*) Flexibilität *f*; (*d'une personne*) Anpassungsfähigkeit *f*

source [suʀs] I. *f* ❶ *a.* PHYS Quelle *f*; eau de ~ Quellwasser *nt* ❷ (*naissance d'un cours d'eau*) Quelle *f*, Ursprung *m*; prendre sa ~ en Suisse in der Schweiz entspringen ❸ *pl* (*origine de l'information*) de ~ sûre aus sicherer Quelle II. *app* INFORM langage/programme ~ Programmiersprache *f*

sourd, e [suʀ, suʀd] I. *adj* ❶ (*qui n'entend pas*) taub; (*qui n'entend pas bien*) schwerhörig ❷ (*bruit*) dumpf **II.** *m, f* (*personne qui n'entend pas*) Gehörlose(r) *f(m)*; (*qui n'entend pas bien*) Schwerhörige(r) *f(m)*

sourd-muet, sourde-muette [suʀmɥɛ, suʀd(ə)mɥɛt] <sourds-muets> *m, f* Taubstumme(r) *f(m)*

souriant, e [suʀjɑ̃, jɑ̃t] *adj* freundlich

sourire [suʀiʀ] **I.** *m* Lächeln *nt;* **faire un ~ à qn** jdn anlächeln; **avoir le ~** *fam* gut gelaunt sein; **garder le ~** freundlich bleiben **II.** <irr> *vi* lächeln; **~ à qn** jdn anlächeln

souris [suʀi] *f* a. INFORM Maus *f*

sournoisement [suʀnwazmɑ̃] *adv* ❶ (*observer*) lauernd ❷ (*insidieusement*) heimtückisch

sous [su] *prép* ❶ (*spatial: avec direction*) unter (+ *akk*); (*sans direction*) unter (+ *dat*) ❷ (*temporel*) **~ huitaine** innerhalb einer Woche (*gen*); **~ peu** binnen kurzem ❸ (*manière, cause*) unter (+ *dat*) ❹ (*dépendance*) unter (+ *dat*); **~ les ordres de qn** unter jdm ❺ METEO in (+ *dat*); **~ la pluie** im Regen ❻ MED **être ~ perfusion** am Tropf hängen; **être ~ antibiotiques** mit Antibiotika behandelt werden

sous-développé, e [sudev(ə)lɔpe] <sous-développés> *adj* unterentwickelt; **pays ~** Entwicklungsland *nt* **sous-développement** [sudev(ə)lɔpmɑ̃] <sous-développements> *m* Unterentwicklung *f* **sous-directeur, -trice** [sudiʀɛktœʀ, -tʀis] <sous-directeurs> *m, f* stellvertretender Direktor/stellvertretende Direktorin **sous-entendre** [suzɑ̃tɑ̃dʀ] <14> *vt* (*dire implicitement*) zu verstehen geben **sous-entendu, e** [suzɑ̃tɑ̃dy] <sous-entendus> *m* Anspielung *f* **sous-estimer** [suzɛstime] <1> *vt* unterschätzen **sous-évaluer** [suzevalɥe] <1> *vt* **~ qc** den Wert einer S. unterbewerten **sous-marin** [sumaʀɛ̃] <sous-marins> *m* U-Boot *nt* **sous-préfecture** [supʀefɛktyʀ] <sous-préfectures> *f* (*chef-lieu d'arrondissement*) Sitz *m* einer Unterpräfektur, ≈ Kreisstadt *f* **sous-préfet** [supʀefɛ] <sous-préfets> *m* Unterpräfekt(in) *m(f)*, ≈ Landrat/Landrätin *m/f* **sous-pull** [supyl] <sous-pulls> *m* Unterziehpullover *m* **sous-sol** [susɔl] <sous-sols> *m* (*dans un immeuble*) Untergeschoss *nt* **sous-tasse** [sutas] <sous-tasses> *f* Untertasse *f* **sous-titrer** [sutitʀe] <1> *vt* untertiteln

soustraire [sustʀɛʀ] <irr> **I.** *vi* subtrahieren **II.** *vpr* **se ~ à une obligation** sich (*akk*) einer Verpflichtung entziehen

sous-traiter [sutʀete] <1> *vt* ❶ (*donner en sous-traitance*) an Subunternehmer *Pl* vergeben ❷ (*agir comme sous-traitant*) als Subunternehmer ausführen

soutenance [sut(ə)nɑ̃s] *f* Disputation *f*

soutenir [sut(ə)niʀ] <9> *vt* ❶ (*porter*) halten; **~ qc** (*colonne, poutre*) etw tragen ❷ (*étayer, maintenir droit*) abstützen ❸ (*maintenir debout, en bonne position*) stützen ❹ (*aider financièrement, moralement*) unterstützen; **~ qn dans le malheur** jdm im Unglück eine Hilfe sein ❺ (*empêcher de faiblir*) stärken; (*monnaie*) stützen; (*intérêt*) wach halten ❻ (*prendre parti pour*) verteidigen; (*cause*) sich einsetzen für; **~ qn** zu jdm halten; **~ un gouvernement** zu einer Regierung stehen ❼ (*affirmer*) **~ que ...** behaupten, dass ...

soutenu, e [sut(ə)ny] **I.** *part passé de* **soutenir II.** *adj* ❶ (*attention, effort*) beständig ❷ (*style, langue*) gehoben

souterrain [suteʀɛ̃] *m* unterirdischer Gang **souterrain, e** [suteʀɛ̃, ɛn] *adj* unterirdisch; **passage ~** Unterführung *f*

soutien [sutjɛ̃] *m* ❶ (*aide*) Unterstützung *f;* **apporter son ~ à qn** jdn unterstützen ❷ SCOL Nachhilfe *f*

soutien-gorge [sutjɛ̃gɔʀʒ] <soutiens-gorge[s]> *m* Büstenhalter *m*

soutirer [sutiʀe] <1> *vt* **~ de l'argent à qn** jdm Geld abluchsen (*fam*)

souvenir¹ [suv(ə)niʀ] <9> *vpr* **se ~ de qn/qc** sich an jdn/etw erinnern

souvenir² [suv(ə)niʀ] *m* ❶ **le ~ de qn/qc** die Erinnerung an jdn/etw; **garder un bon/mauvais ~ de qn/qc** jdn/etw in guter/schlechter Erinnerung behalten; **en ~ de qn/qc** zum Andenken an jdn/etw ❷ (*objet touristique*) Andenken *nt*

souvent [suvɑ̃] *adv* oft; **le plus ~** meistens

souverainement [suv(ə)ʀɛnmɑ̃] *adv* souverän

souveraineté [suv(ə)ʀɛnte] *f* Souveränität *f*

souverainisme [suv(ə)ʀenism] *m* POL ❶ CAN Souveränismus *m* ❷ (*en France*) Souveränismus *m* (*politisches Konzept, das die nationalstaatliche Souveränität Frankreichs befürwortet und die Globalisierung und europäische Integration ablehnt*)

S

soviétique [sɔvjetik] *adj* sowjetisch; **l'Union ~** die Sowjetunion

Soviétique [sɔvjetik] *mf* Sowjetrusse/-russin *m/f*; **les ~s** die Sowjets

soyeux, -euse [swajø, -jøz] *adj* ❶ (*doux*) seidenweich ❷ (*brillant*) seidig

SPA [ɛspea] *f abr de* **Société protectrice des animaux** *französischer Tierschutzverein*

spacieux, -euse [spasjø, -jøz] *adj* geräumig

spaghettis [spageti] *mpl* Spaghetti *Pl*

sparadrap [spaʀadʀa] *m* [Heft]pflaster *nt*

spasmophilie [spasmɔfili] *f* Spasmophilie *f* Fachspr.

spatial, e [spasjal, jo] <-aux> *adj* räumlich; **voyage ~** [Welt]raumfahrt *f*

spatiotemporel, le [spasjotɑ̃pɔʀɛl] *adj* raumzeitlich

spatule [spatyl] *f* ❶ (*ustensile*) Spachtel *m*; (*en cuisine*) Pfannenwender *m*; (*d'un médecin*) Spatel *m* ❷ (*d'un ski*) Spitze *f*

spécial, e [spesjal, jo] <-aux> *adj* ❶ (*opp: général*) spezielle(r, s); **équipement ~** Spezialausrüstung *f*; **autorisation ~e** Sondergenehmigung *f*; **rien de ~** nichts Besonderes ❷ (*bizarre*) eigenartig

spécialement [spesjalmɑ̃] *adv* ❶ (*en particulier*) [ganz] besonders ❷ (*tout exprès*) extra ❸ *fam* (*pas vraiment*) nicht besonders

spécialisation [spesjalizasjɔ̃] *f* Spezialisierung *f*

spécialisé, e [spesjalize] *adj* spezialisiert; **être ~ dans qc** auf etw (*akk*) spezialisiert sein

spécialiser [spesjalize] <1> *vpr* **se ~ dans** [*o* **en**] **qc** sich (*akk*) auf etw (*akk*) spezialisieren

spécialiste [spesjalist] *mf* ❶ (*expert*) Spezialist(in) *m(f)* ❷ (*technicien*) Fachmann/-frau *m/f* ❸ MED Facharzt/-ärztin *m/f*

spécialité [spesjalite] *f* ❶ SCI, TECH Spezialgebiet *f* ❷ (*produit caractéristique*) Spezialität *f*

spécification [spesifikasjɔ̃] *f* Spezifizierung *f*

spécificité [spesifisite] *f* spezifische Besonderheit

spécifier [spesifje] <1> *vt* **~ qc** etw genau angeben; (*loi*) etw genau festlegen

spécifique [spesifik] *adj* spezifisch

spécifiquement [spesifikmɑ̃] *adv* spezifisch

spécimen [spesimɛn] *m* (*exemplaire*) Exemplar *nt*; (*publicitaire*) Probeexemplar

spectacle [spɛktakl] *m* ❶ (*ce qui s'offre au regard*) Anblick *m*; **~ de la nature** Naturschauspiel *nt* ❷ THEAT, MEDIA Vorstellung *f*; **~ dramatique/chorégraphique** Bühnenstück *nt*/Ballett *nt* ❸ (*show-business*) **le monde du ~** das Showgeschäft

spectaculaire [spɛktakylɛʀ] *adj* spektakulär

spectateur, -trice [spɛktatœʀ, -tʀis] *m, f* ❶ THEAT, SPORT Zuschauer(in) *m(f)* ❷ (*observateur*) Beobachter(in) *m(f)*

spéculatif, -ive [spekylatif, -iv] *adj* spekulativ; (*gain*) Spekulations-

spéculation [spekylasjɔ̃] *f* Spekulation *f*

spéculer [spekyle] <1> *vi* FIN, COM **~ sur qc** mit etw spekulieren

speech [spitʃ] *m* Rede *f*

spéléologie [speleɔlɔʒi] *f* ❶ (*science*) Höhlenkunde *f* ❷ (*loisirs*) Erkundung *f* von Höhlen

spermatozoïde [spɛʀmatɔzɔid] *m* Spermium *nt*

sperme [spɛʀm] *m* Sperma *nt*

spermicide [spɛʀmisid] *adj* samenabtötend

sphère [sfɛʀ] *f* ❶ SCI Kugel *f* ❷ (*domaine*) Bereich *m*

spirale [spiʀal] *f a. fig* Spirale *f*

spiritualité [spiʀitɥalite] *f* ❶ REL Spiritualität *f* (*geh*) ❷ PHILOS Geistigkeit *f*

spirituel, le [spiʀitɥɛl] *adj* ❶ (*plein d'esprit*) geistreich ❷ REL geistlich ❸ (*qui se rapporte à l'esprit*) geistig

spirituellement [spiʀitɥɛlmɑ̃] *adv* (*avec esprit*) geistreich

spleen [splin] *m* Schwermut *m*

splendeur [splɑ̃dœʀ] *f a. iron* Pracht *f kein Pl*

splendide [splɑ̃did] *adj* prächtig

sponsor [spɔ̃sɔʀ] *m* Sponsor(in) *m(f)*

sponsoriser [spɔ̃sɔʀize] <1> *vt* sponsern

spontané, e [spɔ̃tane] *adj* spontan

spontanéité [spɔ̃taneite] *f* Spontaneität *f*

spontanément [spɔ̃tanemɑ̃] *adv* ❶ (*sans réfléchir*) spontan ❷ (*librement*) freiwillig

sport [spɔʀ] **I.** *adj inv* (*coupe*) sportlich **II.** *m* ❶ (*activité sportive*) Sport *m*; **~ de compétition** Leistungssport; **faire du ~** Sport treiben ❷ (*forme d'activité sportive*) Sportart *f*; **~s d'hiver** Wintersportarten *Pl*; (*séjour*) Winterurlaub *m*

sportif, -ive [spɔʀtif, -iv] **I.** *adj* ❶ (*allure, démarche, personne*) sportlich ❷ (*de compétition*) **pratiquer la danse sportive** das Tanzen als Sport betreiben ➌ (*de sport*) **pages sportives** (*d'un journal*) Sportteil *m* **II.** *m, f* Sportler(in) *m(f)*

spot [spɔt] *m* ➊ (*lampe*) Spot *m;* (*projecteur*) Scheinwerfer *m* ➋ (*publicitaire*) -spot

spray [spʀɛ] *m* ➊ (*pulvérisation*) Spray *m o nt* ➋ (*atomiseur*) Spraydose *f*

sprint [spʀint] *m* Sprint *m;* **~ final** Endspurt *m*

sprinteur, -euse [spʀintœʀ, -øz] *m, f* Sprinter(in) *m(f);* (*en athlétisme*) Kurzstreckenläufer(in) *m(f)*

squale [skwal] *m* Hai[fisch *m*] *m*

square [skwaʀ] *m* [kleine] Grünanlage (*in mitten eines Platzes*)

squash [skwaʃ] *m* Squash *nt*

squatter [skwate] <1> *vt* besetzen

squelette [skəlɛt] *m* ➊ ANAT, ARCHIT Skelett *nt* ➋ *fam* (*personne très maigre*) Klappergestell *nt*

squelettique [skəletik] *adj* (*très maigre*) spindeldürr

Sri Lanka [sʀilɑ̃ka] *m* **le ~** Sri Lanka *nt*

SS [ɛsɛs] *m abr de* **Schutzstaffel** SS *f*

stabiliser [stabilize] <1> **I.** *vt* ➊ stabilisieren ➋ (*accotement, terrain*) befestigen **II.** *vpr* **se ~** (*monnaie, maladie*) sich stabilisieren

stabilité [stabilite] *f* ECON, POL Stabilität *f*

stable [stabl] *adj* ➊ (*terrain*) befestigt ➋ (*durable*) dauerhaft ➌ (*temps*) beständig

stade [stad] *m* ➊ SPORT Stadion *nt* ➋ (*phase*) Stadium *nt*

stage [staʒ] *m* ➊ (*en entreprise*) Praktikum *nt;* (*en rédaction*) Volontariat *nt* ➋ (*séminaire*) Kurs *m* ➌ (*période avant la titularisation*) ≈ Referendariat *nt*

stagiaire [staʒjɛʀ] *mf* (*en entreprise*) Praktikant(in) *m(f);* (*en rédaction*) Volontär(in) *m(f)*

stagner [stagne] <1> *vi* ➊ (*eau*) stehen ➋ ECON stagnieren

stalactite [stalaktit] *f* [hängender] Tropfstein *m*

stalagmite [stalagmit] *f* [stehender] Tropfstein *m*

stalinisme [stalinism] *m* Stalinismus *m*

stand [stɑ̃d] *m* ➊ (*dans une exposition*) [Messe]stand *m* ➋ (*dans une fête*) Bude *f*

standard[1] [stɑ̃daʀ] *m* TELEC [Telefon]zentrale *f*

standard[2] [stɑ̃daʀ] *adj inv* ➊ (*normalisé*) ge-

normt; (*modèle, pièce*) Serien- ➋ (*dépourvu d'originalité*) [allgemein] üblich; IND standardisiert; (*voiture*) mit Standardausrüstung ➌ LING **langue ~** Hochsprache *f*

standardiser [stɑ̃daʀdize] <1> *vt* standardisieren

standardiste [stɑ̃daʀdist] *mf* Telefonist(in) *m(f)*

staphylocoque [stafilɔkɔk] *m* Staphylokokkus *m* Fachspr.

star [staʀ] *f* Star *m*

starting-block [staʀtiŋblɔk] <**starting-blocks**> *m* Startblock *m*

station [stasjɔ̃] *f* ➊ AUT Station *f*, Haltestelle *f;* **~ de taxis** Taxistand *m* ➋ MEDIA (*émetteur*) Sender *m* ➌ TECH Station *f;* **~ d'épuration** Kläranlage *f;* **~ [d']essence** Tankstelle *f* ➍ TOUR **~ balnéaire/de sports d'hiver** Bade-/Wintersportort *m;* **~ thermale** Thermalkurort *m*

stationnaire [stasjɔnɛʀ] *adj* unverändert

stationnement [stasjɔnmɑ̃] *m* Parken *nt;* **ticket/disque de ~** Parkschein *m*/-scheibe *f;* **panneau de ~ interdit** Halteverbotsschild *nt*

stationner [stasjɔne] <1> *vi* (*être garé*) parken; **interdiction de ~** Parkverbot *nt*

station-service [stasjɔ̃sɛʀvis] <**stations-service[s]**> *f* Tankstelle *f*

statisticien, ne [statistisjɛ̃, jɛn] *m, f* Statistiker(in) *m(f)*

statistique [statistik] **I.** *adj* statistisch **II.** *f* Statistik *f;* **les ~s** die Statistik

statistiquement [statistikmɑ̃] *adv* statistisch

statue [staty] *f* Statue *f*

statu quo [statykwo] *m inv* Status quo *m*

statut [staty] *m* ➊ *a.* ADMIN Status *m* ➋ *pl* JUR (*d'une association, société*) Satzung *f*

steak [stɛk] *m* Steak *nt*

stèle [stɛl] *f* Stele *f*

sténo [steno] **I.** *mf abr de* **sténographe** Stenograf[o Stenograph](in) *m(f)* **II.** *mf abr de* **sténodactylo** Stenotypist(in) *m(f)* **III.** *f abr de* **sténographie** Steno *f* (*fam*)

sténodactylo [stenodaktilo] *mf* Stenotypist(in) *m(f)*

sténodactylographie [stenodaktilɔgʀafi] *f* Stenotypieren *nt*

sténographie [stenɔgʀafi] *f* Stenografie *f*

stéréophonie [steʀeɔfɔni] *f* Stereofonie *f*

stéréotype [steʀeɔtip] *m* Stereotyp *nt*

S

stérile [steʀil] *adj* ❶ BIO, AGR unfruchtbar ❷ (*sans microbes*) steril ❸ (*efforts*) vergeblich

stérilet [steʀilɛ] *m* Spirale *f* (*fam*)

stérilisateur [steʀilizatœʀ] *m* Sterilisator *m*

stériliser [steʀilize] <1> *vt* sterilisieren

stérilité [steʀilite] *f* ❶ BIO, AGR a. *fig* Unfruchtbarkeit *f* ❷ (*absence de microbes*) Keimfreiheit *f*

steward [stiwaʀt] *m* Steward *m*

stick [stik] *m* Stift *m*

stimulant [stimylɑ̃] *m* ❶ (*médicament*) anregendes Mittel ❷ (*incitation*) Ansporn *m*

stimulant, e [stimylɑ̃, ɑ̃t] *adj* ❶ (*fortifiant*) anregend ❷ (*qui ouvre l'esprit*) anregend ❸ (*encourageant*) aufmunternd

stimulateur [stimylatœʀ] *m* ~ **cardiaque** Herzschrittmacher *m*

stimuler [stimyle] <1> *vt* ❶ (*activer, augmenter*) anregen ❷ (*encourager*) anspornen

stock [stɔk] *m* ❶ COM Lager *nt;* **en** ~ auf Lager ❷ (*réserve*) Vorrat *m* ❸ (*grande quantité*) **garde ce stylo, j'en ai tout un** ~ *fam* behalte den Stift, ich habe jede Menge davon

stocker [stɔke] <1> *vt* ❶ (*mettre en réserve*) [ein]lagern ❷ INFORM ~ **sur une disquette** auf einer Diskette [ab]speichern

Stockholm [stɔk´ɔlm] Stockholm *nt*

stoïquement [stɔikmɑ̃] *adv* unerschütterlich

stomatologie [stɔmatɔlɔʒi] *f* Stomatologie *f*

stop [stɔp] I. *interj* ❶ (*halte*) stopp ❷ (*dans un télégramme*) stop II. *m* ❶ (*panneau*) Stoppschild *nt;* (*feu*) Haltesignal *nt* ❷ AUT (*feu arrière*) Bremslicht *nt* ❸ (*auto-stop*) **faire du** ~ *fam* trampen

stopper [stɔpe] <1> I. *vi* stehen bleiben II. *vt* stoppen

store [stɔʀ] *m* (*rideau à enrouler*) Rollo *nt;* (*de magasin*) Rollladen *m*

Strasbourg [stʀasbuʀ] Straßburg *nt*

strass [stʀas] *m* Strass *m*

stratagème [stʀataʒɛm] *m* List *f*

stratégie [stʀateʒi] *f* Strategie *f*

stratégique [stʀateʒik] *adj* strategisch; (*position*) strategisch wichtig

stratifié [stʀatifje] *m* Schicht|press|stoff *m*

stress [stʀɛs] *m* Stress *m* kein Pl

stressant, e [stʀɛsɑ̃, ɑ̃t] *adj* stressig (*fam*)

stresser [stʀese] <1> I. *vt* stressen (*fam*); **être stressé** im Stress sein (*fam*) II. *vi* (*personne*) sich stressen

stretching [stʀɛtʃiŋ] *m* Stretching *nt*

strict, e [stʀikt] *adj* ❶ streng; **au sens** ~ **im engeren Sinne; être très** ~ **sur le règlement** es sehr genau mit den Bestimmungen nehmen ❷ *antéposé* (*minimum*) absolut; **le** ~ **nécessaire** das Allernötigste; **la** ~**e vérité** die reine Wahrheit ❸ (*vêtement, tenue*) streng geschnitten

strictement [stʀiktəmɑ̃] *adv* strikt; ~ **interdit** streng verboten; ~ **parlant** genau genommen

string [stʀiŋ] *m* String-Tanga *m*

strip-tease [stʀiptiz] <strip-teases> *m* (*spectacle*) Striptease *m;* **faire un** ~ strippen

strip-teaseur, -euse [stʀiptizœʀ, -øz] <strip-teaseurs> *m, f* Stripteasetänzer(in) *m(f)*

strophe [stʀɔf] *f* Strophe *f*

structure [stʀyktyʀ] *f* ❶ (*organisation*) Struktur *f* ❷ (*lieu, service social*) ~ **d'accueil** soziale Einrichtung

structurer [stʀyktyʀe] <1> I. *vt* strukturieren; (*exposé, ouvrage*) gliedern II. *vpr* **se** ~ sich organisieren

studio [stydjo] *m* Studio *nt*

stupéfaction [stypefaksjɔ̃] *f* Verblüffung *f*

stupéfait, e [stypefɛ, ɛt] *adj* verblüfft

stupéfiant, e [stypefjɑ̃, jɑ̃t] I. *adj* verblüffend II. *m* Betäubungsmittel *nt*

stupéfié, e [stypefje] *adj* (*très étonné*) verblüfft

stupéfier [stypefje] <1> *vt* verblüffen

stupeur [stypœʀ] *f* Verblüffung *f*

stupide [stypid] *adj* dumm; (*vie, travail*) stumpfsinnig

stupidement [stypidmɑ̃] *adv* ❶ (*se conduire*) dumm; (*rire*) dummerweise; **répondre** ~ eine dumme Antwort geben ❷ (*absurdement*) sinnlos

stupidité [stypidite] *f* Dummheit *f*

style [stil] *m* ❶ Stil *m* ❷ LING (*discours*) Rede *f* ❸ (*genre*) Art *f;* **arriver en retard, c'est bien dans son** ~**!** zu spät zu kommen ist typisch für ihn!

stylisme [stilism] *m* Design *nt*

styliste [stilist] *mf* Stilist(in) *m(f);* IND Designer(in) *m(f)*

stylistique [stilistik] I. *adj* stilistisch II. *f* Stilistik *f*

stylo [stilo] *m* Füller *m;* ~ **[à] plume** Füllfederhalter *m;* ~ **[à] bille** Kugelschreiber *m*

stylo-feutre [stiloføtʀ] <stylos-feutres> *m* Filzstift *m*

su [sy] *part passé de* **savoir**

suavité [sɥavite] *f* (*d'une odeur, musique*) Lieblichkeit *f*; (*des manières, de la voix*) Sanftheit *f*

subconscient [sybkɔ̃sjɑ̃] *m* Unterbewusstsein *nt*

subdiviser [sybdivize] <1> *vt* (*diviser encore*) aufteilen; ~ **une échelle en qc** eine Skala [weiter] in etw (*akk*) unterteilen

subdivision [sybdivizjɔ̃] *f* erneute Unterteilung

subir [sybiʀ] <8> *vt* ➊ (*être victime de*) erleiden; ➋ (*endurer*) erdulden; (*événements*) über sich ergehen lassen; (*conséquences*) auf sich nehmen; ➌ (*être soumis à*) ~ **une opération/un interrogatoire** operiert/ vernommen werden; ➍ (*modification*) erfahren

subitement [sybitmɑ̃] *adv* [ganz] plötzlich

subjectif, -ive [sybʒɛktif, -iv] *adj* subjektiv

subjectivité [sybʒɛktivite] *f* Subjektivität *f*

subjonctif [sybʒɔ̃ktif] *m* LING französische Möglichkeitsform

subjuguer [sybʒyge] <1> *vt* in seinen Bann ziehen

sublime [syblim] *adj* (*admirable*) überwältigend

submerger [sybmɛʀʒe] <2a> *vt* ➊ (*digue, rives*) unter Wasser (*akk*) setzen; (*plaine, terres*) überschwemmen; **être submergé** unter Wasser stehen ➋ (*envahir*) **être submergé de travail** mit Arbeit überhäuft sein

submersible [sybmɛʀsibl] *adj* (*navire, sousmarin*) tauchfähig; **terre ~** Überschwemmungsland *nt*

subordonné, e [sybɔʀdɔne] **I.** *m, f* Untergebene(r) *f(m)* **II.** *adj* (*proposition*) untergeordnet

subordonnée [sybɔʀdɔne] *f* Nebensatz *m*

subornation [sybɔʀnasjɔ̃] *f* Bestechung *f*

subsidiaire [sybzidjɛʀ] *adj* zusätzlich

subsister [sybziste] <1> *vi* ➊ (*survivre*) [über]leben ➋ (*doute, erreur*) weiter bestehen

substance [sypstɑ̃s] *f* ➊ (*matière*) Substanz *f* ➋ (*d'un article, livre*) wesentlicher Inhalt

substantif [sypstɑ̃tif] *m* Substantiv *nt*

substituer [sypstitɥe] <1> **I.** *vt* ~ **qc à qc** (*volontairement*) etw durch etw ersetzen; (*involontairement*) etw mit etw vertauschen

II. *vpr* **se ~ à qn** sich an jds Stelle *f* (*akk*) setzen

substitut [sypstity] *m* ➊ (*remplacement*) Ersatz *m*; **être le ~ de qn/qc** jdn/etw ersetzen ➋ JUR ~ **du procureur** Staatsanwalt/ -anwältin *m/f*

substitution [sypstitysjɔ̃] *f* (*volontaire*) Austauschen *nt*; (*involontaire*) Vertauschen *nt*

subterfuge [syptɛʀfyʒ] *m* Ausflucht *f*

subtil, e [syptil] *adj* (*personne*) scharfsinnig; (*raisonnement*) feinsinnig; (*nuance, parfum*) fein

subtilement [syptilmɑ̃] *adv* (*raisonner*) feinsinnig; (*exprimer*) nuanciert

subtiliser [syptilize] <1> *vt* stehlen

subtilité [syptilite] *f* soutenu (*finesse*) Subtilität *f*; (*d'une analyse*) Nuanciertheit *f*; (*d'une langue*) Feinheit *f*

subtropical, e [sybtʀɔpikal, o] <-aux> *adj* subtropisch

subvenir [sybvəniʀ] <9> *vi* ~ **à qc** für etw aufkommen

subvention [sybvɑ̃sjɔ̃] *f* Subvention *f*

subventionner [sybvɑ̃sjɔne] <1> *vt* subventionieren

succéder [syksede] <5> **I.** *vi* ~ **à qc** auf etw (*akk*) folgen; ~ **à qn** jds Nachfolge *f* antreten **II.** *vpr* **se ~** einander folgen

succès [syksɛ] *m* ➊ Erfolg *m*; **avoir du ~ auprès de qn/en qc** bei jdm/etw Erfolg haben; **à ~** Erfolgs- ➋ SPORT, MIL Sieg *m*

successeur [syksesœʀ] *mf* Nachfolger(in) *m(f)*

successif, -ive [syksesif, -iv] *adj* (*époques, générations*) aufeinander folgend

succession [syksesjɔ̃] *f* ➊ (*transmission du pouvoir*) Nachfolge *f*; **prendre la ~ de qn/ qc** die Nachfolge einer Person/S. (*gen*) antreten ➋ (*héritage*) Erbschaft *f*, Verlassenschaft *f* (A)

successivement [syksesivmɑ̃] *adv* nacheinander

succinctement [syksɛ̃tmɑ̃] *adv* kurz [und bündig]

succion [sy(k)sjɔ̃] *f* Saugen *nt*; (*d'une plaie, blessure*) Aussaugen *nt*

succomber [sykɔ̃be] <1> *vi* sterben; ~ **à qc** *a. fig* einer S. (*dat*) erliegen

succulent, e [sykylɑ̃, ɑ̃t] *adj* köstlich

succursale [sykyʀsal] *f* Filiale *f*

sucer [syse] <2> *vt* ➊ (*sang, citron*) aussaugen ➋ (*lécher: bonbon*) lutschen; (*crayon,*

S

pouce) lutschen an (+ *dat*) ❸ *vulg* (*faire une fellation*) ~ **qn** jdm einen blasen

sucette [sysɛt] *f* Lutscher *m*

sucre [sykʀ] *m* Zucker *m;* (*morceau*) Stück *nt* Zucker; ~ **en morceaux/poudre** Würfel-/Puderzucker

sucré, e [sykʀe] *adj* süß; (*par addition de sucre*) gesüßt

sucrer [sykʀe] <1> I. *vt* ❶ (*mettre du sucre*) zuckern ❷ *fam* (*supprimer*) streichen II. *vi* (*rendre sucré*) süßen

sucrerie [sykʀəʀi] *f* Süßigkeit *f*

sucrette® [sykʀɛt] *f* Süßstofftablette *f*

sud [syd] I. *m sans pl* le ~ der Süden; *v.a.* **est** II. *adj inv* Süd-; (*partie, banlieue*) südlich

Sud [syd] I. *m sans pl* le ~ der Süden; *v.a.* **Est** II. *adj inv* (*hémisphère*) südlich; (*pôle*) Süd-

sud-africain, e [sydafʀikɛ̃, ɛn] <sud-africains> *adj* südafrikanisch **Sud-Africain, e** [sydafʀikɛ̃, ɛn] <Sud-Africains> *m, f* Südafrikaner(in) *m(f)* **sud-américain, e** [sydameʀikɛ̃, ɛn] <sud-américains> *adj* südamerikanisch **Sud-Américain, e** [sydameʀikɛ̃, ɛn] <Sud-Américains> *m, f* Südamerikaner(in) *m(f)* **sud-coréen, ne** [sydkɔʀeɛ̃, ɛn] <sud-coréens> *adj* südkoreanisch **Sud-Coréen, ne** [sydkɔʀeɛ̃, ɛn] <Sud-Coréens> *m, f* Südkoreaner(in) *m(f)* **sud-est** [sydɛst] I. *m inv* Südosten *m* II. *adj inv* südöstlich; (*vent*) Südost- **sud-ouest** [sydwɛst] I. *m inv* Südwesten *m;* (*vent*) Südwest- II. *adj inv* südwestlich **sud-vietnamien, ne** [sydvjɛtnamjɛ̃, jɛn] <sud-vietnamiens> *adj* HIST südvietnamesisch **Sud-Vietnamien, ne** [sydvjɛtnamjɛ̃, jɛn] <Sud-Vietnamiens> *m, f* HIST Südvietnamese/-vietnamesin *m/f*

Suède [sɥɛd] *f* la ~ Schweden *nt*

suédois [sɥedwa] *m* Schwedisch *nt; v.a.* **allemand**

suédois, e [sɥedwa, waz] *adj* schwedisch; *v.a.* **allemand**

Suédois, e [sɥedwa, waz] *m, f* Schwede/Schwedin *m/f*

suée [sɥe] *f fam* Schweißausbruch *m*

suer [sɥe] <1> *vi* schwitzen

sueur [sɥœʀ] *f* Schweiß *m;* des ~s Schweißausbrüche *Pl;* **en** ~ schweißnass ►**qn a des ~s froides** jdm bricht der kalte Schweiß aus

suffi [syfi] *part passé de* **suffire**

suffire [syfiʀ] <irr> I. *vi* genügen; ~ **aux besoins** für die Bedürfnisse aufkommen II. *vi impers* (*être suffisant*) **il suffit d'une fois** einmal reicht; **il suffit que vous soyez là pour qu'il se calme** um ihn zu beruhigen genügt es, wenn Sie da sind; **ça suffit** [**comme ça**]**!** *fam* jetzt reicht's!

suffisamment [syfizamɑ̃] *adv* ~ **grand** groß genug; ~ **de temps/livres** genügend Zeit/Bücher

suffisant, e [syfizɑ̃, ɑ̃t] *adj* (*nombre, techniques*) ausreichend; (*place*) genügend *inv*

suffixe [syfiks] *m* Nachsilbe *f*, Suffix *nt*

suffoquer [syfɔke] <1> *vi* (*perdre le souffle*) ersticken

suffrage [syfʀaʒ] *m* ❶ (*voix*) [Wahl]stimme *f;* ~ **universel** allgemeines Wahlrecht ❷ *pl* (*approbation*) Zustimmung *f*

suggérer [sygʒeʀe] <5> *vt* ❶ (*proposer*) vorschlagen ❷ (*inspirer*) ~ **une solution à qn** jdn auf eine Lösung bringen

suggestion [sygʒɛstjɔ̃] *f* Vorschlag *m*

suicidaire [sɥisidɛʀ] *adj* selbstmörderisch

suicide [sɥisid] *m* Selbstmord *m*

suicider [sɥiside] <1> *vpr* se ~ Selbstmord begehen

suis [sɥi] *indic prés de* **être**

suisse [sɥis] I. *adj* Schweizer *attr* (*peuple*) schweizerisch; ~ **romand** welsch-|schweizerisch| II. *m* (*garde*) Schweizer Gardist *m;* (*bedeau*) Küster *m* ►**petit** ~ GASTR Rahmquark in kleinen Portionen

Suisse [sɥis] I. *f* la ~ die Schweiz II. *mf* Schweizer(in) *m(f);* **c'est un** ~ **allemand/romand** er ist Deutsch-/Französisch-schweizer[o Welschschweizer (CH)]

Suissesse [sɥisɛs] *f* Schweizerin *f;* ~ **romande** Welschschweizerin *f*

suite [sɥit] *f* ❶ (*ce qui vient après: d'une lettre, d'un roman*) Rest *m;* (*d'une affaire*) Nachspiel *nt* ❷ (*succession: d'événements, de nombres*) [Ab]folge *f;* (*d'objets, de personnes*) Reihe *f* ❸ (*conséquence*) Folge *f* ❹ (*nouvel épisode*) Fortsetzung *f*, Folge *f* ❺ (*cohérence*) Zusammenhang *m* ❻ (*appartement*) Suite *f* ❼ INFORM ~ **bureautique** Office-Paket *nt* ►**tout de** ~ sofort; **tout de** ~ **après** gleich danach; **donner** ~ **à qc** auf etw (*akk*) reagieren; **faire** ~ **à qc** (*akk*) folgen; **prendre la** ~ **de qn/qc** jdn/etw ablösen; ~ **à qc** Bezug *m* nehmend auf etw (*akk*) **à la** ~ |**l'un de l'autre**| nacheinander; **à la ~ de qc** nach etw; **et ainsi de ~** und so weiter; **par la ~** später

suivant [sɥivɑ̃] *prép* ❶ (*conformément à*) gemäß (+ *dat*); (*en fonction de*) je nach (+ *dat*) ❷ (*le long de*) entlang (+ *dat*)

suivant, e [sɥivɑ̃, ɑ̃t] **I.** *adj* ❶ (*qui vient ensuite*) nächste(r, s) ❷ (*ci-après*) folgende(r, s) **II.** *m, f* Nächste(r) *f(m);* **au ~!** der Nächste!

suiveur, -euse [sɥivœʀ, -øz] *m, f* SPORT Begleiter(in) *m(f)*

suivi [sɥivi] *m* (*d'une affaire*) Weiterverfolgung *f;* (*médical*) Betreuung *f*

suivi, e [sɥivi] **I.** *part passé de* **suivre II.** *adj* (*continu*) regelmäßig; (*effort*) kontinuierlich

suivre [sɥivʀ] <irr> **I.** *vt* ❶ ~ **qn/qc** jdm/ etw folgen; (*mode*) gehen mit; **faire ~ qn** jdn beschatten lassen ❷ (*venir ensuite*) **l'hiver suit l'automne** auf den Herbst folgt der Winter ❸ (*classe, cours*) besuchen ❹ (*élève, malade*) beobachten; (*actualité, compétition*) verfolgen ▸**à ~** Fortsetzung *f* folgt **II.** *vi* ❶ (*venir après*) folgen ❷ (*réexpédier*) **faire ~ qc** etw nachsenden lassen ❸ (*être attentif*) aufpassen; (*assimiler*) mitkommen **III.** *vi impers* **comme suit** wie folgt **IV.** *vpr* **se ~** ❶ (*se succéder*) aufeinander folgen ❷ (*être cohérent*) einen Zusammenhang haben

sujet [syʒɛ] *m* ❶ (*thème*) Thema *nt* ❷ (*cause*) Grund *m* ❸ (*individu*) Mensch *m* ❹ LING, PHILOS Subjekt *nt* ▸**c'est à quel ~?** *fam* worum geht's?; **à ce ~** diesbezüglich; **au ~ de qn/qc** bezüglich einer Person/S. (*gen*) was jdn/etw betrifft

sujet, te [syʒɛ, ɛt] *adj* **être ~ à qc** für etw anfällig sein

sulfurisé, e [sylfyʀize] *adj* mit Schwefelsäure *f* behandelt; **papier ~** Pergamentpapier *nt*

sultan [syltɑ̃] *m* Sultan *m*

sultanat [syltana] *m* Sultanat *nt*

summum [sɔ(m)mɔm] *m* ❶ (*apogée*) Höhepunkt *m* ❷ *iron* (*comble*) Gipfel *m*

super[1] [sypɛʀ] *m abr de* **supercarburant** Super *nt;* **~ sans plomb** Super bleifrei

super[2] [sypɛʀ] *adj inv, fam* super

superbe [sypɛʀb] *adj* (*corps, paysage*) wunderschön; (*temps*) herrlich; **elle a une mine ~** sie sieht blendend aus

superbement [sypɛʀbəmɑ̃] *adv* großartig

superchampion, ne [sypɛʀʃɑ̃pjɔ̃, jɔn] *m, f*

Spitzensportler(in) *m(f)*

superficie [sypɛʀfisi] *f* Fläche *f*

superficiel, le [sypɛʀfisjɛl] *adj* oberflächlich

superficiellement [sypɛʀfisjɛlmɑ̃] *adv* oberflächlich

superflu [sypɛʀfly] *m* Überflüssige(s) *nt*

superflu, e [sypɛʀfly] *adj* überflüssig

superforme [sypɛʀfɔʀm] *f fam* Höchstform *f*

supérieur [sypeʀjœʀ] *m* Hochschulwesen *nt*

supérieur, e [sypeʀjœʀ] **I.** *adj* ❶ (*plus haut dans l'espace*) obere(r, s); (*lèvre, mâchoire*) Ober- ❷ (*plus élevé dans la hiérarchie*) höhere(r, s); (*animal, plante*) höher entwickelt; (*cadre*) leitend; **enseignement ~** Hochschulwesen *nt* ❸ (*de grande qualité*) hervorragend; (*produit*) erstklassig ❹ (*qui dépasse*) **être ~ à qn par qc** jdm in Bezug auf etw (*akk*) überlegen sein; **~ en nombre/par la qualité** zahlenmäßig größer/qualitativ besser; **être ~ à la moyenne** über dem Durchschnitt *m* liegen **II.** *m, f* Vorgesetzte(r) *f(m);* REL Superior(in) *m(f)*

supériorité [sypeʀjɔʀite] *f* **~ sur qn/qc** Überlegenheit *f* jdm/etw gegenüber

superlatif [sypɛʀlatif] *m* Superlativ *m*

supermarché [sypɛʀmaʀʃe] *m* Supermarkt *m*

superposé, e [sypɛʀpoze] *adj* **lits ~s** Etagenbett *nt*

superposer [sypɛʀpoze] <1> *vt* ❶ (*faire chevaucher*) übereinander legen ❷ (*empiler*) auftürmen

superproduction [sypɛʀpʀɔdyksjɔ̃] *f* Monumentalfilm *m*

supersonique [sypɛʀsɔnik] *m* Überschallflugzeug *nt*

superstitieux, -euse [sypɛʀstisjø, -jøz] *adj* abergläubisch

superstition [sypɛʀstisjɔ̃] *f* Aberglaube[n] *m*

superviser [sypɛʀvize] <1> *vt* überprüfen; (*travail*) beaufsichtigen

superviseur [sypɛʀvizœʀ] *m* INFORM Kontrollprogramm *nt*

supervision [sypɛʀvizjɔ̃] *f* Überprüfung *f;* (*d'un travail*) Beaufsichtigung *f*

supplément [syplemɑ̃] *m* ❶ (*surplus*) zusätzliche Menge; **en ~** zusätzlich ❷ PRESSE Beilage *f* ❸ (*somme d'argent à payer*) Aufpreis *m;* CHEMDFER Zuschlag *m*

supplémentaire [syplemɑ̃tɛʀ] *adj* zusätz-

S

lich; (*édition, train*) Sonder-; **heure ~** Überstunde *f*

supplice [syplis] *m* Qual *f*

supplicié, e [syplisje] *m, f* [zu Tode] Gefolterte(r) *f(m)*

supplier [syplije] <1> *vt* **~ qn de faire qc** jdn inständig bitten etw zu tun

support [sypɔʀ] *m* ❶ (*soutien*) Stütze *f*; (*d'un meuble, d'une statue*) Sockel *m* ❷ INFORM **~ d'information** Datenträger *m*

supportable [sypɔʀtabl] *adj* erträglich

supporter [sypɔʀte] <1> **I.** *vt* ❶ (*psychiquement*) ertragen; (*malheur*) hinnehmen; (*mauvais traitement*) sich (*dat*) gefallen lassen; **ne pas ~ que +** *subj* es nicht ausstehen können, wenn; **je ne peux pas le ~** ich kann ihn nicht ausstehen ❷ (*alcool, chaleur*) vertragen; (*douleur*) aushalten ❸ SPORT (*encourager*) anfeuern **II.** *vpr* **se ~** miteinander auskommen

supposé, e [sypoze] *adj* mutmaßlich

supposer [sypoze] <1> *vt* ❶ (*imaginer*) annehmen; **supposons qu'il revienne** nehmen wir [einmal] an, er käme zurück ❷ (*impliquer*) voraussetzen

supposition [sypozisjɔ̃] *f* Vermutung *f*

supprimer [sypʀime] <1> **I.** *vt* ❶ (*avantage*) streichen; (*permis*) entziehen; (*libertés, peine de mort*) abschaffen; **~ le sucre** auf Zucker (*akk*) verzichten ❷ (*tuer*) beseitigen **II.** *vpr* **se ~** sich umbringen

supraconducteur [sypʀakɔ̃dyktœʀ] *m* Supraleiter *m*

suprématie [sypʀemasi] *f* Überlegenheit *f*

suprême [sypʀɛm] *adj* (*bonheur, degré*) höchste(r, s); (*cour, instance*) oberste(r, s); (*pouvoir*) größte(r, s)

suprêmement [sypʀɛmmã] *adv* äußerst

sur [syʀ] *prép* ❶ (*spatial*) **~ qn/qc** (*vers*) auf jdn/etw; (*au-dessus de*) über jdn/etw; (*non directionnel*) auf jdm/etw; (*au-dessus de*) über jdm/etw ❷ (*temporel*) **~ le coup** (*immédiatement*) auf der Stelle; (*au début*) im ersten Augenblick ❸ (*successif*) **coup ~ coup** Schlag auf Schlag (*akk*) ❹ (*causal*) **~ sa recommandation** auf seine/ihre Empfehlung hin; **~ présentation d'une pièce d'identité** gegen Vorlage eines Ausweises ❺ (*modal*) **ne me parle pas ~ ce ton!** sprich nicht in diesem Ton mit mir!; **~ mesure** nach Maß ❻ (*au sujet de*) **~ qn/qc** über jdn/etw ❼ (*proportionnalité, notation,*

dimension) **neuf fois ~ dix** neun von zehn Mal; **un enfant ~ deux** jedes zweite Kind; **faire 5 mètres ~ 4** 5 mal 4 Meter groß sein

sûr, e [syʀ] *adj* ❶ sicher; **~ de qn/qc** jds/einer S. sicher; **j'en suis ~** ich bin [mir] dessen sicher; **être ~ de faire qc/que** sicher sein etw zu tun/, dass ❷ (*digne de confiance*) zuverlässig; (*temps*) beständig ▶**bien ~** sicherlich; **bien ~ que oui/non** *fam* aber sicher/sicherlich nicht; **être ~ et certain** absolut sicher sein; **c'est ~** *fam* na klar

suractivité [syʀaktivite] *f* Überaktivität *f*

suralimentation [syʀalimãtasjɔ̃] *f* Überernährung *f*

surbooking [syʀbukiŋ] *m* Überbuchung *f*

surcharge [syʀʃaʀʒ] *f* ❶ (*excès de charge*) Überladung *f* ❷ (*surcroît*) **~ des programmes scolaires** Überlastung *f* der Lehrpläne

surcharger [syʀʃaʀʒe] <2a> *vt* ❶ (*charger à l'excès*) überladen ❷ (*submerger*) **être surchargé de travail** in Arbeit (*dat*) ersticken

surchauffer [syʀʃofe] <1> *vt* überheizen

surclasser [syʀklase] <1> *vt* (*dominer*) **~ qn** jdm [weit] überlegen sein

surconsommation [syʀkɔ̃sɔmasjɔ̃] *f* übermäßiger Konsum

surdimensionné, e [syʀdimãsjɔne] *adj* überdimensional

surdité [syʀdite] *f* (*totale*) Taubheit *f*; (*partielle*) Schwerhörigkeit *f*

surdoué, e [syʀdwe] **I.** *adj* hoch begabt **II.** *m, f* Hochbegabte(r) *f(m)*

sureffectif [syʀefɛktif] *m* Überbesetzung *f*; **classe en ~** Klasse mit zu vielen Schülern

sûrement [syʀmã] *adv* sicher[lich]

surenchérir [syʀãʃeʀiʀ] <8> *vi* mehr bieten; (*en rajouter*) auftrumpfen; **~ sur qn/ qc** jdn/etw überbieten

surendetté, e [syʀãdete] *adj* überschuldet

surendettement [syʀãdɛtmã] *m* Überschuldung *f*

sûreté [syʀte] *f* Sicherheit *f*; **en ~** in Sicherheit

surévaluer [syʀevalye] <1> *vt* (*personne*) überschätzen; (*immeuble, nombre*) zu hoch schätzen

surf [sœʀf] *m* ❶ *a.* INFORM Surfen *nt*; (*sur la neige*) Snowboard fahren *nt*; **faire du ~** surfen; (*sur la neige*) Snowboard *nt* fahren ❷ (*planche: pour l'eau*) Surfbrett *nt*; (*pour* *la neige)* Snowboard *nt*

surface [syʀfas] *f* ❶ *(aire)* Fläche *f*; *(d'un appartement)* [Wohn]fläche; MATH Flächeninhalt *m* ❷ *(couche superficielle, apparence)* Oberfläche *f*; **à la ~** auf der/die Oberfläche ▶**grande** ~ Supermarkt *m*

surfer [sœʀfe] <1> *vi a.* INFORM surfen; **~ sur le Web** im Web surfen

surfeur, -euse [sœʀfœʀ, -øz] *m, f* ❶ *a.* IN-FORM Surfer(in) *m(f)* ❷ *(sur la neige)* Snowboardfahrer(in) *m(f)*

surfiler [syʀfile] <1> *vt* versäubern

surfin, e [syʀfɛ̃, in] *adj* extrafein

surfing [sœʀfiŋ] *m* INFORM Surfen *nt*; **faire du ~ sur le Net** im Internet surfen

surgelé, e [syʀʒəle] *adj* tiefgekühlt

surgelés [syʀʒəle] *mpl* Tiefkühlkost *f*

surgénérateur [syʀʒeneʀatœʀ] *m* schneller Brüter

surgir [syʀʒiʀ] <8> *vi* auftauchen

surhomme [syʀɔm] *m* Übermensch *m*

surhumain, e [syʀymɛ̃, ɛn] *adj* übermenschlich

sur-le-champ [syʀləʃɑ̃] *adv* auf der Stelle

surligner [syʀliɲe] <1> *vt* INFORM markieren

surligneur [syʀliɲœʀ] *m* Textmarker *m*

surmédiatisation [syʀmedjatizasjɔ̃] *f* übermäßige Medienvermarktung *f*

surmener [syʀməne] <4> **I.** *vt* überbeanspruchen **II.** *vpr* **se ~** sich übernehmen

surmonter [syʀmɔ̃te] <1> *vt* überwinden

surnaturel, le [syʀnatyʀɛl] *adj* übernatürlich; REL überirdisch

surnom [syʀnɔ̃] *m* Spitzname *m*

surnombre [syʀnɔ̃bʀ] *m* Überzahl *f*

surnommer [syʀnɔme] <1> *vt* **~ qn Junior** jdm den Spitznamen Junior geben

suroffre [syʀɔfʀ] *f* COM höheres Angebot

surpasser [syʀpase] <1> *vpr* **se ~** sich selbst übertreffen

surpayer [syʀpeje] <1> *vt (personne)* überbezahlen

surpeuplé, e [syʀpœple] *adj (pays)* über[be]völkert

surplace [syʀplas] *m* **faire du ~** auf der Stelle treten

surplomber [syʀplɔ̃be] <1> *vt* **~ qc** *(étage)* in etw *(akk)* hineinragen

surplus [syʀply] *m (d'une somme)* Rest *m*; *(d'une récolte)* Überschuss *m*

surpopulation [syʀpɔpylasjɔ̃] *f* Über[be]völkerung *f*

surprenant, e [syʀpʀənɑ̃, ɑ̃t] *adj* überraschend; *(progrès)* erstaunlich

surprendre [syʀpʀɑ̃dʀ] <13> **I.** *vt* ❶ *(étonner)* überraschen ❷ *(prendre sur le fait)* **~ qn à faire qc** jdn dabei überraschen, wie er etw tut ❸ *(conversation)* mitanhören; *(sourire)* herauslesen ❹ *(prendre au dépourvu)* **~ qn dans son bureau** jdn in seinem Büro überfallen ❺ *(prendre à l'improviste)* **la pluie nous a surpris** wir wurden vom Regen überrascht **II.** *vpr* **se ~ à faire qc** sich dabei ertappen, wie man etw tut

surpris, e [syʀpʀi, iz] *part passé de* **surprendre**

surprise [syʀpʀiz] *f* Überraschung *f*; **faire la ~ à qn** jdn überraschen; **avec/par ~** überrascht/überraschend

surproduction [syʀpʀɔdyksjɔ̃] *f* Überproduktion *f*

surréaliste [syʀʀealist] **I.** *adj* ❶ ART, LITTER surrealistisch ❷ *fam (extravagant)* irre **II.** *mf* Surrealist(in) *m(f)*

sursaut [syʀso] *m* ❶ *(haut-le-corps)* Zusammenzucken *nt*; **se réveiller en ~** aus dem Schlaf hochfahren ❷ *(de colère)* Ausbruch *m*; *(d'énergie)* Schub *m*

sursauter [syʀsote] <1> *vi* zusammenzucken; *(de peur)* aufschrecken; **faire ~ qn** *(personne)* jdn aufschrecken

sursis [syʀsi] *m* ❶ *(délai)* Fristverlängerung *f*; *(pour payer)* Aufschub *m* ❷ JUR Bewährung *f*

surtaxe [syʀtaks] *f (pour une lettre mal affranchie)* Nachporto *nt*; *(pour un envoi exprès)* Zuschlag[sporto *nt*] *m*

surtout [syʀtu] *adv* ❶ *(avant tout)* vor allem ❷ *fam (d'autant plus)* **j'ai peur de lui, ~ qu'il est fort** ich habe Angst vor ihm, besonders, wo er doch so stark ist ▶**~ pas** auf keinen Fall

surveillance [syʀvɛjɑ̃s] *f (contrôle)* Aufsicht *f*; *(des travaux, de la police)* Überwachung *f*

surveillant, e [syʀvɛjɑ̃, jɑ̃t] *m, f* Aufsicht[sperson *f*] *f*; *(de prison)* Wärter(in) *m(f)*; *(de magasin)* Detektiv(in) *m(f)*

surveillé, e [syʀveje] *adj* ❶ SCOL *(étude)* unter Aufsicht ❷ JUR *(liberté)* mit Bewährungsaufsicht

surveiller [syʀveje] <1> *vt* ❶ *(enfant, élève)* beaufsichtigen; *(malade)* Wache halten bei; **~ un examen** bei einer Prüfung die Aufsicht führen ❷ *(suivre l'évolution)* über-

S

wachen; (*éducation des enfants*) wachen über (+ *akk*); (*comportement*) beobachten ❸ (*garder*) aufpassen auf (+ *akk*) ❹ (*assurer la protection de*) bewachen

survêt [syʀvɛt] *m fam abr de* **survêtement**

survêtement [syʀvɛtmɑ̃] *m* SPORT Trainingsanzug *m*

survie [syʀvi] *f* Überleben *nt;* REL Leben *nt* nach dem Tod[e]

survivant, e [syʀvivɑ̃, ɑ̃t] **I.** *adj* überlebend **II.** *m, f* Überlebende(r) *f(m)*

survivre [syʀvivʀ] <irr> *vi* ~ **à qn/qc** jdn/etw überleben

survoler [syʀvɔle] <1> *vt a. fig* überfliegen; (*question*) flüchtig streifen

susceptibilité [sysɛptibilite] *f* Empfindlichkeit *f*

susceptible [sysɛptibl] *adj* ❶ (*ombrageux*) empfindlich ❷ (*en mesure de*) **être ~ de faire qc** imstande sein etw zu tun

susciter [sysite] <1> *vt* hervorrufen; (*querelle*) verursachen; (*jalousie*) erregen; (*troubles*) stiften

susnommé, e [sysnɔme] *adj form* oben genannt

suspect, e [syspɛ, ɛkt] **I.** *adj* verdächtig **II.** *m, f* Verdächtige(r) *f(m)*

suspecter [syspɛkte] <1> *vt* ~ **qn de qc** jdn einer S. (*gen*) verdächtigen

suspendre [syspɑ̃dʀ] <14> *vt* ❶ (*accrocher*) aufhängen; ~ **à qc** an etw (*akk*) hängen ❷ (*séance, réunion*) aussetzen; (*paiement*) vorübergehend einstellen ❸ (*fonctionnaire*) suspendieren; (*joueur*) sperren

suspens [syspɑ̃] ▶**projet en** ~ Projekt in der Schwebe; **dossier en** ~ nicht geschlossene Akte

suspense [syspɛns] *m* Spannung *f;* **à** ~ spannend

suspicieux, -euse [syspisjø, -jøz] *adj* misstrauisch

suspicion [syspisjɔ̃] *f* Verdacht *m*

svelte [svɛlt] *adj* schlank

SVP [ɛsvepe] *abr de* **s'il vous plaît**

sweat-shirt [switʃœʀt] <sweat-shirts> *m* Sweatshirt *nt*

swing [swiŋ] *m* ❶ MUS Swing *m* ❷ SPORT Schwinger *m*

syllabe [sil(l)ab] *f* Silbe *f*

symbiose [sɛ̃bjoz] *f* Symbiose *f*

symbole [sɛ̃bɔl] *m* Symbol *nt*

symbolique [sɛ̃bɔlik] **I.** *adj* symbolisch **II.** *f* Symbolik *f*

symboliquement [sɛ̃bɔlikmɑ̃] *adv* symbolisch

symboliser [sɛ̃bɔlize] <1> *vt* ❶ (*matérialiser par un symbole*) versinnbildlichen ❷ (*être le symbole de*) symbolisieren

symétrie [simetʀi] *f* Symmetrie *f*

symétrique [simetʀik] *adj* ~ **de qc** symmetrisch zu etw

symétriquement [simetʀikmɑ̃] *adv* symmetrisch

sympa [sɛ̃pa] *adj fam abr de* **sympathique**

sympathie [sɛ̃pati] *f* ❶ (*inclination*) Sympathie *f* ❷ (*affinité*) Zuneigung *f*

sympathique [sɛ̃patik] *adj* ❶ (*personne*) sympathisch ❷ *fam* (*charmant*) freundlich; (*ambiance*) angenehm; (*plat*) lecker

sympathiser [sɛ̃patize] <1> *vi* sympathisieren

symphonie [sɛ̃fɔni] *f* Sinfonie *f*

symphonique [sɛ̃fɔnik] *adj* (*orchestre*) Sinfonie-

symptôme [sɛ̃ptom] *m* Symptom *nt*

synagogue [sinagɔg] *f* Synagoge *f*

synchronisation [sɛ̃kʀɔnizasjɔ̃] *f* Synchronisation *f*

synchroniser [sɛ̃kʀɔnize] <1> *vt* synchronisieren

syncope [sɛ̃kɔp] *f* Ohnmacht *f;* **avoir une** ~ ohnmächtig werden

syndical, e [sɛ̃dikal, o] <-aux> *adj* Gewerkschafts-; (*action*) gewerkschaftlich

syndicat [sɛ̃dika] *m* ❶ (~ *de salariés*) Gewerkschaft *f* ❷ (*pour les touristes*) ~ **d'initiative** Fremdenverkehrsamt *nt*

synergie [sinɛʀʒi] *f* Synergie *f*

synonyme [sinɔnim] **I.** *adj* synonym; **être** ~ **de qc** ein Synonym *nt* für etw sein **II.** *m* Synonym *nt*

syntaxe [sɛ̃taks] *f* Syntax *f*

syntaxique [sɛ̃taksik] *adj* syntaktisch

synthèse [sɛ̃tɛz] *f* Synthese *f;* **faire la** ~ **de qc** einen Gesamtüberblick über etw (*akk*) geben ▶**produit de** ~ Syntheseprodukt *nt*

synthétique [sɛ̃tetik] *adj* (*matériau*) synthetisch; (*fibres, caoutchouc*) Kunst-

synthétiseur [sɛ̃tetizœʀ] *m* Synthesizer *m*

systématique [sistematik] *adj* systematisch

systématiquement [sistematikmɑ̃] *adv* systematisch

système [sistɛm] *m* ❶ System *nt* ❷ (*de fermeture*) Vorrichtung *f* ❸ *fam* (*combine*)

Taktik f ④ INFORM ~ **informatique/d'ex-ploitation** Betriebssystem *nt;* ~ **de gestion de base de données** Datenbankverwaltungssystem *nt;* ~ **expert** Expertensystem *nt* ⑤ AUT ~ **de guidage** Navigationssystem *nt*

Système européen de banques centrales *m* Europäisches System der Zentralbanken

Système monétaire européen *m* Europäisches Währungssystem

T

T, t [te] *m inv* T *nt*, t *nt;* **en t** T-förmig

t *f abr de* **tonne** t

t' *pron v.* **te, tu**

ta [ta, te] <tes> *dét poss* dein(e); *v.a.* **ma**

tabac [taba] *m* ① Tabak *m* ② *fam* (*magasin*) Laden *m* für Tabakwaren ▶**faire un** ~ *fam* einen Bombenerfolg haben

tabagisme [tabaʒism] *m* übermäßiger Tabakkonsum

tabernacle [tabɛʀnakl] *interj* CAN *fam* verdammt [noch mal]

tablar[d] [tablaʀ] *m* CH (*étagère*) Regal *nt*

table [tabl] *f* ① (*meuble*) Tisch *m;* **mettre la** ~ den Tisch decken; **être à** ~ bei Tisch sitzen; **à** ~! zu Tisch! ② (*tablée*) Tafel *f* ③ (*nourriture*) Essen *nt* ④ (*tableau*) ~ **des matières** Inhaltsverzeichnis *nt* ▶~ **ronde** (*conférence*) Gespräch *nt* am runden Tisch; **se** **mettre à** ~ (*aller manger*) sich zu Tisch setzen *fam* (*avouer sa faute*) auspacken

tableau [tablo] <x> *m* ① Bild *nt;* (*peinture*) Gemälde *nt* ② SCOL [Schul]tafel *f;* ~ **noir** [Wand]tafel *f* ③ (*panneau*) schwarzes Brett; ~ **de bord** (*d'une voiture*) Armaturenbrett *nt* ④ (*présentation graphique*) a. INFORM Tabelle *f*

tabler [table] <1> *vi* ~ **sur qc** mit etw rechnen

tablette [tablɛt] *f* ① (*plaquette*) Lutschtablette *f;* ~ **de chocolat** Tafel *f* Schokolade ② (*planchette: d'un lavabo*) [Ablage]platte *f* ③ CAN (*bloc de papier à lettres*) Schreibblock *m*

tableur [tablœʀ] *m* INFORM Tabellenkalkulationsprogramm *nt*

tablier [tablije] *m* Schürze *f;* (*d'un écolier*) Kittel *m*

tabou [tabu] *m* Tabu *nt*

tabou, e [tabu] *adj* (*sujet, mot*) Tabu-; (*lieu*) mit einem Tabu belegt

taboulé [tabule] *m: Salat aus Weizengrieß und Gemüse*

tabouret [tabuʀɛ] *m* Hocker *m*, Stockerl *nt* (A)

tac [tak] *m* ▶**répondre du** ~ **au** ~ wie aus der Pistole geschossen kontern (*fam*)

tache [taʃ] *f* Fleck *m;* (*de couleur, peinture*) Klecks *m;* ~ **de rousseur** Sommersprosse *f*

tâche [taʃ] *f* ① (*besogne*) Arbeit *f* ② (*mission*) Aufgabe *f*

tacher [taʃe] <1> **I.** *vi* Flecken *Pl* machen **II.** *vt* beflecken **III.** *vpr* **se** ~ (*tissu*) Flecken *Pl* bekommen; (*personne*) sich schmutzig machen

tâcher [taʃe] <1> *vi* (*s'efforcer*) ~ **de faire qc** versuchen etw zu tun

tacheter [taʃte] <3> *vt* sprenkeln

tachycardie [takikaʀdi] *f* Herzjagen *nt*

tachymètre [takimɛtʀ] *m* Tachometer *m o nt*

tacite [tasit] *adj* stillschweigend

tacitement [tasitmɑ̃] *adv* stillschweigend

taciturne [tasityʀn] *adj* ① (*silencieux*) schweigsam ② (*morose*) wortkarg

tacon [takɔ̃] *m* CH Flicken *m*

tacot [tako] *m fam* AUT alte Kiste

tact [takt] *m* Takt *m*

tacticien, ne [taktisjɛ̃, jɛn] *m, f* Taktiker(in) *m(f)*

tactile [taktil] *adj* Tast-; (*écran*) zum Berühren

tactique [taktik] *f* Taktik *f*

taffe [taf] *f fam* Zug *m;* **tu me donnes une** ~? lässt du mich mal ziehen?

taffetas [tafta] *m* Taft *m*

tag [tag] *m* ① INFORM Tag *m* ② (*graffiti*) Graffiti *Pl*

tagliatelles [taljatɛl] *fpl* Tagliatelle *Pl*

tagueur, -euse [tagœʀ, -øz] *m, f* Sprüher(in) *m(f)*

taie [tɛ] *f* (*d'un oreiller*) Bezug *m*

taïga [taiga] *f* Taiga *f*

taïkonaute [tajkɔnot] *m* ASTRO Taikonaut *m*

taille¹ [taj] *f* ① Größe *f;* **quelle** ~ **faites-**

vous? welche Größe haben Sie? ❷ (*partie du corps, d'un vêtement*) Taille *f* ►**ne pas être à sa ~** (*vêtement*) nicht seine/ihre Größe sein

taille² [taj] *f* ❶ (*sculpture: d'un diamant*) Schleifen *nt;* (*d'une pierre*) Behauen *nt* ❷ BOT [Be]schneiden *nt*

taillé, e [taje] *adj* (*bâti*) ~ **en qc** geformt wie etw

taille-crayon [tɑjkRεjɔ̃] <taille-crayon[s]> *m* Blei[stift]anspitzer *m*

tailler [taje] <1> I. *vt* ❶ (*arbre*) zurückschneiden; (*crayon*) [an]spitzen; (*ongles*) [sich *dat*] schneiden; (*pierre*) [be]hauen; (*diamant*) schleifen ❷ (*robe*) [zu]schneiden II. *vpr* (*se couper*) **se ~ la barbe** sich (*dat*) den Bart stutzen

tailleur [tɑjœR] *m* ❶ (*couturier*) Schneider *m* ❷ (*tenue*) Kostüm *nt* ►**être assis en ~** im Schneidersitz sitzen

tailleur, -euse [tɑjœR, -jøz] *m, f* (*de diamants*) Schleifer *m;* ~ **de pierre** Steinmetz *m*

tailleur-pantalon [tɑjœRpɑ̃talɔ̃] <tailleurs-pantalons> *m* Hosenanzug *m*

tain [tɛ̃] *m* **glace sans ~** Spionspiegel *m*

taire [tεR] <irr> I. *vpr* **se ~** schweigen II. *vt* verschweigen; (*raison*) nicht nennen III. *vi* **faire ~ qn** dafür sorgen, dass jd ruhig ist

Taiwan [tajwan] *m* Taiwan *nt*

talent [talɑ̃] *m* Talent *nt,* Begabung *f;* **avoir du ~** begabt sein

talentueux, -euse [talɑ̃tyø, -øz] *adj* talentiert

talkie-walkie [tokiwolki] <talkies-walkies> *m* Walkie-Talkie *nt*

talon [talɔ̃] *m* ❶ ANAT Ferse *f* ❷ (*de chaussure*) Absatz *m;* (*de chaussette*) Hacken *m;* ~ **aiguille** Pfennigabsatz *m* ❸ (*bout*) Ende *nt;* (*d'un jambon*) letztes Stück ❹ (*partie non détachable d'une feuille de carnet*) Durchschrift *f* ❺ JEUX Talon *m*

talonner [talɔne] <1> *vt* ~ **qn** jdm auf den Fersen sein

talquer [talke] <1> *vt* mit Talk einreiben

talus [taly] *m* Böschung *f*

TAM [teaεm] *f abr de* **toile d'araignée mondiale** WWW *nt*

tambour [tɑ̃buR] *m* Trommel *f*

tambourin [tɑ̃buRɛ̃] *m* Tamburin *nt*

tambouriner [tɑ̃buRine] <1> *vi* ~ **à/sur qc** an etw (*akk*) trommeln

tambour-major [tɑ̃buRmaʒɔR] <tambours-majors> *m* Tambourmajor *m*

tamis [tami] *m* ❶ (*crible*) Sieb *nt* ❷ SPORT Saitenbespannung *f*

Tamise [tamiz] *f* **la ~** die Themse

tamiser [tamize] <1> *vt* ❶ (*passer au tamis*) [durch]sieben ❷ (*lumière*) dämpfen

tampon [tɑ̃pɔ̃] I. *m* ❶ (*en coton*) Bausch *m* ❷ (*périodique*) Tampon *m* ❸ (*à récurer*) Topfkratzer *m* ❹ (*pansement*) Tupfer *m* ❺ (*cachet*) Stempel *m* II. *app inv* Puffer-

tamponner [tɑ̃pɔne] <1> I. *vt* ❶ (*essuyer*) abtupfen; (*plaie*) säubern ❷ (*timbrer*) [ab]stempeln II. *vpr* (*se heurter*) **se ~** zusammenstoßen

tamponneur, -euse [tɑ̃pɔnœR, -øz] *adj* **auto tamponneuse** Autoskooter *m*

tam-tam [tamtam] <tam-tams> *m* MUS afrikanische Trommel

tandem [tɑ̃dεm] *m* ❶ (*cycle*) Tandem *nt* ❷ (*duo*) Gespann *nt*

tandis que [tɑ̃dikə] *conj + indic* während [hingegen]

tanga [tɑ̃ga] *m* Tanga *m*

tangent, e [tɑ̃ʒɑ̃, ʒɑ̃t] *adj* ❶ (*très juste*) knapp; **élève** ~ Schüler, der noch um Haaresbreite versetzt worden ist ❷ GEOM tangential

tangente [tɑ̃ʒɑ̃t] *f* MATH Tangente *f*

tangible [tɑ̃ʒibl] *adj* greifbar; (*preuve*) handfest

tanguer [tɑ̃ge] <1> *vi* NAUT stampfen

tanière [tanjεR] *f* (*d'un animal*) Unterschlupf *m*

tanin [tanɛ̃] *m* Tannin *nt*

tank [tɑ̃k] *m* (*réservoir*) Tank *m*

tanner [tane] <1> *vt* ❶ (*préparer des peaux*) gerben ❷ *fam* (*personne*) nerven

tannerie [tanRi] *f* ❶ (*opérations*) [Loh]gerbung *f* ❷ (*établissement*) [Loh]gerberei *f*

tanneur, -euse [tanœR, -øz] *m, f* [Loh]gerber(in) *m(f)*

tannin [tanɛ̃] *m v.* **tanin**

tant [tɑ̃] *adv* ❶ (*tellement: aimer, vouloir*) so sehr; (*manger, travailler*) so viel ❷ (*une telle quantité*) ~ **de choses** so viele Dinge; ~ **de fois** so oft ❸ (*autant*) ~ **qu'il peut** so viel er kann; **ne pas en demander** ~ gar nicht umso viel bitten ❹ (*aussi longtemps que*) ~ **que solange;** ~ **que j'y suis** wenn ich schon [mal] dabei bin ►**vous m'en direz** ~**!** *fam* nein, so was!; ~ **qu'à faire** *fam* wenn es schon sein muss; **en ~ que** [in der Eigenschaft] als

tante [tɑ̃t] *f* ❶ (*parente*) Tante *f* ❷ *vulg* (*homosexuel*) Tunte *f*

tantième [tɑ̃tjɛm] **I.** *adj* soundsovielte(r, s) **II.** *m* Tantieme *f*

tantôt [tɑ̃to] *adv* ❶ (*en alternance*) ~... ~... mal..., mal... ❷ BELG (*tout à l'heure*) später

taoïsme [taoism] *m* Taoismus *m*

taon [tɑ̃] *m* ZOOL Bremse *f*

tapage [tapaʒ] *m* ❶ (*vacarme*) Krach *m* ❷ (*publicité*) Wirbel *m*

tapageur, -euse [tapaʒœʀ, -ʒøz] *adj* (*liaison, vie*) skandalös; (*publicité*) marktschreierisch

tape [tap] *f* Klaps *m*

tape-à-l'œil [tapalœj] **I.** *adj inv* (*toilette*) auffällig **II.** *m inv* Kitsch *m*

taper [tape] <1> **I.** *vi* ❶ (*donner des coups*) klopfen; ~ **sur qn** jdn schlagen; ~ **dans le ballon** gegen den Ball treten ❷ (*soleil*) knallen **II.** *vt* ❶ (*tapis*) klopfen; ~ **qn/un animal** jdn/ein Tier schlagen; (*amicalement*) jdm/einem Tier einen Klaps geben ❷ (*cogner*) ~ **le pied contre qc** den Fuß gegen etw schlagen ❸ (*frapper*) ~ **trois coups à la porte** dreimal an die Tür klopfen; ~ **la table du poing** mit der Faust auf den Tisch hauen ❹ (*dactylographier*) tippen ❺ INFORM (*texte, code, 3615*) eingeben **III.** *vpr* **c'est à se ~ la tête contre les murs!** das ist zum Auswachsen! (*fam*)

tapette [tapɛt] *f* ❶ (*ustensile: pour les tapis*) Teppichklopfer *m*; (*pour les mouches*) Fliegenklatsche *f* ❷ (*piège*) Falle *f*

tapir [tapiʀ] <8> *vpr* **se ~ sous qc** sich unter etw (*dat*) verkriechen

tapis [tapi] *m* ❶ Teppich *m* ❷ (*textile protecteur*) Matte *f* ❸ JEUX Tuch *nt* ❹ INFORM ~ [**pour**] **souris** Mauspad *m* ▶~ **roulant** Laufband *nt*; NAUT Rollsteg *m*; (*pour bagages*) Gepäckband *nt*

tapisser [tapise] <1> *vt* ❶ (*mur, pièce*) tapezieren; (*fauteuil*) beziehen ❷ (*recouvrir: lierre, mousse*) bedecken

tapisserie [tapisʀi] *f* ❶ (*revêtement*) Tapete *f* ❷ (*pose du papier peint*) Tapezieren *nt* ❸ ART (*activité*) Teppichweben *nt*; (*tapis*) Wandteppich *m*

tapotement [tapɔtmɑ̃] *m* (*des doigts*) Trommeln *nt*

tapoter [tapɔte] <1> *vt* (*joues*) tätscheln

taquin, e [takɛ̃, in] *adj* schelmisch

taquiner [takine] <1> *vt* necken

taquinerie [takinʀi] *f* Neckerei *f*

tarabiscoté, e [taʀabiskɔte] *adj* überladen

tarabuster [taʀabyste] <1> *vt* ❶ (*importuner*) drängen ❷ (*causer de l'inquiétude*) ~ **qn** (*choses*) jdm keine Ruhe lassen

tarama [taʀama] *m* Taramas *m*

tard [taʀ] **I.** *adv* spät; **au plus ~** spätestens; **pas plus ~ que ...** erst ... **II.** *m* **sur le ~** spät

tarder [taʀde] <1> *vi* ❶ (*traîner*) ~ **à faire qc** zögern etw zu tun; **sans ~** umgehend ❷ (*se faire attendre*) auf sich warten lassen; **tu ne vas pas ~ à t'endormir** du wirst gleich einschlafen

tardif, -ive [taʀdif, -iv] *adj* spät

tardivement [taʀdivmɑ̃] *adv* spät

tare [taʀ] *f* Makel *m*

taré, e [taʀe] *m, f* ❶ *fam* (*idiot*) Verrückte(r) *f(m)* ❷ MED geistig Behinderte(r) *f(m)*

tari, e [taʀi] *adj* (*rivière*) ausgetrocknet; (*source, imagination*) versiegt; (*ressources*) erschöpft

tarif [taʀif] *m* (*barème*) Tarif *m*; (*d'une réparation*) Preis *m*

tarifer [taʀife] <1> *vt* ~ **la marchandise** den Preis der Ware festlegen

tarification [taʀifikasjɔ̃] *f* COM Preis-/Gebührenfestsetzung *f*

tarir [taʀiʀ] <8> **I.** *vi* (*cesser de couler*) versiegen (*geh*) **II.** *vt* (*mare, fleuve*) austrocknen; (*puits, source*) versiegen lassen (*geh*) **III.** *vpr* **se ~** (*s'assécher*) versiegen

tartare [taʀtaʀ] *adj* ❶ HIST **les populations ~s** die Tartarenvölker ❷ GASTR **steak ~** Tartarsteak *nt*

tarte [taʀt] **I.** *f* ❶ GASTR Kuchen *m;* ~ **aux cerises/prunes** Kirschkuchen/Pflaumenkuchen ❷ *fam* (*gifle*) Schelle *f* **II.** *adj fam* doof

tartine [taʀtin] *f* ❶ GASTR ~ [**beurrée**] [Butter]brot *nt;* ~ **grillée** Toast *m* ❷ *péj fam* (*long développement*) **écrire des ~s** einen ganzen Roman schreiben

tartiner [taʀtine] <1> *vt* GASTR bestreichen

tartre [taʀtʀ] *m* Kesselstein *m*; (*des dents*) Zahnstein *m*

tartuf[f]e [taʀtyf] **I.** *m* Heuchler(in) *m(f)* **II.** *adj* scheinheilig

tas [tɑ] *m* Haufen *m;* **un ~ de choses/personnes** *fam* eine Menge Dinge/Menschen

T

tasse [tɑs] *f* Tasse *f;* ~ **de café** Tasse Kaffee ▸**ce n'est pas ma ~ de <u>thé</u>** *fam* das ist nichts für mich

tassé, e [tase] *adj* **bien ~** (*café, pastis*) stark

tassement [tɑsmã] *m* ❶ (*des sédiments, neiges*) Sichsetzen *nt;* (*de terrain*) Absacken *nt* ❷ (*des vertèbres*) Zusammensacken *nt*

tasser [tɑse] <1> **I.** *vt* (*comprimer*) zusammendrücken; (*paille, foin*) zusammenpressen; (*terre*) fest stampfen; (*en tapant: neige, sable*) fest klopfen **II.** *vpr* **se ~** ❶ (*s'affaisser*) in sich (*akk*) zusammensinken; (*terrain, neige*) sich setzen ❷ *fam* (*ennui, querelle*) sich legen

tâter [tate] <1> **I.** *vt* ❶ (*palper*) befühlen; (*pouls*) fühlen ❷ (*terrain*) sondieren (*geh*) **II.** *vi* (*faire l'expérience*) ~ **de qc** die Erfahrung einer S. (*gen*) machen **III.** *vpr* **se ~** *fam* (*hésiter*) noch überlegen

tatillon, ne [tatijõ, jɔn] *adj* pedantisch (*pej*)

tâtonnement [tatɔnmã] *m* (*essai hésitant*) Versuch *m*

tâtonner [tatɔne] <1> *vi* ❶ (*chercher en hésitant*) ausprobieren ❷ (*se déplacer sans voir*) sich vorantasten

tâtons [tatõ] *mpl* **à ~** tastend

tatouage [tatwaʒ] *m* ❶ (*action*) Tätowieren *nt* ❷ (*dessin*) Tätowierung *f*

tatouer [tatwe] <1> *vt* tätowieren

tatoueur, -euse [tatwœʀ, -øz] *m, f* Tätowierer(in) *m(f)*

taudis [todi] *m* Elendsbehausung *f*

taupe [top] *f* ZOOL Maulwurf *m*

taupinière [topinjɛʀ] *f* Maulwurfshügel *m*

taureau [tɔʀo] <x> *m* Stier *m*

Taureau [tɔʀo] <x> *m* Stier *m; v.a.* **Balance**

tauromachie [tɔʀɔmaʃi] *f* Stierkampf *m*

taux [to] *m* ❶ (*pourcentage administrative ment fixé*) Satz *m* ❷ (*mesure statistique*) Quote *f;* ~ **de change** Wechselkurs *m;* ~ **de mortalité** Sterblichkeitsziffer *f;* ~ **de natalité** Geburtenrate *f* ❸ MED ~ **de cholestérol** Cholesterinspiegel *m*

taverne [tavɛʀn] *f* ❶ (*gargote*) Wirtshaus *nt* ❷ HIST Herberge *f*

tavernier, -ière [tavɛʀnje, -jɛʀ] *m, f* Wirt(in) *m(f)*

taxable [taksabl] *adj* ❶ (*imposable*) abgabenpflichtig ❷ (*à la douane*) zollpflichtig

taxation [taksasjõ] *f* (*des marchandises*) Besteuerung *f*

taxe [taks] *f* (*impôt*) Steuer *f;* ~ **profession-**

nelle Gewerbesteuer; ~ **à la valeur ajoutée** Mehrwertsteuer *f;* **toutes ~s comprises** Steuer und Abgaben inbegriffen; **hors ~s** Steuer nicht inbegriffen; (*sans T.V.A.*) ohne Mehrwertsteuer

taxer [takse] <1> *vt* ❶ (*imposer*) besteuern ❷ (*marchandise, produit*) den Preis festsetzen für

taxi [taksi] *m* Taxi *nt*

taxidermiste [taksidɛʀmist] *mf* Tierpräparator(in) *m(f)*

tchador [tʃadɔʀ] *m* Schador *m*

tchao [tʃao] *interj fam* tschau

tchatche [tʃatʃ] *f* **avoir de la ~** *fam* eine Quasselstrippe sein

tchatcher [tʃatʃe] <1> *vi fam* quatschen

tchécoslovaque [tʃekɔslɔvak] *adj* HIST tschechoslowakisch

Tchécoslovaque [tʃekɔslɔvak] *mf* HIST Tschechoslowake/Tschechoslowakin *m/f*

Tchécoslovaquie [tʃekɔslɔvaki] *f* HIST Tschechoslowakei *f*

tchèque [tʃɛk] **I.** *adj* tschechisch; *v.a.* **allemand II.** *m* Tschechisch *nt; v.a.* **allemand**

Tchèque [tʃɛk] *mf* Tscheche/Tschechin *m/f*

tchétchène [tʃetʃɛn] **I.** *adj* tschetschenisch **II.** *m* Tschetschenisch *nt; v.a.* **allemand**

Tchétchène [tʃetʃɛn] *mf* Tschetschene/Tschetschenin *f*

te [tə] < *devant voyelle ou h muet* **t'**> *pron pers* dich/dir; *v.a.* **me**

té [te] *m* (*règle*) Reißschiene *f*

technicien, ne [tɛknisjɛ̃, jɛn] *m, f* ❶ (*professionnel qualifié*) Techniker(in) *m(f)* ❷ (*expert*) Fachmann/-frau *m/f*

technicité [tɛknisite] *f* hohe Spezialisiertheit

technico-commercial, e [tɛknikokɔmɛʀsjal, jo] <technico-commerciaux> **I.** *adj* kaufmännisch-technisch **II.** *m, f* COM kaufmännisch-technische(r) Angestellte(r) *f(m)*

technique [tɛknik] **I.** *adj* technisch; (*ouvrage, terme*) Fach-; **lycée ~** Fachoberschule *f* **II.** *m* SCOL Fachschulwesen *nt* **III.** *f* Technik *f*

techniquement [tɛknikmã] *adv* technisch

techno [tɛkno] **I.** *adj* (*musique*) Techno- **II.** *f* Techno *m o nt*

technologie [tɛknɔlɔʒi] *f* Technologie *f*

technologique [tɛknɔlɔʒik] *adj* technologisch

technopôle [tɛknɔpol] *m: Stadtteil, in dem*

ausschließlich Forschungs- und Hochschul-technologieunternehmen sitzen

teenager [tinɛdʒœʀ] *mf* Teenager *m*

tee-shirt [tiʃœʀt] <tee-shirts> *m* T-Shirt *nt*

téflon® [teflɔ̃] *m* Teflon® *nt*

teigneux, -euse [tɛɲø, -øz] I. *adj fam* verbissen II. *m, f fam* Fiesling *m*

teindre [tɛ̃dʀ] <irr> I. *vt* färben II. *vpr* (~ *les cheveux*) **se ~** sich (*dat*) die Haare färben

teint [tɛ̃] *m* Teint *m*

teint, e [tɛ̃, tɛ̃t] *part passé de* **teindre**

teinte [tɛ̃t] *f* (*couleur*) Farbe *f*

teinter [tɛ̃te] <1> I. *vt* (*colorer*) tönen II. *vpr* (*se colorer*) **se ~ de rose** sich rosa färben

teinture [tɛ̃tyʀ] *f* ❶ (*colorant*) Färbemittel *nt* ❷ MED ~ **d'iode** Jodtinktur *f* ❸ (*fait de teindre*) Färben *nt*

teinturier, -ière [tɛ̃tyʀje, -jɛʀ] *m, f* ❶ (*commerçant*) **porter qc chez le ~** etw zur Reinigung bringen ❷ (*artisan*) Färber(in) *m(f)*

tel, le [tɛl] I. *adj indéf* ❶ (*semblable, si fort/grand*) **un ~/une ~le ...** solch ein(e) ...; **de ~(s) ...** solche ... ❷ (*ainsi*) **~le n'est pas mon intention** das ist nicht meine Absicht; ~ **père, ~ fils** wie der Vater, so der Sohn ❸ (*comme*) ~ **que qn/qc** wie jd/etw; **un homme ~ que lui** ein Mann wie er ❹ (*un certain*) ~ **jour et à ~le heure** an dem und dem Tag und um die und die Zeit ▶**il n'y a rien de** ~ es gibt nichts Besseres II. *pron indéf* **si ~ ou ~ te dit ...** wenn dir dieser oder jener sagt, ...

télé [tele] *f fam abr de* **télévision la ~ poubelle** TV-Schrott, Trash-TV

téléachat [teleaʃa] *m* Teleshopping *nt*

Télécarte® [telekaʀt] *f* Telefonkarte *f*

télécharger [teleʃaʀʒe] *vt* ~ **qc vers l'aval** etw herunterladen

Télécom [telekɔm] **France** ~ *französische Telefongesellschaft, entspricht der deutschen Telekom*

télécommande [telekɔmɑ̃d] *f* (*boîtier*) Fernsteuerung *f*; (*d'une télé, d'un magnétoscope*) Fernbedienung *f*

télécommander [telekɔmɑ̃de] <1> *vt* ❶ TECH mit Fernbedienung steuern ❷ (*organiser à distance*) [aus der Ferne] lenken

télécommunication [telekɔmynikasjɔ̃] *f gén pl* (*technique*) Fernmeldetechnik *f*

télécoms [telekɔm] *fpl fam abr de* **télécommunications**

téléconférence [telekɔ̃feʀɑ̃s] *f* Videokonferenz *f*, Konferenzschaltung *f*

télécopie [telekɔpi] *f* Fax *nt*

télécopieur [telekɔpjœʀ] *m* Faxgerät *nt*

téléenquêteur, -trice [teleɑ̃kɛtœʀ, -tʀis] *m, f* Telefonbefrager(in) *m(f)*

téléenseignement [teleɑ̃sɛɲəmɑ̃] *m* Fernstudium *nt*

téléfax [telefaks] *m* Telefax *nt*

téléfilm [telefilm] *m* Fernsehfilm *m*

télégramme [telegʀam] *m* Telegramm *nt*

télégraphe [telegʀaf] *m* Telegraf *m*

télégraphie [telegʀafi] *f* Telegrafie *f*

télégraphier [telegʀafje] <1> *vt* telegrafieren; NAUT funken

télégraphique [telegʀafik] *adj* telegrafisch; (*style*) Telegramm-

téléguider [telegide] <1> *vt* (*diriger à distance*) durch Fernlenkung steuern

téléinformatique [teleɛ̃fɔʀmatik] *f* Datenfernverarbeitung *f*

télématique [telematik] *f* Datenfernübertragung *f*

téléobjectif [teleɔbʒɛktif] *m* Teleobjektiv *nt*

télépaiement [telepɛmɑ̃] *m* elektronische Zahlungsweise

télépendulaire [telepɑ̃dylɛʀ] *m* Telearbeit *f*

téléphérique [telefeʀik] *m* Seilbahn *f*

téléphone [telefɔn] *m* Telefon *nt*; ~ **arabe** *iron* Buschtrommel *f*; ~ **visuel** Bildtelefon; **avoir qn au** ~ mit jdm telefonieren; **être au** ~ telefonieren

téléphoner [telefɔne] <1> I. *vi* telefonieren; ~ **à qn** jdn anrufen II. *vpr* **se** ~ sich anrufen

téléphonie [telefɔni] *f* ~ **(numérique) mobile** (digitaler) Mobilfunk *m*

téléphonique [telefɔnik] *adj* telefonisch

télé-réalité [teleʀealite] *f* Reality-TV *nt*

téléreportage [teleʀ(ə)pɔʀtaʒ] *m* Fernsehreportage *f*

télescopage [teleskɔpaʒ] *m* Kollision *f*

télescope [teleskɔp] *m* Teleskop *nt*

télescoper [telɛskɔpe] <1> *vpr* **se** ~ (*se percuter*) aufeinander prallen

télescopique [telɛskɔpik] *adj* ❶ ASTRO teleskopisch ❷ TECH ausziehbar

télésiège [telesjɛʒ] *m* Sessellift *m*

téléski [teleski] *m* Schlepplift *m*

téléspectateur, -trice [telespɛktatœʀ, -tʀis] *m, f* Fernsehzuschauer(in) *m(f)*

télésurveillance [telesyʀvɛjɑ̃s] *f* Fernüber-

T

wachung *f*

Télétel® [teletɛl] *m* Bildschirmtext® *m*

télétexte [teletɛkst] *m* Videotext *m*

téléthon [teletɔ̃] *m* ≈ Spendenmarathon *m* (*interaktive TV-Sendung, die Spenden sammelt*)

télétransmission [teletrãsmisjɔ̃] *f* Fernübertragung *f*

télétravail [teletravaj] *m* Telearbeit *f*

téléviser [televize] <1> *vt* im Fernsehen übertragen

téléviseur [televizœr] *m* Fernseher *m*

télévision [televizjɔ̃] *f* ❶ Fernsehen *nt;* ~ à péage Pay-TV *nt;* regarder la ~ fernsehen ❷ (*récepteur*) Fernseher *m*

télévisuel, le [televizɥɛl] *adj* Fernseh-

télex [telɛks] *m* ❶ (*appareil*) Fernschreiber *m* ❷ (*message*) Telex *nt*

tellement [tɛlmã] *adv* ❶ (*si*) so; ce serait ~ mieux das wäre weitaus besser ❷ (*tant*) [so] sehr ❸ (*beaucoup*) pas/plus ~ *fam* (*venir*) nicht oft/nicht mehr oft; (*boire, manger, travailler*) nicht so viel/nicht mehr so viel; (*aimer*) nicht sehr/nicht mehr sehr ❹ *fam* (*tant de*) avoir ~ d'amis/de courage so viele Freunde/so viel Mut haben ❺ (*parce que*) so; on le comprend à peine ~ il parle vite man versteht ihn kaum, so schnell spricht er

téméraire [temerɛr] *adj* gewagt

témérité [temerite] *f* Kühnheit *f*

témoignage [temwaɲaʒ] *m* ❶ JUR [Zeugen]aussage *f* ❷ (*manifestation*) Beweis *m*

témoigner [temwaɲe] <1> *vi* ❶ JUR berichten; (*déposer*) aussagen ❷ (*attester, jurer*) ~ de qc etw bezeugen; (*démontrer*) etw beweisen ❸ (*manifester: choses*) von etw zeugen

témoin [temwɛ̃] **I.** *m* ❶ Zeuge/Zeugin *m/f* ❷ (*à un mariage*) Trauzeuge/ -zeugin *m/f* ❸ (*voyant lumineux*) Kontrollleuchte *f* **II.** *app* lampe ~ Kontrolllampe *f*

tempe [tãp] *f* Schläfe *f*

tempérament [tãperamã] *m* ❶ (*caractère*) Natur *f* ❷ (*forte personnalité*) Temperament *nt*

température [tãperatyr] *f* ❶ Temperatur *f* ❷ (*fièvre*) Fieber *nt;* prendre sa ~ Fieber messen

tempéré, e [tãpere] *adj* gemäßigt

tempérer [tãpere] <5> *vt* ❶ METEO mildern ❷ (*modérer*) bremsen; (*ardeur, enthou-*

siasme) zügeln

tempête [tãpɛt] *f* METEO Unwetter *nt,* Sturm *m;* ~ de neige Schneesturm

tempêter [tãpete] <1> *vi* ~ contre qn/qc gegen jdn/etw wettern

temple [tãpl] *m* ❶ ART, HIST Tempel *m* ❷ REL (*protestant*) Kirche *f*

tempo [tɛmpo] <s> *m a.* MUS Tempo *nt*

temporaire [tãpɔrɛr] *adj* ❶ (*intérimaire*) befristet; (*travail*) Zeit-; à titre ~ vorübergehend ❷ (*passager*) momentan

temporairement [tãpɔrɛrmã] *adv* vorübergehend

temporel [tãpɔrɛl] *m* Zeitliche *nt*

temporel, le [tãpɔrɛl] *adj* ❶ LING temporal ❷ (*opp: spatial*) zeitlich ❸ (*opp: éternel*) vergänglich

temporiser [tãpɔrize] <1> *vi* abwarten

temps¹ [tã] *m* ❶ Zeit *f;* passer tout son ~ à faire qc seine ganze Zeit damit verbringen etw zu tun; avoir/ne pas avoir le ~ de faire qc Zeit haben/keine Zeit haben etw zu tun; avoir tout son ~ viel Zeit haben; ~ libre Freizeit ❷ (*moment*) Zeitpunkt *m* ❸ *pl* (*époque*) Zeiten *Pl* ❹ (*période*) Zeitalter *nt* ❺ TECH, MUS Takt *m;* moteur à deux ~ Zweitaktmotor *m* ►ces derniers ~ in letzter Zeit; ~ mort Leerlauf *m;* SPORT Auszeit *f* dans un premier ~ zunächst; tout le ~ ständig; il y a un ~ pour tout alles zu seiner Zeit; il était ~! es war allerhöchste Zeit!; mettre du ~ à faire qc lange brauchen um etw zu tun; passer le ~ die Zeit totschlagen; à ~ rechtzeitig; dans le ~ früher; de ~ en ~ von Zeit zu Zeit; depuis le ~ seither; depuis le ~ que ... es ist schon ewig her, dass ...; depuis ce ~-là seitdem; en même ~ gleichzeitig; en ~ de crise/guerre/paix in Krisen-/Kriegs-/Friedenszeiten *Pl;* en ~ normal normalerweise; en peu de ~ in kurzer Zeit; au ~ pour moi! *fam* ich habe mich geirrt!; ces ~-ci in letzter Zeit

temps² [tã] *m* Wetter *nt;* il fait beau/mauvais ~ das Wetter ist schön/schlecht; quel ~ fait-il? wie ist das Wetter? ►par tous les ~ bei Wind und Wetter

tenable [t(ə)nabl] *adj* ne pas être ~ unerträglich sein

tenace [tənas] *adj* hartnäckig; (*haine*) erbittert

ténacité [tenasite] *f* Hartnäckigkeit *f*

tenailler [tənaje] <1> *vt (faim)* quälen

tenailles [t(ə)naj] *fpl* [Beiß]zange *f*

tenant, e [tənã, ãt] *m, f* **la ~e du titre** die Titelverteidigerin

tendance [tãdãs] *f* ❶ PSYCH Neigung *f* ❷ *(propension)* **~ à la rêverie** Hang *m* zur Träumerei ❸ *(opinion)* Gesinnung *f* ❹ *(orientation)* Trend *m*

tendancieusement [tãdãsjøzmã] *adv* voreingenommen

tendeur [tãdœʀ] *m* [Gummi]spanner *m*

tendinite [tãdinit] *f* Sehnenentzündung *f*

tendon [tãdõ] *m* Sehne *f*

tendre¹ [tãdʀ] <14> I. *vt* ❶ *(raidir)* spannen ❷ *(bras)* ausstrecken; *(cou)* recken; *(joue)* hinhalten; *(main)* entgegenstrecken ►~ **la main à qn** jdm die Hand reichen II. *vpr* **se ~** *(se raidir)* sich spannen; *(relations)* angespannt werden III. *vi* ❶ *(aboutir à)* **à faire qc** letztlich etw tun ❷ *(viser à)* **~ à qc** auf etw *(akk)* abzielen

tendre² [tãdʀ] *adj* ❶ zart ❷ *(opp: dur)* weich ❸ *(affectueux)* zärtlich

tendrement [tãdʀəmã] *adv* liebevoll; *(aimer)* innig[lich]

tendresse [tãdʀɛs] *f sans pl (affection)* [zärtliche] Liebe

tendreté [tãdʀəte] *f* Zartheit *f*

ténèbres [tenɛbʀ] *fpl* REL Finsternis *f*

ténébreux [tenebʀø] *m iron* **beau ~** schöner dunkler Jüngling, der an einen spanischen Helden erinnert

ténébreux, -euse [tenebʀø, -øz] *adj* soutenu dunkel

teneur [tənœʀ] *f* ❶ *(contenu exact)* Wortlaut *m* ❷ *(proportion)* Gehalt *m*

tenir [t(ə)niʀ] <9> I. *vt* ❶ halten ❷ *(article, magasin, maison)* führen ❸ *(rôle)* spielen ❹ *(avoir reçu)* **~ de qn** *(information)* von jdm haben ❺ *(largeur, place)* einnehmen ❻ *(être contraint)* **être tenu à qc/de faire qc** an etw *(akk)* gebunden sein/etw tun müssen ►~ **lieu de qc** die Stelle von etw einnehmen II. *vi* ❶ *(être attaché)* **~ à qn** an jdm hängen ❷ *(vouloir absolument)* **~ à faire qc/à ce que** + *subj* Wert darauf legen etw zu tun/, dass ❸ *(être fixé)* halten ❹ *(être cohérent: raisonnement, théorie)* haltbar sein; *(argument)* stichhaltig sein ❺ *(être contenu dans)* **~ dans une voiture** in einem Auto Platz haben ❻ *(se résumer)* **~ en un mot** in einem Wort zusammenfassen ❼ *(durer)* [sich] halten ❽ *(ressembler à)* **~ de qn/qc** jdm/einer S. ähneln ►~ **bon** durchhalten; **tiens/tenez!** hier!; **tiens! il pleut** schau [mal]! es regnet III. *vpr* ❶ *(se prendre)* **se ~ par la main** Hand in Hand gehen ❷ *(s'accrocher)* **se ~ à qc** sich an etw *(dat)* fest halten ❸ *(rester, demeurer)* **se ~ debout/assis/couché** stehen/sitzen/liegen ❹ *(se comporter)* **se ~** sich benehmen ❺ *(avoir lieu)* **se ~** *(réunion, conférence)* stattfinden ❻ *(être cohérent)* **se ~** *(événements, faits)* stimmig sein ❼ *(se limiter à)* **s'en ~ à qc** es bei etw bewenden lassen ❽ *(respecter)* **se ~ à qc** sich an etw *(akk)* halten IV. *vi impers (dépendre de)* **ça tient à qn/qc** das hängt von jdm/etw ab

tennis [tenis] I. *m* SPORT Tennis *nt;* **jouer au ~** Tennis spielen; **~ de table** Tischtennis *nt* II. *mpl (chaussures)* Turnschuhe *Pl*

tennis-elbow [tenisɛlbo] <tennis-elbows> *m* Tennisarm *m*

tennisman [tenisman] <s> *m* Tennisspieler *m*

ténor [tenɔʀ] *m (soliste)* Tenor *m*

tension [tãsjõ] *f* ❶ Spannung *f* ❷ MED Blutdruck *m*

tentacule [tãtakyl] *m* ZOOL Tentakel *m o nt*

tentation [tãtasjõ] *f* Versuchung *f*

tentative [tãtativ] *f* Versuch *m;* **~ de meurtre** versuchter Mord

tente [tãt] *f* Zelt *nt*

tenter [tãte] <1> *vt* ❶ *(allécher)* reizen ❷ *(essayer)* versuchen

tenu, e [t(ə)ny] *part passé de* **tenir**

ténu, e [teny] *adj* fein

tenue [t(ə)ny] *f* ❶ *(comportement)* Verhalten *nt; (d'un élève)* Betragen *nt* ❷ *(vêtements)* Kleidung *f* ❸ MIL Uniform *f* ❹ *(gestion: d'un compte)* Führung *f* ❺ AUT **~ de route** Straßenlage *f*

tequila [tekila] *f* Tequila *m*

ter [tɛʀ] *adv* **habiter au 12 ~** in [Nummer] 12/3 wohnen

tergiversations [tɛʀʒivɛʀsasjõ] *fpl* ❶ *(hésitation)* Zaudern *nt* ❷ *(faux-fuyants)* Ausflüchte *Pl*

tergiverser [tɛʀʒivɛʀse] <1> *vi* ❶ *(user de faux-fuyants)* Ausflüchte machen ❷ *(hésiter)* zaudern

terme¹ [tɛʀm] *m* ❶ *(fin: d'un stage, voyage)* Ende *nt; (d'un travail)* Abschluss *m* ❷ *(date limite)* Frist *f;* **à court/moyen/long ~**

T

kurz-/mittel-/langfristig ❸ (*date de l'accouchement*) Geburtstermin *m* ❹ (*échéance*) Zahlungstermin *m*

terme² [tɛʁm] *m* ❶ (*mot*) Ausdruck *m* ❷ TECH Fachausdruck ❸ LING Terminus *m;* **en d'autres ~s** mit anderen Worten ❹ LING, MATH Element *nt;* (*d'une phrase, équation*) Term *m* ❺ *pl* (*formule: d'un contrat, d'une loi*) Wortlaut *m* ▶**être en bons/mauvais ~s avec qn** ein gutes/gespanntes Verhältnis zu jdm haben

terminaison [tɛʁminɛzɔ̃] *f* Endung *f*

terminal [tɛʁminal, o] <-aux> *m* Terminal *nt*

terminal, e [tɛʁminal, o] <-aux> *adj* (*formule*) Schluss-; (*phase*) End-

terminale [tɛʁminal] *f* SCOL ≈ dreizehnte Klasse

Das Abschlussjahr des Gymnasiums heißt in Frankreich **terminale**, in Belgien *rhétorique*. Die Schüler dieses Jahres heißen in Belgien entsprechend *les rhétos*.

terminer [tɛʁmine] <1> I. *vt* beenden; (*devoirs, travail*) erledigen; (*œuvre*) fertig stellen; (*démonstration, explication*) zu Ende führen; (*études*) abschließen; (*plat, salade*) aufessen; (*assiette*) leer essen; (*boisson, verre, bouteille*) austrinken II. *vi* **de lire qc** etw zu Ende lesen; **en ~ avec qc** etw beenden; **pour ~, ...** zum Abschluss ... III. *vpr* **se ~** (*année, vacances*) zu Ende gehen; **se ~ bien/mal** (*histoire*) gut/schlecht ausgehen

terminologie [tɛʁminɔlɔʒi] *f* Terminologie *f*

terminus [tɛʁminys] *m* Endstation *f*

terne [tɛʁn] *adj* ❶ (*cheveux*) stumpf; (*œil, regard*) trüb; (*couleur*) matt ❷ (*conversation*) eintönig; (*personne*) unscheinbar

terni, e [tɛʁni] *adj* (*couleur*) verblichen; (*coloris*) blass; (*métal, chandelier*) angelaufen

ternir [tɛʁniʁ] <8> *vt* ❶ (*couleur*) verblassen lassen ❷ (*honneur*) beflecken

terrain [tɛʁɛ̃] *m* ❶ (*parcelle*) Grundstück *nt;* **~ de camping/jeu** Campingplatz *m*/Spielfeld *nt* ❷ (*sol*) **~ plat/accidenté/vague** ebenes/unebenes/unbebautes Gelände ❸ (*domaine*) Gebiet *nt;* **~ d'entente** Verständigungsbasis *f* ❹ MIL Gelände *nt* ▶**connaître le ~** sich auskennen

terrarium [tɛʁaʁjɔm] *m* Terrarium *nt*

terrasse [tɛʁas] *f* Terrasse *f*

terrasser [tɛʁase] <1> *vt* ❶ (*vaincre*) vernichtend schlagen ❷ (*accabler: mauvaise nouvelle*) [völlig] niederschmettern ❸ (*tuer*) **être terrassé par un infarctus** einem Infarkt erliegen

terre [tɛʁ] *f* ❶ *sans pl* (*planète*) **la Terre** die Erde ❷ *sans pl a.* GEO Erde *f* ❸ (*sol*) Boden *m;* **par ~** (*avec mouvement*) auf den Boden; (*sans mouvement*) auf dem Boden; **cultiver la ~** das Land bewirtschaften ❹ *gén pl* (*propriété*) Grundbesitz *m kein Pl* ❺ (*continent, contrée, pays*) Land *nt;* **~ ferme** Festland ❻ *sans pl* (*argile*) Ton *m;* **~ cuite** Terrakotta *f* ▶**revenir sur ~** *fam* auf den Boden der Tatsachen zurückkehren; **être par ~** (*projet, plan*) gescheitert sein; (*entreprise*) bankrott sein

terre à terre [tɛʁatɛʁ] *adj inv* (*personne*) nüchtern; (*préoccupations*) alltäglich

terrer [tɛʁe] <1> *vpr* **se ~** ❶ (*se cacher: animal*) sich verkriechen; (*soldat*) in Deckung gehen ❷ (*vivre reclus*) sich zurückziehen

terrestre [tɛʁɛstʁ] *adj* ❶ (*croûte, surface*) Erd- ❷ (*espèce*) auf der Erde lebend; (*vie*) auf der Erde ❸ (*moyens de transport*) zu Lande ❹ (*plaisirs*) irdisch

terreur [tɛʁœʁ] *f* ❶ (*peur violente*) Entsetzen *nt* ❷ (*terrorisme*) Terror *m;* **la Terreur** die Schreckensherrschaft

terreux, -euse [tɛʁø, -øz] *adj* (*chaussures, salade*) voller Erde

terrible [tɛʁibl] I. *adj* ❶ schrecklich; (*crime*) entsetzlich; (*catastrophe, chef, enfant*) furchtbar ❷ *fam* (*super*) toll II. *adv fam* echt stark

terriblement [tɛʁibləmɑ̃] *adv* schrecklich

terrien, ne [tɛʁjɛ̃, jɛn] I. *adj* (*propriétaire*) Grund- II. *m, f* (*habitant de la Terre*) Erdbewohner(in) *m(f)*

terrifiant, e [tɛʁifjɑ̃, jɑ̃t] *adj* Furcht erregend; (*nouvelle*) erschreckend

terrifier [tɛʁifje] <1> *vt* in Angst und Schrecken versetzen

territoire [tɛʁitwaʁ] *m* (*d'un animal*) Revier *nt;* (*d'un pays, d'une nation*) Territorium *nt;* (*d'une ville*) Gebiet *nt;* **~ d'outre-mer** überseeisches Gebiet

territorial, e [tɛʁitɔʁjal, jo] <-aux> *adj* territorial

terroir [tɛʁwaʁ] *m* Gegend *f;* **vin/accent du ~** Landwein *m*/regionaler Akzent

terroriser [tɛʁɔʁize] <1> *vt* ❶ (*faire très*

peur) ~ **qn** jdm große Angst machen ❷ *(opprimer)* terrorisieren

terrorisme [tɛrɔʀism] *m* Terrorismus *m*

terroriste [tɛrɔʀist] **I.** *adj* terroristisch; **acte**/**attentat** ~ Terroranschlag *m* **II.** *mf* Terrorist(in) *m(f)*

tertiaire [tɛʀsjɛʀ] **I.** *adj (emploi)* im Dienstleistungsgewerbe; *(activité)* des Dienstleistungsbereichs **II.** *m* **le** ~ der Dienstleistungssektor

tertio [tɛʀsjo] *adv* drittens

tes [te] *dét poss v.* **ta, ton**

test [tɛst] *m* Test *m;* ~ **de dépistage du sida** [*o de* **séropositivité**] Aidstest *m*

testament [tɛstamɑ̃] *m a.* REL Testament *m*

testamentaire [tɛstamɑ̃tɛʀ] *adj (héritier)* testamentarisch

tester [tɛste] <1> *vt* testen; *(élève, candidat)* prüfen

testeur [tɛstœʀ] *m (appareil)* Testgerät *nt*

testeur, -euse [tɛstœʀ, -øz] *m, f* Tester(in) *m(f)*

tétaniser [tetanize] <1> *vpr (muscle, membre)* verkrampfen

tétanos [tetanos] *m* MED Tetanus *m*

tête [tɛt] *f* ❶ Kopf *m* ❷ *(mine, figure)* **avoir une bonne** ~ *fam* nett aussehen; **avoir une sale** ~ *fam (avoir mauvaise mine)* mies aussehen; *(être antipathique)* unsympathisch wirken ❸ *(personne)* ~ **en l'air** *fam* Schussel *m;* ~ **de mule** [*o* **cochon**] *fam* Dickschädel *m;* ~ **de Turc** Prügelknabe *m* ❹ *(première place)* Spitze *f; (les premiers)* Spitzengruppe *f;* **wagon de** ~ vorderster Wagen; **à la** ~ **de qc** an der Spitze einer S. *(gen)* ❺ *(d'un chapitre, d'une liste)* Anfang *m* ❻ *(d'un lit)* Kopfende *nt* ❼ TECH ~ **de lecture** Tonkopf *m* ❽ INFORM ~ **de lecture-écriture** Schreib-Lesekopf *m* ❾ SPORT Kopfball *m* ▶**avoir la** ~ **dure** eigensinnig sein; **avoir la grosse** ~ *fam* die Nase hoch tragen; **faire qc à** ~ **reposée** etw in aller Ruhe tun; **en avoir par-dessus la** ~ *fam* die Nase voll haben; **se casser la** ~ sich *(dat)* den Kopf zerbrechen; **faire la** ~ **à qn** *fam* jdm schmollen; **se mettre dans la** ~ **que ...** *(imaginer)* sich einreden, dass ...; **se payer la** ~ **de qn** *fam* jdn auf den Arm nehmen; **avoir quelque chose derrière la** ~ etwas im Schilde führen

tête-à-queue [tɛtakø] *m inv* **faire un** ~ *(voiture)* sich um die eigene Achse drehen

tête-à-tête [tɛtatɛt] *m inv (entretien)* Gespräch *nt* unter vier Augen **tête-de-nègre** [tɛtdənɛɡʀ] **I.** *adj inv* dunkelbraun **II.** *f* Schokokuss *m*

tétée [tete] *f* Saugen *nt*

téter [tete] <5> *vt, vi* saugen [an (+ *dat*)]

tétine [tetin] *f* ❶ *(biberon)* Sauger *m* ❷ *(sucette pour calmer)* Schnuller *m*

téton [tetɔ̃] *m fam (sein)* Brust *f*

tétraplégie [tetʀapleʒi] *f* Lähmung *f* aller vier Gliedmaßen

tétraplégique [tetʀapleʒik] **I.** *adj (personne)* an Armen und Beinen gelähmt **II.** *mf* an Armen und Beinen Gelähmte(r) *f(m)*

têtu, e [tety] *adj* starrköpfig

teuf [tœf] *f fam* Party *f*

teufeur, -euse [tœfœʀ, øz] *m, f fam* Partygänger(in) *m(f)*

teuf-teuf [tœftœf] <teufs-teufs> *m enfantin* Töfftöff *nt*

teuton, ne [tøtɔ̃, ɔn] *adj* teutonisch

texte [tɛkst] *m* Text *m*

textile [tɛkstil] **I.** *adj (matière)* Faser-; *(industrie)* Textil- **II.** *m* ❶ *(matière)* Faserstoff *m* ❷ *(industrie)* Textilindustrie *f*

texto [tɛksto] *m* SMS *f*

textuel, le [tɛkstɥɛl] *adj* wörtlich

textuellement [tɛkstɥɛlmɑ̃] *adv* wörtlich; *(répéter)* Wort für Wort

texture [tɛkstyʀ] *f (du sol)* Beschaffenheit *f; (d'une crème, huile)* Konsistenz *f*

TF1 [teɛfœ̃] *f abr de* **Télévision Française 1ᵉʳᵉ chaîne** erstes Programm des französischen Fernsehens

TGV [teʒeve] *m abr de* **train à grande vitesse** ≈ ICE *m*

thaï [taj] *m* ❶ *(groupe de langues)* Thaisprachen *Pl* ❷ *(langue officielle de Thaïlande)* Thai *nt; v.a.* **allemand**

thaï, e [taj] *adj (langues)* Thai-; *v.a.* **allemand**

Thaï, e [taj] *m, f* Thai *mf*

thaïlandais, e [tajlɑ̃dɛ, ɛz] *adj* thailändisch

Thaïlandais, e [tajlɑ̃dɛ, ɛz] *m, f* Thailänder(in) *m(f)*

Thaïlande [tajlɑ̃d] *f* **la** ~ Thailand *nt*

thé [te] *m* Tee

théâtral, e [teatʀal, o] <-aux> *adj* theatralisch

théâtralement [teatʀalmɑ̃] *adv fig* theatralisch

théâtre [teatʀ] *m* ❶ Theater *nt;* **école de** ~

T

Schauspielschule f ❷ (œuvres) Dramen Pl ❸ (lieu: des combats) Schauplatz m

théière [tejɛʀ] f Teekanne f

théine [tein] f Thein nt

thématique [tematik] I. adj thematisch II. f Thematik f

thème [tɛm] m ❶ a. MUS Thema nt ❷ SCOL Übersetzung f in die Fremdsprache ❸ ASTRO ~ **astral** [Geburts]horoskop nt

théorème [teɔʀɛm] m Lehrsatz m

théoricien, ne [teɔʀisjɛ̃, jɛn] m, f Theoretiker(in) m(f)

théorie [teɔʀi] f Theorie f; **en** ~ in der Theorie

théorique [teɔʀik] adj theoretisch

théoriquement [teɔʀikmɑ̃] adv theoretisch

théoriser [teɔʀize] <1> I. vt eine Theorie aufstellen zu II. vi ~ **sur qn/qc** über jdn/etw Theorien aufstellen

thérapeute [teʀapøt] mf Therapeut(in) m(f)

thérapeutique [teʀapøtik] adj therapeutisch

thérapie [teʀapi] f (traitement) Therapie f

thermes [tɛʀm] mpl ❶ (dans une station thermale) Thermalbad nt ❷ HIST Thermen Pl

thermique [tɛʀmik] adj (énergie) thermisch

thermoactif, -ive [tɛʀmoaktif, -iv] adj atmungsaktiv **thermodynamique** [tɛʀmodinamik] I. adj thermodynamisch II. f Thermodynamik f

thermoélectrique [tɛʀmoelɛktʀik] adj thermoelektrisch

thermomètre [tɛʀmɔmɛtʀ] m Thermometer nt

thermonucléaire [tɛʀmonykleɛʀ] adj thermonuklear

thermos® [tɛʀmos] m o f Thermosflasche® f

thermostat [tɛʀmɔsta] m Thermostat m

thésard, e [tezaʀ, aʀd] m, f fam Doktorand(in) m(f)

thésaurus [tezɔʀys] m Thesaurus m

thèse [tɛz] f ❶ These f ❷ UNIV ~ **de troisième cycle** Doktorarbeit f; (thèse de doctorat d'État) Habilitationsschrift f

thon [tɔ̃] m Thunfisch m

thonier [tɔnje] m Schiff nt für den Thunfischfang

thoracique [tɔʀasik] adj **cage** ~ Brustkorb m

thorax [tɔʀaks] m (d'un homme) Brustkorb m; (d'un insecte) Thorax

thriller [sʀilœʀ] m Thriller m

thrombose [tʀɔ̃boz] f Thrombose f

Thurgovie [tyʀgovi] f **la** ~ der Thurgau

Thuringe [tyʀɛ̃ʒ] f **la** ~ Thüringen nt

thuya [tyja] m Thuja f

thym [tɛ̃] m Thymian m

thyroïde [tiʀɔid] f Schilddrüse f

thyroïdien, ne [tiʀɔidjɛ̃, jɛn] adj (hormone, hyperfonctionnement) Schilddrüsen-

tibia [tibja] m Schienbein nt

tic [tik] m Tick m

ticket [tikɛ] m (de bus, métro) Fahrkarte f; (de match, manège) [Eintritts]karte; (numéro d'attente) Nummer f; ~ **de caisse** Kassenzettel m ▶**avoir le** ~ **avec qn** fam bei jdm gut ankommen

ticket-restaurant [tikɛ-ʀɛstoʀɑ̃] m Essensmarke f

tic-tac [tiktak] m inv Ticken nt

tiède [tjɛd] adj ❶ lauwarm; (lit, gâteau) [noch] warm ❷ (soutien) lau

tiédeur [tjedœʀ] f (de l'air) Milde f; (de l'eau) Wärme f

tiédir [tjediʀ] <8> vi (refroidir) abkühlen

tien, ne [tjɛ̃, tjɛn] pron poss ❶ **le** ~/**la** ~**ne** der/die/das deine; **les** ~**s** die deinen; v.a. **mien** ❷ pl (ceux de ta famille) **les** ~**s** deine Angehörigen; (tes partisans) deine Anhänger ▶**à la** ~**ne**|, Étienne! fam prost!; **tu pourrais y mettre du** ~! auch du könntest mithelfen!

tiendrai [tjɛ̃dʀe] fut de **tenir**

tienne [tjɛn] subj prés de **tenir**

tiennent [tjɛn] indic prés et subj prés de **tenir**

tiens, tient [tjɛ̃] indic prés de **tenir**

tierce [tjɛʀs] I. adj v. **tiers** II. f JEUX Folge von drei Karten einer Farbe

tiercé [tjɛʀse] m ❶ SPORT Dreierwette f [im Pferdetoto] ❷ (série de trois éléments arrivant en tête) **le** ~ **gagnant de qc** die drei Bestplatzierten einer Sache (gen)

tiers [tjɛʀ] m ❶ (fraction) Drittel nt ❷ (tierce personne) Dritter m

tiers, tierce [tjɛʀ, tjɛʀs] adj dritte(r, s)

tiers-monde [tjɛʀmɔ̃d] m sans pl **le** ~ die Dritte Welt **tiers-mondiste** [tjɛʀmɔ̃dist] <tiers-mondistes> I. adj (actions) zur Unterstützung der Dritten Welt II. mf Interessenvertreter(in) m(f) der Dritten Welt

tige [tiʒ] f ❶ (d'une fleur, feuille) Stiel m, Stängel m; (d'une céréale, graminée) Halm m ❷ (de métal) Stange f

tignasse [tiɲas] *f fam* Wuschelkopf *m*

tigre [tigʀ] *m* Tiger *m fig* Bestie *f*

tigré, e [tigʀe] *adj* getigert

tigresse [tigʀɛs] *f* Tigerin *f fig* Furie

tilleul [tijœl] *m* ❶ BOT Linde *f* ❷ (*infusion*) Lindenblütentee *m*

tilt [tilt] *m* ▸**ça a fait ~ dans ma tête** der Groschen ist bei mir gefallen (*fam*)

timbale [tɛ̃bal] *f* ❶ (*gobelet*) Trinkbecher *m* [aus Metall] ❷ MUS [Kessel]pauke *f*

timbre¹ [tɛ̃bʀ] *m* ❶ POST Briefmarke *f* ❷ (*cachet, instrument*) Stempel *m* ❸ (*fiscal*) -marke *f* ❹ MED Pflaster *nt*

timbre² [tɛ̃bʀ] *m* (*qualité du son*) Klang *m*

timbré, e¹ [tɛ̃bʀe] *adj* POST frankiert

timbré, e² [tɛ̃bʀe] *adj fam* (*un peu fou*) übergeschnappt

timbre-amende [tɛ̃bʀamɑ̃d] <timbres-amendes> *m* Strafgebührenmarke *f*

timbre-poste [tɛ̃bʀəpɔst] <timbres-poste> *m* Briefmarke *f*

timbrer [tɛ̃bʀe] <1> *vt* (*affranchir*) frankieren

timide [timid] *adj* schüchtern; (*réponse, critique*) zaghaft

timidement [timidmɑ̃] *adv* schüchtern

timidité [timidite] *f* (*d'une personne*) Schüchternheit *f*; (*d'une démarche*) Zaghaftigkeit *f*

timing [tajmiŋ] *m* Timing *nt*

timonier [timɔnje] *m* NAUT Steuermann *m*

timoré, e [timɔʀe] *adj péj* [über]ängstlich

tins [tɛ̃] *passé simple de* **tenir**

tintamarre [tɛ̃tamaʀ] *m* Getöse *nt*

tinter [tɛ̃te] <1> *vi* (*cloche*) läuten; (*grelot, clochette*) klingeln

tintouin [tɛ̃twɛ̃] *m fam* ❶ (*vacarme*) Radau *m* ❷ (*souci, tracas*) Sorge *f*

tique [tik] *f* Zecke *f*

tiquer [tike] <1> *vi fam* das Gesicht verziehen

tir [tiʀ] *m* ❶ MIL Schießen *nt;* (*série de projectiles*) Feuer *nt* ❷ (*projectile tiré*) *a.* SPORT Schuss *m;* ~ **au but** Torschuss *m;* (*penalty*) Elfmeterschuss

tirade [tiʀad] *f* ❶ THEAT Monolog *m* ❷ *péj* Wortschwall *m kein Pl*

tirage [tiʀaʒ] *m* ❶ (*de la loterie, du loto*) Ziehung *f* ❷ (*d'un livre, ouvrage*) Druck *m;* (*ensemble des exemplaires*) Auflage *f* ❸ PHOT Abziehen *nt* ❹ (*arrivée d'air*) Zug *m*

tiraillement [tiʀajmɑ̃] *m gén pl* (*sensation douloureuse*) ziehende Schmerzen *Pl*

tirailler [tiʀaje] <1> *vt* **être tiraillé entre deux choses** zwischen zwei Dingen hin- und hergerissen sein

tirailleur [tiʀajœʀ] *m* Einzelschütze *m*

tirant [tiʀɑ̃] *m* NAUT ~ **d'eau** Tiefgang *m*

tiré, e [tiʀe] *adj* (*traits*) abgespannt

tire-au-flanc [tiʀoflɑ̃] *m inv* Drückeberger *m* (*fam*) **tire-bouchon** [tiʀbuʃɔ̃] <tire-bouchons> *m* Korkenzieher *m*, Stoppelzieher *m* (A) **tire-bouchonner** [tiʀbuʃɔne] <1> *vi* (*chaussettes, pantalon*) Falten werfen **tire-d'aile** [tiʀdɛl] à ~ flügelschlagend **tire-fesses** [tiʀfɛs] *m inv, fam* Schlepplift *m* **tire-lait** [tiʀlɛ] *m inv* Milchpumpe *f* **tire-larigot** [tiʀlaʀigo] à ~ *fam* reichlich

tirelire [tiʀliʀ] *f* Sparbüchse *f*

tirer [tiʀe] <1> **I.** *vt* ❶ ziehen ❷ (*jupe, collant*) (*vers le bas/haut*) herunter/hoch ziehen; (*pour lisser*) glatt ziehen; (*corde, toile*) spannen ❸ (*éloigner*) wegziehen ❹ (*porte*) zuziehen; (*tiroir, rideau*) aufziehen ❺ (*balle*) abfeuern; (*coup de fusil, revolver*) abgeben ❻ (*perdrix, lièvre*) [ab]schießen ❼ (*faire sortir*) ~ **qn du lit** jdn aus dem Bett holen; ~ **d'un roman** (*passage*) [aus] einem Roman entnehmen ❽ (*film, négatif, photo*) abziehen ❾ ART, TYP (*ouvrage, lithographie*) drucken ❿ (*vin*) [auf Flaschen] abziehen ▸**on ne peut rien ~ de qn** aus jdm ist nichts herauszubekommen **II.** *vi* ❶ (*exercer une traction*) ~ **sur les rênes de son cheval** seinem Pferd die Zügel anziehen ❷ (*aspirer*) ~ **sur sa cigarette** an seiner Zigarette ziehen ❸ (*gêner: peau, cicatrice*) spannen ❹ CHASSE, MIL (*personne*) schießen ❺ SPORT (*au football*) schießen; (*au basket*) werfen ❻ (*avoir une certaine ressemblance avec*) ~ **sur qc** (*couleur*) in etw (*akk*) spielen; ~ **sur qn** BELG NORD nach jdm schlagen ❼ TYP ~ **à 2000 exemplaires** eine Auflage von 2000 Exemplaren haben ❽ (*avoir du tirage*) ~ **bien/mal** (*cheminée, poêle*) gut/ schlecht ziehen **III.** *vpr* ❶ *fam* (*s'en aller*) **se ~** sich verdrücken ❷ (*se sortir*) **se ~ d'affaire** sich aus der Affäre ziehen ❸ (*se blesser*) **se ~ une balle dans la tête** sich (*dat*) eine Kugel in den Kopf schießen

tiret [tiʀɛ] *m* Gedankenstrich *m;* (*division*) Trennungsstrich

tireur, -euse [tiʀœʀ, -øz] *m, f a.* MIL Schütze/Schützin *m/f*

tireuse [tiʀøz] *f* PHOT Kopiergerät *nt*

tiroir [tiʀwaʀ] *m* Schublade *f*
tiroir-caisse [tiʀwaʀkɛs] <tiroirs-caisses> *m* Geldschublade *f* der Registrierkasse
tisane [tizan] *f* [Kräuter]tee *m*
tisanière [tizanjɛʀ] *f* Aufgussgefäß *nt*
tison [tizõ] *m* glimmendes Stück Holz
tisser [tise] <1> *vt* ❶ (*tapis*) weben; (*laine*) verweben ❷ (*araignée*) spinnen
tisserand, e [tisʀɑ̃, ɑ̃d] *m, f* Weber(in) *m(f)*
tissu [tisy] *m* ❶ Titel *m* TEXTIL Stoff *m;* ~ Frottee *m* o *nt* ❷ (*enchevêtrement: d'intrigues*) Netz *nt* ❸ BIO [Zell]gewebe *nt*
titanesque [titanɛsk] *adj* (*travail*) gewaltig; (*œuvre*) gigantisch
titiller [titije] <1> *vt* ❶ (*chatouiller*) kitzeln ❷ *fam* (*asticoter*) **l'envie de tout raconter la titille** es juckt sie alles zu erzählen
titre [titʀ] *m* ❶ Titel *m* ❷ (*d'un chapitre, article de journal*) Überschrift *f* ❸ (*justificatif*) Bescheinigung *f;* ~ **de transport** Fahrausweis *m* ❹ FIN Wertpapier *nt* ▶**à juste** ~ mit [vollem] Recht; **à ce** ~ in dieser Eigenschaft
titre-phare [titʀfaʀ] <titres-phares> (*d'un album*) Erfolgstitel *m*
titrer [titʀe] <1> *vt* ~ **qc sur qc** (*journal*) mit einer Schlagzeile über etw (*akk*) aufmachen
titubant, e [titybɑ̃, ɑ̃t] *adj* (*démarche*) schwankend; (*ivrogne*) torkelnd
tituber [titybe] <1> *vi* ~ **d'ivresse** vor Trunkenheit (*dat*) torkeln
titulaire [titylɛʀ] **I.** *adj* ❶ (*professeur, instituteur*) verbeamtet ❷ (*détenteur*) ~ **d'un poste** ein Amt bekleidend; ~ **d'un permis** eine Erlaubnis besitzend **II.** *mf* ❶ ADMIN Beamte(r)/Beamtin *m/f* ❷ (*détenteur: d'un permis*) Besitzer(in) *m(f);* (*d'un poste*) Inhaber(in) *m(f)*
titulariser [titylaʀize] <1> *vt* (*fonctionnaire*) verbeamten; (*professeur d'université*) ernennen zu
TNT [teɛnte] *m abr de* **trinitrotoluène** TNT *nt*
toast [tost] *m* ❶ (*pain grillé*) Toast *m* ❷ (*allocution*) Trinkspruch *m*
toaster [toste] <1> *vt* toasten
toboggan [tɔbɔgɑ̃] *m* Rutschbahn *f*
toc [tɔk] *m fam* (*imitation*) **du** ~ Ramsch *m;* **en** ~ unecht
Togo [tɔgo] *m* **le** ~ Togo *nt*
tohu-bohu [tɔybɔy] *m inv, fam* Tohuwabohu *nt*
toi [twa] *pron pers* ❶ *fam* (*pour renforcer*)

du; **il veut t'aider, ~?** dir möchte er helfen? ❷ *avec un verbe à l'impératif* **regarde-** ~ sieh dich an; **imagine-toi ...** stell dir vor ...; **lave-~ les mains** wasch dir die Hände ❸ *avec une prép* **avec/sans** ~ mit dir/ohne dich ❹ *dans une comparaison* du ❺ (*emphatique*) **c'est ~?** bist du's?; **si j'étais** ~ wenn ich du wäre; *v.a.* **moi**
toile [twal] *f* ❶ (*tissu*) Stoff *m;* ~ **cirée** Wachstuch *f* ❷ ART Gemälde *nt* ❸ INFORM ~ [**d'araignée mondiale**] [World Wide] Web *nt* ▶~ **d'araignée** Spinnennetz *nt;* (*poussière*) Spinnwebe *f*
Toile [twal] *f* **la** ~ das Web
toilettage [twaletaʒ] *m* Pflege *f;* **salon de** ~ Hunde- und Katzensalon *m*
toilette [twalɛt] *f* ❶ (*soins corporels*) Waschen *nt;* **faire sa** ~ (*personne*) sich waschen; (*animal*) sich putzen ❷ (*vêtements*) Kleidung *f* ❸ *pl* (*W.-C.*) Toilette *f;* **aller aux ~s** auf die Toilette gehen
toiletter [twalete] <1> *vt* (*chat*) pflegen; (*chien*) trimmen
toi-même [twamɛm] *pron pers* du selbst; *v.a.* **moi-même**
toiser [twaze] <1> *vt* verächtlich anschauen
toison [twazõ] *f* (*pelage*) Schaffell *nt*
toit [twa] *m* ❶ Dach *nt* ❷ (*maison*) Bleibe *f*
toiture [twatyʀ] *f* Bedachung *f*
tôle [tol] *f* Blech *nt*
tolérable [tɔleʀabl] *adj* zumutbar; (*douleur*) erträglich
tolérance [tɔleʀɑ̃s] *f* Toleranz *f*
tolérant, e [tɔleʀɑ̃, ɑ̃t] *adj* tolerant
tolérer [tɔleʀe] <5> *vt* ertragen; (*douleur*) aushalten; (*infraction, retard, comportement*) dulden
tollé [tɔle] *m* Aufschrei *m* der Empörung
T.O.M. [tɔm] *mpl abr de* **territoire d'outre-mer** überseeisches Gebiet

---

Die **T.O.M.** sind frühere französische Kolonialgebiete in Übersee, die heute nicht vollständig unabhängig sind, aber relativ autonom verwaltet werden. Es gibt vier **T.O.M.**: die pazifischen Inselgruppen Wallis-et-Futuna, Französisch-Polynesien und Neukaledonien sowie die im Indischen Ozean gelegenen *Terres australes et antarctiques*. Die **T.O.M.** wurden 1946 gegründet.

tomate [tɔmat] *f* Tomate *f*, Paradeiser *m* (A)
tombal, e [tɔ̃bal] <s> *adj* Grab-
tombant, e [tɔ̃bã, ãt] *adj* (*épaules*) hängend
tombe [tɔ̃b] *f* Grab *nt*
tombeau [tɔ̃bo] <x> *m* Grabmal *nt*
tombée [tɔ̃be] *f* ~ **de la nuit** [*o* **du jour**] Einbruch *m* der Dunkelheit
tomber [tɔ̃be] <1> *vi + être* ❶ fallen ❷ (*chuter: personne*) [hin]fallen; (*animal*) stürzen; ~ |**par terre**| (*chaise*) umfallen; ~ |**par terre**| (*chaise*) umfallen; (*arbre, pile d'objets*) umstürzen; (*échafaudage*) einstürzen; (*branches, casseroles*) herunterfallen ❸ (*être affaibli*) ~ **de fatigue** vor Erschöpfung (*dat*) umfallen ❹ (*se détacher: cheveux, dent*) ausfallen ❺ (*arriver: nouvelle*) eintreffen; ~ **sur qn** jdn treffen; **qc tombe un lundi** etw fällt auf [einen] Montag (*akk*) ❻ (*descendre: nuit, soir*) hereinbrechen; (*foudre*) einschlagen ❼ (*être vaincu: dictateur, gouvernement*) gestürzt werden; (*record*) gebrochen werden ❽ (*baisser: vent*) sich legen; (*colère, enthousiasme*) nachlassen ❾ (*disparaître, échouer: obstacle*) beseitigt sein/werden; (*plan, projet*) fallen gelassen werden; ~ **dans l'oubli** in Vergessenheit (*akk*) geraten ❿ *fam* (*se retrouver*) ~ **enceinte** schwanger werden; ~ **d'accord** sich einig werden ⓫ (*rencontrer par hasard*) ~ **sur qc** auf etw (*akk*) stoßen; ~ **sur qn** jdn [zufällig] treffen ⓬ (*abandonner*) **laisser** ~ **un projet/une activité** ein Projekt fallen lassen/eine Tätigkeit sein lassen ▶**bien**/**mal** ~ gelegen/ungelegen kommen; **ça tombe bien**/**mal** das trifft sich gut/schlecht
tome [tɔm] *m* Band *m*
tom[m]e [tɔm] *f*: Käsesorte aus Savoyen
ton¹ [tɔ̃] *m* ❶ *a.* MUS Ton *m*; **d'un** [*o* **sur un**] ~ **convaincu** in einem überzeugten Ton ❷ (*couleur*) Farbton *m*
ton² [tɔ̃, te] <tes> *dét poss* dein(e); *v.a.* **mon**
tonalité [tɔnalite] *f* ❶ TELEC Freizeichen *nt* ❷ *a.* LING (*d'une voix*) Klang *m*
tondeuse [tɔ̃døz] *f* ❶ (*pour les cheveux, la barbe*) Haar-/Bartschneider *m* ❷ (*pour le jardin*) ~ |**à gazon**| Rasenmäher *m*
tondre [tɔ̃dʀ] <14> *vt* scheren; (*gazon*) mähen
tondu, e [tɔ̃dy] *part passé de* **tondre**
tong [tɔ̃g] *f* Sandale *f* mit Zehenriemchen
tonifiant [tɔnifjã] *m* Tonikum *nt*

tonifier [tɔnifje] <1> *vt* (*cheveux, peau*) kräftigen; (*organisme, personne*) stärken
tonique [tɔnik] **I.** *adj* ❶ (*froid*) belebend; (*boisson*) tonisch ❷ (*syllabe, voyelle*) betont **II.** *m* MED Tonikum *nt*
tonitruant, e [tɔnitʀɥã, ãt] *adj* lautstark; (*voix*) durchdringend
tonne [tɔn] *f* Tonne *f*
tonneau [tɔno] <x> *m* ❶ (*récipient*) Fass *nt* ❷ (*accident de voiture*) Überschlag *m*
tonnelier, -ière [tɔnəlje, -jɛʀ] *m, f* Böttcher(in) *m(f)*
tonnelle [tɔnɛl] *f* |Garten]laube *f*
tonner [tɔne] <1> *vi impers* **il tonne** es donnert
tonnerre [tɔnɛʀ] *m* ❶ METEO Donner *m* ❷ (*manifestation bruyante*) ~ **de protestations** Protesssturm *m* ▶**du** ~ *fam* super
tonsure [tɔ̃syʀ] *f* REL Tonsur *f*
tonte [tɔ̃t] *f* (*action*) Scheren *nt*
tonus [tɔnys] *m* (*dynamisme*) Tatkraft *f*
top [tɔp] **I.** *adj inv, antéposé* ~ **model** Topmodel *nt* **II.** *m fam* (*niveau maximum*) **le** ~ das Beste
topo [tɔpo] *m fam* ❶ (*exposé oral*) Kurzvortrag *m* ❷ (*exposé écrit*) kurze Darstellung ❸ *péj* (*répétition ennuyeuse*) Sermon *m*
topologie [tɔpɔlɔʒi] *f* Topologie *f*
topométrie [tɔpɔmetʀi] *f* |Erd]vermessung *f*
toponyme [tɔpɔnim] *m* Ortsname *m*
toponymie [tɔpɔnimi] *f* Ortsnamenkunde *f*
toque [tɔk] *f* (*d'un juge*) Toque *f*; (*d'un cuisinier*) Mütze *f*
toqué, e [tɔke] **I.** *adj fam* (*cinglé*) bekloppt **II.** *m, f fam* Bekloppte(r) *f(m)*
torche [tɔʀʃ] *f* ❶ (*flambeau*) Fackel *f* ❷ (*lampe électrique*) Taschenlampe *f*
torchis [tɔʀʃi] *m* Strohlehm *m*
torchon [tɔʀʃɔ̃] *m* ❶ (*tissu*) Tuch *nt* ❷ *fam* (*journal*) Käseblatt *nt*
tordant, e [tɔʀdã, ãt] *adj fam* (*drôle*) zum Brüllen
tord-boyaux [tɔʀbwajo] *m inv, fam* Fusel *m*
tordre [tɔʀdʀ] <14> **I.** *vt* ❶ (*linge*) [aus]wringen ❷ (*plier*) verbiegen; **être tordu** (*jambe, nez*) krumm sein **II.** *vpr* ❶ (*faire des contorsions*) **se** ~ **de douleur** sich vor Schmerz (*dat*) verziehen; **se** ~ **de rire** sich vor Lachen biegen (*fam*) ❷ (*se luxer*) **se** ~ **un membre** sich (*dat*) ein Glied verrenken
tordu, e [tɔʀdy] **I.** *part passé de* **tordre** **II.** *adj fam* (*esprit*) verschroben; (*raisonne-*

T

ment) seltsam

toréador [tɔʀeadɔʀ] *m* Stierkämpfer *m*

tornade [tɔʀnad] *f* Tornado *m*

torpeur [tɔʀpœʀ] *f* Erstarrung *f*

torpille [tɔʀpij] *f* MIL Torpedo *m*

torpiller [tɔʀpije] <1> *vt* MIL torpedieren

torpilleur [tɔʀpijœʀ] *m* Torpedoboot *nt*

torréfier [tɔʀefje] <1> *vt* rösten

torrent [tɔʀɑ̃] *m* ❶ (*cours d'eau*) Gebirgsbach *m* ❷ (*de larmes*) Strom *m*; ~ **de boue** Schlammmasse *f*

torrentiel, le [tɔʀɑ̃sjɛl] *adj* (*pluies*) Sturz-

torride [tɔʀid] *adj* heiß; (*chaleur*) brütend

torsade [tɔʀsad] *f* (*motif*) Zopfmuster *nt*

torsader [tɔʀsade] <1> *vt* (*brins, cheveux*) flechten

torse [tɔʀs] *m* ❶ (*poitrine*) Oberkörper *m* ❷ ART Torso *m*

torsion [tɔʀsjɔ̃] *f* (*déformation: de la bouche, des traits*) Verzerren *nt*

tort [tɔʀ] *m* ❶ (*erreur*) Fehler *m* ❷ (*préjudice*) Nachteil *m*; (*moral*) Unrecht *nt*; **avoir ~ de faire qc** etw zu Unrecht tun ▶**à ~ et à travers** unüberlegt

torticolis [tɔʀtikɔli] *m* steifer Hals

tortillard [tɔʀtijaʀ] *m fam* Bummelzug *m*

tortillement [tɔʀtijmɑ̃] *m* Verrenkung *f*; (*des fesses, hanches*) Wackeln *nt*

tortiller [tɔʀtije] <1> I. *vt* (*cheveux*) zwirbeln II. *vi* ~ **des hanches** mit der Hüfte wackeln III. *vpr* **se** ~ (*se tourner sur soi-même: personne*) herumzappeln; (*animal*) sich winden

tortionnaire [tɔʀsjɔnɛʀ] *mf* Folterknecht *m*

tortue [tɔʀty] *f* Schildkröte *f*

tortueux, -euse [tɔʀtɥø, -øz] *adj* (*chemin*) verschlungen; (*ruelle*) verwinkelt

torture [tɔʀtyʀ] *f* ❶ (*supplice*) Folter *f* ❷ (*souffrance*) Qual *f*

torturer [tɔʀtyʀe] <1> I. *vt* ❶ (*personne*) foltern; (*animal*) quälen ❷ (*remords*) plagen II. *vpr* **se** ~ grübeln

tôt [to] *adv* früh; **le plus ~ possible** so bald wie möglich ▶~ **ou tard** früher oder später

total [tɔtal, o] <-aux> *m* Gesamtbetrag *m* ▶**faire le ~ de qc** die Bilanz aus etw ziehen; **au** ~ (*en tout*) insgesamt; (*somme toute*) alles in Allem

total, e [tɔtal, o] <-aux> *adj* total; (*désespoir, ruine*) völlig; (*somme*) Gesamt-

totalement [tɔtalmɑ̃] *adv* völlig

totaliser [tɔtalize] <1> *vt* (*points, voix*)

kommen auf (+ *akk*); (*habitants*) zählen

totalitaire [tɔtalitɛʀ] *adj* totalitär

totalité [tɔtalite] *f* Gesamtheit *f*

totem [tɔtɛm] *m* ❶ (*symbole*) Totem *nt* ❷ (*statue*) Totempfahl *m*

toucan [tukɑ̃] *m* Tukan *m*

touchant, e [tuʃɑ̃, ɑ̃t] *adj* rührend; (*histoire*) bewegend

touche [tuʃ] *f* ❶ INFORM, MUS Taste *f* ❷ PECHE Anbiss *m;* **qn a une** ~ bei jdm beißt ein Fisch an ❸ (*en escrime*) Treffer *m* ❹ (*au football, rugby*) Seitenlinie *f*; (*sortie du ballon*) Aus *nt* ▶**faire une** ~ *fam* eine Eroberung machen; **sur la** ~ *fam* (*à l'écart*) im/ ins Abseits

touche-à-tout [tuʃatu] *mf inv, fam* ❶ (*enfant*) Kind, das alles anfasst ❷ (*personne aux activités multiples*) Hansdampf in allen Gassen *m*

toucher [tuʃe] <1> I. *vt* ❶ berühren ❷ (*frapper, atteindre*) treffen; (*plafond*) reichen bis an (+ *akk*); ~ **qc** an etw (*akk*) grenzen ❸ (*concerner*) ~ **qn** jdn betreffen; (*histoire, affaire*) jdn angehen ❹ (*émouvoir*) ~ **qn** (*drame, scène*) jdn berühren ❺ (*argent*) bekommen; (*pension*) beziehen ❻ (*arriver, côte*) erreichen II. *vi* ❶ (*porter la main sur*) ~ **à qn/qc** jdn anrühren/etw anfassen; ~ **à ses économies** an sein Erspartes gehen ❷ (*modifier*) ~ **au règlement** die Regeln antasten ❸ (*être proche de*) ~ **à sa fin** dem Ende zugehen III. *vpr* **se** ~ (*personnes*) sich berühren; (*immeubles, localités*) aneinander grenzen IV. *m* ❶ (*sens*) Tastsinn *m* ❷ (*impression*) Beschaffenheit *f* ❸ MUS Anschlag *m* ▶**au** ~ beim Berühren

touffe [tuf] *f* Büschel *nt*

touffu, e [tufy] *adj* dicht; (*sourcils*) buschig

toujours [tuʒuʀ] *adv* ❶ immer ❷ (*encore*) immer noch ❸ (*malgré tout*) dennoch ▶**qn peut** ~ **faire qc** jd kann etw tun, so viel er will; **depuis** ~ seit eh und je

toupet [tupɛ] *m fam* (*culot*) Frechheit *f*

tour¹ [tuʀ] *f* ❶ Turm *m*; ~ **de contrôle** Tower *m* ❷ (*immeuble*) Hochhaus *nt*

tour² [tuʀ] *m* ❶ (*circonférence*) Umfang *m*, (*des yeux*) Ränder *Pl*; ~ **de hanches/poitrine** Hüftweite *f*/Brustumfang *m* ❷ (*brève excursion*) Tour *f*; **faire un** ~ eine Runde machen; ~ **de France** SPORT Tour *f* de France ❸ (*succession alternée*) **c'est au** ~ **de qn de faire qc** jd ist an der Reihe etw zu tun

❹ (*rotation*) Umdrehung *f* ❺ (*duperie*)
Streich *m* ❻ (*exercice habile*) Kunststück
nt; ~ **de magie** Zaubertrick *m* ❼ POL Wahlgang *m* ▶ **à ~ de rôle** abwechselnd

tourbière [tuʀbjɛʀ] *f* |Torf|moor *nt*

tourbillon [tuʀbijɔ̃] *m* ❶ (*vent*) Wirbelsturm *m* ❷ (*masse d'eau*) Strudel *m*

tourbillonnant, e [tuʀbijɔnɑ̃, ɑ̃t] *adj* (*vent*)
Wirbel-; (*eau*) strudelnd; (*feuilles, fumée*)
wirbelnd

tourbillonnement [tuʀbijɔnmɑ̃] *m* Wirbel
m

tourbillonner [tuʀbijɔne] <1> *vi* (*feuilles*)
|herum|wirbeln; (*eaux*) strudeln; (*fumée, poussière*) aufwirbeln

tourisme [tuʀism] *m* Tourismus *m*; **office de ~** Fremdenverkehrsamt *nt*

touriste [tuʀist] *mf* Tourist(in) *m(f)*

touristique [tuʀistik] *adj* touristisch; (*attrait*)
für Touristen; (*billet, menu, renseignement*)
Touristen-; (*région*) Ferien-

tourmente [tuʀmɑ̃t] *f soutenu* (*tempête*)
Unwetter *nt*

tourmenté, e [tuʀmɑ̃te] *adj* gequält; (*vie*)
bewegt

tourmenter [tuʀmɑ̃te] <1> **I.** *vt* ~ **qn** jdn
quälen; (*remords, scrupules*) jdn plagen
II. *vpr* **se ~** sich (*dat*) Sorgen machen

tournage [tuʀnaʒ] *m* CINE ~ **d'un film**
Dreharbeiten *Pl* für einen Film

tournant [tuʀnɑ̃] *m* ❶ (*virage*) Kurve *f*
❷ (*d'une carrière, vie*) Wendepunkt *m*

tournant, e [tuʀnɑ̃, ɑ̃t] *adj* (*plaque*) Dreh-

tourné, e [tuʀne] *adj* (*aigri*) schlecht geworden; (*sauce, vin*) umgekippt; (*lait*) sauer geworden

tourne-disque [tuʀnədisk] <tourne-disques> *m* Plattenspieler *m*

tournée [tuʀne] *f* ❶ (*circuit*) Tour *f*; (*d'un artiste*) Tournee *f* ❷ *fam* (*au café*) Runde *f*

tourner [tuʀne] <1> **I.** *vt* ❶ drehen ❷ (*clé*)
herumdrehen; (*page*) umblättern; (*feuille*)
umdrehen ❸ (*remuer*) umrühren ❹ (*tête*)
wegdrehen; (*dos*) zuwenden ❺ (*formuler*)
formulieren; (*en ridicule*) lächerlich machen **II.** *vi* ❶ sich drehen; ~ **en rond** im
Kreis herumlaufen; ~ **autour de qc** sich
um etw (*akk*) drehen; (*prix, nombre*) |ungefähr| bei etw liegen ❷ (*fonctionner*) laufen
❸ (*bifurquer*) abbiegen ❹ (*s'inverser*) umschlagen; (*vent*) drehen; **la chance a
tourné** das Blatt hat sich gewendet ❺ (*évo-*

luer) ~ **à/en qc** sich zu etw entwickeln;
(*événement*) als etw enden ❻ (*devenir aigre: crème, lait*) sauer werden; (*vin, sauce*) umkippen ❼ CINE |Filme| drehen ▶ ~ **bien/mal**
(*personne*) sich positiv entwickeln/auf die
schiefe Bahn geraten; (*chose*) gut/schlecht
ausgehen **III.** *vpr* **se ~ vers qn/qc** sich
jdm/etw zuwenden; (*changer de position*)
sich zu jdm/etw drehen

tournesol [tuʀnəsɔl] *m* Sonnenblume *f*

tourneur, -euse [tuʀnœʀ, -øz] *m, f* Dreher(in) *m(f)*; (*sur bois*) Drechsler(in) *m(f)*

tournevis [tuʀnəvis] *m* Schraubenzieher *m*

tourniquet [tuʀnikɛ] *m* (*barrière*) Drehkreuz
nt

tournis [tuʀni] *m fam* Drehwurm *m*

tournoi [tuʀnwa] *m* Turnier *nt*

tournoiement [tuʀnwamɑ̃] *m* Kreisen *nt*;
(*des feuilles*) Herumwirbeln *nt*

tournoyer [tuʀnwaje] <6> *vi* sich |im Kreis|
drehen; (*feuilles*) herumwirbeln

tournure [tuʀnyʀ] *f a.* LING Wendung *f*;
(*idiomatique*) Redewendung

tour-opérateur [tuʀɔpeʀatœʀ] <tour-opérateurs> *m* Reiseveranstalter *m*

tourtereau [tuʀtəʀo] <x> *m pl iron* (*amoureux*) Turteltäubchen *Pl*

tourterelle [tuʀtəʀɛl] *f* Turteltaube *f*

tourtière [tuʀtjɛʀ] *f* (*moule à tarte*) runde
Pasteteform

tous [tu, tus] *v.* **tout**

Toussaint [tusɛ̃] *f* **la ~** Allerheiligen *nt*

Auch in Frankreich ist **la Toussaint** ein
Feiertag. Man besucht die Friedhöfe
und gedenkt der Verstorbenen. Die
Gräber werden mit Blumen, häufig
Chrysanthemen, geschmückt.

T

tousser [tuse] <1> *vi* husten; (*pour avertir*)
hüsteln

toussotement [tusɔtmɑ̃] *m* |leichter| Husten; (*pour avertir, de gêne*) Hüsteln *nt*

toussoter [tusɔte] <1> *vi* leicht husten;
(*pour avertir*) hüsteln

tout, e [tu, tut, tus/tu, tut] <tous, toutes>
adj indéf ❶ *sans pl* (*entier*) ~ **le temps/
l'argent** die ganze Zeit/das ganze Geld; ~
le monde jeder|mann|; **il a plu ~e la journée** es hat den ganzen Tag geregnet; **de ~
son poids** mit seinem ganzen Gewicht; ~
ce bruit dieser ganze Lärm; **nous avons ~**

notre temps wir können uns Zeit lassen ❷ *sans pl* (*complet*) ~ **Londres** ganz London; **à ~ prix** um jeden Preis; **à ~e vitesse** in aller Eile; **c'est ~ l'effet que ça te fait** mehr fällt dir dazu nicht ein? ❸ *sans pl* (*quel qu'il soit*) ~ **homme** jeder [Mensch]; **de ~e manière** auf jeden Fall ❹ *pl* (*l'ensemble des*) ~**es les places** alle Plätze; **tous les jours** jeden Tag; **dans tous les cas** in jedem Fall ❺ *pl* (*chaque*) **tous les deux jours** jeden zweiten Tag ❻ *pl* (*ensemble*) **de ~es sortes** aller Art; **nous avons fait tous les cinq ce voyage** wir fünf haben gemacht diese Reise gemacht

tout [tu] **I.** *adv* ❶ ganz; ~ **près de** ganz nahe bei; **le ~ premier/dernier** der Allererste/-letzte ❷ *inv* (*en même temps*) **en faisant qc** während jd etw tut; (*quoique*) obwohl jd etw tut **►~ à/d'un coup** plötzlich; ~ **à fait** ganz; **c'est ~ à fait possible** das ist sehr gut möglich; ~ **de suite** sofort; ~ **de même** trotz alledem **II.** *m* ❶ (*totalité*) Gesamtheit *f* ❷ (*ensemble*) **le ~** das Ganze **►** [**pas**] **du ~!** [ganz und] gar nicht!; **pas du ~ de pain** überhaupt kein Brot

tout, e [tu, tut, tus/tu, tut] <tous, toutes> *pron indéf* ❶ *sans pl* (*opp: rien*) alles ❷ *pl* (*opp: personne/aucun*) alle; **pour tous** für jedermann ❸ *sans pl* (*l'ensemble des choses*) ~ **ce qui bouge** alles, was sich bewegt **►et c|e n|'est pas ~!** und das ist [noch] nicht alles!; ~ **est bien qui finit bien** *prov* Ende gut, alles gut (*prov*) ~ **ou rien** alles oder nichts; **en** ~ (*au total*) im Ganzen; (*dans toute chose*) in allem; **en** ~ **et pour** ~ alles in allem

tout-à-l'égout [tutalegu] *m sans pl* Abwasseranschluss *m*

toutefois [tutfwa] *adv* jedoch

tout-petit [tup(ə)ti] <tout-petits> *m* Kleinkind *nt* **tout-puissant, toute-puissante** [tupҹisã, tutpҹisãt] <tout-puissants> *adj* allmächtig **tout-sécuritaire** [tusekyritɛʀ] *m sans pl* **politique du ~** Politik *f* der öffentlichen Sicherheit. **tout-terrain** [tuteʀɛ̃] <tout-terrains> **I.** *adj* Gelände-; **vélo ~** Mountainbike *nt* **II.** *m* (*véhicule*) Geländewagen *m* **tout-venant** [tuv(ə)nɑ̃] *m inv* **le ~** (*gens banals*) jeder x-Beliebige; (*choses courantes*) nichts Besonderes

toux [tu] *f* Husten *m*

toxicité [tɔksisite] *f* Giftigkeit *f*

toxico [tɔksiko] *mf abr de* **toxicomane**

toxicologique [tɔksikɔlɔʒik] *adj* toxikologisch

toxicologue [tɔksikɔlɔg] *mf* Toxikologe/Toxikologin *m/f*

toxicomane [tɔksikɔman] *mf* [Drogen]-süchtige(r) *f(m)*

toxicomanie [tɔksikɔmani] *f* Drogensucht *f*

toxique [tɔksik] *adj* giftig; (*gaz*) Gift-

trac [tʀak] *m fam* **avoir le ~** Lampenfieber *nt* haben

tracas [tʀaka] *m* Sorgen *Pl*

tracasser [tʀakase] <1> **I.** *vt* ~ **qn** jdm Sorgen bereiten; (*administration*) jdn schikanieren **II.** *vpr* **se ~ pour qn/qc** sich (*dat*) um jdn/etw Sorgen machen

tracasserie [tʀakasʀi] *f gén pl* Scherereien *Pl* (*fam*)

trace [tʀas] *f* ❶ Spur *f*; (*d'un animal*) Fährte *f* ❷ (*cicatrice*) Narbe *f* **►suivre qn à la ~** jdm auf den Fersen sein

tracé [tʀase] *m* (*du réseau routier/ferroviaire*) Streckenführung *f*

tracer [tʀase] <2> *vt* ❶ (*dessiner*) zeichnen; (*ligne*) ziehen ❷ (*piste*) bahnen; (*route*) anlegen

traceur [tʀasœʀ] *m* INFORM Plotter *m*

trachée-artère [tʀaʃeaʀtɛʀ] <trachées-artères> *f* Luftröhre *f*

trachéite [tʀakeit] *f* Luftröhrenentzündung *f*

trachéotomie [tʀakeɔtɔmi] *f* Luftröhrenschnitt *m*

tract [tʀakt] *m* Flugblatt *nt*

tracter [tʀakte] <1> *vt* schleppen

tracteur [tʀaktœʀ] *m* Traktor *m*

traction [tʀaksjɔ̃] *f* AUT, CHEMDFER Antrieb *m*

tradition [tʀadisjɔ̃] *f* (*coutume*) Tradition *f* **►de ~** traditionell

traditionnel, le [tʀadisjɔnɛl] *adj* traditionell **traditionnellement** [tʀadisjɔnɛlmɑ̃] *adv* traditionsgemäß

traducteur [tʀadyktœʀ] *m* INFORM **~ de poche** Sprachcomputer *m*

traducteur, -trice [tʀadyktœʀ, -tʀis] *m, f* Übersetzer(in) *m(f)*

traduction [tʀadyksjɔ̃] *f* Übersetzung *f*; ~ **simultanée** Simultandolmetschen *nt*

traduire [tʀadyiʀ] <irr> **I.** *vt* ❶ (*dans une autre langue*) ~ **Goethe de l'allemand en français** Goethe vom Deutschen ins Französische übersetzen ❷ (*exprimer*) ~ **un sentiment** (*chose*) der Ausdruck eines Gefühls sein ❸ JUR ~ **en justice** dem Gericht überstellen **II.** *vpr* (*s'exprimer*) **se ~ par qc** (*chose*) sich in etw (*dat*) ausdrücken

traduisible [tʀadɥizibl] *adj* übersetzbar

traduit, e [tʀadɥi, ɥit] *part passé de* **traduire**

trafic [tʀafik] *m* ❶ (*circulation*) Verkehr *m* ❷ *péj* (*commerce*) Schwarzhandel *m;* ~ **de drogue** Drogenhandel *m* ❸ *fam* (*activité suspecte*) Machenschaften *Pl*

traficoter [tʀafikɔte] <1> *vt v.* **trafiquer**

trafiquant, e [tʀafikã, ãt] *m, f* Schieber(in) *m(f);* ~**(e) de drogue** Dealer(in) *m(f)*

trafiquer [tʀafike] <1> *vt fam* ❶ (*comptes, moteur*) frisieren; (*produit*) verfälschen ❷ (*bricoler*) herumbasteln an (*dat*) ❸ (*manigancer*) aushecken

tragédie [tʀaʒedi] *f* Tragödie *f*

tragédien, ne [tʀaʒedjɛ̃, jɛn] *m, f* Tragödiendarsteller(in) *m(f)*

tragique [tʀaʒik] **I.** *adj* tragisch; (*auteur*) Tragödien- **II.** *m sans pl* (*gravité*) Tragik *f*

tragiquement [tʀaʒikmã] *adv* tragisch; (*mourir*) auf tragische [Art und] Weise

trahir [tʀaiʀ] <8> **I.** *vt* ❶ verraten ❷ (*confiance*) missbrauchen ❸ (*lâcher: sens*) täuschen **II.** *vpr* **se ~ par qc** sich durch etw (*akk*) verraten

trahison [tʀaizõ] *f* (*traîtrise*) Verrat *m kein Pl*

train [tʀɛ̃] *m* ❶ CHEMDFER Zug *m;* **le ~ en direction/venant de Lyon** der Zug nach/ aus Lyon; **prendre le ~** mit dem Zug fahren ❷ (*allure*) Tempo *nt;* ~ **de vie** Lebensstandard *m* ❸ AVIAT ~ **d'atterrissage** Fahrwerk *nt* ❹ AUT Achse *f;* ~ **peut en cacher un autre** der erste Eindruck kann täuschen; **être en ~ de faire qc** gerade etw tun

traînant, e [tʀɛnã, ãt] *adj* (*lent*) schleppend; (*démarche*) schlurfend

traînard, e [tʀɛnaʀ, aʀd] *m, f fam* Trödelfritze/Trödelliese *m/f*

traîne [tʀɛn] *f* Schleppe *f* ▶**à la ~** zu spät

traîneau [tʀɛno] <x> *m* Schlitten *m*

traînée [tʀɛne] *f* Spur *f;* (*d'une étoile filante*) Schweif *m*

traîner [tʀɛne] <1> **I.** *vt* ❶ schleppen ❷ (*jambe*) nachziehen ❸ (*être encombré de*) mitschleppen (*fam*); ~ **avec soi** mit sich herumschleppen (*fam*) **II.** *vi* ❶ (*lambi-* ner) trödeln; (*maladie, procès*) sich [hin]ziehen ❷ (*vadrouiller*) herumhängen ❸ (*être en désordre*) herumliegen ❹ (*pendre à terre*) schleifen **III.** *vpr* (*se déplacer difficilement*) **se ~** sich dahinschleppen

training [tʀeniŋ] *m* (*entraînement*) [Fitness]training *nt*

train-train [tʀɛ̃tʀɛ̃] *m sans pl, fam* [Alltags]trott *m*

traire [tʀɛʀ] <irr, défec> *vt* melken

trait [tʀɛ] *m* ❶ (*ligne*) Strich *m* ❷ (*caractéristique*) Grundzug *m;* (*dominant*) Merkmal *nt* ❸ *gén pl* (*lignes du visage*) Züge *Pl* ❹ LING ~ **d'union** Bindestrich *m* ▶**tirer un ~ sur qc** (*renoncer*) etw aufgeben; (*mettre un terme*) einen Schlussstrich unter etw (*akk*) ziehen; **d'un ~** in einem Zug

trait, e [tʀɛ, tʀɛt] *part passé de* **traire**

traitant, e [tʀɛtã, ãt] *adj* (*shampoing*) Pflege-; (*médecin*) behandelnd

traite [tʀɛt] *f* ❶ (*achat à crédit*) ~ **de qc** Rate *f* für etw ❷ AGR (*des vaches*) Melken *nt* ❸ (*trafic*) Handel *m*

traité [tʀete] *m* ❶ POL Vertrag *m;* ~ **de Maastricht** Maastrichtabkommen *nt;* ~ **de Versailles** Versailler Vertrag *m* ❷ (*ouvrage*) Abhandlung *f*

traitement [tʀɛtmã] *m* ❶ *a.* MED Behandlung *f;* (*du chômage, d'un problème*) Handhabung *f* ❷ TECH Behandeln *nt;* (*de l'eau, de déchets radioactifs*) [Wieder]aufbereitung *f* ❸ INFORM ~ **multitâche** Multitasking *nt;* ~ **de l'information** [*o* **des données**] Datenverarbeitung *f;* ~ **de texte** Textverarbeitung *f*

traiter [tʀete] <1> **I.** *vt* ❶ *a.* MED behandeln ❷ (*affaire, question*) erledigen; (*dossier*) bearbeiten ❸ (*déchets, eaux*) [wieder]aufbereiten; **non traité** (*orange*) ungespritzt ❹ (*qualifier*) ~ **qn de fou** jdn einen Spinner nennen ❺ INFORM (*données, texte*) verarbeiten **II.** *vi* ❶ (*avoir pour sujet*) ~ **de qc** sich mit etw befassen ❷ (*négocier*) verhandeln

traître, -esse [tʀɛtʀ, -ɛs] **I.** *adj* ❶ (*qui trahit*) verräterisch ❷ (*sournois*) tückisch; (*escalier, virage*) gefährlich **II.** *m, f* Verräter(in) *m(f)* ▶**en ~** hinterrücks

traîtrise [tʀetʀiz] *f* Verrat *m*

trajectoire [tʀaʒɛktwaʀ] *f* (*d'un véhicule*) Kurs *m;* (*d'un projectile*) Flugbahn *f;* (*d'une planète*) Umlaufbahn *f*

trajet [tʀaʒɛ] *m* Strecke *f*

T

tram [tʀam] *m fam abr de* **tramway**
trame [tʀam] *f* ❶ TEXTIL Schuss[faden *m*] *m*
❷ (*d'une histoire*) Gerüst *nt*
tramer [tʀame] <1> I. *vt* (*complot*) schmieden II. *vpr* **se** ~ im Gange sein
tramontane [tʀamɔ̃tan] *f* Tramontana *f*
trampoline [tʀɑ̃pɔlin] *m* Trampolin *nt*
tramway [tʀamwɛ] *m* Straßenbahn *f*
tranchant [tʀɑ̃ʃɑ̃] *m* (*côté coupant*) Schneide *f*
tranchant, e [tʀɑ̃ʃɑ̃, ɑ̃t] *adj* scharf
tranche [tʀɑ̃ʃ] *f* ❶ (*portion*) Scheibe *f*
❷ (*subdivision*) ~ **d'âge** Altersstufe *f*; ~ **de vie** Lebensabschnitt *m*
tranché, e [tʀɑ̃ʃe] *adj* klar
tranchée [tʀɑ̃ʃe] *f* Graben *m*
trancher [tʀɑ̃ʃe] <1> I. *vt* (*couper*) durchschneiden II. *vi* (*décider*) eine Entscheidung treffen
tranquille [tʀɑ̃kil] *adj* ❶ ruhig; (*eau*) still; (*endroit*) friedlich; **être** ~ seine/ihre Ruhe haben; **laisser** ~ in Ruhe lassen ❷ (*rassuré*) beruhigt ❸ *iron fam* (*certain*) **là, je suis** ~ da kann man Gift drauf nehmen ▶**se tenir** ~ stillhalten
tranquillement [tʀɑ̃kilmɑ̃] *adv* in [aller] Ruhe
tranquillisant [tʀɑ̃kilizɑ̃] *m* Beruhigungsmittel *nt*
tranquilliser [tʀɑ̃kilize] <1> I. *vt* beruhigen II. *vpr* **se** ~ sich beruhigen
tranquillité [tʀɑ̃kilite] *f* Ruhe *f* ▶**en toute** ~ ungestört
transaction [tʀɑ̃zaksjɔ̃] *f* Geschäft *nt*; (*boursière*) Transaktion *f*
transactionnel, le [tʀɑ̃zaksjɔnɛl] *adj* JUR Vergleichs-
transalpin, e [tʀɑ̃zalpɛ̃, in] *adj* ❶ (*italien*) italienisch ❷ HIST, GEO transalpin[isch]
transat, transatlantique [tʀɑ̃zatlɑ̃tik] I. *m* ❶ (*paquebot*) Ozeandampfer *m* ❷ (*chaise*) Liegestuhl *m* II. *f* [Trans]atlantikregatta *f*
transbordement [tʀɑ̃sbɔʀdəmɑ̃] *m* (*d'une cargaison*) Umschlagen *nt*; (*de passagers*) Umsteigen *nt*; NAUT Umschiffen *nt*
transborder [tʀɑ̃sbɔʀde] <1> *vt* (*marchandises*) umschlagen; (*personnes*) umschiffen
transbordeur [tʀɑ̃sbɔʀdœʀ] I. *adj* **navire** ~ Fähre *f* II. *m* (*car-ferry*) Autofähre *f*
transcendance [tʀɑ̃sɑ̃dɑ̃s] *f* Transzendenz *f*
transcendantal, e [tʀɑ̃sɑ̃dɑ̃tal, o] <-aux>

adj transzendental
transcender [tʀɑ̃sɑ̃de] <1> I. *vt* (*dépasser*) ~ **qc** die Grenzen einer S. (*gen*) überschreiten II. *vpr* **se** ~ über sich selbst hinauswachsen
transcription [tʀɑ̃skʀipsjɔ̃] *f* ~ **phonétique** Lautschrift *f*
transcrire [tʀɑ̃skʀiʀ] <irr> *vt* LING transkribieren
transe [tʀɑ̃s] *f* ❶ *pl* (*affres*) Ängste *Pl* ❷ (*état second*) Trance *f*
transept [tʀɑ̃sɛpt] *m* Querschiff *nt*
transférable [tʀɑ̃sferabl] *adj* ❶ (*transportable*) transportfähig ❷ FIN transferabel; (*propriété, valeur*) übertragbar
transférer [tʀɑ̃sfere] <5> *vt* verlegen; (*dépouille, cendres*) überführen; (*fonctionnaire*) versetzen
transfert [tʀɑ̃sfɛʀ] *m* ❶ (*déplacement*) Verlegung *f*; (*de cendres*) Überführung *f*; (*de fonctionnaire*) Versetzung *f*; ~ **d'appel** [automatische] Rufumleitung *f* ❷ SPORT Transfer *m* ❸ PSYCH, INFORM Übertragung *f*
transfiguration [tʀɑ̃sfigyʀasjɔ̃] *f* Verwandlung *f*
transfigurer [tʀɑ̃sfigyʀe] <1> *vt* völlig verwandeln; (*visage, réalité*) verklären
transfo [tʀɑ̃sfo] *m fam abr de* **transformateur** Trafo *m*
transformable [tʀɑ̃sfɔʀmabl] *adj* **être** ~ **en qc** sich in etw (*akk*) verwandeln lassen
transformateur [tʀɑ̃sfɔʀmatœʀ] *m* ELEC Transformator *m*
transformation [tʀɑ̃sfɔʀmasjɔ̃] *f* Veränderung *f*; (*d'une maison*) Umbau *m kein Pl*; (*de matières premières*) Verarbeitung *f kein Pl*; ~ **en qc** Verwandlung *f* in etw (*akk*)
transformer [tʀɑ̃sfɔʀme] <1> I. *vt* ❶ (*modifier*) verwandeln; (*entreprise*) umstrukturieren; (*matière première*) verarbeiten; ~ **en qc** (*pièce*) in etw (*akk*) umgestalten ❷ MATH umformen II. *vpr* **se** ~ sich verändern; **se** ~ **en glace** zu Eis werden
transfuge [tʀɑ̃sfyʒ] *mf* Überläufer(in) *m(f)*
transfusé, e [tʀɑ̃sfyze] *m, f* Empfänger(in) *m(f)* einer [Blut]transfusion
transfuser [tʀɑ̃sfyze] <1> *vt* (*sang*) übertragen; ~ **qn** jdm Blut übertragen
transfusion [tʀɑ̃sfyzjɔ̃] *f* [Blut]transfusion *f*
transgresser [tʀɑ̃sgʀese] <1> *vt* (*loi*) übertreten
transgression [tʀɑ̃sgʀesjɔ̃] *f* ~ **d'une in-**

terdiction Verstoß *m* gegen ein Verbot

transhumer [tʀɑ̃zyme] <1> *vi* (*animal*) das Weidegebiet wechseln

transiger [tʀɑ̃ziʒe] <2a> *vi* einen Kompromiss schließen; ~ **sur qc** in etw (*dat*) nachgeben

transistor [tʀɑ̃zistɔʀ] *m* ❶ RADIO Transistorradio *nt* ❷ ELEC Transistor *m*

transit [tʀɑ̃zit] *m* ❶ COM Transit *m* ❷ ANAT Verdauung *f* ▶**en** ~ Transit-

transitaire [tʀɑ̃zitɛʀ] *adj* Transit-

transiter [tʀɑ̃zite] <1> *vi* ~ **par qc** durch etw reisen; (*en avion*) über etw (*akk*) fliegen

transitif, -ive [tʀɑ̃zitif, -iv] *adj* transitiv

transition [tʀɑ̃zisjɔ̃] *f* ~ **de qc à qc** Übergang *m* von etw zu etw ▶**de** ~ Übergangs-

transitivité [tʀɑ̃zitivite] *f* Transitivität *f*

transitoire [tʀɑ̃zitwaʀ] *adj* vorübergehend

translation [tʀɑ̃slasjɔ̃] *f* GEOM Parallelverschiebung *f*

translucide [tʀɑ̃slysid] *adj* durchscheinend

transmanche [tʀɑ̃smɑ̃ʃ] *adj* trafic ~ Verkehr *m* über den Ärmelkanal

transmetteur [tʀɑ̃smetœʀ] *m* Sender *m*

transmettre [tʀɑ̃smɛtʀ] <irr> I. *vt* ❶ (*léguer*) weitergeben ❷ (*message*) übermitteln; (*ordre*) weiterleiten ❸ BIO, MED ~ **qc à qn** (*maladie*) jdn mit etw anstecken ❹ SCI, RADIO, TELEC, TV ~ **qc** etw übertragen; (*corps conducteur*) etw leiten II. *vpr* **se** ~ (*maladie*) übertragen werden

transmissible [tʀɑ̃smisibl] *adj* MED ansteckend

transmission [tʀɑ̃smisjɔ̃] *f* ❶ Übertragung *f*; (*d'une information*) Weiterleitung *f* ❷ (*passation*) Weitergabe *f*

transmutation [tʀɑ̃smytasjɔ̃] *f* PHYS, CHIM Umwandlung *f*

transparaître [tʀɑ̃spaʀɛtʀ] <irr> *vi* durchscheinen

transparence [tʀɑ̃spaʀɑ̃s] *f* Transparenz *f*; (*de l'eau*) Klarheit *f*

transparent [tʀɑ̃spaʀɑ̃] *m* [Transparent]folie *f*

transparent, e [tʀɑ̃spaʀɑ̃, ɑ̃t] *adj* ❶ (*opp: opaque*) durchsichtig; (*air, eau*) klar; **papier** ~ Pauspapier *nt* ❷ (*évident*) offensichtlich; (*allusion*) deutlich

transpercer [tʀɑ̃spɛʀse] <2> *vt* ~ **qc** etw durchbohren; (*balle*) etw durchschlagen; ~ **qn** (*froid*) jdn durchdringen

transpiration [tʀɑ̃spiʀasjɔ̃] *f* ❶ (*processus*) Schwitzen *nt* ❷ (*sueur*) Schweiß *m*

transpirer [tʀɑ̃spiʀe] <1> *vi* schwitzen

transplant [tʀɑ̃splɑ̃] *m* Transplantat *nt*

transplantation [tʀɑ̃splɑ̃tasjɔ̃] *f* ❶ BIO, MED Transplantation *f* ❷ AGR Umpflanzen *nt* ❸ (*déplacement*) Verpflanzung *f*

transplanté, e [tʀɑ̃splɑ̃te] *m, f* Organempfänger(in) *m(f)*

transplanter [tʀɑ̃splɑ̃te] <1> *vt* ❶ BIO, MED transplantieren ❷ AGR umpflanzen

transport [tʀɑ̃spɔʀ] *m* ❶ (*acheminement*) Transport *m*; (*de bagages, voyageurs*) Beförderung *f* ❷ *pl* AUT **les** ~**s** das Verkehrswesen ▶**entreprise de** ~ Spedition *f* **moyens de** ~ Verkehrsmittel *Pl*; ~**s en commun** öffentliche Verkehrsmittel *Pl*

transportable [tʀɑ̃spɔʀtabl] *adj* (*blessé*) transportfähig

transporter [tʀɑ̃spɔʀte] <1> *vt* transportieren; (*voyageur*) befördern

transporteur [tʀɑ̃spɔʀtœʀ] *m* (*entreprise*) Transportunternehmen *nt*

transposable [tʀɑ̃spozabl] *adj* übertragbar

transposer [tʀɑ̃spoze] <1> *vt* übertragen

transposition [tʀɑ̃spozisjɔ̃] *f* Übertragung *f*

transsexuel, le [tʀɑ̃(s)sɛksɥɛl] I. *adj* transsexuel II. *m, f* Transsexuelle(r) *f(m)*

transvaser [tʀɑ̃svaze] <1> *vt* umfüllen

transversal, e [tʀɑ̃svɛʀsal, o] <-aux> *adj* quer verlaufend; (*rue*) Quer-

transversale [tʀɑ̃svɛʀsal] *f* ❶ (*itinéraire*) Querverbindung *f* ❷ (*route*) Querstraße *f*

transversalement [tʀɑ̃svɛʀsalmɑ̃] *adv* quer

trapèze [tʀapɛz] *m* Trapez *nt*

trapéziste [tʀapezist] *mf* Trapezkünstler(in) *m(f)*

trapézoïdal, e [tʀapezɔidal, o] <-aux> *adj* trapezförmig

trappe [tʀap] *f* ❶ (*ouverture*) Klappe *f*; (*dans le plancher*) Falltür *f* ❷ (*piège*) Falle *f*

trappeur [tʀapœʀ] *m* Trapper *m*

trapu, e [tʀapy] *adj* gedrungen

traque [tʀak] *f* (*d'un fugitif*) Verfolgung *f*

traquenard [tʀaknaʀ] *m* (*a. fig*) Falle *f*

traquer [tʀake] <1> *vt* verfolgen

trash [tʀaʃ] *adj inv fam* trashing

traumatique [tʀomatik] *adj* traumatisch

traumatisant, e [tʀomatizɑ̃, ɑ̃t] *adj* schockierend; **une expérience ~e** ein traumatisches Erlebnis

traumatiser [tʀomatize] <1> *vt* ❶ (*choquer*) ~ **qn** jdm einen Schock versetzen;

T

(*échec, culpabilité*) für jdn zu einem Trauma werden; **être traumatisé par qc** durch etw einen Schock erleiden ❷ MED ~ **qn** bei jdm ein Trauma hinterlassen

traumatisme [tʀomatism] *m* Trauma *nt*

traumatologie [tʀomatɔlɔʒi] *f* ❶ (*science*) Unfallmedizin *f* ❷ (*service*) Unfallstation *f*

traumatologiste [tʀomatɔlɔʒist] *mf* Unfallarzt/-ärztin *m/f*; (*chirurgien*) Unfallchirurg(in) *m(f)*

travail [tʀavaj, o] <-aux> *m* ❶ Arbeit *f*; **se mettre au ~** sich an die Arbeit machen; **~ à la chaîne** Fließbandarbeit *f*; **~ à temps partiel** Teilzeitarbeit *f*; **~ d'utilité collective** (*emploi*) ABM-Stelle *f* ❷ *pl* (*ensemble de tâches*) **travaux ménagers** Hausarbeit; **travaux d'urbanisme** städtebauliche Maßnahmen *Pl*; **travaux publics** Bauarbeiten *Pl* der öffentlichen Hand; **travaux!** Bauarbeiten! ❸ (*résultat*) Werk *nt* ❹ (*façonnage*) Bearbeitung *f* ▶**se tuer au ~** sich totarbeiten (*fam*)

travailler [tʀavaje] <1> **I.** *vi* ❶ arbeiten; **~ à son compte** selbstständig sein; **~ à qc** an etw (*dat*) arbeiten ❷ (*s'exercer: sportif*) trainieren ❸ (*cidre, vin*) gären **II.** *vt* ❶ bearbeiten; (*pâte*) [durch]kneten; (*style*) feilen an (+ *dat*); **travaillé à la main** handgearbeitet ❷ (*s'entraîner à*) üben ❸ (*tourmenter*) ~ **qn** jdm zu schaffen machen

travailleur, -euse [tʀavajœʀ, -jøz] **I.** *adj* fleißig **II.** *m, f* ❶ (*salarié*) Arbeiter(in) *m(f)*; **~ immigré** Gastarbeiter ❷ (*personne laborieuse*) fleißiger Mensch

travailliste [tʀavajist] **I.** *adj* POL **parti ~** Labour Party *f* **II.** *mf* Mitglied *nt* der Labour Party

travelling [tʀavliŋ] *m* CINE Kamerafahrt *f*

travelo [tʀavlo] *m fam* Tunte *f* (*pej*)

travers [tʀavɛʀ] *m* Schwäche *f* ▶**prendre qc de ~** etw in den falschen Hals bekommen (*fam*); **à ~ qc au ~ de qc** (*en traversant*) durch etw hindurch; (*par l'intermédiaire de*) durch etw; **à ~ les siècles** über Jahrhunderte [hinweg]; **à ~ le monde** überall in der Welt; **de ~** (*en biais*) schief; (*mal*) verkehrt; **en ~** quer

traversée [tʀavɛʀse] *f* **la ~ de l'Atlantique** die Überquerung des Atlantiks

traverser [tʀavɛʀse] <1> *vt* ❶ (*franchir*) überqueren; (*à pied*) gehen über (+ *akk*); (*en voiture, à vélo*) fahren über (+ *akk*); (*à la nage*) durchschwimmen; **faire ~ qn** jdn über die Straße führen ❷ (*se situer en travers de*) ~ **qc** (*route*) etw durchqueren; (*fleuve*) durch etw fließen ❸ (*transpercer*) ~ **qc** durch etw dringen; (*clou*) sich in etw (*akk*) bohren ❹ (*subir*) durchmachen ❺ (*se manifester dans*) ~ **l'esprit** durch den Kopf schießen

traversier [tʀavɛʀsje] *m* CAN (*bac*) Fähre *f*

traversin [tʀavɛʀsɛ̃] *m:* lange, mit Federn gefüllte Kopfkissenrolle

travesti [tʀavɛsti] *m* (*homosexuel*) Transvestit *m*

travesti, e [tʀavɛsti] *adj* verkleidet

travestir [tʀavɛstiʀ] <8> *vt* ❶ (*falsifier*) verfälschen ❷ (*déguiser*) ~ **qn en fée** jdn als Fee verkleiden

travestissement [tʀavɛstismɑ̃] *m* (*déguisement*) Verkleidung *f*

trayeuse [tʀɛjøz] *f* (*machine*) Melkmaschine *f*

trébuchant, e [tʀebyʃɑ̃, ɑ̃t] *adj* ❶ (*chancelant*) schwankend; (*ivrogne*) torkelnd ❷ (*voix*) stockend; (*diction*) holprig

trébucher [tʀebyʃe] <1> *vi* **~ sur qc** über etw (*akk*) stolpern; **faire ~ qn** jdm ein Bein stellen

trèfle [tʀɛfl] *m* ❶ BOT Klee *m* ❷ JEUX Kreuz *nt*

treille [tʀɛj] *f* (*tonnelle*) Weinlaube *f*

treize [tʀɛz] **I.** *num* dreizehn **II.** *m inv* Dreizehn *f*; *v.a.* **cinq**

treizième [tʀɛzjɛm] **I.** *adj* antéposé dreizehnte(r, s) **II.** *mf* **le/la ~** der/die/das Dreizehnte **III.** *m* (*fraction*) Dreizehntel *nt*; *v.a.* **cinquième**

trekking [tʀekiŋ] *m* SPORT Trekking *nt*

tréma [tʀema] **I.** *m* Trema *nt* **II.** *app* **e/i/u ~ e/i/u** [mit] Trema; **a/o/u ~** (*en allemand*) ä/ö/ü

tremblant, e [tʀɑ̃blɑ̃, ɑ̃t] *adj* zitternd

tremblement [tʀɑ̃bləmɑ̃] *m* Zittern *nt;* **~ de terre** Erdbeben *nt;* **des ~s** Erschütterungen *Pl*

trembler [tʀɑ̃ble] <1> *vi* ❶ zittern; (*terre*) beben; (*flamme*) flackern; **~ de colère** vor Wut beben ❷ (*avoir peur*) erschauern; **faire ~ qn** jdm Angst [und Bange] machen

trembloter [tʀɑ̃blɔte] <1> *vi* [leicht] zittern

trémousser [tʀemuse] <1> *vpr* **se ~** (*danseur*) sich verrenken; (*enfant*) zappeln

trempe [tʀɑ̃p] *f fam* (*correction*) Dresche *f*

trempé, e [tʀɑ̃pe] *adj* ❶ (*mouillé*) durchnässt ❷ TECH (*acier*) gehärtet; **en verre ~** aus Sicherheitsglas

tremper [tʀɑ̃pe] <1> I. *vt* ❶ (*mouiller*) durchnässen; (*sol*) durchtränken ❷ (*plonger*) **~ dans qc** (*croissant*) in etw tunken (*akk*) ❸ (*acier*) härten II. *vi* ❶ (*rester immergé*) **laisser ~ des légumes secs** Hülsenfrüchte quellen lassen ❷ (*participer à*) **~ dans qc** in etw (*akk*) verwickelt sein

tremplin [tʀɑ̃plɛ̃] *m* Sprungbrett *nt*

trench-coat [tʀɛnʃkot] <trench-coats> *m* Trenchcoat *m*

trentaine [tʀɑ̃tɛn] *f* ❶ (*environ trente*) **une ~ de personnes/pages** etwa dreißig Personen/Seiten ❷ (*âge approximatif*) **avoir la ~** ungefähr dreißig [Jahre alt] sein; **approcher de la ~** auf die Dreißig zugehen

trente [tʀɑ̃t] I. *num* dreißig II. *m inv* Dreißig *f*; *v.a.* **cinq, cinquante**

trentenaire [tʀɑ̃tnɛʀ] *adj* dreißigjährig

trente-six [tʀɑ̃tsis] *num* ❶ (*chiffre*) sechsunddreißig; *v.a.* **cinq** ❷ *fam* (*une grande quantité*) x II. *m inv* Sechsunddreißig *f* ▶**tous les ~ du mois** *fam* alle Jubeljahre [mal]; *v.a.* **cinq**

trentième [tʀɑ̃tjɛm] I. *adj antéposé* dreißigste(r, s) II. *mf* **le/la ~** der/die/das Dreißigste III. *m* (*fraction*) Dreißigstel *nt*; *v.a.* **cinquième**

trépidant, e [tʀepidɑ̃, ɑ̃t] *adj* pulsierend

trépider [tʀepide] <1> *vi* vibrieren; (*machine*) dröhnen

trépied [tʀepje] *m* (*support*) Dreibein *nt*; (*d'un appareil photo*) Stativ *nt*

trépignement [tʀepiɲmɑ̃] *m* Trampeln *nt*; (*de colère*) Aufstampfen *nt*

trépigner [tʀepiɲe] <1> *vi* von einem Fuß auf den anderen treten

très [tʀɛ] *adv* sehr; **avoir ~ faim/peur** großen Hunger/große Angst haben; **faire ~ attention** gut aufpassen

trésor [tʀezɔʀ] *m* ❶ (*richesse enfouie*) Schatz *m* ❷ *pl* (*richesses*) Schätze *Pl* ❸ ADMIN, FIN **Trésor [public]** (*moyens financiers*) Staatskasse *f*; (*l'État*) öffentliche Hand; (*administration*) Finanzverwaltung *f*; (*bureau*) Finanzamt *nt*

trésorerie [tʀezɔʀʀi] *f* ❶ (*budget*) Finanzen *Pl* ❷ (*gestion*) Haushaltsführung *f*; (*d'une entreprise*) [betriebliches] Rechnungswesen

trésorier, -ière [tʀezɔʀje, -jɛʀ] *m, f* Kassen-

führer(in) *m(f)*; (*d'une association, d'un club*) Kassenwart *m*; (*d'un parti, syndicat*) Schatzmeister(in) *m(f)*

tressaillir [tʀesajiʀ] <irr> *vi* zusammenzucken

tressauter [tʀesote] <1> *vi* ❶ (*être secoué: personne*) hin- und hergeworfen werden; (*dans un véhicule*) durchgerüttelt werden ❷ (*sursauter*) zusammenzucken; (*dans son sommeil, dans ses pensées*) hochschrecken

tresse [tʀɛs] *f* Zopf *m*

tresser [tʀese] <1> *vt* flechten

tréteau [tʀeto] <x> *m* (*support*) Bock *m*

treuil [tʀœj] *m* Winde *f*

trêve [tʀɛv] *f* ❶ (*répit*) Ruhepause *f* ❷ (*arrêt des hostilités*) Waffenruhe *f* ▶**~ de plaisanteries!** Spaß beiseite!

Trèves [tʀɛv] Trier *nt*

tri [tʀi] *m* ❶ (*choix*) [Aus]sortieren *nt*; **~ des déchets** Mülltrennung *f* ❷ POST Sortieren *nt* ❸ INFORM **effectuer un ~ croissant/décroissant** aufsteigend/absteigend sortieren

trial [tʀijal] *m* ❶ (*moto*) Moto-Cross-Rad *nt* ❷ (*course*) Moto-Cross[-Rennen *nt*] *nt*

triangle [tʀijɑ̃gl] *m* ❶ MATH Dreieck *nt* ❷ AUT **~ de présignalisation** Warndreieck *nt* ❸ MUS Triangel *m*

triangulaire [tʀijɑ̃gylɛʀ] *adj* dreieckig; (*prisme, pyramide*) dreiseitig

triathlon [tʀi(j)atlɔ̃] *m* Triathlon *m*

triathlonien, ne [tʀi(j)atlɔnjɛ̃, jɛn] *m, f* Triathlet(in) *m(f)*

tribal, e [tʀibal, o] <-aux> *adj* Stammes-

tribord [tʀibɔʀ] *m* Steuerbord *nt kein Pl*

tribu [tʀiby] *f* ❶ SOCIOL Stamm *m* ❷ *iron* (*grande famille*) Sippe *f*

tribunal [tʀibynal, o] <-aux> *m* Gericht *nt*; **~ fédéral** CH (*cour suprême de la Suisse*) Bundesgericht

tribune [tʀibyn] *f* ❶ Tribüne *f* ❷ (*dans un journal*) Kolumne *f*

tribut [tʀiby] *m* Tribut *m*

tributaire [tʀibytɛʀ] *adj* **~ de qn/qc** abhängig von jdm/etw

tricentenaire [tʀisɑ̃tnɛʀ] I. *adj* dreihundertjährig II. *m* ❶ (*d'une personne*) dreihundertster Geburtstag; (*d'un événement*) dreihundertster Jahrestag ❷ (*cérémonie*) Dreihundertjahrfeier *f*

tricher [tʀiʃe] <1> *vi* (*frauder*) betrügen; **~ aux cartes/à l'examen** beim Kartenspiel/in der Prüfung mogeln (*fam*)

T

tricherie [tʀiʃʀi] *f* Betrügerei *f*; (*au jeu, à l'examen*) Schummeln *nt* (*fam*)

tricheur, -euse [tʀiʃœʀ, -øz] *m, f* Betrüger(in) *m(f)*; (*au jeu, à l'examen*) Schummler(in) *m(f)*; (*aux cartes*) Falschspieler(in) *m(f)*

tricolore [tʀikɔlɔʀ] **I.** *adj* ❶ (*bleu, blanc, rouge*) blauweißrot ❷ (*de trois couleurs*) dreifarbig **II.** *mpl* SPORT **les ~s** die französische Nationalmannschaft

tricot [tʀiko] *m* ❶ (*gilet tricoté*) Strickweste *f* ❷ (*action*) Stricken *nt*

tricoter [tʀikɔte] <1> *vt, vi* stricken; **aiguille à ~** Stricknadel *f*

tricycle [tʀisikl] *m* Dreirad *nt*

trident [tʀidɑ̃] *m* ❶ PECHE dreizackiger Fischspeer ❷ HIST Dreizack *m*

tridimensionnel, le [tʀidimɑ̃sjɔnɛl] *adj* dreidimensional

triennal, e [tʀijenal, o] <-aux> *adj* ❶ (*qui dure trois ans*) dreijährig ❷ (*qui a lieu tous les trois ans*) alle drei Jahre stattfindend

trier [tʀije] <1> *vt* ❶ (*sélectionner*) auswählen; (*fruits, habits*) aussortieren ❷ (*classer*) sortieren

trieur [tʀijœʀ] *m* (*machine*) MINER Sortiermaschine *f*; AGR Trieur *m*

trieur, -euse [tʀijœʀ, jøz] *m, f* (*personne*) Sortierer(in) *m(f)*

trigonométrique [tʀigɔnɔmetʀik] *adj* trigonometrisch

trilatéral, e [tʀilateʀal, o] <-aux> *adj* ECON, POL trilateral

trilingue [tʀilɛ̃g] *adj* dreisprachig

trimbal[l]er [tʀɛ̃bale] <1> *vt fam* herumschleppen; (*en voiture*) herumkutschieren; (*bagages*) schleppen

trimer [tʀime] <1> *vi* schuften (*fam*)

trimestre [tʀimɛstʀ] *m* (*période de trois mois*) Quartal *nt*; SCOL Trimester *nt*

trimestriel, le [tʀimɛstʀijɛl] *adj* (*paiement*) vierteljährlich; (*publication*) vierteljährlich erscheinend

trimestriellement [tʀimɛstʀijɛlmɑ̃] *adv* vierteljährlich

tringle [tʀɛ̃gl] *f* Stange *f*

Trinité [tʀinite] *f* **la [Sainte] ~** die Dreifaltigkeit

trinquer [tʀɛ̃ke] <1> *vi* **~ à la santé de qn** auf jdn anstoßen

trio [tʀijo] *m a.* MUS Trio *nt*

triomphal, e [tʀijɔ̃fal, o] <-aux> *adj* triumphal

triomphalement [tʀijɔ̃falmɑ̃] *adv* triumphierend; (*accueillir*) jubelnd

triomphateur, -trice [tʀijɔ̃fatœʀ, -tʀis] **I.** *adj* (*air*) triumphierend; (*nation, parti*) siegreich **II.** *m, f* Sieger(in) *m(f)*

triomphe [tʀijɔ̃f] *m* Triumph *m*

triompher [tʀijɔ̃fe] <1> *vi* ❶ triumphieren; (*personne*) siegen; (*vérité*) ans Licht kommen ❷ (*faire un triomphe*) einen [großen] Triumph feiern

trip [tʀip] *m fam* Trip *m*

tripartite [tʀipaʀtit] *adj* dreiseitige(r, s); **gouvernement ~** Dreiparteienregierung *f*

tripes [tʀip] *fpl* ❶ GASTR Kaldaunen *Pl* ❷ *fam* (*boyau de l'homme*) Eingeweide *Pl*; (*ventre*) Bauch *m*

triphasé, e [tʀifɑze] *adj* **courant ~** Drehstrom *m*

triple [tʀipl] **I.** *adj* dreifach **II.** *m* **le ~** das Dreifache

triplé [tʀiple] *m* SPORT dreifacher Sieg; (*trois victoires de suite*) Hattrick *m*

triplés, -ées [tʀiple] *mpl, fpl* Drillinge *Pl*

triplement [tʀipləmɑ̃] **I.** *adv* ❶ (*trois fois*) dreifach ❷ (*tout à fait*) hundertprozentig; (*vrai*) absolut **II.** *m* (*multiplication*) Verdreifachung *f*

tripler [tʀiple] <1> **I.** *vt* verdreifachen **II.** *vi* sich verdreifachen

triplés, -ées [tʀiple] *mpl, fpl* Drillinge *Pl*

triporteur [tʀipɔʀtœʀ] *m* Lieferdreirad *nt*

tripoter [tʀipɔte] <1> **I.** *vt* ❶ (*objets*) herumspielen mit (*fam*); (*fruits*) begrapschen (*fam*); (*bouton*) herumfummeln an (+ *dat*) (*fam*) ❷ (*peloter*) betatschen (*fam*) **II.** *vpr* (*triturer*) **se ~ la barbe** an seinem Bart herumzwirbeln

trique [tʀik] *f* Knüppel *m*

trisomie [tʀizɔmi] *f* Trisomie *f*

triste [tʀist] *adj* ❶ traurig ❷ *a. antéposé* (*pensée*) trübselig; (*paysage, couleur*) trist ❸ *antéposé* (*événements, destin*) tragisch; (*affaire*) unerfreulich; (*mine, résultats*) kläglich

tristement [tʀistəmɑ̃] *adv* traurig; (*parler, raconter*) betrübt

tristesse [tʀistɛs] *f* Traurigkeit *f*

tristounet, te [tʀistunɛ, ɛt] *adj fam* traurig; (*temps*) trist

trithérapie [tʀiteʀapi] *f* MED (*contre le sida*) Kombitherapie *f*

triton [tʀitɔ̃] *m* ZOOL [Wasser]molch *m*

triturer [tʀityʀe] <1> *vt* ❶ (*broyer*) zerkleinern; (*aliments*) zerkauen ❷ (*veste*) knautschen (*fam*); (*mouchoir*) knüllen (*fam*); (*crayon*) herumkauen auf (+ *dat*) (*fam*)

trivial, e [tʀivjal, jo] <-aux> *adj* (*vulgaire*) ordinär

trivialement [tʀivjalmɑ̃] *adv* ordinär

trivialité [tʀivjalite] *f* (*vulgarité*) Primitivität *f*

troc [tʀɔk] *m* Tauschhandel *m*

troglodyte [tʀɔglɔdit] *m* ❶ (*personne*) Höhlenmensch *m* ❷ ZOOL Zaunkönig *m*

troglodytique [tʀɔglɔditik] *adj* **habitations ~s** Höhlenwohnungen *Pl*

trognon [tʀɔɲɔ̃] *m* Kerngehäuse *nt;* (*de chou*) Strunk *m*

trois [tʀwa] **I.** *num* drei ▶**en ~ mots** mit zwei, drei Worten **II.** *m inv* Drei *f; v.a.* **cinq**

trois-étoiles [tʀwazetwal] **I.** *adj inv* mit drei Sternen **II.** *m inv* Dreisternehotel *nt*

trois-huit [tʀwaɥit] *mpl inv* **faire les ~** in drei Schichten arbeiten

troisième [tʀwazjɛm] **I.** *adj antéposé* dritte(r, s); **le ~ âge** (*personnes âgées*) die Senioren **II.** *mf* **le/la ~** der/die/das Dritte **III.** *f* SCOL ≈ neunte Klasse; *v.a.* **cinquième**

troisièmement [tʀwazjɛmmɑ̃] *adv* drittens

trois-mâts [tʀwamɑ] *m inv* Dreimaster *m*

trois-pièces [tʀwapjɛs] *m inv* ❶ ARCHIT Dreizimmerwohnung *f* ❷ COUT **costume ~** dreiteiliger Anzug

trolleybus [tʀɔlɛbys] *m* Trolleybus *m*

trombe [tʀɔ̃b] *f* (*forte averse*) Wolkenbruch *m* ▶**en ~** *fam* wie ein Wirbelwind *m*

trombone [tʀɔ̃bɔn] **I.** *m* ❶ MUS Posaune *f* ❷ (*attache*) Büroklammer *f* **II.** *mf* Posaunist(in) *m(f)*

trompe [tʀɔ̃p] *f* ❶ MUS Horn *nt* ❷ ZOOL Rüssel *m;* (*d'un insecte*) Saugrüssel ❸ ANAT *souvent pl* Eileiter *m*

trompe-l'œil [tʀɔ̃plœj] *m inv* ART Trompel'œil *m*

tromper [tʀɔ̃pe] <1> **I.** *vt* ❶ (*duper*) täuschen; **~ qn sur qc** jdn mit etw betrügen ❷ (*être infidèle à*) **~ qn avec qn** jdn mit jdm betrügen ❸ (*faim, soif*) lindern **II.** *vi* täuschen **III.** *vpr* **se ~** sich irren; **se ~ dans son calcul** sich verrechnen; **se ~ de direction** die falsche Richtung nehmen; (*en voiture*) sich verfahren; **se ~ de numéro [de téléphone]** sich verwählen

tromperie [tʀɔ̃pʀi] *f* Betrug *m* kein *Pl*

trompette [tʀɔ̃pɛt] **I.** *f* Trompete *f* ▶**nez en ~** Stupsnase *f* **II.** *m* MUS Trompeter(in) *m(f)*

trompettiste [tʀɔ̃petist] *mf* Trompeter(in) *m(f)*

trompeur, -euse [tʀɔ̃pœʀ, -øz] *adj* trügerisch; (*résultats*) irreführend; (*ressemblance*) täuschend; (*discours*) lügnerisch

tronc [tʀɔ̃] *m* ❶ BOT Stamm *m* ❷ ANAT Rumpf *m* ❸ ARCHIT (*d'une colonne*) Schaft *m* ❹ SCOL **~ commun** (*cycle commun*) Unter- und Mittelstufe einer Gesamtschule (*partie de programme commune*) Pflichtfächer *Pl;* UNIV Pflichtkurse *Pl*

tronçon [tʀɔ̃sɔ̃] *m* ❶ (*partie*) Teil *m;* (*d'une voie ferrée, route*) Teilstrecke *f* ❷ (*morceau coupé*) Stück *nt;* (*d'une colonne*) Trommel *f*

tronçonner [tʀɔ̃sɔne] <1> *vt* zerteilen; (*scier*) zersägen

tronçonneuse [tʀɔ̃sɔnøz] *f* Motorsäge *f*

trône [tʀon] *m* Thron *m*

trôner [tʀone] <1> *vi* thronen; (*photo*) prangen

tronquer [tʀɔ̃ke] <1> *vt* (*détail*) auslassen; (*texte, citation*) verstümmeln

trop [tʀo] *adv* ❶ (*de façon excessive: grand, cher*) zu; (*manger, faire*) zu viel; (*insister, négliger*) zu sehr ❷ (*en quantité excessive*) **~ de temps/travail** zu viel Zeit *f/*Arbeit *f* ❸ (*pas tellement*) **ne pas ~ aimer** nicht besonders mögen; **ne pas ~ savoir** nicht genau wissen; **je n'ai pas ~ envie** ich habe keine große Lust ▶**c'est ~!** (*il ne fallait pas*) das wäre doch nicht nötig gewesen!; (*c'est la meilleure*) das gibt's doch nicht!

trophée [tʀofe] *m* Trophäe *f*

tropical, e [tʀopikal, o] <-aux> *adj* tropisch

tropique [tʀopik] *m* ❶ GEO Wendekreis *m* ❷ (*région tropicale*) **les ~s** die Tropen

trop-perçu [tʀopɛʀsy] <trop-perçus> *m* ❶ ADMIN zu viel erhobener Betrag ❷ COM Überschuss *m* **trop-plein** [tʀoplɛ̃] <trop-pleins> *m* ❶ TECH (*tuyau d'évacuation*) Überlauf[rohr *nt*] ❷ (*surplus*) Überfülle *f* ❸ (*excès*) **~ d'amour/d'énergie** Übermaß *nt* an Liebe/Energie

troquer [tʀɔke] <1> *vt* tauschen

troquet [tʀɔke] *m fam* Kneipe *f*

trot [tʀo] *m* (*allure*) Trab *m*

trotte [tʀɔt] *f fam* Stück *nt* [Weg]

trotter [tʀɔte] <1> *vi* (*cheval*) traben; (*personne*) *fam* trotten

trotteur, -euse [tʀɔtœʀ, -øz] *m, f* (*cheval*)

T

Traber *m*

trotteuse [tʀɔtøz] *f* Sekundenzeiger *m*

trottiner [tʀɔtine] <1> *vi* trappeln; (*enfant*) trippeln

trottinette [tʀɔtinɛt] *f* Roller *m*

trottoir [tʀɔtwaʀ] *m* Bürgersteig *m*

trou [tʀu] *m* ❶ Loch *nt;* (*d'une aiguille*) Öhr *nt;* ~ **de la serrure** Schlüsselloch ❷ (*moment de libre*) freier Augenblick ❸ (*vide*) ~ **de mémoire** Black-out *m o nt* ▶**rester dans son** ~ *fam* zu Hause herumhocken

troublant, e [tʀublɑ̃, ɑ̃t] *adj* ❶ (*déconcertant*) irritierend ❷ (*inquiétant*) beunruhigend ❸ (*étrange*) merkwürdig ❹ (*excitant*) aufregend

trouble¹ [tʀubl] **I.** *adj* ❶ (*image, vue*) verschwommen; (*liquide*) trüb ❷ (*période*) zwiespältig **II.** *adv* (*voir*) unscharf

trouble² [tʀubl] *m* ❶ *pl* MED Beschwerden *Pl* (*psychiques*) Störungen *Pl* ❷ *pl* (*politiques, sociaux*) Unruhen *Pl* ❸ (*désarroi*) Aufregung *f* ❹ (*agitation*) Durcheinander *nt*

trouble-fête [tʀubləfɛt] <trouble-fêtes> *mf* Spielverderber(in) *m(f)*

troubler [tʀuble] <1> **I.** *vt* ❶ stören ❷ (*perturber*) beunruhigen ❸ (*émouvoir*) verwirren ❹ (*digestion, facultés mentales*) beeinträchtigen ❺ (*atmosphère, ciel*) verdüstern; (*eau*) trüben **II.** *vpr* **se** ~ (*devenir trouble*) sich trüben; (*mémoire*) nachlassen

troué, e [tʀue] *adj* durchlöchert

trouée [tʀue] *f* Loch *nt;* (*d'une forêt*) Schneise *f*

trouer [tʀue] <1> *vt* ❶ (*faire un trou*) ein Loch machen ❷ (*faire plusieurs trous*) ~ **qc** etw zerlöchern; (*balles*) etw durchlöchern

trouille [tʀuj] *f fam* Angst *f*

troupe [tʀup] *f* Truppe *f*

troupeau [tʀupo] <x> *m* Herde *f*

trousse [tʀus] *f* Beutel *m;* ~ **d'écolier** [Feder]mäppchen *nt;* ~ **de toilette** Kulturbeutel *m* ▶**être aux ~s de qn** jdm auf den Fersen sein

trousseau [tʀuso] <x> *m* ❶ (*clés*) Schlüsselbund *m o nt* ❷ (*vêtements*) Kleidung *f kein Pl* (*d'une mariée*) Aussteuer *f*

trouvaille [tʀuvaj] *f* [glücklicher] Fund *m*

trouver [tʀuve] <1> **I.** *vt* ❶ (*découvrir*) finden; (*information*) bekommen; (*capitaux*) aufbringen ❷ (*avoir le sentiment*) ~ **étrange que** + *subj* es merkwürdig finden, dass ❸ (*voir*) **aller** ~ **qn** jdn besuchen gehen

II. *vpr* ❶ (*être situé*) **se** ~ sich befinden ❷ (*être*) **se** ~ **bloqué** blockiert sein **III.** *vpr impers* (*par hasard*) **il se trouve que je suis libre** zufällig habe ich gerade Zeit ▶**si ça se trouve, il va pleuvoir** *fam* es kann gut sein, dass es regnen wird

truand [tʀyɑ̃] *m* Gauner(in) *m(f)*

truander [tʀyɑ̃de] <1> *vt fam* reinlegen

truc [tʀyk] *m* ❶ *fam* (*chose*) Ding *nt* ❷ *fam* (*personne*) Dings *mf* ❸ *fam* (*combine*) Trick *m* ▶**c'est mon** ~ *fam* das ist meine Sache; **c'est pas mon** ~ *fam* das ist nicht mein Fall

trucage [tʀykaʒ] *m* ❶ (*falsification*) Verfälschung *f;* (*des élections*) Fälschung *f* ❷ CINE, PHOT Trickaufnahme *f*

trucider [tʀyside] <1> *vt fam* umbringen

truculence [tʀykylɑ̃s] *f* Urwüchsigkeit *f*

truculent, e [tʀykylɑ̃, ɑ̃t] *adj* urwüchsig

truelle [tʀyɛl] *f* Kelle *f*

truffe [tʀyf] *f* ❶ BOT, GASTR Trüffel *f* ❷ (*museau*) Schnauze *f*

truffer [tʀyfe] <1> *vt* ❶ GASTR trüffeln ❷ *fig* ~ **de qc** mit etw spicken

truie [tʀɥi] *f* Sau *f*

truite [tʀɥit] *f* Forelle *f*

truquage [tʀykaʒ] *m v.* **trucage**

truquer [tʀyke] <1> *vt* fälschen

trust [tʀœst] *m* ECON Trust *m*

tsar [tsaʀ] *m* Zar *m*

tsarine [tsaʀin] *f* Zarin *f*

tsariste [tsaʀist] *adj* zaristisch

t-shirt [tiʃœʀt] *m abr de* **tee-shirt** T-shirt *nt*

tsigane [tsigan] **I.** *adj* Zigeuner- **II.** *mf* Zigeuner(in) *m(f)*

tsvp *abr de* **tournez s'il vous plaît** b.w.

TTC [tetese] *abr de* **toutes taxes comprises** inkl. MwSt.

tu [ty] < ~ *fam, devant voyelle et h muet* t'> **I.** *pron pers* ~ **es grand** du bist groß **II.** *m* **dire** ~ **à qn** du zu jdm sagen

tu, e [ty] *part passé de* **taire**

tuba [tyba] *m* ❶ MUS Tuba *f* ❷ SPORT Schnorchel *m*

tube¹ [tyb] *m* ❶ (*tuyau*) Rohr *nt;* (*petit*) Röhrchen *nt* ❷ ELEC Röhre *f* ❸ (*emballage à presser*) Tube *f* ❹ ANAT ~ **digestif** Verdauungstrakt *m*

tube² [tyb] *m fam* (*chanson*) Hit *m*

tubercule [tybɛʀkyl] *m* BOT [Wurzel]knolle *f*

tuberculeux, -euse [tybɛʀkylø, -øz] **I.** *adj* (*personne*) tuberkulosekrank **II.** *m, f* MED Tuberkulosekranke(r) *f(m)*

tuberculose [tybɛʀkyloz] *f* Tuberkulose *f*
TUC [tyk] *m abr de* **travail d'utilité collective**
tué, e [tɥe] *m, f* Todesopfer *nt*
tuer [tɥe] <1> *I. vt* ❶ töten; (*gibier*) erlegen; **se faire ~** umkommen ❷ (*environnement*) zerstören; (*insectes*) vernichten *II. vi* (*animal, personne*) töten; (*poison, arme*) tödlich sein *III. vpr* ❶ **se ~** umkommen; (*se donner la mort*) sich umbringen ❷ (*se fatiguer*) **se ~ à qc** sich mit etw abmühen
tuerie [tyʀi] *f* Gemetzel *nt*
tue-tête [tytɛt] **à ~** lauthals
tueur, -euse [tɥœʀ, -øz] *m, f* Mörder(in) *m(f)*
tuile [tɥil] *f* ❶ (*d'un toit*) [Dach]ziegel *m* ❷ *fam* (*événement fâcheux*) unangenehme Überraschung ❸ GASTR Teegebäck *nt*
tuilerie [tɥilʀi] *f* Ziegelei *f*
tulipe [tylip] *f* Tulpe *f*
tuméfié, e [tymefje] *adj* geschwollen
tumeur [tymœʀ] *f* Tumor *m*
tumulte [tymylt] *m* (*d'une foule*) Tumult *m*; (*de la rue*) (*agitation*) Treiben *nt*; (*bruit*) Lärm *m*
tumultueux, -euse [tymyltɥø, -øz] *adj* ❶ (*agité*) stürmisch; (*discussion*) hitzig ❷ (*bruyant*) lärmend
tuner [tynœʀ] *m* Tuner *m*
tunique [tynik] *f* (*vêtement ample*) Tunika *f*
Tunisie [tynizi] *f* **la ~** Tunesien *nt*
tunisien, ne [tynizjɛ̃, jɛn] *adj* tunesisch
Tunisien, ne [tynizjɛ̃, jɛn] *m, f* Tunesier(in) *m(f)*
tunnel [tynɛl] *m* ❶ (*galerie*) Tunnel *m* ❷ (*période difficile*) Durststrecke *f*
turbine [tyʀbin] *f* Turbine *f*
turbo[1] [tyʀbo] *adj inv* mit Turbomotor
turbo[2], **turbocompresseur** [tyʀbokɔ̃pʀesœʀ] *m* Turbokompressor *m* (*als Verdichter arbeitende Turbomaschine in einem Abgasturbolader*)
turbulence [tyʀbylɑ̃s] *f* Turbulenz *f*
turbulent, e [tyʀbylɑ̃, ɑ̃t] *adj* (*agité*) wild
turc [tyʀk] *m* Türkisch *nt; v.a.* **allemand**
turc, turque [tyʀk] *adj* türkisch; *v.a.* **allemand**
Turc, Turque [tyʀk] *m, f* Türke/Türkin *m/f*
turf [tœʀf] *m* Pferderennsport *m*
turfiste [tœʀfist] *mf* jd, der/die bei Pferderennen wettet
turque [tyʀk] *v.* **turc** ▶W.-C. **à la ~**

Stehklo[sett] *nt*
Turquie [tyʀki] *f* **la ~** Türkei *f*
turquoise [tyʀkwaz] *I. f* (*pierre*) Türkis *m* *II. adj inv* türkis[farben]
tus [ty] *passé simple de* **taire**
tutélaire [tytelɛʀ] *adj* JUR schützend; (*service*) Aufsicht führend
tutelle [tytɛl] *f* ❶ (*d'un mineur*) Vormundschaft *f;* **sous ~** unter Aufsicht ❷ *péj* Bevormundung *f*
tuteur [tytœʀ] *m* (*support*) Stütze *f*
tuteur, -trice [tytœʀ, -tʀis] *m, f* ❶ (*d'un mineur*) Vormund *m* ❷ SCOL, UNIV Tutor(in) *m(f)*
tutoiement [tytwamɑ̃] *m* Duzen *nt*
tutorat [tytɔʀa] *m* Tutorium *nt*
tutoyer [tytwaje] <6> *vt, vpr* [**se**] **~** [sich] duzen
tutu [tyty] *m* Tutu *nt*
tuyau [tɥijo] <x> *m* ❶ (*tube rigide*) Rohr *nt;* (*tube souple*) Schlauch *m;* (*d'une cheminée*) Schacht *m* ❷ *fam* (*conseil*) Tipp *m*
tuyauterie [tɥijotʀi] *f* Leitungsnetz *nt*
TV [teve] *f abr de* **télévision**
TVA [tevea] *f abr de* **taxe à la valeur ajoutée** MwSt. *f*
tweed [twid] *m* Tweed *m*
tympan [tɛ̃pɑ̃] *m* ANAT Trommelfell *nt*
type [tip] *I. m* ❶ *a. fam* Typ *m* ❷ (*genre*) Art *f;* (*asiatique, humain*) Typus *m* *II. app inv* typisch
typé, e [tipe] *adj* typisch
typhoïde [tifɔid] *I. adj* **fièvre ~** Typhusfieber *nt* *II. f* Typhus *m*
typhon [tifɔ̃] *m* Taifun *m*
typhus [tifys] *m* Typhus *m*
typique [tipik] *adj* **~ de qn/qc** typisch für jdn/etw
typiquement [tipikmɑ̃] *adv* typisch
typographe [tipɔgʀaf] *mf* [Schrift]setzer(in) *m(f)*
typographie [tipɔgʀafi] *f* Typografie *f*
typographique [tipɔgʀafik] *adj* typografisch
typologie [tipɔlɔʒi] *f* Typologie *f*
tyran [tiʀɑ̃] *m* Tyrann *m*
tyrannie [tiʀani] *f* Tyrannei *f;* (*d'un régime*) Gewaltherrschaft *f*
tyrannique [tiʀanik] *adj* (*pouvoir*) tyrannisch
tyranniser [tiʀanize] <1> *vt* tyrannisieren
tyrolien, ne [tiʀɔljɛ̃, jɛn] *adj* tirol[er]isch;

T

(*chant, population*) Tiroler *inv;* **danse ~ne** Schuhplattler *m*

Tyrolien, ne [tiʀɔljɛ̃, jɛn] *m, f* Tiroler(in) *m(f)*

tyrolienne [tiʀɔljɛn] *f* MUS Jodler *m*

tzar [tsaʀ] *m v.* **tsar**

tzarine [tsaʀin] *f v.* **tsarine**

tzigane [tsigan] *adj v.* **tsigane**

U u

U, u [y] *m inv* U *nt,* u *nt;* **en u** in U-Form

UCT [ysete] *f abr de* **Unité Centrale de Traitement** CPU *f*

UDF [ydeɛf] *f abr de* **Union pour la démocratie française** *liberal-konservative Parteienkonföderation Frankreichs*

UEFA [yefa] *f abr de* **Union of European Football Associations** UEFA *f*

UEM [yøɛm] *f abr de* **Union économique et monétaire** WWU *f*

UIT [yite] *f abr de* **Union internationale des télécommunications** IFU *f*

Ukraine [ykʀɛn] *f* l'~ die Ukraine

ukrainien [ykʀɛnjɛ̃] *m* Ukrainisch *nt; v.a.* **allemand**

ukrainien, ne [ykʀɛnjɛ̃, jɛn] *adj* ukrainisch; *v.a.* **allemand**

Ukrainien, ne [ykʀɛnjɛ̃, jɛn] *m, f* Ukrainer(in) *m(f)*

ulcère [ylsɛʀ] *m* Geschwür *nt*

ulcérer [ylseʀe] <5> *vt* tief kränken

ULM [yɛlɛm] *m abr de* **ultra-léger motorisé** Ultraleichtflugzeug *nt*

ultérieur, e [ylteʀjœʀ] *adj* spätere(r, s)

ultérieurement [ylteʀjœʀmɑ̃] *adv* später

ultime [yltim] *adj a. antéposé* [aller]letzte(r, s)

ultra [yltʀa] *mf* (*extrémiste de droite/gauche*) Ultrarechte(r)/-linke(r) *f(m)*

ultraconfidentiel, le [yltʀakɔ̃fidɑ̃sjɛl] *adj fam* streng vertraulich

ultraconservateur, -trice [yltʀakɔ̃sɛʀvatœʀ, -tʀis] *adj fam* extrem konservativ

ultraléger, -ère [yltʀaleʒe, -ɛʀ] *adj* extraleicht

ultramoderne [yltʀamɔdɛʀn] *adj* hochmodern

ultrarapide [yltʀaʀapid] *adj fam* superschnell

ultrasensible [yltʀasɑ̃sibl] *adj fam* hoch empfindlich

ultrason [yltʀasɔ̃] *m* Ultraschall *m*

ultraviolet [yltʀavjɔlɛ] *m* **les ~s** ultraviolette Strahlen

ultraviolet, te [yltʀavjɔlɛ, ɛt] *adj* ultraviolett

UME [yɛmø] *f abr de* **Union monétaire européenne** EWU *f*

un [œ̃] **I.** *m inv* Eins *f* **II.** *adv* erstens; **~, ..., deux, ...** erstens ..., und zweitens ...; *v.a.* **cinq**

un, une [œ̃, yn] **I.** *art indéf* ❶ (*un certain*) ein(e); **avec ~ grand courage** mit großer Tapferkeit; **ce n'est pas ~ Picasso!** das ist kein Picasso! ❷ (*intensif*) **il y a ~ |de ces| bruit** ein derartiger Lärm; **ce type est d'~ culot!** der Kerl ist vielleicht frech! **II.** *pron* ❶ (*chose/ personne parmi d'autres*) ein(e); **en connaître ~ qui ...** jemanden kennen, der ...; **~ de ces jours, ...** eines schönen Tages ... ❷ (*chose/ personne opposée à une autre*) **les ~s et les autres** die einen und die anderen; **ils sont assis en face l'~ de l'autre** sie sitzen einander gegenüber; **ils sont aussi menteurs l'~ que l'autre** sie lügen alle beide; **s'injurier l'~ l'autre** sich gegenseitig beschimpfen ▶**l'~ dans l'autre** alles in allem; **l'~|e| ou l'autre** [entweder] der/die/das eine oder der/die/das andere; **~|e| par ~|e|** einer/eine/eines nach dem/der/dem anderen **III.** *num* ❶ ein(e) ❷ (*non divisible*) einzig; **Dieu est ~** es gibt nur einen Gott ▶ **ne faire qu'~** ein Herz und eine Seele sein; **ne faire ni ~e ni deux** nicht lange überlegen; **c'était moins ~e!** *fam* das war haarscharf!; *v.a.* **cinq**

unanime [ynanim] *adj* (*consentement*) einhellig; (*avis*) übereinstimmend; (*vote*) einstimmig

unanimement [ynanimmɑ̃] *adv* (*approuver*) einhellig; (*décider*) einstimmig

unanimité [ynanimite] *f* Übereinstimmung *f*; (*des suffrages*) Einstimmigkeit *f* ▶**à l'~** einstimmig

une [yn] **I.** *v.* **un II.** *f* PRESSE **la ~** die Titelseite

uni, e [yni] *adj* ❶ (*unicolore*) einfarbig ❷ (*en union*) vereint; **les Etats Unis d'Amé-**

rique die Vereinigten Staaten von Amerika

unicolore [ynikɔlɔʀ] *adj* einfarbig

unième [ynjɛm] *adj* **vingt et ~** einundzwanzigste(r, s)

unificateur, -trice [ynifikatœʀ, -tʀis] *adj* (*principe*) einigend; (*mouvement*) Sammel-

unification [ynifikasjɔ̃] *f* Vereinigung *f*

unifier [ynifje] <1> *vt* ❶ (*unir*) vereinen; (*partis*) zusammenschließen ❷ (*programmes*) vereinheitlichen

uniforme [ynifɔʀm] **I.** *adj* ❶ (*pareil*) gleich[artig]; (*mouvement*) gleichförmig ❷ (*standardisé*) vereinheitlicht **II.** *m* Uniform *f*

uniformisation [ynifɔʀmizasjɔ̃] *f* (*du mode de vie*) Angleichung *f*; (*des tarifs*) Vereinheitlichung *f*

uniformiser [ynifɔʀmize] <1> *vt* (*programmes*) vereinheitlichen

uniformité [ynifɔʀmite] *f* (*monotonie*) Eintönigkeit *f*

unijambiste [yniʒãbist] **I.** *adj* einbeinig **II.** *mf* Einbeinige(r) *f(m)*

unilatéral, e [ynilateʀal, o] <-aux> *adj* einseitig

unilatéralement [ynilateʀalmã] *adv* im Alleingang, einseitig

unilingue [ynilɛ̃g] *adj* einsprachig

union [ynjɔ̃] *f* ❶ (*alliance*) Vereinigung *f*; (*de partis*) Zusammenschluss *m* ❷ (*vie commune*) Lebensgemeinschaft *f* ❸ (*association*) Verband *m*; (*syndicale*) Bund *m*

Union économique [ynjɔ̃ ekɔnɔmik] *f* Wirtschaftsunion *f*

Union européenne [ynjɔ̃ øʀɔpeɛn] *f* Europäische Union

Union monétaire [ynjɔ̃ mɔnetɛʀ] *f* Währungsunion *f*

Union Soviétique [ynjɔ̃ sɔvjetik] *f* HIST Sowjetunion *f*

unique [ynik] *adj* ❶ (*seul*) einzig; (*monnaie*) einheitlich; (*prix*) Einheits-; (*enfant*) Einzel-; **sens ~** Einbahnstraße *f* ❷ (*exceptionnel*) einzigartig

uniquement [ynikmã] *adv* nur

unir [yniʀ] <8> **I.** *vt* ❶ (*associer*) verein[ig]en ❷ (*combiner*) verbinden mit **II.** *vpr* (*s'associer*) **s'~** sich vereinigen

unisexe [ynisɛks] *adj* für Mann und Frau

unisson [ynisɔ̃] *m* **à l'~** einstimmig

unitaire [ynitɛʀ] *adj* ❶ (*revendications*) einheitlich; (*mouvement*) geschlossen ❷ (*production*) auf ein Produkt beschränkt

unité [ynite] *f* ❶ Einheit *f*; **à l'~** (*prix*) Einzel- ❷ INFORM, TECH **~ de stockage** Speicher[einheit *f*] *m*; **~ de bande magnétique/disque** Band-/Diskettenlaufwerk *nt*; **~ de sortie** Ausgabegerät *nt*

univers [ynivɛʀ] *m* ❶ ASTRO Universum *nt* ❷ (*milieu*) Welt *f*

universaliser [ynivɛʀsalize] <1> **I.** *vt* verallgemeinern **II.** *vpr* **s'~** sich verbreiten

universalité [ynivɛʀsalite] *f* Universalität *f*; (*d'une idée*) Allgemeingültigkeit *f*

universel, le [ynivɛʀsɛl] *adj* ❶ (*mondial*) weltweit; (*exposition*) Welt- ❷ (*opp: particulier*) allgemein; (*proposition*) allgemein verbindlich ❸ (*remède*) universell

universellement [ynivɛʀsɛlmã] *adv* ❶ allgemein ❷ (*mondialement*) weltweit

universitaire [ynivɛʀsitɛʀ] **I.** *adj* universitär; (*titre*) akademisch; (*diplôme*) Hochschul-; **restaurant ~** Mensa *f* **II.** *mf* Hochschullehrer(in) *m(f)*

université [ynivɛʀsite] *f* Universität *f*; **~ d'été** Sommerkurs *m*; **~ populaire** Volkshochschule *f*

uploader [œplode] <1> *vt* INFORM hochladen

uranium [yʀanjɔm] *m* Uran *nt*

Uranus [yʀanys] *f* Uranus *m*

urbain, e [yʀbɛ̃, ɛn] *adj* Stadt-

urbanisation [yʀbanizasjɔ̃] *f* ❶ (*d'une région, d'un pays*) Urbanisierung *f* ❷ (*d'une zone*) städtische Bebauung

urbanisme [yʀbanism] *m* Städtebau *m*

urbaniste [yʀbanist] *mf* Stadtplaner(in) *m(f)*

urée [yʀe] *f* Harnstoff *m*

urgence [yʀʒãs] *f* ❶ (*caractère urgent*) Dringlichkeit *f*; **il y a ~** es eilt; **d'~** unverzüglich ❷ (*cas urgent*) dringende Angelegenheit; MED Notfall *m*; **les ~s** Notfallaufnahme *f*

urgent, e [yʀʒã, ʒãt] *adj* (*cas*) dringend; (*affaire*) dringlich; **~!** eilt!

urinaire [yʀinɛʀ] *adj* (*maladie*) der Harnwege

urine [yʀin] *f* Urin *m*

uriner [yʀine] <1> *vi* urinieren

urne [yʀn] *f* ❶ POL (*boîte*) [Wahl]urne *f* ❷ (*vase funéraire*) [Grab]urne *f*

URSS [yʀesɛs] *f* HIST *abr de* **Union des républiques socialistes soviétiques** UdSSR *f*

urticaire [yʀtikɛʀ] *f* [allergischer] Hautaus-

U

schlag

us [ys] *mpl* ~ **et coutumes** Sitten und Bräuche *Pl*

US [yɛs] *f abr de* **Union sportive** SV *m*

usage [yzaʒ] *m* ❶ (*utilisation*) Gebrauch *m;* (*d'un appareil*) Benutzen *nt;* **à l'~ de qn/qc** für jdn/etw; **hors d'~** außer Betrieb ❷ JUR ~ **de faux** Verwendung *f* gefälschter Urkunden *m* ❸ (*consommation*) Verbrauch *m* ❹ (*faculté*) **l'~ de la parole** die Sprache ❺ (*coutume*) Brauch *m*

usagé, e [yzaʒe] *adj* abgenutzt

usager, -ère [yzaʒe, -ɛʀ] *m, f* Benutzer(in) *m(f);* (*du gaz*) Verbraucher(in) *m(f);* ~(-**ère**) **de la route** Verkehrsteilnehmer(in) *m(f)*

usant, e [yzɑ̃, ɑ̃t] *adj* anstrengend

usé, e [yze] *adj* (*détérioré*) abgenutzt; (*semelles*) abgelaufen

user [yze] <1> I. *vt* ❶ (*détériorer*) abnutzen ❷ (*santé*) ruinieren; ~ **qn** jdm zusetzen ❸ (*consommer*) verbrauchen II. *vpr* s'~ sich abnutzen

usine [yzin] *f* Fabrik *f;* ~ **d'automobiles** Automobilwerk *nt*

ustensile [ystɑ̃sil] *m* Gerät *nt*

usuel, le [yzɥɛl] *adj* gebräuchlich; (*emploi*) allgemein üblich; (*mot*) gängig; (*objet*) weit verbreitet

usure [yzyʀ] *f* (*détérioration*) Abnutzung *f* ▶**avoir qn à l'~** *fam* jdn herumkriegen

usurier, -ière [yzyʀje, -jɛʀ] *m, f* Wucherer/Wucherin *m/f*

usurper [yzyʀpe] <1> *vt* widerrechtlich etw an sich (*akk*) reißen

ut [yt] *m inv* MUS C *nt,* c *nt*

utérus [yteʀys] *m* Gebärmutter *f*

utile [ytil] I. *adj* nützlich; (*action*) sinnvoll II. *m* Nützliche(s) *nt*

utilement [ytilmɑ̃] *adv* nützlich; (*employer*) nutzbringend

utilisable [ytilizabl] *adj* brauchbar; **ce n'est plus** ~ das ist nicht mehr zu gebrauchen

utilisation [ytilizasjɔ̃] *f* (*d'un produit*) Verwendung *f*

utiliser [ytilize] <1> *vt* ❶ benutzen; (*huile*) verwenden; (*moyen*) anwenden; (*mot*) gebrauchen ❷ (*exploiter: personne*) ausnutzen; (*restes*) verwerten

utilitaire [ytilitɛʀ] *m* ❶ INFORM Utility *nt* ❷ AUT Nutzfahrzeug *nt*

utilité [ytilite] *f* (*caractère utile*) Nützlichkeit *f*

UV [yve] I. *mpl abr de* **ultraviolets** UV-Strahlen *Pl* II. *f abr de* **unité de valeur** UNIV Schein *m*

V, v [ve] *m inv* V *nt,* v *nt* ❷ (*forme*) **décolleté en V** V-Ausschnitt *m*

va [va] *indic prés de* **aller**

vacances [vakɑ̃s] *fpl* ❶ SCOL, UNIV Ferien *Pl;* ~ **scolaires** Schulferien; **être en** ~ Ferien haben; **bonnes** ~! schöne Ferien! ❷ (*congé*) Urlaub *m kein Pl*

> In Frankreich beginnen die **vacances scolaires** nicht in allen Regionen gleichzeitig, sondern zonenweise jeweils um eine Woche versetzt. Man unterscheidet die drei Zonen A, B und C, die Frankreich streifenartig von Norden nach Süden unterteilen.

vacancier, -ière [vakɑ̃sje, -jɛʀ] *m, f* Urlauber(in) *m(f)*

vacant, e [vakɑ̃, ɑ̃t] *adj* unbesetzt

vacarme [vakaʀm] *m* Lärm *m*

vacation [vakasjɔ̃] *f* ❶ (*rémunération*) Honorar *nt* ❷ (*remplacement*) Vertretung *f*

vaccin [vaksɛ̃] *m* Impfstoff *m*

vaccination [vaksinasjɔ̃] *f* Impfung *f*

vacciner [vaksine] <1> *vt* MED impfen

vache [vaʃ] I. *f* ZOOL Kuh *f* ▶**la** ~! *fam* Donnerwetter! II. *adj fam* (*méchant*) gemein

vachement [vaʃmɑ̃] *adv fam* echt

vacher, -ère [vaʃe, -ɛʀ] *m, f* Kuhhirt(in) *m(f)*

vacherie [vaʃʀi] *f fam* Gemeinheit *f*

vacherin [vaʃʀɛ̃] *m* ❶ (*fromage*) Weichkäse aus dem französischen Jura ❷ (*dessert*) eisgekühltes Baisergebäck mit Crème fraîche

vachette [vaʃɛt] *f* ❶ ZOOL kleine Kuh ❷ (*cuir*) Vachetteleder *nt*

vacillant, e [vasijɑ̃, jɑ̃t] *adj* schwankend; (*lumière*) flackernd

vaciller [vasije] <1> *vi* (*personne*) taumeln; (*poteau*) wackeln; (*lumière*) flackern

vadrouille [vadʀuj] *f* **être en** ~ *fam* auf Achse sein

va-et-vient [vaevjɛ̃] *m inv* ❶ Hin und Her *nt* ❷ ELEC Wechselschalter *m*

vagabond, e [vagabɔ̃, ɔ̃d] I. *adj* (*vie*) Vagabunden- II. *m, f* Landstreicher(in) *m(f)*

vagabonder [vagabɔ̃de] <1> *vi* (*errer*) umherziehen

vagin [vaʒɛ̃] *m* Scheide *f*

vaginal, e [vaʒinal, o] <-aux> *adj* vaginal

vague¹ [vag] I. *adj* ❶ *a. antéposé* (*indistinct*) undeutlich ❷ *antéposé* (*lointain*) entfernt II. *m* (*imprécision*) Unklarheit *f*; **dans le ~** im Unklaren

vague² [vag] *f* ❶ Welle *f* ❷ (*afflux*) Zustrom *m*

vaguement [vagmɑ̃] *adv* (*opp: précisément*) ungefähr

vaillance [vajɑ̃s] *f* Beherztheit *f*

vaillant, e [vajɑ̃, ʒɑ̃t] *adj* beherzt

vaille [vaj] *subj prés de* **valoir**

vain, e [vɛ̃, vɛn] *adj* vergeblich ▶**en** ~ vergeblich

vaincre [vɛ̃kʀ] <irr> I. *vi soutenu* siegen II. *vt soutenu* MIL besiegen

vaincu, e [vɛ̃ky] I. *part passé de* **vaincre** II. *adj* besiegt; **s'avouer** ~ sich geschlagen geben III. *m, f* Verlierer(in) *m(f)*

vainement [vɛnmɑ̃] *adv* vergeblich

vainqueur [vɛ̃kœʀ] I. *adj* siegreich II. *mf* Sieger(in) *m(f)*

vairon [vɛʀɔ̃] *adj* **yeux ~s** verschieden|farbig|e Augen

vais [vɛ] *indic prés de* **aller**

vaisseau¹ [veso] <x> *m* ANAT Gefäß *nt*

vaisseau² [veso] <x> *m* AVIAT ~ **spatial** Raumschiff *nt*

vaisselier [vɛsəlje] *m* Geschirrschrank *m*

vaisselle [vɛsɛl] *f* Geschirr *nt*; **faire la** ~ das Geschirr spülen

val [val, vo] <vaux> *m dans les noms de lieux* Tal *nt*

valable [valabl] *adj* gültig

valablement [valabləmɑ̃] *adv* ❶ (*légitimement*) rechtmäßig ❷ (*convenablement*) zufriedenstellend

Valais [valɛ] *m* **le** ~ das Wallis

valdinguer [valdɛ̃ge] <1> *vi fam* ~ **contre qc** gegen etw knallen

valence [valɑ̃s] *f* CHIM Wertigkeit *f*

valériane [valeʀjan] *f* Baldrian *m*

valet [valɛ] *m* ❶ (*domestique*) [Haus]diener *m* ❷ JEUX Bube *m*

valeur [valœʀ] *f* ❶ Wert *m*; **de** ~ wertvoll

❷ (*importance*) Bedeutung *f*; **mettre en** ~ zur Geltung bringen

validation [validasjɔ̃] *f* INFORM Bestätigung *f*

valide [valid] *adj* ❶ (*personne*) gesund ❷ (*valable*) gültig

valider [valide] <1> *vt* ❶ AUT entwerten ❷ INFORM bestätigen

validité [validite] *f* Gültigkeit *f*

valise [valiz] *f* [Reise]koffer *m*

vallée [vale] *f* Tal *nt*

vallon [valɔ̃] *m* kleines Tal

vallonné, e [valɔne] *adj* hügelig

valoir [valwaʀ] <irr> I. *vi* ❶ (*coûter*) kosten ❷ (*mettre en avant*) **faire** ~ **un argument** ein Argument geltend machen II. *vt* ❶ (*avoir de la valeur*) taugen; **ne pas** ~ **grand-chose** nicht viel wert sein ❷ JEUX zählen ❸ (*mériter*) lohnen ❹ (*avoir pour conséquence*) ~ **qc à qn** jdm etw einbringen; **qu'est-ce qui me vaut l'honneur?** was verschafft mir die Ehre? III. *vpr* **se** ~ ❶ COM gleich viel kosten ❷ (*être comparable: personnes, choses*) [ver]gleich|bar] sein

valorisant, e [valɔʀizɑ̃, ɑ̃t] *adj* dem Ansehen förderlich

valorisation [valɔʀizasjɔ̃] *f* (*d'une région*) Aufwertung *f*; (*des déchets*) [Wieder]verwertung *f*

valoriser [valɔʀize] <1> *vt* ECON aufwerten

valse [vals] *f* Walzer *m*

valser [valse] <1> *vi* einen Walzer tanzen

valve [valv] *f* ❶ TECH Ventil *nt* ❷ ZOOL [Muschel]schale *f*

valvule [valvyl] *f* Klappe *f*

vamp [vɑ̃p] *f* Vamp *m*

vamper [vɑ̃pe] <1> *vt* (*fam*) anmachen

vampire [vɑ̃piʀ] *m* Vampir *m*

vampiriser [vɑ̃piʀize] *vt fam* ~ **qn** jdn hörig machen

van [vɑ̃] *m* Pferdetransporter *m*

vandale [vɑ̃dal] *mf* Vandale/Vandalin *m/f*

vanille [vanij] *f* Vanille *f*

vanillé, e [vanije] *adj* (*crème, sucre*) Vanille-

vanité [vanite] *f* Eitelkeit *f*

vaniteux, -euse [vanitø, -øz] *adj* eingebildet

vanne [van] *f* ❶ (*d'une écluse*) Schleusentor *nt* ❷ *fam* (*plaisanterie*) **lancer des ~s à qn** über jdn witzeln

vanné, e [vane] *adj fam* (*personne*) kaputt

vannerie [vanʀi] *f* ❶ (*fabrication*) Korbma-

V

cherei f ② (*objets*) Korbware f

vannier [vanje] m Korbmacher(in) m(f)

vantard, e [vɑ̃taʀ, aʀd] I. adj prahlerisch II. m, f Prahler(in) m(f)

vantardise [vɑ̃taʀdiz] f Prahlerei f

vanter [vɑ̃te] <1> I. vt [in den höchsten Tönen] loben II. vpr se ~ prahlen; se ~ de qc sich einer S. (gen) rühmen

va-nu-pieds [vanypje] mf inv Landstreicher(in) m(f)

vapes [vap] fpl ▶être dans les ~ fam benebelt sein

vapeur [vapœʀ] f ❶ ~ d'eau Wasserdampf m; **machine à** ~ Dampfmaschine f ② pl (*émanation*) Dämpfe Pl

vaporeux, -euse [vapɔʀø, -øz] adj duftig

vaporisateur [vapɔʀizatœʀ] m Zerstäuber m

vaporisation [vapɔʀizasjɔ̃] f (*d'un parfum*) Zerstäuben nt; (*d'une plante*) Besprühen nt

vaporiser [vapɔʀize] <1> vt (*parfum*) zerstäuben; (*plante*) besprühen

vaquer [vake] <1> vi ~ à ses occupations seiner Beschäftigung nachgehen

varappe [vaʀap] f faire de la ~ klettern

varech [vaʀɛk] m [See]tang m

vareuse [vaʀøz] f (*blouse*) Matrosenjacke f

variable [vaʀjabl] adj ❶ variabel ② METEO veränderlich

variante [vaʀjɑ̃t] f Variante f

variateur [vaʀjatœʀ] m ~ de lumière Dimmer m

variation [vaʀjasjɔ̃] f ❶ Veränderung f ② MUS Variation f

varice [vaʀis] f souvent pl Krampfader f

varicelle [vaʀisɛl] f Windpocken Pl

varié, e [vaʀje] adj ❶ abwechslungsreich ② (*arguments*) unterschiedlich

varier [vaʀje] <1> I. vi ❶ (*évoluer*) sich [ver]ändern ② (*être différent*) unterschiedlich sein II. vt (*changer*) wechseln

variété [vaʀjete] f ❶ (*diversité*) Vielfalt f ② (*changement*) Abwechslung f ❸ ZOOL, BOT [Ab]art f ❹ THEAT pl Varietee[theater nt] nt ❺ MEDIA pl [bunte] Unterhaltungssendung

variole [vaʀjɔl] f Pocken Pl

variolique [vaʀjɔlik] adj Pocken-

Varsovie [vaʀsɔvi] f Warschau nt

vas [va] indic prés de **aller**

vasculaire [vaskylɛʀ] adj ANAT, MED Gefäß-; **troubles ~s** Durchblutungsstörungen Pl

vase¹ [vɑz] m (*récipient*) Vase f

vase² [vɑz] f Schlamm m

vaseline [vazlin] f Vaseline f

vaseux, -euse [vazø, -øz] adj ❶ (*boueux*) schlammig ② fam (*confus*) verworren; **être** ~ (*personne*) daneben sein

vasistas [vazistɑs] m ARCHIT Oberlicht nt

vasque [vask] f niedriges Wasserbecken

vassal, c [vasal, o] <-aux> m, f HIST Vasall(in) m(f)

vaste [vast] adj antéposé ❶ (*immense*) weit; (*appartement*) geräumig ② (*organisation*) mächtig

Vatican [vatikɑ̃] m le ~ der Vatikan

vaudeville [vodvil] m Vaudeville nt

vaudevillesque [vodvilɛsk] adj (*situation*) grotesk

vaudou [vodu] m inv Wodu[kult m] nt

vaudrai [vodʀe] fut de **valoir**

vau-l'eau [volo] adv ▶aller à ~ Schiffbruch erleiden

vaurien, ne [voʀjɛ̃, jɛn] m, f Taugenichts m (*pej*)

vaut [vo] indic prés de **valoir**

vautour [votuʀ] m ZOOL Geier m

vautrer [votʀe] <1> vpr se ~ dans un fauteuil sich in einen Sessel lümmeln (*fam*)

vaux [vo] indic prés de **valoir**

va-vite [vavit] adv fam ▶à la ~ auf die Schnelle

veau [vo] <x> m ❶ ZOOL Kalb nt ② GASTR Kalbfleisch nt

vecteur [vɛktœʀ] m MATH Vektor m

vectoriel, le [vɛktɔʀjɛl] adj vektoriell

vécu [veky] m le ~ das Erlebte

vécu, e [veky] part passé de **vivre**

vécus [veky] passé simple de **vivre**

vedette [vədɛt] f ❶ (*rôle principal*) Hauptdarsteller(in) m(f) ② (*personnage connu*) Star m

végétal, e [veʒetal, o] <-aux> adj pflanzlich

végétarien, ne [veʒetaʀjɛ̃, jɛn] I. adj vegetarisch II. m, f Vegetarier(in) m(f)

végétatif, -ive [veʒetatif, -iv] adj vegetativ

végétation [veʒetasjɔ̃] f ❶ BOT Vegetation f ② pl MED Polypen Pl

végéter [veʒete] <5> vi (*plante*) kümmern; (*personne*) dahinvegetieren

véhémence [veemɑ̃s] f Heftigkeit f

véhément, e [veemɑ̃, ɑ̃t] adj heftig

véhiculaire [veikylɛʀ] adj **langue** ~ Verkehrssprache *f*

véhicule [veikyl] *m* AUT Fahrzeug *nt*

véhiculer [veikyle] <1> *vt* ❶ AUT transportieren ❷ (*maladie*) übertragen; (*savoir*) vermitteln

veille [vɛj] *f* ❶ (*jour précédent*) Vortag *m;* **la ~ au soir** am Vorabend ❷ (*fait de ne pas dormir*) Wachsein *nt*

veillée [veje] *f* ❶ (*soirée*) abendliche Zusammenkunft ❷ (*action de veiller*) Wache *f*

veiller [veje] <1> I. *vi* ❶ (*faire attention à*) ~ **à qc** auf etw (*akk*) achten ❷ (*surveiller*) Wache halten; ~ **sur qn/qc** auf jdn/etw aufpassen ❸ (*ne pas dormir*) wach sein II. *vt* ~ **qn** bei jdm Wache halten

veilleur [vɛjœr] *m* ~ **de nuit** Nachtwächter *m*

veilleuse [vɛjøz] *f* ❶ (*petite lampe*) Nachtlicht *nt* ❷ *pl* (*feu de position*) Standlicht *nt* ❸ (*flamme*) Zündflamme *f*

veinard, e [vɛnar, ard] *m, f fam* Glückspilz *m*

veine [vɛn] *f* ❶ ANAT Vene *f* ❷ *fam* (*chance*) Dusel *nt* ❸ (*veinure*) Maserung *f*

veiné, e [vene] *adj* (*peau, marbre*) geädert; (*bois*) gemasert

veineux, -euse [vɛnø, -øz] *adj* venös

velcro® [vɛlkro] *m* Klettverschluss *m*

véliplanchiste [veliplɑ̃ʃist] *mf* [Wind]-surfer(in) *m(f)*

velléitaire [veleitɛr] *adj* willensschwach

velléité [veleite] *f soutenu* Anwandlung *f*

vélo [velo] *m* ❶ (*bicyclette*) [Fahr]rad *nt;* **à** [*o* **en** *fam*] ~ mit dem [Fahr]rad ❷ (*activité*) Rad fahren *nt*

vélocité [velɔsite] *f* Geschwindigkeit *f*

vélodrome [velodrom] *m* Radrennbahn *f*

vélomoteur [velomɔtœr] *m* Moped *nt*

véloski [veloski] *m* Skibob *m*

velours [v(ə)lur] *m* Samt *m*

velouté [vəlute] *m* (*d'une peau*) samtige Beschaffenheit; (*d'un vin*) Milde *f*; (*d'un potage*) Sämigkeit *f*

velouté, e [vəlute] *adj* ❶ (*peau*) samtweich; (*teint*) samtig ❷ GASTR sämig

velu, e [vəly] *adj* behaart

venaison [vənɛzɔ̃] *f* Wild[bret *nt*] *nt*

vénal, e [venal, o] <-aux> *adj péj* bestechlich

venant [vənɑ̃] ►**à tout** ~ dem ersten Besten

vendable [vɑ̃dabl] *adj* verkäuflich

vendange [vɑ̃dɑ̃ʒ] *f souvent pl* Weinlese *f*

vendanger [vɑ̃dɑ̃ʒe] <2a> I. *vi* Trauben lesen II. *vt* (*vigne*) abernten

vendangeur, -euse [vɑ̃dɑ̃ʒœr, -ʒøz] *m, f* Weinleser(in) *m(f)*

Vendée [vɑ̃de] *f* **la** ~ die Vendée

vendetta [vɑ̃deta, vɑ̃dɛtta] *f* Blutrache *f*

vendeur, -euse [vɑ̃dœr, -øz] *m, f* Verkäufer(in) *m(f)*

vendre [vɑ̃dr] <14> I. *vi* COM verkaufen; **faire** ~ den Absatz fördern II. *vt* ❶ *a. péj* verkaufen; ~ **aux enchères** versteigern ❷ *fam* (*trahir*) verpfeifen III. *vpr* **se ~ bien/mal** sich gut/schlecht verkaufen

vendredi [vɑ̃drədi] *m* Freitag *m;* (*saint*) Kar-; *v.a.* **dimanche**

vendu, e [vɑ̃dy] I. *part passé de* **vendre** II. *adj* (*corrompu*) gekauft

vénéneux, -euse [venenø, -øz] *adj* giftig

vénérable [venerabl] *adj* ehrwürdig

vénération [venerasjɔ̃] *f* Verehrung *f*

vénérer [venere] <5> *vt* verehren

vénérien, ne [veneRjɛ̃, jɛn] *adj* **maladie ~ne** Geschlechtskrankheit *f*

Venezuela [venezɥela] *m* **le** ~ Venezuela *nt*

vengeance [vɑ̃ʒɑ̃s] *f* Rache *f*

venger [vɑ̃ʒe] <2a> I. *vt* rächen II. *vpr* **se ~ de qn/qc** sich an jdm/für etw rächen

vengeur, -geresse [vɑ̃ʒœr, -ʒ(ə)REs] *adj* rachsüchtig (*geh*)

venimeux, -euse [vənimø, -øz] *adj* giftig

venin [vənɛ̃] *m* Gift *nt*

venir [v(ə)nir] <9> I. *vi + être* ❶ kommen; **faire ~ qn** jdn rufen; **laisser ~** [erst mal] abwarten; **alors, ça vient?** *fam* na wird's bald?; **l'idée m'est venue de faire qc** mir kam die Idee etw zu machen ❷ (*parvenir*) ~ **jusqu'à qn/qc** bis zu jdm/etw dringen ❸ (*se situer dans un ordre*) **à ~** folgend; (*temps*) zukünftig ❹ (*s'étendre*) ~ **jusqu'à qc** bis an etw (*akk*) reichen ❺ (*provenir*) ~ **de qn** von etw kommen; ~ **d'Angleterre** aus England stammen; ~ **de qn** (*mobilier*) von jdm sein ❻ (*aboutir à*) **où veut-il en ~?** worauf will er hinaus? II. *aux + être* ❶ (*se déplacer*) kommen ❷ (*venir juste fini*) **je viens** |**juste/à peine**| **d'avoir fini** ich habe gerade aufgehört ❸ (*être conduit à*) **s'il venait à passer par là** wenn er hier vorbeikommen sollte III. *vi impers + être* **il viendra un temps où** es wird eine Zeit kommen, wo

Venise [vəniz] Venedig

V

vénitien [venisjɛ̃] *m* Venezianisch *nt; v.a.* **allemand**

vénitien, ne [venisjɛ̃, jɛn] *adj* venezianisch; *v.a.* **allemand**

Vénitien, ne [venisjɛ̃, jɛn] *m, f* Venezianer(in) *m(f)*

vent [vɑ̃] *m* Wind *m;* **il y a du ~** es ist windig ▶**quel bon ~ vous amène?** *iron* was führt Sie hierher?

vente [vɑ̃t] *f* ❶ Verkauf *m;* **~ au détail** Einzelhandel *m;* **~ aux enchères** Versteigerung *f;* **~ par correspondance** Versandhandel; **mettre en ~** auf den Markt bringen ❷ *(service)* Vertrieb *m*

venté, e [vɑ̃te] *adj* windig

venter [vɑ̃te] <1> *vi impers* **il vente** es ist windig

venteux, -euse [vɑ̃tø, -øz] *adj* windig

ventilateur [vɑ̃tilatœʀ] *m* Ventilator *m*

ventilation [vɑ̃tilasjɔ̃] *f* [Be]lüftung *f*

ventiler [vɑ̃tile] <1> *vt (pièce)* [be]lüften

ventouse [vɑ̃tuz] *f* ❶ *(dispositif)* Saugfuß *m* ❷ ZOOL Saugnapf *m*

ventral, e [vɑ̃tʀal, o] <-aux> *adj* Bauch-

ventre [vɑ̃tʀ] *m* Bauch *m;* **avoir mal au ~** Bauchschmerzen *Pl* haben

ventrée [vɑ̃tʀe] *f fam* **s'en mettre une ~** ordentlich zulangen

ventricule [vɑ̃tʀikyl] *m* Kammer *f*

ventriloque [vɑ̃tʀilɔk] *mf* Bauchredner(in) *m(f)*

ventru, e [vɑ̃tʀy] *adj (personne)* dickbäuchig

venu, e [v(ə)ny] I. *part passé de* **venir** II. *adj* **bien/mal ~** angebracht/unangebracht III. *m, f* **nouveau ~** Neuankömmling *m*

venue [v(ə)ny] *f* Kommen *nt*

vêpres [vepʀ] *fpl* REL Vesper *f*

ver [vɛʀ] *m* Wurm *m;* **~ solitaire/de terre** Band-/Regenwurm; **~ luisant** Leuchtkäfer *m;* **~ à soie** Seidenraupe *f*

véracité [veʀasite] *f* Wahrhaftigkeit *f*

verbal, e [vɛʀbal, o] <-aux> *adj* mündlich

verbalement [vɛʀbalmɑ̃] *adv* mündlich

verbaliser [vɛʀbalize] <1> *vt* **~ qn** jdm einen Strafzettel verpassen

verbe [vɛʀb] *m* LING Verb *nt*

verdâtre [vɛʀdɑtʀ] *adj* grünlich

verdeur [vɛʀdœʀ] *f (acidité)* Säure *f; (d'un vin)* Herbheit *f*

verdict [vɛʀdikt] *m* Urteil *nt*

verdir [vɛʀdiʀ] <8> *vi (nature)* grünen

verdure [vɛʀdyʀ] *f (végétation)* Grün *nt*

véreux, -euse [veʀø, -øz] *adj* ❶ *(fruit)* wurmig ❷ *(personne)* zwielichtig

verge [vɛʀʒ] *f* ❶ ANAT [männliches] Glied ❷ *(baguette)* Stock *m*

verger [vɛʀʒe] *m* Obstgarten *m*

vergeture [vɛʀʒətyʀ] *f* Schwangerschaftsstreifen *m*

verglacé, e [vɛʀglase] *adj* vereist

verglas [vɛʀglɑ] *m* Glatteis *nt*

vergogne [vɛʀgɔɲ] *f* **sans ~** schamlos

véridique [veʀidik] *adj (histoire)* wahr

vérifiable [veʀifjabl] *adj* nachprüfbar

vérificateur [veʀifikatœʀ] *m* INFORM **~ orthographique** Rechtschreibkontrolle *f*

vérification [veʀifikasjɔ̃] *f* Überprüfung *f*

vérifier [veʀifje] <1> I. *vt* überprüfen II. *vpr* **se ~** *(soupçon)* sich bestätigen

vérin [veʀɛ̃] *m* TECH Winde *f*

véritable [veʀitabl] *adj* ❶ *(réel)* wirklich *attr* ❷ *antéposé (vrai)* richtig *attr* ❸ *postposé (cuir, perles)* echt

véritablement [veʀitabləmɑ̃] *adv* wirklich

vérité [veʀite] *f* ❶ Wahrheit *f* ❷ *sans pl (réalisme)* Wirklichkeitstreue *f* ▶**en ~** eigentlich

verlan [vɛʀlɑ̃] *m: Art Geheimsprache, in der die Silben gewisser Wörter in umgekehrter Reihenfolge gesprochen werden*

vermeil [vɛʀmɛj] *m* vergoldetes Silber

vermeil, le [vɛʀmɛj] *adj* [leuchtend] rot

vermicelle [vɛʀmisɛl] *m* Fadennudel *f*

vermifuge [vɛʀmifyʒ] *adj* **remède ~** Wurmmittel *nt*

vermillon [vɛʀmijɔ̃] I. *adj inv* zinnoberrot II. *m* Zinnoberrot *nt*

vermine [vɛʀmin] *f* ❶ *sans pl (parasites)* Ungeziefer *nt* ❷ *sans pl (racaille)* Gesindel *nt (pej)*

vermisseau [vɛʀmiso] <x> *m* Würmchen *nt*

vermoulu, e [vɛʀmuly] *adj* wurmstichig

vermout[h] [vɛʀmut] *m* Wermut[wein *m*] *nt*

vernir [vɛʀniʀ] <8> I. *vt (bois)* lackieren; *(peinture)* firnissen II. *vpr* **se ~ les ongles** sich *(dat)* die Nägel lackieren

vernis [vɛʀni] *m* ❶ *(laque)* Firnis *m;* **~ à ongles** Nagellack *m* ❷ *(façade)* Fassade *f (fig)*

vernissage [vɛʀnisaʒ] *m* ❶ *(action)* Lackieren *nt* ❷ *(inauguration)* Vernissage *f (geh)*

vérole [veʀɔl] *f fam* Syphilis *f*

vérolé, e [veʀɔle] *adj* INFORM fehlerhaft

véronique [veʀɔnik] f Ehrenpreis m

verrai [veʀe] fut de **voir**

verrat [veʀa] m Zuchteber m

verre [veʀ] m Glas nt; **deux ~s de vin** zwei Glas Wein; **prendre un ~** ein Gläschen trinken (fam); **~ de contact** Kontaktlinse f

verrée [veʀe] f CH (vin d'honneur) Empfang m

verrerie [veʀʀi] f (fabrique) Glashütte f

verrier [veʀje] m Glasbläser m

verrière [veʀjɛʀ] f (toit) Glasdach nt

verrou [veʀu] m (loquet) Riegel m

verrouiller [veʀuje] <1> vt ❶ (fermer) verriegeln ❷ (disquette) durch Kode sperren

verrue [veʀy] f MED Warze f

vers¹ [veʀ] prép ❶ (en direction de) **~ qn/ qc** auf jdn/etw zu; **~ le sud/haut/la gauche** nach Süden/oben/links ❷ (aux environs de: lieu) bei; (temps) gegen

vers² [veʀ] m Vers m; **en ~** in Versform

versant [veʀsã] m (pente) Hang m; (d'un toit) Schräge f; **~ nord** (d'une montagne) Nordwand f

versatile [veʀsatil] adj (personne) unbeständig

verse [veʀs] f **il pleut à ~** es gießt in Strömen

Verseau [veʀso] <x> m Wassermann m; v.a. **Balance**

versement [veʀsəmã] m Zahlung f

verser [veʀse] <1> vt ❶ (faire couler) **~ de l'eau à qn** jdm Wasser eingießen ❷ (payer) **~ à qn/sur un compte** (somme) jdm zahlen/auf ein Konto einzahlen ❸ (ajouter) **~ qc au dossier** etw zu den Akten legen

verset [veʀse] m (de la Bible, du Coran) Vers m

verseur, -euse [veʀsœʀ, -øz] adj **bec ~** Tülle f

versificateur, -trice [veʀsifikatœʀ, -tʀis] m, f ❶ (poète) Dichter(in) m(f) ❷ péj Versemacher(in) m(f) (pej)

versifier [veʀsifje] <1> vt in Verse setzen

version [veʀsjõ] f ❶ Version f; MUS, THEAT, cine A. Fassung f; **en ~ originale sous-titrée** in Originalfassung mit Untertiteln ❷ SCOL Übersetzung f aus der Fremdsprache

verso [veʀso] m Rückseite f

versus [veʀsys] prép versus

vert [veʀ] m Grün nt

vert, e [veʀ, veʀt] I. adj ❶ grün ❷ (légumes) frisch; (vin) sauer ❸ (blême) **~ de peur/ja-**lousie blass vor Angst/Neid (dat) II. m, f (écologiste) Grüne(r) f(m)

vertébral, e [veʀtebʀal, o] <-aux> adj **colonne ~e** Wirbelsäule f

vertébré [veʀtebʀe] m Wirbeltier nt

vertèbre [veʀtɛbʀ] f Wirbel m

vertement [veʀtəmã] adv (répliquer) schroff; (réprimander) scharf

vertical, e [veʀtikal, o] <-aux> adj senkrecht

verticale [veʀtikal] f Senkrechte f

verticalement [veʀtikalmã] adv senkrecht, vertikal

vertige [veʀtiʒ] m ❶ sans pl (peur du vide) Schwindel|gefühl nt| m ❷ (malaise) Schwindelanfall m; **il a le ~** ihm wird schwind|e|lig; **donner le ~ à qn** jdn schwind|e|lig machen; (hauteur) Schwindel erregend sein

vertigineux, -euse [veʀtiʒinø, -øz] adj Schwindel erregend

vertu [veʀty] f ❶ (qualité) Tugend f ❷ (effet bénéfique) |positive| Wirkung ▶**en ~ de** kraft (+ gen)

vertueusement [veʀtyøzmã] adv tugendhaft

vertueux, -euse [veʀtyø, -øz] adj tugendhaft

verve [veʀv] f Witz m

verveine [veʀvɛn] f Eisenkraut nt

vésicule [vezikyl] f **~ |biliaire|** Gallenblase f

vessie [vesi] f |Harn|blase f

veste [vɛst] f ❶ Jacke f ❷ (gilet) Strickjacke f

vestiaire [vɛstjɛʀ] m Garderobe f

vestibule [vɛstibyl] m Flur m

vestige [vɛstiʒ] m souvent pl |Über|rest m

vestimentaire [vɛstimãtɛʀ] adj (dépenses) für Kleidung

veston [vɛstõ] m Sakko m o nt

vêtement [vɛtmã] m Kleidungsstück nt; **des ~s** Kleidung f

vétéran, e [veteʀã, an] m, f ❶ MIL Veteran m ❷ (personne expérimentée) |alter| Routinier

vétérinaire [veteʀinɛʀ] mf Tierarzt/-ärztin m/f

vétille [vetij] f Lappalie f

vêtir [vetiʀ] <irr> vpr soutenu **se ~** sich ankleiden; **se ~ de qc** sich in etw (akk) kleiden

veto [veto] m inv Veto nt

vêtu, e [vety] I. part passé de **vêtir** II. adj

V

bekleidet [mit]

veuf, veuve [vœf, vœv] **I.** *adj* verwitwet **II.** *m, f* Witwer/Witwe *m/f*

veuille [vœj] *subj prés de* **vouloir**

veulent [vœl] *indic prés de* **vouloir**

veut [vœ] *indic prés de* **vouloir**

veuve [vœv] *v.* **veuf**

veux [vœ] *indic prés de* **vouloir**

vexation [vɛksasjɔ̃] *f* Demütigung *f*

vexer [vɛkse] <1> **I.** *vt* kränken **II.** *vpr* **se ~** gekränkt sein

via [vja] *prép* über (+ *akk*)

viabiliser [vjabilize] <1> *vt* (*terrain*) erschließen

viabilité [vjabilite] *f* (*aptitude à vivre*) Lebensfähigkeit *f*

viable [vjabl] *adj* lebensfähig

viaduc [vjadyk] *m* Viadukt *m o nt*

viager [vjaʒe] *m* Leibrente *f*

viager, -ère [vjaʒe, -ɛʀ] *adj* auf Lebenszeit

viande [vjɑ̃d] *f* Fleisch *nt*

viander [vjɑ̃de] <1> *vpr fam* **se ~** einen Unfall bauen

viatique [vjatik] *m* ➊ (*équipement de voyage*) [Marsch]gepäck *nt* ➋ REL letzte Kommunion

vibrant, e [vibrɑ̃, ɑ̃t] *adj* leidenschaftlich

vibration [vibʀasjɔ̃] *f* (*d'un moteur*) Vibrieren *nt*

vibrato [vibʀato] *m* Vibrato *nt*

vibratoire [vibʀatwaʀ] *adj* **mouvement ~** Schwingung *f*

vibrer [vibʀe] <1> *vi* (*moteur*) vibrieren

vibromasseur [vibʀomasœʀ] *m* (*objet érotique*) Vibrator *m*

vicaire [vikɛʀ] *m* Kaplan *m*

vice [vis] *m* (*anomalie*) Mangel *m*

vice-consul [viskɔ̃syl] <vice-consuls> *m* Vizekonsul *m*

vicelard, e [vislaʀ, aʀd] *fam adj* (*vicieux*) lüstern

vice-présidence [vispʀezidɑ̃s] <vice-présidences> *f* Vizepräsidentschaft *f* **vice-président, e** [vispʀezidɑ̃, ɑ̃t] <vice-présidents> *m, f* Vizepräsident(in) *m(f)* **vice-roi, vice-reine** [visʀwa, visʀɛn] <vice-rois> *m* Vizekönig(in) *m(f)*

vice versa [vis(e)vɛʀsa] *adv* et ~ und umgekehrt

vichy [viʃi] **I.** *m* (*tissu*) Vichy[stoff] *m*] *m* **II.** *f* Mineralwasser *nt*

vicieux, -euse [visjø, -jøz] **I.** *adj* ➊ (*obsédé*

sexuel) lüstern (*geh*) ➋ *fam* (*vache, tordu*) gemein ➌ (*cheval*) heimtückisch **II.** *m, f* ➊ (*cochon*) Perverse(r) *f(m)* ➋ *fam* (*tordu: homme*) Fiesling *m*; (*femme*) fiese Person

vicinal, e [visinal, o] <-aux> *adj* **chemin ~** Gemeindeweg *m*

vicomte, -esse [vikɔ̃t, -ɛs] *m, f* Vicomte/Vicomtesse *m/f*

victime [viktim] *f* Opfer *nt*; (*mort*) [Todes]opfer *nt*; **être [la] ~ de qc** [das] Opfer einer S. sein

victimiser [viktimize] <1> *vt* **~ qn** jdn zum Opfer machen

victoire [viktwaʀ] *f* Sieg *m*

victorieux, -euse [viktɔʀjø, -jøz] *adj* (*vainqueur*) siegreich

victuailles [viktɥaj] *fpl* Lebensmittel *Pl*

vidange [vidɑ̃ʒ] *f* TECH [Ent]leerung *f*; AUT Ölwechsel *m*

vidanger [vidɑ̃ʒe] <2a> *vt* AUT **faire ~ une voiture** bei einem Auto einen Ölwechsel machen lassen

vidangeur [vidɑ̃ʒœʀ] *m* Fäkaliengrubenentleerer(in) *m(f)*

vide [vid] **I.** *adj* ➊ (*opp: plein*) leer ➋ (*discussion*) sinnlos; **~ de qc** ohne etw **II.** *m* ➊ *sans pl* (*abîme*) Abgrund *m* ➋ PHYS luftleerer Raum; **emballé sous ~** Vakuum verpackt ➌ (*espace vide*) Lücke *f* ➍ (*néant*) Leere *f*

vidéo [video] **I.** *f* (*film*) Video *nt* **II.** *adj inv* (*caméra, cassette, film, jeu*) Video-

vidéoclip [videoklip] *m* Videoclip *m*

vidéoconférence [videokɔ̃feʀɑ̃s] *f* Videokonferenz *f*

vidéophone [videofɔn] *m* Bildtelefon *nt*

vide-ordures [vidɔʀdyʀ] *m inv* Müllschlucker *m*

vidéotex® [videotɛks] *m* Videotext *m*; (*interactif*) Bildschirmtext *m*

vidéothèque [videotɛk] *f* Videothek *f*

vidéotransmission [videotʀɑ̃smisjɔ̃] *f* Übertragung *f* auf [eine] Videowand

vider [vide] <1> **I.** *vt* ➊ leeren ➋ (*substance liquide*) ausgießen; (*substance solide*) ausschütten ➌ (*appartement*) ausräumen (*fam*) ➍ *fam* (*expulser*) rausschmeißen ➎ *fam* (*fatiguer*) **être vidé** total geschafft sein ➏ GASTR ausnehmen **II.** *vpr* **se ~** (*bouteille*) auslaufen; (*ville*) sich leeren

videur, -euse [vidœʀ, -øz] *m, f* Rausschmeißer(in) *m(f)* (*fam*)

vie [vi] *f* ➊ (*existence*) Leben *nt* ➋ (*façon de*

vivre) Lebensweise *f*; **~ active** Berufsleben; **c'est la ~!** so ist das Leben! ❸ (*biographie*) Lebensgeschichte *f* ▸**gagner sa ~** seinen Lebensunterhalt verdienen; **refaire sa ~** ein neues Leben anfangen; **à ~** auf Lebenszeit

vieil [vjɛj] *adj v.* **vieux**

vieillard [vjɛjaʀ] *m* Greis *m*

vieille [vjɛj] *v.* **vieux**

vieillerie [vjɛjʀi] *f* **~s** alter Trödel (*fam*); (*vêtements*) alte Klamotten *Pl* (*fam*)

vieillesse [vjɛjɛs] *f* ❶ (*opp: jeunesse*) Alter *nt* ❷ *sans pl* (*personnes âgées*) **la ~** die Alten *Pl*

vieillir [vjɛjiʀ] <8> **I.** *vi* ❶ (*prendre de l'âge: personne*) alt werden; (*chose*) altern; (*fromage, vin*) reifen ❷ (*se démoder*) an Aktualität verlieren **II.** *vt* (*faire paraître plus vieux*) älter machen

vieillissement [vjɛjismɑ̃] *m* (*d'une personne*) Älterwerden *nt*; (*d'une population*) Überalterung *f*

vieillot, te [vjɛjo, ɔt] *adj* altmodisch

vielle [vjɛl] *f* [Dreh]leier *f*

viendrai [vjɛ̃dʀɛ] *fut de* **venir**

vienne [vjɛn] *subj prés de* **venir**

Vienne [vjɛn] Wien *nt*

viennent [vjɛn] *indic prés de* **venir**

viennois, e [vjɛnwa, waz] *adj* Wiener *inv*

Viennois, e [vjɛnwa, waz] *m, f* Wiener(in) *m(f)*

viennoiserie [vjɛnwazʀi] *f* Feingebäck *nt*

viens, vient [vjɛ̃] *indic prés de* **venir**

vierge [vjɛʀʒ] *adj* ❶ (*non défloré*) unschuldig; (*fille*) unberührt ❷ (*disquette, page*) leer; (*film*) unbelichtet ❸ (*inexploré*) unberührt; **la forêt ~** der Urwald ❹ (*pur: laine*) rein

Vierge [vjɛʀʒ] *f* ❶ REL **la ~ Marie** die Jungfrau Maria ❷ ASTRO Jungfrau *f*; *v.a.* **Balance**

Viêt-nam, Vietnam [vjɛtnam] *m* **le ~** Vietnam *nt*

vietnamien [vjɛtnamjɛ̃] *m* Vietnamesisch *nt*; *v.a.* **allemand**

vietnamien, ne [vjɛtnamjɛ̃, jɛn] *adj* vietnamesisch; *v.a.* **allemand**

Vietnamien, ne [vjɛtnamjɛ̃, jɛn] *m, f* Vietnamese/Vietnamesin *m/f*

vieux [vjø] *adv* alt

vieux, vieil, vieille [vjø, vjɛj] **I.** *adj antéposé* ❶ alt; **être ~ d'un mois** einen Monat sein ❷ *péj fam* (*con, schnock*) fies ▸**vivre ~** ein

hohes Alter erreichen **II.** *m, f* ❶ (*vieille personne*) Alte(r) *f(m)* ❷ *fam* (*mère/père*) Alte(r) *f(m)*; **mes ~** meine Alten ▸ **mon** |**petit**| **~!/ma** |**petite**| **vieille!** *fam* mein Lieber!/meine Liebe!

vif [vif] *m* ▸**le ~ du sujet** der Kern der Sache

vif, vive [vif, viv] *adj* ❶ (*personne*) lebhaft ❷ (*rapide*) schnell; **avoir l'esprit ~** aufgeweckt sein ❸ (*douleur*) heftig; (*froid*) schneidend; (*couleur*) kräftig; (*lumière*) hell ❹ (*vivant*) lebend

vigie [viʒi] *f* NAUT Ausguck|posten *m*| *m*

vigilance [viʒilɑ̃s] *f* Wachsamkeit *f*

vigile [viʒil] *mf* Wächter(in) *m(f)*

vigne [viɲ] *f* ❶ BOT Wein *m*; **pied de ~** Rebstock *m* ❷ (*vignoble*) Weinberg *m* ❸ *sans pl* (*viticulture*) Weinbau *m*

vigneron, ne [viɲ(ə)ʀɔ̃, ɔn] *m, f* Winzer(in) *m(f)*, Weinhauer(in) *m(f)* (A)

vignette [viɲɛt] *f* Kontrollmarke *f*; (*d'une automobile*) Kfz-Steuermarke *f*

vignoble [viɲɔbl] *m* ❶ (*terrain*) Weinberg *m* ❷ *sans pl* (*ensemble de ~s*) Weinbaugebiet *nt*

vigogne [vigɔɲ] *f* Vikunja *nt*

vigoureusement [viguʀøzmɑ̃] *adv* (*avec force*) kräftig; (*avec détermination*) energisch

vigoureux, -euse [viguʀø, -øz] *adj* ❶ (*fort*) kräftig ❷ (*ferme*) kraftvoll ❸ (*énergique*) energisch

vigueur [vigœʀ] *f* (*d'une personne*) Vitalität *f* ▸**en ~** in Kraft

Viking [vikiŋ] *m* Wikinger *m*

vilain [vilɛ̃] *m* (*grabuge*) **il va y avoir du ~** das wird Ärger geben

vilain, e [vilɛ̃, ɛn] *adj souvent antéposé* ❶ (*laid*) hässlich ❷ (*mot*) unanständig; (*coup*) gemein; **jouer un ~ tour à qn** jdm übel mitspielen ❸ (*inquiétant*) schlimm ❹ (*temps*) schlecht

vilebrequin [vilbʀəkɛ̃] *m* AUT Kurbelwelle *f*

villa [vila] *f* Villa *f*

village [vilaʒ] *m* Dorf *nt*

villageois, e [vilaʒwa, waz] *m, f* Dorfbewohner(in) *m(f)*

village-vacances [vilaʒvakɑ̃s] <villages-vacances> *m* Feriendorf *nt*

ville [vil] *f* ❶ Stadt *f*; **~ jumelée** Partnerstadt *f*; **vieille ~** Altstadt *f* ❷ (*municipalité*) Stadt[verwaltung *f*] *f* ▸**en ~** in der/die Stadt

V

villégiature [vi(l)leʒjatyʀ] *f* Ferien *Pl*

ville-satellite [vilsatelit] <villes-satellites> *f* Satellitenstadt *f*

vin [vɛ̃] *m* Wein *m*; ~ **de pays** Landwein ▶**cuver** son ~ *fam* seinen Rausch ausschlafen

vinaigre [vinɛgʀ] *m* Essig *m*

vinaigrer [vinegʀe] <1> *vt* mit Essig abschmecken

vinaigrette [vinɛgʀɛt] *f* Vinaigrette *f*

vinasse [vinas] *f fam* billiger Wein

vindicatif, -ive [vɛ̃dikatif, -iv] *adj* rachsüchtig

vingt [vɛ̃] **I.** *num* ❶ (*cardinal*) zwanzig ❷ (*dans l'indication des époques*) **les années** ~ die zwanziger Jahre **II.** *m inv* Zwanzig *f*; *v.a.* **cinq**

vingtaine [vɛ̃tɛn] *f* ❶ (*environ vingt*) **une** ~ **de personnes/pages** etwa zwanzig Personen/Seiten ❷ (*âge approximatif*) **avoir la** ~ [*o* **une** ~ **d'années**] ungefähr zwanzig [Jahre alt] sein

vingt-et-un [vɛ̃teœ̃] **I.** *num* einundzwanzig **II.** *m inv* Einundzwanzig *f*; *v.a.* **cinq**

vingtième [vɛ̃tjɛm] **I.** *adj antéposé* zwanzigste(r, s) **II.** *mf* **le/la** ~ der/die/das Zwanzigste **III.** *m* ❶ (*fraction*) Zwanzigstel *nt* ❷ (*siècle*) zwanzigstes Jahrhundert; *v.a.* **cinquième**

vinicole [vinikɔl] *adj* (*région*) Weinbau-

vinifier [vinifje] <1> *vt*, *vi* keltern

vînmes [vɛ̃m], **vinrent** [vɛ̃ʀ], **vins** [vɛ̃], **vint** [vɛ̃], **vîntes** [vɛ̃t] *passé simple de* **venir**

vinyle [vinil] *m* Vinyl *nt*

viol [vjɔl] *m* Vergewaltigung *f*

violateur, -trice [vjɔlatœʀ, -tʀis] *m*, *f* (*d'un secret*) Verräter(in) *m(f)*; (*d'un lieu sacré*) Schänder(in) *m(f)*

violation [vjɔlasjɔ̃] *f* ❶ JUR ~ **de domicile** Hausfriedensbruch *m* ❷ (*profanation*) Schändung *f*

viole [vjɔl] *f* Viola *f*

violemment [vjɔlamɑ̃] *adv* heftig

violence [vjɔlɑ̃s] *f* ❶ (*brutalité*) Gewalt *f* ❷ (*acte*) Gewalttätigkeit *f* ❸ (*virulence*) Heftigkeit *f*

violent, e [vjɔlɑ̃, ɑ̃t] *adj* ❶ (*personne*) gewalttätig; (*mort*) gewaltsam; (*acte*) Gewalt- ❷ (*intense*) heftig ❸ (*désir*) stark

violenter [vjɔlɑ̃te] <1> *vt* ~ **qn** jdm Gewalt antun

violer [vjɔle] <1> *vt* ❶ (*personne*) vergewal-

tigen ❷ (*loi*, *frontière*) verletzen; (*secret*) verraten; (*lieu sacré*) schänden

violet, te [vjɔlɛ, ɛt] *adj* violett

violette [vjɔlɛt] *f* BOT Veilchen *nt*

violeur, -euse [vjɔlœʀ, -øz] *m*, *f* Vergewaltiger(in) *m(f)*

violon [vjɔlɔ̃] *m* Violine *f*; Geige *f*

violoncelle [vjɔlɔ̃sɛl] *m* [Violon]cello *nt*

violoncelliste [vjɔlɔ̃selist] *mf* Cellist(in) *m(f)*

violoneux [vjɔlɔnø] *m* HIST Dorffiedler(in) *m(f)*

violoniste [vjɔlɔnist] *mf* Geiger(in) *m(f)*

VIP [veipe] *m inv abr de* **Very Important Person** *fam* VIP *m*

vipère [vipɛʀ] *f* ❶ ZOOL Viper *f* ❷ (*personne*) [Gift]schlange *f*

virage [viʀaʒ] *m* (*tournant*) Kurve *f*

viral, e [viʀal, o] <-aux> *adj* Virus-

virée [viʀe] *f fam* Spritztour *f*

virement [viʀmɑ̃] *m* FIN Überweisung *f*

virer [viʀe] <1> **I.** *vi* (*véhicule*) abbiegen; (*temps*) umschlagen **II.** *vt* ❶ FIN (*somme*) überweisen ❷ *fam* (*renvoyer*) feuern; (*se débarrasser de*) rausschmeißen

virevolter [viʀvɔlte] <1> *vi* eine plötzliche Drehung vollführen

virginal, e [viʀʒinal, o] <-aux> *adj soutenu* jungfräulich

virginité [viʀʒinite] *f* Jungfräulichkeit *f*

virgule [viʀgyl] *f* Komma *nt*

viril, e [viʀil] *adj* (*mâle*) männlich

viriliser [viʀilize] <1> *vt* ❶ (*opp: féminiser*) männlicher machen ❷ MED ~ **qn** jds Potenz steigern

virilité [viʀilite] *f* ❶ ANAT Potenz *f* ❷ (*caractère viril*) Männlichkeit *f*

virtuel, le [viʀtɥɛl] *adj a.* INFORM virtuell

virtuellement [viʀtɥɛlmɑ̃] *adv* (*pratiquement*) so gut wie

virtuose [viʀtɥoz] *mf* Virtuose/Virtuosin *m/f*

virtuosité [viʀtɥozite] *f* (*d'un musicien*) Virtuosität *f*

virulence [viʀylɑ̃s] *f* (*véhémence*) Heftigkeit *f*

virulent, e [viʀylɑ̃, ɑ̃t] *adj* ❶ (*véhément*) heftig ❷ (*microbe*) virulent; (*poison*) stark

virus [viʀys] *m* Virus *m o nt*

vis[1] [vis] *f* Schraube *f*

vis[2] [vi] *indic prés de* **vivre**

vis[3] [vi] *passé simple de* **voir**

visa [viza] *m* Visum *nt*; ~ **d'entrée/de sortie** Einreise-/Ausreisevisum

visage [vizaʒ] *m* ❶ (*figure*) Gesicht *nt* ❷ (*mine*) Miene *f*

visagiste® [vizaʒist] *mf* Visagist(in) *m(f)*

vis-à-vis [vizavi] **I.** *prép* ❶ (*en face de*) ~ **de l'église** gegenüber der Kirche ❷ (*envers*) ~ **de qn/qc** jdm/einer S. gegenüber ❸ (*comparé à*) ~ **de qn/qc** im Vergleich zu jdm/ etw **II.** *adv* **être/se trouver** ~ einander gegenüber stehen **III.** *m inv* (*personne, immeuble*) Gegenüber *nt*

viscéral, e [viseʀal, o] <-aux> *adj* (*peur*) tiefsitzend

viscère [visɛʀ] *f* inneres Organ; **les ~s** die Eingeweide *Pl*

viscosité [viskozite] *f* ❶ (*de la peau*) Klebrigkeit *f* ❷ PHYS (*d'un liquide*) Zähflüssigkeit *f*

visée [vize] *f pl* ~**s sur qc** Streben *nt* nach etw

viser¹ [vize] <1> **I.** *vi* ❶ (*avec une arme*) zielen ❷ (*avoir pour but*) ~ **haut** hoch hinaus wollen **II.** *vt* ❶ (*cible*) zielen auf (+ *akk*) ❷ (*ambitionner*) anstreben ❸ (*concerner*) ~ **qn/qc** (*remarque*) jdm/etw gelten; (*mesure*) jdn/etw betreffen

viser² [vize] <1> *vt* (*document*) beglaubigen; (*passeport*) mit einem Sichtvermerk versehen

viseur [vizœʀ] *m* Visier *nt*

visibilité [vizibilite] *f* AUT Sichtverhältnisse *Pl*

visible [vizibl] *adj* ❶ (*qui peut être vu*) sichtbar ❷ (*évident*) merklich

visiblement [vizibləmɑ̃] *adv* [offen]sichtlich

visière [vizjɛʀ] *f* Mützenschirm *m*; (*d'une casquette*) Schild *m*

visioconférence [vizjokɔ̃feʀɑ̃s] *f* Videokonferenz *f*

vision [vizjɔ̃] *f* ❶ (*faculté*) Sehvermögen *nt* ❷ (*perception avec appareil*) Sicht *f* ❸ (*action de voir qc*) Anblick *m* ❹ (*conception*) [An]sicht *f*; ~ **du monde** Weltanschauung *f* ❺ (*apparition*) Vision *f*

visionnaire [vizjɔnɛʀ] *mf a.* REL Visionär(in) *m(f)*

visionner [vizjɔne] <1> *vt* sich (*dat*) ansehen

visionneuse [vizjɔnøz] *f* ❶ (*appareil*) Bildbetrachter *m* ❷ INFORM Viewer *m*

visite [vizit] *f* ❶ (*action de visiter*) Besuch *m*; (*d'un musée*) Besichtigung *f*; ~ **guidée** Führung *f*; **rendre** ~ **à qn** jdn besuchen; **en** ~

zu Besuch ❷ (*d'un médecin*) Hausbesuch *m*; ~ **médicale** ärztliche Untersuchung

visiter [vizite] <1> **I.** *vt* ❶ (*explorer*) besichtigen ❷ COM, MED, REL ~ **qn** bei jdm einen Hausbesuch machen ❸ INFORM laden **II.** *vi* eine Besichtigung machen

visiteur, -euse [vizitœʀ, -øz] *m, f* Besucher(in) *m(f)*

vison [vizɔ̃] *m* Nerz[mantel *m*] *m*

visqueux, -euse [viskø, -øz] *adj* (*liquide*) zähflüssig; (*peau*) klebrig

visser [vise] <1> **I.** *vt* (*couvercle*) zuschrauben **II.** *vi* schrauben

visualisation [vizyalizasjɔ̃] *f* INFORM Anzeige *f*; ~ **de la page** Seitenansicht *f*

visualiser [vizyalize] <1> *vt* ~ **qc** etw bildlich darstellen; (*écran*) etw anzeigen

visuel [vizyɛl] *m* INFORM Display *nt*

visuel, le [vizyɛl] *adj* (*mémoire*) visuell; (*panneau*) anschaulich

visuellement [vizyɛlmɑ̃] *adv* ❶ (*quant à la vue*) optisch ❷ (*de visu*) mit eigenen Augen

vit¹ [vi] *indic prés de* **vivre**

vit² [vi], **vîtes** [vit] *passé simple de* **voir**

vital, e [vital, o] <-aux> *adj* (*fonction*) lebenswichtig; (*besoin*) vital

vitalité [vitalite] *f* (*énergie*) Vitalität *f*

vitamine [vitamin] *f* Vitamin *nt*

vitaminé, e [vitamine] *adj* vitaminhaltig

vite [vit] *adv* schnell; **au plus** ~ so schnell wie möglich

vitesse [vitɛs] *f* ❶ (*rapidité*) Geschwindigkeit *f* ❷ (*promptitude*) Schnelligkeit *f* ❸ AUT Gang *m*; **changer de** ~ schalten ▶**prendre qn de** ~ jdn überrunden; **à toute** ~ (*à vive allure*) mit hoher Geschwindigkeit; (*rapidement*) in aller Eile; **en** |**quatrième**| ~ *fam* in aller Eile

Auf Frankreichs Autobahnen beträgt die **vitesse maximale** 130 km/h, auf Stadtautobahnen 110, auf der Landstraße 90 und in Ortschaften 50 km/h.

V

viticole [vitikɔl] *adj* (*production*) Wein-

viticulteur, -trice [vitikyltœʀ, -tʀis] *m, f* Winzer(in) *m(f)*

viticulture [vitikyltyʀ] *f* Weinbau *m*

vitrage [vitʀaʒ] *m* Verglasung *f*

vitrail [vitʀaj, o] <-aux> *m* buntes [Kirchen]-fenster *nt*

vitre [vitʀ] *f* (*carreau*) [Fenster]scheibe *f*

vitré, e [vitʀe] *adj* verglast

vitrer [vitʀe] <1> *vt* verglasen

vitrerie [vitʀəʀi] *f* ❶ (*activité*) Glaserei *f* ❷ (*marchandise*) Glaserartikel *m*

vitreux, -euse [vitʀø, -øz] *adj* (*yeux*) glasig

vitrier [vitʀije] *m* Glaser(in) *m(f)*

vitrification [vitʀifikasjɔ̃] *f* (*d'un émail, d'une substance*) Verschmelzung *f* zu Glas; (*d'un parquet*) Versiegelung *f*

vitrifier [vitʀifje] <1> *vt* (*parquet*) versiegeln

vitrine [vitʀin] *f* ❶ (*étalage*) Schaufenster *nt* ❷ (*armoire vitrée*) Vitrine *f*

vitriol [vitʀijɔl] *m fig* **critique au ~** ätzende Kritik

vitrioler [vitʀijɔle] <1> *vt* **~ qn** jdm Säure ins Gesicht schütten

vitrocéramique [vitʀoseʀamik] *f* Glaskeramik *f*

vitupérer [vitypeʀe] <5> *vi* **~ contre qn** auf jdn schimpfen

vivable [vivabl] *adj* (*personne*) angenehm; (*monde*) lebenswert

vivace [vivas] *adj* ❶ (*plante*) mehrjährig ❷ (*haine*) tief sitzend

vivacité [vivasite] *f* ❶ (*promptitude*) Lebhaftigkeit *f;* **~ d'esprit** schnelle Auffassungsgabe *f* ❷ (*d'un langage*) Heftigkeit *f* ❸ (*d'une couleur*) Leuchtkraft *f*

vivant [vivɑ̃] *m* (*personne en vie*) Lebende(r) *f(m);* **bon ~** Genießer(in) *m(f)* ▶**du ~ de qn** zu jds Lebzeiten *Pl*

vivant, e [vivɑ̃, ɑ̃t] *adj* ❶ (*en vie*) lebend; **être ~** Lebewesen *nt;* **être encore ~** noch am Leben sein ❷ (*expressif*) lebendig ❸ (*en usage*) gebräuchlich

vivarium [vivaʀjɔm] *m* Vivarium *nt*

vivat [viva] *m gén pl* Hochruf *m*

vive [viv] I. *interj* **~ la mariée/la liberté!** es lebe die Braut/Freiheit! II. *adj v.* **vif**

vivement [vivmɑ̃] I. *adv* ❶ (*regretter*) zutiefst ❷ (*parler*) barsch II. *interj* **~ les vacances!** wenn nur schon Ferien wären!

vivier [vivje] *m* (*bac*) Frischwasserbehälter *m*

vivifier [vivifje] <1> *vt* (*stimuler*) beleben; (*personne, plante*) kräftigen

vivipare [vivipaʀ] *adj* lebend gebärend

vivisection [vivisɛksjɔ̃] *f* Vivisektion *f*

vivoter [vivɔte] <1> *vi fam* dahin vegetieren; (*avec des petits moyens*) sich durchschlagen

vivre [vivʀ] <irr> I. *vi* leben; **~ bien** ein gu-

tes Leben führen; **~ de son salaire/ses rentes** von seinem Gehalt/seiner Rente leben II. *vt* (*moment, événement*) erleben; (*vie*) leben III. *mpl* Verpflegung *f* ▶**couper les ~s à qn** jdm den Unterhalt streichen

vivres [vivʀ] *mpl* Verpflegung *f* ▶**couper les ~ à qn** jdm den Unterhalt streichen

vizir [viziʀ] *m* Wesir *m*

vlan [vlɑ̃] *interj fam* peng

VO [veo] *f abr de* **version originale**

vocabulaire [vɔkabylɛʀ] *m* ❶ (*terminologie*) Vokabular *nt* ❷ (*d'une langue*) Wortschatz *m*

vocal, e [vɔkal, o] <-aux> *adj* (*corde, technique*) Stimm-; (*musique*) Vokal-

vocalique [vɔkalik] *adj* vokalisch

vocalisation [vɔkalizasjɔ̃] *f* Vokalisation *f*

vocalise [vɔkaliz] *f* Stimmübung *f*

vocaliser [vɔkalize] <1> *vi, vt* vokalisieren

vocatif [vɔkatif] *m* Vokativ *m*

vocation [vɔkasjɔ̃] *f* Berufung *f;* **avoir la ~** berufen sein

vocifération [vɔsifeʀasjɔ̃] *f souvent pl* Geschrei *nt kein Pl*

vociférer [vɔsifeʀe] <5> I. *vi* schreien II. *vt* (*ordre*) brüllen

vocodeur [vɔkɔdœʀ] *m* INFORM Spracherkennungs-PC *m*

vodka [vɔdka] *f* Wodka *m*

vœu [vø] <x> *m* ❶ (*désir*) Wunsch *m;* **faire un ~** sich (*dat*) etwas wünschen ❷ *pl* (*souhaits*) [Glück]wunsch *m* ❸ REL Gelübde *nt*

vogue [vɔg] *f* Beliebtheit *f;* **en ~** in Mode

voici [vwasi] I. *adv* hier; **~ mon père et voilà ma mère** hier mein Vater und da meine Mutter II. *interj soutenu* ❶ (*réponse*) hier! ❷ (*présentation*) bitte [sehr]!

voie [vwa] *f* ❶ Weg *m* ❷ (*d'une route*) [Fahr]spur *f;* **~ d'accès** Zufahrtstraße; **~ sans issue** Sackgasse *f;* **~ d'eau** NAUT Leck *nt* ❸ CHEMDFER **~ [ferrée]** [Bahn]gleis *nt* ❹ ANAT **~s respiratoires** Atemwege *Pl* ❺ ASTRO **~ lactée** Milchstraße *f*

voilà [vwala] I. *adv* ❶ (*opp: voici*) da; **voici ma maison, et ~ le jardin** hier mein Haus und da der Garten ❷ (*pour désigner*) **~ mes amis** das sind meine Freunde; **~ pourquoi/où ...** deshalb also/dort[hin] also ...; **et ~ tout** und das ist alles; **en ~ une histoire!** das ist vielleicht eine Geschichte!; **me ~/te ~** hier bin ich/da bist du ❸ *explétif* **~ que la pluie se met à tomber** jetzt fängt es an zu regnen; **et le ~ qui recom-mence** jetzt fängt er schon wieder an (*fam*); **en ~ assez!** jetzt aber genug! ▶~ **ce que c'est de faire une bêtise** *fam* das hat man davon, wenn man eine Dummheit macht; **en veux-tu, en ~** *fam* mehr als genug; **nous y ~** das ist es also II. *interj* ❶ (*réponse*) hier! ❷ (*présentation*) bitte |sehr|! ❸ (*naturellement*) **et ~!** natürlich!

voilage [vwalaʒ] *m* Store *m*

voile¹ [vwal] *m* ❶ *a*. PHOT Schleier *m* ❷ (*tissu fin, pour cacher*) Tuch *nt* ❸ MED Schatten *m*

voile² [vwal] *f* ❶ NAUT Segel *nt* ❷ SPORT **la ~** |das| Segeln; **faire de la ~** segeln

voilé, e¹ [vwale] *adj* (*femme*) verschleiert

voilé, e² [vwale] *adj* (*déformé*) verzogen; **être ~** (*roue*) eine Acht haben

voiler¹ [vwale] <1> I. *vpr* **se ~** ❶ (*se dissimuler*) sich verschleiern ❷ (*perdre sa clarté: ciel*) sich bedecken II. *vt* (*cacher*) verhüllen

voiler² [vwale] <1> *vpr* **se ~** (*roue*) sich verbiegen

voilette [vwalɛt] *f* |Hut|schleier *m*

voilier [vwalje] *m* Segelboot *nt*, Segeljacht *f*

voilure [vwalyʀ] *f* ❶ NAUT Segelfläche *f* ❷ AVIAT Tragfläche *f*

voir [vwaʀ] <irr> I. *vt* ❶ sehen ❷ (*montrer*) **fais-moi donc ~!** lass mich doch mal sehen! ❸ (*personne*) zusammenkommen mit; **aller/venir ~ qn** jdn besuchen; **~ page 6** siehe Seite 6 ❹ (*connaître: drame, guerre*) erleben ❺ (*problème*) sehen; **faire ~ à qn qu'il se trompe** (*personne*) |dm klar machen, dass er sich irrt; (*expérience*) jdm zeigen, dass er sich irrt ❻ (*se représenter*) **~ qc/qn sous un autre jour** etw/jdn ganz anders sehen; **~ ça** |d'ici|! *fam* sich (*dat*) etw lebhaft vorstellen können ▶**je voudrais bien t'y/vous y ~** *fam* du hast/Sie haben gut reden; **on aura tout vu!** *fam* das ist nicht zu fassen!; **avoir quelque chose/n'avoir rien à ~ dans cette histoire** etwas/nichts mit dieser Geschichte zu tun haben; **~ venir** abwarten II. *vi* ❶ sehen ❷ (*prévoir*) **~ grand/petit** großzügig/knapp kalkulieren ❸ (*veiller*) **il faut ~ à ce que** + *subj* man sollte darauf achten, dass ❹ *fam* (*donc*) **essaie/regarde ~!** probier/ sieh mal! ▶**à toi de ~** du musst es wissen; **pour ~** zum Ausprobieren; **vois-tu** weißt du III. *vpr* ❶ (*être visible*) **se ~ bien** deut-

lich zu sehen sein ❷ (*se rencontrer*) **se ~** sich sehen ❸ (*se produire*) **se ~** (*phéno-mène*) sich ereignen; **ça ne s'est jamais vu** das hat es |ja| noch nie gegeben ❹ (*se trouver*) **se ~ contraint de faire qc** sich gezwungen sehen etw zu tun ❺ (*constater*) **se ~ mourir** spüren, dass man stirbt ❻ (*s'imaginer*) **se ~ faire qc** sich (*dat*) vorstellen können etw zu tun

voire [vwaʀ] *adv* ~ |**même**| ja sogar

voirie [vwaʀi] *f* ❶ (*service administratif*) Straßenbauamt *nt* ❷ (*enlèvement des ordures*) Müllabfuhr *f*

voisin, e [vwazɛ̃, in] I. *adj* ❶ (*maison*) Nachbar-; (*rue*) benachbart; (*pièce*) Neben-; **être ~ de qc** an etw (*akk*) angrenzen ❷ (*sens*) ähnlich; (*espèce animale*) verwandt II. *m, f* Nachbar(in) *m(f)*; **passe à ton ~!** weitergeben!

voisinage [vwazinaʒ] *m* ❶ (*voisins*) Nachbarschaft *f* ❷ (*environs*) Umgebung *f*

voisiner [vwazine] <1> *vi* **~ avec qn/qc** sich neben jdm/etw befinden

voiture [vwatyʀ] *f* Auto *nt*; *a*. CHEMDFER Wagen *m*; **~ de course/d'occasion** Renn-/ Gebrauchtwagen

voiture-balai [vwatyʀbalɛ] <voitures-balais> *f* SPORT Begleitfahrzeug *nt* **voiture-bar** [vwatyʀbaʀ] <voitures-bars> *f* CHEMDFER Büfettwagen *m* **voiture-lit** [vwatyʀli] <voitures-lits> *f* Schlafwagen *m* **voiture-restaurant** [vwatyʀʀɛstɔʀɑ̃] <voitures-restaurants> *f* Speisewagen *m*

volx [vwa] *f* ❶ *a*. MUS Stimme *f*; **à une/ deux ~** ein-/zweistimmig ❷ (*suffrage*) |Wähler|stimme *f* ❸ LING Form *f*; **~ passive** Passiv *m* ❹ **de vive ~** mündlich

vol¹ [vɔl] *m a*. ZOOL Flug *m*; **~ libre** SPORT Drachenfliegen *nt* ▶**à ~ d'oiseau** in der Luftlinie; **en ~ plané** im Gleitflug

vol² [vɔl] *m* (*larcin*) Diebstahl *m*; **~ à main armée** bewaffneter Raubüberfall; **~ avec effraction** Einbruchsdiebstahl

volaille [vɔlaj] *f* Geflügel|fleisch *nt*| *nt*

volailler, -ère [vɔlaje, -ɛʀ] *m, f* Geflügelhändler(in) *m(f)*

volant [vɔlɑ̃] *m* ❶ AUT Lenkrad *nt*; **être au ~** am Steuer sitzen; **prendre le ~** sich ans Steuer setzen ❷ (*d'un rideau*) Volant *m* ❸ SPORT Federball *m*

volant, e [vɔlɑ̃, ɑ̃t] *adj* ❶ (*soucoupe*) fliegend ❷ (*feuille*) lose; (*personnel*) mobil;

V

douane ~e Zollstreife f
volatil, e [vɔlatil] *adj* ❶ CHIM flüchtig ❷ IN-FORM **mémoire ~e** Arbeitsspeicher *m*
volatile [vɔlatil] *m* Geflügel *nt*
volatilisation [vɔlatilizasjɔ̃] *f* ❶ CHIM Verdunstung *f* ❷ (*disparition*) spurloses Verschwinden
volatiliser [vɔlatilize] <1> *vpr* **se ~** ❶ CHIM verdunsten ❷ (*disparaître*) spurlos verschwinden
volatilité [vɔlatilite] *f* Flüchtigkeit *f*
vol-au-vent [vɔlovɑ̃] *m inv* Blätterteigpastete *f*
volcan [vɔlkɑ̃] *m* Vulkan *m*
volcanique [vɔlkanik] *adj* vulkanisch
volcanologue [vɔlkanɔlɔg] *mf* Vulkanologe/Vulkanologin *m/f*
volée [vɔle] *f* ❶ (*groupe*) **une ~ de moineaux** ein Schwarm *m* Spatzen ❷ (*décharge*) **une ~ de projectiles** ein Kugelhagel *m* ❸ (*raclée*) Schläge *Pl*
voler¹ [vɔle] <1> *vi* ❶ (*se mouvoir dans l'air*) fliegen ❷ (*courir*) eilen
voler² [vɔle] <1> I. *vt* ❶ (*dérober*) stehlen ❷ (*tromper*) **~ qn sur qc** jdn in Bezug auf etw (*akk*) betrügen ►**tu ne l'as pas volé** *fam* das geschieht dir recht II. *vi* stehlen
volet [vɔlɛ] *m* ❶ (*persienne*) [Fenster]laden *m* ❷ (*feuillet: d'une pièce administrative*) [Falt]blatt *nt;* (*panneau: d'un triptyque*) Flügel *m* ❸ (*partie: d'un plan*) Teil *m*
voleter [vɔlte] <4> *vi* (*voltiger*) flattern
voleur, -euse [vɔlœʀ, -øz] I. *adj* (*qui dérobe*) diebisch II. *m, f* Dieb(in) *m(f)* ►**au ~!** haltet den Dieb!; **partir comme un ~** sich [wie ein Dieb] davonschleichen
volière [vɔljɛʀ] *f* Voliere *f*
volley[-ball] [vɔlɛ(bal)] *m sans pl* Volleyball *m*
volleyer [vɔleje] <1> *vi* Volleyball spielen
volleyeur, -euse [vɔlɛjœʀ, -jøz] *m, f* (*joueur de volley*) Volleyballspieler(in) *m(f)*
volontaire [vɔlɔ̃tɛʀ] I. *adj* ❶ (*voulu*) beabsichtigt; **incendie ~** Brandstiftung *f* ❷ (*non contraint*) freiwillig ❸ (*décidé*) energisch II. *mf a.* MIL Freiwillige(r) *f(m)*
volontairement [vɔlɔ̃tɛʀmɑ̃] *adv* ❶ (*exprès*) absichtlich ❷ (*de son plein gré*) freiwillig
volontariat [vɔlɔ̃taʀja] *m* ❶ (*bénévolat*) Freiwilligkeit *f* ❷ MIL freiwilliger Dienst
volontariste [vɔlɔ̃taʀist] I. *adj* voluntaristisch II. *mf* PHILOS Voluntarist(in) *m(f)*

volonté [vɔlɔ̃te] *f* ❶ (*détermination*) Wille *m* ❷ (*désir*) Wunsch *m* ❸ (*énergie*) Willensstärke *f* ►**à ~** nach Belieben
volontiers [vɔlɔ̃tje] *adv* ❶ (*avec plaisir*) gern[e] ❷ (*souvent*) gern
volt [vɔlt] *m* Volt *nt*
voltage [vɔltaʒ] *m* ELEC Spannung *f*
volte-face [vɔltəfas] *f inv* Kehrtwendung *f*
voltige [vɔltiʒ] *f* ❶ (*au cirque*) **numéro de haute ~** Trapeznummer *f* ❷ AVIAT Kunstfliegen *nt*
voltiger [vɔltiʒe] <2a> *vi* (*voler çà et là*) hin- und herfliegen
voltigeur, -euse [vɔltiʒœʀ, -øz] *m, f* ❶ (*acrobate au trapèze*) Trapezkünstler(in) *m(f)* ❷ (*acrobate sur un cheval*) Voltigierer(in) *m(f)*
voltmètre [vɔltmɛtʀ] *m* Spannungsmesser *m*
volubile [vɔlybil] *adj* redselig
volubilité [vɔlybilite] *f* Redseligkeit *f*
volume [vɔlym] *m* ❶ *a.* SCI Volumen *nt* ❷ COM [Gesamt]menge *f; (des investissements)* Umfang *m* ❸ (*tome*) Band *m* ❹ (*objet*) Körper *m*
volumétrique [vɔlymetʀik] *adj* volumetrisch; **analyse ~** Maßanalyse *f;* **compteur ~** Volumenzähler *m*
volumineux, -euse [vɔlyminø, -øz] *adj* (*dossier*) umfangreich; (*paquet*) voluminös
volumique [vɔlymik] *adj* **masse ~** Dichte *f*
volupté [vɔlypte] *f* ❶ (*plaisir sensuel*) Genuss *m* ❷ (*plaisir sexuel*) Wollust *f* (*geh*) ❸ (*plaisir intellectuel*) Wonne *f*
voluptueusement [vɔlyptɥøzmɑ̃] *adv* genüsslich
voluptueux, -euse [vɔlyptɥø, -øz] *adj* sinnlich
volute [vɔlyt] *f* (*spirale*) Windung *f*
vomi [vɔmi] *m fam* Erbrochene *nt*
vomir [vɔmiʀ] <8> I. *vt* (*régurgiter*) [er]brechen, speiben (A) II. *vi* sich übergeben
vomissement [vɔmismɑ̃] *m* (*action*) Erbrechen *nt*
vomissure [vɔmisyʀ] *f souvent pl* Erbrochene *nt*
vomitif [vɔmitif] *m* MED Brechmittel *nt*
vont [vɔ̃] *indic prés de* **aller**
vorace [vɔʀas] *adj* (*animal, personne*) gefräßig
voracement [vɔʀasmɑ̃] *adv* gierig
voracité [vɔʀasite] *f* Gier *f*

vos [vo] *dét poss v.* **votre**

Vosges [voʒ] *fpl* les ~ die Vogesen *Pl*

votant, e [vɔtɑ̃, ɑ̃t] *m, f* ❶ *(participant au vote)* Wähler(in) *m(f)* ❷ *(électeur)* Stimmberechtigte(r) *f(m)*

votation [vɔtasjɔ̃] *f* CH ~ **populaire** Volksabstimmung *f*

vote [vɔt] *m (suffrage)* Abstimmung *f;* POL Wahl *f;* ~ **de confiance** Vertrauensvotum *nt*

voter [vɔte] <1> I. *vi* wählen; ~ **contre/ pour qn/qc** gegen/für jdn/etw stimmen; ~ **à main levée** durch Handzeichen abstimmen II. *vt (crédits)* bewilligen; *(loi)* verabschieden

votre [vɔtʀ] <**vos**> *dét poss* ❶ *(à une/plusieurs personne(s) vouvoyée(s))* Ihr(e); ~ **chaise** Ihr Stuhl; *(à plusieurs personnes tutoyées)* euer/eu[e]re ~ **maison** euer Haus; **à ~ avis** eu[e]rer Meinung nach; *v.a.* **ma, mon** ❷ *avec un titre, form* Votre Majesté Eu[e]re Majestät

vôtre [votʀ] *pron poss* ❶ **le/la** ~ *(à une/plusieurs personne(s) vouvoyée(s))* der/die/das Ihre/ihre; *(à plusieurs personnes tutoyées)* der/die/das Eu[e]re/eu[e]re; *v.a.* **mien** ❷ *pl (ceux de votre famille)* **les ~s** Ihre/eure Angehörigen; *(vos partisans)* Ihre/eu[e]re Anhänger; **il est des ~s?** gehört er zu Ihnen/euch?; *v.a.* **mien** ▶**à la |bonne| ~!** *fam* auf Ihr/euer Wohl!

vouer [vwe] <1> I. *vt* ❶ *(condamner)* verdammen; **être voué à l'échec** zum Scheitern verurteilt sein ❷ *(temps)* widmen ❸ *(ressentir)* ~ **de la haine à qn** Hass gegen jdn hegen II. *vpr* **se** ~ **à qn/qc** sich jdm/einer Sache widmen

vouloir [vulwaʀ] <irr> I. *vt* ❶ *(exiger)* wollen; ~ **qc de qn** etw von jdm verlangen ❷ *(souhaiter)* **il veut/voudrait ce gâteau** er will/möchte diesen Kuchen; **il voudrait être médecin** er wäre gerne Arzt ❸ *(consentir à)* **veux-tu/voulez-vous** [*o* **veuillez**]|[*o* **voudriez-vous**] **prendre place** *(poli)* würdest du/würden Sie bitte Platz nehmen; *(impératif)* nimm/nehmen Sie bitte Platz ❹ *(attendre: décision, réponse)* erwarten ❺ *(faire en sorte)* **le hasard a voulu que** + *subj* der Zufall wollte es, dass ▶**bien** ~ **que** + *subj* einverstanden sein, dass; **il l'a voulu!** er hat es |ja| so gewollt! II. *vi* ❶ wollen ❷ *(avoir des griefs envers)* **en** ~ **à**

un qn de qc jdm wegen etw böse sein ❸ *(avoir des visées sur)* **en** ~ **à qc/qn** es auf etw/jdn abgesehen haben ▶ |**moi,**| je **veux bien** *(volontiers)* |oh ja,| gerne; *(concession douteuse)* |na ja,| von mir aus; **en** ~ *fam* ehrgeizig sein III. *vpr* **s'en** ~ **de qc** sich Vorwürfe wegen etw machen

voulu, e [vuly] I. *part passé de* **vouloir** II. *adj* ❶ *(effet)* gewünscht; *(moment)* richtig; **en temps** ~ rechtzeitig ❷ *(délibéré)* absichtlich; **c'est** ~ *fam* das ist gewollt

vous [vu] I. *pron pers, 2. pers. pl* ❶ *sujet* ihr; ~ **autres** ihr ❷ *compl d'objet direct et indirect* euch ❸ *avec être, devenir, sembler, soutenu* euch ❹ *(avec un sens possessif)* **le cœur** ~ **battait fort** eure Herzen schlugen heftig ❺ *avec un présentatif* ihr; ~ **voici!** hier seid ihr!; *v.a.* **me** ❻ *avec les verbes pronominaux* **vous** ~ **nettoyez** |les ongles| ihr macht euch |die Nägel| sauber ❼ *fam (pour renforcer)* **il veut** ~ **aider, ~?** euch möchte er helfen? ❽ *avec une prép* **avec/sans** ~ mit/ohne euch; **à ~ deux** ihr beide ❾ *dans une comparaison* ihr; *v.a.* **moi** II. *pron pers, forme de politesse* ❶ *Sie* ❷ *compl d'objet direct et indirect* **je** ~ **aime** ich liebe Sie; **il** ~ **explique le chemin** er erklärt Ihnen den Weg; **il** ~ **laisse/fait conduire |la voiture|** er lässt Sie |das| Auto fahren ❸ *avec être, devenir, sembler, soutenu* Ihnen ❹ *(avec un sens possessif)* **le cœur** ~ **battait fort** Ihr Herz schlug heftig ❺ *avec un présentatif* Sie; ~ **voici!** hier sind Sie!; *v.a.* **me** ❻ *avec les verbes pronominaux* **vous** ~ **nettoyez** |les ongles| Sie machen sich |die Nägel| sauber ❼ *fam (pour renforcer)* **il veut** ~ **aider, ~?** Ihnen möchte er helfen? ❽ *avec une prép* **avec/sans** ~ mit Ihnen/ohne Sie; **à ~ deux** Sie beide; **de ~ à moi** unter uns ❾ *dans une comparaison* Sie; *v.a.* **nous** III. *pron* ❶ *(on)* man; ~ **ne pouvez même pas dormir** man kann nicht einmal schlafen ❷ *(|à| quelqu'un)* **des choses qui** ~ **gâchent la vie** Dinge, die einem das Leben schwer machen IV. *m* **dire** ~ **à qn** Sie zu jdm sagen

vous-même [vumɛm] <**vous-mêmes**> I. *pron pers, 2. pers. pl* ❶ *(toi et toi en personne)* ~**s'en saviez rien** ihr selbst wusstet nichts davon ❷ *(toi et toi aussi)* ebenfalls; *v.a.* **nous-même** II. *pron pers, forme de politesse* ❶ *(toi de politesse en personne)*

V

vous êtes venu(e) de ~ Sie sind von sich aus gekommen ❷ (*toi de politesse aussi*) ebenfalls; *v.a.* **moi-même**

voussure [vusyʀ] *f* Wölbung *f;* ~ **de la fenêtre** Fensterbogen *m*

voûte [vut] *f* ARCHIT Gewölbe

voûter [vute] <1> I. *vt* ARCHIT **être voûté** gewölbt sein II. *vpr* **se** ~ sich krümmen

vouvoiement [vuvwamã] *m* Siezen *nt*

vouvoyer [vuvwaje] <6> *vt, vpr* [**se**] ~ [sich] siezen

voyage [vwajaʒ] *m* ❶ (*le fait de voyager*) Reise *f* ❷ (*trajet*) Fahrt *f*

voyager [vwajaʒe] <2a> *vi* (*aller en voyage*) reisen

voyageur, -euse [vwajaʒœʀ, -ʒøz] *m, f* ❶ (*personne qui voyage*) Reisende(r) *f(m)* ❷ (*dans un avion/sur un bateau*) Fluggast *m*/Passagier *m* ❸ COM ~ **de commerce,** ~ **représentant placier** Handelsreisende(r) *f(m)*

voyagiste [vwajaʒist] *m* Reiseveranstalter *m*

voyais [vwajɛ] *imparf de* **voir**

voyance [vwajãs] *f* (*occultisme*) Hellsehen *nt*

voyant [vwajã] *m* Kontrolllampe *f*

voyant, e [vwajã, jãt] I. *part prés de* **voir** II. *adj* (*qui se remarque*) auffallend III. *m, f* ❶ (*devin*) Hellseher(in) *m(f)* ❷ (*opp: aveugle*) Sehende(r) *f(m)*

voyelle [vwajɛl] *f* Vokal *m*

voyeur, -euse [vwajœʀ, -jøz] *m, f* Voyeur *m*

voyeurisme [vwajœʀism] *m* (*perversion*) Voyeurismus *m*

voyez [vwaje], **voyons** [vwajɔ̃] *indic prés et impératif de* **voir**

voyou [vwaju] *m* ❶ (*délinquant*) Gauner *m* ❷ (*garnement*) Schlingel *m*

vrac [vʀak] *m* **en** ~ lose

vrai [vʀɛ] I. *m* **le** ~ das Wahre; **être dans le** ~ Recht haben; **il y a du** ~ da ist etwas Wahres daran ►**à** - **dire** offen gestanden; **pour de** ~ *fam* im Ernst II. *adv* **dire** ~ die Wahrheit sagen; **faire** ~ echt aussehen

vrai, e [vʀɛ] *adj* ❶ (*véridique*) wahr; (*événement*) tatsächlich ❷ *antéposé* (*authentique, digne de ce nom*) echt; (*cause, délice*) wahr; (*nom*) richtig ►**pas** ~? *fam* oder?; ~!/? wirklich!/?

vrai-faux, vraie-fausse [vʀɛfo, vʀɛfos] <vrais-faux> *adj iron* nachgemacht; **il**

s'est acheté de vraies-fausses lunettes Christian Dior er hat sich ein Imitat einer Christian-Dior-Brille gekauft

vraiment [vʀɛmã] *adv* wirklich

vraisemblable [vʀɛsãblabl] *adj* ❶ (*plausible*) einleuchtend ❷ (*probable*) wahrscheinlich

vraisemblablement [vʀɛsãblabləmã] *adv* wahrscheinlich

vraisemblance [vʀɛsãblãs] *f* ❶ (*crédibilité*) Glaubwürdigkeit *f* ❷ (*probabilité*) Wahrscheinlichkeit *f*

vrille [vʀij] *f* ❶ TECH Nagelbohrer *m* ❷ AVIAT Schraube *f*

vrillé, e [vʀije] *adj* ❶ BOT mit Ranken ❷ (*tordu*) verdreht

vriller [vʀije] <1> I. *vi* (*avion*) trudeln; (*cordon, fil*) sich verdrehen II. *vt a. fig* (*percer*) [durch]bohren

vrombir [vʀɔ̃biʀ] <8> *vi* brummen

VRP [veɛʀpe] *mf abr de* **voyageur représentant placier**

vs *prép abr de* **versus** vs.

VTT [vetete] *m abr de* **vélo tout-terrain** ❶ (*vélo*) M.T.B. *nt* ❷ (*sport*) Mountainbike-Fahren *nt*

vu [vy] I. *prép* in Anbetracht (+ *gen*) II. *conj* ~ **que...** da... III. *m* **c'est du déjà/jamais** ~ das ist nichts Neues/völlig neu IV. *adv* **ni** ~ **ni connu** ohne dass jd etw bemerkt V. *adj* (*compris*) alles klar

vu, e [vy] I. *part passé de* **voir** II. *adj* ❶ (*d'accord*) in Ordnung ❷ (*observé*) **la remarque est bien/mal** ~**e** die Bemerkung ist [zu]treffend/unzutreffend ❸ (*apprécié*) **être bien/mal** ~ **de qn** von jdm gern/nicht gern gesehen sein ►**c'est** **tout** ~! *fam* Schluss jetzt!

vue [vy] *f* ❶ (*sens*) Sehvermögen *nt;* **bonne** ~ gute Augen *Pl* ❷ (*regard*) Blick *m;* **perdre qn/qc de** ~ jdn/etw aus den Augen verlieren ❸ (*panorama*) Aussicht *f* ❹ (*spectacle: d'une personne, du sang*) Anblick *m* ❺ (*photo, peinture*) Ansicht *f;* ~ **d'ensemble** *fig* Überblick *m* ❻ (*conception*) **les** ~**s de qn** jds Ansichten *Pl* ❼ (*visées*) **avoir qn/qc en** ~ jdn/etw im Auge haben ►**à** - **de nez** *fam* über den Daumen gepeilt; **à** - **d'œil** merklich; **garder** **à** - unter Aufsicht stellen; **à la** - **de qn** (*en voyant qn*) bei jds Anblick; (*sous le regard de qn*) vor jds Augen; **en** ~ (*visible*) im Blickfeld; (*tout pro-*

che) in Sicht; (*envié*) begehrt; (*célèbre*) sehr bekannt; **en ~ de** [**faire**] **qc** im Hinblick auf etw

vulgaire [vylgɛʀ] *adj* ❶ (*grossier*) vulgär ❷ *antéposé* (*quelconque*) gewöhnlich ❸ *postposé* (*populaire*) volkstümlich

vulgairement [vylgɛʀmɑ̃] *adv* ❶ (*grossièrement*) vulgär ❷ (*couramment: dire*) für gewöhnlich

vulgarisation [vylgaʀizasjɔ̃] *f* allgemeine Verbreitung; (*de la science*) Popularisierung *f* (*geh*)

vulgariser [vylgaʀize] <1> *vt* allgemein zugänglich machen

vulgarité [vylgaʀite] *f* ❶ (*d'un langage*) vulgärer Stil; (*d'une personne*) vulgäre Art ❷ (*parole vulgaire*) vulgärer Ausdruck

vulnérabilité [vylneʀabilite] *f* Verletzbarkeit *f*

vulnérable [vylneʀabl] *adj* verletzbar

vulve [vylv] *f* **la ~** die äußeren Geschlechtsorgane *Pl* [der Frau]

W

W, w [dublǝve] *m inv* W *nt*, w *nt*

wagon [vagɔ̃] *m* CHEMD FER Wagen *m*, Waggon *m*

wagon-citerne [vagɔ̃sitɛʀn] <wagons-citernes> *m* Tankwagen *m* **wagon-lit** [vagɔ̃li] <wagons-lits> *m* Schlafwagen *m* **wagon-restaurant** [vagɔ̃ʀɛstɔʀɑ̃] <wagons-restaurants> *m* Speisewagen *m*

Wallis-et-Futuna [walisefytyna] *französisches Territorium auf den Fidschiinseln*

wallon [walɔ̃] *m* Wallonisch *nt*; *v.a.* **allemand**

wallon, ne [walɔ̃, ɔn] *adj* wallonisch; *v.a.* **allemand**

Wallon, ne [walɔ̃, ɔn] *m, f* Wallone/Wallonin *m/f*

Wallonie [walɔni] *f* **la ~** Wallonien *nt*

waouh [wau] *interj* (*ouah*) wau

WAP [wap] *m abr de* **Wireless Application Protocol** WAP *nt*

warning [waʀniŋ] *m* Warnblinkanlage *f*

Waterloo [watɛʀlo] *m* (*ville belge*) Waterloo *nt*

water-polo [watɛʀpɔlo] <water-polos> *m* Wasserball *m*

waterproof [watɛʀpʀuf] *adj inv* wasserfest

wattheure [watɶʀ] *m* Wattstunde *f*

W.-C. [vese] *mpl abr de* **water-closet(s)** WC *nt*

Web, WEB [vɛb] *m* **le ~** das Web

webcam [wɛbkam] *f* INFORM Webcam *f*

Webmane [vɛbman] *mf* Internetfreak *mf*

webmaster [wɛbmastɛʀ], **webmestre** [wɛbmɛstʀ] *m* Webmaster *m*

webnaute [vɛbnot] *mf* [Internet]surfer(in) *m(f)*

webzine [wɛbzin] *m* Internetzeitschrift *f*, Webmagazin *nt*

week-end [wikɛnd] <week-ends> *m* Wochenende *nt*

welsch, e [vɛlʃ] *adj* CH *iron* welsch-[schweizerisch]

Welsch, e [vɛlʃ] *m, f* CH *iron* Welschschweizer(in) *m(f)*

western [wɛstɛʀn] *m* Western *m*

Westphalie [vɛsfali] *f* **la ~** Westfalen *nt*

white-spirit [wajtspiʀit] *m inv* Terpentinersatz *m*

wisigoth, e [vizigo, ɔt] *adj* HIST westgotisch; **le peuple ~** die Westgoten

Wisigoth, e [vizigo, ɔt] *m, f* HIST Westgote/Westgotin *m/f*

World Wide Web *m* World Wide Web *nt*

Wurtemberg [vyʀtɛbɛʀ] *m* **le ~** Württemberg *nt*

Wurtzbourg [vyʀtsbuʀ] Würzburg *nt*

WWW *v.* **World Wide Web**

X

X, x [iks] *m inv* ❶ X *nt*, x *nt* ❷ *fam* (*plusieurs*) **x fois** x-mal ❸ (*Untel*) [Herr/Frau] X; **X ou Y** irgendeiner; **contre X** gegen unbekannt ❹ CINE **film X** nicht jugendfreier Film

xénophobe [gzenɔfɔb] **I.** *adj* ausländerfeindlich **II.** *mf* ausländerfeindliche Person

xylophone [ksilɔfɔn] *m* Xylophon *nt*

Y y

Y, y [igrɛk] *m inv* Y *nt,* y *nt*
y [i] **I.** *adv* dort **II.** *pron pers* (*à/sur cela*) **s'y entendre** sich damit auskennen; **ne pas y tenir** keinen Wert darauf legen
yacht [jɔt] *m* Jacht *f*
yacht-club [jɔtklœb] <yacht-clubs> *m* Jachtklub *m*
yachting [jɔtiŋ] *m* Segelsport *m*
yaourt [jauʀt] *m* Joghurt *m o nt*
Yémen [jemɛn] *m* **le ~** Jemen *m*
yeux [jø] *mpl v.* **œil**
yiddish [jidiʃ] **I.** *adj inv* jiddisch; *v.a.* **allemand II.** *m* Jiddisch *nt; v.a.* **allemand**
yog[h]ourt [jɔgurt] *m v.* **yaourt**
yougoslave [jugɔslav] *adj* jugoslawisch
Yougoslave [jugɔslav] *mf* Jugoslawe/Jugoslawin *m/f*
Yougoslavie [jugɔslavi] *f* **République fédérale de ~** Bundesrepublik *f* Jugoslawien
youpi, youppie [jupi] *interj* hurra
yuppie [jupi] *mf* Yuppie *mf*

Z z

Z, z [zɛd] *m inv* Z *nt,* z *nt*
Zaïre [zaiʀ] *m* HIST **le ~** Zaire *nt*
Zambie [zɑ̃bi] *f* **la ~** Sambia *nt*
zapper [zape] <1> *vi* zappen
zapping [zapiŋ] *m* Zappen *nt*
zèbre [zɛbʀ] *m* ZOOL Zebra *nt*
zébrure [zebʀyʀ] *f* ❶ (*rayure*) Streifen *Pl* ❷ (*marques sur la peau*) Striemen *Pl*
zélé, e [zele] *adj* eifrig
zèle [zɛl] *m* Eifer *m;* **faire du ~** *péj* übereifrig sein
zen [zɛn] **I.** *adj inv* **le bouddhisme ~** der Zenbuddhismus; **être ~** *fam* [total] relaxed sein **II.** *m* Zen *nt*
zénith [zenit] *m* Zenit *m*
ZEP [zɛp] *f abr de* **zone d'éducation prioritaire** sozial problematisches Gebiet,

das gezielte [Schul]bildungsmaßnahmen erfordert
zéro [zeʀo] **I.** *num* ❶ *antéposé* (*aucun*) null ❷ *fam* (*nul*) **qn/qc est ~** jd/etw ist eine Null **II.** *m* ❶ *inv* (*nombre*) Null *f* ❷ METEO, PHYS *a. fig* Nullpunkt *m* ❸ (*rien*) Nichts *nt;* **compter pour ~** *fam* nicht[s] zählen ❹ (*personne incapable*) Null *f* (*fig*)
zeste [zɛst] *m* (*écorce*) **~ de citron râpé** geriebene Zitronenschale
zézayer [zezeje] <7> *vi* lispeln, zuzeln (A)
zieuter [zjøte] <1> *vt fam* anglotzen
zigoto [zigɔto] *m fam* Typ[e *f*] *m*
zigouiller [ziguje] <1> *vt fam* (*tuer*) **~ qn** jdn in Stücke schneiden
zigzag [zigzag] *m* Zickzack[linie *f*] *m*
zigzaguer [zigzage] <1> *vi* zickzacken; (*à pied/en véhicule*) im Zickzack gehen/fahren; (*route*) im Zickzack verlaufen
Zimbabwe [zimbabwe] *m* **le ~** Simbabwe *nt*
zinc [zɛ̃g] *m* ❶ (*métal*) Zink *nt* ❷ *fam* (*comptoir*) Theke *f*
zinzin [zɛ̃zɛ̃] **I.** *adj fam* plemplem **II.** *m fam* Ding *nt*
zip®¹ [zip] *m* Reißverschluss *m*
zip² [zip] *m* INFORM Zip-Programm *nt*
zipper [zipe] <1> *vt* INFORM (*fichier*) zippen
zizi [zizi] *m enfantin fam* Schniedel *m*
zodiacal, e [zɔdjakal, o] <-aux> *adj* **signe ~** Sternzeichen *nt*
zodiaque [zɔdjak] *m* Tierkreis *m*
zonard, e [zonaʀ, aʀd] *m, f péj fam* (*marginal*) Asoziale(r) *f(m)*
zone [zon] *f* ❶ Zone *f* ❷ METEO **~ de dépression** Tiefdruckgebiet *nt* ❸ FIN **~ monétaire** Geldwirtschaftszone *f* ❹ ECON **~ euro** Euro-Währungsgebiet *nt* ❺ INFORM **~ de dialogue** Dialogbox *f* ❻ POL **la ~ libre** die freie Zone
zoner [zone] <1> *vi fam* in den sozial problematischen Randbezirken leben
zoo [z(o)o] *m* Zoo *m*
zoologique [zɔɔlɔʒik] *adj* zoologisch; **parc ~** Tierpark *m*
zoophile [zɔɔfil] **I.** *adj* ❶ (*qui aime les animaux*) [übertrieben] tierlieb ❷ (*qui pratique la zoophilie*) sodomitisch **II.** *mf* ❶ (*qui aime les animaux*) Tierliebhaber(in) *m(f)* ❷ (*qui pratique la zoophilie*) Sodomit(in) *m(f)*
zou [zu] *interj fam* hopp [hopp]
zozoter [zɔzɔte] <1> *vi fam* lispeln

ZUP [zyp] *f abr de* **zone à urbaniser en priorité** *Gebiet mit vorrangigen städtebaulichen Entwicklungsmaßnahmen*

Zurich [zyʀik] Zürich

zut [zyt] *interj fam* verdammt

Y
Z

Anhang I

Appendice I

Privatkorrespondenz
Correspondance personnelle

A l'office du tourisme: demande de documentation

M. et Mme Norbert Petit
5, rue du Dr Chaussier
21000 Dijon

Comité Départemental
du Tourisme du Finistère
11, rue Théodore-Le-Hars
29104 Quimper cedex

Dijon, le 2 février 2006

Messieurs,

Je désire passer mes vacances avec ma famille dans la région de Quimper
en juillet.

C'est pourquoi je vous serais reconnaissant de bien vouloir m'envoyer
une documentation sur les sites touristiques et les hôtels de cette région.

D'avance, je vous remercie de votre réponse.

Je vous prie de croire, Messieurs, à ma considération distinguée.

Petit

Je désire passer mes vacances…   *Ich möchte meinen Urlaub … verbringen*
envoyer une documentation   *Prospekte zuschicken*

An das Verkehrsamt: Anforderung von Prospekten

P. Unger
Schneiderstr. 6
28717 Bremen

An das
Verkehrsamt
Postfach 66 38 92
82211 Herrsching

Bremen, den 2.2.2006

Sehr geehrte Damen und Herren,

wir möchten in diesem Sommer unseren Urlaub am Ammersee
verbringen und bitten Sie um Zusendung eines Hotelverzeichnisses und
weiterer Informationsmaterialien.

Für Ihre Bemühungen danken wir Ihnen im Voraus.

Mit freundlichen Grüßen

Peter Unger

Wir bitten um Zusendung von …
Für Ihre Bemühungen danken wir Ihnen im
Voraus.

Nous vous prions de nous faire parvenir…
Nous vous en remercions par avance.

Réserver une chambre d'hôtel

Monsieur,

Je vous remercie de votre dépliant me donnant tous les détails sur les conditions de séjour dans votre hôtel.

Je vous prie de réserver pour ma femme, moi-même et nos deux filles deux chambres avec douche et W.C., l'une à deux lits, l'autre à un grand lit, en demi-pension, du 2 au 15 juillet compris.

D'avance je vous remercie de votre confirmation.

Veuillez recevoir, Monsieur, l'assurance de mes sentiments distingués.

Petit

votre dépliant me donnant tous les détails	*Ihr Faltblatt, das mich über alle Einzelheiten informiert*
Je vous prie de réserver...	*Ich bitte Sie, ... zu reservieren.*

Ein Hotelzimmer reservieren

Sehr geehrte Frau Malo,

vielen Dank für Ihren freundlichen Brief vom 17. Juni sowie den Prospekt, der uns einen Einblick in ihr Haus gegeben hat. Alle Clubmitglieder waren begeistert.

Entsprechend Ihrer Preisliste bitten wir Sie um die Reservierung von:

4 Doppelzimmern mit Dusche und WC,
4 Einzelzimmern mit Dusche und WC.

Wir gehen davon aus, dass sich die Preise jeweils auf die Übernachtung mit Frühstück beziehen.

Wir werden voraussichtlich am 2. Oktober gegen 14 Uhr eintreffen. Beiliegend schicken wir Ihnen die genaue Teilnehmerliste.

Wir freuen uns auf unseren Aufenthalt und danken Ihnen für Ihre Mühe.

Mit freundlichen Grüßen

Monika Ottke

… hat uns einen Einblick in Ihr Haus gegeben	*… nous a donné un aperçu de votre hôtel*
Wir werden voraussichtlich am … eintreffen	*Nous pensons arriver le…*

Demander des renseignements pour une location de vacances

Monsieur,

L'office du tourisme m'a envoyé la liste et le descriptif des gîtes ruraux de votre ville et ses environs.

L'appartement meublé que vous proposez m'intéresse particulièrement. Je souhaiterais le louer pour une période d'un mois à compter du premier juillet. Mais j'aimerais, avant de me décider, quelques renseignements supplémentaires.

Pourriez-vous me préciser si les charges (gaz, électricité et autres taxes) sont comprises dans le prix de la location ; et quel serait le montant des arrhes à verser ? Est-ce que la literie est fournie ? Et enfin, est-ce que les animaux sont admis ?

Dans l'attente de votre réponse, je vous prie de recevoir, Monsieur, l'assurance de mes sincères salutations.

Petit

la liste et le descriptif des gîtes ruraux	*die Liste und die Beschreibung der Ferienhäuser und -wohnungen*
pour une période d'un mois à compter du premier juillet	*für einen Monat ab dem ersten Juli*
Pourriez-vous me préciser si…	*Könnten Sie mir mitteilen, ob …*
le prix de la location	*der Mietpreis*
le montant des arrhes à verser	*die Höhe der zu leistenden Anzahlung*
la literie est fournie	*die Bettwäsche wird zur Verfügung gestellt*

Auskünfte über eine Ferienwohnung einholen

Sehr geehrte Frau Schober,

das Informationsmaterial des Fremdenverkehrsbüros mit der Beschreibung der Ferienunterkünfte in Ihrer Region hat uns auf die von Ihnen vermieteten Ferienwohnungen aufmerksam gemacht.

Wir würden gerne die Wohnung für fünf Personen ab dem 15. Juli für drei Wochen mieten, haben aber zuvor noch einige Fragen.

Besteht die Möglichkeit in der Woche anzureisen und die Wohnung für 21 Tage von Mittwoch bis Dienstag zu nehmen? Können Sie uns bitte mitteilen, ob die Endreinigung im Preis inbegriffen ist und ob bzw. in welcher Höhe Sie vor der Anreise eine Anzahlung wünschen? Wird Bettwäsche zur Verfügung gestellt? Und ist Hundehaltung – wir haben einen Dackel – in der Wohnung erlaubt?

Mit freundlichen Grüßen

B. und H. Göckritz

das Informationsmaterial des Fremdenverkehrsbüros	*les informations que nous a envoyées l'office du tourisme*
die von Ihnen vermieteten Ferienwohnungen	*l'appartement que vous louez*
Besteht die Möglichkeit in der Woche anzureisen?	*Pouvons-nous arriver en milieu de semaine ?*
Ist die Endreinigung im Preis inbegriffen?	*Est-ce que le nettoyage en fin de séjour est compris dans le prix ?*
Ist Hundehaltung erlaubt?	*Est-ce que les chiens sont admis ?*

Réserver une location de vacances

Monsieur,

Je vous remercie de votre prompte réponse.

Ayant pris connaissance des renseignements complémentaires que vous avez eu l'amabilité de me communiquer, je vous confirme ma décision de louer votre appartement du premier au trente juillet inclus.

Ci-joint vous trouverez un chèque de 200 euros, à valoir comme arrhes. Le solde, c'est-à-dire 1 000 euros, vous en sera réglé le jour de notre arrivée, le premier juillet.

Dans l'attente de votre réponse, je vous prie de recevoir, Monsieur, l'assurance de mes sincères salutations.

Petit

P.S. : Vous voudrez bien nous préciser où prendre les clés de l'appartement, le jour de notre arrivée.

… que vous avez eu l'amabilité de nous communiquer	*… die Sie uns freundlicherweise mitgeteilt haben*
je vous confirme ma décision de louer	*ich bestätige meine Entscheidung … zu mieten*
à valoir comme arrhes	*als Anzahlung*
Le solde vous en sera réglé…	*Der Restbetrag wird … bezahlt.*
Vous voudrez bien nous préciser où…	*Würden Sie uns bitte genau angeben, wo …*

Eine Ferienwohnung mieten

Sehr geehrte Frau Schober,

herzlichen Dank für Ihre rasche Antwort.

Wir sind mit Ihren Konditionen einverstanden und bestätigen hiermit, Ihre Ferienwohnung Nr. 3 für fünf Personen vom 15. Juli bis zum 4. August einschließlich zu mieten.

Die Vorauszahlung in Höhe von 200,– Euro haben wir heute auf das von Ihnen angegebene Konto überwiesen, die restliche Miete in Höhe von 1000,– Euro erhalten Sie wie abgesprochen an unserem Abreisetag.

Wir freuen uns auf den Urlaub bei Ihnen.

Mit freundlichen Grüßen

B. und H. Göckritz

P.S.: Könnten Sie uns bitte rechtzeitig Bescheid geben, wo und bis wann wir am Anreisetag unsere Schlüssel abholen können?

---

vom 15. Juli bis zum 4. August einschließlich	*du 15 juillet au 4 août inclus*
die restliche Miete erhalten Sie wie abgesprochen an unserem Abreisetag	*le solde vous sera réglé comme convenu le jour de notre départ*

Carte de vacances

Chère Elisabeth, Cher Pascal,
Un très grand bonjour de la Martinique où
depuis une semaine nous profitons du soleil et
du sable chaud à l'ombre des cocotiers et
des gommiers. Nous avons déjà goûté à
toutes les spécialités culinaires. Et que dire
du merveilleux rhum martiniquais ?! Bref,
des vacances de rêve, même si l'hôtel est,
certes confortable, mais très bruyant. Nous
espérons que vous allez bien tous les deux et
que vous ne souffrez pas trop des grands
froids du nord de la métropole.
Grosses bises.

Monique et François

M. et Mme Canevet
23, rue Gilbert
75000 Paris

Et que dire de… ?	*Was soll man über … sagen?*
vous ne souffrez pas trop des grands froids…	*Ihr leidet nicht zu sehr unter der Kälte …*

Urlaubsgrüße

Hallo Marion,

viele Grüße aus Italien! Wir sind jetzt schon seit einer Woche in Rom und noch immer total fasziniert von der Stadt. In ihr pulsiert das Leben, und auf den Straßen ist immer was los – selbst noch um 2 Uhr nachts. Tina und ich erholen uns prächtig und sind auch schon schön braun geworden. Das Nachtleben genießen wir in vollen Zügen. Wir gehen jeden Abend tanzen und lassen uns von dem Charme der Römer verzaubern. Schade, dass du nicht hier bist. Alles weitere in einer Woche. Bis dann.

Schönste Grüße

Deine Manuela

Marion Baumgartner
Mainstr. 15
76199 Karlsruhe

Wir erholen uns prächtig.
Alles weitere in einer Woche.

Nous nous reposons à merveille.
La suite des événements dans une semaine.

Carte d'anniversaire

Cher Daniel,

26 juillet : une année de plus... Mais peu importe, tu es et resteras toujours jeune.

Nous te souhaitons de tout cœur un très joyeux anniversaire.

Si nous n'habitions pas aussi loin, nous t'aurions apporté nous-mêmes notre petit cadeau : la poste s'en chargera. Nous espérons qu'il arrivera à temps. Encore une fois : bon anniversaire (arrose-le bien !)

Nous t'embrassons affectueusement.

Sophie et Michel

Nous te souhaitons de tout cœur un très joyeux anniversaire.	*Von ganzem Herzen wünschen wir dir alles Gute zum Geburtstag.*
la poste s'en chargera	*die Post wird es übernehmen*
arrose-le bien !	*begieß ihn richtig!/lass die Korken knallen!*

Geburtstagskarte

Liebe Frau Neumann,

zu Ihrem 60. Geburtstag senden wir Ihnen die herzlichsten Glückwünsche.

Als Ihre Nachbarn wissen wir, dass Sie allen gegenüber stets freundlich und aufgeschlossen sind und sich Ihre Jugend bis zum heutigen Tag innerlich bewahrt haben. Trotz aller Feten, die wir gefeiert haben, haben Sie sich nie beschwert und immer ein freundliches Wort für uns übrig gehabt.

An Ihrem Ehrentag wünschen wir Ihnen nun viel Freude, viele, viele Geschenke und ein harmonisches Fest im Familienkreis, so wie Sie es sich gewünscht haben. Für Ihr weiteres Leben wünschen wir Ihnen außerdem Gesundheit, Glück und Lebensfreude.

Nochmals alles Liebe wünschen

die Müllers von nebenan

Vœux de fin d'année (à de bons amis)

Chère Chantal, Cher Robert,
Un très grand merci de vos vœux de
fin d'année.
A mon tour, je vous souhaite un très
joyeux Noël et une excellente année
2006, en espérant qu'elle vous
apporte toutes les joies et les
satisfactions que vous attendez.
A très bientôt à Paris ou en
Allemagne.
Bises

Marie et Edouard

Je vous souhaite un très joyeux Noël et une excellente année.

Ich wünsche euch fröhliche Weihnachten und ein sehr gutes neues Jahr.

Weihnachts- und Neujahrswünsche (an gute Freunde)

Lieber Dieter, liebe Marion,

wir hoffen, dass der Weihnachtsstress euch noch nicht ganz aufgefressen hat.

Wir haben soweit alles erledigt: Geschenke für Kinder und Verwandte, Planung des Weihnachtsmenüs und alles, was sonst noch dazu gehört.

Wir möchten es nicht versäumen, euch die allerbesten Weihnachtsgrüße zu schicken. Wir hoffen, dass ihr genügend Zeit findet, euch von der Hektik des Alltags zu erholen. Und denkt daran, euch noch ein bisschen Kraft und gute Laune für unsere Silvesterfete aufzuheben. Wir freuen uns sehr darauf, mit guten Freunden in das neue Jahr zu feiern.

Bis dahin wünschen wir euch und eurer Familie ein frohes Fest!

Cordula und Peter

Vœux de fin d'année (à des connaissances)

MADAME PREVOST-PREUX

Avocat au barreau de Cambrai

*vous présente, ainsi qu'à votre
famille, ses vœux de bonne et
heureuse année.*

Amicalement vôtre

Prevost-Preux

Weihnachts- und Neujahrswünsche (an Bekannte)

*Ein frohes Weihnachtsfest
und
ein glückliches Neues Jahr 2006
wünschen Ihnen*

Herr und Frau Mayer

Répondre à un faire-part de décès

M. et Mme Thibaut

 ont appris avec émotion la perte cruelle qui
 vous frappe et vous présentent leurs très
 sincères condoléances.

 Thibaut

leurs très sincères condoléances   *ihr herzliches Beileid*

Kondolenzkarte

Mit Trauer haben meine Frau und ich von dem schmerzlichen Verlust in
Ihrer Familie erfahren und möchten Ihnen unser herzliches Beileid
aussprechen.

G. Schreiber

Faire-part de mariage

M. et Mme Lempereur
et M. et Mme Lesur

ont le plaisir de vous faire part du mariage de leurs enfants,

Isabelle et Victor.

Ils vous prient d'assister à la bénédiction nuptiale qui leur
sera donnée le samedi 11 mars 2006 à 11 heures en l'église
Sainte-Catherine à Lille.

Heiratsanzeige

Siegrid Teich und Nils Hörenz

Wir trauen uns!

… und gehen künftig gemeinsam durchs Leben.

Die kirchliche Trauung erfolgt am 22. April 2006 um 14 Uhr in der
Kreuzkirche, Berlin/Kreuzberg.

Invitation à un mariage (à des connaissances)

M. et Mme Lempereur
et M. et Mme Lesur

recevront à l'issue de la cérémonie religieuse

au Manoir Le Vent, Lille

R.S.V.P.

à l'issue de la cérémonie religieuse   *(unmittelbar) nach dem Gottesdienst*
R.S.V.P. (Répondez, s'il vous plaît)   *um Antwort wird gebeten*

Einladung zur Hochzeitsfeier (an Bekannte)

Wir laden Sie/euch herzlich
zu unserer Hochzeitsfeier ein,
die im Anschluss an die kirchliche Trauung
am 22. April 2006 im Alten Zollhaus/Berlin stattfindet.

Wir bitten alle unsere Gäste bis Anfang April verbindlich zu antworten.

Mit herzlichen Grüßen

Siegrid Teich und Nils Hörenz

im Anschluss an die kirchliche Trauung   *à l'issue du mariage religieux*
bis Anfang April verbindlich zu antworten   *donner une réponse ferme d'ici début avril*

Invitation à un mariage (à de bons amis)

Chère Marie-Claire, Cher Jean,

Je prends ma plus belle plume pour vous annoncer la grande nouvelle : Isabelle se marie ! Mais vous avez sûrement déjà lu le petit carton joint à cette lettre.

Nous espérons de tout cœur que vous nous ferez le plaisir d'assister à ce mariage. Nous serions tellement heureux de vous avoir parmi nous. Ce sera l'occasion de nous revoir et de faire la fête ensemble. Nous comptons sur votre présence.

Quant à l'hébergement, ne vous inquiétez pas ! Tout sera prêt.

En attendant le plaisir de vous revoir, nous vous envoyons nos sincères amitiés.

Thérèse et Bernard Lempereur

... que vous nous ferez le plaisir d'assister à ce mariage
Ce sera l'occasion de nous revoir.

Nous comptons sur votre présence.

... dass ihr uns die Freude macht an dieser Hochzeit teilzunehmen
Das gibt uns die Gelegenheit uns wieder zu sehen.

Wir rechnen mit eurer Anwesenheit.

Einladung zur Hochzeitsfeier (an gute Freunde)

Liebe Susanne, lieber Jens,

wir heiraten am 22. April und laden euch ganz herzlich zu unserer Hochzeitsfeier ein.

Im Anschluss an die kirchliche Trauung gibt es im ‚Alten Zollhaus' Kaffee und Kuchen. Nach einem Spaziergang am Wasser folgt das abendliche Hochzeitsmenü.

Für die Unterbringung unserer Gäste ist selbstverständlich gesorgt!

Wir freuen uns schon darauf, euch bald auf unserer eigenen Hochzeit wieder zu sehen.

Mit herzlichen Grüßen

Siegrid und Nils

Accepter une invitation à un mariage

Chère Christine, Cher Christian

Nous avons été très touchés de votre gentille invitation à l'occasion du mariage de votre fille Isabelle, que nous acceptons bien entendu avec le plus grand plaisir. Nous serons heureux de pouvoir complimenter le jeune couple.

Nous vous remercions d'avoir pensé à nous et nous réjouissons déjà de vous revoir après tous ces mois de silence. Mais comme vous le savez, nos occupations professionnelles nous accaparent énormément et les semaines passent si vite !

En espérant que toute la famille se porte bien, nous vous disons à très bientôt.

Amicalement à vous.

Marie-Claire et Jean

P.S. : Peut-être pourriez-vous nous suggérer un cadeau de mariage qui serait susceptible de plaire aux jeunes époux. Merci d'avance.

… que nous acceptons avec le plus grand plaisir	…, die wir mit größtem Vergnügen annehmen
après tous ces mois de silence	nach all diesen Monaten, in denen wir uns nicht gemeldet haben
nos occupations professionnelles nous accaparent énormément	unsere Arbeit nimmt uns völlig in Anspruch
suggérer un cadeau de mariage qui serait susceptible de plaire à…	ein Hochzeitsgeschenk vorschlagen, das … gefallen könnte

Die Einladung zu einer Hochzeitsfeier annehmen

Liebe Christine, lieber Christian,

wir haben uns sehr über eure liebe Einladung zur Hochzeit eurer Tochter Isabelle gefreut. Wir nehmen natürlich dankend an und freuen uns schon darauf dem jungen Paar alles Gute zu wünschen.

Es ist schön, dass ihr an uns gedacht habt. Wir sind schon sehr gespannt auf ein Wiedersehen mit euch nach all den Monaten, in denen wir nichts voneinander gehört haben. Aber, ihr wisst ja, das Berufsleben nimmt uns sehr in Anspruch und die Zeit vergeht so schnell!

Wir hoffen es geht euch allen gut!

Bis ganz bald!

Herzliche Grüße senden euch

Maria und Johannes

P.S. Habt ihr eine Idee für ein schönes Hochzeitsgeschenk? Bitte teilt sie uns mit. Vielen Dank im Voraus.

Invitation

Chers amis,

Depuis un mois nous sommes installés dans notre nouvelle maison à Saint-Benin, un petit village très pittoresque du nord de la France.

Nous serions très heureux de vous y accueillir pour le week-end de la Pentecôte. Le samedi soir nous pendrons la crémaillère avec tous nos amis. Nous aimerions que vous soyez de la partie.

Ci-joint un plan pour ne pas vous perdre.

En espérant une réponse positive de votre part, nous vous adressons toutes nos amitiés.

Elisabeth et Pascal

Nous aimerions que vous soyez de la partie.	*Wir würden uns freuen, wenn ihr dabei sein würdet.*
Ci-joint un plan pour ne pas vous perdre.	*Anbei ein Plan, damit ihr den Weg findet.*

Einladung zu einem Besuch

Liebe Freunde,

wir wohnen nun seit einem Monat in unserem neuen Haus in Saint-Benin, einem kleinen, malerischen Dorf im Norden Frankreichs.

Wir möchten euch ganz herzlich für das Pfingstwochenende in unser neues Haus einladen. Am Samstagabend geben wir eine Einweihungsparty für all unsere Freunde. Wir würden uns sehr freuen, wenn ihr auch dabei sein könntet.

Wir senden euch anbei eine Wegbeschreibung.

Über eure Zusage würden wir uns sehr freuen.

Liebe Grüße

Elisabeth und Pascal

Accepter une invitation

Chers amis,

C'est évidemment avec un très grand plaisir que nous acceptons votre gentille invitation. Nous nous faisons une joie de vous revoir.

Nous arriverons donc le vendredi soir et repartirons le lundi matin.

Merci pour le plan.

Nous profitons de cette courte réponse pour vous féliciter de votre nouvelle demeure.

Nos sincères amitiés.

        Annie et Bernd

Nous nous faisons une joie de vous revoir.

Es wird uns eine Freude sein euch wiederzusehen.

Liebe Freunde,

herzlichen Dank für eure nette Einladung, die wir sehr gerne annehmen. Wir freuen uns sehr darauf, euch wiederzusehen.

Wir kommen am Freitagabend bei euch an und fahren am Montagmorgen wieder nach Hause.

Für die Wegbeschreibung bedanken wir uns.
Darüber hinaus möchten wir die Gelegenheit nutzen, euch zu eurem neuen Heim zu beglückwünschen.

Liebe Grüße

Annie und Bernd

Refuser une invitation

Chers amis,

Votre aimable invitation nous a beaucoup touchés et nous vous en remercions vivement.

Malheureusement, nous avons déjà pris des engagements familiaux qui ne nous permettent pas de nous libérer ce week-end-là. Dommage !

Nous aurions été très heureux de vous revoir, mais peut-être qu'une autre occasion de nous réunir se présentera bientôt.

Recevez, Chers amis, notre meilleur souvenir.

Anne et Bernard

Nous avons déjà pris des engagements familiaux.

Wir haben bereits familiäre Verpflichtungen.

Eine Einladung ablehnen

Liebe Siegrid, lieber Nils,

herzlichen Dank für eure nette Einladung, über die wir uns sehr gefreut haben. Sehr gerne würden wir eure Hochzeit gemeinsam mit euch feiern, doch gerade an diesem Wochenende wird der 90. Geburtstag von Susannes Großmutter mit einem großen Familienfest gefeiert, für das wir schon vor Monaten zugesagt haben.

Am 22. April können wir also nur aus der Ferne auf euch anstoßen. Auf jeden Fall kommen wir in diesem Sommer nach Berlin, so dass wir uns bald nach eurer Hochzeit wieder sehen werden. Dann können wir zumindest die Fotos ansehen.

Fürs Erste wünschen wir euch eine schöne Feier!

Mit unseren besten Wünschen für eure Zukunft

Susanne und Jens

Remerciements pour un cadeau de mariage

Chers amis,

Comment vous remercier pour le superbe cadeau que vous avez eu la gentillesse de nous faire à l'occasion de notre mariage ?

Nous avons été très touchés par votre geste. Vous nous avez vraiment gâtés.

Merci encore, Chers amis, et croyez à notre sincère amitié.

Isabelle et Victor

---

le superbe cadeau que vous avez eu la gentillesse de nous faire
Vous nous avez vraiment gâtés.

das wunderbare Geschenk, das ihr uns freundlicherweise gemacht habt
Ihr habt uns wirklich verwöhnt.

Sich für ein Hochzeitsgeschenk bedanken

Liebe Frau Clemens, lieber Herr Clemens,

ganz herzlich möchten wir uns bei Ihnen für das schöne Hochzeitsgeschenk bedanken, das Sie uns gemacht haben. Sie haben uns damit eine sehr große Freude bereitet.

Als kleinen Dank und zur Erinnerung an die Feier senden wir Ihnen dieses Hochzeitsfoto zu.

Mit herzlichen Grüßen

Siegrid Teich und Nils Hörenz

Sie haben uns damit eine sehr große Freude bereitet.

Nous avons été très touchés.

Als kleinen Dank

En remerciement

Remerciements pour un cadeau d'anniversaire

Chère Sophie, Cher Michel,

Votre cadeau est bien arrivé le bon jour et à la bonne heure.

Mille mercis. Vraiment c'est trop. Vous me mettez presque dans l'embarras. Vous saviez que rien ne me ferait plus plaisir et vous ne perdez pas une occasion de me prouver votre affection qui est, comme vous le savez, réciproque.

Encore une fois merci et à très bientôt.

Je vous embrasse bien fort.

Daniel

Vous me mettez presque dans l'embarras.　　　　*Ihr bringt mich fast in Verlegenheit.*

Sich für ein Geburtstagsgeschenk bedanken

Düsseldorf, den 5.3.2006

Liebe Carla,

herzlichen Dank für dein Geburtstagsgeschenk, über das ich mich sehr gefreut habe. Du hast meinen Geschmack genau getroffen. Die Vase macht sich phantastisch in meiner neuen Wohnung. Ich hoffe, du kommst mich bald einmal besuchen.

Bis dahin grüße ich dich herzlich!

Deine Christiane

Du hast meinen Geschmack genau getroffen.
… macht sich phantastisch in meiner neuen Wohnung.

Tu as su exactement deviner mon goût.
… fait beaucoup d'effet dans mon nouvel appartement.

Remerciements après un séjour

Chère Madame, Cher Monsieur,

Nous voulons vous remercier bien sincèrement de nous avoir si gentiment et si chaleureusement reçus.

Nous n'oublierons jamais tous les merveilleux moments passés en votre compagnie. Grâce à toutes les excursions que vous avez eu la gentillesse d'organiser pour nous, nous avons pu découvrir pour la première fois votre ville, votre région et une autre manière de vivre.

Veuillez dire à vos voisins, Monsieur et Madame Lebeau, que nous gardons un excellent souvenir de toutes les parties de boules faites ensemble.

Nous vous remercions encore pour tout et espérons avoir bientôt le plaisir de vous faire visiter, à notre tour, notre pays.

Nous vous prions de recevoir, Chère Madame, Cher Monsieur, nos salutations amicales.

Hans Dottweiler

---

de nous avoir si gentiment et si chaleureusement reçus	*dass Sie uns so nett und warmherzig aufgenommen haben*
les merveilleux moments passés en votre compagnie	*die wunderbare Zeit, die wir bei Ihnen verbracht haben*
nous gardons un excellent souvenir de…	*wir erinnern uns sehr gern an …*

Sich für die Gastfreundschaft bedanken

Liebe Familie Roth,

wir möchten Ihnen ganz herzlich für Ihre Gastfreundschaft danken.

Wir werden uns noch lange an die schöne Zeit erinnern, die wir mit Ihnen verbringen durften.

Auf den vielen Ausflügen, die Sie für uns organisiert haben, konnten wir die Stadt und die Region, in der Sie leben, erstmals kennen lernen. Darüber hinaus sind wir mit einer anderen Lebensart vertraut geworden.

Bitte richten Sie Ihren Nachbarn Herrn und Frau Lebeau aus, dass wir die gemeinsamen Boule-Partien in bester Erinnerung behalten werden.

Wir danken Ihnen nochmals für alles und würden uns freuen, wenn wir Ihnen nun im Gegenzug unser Land zeigen dürften.

Herzliche Grüße

Jean François

Korrespondenzbezogene Wendungen
Formules courantes dans la correspondance

DIE ANREDE – L'APPEL

Sie schreiben …	Vous écrivez …
… einem guten Bekannten oder Freunden	**… à une bonne connaissance ou à des amis**
Mon cher Louis, Ma chère Caroline, Bien chers tous,	Liebe Anja! Lieber Roland! Hallo Michael! Ihr Lieben alle!
… einer Person oder mehreren Personen, die Sie gut bzw. sehr gut kennen	**… à une ou plusieurs personnes que vous connaissez (très) bien**
Cher collègue, Chère collègue, Chers collègues, Chers amis, Chère Chantal,	Liebe Frau Krämpf! Liebe Kollegen
… einer Person, die Sie persönlich kennen oder mit der Sie oft zu tun haben	**… à une personne que vous connaissez personnellement ou avec qui vous avez des relations commerciales régulières**
Madame, Monsieur, Chère Madame, Cher Monsieur,	Sehr geehrte Frau Kahnt, Sehr geehrter Herr Koch,
… einer Firma bzw. einer Person, von der Sie weder Namen noch Geschlecht kennen	**… à une société ou à une personne dont vous ne connaissez ni le nom ni le sexe**
Madame, Monsieur, Messieurs, Mesdames, Messieurs,	Sehr geehrte Damen und Herren,
… einer Person, deren Titel oder Berufsbezeichnung bekannt ist	**… à une personne dont vous connaissez le titre**
Madame la Présidente, Monsieur le Président, Madame la Directrice, Monsieur le Directeur, Maître, *(an einen Rechtsanwalt)* Docteur, *(an einen Arzt)* Monsieur le Chef du Personnel, *(an einen Personalleiter)*	Sehr geehrter Herr Dr. Müller, Sehr geehrter Frau Professor (Schmidt)

DIE GRUSSFORMEL – LA FORMULE DE POLITESSE

Sehr privat:	Très amical:
Affectueuses pensées.	Mach's gut!
Affectueusement.	
Bons baisers.	Bis bald!
Grosses bises.	Viele Grüße
Je t'embrasse bien fort [o de tout cœur].	Herzlichst

Privat:	Amical:
Soyez assuré(e) de ma sincère amitié.	Herzliche Grüße
Sincèrement à toi.	
(Avec) Toutes mes amitiés.	
Amicalement.	
Bien à vous.	
Avec mon amical souvenir.	
Je t'adresse mes amicales pensées.	

Freundlich und für kurze Briefe:	Amical et pour de courts messages:
Sincères salutations.	Herzliche Grüße
Veuillez croire en [o à] nos meilleurs sentiments.	
Salutations distinguées.	
Amicalement vôtre.	
Bien cordialement.	
Bien [o très] sincèrement.	

Formell, aber freundlich:	Formel mais amical:
Nous vous prions de croire, ..., à l'assurance de nos sentiments distingués. *(die Anrede muss zwischen zwei Kommas wiederholt werden.)*	Mit besten Grüßen
Nous vous prions d'agréer, ..., l'expression de nos sentiments distingués. *(eine Frau sollte vermeiden, einem Mann „sentiments" zu schreiben!)*	Mit freundlichen Grüßen

Nous vous prions d'agréer [o de recevoir], …, nos salutations distinguées.	Mit freundlichem Gruß
Veuillez agréer, …, nos salutations distinguées. *(Diese beiden letzten Grußformeln werden am häufigsten benutzt.)*	
Agréez, …, nos salutations distinguées. *(Diese Grußformel ist wegen des Imperativs ziemlich trocken!)*	

Sehr respektvoll:	**Très respectueux:**
Je vous prie d'agréer, …, l'assurance de ma respectueuse considération.	Hochachtungsvoll
Nous vous prions de croire, …, à l'expression de nos sentiments respectueux [o les plus dévoués].	
Je vous prie d'agréer, …, les assurances de ma haute [o respectueuse] considération.	
Veuillez accepter [o Je vous prie d'agréer], Madame, l'expression de mes respectueux hommages [o l'hommage de mon respect]. *(nur von einem Mann an eine Frau)*	

An Kunden – à des clients:

Nous vous présentons [o adressons], …, nos salutations les plus empressées [o dévouées].
Nous vous prions de croire, …, à l'assurance de nos sentiments dévoués.
Veuillez agréer, …, l'expression de mon sincère dévouement.

Für Fax-/E-Mail-Korrespondenz – pour un fax ou un courrier électronique:

Sentiments dévoués.
Meilleures salutations.
Salutations distinguées.
Salutations.

Nützliche Redewendungen

Expressions utiles

Uhrzeit

Heure

Wie viel Uhr ist es?	Quelle heure est-il?
Können Sie mir bitte sagen, wie spät es ist?	Vous avez l'heure, s'il vous plaît?
Es ist genau ein Uhr.	Il est exactement une heure.
Es ist (fast) ...	Il est (environ)...
drei Uhr.	trois heures.
fünf nach drei.	trois heures cinq.
Viertel nach drei [o viertel vier].	trois heures et quart.
fünf vor halb vier.	trois heures vingt-cinq.
halb vier.	trois heures et demie.
fünf nach halb vier.	quatre heures moins vingt-cinq.
Viertel vor vier [o drei viertel vier].	quatre heures moins le quart.
zwölf Uhr Mittag/nachts.	midi/minuit.
Es ist schon nach vier.	Il est déjà quatre heures passées.
Komm (so) zwischen vier und fünf Uhr.	Viens entre quatre et cinq heures.

Begrüßung, Vorstellung, Verabschiedung

Salutations, présentations, prendre congé

Guten Morgen! Guten Tag! Grüß Gott! (SDEUTSCH)	Bonjour!
Guten Abend! Hallo! Grüß dich!	Bonsoir! Salut!
Mein Name ist Becker.	Je m'appelle Becker.
Wie geht es Ihnen/dir?	Comment allez-vous/vas-tu?
Wie geht's?	(Comment) ça va?
Danke, gut. Und Ihnen/dir?	Bien, merci. Et vous-même/toi?
Auf Wiedersehen!	Au revoir!
Tschüss!	Salut! [o Tchao!]
Bis morgen!	À demain!
Bis später!	À plus tard!
Viel Vergnügen!/Viel Spaß!	Amusez-vous/Amuse-toi bien!
Gute Nacht!	Bonne nuit!
Grüßen Sie/Grüß(e) Frau Maier von mir.	Donnez/Donne bien le bonjour à Mme Maier de ma part.

Verabredung

Darf ich Sie/dich zum Essen einladen?	Est-ce que je peux vous/t'inviter à manger?
Haben Sie/Hast du für morgen schon etwas vor?	Vous avez/Tu as des projets pour demain?
Wann treffen wir uns?	On se voit à quelle heure?
Darf ich Sie/dich abholen?	Je peux passer vous/te prendre, si vous voulez/tu veux.
Treffen wir uns um neun Uhr vor dem Kino.	On se retrouve à neuf heures devant le cinéma.

Rendez-vous

Bitte und Dank

Ja, bitte.	Oui, je veux bien.
Nein, danke.	Non, merci.
Danke, sehr gern!	Merci, bien volontiers!
Danke, gleichfalls!	Merci, vous de même [o vous aussi]!
Könnten Sie mir bitte helfen?	Pourriez-vous m'aider, s'il vous plaît?
Bitte sehr [o Gern geschehen]!	Je vous en prie [o De rien]!
Vielen Dank!	Merci beaucoup!
Das ist doch nicht der Rede wert.	Il n'y a pas de quoi.

Demandes et remerciements

Entschuldigung, Bedauern

Entschuldigung!	Excusez-moi/Excuse-moi!
Ich muss mich entschuldigen.	Je vous/te dois des excuses.
Es [o Das] tut mir sehr Leid.	Je suis vraiment navré(e) [o désolé(e)].
Es war nicht so gemeint.	Ce n'est pas ce que j'ai voulu dire.
Schade!	Dommage!
Das ist traurig.	C'est bien triste.

Excuses, regret

Glückwünsche zu verschiedenen Anlässen

Herzlichen Glückwunsch!	Toutes mes félicitations!
Viel Erfolg! Viel Glück!	Bonne chance!
Gute Besserung!	Je vous/te souhaite un prompt rétablissement!
Schöne Ferien!	Bonnes vacances!
Frohe Ostern!	Joyeuses Pâques!
Frohe Weihnachten und ein gutes neues Jahr!	Joyeux Noël et bonne année!
Alles Gute zum Geburtstag!	Bon [o Joyeux] anniversaire!
Meine besten Wünsche zum Geburtstag!	Tous mes meilleurs vœux pour votre/ton anniversaire!
Ich drücke dir die Daumen.	Je croise les doigts pour toi.

Vœux et félicitations

Nach dem Weg fragen

Demander son chemin

Entschuldigung, wie komme ich bitte nach Magdeburg/zum Eiffelturm?	Pardon, Madame/Mademoiselle/Monsieur, pour aller à Magdeburg/à la Tour Eiffel, s'il vous plaît?
Können Sie mir sagen, wie ich zum Eiffelturm komme?	Pourriez-vous m'indiquer le chemin pour aller à la Tour Eiffel?

Immer geradeaus bis zu … +*dat.*	Vous allez tout droit jusqu'à…
Dann bei der Ampel rechts abbiegen.	Ensuite, vous tournez à droite, au feu.
Folgen Sie den Schildern.	Vous suivez les panneaux.
Sie können es nicht verfehlen.	Vous ne pouvez pas vous tromper.
Welcher Bus fährt nach … +*dat?*	Quel bus faut-il prendre pour aller à…?
Ist dies der richtige Bus nach … +*dat?*	C'est bien le bus pour…?
Wie weit ist das?	C'est à combien de kilomètres d'ici?
Sie sind hier falsch.	Vous n'êtes pas sur la bonne route.
Sie müssen zurückfahren bis zu … +*dat.*	Il faut retourner à…

Im Restaurant

Au restaurant

Ich möchte einen Tisch für vier Personen reservieren.	Je voudrais retenir une table pour quatre personnes.
Einen Tisch für zwei Personen, bitte.	Je voudrais une table pour deux personnes, s'il vous plaît.

Ist dieser Tisch/Platz noch frei?	Est-ce que cette table/place est libre?
Ich nehme …	Je prendrai…
Könnten wir noch etwas Brot bekommen?	Est-ce que vous pourriez nous apporter encore un peu de pain, s'il vous plaît?

Bezahlen, bitte.	L'addition, s'il vous plaît.
Bitte alles zusammen.	Je paie le tout.
Getrennte Rechnungen, bitte.	Vous faites des notes séparées, s'il vous plaît.

Einkaufen

Faire des courses

Wo finde ich …?	Où est-ce qu'on peut acheter…?
Können Sie mir ein Feinkost-/Lebensmittel-geschäft empfehlen?	Vous pourriez m'indiquer un magasin d'épicerie fine/d'alimentation?
Werden Sie schon bedient?	On vous sert?
Danke, ich sehe mich nur um.	Je regarde, merci.
Was darf es sein?	Vous désirez?
Geben Sie mir bitte …	Donnez-moi…, s'il vous plaît.
Ich möchte …	Je voudrais…
Darf es sonst noch etwas sein?	Et avec ça?
Nehmen Sie Kreditkarten?	Vous acceptez les cartes de crédit?
Können Sie es mir einpacken?	Vous pourriez me l'emballer?

Auf der Bank

Ich möchte 100 Dollar in Euro wechseln.	Je voudrais changer 100 dollars en euros.
Ich möchte diesen Reisescheck einlösen.	Je voudrais encaisser ce chèque de voyage.
Auf welchen Betrag kann ich den Scheck maximal ausstellen?	Quelle est la somme maximale que je peux retirer?
Ich möchte 1000 Euro von meinem Konto abheben.	Je voudrais retirer 1000 euros de mon compte.
Darf ich bitte Ihren Ausweis sehen?	Vous avez une pièce d'identité, s'il vous plaît?
Ihre Unterschrift, bitte.	Votre signature, s'il vous plaît.

A la banque

Auf der Post

Wo ist der nächste Briefkasten/das nächste Postamt?	Où se trouve la boîte à lettres la plus proche?/le bureau de poste le plus proche?
Was kostet ein Brief nach Deutschland?	Quel est le tarif d'affranchissement des lettres pour l'Allemagne?
Drei Briefmarken zu 2 Euro, bitte.	Trois timbres à deux euros, s'il vous plaît.
Ich möchte ein Telegramm aufgeben.	Je voudrais envoyer un télégramme.
Ich möchte eine Telefonkarte.	Je voudrais une Télécarte, s'il vous plaît.
Kann ich von hier aus ein Fax nach Stuttgart schicken?	Est-ce que je peux envoyer un fax à Stuttgart d'ici?

A la poste

Telefonieren

Wo ist die nächste Telefonzelle?	Où est la cabine téléphonique la plus proche?
Wie ist die Vorwahl von Frankreich?	Quel est l'indicatif de la France?
Ich möchte ein R-Gespräch anmelden.	Je voudrais un numéro en PCV.
Hallo, mit wem spreche ich?	Allô? Qui est à l'appareil?
Kann ich bitte Frau Wagner sprechen?	Est-ce que je pourrais parler à Mme Wagner, s'il vous plaît?
Ich verbinde.	Je vous le/la passe.

Téléphoner

Bleiben Sie bitte am Apparat.	Ne quittez pas.
Tut mir Leid, sie ist nicht da.	Je suis désolé(e), elle n'est pas là.
Möchten Sie eine Nachricht hinterlassen?	Vous voulez laisser un message?
Ich rufe später noch mal an.	Je rappellerai.
Kein Anschluss unter dieser Nummer.	Il n'y a pas d'abonné au numéro que vous avez demandé.

A

A, a [a:] <-, -> *nt* A *m*/a *m* ▶**das A und |das| O einer S.** (*gen*) l'essentiel *m* de qc; **von A bis Z** *fam* de A à Z

à [a] *präp* + *nom* **à ein Liter/drei Euro** à un litre/trois euros

Ä, ä [ɛ:] <-, -> *nt* A *m*/a *m* tréma

Aachen ['a:xən] <-s> *nt* Aix-la-Chapelle

Aal [a:l] <-[e]s, -e> *m* anguille *f*

aalen *vr fam* **sich in der Sonne ~** se prélasser au soleil

aalglatt *adj* glissant(e) comme une anguille

Aargau ['a:ɐgau] <-s> *m* **der ~** l'Argovie *f*

Aas [a:s] <-es, -e> *nt* ❶ charogne *f* ❷ <Äser> *fam* (*Schimpfwort*) salaud *m*/salope *f*

Aasgeier <-s, -> *m* vautour *m*

ab [ap] I. *präp* + *dat* ❶ (*räumlich*) ~ **hier** à partir d'ici; **der Zug fährt ~ Hamburg** le train part de Hambourg ❷ (*zeitlich*) ~ **nächster Woche** à partir de la semaine prochaine; ~ **sofort** dès maintenant ❸ COM **der Preis ~ Werk** le prix au départ usine II. *adv* ❶ **Berlin ~ 14.15 Uhr** départ de Berlin |à| 14h15 ❷ *fam* (*abgelöst*) **ein Knopf ist ~** j'ai perdu un bouton ▶~ **und zu** de temps en temps

ab|ändern *vt* (*Text*) remanier; (*Gesetzentwurf*) amender

Abänderung *f* (*eines Textes*) modification *f*; (*eines Urteils*) réformation *f*

abartig I. *adj fam* déviant(e) II. *adv* de manière anormale

Abbau <-s> *m* ❶ (*eines Gerüsts*) démontage *m* ❷ MIN exploitation *f* ❸ CHEM filtrage *m* ❹ (*von Arbeitskräften*) réduction *f*; (*von Leistungen*) suppression *f*

abbaubar *adj* CHEM, ÖKOL décomposable; **biologisch ~** biodégradable

ab|bauen *vt* ❶ (*Gerüst*) démonter ❷ MIN **Kohle ~** exploiter du charbon ❸ (*Arbeitsstellen*) supprimer ❹ CHEM **etw ~** filtrer qc II. *vi fam* connaître une baisse de régime

ab|beißen *irr* I. *vt* **etw ~** couper qc avec les dents II. *vi* mordre

ab|beizen *vt* (*Tür*) décaper

ab|bekommen* *vt irr fam* ❶ recevoir; **jeder bekommt etwas ab** tout le monde en aura ❷ (*Kratzer*) récolter; **etwas ~** (*Auto*) être esquinté ❸ (*loslösen können*) enlever

ab|bestellen* *vt* (*Ware*) décommander; (*Hotelzimmer*) annuler la réservation de

ab|bezahlen* *vt* (*Schulden*) achever de payer; **etw ~** payer qc à crédit

ab|biegen *vi irr* + *sein* **nach links/rechts ~** tourner à gauche/à droite

Abbild *nt* ❶ *a. fig* (*Bild*) image *f* ❷ (*Plastik*) représentation *f*

ab|bilden *vt* représenter

Abbildung <-, -en> *f* ❶ illustration *f*; (*einer Person*) représentation *f* ❷ MATH projection *f*

ab|binden *irr* I. *vt* ❶ (*Krawatte*) dénouer ❷ (*Arm*) mettre un garrot à; (*Arterie*) ligaturer II. *vi* (*Beton*) prendre

ab|blasen *vt irr fam* annuler

ab|blättern *vi* + *sein* **von etw ~** (*Farbe*) s'écailler de qc

ab|blenden I. *vi* CINE couper II. *vt* **die Scheinwerfer ~** se mettre en code|s|

Abblendlicht *nt* codes *mpl*

ab|blitzen *vi* + *sein fam* **jdn ~ lassen** envoyer balader qn

ab|blocken *fam* I. *vt* **jdn/etw ~** faire barrage à qn/qc II. *vi* refuser la discussion

ab|brechen *irr* I. *vt* + *haben* ❶ (*Ast*) casser; (*Blüte*) cueillir; **ein Stück von etw ~** couper un morceau de qc ❷ (*Lager*) lever; (*Zelt*) démonter ❸ (*Beziehungen*) rompre ❹ INFORM annuler II. *vi* ❶ + *sein* (*kaputtgehen*) se casser ❷ (*Verhandlungen*) s'interrompre

ab|bremsen I. *vt* (*Fahrzeug*) réduire la vitesse de II. *vi* (*Person*) ralentir sa vitesse

ab|brennen *irr* I. *vt* + *haben* (*Sträucher*) brûler; (*Feuerwerk*) tirer; (*Dorf*) incendier II. *vi* + *sein* (*Kerze*) se consumer; (*Dorf*) être détruit par un incendie ▶**abgebrannt sein** *fam* être à sec

ab|bringen *vt irr* **jdn vom Weg/vom Thema ~** détourner qn du chemin/du sujet; **jdn davon ~ etw zu tun** dissuader qn de faire qc; **sich von einer Meinung nicht ~ lassen** ne pas vouloir se défaire d'une opinion

ab|bröckeln *vi* + *sein* **von etw ~** s'effriter de qc

Abbruch *m* ❶ (*Abriss*) démolition *f* ❷ (*von Beziehungen*) rupture *f*; (*einer Reise*) arrêt *m* ❸ MED interruption *f*

abbruchreif *adj* ❶ (*baufällig*) bon(ne) pour la démolition ❷ CH (*schrottreif*) bon(ne) pour la casse

ab|buchen *vt* prélever

Abbuchung *f* prélèvement *m*

ab|bürsten I. *vt* (*reinigen*) brosser II. *vr* sich ~ brosser ses vêtements

ab|büßen *vt* (*Strafe*) purger; (*Schuld*) expier

Abc [a(:)be(:)'tse:] <-, -> *nt* alphabet *m*

ABC-Waffen *Pl* MIL armes *fpl* ABC

ab|danken *vi* (*Minister*) démissionner; (*Herrscher*) abdiquer

Abdankung <-, -en> *f* (*eines Ministers*) démission *f*; (*eines Herrschers*) abdication *f*

ab|decken *vt* ❶ (*Tisch*) débarrasser; das Dach ~ (*Person*) démonter la toiture; (*Sturm*) arracher les tuiles du toit ❷ (*bedecken*) recouvrir ❸ FIN etw mit etw ~ couvrir qc par qc

ab|dichten *vt* (*Ritzen*) colmater; (*Rohr*) étancher; ~ **gegen** isoler contre

ab|drehen I. *vt* + haben ❶ (*Gas*) fermer; (*Licht*) éteindre ❷ CINE tourner II. *vi* + haben o sein (*Schiff, Flugzeug*) changer de cap

ab|driften *vi* + *sein* dériver

Abdruck¹ <-drücke> *m* empreinte *f*

Abdruck² <-drucke> *m* ❶ (*Veröffentlichung*) parution *f* ❷ kein Pl (*das Nachdrucken*) reproduction *f*

ab|drucken *vt* faire paraître; **abgedruckt werden** (*Artikel*) paraître

ab|drücken I. *vt* MED comprimer II. *vi* tirer

ab|ebben *vi* + *sein* (*Wut*) passer; (*Lärm*) diminuer

abendᴬᴸᵀ *adv* s. **Abend**

Abend ['a:bənt] <-s, -e> *m* (*Tageszeit*) soir *m*; **jeden** ~ tous les soirs; **am** ~ (*heute* ~) ce soir; (*jeden* ~) le soir; **heute/gestern/morgen** ~ ce/hier/demain soir; **am frühen/späten** ~ tôt/tard dans la soirée; **am** ~ **des 13.** le 13 au soir; ~ **für** ~ soir après soir; **eines schönen** ~s un beau soir; **gegen** ~ vers le soir; **es wird** ~ le soir tombe; **es ist** ~ il fait nuit; **zu** ~ **essen** *geh* dîner; **guten** ~! bonsoir!

Abendbrot *nt*: repas froid du soir; ~ **essen** dîner [froid]

La plupart des Allemands prennent le soir un **Abendbrot** en guise de dîner. En général, c'est un repas froid pris dans une ambiance assez décontractée. Il est composé de pain, d'un assortiment de charcuterie, d'un plateau de fromages et éventuellement d'un plat chaud, surtout lorsque le repas de midi a lui-même été froid.

Abenddämmerung *f* crépuscule *m* **Abendessen** *nt* dîner *m*

abendfüllend *adj* qui occupe toute la soirée

Abendkasse *f* caisse *f* **Abendkleid** *nt* robe du soir **Abendland** *nt* kein Pl geh das ~ l'Occident *m*

abendländisch ['a:bəntlɛndɪʃ] *adj* occidental(e)

Abendmahl *nt* kein Pl REL das ~ la sainte Cène **Abendrot** *nt* coucher *m* de soleil

abends ['a:bənts] *adv* (*heute Abend*) ce soir; (*jeden Abend*) le soir

Abendschule *f* cours *mpl* du soir **Abendvorstellung** *f* séance *f* du soir

Abenteuer ['a:bəntɔyɐ] <-s, -> *nt* a. fig aventure *f*

abenteuerlich *adj* ❶ (*Reise*) riche en aventures; (*Leben*) aventureux(-euse); **ein** ~es **Erlebnis** une aventure ❷ (*Geschichte*) rocambolesque

Abenteuerlust *f* attrait *m* de l'aventure

Abenteurer(in) ['a:bəmaːls] <-s, -> *m(f)* aventurier(-ière) *m(f)*

aber ['a:bɐ] *konj* ❶ (*jedoch*) mais; ~ **dennoch, ...** et pourtant ... ❷ (*wirklich*) **das ist** ~ **nett von Ihnen** ça, c'est sympa [de votre part]; ~ **selbstverständlich!** mais bien sûr!; **oder** ~ ou bien [alors] ❸ (*oh*) voyons; ~, ~! [voyons,] voyons!

Aberglaube[n] *m* superstition *f*

abergläubisch ['a:bɐglɔybɪʃ] *adj* superstitieux(-euse)

ab|erkennen* *vt* irr jdm einen Titel ~ retirer un titre à qn; jdm ein Recht ~ priver qn d'un droit

Aberkennung <-, -en> *f* (*eines Titels*) dépossession *f*; (*eines Rechts*) privation *f*

abermals ['a:bɐmaːls] *adv* une nouvelle fois

ab|ernten *vt* récolter; **die Obstbäume** ~ récolter les fruits des arbres

abertausend *num* geh des milliers [et des milliers]

abfahrbereit s. **abfahrtbereit**

ab|fahren irr I. *vi* + *sein* ❶ partir ❷ SPORT descendre [à skis] ❸ fam (*beeindruckt sein*) **auf jdn/etw** ~ craquer pour qn/qc II. *vt* + haben o sein (*Strecke*) inspecter; **ein Land** ~ parcourir un pays [de long en large] III. *vr* + haben sich ~ (*Reifen*) s'user

Abfahrt *f* ❶ (*eines Zugs*) départ *m* ❷ (*Autobahnabfahrt*) sortie *f* ❸ SPORT descente *f*

abfahrtbereit *adj* prêt(e) à partir

Abfahrtslauf *m* descente *f* **Abfahrtszeit** *f* heure *f* de départ

Abfall <-[e]s, Abfälle> *m* ❶ déchets *mpl*; (*Müll*) ordures *fpl* ❷ *kein Pl* POL sécession *f* ❸ REL apostasie *f*

Abfallbeseitigung *f* collecte *f* et traitement des déchets **Abfalleimer** *m* poubelle *f*

ab|fallen *vi irr + sein* ❶ (*herunterfallen*) **von etw ~** tomber de qc ❷ (*abtrünnig sein: Gläubiger*) apostasier; (*Gruppierung*) faire sécession ❸ (*schwinden*) **von jdm ~** (*Scheu*) disparaître de qn ❹ (*sich neigen*) **gegen etw ~** (*Gelände, Hang*) descendre vers qc; **~d** en pente

Abfallhaufen *m* tas *m* d'ordures

abfällig I. *adj* dédaigneux(-euse) **II.** *adv* avec dédain

Abfallprodukt *nt* ❶ CHEM résidu *m* ❷ (*Nebenprodukt*) sous-produit *m* **Abfallverwertung** *f* recyclage *m* [des déchets]

ab|fangen *vt irr* ❶ (*aufhalten*) intercepter ❷ (*abwehren*) amortir

ab|färben *vi a. fig* déteindre

ab|fassen *vt* rédiger

ab|federn I. *vt + haben* ❶ (*Sprung, Stoß*) amortir; (*Wagen*) améliorer la suspension de ❷ (*Verlust*) freiner **II.** *vi + haben o sein* SPORT (*hochfedern*) prendre de l'élan; (*zurückfedern*) se recevoir [au sol]

ab|fertigen *vt* ❶ (*versandfertig machen*) enregistrer ❷ (*be- und entladen*) s'occuper du fret de ❸ (*Passagier*) servir; **jdn am Zoll ~** contrôler qn à la douane ❹ (*behandeln*) **jdn barsch/kurz ~** expédier qn durement/rapidement

Abfertigung *f* ❶ (*eines Kunden*) service *m*; (*von Reisenden*) contrôle *m*; (*von Paketen*) expédition *f* ❷ (*~sstelle*) enregistrement *m* ❸ A (*Abfindung*) dédommagement *m*

Abfertigungsschalter *m* guichet *m* d'enregistrement

ab|feuern *vt* (*Schuss*) tirer

ab|finden *irr* **I.** *vt* **jdn großzügig ~** dédommager qn généreusement **II.** *vr* **sich mit jdm/etw ~** s'accommoder de qn/qc

Abfindung *f* dédommagement *m*

ab|flachen I. *vi + sein* (*Niveau*) baisser; (*Diskussion*) s'effriter **II.** *vt + haben* (*Wall*) niveler

ab|flauen ['apflaʊən] *vi + sein* ❶ (*Wind*) faiblir; **~d** faible ❷ (*Interesse*) retomber

ab|fliegen *vi irr + sein* (*Passagier*) partir; (*Flugzeug*) décoller; **nach München ~** s'envoler pour Munich; **von Hamburg ~** décoller de Hambourg

ab|fließen *vi irr + sein* ❶ s'écouler ❷ (*sich entleeren*) se vider ❸ FIN **ins Ausland ~** fuir à l'étranger

Abflug *m* (*eines Passagiers*) départ *m* [en avion]; (*eines Flugzeugs*) décollage *m*

abflugbereit *adj* **~ sein** (*Passagier*) être prêt à s'envoler; (*Flugzeug*) être prêt au décollage

Abflughalle *f* salle *f* d'embarquement

Abfluss^{RR} *m* ❶ *kein Pl* (*das Abfließen*) écoulement *m; fig* (*von Kapital*) fuite *f* ❷ (*~rohr*) [conduit *m* d']écoulement *m*

Abflussreiniger^{RR} *m* déboucheur *m* **Abflussrohr**^{RR} *nt* collecteur *m*

Abfrage *f* INFORM requête *f*

ab|fragen *vt* ❶ **jdn etw ~** interroger qn sur qc ❷ INFORM consulter

Abfuhr ['apfuːɐ] <-, -en> *f* ❶ *kein Pl form* (*Abtransport*) ramassage *m* ❷ (*Zurückweisung*) **jdm eine ~ erteilen** opposer une fin de non-recevoir à qn

ab|führen I. *vt* ❶ (*Person*) emmener; **~!** emmenez-le/emmenez-la! ❷ (*bezahlen*) **etw an jdn/etw ~** verser qc à qn/qc **II.** *vi* MED être laxatif

Abführmittel *nt* laxatif *m*

ab|füllen *vt* ❶ (*abziehen*) tirer; **etw in Flaschen ~** mettre qc en bouteilles ❷ *fam* (*betrunken machen*) soûler la gueule à

Abgabe *f* ❶ *meist Pl* taxe *f*; **jährliche ~n** impôts *mpl* ❷ *kein Pl* (*des Balls*) passe *f* ❸ *kein Pl* (*Verkauf*) vente *f* ❹ *kein Pl* (*Abstrahlung*) rayonnement *m* ❺ *kein Pl* (*das Abliefern*) dépôt *m* ❻ *kein Pl* (*eines Urteils*) délivrance *f*

abgabenfrei *adj* exonéré(e) d'impôts **abgabenpflichtig** *adj* assujetti(e) à l'impôt

Abgabetermin *m* date *f* limite de remise

Abgang <-gänge> *m* ❶ **sich für einen vorzeitigen ~ von der Schule entscheiden** se décider à quitter l'école prématurément ❷ *kein Pl* (*Ausscheiden aus einem Amt*) départ *m* ❸ *kein Pl* THEAT sortie *f* ❹ *kein Pl* (*Absendung*) expédition *f* ❺ A (*Fehlbetrag*) débit *m*

Abgänger(in) <-s, -> *m(f) form* élève *mf* qui quitte l'école

Abgangszeugnis *nt* certificat *m* de fin de scolarité

Abgas *nt meist Pl* gaz *mpl* d'échappement

abgasarm *adj* (*Auto*) propre; ~ **sein** polluer peu **abgasfrei I.** *adj* non polluant(e); ~ **sein** ne pas produire de gaz d'échappement **II.** *adv* sans polluer **Abgassonderuntersuchung** *f* contrôle *m* antipollution

---

Depuis le premier juin 1969, tous les véhicules sont régulièrement soumis à un contrôle antipollution. Les véhicules équipés d'un pot catalytique à régulation électronique doivent passer au **Abgassonderuntersuchung** tous les deux ans et les autres, non-équipés, tous les ans. Lors de ce contrôle, on mesure les émissions polluantes du véhicule. Les normes antipollution sont fixées au niveau européen.

---

ab|geben *irr* **I.** *vt* **❶** etw an jdn ~ (*verschenken*) donner qc à qn; (*verkaufen*) céder qc à qn **❷** (*hinterlegen*) **etw bei jdm ~** déposer qc chez qn **❸** (*Meinung*) donner; **eine Stellungnahme zu etw ~** émettre une opinion à propos de qc **❹** POL donner; **die abgegebenen Stimmen** les suffrages *mpl* [exprimés] **❺** (*einreichen*) rendre **❻** (*Auftrag*) laisser **❼** (*abfeuern*) **einen Schuss auf jdn/etw ~** tirer sur qn/qc **❽** (*Wärme*) émettre **❾** (*Ball*) passer; **Punkte/den Platz an jdn ~** céder des points/la place à qn **II.** *vr* **❶** **sich nicht mit Kleinigkeiten ~** ne pas perdre son temps avec des babioles **❷** *pej* (*sich einlassen*) **sich mit jdm ~** fréquenter qn

abgedroschen *adj pej fam* rebattu(e)
abgegriffen *adj* (*abgenutzt*) abîmé(e)
abgehackt I. *adj* (*Sprechweise*) haché(e) **II.** *adv* ~ **sprechen** avoir un débit haché
abgehärtet *adj* gegen Schnupfen ~ **sein** être résistant aux rhumes
ab|gehen *irr* **I.** *vi* + *sein* **❶** von etw ~ (*Farbe*) partir de qc; (*Knopf*) se détacher de qc **❷** (*abgezogen werden*) **davon gehen fünf Prozent ab** il faut en déduire cinq pour cent **❸** (*abzweigen*) **von etw ~** (*Straße, Weg*) quitter qc **❹** (*Abstand nehmen*) **von einer Forderung ~** renoncer à une revendication **❺** (*Zug*) partir; (*Schiff*) appareiller **❻** *fam* (*fehlen*) **jdm geht etw ab** qn manque de qc **❼** (*fortgehen*) **von der Schule ~** quitter l'école **❽** MED être expulsé **❾** (*verlaufen*) **ohne Komplikationen ~** se

passer sans complications **❿** *fam* (*passieren*) se passer **II.** *vt* + *sein* **❶** (*absuchen*) **die Straße ~** repasser dans la rue **❷** (*in Augenschein nehmen*) **eine Strecke ~** parcourir un itinéraire
abgehetzt *adj* stressé(e)
abgehoben *adj* **❶** (*Sprache*) abstrait(e); (*Vorstellung*) irréaliste **❷** (*weltfremd*) coupé(e) du réel
abgekartet [ˈapgəkartət] *adj fam* goupillé(e) à l'avance
abgelegen *adj* isolé(e)
ab|gelten *vt irr* (*Ansprüche*) acquitter
abgeneigt *adj* **jdm nicht ~ sein** ne pas être mal disposé envers qn; **nicht ~ sein etw zu tun** avoir bien envie de faire qc
Abgeordnete(r) *f(m) dekl wie adj* député(e) *m(f)*
Abgesandte(r) *f(m) dekl wie adj geh* émissaire *m*; POL ambassadeur(-drice) *m(f)*
abgeschieden [ˈapgəʃiːdən] *geh adj, adv* loin de tout
Abgeschiedenheit <-> *f* isolement *m*
abgeschlossen *adj attr* (*Wohnung*) indépendant(e); (*Grundstück*) clos(e)
abgeschmackt [ˈapgəʃmakt] *adj* de mauvais goût
abgesehen *adv* ~ **von ihm/dieser Frage** [mis] à part lui/cette question; ~ **davon, dass ...** à part [le fait] que ...
abgespannt *adj* fatigué(e)
abgestanden [ˈapgəʃtandən] *adj* (*Bier*) éventé(e); (*Wasser*) pas frais(fraîche); (*Luft*) vicié(e)
abgestumpft *adj* (*Person*) endurci(e); (*Gewissen*) émoussé(e)
ab|gewinnen* *vt irr* (*mögen*) **einer S.** (*dat*) **etwas/nichts ~** apprécier qc/ne trouver aucun plaisir à qc
ab|gewöhnen* *vt* **jdm etw ~** faire perdre qc à qn; **sich** (*dat*) **etw ~** arrêter de faire qc
ab|gleiten *vi irr* + *sein geh* (*abrutschen*) glisser
Abgott *m*, **-göttin** *f* idole *f*
abgöttisch [ˈapgœtɪʃ] **I.** *adj* idolâtre (*soutenu*) **II.** *adv* jusqu'à l'idolâtrie; **jdn ~ lieben** idolâtrer qn
ab|grenzen I. *vt* délimiter **II.** *vr* **sich gegen jdn/etw ~** se démarquer de qn/qc
Abgrenzung <-, -en> *f* **❶** *kein Pl* délimitation *f*; (*eines Grundstücks*) clôture *f* **❷** (*von Begriffen*) définition *f* **❸** (*das Abgrenzen*) dé-

marcation *f*

Abgrund *m* a. *fig* abîme *m*

abgrundtief *adj* très profond(e)

ab|gucken I. *vt fam* **eine Lösung von jdm ~** pomper une solution sur qn II. *vi* **bei jdm ~** (*Schüler*) copier sur qn

Abgussᴿᴿ *m* KUNST moulage *m*

ab|hacken *vt* **einen Baum/Ast ~** abattre un arbre/couper une branche [à la hache]; **sich** (*dat*) **etw ~** se trancher qc

ab|haken *vt* ➊ cocher ➋ (*Affäre*) tirer un trait sur; (*Sache*) classer

ab|halten *vt irr* ➊ (*Wahlen*) organiser ➋ (*Kälte*) protéger de ➌ (*hindern*) **jdn davon ~ etw zu tun** empêcher qn de faire qc; **sich von etw ~ lassen** se laisser dissuader par qc

ab|handeln *vt* (*Thema*) traiter

abhanden [apˈhandən] *adv* **~ kommen** disparaître

Abhandlung *f* étude *f*

Abhang *m* versant *m*

ab|hängen¹ *vi irr* ➊ + *haben* **von jdm/etw ~** dépendre de qn/qc ➋ + *sein* (*Fleisch*) rassir

ab|hängen² *vt* + *haben* ➊ (*abkuppeln*) **etw von etw ~** décrocher qc de qc ➋ *fam* (*hinter sich lassen*) **jdn/etw ~** semer qn/qc

abhängig *adj* ➊ **von etw ~ sein** dépendre de qc ➋ *euph* (*süchtig*) dépendant(e)

Abhängige(r) *f(m) dekl wie adj* personne *f* dépendante; (*Süchtiger*) toxicomane *mf*

Abhängigkeit <-, -en> *f* ➊ *kein Pl* **in ~ von einer S. erfolgen** avoir lieu en relation étroite avec qc ➋ (*Angewiesensein*) **~ von jdm** dépendance *f* à l'égard de qn; **ihre gegenseitige ~** leur interdépendance ➌ *euph* (*Sucht*) dépendance *f*

ab|härten I. *vt, vi* **[jdn] gegen etw ~** endurcir [qn] à qc II. *vr* **sich gegen Kälte ~** s'endurcir au froid

ab|hauen¹ <hieb ab, abgehauen> *vt* **einen Baum ~** abattre un arbre [à la hache]

ab|hauen² <haute ab, abgehauen> *vi* + *sein fam* (*fortgehen*) se casser

ab|heben *irr* I. *vi* ➊ **von etw ~** (*Flugzeug*) décoller de qc ➋ (*Hörer*) décrocher ➌ SPIEL couper ➍ *fam* (*spinnen*) déconner II. *vt irr* ➊ **Geld vom Konto ~** retirer de l'argent de son compte ➋ (*Karte*) tirer ➌ (*Masche*) rabattre III. *vr* ➊ **sich von jdm/etw ~** se distinguer de qn/qc ➋ (*sich abzeichnen*)

sich vom Himmel ~ (*Silhouette*) se détacher du ciel

ab|heften *vt* (*Papiere*) archiver

ab|heilen *vi* (*Wunde*) guérir

ab|helfen *vi irr* **einem Missstand ~** remédier à un inconvénient

Abhilfe *f* remède *m;* **~ schaffen** trouver le remède qui s'impose

ab|hobeln *vt* raboter

ab|holen *vt* ➊ (*hingehen und mitnehmen*) aller chercher; (*kommen und mitnehmen*) venir chercher; **jdn/etw ~ lassen** faire chercher qn/qc ➋ *euph* (*verhaften*) emmener

Abholmarkt *m* libre-service *m* **Abholpreis** *m* prix *m* à emporter

ab|holzen *vt* (*Bäume*) abattre; (*Gebiet*) déboiser

Abhöranlage *f* table *f* d'écoute

ab|horchen *vt* MED ausculter

ab|hören *vt* ➊ (*Gespräch*) écouter; **von jdm abgehört werden** être mis sur écoute par qn ➋ (*Schüler*) interroger ➌ MED ausculter

abhörsicher *adj* antiécoute *inv*

Abi [ˈabi] <-s, -s> *nt fam Abk von* **Abitur** ≈ bac *m*

Abitur [abiˈtuːɐ̯] <-s, -e> *nt* ≈ baccalauréat *m*

L'**Abitur** est le diplôme obtenu quand on réussit les examens de la dernière année du *Gymnasium*. C'est l'équivalent du baccalauréat en France qui sanctionne 12 ans de scolarité au lieu de 13 pour l'**Abitur** en Allemagne. On parle aussi de *Hochschulreife* mais les élèves préfèrent utiliser l'abréviation *Abi*.

Abiturient(in) [abituriˈɛnt] <-en, -en> *m(f)* bachelier(-ière) *m(f)*

Abiturzeugnis *nt* [diplôme *m* du] baccalauréat *m*

ab|kapseln *vr* **sich ~** ➊ (*sich isolieren*) s'isoler du monde; **sich von jdm/etw ~** s'isoler de qn/qc ➋ MED s'enkyster

ab|kassieren* I. *vt* ➊ **jdn/etw ~** (*Bedienung*) encaisser qn/qc ➋ *fam* (*einnehmen*) empocher II. *vi* ➊ (*abrechnen*) **bei jdm ~** (*Bedienung*) encaisser l'addition de qn ➋ *fam* (*finanziell profitieren*) palper

ab|kaufen *vt* **jdm etw ~** acheter qc à qn ➋ *fam* (*glauben*) **ich kaufe dir das nicht ab!** tu me feras pas gober ça!

ạb|kehren *geh* I. *vt* (*Blick*) détourner II. *vr* **sich von etw ~** se détourner de qc

ạb|klappern *vt fam* ratisser; **alle Läden nach etw ~** faire tous les magasins pour trouver qc

Abklatsch <-[e]s, -e> *m pej* pâle imitation *f*

ạb|klingen *vi irr + sein* ① **etw klingt ab** [l'intensité de] qc diminue ② (*Wut*) [re]tomber; (*Erkältung*) guérir; (*Fieber*) baisser

ạb|knallen *vt pej fam* descendre

ạb|knicken I. *vt + haben* (*Blume*) [plier et] casser; (*Papier*) plier II. *vi + sein* ① (*Blume*) [plier et] casser ② (*abzweigen*) bifurquer; **von etw ~** (*Straße*) quitter qc

ạb|knöpfen I. *vt* **etw von etw ~** déboutonner qc de qc ② *fam* (*abverlangen*) **jdm etw ~ taxer** qc à qn

ạb|knutschen *vt pej fam* (*küssen*) **jdn ~** rouler une pelle à qn; **sich ~** se rouler des pelles

ạb|kochen *vt* (*Wasser*) faire bouillir

ạb|kommandieren* *vt* **jdn ins Gebirge ~** détacher qn à la montagne

ạb|kommen *vi irr + sein* ① (*abweichen*) **vom Weg ~** dévier du chemin ② (*aufgeben*) **von einer Gewohnheit ~** perdre une habitude ③ (*abschweifen*) perdre le fil; **vom Thema ~** s'écarter d'un sujet

Ạbkommen <-s, -> *nt* accord *m*

ạbkömmlich ['apkœmlɪç] *adj* **~ sein** être disponible

Ạbkömmling ['apkœmlɪŋ] <-s, -e> *m geh* descendant *m*

ạb|können *vt irr fam* (*leiden können*) **jdn nicht ~** ne pas pouvoir blairer qn; **etw nicht ~** ne pas supporter qc

ạb|kratzen I. *vt + haben* (*Tapete*) gratter II. *vi + sein vulg* (*sterben*) crever

ạb|kriegen *s.* **abbekommen**

ạb|kühlen I. *vi + sein* ① refroidir ② (*an Intensität verlieren*) se refroidir II. *vt + haben* (*kalt stellen*) **etw ~** mettre qc au frais III. *vr + haben* **es kühlt** [**sich**] **ab** ça se rafraîchit; **sich ~** (*Beziehungen*) se refroidir

Ạbkühlung *f* ① METEO rafraîchissement *m* ② (*Erfrischung*) **sich** (*dat*) **eine leichte ~ verschaffen** se rafraîchir un peu

ạb|kürzen I. *vt* ① **ein Wort ~** écrire un mot en abrégé ② (*verkürzen*) **etw um etw ~** écourter qc de qc II. *vi* (*einen kürzeren Weg nehmen*) prendre un raccourci

Ạbkürzung *f* (*eines Worts*) abréviation *f*; (*ei-*

nes Wegs) raccourci *m*

ạb|laden *vt irr* ① (*Passagiere, Schutt*) déposer; (*Anhänger*) décharger ② *fam* (*Schuld*) décharger

Ạblage *f* ① (*Archiv*) archives *fpl* ② *kein P* (*das Ablegen*) archivage *m;* **die ~ machen** archiver ③ (*~korb*) corbeille *f* à courrier

ạb|lagern I. *vt + haben* ① GEO déposer ② (*Müll*) entreposer II. *vr + haben* **sich auf/in etw** (*dat*) **~** (*Kalk*) se déposer sur/dans qc

Ạblagerung *f* ① *kein Pl* (*von Holz*) séchage *m* ② (*Sedimentbildung*) sédiment *m*

Ạblassᴿᴿ <-es, -lässe>, **Ạblaß**ᴬᴸᵀ ['aplas, Pl 'aplɛsə] <-sses, -lässe> *m* REL indulgence *f*

ạb|lassen *irr* I. *vt* (*Teich*) vidanger; **Wasser/ Luft aus etw ~** vider l'eau/enlever l'air de qc II. *vi* ① *geh* (*abgeben*) **von etw ~** renoncer à qc ② (*in Ruhe lassen*) **von jdm ~** laisser qn tranquille

Ạblauf *m* ① déroulement *m* ② (*einer Frist*) expiration *f;* **nach ~ von drei Tagen** passé le délai de trois jours ③ LITER action *f*

ạb|laufen I. *vi irr + sein* ① (*abfließen*) **aus etw ~** s'écouler de qc ② (*Ausweis*) expirer **abgelaufen** périmé(e) ③ (*Frist*) expirer (*Zeit*) s'achever; (*Vertrag*) arriver à échéance ④ (*vonstatten gehen*) **gut/friedlich ~** (*Demonstration*) se dérouler bien/ sans heurts II. *vt irr* ① + *haben* **sich** (*dat*) **die Absätze/Sohlen ~** user ses talons/semelles ② + *haben o sein* (*abgehen*) **eine Strecke ~** parcourir un trajet [à pied]

ạb|lecken *vt* lécher

ạb|legen I. *vt* ① déposer; (*Akten*) ranger (*Hut, Mantel*) retirer; (*Scheu*) se départir de; (*Gewohnheit*) se défaire de; (*Prüfung*) passer; (*Geständnis*) faire; (*Eid*) prêter; **die Beichte ~** se confesser ② SPIEL écarter ③ (*Eier*) pondre; (*Laich*) déposer II. *vi* ① (*Schiff*) lever l'ancre; **vom Hafen ~** quitter le port ② *geh* (*den Mantel ausziehen*) se débarrasser

Ạbleger <-s, -> *m* BOT bouture *f*

ạb|lehnen I. *vt* ① (*Bewerber*) refuser; (*Angebot*) rejeter; (*Benehmen*) désapprouver ② (*sich weigern*) **es ~ etw zu tun** refuser de faire qc II. *vi* refuser

ạblehnend I. *adj* (*Antwort, Haltung*) négatif(-ive); (*Einstellung*) de refus II. *adv* (*sich äußern*) négativement

Ạblehnung <-, -en> *f* ① *kein Pl* (*eines Be*-

werbers) refus *m*; (*eines Angebots*) rejet *m*
❷ (*Schreiben*) refus *m* ❸ (*Missbilligung*) réprobation *f*
ab|leisten *vt form* effectuer
ab|leiten I. *vt* ❶ (*Bach*) détourner; (*Gase*) évacuer; (*Anspruch*) déduire ❷ (*Formel*) déduire; (*Funktion*) dériver ❸ LING dériver **II.** *vr* **sich aus/von etw ~** (*Anspruch*) découler de qc; (*Vorrecht*) provenir de qc; LING dériver de qc
ab|lenken I. *vt* (*zerstreuen*) distraire **II.** *vi* ❶ (*ausweichen*) dévier; **vom Thema ~** détourner la conversation ❷ (*der Zerstreuung dienen*) changer les idées **III.** *vr* **sich mit Sport ~** se changer les idées en faisant du sport
Ablenkung *f* ❶ (*Zerstreuung*) distraction *f* ❷ (*Störung*) diversion *f* ❸ PHYS diffraction *f*
Ablenkungsmanöver *nt* manœuvre *f* de diversion
ab|lesen *irr* **I.** *vt* ❶ (*Zählerstand*) relever; (*Messgerät*) consulter ❷ (*vorlesen*) **etw vom Blatt ~** lire qc sur le papier ❸ (*erkennen*) **etw an bestimmten Vorkommnissen ~** déduire qc de certains incidents **II.** *vi* (*vorlesen*) lire son texte; **vom Blatt ~** lire sa feuille
ab|liefern *vt* (*Ware*) livrer; (*Schlüssel*) remettre; (*Diplomarbeit*) rendre
ab|lösen I. *vt* (*Kollegen*) relayer; (*Wachposten*) relever; (*Politiker*) remplacer; (*Etikett*) décoller; (*Lack*) enlever; (*Hypothek*) purger **II.** *vr* ❶ **sich beim Fahren ~** se relayer pour conduire ❷ (*abgehen*) **sich ~** (*Etikett*) s'enlever; (*Lack*) s'écailler; (*Netzhaut*) se décoller
Ablösung *f* ❶ (*Auswechslung: eines Mitarbeiters*) relève *f* ❷ (*Ersatzmann*) remplaçant(e) *m(f)*
ABM [a:be:'ʔɛm] <-> *f Abk von* **Arbeitsbeschaffungsmaßnahme** mesure *f* d'aide à l'emploi
ab|machen *vt* ❶ **etw mit jdm ~** convenir de qc avec qn; **abgemacht!** d'accord! ❷ *fam* (*entfernen*) **etw von etw ~** enlever qc de qc
Abmachung <-, -en> *f* accord *m*
ab|magern *vi* + *sein* maigrir
Abmarsch *m* départ *m*
ab|melden I. *vt* (*Schüler*) retirer; (*Telefon*) demander la résiliation de **II.** *vr* ❶ (*seinen Umzug anzeigen*) **sich ~** faire une déclara-

tion de changement de domicile ❷ (*sein Fortgehen melden*) **sich bei jdm ~** demander une autorisation de sortie à qn; MIL prendre congé de qn
Abmeldung *f* ❶ (*eines Telefons*) résiliation *f*; (*eines Autos*) déclaration *f* de non-utilisation ❷ (*Anzeige des Umzugs*) déclaration *f* de changement de domicile
ab|messen *vt irr* mesurer
ab|nabeln I. *vt* (*Neugeborenes*) couper le cordon ombilical de **II.** *vr fig* **sich ~** couper le cordon [ombilical]
ab|nagen *vt* ronger
Abnäher <-s, -> *m* pince *f*
Abnahme ['apna:mə] <-, -n> *f* ❶ (*des Umsatzes*) baisse *f*; (*des Gewichts*) perte *f*; **~ des Interesses** baisse d'intérêt ❷ (*Kauf*) achat *m* ❸ (*eines Neubaus*) réception *f*; (*eines Fahrzeugs*) contrôle *m* technique ❹ (*das Herunternehmen*) décrochage *m*
ab|nehmen *irr* **I.** *vi* ❶ perdre du poids; **an den Hüften ~** maigrir des hanches ❷ (*Anzahl*) baisser; (*Interesse*) décliner ❸ TELEC décrocher **II.** *vt* ❶ (*Wäsche, Bild, Hörer*) décrocher; (*Ware*) prendre livraison de ❷ (*wegnehmen*) **jdm etw ~** retirer qc à qn ❸ (*tragen helfen*) **jdm die Tasche ~** débarrasser qn de son sac ❹ (*übernehmen*) **jdm Arbeit/Sorgen ~** soulager qn du travail/des soucis ❺ *fam* (*rauben*) **jdm viel Geld ~** piquer beaucoup d'argent à qn ❻ SPIEL piocher ❼ *fam* (*glauben*) gober ❽ (*begutachten*) réceptionner; **sein Auto vom TÜV ~ lassen** soumettre sa voiture au contrôle technique
Abnehmer(in) <-s, -> *m(f)* acheteur(-euse) *m(f)*; **~ finden** trouver preneur
Abneigung *f* aversion *f*
abnorm [ap'nɔrm] **I.** *adj* anormal(e) **II.** *adv* ❶ MED de façon anormale ❷ (*überdurchschnittlich*) anormalement
abnormal ['apnɔrmal] A, CH *s.* **abnorm**
ab|nutzen I. *vt* user **II.** *vr* **sich ~** (*Reifen*) s'user; (*Möbel*) s'abîmer; (*Worte*) finir par être usé; (*Drohung*) finir par tomber à plat
Abnutzung *f* usure *f*
Abo ['abo] <-s, -s> *nt fam*, **Abonnement** [abɔnə'mã:] <-s, -s> *nt* abonnement *m*
Abonnent(in) [abɔ'nɛnt] <-en, -en> *m(f)* abonné(e) *m(f)*
abonnieren* [abɔ'ni:rən] *vt* (*Zeitung*) s'abonner à; (*Konzerte*) prendre un abonne-

ment à

Abordnung f délégation f

Abort [a'bɔrt] <-s, -e> m (Fehlgeburt) fausse couche f; (Schwangerschaftsabbruch) avortement m

Abpfiff m coup m de sifflet final

ab|prallen vi + sein von etw/an etw (dat) ~ (Ball) rebondir sur qc; (Geschoss) ricocher sur qc; an jdm ~ (Beleidigung) glisser sur qn

ab|pumpen vt Wasser aus etw ~ pomper de l'eau de qc

ab|putzen vt nettoyer

ab|quälen vr sich mit einer Arbeit ~ s'acharner sur un travail; sich (dat) ein Lächeln ~ se forcer pour/à sourire

ab|rackern vr fam sich ~ se crever

ab|raten vi irr jdm von etw ~ déconseiller qc à qn

ab|räumen vt (Tisch) débarrasser

ab|reagieren* I. vt (Aggressionen) défouler; seine Wut an jdm ~ passer sa rage sur qn II. vr fam sich ~ se défouler

ab|rechnen vi ❶ (das Gehalt berechnen) faire les comptes ❷ (die Zeche berechnen) encaisser; beim Abrechnen en faisant la caisse ❸ (zur Rechenschaft ziehen) mit jdm ~ régler ses comptes avec qn

Abrechnung f ❶ (Schlussrechnung) comptes mpl ❷ (Aufstellung) facture f détaillée ❸ (von Steuern) déduction f ❹ (Rache) règlement m de comptes

Abrede f ▶etw in ~ stellen form contester qc

Abreise f départ m

ab|reisen vi + sein partir en voyage; ich reise ab je m'en vais; (Hotelgast) je quitte la chambre

ab|reißen irr I. vt + haben ❶ etw von der Wand ~ arracher qc du mur ❷ (Gebäude) raser II. vi + sein (Seil) se casser; (Kontakt) s'interrompre

ab|richten vt dresser

ab|riegeln vt (Straße) boucler

Abriss^{RR} m ❶ (eines Gebäudes) démolition f ❷ (Übersicht) abrégé m

Abruf m ❶ FIN (einer Summe) retrait m ❷ INFORM (von Daten) consultation f ▶auf ~ bereitstehen être à disposition

ab|rufen vt irr (Waren) prendre livraison de; (Kredit) retirer; (Daten) consulter

ab|runden vt (Kanten) arrondir; (Ge-

schmack) parfaire; eine Zahl nach unten ~ arrondir un chiffre au chiffre inférieur

abrupt [ap'rupt] adj brusque

ab|rüsten vi réduire les armements

Abrüstung f kein Pl désarmement m

ABS [a:be:'ʔɛs] <-> nt Abk von Antiblockiersystem A.B.S. m

Absage ['apza:gə] f réponse f négative

ab|sagen I. vt (Teilnahme) décommander; (Spiel) annuler II. vi jdm ~ se décommander auprès de qn

ab|sägen vt (Ast) scier ▶jdn ~ fam faire sauter qn

ab|sahnen fam I. vt etw ~ se mettre qc dans les poches II. vi bei jdm ~ s'en ficher plein les poches sur le dos de qn

Absatz m ❶ (Schuhabsatz) talon m ❷ (Abschnitt) paragraphe m ❸ (Treppenabsatz) palier m [de repos] ❹ (Verkauf) ventes fpl; reißenden ~ finden se vendre comme des petits pains ▶auf dem ~ kehrtmachen tourner les talons

Absatzflaute f marasme m des ventes **Absatzgebiet** nt secteur m commercial **Absatzmarkt** m débouché m

ab|saugen vt ❶ aspirer ❷ (Staub saugen: Teppich) passer l'aspirateur sur

ab|schaffen vt (Zoll, Strafe) supprimer; (Gesetz) abroger; (Privileg) abolir

ab|schalten I. vt (Fernseher) éteindre; (Strom) couper; (Motor) arrêter II. vi fam (Person) décrocher III. vr sich ~ (Maschine, Strom) se couper

ab|schätzen vt (Kosten) évaluer; (Reaktion) prévoir

abschätzig adj (Bemerkung) désobligeant(e); (Blick) méprisant(e)

ab|schauen vt A fam etw von jdm ~ copier qc sur qn

Abschaum m kein Pl pej rebut m

Abscheu <-[e]s> m dégoût m

abscheulich [ap'ʃɔylɪç] adj ❶ (entsetzlich) abominable ❷ fam (Schmerzen) atroce; (Kälte) épouvantable

ab|schicken vt (Brief) expédier; (Kurier) envoyer

Abschiebehaft f maintien m administratif **ab|schieben** vt irr + haben ❶ (ausweisen) expulser ❷ (abwälzen) die Schuld auf jdn ~ faire endosser la culpabilité à qn

Abschiebung f reconduite f à la frontière

Abschied ['apʃi:t] <-[e]s, -e> m adieu m

souvent pl; **von jdm ~ nehmen** faire ses adieux à qn

Abschiedsbrief *m* lettre *f* d'adieu[x]

ab|schießen *vt irr* ❶ MIL, JAGD abattre ❷ (*Pfeil*) tirer; (*Rakete*) lancer ❸ *fam* (*erschießen*) descendre

ab|schirmen *vt* ❶ (*schützen*) **jdn von jdm/ etw ~** isoler qn de qn/qc ❷ (*Lampe*) tamiser [la lumière de]

ab|schlachten I. *vt* massacrer II. *vr* **sich |gegenseitig| ~** se massacrer

Abschlag *m* ❶ (*Preisnachlass*) réduction *f,* rabais *m* ❷ (*Vorschuss*) **ein ~ auf etw** (*akk*) un acompte sur qc ❸ SPORT remise *f* en jeu

ab|schlagen *vt irr* ❶ (*Henkel*) casser; (*Ecke*) ébrécher; (*Baum*) abattre ❷ (*Einladung*) décliner; **jdm eine Bitte ~** repousser une demande à qn ❸ SPORT **den Ball ~** remettre le ballon en jeu

abschlägig ['apʃlɛːɡɪç] *adj* négatif(-ive); **jdn/etw ~ bescheiden** *form* donner une réponse négative à qn/rejeter qc

Abschlag[s]zahlung *f* acompte *m*

ab|schleifen *irr vt* ❶ (*entfernen*) **etw ~** éliminer qc par ponçage ❷ (*Oberfläche*) poncer

Abschleppdienst *m* service *m* de dépannage

ab|schleppen *vt* ❶ (*Fahrzeug*) remorquer ❷ *fam* (*mitnehmen*) **jdn/etw ~** embarquer qn/qc

Abschleppseil *nt* câble *m* de remorquage

ab|schließen *irr* I. *vt* ❶ (*zuschließen*) **etw ~** fermer qc à clé ❷ (*Schule*) achever ❸ (*Geschäft*) conclure; (*Vertrag*) passer; (*Versicherung*) souscrire ❹ (*Rede*) conclure; (*Konferenz*) clôturer; (*Geschäftsjahr*) clore II. *vi* ❶ (*zuschließen*) fermer à clé ❷ (*Vertrag schließen*) **mit jdm** (*Kunde*) faire affaire avec qn ❸ FIN, COM **mit Gewinn/Verlust ~** se solder par des gains/pertes ❹ *fig* **mit der Vergangenheit ~** tirer un trait sur le passé

abschließend I. *adj* (*Bemerkung*) final(e) II. *adv* (*bemerken*) en conclusion

AbschlussRR *m* ❶ *kein Pl* (*Ende*) conclusion *f;* (*eines Geschäftsjahrs*) clôture *f;* **etw zum ~ bringen** conclure qc ❷ (*~prüfung*) diplôme *m* [de fin d'études]; (*Hauptschulabschluss*) certificat *m* de fin d'études ❸ (*eines Geschäfts*) conclusion *f;* (*eines Vertrags*)

souscription *f* ❹ (*Geschäft*) marché *m* ❺ FIN bilan *m* ►**der krönende ~** le Clou

AbschlussklasseRR *f* |classe *f* de| terminale *f*

AbschlussprüfungRR *f* examen *m* de fin d'études **Abschlusszeugnis**RR *nt* diplôme *m* de fin d'études

ab|schmecken *vt* (*Gericht*) vérifier l'assaisonnement de; **etw mit Gewürzen ~** assaisonner qc avec des épices

ab|schminken I. *vr* **sich ~** se démaquiller II. *vt* (*Gesicht*) démaquiller ►**sich** (*dat*) **etw ~ können** *fam* pouvoir faire une croix sur qc

ab|schnallen I. *vi fam* (*fassungslos sein*) être scié II. *vt* |**sich** (*dat*)| **den Rucksack/die Skier ~** décrocher son sac à dos/enlever ses skis

ab|schneiden *irr* I. *vt* couper; **jdm das Wort ~** couper la parole à qn II. *vi fam* **bei etw gut/schlecht ~** s'en tirer bien/mal avec qc

Abschnitt *m* ❶ (*eines Textes*) paragraphe *m;* (*eines Formulars*) partie *f* ❷ (*einer Bestellkarte*) coupon *m;* (*einer Eintrittskarte*) partie *f* détachable ❸ (*Zeitabschnitt*) période *f* ❹ (*eines Gebäudes*) partie *f;* (*einer Autobahn*) tronçon *m;* (*einer Strecke*) étape *f*

ab|schotten ['apʃɔtən] *vr* **sich ~** s'isoler; **abgeschottet leben** mener une vie recluse II. *vt* NAUT cloisonner

ab|schrauben *vt* dévisser

ab|schrecken I. *vt* ❶ faire peur à; **jdn von etw ~** dissuader qn de qc; **sich nicht ~ lassen** ne pas se laisser intimider ❷ (*Eier*) refroidir II. *vi* (*Waffen*) être dissuasif

abschreckend I. *adj* (*Beispiel*) dissuasif(-ive); (*Eindruck*) défavorable II. *adv* **~ wirken** (*Strafe*) avoir un effet dissuasif

Abschreckung <-, -en> *f* ❶ MIL dissuasion *f* ❷ (*das Fernhalten*) **der ~ dienen** servir d'intimidation

ab|schreiben *irr* I. *vt* ❶ recopier ❷ (*plagiieren*) **etw bei jdm/aus etw ~** copier sur qn/dans qc ❸ (*Betrag*) déduire ►**ich hatte ihn schon abgeschrieben** j'en avais [déjà] fait mon deuil; **bei jdm abgeschrieben sein** *fam* être mort et enterré pour qn II. *vi* (*plagiieren*) **von jdm/etw ~** copier sur qn/qc

Abschreibung *f* FIN déduction *f*

Abschrift *f* duplicata *m*

ab|schürfen *vr* **sich** (*dat*) **die Haut ~**

s'écorcher la peau

Abschuss^{RR} *m* ❶ (*eines Geschützes*) tir *m*; (*einer Rakete*) lancement *m* ❷ (*eines Flugkörpers*) destruction *f* ▶**zum ~ freigeben** JAGD autoriser le tir de; *fig fam* lâcher la meute sur

abschüssig ['apʃʏsɪç] *adj* (*Straße*) escarpé(e); (*Hang*) abrupt(e)

ab|schütteln *vt* (*Verfolger*) semer; (*Ärger*) évacuer; **die Krümel von etw ~** secouer les miettes de qc

ab|schwächen I. *vt* (*Wirkung*) atténuer; (*Formulierung*) édulcorer; (*Aufprall*) amortir **II.** *vr* **sich ~** (*Lärm*) s'atténuer

ab|schweifen *vi* + *sein* faire une digression; **vom Thema ~** s'écarter du sujet

ab|schwellen *vi irr* + *sein* (*Entzündung*) désenfler; (*Lärm*) faiblir

ab|segnen *vt fam* donner sa bénédiction à

absehbar *adj* prévisible; **es ist ~, dass** on peut s'attendre à ce que + *subj*

ab|sehen *irr* **I.** *vt* **etw ~ können** pouvoir prévoir qc ▶**es auf jdn abgesehen haben** (*jdn schikanieren wollen*) avoir qn dans le collimateur; (*an jdm interessiert sein*) avoir jeté son dévolu sur qn; **es auf etw** (*akk*) **abgesehen haben** en vouloir à qc **II.** *vi* **von einer Strafe ~** renoncer à une peine

ab|seilen *vr* **sich ~** ❶ (*sich hinunterlassen*) descendre avec une corde; (*Bergsteiger*) descendre en rappel ❷ *fam* (*verschwinden*) reprendre ses billes

ab|sein^{ALT} *s.* **ab II.2.**

abseits ['apzaits] **I.** *adv* ❶ à l'écart ❷ SPORT **~ stehen** être hors-jeu **II.** *präp* + *gen* **~ des Dorfs liegen** être à l'écart du village

Abseits <-, -> *nt* SPORT hors-jeu *m*

ab|senden *vt irr o reg* expédier

Absender(in) <-s, -> *m(f)* expéditeur(-trice) *m(f)*

ab|setzen I. *vt* ❶ (*Mitfahrer*) déposer; (*Trinkgefäß*) poser; (*Hut*) enlever ❷ (*des Amtes entheben*) destituer ❸ COM écouler ❹ FIN **etw von der Steuer ~** déduire qc des impôts ❺ (*Veranstaltung*) annuler ❻ (*Medikament*) arrêter ❼ (*Flöte*) lever **II.** *vr* ❶ *a.* CHEM, GEO **sich ~** se déposer ❷ *fam* (*verschwinden*) **sich ~** se tirer ❸ (*sich unterscheiden*) **sich von jdn/etw ~** trancher sur qn/qc

Absetzung <-, -en> *f* (*einer Fernsehsendung*) déprogrammation *f*

ab|sichern I. *vr* **sich ~** prendre des précautions; **sich gegen etw ~** se prémunir contre qc **II.** *vt* ❶ (*garantieren*) garantir ❷ (*sicher machen*) **einen Raum durch etw ~** protéger une pièce au moyen de qc

Absicht <-, -en> *f* ❶ intention *f* ❷ (*Mutwillen*) **etw mit ~ tun** faire qc exprès; **das war keine ~** ce n'était pas intentionnel

absichtlich *adj* intentionnel(le)

ab|sinken *vi irr* + *sein* ❶ (*Leistung*) baisser ❷ (*Boden*) s'affaisser ❸ (*Schiff*) sombrer [au fond de la mer]

ab|sitzen *irr* **I.** *vt* + *haben* (*Zeit*) laisser passer; (*Haftstrafe*) purger **II.** *vi* + *sein* (*Reiter*) mettre pied à terre

absolut [apzo'lu:t] **I.** *adj* ❶ (*Verbot, Ruhe*) absolu(e); (*Ablehnung*) catégorique ❷ *fam* (*völlig*) total(e) **II.** *adv fam* (*unverständlich*) absolument

Absolution [apzolu'tsjoːn] <-, -en> *f* REL **jdm die ~ erteilen** donner l'absolution à qn

Absolutismus [apzolu'tɪsmʊs] <-> *m* absolutisme *m*

Absolvent(in) [apzɔl'vɛnt] <-en, -en> *m(f)* (*Universitätsabsolvent*) diplômé(e) *m(f)*

absolvieren* [apzɔl'viːrən] *vt* (*Ausbildung*) effectuer; (*Prüfung*) passer; (*Wehrdienst*) accomplir

absonderlich *adj, adv* bizarre

ab|sondern I. *vt* ❶ (*isolieren*) isoler ❷ (*ausscheiden*) sécréter **II.** *vr* **sich von jdm ~** s'isoler de qn

absorbieren* [apzɔr'biːrən] *vt a. fig* absorber

Abspann <-[e]s, -e> *m* CINE, TV générique *m*

ab|speichern *vt* INFORM **etw auf der Festplatte ~** sauvegarder qc sur le disque dur

ab|speisen *vt* éconduire gentiment

abspenstig ['apʃpɛnstɪç] *adj* **jdm jdn/etw ~ machen** détourner qn/qc de qn

ab|sperren I. *vt* ❶ (*versperren*) barrer ❷ (*Gas*) couper

Absperrung *f* ❶ *kein Pl* (*das Absperren*) barrage *m* ❷ (*Sperre*) barrage *m*; (*Absperrgitter*) barrière *f*

ab|spielen I. *vr* **sich ~** (*Szene*) se dérouler **II.** *vt* (*CD, Ball*) passer

Absprache *f* accord *m*; **nach ~** après accord

ab|sprechen *irr* **I.** *vt* ❶ (*Plan*) convenir de ❷ (*Aussagen*) s'entendre sur; **wir haben abgesprochen, dass ...** nous avons convenu que ... **②** (*Recht*) dénier **II.** *vr* sich ~ (*eine Vereinbarung treffen*) se concerter

ab|springen *vi irr + sein* **①** SPORT sauter **②** (*sich lösen*) **von** etw ~ (*Farbe*) s'écailler de qc

Absprung *m* **①** (*~stelle*) saut *m* **②** (*Abgang vom Gerät*) sortie *f* **③** *fam* (*Ausstieg*) **den ~ schaffen** sauter le pas

ab|stammen *vi kein PP* **von** jdm ~ descendre de qn

Abstammung <-, -en> *f* origine *f*

Abstand *m* **①** écart *m;* ~ **halten** (*im Straßenverkehr*) garder les distances **②** (*zeitliche Distanz*) intervalle *m* **③** (*innere Distanz*) recul *m* ▶**von** etw ~ **nehmen** *form* renoncer à qc; **mit** ~ de loin

ab|stauben **I.** *vt* **①** (*Möbel*) dépoussiérer **②** *fam* (*sich aneignen*) etw **von/bei** jdm ~ resquiller qc à qn **II.** *vi* faire la poussière

ab|stechen *vi irr* **von** jdm/etw ~ se distinguer de qn/qc

Abstecher <-s, -> *m* (*Ausflug*) virée *f* (*fam*); (*Umweg*) crochet *m*

ab|stecken *vt* **①** (*Grundstück*) jalonner **②** (*Saum*) épingler

ab|stehen *vi irr* (*Haare*) être hérissé; (*Ohren*) être décollé

ab|steigen *vi irr + sein* **①** (*Bergsteiger*) descendre; **vom Fahrrad/Pferd** ~ descendre de vélo/de cheval **②** *fam* (*sich einquartieren*) **in einer kleinen Pension** ~ descendre dans une petite pension **③** (*sich verschlechtern*) **in die zweite Liga** ~ descendre en deuxième division; **sozial** ~ régresser socialement

ab|stellen *vt* **①** (*hinstellen*) etw **bei** jdm ~ déposer qc chez qn **②** (*Wagen*) garer **③** (*Computer*) débrancher; (*Motor*) arrêter; (*Gas*) couper

Abstellgleis *nt* voie *f* de garage **Abstellraum** *m* débarras *m*

ab|stempeln *vt* **①** (*Brief*) tamponner **②** *pej* (*abwerten*) **jdn als Wichtigtuer** ~ cataloguer qn comme frimeur

ab|sterben *vi irr + sein* **①** mourir **②** (*gefühllos werden: Arm*) s'engourdir

Abstieg ['ap∫ti:k] <-[e]s, -e> *m* **①** descente *f* **②** (*Verlust der sozialen Stellung*) déchéance *f* **③** SPORT descente *f*

ab|stimmen **I.** *vi* voter; **über** etw (*akk*) ~ **lassen** soumettre qc au vote **II.** *vt* (*Termine*) coordonner **III.** *vr* sich mit jdm ~ se

mettre d'accord avec qn

Abstimmung *f* (*Stimmabgabe*) vote *m*, scrutin *m;* **in geheimer** ~ à bulletin secret

abstinent [apsti'nɛnt] *adj* abstinent(e)

Abstinenz [apsti'nɛnts] <-> *f* abstinence *f*

Abstinenzler(in) <-s, -> *m(f) pej* non-buveur(-euse) *m(f)*

ab|stoßen *irr* **I.** *vt* **①** (*Transplantat*) rejeter **②** (*anwidern*) dégoûter **③** (*Ecke*) écorner **④** (*Wertpapiere*) vendre **⑤** (*Wasser*) être imperméable à **⑥** (*wegstoßen*) **das Boot vom Ufer** ~ éloigner le bateau de la rive **II.** *vr* (*sich wegbewegen*) **sich** ~ s'élancer

abstoßend *adj* répugnant(e)

abstrahieren* [apstra'hi:rən] *vi* abstraire

abstrakt [ap'strakt] *adj* abstrait(e)

ab|streifen *vt* (*Ring*) retirer; (*Handschuhe*) ôter

ab|streiten *vt irr* **①** (*Tat*) nier; (*Beteiligung*) dénier **②** (*absprechen*) contester; **das kann man nicht** ~ il faut bien le reconnaître

Abstrich *m* **①** *meist Pl* réduction *f;* **erhebliche ~e an** etw (*dat*) des coupes *fpl* sombres dans qc **②** *Pl* (*Einschränkung*) **~e machen** [**müssen**] (*ideell*) [devoir] en rabattre; (*finanziell*) [devoir] se restreindre **③** MED frottis *m*

ab|stufen *vt* **①** (*Gehälter*) échelonner; (*Mitarbeiter*) rétrograder; (*Tarif*) réduire; (*Farbtöne*) dégrader **②** (*terrassieren*) étager

Abstufung <-, -en> *f* **①** *kein Pl* (*eines Mitarbeiters*) rétrogradation *f;* (*eines Tarifs*) réduction *f* **②** (*Staffelung*) barème *m* **③** (*Nuance*) dégradé *m*

ab|stumpfen **I.** *vt + haben* (*Person*) abrutir; (*Gewissen*) émousser **II.** *vi* **①** + *sein* (*Person*) s'abrutir; (*Gewissen*) s'émousser **②** + *haben* (*~d wirken*) être abrutissant

Absturz *m* **①** (*eines Flugzeugs*) écrasement *m;* (*eines Bergsteigers*) chute *f* **②** (*Computers*) plantage *m* (*fam*)

ab|stürzen *vi + sein* **①** (*Flugzeug*) s'écraser; (*Bergsteiger*) dévisser **②** (*Computer*) se bloquer

ab|stützen **I.** *vt* (*Decke*) étayer **II.** *vr* sich **mit** etw/**an** etw (*dat*) ~ s'appuyer sur qc/à qc

ab|suchen *vt* (*Gegend*) ratisser

absurd [ap'zʊrt] *adj* absurde

Absurdität [apzʊrdi'tɛːt] <-, -en> *f* absurdité *f*

Abszess[RR] [aps'tsɛs] <-es, -e>, **Abszeß**[ALT]

<-sses, -sse> *m* abcès *m*

Abt [apt, *Pl:* εptə] <-[e]s, Äbte> *m* abbé *m*

ab|tasten *vt* ❶ *a.* MED palper ❷ (*durchsuchen*) fouiller ❸ INFORM **etw** ~ (*Scanner*) lire qc par balayage

ab|tauen **I.** *vt + haben* (*Kühlschrank*) dégivrer **II.** *vi + sein* (*Eis*) fondre

Abtei [ap'taɪ] <-, -en> *f* abbaye *f*

Abteil [ap'taɪl] *nt* compartiment *m*

ab|teilen *vt* (*Raum*) délimiter

Abteilung [ap'taɪlʊŋ] *f* ❶ (*einer Firma, eines Krankenhauses*) service *m;* (*eines Geschäfts*) rayon *m* ❷ MIL détachement *m*

Abteilungsleiter(in) *m(f)* (*einer Firma*) chef *mf* de service; (*eines Geschäfts*) chef de rayon

ab|tippen *vt fam* taper

Äbtissin [εp'tɪsɪn] <-, -nen> *f* abbesse *f*

ab|tragen *vt irr* ❶ (*Kleidung*) user ❷ *geh* (*Schulden*) s'acquitter de ❸ *geh* (*Geschirr*) enlever ❹ (*Gelände*) niveler; (*Boden*) déblayer; (*Mauer*) démolir ❺ GEO éroder

abträglich ['aptrε:klɪç] *adj* (*Bemerkung*) préjudiciale

ab|transportieren* *vt* ❶ (*Bauschutt*) transporter; (*Müll*) enlever ❷ (*Gefangene*) transférer

ab|treiben *irr* **I.** *vt + haben* ❶ MED **ein Kind** ~ **lassen** se faire avorter d'un enfant ❷ (*Ballon*) déporter; (*Schwimmer*) entraîner ❸ (*Vieh*) faire redescendre **II.** *vi* ❶ *+ haben* MED ~ [**lassen**] [se faire] avorter ❷ *+ sein* (*Boot, Ballon*) dériver

Abtreibung <-, -en> *f* avortement *m*

Abtreibungspille *f fam* pilule *f* abortive

ab|trennen *vt* ❶ (*abreißen*) **etw von etw** ~ détacher qc de qc ❷ (*abmachen*) **die Ärmel von etw** ~ découdre les manches de qc ❸ (*Raum*) délimiter ❹ (*abschneiden*) couper

ab|treten *irr* **I.** *vt + haben* ❶ JUR céder ❷ *fam* (*überlassen*) refiler ❸ (*Schnee*) secouer; (*Schmutz*) gratter **II.** *vi + sein* ❶ (*abgehen*) **von der Bühne** ~ sortir de scène ❷ *fam* (*sterben*) claquer ❸ MIL rompre les rangs

ab|trocknen **I.** *vt* essuyer **II.** *vi* essuyer [la vaisselle] **III.** *vr* **sich** ~ s'essuyer

ab|tropfen *vi + sein* [s']égoutter

abtrünnig ['aptrʏnɪç] *adj* (*Ketzer*) renégat(e); (*Provinz*) dissident(e)

ab|tupfen *vt* ❶ (*Blut*) éponger; (*Tränen*) essuyer ❷ (*Gesicht*) essuyer; (*Wunde*) nettoyer

ab|verlangen* *vt* **jdm etw** ~ exiger qc de qn

ab|wägen ['apvε:gən] *vt irr* (*Vorteile*) peser; (*Angebot*) examiner avec soin

ab|wählen *vt* (*Person*) blackbouler; (*Schulfach*) abandonner

ab|wälzen *vt* (*Verantwortung*) se décharger de; (*Kosten*) répercuter; **die Schuld/Arbeit auf jdn** ~ rejeter la faute/se décharger de la corvée sur qn

ab|wandeln *vt* (*Melodie*) modifier

ab|wandern *vi + sein* ❶ (*wegziehen*) déménager ❷ *fig fam* (*Kapital*) fuir

Abwart(in) ['apvart] <-s, -e> *m(f)* CH gardien(ne) *m(f)* d'un/de l'immeuble

ab|warten *vt, vi* (*Ergebnis*) attendre; **er kann es nicht** ~ **sie anzurufen** il est impatient de lui téléphoner

abwärts ['apvεrts] *adv* en bas; **weiter** ~ plus bas

Abwärtstrend *m* tendance *f* à la baisse

ab|waschen *irr* **I.** *vt* ❶ (*säubern*) laver ❷ (*entfernen*) enlever **II.** *vi* faire la vaisselle

Abwasser <-wässer> *nt* eaux *fpl* usées

Abwasseraufbereitung *f* traitement *m* des eaux usées **Abwasserreinigung** *f* épuration *f* des eaux usées

ab|wechseln *vr* (*im Wechsel handeln*) **sich mit jdm** ~ alterner avec qn; **sich beim Kochen** ~ se relayer pour faire la cuisine

abwechselnd *adv* (*einer nach dem anderen*) à tour de rôle; (*eins nach dem anderen*) tour à tour

Abwechslung <-, -en> *f* (*Zerstreuung*) distraction *f;* (*Veränderung*) changement *m;* **zur** ~ pour changer

abwechslungsreich *adj* varié(e)

Abweg *m meist Pl* **auf ~e geraten** sortir du droit chemin

abwegig ['apve:gɪç] *adj* aberrant(e)

Abwehr ['apve:ʁ] *f* ❶ SPORT défense *f* ❷ MIL riposte *f* ❸ (*Spionageabwehr*) contre-espionnage *m* ❹ MED (*das Abwehren*) défense *f;* (*Abwehrsystem*) défenses *fpl* ❺ (*Ablehnung*) résistance *f*

ab|wehren **I.** *vt* ❶ *a.* MIL repousser ❷ (*Strafstoß*) repousser; (*Angriff*) stopper ❸ (*Schlag*) parer ❹ (*Gefahr*) écarter; (*Auswirkungen*) enrayer **II.** *vi* (*ablehnen*) refuser

Abwehrkräfte *Pl* MED défenses *fpl* [immunitaires]

ab|weichen *vi irr* + *sein* ➊ **von etw ~** s'écarter de qc; **voneinander ~** diverger; **~d** *(Meinung)* différent(e) ➋ *(abkommen)* **vom Kurs ~** dévier de sa route

Abweichung <-, -en> *f* ➊ *(Unterschiedlichkeit)* divergence *f* ➋ *(Kursabweichung)* déviation *f* ➌ TECH écart *m*

ab|weisen *vt irr* ➊ *(wegschicken)* renvoyer ➋ *(Bitte)* rejeter; *(Bewerber)* refuser

abweisend *adj* rebutant(e)

ab|wenden *irr o reg* **I.** *vr geh* **sich ~** se détourner; **sich von jdm ~** tourner le dos à qn **II.** *vt* ➊ *(Folgen)* éviter; *(Unheil)* détourner; *(Gefahr)* écarter ➋ *geh (Blick)* détourner

ab|werben *vt irr (Mitarbeiter)* débaucher; *(Kunden)* racoler

ab|werfen *vt irr* ➊ *(Ballast)* lâcher; *(Hilfsgüter)* parachuter; *(Flugblätter)* lancer; *(Bomben)* larguer; **jdn ~** *(Reittier)* désarçonner qn ➋ *(Gewinn)* rapporter ➌ *geh (Joch)* secouer; *(Fesseln)* briser

ab|werten *vt* FIN dévaluer

Abwertung *f (einer Währung)* dévaluation *f*

abwesend ['apve:zənt] *adj* absent(e)

Abwesenheit <-, -en> *f (opp: Anwesenheit)* absence *f*

ab|wickeln *vt* ➊ *(Verband)* défaire; **etw von einer Rolle ~** dérouler qc d'un rouleau ➋ *(Auftrag)* exécuter; *(Geschäft)* réaliser

ab|wiegen *vt irr* peser

ab|wimmeln *vt fam (Vertreter)* envoyer balader

ab|winken *vi* faire un geste de dénégation ▶**bis zum Abwinken** *fam* à faire crier grâce

ab|wischen *vt* essuyer

Abwurf *m* ➊ *(von Ballast)* lâchage *m;* *(von Bomben)* largage *m* ➋ SPORT dégagement *m* [à la main]

ab|würgen *vt fam (Motor)* caler; *(Diskussion)* couper court à; *(Forderung)* étouffer

ab|zahlen *vt* ➊ *(Kredit)* rembourser ➋ *(in Raten bezahlen)* **etw ~** payer qc à tempérament

ab|zählen *vt, vi* compter

Abzahlung *f (eines Kredits)* remboursement *m*

Abzeichen *nt* insigne *m*

ab|zeichnen **I.** *vt* ➊ *(abmalen)* reproduire

➋ *(signieren)* signer **II.** *vr* **sich ~** *(erkennbar werden)* se profiler; *(durchscheinen)* se dessiner

ab|ziehen *irr* **I.** *vi* ➊ + *sein* MIL se retirer ➋ + *sein fam (weggehen)* décamper ➌ + *sein (Rauch)* se dissiper; *(Gewitter)* s'éloigner **II.** *vt* + *haben* ➊ *(Steuern)* retenir; *(Betrag)* déduire ➋ *(subtrahieren)* retrancher ➌ *(entnehmen)* retirer ➍ *(entfernen)* **das Bett ~** retirer les draps [du lit]; **einem Tier das Fell ~** dépouiller un animal ➎ *(Wein)* tirer; **Wein auf Flaschen ~** mettre du vin en bouteilles ➏ *(Text)* tirer

ab|zocken *vt fam* arnaquer

Abzug *m* ➊ *(von Sozialabgaben)* retenue *f;* *(eines Rabatts)* déduction *f* ➋ *(Vervielfältigung)* copie *f* ➌ *(Bilderabzug)* épreuve *f* ➍ *kein Pl* MIL retrait *m* ➎ *(von Kapital)* retrait *m* ➏ *(von Kamins)* tirage *m;* *(~söffnung)* conduit *m* de fumée ➐ *(einer Schusswaffe)* détente *f*

abzüglich ['aptsy:klıç] *präp* + *gen* déduction faite de

ab|zweigen **I.** *vi* + *sein* **von etw ~** *(Weg, Gleis)* bifurquer de qc; **an etw** *(dat)*/**von etw ~** *(Kabel)* partir de qc **II.** *vt* + *haben fam* **hundert Euro von etw ~** prélever cent euros sur qc

Abzweigung <-, -en> *f (eines Wegs)* embranchement *m;* *(eines Kabels)* branchement *m*

ach [ax] *interj* ➊ *(Ausruf der Verärgerung)* ah; **~ was!** allons donc! ➋ *(Ausruf der Überraschung)* ah; **~ nein!** *fam* allons bon!; **~ so!** *(nun gut)* bon, bon!; *(aha)* ah bon!

Ach <-s, -[s]> *nt* ▶**mit ~ und** Krach *fam* de justesse

Achse ['aksə] <-, -n> *f* ➊ *(eines Fahrzeugs)* essieu *m* ➋ PHYS, MATH axe *m* ▶**auf ~ sein** *fam* être [toujours] sur les chemins

Achsel ['aksl] <-, -n> *f* ➊ *(~höhle)* aisselle *f* ➋ *(Schulter)* épaule *f;* **mit den ~n zucken** hausser les épaules

Achselhöhle *f* aisselle *f*

Achsenbruch *m* rupture *f* d'essieu

acht [axt] *num* huit; **~** [**Jahre alt**] **sein** avoir huit ans; **mit ~** [**Jahren**] à huit ans; **es ist ~** [**Uhr**] il est huit heures; **um/gegen ~** [**Uhr**] à/vers huit heures; **kurz vor ~** peu avant huit heures; **es ist schon kurz nach ~** il est déjà huit heures passées; **alle ~ Stunden** toutes les huit heures; **heute/**[**am**]

Montag in ~ **Tagen** dans huit jours/lundi en huit; **es steht ~ zu drei** le score est de huit à trois

acht² *adv* **zu ~ sein** être huit; **etw zu ~ tun** faire qc à huit

Acht¹ [axt] <-, -en> *f* ❶ (*Zahl, Spielkarte*) huit *m* ❷ *kein Pl* (*U-Bahn-, Buslinie*) huit *m*

Acht² <-> *f* **~ geben** faire attention; **außer ~ lassen** ne pas tenir compte de; **nicht außer ~ lassen** ne pas négliger; **sich in ~ nehmen** se tenir sur ses gardes; **sich vor jdm/etw in ~ nehmen** se méfier de qn/qc

achte(r, s) *adj* ❶ huitième; **jeder ~ Franzose** un Français sur huit ❷ (*bei Datumsangaben*) **der ~ März** le huit mars; **am ~n März** le huit mars; **am Freitag, den ~n März** le vendredi huit mars; **Bonn, den ~n März** Bonn, le huit mars

Achte(r) *f(m) dekl wie adj* ❶ **als ~r/~** en huitième position; **jeder ~** une personne sur huit ❷ (*bei Datumsangabe*) **der ~/am ~n** le huit ❸ (*als Namenszusatz*) **Karl der ~** Charles VIII

Achteck *nt* octogone *m*

achteckig *adj* octogonal(e)

achteinhalb *num* ~ **Meter** huit mètres et demi

achtel *adj* **ein ~ Gramm** un huitième de gramme

Achtel <-s, -> *nt* ❶ *a.* MATH huitième *m* ❷ (*~liter*) ballon *m* ❸ (*achtel Pfund*) **ein ~ Butter** une demi-plaquette de beurre

Achtelfinale *nt* huitième *m* de finale **Achtelnote** *f* croche *f*

achten I. *vt* ❶ (*wertschätzen*) estimer ❷ (*Gesetze*) respecter **II.** *vi* ❶ (*aufpassen*) **auf jdn/etw** ~ surveiller qn/qc ❷ (*be~*) **auf jdn/etw** ~ faire attention à qn/qc ❸ (*sehen auf*) **darauf ~ etw zu tun** veiller à faire qc

achtens *adv* huitièmement

achtenswert *adj* (*Person*) respectable; (*Leistung*) méritoire

Achterbahn *f* grand huit *m*

achterlei *adj inv* ~ **Sorten Brot** huit sortes de pain; **in ~ Größen** en huit tailles

achtfach I. *adj* octuple; **eine ~e Vergrößerung** un agrandissement huit fois plus grand; **die ~e Menge nehmen** prendre huit fois cette quantité; **in ~er Ausfertigung** en huit exemplaires **II.** *adv* (*falten*)

huit fois; (*ausfertigen*) en huit exemplaires

Achtfache(s) *nt dekl wie adj* octuple *m*; **das ~ verdienen** gagner huit fois plus; **um das ~ de** huit fois plus; **um das ~ höher** huit fois plus élevé

achthundert ['axt'hʊndət] *num* huit cents

achtlos I. *adj* inattentif(-ive); **~ sein** ne pas faire attention **II.** *adv* sans faire attention

Achtlosigkeit <-> *f* inattention *f*

achtmal *adv* huit fois; **~ so viel** huit fois plus; **~ so viele ...** huit fois plus de ...

achtsam I. *adj geh* précautionneux(-euse) **II.** *adv geh* soigneusement

Achtstundentag ['axt'ʃtʊndənta:k] *m* journée *f* de huit heures **achtstündig** *adj att* de huit heures **achttausend** *num* huit mille **Achtundsechziger(in)** <-s, -> *m(f)* soixante-huitard(e) *m(f)* (*fam*)

Achtung ['axtʊŋ] <-> *f* ❶ (*Wertschätzung*) respect *m*; **sich** (*dat*) ~ **bei jdm verschaffen** imposer le respect à qn ❷ (*Vorsicht*) ~**!** attention!; **~, fertig, los!** attention! prêts? partez! ▶**alle ~!** chapeau bas!

achtzehn *num* dix-huit; *s.a.* **acht¹** **achtzehnte(r, s)** *adj* dix-huitième; *s.a.* **achte(r, s)** **achtzeilig** *adj* (*Gedicht*) de huit vers; (*Text*) de huit lignes

achtzig ['axtsɪç] *num* quatre-vingts, huitante (CH), octante (BELG); ~ **[Jahre alt] sein** avoir quatre-vingts ans; **mit ~ [Jahren]** à quatre-vingts ans; **mit ~ Stundenkilometern** à quatre-vingts kilomètres à l'heure ▶**jdn mit etw auf ~ bringen** *fam* mettre qn en pétard avec qc; **auf ~ sein** *fam* être en pétard

achtziger *adj inv* **die ~ Jahre** les années *fpl* quatre-vingts; **der ~ Jahrgang** (*Wein*) la cuvée quatre-vingts; *fig* (*Menschen*) la promotion quatre-vingts

achtzigste(r, s) *adj* quatre-vingtième; **jdm zum ~n Geburtstag gratulieren** féliciter qn pour son quatre-vingtième anniversaire

ächzen ['ɛçtsən] *vi* ❶ **vor Schmerzen/Anstrengung** ~ gémir de douleur/sous l'effort ❷ (*knarren*) grincer

Acker ['akɐ, *Pl*: 'ɛkɐ] <-s, Äcker> *m* champ *m*

Ackerbau *m kein Pl* agriculture *f* **Ackerland** *nt kein Pl* terre *f* arable

ackern *vi fam* bosser

Acryl [a'kry:l] <-s> *nt* CHEM acrylique *m*

Action ['ækʃən] <-> *f fam* (*Handlung*) action

f; (*Stimmung*) animation *f*

Actionfilm *m* film *m* d'action

ADAC [a:de:ʔa:'tse:] <-> *m Abk von* **Allgemeiner Deutscher Automobil-Club** *club automobile allemand*

Adamsapfel *m fam* pomme *f* d'Adam

Adapter [a'dapte] <-s, -> *m* TECH adaptateur *m*

adäquat [adɛ'kva:t] *adj* (*Honorar*) convenable; (*Übersetzung*) juste; (*Verhalten*) adéquat(e)

addieren* [a'di:rən] *vt* (*Zahlen*) additionner

Addition [adi'tsjo:n] <-, -en> *f* addition *f*

ade [a'de:] *interj* au revoir

Adel ['a:dəl] <-s> *m* noblesse *f*; **von ~ sein** être noble

adelig *adj s.* **adlig**

adeln *vt* anoblir

Ader ['a:də] <-, -n> *f* ❶ ANAT veine *f* ❷ MIN filon *m* ❸ ELEC fil *m* ❹ BOT nervure *f* ▶**eine künstlerische ~ haben** avoir un don pour l'art

Adjektiv ['atjɛkti:f] <-s, -e> *nt* adjectif *m*

adjektivisch ['atjɛkti:vɪʃ] *adj* adjectival(e)

Adler ['a:dlə] <-s, -> *m* aigle *m*

Adlerauge *nt* œil *m* d'aigle ▶**~n haben** avoir un regard d'aigle

adlig *adj* noble **Adlige(r)** *f(m) dekl wie adj* noble *mf*

administrativ [atminɪstra'ti:f] *adj* administratif(-ive)

Admiral(in) [atmi'ra:l] <-s, -e> *m(f)* MIL amiral *m*

adoptieren* [adɔp'ti:rən] *vt* adopter

Adoption [adɔp'tsjo:n] <-, -en> *f* adoption *f*

Adoptiveltern *Pl* parents *mpl* adoptifs **Adoptivkind** *nt* [enfant *m*] adopté

Adrenalin [adrena'li:n] <-s> *nt* adrénaline *f*

Adressat(in) [adrɛ'sa:t] <-en, -en> *m(f) geh* destinataire *m*

Adressbuch^RR *nt* ❶ (*amtliches Verzeichnis*) annuaire *m* ❷ (*Notizbuch*) carnet *m* d'adresses

Adresse [a'drɛsə] <-, -n> *f* ❶ *a.* INFORM adresse *f* ❷ (*Firma*) **die ersten ~n** les meilleures maisons *fpl* ▶**bei jdm mit etw an der falschen ~ sein** *fam* se tromper d'adresse pour qc en s'adressant à qn

adressieren* [adrɛ'si:rən] *vt* mettre l'adresse sur; **etw an jdn/etw ~** adresser qc à qn/qc

Advent [at'vɛnt] <-s, -e> *m* avent *m*

L'**Advent** commence quatre dimanches avant les fêtes de Noël. C'est une période riche en traditions : on fait des *Plätzchen*, les enfants ouvrent chaque jour une petite porte de leur calendrier de l'avent, on fait une couronne de l'avent et on se retrouve entre amis, un verre de vin chaud à la main, au marché de Noël.

Adventskalender *m* calendrier *m* de l'avent **Adventskranz** *m* couronne *f* de l'avent

On peut acheter ou faire soi-même une **Adventskranz**. On la décore avec quatre bougies (représentant chacune un dimanche de l'avent), avec des petits noeuds, des petites boules et des figurines. On allume une bougie le premier dimanche, deux bougies le deuxième dimanche, trois bougies le troisième dimanche. Les quatres bougies ne sont allumées que le dernier dimanche de l'avent.

Adverb [at'vɛrp] <-s, -ien> *nt* adverbe *m*

adverbial [atvɛr'bja:l] *adj* adverbial(e)

Advokat(in) [atvo'ka:t] <-en, -en> *m(f)* A, CH avocat(e) *m(f)*

Aerobic [ɛ'ro:bɪk] <-s> *nt* aérobic *f*

Aerodynamik [aerody'na:mɪk] *f* ❶ PHYS aérodynamique *f* ❷ AUT aérodynamisme *m*

Affäre [a'fɛ:rə] <-, -n> *f* ❶ (*Angelegenheit*) affaire *f* ❷ (*Liebesabenteuer*) aventure *f* ▶**sich mit etw aus der ~ ziehen** *fam* se dépatouiller en faisant qc

Affe ['afə] <-n, -n> *m* ❶ singe *m* ❷ *fam* (*unangenehmer Mensch*) conard *m*

affenartig *adj* simiesque

Affenhitze *f fam* chaleur *f* à crever

Affiche ['afiʃ] <-, -n> *f* CH affiche *f*

affig *pej fam* **I.** *adj* (*Benehmen*) chichiteux(-euse) **II.** *adv* **sich ~ anstellen** faire des simagrées

Affekt [a'fɛkt] <-[e]s, -e> *m* JUR [im]pulsion *f*; **etw im ~ tun** faire qc sous le coup d'une émotion

affektiert [afɛk'ti:ɐt] *pej* **I.** *adj* (*Person*) maniéré(e); (*Benehmen, Stil*) affecté(e) **II.** *adv* avec affectation

Afghane [af'ga:nə] <-n, -n> *m*, **Afghanin** *f* Afghan(e) *m(f)*

afghanisch [af'ga:nɪʃ] **I.** *adj* afghan(e)

II. *adv* ~ miteinander sprechen discuter en afghan

Afghanisch [afˈɡaːnɪʃ] <-[s]> *nt kein art* afghan *m; s. a.* Deutsch

Afghanistan [afˈɡaːnɪstaːn] <-s> *nt* l'Afghanistan *m*

Afrika [ˈaːfrika] <-s> *nt* l'Afrique *f*

Afrikaner(in) [afriˈkaːnɐ] < s, -> *m(f)* Africain(e) *m(f)*

afrikanisch *adj* africain(e)

After [ˈaftɐ] <-s, -> *m* anus *m*

Aftershaveᴿᴿ [aːftɐˈʃeɪv] <-[s], -s>, **Aftershave**ᴬᴸᵀ *nt* après-rasage *m*

AG [aːˈɡeː] <-, -s> *f Abk von* **Aktiengesellschaft** S.A. *f*

Ägäis [ɛˈɡɛːɪs] <-> *f* die ~ la mer Égée

Agent(in) [aˈɡɛnt] <-en, -en> *m(f)* agent *m*

Agentur [aɡɛnˈtuːɐ̯] <-, -en> *f* COM, MEDIA agence *f*

Aggregat [aɡreˈɡaːt] <-[e]s, -e> *nt* TECH organe *m; (Stromaggregat)* groupe *m* électrogène

Aggression [aɡrɛˈsi̯oːn] <-, -en> *f* ❶ PSYCH agressivité *f pas de pl* ❷ MIL agression *f*

aggressiv [aɡrɛˈsiːf] *adj* ❶ agressif(-ive) ❷ CHEM corrosif(-ive)

Aggressivität [aɡrɛsiviˈtɛːt] <-, -en> *f* agressivité *f*

Agitator [aɡiˈtaːtoːɐ̯] <-s, -toren> *m*, **Agitatorin** *f* agitateur(-trice) *m(f)*

Agrarerzeugnis *nt* produit *m* agricole **Agrarreform** *f* réforme *f* agraire **Agrarwissenschaft** *f* agronomie *f*

Ägypten [ɛˈɡʏptən] <-s> *nt* l'Égypte *f*

Ägypter(in) [ɛˈɡʏptɐ] <-s, -> *m(f)* Égyptien(ne) *m(f)*

ägyptisch *adj* égyptien(ne)

Ägyptisch *nt* l'égyptien *m*

ah [aː] *interj* ah

äh [ɛː] *interj (Pausenfüller)* euh

aha [aˈha(ː)] *interj* ❶ *(ach so)* ha [ha] ❷ *(sieh da)* tiens [tiens]

Aha-Erlebnis *nt* déclic *m*

Ahn [aːn] <-[e]s, -en> *m geh* ancêtre *m; unsere ~en* nos aïeux *mpl*

ahnden [ˈaːndən] *vt form (Verstoß)* sanctionner; *(Verbrechen)* punir

ähneln [ˈɛːnəln] I. *vi* ressembler; **jdm/einer S. ~** ressembler à qn/qc II. *vr* sich *(dat)* ~ *geh* se ressembler

ahnen [ˈaːnən] *vt (Ereignis)* se douter de; *(Gefahr)* pressentir; **nichts ~d** pris au dépourvu; *(handeln)* sans se douter de rien;

das konnte ich doch nicht ~! je ne pouvais pas le deviner!

ähnlich [ˈɛːnlɪç] I. *adj* semblable; **jdm ~ sehen** ressembler à qn II. *adv* de la même façon ▶**das sieht ihm/ihr |ganz| ~!** *fam* c'est bien de lui/d'elle! III. *präp + dat* comme

Ähnlichkeit <-, -en> *f (Aussehen)* ressemblance *f*

Ahnung <-, -en> *f* ❶ *(Vorgefühl)* pressentiment *m* ❷ *(Vermutung)* présomption *f*; **er hatte keine ~, dass** il ne s'est pas douté que *+ subj*; **keine ~!** *fam* aucune idée! ❸ *fam (Wissen)* ~/**keine ~ von EDV haben** s'y connaître/n'y rien connaître en informatique

ahnungslos I. *adj* ❶ *(arglos)* inconscient(e) |du danger|; ~ **sein** ne se douter de rien ❷ *(unwissend)* ~ **sein** être ignorant II. *adv (arglos)* sans se douter de rien

ahoi [aˈhɔy] *interj* ohé

Ahorn [ˈaːhɔrn] <-s, -e> *m* érable *m*

Ähre [ˈɛːrə] <-, -n> *f (Blütenstand)* épi *m*

Aids [əɪds] <-> *nt* sida *m*

Aidshilfe *f* association *f* antisida **aidsinfiziert** *adj* séropositif(-ive) **aidskrank** *adj* malade du sida **Aidskranke(r)** *f(m) dekl wie adj* sidéen(ne) *m(f)* **Aidstest** *m* test *m* de dépistage du sida **Aidsvirus** *nt* virus *m* du sida

Airbag [ˈɛːɐ̯bɛk] <-s, -s> *m* airbag® *m*

Airbus [ˈɛːɐ̯bʊs] *m* airbus® *m*

Akademie [akadeˈmiː] <-, -en> *f* ≈ institut *m* universitaire de technologie; *(Kunstakademie)* école *f* des beaux-arts

Akademiker(in) [akaˈdeːmikɐ] <-s, -> *m(f)* diplômé(e) *m(f)* de l'enseignement supérieur

akademisch *adj* universitaire

akklimatisieren* [aklimatiˈziːrən] *vr* sich ~ s'acclimater

Akkord [aˈkɔrt] <-[e]s, -e> *m* ❶ MUS accord *m* ❷ IND **im ~ arbeiten** travailler aux pièces

Akkordarbeit *f* travail *m* à la tâche

Akkordeon [aˈkɔrdeɔn] <-s, -s> *nt* accordéon *m*

Akku [ˈaku] <-s, -s> *m fam* accu *m*

Akkusativ [ˈakuzatiːf] <-s, -e> *m* accusatif *m*

Akkusativobjekt *nt* complément *m* à l'accusatif

Akne [ˈaknə] <-, -n> *f* acné *f*

akribisch [a'kri:bɪʃ] *adj geh* méticuleux(-euse)

Akrobat(in) [akro'ba:t] <-en, -en> *m(f)* acrobate *mf*

akrobatisch *adj* acrobatique

Akt¹ [akt] <-[e]s, -e> *m* ❶ KUNST nu *m* ❷ (*Handlung*) a. THEAT acte *m* ❸ *form* (*Geschlechtsakt*) acte *m* sexuel

Akt² <-[e]s, -en> *m* A s. **Akte**

Akte ['aktə] <-, -n> *f* dossier *m* ▸etw zu den ~n legen (*ablegen*) classer qc; (*als erledigt betrachten*) classer qc [définitivement]

Aktenkoffer *m* mallette *f* **aktenkundig** *adj* ~ sein (*Vorfall*) être consigné **Aktenordner** *m* classeur *m* **Aktenschrank** *m* classeur *m* **Aktentasche** *f* serviette *f*

Aktie ['aktsjə] <-, -n> *f* action *f*

Aktiengesellschaft *f* société anonyme *f* **Aktienkurs** *m* cours *m*

Aktion [ak'tsjo:n] <-, -en> *f* ❶ *a.* MIL action *f*; in ~ treten (*Person*) passer à l'action; (*Plan, Vorschrift*) entrer en vigueur ❷ (*Verkaufsmaßnahme*) promotion *f*

Aktionär(in) [aktsjo'nɛ:ɐ̯] <-s, -e> *m(f)* actionnaire *mf*

aktiv [ak'ti:f] *adj* ❶ (*rührig*) actif(-ive) ❷ (*berufstätig*) en activité

aktivieren* [akti'vi:rən] *vt* ❶ (*mobilisieren*) stimuler ❷ MED activer ❸ (*auslösen*) déclencher

Aktivität [aktivi'tɛ:t] <-, -en> *f* activité *f*

Aktmalerei *f* peinture *f* de nus

aktualisieren* *vt* ❶ [ré]actualiser ❷ INFORM mettre à jour

Aktualität [aktuali'tɛ:t] <-, -en> *f* actualité *f*

Aktuar(in) [aktu'a:ɐ̯] <-s, -e> *m(f)* CH secrétaire *mf*

aktuell [ak'tuɛl] *adj* actuel(le); (*Buch*) d'actualité

Akupunktur [akupʊŋk'tu:ɐ̯] <-, -en> *f* acupuncture *f*

Akustik [a'kʊstɪk] <-> *f* acoustique *f*

akustisch [a'kʊstɪʃ] I. *adj* acoustique; (*Frage*) d'acoustique II. *adv* (*schlecht*) du point de vue de l'acoustique

akut [a'ku:t] *adj* ❶ MED aigu(ë) ❷ (*Problem*) urgent(e); (*Mangel*) aigu(ë)

AKW [a:ka:'ve:] <-, -s> *nt Abk von* **Atomkraftwerk** centrale *f* nucléaire

Akzent [ak'tsɛnt] <-[e]s, -e> *m* accent *m*

akzentfrei *adj, adv* sans accent

akzeptabel [aktsɛp'ta:bəl] *adj* acceptable

Akzeptanz [aktsɛp'tants] <-> *f* ~ einer S. (*gen*) admission *f* de qc; die ~ dieses Produkts l'acceptation de ce produit

akzeptieren* [aktsɛp'ti:rən] *vt, vi* accepter

Alarm [a'larm] <-[e]s, -e> *m* ❶ (*Warnsignal*) alarme *f* ❷ MIL alerte *f* ▸~ schlagen donner l'alarme; (*warnen*) tirer la sonnette d'alarme

Alarmanlage *f* système *m* d'alarme

alarmieren* [alar'mi:rən] *vt* ❶ (*Feuerwehr*) alerter ❷ (*beunruhigen*) jdn ~ alarmer qn

alarmierend *adj* alarmant(e)

Alarmsignal *nt* signal *m* d'alarme

Alaska [a'laska] <-s> *nt* l'Alaska *m*

Alb <-> *f* die Schwäbische ~ le Jura souabe

Albaner(in) [al'ba:nɐ] <-s, -> *m(f)* Albanais(e) *m(f)*

Albanien [al'ba:niən] <-s> *nt* l'Albanie *f*

albanisch I. *adj* albanais(e) II. *adv* ~ miteinander sprechen discuter en albanais

Albanisch <-[s]> *nt kein art* albanais *m; s. a.* **Deutsch**

Alben Pl *von* **Album**

albern¹ ['albɐn] I. *adj* un peu niais(e) II. *adv* (*sich benehmen*) de façon puérile

albern² *vi* bêtifier

Albino [al'bi:no] <-s, -s> *m* albinos *m*

Albtraum^RR *s.* **Alptraum**

Album ['albʊm, Pl: 'albən] <-s, Alben> *nt* album *m*

Alchimie [alçi'mi:] <-> *f* alchimie *f*

Alge ['algə] <-, -n> *f* algue *f*

Algebra ['algebra] <-> *f* algèbre *f*

Algerien [al'ge:riən] <-s> *nt* l'Algérie *f*

Algerier(in) [al'ge:riɐ] <-s, -> *m(f)* Algérien(ne) *m(f)*

algerisch *adj* algérien(ne)

Alibi [a:'li:bi] <-s, -s> *nt* alibi *m*

Alimente [ali'mɛntə] Pl pension *f* alimentaire

Alkohol ['alkoho:l] <-s, -e> *m* alcool *m*

alkoholabhängig *adj* alcoolique **Alkoholeinfluss**^RR *m form* effet *m* de l'alcool **alkoholfrei** *adj* sans alcool **Alkoholgehalt** *m* (*eines Getränks*) teneur *f* en alcool; (*des Bluts*) alcoolémie *f* **alkoholhaltig** *adj* alcoolisé(e)

Alkoholiker(in) [alko'ho:likɐ] <-s, -> *m(f)* alcoolique *mf*

alkoholisch *adj* ❶ (*Getränk*) alcoolisé(e) ❷ CHEM à base d'alcool

Alkoholmissbrauch^RR *m* abus *m* d'alcool **Alkoholtest** *m* alcootest® *m*

Alkoholvergiftung *f* intoxication *f* par l'alcool

all [al] *pron indef* ~ **die Arbeit** tout le travail

All [al] <-s> *nt* cosmos *m*

alle ['alə] *adj fam* **die Seife ist** ~ il n'y a plus de savon

alle(r, s) ['alə, -lə, -ləs] *pron indef* ❶ *attr* (*der/die/das gesamte ...*) **ich wünsche dir** ~**s Gute** je te souhaite bien des choses; **das** ~**s** tout ça ❷ (*die gesamten ...*) ~ **beide** tous/toutes les deux ❸ (~ *Leute*) **bitte** ~**s aussteigen!** tout le monde descend! ❹ *fam* (*im Einzelnen und insgesamt*) **wer war** ~**s da?** qui donc était là? ❺ (*regelmäßig jeder/jede ...*) ~ **zwei Stunden** toutes les deux heures ▶**hast du sie noch** ~? *fam* tu es sonné?; ~**s in** ~**m** (*zusammengerechnet*) en tout; (*insgesamt betrachtet*) tout compte fait

Allee [a'le:] <-, -n> *f* allée *f*

allein I. *adj* ❶ ~ **sein** être seul; **etw** ~ **entscheiden** décider qc en son nom propre; ~ **stehend** (*ledig*) célibataire; ~ **erziehend sein** être parent unique ❷ (*isoliert, ohne Hilfe*) |tout(e)| seul(e) II. *adv* ❶ (*bereits*) rien que ❷ (*ausschließlich*) uniquement ❸ (*selbstständig*) **etw von** ~ **tun** faire qc de soi-même; **das läuft von** ~ ça roule tout seul

alleine *s.* **allein**

Alleinerbe *m*, **-erbin** *f* unique héritier(-ière) *m(f)* **alleinerziehend**[ALT] *s.* **allein I.1. Alleinerziehende(r)** *f(m) dekl wie adj* parent *m* unique **Alleingang** <-gänge> *m* initiative *f* individuelle; SPORT action *f* isolée; **etw im** ~ **tun** faire qc en solitaire **Alleinherrschaft** *f* (*einer Person*) autocratie *f*

alleinige(r, s) *adj* **der** ~**e Erbe** l'unique héritier; **die** ~**e Vertretung einer S.** (*gen*) **haben** être le représentant exclusif/la représentante exclusive de qc

Alleinsein *nt* solitude *f* **alleinstehend**[ALT] *s.* **allein I.1. Alleinunterhalter(in)** *m(f) a. fig* artiste *m*

allemal *adv fam* ❶ (*ohne Schwierigkeit*) à tous les coups; ~**!** sans problème! ❷ (*in jedem Falle*) de toute façon

allenfalls *adv* ❶ (*höchstens*) tout au plus ❷ (*bestenfalls*) au mieux

allerbeste(r, s) *adj* **der/die/das** ~ **...** le meilleur/la meilleure ... **allerdings** *adv* (*jedoch*) toutefois; (*in der Tat*) en effet; (*ge-*

wiss) ~**!** et comment! **allerfrühestens** *adv* au plus tôt

Allergie [alɛr'gi:] <-, -n> *f* allergie *f*; **eine** ~ **gegen etw haben** avoir une allergie à qc **Allergietest** *m* test *m* d'allergie **Allergiker(in)** <-s, -> *m(f)* personne *f* allergique

allergisch *adj* allergique; **gegen jdn/etw** ~ **sein** être allergique à qn/qc

allerhand *adj inv fam* (*erzählen*) pas mal de choses; (*transportieren*) un paquet; ~ **Süßigkeiten** un tas de sucreries ▶**das ist** |ja| ~**!** (*das ist unverschämt*) c'est un peu fort!; (*das ist erstaunlich*) eh ben dis donc!

Allerheiligen <-> *nt* la Toussaint

allerlei *adj inv* ~ **Spielzeug** toutes sortes de jouets; ~ **erzählen** raconter toutes sortes de choses

allerletzte(r, s) *adj* ❶ (*letzte, neueste*) **der/die/das** ~ **...** le tout dernier/la toute dernière ... ❷ *fam* (*geschmacklos*) **das/er ist das Allerletzte!** c'est/il est pire que tout!

allerneu[e]ste(r, s) *adj* **auf dem** ~**n Stand sein** être absolument à jour

Allerseelen ['alɐ'ze:lən] <-> *nt* |an| ~ |le| jour des Morts

allerseits ['alɐ'zaɪts] *adv* **guten Morgen** ~**!** bonjour tout le monde!

allesamt ['alə'zamt] *adv fam* tous/toutes **Allesfresser** ['aləsfrɛsɐ] <-s, -> *m* omnivore *m* **Alleskleber** *m* colle *f* universelle

allgegenwärtig ['alge:gənvɛrtıç] *adj* omniprésent(e)

allgemein ['algə'maɪn] I. *adj* ❶ général(e); **im Allgemeinen** en général ❷ (*Wahlrecht*) universel(le); (*Wehrpflicht*) obligatoire II. *adv* ❶ (*formulieren*) de façon générale; ~ **bildend** (*Schule*) d'enseignement général ❷ (*gültig*) généralement; (*verbreitet*) communément; ~ **gültige Aussage** déclaration *f* universelle; **es ist** ~ **bekannt, dass ...** tout le monde sait que ... ❸ (*für alle*) ~ **zugänglich** (*Informationen*) accessible au public; ~ **verständlich** accessible à tous; (*darstellen, sich ausdrücken*) de manière intelligible **allgemeinbildend**[ALT] *s.* **allgemein II.1. Allgemeinbildung** *f kein Pl* culture *f* générale **allgemeingültig**[ALT] *s.* **allgemein II.2.**

Allgemeinheit <-> *f kein Pl* (*Öffentlichkeit*) collectivité *f*; **der** ~ (*dat*) **zugänglich** (*Einrichtung*) ouvert au public; (*Daten*) accessible au public

Allgemeinmedizin f médecine f générale **allgemeinverständlich**ᴬᴸᵀ s. **allgemein II.3. Allgemeinwohl** nt intérêt m général

Allheilmittel [al'haɪlmɪtəl] nt panacée f

Alligator [ali'ga:toːɐ̯] <-s, -toren> m alligator m

alliiert adj allié(e)

Alliierte(r) f(m) dekl wie adj **die ~n** HIST les Alliés mpl

alljährlich ['al'jɛːɐ̯lɪç] I. adj attr annuel(le) II. adv tous les ans

Allmacht f kein Pl toute-puissance f

allmächtig [al'mɛçtɪç] adj tout(e)-puissant(e)

allmählich [al'mɛːlɪç] I. adj attr progressif(-ive) II. adv **es wird ~ Zeit, dass** il sera bientôt temps que + subj

Allradantrieb ['alraːtʔantriːp] m quatre roues fpl motrices

allseits adv partout; (bekannt) de tous; (informiert) sur tout

Alltag ['alta:k] m ❶ quotidien m ❷ (Werktag) jour m ouvrable

alltäglich [al'tɛːklɪç] adj ❶ attr quotidien(ne) ❷ (gewöhnlich) ordinaire; **~ sein** (Situation) être habituel

Alltagskleidung f tenue f de tous les jours

allzu ['altsuː] adv bien trop; **~ früh/lang|e|** bien trop tôt/long(longue)); **~ sehr** que trop; **~ viel** (fam); **etw ~ gern tun** adorer faire qc; **etw nicht ~ gern mögen** ne pas raffoler de qc

allzufrühᴬᴸᵀ s. **allzu allzugern**ᴬᴸᵀ s. **allzu allzulang|e|**ᴬᴸᵀ s. **allzu allzusehr**ᴬᴸᵀ s. **allzu allzuviel**ᴬᴸᵀ s. **allzu**

Alm [alm] <-, -en> f alpage m

Almosen ['almoːzən] <-s, -> nt aumône f; (geringer Betrag) misère f

Alpen ['alpən] Pl **die ~** les Alpes fpl

Alpenveilchen nt cyclamen m **Alpenvorland** nt **das ~** les Préalpes fpl

Alphabet [alfa'beːt] <-[e]s, -e> nt alphabet m

alphabetisch I. adj alphabétique II. adv par ordre alphabétique

alphabetisieren* vt (unterrichten) alphabétiser

alphanumerisch [alfanu'meːrɪʃ] adj alphanumérique

alpin [al'piːn] adj alpin(e)

Alpinist(in) [alpi'nɪst] <-en, -en> m(f) alpiniste mf

Alptraum ['alptraʊ̯m, Pl: 'alptrɔymə] m cauchemar m

als [als] konj ❶ (zeitlich) quand; (zu der Zeit, da) alors que; **damals, ~ ...** à l'époque où ...; **gerade, ~ ...** au moment précis où ... ❷ (vergleichend) **größer ~ ...** plus grand(e) que ... ❸ (gleichsam) **er sah aus, ~ ob er schliefe** il avait l'air de dormir; **es sieht aus, ~ würde es bald schneien** on dirait qu'il va bientôt neiger ❹ (ausschließend) **es ist zu spät, ~ dass** il est trop tard pour que + subj ❺ (zur Bezeichnung einer Eigenschaft) **~ Lehrer** en tant que professeur; **schon ~ Kind hatte er ...** déjà enfant, il avait ...; **noch ~ alte Frau ...** devenue une vieille femme, ...; **~ Beweis** comme preuve

also [alzo] I. adv ❶ (tatsächlich) donc; **das ist ~ dein letztes Wort?** bon alors, c'est ton dernier mot? ❷ (nun ja) eh bien; **~ wie ich schon sagte** bon, comme je l'ai déjà dit II. interj |ainsi| donc; **~ so was!** non mais ça alors!; **na ~!** ah quand même!; **~ gut** bon d'accord

Alsterwasser ['alstevasɐ] nt panaché m

alt [alt] <älter, älteste> adj ❶ **zwanzig Jahre ~ sein** avoir vingt ans; **wie ~ bist du?** quel âge as-tu?; **mein älterer Bruder** mon frère aîné ❷ (betagt) vieux(vieille); **ein ~er Mann** un vieil homme; **~ werden** vieillir ❸ (Gegenstand) vieux(vieille) antéposé; **~es Brot** du pain rassis ❹ attr (ehemalig) **mein ~er Kollege** mon ancien collègue ❺ attr (unverändert) **der/die Alte sein** être le/la même; **alles bleibt beim Alten** les choses ne changent pas ▶**Alt und Jung** jeunes et vieux; **~ aussehen** fam avoir bonne mine; **hier werde ich nicht ~** fam je ne vais pas m'encroûter ici

Alt [alt] <-s, -e> m MUS |contr|alto m

Altar [al'taːɐ̯, Pl: al'tɛːrə] <-s, Altäre> m autel m

altbacken ['altbakən] adj ❶ (Brot) rassis(rassie) ❷ (Person) vieux jeu inv; (Ansichten) dépassé(e) **Altbau** <-bauten> m (Gebäude) construction f ancienne **Altbauwohnung** f logement m ancien **altbewährt** adj (Verbindung) de longue date; (Tradition) bien établi(e); (Mittel) qui a fait ses preuves **Altbier** nt: bière maltée à haute fermentation **altdeutsch** adj rustique

Alte(r) f(m) dekl wie adj ❶ fam vieux m/

vieille f ❷ *pej fam* (*Ehemann/-frau*) bonhomme m/bonne femme f; (*Vater/Mutter*) vieux m/vieille f

Altenheim *s.* **Altersheim Altenpflege** f assistance f aux personnes âgées **Altenpfleger(in)** m(f) infirmier(-ière) m(f) en gériatrie **Alter** ['altɐ] <-s, -> nt ❶ (*Lebensalter*) âge m; **im ~ von fünfzig Jahren** à l'âge de cinquante ans; **ein Mann mittleren ~s** un homme entre deux âges; **sie ist in meinem ~** elle a mon âge ❷ (*Bejahrtheit*) vieillesse f; **im ~** devenu(e) vieux(vieille)

älter *adj* ❶ *Komp von* **alt** ❷ (*Person*) âgé(e)

altern *vi + sein* vieillir

alternativ [altɛrna'tiːf] I. *adj* alternatif(-ive) II. *adv* (*leben*) de façon alternative

Alternative [altɛrna'tiːvə] <-, -n> f alternative f

Alternative(r) f(m) *dekl wie adj* (*Umweltschützer*) écolo mf (*fam*); POL alternatif (-ive) m(f)

altersbedingt *adj* dû(due) à l'âge; ~ **sein** être lié à l'âge **Alterserscheinung** f signe m de vieillesse **Altersgrenze** f ❶ âge m limite ❷ (*für die Rente*) âge m de la retraite **Altersgruppe** f tranche f d'âge **Altersheim** nt maison f de retraite **Altersruhegeld** nt *form* [pension f de] retraite f **altersschwach** *adj* ❶ (*Person, Tier*) diminué(e) [par l'âge] ❷ *fam* (*Auto, Gerät*) foutu(e); (*Möbel*) bien malade **Altersschwäche** f kein Pl décrépitude f **Altersstufe** f (*Altersgruppe*) tranche f d'âge **Altersunterschied** m différence f d'âge **Altersversicherung** f assurance f vieillesse **Altersversorgung** f (*Rente*) prestations fpl vieillesse; (*Vorsorge*) retraite f complémentaire

Altertum ['altɐtuːm] <-s> nt Antiquité f

altertümlich ['altɐtyːmlɪç] *adj* passé(e) de mode; (*Brauchtum*) [très] ancien(ne); (*Begriff*) archaïque

älteste(r, s) *Superl von* **alt**

Älteste(r) f(m) *dekl wie adj* plus âgé(e) m(f); (*bei Geschwistern*) aîné(e) m(f); (*in einer Gruppe*) doyen(ne) m(f) [d'âge]

Altglas nt verre m usagé **Altglascontainer** m container m à verre **altgriechisch** *adj* (*Literatur, Text*) en grec ancien; (*Grammatik*) du grec ancien **althochdeutsch** ['altho:xdɔɪtʃ] *adj* (*Literatur, Text*) en ancien haut allemand **Altkleidersammlung** f collecte f de vieux vêtements

altklug *adj* (*Kind*) précoce; (*Bemerkung*) d'une maturité précoce

Altlast f *meist Pl* ÖKOL déchet m toxique

Altmetall nt vieux métaux mpl **altmodisch** *adj* (*Kleidung*) démodé(e); (*Einrichtung*) vieillot(te); (*Ansicht*) dépassé(e) **Altöl** nt huile f usagée **Altpapier** nt vieux papiers mpl **Altpapiercontainer** m container m pour les vieux papiers **Altpapiersammlung** f collecte f de vieux papiers **Altstadt** f vieille ville f **Altstimme** f voix f d'alto

Alt-Taste f INFORM touche f Option

Altweibersommer [alt'vaɪbɐzɔmɐ] m (*Nachsommer*) été m indien

Alufolie f fam papier m [d']alu

Aluminium [alu'miːniʊm] <-s> nt aluminium m

Aluminiumfolie f feuille f d'aluminium (*Haushaltsfolie*) papier m d'aluminium

Alzheimer ['altshaɪmɐ] <-s> m MED fam maladie f d'Alzheimer

am = an dem ❶ (*zur Bildung des Superlativs*) ~ **schnellsten rennen** courir le plus vite; **das ist ~ besten** c'est ce qu'il y a de mieux ❷ *fam* (*beim*) ~ **Arbeiten sein** être en train de travailler; *s. a.* **an**

Amalgam [amal'gaːm] <-s, -e> nt amalgame m

Amateur(in) [ama'tøːɐ] <-s, -e> m(f) amateur(-trice) m(f)

ambivalent [ambiva'lɛnt] *adj geh* ambivalent(e); (*Gefühle, Beziehung*) ambigu(ë)

Ambossᴿᴿ ['ambɔs] <-es, -e>, **Amboß**ᴬᴸᵀ <-sses, -sse> m enclume f

ambulant [ambu'lant] I. *adj* ambulatoire; (*Patient*) en consultation externe; (*Kosten*) sans hospitalisation II. *adv* (*behandeln*) en ambulatoire

Ameise ['aːmaɪzə] <-, -n> f fourmi f

Ameisenbär m fourmilier m **Ameisenhaufen** m fourmilière f

amen ['aːmɛn] *interj* amen

Amerika [a'meːrika] <-s> nt l'Amérique f

Amerikaner [ameri'kaːnɐ] <-s, -> ❶ Américain m ❷ GASTR ≈ palet m glacé

Amerikanerin <-, -nen> f Américaine f

amerikanisch *adj* américain(e)

Amethyst [ame'tʏst] <-s, -e> m améthyste f

Aminosäure [a'miːnozɔyrə] f CHEM acide m aminé

Ammann ['aman] <-männer> m CH ❶ (*Landammann*) président m du canton;

(*Gemeindeammann*) maire *m* ❷ JUR (*Voll-streckungsbeamter*) huissier *m*

Amme ['amə] <-, -n> *f* nourrice *f*

Ammoniak [amo'njak] <-s> *nt* CHEM ammoniac *m*

Amnestie [amnɛs'ti:] <-, -n> *f* amnistie *f*

amnestieren* [amnɛs'ti:rən] *vt* amnistier

Amöbe [a'mø:bə] <-, -n> *f* BIO amibe *f*

Amok ['a:mɔk] <-s> *m* **~ laufen** être pris de folie furieuse

amoralisch ['amora:lɪʃ] *adj* amoral(e)

amortisieren* [amɔrti'zi:rən] I. *vt* amortir II. *vr* **sich ~** être amorti

Ampel ['ampəl] <-, -n> *f* feu *m*

Ampere [am'pe:ɐ] <-[s], -> *nt* PHYS ampère *m*

Amphibie [am'fi:biə] <-, -n> *f* ZOOL amphibien *m*

Amphitheater *nt* amphithéâtre *m*

Ampulle [am'pʊlə] <-, -n> *f* ampoule *f*

Amputation [amputa'tsjo:n] <-, -en> *f* amputation *f*

amputieren* [ampu'ti:rən] I. *vt* **jdm etw ~** amputer qc à qn II. *vi* amputer

Amsel ['amzəl] <-, -n> *f* merle *m*

Amt [amt, *Pl:* 'ɛmtə] <-[e]s, Ämter> *nt* ❶ (*Behörde*) administration *f*; **das Auswärtige ~** le ministère des Affaires étrangères allemand ❷ (*Abteilung einer Behörde*) service *m* [administratif] ❸ (*Stellung*) fonction *f*; [noch] **im ~ sein** être [encore] en fonction; **kraft meines ~es** en vertu des pouvoirs qui me sont conférés; **von ~s wegen** à titre officiel ❹ (*offizielle Aufgabe*) charge *f* ▶**seines ~es walten** *geh* remplir son office

amtieren* [am'ti:rən] *vi* être en fonction; **~d** en fonction

amtlich *adj* (*Dokument*) officiel(le)

Amtsantritt *m* entrée *f* en fonctions **Amtseid** *m* serment *m* professionnel **Amtsenthebung** *f*, **Amtsentsetzung** <-, -en> *f* A, CH destitution *f* **Amtsgeheimnis** *nt* ❶ *kein Pl* (*Schweigepflicht*) devoir *m* de réserve ❷ (*vertrauliche Mitteilung*) secret *m* professionnel **Amtsgericht** *nt* tribunal *m* d'instance **Amtsmissbrauch**ᴿᴿ *m* abus *m* de pouvoir **Amtsrichter(in)** *m(f)* juge *m* d'instance **Amtsweg** *m* voie *f* hiérarchique **Amtszeit** *f* mandat *m*

amüsant [amy'zant] I. *adj* (*lustig*) amusant(e); (*unterhaltsam*) divertissant(e) II. *adv* de façon divertissante

amüsieren* [amy'zi:rən] I. *vr* **sich mit jdm ~** s'amuser avec qn; **sich über jdn/etw ~** trouver qn/qc amusant(e) II. *vt* amuser

Amüsierviertel *nt* quartier *m* chaud

an [an] I. *präp* + *dat* ❶ (*direkt bei*) **~ der Tür** près de la porte; **~ der Wand** contre le mur; **am Fluss** sur le fleuve; **Frankfurt am Main** Francfort-sur-le-Main; **~ dieser Stelle** à cet endroit; **Tür ~ Tür** porte à porte; **Haus ~ Haus wohnen** habiter l'un à côté de l'autre; **am Tisch sitzen** [assis] à la table; **am Computer arbeiten** travailler sur ordinateur ❷ (*in Berührung mit*) **~ der Wand stehen** (*Person*) être adossé au mur; (*Gegenstand*) être contre le mur; **jdn ~ der Hand nehmen** prendre qn par la main ❸ (*auf, in*) **~ der Universität** à l'université ❹ (*zur Zeit von*) **am Morgen** le matin; **~ Weihnachten** à Noël ❺ (*verbunden mit*) **das Schöne ~ jdm/etw** ce qu'il y a de beau chez qn/dans qc II. *präp* + *akk* **~s Telefon gehen** répondre au téléphone; **bis ~ mein Lebensende** jusqu'à la fin de ma vie ▶**~ [und für] sich** en soi III. *adv* ❶ (*ungefähr*) **~ die zwanzig Personen** dans les vingt personnes ❷ (*Ankunftszeit*) **Köln ~ 16 Uhr 15** arrivée à Cologne 16 h 15 ❸ *fam* (*eingeschaltet*) **~ sein** (*Elektrogerät*) être allumé; (*Strom*) être ouvert; **Licht ~!** allume/allumez! ❹ (*ab*) **von jetzt ~** à partir de maintenant

Anabolikum <-s, -ka> *nt* anabolisant *m*

anal [a'na:l] I. *adj* anal(e) II. *adv* (*messen, einführen*) par voie rectale

analog [ana'lo:k] I. *adj* ❶ **~ zu etw** analogue à qc ❷ INFORM analogique II. *adv* ❶ **~ zu etw** par analogie avec qc ❷ INFORM analogiquement

Analogie [analo'gi:] <-, -n> *f* analogie *f*

Analphabet(in) [an'alfabe:t] <-en, -en> *m(f)* a. *pej* analphabète *mf*

Analyse [ana'ly:zə] <-, -n> *f* analyse *f*

analysieren* [analy'zi:rən] *vt* analyser

analytisch [ana'ly:tɪʃ] I. *adj* (*Denken*) analytique; (*Fähigkeit*) d'analyse II. *adv* de façon analytique

Ananas ['ananas] <-, -> *f* ananas *m*

Anarchie [anar'çi:] <-, -n> *f* anarchie *f*

Anarchist(in) [anar'çɪst] <-en, -en> *m(f)* anarchiste *mf*

anarchistisch *adj* (*Person, Partei*) anarchiste

Anatomie [anato'mi:] <-> *f kein Pl* anatomie *f*

an|baggern ['anbagɐn] *vt fam* draguer

an|bahnen I. *vt* (*Gespräche*) amorcer II. *vr* **sich ~** (*Freundschaft*) s'amorcer; (*Unheil*) se préparer

Anbau <-bauten> *m* ❶ bâtiment *m* annexe; (*freistehend*) annexe *f* ❷ *kein Pl* (*das Anpflanzen*) culture *f*

an|bauen I. *vt* ❶ (*anpflanzen*) cultiver ❷ (*bauen*) ajouter II. *vi* [s']agrandir

Anbaufläche *f* terre *f* cultivable

an|behalten* *vt irr* **etw ~** garder qc [sur soi]

anbei [an'baj] *adv form* ci-joint(e)

an|beißen *vi irr* ❶ (*Fisch*) mordre ❷ *fam* (*Interesse haben*) mordre à l'hameçon ▶**zum Anbeißen** *fam* à croquer

an|belangen* ['anbəlaŋən] *vt geh* concerner

an|beten *vt* adorer

Anbetracht ['anbətraxt] ▶**in ~ dessen, dass …** compte tenu du fait que …

an|biedern ['anbi:dɐn] *vr pej* **sich bei jdm ~** fayoter auprès de qn (*fam*)

an|bieten *irr* I. *vt* ❶ (*verkaufen*) proposer ❷ (*zur Auswahl vorschlagen*) **jdm etw ~** offrir qc à qn II. *vr* **sich ~ etw zu tun** (*Person*) [se] proposer de faire qc; **sich [geradezu] ~** (*Lösung*) s'imposer [de toute évidence]; (*Ort*) faire [parfaitement] l'affaire

Anbieter(in) *m(f)* (*einer Ware*) fournisseur (-euse) *m(f)*; (*einer Dienstleistung*) prestataire *mf*

an|binden *vt irr* (*festbinden*) **jdn/etw an etw** (*akk o dat*) ~ attacher qn/qc à qc

Anblick *m* ❶ (*Bild*) spectacle *m* ❷ *kein Pl* (*das Erblicken*) vue *f*

an|braten *vt irr* faire revenir

an|brechen *irr* I. *vi + sein* (*Tag*) se lever; (*Nacht*) tomber; (*Jahreszeit*) commencer II. *vt + haben* (*Packung*) entamer; **angebrochen werden/sein** (*Knochen, Stuhlbein*) se fêler/être fêlé

an|brennen *vi irr + sein* brûler; (*anhängen*) attacher; **angebrannt riechen/schmecken** sentir le brûlé/avoir un goût de brûlé

an|bringen *vt irr* ❶ (*Regal*) poser; (*Telefon*) installer; **etw an etw** (*dat*) ~ fixer qc à qc ❷ (*Bemerkung*) émettre; **etw als Argument ~** présenter qc comme argument

Anbruch *m kein Pl geh* (*einer Epoche*) commencement *m;* **bei ~ des Tags** au lever du jour; **bei ~ der Nacht** à la tombée de la nuit

an|brüllen *vt* **jdn ~** (*Person*) gueuler après

qn (*fam*)

Andacht ['andaxt] <-, -en> *f* ❶ REL prière *f* ❷ (*Kontemplation*) **in ~ versunken sein** être plongé dans la méditation

andächtig ['andɛçtɪç] I. *adj* (*Stille*) recueilli(e); (*Blick*) admiratif(-ive) II. *adv* (*beten*) avec recueillement

an|dauern *vi* persister; (*Gespräche*) se poursuivre

andauernd *adj* ❶ qui persiste; (*Gespräche, Schießereien*) qui se poursuit ❷ (*ständig*) continuel(le)

Andenken <-s, -> *nt* ❶ (*Gegenstand*) **~ an jdn/etw** souvenir *m* de qn/qc ❷ *kein Pl* (*Erinnerung*) **im ~ an jdn/etw** en souvenir de qn/qc

andere(r, s) ['andərə, -rə, -rəs] *pron indef* ❶ **ein ~r** un autre; **etwas/nichts ~s** quelque chose/rien d'autre ❷ (*zusätzlich*) **ich habe [noch] ~** j'en ai [encore] d'autres ▶**alles ~ als** zufrieden sein être tout sauf content; **unter ~m/~n** entre autres; **und ~s** et cætera

andererseits *adv* d'un autre côté

andermal *adv* ▶**ein ~** une autre fois

ändern ['ɛndɐn] I. *vt* (*Umstände*) changer; (*Namen, Richtung*) changer de; (*Daten*) modifier; (*Kleidungsstück*) retoucher II. *vr* **sich ~** changer

andernfalls *adv* sinon

anders ['andɐs] *adj, adv* ❶ (*verschieden*) différemment; **~ denkend** (*Bürger*) dissident(e); (*Kritiker*) non-conformiste; **~ schmecken** avoir un autre goût; **[ganz] ~ aussehen** avoir une [tout] autre allure; **es sich ~ überlegen** changer d'avis; **es geht nicht ~** il n'y a pas moyen de faire autrement ❷ (*sonst*) sinon; **jemand ~** quelqu'un d'autre ▶**nicht ~ können** *fam* ne pas pouvoir faire autrement; **jdm wird ganz ~** qn se sent mal

andersartig *adj* différent(e)

andersdenkendᴬᴸᵀ *s.* **anders 1. andersgläubig**ᴬᴸᵀ *adj* de confession différente **andersherum** *adv* ❶ (*in die andere Richtung*) dans l'autre sens ❷ (*hereinfahren*) en sens inverse **anderswo** *adv* ailleurs

anderthalb ['andɐt'halp] *num* un(e) et demi(e)

Änderung <-, -en> *f* ❶ (*eines Entwurfs*) modification *f*; (*eines Gesetzes*) amendement *m* ❷ (*Schneiderarbeit*) retouche *f*

Änderungsschneider(in) *m(f)* retoucheur (-euse) *m(f)* **Änderungsvorschlag** *m* proposition *f* de modification; (*für ein Gesetz*) proposition *f* d'amendement

anderweitig ['andɐvaitɪç] **I.** *adj attr* autre **II.** *adv* (*beschäftigt*) par ailleurs; (*informiert*) ailleurs

an|deuten *vt* ❶ (*Angelegenheit*) évoquer; (*Thema*) esquisser ❷ (*zu verstehen geben*) **jdm ~, dass ...** laisser entendre à qn que ...

Andeutung *f* ❶ (*Hinweis*) allusion *f;* **eine ~ über jdn/etw machen** faire une insinuation à propos de qn/qc ❷ (*Spur*) soupçon *m* ❸ (*eines Lächelns*) ébauche *f*

andeutungsweise *adv* ❶ (*indirekt*) à mots couverts ❷ (*rudimentär*) très vaguement

Andorra [an'dɔra] <-s> *nt* l'Andorre *f*

Andorraner(in) <-s, -> *m(f)* Andorran(e) *m(f)*

andorranisch *adj* andorran(e)

Andrang *m kein Pl* affluence *f;* (*von Wassermassen*) afflux *m*

an|drehen *vt* ❶ (*Gas*) ouvrir; (*Licht, Heizung*) allumer; (*Schraube*) serrer ❷ *fam* (*verkaufen*) **jdm etw ~** refiler qc à qn

an|drohen *vt* **jdm etw ~** menacer qn de qc

an|eignen *vr* **sich** (*dat*) **etw ~** s'approprier qc; **sich** (*dat*) **Kenntnisse ~** acquérir des connaissances

aneinander [an?ai'nandɐ] *adv* ❶ (*räumlich*) **Perlen auf einer Schnur ~ reihen** enfiler des perles sur un fil; **~ hängen** être attaché l'un à l'autre ❷ (*zeitlich*) **sich ~ reihen** se succéder ❸ *fig* **mit jdm ~ geraten** s'empoigner avec qn

aneinander|geratenᴬᴸᵀ *s.* **aneinander 3. aneinander|hängen**ᴬᴸᵀ *s.* **aneinander 1. aneinander|reihen**ᴬᴸᵀ *s.* **aneinander 2.**

Anekdote [anɛk'do:tə] <-, -n> *f* anecdote *f*

an|ekeln *vt* dégoûter

anerkannt ['an?ɛɐkant] *adj* (*Tatsache*) reconnu(e); (*Experte*) agréé(e); (*Diplom*) reconnu(e); (*Prüfung*) validé(e); (*Schule*) habilité(e); **staatlich ~** reconnu(e) par l'État

an|erkennen* *vt irr* ❶ (*würdigen*) reconnaître ❷ (*Meinung*) accepter; **~, dass ...** reconnaître que ...

anerkennend **I.** *adj* approbateur(-trice) **II.** *adv* en signe d'approbation

Anerkennung *f* ❶ (*Würdigung*) reconnaissance *f* ❷ (*lobende Zustimmung*) approbation *f;* **jds ~ finden** (*Leistung*) recevoir les faveurs de qn

an|fachen ['anfaxən] *vt a. fig geh* attiser

an|fahren *irr* **I.** *vi + sein* (*losfahren*) démarrer **II.** *vt + haben* ❶ (*Person, Auto*) accrocher ❷ (*Ware*) livrer ❸ (*Hafen*) mettre le cap sur ❹ (*schelten*) houspiller

Anfahrt *f* (*Strecke, Zeit*) trajet *m*

Anfall *m* ❶ (*Herz-, Asthmaanfall*) crise *f;* (*Schwächeanfall*) malaise *m;* (*Ohnmachtsanfall*) syncope *f* ❷ (*Wutanfall*) accès *m*

an|fallen *irr* **I.** *vt + haben* (*angreifen*) attaquer **II.** *vi + sein* (*Kosten*) être dû; (*Müll*) être produit; **die ~de Arbeit** le travail à effectuer

anfällig ['anfɛlɪç] *adj* (*Person*) de santé fragile; **für etw ~ sein/werden** être/devenir réceptif à qc

Anfang ['anfaŋ, *Pl:* 'anfɛŋə] <-[e]s, Anfänge> *m* ❶ (*Beginn*) début *m*, commencement *m;* **den ~ machen** prendre l'initiative; **einen neuen ~ machen** prendre un nouveau départ; **am ~** au début; **von ~ an** dès le départ; **~ September** début septembre; **~ des Jahres** au début de l'année; **~ vierzig sein** avoir la quarantaine; **von ~ bis Ende** du début [jusqu']à la fin ❷ (*des Lebens*) commencement *m*

an|fangen *irr* **I.** *vt* ❶ (*Arbeit*) commencer; **~ mit** commencer par ❷ *fam* (*Packung*) entamer ❸ (*angehen*) **etw richtig/anders ~** s'y prendre bien/autrement avec qc **II.** *vi* (*Veranstaltung*) commencer; **mit seinem Vortrag ~** commencer sa conférence

Anfänger(in) ['anfɛŋɐ] <-s, -> *m(f)* débutant(e) *m(f)*

anfänglich ['anfɛŋlɪç] *adj attr* (*Übelkeit*) initial(e)

anfangs ['anfaŋs] **I.** *adv* au début **II.** *präp + gen* CH **~ des Monats** en début de mois; **~ des Jahres** au début de l'année

Anfangsbuchstabe *m* [lettre *f*] initiale *f*

Anfangszeit *f* premiers temps *mpl*

an|fassen **I.** *vt* ❶ (*berühren*) toucher; **jdn grob ~** empoigner qn sans ménagement ❷ (*ergreifen*) **die Flasche am Hals ~** prendre la bouteille par le goulot ❸ (*Problem*) aborder ❹ (*behandeln*) traiter ▶**zum Anfassen** *fam* (*verständlich*) accessible [à tous]; (*volksnah*) proche des gens **II.** *vi* ❶ (*berühren*) toucher ❷ (*helfen*) [mit] **~** filer un coup de main (*fam*) **III.** *vr* (*sich bei der Hand nehmen*) **sich ~** se donner la main

anfechtbar ['anfɛçtbaːɐ] *adj* contestable; JUR attaquable

an|fechten *vt irr* ❶ (*Aussage, These*) contester ❷ (*Vertrag*) contester la validité de; (*Urteil*) faire appel de

an|fertigen *vt* (*Kleidungsstück*) confectionner; (*Möbelstück*) fabriquer; (*Protokoll*) dresser

an|feuchten *vt* humecter

an|feuern *vt* ❶ (*anspornen*) encourager ❷ (*Ofen*) allumer

an|flehen *vt* supplier

an|fliegen *irr* I. *vt + haben* **eine Stadt ~** (*sich nähern*) approcher d'une ville; (*eine Flugverbindung unterhalten*) desservir une ville II. *vi + sein* **angeflogen kommen** (*Vogel*) arriver; (*Geschoss*) fuser

Anflug *m* ❶ AVIAT approche *f*; **beim ~ auf Rom** à la descente sur Rome ❷ (*Spur*) **der ~ eines Lächelns** l'ébauche *f* d'un sourire

an|fordern *vt* demander

Anforderung *f* ❶ *kein Pl* (*das Anfordern*) demande *f* ❷ *meist Pl* (*Anspruch*) exigences *fpl*; [*große*] **~en an jdn stellen** être [très] exigeant avec qn

Anfrage *f* ❶ demande *f* [de renseignement]; **auf ~** sur demande ❷ INFORM demande *f*

an|fragen *vi* demander; (*Auskunft erfragen*) se renseigner

an|freunden *vr* ❶ **sich mit jdm ~** se lier d'amitié avec qn ❷ (*sich gewöhnen an*) **sich mit jdm/etw ~** se faire à qn/qc

an|fühlen I. *vt* toucher II. *vr* **sich weich/ rau ~** être doux/rêche [au toucher]

an|führen *vt* ❶ (*Truppe*) commander ❷ (*Grund*) donner; (*Beweise*) fournir; (*Zitat*) mentionner

Anführer(in) *m(f)* ❶ (*einer Truppe*) commandant *m*; (*einer Bande*) chef *mf* ❷ *pej* (*Rädelsführer*) meneur(-euse) *m(f)*

Anführungszeichen *nt meist Pl* guillemets *mpl*

Angabe <-, -n> *f* ❶ *meist Pl* (*Aussage*) déclaration *f*; **~n über etw** (*akk*)/**zu etw machen** donner des indications à propos de qc/sur qc; **~n zur Person** renseignements *mpl* sur l'identité ❷ SPORT service *m* ❸ *kein Pl fam* (*Prahlerei*) frime *f*

an|geben *irr* I. *vt* (*Grund, Namen*) donner; (*Preis*) indiquer II. *vi* ❶ (*prahlen*) frimer (*fam*) ❷ SPORT servir

Angeber(in) <-s, -> *m(f)* frimeur(-euse) *m(f)*

(*fam*)

Angeberei [angeːbəˈraj] <-> *f fam kein Pl* (*das Prahlen*) frime *f*

angeblich ['angeːplɪç] I. *adj* prétendu(e) II. *adv* soi-disant

angeboren *adj* ❶ (*Behinderung*) congénital(e) ❷ *fam* (*chronisch*) inné(e)

Angebot <-[e]s, -e> *nt* ❶ offre *f*; (*Warenangebot*) choix *m*; **~ und Nachfrage** l'offre et la demande ❷ (*Sonderangebot*) promotion *f*

angebracht ['angəbraxt] *adj* ❶ (*sinnvoll*) opportun(e) ❷ (*angemessen*) **für jdn/etw ~ sein** être approprié pour qn/qc

an|gehen *irr* I. *vi + sein* ❶ (*Licht*) s'allumer; (*Elektrogerät*) se mettre en route; (*Feuer*) prendre ❷ (*vorgehen*) **gegen jdn ~** agir contre qn; **gegen den Drogenhandel ~** s'attaquer au trafic de drogue ❸ (*vertretbar sein*) être possible; **es geht nicht an, dass ...** il est inacceptable que ... II. *vt* ❶ *+ haben* o *sein* (*Problem*) s'attaquer à; (*Verhandlungen*) entamer ❷ *+ haben* (*Hindernis*) aborder ❸ *+ haben* (*attackieren*) attaquer ❹ *+ haben* (*betreffen*) concerner; **das geht dich nichts an!** ça ne te regarde pas!; **was mich angeht, ...** pour ma part, ...

angehend *adj* futur(e)

an|gehören* *vi* **einer Partei ~** être membre d'un parti; **einer Gruppe ~** faire partie d'un groupe; **der Vergangenheit ~** appartenir au passé

Angehörige(r) *f(m) dekl wie adj* ❶ (*Familienangehöriger*) [*proche*] parent(e) *m(f)*; **alle meine ~n** toute ma famille ❷ (*Mitglied*) membre *m*

Angeklagte(r) *f(m) dekl wie adj* accusé(e) *m(f)*

Angel ['aŋəl] <-, -n> *f* canne *f* à pêche; (*Tür-, Fensterangel*) gond *m*

Angelegenheit *f* affaire *f*; **das ist seine/ihre ~** cela lui incombe

angelernt *adj* ❶ (*Arbeiter*) spécialisé(e) ❷ (*Wissen*) approximatif(-ive)

Angelhaken *m* hameçon *m*

angeln ['aŋəln] I. *vi* pêcher; **~ gehen** aller à la pêche II. *vt* ❶ pêcher ❷ *fam* (*ergattern*) **sich** (*dat*) **einen Millionär ~** mettre le grappin sur un millionnaire

Angelrute *f* canne *f* à pêche

angemessen I. *adj* (*Preis*) raisonnable; (*Honorar*) adapté(e); (*Kleidung*) approprié(e);

(*Verhalten*) convenable **II.** *adv* (*würdigen*) à sa/leur juste valeur; (*bezahlen*) en conséquence; (*sich verhalten*) convenablement

angenehm [ˈangəneːm] **I.** *adj* agréable; [**sehr**] ~! enchanté(e)! **II.** *adv* ~ **riechen** sentir bon; ~ **überrascht sein** être agréablement surpris

angenommen [ˈangənɔmən] *PP von* **annehmen**

angepasstᴿᴿ [ˈangəpast], **angepaßt**ᴬᴸᵀ **I.** *adj* conformiste **II.** *adv* (*sich verhalten*) selon la norme

angeregt [ˈangəreːkt] **I.** *adj* (*Atmosphäre, Diskussion*) animé(e) **II.** *adv* de façon animée

angeschlagen *adj fam* (*Person*) mal fichu(e); (*Gesundheit*) chancelant(e)

angesehen *adj* (*Person*) estimé(e); (*Firma*) de renom

Angesicht <-[e]s, -er> *nt geh* face *f* ▸**im ~ des Todes** devant la mort

angesichts *präp* + *gen* face à; ~ **der Tatsache, dass ...** du fait que ...

angespannt [ˈangəʃpant] **I.** *adj* tendu(e) **II.** *adv* [très] attentivement

Angestellte(r) *f(m) dekl wie adj* employé(e) *m(f)*

angetrunken *adj* un peu gris(e)

angewandt [ˈangəvant] *adj attr* (*Wissenschaft*) appliqué(e)

angewiesen [ˈangəviːzən] *adj* **auf jdn/etw ~ sein** dépendre de qn/qc; **sie sind auf jeden Euro ~** ils en sont à compter chaque euro

an|gewöhnen* **I.** *vt* **jdm etw ~** habituer qn à qc **II.** *vr* **sich** (*dat*) **etw ~** prendre l'habitude de faire qc

Angewohnheit *f* habitude *f*

Angina [aŋˈgiːna] <-, Anginen> *f* angine *f*

Angler(in) [ˈaŋlɐ] <-s, -> *m(f)* pêcheur (-euse) *m(f)* à la ligne

an|gliedern *vt* **etw einem Staat ~** annexer qc à un État; **etw einem Konzern ~** rattacher qc à un groupe

anglikanisch [aŋgliˈkaːnɪʃ] *adj* anglican(e)

Anglistik [aŋˈglɪstɪk] <-> *f* lettres *fpl* et civilisation anglaises

an|glotzen *vt fam* **jdn ~** regarder qn avec des yeux ronds

angreifbar *adj* (*Person*) critiquable; (*Theorie*) contestable

an|greifen *irr* **I.** *vt* **❶** **jdn/etw ~** attaquer

qn/qc **❷** (*schädigen*) **etw ~** attaquer qc **❸** (*beeinträchtigen*) **jdn ~** (*Nachricht*) affecter qn; (*Stress*) altérer la santé de qn **II.** *vi* attaquer

Angreifer(in) <-s, -> *m(f)* **❶** MIL assaillant(e) *m(f)* **❷** *meist Pl* SPORT attaquant(e) *m(f)*

an|grenzen *vi* **an etw** (*akk*) ~ (*Land*) être limitrophe de qc; (*Fluss, See*) être en bordure de qc

Angriff *m* **❶** MIL, SPORT offensive *f* **❷** (*Kritik*) attaque *f* ▸**etw in ~ nehmen** s'attaquer à qc

Angriffsfläche *f* cible *f* **angriffslustig** *adj* (*Journalist*) combatif(-ive); SPORT offensif(-ive)

angst ▸**jdm wird ~** [**und bange**] qn prend peur

Angst [aŋst, *Pl:* ˈɛŋstə] <-, Ängste> *f* **❶** peur *f*; **vor jdm/etw ~ haben** avoir peur de qn/qc; **um jdn/etw ~ haben** avoir peur pour qn/qc; ~ **bekommen** prendre peur; **keine ~!** *fam* pas de panique! **❷** PSYCH angoisse *f*

Angsthase *m fam* trouillard(e) *m(f)*

ängstigen [ˈɛŋstɪgən] **I.** *vt* **jdn ~** (*in Furcht versetzen*) faire peur à qn; (*in Sorge versetzen*) inquiéter qn **II.** *vr* **❶** (*sich fürchten*) **sich vor jdm/etw ~** avoir peur de qn/qc **❷** (*sich sorgen*) **sich um jdn/wegen etw ~** s'inquiéter pour qn/de qc

ängstlich [ˈɛŋstlɪç] **I.** *adj* **❶** (*Person, Blick*) craintif(-ive) **❷** (*besorgt*) ~ **werden/sein** s'inquiéter/être inquiet **II.** *adv* (*hüten, verbergen*) jalousement

Angstschweiß *m* sueur *f* d'angoisse

an|gucken *vt fam* regarder

an|haben *vt irr* **❶** *fam* (*angezogen haben*) porter; **nichts ~** être tout nu **❷** *fam* (*angeschaltet haben*) **den Fernseher ~** avoir la télé allumée **❸** (*zuleide tun*) **jdm etwas ~ können** pouvoir faire du mal à qn; (*Konkurrent*) pouvoir nuire à qn

an|halten *irr* **I.** *vi* **❶** s'arrêter **❷** (*Wetter*) continuer; (*Beschwerden*) persister; (*Lärm*) durer **❸** (*werben*) **um die Hand der Tochter ~** demander la main de la fille **II.** *vt* **❶** (*Person, Fahrzeug*) stopper; (*Luft*) retenir **❷** (*anleiten*) **jdn zu Ordnung ~** éduquer qn à être ordonné

anhaltend *adj* (*Hitze*) persistant(e); (*Lärm*) continuel(le)

Anhalter(in) *m(f)* auto-stoppeur(-euse) *m(f)*;

per ~ **fahren** faire de l'auto-stop

Anhaltspunkt *m* indice *m*

anhand [an'hant] *präp* + *gen* à l'aide de

Anhang <-[e]s, Anhänge> *m* appendice *m*

an|hängen *vt* ❶ (*Schild*) accrocher ❷ (*Wohnwagen*) atteler ❸ (*Bemerkung*) ajouter ❹ *fam* (*anlasten*) jdm einen **Diebstahl** ~ coller un vol sur le dos de qn

Anhänger <-s, -> *m* (*Wagen*) remorque *f*; (*Schmuckstück*) pendentif *m*

Anhänger(in) <-s, -> *m(f)* ❶ SPORT supporter *mf* ❷ (*Gefolgsmann*) partisan(e) *m(f)*

anhänglich ['anhɛŋlıç] *adj* (*Kind*) très attaché(e); (*Haustier*) attaché(e)

Anhänglichkeit <-> *f* (*eines Kindes*) attachement *m*; (*eines Haustiers*) fidélité *f*

an|häufen I. *vt* (*Geld*) amasser; (*Müll*) entasser II. *vr* sich ~ s'accumuler

an|heben *vt irr* ❶ (*Möbelstück*) soulever; (*Glas*) lever ❷ (*Abgaben*) augmenter; (*Freigrenze*) élargir

anheim[RR] [an'haim] *geh* dem Staat ~ **fallen** (*Vermögen, Erbschaft*) tomber en déshérence; es jdm ~ **stellen** etw zu tun laisser qn libre de faire qc

anheim|fallen[ALT] *s.* anheim **anheim|stellen**[ALT] *s.* anheim

Anhieb ['anhi:p] ▶**auf** ~ *fam* d'emblée

an|himmeln ['anhıməln] *vt fam* jdn ~ (*verehren*) adorer qn; (*schwärmerisch ansehen*) dévorer qn des yeux

Anhöhe *f* hauteur *f*

an|hören I. *vt* ❶ (*bewusst hören*) écouter ❷ (*mithören*) entendre II. *vr* sich heiser ~ (*Person*) avoir la voix enrouée; sich gut ~ (*Anlage*) avoir un bon son

Anhörung <-, -en> *f* audition *f*

animalisch [ani'ma:lıʃ] *adj pej* animal(e)

Animateur(in) [anima'tø:ɐ] <-s, -e> *m(f)* animateur(-trice) *m(f)*

animieren* [ani'mi:rən] I. *vt* jdn zu etw ~ inciter qn à [faire] qc II. *vi* stimuler

Anis [a'ni:s] <-[es], -e> *m* ❶ (*Pflanze, Gewürz*) anis *m* ❷ (*Schnaps*) anisette *f*

Ankauf *m* achat *m*; (*eines Grundstücks*) acquisition *f*; **An- und Verkauf** vente *f* et achat

an|kaufen *vt* acheter

Anker ['aŋkɐ] <-s, -> *m* ancre *f*; den ~ **werfen/lichten** jeter/lever l'ancre

ankern *vi* ❶ (*den Anker werfen*) jeter l'ancre ❷ (*vor Anker liegen*) mouiller

Ankerplatz *m* mouillage *m*

an|ketten *vt* ❶ (*Fahrrad*) attacher ❷ (*Sträfling*) enchaîner

Anklage *f* ❶ JUR (*Tatvorwurf*) inculpation *f*; (*-vertreter*) accusation *f*; gegen jdn ~ **wegen etw erheben** engager des poursuites contre qn pour qc; **wegen etw unter ~ stehen** faire l'objet de poursuites pour qc ❷ (*Vorwurf, Klage*) accusation *f*

Anklagebank <-bänke> *f* banc *m* des accusés

an|klagen I. *vt* ❶ JUR inculper ❷ (*Missstände*) dénoncer ❸ (*beschuldigen*) accuser II. *vi* (*Person*) accuser; (*Rede*) être une accusation

anklagend I. *adj* accusateur(-trice) II. *adv* (*ansehen*) d'un air accusateur

Ankläger(in) *m(f)* accusateur(-trice) *m(f)*

Anklang *m kein Pl* (*Zustimmung*) accueil *m* favorable, écho *m* [favorable]; **bei jdm ~ finden** (*Person*) avoir du succès auprès de qn; (*Plan*) être bien accueilli par qn

an|kleben *vt* + *haben* coller

Ankleidekabine *f* (*eines Geschäfts*) cabine *f* d'essayage

an|kleiden I. *vt geh* vêtir II. *vr geh* sich ~ s'habiller

Ankleideraum *m* vestiaire *m*

an|klicken *vt* INFORM cliquer sur

an|klopfen *vi* frapper

an|knipsen *vt fam* allumer

an|knüpfen I. *vt* (*Schnur*) attacher; (*Beziehung*) nouer II. *vi* an alte Zeiten ~ renouer avec le passé

an|kommen *irr* I. *vi* + *sein* ❶ arriver ❷ *fam* (*Anklang finden*) bei jdm ~ (*Idee*) être bien accueilli par qn; (*Mode*) avoir du succès auprès de qn ❸ (*sich behaupten*) gegen jdn ~ [**können**] [arriver à] s'imposer face à qn II. *vi unpers* + *sein* es kommt darauf an, dass il importe que + *subj* ▶es darauf ~ **lassen** risquer le coup; es auf etw (*akk*) ~ **lassen** *fam* se laisser embarquer dans qc

an|kotzen *vt fam* (*anwidern*) faire gerber

an|kreiden *vt* jdm etw ~ reprocher qc à qn

an|kreuzen *vt* cocher

an|kündigen *vt, vr* sich ~ [s']annoncer

Ankündigung *f* ❶ *kein Pl* annonce *f* ❷ (*einer Katastrophe*) signe *m* avant-coureur

Ankunft ['ankʊnft] <-, Ankünfte> *f* arrivée *f*; **bei ~ des Zuges** lors de l'entrée [du train| en gare

an|kurbeln vt (Wirtschaft) relancer; **den Motor ~** mettre le moteur en marche

an|lächeln vt sourire à

an|lachen vt regarder en riant; **jdn ~** regarder qn en riant

Anlage <-, -n> f ❶ (Produktionsgebäude) complexe m ❷ kein Pl (eines Stausees) construction f; (eines Parks) aménagement m ❸ (Einrichtung) **sanitäre ~n** installations sanitaires ❹ (Briefbeilage) annexe f; **als ~** en annexe ❺ meist Pl (Veranlagung) |pré]dispositions fpl

Anlassᴿᴿ ['anlas, Pl: 'anlɛsə] <-es, Anlässe>, **Anlaß**ᴬᴸᵀ <-sses, Anlässe> m ❶ (Grund) raison f ❷ (Gelegenheit) occasion f; **beim geringsten ~** pour un oui ou pour un non; **aus gegebenem ~** puisque l'occasion en est/était/... donnée; **ein festlicher ~ sein** être l'occasion de festivités

an|lassen vt irr ❶ (Auto) [faire] démarrer ❷ fam (Schuhe) garder ❸ fam (Motor) laisser tourner; (Kerze) laisser brûler

Anlasser <-s, -> m démarreur m

anlässlichᴿᴿ ['anlɛslɪç], **anläßlich**ᴬᴸᵀ präp + gen à l'occasion de

Anlauf m ❶ SPORT élan m ❷ (Versuch) essai m

an|laufen irr I. vi + sein ❶ (Verhandlungen) commencer; (Film) sortir ❷ (Anlauf nehmen) prendre de l'élan ❸ (Brille) s'embuer ❹ (Metall) s'oxyder II. vt + haben (Hafen) faire escale dans

Anlaufstelle f lieu m d'accueil

an|legen I. vt ❶ (Garten) aménager; (Vorratslager) constituer ❷ (Akte) constituer; (Liste) établir ❸ FIN placer ❹ (ausgeben) mettre ❺ (beabsichtigen) **es auf einen Streit ~** chercher une dispute ❻ (Leiter) mettre ❼ (Lineal) appliquer ❽ geh (Schmuck) mettre II. vi **im Hafen ~** faire escale dans le port III. vr **sich mit jdm ~** entrer en conflit avec qn

Anlegeplatz m embarcadère m, débarcadère m

an|lehnen I. vt etw an etw (akk) ~ poser qc contre qc; **das Fenster ~** laisser la fenêtre entrouverte II. vr **sich an jdn/etw ~** s'appuyer contre qn/qc; (sich orientieren) s'inspirer de qn/qc

Anlehnung <-, -en> f (Orientierung) **in ~ an jdn/etw** en référence à qn/qc

Anleihe <-, -n> f emprunt m

an|leiten vt (unterweisen) instruire

Anleitung f directives fpl

an|lernen vt (einarbeiten) former

an|liefern vt **etw ~** livrer qc à domicile

Anlieferung f livraison f [à domicile]

Anliegen <-s, -> nt (Bitte) demande f

anliegend adj (Schreiben) ci-joint(e); (Grundstück) attenant(e); **ein eng ~es Kleid** une robe moulante

Anlieger(in) <-s, -> m(f) riverain(e) m(f); **~ frei!** accès réservé aux riverains!

an|locken vt (Käufer) attirer; (Tier) appâter

an|lügen vt irr mentir à

Anm. Abk von **Anmerkung**

an|machen vt ❶ (anstellen) allumer ❷ (Salat) assaisonner ❸ fam (befestigen) fixer ❹ fam (flirten) **jdn ~** draguer qn ❺ fam (rüde ansprechen) **jdn ~** prendre qn à partie

an|malen I. vt (bemalen) peindre II. vr pej fam **sich ~** se peinturlurer

an|maßen ['anma:sən] vr **sich** (dat) **etw ~** se permettre qc

anmaßend adj prétentieux(-euse)

Anmeldeformular nt formulaire m d'inscription **Anmeldegebühr** f frais mpl d'inscription

an|melden I. vt ❶ (Gast) annoncer ❷ (vormerken lassen) inscrire ❸ (Wohnsitz) déclarer ❹ (Radio) déclarer; (Patent) déposer ❺ (Anspruch) faire valoir; (Bedenken) exprimer II. vr ❶ (ankündigen) **sich ~** annoncer sa venue ❷ (sich eintragen lassen) **sich zu einem Kurs ~** s'inscrire à un cours ❸ (einen Termin vereinbaren) **sich ~** prendre rendez-vous ❹ (sich polizeilich melden) **sich in Stuttgart ~** déclarer son domicile à Stuttgart

Anmeldung f ❶ kein Pl (eines Besuchs) annonce f ❷ (Terminvereinbarung) rendez-vous m ❸ (Einschreibung) inscription f ❹ (eines Einwohners) enregistrement m; (eines Radiogeräts) déclaration f; (eines Patents) dépôt m

an|merken vt ❶ (ansehen) **sich** (dat) **den Ärger ~ lassen** laisser transparaître sa colère ❷ (äußern) **etwas ~** faire une remarque

Anmerkung <-, -en> f commentaire m

Anmut ['anmu:t] <-> f geh grâce f

anmutig adj geh (Person) gracieux(-euse); (Gemälde) charmant(e)

an|nähen *vt* **eine Tasche an etw** (*akk o dat*) ~ coudre une poche à qc; **einen Knopf wieder** ~ recoudre un bouton

an|nähern I. *vr* **sich** [**einander**] ~ se rapprocher **II.** *vt* rapprocher

annähernd *adj* approximatif(-ive)

Annäherung <-, -en> *f* rapprochement *m*

Annäherungsversuch *m* tentative *f* de rapprochement; **~e machen** faire des avances

Annahme ['anna:mə] <-, -n> *f* ❶ (*Vermutung*) supposition *f*; **in der ~, dass** en supposant que; **der ~** (*gen*) **sein, dass ...** supposer que ... ❷ *kein Pl* (*eines Angebots*) acceptation *f* ❸ *kein Pl* (*eines Gesetzes*) adoption *f*

annehmbar *adj* ❶ (*akzeptabel*) acceptable ❷ (*Preis*) convenable; (*Geschmack*) correct(e)

an|nehmen *irr* **I.** *vt* ❶ (*Angebot*) accepter; (*Herausforderung*) relever; (*Gesetz, Staatsangehörigkeit*) adopter; (*Angewohnheit*) prendre ❷ (*meinen*) supposer; **~, dass ...** supposer que ...; **du nimmst doch nicht etwa an, dass ...** tu n'imagines quand même pas que ... ❸ (*Anmeldung*) accepter ❹ (*Aussehen*) prendre **II.** *vr* **sich einer Angelegenheit** (*gen*) ~ se charger d'une affaire

Annehmlichkeit <-, -en> *f* ❶ (*Bequemlichkeit*) commodité *f* ❷ (*Vorteil*) avantage *m*

annektieren* [anɛk'ti:rən] *vt* annexer

Annonce [a'nõ:sə] <-, -n> *f* [petite] annonce *f*

annoncieren* [anõ'si:rən] *vt, vi* [etw] ~ mettre une annonce/des annonces [pour qc]

annullieren* [anʊ'li:rən] *vt* annuler

an|öden ['anʔø:dən] *vt fam* barber

anomal ['anoma:l] *adj* anormal(e)

Anomalie [anoma'li:] <-, -n> *f* anomalie *f*

anonym [ano'ny:m] *adj* anonyme

Anonymität [anonymi'tɛ:t] <-> *f* anonymat *m*

Anorak ['anorak] <-s, -s> *m* anorak *m*

an|ordnen *vt* ❶ (*Maßnahme*) décréter; (*Überstunden*) imposer ❷ (*ordnen*) classer

Anordnung <-, -en> *f* (*einer Behörde*) disposition *f*; (*eines Vorgesetzten*) ordre *m*

anorganisch ['anɔrga:nɪʃ] *adj* inorganique

anormal ['anɔrma:l] *s.* **anomal**

an|packen I. *vt fam* ❶ (*anfassen*) empoigner ❷ (*Aufgabe*) se mettre à **II.** *vi fam* [**mit**] ~ filer un coup de main

an|passen I. *vt* ❶ (*passend machen*) **etw einer S.** (*dat*) ~ adapter qc à qc; (*Handwerker*) ajuster qc à qc ❷ (*anmessen, anprobieren*) **jdm etw** ~ essayer qc à qn **II.** *vr* **sich jdm** ~ s'adapter à qn; **sich einer S.** (*dat*) ~ (*Preise*) évoluer en fonction de qc

Anpassung <-, -en> *f* (*Abstimmung*) adaptation *f*; (*Neufestsetzung*) réajustement *m*

anpassungsfähig *adj* capable de s'adapter

Anpassungsfähigkeit *f* adaptabilité *f*

Anpfiff *m* ❶ SPORT **der** ~ le coup d'envoi ❷ *fam* (*Zurechtweisung*) engueulade *f*

an|pflanzen *vt* (*Blumen*) planter; (*Nutzpflanzen*) cultiver

an|pirschen *vr* **sich** ~ ❶ (*Jäger*) s'approcher [sans bruit] ❷ *fam* (*sich nähern*) s'approcher en douce

an|prangern ['anpraŋən] *vt* vilipender

an|preisen *vt irr* vanter

Anprobe *f* essayage *m*

an|probieren* *vt, vi* essayer

an|pumpen *vt fam* **jdn um zehn Euro** ~ taper dix euros à qn

an|quatschen *vt fam* tenir la jambe à; **von jdm angequatscht werden** se faire tenir la jambe par qn

an|rechnen *vt* ❶ (*Anzahlung*) déduire; (*Gebrauchtwagen*) faire la reprise de ❷ (*berechnen*) **jdm etw** ~ facturer qc à qn ❸ (*würdigen*) **jdm/sich etw als Verdienst** ~ mettre qc à l'actif de qn/s'attribuer le mérite de qc

Anrecht *nt* **~ auf etw** (*akk*) droit *m* à qc

Anrede *f* titre *m*

an|reden *vt* s'adresser à; **jdn mit einem Titel** ~ appeler qn par un titre; **jdn mit „du"** ~ dire "tu" à qn

an|regen *vt* ❶ (*ermuntern*) stimuler; **jdn zu etw** ~ inciter qn à qc ❷ *geh* (*vorschlagen*) ~ **etw zu tun** suggérer de faire qc ❸ (*Appetit*) ouvrir

anregend *adj* stimulant(e); (*sexuell stimulierend*) excitant(e)

Anregung *f* ❶ (*Vorschlag*) suggestion *f* ❷ (*Impuls*) impulsion *f* ❸ *kein Pl* BIO stimulation *f*

Anreise *f* ❶ (*Anfahrt*) voyage *m* ❷ (*Ankunft*) arrivée *f*

an|reisen *vi + sein* voyager; (*eintreffen*) arriver

Anreiz *m* invite *f*; **~e bieten etw zu tun**

donner des motifs *mpl* pour faire qc

an|rempeln ['anrɛmpəln] *vt* bousculer

Anrichte ['anrɪçtə] <-, -n> *f* buffet *m*

an|richten *vt* ❶ (*Essen*) présenter ❷ (*Schaden*) causer

anrüchig ['anrʏçɪç] *adj* ❶ (*Lokal*) mal famé(e); (*Geschäft*) louche ❷ (*Abbildung*) indécent(e)

Anruf *m* ❶ coup *m* de téléphone ❷ MIL sommation *f*

Anrufbeantworter <-s, -> *m* répondeur *m* [téléphonique]

an|rufen *irr* **I.** *vt* ❶ TELEC jdn ~ téléphoner à qn ❷ JUR **eine höhere Instanz** ~ en appeler à une plus haute instance **II.** *vi* **bei jdm/ für jdn** ~ appeler chez/pour qn

Anrufer(in) <-s, -> *m(f)* correspondant(e) *m(f)*

an|rühren *vt* ❶ (*berühren*) **jdn/etw** ~ toucher qn/à qc ❷ *geh* (*innerlich bewegen*) toucher ❸ (*Teig*) préparer

ans [ans] = **an das** *s.* **an**

Ansage ['anza:gə] *f* (*der Nachrichten*) présentation *f*; (*des Programms*) annonce *f*

an|sagen I. *vt* (*Nachrichten*) présenter; (*Programm*) annoncer **II.** *vr* (*sich ankündigen*) **sich** ~ s'annoncer **III.** *vi* RADIO, TV présenter

Ansager(in) <-s, -> *m(f)* (*Conférencier*) animateur(-trice) *m(f)*

an|sammeln I. *vt* (*Dinge*) amasser; (*Vermögen*) accumuler **II.** *vr* **sich** ~ (*Personen*) se rassembler; (*Gegenstände*) s'entasser

Ansammlung *f* ❶ (*von Gegenständen*) amoncellement *m*; (*von Hass, Wut*) accumulation *f* ❷ (*Menschenmenge*) foule *f*

ansässig ['anzɛsɪç] *adj form* domicilié(e)

Ansatz *m* ❶ (*der Haare*) base *f* ❷ (*Anzeichen*) signe *m* ❸ (*Beginn*) **im ~ richtig/ falsch sein** être juste dans les grandes lignes/faux dès le départ ❹ (*von Kalk*) dépôt *m*; (*von Rost*) couche *f*

Ansatzpunkt *m* point *m* de départ *pas de pl*

ansatzweise *adv* dans les grandes lignes

an|schaffen I. *vt* (*kaufen*) |**sich** (*dat*)| **etw** ~ |s']acheter qc **II.** *vi fam* **für jdn** ~ **gehen** faire le tapin pour qn

Anschaffung <-, -en> *f* achat *m*

an|schalten *vt* (*Anlage*) mettre en marche; (*Strom*) allumer

an|schauen *vt* regarder

anschaulich *adj* (*Vortrag*) clair(e); (*Beispiel*) parlant(e)

Anschaulichkeit <-> *f* (*einer Beschreibung*) clarté *f*; (*eines Beispiels*) caractère *f* explicite

Anschein *m* apparence *f*; **es hat den ~, als ob ...** on dirait que ▸**allem ~ nach** selon toute apparence

anscheinend *adv* apparemment

Anschlag *m* ❶ (*Attentat*) attentat *m* ❷ (*Bekanntmachung*) avis *m*; (*Plakat*) affiche *f* ❸ (*geschriebenes Zeichen*) **250 Anschläge in der Minute schreiben** taper 250 signes à la minute ❹ (*eines Pianisten*) toucher *m* ❺ (*eines Pedals*) seuil *m* de résistance; **bis zum ~** à fond ❻ (*schussbereite Stellung*) **das Gewehr im ~ haben** tenir braqué(e) le fusil

an|schlagen *irr* **I.** *vt + haben* ❶ (*Plakat*) apposer; (*Brett*) fixer ❷ (*Akkord*) jouer; (*Taste*) frapper ❸ (*Teller*) ébrécher ❹ (*Ton*) prendre **II.** *vi + haben* (*wirken*) **bei jdm** ~ (*Therapie*) agir chez qn

an|schleichen *vr irr* **sich an jdn/etw** ~ s'approcher tout doucement de qn/qc

an|schließen *irr* **I.** *vt* ❶ (*Elektrogerät*) brancher; **etw** ~ raccorder qc ❷ (*befestigen*) **das Fahrrad am Geländer** ~ attacher le vélo à la rampe **II.** *vr* ❶ (*mitmachen*) **sich jdm** ~ se joindre à qn; **sich einer Partei** (*dat*) ~ s'engager dans un parti ❷ (*beipflichten*) **sich jdm/einer Theorie** ~ se rallier à qn/une théorie ❸ (*folgen*) **sich an die Preisverleihung** ~ succéder à la remise des prix **III.** *vi* **an etw** (*akk*) ~ succéder à qc

anschließend I. *adj* qui suit/suivait/... [immédiatement] **II.** *adv* ensuite

Anschlussᴿᴿ *m* ❶ (*Telefonanschluss*) branchement *m* [téléphonique] ❷ (*Telefonverbindung*) **kein ~ unter dieser Nummer!** le numéro que vous avez demandé n'est plus en service actuellement! ❸ *kein Pl* (*eines Computers*) connexion *f* ❹ (*~zug*) **~ an einen Zug/nach Marseille haben** avoir une correspondance avec un train/pour Marseille ❺ *kein Pl* (*Kontakt*) contacts *mpl*; **~ finden** nouer des contacts

an|schmiegen ['anʃmi:gən] *vr* (*sich anlehnen*) **sich an jdn/etw** ~ se blottir contre qn/qc

anschmiegsam *adj* (*Person*) câlin(e); (*Material*) souple

an|schnallen *vt* attacher; **sich** ~ attacher sa ceinture [de sécurité]

an|schnauzen *vt fam* engueuler

an|schneiden *vt irr* (*Brot*) entamer

an|schreien *vt irr* jdn wegen etw ~ crier après qn à cause de qc

Anschrift *f* adresse *f*

Anschuldigung <-, -en> *f* accusation *f*

an|schwärzen *vt fam* ① (*schlecht machen*) jdn bei jdm ~ débiner qn auprès de qn ② (*denunzieren*) jdn wegen etw ~ balancer qn à cause de qc

an|schwellen *vi irr* + *sein* (*Arm*) enfler

an|sehen *vt irr* ① regarder; jdn böse ~ regarder qn d'un air méchant; sich (*dat*) etw ~ (*Zuschauer sein*) voir qc; (*Fernsehzuschauer sein*) regarder qc; (*besichtigen*) visiter qc ② (*halten für*) jdn als seinen Freund ~ considérer qn comme son ami ③ (*anmerken*) jdm die Erleichterung ~ pouvoir lire le soulagement sur le visage de qn

Ansehen <-s> *nt* (*Reputation*) réputation *f*; bei jdm großes ~ genießen jouir d'une grande estime auprès de qn

ansehnlich *adj* ① (*Erbschaft*) important(e); (*Leistung*) beau(belle) ② (*Person, Gebäude*) beau(belle) *antéposé*

an|seinᴬᴸᵀ *s.* an III.3.

an|setzen I. *vt* ① (*anfügen*) ein Verlängerungsstück an etw (*akk o dat*) ~ ajouter un raccord à qc ② (*Werkzeug*) placer; das Glas [zum Trinken] ~ porter le verre à sa bouche ③ (*veranschlagen*) estimer; die Kosten zu niedrig ~ sous-estimer les coûts ④ (*Termin*) fixer ⑤ (*bilden*) Grünspan/ Rost ~ se couvrir de vert-de-gris/de rouille ⑥ (*Bowle*) préparer II. *vi* ① (*beginnen*) zum Sprechen/Trinken ~ s'apprêter à parler/ boire ② (*dick machen*) bei jdm ~ (*Essen*) faire grossir qn

Ansicht <-, -en> *f* ① (*Meinung*) avis *m*; der ~ sein, dass ... être d'avis que ...; nach ~ ihrer Eltern selon ses parents; meiner/ seiner ~ nach à mon/son avis ② (*Abbildung*) vue *f* ③ *kein Pl* (*das Prüfen*) examen *m*; zur ~ pour examen

Ansichtskarte *f* carte *f* postale **Ansichtssache** *f* [reine] ~ sein être une question de point de vue

an|siedeln ['anzi:dəln] I. *vt* (*Volk*) installer; (*Tierart*) introduire; (*Industrie*) implanter II. *vr* sich ~ (*Personen*) se fixer; (*Industrie*) s'implanter

Ansiedlung *f* colonie *f*

ansonsten *adv fam* (*im Übrigen*) pour le reste; (*sonst*) à part ça; (*andernfalls*) sinon

an|spannen *vt* ① (*Muskel*) bander; (*Nerven*) crisper ② (*Pferd*) atteler

Anspannung *f* tension *f*

an|spielen I. *vi* ① mit einer Bemerkung auf jdn/etw ~ faire allusion par une remarque à qn/qc ② SPORT donner le coup d'envoi II. *vt* (*Spieler*) passer le ballon à

Anspielung <-, -en> *f* allusion *f*

an|spitzen *vt* (*Bleistift*) tailler

Ansporn <-[e]s> *m* motivation *f*

an|spornen *vt* ① (*ermuntern*) motiver ② (*Pferd*) éperonner

Ansprache *f* allocution *f*

ansprechbar *adj* (*nicht beschäftigt*) disponible; (*Kranker*) lucide

an|sprechen *irr* I. *vt* ① adresser la parole à; wie soll ich Sie ~? comment dois-je vous appeler?; jdn auf etw (*akk*) ~ parler à qn de qc ② (*Thema*) aborder ③ (*beeindrucken*) jdn ~ (*Person*) impressionner qn; (*Kunstwerk*) interpeller qn; (*gefallen*) plaire à qn II. *vi* ① auf etw (*akk*) ~ (*Patient*) réagir à qc ② (*Bremse*) répondre

Ansprechpartner(in) *m(f)* interlocuteur (-trice) *m(f)*

an|springen *vi irr* + *sein* [schwer] ~ (*Fahrzeug*) démarrer [difficilement]

Anspruch *m* ① (*Anrecht*) droit *m;* ~ auf etw (*akk*) haben avoir droit à qc; ~ auf etw (*akk*) erheben (*Person*) revendiquer qc ② (*Gebrauch*) ein Angebot in ~ nehmen profiter d'une offre; ein Recht in ~ nehmen faire valoir un droit ③ *Pl* (*Anforderung*) exigences *fpl* ▶jdn in ~ nehmen accaparer qn

anspruchslos *adj* ① (*Person, Pflanze*) peu exigeant(e) ② (*trivial*) sans prétention

anspruchsvoll *adj* ① (*Person*) exigeant(e) ② (*niveauvoll*) ambitieux(-euse)

an|stacheln ['anʃtaxəln] *vt* aiguillonner; jdn [dazu] ~ etw zu tun inciter qn à faire qc

Anstalt ['anʃtalt] <-, -en> *f* ① (*Heilanstalt*) établissement *m* spécialisé (*euph*) ② *geh* (*Einrichtung*) établissement *m*; (*Privateinrichtung*) institution *f*

Anstalten *Pl* préparatifs *mpl;* keine ~ machen aufzubrechen ne pas sembler disposé(e) à partir

Anstand *m* courtoisie *f*; keinen ~ haben n'avoir aucun sens des convenances

anständig ['anʃtɛndɪç] I. *adj* ① (*Person*) décent(e); (*Verhalten*) honorable **❷** *fam* (*ak-zeptabel*) bon(ne) *antéposé* **II.** *adv fam* (*be-zahlen, essen*) correctement

an|starren *vt* regarder fixement

anstatt [anˈʃtat] **I.** *präp* + *gen* ~ **der Eltern** à la place des parents; ~ **eines Briefs** au lieu d'une lettre **II.** *konj* ~ **zu antworten** au lieu de répondre

an|stauen *vr* **sich** ~ (*Wasser, Hass*) s'accu-muler

an|stecken I. *vt* **❶** (*Orden*) épingler **❷** (*Pa-pier*) faire brûler; (*Gebäude*) incendier; **sich** (*dat*) **eine Zigarette** ~ s'allumer une ciga-rette **❸** (*infizieren*) contaminer; **jdn mit etw** ~ passer qc à qn **❹** *fig* **jdn mit seiner Begeisterung** ~ communiquer son enthou-siasme à qn **II.** *vr* **sich bei jdm** ~ être contaminé par qn

ansteckend *adj* contagieux(-euse)

Ansteckung <-, -en> *f* contamination *f*

Ansteckungsgefahr *f* risque *m* de conta-gion

an|stehen *vi irr* + *haben o sein* **nach etw** ~ faire la queue pour qc

an|steigen *vi irr* + *sein* **❶** (*sich erhöhen*) grimper **❷** (*Weg*) monter

anstelle [anˈʃtɛlə] *präp* + *gen* ~ **eines Men-schen** à la place d'un homme

an|stellen I. *vt* **❶** (*Licht*) allumer; (*Wasser*) mettre; (*Gas*) ouvrir; (*Klingel*) brancher; **ei-ne Maschine** ~ mettre une machine en route **❷** (*beschäftigen*) **jdn als Drucker** ~ embaucher qn comme imprimeur **❸** *form* (*durchführen*) **Nachforschungen** ~ procé-der à des recherches **❹** *fam* (*anrichten*) **Blödsinn/Unfug** ~ faire des conneries/bê-tises; **was hast du da wieder angestellt?** qu'est-ce que t'as encore fabriqué? **II.** *vr* **❶** **sich** ~ faire la queue **❷** *fam* (*sich verhal-ten*) **sich geschickt** ~ s'y prendre bien

Anstellung *f* emploi *m*

an|steuern *vt* **❶** **etw** ~ (*Schiff*) mettre le cap sur qc **❷** (*Fortschritt*) viser; (*Zweck*) pour-suivre

Anstieg [anˈʃtiːk] <-[e]s, -e> *m* **❶** *kein Pl* (*der Kosten*) hausse *f*; (*einer Straße*) pente *f* **❷** (*Aufstieg*) **der** ~ **zum Gipfel** l'ascension *f* du sommet

an|stiften *vt* (*Komplott*) fomenter; **jdn** |*da-zu*| ~ **Unfug zu machen** inciter qn à faire des bêtises

Anstifter(in) *m(f)* instigateur(-trice) *m(f)*

Anstiftung *f* incitation *f*; ~ **zu einer Straftat** incitation à un délit

an|stimmen *vt* (*Lied*) entonner

Anstoß *m* **❶** (*Ansporn*) impulsion *f* **❷** *geh* (*Ärgernis*) **bei jdm** ~ **erregen** scandaliser qn; **an etw** (*dat*) ~ **nehmen** être choqué par qc **❸** SPORT coup *m* d'envoi

an|stoßen *irr* **I.** *vi* **❶** + *sein* se cogner **❷** + *haben* (*prosten*) **auf jdn/etw** ~ trin-quer à la santé de qn/à qc **II.** *vt* + *haben* **❶** (*berühren*) **jdn mit dem Fuß** ~ pousser qn du pied **❷** (*Kugel*) frapper **❸** (*in Gang set-zen*) déclencher

anstößig [ˈanʃtøːsɪç] *adj* choquant(e)

an|strahlen *vt* (*anleuchten*) illuminer

an|streben *vt* aspirer à; (*Stelle*) ambitionner

an|streichen *vt irr* **❶** **etw rot** ~ peindre qc en rouge **❷** (*markieren*) marquer

Anstreicher(in) <-s, -> *m(f)* peintre *mf*

an|strengen [ˈanʃtrɛŋən] **I.** *vr* **sich** ~ se fati-guer; **sich in der Schule** ~ se donner de peine à l'école **II.** *vt* **❶** (*strapazieren*) fati-guer **❷** (*Kräfte*) concentrer **❸** (*Prozess*) in-tenter

anstrengend *adj* fatigant(e)

Anstrengung <-, -en> *f* **❶** (*Kraftaufwand*) dépense *f* physique **❷** (*Bemühung*) effort *m*

Anstrich *m* **❶** *kein Pl* (*eines Gebäudes*) pein-ture *f* **❷** (*Farbüberzug*) couche *f* |de pein-ture| **❸** *kein Pl* (*Note*) **ein künstlerischer** ~ une touche artistique

Ansturm *m* ~ **auf die Geschäfte** ruée *f* sur les magasins

Antarktis [antˈʔarktɪs] <-> *f* **die** ~ l'Antarc-tique *m*

antarktisch *adj* antarctique

an|tasten *vt* (*Würde*) porter atteinte à

Anteil *m* **❶** (*Teil*) ~ **an etw** (*dat*) part *f* de qc **❷** (*Kapitalbeteiligung*) ~ **an etw** (*dat*) parti-cipation *f* dans qc **❸** (*~nahme*) **an etw** (*dat*) ~ **nehmen** prendre part à qc

anteilig *adj* proportionnel(le)

Anteilnahme [ˈantaɪlnaːmə] <-> *f* (*Beileid*) condoléances *fpl*; (*Interesse*) intérêt *m*

Antenne [anˈtɛnə] <-, -n> *f* antenne *f*

Anthologie [antoloˈgiː] <-, -n> *f* anthologie *f*

Antialkoholiker(in) [antiˈʔalkoˈhoːlikɐ] *m(f)* antialcoolique *mf* **antiautoritär** *adj* antiau-toritaire **Antibabypille** [antiˈbeːbipɪlə] *f fam* pilule *f* **Antibiotikum** [antibiˈoːtikʊm] <-s, -biotika> *nt* antibiotique *m*

Antifaschismus [antifa'ʃɪsmʊs] *m* antifas-cisme *m*

antik [an'tiːk] *adj* antique; (*als Antiquität an-zusehen*) ancien(ne)

Antike <-> *f* Antiquité *f*

antiklerikal [antikleri'kaːl] *adj* anticlérical(e)

Antikörper ['antikœrpɐ] *m* anticorps *m*

Antilope [anti'loːpə] <-, -n> *f* antilope *f*

Antipathie [antipa'tiː] <-, -n> *f* ~ **gegen jdn** antipathie *f* envers qn

Antiquariat [antikvari'aːt] <-[e]s, -e> *nt* li-brairie *f* d'occasion

antiquarisch [anti'kvaːrɪʃ] *adj, adv* d'occa-sion

Antiquität [antikvi'tɛːt] <-, -en> *f* antiquité *f*

Antisemit(in) [antize'miːt] *m(f)* antisémite *mf* **antise-mitisch** *adj* antisémite **Antisemitismus** <-> *m* antisémitisme *m* **antiseptisch** *adj* antiseptique **Antivirenprogramm** *nt* IN-FORM antivirus *m*

an|törnen ['antœrnən] *vt fam* **jdn** ~ (*Musik*) faire vibrer qn; (*Droge*) speeder qn

Antrag ['antraːk, *Pl:* 'antrɛːgə] <-[e]s, An-träge> *m* ❶ demande *f;* **einen** ~ **auf etw** (*akk*) **stellen** faire une demande de qc ❷ (*~sformular*) [formulaire *m* de] demande *f* ❸ JUR requête *f* ❹ POL motion *f*

Antragsteller(in) ['antraːkʃtɛlɐ] <-s, -> *m(f) form* demandeur(-euse) *m(f);* JUR requé-rant(e) *m(f)*

an|treffen *vt irr* **jdn zu Hause** ~ rencontrer qn à la maison; **jdn beim Essen** ~ trouver qn en train de manger

an|treiben *vt irr + haben* ❶ (*Person, Tier*) faire avancer; (*Mitarbeiter*) pousser; **jdn zur Eile** ~ presser qn ❷ **etw ans Ufer** ~ rejeter qc sur le rivage ❸ (*veranlassen*) **jdn** ~ **etw zu tun** (*Sehnsucht*) pousser qn à faire qc

an|treten *irr* I. *vt + haben* ❶ **eine Reise** ~ partir en voyage; **eine Strafe** ~ commencer à purger une peine ❷ (*Stellung*) prendre; (*Erbe*) entrer en possession de; **sein Amt** ~ prendre ses fonctions II. *vi + sein* ❶ (*Sol-daten*) se rassembler ❷ (*erscheinen*) **gegen jdn** ~ (*Sportler*) affronter qn

Antrieb [an'triːp] *m* ❶ (*~skraft*) **elektri-scher** ~ propulsion *f* électrique ❷ (*Impuls*) motivation *f;* **etw aus eigenem** ~ **tun** faire qc de sa propre initiative

Antriebskraft *f* force *f* motrice

Antritt *m kein Pl* ❶ (*Beginn*) début *m* ❷ (*ei-*

nes Amtes) prise *f* en charge; (*einer Erb-schaft*) entrée *f* en possession

an|tun *vt irr* **jdm ein Leid** ~ faire du mal à qn; **sich** (*dat*) **etwas** ~ *euph* attenter à ses jours ▸**das hat es ihm/ihr angetan** cela l'a séduit(e)

Antwort ['antvɔrt] <-, -en> *f* ~ **auf etw** (*akk*) réponse *f* à qc; **um** ~ **wird gebeten!** répondez s'il vous plaît! ▸**nie um eine** ~ **verlegen sein** ne jamais être à court de ré-ponses

antworten I. *vi* **jdm** ~ répondre à qn; **jdm auf seinen Brief** ~ répondre à la lettre de qn; **mit einem Lächeln** ~ répondre par un sourire II. *vt* ~, **dass ...** répondre que ...

Antwortschreiben *nt form* [lettre-]réponse *f*

an|vertrauen* I. *vt* confier II. *vr* **sich jdm** ~ se confier à qn

an|wachsen *vi irr + sein* ❶ (*Wurzeln schla-gen*) prendre racine ❷ (*Bevölkerung*) aug-menter; (*Lärm*) s'intensifier

Anwalt ['anvalt, *Pl:* 'anvɛltə] <-[e]s, Anwäl-te> *m,* **Anwältin** *f* avocat(e) *m(f)*

Anwaltschaft <-, -en> *f* (*Gesamtheit der An-wälte*) ordre *m* des avocats

Anwaltskanzlei *f* ❶ (*Anwaltssozietät*) cabi-net *m* d'avocats ❷ (*Büro*) étude *f*

Anwandlung *f* lubie *f;* **eine** ~ **von etw** un [soudain] accès de qc

Anwärter(in) *m(f)* ❶ (*Kandidat*) candidat(e) *m(f)* ❷ SPORT favori(te) *m(f)*

an|weisen *vt irr* **jdn** ~ **etw zu tun** donner des instructions à qn pour qu'il fasse qc

Anweisung *f* instruction *f;* **auf** ~ **der Ge-schäftsleitung** sur ordre de la direction

anwendbar *adj* applicable

an|wenden *vt reg o irr* (*Technologie*) em-ployer; (*Programm*) se servir de; (*Regel*) ap-pliquer

Anwender(in) <-s, -> *m(f)* INFORM utilisa-teur(-trice) *m(f)*

Anwendung *f* ❶ *kein Pl* (*der Gebrauch*) utili-sation *f;* (*einer Regel*) application *f;* ~ **von Gewalt** recours *m* à la force ❷ INFORM ap-plication *f*

an|werben *vt irr a.* MIL recruter

anwesend ['anveːzənt] *adj* présent(e)

Anwesende(r) *f(m) dekl wie adj* personne *f* présente

Anwesenheit <-> *f* **in seiner/ihrer** ~ en sa présence

Anwesenheitsliste *f* feuille *f* de présence

an|widern ['anviːdən] vt dégoûter

Anwohner(in) <-s, -> m(f) riverain(e) m(f)

Anzahl f kein Pl nombre m

an|zahlen vt (Auto) verser un acompte sur le prix de

Anzahlung f acompte m

an|zapfen vt ein Fass ~ mettre un tonneau en perce

Anzeichen nt ❶ (Indiz) signe m ❷ MED symptôme m

Anzeige <-, -n> f ❶ JUR plainte f; ~ erstatten porter plainte; ~ gegen unbekannt plainte f contre X ❷ (Inserat) annonce f ❸ (einer Heirat) faire-part m ❹ kein Pl (eines Messwerts) indication f; (des Spielstands) affichage m

an|zeigen vt ❶ JUR (Straftat) signaler; jdn wegen etw ~ porter plainte contre qn pour qc ❷ (Messwert) indiquer; (Richtung) signaler

Anzeigetafel f panneau m d'affichage; SPORT tableau m d'affichage

an|zetteln vt (Verschwörung) fomenter; (Streit) déclencher

an|ziehen irr I. vt ❶ (Kleid) mettre; sich/ jdm etw ~ mettre qc/mettre qc à qn ❷ (Schlinge) tirer ❸ (Handbremse) serrer ❹ (Bein) ramener ❺ (Besucher) attirer II. vr ❶ sich ~ s'habiller ❷ (sich attraktiv finden) sich [gegenseitig] ~ se sentir attiré(e)s l'un vers l'autre

anziehend adj (Äußeres) attirant(e); (Werbung) attrayant(e)

Anziehungskraft f ❶ (Attraktivität) attrait m ❷ PHYS attraction f

Anzug m ❶ costume m ❷ (Hosenanzug) tailleur-pantalon m ▶im ~ sein (Gewitter) se préparer; (Gefahr) être imminent

anzüglich ['antsyːklɪç] adj ❶ (Bemerkung) désobligeant(e) ❷ (Witz) scabreux(-euse); (Geste) obscène

an|zünden vt ❶ allumer ❷ (Gebäude) incendier

Anzünder m (für Gasherde) allume-gaz m; (für Kohle) allume-feu m

an|zweifeln vt etw ~ douter de qc

apart [a'part] adj (Kleid, Einrichtung) qui a du cachet; ~ aussehen avoir de la classe

Apartheid [a'paːɐthait] <-> f apartheid m

Apartment [a'partmənt] <-s, -s> nt studio m

apathisch [a'paːtɪʃ] adj apathique

Aperitif [aperi'tiːf] <-s, -s> m apéritif m

Apfel ['apfəl, Pl: 'ɛpfəl] <-s, Äpfel> m pomme f

Apfelbaum m pommier m **Apfelkuchen** m tarte f aux pommes **Apfelmus** nt compote f de pommes **Apfelsaft** m jus m de pommes

Apfelsine [apfəl'ziːnə] <-, -n> f orange f

Apfelstrudel m: sorte de chausson aux pommes avec des morceaux de pommes à l'intérieur, servi avec une crème à la vanille **Apfelwein** m ≈ cidre m

Apostel [a'pɔstəl] <-s, -> m REL a. fig geh apôtre m

Apostroph [apo'stroːf] <-s, -e> m apostrophe f

Apotheke [apo'teːkə] <-, -n> f pharmacie f

apothekenpflichtig adj vendu(e) uniquement en pharmacie

Apotheker(in) <-s, -> m(f) pharmacien(ne) m(f)

Apparat [apa'raːt] <-[e]s, -e> m appareil m; (Fernsehapparat) poste m; (Telefon) appareil m; bleiben Sie am ~! ne quittez pas!

Apparatur [apara'tuːɐ] <-, -en> f appareillage m

Appartement [apartə'mãː] <-s, -s o CH -e> nt ❶ s. **Apartment** ❷ (Hotelsuite) suite f

Appell [a'pɛl] <-s, -e> m ❶ (Aufruf) ~ an die Vernunft appel m à la raison ❷ MIL appel m

appellieren* [apɛ'liːrən] vi an jdn ~ etw zu tun exhorter qn à faire qc; an etw (akk) ~ en appeler à qc

Appetit [ape'tiːt] <-[e]s> m appétit m; ~ auf etw (akk) haben avoir envie de qc; jdm den ~ verderben couper l'appétit à qn; guten ~! bon appétit!

appetitanregend adj (Speise) appétissant(e)

appetitlich adj (Speise, Aussehen) appétissant(e)

Appetitlosigkeit <-> f manque m d'appétit

Appetitzügler <-s, -> m coupe-faim m

applaudieren* [aplaʊ'diːrən] vi jdm ~ applaudir qn

Applaus [a'plaʊs] <-es> m applaudissements mpl

Aprikose [apri'koːzə] <-, -n> f abricot m

April [a'prɪl] <-[s], -e> m avril m; im ~ en avril; ab [dem] ersten ~ à partir du premier avril; sie ist am 10. ~ 1963 geboren elle est née le 10 avril 1963; es ist ~

c'est le mois d'avril; **Berlin, den 9. ~ 2004**
Berlin, le 9 avril 2004; **Freitag, den 6. ~
2004** vendredi 6 avril 2004 ▸**jdn in den
~ schicken** faire un poisson d'avril à qn
Aprilscherz m poisson m d'avril **Aprilwet-
ter** nt giboulées fpl de mars
apropos [apro'po:] adv geh au fait
Aquaplaning [akva'pla:nɪŋ] <-s> nt aquaplaning m
Aquarell [akva'rɛl] <-s, -e> nt aquarelle f
Aquarium [a'kva:rjʊm] <-s, -rien> nt aquarium m
Äquator [ɛ'kva:to:ɐ] <-s, -toren> m équateur m
äquivalent [ɛkviva'lɛnt] adj geh équiva-
lent(e)
Ar [a:ɐ] <-s, -e> nt o m are m
Ära ['ɛ:ra] <-, Ären> f geh ère f
Araber(in) ['arabɐ] <-s, -> m(f) Arabe mf
arabisch I. adj arabe; (Klima, Wüste) d'Arabie II. adv ▸ **miteinander sprechen** discuter en arabe
Arabisch <-[s]> nt kein art arabe m; s. a.
Deutsch
Arbeit ['arbait] <-, -en> f ❶ (Tätigkeit) travail m; **sich an die ~ machen** se mettre
au travail m (~splatz) travail m; **~ haben**
avoir du travail; **ohne ~ sein** être sans travail; **~ suchend** à la recherche d'un emploi
❸ (Werk) travail m, ouvrage m ❹ (Klassenarbeit) contrôle m; (Hausarbeit) devoir m
❺ kein Pl (Mühe) travail m; **jdm ~/viel ~
machen** donner du travail/beaucoup de
travail à qn
arbeiten I. vi ((berufs)tätig sein) travailler;
an etw (dat) **~** travailler à qc II. vr (sich vorwärts bewegen) **sich durch das Gestein ~**
se frayer un chemin dans la roche; **sich
durch die Akten ~** venir à bout des dossiers
Arbeiter(in) <-s, -> m(f) (Industriearbeiter)
ouvrier(-ière) m(f); **ungelernter ~** manœuvre m
Arbeiterbewegung f mouvement m ouvrier
Arbeiterviertel nt quartier m ouvrier **Ar-
beiterwohlfahrt** f: association comparable
à une mutualité ouvrière
Arbeitgeber(in) <-s, -> m(f) employeur(-euse)
m(f)
Arbeitnehmer(in) m(f) salarié(e) m(f)
Arbeitsamt nt agence f pour l'emploi **Ar-
beitsaufwand** m somme f de travail; **der**

~ für die Reparatur le temps de travail nécessaire à la réparation **Arbeitsbedingun-
gen** Pl conditions fpl de travail **Arbeitsbeschaffungsmaßnahme** f mesure f
d'aide à l'emploi **Arbeitserlaubnis** f
❶ (Recht) autorisation f de travail ❷ (Bescheinigung) carte f de travail **arbeitsfähig**
adj (Person) apte au travail **Arbeitsgemeinschaft** f groupe m d'études **Arbeits-
gericht** nt ≈ conseil m des prud'hommes
(constitué par des juges professionnels en Allemagne) **arbeitsintensiv** adj qui exige un
travail intensif **Arbeitsklima** nt ambiance f
de travail **Arbeitskollege** m, **-kollegin** f
collègue mf de travail **Arbeitskraft** f ❶ kein
Pl (Leistungskraft) puissance f de travail
❷ (Mitarbeiter) travailleur(-euse) m(f) **Ar-
beitslager** nt camp m de travail **Arbeits-
leben** nt kein Pl vie f professionnelle
arbeitslos adj au chômage; **~ werden/sein**
se retrouver/être au chômage
Arbeitslose(r) f(m) dekl wie adj chô-
meur(-euse) m(f)
Arbeitslosengeld nt allocation f [de] chômage (accordée pendant les 18 premiers
mois de chômage) **Arbeitslosenhilfe** f: allocation [de] chômage accordée aux chômeurs
de longue durée dans le besoin **Arbeits-
losenquote** f taux m de chômage **Arbeitslosenversicherung** f assurance f chômage
Arbeitslosenzahl f nombre m des chômeurs
Arbeitslosigkeit <-> f chômage m
Arbeitsmarkt m marché m de l'emploi **Ar-
beitsmoral** f conscience f professionnelle
Arbeitsplatz m ❶ (Platz) poste m de travail ❷ (Stelle) emploi m **Arbeitsrecht** nt
droit m du travail **arbeitsscheu** adj pej ré-
fractaire au travail **Arbeitsspeicher** m IN-
FORM mémoire f vive **Arbeitsstelle** f (Anstellung) emploi m; (Arbeitsort) lieu m de
travail **Arbeitssuche** f recherche f d'un
emploi **Arbeitstag** m ❶ journée f de travail
❷ (Werktag) jour m ouvrable **Arbeits-
teilung** f répartition f du travail **arbeit-
suchend**ᴬᴸᵀ adj s. **Arbeit 2. arbeits-
unfähig** adj en incapacité de travail
Arbeitsunfähigkeit f incapacité f de travail
Arbeitsunfall m accident m du travail
Arbeitsverhältnis nt contrat m de travail
Arbeitsvermittlung f ❶ (das Vermitteln)
recrutement m ❷ (Abteilung im Arbeitsamt)

agence *f* pour l'emploi ❸ (*private Agentur*) bureau *m* de placement **Arbeitsvertrag** *m* contrat *m* de travail **Arbeitsweise** *f* ❶ (*Vorgehensweise*) méthode *f* de travail ❷ (*eines Geräts*) mode *m* de fonctionnement **Arbeitszeit** *f* temps *m* de travail; **gleitende ~** horaire *m* flexible **Arbeitszeitverkürzung** *f* réduction *f* du temps de travail **Arbeitszeugnis** *nt* certificat *m* de travail **Arbeitszimmer** *nt* bureau *m*

archaisch [ar'ça:ɪʃ] *adj* archaïque
Archäologe [arçɛo'lo:gə] <-n, -n> *m*, **Archäologin** *f* archéologue *mf*
Archäologie [arçɛolo'gi:] <-> *f* archéologie *f*
archäologisch [arçɛo'lo:gɪʃ] *adj* archéologique
Arche ['arçə] <-, -n> *f* arche *f*; **die ~ Noah** l'Arche de Noé
Architekt(in) [arçi'tɛkt] <-en, -en> *m(f)* architecte *mf*
Architektur [arçitɛk'tu:ɐ̯] <-, -en> *f* architecture *f*
Archiv [ar'çi:f] <-s, -e> *nt* archives *fpl*
archivieren* *vt* archiver
ARD [a:ʔɛɐ̯'de:] <-> *f Abk von* **Arbeitsgemeinschaft der Rundfunkanstalten Deutschlands** première chaîne publique de radio et de télévision allemande
Ären *Pl von* **Ära**
Arena [a're:na] <-, **Arenen**> *f* ❶ (*eines Stadions*) terrain *m* ❷ (*Stierkampfarena*) arène *f* ❸ (*Zirkusarena*) piste *f*
arg [ark] <ärger, ärgste> *adj* ❶ grave; (*Schicksal*) cruel(le); (*Enttäuschung*) grand(e) *antéposé*; **unser ärgster Feind** notre pire ennemi ❷ *attr fam* (*Freude*) grand(e) *antéposé* ▶**im Argen liegen** *geh* être en mauvaise posture
Argentinien [argɛn'ti:niən] <-s> *nt* l'Argentine *f*
Ärger ['ɛrgɐ] <-s> *m* ❶ (*Unmut*) colère *f* ❷ (*Unannehmlichkeiten*) ennuis *mpl*; **mit jdm ~ haben** avoir des ennuis avec qn
ärgerlich *adj* (*Blick*) irrité(e); (*Angelegenheit*) ennuyeux(-euse)
ärgern ['ɛrgɐn] **I.** *vt* ❶ **jdn ~** énerver qn; **es ärgert mich, dass** cela m'énerve que + *subj* ❷ (*mutwillig reizen, necken*) agacer **II.** *vr* **sich über jdn/etw ~** se mettre en colère contre qn/à cause de qc
Ärgernis <-ses, -se> *nt* [objet *m* de] scandale

Argument [argu'mɛnt] <-[e]s, -e> *nt* argument *m*
argumentieren* [argumɛn'ti:rən] *vi* **mit etw ~** argumenter de qc
Argwohn ['arkvo:n] <-s> *m geh* suspicion *f*
argwöhnisch *geh adj* soupçonneux(-euse)
Arie ['a:riə] <-, -n> *f* aria *f*; (*Opernarie*) air *m* d'opéra
Aristokrat(in) [arɪsto'kra:t] <-en, -en> *m(f)* aristocrate *mf*
Aristokratie [arɪstokra'ti:] <-, -n> *f* aristocratie *f*
aristokratisch *adj* aristocratique
Arithmetik [arɪt'me:tɪk] <-> *f* arithmétique *f*
Arkade [ar'ka:də] <-, -n> *f* arcade *f*
Arktis ['arktɪs] <-> *f* **die ~** l'Arctique *m*
arktisch *adj* ❶ GEO arctique ❷ *fig* (*Temperaturen*) polaire
arm [arm] <ärmer, ärmste> *adj* ❶ pauvre; **jdn ~ machen** ruiner qn ❷ (*Person*) pauvre *antéposé* ▶**Arm und Reich** pauvres *mpl* et riches *mpl*
Arm [arm] <-[e]s, -e> *m* ❶ bras *m*; **~ in ~** bras dessus, bras dessous; **ein Kind im ~ halten** tenir un enfant dans ses bras; **jdn in den ~ nehmen** prendre qn dans ses bras ❷ *kein Pl* (*Machtinstrument*) bras *m*; **der ~ des Gesetzes** *geh* le bras de la justice ❸ (*Flussarm*) bras *m* ❹ (*eines Krans*) bras *m*; (*eines Leuchters*) branche *f*
Armatur [arma'tu:ɐ̯] <-, -en> *f meist Pl* ❶ (*im Auto*) commande *f*; (*im Flugzeug*) instrument *m* de bord ❷ (*Badarmatur*) **die ~en** la robinetterie
Armaturenbrett *nt* tableau *m* de bord
Armband <-bänder> *nt* bracelet *m* **Armbanduhr** *f* montre-bracelet *f* **Armbinde** *f* ❶ (*eines Blinden*) brassard *m* ❷ (*Armschlinge*) écharpe *f*
Arme(r) *f(m) dekl wie adj* ❶ (*mittelloser Mensch*) pauvre(-esse) *m(f)* ❷ (*bedauernswerter Mensch*) **du ~r!** mon pauvre [petit]!
Armee [ar'me:] <-, -n> *f* MIL armée *f*
Ärmel ['ɛrməl] <-s, -> *m* manche *f*
Ärmelkanal *m* **der ~** la Manche
ärmellos *adj* sans manches
Armenien [ar'me:niən] <-s> *nt* l'Arménie *f*
armenisch I. *adj* arménien(ne) **II.** *adv* **~ miteinander sprechen** discuter en arménien
Armenisch <-[s]> *nt kein art* arménien *m*; *s. a.* **Deutsch**

Armenviertel nt quartier m pauvre

Armlehne f accoudoir m **Armleuchter** m
① (Leuchter) candélabre m **②** pej fam
(Dummkopf) andouille f

ärmlich ['ɛrmlɪç] adj (Verhältnisse) misérable; (Essen) maigre antéposé

Armreif m bracelet m

armselig ['armzeːlɪç] adj **①** (sehr arm) miteux(-euse) **②** (dürftig) maigre antéposé
③ (Ausrede) minable; (Summe) misérable

Armut ['armuːt] <-> f (Bedürftigkeit) pauvreté f; **geistige ~** pauvreté f intellectuelle

Armutsgrenze f seuil m de pauvreté

Aroma [a'roːma] <-s, Aromen> nt arôme m

aromatisch [aro'maːtɪʃ] adj **①** (Duft) aromatique **②** (wohlschmeckend) savoureux(-euse)

aromatisieren* vt aromatiser

arrangieren* [arã'ʒiːrən] I. vt organiser; (gestalten) arranger II. vr sich mit jdm ~ s'arranger avec qn

Arrest [a'rɛst] <-[e]s, -e> m **①** (Freiheitsentzug) détention f **②** (Schularrest) consigne f **③** MIL arrêts mpl

arrogant [aro'gant] adj arrogant(e)

Arroganz <-> f arrogance f

Arsch [arʃ, Pl: 'ɛrʃə] <-[e]s, Ärsche> m vulg **①** (Gesäß) cul m (fam) **②** (blöder Mensch) conard m ►**leck mich [doch] am ~!** va te faire foutre!

Arschloch nt vulg trou m du cul

Arsen [ar'zeːn] <-s> nt CHEM arsenic m

Arsenal [arze'naːl] <-s, -e> nt (Waffenlager) arsenal m

Art. Abk von Artikel art.

Art [aːrt] <-, -en> f **①** (Spezies) espèce f; (Sorte) genre m; **jede ~ von Gewalt ablehnen** refuser toute forme de violence **②** (Weise) manière f; **auf diese ~ und Weise** de cette façon **③** kein Pl (Wesensart) nature f **④** kein Pl (Benehmen) manières fpl

Artenschutz m protection f des espèces **Artenvielfalt** f variété f des espèces

Arterie [ar'teːriə] <-, -n> f ANAT artère f

Arterienverkalkung f MED artériosclérose f

artgerecht adj (Tierhaltung) qui respecte les besoins des animaux

Arthrose <-, -n> f arthrose f

artig ['artɪç] adj (Kind) sage

Artikel [ar'tiːkəl] <-s, -> m article m

artikulieren* [artiku'liːrən] I. vt articuler II. vr geh sich in etw (dat) ~ s'exprimer dans qc

Artillerie [artɪlə'riː] <-> f artillerie f

Artischocke [artɪ'ʃɔkə] <-, -n> f artichaut m

Artist(in) [ar'tɪst] <-en, -en> m(f) **①** (Zirkusartist) artiste mf de cirque; (Zirkusakrobat) acrobate mf **②** (Könner) artiste mf

Arznei [aːrts'naɪ] <-, -en> f, **Arzneimittel** nt médicament m

Arzt [aːrtst, Pl: 'ɛːrtstə] <-es, Ärzte> m, **Ärztin** f médecin mf, docteur mf; **zum ~ gehen** aller chez le médecin

Arztbesuch m visite f du médecin

Ärztekammer f conseil m de l'ordre des médecins

Ärzteschaft <-> f corps m médical

Arzthelfer(in) m(f) auxiliaire mf médical(e)

ärztlich ['ɛːrtstlɪç] I. adj (Attest) médical(e) II. adv sich ~ **behandeln lassen** suivre un traitement médical

Arztpraxis f cabinet m médical

As[ALT] <-ses, -se> s. **Ass**

Asbest [as'bɛst] <-[e]s, -e> m amiante m

aschblond adj blond cendré inv

Asche ['aʃə] <-, -n> f cendre f souvent pl

Aschenbecher m cendrier m **Aschenputtel** <-s> nt Cendrillon f

Aschermittwoch [aʃɐ'mɪtvɔx] m mercredi m des Cendres

ASCII-Code ['askioːt] m INFORM code m ASCII

Asiat(in) [a'zia:t] <-en, -en> m(f) Asiatique mf

asiatisch adj asiatique

Asien ['aːziən] <-s> nt l'Asie f

Askese [as'keːzə] <-> f ascèse f

asketisch adj ascétique

asozial ['azotsiaːl] adj asocial(e)

Aspekt [as'pɛkt] <-[e]s, -e> m aspect m

Asphalt [as'falt] <-[e]s, -e> m asphalte m, bitume m

asphaltieren* [asfal'tiːrən] vt asphalter

Aspik <-s, -e> m o A nt aspic m

aß [aːs] Imp von **essen**

Ass[RR] [as] <-es, -e> nt (Spielkarte, fähiger Mensch) as m

Assimilation [asimila'tsjoːn] <-, -en> f assimilation f

assimilieren* [asimi'liːrən] vt a. BIO assimiler

Assistent(in) [asɪs'tɛnt] <-en, -en> m(f) sistant(e) m(f)

Assistenz <-> f geh (Mithilfe) concours m

Assistenzarzt m, **-ärztin** f ≈ interne mf des

hôpitaux

assistieren* [asɪs'tiːrən] *vi* **jdm bei etw ~** assister qn dans qc

Assoziation [asotsia'tsjoːn] <-, -en> *f geh* association *f*

Ast [ast, *Pl:* 'ɛstə] <-[e]s, Äste> *m* branche *f*

Aster ['aste] <-, -n> *f* aster *m*

Ästhetik [ɛs'teːtɪk] <-, -en> *f* ❶ (*Wissenschaft*) esthétique *f* ❷ *kein Pl* (*Schönheit*) caractère *m* esthétique

ästhetisch *adj* esthétique

Asthma ['astma] <-s> *nt* asthme *m*

Asthmatiker(in) [ast'maːtike] <-s, -> *m(f)* asthmatique *mf*

asthmatisch *adj* (*Beschwerden*) asthmatique; (*Anfall*) d'asthme

Astloch *nt* trou *m* laissé par un nœud

Astrologe [astro'loːgə] <-n, -n> *m*, **Astrologin** *f* astrologue *m*

Astrologie [astrolo'giː] <-> *f* astrologie *f*

astrologisch [astro'loːgɪʃ] *adj* (*Zeitschrift*) d'astrologie; (*Gutachten*) astrologique

Astronaut(in) [astro'naut] <-en, -en> *m(f)* astronaute *mf*

Astronom(in) [astro'noːm] <-en, -en> *m(f)* astronome *mf*

Astronomie [astrono'miː] <-> *f* astronomie *f*

astronomisch *adj* (*Instrument*) astronomique; (*Werk*) d'astronomie; (*Kenntnisse*) en astronomie

Asyl [a'zyːl] <-s, -e> *nt* ❶ *Pl selten* asile *m*; **jdm ~ gewähren** (*Staat*) accorder le droit d'asile à qn; (*Privatperson*) offrir un asile à qn ❷ (*Obdachlosenheim*) asile *m* de nuit [pour les sans-abri]

Asylant(in) *m(f)* demandeur(-euse) *m(f)* d'asile

Asylantenwohnheim *nt* foyer *m* pour les demandeurs d'asile

Asylantrag *m* demande *f* d'asile **Asylbewerber(in)** *m(f)* demandeur(-euse) *m(f)* d'asile **Asylrecht** *nt* (*Recht auf Asyl*) droit *m* d'asile

asymmetrisch ['azyme:trɪʃ] *adj* asymétrique

at [ɛt] INFORM ar[r]obas *m*

Atelier [ate'ljeː] <-s, -s> *nt* ❶ (*Künstlerwerkstatt*) atelier *m* ❷ (*Filmatelier*) studio *m* [de production]

Atem ['aːtəm] <-s> *m* ❶ (*~luft*) souffle *m*; **außer ~ sein** être hors d'haleine ❷ (*~geruch*) haleine *f* ❸ (*das Atmen*) respiration *f*

▶**den ~ anhalten** retenir sa respiration; (*sehr gespannt sein*) retenir son souffle; **jdn in ~ halten** (*jdn auf Trab halten*) tenir qn en mouvement; **das verschlägt einem [glatt] den ~!** c'est à en avoir le souffle coupé!

atemberaubend *adj* (*Schönheit*) vertigineux(-euse)

atemlos *adj* ❶ (*außer Atem*) essoufflé(e) ❷ (*Stille*) absolu(e)

Atemnot *f* crise *f* d'étouffements **Atempause** *f* pause *f* pour respirer **Atemwege** *Pl* voies *fpl* respiratoires **Atemzug** *m* inspiration *f* ▶**im selben ~** en même temps

Atheismus [ate'ɪsmʊs] <-> *m* athéisme *m*

Atheist(in) [ate'ɪst] <-en, -en> *m(f)* athée *mf*

atheistisch [ate'ɪstɪʃ] *adj* athée

Athen [a'teːn] <-s> *nt* Athènes *f*

Äther ['ɛːte] <-s> *m* CHEM éther *m*

ätherisch [ɛ'teːrɪʃ] *adj* CHEM (*Öl*) essentiel(le)

Äthiopien [ɛti'opiən] <-s> *nt* l'Éthiopie *f*

äthiopisch *adj* éthiopien(ne)

Athlet(in) [at'leːt] <-en, -en> *m(f)* athlète *mf*

athletisch *adj* (*Körperbau*) athlétique

Atlanten *Pl von* **Atlas**

Atlantik [at'lantɪk] <-s> *m* **der ~** l'Atlantique *m*

atlantisch *adj* atlantique

Atlas ['atlas, *Pl:* 'at'lantən] <-, Atlanten> *m* atlas *m*

atmen ['aːtmən] *vt*, *vi* respirer

Atmosphäre [atmo'sfɛːrə] <-, -n> *f* atmosphère *f*

atmosphärisch *adj* atmosphérique

Atmung <-> *f* respiration *f*

Atoll [a'tɔl] <-s, -e> *nt* atoll *m*

Atom [a'toːm] <-s, -e> *nt* atome *m*

Atomangriff *m* attaque *f* nucléaire

atomar [ato'maːɐ] *adj* ❶ PHYS atomique ❷ MIL nucléaire

Atombombe *f* bombe *f* atomique **Atomenergie** *f* énergie *f* nucléaire **Atomexplosion** *f* explosion *f* nucléaire **Atomkern** *m* noyau *m* [de l'atome] **Atomkraft** *f kein Pl* énergie *f* nucléaire **Atomkraftwerk** *nt* centrale *f* nucléaire **Atommüll** *m* déchets *mpl* nucléaires **Atomphysik** *f* physique *f* nucléaire **Atomreaktor** *m* réacteur *m* nucléaire **Atomtest** *m* essai *m* nucléaire **Atomwaffe** *f* arme *f* nucléaire **atomwaffenfrei** *adj* (*Zone*) dénucléarisé(e) **Atomzeitalter**

nt kein Pl **das ~** l'ère *f* atomique

ätsch [ɛːtʃ] *interj fam* bien fait

Attacke [a'takə] <-, -n> *f* ❶ *a. fig* attaque *f* ❷ MIL charge *f* de cavalerie

Attentat ['atənta:t] <-[e]s, -e> *nt* attentat *m*

Attentäter(in) [atəntɛ:tɐ] *m(f)* auteur *m* de l'attentat

Attest [a'tɛst] < [o]s, -e> *nt* certificat *m*

Attraktion [atrak'tsjoːn] <-, -en> *f* ❶ *kein Pl* (*Anziehungskraft*) attrait *m* ❷ (*Glanznummer*) attraction *f*

attraktiv [atrak'tiːf] *adj* ❶ (*Person*) séduisant(e) ❷ (*Stadt*) attrayant(e); (*Angebot*) intéressant(e)

Attraktivität [atraktivi'tɛ:t] <-> *f* ❶ (*einer Person*) pouvoir *m* de séduction ❷ (*einer Stadt*) caractère *m* attrayant; (*eines Angebots*) caractère intéressant

Attrappe [a'trapə] <-, -n> *f* ❶ objet *m* factice ❷ (*gemalte optische Täuschung*) trompe-l'œil *m*

Attribut [atri'buːt] <-[e]s, -e> *nt* LING épithète *f*

ätzen ['ɛtsən] *vi* corroder

ätzend *adj* ❶ CHEM corrosif(-ive) ❷ (*Geruch*) délétère

au [au] *interj* ❶ (*Ausruf des Schmerzes*) aïe ❷ (*Ausruf der Freude*) **~ ja/klasse!** *fam* ouah super!

Aubergine [obɛr'ʒiːnə] <-, -n> *f* aubergine *f*

auch [aux] *adv* ❶ (*ebenfalls*) aussi ❷ (*sogar*) même; **~ wenn** même si ❸ (*verstärkend*) effectivement; **wozu |denn| ~?** de toute façon, à quoi bon? ❹ (*immer*) **wie dem ~ sei** quoi qu'il en soit

Audienz [au'djɛnts] <-, -en> *f* audience *f*

audiovisuell [audiovi'zuɛl] *adj* audiovisuel(le)

auf [auf] I. *präp* + *dat* ❶ sur; **~ dem Boden** par terre; **~ der Straße** dans la rue; **~ dem Land** à la campagne; **auf Korsika** en Corse ❷ (*in, bei*) à; **~ der Post** à la poste; **~ einem Sparkonto** sur un compte [d']épargne ❸ (*während*) pendant; **~ dem Weg** en chemin; **~ der Feier** à la fête ❹ (*für*) **~ einen Tee bleiben** rester le temps de prendre un thé II. *präp* + *akk* ❶ sur; **~ den Boden** par terre; **~ die Straße gehen** sortir dans la rue; **~s Land fahren** aller à la campagne ❷ (*zu*) **~ die Post** à la poste ❸ (*bei Zeitangaben*) **~ einen Dienstag fallen** tomber un mardi; **etw ~ die nächste Woche ver-**

schieben repousser qc à la semaine prochaine ❹ (*bei Maß- und Mengenangaben*) à; **~ die Sekunde genau** à la seconde près ❺ (*pro*) pour; **fünf Liter ~ hundert Kilometer verbrauchen** consommer cinq litres aux cent [kilomètres] ❻ (*aufgrund, infolge*) sur; **~ Wunsch** sur la demande ❼ (*mittels*) **~ diese Art** de cette manière ❽ (*in Trinksprüchen*) **~ dein Wohl!** à la tienne! ❾ (*mit Superlativen*) **jdn ~ das herzlichste begrüßen** saluer qn de la manière la plus cordiale III. *adv* ❶ (*los*) **~ geht's!** on y va!; **~ nach Kalifornien!** en route pour la Californie! ❷ *fam* (*setz ~*) **Helm ~!** mets ton casque! ❸ *fam* (*offen*) **~ sein** être ouvert; **Mund ~!** ouvre/ouvrez la bouche! ❹ *fam* (*aufgestanden*) **~ sein** être debout ❺ (*nach oben*) **~ und ab fahren** monter et descendre ►**~ und davon sein** avoir filé IV. *konj geh* **~ dass** souhaitons que + *subj*

auf|arbeiten *vt* ❶ (*Akten*) traiter ❷ (*Literatur*) exploiter ❸ (*Vergangenheit*) assumer

auf|atmen *vi* ❶ respirer profondément ❷ (*erleichtert sein*) respirer

auf|bahren *vt* (*Sarg*) exposer

Aufbau <-> *m kein Pl* ❶ (*eines Regals*) montage *m*; (*einer Stereoanlage*) installation *f* ❷ (*Wiederaufbau*) **~ Ost** reconstruction *f* de l'Est ❸ (*eines Unternehmens*) mise *f* sur pied ❹ (*von Kontakten*) établissement *m* ❺ (*eines Unternehmens*) organisation *f*; (*eines Geräts*) agencement *m*; (*eines Romans*) composition *f*; (*eines Atoms*) structure *f*

auf|bauen I. *vt* ❶ (*Regal*) monter; (*Stereoanlage*) installer ❷ (*errichten*) **wieder ~** (*Land*) reconstruire ❸ (*Unternehmen*) mettre sur pied; **sich** (*dat*) **eine Existenz ~** organiser sa vie ❹ (*Kontakt*) établir ❺ (*basieren*) **etw auf der Vermutung ~, dass ...** fonder qc en supposant que ... ❻ (*Spannung*) établir ❼ PHYS, CHEM **symmetrisch aufgebaut sein** avoir une structure symétrique II. *vi* **auf etw** (*dat*) **~** se fonder sur qc III. *vr* ❶ *fam* (*sich postieren*) se planter ❷ INFORM **sich ~** (*Homepage*) s'afficher

auf|bäumen *vr* **sich ~** se cabrer

auf|begehren* *vi geh* se soulever

auf|behalten* *vt irr* (*Hut*) garder

auf|bereiten* *vt* ÖKOL traiter; **wieder ~** retraiter

Aufbereitung <-, -en> *f* ❶ (*von Wasser*) traitement *m* ❷ (*von Brennelementen*) retraitement *m*

auf|bessern *vt* (*Gehalt*) augmenter; (*Taschengeld*) arrondir

auf|bewahren* *vt* garder

Aufbewahrung <-, -en> *f* ❶ dépôt; **jdm etw zur ~ geben** confier la garde de qc à qn ❷ (*Gepäckaufbewahrung*) consigne *f*

auf|bieten *vt irr* mobiliser

auf|binden *vt irr* (*Krawatte*) défaire; (*Schuh*) délacer

auf|blähen I. *vt* (*Darm*) ballonner **II.** *vr* **sich ~** (*Ballon*) |se| gonfler; (*Darm*) ballonner

aufblasbar *adj* gonflable

auf|blasen *irr* **I.** *vt* gonfler **II.** *vr* ❶ **sich ~** se gonfler ❷ *pej fam* (*sich wichtig machen*) **sich ~** se rengorger

auf|bleiben *vi irr* + *sein* ❶ (*geöffnet bleiben*) rester ouvert(e) ❷ (*nicht zu Bett gehen*) rester debout

auf|blühen *vi* + *sein* ❶ s'épanouir ❷ (*Kultur*) fleurir

auf|brauchen *vt* (*Vorräte*) épuiser; (*Packung*) finir

auf|brausen *vi* + *sein* ❶ (*Beifall*) éclater ❷ (*Person*) monter comme une soupe au lait

aufbrausend *adj* (*Person*) soupe au lait *inv*

auf|brechen *irr* **I.** *vt* + *haben* forcer **II.** *vi* + *sein* ❶ s'ouvrir ❷ (*sich auf den Weg machen*) partir

auf|bringen *vt irr* ❶ (*Summe*) réunir; (*Miete*) régler ❷ (*Geduld*) trouver ❸ (*erzürnen*) **jdn ~** monter |la tête à| qn

Aufbruch *m kein Pl* départ *m*

auf|bürden *vt geh* **jdm eine Arbeit ~** accabler qn d'un travail

auf|decken *vt* découvrir

auf|drängen I. *vt* **jdm etw ~** forcer qn à prendre qc **II.** *vr* **sich jdm ~** (*Person*) imposer sa présence à qn; (*Verdacht*) s'imposer à |l'esprit de| qn

auf|drehen I. *vt* ❶ (*Hahn*) ouvrir ❷ *fam* (*lauter stellen*) **das Radio voll ~** mettre la radio à plein|s| tube|s| **II.** *vi fam* (*Person*) s'éclater

aufdringlich *adj* ❶ (*Person*) envahissant(e) ❷ (*Parfüm*) pénétrant(e)

Aufdringlichkeit <-, -en> *f* (*einer Person*) caractère *m* importun

aufeinander [aufˀai'nandə] *adv* ❶ (*räumlich*) l'un(e) sur l'autre/les un(e)s sur les autres ❷ (*zeitlich*) **~ folgen** se succéder; (*Tage*) de suite ❸ (*gegen*) **~ stoßen** (*Truppen*, *Meinungen*) s'affronter ❹ (*gegenseitig*) **~**

angewiesen sein (*Personen*) être tributaires l'un de l'autre/les uns des autres

aufeinander|folgenᴬᴸᵀ *s.* **aufeinander 2.**

aufeinander|stoßenᴬᴸᵀ *s.* **aufeinander 3.**

Aufenthalt ['aufˀɛnthalt] <-[e]s, -e> *m* ❶ séjour *m* ❷ EISENBAHN arrêt *m*

Aufenthaltserlaubnis *f* permis *m* de séjour

Aufenthaltsort *m* lieu *m* de résidence

Aufenthaltsraum *m* salle *f* de détente

auf|erlegen* *vt geh* **jdm eine Prüfung/ Strafe ~** imposer un examen/infliger une punition à qn

auf|erstehen* *vi irr* + *sein* ressusciter

Auferstehung <-, -en> *f* résurrection *f*

auf|essen *irr* **I.** *vt* terminer **II.** *vi* finir son assiette

auf|fädeln *vt* enfiler

auf|fahren *irr* **I.** *vi* + *sein* ❶ **auf eine Rampe ~** monter sur une rampe ❷ (*kollidieren mit*) emboutir ❸ (*näher heranfahren*) talonner ❹ (*hochschrecken*) sursauter **II.** *vt* + *haben* ❶ **Geschütze ~** mettre des pièces d'artillerie en batterie ❷ *fam* (*Speisen*) sortir

Auffahrt *f* ❶ *kein Pl* (*das Hinauffahren*) montée *f* ❷ (*Zufahrt*) accès *m*

Auffahrunfall *m* carambolage *m*

auf|fallen *vi irr* + *sein* ❶ (*Person*) ne pas passer inaperçu(e); (*Sache*) se remarquer; **jdm ~** (*Person*) attirer l'attention de qn; (*Sache*) frapper qn ❷ (*auf angenehme/ unangenehme Weise bemerkt werden: Person*) se distinguer/se faire remarquer; **angenehm/unangenehm ~** produire une impression agréable/désagréable

auffallend I. *adj* (*Kleidungsstück*) voyant(e); (*Ähnlichkeit*) frappant(e); (*Intelligenz*) remarquable **II.** *adv* (*ruhig*) étonnamment

auffällig I. *adj* (*Farbe*) voyant(e) **II.** *adv* (*nervös*) visiblement; (*sich verhalten*) étrangement

auf|fangen *vt irr* ❶ (*Ball*) attraper ❷ (*Regenwasser*) recueillir ❸ (*Gesprächsfetzen*) saisir [au vol] ❹ (*Verluste*) compenser ❺ (*Aufprall*) amortir

auf|fassen *vt* concevoir; **etw anders ~** comprendre qc autrement

Auffassung *f* (*Vorstellung*) conception *f*; (*Meinung*) avis *m*

Auffassungsgabe *f kein Pl* intelligence *f*

auf|fordern *vt* ❶ prier ❷ (*zum Tanz bitten*) **jdn ~** inviter qn [à danser]

Aufforderung *f* ❶ (*Bitte*) demande *f* pressante; (*Bitte um einen Tanz*) invitation *f* ② (*der Polizei*) ordre *m*

auf|forsten ['aυffɔrstən] *vt* boiser

auf|frischen I. *vt* + *haben* ① (*Kenntnisse*) rafraîchir ② (*Anstrich*) ravaler ③ (*Impfung*) faire le rappel de ④ (*Vorrat*) renouveler II. *vi unpers* + *sein* **es frischt auf** ça se rafraîchit

auf|führen I. *vt* ① (*Theaterstück*) représenter; (*Oper*) jouer ② (*Zeugen*) produire; (*Fakten*) énumérer II. *vr* **sich gut/schlecht ~** bien/mal se comporter

Aufführung *f* représentation *f*

auf|füllen *vt* ① (*Tank*) remplir ② (*nachfüllen*) **Öl ~** remettre de l'huile

Aufgabe <-, -n> *f* ① tâche *f* ② (*Pflicht*) devoir *m* ③ (*Auftrag*) mission *f* ④ SCHULE exercice *m* ⑤ (*eines Gerätes*) fonction *f* ⑥ *kein Pl* (*von Gepäck*) dépôt *m*; (*eines Pakets*) expédition *f* ⑦ *kein Pl* (*Verzicht*) renoncement *m* ⑧ *kein Pl a.* SPORT abandon *m* ⑨ *kein Pl* (*Kapitulation*) reddition *f*

auf|gabeln *vt fam* (*Person*) dégoter

Aufgabenheft *nt* cahier *m* d'exercices

Aufgang <-gänge> *m* ① (*der Sonne*) lever *m* ② (*Treppe*) escalier *m*; (*Treppenhaus*) cage *f* d'escalier

auf|geben *irr* I. *vt* ① (*Studium*) abandonner; (*Freunde, Wohnort*) quitter; **gib's auf!** *fam* laisse tomber! ② (*auftragen*) **jdm Hausaufgaben ~** donner des devoirs à qn (*zu lösen geben*) **jdm ein Rätsel ~** poser une énigme à qn ④ (*Gepäck*) faire enregistrer; (*Paket*) poster; (*Annonce*) |faire| passer II. *vi* abandonner

Aufgebot *nt* ① (*große Menge*) multitude *f* ② (*Heiratsankündigung*) publication *f* des bans

aufgebracht I. *adj* en colère II. *adv* sous l'emprise de la colère

aufgedunsen *adj* bouffi(e)

auf|gehen *vi irr* + *sein* ① (*Sonne*) se lever ② (*Tür*) s'ouvrir ③ (*Knoten*) se défaire ④ (*Rechnung*) tomber juste; (*Planung*) se réaliser ⑤ (*klar werden*) commencer à comprendre ⑥ (*Erfüllung finden*) **in etw** (*dat*) ~ s'investir dans qc ⑦ (*Saat*) lever

aufgehoben *adj* **bei jdm gut/schlecht ~ sein** être en de bonnes/mauvaises mains chez qn

aufgekratzt *adj fam* excité(e)

aufgelegt *adj* **gut/schlecht ~ sein** être de bonne/mauvaise humeur

aufgeregt *adj* (*Person*) excité(e); (*nervös*) énervé(e)

aufgeschlossen *adj* (*Person*) ouvert(e)

aufgesetzt I. *adj* (*Lächeln, Fröhlichkeit*) forcé(e) II. *adv* **~ wirken** faire l'effet d'être forcé

aufgeweckt *adj* vif(vive); (*Kind*) éveillé(e)

auf|gießen *vt irr* (*aufbrühen*) |**den**| **Kaffee/ Tee ~** verser de l'eau sur le café/thé

auf|gliedern *vr* **sich in etw** (*akk*) ~ se décomposer en qc

auf|greifen *vt irr* ① (*Vorschlag*) saisir; (*Fall*) s'emparer de; **eine Idee wieder ~** reprendre une idée ② (*Täter*) arrêter

aufgrund [aυf'grʊnt] *präp* + *gen* en raison de; **~ zahlreicher Beschwerden** suite à de nombreuses plaintes

auf|haben *irr fam* I. *vt* ① (*Geschäft*) ouvrir ② (*Hut*) avoir [mis] ③ (*Hausaufgaben*) avoir II. *vi* (*Geschäft*) être ouvert

auf|halsen *fam* I. *vt* coller; **jdm eine Arbeit ~** coller un travail à qn II. *vr* **sich** (*dat*) **etw ~** se coltiner qc

auf|halten *irr* I. *vt* ① *a. fig* (*Person*) retenir; (*Fahrzeug*) arrêter ② *fam* (*Hand*) tendre II. *vr* ① séjourner; **sich im Garten ~** se trouver dans le jardin ② (*verweilen*) **sich bei einem Punkt ~** s'attarder sur un point ③ *fam* (*sich weiterhin befassen*) **sich mit jdm ~** passer du temps avec qn

auf|hängen I. *vt* ① (*Bild, Mantel*) |sus|pendre; (*Wäsche*) pendre ② (*erhängen*) pendre II. *vr* **sich ~** se pendre

Aufhänger <-s, -> *m* ① COUT bride *f* ② *fam* point *m* de départ

auf|heben *vt irr* ① ramasser ② (*aufbewahren*) garder ③ (*Gesetz*) abroger

Aufheben ▶**viel/nicht viel ~**|**s**| **machen** *geh* faire/ne pas faire toute une histoire

Aufhebung <-, -en> *f* ① (*eines Gesetzes*) abrogation *f*; (*eines Urteils*) invalidation *f* ② (*Beendigung*) levée *f*

auf|heitern I. *vt* (*Person*) dérider; (*Stimmung*) détendre II. *vr* **sich ~** ① (*Gesicht*) s'éclairer ② METEO se dégager

auf|heizen I. *vt* (*Stimmung*) |é|chauffer; (*Atmosphäre*) réchauffer II. *vr* **sich ~** s'enfiévrer

auf|hellen I. *vt* (*Haare*) éclaircir II. *vr* **sich ~** (*Gesicht*) s'éclairer; (*Wetter*) s'éclaircir

auf|hetzen *vt* exciter

auf|heulen *vi* ① (*Person, Tier*) pousser un

hurlement ❷ (*laut tönen: Sirene*) se mettre à mugir; (*Motor*) s'emballer

auf|holen I. *vt* rattraper **II.** *vi* rattraper son retard

auf|horchen *vi* dresser l'oreille

auf|hören *vi* arrêter

auf|kaufen *vt* (*Sammlung*) accaparer; (*Immobilien*) acheter en grande quantité

auf|klappen *vt + haben* (*Deckel*) soulever; (*Buch*) ouvrir; (*Liegestuhl*) déplier

auf|klaren ['aufklaːrən] *vi* se dégager

auf|klären I. *vt* ❶ **ein Verbrechen ~** tirer un crime au clair ❷ (*Missverständnis*) expliquer ❸ (*informieren*) **jdn ~** mettre qn au courant ❹ (*über Sexuelles unterrichten*) **jdn ~** faire l'éducation sexuelle de qn; **aufgeklärt sein** avoir reçu une éducation sexuelle ❺ MIL reconnaître **II.** *vr* **sich ~** (*Rätsel, Himmel*) s'éclaircir; (*Missverständnis*) s'expliquer

Aufklärung *f* ❶ (*Aufdeckung*) élucidation *f* ❷ (*Klärung*) explication *f* ❸ (*Information*) éclaircissements *mpl* ❹ (*sexuelle ~*) éducation *f* sexuelle ❺ MIL reconnaissance *f* ❻ *kein Pl* PHILOS **die ~** les lumières *fpl*

auf|kleben *vt* coller

Aufkleber *m* autocollant *m*

auf|knöpfen *vt* (*Bluse*) déboutonner; (*Knopf*) défaire

auf|knoten *vt* (*Schnürsenkel, Tuch*) dénouer; (*Knoten*) défaire

auf|kochen *vt + haben* **die Milch ~** porter le lait à ébullition

auf|kommen *vi irr + sein* ❶ (*finanzieren*) **für jdn ~** subvenir aux besoins de qn; **für die Kosten ~** prendre les coûts en charge ❷ (*Zweifel*) se faire jour; (*Gerücht*) commencer à circuler ❸ (*Wind*) se lever ❹ (*landen*) **hart/weich auf dem Boden ~** (*Person*) se recevoir rudement/en douceur au sol

Aufkommen <-s, -> *nt* ❶ (*Gesamtmenge*) **~ an Steuern** produit *m* des impôts ❷ *kein Pl* (*das Entstehen*) apparition *f*

auf|kreuzen *vi + sein fam* (*erscheinen*) se pointer

auf|laden *irr* **I.** *vt* ❶ **etw auf etw** (*akk*) **~** charger qc sur qc ❷ *fam* (*aufbürden*) **jdm die ganze Arbeit ~** mettre tout le travail sur le dos de qn ❸ (*Batterie*) [re]charger **II.** *vr* **sich ~** (*Batterie*) se charger d'électricité

Auflage <-, -n> *f* ❶ (*Ausgabe*) édition *f* ❷ (*~nhöhe*) tirage *m* ❸ (*Verpflichtung*)

condition *f*; **jdm eine ~/~n machen** imposer un cahier des charges à qn

auf|lassen *vt irr* ❶ *fam* laisser ouvert(e) ❷ *fam* (*Hut*) garder

Auflauf *m* ❶ (*Speise*) soufflé *m* ❷ (*Menschenauflauf*) attroupement *m*

auf|leben *vi + sein* ❶ s'animer ❷ (*Erinnerungen*) se ranimer

auf|lecken *vt* lécher

auf|legen I. *vt* ❶ (*Schallplatte*) mettre; (*Hörer*) reposer ❷ (*Buch*) éditer **II.** *vi* (*Person*) raccrocher

auf|lehnen *vr* **sich ~** se rebeller

auf|lesen *vt irr* ❶ ramasser ❷ *pej fam* (*Person*) dégoter

auf|leuchten *vi + haben o sein* (*Augen, Sterne*) se mettre à briller; (*Licht*) s'allumer

auf|listen *vt* faire la liste de

auf|lockern I. *vt* ❶ (*Muskulatur*) détendre ❷ (*Stimmung*) détendre **II.** *vr* **sich ~** ❶ SPORT se détendre ❷ METEO se dissiper

Auflockerung *f* ❶ (*der Muskeln*) assouplissement *m* ❷ (*ansprechendere Gestaltung*) **zur ~ des Unterrichts** pour rendre le cours plus attrayant

auf|lösen I. *vt* ❶ dissoudre ❷ (*Versammlung*) disperser; (*Konto*) fermer ❸ MATH, MUS résoudre **II.** *vr* **sich ~** se décomposer; (*Pulver, Tablette*) se dissoudre; (*Nebel*) se dissiper

Auflösung *f* ❶ *kein Pl* dissolution *f* ❷ (*Bildauflösung*) définition *f*; INFORM résolution *f*

auf|machen I. *vt* ❶ *fam* ouvrir; (*Mantel, Schnürsenkel*) défaire ❷ (*Firma*) monter **II.** *vi* ouvrir **III.** *vr* (*aufbrechen*) **sich ~** partir

Aufmachung <-, -en> *f* (*einer Person*) tenue *f*; (*einer Titelseite*) présentation *f*

auf|marschieren* *vi + sein* MIL se déployer

aufmerksam *adj* ❶ attentif(-ive); **~ machen** faire remarquer ❷ (*zuvorkommend*) attentionné(e)

Aufmerksamkeit <-, -en> *f* attention *f*

auf|möbeln *vt fam* ❶ **etw |wieder| ~** retaper qc ❷ (*Person*) requinquer

auf|mucken *vi fam* râler

auf|muntern *vt* ❶ **jdn ~** (*Person*) remonter qn; (*Kaffee*) ragaillardir qn ❷ (*ermutigen*) encourager

aufmunternd I. *adj* (*Lächeln, Zurufe*) d'encouragement **II.** *adv* **jdm ~ zulächeln** sourire à qn pour l'encourager

aufmüpfig *adj fam* (*Schüler*) récalcitrant(e)
Aufnahme <-, -n> *f* ❶ *kein Pl* (*Empfang*) accueil *m*; (*von Gästen*) réception *f* ❷ *kein Pl* (*das Aufnehmen*) admission *f* ❸ *kein Pl* (*einer Tätigkeit*) début *m* ❹ *kein Pl* (*von Nahrung*) prise *f* ❺ PHOT photo|graphie *f* ❻ (*Videoaufnahme*) enregistrement *m*
aufnahmefähig *adj* réceptif(-ive) **Aufnahmegebühr** *f* droits *mpl* d'admission **Aufnahmeprüfung** *f* concours *m* d'entrée
auf|nehmen *vt irr* ❶ accueillir ❷ (*beherbergen*) héberger ❸ (*Nachricht, Nahrung*) prendre ❹ (*zulassen*) **jdn** ~ (*Internat*) admettre qn ❺ (*Tätigkeit*) entamer ❻ (*fotografieren*) **jdn/etw** ~ prendre qn/qc en photo; (*filmen*) filmer qn/qc ❼ (*auf Video festhalten*) enregistrer ❽ (*geistig verarbeiten*) enregistrer
auf|opfern *vr* **sich** ~ se sacrifier; **sich für jdn/etw** ~ se sacrifier pour qn/qc
auf|passen *vi* ❶ faire attention ❷ (*beaufsichtigen*) surveiller; **auf einen Hund** ~ garder un chien
Aufpasser(in) <-s, -> *m(f) pej* surveillant(e) *m(f)*; SCHULE pion(ne) *m(f)* (*fam*)
auf|picken *vt* (*Futter*) picorer
auf|platzen *vi* + *sein* (*Frucht*) éclater; (*Naht*) craquer; (*Wunde*) s'ouvrir
Aufprall <-[e]s, -e> *m* choc *m*
auf|prallen *vi* + *sein* s'écraser
Aufpreis *m* supplément *m*
auf|pumpen *vt* gonfler
auf|putschen *vt* doper
Aufputschmittel *nt* dopant *m*
auf|raffen *vr* ❶ se soulever ❷ (*sich entschließen*) [parvenir à] se décider
auf|rappeln *vr fam* ❶ (*sich aufraffen*) **sich** [**wieder**] ~ se ramasser; (*zu Kräften kommen*) se retaper ❷ (*sich entschließen*) **sich endlich** ~ **etw zu tun** se décider enfin à faire qc
auf|räumen *vt*, *vi* ranger
aufrecht ['aufrɛçt] *adj* (*Gang*) en position verticale; (*Körperhaltung*) le dos droit
aufrecht|erhalten* *vt irr* (*Kontakt*) maintenir; (*Behauptung*) persister dans **Aufrechterhaltung** *f* (*des Kontakts*) maintien *m*
auf|regen *vt*, *vr* [**sich**] ~ [s']énerver
aufregend *adj* passionnant(e); **wie ~!** *fam* comme c'est palpitant!
Aufregung *f* ❶ excitation *f* ❷ (*Durcheinander*) agitation *f*

auf|reißen *irr* **I.** *vt* + *haben* ❶ ouvrir; (*Umschlag*) déchirer ❷ (*Kleid*) déchirer; (*Haut*) égratigner ❸ *fam* (*kennen lernen*) lever **II.** *vi* + *sein* (*Wolkendecke*) se déchirer
aufreizend *adj* excitant(e)
auf|richten I. *vt* ❶ relever ❷ (*Zelt*) monter **II.** *vr* **sich** ~ se redresser
aufrichtig *adj* sincère
Aufrichtigkeit <-> *f* sincérité *f*
auf|rollen I. *vt* ❶ (*Teppich*) rouler; (*Kabel*) enrouler ❷ (*Poster*) dérouler ❸ (*erneut aufgreifen*) **wieder** ~ (*Fall*) rouvrir **II.** *vr* **sich** ~ se rembobiner
auf|rücken *vi* + *sein* ❶ (*weiterrücken*) se pousser ❷ (*aufsteigen*) monter en grade
Aufruf *m a.* INFORM appel *m*
auf|rufen *irr* **I.** *vt* ❶ **jdn ~ etw zu tun** appeler qn à faire qc ❷ (*Teilnehmer*) faire l'appel de ❸ (*Passagier*) appeler; (*Schüler*) désigner ❹ (*Flug*) annoncer ❺ INFORM appeler **II.** *vr* **zum Streik** ~ appeler à la grève
Aufruhr ['aufruːɐ] <-[e]s, -e> *m* émeute *f*
aufrührerisch *adj attr* ❶ (*Bevölkerung*) rebelle; (*Stimmung*) insurrectionnel(le) ❷ (*Flugblatt*) séditieux(-euse)
auf|runden *vt* arrondir
auf|rüsten I. *vi* s'armer **II.** *vt* ❶ (*Land*) armer ❷ INFORM augmenter la capacité de
Aufrüstung *f* ❶ armement *m* ❷ (*eines Rechners*) augmentation *f* de la capacité
auf|rütteln *vt* ❶ **jdn aus dem Schlaf** ~ tirer qn du sommeil ❷ (*Gewissen*) réveiller; **jdn** ~ provoquer un choc chez qn
aufs [aufs] = **auf das** ❶ *fam s.* **auf** ❷ *bei Superl* ~ **Äußerste** à l'extrême
auf|sagen *vt* réciter
auf|sammeln *vt* ramasser
aufsässig ['aufzɛsɪç] *adj* récalcitrant(e)
Aufsatz *m* ❶ (*Schulaufsatz*) rédaction *f*; (*in der Oberstufe*) dissertation *f* ❷ (*Essay*) essai *m*
auf|saugen *vt reg o irr* (*Flüssigkeit*) éponger; (*Tintenklecks*) absorber; (*Staub*) aspirer
auf|scheuchen *vt* (*Reh, Vogel*) effaroucher
auf|schieben *vt irr* ❶ ouvrir ❷ (*Riegel*) tirer ❸ (*verschieben*) **etw auf den nächsten Tag** ~ remettre qc au lendemain
Aufschlag *m* ❶ (*Aufprall*) impact *m* ❷ SPORT service *m* ❸ (*Aufpreis*) majoration *f*
auf|schlagen *irr* **I.** *vi* + *sein* (*auftreffen*) s'écraser ❷ + *haben* SPORT servir **II.** *vt* + *haben* ❶ (*Buch, Augen*) ouvrir ❷ (*Zelt*) monter

❸ (*Lager*) installer ❹ (*zusätzlich berechnen*) majorer le prix

auf|schließen *vt, vi irr* ouvrir

auf|schlitzen *vt* ❶ (*beschädigen*) tailladder ❷ (*verletzen*) éventrer

Aufschlussᴿᴿ *m* donner des éclaircissements

auf|schlüsseln *vt* ❶ (*Kosten*) établir un calcul détaillé de ❷ (*analysieren*) analyser

aufschlussreichᴿᴿ *adj* instructif(-ive); (*Information*) révélateur(-trice)

auf|schnappen *vt fam* (*mitbekommen*) saisir au vol

auf|schneiden *irr* I. *vt* ❶ (*Kuchen*) découper ❷ (*Knoten*) couper ❸ (*Geschwür*) inciser II. *vi fam* (*prahlen*) frimer

Aufschneider(in) *m(f) fam* frimeur(-euse) *m(f)*

Aufschnitt *m kein Pl* (*Wurstaufschnitt*) charcuterie *f* en tranches

auf|schnüren *vt* (*Paket, Schnürsenkel*) défaire; (*Schuh*) délacer

auf|schrauben *vt* (*Marmeladenglas*) ouvrir; (*Deckel*) dévisser

auf|schrecken <schreckte auf, **auf**-**geschreckt**> *vi + sein* sursauter; (*aus dem Schlaf*) se réveiller en sursaut

Aufschrei *m* cri *m* strident

auf|schreiben *vt irr* noter

auf|schreien *vi irr* pousser un cri

Aufschrift *f* inscription *f*

Aufschub *m* ❶ report *m* ❷ FIN délai *m*

auf|schütten *vt* (*aufhäufen: Sand*) déverser

auf|schwatzen *vt fam* fourguer; **jdm etw ~** fourguer qc à qn; **sich** (*dat*) **etw von jdm ~ lassen** se faire refiler qc par qn

Aufschwung *m* ❶ élan *m* ❷ ÖKON essor *m* ❸ SPORT rétablissement *m*

auf|sehen *vi irr* lever les yeux; (*bewundern*) vénérer

Aufsehen *nt* remue-ménage *m*; **~ erregen** faire sensation

Aufseher(in) <-s, -> *m(f)* gardien(ne) *m(f)*

auf|seinᴬᴸᵀ *s.* **auf III.3., III.4.**

auf|setzen I. *vt* ❶ (*Brille*) mettre ❷ (*Fuß*) poser ❸ (*Schreiben*) rédiger II. *vr* **sich ~** se redresser III. *vi* se poser

Aufsicht <-, -en> *f* ❶ *kein Pl* (*Überwachung*) surveillance *f* ❷ (*Person*) personne *f* de surveillance

Aufsichtsrat *m* conseil *m* de surveillance

auf|sitzen *vi irr + sein* ❶ (*Reiter*) monter en selle ❷ *fam* (*hereinfallen*) **jdm ~** se faire

avoir par qn

auf|spannen *vt* ❶ (*Netz*) tendre ❷ (*Schirm, Trockenständer*) ouvrir

auf|sparen *vt* (*Kräfte*) économiser; **etwas Käse ~** mettre un peu de fromage de côté

auf|spielen *vr fam* **sich ~** faire de l'esbroufe

auf|spießen *vt* piquer

auf|springen *vi irr + sein* ❶ (*hochspringen*) bondir ❷ (*auf etw springen*) sauter ❸ (*sich öffnen*) s'ouvrir d'un seul coup

auf|spüren *vt* **jdn/ein Tier ~** (*Person*) dépister qn/un animal; (*Tier*) flairer qn/un animal

auf|stacheln *vt* **jdn zum Widerstand ~** exciter qn à la résistance; **jdn gegen jdn ~** monter qn contre qn

Aufstand *m* soulèvement *m*, insurrection *f*

auf|stehen *vi irr + sein* se lever

auf|steigen *vi irr + sein* ❶ s'élever; (*Rauch*) monter ❷ (*besteigen*) monter; **zum Gipfel ~** grimper jusqu'au sommet ❸ (*befördert werden*) monter en grade

auf|stellen I. *vt* ❶ (*Gerät*) installer; (*Denkmal*) ériger; (*Falle*) poser ❷ (*Behauptung*) poser; (*Vermutung*) avancer ❸ (*Theorie*) échafauder ❹ (*Liste*) dresser; (*Rechnung*) établir ❺ (*Wachposten*) poster ❻ (*Kandidaten*) désigner; (*Spieler*) sélectionner ❼ (*Rekord*) établir II. *vr* se placer

Aufstellung *f kein Pl* ❶ (*eines Geräts*) installation *f*; (*eines Denkmals*) érection *f* ❷ (*einer Behauptung*) formulation *f* ❸ (*einer Theorie*) élaboration *f* ❹ (*einer Liste*) établissement *m* ❺ (*einer Wache*) mise *f* en place; (*einer Truppe*) levée *f* ❻ (*eines Kandidaten*) désignation *f*; (*eines Spielers*) sélection *f*; (*einer Mannschaft*) composition *f* ❼ (*eines Rekords*) établissement *m*

Aufstieg [ˈaʊfʃtiːk] <-[e]s, -e> *m* ascension *f*; **der berufliche ~** la promotion professionnelle; **der ~ in die Bundesliga** ≈ la montée en première division

auf|stöbern *vt* ❶ dénicher ❷ JAGD débusquer

auf|stocken *vt* ❶ augmenter ❷ ARCHIT surélever

auf|stoßen *irr* I. *vi* ❶ + *haben* (*rülpsen*) avoir un renvoi; (*Baby*) faire son rot ❷ + *sein fam* (*auffallen*) **jdm ~** frapper qn II. *vt* + *haben* (*öffnen*) ouvrir

auf|stützen I. *vt* (*Arme*) s'appuyer sur II. *vr* **sich auf etw** (*akk*) **~** s'appuyer sur qc

auf|suchen vt geh ❶ (Arzt) aller consulter ❷ (sich begeben) aller

Auftakt m ❶ ouverture f; der ~ zu etw le début de qc ❷ MUS anacrouse f

auf|tanken I. vt (Wagen) faire le plein de II. vi ❶ (volltanken) faire le plein ❷ fam (sich erholen) se requinquer

auf|tauchen vi + sein ❶ (U-Boot) remonter à la surface ❷ (Beweisstück) apparaître

auf|tauen I. vi + sein ❶ (Tiefkühlkost) décongeler; (Erdreich) dégeler ❷ fig (Person) se dégeler II. vt + haben (Tiefkühlkost) décongeler; (Autoschloss) dégeler

auf|teilen vt ❶ diviser ❷ (verteilen) répartir

Aufteilung f (Einteilung) division f

Auftrag ['aʊftraːk, Pl: 'aʊftrɛːgə] <-[e]s, Aufträge> m ❶ (Bestellung von Produkten) commande f; (Bestellung von Leistungen) contrat m ❷ (Anweisung) ordre m ❸ kein Pl geh (Mission) mission f

auf|tragen irr I. vt ❶ appliquer ❷ form (beauftragen) charger II. vi ▶dick ~ pej fam en rajouter

Auftraggeber(in) m(f) mandant(e) m(f); (eines Autors) commanditaire mf

auf|treiben vt irr + haben fam dégoter

auf|trennen vt (Naht) défaire; (Saum) découdre

auf|treten irr I. vi + sein ❶ (den Fuß aufsetzen) poser le pied; **leise** ~ ne pas faire de bruit en marchant ❷ (Schwierigkeiten) apparaître; (Verzögerungen) survenir ❸ (erscheinen) comparaître ❹ THEAT se produire; (auftauchen) entrer en scène ❺ (sich benehmen) **arrogant/bescheiden** ~ se montrer arrogant(e)/modeste ❻ (handeln) intervenir II. vt + haben (Tür) enfoncer

Auftreten <-s> nt ❶ (Benehmen) comportement m, conduite f ❷ (einer Krankheit) apparition f

Auftrieb m ❶ kein Pl PHYS poussée f verticale ❷ kein Pl (frischer Schwung) impulsion f

Auftritt m ❶ apparition f ❷ THEAT entrée f en scène

auf|trumpfen vi (sich großtun) parader

auf|türmen I. vt empiler II. vr geh **sich** ~ (Probleme) s'accumuler

auf|wachen vi + sein se réveiller

auf|wachsen vi irr + sein grandir

Aufwand ['aʊfvant] <-[e]s> m kein Pl ❶ investissement m; (finanziell) dépense f; **der zeitliche** ~ le temps investi ❷ (Luxus) faste m

aufwändig[RR] adj ❶ (teuer) coûteux(-euse) ❷ (Verfahren) de longue haleine

auf|wärmen I. vt ❶ réchauffer ❷ fam (zur Sprache bringen) **etw [wieder]** ~ remettre qc sur le tapis II. vr **sich** ~ se réchauffer; (Sportler) s'échauffer

aufwärts ['aʊfvɛrts] adv ❶ (nach oben) vers le haut; **der Weg führt** ~ le chemin monte ❷ (ab) à partir de ❸ (besser) **es geht** - la situation s'améliore

auf|wecken vt réveiller

auf|weichen I. vt + haben ❶ (Boden) détremper ❷ (Brot) ramollir II. vi + sein (Boden, Erde) se ramollir

auf|weisen vt irr ❶ (haben) présenter; **Kenntnisse aufzuweisen haben** avoir des connaissances à son actif ❷ (Fehler) comporter

auf|wenden vt reg o irr (Energie) déployer; (Zeit) consacrer; (Material) engager

aufwendig[ALT] s. aufwändig

auf|werfen vt irr soulever

auf|werten vt ❶ ÖKON réévaluer ❷ fig (Ansehen) rehausser

Aufwertung f ❶ ÖKON réévaluation f ❷ fig (des Ansehens) renforcement m; (einer Rolle) revalorisation f

auf|wickeln vt (Garn) enrouler

auf|wiegeln ['aʊfviːgəln] vt exciter; **Menschen gegeneinander** ~ monter les gens les uns contre les autres

Aufwind m ❶ kein Pl reprise f ❷ METEO courant m ascendant

auf|wirbeln I. vi + sein s'envoler en tourbillonnant II. vt + haben (Staub) soulever des tourbillons de

auf|wischen I. vt (Wasser) essuyer; (Fußboden) passer la serpillière sur II. vi passer la serpillière

auf|zählen vt énumérer

Aufzählung f énumération f

auf|zeichnen vt ❶ (Sendung) enregistrer ❷ (aufmalen) **etw** ~ dessiner qc; (Skizze, Lageplan, Bauplan) faire un croquis de qc

Aufzeichnung f ❶ (einer Sendung) enregistrement m ❷ meist Pl (Notizen) notes fpl

auf|zeigen vt démontrer

auf|ziehen irr I. vt + haben ❶ (Vorhang) ouvrir; (Schleife) défaire ❷ (Schublade) tirer ❸ (Saite) monter ❹ (Uhr) remonter ❺ (Kind) élever ❻ fam (verspotten) charrier ❼ (Fest) organiser **II.** *vi + sein* (*Gewitter*) s'approcher

Aufzucht *f kein Pl* élevage *m*

Aufzug *m* ❶ ascenseur *m* ❷ *kein Pl* (*eines Gewitters*) arrivée *f*

auf|zwingen *vt, vr irr* [*sich*] ~ [s']imposer

Augapfel *m* globe *m* oculaire

Auge ['aʊgə] <-s, -n> *nt* ❶ *a.* BOT œil *m*; **grüne/braune ~n haben** avoir les yeux verts/marron ❷ (*Sehfähigkeit*) vue *f* ❸ (*Punkt beim Würfeln*) point *m* ▶**mit einem blauen ~ davonkommen** *fam* s'en tirer à bon compte; **so weit das ~ reicht** à perte de vue; **ins ~ fassen** (*Projekt*) avoir en vue; (*Möglichkeit*) envisager; **~n zu und durch!** *fam* foncer tête baissée!

Augenarzt *m*, **-ärztin** *f* oculiste *mf* **Augenblick** *m* instant *m*, moment *m*; **im ~** pour le moment

augenblicklich *adj* ❶ (*sofort*) instantané(e) ❷ (*derzeitig*) actuel(le) ❸ (*Besserung*) momentané(e); (*Modeerscheinung*) passager(-ère)

Augenbraue *f* sourcil *m* **Augenfarbe** *f* couleur *f* des yeux/d'yeux **Augengläser** *Pl A fam* lunettes *fpl* **Augenhöhe** *f* in ~ au niveau des yeux **Augenhöhle** *f* orbite *f* **Augenlicht** *nt kein Pl geh* vue *f* **Augenlid** *nt* paupière *f* **Augenringe** *Pl* cernes *mpl*

augenscheinlich **I.** *adj* évident(e) **II.** *adv* manifestement

Augentropfen *Pl* gouttes *fpl* pour les yeux **Augenweide** *f* régal *m* pour les yeux **Augenwinkel** *m* coin *m* de l'œil **Augenzeuge** *m*, **-zeugin** *f* témoin *m* oculaire **Augenzwinkern** <-s> *nt* clignement *m* d'œil

August [aʊ'gʊst] <-[e]s, -e> *m* août *m*; *s. a.* **April**

Auktion [aʊk'tsi̯oːn] <-, -en> *f* vente *f* aux enchères

Auktionator [aʊktsi̯o'naːtoːɐ] <-s, -toren> *m*, **Auktionatorin** *f* commissaire-priseur(-euse) *m(f)*

Aula ['aʊla] <-, Aulen> *f* salle *f* des fêtes

Aupairmädchenᴿᴿ, **Au-pair-Mädchen** [oˈpɛːrˈmɛːtçən] *nt* [jeune] fille *f* au pair

Aura ['aʊra] <-> *f geh* aura *f*

aus [aʊs] **I.** *präp + dat* ❶ (*räumlich*) de; ~ **dem Fenster sehen** regarder par la fenêtre; **Zigaretten ~ dem Automaten ziehen** prendre des cigarettes au distributeur; ~ **der Flasche trinken** boire à la bouteille ❷ (*zur Angabe der Ursache*) par ❸ (*zur An-*

gabe der Herkunft) de ❹ (*zur Angabe der Beschaffenheit*) en **II.** *adv fam* ❶ (*beendet*) fini(e) ❷ (*nicht an*) éteint(e); (*Motor*) arrêté(e) ❸ SPORT hors jeu ❹ (~*gerichtet*) **auf etw** (*akk*) ~ **sein** ne viser que qc ❺ (~*gegangen*) ~ **sein** être sorti

Aus <-> *nt* ❶ SPORT sortie *f*; **ins ~ gehen** (*Ball*) sortir ❷ (*Ende*) fin *f*

aus|arbeiten *vt* élaborer

aus|arten *vi + sein* **in einen Streit** ~ dégénérer en dispute

aus|atmen *vt, vi* expirer

aus|baden *vt fam* **das musst du alleine** ~ c'est à toi seul de payer les pots cassés

aus|baggern *vt* (*Graben*) creuser

Ausbau *m kein Pl* ❶ ARCHIT aménagement *m* ❷ (*eines Geräteteils*) démontage *m* ❸ (*von Beziehungen*) renforcement *m*; (*einer Freundschaft*) consolidation *f*

aus|bauen *vt* ❶ (*baulich erweitern*) aménager ❷ (*herausmontieren*) démonter ❸ (*Kontakte*) renforcer; (*Markt*) consolider

ausbaufähig *adj* ❶ *fam* (*Idee*) perfectible ❷ (*Absatz, Markt*) qui peut être consolidé; (*Beziehung*) qui peut être renforcé

aus|bessern *vt* (*Kleidungsstück*) raccommoder; (*Dach*) réparer

aus|beulen **I.** *vt* (*Kleidungsstück*) déformer **II.** *vr* **sich** ~ se déformer

Ausbeute *f* ❶ MIN rendement *m* ❷ (*Gewinn*) gain *m*

aus|beuten *vt a.* MIN exploiter

Ausbeuter(in) <-s, -> *m(f) pej* exploiteur(-euse) *m(f)*

Ausbeutung <-, -en> *f a.* MIN exploitation *f*

aus|bezahlen* *vt* (*Geld*) verser; (*Person*) payer

aus|bilden **I.** *vt* ❶ (*Azubi*) former; (*Nachwuchssportler*) entraîner ❷ (*entwickeln*) développer **II.** *vr* (*sich schulen*) **sich** ~ se former

Ausbilder(in) <-s, -> *m(f)* (*in einem Betrieb*) formateur(-trice) *m(f)*

Ausbildung *f* formation *f*

Ausbildungsplatz *m* place *f* d'apprenti

aus|blenden *vt* ❶ (*Szene*) couper ❷ (*ausklingen lassen*) éteindre en fondu **II.** *vr* **wir müssen uns leider** ~ nous sommes malheureusement obligés de rendre l'antenne

Ausblick *m* ❶ (*Aussicht*) vue *f* ❷ (*Zukunftsvision*) perspective *f*

aus|brechen *vi irr + sein* ❶ **aus dem Ge-**

fängnis ~ s'évader de prison; **aus dem Kä-fig** ~ s'échapper de la cage ❷ *fig* **aus einer Beziehung** ~ rompre avec une relation ❸ (*Vulkan*) entrer en éruption ❹ (*Krieg*) éclater; (*Hass*) se déchaîner; (*Seuche*) se déclarer ❺ (*verfallen in*) **in Jubel** ~ laisser éclater sa joie; **in Tränen** ~ fondre en larmes

aus|breiten I. *vt* ❶ (*hinlegen*) étaler ❷ (*Flügel*) déployer; (*Arme*) ouvrir ❸ (*darlegen*) exposer **II.** *vr* **sich** ~ ❶ s'étendre ❷ (*Feuer*) se propager

Ausbreitung <-, -en> *f* (*eines Feuers, einer Seuche*) propagation *f*; (*eines Kriegs*) extension *f*

Ausbruch *m* ❶ (*das Ausbrechen*) évasion *f* ❷ MIL percée *f* ❸ (*Beginn*) déclenchement *m* ❹ (*Eruption*) éruption *f* ❺ (*Entladung*) explosion *f*

aus|brüten *vt* ❶ (*Vogel*) couver ❷ *fam* (*aushecken*) mijoter

aus|bürgern ['aʊsbʏrgɐn] *vt* **jdn** ~ déclarer qn déchu(e) de sa nationalité

Ausbürgerung <-, -en> *f* déchéance *f* de la nationalité

Ausdauer *f kein Pl* persévérance *f*; (*körperlich*) endurance *f*

ausdauernd *adj* (*Mitarbeiter*) persévérant(e); (*Bemühungen*) constant(e); (*Sportler*) résistant(e)

aus|dehnen I. *vr* ❶ **sich** ~ (*Ballonhülle*) se gonfler; (*Gas*) se dilater; **ausgedehnt** (*Fläche*) étendu(e) ❷ (*sich ausbreiten*) **sich** ~ (*Seuche*) s'étendre ❸ (*dauern*) **sich** ~ (*Wartezeit*) se prolonger; **ausgedehnt** (*Spaziergang*) prolongé(e) **II.** *vt* ❶ (*verlängern*) prolonger ❷ (*erweitern*) étendre

Ausdehnung *f* ❶ (*eines Aufenthalts*) prolongation *f* ❷ (*eines Kriegs*) extension *f*; (*eines Brands*) propagation *f* ❸ (*Fläche*) étendue *f*

aus|denken *vt irr* **sich** (*dat*) **eine Ausrede** ~ inventer une excuse; **sich** (*dat*) **einen Plan** ~ imaginer un plan

Ausdruck¹ <-drücke> *m* ❶ expression *f* ❷ *kein Pl* (*Bekundung*) **zum** ~ **kommen** s'exprimer; **als** ~ **meiner Dankbarkeit** en témoignage de ma gratitude

Ausdruck² <-drucke> *m* imprimé *m*

aus|drucken *vt* (*Statistik*) lister; (*Text*) imprimer

aus|drücken I. *vt* ❶ (*bekunden, formulieren*) exprimer ❷ (*Orange*) presser; (*Pickel*) percer ❸ (*Zigarette*) écraser **II.** *vr* ❶ (*formulie-*

ren) **sich** ~ s'exprimer ❷ (*sich widerspiegeln*) s'exprimer

ausdrücklich ['aʊsdrʏklɪç] **I.** *adj attr* exprès(-esse) **II.** *adv* expressément

ausdruckslos *adj* inexpressif(-ive)

ausdrucksvoll *adj* expressif(-ive)

Ausdrucksweise *f* façon *f* de s'exprimer

auseinander [aʊsʔaiˈnandɐ] *adv* ❶ (*räumlich entfernt*) **weit** ~ **liegen** être [très] loin les uns des autres; **sich** ~ **setzen** se placer séparément ❷ (*zeitlich entfernt*) **drei Jahre** ~ **sein** (*Personen*) avoir trois ans de différence; **weit** ~ **liegen** (*Ereignisse*) être éloignés ❸ (*separat*) **etw** ~ **schreiben** écrire qc séparément ❹ *fam* (*getrennt*) ~ **sein** (*Paar*) être séparés

auseinander|brechenᴬᴸᵀ **I.** *vt s.* **brechen I.2. II.** *vi s.* **brechen II.1.**

auseinander|gehenᴬᴸᵀ *s.* **gehen I.9.**

auseinander|haltenᴬᴸᵀ *s.* **halten I.12.**

auseinander|nehmenᴬᴸᵀ *s.* **nehmen**

auseinander|setzenᴬᴸᵀ **I.** *vt s.* **setzen I.6. II.** *vr s.* **setzen II.3.**

Auseinandersetzung <-, -en> *f* ❶ (*Streit*) explication *f* ❷ (*Beschäftigung*) prise *f* en compte

auseinander|treibenᴬᴸᵀ **I.** *vt s.* **treiben I.1. II.** *vi s.* **treiben II.1.**

auserlesen *adj* de choix

aus|fahren *vr* **I.** *vt + haben* ❶ (*Waren*) livrer ❷ (*Antenne*) sortir **II.** *vi + sein* (*Antenne*) sortir

Ausfahrt *f* sortie *f*; ~ **freihalten!** sortie de voitures!

Ausfall *m* ❶ (*Fehlbetrag*) déficit *m*; (*Verlust*) perte *f* ❷ (*Versagen*) défaillance *f*; (*eines Organs*) arrêt *m* ❸ *kein Pl* (*das Nichtstattfinden*) annulation *f* ❹ *kein Pl* (*von Mitarbeitern*) absence *f*

aus|fallen *vi irr + sein* ❶ (*Haare*) tomber; **ihm fallen die Haare aus** elle perd ses cheveux ❷ (*nicht stattfinden*) être supprimé; ~ **lassen** (*Unterrichtsstunde*) faire sauter ❸ (*Apparat*) tomber en panne; (*Atmung*) s'arrêter ❹ (*Verdienst*) disparaître ❺ (*Person*) manquer; (*Maschine*) lâcher ❻ (*beschaffen sein*) **groß/klein/eng** ~ tailler grand/petit/étroit; **gut/schlecht** ~ être bon/mauvais

ausfallend *adj* offensant(e); ~ **werden** se faire insultant(e)

Ausfallstraße *f* voie *f* de dégagement

aus|feilen *vt fig* (*Rede*) peaufiner (*fam*)

Ausfertigung f form ❶ kein Pl (eines Dokuments) établissement m ❷ (Abschrift) exemplaire m

ausfindig adj ~ **machen** trouver

aus|fliegen irr vi + sein s'envoler

aus|flippen ['aʊsflɪpən] vi + sein fam ❶ (wütend werden) piquer sa crise ❷ (sich freuen) ne plus se sentir ❸ (durchdrehen) débloquer

Ausflucht ['aʊsflʊxt] <-flüchte> f faux-fuyant m

Ausflug m excursion f; (Wanderung) randonnée f

Ausflussᴿᴿ m ❶ écoulement m ❷ kein Pl MED pertes fpl |blanches|

aus|fragen vt jdn ~ interroger qn en détail

aus|fransen vi + sein s'effilocher

Ausfuhr <-> f kein Pl exportation f

ausführbar adj réalisable

aus|führen vt ❶ (Befehl) exécuter; (Auftrag) remplir; (Plan) réaliser; (Operation) faire ❷ (exportieren) exporter ❸ (erläutern) exposer ❹ (spazieren führen) promener

ausführlich ['aʊsfyːɐlɪç] I. adj détaillé(e) II. adv en détail

Ausführlichkeit <-> f présentation f détaillée; **in aller ~** dans les moindres détails

Ausführung f ❶ kein Pl exécution f; (einer Anweisung) application f; (eines Entwurfs) réalisation f ❷ (Modell) modèle m; **einfache ~** version f ordinaire ❸ meist Pl (Darlegung) exposé m

aus|füllen vt ❶ (Antrag) remplir ❷ (befriedigen) jdn ~ (Beschäftigung) satisfaire qn

Ausgabe f ❶ kein Pl distribution f; (von Fahrkarten) délivrance f ❷ kein Pl FIN émission f ❸ INFORM édition f ❹ (Essensausgabe) comptoir m ❺ (Edition) édition f; (Version) version f ❻ Pl (Kosten) dépenses fpl

Ausgang <-gänge> m ❶ sortie f ❷ AVIAT porte f ❸ (Ausgeherlaubnis) ~ **haben** pouvoir sortir ❹ kein Pl (Ende) fin f ❺ kein Pl (Ergebnis) issue f

Ausgangspunkt m point m de départ

aus|geben irr I. vt ❶ distribuer ❷ (Ausweise) délivrer; (Karten) donner ❸ INFORM **etw ~** (Drucker) sortir qc ❹ FIN émettre ❺ (Geld) dépenser ❻ fam (spendieren) **eine Runde ~** payer une tournée II. vr **sich als Arzt ~** se faire passer pour un médecin

ausgebucht adj complet(-ète)

ausgefallen adj (Person) original(e); (Hobby) peu ordinaire

ausgeglichen adj pondéré(e)

Ausgeglichenheit <-> f pondération f

aus|gehen vi irr + sein ❶ (aus dem Haus gehen) sortir ❷ (Haare) tomber; **ihm gehen die Haare aus** il perd ses cheveux ❸ (zugrunde legen) **von einem geringen Umsatz ~** escompter un chiffre d'affaire modeste; **davon ~, dass ...** partir du principe que ... ❹ (herrühren) **von jdm ~** (Vorschlag) être de qn ❺ (seinen Ursprung haben) **von etw ~** (Straße) partir de qc; (Strahlung) se dégager de qc ❻ (Feuer) s'éteindre ❼ (enden) **gut/schlecht ~** bien/mal se terminer ❽ (Vorräte) s'épuiser

ausgehungert adj fam (sehr hungrig) affamé(e); **~ sein** avoir les crocs ❷ (ausgezehrt) famélique

ausgelassen I. adj (Kind) turbulent(e); (Stimmung) débridé(e) II. adv avec entrain

Ausgelassenheit <-> f exubérance f; (von Kindern) turbulence f

ausgemacht adj ❶ **es ist ~, dass ...** il est convenu que ... ❷ attr fam (Witzbold) sacré(e) antéposé; (Lügner) fieffé(e) antéposé

ausgemergelt adj décharné(e)

ausgenommen präp + akk à l'exception de

ausgepowert [-paʊet] adj fam (Person) vidé(e)

ausgeprägt adj ❶ prononcé(e); (Stolz) grand(e) ❷ (Gesichtszüge) accusé(e); (Kinn) proéminent(e)

ausgerechnet ['aʊsɡə(')rɛçnət] adv ~ **jetzt** juste maintenant; **~ mir muss das passieren!** c'est justement à moi que ça arrive!

ausgeschlafen I. PP von **ausschlafen** II. adj bien reposé(e)

ausgeschlossen I. PP von **ausschließen** II. adj völlig ~! c'est absolument hors de question!

ausgeschnitten adj décolleté(e)

ausgesprochen adj ❶ extrême; (Ähnlichkeit) grand(e) ❷ (ausgeprägt) prononcé(e); **du hast wirklich ~es Pech!** tu n'as vraiment pas de chance!

ausgestorben adj ❶ disparu(e) ❷ (verlassen) désert(e)

ausgesucht adj choisi(e); (Wein) fin(e)

ausgewachsen adj ❶ (Tier) adulte ❷ fam (Blödsinn) achevé(e); (Skandal) parfait(e)

ausgewählt adj ❶ choisi(e) ❷ (erlesen) sélectionné(e); (Kreise) d'élite; (Weine) fin(e)

ausgewogen adj équilibré(e); (Programm)

bien réparti(e)

ausgezeichnet ['ɑ̯usgə(')tsai̯çnət] *adj* excellent(e)

ausgiebig ['ɑ̯usgi:bɪç] **I.** *adj* (*Mahlzeit*) copieux(-euse); (*Mittagsschlaf*) réparateur(-trice); (*Bericht*) détaillé(e) **II.** *adv* (*schlafen*) bien; (*berichten*) par le menu; (*gebrauchen*) abondamment

aus|gießen *vt irr* ❶ (*Kaffee*) jeter ❷ (*Krug*) vider

Ausgleich <-[e]s, -e> *m* ❶ compensation *f* ❷ *kein Pl* SPORT égalisation *f* ❸ FIN remboursement *m*

aus|gleichen *irr* **I.** *vt* ❶ compenser ❷ (*Konto*) balancer; (*Schulden*) rembourser; (*Rechnung*) régler ❸ (*Konflikte*) régler **II.** *vi* SPORT égaliser **III.** *vr* sich ~ être compensé

aus|graben *vt irr* (*Leiche*) exhumer; (*Pflanzen*) déterrer; (*Altertümer*) mettre à jour

Ausgrabung *f* ❶ exhumation *f* ❷ ARCHÄOL fouilles *fpl*

aus|grenzen *vt* exclure

Ausguss^RR *m* évier *m*

aus|halten *irr* **I.** *vt* ❶ supporter; **das ist ja nicht auszuhalten!** c'est insupportable! ❷ *pej fam* (*unterhalten*) entretenir **II.** *vi* tenir

aus|handeln *vt* négocier

aus|händigen ['ɑ̯ushɛndɪgən] *vt* remettre

Aushang *m* affiche *f*

aus|hängen **I.** *vt* ❶ (*Nachricht*) afficher ❷ (*Tür*) décrocher; (*Haken*) faire sauter **II.** *vi irr* (*Ankündigung*) être affiché

Aushängeschild *nt* ❶ (*Reklametafel*) enseigne *f* ❷ (*Renommierstück*) figure *f* de proue

aus|harren *vi* persévérer

aus|heben *vt irr* ❶ (*Erde*) déblayer; (*Grab*) creuser ❷ (*Bande*) débusquer; (*Schlupfwinkel*) neutraliser

aus|hecken *vt fam* manigancer

aus|helfen *vi irr* donner un coup de main; **jdm mit etw** ~ dépanner qn en lui prêtant qc

aus|heulen *vr fam* **sich bei jdm** ~ aller pleurer chez qn

Aushilfe *f* ❶ (*Hilfe*) intérim *m* ❷ (*Hilfskraft*) intérimaire *mf*

aus|höhlen *vt* (*Kürbis*) évider; (*Ufer*) éroder

aus|holen *vi* ❶ (*Boxer*) lever la main; (*Tennisspieler*) prendre son élan; **mit dem Hammer** ~ brandir le marteau ❷ (*ausschweifen*) **weit** ~ (*Redner*) se perdre dans les détails

aus|horchen *vt fam* cuisiner

aus|kennen *vr irr* **sich** ~ s'y connaître; **sich in Paris** ~ bien connaître Paris; **sich mit Kindern** ~ savoir s'y prendre avec les enfants

aus|kippen *vt fam* vider

aus|klammern *vt* mettre entre parenthèses

Ausklang *m geh kein Pl* fin *f*

aus|kleiden **I.** *vt* (*beziehen*) recouvrir **II.** *vr geh* **sich** ~ se dévêtir

aus|klingen *vi irr + sein geh* (*Tag*) décliner; **mit einem Lied** ~ **lassen** terminer en chantant

aus|klügeln *vt fam* (*System*) goupiller; **ausgeklügelt** ingénieux

aus|kommen *vi irr + sein* ❶ (*zurechtkommen*) **mit dem Geld** ~ s'en sortir avec l'argent; **ohne Auto** ~ pouvoir se passer de voiture ❷ (*sich vertragen*) **mit jdm** ~ s'entendre

Auskommen <-s> *nt* ressources *fpl*

aus|kosten *vt* savourer; (*Leben*) profiter de

aus|kundschaften *vt* (*Weg*) reconnaître; (*Lage*) explorer

Auskunft ['ɑ̯uskʊnft] <-, -künfte> *f* ❶ (*Information*) renseignement *m* ❷ (~*schalter*) information *f* ❸ (*Telefonauskunft*) renseignements *mpl*

aus|kurieren* **I.** *vt fam* **etw** ~ soigner qc jusqu'à complète guérison **II.** *vr fam* **sich** ~ bien se soigner

aus|lachen *vt* se moquer de

aus|laden *vt irr* ❶ décharger ❷ (*Gast*) décommander

Auslage *f* ❶ vitrine *f* ❷ (*ausgestellte Ware*) choix *m* ❸ *meist Pl* FIN frais *mpl*

aus|lagern *vt* (*verlagern*) transférer; (*Produktion*) délocaliser

Ausland *nt kein Pl* étranger *m*

Ausländer(in) ['ɑ̯uslɛndɐ] <-s, -> *m(f)* étranger(-ère) *m(f)*

ausländerfeindlich *adj* xénophobe **Ausländerfeindlichkeit** *f* xénophobie *f*

ausländisch *adj attr* (*Erzeugnisse*) étranger(-ère); (*Pflanze*) exotique

Auslandsaufenthalt *m* séjour *m* à l'étranger **Auslandsreise** *f* voyage *m* à l'étranger

aus|lassen *irr* **I.** *vt* ❶ omettre; (*Satz*) oublier ❷ (*Gelegenheit*) laisser passer ❸ (*abreagieren*) **seine Wut an jdm** ~ passer sa colère sur qn ❹ *fam* (*Radio*) ne pas allumer **II.** *vr* **sich über jdn/etw** ~ se prononcer sur qn/qc

Auslassung <-> f kein Pl (das Weglassen) omission f

Auslassungspunkte Pl points mpl de suspension

Auslauf m kein Pl espace m [pour se dépenser]

aus|laufen vi irr + sein ❶ (Flüssigkeit) [s'é]couler; (Behälter) fuir ❷ NAUT appareiller ❸ (Modell) être en fin de série ❹ (Vertrag) expirer

Ausläufer <-s, -> m ❶ METEO prolongement m ❷ meist Pl GEO contreforts mpl

aus|leben I. vr sich ~ ❶ (das Leben auskosten) profiter de la vie ❷ (Phantasie) s'exprimer II. vt geh (Neigungen) objectiver

aus|lecken vt lécher

aus|legen vt ❶ (Waren) étaler ❷ (Köder) placer ❸ (bedecken) mit Stoff ~ revêtir de tissu ❹ (deuten) richtig/falsch ~ interpréter bien/mal ❺ (vorstrecken) avancer

aus|leiern I. vi + sein se détendre II. vr + haben sich ~ se détendre III. vt + haben (Gummizug) détendre

Ausleihe <-, -n> f ❶ kein Pl (das Ausleihen) prêt m ❷ (Schalter) guichet m de prêt

aus|leihen vt irr jdm etw ~ prêter qc à qn; sich (dat) etw bei/von jdm ~ emprunter qc à qn

Auslese <-, -n> f ❶ élite f ❷ (Wein) grand cru m ❸ kein Pl (Auswahl) sélection f

aus|liefern vt ❶ (Waren) livrer ❷ (überstellen) jdn an ein Land ~ extrader qn dans un pays ❸ (preisgeben) jdm/einer S. ausgeliefert sein être livré à qn/qc

Auslieferung f ❶ (Lieferung) livraison f ❷ (Überstellung) extradition f

aus|liegen vi irr être étalé; (Prospekte) être à disposition

aus|löffeln vt die Suppe ~ manger la soupe [à la cuillère] ▶etw ~ müssen fam trinquer pour qc

aus|löschen vt ❶ (Feuer) éteindre ❷ (Erinnerung) effacer

aus|losen vt, vi jdn/etw ~ tirer qn/qc au sort

aus|lösen vt déclencher

Auslöser <-s, -> m ❶ PHOT déclencheur m ❷ (Anlass) motif m; PSYCH déclencheur m

Auslösung f déclenchement m

aus|machen vt ❶ fam (Feuer) éteindre ❷ (Gestalt) apercevoir ❸ (Termin) fixer; etw mit jdm

~ convenir de qc avec qn ❹ (klären) régler ❺ (darstellen) den Zauber einer Landschaft ~ faire le charme d'un paysage ❻ fam (Wirkung haben) etwas/viel/nichts ~ faire de l'effet/beaucoup d'effet/ne faire aucun effet ❼ (stören) jdm etwas ~ déranger qn

aus|malen I. vr sich (dat) etw ~ s'imaginer qc II. vt (kolorieren) colorier

Ausmaß nt ❶ (Ausdehnung) étendue f; (Größe) dimensions fpl ❷ (Umfang) ampleur f

aus|messen vt irr mesurer

aus|misten vt ❶ (Stall) nettoyer ❷ fam (ausräumen: Schrank) faire le tri dans

aus|mustern vt ❶ (Maschine) éliminer ❷ MIL réformer

Ausnahme ['ausnaːmə] <-, -n> f exception f

Ausnahmefall m cas m d'exception **Ausnahmezustand** m état m d'urgence

ausnahmslos adj, adv sans exception

ausnahmsweise adv exceptionnellement

aus|nehmen vt irr ❶ (Geflügel) vider ❷ (ausschließen) excepter ❸ fam (beim Glücksspiel) plumer; (bei einem Handel) arnaquer

aus|nutzen vt ❶ exploiter ❷ (sich zunutze machen) profiter de

aus|nützen bes. A s. ausnutzen

aus|packen I. vt (Koffer) défaire; (Geschenk) ouvrir; (Ware) déballer II. vi fam (gestehen) se mettre à table

aus|pfeifen vt irr siffler

aus|plaudern vt rapporter

aus|plündern vt (Person) dévaliser; (Ortschaft, Laden) piller

aus|posaunen* vt fam etw ~ crier qc sur les toits

aus|pressen vt presser

aus|probieren* vt essayer; ~, ob/wie ... faire un essai pour voir si/comment ...

Auspuff <-[e]s, -e> m pot m d'échappement

aus|pusten vt fam souffler

aus|quartieren* vt déloger

aus|radieren* vt gommer

aus|rangieren* vt fam etw ~ mettre qc au rancart

aus|rasten vi + sein fam (durchdrehen) craquer

aus|rauben vt dévaliser

aus|räumen vt ❶ (Schrank) vider ❷ (Missverständnis) régler; (Zweifel) balayer

aus|rechnen vt ❶ (Gewicht) calculer ❷ (Mathematikaufgabe) résoudre ❸ (vermuten) sich (*dat*) **Chancen** ~ compter sur ses chances

Ausrede *f* prétexte *m*; **faule** ~ *fam* faux prétexte

aus|reden I. *vi* finir de parler; **jdn** ~ **lassen** laisser qn terminer II. *vt* **jdm etw** ~ dissuader qn de [faire] qc

aus|reichen *vi* suffire

ausreichend *adj* ❶ suffisant(e) ❷ (*Schulnote*) ≈ passable; (*in Frankreich*) neuf/dix sur vingt

Ausreise *f* sortie *f* [du territoire]

Ausreisegenehmigung *f* autorisation *f* de sortie du territoire, visa *m*

aus|reisen *vi* + *sein* quitter le territoire

aus|reißen *irr* I. *vt* + *haben* arracher II. *vi* + *sein* *fam* (*davonlaufen*) se sauver

Ausreißer(in) <-s, -> *m(f)* ❶ (*Person, Tier*) fugueur(-euse) *m(f)* ❷ *fam* (*Ausnahme*) exception *f*

aus|reiten *irr* *vi* + *sein* sortir à cheval

aus|renken *vt* sich (*dat*) **den Arm** ~ se déboîter le bras

aus|richten I. *vt* ❶ (*Gruß*) transmettre; **jdm** ~, **dass ...** dire à qn que ... ❷ (*bewirken*) obtenir ❸ (*einstellen*) orienter ❹ (*konzipieren*) adapter ❺ (*veranstalten*) organiser II. *vr* **sich an etw** (*dat*) ~ se ranger à qc

Ausrichtung *f* kein Pl ❶ (*Einstellung: einer Antenne*) orientation *f*; (*eines Teleskops*) mise *f* au point ❷ (*Veranstaltung: einer Hochzeit*) organisation *f*

Ausritt *m* sortie *f* à cheval

aus|rollen *vt* + *haben* ❶ dérouler ❷ (*Teig*) étendre

aus|rotten *vt* (*Volk*) exterminer; (*Schädlinge, Ideen*) éliminer

Ausrottung <-, -en> *f* extermination *f*

aus|rücken *vi* + *sein* (*Truppen*) se mettre en marche; (*Feuerwehr*) sortir

Ausruf *m* exclamation *f*

aus|rufen *vt* *irr* ❶ (*laut rufen*) s'exclamer ❷ (*Haltestelle*) annoncer ❸ (*über Lautsprecher suchen*) **jdn** ~ [lassen] [faire] appeler qn ❹ (*Streik*) proclamer

Ausrufezeichen *nt* point *m* d'exclamation

aus|ruhen I. *vi*, *vr* [sich] ~ se reposer II. *vt* (*Füße*) reposer

aus|rüsten *vt* (*Armee, Schiff*) armer; (*Fahrzeug*) équiper

Ausrüstung *f* équipement *m*; (*einer Armee*) armement *m*

aus|rutschen *vi* + *sein* glisser

Aussaat *f* ❶ kein Pl (*das Säen*) semis *mpl*; (*des Getreides*) semailles *fpl* ❷ (*Saat*) semence *f*

Aussage *f* ❶ déclaration *f*; (*Zeugenaussage*) déposition *f* ❷ (*eines Romans*) message *m*

aus|sagen I. *vt* ❶ JUR déclarer ❷ (*deutlich machen*) **viel/wenig** ~ (*Foto*) en dire long/peu II. *vi* JUR (*Angeklagter*) déposer; (*Zeuge*) témoigner

aussätzig ['aʊszɛtsɪç] *adj* lépreux(-euse)

aus|saugen *vt* ❶ (*leer saugen*) sucer ❷ (*ausbeuten*) **jdn/etw** ~ saigner qn/qc à blanc

aus|schalten *vt* ❶ éteindre; (*Strom*) couper ❷ (*Gegner*) éliminer

Ausschank ['aʊsʃaŋk, *Pl:* 'aʊsʃɛŋkə] <-[e]s, -schänke> *m* kein Pl service *m*

Ausschau <-> *f* nach **jdm/etw** ~ **halten** regarder pour trouver qn/qc

aus|scheiden *irr* I. *vi* + *sein* ❶ **aus seinem Amt** ~ quitter ses fonctions; **aus einem Wettkampf** ~ se retirer d'une compétition ❷ (*Plan*) ne pas être retenu; (*Kandidat*) être éliminé II. *vt* + *haben* (*Giftstoffe*) éliminer

aus|schenken *vt* (*verkaufen*) servir; **Wein an jdn** ~ servir du vin à qn

aus|scheren *vi* + *sein* (*abschwenken*) déboîter

aus|schimpfen *vt* gronder

aus|schlafen *irr* I. *vi*, *vr* [sich] ~ dormir tout son soûl II. *vt* **seinen Rausch** ~ cuver son vin/sa bière (*fam*)

Ausschlag *m* ❶ (*einer Kompassnadel*) déviation *f* ❷ MED éruption *f* [cutanée] ▶**bei etw den ~ geben** être déterminant pour/dans qc

aus|schlagen *irr* I. *vt* + *haben* ❶ **jdm einen Zahn** ~ casser une dent à qn ❷ (*Angebot*) décliner II. *vi* ❶ + *haben* (*Pferd*) ruer ❷ + *haben o sein* (*Kompassnadel*) osciller; (*Wünschelrute*) vibrer

ausschlaggebend *adj* déterminant(e); (*Stimme*) prépondérant(e)

aus|schließen *vt* *irr* exclure

ausschließlich I. *adj attr* (*Vertretung*) exclusif(-ive) II. *präp* + *gen* sauf

Ausschluss[RR] *m* exclusion *f*; **unter** ~ **der Öffentlichkeit** à huis clos

aus|schmücken *vt* enjoliver

aus|schneiden *vt* *irr* découper

Ausschnitt *m* ❶ (*Zeitungsausschnitt*) coupure *f* [de presse] ❷ MATH secteur *m* ❸ (*De-*

kolleté) décolleté *m* ❹ (*kleiner Auszug*) détail *m*

aus|schöpfen *vt* ❶ (*Flüssigkeit*) vider ❷ (*Befugnisse*) user de; (*Möglichkeiten*) exploiter à fond; (*Reserven*) épuiser

aus|schreiben *vt irr* ❶ (*Wort*) écrire en toutes lettres ❷ (*Rechnung*) établir; (*Scheck*) libeller; (*Rezept*) rédiger ❸ (*Wahlen*) annoncer; **eine Stelle ~** mettre un poste au concours

Ausschreibung <-, -en> *f* mise *f* en adjudication; (*einer Stelle*) mise au concours

Ausschreitung <-, -en> *f meist Pl* acte *m* de violence

Ausschussᴿᴿ *m* ❶ comité *m*, commission *f* ❷ *kein Pl* (*Fehlproduktion*) rebut *m*

aus|schütteln *vt* secouer

aus|schütten *vt* ❶ vider ❷ (*Hormon*) sécréter ❸ FIN verser

ausschweifend *adj* (*Fantasie*) débordant(e); (*Leben*) de débauche

Ausschweifung <-, -en> *f* excès *mpl*

aus|sehen *vi irr* ❶ **gut/schlecht ~** avoir bonne/mauvaise mine; **wie sieht ein Leguan aus?** à quoi ressemble un iguane?; **gut ~d** beau (belle) ❷ (*den Anschein haben*) **sie sieht [ganz so] aus, als ...** on dirait qu'elle ...

Aussehen <-s, -> *nt* aspect *m; jdn nach dem ~ beurteilen* juger qn sur les apparences

aus|seinᴬᴸᵀ *s.* **aus II.**

außen ['aʊsn] *adv* à l'extérieur; **von ~** de l'extérieur; **nach ~ aufgehen** (*Tür*) s'ouvrir sur l'extérieur

Außenbezirk *m* quartier *m* périphérique

aus|senden *vt irr geh* ❶ (*Boten*) envoyer ❷ (*Signal*) émettre

Außendienst *m* visites *fpl* à la clientèle **Außenhandel** *m* commerce *m* extérieur **Außenminister(in)** *m(f)* ministre *mf* des Affaires étrangères **Außenministerium** *nt* ministère *m* des Affaires étrangères **Außenpolitik** *f* politique *f* extérieure **außenpolitisch** I. *adj* (*Debatte*) concernant la politique extérieure; (*Kurs*) de la politique extérieure II. *adv* en politique extérieure **Außenseite** *f* (*eines Kleidungsstückes*) endroit *m*; (*eines Gebäudes*) façade *f* extérieure **Außenseiter(in)** <-s, -> *m(f)* marginal(e) *m(f)*; SPORT outsider *m* **Außenspiegel** *m* rétroviseur *m* extérieur **Außenstehende(r)** *f(m)*

dekl wie adj personne *f* extérieure **Außenwelt** *f* monde *m* extérieur

außer ['aʊse] I. *präp* + *dat* ❶ (*ausgenommen*) **alle ~ dir** tous sauf toi; **~ den Kindern habe ich niemanden gesehen** à part les enfants, je n'ai vu personne; **man hörte nichts ~ ihrem Atem** on n'entendait rien que sa respiration ❷ (*außerhalb*) **~ Sicht sein** être hors de vue ▶**~ sich** (*dat*) **sein** être hors de soi II. *präp* + *akk* **etw ~ |jeden| Zweifel stellen** mettre qc hors de doute ▶ **~ sich geraten** sortir de ses gonds III. *konj* **~ dass ...** si ce n'est que ...; **~ |wenn|** sauf si

außerdem ['aʊsedeːm] *adv* en plus

äußere(r, s) *adj* ❶ externe; (*Planet*) supérieur(e) ❷ (*Anlass*) apparent(e)

Äußere(s) *nt dekl wie adj* apparence *f*

außerehelich I. *adj* (*Geschlechtsverkehr*) extraconjugal(e); (*Kind*) illégitime II. *adv* hors mariage

außergewöhnlich ['aʊsɛgəˈvøːnlɪç] I. *adj* exceptionnel(le) II. *adv* particulièrement

außerhalb ['aʊsehalp] I. *adv* à l'extérieur; **~ wohnen** habiter en dehors II. *präp* + *gen* en dehors de; **~ der Stadt** à la périphérie de la ville

außerirdisch *adj* extraterrestre

äußerlich ['ɔyselɪç] *adj* ❶ extérieur(e); (*Verletzung*) externe ❷ (*oberflächlich*) superficiel(le); |**rein**| **~ betrachtet** au premier abord

Äußerlichkeit <-, -en> *f* ❶ (*äußere Form*) superficialité *f* ❷ (*Unwesentliches*) détails *mpl* superficiels

äußern ['ɔysen] I. *vt* (*Meinung*) exprimer; (*Kritik*) émettre II. *vr* ❶ **sich zu etw ~** se prononcer sur qc; (*seine Meinung sagen*) donner son avis sur qc ❷ (*in Erscheinung treten*) **sich ~** (*Krankheit*) se manifester

außerordentlich ['aʊsɛˈʔɔrdəntlɪç] I. *adj* exceptionnel(le) II. *adv* extrêmement **auBerorts** *adv* A, CH hors agglomération

äußerst ['ɔysest] *adv* extrêmement

äußerste(r, s) *adj* ❶ **der ~ Punkt** le point le plus éloigné; **am ~n Ende des Tisches** à l'extrémité de la table ❷ (*Zugeständnis*) dernier(-ière); **mit ~r Kraft** de toutes ses/mes/... forces

Äußerste(s) *nt dekl wie adj* **auf das ~ gefasst sein** s'attendre au pire; **bis zum ~n gehen** aller jusqu'au bout

Äußerung <-, -en> f (*Bemerkung*) observation f; (*Aussage*) propos mpl

aus|setzen I. vt ❶ (*Haustier*) abandonner ❷ (*preisgeben*) **jdn/etw einer Gefahr** (*dat*) exposer qn/qc à un danger; **heftigen Vorwürfen ausgesetzt sein** faire l'objet de reproches virulents ❸ (*Belohnung*) offrir; (*Summe*) accorder ❹ (*Verhandlung*) suspendre; (*Rückzahlung*) cesser ❺ JUR surseoir ❻ (*bemängeln*) **an jdm/etw etwas auszusetzen haben** avoir quelque chose à redire à qn/qc II. vr **sich einer Gefahr** (*dat*) ~ s'exposer à un danger III. vi ❶ (*pausieren*) faire une pause; **eine Runde ~** passer son tour ❷ (*Atmung*) s'arrêter; (*Motor*) caler

Aussicht f ❶ (*Blick*) vue f ❷ (*Chance*) chance f

aussichtslos *adj* vain(e); ~ **sein** être impossible

Aussichtslosigkeit <-> f caractère m désespéré

Aussichtspunkt m point m de vue **aussichtsreich** *adj* prometteur(-euse) **Aussichtsturm** m belvédère m

aus|siedeln vt expatrier

Aussiedler(in) <-s, -> m(f) émigrant(e) m(f)

aus|söhnen ['aʊszøːnən] vr **sich** ~ se réconcilier

Aussöhnung <-, -en> f réconciliation f

aus|sortieren* vt trier

aus|spannen vi se détendre

aus|sperren I. vt ❶ **jdn ~** enfermer qn dehors ❷ (*von der Arbeit ausschließen*) lock-outer II. vr **sich** ~ s'enfermer dehors (*en laissant les clés à l'intérieur*)

Aussperrung <-, -en> f lock-out m

aus|spielen I. vt ❶ (*Trumpf*) jouer ❷ (*manipulativ einsetzen*) **jdn gegen jdn ~** se servir de qn contre qn II. vi (*eine Karte ablegen*) jouer une carte

aus|spionieren* vt espionner

Aussprache f ❶ *kein Pl* (*Artikulation*) prononciation f ❷ (*Unterredung*) explication f

aus|sprechen *irr* I. vt ❶ (*Laut*) a. JUR prononcer ❷ (*Satz*) dire; (*Meinung*) exprimer; (*Warnung*) donner ❸ (*Bedauern*) exprimer II. vr ❶ (*offen sprechen*) **sich mit jdm über etw** (*akk*) ~ s'expliquer à propos de qc avec qn ❷ (*Stellung beziehen*) **sich für/gegen jdn/etw** ~ se prononcer pour/contre qn/qc III. vi finir

aus|spucken vt, vi cracher

aus|spülen vt **sich** (*dat*) **den Mund** ~ se rincer la bouche

Ausstand m ❶ (*Streik*) grève f ❷ A, CH (*Abschiedsfeier*) retrait m; **seinen** ~ **geben** fêter son départ

aus|statten ['aʊsʃtatən] vt ❶ (*Raum*) installer ❷ (*ausrüsten*) équiper

Ausstattung <-, -en> f ❶ équipement m ❷ (*Einrichtung*) agencement m

aus|stechen vt irr ❶ (*Auge*) crever ❷ (*übertreffen*) supplanter

aus|stehen irr I. vt (*Qualen*) supporter ▶**jdn/etw nicht** ~ **können** *fam* ne pas pouvoir supporter qn/qc II. vi ❶ (*Stellungnahme*) être attendu ❷ COM, FIN être dû

aus|steigen vi irr + sein descendre

Aussteiger(in) <-s, -> m(f) (*sich von der Gesellschaft Abwendender*) marginal(e) m(f)

aus|stellen I. vt ❶ (*Waren*) exposer ❷ (*Rechnung*) établir; (*Bescheinigung*) délivrer; (*Scheck*) émettre ❸ *fam* (*Radio*) éteindre; (*Kaffeemaschine*) arrêter II. vi (*Künstler*) exposer

Aussteller(in) <-s, -> m(f) ❶ exposant(e) m(f) ❷ (*eines Schecks*) tireur(-euse) m(f) ❸ (*ausstellende Behörde*) bureau m de délivrance

Ausstellung <-, -en> f ❶ exposition f ❷ *kein Pl* (*einer Rechnung*) établissement m; (*einer Urkunde*) délivrance f; (*eines Schecks*) émission f

Ausstellungskatalog m catalogue m |de l'exposition| **Ausstellungsstück** nt modèle m d'exposition

aus|sterben vi irr + sein (*Familie*) s'éteindre; (*Tierart, Pflanzenart*) disparaître

Aussteuer <-, -n> f trousseau m

Ausstieg <-[e]s, -e> m ❶ *kein Pl* (*das Aussteigen*) descente f ❷ (*Ausgang*) sortie f ❸ *kein Pl* (*das Aufgeben*) **der** ~ **aus der Atomenergie** la sortie du nucléaire

aus|stopfen vt ❶ (*Tier*) empailler ❷ (*Kissen*) bourrer

aus|stoßen vt irr ❶ (*Laut*) pousser; (*Drohung*) proférer ❷ (*Staub*) rejeter ❸ (*aus einer Organisation*) exclure; (*aus einer Gemeinschaft*) rejeter

aus|strahlen I. vt + haben ❶ (*senden*) diffuser ❷ (*Ruhe*) exprimer; (*Unruhe*) répandre II. vi + sein ❶ (*Wärme*) se diffuser; (*Licht*) jaillir ❷ (*übergehen*) **auf jdn/etw** ~ gagner qn/qc

Ausstrahlung f ❶ rayonnement m ❷ (das Senden) diffusion f
aus|strecken I. vt (Arm) tendre; (Fühler) sortir II. vr sich ~ s'étirer
aus|streuen vt répandre
aus|strömen I. vt + haben ❶ (Duft) exhaler; (Kälte) dégager ❷ (Ruhe) répandre II. vi + sein ❶ (Wasser) s'écouler; (Gas) s'échapper ❷ (Duft) émaner ❸ (Hitze) se dégager
aus|suchen vt choisir
Austausch m échange m
austauschbar adj ❶ (Teil) remplaçable; (Begriffe) interchangeable ❷ (nicht unverwechselbar) ~ **sein** (Person) être permutable
aus|tauschen I. vt ❶ (Spieler) remplacer; (Motor) échanger ❷ (Erfahrungen) échanger II. vr sich über etw/etw ~ parler de qn/qc
Austauschschüler(in) m(f) élève mf qui participe à un échange scolaire
aus|teilen vt ❶ distribuer ❷ (Schläge) donner; (Sakrament) administrer
Auster ['auste] <-, -n> f huître f
aus|toben vr sich ~ (Kind) se défouler; (Erwachsener) mener une vie de bâton de chaise
aus|tragen vt irr ❶ (Post) distribuer ❷ (Konflikt) régler; (Wettkampf) disputer
Australien [aus'tra:liən] <-s> nt l'Australie f
Australier(in) <-s, -> m(f) Australien(ne) m(f)
australisch adj australien(ne)
aus|treiben vt irr (Launen) faire passer
aus|treten irr I. vi + sein ❶ (Flüssigkeit) s'écouler; (Gas) s'échapper ❷ nur Infin fam (zur Toilette gehen) aller quelque part ❸ (ausscheiden) quitter; aus der Kirche ~ se détourner de l'Église II. vt + haben ❶ (auslöschen) das Feuer ~ éteindre le feu avec les pieds ❷ (Schuhe) élargir
aus|trinken irr I. vt (Getränk) finir; (Glas) vider II. vi vider son verre
Austritt m ❶ kein Pl (von Wasser) fuite f; (von Gas) émission f; (von Blut) écoulement m ❷ (das Ausscheiden) démission f
aus|trocknen I. vt + haben ❶ (Sumpf) assécher ❷ (Haut) dessécher II. vi + sein (Wasserlauf) tarir; (Haut) se déshydrater; (Brot) se dessécher
aus|üben vt exercer
Ausübung f exercice m
Ausverkauf m soldes mpl
ausverkauft adj (Artikel) épuisé(e); (Konzert) complet(-ète)

Auswahl f choix m
aus|wählen I. vt choisir II. vi choisir
Auswahlmenü nt INFORM barre f de sélection
Auswanderer m, **Auswanderin** f émigrant(e) m(f)
aus|wandern vi + sein émigrer
Auswanderung f émigration f
auswärtig ['ausvɛrtɪç] adj attr ❶ étranger(-ère) ❷ (Kunde) [qui vient] de l'extérieur ❸ (Angelegenheiten) extérieur(e); (Vertretung) étranger(-ère)
auswärts ['ausvɛrts] adv à l'extérieur
Auswärtsspiel nt match m à l'extérieur
auswechselbar adj (Begriff) interchangeable; (Element) remplaçable
aus|wechseln vt (Spieler) remplacer; (Zündkerzen) changer
Auswechs[e]lung <-, -en> f (einer Person) remplacement m; (eines Teils) changement m
Ausweg m issue f
ausweglos adj (Lage) sans issue; (Situation) désespéré(e)
Ausweglosigkeit <-> f désespoir m
aus|weichen vi irr + sein ❶ éviter ❷ fig ~de Antworten geben répondre évasivement ❸ (als Alternative wählen) se rabattre
aus|weinen vr sich bei jdm ~ soulager son cœur auprès de qn
Ausweis ['ausvais] <-es, -e> m carte f; (Personalausweis) carte f d'identité
aus|weisen irr I. vt (des Landes verweisen) expulser II. vr sich ~ justifier son identité
Ausweiskontrolle f contrôle m d'identité
Ausweisung f (Abschiebung) expulsion f
aus|weiten I. vt ❶ (weiter machen) élargir ❷ (Kontakte, Handel) développer II. vr (sich ausdehnen) sich zu etw ~ (Konflikt) dégénérer en qc
Ausweitung <-, -en> f (eines Konflikts) extension f
auswendig adv etw ~ lernen/können apprendre/savoir qc par cœur
aus|werfen vt irr ❶ (Anker, Netz) jeter ❷ (Lava, Asche) cracher ❸ INFORM (Informationen) sortir ❹ (Dividende) allouer
aus|werten vt (Zeitungen) éplucher; (Statistiken) dépouiller
Auswertung f (von Zeitungen) épluchage m; (einer Statistik) dépouillement m

aus|wirken *vr* sich negativ/positiv auf etw *(akk)* ~ avoir des répercussions négatives/positives sur qc

Auswirkung *f* répercussion *f souvent pl*

aus|wringen ['aʊsvrɪŋən] *vt irr* tordre

Auswuchs <-es, Auswüchse> *m* ❶ MED excroissance *f* ❷ *(Missstand)* excès *m*

Auswurf *m* ❶ MED expectoration *f* ❷ *kein Pl (das Auswerfen: von Lava)* projection *f*

aus|zahlen *vt* ❶ *(Gehalt)* verser ❷ *(Gläubiger)* désintéresser; *(Kompagnon)* rembourser

Auszahlung *f* ❶ *(eines Gehalts)* versement *m*; *(eines Erbteils)* paiement *m*; **die ~ der Löhne** la paie ❷ *(einer Person)* remboursement *m*

aus|zeichnen I. *vt* ❶ *(Ware)* étiqueter ❷ *(ehren)* décerner ❸ *(Person)* distinguer II. *vr* sich durch etw ~ se distinguer par qc

Auszeichnung *f* ❶ *kein Pl (eines Artikels)* étiquetage *m* ❷ *kein Pl (das Ehren)* distinction *f* honorifique ❸ *(Orden)* décoration *f* ❹ *(Preis)* prix *m*

ausziehbar *adj (Antenne)* télescopique; *(Tisch)* à rallonges

aus|ziehen *irr* I. *vt* + *haben* ❶ *(Person)* déshabiller ❷ *(Kleidungsstück)* enlever ❸ *(Tisch)* [r]allonger; *(Antenne)* [é]tirer II. *vi* + *sein (Wohnung aufgeben)* déménager III. *vr* + *haben* sich ~ se déshabiller

Auszubildende(r) <-n, -n> *f|m| dekl wie adj* apprenti(e) *m(f)*

Auszug <-[e]s, Auszüge> *m* ❶ *(Umzug)* déménagement *m* ❷ *(Auswanderung)* procession *f*; **der ~ aus Ägypten** l'Exode *m* [des Hébreux] ❸ *(eines Textes)* extrait *m* ❹ *(Kontoauszug)* relevé *m*

auszugsweise *adv* par extraits

autark [aʊ'tark] *adj (Land)* qui vit en autarcie; *(Wirtschaft)* autosuffisant(e)

authentisch [aʊ'tɛntɪʃ] *adj* authentique

Auto ['aʊto] <-s, -s> *nt* voiture *f*; ~ **fahren** conduire; *(mitfahren)* aller en voiture; **mit dem ~ fahren** prendre la voiture

Autobahn *f* autoroute *f* **Autobahnausfahrt** *f* sortie *f* d'autoroute **Autobahngebühr** *f* péage *m* **Autobahnkreuz** *nt* échangeur *m* **Autobahnraststätte** *f* restoroute® *m*

Autobiografie[RR] [aʊtobiogra'fi:], **Autobiographie** *f* autobiographie *f*

Autobombe *f* voiture *f* piégée

Autodidakt(in) [aʊtodi'dakt] <-en, -en> *m(f)* autodidacte *mf*

autodidaktisch *adj* autodidacte

Autofahrer(in) *m(f)* automobiliste *mf* **Autofahrt** *f* trajet *m* en voiture

autogen [aʊto'ge:n] *adj* autogène

Autogramm [aʊto'gram] <-s, -e> *nt* autographe *m*

Automat [aʊto'ma:t] <-en, -en> *m* distributeur *m* [automatique]; *(Musikautomat)* juke-box *m*; *(Spielautomat)* machine *f* à sous

Automatik [aʊto'ma:tɪk] <-, -en> *f* ❶ *(Steuerungsautomatik)* automatisme *m* ❷ *(~getriebe)* embrayage *m* automatique

automatisch [aʊto'ma:tɪʃ] *adj* automatique

automatisieren* [aʊtomati'zi:rən] *vt* automatiser

Automechaniker(in) *m(f)* mécanicien(ne) *m(f)* [-auto]

autonom [aʊto'no:m] *adj* autonome

Autonome(r) *f(m) dekl wie adj* autonomiste *mf*

Autonomie [aʊtono'mi:] <-, -n> *f* autonomie *f*

Autonummer *f* numéro *m* d'immatriculation *f*

Autopilot *m* TECH pilotage *m* automatique

Autopsie [aʊtɔ'psi:] <-, -n> *f* autopsie *f*

Autor ['aʊto:ɐ] <-s, -toren> *m*, **Autorin** *f* auteur *m*

Autoradio *nt* autoradio *m* **Autoreifen** *m* pneu *m* [de voiture] **Autorennen** *nt* course *f* automobile

autoritär [aʊtori'tɛ:ɐ] *adj* autoritaire

Autorität [aʊtori'tɛ:t] <-, -en> *f* autorité *f*

Autoschlüssel *m* clé *f* de voiture **Autoskooter** ['aʊtosku:te] <-s, -> *m* auto *f* tamponneuse **Autotelefon** *nt* radiotéléphone *m* **Autotür** *f* portière *f* **Autounfall** *m* accident *m* de voiture **Autoverleih** *m* agence *f* de location de voitures **Autowerkstatt** *f* garage *m*

autsch [aʊtʃ] *interj fam* aïe

auwei[a] *interj* oh là là

Avantgarde [avã'gardə] <-, -n> *f geh* avantgarde *f*

Avocado [avo'ka:do] <-, -s> *f* avocat *m*

Axt [akst, *Pl:* 'ɛkstə] <-, Äxte> *f* hache *f*

Azteke [ats'te:kə] <-n, -n> *m*, **Aztekin** *f* Aztèque *m*

Azubi [a'tsu:bi] <-s, -s> *m*, <-, -s> *f fam Abk von* **Auszubildende(r)** apprenti(e) *m(f)*

B

B, b [be:] <-, -> *nt* (*Buchstabe*) B *m*/b *m*

Baby ['be:bi] <-s, -s> *nt* bébé *m*

Babyjahr *nt fam* congé *m* parental d'éducation **babysitten** ['be:bɪzɪtən] *vi nur Infin* faire du baby-sitting **Babysitter(in)** ['be:bɪzɪtɐ] <-s, -> *m(f)* baby-sitter *mf*

Bach [bax, *Pl:* 'bɛçə] <-[e]s, Bäche> *m* ruisseau *m*; (*Gebirgsbach*) torrent *m*

Backblech *nt* plaque *f* de four

backbord[s] *adv* NAUT à bâbord

Backe ['bakə] <-, -n> *f* ① (*Wange*) joue *f* ② *fam* (*Pobacke*) fesse *f* ③ TECH mâchoire *f*

backen ['bakən] <backt, backte, gebacken> I. *vt* (*Kuchen*) faire; **selbst gebacken** fait(e) maison II. *vi* cuire

Backenknochen *m* pommette *f* **Backenzahn** *m* molaire *f*

Bäcker ['bɛkɐ] <-s, -> *m* ① boulanger *m* ② (*Bäckerei*) **zum ~ gehen** aller à la boulangerie; **beim ~** chez le boulanger

Bäckerei [bɛkə'raɪ] <-, -en> *f* boulangerie *f*

Bäckerin <-, -nen> *f* boulangère *f*

Backform *f* moule *m* à gâteau **Backofen** *m* four *m* **Backpflaume** *f* pruneau *m* **Backpulver** *nt* levure *f* chimique

Backspace-Taste ['bækspeɪstastə] *f* INFORM touche *f* Retour arrière

Backstein *m* brique *f* **Backstube** *f* fournil *m*

Backup [bɛk'ʔap] *nt* INFORM copie *f* de sauvegarde

Bad [ba:t, *Pl:* 'bɛ:dɐ] <-[e]s, Bäder> *nt* ① *a.* CHEM bain *m* ② (*das Schwimmen*) baignade *f* ③ (*Badezimmer*) salle *f* de bains ④ (*Schwimmbad*) piscine *f* ⑤ (*Kurort*) station *f* thermale

Badeanzug *m* maillot *m* de bain [une pièce] **Badehose** *f* maillot *m* de bain **Badekappe** *f* bonnet *m* de bain **Bademantel** *m* peignoir *m* **Bademeister(in)** *m(f)* maître-nageur *m*

baden ['ba:dən] I. *vi* ① prendre un bain ② (*schwimmen*) se baigner II. *vt* (*Kind*) donner un bain à

Baden-Württemberg <-s> *nt* le Bade-Wurtemberg

Badewanne *f* baignoire *f* **Badezimmer** *nt*

salle *f* de bains

Badminton ['bætmɪntən] <-> *nt* badminton *m*

baff [baf] *adj fam* ►**~ sein** en être baba

BAföG ['ba:fœk] <-> *nt Abk von* **Bundesausbildungsförderungsgesetz** *fam* (*Stipendium*) ≈ bourse *f* d'études (*en partie à titre de prêt*)

Bagatelle [baga'tɛlə] <-, -n> *f* bagatelle *f*

Bagger ['bagɐ] <-s, -> *m* excavatrice *f*

baggern *vt, vi* creuser

Baggersee *m* lac *m* artificiel

Bahn [ba:n] <-, -en> *f* ① (*Eisenbahn*) train *m*; **mit der ~** par le train; **per ~** par voie ferrée ② (*Verkehrsnetz, Verwaltung der Eisenbahn*) chemins *mpl* de fer ③ (*Straßenbahn*) tram *m* ④ SPORT piste *f*; (*eines Schwimmbeckens*) couloir *m* ⑤ (*einer Rakete*) trajectoire *f*; (*eines Himmelskörpers*) orbite *f* ⑥ (*Stoffbahn*) lé *m*; (*Tapetenbahn*) panneau *m* ⑦ (*Fahrbahn*) voie *f* ►**~ frei!** cédez le passage!; **aus der ~!** barrez-vous! (*fam*)

Bahnbeamte(r) *m dekl wie adj*, **-beamtin** *f* employé(e) *m(f)* des chemins de fer

Bahndamm *m* remblai *m*

bahnen ['ba:nən] *vt* **sich** (*dat*) **einen Weg ~** (*Person*) se frayer un chemin; (*Fluss*) se creuser un passage

Bahnfahrt *f* voyage *m* en train **Bahngleis** *nt* voie *f* ferrée **Bahnhof** *m* gare *f* **Bahnlinie** *f* ligne *f* de chemin de fer **Bahnschranke** *f*, **Bahnschranken** *m* A barrière *f* de passage à niveau **Bahnsteig** *m* quai *m* de gare **Bahnübergang** *m* **beschrankter/unbeschrankter ~** passage *m* à niveau muni de barrières/sans barrières **Bahnwärter(in)** *m(f)* garde-barrière *mf*

Bahre ['ba:rə] <-, -n> *f* (*Krankenbahre*) civière *f*; (*Totenbahre*) catafalque *m*

Baiser [bɛ'ze:] <-s, -s> *nt* GASTR meringue *f*

Baisse ['bɛ:sə] <-, -n> *f* FIN baisse *f*

Bakterie [bak'te:riə] <-, -n> *f meist Pl* bactérie *f*

bakteriell [bakte'riɛl] I. *adj* bactérien(ne) II. *adv* par des bactéries

bakteriologisch [bakterio'lo:gɪʃ] *adj* bactériologique

Balance [ba'lã:sə] <-, -n> *f* équilibre *m*

balancieren* [balā'si:rən] I. *vt* + *haben* tenir en équilibre II. *vi* + *sein* (*sich bewegen*) se tenir en équilibre

bald [balt] <eher, am ehesten> I. *adv*
❶ (*in Kürze*) bientôt; **so ~ wie möglich** le
plus tôt possible; **nicht so ~** pas de si tôt;
bis ~! à bientôt! ❷ (*schnell*) vite; **~ darauf**
peu après ❸ (*fast*) presque; **~ wäre ich
hingefallen** j'ai failli tomber ❹ *fam* (*endlich*) enfin II. *konj geh* **~ regnet es** il va
pleuvoir sous peu

baldig ['baldɪç] *adj attr* (*Antwort*) rapide;
(*Besuch*) prochain(e); (*Genesung*) prompt(e)

baldmöglichst *adj form* dans les plus brefs
délais

Baldrian ['baldria:n] <-s, -e> *m* valériane *f*

Balg[1] [balk, *Pl*: 'bɛlgə] <-[e]s, Bälge> *m*
❶ soufflet *m* ❷ (*Tierhaut*) peau *f*

Balg[2] [balk, *Pl*: 'bɛlgə] <-[e]s, Bälger> *m o
nt pej fam* (*Kind*) mioche *m*

balgen ['balgən] *vr* **sich um etw ~** se chamailler pour qc

Balgerei [balgə'raɪ] <-, -en> *f* bagarre *f*

Balkan ['balka:n] <-s> *m* **der ~** les Balkans
mpl; (*das Gebirge*) le [mont] Balkan; **auf
dem ~** dans les Balkans

Balken ['balkən] <-s, -> *m* ❶ (*Holzbalken*)
poutre *f* ❷ (*Stützbalken*) pilier *m* ❸ (*Schwebebalken*) poutre *f* ❹ TYP barre *f*

Balkon [bal'kɔŋ] <-s, -s> *m* balcon *m*

Ball[1] [bal, *Pl*: 'bɛlə] <-[e]s, Bälle> *m* ❶ balle
f; (*in der Größe eines Fußballs*) ballon *m*; **~
spielen** jouer à la balle/au ballon ❷ (*runder Gegenstand*) boule *f* ❸ (*Tanzfest*) bal *m*

Ballade [ba'la:də] <-, -n> *f* ballade *f*

Ballast [ba'last] <-[e]s, -e> *m* ❶ lest *m*
❷ (*Unnützes*) poids *m* mort ❸ (*lästiger
Mensch*) charge *f*

Ballaststoffe *Pl* fibres *fpl* [alimentaires]

ballen ['balən] I. *vt* **die Faust ~** serrer le
poing II. *vr* **sich ~** (*Verkehr*) se concentrer;
(*Probleme*) s'accumuler

Ballen ['balən] <-s, -> *m* ❶ (*Packen*) balle *f*;
(*klein*) ballot *m* ❷ ANAT éminence *f*; (*Teil der
Pfote*) coussinet *m*

Ballerina [balə'ri:na] <-, Ballerinen> *f* ballerine *f*

ballern ['balən] *fam* I. *vi* (*Knallkörper zünden*) faire du boucan avec des pétards II. *vt*
▶**jdm eine ~** en mettre une à qn

Ballett [ba'lɛt] <-[e]s, -e> *nt* ballet *m*

Balletttänzer[RR](**in**) *m(f)* danseur(-euse) *m(f)*

Ballon [ba'lɔŋ] *m* ballon *m*

Ballsaal *m* salle *f* de bal

Ballspiel *nt* jeu *m* de ballon

Ballung [ba'lʊŋ] <-, -en> *f* concentration *f*

Ballungsgebiet *nt* région *f* à forte concentration urbaine

Balsam ['balza:m] <-s, Balsame> *m*
baume *m*

Baltikum ['baltikʊm] <-s> *nt* **das ~** les pays
mpl baltes

baltisch *adj* balte

Balz [balts] <-> *f* ❶ parade *f* nuptiale
❷ (*~zeit*) pariade *f*

balzen *vi* ❶ (*Vogel*) effectuer une parade
nuptiale ❷ *hum* (*Mann*) se pavaner

Bambus ['bambʊs] <-[ses], -se> *m* bambou *m*

banal [ba'na:l] *adj* banal(e)

banalisieren* *vt geh* banaliser

Banalität [banali'tɛ:t] <-, -en> *f* banalité *f*

Banane [ba'na:nə] <-, -n> *f* banane *f*

Banause [ba'naʊzə] <-n, -n> *m pej* **du ~!**
espèce d'ignare!

band [bant] *Imp von* **binden**

Band[1] [bant, *Pl*: 'bɛndə] <-[e]s, Bänder> *nt*
❶ ruban *m* ❷ (*Tonband*) bande *f* [magnétique] ❸ (*Fließband*) chaîne *f*; (*Förderband*)
tapis *m* ❹ *meist Pl* ANAT ligament *m* ▶**am
laufenden ~** *fam* sans arrêt; (*produzieren*)
en série

Band[2] [bant, *Pl*: 'bɛndə] <-[e]s, Bände> *m*
LITER volume *m*

Band[3] [bɛnt] <-, -s> *f* MUS groupe *m*

Bandage [ban'da:ʒə] <-, -n> *f* bandage *m*

bandagieren* [banda'ʒi:rən] *vt* bander

Bandbreite *f* (*von Gehältern*) échelle *f*; (*von
Meinungen*) éventail *m*; (*von Wechselkursen*) marge *f* de fluctuation

Bande[1] ['bandə] <-, -n> *f* ❶ (*Verbrecherbande*) gang *m* ❷ *fam* (*Kinder*) bande *f*

Bande[2] <-, -n> *f* SPORT bande *f*

Bändel[RR] *m* lacet *m*

Bänderriss[RR] *m* MED déchirure *f* des ligaments **Bänderzerrung** *f* claquage *m*

bändigen ['bɛndɪgən] *vt* ❶ dompter ❷ (*Kind*)
en venir à bout avec

Bandit(in) [ban'di:t] <-en, -en> *m(f)* bandit
m

Bandmaß *nt* mètre *m* souple; (*aus Metall*)
mètre à ruban **Bandscheibe** *f* disque *m*
[intervertébral] **Bandwurm** *m* ver *m* solitaire

Bange ['baŋə] *f* [*nur*] **keine ~!** *fam* pas de
panique!

bangen ['baŋən] *vi geh* trembler; **jdm bangt**

[es] **vor etw** qn s'inquiète pour qc

Bank¹ [baŋk, *Pl:* 'bɛŋkə] <-, Bänke> *f* ❶ banc *m* ❷ (*Werkbank*) établi *m*

Bank² <-, -en> *f* (*Geldinstitut*) banque *f*

Bankautomat *m* distributeur *m* automatique de billets

Bankett [baŋ'kɛt] <-[e]s, -e> *nt* banquet *m*

Bankgeheimnis *nt* secret *m* bancaire **Bankguthaben** *nt* avoir *m* en banque

Bankier [baŋ'kje:] <-s, -s> *m* banquier *m*

Bankkaufmann *m*, **-kauffrau** *f* employé(e) *m(f)* de banque diplômé(e) **Bankkonto** *nt* compte *m* en banque **Bankleitzahl** *f* code *m* banque **Banknote** *f* billet *m* [de banque] **Bankraub** *m* hold-up *m* **Bankräuber(in)** *m(f)* cambrioleur(-euse) *m(f)* de banque

bankrott [baŋ'krɔt] *adj* en faillite

Bankrott [baŋ'krɔt] <-[e]s, -e> *m* faillite *f;* ~ **gehen** faire faillite

Banküberfall *m* hold-up *m* **Bankverbindung** *f* coordonnées *fpl* bancaires

Bann [ban] <-[e]s, -e> *m* ❶ *geh* (*Einfluss*) envoûtement *m* ❷ HIST bannissement *m; REL* anathème *m* ▶**jdn in seinen ~ ziehen** fasciner qn

bannen ['banən] *vt* ❶ *geh* (*Zuschauer*) fasciner ❷ (*Gefahr*) conjurer ❸ (*exkommunizieren*) anathématiser

Banner ['banɐ] <-s, -> *nt* étendard *m*

bar [baːɐ̯] I. *adj* ❶ en liquide; **in ~ en espèces** ❷ (*Zufall*) pur(e) II. *adv* ~ **zahlen** payer en espèces

Bar [baːɐ̯] <-, -s> *f* ❶ (*Nachtlokal*) boîte *f* de nuit ❷ (*Theke*) bar *m*

Bär [bɛːɐ̯] <-en, -en> *m* ours *m*

Baracke [ba'rakə] <-, -n> *f* baraque *f*

Barbar(in) <-en, -en> *m(f)* barbare *mf* ▶**sich wie die ~en benehmen** se comporter comme des sauvages

Barbarei [barba'raɪ] <-, -en> *f* barbarie *f*

barbarisch I. *adj a.* HIST barbare II. *adv* sauvagement

Bärenhunger *m* faim *f* de loup

Barett [ba'rɛt] <-[e]s, -e> *nt* ❶ MIL béret *m* ❷ UNIV, JUR toque *f* ❸ REL barrette *f*

barfuß *adj* ~ **gehen** marcher pieds nus

barg [bark] *Imp von* **bergen**

Bargeld *nt* argent *m* liquide

bargeldlos *adj* **der ~e Zahlungsverkehr** la transaction par virement

Barhocker *m* tabouret *m* de bar

Bärin *f* ourse *f*

Bariton ['baːritɔn] <-s, -e> *m* baryton *m*

Barium ['baːrɪʊm] <-s> *nt* CHEM baryum *m*

Barkeeper ['baːɐ̯kiːpɐ] <-s, -> *m* barman *m*

barmherzig [barm'hɛrtsɪç] *adj* charitable; (*Gott*) miséricordieux(-euse)

Barmherzigkeit <-> *f* charité *f;* (*Gottes*) miséricorde *f*

barock [ba'rɔk] *adj* baroque

Barock <-[s]> *nt o m* baroque *m*

Barometer [baro'meːtɐ] <-s, -> *nt a. fig* baromètre *m*

Baron(in) [ba'roːn] <-s, -e> *m(f)* baron(ne) *m(f)*

Baronessᴿᴿ <-, -en> *f* baronne *f*

Barren ['barən] <-s, -> *m* ❶ barres *fpl* parallèles ❷ (*Goldbarren*) lingot *m*

Barriere [ba'rjeːrə] <-, -n> *f* ❶ barrière *f* ❷ PSYCH blocage *m*

Barrikade [bari'kaːdə] <-, -n> *f* barricade *f*

barsch [barʃ] I. *adj* brusque II. *adv* brutalement

Barsch [baːɐ̯ʃ] <-[e]s, -e> *m* perche *f*

barst [barst] *Imp von* **bersten**

Bart [baːɐ̯t, *Pl:* 'bɛːɐ̯tə] <-[e]s, Bärte> *m* ❶ (*Vollbart*) barbe *f;* (*Schnurrbart*) moustache *f;* (*Kinnbart*) bouc *m* ❷ (*Tasthaare*) moustaches *fpl* ❸ (*Teil eines Schlüssels*) panneton *m*

bärtig ['bɛːɐ̯tɪç] *adj* barbu(e)

Bartwisch *m* A balayette *f*

Barzahlung *f* paiement *m* en espèces

Basar [ba'zaːɐ̯] <-s, -e> *m* ❶ (*Markt*) bazar *m* ❷ (*Wohltätigkeitsbasar*) vente *f* de charité

Base ['baːzə] <-, -n> *f* CHEM base *f*

Baseball ['beɪsbɔːl] <-s> *m* base-ball *m*

Basel ['baːzəl] <-s> *nt* Bâle

Basen *Pl von* **Basis, Base**

basieren* [ba'ziːrən] *vi* **auf einer S.** ~ s'appuyer sur qc

Basilika [ba'ziːlika] <-, Basiliken> *f* basilique *f*

Basilikum [ba'ziːlikʊm] <-s> *nt* basilic *m*

Basis ['baːzɪs] <-, Basen> *f* base *f*

basisch ['baːzɪʃ] CHEM *adj* basique

Basisdemokratie *f* démocratie *f* directe

Baske ['baskə] <-n, -n> *m*, **Baskin** *f* Basque *mf*

Baskenland *nt* **das ~** le Pays basque **Baskenmütze** *f* béret *m* basque

Basketball *m* basket[-ball] *m*

baskisch ['baskɪʃ] *adj* basque

Bassᴿᴿ [bas, *Pl:* 'bɛsə] <-es, Bässe>, **Baß**ᴬᴸᵀ

<-sses, Bässe> *m* ❶ MUS basse *f* ❷ RADIO, TV basses *fpl*

Bassin [ba'sɛ̃ː] <-s, -s> *nt* ❶ (*Schwimmbecken*) bassin *m* ❷ (*Behälter*) citerne *f*

Bassist(in) <-en, -en> *m(f)* ❶ (*Sänger*) basse *f* ❷ (*Streicher*) [contre]bassiste *mf*

Bassschlüsselʀʀ *m* clé *f* de fa **Bassstimme**ʀʀ *f* [voix *f* de] basse *f*

Bast [bast] <-[e]s, -e> *m* raphia *m*

basta ['basta] *interj fam* basta

Bastard ['bastart] <-[e]s, -e> *m* ❶ *pej fam* (*Schimpfwort*) fils *m* de pute ❷ HIST bâtard(e) *m(f)* ❸ BOT hybride *m*

basteln ['bastəln] *vt, vi* bricoler

Bastion [bas'tjoːn] <-, -en> *f* bastion *m*

Bastler(in) ['bastlɐ] <-s, -> *m(f)* bricoleur (-euse) *m(f)*

bat [baːt] *Imp von* **bitten**

Bataillon [batal'joːn] <-s, -e> *nt* bataillon *m*

Batik ['baːtɪk] <-, -en> *f* batik *m*

Batterie [batə'riː] <-, -n> *f* ❶ pile *f*; (*Autobatterie*) batterie *f* ❷ (*Mischbatterie*) mélangeur *m*

Bau¹ [bau] <-[e]s, -ten> *m* ❶ *kein Pl* (*das Bauen*) construction *f* ❷ (*Gebäude*) bâtiment *m* ❸ (*~werk*) édifice *m* ❹ *kein Pl fam* (*~stelle*) chantier *m* ❺ *kein Pl fam* (*Arrestzelle*) trou *m*

Bau² <-[e]s, -e> *m* (*Fuchsbau*) terrier *m*

Bauarbeiten *Pl* travaux *mpl* **Bauarbeiter(in)** *m(f)* ouvrier(-ière) *m(f)* du bâtiment

Bauch [baux, *Pl:* 'bɔʏçə] <-[e]s, Bäuche> *m* ❶ ventre *m* ❷ *fig* (*eines Schiffs*) coque *f*; (*eines Flugzeugs*) soute *f* ▸**aus dem ~** [heraus] instinctivement

Bauchfell *nt* ANAT péritoine *m* **Bauchhöhle** *f* cavité *f* abdominale

bauchig ['bauxɪç] *adj* bombé(e)

Bauchnabel *m* nombril *m* **Bauchredner(in)** *m(f)* ventriloque *mf* **Bauchschmerzen** *Pl* mal *m* au ventre **Bauchspeicheldrüse** *f* ANAT pancréas *m* **Bauchweh** *s.* **Bauchschmerzen**

bauen ['bauən] **I.** *vt* ❶ (*Gebäude*) construire; (*Nest*) faire ❷ (*Möbel*) fabriquer; (*Maschine*) construire ❸ *fam* (*Unfall*) provoquer **II.** *vi* ❶ (*ein Haus ~*) [faire] construire ❷ (*vertrauen*) **auf jdn/etw ~** compter sur qn/qc

Bauer¹ ['bauɐ] <-n, -n> *m* ❶ paysan *m*; (*Landwirt*) agriculteur *m* ❷ *pej fam* plouc *m* ❸ SPIEL pion *m*

Bauer² <-s, -> *nt o m* (*Vogelkäfig*) cage *f*

Bäuerchen <-s, -> *nt Kinderspr.* [ein] ~ **machen** faire son rot (*fam*)

Bäuerin ['bɔʏərɪn] *f* paysanne *f*; (*Landwirtin*) agricultrice *f*

bäuerlich ['bɔʏɐlɪç] *adj* (*ländlich*) agricole

Bauernhaus *nt* ferme *f* **Bauernhof** *m* ferme *f*

baufällig *adj* délabré(e)

Baufirma *f* entreprise *f* de construction **Baugenehmigung** *f* permis *m* de construire **Baugerüst** *nt* échafaudage *m* **Baugewerbe** *nt* [industrie *f* du] bâtiment *m* **Bauherr(in)** *m(f)* maître *m* d'ouvrage **Baujahr** *nt* (*eines Gebäudes*) année *f* de construction; (*eines Autos*) année *f* de fabrication **Baukasten** *m* jeu *m* de construction **Bauklotz** *m* pièce *f* de jeu de construction **Bauland** *nt* terrain *m* constructible **Baulärm** *m kein pl* bruit *m* de[s] travaux [de construction] **Bauleiter(in)** *m(f)* chef *m* de chantier

baulich *adj* ~**e Veränderungen vornehmen** faire des transformations

Baum [baum, *Pl:* 'bɔʏmə] <-[e]s, Bäume> *m* ❶ arbre *m* ❷ *fam* (*Weihnachtsbaum*) sapin *m*

Baumeister(in) *m(f)* ❶ HIST maître *m* d'œuvre ❷ *geh* (*Architekt*) architecte *mf*

baumeln ['baumeln] *vi fam* pendouiller

Baumkrone *f* cime *f* de l'arbre **Baumnuss**ʀʀ *f* CH noix *f* **Baumschule** *f* pépinière *f* **Baumstamm** *m* tronc *m* d'arbre **Baumsterben** *nt* dépérissement *m* des arbres **Baumstruktur** *f* structure *f* arborescente **Baumwolle** *f* coton *m*

Bausatz *m* kit *m*

Bausch [bauʃ] <-es, -e> *m* tampon *m*

bauschig *adj* bouffant(e)

Bauschutt *m* gravats *mpl* **Bausparkasse** *f* caisse *f* d'épargne-logement **Bausparvertrag** *m* plan *m* d'épargne-logement **Baustein** *m* ❶ (*Stein*) pierre *f* de construction ❷ INFORM **elektronischer** ~ composant *m* électronique ❸ (*Bestandteil*) élément *m* constitutif **Baustelle** *f* chantier *m*

Bauten *Pl von* **Bau**¹

Bauunternehmen *nt* entreprise *f* de bâtiment **Bauvorhaben** *nt* projet *m* de construction **Bauwerk** *nt* construction *f*

Bayer(in) ['baɪɐ] <-n, -n> *m(f)* Bavarois(e) *m(f)*

B

bayerisch ['baiərɪʃ] *adj* bavarois(e)

Bayern ['bajen] <-s> *nt* la Bavière

bayrisch ['bairɪʃ] *s.* **bayerisch**

Bazillus [ba'tsɪlʊs] <-, Bazillen> *m* bacille *m*

Bd., Bde. *Abk von* **Band, Bände**

beabsichtigen* [bə'?apzɪçtɪgən] *vt* ❶ envisager; **wie beabsichtigt** comme prévu ❷ (*bezwecken*) **das war beabsichtigt** c'était voulu

beachten* *vt* ❶ (*Ratschlag*) suivre; (*Vorfahrt*) respecter ❷ (*berücksichtigen*) tenir compte de ❸ (*mit Aufmerksamkeit bedenken*) faire attention à

beachtenswert *adj* remarquable

beachtlich *adj* ❶ considérable; (*Leistung*) remarquable ❷ (*Stellung*) important(e)

Beachtung <-> *f* ❶ (*einer Anleitung*) observation *f*; (*einer Vorschrift*) respect *m* ❷ (*Aufmerksamkeit*) ~ **schenken** prêter attention

Beamte(r) [bə'?amtə] *m dekl wie adj*, **Beamtin** *f* fonctionnaire *mf*; (~ *in öffentlichen Ämtern*) employé(e) *m(f)*

beamtet *adj* fonctionnarisé(e); (*Lehrer*) titulaire

beängstigend *adj* inquiétant(e)

beanspruchen* [bə'?anʃprʊxən] *vt* ❶ (*Schadenersatz*) demander ❷ (*Zeit*) prendre ❸ (*Kraft*) accaparer

Beanspruchung <-, -en> *f* ❶ (*eines Territoriums*) revendication *f*; (*eines Schadenersatzes*) réclamation *f* ❷ (*Inanspruchnahme*) sollicitation *f*

beanstanden* *vt* critiquer

Beanstandung <-, -en> *f* critique *f*; (*von Waren*) réclamation *f*

beantragen* *vt* ❶ demander ❷ JUR requérir ❸ POL proposer

beantworten* [bə'?antvɔrtən] *vt* répondre à

bearbeiten* *vt* ❶ (*Antrag*) s'occuper de ❷ (*Material*) travailler ❸ (*behandeln*) traiter ❹ (*Manuskript*) remanier; (*Musikstück*) arranger; (*Buch*) adapter

Bearbeitung <-, -en> *f* ❶ (*eines Werkstoffs*) travail *m* ❷ (*eines Antrags*) traitement *m* ❸ (*die Überarbeitung*) remaniement *m*; MUS arrangement *m*; CINE, THEAT adaptation *f* ❹ (*eines Buchs*) nouvelle édition *f*

beatmen* *vt* (*Mund zu Mund*) faire du bouche-à-bouche; (*künstlich*) pratiquer la respiration artificielle

beaufsichtigen* [bə'?aufzɪçtɪgən] *vt* surveiller

beauftragen* *vt* charger

bebauen* *vt* ❶ construire ❷ (*Acker*) cultiver

Bebauung <-, -en> *f* ❶ (*das Bebauen*) aménagement *m* ❷ (*Bauten*) construction *f* ❸ (*das Anbauen*) culture *f*

beben ['be:bən] *vi* trembler

Beben ['be:bən] <-s, -> *nt* tremblement *m*

Becher ['bɛçe] <-s, -> *m* gobelet *m*; (*Plastik-, Pappbecher*) verre *m*

bechern ['bɛçen] *vi hum fam* picoler

Becken ['bɛkən] <-s, -> *nt* ❶ bassin *m* ❷ (*Spülbecken*) bac *m* [à évier]; (*Waschbecken*) lavabo *m* ❸ *meist Pl* MUS cymbales *fpl*

bedacht [bə'daxt] **I.** *adj* ❶ (*überlegt*) réfléchi(e) ❷ (*besorgt*) soucieux(-euse); **darauf ~ sein, dass** accorder une grande importance à ce que + *subj* **II.** *adv* avec circonspection

Bedacht ▸**mit** ~ *geh* (*vorsichtig*) avec circonspection; (*absichtlich*) volontairement

bedächtig [bə'dɛçtɪç] **I.** *adj* ❶ (*gemessen*) posé(e) ❷ (*besonnen*) réfléchi(e) **II.** *adv* ❶ (*gemessen*) posément ❷ (*vorsichtig*) avec circonspection

bedanken* *vr* **sich ~** dire merci; **sich bei jdm für etw ~** remercier qn de qc

Bedarf [bə'darf] <-[e]s> *m* besoins *mpl*

bedauerlich [bə'dauelɪç] *adj* regrettable

bedauerlicherweise [bə'dauelɪçe'vaizə] *adv* malheureusement

bedauern* [bə'dauen] *vt* ❶ regretter ❷ (*bemitleiden*) plaindre

Bedauern <-s> *nt* ❶ regret *m* ❷ (*Mitgefühl*) sympathie *f*

bedauernswert *adj*, **bedauernswürdig** *adj geh* malheureux(-euse) *antéposé;* ~ **sein** être à plaindre

bedecken* **I.** *vt* ❶ (*zudecken*) recouvrir ❷ (*überhäufen*) couvrir **II.** *vr* **sich mit etw ~** se couvrir de qc

bedeckt *adj* couvert(e)

bedenken* *vt irr* ❶ penser à ❷ (*Maßnahmen*) réfléchir à; **jdm zu ~ geben, dass …** faire remarquer à qn que …

Bedenken <-s, -> *nt* ❶ *Pl* doutes *fpl;* ~ **haben** émettre des réserves ❷ *kein Pl* (*das Überlegen*) réflexion *f*

bedenklich *adj* ❶ (*Methoden*) douteux (-euse) ❷ (*Gesundheitszustand*) critique ❸ (*Miene*) préoccupé(e)

Bedenkzeit *f* délai *m* de réflexion

bedeuten* vt ❶ (*ausdrücken*) signifier; (*meinen*) vouloir dire; (*versinnbildlichen*) symboliser ❷ (*ankündigen*) présager ❸ (*gelten*) **Geld bedeutet mir viel** j'attache beaucoup d'importance à l'argent

bedeutend I. adj important(e); (*Leistung*) remarquable; (*Erfolg*) considérable **II.** adv (*beträchtlich*) nettement

bedeutsam adj ❶ important(e); (*Fortschritt*) considérable ❷ (*viel sagend*) significatif(-ive)

Bedeutung <-, -en> f ❶ (*Sinn*) sens m ❷ (*Wichtigkeit*) importance f; (*Geltung*) valeur f

bedeutungslos adj insignifiant(e)

Bedeutungslosigkeit <-> f insignifiance f

bedienen* I. vt ❶ servir; **werden Sie schon bedient?** on s'occupe de vous? ❷ (*umsorgen*) **sich von jdm ~ lassen** se faire servir par qn ❸ (*Telefon*) se servir de; (*Computer*) faire fonctionner; (*Maschine*) faire marcher ❹ SPIEL fournir à **II.** vi ❶ servir ❷ SPIEL fournir **III.** vr **sich** ~ se servir; ~ **Sie sich!** servez-vous!

Bedienung <-, -en> f ❶ kein Pl utilisation f; (*einer Schaltzentrale*) fonctionnement m ❷ kein Pl (*eines Kunden*) service m ❸ (*Kellner*) garçon m; (*Kellnerin*) serveuse f; ~! garçon/Mademoiselle!

Bedienungsanleitung f mode m d'emploi

Bedienungsfehler m erreur f de manipulation

bedingen* vt ❶ (*verursachen*) provoquer; **durch etw bedingt sein** être dû à qc ❷ (*verlangen*) nécessiter

bedingt I. adv (*eingeschränkt*) partiellement **II.** adj conditionnel(le)

Bedingung <-, -en> f condition f

bedingungslos I. adj sans condition **II.** adv inconditionnellement

bedrängen* vt ❶ harceler; **jdn ~ etw zu tun** presser qn de faire qc ❷ SPORT pousser ❸ (*belasten*) tourmenter

Bedrängnis <-, -se> f geh détresse f

bedrohen* vt menacer

bedrohlich I. adj menaçant(e) **II.** adv de façon menaçante

Bedrohung f menace f

bedrucken* vt imprimer

bedrücken* vt tourmenter

bedrückend adj (*Nachricht*) déprimant(e); (*Schweigen*) oppressant(e)

bedrückt I. adj (*Person*) abattu(e); (*Schwei-*

gen) pesant(e) **II.** adv (*schweigen*) lugubrement

bedürfen <bedarf, bedurfte, bedurft> vi geh avoir besoin de

Bedürfnis <-ses, -se> nt besoin m

bedürftig adj (*Person*) dans le besoin

Beefsteak ['bi:fste:k] nt ❶ (*Steak*) bifteck m ❷ (*Frikadelle*) steak m haché

beeiden* vt affirmer sous serment

beeilen* vr **sich** ~ se dépêcher

beeindrucken* vt impressionner

beeindruckend adj impressionnant(e)

beeinflussbar^RR, **beeinflußbar**^ALT adj influençable

beeinflussen* [bə'ʔaɪnflʊsən] vt influencer

beeinträchtigen* [bə'ʔaɪntrɛçtɪgən] vt nuire à; (*Freiheit*) restreindre

Beeinträchtigung <-, -en> f (*einer Beziehung*) dégradation f; (*der Qualität*) détérioration f; (*der Arbeit*) perturbation f; (*der Bewegungsfreiheit*) restriction f

beenden* vt (*Gespräch*) mettre fin à; (*Studium*) terminer; (*Krieg*) cesser; (*Programm*) quitter

Beendigung <-> f fin f

beengen* [bə'ʔɛŋən] vt **jdn** ~ oppresser qn; (*Kleidungsstück*) serrer qn

beengt I. adj étroit(e) **II.** adv (*wohnen*) à l'étroit

beerben* vt hériter

beerdigen* [bə'ʔe:ɐdɪgən] vt enterrer

Beerdigung <-, -en> f enterrement m

Beerdigungsinstitut nt [entreprise f de] pompes fpl funèbres

Beere ['be:rə] <-, -n> f baie f; (*Weinbeere*) grain m

Beet [be:t] <-[e]s, -e> nt plate-bande f

befähigen* [bə'fɛ:ɪgən] vt **jdn zu etw ~** rendre qn capable de qc

Befähigung <-> f (*Können*) compétence f; (*naturgegebene Eignung*) aptitude f; (*Qualifikation*) qualification f

befahl [bə'fa:l] Imp von **befehlen**

befahrbar adj (*Straße*) praticable; (*Wasserweg*) navigable

befahren* vt irr (*Straße*) emprunter; (*Seeweg*) naviguer sur

befallen*[1] vt irr ❶ contaminer; **eine Pflanze ~** (*Schädlinge*) infester une plante ❷ (*Fieber*) être pris de

befallen[2] adj (*Organ*) contaminé(e); (*Pflanze*) infesté(e)

befangen *adj* ❶ inhibé(e) ❷ (*parteiisch*) partial(e)

Befangenheit <-> *f* ❶ (*Gehemmtheit*) inhibitions *fpl* ❷ (*Parteilichkeit*) partialité *f*

befassen* *vr* sich mit jdm/etw ~ s'occuper de qn/qc

Befehl [bə'fe:l] <-[e]s, -e> *m* ❶ ordre *m* ❷ (*~sgewalt*) commandement *m* ❸ INFORM instruction *f* ▶**auf** ~ MIL selon les ordres

befehlen <befiehlt, befahl, befohlen> *vt* ~, dass ordonner que + *subj*

Befehlshaber(in) [bə'fe:lsha:bɐ] <-s, -> *m(f)* commandant(e) *m(f)* **Befehlszeile** *f* INFORM ligne *f* de commande

befestigen* [bə'fɛstɪgən] *vt* ❶ fixer ❷ (*Fahrbahn*) stabiliser; (*Deich*) consolider ❸ MIL fortifier

Befestigung <-, -en> *f* ❶ fixation *f* ❷ MIL fortification *f* ❸ (*einer Fahrbahn*) stabilisation *f*

Befestigungsanlage *f* fortifications *fpl*

befeuchten* *vt* humidifier

befiehlt [bə'fi:lt] 3. Pers Präs von **befehlen**

befinden* *irr* I. *vr* (*sich aufhalten*) être II. *vt form* etw für angemessen ~ considérer qc comme convenable III. *vi geh* über jdn/etw ~ se prononcer sur qn/qc

Befinden <-s> *nt* ❶ état *m* ❷ *geh* (*Meinung*) position *f*

beflecken* *vt* ❶ tacher ❷ *geh* (*Ehre*) salir

beflissen [bə'flɪsən] I. *adj* (*Schüler*) appliqué(e); (*Mitarbeiter*) zélé(e); (*Diener*) empressé(e) II. *adv* avec empressement

befohlen [bə'fo:lən] *PP von* **befehlen**

befolgen* *vt* suivre; (*Vorschrift*) respecter; (*Befehl*) exécuter

befördern* *vt* ❶ transporter; (*Briefe*) acheminer; etw ~ lassen expédier qc ❷ (*aufrücken lassen*) jdn ~ promouvoir qn; befördert werden avoir de l'avancement

Beförderung *f* ❶ transport *m;* (*von Postsendungen*) acheminement *m* ❷ (*eines Mitarbeiters*) promotion *f*; (*eines Beamten*) avancement *m*

befragen* *vt* ❶ interroger; (*Zeugen*) entendre; jdn nach seiner Meinung ~ demander son avis à qn ❷ (*um Rat fragen*) consulter

Befragung <-, -en> *f* ❶ interrogation *f* ❷ (*Umfrage*) sondage *m*

befreien* I. *vt* ❶ libérer ❷ (*freistellen*) dispenser ❸ (*entlasten*) soulager ❹ (*reinigen*) débarrasser II. *vr* sich ~ ❶ (*entkommen*) s'évader ❷ (*Volk*) se libérer

befreiend I. *adj* (*Lachen*) libérateur(-trice) II. *adv* ~ wirken soulager

Befreier(in) <-s, -> *m(f)* libérateur(-trice) *m(f)*

befreit I. *adj* (*Person*) soulagé(e); (*Lächeln*) de soulagement II. *adv* de soulagement

Befreiung <-, -en> *f* ❶ libération *f* ❷ (*Freistellung*) dispense *f* ❸ (*Erlösung*) soulagement *m*

befremden* [bə'frɛmdən] I. *vt* déconcerter II. *vi* paraître insolite

befremdlich *adj geh* déconcertant(e)

befreunden* [bə'frɔyndən] *vr* sich mit jdm ~ se lier d'amitié avec qn

befreundet *adj* (*Person*) ami(e); (*Staat*) allié(e)

befriedigen* [bə'fri:dɪgən] I. *vt* satisfaire II. *vi* (*Lösung*) être satisfaisant III. *vr* sich [selbst] ~ se masturber

befriedigend *adj a.* SCHULE satisfaisant(e)

befriedigt I. *adj* satisfait(e); (*sexuell erfüllt*) comblé(e) sur le plan sexuel II. *adv* avec satisfaction

Befriedigung <-> *f* satisfaction *f*

befristen* *vt* (*Projekt*) fixer un délai pour; etw auf ein Jahr ~ limiter qc à un an

befristet I. *adj* temporaire II. *adv* ~ gelten avoir une durée de validité déterminée

befruchten* *vt* féconder; jdn künstlich ~ inséminer qn artificiellement

Befruchtung <-, -en> *f* fécondation *f*; künstliche ~ insémination *f* artificielle

Befugnis [bə'fu:knɪs] <-, -se> *f form* habilitation *f*

befugt [bə'fu:kt] *adj form* ~ sein etw zu tun avoir autorité pour faire qc

befühlen* *vt* tâter

Befund <-[e]s, -e> *m* ärztlicher ~ résultat *m* de l'analyse médicale

befürchten* *vt* craindre

Befürchtung <-, -en> *f* craintes *fpl*

befürworten* [bə'fy:ɐvɔrtən] *vt* appuyer; ~, dass préconiser que + *subj*

Befürworter(in) <-s, -> *m(f)* (*einer Haltung, eines Vorgehens*) partisan(e) *m(f)*; (*einer Idee*) avocat(e) *m(f)*

begabt [bə'ga:pt] *adj* doué(e); hoch ~ surdoué(e)

Begabung [bə'ga:bʊŋ] <-, -en> *f* ❶ (*Talent*) don *m* ❷ (*Mensch*) talent *m*

B

begann [bə'gan] *Imp von* **beginnen**

begeben* *vr irr geh* ❶ (*gehen, fahren*) se rendre; **sich ins Haus ~** entrer dans la maison ❷ *fig* **sich in eine schwierige Lage ~** se mettre dans une situation difficile; **sich in Gefahr ~** s'exposer au danger; **sich in Behandlung ~** aller se faire soigner

Begebenheit <-, -en> *f gch* événement *m*

begegnen* [bə'ge:gnən] I. *vi + sein* ❶ rencontrer ❷ *geh* (*entgegentreten*) accueillir ❸ (*widerfahren*) arriver II. *vr* **sich** (*dat*) ~ se rencontrer

Begegnung <-, -en> *f* ❶ *a.* SPORT rencontre *f* ❷ (*das Kennenlernen*) contact *m*

begehbar *adj* praticable à pied

begehen* *vt irr* ❶ (*Tat*) commettre; (*Dummheit*) faire ❷ *geh* (*feiern*) célébrer ❸ (*Weg*) passer sur

begehren* [bə'ge:rən] *vt geh* désirer

Begehren <-s, -> *nt geh* désir *m*

begehrenswert *adj* (*Person*) désirable; (*Gegenstand*) tentant(e)

begehrt *adj* (*Person*) courtisé(e); (*Stellung*) convoité(e)

begeistern* [bə'gaistən] I. *vt* enthousiasmer; **jdn für seine Ziele ~** rallier qn à ses visées II. *vr* **sich ~** s'enthousiasmer

begeistert I. *adj* ❶ enthousiaste; **~ sein** être enthousiasmé ❷ (*leidenschaftlich*) passionné(e) II. *adv* avec enthousiasme

Begeisterung <-> *f* enthousiasme *m*

Begierde [bə'gi:ɐdə] <-, -n> *f geh* ❶ **~ nach Macht** soif *f* de pouvoir ❷ (*sexuelles Verlangen*) concupiscence *f*

begierig *adj* ❶ avide ❷ (*voll sexuellem Verlangen*) concupiscent(e) (*iron*)

begießen* *vt irr* arroser

Beginn [bə'gɪn] <-[e]s> *m* (*zeitlich*) commencement *m*; (*räumlich*) début

beginnen <begann, begonnen> I. *vi* commencer; (*wieder ~*) recommencer II. *vt* (*anfangen*) commencer

beglaubigen* [bə'glaubɪgən] *vt* (*Unterschrift*) légaliser; (*Testament*) authentifier; **eine Kopie ~ lassen** faire certifier une copie conforme

Beglaubigung <-, -en> *f* (*einer Kopie*) attestation *f* de conformité; (*einer Unterschrift*) légalisation *f*; (*eines Testaments*) authentification *f*

begleichen* *vt irr* régler

begleiten* *vt a.* MUS accompagner

Begleiter(in) <-s, -> *m(f)* accompagnateur (-trice) *m(f)*

Begleitumstände *Pl* circonstances *fpl* concomitantes

Begleitung <-, -en> *f* ❶ *kein Pl* (*das Begleiten*) compagnie *f* ❷ *kein Pl* (*Gesellschaft*) **in ~** accompagné(e) ❸ *kein Pl* (*Begleiter*) accompagnateur(-trice) *m(f)* ❹ MUS accompagnement *m* [musical]

beglückwünschen* *vt* féliciter

begnadigen* [bə'gna:dɪgən] *vt* gracier

Begnadigung <-, -en> *f* grâce *f*

begnügen [bə'gny:gən] *vr* **sich mit etw ~** se contenter de qc

Begonie [-niə] <-, -n> *f* bégonia *m*

begonnen [bə'gɔnən] *PP von* **beginnen**

begraben* *vt irr* ❶ enterrer ❷ (*verschütten*) ensevelir

Begräbnis [bə'grɛ:pnɪs] <-ses, -se> *nt* enterrement *m*

begradigen* [bə'gra:dɪgən] *vt* rectifier

begreifen* *irr* I. *vt, vi* (*verstehen*) comprendre II. *vr* **sich als Künstler ~** se considérer comme artiste

begreiflich *adj* compréhensible

begrenzen* *vt* ❶ (*die Grenze bilden*) [dé]limiter ❷ (*beschränken*) limiter

begrenzt I. *adj* limité(e); (*Rahmen*) étroit(e) II. *adv* de façon limitée

Begrenzung <-, -en> *f* ❶ *kein Pl* (*das Begrenzen*) délimitation *f*; (*Geschwindigkeit*) limitation *f* ❷ (*Grenze*) limite *f*

Begriff <-[e]s, -e> *m* ❶ (*Wort*) terme *m*; (*Inhalt*) notion *f* ❷ (*Vorstellung*) conception *f*; **sich** (*dat*) **einen ~ von etw machen** se faire une idée de qc ❸ (*Inbegriff*) symbole *m*

begriffen *adj form* **im Gehen ~ sein** être sur le point de partir

begriffsstutzig *adj* borné(e); **~ sein** avoir du mal à comprendre

begründen* *vt* ❶ justifier ❷ (*Geschäft*) fonder; (*Ruhm*) créer

begründet *adj* fondé(e) ▶**in etw** (*dat*) **~ sein** s'expliquer par qc

Begründung *f* ❶ justification *f* ❷ (*Urteilsbegründung*) exposé *m* des motifs

begrüßen* *vt* saluer

begrüßenswert *adj* (*Vorschlag*) qui mérite d'être salué; **es ist ~, dass** je me félicite/ nous nous félicitons de ce que + *subj*

Begrüßung <-, -en> *f* souhaits *mpl* de bienvenue

En Allemagne, il est inhabituel de se faire la bise pour se dire bonjour ou au revoir. **Zur Begrüßung** on se serre la main même si l'on se connaît bien. Parfois, les plus jeunes préfèrent se saluer, c'est-à-dire *sich grüßen* en se frappant la paume de la main mutuellement.

begünstigen* [bə'ɡʏnstɪɡən] *vt* favoriser; JUR prêter assistance à

begutachten* *vt* ❶ (*Schaden*) expertiser ❷ *fam* (*ansehen*) examiner

behaart [bə'ha:ɐt] *adj* poilu(e)

behäbig [bə'hɛːbɪç] *adj* (*Person*) flegmatique; (*Bewegung*) posé(e)

behagen* [bə'ha:ɡən] *vi* jdm ~ plaire à qn

Behagen <-s> *nt* plaisir *m*

behaglich [bə'ha:klɪç] *adj* agréable

Behaglichkeit <-> *f* confort *m*

behalten* *vt irr* ❶ garder ❷ (*nicht vergessen*) retenir

Behälter [bə'hɛltɐ] <-s, -> *m* récipient *m*; (*groß*) réservoir *m*

behandeln* *vt* ❶ *a. fig* traiter; jdn/etw schlecht ~ maltraiter qn/qc ❷ (*pflegen*) etw mit Wachs ~ entretenir qc avec de la cire

Behandlung <-, -en> *f* ❶ traitement *m* ❷ (*einer Verletzung*) soins *mpl* [médicaux] ❸ (*Pflege*) entretien *m* ❹ (*Abhandlung*) bei der ~ dieser Frage en traitant cette question

beharren* [bə'haʁən] *vi* auf seiner Meinung ~ ne pas démordre de son opinion

beharrlich I. *adj* (*Person*) persévérant(e); (*Schweigen*) obstiné(e) II. *adv* avec ténacité; (*schweigen*) obstinément

behaupten* [bə'hauptən] I. *vt* ❶ prétendre ❷ (*Vorsprung*) maintenir II. *vr* sich gegen jdn/etw ~ s'imposer face à qn/qc

Behauptung <-, -en> *f* ❶ (*Äußerung*) affirmation *f* ❷ (*Verteidigung*) maintien *m*

Behausung <-, -en> *f* hum geh logis *m*

beheben* *vt irr* ❶ (*Fehler*) réparer; (*Störung*) remédier à ❷ A (*Geldbetrag*) retirer

beheizen* *vt* chauffer

behelfen* *vr irr* ❶ sich mit etw ~ se contenter provisoirement de qc ❷ (*auskommen*) sich ~ se débrouiller

behelfsmäßig *adj* provisoire; (*improvisiert*) de fortune

behelligen* [bə'hɛlɪɡən] *vt* importuner (*soutenu*)

beherbergen* [bə'hɛrbɛrɡən] *vt* héberger

beherrschen* I. *vt* ❶ (*können*) maîtriser ❷ (*herrschen über*) dominer II. *vr* sich ~ se dominer

beherrscht *adj* contrôlé(e)

Beherrschung <-> *f* ❶ (*einer Sprache*) maîtrise *f*; (*eines Handwerks*) connaissance *f* ❷ (*Kontrolle*) maîtrise *f* de soi ❸ (*das Herrschen*) domination *f*

beherzigen* [bə'hɛrtsɪɡən] *vt* (*Rat*) suivre

beherzt [bə'hɛrtst] I. *adj* courageux(-euse) II. *adv* résolument

behilflich [bə'hɪlflɪç] *adj* jdm ~ sein aider qn

behindern* *vt* jdn ~ (*Person, Kleid*) gêner qn; (*Verletzung*) handicaper qn; schwer behindert lourdement handicapé(e)

Behinderte(r) *f(m)* *dekl wie adj* geistig/körperlich ~ handicapé(e) *m(f)* mental(e)/physique

behindertengerecht *adj* adapté(e) aux handicapés

Behinderung <-, -en> *f* ❶ geistige/körperliche ~ handicap *m* mental/physique ❷ *kein Pl* gêne *f*; ~ des Straßenverkehrs entrave *f* à la circulation

Behörde [bə'høːɐdə] <-, -n> *f* ❶ service *m* [administratif] ❷ (*Gebäude*) bâtiment *m* public

behördlich [bə'høːɐtlɪç] *adj* officiel(le)

behüten* *vt* veiller sur

behütet I. *adj* protégé(e) II. *adv* à l'abri du monde

behutsam [bə'huːtzaːm] I. *adj* précautionneux(-euse) II. *adv* avec précaution

Behutsamkeit <-> *f* précaution *f*

bei [baj] *präp* + *dat* ❶ (*räumlich*) ~ jdm chez qn; (*in der Nähe von jdm*) auprès de qn; ~m Bäcker chez le boulanger ❷ (*mit*) etw ~ sich haben avoir qc sur soi ❸ (*zur Angabe eines Tätigkeitsbereichs*) ~ der Post arbeiten travailler à la poste ❹ (*an*) jdn ~ der Hand fassen prendre qn par la main ❺ (*während*) ~ der Vorführung pendant la présentation; ~ seiner Ankunft à son arrivée ❻ (*zur Angabe der Umstände*) ~ Kerzenlicht aux chandelles; ~ einer Flasche Wein en buvant une bouteille de vin; ~ vierzig Grad par quarante degrés ❼ (*im Fall von*) ~ **Gefahr** en cas de danger

❽ (*zur Angabe der Herkunft, Urheberschaft*) der Fehler lag ~ ihr l'erreur venait d'elle ❾ (*zur Angabe annähernder Größen*) der Preis liegt ~ hundert Euro le prix est d'environ cent euros ❿ (*trotz*) ~ all seinen Bemühungen malgré tous ses efforts ⓫ (*in Schwurformeln*) ~ meiner Ehre sur mon honneur; ich schwöre ~ Gott je jure devant Dieu

bei|behalten* *vt irr* garder

bei|bringen *vt irr* ❶ (*lehren*) apprendre; (*zu verstehen geben*) faire comprendre ❷ (*Wunde*) faire

Beichte ['baiçtə] <-, -n> *f* confession *f*

beichten I. *vt a. fig, iron fam* (*gestehen*) confesser II. *vi* se confesser

Beichtgeheimnis *nt* secret *m* de la confession **Beichtstuhl** *m* confessionnal *m* **Beichtvater** *m* confesseur *m*

beide ['baidə] *pron, adj* ❶ die ~n Frauen les deux femmes; euch ~n vous deux ❷ (*zwei Dinge*) ~s ces deux [choses]; eins von ~n! c'est l'un ou [c'est] l'autre! ❸ SPORT fünfzehn ~ quinze partout

beiderlei ['baidə'lai] *adj inv, attr* Kinder ~ Geschlechts des enfants des deux sexes

beiderseitig ['baidəzaitiç] *adj* réciproque

beiderseits ['baidəzaits] I. *adv* ❶ (*auf beiden Seiten*) des deux côtés ❷ (*gegenseitig*) chacun(e) de son côté II. *präp* + *gen* ~ des Rheins des deux côtés du Rhin

beidseitig ['baitzaitiç] I. *adj* (*Beschichtung*) des deux côtés; (*Lähmung*) bilatéral(e) II. *adv* des deux côtés; ~ gelähmt sein avoir une paralysie bilatérale

beidseits CH *s.* beiderseits II.

beieinander [bai'ʔai'nandə] *adv* l'un(e) près de l'autre/les un(e)s près des autres; ~ sein être réunis

Beifahrer(in) *m(f)* passager(-ère) *m(f)* avant **Beifahrersitz** *m* siège *m* du passager avant

Beifall <-[e]s> *m* ❶ applaudissements *mpl* ❷ (*Zustimmung*) approbation *f*

beifällig ['baifɛliç] I. *adj* approbateur(-trice) II. *adv* (*nicken*) d'un air approbateur

bei|fügen *vt* ❶ joindre ❷ (*Bemerkung*) ajouter

beige [be:ʃ] *adj inv* beige

bei|geben *vt irr* ajouter

Beigeschmack *m* ❶ petit goût *m* ❷ *fig* connotation *f*

Beihilfe *f* ❶ (*finanzielle Unterstützung*) aide *f*

financière ❷ JUR complicité *f*

Beil [bail] <-[e]s, -e> *nt* hache *f*

Beilage *f* ❶ GASTR garniture *f* ❷ (*Publikation*) supplément *m* ❸ A, CH (*Anlage*) annexe *f*

beiläufig ['bailɔyfiç] I. *adj* incident(e) II. *adv* ❶ (*nebenbei*) incidemment ❷ A (*ungefähr*) à peu près

bei|legen *vt* ❶ joindre ❷ (*schlichten*) régler

Beileid *nt kein Pl* condoléances *fpl* ▶[mein] herzliches ~! [mes] sincères condoléances!

bei|liegen *vi irr* einer S. (*dat*) ~ être joint à qc

beiliegend I. *adj* joint(e) II. *adv* ~ übersenden wir Ihnen ... veuillez trouver ci-joint ...

beim [baim] = bei dem *s.* bei

bei|messen *vt irr* einer S. (*dat*) Bedeutung ~ accorder de l'importance à qc

Bein [bain] <-[e]s, -e> *nt* ❶ (*einer Person*) jambe *f*; (*eines Tiers*) patte *f* ❷ (*Tisch-, Stuhlbein*) pied *m* ❸ (*Hosenbein*) jambe *f* ▶auf eigenen ~ en stehen voler de ses propres ailes; jdm ein ~ stellen faire un crochepied à qn; (*hereinlegen*) mettre des bâtons dans les roues à qn (*fam*)

beinah[e] *adv* presque; ~ hätte es einen Unfall gegeben il a failli y avoir un accident

Beinbruch *m* fracture *f* de la jambe

bein|halten* [bə'ʔinhaltən] *vt* ❶ comporter ❷ (*bedeuten*) signifier

bei|pflichten *vi* jdm/einer S. ~ approuver qn/qc

Beirat ['bairaːt, *Pl:* 'bairɛːtə] *m* conseil *m* consultatif

bei|rren* [bə'ʔirən] *vt* sich nicht ~ lassen ne pas se laisser troubler

beisammen [bai'zamən] *adv* ❶ l'un(e) près de l'autre/les un(e)s près des autres; ~ sein être réunis ❷ *fig* körperlich/geistig gut ~ sein être très alerte/avoir toute sa tête

beisammen|haben *vt irr fam* avoir [réuni] ▶[sie] nicht alle ~ *fam* débloquer **beisammen|sein**ALT *s.* beisammen **Beisammensein** *nt* réunion *f*

Beischlaf *m form* coït *m*

Beisein ▶im ~ en présence; ohne sein ~ en son absence

beiseite [bai'zaitə] *adv* ❶ (*räumlich*) geh bitte etwas ~! écarte-toi un peu, s'il te plaît!; jdn/etw ~ schieben pousser qn/qc de côté ❷ *fig* etw ~ lassen laisser qc de côté

bei|setzen vt geh inhumer
Beisetzung <-, -en> f geh inhumation f
Beispiel nt exemple m
beispielhaft I. adj ① (vorbildlich) modèle ② (veranschaulichend) exemplaire II. adv de manière exemplaire
beispiellos adj ① (einzigartig gut) unique ② (einzigartig schlecht) sans précédent
beispielsweise adv par exemple
beißen ['baisən] <biss, gebissen> I. vt mordre II. vi ① mordre ② (brennen) brûler; **in den Augen** ~ irriter les yeux III. vr ① sich (akk o dat) **auf die Zunge** ~ se mordre la langue ② (nicht harmonieren) **diese Farben** ~ **sich** ces couleurs jurent entre elles
beißend adj ① (Geruch) âcre ② fig (Ironie) caustique
Beistand m kein Pl soutien m; (eines Priesters) assistance f
bei|stehen vi irr assister
bei|steuern vt (Summe) verser; (Teil) apporter
Beistrich m bes. A virgule f
Beitrag ['baitra:k, Pl: 'baitrɛ:gə] <-[e]s, Beiträge> m ① (Mitgliedsbeitrag) cotisation f; (Versicherungsbeitrag) prime f ② (Artikel) article m ③ (Radiobeitrag) sujet m ④ (Mitwirkung) **einen** ~ **zu etw leisten** apporter sa contribution à qc
bei|tragen vi, vr irr contribuer
bei|treten vi irr + sein adhérer
Beitritt m adhésion f; **seinen** ~ **erklären** s'inscrire
bei|wohnen vi form assister
Beize ['baitsə] <-, -n> f ① teinture f ② GASTR marinade f
beizeiten [bai'tsaitən] adv (rechtzeitig) à temps; (früh) assez tôt
beizen ['baitsən] vt ① teinter ② GASTR |faire| mariner
bejahen* [bə'ja:ən] vt ① (Frage) répondre par l'affirmative à ② (gutheißen) approuver
bekämpfen* I. vt ① combattre ② (Krankheit) lutter contre II. vr sich |gegenseitig| ~ se combattre |mutuellement|
Bekämpfung <-, -en> f lutte f
bekannt [bə'kant] adj ① (berühmt) ~ **werden** accéder à la notoriété; ~ **für etw sein** être connu pour qc; **wohl** ~ bien connu(e) ② (nicht unbekannt) connu(e); **das ist doch allgemein** ~ tout le monde sait cela

③ (nicht fremd) **jdm** ~ **sein** être connu à qn; **jdn mit jdm** ~ **machen** présenter qn à qn; **mit jdm** ~ **sein** connaître qn ④ (öffentlich) ~ **geben** (Wahlergebnis) proclamer; ~ **machen** (Aufruf) publier; (Information) révéler
Bekannte(r) f(m) dekl wie adj connaissance f; (Freund) ami(e) m(f)
Bekanntenkreis m relations fpl
bekannt|gebenᴬᴸᵀ s. bekannt 4.
Bekanntheit <-> f notoriété f
Bekanntheitsgrad m degré m de notoriété
bekanntlich adv comme chacun sait
bekannt|machenᴬᴸᵀ s. bekannt 4.
Bekanntmachung <-, -en> f ① publication f ② (Anschlag) avis m
Bekanntschaft <-, -en> f connaissance f; **jds** ~ **machen** faire la connaissance de qn
bekehren* vt **jdn/sich zu etw** ~ convertir qn/se convertir à qc
Bekehrung <-, -en> f conversion f
bekennen* irr I. vt ① reconnaître ② REL confesser II. vr ① sich zu jdm ~ se prononcer pour qn; **sich schuldig** ~ s'avouer coupable ② (sich zeigen als) ~**der Christ sein** être chrétien déclaré
Bekenntnis [bə'kɛntnɪs] nt ① (Eingeständnis) aveu m ② (das Eintreten) ~ **zu etw** profession f de foi en faveur de qc ③ REL confession f
beklagen* I. vt déplorer II. vr sich ~ se plaindre
beklagenswert adj regrettable
bekleiden* geh I. vt (Posten) occuper; (Amt) exercer II. vr sich ~ se vêtir
bekleidet adj vêtu(e); **mit etw** ~ **sein** être vêtu de qc
Bekleidung f ① vêtements mpl ② kein Pl form (eines Amtes) exercice m
beklemmend I. adj ① (Enge) oppressant(e) ② (Schweigen) angoissant(e) II. adv ~ **wirken** (Zimmer) avoir quelque chose d'oppressant
Beklemmung <-, -en> f oppression f; ~**en bekommen** être pris d'angoisses
Beklommenheit <-> f angoisse f
bekloppt [bə'klɔpt] s. bescheuert
bekommen* irr I. vt + haben ① recevoir; (Anschluss) obtenir; **soeben** ~ **wir die Nachricht, dass …** nous venons d'apprendre que …; **was** ~ **Sie für die Fahrt?** combien vous dois-je pour la course? ② fig **etw zu tun** ~ aller avoir de quoi faire; **sie**

B

hat ihren Wunsch erfüllt ~ elle a eu ce qu'elle a souhaité ❸ (*Ärger*) avoir ❹ (*Krankheit*) attraper; (*Schlaganfall*) avoir ❺ (*Angst*) avoir; **Risse** ~ se fissurer; **Flecken** ~ se tacher ❻ (*zur Welt bringen*) **sie hat gestern ein Mädchen** ~ elle a eu une fille hier ❼ (*erwarten*) **sie** ~ **Nachwuchs** ils attendent une naissance ❽ (*Zug*) avoir (*fam*) ❾ (*behandelt werden mit*) devoir prendre ❿ (*wünschen*) **was** ~ **Sie bitte?** qu'est-ce que vous désirez?; **ich bekomme ein Brötchen** pour moi, ce sera un petit pain ⓫ (*bewegen können*) **etw nach oben/unten** ~ arriver à monter/descendre qc **II.** *vi* + *sein* **das Essen ist ihr gut/nicht** ~ elle a bien/n'a pas supporté le repas

bekömmlich [bə'kœmlɪç] *adj* digeste

bekräftigen* *vt* confirmer

Bekräftigung <-, -en> *f* confirmation *f*

bekreuzigen* *vr* **sich** ~ se signer

bekümmert *adj* préoccupé(e); (*traurig*) affligé(e)

bekunden* [bə'kundən] *vt* **sein Interesse/ seine Abneigung** ~ manifester son intérêt/sa réprobation

belächeln* *vt* sourire de

beladen* *irr* **I.** *vt* (*Wagen*) charger **II.** *vr* **sich mit etw** ~ transporter qc; *fig* prendre qc sur soi

Belag [bə'laːk, *Pl:* bə'lɛːgə] <-[e]s, Beläge> *m* ❶ garniture *f* ❷ (*Zahnbelag*) plaque *f* dentaire ❸ (*Schicht*) dépôt *m*

belagern* [bə'laːgɐn] *vt a. fig fam* assiéger

Belagerung <-, -en> *f* MIL siège *m*

Belang [bə'laŋ] <-[e]s, -e> *m* ❶ *Pl* affaires *fpl* ❷ (*Bedeutung*) **ohne/von** ~ **sein** être sans importance/avoir de l'importance

belangen* *vt* JUR **jdn wegen etw** ~ poursuivre qn [en justice] pour qc

belanglos *adj* insignifiant(e)

belassen* *vt irr* laisser; **es bei etw** ~ s'en tenir à qc

belastbar *adj* ❶ **eine bis zu zwanzig Tonnen** ~**e Brücke** un pont pouvant porter une charge allant jusqu'à vingt tonnes ❷ (*beanspruchbar*) ~ **sein** être performant

Belastbarkeit <-, -en> *f* ❶ (*einer Brücke*) charge *f* admissible; (*eines Aufzugs*) poids *m* autorisé ❷ *fig* possibilités *fpl* ❸ ÖKOL **die** ~ **der Atmosphäre ist überschritten** les limites de la pollution atmosphérique sont dépassées ❹ FIN capacité *f* fiscale

belasten* **I.** *vt* ❶ (*beschweren*) charger ❷ (*Person*) exiger trop de; **jdn mit Arbeit** ~ accabler qn de travail ❸ (*bedrücken*) encombrer; **etw belastet ihn** qc pèse sur lui ❹ ÖKOL polluer; **stark belastet sein** être très pollué ❺ MED solliciter ❻ JUR charger ❼ FIN débiter **II.** *vr* (*sich aufbürden*) **sich mit etw** ~ s'encombrer de qc ❷ JUR **sich [selbst]** ~ se charger soi-même

belästigen* [bə'lɛstɪgən] *vt* **jdn** ~ (*Person*) incommoder qn; (*Lärm*) gêner qn; **jdn sexuell** ~ harceler qn sexuellement

Belästigung <-, -en> *f* harcèlement *m*

Belastung [bə'lastʊŋ] <-, -en> *f* ❶ (*schweres Gewicht*) charge *f* ❷ (*einer Person*) charges *fpl*; (*Last*) corvée *f* ❸ (*Bürde*) poids *m* ❹ ÖKOL pollution *f*; **eine** ~ **der Umwelt darstellen** représenter une nuisance pour l'environnement ❺ (*Beanspruchung*) **eine** ~ **für die Nerven sein** mettre les nerfs à l'épreuve ❻ JUR charges *fpl* ❼ (*eines Steuerzahlers*) charge *f*; (*eines Kontos*) débit *m* ❽ *Pl* (*Ausgaben*) dépenses *fpl*

belauern* *vt* épier

belaufen* *vr irr* **sich auf hundert Euro** (*akk*) ~ se monter à cent euros

beleben* **I.** *vt* ❶ (*Person*) ragaillardir; (*Kreislauf*) activer ❷ (*lebendig machen*) **wieder** ~ (*Person*) r[é]animer ❸ (*Unterhaltung*) animer; **etw neu** ~ ranimer qc ❹ (*Konjunktur*) stimuler; **etw neu** ~ relancer qc **II.** *vr* ❶ **sich [wieder]** ~ (*Konjunktur*) connaître une reprise ❷ (*sich bevölkern*) **sich** ~ (*Straßen*) s'animer **III.** *vt* stimuler

belebend *adj* (*anregend*) stimulant(e)

belebt *adj* ❶ (*bevölkert*) animé(e) ❷ (*lebendig*) vivant(e)

Beleg [bə'leːk] <-[e]s, -e> *m* ❶ (*Kassenbon*) ticket *m* de caisse; (*Quittung*) quittance *f* ❷ (*Nachweis*) justificatif *m*; (*Unterlage*) document *m* ❸ (*Quellennachweis*) référence *f*

belegen* *vt* ❶ GASTR **mit etw** ~ garnir de qc ❷ (*Abstammung*) prouver; (*Behauptung*) justifier ❸ (*bestrafen*) **jdn mit einem Bußgeld** ~ frapper qn d'une amende ❹ (*Kurs*) suivre ❺ (*innehaben*) occuper

Belegschaft <-, -en> *f* effectif *m*

belegt *adj* (*Zunge*) chargé(e); (*Mandeln*) blanc (blanche); (*Stimme*) enroué(e)

belehren* *vt* ❶ *pej* faire la leçon à ❷ (*informieren*) informer; JUR renseigner ❸ **sich** ~ **lassen** accepter d'entendre raison

Belehrung <-, -en> f ❶ pej conseil m ❷ (eines Angeklagten) information f
beleibt [bə'laipt] adj geh corpulent(e)
beleidigen* [bə'laidɪɡən] vt offenser; ~d offensant(e)
beleidigt adj offensé(e); ~ sein être vexé
Beleidigung <-, -en> f injure f
belesen adj cultivé(e)
beleuchten* vt ❶ (erhellen) éclairer ❷ (festlich) illuminer ❸ geh (Problem) examiner
Beleuchtung <-, -en> f ❶ éclairage m ❷ (Festbeleuchtung) illumination f
Belgien ['bɛlɡiən] <-s> nt la Belgique
Belgier(in) ['bɛlɡiɐ] <-s, -> m(f) Belge mf
belgisch adj belge
Belgrad ['bɛlɡraːt] <-s> nt Belgrade
belichten* vt exposer
Belichtung <-, -en> f exposition f
Belichtungsmesser <-s, -> m posemètre m
Belieben <-s> nt ganz nach ~ tout à sa/ma/... guise
beliebig I. adj quelconque II. adv à volonté; ~ viele Versuche machen faire autant d'essais que l'on veut; ~ lange/oft aussi longtemps/souvent que l'on veut
beliebt adj apprécié(e); sich ~ machen se faire bien voir
Beliebtheit <-> f popularité f; (eines Films) audience f; (eines Orts) renommée f
beliefern* vt fournir
bellen ['bɛlən] vi aboyer
belohnen* vt récompenser
Belohnung <-, -en> f récompense f
Belüftung f ❶ kein Pl (das Belüften) aération f ❷ (Anlage) ventilation f
belügen* irr I. vt mentir à II. vr sich [selbst] ~ se faire des illusions
belustigen* [bə'lʊstɪɡən] I. vt amuser II. vr geh sich über jdn/etw ~ s'amuser de qn/qc
bemächtigen* [bə'mɛçtɪɡən] vr geh sich jds/einer S. (gen) ~ s'emparer de qn/qc
bemalen* vt peindre
bemängeln* [bə'mɛŋəln] vt ~, dass se plaindre [de ce] que + subj
bemannt [bə'mant] adj habité(e)
bemerkbar adj perceptible; sich ~ machen se manifester
bemerken* vt ❶ (wahrnehmen) remarquer ❷ (äußern) faire une remarque
bemerkenswert adj remarquable
Bemerkung <-, -en> f remarque f

bemitleiden* [bə'mɪtlaidən] I. vt prendre en pitié II. vr sich [selbst] ~ se lamenter sur son [propre] sort
bemitleidenswert adj pitoyable
bemühen* [bə'myːən] vr ❶ (sich Mühe geben) sich ~ faire des efforts; bitte ~ Sie sich nicht! je vous en prie, ne vous dérangez pas! ❷ (sich kümmern) sich um jdn ~ être aux petits soins avec qn; sich um eine Stelle ~ s'efforcer d'obtenir un poste
bemüht adj (Mitarbeiter) sérieux(-euse); (Schüler) appliqué(e); um Gerechtigkeit ~ sein s'efforcer d'être juste
Bemühung <-, -en> f ❶ effort m ❷ Pl (eines Arztes) soins mpl; (eines Anwalts) services mpl
bemuttern* [bə'mʊtɐn] vt materner
benachbart [bə'naxbaːɐt] adj voisin(e)
benachrichtigen* [bə'naːxrɪçtɪɡən] vt informer
Benachrichtigung <-, -en> f notification f
benachteiligen* [bə'naːxtailɪɡən] vt ❶ désavantager ❷ (behindern) handicaper
Benachteiligung <-, -en> f ❶ kein Pl (das Benachteiligen) die ständige ~ von Minderheiten le fait que les minorités sont constamment défavorisées ❷ (Nachteil) handicap m
Bendelᴬᴸᵀ s. **Bändel**
benehmen* vr irr se tenir
Benehmen <-s> nt comportement m
beneiden [bə'naidən] vt jdn um etw ~ envier qc à qn
beneidenswert adj enviable
Beneluxländer [bene'lʊkslɛndɐ] Pl die ~ le Benelux
benennen* vt irr ❶ nommer ❷ (nennen) désigner
Bengel ['bɛŋəl] <-s, -[s]> m ❶ (frecher Junge) garnement m ❷ fam (netter Junge) gamin m
benommen [bə'nɔmən] adj (vom Schlaf, durch Drogen) abruti(e); (durch einen Schlag) sonné(e); (durch einen Schock) étourdi(e)
benoten* vt noter
benötigen* [bə'nøːtɪɡən] vt avoir besoin de
Benotung <-, -en> f (Note) note f
benutzbar adj (Gegenstand) utilisable
benutzen* vt ❶ utiliser; (Literatur) consulter; nach dem Benutzen après usage ❷ (Bus) prendre ❸ (Person) se servir de

Benutzer(in) <-s, -> *m(f)* (*einer Software*) utilisateur(-trice) *m(f)*; (*eines Verkehrsmittels*) usager(-ère) *m(f)*

benutzerfreundlich *adj* (*Gerät*) pratique; (*Computer*) convivial(e) **Benutzeroberfläche** *f* INFORM interface *f* d'utilisateur

Benutzung *f kein Pl* usage *m*; (*eines Zimmers*) utilisation *f*; (*eines Nachschlagewerks*) consultation *f*

Benutzungsgebühr *f* taxe *f* d'utilisation

Benzin [bɛn'tsi:n] <-s, -e> *nt* essence *f*

Benzinkanister *m* bidon *m* d'essence **Benzinverbrauch** *m* consommation *f* d'essence

Benzol [bɛn'tso:l] <-s, -e> *nt* CHEM benzène *m*

beobachten* [bə'ʔo:baxtən] *vt* ❶ observer ❷ (*observieren*) surveiller

Beobachter(in) <-s, -> *m(f)* observateur (-trice) *m(f)*

Beobachtung <-, -en> *f* ❶ observation *f* ❷ (*Kontrolle*) surveillance *f*

bepacken* I. *vt* charger II. *vr* **sich mit etw ~** se charger de qc

bepflanzen* *vt* (*Beet*) planter

Bepflanzung *f* (*die Pflanzen*) plantations *fpl*

bequem [bə'kve:m] *adj* ❶ confortable; **es sich** (*dat*) **~ machen** se mettre à l'aise ❷ (*mühelos*) commode ❸ (*leicht zu bedienen*) pratique ❹ *pej* (*Person*) paresseux(-euse)

Bequemlichkeit <-> *f* ❶ confort *m* ❷ (*Trägheit*) paresse *f*

beraten* *irr* I. *vt* ❶ (*informieren*) conseiller ❷ (*besprechen*) délibérer sur II. *vr* **sich über jdn/etw ~** débattre de qn/qc; **sich mit jdm über jdn/etw ~** se concerter avec qn au sujet de qn/qc

Berater(in) <-s, -> *m(f)* conseiller(-ère) *m(f)*; COM, FIN, JUR conseil *m*

Beratung <-, -en> *f* ❶ *kein Pl* (*Besprechung*) délibération *f* ❷ (*eines Patienten*) consultation *f*

berauben* *vt* dévaliser; **jdn einer S.** (*gen*) **~** dépouiller qn de qc

berauschen* *geh* I. *vt* enivrer II. *vr* ❶ (*sich betrinken*) s'enivrer ❷ (*in Ekstase geraten*) se délecter

berauschend I. *adj* (*Droge*) euphorisant(e); (*Getränk, Wirkung*) grisant(e) II. *adv* **~ wirken** avoir un effet euphorisant

Berber <-s, -> *m* ❶ Berbère *m* ❷ *fam* (*Obdachloser*) clodo *m* ❸ (*Teppich*) tapis *m* berbère

berechenbar [bə'rɛçənba:ɐ̯] *adj* ❶ (*Kosten, Projekt*) évaluable ❷ (*Person*) dont on peut prévoir les réactions; (*Politik*) prévisible

berechnen* *vt* ❶ calculer ❷ (*in Rechnung stellen*) facturer ❸ (*veranschlagen*) prévoir

berechnend *adj pej* calculateur(-trice)

Berechnung *f a. pej* calcul *m*

berechtigen* [bə'rɛçtɪgən] *vt* **berechtigt sein etw zu tun** avoir le droit de faire qc; **sich zu etw berechtigt fühlen** se sentir autorisé(e) à faire qc

berechtigt *adj* légitime

Berechtigung <-, -en> *f* ❶ autorisation *f* ❷ (*einer Forderung*) légitimité *f*

bereden* I. *vt* ❶ discuter ❷ (*überreden*) convaincre II. *vr* **sich ~** se concerter; **sich mit jdm ~** discuter avec qn

Beredsamkeit <-> *f geh* éloquence *f*

beredt [bə're:t] *adj geh* ❶ expressif(-ive) ❷ (*redegewandt*) éloquent(e)

Bereich [bə'raiç] <-[e]s, -e> *m* ❶ (*Gebiet*) zone *f* ❷ (*Verantwortungsbereich*) domaine *m*

bereichern* [bə'raiçɐn] *vt, vr* |**sich**| **~** |**s'**|enrichir

Bereicherung <-, -en> *f* enrichissement *m*

bereinigen* *vt* régler

bereisen* *vt* parcourir

bereit [bə'rait] *adj* ❶ prêt(e) ❷ (*willens*) disposé(e)

bereiten* *vt* ❶ (*Freude*) causer; (*Kopfschmerzen*) donner ❷ (*Überraschung*) réserver ❸ *geh* (*zu~*) préparer

bereit|halten I. *vt irr* ❶ (*Ausweis*) préparer; (*Gerät*) tenir prêt(e) ❷ (*Überraschung*) réserver II. *vr* **sich ~** se tenir prêt(e)

bereit|legen *vt* préparer

bereit|liegen *vi irr* être prêt; **für jdn ~** être à la disposition de qn

bereit|machen *vr* **sich ~** se préparer

bereits [bə'raits] *adv* déjà

Bereitschaft <-, -en> *f* ❶ *kein Pl* bonne volonté *f* ❷ *kein Pl* (*~sdienst*) service *m* de garde; **~ haben** être de |service de| garde ❸ (*Alarmbereitschaft*) **in ~ sein** être en alerte ❹ (*Einheit der Polizei*) unité *f* de gardes mobiles

Bereitschaftsarzt *m*, **-ärztin** *f* médecin *m/f* de garde **Bereitschaftsdienst** *m* service *m* de garde

bereit|stehen *vi irr* être prêt

bereit|stellen *vt* préparer; **etw für jdn ~**

mettre qc à la disposition de qn

bereitwillig I. *adj* empressé(e) **II.** *adv* avec empressement

bereuen* [bəˈrɔɪən] *vt* se repentir de

Berg [bɛrk] <-[e]s, -e> *m* ❶ montagne *f*; (*Hügel*) colline *f* ❷ *Pl* (*Gebirge*) montagne *f*; **in die ~e fahren** aller à la montagne ❸ (*große Menge*) **~e von Zeitschriften** des monceaux de revues

bergab [bɛrkˈʔap] *adv* en descente; **~ gehen** descendre **bergan** *s.* **bergauf**

Bergarbeiter(in) *m(f)* mineur *m*

bergauf [bɛrkˈʔaʊf] *adv* en montant; **~ gehen** grimper

Bergbau *m kein Pl* industrie *f* minière; **im ~ arbeiten** travailler à la mine **Bergbewohner(in)** *m(f)* montagnard(e) *m(f)*

bergen [ˈbɛrgən] <birgt, barg, geborgen> *vt* ❶ sauver; (*Ertrunkenen*) remonter; (*Schiffswrack*) renflouer ❷ (*Unfallopfer*) dégager ❸ (*mit sich bringen*) **Vorteile |in sich|** ~ présenter des avantages

Berggipfel *m* sommet *m* **Berghütte** *f* refuge *m*

bergig *adj* montagneux(-euse)

Bergkette *f* chaîne *f* de montagnes **Bergland** *nt* région *f* montagneuse **Bergmann** <-leute> *m* mineur *m* **Bergpredigt** *f* Sermon *m* sur la Montagne **Bergspitze** *f* pic *m* **bergsteigen** *vi irr, nur Infin und PP + haben o sein* faire de l'alpinisme; **das Bergsteigen** l'alpinisme *m* **Bergsteiger(in)** <-s, -> *m(f)* alpiniste *mf*

Bergung [ˈbɛrgʊŋ] <-, -en> *f* sauvetage *m*; (*eines Schiffswracks*) renflouement *m*; (*einer Ladung*) récupération *f*

Bergwacht [ˈbɛrkvaxt] *f* secours *m* en montagne **Bergwand** *f* paroi *f* rocheuse **Bergwanderung** *f* randonnée *f* en montagne **Bergwerk** *nt* mine *f*

Bericht [bəˈrɪçt] <-[e]s, -e> *m* ❶ **ein ausführlicher ~** un compte rendu détaillé ❷ (*Report*) **schriftlicher ~** rapport *m* écrit

berichten* I. *vi* ❶ |aus aller Welt| ~ (*Journalist*) envoyer des reportages [du monde entier]; **das Fernsehen berichtet über das Tagesgeschehen** la télévision nous informe sur les faits du jour; **wie uns soeben berichtet wird** comme on nous le communique à l'instant ❷ (*mitteilen*) informer **II.** *vt* raconter

Berichterstatter(in) [bəˈrɪçtʔɛɐʃtatɐ] <-s, ->

m(f) correspondant(e) *m(f)* **Berichterstattung** *f* ❶ (*Nachrichteninformation*) reportage *m* ❷ POL consultation *f*

berichtigen* [bəˈrɪçtɪgən] *vt a.* JUR corriger **Berichtigung** <-, -en> *f* ❶ correction *f* ❷ JUR rectification *f*

berieseln* *vt* (*bewässern*) arroser

beritten [bəˈrɪtən] *adj* à cheval

Berlin [bɛrˈliːn] <-s> *nt* Berlin

Berliner¹ <-s, -> *m* ❶ Berlinois *m* ❷ (*Gebäck*) beignet *m*

Berliner² *adj attr* berlinois(e)

Berlinerin <-, -nen> *f* Berlinoise *f*

Bermudas [bɛrˈmuːdas] *Pl* ❶ GEO **die ~** les Bermudes *fpl* ❷ (*Hosen*) bermuda *m*

Bern [bɛrn] <-s> *nt* Berne

Berner(in) <-s, -> *m(f)* Bernois(e) *m(f)*

Bernstein *m kein Pl* ambre *m* jaune

bersten [ˈbɛrstən] <birst, barst, geborsten> *vi + sein geh* ❶ (*Vase*) se fendre; (*Erde*) exploser; (*Reifen*) crever ❷ *fig* crever de

berüchtigt [bəˈrʏçtɪçt] *adj* (*Person*) tristement célèbre; (*Gegend*) mal famé(e)

berücksichtigen* [bəˈrʏkzɪçtɪgən] *vt* ❶ tenir compte de ❷ (*wohlwollend prüfen*) prendre en considération

Berücksichtigung <-> *f* prise *f* en considération; **unter ~ seines Alters** compte tenu de son âge

Beruf [bəˈruːf] <-[e]s, -e> *m* profession *f*; (*Handwerksberuf*) métier *m*

berufen¹ *adj* ❶ (*kompetent*) compétent(e) ❷ (*auserwählt*) **sich für etw ~ fühlen** se sentir une vocation pour qc

berufen*² *irr* **I.** *vt* **jdn in ein Amt ~** nommer qn à une fonction **II.** *vr* **sich auf jdn/ etw ~** se référer à qn/qc

beruflich *adj* professionnel(le)

Berufsausbildung *f* formation *f* professionnelle **Berufsaussichten** *Pl* débouchés *mpl* **Berufsberater(in)** *m(f)* conseiller(-ère) *m(f)* d'orientation **Berufsberatung** *f* orientation *f* professionnelle **Berufserfahrung** *f* expérience *f* professionnelle **Berufskrankheit** *f* maladie *f* professionnelle **Berufsleben** *nt* vie *f* professionnelle; **im ~ stehen** exercer une activité professionnelle

berufsmäßig I. *adj* professionnel(le) **II.** *adv* professionnellement

Berufsrisiko *nt* risques *mpl* du métier **Berufsschule** *f* centre *m* de formation [professionnelle]

Tous les apprentis en Allemagne doivent aller une à deux fois par semaine à la **Berufsschule**. On y enseigne des matières d'enseignement général ainsi que des matières de formation professionnelle. C'est globalement l'équivalent, en France, du C.F.A. (centre de formation des apprentis).

Berufssoldat(in) *m(f)* soldat(e) *m(f)* de métier **berufstätig** *adj* actif(-ive); **~ sein** travailler **Berufstätige(r)** *f(m) dekl wie adj* personne *f* active **Berufsverkehr** *m* circulation *f* aux heures de pointe

Berufung [bəˈruːfʊŋ] <-, -en> *f* ❶ JUR appel *m*; (*in Frankreich*) cassation *f* ❷ (*Angebot für ein Amt*) nomination *f* ❸ (*innere Bestimmung*) vocation *f* ❹ (*Bezugnahme*) **unter ~ auf jdn/etw** en se référant à qn/qc

beruhen* *vi* **auf etw** (*dat*) **~** (*Angelegenheit*) reposer sur qc; (*Brauch*) remonter à qc ▶**etw auf sich** (*dat*) **~ lassen** ne pas donner suite à qc

beruhigen* [bəˈruːɪɡən] **I.** *vt* ❶ **jdn ~** (*Medikament*) calmer qn; (*Nachricht*) rassurer qn ❷ (*Bedenken zerstreuen*) rassurer; (*trösten*) calmer ❸ (*Verkehr*) réduire **II.** *vr* **sich ~** se calmer

beruhigend I. *adj* ❶ (*Gewissheit, Nachricht*) rassurant(e); (*Musik*) apaisant(e) ❷ MED (*Medikament*) calmant(e) **II.** *adv* de façon rassurante; **~ wirken** (*Medikament*) avoir un effet calmant

Beruhigung <-> *f* ❶ (*das Beruhigen*) **zur ~ der Nerven** pour calmer les nerfs ❷ (*das Beruhigtsein*) apaisement *m* ❸ (*Versicherung*) **zu deiner ~ ...** pour te rassurer, ...

Beruhigungsmittel *nt* calmant *m*

berühmt [bəˈryːmt] *adj* célèbre

Berühmtheit <-, -en> *f* célébrité *f*

berühren [bəˈryːrən] **I.** *vt* ❶ toucher ❷ (*kurz erwähnen*) évoquer **II.** *vr* **sich ~** se toucher

Berührung <-, -en> *f* ❶ contact *m*; (*leicht*) effleurement *m* ❷ (*eines Themas*) évocation *f*

Berührungsangst *f meist Pl* peur des contacts **Berührungspunkt** *m* point *m* commun; MATH point *m* de contact

besagen* *vt* **~, dass ...** vouloir dire que ...; **was besagt das schon?** qu'est-ce que ça prouve?

besänftigen* [bəˈzɛnftɪɡən] *vt* calmer

Besatzung <-, -en> *f* (*eines Panzers*) équipage *m*; (*einer Festung*) garnison *f*

Besatzungsmacht *f* occupant *m* **Besatzungszone** *f* zone *f* d'occupation

besaufen* *vr irr fam* **sich ~** se soûler la gueule

Besäufnis [bəˈzɔyfnɪs] <-ses, -se> *nt fam* beuverie *f*

beschädigen* *vt* abîmer; (*Fahrzeug*) endommager

Beschädigung <-, -en> *f* ❶ *kein Pl* (*das Beschädigen*) endommagement *m* ❷ (*beschädigte Stelle*) dégâts *mpl*

beschaffen*¹ *vt* procurer

beschaffen² *adj form* **so ~ sein, dass** être tel que

Beschaffenheit <-> *f* texture *f*

beschäftigen* [bəˈʃɛftɪɡən] **I.** *vr* **sich mit jdm ~** s'occuper de qn; **sich mit etw ~** s'intéresser à qc **II.** *vt* ❶ **jdn mit etw ~** occuper qn à qc ❷ (*interessieren*) **jdn ~** (*Frage*) préoccuper qn ❸ (*an-, einstellen*) employer

beschäftigt *adj* ❶ **mit jdm/etw ~ sein** être occupé avec qn/à qc; **viel ~** très occupé(e) ❷ (*angestellt*) **als Sekretärin/bei einer Bank ~ sein** travailler comme secrétaire/dans une banque

Beschäftigung <-, -en> *f* ❶ occupation *f* ❷ *kein Pl* (*geistige Tätigkeit*) **~ mit etw** étude *f* de qc ❸ *kein Pl* (*~sverhältnis*) emploi *m*

beschämen* *vt* faire honte à

beschämend I. *adj* ❶ humiliant(e) ❷ (*schändlich*) honteux(-euse) **II.** *adv* de honte

beschämt *adj* (*Person*) honteux(-euse)

beschatten* *vt* **jdn ~** prendre qn en filature; **jdn ~ lassen** faire suivre qn

Beschattung <-, -en> *f* (*Überwachung*) filature *f*

Bescheid [bəˈʃait] <-[e]s, -e> *m* ❶ ADMIN réponse *f*; **positiver ~** confirmation *f*; **negativer ~** réponse *f* négative ❷ (*Nachricht*) information *f*; **jdm ~ geben** informer qn

bescheiden¹ [bəˈʃaidən] **I.** *adj* modeste **II.** *adv* ❶ modestement ❷ *euph fam* (*miserabel*) **ihm geht es ~** il est mal foutu

bescheiden*² *vt irr form* (*Antrag*) statuer sur; **etw positiv/abschlägig ~** accepter/rejeter qc

Bescheidenheit <-> *f* ❶ (*einer Person*) modestie f ❷ (*eines Lebensstils*) simplicité f ❸ (*eines Gehalts*) modicité f; (*einer Leistung*) médiocrité f

bescheinigen* [bə'ʃainɪɡən] *vt* den Empfang einer S. (*gen*) ~ accuser réception de qc; **jdm etw** ~ faire un certificat de qc à qn

Bescheinigung <-, -en> f ❶ *kein Pl* attestation f ❷ (*Dokument*) certificat m

bescheißen* *irr fam* I. *vt* jdn ~ entuber qn II. *vi* bei etw ~ tricher à qc

beschenken* *vt* faire un cadeau/des cadeaux

bescheren* [bə'ʃe:rən] *vt* ❶ jdm etw ~ offrir qc à qn pour Noël; **jdm mit etw** ~ faire cadeau de qc à qn pour Noël ❷ (*zuteil werden lassen*) jdm etw ~ accorder qc à qn

Bescherung <-, -en> f distribution f des cadeaux de Noël

bescheuert [bə'ʃɔyɐt] *fam* I. *adj* ❶ (*blöd*) débile ❷ (*Gefühl, Situation*) emmerdant(e); (*Wetter*) dégueulasse II. *adv* sich ~ anstellen faire le con; ~ aussehen avoir l'air débile

beschießen* *vt irr* ❶ jdn/etw ~ (*Geschütze*) mitrailler qn/qc; (*Flugzeug*) bombarder qn/qc ❷ PHYS bombarder

Beschilderung <-, -en> f signalisation f

beschimpfen* *vt* insulter

Beschimpfung <-, -en> f ❶ *kein Pl* (*das Beschimpfen*) injure f ❷ (*Schimpfworte*) insultes fpl

beschissen [bə'ʃɪsən] *fam* I. *adj* (*Situation, Gefühl*) emmerdant(e); (*Wetter, Bezahlung*) dégueulasse II. *adv* sich ~ fühlen être mal foutu; **ihm geht es** ~ il est dans la merde (*vulg*)

Beschlag <-[e]s, Beschläge> m ferrure f ▶jdn/etw in ~ <u>nehmen</u> monopoliser qn/qc

beschlagen*¹ *irr* I. *vt + haben* (*Pferd*) ferrer II. *vi + sein* (*anlaufen*) se couvrir de buée

beschlagen² *adj* in etw (*dat*) ~ sein être ferré en qc (*fig*)

beschlagnahmen* *vt* ❶ JUR saisir ❷ *iron* (*in Anspruch nehmen*) jdn ~ accaparer qn

beschleunigen* [bə'ʃlɔynɪɡən] I. *vt, vi* accélérer; **seine Schritte** ~ presser le pas II. *vr* sich ~ s'accélérer

Beschleunigung <-, -en> f accélération f

beschließen* *vt irr* ❶ décider ❷ (*Gesetz*) adopter ❸ *geh* (*beenden*) terminer

Beschlussᴿᴿ <-es, Beschlüsse>, **Be-**

schlußᴬᴸᵀ <-sses, Beschlüsse> m ❶ décision f; **einen ~ fassen** prendre une décision ❷ JUR (*eines Gerichts*) arrêt m; **auf ~ des Gerichts** par décret du tribunal

beschmieren* I. *vt* ❶ barbouiller ❷ (*bestreichen*) tartiner II. *vr* sich ~ se tacher

beschmutzen* *vt a. fig* salir

beschneiden* *vt irr* ❶ (*Baum*) tailler; (*Flügel*) rogner ❷ (*Jungen*) circoncire; (*Mädchen*) exciser ❸ (*beschränken*) réduire; (*Rechte*) amputer

Beschneidung <-, -en> f ❶ (*von Bäumen*) taille f; (*der Flügel*) rognage m ❷ (*eines Jungen*) circoncision f; (*eines Mädchens*) excision f ❸ (*Beschränkung*) réduction f; (*von Rechten*) amputation f

beschnüffeln *vt, vr* |sich| ~ [se] renifler

beschönigen* [bə'ʃø:nɪɡən] *vt* (*Vorfall*) embellir; ~d (*Darstellung*) édulcoré(e)

beschränken* [bə'ʃrɛŋkən] I. *vt* limiter II. *vr* sich auf etw (*akk*) ~ se limiter à qc; **sich darauf ~ etw zu tun** se contenter de faire qc

beschränkt *adj* ❶ (*eingeschränkt*) limité(e); **räumlich ~ sein** être à l'étroit ❷ *pej* (*geistig*) limité(e) (*fam*); (*engstirnig*) borné(e)

Beschränkung <-, -en> f limitation f

beschreiben* *vt irr* ❶ décrire ❷ (*Heft*) remplir ❸ (*Kreis*) décrire

Beschreibung f ❶ description f; (*eines Täters*) signalement m ❷ *fam* (*Gebrauchsanweisung*) notice f

beschriften* [bə'ʃrɪftən] *vt* (*Umschlag*) mettre une adresse sur; (*Marmeladenglas*) étiqueter

Beschriftung <-, -en> f inscription f

beschuldigen* [bə'ʃʊldɪɡən] *vt* accuser de; JUR inculper de

Beschuldigte(r) f(m) *dekl wie adj* accusé(e) m(f)

Beschuldigung <-, -en> f accusation f

Beschussᴿᴿ, **Beschuß**ᴬᴸᵀ m ❶ tir m; (*mit automatischen Waffen*) mitraillage m ❷ PHYS (*Neutronenbeschuss*) bombardement m

beschützen* *vt* protéger

Beschützer(in) <-s, -> m(f) protecteur (-trice) m(f)

beschwatzen* *vt fam* (*überreden*) baratiner

Beschwerde [bə'ʃve:ɐdə] <-, -n> f ❶ plainte f ❷ JUR recours m ❸ *Pl* MED douleurs fpl

beschweren* [bə'ʃve:rən] I. *vr* sich über jdn/etw ~ se plaindre de qn/qc II. *vt* die

Briefe mit etw ~ poser qc sur les lettres
beschwerlich adj pénible
beschwichtigen* [bə'ʃvɪçtɪgən] vt calmer; (Gewissen) soulager
beschwingt [bə'ʃvɪŋt] adj (Person) plein(e) d'entrain; (Musik) entraînant(e); (Gang) léger(-ère)
beschwipst adj fam éméché(e)
beschwören* vt irr ❶ (beeiden) ~, dass ... jurer que ... ❷ (anflehen) **jdn ~ etw zu tun** supplier qn de faire qc ❸ (Dämon) conjurer
beseitigen* [bə'zaɪtɪgən] vt ❶ (Spuren) faire disparaître; (Schmutz) enlever; (Zweifel) dissiper ❷ euph (umbringen) supprimer
Beseitigung <-> f ❶ (von Spuren) élimination f; (eines Zweifels) dissipation f ❷ euph (Tötung) suppression f
Besen ['be:zən] <-s, -> m balai m
besessen [bə'zɛsən] adj ❶ obsédé(e) ❷ REL possédé(e)
Besessenheit <-> f ❶ obsession f ❷ REL possession f
besetzen* vt ❶ (Platz) réserver ❷ (widerrechtlich beziehen) occuper; (Haus) squatter ❸ (Amt) pourvoir; (Rolle) distribuer ❹ (verzieren) garnir
besetzt adj ❶ occupé(e) ❷ (Saal) comble; (Theater) plein(e) à craquer ❸ (bezogen) occupé(e); **ein ~es Haus** un squat
Besetzung <-, -en> f ❶ (eines Postens) attribution f ❷ (einer Rolle) distribution f ❸ (Mannschaftskonstellation) formation f ❹ a. MIL occupation f; (eines Hauses) squat m
besichtigen* [bə'zɪçtɪgən] vt visiter
Besichtigung <-, -en> f visite f
besiedeln* [bə'zi:dəln] vt ❶ (Volk, Pflanzenart) peupler ❷ (kolonisieren) coloniser
besiegeln* vt ❶ (bestärken) sceller; (Versprechen) confirmer ❷ (Schicksal) sceller; (Scheitern) sanctionner
besiegen* vt vaincre; (Mannschaft) battre
Besiegte(r) f(m) dekl wie adj vaincu(e) m(f)
besinnen* vr irr ❶ (überlegen) **sich ~** réfléchir ❷ (sich erinnern) **sich ~** se souvenir
Besinnung <-> f ❶ connaissance f; **bei/ohne ~ sein** être conscient/sans connaissance ❷ (Reflexion) recueillement m
besinnungslos adj sans connaissance
Besitz <-es> m ❶ (Eigentum) biens mpl; (Grundbesitz) propriété f; (landwirtschaftlicher ~) terres fpl ❷ (das Besitzen) possession f

besitzen* vt irr posséder
Besitzer(in) <-s, -> m(f) propriétaire mf
besoffen [bə'zɔfən] adj fam bourré(e)
besohlen* [bə'zo:lən] vt mettre une semelle à
Besoldung <-, -en> f ❶ rétribution f ❷ (Gehalt) traitement m
besondere(r, s) [bə'zɔndərə, -rə, -rəs] adj ❶ particulier(-lère); (Umstand) spécial(e); (Freude) tout(e) particulier(-ière); (Schönheit) exceptionnel(le) ❷ (Raum) à part; (Weinkarte) séparé(e)
Besondere(s) nt dekl wie adj **etwas/nichts ~s** quelque chose/rien de spécial ▸**im ~n** en particulier
Besonderheit <-, -en> f particularité f
besonders [bə'zɔndɐs] adv ❶ particulièrement; **nicht ~ warm/teuer** pas tellement chaud/cher(chère); **nicht ~ viel** pas vraiment beaucoup ❷ (vor allem) surtout; **~ du müsstest das wissen** toi le premier/la première tu devrais savoir ça
besonnen [bə'zɔnən] I. adj réfléchi(e); (Art) posé(e) II. adv avec circonspection; **sich ~ verhalten** garder son sang-froid
Besonnenheit <-> f circonspection f
besorgen* vt ❶ procurer ❷ (kaufen) acheter ❸ (Arbeit) effectuer; (Auftrag) se charger de
Besorgnis [bə'zɔrknɪs] <-, -se> f inquiétude f; **~ erregend sein** être inquiétant
besorgniserregendᴬᴸᵀ s. Besorgnis
besorgt [bə'zɔrkt] adj inquiet(-ète); **um etw ~ sein** être très soucieux de qc
Besorgung <-, -en> f ❶ course f ❷ kein Pl (das Kaufen) achat m
bespitzeln* vt espionner
besprechen* irr I. vt ❶ discuter; **wie besprochen** comme convenu ❷ (rezensieren) faire la critique de ❸ MEDIA enregistrer II. vr **sich ~** se concerter; **sich mit jdm ~** s'entretenir avec qn
Besprechung <-, -en> f ❶ (Konferenz) réunion f; (Unterredung) entretien m ❷ (Rezension) critique f ❸ kein Pl (das Besprechen) discussion f
bespritzen* I. vt ❶ (befeuchten) asperger ❷ (beschmutzen) éclabousser II. vr **sich ~** ❶ s'asperger ❷ (sich beschmutzen) s'éclabousser
besprühen* vt ❶ vaporiser ❷ (Wand) bomber
besser ['bɛsɐ] I. adj Komp von **gut** ❶ (vor...

höherer Qualität) meilleur(e); **das Wetter wird ~** le temps s'améliore ② (*von höherer Qualifikation*) **~ sein** (*höher befähigt*) être meilleur; (*~ geeignet*) être mieux ③ (*vernünftiger*) **es ist ~, wenn** il vaut mieux que + *subj;* **es ist ~ zuerst das hier zu machen** c'est mieux de commencer par faire ceci ④ (*Kreise*) supérieur(e) **II.** *adv Komp von gut, wohl* (*schwimmen*) mieux; **dieser Käse schmeckt ~ als der andere** ce fromage est meilleur que l'autre; **ich kann das ~!** je sais mieux le faire! **►~ gehen jdm/etw geht es besser** qn/qc va mieux; **immer alles ~ wissen** |**wollen**| se croire plus malin(-igne) que tout le monde; **um so ~!** *fam* tant mieux!

besser|gehen^ALT *s.* **besser II.**

bessern I. *vr* **sich ~** s'améliorer **II.** *vt* (*Person*) corriger

Besserung <-> *f* ① amélioration *f* ② (*Gesundung*) **gute ~!** bon rétablissement!

Besserwisser(in) <-s, -> *m(f)* *pej* pédant(e) *m(f)*

Bestand [bəˈʃtant, *Pl:* bəˈʃtɛndə] <-[e]s, Bestände> *m* ① *kein Pl* persistance *f;* (*einer Regierung*) stabilité *f;* **~ haben** être durable ② (*Menge*) stock *m;* **~ an Bäumen** peuplement *m* [forestier]; **den ~ aufnehmen** faire l'inventaire ③ *kein Pl* A (*das Bestehen*) existence *f*

beständig *adj* ① (*Verhalten*) constant(e); (*Wetter*) stable ② (*Freundschaft*) durable ③ (*widerstandsfähig*) résistant(e) ④ *attr* (*ständig*) continuel(le); (*Regen*) ininterrompu(e)

Beständigkeit <-> *f* ① (*des Wetters*) stabilité *f* ② (*Dauerhaftigkeit*) constance *f* ③ (*Widerstandsfähigkeit*) résistance *f*

Bestandsaufnahme *f* ① inventaire *m* ② *fig* bilan *m*

Bestandteil *m* composant *m;* (*Einzelteil*) élément *m*

bestärken* *vt* appuyer; **jdn in seinem Entschluss ~** conforter qn dans sa décision

bestätigen* [bəˈʃtɛːtɪɡən] *vt* ① (*Person*) renforcer la certitude de; (*Theorie*) confirmer ② (*Anwesenheit*) attester; (*Bestellung*) confirmer; (*Eingabe*) valider; **hiermit wird bestätigt, dass** par la présente, nous certifions que

Bestätigung <-, -en> *f* ① *a.* JUR confirmation *f* ② *kein Pl* (*der Anwesenheit*) attestation *f;* (*eines Auftrags*) confirmation *f;* (*einer

Eingabe) validation *f* ③ (*der Teilnahme*) attestation *f;* (*eines Auftrags*) confirmation *f*

bestatten* [bəˈʃtatən] *vt geh* inhumer

Bestattung <-, -en> *f geh* inhumation *f,* obsèques *fpl*

bestäuben* [bəˈʃtɔybən] *vt* ① féconder ② GASTR saupoudrer

Bestäubung <-, -en> *f* pollinisation *f*

bestaunen* *vt* admirer

beste(r, s) [ˈbɛstə, -tə, -təs] **I.** *adj Superl von* **gut** ① *attr* meilleur(e) ② (*am ~n qualifiziert*) **der/die Beste** le meilleur/la meilleure **►der/die/das erste Beste** le premier venu/la première venue; **zu seinem/ihrem Besten** pour son bien ③ *adv* **er/sie singt am ~n** c'est lui/elle qui chante le mieux; **es wäre** |**wohl**| **am ~n, wenn** le mieux serait que + *subj*

bestechen* *irr* **I.** *vt* ① soudoyer ② (*für sich einnehmen*) séduire **II.** *vi* (*Person*) fasciner; (*Gemälde*) séduire

bestechlich *adj* vénal(e)

Bestechung <-, -en> *f* corruption *f;* (*eines Zeugen*) subornation *f*

Besteck <-[e]s, -e> *nt* ① couverts *mpl* ② MED instruments *mpl*

bestehen *irr* **I.** *vt* ① (*Prüfung*) réussir ② (*durchstehen*) surmonter **II.** *vi* ① (*gegeben sein*) **es besteht die Möglichkeit, dass** il se peut que + *subj* ② (*Brauch*) exister; **~ bleiben** demeurer ③ (*sich zusammensetzen*) se composer ④ (*zum Inhalt haben*) consister ⑤ (*standhalten*) **vor jdm/etw ~ können** pouvoir affronter qn/qc ⑥ (*insistieren*) **auf etw** (*dat*) **~** tenir à qc

Bestehen <-s> *nt* ① (*Vorhandensein*) existence *f* ② (*Beharren*) insistance *f* ③ (*erfolgreiches Absolvieren*) **~ einer Prüfung** réussite *f* à un examen

bestehen|bleiben^ALT *s.* **bestehen II.2.**

bestehlen* *vt irr* voler

besteigen* *vt irr* ① monter à; (*Berg*) escalader ② (*Pferd*) monter sur ③ (*Bus, Auto*) monter dans; (*Fahrrad*) monter sur

bestellen* *vt* ① (*kaufen wollen*) commander ② (*Hotelzimmer*) réserver ③ (*ausrichten*) transmettre ④ (*Mitarbeiter*) faire venir; (*Taxi*) appeler

Bestellschein *m* bon *m* de commande

Bestellung <-, -en> *f* ① commande *f* ② (*Reservierung*) réservation *f* ③ (*eines Ackers*) culture *f* ④ (*eines Gutachters*) désignation *f*

bestens adv ❶ très bien; (sich bewähren) parfaitement ❷ (danken) cordialement

besteuern* vt (Person, Firma) imposer; (Tabak) taxer

Besteuerung <-, -en> f (von Einkünften) imposition f; (von Gütern) taxation f

bestialisch [bɛsˈtiaːlɪʃ] I. adj ❶ sauvage ❷ fam (Gestank) infect(e) II. adv fam (weh tun) vachement

besticken* vt broder

Bestie [ˈbɛstiə] <-, -n> f ❶ (Tier) bête f féroce ❷ pej (Mensch) monstre m

bestimmen* I. vt ❶ (Preis, Ort) fixer; (Grenze) déterminer ❷ (entscheiden) décider ❸ (Landschaft) caractériser ❹ (Konjunktur) déterminer ❺ (Tier, Pflanze) identifier; (Alter) déterminer ❻ (Nachfolger) désigner; (Erbteil) destiner II. vi ❶ (befehlen) décider ❷ (verfügen) **über jdn/etw ~** disposer de qn/qc

bestimmt I. adj ❶ (Buch) précis(e) ❷ (Summe) fixé(e); **am ~en Tag/Ort** au jour/lieu dit; **zur ~en Stunde** à l'heure dite ❸ LING défini(e) ❹ (Person) décidé(e); (Ton) ferme ❺ (Kreise) certain(e) II. adv ❶ (sicher) certainement; **~ wissen, dass** être sûr que ❷ (entschieden) catégorique

Bestimmtheit <-> f détermination f; (eines Tons) fermeté f

Bestimmung <-, -en> f ❶ (Vorschrift) règlement m; (vertraglich) clause f ❷ kein Pl (Zweck) destination f ❸ (Schicksal) destinée f ❹ (Festlegung) fixation f ❺ (eines Fundes) identification f; (des Alters) détermination f ❻ (Definition) définition f

Bestimmungsort m [lieu m de] destination f

bestrafen* vt ❶ punir; (Sportler) pénaliser ❷ JUR condamner

Bestrafung <-, -en> f punition f; (eines Sportlers) pénalisation f

bestrahlen* vt MED **jdn ~** traiter qn aux rayons X

Bestrahlung f MED radiothérapie f

Bestreben nt **im ~ etw zu tun** soucieux (-euse) de faire qc

bestrebt adj **~ sein etw zu tun** s'efforcer de faire qc

bestreichen* vt irr enduire; (mit Butter) beurrer; (mit Marmelade) tartiner

bestreiken* vt (Firma) faire grève dans; **der Betrieb wird bestreikt** l'entreprise est en grève; **bestreikt** en grève

bestreiten* vt irr ❶ contester; **~ etw zu tun** nier faire qc ❷ (Kosten) payer; (Studium) financer ❸ (Veranstaltung) assurer

bestreuen* vt saupoudrer

Bestseller [ˈbɛstzɛlɐ] <-s, -> m best-seller m

bestürzt [bəˈʃtʏrtst] I. adj bouleversé(e); (Miene) consterné(e) II. adv avec consternation

Bestürzung <-> f consternation f

Besuch [bəˈzuːx] <-[e]s, -e> m ❶ visite f; **einen ~ bei jdm machen** aller voir qn ❷ (Frequentieren) fréquentation f ❸ (Besucher) visiteur m; (Gast) invité(e) m(f)

besuchen* vt ❶ aller voir ❷ (Patienten) visiter ❸ (Theater) aller à; (Museum) visiter; (Kurs) suivre

Besucher(in) <-s, -> m(f) ❶ visiteur(-euse) m(f); (Gast) invité(e) m(f) ❷ (einer Veranstaltung) visiteur(-euse) m(f) ❸ (Zuschauer) spectateur(-trice) m(f); (Zuhörer) auditeur (-trice) m(f) ❹ (Teilnehmer) participant(e) m(f)

Besuchszeit f heures fpl de visite

betagt [bəˈtaːkt] adj geh âgé(e)

betasten* vt palper; (Frucht) tâter

betätigen* [bəˈtɛːtɪɡən] I. vt actionner; (Pedal) appuyer sur; (Knopf) tourner; (Wasserspülung) tirer II. vr (aktiv sein) **sich politisch ~** faire de la politique

Betätigung <-, -en> f (Tätigkeit) activité f

Betätigungsfeld nt domaine m

betäuben* [bəˈtɔybən] vt ❶ MED endormir ❷ (unterdrücken) **seinen Kummer mit Alkohol ~** noyer son chagrin dans l'alcool ▶**[wie] betäubt sein** (Person) être [comme] assommé

betäubend adj (Lärm) assourdissant(e); (Duft) entêtant(e)

Betäubung <-, -en> f ❶ MED anesthésie f ❷ (Benommenheit) étourdissement m

Betäubungsmittel nt anesthésique m

Bete [ˈbeːtə] <-, -n> f **Rote ~** betterave f rouge

beteiligen* [bəˈtaɪlɪɡən] I. vt **jdn am Gewinn ~** attribuer une part du bénéfice à qn; **jdn an einer Firma ~** faire participer qn aux bénéfices d'une entreprise II. vr **sich ~** (dat) participer

beteiligt adj ❶ **an etw** (dat) **~ sein** (teilnehmen, mitwirken) être associé à qc; (verwickelt sein) être impliqué dans qc ❷ FIN, COM **an einer Firma ~ sein** avoir une part dans une entreprise

Beteiligte(r) *f/m) dekl wie adj* participant(e) *m(f)*; (*Betroffener*) personne *f* concernée

Beteiligung <-, -en> *f* ❶ *kein Pl* (*Teilnahme*) **~ an etw** (*dat*) participation *f* à qc ❷ FIN, COM **~ an etw** (*dat*) participation *f* dans qc

beten ['be:tən] I. *vi* **zu Gott ~** prier Dieu; **für jdn ~** prier pour qn II. *vt* (*Vaterunser*) dire

beteuern* [bə'tɔyən] *vt* assurer

Beton [be'tɔ] <-s> *m* béton *m*

betonen* [bə'to:nən] *vt* ❶ LING accentuer ❷ (*zur Geltung bringen*) souligner ❸ (*nachdrücklich erwähnen*) insister sur

betonieren* [beto'ni:rən] *vt* bétonner

betont [bə'to:nt] I. *adj* (*Höflichkeit*) marqué(e); (*Eleganz*) prononcé(e); (*Gleichgültigkeit*) ostensible II. *adv* ostensiblement

Betonung <-, -en> *f* ❶ LING accentuation *f* ❷ *kein Pl* (*das Hervorheben*) mise *f* en valeur ❸ *kein Pl* (*nachdrückliche Erwähnung*) **die ~ einer S.** (*gen*) l'accent *m* mis sur qc ❹ *kein Pl* (*Nachdruck*) insistance *f*

betr. *Abk von* **betreffend, betreffs**

Betr. *Abk von* **Betreff**

Betracht [bə'traxt] <-[e]s> *m* ▶**in ~/nicht in ~ kommen** entrer/ne pas entrer en ligne de compte; **etw außer ~ lassen** ne pas prendre qc en considération; **in ~ ziehen, dass** envisager que + *subj*

betrachten* I. *vt* ❶ contempler; (*Foto*) regarder; (*Gegenstand*) examiner ❷ (*untersuchen*) **genau betrachtet** tout bien considéré ❸ (*halten für*) **jdn als Freund ~** considérer qn comme un ami II. *vr* ❶ (*sich anschauen*) **sich ~** se contempler ❷ (*sich halten für*) **sich als jds Freund ~** se considérer comme l'ami de qn

Betrachter(in) <-s, -> *m(f)* contemplateur (-trice) *m(f)*; (*eines Geschehens*) observateur(-trice) *m(f)*

beträchtlich [bə'trɛçtlɪç] I. *adj* considérable II. *adv* considérablement; (*höher, niedriger*) nettement

Betrachtung <-, -en> *f* ❶ *kein Pl* contemplation *f*; (*eines Gegenstands*) observation *f* ❷ (*Analyse*) étude *f*

Betrag [bə'tra:k, *Pl:* bə'trɛː:gə] <-[e]s, Beträge> *m* (*Rechnungsbetrag*) montant *m*; (*Geldbetrag*) somme *f*; **~ dankend erhalten** pour acquit

betragen* *irr* I. *vi* (*Euro, Prozent*) s'élever à;

(*Meter, Tonnen*) représenter II. *vr* **sich ~** se conduire

Betragen <-s> *nt* conduite *f*

Betreff [bə'trɛf] <-[e]s, -e> *m form* objet *m*

betreffen* *vt irr* concerner; **was mich/dich betrifft** quant à moi/toi

betreffend *adj attr* ❶ (*besagt*) **die ~e Zeitung** le journal en question ❷ (*zuständig*) **die ~e Kollegin** la collègue compétente ❸ (*bezüglich*) **den Vertrag ~** concernant le contrat

betreffs *präp* + *gen form* **~ Ihres Angebots** concernant votre offre

betreiben* *vt irr* ❶ (*Gewerbe*) exercer; (*Forschung*) effectuer; (*Politik*) pratiquer ❷ (*Firma*) tenir; (*Kraftwerk*) exploiter ❸ (*Stilllegung*) travailler à; (*Untersuchung*) mener ❹ TECH **mit Batterien betrieben werden** fonctionner à pile

Betreiber(in) <-s, -> *m(f)* exploitant(e) *m(f)*; (*eines Geschäfts*) gérant(e) *m(f)*

betreten*¹ *vt irr* ❶ (*Gebäude*) entrer dans; (*Podium*) monter sur; (*Bühne*) entrer en ❷ (*Teppich*) marcher sur ❸ *fig* **gefährliches Terrain ~** aborder un sujet dangereux

betreten² *adj* (*Person*) gêné(e); (*Schweigen*) embarrassé(e)

betreuen* [bə'trɔyən] *vt* (*Kind, Patienten*) prendre en charge; (*Kunden, Tier*) s'occuper de; (*Abteilung*) être responsable de

Betreuer(in) <-s, -> *m(f)* (*einer Reisegruppe*) responsable *mf*; (*einer Mannschaft*) dirigeant(e) *m(f)*; **medizinischer ~** soigneur *m*

Betreuung <-> *f* ❶ (*das Betreuen*) prise *f* en charge ❷ (*Betreuer: von Pflegebedürftigen*) aide-soignant(e) *m(f)*; (*einer Mannschaft*) encadrement *m*

Betrieb [bə'tri:p] <-[e]s, -e> *m* ❶ (*Industriebetrieb*) entreprise *f* ❷ (*Belegschaft*) personnel *m* ❸ *kein Pl* (*~samkeit*) activité *f* ❹ (*Ablauf*) activité *f*; (*einer Maschine*) fonctionnement *m*; **etw in ~ setzen** mettre qc en marche; **in/außer ~ sein** être en/hors service

betrieblich *adj attr* ❶ (*zur Firma gehörend*) de l'entreprise; (*Leistungen*) d'entreprise ❷ (*firmenintern*) interne à l'entreprise

Betriebsausflug *m* sortie *f* d'entreprise

betriebsbereit *adj* prêt(e) à fonctionner

Betriebsferien *Pl* fermeture *f* annuelle

Betriebskosten *Pl* frais *mpl* d'exploitation; (*eines Kraftfahrzeugs*) frais fixes

Betriebsrat *m*, **-rätin** *f* délégué(e) *m(f)* du personnel **Betriebsstörung** *f* panne *f* **Betriebssystem** *nt* système *m* d'exploitation
Betriebsunfall *m* accident *m* du travail
Betriebswirt(in) *m(f)* diplômé(e) *m(f)* en gestion d'entreprise
betrinken* *vr irr* **sich mit etw** ~ se soûler à qc
betroffen [bə'trɔfən] I. *adj* ❶ (*beteiligt*) **von etw** ~ **sein** être concerné par qc ❷ (*bestürzt*) consterné(e) II. *adv* avec consternation
Betroffene(r) *f(m) dekl wie adj* personne *f* concernée
Betroffenheit <-> *f* consternation *f*
betrüben* *vt* **jdn** ~ (*Person*) faire de la peine à qn; (*Verhalten*) désoler qn
betrübt *adj* désolé(e)
Betrug [bə'tru:k, *Pl:* bə'try:gə] <-[e]s> *m* ❶ (*Straftat*) escroquerie *f* ❷ (*Schwindel*) duperie *f*
betrügen* [bə'try:gən] *irr* I. *vt* ❶ (*finanziell hintergehen*) frauder ❷ (*beschwindeln*) duper ❸ (*untreu sein*) **jdn mit jdm** ~ tromper qn avec qn II. *vr* **sich** [**selbst**] ~ s'abuser
Betrüger(in) <-s, -> *m(f)* fraudeur(-euse) *m(f)*; (*beim Spielen*) tricheur(-euse) *m(f)*
Betrügerei <-, -en> *f pej* (*finanzieller Betrug*) escroquerie *f* ❷ (*Schwindel*) duperie *f* ❸ *meist Pl* (*Seitensprung*) infidélités *fpl*
betrügerisch *adj pej* frauduleux(-euse)
betrunken [bə'trʊŋkən] *adj* ivre
Bett [bɛt] <-[e]s, -en> *nt* ❶ lit *m*; **französisches** ~ grand lit; **ins** ~ **gehen** aller se coucher ❷ (*~decke*) couverture *f*; (*Daunenbett*) couette *f* ❸ (*Flussbett*) lit *m* ▶**mit jdm ins** ~ **gehen** *euph* coucher avec qn
Bettbezug *m* housse *f* de couette **Bettdecke** *f* couverture *f*; (*Daunendecke*) couette *f*
Bettelei [bɛtə'lai] <-, -en> *f pej* mendicité *f*
betteln *vi* mendier
betten *vt* coucher
Bettgestell *nt* bois *m* de lit
bettlägerig ['bɛtlɛːgərɪç] *adj* (*momentan*) alité(e); (*dauernd*) grabataire
Bettlaken *nt* drap *m* **Bettlektüre** *f* livre *m* de chevet
Bettler(in) ['bɛtlɐ] <-s, -> *m(f)* mendiant(e) *m(f)*
Bettnässer(in) <-s, -> *m(f)* incontinent(e) *m(f)* **Bettruhe** *f* repos *m* **Betttuch**ⁿⁿ

<-tücher> *nt* drap *m* **Bettwäsche** *f* parure *f* de lit
betucht [bə'tu:xt] *adj fam* rupin(e); ~/**nicht** ~ **sein** rouler/ne pas rouler sur l'or
beugen ['bɔygən] I. *vt* ❶ pencher; (*Knie*) fléchir ❷ (*Verb*) conjuguer; (*Adjektiv*, *Substantiv*) décliner II. *vr* **sich** ~ ❶ (*sich neigen*) se pencher ❷ (*sich unterwerfen*) s'incliner
Beule ['bɔylə] <-, -n> *f* bosse *f*
beunruhigen* [bə'ʔʊnruːɪgən] *vt*, *vr* [**sich**] ~ [s']inquiéter
beunruhigt *adj* inquiet(-ète)
beurkunden* *vt* authentifier
beurlauben* *vt* ❶ donner un congé à; MIL donner une permission à ❷ (*vom Dienst suspendieren*) **beurlaubt sein** être suspendu ❸ UNIV **sich** ~ **lassen** se mettre en disponibilité
beurteilen* *vt* (*Person*) juger; (*Wertgegenstand*) estimer
Beurteilung <-, -en> *f* ❶ *kein Pl* jugement *m* ❷ (*einer Aufführung*) critique *f*; (*eines Wertgegenstands*) estimation *f* ❸ (*schriftliches Urteil*) appréciation *f*
Beute ['bɔytə] <-> *f* ❶ (*eines Jägers*) prise *f*; (*eines Tiers*) proie *f* ❷ (*Diebesbeute*) butin *m*
Beutel ['bɔytəl] <-s, -> *m* ❶ sac *m* ❷ ZOOL poche *f*
Beuteltier *nt* marsupial *m*
bevölkern* [bə'fœlkɐn] *vt* ❶ (*Gebiet*) peupler ❷ (*beleben*) remplir
bevölkert *adj* ❶ (*besiedelt*) peuplé(e) ❷ (*belebt*) fréquenté(e)
Bevölkerung <-, -en> *f* population *f*
Bevölkerungsdichte *f* densité *f* de population **Bevölkerungsexplosion** *f* explosion *f* démographique
bevollmächtigen* [bə'fɔlmɛçtɪgən] *vt* **jdn** ~ **etw zu tun** donner pouvoir à qn de faire qc
Bevollmächtigte(r) *f(m) dekl wie adj* fondé(e) *m(f)* de pouvoir; POL mandataire *mf*
bevor [bə'fo:ɐ̯] *konj* ❶ (*ehe*) avant que + *subj*; ~ **ich abreise, möchte ich gerne ...** avant de partir en voyage, je voudrais ... ❷ (*solange*) ~ **du nicht aufräumst, darfst du nicht gehen** tu ne partiras pas tant que tu n'auras pas rangé
bevormunden* [bə'fo:ɐ̯mʊndən] *vt* **jdn** ~ tenir qn en tutelle
Bevormundung <-, -en> *f* tutelle *f*

bevor|stehen *vi irr* ❶ (*zu erwarten haben*) **jdm ~** attendre qn ❷ (*in Kürze eintreten*) **etw steht bevor** on est à la veille de qc
bevorstehend *adj* imminent(e)
bevorzugen* [bəˈfoːɐ̯tsuːɡən] *vt* ❶ (*begünstigen*) favoriser ❷ (*lieber mögen*) préférer
bevorzugt I. *adj* ❶ privilégié(e) ❷ (*beliebt*) préféré(e) **II.** *adv* (*bedienen, behandeln*) avec des égards particuliers; (*zustellen*) en priorité
Bevorzugung <-, -en> *f* préférence *f*
bewachen* *vt* ❶ (*beaufsichtigen*) surveiller ❷ (*Spieler*) marquer; (*Tor*) garder
bewachsen* [bəˈvaksən] **I.** *vt irr* recouvrir **II.** *adj* **mit Moos ~** recouvert de mousse
Bewachung <-, -en> *f* ❶ *kein Pl* surveillance *f* ❷ (*Wachmannschaft*) garde *f*
bewaffnen* [bəˈvafnən] *vt* **jdn/sich mit etw ~** armer qn/s'armer de qc
Bewaffnung <-, -en> *f* armement *m*
bewahren* [bəˈvaːrən] *vt* ❶ (*schützen*) préserver ❷ (*Ehre*) préserver; (*Geheimnis*) garder
bewähren* [bəˈvɛːrən] *vr* **sich ~** faire ses preuves
bewahrheiten* [bəˈvaːɐ̯haɪtən] *vr* **sich ~** se vérifier
Bewährung <-, -en> *f* JUR sursis *m*
bewältigen* [bəˈvɛltɪɡən] *vt* ❶ venir à bout de ❷ (*Vergangenheit*) assumer
bewandert [bəˈvandɐt] *adj* **~ sein** être expert
bewässern* [bəˈvɛsən] *vt* arroser; (*Feld*) irriguer
Bewässerung <-, -en> *f* arrosage *m*; (*eines Feldes*) irrigation *f*
bewegen*¹ [bəˈveːɡən] **I.** *vt* ❶ déplacer ❷ (*beschäftigen*) **jdn ~** (*Vorstellung*) occuper l'esprit de qn; (*Erlebnis*) remuer qn ❸ (*bewirken*) **viel/wenig ~** faire bouger beaucoup/peu de choses **II.** *vr* ❶ **sich ~** bouger ❷ (*verkehren*) **sich frei/um die Sonne ~** se déplacer librement/autour du soleil
bewegen² <bewog, bewogen> *vt* **jdn ~** amener qn; **sich ~ lassen etw zu tun** se laisser convaincre de faire qc
beweglich [bəˈveːklɪç] *adj* ❶ mobile ❷ (*geistig ~*) **~ sein** être vif
bewegt [bəˈveːkt] *adj* ❶ (*Oberfläche*) agité(e) ❷ (*erlebnisreich*) mouvementé(e) ❸ (*innerlich gerührt*) **von etw ~ sein** être touché par qc
Bewegung <-, -en> *f* ❶ *a.* POL, KUNST mouvement *m*; (*Geste*) geste *m*; (*Fortbewegung*) déplacement *m* ❷ (*körperliche Betätigung*) exercice *m* ❸ (*Ergriffenheit*) émotion *f* ❹ (*Änderung*) changement *m*
Bewegungsablauf *m* enchaînement *m* des mouvements **bewegungslos** *adj, adv* immobile
beweinen* *vt* (*Verstorbenen*) pleurer; (*Tod*) déplorer
Beweis [bəˈvaɪs] <-es, -e> *m* preuve *f* ▶**etw unter ~ stellen** prouver qc
beweisen* *irr* **I.** *vt* prouver **II.** *vr* **sich ~** faire ses preuves
Beweisführung *f* exposé *m* des preuves **beweiskräftig** *adj* probant(e) **Beweismaterial** *nt* pièces *fpl* à conviction
bewenden *vt* **es bei etw ~ lassen** s'en tenir à qc; **es dabei ~ lassen etw zu tun** se contenter de faire qc
bewerben* *irr* **I.** *vr* **sich ~** (*akk*) poser sa candidature **II.** *vt* (*Produkt*) promouvoir
Bewerber(in) <-s, -> *m(f)* candidat(e) *m(f)*
Bewerbung <-, -en> *f* ❶ **~ um eine Stelle** candidature *f* à un emploi ❷ (*Werbemaßnahmen*) promotion *f*
Bewerbungsgespräch *nt* entretien *m* [d'embauche] **Bewerbungsschreiben** *nt* lettre *f* de candidature **Bewerbungsunterlagen** *Pl* dossier *m* de candidature
bewerfen* *irr vt* bombarder
bewerkstelligen* [bəˈvɛrkʃtɛlɪɡən] *vt* réussir
bewerten* *vt* ❶ (*benoten*) évaluer ❷ (*schätzen*) estimer
Bewertung *f* ❶ (*Benotung*) évaluation *f* ❷ (*Schätzung*) estimation *f*
bewilligen* [bəˈvɪlɪɡən] *vt* (*Geldmittel*) approuver; (*Antrag*) accorder
Bewilligung <-, -en> *f* ❶ *kein Pl* (*einer Stelle*) approbation *f*; (*von Geldmitteln*) octroi *m*; (*von Krediten*) accord *m* ❷ (*schriftliche Genehmigung*) autorisation *f*
bewirken* *vt* ❶ (*verursachen*) provoquer ❷ (*erreichen*) obtenir
bewirten* [bəˈvɪrtən] *vt* régaler; (*im Restaurant*) restaurer
bewirtschaften* *vt* exploiter
Bewirtung <-, -en> *f* ❶ (*Bedienung*) service *m* ❷ (*Speisen und Getränke*) boire *m* et manger
bewog [bəˈvoːk] *Imp von* **bewegen²**
bewogen [bəˈvoːɡən] *PP von* **bewegen²**

bewohnbar *adj* habitable

bewohnen* *vt* habiter

Bewohner(in) <-s, -> *m(f)* habitant(e) *m(f)*

bewölken* [bə'vœlkən] *vr* **sich ~** (*Himmel*) se couvrir

bewölkt *adj* nuageux(-euse)

Bewölkung <-, -en> *f* nuages *mpl*

Bewunderer <-s, -> *m*, **Bewunderin** *f* admirateur(-trice) *m(f)*

bewundern* *vt* admirer

bewundernswert *adj geh* admirable

Bewunderung <-, -en> *f* admiration *f*

bewusstᴿᴿ [bə'vʊst], **bewußt**ᴬᴸᵀ I. *adj* ❶ *attr* (*vorsätzlich*) délibéré(e) ❷ *attr* (*Handlung*) réfléchi(e) ❸ *attr* (*Nichtraucher*) convaincu(e) ❹ PSYCH conscient(e) ❺ *attr* (*besagt*) fameux(-euse) *antéposé* II. *adv* ❶ (*leben*) de façon équilibrée ❷ (*vorsätzlich*) délibérément ❸ (*klar*) **sich** (*dat*) **etw ~ machen** prendre conscience de qc

bewusstlosᴿᴿ, **bewußtlos**ᴬᴸᵀ *adj* (*Person*) inconscient(e); (*Zustand*) d'inconscience; **~ werden** perdre connaissance

Bewusstlosigkeitᴿᴿ, **Bewußtlosigkeit**ᴬᴸᵀ <-, -en> *f* inconscience *f*; (*kurzfristig*) évanouissement *m*

bewußt|machenᴬᴸᵀ *s.* bewusst II.3.

Bewusstseinᴿᴿ, **Bewußtsein**ᴬᴸᵀ <-s> *nt* ❶ conscience *f* ❷ PHILOS, PSYCH conscient *m*

bezahlen* *vt, vi* payer

bezahlt *adj* payé(e) ▸**sich für jdn ~ machen** être payant pour qn

Bezahlung *f* ❶ *kein Pl* paiement *m* ❷ (*Entlohnung*) rémunération *f*; (*Lohn, Gehalt*) paie *f*

bezaubern* I. *vt* (*Person*) charmer II. *vi* avoir du charme

bezaubernd *adj* ❶ (*Person, Klang*) charmant(e); (*Gegenstand, Schönheit*) ravissant(e) ❷ *iron* (*wenig erfreulich*) charmant(e) *antéposé*

bezeichnen* I. *vt* ❶ (*bedeuten*) désigner ❷ (*kennzeichnen*) indiquer ❸ (*benennen*) qualifier II. *vr* **sich als liberal ~** se qualifier de libéral(e)

bezeichnend *adj* typique

Bezeichnung *f* ❶ (*Beschreibung*) désignation *f* ❷ (*Kennzeichnung*) indication *f*

bezeugen* [bə'tsɔygən] *vt* **~, dass ...** (*Person*) certifier que ...; (*Verhalten*) attester que ...; **etw unter Eid ~** témoigner qc sous serment

beziehen* *irr* I. *vt* ❶ (*Polster*) recouvrir; **die Betten frisch ~** changer les draps ❷ (*Wohnung*) emménager dans; (*Standpunkt*) prendre ❸ COM recevoir ❹ FIN percevoir CH (*Steuern*) percevoir ❺ *fam* (*Ohrfeige*) [se] prendre ❻ (*in Beziehung setzen*) **etw auf jdn/etw ~** rapporter qc à qn/qc II. *vr* ❶ **sich ~** (*Himmel*) se couvrir ❷ (*betreffen*) **sich auf jdn/etw ~** (*Bemerkung*) se rapporter à qn/qc ❸ (*sich berufen*) **sich auf jdn/etw ~** se référer à qn/qc

Bezieher(in) <-s, -> *m(f)* ❶ FIN bénéficiaire *mf*; (*von Sozialleistungen*) prestataire *mf* ❷ (*Abonnent*) abonné(e) *m(f)* ❸ COM (*einer Ware*) acheteur(-euse) *m(f)*

Beziehung <-, -en> *f* ❶ (*Verbindung*) rapport *m* ❷ *meist Pl* (*nützliche Bekanntschaften*) relation *f* *souvent pl* ❸ (*Verhältnis*) relation *f* ❹ (*Hinsicht*) **in mancher/jeder ~ Recht haben** avoir raison à bien des égards/à tous [les] égards

beziehungsweise *konj* (*oder auch*) ou bien; (*oder vielmehr*) ou plutôt; (*respektive*) respectivement

beziffern* [bə'tsɪfən] I. *vt* (*Schaden, Verlust*) chiffrer; (*Anzahl*) estimer II. *vr* **sich auf tausend Euro ~** (*Schaden, Verlust*) se chiffrer à mille euros

Bezirk [bə'tsɪrk] <-[e]s, -e> *m* ❶ (*Gebiet*) région *f* ❷ COM secteur *m* ❸ (*Verwaltungsbezirk*) district *m* administratif A, CH district ❹ (*Stadtbezirk*) ≈ arrondissement *m*

bezug *s.* Bezug

Bezug [bə'tsu:k, *Pl:* bə'tsy:gə] <-[e]s, Bezüge> *m* ❶ (*Bettbezug*) housse *f*; (*Kissenbezug*) taie *f* ❷ (~*sstoff*) revêtement *m* ❸ COM achat *m*; (*von Zeitschriften*) abonnement *m* ❹ (*von Einkommen*) perception *f* ❺ *Pl* (*eines Verwaltungsangestellten*) émoluments *mpl*, (*eines Abgeordneten*) indemnités *fpl* ❻ (*Beziehung*) **~ zu etw** rapport *m* à qc ❼ CH (*eines Hauses*) emménagement *m* ▸**auf etw** (*akk*) **~ nehmen** faire référence à qc; **~ nehmend auf etw** (*akk*) en référence à qc; **in ~ auf etw** concernant qc

bezüglich [bə'tsy:klɪç] I. *präp* +*gen* **~ Ihres Angebots** *form* concernant votre offre II. *adj* relatif(-ive)

bezugsfertig *adj* habitable

bezwecken* [bə'tsvɛkən] *vt* ❶ servir à ❷ (*beabsichtigen*) rechercher; **etw ~** (*Maßnahme*) viser qc

bezweifeln* *vt* etw ~ mettre qc en doute; **~, dass** douter que + *subj*

bezwingen* *irr* **I.** *vt* **❶** vaincre **❷** (*Festung*) prendre **❸** (*Wut*) maîtriser **II.** *vr* **sich ~** se maîtriser

BH [be'ha:] <-[s], -[s]> *m fam Abk von* **Büstenhalter** soutif *m*

Biathlon ['bi:atlɔn] <-s, -s> *nt* biathlon *m*

Bibel ['bi:bəl] <-, -n> *f* bible *f*

Biber ['bi:bɐ] <-s, -> *m* castor *m*

Bibliografieᴿᴿ, **Bibliographie** [biblioɡra'fi:] <-, -n> *f* bibliographie *f*

Bibliothek [biblio'te:k] <-, -en> *f* bibliothèque *f*

Bibliothekar(in) [bibliote'ka:ɐ] <-s, -e> *m(f)* bibliothécaire *mf*

biblisch ['bi:blɪʃ] *adj* biblique

Bidet [bi'de:] <-s, -s> *nt* bidet *m*

bieder ['bi:dɐ] *adj* **❶** (*brav*) bien sage **❷** *pej* (*einfältig*) simplet(te)

biegen ['bi:ɡən] <bog, gebogen> **I.** *vt* + *haben* **❶** tordre; (*Zweig*) plier; **auseinander ~** écarter **❷** A (*Adjektiv, Substantiv*) décliner; (*Verb*) conjuguer ►**auf Biegen und Brechen** *fam* envers et contre tout **II.** *vi* + *sein* **nach rechts/links ~** tourner à droite/gauche **III.** *vr* + *haben* **❶** **sich nach vorne/rechts ~** se pencher en avant/à droite **❷** (*sich verziehen*) **sich ~** se tordre; (*Regalbrett*) ployer

biegsam *adj* souple

Biegsamkeit <-> *f* souplesse *f*

Biegung <-, -en> *f* **❶** (*einer Straße*) tournant *m*; (*eines Flusses*) courbe *f* **❷** (*einer Wirbelsäule*) courbure *f* LING A flexion *f*

Biene ['bi:nə] <-, -n> *f* abeille *f*

Bienenhonig *m* miel *m* d'abeilles **Bienenkönigin** *f* reine *f* des abeilles **Bienenschwarm** *m* essaim *m* [d'abeilles] **Bienenstich** *m* **❶** (*Stich*) piqûre *f* d'abeille **❷** GASTR amandine *f* (*gâteau aux amandes*) **Bienenstock** *m* ruche *f* [en bois] **Bienenwachs** *nt* cire *f* d'abeille

Bier [bi:ɐ] <-[e]s, -e> *nt* bière *f*

Bierbauch *m fam* abdo[minaux] *mpl* Kronenbourg® **Bierbrauerei** *f* brasserie *f* **Bierdeckel** *m* sous-bock *m* **Biergarten** *m* brasserie *f* en plein air

Le **Biergarten** est né en Bavière. C'est là - ainsi que dans le reste du sud de l'Allemagne - qu'il existe encore sous sa forme la plus ancestrale et la plus typique. Il s'agit d'une brasserie aménagée en plein air avec des bancs et des tables très simples, en bois. Plus on va vers le nord de l'Allemagne, plus les **Biergärten** ressemblent à de simples terrasses de restaurant. En principe, ils sont ouverts du premier mai à la fin du mois de septembre.

Bierglas *nt* verre *m* à bière **Bierzelt** *nt* chapiteau *m* (*grande tente où est installée une brasserie*)

Les grandes fêtes populaires allemandes, les *Volksfeste*, très nombreuses dès le printemps, sont généralement organisées en plein air sous des **Bierzelte**. Ce sont de grandes tentes sous lesquelles tout est organisé pour boire et manger des spécialités allemandes. Sur une estrade, une fanfare ou un groupe joue de la musique, les gens dansent et chantent des chansons populaires. La boisson la plus servie sous cette **Bierzelte** est la bière, bien entendu, d'où le nom de cette construction.

Biest [bi:st] <-[e]s, -er> *nt pej fam* **❶** (*Insekt*) bestiole *f* **❷** (*Mensch*) teigne *f*

bieten ['bi:tən] <bot, geboten> **I.** *vt* offrir **II.** *vi* **❶** SPIEL annoncer **❷** (*ein Angebot machen*) enchérir **III.** *vr* **❶** **sich ~** (*Chance*) se présenter **❷** (*sich darbieten*) **sich jdm ~** (*Anblick*) s'offrir à qn

Bigamie [biga'mi:] <-, -n> *f* bigamie *f*

bigott *adj* bigot(e)

Bikini [bi'ki:ni] <-s, -s> *m* deux-pièces *m*

Bilanz [bi'lants] <-, -en> *f* bilan *m* ►~ **ziehen** faire le bilan

bilateral ['bi(:)latera:l] *adj* bilatéral(e)

Bild [bɪlt] <-[e]s, -er> *nt* **❶** (*Gemälde*) tableau *m*; (*Zeichnung*) dessin *m* **❷** (*Foto*) photo *f* **❸** TV, CINE image *f* **❹** (*Spiegelbild*) image *f* **❺** (*Anblick*) spectacle *m*; (*Aussehen*) aspect *m* **❻** (*Vorstellung*) image *f* ►**jetzt bin ich im ~e** maintenant je suis au courant

Bildband <-bände> *m* livre *m* illustré

bilden ['bɪldən] **I.** *vt* **❶** former **❷** (*Höhepunkt*) constituer **❸** KUNST modeler **II.** *vr* **sich ~** **❶** (*entstehen*) se former **❷** (*sich Bildung verschaffen*) se cultiver **III.** *vi* former

Bilderbuch *nt* livre *m* d'images **Bilderrahmen** *m* cadre *m*

Bildfläche *f* écran *m*

bildhaft *adj* imagé(e)

Bildhauer(in) <-s, -> *m(f)* sculpteur(-euse) *m(f)* **Bildhauerei** <-> *f* sculpture *f* **bildhübsch** *adj* ravissant(e)

Bildnis ['bɪltnɪs] <-ses, -se> *nt geh* (*auf Münzen*) effigie *f*

Bildschirm *m* écran *m* **Bildschirmarbeit** *f* travail *m* sur écran **Bildschirmschoner** *m* INFORM économiseur *m* d'écran **Bildschirmtext** *m* ≈ minitel® *m*

bildschön *s.* **bildhübsch**

Bildstörung *f* perturbation *f* de l'image; (*Bildausfall*) panne *f* d'image **Bildtelefon** *nt* visiophone *m*

Bildung ['bɪldʊŋ] <-> *f kein Pl* ❶ culture *f*; (*Erziehung*) formation *f* ❷ *a.* BOT (*das Hervorbringen*) formation *f* ❸ (*von Vermögen*) constitution *f*; (*einer Theorie*) formation *f*

Bildungslücke *f* lacune *f* **Bildungspolitik** *f* politique *f* éducative **Bildungsreise** *f* voyage *m* éducatif **Bildungsurlaub** *m* congé-formation *m* **Bildungsweg** *m* formation *f*; **auf dem zweiten ~** en formation parallèle

Billard ['bɪljart] <-s, -e *o* A -s> *nt* billard *m*

Billett [bɪl'jɛt] <-[e]s, -e> *nt* ❶ A (*Brief*) lettre *f* ❷ CH (*Fahrkarte*) billet *m*

Billiarde [bɪ'ljardə] <-, -n> *f* mille billions *mpl*

billig ['bɪlɪç] *adj* bon marché; **~ einkaufen** acheter à bon prix; **jdm etw ~/~er verkaufen** vendre qc à qn à prix réduit/moins cher; **diese Äpfel sind ~er** ces pommes sont meilleur marché

billigen ['bɪlɪgən] *vt* approuver

Billigung <-, -en> *f* approbation *f*

Billion [bɪ'ljoːn] <-, -en> *f* billion *m*

bimmeln *vi fam* carillonner

Bimsstein ['bɪmsʃtaɪn] *m* ❶ pierre *f* ponce ❷ (*Baustein*) béton *m* ponce

bin [bɪn] *1. Pers Präs von* **sein**[1]

binär [bi'nɛːɐ] *adj* binaire

Binärcode *m* code *m* binaire **Binärdatei** *f* binaire *m* **Binärdaten** *Pl* données *fpl* binaires

Binde ['bɪndə] <-, -n> *f* ❶ MED bande *f*; (*Schlinge*) écharpe *f* ❷ (*Monatsbinde*) serviette *f* hygiénique ❸ (*Armbinde*) brassard *m* ❹ (*Augenbinde*) bandeau *m*

Bindegewebe *nt* tissu *m* conjonctif **Binde-**

glied *nt* lien *m* **Bindehaut** *f* conjonctive *f* **Bindemittel** *nt* agglutinant *m*; TECH liant *m*

binden <band, gebunden> I. *vt* ❶ (*zusammen~*) (*durch Bündeln*) lier; (*durch Knoten*) nouer ❷ (*Strauß*) fabriquer ❸ (*verpflichten*) **jdn ~** lier qn ❹ CHEM fixer ❺ GASTR, TECH épaissir ❻ FIN **Kapital ~** immobiliser des capitaux ❼ (*Buch*) relier II. *vi* (*eine Gefühlsbindung schaffen*) lier III. *vr* ❶ (*eine Beziehung eingehen*) **sich an jdn ~** se lier avec qn ❷ (*sich verpflichten*) **sich ~** s'engager

bindend *adj* **für jdn ~ sein** engager qn

Bindestrich *m* trait *m* d'union **Bindewort** <-wörter> *nt* conjonction *f*

Bindfaden *m* ficelle *f*

Bindung <-, -en> *f* ❶ (*Verbundenheit*) attachement *m* ❷ (*Verpflichtung*) engagement *m* ❸ (*Beziehung*) liaison *f* ❹ SPORT fixation *f* ❺ TEXTIL armure *f* ❻ CHEM liaison *f* ❼ PHYS combinaison *f*

binnen ['bɪnən] *präp* + *dat o gen* **~ einem Jahr** dans un délai d'un an

Binnengewässer *nt* eaux *fpl* continentales **Binnenhafen** *m* port *m* fluvial **Binnenmarkt** *m* marché *m* intérieur **Binnenmeer** *nt* mer *f* intérieure **Binnenschifffahrt**[RR] *f* navigation *f* fluviale

Binse ['bɪnzə] <-, -n> *f* jonc *m*

Binsenweisheit *f* truisme *m*

Biochemie [bioçe'miː] *f* biochimie *f*

biodynamisch [biody'naːmɪʃ] *adj* biologique

Biograf[RR](in) [bio'graːf] <-en, -en> *m(f)* biographe *mf*

Biografie[RR] [biografiː] <-, -n> *f* ❶ (*Buch*) biographie *f* ❷ (*Lebenslauf*) curriculum *m* [vitae]

biografisch[RR] [bio'graːfɪʃ] *adj* biographique

Biographie *s.* **Biografie**

Bioladen *m fam* magasin *m* bio

Biologe [bio'loːgə] <-n, -n> *m*, **Biologin** *f* biologiste *mf*

Biologie [biolo'giː] <-> *f* biologie *f*

biologisch [bio'loːgɪʃ] I. *adj* biologique II. *adv* biologiquement; **~ abbaubar** biodégradable

Biopsie [-'psiːən] <-, -n> *f* biopsie *f*

Biorhythmus ['biːorʏtmʊs] *m* biorythme *m*

Biosphäre [bio'sfɛːrə] *f* biosphère *f* **Biotechnik** *f* biotechnique *f*

Biotop [bio'toːp] <-s, -e> *nt* biotope *m*

Birke ['bɪrkə] <-, -n> *f* bouleau *m*

Birnbaum *m* poirier *m*

Birne ['bɪrnə] <-, -n> *f* ① (*Frucht*) poire *f* ② (*Glühbirne*) ampoule *f* ③ *fam* (*Kopf*) caboche *f*

bis [bɪs] I. *präp* + *akk* ① (*zeitlich*) jusqu'à; (*nicht später als*) d'ici; **vom ersten ~ dritten März** du premier au trois mars ② (*räumlich*) **~ Frankfurt fahren** aller jusqu'à Francfort II. *präp mit dat av o pron* ① (*zeitlich*) **~ jetzt** jusqu'à maintenant; **~ dahin** d'ici là; **er hat ~ jetzt noch nicht angerufen** il n'a pas encore appelé; **~ bald!** à bientôt!; **~ dann!** à tout à l'heure! ② (*räumlich*) **~ hierhin** jusqu'ici; **von oben ~ unten** de haut en bas ③ (*einschließlich*) **alles ~ auf den letzten Krümel aufessen** manger tout jusqu'à la dernière miette ④ (*mit Ausnahme von*) **alle ~ auf Robert** tous sauf Robert III. *adv* **~ zum Herbst muss es fertig sein** ça doit être fini d'ici l'automne; **ich bin ~ gegen acht Uhr noch da** je serai encore là jusque vers huit heures; **~ zum 17. Lebensjahr** jusqu'à l'âge de 17 ans IV. *konj* ① (*ungefähr*) **zwei ~ drei Stunden** entre deux et trois heures ② (*so lange, ~*) jusqu'à ce que + *subj*

Bisam ['bi:zam] <-s, -e *o* -s> *m* (*~pelz*) rat *m* musqué

Bischof ['bɪʃɔf] <-s, Bischöfe> *m*, **Bischöfin** *f* évêque *m*

bischöflich ['bɪʃœflɪç] *adj* épiscopal(e)

Bischofssitz *m* évêché *m* **Bischofsstab** *m* crosse *f*

bisexuell [bizeˈksʊɛl] *adj* bisexuel(le)

bisher [bɪsˈheːɐ̯] *adv* jusqu'à présent

bisherig *adj attr* **die ~e Personalchefin** (*gegenwärtig/ehemalig*) la chef du personnel actuelle/en poste jusqu'ici; **sein ~es Verhalten** le comportement qu'il a eu jusqu'à présent

Biskuit [bɪsˈkviːt] <-[e]s, -s> *nt o m* génoise *f*

bislang [bɪsˈlaŋ] *s.* **bisher**

Bison ['bi:zɔn] <-s, -s> *m* bison *m*

biss^{RR} [bɪs], **biß**^{ALT} *Imp von* **beißen**

Biss^{RR} [bɪs] <-es, -e>, **Biß**^{ALT} <-sses, -sse> *m* ① (*das Beißen*) **mit einem ~** d'un coup de dent ② (*~wunde*) morsure *f*

bisschen^{RR}, **bißchen**^{ALT} ['bɪsçən] I. *pron indef, inv* **ein ~ Milch** un peu de lait; **kein ~ Geduld haben** ne pas avoir du tout de patience; **ein ~ wenig** pas assez; **kein ~**

schlechter pas pire II. *nt klein geschrieben* **das ~, das** le peu qui/que

Bissen ['bɪsən] <-s, -> *m* ① (*Happen*) morceau *m* ② (*Mundvoll*) bouchée *f*

bissig II. *adj* ① **~er Hund!** chien méchant! ② (*sarkastisch*) virulent(e); (*Ton*) mordant(e) II. *adv* (*antworten*) d'une manière mordante; (*reagieren*) avec virulence

Bisswunde^{RR} *f* morsure *f*

Bistum ['bɪstu:m, *Pl:* 'bɪsty:mə] <-s, -tümer> *nt* évêché *m*

bisweilen [bɪsˈvailən] *adv geh* de temps à autre

Bit [bɪt] <-[s], -[s]> *nt* bit *m*

bitte ['bɪtə] *adv* ① s'il vous plaît; (*wenn man den Gesprächspartner duzt*) s'il te plaît ② (*Höflichkeitsformel in Antworten*) **~ |schön|!** je vous en prie!/je t'en prie! ③ (*in ironischen Antworten*) **na ~!** ah, vous voyez |bien|!/ah, tu vois |bien|! ④ (*Höflichkeitsformel in Nachfragen*) **|wie| ~?** pardon?

Bitte <-, -n> *f* demande *f*; **ich habe eine ~ an Sie** je veux vous demander une faveur

bitten <bat, gebeten> I. *vt* **~ jdn um etw ~** demander qc à qn; **jdn ~ etw zu tun** prier qn de faire qc; **darf ich Sie um das Brot ~?** pourriez-vous me passer le pain, s'il vous plaît? ② (*einladen*) **jdn zum Abendessen ~** inviter qn à dîner ③ (*bestellen*) **jdn zu sich ~** demander à voir qn II. *vi* ① **darf ich ~?** (*beim Tanzen*) puis-je me permettre?; **es wird gebeten nicht zu rauchen** *form* (*als Schildinschrift*) prière de ne pas fumer ② (*flehen*) supplier ③ (*herein~*) **ich lasse ~!** faites entrer! ►**wenn ich ~ darf!** (*auffordernd*) si possible!; (*befehlend*) je vous prie!

Bitten <-s> *nt* supplications *fpl*

bitter I. *adj* amer(-ère) II. *adv* ① **~ schmecken** avoir un goût amer ② (*lachen*) avec amertume ③ (*bereuen*) amèrement

bitterböse ['bɪtɐˈbøːzə] I. *adj* (*Person*) très fâché(e); (*Brief*) très méchant(e); (*Blick*) mauvais(e) II. *adv* (*antworten*) sur un ton méchant

bitterernst ['bɪtɐˈʔɛrnst] I. *adj* (*Person*) très sérieux(-euse); (*Lage*) très grave II. *adv* **es ~ meinen** être tout ce qu'il y a de plus sérieux

Bitterkeit <-> *f a. fig* amertume *f*

Biwak ['bi:vak] <-s, -s> *nt* bivouac *m*

bizarr [biˈtsar] *adj* bizarre

B

Bizeps <-es, -e> m biceps m

Blackout, Black-out[RR] ['blɛk?aʊt] <-s, -s> m (*Bewusstseinstrübung*) perte f de conscience momentanée; (*in einer Prüfung*) trou m [noir]

blähen ['blɛːən] I. vt gonfler II. vr sich ~ se gonfler III. vi (*Hülsenfrüchte*) ballonner

Blähung <-, -en> f meist Pl ballonnement m

blamabel [bla'maːbəl] adj geh honteux(-euse)

Blamage [bla'maːʒə] <-, -n> f geh honte f

blamieren* [bla'miːrən] I. vt ridiculiser II. vr sich ~ se couvrir de ridicule

blank [blaŋk] adj ❶ (*glänzend*) brillant(e); (*sauber*) étincelant(e) |de propreté|; (*abgescheuert*) lustré(e) ❷ (*rein*) pur(e) ❸ (*bloß*) nu(e)

Blank [blæŋk] nt TYP, INFORM blanc m

Blankoscheck m chèque m en blanc

Blase ['blaːzə] <-, -n> f ❶ ANAT vessie f ❷ MED ampoule f; (*Brandblase*) cloque f ❸ (*Luft-, Sprechblase*) bulle f

Blasebalg <-[e]s, -bälge> m soufflet m

blasen ['blaːzən] <bläst, blies, geblasen> I. vi souffler II. vt ❶ den Staub vom Buch ~ souffler sur la poussière du livre ❷ (*Melodie*) jouer; (*Trompete*) jouer de ❸ vulg (*fellationieren*) jdm einen ~ tailler une pipe à qn

Blasenentzündung f MED cystite f

Bläser(in) ['blɛːzɐ] <-s, -> m(f) joueur(-euse) m(f) d'instrument à vent; die ~ und die Streicher les cuivres mpl et les cordes

blasiert [bla'ziːɐ̯t] I. adj pej geh hautain(e) II. adv (*sich benehmen*) de manière snob

Blasinstrument nt instrument m à vent

Blaskapelle f fanfare f **Blasmusik** f musique f de fanfare

Blasphemie [-'miːən] <-, -n> f geh blasphème m

blass[RR] [blas], **blaß**[ALT] adj ❶ pâle ❷ (*Erinnerung*) vague ❸ (*Ausdruck*) fade

Blässe ['blɛsə] <-, -n> f ❶ pâleur f ❷ (*nichtssagende Art*) fadeur f

Blatt [blat, Pl: 'blɛtə] <-[e]s, Blätter> nt ❶ (*einer Pflanze*) feuille f ❷ (~ *Papier*) feuille f ❸ (*Seite*) page f ❹ (*Grafik*) feuillet m ❺ (*Zeitung*) journal m ❻ (*eines Ruders*) pale f ❼ SPIEL jeu m ❽ (*Schulter*) épaule f

blättern ['blɛtɐn] I. vi ❶ in etw (*dat*) ~ feuilleter qc; (*suchend*) chercher dans qc ❷ INFORM dérouler; nach oben/unten ~ faire défiler vers le haut/le bas II. vt etw auf den Tisch ~ aligner qc sur la table

Blätterteig m pâte f feuilletée

Blattgold nt feuille f d'or **Blattlaus** f puceron m **Blattpflanze** f plante f verte

blau [blaʊ] adj ❶ bleu(e) ❷ fam (*betrunken*) ~ sein être soûl

Blau <-s, - o fam -s-> nt bleu m

blauäugig adj ❶ (*mit blauen Augen*) aux yeux bleus ❷ (*naiv*) naïf(-ïve)

Blaubeere f myrtille f

blaugrau adj gris bleu inv

Blauhelm m casque m bleu **Blaukraut** nt A chou m rouge

bläulich ['blɔylɪç] adj bleuté(e)

Blaulicht nt gyrophare m **Blaumeise** f mésange f bleue **Blausäure** f CHEM acide m prussique **Blauwal** m |grande| baleine f bleue

Blazer ['bleːzɐ] <-s, -> m blazer m

Blech [blɛç] <-[e]s, -e> nt ❶ kein Pl tôle f; (*Weißblech*) fer-blanc m ❷ (*Stück* ~) |morceau m de| tôle f ❸ kein Pl fam (*Unsinn*) bêtises fpl

Blechblasinstrument nt cuivre m

Blechdose f boîte f en fer-blanc

blechen fam I. vt raquer II. vi casquer

blechern adj ❶ attr en tôle; (*aus Weißblech*) en fer-blanc ❷ (*Geräusch*) creux(-euse); (*Klang*) métallique

Blechinstrument s. Blechblasinstrument

Blechschaden m dégâts mpl matériels |de tôle|

Blei [blaɪ] <-[e]s, -e> nt ❶ kein Pl (*Metall*) plomb m ❷ (*Lot*) fil m à plomb ❸ (*Kugeln*) plomb m

Bleibe ['blaɪbə] <-, -n> f demeure f; (*vorübergehend*) abri m; eine/keine ~ haben avoir un logement/être sans logis

bleiben ['blaɪbən] <blieb, geblieben> I. vi + sein ❶ (*verweilen*) rester; wo bleibst du so lange? mais qu'est-ce que tu fais |encore|? ❷ (*weiterhin sein*) gleich ~ rester stable; es soll regnerisch ~ les pluies doivent persister ❸ (*zurück~*) liegen ~ rester là ❹ (*übrig* ~) drei Fehler sind stehen geblieben on a oublié trois fautes ❺ (*in der Erinnerung* ~) an jdm hängen ~ (*Verdacht*) peser sur qn ❻ (*festsitzen*) hängen ~ rester accroché(e) ❼ (*nicht vorankommen*) liegen ~ (*Fahrzeug*) rester immobilisé(e); stehen ~ (*Person*) s'arrêter;

B

(*Uhr*) être arrêté; (*Fahrzeug*) s'immobiliser ❽ (*hineraten*) **wo ist meine Brille geblieben?** où sont passées mes lunettes? ❾ *fam* (*unterkommen*) **wo sollen die Leute alle ~?** où vont-ils tous crécher? ❿ (*verharren*) **es bleibt bei meiner Entscheidung** je maintiens ma décision ⓫ (*übrig ~*) rester; **mir bleibt keine andere Wahl** je n'ai pas le choix ▶**das bleibt unter uns** cela reste entre nous II. *vi unpers* **es bleibt zu hoffen, dass ...** il ne reste qu'à espérer que ...

bleibend *adj* ❶ (*beständig*) permanent(e) ❷ (*unveränderlich*) **gleich ~** constant

bleich [blaɪç] *adj* blême; (*Haut*) pâle

bleichen <bleichte, gebleicht> I. *vt + haben* blanchir; (*Haare*) éclaircir II. *vi + sein* **diese Tapeten ~ schnell** ces papiers [peints] perdent vite leurs couleurs

bleiern *adj* ❶ *attr* (*aus Blei*) en plomb ❷ (*bleifarben*) plombé(e) ❸ (*schwer lastend*) accablant(e)

bleifrei *adj* sans plomb **bleihaltig** *adj* plombifère; (*Benzin*) contenant du plomb **bleischwer** [ˈblaɪʃveːɐ̯] *adj* de plomb **Bleistift** *m* crayon *m* [à papier] **Bleistiftspitzer** *m* taille-crayon *m*

Blende [ˈblɛndə] <-, -n> *f* ❶ PHOT diaphragme *m* ❷ (*Lichtschutz*) écran *m* ❸ (*blinder Bogen*) arcade *f* aveugle; (*blinde Tür*) fausse porte *f* ❹ (*Stoffblende*) garniture *f*

blenden [ˈblɛndən] I. *vt* ❶ éblouir ❷ (*täuschen*) abuser ❸ (*blind machen*) aveugler II. *vi* (*Sonne*) éblouir ❷ (*hinters Licht führen*) chercher à impressionner

blendend *adj* excellent(e)

Blick [blɪk] <-[e]s, -e> *m* ❶ (*das Schauen*) regard *m*; (*flüchtig*) coup *m* d'œil ❷ (*Augen*) **den ~ heben/senken** lever/baisser les yeux ❸ *kein Pl* (*Augenausdruck*) regard *m* ❹ *kein Pl* (*Ausblick*) vue *f* ❺ *kein Pl* (*Urteilskraft*) coup *m* d'œil ❻ (*Hinsicht*) **mit ~ auf die kommenden Wahlen** eu égard aux prochaines élections ▶**auf den ersten ~** (*sofort*) du premier coup d'œil; (*beim ersten flüchtigen Hinsehen*) à première vue; **auf den zweiten ~** en [y] regardant de plus près; **auf einen ~, mit einem ~** d'un [seul] coup d'œil

blicken I. *vi* regarder II. *vt* **sich ~ lassen** se montrer

Blickfeld *nt* champ *m* de vision **Blickwin-**

kel *m* angle *m*; **aus diesem ~** sous cet angle

blieb [bliːp] *Imp von* **bleiben**

blies [bliːs] *Imp von* **blasen**

blind [blɪnt] I. *adj* ❶ aveugle ❷ (*Fenster*) mat(e) ❸ (*ohne Ausgang*) en cul-de-sac ❹ (*ohne Sicht*) sans visibilité II. *adv* ❶ (*wahllos*) au hasard ❷ (*unkritisch*) aveuglément

Blinddarm *m* ANAT appendice *m* **Blinddarmentzündung** *f* appendicite *f*

Blinde(r) *f(m) dekl wie adj* aveugle *mf*

Blindekuh *kein art* ~ |**spielen**| [jouer à] colin-maillard *m*

Blindenhund *m* chien *m* d'aveugle **Blindenschrift** *f* [écriture *f*] braille *m*

Blindheit <-> *f kein Pl* cécité *f*

blindlings [ˈblɪntlɪŋs] *adv* aveuglément

Blindschleiche [ˈblɪntʃlaɪçə] <-, -n> *f* orvet *m*

blinken [ˈblɪŋkən] I. *vi* ❶ (*Edelstein*) scintiller ❷ (*blitzen*) **vor Sauberkeit ~** étinceler ❸ (*Zeichen geben*) clignoter II. *vt* **SOS ~** émettre des signaux de S.O.S.

Blinker <-s, -> *m* ❶ AUT clignotant *m* ❷ (*Angelköder*) cuillère *f*

Blinklicht *nt* ❶ (*Signal*) feu *m* clignotant ❷ *fam* (*Blinkleuchte*) clignotant *m*

blinzeln [ˈblɪntsəln] *vi* cligner des yeux; (*zwinkern*) faire un clin d'œil

Blitz [blɪts] <-es, -e> *m* ❶ éclair *m*; (*~schlag*) foudre *f* ❷ (*das Aufblitzen*) éclair *m* ❸ PHOT flash *m*

Blitzableiter <-s, -> *m* paratonnerre *m* **blitzartig** I. *adj* d'une rapidité foudroyante II. *adv* en un éclair

blitzblank *adj fam* nickel *inv*

blitzen I. *vi unpers* **es blitzt** il y a des éclairs II. *vi* (*strahlen*) étinceler III. *vt fam* **geblitzt werden** (*Autofahrer*) se faire prendre par un radar

Blitzlicht *nt* flash *m* **blitzschnell** *s.* **blitzartig**

Block¹ [blɔk, *Pl:* ˈblœkə] <-[e]s, Blöcke> *m* bloc *m*; (*aus Schokolade*) plaque *f*

Block² <-[e]s, Blöcke> *m* ❶ (*Häuserblock*) pâté *m* de maisons; (*großes Mietshaus*) bloc *m* ❷ (*Schreibblock*) bloc *m*; (*Notizblock*) bloc-notes *m*; (*Fahrkartenblock*) carnet *m* ❸ POL bloc *m* ❹ (*Kernreaktorblock*) réacteur *m*

Blockade [blɔˈkaːdə] <-, -n> *f* blocus *m*

Blockflöte *f* flûte *f* à bec **Blockhaus** *nt* cabane *f* en rondins

blockieren* [blɔ'ki:rən] I. *vt* bloquer; (*Stromzufuhr*) couper II. *vi* (*Bremsen*) [se] bloquer

Blocksatz *m* composition *f* en carré **Blockschrift** *f* caractères *mpl* d'imprimerie

blöd[e] *fam* I. *adj* ❶ (*dumm*) idiot(e) ❷ (*Situation*) embêtant(e); **zu ~!** c'est con! II. *adv* comme un idiot/une idiote; (*gucken*) bêtement; (*sich verhalten*) comme un manche

Blödheit <-, -en> *f fam* connerie *f*

Blödmann <-männer> *m fam* imbécile *m* **Blödsinn** *m kein Pl pej fam* bêtise *f* **blödsinnig** *adj pej fam* (*Idee*) stupide

blöken ['blø:kən] *vi* bêler

blond [blɔnt] *adj* blond(e)

blondieren* [blɔn'di:rən] *vt* **die Haare ~** teindre les cheveux en blond

Blondine [blɔn'di:nə] <-, -n> *f* blonde *f*

bloß [blo:s] I. *adj* ❶ nu(e) ❷ *attr* (*alleinig*) pur(e) II. *adv fam* ❶ (*nur*) seulement ❷ (*eine Frage/Aufforderung verstärkend*) **was hat sie ~?** qu'est-ce qui lui prend?; **hör ~ auf damit!** arrête donc!

Blöße ['blø:sə] <-, -n> *f geh* nudité *f*

bloß|stellen I. *vt* **jdn ~** ridiculiser qn II. *vr* **sich ~** se couvrir de ridicule

Blouson [blu'zõ:] <-[s], -s> *m o nt* blouson *m*

blubbern *vi fam* gargouiller

Bluejeans, Blue JeansRR ['blu:dʒi:ns] *Pl* blue-jean *m*

Blues [blu:s] <-, -> *m* (*Musik*) blues *m*; (*Tanz*) slow *m*

bluffen ['blœfən] *vt, vi fam* bluffer

blühen ['bly:ən] *vi* ❶ (*Pflanze*) fleurir; (*Garten*) être en fleurs ❷ (*florieren*) être florissant

blühend *adj* ❶ en fleur[s] ❷ (*Gesundheit*) florissant(e) ❸ (*florierend*) florissant(e)

Blume ['blu:mə] <-, -n> *f* ❶ fleur *f* ❷ (*des Weins*) bouquet *m* ❸ (*Bierschaum*) mousse *f*

Blumenbeet *nt* parterre *m* [de fleurs] **Blumenhändler(in)** *m(f)* fleuriste *mf* **Blumenkasten** *m* jardinière *f* [de fleurs] **Blumenkohl** *m* chou-fleur *m* **Blumenstrauß** <-sträuße> *m* bouquet *m* [de fleurs] **Blumentopf** *m* (*Topf*) pot *m* de fleurs **Blumenvase** *f* vase *m*

Bluse ['blu:zə] <-, -n> *f* (*mit Kragen*) chemisier *m*; (*Hemdbluse*) chemise *f*

Blut [blu:t] <-[e]s> *nt* sang *m*

blutarm *adj* anémié(e) **Blutbad** *nt* bain *m* de sang; **ein ~ anrichten** faire un carnage **Blutbahn** *f* circuit *m* sanguin **Blutbild** *nt* formule *f* sanguine **Blutdruck** *m* tension *f* [artérielle]; **zu hohen/niedrigen ~ haben** faire de l'hypertension/l'hypotension

Blüte ['bly:tə] <-, -n> *f* ❶ fleur *f* ❷ *kein Pl* (*das Blühen*) floraison *f* ❸ *fam* (*falsche Banknote*) faux billet *m* ❹ *kein Pl geh* (*Höhepunkt*) apogée *m*

Blutegel ['blu:tʔe:gəl] *m* sangsue *f*

bluten *vi* saigner

Bluter <-s, -> *m* hémophile *m*

BlutergussRR ['blu:tʔɛrɡʊs] *m* hématome *m* **Bluterkrankheit** *f* hémophilie *f*

Blütezeit *f* ❶ floraison *f* ❷ (*einer Kultur*) prospérité *f*

Blutfleck *m* tache *f* de sang **Blutgefäß** *nt* vaisseau *m* sanguin **Blutgerinnung** *f* coagulation *f* **Blutgruppe** *f* groupe *m* sanguin **Bluthochdruck** *m* hypertension *f*

blutig *adj* ❶ (*Nase*) en sang ❷ (*Wäschestück*) taché(e) de sang ❸ GASTR saignant(e) ❹ (*Schlacht*) sanglant(e)

Blutkonserve *f* poche *f* de sang (*destinée à la transfusion*) **Blutkörperchen** *nt* globule *m* **Blutkreislauf** *m* circulation *f* sanguine **Blutplasma** *nt* plasma *m* sanguin **Blutprobe** *f* prise *f* de sang **Blutrache** *f* vendetta *f* **blutrünstig** *adj* sanguinaire **Blutspende** *f* don *m* du sang **Blutspender(in)** *m(f)* donneur(-euse) *m(f)* de sang

blutsverwandt *adj* consanguin(e)

Bluttransfusion *f* transfusion *f* sanguine

Blutung <-, -en> *f* ❶ saignement *m* ❷ (*Monatsblutung*) règles *fpl*

Blutuntersuchung *f* analyse *f* de sang **Blutvergießen** <-s> *nt geh* effusion *f* de sang *souvent pl* **Blutvergiftung** *f* empoisonnement *m* du sang **Blutwurst** *f* boudin *m* [noir] **Blutzuckerwert** *m* MED glycémie *f*

BLZ *Abk von* **Bankleitzahl** code *m* banque

Bö [bø:] <-, -en> *f* rafale *f*

Boa ['bo:a] <-, -s> *f* ZOOL, COUT boa *m*

Bob [bɔp] <-s, -s> *m* bob[sleigh] *m*

Bock [bɔk, *Pl:* 'bœka] <-[e]s, Böcke> *m* ❶ (*Schafbock*) bélier *m*; (*Ziegenbock*) bouc *m*; (*Rehbock*) chevreuil *m*; (*Rammler*) baquin *m* ❷ (*Untergestell*) tréteau *m* ❸ (*Sportgerät*) cheval *m* d'arçons ❹ *fam* (*Lust*) **~/keinen ~ haben etw zu tun** avoir/ne

B

pas avoir envie de faire qc ❺ *fam* (*Schimpf-wort*) **so ein sturer ~!** quelle tête de mule! ❻ (*Kutschbock*) siège *m* du cocher

bocken *vi fam* (*Person*) faire la tête; (*Tier*) refuser d'avancer

bockig *adj* (*Kind*) entêté(e); (*Erwachsener*) récalcitrant(e); (*Tier*) rétif(-ive)

Bockshorn ►**sich von jdm ins** ~ **jagen lassen** *fam* se laisser intimider par qn

Bockspringen *nt* saut *m* au cheval d'arçons

Bockwurst *f* saucisse *f* (*réchauffée à l'eau bouillante*)

Boden ['bo:dən, *Pl:* 'bø:dən] <-s, Böden> *m* ❶ (*Erde*) sol *m*; **zu ~ fallen/sinken** (*Person*) s'effondrer ❷ (*Acker*) sol *m*; (*Erdreich*) terre *f* ❸ *kein Pl* (*Grund und ~*) terrain *m* ❹ (*Territorium*) sol *m* ❺ (*Fußboden*) sol *m* ❻ (*Teppichboden*) moquette *f* ❼ (*Dachboden*) grenier *m* ❽ (*eines Behälters*) fond *m*; (*einer Flasche*) cul *m* ❾ (*Tortenboden*) fond *m* de tarte ❿ (*Grundlage*) base *f* ►**an ~ gewinnen/verlieren** gagner/perdre du terrain

Bodenfrost *m* gelée *f* au sol

bodenlos *adj* ❶ *fam* inouï(e) ❷ (*Abgrund*) sans fond

Bodenpersonal *nt* AVIAT personnel *m* au sol **Bodenschätze** *Pl* richesses *fpl* minières

Bodensee *m* **der ~** le lac de Constance

Bodenturnen *nt* gymnastique *f* au sol

Body ['bɔdi] <-s, -s> *m* body *m*

Bodybuilding ['bɔdibɪldɪŋ] <-s> *nt* body-building *m*

bog [bo:k] *Imp von* **biegen**

Bogen ['bo:gən, *Pl:* 'bø:gən] <-s, -> *m* ❶ *a.* MATH (*~linie*) arc *m*; **einen ~ machen** (*Straße, Fluss*) faire un coude ❷ (*Papierbogen*) feuille *f* ❸ (*Schusswaffe*) arc *m* ❹ MUS archet *m*; (*Haltebogen*) [signe *m* de] liaison *f* ❺ AR-CHIT arc *m* ❻ (*Brückenbogen*) arche *f*

Bogengang <-gänge> *m* arcades *fpl* **Bogenschießen** *nt* tir *m* à l'arc **Bogenschütze** *m*, **-schützin** *f* archer *m*/archère *f*; SPORT tireur *m*/tireuse *f* à l'arc

Böhmen ['bø:mən] <-s> *nt* la Bohême

böhmisch *adj* bohémien(ne)

Bohne ['bo:nə] <-, -n> *f* ❶ haricot *m* ❷ (*Kaffeebohne*) grain *m* [de café]

Bohnenkaffee *m* café *m*; (*ungemahlen*) café *m* en grains **Bohnenstange** *f* rame *f* ❷ *hum fam* (*großer Mensch*) grande perche *f*

bohnern I. *vt* cirer II. *vi* passer la cireuse

Bohnerwachs *nt* encaustique *f*

bohren ['bo:rən] I. *vt* ❶ creuser ❷ TECH percer ❸ (*hineinstoßen*) enfoncer II. *vi* ❶ (*stochern*) **in der Nase ~** se mettre les doigts dans le nez ❷ (*Zahnarzt*) passer la roulette ❸ MIN creuser ❹ *fam* (*fragen*) revenir à la charge ❺ (*quälend nagen*) ronger qn III. *vr* **sich in die Erde ~** (*Speer*) se planter dans le sol

Bohrer <-s, -> *m* ❶ (*Bohrmaschine*) perceuse *f*; (*Bohreinsatz*) mèche *f* ❷ (*Handbohrer*) chignole *f* ❸ (*Zahnarztbohrer*) fraise *f*

Bohrinsel *f* plate-forme *f* de forage **Bohrmaschine** *f* perceuse *f* [électrique] **Bohrturm** *m* derrick *m*

Bohrung <-, -en> *f* ❶ *kein Pl* (*das Bohren*) **eine ~ nach Erdöl** un forage pour trouver du pétrole ❷ (*Bohrloch*) forage *m*

böig ['bø:ɪç] *adj* (*Wetter*) venteux(-euse); **~er Wind** vent *m* en rafales

Boiler ['bɔylɐ] <-s, -> *m* chauffe-eau *m*

Boje ['bo:jə] <-, -n> *f* balise *f*

Bolivien [bo'li:vjən] <-s> *nt* la Bolivie

Bollwerk ['bɔlvɛrk] *nt geh* bastion *m*

Bolzen ['bɔltsən] <-s, -> *m* ❶ TECH boulon *m* ❷ (*Geschoss*) flèche *f*

bombardieren* [bɔmbar'di:rən] *vt* ❶ bombarder; (*mit Granaten*) pilonner ❷ (*überschütten*) **jdn mit Fragen ~** assaillir qn de questions

bombastisch [bɔm'bastɪʃ] *pej adj* ❶ (*schwülstig*) ronflant(e); (*Sprache*) ampoulé(e) ❷ (*pompös*) pompeux(-euse)

Bombe ['bɔmbə] <-, -n> *f* ❶ MIL bombe *f* ❷ (*Geldbombe*) sacoche *f* ►**wie eine ~ einschlagen** faire l'effet d'une bombe

Bombenangriff *m* bombardement *m* **Bombenanschlag** *m* attentat *m* à la bombe **Bombendrohung** *f* alerte *f* à la bombe **Bombenerfolg** *m fam* succès *m* fou **bombensicher** *adj* ❶ (*Bunker*) anti-bombe ❷ *fam* (*Tipp*) absolument sûr(e)

Bomber <-s, -> *m fam* bombardier *m*

Bon [bɔŋ] <-s, -s> *m* ❶ ticket *m* de caisse ❷ (*Gutschein*) bon *m*

Bonbon [bɔŋ'bɔŋ] <-s, -s> *nt o m* bonbon *m*

Bonus ['bo:nʊs] <-, -> *m* ❶ bonus *m* ❷ (*Punktgutschrift*) bonification *f* ❸ (*Vorteil*) bonus *m*

Boom [bu:m] <-s, -s> *m* boom *m*

boomen ['bu:mən] *vi* connaître un boom

Boot [bo:t] <-[e]s, -e> *nt* bateau *m*; (*Ruderboot*) barque *f*; (*Segelboot*) voilier *m*; **~ fah-**

ren faire du bateau ▶wir <u>sitzen</u> alle in einem ~ nous sommes tous logés/toutes logées à la même enseigne

Bootsfahrt f promenade f en bateau **Bootshaus** nt hangar m à bateaux **Bootsverleih** m location f de bateaux

Bord¹ [bɔrt] <-[e]s> m an ~ gehen/kommen monter à bord; über ~ gehen passer par-dessus bord ▶etw über ~ werfen jeter qc par-dessus bord; fig mettre qc au panier

Bord² <-[e]s, -e> nt (Wandbrett) tablette f

Bordell [bɔr'dɛl] <-s, -e> nt maison f close

Bordkarte f carte f d'embarquement **Bordstein** m bordure f de trottoir

borgen ['bɔrgən] I. vr sich (dat) etw von jdm ~ emprunter qc à qn II. vt jdm etw ~ prêter qc à qn

Borke ['bɔrkə] <-, -n> f BOT écorce f

borniert [bɔr'niːɐt] adj pej borné(e)

Börse ['bœrzə] <-, -n> f Bourse f

Börsenbericht m bulletin m de la Bourse **Börsenkrach** m krach m boursier **Börsenkurs** m cours m de la Bourse **Börsenspekulation** f spéculation f boursière

Borste ['bɔrstə] <-, -n> f ⓵ poil m; (fein) soie f ⓶ (Schweineborste) soie f

Borte ['bɔrtə] <-, -n> f galon m

bösartig ['bøːsʔaːɐtɪç] adj ⓵ méchant(e) ⓶ MED malin(-igne)

Böschung ['bœʃʊŋ] <-, -en> f (einer Straße) talus m; (eines Flusses) berge f

böse ['bøːzə] I. adj ⓵ (Person) méchant(e); (Absicht) mauvais(e) antéposé ⓶ fam (unartig) vilain(e) ⓷ attr (Sache) sale antéposé; (Folgen) fâcheux(-euse) ⓸ (Gesicht) fâché(e); sei [mir] nicht ~, aber ... ne m'en veux pas, mais ... ⓹ fam (schlimm) méchant(e) antéposé II. adv ⓵ (übel wollend) méchamment; ich habe es nicht ~ gemeint! je n'ai pas pensé à mal! ⓶ (schlimm) das/es sieht ~ für ihn aus ça se présente mal pour lui

Bösewicht <-[e]s, -e o -er> m hum fam na, du kleiner ~! espèce de petit galopin!

boshaft ['boːshaft] adj méchant(e)

Bosheit ['boːshait] <-, -en> f méchanceté f

Bosnien ['bɔsniən] <-s> nt la Bosnie

Bosnien-Herzegowina ['bɔsniənhɛrtseˈgoːvina] <-s> nt la Bosnie-Herzégovine

Bosnier(in) ['bɔsniɐ] <-s, -> m(f) Bosniaque mf

bosnisch adj bosniaque

BossRR [bɔs] <-es, -e>, **Boß**ALT <-sses, -sse> m fam boss m

böswillig I. adj ⓵ (Bemerkung) méchant(e); (Plan) malveillant(e) ⓶ JUR délictueux (-euse) II. adv avec malveillance; ~ handeln agir dans une mauvaise intention

Böswilligkeit <-> f malveillance f

bot [boːt] Imp von bieten

Botanik [boˈtaːnɪk] <-> f botanique f

botanisch I. adj botanique II. adv (betrachten) du point de vue botanique

Bote ['boːtə] <-n, -n> m, **Botin** f ⓵ messager(-ère) m(f) ⓶ (Laufbursche) coursier (-ière) m(f); (einer Firma) commissionnaire mf

Botengang <-gänge> m course f

Botschaft ['boːtʃaft] <-, -en> f ⓵ (Gesandtschaft) ambassade f ⓶ (Aussage) message m

Botschafter(in) <-s, -> m(f) ambassadeur (-drice) m(f)

Bottich ['bɔtɪç] <-[e]s, -e> m baquet m

Bouillon [bʊl'jɔŋ] <-, -s> f bouillon m gras

Boulevard [buləˈvaːɐ] <-s, -s> m boulevard m

Boulevardpresse f pej presse f à sensation

Bowle ['boːlə] <-, -n> f: boisson alcoolisée à base de vin ou de champagne à laquelle on ajoute du sucre et des fruits

Bowling ['boːlɪŋ] <-s, -s> nt bowling m

Box [bɔks] <-, -en> f ⓵ (Pferdebox) box m ⓶ (Montageplatz für Rennwagen) stand m ⓷ (Behälter) mallette f ⓸ (Lautsprecherbox) enceinte f

boxen ['bɔksən] I. vi boxer II. vt ⓵ (schlagen) donner des coups de poing à ⓶ SPORT fam boxer

Boxen <-s> nt boxe f

Boxer(in) <-s, -> m(f) boxeur(-euse) m(f)

Boxershorts Pl boxer-short m

Boxhandschuh m gant m de boxe **Boxkampf** m ⓵ match m de boxe ⓶ kein Pl (Boxsport) boxe f

Boykott [bɔyˈkɔt] <-[e]s, -e> m boycott[age] m

boykottieren* [bɔykɔˈtiːrən] vt boycotter

brach [braːx] Imp von brechen

Brachland nt friche f **brach|liegen** vi irr a. fig (generell) être en friche; (vorübergehend) être en jachère

brachte ['braxtə] Imp von bringen

Branche ['brãːʃə] <-, -n> f branche f

Branchenbuch *nt s.* **Branchenverzeichnis**

Branchenverzeichnis *nt* annuaire *m* professionnel

Brand [brant, *Pl:* 'brɛndə] <-[e]s, Brände> *m* ❶ incendie *m*; etw in ~ stecken mettre le feu à qc; in ~ geraten prendre feu ❷ *fam* (*Durst*) pépie *f*

Brandanschlag *m* incendie *m* criminel

branden ['brandən] *vi* déferler

Brandenburg ['brandənbʊrk] <-s> *nt* le Brandebourg

brandmarken *vt* dénoncer

brandneu ['brant'nɔy] *adj fam* (*Computer, Auto*) flambant neuf(neuve); ~ sein (*CD, Buch, Film*) venir de sortir

Brandschaden *m* dégâts *mpl* causés par le feu **Brandstifter(in)** *m(f)* incendiaire *mf* **Brandstiftung** *f* incendie *m* criminel

Brandung <-, -en> *f* déferlement *m* des vagues

Brandwunde *f* brûlure *f*

brannte ['brantə] *Imp von* **brennen**

Branntwein ['brantvain] *m* eau-de-vie *f*

Brasilien [bra'zi:liən] <-s> *nt* le Brésil

Bratapfel *m* pomme *f* [cuite] au four

braten ['bra:tən] <brät, briet, gebraten> I. *vt* faire cuire II. *vi* (*gar werden*) cuire

Braten <-s, -> *m* rôti *m*

Brathähnchen *nt,* **Brathendl** ['bra:thɛndl] <-s, -[n]> *nt* A poulet *m* rôti **Brathering** *m* hareng *m* frit puis mariné **Bratkartoffeln** *Pl* pommes *fpl* de terre sautées **Bratpfanne** *f* poêle *f* [à frire]

Bratsche ['bra:tʃə] <-, -n> *f* alto *m*

Bratwurst *f* ❶ (*gebratene Wurst*) saucisse *f* grillée ❷ (*Wurst zum Braten*) saucisse *f* à griller

Brauch [braux, *Pl:* 'brɔyçə] <-[e]s, Bräuche> *m* coutume *f*

brauchbar *adj* ❶ (*geeignet*) adéquat(e) ❷ (*verwendbar*) utilisable ❸ (*gut*) valable

brauchen ['brauxən] I. *vt* ❶ (*nötig haben*) jdn/etw ~ avoir besoin de qn/qc ❷ (*aufwenden müssen*) eine Stunde ~ um etw zu tun mettre une heure pour faire qc; wie lange ~ Sie noch? il vous faut encore combien de temps? II. *aux modal* du brauchst nur anzurufen tu dois juste téléphoner; Sie ~ es gar nicht erst zu versuchen ce n'est pas la peine d'essayer

Braue ['brauə] *f* sourcil *m*

brauen ['brauən] *vt* ❶ (*Bier*) brasser ❷ *fam* (*zubereiten*) concocter

Brauerei [brauə'rai] <-, -en> *f* ❶ (*Betrieb*) brasserie *f* ❷ *kein Pl* (*das Brauen*) brassage *m*

braun [braun] *adj* ❶ (*Haar*) brun(e); (*Augen, Pullover*) marron *inv* ❷ (*Hautfarbe*) mat(te) ❸ (*sonnengebräunt*) ~ [gebrannt] bronzé(e)

Braunbär *m* ours *m* brun

Bräune ['brɔynə] <-> *f* couleur *f* brune; (*Sonnenbräune*) bronzage *m*

bräunen I. *vt* ❶ jdn/die Haut ~ faire bronzer qn/brunir la peau ❷ GASTR faire revenir **II.** *vi* ❶ bronzer ❷ GASTR dorer **III.** *vr* sich ~ (*Person*) se [faire] bronzer; (*Haut*) brunir

Braunkohle *f* lignite *m*

bräunlich *adj* brunâtre

brausen ['brauzən] *vi* ❶ + *haben* mugir ❷ + *sein fam* (*rasen*) foncer

Braut [braut, *Pl:* 'brɔytə] <-, Bräute> *f* mariée *f*

Bräutigam ['brɔytigam] <-s, -e> *m* marié *m*

Brautjungfer *f* demoiselle *f* d'honneur **Brautkleid** *nt* robe *f* de mariée **Brautpaar** *nt* [jeunes] mariés *mpl*

brav [bra:f] *adj* sage; (*Haustier*) brave *antéposé*

bravo ['bra:vo] *interj* bravo

Bravour [bra'vu:ɐ] <-> *f geh* etw mit ~ tun (*meisterhaft*) faire qc avec brio

BRD [be:?ɛr'de:] <-> *f Abk von* **Bundesrepublik Deutschland** die ~ la R.F.A.

brechen ['brɛçən] <bricht, brach, gebrochen> I. *vt* + *haben* ❶ (*Knochen*) casser ❷ (*Eis*) briser; ❸ (*heraus~*) arracher ❹ (*abbauen*) extraire ❺ (*Schwur*) rompre ❻ (*Rekord*) battre ❼ (*Widerstand*) briser; (*Willen*) détruire ❽ geh (*Blume*) cueillir ❾ (*Licht*) réfracter; (*Wellen*) briser ❿ (*erbrechen*) vomir **II.** *vi* ❶ + *sein* (*Achse, Ast*) [se] casser; auseinander ~ (*Möbelstück, Familie*) se disloquer ❷ + *sein* (*brüchig sein: Leder*) se fendre; (*Teppich*) se couper ❸ + *sein* durch die Wolken ~ (*Sonne*) faire une percée à travers les nuages ❹ + *haben* (*den Kontakt, die Gewohnheit beenden*) mit jdm/etw ~ rompre avec qn/qc ❺ + *haben* (*sich erbrechen*) vomir **III.** *vr* + *haben* sich an etw ~ (*Wellen*) se briser contre qc; (*Licht*) se réfracter sur qc; (*Schall*) se répercuter sur qc

Brechmittel *nt* MED vomitif *m* **Brechreiz** *m* nausée *f*

Brechung <-, -en> f (des Lichts) réfraction f; (des Schalls) répercussion f

Brei [braɪ] <-[e]s, -e> m ❶ (Speise) bouillie f; (Püree) purée f ❷ (dickflüssige Masse) pâte f

breiig adj visqueux(-euse)

breit [braɪt] I. adj ❶ (opp: schmal) large; (Schrift) étendu(e); (Nase) plat; **drei Meter ~ sein** avoir trois mètres de large; **etw ~er machen** élargir qc ❷ (~schultrig) large |d'épaules| ❸ (Publikum) vaste; (Zustimmung) large antéposé II. adv ❶ **etw ~ drücken** aplatir qc ❷ (kräftig) ~ **gebaut sein** être carré d'épaules ❸ (ungeniert) ~ **grinsen** arborer un large sourire ❹ (~beinig) **sich ~ hinsetzen** s'étendre ❺ (viel Raum einnehmend) **sich ~ machen** (Person) prendre beaucoup de place; (Stimmung) monter; (Ansicht) se répandre

breitbeinig adj, adv les jambes écartées

Breite <-, -n> f ❶ largeur f ❷ (Ausgedehntheit) étendue f ❸ GEO latitude f

Breitengrad m GEO degré m de latitude

breit|machen^{ALT} s. breit II.5.

breit|schlagen vt irr fam **sich von jdm ~ lassen** se laisser baratiner par qn

breitschult[e]rig adj large d'épaules

breit|treten irr fam (Thema) s'appesantir sur; (Details) étaler

Bremen ['breːmən] <-s> nt Brême

Bremse ['brɛmzə] <-, -n> f ❶ AUT frein m ❷ ZOOL taon m

bremsen ['brɛmzən] vi freiner

Bremslicht nt |feu m de| stop m **Bremspedal** nt pédale f de frein **Bremsspur** f trace f de freins **Bremsweg** m distance f de freinage

brennbar adj combustible

Brennelement nt PHYS élément m combustible

brennen ['brɛnən] <brannte, gebrannt> I. vi ❶ (in Flammen stehen) brûler ❷ (angezündet sein) brûler; (Zigarette) être allumé ❸ (sich entzünden) **nicht** ~ ne pas s'allumer; (Streichholz, Kohle) ne pas s'enflammer ❹ (angeschaltet sein) être allumé ❺ (schmerzen) brûler; **auf der Haut ~** piquer la peau ❻ (inständig sinnen) **auf Rache** (akk) ~ avoir soif de vengeance ❼ (ungeduldig sein) **darauf ~ etw zu tun** brûler de faire qc II. vi unpers **es brennt!** au feu! III. vt ❶ (Mandeln) griller; (Kaffee) torréfier

❷ (Schnaps) distiller ❸ (Ton) cuire IV. vr **sich an etw** (dat) ~ se brûler à qc

brennend I. adj ❶ (Hitze) torride; (Durst) ardent(e) ❷ (Frage) brûlant(e); (Interesse) vif(vive) antéposé II. adv fam (interessiert) vivement

Brenner ['brɛnɐ] <-s, -> m TECH brûleur m

Brennerei [brɛnə'raɪ] <-, -en> f distillerie f

Brennessel^{ALT} s. Brennnessel

Brennholz nt bois m de chauffage **Brennnessel**^{RR} f ortie f **Brennpunkt** m ❶ OPT foyer m ❷ MATH focale f ❸ (der Ereignisse) centre m **Brennstoff** m combustible m **Brennweite** f OPT distance f focale

brenzlig ['brɛntslɪç] adj fam (Situation) critique; **das ist/wird mir zu ~** ça sent le roussi

Bretagne [bre'tanjə] <-> f **die ~** la Bretagne

Bretone [bre'toːnə] <-n, -n> m, **Bretonin** f Breton(ne) m(f)

bretonisch [bre'toːnɪʃ] I. adj breton(ne) II. adv ~ **miteinander sprechen** discuter en breton

Brett [brɛt] <-[e]s, -er> nt ❶ (Planke) planche f ❷ (Regalbrett) étagère f ❸ (Holzplatte) planche f; (klein) planchette f ❹ (Sprungbrett) plongeoir m ❺ (Spielbrett) plateau m |de jeu|; (Schachbrett) échiquier m; (Damebrett) damier m ▶**das schwarze ~** le tableau d'affichage

Bretterzaun m palissade f

Brettspiel nt jeu m de table

Brezel ['breːtsəl] <-, -n> f bretzel m

On fabrique cette spécialité souabe avec une pâte blanche qui devient moelleuse à la cuisson. On obtient la coloration brune en plongeant le bretzel avant la cuisson dans de la saumure. Les **Brezeln** sont ensuite saupoudrés de sel et sont vendus natures ou beurrés dans les boulangeries ou dans les petits stands à **Brezel** dans la rue.

Bridge [brɪdʒ] <-> nt bridge m

Brief [briːf] <-[e]s, -e> m ❶ lettre f ❷ (Versendungsart) **etw als ~ schicken** envoyer qc comme lettre ❸ REL épître f

Briefbeschwerer <-s, -> m presse-papiers m **Briefbogen** m feuille f de papier à lettres **Briefbombe** f lettre f piégée **Brieffreund(in)** m(f) correspondant(e) m(f) **Briefgeheimnis** nt secret m postal

Briefkasten *m* boîte *f* aux lettres **Briefkopf** *m* en-tête *m* [de lettre]
brieflich *adj, adv* par écrit
Briefmarke *f* timbre[-poste] *m* **Briefmarkensammlung** *f* collection *f* de timbres **Brieföffner** *m* coupe-papier *m* **Briefpapier** *nt* papier *m* à lettres **Brieftasche** *f* portefeuille *m* **Brieftaube** *f* pigeon *m* voyageur **Briefträger(in)** *m(f)* facteur(-trice) *m(f)* **Briefumschlag** *m* enveloppe *f* **Briefwaage** *f* pèse-lettres *m* **Briefwahl** *f* vote *m* par correspondance **Briefwechsel** *m* correspondance *f*
briet [briːt] *Imp von* **braten**
Brigade [briˈɡaːdə] <-, -n> *f* brigade *f*
Brikett [briˈkɛt] <-s, -s> *nt* briquette *f*
brillant [brɪlˈjant] *adj* brillant(e)
Brillant [brɪlˈjant] <-en, -en> *m* brillant *m*
Brille [ˈbrɪlə] <-, -n> *f* lunettes *fpl*
Brillenetui [-etviː] *nt* étui *m* à lunettes
bringen [ˈbrɪŋən] <brachte, gebracht> *vt* ❶ apporter ❷ (*servieren*) servir ❸ (*weg~*) [ap]porter ❹ (*Nachricht*) apporter ❺ (*befördern*) amener; (*Fahrer*) conduire ❻ (*begleiten*) **jdn nach Hause ~** ramener qn à la maison; **jdn zur Tür ~** [r]accompagner qn à la porte ❼ (*darbieten*) **etw ~** (*Theater*) présenter qc; (*Kino*) passer qc; (*Schauspieler*) jouer qc; (*Fernsehen*) diffuser qc ❽ (*veröffentlichen*) publier ❾ (*Regen*) apporter; (*Ernte*) donner ❿ (*versetzen*) **jdn vor Gericht ~** mener qn devant le tribunal ⓫ (*rauben*) **du wirst mich noch um den Verstand ~** tu me feras perdre la tête ⓬ (*Gespräch*) amener ⓭ (*Geld*) rapporter ⓮ (*bewegen*) **jdn dazu ~ etw zu tun** amener qn à faire qc ⓯ (*bewerkstelligen*) **etw durcheinander ~** déranger qc ⓰ (*Erfolg haben*) **es zu etwas ~** arriver à quelque chose ⓱ (*sich aneignen*) **etw an sich** (*akk*) ~ s'approprier qc ⓲ (*bewältigen*) **etw hinter sich** (*akk*) ~ en finir avec qc ⓳ (*zur Folge haben*) **etw mit sich ~** avoir qc pour conséquence ⓴ (*fertig ~*) **es nicht über sich** (*akk*) ~ **etw zu tun** ne pas pouvoir se résoudre à faire qc ▸**das bringt nichts** *fam* c'est pas la peine
brisant [briˈzant] *adj* ❶ *geh* (*heikel*) brûlant(e) ❷ (*Sprengstoff*) explosif(-ive)
Brise [ˈbriːzə] <-, -n> *f* brise *f*
Brite [ˈbriːtə] <-n, -n> *m*, **Britin** *f* Britannique *mf*
britisch *adj* britannique

bröckelig *adj* friable; ~ **werden** s'effriter
Brocken [ˈbrɔkən] <-s, -> *m* ❶ (*Erdbrocken*) motte *f* ❷ (*Steinbrocken*) bloc *m* [de pierre] ❸ *Pl fig* **ein paar ~ Französisch** quelques bribes *fpl* de français
brodeln [ˈbroːdəln] *vi* bouillonner
Brokat [broˈkaːt] <-[e]s, -e> *m* brocart *m*
Brokkoli [ˈbrɔkoli] *Pl* brocoli *m*
Brom [broːm] <-s> *nt* CHEM brome *m*
Brombeere [ˈbrɔmbeːrə] *f* ❶ (*Frucht*) mûre *f* ❷ (*Strauch*) ronce *f*
Bronchie [ˈbrɔnçiə] <-, -n> *f meist Pl* bronche *f*
Bronchitis [brɔnˈçiːtɪs] <-, -tiden> *f* bronchite *f*
Bronze [ˈbrõːsə] <-, -n> *f* bronze *m*
Bronzemedaille [ˈbrõːsəmedaljə] *f* médaille *f* de bronze
Bronzezeit *f* âge *m* du bronze
Brosche [ˈbrɔʃə] <-, -n> *f* broche *f*
Broschüre [brɔˈʃyːrə] <-, -n> *f* brochure *f*
Brot [broːt] <-[e]s, -e> *nt* pain *m;* **belegtes ~** sandwich *m*
Brötchen [ˈbrøːtçən] <-s, -> *nt* petit pain *m*
Brotkorb *m* corbeille *f* à pain
brotlos *adj* sans emploi
Browsen [ˈbrauzən] <-s> *nt* exploration *f*
Browser [ˈbrauzɐ] *m* explorateur *m;* (*für das Internet*) navigateur *m* Web
Bruch [brʊx, *Pl:* ˈbryçə] <-[e]s, Brüche> *m* ❶ rupture *f* ❷ (*Knochenbruch*) fracture *f* ❸ *fig* (*einer Entwicklung*) cassure *f* ❹ MATH fraction *f* ❺ *kein Pl* (*zerbrochene Ware*) débris *mpl*
brüchig [ˈbryçɪç] *adj* ❶ (*Gestein*) friable; (*Leder*) cassant(e) ❷ (*Stimme*) cassé(e) ❸ (*hinfällig*) fragile
Bruchlandung *f* atterrissage *m* forcé
Bruchrechnen *nt*, **Bruchrechnung** *f* calcul *m* de fractions **Bruchstück** *nt* ❶ morceau *m* ❷ (*eines Liedes*) fragment *m;* (*einer Rede*) bribes *fpl* **Bruchteil** *m* fraction *f* **Bruchzahl** *f* nombre *m* fractionnaire
Brücke [ˈbrʏkə] <-, -n> *f* ❶ *a. fig* pont *m* ❷ (*Teppich*) passerelle *f* ❸ (*Zahnersatz*) bridge *m* ❹ (*Teppich*) carpette *f* ❺ SPORT pont *m*
Bruder [ˈbruːdɐ, *Pl:* ˈbryːdɐ] <-s, Brüder> *m* frère *m*
brüderlich *adj* fraternel(le)
Brüderschaft <-, -en> *f* mit jdm ~ **trinken** trinquer avec qn (*pour marquer le début du tutoiement*)

Brühe ['bry:ə] <-, -n> f ❶ bouillon *m;* **eine kräftige ~** un consommé ❷ *pej fam* (*Schmutzwasser*) eau *f* cradingue

brüllen ['brʏlən] *vi* ❶ (*Person*) crier ❷ (*Affe*) hurler; (*Raubtier*) rugir; (*Vieh*) mugir

brummen ['brʊmən] I. *vi* ❶ (*Insekt*) bourdonner; (*Bär*) grogner; (*Motor*) ronfler; (*Triebwerk*) vrombir ❷ (*singen*) chanter d'une voix caverneuse II. *vt* (*Antwort*) grommeler

brünett [bry'nɛt] *adj* brun(e)

Brunnen ['brʊnən] <-s, -> *m* ❶ (*Ziehbrunnen*) puits *m* ❷ (*Zierbrunnen*) fontaine *f*

brünstig ['brʏnstɪç] *adj* (*Tier*) en rut

brüsk [brʏsk] I. *adj* brutal(e) II. *adv* (*sich abwenden*) brusquement; (*sagen*) brutalement

brüskieren* [brʏs'ki:rən] *vt* brusquer

Brüssel ['brʏsəl] <-s> *nt* Bruxelles

Brust [brʊst, *Pl:* 'brʏstə] <-, Brüste> *f* ❶ (*~kasten*) thorax *m* ❷ (*weibliche ~*) sein *m;* (*Büste*) poitrine *f* ❸ GASTR poitrine *f;* (*von Geflügel*) blanc *m*

Brustbein *nt* ANAT sternum *m*

brüsten ['brʏstən] *vr* **sich ~** se vanter

Brustfell *nt* ANAT plèvre *f*

Brustkorb *m* cage *f* thoracique **Brustkrebs** *m* cancer *m* du sein **Brustschwimmen** *nt* brasse *f*

Brüstung ['brʏstʊŋ] <-, -en> *f* balustrade *f*

Brustwarze *f* mamelon *m*

Brut [bru:t] <-, -en> *f* ❶ *kein Pl* (*das Brüten*) couvaison *f* ❷ (*von Vögeln*) couvée *f*

brutal [bru'ta:l] *adj* brutal(e)

Brutalität [brutali'tɛ:t] <-, -en> *f* brutalité *f*

brüten ['bry:tən] *vi* couver

Brutkasten *m* MED couveuse *f* **Brutstätte** *f* nid *m*

brutto ['brʊto] *adv* brut

Bruttoeinkommen *nt* revenu *m* brut **Bruttogehalt** *nt* salaire *m* brut **Bruttoinlandsprodukt** *nt* produit *m* intérieur brut **Bruttolohn** *m* salaire *m* brut **Bruttosozialprodukt** *nt* produit *m* national brut

brutzeln ['brʊtsəln] I. *vi* cuire II. *vt fam* **sich etw ~** [se] faire cuire qc

BSE [be:?ɛs'e:] <-> *f Abk von* **bovine spongiforme Enzephalopathie** encéphalopathie *f* spongiforme bovine

Btx [be:te:'?ɪks] *Abk von* **Bildschirmtext** ≈ minitel® *m*

Bub [bu:p] <-en, -en> *m* A, CH gamin *m*

Bube <-n, -n> *m* SPIEL valet *m*

Buch [bu:x, *Pl:* 'by:çɐ] <-[e]s, Bücher> *nt* livre *m*

Buchbinder(in) <-s, -> *m(f)* relieur(-euse) *m(f)* **Buchdruck** *m kein Pl* typographie *f*

Buche ['bu:xə] <-, -n> *f* hêtre *m*

buchen ['bu:xən] *vt* (*vorbestellen*) réserver; (*Reise*) s'inscrire à

Bücherbrett *nt* tablette *f*

Bücherei [by:çə'raj] <-, -en> *f* bibliothèque *f*

Bücherregal *nt* étagères *fpl*

Buchfink *m* pinson *m* **Buchführung** *f* comptabilité *f* **Buchhalter(in)** *m(f)* comptable *mf* **Buchhaltung** *f* comptabilité *f* **Buchhandel** *m* (*Handel*) commerce *m* du livre; **im ~ erhältlich** disponible en librairie **Buchhändler(in)** *m(f)* libraire *mf* **Buchhandlung** *f* librairie *f* **Buchmesse** *f* salon *m* du livre **Buchprüfer(in)** *m(f)* expert-comptable *m*

Buchse ['bʊksə] <-, -n> *f* ❶ ELEC douille *f;* ❷ TECH manchon *m*

Büchse ['bʏksə] <-, -n> *f* ❶ boîte *f* ❷ (*Sammelbüchse*) tronc *m*

Büchsenöffner *m* ouvre-boîte *m*

Buchstabe ['bu:xʃta:bə] <-n[s], -n> *m* lettre *f;* (*Druckbuchstabe*) caractère *m* [d'imprimerie]

buchstabieren* [bu:xʃta'bi:rən] *vt* épeler

buchstäblich ['bu:xʃtɛ:plɪç] *adv* littéralement

Buchstütze *f* serre-livres *m*

Bucht [bʊxt] <-, -en> *f* baie *f*

Buchung <-, -en> *f* ❶ réservation *f* ❷ (*Verbuchung*) écriture *f*

Buchweizen *m* sarrasin *m*

Buckel ['bʊkəl] <-s, -> *m* bosse *f*

buckelig *s.* **bucklig**

bücken ['bʏkən] *vr* **sich ~** se pencher

bucklig *adj fam* ❶ bossu(e) ❷ (*uneben*) bosselé(e)

Budapest <-s> *nt* Budapest

buddeln ['bʊdəln] *fam* I. *vi* faire un trou/des trous II. *vt* (*Loch*) creuser

Buddhismus [bʊ'dɪsmʊs] <-> *m* bouddhisme *m*

Buddhist(in) [bʊ'dɪst] <-en, -en> *m(f)* bouddhiste *mf*

buddhistisch [bʊ'dɪstɪʃ] I. *adj* bouddhiste II. *adv* selon le rite bouddhiste

Bude ['bu:də] <-, -n> *f* ❶ cabane *f* ❷ (*Kiosk*) stand *m*

B

Budget [by'dʒeː] <-s, -s> nt budget m
Büfett [by'feː] <-[e]s, -e> nt buffet m
Büffel ['byfəl] <-s, -> m buffle m
büffeln vt, vi fam bûcher
Buffet [by'feː] <-s, -s> nt, **Büffet** [by'feː] <-s, -s> nt CH (Bahnhofsgaststätte) buffet m
Bug [buːk] <-[e]s, -e> m ❶ NAUT proue f; AVIAT nez m ❷ <Büge> GASTR épaule f
Bügel ['byːgəl] <-s, -> m ❶ cintre m ❷ (Brillenbügel) branche f ❸ (Steigbügel) étrier m
Bügelbrett nt table f à repasser **Bügeleisen** nt fer m à repasser **Bügelfalte** f pli m [de pantalon] **bügelfrei** adj infroissable
bügeln ['byːgəln] vt, vi repasser
buh [buː] interj [h]ou
buhen vi fam pousser des huées de mécontentement
buhlen ['buːlən] vi pej geh **um etw ~** chercher à s'attirer qc
Bühne ['byːnə] <-, -n> f ❶ scène f ❷ (Tribüne) estrade f ❸ (Hebebühne) pont m élévateur
Bühnenbild nt décors mpl **Bühnenbildner(in)** ['byːnənbɪltnɐ] <-s, -> m(f) scénographe mf **bühnenreif** adj ❶ (Stück) prêt [à être représenté] ❷ iron (Auftritt, Szene) théâtral(e)
Bukarest ['buːkarɛst] <-s> nt Bucarest
Bukett <-s, -s o -e> nt (Strauß, Duft) bouquet m
Bulgare <-n, -n> m, **Bulgarin** f Bulgare mf
Bulgarien [bʊl'gaːriən] <-s> nt la Bulgarie
bulgarisch [bʊl'gaːrɪʃ] I. adj bulgare II. adv **~ miteinander sprechen** discuter en bulgare
Bullauge nt hublot m
Bulldozer ['bʊldoːze] <-s, -> m bulldozer m
Bulle ['bʊlə] <-n, -n> m ❶ (Rind) taureau m ❷ (männliches Tier) mâle m ❸ pej (Polizist) flic m (fam)
Bulletin [byl'tɛː] <-s, -s> nt communiqué m
Bumerang ['buːməraŋ] <-s, -s> m boomerang m
Bummel <-s, -> m balade f
bummeln vi ❶ + sein se balader ❷ + haben fam (trödeln) traînasser
Bummelzug m fam tortillard m
bumsen ['bʊmzən] I. vi unpers + haben fam **es bumst** ça fait boum II. vi ❶ + haben fam (schlagen) tambouriner ❷ + sein (prallen) **auf/gegen etw ~** rentrer dans qc ❸ + haben vulg (koitieren) baiser (fam) III. vt + haben vulg **jdn ~** baiser qn (fam)

Bund¹ [bʊnt, Pl: 'bʏndə] <-[e]s, Bünde> m ❶ association f ❷ (Konföderation) fédération f ❸ (Bündnis) alliance f ❹ POL [der] ~ **und** [die] **Länder** le Bund et les Länder ❺ fam (Bundeswehr) **der ~** l'armée [allemande] ❻ (Rockbund) ceinture f ❼ MUS touche f ▶**mit jdm im ~e sein** être le/la complice de qn
Bund² <-[e]s, -e> nt botte f
Bündel ['bʏndəl] <-s, -> nt ❶ (Wäsche) paquet m; (Banknoten) liasse f; (Stroh) botte f ❷ (große Menge) tas m
bündeln vt ❶ (Altpapier) faire un paquet; (Banknoten) faire une liasse avec; (Stroh) faire une botte avec ❷ OPT focaliser
Bundesbahn f **die Deutsche ~** HIST les chemins mpl de fer allemands; **die Österreichischen/Schweizerischen ~en** les chemins de fer autrichiens/suisses **Bundesbank** f **die** [Deutsche] **~** la banque fédérale [allemande] **Bundesbürger(in)** m(f) citoyen(ne) m(f) de la République fédérale d'Allemagne **Bundesgebiet** nt territoire m fédéral **Bundesgericht** nt CH Tribunal m fédéral [suprême] **Bundeshauptstadt** f capitale f fédérale **Bundeskanzler(in)** m(f) chancelier m fédéral CH chancelier m de la Confédération

En Allemagne, le **Bundeskanzler** est élu par le parlement fédéral et ensuite nommé par le président de la République fédérale. Il est le chef du gouvernement. En Autriche, le parti ayant le plus de représentants au Conseil national propose un candidat pour la fonction de chancelier que le président de la République fédérale nomme par la suite. Il est le président du gouvernement et dirige la chancellerie fédérale. En Suisse, le chancelier de la Confédération dirige la chancellerie qui est placée sous la tutelle du président de la Confédération.

Bundesland nt Land m

La République fédérale d'Allemagne est constituée, depuis la réunification, de 16 **Bundesländer** et l'Autriche de 9 **Länder**. Il y a une capitale par Land où se trouve le siège du gouvernement du Land.

Bundesliga f SPORT ≈ première division f **Bundesminister(in)** m(f) ministre mf fédéral **Bundespost** f die Deutsche ~ HIST la poste fédérale allemande; **die Österreichische ~** la poste fédérale autrichienne **Bundespräsident(in)** m(f) président(e) m(f) de la République fédérale CH président(e) m(f) de la Confédération

Le **Bundespräsident** est en Allemagne et en Autriche le chef de l'État. Il exerce principalement des fonctions représentatives. En Suisse, en revanche, il fait partie du gouvernement qui est composé de sept personnes et que l'on appelle le Conseil fédéral. Celui-ci élit tous les ans un **Bundespräsident** parmi ses membres. Toutefois, il n'a qu'une fonction représentative.

Bundesrat m a. A, CH Conseil m fédéral

En Allemagne, les membres des gouvernements des Länder forment le **Bundesrat**. Le nombre de députés dépend de la taille du Land. Le **Bundesrat** joue un rôle au niveau législatif. En Autriche, le **Bundesrat** est une partie du parlement. Le nombre d'habitants des *Länder* décide de la représentation de ces derniers au **Bundesrat**. En revanche, en Suisse, le **Bundesrat** est en fait le gouvernement. Il est constitué de sept membres élus pour quatre ans dont le président n'est autre que le président de la Confédération.

Bundesregierung f gouvernement m fédéral **Bundesrepublik** f die ~ [Deutschland] la République fédérale [d'Allemagne] **Bundesstaat** m ❶ (Staatenbund) État m fédéral ❷ (Gliedstaat) État m fédéré **Bundesstraße** f ≈ route f nationale **Bundestag** m Bundestag m

Les membres de la représentation nationale de la République fédérale d'Allemagne sont élus pour quatre ans lors d'élections libres à bulletins secrets. Le **Bundestag** élit le chancelier, discute et adopte les projets de lois.

Bundestagswahl f élections fpl au Bundestag **Bundesverfassungsgericht** nt tribunal m constitutionnel suprême **Bundeswehr** ['bʊndəsveːɐ] f armée f fédérale **bundesweit** adj, adv dans l'ensemble du territoire fédéral

bündig ['byndɪç] I. adj ❶ concis(e) ❷ (auf gleicher Ebene) plan(e) II. adv de manière concise

Bündnis ['byntnɪs] <-ses, -se> nt alliance f

Bungalow ['bʊŋgalo] <-s, -s> m bungalow m

Bunker ['bʊnkɐ] <-s, -> m bunker m

bunt [bʊnt] I. adj ❶ de toutes les couleurs; **sehr ~ sein** être très coloré ❷ (ungeordnet) disparate ❸ (Auswahl) varié(e) II. adv ❶ de toutes les couleurs ❷ (abwechslungsreich) varié(e) ▶**jdm wird es zu ~** fam qn en a marre

Buntspecht m pic m épeiche **Buntstift** m crayon m de couleur **Buntwäsche** f linge m de couleur

Bürde ['byrdə] <-, -n> f geh fardeau m

Burenwurst ['buːrenvʊrst] f A saucisse f (réchauffée à l'eau bouillante)

Burg [bʊrk] <-, -en> f château m fort

Bürge ['byrgə] <-n, -n> m, **Bürgin** f JUR garant(e) m(f), caution f

bürgen vi ❶ JUR se porter garant ❷ (Qualität ver~) garantir

Bürger(in) ['byrgɐ] <-s, -> m(f) citoyen(ne) m(f)

Bürgerinitiative f comité m de défense **Bürgerkrieg** m guerre f civile

bürgerlich adj ❶ attr (Recht) civil(e) ❷ (dem Bürgertum entsprechend) bourgeois(e)

Bürgermeister(in) m(f) maire m **Bürgerrecht** nt meist Pl droit m civique **Bürgerrechtler(in)** ['byrgɐrɛçtlɐ] <-s, -> m(f) défenseur m des droits du citoyen **Bürgersteig** <-[e]s, -e> m trottoir m **Bürgertum** <-[e]s> nt bourgeoisie f

Bürgschaft ['byrkʃaft] <-, -en> f caution f; ~ **leisten** se porter garant

Burgund [bʊr'gʊnt] <-[s]> nt la Bourgogne **Burgunder** <-s, -> m (Wein) bourgogne m

burlesk [bʊr'lɛsk] adj burlesque

Büro [by'roː] <-s, -s> nt bureau m

Büroangestellte(r) f(m) dekl wie adj employé(e) m(f) de bureau **Büroarbeit** f travail m de bureau **Bürobedarf** m fournitures fpl de bureau **Büroklammer** f trombone *m*

Bürokrat(in) [byro'kra:t] <-en, -en> *m(f) pej* bureaucrate *mf* **Bürokratie** <-, -n> *f* bureaucratie *f* **bürokratisch I.** *adj* bureaucratique **II.** *adv* de façon bureaucratique

Bursche ['bʊrʃə] <-n, -n> *m* ❶ (*Halbwüchsiger*) jeune *m* ❷ *fam* (*Kerl*) **ein** [**ganz**] **übler** ~ un sale type ❸ *fam* (*Exemplar*) engin *m*

burschikos [bʊrʃi'ko:s] *adj* sans façons; (*Benehmen*) décontracté(e) (*fam*)

Bürste ['bʏrstə] <-, -n> *f* brosse *f*

bürsten *vt* brosser

Bus [bʊs] <-ses, -se> *m* ❶ bus *m; (Reisebus)* car *m* ❷ INFORM bus *m*

Busbahnhof *m* gare *f* routière

Busch [bʊʃ, *Pl:* 'bʏʃə] <-[e]s, Büsche> *m* ❶ buisson *m* ❷ (*Buschwald*) brousse *f*

Büschel ['bʏʃəl] <-s, -> *nt* touffe *f*

buschig I. *adj* touffu(e); (*Augenbrauen*) en broussaille **II.** *adv* (*wachsen*) en buisson

Busen ['bu:zən] <-s, -> *m* poitrine *f*

Busfahrer(in) *m(f)* conducteur *m*/conductrice *f* de bus **Bushaltestelle** *f* arrêt *m* de bus **Buslinie** *f* ligne *f* de bus

Bussard ['bʊsart] <-s, -e> *m* buse *f*

Buße ['bu:sə] <-, -n> *f* ❶ *kein Pl* REL pénitence *f* ❷ (*Schadenersatz*) amende *f*

büßen ['by:sən] **I.** *vt* ❶ payer; **er hat seinen Leichtsinn mit dem Leben gebüßt** son inconscience lui a coûté la vie ❷ CH (*mit einer Geldbuße belegen*) frapper **II.** *vi* payer; **für etw** ~ subir les conséquences de qc

Bußgeld *nt* amende *f*

Büste ['bʏstə] <-, -n> *f a.* KUNST buste *m*

Büstenhalter *m* soutien-gorge *m*

Butt [bʊt] <-[e]s, -e> *m* turbot *m*

Butter ['bʊtɐ] <-> *f* beurre *m*

Butterbrot *nt* tartine *f* [de beurre] **Butterdose** *f* beurrier *m* **Buttermilch** *f* petit-lait *m*

Button ['bat(ə)n] <-s, -s> *m* badge *m*

b.w. *Abk von* **bitte wenden** T.S.V.P.

BWL [be:ve:'ʔɛl] *Abk von* **Betriebswirtschaftslehre** sciences *fpl* éco

Byte [baɪt] <-s, -s> *nt* octet *m*

byzantinisch *adj* byzantin(e)

bzw. *Abk von* **beziehungsweise**

C

C, c [tse:] <-, -> *nt* ❶ (*Buchstabe*) C *m*/c *m* ❷ MUS do *m*

ca. *Abk von* **circa** env.

CAD [tse:ʔa:'de:] <-> *nt Abk von* **computer-aided design** C.A.O. *f*

Café [ka'fe:] <-s, -s> *nt* ≈ salon *m* de thé

Cafeteria [kafeta'ri:a] <-, -s> *f* cafétéria *f*

Callboy ['kɔ:lbɔy] <-s, -s> *m* call-boy *m* **Callgirl** <-s, -s> *nt* call-girl *f*

CAM [tse:ʔa:'ɛm] <-> *nt Abk von* **computer-aided manufacturing** fabrication *f* assistée par ordinateur

Camcorder ['kɛmkɔrdɐ] <-s, -> *m* caméscope *m*

Camembert ['kamɑ̃mbɛ:ɐ] <-s, -s> *m* camembert *m*

campen ['kɛmpən] *vi* faire du camping

Camping ['kɛmpɪŋ] <-s> *nt* camping *m*

Campingplatz *m* terrain *m* de camping

Campus ['kampʊs] <-, -> *m* campus *m*

Cannabis ['kanabɪs] <-> *m* cannabis *m*

CapsLock-Taste ['kæpslɔkt'astə] *f* touche *f* verrouillage majuscule

Caravan ['karavan] <-s, -s> *m* (*Wohnwagen*) caravane *f*

Cartoon [kae'tu:n] <-s, -s> *m o nt* dessin *m* [humoristique]

CB-Funk [tse:'be:fʊŋk] *m* C.B. *f*

CD [tse:'de:] <-, -s> *f Abk von* **Compact Disc** C.D. *m*, compact *m*

CD-Brenner [tse:'de:brɛnɐ] <-s, -> *m* graveur *m* de CD **CD-Player** <-s, -> *m* lecteur *m* laser **CD-ROM** <-, -s> *f* CD-ROM *m* **CD-ROM-Laufwerk** *nt* lecteur *m* de CD-ROM **CD-Spieler** *m s.* **CD-Player**

CDU [tse:de:'?u:] <-> *f Abk von* **Christlich-Demokratische Union** parti chrétien-démocrate d'Allemagne

Cellist(in) [tʃɛ'lɪst] <-en, -en> *m(f)* violoncelliste *mf*

Cello ['tʃɛlo] <-s, -s> *nt* violoncelle *m*

Celsius ['tsɛlzɪʊs] *kein Art, unv* Celsius *m*

Cembalo ['tʃɛmbalo] <-s, -s> *nt* clavecin *m*

Cent ['sɛnt] *m* cent *m*

Chamäleon [ka'mɛ:leɔn] <-s, -s> *nt* caméléon *m*

Champagner [ʃam'panjə] <-s, -> *m* champagne *m*

Champignon ['ʃampɪnjɔn] <-s, -s> *m* champignon *m* de Paris

Champion ['tʃɛmpiən] <-s, -s> *m* champion(ne) *m(f)*

Chance ['ʃãːs(ə)] <-, -n> *f* ❶ chance *f* ❷ (*Torchance*) occasion *f*

Chancengleichheit *f kein Pl* égalité *f* des chances **chancenlos** *adj* malchanceux (-euse); ~ **sein** n'avoir aucune chance

Chaos ['kaːɔs] <-> *nt* chaos *m*

chaotisch I. *adj* (*Person*) bordélique (*fam*); (*Durcheinander*) chaotique (*fam*) II. *adv* **bei den Nachbarn geht es ~ zu** c'est le bordel chez les voisins (*fam*)

Charakter [ka'raktɐ] <-s, -tɐre> *m* ❶ (*Wesen*) caractère *m* ❷ (*Mensch*) personnalité *f* ❸ *Pl* (*Gestalt*) caractère *m*

charakterisieren* *vt* ❶ (*schildern*) décrire ❷ (*kennzeichnen*) caractériser

Charakteristik <-, -en> *f* ❶ (*Schilderung*) portrait *m* ❷ TECH caractéristique *f*

charakteristisch *adj* caractéristique

charakterlos *adj* sans caractère; (*Verhalten*) méprisable

charmant [ʃar'mant] *adj* charmant(e)

Charme [ʃarm] <-s> *m* charme *m*

Charmeur [ʃar'møːɐ] <-s, -e> *m* charmeur *m*

Charta ['karta] <-, -s> *f* charte *f*

Charterflug ['tʃartɐfluːk] *m* [vol *m*] charter *m* **Chartermaschine** *f* [avion *m*] charter *m*

chartern *vt* affréter

Charts [tʃaːts] *Pl* hit-parade *m*

Chassis [ʃa'siː, 'ʃasiː] <-, -> *nt* châssis *m*

chatten ['tʃɛtən] *vi fam* INFORM chatter

Chauffeur(in) [ʃɔ'føːɐ] <-s, -e> *m(f)* chauffeur *m*

Chauvi ['ʃoːvi] <-s, -s> *m fam* macho *m*

Chauvinismus <-> *m pej* ❶ POL chauvinisme *m* ❷ (*männlicher* ~) machisme *m*

Chauvinist <-en, -en> *m pej* ❶ POL chauvin(e) *m(f)* ❷ (*Sexist*) machiste *m*

chauvinistisch [ʃovi'nɪstɪʃ] *adj pej* (*sexistisch*) machiste

checken ['tʃɛkən] *vt* ❶ vérifier ❷ *fam* (*begreifen*) piger ❸ (*Mitspieler*) contrer

Check-in ['tʃɛk'ɪn] <-s, -s> *m* enregistrement *m*

Checkliste *f* ❶ liste *f* ❷ (*Passagierliste*) liste *f* des passagers ❸ AVIAT liste *f* de vérification

Chef ['ʃɛf] <-s, -s> *m* patron *m*

Chefarzt *m*, **-ärztin** *f* médecin-chef *mf*

Chefin <-, -nen> *f* patronne *f*

Chefredakteur(in) ['ʃɛfredaktøːɐ] *m(f)* rédacteur(-trice) *m(f)* en chef **Chefsekretär(in)** *m(f)* secrétaire *mf* de direction

Chemie [çe'miː] <-> *f* chimie *f*

Chemiefaser *f* fibre *f* synthétique

Chemikalie [çemi'kaːliə] <-, -n> *f meist Pl* produit *m* chimique

Chemiker(in) ['çeːmikɐ] <-s, -> *m(f)* chimiste *mf*

chemisch ['çeːmɪʃ] I. *adj* chimique; (*Labor*) de chimie II. *adv* ~ **behandelt sein** avoir subi un traitement chimique

Chemotherapie *f* chimiothérapie *f*

Chicorée [ʃiko'reː] <-> *f*, <-s> *m* endive *f*

Chiffre ['ʃɪfra] <-, -n> *f* ❶ (*einer Annonce*) numéro *m* [d'identification] ❷ (*Zeichen*) code *m* secret

Chile ['tʃiːle] <-s> *nt* le Chili

Chili ['tʃiːli] <-s> *m* ❶ (*Schote*) piment *m* fort ❷ (*Soße*) chili *m*

China ['çiːna] <-s> *nt* la Chine

Chinese [çi'neːzə] <-n, -n> *m*, **Chinesin** *f* Chinois(e) *m(f)*

chinesisch [çi'neːzɪʃ] I. *adj* chinois(e) II. *adv* ~ **miteinander sprechen** discuter en chinois

Chinesisch <-[s]> *nt kein art* chinois *m; s. a.* **Deutsch**

Chinin [çi'niːn] <-s> *nt* quinine *f*

Chip [tʃɪp] <-s, -s> *m* ❶ INFORM puce *f* ❷ *meist Pl* (*Kartoffelchip*) chips *f* ❸ (*runde Spielmarke*) jeton *m*; (*rechteckige Spielmarke*) plaque *f*

Chirurg(in) [çi'rʊrk] <-en, -en> *m(f)* chirurgien(ne) *m(f)*

Chirurgie <-, -n> *f* chirurgie *f*

chirurgisch [çi'rʊrgɪʃ] *adj* chirurgical(e)

Chlor [kloːɐ] <-s> *nt* chlore *m*

chlorig ['kloːrɪç] *adj* chloré(e)

Chloroform [kloʀo-] <-s> *nt* chloroforme *m*

Chlorophyll <-s> *nt* chlorophylle *f*

Choke [tʃoːk] <-s, -s> *m* starter *m*

Cholera ['koːlera] <-> *f* choléra *m*

cholerisch [ko'leːrɪʃ] *adj* colérique

Cholesterin [çolɛste'riːn] <-s> *nt* cholestérol *m*

Chor [koːɐ, *Pl*: 'køːrə] <-[e]s, Chöre> *m* ❶ chorale *f*; (*in der Kirche*) chœur *m*; (*Opernchor*) chœurs *mpl*

Choral [ko'raːl, *Pl*: ko'rɛːlə] <-s, Chöräle> *m*

choral *m*

Choreografᴿᴿ**(in)** [koreoˈgraːf] <-en, -en> *m(f)* chorégraphe *mf*

Choreografieᴿᴿ, **Choreographie** [koreograˈfiː, -ˈfiːən] <-, -n> *f* chorégraphie *f*

Chr. J.C. *Abk von* **Christus, Christi**

Christ(in) [ˈkrɪst] <-en, -en> *m(f)* chrétien(ne) *m(f)*

Christdemokrat(in) *m(f)* chrétien(ne)-démocrate *m(f)*

Christentum [ˈkrɪstntuːm] <-[e]s> *nt* christianisme *m*

Christi *gen von* **Christus**

Christin *s.* **Christ**

Christkind *nt* enfant *m* Jésus

christlich I. *adj* chrétien(ne) **II.** *adv* dans la foi chrétienne

Christmette [ˈkrɪst-] *f* messe *f* de minuit

Christus [ˈkrɪstʊs] <Christi> *m* REL le Christ; KUNST christ *m*

Chrom [kroːm] <-s> *nt* CHEM chrome *m*

Chromosom [kromoˈzoːm] <-s, -en> *nt* chromosome *m*

Chronik [ˈkroːnɪk] <-, -en> *f* chronique *f*

chronisch [ˈkroːnɪʃ] *adj, adv* chronique

Chronist(in) [kroˈnɪst] <-en, -en> *m(f)* chroniqueur(-euse) *m(f)*

Chronologie [kronoloˈgiː] <-, -n> *f* chronologie *f*

chronologisch [kronoˈloːgɪʃ] *adj, adv* chronologique

Chrysantheme [kryzanˈteːmə] <-, -n> *f* chrysanthème *m*

circa [ˈtsɪrka] *adv* environ

City [ˈsɪti] <-, -s> *f* centre-ville *m*

clean [kliːn] *adj fam* ~ **sein** (*Person*) être clean

Clementine [klemɛnˈtiːnə] *f* clémentine *f*

clever [ˈklɛvɐ] *adj fam* futé(e)

Clinch [klɪntʃ] <-[e]s> *m* ❶ SPORT corps à corps *m* ❷ *fam* (*Auseinandersetzung*) partie *f* de bras de fer

Clip <-s, -s> *m* ❶ (*Videoclip*) clip *m* [vidéo] ❷ (*Ohrclip*) clip *m*

Clique [ˈklɪka] <-, -n> *f* ❶ (*Freundeskreis*) bande *f* ❷ *pej* clique *f*

Clou [kluː] <-s, -s> *m* (*Glanzpunkt*) clou *m*

Clown(in) [klaʊn] <-s, -s> *m(f)* clown *m*

Club [klʊp] <-s, -s> *m* club *m*

cm *Abk von* **Zentimeter** cm

Co. *Abk von* **Kompagnon, Kompanie** Co

Coach [koʊtʃ] <-[s], -s> *m* entraîneur *m*

Cockpit [ˈkɔkpɪt] <-s, -s> *nt* cockpit *m*

Cocktail [ˈkɔkteɪl] <-s, -s> *m* cocktail *m*

Code [koːt] *m* code *m*

Cognac® [ˈkɔnjak] <-s, -s> *m* cognac *m*

Comeback, Come-backᴿᴿ [kamˈbɛk] <-[s], -s> *nt* come-back *m*

Comicheft [ˈkɔmɪkˈhɛft] *nt* bande *f* dessinée

Compactdiscᴿᴿ, **Compact Disc** [kɔmˈpaktˈdɪsk] <- -, - -s> *f* disque *m* compact; *s. a.* **CD**

Compiler [kɔmˈpaile] <-s, -> *m* compilateur *m*

Computer [kɔmˈpjuːte] <-s, -> *m* ordinateur *m*

Computerarbeitsplatz *m* poste *m* de travail informatisé **Computerfreak** [kɔmˈpjuːtefriːk] *m fam* mordu(e) *m(f)* d'ordinateur **computergestützt** *adj, adv* assisté(e) par ordinateur **Computergrafik**ᴿᴿ *f* graphique *m* sur ordinateur

computerisieren* [kɔmpjutəriˈziːrən] *vt* informatiser

computerlesbar *adj* lisible informatiquement **Computerspiel** *nt* ❶ jeu *m* vidéo ❷ *meist Pl* (*Spielesoftware*) ludiciel *m* **Computertomographie** *f* scanographie *f*

Container [kɔnˈteːnə] <-s, -> *m* ❶ conteneur *m* ❷ (*Müllcontainer*) benne *f* [à ordures]

Controlling [kɔnˈtroːlɪŋ] <-s> *nt* contrôle *m* de gestion

cool [kuːl] *adj fam* cool

Copilot(in) [ˈkoːpiloːt] *m(f)* copilote *mf*

Copyright [ˈkɔpirait] <-s, -s> *nt* copyright *m*

Cord [kɔrt] <-s> *m* velours *m* [côtelé]

Cornflakesᴿᴿ [ˈkɔːnfleɪks] *Pl* corn-flakes *mpl*

Cortison [kɔrtiˈzoːn] <-s, -e> *nt* MED cortisone *f*

Couch [kaʊtʃ] <-, -es> *f o* CHM canapé *m*

Count-downᴿᴿ [ˈkaʊntˈdaʊn] <-s, -s> *m o nt* compte *m* à rebours

Coup [kuː] <-s, -s> *m* coup *m*

Coupon [kuˈpõː] <-s, -s> *m* ❶ (*Antwortschein*) coupon-réponse *m* ❷ FIN coupon *m* [d'action]

Cousin [kuˈzɛ̃ː] <-s, -s> *m* cousin *m*

Cousine [kuˈziːnə] <-, -n> *f* cousine *f*

Cowboy [ˈkaʊbɔy] <-s, -s> *m* cow-boy *m*

Creme [kreːm] <-, -s> *f* crème *f*

cremig [ˈkreːmɪç] **I.** *adj* crémeux(-euse) **II.** *adv* (*rühren*) jusqu'à consistance crémeuse

C

Crew ['kruː] <-, -s> f ❶ équipage m ❷ (Arbeitsgruppe) équipe f

Croissant [kroaˈsõː] <-[s], -s> nt croissant m

Croupier [kruˈpi̯eː] <-s, -s> m croupier m

CSU [tseːʔɛsˈʔuː] <-> f Abk von **Christlich-Soziale Union** aile bavaroise du parti chrétien-démocrate

Curry ['kœri] <-s, -s> m o nt curry m

Currywurst f: saucisse grillée au curry

Cursor ['kœːzɐ] <-s, -> m curseur m

Cutter(in) ['katɐ] <-s, -> m(f) monteur (-euse) m(f)

C-Waffe ['tseːvafə] f arme f chimique

Cyberspace ['saibɐspɛɪs] m cyberespace m

D d

D, d [deː] <-, -> nt ❶ D m/d m ❷ MUS ré m

da [daː] I. adv ❶ (dort) là; ~ **ist ein Bach** voilà un ruisseau; ~ **drüben** là-bas; **dieses Haus** ~ cette maison-là ❷ (hier) ~! tiens/tenez!; ~ **hast du dein Buch!** voilà ton livre!; **wo ist denn nur meine Brille?** — **Da!** où sont passées mes lunettes? — Les voilà! ❸ fam (anwesend) ~ **sein** être là ❹ (gekommen) **war der Postbote schon** ~? le facteur est passé? ❺ (verfügbar) **für jdn** ~ **sein** être là pour qn ❻ fam (geistig anwesend) **nur halb** ~ **sein** avoir la tête ailleurs ❼ (in diesem Augenblick) [juste] à ce moment ❽ (daraufhin) alors ❾ fam (in diesem Fall) **was gibt's denn** ~ **zu lachen?** il n'y a pas de quoi rire!; **und** ~ **wunderst du dich noch?** et ça t'étonne? ▶~ **und dort** ici et là II. konj ❶ (weil) comme ❷ geh (als, wenn) où

dabei [daˈbai] adv ❶ (daneben) avec; (in der Nähe) à côté ❷ (währenddessen) en même temps; (bei dieser Gelegenheit) à cette occasion ❸ (im Begriff) [gerade] ~ **sein etw zu tun** être en train de faire qc ❹ (in diesem Zusammenhang) **ein wenig Angst war schon [mit]** ~ ce n'était pas sans une certaine crainte; **ich habe** ~ **nicht viel gelernt** je n'y ai pas appris grand-chose; **es**

kommt nichts ~ **heraus** il n'en sortira rien ❺ (bei einer Unternehmung) ~ **sein** participer; **ich war** ~ j'y étais; **ich bin [mit]** ~ je suis partant(e) ❻ (obgleich) et pourtant ❼ (wie es vereinbart ist) **wir sollten es** ~ **belassen** nous devrions en rester là; **es bleibt** ~, **dass ihr morgen alle mitkommt** c'est toujours d'accord, vous venez tous demain; ..., **und** ~ **bleibt es!** ..., un point, c'est tout! ▶**nichts** ~ **finden** ne pas voir ce qu'il y a de mal; **was ist schon** ~? qu'est-ce que ça peut faire?

dabeibleiben vi irr + sein rester

dabeihaben vt irr jdn ~ avoir qn avec soi; **etw** ~ avoir qc sur soi

dabeiseinALT s. **dabei 3., 4., 5.,** ▶

dableiben vi irr + sein rester

Dach [dax, Pl: 'dɛçɐ] <-[e]s, Dächer> nt toit m ▶**kein** ~ **über dem Kopf haben** fam être sans abri **Dachboden** m grenier m **Dachdecker(in)** <-s, -> m(f) couvreur m **Dachfenster** nt fenêtre f mansardée **Dachgepäckträger** m galerie f **Dachgeschoss**RR nt étage m mansardé **Dachkammer** f mansarde f **Dachrinne** f gouttière f

Dachs [daks] <-es, -e> m blaireau m

dachte ['daxtə] Imp von **denken**

Dackel ['dakəl] <-s, -> m teckel m

dadurch [daˈdʊrç] adv ❶ (da hindurch) par là ❷ (aus diesem Grund) de ce fait; (auf die se Weise) de cette façon; ~, **dass ...** du fait que ...

dafür [daˈfyːɐ] adv ❶ (für das) pour cela **was wohl der Grund** ~ **sein mag?** quelle peut bien en être la raison? ❷ (deswegen) pour ça; **ich bezahle Sie nicht** ~, **dass** je ne vous paie pas pour que + subj ❸ (als Gegenleistung) en échange ❹ (andererseits) en revanche ❺ (im Hinblick darauf) ~, **dass du angeblich nichts weißt** pour quelqu'un qui prétend ne rien savoir ❻ (für das) **ich kann nichts** ~, **dass ...** je n'y peux rien moi, si ... ❼ (befürwortend) ~ **sein** être pour; **ich bin** ~, **dass** je suis d'avis que + subj

dafürkönnenALT s. **dafür 6.**

dagegen [daˈgeːgən] I. adv ❶ (örtlich) là contre ❷ (gegen das, gegen dieses) contre cela; ~ **sein, dass** être contre le fait + subj; **haben Sie etwas** ~, **wenn ich rauche?** ça vous dérange si je fume?; **sollen**

wir ausgehen? — Ich hätte nichts ~! on sort? — Je veux bien!; **ich kann nichts ~ machen** je n'y peux rien ❸ (*im Vergleich dazu*) en comparaison II. *konj* en revanche

dagegen|halten *vt irr* ❶ (*einwenden*) **etwas ~** |y| opposer quelque chose; **~, dass ...** |y| objecter que ... ❷ (*vergleichend hinhalten*) **etw ~** mettre qc à côté

daheim [da'haim] *adv* A, CH ❶ (*in Bezug auf die Wohnung*) chez moi/soi/... ❷ (*in Bezug auf den Wohnort*) **wie jetzt wohl das Wetter ~ sein mag?** quel temps peut-il bien faire chez nous? ❸ (*in Bezug auf die Heimat*) **von ~ fortgehen** quitter son pays natal; **in Augsburg ~ sein** être d'Augsbourg

daher [da'heːɐ̯] *adv* ❶ (*von dort*) de là; **ich komme gerade ~** j'en viens ❷ (*aus diesem Grund*) c'est pourquoi; **... ~ war sie verärgert** ... de là son énervement

daher|reden I. *vi* parler sans réfléchir II. *vt* **etw ~** dire qc sans réfléchir

dahin [da'hɪn] I. *adv* ❶ (*an diesen Ort*) y; **ich will nicht ~** je ne veux pas y aller ❷ (*in dem Sinne*) **~ gehend** en ce sens; **sie haben sich ~ gehend geeinigt, dass** ils se sont mis d'accord pour que + *subj*; **all unsere Bestrebungen gehen ~, dass** tous nos efforts tendent à ce que + *subj* ▸**es kommt ~, dass** on va en arriver à ce que + *subj* **bis** ~ (*solange*) d'ici là; (*inzwischen*) entre-temps II. *adj* **~ sein** être irréparable; **all meine Hoffnungen sind ~** tous mes espoirs se sont évanouis

dahin|gehen *vi irr + sein geh* ❶ passer ❷ *euph* (*sterben*) disparaître

dahingestellt *adj* ▸**das bleibt ~** la question reste posée

dahinten [da'hɪntən] *adv* là-bas

dahinter [da'hɪntɐ] *adv* ❶ (*räumlich*) [là] derrière ❷ (*zeitlich*) après ❸ *fig fam* **~ kommen, warum ...** arriver à comprendre pourquoi ...; **da steckt dein Bruder ~** derrière tout ça, il y a ton frère; **da steckt [doch] was ~!** ça cache quelque chose!; (*das sind leere Versprechungen*) c'est du vent!; **voll ~ stehen** apporter pleinement son soutien

dahinter|kommenᴬᴸᵀ *s.* **dahinter 3. dahinter|stecken**ᴬᴸᵀ *s.* **dahinter 3.**

Dahlie ['daːliə] <-, -n> *f* dahlia *m*

da|lassen *vt irr* ❶ **jdn ~** laisser qn; **etw ~** laisser qc là ❷ (*überlassen*) **jdm etw ~** laisser qc à qn

da|liegen *vi irr* (*liegen: Person*) être étendu là; (*Gegenstand*) être là; **bewegungslos ~** gésir inanimé

damalig ['daːmaːlɪç] *adj attr* d'alors

damals ['daːmaːls] *adv* à l'époque; **seit ~** depuis lors; **von ~** de l'époque

Dame ['daːmə] <-, -n> *f* ❶ (*Frau*) dame *f*; **die ~ des Hauses** la maîtresse de maison; **meine sehr verehrten ~n und Herren!** *form* Mesdames et Messieurs! ❷ *Pl* SPORT **dames** *fpl* ❸ *kein Pl* (*Spiel*) jeu *m* de dames ❹ (*Schach, Karten*) dame *f*

Damebrett *nt* damier *m*

Damenbinde *f* serviette *f* périodique **Damenwahl** *f* quart *m* d'heure américain

Damhirsch ['damhɪrʃ] *m* daim *m*

damisch ['daːmɪʃ] *fam* I. *adj* A ❶ (*dämlich*) idiot(e) ❷ (*schwindlig*) **jdn ~ machen** donner le tournis à qn II. *adv* A (*sehr*) drôlement

damit [da'mɪt] I. *adv* ❶ (*mit diesem Gegenstand*) avec; **was soll ich ~?** que veux-tu/ voulez-vous que j'en fasse? ❷ (*mit dieser Angelegenheit*) **nichts ~ zu tun haben** n'avoir rien à voir là-dedans; **~ fing alles an** c'est ainsi que tout a commencé; **~ ist noch bis Oktober Zeit** ça peut attendre octobre; **musst du denn immer wieder ~ anfangen?** est-il vraiment nécessaire de revenir sans arrêt là-dessus? ❸ (*mit diesem Verhalten*) **~ hatte ich nicht gerechnet** je ne m'y attendais pas; **was willst du ~ sagen?** qu'entends-tu par là?; **sind Sie ~ einverstanden?** vous êtes d'accord? ❹ (*in Befehlen*) **weg ~!** enlève-moi ça!; **Schluss ~!** ça suffit! ❺ (*somit*) ainsi II. *konj* pour que + *subj*; **halt dich fest, ~ du nicht fällst!** tiens-toi bien pour ne pas tomber!

dämlich ['dɛːmlɪç] *pej fam* I. *adj* ❶ stupide; **dieser ~e Kerl** cet imbécile ❷ (*ungeschickt*) **zu ~!** c'est trop bête! II. *adv* **sich ~ anstellen** s'y prendre comme un manche (*fam*)

Damm [dam, *Pl:* 'dɛmə] <-[e]s, Dämme> *m* ❶ (*Staudamm*) barrage *m*; (*Deich*) digue *f* ❷ (*Schutzwall*) digue *f*

dämmen *vt* (*Schall*) amortir; (*Rohr, Wand*) isoler

dämmerig ['dɛmərɪç] *adj* ❶ **es ist ~** il commence à faire nuit ❷ (*Licht*) faible *antéposé*

D

Dämmerlicht *nt* ❶ (*Halbdunkel*) pénombre *f* ❷ (*nach Sonnenuntergang*) crépuscule *m*

dämmern ['dɛmɐn] **I.** *vi* ❶ *geh* (*Tag*) se lever; (*Abend*) tomber ❷ *fam* (*klar werden*) **so langsam dämmert es mir, was er meinte** je commence à piger ce qu'il a voulu dire **II.** *vi unpers* **es dämmert** (*morgens*) il commence à faire jour; (*abends*) la nuit tombe

Dämmerung ['dɛmɐrʊŋ] <-, -en> *f* ❶ (*Abenddämmerung*) crépuscule *m* ❷ (*Morgendämmerung*) aube *f*

Dämon ['dɛːmɔn] <-s, Dämonen> *m* démon *m*

dämonisch [dɛˈmoːnɪʃ] *adj* démoniaque

Dampf [dampf] <-[e]s, Dämpfe> *m* ❶ (*Wasserdampf*) vapeur *f* ❷ *Pl* CHEM émanation *f*

Dampfbügeleisen *nt* fer *m* [à] vapeur

dampfen ['dampfən] *vi* + *haben* (*Schüssel*) fumer; (*Badezimmer*) être plein de vapeur

dämpfen ['dɛmpfən] *vt* ❶ (*Geräusch*) étouffer; (*Stimme*) baisser; **gedämpft** (*Licht*) tamisé(e) ❷ (*Stoß*) amortir ❸ (*Begeisterung*) tempérer ❹ (*mit Dampf glätten*) repasser à la vapeur ❺ GASTR **etw ~** cuire qc à l'étuvée

Dampfer ['dampfɐ] <-s, -> *m* bateau *m* à vapeur

Dampfmaschine *f* machine à vapeur *f*

Dämpfung <-, -en> *f* (*der Inflation*) ralentissement *m*

Dampfwalze *f* rouleau *m* compresseur

danach [daˈnaːx] *adv* ❶ (*zeitlich, örtlich*) après ❷ (*zielgerichtet*) **das Kind sah den Ball und wollte ~ greifen** l'enfant a aperçu le ballon et a voulu l'attraper ❸ (*demnach*) **es liegen Zeugenaussagen vor; ~ war er in der fraglichen Zeit dort** il y a des témoignages, selon lesquels il était à cet endroit pendant le laps de temps en question ❹ (*hiernach*) **ich sehne mich so ~** j'en aurais tellement envie; **bitte richten Sie sich ~!** veuillez vous y conformer! ❺ *fam* (*zumute*) **ein Spaziergang? Irgendwie ist mir ~!** une promenade? J'en ai bien envie!; *s. a.* nach

Däne ['dɛːnə] <-n, -n> *m*, **Dänin** *f* Danois(e) *m(f)*

daneben [daˈneːbən] *adv* ❶ (*legen, stellen*) à côté; **rechts ~** à sa/leur/... droite; **links ~** à sa/leur/... gauche ❷ (*verglichen damit*) à côté ❸ (*außerdem*) et en plus

daneben|benehmen* *vr irr fam* **sich ~** se comporter mal

daneben|gehen *vi irr* + *sein* ❶ (*Schuss*) manquer son but ❷ *fig fam* foirer

Dänemark ['dɛːnəmark] <-s> *nt* le Danemark

dänisch **I.** *adj* danois(e) **II.** *adv* **~ miteinander sprechen** discuter en danois

Dänisch <-[s]> *nt kein art* danois *m*; *s. a.* Deutsch

dank [daŋk] *präp* + *gen o dat* grâce à

Dank <-[e]s> *m* ❶ remerciement *m*; **vielen ~** merci beaucoup ❷ *iron* (*Undank*) **das ist der ~ dafür** voilà le remerciement ❸ (*~barkeit*) gratitude *f*

dankbar **I.** *adj* ❶ reconnaissant(e) ❷ (*Aufgabe*) gratifiant(e) ❸ (*Zuhörer*) facile **II.** *adv* avec gratitude; **jdn ~ anlächeln** adresser un sourire reconnaissant à qn

Dankbarkeit <-> *f* gratitude *f*

danke *adv* merci; **~ schön** merci bien; **jdm für etw ~ sagen** dire merci à qn pour qc

danken **I.** *vi* **jdm für seine Hilfe/sein Geschenk ~** remercier qn de son aide/pour son cadeau; **nichts zu ~!** de rien! **II.** *vt* **jdm etw ~** dire merci à qn pour qc

dann [dan] *adv* ❶ (*danach*) ensuite; **noch drei Tage, ~ habe ich Geburtstag** encore trois jours et c'est mon anniversaire ❷ (*irgendwann später*) un peu plus tard ❸ (*zu dem Zeitpunkt*) **~, wenn** au moment où ❹ (*unter diesen Umständen*) alors; **ich fahre nur ~, wenn du mitkommst** je ne partirai qu'à condition que tu m'accompagnes ❺ (*sonst*) **wenn nicht du, wer ~?** si ce n'est pas toi, qui est-ce? ❻ (*außerdem*) **erst zu spät kommen und ~ auch noch stören** non seulement il arrive en retard, mais en plus il dérange tout le monde ▶**~ und wann** de temps en temps

daran *adv* ❶ (*örtlich: befestigen*) y; (*vorbeigehen*) à côté ❷ (*zeitlich*) ensuite ❸ (*an dieser Sache*) **erinnerst du dich noch ~?** tu t'en souviens?; **~ denken** y penser; **bist du ~ interessiert?** ça t'intéresse?; *s. a.* an

daran|machen *vr fam* **sich ~** s'y mettre; **sich ~ etw zu tun** se mettre à faire qc **daran|setzen** **I.** *vt* **alles ~ etw zu tun** mettre tout en œuvre pour faire qc **II.** *vr* **sich ~** s'y mettre

darauf *adv* ❶ (*örtlich*) dessus ❷ (*danach*) puis; **bald ~** peu après; **~ folgend** suivant(e); **am ~ folgenden Tag** le lende-main; **einen Monat** ~ un mois après ❸ (*auf einen Bezugspunkt zurückführend*) ~ **basieren** se fonder là dessus; **sich ~ beziehen** s'y référer; **sich ~ stützen, dass ...** s'appuyer sur le fait que ... ❹ (*als Reaktion*) là-dessus ❺ (*auf eine Sache*) y; **sich ~ vorbereiten** s'y préparer; **sich ~ verlassen** compter dessus; *s. a.* **auf**

darauffolgendᴬᴸᵀ *s.* **darauf 2.**

daraufhin [daːˈraʊfhɪn] *adv* ❶ (*infolgedessen*) dans la suite ❷ (*im Hinblick darauf*) **etw ~ untersuchen, ob ...** inspecter qc pour voir si ...

daraus *adv* ❶ (*aus diesem Material*) en ❷ (*aus diesem Gefäß*) ~ **kann man essen** on peut manger dedans ❸ (*aus dieser Sache*) ~ **ergibt sich ...** il en résulte ...

dar|bieten [ˈdaːɡbiːtən] *irr* **I.** *vt geh* ❶ (*Schauspiel*) présenter; (*Gedicht*) dire ❷ (*Speisen*) offrir; (*Hand*) tendre **II.** *vr* **sich jdm ~** (*Anblick, Gelegenheit*) se présenter à qn

Darbietung <-, -en> *f* représentation *f*

darin *adv* ❶ (*in dem/der*) à l'intérieur ❷ (*in dieser Hinsicht*) **sie stimmen ~ überein, dass ...** ils/elles sont d'accord sur le fait que ...

dar|legen [ˈdaːɡleːɡən] *vt* exposer

Darlegung <-, -en> *f* exposé *m*

Darlehen [ˈdaːɡleːən] <-s, -> *nt* **ein ~ gewähren** consentir un prêt; **ein ~ von ... aufnehmen** faire un emprunt de ...

Darm [darm, *Pl:* ˈdɛrmə] <-[e]s, Därme> *m* ANAT intestin *m*

Darmgrippe *f* grippe *f* intestinale **Darminfektion** *f* entérite *f*

dar|stellen [ˈdaːɡʃtɛlən] **I.** *vt* ❶ représenter ❷ (*verkörpern*) interpréter ❸ (*Fortschritt*) constituer **II.** *vr* ❶ **sich als schwierig ~** s'avérer difficile ❷ (*sich ausgeben als*) **er stellt sich immer als großzügig dar** il raconte toujours qu'il est généreux

Darsteller(in) <-s, -> *m(f)* interprète *mf*

Darstellung <-> *f kein Pl* ❶ représentation *f* ❷ (*einer Rolle*) interprétation *f*

darüber *adv* ❶ (*legen, gehen*) dessus; (*liegen*) par-dessus ❷ (*höher, weiter oben*) au-dessus; **~ liegen** se situer au-dessus; **er lag mit seinem Angebot noch ~** il proposait davantage ❸ (*über ... hinweg*) par-dessus ❹ (*mehr*) **die Teilnehmer waren 50 Jah-**

re alt und ~ les participants avaient 50 ans et plus ❺ (*währenddessen*) pendant ce temps; **sie hatte gelesen und war ~ eingeschlafen** elle s'était endormie en lisant ❻ (*über diese/dieser Angelegenheit*) à ce sujet; ~ **reden** en parler; ~ **nachdenken, ~ stehen** être au-dessus de ça ▶~ **hinweg sein** (*über den Ärger*) avoir dépassé ce stade; (*über einen Verlust*) en avoir fait son deuil; ~ **hinaus** en delà; *s. a.* **über**

darum *adv* ❶ (*deshalb*) c'est pourquoi; **warum? — ~!** pourquoi? — Parce que! ❷ (*örtlich*) ~ [**herum**] tout autour; *s. a.* **um** ❸ (*um diese Angelegenheit*) **jdn ~ bitten etw zu tun** demander à qn de faire qc

darunter *adv* ❶ (*unter diesem/diesen Gegenstand*) en dessous; ~ **hervorsehen** (*Person*) apparaître; (*Gegenstand*) dépasser; **seine Unterschrift ~ setzen** y apposer sa signature ❷ (*unter dieser Etage*) en dessous ❸ (*unter dieser/diese Grenze*) ~ **liegen** (*Werte*) être inférieur ❹ (*mitten unter diesen*) parmi eux/elles; **einige Länder der EU, ~ Dänemark, Frankreich, ...** quelques pays de l'Union européenne, dont le Danemark, la France, ... ❺ (*unter dieser Angelegenheit*) ~ **leiden** en souffrir; **was verstehst du denn ~?** qu'est-ce que tu entends par là? ❻ (*dazwischen*) **etw ~ mischen** y mélanger qc ▶~ **fallen** (*zu einer Kategorie gehören*) en faire partie; (*davon betroffen sein*) être concerné; *s. a.* **unter**

das¹ [das] *art def, Neutrum, nom und akk Sing* le/la; ~ **kleine Mädchen** la petite fille; ~ **Arbeiten** le travail; ~ **Schöne** le beau

das² **I.** *pron dem, Neutrum, nom und akk Sing* ~ **Kind da** cet enfant-là; **was ist denn da?** qu'est-ce que c'est que ça? **II.** *pron rel, Neutrum, nom Sing* qui **III.** *pron rel, Neutrum, akk Sing* que

da|seinᴬᴸᵀ *s.* **da** I.3, I.4., I.5., I.6.

Dasein <-s> *nt* ❶ *a.* PHILOS existence *f* ❷ (*Anwesenheit*) présence *f*

da|sitzen *vi irr* être là; **untätig ~** rester assis sans rien faire

dasjenige *pron dem* ~ **Baby, das ...** ce bébé qui ...

dassᴿᴿ, **daß**ᴬᴸᵀ [das] *konj* ❶ que + *indic o subj*; **schade, ~** que tu sois obligé(e) de partir; **ich bin dagegen, ~** je ne suis pas d'accord que + subj ❷ (zur Angabe der Folge) que; **er hupte so laut, ~ alle wach wurden** il a klaxonné si fort que tous se sont réveillés ❸ (als Einleitung einer Aufforderung) **und ~ du pünktlich zurückkommst!** et tâche de rentrer à l'heure!

dasselbe pron dem, nom und akk Sing le/la même

da|stehen vi irr ❶ être là; **ratlos ~** rester là perplexe ❷ (erscheinen) **allein ~** se retrouver seul(e); **als Lügner ~** faire figure de menteur

Datei [da'tai] <-, -n> f fichier m

Dateiname m nom m de fichier

Daten[1] Pl von **Datum**

Daten[2] Pl ❶ (Angaben) données fpl ❷ TECH informations fpl

Datenaustausch m échange m de données **Datenautobahn** f autoroute f de l'information **Datenbank** <-banken> f banque f de données **Datenbestand** m stock m de données **Datenerfassung** f saisie f de données **Datenfernübertragung** f télétransmission f **Datenfernverarbeitung** f télétraitement m **Datenmissbrauch**[RR] m utilisation f abusive de données **Datenschutz** m protection f des données **Datenschützer(in)** <-s, -> m(f) fam contrôleur(-euse) m(f) de l'utilisation des données informatiques **Datensicherung** f sauvegarde f des données **Datenträger** m support m de données **Datentypist(in)** ['da:tǝntypɪst] <-en, -en> m(f) opérateur(-trice) m(f) de saisie **Datenverarbeitung** f traitement m des données

datieren* [da'ti:rǝn] **I.** vt dater; **etw auf den 5. Mai ~** dater qc du 5 mai **II.** vi ❶ (stammen) **aus der Steinzeit ~** dater de l'âge de pierre ❷ (mit Datum versehen sein) **vom 30. April ~** être daté du 30 avril ❸ (bestehen) **seit letzten Sommer ~** (Freundschaft) dater de l'été dernier

Dativ ['da:ti:f] <-s, -e> m datif m

Dativobjekt nt complément m au datif

Dattel ['datǝl] <-, -n> f datte f

Datum ['da:tʊm] <-s, Daten> nt date f; **was für ein ~ haben wir heute?** quel jour sommes-nous aujourd'hui?

Dauer ['dauɐ] <-> f durée f **von ~ sein** durer; **auf die ~** à la longue; **auf ~** pour une durée illimitée

Dauerauftrag m FIN virement m permanent; **per ~** par virement permanent

dauerhaft adj ❶ (Material) résistant(e) ❷ (Bündnis) durable; (Einrichtung) permanent(e)

Dauerkarte f carte f d'abonnement **Dauerlauf** m jogging m

dauern ['dauɐn] vi ❶ (an~) durer ❷ (Zeit benötigen) **es dauerte lange, bis er den Weg gefunden hatte** il a mis longtemps à trouver le chemin

dauernd adj (Ausstellung) permanent(e); (Wohnsitz) fixe; (Ärger) continuel(le) **II.** adv ❶ (für immer) définitivement ❷ (immer wieder) sans arrêt

Dauerwelle f permanente f **Dauerzustand** m ein ~ **werden** devenir la règle

Daumen ['daumǝn] <-s, -> m pouce m ▸**jdm die ~n drücken** croiser les doigts pour porter chance à qn

Daune ['daunǝ] <-, -n> f plumule f; **~n du duvet**

Daunendecke f couette f en duvet

davon [da'fɔn] adv ❶ nicht weit ~ un peu plus loin ❷ (von diesem) **~ essen** en manger; **das ist nicht alles, sondern nur ein Teil ~** ce n'est pas tout mais seulement une partie ❸ (von dieser Sache) **sich kaum ~ unterscheiden** ne s'en distinguer que par un petit détail ❹ (dadurch) **~ wird man dick** ça fait grossir; **~ stirbst du nicht!** tu n'en mourras pas! ❺ (mittels dieser Sache) **ich lebe doch ~!** j'en vis! ❻ (hinsichtlich dieser Sache) **was halten Sie ~?** qu'en pensez-vous?; **wissen Sie etwas ~?** vous êtes au courant? ▸**ich habe nichts ~!** je n'en ai que faire!; **was hast du denn ~?** qu'est-ce que tu y gagnes?; **das kommt ~!** voilà ce qui arrive!

davon|jagen I. vt + haben chasser II. vi + sein (Person) s'enfuir; (Auto) s'éloigner à toute allure **davon|kommen** vi irr + sein **mit einer Geldstrafe ~** s'en sortir avec une amende **davon|laufen** vi irr + sein ❶ se sauver; (von zu Hause fortlaufen) fuguer ❷ (hinter sich lassen) **jdn ~** distancer qn **davon|machen** vr **sich ~** fam se casser **davon|tragen** vt irr ❶ emporter ❷ (Sieg) remporter ❸ (Schaden) subir

davor[1] [da'fo:ɐ] adv ❶ (räumlich) devant ❷ (zeitlich) avant ❸ (in Bezug auf eine Sache) **jdn ~ warnen etw zu tun** avertir qn de ne pas faire qc; s. a. **vor**

davor[2] adv ❶ (räumlich) **dort ist das Rat-**

D

haus, und ~ befindet sich ... la mairie est là-bas, et juste devant se trouve ... ❷ (*zeitlich*) ich muss zur Post gehen und ~ noch zum Bäcker il faut que j'aille à la poste et avant chez le boulanger ❸ (*vor dieser Person, Sache*) ~ fürchtet er sich c'est ça qu'il craint

dazu¹ [daˈtsuː] *adv* ❶ (*gleichzeitig*) sie singt, und ~ spielt sie Harfe elle chante tout en jouant de la harpe ❷ (*außerdem*) par-dessus le marché ❸ (*zu dem Gegenstand*) dies ist die Tischdecke, und dies sind die Servietten ~ voici la nappe, et voici les serviettes qui vont avec ❹ (*zur der Konsequenz*) das führte ~, dass ... ça a eu pour résultat que ... ❺ (*zu der Sache*) ich würde gern etwas ~ sagen je voudrais dire quelques mots à ce propos; was meinst du ~? qu'en penses-tu?

dazu² *adv* ❶ (*zu dieser Sache*) wozu gehört dieses Teil? — Dazu! avec quoi va cette pièce? — Avec ça! ❷ (*zu dieser Konsequenz*) wie konnte es nur ~ kommen? comment a-t-on pu en arriver là? ❸ (*dafür*) ~ ist er zu unerfahren pour ça, il n'a pas assez d'expérience

dazu|gehören* *vi* ❶ (*Freund*) être à sa place; (*Zubehör*) aller avec ❷ (*erforderlich sein*) es gehört schon einiges dazu, das zu tun il faut une certaine dose de courage pour oser faire ça

dazu|kommen *vi irr + sein* ❶ arriver en plus ❷ (*hinzugefügt werden*) venir s'ajouter; kommt noch etwas dazu? et avec ceci?

dazu|lernen *vt* apprendre

dazwischen [daˈtsvɪʃən] *adv* ❶ (*zwischen zwei Dingen*) entre les deux; (*zwischen mehreren Dingen*) y ❷ (*in der Zwischenzeit*) entre-temps

dazwischen|kommen *vi irr + sein* ❶ (*räumlich*) mit dem Finger ~ s'y coincer le doigt ❷ (*zeitlich*) wenn nichts dazwischenkommt, ... sauf imprévu, ... **dazwischen|reden** *vi* couper la parole; jdm ~ couper la parole à qn

DB [deːˈbeː] <-> *f Abk von* Deutsche Bahn *société des chemins de fer allemands*

DDR [deːdeːˈʔɛr] <-> *f Abk von* Deutsche Demokratische Republik HIST die ~ la R.D.A.; die ehemalige ~ l'ex-R.D.A.

Deal [diːl] <-s, -s> *m fam* deal *m*

dealen [ˈdiːlən] *vi fam* mit etw ~ dealer qc

Dealer(in) [ˈdiːlɐ] <-s, -> *m(f) fam* dealeur (-euse) *m(f)*

Debatte [deˈbatə] <-, -n> *f* débat *m*

Debüt [deˈbyː] <-s, -s> *nt* débuts *mpl*

Deck [dɛk] <-[e]s, -s> *nt* (*Schiffsdeck*) pont *m*

Decke [ˈdɛkə] <-, -n> *f* ❶ (*Zimmerdecke*) plafond *m* ❷ (*Wolldecke*) couverture *f* ❸ (*Bettdecke*) couette *f* ▶an die ~ gehen *fam* exploser

Deckel [ˈdɛkəl] <-s, -> *m* couvercle *m*

decken [ˈdɛkən] I. *vt* ❶ couvrir; (*Tisch*) mettre ❷ SPORT marquer II. *vr* sich ~ ❶ (*Aussagen*) se recouper ❷ MATH coïncider

Deckmantel *m* prétexte *m* **Deckname** *m* pseudonyme *m*

Deckung [ˈdɛkʊŋ] <-, -en> *f* ❶ (*Verteidigung*) défense *f* ❷ MIL abri *m* ❸ (*eines Schecks*) provision *f*; zur ~ der Schulden pour couvrir les dettes

Decoder [diˈkɔːdɐ] <-s, -> *m* décodeur *m*

decodieren* *vt* décoder

defekt [deˈfɛkt] *adj* défectueux(-euse)

Defekt <-[e]s, -e> *m* TECH panne *f*; einen ~ haben avoir un problème

defensiv [defɛnˈziːf] *adj* défensif(-ive)

Defensive [defɛnˈziːvə] <-, -n> *f* MIL défensive *f*; SPORT défense *f*

definieren* [defiˈniːrən] *vt* définir

Definition [definiˈtsjoːn] <-, -en> *f* définition *f*

definitiv [definiˈtiːf] I. *adj* précis(e) II. *adv* définitivement

Defizit [ˈdeːfitsɪt] <-s, -e> *nt* FIN, COM déficit *m*

deftig [ˈdɛftɪç] *adj* ❶ (*Mahlzeit*) consistant(e) ❷ (*Witz*) cru(e)

Degen [ˈdeːgən] <-s, -> *m* épée *f*

degeneriert *adj* dégénéré(e)

degradieren* [degraˈdiːrən] *vt* jdn ~ dégrader qn

dehnbar [ˈdeːnbaːɐ] *adj a. fig* élastique

dehnen [ˈdeːnən] *vt* (*Gummizug*) détendre; (*Glieder*) étirer; (*Wörter*) allonger

Dehnung <-, -en> *f* (*das Ausdehnen*) tension *f*

Deich [daɪç] <-[e]s, -e> *m* digue *f*

Deichsel [ˈdaɪksəl] <-, -n> *f* timon *m*

dein [daɪn] *pron poss* ❶ ~ Bruder ton frère; ~e Freundin ta copine; ~e Eltern tes parents; dieses Buch ist ~[e]s ce livre est à toi ❷ *substantivisch* der/die/das Deine le tien/la tienne; **du hast das Deine bekommen** donna la lettre à son grand-père ❷ *fam* (*in Verbindung mit Eigennamen*) **ich werde es ~ Frank sagen** je le dirai à Frank II. *art def, Neutrum, dat Sing von* **das**¹: **von ~ Kind sprechen** parler de l'enfant; **an ~ Fenster klopfen** frapper à la fenêtre; **die Frau auf ~ Foto** la femme sur la photo

deinerseits ['dainɐ'zaits] *adv* ❶ (*du wiederum*) de ton côté ❷ (*was dich betrifft*) pour ta part

deinesgleichen ['dainəs'glaiçən] *pron inv* ❶ *pej* (*Menschen deines Schlags*) **du und ~** toi et tes semblables *mpl* ❷ (*Menschen wie du*) **du verkehrst nur mit ~** tu ne fréquentes que les gens de ta sorte

deinetwegen ['dainət've:gən] *adv* ❶ (*wegen dir*) à cause de toi ❷ (*dir zuliebe*) pour toi ❸ (*wenn es nach dir ginge*) s'il ne tient qu'à toi

dekadent [deka'dɛnt] *adj* décadent(e)

Dekadenz [deka'dɛnts] <-> *f* décadence *f*

Dekan(in) [de'ka:n] <-s, -e> *m(f)* doyen(ne) *m(f)*

deklarieren* [dekla'ri:rən] *vt* déclarer

Deklination [deklina'tsjo:n] <-, -en> *f* LING déclinaison *f*

deklinieren* [dekli'ni:rən] *vt* LING décliner

dekodieren *s.* **decodieren**

Dekolleteeᴿᴿ [dekɔl'te:] <-s, -s> *nt* décolleté *m*

Dekor [de'ko:ɐ] <-s, -s o -e> *m o nt* (*Muster*) motif *m*

Dekorateur(in) [dekora'tø:ɐ] <-s, -e> *m(f)* décorateur(-trice) *m(f)*

Dekoration [dekora'tsjo:n] <-, -en> *f* ❶ *kein Pl* décoration *f* ❷ THEAT décors *mpl*

dekorativ [dekora'ti:f] *adj* décoratif(-ive)

dekorieren* [deko'ri:rən] *vt* décorer

Dekret [de'kre:t] <-[e]s, -e> *nt* décret *m*

Delegation [delega'tsjo:n] <-, -en> *f* délégation *f*

delegieren* [dele'gi:rən] *vt* déléguer; **etw an jdn ~** déléguer qc à qn

Delegierte(r) *f(m) dekl wie adj* délégué(e) *m(f)*

Delfinᴿᴿ [dɛl'fi:n] *s.* **Delphin**

delikat [deli'ka:t] *adj* ❶ délicieux(-euse) ❷ (*heikel*) délicat(e) ❸ *geh* (*empfindlich*) sensible

Delikatesse [delika'tɛsə] <-, -n> *f* mets *m* de choix

Delikt [de'lɪkt] <-[e]s, -e> *nt* délit *m*

Delirium [de'li:riʊm] <-s, -rien> *nt* délire *m*

Delphin [dɛl'fi:n] <-s, -e> *m* dauphin *m*

Delta ['dɛlta] <-s, -s> *nt* delta *m*

dem¹ [de:m] I. *art def, maskulin, dat Sing von* **der**¹, I. ❶ **von ~ Nachbarn sprechen** parler du voisin; **sie folgte ~ Mann** elle suivit l'homme; **er gab ~ Großvater den Brief** il

dem² I. *pron dem, maskulin, dat Sing von* **der**², I. ce/cette II. *pron dem, Neutrum, dat Sing von* **das**² ce/cette III. *pron rel, maskulin, dat Sing von* **der**², I. à qui IV. *pron rel, Neutrum, dat Sing von* **das**², II. à qui

Demagoge [dema'go:gə] <-n, -n> *m*, **Demagogin** *f pej* démagogue *mf*

demagogisch [dema'go:gɪʃ] *pej* I. *adj* démagogique II. *adv* avec démagogie

Dementi [de'mɛnti] <-s, -s> *nt* démenti *m*

dementieren* [demɛn'ti:rən] I. *vt* démentir II. *vi* donner un démenti

dementsprechend ['de:m?ɛnt'ʃprɛçənt] *adj* (*Anordnung*) en conséquence; (*Bemerkung*) dans ce sens

demgegenüber ['de:mge:gən'?y:bɐ] *adv* en revanche

demnach ['de:(:)mna:x] *adv* ❶ (*danach*) il ressort que ... ❷ (*folglich*) en conséquence

demnächst ['de:m'nɛ:çst] *adv* prochainement

Demo ['de:mo] <-, -s> *f fam Abk von* **Demonstration** manif *f*

Demokrat(in) [demo'kra:t] <-en, -en> *m(f)* démocrate *mf*

Demokratie [demokra'ti:] <-, -n> *f* démocratie *f*

demokratisch *adj* démocratique

demokratisieren* *vt* démocratiser

demolieren* [demo'li:rən] *vt* démolir

Demonstrant(in) [demɔn'strant] <-en, -en> *m(f)* manifestant(e) *m(f)*

Demonstration [demɔnstra'tsjo:n] <-, -en> *f* ❶ manifestation *f* ❷ (*Veranschaulichung*) démonstration *f*

demonstrativ [demɔnstra'ti:f] *adj* ostensible

Demonstrativpronomen *nt* (*adjektivisches/substantivisches Pronomen*) adjectif *m*/pronom *m* démonstratif

demonstrieren* [demɔn'stri:rən] I. *vi* manifester II. *vt* ❶ (*bekunden*) manifester ❷ (*veranschaulichen*) démontrer

demontieren* [demɔn'ti:rən] *vt* (*Fabrik*) démanteler

D

demoralisieren* [demorali'ziːrən] vt ❶ démoraliser ❷ (*Bevölkerung*) avilir

demselben *pron* dem, dat Sing von **derselbe/dasselbe** au même; **~ Mann helfen** aider le même homme

Demut ['deːmuːt] <-> f humilité f; **in ~** humblement

demütig ['deːmyːtiç] adj humble

demütigen vt humilier

Demütigung <-, -en> f humiliation f

demzufolge ['deːmtsuˈfɔlɡə] adv ❶ il en ressort que ... ❷ (*folglich*) donc

den¹ [deːn] I. *art def, maskulin, akk Sing von* **der¹** le/la; **sie begrüßt ~ Nachbarn** elle salue le voisin; **~ Salat essen** manger la salade II. *art def, dat Pl von* **der¹**, **die¹**, **das¹** aux; **mit ~ Freundinnen sprechen** parler avec les copines; **von ~ Kollegen sprechen** parler des collègues; **sie folgte ~ Leuten** elle suivit les gens

den² I. *pron dem, maskulin, akk Sing von* **der²**, I. ce/cette II. *pron rel, akk Sing von* **der²**, II. que

denen [deːnən] I. *pron dem, dat Pl von* **der²**, I., **die²**, I., **das²**, I. à ceux II. *pron rel, dat Pl von* **die²** I. à qui

Denkanstoß m piste f de réflexion

denkbar adj concevable; **es ist durchaus ~, dass** il n'est pas impensable que + subj

denken ['dɛŋkən] <dachte, gedacht> I. vi ❶ penser ❷ (*meinen*) penser que ... ❸ (*urteilen*) **inzwischen denke ich anders** j'ai changé d'avis ❹ (*sich vorstellen*) **denk nur, Eva heiratet!** imagine, Eva s'imagine qc; ►**ich denke nicht daran!** je n'en ai pas la moindre intention!; **jdm zu ~ geben** donner à réfléchir à qn; **wo denkst du hin!** qu'est-ce que tu crois! II. vt ❶ **nur das Schlechteste von jdm ~** penser tout mal possible de qn ❷ (*ahnen*) **das habe ich mir fast gedacht** j'en étais à peu près sûr(e) ❸ (*sich vorstellen*) **sich** (dat) **etw ~; ich habe mir das so gedacht: ...** je vois les choses comme ça: ... ❹ (*beabsichtigen*) **sich** (dat) **nichts Böses ~** ne pas penser à mal

Denken <-s> nt pensée f

Denker(in) <-s, -> m(f) penseur(-euse) m(f)

Denkfehler m erreur f de raisonnement

Denkmal <-s, Denkmäler> nt monument m

Denkmalschutz m protection f des monuments historiques

Denkzettel m **jdm einen ~ verpassen** fam

flanquer une bonne leçon à qn

denn [dɛn] I. *konj* ❶ car ❷ (*vorausgesetzt*) **es sei ~,** à moins que + subj II. adv donc; **he, was soll das ~?** holà, qu'est-ce qui se passe?; **wo ~ sonst?** où d'autre?

dennoch ['dɛnɔx] adv malgré tout; **und ~** et pourtant

denselben I. *pron dem, akk von* **derselbe** le/la même; **für ~ Sänger schwärmen** raffoler du même chanteur II. *pron dem, dat von* **dieselben** aux mêmes

Denunziant(in) [denʊn'tsiant] <-en, -en> m(f) pej délateur(-trice) m(f)

denunzieren* [denʊn'tsiːrən] vt pej **jdn bei jdm ~** dénoncer qn à qn

Deo ['deːo], **Deodorant** ['deːodoˈrant] <-s, -s> nt déodorant m

Deoroller m déodorant m à bille **Deospray** nt o m déodorant m

Departement [departə'mãː] <-s, -s> nt département m

deplatziertᴿᴿ [depla'tsiːɐt] incongru(e)

Deponie [depo'niː] <-, -n> f décharge f

deponieren* [depo'niːrən] vt **etw bei der Bank ~** mettre qc en dépôt à la banque

deportieren* [depɔr'tiːrən] vt déporter

Depot [de'poː] <-s, -s> nt ❶ entrepôt m ❷ FIN coffre-fort m ❸ AUT dépôt m ❹ CH (*Flaschenpfand*) consigne f

Depp [dɛp] <-en o -s>, -e[n]> m bes. A, CH fam andouille f

Depression [deprɛ'sjoːn] <-, -en> f dépression f

depressiv adj dépressif(-ive)

deprimieren* [depri'miːrən] vt déprimer

der¹ [deːɐ] I. *art def, maskulin, nom Sing* le/la; **~ Nachbar** le voisin; **~ Salat** la salade II. *art def, feminin, gen Sing von* **die¹**, I. de la/du III. *art def, feminin, dat Sing von* **die¹**, I. à la/au; **mit ~ Nachbarin sprechen** parler avec la voisine; **sie folgte ~ Frau/Menge** elle suivit la femme/foule IV. *art def, gen Pl von* **die¹**, II. des; **das Ende ~ Ferien** la fin des vacances

der² I. *pron dem, maskulin, nom Sing* ce/cette; **~ Mann da** cet homme-là; **beißt ~?** est-ce qu'il mord? II. *pron rel, maskulin, nom Sing* qui III. *pron dem, feminin, gen Sing von* **die²**, I. de cette/de ce IV. *pron dem, feminin, dat Sing von* **die²**, I. à cette/à ce; **glaub ~ bloß nicht!** ne la crois surtout pas, celle-là! V. *pron dem, gen Pl von*

die[1], II. de ces VI. *pron rel, feminin, dat Sing von* **die**[2], III. à qui; **die Kälte, unter ~ sie leiden** le froid dont ils souffrent

derart ['de:ɐ̯'ʔaːɐ̯t] *adv* **~ reizen, dass ...** provoquer à tel point que ...; **es ist ~ heiß, dass ...** il fait tellement chaud que ...

derb [dɛrp] I. *adj* ❶ (*Manieren*) grossier (-ère) ❷ (*Stoff*) solide II. *adv* ❶ (*anfahren*) brutalement ❷ (*sich ausdrücken*) grossièrement

deren ['de:rən] I. *pron dem, gen Sing von* **die**[2], III.: **seine Mutter, seine Schwester und ~ Hund** sa mère, sa sœur et le chien de cette dernière II. *pron dem, gen Pl von* **die**[2], III.: **ein Ehepaar mit seinen Freunden und ~ Kindern** un couple avec ses amis et les enfants de ces derniers III. *pron rel, gen Sing von* **die**[2], III. dont; **die Frau, ~ Namen ich vergessen habe** la femme dont j'ai oublié le nom; **die Freundin, mit ~ Hilfe ich eine Wohnung gefunden habe** l'amie avec l'aide de qui j'ai trouvé un logement IV. *pron rel, gen Pl von* **die**[2], V. dont

derer ['de:rɐ] *pron dem, gen Pl von* **die**[2], II. de ceux

dergleichen ['de:ɐ̯'glaiçən] *pron dem, inv* ce genre de choses; **und ~ mehr** et cetera

derjenige *pron dem, maskulin, nom Sing* ce/cette; **~, der das gesagt hat** celui qui a dit cela ▶**das ist ~, welcher!** *fam* c'est lui notre homme!

dermaßen ['de:ɐ̯'ma:sən] *s.* **derart**

derselbe *pron dem, nom Sing* le/la même

derzeitig *adj attr* actuel(le)

des [dɛs] I. *art def, maskulin o Neutrum, Gen Sing von* **der**[1], I., **das** I. du/de la II. *pron dem, maskulin o Neutrum, gen Sing von* **der**[2], I., **das** II. de ce/de cette

Desaster [de'zastɐ] <-s, -> *nt* désastre *m*

Deserteur(in) [dezɛr'tøːɐ̯] <-s, -e> *m(f)* déserteur *m*

desertieren* [dezɛr'tiːrən] *vi + sein* déserter

desgleichen ['dɛs'glaiçən] *adv* également

deshalb ['dɛs'halp] *adv* **~ ist das nicht möglich** c'est la raison pour laquelle cela n'est pas possible

Design [di'zain] <-s, -s> *nt* design *m*

Designer(in) [di'zainɐ] <-s, -> *m(f)* designer *mf*; (*Modeschöpfer*) styliste *mf*

Desinfektion [dezɪnfɛk'tsi̯oːn] <-, -en> *f* désinfection *f*

Desinfektionsmittel *nt* désinfectant *m*

desinfizieren* [dezɪnfi'tsiːrən] *vt* désinfecter

Desinteresse ['dɛs'ʔɪntərɛsə] *nt* **~ an etw** manque *m* d'intérêt pour qc

Desktop ['dɛsktɔp] <-s, -s> *m* ordinateur *m* de table

Desktop-Publishing[RR] ['dɛsktɔppablɪʃɪŋ] <-> *nt* publication *f* assistée par ordinateur

desorientiert ['dɛs'ʔorienti:ɐ̯t] *adj* désorienté(e)

desselben *pron dem,* du même/de la même

dessen ['dɛsən] I. *pron dem,* **mein Onkel und ~ Haus** mon oncle et la maison de ce dernier II. *pron rel,* dont; **der Freund, mit ~ Hilfe ich das Auto repariert habe** l'ami avec l'aide de qui j'ai réparé la voiture

Dessert [dɛ'sɛːɐ̯] <-s, -s> *nt* dessert *m*

Dessous [dɛ'suː] <-, -> *nt meist Pl* dessous *mpl*

destillieren* [dɛstɪ'liːrən] *vt* distiller

desto ['dɛsto] *konj* **je eher du dich daranmachst, ~ schneller bist du fertig** plus vite tu t'y mettras, plus vite tu auras terminé

destruktiv [dɛstrʊk'tiːf] *adj* négatif(-ive)

deswegen ['dɛs've:gən] *s.* **deshalb**

Detail [de'taj] <-s, -s> *nt* détail *m*

detailliert [deta'jiːɐ̯t] I. *adj* détaillé(e) II. *adv* en détail

Detektiv(in) [detɛk'tiːf] <-s, -e> *m(f)* détective *m*

Detonation [detona'tsi̯oːn] <-, -en> *f* détonation *f*

detonieren* [deto'niːrən] *vi + sein* exploser

deuten ['dɔytən] I. *vt* (*Traum, Text*) interpréter II. *vi* (*hinweisen*) **auf etw ~** faire penser à qc

deutlich ['dɔytlɪç] I. *adj* ❶ (*Konturen*) net(te); (*Aussprache*) distinct(e); (*Skizze*) clair(e); (*Schrift*) lisible ❷ (*eindeutig*) clair(e) II. *adv* ❶ distinctement; (*schreiben*) lisiblement ❷ (*sagen*) clairement; (*merken*) sans le moindre doute

Deutlichkeit <-, -en> *f* clarté *f*

deutsch [dɔytʃ] I. *adj* allemand(e) II. *adv* **~ miteinander sprechen** discuter en allemand

Deutsch <-[s]> *nt kein art* allemand *m*; **~ lernen/verstehen** apprendre/comprendre l'allemand; **~ können** savoir parler l'allemand; **~ sprechen** parler allemand; **sich auf ~ unterhalten** parler en allemand; **gut in ~ sein** être bon en allemand ▶**auf gut ~** *fam* en bon français

D

Deutsche(r) *f(m) dekl wie adj* Allemand(e) *m(f)*

deutsch-französisch *adj* **ein ~es Wörterbuch** un dictionnaire allemand-français; **die ~e Freundschaft** l'amitié franco-allemande

Deutschland *nt* l'Allemagne *f;* **in ~** en Allemagne **deutschsprachig** *adj* (*Bevölkerung, Gebiet*) germanophone; (*Literatur*) en langue allemande

Deutung <-, -en> *f* interprétation *f*

Devise [de'vi:zə] <-, -n> *f* devise *f*

Devisen [de'vi:zən] *Pl* devises *fpl*

Devisenhandel *m* marché *m* des changes

Dezember [de'tsɛmbɐ] <-s, -> *m* décembre *m; s. a.* **April**

dezent [de'tsɛnt] I. *adj* discret(-ète) II. *adv* discrètement; (*gekleidet*) avec discrétion

Dezibel [de:tsibɛl] <-, -s> *nt* décibel *m*

dezimal [detsi'ma:l] *adj* décimal(e)

Dezimalsystem *nt* système *m* décimal

d.h. *Abk von* **das heißt** c.-à-d.

Dia ['di:a] <-s, -s> *nt* diapo *f (fam)*

Diabetes [dia'be:tɛs] <-> *m* diabète *m*

Diabetiker(in) [dia'be:tikɐ] <-s, -> *m(f)* diabétique *mf*

Diagnose [dia'gno:zə] <-, -n> *f* diagnostic *m*

diagnostizieren* [diagnɔsti'tsi:rən] *vt* diagnostiquer

diagonal [diago'na:l] *adj* diagonal(e)

Diagonale <-, -n> *f* diagonale *f*

Diagramm [dia'gram] <-s, -e> *nt* diagramme *m*

Diakonie <-> *f* diaconat *m*

Dialekt [dia'lɛkt] <-[e]s, -e> *m* dialecte *m*

En Allemagne, en Autriche et en Suisse, chaque région, voire chaque ville, possède son propre **Dialekt**. Certains dialectes sont tellement différents les uns des autres que les habitants d'un même pays ont parfois du mal à se comprendre entre eux. Voici quelques dialectes existant en Allemagne : *Berlinerisch, Plattdeutsch, Sächsisch, Fränkisch, Bairisch, Alemannisch* et *Schwäbisch*.

Dialog [dia'lo:k] <-[e]s, -e> *m* dialogue *m*

Diamant [dia'mant] <-en, -en> *m* diamant *m*

Diapositiv [diapozi'ti:f] *nt* diapositive *f* **Diaprojektor** *m* projecteur *m* de diapositives

Diät [di'ɛ:t] <-, -en> *f* régime *m* alimentaire

Diäten *Pl* indemnité *f* parlementaire

dich [dɪç] I. *pron pers, akk von* **du: ich habe ~ gesehen** je t'ai vu(e); **ohne ~** sans toi II. *pron refl* **du hast ~ verändert** tu as changé; **du darfst ~ nicht wundern, wenn ...** ne t'étonne pas si ...

dicht [dɪçt] I. *adj* ❶ épais(se); (*Verkehr*) dense ❷ (*Nebel*) épais(se) ❸ (*Fenster*) hermétique; (*Vorhänge*) épais(se) ❹ (*Gewebe*) serré(e) ▶**nicht ganz ~ sein** *fam* déconner II. *adv* ❶ **~ beieinander stehen** être près les uns des autres; **~ hinter jdm stehen** être juste derrière qn ❷ (*unmittelbar*) **~ bevorstehen** être imminent ❸ (*stark*) **~ bewölkt sein** être très nuageux ❹ (*schließen*) hermétiquement; (*weben*) serré

Dichte <-, -n> *f* a. PHYS densité *f;* (*eines Waldes*) épaisseur *f*

dichten ['dɪçtən] I. *vt* composer II. *vi* faire de la poésie

Dichter(in) <-s, -> *m(f)* poète *m*/poétesse *f* **dichterisch** *adj* poétique

Dichtung <-, -en> *f* ❶ (*Dichtkunst*) poésie *f* ❷ TECH joint *m*

dick [dɪk] I. *adj* ❶ gros(se) *antéposé* ❷ (*stark*) **ein zwei Zentimeter ~es Brett** une planche de deux centimètres d'épaisseur ❸ (*Nebel*) épais(se); (*Milch*) caillé(e) ❹ *fam* (*Freundschaft*) grand(e) *antéposé* ▶**mit jdm durch ~ und dünn gehen** suivre qn jusqu'en enfer II. *adv* ❶ **sich ~ anziehen** bien se couvrir ❷ (*unterstreichen*) en gros ❸ (*reichlich*) **etw ~ auftragen** étaler une grosse couche de qc ❹ *fam* (*sehr gut*) **~ befreundet sein** être comme cul et chemise ▶ **~ auftragen** *pej fam* en rajouter

Dickdarm *m* gros intestin *m*

Dicke <-, -n> *f* grosseur *f;* (*einer Schicht*) épaisseur *f*

dickflüssig *adj* visqueux(-euse); (*Sauce*) épais(se)

Dickicht ['dɪkɪçt] <-[e]s, -e> *nt* fourré *m*

Dickkopf *m fam* ❶ entêtement *m* ❷ (*Mensch*) tête *f* de mule

dickköpfig ['dɪkkœpfɪç] *adj fam* têtu(e)

Didaktik [di'daktɪk] <-, -en> *f* didactique *f*

didaktisch *adj* didactique

die¹ [di:] I. *art def, feminin, nom und akk Sing* le/la; **~ Großmutter anrufen** téléphoner à la grand-mère II. *art def, nom und akk Pl von* **der¹, die¹** I., **das¹** les

die² I. *pron dem, feminin, nom und akk Sing*

ce/cette; **~ weiß das doch nicht!** celle-là, elle ne le sait pas! **II.** pron dem, nom und akk Pl von der²,I., die², I., das², I. ces; **~ wissen das doch nicht!** ils ne la savent pas, eux! **III.** pron rel, feminin, nom Sing qui **IV.** pron rel, feminin, akk Sing que **V.** pron rel, nom Pl qui **VI.** pron rel, akk Pl que **VII.** pron dem o rel, feminin, nom Sing celle qui

Dieb(in) [di:p] <-[e]s, -e> m(f) voleur(-euse) m(f); **haltet den ~!** au voleur!

diebisch adj (Freude) furtif(-ive)

Diebstahl <-[e]s, Diebstähle> m vol m

diejenige pron dem, feminin, nom und akk Sing cette

diejenigen pron dem, nom und akk Pl von **derjenige, diejenige, dasjenige: ~ Schüler, die teilnehmen wollen** ceux parmi les élèves qui souhaitent participer; **eine Überraschung für ~n unter Ihnen, die ...** une surprise pour ceux d'entre vous qui ...; **für meine Schuhe und ~ meiner Kinder** pour mes chaussures à moi et celles de mes enfants

Diele ['di:lə] <-, -n> f vestibule m

dienen ['di:nən] vi ❶ servir; **wozu soll das alles ~?** ça sert à quoi, tout ça? ❷ (helfen) **womit kann ich ~?** en quoi puis-je être utile? ❸ (verwendet werden) **jdm als Brieföffner ~** servir de coupe-papier à qn

Diener(in) <-, -> m(f) serviteur m, servante f

Dienst [di:nst] <-[e]s, -e> m ❶ service m; **jdn vom ~ befreien** donner un congé à qn; **außer ~** (in der Freizeit) en congé; (im Ruhestand) en retraite; **öffentlicher ~** fonction f publique ❷ meist Pl (Unterstützung, Gefallen) services mpl; **jdm einen ~ erweisen** rendre service à qn

Dienstag ['di:nta:k] m mardi m; **am ~** (dienstags) le mardi; (kommenden ~) mardi prochain; (letzten ~) mardi dernier; **~ vormittags/abends/nachts** le mardi matin/soir/dans la nuit; **jeden ~** tous les mardis; **[am] letzten ~** mardi dernier; **am nächsten ~** mardi prochain; **an einem ~** un mardi; **hast du diesen ~ Zeit?** tu as le temps mardi?; **heute ist ~, der 31. Mai** aujourd'hui nous sommes le mardi 31 mai

Dienstagabend m mardi m soir **Dienstagmorgen** m mardi m matin

dienstags adv le mardi

Dienstanweisung f instructions fpl [de service] **Dienstgeheimnis** nt secret m professionnel **Dienstgrad** m (Rangstufe) grade m **Dienstleistung** f Pl COM prestations fpl de service **Dienstleistungsgewerbe** m secteur m tertiaire

dienstlich I. adj (Schreiben) officiel(le) **II.** adv (verreisen) à titre professionnel

Dienstmädchen nt bonne f **Dienstplan** m tableau m de service **Dienstreise** f déplacement m professionnel **Dienstschluss**[RR] m fermeture f **Dienststelle** f bureau m **Dienstvorschrift** f règlement m [intérieur]; MIL consigne f **Dienstwagen** m voiture f de fonction

dies [di:s] pron dem, inv ❶ (das hier) **~ ist meine Tante** voici ma tante; **~ ist der Freund, der bei uns wohnt** c'est l'ami qui habite chez nous; **~ alles gehört mir** tout ça est à moi ❷ (dieses) ce/cette **►über ~ und das sprechen** parler de choses et d'autres

diesbezüglich adj, adv form à ce sujet (soutenu)

diese(r, s) ['di:zə, -ze, -zəs] pron dem ce/cette; **in ~n Jahren** ces années-là **►~s und jenes** différentes choses fpl

Diesel ['di:zəl] <-s> nt fam gasoil m

dieselbe pron dem, nom und akk Sing von **derselbe** le/la même

dieselben pron dem, nom und akk Pl von **derselbe, dieselbe, dasselbe** les mêmes

Dieselmotor m [moteur m] diesel m

dieser, dieses s. **diese(r, s)**

diesig ['di:zɪç] adj brumeux(-euse)

diesjährig adj attr de cette année **diesmal** adv cette fois-ci

diesseits ['di:szaɪts] präp + gen **~ des Flusses** de ce côté-ci du fleuve

Dietrich ['di:trɪç] <-s, -e> m rossignol m

Differential[ALT] [dɪfərɛn'tsja:l] s. **Differenzial**

Differenz [dɪfə'rɛnts] <-, -en> f ❶ différence f ❷ meist Pl (Meinungsverschiedenheit) différend m

Differenzial[RR] [dɪfərɛn'tsja:l] <-s, -e> nt MATH différentielle f

differenzieren* [dɪfərɛn'tsi:rən] geh **I.** vi différencier; **zwischen zwei Phänomenen ~** faire la distinction entre deux phénomènes **II.** vt (Behauptung) nuancer

digital [digi'ta:l] **I.** adj (Anzeige) numérique; (Technik) digital(e); (Kassette) audionumérique **II.** adv **~ erfolgen** s'effectuer par numérisation

digitalisieren* vt ❶ (Daten, Anzeige) numériser ❷ (digital darstellen) digitaliser

Digitalkamera f appareil m photo numérique

Diktat [dɪk'ta:t] <-[e]s, -e> nt ❶ dictée f ❷ (Zwang) diktat m

Diktator [dɪk'ta:to:ɐ] <-s, -toren> m, **Diktatorin** f pej dictateur(-trice) m(f)

diktatorisch [dɪkta'to:rɪʃ] pej I. adj dictatorial(e) II. adv en dictateur

Diktatur [dɪkta'tu:ɐ] <-, -en> f pej dictature f

diktieren* [dɪk'ti:rən] vt dicter

Diktiergerät nt dictaphone m

Dilemma [di'lɛma] <-s, -s> nt geh dilemme m

Dilettant(in) [dilɛ'tant] <-en, -en> m(f) dilettante mf

Dill [dɪl] <-[e]s, -e> m aneth m

Dimension [dimɛn'zjo:n] <-, -en> f dimension f

Ding [dɪŋ] <-[e]s, -e> nt ❶ (Sache) machin m; **persönliche ~e** des affaires fpl personnelles ❷ Pl (Angelegenheit) **so, wie die ~e liegen** au point où en sont les choses ▸**das ist ein ~ der Unmöglichkeit** cela relève de l'impossible; **über den ~en stehen** être au-dessus de ça

dingfest adj **jdn ~ machen** arrêter qn

Dingsbums [dɪŋsbʊms] <-> nt fam truc m

Dinosaurier [dino'zau̯rie] m dinosaure m

Diode [di'o:də] <-, -n> f diode f

Diphtherie [dɪfte'ri:] <-, -n> f MED diphtérie f

Diplom [di'plo:m] <-s, -e> nt diplôme m

Diplomarbeit f mémoire m

Diplomat(in) [diplo'ma:t] <-en, -en> m(f) diplomate mf

Diplomatie [diploma'ti:] <-> f diplomatie f

diplomatisch adj diplomatique

Diplomingenieur(in) m(f) ingénieur mf diplômé(e)

dir [di:ɐ] I. pron pers, dat von **du: das wird ~ gut tun** ça te fera du bien; **gehört das Fahrrad ~?** c'est à toi, ce vélo?; **geht es ~ heute besser?** tu vas mieux aujourd'hui? II. pron refl **stell ~ vor, es klappt!** figure-toi, ça marche!; **was hast du ~ dabei gedacht?** qu'est-ce que tu avais en tête?

direkt [di'rɛkt] I. adj direct(e) II. adv directement; (fragen) sans détour

Direktbank f banque f directe

Direktion [dirɛk'tsjo:n] <-, -en> f ❶ direction f ❷ CH (Ressort) ministère m cantonal

Direktor [di'rɛkto:ɐ] <-s, -toren> m, **Direktorin** f directeur(-trice) m(f)

Direktübertragung f retransmission f en direct **Direktverbindung** f liaison f directe **Direktzugriff** m accès m direct

Dirigent(in) [diri'gɛnt] <-en, -en> m(f) chef mf d'orchestre

dirigieren* [diri'gi:rən] vt (Orchester) diriger

Dirne ['dɪrnə] <-, -n> f prostituée f

Disco ['dɪsko] <-, -s> f fam Abk von **Diskothek** boîte f

Diskette [dɪs'kɛtə] <-, -n> f disquette f

Diskettenlaufwerk nt lecteur m de disquettes

Disko ['dɪsko] <-, -s> f fam boîte f

Diskont [dɪs'kɔnt] <-s, -e> m ❶ escompte m ❷ s. **Diskontsatz**

Diskontsatz m taux m d'escompte

Diskothek [dɪsko'te:k] <-, -en> f discothèque f

Diskrepanz [dɪskre'pants] <-, -en> f décalage m

diskret [dɪs'kre:t] geh I. adj (Person) discret(-ète) II. adv avec discrétion

Diskretion [dɪskre'tsjo:n] <-> f discrétion f

diskriminieren* [dɪskrimi'ni:rən] vt geh discriminer

diskriminierend adj geh discriminatoire

Diskriminierung <-, -en> f geh discrimination f

Diskus ['dɪskʊs] <-, Disken> m disque m

Diskussion [dɪsko'sjo:n] <-, -en> f débat m; **zur ~ stehen** être à l'ordre du jour; **das steht nicht zur ~** là n'est pas la question

diskutieren* [dɪsku'ti:rən] vi **über etw (akk) ~** discuter de qc

Display [dɪs'plɛɪ] <-s, -s> nt écran m de visualisation

disponieren* [dɪspo'ni:rən] vi geh disposer

Disposition [dɪspozi'tsjo:n] <-, -en> f geh disposition f

Disqualifikation [dɪskvalifika'tsjo:n] <-, -en> f disqualification f

disqualifizieren* [dɪskvalifi'tsi:rən] vt disqualifier

Dissertation [dɪsɛrta'tsjo:n] <-, -en> f thèse f [de troisième cycle]

Dissident(in) [dɪsi'dɛnt] <-en, -en> m(f) dissident(e) m(f)

Distanz [dɪs'tants] <-, -en> f a. fig distance f

distanzieren* [dɪstan'tsi:rən] vr **sich von**

jdm ~ prendre ses distances par rapport à qn

distanziert geh I. adj distant(e) II. adv (sich verhalten) de façon distante

Distel ['dɪstəl] <-, -n> f chardon m

Disziplin [dɪstsi'pliːn] <-, -en> f discipline f

disziplinarisch [dɪstsipli'naːrɪʃ] adj disciplinaire

diszipliniert [dɪstsipli'niːɐt] geh adj discipliné(e)

disziplinlos adj indiscipliné(e)

divers [di'vɛrs] adj attr geh ~**e Fragen** diverses questions; **Diverses besprechen** discuter de diverses choses

Dividende [divi'dɛndə] <-, -n> f dividende m

dividieren* [divi'diːrən] vt, vi diviser; **eine Zahl durch drei ~** diviser un nombre par trois

Division [divi'zjoːn] <-, -en> f MATH, MIL division f

DM HIST Abk von **Deutsche Mark** DM

D-Netz ['deːnɛts] nt réseau m de radiotéléphone à couverture européenne

DNS [deː'ʔɛn'ʔɛs] <-> f Abk von **Desoxyribonukleinsäure** A.D.N. m

doch [dɔx] I. konj mais II. adv ❶ (dennoch) quand même; **kommen Sie ~ morgen wieder** revenez donc demain ❷ (wirklich) tout de même ❸ (Widerspruch ausdrückend) si ❹ (hoffentlich) **du hast dich ~ bei ihr bedankt?** j'espère bien que tu l'as remerciée? ❺ (zweifellos) **du weißt ~, wie das ist** tu sais bien comment c'est; **Sie kennen sich hier ~ aus** vous connaissez certainement l'endroit

Docht [dɔxt] <-[e]s, -e> m mèche f

Dock [dɔk] <-s, -s> nt dock m

Dogma ['dɔgma] <-s, Dogmen> nt dogme m

dogmatisch [dɔg'maːtɪʃ] adj pej dogmatique

Doktor ['dɔktoːɐ] <-s, -toren> m, **Doktorin** f ❶ (Arzt) docteur mf; **guten Tag, Frau/Herr ~!** bonjour, docteur! ❷ (akademischer Grad) **~ der Philosophie** docteur ès lettres

Doktorand(in) [dɔkto'rant] <-en, -en> m(f) doctorant(e) m(f)

Doktorarbeit f thèse f [de troisième cycle]

Doktrin [dɔk'triːn] <-, -en> f ❶ (Programm) principe m ❷ geh (Lehre) doctrine f

Dokument [doku'mɛnt] <-[e]s, -e> nt ❶ (Schriftstück) document m ❷ (Zeugnis) témoignage m

Dokumentarfilm [dokumɛn'taːɐfɪlm] m [film m] documentaire m

dokumentarisch [dokumɛn'taːrɪʃ] I. adj documentaire II. adv (beweisen) par des documents; **etw ~ belegen** documenter qc

Dokumentation [dokumɛnta'tsjoːn] <-, -en> f (Nachweissammlung) dossier m

dokumentieren* [dokumɛn'tiːrən] vt **etw ~** (Person) manifester qc; (Schriftstück) témoigner de qc

Dolch [dɔlç] <-[e]s, -e> m poignard m

doll fam adj ❶ (schlimm) méchant(e) ❷ posé ❷ (großartig) super ❸ (unerhört) dingue

Dollar ['dɔlar] <-[s], -s> m dollar m

dolmetschen ['dɔlmɛtʃən] I. vi **für jdn ~** servir d'interprète à qn II. vt (Gespräch) traduire

Dolmetscher(in) <-s, -> m(f) interprète mf

Dom [doːm] <-[e]s, -e> m cathédrale f

Domäne [do'mɛːnə] <-, -n> f domaine m

dominant [domi'nant] adj ❶ dominateur (-trice) ❷ BIO dominant(e)

dominieren* I. vi (überwiegen) prédominer II. vt dominer

Domino ['doːmino] <-s, -s> nt SPIEL dominos mpl

Dompfaff ['doːmpfaf] <-en, -en> m bouvreuil m

Dompteur(in) [dɔmp'tøːɐ] <-s, -e> m(f) dompteur(-euse) m(f)

Donau ['doːnaʊ] <-> f **die ~** le Danube

Döner <-s, -s> m kebab m

Donner ['dɔnɐ] <-s, -> m tonnerre m

donnern I. vi unpers + haben **es donnert** il tonne II. vi + sein fam ❶ **auf das Dach ~** s'abattre à grand fracas sur le toit ❷ (sich bewegen) **durch den Bahnhof ~** traverser la gare dans un bruit fracassant III. vt + haben fam **etw gegen die Wand ~** claquer qc contre le mur

Donnerschlag m coup m de tonnerre

Donnerstag m jeudi m; s. a. Dienstag

Donnerstagabend m jeudi m soir **Donnerstagmorgen** m jeudi m matin

donnerstags adv le jeudi

Donnerwetter nt fam tempête f ►~! fam chapeau!

doof [doːf] <döfer, döfste> adj fam ❶ (unsinnig) débile; (geistig beschränkt) **~ sein**

être un crétin/une crétine ❷ (*ärgerlich*) **eine ~e Sache** une affaire à la con

Doping ['do:pɪŋ] <-s, -s> *nt* dopage *m*

Dopingkontrolle ['do:pɪŋkɔn'trɔlə] *f* contrôle *m* antidopage

Doppel ['dɔpəl] <-s, -> *nt a.* SPORT double *m*

Doppelbett *nt* lit *m* à deux places

Doppelgänger(in) ['dɔpəlgɛŋɐ] <-s, -> *m(f)* sosie *m* **Doppelkinn** *nt* double menton *m*

doppelklicken < *PP* doppelgeklickt, *Infin* doppelzuklicken> *vi* cliquer deux fois

Doppelmoral ['dɔpəlmora:l] *f* double morale *f* **Doppelname** *m* (*Nachname*) nom *m* [de famille] composé; (*Vorname*) prénom *m* composé **Doppelpunkt** *m* deux-points *mpl*

doppelt I. *adj* **das ~e Gehalt** le double salaire; **die ~e Menge** deux fois la quantité **II.** *adv* ❶ **~ so groß wie ...** deux fois plus grand que ... ❷ (*zählen*) doublement ▸**~ und dreifach** plutôt deux fois qu'une

Doppelzimmer *nt* chambre *f* double

Dorf [dɔrf, *Pl:* 'dœrfə] <-[e]s, Dörfer> *nt* village *m*; **er ist vom ~** il est de la campagne

Dorfbewohner(in) *m(f)* villageois(e) *m(f)*

Dorfschaft <-, -en> *f* CH petite commune *f*

Dorn [dɔrn] <-[e]s, -en> *m* ❶ (*Stachel*) épine *f* ❷ <Dorne> (*einer Gürtelschnalle*) ardillon *m* ▸**jdm ein ~ im Auge sein** (*Person*) hérisser qn; (*Sache*) être une insulte permanente pour qn

dornig *adj* épineux(-euse)

Dornröschen [dɔrn'rø:sçən] *nt* la Belle au bois dormant

dörren ['dœrən] **I.** *vt* + *haben* **etw ~** (*Person*) sécher qc; (*Sonne*) dessécher qc **II.** *vi* + *sein* (*Obst, Fisch*) sécher

Dörrobst *nt* fruits *mpl* secs

Dorsch [dɔrʃ] <-[e]s, -e> *m* morue *f*

dort [dɔrt] *adv* là-bas; **~ oben** là-haut; **~ unten** là en bas; **von ~ de** là; **jdn ~ behalten** garder qn à sa place; **ich komme gerade von ~** j'en reviens juste

dorther ['dɔrt'he:ɐ] *adv* **ich komme doch gerade ~!** mais je viens juste d'en revenir!

dorthin *adv* **~ gehen** aller là-bas; **bis ~** jusque là-bas; **wie komme ich ~?** comment je peux y aller?

dortig *adj attr* (*Einrichtungen*) sur place; (*Gepflogenheiten*) de là-bas

Dose ['do:zə] <-, -n> *f* boîte *f*

dösen ['dø:zən] *vi fam* somnoler

Dosenmilch *f* lait *m* en boîte **Dosenöffner** *m* ouvre-boîte *m*

dosieren * [do'zi:rən] *vt* **etw** [sparsam] **~** doser qc [avec parcimonie]

Dosierung <-, -en> *f* ❶ (*Dosis*) dose *f* ❷ *kein Pl* (*das Dosieren*) dosage *m*

Dosis ['do:zɪs] <-, Dosen> *f* dose *f*

Dotter ['dɔtɐ] <-s, -> *m o nt* jaune *m* d'œuf

Double ['du:bl] <-s, -s> *nt* doublure *f*

down [daʊn] *adj fam* **~ sein** être à plat

downloaden ['daʊnloʊdən] *vt* (*Text*) télécharger

Dozent(in) [do'tsɛnt] <-en, -en> *m(f)* maître *m* de conférences; **~ für Linguistik sein** être chargé de cours de linguistique

Dr. *Abk von* **Doktor** Dr

Drache ['draxə] <-n, -n> *m* HIST dragon *m*

Drachen ['draxən] <-s, -> *m* ❶ (*Spielzeug*) cerf-volant *m* ❷ (*Flugdrachen*) deltaplane® *m* ❸ *pej fam* (*zänkische Frau*) dragon *m*

Drachenfliegen *nt* deltaplane® *m*

Dragee, Dragée [dra'ʒe:] <-s, -s> *nt* dragée *f*

Draht [dra:t, *Pl:* 'drɛ:tə] <-[e]s, Drähte> *m* fil *m* métallique ▸**der heiße ~** le téléphone rouge

Drahtbürste *f* brosse *f* métallique **Drahtseil** *nt* câble *m* métallique **Drahtseilbahn** *f* (*Schwebebahn*) téléphérique *m*; (*Schienenbahn*) funiculaire *m* **Drahtzieher(in)** <-s, -> *m(f)* instigateur(-trice) *m(f)*; **er soll der ~ sein** on dit qu'il tire les ficelles

drall [dral] *adj* (*Busen*) plantureux(-euse); (*Arme, Beine*) bien en chair

Drama ['dra:ma] <-s, Dramen> *nt* drame *m*

Dramatik <-> *f* intensité *f* dramatique; (*Dichtkunst*) dramaturgie *f*

dramatisch *adj* dramatique

dramatisieren * [dramati'zi:rən] *vt, vi* dramatiser

dran [dran] *adv fam* ▸**früh/spät ~ sein** être en avance/en retard; **gut ~ sein** *fam* être bien loti; **er ist ~** c'est à lui; *s. a.* **daran**

dran|bleiben ['dranblaɪbən] *vi irr* + *sein fam* (*Anrufer*) ne pas quitter

Drang [draŋ, *Pl:* 'drɛŋə] <-[e]s, Dränge> *m* **sein/ihr ~ nach Anerkennung** son besoin d'approbation; **der ~ nach Osten** la poussée vers l'Est

drängeln ['drɛŋəln] **I.** *vi* (*Wartende*) pousser **II.** *vt* **jdn ~** harceler qn; **das Drängeln** le harcèlement **III.** *vr* **sich an der Kasse ~**

jouer des coudes à la caisse

drängen ['drɛŋən] **I.** *vi* ❶ **zum Ausgang ~** pousser vers la sortie; **in den Bus ~** se bousculer pour entrer dans le bus ❷ (*fordern*) **zum Aufbruch ~** vouloir hâter le départ; **auf eine Antwort ~** insister pour obtenir une réponse ❸ (*eilig sein*) **die Zeit drängt** le temps presse **II.** *vt* ❶ **jdn zur Seite ~** pousser qn sur le côté ❷ (*auffordern*) **jdn ~ etw zu tun** presser qn de faire qc **III.** *vr* **sich zum Eingang ~** se bousculer vers l'entrée; **sich durch die Menge ~** se frayer un chemin dans la foule

dran|kommen *vi irr* + *sein fam* ❶ (*erreichen*) **an etw** (*akk*) ~ arriver à attraper qc ❷ (*an die Reihe kommen*) **du kommst dran** c'est ton tour ❸ (*aufgerufen werden*) se faire interroger ❹ (*durchgenommen werden*) être traité

drastisch ['drastɪʃ] **I.** *adj* ❶ draconien(ne) ❷ (*überdeutlich*) radical(e) **II.** *adv* ❶ de façon draconienne ❷ (*überdeutlich*) **um es ~ auszudrücken** pour le dire tout à fait clairement

drauf [draʊf] *adv fam* dessus ▶**gut ~ sein** *fam* avoir la pêche

Draufgänger(in) ['draʊfgɛŋɐ] <-s, -> *m(f)* fonceur(-euse) *m(f)* (*fam*) **drauf|haben** *vt irr fam* ❶ (*kennen*) **etwas ~** être calé; **nichts ~** être un nullard/une nullarde; **seinen Text ~** connaître son texte sur le bout du doigt ❷ (*fahren*) **ein hohes Tempo ~** tracer **drauflos|reden** *vi fam* se mettre à causer à tort et à travers

draußen ['draʊsən] *adv* ❶ dehors; **nach ~** dehors; **von ~** de dehors ❷ (*nicht im Hafen*) en mer

drechseln ['drɛksəln] **I.** *vt* **etw ~** façonner qc au tour **II.** *vi* travailler au tour

Dreck [drɛk] <-[e]s> *m* ❶ *fam* (*Schlamm*) gadoue *f*; (*Schmutz*) saloperie *f*; ~ **machen** faire des cochonneries ❷ *pej fam* (*Schund*) merde *f* ▶~ **am Stecken haben** *fam* traîner une casserole

dreckig I. *adj* ❶ sale; **sich ~ machen** se salir ❷ *fam* (*gemein*) sale *antéposé* **II.** *adv fam* ❶ ~ **lachen** avoir un sale rire ❷ (*miserabel*) **es geht ihr ~** elle est mal foutue

Dreh [dre:] <-s, -s *o* -e> *m fam* truc *m* ▶|**so um den ~** *fam* à quelque chose près

Drehbuch *nt* scénario *m* **Drehbuchautor(in)** *m(f)* scénariste *mf*

drehen ['dre:ən] **I.** *vt* ❶ (*Hand*) bouger; (*Schlüssel*) tourner ❷ (*Zigarette*) rouler; (*Pillen*) faire ❸ CINE tourner ❹ (*stellen*) **die Musik leiser ~** baisser le son; **die Heizung höher ~** monter le chauffage ❺ *fam* (*hinkriegen*) goupiller **II.** *vi* ❶ **an einem Knopf ~** tourner un bouton ❷ (*um~: Fahrer*) faire demi-tour; (*Wind*) tourner ❸ (*Filmaufnahmen machen*) tourner **III.** *vr* ❶ (*rotieren*) **sich ~** tourner ❷ (*sich um~*) **sich nach rechts/links ~** se tourner à droite/gauche ▶**mir dreht sich alles** j'ai la tête qui tourne

Drehkreuz *nt* tourniquet *m* **Drehorgel** *f* orgue *m* de Barbarie **Drehtür** *f* porte *f* à tambour

Drehung <-, -en> *f* rotation *f*; (*Kreis*) tour *m* **Drehwurm** ▶**einen ~ kriegen** *fam* attraper le tournis

drei [draɪ] *num* trois; *s. a.* **acht**[1]

Drei <-, -en> *f* ❶ trois *m* ❷ (*Schulnote*) note située entre onze et treize sur vingt *s. a.* **Acht**[1]

dreidimensional ['draɪdimɛnzjonaːl] **I.** *adj* tridimensionnel(le); (*Raum*) à trois dimensions **II.** *adv* (*darstellen*) en trois dimensions **Dreieck** *nt* triangle *m* **dreieckig** *adj* triangulaire

dreierlei *adj inv* ~ **Sorten Brot** trois sortes de pain; *s. a.* **achterlei**

dreifach I. *adj* triple; **die ~e Menge nehmen** en prendre trois fois plus **II.** *adv* (*falten*) trois fois; *s. a.* **achtfach Dreifaltigkeit** <-> *f* REL Trinité *f* **dreifarbig** *adj* tricolore **dreihundert** *num* trois cents **dreimal** *adv* trois fois ▶~ **darfst du raten!** *fam* je te le donne en mille!; *s. a.* **achtmal Dreirad** *nt* ❶ (*Spielzeug*) tricycle *m* ❷ (*Lieferfahrzeug*) triporteur *m* **Dreisatz** *m kein Pl* règle *f* de trois

dreißig ['draɪsɪç] *num* trente; *s. a.* **achtzig Dreißig** <-, -en> *f* trente *m* **dreißigjährig** *adj attr* de trente ans; *s. a.* **achtzigjährig**

dreist [draɪst] *adj* impudent(e); **immer ~er werden** avoir de plus en plus d'aplomb **dreistellig** *adj* (*Betrag*) à trois chiffres; (*Zahl*) de trois chiffres

Dreistigkeit <-, -en> *f* (*einer Person, eines Verhaltens*) impudence *f*

dreitausend ['draɪtaʊzənt] *num* trois mille **dreiviertel**[ALT] ['draɪ'fɪrtl] *s.* **viertel**

Dreiviertelstunde *f* trois quarts *mpl* d'heure **Dreivierteltakt** [-'fɪrtl] *m* mesure *f* à trois temps **Dreizack** ['draɪtsak] <-s, -e> *m* trident *m* **dreizehn** *num* treize; *s. a.* acht[1] ▶jetzt <u>schlägt's</u> ~ *fam* alors là, c'est le bouquet!

dreschen ['drɛʃən] <drischt, drosch, gedroschen> *vt* ❶ (*Getreide*) battre ❷ *fam* (*prügeln*) **jdn windelweich ~** flanquer une bonne dérouillée à qn

Dresden ['dre:sdən] <-s> *nt* Dresde

dressieren* [drɛ'si:rən] *vt* dresser

Dressur [drɛ'su:ɐ] <-, -en> *f* dressage *m*

Drill [drɪl] <-[e]s> *m* MIL mise *f* au pas

drillen *vt* MIL **jdn ~** mettre qn au pas

Drilling ['drɪlɪŋ] <-s, -e> *m* triplé *m;* **~e bekommen** avoir des triplés *mpl*

drin [drɪn] *adv fam* ❶ **in der Vase ist noch Wasser ~** il y a encore de l'eau dans le vase; *s. a.* **darin** ❷ (*möglich*) **~ sein** pouvoir se faire

dringen ['drɪŋən] <drang, gedrungen> *vi* ❶ **+ sein durch etw ~** (*Person, Tier*) pénétrer dans qc; (*Speer, Regen*) traverser qc; (*Licht*) percer qc; **in etw** (*akk*) **~** (*Geschoss*) traverser qc ❷ **+ sein** (*vor-*) **an die Öffentlichkeit ~** (*Nachricht*) être connu du grand public ❸ **+ sein** *geh* (*einwirken*) **in jdn ~ etw zu tun** presser qn de faire qc ❹ **+ haben** (*fordern*) **auf etw** (*akk*) **~** exiger qc; **darauf ~, dass** insister que + *subj*

dringend I. *adj* (*Anruf*) urgent(e); (*Operation*) d'urgence; (*Warnung*) pressant(e) **II.** *adv* (*benötigen*) de toute urgence; (*operieren*) d'urgence; (*warnen, bitten*) avec insistance; (*erforderlich*) absolument

dringlich *s.* **dringend**

Dringlichkeit <-> *f* urgence *f*

Drink [drɪŋk] <-s, -s> *m* (*mit Alkohol*) drink *m*

drinnen ['drɪnən] *adv* à l'intérieur

dritte(r, s) *adj* ❶ troisième ❷ (*bei Datumsangaben*) **der ~ März** le trois mars; *s. a.* **achte(r, s)**

drittel *adj* troisième; *s. a.* **achtel**

drittens *adv* troisièmement

Dritte-Welt-Laden ['drɪtə'vɛltla:dən] *m* magasin *m* de produits du tiers-monde

DRK [de:?ɛr'ka:] <-> *nt Abk von* **Deutsches Rotes Kreuz** Croix-Rouge *f* allemande

droben ['dro:bən] *adv geh* là-haut

Droge ['dro:gə] <-, -n> *f* drogue *f*

drogenabhängig *adj* toxicomane **Drogenberatungsstelle** *f* association *f* d'aide pour les drogués **Drogenhandel** *m* trafic *m* de drogue **drogensüchtig** *s.* **drogenabhängig Drogenszene** *f* milieu *m* de la drogue **Drogentote(r)** *f(m)* dekl wie adj mort(e) *m(f)* par overdose

Drogerie [drogə'ri:] <-, -n> *f* drogerie-herboristerie *f*

drohen ['dro:ən] *vi* ❶ menacer ❷ (*im Begriff sein*) **einzustürzen ~** menacer de s'écrouler

drohend *adj* (*Blick*) menaçant(e); (*Gefahr*) imminent(e)

Drohne <-, -n> *f* ZOOL faux bourdon *m*

dröhnen ['drø:nən] **I.** *vi* ❶ (*Stimme*) résonner; (*Donner*) gronder ❷ (*Wand*) résonner **II.** *vr* **sich voll ~** *fam* (*sich betrinken*) se bourrer; (*Drogen nehmen*) se défoncer

Drohung ['dro:ʊŋ] <-, -en> *f* menace *f*

drollig ['drɔlɪç] *adj* ❶ drôle ❷ (*niedlich*) mignon(ne)

Dromedar ['dro:meda:ɐ] <-s, -e> *nt* dromadaire *m*

Drossel ['drɔsəl] <-, -n> *f* grive *f*

drosseln ['drɔsəln] *vt* (*Heizung, Tempo*) réduire

drüben ['dry:bən] *adv* en face

drüber ['dry:bɐ] *adv s.* **darüber**

Druck[1] [drʊk, *Pl:*'drʏkə] <-[e]s, Drücke> *m* ❶ pression *f* ❷ (*in der Brust*) oppression *f;* (*im Magen*) lourdeur *f* ❸ *kein Pl* (*das Drücken*) **mit einem ~ auf diese Taste** par simple pression sur cette touche ❹ *kein Pl* (*Zwang*) contrainte *f;* **unter ~ stehen** être sous pression; (*in Zeitnot sein*) être pressé par le temps

Druck[2] <-[e]s, -e> *m* ❶ *kein Pl* impression *f;* **etw in ~ geben** faire imprimer qc ❷ (*gedrucktes Werk*) imprimé *m*

Druckbuchstabe *m* caractère *m* d'imprimerie

Drückeberger(in) ['drʏkəbɛrgɐ] <-s, -> *m(f) pej fam* (*Faulenzer*) tire-au-cul *m*

drucken ['drʊkən] *vt, vi* imprimer

drücken ['drʏkən] **I.** *vt* ❶ (*Knopf*) appuyer sur ❷ (*pressen*) **jdn an sich** (*akk*) **~** étreindre qn ❸ (*schieben*) **etw nach vorne ~** pousser qc en avant; **den Hut in die Stirn ~** enfoncer le chapeau jusqu'aux oreilles ❹ (*schmerzen*) **jdn ~** (*Schuhe*) serrer qn;

D

(*Rucksack*) peser sur qn ❺ (*Leistung*) faire baisser ❻ (*be~*) **jdn** ~ (*Schulden*) oppresser qn II. *vi* ❶ (*Brille*) serrer; **im Magen** ~ peser sur l'estomac ❷ (*pressen*) **auf einen Knopf** ~ appuyer sur un bouton; [**bitte**] ~**!** Poussez [S.V.P.]! ❸ (*Verantwortung*) être oppressant ❹ *fam* (*Rauschgift spritzen*) se shooter III. *vr* ❶ **sich an die Wand** ~ se plaquer contre le mur; **sich in eine Ecke** ~ se blottir dans un coin ❷ *fam* (*sich entziehen*) **sich** ~ se défiler

drückend *adj* ❶ (*Last*) lourd(e); (*Verantwortung*) accablant(e) ❷ (*schwül*) lourd(e)

Drucker <-s, -> *m* TECH imprimante *f*

Drucker(in) <-s, -> *m(f)* imprimeur(-euse) *m(f)*

Druckerei [drʊkə'raɪ] <-, -en> *f* imprimerie *f*

Druckerschwärze *f* encre *f* d'imprimerie
Druckertreiber *m* driver *m*

Druckfehler *m* faute *f* d'impression

Druckknopf *m* bouton-pression ; **Druckluft** *f kein Pl* air *m* comprimé **Druckmesser** <-s, -> *m* manomètre *m* **Druckmittel** *nt* moyen *m* de pression

druckreif *adj* prêt(e) à imprimer **Drucksache** *f* imprimé *m* **Druckschrift** *f* ❶ (*écriture f* en) lettres *fpl* d'imprimerie ❷ MEDIA imprimé *m*

Druckwelle ['drʊkvɛlə] *f* onde *f* de choc

drum [drʊm] *adv fam* ❶ (*um den, die, das*) ~ **herum** tout autour ❷ (*deswegen*) ~ **sagt er nichts** c'est pour ça qu'il ne dit rien ▸**sei's** ~**!** soit!, *s. a.* **darum**

Drüse ['dry:zə] <-, -n> *f* glande *f*

Dschungel ['dʒʊŋəl] <-s, -> *m* jungle *f*

dt. *adj, adv Abk von* **deutsch** alld.

DTP [de:te:'pe:] <-> *nt Abk von* **Desktop publishing** P.A.O. *f*

Dtzd. *Abk von* **Dutzend**

du [du:] *pron pers, 2. Pers, Sing* ❶ tu; **wenn ich** ~ **wäre** si j'étais toi ❷ (*als Anrede*) toi; **zu jdm** ~ **sagen** dire tu à qn ▸**mit jdm per** ~ **sein** tutoyer qn

Du <-[s]> *nt* **sie hat ihm das** ~ **angeboten** elle lui a proposé de la tutoyer ▸**mit jdm auf** ~ **und** ~ **stehen** être à tu et toi avec qn (*fam*)

Dübel ['dy:bəl] <-s, -> *m* cheville *f*

ducken ['dʊkən] *vr* ❶ **sich vor etw** (*dat*) ~ se baisser pour éviter qc ❷ *pej* (*unterwürfig sein*) **sich** ~ plier l'échine

Dudelsack ['du:dəlzak] *m* cornemuse *f*

Duell [du'ɛl] <-s, -e> *nt* duel *m*

Duett [du'ɛt] <-[e]s, -e> *nt* duo *m*

Duft [dʊft, *Pl:* 'dʏftə] <-[e]s, Düfte> *m* (*von Blumen*) parfum *m*; (*eines Essens, Parfüms*) arôme *m*; (*eines Bratens*) fumet *m*

duften I. *vi* sentir bon; **nach Harz** ~ sentir la résine II. *vi unpers* **es duftet** ça sent bon; **es duftet nach Veilchen** ça sent la violette

duftend *adj attr* odorant(e)

dulden ['dʊldən] *vt* tolérer

duldsam [dʊltza:m] *adj* **einer S. gegenüber** ~ **sein** être tolérant face à qc

dumm [dʊm] <dümmer, dümmste> I. *adj* ❶ bête ❷ (*albern*) stupide; ~**es Zeug reden** dire des bêtises ❸ *fam* (*Geschichte*) sale *antéposé* II. *adv* **sich** ~ **anstellen** faire l'idiot(e) ▸**jdn für** ~ **verkaufen** *fam* prendre qn pour une andouille

dummerweise ['dʊmɐvaɪzə] *adv* (*unklugerweise*) bêtement

Dummheit <-, -en> *f* bêtise *f*

Dummkopf *m pej fam* andouille *f*; **sei kein** ~**!** ne fais pas le con!

dumpf [dʊmpf] I. *adj* ❶ sourd(e); (*Ton*) grave ❷ (*Luft*) moite; (*Geruch*) de renfermé ❸ (*Ahnung*) vague; (*Schmerz*) diffus(e) II. *adv* ❶ (*klingen*) sourdement; (*aufprallen*) avec un son sourd ❷ (*starren*) d'un air stupide

Düne ['dy:nə] <-, -n> *f* dune *f*

Dung [dʊŋ] <-[e]s> *m* fumier *m*

Düngemittel *nt* engrais *m*

düngen ['dʏŋən] I. *vt* (*Acker*) mettre de l'engrais dans II. *vi* ❶ mettre de l'engrais ❷ (*düngende Wirkung haben*) **schlecht** ~ être un mauvais engrais

Dünger <-s, -> *m* engrais *m*

dunkel ['dʊŋkəl] *adj* ❶ sombre; **im Dunkeln** dans l'obscurité ❷ (*Kleidung*) sombre; (*Haare*) foncé(e) ❸ (*Klang*) grave ❹ (*Erinnerung*) confus(e); (*Verdacht*) vague *antéposé* ❺ *pej* (*Vergangenheit*) obscur(e); (*Geschäfte*) louche ▸**jdn im Dunkeln lassen** laisser qn dans le vague

dunkelhaarig ['dʊŋkəlha:rɪç] *adj* brun(e)

Dunkelheit <-> *f* obscurité *f*

Dunkelkammer *f* chambre *f* noire

dünn [dʏn] I. *adj* ❶ mince; (*mager*) maigre; ~**er werden** maigrir ❷ (*Brei*) liquide; (*Kaffee*) léger(-ère); (*Suppe*) clair(e) ❸ (*Stoff*)

fin(e) ❹ (*Haarwuchs*) clairsemé(e) **II.** *adv* ~
besiedelt sein être peu peuplé ▶~ **gesät
sein** ne pas courir les rues

Dünndarm *m* ANAT intestin *m* grêle

Dunst [dʊnst, *Pl:* 'dʏnstə] <-[e]s, Dünste>
m ❶ brume *f* ❷ (*Dampf*) vapeur *f* ▶**keinen
blassen** ~ **von etw haben** *fam* y connaître
que dalle à qc

dünsten ['dʏnstən] *vt* etw ~ faire cuire qc à
la vapeur

dunstig ['dʊnstɪç] *adj* ❶ brumeux(-euse)
❷ (*Kneipe*) enfumé(e)

Duplikat [dupli'kaːt] <-[e]s, -e> *nt* double
m; ADMIN duplicata *m*

Dur [duːɐ] <-> *nt* mode *m* majeur

durch [dʊrç] **I.** *präp* + *akk* ❶ (*hindurch*) ~
das Fenster par la fenêtre; ~ **die Stadt
bummeln** faire un tour en ville; ~ **den
Fluss waten** passer une rivière à gué; **quer
~ das Tal gehen** traverser la vallée; ~ **sein**
(*Zug*) être passé ❷ (*mit Hilfe*) **etw ~ einen
Boten bekannt geben** faire savoir qc par
un messager ❸ (*aufgrund*) ~ **Zufall** par hasard; ~ **Fragen** à force de demander
❹ (*dank*) ~ **jdn** grâce à qn ❺ (*während*)
das ganze Jahr ~ arbeiten travailler pendant toute l'année ❻ MATH **vier geteilt ~
zwei** quatre divisé par deux **II.** *adv* ❶ *fam*
(*vorbei*) **es ist Mittag ~** il est midi passé(e)
❷ *fam* (*fertig*) **mit etw ~ sein** (*Buch*) avoir
fini [de lire] qc ❸ *fam* (*kaputt*) ~ **sein** (*Soh-
len*) être nase ❹ *fam* (*genehmigt*) ~ **sein**
(*Gesetz*) être passé; (*Antrag*) être accordé
❺ *fam* (*gar*) ~ **sein** être bien cuit ❻ *fam*
(*reif*) ~ **sein** (*Käse*) être bien fait ▶~ **und
~ ehrlich sein** être on ne peut plus intègre

durch|arbeiten I. *vt* **ein Buch ~** étudier un
livre à fond **II.** *vi* travailler sans interruption
III. *vr* ~ **sich durch die Post** venir à
bout du courrier ❷ (*sich durchkämpfen*)
sich durch ein Dickicht ~ se frayer un
passage à travers le fourré

durch|atmen *vi* respirer profondément

durchaus [dʊrç'ʔaʊs] *adv* ❶ absolument
❷ (*völlig*) tout à fait ❸ (*überhaupt*) ~ **nicht
schlecht sein** être loin d'être mauvais

durch|blättern *vt*, **durchblättern*** *vt* feuil-
leter

Durchblick *m* ❶ (*Ausblick*) vue *f* ❷ *fam*
(*Überblick*) **keinen** ~ **haben** n'y piger rien

durch|blicken *vi* ❶ **durch etw ~** regarder à
travers qc ❷ *fam* (*den Überblick haben*) **ich**

blicke da nicht mehr durch j'y pige plus
rien ❸ (*erkennbar werden*) **etw ~ lassen**
laisser paraître qc; ~ **lassen, dass ...** laisser
entendre que ...

Durchblutung [dʊrç'bluːtʊŋ] *f* circulation *f*
sanguine

durchbohren* ['dʊrçboːrən] *vt* ❶ transpercer ❷ *fig* **jdn mit Blicken ~** fusiller qn du
regard

durch|brechen¹ ['dʊrçbrɛçən] *irr* **I.** *vt* + *ha-
ben* **etw ~** casser qc en deux **II.** *vi* + *sein*
❶ (*Brett*) se casser ❷ (*Zahn*) percer

durchbrechen*² *vt irr* ❶ enfoncer ❷ (*Schallmauer*) franchir; (*Blockade*) forcer

durch|brennen *vi irr* + *sein* ❶ (*Glühbirne*)
griller; (*Sicherung*) sauter; (*Lampe*) brûler
❷ *fam* (*davonlaufen*) **jdm ~** (*Kind*) fuguer
[de chez qn]; **mit jdm ~** (*Ehepartner*) se
barrer avec qn

durch|bringen *vt irr* ❶ (*Gesetz*) réussir à
faire passer ❷ (*mit Unterhalt versorgen*) **jdn
~** subvenir aux besoins de qn ❸ (*Vermögen*)
dilapider

Durchbruch *m* ❶ *a.* MIL. percée *f* ❷ *kein Pl*
(*eines Zahnes*) percée *f*; **zum ~ kommen**
(*Eifersucht*) se faire jour

durchdacht *adj* **wohl ~** mûrement réflé-
chi(e)

durch|drehen I. *vi* ❶ + *haben* (*Räder*) tour-
ner dans le vide ❷ + *haben* **o sein fam** (*die
Nerven verlieren*) disjoncter **II.** *vt* + *haben*
(*Gemüse*) mouliner; (*Fleisch*) hacher

durch|dringen¹ ['dʊrçdrɪŋən] *vi irr* + *sein*
passer à travers

durchdringen*² [dʊrç'drɪŋən] *vt irr* (*Material*) passer à travers; (*Dunkelheit*) percer

durchdringend ['dʊrçdrɪŋənt] *adj* (*Kälte*)
mordant(e); (*Schmerz*) aigu(ë); (*Schrei,
Blick*) perçant(e); (*Geruch*) pénétrant(e)

durcheinander [dʊrçʔaɪ'nandɐ] **I.** *adj fam*
❶ (*unordentlich*) ~ **sein** (*Wohnung*) être
en pagaille; (*Karteikarten*) être tout mélangé
❷ (*verwirrt*) ~ **sein** être tourneboulé **II.** *adv*
viel ~ essen manger beaucoup et n'importe comment

Durcheinander <-s> *nt* ❶ désordre *m*
❷ (*Wirrwarr*) confusion *f*

durch|fahren *vi irr* + *sein* ❶ **durch etw ~**
passer par qc ❷ (*nicht anhalten*) **bei Rot ~**
passer au [feu] rouge; **bis Frankfurt ~** (*Zug*)
ne pas s'arrêter avant Francfort

Durchfahrt *f* ❶ passage *m*; ~ **bitte freihal-**

D

ten! ne pas stationner!; ~ **verboten!** passage interdit! ❷ *kein Pl* (*Transit*) **auf der ~ sein** être en transit

Durchfall *m* diarrhée *f*

durch|fallen *vi irr + sein* ❶ durch ein Loch ~ passer à travers un trou ❷ *fam* (*nicht bestehen*) **bei etw** ~ se faire étendre à qc

durch|feiern ['dʊrçfaiɛn] *vt, vi fam* faire la java

durch|fragen *vr* sich ~ finir par trouver [à force de poser des questions]

durchführbar *adj* réalisable

durch|führen I. *vt* ❶ (*Messung*) faire; **einen Plan** ~ mettre un plan à exécution ❷ (*hindurchführen*) **jdn durch etw** ~ (*Führer*) guider qn à travers qc ❸ (*durchleiten*) faire passer II. *vi* (*verlaufen*) **durch etw** ~ traverser qc

Durchführung *f* (*eines Projekts*) mise *f* en œuvre

Durchgang *m* ❶ passage *m;* **kein ~!** passage interdit! ❷ (*Phase*) tour *m*

durchgängig I. *adj* général(e) II. *adv* (*ablehnen*) à l'unanimité

Durchgangsstraße *f* grand axe *m*

durch|geben *vt irr* communiquer

durchgefroren *adj* [complètement] gelé(e)

durch|gehen *irr* I. *vi + sein* ❶ (*Person*) avancer; **durch den Zoll** ~ passer la douane ❷ *fam* (*durchgossen*) **unter der Tür** ~ passer sous la porte ❸ (*Flug*) être direct ❹ *fam* (*ohne Unterbrechung andauern*) être non-stop ❺ (*durchdringen*) **durch etw** ~ (*Strahlung*) traverser qc ❻ (*Antrag*) être adopté ❼ (*Pferd*) s'emballer [et s'enfuir]; **seine Nerven gingen ihm durch** ses nerfs le lâchèrent II. *vt + sein* (*Text*) revoir

durchgehend I. *adj* ❶ (*Öffnungszeiten*) sans interruption ❷ (*Zug*) direct(e) II. *adv* (*ständig*) en permanence

durch|greifen *vi irr* ❶ (*eingreifen*) prendre des mesures énergiques; **hart** ~ sévir ❷ (*hindurchfassen*) **durch etw** ~ passer la main à travers qc

durch|halten *irr* I. *vt* ❶ (*ertragen*) supporter ❷ (*Streik*) poursuivre ❸ (*Tempo*) tenir; (*Strecke*) aller jusqu'au bout de ❹ (*Beanspruchung*) résister à II. *vi* (*standhalten*) tenir bon

Durchhaltevermögen ['dʊrçhaltəfɛømø:gən] *nt* endurance *f*

durch|hängen *vi irr + haben o sein* ❶ (*Seil*)

être lâche ❷ *fam* (*abgespannt sein*) être à plat; (*deprimiert sein*) avoir le blues

durch|kämmen[1] ['dʊrçkɛmən] *vt* peigner

durchkämmen*[2] [dʊrç'kɛmən] *vt* (*durchsuchen*) **etw** ~ passer qc au peigne fin

durch|kommen *vi irr + sein* ❶ (*durchfahren*) passer; **durch ein Dorf** ~ traverser un village ❷ (*passieren*) pouvoir passer ❸ (*Erfolg haben*) **bei jdm mit etw** ~ avoir du succès avec qc auprès de qn ❹ (*Prüfung bestehen*) réussir ❺ *fam* (*überleben*) s'en tirer

durchkreuzen*[1] ['dʊrçkrɔytsən] *vt geh* (*Pläne*) contrarier

durch|kreuzen[2] [dʊrç'krɔytsən] *vt* (*durchstreichen*) barrer

Durchlauf *m* INFORM exécution *f*

durch|laufen[1] ['dʊrçlaufən] *irr* I. *vi + sein* passer II. *vt + haben* (*Sohlen*) user

durchlaufen*[2] [dʊrç'laufən] *vt irr* ❶ (*Gebiet*) traverser ❷ SPORT (*Strecke*) parcourir ❸ (*Ausbildung*) faire; (*Phase*) traverser; **die Schule** ~ effectuer sa scolarité

durchleben* *vt* ❶ (*Zeit*) vivre ❷ (*Angst*) passer par

durch|lesen *vt irr* **etw** ~ (*dat*) lire qc; (*bis zum Ende*) lire qc en entier; **das Durchlesen** la lecture

durchleuchten* ['dʊrçlɔyçtən] *vt* MED radiographier

durch|machen I. *vt* ❶ (*Krankheit*) avoir; (*schwere Zeiten*) traverser; (*Unangenehmes*) vivre ❷ (*Phase*) passer par II. *vi fam* ❶ (*durchfeiern*) faire la bringue jusqu'au petit matin ❷ (*durcharbeiten*) travailler en non-stop

Durchmesser <-s, -> *m* diamètre *m*

durchnässen* *vt* tremper

durch|nehmen *vt irr* faire

durch|nummerieren*[RR] *vt* numéroter

durchqueren* [dʊrç'kve:rən] *vt* traverser

Durchreise *f* ❶ (*das Durchreisen*) la traversée ❷ (*Durchfahrt*) **auf der** ~ **sein** être de passage

durch|ringen *vr irr* sich dazu ~ etw zu tun se résoudre à faire qc

durch|rosten *vi + sein* rouiller [complètement]

durchs [dʊrçs] = *fam Abk von* **durch das** *s.* **durch**

Durchsage ['dʊrçza:gə] *f* communiqué *m;* (*Verkehrsdurchsage*) point *m* sur la circulation routière

durch|sagen vt ❶ communiquer ❷ (Parole) transmettre; **nach hinten ~!** faites passer derrière!

durchschauen*¹ [dʊrçˈʃaʊən] vt (Intrige) voir clair dans; (Absichten) deviner

durch|schauen² s. **durchsehen**

Durchschlag [ˈdʊrçʃlaːk] m (Kopie) copie f

durchschlagend adj (Erfolg) éclatant(e); (Argument) décisif(-ive)

durch|schneiden [ˈdʊrçʃnaɪdən] vt irr couper

Durchschnitt [ˈdʊrçʃnɪt] m (Mittelwert) moyenne f; **unter dem ~** en dessous de la moyenne

durchschnittlich I. adj moyen(ne) II. adv ❶ (im Durchschnitt) en moyenne ❷ (mäßig) moyennement

Durchschnittsalter nt âge m moyen

Durchschrift f double m

durch|schütteln vt secouer

durch|schwitzen vt tremper de sueur; **etw ~** tremper qc de sueur

durch|sehen irr I. vt ❶ vérifier; **etw auf Fehler** (akk) **~** relire qc pour corriger ❷ (durchblättern) feuilleter II. vi (hindurchsehen) **durch etw ~** regarder à travers qc

durch|setzen [ˈdʊrçzɛtsən] I. vt ❶ (erzwingen) imposer ❷ (Plan) imposer; (Forderung) faire aboutir ❸ (bewilligt bekommen) **etw bei jdm ~** faire accepter qc par qn; **bei jdm ~, dass** obtenir de qn que + subj II. vr ❶ (sich Geltung verschaffen) **sich gegen jdn ~** s'imposer face à qn ❷ (sich verbreiten) **sich ~** (Idee) s'imposer

durch|setzen¹ [ˈdʊrçzɛtsən] I. vt ❶ imposer; (Forderung) faire aboutir ❷ (bewilligt bekommen) **etw bei jdm ~** faire accepter qc par qn; **bei jdm ~, dass** obtenir de qn que + subj II. vr ❶ (sich Geltung verschaffen) **sich gegen jdn ~** s'imposer face à qn ❷ (sich verbreiten) **sich ~** (Idee) s'imposer

durchsetzen*² [dʊrçˈzɛtsən] vt (infiltrieren) **eine Organisation mit etw ~** noyauter une organisation avec qc

Durchsetzungsvermögen [ˈdʊrçzɛtsʊŋsfɛmøːgən] nt capacité f de s'imposer

Durchsicht f examen m; **bei ~ der Rechnungen** en vérifiant les factures

durchsichtig adj ❶ transparent(e) ❷ (offensichtlich) évident(e)

durch|sickern vi + sein ❶ (bekannt werden) **zu jdm ~** filtrer jusqu'à qn; **es ist durchgesickert, dass ...** on a divulgué que ... ❷ (durchdringen) **durch etw ~** (Flüssigkeit) s'infiltrer à travers qc

durchstöbern* [dʊrçˈʃtøːbən] vt fam **einen Schrank ~** farfouiller dans une armoire

durch|streichen vt irr rayer

durchstreifen* [dʊrçˈʃtraɪfən] vt geh (Gegend) parcourir

durchsuchen* [ˈdʊrçzuːxən] vt (Person, Wohnung) fouiller; (Gegend) explorer

Durchsuchung [dʊrçˈzuːxʊŋ] <-, -en> f ❶ fouille f ❷ (durch die Polizei: einer Wohnung) perquisition f; (einer Gegend) exploration f

durch|trennen vt, **durchtrennen*** vt sectionner

durchtrieben [dʊrçˈtriːbən] adj pej rusé(e)

durchwachsen [dʊrçˈvaksən] adj ❶ (Speck) maigre ❷ hum fam (mittelmäßig) **~ sein** être couci-couça

Durchwahl [ˈdʊrçvaːl] f ❶ ligne f directe ❷ fam (~nummer) numéro m de poste

durch|wühlen¹ [ˈdʊrçvyːlən] I. vt fouiller II. vr ❶ **sich durch etw ~** venir à bout de qc ❷ (durch Wühlen gelangen) **sich ~** (dat) (Maulwurf) se creuser un passage

durchwühlen*² [ˈdʊrçvyːlən] vt ❶ (Schrank, Zimmer) retourner ❷ (aufwühlen) **die Erde ~** fouiller la terre

durch|zählen vt, vi compter

Durchzug m ❶ kein Pl courant m d'air ❷ (das Durchziehen) passage m

dürfen¹ [ˈdʏrfən] <darf, durfte, dürfen> aux modal ❶ etw tun **~** pouvoir faire qc; (Erlaubnis haben) avoir le droit de faire qc ❷ (Anlass haben, können) **ich darf annehmen, dass ...** je peux supposer que ...; **wir ~ uns nicht beklagen** on n'a pas à se plaindre ❸ (sollen, müssen) **wir ~ den Bus nicht verpassen** il ne faut pas que nous rations notre bus; **das hätte er nicht tun ~** il n'aurait pas dû faire ça; **es darf nicht sein, dass** il est inadmissible que + subj ❹ (in Höflichkeitsformeln) **darf ich noch ein Stück Kuchen haben?** puis-je avoir encore un morceau de gâteau?; **was darf es denn sein?** vous désirez? ❺ (zum Ausdruck der Wahrscheinlichkeit) **es dürfte genügen, wenn ...** cela devrait suffire si ...; **es dürfte wohl das Beste sein, wenn ...** le mieux serait de + infin

dürfen² <darf, durfte, gedurft> I. *vi* pouvoir; (*Erlaubnis haben*) avoir la permission; **darf ich? — Ja, du darfst** je peux? — Oui, tu peux II. *vt* **er darf alles** il peut faire tout ce qu'il veut; **darf sie das wirklich?** elle a vraiment la permission?

dürftig ['dyrftıç] I. *adj* ❶ (*Essen*) frugal(e); (*Unterkunft*) rudimentaire ❷ (*Ergebnis*) piètre *antéposé* ❸ (*Vegetation*) clairsemé(e) II. *adv* (*beleuchtet*) faiblement; (*bekleidet*) misérablement

dürr [dyr] *adj* ❶ (*Ast*) mort(e); (*Boden*) sec (sèche) ❷ *pej* (*dünn*) maigre

Dürre ['dyrə] <-, -n> *f* sécheresse *f*

Durst [durst] <-[e]s> *m* soif *f*; **~ auf etw** (*akk*) **haben** avoir envie de boire qc

durstig *adj* (*Person*) assoiffé(e); **jdn ~ machen** donner soif à qn

durststillend *adj* désaltérant(e) **Durststrecke** *f* période *f* difficile

Dusche ['duʃə] <-, -n> *f* douche *f*

duschen I. *vi, vr* [sich] ~ se doucher II. *vt* doucher

Duschgel *nt* gel *m* douche

Düse ['dy:zə] <-, -n> *f a.* AVIAT tuyère *f*

Dusel ['du:zəl] <-s> *m* (*Glück*) ~ **haben** *fam* avoir du pot

düsen ['dy:zən] *vi + sein fam* (*fliegen, fahren*) filer; (*schnell gehen*) foncer

Düsenflugzeug *nt* avion *m* à réaction

Dussel ['dusəl] <-s, -> *m fam* andouille *f*

düster ['dy:stɐ] *adj* ❶ (*finster*) sombre ❷ (*bedrückend*) sombre *antéposé*; (*Gestalten*) sinistre

Dutzend ['dutsənt] <-s, -e> *nt* ❶ douzaine *f* ❷ *Pl fam* (*jede Menge*) douzaines *fpl*

dutzendmal *adv fam* des dizaines de fois

duzen ['du:tsən] *vt, vr* [sich] ~ [se] tutoyer

DV [de:'fau] <-> *f Abk von* **Datenverarbeitung** informatique *f*

DVD *f Abk von* **digital videodisc** DVD *m*

DVD-Player [-pleıɐ] <-s, -> *m* lecteur *m* DVD

Dynamik [dy'na:mık] <-> *f* ❶ dynamique *f* ❷ (*einer Person*) dynamisme *m*

dynamisch I. *adj* ❶ (*Entwicklung*) dynamique ❷ (*Rente*) indexé(e) II. *adv* avec dynamisme

Dynamit [dyna'mi:t] <-s> *nt a. fig* dynamite *f*

Dynamo [dy'na:mo] <-s, -s> *m* dynamo *f*

Dynastie [dynas'ti:] <-, -n> *f* dynastie *f*

D-Zug ['de:tsu:k] *m* express *m*

E, e [e:] <-, -> *nt* ❶ E *m/e m* ❷ MUS mi *m*

Ebbe ['ɛbə] <-, -n> *f* marée *f* basse; **~ und Flut** le flux et le reflux

eben¹ ['e:bən] I. *adj* plat(e) II. *adv* (*verlaufen*) sur le plat

eben² *adv* ❶ (*gerade*) **was hast du ~ gesagt?** qu'est-ce que tu viens de dire?; **dein Bruder war ~ noch hier/da** ton frère était encore ici/là à l'instant ❷ (*nämlich*) justement; [na] **~!** [alors,] tu vois/vous voyez! ❸ (*nun einmal*) tout simplement; **es ist ~ so** c'est comme ça ❹ (*gerade noch*) (*mengenmäßig*) [tout] juste; (*zeitlich*) de justesse

Ebenbild *nt* [ganz] **sein/dein ~** [tout] son/ton portrait

ebenbürtig *adj* (*Gegner, Partner*) de même valeur

ebenda ['e:bən'da:] *adv* (*genau dort*) là-même; (*in Verweisen*) ibidem

Ebene ['e:bənə] <-, -n> *f* ❶ plaine *f* ❷ MATH, PHYS plan *m* ❸ (*Stufe*) échelon *m*, niveau *m*

ebenerdig *adj* de plain-pied

ebenfalls *adv* aussi; **ich ~** moi aussi; **ich war ~ nicht eingeladen** moi non plus, je n'étais pas invité(e); **danke, ~!** merci, pareillement!

ebenso ['e:bənzo:] *adv* ❶ **~ gern/gut** tout aussi bien; **~ sehr/viel** tout autant ❷ (*desgleichen*) également

ebensogut^ALT *s.* **ebenso 1. ebensosehr**^ALT *s.* **ebenso 1. ebensoviel**^ALT *s.* **ebenso 1.**

Eber ['e:bɐ] <-s, -> *m* verrat *m*; (*wilder ~*) sanglier *m*

E-Business ['i:'bıznıs] <-> *f kein pl* e-commerce *m*

EC [e:'tse:] <-s, -s> *m* ❶ *Abk von* **Eurocity-[Zug]** Eurocity *m* ❷ *Abk von* **Euroscheck** eurochèque *m*

Echo ['ɛço] <-s, -s> *nt* écho *m*

Echolot *nt* sonde *f* acoustique

Echse ['ɛksə] <-, -n> *f* saurien *m*

echt [ɛçt] I. *adj* ❶ véritable; (*Haar*) naturel(le); (*Unterschrift*) authentique ❷ (*Schmerz*) vrai(e) II. *adv* ❶ typique ❷ (*rein*) **~ Gold/Silber** de l'or/l'argent véritable ❸ *fam* (*wirklich*) vraiment

Echtheit <-> *f* (*echte Beschaffenheit*) authenticité f; (Aufrichtigkeit) sincérité f

Eck [ɛk] <-[e]s, -e> nt ❶ A (Ecke) coin m ❷ (Ecke des Tores) coin m

Eckball m corner m

Ecke ['ɛkə] <-, -n> f ❶ coin m; MATH angle m ❷ (Straßenecke) coin m; **gleich um die ~** juste au coin ❸ SPORT corner m

eckig adj ❶ (Tisch) carré(e); (Skulptur) anguleux(-euse) ❷ (ungelenk) raide

Eckzahn m canine f

ECOFIN ['ekofi:n] m Abk von **Rat der Wirtschafts- und Finanzminister** ECOFIN m

Ecu [e'ky:] <-[s], -[s]> m, <-, -> f Abk von European currency unit écu m

edel ['e:dəl] I. adj ❶ geh noble ❷ (Hölzer) précieux(-euse); (Wein) noble ❸ (Pferd) de race II. adv (handeln) noblement; (verarbeitet) élégamment

Edelgas nt gaz m rare **Edelmann** <-leute> m gentilhomme m **Edelmetall** nt métal m précieux **Edelmut** m kein Pl geh noblesse f d'âme **Edelstahl** m acier m affiné **Edelstein** m pierre f précieuse **Edeltanne** f sapin m argenté **Edelweiß** <-[es], -e> nt edelweiss m

Edikt [e'dɪkt] <-[e]s, -e> nt édit m

Edition [edi'tsjo:n] <-, -en> f ❶ (Ausgabe) édition f ❷ (Verlag) maison f d'édition

Editor ['e:dito:ɐ] <-s, -toren> m INFORM éditeur m [de textes]

EDV [e:de:'fau] <-> f kein Pl Abk von **elektronische Datenverarbeitung** informatique f

EDV-Anlage f installation f informatique

Efeu ['e:fɔy] <-s> m lierre m

Effekt [ɛ'fɛkt] <-[e]s, -e> m effet m

effektiv [ɛfɛk'ti:f] adj ❶ (Maßnahme) efficace ❷ (Verbesserung) effectif(-ive); (Zinsen) réel(le)

effektvoll [ɛ'fɛktfɔl] adj qui fait de l'effet

effizient [ɛfi'tsiɛnt] I. adj geh performant(e) II. adv geh avec efficience

Efta ['ɛfta] <-> f Abk von **European Free Trade Association** A.E.L.E. f

EG [e:'ge:] <-> f ❶ Abk von **Europäische Gemeinschaft** C.E. f ❷ Abk von **Eingetragene Genossenschaft** coopérative f inscrite au registre

egal [e'ga:l] I. adj fam jdm ~ **sein** ne pas avoir d'importance pour qn; **~, was** quoi que + subj; **~, wie/wo/warum ...** peu importe comment/où/pourquoi ...; **das ist**

mir ~ ça m'est égal II. adv fam (gleich) pareillement

Egge <-, -n> f herse f

Egoismus [ego'ɪsmʊs] <-, -ismen> m égoïsme m

Egoist(in) <-en, -en> m(f) égoïste mf

egoistisch adj égoïste

ehe ['e:ə] konj (bevor) avant que [ne] + subj; **sie verabschiedet sich, ~ sie fährt** elle dit au revoir avant de partir

Ehe ['e:ə] <-, -n> f mariage m; **~ ohne Trauschein** union f libre

eheähnlich adj **in einer ~en Gemeinschaft leben** vivre maritalement **Ehebett** nt lit m conjugal **Ehebruch** m adultère m **Ehefrau** f femme f **Ehekrach** m fam scène f de ménage **Eheleute** Pl form conjoints mpl

ehelich I. adj conjugal(e); (Kind) légitime; (Rechte) matrimonial(e) II. adv **ein ~ geborenes Kind** un enfant légitime

ehelos adv (bleiben) célibataire; (leben) dans le célibat

ehemalig ['e:əma:lɪç] adj attr ancien(ne) antéposé

ehemals adv form jadis (soutenu)

Ehemann <-männer> m mari m **Ehepaar** nt couple m **Ehepartner(in)** m(f) conjoint(e) m(f)

eher ['e:ɐ] adv ❶ (kommen) plus tôt; **je ~, desto besser** plus tôt ce sera, mieux ce sera ❷ (wahrscheinlicher) plutôt; **das ist ~ möglich** c'est plus probable

Ehering m alliance f **Ehescheidung** f divorce m **Eheschließung** f mariage m

ehrbar ['e:ɐba:ɐ] adj respectable

Ehre ['e:ɐə] <-, -n> f honneur m; **zu ~n kommen** être à l'honneur; **jdm zu ~n** en l'honneur de qn; **in ~n halten** (Andenken) respecter; **wir geben uns** (dat) **die ~, ...** form nous avons l'honneur de ...; **jdm die letzte ~ erweisen** geh rendre les derniers honneurs à qn ▶**mit wem habe ich die ~?** iron form à qui ai-je l'honneur?

ehren vt ❶ jdn durch/mit etw ~ honorer qn de qc; **hoch geehrt** très honoré(e) antéposé ❷ (Ehre machen) honorer

Ehrenamt nt fonction f honorifique **ehrenamtlich** adj (Tätigkeit) bénévole **Ehrenbürger(in)** m(f) citoyen(ne) m(f) d'honneur **Ehrendoktor** m docteur m honoris causa **Ehrengast** m invité(e) m(f) d'honneur

E

ehrenhaft *adj* honorable

Ehrenrettung *f* réhabilitation *f;* **zu seiner/ihrer ~** pour sa réhabilitation **Ehrensache** *f* affaire *f* d'honneur **Ehrenurkunde** *f* diplôme *m* d'honneur **ehrenvoll** *adj* (*Aufgabe*) honorable **ehrenwert** *s.* **ehrbar Ehrenwort** <-worte> *nt* parole *f* d'honneur; **sein ~ brechen** manquer à sa parole; **sein ~ halten** tenir parole

Ehrfurcht *f* respect *m*

ehrfürchtig I. *adj* respectueux(-euse) II. *adv* avec respect

ehrfurchtsvoll I. *adj* respectueux(-euse) II. *adv* avec respect

Ehrgeiz *m* ambition *f*

ehrgeizig *adj* ambitieux(-euse)

ehrlich I. *adj* ❶ sincère; (*Absicht*) honnête ❷ (*Mitarbeiter*) honnête II. *adv* ❶ honnêtement ❷ (*aufrichtig*) **~ gesagt, ...** franchement ... ❸ *fam* (*wirklich*) **ich kann nichts dafür, ~!** je n'y peux rien, vraiment!

Ehrlichkeit <-> *f* ❶ sincérité *f* ❷ (*Verlässlichkeit*) honnêteté *f*

Ehrung ['eːrʊŋ] <-, -en> *f* distinction *f*

ehrwürdig *adj* ❶ vénérable ❷ REL révérend(e)

Ei [aɪ] <-[e]s, -er> *nt* œuf *m*

Eiche ['aɪçə] <-, -n> *f* chêne *m*

Eichel ['aɪçəl] <-, -n> *f* BOT, ANAT gland *m*

Eichhörnchen *nt* écureuil *m*

Eid [aɪt] <-[e]s, -e> *m* JUR serment *m;* **einen ~ auf jdn/etw leisten** prêter serment sur qn/qc; **unter ~ stehen** être assermenté

Eidechse ['aɪdɛksə] *f* lézard *m*

eidesstattlich *adj* (*Erklärung*) sur l'honneur

Eidgenosse *m*, **-genossin** *f* citoyen(ne) *m(f)* helvétique **Eidgenossenschaft** *f* **die Schweizerische ~** la Confédération helvétique **eidgenössisch** *adj* helvétique; (*im Gegensatz zu kantonal*) confédéral(e)

Eidotter ['aɪdɔtɐ] *m o nt* jaune *m* d'œuf

Eierbecher *m* coquetier *m* **Eierkuchen** *m* ≈ crêpe *f*

eiern *vi fam* (*Rad*) être voilé; (*Schallplatte*) être gondolé

Eierschale *f* coquille *f* d'œuf **Eierstock** *m* ANAT ovaire *m*

Eifer ['aɪfɐ] <-s> *m* zèle *m;* **mit ~ bei der Sache sein** se donner à fond

Eifersucht *f kein Pl* jalousie *f* **eifersüchtig** *adj* jaloux(-ouse)

Eiffelturm ['aɪfəltʊrm] *m* tour *f* Eiffel

eifrig ['aɪfrɪç] I. *adj* (*Schüler*) studieux (-euse); (*Bemühen*) empressé(e); (*Suche*) intensif(-ive) II. *adv* (*lernen*) avec assiduité; **~ bemüht sein etw zu tun** s'efforcer avec zèle de faire qc

Eigelb <-s> *nt* jaune *m* d'œuf

eigen ['aɪgən] *adj* ❶ propre *antéposé* ❷ (*Meinung*) personnel(le) ❸ (*Eingang*) particulier(-ière)

Eigenart *f* (*einer Person*) particularité *f;* (*einer Landschaft*) caractère *m* particulier **eigenartig** I. *adj* particulier(-ière) II. *adv* (*sich benehmen*) bizarrement **Eigenbedarf** *m* besoins *mpl* **Eigenbrötler(in)** <-s, -> *m(f)* original(e) *m(f)* **Eigendynamik** *f* dynamique *f* interne **eigenhändig** I. *adj* **Ihre ~e Unterschrift** votre propre signature II. *adv* moi-même/lui-même/... **Eigenheim** *nt* maison *f* individuelle **Eigeninitiative** *f* initiative *f* individuelle; **in ~** sa/leur/... propre initiative **Eigenkapital** *nt* (*einer Person*) apport *m* personnel; (*einer Firma*) capital *m* propre **Eigenname** *m* nom *m* propre **Eigennutz** <-es> *m* intérêt *m* personnel **eigennützig** I. *adj* intéressé(e) II. *adv* par intérêt [personnel]

eigens *adv* spécialement

Eigenschaft <-, -en> *f* (*Charaktereigenschaft*) trait *m* de caractère; **gute und schlechte ~en** des qualités et des défauts

eigensinnig *adj* obstiné(e) **eigenständig** ['aɪgənʃtɛndɪç] I. *adj* autonome II. *adv* de façon autonome

eigentlich ['aɪgəntlɪç] I. *adj* ❶ véritable; (*Wert*) réel(le) ❷ (*ursprünglich*) d'origine II. *adv* ❶ en principe ❷ (*überhaupt*) au juste ❸ (*wirklich*) en fait

Eigentor *nt* but *m* contre son camp

Eigentum <-s> *nt* propriété *f;* (*Besitzgüter*) biens *mpl*

Eigentümer(in) ['aɪgənty:mɐ] <-s, -> *m(f)* propriétaire *m(f)*

eigentümlich ['aɪgənty:mlɪç] I. *adj* ❶ particulier(-ière); (*Verhalten*) singulier(-ière) ❷ (*übel*) drôle II. *adv* (*sich verhalten*) bizarrement

Eigentumswohnung *f* appartement *m* en copropriété

eigenwillig *adj* ❶ obstiné(e) ❷ (*unkonventionell*) original(e)

eignen ['aɪgnən] *vr* **sich für eine bestimmte Arbeit ~** être apte à faire un certain travail; **sich als Illustration ~** pouvoir servir d'illustration

Eignung <-> *f* aptitude *f*

Eignungstest *m* examen *m* d'aptitude

Eilbrief *m* lettre *f* [par] exprès; **als ~** en exprès

Eile ['ailə] <-> *f* hâte *f*; **in ~ sein** être pressé; **jdn zur ~ antreiben** inciter qn à se dépêcher [davantage]; **nur keine ~!** doucement!

Eileiter *m* (*bei Menschen*) trompe *f* de Fallope

eilen ['ailən] I. *vi* ❶ + *sein* **nach Hause ~** se dépêcher de rentrer; **durch die Straßen ~** courir dans les rues ❷ + *sein fig* **von Erfolg zu Erfolg ~** accumuler les succès ❸ + *haben* (*Angelegenheit*) être urgent; **Eilt!** urgent! II. *vi unpers* + *haben* **es eilt** c'est urgent

eilig I. *adj* urgent(e); **es mit etw ~ haben** être pressé de faire qc II. *adv* rapidement

Eilzustellung *f* distribution *f* exprès

Eimer ['aimɐ] <-s, -> *m* seau *m*

ein [ain] *adv* **auf „~" drücken** appuyer sur "marche" ▶**weder ~ noch aus wissen**, **weder aus noch ~ wissen** ne plus savoir quoi faire

ein, eine, ein I. *num* un/une; **es ist ~ Uhr** il est une heure; **~e Stunde/~en Tag dauern** durer une heure/une journée; **~ Pfund/Kilo wiegen** peser une livre/un kilo; *s. a.* **eins** ▶**mein Ein und Alles** tout ce que j'ai de plus cher; **das ist doch ~ und dasselbe** c'est du pareil au même (*fam*); **und derselbe/dieselbe** une seule et même personne II. *art indef* ❶ un/une; **~ Buch/Tisch** un livre/une table; **~e Tür** une porte; **so ~e Frechheit!** quelle insolence!; *s. a.* **eine(r, s)** ❷ (*jeder*) **~ Wal ist ein Säugetier** les baleines sont des mammifères

Einakter <-s, -> *m* pièce *f* en un acte

einander [ai'nandə] *pron geh* se/nous/vous; **wir respektieren ~** nous nous respectons mutuellement

ein|arbeiten I. *vr* **sich ~** (*am Arbeitsplatz*) s'adapter II. *vt* former; **jdn in etw** (*akk*) **~** initier qn à qc

einarmig I. *adj* (*Person*) manchot(e) II. *adv* avec un [seul] bras

ein|äschern ['ain?ɛʃən] *vt* incinérer

ein|atmen I. *vt* respirer; (*Gas*) inhaler II. *vi* inspirer

einäugig ['ain?ɔygɪç] *adj* borgne

Einbahnstraße *f* [rue *f* à] sens *m* unique

ein|balsamieren* ['ainbalzami:rən] I. *vt* embaumer II. *vr hum fam* **sich mit etw ~** s'enduire le corps de qc

Einband <-bände> *m* reliure *f*

einbändig ['ainbɛndɪç] *adj* en un volume

Einbau <-bauten> *m meist Pl* équipement *m*

ein|bauen *vt* ❶ (*Möbel*) installer; (*Motor*) poser ❷ (*Hinweis*) insérer; (*Theorie*) intégrer

Einbauküche *f* cuisine *f* intégrée **Einbauschrank** *m* placard *m*

ein|behalten* *vt irr* retenir

ein|berufen* *vt irr* ❶ convoquer ❷ MIL incorporer

Einberufung *f* ❶ *kein Pl* convocation *f*; MIL incorporation *f* ❷ (*~sbescheid*) avis *m* d'incorporation

Einbettzimmer *nt* chambre *f* à un lit

ein|beziehen* *vt irr* ❶ impliquer; (*mitwirken lassen*) associer ❷ (*berücksichtigen*) prendre en compte

ein|biegen *vi irr* + *sein* **in eine Straße ~** tourner dans une rue

ein|bilden *vr* ❶ (*phantasieren*) s'imaginer ❷ (*stolz sein*) être fier; **was bildest du dir eigentlich ein?** *fam* pour qui tu te prends?

Einbildung *f kein Pl* ❶ (*Phantasie*) imagination *f* ❷ (*Arroganz*) prétention *f*

ein|blenden I. *vt* TV, CINE insérer; RADIO intercaler II. *vr* TV, RADIO **sich in etw** (*akk*) **~** passer l'antenne à qc

Einblick *m* aperçu *m*; **~ in etw** (*akk*) **gewinnen** pouvoir se faire une idée de qc

ein|brechen *irr* I. *vi* ❶ + *haben o sein* cambrioler ❷ + *sein* (*einsinken*) **auf dem Eis ~** passer au travers de la glace II. *vt* + *haben* (*Tür*) enfoncer

Einbrecher(in) *m(f)* cambrioleur(-euse) *m(f)*

ein|bringen *irr* I. *vt* ❶ rapporter ❷ (*Kapital*) apporter ❸ (*Ernte*) rentrer II. *vr* **sich bei etw/in etw** (*akk*) **~** s'investir dans qc

ein|brocken *fam vt* **jdm etwas** [**Schönes**] **~** mettre qn dans le pétrin

Einbruch *m* ❶ cambriolage *m* ❷ *kein Pl* (*des Kurses*) chute *f* ❸ (*Verluste*) échec *m* ❹ (*des Winters*) irruption *f*

ein|bürgern I. *vt* ❶ ADMIN naturaliser ❷ (*Fremdwort*) introduire II. *vr* **sich ~** ❶ (*Fremdwort*) s'implanter ❷ (*üblich werden*) **das hat sich so eingebürgert** c'est devenu

E

une habitude

Einbuße *f* perte *f*

ein|büßen I. *vt* **sein Leben ~** perdre la vie **II.** *vi* **an Ansehen ~** perdre de son crédit

ein|checken ['aɪntʃɛkən] **I.** *vi* ❶ (*Fluggast*) se faire enregistrer; **nach dem Einchecken** après l'enregistrement ❷ (*absteigen*) **im Hotel ~** descendre dans l'hôtel; (*sich anmelden*) se présenter à l'hôtel **II.** *vt* (*Fluggast*) enregistrer; (*Geschäft*) faire enregistrer

ein|cremen I. *vt* **er cremt ihr den Rücken ein** il lui met de la crème sur le dos **II.** *vr* **sich** (*dat*) **das Gesicht ~** se mettre de la crème sur le visage

ein|dämmen ['aɪndɛmən] *vt a. fig* endiguer; (*Seuche*) enrayer; (*Brand*) circonscrire

ein|decken *vr* **sich ~** s'approvisionner

eindeutig ['aɪndɔytɪç] **I.** *adj* ❶ clair(e) ❷ (*Beweis*) indiscutable **II.** *adv* manifestement; **ganz ~** de toute évidence

Eindeutigkeit <-> *f* (*Unzweifelhaftigkeit*) netteté *f*, évidence *f*; (*eines Beweises*) caractère *m* indiscutable

ein|dicken *vt* + *haben* (*Soße*) épaissir

ein|dringen *vi irr* + *sein* ❶ (*Einbrecher*) s'introduire; (*Wasser*) pénétrer ❷ (*sich einarbeiten*) **in die Materie ~** étudier plus à fond le sujet

eindringlich I. *adj* pressant(e); (*Rede*) suppliant(e) **II.** *adv* avec insistance

Eindringling <-s, -e> *m* intrus(e) *m(f)*

Eindruck <-drücke> *m* ❶ impression *f* ❷ (*Wirkung*) **unter dem ~ einer S.** (*gen*) **stehen** être sous le coup de qc ❸ (*Abdruck*) empreinte *f*

ein|drücken I. *vt* (*beschädigen*) **etw ~** (*Person, Wassermassen*) enfoncer qc; (*Sturm, Explosion*) défoncer qc **II.** *vr* **sich in etw** (*akk*) **~** (*Tischbeine, Reifen*) laisser des marques sur qc

eindrücklich *adj, adv* CH *s.* **eindrucksvoll**

eindrucksvoll I. *adj* impressionnant(e) **II.** *adv* de façon saisissante

eine(r, s) *pron indef* ❶ (*jemand*) quelqu'un; **~s der Kinder** un des enfants; *s. a.* **ein** ❷ *fam* (*man*) **und das soll ~r glauben?** laisse-moi rire! ❸ (*eine Sache*) **~s** [*o* **eins**] **gefällt mir nicht an ihm** il y a une chose qui me déplaît en lui; *s. a.* **eins**

ein|ebnen *vt* aplanir

eineiig ['aɪn?aɪç] *adj* **~e Zwillinge** de vrais jumeaux

eineinhalb *num* un(e) ... et demi(e); *s. a.* **achteinhalb**

eineinhalbmal *adv* une fois et demie; *s. a.* **achtmal**

einem *pron indef, dat von* **man: solch ein Entschluss fällt ~ schwer** on a du mal à prendre une telle décision

einen ['aɪnən] *pron indef, akk von* **man: das freut ~** on s'en réjouit; **er grüßt ~ nie** il ne vous dit jamais bonjour

ein|engen *vt* ❶ (*beschränken*) **jdn in etw** (*dat*) **~** restreindre qn dans qc ❷ (*beengen*) serrer

einer *pron s.* **eine(r, s)**

Einer <-s, -> *m* ❶ MATH unité *f* ❷ SPORT skif[f] *m*

einerlei ['aɪnɐ'laɪ] *adj inv* **~ sein** être égal

einerseits ['aɪnɐ'zaɪts] *adv* **~ ... andererseits ...** d'un côté ..., de l'autre [côté] ...

eines *pron s.* **eine**

einfach ['aɪnfax] **I.** *adj* ❶ facile; **es sich** (*dat*) **mit etw zu ~ machen** s'en tirer un peu vite avec qc ❷ (*Faden*) simple; (*Ausfertigung*) en un exemplaire ❸ (*nicht hin und zurück*) **eine ~e Fahrkarte** un aller simple **II.** *adv* ❶ (*erklären*) simplement ❷ (*geradezu*) vraiment ❸ (*weggehen*) tout bonnement ❹ (*verstärkend*) **es will ~ nichts werden** ça ne veut pas marcher

Einfachheit <-> *f* simplicité *f*

ein|fädeln ['aɪnfɛːdəln] **I.** *vt* ❶ enfiler; **einen Faden ~** faire passer un fil ❷ *fam* (*Intrige*) manigancer **II.** *vr* **sich ~** (*Autofahrer*) s'insérer

ein|fahren *irr* **I.** *vi* + *sein* ❶ (*Rennfahrer*) faire son entrée; **in den Bahnhof/Hafen ~** entrer en gare/dans le port ❷ MIN descendre **II.** *vt* + *haben* ❶ (*Mauer*) défoncer ❷ (*Antenne*) rentrer ❸ (*Auto*) roder

Einfahrt *f* ❶ *kein Pl* (*des Zuges*) entrée *f* en gare; (*des Schiffes*) arrivée *f* au port; **~ haben** (*Zug*) entrer en gare ❷ (*Zufahrt*) voie *f* d'accès; **~ freihalten!** sortie de véhicules!

Einfall *m* ❶ idée *f* ❷ MIL invasion *f* ❸ *kein Pl* (*des Lichtes*) pénétration *f*

ein|fallen *vi irr* + *sein* ❶ (*Mauer*) **jdm ~** venir à l'esprit de qn; **sich** (*dat*) **etwas ~ lassen** trouver quelque chose ❷ (*in Erinnerung kommen*) retrouver ❸ (*einstürzen*) s'écrouler ❹ (*eindringen*) **in etw** (*akk*) **~** envahir qc ❺ (*Licht*) rentrer

einfallslos *adj, adv* sans imagination

einfallsreich I. *adj* qui fait preuve d'imagination **II.** *adv* de façon ingénieuse; (*originell*) de manière originale

einfältig [ˈaɪnfɛltɪç] *adj* (*Person*) naïf(-ïve); (*Gemüt*) candide

Einfamilienhaus *nt* maison *f* individuelle

einfarbig I. *adj* d'une seule couleur; (*Stoff*) uni(e) **II.** *adv* d'une seule couleur

ein|fetten *vt* graisser

ein|finden *vr irr form* sich ~ (*Gäste*) arriver

ein|flößen *vt* ❶ jdm Arznei ~ faire prendre des médicaments à qn ❷ (*erwecken*) jdm Ehrfurcht ~ inspirer du respect à qn

Einflussᴿᴿ *m* ❶ (*einer Person*) influence *f*; (*der Witterung*) action *f*; **auf etw** (*akk*) ~ **nehmen** peser sur qc ❷ (*Beziehungen*) seinen ~ **geltend machen** faire jouer son crédit

einflussreichᴿᴿ *adj* influent(e)

einförmig [ˈaɪnfœrmɪç] *adj* uniforme

ein|frieden [ˈaɪnfriːdən] *vt geh* enclore

ein|frieren *irr* **I.** *vi + sein* (*Wasserleitung*) geler; **im See** ~ être pris dans les glaces du lac **II.** *vt + haben* ❶ (*Lebensmittel*) congeler ❷ (*Projekt*) geler

ein|fügen I. *vt* rajouter **II.** *vr* ❶ sich in eine **Gemeinschaft** ~ s'adapter à une communauté ❷ (*hineinpassen*) **sich |gut| in die Landschaft** ~ (*Bauwerk*) [bien] s'intégrer dans l'environnement

Einfügetaste *f* INFORM touche *f* Insertion

ein|fühlen *vr* sich in jdn ~ se mettre à la place de qn

einfühlsam [ˈaɪnfyːlzaːm] **I.** *adj* compréhensif(-ive) **II.** *adv* (*sich verhalten*) avec tact

Einfühlungsvermögen *nt* (*gegenüber Menschen*) faculté *f* d'identification

Einfuhr [ˈaɪnfuːɐ] *f* <-, -en> *f* importation *f*

ein|führen I. *vt* ❶ importer ❷ (*bekannt machen*) introduire; (*Sitte*) établir; (*Artikel*) lancer ❸ (*einweisen*) jdn in seine Arbeit ~ initier qn à son travail ❹ (*hineinschieben*) introduire **II.** *vr* sich gut ~ (*Person*) faire bonne impression **III.** *vi* in etw (*akk*) ~ (*Vortrag*) initier à qc; ~de Worte paroles d'introduction

Einführung *f* ❶ (*Einweisung*) initiation *f*; die ~ in ein Amt l'installation *f* dans une fonction ❷ (*Einleitung*) introduction *f*

Einfuhrzoll *m* taxe *f* à l'importation

Eingabe *f* ❶ ADMIN pétition *f* ❷ INFORM entrée *f*

Eingabegerät *nt* INFORM périphérique *m* d'entrée-sortie **Eingabetaste** *f* INFORM touche *f* Entrée

Eingang <-gänge> *m* ❶ entrée *f*; **kein ~!** entrée interdite! ❷ *Pl* (*~spost im Büro*) courrier *m* ❸ *kein Pl* (*Erhalt*) réception *f*

ein|geben *vt irr* ❶ (*verabreichen*) administrer ❷ INFORM **etw in den Computer** ~ entrer qc dans l'ordinateur

eingebildet *adj* ❶ *pej* (*hochmütig*) prétentieux(-euse) ❷ (*imaginär*) imaginaire

eingeboren *adj* autochtone

Eingebung <-, -en> *f* inspiration *f*

eingefallen *adj* (*Gesicht*) émacié(e); (*Wangen*) creux(-euse)

eingefleischt [ˈaɪngəflaɪʃt] *adj attr* (*Demokrat*) convaincu(e)

ein|gehen *irr* **I.** *vi + sein* ❶ (*ankommen*) **im Sekretariat** ~ (*Post*) arriver au secrétariat ❷ FIN (*Geld*) être viré ❸ (*sterben*) mourir ❹ (*sich auseinander setzen*) **auf jdn/etw** ~ s'occuper de qn/aborder qc ❺ (*zustimmen*) accepter ❻ (*Aufnahme finden*) **in die Geschichte** ~ entrer dans l'histoire **II.** *vt + sein* (*Kompromiss*) accepter; (*Risiko*) courir; (*Wette*) faire; (*Bündnis*) conclure

eingehend I. *adj* détaillé(e) **II.** *adv* à fond

Eingemachte(s) *nt dekl wie adj* conserves *fpl*

eingeschränkt [ˈaɪngəʃrɛnkt] *adj* (*Möglichkeiten*) limité(e)

eingeschrieben I. *adj* (*Mitglied*) inscrit(e); (*Brief*) recommandé(e) **II.** *adv* en recommandé

eingespielt *adj* bien rodé(e); **gut aufeinander** ~ **sein** former une bonne équipe

Eingeständnis *nt* aveu *m*

ein|gestehen⁎ *irr* **I.** *vt* (*Irrtum*) admettre **II.** *vr* sich (*dat*) ~, dass ... s'avouer que ...

eingetragen *adj* (*Verein*) déclaré(e); (*Warenzeichen*) déposé(e)

Eingeweide <-s, -> *nt meist Pl* viscères *mpl*

Eingeweihte(r) *f(m) dekl wie adj* (*Experte*) initié(e) *m(f)*

eingleisig *adj* (*Strecke*) à voie unique

ein|gliedern I. *vt* ❶ réinsérer ❷ ADMIN, POL incorporer **II.** *vr* sich ~ s'intégrer

ein|gravieren⁎ *vt* graver

ein|greifen *vi irr* intervenir

ein|grenzen *vt* ❶ (*Grundstück, Gebiet*) délimiter ❷ *fig* limiter

Eingriff *m* ❶ MED intervention *f* ❷ (*Übergriff*)

ein ~ in etw (*akk*) une atteinte à qc
ein|haken I. *vt* accrocher **II.** *vi fam* **an einem Punkt ~** réagir aussitôt sur un point **III.** *vr* **sich bei jdm ~** prendre le bras à qn
Einhalt *m geh* **~ gebieten** arrêter
ein|halten *irr* **I.** *vt* ❶ (*Abmachung*) respecter; (*Diät*) suivre ❷ (*Geschwindigkeit*) maintenir **II.** *vi geh* s'interrompre
einhändig ['aɪnhɛndɪç] **I.** *adj* manchot(e) **II.** *adv* d'une [seule] main
ein|hängen I. *vt* ❶ (*Tür*) accrocher ❷ (*Hörer*) raccrocher **II.** *vi* raccrocher **III.** *vr* **sich bei jdm ~** prendre le bras à qn
ein|heben *vt irr* A encaisser
ein|heften *vt* classer
einheimisch ['aɪnhaɪmɪʃ] *adj* ❶ local(e); (*in der Gegend ansässig*) indigène ❷ (*opp: ausländisch*) national(e); (*Mannschaft*) local(e)
Einheimische(r) *f(m) dekl wie adj* habitant(e) *m(f)*; (*Inländer*) personne *f* du pays; **die ~n** les gens *mpl* du coin; (*Inländer*) les gens *mpl* du pays
Einheit <-, -en> *f* ❶ a. MIL unité *f* ❷ (*Einigkeit*) union *f*
einheitlich *adj* ❶ uniforme ❷ (*Werk*) homogène
Einheitspreis *m* prix *m* unique
einhellig *adj* unanime
ein|holen *vt* ❶ (*Netz*) [r]amener; (*Fahne*) amener ❷ (*Gutachten*) demander ❸ (*erreichen*) rattraper
Einhorn *nt* licorne *f*
ein|hüllen I. *vt geh* envelopper **II.** *vr geh* **sich ~** s'envelopper
einhundert *num* cent
einig ['aɪnɪç] *adj* ❶ (*geeint*) uni(e) ❷ (*einer Meinung*) **sich** (*dat*) **über etw** (*akk*) **~ sein/werden** être/se mettre d'accord sur qc; **sich** (*dat*) [**darüber**] **~ sein, dass** être d'accord pour que + *subj*
einige(r, s) ['aɪnɪɡə, -ɡə, -ɡəs] *pron indef* ❶ (*ziemlich viel/groß*) **~s Geld** pas mal d'argent; **in ~r Entfernung** à une certaine distance; **das kostet aber ~!** ça n'est pas donné! ❷ (*mehrere*) plusieurs; **in/vor ~n Tagen** dans/il y a quelques jours; **~ Mal** plusieurs fois; **~ von euch** quelques-uns d'entre vous
einigemalᴬᴸᵀ *s.* **einige(r, s) 2.**
einigen I. *vr* **sich auf/über etw** (*akk*) **~** se mettre d'accord sur qc **II.** *vt* **ein Volk ~** unifier un peuple

einiger *pron s.* **einige(r, s)**
einigermaßen I. *adv* ❶ (*ziemlich*) relativement ❷ (*leidlich*) moyennement **II.** *adj fam* **der Film war ~** le film n'était pas trop mal
einiges *s.* **einige(r, s)**
Einigkeit <-> *f* ❶ (*Eintracht*) union *f* ❷ (*Übereinstimmung*) entente *f*
Einigung <-, -en> *f* ❶ *kein Pl* (*von Staaten*) unification *f*, **die ~ Europas** l'union *f* de l'Europe ❷ (*Übereinstimmung*) accord *m*
ein|jagen *vt* **jdm Angst ~** faire peur à qn
einjährig ['aɪnjɛːrɪç] *adj* ❶ (*Kind*) [âgé(e)] d'un an ❷ BOT annuel(le) ❸ (*ein Jahr dauernd*) d'un an
ein|kalkulieren* *vt* (*mit einrechnen*) inclure
ein|kassieren* *vt* ❶ (*kassieren*) encaisser ❷ *fam* (*wegnehmen*) embarquer
Einkauf *m* achat *m*
ein|kaufen I. *vt* acheter **II.** *vi* **~ gehen** aller faire des/les courses **III.** *vr* (*einen Anteil erwerben*) **sich in etw** (*akk*) **~** acheter des parts dans qc
Einkaufsbummel *m* lèche-vitrines *m* **Einkaufspreis** *m* prix *m* coûtant; **zum ~** à prix coûtant **Einkaufswagen** *m* chariot *m* **Einkaufszentrum** *nt* centre *m* commercial
ein|kehren *vi + sein geh* [**bei jdm**] **~** (*Ruhe*) s'installer
ein|klagen *vt* (*Anspruch, Zusage*) opposer juridiquement; (*Schulden*) poursuivre le recouvrement de
ein|klammern *vt* **etw ~** (*mit runden/eckigen Klammern*) mettre qc entre parenthèses/crochets
Einklang *m geh* harmonie *f*
ein|kleben *vt* coller
ein|kleiden I. *vt* (*Rekruten*) habiller **II.** *vr* **sich neu ~** renouveler sa garde-robe
ein|klemmen *vt* coincer
ein|kochen I. *vt + haben* mettre en conserve **II.** *vi + sein* réduire
Einkommen <-s, -> *nt* revenu *m*
Einkommensgrenze *f* (*obere Grenze*) plafond *m* de ressources; (*untere Grenze*) seuil *m* de revenus **einkommensschwach** *adj* à faibles revenus **Einkommen[s]steuer** *f* impôt *m* sur le revenu
ein|kreisen *vt* ❶ (*kennzeichnen*) entourer ❷ (*umschließen*) encercler ❸ (*eingrenzen*) cerner
Einkünfte ['aɪnkʏnftə] *Pl* revenus *mpl*
ein|laden¹ *vt irr* ❶ inviter ❷ CH (*auffordern*)

jdn ~ etw zu tun inviter qn à faire qc
ein|laden² *vt irr* charger
einladend I. *adj* ❶ (*Geste*) engageant(e); (*Blick, Lächeln*) enjôleur(-euse) ❷ (*Essen*) appétissant(e); (*Lokal*) attrayant(e) **II.** *adv* (*dekorieren, Tisch decken*) de façon charmante
Einladung *f* invitation *f*
Einlage <-, -n> *f* ❶ (*Schuheinlage*) semelle *f* [intérieure] ❷ THEAT intermède *m* ❸ FIN dépôt *m*
ein|lagern *vt* (*Vorräte*) faire [sa] provision de; (*Brennstäbe*) entreposer; **eingelagert** stocké(e)
ein|langen ['ainlaŋən] *vi* A arriver
Einlassᴿᴿ <-es, Einlässe>, **Einlaß**ᴬᴸᵀ ['ainlas] <-sses, Einlässe> *m* ❶ *kein Pl* ~ **ab 19 Uhr** ouverture *f* des portes à partir de 19 heures; ~ **finden** être admis ❷ TECH admission *f*
ein|lassen *irr* **I.** *vt* ❶ faire entrer ❷ (*einlaufen lassen*) |sich (*dat*)| **ein Bad** ~ |se| faire couler un bain ❸ A (*Boden*) cirer **II.** *vr* ❶ (*eingehen auf*) **sich auf eine Diskussion** ~ s'embarquer dans une discussion ❷ *pej* (*Kontakt aufnehmen*) **sich mit jdm** ~ s'acoquiner avec qn ❸ JUR **sich zu etw** ~ déposer des conclusions concernant qc
ein|laufen *irr* **I.** *vi* + *sein* ❶ (*Pullover*) rétrécir ❷ (*Badewasser*) couler ❸ (*hineinlaufen*) **ins Stadion** ~ faire son entrée dans le stade ❹ (*einfahren*) **in den Hafen** ~ entrer dans le port **II.** *vt* + *haben* **Schuhe** ~ faire des chaussures [à son pied] **III.** *vr* **sich** ~ (*Sprinter*) |courir pour| s'échauffer; (*Maschine*) se roder
ein|leben *vr* **sich bei jdm/in etw** (*akk o dat*) ~ s'intégrer chez qn/s'acclimater à qc
ein|legen *vt* ❶ (*Kassette*) introduire; (*Sohlen*) mettre ❷ GASTR faire mariner ❸ (*Pause*) faire ❹ (*Protest*) émettre ❺ (*Gelder*) déposer
ein|leiten *vt* ❶ (*Untersuchung*) ouvrir; (*Verfahren*) engager; **Schritte** ~ entamer une action ❷ (*Geburt*) provoquer ❸ (*Buch*) introduire ❹ (*hineinleiten*) **Abwässer** ~ déverser des eaux usées
einleitend I. *adj* préliminaire **II.** *adv* en |guise d'|introduction
Einleitung *f* ❶ (*Beginn*) préface *f* ❷ *kein Pl* (*eines Verfahrens*) introduction *f* ❸ *kein Pl* (*von Abwasser*) déversement *m*

ein|lenken *vi* lâcher du lest
ein|lesen ['ainle:zən] *irr* **I.** *vt* **etw in den Rechner** ~ entrer qc dans l'ordinateur par lecture directe **II.** *vr* **sich in ein Sachgebiet** ~ se familiariser avec un domaine
ein|leuchten *vi* (*Argument*) être clair
einleuchtend I. *adj* (*Erklärung*) clair(e); (*Argument*) convaincant(e) **II.** *adv* (*erklären*) clairement
ein|liefern *vt* **jdn ins Krankenhaus/Gefängnis** ~ hospitaliser/incarcérer qn
Einlieferung *f* (*eines Patienten*) hospitalisation *f*; (*eines Häftlings*) incarcération *f*; (*von Briefen, Paketen*) dépôt *m*
ein|loggen ['ainlɔgən] *vr* **sich ins Netz/ins Internet** ~ se connecter au réseau/sur Internet
ein|lösen *vt* ❶ (*Scheck*) honorer ❷ (*Pfand*) retirer ❸ (*Versprechen*) honorer
ein|machen *vt* mettre en bocaux
Einmachglas *nt* (*für Obst, Gemüse*) bocal *m*
einmal *adv* ❶ (*ein einziges Mal*) une fois; **wieder** ~ encore une fois; ~ **mehr** de plus; ~ **vier ist vier** une fois quatre quatre ❷ (*mal*) un jour; ~ **sagt er dies, ~ das** il dit tantôt blanc, tantôt noir; **nicht** ~ |ne| ... même pas ❸ (*irgendwann in der Vergangenheit*) autrefois; **es war** ~ il était une fois ❹ (*irgendwann in der Zukunft*) un jour ▸**auf** ~ (*plötzlich*) tout d'un coup; (*an einem Stück*) d'un seul coup
Einmaleins ['ainma:l'ʔains] <-> *nt* table *f* de multiplication
einmalig I. *adj* unique **II.** *adv* extraordinairement
Einmarsch *m* ❶ MIL invasion *f* ❷ (*Einzug*) entrée *f*
ein|marschieren* *vi* + *sein* a. MIL **in ein Gebiet/Land** ~ envahir un territoire/pays
Ein-Megabit-Chip [ainmega'baitʃɪp] *m* INFORM puce *f* de 128 Ko
ein|mischen *vr* **misch dich da nicht ein!** ne te mêle pas de ça!
Einmischung *f* ~ **in fremde Angelegenheiten** ingérence *f* dans les affaires des autres
ein|münden *vi* + *sein* **in etw** (*akk*) ~ (*Straße*) déboucher sur qc; (*Fluss*) se jeter dans qc
Einmündung ['ainmyndʊŋ] *f* **an der ~ dieser Straße** au débouché de cette rue
einmütig ['ainmy:tɪç] **I.** *adj* unanime **II.** *adv*

(*befürworten*) d'une seule voix

Einnahme ['aɪnnaːmə] <-, -n> f ❶ (*eingenommenes Geld*) rentrée f |d'argent| ❷ Pl (*Einkünfte*) revenus mpl ❸ kein Pl (*eines Medikaments*) prise f ❹ kein Pl (*einer Stadt*) prise f

Einnahmequelle f source f de revenus

ein|nehmen vt irr ❶ (*Geld*) encaisser ❷ (*Steuern*) percevoir ❸ (*Medikament*) prendre ❹ (*Position*) occuper ❺ (*Standpunkt*) adopter ❻ MIL prendre

einnehmend adj plein(e) de séduction

ein|nicken vi + sein fam piquer du nez

ein|nisten vr pej sich bei jdm ~ (*Person*) s'incruster chez qn (*fam*); (*Ungeziefer*) s'installer chez qn

Einöde f étendue f déserte

ein|ordnen I. vt ❶ (*Karteikarten*) classer ❷ (*klassifizieren*) déterminer II. vr (*Fahrspur wählen*) sich [richtig] ~ se mettre dans la bonne file

ein|packen I. vt ❶ (*verpacken*) emballer ❷ (*einstecken*) prendre II. vi faire sa valise ▶~ **können** fam pouvoir remballer ses gaules III. vr fam sich in etw (akk) ~ s'emmitoufler dans qc

ein|parken ['aɪnparkən] vt, vi [se] garer

ein|pendeln ['aɪnpɛndəln] vr sich ~ se stabiliser

ein|pflanzen ['aɪnplantsən] vt ❶ planter ❷ MED jdm etw ~ implanter qc à qn

ein|prägen I. vr sich leicht ~ être facile à retenir II. vt ❶ (*einschärfen*) sich (dat) einen Namen ~ retenir un nom ❷ (*prägen*) etw in Metall ~ graver qc dans du métal

einprägsam adj facile à retenir

ein|programmieren* vt INFORM installer

ein|quartieren* I. vt loger; MIL cantonner II. vr sich bei jdm ~ (*Gast*) s'installer chez qn

ein|rahmen vt a. fig encadrer

ein|rasten vi + sein s'enclencher

ein|räumen vt ❶ ranger ❷ (*zugeben*) admettre ❸ (*Frist*) accorder ❹ (*Rechte*) reconnaître

ein|reden I. vt faire croire; sich (dat) ~, dass ... se persuader que ... II. vi auf jdn ~ harceler qn

ein|reiben irr I. vt frictionner II. vr sich ~ se frictionner

ein|reichen vt ❶ (*Unterlagen*) déposer ❷ (*Entlassung*) remettre

ein|reihen I. vt classer II. vr sich in eine

Schlange ~ prendre place dans une file d'attente

Einreise f entrée f

ein|reisen vi + sein form in die USA/nach Großbritannien ~ entrer aux États-Unis/en Grande-Bretagne

Einreisevisum nt visa m d'entrée

ein|reißen irr I. vi + sein ❶ (*Stoff, Papier*) se déchirer ❷ fam (*zur Gewohnheit werden*) devenir une [mauvaise] habitude II. vt + haben ❶ (*Mauer*) abattre ❷ (*Papier*) déchirer

ein|renken ['aɪnrɛŋkən] vt MED remboîter

ein|richten I. vt ❶ (*Wohnung*) aménager ❷ (*Praxis*) installer ❸ (*Konto*) ouvrir ❹ (*Bruch*) réduire II. vr ❶ sich neu ~ se meubler de neuf ❷ (*sich der Lage anpassen*) sich ~ s'adapter

Einrichtung <-, -en> f ❶ (*Wohnungseinrichtung*) mobilier m ❷ (*Ausstattung*) aménagement m |intérieur| ❸ (*das Ausstatten*) équipement m ❹ kein Pl (*einer Behörde*) installation f ❺ Pl (*Anlage*) **sanitäre ~en** installations fpl sanitaires

ein|rollen I. vt rouler II. vr + haben sich ~ (*Igel, Katze*) se rouler en boule III. vi + sein (*Zug*) entrer en gare

ein|rücken I. vi + sein ❶ (*eindringen*) in ein Land ~ pénétrer dans un pays ❷ (*Soldat*) être incorporé ❸ (*Feuerwehr*) [wieder] ~ réintégrer ses quartiers II. vt + haben TYP etw ~ mettre qc en retrait

eins [aɪns] I. num un; es ist ~ il est une heure; s. a. acht[1] II. adj ❶ (*eine Einheit*) ~ sein être une seule et même chose; das ist alles ~ fam c'est du pareil au même ❷ fam (*egal*) das ist mir ~ je m'en balance ❸ (*einig*) mit jdm/etw ~ sein être en harmonie avec qn/qc

Eins <-, -en> f ❶ un m ❷ (*Schulnote*) excellente note entre dix-huit et vingt

einsam ['aɪnzaːm] I. adj ❶ (*Person*) seul(e); (*Leben*) solitaire ❷ (*Strand*) isolé(e) ❸ (*Entschluss*) unilatéral(e) II. adv à l'écart

Einsamkeit <-, -en> f solitude f

ein|sammeln vt (*Schulhefte*) ramasser; (*Spenden*) collecter

Einsatz <-es, Einsätze> m ❶ engagement m ❷ SPIEL mise f ❸ FIN mise f de fonds ❹ kein Pl (*von Truppen*) engagement m ❺ (*der Polizei*) intervention f; im ~ sein (*Feuerwehr*) être en action; (*Soldaten*) être en opération

E

einsatzbereit *adj* (*Truppen*) opérationnel(le); (*Feuerwehr*) prêt(e) à intervenir **Einsatzbereitschaft** *f* **in ~ sein** être à pied d'œuvre

ein|scannen ['aɪnskɛnən] *vt* scanner

ein|schalten I. *vt* ❶ allumer ❷ (*hinzuziehen*) **jdn in die Ermittlungen ~** avoir recours à qn pour l'enquête **II.** *vr* **sich ~** intervenir

Einschaltquote *f* audimat *m*, audience *f*

ein|schärfen *vt* recommander

ein|schätzen *vt* **jdn/etw falsch ~** se tromper sur qn/qc

Einschätzung ['aɪnʃɛtsʊŋ] *f* jugement *m* porté

ein|schenken *vt* verser

ein|schicken *vt* envoyer

ein|schieben *vt irr* ❶ introduire ❷ (*Sonderzug*) ajouter ❸ *fam* (*zwischendurch drannehmen*) **einen Patienten ~** prendre un patient en plus

ein|schiffen I. *vt* embarquer **II.** *vr* **sich ~** [s']embarquer

ein|schlafen *vi irr + sein* ❶ s'endormir ❷ (*gefühllos werden*) s'engourdir

ein|schläfern ['aɪnʃlɛ:fən] *vt euph* (*töten*) piquer

einschläfernd *adj a.* MED soporifique

Einschlag *m* ❶ **der ~ des Blitzes** la foudre ❷ (*Schussloch*) [point *m* d']impact *m*

ein|schlagen *irr* **I.** *vt + haben* ❶ (*Nagel*) planter ❷ (*Tür*) défoncer; (*Fenster*) fracasser ❸ (*einwickeln*) emballer ❹ (*Richtung*) prendre **II.** *vi* ❶ + *haben o sein* (*Blitz*) tomber ❷ + *haben o sein fam* (*Nachricht*) faire grand bruit ❸ + *haben* (*einprügeln*) **auf jdn/etw ~** taper comme un sourd sur qn/qc ❹ + *haben* (*seinen Handschlag geben*) **schlag ein!** tope là!

einschlägig ['aɪnʃlɛːgɪç] **I.** *adj* s'y rapportant **II.** *adv* JUR à ce titre

ein|schleichen *vr irr* ❶ se glisser ❷ *fig* **sich ~** (*Verdacht*) s'insinuer

ein|schließen *vt irr* ❶ enfermer ❷ (*inbegriffen sein*) **im Preis eingeschlossen sein** être compris dans le prix

einschließlich I. *präp + gen* **~ aller Ausgaben** y compris toutes les dépenses **II.** *adv* inclus(e)

ein|schmeicheln *vr* **sich bei jdm ~** s'insinuer dans les bonnes grâces de qn

einschmeichelnd *adj* (*Stimme*) enjôleur

(-euse); (*Musik*) langoureux(-euse)

ein|schnappen *vi + sein* ❶ (*Tür, Türschloss*) se [re]fermer ❷ *fam* (*beleidigt sein*) **eingeschnappt sein** faire la gueule

ein|schneiden *irr* **I.** *vt* ❶ (*Papier, Stoff*) entailler ❷ (*hineinschneiden*) **einen Namen/ein Zeichen in etw** (*akk*) **~** graver un nom/un signe dans qc **II.** *vi* |**in die Haut**| **~** rentrer dans la peau

einschneidend *adj* (*Bedeutung*) décisif(ive); (*Wirkung*) radical(e)

Einschnitt *m* ❶ GEO entaille *f* ❷ (*Schnitt*) coupure *f* [accidentelle] ❸ MED incision *f*

ein|schränken ['aɪnʃrɛŋkən] **I.** *vt* restreindre **II.** *vr* **sich ~** se restreindre

Einschränkung <-, -en> *f* ❶ restriction *f* ❷ *kein Pl* (*das Reduzieren*) réduction *f*

ein|schreiben *irr* **I.** *vt* eingeschrieben (*Brief*) recommandé(e) **II.** *vr* **sich ~** s'inscrire

Einschreiben *nt* [envoi *m*] recommandé *m;* **~ mit Rückschein** [envoi] recommandé avec accusé de réception

Einschreibung *f* inscription *f*

ein|schreiten *vi irr + sein* **gegen jdn ~** intervenir contre qn

Einschub *m* rajout *m*

ein|schüchtern *vt* intimider

ein|schulen *vt* **eingeschult werden** être scolarisé

Einschulung *f* scolarisation *f*

Einschussᴿᴿ *m* (*in einem Gebäude*) impact *m;* (*im Körper*) blessure *f* par balle

einsehbar *adj inv* (*Gelände, Raum*) visible

ein|sehen *vt irr* ❶ reconnaître; **das sehe ich nicht ein!** je ne suis pas d'accord! ❷ (*prüfen*) examiner; (*flüchtig*) prendre connaissance de

ein|seifen *vt* savonner

einseitig I. *adj* ❶ (*Absicht*) unilatéral(e) ❷ MED localisé(e) d'un côté ❸ (*Ausbildung*) trop spécialisé(e); (*Ernährung*) peu varié(e) ❹ (*voreingenommen*) partial(e) **II.** *adv* ❶ (*auf einer Seite*) d'un [seul] côté ❷ (*unausgewogen*) **sich ~ ernähren** avoir une alimentation peu variée ❸ (*parteiisch*) avec partialité

Einseitigkeit <-, -en> *f* ❶ (*Voreingenommenheit*) partialité *f* ❷ (*der Ausbildung*) manque *m* de diversité; (*der Ernährung*) déséquilibre *m*

ein|senden *vt irr* envoyer

Einsendeschlussᴿᴿ *m* date *f* limite d'envoi

ein|setzen I. *vt* ❶ (*Ersatzteil*) poser ❷ (*Flicken*) mettre ❸ (*Komitee*) instituer ❹ (*Waffen*) avoir recours à; (*Sonderzug*) mettre en service ❺ (*Mittel*) mettre en œuvre; (*Leben*) mettre en jeu **II.** *vi* commencer; (*Sturm*) se mettre à souffler; (*Regen*) se mettre à tomber **III.** *vr* ❶ sich ~ s'investir ❷ (*sich verwenden für*) sich für jdn/etw ~ intervenir en faveur de qn/œuvrer pour qc

Einsicht *f* ❶ (*Vernunft*) raison *f* ❷ (*Erkenntnis*) révélation *f* ❸ (*Durchsicht*) jdm etw zur ~ vorlegen présenter qc à qn pour examen

einsichtig *adj* (*vernünftig*) sensé(e); ~ sein se montrer raisonnable

Einsiedler(in) *m(f) a. fig* ermite *m*

einsilbig ['aɪnzɪlbɪç] *adj* ❶ monosyllabique ❷ (*Antwort*) laconique

ein|sinken *vi irr + sein* |s']enfoncer; **in etw** (*akk o dat*) ~ |s']enfoncer dans qc

ein|spannen *vt* ❶ (*Ochsen*) atteler ❷ (*Briefbogen*) placer

ein|sparen *vt* ❶ ÖKOL économiser ❷ FIN économiser sur

Einsparung <-, -en> *f* ÖKOL (*von Energie, Strom, Wasser*) économie *f*

ein|speichern *vt* Daten in den Rechner ~ entrer des données dans l'ordinateur

ein|speisen *vt* ❶ Strom in das Netz ~ alimenter le réseau en courant |électrique| ❷ INFORM entrer

ein|sperren *vt* enfermer

ein|spielen I. *vr* ❶ sich ~ (*Zusammenarbeit*) se roder ❷ (*sich aneinander gewöhnen*) sich aufeinander ~ (*Kollegen*) apprendre à travailler ensemble ❸ SPORT sich ~ (*Spieler*) s'échauffer **II.** *vt* (*Kosten*) couvrir

Einsprache CH *s.* **Einspruch**

einsprachig ['aɪnʃpraːxɪç] *adj* (*Wörterbuch*) monolingue

ein|springen *vi irr + sein* ❶ (*vertreten*) venir à la rescousse; **für jdn** ~ remplacer qn au pied levé ❷ (*finanziell aushelfen*) mettre la main au porte-monnaie

Einspruch *m* ❶ (*Einwand*) objection *f* ❷ (*Rechtsmittel*) recours *m*

einspurig ['aɪnʃpuːrɪç] **I.** *adj* à une voie **II.** *adv* sur une |seule| voie

einst [aɪnst] *adv* ❶ (*früher*) autrefois ❷ *geh* (*in Zukunft*) un jour

Einstand *m* ❶ (*Arbeitsanfang*) entrée *f* en

fonction ❷ *kein Pl* SPORT égalité *f*

ein|stecken *vt* ❶ etw ~ mettre qc dans sa poche ❷ *fam* (*einwerfen*) **einen Brief** ~ mettre une lettre à la boîte ❸ *fam* (*hinnehmen*) encaisser ❹ (*Stecker*) brancher

ein|stehen *vi irr + sein* répondre; **mit seinem Wort dafür** ~, **dass ...** donner sa parole que ...

ein|steigen *vi irr + sein* ❶ (*besteigen*) monter ❷ *fam* (*sich beteiligen*) **in ein Geschäft** ~ entrer dans une affaire

ein|stellen I. *vt* ❶ embaucher ❷ (*beenden*) cesser ❸ (*regulieren*) régler ❹ (*Rekord*) égaler **II.** *vr* ❶ sich ~ (*Zweifel*) se manifester; (*Beschwerden*) survenir; (*Schmerzen*) se faire sentir ❷ (*sich einfinden*) sich ~ (*Person*) paraître **III.** *vi* (*Firma*) embaucher

einstellig *adj* à un chiffre; ~ sein avoir un seul chiffre

Einstellung *f* ❶ (*von Mitarbeitern*) embauche *f* ❷ (*Beendigung*) interruption *f* ❸ (*Justierung*) réglage *m* ❹ *meist Pl* INFORM paramètre *m* ❺ (*Meinung*) **die richtige** ~ **mitbringen** faire preuve du bon état d'esprit; **das ist die falsche** ~ c'est la mauvaise attitude

Einstich *m* piqûre *f*

Einstieg ['aɪnʃtiːk] <-[e]s, -e> *m* ❶ *kein Pl* (*das Einsteigen*) **der** ~ **ist hinten** la montée se fait à l'arrière ❷ (*Zugang*) **der** ~ **in die Materie** l'initiation *f* à cette matière ❸ *kein Pl* (*Übernahme, Anwendung*) ~ **in die Marktwirtschaft** entrée *f* dans l'économie de marché

ein|stimmen I. *vi* ❶ (*mitsingen*) se mettre également à chanter ❷ (*sich anschließen*) **in etw** (*akk*) ~ s'associer à qc **II.** *vt* sich **auf ein Fest** ~ se mettre dans l'ambiance de la fête

einstimmig I. *adj* ❶ (*Lied*) à une |seule| voix ❷ (*Beschluss*) unanime **II.** *adv* ❶ (*singen*) à l'unisson ❷ (*beschließen*) à l'unanimité

einstöckig ['aɪnʃtœkɪç] *adj* à un étage

ein|streuen *vt* (*Bemerkung*) glisser

ein|studieren* *vt* (*Rolle*) répéter; **einstudiert** (*Antwort*) tout(e) prêt(e)

ein|stufen *vt* (*Person*) |re]classer; (*Produkt*) classer

einstündig ['aɪnʃtʏndɪç] *adj attr* d'une heure

Einsturz *m* (*eines Gebäudes*) écroulement *m*; (*einer Decke*) effondrement *m*; (*einer Mauer*) éboulement *m*

ein|stürzen *vi + sein* ❶ (*Gebäude*) s'écrouler; (*Decke*) s'effondrer; (*Mauer*) s'ébouler ❷ (*eindringen*) **auf jdn ~** (*Ereignisse*) s'abattre sur qn

Einsturzgefahr *f* risque *m* d'écroulement

eintägig [ˈaɪntɛːgɪç] *adj attr* d'une [seule] journée

Eintagsfliege *f* ❶ ZOOL éphémère *m* o *f* ❷ *fig* chose *f* éphémère

ein|tauchen I. *vt + haben* tremper **II.** *vi + sein* plonger

ein|tauschen *vt* ❶ échanger ❷ (*Devisen*) changer

ein|tausend *num form* mille

ein|teilen *vt* ❶ (*Vorräte, Urlaub*) répartir ❷ (*verpflichten*) **jdn zu etw ~** affecter qn à qc ❸ (*Skala*) subdiviser

einteilig [ˈaɪntaɪlɪç] *adj* une pièce

Einteilung *f* (*der Vorräte, Zeit, des Geldes*) répartition *f*

eintönig [ˈaɪntøːnɪç] *adj* monotone; (*Stimme*) monocorde

Eintopf *m* potée *f*

einträchtig I. *adj* (*Stimmung*) cordial(e) **II.** *adv* dans la concorde(*soutenu*)

Eintrag [ˈaɪntraːk, *Pl:* ˈaɪntrɛːgə] <-[e]s, Einträge> *m* ❶ note *f* ❷ JUR inscription *f* ❸ SCHULE avertissement *m*

ein|tragen *vt irr* inscrire

einträglich [ˈaɪntrɛːklɪç] *adj* lucratif(-ive)

Eintragung *s.* Eintrag 1., 2., 3.

ein|treffen *vi irr + sein* ❶ (*ankommen*) **am Ziel ~** arriver au but ❷ (*Prophezeiung*) s'accomplir; (*Katastrophe*) se produire

ein|treiben *vt irr* ❶ (*Vieh*) rentrer ❷ (*Geld*) recouvrer

ein|treten *irr* **I.** *vi* ❶ + *sein* entrer ❷ + *sein* (*sich ereignen*) se produire ❸ + *sein* (*Stille*) se faire ❹ + *sein* (*gelangen*) **in die Umlaufbahn ~** se mettre sur orbite ❺ + *sein* (*sich einsetzen*) **für jdn/etw ~** prendre fait et cause pour qn/défendre qc **II.** *vt + haben* ❶ (*zerstören*) défoncer [à coups de pied] ❷ (*sich eindrücken*) **sich** (*dat*) **einen Dorn ~** s'enfoncer une épine dans le pied

ein|trichtern *vt fam* seriner

Eintritt *m* (*das Betreten, ~sgeld*) entrée *f*; **~ frei** entrée libre

Eintrittsgeld *nt* prix *m* d'entrée **Eintrittskarte** *f* ticket *m* d'entrée

ein|trudeln [ˈaɪntruːdəln] *vi + sein fam* se pointer

ein|üben *vt* répéter

Einvernehmen <-s> *nt* accord *m*; **in gutem ~** en bonne intelligence

einverstanden *adj* **mit jdm/etw ~ sein** être d'accord avec qn/sur qc; **~!** d'accord!

Einverständnis <-ses, -se> *nt* accord *m*

Einwand [ˈaɪnvant, *Pl:* ˈaɪnvɛndə] <-[e]s, Einwände> *m* objection *f*

Einwanderer *m*, **Einwanderin** *f* immigrant(e) *m(f)*

ein|wandern *vi + sein* immigrer

Einwanderung [ˈaɪnvandəruŋ] *f* immigration *f*

Einwanderungspolitik *f kein pl* politique *f* de l'immigration

einwandfrei I. *adj* ❶ impeccable ❷ (*Tatsache*) incontestable **II.** *adv* (*zeigen*) formellement; (*beweisen*) de façon irréfutable

Einwegflasche *f* bouteille *f* non consignée **Einwegverpackung** *f* emballage *m* perdu

ein|weichen *vt* (*Wäsche*) faire tremper

ein|weihen *vt* ❶ inaugurer ❷ (*vertraut machen*) **jdn in etw** (*akk*) **~** mettre qn au courant de qc

Einweihung <-, -en> *f* inauguration *f*

ein|weisen *vt irr* ❶ MED **|in ein Krankenhaus|** ~ hospitaliser ❷ (*unterweisen*) mettre au courant

ein|wenden *vt irr* **etw gegen jdn ~** reprocher qc à qn

ein|werfen *vt irr* **I.** *vt* ❶ poster; **etw in den Postkasten ~** mettre qc à la boîte aux lettres ❷ (*Fensterscheibe*) |fra|casser **II.** *vi* (*Spieler*) faire la remise en jeu

ein|wickeln I. *vt* envelopper **II.** *vr* **sich ~** s'enrouler

ein|willigen *vi* **in etw** (*akk*) **~** donner son accord pour qc

Einwilligung <-, -en> *f* accord *m*

ein|wirken *vi* (*beeinflussen*) exercer une influence

Einwirkung *f* ❶ influence *f* ❷ (*eines Mittels*) action *f*

Einwohner(in) <-s, -> *m(f)* habitant(e) *m(f)*

Einwohnermeldeamt *nt*: administration locale où chaque changement de domicile doit être déclaré

Einwurf *m* ❶ *kein Pl* (*eines Briefs*) postage *m* ❷ (*eines Briefkastens*) fente *f* ❸ SPORT |re|mise *f* en jeu ❹ (*Bemerkung*) remarque *f*

Einzahl *f kein Pl* LING singulier *m*

ein|zahlen *vt* **Geld auf ein Konto ~** verser

de l'argent sur un compte
Einzahlung f versement m
ein|zäunen ['ain͡tsͻynən] vt clôturer
Einzel ['ain͡tsəl] <-s, -> nt SPORT simple m
Einzelblatteinzug m alimentation f feuille à feuille **Einzelfahrschein** m ticket m à l'unité **Einzelfall** m cas m isolé **Einzelgänger(in)** ['ain͡tsəlgɛŋɐ] <-s, -> m(f) solitaire mf **Einzelhaft** f isolement m cellulaire **Einzelhandel** m commerce m de détail **Einzelhändler(in)** m(f) détaillant(e) m(f) **Einzelheit** <-, -en> f détail m **Einzelkind** nt enfant m unique
einzeln I. adj ❶ seul(e) ❷ (abgesondert) isolé(e) ❸ substantivisch (Mensch) der Einzelne l'individu m ►im Einzelnen en détail II. adv séparément; bitte ~ eintreten! une seule personne à la fois, s.v.p.!
Einzelperson f personne f seule **Einzelstück** nt pièce f unique **Einzelteil** nt pièce f **Einzelzimmer** nt chambre f individuelle
ein|ziehen irr I. vt + haben ❶ rentrer ❷ (Geldschein) accepter ❸ (Steuern) prélever ❹ (beschlagnahmen) confisquer ❺ (aus dem Umlauf nehmen) retirer de la circulation ❻ (einberufen) incorporer II. vi + sein ❶ (in eine Wohnung ziehen) emménager ❷ (aufgesogen werden) pénétrer ❸ (einmarschieren) entrer
einzig I. adj ❶ (alleinig) seul(e); etw als Einziger/Einzige tun être le seul/la seule à faire qc; kein [o |o nicht ein|] ~er Schüler pas le moindre/la moindre élève ❷ substantivisch (~es Kind) unser Einziger/unsere Einzige notre fils/fille unique ❸ (völlig) eine ~e Qual une vraie torture II. adv die ~ mögliche Lösung la seule et unique solution possible; das ~ Richtige la seule chose de correcte
einzigartig I. adj unique en son genre II. adv extraordinairement; ~ schön sein être d'une beauté sans nom
Einzug m ❶ emménagement m ❷ (Einmarsch) entrée f
Eis [ais] <-es> nt ❶ glace f; ~ laufen faire du patin à glace ❷ (Speiseeis) glace f; ~ am Stiel esquimau® m
Eisbahn f patinoire f **Eisbär** m ours m blanc **Eisbecher** m coupe f de glace **Eisberg** m iceberg m **Eisbrecher** m brise-glace m **Eiscafé** nt s. Eisdiele
Eischnee m (von einem Ei/mehreren Eiern)

blanc m [battu]/blancs [battus] en neige
Eiscreme f crème f glacée **Eisdiele** f glacier m
Eisen ['aizən] <-s, -> nt ❶ kein Pl a. MED fer m ❷ (~beschlag) ferrure f
Eisenbahn f train m **Eisenbahner(in)** <-s, -> m(f) fam cheminot(e) m(f) **Eisenbahnnetz** nt réseau m ferroviaire **Eisenbahnwagen** m wagon m
eisenhaltig adj (Erz) ferreux(-euse); (Nahrungsmittel) riche en fer **Eisenmangel** m carence f en fer **Eisen- und Stahlindustrie** f sidérurgie f **Eisenwaren** Pl articles mpl de quincaillerie **Eisenwarenhandlung** f quincaillerie f
eisern I. adj a. fig de fer II. adv ❶ (schweigen) obstinément; (einhalten) résolument ❷ (durchgreifen) d'une façon implacable
eisgekühlt adj glacé(e) **Eishockey** nt hockey m sur glace
eisig ['aizɪç] adj a. fig glacial(e)
Eiskaffee m: café froid avec une boule de glace à la vanille et de la chantilly **eiskalt** I. adj glacé(e); (Wohnung) glacial(e) II. adv (handeln) de sang froid **Eiskunstlauf** m patinage m artistique
eislaufenᴬᴸᵀ vi irr s. Eis 1.
Eisprung m ovulation f
Eisschnelllauf m patinage m de vitesse **Eisschrank** m réfrigérateur m; s. Kühlschrank **Eiswürfel** m glaçon m **Eiszapfen** m stalactite f de glace **Eiszeit** f période f glaciaire
eitel ['aitəl] pej adj vaniteux(-euse)
Eitelkeit <-> f pej (Selbstgefälligkeit) vanité f; (in Bezug auf das Äußere) coquetterie f
Eiter ['aitɐ] <-s> m pus m
eiterig s. eitrig
eitern vi suppurer
eitrig adj (Wunde) purulent(e)
Eiweiß nt ❶ protéine f ❷ GASTR blanc m d'œuf **Eizelle** f ovule m
Ejakulation <-, -en> f éjaculation f
Ekel¹ ['ekəl] <-s> m (Abscheu) dégoût m; ~ erregend répugnant(e)
Ekel² <-s, -> nt pej fam (Mensch) salaud m/ salope f
ekelerregendᴬᴸᵀ s. Ekel¹
ekelhaft I. adj ❶ répugnant(e) ❷ fam (Schmerzen) affreux(-euse) II. adv (stinken) de façon dégoûtante (fam)
ekeln I. vt dégoûter II. vt unpers mich ekelt

es vor jdm/etw je suis dégoûté(e) par qn/qc **III.** *vr* **sich vor jdm/etw ~** éprouver de la répulsion pour qn/qc

EKG [eːkaːˈgeː] <-s, -s> *nt Abk von* **Elektrokardiogramm** électrocardiogramme *m*

eklig [ˈeːklɪç] *s.* **ekelhaft**

Ekstase [ɛkˈstaːzə] <-, -n> *f* extase *f*

Ekzem [ɛkˈtseːm] <-s, -e> *nt* eczéma *m*

Elan <-s> *m geh* entrain *m*

elastisch [eˈlastɪʃ] *adj* élastique; (*Gelenk*) mobile

Elastizität [elastitsiˈtɛːt] <-, -en> *f a. fig* élasticité *f*

Elbe [ˈɛlbə] <-> *f* **die ~** l'Elbe *f*

Elch [ɛlç] <-[e]s, -e> *m* élan *m*

Electronic Banking [elɛkˈtrɔnɪkˈbɛŋkɪŋ] <- -s> *nt* règlement *m* électronique des opérations bancaires

Elefant [eleˈfant] <-en, -en> *m* éléphant *m*

elegant [eleˈɡant] **I.** *adj* élégant(e) **II.** *adv* avec élégance

Eleganz [eleˈɡants] <-> *f* élégance *f*

elektrifizieren* [elɛktrifiˈtsiːrən] *vt* électrifier

Elektrik [eˈlɛktrɪk] <-, -en> *f* installation *f* électrique

Elektriker(in) [eˈlɛktrike] <-s, -> *m(f)* électricien(ne) *m(f)*

elektrisch [eˈlɛktrɪʃ] **I.** *adj* électrique **II.** *adv* (*funktionieren*) à l'électricité

elektrisieren* [elɛktriˈziːrən] *vt* électriser

Elektrizität [elɛktritsiˈtɛːt] <-> *f* électricité *f*

Elektrizitätswerk *nt* centrale *f* électrique

Elektrode [elɛkˈtroːdə] <-, -n> *f* électrode *f*

Elektrogerät *nt* appareil *m* électrique **Elektroherd** *m* cuisinière *f* électrique **Elektroingenieur(in)** *m(f)* ingénieur *mf* électricien **Elektromagnet** *m* électroaimant *m* **Elektromotor** *m* moteur *m* électrique

Elektron [eˈlɛktrɔn] <-s, -tronen> *nt* électron *m*

Elektronenmikroskop *nt* microscope *m* électronique

Elektronik <-> *f* électronique *f*

elektronisch [elɛkˈtroːnɪʃ] *adj* électronique

Elektroschock *m* électrochoc *m* **Elektrotechnik** *f kein Pl* électrotechnique *f* **Elektrotechniker(in)** *m(f)* électrotechnicien(ne) *m(f)*

Element [eleˈmɛnt] <-[e]s, -e> *nt* élément *m*

elementar [elemɛnˈtaːɐ̯] *adj* élémentaire

elend [ˈeːlɛnt] *adj* ➊ misérable ➋ (*Aussehen*)

pitoyable ➌ *pej fam* (*gemein*) misérable

Elend <-[e]s> *nt* misère *f*

Elendsviertel *nt* quartier *m* miséreux

elf [ɛlf] *num* onze; *s. a.* **acht** [1]

Elf <-, -en> *f* (*Zahl, Fußballmannschaft*) onze *m*

Elfe <-, -n> *f* sylphide *f*

Elfenbein [ˈɛlfənbain] *nt* ivoire *m* **Elfenbeinküste** *f* **die** |**Republik**| **~ la** |**République de**| Côte-d'Ivoire

Elfmeter [ɛlfˈmeːtɐ] *m* penalty *m* **Elfmeterschießen** <-s> *nt* tir *m* au but

elfte(r, s) *adj* ➊ onzième ➋ (*bei Datumsangaben*) **der ~ März** le onze mars; *s. a.* **achte(r, s)**

eliminieren* [elimiˈniːrən] *vt* (*Gegner*) éliminer; (*Fehler*) supprimer

elitär [eliˈtɛːɐ̯] *adj* (*Einstellung*) élitiste; (*Gruppe*) élitaire

Elite [eˈliːtə] <-, -n> *f* élite *f* **Eliteschule** *f* école *f* prestigieuse

Ellbogen <-bogen>, **Ellenbogen** *m* coude *m*

Ellbogengesellschaft *f* société *f* d'arrivistes **Ellipse** [ɛˈlɪpsə] <-, -n> *f* ellipse *f* **elliptisch** [ɛˈlɪptɪʃ] *adj* elliptique

Elsass[RR] <- *o* -es>, **Elsaß**[ALT] [ˈɛlzas] <- *o* -sses> *nt* **das ~** l'Alsace *f*

Elsässer(in) [ˈɛlzɛsɐ] <-s, -> *m(f)* Alsacien(ne) *m(f)*

elsässisch [ˈɛlzɛsɪʃ] *adj* alsacien(ne)

Elsässisch <-[s]> *nt* l'alsacien *m*; *s. a.* **Deutsch**

Elsass-Lothringen[RR] [ˈɛlzas ˈloːtrɪŋən] *nt* HIST l'Alsace-Lorraine *f*

Elster [ˈɛlstɐ] <-, -n> *f* pie *f*

elterlich [ˈɛltɐlɪç] *adj* **~e Sorge** autorité *f* parentale

Eltern [ˈɛltɐn] *Pl* parents *mpl*

Elternabend *m* réunion *f* parents-professeurs **Elternhaus** *nt* ➊ (*Gebäude*) maison *f* familiale ➋ (*familiäres Umfeld*) milieu *m* familial

Email [eˈmaj] <-s, -s> *nt* émail *m*

E-Mail [ˈiːmeɪl] <-s, -s> *f o nt* courrier *m* électronique

E-Mail-Adresse [ˈiːmeɪlaˈdrɛsə] *f* adresse *f* électronique

Emaille [eˈmaljə] <-, -n> *s.* **Email**

Emanze [eˈmantsə] <-, -n> *f pej fam* féministe *f*

Emanzipation <-, -en> *f* émancipation *f*

emanzipieren* [emantsi'pi:rən] *vr* **sich von etw** ~ s'émanciper de qc

Embargo [ɛm'bargo] <-s, -s> *nt* embargo *m*

Embryo ['ɛmbryo] <-s, -s> *m* o *A nt* MED embryon *m*

Emigrant(in) [emi'grant] <-en, -en> *m(f)* émigré(e) *m(f)*

Emigration [emigra'tsjo:n] <-, -en> *f* émigration *f*

emigrieren* [emi'gri:rən] *vi* + *sein* **nach Frankreich/in die USA** ~ émigrer en France/aux Etats-Unis

Emission [emi'sjo:n] <-, -en> *f* ÖKOL, FIN émission *f*

Emotion [emo'tsjo:n] <-, -en> *f* émotion *f*

emotional *adj* émotif(-ive)

Empfang [ɛm'pfaŋ, *Pl:* ɛm'pfɛŋə] <-[e]s, Empfänge> *m* ① réception *f* ② *kein Pl* (*Begrüßung*) accueil *m*

empfangen <empfängt, empfing, empfangen> *vt* ① *geh* (*erhalten*) recevoir ② *geh* (*begrüßen*) accueillir ③ TV, RADIO capter

Empfänger(in)[1] [ɛm'pfɛŋɐ] <-s, -> *m(f)* (*eines Briefs*) destinataire *mf*; (*einer Zahlung*) bénéficiaire *mf*

Empfänger[2] <-s, -> *m* (*Empfangsgerät*) récepteur *m*

empfänglich [ɛm'pfɛŋlɪç] *adj* ① (*anfällig*) sensible ② (*aufgeschlossen*) réceptif(-ive)

empfängnisverhütend *adj* (*Mittel*) contraceptif(-ive) **Empfängnisverhütung** *f* contraception *f*

Empfangschef(in) *m(f)* chef *mf* de la réception

empfehlen [ɛm'pfe:lən] <empfiehlt, empfahl, empfohlen> I. *vt* recommander II. *vr* **unpers es empfiehlt sich etw zu tun** il est recommandé de faire qc III. *vr* ① **sich jdm als Sachverständiger** ~ se présenter à qn comme expert ② *iron geh* (*sich verabschieden*) **sich** ~ tirer sa révérence

empfehlenswert *adj* ① préférable ② (*Hotel*) recommandable

Empfehlung <-, -en> *f* recommandation *f*

Empfehlungsschreiben *nt* lettre *f* de recommandation

empfinden [ɛm'pfɪndən] <empfand, empfunden> *vt* ① (*Gefühl*) éprouver ② (*auffassen*) ressentir

Empfinden <-s> *nt* impression *f*; **für mein** ~ à mon sens

empfindlich I. *adj* ① (*leicht reizbar*) susceptible ② (*leicht zu beschädigen*) fragile; ~ (*Material*) très fragile ③ (*spürbar*) sévère; (*Kälte*) vif(vive) ④ (*Messgerät*) sensible II. *adv* ~ **reagieren** réagir vivement

Empfindlichkeit <-, -en> *f* ① (*Reizbarkeit*) susceptibilité *f* ② *kein Pl* (*Beschaffenheit: eines Materials*) fragilité *f*; TECH, PHOT sensibilité *f*

empfindsam *adj* sensible

Empfindung <-, -en> *f* ① sentiment *m* ② (*sinnliche Wahrnehmung*) sensation *f*

Empore <-, -n> *f* galerie *f*; (*Orgelempore*) tribune *f*

empören* [ɛm'pø:rən] I. *vt* indigner II. *vr* **sich** ~ s'indigner

empörend *adj* révoltant(e)

Emporkömmling [ɛm'po:ɐkœmlɪŋ] <-s, -e> *m pej* parvenu(e) *m(f)*

empor|ragen [ɛm'po:ɐra:gən] *vi geh* **über etw** (*akk*) ~ se dresser au dessus de qc

empört [ɛm'pø:ɐt] I. *adj* indigné(e) II. *adv* avec indignation

Empörung <-, -en> *f* ① *kein Pl* indignation *f* ② (*Rebellion*) révolte *f*

emsig [ɛmzɪç] I. *adj* (*Person*) travailleur (-euse); (*Ameise*) laborieux(-euse) II. *adv* (*lernen*) avec assiduité; (*sammeln*) infatigablement

Ende ['ɛndə] <-s, -n> *nt* ① *kein Pl* fin *f*; **etw zu** ~ **bringen** mener qc à son terme ② *kein Pl* (*bei Zeit-, Altersangaben*) ~ **Januar** fin janvier; ~ **1950** à la fin de l'année 1950; **er ist** ~ **zwanzig** il approche de la trentaine ③ (*räumlicher Abschluss*) bout *m* ④ *kein Pl geh* (*Tod*) fin *f* ▶**letzten** ~**s** au bout du compte; (*schließlich*) en fin de compte; **am** ~ **sein** *fam* (*erschöpft sein*) être vidé; (*ruiniert*) être raide

Endeffekt *m* résultat *m*; **im** ~ en fin de compte

enden *vi* ① (*Urlaub*) se terminer ② (*Weg*) s'arrêter

Endergebnis *nt* résultat *m* définitif; **im** ~ en fin de compte **endgültig** *adj* définitif(-ive)

Endhaltestelle *f* terminus *m*

Endivie [ɛn'di:vjə] <-, -n> *f* chicorée *f*

endlich I. *adv* enfin; **na** ~! *fam* c'est pas trop tôt! II. *adj* MATH, PHILOS fini(e)

endlos I. *adj* ① (*Ärger*) sans fin ② (*sehr lang*) interminable; (*Weite*) infini(e) II. *adv* indéfiniment

Endphase *f* phase *f* finale **Endspiel** *nt* SPORT

finale *f* **Endspurt** *m* SPORT sprint *m* **End-stadium** *nt* (*einer Krankheit*) stade *m* terminal **Endstation** *f* AUT a. *fig* terminus *m*

Endung <-, -en> *f* terminaison *f*

Energie [enɛr'gi:] <-, -n> *f* énergie *f*; **viel/wenig ~ haben** être très/peu dynamique

Energiebedarf *m* besoins *mpl* énergétiques **Energiequelle** *f* source *f* d'énergie **Energiesparen** *nt* économies *fpl* d'énergie **Energieverbrauch** *m* consommation *f* d'énergie **Energieversorgung** *f* approvisionnement *m* en énergie

energisch [e'nɛrgɪʃ] *adj* énergique

eng [ɛŋ] I. *adj* ❶ étroit(e) ❷ (*Raum*) exigu(ë) ❸ (*Kleidung*) étroit(e) ❹ (*Horizont*) limité(e); (*Rahmen*) strict(e) ❺ (*eingeschränkt*) **im ~eren Sinne** dans un sens plus strict ❻ (*Verwandtschaft*) proche ❼ *fam* (*schwierig*) **das wird ~** *fam* ça va être dur II. *adv* ❶ **einen Rock ~er machen** ajuster une jupe ❷ (*dicht*) **~ nebeneinander sitzen/stehen** être serrés l'un contre l'autre ❸ (*liiert*) étroitement ❹ *fam* (*kleinlich*) **etw [zu] ~ sehen** être trop à cheval sur qc

Engagement [ãgaʒə'mã:] <-s, -s> *nt* ❶ *geh* engagement *m* ❷ (*Verpflichtung: eines Künstlers*) engagement *m*

engagieren* [ãga'ʒi:rən] I. *vt* engager II. *vr* **sich ~ für jdn/etw** ~ s'engager pour qn/qc **engagiert** [ãga'ʒi:ɐt] *adj geh* (*Person, Kunstwerk*) engagé(e)

Enge ['ɛŋə] <-> *f* (*einer Kurve*) étroitesse *f*; (*eines Raums*) exiguïté *f*

Engel ['ɛŋəl] <-s, -> *m* ange *m*

England ['ɛŋlant] *nt* l'Angleterre *f*

Engländer(in) <-s, -> *m(f)* Anglais(e) *m(f)*

englisch ['ɛŋlɪʃ] I. *adj* anglais(e) II. *adv* ~ **miteinander sprechen** discuter en anglais **Englisch** <-[s]> *nt kein art* anglais *m*; *s. a.* **Deutsch**

Engpassᴿᴿ *m* ❶ GEO défilé *m* ❷ (*Fahrbahnverengung*) rétrécissement *m* ❸ ÖKON goulot *m* d'étranglement

engstirnig *pej* I. *adj* (*Person*) borné(e); (*Denken*) étroit(e) II. *adv* (*handeln*) à courte vue

Enkel(in) ['ɛŋkəl] <-s, -> *m(f)* petit-fils *m/* petite-fille *f*; **die ~** les petits-enfants *mpl* **Enkelkind** *s.* **Enkel(in)**

enorm [e'nɔrm] I. *adj* ❶ (*Belastung*) énorme; (*Hitze*) terrible ❷ *fam* (*beeindruckend*) **das ist ja ~!** ça, c'est vraiment super! II. *adv fam* vachement

Ensemble [ã'sã:bəl] <-s, -s> *nt* ❶ THEAT troupe *f* ❷ MUS, COUT ensemble *m*

entarten* [ɛnt'ʔartən] *vi* + *sein* dégénérer

entbehren* [ɛnt'be:rən] *vt* **etw ~ können** pouvoir se passer de qc

entbehrlich [ɛnt'be:rlɪç] *adj* superflu(e)

Entbehrung <-, -en> *f* privation *f*

entbinden* *irr* I. *vt* **von seinem Versprechen ~** délier de sa promesse II. *vi* MED accoucher

Entbindung *f* MED accouchement *m*

entblößen* [ɛnt'blø:sən] *geh* I. *vt* dénuder II. *vr* **sich ~** se découvrir; (*Exhibitionist*) s'exhiber

entdecken* *vt* ❶ (*Person*) dénicher; (*Fehler*) trouver ❷ (*herausfinden*) **wieder ~** redécouvrir ❸ (*Virus*) découvrir

Entdecker(in) <-s, -> *m(f)* explorateur (-trice) *m(f)*

Entdeckung *f* découverte *f*; (*talentierter Mensch*) révélation *f*

Entdeckungsreise *f* voyage *m* d'exploration

Ente ['ɛntə] <-, -n> *f* ❶ canard *m*; (*weibliches Tier*) cane *f* ❷ *fam* (*Auto*) deuche *f*

entehren* [ɛnt'ʔe:rən] *vt* déshonorer

enteignen* [ɛnt'ʔaignən] *vt* exproprier

enterben* *vt* déshériter

Enterich ['ɛntərɪç] <-s, -e> *m* canard *m* [mâle]

Entertainer(in) ['ɛntətɛ:nɐ] <-s, -> *m(f)* animateur(-trice) *m(f)*

Enter-Taste *f* INFORM touche *f* Entrée

entfachen* [ɛnt'faxən] *vt geh* ❶ (*Feuer*) déclencher ❷ (*Leidenschaft*) attiser

entfallen* *vi irr* + *sein* ❶ sortir de l'esprit ❷ (*Punkt*) être laissé de côté; (*Veranstaltung*) être annulé ❸ (*Anteil*) revenir

entfalten* I. *vt* ❶ déplier ❷ (*Fähigkeiten*) épanouir ❸ (*Pracht*) déployer II. *vr* **sich ~** ❶ (*Fallschirm*) s'ouvrir ❷ (*Talent*) s'épanouir

Entfaltung <-, -en> *f* ❶ (*eines Fallschirms*) ouverture *f* ❷ (*der Persönlichkeit*) épanouissement *m* ❸ (*von Pracht*) déploiement *m*

entfärben* *vt, vr* [**sich**] ~ [se] décolorer

entfernen* [ɛnt'fɛrnən] I. *vt* ❶ enlever ❷ (*fortbringen*) exclure II. *vr* **sich von/aus etw ~** s'éloigner de qc

Entfernen-Taste *f* INFORM touche *f* Effacement

entfernt I. *adj* ❶ reculé(e); **von etw ~ sein**

E

être loin de qc; **fünf Kilometer ~ sein** être à cinq kilomètres ❷ (*Verwandtschaft*) éloigné(e) **II.** *adv* ❶ de loin; (*erinnern*) vaguement ❷ (*weitläufig*) **~ verwandt sein mit ...** être parent éloigné de ...

Entfernung <-, -en> *f* ❶ distance *f*; **aus der ~** de loin ❷ *kein Pl* (*eines Flecks*) élimination *f*

entfesseln* *vt* déclencher

entflammen* *geh vi + sein* (*Streit*) éclater; (*Liebe*) s'enflammer

entfliehen* *vi irr + sein* s'enfuir; **aus der Haft ~** s'évader de prison

entfremden* I. *vt* ❶ **zwei Menschen einander ~** rendre deux personnes étrangères l'une à l'autre ❷ (*zweckentfremden*) **etw seinem Zweck ~** détourner qc de son usage **II.** *vr* **sich jdm ~** se détacher de qn

Entfremdung <-, -en> *f* détachement *m*

entführen* *vt* ❶ (*Geisel*) enlever; (*Flugzeug*) détourner ❷ *iron fam* (*wegnehmen*) emprunter

Entführer(in) *m(f)* ravisseur(-euse) *m(f)*; (*Luftpirat*) pirate *mf* de l'air

Entführung *f* (*einer Geisel*) enlèvement *m*; (*eines Flugzeugs*) détournement *m*

entgegen [ɛnt'geːgən] **I.** *adv* **dem Ziel ~** au devant du but; **dem Sommer ~** vers l'été **II.** *präp + dat* ❶ (*zuwider*) **~ unserer Abmachung** contrairement à notre accord ❷ (*im Gegensatz zu*) **~ allen Erwartungen** contre toute attente

entgegen|bringen *vt irr* **jdm Achtung ~** faire preuve de respect à l'égard de qn; **einer S.** (*dat*) **Interesse ~** manifester de l'intérêt pour qc **entgegen|gehen** *vi irr + sein* **jdm ~** aller à la rencontre de qn **entgegengesetzt I.** *adj* opposé(e) **II.** *adv* **~ handeln** faire le contraire **entgegen|halten** *vt irr* ❶ (*hinhalten*) tendre ❷ (*Einwand*) présenter **entgegen|kommen** *vi irr + sein* ❶ venir à la rencontre de qn; (*fahrend*) arriver en sens inverse de qn ❷ (*Zugeständnisse machen*) faire une concession ❸ (*entsprechen*) **jds Interessen** (*dat*) **~** aller dans le sens des intérêts de qc

Entgegenkommen <-s> *nt* ❶ (*gefällige Haltung*) compréhension *f* ❷ (*Zugeständnis*) concession *f*

entgegenkommend *adj* bienveillant(e) **entgegen|nehmen** *vt irr* accepter; (*Geld-*

betrag) encaisser

entgegnen* [ɛnt'geːgnən] *vt* rétorquer

entgehen* *vi irr + sein* échapper

entgeistert [ɛnt'gaɪstɐt] **I.** *adj* hébété(e) **II.** *adv* (*anstarren*) l'air hébété

Entgelt [ɛnt'gɛlt] <-[e]s, -e> *nt form* rétribution *f*; **gegen ~** moyennant finances

entgiften* *vt* épurer

entgleisen* [ɛnt'glaɪzən] *vi + sein* dérailler

entgleiten* *vi irr + sein* **jds Händen ~** glisser des mains de qn

enthaaren* [ɛnt'haːrən] *vt* épiler

enthalten* *irr* **I.** *vt* ❶ contenir ❷ (*einschließen*) **im Preis ~ sein** être compris dans le prix **II.** *vr* (*nicht abstimmen*) **sich ~** s'abstenir

enthaltsam [ɛnt'haltazm] **I.** *adj* (*Person*) modéré(e); (*Leben*) d'abstinence **II.** *adv* **~ leben** vivre dans l'abstinence

Enthaltsamkeit <-> *f* abstinence *f*; (*sexuelle Abstinenz*) chasteté *f*

Enthaltung [ɛnt'haltʊŋ] *f* (*Stimmenthaltung*) abstention *f*

enthaupten* [ɛnt'haʊptən] *vt* décapiter

entheben* *vt irr geh* ❶ **jdn seines Amtes ~** relever qn de ses fonctions (*form*) ❷ (*entbinden*) **aller Verpflichtungen ~** dégager de toute obligation

enthüllen* I. *vt* dévoiler **II.** *vr* **sich jdm ~** se révéler à qn

Enthüllung <-, -en> *f* ❶ (*eines Denkmals*) dévoilement *m* ❷ (*Aufdeckung*) révélation *f*

enthusiastisch [ɛntuzi'astɪʃ] **I.** *adj* enthousiaste **II.** *adv* avec enthousiasme

entjungfern* *vt* dépuceler

entkalken* *vt* (*Kaffeemaschine*) détartrer; (*Wasser*) adoucir

entkommen* *vi irr + sein* s'échapper; **jdm ~** échapper à qn

entkorken* *vt* déboucher

entkräften* [ɛnt'krɛftən] *vt* ❶ épuiser ❷ (*Verdacht*) réfuter

entladen* *irr* **I.** *vt* décharger **II.** *vr* **sich ~** ❶ (*Gewitter*) éclater ❷ ELEC se décharger ❸ (*ausbrechen: Emotionen*) éclater

entlang [ɛnt'laŋ] **I.** *präp + dat o gen* le long de **II.** *präp + akk* le long de **III.** *adv* **hier ~** par ici

entlang|gehen *vi irr + sein* **eine Straße ~** longer une route

entlarven* [ɛnt'larfən] **I.** *vt* ❶ démasquer ❷ (*aufdecken*) découvrir **II.** *vr* **sich selbst**

~ se démasquer soi-même

entlassen* *vt irr* ❶ (*Mitarbeiter*) licencier ❷ (*Patienten*) laisser sortir; (*Häftling*) libérer

Entlassung <-, -en> *f* licenciement *m*

entlasten* *vt* ❶ JUR décharger ❷ (*Person*) soulager; (*Verkehr*) délester

Entlastung <-, -en> *f* ❶ JUR décharge *f* ❷ (*Hilfe*) soulagement *m*; **zu deiner ~** pour te soulager

entlaufen* *vi irr + sein* ❶ (*fliehen: Häftling, Sklave*) s'évader; (*Heimkind*) faire une fugue ❷ (*fortlaufen*) **Hund/Katze ~!** perdu chien/chat!

entledigen* [ɛntˈleːdɪɡən] *vr geh* ❶ se débarrasser ❷ (*erfüllen*) **sich eines Auftrags ~** s'acquitter d'une mission

entleeren* *vt* (*Behälter, Darm*) vider; (*Grube, Becken*) vidanger

entlegen [ɛntˈleːɡən] *adj* ❶ isolé(e) ❷ (*Gedanke*) saugrenu(e)

entlocken* *vt* soutirer; **Töne ~** tirer des sons

entlohnen* *vt* CH rétribuer

entmachten* [ɛntˈmaxtən] *vt* renverser

entmilitarisieren* [ɛntmilitariˈziːrən] *vt* démilitariser

entmündigen* [ɛntˈmʏndɪɡən] *vt* mettre sous tutelle

entmutigen* [ɛntˈmuːtɪɡən] *vt* décourager

Entmutigung <-, -en> *f* découragement *m*

Entnahme [ɛntˈnaːmə] <-, -n> *f* prélèvement *m*

entnehmen* *vt irr* ❶ (*herausnehmen*) **etw [aus] der Schublade ~** retirer qc du tiroir ❷ (*schlussfolgern*) **einem Artikel ~, dass ...** déduire d'un article que ...

entpuppen* [ɛntˈpʊpən] *vr* **sich ~** se révéler

entreißen* *vt irr* arracher

entrinnen* *vi irr + sein geh* échapper

entrümpeln* [ɛntˈrʏmpəln] *vt* débarrasser

entrüsten* [ɛntˈrʏstən] *vr* **sich über jdn ~** être scandalisé par qn; **sich über etw ~** s'indigner de qc

entrüstet I. *adj* indigné(e) II. *adv* d'un air outré; (*rufen, sagen*) d'un ton outré

Entrüstung *f* indignation *f*

entschädigen* *vt a.* JUR dédommager

Entschädigung *f* indemnité *f*

entschärfen* *vt* ❶ (*Bombe*) désamorcer ❷ (*Konflikt*) décrisper

Entscheid [ɛntˈʃaɪt] *m s.* **Entscheidung**

entscheiden* *irr* I. *vt* ❶ décider ❷ (*Fall*) trancher ❸ (*gewinnen*) **das Spiel ist entschieden** le match est joué II. *vi* décider III. *vr* (*beschließen*) **sich ~** se décider

entscheidend *adj* décisif(-ive); (*Fehler*) grave

Entscheidung *f* ❶ décision *f* ❷ JUR verdict *m* ❸ SPORT résultat *m*

entschieden [ɛntˈʃiːdən] I. *PP von* **entscheiden** II. *adj* ❶ (*Befürworter*) résolu(e) ❷ (*Ablehnung*) catégorique III. *adv* ❶ (*ablehnen*) catégoriquement ❷ (*eindeutig*) incontestablement

Entschiedenheit <-> *f* détermination *f*; **mit [aller] ~** catégoriquement

entschließen* *vr irr* **sich ~** se décider; **sich für/zu etw ~** opter pour qc

entschlossen [ɛntˈʃlɔsən] I. *PP von* **entschließen** II. *adj* décidé(e); **fest ~** déterminé(e) III. *adv* avec détermination

Entschlossenheit <-> *f* détermination *f*

Entschlussᴿᴿ *m* décision *f*; **einen ~ fassen** prendre une décision

entschlüsseln* *vt* décoder

entschuldigen* [ɛntˈʃʊldɪɡən] I. *vi* **~ Sie, können Sie mir sagen, ...** s'il vous plaît, pouvez-vous me dire ...; **Sie müssen [schon] ~, ...** excusez-moi, ... II. *vr* ❶ **sich bei jdm ~** s'excuser auprès de jdm ❷ (*sich abwesend melden*) **sich ~** (*Schüler*) s'excuser III. *vt* ❶ excuser ❷ (*als abwesend melden*) **jdn/etw bei jdm ~** excuser qn/qc auprès de qn

Entschuldigung <-, -en> *f* ❶ excuses *fpl*; **~!** pardon!; **~, wie spät ist es bitte?** excusez-moi, vous avez l'heure s'il vous plaît? ❷ (*Rechtfertigung*) excuse *f*; **als ~ für etw** pour excuser qc; **zu meiner/deiner ~** à ma/ta décharge ❸ (*~sschreiben*) mot *m* d'excuse

entsenden* *vt irr o reg geh* (*offiziell*) déléguer

entsetzen* I. *vt* effarer II. *vr* **sich über etw ~** être horrifié par qc; (*fassungslos sein*) être effaré par qc

Entsetzen <-s> *nt* horreur *f*

entsetzlich *adj* horrible

entsichern* *vt* (*Pistole*) enlever le cran de sûreté de

entsinnen* *vr irr geh* se souvenir; **wenn ich mich recht entsinne** si mes souvenirs sont exacts

E

entsorgen* vt ❶ évacuer ❷ (*Stadt*) éliminer les déchets de

Entsorgung <-, -en> f évacuation f

entspannen* I. vr sich ~ se détendre II. vt détendre

Entspannung f détente f; **zur ~** pour se détendre

entsprechen vi irr ❶ correspondre ❷ (*genügen*) **den Anforderungen ~** satisfaire aux exigences

entsprechend I. adj ❶ (*Gehalt*) correspondant(e) ❷ (*Kleidung*) approprié(e) II. adv en conséquence III. präp + dat ~ **Ihrem Vorschlag** conformément à votre proposition

Entsprechung <-, -en> f ❶ pendant m ❷ (*Übereinstimmung*) point m commun

entspringen* vi irr + sein **in den Bergen ~** (*Fluss*) prendre sa source dans les montagnes

entstehen vi irr + sein ❶ (*zu existieren beginnen*) se constituer; (*Stadtteil*) naître ❷ (*Unruhe*) se déclencher ❸ CHEM se former

Entstehung <-, -en> f ❶ (*des Lebens*) origine f; (*eines Kunstwerkes*) création f; (*eines Gebäudes*) construction f ❷ CHEM formation f

entstellen* vt ❶ (*Gesicht*) défigurer ❷ (*verzerren*) déformer

enttäuschen* I. vt décevoir II. vi (*Sportler*) être décevant; (*Auto*) se révéler décevant(e)

enttäuscht [ɛnt'tɔyʃt] I. adj déçu(e) II. adv (*dreinschauen*) d'un air déçu

Enttäuschung f déception f; **jdm eine ~ bereiten** décevoir [les espérances de] qn

entthronen* vt geh détrôner

entwaffnen* [ɛnt'vafnən] vt a. fig désarmer

entwässern* [ɛnt'vɛsən] vt drainer

entweder ['ɛntve:də] konj ~ ..., oder ... ou [bien] ..., ou [bien] ... ►~ **oder!** [c'est] l'un ou l'autre!

entweichen* vi irr + sein ❶ (*Gas*) fuir [de qc] ❷ geh (*fliehen*) s'échapper

entweihen* vt profaner

entwenden* vt geh dérober

entwerfen* vt irr ❶ concevoir; (*Gebäude*) faire les plans de ❷ (*ausarbeiten*) élaborer

entwerten* vt ❶ (*Fahrschein*) valider; (*Briefmarke*) oblitérer ❷ (*Banknoten*) dévaluer

Entwertung f ❶ validation f; (*von Briefmarken*) oblitération f ❷ (*von Banknoten*) dévaluation f

entwickeln* I. vt ❶ développer ❷ (*am Bild-*

schirm entwerfen) concevoir ❸ (*Energie*) déployer ❹ (*Gas*) dégager II. vr sich ~ ❶ se développer ❷ (*Verhandlungen*) évoluer ❸ (*Gase*) se former

Entwicklung <-, -en> f ❶ développement m; (*das Entwickeln*) mise f au point ❷ (*das Entwerfen*) élaboration f ❸ (*von Kräften*) déploiement m ❹ (*das Vorankommen*) évolution f

Entwicklungshelfer(in) m(f) coopérant(e) m(f) **Entwicklungshilfe** f POL aide f au développement **Entwicklungsland** nt pays m en voie de développement

entwischen* [ɛnt'vɪʃən] vi + sein **aus etw ~** se sauver de qc; **jdm ~** échapper à qn

entwürdigend [ɛnt'vvrdɪgənt] adj dégradant(e)

Entwurf m ❶ projet m; (*eines Modemachers*) dessin m ❷ (*Konzept*) ébauche f

entwurzeln* vt déraciner

entziehen* vt irr ❶ retirer ❷ (*entnehmen*) **einer S.** (*dat*) **das Wasser ~** extraire l'eau de qc II. vr sich **jdm/einer S. ~** se dérober à qn/qc

Entziehungskur f cure f de désintoxication

entziffern* [ɛnt'tsɪfən] vt déchiffrer

entzücken* [ɛn'tsʏkən] vt ravir

Entzücken [ɛn'tsʏkən] <-s> nt ravissement m

entzückend adj ravissant(e)

Entzug <-[e]s> m ❶ ADMIN (*eines Führerscheins, einer Lizenz*) retrait m ❷ MED désaccoutumance f ❸ fam (*Entziehungskur*) cure f de désintoxication

Entzugserscheinung f syndrome m de manque

entzündbar [ɛnt'tsʏndba:ɐ̯] adj inflammable

entzünden* I. vt geh allumer; (*Streichholz*) [faire] craquer II. vr (*erkranken, in Brand geraten*) **sich ~** s'enflammer

Entzündung f inflammation f

entzwei [ɛnt'tsvai] adj ~ **sein** être cassé

Enzyklopädie [ɛntsyklopɛ'di:] <-, -n> f encyclopédie f

enzyklopädisch [ɛntsyklo'pɛ:dɪʃ] adj encyclopédique

Enzym [ɛn'tsy:m] <-s, -e> nt MED, BIO enzyme f

Epidemie [epide'mi:] <-, -n> f MED épidémie f

Epilepsie [epilɛ'psi:] <-, -n> f MED épilepsie f

epileptisch MED I. adj épileptique II. adv ~

veranlagt sein être prédisposé à l'épilepsie

episch ['e:pɪʃ] *adj* (*Gedicht*) épique

Episode [epi'zo:də] <-, -n> *f* épisode *m*

Epizentrum [epi'tsɛntrʊm] *nt* GEO épicentre *m*

Epoche [e'pɔxə] <-, -n> *f* époque *f*

Epos ['e:pɔs] <-, Epen> *nt* épopée *f*

er [e:ɐ] *pron pers, 3. Pers Sing, nom* ❶ (*auf eine Person, ein männliches Tier bezogen*) il; (*betont*) lui; **da kommt ~!** le voilà qui arrive!; **~ ist es** |**wirklich|!** c'est bien lui! ❷ (*allgemein auf ein Tier, eine Sache bezogen*) **einem Storch zuschauen, wie ~ fliegt** regarder voler une cigogne

erachten* [ɛɐ'ʔaxtən] *vt geh* considérer

Erachten <-s> *nt* **meines ~s** à mon avis

erahnen* *vt geh* entrevoir

erarbeiten* *vt* (*Wissen*) acquérir

Erbanlage ['ɛrp'ʔanla:gə] *f meist Pl* caractère *m* héréditaire

erbarmen* [ɛɐ'barmən] **I.** *vt* faire pitié à **II.** *vr* **sich ~** avoir pitié

Erbarmen <-s> *nt* pitié *f;* **~ mit jdm haben** avoir de la pitié pour qn

erbärmlich [ɛɐ'bɛrmlɪç] **I.** *adj* ❶ (*gemein*) infâme ❷ (*jämmerlich*) lamentable **II.** *adv pej* ❶ (*wehtun*) terriblement ❷ (*schluchzen*) à fendre l'âme

erbarmungslos *adj* impitoyable

erbauen* **I.** *vt* ❶ (*Gebäude*) bâtir ❷ *geh* (*seelisch bereichern*) enrichir spirituellement **II.** *vr geh* **sich an etw** (*dat*) **~** savourer spirituellement qc

erbaulich *adj* édifiant(e)

Erbauung <-, -en> *f* construction *f*

Erbe ['ɛrbə] <-s> *nt* JUR a. *fig* héritage *m*

Erbe <-n, -n> *m*, **Erbin** *f* héritier(-ière) *m(f)*

erbeben* *vi* + *sein geh* trembler

erben ['ɛrbən] *vt, vi* hériter

erbeuten* [ɛɐ'bɔytən] *vt* (*Tier*) capturer; (*Verbrecher*) s'emparer

Erbfaktor *m* MED facteur *m* héréditaire **Erbfolge** *f* |ordre *m* de| succession *f* **Erbgut** *nt kein Pl* MED patrimoine *m* héréditaire

erbittert *adj* acharné(e)

Erbkrankheit *f* MED maladie *f* héréditaire

erblassen* [ɛɐ'blasən] *vi* + *sein* blêmir

erblich ['ɛrplɪç] *adj* héréditaire

erblicken* *vt geh* apercevoir

erblinden* *vi* + *sein* perdre la vue

Erblindung <-, -en> *f* cécité *f*

erblühen* *vi* + *sein geh* fleurir

erbrechen *vt, vi irr* vomir

Erbrecht *nt* droit *m* de succession

erbringen* [ɛɐ'brɪŋən] *vt irr* ❶ (*Summe*) régler; (*Leistung*) réaliser ❷ (*Gewinn*) rapporter ❸ (*Ergebnisse*) aboutir à ❹ (*Beweis*) apporter; (*Alibi*) produire

Erbschaft <-, -en> *f* héritage *m*

Erbse ['ɛrpsə] <-, -n> *f* pois *m*

Erbsünde *f* péché *m* originel

Erdachse ['e:ɐt?aksə] *f* axe *m* terrestre

Erdapfel *m* A pomme *f* de terre **Erdatmosphäre** *f* atmosphère *f* terrestre **Erdball** *s.* **Erdkugel Erdbeben** *nt* tremblement *m* de terre **Erdbeere** *f* fraise *f* **Erdboden** *m* sol *m*

Erde ['e:ɐdə] <-, -n> *f* ❶ *kein Pl* terre *f;* **auf der ganzen ~** au monde ❷ (*Planet*) Terre *f* ❸ (*Erdboden*) terre *f;* **auf der ~** par terre

erdenklich *adj attr* imaginable

Erdgas *nt* gaz *m* naturel **Erdgeschoss**ᴿᴿ *nt* rez-de-chaussée *m*

erdichten* *vt geh* inventer

Erdkugel *f* globe *m* terrestre **Erdkunde** *f* géographie *f* **Erdnuss**ᴿᴿ *f* cacah|o|uète *f* **Erdoberfläche** *f* surface *f* terrestre **Erdöl** *nt* pétrole *m*

erdolchen* *vt geh* poignarder

Erdreich *nt* terre *f*

erdrosseln* *vt* étrangler

erdrücken* *vt* ❶ écraser ❷ *fig* étouffer

Erdrutsch ['e:ɐtrʊtʃ] *m* glissement *m* de terrain **Erdstoß** *m* secousse *f* sismique **Erdteil** *m* continent *m*

erdulden* *vt* endurer

ereignen* [ɛɐ'ʔaignən] *vr* **sich ~** se produire

Ereignis <-ses, -se> *nt* événement *m*

ereignisreich *adj* mouvementé(e)

Erektion [erɛk'tsio:n], <-, -en> *f* érection *f*

Eremit(in) [ere'mi:t] <-en, -en> *m(f)* ermite *m*

erfahren[1] *irr* **I.** *vt* ❶ (*Neuigkeit*) apprendre ❷ (*Liebe*) faire l'expérience de **II.** *vi* **von etw/über etw** (*akk*) **~** être informé de qc

erfahren[2] *adj* expérimenté(e)

Erfahrung <-, -en> *f* expérience *f*

erfassen* *vt* ❶ (*mitreißen*) happer ❷ (*befallen*) saisir ❸ (*begreifen*) comprendre ❹ INFORM saisir

Erfassung *f* ❶ ADMIN recensement *m* ❷ INFORM saisie *f*

erfinden* *vt irr* inventer

Erfinder(in) *m(f)* inventeur(-trice) *m(f)*

E

erfinderisch *adj* ingénieux(-euse)

Erfolg [ɛɐ̯'fɔlk] <-[e]s, -e> *m* succès *m;* **viel ~!** bonne chance!

erfolgen* *vi* + *sein form* avoir lieu

erfolglos I. *adj* (*Person*) malchanceux (-euse); **~ bleiben** rester vain(e) II. *adv* sans succès

Erfolglosigkeit <-> *f* ❶ insuccès *m* ❷ (*Vergeblichkeit*) inutilité *f*

erfolgreich I. *adj* **~ sein** réussir II. *adv* avec succès

Erfolgserlebnis *nt* réussite *f*

erfolgversprechend *adj* prometteur(-euse)

erforderlich [ɛɐ̯'fɔrdɐlɪç] *adj* **es ist ~, dass** il est nécessaire que + *subj*

erfordern* *vt* exiger; (*Zeit*) demander

Erfordernis <-ses, -se> *nt* exigence *f*

erforschen* *vt* explorer; (*Verhalten*) étudier; (*Hintergründe*) rechercher

Erforschung *f* (*einer Gegend*) exploration *f;* (*eines Verhaltens*) étude *f;* (*der Wahrheit*) recherche *f*

erfreuen* I. *vt* **jdn ~** faire plaisir à qn II. *vr geh* (*genießen*) **sich großer Beliebtheit ~** jouir d'une grande popularité

erfreulich I. *adj* qui fait plaisir; **es wäre ~, wenn Sie mir ...** cela me ferait plaisir si vous ... + *subj* II. *adv* remarquablement

erfrieren* *vi irr* + *sein* ❶ geler ❷ (*absterben*) **ihm sind die Finger/Zehen erfroren** il a les doigts/orteils gelés ❸ (*sterben*) mourir de froid

erfrischen* I. *vt* ❶ rafraîchir ❷ (*beleben*) **jdn ~** faire du bien à qn II. *vi* rafraîchir III. *vr* **sich ~** se rafraîchir

erfrischend I. *adj* rafraîchissant(e) II. *adv* **~ kühl** rafraîchissant(e)

Erfrischung <-, -en> *f* ❶ (*Getränk*) rafraîchissement *m* ❷ (*Abkühlung*) **eine ~ brauchen** avoir besoin de se rafraîchir

erfüllen* I. *vt* ❶ (*Forderung*) satisfaire; (*Aufgabe*) accomplir; **sich** (*dat*) **einen Wunsch ~** se faire [un petit] plaisir ❷ (*Gefühl*) envahir II. *vr* **sich ~** (*Wunsch*) se réaliser

Erfüllung *f* ❶ satisfaction *f;* (*einer Pflicht*) respect *m;* **in ~ gehen** se réaliser ❷ (*Befriedigung*) épanouissement *m*

ergänzen* [ɛɐ̯'gɛntsən] I. *vt* compléter II. *vr* **sich ~** *geh* se compléter

Ergänzung <-, -en> *f* ❶ [r]ajout *m* ❷ (*einer Sammlung*) enrichissement *m* ❸ LING complément *m*

ergattern* [ɛɐ̯'gatən] *vt fam* dégot[t]er

ergeben* ¹ *irr* I. *vt* ❶ montrer ❷ (*reichen für*) correspondre à ❸ MATH donner II. *vr* ❶ MIL **sich jdm ~** se rendre à qn ❷ (*sich fügen*) **sich in sein Schicksal ~** se résigner à son sort ❸ (*folgen*) **sich aus etw ~** résulter de qc

ergeben² *adj* ❶ (*Blick*) résigné(e) ❷ (*Person*) dévoué(e)

Ergebenheit <-> *f* ❶ (*Demut*) résignation *f* ❷ (*Treue*) dévouement *m*

Ergebnis [ɛɐ̯'ge:pnɪs] <-ses, -se> *nt* résultat *m;* **zu dem ~ führen, dass ...** avoir pour conséquence que ...

ergebnislos *adj, adv* sans résultat

ergehen* *irr* I. *vi* + *sein form* **an jdn ~** (*Bescheid*) être adressé à qn ▶**etw über sich** (*akk*) **~ lassen** supporter qc II. *vr* + *haben* (*sich auslassen*) **sich in Schmähungen gegen jdn/etw ~** se répandre en invectives contre qn/qc

ergiebig [ɛɐ̯'gi:bɪç] *adj* (*Waschmittel*) économique

ergreifen* *vt irr* ❶ saisir ❷ (*Maßnahmen*) prendre

ergreifend *adj* bouleversant(e)

ergriffen [ɛɐ̯'grɪfən] *adj* bouleversé(e)

ergründen* *vt* (*Phänomen*) étudier; (*Sinn*) pénétrer

Ergussᴿᴿ [ɛɐ̯'gʊs] *m* ❶ (*Bluterguss*) hématome *m* ❷ (*Samenerguss*) éjaculation *f*

erhaben [ɛɐ̯'ha:bən] *adj* sublime; (*Gedanke*) noble

Erhalt *m* ❶ *form* (*einer Lieferung, Zahlung*) réception *f;* **den ~ einer S.** (*gen*) **bestätigen** accuser réception de qc ❷ (*das Bewahren*) **~ der Macht** maintien *m* au pouvoir

erhalten* *irr* I. *vt* ❶ recevoir ❷ (*Bauwerk*) sauvegarder; (*Leistungsfähigkeit*) maintenir; (*Gesundheit*) conserver II. *vr* **sich ~** (*Brauch*) se maintenir

erhältlich [ɛɐ̯'hɛltlɪç] *adj* disponible; **kaum noch ~** pratiquement introuvable

Erhaltung *f* (*einer Fassade*) sauvegarde *f;* (*Gesundheit*) préservation *f;* (*des Friedens*) maintien *m*

erhängen* I. *vt* pendre *f* II. *vr* **sich ~** se pendre

erhärten* I. *vt* (*Zeuge*) confirmer; (*Aussage, Beweis*) renforcer II. *vr* **sich ~** (*Verdacht*) se confirmer

erheben* *irr* I. *vt* ❶ (*Glas*) lever ❷ (*Steuern*)

percevoir II. *vr* ❶ **sich ~** se lever ❷ (*sich auflehnen*) **sich ~** se révolter ❸ (*aufragen*) **sich über etw** (*akk*) **~** s'élever au-dessus de qc

erheblich [ɛɐ'he:plɪç] I. *adj* considérable; (*Nachteil*) sérieux(-euse) II. *adv* ❶ (*stören*) considérablement; (*beeinträchtigen*) sérieusement ❷ (*deutlich*) nettement

Erhebung *f* ❶ (*von Steuern*) levée *f*; (*von Abgaben*) perception *f* ❷ (*von Daten*) relevé *m* ❸ GEO hauteur *f*

erheitern* [ɛɐ'haɪtən] *vt* dérider

erhellen* I. *vt* éclairer II. *vr* **sich ~** (*Himmel*) s'éclaircir

erhitzen* [ɛɐ'hɪtsən] I. *vt* ❶ faire chauffer ❷ (*zum Schwitzen bringen*) donner chaud II. *vr* **sich an etw** (*dat*) **~** s'échauffer à propos de qc

erhoffen* *vr* **sich** (*dat*) **etw ~** espérer qc

erhöhen* [ɛɐ'hø:ən] I. *vt* ❶ rehausser ❷ (*Zahl*) accroître ❸ (*Wirkung*) intensifier; (*Spannung*) faire monter II. *vr* ❶ FIN **sich um drei Prozent ~** augmenter de trois pour cent; **sich auf hundert Euro ~** s'élever à cent euros ❷ (*sich verstärken*) **sich ~** (*Blutdruck*) augmenter; (*Wirkung*) s'intensifier

erhöht [ɛɐ'hø:t] *adj* ❶ (*Blutdruck*) élevé(e); (*Wert*) en augmentation; (*Puls*) accéléré(e) ❷ (*Aufmerksamkeit*) accru(e)

Erhöhung <-, -en> *f* ❶ augmentation *f* ❷ (*Zunahme*) renforcement *m*; (*einer Wirkung*) intensification *f*

erholen* *vr* ❶ **sich von einer Krankheit ~** se remettre d'une maladie ❷ (*ausspannen*) **sich ~** se reposer

erholsam [ɛɐ'ho:lza:m] *adj* reposant(e); (*Schlaf*) réparateur(-trice)

Erholung <-> *f* repos *m*

Erholungsort *m* lieu *m* de repos

erhören* *vt geh* (*Bitte*) exaucer; (*Flehen*) accéder à

erinnern* [ɛɐ'ʔɪnən] I. *vt* **jdn an etw** (*akk*) **~** rappeler qc à qn II. *vr* **sich an jdn/etw ~** se souvenir de qn/qc III. *vt* ❶ **daran ~, dass ...** rappeler que ... ❷ (*denken lassen an*) **an jdn/etw ~** faire penser à qn/qc

Erinnerung <-, -en> *f* ❶ (*Gedächtnis*) mémoire *f* ❷ *meist Pl* (*Eindruck*) souvenir *m*

erkälten* [ɛɐ'kɛltən] *vr* **sich ~** prendre froid

erkältet [ɛɐ'kɛltət] *adj* enrhumé(e)

Erkältung <-, -en> *f* rhume *m*

erkennen* *irr* I. *vt* ❶ (*Details*) distinguer; (*Fehler*) s'apercevoir de ❷ (*identifizieren*) **|wieder|~** reconnaître II. *vi* ❶ JUR **auf Freispruch ~** prononcer un non-lieu ❷ SPORT **auf Elfmeter** (*akk*) **~** accorder un penalty

erkenntlich [ɛɐ'kɛntlɪç] *adj* **sich für etw ~ zeigen** témoigner sa reconnaissance pour qc

Erkenntnis *f* connaissance *f*; **zu der ~ kommen, dass ...** arriver à la conclusion que ...

Erkennungszeichen *nt* signe *m* de reconnaissance

erklärbar [ɛɐ'klɛ:ɐba:ɐ] *adj* explicable

erklären* I. *vt* ❶ expliquer ❷ (*Bild*) interpréter ❸ (*Rücktritt*) annoncer; (*Einverständnis*) exprimer ❹ (*deklarieren*) déclarer II. *vr* ❶ **sich ~** (*Vorfall*) s'expliquer ❷ (*sich bezeichnen*) **sich solidarisch ~** se déclarer solidaire

erklärt *adj attr* déclaré(e)

Erklärung *f* ❶ explication *f* ❷ (*öffentliche Stellungnahme*) déclaration *f*

erklingen* *vi irr + sein geh* retentir

erkranken* *vi + sein* tomber malade; **an etw** (*dat*) **~** attraper qc

Erkrankung <-, -en> *f* maladie *f*

erkunden* [ɛɐ'kʊndən] *vt* ❶ MIL reconnaître ❷ (*sondieren*) sonder

erkundigen* [ɛɐ'kʊndɪgən] *vr* (*fragen nach*) **sich bei jdm nach jdm/etw ~** se renseigner auprès de qn sur qn/qc

Erkundung <-, -en> *f* MIL reconnaissance *f*

erlangen* [ɛɐ'laŋən] *vt geh* obtenir

ErlassRR <-es, -e *o* A Erlässe>, **Erlaß**ALT [ɛɐ'las] <-sses, -sse *o* A Erlässe> *m* ❶ (*Verordnung*) arrêté *m* ❷ *kein Pl* (*einer Strafe*) remise *f*; (*von Sünden*) rémission *f*

erlassen* *vt irr* ❶ **jdm seine Strafe ~** gracier qn; **jdm die Schulden ~** remettre les dettes à qn ❷ (*Befehl*) édicter

erlauben* [ɛɐ'laʊbən] I. *vt* ❶ permettre; **~ Sie/erlaubst du, dass** vous permettez/tu permets que + *subj* ❷ *form* **jdm etw ~** (*Mittel*) permettre qc à qn II. *vr* (*sich leisten*) **sich** (*dat*) **etw ~** s'offrir qc

Erlaubnis <-, -se> *f* ❶ permission *f* ❷ (*Schriftstück*) autorisation *f*

erläutern* [ɛɐ'lɔytən] *vt* expliquer

Erläuterung <-, -en> *f* explication *f*

Erle ['ɛrlə] <-, -n> *f* aulne *m*

erleben* *vt* ❶ (*Ereignis*) vivre; (*Urlaub*) pas-

E

ser ➋ (*Schlimmes*) endurer; (*Enttäuschung*) connaître ➌ (*Herrscher*) connaître

Erlebnis <-ses, -se> *nt* expérience *f* [vécue]

erledigen* [ɛɐ̯'leːdɪɡən] I. *vt* ➊ (*Aufgabe*) accomplir; (*Besorgung*) effectuer ➋ *fam* (*erschöpfen*) crever ➌ *fam* (*umbringen*) liquider II. *vr* **sich von selbst ~** s'arranger tout(e) seul(e)

Erledigung <-, -en> *f* ➊ (*Ausführung*) exécution *f*; **für die ~ der Korrespondenz zuständig sein** être responsable de la correspondance ➋ (*Besorgung*) **~en machen müssen** avoir des choses à faire

erlegen* [ɛɐ̯'leːɡən] *vt* ➊ (*Tier*) abattre ➋ A (*bezahlen*) acquitter

erleichtern* [ɛɐ̯'laɪçtɐn] I. *vt* ➊ (*einfacher machen*) faciliter ➋ (*leichter machen*) alléger ➌ *iron fam* (*bestehlen*) soulager II. *vr euph geh* **sich ~** se soulager

Erleichterung <-, -en> *f* soulagement *m*

erleiden* *vt irr* subir; (*Schmerzen*) endurer

erlernen* *vt* apprendre

erlesen *adj* (*Geschmack*) raffiné(e); (*Kunstwerk*) de qualité

erleuchten* *vt* éclairer

Erleuchtung <-, -en> *f* illumination *f*

erliegen* *vi irr + sein* **einem Irrtum ~** être dans l'erreur; **der Krankheit ~** succomber à la maladie

erlöschen <erlischt, erlosch, erloschen> *vi + sein* s'éteindre

erlösen* *vt* délivrer

Erlösung *f* ➊ soulagement *m* ➋ REL Rédemption *f*

ermächtigen* [ɛɐ̯'mɛçtɪɡən] *vt* habiliter

Ermächtigung <-, -en> *f* autorisation *f*

ermahnen* *vt* rappeler

Ermahnung *f* rappel *m* à l'ordre

ermäßigen* [ɛɐ̯'mɛːsɪɡən] *vt* **etw um drei Prozent ~** faire une réduction sur qc de trois pour cent

Ermäßigung <-, -en> *f* réduction *f*

ermessen* *vt irr* concevoir

Ermessen <-s> *nt* appréciation *f*; **nach freiem ~** en toute liberté

ermitteln* [ɛɐ̯'mɪtəln] I. *vt* ➊ (*Täter*) identifier; (*Versteck*) découvrir ➋ (*feststellen*) déterminer; (*Sieger*) désigner ➌ (*Wert*) calculer II. *vi* JUR **gegen jdn wegen etw ~** enquêter sur qn pour qc

Ermittlung <-, -en> *f* ➊ *kein Pl* (*eines Siegers*) désignation *f* ➋ JUR **~en durchfüh-**

ren mener une enquête

ermöglichen* [ɛɐ̯'møːklɪçən] *vt* **jdm etw ~** permettre qc à qn

ermorden* *vt* assassiner

ermüden [ɛɐ̯'myːdən] I. *vt + haben* (*Person*) fatiguer II. *vi + sein* ➊ (*müde werden*) se fatiguer ➋ TECH fatiguer

ermüdend *adj* fatigant(e)

Ermüdung <-, -en> *f* ➊ fatigue *f* ➋ TECH usure *f*

ermuntern* [ɛɐ̯'mʊntɐn] *vt* (*ermutigen*) encourager

Ermunterung <-, -en> *f* encouragement *m*

ermutigen* [ɛɐ̯'muːtɪɡən] *vt* encourager

ernähren* I. *vt* ➊ (*Person*) nourrir; (*Tier*) donner à manger à ➋ (*unterhalten*) **jdn ~** (*Person*) entretenir qn II. *vr* ➊ **sich von etw ~** se nourrir de qc ➋ (*seinen Unterhalt bestreiten*) **sich von etw ~** vivre de qc

Ernährer(in) <-s, -> *m(f)* **der ~/die ~in sein** être celui/celle qui entretient la famille

Ernährung <-> *f* ➊ (*Art des Ernährens*) alimentation *f* ➋ (*Nahrung*) nourriture *f*

Ernährungswissenschaft *f* diététique *f*

ernennen* *vt irr* nommer

Ernennung *f* nomination *f*

erneuern* [ɛɐ̯'nɔyɐn] *vt* ➊ (*Reifen*) changer; (*Pass*) renouveler ➋ (*renovieren*) rénover

erneut [ɛɐ̯'nɔyt] I. *adj attr* nouveau(-velle) antéposé II. *adv* de nouveau

erniedrigen* [ɛɐ̯'niːdrɪɡən] I. *vt* ➊ humilier ➋ MUS [a]baisser II. *vr* **sich ~** s'abaisser

Erniedrigung <-, -en> *f* humiliation *f*

ernst [ɛrnst] *adj* ➊ (*Lage*) grave; (*Zustand*) sérieux(-euse) ➋ (*Person*) sérieux(-euse); (*Miene*) austère ➌ (*Anlass*) grave; **jdn/etw ~ nehmen** prendre qn/qc au sérieux

Ernst [ɛrnst] <-[e]s> *m* ➊ (*eines Blicks*) gravité *f*; (*von Worten*) sérieux *m* ➋ (*Entschlossenheit*) détermination *f*

Ernstfall *m* situation *f* de crise; **im ~** en cas de coup dur

ernsthaft I. *adj* ➊ sérieux(-euse) ➋ (*Worte*) grave; (*Miene*) sévère ➌ MED grave II. *adv* ➊ sérieusement ➋ (*erkranken*) gravement

Ernsthaftigkeit <-> *f* sérieux *m*

ernstlich I. *adj attr* (*Absicht*) ferme antéposé; (*Bedenken*) sérieux(-euse) II. *adv* s. **ernsthaft II.2.**

Ernte ['ɛrntə] <-, -n> *f* ➊ (*Ertrag*) récolte *f* ➋ *kein Pl* (*Getreideernte*) moisson *f*; (*Obst-*

ernte) cueillette *f*

ernten ['ɛrntən] *vt* ❶ récolter; (*Getreide*) moissonner; (*Obst*) cueillir ❷ (*erlangen*) **etw ~** récolter qc

ernüchtern* [ɛɛ'nʏçtən] *vt* **jdn ~** (*Alltag*) ramener qn à la réalité; **~d** (*Vorfall*) qui fait l'effet d'une douche froide

Ernüchterung <-, -en> *f* désillusion *f*

Eroberer [ɛɐ'ʔo:bərɐ] <-s, -> *m*, **Eroberin** *f* conquérant(e) *m(f)*

erobern* [ɛɐ'ʔo:bən] *vt* MIL *a. fig* conquérir

Eroberung <-, -en> *f* conquête *f*

eröffnen* I. *vt* ❶ (*Geschäft*) ouvrir; (*Ausstellung*) inaugurer ❷ JUR engager ❸ (*beginnen*) ouvrir ❹ (*mitteilen*) révéler II. *vr* **sich jdm durch etw ~** (*Wege*) s'ouvrir à qn grâce à qc III. *vi* FIN **ruhig/hektisch ~** débuter calmement/très vite

Eröffnung *f* ❶ (*eines Geschäfts*) ouverture *f*; (*einer Ausstellung*) inauguration *f* ❷ *a.* JUR, MIL (*Beginn*) ouverture *f*

erörtern* [ɛɛ'ʔœrtən] *vt* discuter

Erörterung <-, -en> *f* ❶ (*~saufsatz*) dissertation *f* ❷ *kein Pl* (*das Erörtern*) discussion *f*

Erosion [ero'zjo:n] <-, -en> *f* érosion *f*

Erotik [e'ro:tɪk] <-> *f* érotisme *m*

erotisch *adj* érotique

erpressen* *vt* ❶ (*nötigen*) faire chanter ❷ (*abpressen*) **Geld von jdm ~** extorquer de l'argent à qn

Erpresser(in) <-s, -> *m(f)* maître chanteur (-euse) *m(f)*

Erpressung <-, -en> *f* ❶ (*einer Person*) chantage *m* ❷ (*von Geld*) extorsion *f*

erproben* *vt* tester

erprobt [ɛɐ'pro:bt] *adj* ❶ (*Person*) chevronné(e) ❷ (*Gerät*) fiable; (*Verfahren*) éprouvé(e)

erquicken* [ɛɐ'kvɪkən] *vt* **jdn ~** (*Schlaf*) revigorer qn

erraten* [ɛɐ'ra:tən] *vt irr* deviner

errechnen* *vt* calculer

erregbar [ɛɐ're:kba:ɐ̯] *adj* (*leicht aufzuregen*) susceptible

erregen* [ɛɐ're:gən] I. *vt* ❶ (*aufregen*) **jdn ~** (*Streit*) irriter qn ❷ (*sexuell anregen*) exciter ❸ (*hervorrufen*) **Aufsehen/Anstoß ~** faire sensation/scandale II. *vr* **sich über jdn/etw ~** être énervé par qn/qc

Erreger <-s, -> *m* agent *m* pathogène

Erregung *f* ❶ irritation *f* ❷ (*Aufgewühltsein*) énervement *m* ❸ (*sexuelle ~*) excitation *f*

❹ *kein Pl* **~ öffentlichen Ärgernisses** outrage *m* à la pudeur publique

erreichbar *adj* ❶ **~ sein** (*Person*) être joignable; (*Ort*) être accessible ❷ (*nicht abgelegen*) **der Bahnhof ist zu Fuß ~** on peut rejoindre la gare à pied

erreichen* *vt* ❶ (*reichen an*) **etw mit der Hand ~** attraper qc avec la main ❷ (*Alter*) atteindre ❸ (*antreffen*) **jdn ~** (*Person*) joindre qn; (*Nachricht*) parvenir à qn ❹ (*eintreffen*) **den Bahnhof ~** (*Zug*) atteindre la gare; **sein Ziel ~** arriver à destination ❺ (*hingelangen*) arriver à

errichten* *vt* ❶ (*Haus*) construire ❷ (*aufstellen*) dresser ❸ (*Reich*) fonder

erringen* *vt irr* ❶ (*Sieg*) remporter ❷ (*Vertrauen*) gagner

erröten* [ɛɐ'rø:tən] *vi* + *sein* rougir

Errungenschaft [ɛɐ'rʊŋənʃaft] <-, -en> *f* ❶ (*Erfolg*) conquête *f* ❷ *iron* (*Anschaffung*) acquisition *f*

Ersatz [ɛɐ'zats] <-es> *m* ❶ (*Mensch*) remplaçant(e) *m(f)*; (*Gerät*) appareil *m* de remplacement ❷ (*Entschädigung*) dédommagement *m*

Ersatzdienst *m* service *m* civil **Ersatzmann** <-männer *o* -leute> *m* remplaçant(e) *m(f)* **Ersatzteil** *nt* pièce *f* de rechange **ersatzweise** *adv* en remplacement

erschaffen* *vt irr a.* REL créer

Erschaffung *f a.* REL création *f*

erscheinen* *vi irr* + *sein* ❶ (*sichtbar werden*) apparaître ❷ (*veröffentlicht werden*) sortir ❸ (*scheinen*) paraître ❹ (*sich einfinden*) **zum Dienst ~** prendre son service

Erscheinen <-s> *nt* ❶ (*von Gästen*) arrivée *f* ❷ (*Veröffentlichung*) sortie *f* ❸ (*Vision*) apparition *f*

Erscheinung <-, -en> *f* ❶ (*Phänomen*) phénomène *m*; **in ~ treten** se manifester; **persönlich in ~ treten** apparaître en personne ❷ (*Persönlichkeit*) **eine elegante ~** une figure élégante

Erscheinungsbild *nt* (*einer Person*) apparence *f* |extérieure|; (*einer Stadt*) aspect *m* extérieur

erschießen* *irr* I. *vt* abattre II. *vr* **sich ~** se tuer

Erschießung <-, -en> *f* exécution *f*

erschlaffen* [ɛɐ'ʃlafən] *vi* + *sein* (*Muskeln*) se relâcher; **etw ~ lassen** relâcher qc

erschlagen*¹ *vt irr* ❶ (*töten*) tuer; **von einem Baum ~ werden** être écrasé par un arbre ❷ *fig* **von den Informationen ~ werden** être submergé d'informations

erschlagen² *adj fam* **~ sein** être crevé

erschließen* *vt irr* ❶ (*Baugebiet*) viabiliser ❷ (*Gebiet*) ouvrir; (*Einnahmequelle*) dégager

erschöpfen* I. *vt* épuiser II. *vr* **sich ~** s'épuiser

Erschöpfung <-, -en> *f* épuisement *m*

erschossen I. *PP von* **erschießen** II. *adj fam* [**völlig**] **~ sein** être [complètement] vidé

erschrecken¹ <erschreckte, erschreckt> *vt + haben* (*in Schrecken versetzen*) faire peur à

erschrecken² <erschrickt, erschrak, erschrocken> *vi + sein* **vor jdm/etw ~** avoir peur de qn/qc; **sie erschrak bei dem Gedanken, dass** elle a été effrayée à l'idée que + *subj*

erschrecken³ <erschrickt, erschreckte, erschreckt> *vr + haben fam* **sich über eine Nachricht ~** être effrayé par un message

erschreckend I. *adj* effrayant(e) II. *adv* ❶ (*schrecklich*) de façon épouvantable ❷ (*wenig*) vraiment

erschrocken I. *PP von* **erschrecken²**, **erschrecken³** II. *adj* effrayé(e)

erschüttern* [ɛɐ̯'ʃʏtɐn] *vt* ❶ (*zum Beben bringen*) **etw ~** (*Erdstoß, Explosion*) secouer qc ❷ (*tief bewegen*) **jdn ~** (*Nachricht*) bouleverser qn

erschütternd *adj* (*Nachricht, Szene*) bouleversant(e); (*Umstand*) dramatique

erschüttert *adj* (*Person*) bouleversé(e); **über etw** (*akk*) **~ sein** être consterné par qc

Erschütterung <-, -en> *f* ❶ (*Bewegung*) secousse *f* ❷ (*Beeinträchtigung*) affaiblissement *m* ❸ (*Ergriffenheit*) consternation *f*

erschweren* [ɛɐ̯'ʃveːrən] *vt* **jdm etw ~** compliquer qc à qn

erschwinglich [ɛɐ̯'ʃvɪŋlɪç] *adj* (*Preis*) abordable; (*Lebensstandard*) accessible

ersehen* *vt irr* **aus etw ~, dass ...** voir d'après qc que ...

ersetzen* *vt* ❶ (*Unkosten*) rembourser ❷ (*austauschen*) **etw durch etw ~** remplacer qc par qc

ersichtlich [ɛɐ̯'zɪçtlɪç] *adj* (*Ursache*) appa-

rent(e); **aus etw ist ~, dass ...** il ressort de qc que ...

ersparen* *vt* ❶ **jdm etw ~** épargner qc à qn ❷ FIN [**sich** (*dat*)] **ein Vermögen ~** mettre une fortune de côté

Ersparnis [ɛɐ̯'ʃpaːɐ̯nɪs] <-, -se> *f*, <-ses, -se> *nt* A ❶ *kein Pl* (*Einsparung*) **eine ~ an Kosten** une économie de frais; **eine ~ von einer Stunde** un gain d'une heure ❷ *meist Pl* FIN économies *fpl*

erst [eːɐ̯st] *adv* ❶ (*zuerst*) d'abord ❷ (*nicht früher, jünger als*) **~ jetzt** seulement maintenant; **~ als ich dich sah** ce n'est que lorsque je t'ai vu(e) ❸ (*schon*) seulement ❹ (*gerade, unlängst*) **gerade ~** à l'instant; **er hat eben ~ das Büro verlassen** il vient de quitter son travail; **~ vor kurzem** tout récemment ▸**jetzt ~ recht** eh bien, raison de plus

erstarren* *vi + sein* ❶ (*fest werden*) se solidifier; **bei 0 °C erstarrt Wasser zu Eis** l'eau gèle à 0° C ❷ (*steif werden*) **vor Kälte** (*dat*) **~** (*Person*) être transi de froid; (*Finger, Hände*) s'engourdir de froid ❸ *fig* se figer; **vor Schrecken** (*dat*) **~** être paralysé par la peur

erstatten* [ɛɐ̯'ʃtatən] *vt* ❶ (*Unkosten*) rembourser ❷ *form* (*mitteilen*) signaler qc; **gegen jdn Anzeige ~** déposer plainte contre qn

Erstattung <-, -en> *f* (*Vergütung*) remboursement *m*

Erstaufführung *f* première *f*

erstaunen* I. *vt + haben* **jdn ~** étonner qn II. *vi + sein* **über etw** (*akk*) **erstaunt sein** être étonné par qc

Erstaunen *nt* étonnement *m*

erstaunlich I. *adj* étonnant(e); **es ist ~, dass/wie** c'est étonnant que + *subj*/de voir comment II. *adv* (*gut, wenig*) étonnamment

erstbeste(r, s) [eːɐ̯st'bɛstə, -tɐ, -təs] *adj attr* **der ~ Mann** le premier homme venu; **das ~ Auto** la première voiture venue

erste(r, s) [ˈeːɐ̯stə, -tɐ, -təs] *adj* ❶ premier (-ière) *antéposé*; **die ~n drei Häuser** les trois premières maisons; **das ~ Mal/beim ~n Mal** la première fois; **zum ~n Mal** pour la première fois ❷ (*bei Datumsangaben*) **am ~n September** le premier septembre ❸ (*führend*) **das ~ Hotel am Ort** le premier hôtel de la ville ▸**der/die/das ~ beste ...** le premier ... venu/la première ...

venue; **fürs Erste, als Erstes** pour commencer; *s. a.* **achte(r, s)**

erstechen* *vt irr* **jdn mit etw** ~ poignarder qn avec qc

Erste-Hilfe-Kurs *m* cours *m* de secourisme

ersteigern* *vt* ÖKON acquérir aux enchères

erstellen* *vt* ❶ **etw in Beton** (*dat*) ~ construire qc en béton ❷ (*Gutachten, Liste*) dresser

erstemalᴬᴸᵀ *s.* **erste(r, s) 1.**

erstenmalᴬᴸᵀ *s.* **erste(r, s) 1.**

erstens ['eːɐstəns] *adv* premièrement

ersticken* [ɛɐ'ʃtɪkən] **I.** *vi + sein* ❶ **am Rauch/Gas** ~ s'étouffer avec de la fumée/ asphyxier par le gaz; **an einer Fischgräte** ~ s'étrangler avec une arête ❷ (*Feuer*) s'éteindre ❸ *fig* **im Geld** ~ crouler sous l'or **II.** *vt + haben* étouffer

Erstickung <-> *f* étouffement *m*

erstklassig ['eːɐstklasɪç] **I.** *adj* ❶ excellent(e); (*Service*) de première qualité; (*Ware*) de premier choix ❷ (*sehr: Chirurg, Anwalt*) de premier plan **II.** *adv* à la perfection; (*sich kleiden*) impeccablement; ~ **schmecken** être excellent

erstmalig I. *adj* premier(-ière) *antéposé* **II.** *adv form* pour la première fois

erstmals *adv* pour la première fois

erstrangig ['eːɐstraŋɪç] *adj* ❶ primordial(e) ❷ FIN de premier rang

erstreben* *vt geh* aspirer à

erstrebenswert *adj* tentant(e)

erstrecken* *vr* ❶ **sich in beide Richtungen** ~ s'étendre des deux côtés ❷ (*beziehen*) **sich auf Details** ~ s'étendre aux détails **II.** *vt* CH **eine Frist/einen Abgabetermin um eine Woche** ~ prolonger un délai/une date limite de remise d'une semaine

ertappen* I. *vt* **jdn** ~ prendre qn sur le fait **II.** *vr* **sich bei dem Gedanken an jdn/ etw** ~ se surprendre à penser à qn/qc

erteilen* *vt form* ❶ (*Auftrag*) donner; (*Genehmigung*) accorder ❷ SCHULE **jdm Unterricht** ~ donner un cours à qn

ertönen* [ɛɐ'tøːnən] *vi + sein* se faire entendre

Ertrag [ɛɐ'traːk] <-[e]s, Erträge> *m* AGR rendement *m;* FIN revenu *m*

ertragen* *vt irr* supporter

erträglich [ɛɐ'trɛːklɪç] *adj* supportable

ertränken* I. *vt* noyer **II.** *vr* **sich** ~ se noyer

erträumen* *vr* **sich** (*dat*) **jdn/etw** ~ rêver de qn/qc

ertrinken* *vi irr + sein* **in etw** (*dat*) ~ se noyer dans qc

erübrigen* [ɛɐ'ʔyːbrɪgən] **I.** *vr* **sich** ~ être superflu **II.** *vt* **etw** ~ **können** ne plus avoir besoin de qc

erwachen* *vi + sein geh* ❶ se réveiller; **aus einem Traum** ~ sortir d'un rêve; **vom Lärm** ~ être réveillé par le bruit ❷ (*Gefühle*) s'éveiller ▸**ein böses Erwachen** un réveil douloureux

erwachsen [ɛɐvaksn] *adj* (*Person*) adulte; **eine ~e Tochter haben** avoir une grande fille

Erwachsene(r) *f(m) dekl wie adj* adulte *mf*

erwägen* [ɛɐ'vɛːgən] *vt irr* (*Möglichkeit*) envisager; (*Schritt*) réfléchir

Erwägung <-, -en> *f* réflexion *f;* **etw in ~ ziehen** envisager qc

erwähnen* [ɛɐ'vɛːnən] *vt* ❶ (*Person*) citer; (*Angebot*) mentionner ❷ (*bemerken*) **jdm gegenüber ~, dass ...** évoquer devant qn le fait que ...

Erwähnung <-, -en> *f* mention *f*

erwärmen* I. *vt* (*Essen*) faire chauffer; (*Luft*) réchauffer; **auf 30 °C erwärmt werden** être chauffé à 30° C **II.** *vr* **sich** ~ se réchauffer; **sich auf 30 °C** ~ atteindre 30° C [en se réchauffant]

erwarten* *vt* ❶ attendre ❷ (*voraussetzen*) **von jdm ~, dass** attendre [de qn] que + *subj*

Erwartung <-, -en> *f* ❶ *Pl* attentes *fpl;* **den ~en entsprechen** (*Person*) répondre aux espoirs; (*Leistung*) être conforme aux espérances ❷ *kein Pl* (*Anspannung*) **voller ~** rendu(e) fébrile par l'attente

erwecken* *vt* ❶ (*Eindruck*) donner ❷ *geh* (*aufwecken*) réveiller

erweisen* [ɛɐ'vaizən] *irr* **I.** *vt* ❶ **jdm einen Gefallen** ~ rendre un service [à qn] ❷ (*Schuld*) établir; **es ist erwiesen, dass ...** il est prouvé que ... **II.** *vr* ❶ **sich als richtig/falsch** ~ se révéler [être] juste/faux ❷ (*sich zeigen*) **sich jdm gegenüber dankbar** ~ se montrer reconnaissant(e) envers qn

erweitern* [ɛɐ'vaitɐn] **I.** *vt* ❶ (*Öffnung*) élargir ❷ (*Flughafen*) agrandir ❸ (*Angebot*) élargir; (*Kapazität*) augmenter **II.** *vr* ❶ **sich auf etw** (*akk*)/**um etw** ~ (*Straße*) s'élargir à/de

E

qc ❷ ANAT **sich ~** (Gefäß) se dilater
Erweiterung <-, -en> f ❶ (einer Straße)
élargissement m ❷ (eines Flughafens) extension f ❸ (eines Angebots) élargissement m;
(der Kapazität) accroissement m
Erwerb [ɛɐˈvɛrp] <-[e]s, -e> m form ❶ kein
Pl acquisition f ❷ (~stätigkeit) gagne-pain m
erwerben* vt irr ❶ (Besitz, Titel) acquérir;
(Vertrauen) gagner ❷ (kaufen) faire l'acquisition de
erwerbsfähig adj form apte à exercer un
emploi **erwerbslos** adj form sans-emploi
erwidern* [ɛɐˈviːdɐn] vt ❶ répliquer
❷ (Gruß, Kuss) rendre; (Kompliment) retourner
erwirtschaften* vt (Gewinn) réaliser; (Verlust) enregistrer
erwischen* vt fam ❶ jdn beim Stehlen ~
pincer qn en train de voler ❷ (Person, Tier)
choper ❸ (Bus, Bahn) réussir à avoir
erworben [ɛɐˈvɔrbən] adj MED acquis(e)
erwünscht [ɛɐˈvʏnʃt] adj ❶ souhaité(e)
❷ (Gelegenheit) attendu(e); **Rauchen nicht
~!** prière de ne pas fumer!
erwürgen* [ɛɐˈvʏrɡən] vt étrangler
Erz [eːɐts] <-es, -e> nt minerai m
erzählen* vt, vi raconter
Erzähler(in) m(f) ❶ conteur(-euse) m(f)
❷ (im Roman) narrateur(-trice) m(f)
Erzählung f ❶ (Prosawerk) conte m ❷ kein
Pl (das Erzählen) récit m
Erzbischof [ˈɛrtsbɪʃɔf] m, **-bischöfin** f archevêque m **Erzengel** m archange m
erzeugen* vt ❶ produire ❷ (Ärger) provoquer
Erzeuger(in) <-s, -> m(f) ❶ (landwirtschaftlicher Produkt) producteur(-trice) m(f)
❷ iron fam (Vater) géniteur m
Erzeugnis <-ses, -se> nt produit m
Erzgebirge [ˈeːɐtsɡəbɪrɡə] nt **das ~** les
monts Métallifères
Erzherzog(in) m(f) archiduc m/archiduchesse f
erziehen* vt irr ❶ (Kind) élever ❷ (anleiten)
jdn zur Ordnung/Selbständigkeit ~ apprendre l'ordre/l'indépendance à qn
Erzieher(in) <-s, -> m(f) éducateur(-trice)
m(f)
erzieherisch adj éducatif(-ive)
Erziehung f éducation f
erzielen* vt ❶ (Einigung) parvenir à; (Ergebnis) obtenir; (Gewinn) remporter; (Treffer)

tirer ❷ (Jahresbestzeit) réaliser; (Punkt) marquer
erzürnen* [ɛɐˈtsʏrnən] geh I. vt jdn ~ mettre
qn en colère II. vr **sich über jdn/etw ~** se
mettre en colère contre qn/à propos de qc
erzwingen* vt irr (Entscheidung) forcer
es [ɛs] I. pron pers, 3. Pers Sing, nom ❶ (Person, Tier, Sache) il/elle ❷ (das) **~ ist Onkel Paul** c'est l'oncle Paul; **ich bin ~** c'est
moi; **hoffentlich macht ~ Ihnen nichts
aus** j'espère que cela ne vous gêne pas
❸ (einem Subjektsatz vorausgehend) **~ gefällt ihr, dass** ça lui plaît que + subj ❹ (in
unpersönlichen Ausdrücken) **~ regnet** il
pleut; **~ geht ihnen gut** ils vont bien; **jetzt
reicht ~!** cela suffit maintenant! ❺ (in reflexiven Ausdrücken) **hier lebt ~ sich angenehm** ici, la vie est agréable ❻ (als Einleitewort mit folgendem Subjekt) **~ meldete
sich niemand** personne ne se manifesta
II. pron pers, 3. Pers Sing, akk ❶ (Person,
Tier, Sache) le/la ❷ (das) le; **ich glaube ~
nicht** je ne le crois pas ❸ (einem Objektsatz
vorausgehend) **~ nicht mögen, dass/
wenn** ne pas aimer que + subj
ESA [ˈeːzaː] <-> f Abk von **European Space
Agency** ASE f
Escape-Taste [ɪˈskeɪpˈtastə] f INFORM touche f Echappement
Esche [ˈɛʃə] <-, -n> f (Baum, Holz) frêne m
Esel [ˈeːzəl] <-s, -> m ❶ âne m ❷ fam
(Dummkopf) **ich ~!** ce que je suis bête!
Eselsbrücke f fam moyen m mnémotechnique **Eselsohr** nt fam corne f
eskalieren* [ɛskaˈliːrən] I. vi **zu etw ~** dégénérer en qc II. vt (Spannungen) accroître
Eskimo [ˈɛskimo] <-s, -s> m, **-frau** f Esquimau(de) m(f)
Eskorte [ɛsˈkɔrtə] <-, -n> f escorte f
Esoterik [ezoˈteːrɪk] <-> f ésotérisme m
esoterisch [ezoˈteːrɪʃ] adj ésotérique
Espresso [ɛsˈprɛso] <-[s], -s> m [café m]
express m
Esprit [ɛsˈpriː] <-s> m geh esprit m
Essay [ˈɛse] <-s, -s> m o nt essai m
essbarᴿᴿ, **eßbar**ᴬᴸᵀ [ˈɛsbaːɐ] adj (Pilz) comestible
essen [ˈɛsən] <isst, aß, gegessen> I. vt
manger II. vi ❶ manger; (speisen) **gut/warm ~** manger bien/chaud; |chinesisch| **~ gehen** aller manger |chinois|; **von einem Teller ~**
manger dans une assiette ❷ (probieren)

von etw ~ prendre de qc

Essen <-s, -> nt ➊ (*Mahlzeit*) repas m; **das ~ kochen** faire à manger ➋ (*Festessen*) banquet m ➌ (*Nahrung*) nourriture f

Essen[s]marke f ticket m [de] repas **Essenszeit** f heure f du repas

Essenz [ɛˈsɛnts] <-, -en> f a. fig essence f

Essig [ˈɛsɪç] <-s, -e> m vinaigre m

Essiggurke f cornichon m à la russe

Esskastanieᴿᴿ, **Eßkastanie**ᴬᴸᵀ f châtaigne f **Esslöffel**ᴿᴿ, **Eßlöffel**ᴬᴸᵀ m cuillère f à soupe **Esszimmer**ᴿᴿ, **Eßzimmer**ᴬᴸᵀ nt salle f à manger

Este [ˈeːstə] <-n, -n> m, **Estin** f Estonien(ne) m(f)

Estland [ˈeːstlant] nt l'Estonie f

estnisch [ˈɛstnɪʃ] I. adj estonien II. adv ~ **miteinander sprechen** discuter en estonien

Estnisch <-[s]> nt kein art estonien m; s. a. **Deutsch**

Estragon [ˈɛstragɔn] <-s> m estragon m

ESZB [eːʔɛstsɛtˈbeː] <-> nt Abk von **Europäisches System der Zentralbanken** SEBC m

etablieren* [etaˈbliːrən] I. vt établir II. vr **sich als Arzt ~** s'établir comme médecin

etabliert adj geh établi(e)

Etage [eˈtaːʒə] <-, -n> f étage m; **in der obersten ~** au dernier étage

Etagenbett nt lits mpl superposés

Etappe [eˈtapə] <-, -n> f a. SPORT étape f; **in ~n** par étapes

Etat [eˈtaː] <-s, -s> m a. POL budget m

etc. [ɛtˈtseːtera] Abk von **et cetera** etc.

Ethik [ˈeːtɪk] <-> f éthique f

ethisch adj éthique

ethnisch [ˈɛtnɪʃ] adj ethnique

Ethnologie [ɛtnoloˈgiː] <-, -n> f ethnologie f

Etikett [etiˈkɛt] <-[e]s, -e[n]> nt étiquette f

Etikette [etiˈkɛta] <-> f étiquette f

etikettieren* [etikɛˈtiːrən] vt étiqueter

etliche(r, s) [ˈɛtlɪçra, -çə, -çəs] pron indef ➊ attr pas mal de ➋ (*zahlreiche Personen*) **~ waren zum ersten Mal da** [un] bon nombre d'entre eux étaient là pour la première fois ➌ (*einiges*) **~s** pas mal de choses; **um ~s älter/größer sein** être bien plus âgé/grand

Etui [ɛtˈviː] <-s, -s> nt étui m

etwa [ˈɛtva] adv ➊ [in] ~ à peu près ➋ (*zum Beispiel*) par exemple ➌ (*womöglich*) par

hasard; **willst du ~ hier bleiben?** tu veux vraiment rester ici?; **oder ~ nicht?** ou [bien] non?

etwas [ˈɛtvas] pron indef ➊ quelque chose; **kannst du mir ~ davon abgeben?** peux-tu m'en donner?; **hast du ~ von ihr gehört?** as-tu eu de ses nouvelles? ➋ attr ~ **Nettes** quelque chose de gentil; ~ **anderes wäre es, wenn ...** ce serait [tout] autre chose si ...; **so ~ Dummes!** que c'est bête! ➌ (*ein wenig*) un peu

Etymologie [etymoloˈgiː] <-, -n> f étymologie f

etymologisch [etymoˈloːgɪʃ] adj étymologique

EU [eːˈuː] <-> f Abk von **Europäische Union** UE f

euch [ɔyç] I. pron pers, dat von **ihr**[1] ➊ vous; **eine Bekannte von ~** une de vos connaissances ➋ refl vous II. pron pers, akk von **ihr**[1] ➊ vous ➋ refl **beeilt ~!** dépêchez-vous!

euer [ˈɔyɐ] pron poss ➊ votre; **eure Bücher** vos livres; **dieser Koffer ist eurer** cette valise est à vous; **alles Liebe, eure Petra** affectueusement, Petra ➋ substantivisch geh **der/die/das eure** le/la vôtre

EU-Kommission f Commission f européenne **EU-Länder** Pl pays mpl membres de l'UE

Eule [ˈɔylə] <-, -n> f chouette f; (*mit Ohrfedern*) hibou m

EU-Ministerrat m Conseil m européen **EU-Mitgliedstaaten** Pl Etats mpl membres de l'UE

Eunuch [ɔyˈnuːx] <-en, -en> m eunuque m

Euphorie [ɔyfoˈriː] <-, -n> f euphorie f

euphorisch [ɔyˈfoːrɪʃ] adj euphorique

EUR Abk von **Euro** EUR

Euratom [ɔyraˈtoːm] <-> f Abk von **Europäische Atomgemeinschaft** Euratom m

euerseits [ˈɔyrəˈzaɪts] adv ➊ de votre côté ➋ (*was euch betrifft*) pour votre part

eures [ˈɔyrəs] s. **euer**

euresgleichen [ˈɔyrəsˈglaɪçən] pron inv ➊ pej (*Menschen eures Schlags*) [ihr und] ~ [vous et] vos semblables mpl ➋ (*Menschen wie ihr*) **ihr verkehrt nur mit ~** vous ne fréquentez que les gens de votre sorte

euretwegen [ˈɔyrətˈveːgən] adv (*wegen euch*) à cause de vous; (*euch zuliebe*) pour vous

Euro ['ɔyro] <-[s], -[s]> m euro m; **der
Übergang zum ~** le passage à l'euro; **auf
~ lauten** être libellé en euros
Euro-Banknoten Pl billets mpl [en] euro
Eurocheque s. **Euroscheck Eurocity**
<-s, -s> m Eurocity m **Eurodollars** Pl euro-
dollars mpl **Euromarkt** m marché m européen **Euro-Münzen** Pl pièces fpl [en] euro
Europa [ɔy'ro:pa] <-s> nt l'Europe f
Europäer(in) [ɔyro'pɛ:ɐ] <-s, -> m(f) Euro-
péen(ne) m(f)
europäisch adj européen(ne)
Europameister(in) m(f) champion(ne) m(f)
d'Europe **Europapokal** m coupe f d'Europe **Europarat** m kein Pl Conseil m de
l'Europe **Europawahl** f élections fpl européennes
Euroscheck ['ɔyroʃɛk] m eurochèque m
Eurotunnel m tunnel m sous la manche
Eurovision f eurovision f **Eurowährung** f
eurodevise f **Euro-Währungsgebiet** nt,
Euro-Zone f zone f euro
Euthanasie [ɔytana'zi:] <-> f euthanasie f
ev. Abk von **evangelisch** protestant(e)
e.V., E.V. [e:'fau] Abk von **eingetragener
Verein** association f déclarée
evakuieren* [evaku'i:rən] vt (Bewohner)
évacuer
Evakuierung <-, -en> f évacuation f
evangelisch [evaŋ'ge:lɪʃ] adj protestant(e)
Evangelium [evaŋ'ge:lium] <-s, -lien> nt
évangile m
Eventualität [eventuali'tɛ:t] <-, -en> f éventualité f
eventuell [evɛn'tuɛl] adj éventuel(le)
Evolution [evolu'tsjo:n] <-, -en> f évolution
f
evtl. adj, adv Abk von **eventuell**
E-Werk ['e:vɛrk] nt Abk von **Elektrizitätswerk** centrale f électrique
EWG [e:ve:'ge:] <-> f HIST Abk von **Europäische Wirtschaftsgemeinschaft** C.E.E.
f
EWI [e:ve:?'i:] <-> nt Abk von **Europäisches Währungsinstitut** IME m
ewig ['e:vɪç] I. adj éternel(le) II. adv ❶ (bestehen) de toute éternité ❷ (für immer) **auf
~** pour toujours ❸ fam (ständig) toujours
Ewigkeit <-, -en> f éternité f
EWS [e:ve:'ɛs] <-> nt Abk von **Europäisches Währungssystem** S.M.E. m
EWU [e:ve:'?u:] <-> f Abk von **Europäische
Währungsunion** U.M.E. f

ex adv fam ▶etw [auf] **~ trinken** boire qc
cul sec
Examen [ɛ'ksa:mən] <-s, -> nt examen m; **~
machen** passer ses examens
Exekution [ɛkseku'tsjo:n] <-, -en> f ❶ exécution f ❷ A (Pfändung) saisie f
Exekutive [ɛkseku'ti:və] <-, -n> f exécutif m
Exemplar [ɛksɛm'pla:ɐ] <-s, -e> nt exemplaire m
exemplarisch [ɛksɛm'pla:rɪʃ] adj exemplaire
exerzieren* [ɛksɛr'tsi:rən] vi MIL faire l'exercice
Exhibitionismus [ɛkshibitsjo'nɪsmʊs] <->
m exhibitionnisme m
Exhibitionist(in) [ɛkshibitsjo'nɪst] <-en,
-en> m(f) exhibitionniste mf
Exil [ɛ'ksi:l] <-s, -e> nt exil m
Existentialismus [ɛksɪstɛntsja'lɪsmʊs] s.
Existenzialismus
existentiell [ɛksɪstɛn'tsjɛl] s. **existenziell**
Existenz [ɛksɪs'tɛnts] <-> f kein Pl existence
f **Existenzberechtigung** f kein Pl (einer
Person) droit m à l'existence; (einer Sache)
raison f d'être
Existenzialismusᴿᴿ [ɛksɪstɛntsja'lɪsmʊs]
<-> m existentialisme m
existenziellᴿᴿ [ɛksɪstɛn'tsjɛl] adj vital(e)
Existenzminimum nt minimum m vital
existieren* [ɛksɪs'ti:rən] vi exister
exklusiv [ɛksklu'zi:f] adj raffiné(e)
exkommunizieren* [ɛkskɔmuni'tsi:rən] vt
excommunier
Exkrement [-<-[e]s, -e> nt meist Pl geh excré-
ment m
Exkursion <-, -en> f excursion f
exmatrikulieren* [ɛksmatriku'li:rən] vt **sich
~** se faire radier de la liste des étudiants
Exot [ɛ'kso:t] <-en, -en> m (Pflanze) plante f
exotique; (Tier) animal m exotique
exotisch [ɛ'kso:tɪʃ] adj ❶ (Pflanze) exotique
❷ fam (Hobby) insolite
expandieren* vi (Firma) s'agrandir
Expansion [ɛkspan'zjo:n] <-, -en> f POL,
COM expansion f
Expedition [ɛkspedi'tsjo:n] <-, -en> f expédition f
Experiment [ɛksperi'mɛnt] <-[e]s, -e> nt
expérience f; (wissenschaftlicher Versuch)
expérimentation f
experimentell [ɛksperimɛn'tɛl] I. adj expé-

rimental(e) II. *adv* ~ **vorgehen** expérimenter

experimentieren* [ɛksperimɛn'ti:rən] *vi* **mit etw** ~ faire des expériences avec qc

Experte [ɛks'pɛrtə] <-n, -n> *m*, **Expertin** *f* expert(e) *m(f)*

explizit [ɛkspli'tsi:t] *geh adj* explicite

explodieren* [ɛksplo'di:rən] *vi + sein* exploser

Explorer [ɪk'splɔ:rɐ] <-s, -> *m* INFORM explorateur *m*

Explosion [ɛksplo'zio:n] <-, -en> *f* explosion *f*

explosionsartig I. *adj* ❶ **ein ~es Geräusch** un bruit d'explosion ❷ (*Zunahme*) explosif(-ive) II. *adv* à une vitesse fulgurante

explosiv [ɛksplo'zi:f] *adj* explosif(-ive)

Exponat [ɛkspo'na:t] <-[e]s, -e> *nt* pièce *f* d'exposition

Exponent [ɛkspo'nɛnt] <-en, -en> *m* MATH exposant *m*

Export [ɛks'pɔrt] <-[e]s, -e> *m* exportation *f*

Exporteur(in) [ɛkspɔr'tø:ɐ] <-s, -e> *m(f)* exportateur(-trice) *m(f)*

exportieren* [ɛkspɔr'ti:rən] *vt* **etw nach Australien** ~ exporter qc vers l'Australie

Express[RR] <-es>, **Expreß**[ALT] [ɛks'prɛs] <-sses> *m* **per** ~ par exprès

exquisit [ɛkskvi'zi:t] I. *adj* (*Lokal*) excellent(e) II. *adv* ~ **schmecken** être exquis

extern [ɛks'tɛrn] *adj* (*Kandidat*) venu(e) de l'extérieur

extra ['ɛkstra] *adv* ❶ (*besonders*) extra[-] ❷ (*zusätzlich*) en plus ❸ (*gesondert*) à part

Extra <-s, -s> *nt* accessoire *m* [optionnel]

Extrablatt *nt* édition *f* spéciale

Extrakt [ɛks'trakt] <-[e]s, -e> *m* extrait *m*

extravagant [ɛkstrava'gant] *adj* extravagant(e)

Extrazug *m* CH train *m* spécial

extrem [ɛks'tre:m] I. *adj* extrême II. *adv* ~ **links stehen** (*Politiker*) être d'extrême gauche

Extrem <-s, -e> *nt* extrême *m*

Extremist(in) [ɛkstre'mɪst] <-en, -en> *m(f)* extrémiste *mf*

Extremitäten [ɛkstremi'tɛ:tən] *Pl* extrémités *fpl*

exzellent [ɛkstsɛ'lɛnt] I. *adj* excellent(e) II. *adv* (*speisen*) extrêmement bien

Exzellenz [ɛkstsɛ'lɛnts] <-, -en> *f* Excellence *f*

exzentrisch [ɛks'tsɛntrɪʃ] *adj* excentrique

Exzess[RR] <-es, -e>, **Exzeß**[ALT] [ɛks'tsɛs] <-sses, -sse> *m meist Pl* excès *m*

exzessiv [ɛkstsɛ'si:f] *adj* excessif(-ive)

Eyeliner ['aɪlaɪnɐ] <-s, -> *m* eye-liner *m*

EZB [e:tsɛt'be:] <-> *f Abk von* Europäische Zentralbank BCE *f*

F

F, f [ɛf] <-, -> *nt* ❶ F *m*/f *m* ❷ MUS fa *m*

Fa. *Abk von* **Firma** Sté

Fabel ['fa:bəl] <-, -n> *f* fable *f*

fabelhaft *adj* **das ist ja ~!** c'est vraiment sensationnel!

Fabelwesen *nt* être *m* fabuleux

Fabrik [fa'bri:k] <-, -en> *f* usine *f*

Fabrikant(in) [fabri'kant] <-en, -en> *m(f)* fabricant(e) *m(f)*

Fabrikarbeiter(in) *m(f)* ouvrier(-ière) *m(f)* d'usine

Fabrikat [fabri'ka:t] <-[e]s, -e> *nt* ❶ produit *m* ❷ (*Marke*) marque *f*

Fabrikation [fabrika'tsio:n] <-, -en> *f* fabrication *f*

fabrizieren* [fabri'tsi:rən] *vt* fabriquer

fabulieren* *vi* raconter des histoires

Facette [fa'sɛtə] <-, -n> *f* facette *f*

Fach [fax, *Pl*: 'fɛçɐ] <-[e]s, Fächer> *nt* ❶ (*einer Tasche*) compartiment *m* ❷ (*Schubfach*) tiroir *m* ❸ (*Schulfach*) matière *f*

Facharbeiter(in) *m(f)* ouvrier(-ière) *m(f)* qualifié(e) **Facharzt** *m*, **-ärztin** *f* [médecin *mf*] spécialiste *mf* **Fachausdruck** <-ausdrücke> *m* terme *m* technique

Fachbereich *m* (*einer Universität*) ≈ unité *f* de formation et de recherche **Fachbuch** *nt* ouvrage *m* spécialisé

fächeln ['fɛçəln] *vi* **mit etw** ~ agiter qc pour produire un courant d'air

Fächer ['fɛçɐ] <-s, -> *m* éventail *m*

Fachfrau *f* spécialiste *f* **Fachgebiet** *nt* spécialité *f* **fachgerecht** *adj* approprié(e); (*Ausbildung*) spécialisé(e) **Fachhochschule** *f*: école supérieure spécialisée où on peut faire des études techniques ou artistiques

Les **Fachhochschulen** sont des universités d'enseignement technique ou artistique qui correspondent globalement aux I.U.T. (Instituts Universitaires Techniques) en France. L'enseignement y est particulièrement axé sur la pratique et dure trois ans au lieu de deux dans les I.U.T. Pour pouvoir étudier dans une **Fachhochschule**, il faut posséder un diplôme de baccalauréat d'enseignement général ou d'enseignement professionnel.

Fachkenntnisse *Pl* connaissances *fpl* professionnelles **Fachkraft** *f* spécialiste *mf* **fachkundig** *adj* compétent(e)
fachlich I. *adj* (*Qualifikation*) professionnel(le) II. *adv* sur le plan professionnel
Fachliteratur *f* littérature *f* spécialisée **Fachmann** <-leute> *m* spécialiste *m* **fachmännisch** I. *adj* de spécialiste II. *adv* (*prüfen*) en connaisseur **Fachrichtung** *f* branche *f* **Fachschule** *f* école *f* professionnelle **fachsimpeln** *vi fam* **mit jdm** ~ parler boutique avec qn **Fachsprache** *f* jargon *m* **Fachwerk** *nt kein Pl* colombage *m* **Fachwerkhaus** *nt* maison *f* à colombages **Fachwissen** *nt* savoir *m* technique **Fachwort** *nt* terme *m* technique
Fackel ['fakəl] <-, -n> *f* torche *f*
fad(e) [fa:t ('fa:də)] I. *adj* (*Geschmack*) fade II. *adv* ~ **schmecken** être fade
Faden ['fa:dən, *Pl*: 'fɛ:dən] <-s, Fäden> *m* fil *m*
fadenscheinig *adj pej* cousu(e) de fil blanc
Fagott [fa'gɔt] <-[e]s, -e> *nt* basson *m*
fähig ['fɛ:ɪç] *adj* capable
Fähigkeit <-, -en> *f* ❶ *kein Pl* faculté *f* ❷ (*Begabung*) aptitude *f*
fahl [fa:l] *adj* blafard(e)
Fähnchen <-s, -> *nt Dim von* **Fahne** petit drapeau *m*
fahnden ['fa:ndən] *vi* **nach jdm/etw** ~ rechercher qn/qc
Fahndung <-, -en> *f* recherches *fpl*
Fahne ['fa:nə] <-, -n> *f* ❶ drapeau *m* ❷ *fam* (*Alkoholfahne*) **eine** ~ **haben** puer l'alcool
Fahnenflucht *f kein Pl* désertion *f* **Fahnenmast** *m* mât *m*
Fahrausweis *m* ❶ titre *m* de transport ❷ CH (*Führerschein*) permis *m* de conduire **Fahrbahn** *f* (*Fahrspur*) voie *f* [de circulation]

Fähre ['fɛ:rə] <-, -n> *f* bac *m*
fahren ['fa:rən] <fährt, fuhr, gefahren> I. *vi* ❶ + *sein* **nach Frankreich** ~ aller en France ❷ + *sein* (*Fahrzeug*) rouler; **nach oben/unten** ~ (*Fahrstuhl*) monter/descendre ❸ + *sein* (*ein Fahrzeug lenken*) conduire ❹ + *sein* (*los~*) partir ❺ + *sein* (*verkehren*) passer ❻ + *sein fam* (*zurechtkommen*) **mit jdm/etw gut** ~ être satisfait de qn/qc ▸**einen ~ lassen** *fam* lâcher un pet II. *vt* ❶ + *haben* (*Auto*) conduire; (*Fahrrad*) rouler sur ❷ + *haben* (*Personen*) conduire; (*Sachen*) transporter ❸ + *sein* (*als Geschwindigkeit haben*) **90 km/h** ~ rouler à 90 km/h ❹ + *haben o sein* (*Rennen*) effectuer
Fahrenheit Fahrenheit
fahren|lassenᴬᴸᵀ *s.* **fahren** I.
Fahrer(in) ['fa:re] <-s, -> *m(f)* ❶ conducteur (-trice) *m(f)* ❷ (*Chauffeur*) chauffeur *m*
Fahrerflucht *f* délit *m* de fuite
Fahrerlaubnis *f form* permis *m* de conduire
Fahrgast *m* passager(-ère) *m(f)*
fahrig ['fa:rɪç] *adj* (*Person*) surexcité(e)
Fahrkarte *f* ticket *m*; (*für den Zug*) billet *m* **Fahrkartenautomat** *m* distributeur *m* [automatique] de tickets **Fahrkartenschalter** *m* guichet *m* [de vente] des billets
fahrlässig ['fa:ɡlɛsɪç] *adj* imprudent(e)
Fahrlässigkeit <-, -en> *f* imprudence *f*
Fahrlehrer(in) *m(f)* moniteur(-trice) *m(f)* d'auto-école **Fahrplan** *m* [indicateur *m*] horaire *m* **fahrplanmäßig** *adj* prévu(e) [selon l'horaire] **Fahrpreis** *m* prix *m* du transport **Fahrprüfung** *f* examen *m* du permis de conduire
Fahrrad *nt* vélo *m* **Fahrradfahrer(in)** *m(f)* cycliste *mf* **Fahrradständer** *m* (*am Fahrrad*) béquille *f*; (*Gestell für Fahrräder*) support *m* pour vélos **Fahrradweg** *m* piste *f* cyclable
Fahrschein *s.* **Fahrkarte**
Fahrscheinautomat *m* distributeur *m* automatique [de tickets]
Fahrschule *f* auto-école *f* **Fahrschüler(in)** *m(f)* élève *mf* d'auto-école **Fahrspur** *f* voie *f* [de circulation] **Fahrstuhl** *m* ascenseur *m* **Fahrstunde** *f* leçon *f* de conduite
Fahrt [fa:ɐt] <-, -en> *f* ❶ trajet *m*; **gute** ~! bonne route! ❷ (*Reise*) voyage *m* ▸**in ~ kommen** *fam* (*in Schwung kommen*) trouver la forme
fährt [fɛ:ɐt] *3. Pers Präs von* **fahren**

Fährte ['fɛːɐ̯tə] <-, -n> f trace f

Fahrtenschreiber m tachygraphe m

Fahrtkosten Pl frais mpl de transport
Fahrtrichtung f destination f

fahrtüchtig adj (Kraftfahrzeug) en [bon] état de marche

Fahrtwind m déplacement m d'air

Fahrverbot nt (generelles ~) interdiction f de circuler **Fahrzeit** f durée f du trajet **Fahrzeug** <-, -e> nt véhicule m

Fahrzeugbrief m: titre de propriété du véhicule **Fahrzeughalter(in)** m(f) propriétaire mf du véhicule **Fahrzeugpapiere** Pl papiers mpl du véhicule **Fahrzeugschein** m ≈ carte f grise

Faible ['fɛːbl] <-s, -s> nt faible m

fair [fɛːɐ̯] I. adj (Spiel) correct(e) II. adv (spielen) avec fair-play

Fairnessᴿᴿ, **Fairneß**ᴬᴸᵀ ['fɛːɐ̯nɛs] <-> f fair-play m

Fäkalien [-liən] Pl matières fpl fécales

Fakir [faːˈkiːɐ̯] <-s, -e> m fakir m

Faksimile [fakˈziːmile] <-s, -s> nt fac-similé m

faktisch ['faktɪʃ] I. adj attr effectif(-ive) II. adv en fait

Faktor ['faktoːɐ̯] <-s, -toren> m facteur m

Faktum ['faktʊm] <-s, Fakten> nt geh fait m

Fakultät [fakʊlˈtɛːt] <-, -en> f faculté f

Falke ['falkə] <-n, -n> m faucon m

Fall [fal, Pl: 'fɛlə] <-[e]s, Fälle> m ① cas m; **gesetzt den** ~ à supposer que + subj ② kein Pl a. fig (das Fallen) chute f ▶mein/... ~ **sein** fam (Person) être son/mon/... genre; (Sache) être son/mon/... truc

Fallbeil nt guillotine f

Falle ['falə] <-, -n> f piège m

fallen ['falən] <fällt, fiel, gefallen> vi + sein ① auf den Boden ~ tomber par terre ② (stolpern) über etw (akk) ~ buter sur qc ③ fam (nicht bestehen) durch die Prüfung ~ être recalé à l'examen ④ (Preise) baisser; **die Aktien sind gefallen** les actions ont connu une baisse ⑤ (Soldat) tomber à la guerre ⑥ (treffen) auf jdn ~ (Verdacht) se porter sur qn; auf einen Dienstag ~ tomber un mardi ⑦ (Schuss) être tiré ⑧ (sich erweisen) jdm leicht ~ être facile pour qn ▶~ lassen (Bemerkung) laisser échapper

fällen ['fɛlən] vt ① (Baum) abattre ② (Ent-

scheidung) prendre; (Urteil) rendre

fallen|lassen* s. fallen ▶

fällig ['fɛlɪç] adj ① (Rechnung) parvenu(e) à échéance ② (Entschuldigung) dû(e)

Fälligkeit <-, -en> f échéance f

Fallobst nt fruits mpl tombés

falls [fals] konj au cas où + cond

Fallschirm m parachute m

Fallschirmjäger(in) m(f) MIL parachutiste mf **Fallschirmspringer(in)** m(f) parachutiste mf

fällt [fɛlt] 3. Pers Präs von fallen

Falltür f trappe f

falsch [falʃ] I. adj faux(fausse); (Schlüssel) mauvais(e) ▶mit etw ~ liegen fam se fourrer le doigt dans l'œil à propos de qc II. adv mal; (singen) faux

Falschaussage f faux témoignage m

fälschen ['fɛlʃən] vt (Urkunde) falsifier; (Banknoten, Unterschrift) contrefaire

Fälscher(in) <-s, -> m(f) faussaire mf

Falschfahrer(in) m(f) automobiliste mf circulant à contresens **Falschgeld** nt fausse monnaie f

fälschlich ['fɛlʃlɪç] adj (Annahme) erroné(e)

Falschmeldung f fausse nouvelle f **Falschmünzer(in)** ['falʃmʏntsɐ] <-s, -> m(f) faux-monnayeur m/fausse-monnayeuse f **Falschspieler(in)** m(f) tricheur(-euse) m(f)

Fälschung ['fɛlʃʊŋ] <-, -en> f ① kein Pl falsification f ② (das Gefälschte) faux m

fälschungssicher adj infalsifiable

Faltblatt nt dépliant m

Falte ['faltə] <-, -n> f ① (eines Kleidungsstücks) pli m ② (Hautfalte) ride f

falten ['faltən] vt (Papier) plier; (Hände) joindre

Faltenrock m jupe f plissée

Falter ['faltɐ] <-s, -> m papillon m

faltig adj ① froissé(e) ② (Haut) ridé(e)

Falz [falts] <-es, -e> m TECH rainure f

falzen ['faltsən] vt plier

Fam. Abk von **Familie** famille f

familiär [famiˈliɛːɐ̯] adj ① familial(e) ② (Atmosphäre) décontracté(e)

Familie [faˈmiːliə] <-, -n> f famille f

Familienangehörige(r) f(m) dekl wie adj membre m de la famille **Familienfeier** f réunion f familiale **Familienleben** nt vie f de famille **Familienname** m nom m de famille **Familienstand** m situation f de famille **Familienvater** m père m de famille

F

Familienverhältnisse *Pl* situation *f* familiale

Fan [fɛn] <-s, -s> *m* fan *mf*

Fanatiker(in) [fa'na:tɪke] <-s, -> *m(f)* fanatique *mf*

fanatisch [fa'na:tɪʃ] *adj* (*Person*) fanatique

Fanatismus [fana'tɪsmʊs] <-> *m* fanatisme *m*

Fanclub ['fɛnklʊb] *m* fan-club *m*

fand [fant] *Imp von* **finden**

Fang [faŋ, *Pl:* 'fɛŋə] <-[e]s, Fänge> *m* (*einer Person*) prise *f*; (*eines Tieres*) proie *f*

Fangarm *m* tentacule *m*

fangen [faŋən] <fängt, fing, gefangen> I. *vt* ❶ (*Ball*) attraper ❷ (*Verbrecher*) arrêter ❸ (*Fisch*) prendre II. *vr* ❶ (*nicht stürzen*) **sich** ~ reprendre l'équilibre ❷ (*sich seelisch beruhigen*) **sich wieder** ~ se ressaisir

Fangen <-s> *nt* ~ **spielen** jouer au chat

Fangfrage *f* question *f* piège

fängt [fɛŋt] *3. Pers Präs von* **fangen**

Fanklub *s.* **Fanclub**

Fantasie [fanta'zi:] <-, -n> *f* ❶ *kein Pl* imagination *f* ❷ *meist Pl* (*Träumerei*) fantasme *m*

fantasielos^{RR} *adj* (*Person*) dépourvu(e) d'imagination; (*Sache*) banal(e)

fantasieren*^{*RR} [fanta'zi:rən] *vi* MED délirer

fantasievoll^{RR} *adj* (*Person*) imaginatif(-ive); (*Darstellung*) plein(e) d'imagination

Fantast^{RR}**(in)** [fan'tast] <-en, -en> *m(f) pej* rêveur(-euse) *m(f)*

fantastisch^{RR} I. *adj* ❶ *fam* formidable ❷ *geh* (*Geschichte*) fantastique II. *adv fam* (*großartig*) merveilleusement [bien]

Farbband <-bänder> *nt* ruban *m* **Farbbild** *nt* photo *f* en couleurs **Farbdruck** *m* (*Erzeugnis*) imprimé *m* en couleurs **Farbdrucker** *m* imprimante *f* couleur

Farbe ['farbə] <-, -n> *f* ❶ couleur *f* ❷ (*Gesichtsfarbe*) teint *m* ❸ (*Malfarbe*) peinture *f*

farbecht *adj* grand teint *inv*

färben ['fɛrbən] I. *vt* teindre II. *vr* **sich** ~ (*Laub*) se colorer

farbenblind *adj* daltonien(ne) **farbenfroh** *adj* très coloré(e)

Färber(in) ['fɛrbə] <-s, -> *m(f)* teinturier (-ière) *m(f)*

Färberei [fɛrbə'raɪ] <-, -en> *f* teinturerie *f*

Farbfernsehen *nt* télévision *f* en couleur **Farbfernseher** *m fam* télé *f* couleur **Farbfilm** *m* film *m* couleur **Farbfoto** *s.* **Farbbild**

farbig ['farbɪç] I. *adj* ❶ coloré(e) ❷ (*Foto*) en couleur II. *adv* en couleur

Farbige(r) *f(m) dekl wie adj* homme *m*/ femme *f* de couleur

Farbkasten *m* boîte *f* de couleurs **Farbkopierer** *m* [photo]copieur *m* couleur

farblich *adj* de couleurs

farblos *adj* ❶ incolore ❷ (*unauffällig*) terne

Farbmonitor *m* moniteur *m* couleur **Farbscanner** *m* scanne[u]r *m* couleur **Farbstift** *m* crayon *m* de couleur **Farbstoff** *m* (*Färbemittel*) colorant *m* **Farbton** <-töne> *m* ❶ ton *m* ❷ (*Nuance*) teinte *f*

Färbung ['fɛrbʊŋ] <-, -en> *f* ❶ *kein Pl* (*von Textilien*) teinture *f* ❷ (*Tönung*) couleur *f*

Farce [fars] <-, -n> *f* farce *f*

Farm [farm] <-, -en> *f* ranch *m*

Farmer(in) <-s, -> *m(f)* exploitant(e) *m(f)* agricole

Farn [farn] <-[e]s, -e> *m* fougère *f*

Fasan [fa'za:n] <-s, -e[n]> *m* faisan *m*

Fasching ['faʃɪŋ] <-s, -e> *m* carnaval *m*

Faschismus [fa'ʃɪsmʊs] <-> *m* fascisme *m*

Faschist(in) [fa'ʃɪst] <-en, -en> *m(f)* fasciste *mf*

faschistisch *adj* fasciste

faseln ['fa:zəln] *pej fam* I. *vi* débloquer II. *vt* radoter

Faser ['fa:zɐ] <-, -n> *f* fibre *f*

faserig *adj* fibreux(-euse); (*Fleisch*) filandreux(-euse)

Fasnacht CH *s.* **Fastnacht**

Fass^{RR} [fas] <-es, Fässer>, **Faß**^{ALT} <-sses, Fässer> *nt* (*Holzfass*) tonneau *m* ▶**ein** ~ **ohne Boden** un vrai gouffre

Fassade [fa'sa:də] <-, -n> *f* façade *f*

fassbar^{RR}, **faßbar**^{ALT} *adj* concret(-ète)

Fassbier *nt* bière *f* [à la] pression

fassen ['fasən] I. *vt* ❶ saisir; **jdn an der Hand** ~ prendre qn par la main; **fass! mords!** ❷ (*festnehmen*) arrêter ❸ (*Entschluss*) prendre II. *vr* **sich wieder** ~ se ressaisir

Fassung ['fasʊŋ] <-, -en> *f* ❶ (*einer Glühbirne*) douille *f*; (*einer Brille*) monture *f* ❷ (*Version*) version *f* ❸ *kein Pl* (*Selbstbeherrschung*) maîtrise *f* de soi/de lui-même/d'elle-même/...

fassungslos *adj* décontenancé(e)

Fassungslosigkeit <-> *f* stupeur *f*

Fassungsvermögen *nt* contenance *f*

fast [fast] *adv* presque; **er wäre** ~ **gestürzt**

il a failli tomber

fasten ['fastən] *vi* être à la diète; REL jeûner

Fastenzeit *f* carême *m*

Fastfoodᴿᴿ, **Fast Food**ᴿᴿ ['fa:stfu:d] <-[s]> *nt* restauration *f* rapide

Fastnacht *f kein Pl* carnaval *m*

Faszination <-, -en> *f* fascination *f*

faszinieren* [fastsi'ni:rən] *vt* fasciner

faszinierend *adj* fascinant(e)

fatal [fa'ta:l] *adj geh* fatal(e)

Fatalismus [fata'lɪsmʊs] <-> *m geh* fatalisme *m*

Fata Morgana <- -, - Morganen *o* -s> *f* mirage *m*

fauchen ['fauxən] *vi* (*Tier*) feuler; (*Person*) grogner

faul [faul] *adj* ❶ paresseux(-euse) ❷ (*Lebensmittel*) avarié(e); (*Obst*) pourri(e); (*Zahn*) gâté(e)

faulen ['faulən] *vi* + *haben o sein* pourrir

faulenzen ['faulɛntsən] *vi* fainéanter

Faulenzer(in) <-s, -> *m(f) pej* fainéant(e) *m(f)*

Faulheit <-> *f* paresse *f*

faulig *s.* faul 2.

Fäulnis ['fɔylnɪs] <-> *f* (*von Fleisch*) décomposition *f*

Faulpelz *m pej fam* feignant(e) *m(f)* **Faultier** *nt* ZOOL paresseux *m*

Fauna ['fauna] <-, Faunen> *f* faune *f*

Faust [faust, *Pl:* 'fɔystə] <-, Fäuste> *f* poing *m*

Fäustchen ['fɔystçən] <-s, -> *nt* ▸ **sich** (*dat*) **ins ~ lachen** rire dans sa barbe (*fam*)

faustdick ['faustdɪk] *adj fam* (*Lüge*) grossier(-ière) **faustgroß** *adj* gros(se) comme le poing **Fausthandschuh** *m* moufle *f* **Faustregel** *f* règle *f* générale **Faustschlag** *m* coup *m* de poing

Favorit(in) [favo'ri:t] <-en, -en> *m(f)* favori(te) *m(f)*

Fax ['faks] <-, -e> *nt* fax *m*

faxen I. *vi* envoyer un fax **II.** *vt* faxer

Faxgerät *nt* [télé]fax *m*

Fazit ['fa:tsɪt] <-s, -s> *nt* bilan *m*; (*Ergebnis*) résultat *m*

FCKW [ɛftse:ka:'ve:] <-s, -s> *m Abk von* **Fluorchlorkohlenwasserstoff** C.F.C. *m*

FCKW-frei *adj* sans C.F.C.

Februar ['fe:brua:ɐ] <-[s] -e> *m* février *m*; *s. a.* **April**

fechten ['fɛçtən] <ficht, focht, gefochten> *vi* faire de l'escrime

Fechter(in) <-s, -> *m(f)* escrimeur(-euse) *m(f)*

Feder ['fe:dɐ] <-, -n> *f* ❶ plume *f* ❷ TECH ressort *m* ❸ (*Schreibfeder*) plume *f*

Federball *m* ❶ volant *m* ❷ *kein Pl* (*Spiel*) badminton *m* **Federbett** *nt* couette *f* **federleicht** *adj* ultra-léger(-ère)

federn ['fe:dɐn] **I.** *vi* faire ressort **II.** *vt* **gut/ schlecht gefedert sein** avoir une bonne/ mauvaise suspension

Federung <-, -en> *f* suspension *f*

Federvieh *nt fam* volailles *fpl*

Fee [fe:] <-, -n> *f* fée *f*

Feedback, Feed-backᴿᴿ ['fi:dbɛk] <-s, -s> *nt* réactions *fpl*

Fegefeuer ['fe:gəfɔyɐ] *nt* purgatoire *m*

fegen ['fe:gən] **I.** *vt* + *haben* ❶ (*Straße*) balayer ❷ CH (*feucht wischen*) laver **II.** *vi* ❶ + *haben* (*aus~*) balayer ❷ + *haben* CH (*feucht wischen*) passer la serpillière ❸ + *sein fam* (*jagen*) **über die Dächer ~** balayer les toits

Fehde ['fe:də] <-, -n> *f geh* querelle *f*

Fehlanzeige *f* ~**!** *fam* le bide complet! **Fehlbetrag** *m* déficit *m* **Fehldiagnose** *f* erreur *f* de diagnostic

fehlen ['fe:lən] **I.** *vi* ❶ manquer ❷ (*abwesend sein*) **im Unterricht ~** être absent du cours **II.** *vi unpers* **es fehlt etw** il manque qc

Fehler ['fe:lɐ] <-s, -> *m* ❶ faute *f* ❷ (*Mangel*) défaut *m*

fehlerfrei *s.* fehlerlos

fehlerhaft I. *adj* (*Arbeit*) incorrect(e); (*Ware*) défectueux(-euse) **II.** *adv* mal

fehlerlos *adj* impeccable

Fehlgeburt *f* fausse couche *f* **Fehlgriff** *m* erreur *f* **Fehlschlag** *m* échec *m* **fehl| schlagen** *vi irr* + *sein* échouer **Fehlstart** *m* SPORT faux départ *m*; TECH lancement *m* raté **Fehltritt** *m* ❶ faux pas *m* ❷ *geh* (*Verstoß gegen die Moral*) écart *m* de conduite **Fehlzündung** *f* AUT raté *m* [d'allumage]

Feier ['faiɐ] <-, -n> *f* fête *f*; (*Festakt*) cérémonie *f* **zu ~ des Tages** en cet honneur

Feierabend *m* (*Arbeitsschluss*) fin *f* de la journée de travail; (*Geschäftsschluss*) heure *f* de fermeture

feierlich *adj* solennel(le)

Feierlichkeit <-, -en> *f* festivité *f*; *kein Pl* (*eines Augenblicks*) solennité *f*

F

feiern ['faiɐn] I. vt fêter II. vi faire la fête
Feiertag m jour m férié
feig[e] adj lâche
Feige ['faigə] <-, -n> f figue f
Feigenbaum m figuier m
Feigheit <-> f lâcheté f
Feigling ['faiklɪŋ] <-s, -e> m lâche mf
Feile ['failə] <-, -n> f lime f
feilen ['failən] vt limer
feilschen ['failʃən] vi pej **um etw ~** marchander qc
fein [fain] adj ❶ fin(e) ❷ fam (Charakter) sympathique ❸ (vornehm) distingué(e) ❹ (sehr gut) **~!** super! (fam)
Feind(in) [faint] <-[e]s, -e> m(f) ennemi(e) m(f)
Feindbild nt spectre m
feindlich adj ❶ ennemi(e) ❷ (feindselig) hostile
Feindschaft <-, -en> f (Haltung) hostilité f; (Verhältnis) haine f
feindselig adj hostile
Feindseligkeit <-, -en> f hostilité f
feinfühlig ['fainfy:lɪç] adj sensible; (taktvoll) qui a du tact
Feingefühl nt kein Pl sensibilité f
feinglied[e]rig adj gracile (soutenu)
Feinheit <-, -en> f finesse f
feinkörnig adj fin(e) **Feinkost** f épicerie f fine **Feinkostgeschäft** nt épicerie f fine **Feinschmecker(in)** <-s, -> m(f) gourmet m
Feld [fɛlt] <-[e]s, -er> nt ❶ kein Pl (offenes Gelände) campagne f ❷ (Acker) champ m ❸ (eines Formulars) cadre m; (eines Spielbretts) case f ❹ SPORT terrain m ❺ PHYS champ m ▶ **das ~ räumen** libérer le terrain
Feldherr m général m en chef **Feldmarschall(in)** m(f) feld-maréchal(e) m(f) **Feldmaus** f campagnol m **Feldsalat** m mâche f **Feldstecher** <-s, -> m jumelles fpl **Feldwebel(in)** ['fɛltveːbəl] <-s, -> m(f) feldwebel m; (in der französischen Armee) adjudant(e) m(f) **Feldweg** m chemin m de terre **Feldzug** m campagne f
Felge ['fɛlgə] <-, -n> f jante f
Fell [fɛl] <-[e]s, -e> nt pelage m
Fels [fɛls] <-ens, -en> m ❶ rocher m ❷ (~gestein) roche f
Felsblock <-blöcke> m bloc m de pierre
Felsen ['fɛlzən] <-s, -> m rocher m
felsenfest I. adj inébranlable II. adv (überzeugt sein) absolument
felsig ['fɛlzɪç] adj (Küste) rocheux(-euse)
Felsspalte f crevasse f **Felswand** f paroi f rocheuse
feminin [femi'niːn] adj féminin(e)
Femininum <-s, Feminina> nt féminin m
Feminismus [femi'nɪsmʊs] <-> m féminisme m
Feminist(in) [femi'nɪst] <-en, -en> m(f) féministe mf
feministisch adj féministe
Fenchel ['fɛnçəl] <-s> m fenouil m
Fenster ['fɛnstɐ] <-s, -> nt fenêtre f ▶ **weg vom ~ sein** fam être hors circuit
Fensterbank <-bänke> f tablette f d'appui **Fensterladen** m volet m
fensterln ['fɛnstɐln] vi A passer par la fenêtre pour rejoindre sa bien-aimée
Fensterplatz m place f côté fenêtre **Fensterputzer(in)** <-s, -> m(f) laveur(-euse) m(f) de carreaux **Fensterrahmen** m châssis m de fenêtre **Fensterscheibe** f vitre f
Ferien ['feːriən] Pl vacances fpl
Ferienhaus nt maison f de vacances **Ferienkurs** m cours m de vacances **Ferientag** m jour m de vacances **Ferienwohnung** f appartement m de vacances **Ferienzeit** f [période f des] vacances fpl
Ferkel ['fɛrkəl] <-s, -> nt ❶ ZOOL porcelet m ❷ pej fam (unsauberer Mensch) cochon(ne) m(f)
Ferkelei <-, -en> f pej fam cochonnerie f
fern [fɛrn] I. adj ❶ (räumlich) lointain(e) ❷ (zeitlich) loin attr II. adv ❶ (räumlich) loin; **sich von etw ~ halten** ne pas s'approcher de qc ❷ fig **jdm ~ liegen** ne venir pas à l'esprit de qn
Fernbedienung f télécommande f
fern|bleiben vi irr + sein geh **dem Unterricht ~** ne pas venir au cours
Ferne <-> f lointain m; **in der ~** au loin
ferner I. adv encore et toujours II. konj de plus
Fernfahrer(in) m(f) routier(-ière) m(f) **Fernflug** m vol m long-courrier **Ferngespräch** nt communication f à moyenne et grande distance **Fernglas** nt [paire f de] jumelles fpl **fern|halten**ᴬᴸᵀ s. **fern II.1.** **Fernlenkung** f téléguidage m; **mit ~** téléguidé **Fernlicht** nt phares mpl **fern|liegen**ᴬᴸᵀ s. **fern II.2.**
Fernmeldeamt nt centre m télécoms (fam)

Fernmeldetechnik *f kein Pl* télécommunications *fpl*

Fernost *kein art* **in/nach ~** en Extrême-Orient **fernöstlich** *adj* d'Extrême-Orient

Fernrohr *nt* télescope *m* **Fernschreiber** *m* téléscripteur *m*

Fernsehansager(in) *m(f)* speaker(ine) *m(f)*

Fernsehantenne *f* antenne *f* de télévision

Fernsehapparat *m form* poste *m* de télévision

fern|sehen *vi irr* regarder la télévision

Fernsehen <-s> *nt* télévision *f*

Fernseher <-s, -> *m fam* télé *f*

Fernsehgerät *nt form* téléviseur *m* **Fernsehprogramm** *nt* ❶ programme *m* de télévision ❷ (*Kanal*) chaîne *f* de télévision **Fernsehsender** *m* émetteur *m* de télévision **Fernsehsendung** *f* émission *f* de télévision **Fernsehturm** *m* tour *f* de télévision **Fernsehzuschauer(in)** *m(f)* téléspectateur(-trice) *m(f)*

Fernsicht *f* vue *f*

Fernsprecher <-s, -> *m form* téléphone *m* **Fernsprechteilnehmer(in)** *m(f)* abonné(e) *m(f)* du téléphone

Fernsteuerung *f* télécommande *f*

Fernstraße *f* grande route *f* **Fernstudium** *nt* cours *m* universitaire à distance **Fernverkehr** *m* trafic *m* routier sur les grands axes; EISENBAHN trafic grandes lignes **Fernwärme** *f* chauffage *m* urbain

Ferse ['fɛrzə] <-, -n> *f* talon *m*

fertig ['fɛrtɪç] I. *adj* ❶ (*Arbeit*) terminé(e); ~ **werden** *mit* ❷ (*Speise*) prêt(e) ▶~ **sein** *fam* (*erschöpft*) être crevé II. *adv* ❶ **etw ~ bringen** arriver à faire qc; **etw ~ stellen** finir qc ❷ (*bereit*) **sich für etw ~ machen** se préparer pour qc ▶ **jdn ~ machen** *fam* (*Situation*) démolir qn

Fertigbau <-bauten> *m* ❶ *kein Pl* (*Bauweise*) préfabriqué *m* ❷ (*Gebäude*) construction *f* préfabriquée **fertig|bringen**^ALT *s.* **fertig II.1**

fertigen ['fɛrtɪgən] *vt form* fabriquer

Fertiggericht *nt* plat *m* cuisiné **Fertighaus** *nt* maison *f* préfabriquée

Fertigkeit <-, -en> *f* ❶ *kein Pl* (*Geschicklichkeit*) adresse *f* ❷ *Pl* (*Fähigkeiten*) aptitudes *fpl*

fertig|machen^ALT *s.* **fertig II.2., II.**▶ **Fertigprodukt** *nt* produit *m* fini **fertig|stellen**^ALT *s.* **fertig II.1.**

Fertigung <-, -en> *f* fabrication *f*

fesch [fɛʃ] *adj* A *fam* ❶ joli(e) ❷ (*nett*) **sei ~!** sois sympa!

Fessel ['fɛsəl] <-, -n> *f* ❶ lien *m* ❷ (*eines Pferds*) paturon *m* (*soutenu*)

fesseln ['fɛsəln] *vt* ❶ **jdn mit etw an etw ~** attacher qn avec qc à qc ❷ (*Buch*) captiver

fesselnd *adj* (*Bericht*) passionnant(e)

fest [fɛst] I. *adj* ❶ solide ❷ (*Händedruck*) ferme; (*Knoten*) serré(e) ❸ (*Anstellung*) définitif(-ive); (*Wohnsitz*) permanent(e); (*Einkommen*) fixe II. *adv* ❶ fort ❷ (*zudrehen*) à fond ❸ (*zusagen*) formellement; (*glauben*) fermement ❹ (*dauernd*) **~ angestellt** sous contrat à durée indéterminée ❺ (*schlafen*) profondément

Fest [fɛst] <-[e]s, -e> *nt* fête *f*

Festakt *m* cérémonie *f*

festangestellt^ALT *s.* **fest II.4.**

fest|binden *vt irr* **etw an etw** (*dat*) ~ attacher qc à qc

Festessen *nt* banquet *m*

fest|fahren *vr irr* **sich** ~ s'enliser

Festgeld *nt* dépôt *m* à terme fixe

fest|halten *irr* I. *vt* ❶ retenir ❷ (*konstatieren*) mettre en exergue; (*schriftlich*) consigner par écrit II. *vi* **an jdm/etw** ~ être fidèle à qn/qc III. *vr* **sich an jdm/etw ~** s'accrocher à qn/qc

festigen ['fɛstɪgən] *vt, vr* |**sich**| ~ |se| consolider

Festiger <-s, -> *m* fixateur *m*

Festigkeit <-> *f* (*Stabilität*) résistance *f*

Festival ['fɛstival] <-s, -s> *nt* festival *m*

fest|kleben I. *vt + haben* coller II. *vi + sein* **an etw** (*dat*) ~ coller à qc

Festland *nt* (*Landmasse*) continent *m*

fest|legen I. *vt* fixer II. *vr* **sich auf etw** (*akk*) ~ s'engager à propos de qc

festlich ['fɛstlɪç] I. *adj* (*Stimmung*) de fête; (*Beleuchtung*) des grands jours II. *adv* **~ begehen** *geh* célébrer

Festlichkeit <-, -en> *f* **die ~en** les festivités *fpl*

fest|liegen *vi irr* ❶ être fixé ❷ (*nicht weiterkönnen*) être bloqué **fest|machen** I. *vt* ❶ fixer ❷ (*Termin*) fixer II. *vi* NAUT **an etw** (*dat*) ~ accoster qc **fest|nageln** *vt* ❶ clouer ❷ *fam* (*festlegen*) **jdn auf etw** (*akk*) ~ coincer qn sur qc

Festnahme ['fɛstnaːmə] <-, -n> *f* arrestation *f*

F

fest|nehmen *vt irr* arrêter

Festplatte *f* INFORM disque *m* dur

Festrede *f* discours *m* officiel **Festsaal** *m* salle *f* des fêtes

fest|schrauben *vt* serrer

fest|setzen I. *vt* (*Preis*) fixer; (*Wert*) déterminer **II.** *vr* **sich ~** (*Schmutz*) s'incruster

fest|sitzen *vi irr* ❶ ne plus bouger; (*halten*) tenir bien ❷ (*Fahrzeug*) être enlisé

Festspiele *Pl* festival *m*

Festspielhaus *nt* palais *m* des festivals

fest|stehen *vi irr* ❶ être fixé ❷ (*Entschluss*) être irrévocable; **es steht fest, dass …** il est clair que …

feststehend *adj attr* (*Redewendung*) tout(e) fait(e); (*Reihenfolge*) déterminé(e)

fest|stellen *vt* ❶ (*Sachverhalt*) établir ❷ (*Veränderung*) constater ❸ (*arretieren*) bloquer

Feststellung *f* ❶ (*Bemerkung*) remarque *f* ❷ (*eines Täters*) identification *f*; (*eines Sachverhalts*) établissement *m* ❸ (*Beobachtung*) observation *f*

Festtag *m* jour *m* de fête

Festung ['fɛstʊŋ] <-, -en> *f* forteresse *f*

Festzug *m* cortège *m*

Fete ['feːtə, 'fɛːtə] <-, -n> *f* fête *f*

Fetischist(in) <-en, -en> *m(f)* fétichiste *mf*

fett [fɛt] **I.** *adj* ❶ gras(se) ❷ *pej* (*Person*) gros(se) antéposé ❸ TYP gras(se) **II.** *adv* ❶ (*essen*) gras ❷ TYP **~ gedruckt** [imprimé(e)] en caractères gras

Fett <-[e]s, -e> *nt* graisse *f*

fettarm I. *adj* allégé(e) **II.** *adv* (*kochen*) léger **Fettauge** *nt* rond *m* de graisse **Fettdruck** *m* [caractères *mpl*] gras *m*

fetten I. *vt* graisser **II.** *vi* (*Haut*) être gras **Fettfleck** *m* tache *f* de graisse **fettgedruckt**ᴬᴸᵀ *s.* **fett** II.2. **Fettgehalt** *m* teneur *f* en matières grasses

fettig *adj* gras(se)

fettleibig *adj geh* obèse

fettlöslich *adj* liposoluble **Fettnäpfchen** <-s, -> *nt fam* ▶**ins ~ treten** faire une gaffe **Fettsäure** *f* acide *m* gras **Fettschicht** *f* couche *f* de graisse **Fettwanst** *m pej* tas *m* de graisse (*fam*)

fetzen ['fɛtsən] **I.** *vt fam* arracher **II.** *vi + haben fam* (*mitreißen*) déménager

Fetzen ['fɛtsən] <-s, -> *m* (*von Papier, Stoff*) lambeau *m*; (*der Haut*) morceau *m*; (*eines Gesprächs*) bribe *f*

fetzig *adj fam* (*Musik*) qui déménage

feucht [fɔʏçt] *adj* humide

Feuchtigkeit <-> *f* humidité *f*

Feuchtigkeitsgehalt *m* (*der Luft*) taux *m* d'humidité

feudal [fɔʏ'daːl] *adj* ❶ HIST féodal(e) ❷ *fam* (*Essen*) royal(e)

Feudalismus <-> *m* régime *m* féodal

Feuer ['fɔʏɐ] <-s, -> *nt* ❶ feu *m* ❷ (*Brand*) incendie *m* ❸ *kein Pl* MIL tir *m*

Feueralarm *m* alerte *f* au feu **Feuerbestattung** *f* incinération *f* **Feuereifer** *m* ardeur *f* **feuerfest** *adj* (*Glas*) résistant(e) aux températures élevées; (*Porzellan*) à feu **Feuergefahr** *f* danger *m* d'incendie **Feuerleiter** *f* (*eines Gebäudes*) échelle *f* de secours **Feuerlöscher** *m* extincteur *m* **Feuermelder** <-s, -> *m* avertisseur *m* d'incendie

feuern I. *vi* (*schießen*) faire feu **II.** *vt fam* (*entlassen*) virer

feuerrot *adj* rouge vif *inv* **Feuerstelle** *f* foyer *m*

Feuerwehr <-, -en> *f* [sapeurs-]pompiers *mpl* **Feuerwehrauto** *nt* camion *m* de pompiers **Feuerwehrmann** <-leute *o* -männer> *m* [sapeur-]pompier *m*

Feuerwerk *nt* feu *m* d'artifice **Feuerzeug** <-[e]s, -e> *nt* briquet *m*

Feuilleton [fœjə'tõː] <-s, -s> *nt* pages *fpl* culturelles

feurig ['fɔʏrɪç] *adj* (*Liebhaber*) ardent(e)

ff. *Abk von* **folgende Seiten** ss.

Fiaker ['fjakɐ] <-s, -> *m* A (*Kutsche*) fiacre *m*

Fiasko ['fjasko] <-s, -s> *nt* fiasco *m*

ficht [fɪçt] *3. Pers Präs von* **fechten**

Fichte ['fɪçtə] <-, -n> *f* épicéa *m*; (*Holz*) sapin *m*

ficken ['fɪkən] *vt, vi vulg* baiser

fidel [fi'deːl] *adj fam* joyeux(-euse)

Fieber ['fiːbɐ] <-s> *nt* fièvre *f*

fieberfrei *adj* **~/wieder ~ sein** ne pas/ne plus avoir de fièvre

fieberhaft *adj* (*Eile*) fébrile

Fieberkurve *f* courbe *f* de température

fiebern *vi* **nach etw ~** attendre fébrilement qc

Fieberthermometer *nt* thermomètre *m* médical

fiebrig ['fiːb(ə)rɪç] *adj* (*aufgeregt*) fébrile

Fiedel ['fiːdəl] <-, -n> *f hum fam* violon *m*

fiedeln *vt, vi iron* violoner (*fam*)

fiel [fiːl] *Imp von* **fallen**

fies [fiːs] *fam adj* (*Verhalten*) vache; **ein ~er Kerl** un type infect

Figur [fiˈɡuːɐ̯] <-, -en> *f* ❶ silhouette *f*; **auf seine ~ achten** faire attention à sa ligne ❷ (*Schachfigur*) pièce *f* ❸ LITER personnage *m*

Fiktion [fɪkˈtsi̯oːn] <-, -en> *f geh* fiction *f*

fiktiv [fɪkˈtiːf] *adj geh* fictif(-ive)

Filet [fiˈleː] <-s, -s> *nt* filet *m*

Filiale [fiˈli̯aːlə] <-, -n> *f* succursale *f*; (*einer Bank*) agence *f*

Filialleiter(in) *m(f)* gérant(e) *m(f)* de succursale; (*einer Bank*) responsable *mf* d'agence

Film [fɪlm] <-[e]s, -e> *m* ❶ film *m* ❷ PHOT pellicule *f*

Filmarchiv *nt* (*für Spielfilme*) cinémathèque *f* **Filmemacher(in)** *m(f)* cinéaste *mf*

filmen [ˈfɪlmən] I. *vt* filmer II. *vi* tourner

Filmfestspiele *Pl* festival *m* du film

filmisch *adj* cinématographique

Filmkamera *f* caméra *f* **Filmmusik** *f* musique *f* de film **Filmproduzent(in)** *m(f)* producteur(-trice) *m(f)* de cinéma **Filmprojektor** *m* projecteur *m* de film **Filmregisseur(in)** *m(f)* réalisateur(-trice) *m(f)* **Filmschauspieler(in)** *m(f)* acteur(-trice) *m(f)* de cinéma **Filmstar** *m* vedette *f* de cinéma

Filter [ˈfɪltɐ] <-s, -> *nt o m* filtre *m*

Filterkaffee *m* café-filtre *m*

filtern *vt* filtrer

Filtertüte *f* filtre *m* **Filterzigarette** *f* cigarette *f* [à bout] filtre

filtrieren* *vt* filtrer

Filz [fɪlts] <-es, -e> *m* ❶ (*Wollmaterial*) feutre *m* ❷ POL *pej* magouille *f* (*fam*)

filzen [ˈfɪltsən] I. *vi* (*Wolle*) feutrer II. *vt fam* (*Person*) fouiller

Filzhut *m* feutre *m* **Filzlaus** *f* ZOOL pou *m* du pubis **Filzstift** *m* [crayon-]feutre *m*

Fimmel [ˈfɪməl] <-s, -> *m pej fam* marotte *f*

Finale [fiˈnaːlə] <-s, -> *nt* finale *f*

Finalist(in) *m(f)* finaliste *mf*

Finanzamt *nt* fisc *m*; (*Gebäude*) perception *f* **Finanzbeamte(r)** *m*, **-beamtin** *f* fonctionnaire *mf* aux finances

Finanzen [fiˈnantsən] *Pl* finances *fpl*

finanziell [finanˈtsi̯ɛl] *adj* financier(-ière)

finanzierbar *adj* financièrement réalisable

finanzieren* [finanˈtsiːrən] *vt* financer

Finanzierung <-, -en> *f* financement *m*

Finanzkrise *f* crise *f* budgétaire **Finanzminister(in)** *m(f)* ministre *mf* des Finances

Findelkind [ˈfɪndəlkɪnt] *nt* enfant *mf* trou-vé(e)

finden [ˈfɪndən] <fand, gefunden> I. *vt* ❶ trouver; **wieder ~** retrouver ❷ (*einschätzen*) **etw gut ~** trouver qc bon(ne) II. *vi* ❶ **nach Hause ~** trouver son chemin pour rentrer chez soi ❷ (*meinen*) **~, [dass]** ... trouver que ... III. *vr* (*wieder auftauchen*) **sich wieder ~** refaire surface

Finder <-s, -> *m* **der [ehrliche] ~** la personne qui le/la rapportera

Finderlohn *m* récompense *f*

findig *adj* futé(e)

Finesse [fiˈnɛsə] <-, -n> *f geh Pl* (*Detail*) détails *mpl* sophistiqués

fing [fɪŋ] *Imp von* **fangen**

Finger [ˈfɪŋɐ] <-s, -> *m* doigt *m* ▶ **die ~ von etw lassen** *fam* laisser tomber qc; **jdn um den kleinen ~ wickeln** *fam* mener qn par le bout du nez

Fingerabdruck <-abdrücke> *m* empreinte *f* digitale **Fingerbreit** <-, -> *m* ▶ **keinen ~ nachgeben** ne pas céder d'un pouce **Fingerfertigkeit** *f* dextérité *f* **Fingerhandschuh** *m* gant *m* **Fingerhut** *m* (*Nähutensil*) dé *m* [à coudre]

fingern *vi* **an etw** (*dat*) **~** tripoter qc (*fam*)

Fingernagel *m* ongle *m* **Fingerspitze** *f* bout *m* du doigt **Fingerspitzengefühl** *nt* kein *Pl* doigté *m*; (*Takt*) tact *m*

fingieren* [fɪŋˈɡiːrən] *vt* simuler

Fink [fɪŋk] <-en, -en> *m* pinson *m*

Finne [ˈfɪnə] <-n, -n> *m*, **Finnin** *f* Finlandais(e) *m(f)*

finnisch [ˈfɪnɪʃ] I. *adj* finlandais(e); (*Kultur, Literatur, Sprache*) finnois(e) II. *adv* **~ miteinander sprechen** discuter en finnois

Finnisch <-[s]> *nt kein art* finnois *m*; *s. a.* **Deutsch**

Finnland [ˈfɪnlant] *nt* la Finlande

finster [ˈfɪnstɐ] *adj* ❶ sombre; **im Finstern** dans le noir ❷ (*Gedanken*) sinistre; (*Gestalt*) lugubre

Finsternis <-, -se> *f* ❶ obscurité *f* ❷ ASTRO éclipse *f*

Finte [ˈfɪntə] <-, -n> *f* feinte *f*

Firlefanz <-es> *m fam* (*überflüssige Dinge*) gadgets *mpl*

Firma [ˈfɪrma] <-, Firmen> *f* entreprise *f*

Firmament [fɪrmaˈmɛnt] <-s> *nt* firmament *m*

Firmen *Pl von* **Firma**

Firmenname *m* raison *f* sociale

F

Firmenwagen *m* voiture *f* d'entreprise
Firmenzeichen *nt* emblème *m* de l'entreprise
Firmling ['fɪrmlɪŋ] <-s, -e> *m* confirmand(e) *m(f)*
Firmung ['fɪrmʊŋ] <-, -en> *f* confirmation *f*
Firnis ['fɪrnɪs] <-ses, -se> *m* vernis *m*
Fisch [fɪʃ] < [ɔ]s, -e> *m* ❶ poisson *m* ❷ ASTRO **er ist ~** il est Poissons
fischen *vt, vi* pêcher
Fischer(in) <-s, -> *m(f)* pêcheur(-euse) *m(f)*
Fischerei [fɪʃəˈraɪ] <-> *f kein Pl* pêche *f*
Fischereihafen *m* port *m* de pêche
Fischfabrik *f* conserverie *f* de poisson **Fischfang** *m kein Pl* pêche *f* **Fischfilet** *nt* filet *m* de poisson **Fischkutter** *m* chalutier *m* **Fischmarkt** *m* marché *m* aux poissons **Fischsterben** *nt* hécatombe *f* de poissons **Fischzucht** *f kein Pl* (*Tätigkeit*) pisciculture *f*
Fiskus ['fɪskʊs] <-, -se> *m* fisc *m*
fit [fɪt] *adj* en forme
Fitnessᴿᴿ, **Fitneß**ᴬᴸᵀ ['fɪtnɛs] <-> *f* [bonne] condition *f* physique
Fitnesscenterᴿᴿ ['fɪtnɛssɛntɐ] *nt* centre *m* de culturisme
fix [fɪks] *adj* ❶ (*feststehend*) fixe ❷ *fam* (*flink*) rapide ▸**jdn ~ und fertig machen** *fam* (*demütigen*) passer un savon à qn; (*erschöpfen*) crever qn
fixen ['fɪksən] *vi fam* se shooter
Fixer(in) <-s, -> *m(f) fam* camé(e) *m(f)*
fixieren* [fɪˈksiːrən] *vt* ❶ *geh* (*schriftlich festhalten*) fixer ❷ (*anstarren*) **jdn ~** fixer qn [du regard]
Fixierung <-, -en> *f a.* PSYCH fixation *f*
Fixstern *m* étoile *f* fixe
Fjord [fjɔrt] <-[e]s, -e> *m* fjord *m*
FKK [ɛfkakˈaː] <-> *Abk von* **Freikörperkultur** nudisme *m*
FKK-Strand *m* plage *f* de nudistes
flach [flax] I. *adj* ❶ (*Land*) plat(e); (*Dach*) en terrasse ❷ (*Absatz*) plat(e); (*Teller*) plat(e) ❸ (*Küste*) peu escarpé(e) ❹ (*Unterhaltung*) superficiel(le) II. *adv* (*liegen*) à plat; (*atmen*) faiblement
Flachdach *nt* toit *m* en terrasse
Fläche ['flɛçə] <-, -n> *f* ❶ (*Ebene*) surface *f* ❷ (*messbare Oberfläche*) superficie *f*
flächendeckend *adj* généralisé(e); (*Maßnahmen*) sur une grande échelle **Flächeninhalt** *m* MATH superficie *f*
Flachland *nt* pays *m* plat **flach|liegen** *vi irr*

fam (*krank sein*) être sur le flanc
Flachs [flaks] <-es> *m* lin *m*
flackern ['flakən] *vi* (*Feuer*) vaciller; (*Licht*) clignoter
Fladen ['flaːdən] <-s, -> *m* ❶ GASTR galette *f* ❷ (*Kuhfladen*) bouse *f*
Fladenbrot *nt:* pain plat en forme de galette
Flagge ['flagə] <-, -n> *f* drapeau *m;* NAUT pavillon *m*
flaggen *vi* hisser le drapeau
Flaggschiff *nt* vaisseau *m* amiral
Flair [flɛːɐ̯] <-s> *nt o geh m* (*einer Person*) aura *f;* (*einer Stadt*) charme *m*
Flakon [flaˈkõː] <-s, -s> *nt o m* flacon *m*
flambieren* [flamˈbiːrən] *vt* flamber
Flame ['flaːmə] <-n, -n> *m,* **Flamin** *o* **Flämin** *f* Flamand(e) *m(f)*
Flamingo [flaˈmɪŋɡo] <-s, -s> *m* flamant *m* rose
flämisch ['flɛːmɪʃ] I. *adj* flamand(e) II. *adv* **~ miteinander sprechen** discuter en flamand
Flämisch <-[s]> *nt kein art* flamand *m; s. a.* **Deutsch**
Flamme ['flamə] <-, -n> *f* flamme *f*
Flandern ['flandən] <-s> *nt* la Flandre
flandrisch *adj* flamand(e)
Flanell [flaˈnɛl] <-s, -e> *m* flanelle *f*
flanieren* *vi + haben o sein* flâner
Flanke ['flaŋkə] <-, -n> *f* ❶ flanc *m* ❷ SPORT tir *m* au centre
flapsig ['flapsɪç] *fam* I. *adj* désinvolte II. *adv* avec impertinence
Fläschchen <-s, -> *nt* (*eines Säuglings*) biberon *m*
Flasche ['flaʃə] <-, -n> *f* ❶ bouteille *f* ❷ (*Säuglingsflasche*) biberon *m* ❸ *fam* (*Versager*) minable *mf*
Flaschenhals *m* goulot *m* [de bouteille] **Flaschenöffner** *m* ouvre-bouteille[s] *m* **Flaschenpfand** *nt* consigne *f* [pour bouteilles] **Flaschenpost** *f* bouteille *f* à la mer **Flaschenzug** *m* palan *m*
Flaschner(in) ['flaʃnɐ] <-s, -> *m(f)* CH plombier *m*
flatterhaft *adj pej* inconstant(e)
flattern ['flatən] *vi* ❶ + *haben* (*Tier*) battre des ailes; (*Fahne*) flotter ❷ + *sein* (*Schmetterling*) papillonner
flau [flaʊ] *adj* ❶ **mir ist ~** je me sens mal ❷ (*Börse*) morose
Flaum [flaʊm] <-[e]s> *m* duvet *m*

F

flauschig *adj* moelleux(-euse)

Flausen ['flaʊzən] *Pl fam* (*Unsinn*) sottises *fpl*

Flaute ['flaʊtə] <-, -n> *f* COM marasme *m*; (*nicht sehr betriebsame Zeit*) période *f* creuse

Flechte ['flɛçtə] <-, -n> *f* ❶ BOT lichen *m* ❷ MED dartre *m*

flechten ['flɛçtən] <flicht, flocht, geflochten> *vt* tresser

Fleck [flɛk] <-[e]s, -e> *m* ❶ (*Schmutzfleck*) tache *f*; **blauer ~** bleu ❷ (*Stelle*) endroit *m*; (*Stück Land*) bout *m* de terrain

Fleckenentferner, Fleckentferner <-s, -> *m* détachant *m*

fleckig ['flɛkɪç] *adj* (*Kleidungsstück*) taché(e); (*Haut*) tacheté(e)

Fledermaus ['fle:dɐmaʊs] *f* chauve-souris *f*

Flegel ['fle:gəl] <-s, -> *m pej* (*Kind*) garnement *m*; (*Mann*) mufle *m*

flegelhaft *adj pej* sans-gêne

flehen ['fle:ən] *vi geh* supplier

flehentlich ['fle:əntlɪç] *geh* **I.** *adj* (*Blick*) implorant(e) **II.** *adv* en suppliant; (*bitten*) instamment

Fleisch [flaɪʃ] <-[e]s> *nt* ❶ viande *f*; **~ fressend** carnivore ❷ ANAT chair *f* ▸**sich** (*akk o dat*) **ins eigene ~ schneiden** se nuire à soi-même [par qc]

Fleischbrühe *f* bouillon *m* de viande; (*Kraftbrühe*) consommé *m*

Fleischer(in) <-s, -> *m(f)* boucher(-ère) *m(f)*

Fleischerei [flaɪʃə'raɪ] <-, -en> *f* boucherie *f*

Fleischhauer(in) *m(f)* A boucher(-ère) *m(f)*

fleischig ['flaɪʃɪç] *adj* (*Frucht*) charnu(e)

Fleischkloß *m* GASTR boulette *f* de viande

fleischlich *adj attr* (*Kost*) à base de viande

fleischlos *adj* (*Kost*) sans viande

Fleischtomate *f* tomate *f* charnue [à farcir]

Fleischvergiftung *f* intoxication *f* alimentaire causée par de la viande avariée

Fleischwolf *m* hache-viande *m* **Fleischwunde** *f* lésion *f* profonde

Fleiß [flaɪs] <-[e]s> *m kein Pl* application *f*

fleißig **I.** *adj* (*Mitarbeiter*) travailleur(-euse); (*Schüler*) appliqué(e) **II.** *adv* avec application

flennen ['flɛnən] *vi pej fam* pleurnicher

fletschen ['flɛtʃən] *vt* **die Zähne ~** montrer les dents

flexibel [flɛ'ksi:bəl] *adj* flexible

Flexibilität [flɛksibili'tɛ:t] <-> *f* (*Anpassungsfähigkeit*) flexibilité *f*

Flexion [flɛ'ksi̯o:n] <-, -en> *f* (*eines Substantivs, Adjektivs*) déclinaison *f*; (*eines Verbs*) conjugaison *f*

flicht [flɪçt] *3. Pers Präs von* **flechten**

flicken ['flɪkən] *vt* (*Kleidung*) rapiécer; (*Fahrradschlauch*) réparer

Flicken <-s, -> *m* (*Stück Stoff*) pièce *f*

Flieder ['fli:dɐ] <-s, -> *m* lilas *m*

Fliege ['fli:gə] <-, -n> *f* ❶ ZOOL mouche *f* ❷ COUT nœud *m* papillon ▸**die ~ machen** *fam* se casser

fliegen ['fli:gən] <flog, geflogen> **I.** *vi* + *sein* ❶ voler ❷ *fam* (*hinausgeworfen werden*) se faire virer ❸ *fam* (*durchfallen*) **durch eine Prüfung ~** se ramasser à un examen ❹ *fam* (*angezogen werden*) **auf jdn/etw ~** craquer pour qn/qc **II.** *vt* ❶ + *haben o sein* (*Flugzeug*) piloter ❷ + *haben* (*Passagiere*) transporter par avion ❸ + *haben o sein* (*Route*) faire

fliegend *adj attr* ❶ volant(e) ❷ (*Händler*) ambulant(e)

Fliegengewicht *nt* SPORT poids *m* mouche **Fliegengitter** *nt* moustiquaire *f* **Fliegenklatsche** <-, -n> *f* tapette *f* **Fliegenpilz** *m* amanite *f* tue-mouche

Flieger ['fli:gɐ] <-s, -> *m* ❶ (*Pilot*) aviateur *m* ❷ *fam* (*Flugzeug*) avion *m*

Fliegeralarm *m* alerte *f* aérienne

Fliegerin <-, -nen> *f* aviatrice *f*

fliehen ['fli:ən] <floh, geflohen> *vi* + *sein* s'enfuir

fliehend *adj* (*Kinn*) fuyant(e)

Fliehkraft *f* force *f* centrifuge

Fliese ['fli:zə] <-, -n> *f* carreau *m* [de céramique]

fliesen *vt* carreler

Fliesenleger(in) <-s, -> *m(f)* carreleur(-euse) *m(f)*

Fließband <-bänder> *nt* chaîne *f* [de montage]

fließen ['fli:sən] <floss, geflossen> *vi* + *sein* ❶ couler; **durch Paris ~** (*Fluss*) traverser Paris ❷ (*elektrischer Strom*) passer

fließend **I.** *adj* (*Übergang*) flou(e) **II.** *adv* (*sprechen*) couramment

flimmerfrei *adj* (*Bildschirm*) avec une stabilité parfaite de l'image **Flimmerkiste** *f pej fam* télé *f*

flimmern ['flɪmɐn] *vi* (*Bild*) trembler; (*Luft*) vibrer

flink [flɪŋk] I. *adj* (*Person*) agile; (*Finger*) agile II. *adv* (*arbeiten*) avec adresse

Flinte ['flɪntə] <-, -n> *f* fusil *m* [de chasse] ►**die ~ ins Korn werfen** *fam* jeter le manche après la cognée

Flipper ['flɪpɐ] <-s, -> *m* flipper *m*

flippern *vi* jouer au flipper

Flirt [flœrt] < s, s> *m* flirt *m*

flirten [flœrtən] *vi* flirter

Flitterwochen *Pl* lune *f* de miel

flitzen ['flɪtsən] *vi + sein fam* filer

flocht [flɔxt] *Imp von* **flechten**

Flocke ['flɔkə] <-, -n> *f* (*Schneeflocke*) flocon *m*

flog [floːk] *Imp von* **fliegen**

floh [floː] *Imp von* **fliehen**

Floh [floː, *Pl:* 'fløːə] <-[e]s, Flöhe> *m* puce *f* ►**jdm einen ~ ins Ohr setzen** *fam* fourrer une idée dans le crâne de qn

Flohmarkt *m* marché *m* aux puces

Flop [flɔp] <-s, -s> *m fam* bide *m*

Flora ['floːra] <-, Floren> *f* flore *f*

Florenz [flo'rɛnts] <-> *nt* Florence *f*

florieren* [flo'riːrən] *vi* (*Geschäft*) prospérer; (*Wirtschaft*) être florissant

Florist(in) [flo'rɪst] <-en, -en> *m(f)* fleuriste *mf*

Floskel ['flɔskəl] <-, -n> *f* figure *f* de rhétorique

floss[RR], **floß**[ALT] *Imp von* **fließen**

Floß [floːs, *Pl:* 'fløːsə] <-es, Flöße> *nt* radeau *m*

Flosse ['flɔsə] <-, -n> *f* ❶ ZOOL nageoire *f* ❷ *fam* (*Hand*) patte *f*

Flöte ['fløːtə] <-, -n> *f* flûte *f*

flöten I. *vi* ❶ MUS jouer de la flûte ❷ (*zwitschern*) siffler ►**~ gehen** *fam* s'envoler en fumée II. *vt* jouer à la flûte

flöten|gehen ALT *s.* **flöten** I. **Flötenspieler(in)** *m(f)* joueur(-euse) *m(f)* de flûte

Flötist(in) [flø'tɪst] <-en, -en> *m(f)* flûtiste *mf*

flott [flɔt] *fam* I. *adj* ❶ (*Bedienung*) dégourdi(e); (*Musik*) entraînant(e) ❷ (*Person*) smart(e); (*Auto*) fringant(e) II. *adv* ❶ (*zügig*) vite ❷ (*schick*) chic

Flotte ['flɔtə] <-, -n> *f* MIL flotte *f*

Fluch [fluːx, *Pl:* 'flyːçə] <-[e]s, Flüche> *m* ❶ (*Schimpfwort*) juron *m* ❷ *kein Pl* (*Verwünschung*) malédiction *f*

fluchen ['fluːxən] *vi* jurer

Flucht [flʊxt] <-, -en> *f* fuite *f*; (*aus dem Ge-*

fängnis) évasion *f*

fluchtartig I. *adj* précipité(e) II. *adv* avec précipitation

flüchten ['flʏçtən] I. *vi + sein* [s'en]fuir II. *vr + haben* **sich in den Alkohol ~** se réfugier dans l'alcool

flüchtig ['flʏçtɪç] I. *adj* ❶ (*Person*) fugitif(-ive) ❷ (*Berührung*) fugitif(-ive), (*Bekanntschaft*) vague II. *adv* (*kennen*) superficiellement

Flüchtigkeitsfehler *m* faute *f* d'inattention

Flüchtling ['flʏçtlɪn] <-s, -e> *m* réfugié(e) *m(f)*

Flüchtlingslager *nt* camp *m* de réfugiés

Fluchtversuch *m* tentative *f* de fuite; (*Ausbruchsversuch*) tentative *f* d'évasion

Flug [fluːk, *Pl:* 'flyːgə] <-[e]s, Flüge> *m* vol *m* ►**wie im ~|e| vergehen** filer à toute allure

Flugangst *f* peur *f* de monter en avion

Flugbahn *f* trajectoire *f* **Flugbegleiter(in)** *m(f)* AVIAT steward *m*/hôtesse *f* de l'air

Flugblatt *nt* tract *m*

Flügel ['flyːgəl] <-s, -> *m* ❶ aile *f* ❷ MUS piano *m* à queue

Flügeltür *f* porte *f* à deux battants

Fluggast *m* passager(-ère) *m(f)*

flügge ['flʏgə] *adj* **~ sein** (*Vogel*) savoir voler; (*Kind*) voler de ses propres ailes

Fluggesellschaft *f* compagnie *f* aérienne

Flughafen *m* aéroport *m* **Flughöhe** *f* altitude *f* [de vol] **Flugkapitän(in)** *m(f)* commandant(e) *m(f)* de bord **Fluglärm** *m* bruit *m* [du trafic] aérien **Fluglehrer(in)** *m(f)* moniteur(-trice) *m(f)* d'aviation **Fluglotse** *m*, **-lotsin** *f* contrôleur(-euse) *m(f)* de la navigation aérienne **Flugplan** *m* horaire *m* des vols **Flugplatz** *m* aérodrome *m* **Flugschein** *m* (*Pilotenschein*) brevet *m* de pilote **Flugschreiber** *m* boîte *f* noire **Flugticket** *nt* billet *m* d'avion **Flugverkehr** *m* trafic *m* aérien **Flugzeit** *f* durée *f* de vol

Flugzeug ['fluːktsɔɪk] <-[e]s, -e> *nt* avion *m* **Flugzeugabsturz** *m* crash *m* **Flugzeugbau** *m kein Pl* construction *f* aéronautique **Flugzeugbesatzung** *f* équipage *m* [de l'avion] **Flugzeugentführung** *f* détournement *m* d'avion **Flugzeugträger** *m* porte-avions *m* **Flugzeugunglück** *nt* accident *m* d'avion

Fluidum <-s, Fluida> *nt* fluide *m*

Fluktuation [flʊktua'tsjoːn] <-, -en> *f geh* fluctuations *fpl*

fluktuieren* [flʊktuˈiːrən] *vi geh* fluctuer

Flunder [ˈflʊndɐ] <-, -n> *f* flétan *m*

flunkern [ˈflʊŋkɐn] *vi fam* raconter des bobards

Fluor [ˈfluːoɐ] <-s> *nt* CHEM fluor *m*

Fluorchlorkohlenwasserstoff [ˈfluːoɐkloːɐˈvasɐʃtɔf] *m* CHEM chlorofluorocarbone *m*

Fluorid <-[e]s, -e> *nt* CHEM fluorure *m*

Flur [fluːɐ] <-[e]s, -e> *m* (*Korridor*) couloir *m*; (*Diele*) vestibule *m*

Flussᴿᴿ [flʊs] <-es, Flüsse>, **Fluß**ᴬᴸᵀ <-sses, Flüsse> *m* fleuve *m*; (*Nebenfluss*) rivière *f*

flussabwärtsᴿᴿ [flʊsˈʔapvɛrts] *adv* en aval **Flussarm**ᴿᴿ *m* bras *m* [de rivière] **flussaufwärts**ᴿᴿ *adv* en amont **Flussbett**ᴿᴿ *nt* lit *m* du fleuve/de la rivière **Flussdiagramm**ᴿᴿ *nt* INFORM ordinogramme *m*

flüssig [ˈflʏsɪç] I. *adj* ➊ liquide; (*Wachs*) fondu(e) ➋ (*Verkehr, Stil*) fluide ➌ (*Mittel*) disponible II. *adv* (*lesen*) aisément; (*schreiben*) avec aisance

Flüssigkeit <-, -en> *f* liquide *m*

Flusslaufᴿᴿ *m* cours *m* du fleuve/de la rivière **Flussmündung**ᴿᴿ *f* embouchure *f* du fleuve **Flusspferd**ᴿᴿ *nt* hippopotame *m*

flüstern [ˈflʏstɐn] *vi, vt* chuchoter

Flut [fluːt] <-, -en> *f* ➊ *kein Pl* (*opp: Ebbe*) marée *f* montante/haute ➋ (*Wassermassen*) flots *mpl* ➌ (*große Menge*) **eine ~ von Briefen** un déferlement de lettres

fluten I. *vi* + *sein geh* (*Hochwasser*) couler à flots II. *vt* + *haben* (*voll laufen lassen*) remplir d'eau; (*unter Wasser setzen*) submerger

Flutlicht *nt kein Pl* projecteurs *mpl* **Flutwelle** *f* raz *m* de marée

focht [fɔxt] *Imp von* **fechten**

Fock [fɔk] <-, -en> *f* NAUT [voile *f* de] misaine *f*

föderal *adj* fédéral(e)

Föderalismus [føderaˈlɪsmʊs] <-> *m* fédéralisme *m*

föderalistisch [føderaˈlɪstɪʃ] *adj* (*Verfassung*) fédéral(e)

Fohlen [ˈfoːlən] <-s, -> *nt* poulain *m*

Föhn [føːn] <-[e]s, -e> *m* ➊ METEO fœhn *m* ➋ (*Haartrockner*) sèche-cheveux *m*

föhnenᴿᴿ [ˈføːnən] *vt* **sich** (*dat*) **die Haare ~** se sécher les cheveux au séchoir

Folge [ˈfɔlɡə] <-, -n> *f* ➊ (*Auswirkung*)

conséquence *f* ➋ (*von Eindrücken, Zahlen*) série *f*; INFORM (*von Befehlen*) séquence *f* ➌ RADIO, TV épisode *m*

folgen [ˈfɔlɡən] *vi* ➊ + *sein* **jdm/einer S. ~** suivre qn/qc ➋ + *sein* (*als Nächstes kommen*) venir ensuite ➌ + *haben* (*gehorchen*) **jdm ~** obéir à qn ➍ + *sein* (*resultieren*) **aus etw ~** résulter de qc

folgend *adj* (*Seite*) suivant(e); **im Folgenden** comme suit

folgendermaßen *adv* de la manière suivante

folgenlos *adj* **~ bleiben** ne pas tirer à conséquence

folgenschwer *adj* lourd(e) de conséquences

folgerichtig *adj* logique

folgern [ˈfɔlɡɐn] I. *vt* conclure II. *vi* déduire

Folgerung <-, -en> *f* conclusion *f*

folglich [ˈfɔlklɪç] *adv* par conséquent

folgsam [ˈfɔlkzaːm] I. *adj* docile II. *adv* bravement

Folie [ˈfoːliə] <-, -n> *f* (*Plastikfolie*) film *m* plastique; (*Aluminiumfolie*) feuille *f* d'aluminium

Folklore [fɔlkˈloːrə] <-> *f* folklore *m*

folkloristisch [fɔlkloːˈrɪstɪʃ] *adj* folklorique

Folter [ˈfɔltɐ] <-, -n> *f* torture *f* ▸**jdn auf die ~ spannen** faire languir qn

Folterkammer *f* chambre *f* de torture

foltern *vt* torturer

Fonds [fõː(s)] <-, -> *m* fonds *m*

Fondue [fõˈdyː] <-s, -s> *nt*, <-, -s> *f* fondue *f*

fönenᴬᴸᵀ *s.* **föhnen**

Fontäne [fɔnˈtɛːnə] <-, -n> *f* jet *m* [d'eau]

Fön® <-[e]s, -e> *m* sèche-cheveux *m*

forcieren* [fɔrˈsiːrən] *vt geh* (*Anstrengungen*) redoubler

Förderband <-bänder> *nt* tapis *m* roulant; MIN convoyeur *m* **Fördermittel** *Pl* aide[s] *f* financière[s]

fordern [ˈfɔrdɐn] I. *vt* ➊ (*Rechte*) revendiquer ➋ (*abverlangen*) exiger; **viel von jdm ~** (*Person*) exiger beaucoup de qn; (*Sache*) demander beaucoup de qn ➌ (*kosten*) **zehn Menschenleben ~** coûter la vie à dix personnes II. *vi* **~, dass** exiger que + *subj*

fördern [ˈfœrdɐn] *vt* ➊ (*Personen*) aider; (*Projekt, Talent*) encourager ➋ (*finanzieren*) financer ➌ MIN extraire

fordernd *adj* exigeant(e)

Forderung <-, -en> *f* ➊ (*von Rechten*) re-

F

vendication *f* ❷ (*Erwartung*) exigence *f* ❸ FIN créance *f*

Förderung <-, -en> *f* ❶ encouragement *m*; (*von Künstlern, Sportlern*) aide *f* ❷ (*finanzielle Hilfe*) aide *f* financière ❸ MIN extraction *f*

Forelle [foˈrɛlə] <-, -n> *f* truite *f*

Foren *Pl von* **Forum**

Form [fɔrm] <-, -en> *f* ❶ forme *f* ❷ *Pl* (*Umgangsform*) manières *fpl* ❸ *kein Pl* (*Kondition*) forme *f* ❹ (*Backfolie*) moule *m*

formal [fɔrˈmaːl] *adj* formel(le)

Formaldehyd <-s> *m* CHEM formaldéhyde *m*

Formalität [fɔrmaliˈtɛːt] <-, -en> *f* formalité *f*

Format [fɔrˈmaːt] <-[e]s, -e> *nt* ❶ (*Größe*) format *m* ❷ (*einer Person*) carrure *f*

formatieren* *vt* INFORM formater

Formatierung <-, -en> *f* INFORM formatage *m*

Formation [fɔrmaˈtsi̯oːn] <-, -en> *f* formation *f*

Formel [ˈfɔrməl] <-, -n> *f* formule *f*

formell [fɔrˈmɛl] *adj* ❶ (*offiziell*) officiel(le) ❷ (*förmlich*) formaliste

formen [ˈfɔrmən] *vt* former

formieren* [fɔrˈmiːrən] *vt, vr* |**sich**| ~ |se| former

förmlich [ˈfœrmlɪç] I. *adj* ❶ (*Bitte*) dans les formes ❷ (*Person*) formaliste II. *adv* vraiment

Förmlichkeit <-, -en> *f* ❶ *kein Pl* (*Steifheit*) formalisme *m* ❷ *meist Pl* formes *fpl*

formlos *adj* ❶ (*gestaltlos*) informe ❷ (*zwanglos*) sans cérémonie ❸ ADMIN **ein ~er Antrag** une demande sur papier libre

Formsache *f* formalité *f*; **eine reine ~ sein** n'être qu'une simple formalité

Formular [fɔrmuˈlaːɐ̯] <-s, -e> *nt* formulaire *m*

formulieren* [fɔrmuˈliːrən] I. *vt* formuler II. *vi* s'exprimer

Formulierung <-, -en> *f* ❶ *kein Pl* (*das Formulieren*) formulation *f* ❷ (*Ausdruck*) expression *f*

forsch [fɔrʃ] *adj* (*Auftreten*) fringant(e)

forschen [ˈfɔrʃən] *vi* ❶ faire de la recherche ❷ (*suchen*) **nach etw ~** chercher qc

Forscher(in) <-s, -> *m(f)* chercheur(-euse) *m(f)*

Forschung <-, -en> *f* recherche *f* scientifique

Forschungsergebnis *nt* résultat *m* de la recherche scientifique **Forschungsreise** *f* voyage *m* d'exploration **Forschungszentrum** *nt* centre *m* de recherches

Forst [fɔrst] <-[e]s, -e[n]> *m* bois *m*

Förster(in) [ˈfœrstə] <-s, -> *m(f)* garde *m* forestier

Forsythie [fɔrˈzyːtsi̯ə] <-, -n> *f* forsythia *m*

fort [fɔrt] *adv* ~ **sein** (*Schlüssel*) avoir disparu; (*Person*) être parti ►**und so** ~ et ainsi de suite

Fort [foːɐ̯] <-s, -s> *nt* fort *m*

Fortbestand [ˈfɔrtbaʃtant] *m* *kein Pl* (*einer Institution*) maintien *m*; (*einer Tierart*) subsistance *f*

fort|bestehen* *vi irr* (*Institution*) se maintenir; (*Tradition*) persister

fort|bewegen* *vt, vr* |se| déplacer

Fortbewegung *f* *kein Pl* locomotion *f*

fort|bilden I. *vr* **sich** ~ se perfectionner II. *vt* donner des cours de formation |continue| à

Fortbildung *f* *kein Pl* formation *f* continue

Fortdauer *f* persistance *f*

fort|dauern *vi* persister

forte *adv* MUS forte

fort|fahren I. *vi* ❶ + *sein* partir ❷ + *haben o sein* (*weitermachen*) poursuivre II. *vt* + *haben* (*Person*) emmener; (*Gegenstand*) emporter

fort|führen *vt* ❶ continuer ❷ (*wegführen*) emmener

Fortgang *m* *kein Pl* (*weiterer Verlauf*) poursuite *f*

fort|gehen *vi* + *sein* ❶ partir ❷ (*sich fortsetzen*) se poursuivre

fortgeschritten [ˈfɔrtɡəʃrɪtən] *adj* avancé(e)

fortgesetzt [ˈfɔrtɡəsɛtst] I. *adj* permanent(e) II. *adv* continuellement

fort|jagen *vt* + *haben* chasser

fort|laufen *vi irr* + *sein* (*Person*) s'échapper; (*Tier*) se sauver

fortlaufend I. *adj* continu(e) II. *adv* (*nummerieren*) dans l'ordre

fort|pflanzen *vr* **sich** ~ se reproduire

Fortpflanzung *f* *kein Pl* reproduction *f*

fort|schicken *vt* renvoyer

fort|schreiten *vi irr* + *sein* progresser

Fortschritt *m* progrès *m*

fortschrittlich *adj* (*Einstellung*) progressiste; (*Methode*) avancé(e)

fort|setzen I. *vt* poursuivre II. *vr* **sich** ~ se poursuivre

Fortsetzung <-, -en> *f* ❶ *kein Pl* (*das Fort-*

setzen) poursuite *f* ❷ (*folgender Teil*) suite *f*; ~ **folgt** à suivre

Fortsetzungsroman *m* roman-feuilleton *m*

fortwährend *adj attr* perpétuel(le)

Forum ['fo:rʊm] <-s, Foren> *nt* ❶ (*Diskussionsforum*) forum *m* ❷ (*Personenkreis*) cercle *m*

fossil [fɔ'si:l] *adj* fossile

Fossil <-s, -ien> *nt* fossile *m*

Föten *Pl von* **Fötus**

Foto ['fo:to] <-s, -s> *nt* photo|graphie *f*

Fotoalbum *nt* album *m* de photos **Fotoapparat** *m* appareil *m* photo|graphique|

fotogen [foto'ge:n] *adj* photogénique

Fotograf(in) [foto'gra:f] <-en, -en> *m(f)* photographe *mf*

Fotografie [fotogra'fi:] <-, -n> *f* photo|graphie| *f*

fotografieren* [fotogra'fi:rən] I. *vt* prendre une photo de II. *vi* prendre des photos

Fotokopie [fotoko'pi:] *f* photocopie *f* **fotokopieren*** [fotoko'pi:rən] *vt* photocopier **Fotokopiergerät** *nt* photocopieur *m* **Fotolabor** *nt* laboratoire *m* photo **Fotomodell** *nt* modèle *m* **Fotomontage** *f* montage-photos *m*

Fötus ['fø:tʊs] <-[ses], Föten> *m* MED fœtus *m*

Foul [faul] <-s, -s> *nt* SPORT faute *f*

foulen ['faulən] SPORT *vt, vi* [jdn] ~ commettre une faute [sur qn]

Foxtrott <-s, -e *o* -s> *m* fox-trot *m*

Foyer [foa'je:] <-s, -s> *nt* foyer *m*

Fr. *Abk von* **Frau** Mme

Fracht [fraxt] <-, -en> *f* ❶ (*eines Schiffs*) cargaison *f*; (*eines Flugzeugs*) fret *m* aérien ❷ (*Gebühr*) fret *m*

Frachter <-s, -> *m* cargo *m*

Frachtgut *nt* marchandise *f* en petite vitesse **Frachtkosten** *Pl* frais *mpl* de transport **Frachtschiff** *nt* cargo *m* **Frachtverkehr** *m* trafic *m* de marchandises

Frack [frak, *Pl:* 'frɛkə] <-[e]s, Fräcke> *m* frac *m*

Frage ['fra:gə] <-, -n> *f* question *f* ▶**in ~ kommen** entrer en ligne de compte

Fragebogen *m* questionnaire *m*

fragen ['fra:gən] I. *vi* ❶ poser des questions/une question ❷ (*verlangen*) **nach jdm** ~ demander [à parler à] qn; **nach etw** ~ demander qc II. *vr* **sich ~, ob ...** se demander si ... III. *vt* **jdn etw** ~ demander qc à qn

fragend I. *adj* interrogateur(-trice) II. *adv* d'une manière interrogative

Fragesatz *m* phrase *f* interrogative **Fragestellung** *f* ❶ (*Formulierung*) façon *f* de formuler une question ❷ (*Problem*) problème *m* **Fragewort** <-wörter> *nt* [pronom *m*] interrogatif *m* **Fragezeichen** *nt* point *m* d'interrogation

fraglich ['fra:klɪç] *adj* ❶ (*unsicher*) douteux (-euse) ❷ *attr* (*betreffend*) en question

fraglos *adv* incontestablement

Fragment [fra'gmɛnt] <-[e]s, -e> *nt* fragment *m*

fragmentarisch [fragmɛn'ta:rɪʃ] *adj* fragmentaire

fragwürdig *adj* (*zweifelhaft*) douteux(-euse); *pej* (*anrüchig*) louche

Fraktion [frak'tsjo:n] <-, -en> *f* POL groupe *m* parlementaire

Fraktionsvorsitzende(r) *f(m) dekl wie adj* président(e) *m(f)* du groupe parlementaire

Franc [frã:] <-, -s> *m* HIST franc *m*

Franke ['fraŋkə] <-n, -n> *m*, **Fränkin** *f* GEO Franconien(ne) *m(f)*

Franken¹ <-s> *nt* GEO Franconie *f*

Franken² <-s, -> *m* franc *m* suisse

Frankfurt ['fraŋkfʊrt] <-s> *nt* Francfort

frankieren* [fraŋ'ki:rən] *vt* affranchir

Frankierung <-, -en> *f* affranchissement *m*

Frankokanadier(in) [fraŋkoka'na:diɐ] *m(f)* Franco-Canadien(ne) *m(f)* **frankokanadisch** *adj* franco-canadien(ne) **frankophon** *adj geh* francophone

Frankreich ['fraŋkraiç] <-s> *nt* la France

Franse ['franzə] <-, -n> *f* frange *f*

fransig *adj* effrangé(e)

Franziskaner(in) <-s, -> *m(f)* franciscain(e) *m(f)*

Franzose [fran'tso:zə] <-n, -n> *m*, **Französin** *f* Français(e) *m(f)*

französisch [fran'tsø:zɪʃ] I. *adj* français(e) II. *adv* ~ **miteinander sprechen** discuter en français

Französisch <-[s]> *nt kein art* français *m*; *s. a.* **Deutsch**

französischsprachig *adj* francophone

fräsen ['frɛ:zən] *vt* fraiser

fraß [fra:s] *Imp von* **fressen**

Fraß [fra:s] <-es, -e> *m* ❶ *pej fam* tambouille *f* ❷ (*für Tiere*) pâture *f*

Fratz [frats] <-es, -e *o* A -en, -en> *m fam* petit chou *m*/petite choute *f*

Fratze ['fra:tsə] <-, -n> f ❶ *pej* (*Gesicht*) face f hideuse ❷ (*Grimasse*) grimace f

frau [frau] *pron* on (*formation féministe par opposition au \man*) soi-disant masculin)

Frau [frau] <-, -en> f ❶ femme f ❷ (*in der Anrede*) ~ **Müller** madame Müller

Frauenarzt m, **-ärztin** f gynécologue mf **Frauenbeauftragte(r)** f|m| *dekl wie adj* délégué(e) m(f) à la condition féminine **Frauenbewegung** f *kein Pl* mouvement m féministe **frauenfeindlich** *adj* misogyne **Frauenhaus** nt foyer m pour femmes **Frauenheilkunde** f gynécologie f **Frauenheld** m tombeur m **Frauenquote** f quota m féminin **Frauenwahlrecht** nt |droit m de| vote m des femmes

Fräulein ['frɔylain] <-, -> nt ~ **Schmidt** mademoiselle Schmidt

Autrefois, on s'adressait à une femme non mariée en utilisant le terme de **Fräulein** qui signifie littéralement "petite femme". Mais, à partir des années 70, le mouvement féministe a lutté contre cette appellation qu'il jugeait discriminatoire. Alors qu'en France le terme de "Mademoiselle" est toujours en usage pour s'adresser à une jeune fille ou à une femme non mariée, il a été remplacé en Allemagne par **Frau**, c'est-à-dire "Madame".

fraulich *adj* féminin(e)

Freak [fri:k] <-s, -s> m *fam* mordu(e) m(f)

frech [frɛç] *adj* ❶ (*Person*) effronté(e); ~ **sein** (*in den Äußerungen*) être insolent; (*im Benehmen*) être impudent ❷ (*Kleidung*) osé(e)

Frechdachs m *fam* galopin(e) m(f)

Frechheit <-, -en> f effronterie f

Fregatte [fre'gatə] <-, -n> f NAUT frégate f

frei [frai] I. *adj* ❶ libre; (*Mitarbeiter*) indépendant(e); (*Tag*) de congé; **sich von etw ~ machen** s'affranchir de qc ❷ (*Wohnung*) |de| libre; (*Stelle*) vacant(e) ❸ (*unverheiratet*) libre ❹ (*Seite*) blanche; **eine Seite ~ lassen** laisser une page ❺ (*Natur*) plein(e) ❻ (*Rede*) sans notes; (*Übersetzung*) libre; *s. a.* **Freie** II. *adv* ❶ librement; ~ **laufend** (*Huhn*) en liberté; ~ **stehend** (*Gebäude*) isolé(e) ❷ (*ungezwungen*) de manière décontractée ❸ (*improvisiert*) librement

Freibad nt piscine f en plein air

frei|bekommen* *irr vi fam* (*Schüler*) avoir un jour de libre

Freiberufler(in) <-s, -> m(f) travailleur m indépendant/travailleuse f indépendante

freiberuflich I. *adj* indépendant(e) II. *adv* à son compte

Freibetrag m montant m exonéré

Freibier nt bière f gratuite

Freie(s) nt *dekl wie adj* **im ~n** (*stattfinden*) en plein air; (*übernachten*) à la belle étoile

Freier ['fraiə] <-s, -> m client m

Freiexemplar nt exemplaire m gratuit

Freigabe f (*des Wechselkurses*) libération f

frei|geben *irr* I. *vt* (*Preise*) débloquer; (*Film*) autoriser la sortie de; (*Strecke*) ouvrir à la circulation II. *vi* **jdm zwei Stunden ~** donner deux heures de libre à qn

freigebig *adj* généreux(-euse)

Freigebigkeit <-> f générosité f

frei|haben *vi irr fam* être en congé; (*Schüler*) ne pas avoir cours

Freihafen m port m franc

frei|halten *vt irr* ❶ (*Einfahrt*) ne pas stationner devant ❷ (*Platz*) garder

Freihandelszone f zone f de libre-échange

freihändig ['fraihɛndıç] *adj, adv* (*Rad fahren*) sans les mains

Freiheit ['fraihait] <-, -en> f liberté f

freiheitlich I. *adj* libéral(e) II. *adv* (*gesinnt*) de tendance libérale

Freiheitsberaubung f atteinte f à la liberté |individuelle| **Freiheitskampf** m lutte f pour la liberté **Freiheitsstatue** f statue f de la Liberté **Freiheitsstrafe** f peine f de prison

Freikarte f place f gratuite

frei|kommen *vi irr + sein* être remis en liberté

Freikörperkultur f *kein Pl* nudisme m

Freiland nt *kein Pl* AGR pleine terre f

frei|lassen *vt irr* (*Verhafteten*) relaxer; (*Geisel*) relâcher

Freilassung <-, -en> f (*einer Geisel*) libération f

Freilauf m roue f libre

freilaufend^ALT *s.* **frei II.1.**

frei|legen *vt* mettre à jour

freilich ['frailıç] *adv* ❶ (*allerdings*) toutefois ❷ (*natürlich*) bien sûr

Freilichtbühne f théâtre m de plein air

frei|machen I. *vt* ❶ POST affranchir ❷ (*Brust*) dénuder; **den Oberkörper ~** enlever le haut

II. *vi fam* prendre un repos **III.** *vr* **sich ~** se déshabiller

Freimaurer *m* franc-maçon *m*

freimütig ['fraimy:tɪç] *adj* franc(franche)

Freimütigkeit <-> *f* franchise *f*

Freiraum *m* liberté *f* d'action

freischaffend *adj attr* indépendant(e)

Freischaffende(r) *f(m) dekl wie adj* freelance *mf*

frei|setzen *vt* libérer

frei|sprechen *vt irr* JUR **jdn ~** déclarer qn non coupable

Freispruch *m* JUR non-lieu *m*

Freistaat *m* État *m* libre

frei|stehen *irr* **I.** *vi unpers* **es steht ihr frei das zu tun** elle est libre de faire cela **II.** *vi* (*Gebäude*) être inoccupé

frei|stellen *vt* ❶ **es jdm ~, ob ...** laisser à qn le choix de décider si ... ❷ (*Beamten*) suspendre

Freistoß *m* coup *m* franc

Freistunde *f* heure *f* de libre

Freitag ['fraita:k] *m* vendredi *m; s. a.* **Dienstag**

Freitagabend *m* vendredi *m* soir **Freitagmorgen** *m* vendredi *m* matin

freitags *adv* le vendredi

Freitod *m euph* suicide *m*

Freitreppe *f* perron *m*

Freiwild *nt* ❶ gibier *m* ❷ *fig* proie *f* facile

freiwillig **I.** *adj* (*Helfer*) bénévole; (*Versicherung*) facultatif(-ive) **II.** *adv* de son plein gré

Freiwillige(r) *f(m) dekl wie adj* volontaire *mf*

Freiwilligkeit <-> *f* volontariat *m*

Freiwurf *m* coup *m* franc

Freizeichen *nt* tonalité *f*

Freizeit *f kein Pl* loisirs *mpl*

Freizeitangebot *nt* liste *f* des loisirs **Freizeitbeschäftigung** *f* occupation *f* **Freizeitgestaltung** *f* organisation *f* des loisirs **Freizeitindustrie** *f* industrie *f* des loisirs **Freizeitkleidung** *f* tenue *f* décontractée **Freizeitpark** *m* parc *m* de loisirs

freizügig ['fraitsy:gɪç] *adj* (*Moral*) libéral(e); (*Kleidung*) audacieux(-euse)

fremd [frɛmt] *adj* ❶ étranger(-ère) ❷ (*opp: eigen*) de quelqu'un d'autre; (*Angelegenheiten*) autre; (*Eigentum*) d'autrui

fremdartig *adj* étrange; (*exotisch*) exotique

fremdbestimmt *adj* dépendant(e)

Fremde ['frɛmdə] <-> *f geh* **in die/der ~** à l'étranger *m*

Fremde(r) *f(m) dekl wie adj* (*Unbekannter*) inconnu(e) *m(f)*; (*Ausländer*) étranger(-ère) *m(f)*

fremdenfeindlich *adj* xénophobe **Fremdenführer(in)** *m(f)* guide *mf* **Fremdenverkehrsverein** *m* syndicat *m* d'initiative **Fremdenzimmer** *nt* chambre *f* d'hôte

fremd|gehen *vi irr + sein fam* être infidèle

Fremdherrschaft *f kein Pl* domination *f* étrangère **Fremdkörper** *m* MED corps *m* étranger **fremdländisch** *adj* exotique **Fremdsprache** *f* langue *f* étrangère **Fremdsprachenkorrespondent(in)** *m(f)* secrétaire *mf* bilingue/trilingue **fremdsprachig** *adj* en langue étrangère; (*Besucher*) parlant une langue étrangère **Fremdwort** <-wörter> *nt* mot *m* étranger

frequentieren* *vt geh* fréquenter

Frequenz [fre'kvɛnts] <-, -en> *f* fréquence *f*

Fresko ['frɛsko] <-s, Fresken> *nt* KUNST fresque *f*

Fressalien [frɛ'sa:liən] *Pl fam* bouffe *f*

Fresse ['frɛsə] <-, -n> *f vulg* gueule *f* (*fam*)

fressen ['frɛsən] <frisst, fraß, gefressen> **I.** *vt, vi* ❶ **aus etw ~** (*Tier*) manger dans qc ❷ *pej fam* (*essen*) bouffer **II.** *vr* (*eindringen*) **sich in etw** (*akk*) **~** (*Bohrer*) s'enfoncer dans qc; (*Säure*) ronger qc

Fressen <-s> *nt* ❶ (*Futter*) nourriture *f* ❷ *pej fam* (*Essen*) bouffe *f*

Fressnapfᴿᴿ, **Freßnapf**ᴬᴸᵀ *m* gamelle *f* **Fresssack**ᴿᴿ, **Freßsack**ᴬᴸᵀ *m pej fam* goinfre *mf*

Frettchen ['frɛtçən] <-s, -> *nt* furet *m*

Freude ['frɔydə] <-, -n> *f kein Pl* joie *f*; **jdm eine ~ machen** faire plaisir à qn

Freudengeschrei *nt* cris *mpl* de joie **Freudenhaus** *nt* maison *f* close **Freudensprung** *m* saut *m* de joie **Freudentränen** *Pl* larmes *fpl* de joie

freudestrahlend *adj* rayonnant(e) [de joie]

freudig ['frɔydɪç] **I.** *adj* ❶ (*voller Freude*) joyeux(-euse) ❷ (*erfreulich*) heureux(-euse) **II.** *adv* joyeusement

freudlos ['frɔytlo:s] *adj* sans joie

freuen ['frɔyən] **I.** *vr* **sich über jdn/etw ~** être content de qn/qc; **sich auf jdn/etw ~** se réjouir [d'avance] de qn/qc **II.** *vt* **jdn ~** réjouir qn

Freund(in) [frɔynt] <-[e]s, -e> *m(f)* ❶ ami(e) *m(f)* ❷ (*Anhänger*) amateur *m*

Freundeskreis ['frɔyndəskrais] *m* cercle *m* d'amis

freundlich ['frɔyntlɪç] I. *adj* ❶ aimable ❷ (*Wetter*) agréable; (*Zimmer*) accueillant(e) II. *adv* de façon amicale

freundlicherweise ['frɔyntlɪçɐ'vaizə] *adv* aimablement

Freundlichkeit <-> *f kein Pl* (*Liebenswürdigkeit*) amabilité *f*

Freundschaft < , -en> *f* amitié *f*

freundschaftlich I. *adj* amical(e) II. *adv* amicalement

Freundschaftsdienst *m* service *m* d'ami **Freundschaftspreis** *m* prix *m* d'ami **Freundschaftsspiel** *nt* rencontre *f* amicale

Frevel ['freːfəl] <-s, -> *m geh* ignominie *f*; REL sacrilège *m*

frevelhaft *adj geh* ignominieux(-euse)

Friede ['friːdə] <-ns, -n> *m* REL ~ **sei mit euch!** la paix soit avec vous!

Frieden <-s, -> *m* paix *f*

Friedensbewegung *f* mouvement *m* pacifiste **Friedenskonferenz** *f* conférence *f* de paix **Friedensnobelpreis** *m* prix *m* Nobel de la paix **Friedenspfeife** *f* calumet *m* de la paix **Friedenspolitik** *f* politique *f* de paix **Friedensrichter(in)** *m(f)* ❶ juge *m* de paix ❷ CH (*Laienrichter*) arbitre *m* **Friedenstaube** *f* colombe *f* de la paix **Friedenstruppe** *f* force *f* d'interposition **Friedensverhandlungen** *Pl* négociations *fpl* de paix **Friedensvertrag** *m* traité *m* de paix **Friedenszeit** *f* in ~en en temps de paix

friedfertig ['friːtfɛrtɪç] *adj* pacifique

Friedfertigkeit *f* caractère *m* conciliant

Friedhof ['friːthoːf] *m* cimetière *m*

friedlich I. *adj* pacifique II. *adv* (*sterben*) en paix

friedliebend ['friːtliːbənt] *adj* pacifique

frieren ['friːrən] <fror, gefroren> I. *vi* ❶ + *haben* **an den Händen** ~ avoir froid aux mains ❷ + *sein* (*gefrieren*) geler II. *vi unpers* + *haben* **es friert** il gèle III. *vt unpers* + *haben* **es friert mich** je suis gelé(e)

Fries [friːs] <-es, -e> *m* ARCHIT frise *f*

Friese ['friːzə] <-n, -n> *m*, **Friesin** *f* Frison(ne) *m(f)*

friesisch *adj* frison(ne)

frigid[e] *adj* frigide

Frikadelle [frika'dɛlə] <-, -n> *f* boulette *f* [de viande]

Frikassee [frika'seː] <-s, -s> *nt* fricassée *f*

frisch [frɪʃ] I. *adj* ❶ (*Lebensmittel, Luft*)

frais(fraîche) ❷ (*sauber*) propre ❸ (*kühl*) frais(fraîche) II. *adv* fraîchement

Frische ['frɪʃə] <-> *f* fraîcheur *f*

Frischfleisch *nt* viande *f* fraîche **Frischkäse** *m* fromage *m* frais

Frischling ['frɪʃlɪŋ] <-s, -e> *m* marcassin *m*

Friseur(in) [fri'zøːɐ] <-s, -e> *m(f)* coiffeur (-euse) *m(f)*

Friseursalon [fri'zøːɐzalõː, -zalɔŋ] *m* salon *m* de coiffure

Friseuse [fri'zøːzə] <-, -n> *f* coiffeuse *f*

frisieren* [fri'ziːrən] *vt* ❶ coiffer ❷ *fam* (*Auto*) trafiquer

Frisör *s.* **Friseur**

Frisöse *s.* **Friseuse**

frisst[RR], **frißt**[ALT] [frɪst] *3. Pers Präs von* **fressen**

Frist [frɪst] <-, -en> *f* délai *m*

fristen ['frɪstən] *vt* **sein Dasein** ~ mener sa vie

fristgerecht *adj, adv* dans les délais [impartis]

fristlos *adj, adv* sans préavis

Frisur [fri'zuːɐ] <-, -en> *f* coiffure *f*

fritieren [ALT] *s.* **frittieren**

Fritten [frɪtən] *Pl fam* frites *fpl*

frittieren*[RR] *vt* faire frire

frivol [fri'voːl] *adj* déplacé(e)

Frl. *Abk von* **Fräulein** Mlle

froh [froː] *adj* ❶ (*glücklich*) joyeux(-euse) ❷ *fam* (*zufrieden*) **über etw** (*akk*) ~ **sein** être content de qc ❸ (*Botschaft*) heureux (-euse)

fröhlich ['frøːlɪç] I. *adj* joyeux(-euse) II. *adv* allègrement

Fröhlichkeit <-> *f* gaieté *f*

fromm [frɔm] <frömmer, frömmste> *adj* pieux(-euse)

Frömmelei [frœmə'lai] <-, -en> *f pej* bigoterie *f*

Frömmigkeit ['frœmɪçkait] <-> *f* piété *f*

Fronarbeit *f* ❶ CH travail *m* d'intérêt général (*bénévole*) ❷ HIST corvée *f*

frönen ['frøːnən] *vi geh* **einer S.** (*dat*) ~ s'adonner à qc

Fronleichnam [froːn'laiçnaːm] *kein Pl, kein art* la Fête-Dieu

Front [frɔnt] <-, -en> *f* ❶ (*Vorderseite*) devant *m* ❷ MIL, POL, METEO front *m*

frontal [frɔn'taːl] I. *adj attr* frontal(e) II. *adv* de front

Frontalzusammenstoß *m* collision *f* frontale

Frontantrieb *m* traction *f* avant

fror [froːɐ̯] *Imp von* **frieren**

Frosch [frɔʃ, *Pl:* 'frœʃə] <-[e]s, Frösche> *m* grenouille *f*

Froschmann <-männer> *m* homme-grenouille *m*

Frost [frɔst, *Pl:* 'frœstə] <-[e]s, Fröste> *m* gel *m*

Frostbeule *f* engelure *f*

frösteln ['frœstəln] **I.** *vi* grelotter **II.** *vt unpers* **es fröstelt ihn** il a des frissons

frostig I. *adj* glacial(e) **II.** *adv* avec froideur

Frostschutzmittel *nt* antigel *m*

Frottee [frɔ'teː] <-s, -s> *nt o m* tissu *m* éponge

Frotteehandtuch *nt* serviette *f* éponge

frottieren* [frɔ'tiːrən] *vt, vr* [se] frictionner

frotzeln ['frɔtsəln] *vi fam* se moquer

Frucht [frʊxt, *Pl:* 'frʏçtə] <-, Früchte> *f* fruit *m*

fruchtbar *adj* fécond(e); (*Erde*) fertile; (*Gespräch*) fructueux(-euse)

Fruchtbarkeit <-> *f* fécondité *f*

Fruchtblase *f* poche *f* des eaux

Früchtchen <-s, -> *nt fam* chenapan *m*

Fruchteis *nt* glace *f* aux fruits **Fruchtfleisch** *nt* pulpe *f*

fruchtig *adj* fruité(e)

fruchtlos *adj* (*Bemühungen*) infructueux (-euse)

Fruchtsaft *m* jus *m* de fruit **Fruchtwasser** *nt* liquide *m* amniotique

früh [fryː] **I.** *adj* ❶ **es ist [noch] ~** il est [encore] tôt ❷ (*Tod*) prématuré(e) **II.** *adv* (*aufbrechen*) de bonne heure; **heute ~** ce matin

Frühaufsteher(in) <-s, -> *m(f)* lève-tôt *mf* (*fam*) **Frühdienst** *m* service *m* du matin

Frühe ['fryːə] <-> *f* **in aller ~** de bon matin

früher ['fryːɐ̯] **I.** *adj* ❶ (*vergangen*) passé(e) ❷ (*ehemalig*) ancien(ne) **II.** *adv* autrefois

Früherkennung *f* dépistage *m* précoce

frühestens ['fryːəstəns] *adv* au plus tôt

frühestmöglich *adj attr* **zum ~en Zeitpunkt** le plus tôt possible

Frühgeburt *f* ❶ naissance *f* avant terme ❷ (*Kind*) prématuré(e) *m(f)*

Frühjahr *nt* printemps *m* **Frühjahrsmüdigkeit** *f:* fatigue *intervenant au printemps*

frühkindlich *adj* infantile

Frühling ['fryːlɪŋ] <-s, -e> *m* printemps *m*

Frühlingsanfang *m* début *m* du printemps

frühmorgens [fryː'mɔrgəns] *adv* de bon matin **frühreif** *adj* précoce **Frühschicht** *f* équipe *f* du matin **Frühsport** *m* gymnastique *f* matinale **Frühstadium** *nt* stade *m* précoce

Frühstück <-stücke> *nt* petit-déjeuner *m*

Le **Frühstück** allemand est généralement copieux, et plus encore si vous le prenez à l'hôtel. Les Allemands boivent du thé, du café au lait ou du chocolat dans une tasse et non pas dans un bol. Ils mangent de la charcuterie et du fromage – *Wurst und Käse* avec des petits pains – *Brötchen* accompagnés parfois d'un verre de jus de fruits. Les Allemands posent rarement leur pain sur la table mais dans une petite assiette à côté de leur tasse.

frühstücken *vi* prendre son petit-déjeuner

Frühstückspause *f* pause *f* petit-déjeuner (*fam*)

Frühwerk *nt* œuvre *f* de jeunesse **frühzeitig I.** *adj* précoce; (*Tod*) prématuré(e) **II.** *adv* [suffisamment] tôt; (*vorzeitig*) prématurément

Frust [frʊst] <-[e]s> *m fam* frustration *f*

Frustration [frʊstra'tsi̯oːn] <-, -en> *f* frustration *f*

frustrieren* [frʊs'triːrən] *vt fam* frustrer

Fuchs [fʊks, *Pl:* 'fʏksə] <-es, Füchse> *m* ❶ renard *m* ❷ *fam* (*Mensch*) **ein schlauer ~** un vieux renard

Fuchsbau <-baue> *m* renardière *f*

fuchsen [-ks-] *vt fam* **jdn ~** foutre qn en rogne

Fuchsie ['fʊksi̯ə] <-, -n> *f* fuchsia *m*

Füchsin ['fʏksɪn] <-, -nen> *f* renarde *f*

fuchsteufelswild *adj fam* furax

Fuchtel ['fʊxtəl] ►**unter jds ~** (*dat*) *fam* sous la coupe de qn

fuchteln *vi fam* gesticuler

Fuge ['fuːgə] <-, -n> *f* ►**aus den ~n geraten** *geh* s'en aller à vau-l'eau

fügen ['fyːgən] **I.** *vr* **sich ~** (*sich unterordnen*) se soumettre; (*sich ergeben*) s'arranger **II.** *vt* **geh etw an/auf etw ~** (*akk*) ajouter qc à/sur qc

fügsam *adj geh* docile

Fügung <-, -en> *f* effet *m* de la Providence

fühlbar *adj* ❶ (*merklich*) sensible ❷ (*tastbar*) palpable

fühlen ['fy:lən] I. vt ❶ sentir; (*Schmerz*) ressentir ❷ (*ertasten*) toucher II. vi **nach etw ~** porter la main à qc III. vr ❶ **wie ~ Sie sich?** comment vous sentez-vous? ❷ (*sich einschätzen*) se considérer comme

Fühler <-s, -> m ❶ (*eines Insekts*) antenne f ❷ (*Temperaturfühler*) sonde f

fuhr [fu:ɐ̯] *Imp von* **fahren**

Fuhre ['fu:rə] <-, -n> f ❶ (*Ladung*) chargement m ❷ (*Fahrt*) course f

führen ['fy:rən] I. vt ❶ guider; (*hin~*) conduire; **jdn über die Straße ~** faire traverser la rue à qn ❷ (*bringen*) **was führt Sie zu mir?** *form* qu'est-ce qui vous amène? ❸ (*Betrieb*) diriger ❹ *form* (*Namen*) porter; **mit sich ~** (*Papiere*) avoir avec soi ❺ (*Artikel*) vendre II. vi ❶ (*in Führung liegen*) mener ❷ (*verlaufen*) **durch den Tunnel ~** traverser le tunnel ❸ (*als Ergebnis haben*) **zu etw ~** conduire à qc III. vr *form* (*sich benehmen*) se conduire

führend *adj* de premier plan

Führer(in) ['fy:re] <-s, -> m(f) ❶ (*Leiter*) dirigeant(e) m(f) ❷ (*Reiseführer*) guide mf ❸ CH (*Lenker*) conducteur(-trice) m(f)

Führerschein m permis m [de conduire] **Führerscheinentzug** m retrait m du permis [de conduire]

Fuhrpark m parc m automobile

Führung ['fy:rʊŋ] <-, -en> f ❶ (*Besichtigung*) visite f guidée ❷ kein Pl (*Betragen*) conduite f ❸ kein Pl (*leitende Gruppe*) direction f ❹ kein Pl SPORT avance f

Führungsebene f auf ~ au niveau de la direction **Führungskraft** f cadre m supérieur **Führungszeugnis** nt certificat m de bonne conduite

Fuhrunternehmen nt société f de transports **Fuhrwerk** nt charrette f

Fülle ['fylə] <-> f ❶ (*des Haares*) volume m ❷ (*Körperfülle*) embonpoint m ❸ (*Menge*) **eine ~ von etw** une foule de qc

füllen ['fylən] I. vt ❶ (*Gefäß*) remplir ❷ GASTR farcir ❸ (*ein~*) **etw in einen Behälter ~** verser qc dans un récipient II. vr **sich ~** se remplir

Füller ['fylɐ] <-s, -> m stylo m

Füllfederhalter m stylo-plume m

füllig *adj* (*Haar*) volumineux(-euse)

Füllung <-, -en> f ❶ (*eines Polsters*) rembourrage m; (*eines Zahns*) plombage m ❷ GASTR farce f

Fummel <-s, -> m *fam* fringues *fpl*

fummeln ['fʊməln] vi *fam* ❶ (*hantieren*) **an etw** (*dat*) ~ tripatouiller qc ❷ (*sexuell*) se peloter

Fund [fʊnt] <-[e]s, -e> m ❶ kein Pl *form* (*das Entdecken*) découverte f ❷ (*etwas Gefundenes*) trouvaille f

Fundament [fʊnda'mɛnt] <-[e]s, -e> nt ❶ fondations *fpl* ❷ (*Grundlage*) base f

fundamental [fʊndamɛn'ta:l] *adj* fondamental(e)

Fundamentalismus [fʊndamɛnta'lɪsmʊs] <-> m fondamentalisme m; REL intégrisme m

Fundamentalist(in) <-en, -en> m(f) intégriste mf

Fundbüro nt bureau m des objets trouvés **Fundgrube** f mine f

fundiert *adj* (*Untersuchung*) approfondi(e)

fündig ['fyndıç] *adj* ~ **werden** trouver quelque chose

Fundsache f objet m trouvé

fünf [fynf] *num* cinq; *s. a.* **acht**[1]

Fünf <-, -en> f (*Schulnote*) ≈ huit m [sur vingt]

Fünfeck nt pentagone m **fünfeckig** *adj* pentagonal(e)

fünfeinhalb *num* ~ **Meter** cinq mètres et demi; *s. a.* **achteinhalb**

fünferlei *adj inv* ~ **Sorten Brot** cinq sortes de pain; *s. a.* **achterlei**

Fünfeuroschein m billet m de cinq euros

fünffach I. *adj* **die ~e Menge nehmen** prendre cinq fois la dose II. *adv* (*falten*) cinq fois; *s. a.* **achtfach**

fünfhundert *num* cinq cents

Fünfjahresplan m plan m quinquennal

Fünfkampf m pentathlon m

fünfmal *adv* cinq fois; *s. a.* **achtmal**

Fünfprozentklausel f clause f des cinq pour cent

fünft *adv* **zu ~ sein** être cinq; *s. a.* **acht**[2]

Fünftagewoche [fynf'ta:gəvɔxə] f semaine f de cinq jours

fünftausend *num* cinq mille

fünfte(r, s) *adj* ❶ cinquième ❷ (*bei Datumsangabe*) **der ~ März** le cinq mars; *s. a.* **achte(r, s)**

fünftel *adj* cinquième; *s. a.* **achtel**

Fünftel <-s, -> nt cinquième m

fünfzehn *num* quinze; *s. a.* **acht**[1]

fünfzig ['fynftsıç] *num* cinquante; *s. a.* **achtzig**

Fünfzig <-, -en> *f* cinquante *m*

fünfziger *adj inv* die ~ Jahre les années *fpl* cinquante; *s. a.* **achtziger**

Fünfzigeuroschein *m* billet *m* de cinquante euros

fünfzigjährig *adj attr* de cinquante ans; *s. a.* **achtzigjährig**

fünfzigste(r, s) *adj* cinquantième; *s. a.* **achtzigste(r, s)**

fungieren* [fʊŋ'giːrən] *vi* als etw ~ (*Person*) faire fonction de qc; (*Gegenstand*) faire office de qc

Funk [fʊŋk] <-s> *m* radio *f*

Funkamateur(in) [-amatøːɐ] *m(f)* radioamateur *m*

Funke ['fʊŋkə] <-ns, -n> *m* étincelle *f*

funkeln ['fʊŋkəln] *vi* étinceler

funkelnagelneu ['fʊŋkəl'naːgəl'nɔy] *adj fam* flambant neuf(neuve)

funken ['fʊŋkən] I. *vt* eine Nachricht ~ transmettre une nouvelle par radio II. *vi* (*Funken sprühen*) faire des étincelles III. *vi unpers fam* (*verstehen*) es hat bei ihm gefunkt il a pigé

Funker(in) <-s, -> *m* [opérateur(-trice) *m(f)*] radio *m*

Funkgerät *nt* appareil *m* de radio **Funkhaus** *nt* studios *mpl* **Funksprechgerät** *nt* talkie-walkie *m* **Funkspruch** *m* message *m* radio **Funkstreife** *f* ronde *f* de police [en voiture radio] **Funktaxi** *nt* radio-taxi *m* **Funktelefon** *nt* radiotéléphone *m*

Funktion [fʊŋk'tsi̯oːn] <-, -en> *f* fonction *f*

funktional [fʊŋktsi̯oˈnaːl] *s.* **funktionell**

Funktionär(in) [fʊŋtsi̯oˈnɛːɐ] <-s, -e> *m(f)* permanent(e) *m(f)*

funktionell *adj* fonctionnel(le)

funktionieren* [fʊŋtsi̯oˈniːrən] *vi* fonctionner

Funktionstaste *f* INFORM touche *f* [de] Fonction **funktionstüchtig** *adj* en état de marche

Funkturm *m* tour *f* hertzienne **Funkverbindung** *f* liaison *f* radio **Funkverkehr** *m* radiocommunication *f*

für [fyːɐ] *präp* + *akk* ❶ pour ❷ (*wiederholend*) Tag ~ Tag jour après jour ❸ *mit Fragepronomen* was ~ ... quel(le)s ...; was ~ ein ... quelle sorte de ...

Für <-> *nt* ▶das ~ und Wider le pour et le contre

Fürbitte *f* prière *f* [d'intercession]

Furche ['fʊrçə] <-, -n> *f* sillon *m*

Furcht [fʊrçt] <-> *f* peur *f*; ~ erregend effrayant(e)

furchtbar *adj* terrible

fürchten ['fyrçtən] I. *vt* ❶ redouter ❷ (*be~*) craindre II. *vr* sich vor jdm/etw ~ avoir peur de qn/qc III. *vi* um jdn/etw ~ craindre pour qn/qc

fürchterlich ['fyrçtəlɪç] *s.* **furchtbar**

furchterregendALT *s.* **Furcht**

furchtlos *adj* (*Person*) hardi(e)

furchtsam *adj geh* craintif(-ive)

füreinander [fyːɐʔaiˈnandə] *adv* l'un(e) pour l'autre/les un(e)s pour les autres

Furie ['fuːriə] <-, -n> *f pej* (*Frau*) furie *f*

Furnier [fʊrˈniːɐ] <-s, -e> *nt* placage *m*

Furore [fuˈroːrə] <-> *f*, <-s> *nt* ▶~ machen *fam* faire un malheur

Fürsorge ['fyːɐzɔrgə] *f kein Pl* ❶ soins *mpl* ❷ *fam* (*Sozialhilfe*) aide *f* sociale

Fürsorgepflicht *f* devoir *m* d'assistance [sociale]

fürsorglich I. *adj* attentionné(e) II. *adv* avec soin

Fürsprache *f* intervention *f*

Fürsprecher(in) *m(f)* avocat(e) *m(f)*

Fürst(in) ['fyrst] <-en, -en> *m(f)* prince (-esse) *m(f)*

Fürstentum <-[e]s, -tümer> *nt* principauté *f*

fürstlich *adj* princier(-ière); (*Trinkgeld*) royal(e)

Furt [fʊrt] <-, -en> *f* gué *m*

Furunkel [fuˈrʊŋkəl] <-s, -> *nt o m* furoncle *m*

Furz [fʊrts, *Pl:* 'fʏrtsə] <-es, Fürze> *m fam* pet *m*

furzen *vi fam* péter

Fusel ['fuːzəl] <-s, -> *m pej fam* tord-boyaux *m*

Fusion [fuˈzi̯oːn] <-, -en> *f* fusion *f*

fusionieren* [fuzi̯oˈniːrən] *vi* fusionner

Fuß [fuːs, *Pl:* 'fyːsə] <-es, Füsse> *m* (*a. Längenmaß*) pied *m*

Fußball *m* ❶ *kein Pl* football *m* ❷ (*Ball*) ballon *m* [de football]

Fußballer(in) <-s, -> *m(f) fam* footballeur(-euse) *m(f)*

Fußballfan *m* fan *mf* de foot **Fußballmannschaft** *f* équipe *f* de football **Fußballplatz** *m* terrain *m* de football **Fußballspiel** *nt* match *m* de football **Fußballspieler(in)**

F

m(f) joueur(-euse) *m(f)* de football **Fußballverein** *m* club *m* de football

Fußboden *m* sol *m* **Fußbreit** <-> *m kein Pl* pied *m* **Fußbremse** *f* pédale *f* de frein

Fussel ['fʊsəl] <-, -n> *f*, <-s, -> *m* peluche *f*

fusselig *adj* qui peluche

fusseln *vi* pelucher

fußen ['fu:sən] *vi* **auf etw ~** (*dat*) reposer sur qc

Fußende *nt* pied *m*

Fußgänger(in) ['fu:sgɛŋɐ] <-s, -> *m(f)* piéton(ne) *m(f)*

Fußgängerampel *f* feu *m* pour piétons **Fußgängerüberweg** *m* passage *m* pour piétons **Fußgängerzone** *f* zone *f* piétonne

Fußgelenk *nt* cheville *f*

fussligᴿᴿ, **fußlig**ᴬᴸᵀ ['fʊslɪç] *s.* fusselig

Fußmarsch *m* marche *f* à pied **Fußmatte** *f* paillasson *m* **Fußnote** *f* note *f* [de bas de page] **Fußpilz** *m* mycose *f* [du pied] **Fußsohle** *f* plante *f* du pied **Fußspitze** *f* pointe *f* du pied **Fußspur** *f* trace *f* de pas **Fußstapfen** *m* ▶ **in jds ~ treten** (*akk*) marcher sur les traces de qn **Fußtritt** *m* coup *m* de pied **Fußvolk** *nt pej fam* **das ~** le petit peuple **Fußweg** *m* (*Pfad*) sentier *m* **Fußzeile** *f* pied *m* de page

futsch [fʊtʃ] *adj fam* **~ sein** être fichu

Futter ['fʊtɐ] <-s, -> *nt* ❶ *kein Pl* nourriture *f* ❷ (*eines Mantels*) doublure *f*

Futteral [fʊtə'ra:l] <-s, -e> *nt* étui *m*

futtern ['fʊtɐn] *vt, vi fam* bouffer

füttern ['fʏtɐn] *vt* ❶ (*Säugling, Tier*) nourrir ❷ COUT doubler

Futternapf *m* écuelle *f* **Futterpflanze** *f* plante *f* fourragère

Fütterung ['fʏtərʊŋ] <-, -en> *f* alimentation *f*

Futur [fu'tu:ɐ] <-s, -e> *nt* LING futur *m*

futuristisch [futu'rɪstɪʃ] *adj* futuriste

G g

G, g [ge:] <-, -> *nt* ❶ *G m/g m* ❷ MUS sol *m*

g *Abk von* **Gramm** g

gab [ga:p] *Imp von* **geben**

Gabe ['ga:bə] <-, -n> *f* ❶ *geh* (*Geschenk*) présent *m* ❷ (*Spende*) **eine milde ~** une aumône ❸ (*Begabung*) don *m*

Gabel ['ga:bəl] <-, -n> *f* ❶ fourchette *f* ❷ (*Heugabel*) fourche *f*

gabeln ['ga:bəln] *vr* **sich ~** (*Straße*) bifurquer

Gabelstapler ['ga:bəlʃtaːplɐ] <-s, -> *m* chariot *m* élévateur [à fourche]

Gabelung <-, -en> *f* bifurcation *f*

Gabentisch *m: table où sont disposés les cadeaux à Noël ou pour un anniversaire*

gackern ['gakɐn] *vi* glousser(*péj*)

gaffen ['gafən] *vi pej* **nach jdm/etw ~** reluquer qn/qc (*fam*)

Gag [gɛk] <-s, -s> *m* gag *m*

Gage ['ga:ʒə] <-, -n> *f* cachet *m*

gähnen ['gɛ:nən] *vi* bâiller

Gala ['ga(:)la] <-> *f* tenue *f* de gala

galaktisch [ga'laktɪʃ] *adj* galactique

galant [ga'lant] *adj* galant(e)

Galeere [ga'le:rə] <-, -n> *f* galère *f*

Galerie [galə'ri:] <-, -n> *f* ❶ (*Kunstgalerie*) galerie *f* [d'art] ❷ A, CH (*Tunnel*) tunnel *m*

Galgen ['galgən] <-s, -> *m* potence *f*

Galgenfrist *f fam* ultime délai *m* **Galgenhumor** *m* humour *m* noir

Galionsfigur *f a. fig* figure *f* de proue

Galle ['galə] <-, -n> *f* ❶ (*Organ*) vésicule *f* biliaire ❷ (*Sekret*) bile *f*

Gallenblase *f* vésicule *f* biliaire **Gallenstein** *m* calcul *m* biliaire

gallertartig [ga'lɛrt'a:ɐ̯tɪç] *adj* gélatineux (-euse)

Gallien ['galiən] <-s> *nt* Gaule *f*

Gallier(in) ['galiɐ] <-s, -> *m(f)* Gaulois(e) *m(f)*

gallisch ['galɪʃ] *adj* gaulois(e)

Galopp [ga'lɔp] <-s, -s> *m* galop *m*

galoppieren* [galɔ'pi:rən] *vi* + *haben o sein* galoper

galt [galt] *Imp von* **gelten**

galvanisieren* [galvani'zi:rən] *vt* TECH galvaniser

Gamepad ['geɪmpɛd] <-s, -s> *nt* INFORM gamepad *m*

Gameshow ['geɪmʃoʊ] <-, -s> *f* jeu *m* télévisé

Gammastrahlen ['gamaʃtra:lən] *Pl* PHYS rayons *mpl* gamma

gammelig *adj fam* (*Obst*) pourri(e)

gammeln ['gaməln] *vi pej fam* gland[ouill]er

Gämseᴿᴿ ['gɛmzə] <-, -n> *f* chamois *m*

gang [gaŋ] ►~ **und gäbe sein** être monnaie courante

Gang [gaŋ, *Pl:* 'gɛŋə] <-[e]s, Gänge> *m* ❶ *kein Pl* (~*art*) démarche *f* ❷ (*Behördengang*) démarche *f* ❸ GASTR plat *m* ❹ TECH vitesse *f*; **im dritten ~** en troisième ❺ (*Korridor*) couloir *m*

gangbar *adj* **ein ~er Weg** un chemin praticable; *fig* une voie envisageable

gängeln ['gɛŋəln] *vt pej* tenir en laisse

gängig ['gɛŋɪç] *adj* courant(e); (*Artikel*) demandé(e)

Gangschaltung *f* changement *m* de vitesse; (*beim Fahrrad*) dérailleur *m*

Gangster ['gɛŋstɐ] <-s, -> *m pej* gangster *m*

Gangway ['gæŋweɪ] <-, -s> *f* passerelle *f* [d'embarquement]

Ganove [ga'noːvə] <-n, -n> *m pej fam* truand *m*

Gans [gans, *Pl:* 'gɛnzə] <-, Gänse> *f* ❶ oie *f* ❷ *pej fam* [**du**] **dumme ~!** espèce d'âne!

Gänseblümchen ['gɛnzəbly:mçən] *nt* pâquerette *f* **Gänsebraten** *m* oie *f* rôtie **Gänsefüßchen** *Pl fam* guillemets *mpl* **Gänsehaut** *f* chair *f* de poule **Gänseleberpastete** *f* foie *m* gras [d'oie] **Gänsemarsch** *m* **im ~** à la queue leu leu

Gänserich ['gɛnzərɪç] <-s, -e> *m* jars *m*

Gänseschmalz *nt* graisse *f* d'oie

ganz [gants] **I.** *adj* ❶ complet(-ète); **die ~e Nachbarschaft** tous les voisins; **den ~en Tag** [**über**] toute la journée ❷ *fam* (*all der/die/das ...*) **dieses ~e Gerede** tous ces discours ❸ *fam* (*unbeschädigt*) intact(e) ❹ *fam* (*nur*) **~e zwei Euro spenden** donner tout juste deux euros ❺ *fam* (*ziemlich viel*) **eine ~e Menge Geld** une sacrée somme [d'argent] **II.** *adv* ❶ (*kalt*) très; (*allein*) tout; (*ruhig*) parfaitement; (*vorne*) tout [à fait]; (*überarbeiten*) complètement ❷ *fam* (*ziemlich*) assez ►~ **und gar** totalement

Ganze(s) *nt dekl wie adj* ❶ (*Ganzheit*) ensemble *m* ❷ (*alle Sachen*) **das ~** le tout; (*die ganze Angelegenheit*) tout cela (*fam*)

ganzheitlich *adj* global(e) **ganzjährig** *adj, adv* [durant] toute l'année

gänzlich ['gɛntslɪç] **I.** *adj* (*Fehlen*) total(e) **II.** *adv* totalement

ganztägig ['gantstɛːgɪç] **I.** *adj* (*Ausflug*) d'une journée **II.** *adv* toute la journée

Ganztagsschule *f: type d'école et de scolarité où les cours ont lieu toute la journée*

gar¹ [gaːɐ] *adv* ❶ ~ **nichts** absolument rien; ~ **nicht teuer** pas cher(chère) du tout ❷ (*geschweige*) **100 oder ~ 200 Euro sind einfach zu viel** 100 euros voire 200 euros sont bien trop

gar² *adj* ~ **sein** être bien cuit

Garage [ga'raːʒə] <-, -n> *f* garage *m*

Garant(in) [ga'rant] <-en, -en> *m(f)* garant(e) *m(f)*

Garantie [garan'tiː] <-, -n> *f* garantie *f*

garantieren* [garan'tiːrən] **I.** *vt* garantir **II.** *vi* **für etw ~** (*Person*) se porter garant(e) pour qc

garantiert *adv fam* **er hat das ~ vergessen!** à coup sûr, il l'a oublié!

Garantieschein *m* bon *m* de garantie

Garaus ►**jdm den ~ machen** *fam* achever qn

Garbe ['garbə] <-, -n> *f* (*Getreidegarbe*) gerbe *f*

Garde ['gardə] <-, -n> *f* garde *f*

Garderobe [gardə'roːbə] <-, -n> *f* ❶ (*Ständer*) portemanteau *m*; (*Aufbewahrungsraum*) vestiaire *m* ❷ *geh* (*Kleidung*) garde-robe *f*

Garderobenständer *m* portemanteau *m*

Gardine [gar'diːnə] <-, -n> *f* rideau *m*

Gardinenstange *f* tringle *f* à rideau

garen ['gaːrən] *vt* [faire] cuire

gären ['gɛːrən] <gärte, gegärt> *vi + haben o sein* fermenter

Garn [garn] <-[e]s, -e> *nt* fil *m*

Garnele [gar'neːlə] <-, -n> *f* crevette *f* [rose]

garnieren* [gar'niːrən] *vt* (*Kuchen*) décorer

Garnison [garni'zoːn] <-, -en> *f* garnison *f*

Garnitur [garni'tuːɐ] <-, -en> *f* **eine ~ Bettwäsche** une parure de draps

garstig ['garstɪç] *adj geh* ❶ (*ungezogen*) vilain(e) ❷ (*abscheulich*) répugnant(e)

Garten ['gartən, *Pl:* 'gɛrtən] <-s, Gärten> *m* jardin *m*

Gartenarbeit *f* jardinage *m* **Gartenarchitekt(in)** *m(f)* [architecte *mf*] paysagiste *mf* **Gartenbau** *m kein Pl* horticulture *f* **Gartenfest** *nt* garden-party *f* **Gartenhaus** *nt* pavillon *m* **Gartenlaube** *f* gloriette *f* **Gartenschere** *f* sécateur *m* **Gartenzaun** *m* clôture *f* de jardin **Gartenzwerg** *m* nain *m* de jardin

Gärtner(in) ['gɛrtnɐ] <-s, -> *m(f)* jardinier(-ière) *m(f)*

Gärtnerei [gɛrtnə'raɪ] <-, -en> *f* établissement *m* horticole

G

gärtnern *vi* jardiner
Gärung ['gɛːrʊŋ] <-, -en> *f* fermentation *f*
Gas [gaːs] <-es, -e> *nt* ❶ gaz *m* ❷ *fam* (*~pedal*) accélérateur *m* ❸ (*Treibstoff*) ~ **geben** accélérer
Gasflasche *f* bouteille *f* de gaz **gasförmig** *adj* gazeux(-euse) **Gashahn** *m* robinet *m* du gaz **Gasherd** *m* cuisinière *f* à gaz **Gaskocher** *m* réchaud *m* à gaz **Gasleitung** *f* conduite *f* de gaz **Gasmaske** *f* masque *m* à gaz **Gaspedal** *nt* pédale *f* d'accélérateur
Gässchenᴿᴿ, **Gäßchen**ᴬᴸᵀ <-s, -> *nt* Dim *von* Gasse [petite] ruelle *f*
Gasse ['gasə] <-, -n> *f* ❶ ruelle *f* ❷ A (*Straße*) rue *f*
Gassi ▸~ **gehen** *fam* faire sortir le chien
Gast [gast, *Pl:* 'gɛstə] <-es, Gäste> *m* ❶ invité(e) *m(f)* ❷ (*Hotelgast*) pensionnaire *mf* ❸ (*Besucher*) hôte *m*
Gastarbeiter(in) *m(f)* travailleur immigré *m*/travailleuse immigrée *f*
Gästebuch *nt* livre *m* d'hôtes **Gästezimmer** *nt* chambre *f* d'amis
gastfreundlich *adj* hospitalier(-ière) **Gastfreundschaft** *f* hospitalité *f* **Gastgeber(in)** *m(f)* hôte(-esse) *m(f)* **Gasthof** *m* auberge *f* **Gasthörer(in)** *m(f)* auditeur(-trice) *m(f)* libre
gastieren* [gas'tiːrən] *vi* se produire en tournée
Gastland *nt* pays *m* d'accueil
gastlich *adj geh* (*Bewirtung*) prévenant(e)
Gastronomie [gastrono'miː] <-, -n> *f* form restauration *f*
gastronomisch [gastro'noːmɪʃ] *adj* gastronomique
Gastspiel *nt* ❶ **ein ~ geben** se produire en tournée ❷ SPORT match *m* [à l'] extérieur
Gaststätte *f* café-restaurant *m*
Gaststube *f* salle *f* de restaurant **Gastwirt(in)** *m(f)* cafetier-restaurateur *m*/cafetière-restauratrice *f* **Gastwirtschaft** *s.* Gaststätte
Gasuhr *s.* Gaszähler **Gasvergiftung** *f* intoxication *f* par le gaz **Gaszähler** *m* compteur *m* à gaz
Gatte ['gatə] <-n, -n> *m*, **Gattin** *f* form époux *m*/épouse *f* (*soutenu*)
Gatter ['gatɐ] <-s, -> *nt* barrière *f*
Gattung ['gatʊŋ] <-, -en> *f* ❶ BIO ordre *m* ❷ (*Kunstgattung*) genre *m*
GAU [gau] <-s, -s> *m Abk von* größter an-

zunehmender Unfall accident *f* maximal hypothétique
Gaudi ['gaudi] <-> *f* A, SDEUTSCH *fam* **das war vielleicht eine ~!** ce qu'on a pu se marrer!
Gaukler(in) ['gauklɐ] <-s, -> *m(f)* HIST bateleur(-euse) *m(f)* [de foire]
Gaul [gaul, *Pl:* 'gɔylə] <-[e]s, Gäule> *m pej* canasson *m* (*fam*)
Gaumen ['gaumən] <-s, -> *m* palais *m*
Gauner(in) ['gaunɐ] <-s, -> *m(f) pej* ❶ (*Betrüger*) escroc *m* ❷ *fam* (*schlaue Person*) filou *m*
Gaze ['gaːzə] <-, -n> *f* gaze *f*
Gazelle [ga'tsɛlə] <-, -n> *f* gazelle *f*
G-Dur ['geːduːɐ] <-> *nt* sol *m* majeur
geädert *adj* (*Blatt*) nervuré(e)
geartet *adj* **ein anders ~er Fall** un cas d'[une] autre nature
Geäst [gə'ʔɛst] <-[e]s> *nt kein Pl* branchage *m*
geb. *Abk von* **geborene(r)** né(e)
Gebäck [gə'bɛk] <-[e]s> *nt* ❶ pâtisseries *fpl* ❷ A (*Brötchen*) [petit] pain *m*
Gebälk [gə'bɛlk] <-[e]s> *nt* charpente *f*
geballt [gə'balt] *adj* **mit ~er Kraft** de toutes mes/ses/... forces
gebannt [gə'bant] *adj* fasciné(e)
gebar [gə'baːɐ] *Imp von* **gebären**
Gebärde [gə'bɛːɐdə] <-, -n> *f* geste *m*
Gebaren <-s> *nt* comportement *m*
gebären [gə'bɛːrən] <gebiert, gebar, geboren> *vt* (*Kind*) mettre au monde
Gebärmutter <-mütter> *f* utérus *m*
Gebäude [gə'bɔydə] <-s, -> *nt* bâtiment *m*
gebaut *adj* **gut ~ sein** être bien bâti
Gebeine [gə'bainə] *Pl geh* ossements *mpl*
Gebell [gə'bɛl] <-s> *nt pej* aboiements *mp* [continuels]
geben ['geːbən] <gibt, gab, gegeben> **I.** *vt* ❶ donner; (*Rabatt*) faire; **gibst du mir mal das Salz?** tu peux me passer le sel?; **jdm ein Zeichen ~** faire signe à qn ❷ (*produzieren*) **Milch ~** donner du lait ❸ (*verbinden mit*) passer ❹ (*äußern*) **von sich ~** (*Laute*) émettre **II.** *vi a.* SPIEL donner **III.** *vi unpers* ❶ **es gibt ...** il y a ... ❷ (*sein*) **was gibts?** qu'est-ce qu'il y a? **IV.** *vr* **sich ~** se calmer
Gebet [gə'beːt] <-[e]s, -e> *nt* prière *f*
Gebetbuch *nt* livre *m* de prières
gebeugt I. *adj* (*Haltung*) courbé(e) **II.** *adv* voûté(e)

gebiert [gə'biːɐt] *3. Pers Präs von* **gebären**

Gebiet [gə'biːt] <-[e]s, -e> *nt* ❶ (*Region*) région *f* ❷ (*Sachgebiet*) domaine *m*

gebieten* [gə'biːtən] *irr geh vt* (*befehlen*) ordonner

gebieterisch *geh* I. *adj* impérieux(-euse) II. *adv* d'un air impérieux

gebietsweise *adv* par endroits

Gebilde [gə'bɪldə] <-s, -> *nt* chose *f*; (*Formation*) formation *f*

gebildet [gə'bɪldət] *adj* cultivé(e)

Gebirge [gə'bɪrgə] <-s, -> *nt* montagnes *fpl*

gebirgig *adj* montagneux(-euse)

Gebirgsbach *m* torrent *m*

Gebiss^RR <-es, -e>, **Gebiß**^ALT [gə'bɪs] <-sses, -sse> *nt* dentition *f*; (*Zahnprothese*) dentier *m*

Gebläse [gə'blɛːzə] <-s, -> *nt* ventilateur *m*

geblümt *adj* (*Kleid*) à fleurs

gebogen [gə'boːgən] *adj* (*Schnabel*) recourbé(e)

geboren [gə'boːrən] *adj* ❶ Anne Lauer, ~e Klein Anne Lauer, née Klein ❷ (*perfekt*) die ~e Schauspielerin sein être la parfaite actrice

geborgen [gə'bɔrgən] *adj* à l'abri

Geborgenheit <-> *f* [sentiment *m* de] sécurité *f*

Gebot [gə'boːt] <-[e]s, -e> *nt* ❶ règle *f* ❷ *geh* (*Erfordernis*) exigence *f* ❸ (*bei Auktionen*) enchère *f* ❹ REL. commandement *m*

geboten [gə'boːtən] *adj geh* besondere Vorsicht ist ~ une prudence extrême s'impose

Gebräu [gə'brɔy] <-[e]s, -e> *nt pej* breuvage *m* infâme

Gebrauch [gə'braux, *Pl:* gə'brɔyçə] <-[e]s, Gebräuche> *m* ❶ *kein Pl* usage *m*; (*eines Worts*) emploi *m* ❷ *meist Pl* (*Brauch*) usage *m*

gebrauchen* *vt* (*Werkzeug*) utiliser; (*Wort*) employer

gebräuchlich [gə'brɔyçlɪç] *adj* (*Wort*) usité(e)

Gebrauchsanweisung *f* mode *m* d'emploi **Gebrauchsgegenstand** *m* objet *m* d'usage courant

gebraucht [gə'brauxt] *adj, adv* d'occasion **Gebrauchtwagen** *m* voiture *f* d'occasion

Gebrechen [gə'brɛçən] <-s, -> *nt geh* déficience *f* [fonctionnelle]

gebrechlich [gə'brɛçlɪç] *adj* sénile

gebrochen [gə'brɔxən] I. *adj* ❶ (*Person*) brisé(e) ❷ (*fehlerhaft*) in ~em Deutsch en mauvais allemand II. *adv* ~ Französisch sprechen parler un mauvais français

Gebrüder [gə'bryːdɐ] *Pl* frères *mpl*

Gebrüll [gə'brʏl] <-[e]s> *nt* (*Geschrei*) hurlements *mpl*

gebückt I. *adj* voûté(e) II. *adv* le dos courbé

Gebühr [gə'byːɐ] <-, -en> *f* taxe *f*; (*Rundfunkgebühr*) redevance *f*

gebühren* [gə'byːrən] *geh vi* ihr gebührt Respekt elle mérite le respect (*fam*)

gebührend I. *adj* ❶ (*Respekt*) dû(due) ❷ (*Abstand*) approprié(e) II. *adv* sein Erfolg wurde ~ gefeiert son succès fut dûment fêté

Gebühreneinheit *f* unité *f* **gebührenfrei** *adj* gratuit(e) **gebührenpflichtig** *adj* payant(e)

gebunden [gə'bʊndən] *adj* vertraglich ~ sein être lié par contrat

Geburt [gə'buːɐt] <-, -en> *f* ❶ *kein Pl* naissance *f* ❷ (*Entbindung*) accouchement *m*

Geburtenkontrolle *f kein Pl* contrôle *m* des naissances **Geburtenregelung** *f kein Pl* régulation *f* des naissances **geburtenschwach** *adj* ~er Jahrgang classe *f* d'âge creuse **geburtenstark** *adj* ~er Jahrgang année *f* à forte natalité **Geburtenziffer** *f* taux *m* de natalité

gebürtig [gə'bʏrtɪç] *adj* de naissance

Geburtsdatum *nt* date *f* de naissance **Geburtshaus** *nt* maison *f* natale **Geburtshilfe** *f kein Pl* obstétrique *f* **Geburtsjahr** *nt* année *f* de naissance **Geburtsort** *m* lieu *m* de naissance **Geburtstag** *m* ❶ anniversaire *m* ❷ (*Geburtsdatum*) date *f* de naissance **Geburtstagsfeier** *f* fête *f* d'anniversaire **Geburtstagskind** *nt iron* das ~ ≈ celui/celle qui est à l'honneur du jour **Geburtsurkunde** *f* acte *m* de naissance

Gebüsch [gə'bʏʃ] <-[e]s, -e> *nt* buissons *mpl*

Gedächtnis [gə'dɛçtnɪs] <-ses, -se> *nt* ❶ mémoire *f* ❷ (*Andenken*) souvenir *m* **Gedächtnislücke** *f* trou *m* de mémoire **Gedächtnisschwund** *m* MED perte *f* de la mémoire

Gedanke [gə'daŋkə] <-ns, -n> *m* ❶ pensée *f* ❷ (*Vorstellung*) idée *f* ▸auf dumme ~n kommen *fam* faire des bêtises **Gedankenaustausch** *m* échange *m* de

G

points de vue **Gedankenfreiheit** f kein Pl
liberté f de pensée **gedankenlos I.** adj in-
considéré(e) **II.** adv sans réfléchir **Gedankenstrich** m tiret m **Gedankenübertra-
gung** f transmission f de pensée
gedanklich adj intellectuel(le)
Gedärm [gə'dɛrm] <-[e]s, -e> nt intestins
mpl

Gedeck [gə'dɛk] <-[e]s, -e> nt couvert m
gedeckt adj ❶ (Farben) neutre ❷ (Scheck)
approvisionné(e)
gedeihen [gə'daɪən] <gedieh, gediehen>
vi + sein ❶ bien pousser ❷ (Verhandlungen)
prendre une bonne tournure
gedenken* vi irr ❶ geh **jds/einer S. ~**
commémorer qn/qc ❷ (beabsichtigen) **~
etw zu tun** avoir l'intention de faire qc
Gedenken <-s> nt souvenir m
Gedenkfeier f fête f commémorative **Ge-
denkminute** f minute f de silence **Ge-
denkstätte** f mémorial m **Gedenkstunde**
f cérémonie f commémorative **Gedenktafel** f plaque f commémorative
Gedicht [gə'dɪçt] <-[e]s, -e> nt poème m
gediegen [gə'di:gən] adj solide
gedieh [gə'di:] Imp von **gedeihen**
Gedränge [gə'drɛŋə] <-s> nt cohue f
gedruckt adj imprimé(e); **klein ~** (Text)
écrit(e) en petits caractères
gedrungen [gə'drʊŋən] adj (Gestalt) tra-
pu(e)
Geduld [gə'dʊlt] <-> f patience f
gedulden* [gə'dʊldən] vr **sich ~** patienter
geduldig I. adj patient(e) **II.** adv patiemment
Geduldsfaden ▸**jdm** **reißt** der **~** fam qn
est à bout de patience
gedunsen adj boursouflé(e)
geehrt [gə'?e:ɐt] adj (bei schriftlicher Anrede) **Sehr ~e Damen und Herren, ...** Madame, Monsieur, ...
geeignet [gə'?aɪgnət] adj (Bewerber) qui
convient, (Moment) approprié(e)
Gefahr [gə'fa:ɐ] <-, -en> f danger m
gefährden* [gə'fɛːɐdən] vt ❶ mettre en
danger [la vie de] ❷ (in Frage stellen)
compromettre
Gefährdung <-, -en> f **~ der öffentlichen
Sicherheit** atteinte f à la sécurité publique
Gefahrenzone f zone f dangereuse
gefährlich [gə'fɛːɐlɪç] **I.** adj dangereux
(-euse) **II.** adv (aussehen) menaçant(e)
gefahrlos adj, adv sans danger

Gefährte [gə'fɛːɐtə] <-n, -n> m, **Gefährtin** f
geh compagnon m/compagne f
Gefälle [gə'fɛlə] <-s, -> nt ❶ pente f ❷ (Unterschied) écart m
gefallen [gə'falən] <gefällt, gefiel, gefal-
len> vi **jdm ~** plaire à qn
Gefallen¹ <-s> nt geh plaisir m
Gefallen² <-s, -> m service m
Gefallene(r) f(m) dekl wie adj soldat m mort
à la guerre
gefällig [gə'fɛlɪç] adj ❶ (Person) serviable
❷ (ansprechend) charmant(e)
Gefälligkeit <-, -en> f ❶ (Gefallen) service
m ❷ kein Pl (das Entgegenkommen)
complaisance f
gefälligst adv fam **das soll er ~ selbst machen!** il n'a qu'à le faire lui-même!
gefangen [gə'faŋən] adj **jdn ~ nehmen**
faire qn prisonnier(-ère)
Gefangene(r) f(m) dekl wie adj ❶ détenu(e)
m(f) ❷ (Kriegsgefangener) prisonnier(-ière)
m(f)
Gefangennahme <-, -n> f (eines Soldaten)
capture f
gefangen|nehmenᴬᴸᵀ s. **gefangen**
Gefangenschaft <-, -en> f captivité f
Gefängnis [gə'fɛŋnɪs] <-ses, -se> nt prison
f
Gefängnisstrafe f peine f de prison **Ge-
fängniswärter(in)** m(f) gardien(ne) m(f)
de [la] prison **Gefängniszelle** f cellule f
Gefäß [gə'fɛːs] <-es, -e> nt ❶ récipient m
❷ ANAT vaisseau m
Gefäßkrankheit f maladie f vasculaire
gefasstᴿᴿ, **gefaßt**ᴬᴸᵀ [gə'fast] **I.** adj ❶ (Person) calme ❷ (eingestellt) **sich auf etw
(akk) ~ machen** s'attendre à qc **II.** adv avec
calme
Gefecht [gə'fɛçt] <-[e]s, -e> nt combat m
gefeiert adj très populaire
gefeit [gə'faɪt] adj geh **gegen etw ~ sein**
être à l'abri de qc
gefestigt adj solide
Gefieder [gə'fi:dɐ] <-s, -> nt plumage m
gefiedert adj à plumes
gefiel Imp von **gefallen**
Geflecht [gə'flɛçt] <-[e]s, -e> nt ❶ lacis m
❷ (Gewirr) entrelacs m
gefleckt [gə'flɛkt] adj tacheté(e)
geflissentlich adv geh à dessein
Geflügel [gə'fly:gəl] <-s> nt volaille f
geflügelt [gə'fly:gəlt] adj ailé(e)

Geflüster [gə'flʏstə] <-s> nt chuchotements mpl

Gefolge [gə'fɔlgə] <-s, -> nt cortège m

Gefolgschaft <-, -en> f ❶ partisans mpl ❷ (Gehorsam) **jdm die ~ verweigern** refuser de suivre qn

gefragt [gə'fraːkt] adj en vogue; (Produkt) demandé(e)

gefräßig [gə'frɛːsɪç] adj pej vorace; (Person) glouton(ne)

Gefreite(r) f(m) dekl wie adj (in der Artillerie) brigadier m

gefrieren* [gə'friːrən] vi irr + sein geler

Gefrierfach nt freezer m **gefriergetrocknet** adj lyophilisé(e) **Gefrierpunkt** m point m de congélation **Gefrierschrank** m congélateur m armoire **Gefriertruhe** f congélateur m [coffre]

Gefüge [gə'fyːgə] <-s, -> nt geh structure f

gefügig adj docile

Gefühl [gə'fyːl] <-[e]s, -e> nt ❶ sensation f ❷ (seelische Empfindung) sentiment m ❸ (Gespür) intuition f ❹ (Ahnung) pressentiment m

gefühllos adj insensible

Gefühlsausbruch m réaction f passionnée **gefühlskalt** adj ❶ de glace ❷ (frigide) frigide

gefühlsmäßig adv intuitivement

Gefühlsregung f émotion f

gefühlvoll I. adj sensible II. adv avec beaucoup de sensibilité

gefüllt adj farci(e); (Gebäck) fourré(e).

gegeben [gə'geːbən] adj ❶ présent(e); aus ~em Anlass puisque l'occasion en est donnée ❷ (geeignet) zu ~er Zeit en temps voulu

gegebenenfalls adv le cas échéant

Gegebenheit <-, -en> f meist Pl réalité f

gegen ['geːgən] präp + akk ❶ contre ❷ (wider) das ist ~ unsere Abmachung c'est contraire à notre accord ❸ (an) ~ einen Baum prallen (Auto) heurter un arbre ❹ (für) ~ bar [au] comptant ❺ (ungefähr) ~ acht Uhr vers huit heures

Gegenangriff m contre-attaque f **Gegenanzeige** f contre-indication f **Gegenargument** nt objection f **Gegenbeispiel** nt contre-exemple m **Gegenbewegung** f réaction f **Gegenbeweis** m preuve f du contraire

Gegend ['geːgənt] <-, -en> f ❶ région f

❷ (nähere Umgebung) das muss in der ~ sein ça ne doit pas être loin ❸ (Wohngegend) quartier m

Gegendarstellung f ❶ version f contradictoire ❷ (Presseartikel) réponse f

gegeneinander [geːgən?aɪ'nandə] adv ❶ ~ spielen (Sportler) entrer en lice [l'un(e) contre l'autre] ❷ (nebeneinander) zwei Fotos ~ halten mettre deux photos en regard

gegeneinander|haltenᴬᴸᵀ s. **gegeneinander 2.**

Gegenfahrbahn f voie f opposée **Gegengewicht** nt ❶ (Gewicht) contrepoids m ❷ fig ein ~ zu etw schaffen faire contrepoids à qc **Gegengift** nt contrepoison m

gegenläufig adj opposé(e); (Tendenz) contraire

Gegenleistung f contrepartie f **Gegenlicht** nt contre-jour m **Gegenliebe** f auf wenig ~ stoßen ne pas avoir beaucoup de succès **Gegenmaßnahme** f (vorbeugende Maßnahme) mesure f préventive; (Maßnahme zur Bekämpfung) mesure f énergique **Gegenmittel** nt antidote m **Gegenreformation** f contre-réforme f **Gegenrichtung** f direction f opposée **Gegensatz** m ❶ (Gegenteil) contraire m ❷ Pl (Unterschiedlichkeit) différences fpl

gegensätzlich ['geːgənzɛtslɪç] adj opposé(e)

Gegenseite f ❶ autre côté m ❷ JUR partie f adverse

gegenseitig ['geːgənzaɪtɪç] adj mutuel(le) **Gegenseitigkeit** f auf ~ beruhen être [tout à fait] réciproque

Gegenspieler(in) m(f) adversaire mf

Gegenstand <-[e]s, Gegenstände> m ❶ objet m ❷ (Thema) sujet m

gegenständlich ['geːgənʃtɛntlɪç] adj (Malerei) figuratif(-ive)

gegenstandslos adj sans objet

Gegenstimme f POL voix f contre **Gegenstück** nt pendant m **Gegenteil** nt contraire m

gegenteilig adj contraire

gegenüber [geːgən'?yːbə] I. präp + dat ❶ ~ dem Bahnhof en face de la gare ❷ (zu) mir ~ hat er das nicht geäußert il ne me l'a pas dit en face ❸ (im Vergleich zu) jdm ~ im Vorteil sein avoir un avantage par rapport à qn II. adv en face

Gegenüber <-s, -> nt vis-à-vis m

G

gegenüberliegend *adj attr* d'en face **gegenüber|sitzen** *vi irr* sich (*dat*) ~ être assis l'un/l'une en face de l'autre **gegenüber|stehen** *vi irr* jdm misstrauisch ~ être méfiant à l'égard de qn **gegenüber|stellen** *vt* confronter **Gegenüberstellung** *f* confrontation *f*

Gegenverkehr *m* circulation *f* en sens inverse **Gegenvorschlag** *m* contre-proposition *f*

Gegenwart ['ge:gənvart] <-> *f* ❶ présent *m* ❷ (*heutige Zeit*) époque *f* actuelle ❸ (*Anwesenheit*) présence *f*

gegenwärtig ['ge:gənvɛrtɪç] I. *adj* ❶ *attr* actuel(le) ❷ *geh* (*erinnerlich*) etw ist jdm ~ qn a qc présent à l'esprit II. *adv* à l'heure actuelle

Gegenwind *m* vent *m* contraire

gegen|zeichnen *vt* contresigner

Gegner(in) ['ge:gnɐ] <-s, -> *m(f)* ❶ MIL ennemi(e) *m(f)* ❷ SPORT adversaire *mf* ❸ (*opp: Befürworter*) opposant(e) *m(f)*

gegnerisch *adj attr* ❶ MIL ennemi(e) ❷ SPORT, JUR adverse

Gegnerschaft <-, -en> *f* ~ gegen etw opposition *f* à qc

Gehabe [gə'ha:bə] <-s> *nt pej fam* manières *fpl*

Gehackte(s) *nt dekl wie adj* viande *f* hachée

Gehalt¹ [gə'halt, *Pl:* gə'hɛltə] <-[e]s, Gehälter> *nt o* AM salaire *m*

Gehalt² <-[e]s, -e> *m* ~ an Kalzium teneur *f* en calcium

gehaltlos *adj* peu nutritif(-ive)

Gehaltsabrechnung *f* bulletin *m* de paye **Gehaltserhöhung** *f* augmentation *f* de salaire **Gehaltsvorstellung** *f meist Pl* prétentions *fpl* salariales

gehaltvoll *adj* (*nahrhaft*) nutritif(-ive)

gehandikapt [gə'hɛndikɛpt] *adj fam* handicapé(e)

gehässig [gə'hɛsɪç] I. *adj* venimeux(-euse) II. *adv* avec malveillance

Gehässigkeit <-> *f kein Pl* hargne *f*

gehäuft [gə'hɔyft] I. *adj* ❶ (*Löffel*) bon(ne) ❷ (*Auftreten*) répété(e) II. *adv* fréquemment

Gehäuse [gə'hɔyzə] <-s, -> *nt* ❶ (*eines Geräts*) boîtier *m* ❷ (*Kerngehäuse*) trognon *m*

gehbehindert ['ge:bəhɪndɐt] *adj* ~ sein avoir du mal à se déplacer

Gehege [gə'he:gə] <-s, -> *nt* enclos *m*

geheim [gə'haim] I. *adj* secret(-ète) II. *adv* (*abstimmen*) à bulletins secrets

Geheimdienst *m* services *mpl* secrets **Geheimnis** [gə'haimnɪs] <-ses, -se> *nt* secret *m*

geheimnisvoll *adj* mystérieux(-euse) **Geheimnummer** *f* ❶ (*Telefonnummer*) numéro *m* sur la liste rouge ❷ (*Geheimzahl*) numéro *m* secret **Geheimpolizei** *f* police *f* secrète **Geheimtipp**ᴿᴿ *m* tuyau *m* (*fam*) **Geheimtür** *f* porte *f* dérobée **Geheimzahl** *f* code *m* confidentiel

Geheiß [gə'hais] <-es> *nt geh* auf sein ~ sur son ordre

gehemmt *adj* inhibé(e)

gehen ['ge:ən] <ging, gegangen> I. *vi* + *sein* ❶ aller; über die Straße ~ traverser la rue ❷ (*zu Fuß* ~) marcher ❸ (*besuchen*) ins Kino ~ aller au cinéma ❹ (*weg~*) partir ❺ (*eine Tätigkeit aufnehmen*) in die Politik ~ entrer dans la politique ❻ (*zeigen nach*) auf den Garten ~ (*Fenster*) donner sur le jardin ❼ (*Uhr, Geschäft*) marcher ❽ *fam* (*verlaufen*) gut ~ bien se passer ❾ (*sich entwickeln*) auseinander ~ (*Beziehung*) se briser; (*Ansichten*) diverger ❿ (*sich unterbringen lassen*) durch die Tür ~ (*Schrank*) passer par la porte ⓫ (*dauern*) durer ⓬ (*reichen*) das Wasser geht ihm bis zur Hüfte l'eau lui monte jusqu'aux hanches ⓭ (*auf-: Teig*) lever ⓮ *fam* (*sich verkleiden*) als Fee ~ se déguiser en fée ⓯ (*möglich sein*) ja, das geht oui, c'est possible ⓰ (*belasten*) jdm nahe ~ toucher profondément qn ⓱ *fam* (*liiert sein*) mit jdm ~ sortir avec qn ⓲ (*urteilen*) nach dem Gefühl ~ se fier à son intuition ⓳ (*abhängen von*) wenn es nach mir ginge si ça ne tenait qu'à moi ⓴ (*geschehen*) vor sich ~ se passer ►es geht nichts über ... il n'y a rien de tel que ... II. *vi unpers* + *sein* ❶ ihm/ihr geht es gut il/elle va bien ❷ (*ergehen*) mir geht es genauso pour moi, c'est la même chose ❸ (*zu schaffen sein*) geht es, oder soll ich dir tragen helfen? ça va, ou faut-il que je t'aide à porter? ❹ (*sich drehen um*) es geht um viel Geld beaucoup d'argent est en jeu ❺ (*sich begeben*) jetzt geht es nach Hause! c'est l'heure de rentrer! III. *vt* + *sein* (*Weg*) prendre

gehetzt *adj* ❶ (*verfolgt*) traqué(e) ❷ (*gestresst*) stressé(e)

geheuer [gə'hɔyɐ] *adj* das ist mir nicht

ganz ~ ça ne me paraît pas très net

Gehilfe [gə'hılfə] <-n, -n> *m*, **Gehilfin** *f* ❶ aide *mf* ❷ (*Komplize*) complice *mf*

Gehirn [gə'hırn] <-[e]s, -e> *nt* cerveau *m*

Gehirnerschütterung *f* commotion *f* cérébrale **Gehirnschlag** *m* attaque *f* [d'apoplexie] **Gehirnwäsche** *f* lavage *m* de cerveau

gehoben [gə'ho:bən] *adj* (*Stellung*) élevé(e); (*Stilebene*) soutenu(e)

Gehöft [gə'hø:ft] <-[e]s, -e> *nt* ferme *f*

Gehölz <-es, -e> *nt geh* bosquet *m*

Gehör [gə'hø:ɐ] <-[e]s, -e> *nt* ouïe *f*

gehorchen* *vi* jdm ~ obéir à qn

gehören* I. *vi* ❶ jdm ~ appartenir à qn; jdm/einer S. ~ *fig* (*Sympathie*) aller à qn/qc ❷ (*dazu~*) zur Familie ~ faire partie de la famille ❸ (*hin~*) du gehörst ins Bett tu devrais être au lit ❹ (*nötig sein*) dazu gehört viel Mut il faut beaucoup de courage pour faire ça II. *vr* das gehört sich nicht ça ne se fait pas

Gehörgang <-gänge> *m* conduit *m* auditif

gehörig *adj* ❶ attr (*Benehmen*) convenable ❷ geh (*gehörend*) zu etw ~ afférent(e) à qc ❸ attr fam (*beträchtlich*) sacré(e) antéposé

gehörlos *adj* form sourd(e)

Gehörlose(r) *f(m) dekl wie adj* form sourd(e) *m(f)*

gehorsam [gə'ho:ɐza:m] I. *adj* obéissant(e) II. *adv* docilement

Gehorsam <-s> *m* obéissance *f*

Gehsteig ['ge:ʃtaɪk] *m*, **Gehweg** ['ge:ve:k] *m* trottoir *m*

Geier ['gaɪɐ] <-s, -> *m* vautour *m*

Geifer <-s> *m* bave *f*

geifern *vi pej* (*sich gehässig äußern*) bavasser (*fam*)

Geige ['gaɪgə] <-, -n> *f* violon *m*

geigen *vi* jouer du violon

Geigenbauer(in) <-s, -> *m(f)* luthier(-ière) *m(f)*

Geiger(in) <-s, -> *m(f)* violoniste *mf*

Geigerzähler ['gaɪgɐtsɛːlɐ] *m* compteur *m* Geiger

geil [gaɪl] I. *adj* ❶ vicieux(-euse) ❷ fam (*Musik*) génial(e) II. *adv* ❶ de façon lubrique ❷ fam (*sehr gut*) super bien

Geisel ['gaɪzəl] <-, -n> *f* otage *mf*

Geiselnahme ['gaɪzəlnaːmə] <-, -n> *f* prise *f* d'otage[s] **Geiselnehmer(in)** <-s, -> *m(f)* preneur(-euse) *m(f)* d'otage[s]

Geiß [gaɪs] <-, -en> *f* A, CH, SDEUTSCH chèvre *f*

Geißbock *m* A, CH, SDEUTSCH bouc *m*

Geißel ['gaɪsəl] <-, -n> *f* ❶ fouet *m* ❷ geh (*Plage*) fléau *m*

geißeln *vt* (*schlagen*) flageller

Geist [gaɪst] <-[e]s, -er> *m* ❶ kein Pl intelligence *f* ❷ (*geistige Wesenheit*) esprit *m* ❸ (*Gespenst*) spectre *m* ▸jdm auf den ~ gehen *fam* taper sur le système à qn

Geisterbahn *f* train *m* fantôme **Geisterfahrer(in)** *m(f) fam* chauffard *m* circulant à contresens sur l'autoroute

geisterhaft *adj, adv* fantomatique

Geisterhand *f* ▸wie von ~ comme par magie **Geisterstunde** *f* douze coups *mpl* de minuit

geistesabwesend I. *adj* absent(e) II. *adv* l'air absent **Geistesblitz** *m fam* trait *m* de génie **Geistesgegenwart** *f* présence *f* d'esprit **geistesgegenwärtig** *adj* (*Tat*) qui témoigne de présence d'esprit **geistesgestört** *adj* souffrant de troubles mentaux **geisteskrank** *adj* malade mental(e) **Geisteskranke(r)** *f(m) dekl wie adj* malade *mf* mental(e) **Geisteskrankheit** *f* maladie *f* mentale **Geisteswissenschaften** *Pl* sciences *fpl* humaines **Geisteswissenschaftler(in)** *m(f)* spécialiste *mf* des sciences humaines **geisteswissenschaftlich** *adj* de sciences humaines **Geisteszustand** *m* état *m* mental

geistig ['gaɪstıç] I. *adj* ❶ intellectuel(le) ❷ (*spirituell*) spirituel(le) II. *adv* MED ~ behindert handicapé(e) mental(e)

geistlich ['gaɪstlıç] *adj* religieux(-euse); (*Amt*) ecclésiastique

Geistliche(r) *f(m) dekl wie adj* ecclésiastique *mf*

geistlos *adj* stupide

geistreich *adj* (*Person*) spirituel(le); (*Unterhaltung*) enrichissant(e)

Geiz [gaɪts] <-es> *m* avarice *f*

geizen *vi* mit etw ~ lésiner sur qc

Geizhals *m pej* grippe-sou *m*

geizig *adj* avare

Geizkragen *s.* Geizhals

Gejammer [gə'jamɐ] <-s> *nt pej fam* jérémiades *mpl*

Gekicher [gə'kıçɐ] <-s> *nt pej fam* ricanements *mpl*

Geklapper <-s> *nt pej fam* tintamarre *m*

G

Geklimper <-s> *nt pej fam* (*Klaviergeklimper*) pianotage *m*

geknickt [gə'knɪkt] *adj fam* déprimé(e)

Geknister <-s> *nt* froissement *m*

gekonnt [gə'kɔnt] *adj* techniquement parfait(e)

Gekritzel [gə'krɪtsəl] <-s> *nt pej* pattes *fpl* de mouche

gekünstelt [gə'kynstəlt] *pej* I. *adj* affecté(e) II. *adv* avec affectation

Gel [ge:l] <-s, -e> *nt* gel *m*

Gelächter [gə'lɛçtɐ] <-s, -> *nt* rires *mpl*

geladen [gə'la:dən] *adj fam* ~ **sein** être furax

Gelage [gə'la:gə] <-s, -> *nt* orgie *f*

gelähmt [gə'lɛ:mt] *adj* paralysé(e)

Gelähmte(r) *f(m) dekl wie adj* paralysé(e) *m(f)*

Gelände [gə'lɛndə] <-s, -> *nt* terrain *m*

Geländelauf *m* cross *m*

Geländer [gə'lɛndɐ] <-s, -> *nt* (*Treppengeländer*) rampe *f*

Geländewagen *m* véhicule *m* tout-terrain

gelang [gə'laŋ] *Imp von* **gelingen**

gelangen* [gə'laŋən] *vi + sein* **ans Ziel** ~ arriver au but; **an die Öffentlichkeit** ~ être rendu public

gelangweilt I. *adj* (*Person*) qui s'ennuie; (*Blick*) d'ennui II. *adv* l'air ennuyé

gelassen [gə'lasən] *adj* placide

Gelassenheit <-> *f* flegme *m*

Gelatine [ʒela'ti:nə] <-> *f* gélatine *f*

geläufig [gə'lɔyfɪç] *adj* courant(e)

gelaunt [gə'launt] *adj* **gut/schlecht** ~ **sein** être de bonne/mauvaise humeur

gelb [gɛlp] *adj* jaune

Gelb <-s, -> *nt* ❶ jaune *m* ❷ (*gelbes Ampellicht*) feu *m* orange *m*

Gelbfieber *nt* fièvre *f* jaune

gelblich *adj* jaune pâle

Gelbsucht *f* MED jaunisse *f*

Geld [gɛlt] <-[e]s, -er> *nt* ❶ *kein Pl* argent *m* ❷ *Pl* (*Mittel*) fonds *mpl* ▸**ins** ~ **gehen** *fam* finir par chiffrer

Geldangelegenheit *f* question *f* d'argent

Geldanlage *f* placement *m* financier

Geldautomat *m* distributeur *m* de billets

Geldbeutel *m* porte-monnaie *m*

Geldbuße *f* amende *f*

Geldgeber(in) *m(f)* bailleur (-esse) *m(f)* de fonds

Geldgeschäft *nt* opération *f* financière

geldgierig *adj* cupide

Geldinstitut *nt* établissement *m* financier

Geldschein *m* billet *m* de banque

Geldschrank *m* coffre-fort *m*

Geldsorgen *Pl* soucis *mpl* d'argent

Geldstrafe *f* amende *f*

Geldstück *nt* pièce *f* de monnaie

Geldtransporter *m* convoyeur *m* de fonds

Geldwäsche *f* blanchiment *m* d'argent

Geldwechsel *m* change *m*

Gelee [ʒe'le:] <-s, -s> *m o nt* gelée *f*

Gelege <-s, -> *nt* couvée *f*

gelegen [gə'le:gən] *adj* ❶ (*Zeitpunkt*) opportun(e); **der Besuch kommt mir** ~ la visite tombe à propos ❷ (*von Wichtigkeit*) **ihr ist daran** ~, **dass ...** il lui importe que ... ❸ (*befindlich*) **einsam** ~ **sein** (*Haus*) être isolé

Gelegenheit <-, -en> *f* occasion *f*

Gelegenheitsarbeit *f* petit boulot *m* (*fam*)

gelegentlich [gə'le:gəntlɪç] I. *adj* (*Aufheiterungen*) passager(-ère) II. *adv* ❶ de temps en temps ❷ (*bei Gelegenheit*) à l'occasion

gelehrig *adj* éveillé(e); (*Tier*) intelligent(e)

gelehrt [gə'le:ɐt] *adj* érudit(e)

Gelehrte(r) *f(m) dekl wie adj* érudit(e) *m(f)*

Geleise [gə'laizə] <-s, -> *nt* A, CH voie *f*; **s. Gleis**

Geleit [gə'lait] <-[e]s, -e> *nt* ❶ (*Eskorte*) escorte *f* ❷ *kein Pl* JUR *geh* **freies** ~ sauf-conduit *m*

geleiten* *vt geh* accompagner

Geleitschutz *m* escorte *f*

Gelenk [gə'lɛŋk] <-[e]s, -e> *nt* ❶ articulation *f* ❷ TECH joint *m*

Gelenkentzündung *f* arthrite *f*

gelenkig *adj* souple

gelernt *adj* (*Bäcker*) qualifié(e)

geliebt [gə'li:pt] *adj* bien-aimé(e)

Geliebte(r) *f(m) dekl wie adj* amant *m*/maîtresse *f*

geliefert [gə'li:fɐt] *adj fam* ~ **sein** être fichu

gelind[e] *adv* ~ **gesagt** c'est le moins que l'on puisse dire

gelingen [gə'lɪŋən] <gelang, gelungen> *vi + sein* (*Werk*) réussir; **nicht gelungen sein** (*Essen*) être raté

Gelingen <-s> *nt* réussite *f*

gell[e] *interj* CH, SDEUTSCH *s.* **gelt**

gellen ['gɛlən] *vi* retentir

gellend *adj* strident(e)

geloben* *vt geh* **jdm etw** ~ promettre solennellement qc à qn

Gelöbnis [gə'lø:pnɪs] <-ses, -se> *nt* ❶ *geh* promesse *f* solennelle ❷ MIL serment *m*

gelockt adj (Haare) bouclé(e)

gelöst adj (Person, Atmosphäre) détendu(e)

gelten ['gɛltən] <gilt, galt, gegolten> **I.** vi ❶ être valable; (Gesetz) être en vigueur; **Einwände ~ lassen** admettre des objections ❷ (bestimmt sein) **jdm/einer S. ~** (Attentat) être dirigé contre qn/qc ❸ (sich beziehen) **das gilt auch für dich** c'est aussi valable pour toi ❹ (angesehen werden) **als zuverlässig ~** (Person) passer pour [être] fiable **II.** vt **viel/wenig ~** (Meinung) avoir un certain poids/n'avoir aucune valeur

gelt interj A, CH, SDEUTSCH hein

geltend adj attr en vigueur

Geltung <-, -en> f ❶ validité f ❷ (Ansehen) considération f ❸ (Wirkung) **zur ~ kommen** être mis en valeur

Geltungsbedürfnis nt kein Pl besoin m de se faire valoir

Gelübde [gə'lʏpdə] <-s, -> nt vœu m

gelungen [gə'lʊŋən] adj attr (Abend) [très] réussi(e)

GEMA ['ge:ma] <-> f Abk von **Gesellschaft für musikalische Aufführungs- und mechanische Vervielfältigungsrechte** ≈ S.A.C.E.M. f

gemächlich [gə'mɛ:çlɪç] adj tranquille

Gemahl(in) [gə'ma:l] <-s, -e> m(f) geh époux m/épouse f

Gemälde [gə'mɛ:ldə] <-s, -> nt tableau m

Gemäldegalerie f galerie f de peinture[s]

gemasert adj veiné(e)

gemäß [gə'mɛ:s] **I.** präp + dat conformément à **II.** adj **jdm/einer S. ~ sein** être adapté à qn/qc

gemäßigt [gə'mɛ:sɪçt] adj ❶ (Klima) tempéré(e) ❷ (moderat) modéré(e)

Gemäuer [gə'mɔyɐ] <-s, -> nt murailles fpl

Gemecker [gə'mɛkɐ] <-s> nt ❶ (einer Ziege) bêlement m gén pl ❷ pej fam (Nörgelei) rouspétances fpl

gemein [gə'maɪn] adj ❶ (Person) infâme ❷ fam (unfair) vache ❸ (Lüge) odieux(-euse) ❹ (gemeinsam) **etw mit jdm/etw ~ haben** avoir qc en commun avec qn/qc

Gemeinde [gə'maɪndə] <-, -n> f ❶ commune f ❷ (Pfarrgemeinde) paroisse f

Gemeindemitglied nt paroissien(ne) m(f) **Gemeinderat** m conseil m municipal **Gemeindeversammlung** f CH assemblée f municipale **Gemeindezentrum** nt foyer m socioculturel

gemeingefährlich adj représentant un danger public **Gemeingut** nt bien m commun

Gemeinheit <-, -en> f méchanceté f

Gemeinnutz m intérêt m général

gemeinnützig adj (Einrichtung) d'utilité publique

Gemeinplatz m lieu m commun

gemeinsam I. adj ❶ commun(e) ❷ (verbindend) **sie haben vieles ~** ils/elles ont beaucoup de choses en commun **II.** adv ensemble

Gemeinsamkeit <-, -en> f point m commun

Gemeinschaft <-, -en> f communauté f; **die Europäische ~** la Communauté européenne

gemeinschaftlich I. adj (Projekt) en coopération; (Nutzung) [en] commun **II.** adv (nutzen) en commun

Gemeinschaftsarbeit f travail m collectif **Gemeinschaftskunde** f kein Pl instruction f civique **Gemeinschaftspraxis** f cabinet m de groupe **Gemeinschaftsproduktion** f coproduction f **Gemeinschaftsraum** m salle f commune

Gemeinwohl nt intérêt m commun

Gemenge [gə'mɛŋə] <-s, -> nt ❶ mélange m ❷ (Durcheinander) fouillis m

gemessen [gə'mɛsən] adj (Höflichkeit) réservé(e)

Gemetzel [gə'mɛtsəl] <-s, -> nt carnage m

Gemisch [gə'mɪʃ] <-[e]s, -e> nt mélange m

gemischt [gə'mɪʃt] adj mélangé(e); (Klasse) mixte

GemseALT s. **Gämse**

Gemurmel [gə'mʊrməl] <-s> nt murmures mpl

Gemüse [gə'my:zə] <-s, -> nt légumes mpl

Gemüseanbau m culture f maraîchère **Gemüsegarten** m [jardin m] potager m **Gemüsehändler(in)** m(f) marchand(e) m(f) de légumes **Gemüsesuppe** f soupe f de légumes

gemustert [gə'mʊstɐt] adj imprimé(e)

Gemüt [gə'my:t] <-[e]s, -er> nt **ein zartes ~** un cœur tendre; **die ~er bewegen** émouvoir les esprits

gemütlich I. adj ❶ (Wohnung) douillet(te); **es sich ~ machen** se mettre à son aise ❷ (Abend) agréable; (Beisammensein) sympathique **II.** adv ❶ (gemächlich) tranquillement ❷ (behaglich) confortablement

G

Gemütlichkeit <-> f ❶ (*einer Wohnung*) confort m [douillet] ❷ (*Gemächlichkeit*) etw in aller ~ tun faire qc bien tranquillement

Gemütsbewegung f émotion f **Gemütsmensch** m *fam* bonne pâte f **Gemütsruhe** f quiétude f **Gemütsverfassung** f état m d'âme

Gen [ge:n] <-s, -e> nt BIO gène m

genas [gə'na:s] *Imp von* **genesen**

genau [gə'nau] I. adj ❶ précis(e) ❷ (*gewissenhaft*) in etw (*dat*) ~ sein être rigoureux dans qc II. adv ❶ exactement; (*passen*) juste; **auf die Sekunde** ~ à la seconde près ❷ (*gerade*) justement ▶ ~ **genommen** strictement parlant

genaugenommen[ALT] s. **genau II.▶**

Genauigkeit <-> f précision f

genauso [gə'nau:zo:] adv de même

Genbank f BIO banque f d'informations génétiques

Gendarm [ʒan'darm] <-en, -en> m A gendarme m

Gendarmerie [ʒandarmə'ri:] <-, -n> f A gendarmerie f

Genealogie [-'gi:ən] <-, -n> f généalogie f

genehm [gə'ne:m] adj geh jdm ~ sein (*Person*) plaire à qn; (*Termin*) agréer à qn

genehmigen* [gə'ne:mɪgən] I. vt **einen Antrag** ~ (*Behörde*) autoriser une demande II. vr **sich** (*dat*) etw s'offrir qc

Genehmigung <-, -en> f autorisation f; (*eines Antrags*) acceptation f

geneigt [gə'naikt] adj geh ~ **sein etw zu tun** être disposé à faire qc

Genera *Pl von* **Genus**

General [genə'ra:l] <-[e]s, -e> m général m

Generaldirektor(in) m(f) directeur m général/directrice f générale

Generalin <-, -nen> f général m; (*Frau eines Generals*) générale f

Generalkonsul(in) m(f) consul m général **Generalkonsulat** nt consulat m général **Generalprobe** f [répétition f] générale f **Generalsekretär(in)** m(f) secrétaire mf général(e) **Generalstab** m état-major m **Generalstreik** m grève f générale **generalüberholen*** vt nur Infin und PP **einen Wagen** ~ **lassen** faire faire une révision complète d'une voiture **Generalversammlung** f assemblée f générale

Generation [genəra'tsjo:n] <-, -en> f génération f

Generationenvertrag m pacte m de solidarité entre générations

Generationskonflikt m conflit m des générations **Generationswechsel** [-ks-] m (*bei Menschen*) renouvellement m des générations

Generator [genə'ra:to:ɐ] <-s, -toren> m génératrice f

generell [genə'rɛl] adj général(e)

generieren* vt INFORM produire

genesen [gə'ne:zən] <genas, -> vi + sein geh **von einer Operation** ~ se remettre d'une opération

Genesung [gə'ne:zʊŋ] <-, -en> f guérison f

Genetik [ge'ne:tɪk] <-> f génétique f

genetisch [ge'ne:tɪʃ] adj génétique

Genf [gɛnf] <-s> nt Genève

Genfer See <-> m der ~ le lac Léman

Genforscher(in) m(f) généticien(ne) m(f) **Genforschung** f génétique f

genial [ge'nja:l] adj génial(e)

Genialität [genjali'tɛ:t] <-> f (*einer Person*) génie m; (*eines Plans*) caractère m génial

Genick [gə'nɪk] <-[e]s, -e> nt nuque f

Genickschuss[RR] m balle f dans la nuque

Genie [ʒe'ni:] <-s, -s> nt génie m

genieren* [ʒe'ni:rən] vr **sich vor jdm** ~ être gêné devant qn

genießbar adj consommable

genießen [gə'ni:sən] <genoss, genossen> vt ❶ (*Leben, Urlaub*) profiter de ❷ (*Speise*) savourer ❸ geh (*Erziehung*) recevoir

Genießer(in) <-s, -> m(f) bon vivant m

genießerisch I. adj épicurien(ne) II. adv voluptueusement

Genitalbereich m zone f des parties génitales

Genitalien [geni'ta:liən] Pl les parties génitales

Genitiv ['ge:niti:f] <-s, -e> m LING génitif m

Genius ['ge:niən] <-, Genien> m génie m

Genmanipulation f manipulation f génétique

Genom [ge'no:m] <-s, -e> nt BIO génome m

genoss[RR], **genoß**[ALT] [gə'nɔs] *Imp von* **genießen**

Genosse [gə'nɔsə] <-n, -n> m, **Genossin** f camarade mf

Genossenschaft <-, -en> f coopérative f

genossenschaftlich I. adj coopératif(-ive) II. adv en coopérative

Genre ['ʒãːrə] <-s, -s> *nt* KUNST genre *m*

Gentechnik *f* génétique *f* **gentechnisch** *adj* génétique **Gentechnologie** *f* génie *m* génétique

genug [gə'nuːk] *adv* assez

Genüge [gə'nyːgə] <-> *f* ▶**zur** ~ suffisamment; (*bis zum Überdruss*) à satiété

genügen* [gə'nyːgən] *vi* ❶ jdm ~ suffire à qn ❷ (*gerecht werden*) **den Ansprüchen** ~ satisfaire aux exigences

genügend *adv* suffisamment

genügsam I. *adj* peu exigeant(e) **II.** *adv* frugalement

Genugtuung [gə'nuːktuːʊŋ] <-> *f* satisfaction *f*

Genus ['gɛnʊs] <-, Genera> *nt* LING genre *m*

Genussᴿᴿ <-es, Genüsse>, **Genuß**ᴬᴸᵀ [gə'nʊs, *Pl:* gə'nʏsə] <-sses, Genüsse> *m* ❶ régal *m* ❷ (*Freude*) **es ist ein ~!** c'est un [vrai] plaisir!

genüsslichᴿᴿ [gə'nʏslɪç], **genüßlich**ᴬᴸᵀ **I.** *adj* de délectation **II.** *adv* avec délectation

Genussmittelᴿᴿ *nt* stimulant *m*

Geografᴿᴿ(**in**) *s.* Geograph(in)

Geografieᴿᴿ *s.* Geographie

geografischᴿᴿ *s.* geographisch

Geograph(in) [geo'graːf] <-en, -en> *m(f)* géographe *mf*

Geographie [geogra'fiː] <-> *f* géographie *f*

geographisch I. *adj* géographique **II.** *adv* géographiquement

Geologe [geo'loːgə] <-n, -n> *m*, **Geologin** *f* géologue *m f*

Geologie [geolo'giː] <-> *f* géologie *f*

geologisch [geo'loːgɪʃ] *adj* géologique

Geometrie [geome'triː] <-> *f* géométrie *f*

geometrisch [geo'meːtrɪʃ] *adj* géométrique

Geophysik [geofy'ziːk] *f* géophysique *f*

Gepäck [gə'pɛk] <-[e]s> *nt* bagages *mpl*

Gepäckabfertigung *f*, **Gepäckannahme** *f* guichet *m* d'enregistrement des bagages **Gepäckablage** *f* porte-bagages *m* **Gepäckaufbewahrung** *f* consigne *f* **Gepäckausgabe** *f* guichet *m* de retrait des bagages **Gepäckkontrolle** *f* contrôle *m* des bagages **Gepäcknetz** *nt* filet *m* à bagages **Gepäckstück** *nt* bagage *m* **Gepäckträger** *m* ❶ (*Person*) porteur *m* ❷ (*Vorrichtung*) porte-bagages *m* **Gepäckwagen** *m* fourgon *m*

Gepard ['geːpart] <-s, -e> *m* guépard *m*

gepfeffert [gə'pfɛfət] *adj fam* (*sehr teuer*) salé(e)

gepflegt [gə'pfleːkt] *adj* (*Person*) soigné(e); (*Ausdrucksweise*) raffiné(e)

Gepflogenheit [gə'pfloːgənhaɪt] <-, -en> *f* geh habitude *f*

Geplapper [gə'plapə] <-s> *nt pej fam* bavardages *mpl*; (*eines Kindes*) babillage *m*

Geplätscher [gə'plɛtʃə] <-s> *nt* clapotis *m*

Gepolter [gə'pɔltə] <-s> *nt* vacarme *m*

Gepräge [gə'prɛːgə] <-s> *nt geh* cachet *m*

gepunktet *adj* ❶ (*Linie*) pointillé(e) ❷ (*Stoff*) **blau** ~ à pois bleus

gequält [gə'kvɛːlt] **I.** *adj* (*Lächeln*) forcé(e) **II.** *adv* (*lächeln*) d'un air contraint

gerade [gə'raːdə] **I.** *adj* ❶ droit(e) ❷ (*Zahl*) pair(e) ❸ (*aufrichtig*) franc(franche) **II.** *adv* ❶ ~ **stehen** se tenir droit(e) ❷ (*im Augenblick*) justement; ~ **arbeiten** (*Person*) être en train de travailler ❸ (*knapp*) **die Prüfung** ~ **so bestehen** réussir son examen de justesse ❹ (*genau*) ~ **deswegen habe ich das gesagt** c'est justement pour cette raison que j'ai dit ça ❺ (*ausgerechnet*) **nicht** ~ **hübsch** pas spécialement beau

Gerade [gə'raːdə] <-n, -n> *f* ❶ MATH droite *f* ❷ SPORT ligne *f* droite

geradeaus [gəra:də'ʔaʊs] *adv* tout droit

geradeheraus *fam* **I.** *adj* ~ **sein** être franc **II.** *adv* franco

gerade|stehen *vi irr* **für** jdn/etw ~ répondre de qn/qc

geradewegs [gə'raːdəveːks] *adv* directement

geradezu [gə'raːdətsuː] *adv* tout simplement

geradlinig [gə'raːtliːnɪç] **I.** *adj* ❶ rectiligne ❷ (*aufrichtig*) droit(e) **II.** *adv* (*verlaufen*) en ligne droite

Geranie [ge'raːniə] <-, -n> *f* géranium *m*

gerann *Imp von* gerinnen

Gerät [gə'rɛːt] <-[e]s, -e> *nt* ❶ (*Haushaltsgerät*) ustensile *m* ❷ (*Gartengerät*) outil *m* [de jardin] ❸ (*Elektrogerät*) appareil *m* ❹ (*Turngerät*) agrès *mpl* ❺ *kein Pl* (*Ausrüstung*) outils *mpl*

geraten [gə'raːtən] <gerät, geriet, ~> *vi* + *sein* ❶ **in einen Sturm** ~ être surpris par la tempête; **unter einen Zug** ~ passer sous un train ❷ (*einen Zustand erlangen*) **in Panik** ~ être pris de panique; **ins Stocken** ~ (*Verkehr*) se ralentir ❸ (*ähnlich wer-*

G

den) **nach jdm ~** ressembler à qn
Geräteschuppen *m* remise *f* à outils **Geräteturnen** *nt* exercices *mpl* aux agrès
Geratewohl [gərə:tə'vo:l] *nt* ▶**aufs ~** *fam* au petit bonheur [la chance]
geräumig [gə'rɔymɪç] *adj* spacieux(-euse)
Geräusch [gə'rɔyʃ] <-[e]s, -e> *nt* bruit *m*
geräuscharm *adj* silencieux(-euse) **geräuschempfindlich** *adj* sensible au[x] bruit[s] **Geräuschkulisse** *f* bruit *m* de fond **geräuschlos** I. *adj* silencieux(-euse) II. *adv* sans bruit **geräuschvoll** I. *adj* bruyant(e) II. *adv* bruyamment
gerben ['gɛrbən] *vt* tanner
Gerber(in) <-s, -> *m(f)* tanneur(-euse) *m(f)*
Gerberei [gɛrbə'rai] <-, -en> *f* tannerie *f*
gerecht [gə'rɛçt] I. *adj* juste; (*Zorn*) justifié(e) II. *adv* équitablement
gerechtfertigt *adj* justifié(e)
Gerechtigkeit <-> *f* justice *f*
Gerede [gə're:də] <-s> *nt* ❶ (*Klatsch*) racontars *mpl* ❷ (*leeres Gerede*) histoires *fpl*
geregelt *adj* (*regelmäßig*) régulier(-ière)
gereizt [gə'raitst] I. *adj* (*Person*) agacé(e) II. *adv* avec irritation
Gericht [gə'rɪçt] <-[e]s, -e> *nt* ❶ GASTR plat *m* ❷ (*Institution*) tribunal *m* ❸ (*Gebäude*) palais *m* de justice ❹ REL **das Jüngste ~** le Jugement dernier
gerichtlich I. *adj attr* judiciaire II. *adv* en justice
Gerichtsakte *f* dossier *m* **Gerichtsbeschluss**ᴿᴿ *m* décision *f* de justice **Gerichtsgebäude** *nt* palais *m* de justice **Gerichtshof** *m* cour *f* de justice; **der Europäische ~** la Cour de justice des Communautés européennes **Gerichtskosten** *Pl* frais *mpl* de justice **Gerichtsmedizin** *f* médecine *f* légale **Gerichtssaal** *m* salle *f* d'audience **Gerichtsstand** *m* juridiction *f* **Gerichtsverfahren** *nt* procédure *f* judiciaire **Gerichtsverhandlung** *f* audience *f* **Gerichtsvollzieher(in)** <-s, -> *m(f)* huissier *m*
gerieben [gə'ri:bən] *adj fam* roublard(e)
geriet *Imp von* **geraten**[1]
gering [gə'rɪŋ] *adj* faible; (*Menge*) petit(e); (*Temperatur*) bas(se); (*Kenntnisse*) médiocre ▶**nicht im Geringsten** pas le moins du monde
geringelt *adj* (*Socken*) à rayures horizontales
geringfügig [gə'rɪŋfy:gɪç] I. *adj* insigni-

fiant(e) II. *adv* légèrement
geringschätzig [gə'rɪŋʃɛtsɪç] I. *adj* méprisant(e) II. *adv* avec mépris
gerinnen [gə'rɪnən] <gerann, geronnen> *vi* + *sein* (*Blut*) coaguler; (*Milch*) cailler
Gerinnsel [gə'rɪnzəl] <-s, -> *nt* MED caillot *m*
Gerinnung <-, -en> *f* coagulation *f*
Gerippe [gə'rɪpə] <-s, -> *nt* squelette *m*
gerissen [gə'rɪsən] *adj fam* (*Person*) roublard(e)
Germ [gɛrm] <-> *f* A levure *f*
Germane [gɛr'ma:nə] <-n, -n> *m*, **Germanin** *f* Germain(e) *m(f)*
germanisch *adj* germanique
Germanist(in) [gɛrma'nɪst] <-en, -en> *m(f)* germaniste *mf*
Germanistik [gɛrma'nɪstɪk] <-> *f* langue *f* et littérature *f* allemandes
gern[e] <lieber, am liebsten> *adv* ❶ **jdn ~ haben** aimer [bien] qn; **etw ~ tun** aimer bien faire qc ❷ (*ohne weiteres*) sans problème ❸ (*oft*) volontiers
Geröll [gə'rœl] <-[e]s, -e> *nt* éboulis *m*
Gerste ['gɛrstə] <-, -n> *f* orge *f*
Gerstenkorn *nt* ❶ grain *m* d'orge ❷ MED orgelet *m*
Gerte ['gɛrtə] <-, -n> *f* verge *f*
Geruch [gə'rʊx, *Pl:* gə'ryçə] <-[e]s, Gerüche> *m* odeur *f*
geruchlos *adj* inodore
Geruchssinn *m* odorat *m*
Gerücht [gə'rʏçt] <-[e]s, -e> *nt* rumeur *f*
geruhsam [gə'ru:za:m] *adj* tranquille
Gerümpel [gə'rʏmpəl] <-s> *nt pej* bric-à-brac *m*
Gerundium [ge'rʊndiʊm] <-s, -dien> *nt* LING gérondif *m*
Gerüst [gə'rʏst] <-[e]s, -e> *nt* échafaudage *m*
Ges <-, -> *nt* MUS sol *m* bémol
gesalzen [gə'zaltsən] *adj fam* (*Preis*) exorbitant(e)
gesamt [gə'zamt] *adj attr* **die ~e Familie** toute la famille
Gesamtansicht *f* vue générale *f* **Gesamtauflage** *f* tirage *m* global **Gesamtausgabe** *f* [édition *f* des] œuvres *fpl* complètes **Gesamtbetrag** *m* montant *m* global **gesamtdeutsch** *adj* panallemand(e) **Gesamteindruck** *m* impression *f* d'ensemble **Gesamtergebnis** *nt* résultat *m* global

gesamteuropäisch *adj* paneuropéen(ne)
Gesamtheit <-> *f* (*von Personen*) ensemble *m*; (*von Tieren, Pflanzen*) totalité *f*
Gesamtschule *f* collège *m* (*regroupant les trois filières du premier et second cycle en Allemagne*) **Gesamtumsatz** *m* chiffre d'affaires *m* total **Gesamtwert** *m* valeur *f* totale
Gesandte(r) *f/m) dekl wie adj* POL ministre *mf* plénipotentiaire
Gesandtschaft <-, -en> *f* légation *f*
Gesang [gə'zaŋ, *Pl:* gə'zɛŋə] <-[e]s, Gesänge> *m* chant *m*
Gesangbuch *nt* livre *m* de cantiques **Gesangverein** *m* chorale *f*
Gesäß [gə'zɛːs] <-es, -e> *nt* derrière *m*
gesättigt I. *PP von* **sättigen II.** *adj* CHEM saturé(e)
Geschäft [gə'ʃɛft] <-[e]s, -e> *nt* ❶ magasin *m* ❷ (*Unternehmen*) affaire *f* ❸ (*Handel*) commerce *m* ❹ *Kinderspr. fam* **sein ~ verrichten** faire ses besoins
geschäftig I. *adj* affairé(e) **II.** *adv* de façon affairée
geschäftlich I. *adj* (*Verabredung*) d'affaires **II.** *adv* pour affaires
Geschäftsabschluss ᴿᴿ *m* conclusion d'une affaire *f* **Geschäftsbedingungen** *Pl* **die allgemeinen ~** les conditions *fpl* générales **Geschäftsbericht** *m* rapport *m* d'activité **Geschäftsbrief** *m* lettre *f* d'affaires **Geschäftsbuch** *nt* livre *m* de commerce **geschäftsfähig** *adj* JUR apte à accomplir un acte juridique **Geschäftsfrau** *f* femme *f* d'affaires **Geschäftsfreund(in)** *m(f)* relation *f* d'affaires **geschäftsführend** *adj* ❶ (*Direktor*) général(e) ❷ (*Regierung*) en place **Geschäftsführer(in)** *m(f)* (*einer Firma*) gérant(e) *m(f)*; (*einer Partei*) secrétaire *mf* général(e) **Geschäftsführung** *f* direction *f* **Geschäftsjahr** *nt* exercice *m* **Geschäftskosten** *Pl* **auf ~** aux frais de la société **Geschäftsleitung** *s.* **Geschäftsführung Geschäftsleute** *Pl von* **Geschäftsmann Geschäftsmann** <-leute> *m* homme *m* d'affaires **Geschäftsordnung** *f* règlement *m* intérieur
Geschäftspartner(in) *m(f)* ❶ partenaire *mf* commercial(e) ❷ (*Kompagnon*) associé(e) *m(f)* **Geschäftsreise** *f* voyage *m* d'affaires **geschäftsschädigend** *adj* préjudiciable à l'entreprise **Geschäftsschluss** ᴿᴿ *m* fermeture *f* des magasins **Geschäftsstelle** *f* (*Fi-*

liale) agence *f* **geschäftstüchtig** *adj* doué(e) en affaires **Geschäftszeit** *f* heures *fpl* d'ouverture
geschah [gə'ʃaː] *Imp von* **geschehen**
gescheckt *adj* (*Fell*) tacheté(e)
geschehen [gə'ʃeːən] <geschieht, geschah, ~> *vi + sein* ❶ se passer; (*Unfall*) arriver ❷ (*getan werden*) **es muss etwas ~!** il faut faire quelque chose! ❸ (*Verbrechen*) se produire ❹ (*widerfahren*) **er weiß nicht, wie ihm geschieht** il ne sait pas ce qui lui arrive
Geschehen <-s, -> *nt geh* événements *mpl*
gescheit [gə'ʃait] *adj* ❶ (*klug*) intelligent(e) ❷ (*vernünftig*) raisonnable
Geschenk [gə'ʃɛŋk] <-[e]s, -e> *nt* cadeau *m* **Geschenkartikel** *m* article-cadeau *m* **Geschenkpapier** *nt* papier cadeau *m*
Geschichte [gə'ʃɪçtə] <-, -n> *f* histoire *f*
geschichtlich *adj* historique
Geschichtsbuch *nt* livre *m* d'histoire **Geschichtsschreibung** *f* historiographie *f*
Geschick¹ [gə'ʃɪk] <-s> *nt* habileté *f*
Geschick² <-[e]s, -e> *nt geh* (*Schicksal*) destin *m*
Geschicklichkeit <-> *f* habileté *f*
geschickt *adj* adroit(e)
geschieden [gə'ʃiːdən] *adj* divorcé(e)
geschieht [gə'ʃiːt] *3. Pers Präs von* **geschehen**
Geschirr [gə'ʃɪr] <-[e]s, -e> *nt* ❶ vaisselle *f* ❷ (*von Zugtieren*) harnais *m*
Geschirrspülmaschine *f* lave-vaisselle *m* **Geschirrspülmittel** *nt* produit *m* [pour la] vaisselle **Geschirrtuch** <-tücher> *nt* torchon *m*
Geschlecht [gə'ʃlɛçt] <-[e]s, -er> *nt* ❶ *kein Pl* sexe *m* ❷ LING genre *m* ❸ (*Sippe*) famille *f*
geschlechtlich *adj* sexuel(le)
Geschlechtsakt *m* acte *m* sexuel **Geschlechtshormon** *nt* hormone *f* sexuelle **Geschlechtskrankheit** *f* maladie *f* vénérienne **Geschlechtsmerkmal** *nt* caractères *mpl* sexuels **Geschlechtsorgan** *nt* organe *m* génital **geschlechtsreif** *adj* formé(e); (*Mädchen*) nubile **Geschlechtsreife** *f* maturité *f* sexuelle **Geschlechtsverkehr** *m* rapports *mpl* sexuels
geschlossen [gə'ʃlɔsən] **I.** *adj* (*Front*) uni(e); (*Schneedecke*) homogène **II.** *adv* **~ hinter jdm stehen** faire bloc derrière qn

G

Geschmack [gə'ʃmak, *Pl:* gə'ʃmɛkə] <-[e]s, Geschmäcke> *m* goût *m*

geschmacklos *adj* (*Bemerkung*) de mauvais goût

Geschmacklosigkeit <-> *f* kein *Pl* (*Mangel an Takt*) mauvais goût *m*

Geschmacksfrage *f* question *f* de goût **Geschmackssache** *f* das ist [reine] ~ c'est [une] affaire de goût **Geschmackssinn** *m* kein *Pl* sens *m* du goût

geschmackvoll I. *adj* de bon goût *mpl* II. *adv* avec goût

geschmeidig [gə'ʃmaidɪç] I. *adj* souple; (*Masse*) malléable II. *adv* avec souplesse

Geschöpf [gə'ʃœpf] <-[e]s, -e> *nt* créature *f*

Geschossᴿᴿ [gə'ʃɔs] <-es, -e>, **Geschoß**ᴬᴸᵀ <-sses, -sse> *nt* ❶ étage *m* ❷ MIL projectile *m*

geschraubt *pej* I. *adj* (*Stil*) tarabiscoté(e) II. *adv* (*reden*) de manière tarabiscotée

Geschrei <-s> *nt* cris *mpl*

Geschütz [gə'ʃʏts] <-es, -e> *nt* pièce *f* d'artillerie

geschützt *adj* (*Art*) protégé(e); (*Marke*) déposé(e)

Geschwätz [gə'ʃvɛts] <-es> *nt pej fam* ❶ (*dummes Gerede*) conneries *fpl* ❷ (*Klatsch*) ragots *mpl* [de bonnes femmes]

geschwätzig *adj pej* bavard(e)

geschweige [gə'ʃvaigə] *konj* ~ [denn] et encore [bien] moins

Geschwindigkeit [gə'ʃvɪndɪçkait] <-, -en> *f* vitesse *f*

Geschwindigkeitsbeschränkung *f* limitation *f* de vitesse **Geschwindigkeitsüberschreitung** *f* excès *m* de vitesse

Geschwister [gə'ʃvɪstɐ] *Pl* frères et sœurs *mpl*

geschwollen [gə'ʃvɔlən] *adj pej* (*Ausdrucksweise*) ronflant(e)

Geschworene(r) *f(m) dekl wie adj* juré(e) *m(f)*

Geschwulst [gə'ʃvʊlst, *Pl:* gə'ʃvʏlstə] <-, Geschwülste> *f* tumeur *f*

geschwungen [gə'ʃvʊŋən] *adj* (*Linie*) courbe

Geschwür [gə'ʃvyːɐ] <-s, -e> *nt* abcès *m*

Geselle [gə'zɛlə] <-n, -n> *m* ❶ (*Handwerksgeselle*) compagnon *m* ❷ (*Kerl*) gaillard *m*

gesellen* [gə'zɛlən] *vr geh* sich zu jdm ~ se joindre à qn

Gesellenbrief *m* brevet *m* d'apprentissage **Gesellenprüfung** *f* [examen *m* du] certificat *m* d'aptitude professionnelle

gesellig I. *adj* (*Person*) sociable; (*Runde*) entre amis II. *adv* entre amis

Geselligkeit <-> *f* convivialité *f*

Gesellin [gə'zɛlɪn] <-, -nen> *f* compagnon *m*

Gesellschaft [gə'zɛlʃaft] <-, -en> *f* ❶ SOZIOL, ÖKON société *f* ❷ (*Fest*) réception *f* ❸ kein *Pl* (*Begleitung*) compagnie *f*

Gesellschafter(in) <-s, -> *m(f)* (*Teilhaber*) associé(e) *m(f)*

gesellschaftlich *adj* social(e)

gesellschaftsfähig *adj* (*Person*) sortable; (*Benehmen*) convenable **Gesellschaftsordnung** *f* ordre *m* social **gesellschaftspolitisch** *adj* en matière de politique sociale **Gesellschaftsschicht** *f* couche *f* sociale **Gesellschaftsspiel** *nt* jeu *m* de société

Gesetz [gə'zɛts] <-es, -e> *nt* loi *f*

Gesetzbuch *nt* code *m* **Gesetzentwurf** *m* projet *m* de loi **Gesetzesvorlage** *f* projet *m* de loi

gesetzgebend *adj* législatif(-ive) **Gesetzgeber(in)** *m(f)* législateur(-trice) *m(f)* **Gesetzgebung** <-, -en> *f* législatif *m*

gesetzlich I. *adj* légal(e) II. *adv* par la loi

gesetzlos *adj* anarchique

gesetzmäßig *adj* légal(e); (*rechtmäßig*) légitime

Gesetzmäßigkeit <-, -en> *f* légalité *f*

gesetzt [gə'zɛtst] *adj* posé(e)

gesetzwidrig *adj* illégal(e)

Gesicht [gə'zɪçt] <-[e]s, -er> *nt* ❶ visage *m* ❷ (*einer Stadt*) physionomie *f* ▶ jdm etw ins ~ sagen dire qc à qn en face

Gesichtsausdruck <-ausdrücke> *m* expression *f* [du visage] **Gesichtsfarbe** *f* teint *m* **Gesichtspunkt** *m* point *m* de vue **Gesichtswasser** *nt* lotion *f* pour le visage **Gesichtszüge** *Pl* traits *mpl* [du visage]

Gesindel [gə'zɪndəl] <-s> *nt pej* racaille *f*

gesinnt [gə'zɪnt] *adj* gleich ~ sympathisant(e)

Gesinnung [gə'zɪnʊŋ] <-, -en> *f* opinions *fpl*

Gesinnungswandel *m* revirement *m* [d'opinion]

gesittet [gə'zɪtət] *adj* (*Person*) bien élevé(e)

gesondert [gə'zɔndɐt] *adj* séparé(e)

Gespann [gə'ʃpan] <-[e]s, -e> nt ❶ (Zugtiere) attelage m ❷ (Wagen und Zugtiere) équipage m ❸ (Paar) paire f

gespannt [gə'ʃpant] I. adj (Zuschauer) captivé(e); (Erwartung) curieux(-euse); (Lage) tendu(e) II. adv attentivement

Gespenst [gə'ʃpɛnst] <-[e]s, -er> nt fantôme m

gespenstisch I. adj fantomatique; (Ruhe) sinistre II. adv ~ aussehen avoir un aspect sinistre

Gespött [gə'ʃpœt] <-[e]s> nt raillerie f

Gespräch [gə'ʃprɛːç] <-[e]s, -e> nt ❶ conversation f (förmliche Unterredung) entretien m ❸ Pl (politische Verhandlung) pourparlers mpl ❹ (Telefongespräch) communication f [téléphonique]

gesprächig adj loquace

gesprächsbereit adj ouvert(e) à la discussion **Gesprächspartner(in)** m(f) interlocuteur(-trice) m(f) **Gesprächsstoff** m sujet m de conversation

gesprenkelt [gə'ʃprɛŋkəlt] adj tacheté(e)

Gespür [gə'ʃpyːɐ̯] <-s> nt flair m

Gestalt [gə'ʃtalt] <-, -en> f ❶ (Mensch) créature f ❷ pej (fragwürdiges Individuum) individu m ❸ (Wuchs) silhouette f ❹ (äußere Form) forme f

gestalten* I. vt ❶ (Freizeit) organiser; (Unterricht) présenter ❷ a. ARCHIT, KUNST concevoir; (konstruieren) agencer II. vr sich schwierig ~ s'avérer difficile

gestalterisch adj de design; (Talent) de créateur

Gestaltung <-, -en> f ❶ (der Freizeit) organisation f; (des Unterrichts) présentation f ❷ a. ARCHIT, KUNST conception f; (Einrichtung) aménagement m

gestand Imp von **gestehen**

geständig [gə'ʃtɛndɪç] adj ~ sein avouer

Geständnis [gə'ʃtɛntnɪs] <-ses, -se> nt JUR aveux mpl

Gestank [gə'ʃtaŋk] <-[e]s> m puanteur f

Gestapo <-> f NS Abk von **Geheime Staatspolizei** Gestapo f

gestatten* [gə'ʃtatən] vt form jdm etw ~ permettre qc à qn

Geste ['gɛstə] <-, -n> f geste m

Gesteck [gə'ʃtɛk] <-[e]s, -e> nt composition f florale

gestehen <gestand, gestanden> vt avouer

Gestein [gə'ʃtain] <-[e]s, -e> nt roche f

Gestell [gə'ʃtɛl] <-[e]s, -e> nt ❶ (Regalgestell) étagère f ❷ (Brillengestell) monture f ❸ TECH (Unterbau) châssis m; (Stütze) support m

gestern ['gɛstɐn] adv hier ►**er ist nicht von ~ fam** il n'est pas né de la dernière pluie

gestiefelt ►**~ und gespornt** hum fam fin prêt(e)

Gestik ['gɛstɪk, 'geːstɪk] <-> f gestes mpl

gestikulieren* [gɛstiku'liːrən] vi gesticuler

Gestirn [gə'ʃtɪrn] <-[e]s, -e> nt geh constellation f

gestört [gə'ʃtøːɐ̯t] adj ❶ (nicht harmonisch) en crise ❷ (verwirrt) caractériel(le)

Gestotter [gə'ʃtɔtɐ] <-s> nt pej fam bégaiements mpl

gestreift [gə'ʃtraift] adj rayé(e); **quer ~** à rayures horizontales

gestrichen [gə'ʃtrɪçən] adj **ein ~er Esslöffel Zucker** une cuillère rase de sucre

gestrig ['gɛstrɪç] adj (Zeitung) d'hier

Gestrüpp [gə'ʃtryp] <-[e]s, -e> nt broussailles fpl

Gestüt [gə'ʃtyːt] <-[e]s, -e> nt haras m

Gesuch [gə'zuːx] <-[e]s, -e> nt requête f

gesucht [gə'zuːxt] adj (begehrt) recherché(e)

gesund [gə'zʊnt] <gesünder, gesündeste> I. adj ❶ (Person) en bonne santé; (Wirtschaft, Lebensweise, Ernährung) sain(e); (Gesichtsfarbe) frais(fraîche); (Appetit) bon(ne) antéposé ❷ (Misstrauen) de bon aloi II. adv sainement

gesunden* [gə'zʊndən] vi + sein geh (Person) recouvrir la santé

Gesundheit <-> f santé f

gesundheitlich I. adj de santé II. adv **wie geht es Ihnen ~?** comment va la santé?

Gesundheitsamt nt services mpl d'hygiène **gesundheitsschädlich** adj dangereux (-euse) pour la santé **Gesundheitswesen** nt santé f [publique] **Gesundheitszeugnis** nt certificat m médical **Gesundheitszustand** m kein Pl état m de santé

getigert adj tigré(e)

Getöse [gə'tøːzə] <-s> nt fracas m

getragen [gə'traːgən] adj (Melodie) assez lent(e)

Getrampel <-s> nt pej fam piétinement m

Getränk [gə'trɛŋk] <-[e]s, -e> nt boisson f

Getränkeautomat m distributeur m de boissons

getrauen* *vr* sich ~ etw zu tun oser faire qc

Getreide [gə'traidə] <-s, -> *nt* céréales *fpl*

getrennt [gə'trɛnt] I. *adj* séparé(e) II. *adv* (*leben*) séparément; (*schreiben*) en deux mots

getreu [gə'trɔy] I. *adj geh* fidèle II. *präp* dat ~ **unserer Abmachung** conformément à notre convention

Getriebe [gə'tri:bə] <-s, -> *nt* TECH boîte *f* de vitesses

getrost [gə'tro:st] *adv* sich ~ **auf jdn verlassen können** pouvoir compter sur qn en toute tranquillité

Getto ['gɛto] <-s, -s> *nt* ghetto *m*

Getue [gə'tu:ə] <-s> *nt pej fam* chiqué *m*

Getümmel <-s> *nt* cohue *f*

getüpfelt [gə'typfəlt] *adj*, **getupft** [gə'tupft] *adj* à pois

Getuschel <-s> *nt pej fam* messes *fpl* basses

geübt [gə'ʔy:pt] *adj* expert(e)

Gewächs [gə'vɛks] <-es, -e> *nt* ❶ plante *f* ❷ MED excroissance *f*

gewachsen [gə'vaksən] *adj* **einer S.** (*dat*) ~ **sein** être à la hauteur de qc

Gewächshaus *nt* serre *f*

gewagt [gə'va:kt] *adj* osé(e)

gewählt [gə'vɛ:lt] I. *adj* (*Ausdrucksweise*) choisi(e) II. *adv* en termes choisis

Gewähr [gə'vɛ:ɐ] <-> *f* garantie *f*; **ohne ~** sous réserve d'erreur

gewähren* [gə'vɛ:rən] I. *vt* (*Kredit, Rabatt*) accorder II. *vi* **jdn ~ lassen** laisser faire qn

gewährleisten* *vt* **jdm etw ~** garantir qc à qn

Gewährleistung *f* garantie *f*

Gewahrsam [gə'va:ɐza:m] <-s> *m* ❶ **etw in ~ nehmen** prendre qc en garde ❷ (*Haft*) garde *f*

Gewährung <-, -en> *f* octroi *m*

Gewalt [gə'valt] <-, -en> *f* ❶ pouvoir *m*; **jdn in seiner ~ haben** tenir qn à sa merci ❷ *kein Pl* (*gewaltsames Vorgehen*) violence *f* ▶ **[das] höhere ~** [c'est un] cas de force majeure

Gewaltenteilung *f* séparation *f* des pouvoirs

gewaltfrei *adj* non-violent(e) **Gewaltherrschaft** *f kein Pl* despotisme *m*

gewaltig I. *adj* ❶ (*heftig*) violent(e) ❷ (*Bauwerk*) énorme; (*Anblick*) impressionnant(e) II. *adv fam* drôlement

gewaltlos I. *adj* non-violent(e) II. *adv* sans violence

Gewaltlosigkeit <-> *f* non-violence *f*

gewaltsam I. *adj* (*Tod*) violent(e) II. *adv* par la force

Gewalttat *f* acte *m* de violence **Gewalttäter(in)** *m(f)* criminel(le) *m(f)* **gewalttätig** *adj* violent(e) **Gewalttätigkeit** *f* violence *f* **Gewaltverbrechen** *nt* crime *m*

Gewand [gə'vant, *Pl:* gə'vɛndə] <-[e]s, Gewänder> *nt geh* robe *f*

gewandt [gə'vant] I. *adj* (*Redner*) habile; (*Auftreten*) aisé(e) II. *adv* avec aisance

Gewandtheit <-> *f* (*von Bewegungen*) souplesse *f*

gewann [gə'van] *Imp von* **gewinnen**

Gewässer [gə'vɛsɐ] <-s, -> *nt* eaux *fpl*

Gewässerschutz *m* protection *f* des eaux

Gewebe [gə've:bə] <-s, -> *nt* tissu *m*

Gewehr [gə've:ɐ] <-[e]s, -e> *nt* fusil *m* **Gewehrlauf** *m* canon *m* de fusil

Geweih [gə'vai] <-[e]s, -e> *nt* bois *mpl*

Gewerbe [gə'vɛrbə] <-s, -> *nt* (*Handwerk*) activité *f* artisanale; (*Handel*) activité commerciale

Gewerbeaufsicht *f* inspection *f* du travail **Gewerbegebiet** *nt* zone *f* industrielle **Gewerbeordnung** *f* (*Vorschriften für Handwerk/Handel/Industrie*) réglementation *f* de l'artisanat/du commerce/de l'industrie **Gewerbeschein** *m* licence *f* **Gewerbesteuer** *f* taxe *f* professionnelle **Gewerbetreibende(r)** *f(m) dekl wie adj* (*Handwerker*) artisan(e) *m(f)*; (*Kaufmann*) commerçant(e) *m(f)*

gewerblich [gə'vɛrplɪç] *adj, adv* à des fins professionnelles

Gewerkschaft [gə'vɛrkʃaft] <-, -en> *f* syndicat *m*

Gewerkschaft[l]er(in) <-s, -> *m(f)* syndicaliste *mf*

gewerkschaftlich I. *adj* syndical(e) II. *adv* au niveau syndical

Gewerkschaftsbund *m* confédération *f* syndicale **Gewerkschaftsmitglied** *nt* syndiqué(e) *m(f)*

Gewicht [gə'vɪçt] <-[e]s, -e> *nt* ❶ *kein Pl* poids *m* ❷ (*Metallstück*) poids *m;* SPORT haltères *fpl* ▶ **ins ~ fallen** avoir de l'importance

gewichten* *vt* évaluer

Gewichtheben <-s> *nt* SPORT haltérophilie *f*

Gewichtheber(in) <-s, -> *m(f)* haltérophile *mf*

gewichtig *adj* (*Grund*) important(e)

Gewichtsverlust *m* perte *f* de poids **Gewichtszunahme** *f* prise *f* de poids

gewieft [gə'vi:ft] *fam adj* roublard(e)

gewillt [gə'vɪlt] *adj* ~ **sein etw zu tun** être disposé à faire qc

Gewimmel [gə'vɪməl] <-s> *nt* grouillement *m*

Gewinde [gə'vɪndə] <-s, -> *nt* filetage *m*

Gewinn [gə'vɪn] <-[e]s, -e> *m* ❶ bénéfice *m* ❷ (*Preis*) gain *m* ❸ *kein Pl* (*Vorteil*) enrichissement *m*

Gewinnbeteiligung *f* participation *f* aux bénéfices **gewinnbringend** I. *adj* lucratif (-ive) II. *adv* lucrativement

gewinnen [gə'vɪnən] <gewann, gewonnen> I. *vt* ❶ gagner; (*Meisterschaft*) remporter ❷ (*überreden*) **jdn für eine Idee ~** gagner qn à une idée ❸ (*erzeugen*) **Kohle ~** extraire du charbon II. *vi* ❶ gagner ❷ (*Los*) être gagnant

gewinnend *adj* engageant(e)

Gewinner(in) <-s, -> *m(f)* gagnant(e) *m(f)*; MIL vainqueur *m*

Gewinnzahl *f* numéro *m* gagnant

Gewinsel [gə'vɪnzəl] <-s> *nt* (*eines Tieres*) gémissements *mpl*; (*einer Person*) geignements *mpl*

Gewirr [gə'vɪr] <-[e]s> *nt* ❶ enchevêtrement *m* ❷ (*Stimmengewirr*) brouhaha *m*

gewissᴿᴿ, **gewiß**ᴬᴸᵀ [gə'vɪs] I. *adj* ❶ *attr* (*nicht näher benannt*) certain(e) *antéposé* ❷ (*sicher*) sûr(e) II. *adv* certainement

Gewissen [gə'vɪsən] <-s> *nt* conscience *f*

gewissenhaft *adj* consciencieux(-euse)

gewissenlos I. *adj* sans scrupule II. *adv* sans aucun scrupule

Gewissensbisse *Pl* remords *mpl* **Gewissensfrage** *f* cas *m* de conscience **Gewissensfreiheit** *f* liberté *f* de conscience **Gewissenskonflikt** *m* débat *m* de conscience

gewissermaßen *adv* en quelque sorte

Gewissheitᴿᴿ, **Gewißheit**ᴬᴸᵀ *f* certitude *f*

Gewitter [gə'vɪtɐ] <-s, -> *nt* orage *m*

gewitterig *s.* **gewittrig**

gewittern* *vi unpers* **es gewittert** il fait de l'orage

Gewitterregen *m* averse *f* orageuse **Gewitterwolke** *f* nuage *m* orageux

gewittrig *adj* orageux(-euse)

gewitzt [gə'vɪtst] *adj* roué(e)

gewöhnen* [gə'vø:nən] I. *vt* **an jdn/etw gewöhnt sein** être habitué à qn/qc II. *vr* **sich an jdn/etw ~** s'habituer à qn/qc

Gewohnheit [gə'vo:nhaɪt] <-, -en> *f* habitude *f*

gewohnheitsmäßig *adv* par habitude **Gewohnheitsrecht** *nt* (*Recht*) droit *m* d'usage

gewöhnlich [gə'vø:nlɪç] I. *adj* ❶ habituel(le) ❷ (*Arbeitstag*) ordinaire ❸ *pej* (*ordinär*) vulgaire II. *adv* **wie ~** comme d'habitude

gewohnt [gə'vo:nt] *adj* (*Zeit*) habituel(le); **etw ~ sein** être habitué à qc

Gewöhnung [gə'vø:nʊŋ] <-> *f* ~ **an etw** (*akk*) accoutumance *f* à qc

gewöhnungsbedürftig *adj* à quoi il faut s'habituer

Gewölbe [gə'vœlbə] <-s, -> *nt* ❶ (*~decke*) voûte *f* ❷ (*Raum*) cave *f* voûtée

gewollt I. *adj* intentionnel(le) II. *adv* délibérément

Gewühl [gə'vy:l] <-[e]s> *nt* cohue *f*

gewunden [gə'vʊndən] *adj* sinueux(-euse)

Gewürz [gə'vʏrts] <-es, -e> *nt* épice *f*

Gewürzgurke *f* cornichon *m* à la russe

gez. *adj Abk von* **gezeichnet** *s.* **zeichnen**

gezackt [gə'tsakt] *adj* (*Blatt*) crénelé(e); (*Hahnenkamm*) dentelé(e)

Gezeiten [gə'tsaɪtən] *Pl* marées *fpl*

Gezeitenwechsel *m* changement *m* de marée

Gezeter [gə'tse:tɐ] <-s> *nt fam* braillements *mpl*

gezielt [gə'tsi:lt] *adj* ciblé(e)

geziemen* [gə'tsi:mən] *vr geh* **es geziemt sich für jdn** il sied à qn

geziert [gə'tsi:ɐt] *pej* I. *adj* affecté(e) II. *adv* avec affectation

Gezwitscher [gə'tsvɪtʃɐ] <-s> *nt* gazouillement *m*

gezwungen [gə'tsvʊŋən] *adj* contraint(e); (*Lachen*) forcé(e)

gezwungenermaßen *adv* contraint(e) et forcé(e)

ggf. *adv Abk von* **gegebenenfalls**

Ghetto *s.* **Getto**

gibt [gi:pt] *3. Pers Präs von* **geben**

Gicht [gɪçt] <-> *f* goutte *f*

Giebel ['gi:bəl] <-s, -> *m* pignon *m*

Giebeldach *nt* toit *m* à pignon

G

Gier [giːɐ̯] <-> f ➊ avidité f ➋ (*Geldgier*) cupidité f

gieren ['giːrən] *vi* **nach etw ~** avoir une envie folle de qc

gierig I. *adj* avide II. *adv* avec avidité

gießen ['giːsən] <goss, gegossen> I. *vt* ➊ arroser ➋ (*schütten*) **Wasser auf/über etw** (*akk*) **~** verser de l'eau dans/sur qc ➌ (*formen*) **etw in Bronze ~** couler qc en bronze II. *vi unpers fam* **es gießt** il tombe des cordes

Gießerei [giːsəˈraɪ] <-, -en> f fonderie f

Gießkanne f arrosoir m

Gift [gɪft] <-[e]s, -e> *nt* poison m; (*einer Schlange*) venin m

Giftgas *nt* gaz m toxique **giftgrün** *adj* d'un vert criard

giftig *adj* (*Schlange, Person, Bemerkung*) venimeux(-euse); (*Pflanze*) vénéneux(-euse); (*Stoff*) toxique

Giftmischer(in) <-s, -> m(f) empoisonneur(-euse) m(f) **Giftmüll** m déchets mpl toxiques **Giftpilz** m champignon m vénéneux **Giftschlange** f serpent m venimeux **Giftstoff** m substance f toxique **Giftzwerg(in)** m(f) pej fam nabot(e) m(f) malfaisant(e)

Gigabyte ['giːgabaɪt] *nt* INFORM giga-octet m

Gigant(in) [giˈgant] <-en, -en> m(f) géant(e) m(f)

gigantisch *adj* gigantesque

Gigolo ['ʒiːgolo, 'ʒɪgolo] <-s, -s> m gigolo m (*fam*)

Gilde ['gɪldə] <-, -n> f HIST guilde f

gilt [gɪlt] 3. Pers Präs von **gelten**

Gin [dʒɪn] <-s, -s> m gin m

ging [gɪŋ] *Imp von* **gehen**

Ginster ['gɪnstɐ] <-s, -> m genêt m

Gipfel ['gɪpfəl] <-s, -> m sommet m

Gipfelkonferenz f conférence f au sommet

gipfeln *vi* **in etw** (*dat*) **~** atteindre son apogée dans qc

Gipfeltreffen *nt* rencontre f au sommet

Gips [gɪps] <-es, -e> m plâtre m

Gipsabdruck <-abdrücke> m empreinte f **Gipsbein** *nt fam* jambe plâtrée f

gipsen *vt* MED *fam* plâtrer

Gipser(in) <-s, -> m(f) plâtrier(-ière) m(f)

Giraffe [giˈrafə] <-, -n> f girafe f

Girlande [gɪrˈlandə] <-, -n> f guirlande f

Girlie ['gœrli] <-s, -s> *nt* girlie f

Giro ['ʒiːro] <-s, -s o A **Giri**> *nt* virement m

Girokonto *nt* compte m courant

Gis [gɪs] <-, -> *nt* sol m dièse

Gischt [gɪʃt] <-[e]s, -e> m, <-, -en> f écume f

Gitarre [giˈtarə] <-, -n> f guitare f

Gitarrist(in) <-en, -en> m(f) guitariste mf

Gitter ['gɪtɐ] <-s, -> *nt* (*Metallgitter*) grille f; (*Holzgitter*) treillage m

Gitterrost m grille f

Glaceehandschuh[RR], **Glacéhandschuh** [glaˈseːhantʃuː] m gant m en chevreau glacé

Gladiole <-, -n> f glaïeul m

Glamour ['glɛmə] m o nt kein pl glamour m; **einer Sache ~ verleihen** glamouriser qc

Glanz [glants] <-es> m ➊ (*von Haaren, Augen*) brillant m; (*einer Fläche*) éclat m ➋ (*Pracht*) magnificence f

glänzen ['glɛntsən] *vi* ➊ briller; (*Möbel*) reluire; (*Fläche*) miroiter ➋ (*sich hervortun*) **durch Wissen ~** briller par son savoir

glänzend I. *adj* brillant(e); (*Fläche*) miroitant(e) II. *adv* (*spielen*) superbement

Glanzleistung f brillante performance f **glanzlos** *adj* (*Haare*) terne; (*Oberfläche*) mat(e) **glanzvoll** *adj* (*Auftritt*) brillant(e); (*Fest*) somptueux(-euse) **Glanzzeit** f **seine ~** l'époque f de sa splendeur

Glas [glaːs, Pl: 'glɛːzə] <-es, Gläser> *nt* ➊ verre m ➋ (*Konservenglas*) bocal m

Glasbläser(in) m(f) souffleur(-euse) m(f) de verre

Gläschen ['glɛːsçən] <-s, -> *nt Dim von* **Glas** petit verre m

Glascontainer m container m à verre

Glaser(in) ['glaːzɐ] <-s, -> m(f) vitrier(-ière) m(f)

Glaserei [glaːzəˈraɪ] <-, -en> f vitrerie f

gläsern ['glɛːzɐn] *adj* (*aus Glas*) de verre

Glasfaser f meist Pl fibre f de verre **Glasfaserkabel** *nt* TELEC câble m à fibres optiques **Glashütte** f verrerie f

glasieren* [glaˈziːrən] *vt* ➊ (*Kacheln*) émailler ➋ (*Kuchen*) napper

glasig ['glaːzɪç] *adj* (*Blick*) vitreux(-euse)

glasklar I. *adj* limpide II. *adv fam* [très] clairement **Glasmalerei** f peinture f sur verre **Glasscheibe** f verre m **Glasscherbe** f morceau m de verre **Glastür** f porte f vitrée

Glasur [glaˈzuːɐ̯] <-, -en> f ➊ TECH glaçure f ➋ GASTR glaçage m

Glaswolle f laine f de verre

glatt [glat] <-er, -este> I. *adj* ➊ (*Fläche*)

plan(e) ❷ (*Haut, Stoff*) lisse ❸ (*Haare*) raide ❹ (*Fußboden*) glissant(e) ❺ (*Landung*) en douceur ❻ *attr fam* (*Lüge*) pur(e) *antéposé;* **ein ~er Betrag** un compte tout rond II. *adv* ❶ (*problemlos*) sans accroc ❷ *fam* (*vergessen*) carrément

glatt|bügelnᴬᴸᵀ *s.* **bügeln**

Glätte ['glɛtə] <-> *f* ❶ (*der Haut*) douceur *f;* (*der Haare*) raideur *f* ❷ (*Straßenglätte*) **aufgrund der ~ der Straße** en raison de la chaussée glissante

Glatteis *nt* verglas *m*

glätten ['glɛtən] I. *vt* ❶ (*Haar*) lisser; (*Banknote*) défroisser ❷ (*besänftigen*) apaiser II. *vr* **sich ~** (*Wogen*) s'apaiser

glattrasiertᴬᴸᵀ *s.* **rasieren I. glatt|streichen**ᴬᴸᵀ *s.* **streichen I.3.**

Glatze ['glatsə] <-, -n> *f* calvitie *f*

Glatzkopf *m fam* ❶ (*Kopf*) boule *f* de billard ❷ (*Mensch*) crâne *m* d'œuf

glatzköpfig ['glatskœpfɪç] *adj* chauve; (*kahl geschoren*) à la tête rasée

Glaube ['glaʊbə] <-ns> *m* ❶ REL croyance *f* ❷ (*Überzeugung*) foi *f*

glauben ['glaʊbən] I. *vt* ❶ **jdm etw ~** croire qc de qn ❷ (*vermuten*) **jdn in New York ~** croire qn à New York II. *vi* ❶ **jdm ~** croire qn ❷ *a.* REL **an jdn/etw ~** croire en qn/à qn

Glauben *s.* **Glaube**

Glaubensbekenntnis *nt* confession *f* **Glaubensfreiheit** *f* liberté *f* de religion **Glaubensgemeinschaft** *f* communauté *f* religieuse

glaubhaft I. *adj* digne de foi II. *adv* de façon convaincante

Glaubhaftigkeit <-> *f* crédibilité *f*

gläubig ['glɔybɪç] *adj* REL croyant(e)

Gläubige(r) *f(m) dekl wie adj* croyant(e) *m(f)*

Gläubiger(in) <-s, -> *m(f)* créancier(-ière) *m(f)*

glaubwürdig *adj* crédible

gleich [glaɪç] I. *adj* ❶ même *antéposé* ❷ MATH **zwei mal zwei ~ vier** deux fois deux [égalent] quatre ❸ (*~gültig*) **das ist ihm/ihr ~** cela lui est égal II. *adv* ❶ (*behandeln*) de la même façon; **~ groß sein** être de même taille ❷ (*unmittelbar*) **~ neben der Kirche** juste à côté de l'église ❸ (*in Kürze*) tout de suite; **es ist ~ sechs Uhr** il est bientôt six heures ❹ (*ohnehin*) **habe ich es nicht ~ gesagt!** c'est bien ce que j'avais dit!

gleichaltrig ['glaɪçaltrɪç] *adj* du même âge

gleichartig *adj* de même nature

gleichbedeutend *adj* **mit etw ~ sein** équivaloir à qc

gleichberechtigt *adj* égal(e) en droits

Gleichberechtigung *f* égalité *f* des droits

gleich|bleibenᴬᴸᵀ *s.* **bleiben I.2., I.▸**

gleichbleibendᴬᴸᵀ *s.* **bleibend 2.**

gleichen ['glaɪçən] <glich, geglichen> *vi* **jdm/einer S. ~** ressembler à qn/qc

gleichermaßen *adv* de la même façon

gleichfalls *adv* également

gleichförmig ['glaɪçfœrmɪç] I. *adj* (*Verlauf*) uniforme; (*Struktur*) homogène II. *adv* (*verlaufen*) uniformément; (*strukturiert*) de façon homogène

gleichgeschlechtlich *adj* ❶ (*homosexuell*) homosexuel(le) ❷ (*gleichgeschlechtig*) de même sexe

gleichgesinntᴬᴸᵀ *s.* **gesinnt**

Gleichgewicht *nt kein Pl* équilibre *m*

Gleichgewichtsstörung *f* trouble *m* de l'équilibre

gleichgültig *adj* ❶ (*Person*) indifférent(e) ❷ (*belanglos*) sans intérêt ❸ (*egal*) **jdm ~ sein** être indifférent à qn

Gleichgültigkeit *f* indifférence *f*

Gleichheit <-, -en> *f* ❶ similitude *f* ❷ (*gleiche Stellung*) **die ~ von Mann und Frau** l'égalité *f* de l'homme et de la femme

Gleichheitszeichen *nt* signe *m* d'égalité

gleich|kommen *vi irr + sein* ❶ **jdm/einer S. ~** égaler qn/qc ❷ (*gleichbedeutend sein*) **einer S.** (*dat*) **~** revenir à qc

gleichlautendᴬᴸᵀ *s.* **lauten 1.**

gleich|machen *vt* niveler

gleichmäßig I. *adj* régulier(-ière) II. *adv* (*atmen*) régulièrement; (*auftragen*) uniformément

gleichmütig ['glaɪçmy:tɪç] *adj* impassible

Gleichnis <-ses, -se> *nt* parabole *f*

gleichsam *adv geh* pour ainsi dire

Gleichschritt *m kein Pl* pas *m* cadencé

gleichseitig *adj* équilatéral(e)

gleich|setzen *vt* **Unsicherheit mit Unwissenheit ~** confondre manque d'assurance et ignorance ❷ (*als gleichwertig ansehen*) **die Jungen mit den Alten ~** mettre les jeunes et les vieux au même rang

Gleichstand *m kein Pl* égalité *f* de score

gleich|stellen *vt* **die Frauen den Männern**

G

~ mettre les femmes et les hommes sur un pied d'égalité

Gleichstellung *f kein Pl* **die ~ der Frauen** l'égalité *f* des femmes

Gleichstrom *m* courant *m* continu

gleich|tun *vt irr, unpers* **es jdm in etw** (*dat*) ~ égaler qn en qc

Gleichung <-, -en> *f* équation *f*

gleichwertig *adj* (*Ersatz*) équivalent(e); (*Gegner*) de force égale

gleichwohl [glaɪç'voːl] *adv geh* néanmoins

gleichzeitig I. *adj* (*Vorgänge*) simultané(e); (*Ereignisse*) contemporain(e) **II.** *adv* en même temps

Gleis [glaɪs] <-es, -e> *nt* voie *f*

gleißend ['glaɪsnd] *adj geh* éblouissant(e)

gleiten ['glaɪtən] <glitt, geglitten> *vi + sein* ❶ (*Vogel, Segelflugzeug*) planer ❷ (*rutschen*) **ins Wasser ~** glisser dans l'eau

Gleitmittel *nt* lubrifiant *m* **Gleitschirm** *m* parapente *m* **Gleitschirmfliegen** *nt* parapente *m* **Gleitzeit** *f* heures *fpl* mobiles

Gletscher ['glɛtʃɐ] <-s, -> *m* glacier *m*

Gletscherspalte *f* crevasse *f*

glich [glɪç] *Imp von* **gleichen**

Glied [gliːt] <-[e]s, -er> *nt* ❶ *a. fig* membre *m* ❷ (*Kettenglied*) maillon *m* ❸ (*Penis*) membre *m* [viril]

gliedern ['gliːdɐn] **I.** *vt* **etw in verschiedene Abschnitte ~** diviser qc en plusieurs parties **II.** *vr* **sich in etw** (*akk*) ~ se diviser en qc

Gliederung <-, -en> *f* ❶ *kein Pl* (*das Gliedern: eines Aufsatzes*) division *f* ❷ (*Aufbau: eines Aufsatzes*) plan *m*

Gliedmaßen ['gliːtmaːsən] *Pl* membres *mpl*

glimmen ['glɪmən] <glomm, geglommen> *vi* rougeoyer

Glimmstängelᴿᴿ, **Glimmstengel**ᴬᴸᵀ *m hum fam* tige *f*

glimpflich ['glɪmpflɪç] *adj* (*Ausgang*) bénin (-igne)

glitschig ['glɪtʃɪç] *adj fam* glissant(e)

glitt [glɪt] *Imp von* **gleiten**

glitzern ['glɪtsɐn] *vi* scintiller

global [glo'baːl] **I.** *adj* (*weltweit*) général(e) **II.** *adv* (*weltweit*) universellement

Globalisierung <-> *f* mondialisation *f*

Globen *Pl von* **Globus**

Globus ['gloːbʊs] <-, Globen> *m* globe *m* [terrestre]

Glöckchen <-s, -> *nt Dim von* **Glocke** clochette *f*

Glocke ['glɔkə] <-, -n> *f* ❶ (*Kirchenglocke*) cloche *f* ❷ (*Läutwerk*) sonnerie *f*; (*Ladenglocke*) sonnette *f*

Glockenblume *f* campanule *f* [des murailles] **glockenförmig** *adj* en forme de clochette **Glockengeläut[e]** *nt* carillon *m* **Glockenschlag** *m* ▶**mit dem** ~ à l'heure sonnante **Glockenspiel** *nt* carillon *m* **Glockenturm** *m* clocher *m*

glomm [glɔm] *Imp von* **glimmen**

Glorie ['gloːriə] <-> *f geh* gloire *f*

glorifizieren* [glorifi'tsiːrən] *vt* **jdn als Helden** ~ célébrer qn comme un héros

glorreich ['gloːɐ̯raɪç] *adj* glorieux(-euse)

Glossar <-s, -e> *nt* glossaire *m*

Glosse ['glɔsə] <-, -n> *f* commentaire *m* [succinct]

glotzen ['glɔtsən] *vi pej fam* reluquer

Glück [glʏk] <-[e]s> *nt* ❶ chance *f* ❷ (*Freude, Zufriedenheit*) bonheur *m*

Glucke ['glʊkə] <-, -n> *f* (*Henne mit Küken*) poule *f*; (*brütende Henne*) couveuse *f*

glücken ['glʏkən] *vi + sein* réussir

gluckern ['glʊkɐn] *vi + haben* glouglouter (*fam*)

glücklich I. *adj* ❶ heureux(-euse); (*Gesicht*) ravi(e) ❷ (*vom Glück begünstigt*) heureux (-euse) antéposé **II.** *adv* (*leben*) heureux (-euse)

glücklicherweise *adv* par chance

Glücksbringer <-s, -> *m* porte-bonheur *m*

glückselig *adj* (*Person*) pleinement heureux(-euse)

Glücksfall *m* coup *m* de chance **Glücksgriff** *m* coup *m* de maître **Glückspilz** *m fam* **du ~!** quel(le) veinard(e)! **Glücksrad** *nt* roue *f* de la fortune **Glückssache** *f* ▶**[reine]** ~ **sein** être une [pure] question de chance **Glücksspiel** *nt* jeu *m* de hasard **Glückssträhne** *f* **eine ~ haben** avoir la baraka (*fam*) **Glückstag** *m* jour *m* de chance **Glückszahl** *f* chiffre *m* porte-bonheur

Glückwunsch *m* félicitation *f*

Glückwunschkarte *f* carte *f* de félicitations

Glucose [glu'koːzə] <-> *f* CHEM glucose *m*

Glühbirne *f* ampoule *f*

glühen ['glyːən] *vi* ❶ être incandescent; (*Docht, Zigarette*) rougeoyer ❷ (*sehr heiß sein*) être brûlant

glühend I. *adj* ❶ (*Metall*) incandescent(e); (*Kohle*) ardent(e) ❷ (*Wangen*) brûlant(e)

❸ (*leidenschaftlich*) enflammé(e) **II.** *adv* terriblement

Glühlampe *f* ampoule *f* électrique

Glühwein *m* vin *m* chaud

Glühwürmchen ['gly:vʏrmçən] *nt fam* ver *m* luisant

Glukose *s.* **Glucose**

Glut [glu:t] <-, -en> *f* braise *f*

Glyzerin [glytse'ri:n] <-s> *nt* glycérine *f*

GmbH [ge:ʔɛmbe:'ha:] <-, -s> *f Abk von* **Gesellschaft mit beschränkter Haftung** S.A.R.L. *f*

g-Moll ['e:mɔl] <-> *nt* sol *m* mineur

Gnade ['gna:də] <-, -n> *f* ❶ (*Gunst*) faveurs *fpl* ❷ (*Milde*) grâce *f*

Gnadenfrist *f* délai *m* de grâce

gnadenlos *adj* impitoyable

Gnadenstoß *m* coup *m* de grâce

gnädig ['gnɛ:dɪç] **I.** *adj* ❶ (*herablassend*) condescendant(e) ❷ (*milde*) clément(e) **II.** *adv* ❶ (*herablassend*) d'un air condescendant ❷ (*milde*) avec clémence

Gnom [gno:m] <-en, -en> *m* ❶ gnome *m* ❷ *pej fam* (*kleiner Mensch*) nabot *m*

Goal [goːl] <-s, -s> *nt* A, CH but *m*

Gockel ['gɔkəl] <-, -> *m bes.* SDEUTSCH coq *m*

Gokart^{RR} <-[s], -s> *m* kart *m*

Gold [gɔlt] <-[e]s> *nt* ❶ or *m* ❷ *fam* (*~medaille*) médaille *f* d'or

Goldader *f* filon *m* d'or **Goldbarren** *m* lingot *m* d'or

golden ['gɔldən] **I.** *adj attr* en or **II.** *adv* d'un éclat doré

goldfarben *adj* doré(e) **Goldfisch** *m* poisson *m* rouge **goldgelb** *adj* jaune d'or **Goldgräber(in)** *m(f)* chercheur(-euse) *m(f)* d'or **Goldgrube** *f* mine *f* d'or **Goldhamster** *m* hamster *m* [doré]

goldig *adj fam* chou(te)

Goldmedaille *f* médaille *f* d'or **Goldmine** *f* mine *f* d'or **Goldregen** *m* BOT cytise *m* **goldrichtig** *fam adj* ~ **sein** (*Entscheidung*) être impeccable **Goldschmied(in)** *m(f)* orfèvre *mf* **Goldschmiedekunst** *f* orfèvrerie *f* **Goldstück** *nt* (*Goldmünze*) pièce *f* d'or **Goldwaage** *f* trébuchet *m*

Golf¹ [gɔlf] <-[e]s -e> *m* GEO golfe *m*

Golf² <-s> *nt* golf *m*

Golfplatz *m* terrain *m* de golf **Golfschläger** *m* club *m* **Golfspieler(in)** *m(f)* joueur (-euse) *m(f)* de golf **Golfstrom** *m* GEO der

~ le Gulf Stream

Gondel ['gɔndəl] <-, -n> *f* gondole *f*; (*einer Seilbahn*) [télé]cabine *f*

Gong [gɔŋ] <-s, -s> *m* gong *m*

gönnen ['gœnən] *vt* ❶ (*neidlos zugestehen*) **jdm etw** ~ se réjouir pour qn de qc ❷ (*gewähren*) **sich** (*dat*) **etw** ~ s'offrir qc

Gönner(in) <-s, -> *m(f)* bienfaiteur(-trice) *m(f)*; (*eines Künstlers*) mécène *m*

gönnerhaft *pej* **I.** *adj* condescendant(e) **II.** *adv* avec condescendance

gor [goːɐ] *Imp von* **gären**

Gör [gøːɐ] <-[e]s, -en> *nt*, **Göre** <-, -n> *f fam* (*Kind*) gosse *mf*; (*Mädchen*) gamine *f*

Gorilla [go'rɪla] <-s, -s> *m* gorille *m*

Gospel ['gɔspl] <-s, -s> *nt o m*, **Gospelsong** ['gɔsplzɔŋ] *m* gospel *m*

goss^{RR} [gɔs], **goß**^{ALT} *Imp von* **gießen**

Gosse ['gɔsə] <-, -n> *f* ❶ caniveau *m* ❷ *pej fam* ruisseau *m*

Gotik ['go:tɪk] <-> *f* gothique *m*

gotisch *adj* got[h]ique

Gott [gɔt] <-es, Götter> *m*, **Göttin** *f* ❶ dieu *m*/déesse *f* ❷ (~ *der Christen*) Dieu *m*; **grüß ~!** A, SDEUTSCH bonjour!

Götterspeise *f* GASTR dessert *m* gélifié

Gottesdienst *m* office *m* [religieux]; (*katholisch*) messe *f* **gottesfürchtig** *adj* pieux (-euse) **Gotteshaus** *nt* maison *f* du Seigneur; (*katholisch*) église *f*; (*evangelisch*) temple *m* **Gotteslästerung** <-, -en> *f* blasphème *m*

Gottheit <-, -en> *f* divinité *f*

Göttin ['gœtɪn] *s.* **Gott**

göttlich ['gœtlɪç] *adj* ❶ divin(e) ❷ (*Humor*) sublime

gottlob [gɔt'lo:p] *adv geh* Dieu merci

gottlos *adj* (*Person*) athée; (*Leben*) païen(ne); (*Gesinnung*) irréligieux(-euse)

Gottvater *m* Dieu *m* le père

gottverlassen ['gɔtfɛɐ'lasən] *adj fam* perdu(e)

Götze ['gœtsə] <-n, -n> *m*, **Götzenbild** *nt* idole *f*

Gouvernante [guvɛr'nantə] <-, -n> *f* gouvernante *f*

Gouverneur(in) [guvɛr'nøːɐ] <-s, -e> *m(f)* gouverneur *m*

Grab [gra:p, *Pl:* 'grɛ:bɐ] <-[e]s, Gräber> *nt* tombe *f*

graben ['gra:bən] <gräbt, grub, gegraben> **I.** *vt, vi* creuser **II.** *vr fig* **sich jdm ins Gedächtnis** ~ se graver dans la mémoire de qn

Graben ['gra:bən, *Pl:* 'grɛ:bən] <-s, Gräben> *m* ❶ fossé *m* ❷ (*Schützengraben*) tranchée *f*

Grabinschrift *f* inscription *f* tombale **Grabkammer** *f* chambre *f* funéraire **Grabmal** <-s, -mäler *o geh* -e> *nt* tombeau *m* **Grabschändung** *f* violation *f* de sépulture **Grabstein** *m* pierre *f* tombale

gräbt [grɛːpt] *3. Pers Präs von* **graben**

Grabung <-, -en> *f* fouilles *fpl*

Grad [gra:t] <-[e]s, -e> *m* ❶ degré *m;* **Verbrennung ersten ~es** brûlure *f* au premier degré ❷ (*Rang*) grade *m* ❸ (*Ausmaß*) **bis zu einem gewissen ~[e]** jusqu'à un certain point

Gradeinteilung *f* graduation *f* **Gradmesser** <-s, -> *m* ~ indicateur *m*

graduell *adj* (*Veränderung*) progressif(-ive)

Graf [gra:f] <-en, -en> *m*, **Gräfin** *f* comte *m*/comtesse *f*

Graffiti [gra'fi:ti] *Pl* graffitis *mpl*

Grafik ['gra:fɪk] <-, -en> *f* ❶ (*Kunstwerk*) œuvre *f* graphique ❷ *kein Pl* (*Technik*) arts *mpl* graphiques ❸ (*Schaubild*) graphique *m*

Grafikchip *m* INFORM puce *f* graphique

Grafiker(in) ['gra:fike] <-s, -> *m(f)* graphiste *mf;* (*Werbegrafiker*) dessinateur(-trice) *m(f)* publicitaire

Grafikkarte *f* INFORM carte *f* graphique **Grafikmodus** *m* INFORM mode *m* graphique **Grafikprogramm** *nt* INFORM grapheur *m*

Gräfin ['grɛ:fɪn] *s.* **Graf**

grafisch *adj* graphique

Grafit[RR] [gra'fi:t] *s.* **Graphit**

Grafologe[RR] *s.* **Graphologe**

Grafschaft <-, -en> *f* comté *m*

Gram [gra:m] <-[e]s> *m geh* affliction *f*

grämen ['grɛ:mən] *geh vr* **sich über jdn/etw ~** s'affliger à cause de qn/qc

Gramm [gram] <-s, -e> *nt* gramme *m*

Grammatik [gra'matɪk] <-, -en> *f* grammaire *f*

grammatikalisch [gramati'ka:lɪʃ], **grammatisch** *adj* grammatical(e)

Grammofon®[RR], **Grammophon**® [gramo'fo:n] <-s, -e> *nt* gramophone *m*

Granat [gra'na:t] <-[e]s, -e *o* A -en> *m* MINER grenat *m*

Granatapfel *m* grenade *f*

Granate [gra'na:tə] <-, -n> *f* obus *m*

grandios [gran'djo:s] I. *adj* (*Idee*) génial(e); (*Erfolg*) triomphal(e) II. *adv* remarquablement bien

Granit [gra'ni:t] <-s, -e> *m* granit[e] *m*

grantig *fam adj* de mauvais poil

Granulat [granu'la:t] <-[e]s, -e> *nt* (*Streumaterial*) granulat *m*

Grapefruit ['gre:pfru:t] <-, -s> *f* pamplemousse *m*

Graphik *s.* **Grafik**

Graphit <-s, -e> *m* graphite *m*

Graphologe <-n, -n> *m*, **Graphologin** *f* graphologue *mf*

grapschen *fam vt, vi* choper

Gras [gra:s] <-es> *nt kein Pl* herbe *f* ▶**ins ~ beißen** *fam* manger les pissenlits par la racine

grasen ['gra:zən] *vi* brouter

grasgrün [gra:s'gry:n] *adj* vert pomme *inv*

Grashalm *m* brin *m* d'herbe **Grashüpfer** <-s, -> *m fam* sauterelle *f*

grassieren* [gra'si:rən] *vi* sévir

grässlich[RR], **gräßlich**[ALT] ['grɛslɪç] *adj* horrible

Grat [gra:t] <-[e]s, -e> *m* crête *f*

Gräte ['grɛ:tə] <-, -n> *f* arête *f*

Gratifikation <-, -en> *f* gratification *f*

gratinieren* [grati'ni:rən] *vt* [faire] gratiner

gratis ['gra:tɪs] *adj* ~ **sein** être gratuit

Gratisprobe *f* échantillon *m* gratuit

Grätsche ['grɛ:tʃə] <-, -n> *f* grand écart *m*

grätschen ['grɛ:tʃn] *vi + sein* SPORT sauter

Gratulant(in) [gratu'lant] <-en, -en> *m(f)* personne *f* qui félicite

Gratulation [gratula'tsjo:n] <-, -en> *f* félicitations *fpl*

gratulieren* [gratu'li:rən] *vi* féliciter

Gratwanderung *f* (*schwieriges Unterfangen*) exercice *m* sur la corde raide

grau [grau] *adj* ❶ gris(e) ❷ (*trostlos*) morne

Grau <-s, - *o fam* -s> *nt* gris *m*

grauäugig *adj* aux yeux gris

Graubünden [grau'byndən] <-s> *nt* [canton *m* des] Grisons *mpl*

Gräuel[RR] ['grɔyəl] <-s, -> *m geh* atrocité *f*

Gräueltat[RR] *f* atrocité *f*

grauen¹ ['grauən] *vi geh* (*Morgen*) poindre

grauen² *vi unpers* **mir graut vor jdm/etw** qn/qc m'épouvante

Grauen <-s, -> *nt* ❶ *kein Pl* (*Entsetzen*) épouvante *f;* ~ **erregend** horrible ❷ (*Ereignis*) horreur *f*

grauenerregend[ALT] *s.* **Grauen 1.**

grauenhaft, grauenvoll *adj* horrible

grauhaarig *adj* aux cheveux gris

gräulich[1] ['grɔylıç] *adj* grisâtre

gräulich[RR2] *adj* atroce

Graupel ['graʊpəl] <-, -n> *f meist Pl* grésil *m*

Graupelschauer *m* giboulée *f*

Graus [graʊs] <-es> *m fam* **für jdn ein ~ sein** être un cauchemar pour qn

grausam ['graʊzaːm] *adj* cruel(le)

Grausamkeit <-, -en> *f* ❶ *kein Pl* (*Verhalten*) cruauté *f* ❷ (*Tat*) atrocité *f*

grausen ['graʊzən] *s.* **grauen²**

Grausen <-s> *nt* épouvante *f*

grausig *s.* **grauenhaft**

Grauzone *f* zone *f* d'ombre

Graveur(in) [gra'vøːɐ] <-s, -e> *m(f)* graveur (-euse) *m(f)*

gravieren* [gra'viːrən] *vt* graver

gravierend *adj* (*Unterschied*) grand(e); (*Fehler*) grave

Gravierung <-, -en> *f* gravure *f*

Gravitation [gravita'tsjoːn] <-> *f* gravitation *f*

Gravur [gra'vuːg] <-, -en> *f* gravure *f*

Grazie ['graːtsjə] <-> *f kein Pl* (*Anmut*) grâce *f*

grazil [gra'tsiːl] *adj* gracile

graziös [gra'tsjøːs] *adj* gracieux(-euse)

greifbar I. *adj* ❶ disponible ❷ (*Vorteil*) concret(-ète) II. *adv* ~ **nahe** *fig* à portée de main

greifen ['graɪfən] <griff, gegriffen> I. *vt* attraper II. *vi* ❶ **nach etw** ~ saisir qc ❷ (*benutzen*) **zu einem Buch** ~ prendre un livre ❸ (*Reifen*) adhérer ❹ (*Wirkung haben*) faire effet

Greifvogel *m* rapace *m*

Greis(in) [graɪs] <-es, -e> *m(f)* vieillard *m/* vieille *f*

grell [grɛl] I. *adj* ❶ (*Licht, Farbe*) cru(e) ❷ (*Stimme*) perçant(e) II. *adv* ❶ ~ **leuchten** (*Farben*) être cru ❷ (*schrill*) ~ **klingen** émettre des sons perçants

Gremium ['greːmjʊm] <-s, Gremien> *nt* commission *f*

Grenzbereich *m kein Pl* (*Umkreis der Landesgrenze*) secteur *m* frontalier

Grenze ['grɛntsə] <-, -n> *f* ❶ frontière *f* ❷ (*Abgrenzung*) limite *f*; **die ober|st|e/unter|st|e** ~ le maximum/minimum

grenzen *vi* ❶ **an ein Land** ~ confiner à un pays ❷ *fig* **an ein Wunder** ~ être à la limite du miracle

grenzenlos I. *adj* ❶ illimité(e) ❷ (*Vertrauen*) infini(e) II. *adv* infiniment

Grenzfall *m* cas *m* limite **Grenzgänger(in)** ['grɛntsgɛŋɐ] <-s, -> *m(f)* frontalier(-ière) *m(f)* **Grenzgebiet** *nt* zone *f* frontalière

Grenzkonflikt *m* conflit *m* de frontière

Grenzkontrolle *f* contrôle *m* douanier

Grenzlinie *f* SPORT ligne *f* **Grenzposten** *m* poste *m* frontière **Grenzschutz** *m fam* (*Truppe*) [unité *f* de] garde-frontière *f* **Grenzstein** *m* borne *f* **Grenzübergang** *m* poste *m* frontière **grenzüberschreitend** *adj* transfrontalier(-ière) **Grenzwert** *m* valeur *f* limite

Greuel[ALT] *s.* **Gräuel**

Greueltat[ALT] *s.* **Gräueltat**

greulich[ALT] *s.* **gräulich²**

Griebe ['griːbə] <-, -n> *f meist Pl* petits lardons *mpl* frits

Grieche ['griːçə] <-n, -n> *m* Grec *m*

Griechenland *nt* la Grèce

Griechin ['griːçɪn] <-, -nen> *f* Grecque *f*

griechisch ['griːçɪʃ] I. *adj* grec(grecque) II. *adv* ~ **miteinander sprechen** discuter en grec

Griechisch <-[s]> *nt kein art* grec *m*; *s. a.* **Deutsch**

Griesgram ['griːsgraːm] <-[e]s, -e> *m pej* grincheux(-euse) *m(f)*

griesgrämig ['griːsgrɛːmɪç] *adj* grincheux (-euse)

Grieß [griːs] <-es, -e> *m* semoule *f*

Grießbrei *m* [bouillie *f* de] semoule *f*

griff [grɪf] *Imp von* **greifen**

Griff [grɪf] <-[e]s, -e> *m* ❶ poignée *f*; (*eines Schirms*) manche *m* ❷ (*Handgriff*) geste *m* ❸ *a.* SPORT prise *f*

griffbereit *adj* ~ **sein** être à portée de [la] main

Griffel ['grɪfəl] <-s, -> *m* crayon *m* d'ardoise

griffig *adj* (*Untergrund*) qui accroche

Grill [grɪl] <-s, -s> *m* barbecue *m*

Grille ['grɪlə] <-, -n> *f* grillon *m*

grillen ['grɪlən] I. *vi* faire un barbecue II. *vt* **etw** ~ faire griller qc [au barbecue]

Grillparty *f* barbecue *m*

Grimasse [gri'masə] <-, -n> *f* grimace *f*

grimmig ['grɪmɪç] I. *adj* ❶ furibond(e) ❷ (*Kälte*) terrible II. *adv* furieusement

grinsen ['grɪnzən] *vi* ricaner

Grinsen <-s> *nt* ricanement *m*

G

grippal [grɪ'pa:l] *adj* grippal(e)

Grippe ['grɪpə] <-, -n> *f* grippe *f; fam* (*fiebrige Erkältung*) rhume *m*

Grippewelle *f* épidémie *f* de grippe

Grips [grɪps] <-es, -e> *m fam* jugeote *f*

Grislibärᴬᴿ, **Grizzlybär** ['grɪsli-] *m* grizzli *m*

grob [gro:p] <gröber, gröbste> **I.** *adj* ❶ grossier(-ière); (*Sieb*) gros(se) ❷ (*ungefähr*) sommaire **II.** *adv* grossièrement

Grobheit <-, -en> *f* grossièreté *f*

Grobian ['gro:bia:n] <-[e]s, -e> *m pej* mufle *m*

grobkörnig *adj* ❶ (*Sand*) gros(se) ❷ PHOT à gros grains

Grog [grɔk] <-s, -s> *m* grog *m*

groggy ['grɔgi] *adj fam* groggy *inv*

grölen ['grø:lən] *pej fam vt, vi* brailler

Groll [grɔl] <-[e]s> *m* ressentiment *m*

grollen *vi* ❶ *geh* ruminer ❷ (*Donner*) gronder

Grönland ['grø:nlant] <-s> *nt* le Groenland

Grönländer(in) ['grø:nlɛndɐ] <-s, -> *m(f)* Groenlandais(e) *m(f)*

grönländisch *adj* groenlandais(e)

Gros [gro:] <-, -> *nt* gros *m*

Groschen ['grɔʃən] <-s, -> *m* ᴬ groschen *m*

Groschenroman *m pej* roman *m* de quatre sous

groß [gro:s] <größer, größte> **I.** *adj* ❶ grand(e) *antéposé;* (*Erfolg*) gros(se); (*Pause*) long(ue) *antéposé* ❷ (*älter*) **meine ~e Schwester** ma grande sœur ❸ (*Buchstabe*) majuscule ❹ (*als Namenszusatz*) **der Große** le Grand; **Karl der Große** Charlemagne ▸**im Großen und Ganzen** dans l'ensemble **II.** *adv* (*feiern*) en grande pompe ▸ **etw ~ schreiben** *fam* accorder beaucoup d'importance à qc

großartig **I.** *adj* (*Person*) génial(e) (*fam*); (*Bauwerk*) grandiose **II.** *adv* magnifiquement

Großaufnahme *f* gros plan *m*

Großbritannien [gro:sbri'tanjən] <-s> *nt* la Grande-Bretagne

Großbuchstabe *m* majuscule *f*

Größe ['grø:sə] <-, -n> *f* ❶ (*einer Fläche*) superficie *f* ❷ (*Körper-, Kleidergröße, Höhe, Länge*) taille *f;* (*Schuhgröße*) pointure *f* ❸ MATH, PHYS grandeur *f;* **unbekannte ~** inconnue *f* ❹ *kein Pl* (*Bedeutsamkeit: einer Person*) grandeur *f*

Großeinkauf *m* grosses courses *fpl* (*fam*)

Großeinsatz *m* (*der Polizei*) intervention *f* massive **Großeltern** *Pl* grands-parents *mpl* **Großenkel(in)** *m(f)* arrière-petit-fils *m/* arrière-petite-fille *f*

Größenordnung *f* ordre *m* de grandeur

großenteils ['grø:sən'taɪls] *adv* en grande partie

Größenunterschied *m* différence *f* de taille **Größenverhältnis** *nt* (*Proportion*) proportions *fpl* **Größenwahn** *m pej* mégalomanie *f* **größenwahnsinnig** *adj* mégalomane

größer *Komp von* **groß**

Großfamilie *f* grande famille *f* **Großgrundbesitzer(in)** *m(f)* grand propriétaire *m* [terrien] **Großhandel** *m* commerce de *m* gros **Großhändler(in)** *m(f)* grossiste *mf* **großherzig** *geh* **I.** *adj* magnanime **II.** *adv* généreusement **Großherzog(in)** *m(f)* grand-duc *m/*grande-duchesse *f* **Großherzogtum** *nt* grand-duché *m* **Großhirn** *nt* cerveau *m* **Großhirnrinde** *f* cortex *m* [cérébral] **großkotzig** *pej fam* **I.** *adj* vantard(e) **II.** *adv* avec vantardise **Großküche** *f* cuisine *f* industrielle **Großmacht** *f* grande puissance *f* **Großmarkt** *m* marché *m* de gros **Großmaul** *nt pej fam* grande gueule *f* **Großmut** <-> *f geh* magnanimité *f* **großmütig** *s.* **großherzig Großmutter** *f* grand-mère *f* **Großneffe** *m* petit-neveu *m* **Großnichte** *f* petite-nièce *f* **Großonkel** *m* grand-oncle *m* **Großraum** *m* agglomération *f* **Großraumabteil** *nt* compartiment *m* à grande capacité **Großraumbüro** *nt* bureau *m* en espace ouvert **großräumig** *adv* (*absperren*) dans un large rayon; (*umfahren*) largement **Großraumwagen** *m* [wagon-] salle *m* macroordinateur **m groß|schreiben**ᴿᴿ *vt etw* ~ écrire qc en majuscules **Großschreibung** *f* écriture *f* majuscule **großspurig** *pej adj* vantard(e) **Großstadt** *f* grande ville *f* **Großstädter(in)** *m(f)* habitant(e) *m(f)* d'une grande ville **großstädtisch** *adj* de grande ville **Großtante** *f* grand-tante *f*

größte(r, s) *Superl von* **groß**

Großteil *m* ❶ **der** ~ la majeure partie ❷ (*erheblicher Teil*) grande partie *f*

größtenteils ['grø:stən'taɪls] *adv* pour la plupart

größtmöglich *adj* **der ~e ...** le plus grand/ la plus grande ... possible

Großvater *m* grand-père *m*

Großveranstaltung f grande manifestation f **groß|ziehen** vt irr élever **großzügig I.** adj ❶ généreux(-euse) ❷ (Planung) de grande envergure; (Wohnung) vaste **II.** adv ❶ généreusement ❷ (weiträumig) en grand **Großzügigkeit** <-> f générosité f

grotesk [gro'tɛsk] adj grotesque

Grotte ['grɔtə] <-, -n> f grotte f

grub [gru:p] Imp von **graben**

Grübchen ['gry:pçən] <-s, -> nt fossette f

Grube ['gru:bə] <-, -n> f ❶ fosse f ❷ (Baugrube) tranchée f ❸ (Bergwerk) mine f

Grübelei [gry:bə'lai] <-, -en> f ruminations fpl

grübeln ['gry:bəln] vi ruminer

Grubenarbeiter m mineur m **Grubenunglück** nt accident m de mine

Grübler(in) <-s, -> m(f) méditatif(-ive) m(f)

grüezi ['gry:ɛti] interj CH bonjour

Gruft [grʊft, Pl: 'gryftə] <-, Grüfte> f caveau m

grün [gry:n] adj vert(e); (Politik) écologiste

Grün <-s, -> nt ❶ vert m; **im ~n** dans la nature ❷ (~fläche) espace m vert ❸ (~pflanzen) verdure f

grün-alternativ ['gry:naltɛna'ti:f] adj écologiste et alternatif(-ive)

Grünanlage f espace m vert

Grund [grʊnt, Pl: 'grʏndə] <-[e]s, Gründe> m ❶ raison f ❷ (Ursache) cause f ❸ kein Pl (Erdboden) sol m ❹ A (~besitz) ~ **und Boden besitzen** posséder du terrain ❺ kein Pl (eines Gewässers) fond m ▶**zu ~e gehen** (Person) se perdre

Grundausbildung f formation f de base **Grundausstattung** f équipement m de base **Grundbedingung** f condition f de base **Grundbegriff** m notion f élémentaire **Grundbesitz** m propriété f foncière mpl **Grundbesitzer(in)** m(f) propriétaire mf foncier(-ière) **Grundbuch** nt cadastre m

gründen ['grʏndən] **I.** vt (Firma, Verein) fonder; **seine Hoffnungen auf etw** (akk) ~ fonder ses espoirs sur qc **II.** vi, vr [sich] **auf etw** (akk) ~ [se] baser sur qc

Gründer(in) <-s, -> m(f) fondateur(-trice) m(f)

Grundfläche f superficie f

Grundform f ❶ forme primitive f ❷ LING forme f de base; (eines Verbs) infinitif m **Grundgebühr** f taxe f de base **Grundgedanke** m idée f fondamentale **Grundgesetz** nt das ~ la constitution allemande

Grundhaltung f position f

grundieren* [grʊn'di:rən] vt appliquer une sous-couche sur

Grundierung <-, -en> f sous-couche f

Grundkapital nt capital m engagé **Grundkurs** m SCHULE cours m de base; UNIV [cours d']initiation f **Grundlage** f base f **grundlegend I.** adj essentiel(le) **II.** adv fondamentalement

gründlich ['grʏntlɪç] **I.** adj rigoureux(-euse); (Kenntnisse) approfondi(e) **II.** adv ❶ rigoureusement ❷ fam (sich irren) lourdement **Gründlichkeit** <-> f rigueur f

grundlos I. adj infondé(e) **II.** adv sans raison

Grundnahrungsmittel nt denrée f alimentaire de base

Gründonnerstag [gry:n'dɔnɛsta:k] m jeudi m saint

Grundpfeiler m pilier m **Grundrechenart** f opération f [élémentaire] **Grundrecht** nt droit m fondamental **Grundriss**ᴿᴿ m ❶ (Zeichnung) plan m ❷ (Kurzfassung) abrégé m **Grundsatz** m principe m

grundsätzlich I. adj ❶ (Problem, Unterschied) fondamental(e) ❷ attr (Bereitschaft) de principe **II.** adv ❶ (völlig) fondamentalement ❷ (prinzipiell) au fond ❸ (ablehnen) strictement

Grundschule f ≈ école f primaire

Les enfants vont à la **Grundschule** de l'âge de 6 à 10 ans. C'est l'école primaire obligatoire qui compte 4 années de scolarité au lieu de 5 en France. Ils s'y rendent du lundi au vendredi sans interruption mais, à la différence de l'école primaire française, aucun cours n'y est dispensé l'après-midi.

Grundschullehrer(in) m(f) instituteur (-trice) m(f), professeur mf des écoles **Grundstein** m ▶**den ~ zu etw legen** poser la première pierre de qc **Grundsteuer** f impôt m foncier **Grundstock** m base f **Grundstoff** m ❶ (Rohstoff) matière f première ❷ CHEM corps m simple **Grundstück** nt propriété f

Gründung ['grʏndʊŋ] <-, -en> f fondation f **grundverschieden** adj radicalement différent(e) **Grundwasser** nt nappe f phréatique **Grundwasserspiegel** m niveau m de la nappe phréatique **Grundwortschatz** m vocabulaire m de base

G

Grüne(r) f(m) dekl wie adj POL écolo mf(fam); **die ~n** les verts

grünen vi geh verdir

Grünfink m verdier m **Grünfläche** f espace m vert **Grünfutter** nt fourrage m vert **Grünkern** m grain m vert d'épeautre **Grünkohl** m chou m de Milan

grünlich adj verdâtre

Grünschnabel m fam blanc-bec m **Grünspan** m vert-de-gris m **Grünstreifen** m (Mittelstreifen) terre-plein m central; (Seitenstreifen) terre-plein [aménagé]

grunzen ['grʊntsən] vi (Schwein) grogner

Grünzeug <-s> nt A (Suppengrün) herbes fpl potagères

Gruppe ['grʊpə] <-, -n> f groupe m

Gruppenarbeit f kein Pl (in der Schule) travail m de groupe; (in der Arbeitswelt) travail en équipe **Gruppenbild** nt photo f de groupe **Gruppendynamik** f dynamique f de groupe **Gruppenleiter(in)** m(f) chef mf d'équipe **Gruppenreise** f voyage m organisé **Gruppensex** m rapports mpl sexuels en groupe **gruppenweise** adv par groupes

gruppieren* [grʊ'piːrən] I. vt **die Gäste um den Tisch ~** rassembler les invités autour de la table II. vr **sich um jdn/etw ~** se rassembler autour de qn/qc

Gruppierung <-, -en> f ① POL groupuscule m; (innerhalb einer Partei) fraction f ② (Anordnung) disposition f

Gruselfilm m film m d'épouvante

gruselig ['gruːzəlɪç] adj épouvantable

gruseln ['gruːzəln] I. vt, vi unpers **ihn** [o **ihm**] **gruselt es** il a le frisson II. vr **sich ~** avoir le frisson

gruslig s. gruselig

Gruß [gruːs, Pl: 'gryːsə] <-es, Grüße> m ① (Begrüßung) salut m ② (übermittelter ~) salutations fpl; **einen |schönen| ~ an die Kinder** bien le bonjour aux enfants ③ (schriftliche ~formel) **mit freundlichen Grüßen** reçois/recevez mes sincères salutations

grüßen ['gryːsən] I. vt ① (be~) saluer ② (Grüße übermitteln) **jdn von jdm ~** saluer qn de la part de qn II. vr **sich ~** se saluer

grußlos adv sans dire bonjour **Grußwort** <-worte> nt discours m de bienvenue

Grütze ['grʏtsə] <-, -n> f ▶**rote ~** compote refroidie de fruits rouges, épaissie avec de la fécule

gucken ['gʊkən] vi fam (sehen) regarder

Guckloch nt judas m

Guerilla [ge'rɪlja] <-, -s> f (~krieg) guérilla f

Gugelhupf ['guːgəlhʊpf] <-s, -e> m A, SDEUTSCH kouglof m

Guillotine [gɪljoˈtiːnə] <-, -n> f guillotine f

Gulasch ['gulaʃ] <-[e]s, -e> nt o m goulache m o f

Gulden ['gʊldən] <-s, -> m florin m

Gülle ['gylə] <-> f lisier m

Gully ['gʊli] <-s, -s> m o nt bouche f d'égout

gültig ['gʏltɪç] adj ① valable; (Pass) valide ② (Gesetz) en vigueur ③ (Zahlungsmittel) légal(e)

Gültigkeit <-> f validité f

Gummi¹ ['gʊmi] <-s, -[s]> m o nt ① caoutchouc m ② <-s> fam (Kondom) capote f[anglaise]

Gummi² <-s, -s> nt fam (~band) élastique m

Gummiband <-bänder> nt élastique m **Gummibärchen** nt ourson m [gélifié] **Gummibaum** m caoutchouc m

gummieren* vt gommer

Gummihandschuh m gant m en caoutchouc **Gummiknüppel** m fam matraque f [en caoutchouc] **Gummistiefel** m botte f en caoutchouc **Gummizelle** f cellule f capitonnée

Gunst [gʊnst] <-> f ① (Wohlwollen) bienveillance f ② fig **die ~ der Stunde** l'opportunité du moment

günstig ['gʏnstɪç] I. adj ① (Zeit) favorable; (Zugverbindung) commode ② (preis~) avantageux(-euse) II. adv ① (kaufen) à un prix avantageux ② (gut) **im ~sten Fall** dans le meilleur des cas

Günstling ['gʏnstlɪŋ] <-s, -e> m pej (eines Herrschers) favori(te) m(f)

Gurgel ['gʊrgəl] <-, -n> f gorge f

gurgeln vi **mit etw ~** faire un gargarisme avec qc

Gurke ['gʊrkə] <-, -n> f (Salatgurke) concombre m; (eingelegt) cornichon m

Gurkensalat m salade f de concombre

gurren ['gʊrən] vi roucouler

Gurt [gʊrt] <-[e]s, -e> m ① sangle f ② (Sicherheitsgurt) ceinture f de sécurité

Gürtel ['gʏrtəl] <-s, -> m ceinture f

Gürtellinie f ▶**unter die ~ zielen** viser en dessous de la ceinture **Gürtelrose** f MED zona m **Gürtelschnalle** f boucle f de ceinture **Gürteltier** nt tatou m

Gurtpflicht *f* port *m* obligatoire de la ceinture de sécurité

Guru ['gu:ru] <-s, -s> *m* REL gourou *m*

GUS [gus, ge:ʔuː'ʔɛs] <-> *f Abk von* Gemeinschaft Unabhängiger Staaten: **die ~ la C.E.I.**

Gussᴿᴿ <-es, Güsse>, **Guß**ᴬᴸᵀ [gus] <Gusses, Güsse> *m* ❶ *kein Pl* METAL fonte *f* ❷ (*Zuckerguss*) couche *f* de sucre ❸ *fam* (*Regenguss*) giclée *f*

Gusseisenᴿᴿ *nt* fonte *f* **gusseisern**ᴿᴿ *adj* en fonte **Gussform**ᴿᴿ *f* moule *m*

gut [gu:t] **I.** <besser, beste> *adj* ❶ bon(ne) antéposé; (*Mann, Frau*) bon(ne) *postposé*; **etw ~ finden** trouver bien qc ❷ (*körperlich wohl*) **ihm ist nicht ~** il ne se sent pas bien ❸ (*gelungen*) **~ werden** (*Foto*) être réussi ❹ (*richtig*) **~ so!** c'est bien comme ça! ❺ (*Schulnote*) bonne note située entre quatorze et seize sur vingt ❻ (*reichlich*) **eine ~e Stunde Zeit haben** avoir une bonne heure ▶**alles wird |wieder| ~** tout va s'arranger **II.** <besser, am besten> *adv* ❶ bien; **~ gelaunt sein** être de bonne humeur ❷ (*reichlich, erfolgreich*) bien ❸ (*angenehm*) **~ riechen** sentir bon; **das schmeckt ~** c'est bon ▶ **machs ~!** *fam* salut!; **so ~ wie ...** *fam* pratiquement ...

Gut <-[e]s, Güter> *nt* ❶ (*Ware*) bien *m* ❷ (*Landgut*) domaine *m* ❸ JUR **unbewegliche Güter** biens *mpl* immobiliers

Gutachten ['gu:tʔaxtən] <-s, -> *nt* expertise *f*

Gutachter(in) <-s, -> *m(f)* expert(e) *m(f)*

gutartig *adj* MED bénin(-igne) **gutaussehend**ᴬᴸᵀ *s.* **aussehen I.1. gutbezahlt**ᴬᴸᵀ *s.* **bezahlt**

Güte ['gy:tə] <-> *f* bonté *f*

Gute(s) *nt dekl wie adj* ❶ (*qualitativ Hochwertiges*) **etwas ~s** quelque chose de bon ❷ (*Positives*) **das ~ daran ist, dass ...** l'avantage, c'est que ...; **alles ~!** bonne chance! ❸ (*gute Tat*) **~s tun** faire le bien

Güteklasse *f* catégorie *f*

Gutenachtgeschichte [guːtə'naxtgəʃɪçtə] *f* histoire *f* pour dormir **Gutenachtkuss**ᴿᴿ *m* bisou *m* (*fam*)

Güterbahnhof *m* gare *f* de marchandises **Gütergemeinschaft** *f* communauté *f* de biens **Gütertrennung** *f* séparation *f* des biens **Güterverkehr** *m* transport *m* [de] marchandises **Güterwagen** *m* wagon *m* de marchandises **Güterzug** *m* train *m* de marchandises

Gütezeichen *nt* marque *f* de qualité

gut|gehenᴬᴸᵀ **I.** *vi unpers s.* **gehen II.1. II.** *vi s.* **gehen II.8. gutgelaunt**ᴬᴸᵀ *s.* **gelaunt gutgemeint**ᴬᴸᵀ *s.* **meinen I.4. gutgläubig** *adj* crédule

Guthaben <-s, -> *nt* avoir *m*

gut|heißen *vt irr* accepter **gutherzig** *adj geh* généreux(-euse)

gütig ['gy:tɪç] *adj* ❶ bienveillant(e) ❷ (*freundlich*) **würden Sie so ~ sein ...** *geh* voudriez-vous avoir l'obligeance de ...

gütlich ['gy:tlɪç] *adj, adv* à l'amiable

gut|machen *vt* |**wieder**| **~** (*Fehler*) réparer **gutmütig** ['gu:tmy:tɪç] *adj* d'un bon naturel **Gutmütigkeit** <-> *f* complaisance *f*

Gutsbesitzer(in) *m(f)* propriétaire *mf* d'un domaine

Gutschein *m* bon *m* **gut|schreiben** *vt irr* **jdm etw ~** inscrire qc au crédit de qn **Gutschrift** *f* ❶ (*gebuchter Betrag*) crédit *m* ❷ (*Beleg*) avis *m* de crédit **Gutshof** *m* ferme *f* domaniale

gutsituiertᴬᴸᵀ *s.* **situiert**

Gutsverwalter(in) *m(f)* gérant(e) *m(f)* de propriété

gut|tunᴬᴸᵀ *s.* **tun III.2.**

gutwillig I. *adj* plein(e) de bonne volonté **II.** *adv* de plein gré

Gymnasiallehrer(in) *m(f)* professeur *mf* de Gymnasium

Gymnasiast(in) [gymnazi'ast] <-en, -en> *m(f)* élève *mf* de Gymnasium

Gymnasium [gym'na:ziʊm] <-s, -ien> *nt:* établissement scolaire comprenant les classes entre l'école primaire et le baccalauréat

Si les résultats le permettent, les élèves peuvent rentrer au **Gymnasium** directement après l'école primaire. Il comprend 9 classes, de la cinquième à la treizième. Les trois dernières années sont appelées *Oberstufe*. A la fin de la treizième classe, les élèves passent leur *Abitur*. Dans certains länder, les lycéens passent leur *Abitur* à la fin de la douzième classe.

Gymnastik [gym'nastɪk] <-> *f* gymnastique *f*

Gynäkologe [gynɛko'lo:gə] <-n, -n> *m*, **Gynäkologin** *f* gynécologue *mf*

Gynäkologie <-> *f* gynécologie *f*

gynäkologisch [gynɛko'lo:gɪʃ] *adj* gynécologique

G

Hh

H, h [ha:] <-, -> *nt* ❶ H *m*/h *m* ❷ MUS si *m*
ha *Abk von* **Hektar** ha
Haar [ha:ɐ] <-[e]s, -e> *nt* ❶ (*einzelnes Kopf-haar*) cheveu *m;* (*gesamtes Kopfhaar*) che-veux *mpl* ❷ (*Körper-, Tierhaar*) poil *m*
Haaransatz *m* naissance *f* des cheveux **Haarausfall** *m* chute *f* des cheveux **Haarbürste** *f* brosse *f* à cheveux
haaren *vi* perdre ses poils
Haarfarbe *f* couleur *f* de[s] cheveux **Haarfestiger** *m* fixateur *m* [pour les cheveux]
Haarklammer *f* pince *f* [à cheveux] **haarklein** *adv* par le menu **Haarnadel** *f* épingle *f* à cheveux **Haarpflege** *f* soins *mpl* capillai-res **Haarreif** *m* serre-tête *m* **Haarschnitt** *m* coupe *f* de cheveux **Haarspalterei** <-, -en> *f pej* ergotage *m* **Haarspange** *f* grosse barrette *f* [à cheveux] **Haarspray** *nt o m* laque *f* **haarsträubend** *adj* scandaleux (-euse) **Haartrockner** *m* sèche-cheveux *m* **Haarwaschmittel** *nt* shampo[o]ing *m* **Haarwasser** *nt* lotion *f* capillaire **Haarwurzel** *f* racine *f* du cheveu
Hab ▸**sein/ihr ganzes ~ und** <u>Gut</u> *geh* tous ses biens *mpl*
Habe ['ha:bə] <-> *f geh* **seine ganze ~** tous ses biens *mpl*
haben ['ha:bən] <hat, hatte, gehabt> I. *vt* ❶ (*alle Bedeutungen*) avoir; **Angst ~** avoir peur; **eine Größe/Fläche von ... ~** avoir une grandeur/surface de ... ❷ MED **es am Herzen ~** *fam* être malade du cœur ❸ (*ausstehen*) **ich kann es nicht ~, wenn** je ne supporte pas que + *subj* II. *vr fam* **er hat sich immer so** il est drôlement maniaque III. *vr unpers* ▸**und** <u>damit</u> **hat es sich!** *fam* et après basta! IV. *vi modal* **du hast zu gehorchen** tu dois obéir V. *aux* **er hat/hatte den Brief geschrieben** il a/avait écrit la lettre; **ihr habt euch getäuscht** vous vous êtes trompé(e)s
Haben <-s> *nt* FIN avoir *m*
Habgier *f* rapacité *f*
habgierig *adj* rapace
habhaft *adj geh* **eines Menschen/einer S. ~ werden** s'emparer d'une personne/de qc
Habicht ['ha:bɪçt] <-s, -e> *m* autour *m*

habilitieren* *vr* **sich ~** se qualifier pour l'en-seignement supérieur
Habseligkeiten *Pl* affaires *fpl*
Hackbeil *nt* couperet *m* **Hackbraten** *m* rôti *m* de viande hachée
Hacke ['hakə] <-, -n> *f* ❶ (*Ferse, Absatz*) ta-lon *m* ❷ (*Werkzeug*) houe *f* ❸ A hache *f*
hacken ['hakən] I. *vt* ❶ hacher; **Holz ~** fen-dre du bois ❷ (*auflockern*) biner; (*von Unkraut befreien*) sarcler II. *vi* ❶ **nach jdm/etw ~** (*Vogel*) donner des coups de bec à qn/dans qc ❷ (*den Boden bearbeiten*) sar-cler ❸ INFORM *fam* pirater; **das Hacken** le piratage [informatique]
Hacker(in) ['hakɐ] <-s, -> *m(f) fam* (*Computerpirat*) pirate *mf* [informatique]
Hackfleisch *nt* viande *f* hachée **Hackordnung** *f* ordre *m* hiérarchique **Hacksteak** *nt* steak *m* haché
Hafen ['ha:fən, *Pl:* 'hɛ:fən] <-s, Häfen> *m* ❶ port *m* ❷ *geh* (*Zufluchtsort*) havre *m*
Hafenanlagen *Pl* installations *fpl* portuaires **Hafenarbeiter(in)** *m(f)* docker *m* **Hafenrundfahrt** *f* visite *f* du port en bateau **Hafenstadt** *f* ville *f* portuaire
Hafer ['ha:fe] <-s, -> *m* avoine *f*
Haferbrei *m* bouillie *f* d'avoine **Haferflocken** *Pl* flocons *mpl* d'avoine
Häferl ['hɛ:fel] <-s, -n> *nt* A *fam* tasse *f*
Haft [haft] <-> *f* détention *f*
haftbar *adj* **für etw ~ sein** être responsable de qc
Haftbefehl *m* mandat *m* d'arrêt
haften ['haftən] *vi* ❶ **für jdn/etw ~** (*Person*) être responsable de qn/qc ❷ COM **mit seinem Vermögen ~** être responsable sur son capital ❸ (*festkleben*) **an/auf etw** (*dat*) **~** adhérer sur qc ❹ (*sich festsetzen*) **auf/an etw** (*dat*) **~ bleiben** (*Geruch*) rester impré-gné(e) dans qc
haften|bleiben[ALT] *s.* **haften 4.**
Häftling ['hɛftlɪŋ] <-s, -e> *m* détenu(e) *m(f)*
Haftpflicht *f* ❶ *fam* (*~versicherung*) assu-rance *f* responsabilité civile ❷ (*Schadenersatzpflicht*) responsabilité *f* civile **haftpflichtig** *adj* civilement responsable **haftpflichtversichert** *adj* **~ sein** être assuré en responsabilité civile **Haftpflichtversicherung** *f* assurance *f* responsabilité ci-vile **Haftstrafe** *f* peine *f* de prison
Haftung <-, -en> *f* ❶ JUR responsabilité *f*; (*einer Versicherung*) garantie *f* ❷ *kein Pl* TECH,

PHYS adhérence *f*

Hagebutte ['haːɡəbʊtə] <-, -n> *f* cynor-
[r]hodon *m*

Hagebuttentee *m* tisane *f* de cynor[r]hodon *m*

Hagel ['haːɡəl] <-s> *m* grêle *f*

Hagelkorn <-körner> *nt* grêlon *m*

hageln ['haːɡəln] I. *vi unpers* grêler II. *vt unpers fam* **es hagelt Geschosse** il tombe
une grêle de balles

hager ['haːɡɐ] *adj* maigre

Hahn [haːn, *Pl:* 'hɛːnə] <-[e]s, Hähne> *m*
❶ coq *m* ❷ (*Wasserhahn*) robinet *m*
❸ (*Zapfhahn*) chantepleure *f*

Hähnchen ['hɛːnçən] *nt* poulet *m*

Hai [haj] <-[e]s, -e> *m* requin *m*

häkeln ['hɛːkəln] I. *vi* faire du crochet II. *vt*
etw ~ faire qc au crochet

Häkelnadel *f* crochet *m*

Haken ['haːkən] <-s, -> *m* ❶ [clou *m* à] crochet *m*; (*Kleiderhaken*) patère *f* ❷ (*Angelhaken*) hameçon *m* ❸ (*Zeichen*) coche *f* ❹ *fam*
(*Schwierigkeit*) hic *m*

hakenförmig *adj* en forme de crochet **Ha-
kenkreuz** *nt* croix *f* gammée **Hakennase**
f nez *m* crochu

halb [halp] I. *adj* ❶ **ein ~er Meter** un demi
mètre ❷ (*bei der Angabe der Uhrzeit*) **~ sieben** six heures et demie ❸ *fam* (*ein Großteil
von*) **~ Frankreich** presque toute la France
❹ (*~herzig*) **~e Reformen** des demi-
réformes II. *adv* ❶ (*zur Hälfte*) à moitié; **~
so viel** moitié moins ❷ (*~wegs*) à moitié
antéposé ❸ (*teilweise*) **etw nur ~ verstehen** ne comprendre qc qu'à moitié

halbamtlich *adj* semi-officiel(le) **Halbbruder** *m* demi-frère *m* **Halbdunkel** *nt* pénombre *f* **Halbedelstein** *m* pierre *f* semi-
précieuse

halber ['halbɐ] *präp + gen geh* **der Form ~**
pour la forme

halbfett I. *adj* ❶ TYP [de]mi-gras(se) ❷ GASTR
allégé(e) II. *adv* TYP en demi-gras **Halbfinale** *nt* demi-finale *f*

halbherzig I. *adj* (*Reform*) timide II. *adv*
sans conviction; (*zustimmen*) du bout des
lèvres

halbieren* [hal'biːrən] I. *vt* ❶ **etw ~** partager qc en deux; (*schneiden*) couper qc en
deux ❷ (*vermindern*) réduire de moitié
II. *vr* **sich ~** diminuer de moitié

Halbinsel *f* presqu'île *f*; (*groß*) péninsule *f*
Halbjahr *nt* semestre *m* **halbjährlich**

I. *adj* semestriel(le) II. *adv* tous les six mois
Halbkanton *m* CH demi-canton *m* **Halb-
kreis** *m* demi-cercle *m* **Halbkugel** *f* hémisphère *m* **halblaut** *adj* [prononcé(e)] à mi-
voix **Halbleiter** *m* TECH semi-conducteur *m*
halbmast *adv* **auf ~** en berne **Halbmond**
m ❶ demi-lune *f* ❷ (*Symbol*) croissant *m*
halbmondförmig *adj* en demi lune **halb-
offen**ALT *s.* offen I.1. **Halbpension** *f* demi-
pension *f* **Halbschatten** *m* clair-obscur *m*
Halbschlaf *m* **im ~ sein** être à moitié endormi **Halbschuh** *m* chaussure *f* basse
Halbschwester *f* demi-sœur *f* **halbstün-
dig** *adj attr* d'une demi-heure **halbstünd-
lich** *adj, adv* toutes les demi-heures **halbtags** *adv* à mi-temps **Halbtagsbeschäfti-
gung** *f* emploi *m* à mi-temps **Halbwaise** *f*
orphelin(e) *m(f)* [de père/mère]

halbwegs *adv* ❶ (*einigermaßen*) à peu près
❷ (*nahezu*) pratiquement

Halbwertszeit *f* PHYS période *f* **halbwüch-
sig** *adj* adolescent(e) **Halbzeit** *f* mi-temps *f*

Halde ['haldə] <-, -n> *f* ❶ (*Müllhalde*) montagne *f* d'ordures ❷ MIN (*Kohlenhalde*) dépôt *m* de charbon

half [half] *Imp von* **helfen**

Hälfte ['hɛlftə] <-, -n> *f* moitié *f*

Halfter ['halftɐ] <-s, -> *m o nt* licou *m*

Hall [hal] <-[e]s, -e> *m* ❶ *geh* (*Schall*) résonance *f* ❷ (*Widerhall*) écho *m*

Halle ['halə] <-, -n> *f* ❶ hall *m* ❷ (*großer
Saal*) [grande] salle *f* ❸ (*Sporthalle*) salle *f*
[de sport]

hallen ['halən] *vi* résonner

Hallenbad *nt* piscine *f* couverte

Hallig <-, -en> *f*: île plate du Schleswig-Holstein recouverte en partie ou en totalité par la
mer lors des grosses marées

hallo [ha'loː] *interj* ❶ salut ❷ (*Gruß am Telefon*) allo ❸ (*Anrede*) **~[, Sie]!** hé[, vous]!

Halluzination [halutsinaˈtsjoːn] *f* hallucination *f*

Halm [halm] <-[e]s, -e> *m* ❶ (*Grashalm*)
brin *m*; (*Getreidehalm*) tige *f* ❷ (*Trinkhalm*)
paille *f*

Halogen [halo'ɡeːn] <-s, -e> *nt* CHEM halogène *m*

Halogenlampe *f* [lampe *f* à] halogène *m*

Hals [hals, *Pl:* 'hɛlzə] <-es, Hälse> *m* ❶ cou
m ❷ (*Rachen*) gorge *f* ❸ (*Flaschenhals*) col
m ▶**jdn am ~ haben** *fam* avoir qn sur le
dos

H

Halsband <-bänder> nt ❶ collier m ❷ (*Schmuckband aus Samt*) ruban m |de velours|

halsbrecherisch ['halsbrɛçərɪʃ] I. adj (*Tempo*) fou(folle) II. adv (*herumturnen*) au risque de se casser le cou

Halsentzündung f inflammation f de la gorge **Halskette** f chaîne f |de cou|; (*mit Steinen besetzt*) collier m **Hals-Nasen-Ohren-Arzt** ['hals'naːzən'ʔoːrənartst] m, **-Ärztin** f oto-rhino-laryngologiste mf **Halsschlagader** f |artère f| carotide f **Halsschmerzen** Pl mal m de gorge **Halstuch** nt foulard m **Halsweh** s. Halsschmerzen **Halswirbel** m vertèbre f cervicale

halt [halt] interj halte|-là|

Halt <-[e]s, -e> m ❶ (*Stütze*) appui m ❷ (*Greif-, Trittstelle beim Bergsteigen*) prise f ❸ (*Gleichgewicht*) **den ~ verlieren** perdre l'équilibre ❹ (*inneres Gleichgewicht*) équilibre m |moral/psychologique| ❺ (*Stopp*) arrêt m; **~ machen** s'arrêter

hält [hɛlt] 3. Pers Präs von **halten**

haltbar adj ❶ (*Lebensmittel*) |de| longue conservation ❷ (*strapazierfähig*) résistant(e) ❸ (*Vorwurf*) qui tient debout

Haltbarkeit <-, -en> f ❶ (*von Lebensmitteln*) durée f de conservation ❷ (*Widerstandsfähigkeit*) résistance f

Haltbarkeitsdatum nt date f limite |de consommation|

halten ['haltən] <hält, hielt, gehalten> I. vt ❶ (*fest~*) tenir ❷ (*zum Bleiben veranlassen*) retenir ❸ (*strecken*) **die Beine ins Wasser ~** garder les jambes dans l'eau ❹ (*tragen*) **etw ~** (*Haken*) maintenir qc ❺ (*Brücke*) soutenir ❻ (*zurück~*) **etw ~** (*Ventil*) contenir qc ❼ SPORT (*Ball*) arrêter ❽ (*haben*) |**sich** (*dat*)| **ein Tier ~** avoir un animal ❾ (*Tabellenplatz*) conserver ❿ MIL (*Stadt*) défendre ⓫ (*Theorie*) maintenir ⓬ (*handhaben*) **auseinander ~** distinguer ⓭ (*Rede*) prononcer; (*Vortrag*) faire ⓮ (*Versprechen*) tenir ⓯ (*ansehen als*) **jdn für einen Journalisten ~** prendre qn pour un journaliste ⓰ (*denken*) **etwas/nichts von jdm/etw ~** faire cas/ne faire aucun cas de qn/qc II. vi ❶ (*fest~*) tenir ❷ (*Lebensmittel*) se conserver ❸ (*Fahrzeug*) s'arrêter ❹ SPORT arrêter ❺ (*stehen zu*) **zu jdm ~** prendre le parti de qn III. vr ❶ (*sich festhalten*) **sich an etw** (*dat*) **~** se tenir à qc ❷ (*nicht verder-*

ben*) **sich ~ se garder ❸ METEO **sich ~** se maintenir ❹ (*eine Richtung verfolgen*) **sich rechts ~** tenir sa droite ❺ (*sich richten nach*) **sich an die Regeln ~** respecter les règles ❻ (*sich orientieren an*) **sich an jdn ~** s'en tenir à qn ❼ (*haften*) **sich ~** (*Giftstoff*) se maintenir ❽ (*sich behaupten*) **sich ~** (*Regierung*) tenir ❾ (*eine bestimmte Haltung haben*) **sich aufrecht/im Gleichgewicht ~** se tenir droit/en équilibre ❿ (*einschätzen*) **sich für einen Künstler ~** se considérer comme artiste

Halter(in) <-s, -> m(f) ❶ (*eines Fahrzeugs*) utilisateur m habituel; (*Versicherter*) assuré m ❷ (*eines Haustiers*) propriétaire m

Halterung <-, -en> f support m

Haltestelle f station f; (*von Bussen*) arrêt m **Halteverbot** nt kein Pl interdiction f de s'arrêter; **im ~ parken** se garer en zone d'arrêt interdit **Halteverbotsschild** nt panneau m d'arrêt interdit

haltlos adj (*Vorwurf*) inconsistant(e)

halt|machenᴬᴸᵀ s. Halt 5.

Haltung <-, -en> f ❶ (*Körperhaltung*) attitude f ❷ SPORT style m ❸ (*Meinung*) position f ❹ kein Pl (*Verhalten*) attitude f ❺ kein Pl (*Beherrschtheit*) contenance f

Haltungsfehler m malformation f du squelette

Halunke [ha'luŋkə] <-n, -n> m ❶ pej (*Gauner*) fripouille f (*fam*) ❷ iron (*Schlingel*) fripon m

Hamburg ['hambʊrk] <-s> nt Hambourg

Hamburger(in) <-s, -> m(f) Hambourgeois(e) m(f)

Hamburger[1] ['hambʊrgɐ] <-s, -> m hamburger m

Hamburger[2] adj attr de Hambourg

hämisch ['hɛːmɪʃ] I. adj (*Bemerkung*) hargneux(-euse); (*Grinsen*) sardonique II. adv (*bemerken*) hargneusement; (*grinsen*) sardoniquement

Hammel ['haml] <-s, -> m mouton m

Hammelfleisch nt |viande f de| mouton m **Hammelkeule** f gigot m de mouton

Hammer ['hamɐ, Pl: 'hɛmɐ] <-s, Hämmer> m ❶ marteau m ❷ fam (*Fehler*) connerie f; (*Unverschämtheit*) insolence f

hämmern ['hɛmɐn] vi ❶ donner des coups de marteau ❷ (*klopfen*) **gegen die Tür ~** marteler la porte ❸ (*Herz*) battre très fort

Hammerwerfen <-s> nt lancer m du marteau

Hämorrhoide, Hämorride^{RR} [hɛmɔrˈiːdən] f MED meist Pl hémorroïde f

Hampelmann [ˈhampəlman] <-männer> m pantin m

hampeln vi fam gigoter

Hamster [ˈhamstɐ] <-s, -> m hamster m

hamstern I. vi se constituer des provisions **II.** vt faire des provisions de

Hand [hant, Pl: ˈhɛndə] <-, Hände> f **①** main f; **linker/rechter ~** à [main] gauche/droite **②** (Obhut) **bei jdm in guten Händen sein** être en de bonnes mains avec qn; **zu Händen [von]** à l'attention de **③** (Gewalt) **jdm in die Hände fallen** (Person) tomber aux mains de qn ▶**~ und Fuß haben** se tenir; **eine ~ voll** une poignée; **an ~ einer S.** (gen) à l'aide de qc; **unter der ~** (anbieten, verkaufen) sous le manteau

Handarbeit f **①** kein Pl (Arbeit mit den Händen) travail m manuel **②** (Gegenstand) ouvrage m fait à la main **③** (Näh-, Strickarbeit) travaux mpl d'aiguille **Handball** m **①** kein Pl (Spiel) handball m **②** (Ball) balle f **Handballspieler(in)** m(f) handballeur(-euse) m(f)

Handbesen s. **Handfeger Handbewegung** f geste m de la main **handbreit I.** adj large comme la main **II.** adv **~ offen stehen** (Fenster) être ouvert d'une largeur de main **Handbremse** f frein m à main; (eines Fahrrads) frein **Handbuch** nt manuel m **Handcreme** f crème f pour les mains

Händedruck [ˈhɛndədrʊk] <-drücke> m poignée f de main

Handel [ˈhandəl] <-s> m kein Pl **①** commerce m **②** (Abmachung, Geschäft) marché m

handeln [ˈhandəln] **I.** vi **①** mit etw ~ faire le commerce de qc **②** (feilschen) **um den Preis ~** marchander le prix **③** (tätig sein) agir **④** (vorgehen) **richtig ~** agir de manière correcte **⑤** (zum Thema haben) **von jdm/etw ~** traiter de qn/qc **II.** vr unpers **es handelt sich um ...** il s'agit de ... **III.** vt **an der Börse gehandelt werden** se négocier à la Bourse

Handeln <-s> nt **①** **das ~ mit Büchern** le commerce des livres **②** (Feilschen) marchandage m **③** (Tätigwerden) réaction f **④** (Vorgehen) attitude f

Handelsabkommen nt accord m commercial **Handelsakademie** f A ≈ école f supérieure de commerce **Handelsbilanz** f (einer Firma) bilan m commercial; (eines Staates) balance f commerciale **Handelsembargo** nt embargo m [commercial] **Handelsklasse** f [catégorie f de] qualité f **Handelsschule** f ≈ école f de commerce **handelsüblich** adj conforme aux usages commerciaux; (Größe) courant(e) **Handelsvertreter(in)** m(f) représentant(e) m(f) de commerce **Handelsware** f marchandise f

händeringend [ˈɛndərɪŋənd] **I.** adj désespéré(e) **II.** adv **①** (bitten) en suppliant **②** fam (benötigen) absolument

Handfeger [ˈhantfeːgɐ] m balayette f **Handfertigkeit** f dextérité f **handfest** adj (Beweis) solide **Handfläche** f paume f de la main **Handgelenk** nt poignet m **handgemacht** adj fait(e) à la main **Handgemenge** nt bagarre f **Handgepäck** nt bagages mpl à main **handgeschrieben** adj manuscrit(e) **Handgranate** f grenade f [à main]

handgreiflich adj **gegen jdn ~ werden** en venir aux mains avec qn

Handgriff m **①** (Aktion) geste m **②** (Griff) poignée f

handhaben [ˈhanthaːbən] vt (Gerät) manier; (Vorschrift) appliquer

Handhabung <-> f **①** (eines Geräts) utilisation m **②** (von Gesetzen) application f

Handicap [ˈhɛndikɛp] <-s, -s> nt handicap m

händisch [ˈhɛndɪʃ] adj A s. **manuell**

Handkuss^{RR} m baisemain m **Handlanger(in)** [ˈhantlaŋɐ] <-s, -> m(f) **①** (ungelernter Helfer) manœuvre m **②** pej (Erfüllungsgehilfe) larbin m

Händler(in) [ˈhɛndlɐ] <-s, -> m(f) **①** commerçant(e) m(f); (Großhändler) négociant(e) m(f) **②** (Vertragshändler) concessionnaire mf

handlich [ˈhantlɪç] adj pratique

Handlung [ˈhandlʊŋ] <-, -en> f **①** acte m **②** (eines Buchs, Films) action f

Handlungsbevollmächtigte(r) f(m) dekl wie adj JUR fondé(e) m(f) de pouvoir **handlungsfähig** adj JUR ayant capacité **Handlungsfreiheit** f kein Pl liberté f d'action **Handlungsspielraum** m marge f de manœuvre **Handlungsvollmacht** f procuration f commerciale **Handlungsweise** f (Verhalten) comportement m

H

Handpflege f manucure r **Handrücken** m dos m de la main **Handscanner** m INFORM scanne[u]r m à main **Handschelle** f meist Pl menottes fpl **Handschlag** m poignée f de main **Handschrift** f ❶ (Schrift) écriture f ❷ (Text) manuscrit m **handschriftlich** I. adj manuscrit(e) II. adv (einfügen) à la main **Handschuh** m gant m **Handstand** m poirier m **Handtasche** f sac m à main **Handtuch** <-tücher> nt serviette f |de toilette|; (Frotteehandtuch) serviette éponge **Handumdrehen** ▶im ~ en un tour de main **Handvoll**ᴬᴸᵀ s. **Hand** ▶ **Handwäsche** f (Waschvorgang) lavage m à la main **Handwerk** nt ❶ (Beruf) métier m |manuel| ❷ kein Pl (Berufsstand) artisanat m **Handwerker(in)** <-s, -> m(f) artisan(e) m(f) **handwerklich** adj artisanal(e) **Handwerksbetrieb** m entreprise f artisanale **Handwerkskammer** f chambre f des métiers **Handwerkszeug** nt outils mpl **Handy** ['hɛndi] <-s, -s> nt portable m **Handzeichen** nt signe m de la main **Handzettel** m tract m

Hanf [hanf] <-[e]s> m chanvre m

Hang [haŋ, Pl: 'hɛŋǝ] <-[e]s, Hänge> m ❶ versant m; (eines Weinbergs) coteau m ❷ kein Pl (Vorliebe) penchant m

Hängebrücke f pont m suspendu **Hängelampe** f lustre m

hangeln vi + haben o sein avancer à la force des bras

Hängematte f hamac m

hängen¹ ['hɛŋǝn] <hing, gehangen> vi ❶ (Bild, Vorhang) être accroché; **an etw** (dat) ~ être accroché à qc; **im Schrank ~** être pendu dans l'armoire ❷ (Zweige) pendre; **voller Kirschen ~** être chargé de cerises ❸ (sich verbunden fühlen) **an jdm/etw ~** tenir à qn/qc ❹ (sich neigen) **nach rechts/links ~** pencher vers la droite/vers la gauche ❺ (fest~) **mit dem Ärmel an etw** (dat) ~ être accroché à qc par sa manche ❻ (haften) **an etw** (dat) ~ (Schmutz) adhérer à qc ❼ fam (sitzen) **vor dem Fernseher ~** être collé devant la télé ❽ (gehenkt werden) être pendu

hängen² <hängte, gehängt> vt ❶ **etw an die Wand ~** accrocher qc au mur; **etw in den Schrank ~** mettre qc dans l'armoire ❷ (herunter~ lassen) **die Arme ~ lassen** laisser pendre les bras ❸ (an~) **den Wohn-**wagen ans Auto ~ atteler la caravane à la voiture ❹ (er~) pendre

hängen|bleibenᴬᴸᵀ s. bleiben I.5., I.6.

hängen|lassenᴬᴸᵀ <PP hängen[ge]lassen> s. lassen I.▶

Hanglage f ▶**ein Haus in ~** une maison située sur un terrain en pente

Hannover [ha'no:fɐ] <-s> nt Hanovre

Hanse ['hanzǝ] <-> f Hanse f

Hanseat(in) <-en, -en> m(f) HIST hanséate mf

hänseln ['hɛnzǝln] vt **jdn wegen etw ~** se moquer de qn à cause de qc

Hansestadt f ville f hanséatique

À l'origine, la Hanse était le regroupement de villes qui se trouvaient sur les grands axes commerciaux. Le but des **Hansestädte** était de mieux réguler le commerce des marchandises. La Hanse allemande a détenu pendant 200 ans environ le monopole de l'activité commerciale sur la Baltique. De nos jours, sept villes du nord de l'Allemagne ont toujours, en plus de leur nom, l'appellation de ville hanséatique. Il s'agit de Brême, Hambourg, Lübeck, Rostock, Stralsund, Wismar et Greifswald.

Hanswurst <-e o -würste> ['hansvʊrst] m (dummer Mensch) guignol m

Hantel ['hantǝl] <-, -n> f haltère m

hantieren* [han'ti:rǝn] vi **in der Küche ~** s'affairer dans la cuisine

hapern vi unpers fam (nicht gut klappen) **in Mathe hapert es bei dir** tu cafouilles en maths

Häppchen <-s, -> nt Dim von **Happen** (Kleinigkeit) bricole f (fam)

Happen ['hapǝn] <-s, -> m fam morceau m

happig ['hapɪç] adj fam salé(e)

happy ['hɛpi] adj fam tout(e) content(e)

Happyendᴿᴿ <-s, -s>, **Happy End**ᴿᴿ ['hɛpi'?ɛnt] <- -s, - -s> nt happy end m

Hardware ['ha:tvɛːɐ̯] <-, -s> f matériel m

Harem ['ha:rɛm] <-s, -s> m harem m

Harfe ['harfǝ] <-, -n> f harpe f

Harke ['harkǝ] <-, -n> f bes. NDEUTSCH râteau m

harmlos ['harmlo:s] adj ❶ (Person, Tier) inoffensif(-ive); (Krankheit) bénin(-igne) ❷ (arglos) anodin(e)

Harmonie [harmo'ni:] <-, -n> f harmonie f

harmonieren* [harmo'niːrən] *vi* ❶ MUS s'accorder ❷ (*zueinander passen*) **miteinander ~** aller bien ensemble; (*miteinander auskommen*) s'entendre bien

harmonisch [har'moːnɪʃ] **I.** *adj* harmonieux(-euse) **II.** *adv* harmonieusement; (*verlaufen*) dans l'harmonie

harmonisieren* *vt* harmoniser

Harmonium [-niən] <-s, -nien> *nt* harmonium *m*

Harn [harn] <-[e]s, -e> *m* urine *f*

Harnblase *f* vessie *f* **Harnleiter** *m* uretère *m* **Harnstoff** *m* urée *f*

Harpune [har'puːnə] <-, -n> *f* harpon *m*

harren ['harən] *vi geh* attendre

hart [hart] <härter, härteste> **I.** *adj* ❶ dur(e); (*Matratze*) ferme; (*Kontaktlinsen*) rigide ❷ (*heftig*) brutal(e) ❸ (*Akzent*) rude ❹ (*Pornografie*) hard ❺ (*abgehärtet: Person*) endurci(e) ❻ (*Währung*) fort(e) **II.** *adv* ❶ **~ durchgreifen** sévir ❷ (*streng*) durement ❸ (*arbeiten*) dur ❹ (*unmittelbar*) **~ an der Grenze des Erlaubten** à la limite de la légalité

Härte ['hɛrtə] <-, -n> *f* ❶ (*eines Metalls*) trempe *f* ❷ (*Kalkgehalt*) dureté *f* ❸ *kein Pl* (*Wucht*) force *f* ❹ *kein Pl* (*eines Gesetzes*) dureté *f*

Härtefall *m* cas *m* social extrême

härten *vt* (*Metall*) tremper

Härtetest *m* test *m* [de résistance]

hartgekochtᴬᴸᵀ *s.* **kochen II.1. Hartgeld** *nt* pièces *fpl* [de monnaie] **hartherzig** *adj* insensible **Hartkäse** *m* fromage *m* à pâte dure **hartnäckig I.** *adj* ❶ (*Person*) persévérant(e) ❷ (*Erkältung*) tenace **II.** *adv* avec persévérance **Hartnäckigkeit** <-> *f* ❶ persévérance *f* ❷ (*Langwierigkeit*) ténacité *f*

Hartwurst *f* saucisson *m*

Harz[1] [haːɐ̯ts] <-es, -e> *nt* résine *f*

Harz[2] <-es> *m* GEO **der ~** le Harz

harzig *adj* résineux(-euse)

Hasch [haʃ] <-[s]> *nt fam* hasch *m*

Haschisch ['haʃɪʃ] <-[s]> *nt o m* hachich *m*

Hase ['haːzə] <-n, -n> *m* lièvre *m*

Haselnussᴿᴿ *f* noisette *f*

Hasenfuß *m fam* poule *f* mouillée **Hasenscharte** *f* bec-de-lièvre *m*

Hassᴿᴿ <-es>, **Haß**ᴬᴸᵀ [has] <-sses> *m* haine *f*

hassen ['hasən] *vt* **jdn ~** haïr qn; **etw ~** détester qc

hasserfülltᴿᴿ *adj* haineux(-euse)

hässlichᴿᴿ, **häßlich**ᴬᴸᵀ ['hɛslɪç] **I.** *adj* laid(e); (*Wort*) méchant(e); (*Streit*) désagréable **II.** *adv* ❶ (*angezogen*) mal ❷ (*gemein*) mal

Hässlichkeitᴿᴿ, **Häßlichkeit**ᴬᴸᵀ <-> *f* laideur *f*

Hassliebeᴿᴿ *f* mélange *m* d'amour et de haine

hast *2. Pers Präs von* **haben**

Hast [hast] <-> *f* hâte *f*

hasten ['hastən] *vi + sein geh* se hâter

hastig I. *adj* (*Essen*) rapide **II.** *adv* précipitamment

hat [hat] *3. Pers Präs von* **haben**

hatschi *interj* atchoum

hatte ['hatə] *Imp von* **haben**

Haube ['haʊbə] <-, -n> *f* ❶ coiffe *f* ❷ (*Trockenhaube*) casque *m* ❸ (*Motorhaube*) capot *m*

Hauch [haʊx] <-[e]s, -e> *m geh* ❶ souffle *m*; **ein ~ von Flieder** des effluves de lilas ❷ (*Anflug*) **ein ~ von Ironie** un soupçon d'ironie

hauchdünn ['haʊxdʏn] **I.** *adj* (*Scheibe*) mince; (*Mehrheit*) [très] juste **II.** *adv* (*schneiden*) en tranche[s] très fine[s]

hauchen ['haʊxən] *vi* **gegen/in etw** (*akk*) **~** souffler contre/dans qc

Haue ['haʊə] <-, -n> *f* ❶ *kein Pl fam* raclée *f* ❷ A, CH, SDEUTSCH (*Hacke*) houe *f*

hauen[1] ['haʊən] <haute, gehauen> *vt, vi + haben* cogner

hauen[2] <haute, gehauen> **I.** *vt + haben* ❶ **einen Nagel in die Wand ~** enfoncer un clou dans le mur ❷ (*herstellen*) **eine Statue in Marmor ~** tailler une statue dans le marbre **II.** *vi + sein fam* **mit dem Kopf gegen etw ~** se cogner la tête contre qc **III.** *vr + haben fam* **sich ~** se tabasser

Haufen ['haʊfən] <-s, -> *m* ❶ tas *m* ❷ *fam* (*Gruppe*) bande *f*

häufen ['hɔʏfən] **I.** *vt* (*Vorräte*) entasser; (*Ämter*) cumuler **II.** *vr* **sich ~** (*Müll*) s'entasser; (*Vorkommnisse*) se répéter

haufenweise *adv* ❶ en tas ❷ *fam* (*in großer Zahl*) en masse

häufig ['hɔʏfɪç] **I.** *adj* fréquent(e) **II.** *adv* souvent

Häufigkeit <-, -en> *f* fréquence *f*

Häufung <-, -en> *f* (*von Ämtern*) cumul *m*

Haupt [haʊpt, *Pl:* 'hɔʏptə] <-[e]s, Häupter> *nt geh* tête *f*

hauptamtlich *adj* (*Tätigkeit*) profession-

H

nel(le) **Hauptausgang** *m* sortie *f* principale **Hauptbahnhof** *m* gare *f* centrale **Hauptberuf** *m* activité *f* [professionnelle] principale **hauptberuflich I.** *adj* (*Tätigkeit*) principal(e) **II.** *adv* **was machen Sie ~?** que faites-vous comme métier? **Hauptdarsteller(in)** *m(f)* premier rôle *m* **Haupteingang** *m* entrée *f* principale

Häuptel ['hɔyptəl] <-s, -[n]> *nt* A tête *f*

Häuptelsalat *m* A laitue *f*

Hauptfach *nt* matière *f* principale **Hauptfigur** *f* figure *m* de proue **Hauptgebäude** *nt* bâtiment *m* central **Hauptgericht** *nt* plat *m* de résistance **Hauptgeschäftszeit** *f* heures *fpl* d'affluence **Hauptgewinn** *m* gros lot *m* **Hauptlast** *f* charge *f* principale

Häuptling ['hɔyptlɪŋ] <-s, -e> *m* chef *m* de tribu

Hauptmahlzeit *f* repas *m* principal **Hauptmann** <-leute> *m* MIL capitaine *m* **Hauptmenü** *nt* INFORM menu *m* principal **Hauptperson** *f* ❶ THEAT personnage *m* principal ❷ (*wichtigste Person*) personnage *m* central **Hauptpost** *f* poste *f* centrale **Hauptquartier** *nt* quartier *m* général **Hauptrolle** *f* premier rôle *m* **Hauptsache** *f* **die ~** le principal **hauptsächlich** *adv* surtout **Hauptsaison** *f* haute saison *f* **Hauptsatz** *m* (*übergeordneter Satz*) proposition *f* principale **Hauptschalter** *m* ❶ guichet *m* principal ❷ ELEC commutateur *m* central **Hauptschlagader** *f* aorte *f* **Hauptschulabschluss**[RR] *m*: brevet sanctionnant la *Hauptschule* **Hauptschuldige(r)** *f(m)* dekl wie adj principal fautif *m*/principale fautive *f* **Hauptschule** *f*: établissement scolaire entre l'école primaire et la formation professionnelle, surtout artisanale, qui propose des cours plus simples que la Realschule

En Allemagne, la **Hauptschule** accueille les élèves dont la moyenne des résultats à la fin de l'école primaire ne permet pas l'entrée à la *Realschule* ou au *Gymnasium*. Sa valeur est faiblement reconnue si bien que les jeunes qui obtiennent leur *Hauptschulabschluss* n'ont souvent que très peu de chance de trouver une place d'apprenti. En Autriche, on peut, suivant ses résultats, passer de la *Hauptschule* au *Gymnasium*.

Hauptschüler(in) *m(f)*: élève de *Hauptschule* **Hauptschullehrer(in)** *m(f)*: professeur de *Hauptschule* **Hauptstadt** *f* capitale *f* **Hauptstraße** *f* rue *f* principale **Hauptteil** *m* majeure partie *f* **Hauptverhandlung** *f* audience *f* principale **Hauptverkehrsstraße** *f* (*innerhalb/außerhalb einer Ortschaft*) rue *f*/route *f* à grande circulation **Hauptverkehrszeit** *f* heures *fpl* de pointe **Hauptwaschgang** *m* [cycle *m* de] lavage *m* **Hauptwohnsitz** *m* résidence *f* principale **Hauptwort** <-wörter> *nt* nom *m*

Haus [haus, *Pl:* 'hɔyzə] <-es, Häuser> *nt* ❶ maison *f*; (*mehrstöckiges Wohnhaus*) immeuble *m*; **nach ~e gehen/kommen** rentrer [à la maison]; **außer ~[e] sein** être à l'extérieur ❷ (*Familie*) **die Dame des ~es** la maîtresse de maison ❸ (*Dynastie*) **das ~ Habsburg** la maison des Habsbourg ❹ geh (*Firma*) maison *f* ❺ (*Schneckenhaus*) coquille *f* ❻ fam (*Freund*) **na, altes ~!** alors, vieille branche!

Hausangestellte(r) *f(m)* employé(e) *m(f)* de maison **Hausarbeit** *f* (*Arbeit im Haushalt*) travaux *mpl* ménagers **Hausarrest** *m* (*Strafe für ein Kind*) privation *f* de sortie **Hausarzt** *m*, **-ärztin** *f* médecin *m/f* de famille **Hausaufgaben** *Pl* devoirs *mpl* **Hausbau** <-bauten> *m* construction *f* de la maison/ de l'immeuble **Hausbesetzer(in)** *m(f)* squatte[u]r *m* **Hausbesetzung** *f* squat *m* **Hausbesitzer(in)** *m(f)* propriétaire *mf* [de la maison/de l'immeuble] **Hausbesorger(in)** [hausbəzɔrgə] A s. **Hausmeister(in)**

Häuschen ['hɔysçən] <-s, -> *nt* Dim von **Haus** petite maison *f*

hausen ['hauzən] *vi* pej fam (*wohnen*) crécher

Häuserblock ['hɔyzeblɔk] *m* pâté *m* de maisons

Hausflur *m* vestibule *m* **Hausfrau** *f* ❶ femme *f* au foyer ❷ A, SDEUTSCH (*Zimmerwirtin*) logeuse *f* **Hausfriedensbruch** *m* violation *f* de domicile **hausgemacht** *adj* [fait(e)] maison **Haushalt** <-[e]s, -e> *m* ❶ foyer *m*; **jdm den ~ führen** tenir la maison de qn ❷ (*Etat*) budget *m* **Haushälter(in)** <-s, -> *m(f)* intendant(e) *m(f)*

Haushaltsartikel *m* article *m* ménager **Haushaltsdebatte** *f* débat *m* budgétaire **Haushaltsgeld** *nt* argent *m* du ménage

Haushaltsgerät *nt* ustensile *m* ménager
Haushaltsjahr *nt* année *f* budgétaire
Haushaltsplan *m* état *m* prévisionnel
Haushaltswaren *Pl* articles *mpl* ménagers
Hausherr(in) *m(f)* maître(-esse) *m(f)* de maison
haushoch ['haʊs'hoːx] I. *adj* ❶ (*Flammen*) immense ❷ (*Sieger*) grandissime (*fam*); (*Sieg*) écrasant(e) II. *adv* de façon écrasante; (*gewinnen*) haut la main
hausieren* *vi* colporter
Hausierer(in) <-s, -> *m(f)* colporteur(-euse) *m(f)*
Hauslehrer(in) *m(f)* précepteur(-trice) *m(f)*
häuslich ['hɔyslɪç] *adj* (*Person*) casanier (-ière); (*Frieden*) familial(e)
Hausmann <-männer> *m* homme *m* au foyer **Hausmeister(in)** *m(f)* concierge *mf* **Hausmittel** *nt* remède *m* de grand-mère **Hausmüll** *m* ordures *fpl* ménagères **Hausmusik** *f* concert *m* en famille **Hausnummer** *f* numéro *m* **Hausordnung** *f* règlement *m* intérieur **Hausrat** <-[e]s> *m* biens *mpl* mobiliers **Hausratversicherung** *f* assurance *f* mobilière **Hausschuh** *m* chausson *m*
Hausse ['hoːsə] <-, -n> *f* FIN hausse *f*
Haustelefon *nt* interphone *m* **Haustier** *nt* animal *m* domestique **Haustür** *f* porte *f* d'entrée **Hausverwaltung** *f* (*Institution*) gérance *f* de l'immeuble **Hauswirt(in)** *m(f)* logeur(-euse) *m(f)* **Hauswirtschaft** *f* (*~slehre*) enseignement *m* ménager
Haut [haʊt, *Pl:* 'hɔytə] <-, Häute> *f* peau *f* ▶**aus der ~ fahren** *fam* sortir de ses gonds
Hautabschürfung *f* éraflure *f* **Hautarzt** *m*, **-ärztin** *f* dermatologue *mf* **Hautcreme** *f* crème *f*
häuten ['hɔytən] I. *vt* (*Fisch*) retirer la peau de; (*Hasen*) écorcher II. *vr* **sich ~** muer
hauteng ['haʊtɛŋ] I. *adj* moulant(e) II. *adv* **~ anliegen** coller à la peau **Hautfarbe** *f* couleur *f* de peau **Hautkrankheit** *f* maladie *f* de peau **Hautkrebs** *m* cancer *m* de la peau **hautnah** I. *adj* (*Kontakt*) corps contre corps II. *adv* ❶ (*sehr nah*) collé(e)s l'un(e) à l'autre ❷ *fam* (*miterleben*) de tout près **Hautpflege** *f* soins *mpl* de peau
Haxe ['haksə] <-, -> *f* SDEUTSCH (*eines Kalbs*) jarret *m*; (*eines Schweins*) jambonneau *m*

Hbf. *Abk von* **Hauptbahnhof** gare *f* centrale
H-Bombe ['haː'bɔmbə] *f* bombe *f* H
HD-Diskette [haː'deːdɪs'kɛtə] *f* INFORM disquette *f* haute densité
Hebamme ['heːpʔamə] <-, -n> *f* sage-femme *f*
Hebebühne *f* pont *m* élévateur
Hebel ['heːbəl] <-s, -> *m* levier *m*
heben ['heːbən] <hob, gehoben> I. *vt* ❶ (*Arm, Kopf*) lever ❷ (*hoch~*) soulever ❸ (*Niveau*) relever ❹ *fam* (*trinken*) **einen ~** boire un coup II. *vr* **sich ~** (*Vorhang, Schranke*) se lever; (*Brust*) se soulever
Hebräer(in) [he'brɛːɐ] <-s, -> *m(f)* Hébreu *m*/Juive *f*
hebräisch [he'brɛːɪʃ] I. *adj* hébraïque II. *adv* **~ miteinander sprechen** discuter en hébreu
Hebräisch <-[s]> *nt kein art* hébreu *m*; *s. a.* **Deutsch**
hecheln ['hɛçəln] *vi* haleter
Hecht [hɛçt] <-[e]s, -e> *m* brochet *m* **Hechtsprung** *m* saut *m* en extension
Heck [hɛk] <-[e]s, -e> *nt* (*eines Schiffs*) poupe *f*; (*eines Flugzeugs*) queue *f*
Hecke ['hɛkə] <-, -n> *f* haie *f*
Heckenrose *f* (*Busch*) églantier *m*
Heckmotor *m* moteur *m* [à l']arrière **Heckscheibe** *f* vitre *f* arrière
Heer [heːɐ] <-[e]s, -e> *nt* ❶ MIL. armée *f*; (*Bodenstreitkräfte*) armée de terre ❷ (*große Anzahl*) **ein ~ von Touristen** une armée de touristes
Hefe ['heːfə] <-, -n> *f* levure *f*
Hefeteig *m* pâte *f* levée
Heft [hɛft] <-[e]s, -e> *nt* ❶ (*Schreibheft*) cahier *m* ❷ (*Zeitschrift*) revue *f*; (*einzelne Ausgabe*) numéro *m*
heften ['hɛftən] I. *vt* ❶ **etw an die Wand ~** fixer qc au mur ❷ (*nähen*) faufiler; (*mit Nadeln feststecken*) épingler II. *vr* **sich auf jdn/etw ~** (*Blick*) se fixer sur qn/qc
Hefter <-s, -> *m* (*Mappe*) classeur *m*
heftig ['hɛftɪç] I. *adj* (*Schmerz, Schlag*) violent(e); (*Schneefall*) fort(e) II. *adv* (*sich streiten*) violemment; (*schneien*) fortement
Heftigkeit <-> *f* (*Intensität*) violence *f*
Heftklammer *f* ❶ agrafe *f* ❷ (*Büroklammer*) trombone *m* **Heftpflaster** *nt* sparadrap *m* **Heftzwecke** <-, -n> *f* punaise *f*
Hegemonie [hegemo'niː] <-, -n> *f* hégémonie *f*

hegen ['he:gən] *vt* ❶ (*Garten*) prendre soin de ❷ *geh* (*Wunsch, Hoffnung*) avoir

Hehl [he:l] *nt o m* ▶**kein[en] ~ aus etw machen** ne pas faire mystère de qc

Hehler(in) ['he:lɐ] <-s, -> *m(f)* receleur (-euse) *m(f)*

Heide ['haɪdə] <-, -n> *f* lande *f*

Heide < n, -n> *m*, **Heidin** *f* païen(ne) *m(f)*

Heidekraut *nt* bruyère *f*

Heidelbeere ['haɪdəlbe:rə] *f* myrtille *f*

Heidenangst *f kein Pl fam* peur *f* bleue **Heidengeld** *nt kein Pl fam* argent *m* fou **Heidenspaß** *m fam* **das war ein ~!** c'était le pied!

Heidentum <-s> *nt* paganisme *m*

heidnisch ['haɪdnɪʃ] I. *adj* païen(ne) II. *adv* en païen(ne)

heikel ['haɪkəl] *adj* délicat(e)

heil [haɪl] *adj* (*Gegenstand*) intact(e)

Heil <-s> *nt* (*Wohlergehen*) bien-être *m*; (*Glück*) bonheur *m*; (*seelisches ~*) salut *m*

Heiland ['haɪlant] <-[e]s, -e> *m* **der/unser ~** le/notre Sauveur

Heilbad *nt* station *f* thermale

heilbar *adj* curable

heilen ['haɪlən] *vi, vt* guérir

heilfroh *adj fam* **~ sein** être vachement content

heilig ['haɪlɪç] I. *adj* ❶ (*Stätte, Pflicht*) sacré(e); (*Sakrament*) saint(e) ❷ (*unantastbar*) **jdm ~ sein** être sacré pour qn II. *adv* **jdn ~ sprechen** canoniser qn

Heiligabend [haɪlɪçˈʔa:bənt] *m* (*Abend des 24. Dezembers*) soir *m* de Noël; (*Feier*) réveillon *m* de Noël

Heilige(r) *f(m) dekl wie adj* saint(e) *m(f)*

heiligen ['haɪlɪgən] *vt* ❶ consacrer; **geheiligt** sacré(e) ❷ (*Feiertag*) sanctifier

Heiligenbild *nt* portrait *m* de saint(e) **Heiligenschein** *m* auréole *f*

heilig|sprechen[ALT] *s.* **heilig** II.

Heiligtum <-s, -tümer> *nt* sanctuaire *m*

Heilkraft *f* vertus *fpl* curatives

heillos *adj* terrible

Heilmittel *nt* remède *m* **Heilpflanze** *f* plante *f* officinale **Heilpraktiker(in)** *m(f)* guérisseur(-euse) *m(f)* [reconnu(e) par l'État] **Heilquelle** *f* source *f* thermale

heilsam *adj* salutaire

Heilsarmee *f kein Pl* Armée *f* du Salut

Heilung <-, -en> *f* (*eines Kranken, einer Krankheit*) guérison *f*; (*einer Wunde*) cicatri-

sation *f*

heim [haɪm] *adv* à la maison

Heim <-[e]s, -e> *nt* ❶ (*Zuhause*) domicile *m* ❷ (*Seniorenheim*) foyer *m* de personnes âgées ❸ (*Erziehungsheim*) foyer *m* [éducatif] ❹ (*Erholungsheim*) maison *f* de repos

Heimat ['haɪma:t] <-, -en> *f* ❶ pays *m* [natal] ❷ (*eines Tiers, einer Pflanze*) pays *m* d'origine

Heimatfilm *m* film *m* régionaliste (*sur les mœurs villageoises*) **Heimatland** *nt* pays *m* [natal]

heimatlich *adj* du pays

heimatlos *adj* apatride

Heimatmuseum *nt* musée *m* local **Heimatort** *m* lieu *m* d'origine

heim|bringen *vt irr* **jdn ~** ramener qn chez lui/elle

Heimcomputer *m* ordinateur *m* familial

heim|fahren *irr* I. *vi + sein* rentrer à la maison II. *vt + haben* **jdn ~** reconduire qn à la maison **heim|gehen** *vi irr + sein* rentrer chez soi

heimisch *adj* ❶ local(e); (*Bevölkerung*) autochtone ❷ (*vertraut*) **sich ~ fühlen** se sentir chez soi

Heimkehr ['haɪmke:ɐ] <-> *f* ❶ retour *m* [à la maison] ❷ (*~ ins Heimatland*) retour *m* au pays

heim|kehren *vi + sein* ❶ rentrer ❷ (*in das Heimatland ~*) retourner dans son pays

heimlich ['haɪmlɪç] I. *adj* ❶ secret(-ète) ❷ (*Blick*) furtif(-ive) ❸ (*inoffiziell*) occulte II. *adv* ❶ en cachette; (*zusagen*) en secret ❷ (*ansehen*) furtivement

Heimlichkeit <-, -en> *f* ❶ *kein Pl* (*heimliche Art*) caractère *m* secret ❷ (*Geheimnis*) secret *m*

Heimreise *f* [trajet *m* du] retour *m* **Heimspiel** *nt* match *m* à domicile **heim|suchen** *vt* s'abattre sur

heimtückisch *adj* perfide; (*Krankheit, Erreger*) insidieux(-euse)

Heimweg *m* [trajet *m* du] retour *m* **Heimweh** <-s> *nt* mal *m* du pays **Heimwerker(in)** <-s, -> *m(f)* bricoleur(-euse) *m(f)*

heim|zahlen *vt* **jdm etw ~** faire payer qc à qn

Heinzelmännchen *nt*: lutin [*qui fait le travail pendant la nuit*]

Heirat ['haɪra:t] <-, -en> *f* mariage *m*

heiraten ['haɪra:tən] I. *vt* épouser II. *vi se*

marier

Heiratsantrag *m* demande *f* en mariage
Heiratsanzeige *f* ❶ annonce *f* matrimoniale ❷ (*Bekanntmachung*) faire-part *m* de mariage **Heiratsurkunde** *f* acte *m* de mariage

heiser ['haizɐ] I. *adj* enroué(e) II. *adv* **sich ~ reden** parler à en perdre la voix

heiß [hais] I. *adj* ❶ (*sehr warm*) [très] chaud(e); (*zu warm*) brûlant(e); (*Flüssigkeit*) bouillant(e); (*Klima*) torride; **jdm etw ~ machen** chauffer qc à qn ❷ (*heftig, innig*) ardent(e) ❸ (*Thema*) brûlant(e) ❹ *attr fam* (*Tipp*) tout(e) premier(-ière) *f* antéposé; (*Spur*) très sérieux(-euse) II. *adv* ❶ (*essen, duschen*) très chaud ❷ (*ersehnen, lieben*) ardemment

heißblütig ['haisblyːtɪç] *adj* ❶ (*impulsiv*) fougueux(-euse) ❷ (*leidenschaftlich*) passionné(e)

heißen ['haisən] <hieß, geheißen> I. *vi* ❶ **ich heiße Karin** je m'appelle Karin ❷ (*bedeuten*) **das heißt, dass ...** cela veut dire que ... ❸ (*lauten*) „**ja**" **heißt auf Japanisch** „**hai**" "oui" se dit "hai" en japonais ▸**das heißt** (*in anderen Worten*) c'est-à-dire; (*beziehungsweise*) ou plutôt II. *vi unpers* ❶ *geh* (*nötig sein*) **nun heißt es handeln!** maintenant, il faut agir! ❷ (*behauptet werden*) **es heißt, dass ...** on dit que ...

Heißhunger *m* ~ **auf etw** (*akk*) **haben** avoir une fringale de qc (*fam*)

heiß|laufen *vi irr* + *sein* ❶ (*Motor*) chauffer ❷ *fam* (*Telefon*) ne pas arrêter de sonner

Heißluft *f* air *m* chaud

heiter ['haitɐ] *adj* ❶ gai(e) ❷ (*Wetter*) clair(e) ▸**das kann ja ~ werden!** *iron* ça promet!

Heiterkeit <-> *f* ❶ (*Stimmung*) gaieté *f* ❷ (*Belustigung*) hilarité *f*

heizbar *adj* (*Haus*) chauffable

heizen ['haitsən] *vi, vt* chauffer

Heizkessel *m* chaudière *f* **Heizkörper** *m* radiateur *m* **Heizkosten** *Pl* frais *mpl* de chauffage **Heizlüfter** <-s, -> *m* radiateur *m* soufflant **Heizofen** *m* radiateur *m* d'appoint **Heizöl** *nt* mazout *m*

Heizung <-, -en> *f* ❶ (*Zentralheizung*) chauffage *m* [central] ❷ *fam* (*Heizkörper*) radiateur *m*

Hektar ['hɛktaː] <-s, -e> *nt o m* hectare *m*

Hektik ['hɛktɪk] <-> *f* agitation *f*

hektisch ['hɛktɪʃ] I. *adj* (*Person, Zeit*) agité(e) II. *adv* (*essen*) avec précipitation; (*reagieren*) nerveusement

Hektoliter [hɛkto'liːtɐ] *m o nt* hectolitre *m*

Held(in) ['hɛlt] <-en, -en> *m(f)* héros *m*/héroïne *f*

heldenhaft *adj* héroïque

Heldentat *f* exploit *m*

Heldentum <-s> *nt* héroïsme *m*

helfen ['hɛlfən] <hilft, half, geholfen> *vi* ❶ **jdm ~** aider qn ❷ (*nützen*) **jdm ~** rendre service à qn; (*Medikament*) faire de l'effet à qn

Helfer(in) <-s, -> *m(f)* ❶ assistant(e) *m(f)* ❷ (*Komplize*) complice *mf*

Helgoland <-s> Helgoland

Helikopter <-s, -> *m* hélicoptère *m*

Helium ['heːliʊm] <-s> *nt* CHEM hélium *m*

hell [hɛl] *adj* ❶ clair(e); (*Licht*) vif(vive); **es wird ~** il commence à faire jour ❷ (*aufgeweckt*) futé(e) (*fam*)

hellblau *adj* bleu clair *inv* **hellblond** *adj* (*Person*) aux cheveux blond clair; (*Haare*) blond clair *inv* **hellbraun** *adj* marron clair *inv;* (*Haare*) châtain clair *inv*

Helle(s) *nt dekl wie adj* [bière *f*] blonde *f*

hellhäutig ['hɛlhɔytɪç] *adj* clair(e) de peau **hellhörig** *adj* sonore ▸**~ werden** dresser l'oreille

Helligkeit <-, -en> *f* clarté *f*

hellsehen *vi nur Infin* **~ können** avoir le don de double vue

Hellseher(in) *m(f)* voyant(e) *m(f)*

hellwach *adj* ~ **sein** être bien réveillé

Helm [hɛlm] <-[e]s, -e> *m* casque *m*

Hemd [hɛmt] <-[e]s, -en> *nt* chemise *f*

Hemisphäre *f* hémisphère *m*

hemmen ['hɛman] *vt* ❶ (*ein Hemmnis sein*) entraver ❷ PSYCH **sehr gehemmt sein** être très complexé

Hemmnis <-ses, -se> *nt* obstacle *m*

Hemmschwelle *f* blocage *m*

Hemmung <-, -en> *f meist Pl* inhibition *f*

hemmungslos *adj* ❶ (*zügellos*) dépourvu(e) de retenue ❷ (*skrupellos*) sans scrupules

Hendl ['hɛnd(ə)l] <-s, -[n]> *nt* A poulet *m* rôti

Hengst [hɛŋst] <-[e]s, -e> *m* étalon *m*

Henkel ['hɛŋkəl] <-s, -> *m* anse *f*

Henker ['hɛŋkɐ] <-s, -> *m* bourreau *m*

Henna ['hɛna] <-> *f*, <-[s]> *nt* henné *m*

Henne ['hɛnə] <-, -n> *f* ❶ (*Haushuhn*) [poule

H

f| pondeuse *f* ❷ (*weiblicher Hühnervogel*) poule *f*

Hepatitis [hepaˈtiːtɪs, *Pl:* hepatiˈtiːdən] <-, -titiden> *f* hépatite *f*

her [heːɐ̯] *adv* ❶ *fam* ~ damit! file/filez-moi ça! ❷ (*zeitlich*) **das ist schon lange** ~ ça fait déjà longtemps ❸ (*räumlich*) **hinter jdm/etw** ~ **sein** être à la poursuite de qn/qc; *fig* courir après qn/chercher qc

herab [hɛˈrap] *adv geh* **von den Bergen** ~ du haut des montagnes

herab|blicken *s.* herabsehen **herab|lassen** *irr vr* (*gnädigerweise tun*) **sich** [dazu] ~ **etw zu tun** condescendre à faire qc

herablassend I. *adj* condescendant(e) **II.** *adv* avec condescendance

herab|sehen *vi irr* ❶ (*abschätzig betrachten*) **auf jdn/etw** ~ regarder qn/qc de haut ❷ *geh* (*heruntersehen*) **auf jdn/etw** ~ abaisser son regard sur qn/qc **herab|setzen** *vt* ❶ (*Preis*) baisser; (*Kosten*) réduire ❷ (*herabmindern*) déprécier **herab|steigen** *vi irr* + *sein geh* descendre **herab|würdigen I.** *vt* rabaisser **II.** *vr* **sich** ~ s'abaisser

heran [hɛˈran] *adv* **links** ~! serre/serrez à gauche!

heran|kommen *vi irr* + *sein* ❶ **an jdn/etw** ~ [s']approcher de qn/qc; **an jdn** ~ (*in Kontakt kommen*) pouvoir approcher qn; (*gleichwertig sein*) arriver au niveau de qn ❷ (*heranreichen*) **an etw** (*akk*) ~ pouvoir atteindre qc; **an das Geld** ~ pouvoir disposer de l'argent **heran|machen** *vr fam* **sich an jdn** ~ accoster qn **heran|reifen** *vi* + *sein geh* (*Person, Plan*) mûrir **heran|tasten** *vr* (*sich nähern*) **sich an jdn/etw** ~ avancer à tâtons jusqu'à qn/qc **heran|wachsen** [-ks-] *vi irr* + *sein geh* **zum Mann/zur Frau** ~ devenir un homme/une femme **Heranwachsende** [-ks-] *Pl* jeunes gens *mpl* (*entre 18 et 21 ans*) **heran|wagen** *vr* ❶ **an jdn** ~ oser s'approcher de qn ❷ (*sich zu beschäftigen wagen*) **sich an etw** (*akk*) ~ oser s'attaquer à qc **heran|ziehen** *vt irr* + *haben* ❶ **jdn zu sich** ~ attirer qn vers soi; **etw zu sich** ~ rapprocher qc de soi ❷ (*einsetzen*) **einen Sachverständigen zu etw** ~ faire appel à un expert pour qc ❸ (*Paragraphen*) alléguer

herauf [hɛˈraʊf] **I.** *adv* **von unten** ~ depuis le bas **II.** *präp* + *akk* **den Berg/die Treppe** ~ en gravissant la montagne/en montant les escaliers

herauf|beschwören* *vt irr* ❶ (*Erinnerung*) évoquer ❷ (*Unglück*) provoquer **herauf|setzen** *vt* (*Gebühren, Preis, Mindestalter*) relever

heraus [hɛˈraʊs] **I.** *adj* ❶ ~ **sein** (*Blinddarm, Splitter*) être retiré ❷ (*entschieden sein*) **ist eigentlich schon ~, wann ...?** sait-on déjà quand ...? ❸ (*entwachsen*) **aus dem Alter** ~ **sein...** avoir passé l'âge de... ❹ (*gesagt*) ~ **sein** être dit **II.** *adv* ❶ ~! dehors! ❷ (*aufgrund*) **aus Neugier** ~ par curiosité

heraus|arbeiten *vt* (*Unterschiede*) faire ressortir **heraus|bekommen** *vt irr* ❶ (*Fleck*) réussir à enlever ❷ (*herausfinden*) réussir à trouver ❸ (*ausgezahlt bekommen*) **Sie bekommen noch drei Euro heraus** je dois vous rendre trois euros **heraus|bilden** *vr* **sich** ~ prendre forme **heraus|bringen** *vt irr* ❶ **jdm etw** ~ apporter qc dehors à qn ❷ (*Buch, Ware*) sortir ❸ *fam* (*Wort*) sortir; (*Ton*) émettre **heraus|finden** *irr* **I.** *vt* ❶ découvrir ❷ (*herauslesen*) **einen Gegenstand aus etw** ~ retrouver un objet parmi qc **II.** *vi* **aus dem Museum** ~ trouver la sortie du musée

Herausforderer <-s, -> *m*, **Herausforderin** *f* adversaire *mf*

heraus|fordern I. *vt* ❶ provoquer; (*Gefahr*) défier ❷ SPORT défier **II.** *vi* **zu etw** ~ provoquer qc

Herausforderung *f* ❶ *kein Pl* SPORT challenge *m* ❷ (*Provokation*) provocation *f* ❸ (*Bewährungsprobe*) défi *m* **Herausgabe** *f* (*von Konfisziertem*) restitution *f*

heraus|geben *irr* **I.** *vt* ❶ (*Gefangenen*) libérer; (*Konfisziertes*) restituer; (*Wechselgeld*) rendre ❷ (*veröffentlichen*) publier; (*edieren*) éditer ❸ (*Banknoten*) émettre **II.** *vi* rendre la monnaie

Herausgeber(in) *m(f)* ❶ directeur(-trice) *m(f)* de [la] publication ❷ (*Verleger*) éditeur (-trice) *m(f)*

heraus|gehen *vi irr* + *sein* ❶ **aus dem Haus** ~ sortir de la maison ❷ (*sich entfernen lassen*) **aus etw** ~ (*Fleck*) partir de qc; (*Dorn*) s'enlever de qc ▸**aus sich** ~ s'extérioriser **heraus|halten** *irr* **I.** *vt* **etw** ~ passer qc dehors **II.** *vr* **sich aus etw** ~ se tenir en dehors de qc **heraus|holen I.** *vt* ❶ **etw aus dem Schrank** ~ sortir qc de l'armoire ❷ (*Erdbebenopfer*) extraire ❸ *fam* (*errei-*

chen) **das Letzte aus sich ~** donner tout ce qu'on a dans le bide **heraus|kommen** *vi irr + sein* ❶ **aus etw ~** (*zum Vorschein kommen*) sortir de qc; (*verlassen können*) quitter qc; **aus dem Staunen nicht ~** ne pas cesser de s'étonner ❷ *fam* (*sich ergeben*) **das kommt aufs Gleiche heraus** c'est du pareil au même ❸ (*Buch*) sortir [sur le marché] ❹ (*Gesetz*) être publié ❺ *fam* (*Schwindel*) être découvert ❻ *fam* (*Publicity haben*) **mit etw groß ~** faire un malheur avec qc ❼ (*aus der Übung kommen*) perdre la main **heraus|kriegen** *s.* **herausbekommen, rauskriegen he- raus|nehmen** *vt irr* ❶ **etw aus dem Schrank ~** retirer qc de l'armoire ❷ *fam* (*operativ entfernen*) **jdm den Blinddarm ~** enlever l'appendice à qn ❸ (*aussondern*) **jdn aus der Klasse ~** retirer qn de la classe ❹ *fam* (*erlauben*) **sich** (*dat*) **etw ~** se permettre qc **heraus|putzen** *vr* **sich ~** s'endimancher **heraus|ragen** *vi* ❶ (*Erker*) faire saillie; (*Felsen*) être en surplomb ❷ (*sich auszeichnen*) **durch etw ~** se distinguer par qc **heraus|reden** *vr* **sich ~** chercher des excuses **heraus|reißen** *vt irr* ❶ arracher; **jdn aus seiner Arbeit ~** arracher qn à son travail ❷ *fam* (*wettmachen*) relever le niveau de **he- raus|rücken I.** *vt fam* filer **II.** *vi + sein fam* **mit etw ~** accoucher de qc **heraus|rut- schen** *vi + sein* ❶ **jdm aus der Tasche ~** glisser de la poche de qn ❷ *fam* (*ungewollt aussprechen*) **jdm ~** (*Bemerkung*) échapper à qn **heraus|sein**ᴬᴸᵀ *s.* **heraus I.1-4**
heraußen [hɛˈʀaʊsən] *adv* A, SDEUTSCH dehors
heraus|springen *vi irr + sein* sauter dehors; (*Sicherung*) sauter; **was springt dabei heraus?** qu'est-ce qu'il y a à en tirer? (*fam*) **heraus|stehen** *vi irr* **aus etw ~** dépasser de qc **heraus|stellen I.** *vt* ❶ (*ins Freie stellen*) sortir ❷ (*hervorheben*) **etw ~** mettre qc en évidence **II.** *vr* **sich ~** (*Wahrheit*) éclater; **es stellte sich heraus, dass ...** il s'avéra que ... **heraus|suchen** *vt* ❶ (*auswählen*) **etw aus etw ~** choisir qc parmi qc ❷ (*Text- stelle*) rechercher **heraus|ziehen** *vt irr* (*Schublade*) tirer
herb [hɛʀp] **I.** *adj* ❶ (*Geschmack*) âpre ❷ (*Enttäuschung*) sauter; amer(-ère) ❸ (*Kritik*) acerbe **II.** *adv* **~ riechen** avoir une odeur épicée
Herbarium [-riən] <-s, -ien> *nt* herbier *m*

herbei [hɛʀˈbaɪ] *adv geh* par ici
herbei|bringen *vt irr* ❶ **jdn/etw ~** amener qn/apporter qc ❷ (*Zeugen, Unterlagen*) produire **herbei|eilen** *vi + sein* arriver en toute hâte **herbei|führen** *vt* ❶ (*Einigung, Ent- scheidung*) aboutir à ❷ (*Infektion, Tod*) provoquer **herbei|rufen** *vt irr* appeler
Herberge [ˈhɛʀbɛʀɡə] <-, -n> *f* (*Jugendher- berge*) auberge *f* de jeunesse
her|bringen *vt irr* **jdn ~ lassen** faire venir qn
Herbst [hɛʀpst] <-[e]s, -e> *m* automne *m*
Herbstferien [-riən] *Pl* vacances *fpl* d'automne
herbstlich I. *adj* (*Witterung*) d'automne; (*Farben*) automnal(e) **II.** *adv* (*sich kleiden*) pour l'automne
Herbstwetter *nt* temps *m* automnal
Herd [he:ɐ̯t] <-[e]s, -e> *m* (*Küchenherd*) cuisinière *f*; (*Backofen*) four *m*
Herde [ˈhe:ɐ̯də] <-, -n> *f* troupeau *m*
Herdentier *nt* ❶ bête *f* de troupeau ❷ *pej* (*unselbständiger Mensch*) mouton *m* de Panurge **Herdentrieb** *m pej* (*von Personen*) esprit *m* moutonnier
Herdplatte *f* plaque *f* [de cuisson]
herein [hɛˈʀaɪn] *adv* **hier/dort ~** par ici/là; [**nur**] **~!** entrez!
herein|brechen *vi irr + sein* ❶ (*Flut*) déferler ❷ (*Gewitter, Krieg*) éclater; (*Unheil*) survenir ❸ (*Nacht*) tomber; (*Winter*) arriver **herein|fallen** *vi irr + sein* ❶ tomber à l'intérieur ❷ (*Licht*) entrer ❸ *fam* (*betrogen werden*) **auf jdn/etw ~** se faire avoir par qn/avec qc **herein|kommen** *vi irr + sein* ❶ **in etw** (*akk*) **~** entrer dans qc ❷ (*Ware, Geld*) rentrer **herein|lassen** *vt irr* (*Person*) laisser entrer **herein|legen** *vt* ❶ *fam* (*betrü- gen*) **jdn mit etw ~** arnaquer qn avec qc ❷ (*hereinbringen*) **etw ~** déposer qc à l'intérieur **herein|rufen** *vt irr* dire d'entrer; **ru- fen Sie ihn bitte** [**zu mir**] **herein!** dites-lui d'entrer, s'il vous plaît! **herein|spazieren*** *vi + sein fam* entrer; [**immer nur**] **herein- spaziert!** entrez donc!
Herfahrt *f* trajet *m*
her|fallen *vi irr + sein* ❶ **über jdn ~** assaillir qn ❷ (*kritisieren*) **über die Politiker ~** prendre les hommes politiques pour cible ❸ (*sich stürzen auf*) **über das Buffet ~** se jeter sur le buffet
her|geben *irr* **I.** *vt* (*weggeben*) donner **II.** *vr*

H

sich für etw ~ se prêter à qc
her|gehen *irr* I. *vi + sein* ➊ **neben jdm** ~ marcher à côté de qn; **hinter jdm** ~ suivre qn ➋ A, SDEUTSCH *s.* **herkommen** II. *vi unpers + sein fam* **es geht heiß her** ça chauffe **her|hören** *vi fam* écouter
Hering ['heːrɪŋ] <-s, -e> *m* ➊ hareng *m* ➋ (*Zeltpflock*) sardine *f*
Heringsbrötchen *nt* sandwich *m* au hareng
her|kommen *vi irr + sein* ➊ venir ➋ (*herstammen*) **wo kommst du her?** tu es d'où?
herkömmlich ['heːɐ̯kœmlɪç] *adj* traditionnel(le)
Herkunft ['heːɐ̯kʊnft, *Pl:* 'heːɐ̯kʏnftə] <-> *f* origine *f*; (*eines Gegenstands*) provenance *f*
Herkunftsland *nt* pays *m* d'origine
her|machen I. *vr fam* ➊ **sich über das Essen** ~ se jeter sur le repas ➋ (*an sich nehmen*) **sich über etw** (*akk*) ~ rafler qc II. *vt* **nichts** ~ *fam* ne pas casser des briques
Hermelin <-s, -e> *nt* hermine *f*
hermetisch [hɛrˈmeːtɪʃ] *adj* hermétique
Heroin [heroˈiːn] <-s> *nt* héroïne *f*
heroisch [heˈroːɪʃ] *geh adj* héroïque
Herpes ['hɛrpɛs] <-> *m* herpès *m*
Herr [hɛr] <-n, -en> *m* ➊ monsieur *m* ➋ *form* (*als Anrede ohne Namen*) **mein ~/meine ~en** Monsieur/Messieurs; **sehr geehrte ~en, ...** (*briefliche Anrede*) Messieurs, ... ➌ (*Tanzpartner*) cavalier *m* ➍ (*Mann*) homme *m* ➎ (*Dienstherr*) seigneur *m*; (*Hundehalter*) maître *m* ➏ REL **Gott der** ~ le Seigneur
Herrchen <-s, -> *nt fam* maître *m*
Herrenbegleitung *f geh* cavalier *m* **Herrenfriseur** *m*, **-friseuse** *f* coiffeur(-euse) *m(f)* pour hommes
herrenlos *adj* abandonné(e)
Herrentoilette *f* toilettes *fpl* pour hommes
Herrgott *m* ~ |noch mal|! *fam* sacredieu!
her|richten *vt* ➊ (*Bett*) faire ➋ (*ausbessern*) **etw** ~ remettre qc en état
Herrin <-, -nen> *f* (*Gebieterin*) maîtresse *f*
herrisch *adj* autoritaire
herrlich I. *adj* ➊ (*prächtig*) magnifique ➋ (*Essen, Witz*) excellent(e) II. *adv* (*sich amüsieren*) drôlement [bien]
Herrlichkeit <-, -en> *f* (*Pracht*) splendeur *f*
Herrschaft <-, -en> *f* ➊ *kein Pl* pouvoir *m*; **unter seiner** ~ sous sa domination ➋ (*Kontrolle*) **die** ~ **über etw** le contrôle de qc ➌ *Pl* (*Damen und Herren*) **die ~en** ces Mes-

sieurs |et ces| Dames
herrschaftlich *adj* (*Park*) majestueux(-euse)
herrschen ['hɛrʃən] I. *vi* ➊ **über jdn/etw** ~ régner sur qn/qc ➋ (*Not*) sévir II. *vi unpers* **es herrscht Ruhe** le calme règne
herrschend *adj* ➊ au pouvoir ➋ (*Meinungen*) régnant(e); (*Verhältnisse*) présent(e)
Herrscher(in) <-s, -> *m(f)* souverain(e) *m(f)*
Herrschsucht *f* despotisme *m*
herrschsüchtig *adj* despotique
her|rühren *vi geh* **von etw** ~ |pro|venir de qc
her|sehen *vi irr* regarder par ici
her|stellen *vt* fabriquer; (*Beziehung, Kontakt*) établir
Hersteller(in) <-s, -> *m(f)* ➊ fabricant(e) *m(f)* ➋ (*Zeitschriften-, Buchhersteller*) responsable *mf* de la fabrication
Herstellung *f kein Pl* ➊ IND fabrication *f* ➋ (*~sabteilung*) fabrication *f*
Herstellungsland *nt* pays *m* producteur
Hertz [hɛrts] <-, -> *nt* hertz *m*
herüben [hɛˈryːbən] *adv* A, SDEUTSCH de ce côté-ci
herüber [hɛˈryːbɐ] *adv* de ce côté-ci
herum [hɛˈrʊm] *adv* ➊ **um jdm/etw** ~ autour de qn/qc ➋ (*ungefähr*) **um die hundert Leute** ~ aux environs de cent personnes ➌ (*beendet*) ~ **sein** (*Zeit*) être écoulé
herum|bummeln *vi fam* ➊ + *haben* (*trödeln*) glander ➋ + *sein* (*herumspazieren*) **in der Stadt** ~ se balader en ville **herum|drehen** I. *vt* ➊ (*Schlüssel*) tourner ➋ (*Decke*) retourner II. *vr* **sich zu jdm** ~ se retourner vers qn **herum|fahren** *vi irr + sein* ➊ *fam* **in der Stadt** ~ faire un tour en ville ➋ (*umkreisen*) **um jdn/etw** ~ tourner autour de qn/qc ➌ (*sich rasch umdrehen*) faire volteface **herum|geben** *vt irr* faire passer **herum|gehen** *vi irr + sein* ➊ **um jdn/etw** ~ faire le tour de qn/qc ➋ *fam* (*umhergehen*) **im Zimmer** ~ faire les cent pas dans la pièce ➌ *fam* (*Liste, Buch*) circuler **herum|hängen** *vi irr + sein fam* ➊ traîner ➋ (*untätig sein*) glander **herum|kommandieren*** *fam* I. *vt* **jdn** ~ mener à la baguette II. *vi gern* ~ aimer jouer au petit chef **herum|kommen** *vi irr + sein fam* ➊ (*umfahren können*) **um etw** ~ pouvoir contourner qc ➋ (*daherkommen*) **um die Ecke** ~ tourner au coin de la rue ➌ (*vermeiden können*) pouvoir éviter ➍ (*reisen*) **viel** ~ voyager beaucoup

herum|laufen *vi irr + sein* ❶ **um einen
Baum ~** courir autour d'un arbre ❷ *fam*
(*umherlaufen*) se trimbal[l]er **herum|liegen**
vi irr fam (*Gegenstand*) traîner **herum|lungern**
vi fam glander **herum|reisen** *vi
+ sein* voyager **herum|schnüffeln** *vi* ❶ **an
etw** (*dat*) ~ renifler qc ❷ *pej fam* (*spionieren*)
fouiner **herum|sein**^ALT *s.* **herum 1.,
3. herum|sitzen** *vi irr + sein* ❶ **um jdn/
etw ~** être assis autour de qn/qc ❷ *fam* (*dasitzen*)
rester là à ne rien faire **herum|sprechen**
vr irr **sich ~** se répandre **herum|stehen**
vi irr + sein ❶ **um jdn/etw ~**
entourer qn/qc ❷ *fam* (*dastehen: Person*)
rester planté(e); (*Gegenstand*) être là **herum|treiben**
vr irr pej fam **sich mit jdm/in
der Stadt ~** traînasser avec qn/en ville **herum|trödeln**
vi fam traînasser
herunten [hɛˈrʊntən] *adv* A, SDEUTSCH [ici] en
bas
herunter [hɛˈrʊntɐ] **I.** *adv* ❶ **bis auf die Erde ~**
jusqu'au sol ❷ *fam* (*~geklettert*) **von
etw ~ sein** être descendu de qc ❸ *fam*
(*~gelassen*) **~ sein** (*Rollladen*) être baissé
II. *präp + akk* **den Berg ~** ... pour descendre
de la montagne, ...
herunter|fahren *irr* **I.** *vi + sein* **zu jdm ~**
descendre vers qn **II.** *vt + haben* (*transportieren*)
descendre **herunter|fallen** *vi irr
+ sein* **von etw ~** tomber de qc **herunter|gehen**
vi, vt irr + sein ❶ **[die Straße] ~**
descendre [la rue] ❷ (*sich wegbewegen*)
vom Teppich ~ se pousser du tapis ❸ (*sinken*)
baisser; (*Währung*) tomber ❹ (*reduzieren*)
mit dem Preis ~ réduire le prix **heruntergekommen**
adj pej (*Person*) négligé(e);
(*Haus*) délabré(e) **herunter|handeln**
vt fam **den Preis ~** marchander le prix à la
baisse **herunter|hängen** *vi irr* pendre **herunter|hauen**
vt irr fam **jdm eine ~** en
flanquer une à qn **herunter|klappen** *vt* rabattre
herunter|kommen *vi, vt irr + sein*
[die Treppe] ~ descendre [les escaliers] **herunter|laden**
vt irr INFORM télécharger **herunter|lassen**
irr vt (*Person, Korb*) baisser descendre;
(*Rollladen*) baisser **herunter|schlucken**
s. hinunterschlucken **herunter|sein**^ALT
s. **herunter I.2.-I.3. herunter|spielen**
vt (*Problem*) minimiser
hervor *interj* **~ mit dir/euch!** *geh* montre-toi/montrez-vous!
hervor|bringen *vt irr* **jdn/etw ~** (*Land*)

donner naissance à qn/qc; (*Epoche*) produire
qn/qc **hervor|gehen** *vi irr + sein*
❶ *geh* **aus einer Ehe ~** être issu d'un mariage
❷ (*zu folgern sein*) **aus etw ~** ressortir
de qc **hervor|heben** *vt irr* ❶ (*betonen*) souligner
❷ (*kennzeichnen*) faire ressortir **hervor|holen**
vt **etw aus etw ~** sortir qc de qc
hervor|kommen *vi irr + sein* apparaître;
hinter etw (*dat*) ~ sortir de derrière qc
hervor|ragen *vi* (*Felsen*) être en surplomb
hervorragend I. *adj* excellent(e) **II.** *adv* à la
perfection
hervor|rufen *vt irr* **bei jdm Bewunderung/
Mitleid ~** susciter de l'admiration/la
compassion chez qn **hervor|treten** *vi irr
+ sein* ❶ (*nach vorne treten*) s'avancer
❷ (*Wangenknochen*) ressortir **hervor|tun**
vr irr fam (*sich auszeichnen*) **sich ~** se faire
remarquer; **sich mit etw ~** se faire remarquer
par qc
Herz [hɛrts] <-ens, -en> *nt* ❶ cœur *m;* **ein
gutes ~ haben** avoir bon cœur; **jemand
mit ~ sein** être quelqu'un qui a du cœur
❷ (*Zuneigung*) **sein ~ an jdn/etw hängen**
s'attacher à qn/se consacrer à qc
❸ (*Leidenschaft*) **sein ~ für jdn/etw entdecken**
se découvrir un penchant pour
qn/qc ▸**ein ~ und eine <u>Seele</u> sein** être
unis comme les [deux] doigts de la main
Herzanfall *m* crise *f* cardiaque **Herzbeschwerden**
Pl troubles *mpl* cardiaques
Herzensbrecher(in) *m(f)* bourreau *m* des
cœurs/[grande] séductrice *f* **Herzenslust** *f*
nach ~ à cœur joie **Herzenswunsch** *m*
plus cher désir *m*
Herzfehler *m* déficience *f* cardiaque
herzhaft I. *adj* ❶ (*Frühstück*) copieux(-euse)
❷ (*Eintopf*) relevé(e) **II.** *adv* ❶ **~ schmecken**
avoir un goût épicé ❷ (*lachen*) de
bon cœur
Herzinfarkt *m* MED infarctus *m* [du myocarde]
Herzkammer *f* ANAT [linke] ~ ventricule
m [gauche] **Herzklopfen** <-s> *nt*
palpitations *fpl;* **mit ~** le cœur battant
herzkrank *adj* cardiaque
herzlich *adj* (*Begrüßung, Worte*) chaleureux
(-euse)
Herzlichkeit <-> *f* cordialité *f*
herzlos *adj* sans cœur
Herzlosigkeit <-> *f* manque *m* de cœur
Herzog(in) [ˈhɛrtsoːk] <-s, Herzöge> *m(f)*
duc *m/* duchesse *f*

H

Herzogtum <-s, -tümer> nt duché m
Herzschlag m ❶ (Herztätigkeit) pulsations fpl cardiaques ❷ (Kontraktion des Herzmuskels) systole f ❸ (Herzstillstand) syncope f **Herzschrittmacher** m MED pacemaker m **Herzstillstand** m arrêt m cardiaque **Herzstück** nt pièce f maîtresse **herzzerreißend** adj déchirant(e)
Hesse ['hɛsə] <-n, -n> m, **Hessin** f Hessois(e) m(f)
Hessen ['hɛsən] <-s> nt la Hesse
hessisch adj hessois(e)
heterogen adj geh hétérogène
heterosexuell [heterozɛksu'ɛl] adj hétérosexuel(le)
Hetze ['hɛtsə] <-, -n> f pej (Aufhetzung) campagne f de dénigrement
hetzen ['hɛtsən] I. vi ❶ + haben (sich beeilen) se démener ❷ + sein (eilen) **zum Bahnhof** ~ courir à la gare ❸ + haben pej (Hass schüren) **gegen jdn/etw** ~ s'acharner sur qn/qc II. vt + haben ~ (Hasen) pourchasser; **jdn/einen Hund auf jdn** ~ mettre qn/lâcher un chien aux trousses de qn ❷ fam (antreiben) harceler
Heu [hɔy] <-[e]s> nt foin m
Heuboden m fenil m
Heuchelei [hɔyça'laj] <-, -en> f hypocrisie f
heucheln ['hɔyçəln] I. vi faire l'hypocrite II. vt feindre
Heuchler(in) ['hɔyçlɐ] <-s, -> m(f) hypocrite mf
heuchlerisch adj hypocrite
heuer ['hɔyɐ] adv A, CH, SDEUTSCH cette année
Heuer <-, -n> f solde f
Heuernte f (das Einbringen) fenaison f
heulen ['hɔylən] vi ❶ fam chialer ❷ (Wolf) hurler ❸ (Motor, Sirene) rugir
Heulsuse <-, -n> f pej fam chialeuse f
Heuschnupfen m rhume m des foins **Heuschrecke** ['hɔyʃrɛkə] <-, -n> f sauterelle f
heute ['hɔytə] adv ❶ aujourd'hui; ~ **Abend** ce soir ❷ (heutzutage) de nos jours
heutig ['hɔytɪç] adj attr (Zeitung) d'aujourd'hui; (Abend) présent(e) antéposé
heutzutage ['hɔyttsuta:gə] adv de nos jours
Hexe ['hɛksə] <-, -n> f ❶ sorcière f ❷ pej fam (bösartige Frau) mégère f
hexen ['hɛksən] vi pratiquer la magie
Hexenjagd f chasse f aux sorcières **Hexenschuss**^RR m kein Pl tour m de reins
Hexerei [hɛksə'raj] <-, -en> f sorcellerie f

hieb [hi:p] Imp von **hauen**
Hieb [hi:p] <-[e]s, -e> m ❶ coup m ❷ Pl fam (Prügel) raclée f ❸ (Seitenhieb) pique f
hieb- und stichfest adj (Alibi) en béton; (Beweise) irréfutable
hielt [hi:lt] Imp von **halten**
hier [hi:ɐ] adv ❶ ici; ~ **drinnen/unten** dedans/en bas; **Martin Lang! — Hier!** Martin Lang! — Présent! ❷ (da) voilà; ~, **nimm das!** tiens, prends ça! ❸ (in diesem Moment) ici ►~ **und da** (stellenweise) ici ou là; (ab und zu) de temps à autre
hieran ['hi:ran] adv ici; (vorübergehen) devant; **kannst du dich** ~ **erinnern?** t'en souviens-tu?; ~ **erkennt man ...** à cela, on reconnaît ...
Hierarchie [hierar'çi:, -'çi:ən] <-, -n> f hiérarchie f
hierarchisch [hie'rarçɪʃ] adj hiérarchique
hierauf ['hi:ʀauf] adv ❶ là-dessus ❷ (daraufhin) à la suite de quoi **hieraus** adv ❶ d'ici ❷ (aus diesem Material) **Beton besteht** ~: ... le béton se compose de la matière suivante: ... ❸ (aus dem Genannten) ~ **folgt, dass** ... il s'ensuit que ... **hierbei** adv ❶ à cette occasion ❷ (währenddessen) pendant ce temps ❸ (gleichzeitig) en même temps ❹ (dabei) ici; ~ **handelt es sich um ...** il s'agit en l'occurrence de **hierdurch** adv ❶ par ici ❷ (aus diesem Grund) de cette façon **hierfür** adv ❶ (im Austausch) en échange ❷ (für das hier) **wenn er sich** ~ **interessiert** s'il s'intéresse à cela **hierher** adv [par] ici; ~ **holen** aller chercher **hierherauf** adv en haut
hierher|holen^ALT s. **hierher**
hierherum adv ❶ de ce côté-ci ❷ fam (etwa an dieser Stelle) dans ce coin-là **hierhin** adv ❶ ici **jdn** ~ **bringen** amener qn ici **hierhinein** adv par ici **hierin** adv ❶ là-dedans ❷ (in dieser Hinsicht) sur ce point
hiermit ['hi:ɐ'mɪt] adv ❶ form ~ **erkläre ich** ... (in schriftlicher Form) par la présente, je déclare que ... ❷ (mit diesem Gegenstand) avec cela ❸ (mit dieser Angelegenheit) ~ **bin ich einverstanden** je consens à cela **hiernach** adv ❶ (danach) après cela ❷ (demgemäß) d'après cela
Hieroglyphe [hiero'gly:fə] <-, -n> f hiéroglyphe m
hierüber ['hi:ʀy:bɐ] adv ❶ par-dessus ❷ geh (über diese Angelegenheit) là-dessus

hierunter *adv* ❶ stell den Karton ~! mets le carton là-dessous! ❷ *fig* ... zehn Personen, ~ befanden sich drei Kinder ... dix personnes, dont trois enfants **hiervon** *adv* ❶ fünf Kilometer ~ entfernt à cinq kilomètres d'ici ❷ (*von diesem, diesen*) ~ kannst du etwas haben tu peux en prendre ❸ (*hierüber*) ~ weiß ich nichts j'en sais rien **hierzu** *adv* ❶ ~ gehören en faire partie ❷ (*zu dieser Kategorie*) ~ gehören auch Pferde les chevaux entrent aussi dans cette catégorie ❸ (*zu diesem Punkt*) sur ce point; ~ habe ich nichts mehr zu sagen je n'ai rien à rajouter à cela **hierzulande** *adv* (*in dieser Gegend*) dans cette région; (*in diesem Land*) dans ce pays

hiesig ['hiːzɪç] *adj attr* d'ici; (*Verhältnisse*) local(e)

hieß [hiːs] *Imp von* **heißen**

Hi-Fi-Anlage ['haifiʔanlaːgə] *f* chaîne *f* hi-fi

high [haɪ] *adj fam* (*von Drogen berauscht*) ~ sein être défoncé

Highlife ['hailaif] <-s> *nt fam* bei ihm ist ~ il fait la bringue

Highsocietyᴿᴿ ['haisə'saiəti] <-> *f* haute société *f*

Hightechᴿᴿ ['hai'tɛk] <-[s]> *nt* high-tech *m*

Hilfe ['hɪlfə] <-, -n> *f* ❶ *kein Pl* aide *f*; ~ suchend (*Person*) qui cherche de l'aide; (*Blick*) implorant(e); |zu| ~! au secours! ❷ *fig* mit ~ eines Seils à l'aide d'une corde ❸ (*Haushaltshilfe*) aide *mf* ❹ (*finanzielle Unterstützung*) aide *f* [financière] ▸**erste** ~ les premiers soins *mpl*

Hilfeleistung *f geh* aide *f* **Hilferuf** *m* appel *m* au secours **Hilfestellung** *f* SPORT parade *f*

hilflos I. *adj* (*Person*) sans défense; (*ratlos*) désemparé(e) II. *adv* sans défense; (*ratlos*) avec embarras

Hilflosigkeit <-> *f* ❶ détresse *f*; (*eines Kranken*) dépendance *f* ❷ (*Ratlosigkeit*) impuissance *f*

hilfreich *adj* ❶ (*Person*) serviable ❷ (*Hinweis*) utile

Hilfsaktion *f* action *f* humanitaire **Hilfsarbeiter(in)** *m(f)* ouvrier(-ière) *m(f)* [non spécialisé(e)] **hilfsbedürftig** *adj* ❶ (*auf Hilfe angewiesen*) qui a besoin d'aide ❷ (*bedürftig*) dans le besoin **hilfsbereit** *adj* serviable **Hilfsbereitschaft** *f* serviabilité *f* **Hilfskraft** *f* aide *mf* **Hilfsmittel** *nt* ❶ (*Arbeitsmittel*) outil *m* de travail ❷ MED adjuvant *m* ❸ *Pl*

(*finanzielle Mittel*) aides *fpl* financières **Hilfsorganisation** *f* organisation *f* humanitaire **Hilfsprogramm** *nt* programme *m* d'aide **Hilfsverb** *nt* LING [verbe *m*] auxiliaire *m*

hilft [hɪlft] *3. Pers Präs von* **helfen**

Himbeere ['hɪmbeːrə] *f* framboise *f*

Himmel ['hɪməl] <-s, *geh* -> *m* ciel *m*; unter freiem ~ schlafen coucher à la belle étoile ▸**aus heiterem** ~ *fam* tout d'un coup **Himmelbett** *nt* lit *m* à baldaquin **himmelblau** *adj* bleu ciel *inv* **Himmelfahrt** *f* l'Ascension *f* **Himmelreich** *nt kein Pl* royaume *m* des cieux **himmelschreiend** *adj* (*Unrecht*) criant(e)

Himmelskörper *m* corps *m* céleste **Himmelsrichtung** *f* direction *f* [géographique] **himmelweit** *fam adj* énorme

himmlisch ['hɪmlɪʃ] I. *adj* ❶ *attr* (*Vorsehung*) céleste ❷ (*Wetter, Essen*) divin(e) II. *adv* merveilleusement

hin [hɪn] I. *adv* ❶ bis zum Garten ~ jusqu'au jardin; zur Straße ~ liegen donner sur la rue ❷ (*den Hinweg betreffend*) ~ und zurück aller et retour ❸ (*zeitlich*) das ist noch lange ~ c'est encore loin ❹ (*hinsichtlich*) etw auf Spuren (*akk*) ~ untersuchen examiner qc en vue de rechercher des traces ❺ (*infolge*) auf sein Drängen ~ sur ses insistances ❻ (*trotz*) auf die Gefahr ~ ... au risque de ... ▸das Hin und Her (*das Kommen und Gehen*) le va-et-vient; (*der Wechsel*) les fluctuations *fpl*; ~ und wieder de temps en temps II. *adj* ❶ (*kaputt*) ~ sein être fichu (*fam*) ❷ (*verloren*) die Ruhe ist ~ c'en est fini du calme

hinab [hɪ'nap] *s.* **hinunter**

hinauf [hɪ'nauf] I. *adv* vers le haut; immer weiter ~ toujours plus haut II. *präp* + *akk* den Berg ~... pour monter au sommet de la montagne...

hinauffahren *irr* I. *vi* + *sein* monter II. *vt* + *haben o sein* jdn mit dem Auto ~ emmener qn en voiture jusqu'en haut **hinaufführen** I. *vi* (*Treppe*) monter jusqu'en haut; (*Weg*) conduire jusqu'en haut II. *vt geh* jdn ~ conduire qn en haut **hinaufgehen** *irr* I. *vi* + *sein* ❶ auf den Dachboden ~ monter au grenier ❷ *fig* mit dem Preis ~ augmenter le prix ❸ (*steigen*) augmenter; (*Preis, Fieber*) grimper II. *vt* + *sein* (*Treppe*) monter **hinaufklettern** *vi* + *sein* grimper

H

hinauf|laufen *irr* I. *vi + sein* **zu jdm ~** monter chez qn en courant II. *vt + sein* (*Berg*) escalader **hinauf|schauen, hinauf| sehen** *vi irr* lever les yeux **hinauf|steigen** *irr* I. *vi + sein* monter II. *vt + sein* (*Leiter*) monter en haut de

hinaus [hɪ'naʊs] *adv* ❶ **~ sein** être sorti; **~ |mit dir/euch|!** dehors! ❷ (*später als*) **über eine Frist ~** au-delà d'un délai ❸ (*mehr als*) **über diesen Betrag ~** plus que cette somme ❹ (*weiter als*) **über dieses Alter bin ich ~** j'ai passé l'âge

hinaus|bringen *vt irr* ❶ (*Person*) reconduire ❷ (*Müll*) sortir **hinaus|fliegen** *irr* + *sein* ❶ (*Vogel*) s'envoler ❷ *fam* (*hinausgeworfen werden*) être viré **hinaus|gehen** *irr* I. *vi + sein* ❶ (*Person*) sortir ❷ (*abgeschickt werden*) **zu jdm ~** (*Brief, Lieferung*) être envoyé chez qn ❸ (*gerichtet sein*) **auf den Hof ~** (*Fenster, Zimmer*) donner sur la cour II. *vi unpers + sein* **wo geht es hinaus?** par où est la sortie? **hinaus|jagen** *vt + haben* **jdn ~** mettre qn dehors **hinaus|laufen** *vi irr + sein* ❶ sortir [en courant] ❷ (*gleichbedeutend sein*) **auf etw** (*akk*) **~** équivaloir à qc; **das läuft auf dasselbe hinaus** ça revient au même **hinaus|lehnen** *vr* **sich ~** se pencher [au-]dehors **hinaus|schicken** *vt* (*Kinder*) envoyer dehors **hinaus|sein**^{ALT} *s.* **hinaus 1., 4. hinaus|werfen** *vt irr* ❶ **etw ~** jeter qc dehors ❷ *fam* **jdn ~** flanquer qn dehors **hinaus|zögern** I. *vt* retarder II. *vr* **sich ~** être retardé

hin|bekommen* *s.* **hinkriegen**

Hinblick *m* ▶**im** [*o* **in**] **~ auf etw** (*akk*) (*hinsichtlich*) compte tenu de qc; (*wegen*) par considération pour qc

hin|bringen *vt irr* ❶ **jdm etw ~** apporter qc à qn ❷ (*begleiten*) y emmener

hinderlich ['hɪndəlɪç] *geh* I. *adj* gênant(e); **für jdn/etw ~ sein** (*Umstand, Vorfall*) être un handicap pour qn/qc II. *adv* **sich ~ auf etw** (*akk*) **auswirken** constituer un handicap pour la suite de qc

hindern ['hɪndən] *vt* ❶ **jdn |daran| ~ etw zu tun** empêcher qn de faire qc ❷ (*stören*) **jdn beim Gehen ~** gêner qn pour marcher

Hindernis ['hɪndɛnɪs] <-ses, -se> *nt* obstacle *m*

Hindernislauf *m* course *f* d'obstacles

Hinderungsgrund *m* empêchement *m*

hin|deuten *vi* ❶ **mit dem Finger auf etw** (*akk*) **~** montrer qc du doigt ❷ (*vermuten lassen*) **darauf ~, dass** indiquer que

Hindi ['hɪndi] <-> *nt kein art* hindi *m; s. a.* **Deutsch**

Hindu ['hɪndu] <-[s], -[s]> *m* hindou(e) *m(f)*

Hinduismus [hɪndu'ɪsmʊs] <-> *m* hindouisme *m*

hinduistisch I. *adj* hindou(e) II. *adv* (*prägen*) par l'hindouisme

hindurch [hɪn'dʊrç] *adv* ❶ **hier ~** par ici; **durch die Wand ~** à travers le mur ❷ (*zeitlich*) **die ganze Nacht ~** toute la nuit

hindurch|drängen *vr* **sich ~** se frayer un passage **hindurch|gehen** *vi irr + sein* ❶ **durch etw ~** passer par qc ❷ (*durchdringen*) **durch jdn/etw ~** (*Strahlen, Geschoss*) traverser qn/qc

hinein [hɪ'naɪn] *adv* **dort/hier ~!** il faut entrer là-bas/ici!

hinein|denken *vr irr* **sich in jdn ~** se mettre à la place de qn **hinein|gehen** *vi irr + sein* **in etw** (*akk*) **~** entrer dans qc **hinein| knien** [-kniːn, -kniːən] *vr fam* **sich ~** se donner à fond; **sich in etw** (*akk*) **~** se donner à fond dans qc **hinein|legen** *vt* **etw ~** mettre qc dedans II. *vr* **sich in etw** (*akk*) **~** se coucher dans qc **hinein|steigern** *vr* **sich in etw** (*akk*) **~** se laisser emporter par qc **hinein|versetzen*** *vr* **sich in jdn ~** se mettre à la place de qn **hinein|ziehen** *vt + haben* **jdn in etw** (*akk*) **|mit| ~** entraîner qn dans qc

hin|fahren *irr* I. *vi + sein* y aller II. *vt + haben* **jdn ~** y conduire qn; **etw ~** y apporter qc [en voiture]

Hinfahrt *f* trajet *m* [pour y aller]

hin|fallen *vi irr + sein* tomber

hinfällig *adj* (*Rechnung*) caduc(-uque); (*Argument*) sans valeur

Hinflug *m* vol *m* [pour y aller]

hin|führen I. *vt* **jdn ~** y conduire qn II. *vi* **zu etw ~** conduire à qc

hing [hɪŋ] *Imp von* **hängen**

Hingabe *f kein Pl* ardeur *f*

hin|geben *vr irr* ❶ **sich dem Nichtstun ~** s'abandonner au farniente ❷ *euph geh* (*sich nicht verweigern*) **sich jdm ~** se donner à qn

Hingebung *s.* **Hingabe**

hingebungsvoll I. *adj* (*Blick*) passionné(e); (*Pflege*) plein(e) de dévouement II. *adv* (*sich widmen*) passionnément; (*pflegen*) avec dévouement

hingegen [hɪn'ge:gən] *konj geh* en revanche

hin|gehen *vi irr + sein* (*dorthin gehen*) y aller

hingerissen ['hɪngərɪsən] **I.** *adj* ravi(e) **II.** *adv* ravissement

hin|halten *vt irr* ➊ jdm etw ~ tendre qc à qn ➋ (*warten lassen*) abuser

hin|hören *vi* écouter

hinken ['hɪŋkən] *vi + haben* boiter

hin|knien *vr + haben* sich ~ s'agenouiller

hin|kommen *vi irr + sein* ➊ (*gelangen*) y arriver ➋ (*hingehören*) die Gläser kommen hier hin les verres se mettent ici

hin|kriegen *vt fam* ➊ (*reparieren*) etw [wieder] ~ rafistoler qc ➋ (*fertig bringen*) arranger

hinlänglich *adj* suffisant(e)

hin|laufen *vi irr + sein* zu jdm ~ courir chez qn

hin|legen I. *vt* ➊ (*Buch*) déposer ➋ (*Person*) allonger ➌ (*bereitlegen*) wo soll ich dir die Handtücher ~? où dois-je te mettre les serviettes? ➍ *fam* (*bezahlen: Geld*) devoir allonger **II.** *vr* sich ~ s'allonger

hin|nehmen *vt irr* accepter; (*Niederlage*) essuyer

Hinreise *f* trajet *m* [pour y] aller

hin|reißen *vt irr* ➊ von jdm/etw hingerissen sein être émerveillé par qn/qc ➋ (*verleiten*) sich ~ lassen s'emporter

hinreißend I. *adj* ravissant(e) **II.** *adv* merveilleusement [bien]; ~ aussehen être ravissant

hin|richten *vt* exécuter

Hinrichtung *f* exécution *f*

hin|schauen *s.* hinsehen

hin|schmeißen *fam s.* hinwerfen

hin|sehen *vi irr* regarder

hin|seinᴬᴸᵀ *s.* hin I.3., II.

hin|setzen *vr* sich ~ s'asseoir

Hinsicht *f kein Pl* point *m* de vue; in mancher ~ à maints égards

hinsichtlich *präp* +*gen form* en ce qui concerne

hin|sitzen *vr* CH, SDEUTSCH sich ~ s'asseoir

Hinspiel *nt* match *m* aller

hin|stehen CH, SDEUTSCH *s.* hinstellen II.

hin|stellen I. *vt* ➊ etw da/dort ~ mettre qc là ➋ (*Fahrrad*) déposer; (*Auto*) garer ➌ (*charakterisieren*) jdn als Angeber ~ faire passer qn pour un frimeur **II.** *vr* sich ~ se mettre debout; (*sich aufrichten*) se mettre droit(e)

hinten ['hɪntən] *adv* derrière; ~ bleiben rester en arrière; ~ im Bus au fond du bus; [ganz] ~ sitzen être assis [tout] au fond; von ~ anfangen commencer par la fin

hintenherum *adv*, **hintenrum** *adv fam* ➊ (*gehen*) par derrière ➋ *fam* (*auf Umwegen*) par la bande

hinter ['hɪntɐ] **I.** *präp* + *dat* ➊ ~ jdm/etw stehen être derrière qn/qc; zwei Kilometer ~ der Grenze deux kilomètres après la frontière ➋ (*nach*) ~ jdm/etw après qn/qc; die Tür ~ sich schließen fermer la porte sur soi **II.** *präp* + *akk* sich ~ jdn/etw stellen se mettre derrière qn/qc

Hinterachse *f* essieu *m* arrière **Hinterausgang** *m* sortie *f* de derrière **Hinterbacke** *f meist Pl fam* fesse *f* **Hinterbein** *nt* patte *f* de derrière

Hinterbliebene(r) *f(m) dekl wie adj* parent(e) *m(f)* survivant(e); die ~n la famille

hintere(r, s) *adj* (*Haus, Tür*) de derrière; (*Reihen*) du fond

hintereinander *adv* ➊ l'un(e) derrière l'autre; ~ hergehen marcher en file indienne ➋ (*zeitlich*) etw ~ tun (*wiederholt*) faire qc de suite; (*an einem Stück*) faire qc d'affilée

hintereinanderher *adv* l'un(e) derrière l'autre

Hintereingang *m* entrée *f* de derrière

hinterfragen* [hɪntɐ'fra:gən] *vt geh* etw ~ remettre qc en question

Hintergedanke *m* arrière-pensée *f*

hintergehen* [hɪntɐ'ge:ən] *vt irr* tromper

Hintergrund *m* ➊ (*einer Bühne, eines Gemäldes*) fond *m* ➋ (*Umstände*) toile *f* de fond; vor dem ~ dieser Ereignisse au vu de ces événements ➌ *Pl* (*verborgene Zusammenhänge*) dessous *mpl*

Hintergrunddatei *f* INFORM fichier *m* d'arrière-plan **Hintergrundspeicher** *m* INFORM mémoire *f* à arrière-plan **Hintergrundverarbeitung** *f* INFORM traitement *m* de fond **Hintergrundwissen** *nt* connaissances *fpl* générales

Hinterhalt *m* cachette *f* [pour une embuscade]

hinterhältig ['hɪntɐhɛltɪç] *adj* sournois(e)

hinterher [hɪntɐ'he:ɐ] *adv* ➊ après; (*im Nachhinein*) après coup ➋ (*räumlich*) derrière; los, schnell ~! vite, courons après!

H

hinterher|laufen *vi irr* + *sein* courir derrière; **jdm ~** courir après qn **hinterher|schicken** *vt* **jdm jdn/etw ~** envoyer qn/qc à la suite de qn

Hinterhof *m* arrière-cour *f* **Hinterkopf** *m* arrière *m* de la tête **Hinterland** *nt kein Pl* arrière-pays *m*

hinter|lassen* [hɪntɛ'lasən] *vt irr* ❶ (*zurück lassen*) laisser ❷ (*vermachen*) léguer

Hinterlassenschaft <-, -en> *f* héritage *m*

hinterlegen* [hɪntɛ'leːgən] *vt* déposer

Hinterlist *f kein Pl* ruse *f*

hinterlistig *adj* sournois(e)

hinterm ['hɪntɛm] = *fam Abk von* **hinter dem** *s.* **hinter**

Hintermann <-männer> *m* ❶ dein ~ ton voisin de derrière; (*Auto, Autofahrer*) le conducteur [qui est] derrière toi ❷ *Pl pej fam* (*Drahtzieher*) instigateurs *mpl*

hintern ['hɪntɛn] = *fam Abk von* **hinter den** *s.* **hinter**

Hintern ['hɪntɛn] <-s, -> *m fam* postérieur *m*; **jdm den ~ versohlen** flanquer une fessée à qn

Hinterrad *nt* roue *f* arrière

hinterrücks ['hɪntɛrʏks] *adv* par derrière

hinters ['hɪntɛs] = *fam Abk von* **hinter das** *s.* **hinter**

Hinterseite *f* (*eines Gebäudes*) arrière *m*

hinterste(r, s) *adj Superl von* **hintere(r, s) in der ~n Reihe** au [tout] dernier rang

Hinterteil *nt fam* (*Gesäß*) arrière-train *m*

Hintertreffen *nt kein Pl* ▶**gegenüber jdm ins ~** geraten perdre du terrain par rapport à qn

Hintertreppe *f* escalier *m* de service

Hintertür *f* ❶ porte *f* de derrière ❷ *fam* (*Ausweg*) porte *f* de sortie

hinterziehen* [hɪntɛ'tsiːən] *vt irr* frauder sur

Hinterzimmer *nt* chambre *f* donnant sur l'arrière; (*einer Gaststätte*) arrière-salle *f*

hin|tun *vt irr fam* **etw da/dort ~** mettre qc là

hinüber [hɪ'nyːbɛ] I. *adv* de l'autre côté II. *adj fam* ❶ (*verdorben, defekt*) ~ **sein** (*Lebensmittel, Motor*) être fichu ❷ (*~gegangen*) **zu jdm/ins Büro ~ sein** être parti chez qn/au bureau

hinüber|blicken *vi* regarder de l'autre côté **hinüber|führen** *vt, vi* |jdn| ~ conduire *f* ❶| de l'autre côté **hinüber|kommen** *vi irr* + *sein* ❶ **er ist über die Brücke hinüber-**

gekommen il a traversé par le pont ❷ *fam* (*besuchen*) **ich komme zu dir/euch ... hinüber** je viens chez toi/vous ... **hinüber| schauen** *s.* **hinüberblicken hinüber| sein**ᴬᴸᵀ *s.* **hinüber II.**

Hin- und Rückfahrt *f* aller *m* [et] retour

hinunter [hɪ'nʊntɛ] *adv* **die Treppe ~ ...** descendre l'escalier ...

hinunter|fahren *irr* I. *vi* + *sein* **ins Tal ~** descendre dans la vallée II. *vt* + *haben* **jdn ins Tal ~** descendre qn dans la vallée **hinunter|fallen** *vi irr* + *sein* tomber; **die Treppe ~** dégringoler dans l'escalier **hinunter|gehen** *irr vi* + *sein* descendre **hinunter|schalten** *vi* **in den zweiten Gang ~** rétrograder en seconde **hinunter|schlucken** *vt* ❶ avaler ❷ *fam* (*Ärger*) ravaler **hinunter|schütten** *vt* ❶ **etw ~** jeter qc en bas ❷ *fam* (*hastig trinken*) siffler **hinunter| spülen** *vt* ❶ **etw den Ausguss ~** faire disparaître qc dans l'évier ❷ *fig fam* **etw ~** essayer d'oublier qc [en buvant] **hinunter| stürzen** I. *vi* + *sein* (*hinunterfallen*) tomber II. *vt* + *haben* **jdn ~** précipiter qn dans le vide III. *vr* + *haben* **sich ~** se précipiter dans le vide **hinunter|werfen** *vt irr* **etw ~** lancer qc en bas **hinunter|würgen** *vt* faire descendre

hinweg [hɪn'vɛk] *adv geh* ❶ **über jdn/etw ~** par-dessus qn/qc ❷ (*zeitlich*) **über drei Monate ~** pendant trois mois ❸ (*fort*) **mit dir/euch!** disparais/disparaissez!

Hinweg ['hɪnveːk] *m* trajet *m*

hinweg|gehen *vi irr* + *sein* **über etw** (*akk*) **~** (*nicht beachten*) ne pas tenir compte de qc **hinweg|helfen** *vi irr* **jdm über etw** (*akk*) **~** aider qn à surmonter qc **hinweg| raffen** *vt geh* **jdn ~** (*Seuche*) emporter qn **hinweg|sehen** *vi irr* ❶ **über jdn/etw ~** regarder par-dessus qn/qc ❷ (*nicht beachten*) **über etw** (*akk*) **~** ne pas tenir compte de qc ❸ (*ignorieren*) **über jdn ~** ignorer qn **hinweg|setzen** *vr* **sich über etw** (*akk*) **~** passer outre à qc

Hinweis ['hɪnvais] <-es, -e> *m* remarque *f* **hin|weisen** *irr* I. *vt* **jdn auf etw** (*akk*) **~** attirer l'attention de qn sur qc II. *vi* ❶ **darauf ~, dass ...** attirer l'attention sur le fait que ... ❷ (*schließen lassen*) **darauf ~, dass ...** (*Umstand*) laisser penser que ...

Hinweisschild <-schilder> *nt* panonceau *m* **Hinweistafel** *f* panneau *m* d'information hin|wenden *irr vr* sich zu jdm/etw ~ se tourner vers qn/qc hin|werfen *irr* I. *vt* ❶ jdm etw ~ jeter qc à qn ❷ *fam* (*aufgeben*) envoyer promener II. *vr* sich vor jdn/etw ~ se jeter aux pieds de qn/qc hin| wollen *vi fam* vouloir y aller hin|ziehen *irr* I. *vt* + *haben* ❶ jdn/etw zu sich ~ attirer qn à soi/tirer qc vers soi ❷ (*anziehen*) es zieht sie zu ihm hin elle se sent attirée par lui II. *vr* + *haben* sich ~ traîner; (*sich örtlich ausdehnen*) s'étendre

hinzu [hɪn'tsuː] *adv* en plus

hinzu|fügen *vt* einer S. (*dat*) etw ~ ajouter qc à qc hinzu|kommen *vi irr* + *sein* ❶ (*eintreffen*) arriver ❷ (*zu berücksichtigen sein*) es kommt hinzu, dass ... à cela, il faut ajouter que ...

hinzu|ziehen *vt irr* s'adjoindre les services de

Hiobsbotschaft ['hiːɔpsboːtʃaft] *f* mauvaise nouvelle *f*

Hip-Hop <-s> *m* MUS hip-hop *m*

Hippie ['hɪpi] <-s, -s> *m* hippie *m*

Hirn [hɪrn] <-[e]s, -e> *nt* ❶ cerveau *m* ❷ GASTR cervelle *f*

Hirngespinst ['hɪrngəʃpɪnst] *nt* chimère *f* Hirnhautentzündung *f* MED méningite *f* hirnrissig, hirnverbrannt *adj pej fam* débile

Hirsch [hɪrʃ] <-es, -e> *m* cerf *m*

Hirschkalb *nt* faon *m* [de cerf] Hirschkuh *f* biche *f*

Hirse ['hɪrzə] <-, -n> *f* mil[let] *m*

Hirt, Hirte ['hɪrtə] <-n, -n> *m*, Hirtin *f* gardien(ne) *m(f)* [de troupeau]; (*Schafhirte*) berger(-ère) *m(f)*

Hirtenbrief *m* lettre *f* pastorale

his <-, -> *nt* MUS si m dièse

hissen ['hɪsən] *vt* hisser

Historiker(in) [hɪs'toːrɪkə] <-s, -> *m(f)* historien(ne) *m(f)*

historisch [hɪs'toːrɪʃ] I. *adj* historique II. *adv* (*korrekt*) historiquement; (*betrachtet*) d'un point de vue historique

Hit [hɪt] <-s, -s> *m fam* ❶ tube *m* ❷ (*modisches Muss*) must *m*

Hitliste *f* hit-parade *m* Hitparade *f* hit-parade *f*

Hitze ['hɪtsə] <-, -n> *f* chaleur *f* ▶in der ~ des Gefechts dans le feu de l'action

hitzebeständig *adj* résistant(e) à la chaleur hitzefrei *adj* ~ haben ne pas avoir classe en raison de la canicule

Hitzewallung *f meist Pl* bouffée *f* de chaleur Hitzewelle *f* vague *f* de chaleur

hitzig ['hɪtsɪç] I. *adj* ❶ (*Person, Temperament*) irascible ❷ (*Debatte*) enflammé(e) II. *adv* (*debattieren*) dans un climat passionné

Hitzkopf *m fam* soupe *f* au lait Hitzschlag *m* insolation *f*

HIV [haːʔiːˈfau] <-[s], -[s]> *nt Abk von* Human Immunodeficiency Virus HIV *m*, V.I.H. *m*

HIV-infiziert *adj* infecté(e) par le virus V.I.H. HIV-negativ *adj* séronégatif(-ive) HIV-positiv *adj* séropositif(-ive) HIV-Test *m* test *m* de dépistage du sida

Hiwi ['hiːvi] <-s, -s> *m fam* (*wissenschaftliche Hilfskraft*) étudiant(e) aidant un professeur d'université dans ses recherches

hl *Abk von* Hektoliter *l*

hl. *Abk von* heilige(r) St(e)

H-Milch ['haːmɪlç] *f* lait *m* U.H.T.

h-Moll ['haːmɔl] *nt* si *m* mineur

HNO-Arzt [haːʔɛnˈʔoːaːɐst] *m*, -ärztin *f* O.R.L. *mf*

hob [hoːp] *Imp von* heben

Hobby ['hɔbi] <-s, -s> *nt* passe-temps *m*

Hobbykoch *m*, -köchin *f* cuisinier(-ière) *m(f)* amateur

Hobel ['hoːbəl] <-s, -> *m* ❶ (*Werkzeug*) rabot *m* ❷ (*Küchengerät*) râpe *f*

hobeln ['hoːbəln] *vt* ❶ TECH [*glatt*] ~ raboter ❷ GASTR etw ~ émincer qc [avec une râpe]

hoch [hoːx] < *attr* hohe(r, s), höher, höchste> I. *adj* ❶ haut(e) *antéposé*; (*Schneedecke*) épais(se); [*rals*]se); das Dach ist sieben Meter ~ le toit a sept mètres de hauteur ❷ (*Stimme, Ton*) aigu(ë) ❸ MATH zwei ~ drei ist acht deux [à la] puissance trois égale huit ❹ (*Temperatur, Ansprüche*) élevé(e); (*Sachschaden*) gros(se) *antéposé*; (*Strafe*) sévère ❺ (*Besuch*) important(e); (*Offizier*) supérieur(e); (*Feiertag*) solennel(le) ▶jdm zu ~ sein *fam* dépasser qn II. <höher, am höchsten> *adv* ❶ es geht sieben Treppen ~ il faut monter sept étages; wie ~ kannst du den Ball werfen? à quelle hauteur peux-tu lancer le ballon? ❷ (*fliegen*) haut; das Wasser steht drei Zentimeter ~ il y a trois centimètres d'eau ❸ (*nicht tief*) [zu] ~ singen chanter [trop] haut ❹ (*verehrt, verschuldet*) très ▶ wenn es ~ kommt *fam* tout au plus

H

Hoch <-s, -s> nt ❶ (~ruf) ovation f ❷ METEO anticyclone m

Hochachtung f considération f; **meine ~!** toutes mes félicitations!

hochachtungsvoll adv form avec l'expression de ma considération distinguée

hochaktuell adj d'une actualité brûlante

hoch|arbeiten vr **sich bis zu etw ~** s'élever dans la hiérarchie et devenir qc à la force du poignet

hochauflösend adj INFORM, TV [à] haute définition

Hochbahn f métro m aérien

Hochbau m kein Pl bâtiment m

hochbegabtᴬᴸᵀ s. begabt

Hochbetrieb m activité f intense

Hochburg f (einer Partei) fief m

hochdeutsch adj (nicht umgangssprachlich) en allemand standard

Hochdeutsch <-[s]> nt ❶ l'allemand m standard ❷ LING le haut allemand

Hochdruck m kein Pl TECH, METEO haute pression f

Hochdruckgebiet nt anticyclone m

Hochebene f haut plateau m

hocherfreut adj ~ **sein** [être] très heureux

hochexplosiv adj très explosif(-ive)

hoch|fahren vi irr + sein ❶ fam (nach oben fahren) monter ❷ (sich plötzlich aufrichten) **aus dem Schlaf ~** se réveiller en sursaut

Hochform f **in ~ sein** être en pleine forme

Hochformat nt format m en hauteur; IN-FORM format portrait

Hochgebirge nt haute montagne f

Hochgefühl nt euphorie f, exaltation f

hoch|gehen vi irr + sein ❶ fam (nach oben gehen) monter ❷ fam (in die Luft gehen) exploser ❸ (steigen) grimper

Hochglanz m **etw auf ~ bringen** faire briller qc

Hochglanzpapier nt papier m glacé

hochgradig I. adj extrême II. adv extrêmement

hochhackig ['ho:xhakɪç] adj à hauts talons

hoch|halten vt irr (Hand) lever

Hochhaus nt tour f

hoch|heben vt irr (Kind) soulever; (Hand) lever

hochintelligent adj très intelligent(e)

hochinteressant adj d'un grand intérêt

hoch|klappen vt + haben (Klappe, Schrankbett) relever

hoch|klettern vi + sein grimper

Hochkonjunktur f haute conjoncture f

hoch|krempeln vt retrousser

hoch|laden vt INFORM charger; **etw ~** (im Internet) télécharger qc vers l'amont

Hochland nt haut plateau m

hoch|leben vi **jdn ~ lassen** porter un toast à qn; **hoch lebe die Königin!** vive la Reine!

Hochleistungssport m sport m de haut niveau

hochmodern I. adj ~ **sein** être du dernier cri II. adv (gekleidet) à la dernière mode

Hochmoor nt tourbière f de montagne

Hochmut m arrogance f

hochmütig ['ho:xmy:tɪç] adj arrogant(e)

hochnäsig ['ho:xnɛ:zɪç] pej adj (Art, Person) hautain(e)

hoch|nehmen vt irr (hochheben: Person) porter; (Gegenstand) soulever

Hochofen m haut fourneau m

hochprozentig adj (Schnaps) fortement alcoolisé(e)

hoch|rechnen vt faire une estimation de

Hochrechnung f meist Pl estimation f

hochrot adj (Gesicht, Wangen) écarlate

Hochruf m vivat m

Hochsaison f TOUR haute saison f

hoch|schlagen irr I. vt + haben (Kragen) relever II. vi + sein (Brecher, Wellen) déferler

Hochschulabschlussᴿᴿ m diplôme m de fin d'études universitaires

Hochschule f ❶ (Universität) université f ❷ (Fachhochschule) école f supérieure spécialisée

Hochschullehrer(in) m(f) professeur m, d'université **Hochschulreife** f baccalauréat m permission d'accès aux études supérieures

Hochschulstudium nt études fpl universitaires

Hochsitz m affût m perché

Hochsommer m plein été m

hochsommerlich adj estival(e)

Hochspannung f ELEC haute tension f

Hochspannungsleitung f ligne f [à] haute tension **Hochspannungsmast** m pylône m [pour lignes] à haute tension

Hochsprache f langue f standard

hoch|springen vi irr + sein (nach oben springen) sauter

Hochsprung m saut m en hauteur

Hochstapler(in) ['ho:xʃta:plɐ] <-s, -> m(f,

imposteur *m*

Höchstbetrag *m* traite *f* maximale

höchste(r, s) ['høːkstə, -tə, -təs] *adj Superl von* **hoch** ❶ (*Berg, Summe*) le plus haut (la plus haute); (*Schaden*) le plus important (la plus importante); (*Strafe*) le(la) plus sévère; **das Höchste, was** (*die äußerste Summe*) le maximum que + *subj* ❷ (*von größter Intensität: Nervosität*) extrême; **es ist ~e Zeit!** il est grand temps!

höchstens ['høːkstəns] *adv* au maximum

Höchstgeschwindigkeit *f* vitesse *f* maximale **Höchstgrenze** *f* limite *f* **Höchstleistung** *f* performance *f* extrême **Höchstmaß** *nt* maximum *m* **höchstpersönlich** *adv* en personne **Höchststrafe** *f* peine *f* maximale **höchstwahrscheinlich** *adv* selon toute vraisemblance

Hochtechnologie *f* technologie *f* de pointe **hochverehrt** *adj attr* très honoré(e) *antéposé* **Hochverrat** *m* haute trahison *f* **hochverschuldet** *adj attr* surendetté(e) **Hochwasser** *nt* ❶ ~ **führen** être en crue *f* ❷ (*Überschwemmung*) inondation *f* ❸ (*Höchststand der Flut*) marée *f* haute **hoch|werfen** *vt irr* **etw** ~ lancer qc en l'air **hochwertig** *adj* de grande qualité **Hochzahl** *f* exposant *m*

Hochzeit¹ ['hɔxtsaɪt] <-, -en> *f* mariage *m*; ~ **feiern** célébrer des noces *fpl*; **die silberne/goldene** ~ les noces d'argent/d'or

Hochzeit² <-, -en> *f* (*Blütezeit*) apogée *m*

Hochzeitskleid *nt* robe *f* de mariée **Hochzeitsnacht** *f* nuit *f* de noces **Hochzeitsreise** *f* voyage *m* de noces **Hochzeitstag** *m* ❶ (*Tag der Hochzeit*) jour *m* du mariage ❷ (*Jahrestag*) anniversaire *m* de mariage

hoch|ziehen *irr* **I.** *vt* (*Jalousie*) ouvrir; (*Socke*) remonter **II.** *vr* (*sich nach oben ziehen*) **sich an etw** (*dat*) ~ se relever en se tenant à qc

Hocke ['hɔkə] <-, -n> *f* ❶ (*Körperhaltung*) position *f* accroupie ❷ SPORT saut *m* fléchi groupé

hocken ['hɔkən] *vi* + *haben* (*kauern*) être accroupi

Hocker ['hɔkɐ] <-s, -> *m* tabouret *m*

Höcker ['hœkɐ] <-s, -> *m* bosse *f*

Hockey ['hɔki] <-s> *nt* hockey *m* [sur gazon]

Hockeyschläger *m* crosse *f* de hockey

Hoden <-s, -> *m* ANAT testicule *m*

Hodensack *m* ANAT bourses *fpl*

Hof [hoːf, *Pl:* 'høːfə] <-[e]s, Höfe> *m* ❶ cour *f*; **auf den/dem** ~ dans la cour ❷ (*Bauernhof*) ferme *f* ▶ **jdm den** ~ **machen** faire la cour à qn

hoffen ['hɔfən] **I.** *vi* ❶ espérer ❷ (*bauen auf*) **auf etw/jdn** ~ compter sur qc/qn **II.** *vt* **ich hoffe, |dass| er kommt** j'espère qu'il viendra; **das wollen wir** ~! nous espérons bien!

hoffentlich ['hɔfəntlɪç] *adv* espérons que ...; ~ **haben wir bald Frühling!** j'espère que c'est bientôt le printemps! (*fam*) ~! j'espère/nous espérons bien!

Hoffnung ['hɔfnʊŋ] <-, -en> *f* espoir *m*; ~ **auf etw** (*akk*) espérance *f* de qc; **jdm** ~ **auf etw** (*akk*) **machen** laisser espérer qc à qn; **sich** (*dat*) ~**en/keine** ~**en machen** nourrir certains espoirs/ne pas se faire d'illusions; **die** ~ **aufgeben** abandonner tout espoir

hoffnungslos *adj* désespéré(e)

Hoffnungslosigkeit <-> *f* désespoir *m* **Hoffnungsschimmer** *m* lueur *f* d'espoir **hoffnungsvoll I.** *adj* (*viel versprechend*) prometteur(-euse) **II.** *adv* (*ansehen*) plein(e) d'espoir

höfisch ['høːfɪʃ] *adj* (*Manieren*) en usage à la cour; (*Leben*) à la cour; (*Dichtung*) courtois(e)

höflich ['høːflɪç] *adj* poli(e)

Höflichkeit <-, -en> *f* politesse *f*

Höfling ['høːflɪŋ] <-s, -e> *m* courtisan *m*

Hofnarr *m* fou *m* |du roi|

Hofrat *m*, **-rätin** *f* A conseiller(-ère) *m(f)* de la cour

Höhe ['høːə] <-, -n> *f* ❶ (*eines Baums, Gebäudes*) hauteur *f*; (*eines Bergs*) altitude *f* ❷ (*Entfernung über dem Boden*) **aus der** ~ d'en haut; **in der** ~ dans les airs; **auf halber** ~ à mi-hauteur ❸ (*Flughöhe*) altitude *f* ❹ (*eines Gehalts*) montant *m*; (*von Kosten*) niveau *m*; (*von Schäden*) ampleur *f*; **in** ~ **von hundert Euro** d'un montant de cent euros; **in die** ~ **gehen** (*Kosten*) augmenter ❺ (*geographische Breite*) **auf gleicher** ~ **liegen** être à la même latitude *f* ▶ **das ist doch die** ~! *fam* c'est le bouquet!

hohe(r, s) ['hoːə, -e, -əs] *s.* **hoch**

Hoheit <-, -en> *f* ❶ altesse *f*; **Seine/Ihre Königliche** ~ Son/Votre Altesse Royale ❷ *kein Pl* POL souveraineté *f*

Hoheitsgebiet *nt* territoire *m* national

Hoheitsgewässer *Pl* eaux *fpl* territoriales
Höhenangst *f* acrophobie *f* **Höhenflug** *m*
fig grandes envolées *fpl* **Höhensonne®** *f*
lampe *f* à ultraviolets **Höhenunterschied**
m GEO dénivellation *f*

Höhepunkt *m* ❶ (*wichtigstes Ereignis*) grand
moment *m* ❷ (*Gipfel: einer Krise*) paro-
xysme *m;* (*der Macht*) apogée *m*

höher I. *adj Komp von* **hoch** plus haut(e)
II. *adv Komp von* **hoch** plus haut; **etw ~**
bewerten apprécier mieux qc

hohl [ho:l] *adj* ❶ creux(-euse) ❷ *pej* (*nichts*
sagend) **~e Worte** de belles paroles

Höhle ['hø:lə] <-, -n> *f* ❶ (*im Felsen*) grotte
f; (*im Baum*) creux *m* ❷ (*Bärenhöhle*) tanière *f*

Höhlenmalerei *f* peinture *f* rupestre **Höhlenmensch** *m* troglodyte *m*

Hohlkreuz *nt* MED forte cambrure *f* des reins
Hohlmaß *nt* (*Maßeinheit*) mesure *f* de capacité **Hohlraum** *m* cavité *f*

Höhlung <-, -en> *f* cavité *f*, creux *m*

Hohn [ho:n] <-[e]s> *m* sarcasmes *mpl;* **das**
ist der reine ~! c'est une plaisanterie!

höhnen ['hø:nən] *vi* ricaner

höhnisch ['hø:nɪʃ] *adj* sarcastique

Hokuspokus [ho:kʊs'po:kʊs] <-> *m* **~!**
abracadabra!

Holder ['hɔldɐ] CH, SDEUTSCH *s.* **Holunder**

Holding ['hɔʊldɪŋ] <-, -s> *f* holding *m*

holen ['ho:lən] **I.** *vt* aller chercher **▶bei jdm**
ist nichts zu ~ *fam* on ne peut rien tirer de
qn **II.** *vr fam* ❶ (*sich nehmen*) prendre
❷ (*sich ungewollt zuziehen*) attraper

Holland ['hɔlant] *nt* la Hollande

Holländer(in) ['hɔlɛndɐ] <-s, -> *m(f)* Hollan-
dais(e) *m(f)*

holländisch [hɔlɛndɪʃ] **I.** *adj* hollandais(e)
II. *adv fam* **~ miteinander sprechen** discuter en hollandais

Holländisch <-[s]> *nt kein art fam* hollandais *m; s. a.* **Deutsch**

Hölle ['hœlə] <-, -n> *f* REL enfer *m;* HIST enfers *mpl;* **in der ~** en enfer; **fahr zur ~!** tu
peux aller au diable! **▶es ist die ~ los** *fam*
c'est l'horreur

Höllenlärm ['hœlən'lɛrm] *m fam* bruit *m* infernal **Höllenqual** *f meist Pl fam* supplice *m*
infernal

höllisch *adj* ❶ *attr* REL, HIST de l'enfer ❷ *fam*
(*furchtbar*) infernal(e)

Holocaust ['ho:lokaʊst] <-s> *m* holocauste *m*

Hologramm [holo'gram] <-gramme> *nt*
hologramme *m*

Holographie [hologra'fi:] <-, -n> *f* holographie *f*

holperig *s.* **holprig**

holpern ['hɔlpɐn] *vi* (*Wagen*) cahoter

holprig *adj* ❶ (*Weg*) cahoteux(-euse); (*Pflaster*) irrégulier(-ière) ❷ (*Versmaß*) hésitant(e)

Holunder [ho'lʊndɐ] <-s, -> *m* sureau *m*

Holz [hɔlts,] <-es> *nt kein Pl* bois *m*

Holzblasinstrument *nt* instrument *m* à
vent en bois

hölzern ['hœltsɐn] *adj* (*aus Holz*) en bois

Holzfäller(in) ['hɔltsfɛlɐ] <-s, -> *m(f)* bûche-
ron(ne) *m(f)* **Holzhacker(in)** A *s.* **Holzfäl-
ler**

holzig ['hɔltsɪç] *adj* (*Spargel, Kohlrabi*) filan-
dreux(-euse)

Holzkohle *f* charbon *m* de bois **Holzschnitt**
m gravure *f* sur bois **Holzschuh** *m* sabot *m*
Holzschutzmittel *nt* produit *m* de traitement du bois **Holzweg** *m* **▶auf dem ~**
sein *fam* se fourrer le doigt dans l'œil
Holzwolle *f* copeaux *mpl* **Holzwurm** *m*
ver *m* du bois

Homepage [hɔʊmpeɪdʒ] *f* INFORM page *f*
d'accueil

Homo *s.* **Homosexuelle(r)**

homogen [homo'ge:n] *adj geh* homogène

homogenisieren* [homogeni'zi:rən] *vt* homogénéiser

Homöopath(in) [homøo'pa:t] <-en, -en>
m(f) homéopathe *mf*

Homöopathie [homøopa'ti:] <-> *f* homéopathie *f*

homöopathisch [homøo'pa:tɪʃ] *adj* (*Mittel*)
homéopathique

Homosexualität [homozɛksualɪ'tɛt] *f* homosexualité *f*

homosexuell *adj* homosexuel(le)

Homosexuelle(r) *f(m) dekl wie adj* homose-
xuel(le) *m(f)*

Honig ['ho:nɪç] <-s, -e> *m* miel *m* **▶jdm ~**
um den Bart schmieren *fam* passer de la
pommade à qn

Honigmelone *f* melon *m*

Honorar [hono'ra:ɐ] <-s, -e> *nt* honoraires
mpl

honorieren* [hono'ri:rən] *vt* ❶ (*würdigen*)
jdn ~ apprécier qn à sa juste valeur ❷ (*bezahlen: Arbeit*) rétribuer; **jdn mit etw ~**
donner qc à qn comme rétribution

Hooligan ['hu:ligən] <-s, -s> m houligan m
Hopfen ['hɔpfən] <-s, -> m houblon m
hopp [hɔp] interj fam (los) allez, hop
hoppeln ['hɔpəln] vi + sein faire des bonds
hoppla ['hɔpla] interj ❶ (Vorsicht) ouh, là
[là] ❷ (Moment mal) attends/attendez voir!
hopsen ['hɔpsən] vi + sein fam sauter
hörbar ['høːgbaːɐ̯] adj audible
horchen ['hɔrçən] vi (lauschen) écouter
Horde ['hɔrdə] <-, -n> f horde f
hören ['høːrən] I. vt ❶ (wahrnehmen, vernehmen) entendre; **jdn lachen/reden ~**
entendre qn rire/parler ❷ (an~: Sendung,
Konzert) écouter; **hast du diesen Pianisten schon mal gehört?** tu as déjà entendu
ce pianiste? ❸ (feststellen) **am Tonfall ~,
dass ...** percevoir à l'intonation que ...
❹ (erfahren) **etw über jdn/etw ~** entendre dire qc de qn/qc; **~, dass ...** entendre
dire que ...; **von wem hast du das denn
gehört?** tu l'as appris par qui?; **etwas von
sich ~ lassen** donner de ses nouvelles;
nichts [davon] ~ wollen ne pas vouloir le
savoir; **wie man hört/wie ich höre, ... à**
ce qu'on dit ... II. vi ❶ (zu~) écouter; **hör
mal/~ Sie mal!** fam écoute/écoutez!
❷ (vernehmen) **gut/schlecht ~** entendre
bien/mal ❸ (erfahren) **von jdm/etw gehört haben** avoir entendu parler de qn/qc
❹ fam (sich richten nach) **auf jdn/etw ~**
écouter qn/qc ▶**ihm vergeht Hören und
Sehen** il ne sait plus où il en est; **man höre
und staune!** tiens-toi/tenez-vous bien!
Hörensagen ['høːrənzaːgən] nt ▶**vom ~**
par ouï-dire
Hörer <-s, -> m ❶ (Zuhörer) auditeur m
❷ (Telefonhörer) combiné m
Hörerin <-, -nen> f auditrice f
Hörfunk m form radio f **Hörgerät** nt appareil m auditif
hörig adj **jdm ~ sein** être [entièrement] soumis à qn
Horizont [hori'tsɔnt] <-[e]s, -e> m horizon
m ▶**das geht über seinen ~** cela le dépasse
horizontal [horitsɔn'taːl] adj horizontal(e)
Horizontale f dekl wie adj droite f horizontale
Hormon [hɔr'moːn] <-s, -e> nt hormone f
hormonal [hɔrmo'naːl] adj hormonal(e)
Horn [hɔrn], Pl: 'hœrnə] <-[e]s, Hörner> nt
❶ (eines Tiers) corne f ❷ MUS cor m

Hornbrille f lunettes fpl de corne
Hörnchen ['hœrnçən] <-s, -> nt (Croissant)
croissant m
Hornhaut f ❶ (des Auges) cornée f ❷ (Haut-
schicht) corne f
Hornisse [hɔr'nɪsə] <-, -n> f frelon m
Hornochs[e] m fam bourrique f
Horoskop [horo'skoːp] <-s, -e> nt horos-
cope m
horrend adj exorbitant(e)
Horror ['hɔroːg] <-s> m horreur f
Horrorfilm m film m d'horreur
Hörsaal m amphithéâtre m **Hörspiel** nt
pièce f radiophonique **Hörsturz** m MED surdité f brusque
Hort [hɔrt] <-[e]s, -e> m (Kinderhort) ≈ garderie f
horten ['hɔrtən] vt (Waren) stocker; (Geld)
entasser
Hortensie [hɔr'tɛnziə] <-, -n> f hortensia m
Hörweite f **in/außer ~ sein** être à/hors
de portée de voix
Hose ['hoːzə] <-, -n> f **ein Paar ~n** un pantalon; **eine kurze ~** un short ▶**da ist tote
~** fam c'est mort ici; **in die ~ gehen** fam
foirer; **sich** (dat) **|vor Angst| in die ~
machen** fam chier dans son froc de peur
Hosenanzug m tailleur-pantalon m **Hosenbein** nt jambe f de pantalon **Hosenboden**
m fond m de culotte **sich auf den ~
setzen** fam en mettre un coup **Hosen-
bund** m taille f du pantalon **Hosenrock** m
jupe-culotte f **Hosenschlitz** m braguette f
Hosenträger Pl bretelles fpl
Hospital [hɔspi'taːl, Pl: hɔspi'tɛːlə] <-s, -e>
nt hôpital m
Host [hoʊst] <-s, -s> m hôte m
Hostessᴿᴿ, **Hosteß**ᴬᴸᵀ [hɔs'tɛs] <-, Hostes-
sen> f hôtesse f
Hostie ['hɔstiə] <-, -n> f hostie f
Hotdogᴿᴿ ['hɔt'dɔk] <-s, -s> nt o m hot-dog
m
Hotel [ho'tɛl] <-s, -s> nt hôtel m
Hotelführer m guide m des hôtels **Hotelge-
werbe** nt hôtellerie f **Hotelzimmer** nt
chambre f d'hôtel
Hotline ['hɔtlain] <-, -s> f hotline f; INFORM
service m en ligne
Hr. Abk von **Herr** M.
Hrn. Abk von **Herrn** M.
hrsg. Abk von **herausgegeben** éd.
hu interj (Ausdruck des Frierens) brrr

H

Hubraum ['hu:praʊm] *m* cylindrée *f*

hübsch [hʏpʃ] **I.** *adj* ❶ joli(e) *antéposé;* **sich ~ machen** se faire beau(belle) ❷ *fam* (*Sümmchen*) coquet(te) **II.** *adv* ❶ (*sich kleiden*) bien ❷ *fam* (*annehmbar*) **ganz ~ singen** ne pas chanter si mal que ça

Hubschrauber ['hu:pʃraʊbɐ] <-s, -> *m* hélicoptère *m*

Hubschrauberlandeplatz *m* héliport *m*

huch [hʊx] *interj* oh

huckepack ['hʊkəpak] *adv* **jdn ~ tragen** *fam* porter qn sur son dos

hudeln ['hu:dəln] *vi bes.* A, SDEUTSCH *fam* ❶ (*nachlässig arbeiten*) bâcler le boulot ❷ (*hektisch sein*) **nur nicht ~!** pas d'affolement!

Huf [hu:f] <-[e]s, -e> *m* sabot *m*

Hufeisen *nt* fer *m* à cheval

Hüferl <-s, -n> *nt* A rumsteck *m*

Hufschmied(in) *m(f)* maréchal-ferrant *m*

Hüfte ['hʏftə] <-, -n> *f* hanche *f*

Hüftgelenk *nt* |articulation *f* de la| hanche *f* **Hüfthalter** *m* gaine *f*

Huftier *nt* ongulé *m*

Hügel ['hy:gəl] <-s, -> *m* colline *f*

hügelig *adj* vallonné(e)

Huhn [hu:n, *Pl:* 'hy:nə] <-[e]s, Hühner> *nt* ❶ poule *f* ❷ GASTR poulet *m;* (*Suppenhuhn*) poule *f* ▸**da lachen ja die Hühner!** *fam* laisse-moi rigoler!

Hühnchen ['hy:nçən] <-s, -> *nt Dim von* **Huhn** poulet *m* ▸**mit jdm ein ~ zu rupfen haben** *fam* avoir un compte à régler avec qn

Hühnerauge *nt* cor *m* |au pied| **Hühnerbrühe** *f* bouillon *m* de poule **Hühnerbrust** *f* GASTR blanc *m* de poulet **Hühnerei** *nt* œuf *m* de poule **Hühnerfarm** *f* ferme *f* avicole **Hühnerfleisch** *nt* viande *f* de poule **Hühnerfrikassee** *nt* fricassée *f* de poule **Hühnerhof** *m* basse-cour *f* **Hühnerstall** *m* poulailler *m*

Hülle ['hʏlə] <-, -n> *f* ❶ (*Schutzhülle*) housse *f* ❷ (*Buchhülle*) couverture *f* ❸ (*Plattenhülle*) pochette *f* ❹ (*Ausweishülle*) étui *m* ▸**in ~ und Fülle** *geh* à profusion

hüllen ['hʏlən] *geh vt* **jdn/sich in eine Decke ~** envelopper qn/s'envelopper dans une couverture

Hülse ['hʏlzə] <-, -n> *f* (*Patronenhülse*) douille *f*

Hülsenfrucht ['hʏlzənfrʊxt] *f meist Pl* légume *m* sec

human [hu'ma:n] *adj* humain(e)

Humanismus [huma'nɪsmʊs] <-> *m* humanisme *m*

Humanist(in) [huma'nɪst] <-en, -en> *m(f)* humaniste *mf*

humanistisch *adj* ❶ humaniste ❷ (*altsprachlich: Bildung, Gymnasium*) classique

humanitär [humani'tɛ:ɐ] *adj* humanitaire

Humanität [humani'tɛ:t] <-> *f* humanité *f*

Humanmedizin *f kein Pl* médecine *f* |humaine|

Humbug ['hʊmbuːk] <-s> *m pej fam* (*Schwindel*) fumisterie *f*

Hummel ['hʊməl] <-, -n> *f* bourdon *m*

Hummer ['hʊmɐ] <-s, -> *m* homard *m*

Humor [hu'mo:ɐ] <-s> *m* humour *m*

Humorist(in) <-en, -en> *m(f)* comique *mf,* (*Schriftsteller*) humoriste *mf*

humoristisch [humo'rɪstɪʃ] *adj* humoristique

humorlos *adj* dépourvu(e) d'humour

Humorlosigkeit <-> *f* manque *m* d'humour

humorvoll *adj* plein(e) d'humour

humpeln ['hʊmpəln] *vi* boitiller

Humpen ['hʊmpən] <-s, -> *m* chope *f* |munie d'un couvercle|

Humus ['hu:mʊs] <-> *m* humus *m*

Hund [hʊnt] <-[e]s, -e> *m* ❶ chien *m;* **Vorsicht, bissiger ~!** |attention,| chien méchant! ❷ *fam* (*Mensch*) **ein armer ~** un pauvre bougre ❸ *pej fam* (*Schuft*) salaud *m* ▸**bekannt sein wie ein bunter ~** *fam* être connu comme le loup blanc; **vor die ~e gehen** *fam* se retrouver dans le pétrin

Hundefutter *nt* nourriture *f* pour chiens **Hundegebell** *nt* aboiements *mpl* **Hundehütte** *f* niche *f* **Hundeleben** *nt pej fam* vie *f* de chien **Hundeleine** *f* laisse *f* **Hundemarke** *f* plaque *f* de chien (*attestant le paiement de la taxe sur les chiens*) **hundemüde** *adj fam* **~ sein** être |complètement| crevé **Hunderasse** *f* race *f* de chiens

hundert ['hʊndɐt] *num* ❶ cent; **einige ~ Menschen** quelques centaines de personnes; *s. a.* **achtzig** ❷ *fam* (*viele*) **~ Einzelheiten** trente-six détails

Hundert¹ ['hʊndɐt] <-, -en> *f* cent *m*

Hundert² <-s, -e> *nt* centaine *f;* **~e von Fliegen** des centaines de mouches

hunderteins *num* cent un

Hunderter <-s, -> *m fam* (*Banknote*) billet *m* de cent

hundertfach *adj* cent fois; *s. a.* **achtfach**

Hundertjahrfeier *f* centenaire *m* **hundert-jährig** *adj* ❶ (*Person, Baum*) centenaire ❷ (*Entwicklung*) de cent années **hundertmal** *adv* cent fois; *s. a.* **achtmal Hundertmeterlauf** *m* cent mètres *m* [plat] **hundertprozentig** *adj fam* (*total*) cent pour cent

hundertste(r, s) ['hʊndəstə, -tə, -təs] *adj* centième; **jeder Hundertste** une personne sur cent; *s. a.* **achte(r, s)** ▶**vom Hundertsten ins Tausendste kommen** *fam* passer du coq à l'âne

hundertstel *num* **auf ein ~ Millimeter genau** au centième de millimètre près

Hundertstel <-s, -> *nt* centième *m*

hunderttausend ['hʊndət'tauzənt] *num* ❶ cent mille ❷ *fam* (*unzählige*) des milliers de

Hundesteuer *f* taxe *f* sur les chiens **Hundewetter** *nt fam kein Pl* temps *m* de chien

Hündin ['hʏndɪn] *f* chienne *f*

hundsgemein *fam adj* (*Kerl, Lüge*) sale *anté-posé* **Hundstage** *Pl* canicule *f*

Hüne ['hyːnə] <-n, -n> *m* géant *m*

Hunger ['hʊŋɐ] <-s> *m* ❶ faim *f*; **~ haben/bekommen** avoir/commencer à avoir faim; **~ auf etw** (*akk*) **haben** avoir faim de qc; **vor ~ [fast] umkommen** *fam* crever de faim ❷ *geh* (*Verlangen*) soif *f*

Hungerlohn *m pej* salaire *m* de famine

hungern ['hʊŋɐn] *vi* ❶ souffrir de la faim ❷ (*zum Abnehmen*) faire un régime

Hungersnot *f* famine *f*

Hungerstreik *m* grève *f* de la faim **Hungertuch** ▶**am ~ nagen** *iron fam* manger de la vache enragée

hungrig ['hʊŋrɪç] *adj* affamé(e)

Hupe ['huːpə] <-, -n> *f* klaxon® *m*

hupen ['huːpən] *vi* klaxonner

hüpfen ['hʏpfən] *vi + sein* (*Person*) sauter; (*Vogel*) sautiller

Hürde ['hʏrdə] <-, -n> *f* (*beim Hürdenlauf*) haie *f*; (*im Reitsport*) obstacle *m*

Hure ['huːrə] <-, -n> *f pej* putain *f* (*vulg*)

hurra [hʊˈraː] *interj* hourra

Hurra <-s, -s> *nt* hourra *m*

Hurrikan ['hʊrikan] <-s, -e> *m* ouragan *m*

husch *interj fam* (*schnell*) **~!** et hop!

huschen ['hʊʃən] *vi + sein* **über jds Gesicht ~** (*Lächeln*) glisser furtivement sur le visage de qn; **aus der Tür ~** (*schnell/verstohlen*) sortir vivement/furtivement

hüsteln ['hyːstəln] *vi* toussoter

husten ['huːstən] *vi* tousser

Husten <-s> *m* toux *f*; **~ haben** tousser

Hustenanfall *m* quinte *f* de toux **Hustenbonbon** *m o nt* bonbon *m* contre la toux **Hustensaft** *m* sirop *m* contre la toux

Hut[1] [huːt, *Pl:* 'hyːtə] <-[e]s, Hüte> *m* chapeau *m* ▶**~ ab vor jdm/etw!** *fam* chapeau à qn/qc!

Hut[2] [huːt] *f geh* ▶**auf der ~ sein** se tenir sur ses gardes

hüten ['hyːtən] **I.** *vt* (*Geheimnis, Bett*) garder **II.** *vr* **sich vor jdm/etw ~** se méfier de qn/se garder de qc; **sich ~ etw zu tun** se garder de faire qc

Hüter ▶**die ~ des Gesetzes** *hum* les représentants de l'ordre

Hutmacher(in) *m(f)* chapelier(-ière) *m(f)*; (*für Frauenhüte*) modiste *mf*

Hutsche <-, -n> *A* balançoire *f*

hutschen *vi A* faire de la balançoire

Hütte ['hʏtə] <-, -n> *f* ❶ cabane *f* ❷ (*Stahlhütte*) aciérie *f*

Hüttenkäse *m* cottage® *m* (*fromage blanc à gros caillots*)

Hyäne ['hyːɛːnə] <-, -n> *f* hyène *f*

Hyazinthe [hyaˈtsɪntə] <-, -n> *f* jacinthe *f*

Hydrant [hyˈdrant] <-en, -en> *m* bouche *f* d'incendie

Hydraulik [hyˈdraulɪk] <-> *f* hydraulique *f*

hydraulisch *adj* hydraulique

Hydrokultur [hydrokʊlˈtuːɐ] *f* culture *f* hydroponique

Hygiene [hyˈgjeːnə] <-> *f* hygiène *f*

hygienisch *adj* hygiénique

Hymne ['hʏmnə] <-, -n> *f* hymne *m*

Hyperlink ['haɪpɐlɪŋk] *m* INFORM hyperlien *m*

Hypertext ['haɪpɐtɛkst] *m* INFORM hypertexte *m*

Hypnose [hʏpˈnoːzə] <-, -n> *f* hypnose *f*; **jdn in ~** (*akk*) **versetzen** hypnotiser qn

hypnotisch [hʏpˈnoːtɪʃ] *adj* hypnotique

hypnotisieren* [hʏpnotiˈziːrən] *vt* hypnotiser

Hypochonder [hypoˈxɔndɐ] <-s, -> *m* PSYCH hypocondriaque *mf*

Hypotenuse [hypoteˈnuːzə] <-, -n> *f* MATH hypoténuse *f*

Hypothek [hypoˈteːk] <-, -en> *f* hypothèque *f*

Hypothese [hypoˈteːzə] <-, -n> *f* hypothèse *f*; **eine ~ aufstellen** émettre une hypothèse

hypothetisch [hypoˈteːtɪʃ] *adj* hypothétique

Hysterie [hʏsteˈriː] <-, -n> *f* hystérie *f*

hysterisch [hʏsˈteːrɪʃ] *adj* hystérique

Hz *Abk von* **Hertz** Hz

H

I, i [iː] <-, -> *nt* I *m*/i *m*

i *interj fam* be[u]rk ►**~ wo!** penses-tu/pensez-vous!

i. A. *Abk von* im Auftrag p.o.

iberisch [iˈbeːrɪʃ] *adj* ibérique

IC [iːˈtseː] <-s, -s> *m Abk von* Intercity IC *m*

ICE [iːtseːʔˈeː] <-s, -s> *m Abk von* Intercity Express ≈ T.G.V. *m*

ich [ɪç] *pron pers* je; (*betont, allein stehend*) moi; **hier bin ~!** me voici!

Ich <-[s], -s> *nt* a. PSYCH moi *m;* **mein zweites ~** mon autre moi

Ich-Erzählung *f* récit *m* à la première personne **Ichform** *f* première personne *f*

Icon [ˈaɪkən] <-s, -s> *nt* INFORM icône *f*

IC-Zuschlag [iːˈtseːˈtsuːʃlaːk] *m* supplément *m* IC

ideal [ideˈaːl] *adj* idéal(e)

Ideal <-s, -e> *nt* idéal *m*

Idealfall *m* cas *m* idéal **Idealgewicht** [ideˈaːlɡəvɪçt] *nt* poids *m* idéal

idealisieren* [idealiˈziːrən] *vt* idéaliser

Idealismus [ideaˈlɪsmʊs] <-> *m* idéalisme *m*

Idealist(in) [ideaˈlɪst] <-en, -en> *m(f)* idéaliste *mf*

idealistisch *adj* idéaliste

Idee [iˈdeː] <-, -n> *f* ❶ idée *f;* **eine ~ haben** avoir une idée; **jdn auf eine ~ bringen** donner une idée à qn; **wie kommst du denn auf die ~?** où vas-tu chercher une idée pareille? ❷ *fam* (*Kleinigkeit*) **eine ~ zu kalt** un soupçon trop froid

ideell [ideˈɛl] *adj* (*Werte*) spirituel(le); (*Gesichtspunkte*) intellectuel(le)

ideenreich [iˈdeːənraɪç] *adj* inventif(-ive)

Identifikation [idɛntifikaˈtsjoːn] <-, -en> *f* identification *f*

Identifikationsfigur *f* modèle *m* identificatoire

identifizieren* [idɛntifiˈtsiːrən] I. *vt* identifier II. *vr* **sich mit jdm/etw ~** s'identifier à qn/qc

Identifizierung <-, -en> *f* identification *f*

identisch [iˈdɛntɪʃ] *adj* identique

Identität [idɛntiˈtɛːt] <-> *f* identité *f*

Identitätskarte *f bes.* A, CH carte *f* d'identité

Ideologe [ideoˈloːɡə] <-n, -n> *m,* **Ideologin** *f* idéologue *mf*

Ideologie [ideoloˈgiː] <-, -n> *f* idéologie *f*

ideologisch [ideoˈloːgɪʃ] *adj* idéologique

idiomatisch [idjoˈmaːtɪʃ] *adj* idiomatique

Idiot(in) [iˈdjoːt] <-en, -en> *m(f) pej fam* idiot(e) *m(f)*

Idiotensicher *iron fam adj* simple comme bonjour

Idiotie [idjoˈtiː] <-, -n> *f pej fam* connerie *f*

idiotisch *adj pej fam* débile

Idol [iˈdoːl] <-s, -e> *nt* idole *f*

Idylle [iˈdʏlə] <-, -n> *f* idylle *f*

idyllisch *adj* idyllique

Igel [ˈiːgəl] <-s, -> *m* hérisson *m*

igitt[igitt] *interj fam* be[u]rk

Iglu <-s, -s> *m o nt* igloo *m*

ignorant *adj pej geh* inculte

Ignorant(in) [ɪgnoˈrant] <-en, -en> *m(f) pej geh* inculte *mf*

Ignoranz [ɪgnoˈrants] <-> *f pej geh* ignorance *f*

ignorieren* [ɪgnoˈriːrən] *vt* (*Person*) ignorer; (*Sache*) ne pas prendre en considération

ihm[1] [iːm] *pron pers, dat von* er lui; **sie glaubt ~** elle le croit; **es geht ~ gut** il va bien

ihm[2] *pron pers, dat von* es: **er hilft ~** il l'aide; **das gefällt ~** cela lui plaît; **~ ist langweilig** il s'ennuie; **um das Kalb zu fotografieren, näherte sie sich ~** pour photographier le veau, elle s'approcha

ihn [iːn] *pron pers, akk von* er: **ohne ~** sans lui; **ich kenne ~** je le connais; **er fragt ~** il lui demande; **wo ist mein Schlüssel, siehst du ~?** où est ma clé, est-ce que tu la vois?

ihnen [ˈiːnən] *pron pers, dat von* sie: **bei ~** chez eux/elles; **das gefällt ~** cela leur plaît; **sie glaubt ~** elle les croit; **es geht ~ gut** ils/elles vont bien

Ihnen *pron pers, dat von* Sie[1] vous; **wie geht es ~?** comment allez-vous?

ihr[1] [iːɐ] *pron pers* vous; **~ seid an der Reihe!** c'est votre tour!

ihr[2] *pron pers, dat von* sie[1]: **bei ~** chez elle; **das gefällt ~** cela lui plaît; **sie hilft ~** elle l'aide; **es geht ~ gut** elle va bien; **um die Katze zu fotografieren, näherte er sich ~** pour photographier le chat, il s'approcha

ihr[3] *pron poss zu* sie[1] ❶ **~ Bruder** son frère **~e Schwester** sa sœur; **~e Eltern** ses parents; **dieses Feuerzeug ist ~[e]s** ce briquet est à elle ❷ *substantivisch* **der/die/das ~e** le sien/la sienne; **die Ihren** les siens

ihr⁴ *pron poss zu* **sie²** ❶ ~ **Bruder** leur frère; ~**e Brüder** leurs frères ❷ *substantivisch* **der/ die/das ~e** le/la leur; **die Ihren** les leurs

Ihr *pron poss zu* **Sie¹** ❶ votre; ~**e Kinder** vos enfants; **herzlichst** ~ **Peter Braun** cordialement, Peter Braun ❷ *substantivisch* **der/die/ das ~e** le/la vôtre; **die ~en** les vôtres

ihrer¹ *pron pers, gen von* **sie¹** *geh* **er er- barmt sich** ~ il a pitié d'elle

ihrer² *pron pers, gen von* **sie²** *geh* **es waren** ~ **sechs** ils/elles étaient six; **wir werden** ~ **gedenken** nous nous souviendrons d'eux/ d'elles

ihrerseits ['iːrezaɪts] *adv* ❶ *(auf eine Person bezogen)* de son côté ❷ *(auf mehrere Personen bezogen)* de leur côté

Ihrerseits *adv* de votre côté

ihresgleichen ['iːrasˈglaɪçən] *pron inv* **sie verkehrt nur mit** ~ elle ne fréquente que les gens de sa sorte; **sie verkehren nur mit** ~ ils ne fréquentent que les gens de leur sorte; **unter** ~ entre eux/elles

Ihresgleichen *pron inv* des gens *mpl* comme vous

ihretwegen ['iːrətˈveːgən] *adv* ❶ *(ihr zuliebe)* pour elle; *(von ihr aus)* si cela ne tenait/n'avait tenu qu'à elle ❷ *(ihnen zuliebe)* pour eux/pour elles; *(von ihnen aus)* si cela ne tenait/n'avait tenu qu'à eux/elles

Ihretwegen *adv (Ihnen zuliebe)* pour vous; *(von Ihnen aus)* si cela ne tenait/n'avait tenu qu'à vous

Ikone [iˈkoːnə] <-, -n> *f* icône *f*

illegal ['ɪlegaːl] *adj* illégal(e)

Illegalität [ɪlegaliˈtɛːt] <-> *f* illégalité *f*

illegitim ['ɪlegitiːm] *adj* illégitime

Illusion [ɪluˈzjoːn] <-, -en> *f* illusion *f*; **sich** *(dat)* **über jdn/etw ~en machen** se faire des illusions sur qn/qc

illusorisch [ɪluˈzoːrɪʃ] *adj* illusoire

Illustration [ɪlʊstraˈtsjoːn] <-, -en> *f* illustration *f*

illustrieren* [ɪlʊsˈtriːrən] *vt* illustrer

Illustrierte <-n, -n> *f* illustré *m*

Iltis ['ɪltɪs] <-ses, -se> *m* putois *m*

Im [ɪm] = **in dem** *s.* **in**

Image ['ɪmɪtʃ] <-[s], -s> *nt* image *f* de marque

imaginär [imagiˈnɛːɐ̯] *adj geh* imaginaire

Imbissᴿᴿ ['ɪmbɪs] <-es, -e>, **Imbiß**ᴬᴸᵀ <-sses, -sse> *m* ❶ *(Häppchen)* collation *f* ❷ *(~stand)* friterie *f*

Imbissstubeᴿᴿ *f* snack[-bar] *m*

> Dans une **Imbissstube** allemande, on peut avant tout consommer des boissons fraîches, des saucisses grillées, des frites, mais également du poulet rôti et différents petits pains garnis avec de la charcuterie ou du poisson. On y trouve également de plus en plus de sandwichs turcs (kebabs) et grecs (gyros).

Imitation [imitaˈtsjoːn] <-, -en> *f* imitation *f*

Imitator [imiˈtaːtoːɐ̯] <-s, -toren> *m*, **Imitatorin** *f* imitateur(-trice) *m(f)*

imitieren* [imiˈtiːrən] *vt* imiter

Imker(in) ['ɪmkɐ] <-s, -> *m(f)* apiculteur (-trice) *m(f)*

Immatrikulation [ɪmatrikulaˈtsjoːn] <-, -en> *f* UNIV inscription *f*

immatrikulieren* [ɪmatrikuˈliːrən] *vr* UNIV **sich** ~ s'inscrire

immens [ɪˈmɛns] *geh* **I.** *adj* énorme **II.** *adv* énormément

immer ['ɪmɐ] *adv* ❶ toujours; ~ **wieder** sans cesse; ~ **noch** toujours [et encore]; ~ **mal [wieder]** *fam* comme ça, à l'occasion ❷ *(zunehmend)* ~ **mehr** de plus en plus; ~ **grö- ßer** de plus en plus grand(e) ❸ *(jedes Mal)* ~**, wenn ich lese** chaque fois que je lis ❹ *(auch)* **wann** ~ **das sein wird** peu importe quand ce sera; **wo** ~ **er sein mag** où qu'il soit

immerhin ['ɪmɐˈhɪn] *adv* tout de même **immerzu** *adv* continuellement

Immigrant(in) [ɪmiˈɡrant] <-en, -en> *m(f)* immigrant(e) *m(f)*

Immigration [ɪmiɡraˈtsjoːn] <-, -en> *f* immigration *f*

immigrieren* [ɪmiˈɡriːrən] *vi + sein* immigrer

Immission <-, -en> *f* ÖKOL nuisance *f*

Immobilie [ɪmoˈbiːljə] <-, -n> *f* propriété *f* immobilière; ~**n** des biens *mpl* immobiliers

immun [ɪˈmuːn] *adj* MED **gegen eine Krankheit** ~ **werden/sein** s'immuniser/ être immunisé contre une maladie

Immunität [ɪmuniˈtɛːt] <-, -en> *f* MED, JUR immunité *f*

Immunschwäche *f* MED immunodéficience *f* **Immunsystem** *nt* MED système *m* immunitaire

Imperativ [ˈɪmperatiːf] <-s, -e> *m* LING impératif *m*

Imperfekt [ˈɪmpɛrfɛkt] <-s, -e> *nt* LING imparfait *m*

Imperialismus [ɪmperiaˈlɪsmʊs] <-, -lismen> *m* impérialisme *m*

imperialistisch [ɪmperiaˈlɪstɪʃ] *adj pej* impérialiste

Imperium [ɪmˈpeːriʊm, *Pl:* ɪmˈpeːriən] <-s, -rien> *nt* empire *m*

impfen [ˈɪmpfən] *vt* MED vacciner

ImpfpassRR [ˈɪmpfpas] *m* carnet *m* de vaccination **Impfstoff** *m* vaccin *m*

Impfung <-, -en> *f* vaccination *f*

Implantat [ɪmplanˈtaːt] <-[e]s, -e> *nt* implant *m*

implantieren *vt* jdm etw ~ implanter qc à qn

implizieren* *vt geh* impliquer

imponieren* [ɪmpoˈniːrən] *vi* jdm ~ (*Person, Leistung*) en imposer à qn

imponierend *adj* imposant(e)

Imponiergehabe *nt* (*eines Tiers*) parade *f*; *pej* (*einer Person*) simagrées *fpl*

Import [ɪmˈpɔrt] <-[e]s, -e> *m* ❶ (*Einfuhr*) importation *f* ❷ (*~artikel*) article *m* d'importation

Importeur(in) [ɪmpɔrˈtøːɐ] <-s, -e> *m(f)* importateur(-trice) *m(f)*

importieren* [ɪmpɔrˈtiːrən] *vt* importer

imposant *adj* impressionnant(e)

impotent [ˈɪmpotɛnt] *adj* impuissant(e)

Impotenz [ˈɪmpotɛnts] <-> *f* impuissance *f*

imprägnieren* [ɪmprɛˈɡniːrən] *vt* imperméabiliser

Impressionismus [ɪmprɛsi̯oˈnɪsmʊs] <-> *m* impressionnisme *m*

Impressionist(in) [ɪmprɛsi̯oˈnɪst] <-en, -en> *m(f)* impressionniste *mf*

impressionistisch [ɪmprɛsi̯oˈnɪstɪʃ] *adj* impressionniste

Impressum [ɪmˈprɛsʊm] <-s, Impressen> *nt* adresse *f* bibliographique; (*einer Zeitung*) mentions *fpl* obligatoires

Improvisation [ɪmproviza'tsi̯oːn] <-, -en> *f* improvisation *f*

improvisieren* [ɪmproviˈziːrən] *vt, vi* improviser

Impuls [ɪmˈpʊls] <-es, -e> *m* impulsion *f*

impulsiv [ɪmpʊlˈziːf] *adj* impulsif(-ive)

imstande [ɪmˈʃtandə] *adj* ~ sein etw zu tun être capable de faire qc

in¹ [ɪn] **I.** *präp* + *dat* ❶ (*bei Ortsangaben*) ~ der Tasche dans le sac; im Bett/Büro au lit/bureau; im Keller/ersten Stock à la cave/au premier étage; ~ der Stadt en ville; ~ Frankreich/Portugal en France/au Portugal; im Gebirge/~ den Alpen leben vivre en montagne/dans les Alpes; im Norden Deutschlands wohnen habiter dans le nord de l'Allemagne ❷ (*bei Zeitangaben*) ~ fünf Minuten (*innerhalb von*) en cinq minutes; (*nach Ablauf von*) dans cinq minutes; ~ diesem Jahr cette année; im Mai en mai; im Frühling/Sommer au printemps/en été; im letzten Augenblick au dernier moment; im Krieg pendant la guerre ❸ (*bei Umstandsangaben*) ~ der Sonne/Kälte au soleil/dans le froid; im Regen sous la pluie; im Badeanzug en maillot de bain ❹ (*in Bezug auf*) ~ Physik en physique; ~ dieser Sprache dans cette langue **II.** *präp* + *akk*; (*bei Richtungsangaben*) ~ den Garten/die Stadt gehen aller au jardin/en ville; ~ die Schweiz/den Libanon fahren aller en Suisse/au Liban; ~s Gebirge/~ die Alpen fahren aller à la montagne/dans les Alpes; ~ den Süden fahren aller dans le sud; ~ die Schule gehen aller à l'école

in² *adj fam* ~ sein être in

inakzeptabel [ɪnʔtsɛpˈtaːbəl] *adj geh* inacceptable

Inbegriff [ˈɪnbəɡrɪf] *m* incarnation *f*

inbegriffen [ˈɪnbəɡrɪfən] *adj* inclus(e)

Inbetriebnahme [ɪnbəˈtriːpnaːmə] <-, -n> *f* form (*einer Anlage*) mise *f* en service; (*einer Maschine*) mise en marche

Inbrunst [ˈɪnbrʊnst] <-> *f geh* ferveur *f*

inbrünstig [ˈɪnbrʏnstɪç] *geh adj* (*Gebet*) fervent(e); (*Bitte*) ardent(e)

indem [ɪnˈdeːm] *konj* ❶ (*dadurch, dass*) etw bewirken, ~ man etw tut obtenir qc en faisant qc ❷ (*während*) (*bei identischen Subjekten*) [tout] en; (*bei unterschiedlichen Subjekten*) tandis que

Inder(in) [ˈɪndɐ] <-s, -> *m(f)* Indien(ne) *m(f)* (*de l'Inde*)

indes [ɪnˈdɛs], **indessen** [ɪnˈdɛsən] *adv geh* ❶ (*inzwischen*) pendant ce temps[-là] ❷ (*jedoch*) cependant

Index [ˈɪndɛks] <-[es], -e> *m* ❶ (*Register*) index *m* ❷ (*Kennziffer*) indice *m*

Indianer(in) [ɪndi'aːnɐ] <-s, -> *m(f)* In-
dien(ne) *m(f) (d'Amérique)*

indianisch *adj* indien(ne)

Indien ['ɪndiən] <-s> *nt* l'Inde *f*

Indikativ ['ɪndikatiːf] <-s, -e> *m* LING indicatif *m*

Indikator <-s, -toren> *m* CHEM indicateur *m*
[coloré]

Indio ['ɪndio] <-s, -s> *m*, **-frau** *f* Indien(ne)
m(f) (d'Amérique latine)

indirekt ['ɪndirɛkt] *adj* indirect(e)

indisch ['ɪndɪʃ] *adj* indien(ne)

indiskret ['ɪndɪskreːt] *adj* indiscret(-ète)

Indiskretion <-, -en> *f* indiscrétion *f*

Individualismus <-> *m geh* individualisme
m

Individualist(in) [ɪndividua'lɪst] <-en, -en>
m(f) geh individualiste *mf*

individualistisch *adj geh* non-conformiste

individuell [ɪndivi'duɛl] *adj* personnel(le)

Individuum [ɪndi'viːduʊm] <-s, Individu-
en> *nt geh* individu *m*

Indiz [ɪn'diːts] <-es, -ien> *nt* indice *m*

Indizes *Pl von* **Index**

Indochina [ɪndo'çiːna] *nt* l'Indochine *f*

indoeuropäisch *adj* indo-européen(ne) **indogermanisch** *adj* indo-européen(ne)

indoktrinieren* *vt pej* endoctriner

Indonesien [ɪndo'neːziən] <-s> *nt* l'Indonésie *f*

Induktion [ɪndʊk'tsioːn] <-, -en> *f* ELEC induction *f*

industrialisieren* [ɪndʊstriali'ziːrən] *vt* industrialiser

Industrialisierung <-, -en> *f* industrialisation *f*

Industrie [ɪndʊs'triː] <-, -n> *f* industrie *f*

Industriebetrieb *m* entreprise *f* industrielle
Industriegebiet *nt* zone *f* industrielle **In-
dustriegesellschaft** *f* société *f* industrielle
Industriegewerkschaft *f* syndicat *m* ouvrier **Industriekaufmann** *m*, **-kauffrau** *f*
agent *m* technico-commercial

industriell [ɪndʊstri'ɛl] *adj* industriel(le)

Industrielle(r) *f(m) dekl wie adj* industriel(le)
m(f)

Industriestaat *m* pays *m* industriel **Indus-
trie- und Handelskammer** *f* chambre *f*
de commerce et d'industrie **Industrie-
zweig** *m* secteur *m* industriel

ineinander [ɪn?aɪ'nandɐ] *adv* ~ **übergehen**
se confondre [l'un avec l'autre]; **sich** ~ **ver-**

lieben tomber amoureux l'un de l'autre

infam [ɪn'faːm] *adj* ignoble

Infanterie ['ɪnfant(ə)riː] <-, -n> *f* infanterie *f*

infantil [ɪnfan'tiːl] *adj* puéril(e)

Infarkt [ɪn'farkt] <-[e]s, -e> *m* MED infarctus
m

Infekt <-[e]s, -e> *m* infection *f*

Infektion [ɪnfɛk'tsioːn] <-, -en> *f* infection *f*

Infektionsgefahr *f* danger *m* d'infection **In-
fektionskrankheit** *f* maladie *f* infectieuse

Inferno [ɪn'fɛrno] <-s> *nt geh* enfer *m*

Infinitiv ['ɪnfinitiːf] <-s, -e> *m* LING infinitif
m

infizieren* [ɪnfi'tsiːrən] **I.** *vt (Person, Tier)*
contaminer **II.** *vr (Wunde)* s'infecter; **sich
bei jdm** ~ être contaminé par qn

in flagranti [ɪn fla'granti] *adv geh* en flagrant délit

Inflation [ɪnfla'tsioːn] <-, -en> *f* inflation *f*

Inflationsrate *f* taux *m* d'inflation

Info ['ɪnfo] <-, -s> *f fam Abk von* **Information** info *f*

infolge [ɪn'fɔlgə] *präp* + *gen* ~ **dieses Unfalls** à la suite de cet accident

infolgedessen [ɪnfɔlgə'dɛsən] *adv* en
conséquence

Informatik [ɪnfɔr'maːtɪk] <-> *f* informatique
f

Informatiker(in) <-s, -> *m(f)* informati-
cien(ne) *m(f)*

Information [ɪnfɔrma'tsioːn] <-, -en> *f* information *f*

Informationsflussᴿᴿ *m* circulation *f* de l'information   **Informationszeitalter**   *nt*
époque *f* de l'information

informativ [ɪnfɔrma'tiːf] *adj geh* informatif
(-ive)

informell ['ɪnfɔrmɛl] *geh adj* informel(le)

informieren* [ɪnfɔr'miːrən] **I.** *vt* jdn über
etw *(akk)* ~ informer qn sur qc **II.** *vr* **sich
über etw** *(akk)* ~ s'informer sur qc

infrarot ['ɪnfraroːt] *adj* infrarouge

Infrarotlampe *f* lampe *f* à infrarouge[s]

Infrastruktur ['ɪnfraʃtrʊktuːɐ] *f* infrastructure *f gén pl*

Infusion [ɪnfu'zioːn] <-, -en> *f* perfusion *f*

Ing. *Abk von* **Ingenieur** ing.

Ingenieur(in) [ɪnʒe'njøːɐ] <-s, -e> *m(f)* ingénieur *mf*

Ingwer ['ɪŋvɐ] <-s> *m* gingembre *m*

Inh. *Abk von* **Inhaber, Inhalt**

Inhaber(in) ['ɪnhaːbɐ] <-s, -> *m(f) (eines Ge-*

schäfts) propriétaire *mf*; (*von Wertpapieren*) détenteur(-trice) *m(f)*

inhaftieren* [ɪnhafˈtiːrən] *vt* emprisonner

inhalieren* [ɪnhaˈliːrən] *vt* inhaler

Inhalt [ˈɪnhalt] <-[e]s, -e> *m* ❶ (*einer Tasche*) contenu *m* ❷ (*eines Romans*) fond *m*

inhaltlich *adj* (*Frage*) de contenu

Inhaltsangabe *f* résumé *m* **Inhaltslos** *adj* creux(-euse) **Inhaltsverzeichnis** *nt* table *f* des matières

inhuman *adj* inhumain(e)

Initiative [inits̪iaˈtiːvə] <-, -n> *f* (*Anstoß*) initiative *f*

Initiator [iniˈtsiaˈtɔːr] <-s, -toren> *m*, **Initiatorin** *f* (*einer Aktion*) initiateur(-trice) *m(f)*

Injektion [ɪnjɛkˈtsi̯oːn] <-, -en> *f* injection *f*

injizieren* [ɪnjiˈtsiːrən] *vt* jdm etw ~ injecter qc à qn

Inka [ˈɪŋka] <-[s], -[s]> *m* Inca *m*

Inkasso [ɪnˈkaso] <-s, -s *o* A Inkassi> *nt* FIN recouvrement *m*

inkl. *Abk von* inklusive

inklusive [ɪnkluˈziːvə] *präp* + *gen* inclus(e) *postposé*

inkognito [ɪnˈkɔɡnito] *adv* incognito

inkompetent [ˈɪnkɔmpetɛnt] *adj* incompétent(e)

Inkompetenz [ˈɪnkɔmpetɛnts] *f* incompétence *f*

inkonsequent *adj* inconséquent(e)

Inkonsequenz *f* inconséquence *f*

inkorrekt [ˈɪnkɔrɛkt] *adj* incorrect(e)

In-Kraft-Treten[RR] <-s> *nt form* (*eines Gesetzes*) entrée *f* en vigueur

Inkubationszeit *f* MED période *f* d'incubation

Inland [ˈɪnlant] *nt kein Pl* intérieur *m* du pays

inländisch [ˈɪnlɛndɪʃ] *adj* national(e)

Inlineskater[RR] [ˈɪnlaɪnskɛːrtɐ] <-s, -> *m* patineur(-euse) *m(f)* en ligne

Inlineskates[RR] [ˈɪnlaɪnskɛːrts] <-> *Pl* rollers *mpl*

inmitten [ɪnˈmɪtən] *präp* + *gen* ~ der Leute/des Raumes au milieu des gens/de la pièce

inne|haben [ˈɪnəhaːbən] *vt irr form* occuper

inne|halten *vi irr geh* s'interrompre

innen [ˈɪnən] *adv* à l'intérieur; **von ~** de l'intérieur

Innenarchitekt(in) *m(f)* architecte *mf* d'intérieur **Inneneinrichtung** *f* aménagement *m* intérieur **Innenhof** *m* cour *f* intérieure

Innenleben *nt kein Pl* ❶ (*Seelenleben*) vie *f* intérieure ❷ *fam* (*das Innere: eines Geräts*) ventre *m* **Innenminister(in)** *m(f)* ministre *mf* de l'Intérieur **Innenministerium** *nt* ministère *m* de l'Intérieur **Innenpolitik** *f* politique *f* intérieure **innenpolitisch** *adj* concernant la politique intérieure **Innenraum** *m* ❶ (*eines Gebäudes*) intérieur *m* ❷ (*das Innere: eines Wagens*) habitacle *m* **Innenseite** *f* côté *m* intérieur **Innenstadt** *f* centre[-ville] *m*

innerbetrieblich [ˈɪnɛbɛtriːplɪç] *adj* interne à l'entreprise

innere(r, s) [ˈɪnərə, -rɐ, -rəs] *adj* ❶ intérieur(e) ❷ (*Verletzung, Aufbau, Ordnung*) interne ❸ (*Anteilnahme*) profond(e)

Innere(s) *nt dekl wie adj* ❶ (*innerer Teil*) intérieur *m* ❷ (*Innenleben*) moi *m* profond

Innereien *Pl* entrailles *fpl*; (*von Geflügel*) abats *mpl*

innerhalb [ˈɪnəhalp] **I.** *adv* à l'intérieur **II.** *präp* + *gen* ❶ ~ Berlins/Deutschlands dans Berlin/en Allemagne ❷ (*binnen*) ~ einer Stunde en [l']espace d'[une heure]; ~ dieser Woche dans le courant de cette semaine

innerlich *adj* (*Körperteil*) interne; (*Erregung*) profond(e); (*Anspannung*) intérieur(e)

innerorts *adv* A, CH en agglomération

innerste(r, s) [ˈɪnɛstə, -tɐ, -təs] *adj* ❶ (*Teil*) central(e) ❷ (*Überzeugung*) intime

inne|wohnen [ˈɪnəvoːnən] *vi geh* jdm/einer S. ~ être inhérent à qn/qc

innig [ˈɪnɪç] *adj* ❶ (*tief gehend*) sincère ❷ (*sehr eng*) étroit(e)

Innovation [ɪnovaˈtsi̯oːn] <-, -en> *f* innovation *f*

innovativ [ɪnovaˈtiːf] *adj* innovateur(-trice)

Innung [ˈɪnʊŋ] <-, -en> *f* corporation *f*

inoffiziell [ˈɪnʔɔfitsi̯ɛl] *adj* (*Treffen*) non officiel(le); (*Information*) officieux(-euse)

Input <-s, -s> *m* INFORM input *m*

Inquisition <-> *f* HIST Inquisition *f*

ins [ɪns] = in das *s.* in

Insasse [ˈɪnzasə] <-n, -n> *m*, **Insassin** *f* (*eines Fahrzeugs*) passager(-ère) *m(f)*; (*einer Anstalt*) patient(e) *m(f)*; (*eines Gefängnisses*) détenu(e) *m(f)*

insbesondere [ɪnsbəˈzɔndərə] *adv* en particulier

Inschrift [ˈɪnʃrɪft] *f* inscription *f*

Insekt [ɪnˈzɛkt] <-[e]s, -en> *nt* insecte *m*

Insektenstich *m* piqûre *f* d'insecte
Insektizid [ɪnzɛkti'tsiːt] <-s, -e> *nt* insecticide *m*
Insel ['ɪnzəl] <-, -n> *f* île *f*
Inselgruppe *f* chapelet *m* d'îles
Inserat [ɪnzeˈraːt] <-[e]s, -e> *nt* |petite| annonce *f*
inserieren* [ɪnzeˈriːrən] *vi* **in etw** (*dat*) **~** passer une annonce dans qc
insgeheim [ɪnsɡəˈhaɪm] *adv* secrètement
insgesamt [ɪnsɡəˈzamt] *adv* ❶ (*alles zusammen*) en tout ❷ (*im Großen und Ganzen*) dans l'ensemble
Insider(in) ['ɪnsaɪdɐ] <-s, -> *m(f)* personne *f* bien informée
insofern¹ *adv* sur ce point; **dies ist ~ wichtig, als ...** c'est important dans la mesure où ...
insofern² *konj* si
insoweit *s.* **insofern¹**
Inspektion [ɪnspɛkˈtsjoːn] <-, -en> *f* inspection *f*; (*eines Fahrzeugs*) révision *f*
Inspektor [ɪnˈspɛktoːɐ] <-s, -toren> *m*, **Inspektorin** *f* ADMIN inspecteur(-trice) *m(f)*
Inspiration [ɪnspiraˈtsjoːn] <-, -en> *f* inspiration *f*
inspirieren* [ɪnspiˈriːrən] *vt* **sich von jdm/ etw ~ lassen** s'inspirer de qn/qc
Inspizient(in) <-en, -en> *m(f)* chef *mf* de plateau
inspizieren* *vt* inspecter
instabil ['ɪnʃtabiːl] *adj* instable
Installateur(in) [ɪnstalaˈtøːɐ] <-s, -e> *m(f)* ❶ (*Klempner*) plombier *m* ❷ (*Elektroinstallateur*) électricien(ne) *m(f)*
Installation [ɪnstalaˈtsjoːn] <-, -en> *f* (*Leitungen*) installation *f* électrique; (*Rohre, Gasleitungen*) plomberie *f*
Installationsdiskette *f* INFORM disquette *f* d'installation
installieren* [ɪnstaˈliːrən] *vt* ❶ (*einbauen*) installer ❷ INFORM **etw auf einem Rechner ~** installer qc sur un ordinateur
instand [ɪnˈʃtant] *adj* **~ setzen/halten** réparer/entretenir
Instandhaltung *f* form entretien *m* **Instandsetzung** <-, -en> *f* réparation *f*
Instanz [ɪnˈstants] <-, -en> *f* ADMIN, JUR instance *f*
Instinkt [ɪnˈstɪŋkt] <-[e]s, -e> *m* instinct *m*
instinktiv *adj* instinctif(-ive)
Institut [ɪnstiˈtuːt] <-[e]s, -e> *nt* ADMIN, UNIV institut *m*
Institution [ɪnstituˈtsjoːn] <-, -en> *f* institution *f*
Instruktion [ɪnstrʊkˈtsjoːn] <-, -en> *f* ❶ (*Anweisung*) instruction *f* ❷ (*Anleitung*) instructions *fpl*
Instrument [ɪnstruˈmɛnt] <-[e]s, -e> *nt* ❶ (*Musikinstrument*) instrument *m* ❷ (*Messinstrument*) appareil *m*
instrumental [ɪnstrumɛnˈtaːl] *adj* instrumental(e)
Insulin [ɪnzuˈliːn] <-s> *nt* MED insuline *f*
inszenieren* [ɪnstseˈniːrən] *vt* mettre en scène
Inszenierung <-, -en> *f a. fig* mise *f* en scène
intakt [ɪnˈtakt] *adj* (*unversehrt*) intact(e)
Integralrechnung *f kein Pl* MATH calcul *m* intégral
Integration [ɪntegraˈtsjoːn] <-, -en> *f* intégration *f*
integrieren* [ɪnteˈɡriːrən] *vt, vr* intégrer; **sich in etw** (*akk*) **~** s'intégrer dans qc
Intellekt [ɪntɛˈlɛkt] <-[e]s> *m* intellect *m*
intellektuell [ɪntɛlɛkˈtuɛl] *adj* intellectuel(le)
Intellektuelle(r) *f(m) dekl wie adj* intellectuel(le) *m(f)*
intelligent [ɪntɛliˈɡɛnt] *adj* intelligent(e)
Intelligenz [ɪntɛliˈɡɛnts] <-> *f* intelligence *f*
Intelligenzquotient *m* quotient *m* intellectuel
Intendant(in) [ɪntɛnˈdant] <-en, -en> *m(f)* (*eines Senders*) directeur(-trice) *m(f)*; (*eines Theaters*) administrateur(-trice) *m(f)*
Intensität [ɪntɛnziˈtɛːt] <-, -en> *f* intensité *f*
intensiv [ɪntɛnˈziːf] **I.** *adj* ❶ (*Duft, Gefühl*) intense ❷ (*angestrengt*) intensif(-ive) **II.** *adv* ❶ **~ duften** sentir fort ❷ (*arbeiten*) intensément
intensivieren* [ɪntɛnziˈviːrən] *vt* intensifier
Intensivkurs *m* cours *m* intensif **Intensivstation** *f* service *m* de réanimation
Intention [ɪntɛnˈtsjoːn] <-, -en> *f geh* intention *f*
interaktiv [ɪntɛʔakˈtiːf] *adj* INFORM interactif(-ive)
Intercity [ɪnteˈsɪti] <-s, -s> *m* ≈ train *m* Intercité; **~ Express** ≈ T.G.V. *m*
interdisziplinär *adj* pluridisciplinaire
interessant [ɪntərɛˈsant] *adj* intéressant(e)
interessanterweise [ɪnt(ə)rɛˈsanteˈvaɪzə] *adv* curieusement

Interesse [ɪntə'rɛsə] <-s, -n> nt ❶ kein Pl (Aufmerksamkeit) intérêt m; ~ an jdm/etw haben être intéressé par qn/qc; sie hat ~ daran mitzuarbeiten cela l'intéresse de collaborer ❷ Pl (Neigungen) centres mpl d'intérêts ❸ (Nutzen) im ~ unserer Zusammenarbeit dans l'intérêt de notre collaboration

Interessenkonflikt m conflit m d'intérêts

Interessent(in) [ɪnt(ə)rɛ'sɛnt] <-en, -en> m(f) personne f intéressée

interessieren* [ɪnt(ə)rɛ'siːrən] I. vt intéresser II. vr sich für jdn/etw ~ s'intéresser à qn/qc

interessiert [ɪnt(ə)rɛ'siːɐt] I. adj ❶ intéressé(e); kulturell ~ sein s'intéresser à la culture ❷ (erpicht) an jdm/etw ~ sein s'intéresser à qn/être intéressé par qc II. adv (zuhören) avec [grand] intérêt

Interface ['ɪntɛfeɪs] <-, -s> nt INFORM interface f

Interferenz ['ɪntɛfe'rɛnts] <-, -en> f interférence f

Interjektion [ɪntɛjɛk'tsjoːn] <-, -en> f LING interjection f

Intermezzo [ɪntɛ'mɛtso] <-s, -s> nt a. MUS intermède m

intern [ɪn'tɛrn] adj (Angelegenheit) interne; (Schwierigkeiten) intérieur(e)

Internat [ɪntɛ'naːt] <-[e]s, -e> nt internat m

international [ɪntɛnatsjo'naːl] adj international(e)

Internet ['ɪntɛnɛt] nt INFORM Internet m; im ~ surfen naviguer sur Internet

Internetadresse f INFORM adresse f Internet **Internetanschluss**[RR] m INFORM branchement m internet **Internet-Browser** m INFORM navigateur m Web **Internetcafé** nt INFORM cybercafé m **Internet-Provider** m fournisseur m d'accès Internet **Internet-Surfer(in)** m(f) INFORM internaute mf **Internetzugang** m accès m à l'internet

internieren* vt interner

Internierungslager nt camp m d'internement

Internist(in) [ɪntɛ'nɪst] <-en, -en> m(f) spécialiste mf des maladies organiques

Interpol ['ɪntɛpoːl] <-> f Interpol m

Interpret(in) [ɪntɛ'preːt] <-en, -en> m(f) interprète mf

Interpretation [ɪntɛpreta'tsjoːn] <-, -en> f interprétation f

interpretieren* [ɪntɛpre'tiːrən] vt interpréter

Interpunktion [ɪntɛpʊŋk'tsjoːn] <-, -en> f ponctuation f

Intervall [ɪntɛ'val] <-s, -e> nt a. MUS intervalle m

intervenieren* [ɪntɛve'niːrən] vi POL, MIL intervenir

Intervention [ɪntɛvɛn'tsjoːn] <-, -en> f intervention f

Interview ['ɪntɛvju] <-s, -s> nt interview f

interviewen* [ɪntɛ'vjuːən] vt interviewer

intim [ɪn'tiːm] adj intime

Intimbereich m parties fpl intimes

Intimität [ɪntimi'tɛːt] <-> f geh kein Pl (Vertrautheit) intimité f

Intimsphäre f intimité f

intolerant ['ɪntolerant] adj intolérant(e)

Intoleranz ['ɪntolerants] f intolérance f

Intonation [ɪntona'tsjoːn] <-, -en> f intonation f

intransitiv ['ɪntranzitiːf] LING adj intransitif(-ive)

intrigant [ɪntri'gant] adj (Person) intrigant(e)

Intrigant(in) <-en, -en> m(f) intrigant(e) m(f)

Intrige [ɪn'triːgə] <-, -n> f intrigue f

intrigieren* [ɪntri'giːrən] vi gegen jdn ~ comploter contre qn

introvertiert [ɪntrovɛr'tiːɐt] adj geh introverti(e)

Intuition [ɪntui'tsjoːn] <-, -en> f intuition f

intuitiv [ɪntui'tiːf] adj intuitif(-ive)

Invalide [ɪnva'liːdə] <-n, -n> m, **Invalidin** invalide mf

Invasion [ɪnva'zjoːn] <-, -en> f a. fig invasion f

Inventar [ɪnvɛn'taːɐ] <-s, -e> nt inventaire m

Inventur [ɪnvɛn'tuːɐ] <-, -en> f inventaire m

investieren* [ɪnvɛs'tiːrən] vt a. fig investir

Investition [ɪvɛsti'tsjoːn] <-, -en> f investissement m

Investmentfonds m FIN fonds m d'investissements

In-vitro-Fertilisation [-'viː-] <-, -en> f MED fécondation f in vitro

inwiefern adv dans quelle mesure

inwieweit adv jusqu'à quel point

Inzahlungnahme <-, -n> f COM reprise f

Inzest [ɪn'tsɛst] <-[e]s, -e> m inceste m

Inzucht ['ɪntsʊxt] *f* union *f* consanguine

inzwischen [ɪn'tsvɪʃən] *adv* entre-temps

Ion [io:n] <-s, -en> *nt* CHEM, PHYS ion *m*

i-Punktᴿᴿ ['i:pʊŋkt] *m* point *m* sur le i

IQ [i:'ku:] <-[s], -[s]> *m Abk von* **Intelligenzquotient** Q.I. *m*

Irak [i'ra:k] <-s> *m* |**der**| ~ l'Irak *m*

Iran [i'ra:n] <-s> *m* |**der**| ~ l'Iran *m*

irdisch ['ɪrdɪʃ] *adj* terrestre

Ire ['i:rə] <-n, -n> *m*, **Irin** *f* Irlandais(e) *m(f)*

irgend ['ɪrgənt] *adv* ① (*verstärkend*) **so vorsichtig wie** ~ **möglich** avec le plus de précautions possibles ② (*unbestimmt*) ~ **so ein Spinner** encore un de ces con[n]ards

irgendein *pron indef* ① quelconque; **da ist wieder** ~ **Vertreter** c'est encore un de ces représentants; ~ **anderer** quelqu'un d'autre ② (*beliebig*) **sich** (*dat*) ~ **Buch aussuchen** choisir un livre au hasard; **das ist nicht** ~ **Film** ce n'est pas n'importe quel film **irgendetwas**ᴿᴿ *pron indef* quelque chose; **das ist nicht** ~ ce n'est pas n'importe quoi **irgendjemand**ᴿᴿ *pron indef* quelqu'un; **sie ist nicht** ~ elle n'est pas n'importe qui **irgendwann** *adv* un jour |ou l'autre| **irgendwas** *pron indef fam s.* **irgendetwas irgendwelche(r, s)** *pron indef* ① ~ **Kerle** des types |quelconques| ② (*beliebig*) n'importe quel[le] **irgendwer** *pron indef fam s.* **irgendjemand irgendwie** *adv* ① d'une certaine manière ② (*egal wie*) n'importe comment ③ (*wie auch immer*) d'une façon ou d'une autre **irgendwo** *adv* ① quelque part (*fam*) ② (*beliebig*) n'importe où **irgendwoher** *adv* ① **von** ~ de quelque part ② (*egal woher*) n'importe où **irgendwohin** *adv* ① quelque part ② (*egal wohin*) n'importe où

Iris¹ ['i:rɪs] <-, -> *f* iris *m*

Iris² <-, -> *f* ANAT iris *m*

irisch ['i:rɪʃ] I. *adj* irlandais(e) II. *adv* ~ **miteinander sprechen** discuter en irlandais

Irisch <-[s]> *nt kein art* irlandais *m; s. a.* **Deutsch**

Irland ['ɪrlant] *nt* l'Irlande *f*

Ironie [iro'ni:] <-, -n> *f* ironie *f*

ironisch [i'ro:nɪʃ] *adj* ironique

irr I. *adj* ① MED dément(e); (*Blick*) égaré(e) ② *fig* fou(folle) II. *adv fam* (*äußerst*) ~**e teuer** super cher(chère)

irrational ['ɪratsi̯ona:l] *adj geh* irrationnel(le)

irre *s.* **irr**

Irre ['ɪrə] <-> *f* **jdn in die** ~ **führen** induire qn en erreur

Irre(r) *f(m) dekl wie adj* fou *m*/folle *f*

irreal ['ɪrea:l] *adj* irréel(le)

irreführen ['ɪrəfy:rən] *vt* **jdn** ~ induire qn en erreur **irreführend** *adj* trompeur(-euse) **Irreführung** *f* mystification *f*

irrelevant ['ɪrelevant] *adj* insignifiant(e)

irremachen *vt* embrouiller

irren ['ɪrən] I. *vi* + *sein* (*sich fortbewegen*) errer II. *vr* **sich** ~ se tromper

Irrenhaus *nt* ▸**das** *ist* **ja hier wie im** ~! *fam* on se croirait chez les fous ici!

irreparabel ['ɪrepara:bəl] *adj geh* (*nicht wieder gutzumachen*) irréversible

Irrfahrt ['ɪrfa:ɐt] *f* odyssée *f* **Irrgarten** *m* labyrinthe *m* **Irrglaube[n]** *m* ① (*irrige Ansicht*) opinion *f* erronée ② REL hérésie *f*

irritieren* [ɪri'ti:rən] *vt* ① (*verwirren*) déconcerter ② (*verärgern*) irriter

Irrsinn *m kein Pl fam* dinguerie *f* **irrsinnig** I. *adj* ① *fam* (*völlig wirr*) complètement dingue ② *fam* (*Kopfschmerzen*) terrible II. *adv fam* vachement

Irrtum <-[e]s, Irrtümer> *m* erreur *f*

irrtümlich ['ɪrty:mlɪç] I. *adj attr* erroné(e) II. *adv* à tort

Irrweg *m geh* (*falsches Vorgehen*) fausse piste *f*

ISBN [i:?ɛsbe:'?ɛn] <-, -s> *f Abk von* **Internationale Standardbuchnummer** ISBN *m*

Ischias ['ɪʃias] <-> *m o nt* sciatique *f*

ISDN [i:?ɛsde:'?ɛn] <-s> *nt Abk von* **Integrated Services Digital Network** ≈ Numéris *m*

ISDN-Anschlussᴿᴿ *m* ≈ prise *f* Numéris

Islam [ɪs'la:m] <-s> *m* islam *m*

islamisch *adj* islamique

Islamist(in) <-en, -en> *m(f)* islamiste *mf*

islamistisch *adj* islamiste

Island ['i:slant] *nt* l'Islande *f*

Isländer(in) ['i:slɛndɐ] <-s, -> *m(f)* Islandais(e) *m(f)*

isländisch I. *adj* islandais(e) II. *adv* ~ **miteinander sprechen** discuter en islandais

Isländisch <-[s]> *nt kein art* islandais *m; s. a.* **Deutsch**

Isolation [izola'tsi̯o:n] <-, -en> *f* ① TECH isolation *f* ② (*einer Person*) isolement *m*

Isolierband <-bänder> *nt* chatterton *m*

isolieren* [izo'li:rən] I. *vt* isoler; **isoliert leben** vivre reclus(e) II. *vr* **sich von jdm /**

etw ~ s'isoler de qn/qc
Isolierschicht f revêtement m isolant
Isolierung s. **Isolation**
Isomatte f tapis m de sol [double enduction]
Isotop <-s, -e> nt isotope m
Israel ['ɪsrae:l] <-s> nt Israël m
Israeli [ɪsra'e:li] <-[s], -[s]> m, <-, -s> f Is-raélien(ne) m(f)
israelisch [ɪsra'e:lɪʃ] adj israélien(ne)
Italien [i'ta:liən] <-s> nt l'Italie f
Italiener(in) [ita'lje:nɐ] <-s, -> m(f) Ita-lien(ne) m(f)
italienisch I. adj italien(ne) II. adv – mit-einander sprechen discuter en italien
Italienisch <-[s]> nt kein art italien m; s. a.
Deutsch
i-Tüpfelchenᴿᴿ ['i:typfɛlçən] <-s, -> nt fin m du fin; **bis aufs** ~ à la virgule près
IWF [i:ve:'ʔɛf] <-> m Abk von **Internationa-ler Währungsfonds** F.M.I. m

J

J nt, **j** [jɔt] <-, -> nt J m/j m
ja [ja:] adv ❶ oui; **aber** ~ mais bien sûr; ~, **bitte?** oui, qu'y a-t-il?; ~, ~[, **schon gut**]! allez, allez! ❷ (bloß) bien; **geh – nicht da-hin!** ne va surtout pas là-bas! ❸ (schließlich, doch) après tout; **du kannst es** ~ **mal ver-suchen** tu peux toujours essayer; **da ist er** ~! ah, le voilà! ❹ (und zwar) et même ❺ (na) eh bien; ~, **wenn das so ist** ben, si c'est comme ça
Ja <-s, -[s]> nt oui m
Jacht [jaxt] <-, -en> f yacht m
Jacke ['jakə] <-, -n> f veste f
Jackett [ʒa'kɛt] <-s, -s> nt veste f
Jade <-> m o f jade m
Jagd [ja:kt] <-, -en> f chasse f
Jagdflugzeug nt avion m de chasse **Jagd-gründe** Pl ►**in die ewigen** ~ **eingehen** euph geh rejoindre le pays de ses ancêtres
Jagdhund m chien m de chasse
jagen ['ja:gən] I. vt + haben ❶ (Hasen) chas-ser ❷ (verfolgen) pourchasser ❸ fam (scheu-chen) **jdn aus dem Bett** ~ tirer qn du lit

II. vi + haben chasser
Jäger(in) ['jɛ:gɐ] <-s, -> m(f) chasseur(-euse) m(f)
Jaguar ['ja:gua:ɐ] <-s, -e> m jaguar m
jäh [jɛ:] geh adj (abrupt) soudain(e)
Jahr [ja:ɐ] <-[e]s, -e> nt ❶ an m; (in seinem Verlauf gesehen) année f; **in diesem** ~ cette année; **im** ~[e] **1999** en 1999; **vor** [vielen] ~**en** il y a [bien] longtemps; **nach** [vielen] ~**en** [bien] des années après; **alle fünf** ~**e** tous les cinq ans; ~ **für** ~ tous les ans; **das neue** ~ la nouvelle année ❷ (Lebensjahr) an m; **zwölf** ~**e alt sein** avoir douze ans; **mit zwanzig** ~**en** à vingt ans ►**in den bes-ten** ~**en** [sein] [être] dans la fleur de l'âge
Jahrbuch nt annales fpl
jahrelang ['ja:rəlaŋ] I. adj attr de longue ha-leine II. adv pendant des années
Jahresanfang m début m de l'année **Jah-reseinkommen** nt revenu m annuel **Jah-resende** nt fin f de l'année **Jahrestag** m anniversaire m **Jahreswechsel** m nouvel an m **Jahreszeit** f saison f
Jahrgang <-gänge> m ❶ MIL, SCHULE classe f; UNIV promotion f ❷ (eines Weins, einer Zeitschrift) année f
Jahrhundert [ja:ɐ'hʊndɐt] <-s, -e> nt siècle m **Jahrhundertwende** f changement m de siècle
jährlich ['jɛ:ɐlɪç] I. adj annuel(le) II. adv tous les ans; **einmal/zweimal/...** ~ une fois/deux fois/... par an
Jahrmarkt m foire f **Jahrtausend** <-s, -e> nt millénaire m **Jahrtausendwende** f changement m de millénaire **Jahrzehnt** <-[e]s, -e> nt décennie f
Jähzorn ['jɛ:tsɔrn] m tempérament m iras-cible **jähzornig** adj irascible
Jalousie [ʒalu'zi:] <-, -n> f jalousie f
Jammer ['jamɐ] <-s> m détresse f
jämmerlich ['jɛmɐlɪç] I. adj attr (Zustand) pitoyable; (Klagen) déchirant(e); (Leistung) lamentable II. adv (umkommen) bêtement
jammern ['jamɐn] vi **über etw** (akk) ~ se la-menter sur qc
Jänner ['jɛnɐ] <-s, -> m A janvier m; s. a. **April**
Januar ['janua:ɐ] <-[s], -e> m janvier m, s. a. **April**
Japan ['ja:pan] <-s> nt le Japon
Japaner(in) [ja'pa:nɐ] <-s, -> m(f) Japo-nais(e) m(f)

japanisch I. *adj* japonais(e) II. *adv* ~ **miteinander sprechen** discuter en japonais

Japanisch <-[s]> *nt kein art* japonais *m; s. a.* **Deutsch**

Jargon [ʒarˈgõː, ʒarˈgɔŋ] <-s, -s> *m* jargon *m*

jassen *vi* CH jouer au jass

Jastimme [ˈjaːʃtɪmə] *f* voix *f* pour

jäten [ˈjɛːtən] *vt* (*Unkraut*) arracher

Jauche [ˈjauxə] <-, -n> *f* purin *m*

jauchzen *vi geh* exulter

jaulen [ˈjaulən] *vi* (*Hund*) hurler à la mort

Jause [ˈjauzə] <-, -n> *f* A casse-croûte *m*

jawohl [jaˈvoːl] *interj* oui[, bien sûr]

Jawort [ˈjaːvɔrt] *nt* ▸ **jdm das** ~ **geben** donner son consentement à qn

Jazz [dʒæz] <-> *m* jazz *m*

je [jeː] I. *adv* ❶ (*jemals*) jamais ❷ (*jeweils*) chacun(e) II. *konj* ❶ ~ ..., **desto** ... plus ..., mieux ... ❷ (*entsprechend*) ~ **nach Belieben** selon la volonté; ~ **nachdem** ça dépend

Jeans [dʒiːnz] <-, -> *f meist Pl* jean *m*

jede(r, s) [ˈjeːdə, -də, -dəs] *pron indef* ❶ chaque; ~ **Minute** d'une minute à l'autre; **zu** ~ **er Zeit/Stunde** à n'importe quel moment; ~**r zweite Franzose** un Français sur deux ❷ (*jegliche*) **ihm ist** ~**s Mittel recht** pour lui, tous les moyens sont bons ❸ *substantivisch* ~**r, der sich dafür interessiert** quiconque s'y intéresse; ~**r von uns** chacun d'entre nous; ~**r gegen** ~**n** tous contre tous

jedenfalls *adv* en tout cas

jedermann *pron indef* tout le monde **jederzeit** *adv* ❶ (*zu jeder Zeit*) à tout moment ❷ (*jeden Augenblick*) d'un moment à l'autre

jedesmal [ˈjeːdəsˈmaːl] *adv* ~[, **wenn** ...] chaque fois [que ...]

jedoch [jeˈdɔx] *konj, adv* pourtant

Jeep® [dʒiːp] <-s, -s> *m* jeep® *f*

jegliche(r, s) [ˈjeːklɪçə, -çə, -çəs] *pron indef* tout(e)

jemals [ˈjeːmaːls] *adv* jamais

jemand [ˈjeːmant] *pron indef* quelqu'un; ~ **anders** *fam* quelqu'un d'autre

jene(r, s) [ˈjeːnə, -nə, -nəs] *pron dem, geh* (*dieser*) ~**r Mann/**~ **Frau dort** cet homme-là/cette femme-là

jenseits [ˈjeːnzaɪts] I. *präp* + *gen* ~ **des Flusses** de l'autre côté de la rivière II. *adv* ~ **von Raum und Zeit** au-delà de l'univers spatiotemporel

Jenseits <-> *nt* au-delà *m*

Jesuit [jezuˈiːt] <-en, -en> *m* jésuite *m*

Jesus <Jesu[s]> *m* Jésus *m*; ~ **Christus** Jésus Christ

Jetlag [ˈdʒɛtlɛg] <-s, -s> *m* troubles *mpl* dus au décalage horaire

Jeton [ʒəˈtõ] <-s, -s> *m* jeton *m*

jetzig *adj attr* (*Situation*) actuel(le)

jetzt [jɛtst] *adv* maintenant; **bis** ~ jusqu'à présent; ~ **gleich** tout de suite

jeweilig [ˈjeːvailɪç] *adj attr* (*Währung*) correspondant(e)

jeweils [ˈjeːˈvails] *adv* ❶ (*jedes Mal*) chaque fois ❷ (*im Einzelnen*) **die** ~ **Betroffenen** les personnes concernées ❸ (*je*) ~ **drei Kinder gehen zusammen** les enfants vont par groupes de trois

Jh. *Abk von* **Jahrhundert** siècle *m*

JH *Abk von* **Jugendherberge** AJ *f*

jiddisch *adj* yiddish *inv*

Jiddisch <-[s]> *nt* le yiddish

Job [dʒɔp] <-s, -s> *m fam* ❶ (*Anstellung*) job *m* ❷ (*Beschäftigung*) boulot *m*

jobben [ˈdʒɔbən] *vi fam* faire des petits boulots

Jobsharing^RR [ˈdʒɔpʃɛːrɪŋ] <-s> *nt* partage *m* du travail

Joch [jɔx] <-[e]s, -e> *nt* AGR joug *m*

Jockei [ˈdʒɔke] <-s, -s> *m*, **Jockey** <-s, -s> *m* jockey *m*

Jod [joːt] <-s> *nt* CHEM iode *m*

jodeln [ˈjoːdəln] *vi* iodler

Jodler(in) [ˈjoːdlɐ] <-s, -> *m(f)* chanteur (-euse) *m(f)* de tyrolienne

Joga [ˈjoːga] <-[s]> *m o nt* yoga *m*

joggen [ˈdʒɔgən] *vi + haben* faire du jogging, jogger

Jogger(in) [ˈdʒɔgɐ] <-s, -> *m(f)* joggeur (-euse) *m(f)*

Jogging [ˈdʒɔgɪŋ] <-s> *nt* jogging *m*

Jogginganzug [ˈdʒɔgɪŋantsuːk] *m* jogging *m*

Joghurt^ALT [ˈjoːgʊrt], **Jogurt**^RR <-[s], -[s]> *m o nt* yaourt *m*

Johannisbeere [joˈhanɪsbeːrə] *f* (*Frucht*) **[rote]** ~ groseille *f* [rouge]; **schwarze** ~ cassis *m*

Joint [dʒɔynt] <-s, -s> *m fam* joint *m*

Jointventure^RR [dʒɔɪntˈvɛntʃə] <-s, -s> *nt* COM joint[-]venture *f*

Jo-Jo <-s, -s> *nt* yoyo® *m*

J

Jongleur(in) [ʒõ'glø:ɐ̯] <-s, -e> m(f) jongleur(-euse) m(f)

jonglieren* [ʒõ'gli:rən] vi a. fig jongler

Jordanien [jɔr'da:niən] <-s> nt la Jordanie

Joule [ʒu:l] <-[s], -> nt PHYS joule m

Journal [ʒʊr'na:l] <-s, -e> nt ❶ COM journal m ❷ geh (Zeitschrift) revue f

Journalismus [ʒʊrna'lɪsmʊs] <-> m journalisme m

Journalist(in) [ʒʊrna'lɪst] <-en, -en> m(f) journaliste mf

journalistisch [ʒʊrna'lɪstɪʃ] I. adj (Ausbildung) de journaliste II. adv (arbeiten) comme journaliste

Joystick ['dʒɔɪstɪk] <-s, -s> m INFORM manette f de jeu

jr. Abk von **junior** junior

Jubel ['ju:bəl] <-s> m cris mpl de joie

jubeln ['ju:bəln] vi über etw (akk) ~ jubiler à cause de qc

Jubiläum [jubi'lɛːʊm] <-s, Jubiläen> nt [fête f] anniversaire m; sein 50-jähriges ~ son jubilé

jucken ['jʊkən] I. vt, vi (Hand) démanger; (Pullover) piquer II. vt unpers es juckt mich am Kopf ça me démange à la tête

Juckreiz m démangeaison f

Jude ['ju:də] <-n, -n> m, **Jüdin** f juif m/ juive f

Judenstern m étoile f jaune

Judentum <-s> nt judaïsme m

Judenverfolgung f persécution f des juifs

jüdisch ['jy:dɪʃ] adj ❶ juif(juive) ❷ (das Judentum betreffend) judaïque

Judo ['ju:do] <-s> nt judo m

Jugend ['ju:gənt] <-> f jeunesse f; von ~ an depuis l'enfance; die ~ von heute les jeunes mpl d'aujourd'hui **Jugendbuch** nt livre m pour la jeunesse **jugendfrei** adj pour tout public; nicht ~ sein (Film) être interdit aux moins de 18 ans **jugendgefährdend** adj dangereux(-euse) pour la jeunesse **Jugendgruppe** f groupe m de jeunes

En Allemagne, le **Jugendhaus** est une institution de type associatif qui, dans chaque commune, propose aux jeunes et aux jeunes adultes un programme pédagogique, de nombreuses activités de groupe ainsi que des projets en relation avec la formation, la communication, l'émancipation et l'organisation du temps libre. Des éducateurs apportent un soutien social à chacun des participants de ces groupes, afin qu'ils puissent développer aussi bien leur personnalité que leur identité. Le **Jugendhaus** travaille souvent en coopération avec d'autres institutions, telles que l'office pour la protection des jeunes, les écoles et les associations sportives.

Jugendherberge f auberge f de jeunesse **Jugendkriminalität** f délinquance f juvénile

jugendlich adj (Person, Erscheinung) jeune; (Leichtsinn) juvénile

Jugendliche(r) f(m) dekl wie adj jeune mf

Jugendliebe f amour m de jeunesse **Jugendschutz** m protection f des mineurs **Jugendstil** m Art m nouveau **Jugendtraum** m rêve m de jeunesse

Jugoslawe [jugo'sla:və] <-n, -n> m, **Jugoslawin** f HIST Yougoslave mf

Jugoslawien [jugo'sla:viən] <-s> nt HIST la Yougoslavie

jugoslawisch adj HIST yougoslave

Juli ['ju:li] <-[s], -s> m juillet m; s. a. **April**

jun. adj Abk von **junior**

jung [jʊŋ] <jünger, jüngste> I. adj ❶ jeune; (Sportart) nouveau(-velle) ❷ (später geboren) der jüngere Bruder le frère cadet der/die Jüngste le/la benjamin(e) II. adv (heiraten, sterben) jeune

Junge <-n, -n> m ❶ (junger Mann) garçon m ❷ fam (Bursche) hallo, Jungs! salut, les gars! mpl ►~, ~! fam eh ben, dis donc!

Junge(s) nt dekl wie adj (Jungtier) petit m

jünger ['jʏŋɐ] adj Komp von **jung** plus jeune (Mitarbeiter) plutôt jeune; (Datum) récent(e)

Jünger(in) <-s, -> m(f) disciple mf

Jungfernfahrt f première traversée f **Jungfrau** f ❶ [fille f] vierge f ❷ ASTRO Vierge f

jungfräulich adj a. fig geh vierge

Jungfräulichkeit ['jʊŋfrɔylɪçkaɪt] <-> f virginité f

Junggeselle m, **-gesellin** f célibataire mf

jüngste(r, s) ['jʏŋstə, -tə, -təs] adj ❶ Super von **jung** ❷ (nicht lange zurückliegend) in ~r Zeit dernièrement; aus ~r Vergangenheit d'un passé très récent ❸ (neueste) tout(e) dernier(-ière)

Jungtier nt jeune m

Juni ['ju:ni] <-[s], -s> *m* juin *m; s. a.* **April**

junior ['ju:nio:ɐ] *adj* **Hans Müller ~ Hans Müller junior**

Junior ['ju:nio:ɐ] <-s, -en> *m Pl* (*Sportler*) juniors *mpl*

Junkie ['dʒaŋki] <-s, -s> *m fam* junkie *mf*

Junta ['xʊnta, 'jʊnta] <-, Junten> *f* junte *f*

Jupiter ['ju:pitɐ] <-s> *m* [la planète] Jupiter *f*

Jura¹ ['ju:ra] <-s> *m* ❶ GEO jurassique *m* ❷ (*Gebirge*) Jura *m* ❸ (*Kanton*) canton *m* du Jura

Jura² *kein art* (*Rechtswissenschaft*) droit *m*

Jurist(in) [ju'rɪst] <-en, -en> *m(f)* juriste *mf*

juristisch [ju'rɪstɪʃ] *adj* (*Ausbildung*) en droit; (*Problem*) juridique

Jury [ʒy'ri:] <-, -s> *f* jury *m*

Jus¹ [ju:s] *nt* A droit *m*

Jus² [ʒy:] <-> *f o m o n t* CH jus *m* de fruit

Justiz [jʊs'ti:ts] <-> *f* justice *f*

Justizirrtum *m* erreur *f* judiciaire **Justizminister(in)** *m(f)* ministre *mf* de la Justice; (*in Frankreich*) garde *m* des Sceaux **Justizministerium** *nt* ministère *m* de la Justice **Justizvollzugsanstalt** *f form* établissement *m* pénitentiaire

Jute ['ju:tə] <-> *f* jute *m*

Juwel [ju've:l] <-s, -en> *m o nt* joyau *m*

Juwelier(in) [juve'li:ɐ] <-s, -e> *m(f)* bijoutier(-ière) *m(f)*

Juweliergeschäft *nt* bijouterie *f*

Jux [jʊks] <-es, -e> *m fam* blague *f* ▶ **aus** |**lauter**| ~ **und** Tollerei *fam* pour rigoler

K

K, k [ka:] <-, -> *nt* K *m*/k *m*

Kabarett [kaba'rɛt] <-s> *nt kein Pl* (*Kleinkunst*) spectacle *m* satirique

Kabarettist(in) [kabarɛ'tɪst] <-en, -en> *m(f)* chansonnier(-ière) *m(f)*

Kabel ['ka:bəl] <-s, -> *nt* câble *m*

Kabelanschlussᴿᴿ *m* accès *m* au réseau câblé **Kabelfernsehen** *nt* télévision *f* par câbles

Kabeljau <-s, -e *o* -s> *m* cabillaud *m*

Kabelkanal *m* chaîne *f* câblée

Kabine [ka'bi:nə] <-, -n> *f* cabine *f*

Kabinett [kabi'nɛt] <-s, -e> *nt* POL gouvernement *m*

Kabrio ['ka:brio] <-[s], -s> *nt* cabriolet *m*

Kachel ['kaxəl] <-, -n> *f* carreau *m* [de faïence]

kacheln *vt* carreler

Kachelofen *m* poêle *m* en faïence

Kadaver [ka'da:vɐ] <-s, -> *m* cadavre *m* d'animal

Kadmium ['katmiʊm] <-s> *nt* CHEM cadmium *m*

Käfer ['kɛ:fɐ] <-s, -> *m* coléoptère *m*

Kaff [kaf] <-s, -s> *nt pej fam* trou *m*

Kaffee ['kafe] <-s, -s> *m* café *m*

En Allemagne, en Autriche et en Suisse germanophone, il est habituel de manger des gâteaux lors du traditionnel café de l'après-midi. Comme on invite les amis à l'apéritif en France, on les invite en Allemagne **zum Kaffee**.

Kaffeeautomat *m* distributeur *m* |automatique| de café **Kaffeebohne** *f* grain *m* de café **Kaffeefilter** *m* filtre *m* à café **Kaffeehaus** *nt* A salon *m* de thé

Dans un **Kaffeehaus** viennois, on peut consommer par exemple un petit *Braunen*, c'est-à-dire un café express avec du lait ou un *Melange* - un café au lait.

Kaffeekanne *f* cafetière *f* **Kaffeemaschine** *f* cafetière *f* |électrique| **Kaffeemühle** *f* moulin *m* à café **Kaffeepause** *f* pause *f* café **Kaffeetasse** *f* tasse *f* à café

Käfig ['kɛ:fɪç] <-s, -e> *m* cage *f*

kahl [ka:l] *adj* chauve; ~ **geschoren** rasé(e)

Kahn [ka:n, *Pl:* 'kɛ:nə] <-[e]s, Kähne> *m* barque *f*; (*Schleppkahn*) péniche *f*

Kai [kaj] <-s, -e> *m* quai *m*

Kaiser(in) ['kaizɐ] <-s, -> *m(f)* empereur *m*/ impératrice *f*

kaiserlich *adj* impérial(e)

Kaiserreich *nt* empire *m*

Kaiserschmarr[e]n *m* A crêpes déchirées en morceaux auxquels on ajoute des raisins secs et que l'on saupoudre de sucre

Kaiserschnitt *m* césarienne *f*

Kajak ['ka:jak] <-s, -s> *m o nt* kayak *m*

K

Kajüte [ka'jy:tə] <-, -n> f cabine f

Kakao [ka'kaʊ] <-s, -s> m cacao m ►**jdn durch den ~ ziehen** fam se foutre [gentiment] de la gueule de qn

Kakaopulver [-fe, -ve] nt poudre f de cacao

Kakerlake <-, -n> f cafard m

Kaktus ['kaktʊs, Pl: 'kakte:ən] <-, Kakteen> m cactus m

Kalauer ['ka:laʊe] <-s, -> m (Wortspiel) calembour m

Kalb [kalp, Pl: 'kɛlbɐ] <-[e]s, Kälber> nt veau m

Kalbfleisch nt [viande f de] veau m

Kalender [ka'lɛndɐ] <-s, -> m (Wandkalender) calendrier m [mural]; (Terminkalender) agenda m

Kaliber [ka'li:bɐ] <-s, -> nt TECH calibre m

Kalium ['ka:liʊm] <-s> nt CHEM potassium m

Kalk [kalk] <-[e]s, -e> m ❶ (Baumaterial) chaux f ❷ (Kalziumkarbonat) calcaire m ❸ (Kalzium) calcium m

Kalkstein m pierre f à chaux

kalkulieren* I. vi (schätzen) calculer II. vt (Kosten) calculer

Kalorie [kalo'ri:] <-, -n> f calorie f

kalorienarm adj peu calorique **kalorienreich** I. adj calorique II. adv **~ essen** avoir une alimentation riche en calories

kalt [kalt] <kälter, kälteste> I. adj a. fig froid(e); **ihr ist ~** elle a froid II. adv (sich waschen) à l'eau froide; **etw ~ stellen** mettre qc au frais

Kaltblüter <-s, -> m animal m à sang froid

kaltblütig ['kaltbly:tɪç] adj ❶ qui garde son sang-froid ❷ (skrupellos: Person) qui agit de sang-froid

Kaltblütigkeit <-> f sang-froid m

Kälte ['kɛltə] <-> f froid m; (des Windes) fraîcheur f

Kaltfront f METEO front m froid **Kaltmiete** ['kaltmi:tə] f loyer m sans [les] charges **kaltschnäuzig** [-ʃnɔyʦɪç] adj culotté(e)

Kalzium ['kaltsiʊm] <-s> nt calcium m

kam [ka:m] Imp von **kommen**

Kamcorder s. **Camcorder**

Kamel [ka'me:l] <-[e]s, -e> nt ❶ chameau m ❷ pej fam (Dummkopf) andouille f

Kamera ['kaməra] <-, -s> f ❶ (Filmkamera) caméra f ❷ (Fotoapparat) appareil m photo

Kamerad(in) [kaməˈra:t] <-en, -en> m(f) camarade mf

Kameradschaft <-, -en> f camaraderie f

kameradschaftlich adj (Beziehung) de bonne camaraderie; (Zusammenleben) en [bons] camarades

Kameramann <-männer> m, **-frau** f caméraman m

Kamille [ka'mɪlə] <-, -n> f camomille f

Kamillentee m [infusion f de] camomille f

Kamin [ka'mi:n] <-s, -e> m o CH nt cheminée f

Kamm [kam, Pl: 'kɛmə] <-[e]s, Kämme> m ❶ peigne m ❷ ZOOL, GEO crête f

kämmen ['kɛmən] vt **jdn/sich ~** coiffer qn/ se coiffer

Kammer ['kamɐ] <-, -n> f chambre f

Kammerkonzert nt concert m de musique de chambre

Kampagne [kam'panjə] <-, -n> f campagne f

Kampf [kampf, Pl: 'kɛmpfə] <-[e]s, Kämpfe> m ❶ MIL, SPORT combat m; **den ~ aufnehmen** se lancer dans la bataille ❷ (Schlägerei) lutte f; **ein ~ auf Leben und Tod** un combat à mort ❸ fig **~ für/gegen etw** lutte f pour/contre qc

kämpfen ['kɛmpfən] vi ❶ MIL, SPORT **für jdn/etw ~** se battre pour qn/qc ❷ fig **für/ gegen etw ~** lutter pour/contre qc; **mit sich ~** mener un combat intérieur

Kämpfer(in) <-s, -> m(f) ❶ (im Heer) combattant(e) m(f) ❷ (Streiter) lutteur (-euse) m(f)

kämpferisch adj (Person, Natur) combatif(-ive)

Kampfflugzeug nt avion m de combat **Kampfhund** m chien m de combat **Kampfrichter(in)** m(f) juge-arbitre m/ **Kampfsport** m sport m de combat souvent pl

kampieren* [kam'pi:rən] vi camper

Kanada ['kanada] <-s> nt le Canada

Kanadier(in) [ka'na:diɐ] <-s, -> m(f) Canadien(ne) m(f)

kanadisch adj canadien(ne)

Kanal [ka'na:l, Pl: ka'nɛ:lə] <-s, Kanäle> m ❶ canal m ❷ GEO **der ~** la Manche ❸ (Abwasserkanal) égout m

Kanalisation [kanaliza'tsi̯o:n] <-, -en> f égouts mpl

kanalisieren* [kanali'zi:rən] vt a. fig canaliser

Kanarienvogel [ka'na:riənfo:gəl] m canari m

Kandidat(in) [kandi'da:t] <-en, -en> *m(f)* candidat(e) *m(f)*

Kandidatur [kandida'tu:ɐ̯] <-, -en> *f* candidature *f*

kandidieren* [kandi'di:rən] *vi* **für etw ~** se porter candidat(e) à qc

kandiert [kan'di:ɐ̯t] *adj* confit(e)

Kandiszucker *m* sucre *m* candi

Känguru[RR] ['kɛŋguru], **Känguruh**[ALT] <-s, -s> *nt* kangourou *m*

Kaninchen [ka'ni:nçən] <-s, -> *nt* lapin *m*

Kanister [ka'nɪstɐ] <-s, -> *m* (*Behälter*) bidon *m*

Kännchen ['kɛnçən] <-s, -> *nt* ❶ *Dim von* **Kanne** petit pot *m* ❷ (*Portion*) **ein ~ Kaffee** un grand café

Kanne ['kanə] <-, -n> *f* ❶ (*Kaffeekanne*) cafetière *f;* (*Teekanne*) théière *f* ❷ (*Gießkanne*) arrosoir *m*

Kannibale [kani'ba:lə] <-n, -n> *m,* **Kannibalin** *f* cannibale *mf*

kannte ['kantə] *Imp von* **kennen**

Kanon ['ka:nɔn] <-s, -s> *m* canon *m*

Kanone [ka'no:nə] <-, -n> *f* (*Geschütz*) canon *m*

Kante ['kantə] <-, -n> *f* (*Ecke*) bord *m*

kantig *adj* (*Felsblock*) équarri(e); (*Gesicht*) anguleux(-euse)

Kantine [kan'ti:nə] <-, -n> *f* cantine *f*

Kanton [kan'to:n] <-s, -e> *m* canton *m*

La Suisse est divisée en 26 **Kantone** dont six sont des demi-cantons. Les cantons élisent 46 représentants au *Ständerat*, Conseil des États, l'une des deux chambres législatives suisses. Les plus grands cantons sont : *Graubünden* – canton des Grisons, *Bern* – canton de Berne, et *die Waadt* – canton de Vaud.

kantonal [kanto'na:l] *adj* cantonal(e)

Kanu ['ka:nu] <-s, -s> *nt* canoë *m*

Kanzel ['kantsəl] <-, -n> *f* REL chaire *f*

Kanzlei [kants'laɪ] <-, -en> *f* (*eines Anwalts*) cabinet *m;* (*eines Notars*) étude *f*

Kanzler(in) ['kantslɐ] <-s, -> *m(f)* chancelier (-ière) *m(f)*

Kanzleramt *nt* chancellerie *f*

Kap [kap] <-s, -s> *nt* cap *m*

Kapazität [kapatsi'tɛ:t] <-, -en> *f* capacité *f*

Kapelle [ka'pɛlə] <-, -n> *f* ❶ (*Kirche*) chapelle *f* ❷ MUS orchestre *m*

Kaper ['ka:pɐ] <-, -> *f* câpre *f*

kapieren* [ka'pi:rən] *vt, vi fam* piger

Kapital [kapi'ta:l] <-s> *nt kein Pl* capital *m*

Kapitalismus [kapita'lɪsmʊs] <-> *m* capitalisme *m*

Kapitalist(in) [kapita'lɪst] <-en, -en> *m(f)* capitaliste *mf*

kapitalistisch *adj* capitaliste

Kapitän [kapi'tɛ:n] <-s, -e> *m* NAUT, SPORT capitaine *m*

Kapitel [ka'pɪtəl] <-s, -> *nt* chapitre *m*

Kapitulation [kapitula'tsjo:n] <-, -en> *f* capitulation *f*

kapitulieren* [kapitu'li:rən] *vi* capituler

Kaplan [ka'pla:n] <-s, Kapläne> *m* (*Hilfsgeistlicher*) vicaire *m*

Kappe ['kapə] <-, -n> *f* (*Mütze*) casquette *f*

Kapsel ['kapsəl] <-, -n> *f* capsule *f*

kaputt [ka'pʊt] *adj fam* ❶ (*defekt*) fichu(e) ❷ (*beschädigt*) cassé(e) ❸ (*erschöpft*) crevé(e) ❹ (*Ehe*) brisé(e); (*Gesundheit*) délabré(e)

kaputt|gehen *vi irr + sein fam* (*Gerät*) ne plus marcher; (*Spiegel*) se casser; (*Kleidung*) s'abîmer **kaputt|lachen** *vr fam* **sich ~** se tordre de rire; **ich lach' mich kaputt!** c'est à se tordre! **kaputt|machen** I. *vt fam* ❶ bousiller ❷ (*Ehe*) détruire; (*Gesundheit*) ruiner ❸ (*Person*) tuer II. *vr fam* **sich ~** s'esquinter

Kapuze [ka'pu:tsə] <-, -n> *f* capuchon *m*

Karabiner <-s, -> *m* (*Gewehr*) carabine *f*

Karaffe [ka'rafə] <-, -n> *f* carafe *f*

Karamel[ALT], **Karamell**[RR] [kara'mɛl] <-s> *m* caramel *m*

Karat [ka'ra:t] <-[e]s, -e> *nt* carat *m*

Karate [ka'ra:tə] <-[s]> *nt* karaté *m*

Karawane [kara'va:nə] <-, -n> *f* caravane *f*

Kardinal [kardi'na:l] <-s, Kardinäle> *m* REL, ZOOL cardinal *m*

Kardinalzahl *f* nombre *m* cardinal

Karfiol [kar'fjo:l] <-s> *m* A chou-fleur *m*

Karfreitag [ka:ɐ̯'fraɪta:k] *m* Vendredi *m* saint

karg [kark] <karger, kargste> *adj* (*Boden*) pauvre; (*Ausstattung*) austère

Kargheit <-> *f* (*des Bodens*) pauvreté *f;* (*der Ausstattung*) austérité *f*

kariert [ka'ri:ɐ̯t] *adj* à carreaux

Karies ['ka:riɛs] <-> *f* carie *f*

Karikatur [karika'tu:ɐ̯] <-, -en> *f* caricature *f*

Karikaturist(in) [karikatu'rɪst] <-en, -en> *m(f)* caricaturiste *mf*

K

karikieren* vt caricaturer
Karneval ['karnəval] <-s, -e> m carnaval m
Kärnten ['kɛrntən] <-s> nt la Carinthie
Karo ['ka:ro] <-s, -s> nt carreau m
Karosserie [karɔsə'ri:] <-, -n> f carrosserie f
Karotte [ka'rɔtə] <-, -n> f carotte f
Karpfen ['karpfən] <-s, -> m carpe f
Karre ['karə] <, n> f ❶ s. **Karren** ❷ fam (Auto) bagnole f
Karren ['karən] <-s, -> m charrette f
Karriere [ka'rje:rə] <-, -n> f carrière f
Karte ['kartə] <-, -n> f carte f; ~n spielen jouer aux cartes
Kartei [kar'tai] <-, -en> f fichier m
Karteikarte f fiche f **Karteikasten** m fichier m
Kartell [kar'tɛl] <-s, -e> nt cartel m
Kartellamt nt office m des cartels
Kartenhaus ►wie ein ~ **in** sich zusammenfallen s'effondrer comme un château de cartes **Kartenleger(in)** <-s, -> m(f) cartomancien(ne) m(f) **Kartenspiel** nt ❶ kein Pl (das Spielen) partie f de cartes ❷ (Satz Karten) jeu m de cartes **Kartentelefon** nt téléphone m à cartes **Kartenvorverkauf** m location f des billets
Kartoffel [kar'tɔfəl] <-, -n> f pomme f de terre
Kartoffelbrei m purée f |de pommes de terre] **Kartoffelchips** Pl chips mpl **Kartoffelpuffer** <-s, -> m galette f de pommes de terre [râpées] **Kartoffelpüree** s. **Kartoffelbrei Kartoffelsalat** m salade f de pommes de terre
Karton [kar'tɔŋ] <-s, -s> m carton m
Karussell [karʊ'sɛl] <-s, -s> nt manège m
Karwoche ['ka:ɐvɔxə] f semaine f sainte
Kaschmir ['kaʃmiːɐ] <-s, -e> m cachemire m
Käse ['kɛːzə] <-s, -> m fromage m
Käseblatt nt pej fam feuille f de chou **Käsefondue** ['kɛːzəfõdy:] nt fondue f au fromage **Käsekuchen** m gâteau m au fromage blanc
Kaserne [ka'zɛrnə] <-, -n> f caserne f
Kasino [ka'zi:no] <-s, -s> nt (Spielkasino) casino m
Kasper ['kaspɐ] <-s, -> m (Puppe, Kind) guignol m
Kaspertheater nt guignol m
Kassa ['kasa] <-, Kassen> f bes. A caisse f
Kasse ['kasə] <-, -n> f ❶ (Metallkasten, Zahl-

stelle) caisse f ❷ fam (Krankenkasse) caisse f d'assurance maladie; (in Frankreich) sécu f
Kassenarzt m, **-ärztin** f médecin m/ conventionné **Kassenbon** ['kasənbɔŋ] m ticket m de caisse **Kassenpatient(in)** m(f): patient(e) affilié(e) à une caisse d'assurance maladie assurant une couverture de base **Kassenwart(in)** <-s, -e> m(f) caissier (-ière) m(f) **Kassenzettel** s. **Kassenbon**
Kasserolle <-, -n> f casserole f
Kassette [ka'sɛtə] <-, -n> f ❶ (Video-, Musikkassette) cassette f ❷ (Kästchen) coffret m **Kassettenrecorder** m magnétophone m [à cassettes]
Kassier [ka'si:ɐ] A, CH, SDEUTSCH s. **Kassierer(in)**
kassieren* [ka'si:rən] I. vt ❶ (einziehen) etw bei jdm ~ encaisser qc auprès de qn ❷ fam (konfiszieren) sucrer II. vi bei jdm ~ (Kellner) encaisser l'addition de qn
Kassierer(in) <-s, -> m(f) caissier(-ière) m(f)
Kastagnette [kastan'jɛta] <-, -n> f castagnette f
Kastanie [kas'ta:njə] <-, -n> f ❶ (Rosskastanie) marron m [d'Inde]; (Esskastanie) châtaigne f ❷ (Rosskastanienbaum) marronnier m [d'Inde]; (Esskastanienbaum) châtaignier m
Kastanienbaum s. **Kastanie 2.**
Kästchen <-s, -> nt ❶ Dim von **Kasten** coffret m ❷ (Karo) carreau m
Kaste <-, -> f caste f
Kasten ['kastən, Pl: 'kɛstən] <-s, Kästen> m ❶ (Behälter) caisse f; (für Schmuck) coffret m ❷ A, CH (Schrank) armoire f
Kastenwagen m fourgonnette f
Kastration [kastra'tsjo:n] <-, -en> f castration f
kastrieren* [kas'tri:rən] vt châtrer
Kasus ['ka:zʊs] <-, -> m LING cas m
Kat [kat] <-s, -s> m Abk von **Katalysator** pot m catalytique
Katakombe [kata'kɔmbə] <-, -n> f catacombe f
Katalog [kata'lo:k] <-[e]s, -e> m ❶ (Versandhauskatalog) catalogue m ❷ (Verzeichnis) fichier m
katalogisieren* [katalogi'zi:rən] vt cataloguer
Katalysator [kataly'za:to:ɐ] <-s, -toren> m ❶ AUT pot m catalytique ❷ CHEM catalyseur m

Katamaran [katama'ra:n] <-s, -e> m catamaran m

Kataster [ka'taste] <-s, -> m o nt cadastre m

katastrophal [katastro'fa:l] adj catastrophique

Katastrophe [katas'tro:fə] <-, -n> f catastrophe f

Katastrophengebiet nt zone f sinistrée

Katechismus [kate'çɪsmʊs] <-, Katechismen> m catéchisme m

Kategorie [katego'ri:] <-, -n> f catégorie f

kategorisch [kate'go:rɪʃ] adj catégorique

Kater ['ka:te] <-s, -> m ❶ chat m ❷ fam (nach Alkoholgenuss) gueule f de bois

Kathedrale [kate'dra:lə] <-, -n> f cathédrale f

Katheter [ka'te:te] <-s, -> m MED cathéter m

Kathode [ka'to:də] <-, -n> f PHYS cathode f

Katholik(in) [kato'li:k] <-en, -en> m(f) catholique mf

katholisch [ka'to:lɪʃ] I. adj catholique II. adv ~ erzogen werden recevoir une éducation catholique

Katholizismus [katoli'tsɪsmʊs] <-> m catholicisme m

Kätzchen <-s, -> nt chaton m

Katze ['katsə] <-, -n> f chat m; (nur weiblich) chatte f

Katzensprung m fam das ist ein ~ c'est la porte à côté **Katzenwäsche** f hum fam toilette f de chat; ~ machen se laver le bout du nez

Kauderwelsch <-[s]> nt pej (unverständliche Sprache) sabir m

kauen ['kauən] vt mâcher

kauern ['kauen] vi + sein in einer Ecke ~ être accroupi dans un coin

Kauf [kauf, Pl: 'kɔyfə] <-[e]s, Käufe> m achat m; ein günstiger ~ une bonne affaire

kaufen ['kaufən] vt jdm/sich etw ~ acheter qc à qn/s'acheter qc

Käufer(in) ['kɔyfe] <-s, -> m(f) acheteur (-euse) m(f)

Kaufhaus nt grand magasin m **Kaufkraft** f pouvoir m d'achat

käuflich I. adj pej (bestechlich) vénal(e) II. adv form (erwerben) à titre onéreux

Kaufmann <-leute> m, **-frau** f ❶ gelernter ~/gelernte Kauffrau commercial(e) m(f) ❷ (Lebensmittelhändler) épicier(-ière) m(f)

kaufmännisch ['kaufmɛnɪʃ] adj commercial(e); ~er Angestellter employé m de commerce

Kaufpreis m prix m d'achat **Kaufvertrag** m contrat m de vente

Kaugummi m chewing-gum m

Kaulquappe <-, -n> f têtard m

kaum [kaum] adv ❶ (wahrscheinlich nicht) difficilement; [wohl] ~! sûrement pas! ❷ (fast nicht) à peine; es ~ erwarten können brûler d'impatience; ~ jemand pratiquement personne

Kautabak m tabac m à chiquer

Kaution [kau'tsio:n] <-, -en> f caution f

Kautschuk <-s, -e> m caoutchouc m

Kavalier [kava'li:ɐ] <-s, -e> m gentleman m

Kavallerie [-'ri:ən] <-, -n> f cavalerie f

Kaviar ['ka:via:ɐ] <-s, -e> m caviar m

KB [ka:'be:] nt Abk von **Kilobyte** Ko m

Kegel ['ke:gəl] <-s, -> m ❶ (Spielgerät) quille f ❷ MATH, GEO cône m

Kegelbahn f piste f de bowling **kegelförmig** adj conique

kegeln ['ke:gəln] vi jouer au bowling

Kehle ['ke:lə] <-, -n> f gorge f

Kehlkopf m larynx m

kehren ['ke:rən] vt (wenden) tourner

Kehricht ['ke:rɪçt] <-s> m o nt CH (Müll) ordures fpl [ménagères]

Kehrseite ►die ~ der Medaille le revers de la médaille

kehrt|machen ['ke:ɐtmaxən] vi fam ❶ (umkehren) faire demi-tour ❷ MIL faire un demi-tour **Kehrtwendung** f ❶ MIL demi-tour m ❷ fig volte-face f

keifen ['kaifən] vi pej brailler

Keil [kail] <-[e]s, -e> m (Unterlegkeil) cale f

Keilriemen m courroie f [trapézoïdale]

Keim [kaim] <-[e]s, -e> m germe m

keimen vi a. fig germer

keimfrei adj stérilisé(e); (Umgebung) stérile

Keimzelle f ❶ BIO gamète m ❷ fig ferment m

kein I. pron indef, adjektivisch ❶ ►Wort sagen ne pas dire un mot; ~e Lust/Zeit haben ne pas avoir envie/le temps; ~ Auto haben ne pas avoir de voiture; ~e andere als Brigitte nulle autre que Brigitte ❷ (nicht einmal) ~e drei Stunden dauern ne même pas durer trois heures II. pron indef, substantivisch ❶ (auf eine Person bezogen) das weiß ~er personne ne le sait; sie hat ~en von beiden geheiratet elle n'en a épousé aucun des deux ❷ (auf Dinge

K

bezogen) **von den Pullovern gefiel mir ~er** aucun des pull-overs ne m'a plu; **Saft habe ich ~en da** du jus, je n'en ai pas

keinerlei *adj unv, attr* **~ Interesse zeigen** ne montrer vraiment aucun intérêt

keinesfalls *adv* **ich möchte dich ~ beunruhigen** je ne veux en aucun cas te causer du souci

keineswegs *adv* **sie ist ~ zufrieden** elle n'est absolument pas satisfaite

keins *s.* **kein**

Keks [keːks] <-es, -e> *m* gâteau *m* sec

Kelch [kɛlç] <-[e]s, -e> *m* ❶ (*Blüten-, Abendmahlskelch*) calice *m* ❷ (*Sektkelch*) flûte *f*

Kelle ['kɛlə] <-, -n> *f* (*Schöpflöffel*) louche *f*

Keller ['kɛlɐ] <-s, -> *m* cave *f*

Kellerfenster *nt* soupirail *m* **Kellergeschoss**ᴿᴿ *nt* sous-sol *m*

Kellner(in) ['kɛlnɐ] <-s, -> *m(f)* serveur(-euse) *m(f)*

Kelte ['kɛltə] <-n, -n> *m*, **Keltin** *f* Celte *mf*

keltisch ['kɛltɪʃ] *adj* celt[iqu]e

kennen ['kɛnən] <kannte, gekannt> **I.** *vt* connaître; **~ lernen** apprendre à connaître; **jdn ~ lernen** faire la connaissance de qn ▶**der wird mich noch ~ lernen!** *fam* il va voir de quel bois je me chauffe! **II.** *vr* **sich ~** se connaître; **sich ~ lernen** (*Bekanntschaft machen*) faire connaissance; (*vertraut werden*) apprendre à se connaître

kennen|lernenᴬᴸᵀ *s.* **kennen**

Kenner(in) <-s, -> *m(f)* (*der Materie*) expert(e) *m(f)*; (*guter Weine*) connaisseur(-euse) *m(f)*

kenntlich ['kɛntlıç] *adj* **etw ~ machen** marquer qc

Kenntnis ['kɛntnɪs] <-, -se> *f* connaissance *f*; **jdn davon in ~ setzen, dass ...** porter à la connaissance de qn [le fait] que ...; **etw zur ~ nehmen** prendre acte de qc

Kennwort <-wörter> *nt* ❶ (*Codewort*) code *m* ❷ (*Losungswort*) mot *m* de passe **Kennzahl** *f* ❶ (*Ortsnetzkennzahl*) indicatif *m* ❷ (*Zahlenwert*) indice *m* **Kennzeichen** *nt* ❶ (*Autokennzeichen*) amtliches **~** numéro *m* d'immatriculation ❷ (*Merkmal*) signe *m* distinctif; **unveränderliches ~** signe *m* particulier ❸ (*Markierung*) signe *m* de reconnaissance **kennzeichnen I.** *vt* ❶ (*markieren*) marquer; (*Weg, Behälter*) signaler ❷ (*charakterisieren*) caractériser **II.** *vr* **sich**

durch etw ~ se caractériser par qc **Kennziffer** *f* référence *f*

kentern ['kɛntɐn] *vi + sein* chavirer

Keramik [keˈraːmɪk] <-, -en> *f* céramique *f*

Kerbe ['kɛrbə] <-, -n> *f* encoche *f*

Kerbel ['kɛrbəl] <-s> *m* cerfeuil *m*

Kerbholz ▶**etwas auf dem ~ haben** *fam* avoir qc à cacher

Kerker ['kɛrkɐ] <-s, > *m* (*Verlies*) cachot *m*

Kerl [kɛrl] <-s, -e> *m fam* type *m*

Kern [kɛrn] <-[e]s, -e> *m* ❶ noyau *m;* (*Apfel-, Birnenkern*) pépin *m* ❷ (*eines Problems*) fond *m* ❸ (*einer Stadt*) cœur *m*

Kernenergie *s.* **Kernkraft Kernfusion** *f* fusion *f* nucléaire **Kerngehäuse** *nt* trognon *m* **kerngesund** *adj* en pleine santé **Kernkraft** *f* énergie *f* nucléaire **Kernkraftwerk** *nt* centrale *f* nucléaire

kernlos *adj* sans pépins

Kernphysik *f* physique *f* nucléaire **Kernpunkt** *s.* **Kern Kernreaktor** *m* réacteur *m* nucléaire **Kernschmelze** *f* fusion *f* du cœur du réacteur **Kernseife** *f* ≈ savon *m* de Marseille **Kernwaffe** *f* arme *f* nucléaire **kernwaffenfrei** ['kɛrnvafənfrai] *adj* dénucléarisé(e) **Kernzeit** *f* plage *f* fixe [de travail]

Kerosin [keroˈziːn] <-s, -e> *nt* kérosène *m*

Kerze ['kɛrtsə] <-, -n> *f* ❶ bougie *f;* REL cierge *m* ❷ (*Gymnastikübung*) chandelle *f*

kerzengerade ['kɛrtsəngəˈraːdə] *adj, adv* droit(e) comme un i **Kerzenhalter** *m* (*klein*) bougeoir *m;* (*groß*) chandelier *m* **Kerzenleuchter** *m* candélabre *m* **Kerzenlicht** *nt* lumière *f* des bougies

kessᴿᴿ [kɛs], **keß**ᴬᴸᵀ **I.** *adj* ❶ (*Person*) effronté(e); (*Antwort*) audacieux(-euse) ❷ (*Hut*) affriolant(e) **II.** *adv* avec aplomb

Kessel ['kɛsəl] <-s, -> *m* ❶ (*Wasserkessel*) bouilloire *f* ❷ (*Heizkessel*) chaudière *f* ❸ GEO cuvette *f*

Kesselstein *m* tartre *m*

Ketchup, Ketchupᴿᴿ ['kɛtʃap] <-[s], -s> *m* o *nt* ketchup *m*

Kette ['kɛtə] <-, -n> *f* ❶ *a.* COM, TEXTIL chaîne *f* ❷ (*Halskette*) collier *m* ❸ (*von Ereignissen*) série *f*

Kettenbrief *m* lettre *f* en chaîne **Kettenkarussell** *nt* chaises *fpl* volantes **Kettenraucher(in)** *m(f)* grand fumeur *m*/grande fumeuse *f* **Kettenreaktion** *f* réaction *f* en chaîne **Kettenschaltung** *f* dérailleur *m*

Ketzer(in) ['kɛtsɐ] <-s, -> *m(f)* hérétique *mf*

Ketzerei <-, -en> f hérésie f

ketzerisch adj hérétique

keuchen ['kɔyçən] vi + haben (schwer atmen) haleter

Keuchhusten m coqueluche f

Keule ['kɔylə] <-, -n> f (Waffe) massue f

keusch [kɔyʃ] adj chaste

Keusche <-, -n> f A pej (Bruchbude) taudis m

Keuschheit <-> f chasteté f

Keyboard ['ki:bɔ:t] <-s, -s> nt orgue m électronique

Kfz [ka:ʔɛfʦɛt] <-[s], -[s]> nt Abk von **Kraftfahrzeug** automobile f

Kfz-Werkstatt f garage m **Kfz-Zulassungsstelle** f service m des immatriculations

kg Abk von **Kilogramm** kg

KG [ka:'ge:] <-, -s> f Abk von **Kommanditgesellschaft** SCS f

khakifarben adj kaki inv

Kibbuz [kɪ'bu:ts] <-, Kibbuzim o -e> m kibboutz m

Kiberer <-s, -> m A pej fam flic m

Kichererbse f pois m chiche

kichern ['kɪçən] vi ricaner

kicken ['kɪkən] vi fam ❶ (Fußball spielen) jouer au foot ❷ (Ball) taper dans; **den Ball ins Aus ~** botter en touche

kidnappen ['kɪtnɛpən] vt kidnapper

Kidnapper(in) ['kɪtnɛpɐ] <-s, -> m(f) kidnappeur(-euse) m(f)

Kids <-> Pl fam (Kinder) mômes mpl; (Jugendliche) ados mpl

kiefeln vi A ❶ (kauen) **an etw** (dat) **~** mordiller qc ❷ fig **an einem Problem ~** remâcher un problème

Kiefer¹ ['ki:fɐ] <-, -n> f (Baum, Holz) pin m

Kiefer² <-s, -> m ANAT mâchoire f

Kiefernzapfen m pomme f de pin

Kieme ['ki:mə] <-, -n> f branchie f

Kies [ki:s] <-es, -e> m (kleine Steine) gravier m

Kieselstein ['ki:zəlʃtain] m gravier m

Kiesgrube f gravière f

kikeriki [kikəri'ki:] interj cocorico

Killer(in) ['kɪlɐ] <-s, -> m(f) fam tueur(-euse) m(f) [à gages]

Kilo ['ki:lo] <-s, -[s]> nt Abk von **Kilogramm** kilo m

Kilobyte ['ki:lobait] nt kilo-octet m **Kilogramm** nt kilogramme m **Kilohertz** nt kilohertz m **Kilojoule** nt kilojoule m **Kilokalorie** f kilocalorie f

Kilometer m ❶ kilomètre m ❷ fam (Stundenkilometer) **er fuhr höchstens 50 ~** il roulait à 50 maxi

Kilometerstand m kilométrage m **Kilometerzähler** m compteur m kilométrique

Kilowatt nt kilowatt m **Kilowattstunde** f kilowattheure m

Kind [kɪnt] <-[e]s, -er> nt enfant m; **sie kriegt ein ~** fam elle va avoir un gosse; **~er, ~er!** fam (Leute) ah, mes enfants! ▸**das ~ mit dem** Bade **ausschütten** jeter le bébé avec l'eau du bain; **mit ~ und** Kegel iron fam avec toute la smala; **das ~ beim** Namen **nennen** appeler un chat un chat; **wir werden das ~ schon** schaukeln fam on va goupiller ça; **das** weiß **doch jedes ~!** fam un gosse sait ça!

Kinderarbeit ['kɪndɐarbait] f travail m des mineurs **Kinderarzt** m, **-ärztin** f pédiatre mf **Kinderbuch** nt livre m d'enfant

Kinderei <-, -en> f enfantillage m

Kindererziehung f éducation f des enfants **kinderfeindlich** adj (Gesellschaft) qui ne fait rien pour les enfants **kinderfreundlich** adj (Person) qui aime les enfants; (Gesellschaft) ouvert(e) aux enfants **Kindergarten** m ≈ école f maternelle **Kindergärtner(in)** m(f) ≈ éducateur(-trice) m(f) d'école maternelle **Kindergeburtstag** m anniversaire m d'enfant **Kindergeld** nt ≈ allocations fpl familiales **Kinderheim** nt ≈ foyer m de la DDASS **Kinderhort** m garderie f **Kinderklinik** f hôpital m d'enfants **Kinderkrankheit** f maladie f infantile **Kinderkrippe** f crèche f **Kinderladen** m jardin m d'enfants alternatif (utilisant des méthodes non-directives) **Kinderlähmung** f poliomyélite f **kinderleicht** adj enfantin(e); **~ sein** être un jeu d'enfant **kinderlieb** adj qui aime les enfants **Kinderlied** nt chanson f enfantine

kinderlos adj sans enfants

Kindermädchen nt bonne f d'enfants **kinderreich** adj (Paar) qui a beaucoup d'enfants; (Familie) nombreux(-euse) **Kinderschänder(in)** <-, -> m(f) violeur(-euse) m(f) d'enfants **Kinderschuh** m chaussure f d'enfant ▸**noch in den ~en stecken** être encore aux [premiers] balbutiements **kindersicher** I. adj (Spielzeug) adapté(e) aux enfants **II.** *adv* (*aufbewahren*) hors de portée des enfants **Kindersicherung** *f* sécurité *f* enfants **Kindersitz** *m* siège *m* pour enfant **Kinderspiel** *nt* jeu *m* pour enfants ►**für jdn ein ~ sein** être un jeu d'enfant pour qn **Kinderspielplatz** *m* terrain *m* de jeu **Kindersterblichkeit** *f* mortalité *f* infantile **Kinderstube** ►**eine/keine gute ~ gehabt haben** avoir reçu une bonne/mauvaise éducation **Kindertagesstätte** *s.* **Kinderhort Kinderwagen** *m* landau *m*; (*Sportwagen*) poussette *f* **Kinderzimmer** *nt* chambre *f* d'enfant

Kindesalter *nt* bas âge *m* **Kindesbeine** ►**etw von ~n an lernen** apprendre qc dès sa plus tendre enfance **Kindesmissbrauch**ᴿᴿ *m* abus *m* [sexuel] sur des enfants **Kindesmisshandlung**ᴿᴿ *f* maltraitance *f* des enfants

kindgemäß *adj* adapté(e) aux enfants **Kindheit** <-> *f* enfance *f*

kindisch *pej adj* puéril(e)

kindlich I. *adj* d'enfant; **~ sein** (*Person*) être très jeune **II.** *adv* (*sich verhalten*) comme un enfant

Kindstod *m* **plötzlicher ~** mort *f* subite du nourrisson

kinetisch [ki'ne:tɪʃ] *adj* cinétique

Kinn [kɪn] <-[e]s, -e> *nt* menton *m*

Kinnhaken *m* uppercut *m*

Kino ['ki:no] <-s, -s> *nt* cinéma *m*

Kinobesuch *m* séance *f* de cinéma **Kinobesucher(in)** *m(f)* spectateur(-trice) *m(f)* **Kinofilm** *m* film *m* [grand écran] **Kinoprogramm** *nt* ❶ (*gezeigte Filme*) affiche *f* ❷ (*gedrucktes Programm*) programme *m* des films

Kiosk ['ki:ɔsk] <-[e]s, -e> *m* kiosque *m*

Kipfe[r]l <-s, -[n]> *nt* Ⓐ croissant *m*

Kippe ['kɪpə] <-, -n> *f fam* ❶ (*Mülldeponie*) décharge *f* ❷ (*Zigarettenstummel*) mégot *m* ►**auf der ~ stehen** (*Entscheidung*) être en suspens

kippen ['kɪpən] **I.** *vt* + *haben* ❶ (*schütten*: *Sand*) renverser; (*Flüssigkeit*) déverser ❷ (*schräg stellen*) basculer ►**einen ~** *fam* s'en jeter un **II.** *vi* + *sein* (*umfallen*) basculer

Kirche ['kɪrçə] <-, -n> *f* ❶ église *f* ❷ (*Institution*) Église *f*

Kirchenbuch *nt* registre *m* paroissial **Kirchenchor** *m* chorale *f* paroissiale **Kirchengemeinde** *f* paroisse *f* **Kirchenlied** *nt* can-tique *m* **Kirchenmusik** *f* musique *f* religieuse **Kirchenrecht** *nt* droit *m* canon **Kirchenschiff** *nt* (*Längsschiff*) [grande] nef *f*; (*Querschiff*) nef latérale **Kirchenstaat** *m* HIST États *mpl* pontificaux **Kirchensteuer** *f* ≈ impôt *m* au bénéfice des Églises

> Le **Kirchensteuer** s'élève à environ 8% des revenus. On doit le payer si l'on est de confession catholique ou protestante. On le paye en règle générale au fisc qui reverse ensuite l'argent aux différentes Églises. En Autriche, la somme allouée au culte, qui varie suivant les personnes, est directement prélevée par les Églises. En Suisse, l'impôt au bénéfice des Églises est fixé suivant le droit des différents cantons.

kirchlich I. *adj* de l'Église; (*Feiertag, Trauung*) religieux(-euse) **II.** *adv* (*heiraten*) à l'église

Kirchturm *m* clocher *m*

Kirschbaum *m* (*Baum, Holz*) cerisier *m*

Kirsche ['kɪrʃə] <-, -n> *f* ❶ cerise *f* ❷ (*Baum, Holz*) cerisier *m* ►**mit jdm ist nicht gut ~n essen** *fam* qn n'est pas à prendre avec des pincettes

Kirschtorte *f* tarte *f* aux cerises; **Schwarzwälder ~** forêt-noire *f* **Kirschwasser** *nt* kirsch *m*

Kissen ['kɪsən] <-s, -> *nt* (*Kopfkissen*) oreiller *m*; (*Sofakissen*) coussin *m*

Kissenbezug *m* (*Kopfkissenbezug*) taie *f* [d'oreiller]; (*Sofakissenbezug*) housse *f* [de coussin]

Kiste ['kɪstə] <-, -n> *f* caisse *f*; (*klein*) boîte *f*

kistenweise *adv* (*in großen Mengen*) **~ Spielsachen wegwerfen** jeter des pleines caisses de jouets

Kitsch [kɪtʃ] <-es> *m* kit[s]ch *m*

kitschig *adj* kit[s]ch *inv*

Kitt [kɪt] <-[e]s, -e> *m* mastic *m*

Kittchen ['kɪtçən] <-s, -> *nt fam* taule *f*

Kittel ['kɪtəl] <-s, -> *m* (*Arbeitskittel*) blouse *f*

kitten ['kɪtən] *vt* (*Riss*) mastiquer; (*Vase*) recoller; (*Partnerschaft*) cimenter

Kitz [kɪts] <-es, -e> *nt* (*eines Rehs*) faon *m*; (*einer Ziege*) chevreau *m*

kitzelig *s.* **kitzlig**

kitzeln ['kɪtsəln] *vt, vi* chatouiller

kitzlig *adj* chatouilleux(-euse)

Kiwi ['kiːvi] <-, -s> *f* kiwi *m*
KKW [kaːkaːʹveː] <-s, -s> *nt Abk von* **Kernkraftwerk** centrale *f* nucléaire
klacks *interj* vlan
klaffen ['klafən] *vi* (*Abgrund*) bâiller; **auseinander ~** (*Meinungen*) différer
kläffen ['klɛfən] *vi* glapir
Klage ['klaːgə] <-, -n> *f* plainte *f*; **keinen Grund zur ~ haben** n'avoir aucune raison de se plaindre; **~ gegen jdn erheben** JUR porter plainte contre qn
klagen ['klaːgən] I. *vi* ❶ (*jammern*) **über etw** (*akk*) ~ se lamenter sur qc ❷ (*sich beklagen*) **über etw** (*akk*) ~ se plaindre de qc ❸ JUR **gegen jdn ~** porter plainte contre qn II. *vt* ❶ **jdm sein Leid ~** se plaindre de sa souffrance auprès de qn A *s.* **verklagen**
klagend I. *adj* ❶ (*Stimme*) plaintif(-ive) ❷ JUR (*Partei*) plaignant(e) II. *adv* en geignant
Kläger(in) ['klɛːgɐ] <-s, -> *m(f)* plaignant(e) *m(f)*
Klageschrift *f* plainte *f* **Klageweib** *nt* pleureuse *f*
kläglich ['klɛːklɪç] I. *adj* ❶ *pej* lamentable ❷ (*dürftig*) misérable ❸ (*jammervoll*) pitoyable II. *adv pej* (*scheitern*) lamentablement
klaglos *adv* sans rechigner
Klamm [klam] *adj* (*Wäsche*) humide et froid(e)
Klammer ['klamɐ] <-, -n> *f* ❶ (*Wäscheklammer*) pince *f* [à linge] ❷ (*Heftklammer*) agrafe *f*; (*Büroklammer*) trombone *m* ❸ (*Haarklammer*) épingle *f* [à cheveux] ❹ (*Textsymbol*) [**runde**] **~** parenthèse *f*; **eckige/spitze ~** crochet *m*/chevron *m*; **in ~n** entre parenthèses
Klammeraffe *m* INFORM *fam* ar[r]obas *m*
klammern ['klamɐn] I. *vt* (*zusammenheften*) agrafer II. *vr* **sich an jdn/etw ~** (*festhalten*) s'accrocher à qn/qc; *fig* se raccrocher à qn/qc
klammheimlich *fam adv* en douce
Klamotten [klaʹmɔtə] *Pl fam* fringues *fpl*
klang [klaŋ] *Imp von* **klingen**
Klang [klaŋ] *Pl:* ['klɛŋə] <-[e]s, Klänge> *m* (*Ton*) son *m*; (*einer Stimme*) timbre *m*
klanglos ['klaŋloːs] *adj* (*Stimme*) sans timbre
klangvoll *adj* (*volltönend*) sonore; (*Name*) qui sonne bien
Klappe ['klapə] <-, -n> *f* ❶ (*eines Mülleimers*) couvercle *m*; (*einer Tasche*) rabat

m; (*eines Ofens*) clapet *m* ❷ *fam* (*Mund*) clapet *m*; **eine große ~ haben** avoir une grande gueule; [**halt die**] **~!** la ferme!
klappen ['klapən] I. *vt* + **haben** **etw nach oben/hinten ~** rabattre qc vers le haut/en arrière II. *vi* + **haben** *fam* (*funktionieren*) marcher
klapperig *s.* **klapprig**
klappern ['klapɐn] *vi* (*Fensterflügel*) claquer; **mit den Zähnen ~** claquer des dents; **mit dem Geschirr ~** faire cliqueter la vaisselle
Klappfahrrad *nt* vélo *m* pliant **Klappmesser** *nt* canif *m*
klapprig *adj fam* ❶ (*gebrechlich*) décati(e) ❷ (*instabil*) déglingué(e)
Klappstuhl *m* chaise *f* pliante **Klapptisch** *m* table *f* pliante
Klaps [klaps] <-es, -e> *m* tape *f*
klar [klaːɐ] I. *adj* ❶ clair(e); (*Ergebnis*) évident(e); (*Vorsprung*) net(te) ❷ *fam* (*verständlich*) **alles ~?/! c'est clair?/!; na ~!** mais bien sûr! ❸ (*bewusst*) **jdm ist etw ~** qn comprend qc; **sich über seine Gefühle ~ werden** prendre conscience de ses sentiments; **sich darüber ~ werden, dass ...** commencer à réaliser que ... II. *adv* (*erkennen*) clairement; **in etwas** (*dat*) ~ **sehen** y voir clair dans qc (*fam*) ▸~ **und deutlich** de façon claire et nette
Kläranlage ['klɛːɐʔanlaːgə] *f* station *f* d'épuration
klären ['klɛːrən] I. *vt* (*Problem*) élucider; (*Abwasser*) épurer II. *vr* **sich ~** (*Problem*) se résoudre; (*Wasser*) se décanter
Klarheit <-, -en> *f a. fig* clarté *f*; **sich** (*dat*) ~ **über etw** (*akk*) **verschaffen** obtenir des précisions sur qc
Klarinette [klariʹnɛtə] <-, -n> *f* clarinette *f*
klar|kommen *vi irr* + *sein fam* **mit jdm/etw ~** s'en sortir avec qn/qc **klar|machen** I. *vt* **jdm etw ~** faire comprendre qc à qn; **jdm ~, dass ...** expliquer à qn que ... II. *vr* **sich** (*dat*) **etw ~** se rendre compte de qc; **sich** (*dat*) ~, **dass ...** réaliser que ... **klar|sehen**ᴬᴸᵀ *s.* **klar** II. **Klarsichtfolie** *f* film *m* transparent [étirable] **Klarsichthülle** *f* chemise *f* transparente; (*zum Einheften*) pochette *f* perforée **klar|stellen** *vt* clarifier; **ich möchte ~, dass ...** je tiens à préciser que ... **Klarstellung** *f* clarification *f*
Klärung <-, -en> *f* ❶ (*von Problemen*) élucidation *f* ❷ (*von Abwässern*) épuration *f*

K

klar|werdenᴬᴸᵀ *s.* **klar I.4.**

klasse *adj inv fam* super

Klasse ['klasə] <-, -n> *f* classe *f;* **erster/ zweiter ~ fahren/fliegen** voyager en première/ seconde [classe]

Klassenarbeit *f* devoir *m* sur table **Klassenbeste(r)** *f(m) dekl wie adj* premier(-ière) *m(f)* [de la classe] **Klassenbuch** *nt* cahier *m* de présence **Klassenkamerad(in)** *m(f)* camarade *mf* de classe **Klassenkampf** *m* lutte *f* des classes **Klassenlehrer(in)** *m(f)* professeur *mf* principal **Klassenraum** *s.* **Klassenzimmer** **Klassensprecher(in)** *m(f)* délégué(e) *m(f)* de classe **Klassentreffen** *nt* réunion *f* d'anciens [camarades de classe] **Klassenzimmer** *nt* salle *f* de classe

klassifizieren* [klasifi'tsi:rən] *vt* classifier

Klassifizierung <-, -en> *f* classification *f*

Klassik ['klasɪk] <-> *f* ❶ (*Epoche*) classicisme *m* ❷ (*Altertum*) Antiquité *f* ❸ *fam* (*klassische Musik*) classique *m*

Klassiker(in) <-s, -> *m(f)* (*Schriftsteller, Künstler*) classique *m;* (*Komponist*) musicien(ne) *m(f)* classique

klassisch *adj* classique

Klassizismus [klasi'tsɪsmʊs] <-, -smen> *m* classicisme *m*

klassizistisch [klasi'tsɪstɪʃ] *adj* classique

Klatsch [klatʃ] <-[e]s> *m kein Pl pej fam* ragots *mpl*

klatschen ['klatʃən] I. *vi* ❶ + *haben* applaudir; **in die Hände ~** taper dans les mains; **sich** (*dat*) **auf die Schenkel ~** se taper sur les cuisses ❷ + *sein* (*auftreffen*) **auf/gegen etw** (*akk*) **~** s'écraser sur/contre qc ❸ + *haben pej fam* (*tratschen*) **über jdn ~** taper sur qn; **über etw** (*akk*) **~** jaser sur qc II. *vt* + *haben* **den Takt ~** battre la mesure [des mains]

Klatschmohn *m* coquelicot *m* **klatschnass**ᴿᴿ *adj fam* (*Kleidung, Haare*) tout(e) trempé(e); **~ sein** (*Person*) être trempé comme une soupe

Klaue ['klaʊə] <-, -n> *f* ❶ (*eines Raubvogels*) serres *fpl;* (*eines Raubtiers*) griffe *f* ❷ *pej fam* (*Handschrift*) écriture *f* de cochon

klauen ['klaʊən] I. *vt fam* piquer II. *vi fam* faucher

Klausel ['klaʊzəl] <-, -n> *f* clause *f*

Klausur [klaʊ'zuːɐ] <-, -en> *f* ❶ UNIV [examen *m*] partiel *m* ❷ SCHULE devoir *m* surveillé

Klavier [kla'viːɐ] <-s, -e> *nt* piano *m;* **~ spielen** jouer du piano

Klavierhocker *m* tabouret *m* de piano **Klavierkonzert** *nt* concerto *m* pour piano; (*Veranstaltung*) récital *m* de piano **Klaviersonate** *f* sonate *f* pour piano **Klavierspieler(in)** *m(f)* pianiste *mf* **Klavierstimmer(in)** *m(f)* accordeur(-euse) *m(f)* de pianos

Klebeband ['kle:bəbant] <-bänder> *nt* ruban *m* adhésif

kleben ['kle:bən] I. *vi* ❶ coller; **an etw** (*dat*) **~** (*haften*) être collé à qc ❷ *fam* **an etw** (*dat*) **~** suivre fidèlement qc II. *vt* ❶ (*befestigen, zusammen~*) coller ❷ (*reparieren*) recoller

Kleber <-s, -> *m fam* colle *f*

klebrig ['kle:brɪç] *adj* collant(e)

Klebstoff *m* colle *f*

kleckern ['klɛkən] I. *vt* + *haben* **Soße auf etw** (*akk*) **~** faire des taches de sauce sur qc II. *vi* + *haben* **mit etw ~** faire des taches de qc (*fam*) III. *vr fam* **sich voll ~** se faire des taches partout

Klecks [klɛks] <-es, -e> *m* (*Fleck*) [grosse] tache *f;* (*Farbklecks*) éclaboussure *f;* (*Tintenklecks*) pâté *m*

klecksen *vi* + *haben* (*Person*) barbouiller (*fam*) (*Füller*) baver

Klee [kle:] <-s> *m* trèfle *m*

Kleeblatt *nt* [feuille *f* de] trèfle *m;* **vierblättriges ~** trèfle *m* à quatre feuilles

Kleid [klait] <-[e]s, -er> *nt* ❶ robe *f* ❷ *Pl* (*Kleidungsstück*) vêtements *mpl*

kleiden ['klaidən] *vt, vr* |**sich**| ~ [s']habiller

Kleiderbügel *m* cintre *m* **Kleiderkasten** *m* A, CH, SDEUTSCH *s.* **Kleiderschrank Kleiderschrank** *m* armoire|-penderie| *f* **Kleidung** <-, -en> *f* vêtements *mpl* **Kleidungsstück** *nt* vêtement *m*

Kleie ['klaiə] <-, -n> *f* son *m*

klein [klain] I. *adj* ❶ petit(e); **sich ~ machen** se faire tout(e) petit(e) ❷ (*~geschrieben: Buchstabe*) minuscule; **ein ~es** a un a minuscule; (*in mathematischen Gleichungen*) un petit a ❸ (*gering, geringfügig*) **ein ~|es| bisschen** un [tout] petit peu; **die ~ste Bewegung** le moindre mouvement ▶**bis ins Kleinste** jusque dans le moindre détail; **von ~ auf** dès ma/sa/... plus tendre enfance II. *adv* ~ **anfangen** *fam* partir de quasiment zéro; ~ **beigeben** baisser le ton **Kleinbuchstabe** *m* [lettre *f*] minuscule *f*

kleinbürgerlich *adj pej* (*spießbürgerlich*) petit(e)-bourgeois(e)

Kleine(r) *f(m) dekl wie adj* (*Kind*) petit(e) *m(f)*; **na, ~/~r!** alors, ma petite/mon petit!

Kleine(s) *nt dekl wie adj* ❶ (*Kind*) petit(e) *m(f)* ❷ (*Jungtier*) petit *m*

kleingedrucktᴬᴸᵀ *s.* **gedruckt Klein-gedruckte(s)** *nt dekl wie adj* clauses *fpl* en petits caractères; (*eines Bestellformulars*) conditions *fpl* de vente en petits caractères

Kleingeld *nt* monnaie *f* **klein|hacken**ᴬᴸᵀ **s. hacken I.1. Kleinhirn** *nt* ANAT cervelet *m*

Kleinigkeit ['klaınıçkaıt] <-, -en> *f* ❶ (*Bagatelle*) bricole *f*; **wegen jeder ~** pour la moindre broutille ❷ (*Einzelheit*) [petit] détail *m* ❸ (*kleine Menge*) **eine ~ essen** manger un petit quelque chose

kleinkariert *adj pej fam* (*engstirnig*) borné(e)

Kleinkind *nt* jeune enfant *m* **Kleinkram** *m fam* (*Kleinigkeiten*) broutilles *fpl* **klein|kriegen** *vt fam* (*kaputtmachen*) **nicht klein-zukriegen sein** être increvable **Kleinkunstbühne** *f* café-théâtre *m* **kleinlaut** I. *adj* (*Antwort*) embarrassé(e) II. *adv* (*fragen*) d'une [toute] petite voix

kleinlich *adj pej* ❶ (*geizig*) pingre ❷ (*engstirnig*) mesquin(e)

Kleinlichkeit <-, -en> *f pej* mesquinerie *f*

Kleinod ['klaıno:t] <-[e]s, -odien> *nt a. fig geh* joyau *m*

klein|schneidenᴬᴸᵀ *s.* **schneiden I.1. Klein|schreibung** *f* écriture *f* sans majuscules **Kleinstadt** *f* petite ville *f*; (*mit mehr als 20.000 Einwohnern*) ville *f* moyenne **Kleinvieh** *nt* [animaux *mpl* de] basse-cour *f* **Kleinwagen** *m* petite voiture *f*

Kleister ['klaıstə] <-s, -> *m* colle *f* [d'amidon]

Klementine [klemɛn'ti:nə] <-, -n> *f* clémentine *f*

Klemme ['klɛmə] <-, -n> *f* ❶ (*Haarklemme*) barrette *f* ❷ ELEC serre-fils *m*; (*eines Starthilfekabels*) pince *f* ❸ *fam* **in der ~ sitzen** être dans le pétrin

klemmen I. *vt* **etw in etw** (*akk*) **~** coincer qc dans qc; **etw unter etw** (*akk*) **~** glisser qc sous qc II. *vr* ❶ (*sich quetschen*) **sich** (*dat*) **den Daumen ~** se coincer le pouce ❷ *fam* (*sich kümmern um*) **sich hinter etw** (*akk*) **~** s'attaquer à qc III. *vi* (*Tür*) coincer (*fam*) (*Schloss*) être bloqué

Klempner(in) ['klɛmpnɐ] <-s, -> *m(f)* plombier *m*

Kleptomane <-n, -n> *m*, **Kleptomanin** *f* cleptomane *mf*

klerikal [kleri'ka:l] *adj geh* clérical(e)

Klerus ['kle:rʊs] <-> *m* clergé *m*

Klette ['klɛtə] <-, -n> *f* ❶ bardane *f* ❷ *pej fam* (*Mensch*) pot *m* de colle

Kletterer <-s, -> *m*, **Kletterin** *f* (*Bergsteiger*) alpiniste *mf*; (*Freikletterer*) varappeur(-euse) *m(f)*

klettern ['klɛtɐn] *vi + sein* ❶ faire de l'escalade; **auf einen Berg ~** escalader une montagne; **auf einen Baum ~** grimper sur un arbre; **aufs Dach ~** monter sur le toit ❷ *fam* (*ansteigen: Temperatur*) grimper

Kletterpflanze *f* plante *f* grimpante

Klettverschlussᴿᴿ *m* fermeture *f* velcro®

klicken ['klɪkən] *vi* ❶ cliqueter ❷ INFORM **mit der Maus auf etw** (*akk*) **~** cliquer avec la souris sur qc; **doppelt ~** double-cliquer

Klient(in) [kli'ɛnt] <-en, -en> *m(f)* client(e) *m(f)*

Klientel [kliɛn'te:l] <-, -en> *f* clientèle *f*

Kliff [klɪf] <-[e]s, -e> *nt* falaise *f*

Klima ['kli:ma] <-s, -s> *nt* climat *m*

Klimaanlage *f* climatisation *f*

klimatisch [kli'ma:tɪʃ] *adj attr* climatique

Klimawechsel *m* changement *m* d'air

Klimmzug *m* SPORT traction *f* [à la barre fixe]

klimpern ['klɪmpɐn] *vi* ❶ (*Münzen*) tinter ❷ *fam* (*spielen*) **auf der Gitarre/dem Klavier ~** gratter de la guitare/pianoter

Klinge ['klɪŋə] <-, -n> *f* lame *f*

Klingel ['klɪŋəl] <-, -n> *f* sonnette *f*

Klingelknopf *m* [bouton *m* de] sonnette *f*

klingeln I. *vi* (*Radfahrer*) tirer la sonnette; (*Wecker*) sonner; **an der Tür ~** sonner à la porte; **nach jdm ~** sonner qn II. *vi unpers* **es klingelt** (*an der Tür*) on sonne; (*in der Schule*) ça sonne

klingen ['klɪŋən] <klang, geklungen> *vi* ❶ sonner; (*Gläser*) tinter ❷ (*sich anhören*) **gut ~** avoir l'air bien

Klinik ['kli:nɪk] <-, -en> *f* hôpital *m*; (*Privatklinik*) clinique *f*

klinisch I. *adj* (*Test*) clinique II. *adv* (*behandeln*) en milieu hospitalier; (*getestet*) en laboratoire; (*tot*) cliniquement

Klinke ['klɪŋkə] <-, -n> *f* poignée *f* [de porte]

Klippe ['klɪpə] <-, -n> *f* écueil *m*

klirren ['klɪrən] *vi* (*Gläser*) tinter; (*Fensterscheibe*) vibrer; (*beim Zerbrechen*) faire un bruit de verre brisé

K

klirrend adj (Kälte) glacial(e)

Klischee [kli'ʃeː] <-s, -s> nt ❶ (~vorstellung) stéréotype m ❷ pej geh (Redensart) lieu m commun ❸ TYP cliché m

klischeehaft [kli'ʃehaft] adj pej geh stéréotypé(e)

Klitoris ['kliːtɔrɪs] <-, -> f clitoris m

klitschnassRR s. klatschnass

Klo [kloː] <-s, -s> nt fam chiottes fpl

klobig ['kloːbɪç] adj (Schuhe) épais(se)

Klobrille ['kloːbrɪlə] f fam lunette f de/des W.-C. **Klobürste** f fam brosse f à W.-C.

Klon [kloːn] <-s, -e> m BIO clone m

klonen [kloːnən] vt BIO cloner; **das Klonen** le clonage

Klopapier nt fam P.Q. m

klopfen ['klɔpfən] I. vi ❶ an die Tür ~ frapper à la porte; **mit dem Besen an die Decke** ~ taper du balai contre le plafond ❷ (schlagen) **jdm auf die Schulter** ~ taper qn sur l'épaule ❸ (Herz) battre II. vi unpers **es klopft an der Tür** on frappe à la porte III. vt ❶ (Teppich) battre ❷ (Schnitzel) attendrir

Klopfer <-s, -> m ❶ (Türklopfer) heurtoir m ❷ (Teppichklopfer) tapette f

Klöppel ['klœpəl] <-s, -> m (einer Glocke) battant m

klöppeln vi faire de la dentelle [au fuseau]

Klops [klɔps] <-es, -e> m (Fleischkloß) boulette f [de viande]

Klospülung f fam chasse f d'eau

Kloß [kloːs, Pl: 'kløːsə] <-es, Klöße> m boulette f ▶**einen ~ im Hals haben** fam avoir une boule dans la gorge

Kloster ['kloːstɐ, Pl: 'kløːstɐ] <-s, Klöster> nt (Mönchskloster) monastère m; (Nonnenkloster) couvent m

Klotz [klɔts, Pl: 'klœtsə] <-es, Klötze> m (Holzklotz) bloc m de bois

Klötzchen <-s, -> nt (Bauklotz) cube m [d'un jeu de construction]

Klub [klʊp] <-s, -s> m club m

Klubmitglied nt membre m du club **Klubobmann** m, **-frau** f A POL (Fraktionsvorsitzender) président m du groupe parlementaire

Kluft [klʊft, Pl: klʏftə] <-, Klüfte> f fig fossé m

klug [kluːk] <klüger, klügste> I. adj (Person, Handlungsweise) avisé(e); (Antwort) habile; (Rat) judicieux(-euse); ~ **sein** (Person) faire preuve de bon sens; **es ist ~/klü-**

ger, abzuwarten il vaut/vaudrait mieux patienter; **es wird das Klügste sein ...** le plus sage serait de ... II. adv (handeln) intelligemment

Klugheit <-> f kein Pl (Vernunft) bon sens m

Klümpchen <-s, -> nt Dim von **Klumpen** grumeau m

klumpen vi (Soße) faire des grumeaux

Klumpen ['klʊmpən] <-s, -> m (Mehlklumpen) grumeau m; (Butterklumpen) motte f; (Tonklumpen) bloc m

klumpig ['klʊmpɪç] adj grumeleux(-euse)

Klunker ['klʊŋkɐ] <-s, -> m fam (Edelstein) caillou m

km/h m Abk von **Kilometer pro Stunde** km/h

knabbern ['knabɐn] vt, vi grignoter

Knabe ['knaːbə] <-n, -n> m (Kerl) **na, alter ~!** alors, mon vieux!

knabenhaft adj (Mädchen) à l'allure garçonnière; (Junge) à l'allure puérile

Knäckebrot ['knɛkəbroːt] nt pain m suédois

knacken ['knakən] I. vt ❶ (Nuss) casser ❷ fam (Code) déchiffrer; (Auto) forcer II. vi (Holz) craquer III. vi unpers **es knackt** il y a des craquements

knackig ['knakɪç] adj ❶ (Salat) croquant(e) ❷ fam craquant(e)

Knacks [knaks] <-es, -e> m ❶ fam (Riss) fêlure f ❷ fam (Störung) petit grain; **einen ~ haben** (Person) être un peu fêlé

Knall [knal] <-[e]s, -e> m détonation f

knallen I. vi ❶ + haben (Tür, Peitsche) claquer; (Korken) sauter; (Schuss) retentir; **mit der Peitsche** ~ faire claquer le fouet ❷ + sein fam (prallen) **gegen die Wand** ~ cogner contre le mur; **auf den Boden** ~ tomber par terre II. vi unpers **es knallt** (ein Unfall passiert) ça cartonne (fam); (ein Schuss fällt) il y a une détonation III. vt + haben ❶ (Tür) claquer ❷ fam (werfen) **das Päckchen in die Ecke** ~ balancer le colis dans le coin ▶**jdm eine** ~ fam balancer une baffe à qn

Knaller <-s, -> m fam (Sensation) bombe

Knallfrosch ['knalfrɔʃ] m pétard m à répétition **knallhart** I. adj fam (Geschäftsmann) impitoyable; (Vorgehen) brutal(e) II. adv fam (sagen) sans prendre de gants

knallig adj fam (Farbe) qui flashe

Knallkörper ['knalkœrpɐ] m pétard m **knallrot** adj fam rouge vif

knapp [knap] **I.** *adj* ❶ (*gering: Vorräte*) maigre *antéposé;* (*Stellen*) rare *antéposé;* ~ **sein** (*Vorräte*) être juste; (*Stellen*) être rare ❷ (*eng: T-Shirt*) un peu juste ❸ (*kaum ausreichend: Sieg*) serré(e); (*Mehrheit*) petit(e) *antéposé;* **das wird** |zeitlich| **zu** ~ ce sera trop juste ❹ (*nicht ganz*) **ein ~er Meter** un petit mètre ❺ (*kurz: Antwort*) concis(e) ►**und nicht zu** ~! *fam* et pas qu'un peu! **II.** *adv* ❶ (*gering*) **sehr** ~ **bemessen sein** être très juste ❷ (*nicht ganz*) ~ **zwei Jahre alt sein** être âgé d'un peu moins de deux ans ❸ (*haarscharf: verlieren*) de justesse ❹ (*eng*) ~ **sitzen** être juste

Knappheit <-> *f* ❶ (*Mangel*) pénurie *f* ❷ (*Kürze*) concision *f*

Knarre <-, -n> *f fam* (*Schusswaffe*) flingue *m*

knarren ['knarən] *vi* (*Diele*) craquer; (*Bett*) grincer

Knast [knast, *Pl:* 'knɛstə] <-[e]s, Knäste> *m fam* taule *f*

knattern ['knatən] *vi* (*Moped*) pétarader; (*Maschinengewehr*) crépiter

Knäuel ['knɔyəl] <-s, -> *m o nt* pelote *f*

Knauf [knauf, *Pl:* 'knɔyfə] <-[e]s, Knäufe> *m* (*Türknauf*) bouton *m*

knauserig *adj pej fam* radin(e)

knausern *vi pej fam* radiner

knautschen ['knautʃən] *vt fam* chiffonner

Knautschzone *f* zone *f* de déformation

Knebel ['kne:bəl] <-s, -> *m* bâillon *m*

knebeln *vt a. fig* bâillonner

Knecht [knɛçt] <-[e]s, -e> *m* valet *m* de ferme ►~ **Ruprecht** père *m* Fouettard

Knechtschaft <-, -en> *f* esclavage *m*

kneifen ['knaɪfən] <kniff, gekniffen> **I.** *vt* pincer **II.** *vi fam* **vor jdm** ~ se dégonfler devant qn; **vor etw** ~ se défiler face à qc

Kneifzange *f* tenailles *fpl*

Kneipe ['knaɪpə] <-, -n> *f fam* bistro[t] *m*

Knete <-> *f* ❶ *fam* (*Knetmasse*) pâte *f* à modeler ❷ *fam* (*Geld*) fric *m*

kneten ['kne:tən] *vt* ❶ (*Teig*) pétrir ❷ (*formen*) modeler

Knetmasse *f* pâte *f* à modeler

Knick [knɪk] <-[e]s, -e> *m* ❶ (*Krümmung*) coude *m* ❷ (*Falte*) pli *m*

knicken **I.** *vt + haben* ❶ plier; (*Buchseite*) faire un pli à; **bitte nicht** ~! ne pas plier, S.V.P.! ❷ (*brechen: Streichholz*) casser; (*Bäume*) briser [net] **II.** *vi + sein* (*Papier*) se plier

Knicks [knɪks] <-es, -e> *m* révérence *f*

knicksen *vi* faire la révérence

Knie [kni:] <-s, -> *nt* ❶ genou *m;* **ihm zittern die** ~ il [en] a les jambes qui flageolent ❷ (*eines Rohrs*) coude *m*

Kniebeuge *f* flexion *f* des genoux **Kniebundhose** *f* knickers *mpl* **Kniegelenk** *nt* articulation *f* du genou **Kniekehle** *f* jarret *m* **knielang** *adj* (*Rock*) s'arrêtant au genou

knien [kni:n] **I.** *vi* être à genoux **II.** *vr* **sich auf den Boden** ~ s'agenouiller par terre

Kniescheibe *f* rotule *f* **Kniestrumpf** *m* (*Damenkniestrumpf*) mi-bas *m;* (*Herrenkniestrumpf*) chaussette *f* montante

kniff [knɪf] *Imp von* **kneifen**

Kniff <-[e]s, -e> *m* (*Kunstgriff*) truc *m*

knipsen ['knɪpsən] *fam* **I.** *vt* ❶ photographier ❷ (*Fahrkarte*) poinçonner **II.** *vi* prendre des photos

Knirps [knɪrps] <-es, -e> *m fam* (*kleiner Junge*) petit bonhomme *m*

knirschen ['knɪrʃən] *vi* (*Schnee*) crisser; **mit den Zähnen** ~ grincer des dents

knistern ['knɪstən] **I.** *vi* (*Papier*) faire du bruit en se froissant; (*Feuer*) crépiter; **mit etw** ~ froisser qc **II.** *vi unpers* **es knistert** ça grésille

knittern ['knɪtən] *vi* se froisser

knobeln ['kno:bəln] *vi* ❶ (*würfeln*) **um etw** ~ jouer qc aux dés ❷ *fam* (*tüfteln*) cogiter

Knoblauch ['kno:plaux] <-[e]s> *m* ail *m*

Knoblauchknolle *f* tête *f* d'ail **Knoblauchzehe** *f* gousse *f* d'ail

Knöchel ['knœçəl] <-s, -> *m* ❶ (*Fußknöchel*) cheville *f* ❷ (*Fingerknöchel*) articulation *f* |du doigt/des doigts|

Knochen ['knɔxən] <-s, -> *m* ❶ os *m* ❷ *Pl* (*Gliedmaßen*) membres *mpl;* **mir tun alle** ~ **weh** j'ai mal partout

Knochenbruch *m* fracture *f* **Knochenmark** *nt* moelle *f* |osseuse|

knochig *adj* osseux(-euse)

Knockout, Knock-out^{RR} [nɔk'?aut] <-[s], -s> *m* knock-out *m*

Knödel ['knø:dəl] <-s, -> *m:* boule à base de pomme de terre ou de pain trempé dans du lait, cuite à l'eau et servie en accompagnement

Knolle ['knɔlə] <-, -n> *f* BOT tubercule *m*

Knopf [knɔpf, *Pl:* 'knœpfə] <-[e]s, Knöpfe> *m* bouton *m*

knöpfen ['knœpfən] *vt* boutonner

K

Knopfloch *nt* boutonnière *f* **Knopfzelle** *f* pile *f* bouton

Knorpel ['knɔrpəl] <-s, -> *m* cartilage *m*

knorpelig *adj* cartilagineux(-euse)

Knospe ['knɔspə] <-, -n> *f* bourgeon *m*; (*Blütenknospe*) bouton *m*; ~n treiben bourgeonner

knoten ['kno:tən] *vt* faire un nœud à

Knoten ['kno:tən] <-s, -> *m* ❶ nœud *m* ❷ MED (*im Gelenk*) nodosité *f*; (*in der Brust*) nodule *f* ❸ (*Haarknoten*) chignon *m*

Knotenpunkt *m* (*Verkehrsknotenpunkt*) nœud *m* de communication

Know-how [nɔʊ'haʊ] <-s> *nt* savoir-faire *m*

knüllen *vt* chiffonner

Knüller ['knʏlɐ] <-s, -> *m* fam ❶ (*Produkt*) truc *m* qui fait fureur ❷ (*Nachricht*) scoop *m*

knüpfen ['knʏpfən] **I.** *vt* (*Netz*) nouer **II.** *vr* sich an etw (*akk*) ~ (*Erinnerungen*) être lié à qc

Knüppel ['knʏpəl] <-s, -> *m* (*Stock*) gourdin *m*; (*Gummiknüppel*) matraque *f* ▶jdm ~ zwischen die Beine werfen *fam* mettre des bâtons dans les roues à qn

knurren ['knʊrən] **I.** *vi* ❶ (*Hund*) gronder ❷ (*murren*) grogner **II.** *vt* (*Antwort*) grommeler

Knurren <-s> *nt* (*eines Hundes*) grondement *m*

knuspern ['knʊspɐn] *vi* grignoter

knusprig *adj* croustillant(e)

knutschen ['knu:tʃən] *fam vt* bécoter

Knutschfleck *m fam* suçon *m*

Koala [ko'a:la] <-s, -s> *m* koala *m*

Koalition [koali'tsio:n] <-, -en> *f* coalition *f*

Koalitionspartner(in) *m(f)* partenaire *mf* de la/de coalition

Kobold ['ko:bɔlt] <-[e]s, -e> *m* lutin *m*

Kobra ['ko:bra] <-, -s> *f* cobra *m*

Koch [kɔx, *Pl*: 'kœçə] <-s, Köche> *m*, **Köchin** *f* cuisinier(-ière) *m(f)*

Kochbuch *nt* livre *m* de cuisine

köcheln ['kœçəln] *vi* (*Suppe, Soße*) mijoter; etw ~ lassen laisser mijoter qc

kochen ['kɔxən] **I.** *vi* ❶ bouillir; etw zum Kochen bringen porter qc à ébullition; ~d bouillant(e) ❷ (*Speisen zubereiten*) faire la cuisine; gut ~ cuisiner bien ❸ (*aufgebracht sein*) vor Wut ~ bouillir de colère **II.** *vt* ❶ (*zubereiten*) das Essen ~ préparer le repas; Reis ~ faire du riz; hart gekocht (*Ei*) dur(e); weich gekocht (*Ei*) à la coque; (*Gemüse*) bien cuit(e) ❷ (*Wäsche*) faire bouillir

Kocher <-s, -> *m* réchaud *m*

kochfest *adj* (*Wäsche*) lavable à 95° **Kochgelegenheit** *f* kitchenette *f* **Kochkunst** *f* ❶ kein Pl (*Gastronomie*) art *m* culinaire ❷ Pl (*Fähigkeit*) dons *mpl* culinaires **Kochlöffel** *m* cuillère *f* en bois **Kochplatte** *f* plaque *f* électrique **Kochrezept** *nt* recette *f* [de cuisine] **Kochsalz** *nt* kein Pl sel *m* de cuisine **Kochtopf** *m* casserole *f*; (*aus Gusseisen*) cocotte *f* **Kochwäsche** *f* linge *m* à bouillir

Kode [ko:t] <-s, -s> *m* code *m*

Köder ['kø:de] <-s, -> *m* appât *m*

ködern ['kø:dɐn] *vt a. fig* appâter

kodieren* *vt* coder

Koffein [kɔfe'i:n] <-s> *nt* caféine *f*

koffeinfrei *adj* décaféiné(e)

Koffer ['kɔfɐ] <-s, -> *m* (*Reisekoffer*) valise *f*; den ~ packen faire sa valise

Kofferradio *nt* transistor *m* **Kofferraum** *m* coffre *m* [à bagages]

Kognak ['kɔnjak] <-s, -s> *m* cognac *m*

Kohl [ko:l] <-[e]s, -e> *m* chou *m*

Kohldampf *m fam* ~ haben avoir la dalle

Kohle ['ko:lə] <-, -n> *f* ❶ (*Brennstoff*) charbon *m*; (*Steinkohle*) houille *f*; (*Braunkohle*) lignite *f* ❷ (*Zeichenkohle*) fusain *m* ❸ *fam* (*Geld*) fric *m*

Kohlehydrat *s.* **Kohlenhydrat** **Kohlekraftwerk** *nt* centrale *f* thermique au charbon

Kohlendioxid [ko:lən'di:ʔɔksi:t] *nt* kein Pl dioxyde *m* de carbone **Kohlenhydrat** *nt* glucide *m* **Kohlenmonoxid** *nt* [mon]oxyde *m* de carbone **Kohlensäure** *f* acide *m* carbonique; (*Kohlendioxid*) gaz *m* carbonique; Mineralwasser mit/ohne ~ eau *f* [minérale] gazeuse/non gazeuse **Kohlenstoff** *m* CHEM carbone *m* **Kohlenwasserstoff** *m* hydrocarbure *m*

Kohlestift *m* fusain *m* **Kohlezeichnung** *f* fusain *m*

kohlrabenschwarz *adj* de jais

Kohlrabi [ko:l'ra:bi] <-[s], -[s]> *m* chou-rave *m*

Kohlroulade [ko:lru'la:də] *f* chou *m* farci **Kohlsprosse** *f* A (*Rosenkohl*) chou *m* de Bruxelles

Kohorte [ko'hɔrtə] <-, -n> *f* cohorte *f*

Koitus ['koːitʊs] <-, -> *m form* acte *m* sexuel

Koje ['koːiə] <-, -n> *f* NAUT couchette *f*

Kokain [koka'iːn] <-s> *nt* cocaïne *f*

kokett [ko'kɛt] *adj* coquet(te)

kokettieren* [kokɛ'tiːrən] *vi* **mit jdm ~** faire du charme à qn

Kokon [ko'kõː] <-s, -s> *m* cocon *m*

Kokosnuss^{RR} *f* noix *f* de coco **Kokospalme** *f* cocotier *m*

Koks¹ [koːks] <-es> *m* coke *m*

Koks² <-es> *m* o *nt fam* (*Kokain*) coke *f*

Kolben ['kɔlbən] <-s, -> *m* ❶ (*eines Motors*) piston *m* ❷ (*Gewehrkolben*) crosse *f* ❸ (*Destilliergefäß*) ballon *m* ❹ (*Maiskolben*) épi *m*

Kolibri ['koːlibri] <-s, -s> *m* colibri *m*

Kolik ['koːlɪk] <-, -en> *f* colique *f*

Kollaborateur(in) [kɔlabora'tøːɐ̯] <-s, -e> *m(f) pej* collaborateur(-trice) *m(f)*

Kollaboration [kɔlabora'tsi̯oːn] <-, -en> *f pej* collaboration *f*

Kollaps ['kɔlaps] <-es, -e> *m* ❶ (*Kreislaufkollaps*) collapsus *m* [cardiovasculaire] ❷ *geh* (*Zusammenbruch*) effondrement *m*

Kollege [kɔ'leːgə] <-n, -n> *m*, **Kollegin** *f* collègue *mf*

kollegial [kɔle'gi̯aːl] *adj* (*Mitarbeiter*) respectueux(-euse) de ses collègues; **~ sein** être bon collègue

Kollegium [kɔ'leːgi̯ʊm] <-s, -gien> *nt* (*Lehrerkollegium*) corps *m* enseignant

Kollekte [kɔ'lɛktə] <-, -n> *f* quête *f*

Kollektion [kɔlɛk'tsi̯oːn] <-, -en> *f* (*Sortiment*) collection *f*

kollektiv [kɔlɛk'tiːf] *geh adj* collectif(-ive)

kollidieren* [kɔli'diːrən] *vi geh* + *sein* **mit etw ~** (*Fahrzeug*) entrer en collision avec qc

Kollision [kɔli'zi̯oːn] <-, -en> *f geh* collision *f*

Kolloquium [kɔ'loːkvi̯ʊm] <-s, -ien> *nt* ❶ UNIV séminaire *m* ❷ (*Symposium*) colloque *m*

Köln [kœln] <-s> *nt* Cologne

Kolonialismus [koloni̯a'lɪsmʊs] <-> *m* colonialisme *m*

Kolonie [-'niːən] <-, -n> *f* colonie *f*

Kolonisation [koloniza'tsi̯oːn] <-, -en> *f* colonisation *f*

kolonisieren* [koloni'ziːrən] *vt* coloniser

Kolonne [ko'lɔnə] <-, -n> *f* (*Fahrzeugkolonne*) file *f*; **in** [**einer**] **~ fahren** rouler les uns derrière les autres

kolorieren* [kolo'riːrən] *vt* colorier; (*Film*)

coloriser

Koloss^{RR} [ko'lɔs] <-es, -e>, **Koloß**^{ALT} <-sses, -sse> *m fam* (*Mensch*) colosse *m*

kolossal [kolɔ'saːl] *adj* ❶ (*Bauwerk*) colossal(e) ❷ *fam* (*Fehler*) monumental(e)

Kolumne [ko'lʊmnə] <-, -n> *f* ❶ PRESSE chronique *f* ❷ TYP colonne *f*

Koma ['koːma] <-s, -s> *nt* coma *m*

Kombination [kɔmbina'tsi̯oːn] <-, -en> *f* combinaison *f*

kombinieren* [kɔmbi'niːrən] **I.** *vt* (*Kleidungsstücke*) assortir; (*Farben*) associer **II.** *vi* faire une déduction/des déductions

Kombitherapie *f* (*gegen Aids*) trithérapie *f* **Kombizange** *f* pince *f* universelle

Komet [ko'meːt] <-en, -en> *m* comète *f*

Komfort [kɔm'foːɐ̯] <-s> *m* confort *m*

komfortabel [kɔmfɔr'taːbəl] *adj* confortable

Komik ['koːmɪk] <-> *f* comique *m*

Komiker(in) ['koːmikɐ] <-s, -> *m(f)* comique *mf*

komisch I. *adj* ❶ (*lustig*) comique ❷ (*sonderbar*) bizarre; **~ riechen/schmecken** avoir une drôle d'odeur/un drôle de goût ❸ *fam* (*unwohl*) drôle **II.** *adv* ❶ (*lustig*) bizarrement ❷ (*sonderbar*) **sich ~ fühlen** se sentir tout drôle (*fam*)

Komitee [komi'teː] <-s, -s> *nt* comité *m*

Komma ['kɔma] <-s, -s> *nt* virgule *f*

Kommandant(in) [kɔman'dant] <-en, -en> *m(f)* commandant(e) *m(f)*

kommandieren* [kɔman'diːrən] *vt, vi* commander; **jdn an die Front ~** (*ab~*) affecter qn au front

Kommando [kɔ'mando] <-s, -s> *nt* ❶ *a.* MIL ordre *m*; **auf ~** (*handeln*) sur ordre; (*lachen*) sur commande ❷ *kein Pl* (*Befehlsgewalt*) commandement *m* ❸ (*abkommandierte Gruppe*) détachement *m*

kommen ['kɔmən] <kam, gekommen> **I.** *vi* + *sein* ❶ venir; **nach unten/oben ~** descendre/monter; **nach draußen ~** sortir; **ich komme ja schon!** j'arrive!; **komm!** viens [ici]!; **wie komme ich bitte zur Post?** pour aller à la poste, s'il vous plaît?; **kommst du auch?** est-ce que tu y vas aussi? ❷ (*an~*) arriver ❸ (*stammen*) **von weit her ~** venir de loin; **aus ärmlichen Verhältnissen ~** être issu d'un milieu modeste; **vom Rauchen ~** (*Husten*) [pro]venir de la cigarette ❹ (*gezeigt werden*) **im Fernsehen ~** passer à la télévision ❺ (*sich ver-*

schaffen) **billig an Bücher ~** se procurer des livres bon marché **❻** (*Einfall haben*) **wie kommst du denn darauf?** qu'est-ce qui te fait croire ça? **❼** (*Zeit finden*) **nicht zum Abwaschen ~** ne pas trouver le temps de faire la vaisselle ►**sich** (*dat*) **nahe ~** (*Personen*) devenir très proches; **der Wahrheit** (*dat*) **nahe kommen** |s'|approcher de la vérité; **komme, was wolle** quoi qu'il advienne; |**wieder**| **zu sich** ►revenir à soi; (*sich beruhigen*) se remettre **II.** *vi unpers* + *sein* **es kam zu einer Auseinandersetzung** on en vint à une querelle; **und so kam es, dass ...** et c'est ainsi que ...; **wie kommt es, dass ...?** comment se fait-il que ...? ► **es kam, wie es ~ musste** il est arrivé ce qui devait arriver

Kommen <-s> *nt* venue *f*

Kommentar [kɔmɛnˈtaːɐ̯] <-s, -e> *m* commentaire *m*

Kommentator <-s, -toren> *m*, **Kommentatorin** *f* commentateur(-trice) *m(f)*

kommentieren* [kɔmɛnˈtiːrən] *vt* commenter

kommerziell [kɔmɛrˈtsi̯ɛl] *adj* commercial(e)

Kommilitone [kɔmiliˈtoːnə] <-n, -n> *m*, **Kommilitonin** *f* camarade *mf* d'études

Kommissar(in) [kɔmɪˈsaːɐ̯] <-s, -e> *m(f)* commissaire *m*

Kommissariat [kɔmɪsariˈaːt] <-s, -e> *nt* commissariat *m*

Kommission [kɔmɪˈsi̯oːn] <-, -en> *f* (*Ausschuss*) commission *f*; **die Europäische ~** la Commission européenne

Kommode <-, -n> *f* commode *f*

kommunal [kɔmuˈnaːl] *adj* municipal(e); (*Abgaben*) local(e)

Kommunalpolitik *f* politique *f* municipale **Kommunalwahlen** *Pl* élections *fpl* municipales

Kommune <-, -n> *f* ❶ ADMIN commune *f* ❷ HIST **die Pariser ~** la Commune de Paris

Kommunikation [kɔmunikaˈtsi̯oːn] <-, -en> *f* communication *f*

Kommunion [kɔmuˈni̯oːn] <-, -en> *f* communion *f*

Kommuniqué [kɔmyniˈkeː] *nt* communiqué *m*

Kommunismus [kɔmuˈnɪsmʊs] <-> *m* communisme *m*

Kommunist(in) [kɔmuˈnɪst] <-en, -en> *m(f)* communiste *mf*

kommunistisch *adj* communiste

kommunizieren* *vi geh* (*sich verständigen*) communiquer

Komödie [koˈmøːdi̯ə] <-, -n> *f a. fig* comédie *f*

Kompagnon [kɔmpanˈjõː] <-s, -s> *m* associé(e) *m(f)*

kompakt [kɔmˈpakt] *adj* compact(e)

Kompanie [-ˈniːən] <-, -n> *f* compagnie *f*

Komparativ [ˈkɔmparatiːf] <-s, -e> *m* comparatif *m*

Kompassᴿᴿ [ˈkɔmpas] <-es, -e>, **Kompaß**ᴬᴸᵀ <-sses, -sse> *m* boussole *f*; NAUT compas *m*

kompatibel [kɔmpaˈtiːbəl] *adj* compatible

Kompatibilität [kɔmpatibiliˈtɛːt] <-, -en> *f* compatibilité *f*

kompensieren* [kɔmpɛnˈziːrən] *vt a.* PSYCH compenser

kompetent [kɔmpeˈtɛnt] *adj* compétent(e)

Kompetenz [kɔmpeˈtɛnts] <-, -en> *f* compétence *f*

komplett [kɔmˈplɛt] *adj* complet(-ète); **sind wir ~?** *fam* sommes-nous au complet?

komplex [kɔmˈplɛks] *adj* complexe

Komplex [kɔmˈplɛks] <-es, -e> *m* ARCHIT, PSYCH complexe *m*

Komplikation [kɔmplikaˈtsi̯oːn] <-, -en> *f* complication *f*

Kompliment [kɔmpliˈmɛnt] <-[e]s, -e> *nt* compliment *m*

Komplize [kɔmˈpliːtsə] <-n, -n> *m*, **Komplizin** *f* complice *mf*

komplizieren* *vt* compliquer

kompliziert *adj* compliqué(e)

Komplott [kɔmˈplɔt] <-[e]s, -e> *nt* complot *m* ►**ein ~ schmieden** tramer un complot (*soutenu*)

komponieren* [kɔmpoˈniːrən] *vt, vi* composer

Komponist(in) [kɔmpoˈnɪst] <-en, -en> *m(f)* compositeur(-trice) *m(f)*

Komposition <-, -en> *f* composition *f*

Kompositum <-s, Komposita> *nt* LING |mot *m*| composé *m*

Kompost [kɔmˈpɔst] <-[e]s, -e> *m* compost *m*

Komposthaufen [kɔmˈpɔsthau̯fən] *m* tas *m* de compost

kompostieren* *vt* **etw ~** faire du compost avec qc; **das Kompostieren** le compostage

Kompott [kɔmˈpɔt] <-[e]s, -e> *nt* compote *f*

Kompresse [kɔm'prɛsə] <-, -n> *f* compresse *f*

Kompressor [kɔm'prɛso:ɐ̯] <-s, -pressoren> *m* compresseur *m*

komprimieren* *vt* comprimer

Kompromissᴿᴿ [kɔmpro'mɪs] <-es, -e>, **Kompromiß**ᴬᴸᵀ <-sses, -sse> *m* compromis *m*

kompromittieren* I. *vt* compromettre II. *vr* **sich ~** se discréditer

Kondensation <-, -en> *f* condensation *f*

kondensieren* [kɔndɛn'zi:rən] I. *vi + haben o sein* se condenser II. *vt + haben* (*Milch*) concentrer

Kondensmilch [kɔn'dɛnsmɪlç] *f* lait *m* concentré

Kondition [kɔndi'tsjo:n] <-, -en> *f* condition *f*; |**eine gute**| **~ haben** être en |bonne| condition

Konditionalsatz [kɔnditsjo'na:lzats] *m* LING proposition *f* conditionnelle

Konditionstraining [-tre:nɪŋ, -trɛ:-] *nt* mise *f* en condition

Konditor [kɔn'di:to:ɐ̯] <-s, -toren> *m*, **Konditorin** *f* pâtissier *m* |confiseur|/pâtissière *f* |confiseuse|

Konditorei [kɔndito'rai̯] <-, -en> *f* pâtisserie *f* |confiserie|

Kondom [kɔn'do:m] <-s, -e> *m o nt* préservatif *m*

Konfekt [kɔn'fɛkt] <-[e]s, -e> *nt* ❶ (*Pralinen*) chocolats *mpl* ❷ A, CH (*Gebäck*) petitsfours *mpl*

Konferenz [kɔnfe'rɛnts] <-, -en> *f* ❶ conférence *f*; **~ über Sicherheit und Zusammenarbeit in Europa** Conférence sur la sécurité et la coopération en Europe ❷ (*Lehrerkonferenz*) conseil *m* de classe

Konfession [kɔnfɛ'sjo:n] <-, -en> *f* confession *f*

konfessionslos *adj* sans confession

Konfetti [kɔn'fɛti] <-[s]> *nt* confetti *m*

Konfiguration <-, -en> *f* INFORM configuration *f*

konfigurieren* *vt* INFORM configurer

Konfirmand(in) [kɔnfɪr'mant] <-en, -en> *m(f)* confirmand(e) *m(f)*

Konfirmation [kɔnfɪrma'tsjo:n] <-, -en> *f* confirmation *f*

konfirmieren* [kɔnfɪr'mi:rən] *vt* confirmer

konfiszieren* *vt* ❶ (*beschlagnahmen*) saisir ❷ *hum* (*wegnehmen*) confisquer

Konfitüre [kɔnfi'ty:rə] <-, -n> *f* confiture *f*

Konflikt [kɔn'flɪkt] <-s, -e> *m* conflit *m*

Konföderation <-, -en> *f* confédération *f*

Konfrontation [kɔnfrɔnta'tsjo:n] <-, -en> *f* ❶ (*Gegenüberstellung*) confrontation *f* ❷ (*Auseinandersetzung*) affrontement *m*

konfrontieren* [kɔnfrɔn'ti:rən] *vt* **jdn mit jdm/etw ~** confronter qn avec qn/qc; **mit etw konfrontiert werden** être confronté à qc

konfus [kɔn'fu:s] *adj* confus(e); **jdn ~ machen** embrouiller qn

Kongressᴿᴿ [kɔn'grɛs] <-es, -e>, **Kongreß**ᴬᴸᵀ <-sses, -sse> *m* congrès *m*; **der ~** (*US-Parlament*) le Congrès

Kongresshalleᴿᴿ *f* salle *f* des congrès **Kongresszentrum**ᴿᴿ *nt* palais *m* des congrès

kongruent [kɔngru'ɛnt] *adj* coïncident(e); **~ sein** coïncider

König ['kø:nɪç] <-s, -e> *m* roi *m*; **die Heiligen Drei ~e** les Rois mages

Königin <-, -nen> *f* reine *f*

königlich ['kø:nɪklɪç] *adj a. fig* royal(e)

Königreich ['kø:nɪkrai̯ç] *nt* royaume *m*; **das Vereinigte ~** le Royaume-Uni

Konjugation [kɔnjuga'tsjo:n] <-, -en> *f* conjugaison *f*

konjugieren* [kɔnju'gi:rən] *vt* conjuguer

Konjunktion [kɔnjʊŋk'tsjo:n] <-, -en> *f* conjonction *f*

Konjunktionalsatz *m* LING |proposition *f*| conjonctive *f*

Konjunktiv ['kɔnjʊŋkti:f] <-s, -e> *m* LING subjonctif *m*

Konjunktur [kɔnjʊŋk'tu:ɐ̯] <-, -en> *f* conjoncture *f*

konjunkturell [kɔnjʊŋktu'rɛl] *adj* conjoncturel(le)

konkret [kɔn'kre:t] *adj* ❶ (*Vorstellung*) concret(-ète) ❷ KUNST figuratif(-ive)

Konkurrent(in) [kɔnkʊ'rɛnt] <-en, -en> *m(f)* rival(e) *m(f)*; COM concurrent(e) *m(f)*

Konkurrenz [kɔnkʊ'rɛnts] <-, -en> *f* ❶ *kein Pl* concurrence *f* ❷ (*Wettkampf*) compétition *f*; **außer ~** hors compétition

konkurrenzfähig *adj* compétitif(-ive) **Konkurrenzkampf** *m* concurrence *f*

konkurrieren* [kɔnkʊ'ri:rən] *vi* COM être en concurrence

Konkurs [kɔn'kʊrs] <-es, -e> *m* ❶ (*Zahlungsunfähigkeit*) faillite *f* ❷ (*Verfahren*) procédure *f* de faillite

können ['kœnən] I. <konnte, gekonnt> vt (*Fremdsprache*) parler; **was ~ Sie?** qu'est-ce que vous savez faire? ▸**[et]was/nichts für etw ~** être/ne pas être responsable de qc; **der kann mich mal!** *fam* il peut aller se faire foutre! II. <konnte, gekonnt> vi pouvoir; **nicht mehr ~** *fam* (*erschöpft sein*) n'en pouvoir plus; (*satt sein*) ne plus pouvoir rien avaler III. <konnte, ~> *aux modal* ❶ (*vermögen, dürfen*) **etw tun ~** pouvoir faire qc; **~ Sie mir sagen, wo/wie ...?** pourriez-vous me dire où/comment ...?; **kann ich Ihnen weiterhelfen?** puis-je vous aider? ❷ (*eine Fertigkeit haben*) **laufen/lesen ~** savoir courir/lire ▸ **man kann nie wissen** on ne sait jamais

Können <-s> nt (*geistig*) compétence f; (*manuell*) savoir-faire m

Könner(in) <-s, -> m(f) expert(e) m(f)

konnte ['kɔntə] *Imp von* **können**

Konsekutivsatz [kɔnzeku'ti:fzats] m [proposition f subordonnée] consécutive f

Konsens [kɔn'zɛns] <-es, -e> m geh (*Übereinstimmung*) consensus m

konsequent [kɔnze'kvɛnt] adj ❶ (*folgerichtig*) cohérent(e) ❷ (*unbeirrbar*) résolu(e)

Konsequenz [kɔnze'kvɛnts] <-, -en> f ❶ conséquence f; **aus etw die ~en ziehen** tirer les conséquences de qc ❷ kein Pl (*Folgerichtigkeit*) cohérence f; (*Unbeirrbarkeit*) détermination f

konservativ [kɔnzɛrva'ti:f] POL adj conservateur(-trice)

Konservative(r) f(m) dekl wie adj conservateur(-trice) m(f)

Konservatorium [kɔnzɛrva'to:rjʊm] <-s, -rien> nt conservatoire m

Konserve [-və] <-, -n> f conserve f

Konservendose f boîte f de conserve

konservieren* [kɔnzɛr'vi:rən] vt conserver

Konservierung <-, -en> f (*von Lebensmitteln*) conservation f

Konsistenz <-> f geh consistance f

Konsole [kɔn'zo:lə] <-, -n> f console f

Konsonant [kɔnzo'nant] <-en, -en> m consonne f

konspirativ adj geh (*Tätigkeit*) conspirateur(-trice)

konstant [kɔn'stant] adj constant(e)

Konstellation [kɔnstɛla'tsjo:n] <-, -en> f ❶ geh (*Gesamtlage*) configuration f ❷ ASTRO constellation f

konstituieren* geh I. vt constituer II. vr **sich als etw ~** se constituer en qc

Konstitution [kɔnstitu'tsjo:n] <-, -en> f (*körperliche Verfassung*) condition f; (*Körperbau*) constitution f

konstruieren* [kɔnstru'i:rən] vt a. LING construire

Konstrukteur(in) [kɔnstrʊk'tø:ɐ] <-s, -e> m(f) constructeur(-trice) m(f)

Konstruktion [kɔnstrʊk'tsjo:n] <-, -en> f construction f

konstruktiv [kɔnstrʊk'ti:f] geh adj constructif(-ive)

Konsul ['kɔnzʊl] <-s, -n> m, **Konsulin** f consul m

Konsulat [kɔnzu'la:t] <-[e]s, -e> nt consulat m

konsultieren* [kɔnzʊl'ti:rən] vt form consulter

Konsum [kɔn'zu:m] <-s> m consommation f

Konsument(in) [kɔnzu'mɛnt] <-en, -en> m(f) consommateur(-trice) m(f)

Konsumgut nt meist Pl bien m de consommation

konsumieren* [kɔnzu'mi:rən] vt geh (*verbrauchen*) consommer

Kontakt [kɔn'takt] <-[e]s, -e> m contact m; **private/berufliche ~e** des relations fpl personnelles/d'affaires; **mit jdm ~ aufnehmen** prendre contact avec qn

kontaktfreudig adj sociable **Kontaktlinse** f lentille f [de contact]

Konten Pl von **Konto**

kontern vi (*antworten*) riposter

Kontext ['kɔntɛkst] <-[e]s, -e> m contexte m

Kontinent [kɔnti'nɛnt] <-[e]s, -e> m continent m

kontinental [kɔntinɛn'ta:l] adj continental(e)

kontinuierlich [kɔntinu'i:ɐlɪç] geh adj continu(e)

Konto ['kɔnto] <-s, Konten> nt compte m

Kontoauszug m extrait m de compte **Kontonummer** f numéro m de/du compte **Kontostand** m situation f de compte

Kontrabassʀʀ m contrebasse f

Kontrahent(in) [kɔntra'hɛnt] <-en, -en> m(f) geh adversaire mf

Kontrast [kɔn'trast] <-[e]s, -e> m a. CINE, PHOT, TV contraste m

Kontrolle [kɔn'trɔlə] <-, -n> f contrôle m;

unter ~ **haben** (*Brand, Fahrzeug*) maîtriser
Kontrolleur(in) [kɔntrɔ'løːɐ] <-s, -e> *m(f)* contrôleur(-euse) *m(f)*
kontrollieren* [kɔntrɔ'liːrən] *vt* ❶ (*überprüfen*) contrôler ❷ (*überwachen*) exercer un contrôle sur
Kontrolllampeᴿᴿ *f* voyant *m* lumineux
kontrovers [-'vɛrs] *geh adj* (*umstritten*) controversé(e)
Konvention [-vɛn-] <-, -en> *f meist Pl* (*Verhaltensnorm*) convention *f*
konventionell [kɔnvɛntsio'nɛl] *adj* conventionnel(le)
Konversation [kɔnvɛrza'tsioːn] <-, -en> *f geh* conversation *f*
konvertibel [kɔnvɛr'tiːbəl] *adj*, **konvertierbar** *adj* FIN convertible
konvertieren* [kɔnvɛr'tiːrən] I. *vi + haben o sein* **zum Christentum ~** se convertir au christianisme II. *vt* (*Datei*) convertir
Konvoi ['kɔnvɔɪ, kɔn'vɔɪ] <-s, -s> *m* convoi *m*
Konzentrat [kɔntsɛn'traːt] <-[e]s, -e> *nt* concentré *m*
Konzentration [kɔntsɛntra'tsioːn] <-, -en> *f* concentration *f*
Konzentrationsfähigkeit *f kein Pl* pouvoir *m* de concentration **Konzentrationslager** *nt* camp *m* de concentration **Konzentrationsschwäche** *f* difficultés *fpl* de concentration
konzentrieren* [kɔntsɛn'triːrən] *vr* **sich auf etw** (*akk*) **~** se concentrer sur qc
konzentriert [kɔntsɛn'triːɐt] I. *adj* (*Saft*) concentré(e); (*Nachdenken*) approfondi(e); (*Aufmerksamkeit*) soutenu(e) II. *adv* (*nachdenken*) en se concentrant
Konzept [kɔn'tsɛpt] <-[e]s, -e> *nt* ❶ (*Entwurf*) brouillon *m* ❷ (*Plan*) projet *m*
Konzeption <-, -en> *f geh* concept *m*
Konzern [kɔn'tsɛrn] <-s, -e> *m* groupe *m*
Konzert [kɔn'tsɛrt] <-[e]s, -e> *nt* ❶ (*Komposition*) concerto *m* ❷ (*Aufführung*) concert *m*
Konzertabend *m* soirée *f* musicale **Konzertagentur** *f* agence *f* de spectacles **Konzertflügel** *m* piano *m* de concert **Konzertsaal** *m* salle *f* de concert
Konzession [kɔntsɛ'sioːn] <-, -en> *f* (*Gewerbeerlaubnis*) licence *f*
Konzessivsatz [kɔntsɛ'siːfzats] *m* [proposition *f*] concessive *f*

konzipieren* *vt* concevoir
Kooperation [koʔopera'tsioːn] <-, -en> *f* coopération *f*
kooperieren* [koʔope'riːrən] *vi* coopérer
Koordinate [koʔɔrdi'naːtə] <-, -en> *f* coordonnée *f*
Koordination [koʔɔrdina'tsioːn] <-, -en> *f geh* coordination *f*
koordinieren* [koʔɔrdi'niːrən] *vt geh* coordonner
Kopf [kɔpf, *Pl:* 'kœpfə] <-[e]s, Köpfe> *m* ❶ tête *f*; **den ~ schütteln** secouer la tête; **pro ~** par tête; **ein ~ Salat** la tête d'une salade ❷ (*Rückseite einer Münze*) **~ oder Zahl?** pile ou face? ▶**von ~ bis Fuß** de la tête aux pieds; **den ~ in den Sand stecken** pratiquer la politique de l'autruche; **mit dem ~ durch die Wand wollen** *fam* faire du forcing; **nicht auf den ~ gefallen sein** *fam* ne pas être tombé sur la tête; **für jdn/etw den ~ hinhalten** *fam* aller au casse-pipe pour qn/qc; **etw auf den ~ hauen** *fam* dilapider qc; **sich** (*dat*) **etw aus dem ~ schlagen** s'ôter qc de la tête; **sich** (*dat*) **in den ~ setzen ...** se mettre en tête de ...; **jdm den ~ verdrehen** *fam* tourner la tête à qn; **jdm den ~ waschen** passer un savon à qn; **jdm etw an den ~ werfen** jeter qc à la figure de qn; **~ an ~** (*rennen*) au coude à coude
Kopfbahnhof *m* gare *f* terminus **Kopfball** *m* tête *f* **Kopfbedeckung** *f* couvre-chef *m*
Köpfchen ['kœpfçən] <-s, -> *nt* ❶ *Dim von* **Kopf** (*kleine*) tête *f* ❷ *fam* (*Cleverness*) **~ haben** être futé
köpfen ['kœpfən] *vt* ❶ (*enthaupten*) décapiter ❷ (*Ball*) mettre de la tête
Kopfende *nt* (*eines Bettes*) tête *f* **Kopfgeld** *nt* prime *f* de capture **Kopfgeldjäger** *m* chasseur *m* de prime **Kopfhaut** *f* cuir *m* chevelu **Kopfhörer** *m* casque *m* **Kopfkissen** *nt* oreiller *m* **Kopfkissenbezug** *m* taie *f* d'oreiller
kopflos *adj* (*verwirrt*) affolé(e)
Kopfnicken <-s> *nt* signe *m* de tête **kopfrechnen** *vi* calculer de tête **Kopfrechnen** *nt* calcul *m* mental **Kopfsalat** *m* laitue *f* **Kopfschmerz** *m meist Pl* mal *m* de tête; **~en haben** avoir mal à la tête **Kopfschmerztablette** *f* cachet *m* contre le mal de tête **Kopfschütteln** <-s> *nt* hochement *m* de tête **Kopfsprung** *m* plongeon *m*

K

Kopfstand m poirier m **Kopfstütze** f appuie-tête m **Kopftuch** <-tücher> nt foulard m **kopfüber** adv la tête la première **Kopfweh** s. **Kopfschmerz Kopfzerbrechen** nt jdm ~ **bereiten** causer du tracas à qn

Kopie [ko'pi:] <-, -n> f copie f

kopieren* [ko'pi:rən] vt ❶ (foto~) [photo]copier; **sich** (dat) **etw ~** se faire une copie de qc ❷ a. INFORM faire une copie de

Kopierer <-s, -> m fam, **Kopiergerät** [ko'pi:ɐɡəɾɛ:t] nt photocopieuse f **Kopierschutz** m INFORM verrouillage m

Kopilot(in) ['ko:pilo:t] m(f) copilote mf

Koppel <-, -n> f (Pferdekoppel) enclos m

koppeln ['kɔpəln] vt ❶ TELEC brancher ❷ AUT, EISENBAHN accrocher; AVIAT, NAUT amarrer

Kopp[e]lung <-, -en> f ❶ TELEC branchement m ❷ AUT, EISENBAHN accrochage m ❸ AVIAT, NAUT amarrage m

Koproduktion ['ko:prodʊktsjo:n] f coproduction f

Koralle [ko'ralə] <-, -n> f corail m

Koran [ko'ra:n] <-s, -e> m Coran m

Koranschule f école f coranique

Korb [kɔrp, Pl: 'kœrbə] <-[e]s, Körbe> m ❶ (mit Henkeln) panier m; (ohne Henkel) corbeille f ❷ SPORT panier m ❸ fam (Abfuhr) rebuffade f; **jdm einen ~ geben** envoyer promener qn

Körbchen ['kœrpçən] <-s, -> nt Dim von **Korb** corbeille f

Kord s. **Cord**

Kordel <-, -n> f cordon m

Koriander [kori'andɐ] <-s, -> m coriandre f

Kork [kɔrk] <-[e]s, -e> m liège m

Korken ['kɔrkən] <-s, -> m bouchon m

Korkenzieher <-s, -> m tire-bouchon m

Kormoran [kɔrmo'ra:n] <-s, -e> m cormoran m

Korn¹ [kɔrn, Pl: 'kœrnə] <-[e]s, Körner> nt ❶ (Samenkorn) graine f ❷ kein Pl (Getreide) céréales fpl

Korn² [kɔrn] <-s> kein Pl m (Getränk) eau-de-vie f

Kornblume f bleuet m **Kornfeld** nt champ m de céréales

körnig adj (Oberfläche) rugueux(-euse)

Körper ['kœrpɐ] <-s, -> m corps m

körperbehindert adj form handicapé(e) physique **Körperbehinderte(r)** f(m) dekl wie adj form handicapé(e) m(f) physique

Körpergewicht nt poids m **Körpergröße** f taille f

körperlich I. adj (Anstrengung) physique; (Gebrechen) corporel(le) II. adv physiquement

Körperpflege f hygiène f corporelle

Körperschaft <-, -en> f ~ **des öffentlichen Rechts** personne f morale de droit public

Körperteil m partie f du corps **Körpertemperatur** f température f |du corps| **Körperverletzung** f blessure f corporelle; **schwere ~** blessure grave; **wegen ~** pour coups et blessures

korpulent [kɔrpu'lɛnt] adj corpulent(e)

korrekt [kɔ'rɛkt] adj correct(e)

Korrektor <-s, -toren> m, **Korrektorin** f (bei Prüfungen) correcteur(-trice) m(f)

Korrektur [kɔrɛk'tu:ɐ] <-, -en> f ❶ correction f ❷ geh (Veränderung) rectification f; JUR amendement m

Korrespondent(in) [kɔrɛspɔn'dɛnt] <-en, -en> m(f) ❶ MEDIA correspondant(e) m(f) ❷ (Handelskorrespondent) correspondancier(-ière) m(f)

Korrespondenz [kɔrɛspɔn'dɛnts] <-, -en> f correspondance f

korrespondieren* [kɔrɛspɔn'di:rən] vi **mit jdm ~** correspondre avec qn

Korridor ['kɔrido:ɐ] <-s, -e> m corridor m

korrigieren* [kɔri'gi:rən] vt corriger

Korrosion [kɔro'zjo:n] <-, -en> f (das Korrodieren) corrosion f

korrupt [kɔ'rʊpt] adj pej corrompu(e)

Korruption [kɔrʊp'tsjo:n] <-, -en> f pej corruption f

Korse ['kɔrzə] <-n, -n> m, **Korsin** f Corse mf

Korsett [kɔr'zɛt] <-s, -s o -e> nt corset m

Korsika ['kɔrzika] <-s> nt la Corse

korsisch adj corse

Kortison [kɔrti'zo:n] <-s, -e> nt cortisone f

koscher ['ko:ʃe] adj ❶ REL casher inv ❷ fam (einwandfrei) réglo; **nicht |ganz| ~ sein** ne pas être très catholique

Kosename m petit nom m **Kosewort** nt ❶ <-wörter> (Kosename) petit nom m ❷ <-worte> (zärtliches Wort) mot m tendre

Kosinus ['ko:zinʊs] <-, -> m cosinus m

Kosmetik [kɔs'me:tɪk] <-> f soins mpl de beauté

Kosmetiker(in) [kɔs'me:tikɐ] <-s, -> m(f)

esthéticien(ne) *m(f)*
kosmetisch *adj* cosmétique
kosmisch *adj* (*Dimension*) planétaire
Kosmonaut(in) [kɔsmoˈnaʊt] <-en, -en> *m(f)* cosmonaute *mf*
Kosmos [ˈkɔsmɔs] <-> *m* cosmos *m*
Kost [kɔst] <-> *f a.* fig nourriture *f*
kostbar *adj* précieux(-euse)
Kostbarkeit <-, -en> *f* objet *m* précieux
kosten [ˈkɔstən] *vt* coûter; **was** [*o* **wie viel**] **kostet das?** ça coûte combien?; **viel** ~ coûter cher ►**koste es, was es wolle** coûte que coûte
Kosten [ˈkɔstən] *Pl* coût *m*; (*Auslagen*) frais *mpl* ►**auf seine** ~ **kommen** en avoir pour son argent
kostendeckend *adv* en couvrant les frais
Kostenerstattung *f* remboursement *m* des frais
kostenlos *adj* gratuit(e)
kostenpflichtig *adj* payant(e) **Kostenvoranschlag** *m* devis *m*
köstlich [ˈkœstlɪç] *adj* délicieux(-euse)
Köstlichkeit <-, -en> *f* (*Delikatesse*) délice *m*
Kostprobe *f* ❶ GASTR dégustation *f* ❷ (*Probe: des Könnens*) échantillon *m*
kostspielig *adj* onéreux(-euse); ~ **sein** coûter cher
Kostüm [kɔsˈtyːm] <-s, -e> *nt* ❶ (*Damenkostüm*) tailleur *m* ❷ (*Tracht, Verkleidung*) costume *m*
Kostümball *m* bal *m* costumé
Kot [koːt] <-> *m* excréments *mpl*
Kotelett [kɔtəˈlɛt] <-[e]s, -s> *nt* côtelette *f*
Kotelette <-, -n> *f meist Pl* favoris *mpl*
Köter [ˈkøːtɐ] <-s, -> *m pej fam* cabot *m*
Kotflügel *m* aile *f*
kotzen [ˈkɔtsən] *vi vulg* dégueuler
KP [kaːˈpeː] <-, -s> *f Abk von* **Kommunistische Partei** P.C. *m*
Krabbe [ˈkrabə] <-, -n> *f* crabe *m*; (*Garnele*) crevette *f*
krabbeln [ˈkrabəln] *vi + sein* (*Kind*) marcher à quatre pattes; (*Spinne*) se promener
Krach [krax, *Pl:* ˈkrɛçə] <-[e]s, Kräche> *m* ❶ *kein Pl* (*Lärm*) vacarme *m* ❷ *fam* (*Streit*) engueulade *f*
krachen *vi + haben* (*laut knallen: Tür, Schuss*) claquer; (*Donner*) éclater (*fam*)
Kracherl <-s, -n> *nt* A, SDEUTSCH *fam* (*Limonade*) soda *m*

krächzen [ˈkrɛçtsən] *vi* ❶ (*Krähe*) croasser ❷ *fam* (*heiser sprechen*) parler d'une voix enrouée
Kräcker <-s, -> *m* cracker *m*
kraft *präp + gen form* ~ **Gesetzes** au nom de la loi
Kraft [kraft, *Pl:* ˈkrɛftə] <-, Kräfte> *f* ❶ force *f*; **mit aller** ~ de toutes ses/mes/... forces; **aus eigener** ~ par ses/mes/... propres moyens; **über jds Kräfte** (*akk*) **gehen** être au-dessus des forces de qn ❷ (*starke Wirkung*) pouvoir *m* ❸ PHYS énergie *f* ►**volle** ~ **voraus!** machine avant, toutes!; **in** ~ **sein**/**treten** être/entrer en vigueur
Kraftakt *m* tour *m* de force
Kraftfahrzeug *nt form* véhicule *m* automobile **Kraftfahrzeugbrief** *m:* titre de propriété du véhicule **Kraftfahrzeugmechaniker(in)** *m(f)* mécanicien(ne) *m(f)* [automobile] **Kraftfahrzeugschein** *m* carte *f* grise **Kraftfahrzeugsteuer** *f* ≈ vignette *f*
kräftig [ˈkrɛftɪç] **I.** *adj* (*Person*) fort(e); (*Strömung*) puissant(e); (*Händedruck*) vigoureux(-euse); (*Farbton*) soutenu(e) **II.** *adv* (*drücken*) vigoureusement; (*einatmen*) profondément
kräftigen *vt geh* (*Kur*) revigorer
kraftlos *adj* (*Person*) sans force; (*Händedruck*) mou(molle)
Kraftprobe *f* épreuve *f* de force **Kraftstoff** *m form* carburant *m* **kraftvoll I.** *adj geh* (*Körper*) vigoureux(-euse); (*Stimme*) puissant(e) **II.** *adv* (*zuschlagen*) violemment
Kraftwerk *nt* centrale *f* [électrique]
Kragen [ˈkraːɡən, *Pl:* ˈkrɛːɡən] <-s, - *o CH,* SDEUTSCH Krägen> *m* col *m* ►**ihm platzt der** ~ *fam* il explose
Kragenweite *f* ►**das ist nicht meine** ~ *fam* ce n'est pas mon truc
Krähe [ˈkrɛːə] <-, -n> *f* corneille *f*
krähen [ˈkrɛːən] *vi* (*Hahn*) chanter
Krake [ˈkraːkə] <-n, -n> *m* pieuvre *f*
Kralle [ˈkralə] <-, -n> *f* (*einer Katze*) griffe *f*; (*eines Raubvogels*) serre *f*
Kram [kraːm] <-[e]s> *m fam* ❶ (*Zeug*) bazar *m* ❷ (*Angelegenheit*) fourbi *m*; **kümmere dich um deinen eigenen** ~! mêle-toi de tes oignons!
kramen *vi* fouiller
Krampf [krampf, *Pl:* ˈkrɛmpfə] <-[e]s, Krämpfe> *m* ❶ (*Muskelkrampf*) crampe *f* ❷ (*Kolik*) spasme *m*

K

Krampfader f varice f
krampfhaft adj (Nachdenken) obstiné(e); (Versuch) désespéré(e); (Lachen) convulsif (-ive)
Kran [kraːn, Pl: 'krɛːnə] <-[e]s, Kräne> m TECH grue f
Kranich ['kraːnɪç] <-s, -e> m grue f
krank [kraŋk] <kränker, kränkste> adj a. fig malade; ~ **werden** tomber malade; jdn ~ **machen** rendre qn malade
Kranke(r) f(m) dekl wie adj malade mf
kränkeln vi (Branche) être chancelant
kränken ['krɛŋkən] vt blesser
Krankenbett nt (Krankenlager) chevet m du malade **Krankengeld** nt prestations fpl maladie **Krankengymnast(in)** <-en, -en> m(f) kinésithérapeute mf **Krankengymnastik** f kinésithérapie f **Krankenhaus** nt hôpital m; ins ~ **kommen** être hospitalisé **Krankenkasse** f caisse f d'assurance-maladie **Krankenpflege** f soins mpl [donnés aux malades] **Krankenpfleger(in)** m(f) infirmier(-ière) m(f) **Krankenschwester** f infirmière f **Krankenversichertenkarte** f ≈ carte f d'assuré social **Krankenversicherung** f assurance-maladie f; **gesetzliche** ~ ≈ Sécurité f sociale; **private** ~ ≈ caisse f d'assurance maladie **Krankenwagen** m ambulance f
krankhaft adj ❶ MED pathologique ❷ (unnormal) maladif(-ive)
Krankheit <-, -en> f maladie f
Krankheitserreger m agent m pathogène
krank|lachen vr fam sich ~ se marrer
kränklich adj maladif(-ive)
krank|meldenᴿᴿ vr sich ~ se faire porter malade **Krankmeldung** f déclaration f de maladie **krank|schreiben**ᴿᴿ vt jdn ~ prescrire un arrêt de travail à qn
Kränkung ['krɛŋkʊŋ] <-, -en> f offense f
Kranz [krants, Pl: 'krɛntsə] <-es, Kränze> m (aus Pflanzen) gerbe f
Kranzniederlegung f dépôt m de gerbe
krassᴿᴿ, **kraß**ᴬᴸᵀ adj (Außenseiter) manifeste; (Gegensatz) flagrant(e)
Krater ['kraːtɐ] <-s, -> m cratère m
Krätze <-> f MED gale f
kratzen ['kratsən] I. vt ❶ jdn am Rücken ~ gratter le dos à qn ❷ (Katze) griffer II. vr sich ~ se gratter III. vi ❶ gratter ❷ (mit den Fingernägeln) griffer IV. vt unpers fam es kratzt ihn am Rücken il a le dos qui le gratte

Kratzer <-s, -> m éraflure f
kraulen¹ ['kraʊlən] + haben o sein I. vi SPORT nager le crawl II. vt hundert Meter ~ faire cent mètres en crawl
kraulen² vt (liebkosen) grat[t]ouiller
kraus [kraʊs] adj ❶ (Haar) [tout(e)] frisé(e) ❷ (faltig) froissé(e)
kräuseln ['krɔʏzəln] I. vt (Haare) fris[ott]er; (Stoff) froncer II. vr sich ~ (Haare) frisotter; (Wasser) se rider
Kraut [kraʊt, Pl: 'krɔʏtə] <-[e]s, Kräuter> nt ❶ (Pflanze) herbe f souvent pl ❷ kein Pl (von Karotten) fanes fpl ❸ kein Pl (Kohl) chou m ▶**wie ~ und Rüben** fam sens dessus dessous
Kräuterbutter f beurre m persillé **Kräutertee** m tisane f
Krautsalat m salade f de chou
Krawall [kra'val] <-s, -e> m (Tumult) bagarre f
Krawatte [kra'vatə] <-, -n> f cravate f
Kreation [krea'tsjoːn] <-, -en> f création f
kreativ [krea'tiːf] adj créatif(-ive)
Kreativität [kreativi'tɛːt] <-> f créativité f
Kreatur [krea'tuːɐ] <-, -en> f créature f
Krebs [kreːps] <-es, -e> m ❶ ZOOL crustacé m; (Flusskrebs) écrevisse f ❷ kein Pl GASTR crabe m ❸ kein Pl ASTRO Cancer m ❹ MED cancer m; ~ **haben** avoir un cancer
krebskrank adj cancéreux(-euse) **Krebskranke(r)** f(m) dekl wie adj cancéreux (-euse) m(f) **Krebsvorsorge** f dépistage m du cancer
Kredit [kre'diːt] <-[e]s, -e> m crédit m
Kreditinstitut nt établissement m de crédit **Kreditkarte** f carte f de crédit **kreditwürdig** adj solvable
Kreide ['kraɪdə] <-, -n> f craie f
kreidebleich, **kreideweiß** adj blanc(blanche) comme un linge
kreieren* vt créer
Kreis [kraɪs] <-es, -e> m ❶ cercle m; im ~e **der Familie** au sein de la famille ❷ Pl (gesellschaftliche Schicht) milieux mpl
kreischen ['kraɪʃən] vi ❶ (Person) pousser des cris stridents ❷ (Bremsen) crier
Kreisel ['kraɪzəl] <-s, -> m (Spielzeug) toupie f
kreisen ['kraɪzən] vi + haben o sein ❶ a. ASTRO, AVIAT um etw ~ tourner autour de qc ❷ (fliegen) über etw (dat) ~ tournoyer au-dessus de qc ❸ (bewegen) **den Arm** ~

lassen effectuer des cercles avec le bras
kreisförmig ['krajsfœrmɪç] **I.** *adj* circulaire **II.** *adv* en cercle **Kreislauf** *m* ❶ (*des Lebens, der Natur*) cycle *m*; (*des Geldes*) circulation *f* ❷ (*Blutkreislauf*) circulation *f* **Kreislaufkollaps** *m* collapsus *m* cardiovasculaire **Kreislaufstörungen** *Pl* troubles *mpl* circulatoires **kreisrund** *adj* tout(e) rond(e) **Kreissäge** *f* scie *f* circulaire
Kreißsaal ['krajsza:l] *m* salle *f* d'accouchement
Kreisstadt *f* ≈ chef-lieu *m* de district; (*in Frankreich*) ≈ chef-lieu de canton **Kreisumfang** *m* MATH circonférence *f* du cercle **Kreisverkehr** *m* rond-point *m*
Krematorium [krema'to:riʊm] <-s, -rien> *nt* crématorium *m*
kremig ['kre:mɪç] *adj* onctueux(-euse)
Kreml ['kre:m(ə)l] <-s> *m* **der** ~ le Kremlin
Krempe ['krɛmpə] <-, -n> *f* bord *m*
Krempel ['krɛmpəl] <-s> *m* *pej fam* camelote *f*
Kren [kre:n] <-s> *m* A raifort *m*
krepieren* [kre'pi:rən] *vi* + *sein fam* crever
Krepp [krɛp] <-s, -e> *m* crêpe *m*
Kresse ['krɛsə] <-, -en> *f* cresson *m*
kreuz [krɔyts] ▶~ **und quer** dans tous les sens
Kreuz [krɔyts] <-es, -e> *nt* ❶ *a.* REL croix *f* ❷ (*Rücken*) reins *mpl* ❸ (*Autobahnkreuz*) échangeur *m* ❹ SPIEL trèfle *m* ❺ MUS dièse *m* ▶**drei ~e machen** *fam* pousser un ouf de soulagement; **das Rote ~** la Croix-Rouge
kreuzen I. *vt* + *haben* croiser **II.** *vi* + *haben o sein* (*Segelschiff*) louvoyer; (*Flugzeug, Schiff*) croiser
Kreuzfahrt *f* croisière *f* **Kreuzgang** <-gänge> *m* cloître *m*
kreuzigen ['krɔytsɪgən] *vt* crucifier
Kreuzigung <-, -en> *f* crucifixion *f*
Kreuzotter *f* vipère *f* péliade
Kreuzschmerzen *Pl* maux *mpl* de reins
Kreuzung <-, -en> *f* ❶ (*Straßenkreuzung*) carrefour *m* ❷ (*das Kreuzen*) croisement *m* ❸ (*gekreuzte Tierrasse*) bâtard(e) *m(f)*
Kreuzverhör *nt* interrogatoire *m* contradictoire **Kreuzworträtsel** *nt* mots *mpl* croisés **Kreuzzug** *m* HIST *a. fig* croisade *f*
kribbelig *adj fam* (*unruhig*) fébrile; **ich bin ganz ~** je n'y tiens plus
kribbeln ['krɪbəln] *vt, vi unpers* **es kribbelt jdm** [*o* [o **jdn**]] **in der Nase** qn a des pico-

tements dans le nez
kribblig *s.* **kribbelig**
kriechen ['kri:çən] <kroch, gekrochen> *vi* + *sein* ❶ *fig* ramper ❷ (*langsam fahren*) se traîner (*fam*)
Krieg [kri:k] <-[e]s, -e> *m* guerre *f*; **jdm den ~ erklären** déclarer la guerre à qn; [**einen**] **~ gegen jdn führen** faire la guerre à qn
kriegen ['kri:gən] **I.** *vt fam* ❶ (*bekommen*) recevoir; **etw zu essen ~** pouvoir manger qc; **Prügel von jdm ~** ramasser une volée de qn ❷ (*in Verbindung mit dem Partizip Präteritum*) **etw geregelt ~** arriver à régler qc; **er kriegt das Auto geliehen** on lui prête la voiture ❸ (*Bus, Zug*) attraper; (*Taxi*) dénicher ❹ (*Strafzettel*) récolter ❺ (*erwischen*) **jdn ~** mettre la main sur qn ❻ (*Grippe*) choper ❼ (*Kind*) aller avoir ▶**es mit jdm zu tun ~** avoir affaire à qn **II.** *vr fam* **sich ~** être enfin réunis
kriegerisch ['kri:gərɪʃ] *adj* ❶ (*Volk*) guerrier(-ière); (*Einstellung*) belliqueux(-euse) ❷ (*militärisch*) militaire
Kriegsbeil *nt* hache *f* de guerre **Kriegsdienstverweigerer** <-s, -> *m* objecteur *m* de conscience **Kriegserklärung** *f* déclaration *f* de guerre **Kriegsfuß** ▶**mit etw auf ~ stehen** *fam* être brouillé avec qc **Kriegsgebiet** *nt* zone *f* en guerre **Kriegsgefangene(r)** *f(m) dekl wie adj* prisonnier(-ière) *m(f)* de guerre **Kriegsgefangenschaft** *f* captivité *f* **Kriegspfad** ▶**auf dem ~ sein** *iron* être sur le sentier de la guerre **Kriegsverbrechen** *nt* crime *m* de guerre **Kriegsverbrecher(in)** *m(f)* criminel(le) *m(f)* de guerre **Kriegszustand** *m* guerre *f*; **sich im ~ befinden** être en guerre
Krimi ['kri:mi] <-s, -s> *m fam* polar *m*
Kriminalbeamte(r) *m*, **-beamtin** *f* form fonctionnaire *mf* de la police judiciaire
Kriminalist(in) <-en, -en> *m(f)* spécialiste *mf* des affaires criminelles; (*bei der Polizei*) agent *m* de la P.J.
kriminalistisch *adj* de détective
Kriminalität [kriminali'tɛ:t] <-> *f* criminalité *f*; **organisierte ~** crime *m* organisé
Kriminalkommissar(in) *m(f)* commissaire *mf* de police judiciaire **Kriminalpolizei** *f* police *f* judiciaire **Kriminalroman** *m* roman *m* policier
kriminell [krimi'nɛl] *adj* ❶ criminel(le); **~ sein** être délinquant ❷ *fam* (*gefährlich*)

K

casse-gueule

Krimskrams <-es> *m fam* fourbi *m*

Kringel ['krɪŋəl] <-s, -> *m* (*Schnörkel*) petit rond *m*

kringeln *vr* ❶ **sich** ~ (*Haarsträhne*) frisotter; (*Schwanz*) tire-bouchonner ❷ *fam* **sich vor Lachen** ~ se tordre de rire

Kripo ['kri:po] <-, -s> *f fam Abk von* **Kriminalpolizei** P.J. *f*

Krippe ['krɪpə] <-, -n> *f* ❶ (*Futterkrippe*) mangeoire *f* ❷ (*Weihnachts-, Kinderkrippe*) crèche *f*

Krise ['kri:zə] <-, -n> *f* crise *f*

kriseln ['kri:zəln] *vi unpers fam* **es kriselt** ça va mal

Krisengebiet *nt* région *f* instable **Krisenherd** *m* poudrière *f* **Krisenstab** *m* cellule *f* de crise

Kristall[1] [krɪs'tal] <-s, -e> *m* MINER cristal *m*

Kristall[2] <-s> *nt* ❶ (*~glas*) cristal *m* ❷ (*Gegenstände*) cristaux *mpl*

Kristallnacht [*die* ~ NS la nuit de cristal **Kristallzucker** *m* sucre *m* cristallisé

Kriterium [kri'te:riʊm] <-s, -rien> *nt* critère *m*

Kritik [kri'ti:k] <-> *f kein Pl* critique *f*; **an jdm/etw** ~ **üben** critiquer qn/qc

Kritiker(in) ['kri:tikɐ] <-s, -> *m(f)* ❶ (*Rezensent*) critique *mf* ❷ (*Gegner*) détracteur (-trice) *m(f)*

kritisch ['kri:tɪʃ] *adj* critique

kritisieren* [kriti'zi:rən] *vt, vi* critiquer

kritzeln ['krɪtsəln] *vt, vi* griffonner

Kroate <-n, -n> *m,* **Kroatin** *f* Croate *mf*

Kroatien [kro'ʔa:tsi̯ən] <-s> *nt* la Croatie

kroatisch [kro'ʔa:tɪʃ] I. *adj* croate II. *adv* ~ **miteinander sprechen** discuter en croate

Kroatisch <-[s]> *nt kein art* croate *m; s. a.* **Deutsch**

kroch [krɔx] *Imp von* **kriechen**

Krokant [kro'kant] <-s> *m* (*Masse*) nougatine *f*

Krokette [kro'kɛtə] <-, -n> *f* croquette *f*

Krokodil [kroko'di:l] <-s, -e> *nt* crocodile *m*

Krokus ['kro:kʊs] <-, -> *m* crocus *m*

Krone ['kro:nə] <-, -n> *f* couronne *f*

krönen ['krø:nən] *vt* **jdn zum König** ~ couronner qn roi

Kron[en]korken *m* capsule *f*

Kronleuchter *m* lustre *m* **Kronprinz** *m,* **-prinzessin** *f* prince *m* héritier/princesse *f* héritière

Krönung ['krø:nʊŋ] <-, -en> *f* couronnement *m*

Kropf [krɔpf, *Pl:* 'krœpfə] <-[e]s, Kröpfe> *m* MED goitre *m*

kross[RR] [krɔs], **kroß**[ALT] *adj* croustillant(e)

Kröte ['krø:tə] <-, -n> *f* ❶ ZOOL crapaud *m* ❷ *Pl fam* (*Geld*) fric *m*

Krücke ['krʏkə] <-, -n> *f* béquille *f*

Krug [kru:k, *Pl:* 'kry:gə] <-[e]s, Krüge> *m* ❶ (*Wasserkrug*) cruche *f* ❷ (*Bierkrug*) chope *f*

Krümel ['kry:məl] <-s, -> *m* (*Brösel*) miette *f*

krümeln *vi* ❶ (*Person*) faire des miettes ❷ (*Kuchen*) s'émietter

krumm [krʊm] I. *adj* (*nicht gerade*) tordu(e); (*Nase*) crochu(e); (*Rücken*) voûté(e) II. *adv* ❶ (*gehen*) le dos voûté; (*wachsen*) de travers ❷ *fam* **jdm** ~ **nehmen, dass** en vouloir à qn de ce que + *subj*

krümmen ['krʏmən] I. *vt* ❶ (*biegen: Rücken*) courber; (*Finger*) plier ❷ MATH, PHYS **gekrümmt** (*Fläche*) incurvé(e) II. *vr* ❶ **sich** ~ (*Straße*) faire une courbe; (*Fluss*) faire un coude; (*Ast*) se courber ❷ *fig* **sich** ~ **vor Lachen** se tordre de rire

krumm|lachen *vr fam* **sich** ~ se tordre [de rire] **krumm|nehmen**[ALT] *s.* **krumm II.2.**

Krümmung ['krʏmʊŋ] <-, -en> *f* ❶ (*einer Straße*) courbe *f*; (*eines Flusses*) coude *m* ❷ MED, PHYS courbure *f*

Krüppel ['krʏpəl] <-s, -> *m* estropié(e) *m(f)*

Kruste ['krʊstə] <-, -n> *f* croûte *f*

Kruzifix [krutsi'fɪks] <-es, -e> *nt* crucifix *m*

Krypta ['krʏpta] <-, Krypten> *f* crypte *f*

KSZE [ka:ʔɛstsɛt'ʔe:] <-> *f Abk von* **Konferenz über Sicherheit und Zusammenarbeit in Europa** C.S.C.E. *f*

Kuba ['ku:ba] <-s> *nt* Cuba; **auf** ~ à Cuba

Kübel ['ky:bəl] <-s, -> *m* (*Pflanzkübel*) jardinière *f*

Kubikmeter [ku'bi:kme:tɐ] *m o nt* mètre *m* cube **Kubikwurzel** *f* MATH racine *f* cubique **Kubikzahl** *f* MATH cube *m*

kubisch ['ku:bɪʃ] *adj* cubique

Kubismus [ku'bɪsmʊs] <-> *m* cubisme *m*

kubistisch *adj* cubiste

Küche ['kʏçə] <-, -n> *f* cuisine *f*

Kuchen ['ku:xən] <-s, -> *m* gâteau *m; einen* ~ **backen** faire un gâteau

Küchenabfälle *Pl* épluchures *fpl*

Kuchenblech *nt* plaque *f* [à pâtisserie] **Kuchenform** *f* moule *m* à gâteau[x] **Kuchengabel** *f* fourchette *f* à gâteaux

Küchenhandtuch nt essuie-mains m **Küchenmaschine** f robot m **Küchenpapier** nt essuie-tout m inv **Küchenrolle** f rouleau m essuie-tout **Küchenuhr** f (Wanduhr) pendule f de cuisine

Kücken ['kʏkən] <-s, -> nt A s. **Küken**

kuckuck ['kʊkʊk] interj coucou

Kuckuck ['kʊkʊk] <-s, -e> m coucou m ▶**weiß der ~**|, ...]! fam [....,] mystère et boule de gomme!

Kuckucksei nt ZOOL œuf m de coucou

Kuckucksuhr f coucou m

Kufe ['ku:fə] <-, -n> f (eines Schlittens) patin m; (eines Schlittschuhs) lame f

Kugel ['ku:gəl] <-, -n> f ❶ (runder Gegenstand) boule f ❷ MATH sphère f ❸ SPORT poids m; (Kegelkugel) boule f ❹ (Geschoss) balle f

kugelförmig ['ku:gəlfœrmɪç] adj sphérique **Kugelgelenk** nt ANAT énarthrose f

kugeln vi + sein rouler

kugelrund ['ku:gəlʀʊnt] adj fam (dick) rondouillard(e) **Kugelschreiber** m stylo m [à] bille **kugelsicher** adj pare-balles; ~ **sein** être à l'épreuve des balles **Kugelstoßen** <-s> nt lancer m du poids

Kuh [ku:, Pl: 'ky:ə] <-, Kühe> f ❶ vache f ❷ fam **eine blöde ~** une connasse

Kuhfladen m bouse f de vache **Kuhhaut** f ▶**das geht auf keine ~** fam c'est pas croyable

kühl [ky:l] I. adj ❶ (kalt) frais(fraîche); **es wird/ist ~** ça se rafraîchit/il fait frais ❷ (reserviert) froid(e) II. adv ❶ (kalt: lagern) au frais; (servieren) frais(fraîche) ❷ (reserviert) avec froideur; (empfangen) fraîchement

Kühlbox f (Kühltasche) glacière f

Kühle <-> f (Kälte) fraîcheur f

kühlen ['ky:lən] I. vt (Getränk) rafraîchir; (Fisch) réfrigérer; **gekühlte Getränke** des boissons fpl fraîches II. vi rafraîchir

Kühler <-s, -> m ❶ (eines Fahrzeugs) radiateur m; (~haube) capot m ❷ (Sektkühler) seau m à champagne

Kühlerhaube f capot m

Kühlraum m chambre f froide **Kühlschrank** m réfrigérateur m **Kühltasche** f glacière f **Kühltruhe** f congélateur m bahut

Kühlung <-, -en> f kein Pl (eines Motors) refroidissement m

Kühlwasser nt kein Pl eau f de refroidissement

kühn [ky:n] adj (Held) téméraire; (Tat) audacieux(-euse)

Kühnheit <-, -en> f ❶ kein Pl (Wagemut) audace f ❷ (Tat) témérité f

Kuhstall m étable f

Küken ['ky:kən] <-s, -> nt poussin m

Kukuruz ['kʊkʊrʊts] <-[es]> m A maïs m

kulant [ku'lant] adj (Geschäftsmann) arrangeant(e); (Verhalten) accommodant(e)

Kulanz <-> f obligeance f; **aus ~** gracieusement

Kuli ['ku:li] <-s, -s> m fam (Stift) stylo m

kulinarisch [kuli'na:rɪʃ] adj culinaire **Kulisse** [ku'lɪsə] <-, -n> f décor m ▶**hinter den ~n** dans les coulisses

kullern ['kʊlən] vi + sein fam rouler

Kult [kʊlt] <-[e]s, -e> m culte m

Kultfigur f personnage-culte m **Kultfilm** m film-culte m

kultivieren* [-'vi:-] vt cultiver

kultiviert [kʊlti'vi:ɐt] adj raffiné(e); (Benehmen) distingué(e)

Kultur [kʊl'tu:ɐ] <-, -en> f ❶ (Zivilisationsform) civilisation f; **die ~ der Antike** la culture gréco-latine ❷ kein Pl (kulturelles Niveau) degré m de civilisation ❸ BOT plantation f

Kulturaustausch m échange m culturel **Kulturbeutel** m trousse f de toilette **kulturell** [kʊltu'rɛl] adj culturel(le)

Kulturgeschichte f kein Pl histoire f de la civilisation **Kulturpolitik** f politique f culturelle

Kultusminister(in) ['kʊltʊsmɪnɪstɐ] m(f) ≈ ministre mf de l'Éducation et des Affaires culturelles [d'un land] **Kultusministerium** nt ≈ ministère m de l'Éducation et de la Culture [d'un land]

Kümmel ['kʏml] <-s, -> m cumin m

Kummer ['kʊmɐ] <-s> m ❶ (Betrübtheit) chagrin m ❷ (Unannehmlichkeiten) soucis mpl

kümmerlich adj (Rest) maigre antéposé

kümmern ['kʏmɐn] I. vt concerner; **was kümmert ihn das?** en quoi ça le regarde? II. vr ❶ **sich um jdn/etw ~** s'occuper de qn/qc; **sich darum ~, dass** veiller à ce que + subj ❷ (achten auf) **sich nicht darum ~, was ...** ne pas se [pré]occuper de savoir ce qui ...

Kumpel ['kʊmpəl] <-s, -> m ❶ MIN gueule f noire ❷ fam (Kamerad) pote mf

K

kumulieren *vr* sich ~ *(Schadstoffe, Gifte)* s'accumuler

Kunde ['kʊndə] <-n, -n> *m*, **Kundin** *f* client(e) *m(f)*

Kundendienst *m* service *m* après-vente

Kundgebung <-, -en> *f* manifestation *f*

kundig *adj geh* compétent(e)

kündigen ['kʏndɪgən] **I.** *vt (Job)* démissionner de; *(Mitarbeiter)* licencier; *(Vertrag)* résilier **II.** *vi* ➊ *(Arbeitnehmer)* démissionner ➋ *(das Arbeits-, Mietverhältnis beenden)* **jdm ~** *(Arbeitgeber)* licencier qn; *(Vermieter)* donner congé à qn

Kündigung <-, -en> *f* ➊ *(eines Vertrags)* résiliation *f* ➋ *(Entlassung)* licenciement *m* ➌ *(Weggang)* démission *f*

Kündigungsfrist *f (eines Arbeits-, Mietvertrags)* délai *m* de préavis; *(eines Abonnements)* délai *m* de résiliation

Kündigungsschutz *m* protection *f* contre les licenciements abusifs

Kundschaft <-, -en> *f* ➊ *(Kundenkreis)* clientèle *f* ➋ *(Kunden)* clients *mpl*

künftig ['kʏnftɪç] **I.** *adj* futur(e) *antéposé* **II.** *adv* à l'avenir

Kunst [kʊnst, *Pl:* 'kʏnstə] <-, Künste> *f* ➊ KUNST art *m*; **die bildende ~** les arts plastiques; **die schönen Künste** les beaux-arts ➋ *kein Pl (Schulfach)* arts *mpl* plastiques

Kunstakademie *f* école *f* des beaux-arts

Kunstausstellung *f* exposition *f* d'art

Kunstbanause *m*, **-banausin** *f pej* béotien(ne) *m(f)* **Kunstdünger** *m* engrais *m* chimique **Kunstfaser** *f* fibre *f* synthétique **Kunstgeschichte** *f* histoire *f* de l'art **kunsthistorisch** *adj (Museum)* d'histoire de l'art; *(Bedeutung)* historico-culturel(le) **Kunstleder** *nt* similicuir *m*

Künstler(in) ['kʏnstlɐ] <-s, -> *m(f)* artiste *mf*

künstlerisch *adj (Arbeit)* d'artiste; *(Begabung)* artistique

Künstlername *m* nom *m* d'artiste

künstlich ['kʏnstlɪç] **I.** *adj (Beleuchtung, See)* artificiel(le); *(Diamant)* faux(fausse); *(Heiterkeit)* factice **II.** *adv* artificiellement; *(herstellen)* industriellement

Kunstsammlung *f* collection *f* d'objets d'art **Kunststoff** *m* plastique *m* **Kunststück** *nt* ➊ *(artistische Leistung)* tour *m* d'adresse ➋ *(schwierige Leistung)* tour *m* de force **Kunstwerk** *nt* ➊ œuvre *f* d'art ➋ *(Meisterleistung)* chef-d'œuvre *m*

Kupfer ['kʊpfɐ] <-s, -> *nt* cuivre *m*

Kupferstich *m* gravure *f* sur cuivre

Kupon [ku'põ:] *s.* **Coupon**

Kuppel ['kʊpəl] <-, -n> *f (Innenkuppel)* coupole *f*; *(Außenkuppel)* dôme *m*

kuppeln *vi (Fahrer)* débrayer

Kupplung ['kʊplʊŋ] <-, -en> *f* ➊ embrayage *m*; **die ~ |durch|treten** débrayer; **dle ~ kommen lassen** embrayer ➋ *(Anhänger-~)* attelage *m*

Kur [ku:ɐ] <-, -en> *f* cure *f*

Kür [ky:ɐ] <-, -en> *f* figures *fpl* libres

Kurbel ['kʊrbəl] <-, -n> *f* manivelle *f*

kurbeln *vi* tourner la manivelle

Kurbelwelle *f* vilebrequin *m*

Kürbis ['kʏrbɪs] <-ses, -se> *m* potiron *m*

küren [ky:ɐən] <kürte, gekürt> *vt geh* élire

Kurfürst *m* HIST prince *m* électeur

Kurgast *m* curiste *mf*

Kurier [ku'ri:ɐ] <-s, -e> *m* coursier *m*

Kurierdienst *m* ➊ *(Service)* service *m* de messageries ➋ *(Firma)* entreprise *f* de messagerie express

kurieren* [ku'ri:rən] *vt* guérir

kurios *geh adj* singulier(-ière)

Kurort *m* station *f* thermale

Kurs [kʊrs] <-es, -e> *m* ➊ *(Fahrtrichtung)* cap *m*; **vom ~ abkommen** dériver ➋ *(politische Linie)* ligne *f* [politique] ➌ *(Wechselkurs)* taux *m* de change ➍ *(~wert: von Aktien)* cours *m* ➎ *(Lehrgang)* cours *m*; **einen ~ besuchen** suivre un cours

Kursgewinn *m* FIN plus-value *f* boursière

kursieren* [kʊr'zi:rən] *vi* circuler

kursiv [kʊr'zi:f] **I.** *adj* italique **II.** *adv* en italique

Kursivschrift *f* italique *m*

Kursus ['kʊrzʊs] *s.* **Kurs 5.**

Kurtaxe *f* taxe *f* de séjour

Kurve ['kʊrvə] <-, -n> *f* ➊ virage *m* ➋ MATH courbe *f*

kurvenreich *adj* sinueux(-euse)

kurz [kʊrts] <kürzer, kürzeste> **I.** *adj* ➊ *(räumlich und zeitlich)* court(e); *(Blick)* bref(brève) *antéposé*; *(Pause)* petit(e) *antéposé*; **in ~er Zeit** en peu de temps ➋ *(knapp: Artikel)* court(e); *(Antwort, Silbe)* bref(brève) **II.** *adv* ➊ **etw ~ schneiden** couper qc court; **kürzer machen** *(Kleid)* raccourcir ➋ *(nicht lange: bleiben)* peu de temps; *(sprechen)* brièvement; **~ gesagt, ...** bref, ...; **vor ~em** il y a encore peu de temps; **seit ~em** depuis peu ➌ (*wenig*) **es ist ~ vor acht** il n'est pas loin de huit heures; **~ hintereinander** à brefs intervalles ►**~ angebunden sein** être bourru; **~ und bündig** sans détour; **~ und gut** pour tout dire; **über ~ oder lang** tôt ou tard; **sich ~ fassen** être bref; **bei etw zu ~ kommen** être lésé lors de qc; **es ~ machen** être bref

Kurzarbeit *f* chômage *m* partiel **kurzärm[e]lig** *adj* à manches courtes

Kürze ['kʏrtsə] <-> *f kein Pl* ➊ (*geringe Länge*) **angesichts der ~ der Strecke** vu le court trajet ➋ (*kurze Dauer*) brièveté *f*; **in ~** sous peu ➌ (*Knappheit: einer Antwort*) brièveté *f*; (*eines Artikels*) concision *f*

kürzen *vt* ➊ **etw um drei Zentimeter ~** raccourcir qc de trois centimètres ➋ (*Text*) raccourcir ➌ (*Sozialhilfe*) diminuer

Kurzfilm *m* court métrage *m* **kurzfristig** **I.** *adj* (*Vertrag*) à court terme; (*Zusage*) rapide; (*Programmänderung*) impromptu(e) **II.** *adv* ➊ (*informieren*) en dernière minute ➋ (*unterbrechen*) momentanément; (*gelten*) temporairement **Kurzgeschichte** *f* nouvelle *f* **kurzhaarig** *adj* (*Mensch*) aux cheveux courts **kurzlebig** *adj* (*Modeerscheinung*) éphémère; (*Produkt*) peu durable

kürzlich *adv* récemment

Kurzmeldung *f* RADIO flash *m* [d'information] **Kurznachrichten** *Pl* nouvelles *fpl* brèves **Kurzschluss**^RR *m* ➊ ELEC court-circuit *m* ➋ PSYCH impulsion *f* irréfléchie **kurzsichtig** *adj* (*Person*) *a. fig* myope; (*Politik*) à courte vue **Kurzsichtigkeit** <-> *f* (*einer Person*) *a. fig* myopie *f* **Kurzstreckenrakete** *f* missile *m* [à] courte portée

Kürzung <-, -en> *f* ➊ FIN diminution *f* ➋ (*eines Textes*) abrégement *m*

Kurzurlaub *m* bref congé *m* **Kurzwelle** *f* onde *f* courte; **auf ~** sur ondes courtes **Kurzzeitgedächtnis** *nt* mémoire *f* à court terme

kuschelig *adj fam* (*Bett*) douillet(te)

kuscheln I. *vr fam* **sich an jdn ~** se blottir contre qn **II.** *vi* faire des câlins

Kusine [ku'ziːnə] <-, -n> *f* cousine *f*

Kuss^RR [kʊs, *Pl:* 'kʏsə], **Kuß**^ALT <-sses, Küsse> *m* baiser *m*

küssen ['kʏsən] **I.** *vt*, *vi* embrasser; **jdm die Hand ~** baiser la main à qn **II.** *vr* **sich ~** s'embrasser

Küste ['kʏstə] <-, -n> *f* ➊ (*Meeresufer*) côte *f*

➋ (*Gegend*) littoral *m*

Küstengebiet *nt* littoral *m* **Küstenwacht** *f* service *m* de surveillance côtière

Küster(in) ['kʏstɐ] <-s, -> *m(f)* sacristain(e) *m(f)*

Kutsche ['kʊtʃə] <-, -n> *f* (*geschlossen*) carrosse *m*; (*offen*) calèche *f*

Kutscher(in) <-s, -> *m(f)* cocher *m*

kutschieren* *fam vt + haben* (*Person*) voiturer

Kutte ['kʊtə] <-, -n> *f* REL |robe *f* de| bure *f*

Kutter ['kʊtɐ] <-s, -> *m* cotre *m*

Kuvert [ku've:ɐ̯] <-s, -s> *nt* enveloppe *f*

Kuvertüre [-vɛr-] <-, -n> *f* chocolat *m* à napper

kW <-, -> *nt Abk von* **Kilowatt** kW *m*

kWh <-, -> *f Abk von* **Kilowattstunde** kWh *m*

Kybernetik [kybɛr'ne:tɪk] <-> *f* cybernétique *f*

kybernetisch *adj* cybernétique

kyrillisch [ky'rɪlɪʃ] **I.** *adj* cyrillique **II.** *adv* en caractères cyrilliques

KZ [ka:'tsɛt] <-s, -s> *nt Abk von* **Konzentrationslager** camp *m* de concentration

L

L, l [ɛl] <-, -> *nt* L *m*/l *m*
l *Abk von* **Liter** l

labern ['la:bɐn] *fam vi*, *vt* dégoiser

labil [la'bi:l] *adj* (*Person*) instable; (*System*) fragile

Labor [la'bo:ɐ̯] <-s, -s> *nt* laboratoire *m*

Laborant(in) [labo'rant] <-en, -en> *m(f)* laborantin(e) *m(f)*

Laboratorium [labora'to:riʊm] *s.* **Labor**

Labyrinth [laby'rɪnt] <-[e]s, -e> *nt* labyrinthe *m*

Lache, **Lache¹** <-, -n> *f* (*Pfütze*) flaque *f*

Lache² <-> *f pej fam* |façon *f* de| rire *m*

lächeln ['lɛçəln] *vi* **über jdn/etw ~** sourire de qn/qc

Lächeln <-s> *nt* sourire *m*

lachen ['laxən] *vi* **über jdn/etw ~** rire de

Lachen qn/qc; **jdn zum Lachen bringen** faire rire qn ▸**du hast gut ~!** tu as beau jeu de te moquer [de moi]!; **das wäre doch gelacht!** *fam* ça fait pas un pli!; **dass ich nicht lache!** *fam* laisse-moi rigoler!

Lachen <-s> *nt* rire *m*

Lacher(in) <-s, -> *m(f)* ▸**die ~ auf seiner Seite haben** avoir les rieurs de son côté

lächerlich ['lɛçɐlɪç] *adj* ridicule; **~ machen** ridiculiser

Lächerlichkeit <-, -en> *f* ridicule *m*

lachhaft *adj* ridicule

Lachs [laks] <-es, -e> *m* saumon *m*

lachsfarben *adj* saumon *inv* **Lachsschinken** *m* filet *m* de porc fumé

Lack [lak] <-[e]s, -e> *m* laque *f*

lackieren* [la'ki:rən] *vt* (*Holz*) laquer; **sich** (*dat*) **die Fingernägel ~** se vernir les ongles

Lackierung <-, -en> *f* ❶ *kein Pl* (*das Lackieren*) laquage *m* ❷ (*Lack*) laque *f*

Lackleder *nt* cuir *m* verni

Lackschuh *m* chaussure *f* vernie

laden ['la:dən] <lädt, lud, geladen> *vt* ❶ **etw auf den Lkw ~** charger qc sur le camion; **etw aus dem Auto ~** décharger qc de la voiture; **voll geladen** en pleine charge ❷ *geh* (*ein~*) inviter ❸ (*Zeugen*) citer ❹ (*Programm, Datei, Batterie, Pistole*) charger

Laden ['la:dən, *Pl:* 'lɛ:dən] <-s, Läden> *m* ❶ (*Geschäft*) magasin *m;* (*klein*) boutique *f* ❷ *fam* (*Betrieb*) boîte *f*

Ladendieb(in) *m(f)* voleur(-euse) *m(f)* à l'étalage **Ladendiebstahl** *m* vol *m* à l'étalage **Ladenhüter** *m* rossignol *m* **Ladenpreis** *m* prix *m* marqué **Ladenschluss**[RR] *m* *kein Pl* fermeture *f* des magasins **Ladenschlussgesetz**[RR] *nt* loi *f* sur la fermeture des magasins

lädieren* *vt* abîmer

lädt [lɛ:t] *3. Pers Präs von* **laden**

Ladung <-, -en> *f* ❶ (*Fracht*) chargement *m* ❷ (*notwendige Menge*) **eine ~ Dynamit** une charge de dynamite ❸ ELEC, PHYS charge *f*

lag [la:k] *Imp von* **liegen**

Lage ['la:gə] <-, -n> *f* ❶ (*eines Orts*) site *m;* (*eines Hauses*) situation *f* ❷ (*Liegeposition*) position *f* ❸ (*Situation*) situation *f;* **sich in die ~ eines anderen versetzen** se mettre à la place d'autrui ❹ *fig* **in der ~ sein ...**

être en mesure de ... ❺ (*Schicht*) couche *f*

Lagebericht *m* compte *m* rendu de la situation **Lageplan** *m* plan *m*

Lager ['la:gɐ] <-s, -> *nt* ❶ dépôt *m* ❷ (*Unterkunft*) camp *m* ▸**etw auf ~ haben** *fam* avoir qc en réserve

Lagerfeuer *nt* feu *m* de camp **Lagerhalle** hangar *m*

lagern I. *vt* (*aufbewahren*) stocker; **kühl ~!** garder au frais! **II.** *vi* (*sich niederlassen*) camper

Lagerung <-, -en> *f* (*von Vorräten*) stockage *m*

Lagune [la'gu:nə] <-, -n> *f* lagune *f*

lahm [la:m] *adj* ❶ MED paralysé(e) ❷ *fig* ~ **legen** (*Verkehr*) paralyser

lahmen *vi* boiter

lähmen ['lɛ:mən] *vt* paralyser

lahm|legen[ALT] *s.* **lahm 2.**

Lähmung <-, -en> *f* MED paralysie *f*

Laib [laip] <-[e]s, -e> *m bes.* SDEUTSCH **ein ~ Brot** une miche de pain

Laich [laiç] <-[e]s, -e> *m* frai *m*

laichen *vi* frayer

Laie ['laiə] <-n, -n> *m,* **Laiin** *f* ❶ (*Nichtfachmann*) profane *mf* ❷ REL laïc *m,* laïque *mf*

laienhaft *adj* de profane

Lakai [la'kai] <-en, -en> *m* HIST laquais *m*

Laken ['la:kən] <-s, -> *nt* drap *m* [de lit]

lakonisch [la'ko:nɪʃ] *adj* laconique

Lakritze [la'krɪtsə] <-, -n> *f* réglisse *m o f*

lallen ['lalən] *vt, vi* balbutier

Lama ['la:ma] <-s, -s> *nt* lama *m*

Lamelle [la'mɛlə] <-, -n> *f* lamelle *f*

Lametta [la'mɛta] <-s> *nt* lamelles *fpl* argentées/dorées

Lamm [lam, *Pl:* 'lɛmə] <-[e]s, Lämmer> *m* agneau *m*

Lammfell *nt* fourrure *f* d'agneau **Lammfleisch** *nt* viande *f* d'agneau **lammfromm** *adj* ~ **sein** être doux comme un agneau **Lammkeule** *f* gigot *m* d'agneau

Lampe ['lampə] <-, -n> *f* lampe *f*

Lampenfieber *nt* trac *m* **Lampenschirm** *m* abat-jour *m inv*

Lampion [lam'pjõ] <-s, -s> *m* lampion *m*

Land [lant, *Pl:* 'lɛndə] <-[e]s, Länder> *m* ❶ (*Staat*) pays *m* ❷ *kein Pl* (*Festland*) terr ❸ (*Bundesland*) Land *m;* **die 16 Länder** les 16 Länder ❹ *kein Pl* (*Acker*) terrain *m* **das ~ bebauen** cultiver la terre ❺ *kein ❻* (*ländliche Gegend*) campagne *f* ▸**ander**

Länder, andere <u>Sitten</u> autres pays, autres mœurs; **das** <u>Gelobte</u> ~ la Terre promise **Landammann** *m* CH président(e) *m(f)* de gouvernement cantonal **Landarbeiter(in)** *m(f)* ouvrier(-ière) *m(f)* agricole **Landbesitz** *m* domaine *m* **Landbevölkerung** *f* population *f* rurale

Landebahn *f* piste *f* d'atterrissage **Landeerlaubnis** *f* autorisation *f* d'atterrir **landeinwärts** *adv* à l'intérieur des terres **landen** ['landən] *vi* + *sein* ❶ (*Flugzeug*) atterrir; (*Schiff*) aborder ❷ *fam* (*ankommen*) **im Papierkorb** ~ atterrir dans la corbeille à papier

Landeplatz *m* AVIAT terrain *m* d'atterrissage **Ländereien** [lɛndə'raiən] *Pl* terres *fpl* **Landesebene** *f* **auf** ~ au niveau des Länder **Landesgrenze** *f* (*eines Staats*) frontière *f*; (*eines Bundeslandes*) limite *f* **Landeshauptmann** *m*, **-frau** *f* A chef *m(f)* de gouvernement (*d'un Etat fédéré*) **Landeshauptstadt** *f* capitale *f* [d'un Land] **Landesinnere(s)** *nt dekl wie adj* intérieur *m* du pays; (*hinter der Küste*) arrière-pays *m* **Landeskunde** *f kein Pl* civilisation *f* **Landesrat** *m*, **-rätin** *f* A membre *m* d'un gouvernement provincial **Landesregierung** *f* gouvernement *m* du Land **Landessprache** *f* langue *f* nationale **Landesteil** *m* région *f* **landesüblich** *adj* d'usage [dans le pays] **Landesverrat** *m* haute trahison *f* **Landeswährung** *f* monnaie *f* nationale

Landeverbot *nt* interdiction *f* d'atterrir **Landflucht** *f* exode *m* rural **Landfriedensbruch** *m* JUR atteinte *f* à l'ordre public **Landgericht** *nt* JUR ≈ tribunal *m* de grande instance **Landgut** *nt* domaine *m* [rural] **Landhaus** *nt* maison *f* de campagne **Landkarte** *f* carte *f* géographique **Landkreis** *m* ≈ district *m* **Landleben** *nt* vie *f* à la campagne **ländlich** ['lɛntlɪç] *adj* (*Brauch*) paysan(ne); (*Stille*) de la campagne **Landluft** *f* air *m* de la campagne **Landrat** *m* CH Parlement *m* cantonal **Landrat** *m*, **-rätin** *f* chef *m(f)* [administratif] de district (*souspréfet en France*) CH parlementaire *m(f)* cantonal(e) **Landschaft** <-, -en> *f* paysage *m*; GEO région *f* **landschaftlich** *adv* ~ **reizvoll sein** offrir un paysage attrayant

Landschaftsschutzgebiet *nt* site *m* protégé **Landsitz** *m* domaine *m* **Landsmann** ['lantsman] <-leute> *m*, **-männin** *f* compatriote *mf* **Landstraße** *f* ≈ [route *f*] départementale *f*; (*untergeordnete Straße*) route *f* secondaire **Landstreicher(in)** <-s, -> *m(f)* vagabond(e) *m(f)* **Landtag** *m* (*Parlament*) landtag *m*

Les chambres qui représentent le peuple dans les *länder* allemands et autrichiens s'appellent toutes des **Landtage**, sauf à Hambourg et à Brême où l'on parle de la *Bürgerschaft*, à Berlin du *Abgeordnetenhaus* et à Vienne du *Gemeinderat*. Les chambres régionales en Suisse s'appellent, selon les cantons : *Kantonsrat*, *Großer Rat* ou encore *Landrat*.

Landung <-, -en> *f* ❶ (*eines Flugzeugs*) atterrissage *m* ❷ MIL (*von Truppen*) largage *m*; (*per Schiff*) débarquement *m* **Landweg** *m* **auf dem** ~ par voie *f* terrestre **Landwein** *m* vin *m* de pays **Landwirt(in)** *m(f)* agriculteur(-trice) *m(f)* **Landwirtschaft** *f kein Pl* (*Erwerbstätigkeit*) agriculture *f* **landwirtschaftlich** *adj* agricole

lang [laŋ] <länger, längste> **I.** *adj* ❶ (*räumlich und zeitlich*) long(longue); **zwei Meter** ~ **sein** avoir deux mètres de long; **seit** ~**em** depuis longtemps ❷ *fam* (*groß gewachsen*) grand(e) **II.** *adv* ❶ longtemps; ~ **aufbleiben** veiller tard; **viele Jahre** ~ pendant de nombreuses années; **schon** ~[e] depuis longtemps ❷ (*räumlich ausgedehnt*) ~ **gestreckt** (*Gebäude*) allongé(e) ❸ (*bei weitem*) ~ **nicht so schlimm sein wie ...** être loin d'être aussi grave que ... ▶~ **und** <u>breit</u> en long et en large

langärm[e]lig *adj* à manches longues **langatmig** *adj pej* qui traîne en longueur **lange** ['laŋə] <länger, längste> *s.* **lang** **Länge** ['lɛŋə] <-, -n> *f* ❶ longueur *f*; **ein Seil von zwei Metern** ~ une corde d'une longueur de deux mètres; **der** ~ **nach** en long ❷ (*Dauer*) durée *f*; **in voller** ~ (*zeigen*) en version intégrale; (*erscheinen*) en édition intégrale ❸ GEO longitude *f* **langen I.** *vi fam* ❶ (*ausreichen*) **jdm** ~ suffire à qn ❷ (*sich erstrecken*) **bis zum Bo-**

L

den ~ (*Vorhang*) arriver jusqu'au sol ►**mir langt es** j'en ai marre (*fam*) **II.** *vt fam* jdm **eine** ~ en allonger une à qn

Längengrad *m* degré *m* de longitude **Längenmaß** *nt* mesure *f* de longueur

länger ['lɛŋɐ] *Komp von* **lang**

Langeweile <-> *f* ennui *m; ~* **haben** s'ennuyer

Langfinger *m hum fam* voleur(-euse) *m(f)* à la tire

langfristig *adj, adv* à long terme **langhaarig** *adj* (*Person*) aux longs cheveux; (*Tier*) à poil long **langjährig** *adj* (*Mitarbeiter, Freundschaft*) de longue date; (*Verhandlungen*) de plusieurs années **Langlauf** *m kein Pl* ski *m* de fond **Langlaufski** *m* ski *m* de fond

langlebig *adj* qui vit longtemps

länglich ['lɛŋlɪç] *adj* oblong(-longue)

längs [lɛŋs] **I.** *präp* + *gen* ~ **des Kanals** le long du canal **II.** *adv* longitudinalement

langsam I. *adj* ❶ (*Person, Bewegung*) lent(e) ❷ (*allmählich*) progressif(-ive) **II.** *adv* ❶ (*nicht schnell*) lentement ❷ *fam* (*allmählich*) petit à petit; **es ist ~ an der Zeit, dass** il serait [bientôt] temps de + *infin/* que + *subj* ►**~, aber** sicher lentement mais sûrement

Langsamkeit <-> *f* lenteur *f*

Langschläfer(in) *m(f)* lève-tard *mf*

Langspielplatte *f* trente-trois tours *m*

Längsschnitt *m* coupe *f* longitudinale

längst [lɛŋst] *adv* ❶ (*seit langem*) depuis longtemps ❷ (*bei weitem*) **das ist ~ nicht alles** c'est loin d'être tout

längste(r, s) *Superl von* **lang**

Langstreckenflug *m* vol *m* long-courrier **Langstreckenlauf** *m* course *f* de fond

Languste [laŋˈgʊstə] <-, -n> *f* langouste *f*

langweilen I. *vt* ennuyer **II.** *vr* **sich ~** s'ennuyer

langweilig *adj* ennuyeux(-euse)

Langwelle *f* grandes ondes *fpl*

langwierig ['laŋviːrɪç] *adj* de longue haleine

Langzeitarbeitslose(r) *f(m)* *dekl wie adj* chômeur(-euse) *m(f)* de longue durée **Langzeitgedächtnis** *nt* mémoire *f* longue

Lanze ['lantsə] <-, -n> *f* lance *f*

lapidar [lapiˈdaːɐ̯] *geh adj* lapidaire

Lappalie [laˈpaːliə] <-, -n> *f* broutille *f*

Lappen ['lapən] <-s, -> *m* chiffon *m* ►jdm **durch die** ~ **gehen** *fam* (*Auftrag*) passer sous le nez de qn

läppisch ['lɛpɪʃ] *pej adj* (*gering*) ridicule

Laptop ['lɛptɔp] <-s, -s> *m* [ordinateur *m*] portable *m*

Lärche ['lɛrçə] <-, -n> *f* mélèze *m*

Lärm [lɛrm] <-[e]s> *m* bruit *m* ►**viel ~ um nichts machen** faire beaucoup de bruit pour rien

lärmen *vi* faire du bruit; ~**d** bruyant(e)

Lärmpegel *m* niveau *m* sonore **Lärmschutz** *m* protection *f* antibruit

Larve ['larfə] <-, -n> *f* larve *f*

las [laːs] *Imp von* **lesen**

Lasagne [laˈzanjə] *Pl* lasagne[s] *fpl*

lasch [laʃ] *fam adj* (*Händedruck*) mou (molle); (*Erziehung*) relâché(e)

Lasche ['laʃə] <-, -n> *f* (*einer Tasche*) rabat *m*

Laser ['leɪzɐ] <-s, -> *m* laser *m*

Laserdrucker *m* imprimante *f* [à] laser **Laserstrahl** *m* rayon *m* laser

lassen ['lasən] **I.** <lässt, ließ, gelassen> *vt* ❶ (*unter~*) arrêter; **lass das!** arrête! ❷ (*zurück~*) **die Kinder allein ~** laisser les enfants seuls; **die Tür offen ~** laisser la porte ouvert(e) ❸ (*zugestehen*) **jdm seinen Freiraum ~** laisser à qn sa liberté d'action; jdn ~ (*nicht stören*) laisser qn [tranquille]; (*gewähren ~*) laisser faire qn ❹ (*irgendwohin* ~) **jdn ins Haus ~** laisser qn entrer dans la maison ❺ (*nicht anrühren*) **stehen ~** (*Essen*) ne pas toucher à; (*Wagen*) ne pas prendre ►jdn/sich **hängen ~** *fam* laisser tomber qn/se laisser aller; **alles stehen und liegen ~** laisser en plan (*fam*); **das muss man ihr ~** il faut lui rendre cette justice **II.** <lässt, ließ, ~> *aux modal* ❶ (*dulden, zu~*) permettre; **ich lasse mich nicht zwingen!** on ne me forcera pas! ❷ (*veranlassen*) **jdn warten ~** faire attendre qn; **sich scheiden ~** divorcer ❸ (*Möglichkeit*) **das Fenster lässt sich öffnen** on peut ouvrir la fenêtre; **das lässt sich machen** c'est faisable; **es wird sich kaum vermeiden ~, dass** il est pratiquement inévitable que + *subj* ❹ (*Aufforderung*) **lass uns/lasst uns gehen!** allons-nous en! **III.** <lässt, ließ, gelassen> *vi* von jdm/etw ~ renoncer à qn/qc; **lass/lasst mal!** laisse/laissez donc!

lässig ['lɛsɪç] **I.** *adj* décontracté(e) **II.** *adv* ❶ (*ungezwungen*) en toute décontraction ❷ *fam* (*mit Leichtigkeit*) les doigts dans le nez

Lässigkeit <-> f ➊ (*Ungezwungenheit*) décontraction f ➋ (*Leichtigkeit*) facilité f

lässtRR [lɛst], **läßt**ALT 3. Pers Präs von **lassen**

Last [last] <-, -en> f charge f; **jdm zur ~ fallen** devenir une charge pour qn ▶**jdm etw zur ~ legen** mettre qc sur le dos de qn

lasten vi **auf jdm ~** (*Verantwortung*) reposer sur [les épaules de] qn; (*Sorgen*) peser sur qn

Laster¹ ['lastɐ] <-s, -> m fam (*Lkw*) gros-cul m

Laster² <-s, -> nt vice m

lasterhaft adj geh débauché(e); (*Leben*) dissolu(e)

lästern ['lɛstɐn] vi **über jdn/etw ~** dénigrer qn/qc

lästig ['lɛstɪç] adj (*Person*) importun(e) (*soutenu*); (*Schmerzen*) pénible; (*Fliegen*) agaçant(e)

Lastkraftwagen s. **Lastwagen**

Last-Minute-Reise [la:st'mɪnɪt'raizə] f voyage m en last minute

Lastschrift f avis m de débit **Lastwagen** m camion m

Lasur [la'zu:ɐ] <-, -en> f lasure f

asziv [las'tsi:f] adj lascif(-ive)

Latein [la'tain] <-s> nt kein art latin m; s. a. **Deutsch**

Lateinamerika nt l'Amérique f latine **lateinamerikanisch** adj latino-américain(e)

lateinisch I. adj latin(e); (*Vokabeln*) de latin; (*Inschrift*) en latin II. adv **~ miteinander sprechen** discuter en latin

Lateinisch nt kein art latin m; s. a. **Deutsch**

latent [la'tɛnt] adj latent(e)

Laterne [la'tɛrnə] <-, -n> f ➊ (*Straßenlaterne*) réverbère m ➋ (*Außenleuchte*) lanterne f

Latex ['la:tɛks, Pl: 'la:titse:s] <-, Latizes> m latex m

Latinum <-s> nt: diplôme d'étude du latin

latschen ['la:tʃən] vi + sein fam **über die Straße ~** traverser la rue en traînassant

Latschen <-s, -> m fam ➊ (*Hausschuh*) savate f ➋ pej (*Schuh*) grolle f

Latte ['latə] <-, -n> f ➊ (*Holzleiste*) latte f ➋ SPORT barre f

Lattenrost m sommier m à lattes **Lattenzaun** m palissade f

Latz [lats, Pl: 'lɛtsə] <-es, Lätze o A -e> m bavette f

Lätzchen <-s, -> nt bavette f

Latzhose f salopette f

lau [lau] adj tiède

Laub [laup] <-[e]s> nt (*Belaubung*) feuillage m; (*abgefallene Blätter*) feuilles fpl mortes

Laubbaum m arbre m feuillu

Laube ['laubə] <-, -n> f tonnelle f

Laubfrosch m rainette f [verte] **Laubsäge** f scie f à chantourner **Laubwald** m forêt f de feuillus

Lauch [laux] <-[e]s, -e> m poireau m

Lauer ['lauɐ] ▶**auf der ~ liegen** être à l'affût

lauern vi **auf jdn/etw ~** guetter qn/qc

Lauf [lauf, Pl: 'lɔyfə] <-[e]s, Läufe> m ➊ kein Pl (*das Laufen*) course f ➋ kein Pl (*Flusslauf*) cours m ➌ (*Gewehrlauf*) canon m ➍ (*Verlauf*) cours m; **im ~e der Jahre** au fil des ans

Laufbahn f carrière f **Laufband** nt SPORT tapis m de course

laufen ['laufən] <läuft, lief, gelaufen> I. vi + sein ➊ (*rennen*) courir; (*zu Fuß gehen*) marcher ➋ (*fließen*) couler; (*auslaufen*) s'écouler ➌ (*funktionieren: Motor*) tourner; (*Gerät*) marcher; (*eingeschaltet sein*) être en marche ➍ (*gezeigt werden*) passer ➎ (*Vertrag*) être valable ➏ (*ablaufen*) **gut ~** se passer bien ▶**jdn ~ lassen** fam laisser filer qn; **gelaufen sein** fam être fini II. vt + haben o sein (*Rekord*) établir; (*hundert Meter*) courir; **Schlittschuh/Ski ~** faire du patin à glace/du ski

laufend I. adj attr ➊ (*gegenwärtig*) en cours ➋ (*anfallend: Ausgaben*) courant(e) ▶**jdn auf dem Laufenden halten** tenir qn au courant; **mit etw auf dem Laufenden sein** être à jour dans qc II. adv sans arrêt

laufenlassenALT s. **laufen I.**

Läufer ['lɔyfɐ] <-s, -> m ➊ coureur m ➋ (*Schachfigur*) fou m ➌ (*Teppich*) tapis m de couloir

Läuferin <-, -nen> f coureuse f

Lauffeuer ▶**sich wie ein ~ verbreiten** fam se répandre comme une traînée de poudre

läufig ['lɔyfɪç] adj en chaleur

Laufmasche f maille f filée **Laufpass**RR ▶**jdm den ~ geben** fam plaquer qn **Laufschritt** m **im ~** au pas de gymnastique **Laufstall** m parc m **Laufsteg** m podium m

läuft [lɔyft] 3. Pers Präs von **laufen**

Laufwerk nt INFORM (*Diskettenlaufwerk*) lecteur m de disquettes; (*CD-ROM-~*) lecteur

L

de CD-ROM **Laufzeit** *f* (*eines Vertrags*) durée *f* de validité; (*eines Kredits*) durée

Lauge ['laugə] <-, -n> *f* ❶ (*Seifenlauge*) lessive *f* ❷ CHEM solution *f* alcaline

Laugenbrezel *f* bretzel *m*

Laune ['launə] <-, -n> *f* ❶ (*Stimmung*) humeur *f*; **gute/schlechte ~ haben** être de bonne/de mauvaise humeur; **jdn bei ~ halten** *fam* entretenir qn dans de bonnes dispositions ❷ (*abwegige Idee*) lubie *f*

launenhaft, launisch *adj* (*Person*) lunatique; (*Wetter*) instable

Laus [laus, *Pl:* 'lɔyzə] <-, Läuse> *f* ❶ (*Kopflaus*) pou *m* ❷ (*Blattlaus*) puceron *m*

Lauschangriff *m* écoute *f* sauvage

lauschen ['lau̯ʃən] *vi* écouter

lauschig *adj* cosy

lausig *fam adj* (*Arbeit*) minable; (*Kälte*) de canard; (*Geldsumme*) misérable

laut[1] [laut] *adj* fort(e); (*Straße*) [très] bruyant(e); **~ werden** (*Person*) hausser le ton; (*aufbrausen*) monter sur ses grands chevaux; (*Vermutung*) s'ébruiter; (*Verdacht*) transpirer

laut[2] *präp* +*gen o dat* selon

Laut <-[e]s, -e> *m* (*Ton*) son *m*; **keinen ~ von sich geben** ne pas faire le moindre bruit

Laute <-, -n> *f* luth *m*

lauten *vi* **der Titel lautet ...** le titre est ...; **auf seinen Namen ~** être établi à son nom

läuten ['lɔytən] *vi* sonner; **es läutet** on sonne; SCHULE ça sonne

lauter ['lautər] *adv* (*nichts als*) rien d'autre que

läutern ['lɔytən] *vt geh* **jdn ~** (*Schicksal*) amender qn

lauthals ['lauthals] *adv* haut et fort **lautlos** I. *adj* silencieux(-euse) II. *adv* sans bruit **Lautschrift** *f* écriture *f* phonétique **Lautsprecher** *m* haut-parleur *m*; (*~anlage*) enceintes *fpl* **lautstark** *adj* bruyant(e) **Lautstärke** *f* son *m*, volume *m* [sonore]; **bei voller ~** à fond

lauwarm *adj* tiède

Lava ['la:va] <-, Laven> *f* lave *f*

Lavendel [la'vɛndəl] <-s, -> *m* lavande *f*

Lawine [la'vi:nə] <-, -n> *f* avalanche *f*

Lawinengefahr *f* danger *m* d'avalanche

Layout, Lay-out[RR] ['le:?aut] <-s, -s> *nt* mise *f* en page

Lazarett [latsa'rɛt] <-[e]s, -e> *nt* hôpital *m* militaire

leasen ['li:zən] *vt* **etw ~** acheter qc en leasing

Leasing ['li:zɪŋ] <-s, -s> *nt* leasing *m*

leben ['le:bən] *vi* vivre; (*lebendig sein*) être en vie; **lang lebe ...!** longue vie à ... ▸**leb[e] wohl!** adieu!; **mit etw ~ können** s'accommoder de qc

Leben <-s, -> *nt* vie *f*; **am ~ sein** être en vie; **jdm das ~ retten** sauver la vie à qn; **mit dem ~ davonkommen** s'en tirer; **beim etw ums ~ kommen** trouver la mort lors de/pendant qc; **jdm/sich das ~ schwer machen** mener la vie dure à qn/se compliquer la vie; **zeit meines/seines/... ~s** toute ma/sa/... vie ▸**das ewige ~** la vie éternelle; **nie im ~** jamais de la vie; **ums sein ~ laufen** courir avec la mort à ses trousses; **etw ins ~ rufen** donner naissance à qc

lebend I. *adj* vivant(e); (*Virus*) actif(-ive) II. *adv* vif(vive)

lebendig [le'bɛndɪç] *adj* (*lebend*) vivant(e); (*gegenwärtig*) vivace

Lebendigkeit <-> *f* vivacité *f*

Lebensabschnitt *m* période *f* de la vie **Lebensaufgabe** *f* tâche *f* de toute une vie **Lebensbedingungen** *Pl* conditions *fpl* de vie **Lebensdauer** *f* longévité *f*; (*eines Geräts*) durée *f* de vie **Lebensende** *nt* kei *Pl* fin *f*; **bis ans ~** jusqu'à ma/sa/... mort **Lebenserfahrung** *f* expérience *f* de la vie **Lebenserwartung** *f* espérance *f* de vie **lebensfähig** *adj* viable **Lebensfreude** *f* kei *Pl* joie *f* de vivre **lebensfroh** *adj* **~ sein** respirer la joie de vivre **Lebensgefahr** *f* ~ danger de mort! **lebensgefährlich** *adj* (*Erkrankung*) pouvant être mortel(le); (*Verletzung*) présentant des risques vitaux **Lebensgefährte** *m*, **-gefährtin** *f* compagnon *m*/compagne *f* **Lebensgefühl** *nt* kein *Pl* façon *f* d'aborder l'existence **Lebensgemeinschaft** *f* ❶ (*Zusammenleben*) communauté *f* de vie ❷ BIO, ZOOL biocénose *f* **Lebenshaltungskosten** *Pl* coût *m* de la vie **Lebensjahr** *nt* année *f* de vie; **vor nach Vollendung des sechsten ~s** avant d'avoir six ans/à six ans révolus **Lebenskünstler(in)** *m(f)* bon vivant *m* **Lebenslage** *f* circonstance *f* [de la vie]; **in alle ~n** en toutes circonstances **lebenslang** I. *adj* (*Verpflichtung*) à vie; (*Haft*) à perpétuité II. *adv* toute sa/ma/... vie **lebenslänglich**

adj, adv à vie **Lebenslauf** *m* curriculum *m* [vitæ] **lebenslustig** *s.* **lebensfroh**

Lebensmittel *nt meist Pl* denrées *fpl* alimentaires

Lebensmittelgeschäft *nt* épicerie *f* **Lebensmittelvergiftung** *f* intoxication *f* alimentaire

lebensmüde *adj* suicidaire **Lebensraum** *m* ❶ *kein Pl* espace *m* vital ❷ ÖKOL biotope *m* **Lebensretter(in)** *m(f)* sauveteur(-euse) *m(f)* **Lebensstandard** *m kein Pl* niveau *m* de vie **Lebensstil** *m* style *m* de vie **Lebensunterhalt** *m kein Pl* subsistance *f* **Lebensversicherung** *f* assurance *f* [sur la] vie **Lebenswandel** *m kein Pl* mode *m* de vie **Lebensweise** *f* mode *m* de vie **lebenswichtig** *adj* vital(e); (*Nahrungsmittel*) de première nécessité **Lebenszeichen** *nt* signe *m* de vie **Lebenszeit** *f kein Pl* durée *f* de vie

Leber ['leːbɐ] <-, -n> *f* foie *m*

Leberfleck *m* tache *f* de vin **Leberkäs[e]** *m*: préparation de chair à saucisse traditionnelle dans le Sud de l'Allemagne **Leberpastete** *f* pâté *m* de foie **Lebertran** *m* huile *f* de foie de morue **Leberwert** *m* taux *m* hépatique **Leberwurst** *f* pâté *m* de foie (*sous forme de saucisson*)

Lebewesen *nt* être *m* vivant; BIO organisme *m* **Lebewohl** <-[e]s, -s> *nt* geh adieu *m*

lebhaft I. *adj* (*angeregt*) vif(vive); (*Person*) plein(e) de vie; (*Treiben*) intense; (*Erinnerung*) vivace II. *adv* (*bedauern*) vivement; (*sich vorstellen*) très clairement

Lebhaftigkeit <-> *f* vivacité *f*

Lebkuchen ['leːpkuːxən] *m* pain *m* d'épice

leblos *adj* sans vie; (*Augen, Gesicht*) dépourvu(e) d'expression **Lebzeiten** ▶**zu ~** de son/leur/... vivant

lechzen ['lɛçtsən] *vi geh* **nach Anerkennung ~** être assoiffé de reconnaissance

leck [lɛk] *adj* (*Boot*) qui fait eau; (*Behälter, Leitung*) qui fuit

Leck <-[e]s, -s> *nt* (*eines Schiffs*) voie *f* d'eau; (*eines Behälters*) fuite *f*

lecken ['lɛkən] I. *vi* **an jdm/etw ~** lécher qn/qc II. *vt* lécher; (*Eis*) sucer III. *vr* **sich ~** se lécher

lecker ['lɛkɐ] *adj* délicieux(-euse)

Leckerbissen *m a. fig* régal *m*

Leder ['leːdɐ] <-s, -> *nt* ❶ (*Tierhaut*) cuir *m* ❷ (*~tuch*) peau *f*

Lederhose *f* pantalon *m* de cuir; (*Trachtenhose*) culotte *f* de peau **Lederjacke** *f* veste *f* en cuir **Lederwaren** *Pl* articles *mpl* de maroquinerie

ledig ['leːdɪç] *adj* (*unverheiratet*) célibataire

lediglich ['leːdɪklɪç] *adv geh* juste

leer [leːɐ] I. *adj* vide; (*Seite*) blanc(blanche) II. *adv* **~ stehend** (*Wohnung*) inoccupé(e) ▶**bei etw ~ ausgehen** repartir les mains vides lors de qc

Leere ['leːrə] <-> *f* vide *m*

leeren *vt* (*leer machen*) vider; (*Briefkasten*) faire la levée de

Leergut *nt kein Pl* bouteilles *fpl* consignées **Leerlauf** *m* ❶ (*eines Motors*) point *m* mort ❷ *fig* temps *mpl* morts **leerstehend**ᴬᴸᵀ *s.* **leer** II. **Leerstelle** *f* TYP, INFORM espace *m* **Leertaste** *f* touche *f* Espace

Leerung <-, -en> *f* (*eines Briefkastens*) levée *f*

Leerzeichen *nt* espace *f*

legal [leˈgaːl] *adj* légal(e)

legalisieren* [legaliˈziːrən] *vt* légaliser

Legalität [legaliˈtɛːt] <-> *f* légalité *f*

Legastheniker(in) [legasteˈniːkɐ] <-s, -> *m(f)* dyslexique *mf*

legen ['leːgən] I. *vt* ❶ (*hin~*) **etw auf den Tisch ~** [dé]poser qc sur la table ❷ (*betten*) **jdn ins Bett ~** allonger qn dans le lit ❸ (*ver~*) poser ▶**jdm nahe ~** etw zu tun suggérer à qn de faire qc II. *vr* ❶ (*hin~*) **sich ins Bett ~** se mettre au lit ❷ (*sich senken auf*) **sich auf etw** *akk* **~** (*Staub*) se déposer sur qc ❸ (*nachlassen*) **sich ~** (*Sturm*) s'apaiser; (*Wind*) tomber; (*Wut*) retomber

legendär [legɛnˈdɛːɐ] *adj* légendaire

Legende ['leˈgɛndə] <-, -n> *f* ❶ légende *f* ❷ (*Lügenmärchen*) mythe *m*

leger [leˈʒeːɐ] *adj* décontracté(e)

Leggings ['lɛgɪŋs] *Pl* caleçon *m*; SPORT collant *m*

legieren* *vt* allier

Legierung <-, -en> *f* alliage *m*

Legion [leˈgioːn] <-, -en> *f* HIST légion *f*

Legislative [legɪslaˈtiːvə] <-n, -n> *f* [pouvoir *m*] législatif *m*

Legislaturperiode [legɪslaˈtuːɐperioːdə] *f* législature *f*

legitim [legiˈtiːm] *adj* légitime; (*Mittel*) légal(e)

Legitimation [legitimaˈtsi̯oːn] <-, -en> *f* au-

L

torisation *f*

legitimieren* [legiti'mi:rən] *vt* ❶ (*berechtigen*) **jdn zu etw ~** habiliter qn à faire qc ❷ (*Kind*) reconnaître; (*Beziehung*) légitimer

Legitimität [legitimi'tɛ:t] <-> *f geh* légalité *f*

Lehm [le:m] <-[e]s, -e> *m* [terre *f*] glaise *f*

lehmig *adj* glaiseux(-euse)

Lehne ['le:nə] <-, -n> *f* (*Armlehne*) accoudoir *m;* (*Rückenlehne*) dossier *m*

lehnen I. *vt* **etw an/gegen etw** (*akk*) ~ appuyer qc contre qc II. *vi* **an etw** (*dat*) ~ être appuyé contre qc III. *vr* **sich an** [*o* **gegen**] **jdn/etw** ~ s'appuyer contre qn/qc; **sich aus dem Fenster** ~ se pencher par la fenêtre

Lehnstuhl *m* fauteuil *m*

Lehramt *nt form* enseignement *m* **Lehrbuch** *nt* ❶ SCHULE manuel *m* scolaire ❷ UNIV traité *m*

Lehre ['le:rə] <-, -n> *f* ❶ (*Theorie*) théorie *f* ❷ (*Ideologie*) idéologie *f* ❸ (*Religion*) doctrine *f* ❹ (*Ausbildung*) apprentissage *m* ❺ (*Erfahrung*) leçon *f*

lehren ['le:rən] *vt* enseigner; **jdn ~ etw zu tun** apprendre à qn à faire qc II. *vi* **die Erfahrung lehrt, dass ...** l'expérience nous enseigne que ...

Lehrer(in) <-s, -> *m(f)* ❶ enseignant(e) *m(f)*; (*Grundschullehrer*) instituteur(-trice) *m(f)*, maître(-esse) *m(f)*; (*Fach-, Gymnasiallehrer*) professeur *m(f)* ❷ (*Reit-, Tennislehrer*) moniteur(-trice) *m(f)* ❸ (*Lehrmeister*) maître *m*

Lehrerkollegium *nt* personnel *m* enseignant **Lehrerzimmer** *nt* salle *f* des professeurs

Lehrgang <-gänge> *m* stage *m* [de formation] **Lehrjahr** *nt* année *f* d'apprentissage **Lehrkörper** *m form* ❶ SCHULE corps *m* enseignant ❷ UNIV enseignants *mpl* du supérieur **Lehrkraft** *f form* enseignant(e) *m(f)*

Lehrling ['le:ɐlɪŋ] <-s, -e> *m* A apprenti(e) *m(f)*

Lehrmittel *nt* matériel *m* pédagogique **Lehrplan** *m* programme *m* scolaire **lehrreich** *adj* instructif(-ive) **Lehrsatz** *m* théorème *m* **Lehrstelle** *f* place *f* d'apprenti(e) **Lehrstuhl** *m* chaire *f*

Leib [laip] <-[e]s, -er> *m* ❶ (*Körper*) corps *m;* **bei lebendigem** ~ vif(vive) ❷ (*Bauch*) ventre *m* ▶**etw mit ~ und Seele tun** faire qc corps et âme; **sich** (*dat*) **jdn/etw vom** ~**e halten** éviter qn/rester à l'écart de qc

Leibeskräfte *Pl* ▶**aus ~n schreien** crier de toutes ses forces **Leibesübungen** *Pl form* éducation *f* physique et sportive **Leibgericht** *nt* plat *m* préféré

leibhaftig ['laip'haftɪç] *adj attr* en chair et en os ▶**der Leibhaftige** *euph* le malin

leiblich *adj* ❶ (*körperlich*) physique ❷ (*Erben*) du sang; **mein ~er Vater** mon propre père

Leibwache *f* garde *f* personnelle **Leibwächter(in)** *m(f)* garde *mf* du corps

Leiche ['laiçə] <-, -n> *f* cadavre *m* ▶**über ~n gehen** *fam* être prêt à tuer père et mère

leichenblass^RR ['laiçən'blas] *adj* pâle comme la mort **Leichenhalle** *f* salle *f* mortuaire **Leichenschändung** *f* violation *f* de sépulture; (*sexuelles Vergehen*) nécrophilie *f* **Leichenschauhaus** *nt* institut *m* médicolégal **Leichenstarre** *f* rigidité *f* cadavérique **Leichenwagen** *m* corbillard *m*

Leichnam ['laiçna:m] <-s, -e> *m geh* dépouille *f* [mortelle]

leicht [laiçt] I. *adj* léger(-ère); (*Frage*) facile; (*Operation*) petit(e) II. *adv* ❶ (*bekleidet, würzen*) légèrement ❷ (*einfach*) facilement; ~ **zu erklären sein** être facile à expliquer ▶**das ist ~er gesagt als getan** c'est plus facile à dire qu'à faire

Leichtathlet(in) *m(f)* athlète *mf* **Leichtathletik** *f* athlétisme *m* **leicht|fallen**^ALT *s.* **fallen 11. leichtfertig** I. *adj* irréfléchi(e) II. *adv* inconsidérément **leichtgläubig** *adj* crédule

Leichtigkeit <-> *f* ❶ facilité *f* ❷ (*Gewicht*) légèreté *f*

leicht|machen^ALT *s.* machen I.11. **Leichtmetall** *nt* métal *m* léger **Leichtsinn** *m kein Pl* inconscience *f;* **aus** [*purem*] ~ simplement par négligence **leichtsinnig** I. *adj* (*Person*) inconscient(e); (*Handlung*) inconsidéré(e) II. *adv* étourdiment

leid [lait] *adj* **jdn/etw ~ sein** en avoir assez de qn/qc

Leid <-[e]s> *nt* ❶ souffrance *f;* **jdm sein ~ klagen** confier ses chagrins à qn ❷ (*als Ausdruck des Bedauerns*) **es tut jdm ~, dass** qr regrette que + *subj;* **tut mir ~!** *fam* désolé(e)! ❸ (*als Ausdruck des Mitleids*) **jdm ~ tun** faire pitié à qn ▶**jdm nichts zu ~e tun** ne pas faire de mal à qn

leiden ['laidən] <litt, gelitten> I. *vi* **an einer Krankheit** ~ souffrir d'une maladie

II. vt ❶ (erdulden) **Not** ~ endurer la misère ❷ (mögen) **jdn/etw |gut|/nicht |gut| ~ können** aimer |bien|/ne pas pouvoir souffrir qn/qc

Leiden <-s, -> nt Pl souffrances fpl

Leidenschaft <-, -en> f passion f; **eine ~ für klassische Musik haben** être passionné de musique classique

leidenschaftlich I. adj passionné(e) **II.** adv ❶ passionnément; (verteidigen) avec ferveur; (ablehnen) énergiquement ❷ (sehr) **etw ~ gern tun** adorer faire qc

Leidensgefährte m, **-gefährtin** f compagnon m d'infortune **Leidensmiene** f iron airs mpl de martyr

leider ['laidɐ] adv malheureusement; ~ **ja/nein** hélas oui/non

leidvoll adj douloureux(-euse) **Leidwesen** nt kein Pl **zu seinem/ihrem ~** à son grand regret

Leier ['laiɐ] <-, -n> f ❶ (Drehleier) vielle f ❷ (Kithara) lyre f ❸ ASTRO Lyre f

Leihbücherei f bibliothèque f de prêt

leihen ['laiən] <lieh, geliehen> vt **jdm etw ~** prêter qc à qn; **sich** (dat) **etw von jdm ~** emprunter qc à qn

Leihgabe f prêt m **Leihgebühr** f frais pl de location **Leihmutter** f mère f porteuse **Leihwagen** m voiture f de location **leihweise** adv en prêt

Leim [laim] <-[e]s, -e> m colle f forte

leimen vt (kleben) coller

Leine ['lainə] <-, -n> f corde f; (Hundeleine) laisse f

leinen <-s, -> nt lin m

Leinsamen m linette f **Leintuch** <-tücher> nt A, CH, SDEUTSCH drap m **Leinwand** f ❶ (Kinoleinwand) écran m ❷ kein Pl (Gewebe) toile f

leise ['laizə] **I.** adj (Stimme) bas(se); (Musik) doux(douce); (Weinen) étouffé(e); (Geräusch, Zweifel) léger(-ère); (Ahnung) vague; ~**r stellen** (Fernseher) baisser le son de **II.** adv doucement

Leiste ['laistə] <-, -n> f ❶ (Rahmenleiste) baguette f; (Fußleiste) plinthe f ❷ ANAT aine f

leisten ['laistən] vt ❶ (arbeiten) **viel** ~ avoir du rendement ❷ (Batterie) produire; (Motor) développer ❸ fam **sich** (dat) **etw** ~ (gönnen) s'accorder qc; (sich anschaffen) s'offrir qc; (erlauben) se permettre qc

Leistenbruch m MED hernie f inguinale

Leistung <-, -en> f ❶ rendement m; (eines Sportlers) prestation f; (eines Schülers) résultat m ❷ TECH réalisation f ❸ (einer Batterie) capacité f; (eines Motors) puissance f mécanique ❹ form (Zahlung) versement m

Leistungsdruck m kein Pl compétitivité f **leistungsfähig** adj performant(e) **Leistungsgesellschaft** f société f fondée sur le rendement individuel **Leistungskurs** m option f renforcée **leistungsorientiert** adj axé(e) sur le rendement |individuel| **Leistungssport** m sport m de compétition

Leitartikel m éditorial m **Leitbild** nt modèle m

leiten ['laitən] vt ❶ diriger ❷ fig **sich von Gefühlen ~ lassen** se laisser guider par son intuition ❸ ELEC, PHYS conduire; **Strom in die Stadt ~** acheminer du courant dans la ville

leitend adj (Position) dirigeant(e); ~**er Angestellter** cadre m |supérieur|

Leiter(in) ['laitɐ] <-s, -> m(f) (einer Firma, Schule) directeur(-trice) m(f); (einer Arbeitsgruppe) chef mf

Leiter[1] ['laitɐ] <-, -n> f (Sprossenleiter) échelle f; (Stehleiter) escabeau m

Leiter[2] <-s, -> m ELEC, PHYS conducteur m

Leitfähigkeit f conductibilité f **Leitgedanke** m idée f directrice **Leitmotiv** nt a. MUS, LITER leitmotiv m **Leitplanke** f glissière f de sécurité

Leitung <-, -en> f ❶ kein Pl direction f; (einer Diskussion) conduite f ❷ (Rohrleitung) conduite f ❸ (Strom-, Telefonleitung) ligne f

Leitungsmast m poteau m électrique **Leitungsnetz** nt réseau m **Leitungsrohr** nt conduite f **Leitungswasser** nt eau f du robinet

Leitzins m taux m directeur

Lektion [lɛk'tsjoːn] <-, -en> f leçon f

Lektor ['lɛktoːɐ] <-s, -toren> m, **Lektorin** f UNIV, MEDIA lecteur(-trice) m(f)

Lektorat [lɛktoˈraːt] <-[e]s, -e> nt ❶ (Verlagsabteilung) comité m de lecture ❷ (Posten an der Universität) poste m de lecteur(-trice)

Lektüre [lɛkˈtyːrə] <-, -n> f lecture f

Lemming ['lɛmɪŋ] <-s, -e> m lemming m

Lende ['lɛndə] <-, -n> f ❶ ANAT reins mpl ❷ GASTR aloyau m

Lendenwirbel m ANAT vertèbre f lombaire

lenkbar adj (Fahrzeug) manœuvrable; (Räder) dirigeable

lenken ['lɛŋkən] I. vt ❶ (*Fahrzeug*) conduire ❷ (*Menschen*) manipuler; (*Wirtschaft*) diriger ❸ (*richten: Blick*) poser; **jds Aufmerksamkeit auf etw** (*akk*) ~ attirer l'attention de qn sur qc II. vi (*Fahrer*) conduire; **nach links/rechts** ~ prendre à gauche/droite

Lenker <-s, -> *m* (*Fahrradlenker*) guidon *m*

Lenkrad *nt* volant *m* **Lenkstange** *f* guidon *m*

Lenkung <-, -en> *f* ❶ direction *f* ❷ *kein Pl* (*Beeinflussung: der Medien*) orientation *f*

Lenz [lɛnts] <-es, -e> *m* ❶ *geh* (*Frühling*) saison *f* printanière ❷ *Pl iron* (*Lebensjahre*) printemps *mpl*

Leopard [leo'part] <-en, -en> *m* léopard *m*

Lepra ['le:pra] <-> *f* MED lèpre *f*

Lerche ['lɛrçə] <-, -n> *f* alouette *f*

lernbehindert *adj* inadapté(e)

lernen ['lɛrnən] I. vt ❶ apprendre; **Mathe/lesen** ~ apprendre les maths/à lire; **etw bei/von jdm** ~ apprendre qc de qn; ~ **sich zu beherrschen** apprendre à se maîtriser ❷ (*eine Ausbildung machen*) **Friseur** ~ faire une formation de coiffeur ▸**der wird es nie** ~ il ne le saura jamais II. vi étudier; **für die Prüfung** ~ travailler pour l'examen

lernfähig *adj* ~ **sein** être capable de retenir **Lernprogramm** *nt* INFORM didacticiel *m* **Lernprozess**RR *m* apprentissage *m* **Lernsoftware** *f* didacticiel *m* **Lernziel** *nt* objectif *m* éducatif

lesbar *adj* lisible

Lesbe ['lɛsbə] <-, -n> *f*, **Lesbierin** ['lɛsbiərɪn] <-, -nen> *f* lesbienne *f*

lesbisch *adj* lesbien(ne)

Lesebrille *f* lunettes *fpl* pour lire **Lesebuch** *nt* livre *m* de lecture **Lesegerät** *nt* INFORM lecteur *m* **Lesekopf** *m* INFORM tête de lecture *m* **Leselampe** *f* lampe *f* [de lecture]

lesen ['le:zən] <liest, las, gelesen> vt, vi lire; (*Erbsen*) trier

Leser(in) <-s, -> *m(f)* lecteur(-trice) *m(f)*

Leseratte *f iron fam* bouquineur(-euse) *m(f)*

Leserbrief *m* lettre *f* de lecteur

leserlich *adj* lisible

Lesesaal *m* salle *f* de lecture **Lese-Schreib-Kopf** *m* INFORM tête *f* lectrice-imprimante **Lesestift** *m* INFORM crayon *m* optique **Lesezeichen** *nt* marque-page *m*

Lesung <-, -en> *f a.* POL lecture *f*

Lette ['lɛtə] <-n, -n> *m*, **Lettin** *f* Letton(e) *m(f)*

Letter ['lɛtɐ] <-, -n> *f* (*Druckbuchstabe*) lettre *f*

lettisch I. *adj* letton(e) II. *adv* ~ **miteinander sprechen** discuter en letton

Lettisch <-[s]> *nt kein art* letton *m; s.a.* **Deutsch**

Lettland ['lɛtlant] *nt* la Lettonie

Letzt [lɛtst] ▸**zu guter** ~ en fin de compte

letzte(r, s) ['lɛtstə, -tɐ, -təs] *adj* ❶ dernier(-ière) *antéposé;* **die** ~ **Gelegenheit** l'ultime occasion; **sein** ~**s Geld** l'argent qui lui reste; **beim** ~**n Mal** la dernière fois **als Letzter/Letzte ankommen** arriver le dernier/la dernière ❷ (*vorige*) dernier(-ière) *postposé;* ~**s Jahr** l'an dernier ❸ *pej* (*sehr schlimm*) **der** ~ **Schuft** *fam* la dernière des fripouilles

Letzte(s) *nt dekl wie adj* **ein** ~**s** une dernière chose; **das ist ja wohl das** ~! *pej fam* ça c'est le bouquet!

letztemalALT *s.* **Mal**

letztendlich *adv* en fin de compte

letztens *adv* ❶ (*kürzlich*) dernièrement ❷ (*abschließend*) pour finir

letztlich *adv* en fin de compte

Leuchte ['lɔyçtə] <-, -n> *f* lampe *f*

leuchten ['lɔyçtən] *vi* (*Lampe*) éclairer; (*Licht, Stern*) briller; (*Zeiger*) être lumineux

leuchtend *adj* (*Farbe*) vif(vive); (*Vorbild*) éclatant(e)

Leuchter <-s, -> *m* chandelier *m*

Leuchtfarbe *f* peinture *f* fluorescente **Leuchtfeuer** *nt* feu *m* **Leuchtkäfer** *m* insecte *m* luisant **Leuchtkraft** *f kein Pl* (*eines Sterns, einer Farbe*) luminosité *f* **Leuchtschrift** *f* lettres *fpl* lumineuses **Leuchtturm** *m* phare *m*

leugnen ['lɔygnən] *vt, vi* nier

Leukämie [lɔykɛ'mi:] <-, -n> *f* leucémie *f*

Leute ['lɔytə] *Pl* ❶ (*Mehrzahl von Person*) **hundert** ~ cent personnes *fpl;* **es waren kaum** ~ **da** il n'y avait presque personne ❷ (*Mitmenschen*) gens *mpl;* **alle** ~ tout le monde ▸**die kleinen** ~ les petites gens *f* (*fam*)

Leutnant ['lɔytnant] <-s, -s> *m* sous-lieutenant *m*

Level ['lɛvl] <-s, -s> *m* niveau *m*

Lexikon ['lɛksikɔn] <-s, **Lexika**> *nt* encyclopédie *f*

Liaison [liɛ'zõ:] <-, -s> *f geh* liaison *f*

Liane [li'a:nə] <-, -n> *f* liane *f*

Libanon ['li:banɔn] <-[s]> *m* der ~ le Liban
Libelle [li'bɛlə] <-, -n> *f* libellule *f*
liberal [libe'ra:l] *adj* libéral(e)
liberalisieren* [liberali'zi:rən] *vt* libéraliser
Liberalisierung <-, -en> *f* libéralisation *f*
Libero ['li:bero] <-s, -s> *m* libéro *m*
Libido [li'bi:do] <-> *f* libido *f*
Libyen ['li:byən] <-s> *nt* la Libye
Licht [lɪçt] <-[e]s, -er> *nt kein Pl* lumière *f*
▶**das ~ der Welt erblicken** éclaircir II. *vr*
jour; **jdn hinters ~ führen** duper qn; **jdm**
geht ein ~ auf *fam* qn commence à piger;
ans ~ kommen éclater au grand jour
Lichtbild *nt form* photo *f* d'identité **Licht-**
blick *m* éclaircie *f*, embellie *f* **lichtdurch-**
lässig *adj* translucide **lichtempfindlich**
adj sensible au soleil; (*Film*) sensible
lichten I. *vt* (*Gestrüpp, Wald*) éclaircir II. *vr*
sich ~ (*Haare*) s'éclaircir; (*Vorräte*) se raréfier; (*Bestände*) diminuer; (*Angelegenheit*)
se clarifier
Lichterkette *f* guirlande *f* lumineuse
Lichtgeschwindigkeit <-> *f* PHYS vitesse *f*
de la lumière **Lichthupe** *f* avertisseur *m* lumineux **Lichtjahr** *nt* ASTRO année-lumière *f*
Lichtquelle *f* source *f* lumineuse **Licht-**
schalter *m* interrupteur *m* **Lichtschranke**
f barrage *m* optique **Lichtschutzfaktor** *m*
indice *m* de protection **Lichtstrahl** *m* rayon
m lumineux
Lichtung <-, -en> *f* clairière *f*
Lid [li:t] <-[e]s, -er> *nt* paupière *f*
Lidschatten *m* fard *m* à paupières
lieb [li:p] I. *adj* ❶ **~ zu jdm sein** être gentil
avec qn ❷ (*brav*) sage ❸ (*in Briefen*) **~er**
Paul/~e Paula cher Paul/chère Paula
❹ (*Gast*) agréable II. *adv* ❶ (*liebenswürdig*)
gentiment ❷ (*artig*) sagement ❸ (*gern*) **jdn/**
etw ~ haben aimer bien qn/qc; **jdn/etw**
am ~sten mögen préférer qn/qc
liebäugeln ['li:pʔɔygəln] *vi* **mit etw ~** lorgner qc
Liebe ['li:bə] <-, -n> *f* amour *m* ▶**die ~ auf**
den ersten Blick le coup de foudre
lieben I. *vt* aimer II. *vr* **sich ~** s'aimer; (*sexu-*
ell) faire l'amour
Liebende(r) *f(m) dekl wie adj* **zwei ~** deux
amants *mpl*
liebenswert *adj* sympathique **liebenswürdig**
adj aimable **Liebenswürdigkeit** <-, -en> *f*
amabilité *f*
lieber ['li:bə] I. *adj Komp von* **lieb: ihr wäre**

es ~, wenn du gehst elle préférerait que tu
partes II. *adv* ❶ *Komp von* **gern: ~ schwim-**
men als joggen préférer nager que de faire
du footing; **nichts ~ als das!** je ne demande
que ça! ❷ (*besser*) **ich schweige ~** il vaut
mieux que je me taise **Liebesbeziehung** *f*
relation *f* amoureuse **Liebesbrief** *m* lettre *f*
d'amour **Liebeserklärung** *f* déclaration *f*
d'amour **Liebesgedicht** *nt* poème *m*
d'amour **Liebesgeschichte** *f* histoire *f*
d'amour **Liebeskummer** *m* chagrin *m*
d'amour **Liebesleben** *nt* vie *f* amoureuse
Liebeslied *nt* chanson *f* d'amour **Liebes-**
paar *nt* couple *m* d'amoureux **Liebes-**
roman *m* roman *m* d'amour
liebevoll *adj* affectueux(-euse); (*Zuwendung*)
tendre; (*Vorbereitung*) gentil(le)
lieb|habenᴬᴸᵀ *s.* **lieb II.3.**
Liebhaber(in) <-s, -> *m(f)* ❶ amant *m*/maî-
tresse *f* ❷ (*Anhänger*) amateur(-trice) *m(f)*
liebkosen* [li:p'ko:zən] *vt geh* cajoler
lieblich *adj* (*Duft*) suave; (*Wein*) moelleux
(-euse); (*Anblick*) charmant(e)
Liebling ['li:plɪŋ] <-s, -e> *m* ❶ chéri(e) *m(f)*
❷ (*Favorit*) préféré(e) *m(f)*
Lieblingsbeschäftigung *f* activité *f* préfé-
rée **Lieblingsgericht** *nt* plat *m* préféré
lieblos I. *adj* (*Person*) dépourvu(e) de tendresse II. *adv* **jdn/etw ~ behandeln** traiter qn/qc sans soin
Liebste(r) *f(m) dekl wie adj* **seine ~** sa bien-
aimée; **ihr ~r** son bien-aimé
Liebstöckel <-s, -> *nt o m* livèche *f*
Liechtenstein ['lɪçtənʃtain] <-s> *nt* le
Liechtenstein
Liechtensteiner(in) <-s, -> *m(f)* habitant(e)
m(f) du Liechtenstein
Lied [li:t] <-[e]s, -er> *nt* chanson *f*; (*Kirchen-*
lied) chant *m*; (*Kunstlied*) lied *m*
Liederbuch *nt* recueil *m* de chansons; (*mit*
Kirchenliedern) recueil *m* de chants
Liedermacher(in) *m(f)* auteur-compositeur
[-interprète] *mf*
lief [li:f] *Imp von* **laufen**
Lieferant(in) [lifə'rant] <-en, -en> *m(f)* four-
nisseur(-euse) *m(f)*
lieferbar *adj* disponible
Lieferbedingungen *Pl* conditions *fpl* de livraison **Lieferfrist** *f* délai *m* de livraison
liefern ['li:fən] I. *vt* ❶ (*Ware*) livrer ❷ (*Be-*
weis, Rohstoff) fournir II. *vi* livrer
Lieferschein *m* bon *m* de livraison

L

Lieferung <-, -en> *f* livraison *f*
Lieferwagen *m* camionnette *f* de livraison
Liege ['li:gə] <-, -n> *f* ❶ (*Bett*) divan *m* ❷ (*~stuhl*) chaise *f* longue
liegen ['li:gən] <lag, gelegen> *vi* + *haben o* A, CH, SDEUTSCH *sein* ❶ (*Person*) être couché; **auf dem Bett** ~ être allongé sur le lit; [**noch**] **im Bett** ~ être [encore] au lit ❷ (*herum~*) **auf dem Tisch liegt ein Buch** il y a un livre sur la table; **ganz hinten** ~ être placé loin derrière ❸ (*sich befinden*) **zur Straße** ~ (*Zimmer*) donner sur la rue; **in Frankreich** ~ être situé en France ❹ (*begraben sein*) **im Grab/in Weimar** ~ reposer dans une tombe/à Weimar ❺ NAUT **am Kai** ~ rester à quai; **im Hafen** ~ mouiller dans le port ❻ (*zurückgehen auf*) **das liegt daran**... cela tient au fait que ... ❼ (*wichtig sein*) **mir liegt viel daran, dass** il m'importe beaucoup que + *subj*; **Sprachen** ~ **ihm** il est porté sur les langues ❽ (*zufallen*) **bei jdm** ~ (*Verantwortung*) reposer sur qn; (*Schuld*) peser sur qn; **die Entscheidung liegt bei Ihnen** à vous de décider ►**nahe** ~d facile à comprendre
liegen|bleiben^{ALT} *s.* bleiben I.3., I.7.
liegend *adj, adv* couché
liegen|lassen^{ALT} *s.* lassen I.►
Liegestuhl *m* chaise *f* longue **Liegestütz** <-es, -e> *m* traction *f* **Liegewagen** *m* voiture-couchettes *f*
lieh [li:] *Imp von* **leihen**
ließ [li:s] *Imp von* **lassen**
liest [li:st] *3. Pers Präs von* **lesen**
Lift [lɪft] <-[e]s, -e> *m* ❶ (*Aufzug*) ascenseur *m* ❷ (*Skilift*) téléski *m*
liften ['lɪftən] *vt* faire un lifting à
Liga ['li:ga] <-, Ligen> *f* ❶ ligue *f* ❷ SPORT division *f*
light [lajt] *adj* (*Limonade*) light; (*Zigarette*) léger(-ère)
Likör [li'kø:ɐ] <-s, -e> *m* liqueur *f*
lila ['li:la] *adj inv* [couleur] lilas
Lila <-s, -> *fam nt* mauve *m*
Lilie ['li:liə] <-, -n> *f* lys *m*
Liliputaner(in) [lilipu'ta:nɐ] <-s, -> *m(f)* lilliputien(ne) *m(f)*
Limit ['lɪmɪt] <-s, -s> *nt* (*Preisgrenze*) plafond *m*
limitieren* [limi'ti:rən] *vt* limiter
Limonade [limo'na:də] <-, -n> *f* limonade *f*
Linde ['lɪndə] <-, -n> *f* tilleul *m*

Lindenblütentee *m* [infusion *f* de] tilleul *m*
lindern ['lɪndɐn] *vt* (*Schmerzen*) soulager; (*Not*) atténuer
Linderung <-> *f kein Pl* soulagement *m*
lindgrün *adj* tilleul
Lineal [line'a:l] <-s, -e> *nt* règle *f*
linear [line'a:ɐ] *adj* linéaire
Linguistik [lɪŋgu'ɪstɪk] <-> *f* linguistique *f*
linguistisch *adj* linguistique
Linie ['li:niə] <-, -n> *f* ligne *f* ►**in erster** ~ en premier lieu
Linienflug *m* vol *m* de ligne **Linienrichter(in)** *m(f)* juge *mf* de ligne
linieren* *vt*, **liniieren*** *vt* ligner
Link [lɪŋk] <-s, -s> *m* INFORM lien *m*
Linke <-n, -n> *f* ❶ (*Hand*) main *f* gauche ❷ SPORT gauche *m* ❸ POL **die** ~ la gauche
linke(r, s) ['lɪŋkə, -kə, -kəs] *adj attr* ❶ gauche; (*Straßenseite*) de gauche; **die** ~ **Seite** (*eines Kleidungsstücks*) l'envers *m* ❷ POL (*Person*) de gauche
linken *vt fam* entuber
links ['lɪŋks] **I.** *adv* ❶ (*auf der linken Seite*) à gauche; ~ **oben** en haut à gauche; ~ **von dir/hinter mir** à ta gauche/à gauche derrière moi; **von** ~ **nach rechts** de gauche à droite; ~ **stricken** tricoter à l'envers ❷ POL ~ **wählen** voter à gauche ►**jdn** ~ **liegen lassen** *fam* ne pas prêter attention à qn **etw mit** ~ **machen** *fam* faire qc les doigts dans le nez **II.** *präp* + *gen* ~ **des Rheins** à gauche du Rhin
Linksabbieger(in) <-s, -> *m(f)* chauffeur *m* tournant à gauche **Linksaußer** [lɪŋks'?aʊsɐ] <-, -> *m* SPORT ailier *m* gauche **Linksextremist(in)** *m(f)* extrémiste *m* de gauche **linksextremistisch** *adj* d'extrême gauche **linksgerichtet** *adj* POL orienté(e) à gauche **Linkshänder(in)** ['lɪŋkshɛndɐ] <-s, -> *m(f)* gaucher(-ère) *m(f)* **linkshändig** *adj* gaucher(-ère) **linksradikal** *adj* d'extrême gauche **linksrheinisch** *adj* [situé(e)] à l'ouest du Rhin **linksseitig** *adj* du côté gauche **Linksverkehr** *m* conduite *f* à gauche
Linoleum [li'no:leʊm] <-s> *nt* linoléum *m*
Linse ['lɪnzə] <-, -n> *f* ❶ GASTR, OPT lentille *f* ❷ ANAT cristallin *m*
Lipgloss^{RR} <-, -> *nt* brillant *m* à lèvres
Lippe ['lɪpə] <-, -n> *f* lèvre *f*
Lippenstift *m* [bâton *m* de] rouge *m* à lèvres
Liquidität [likvidi'tɛ:t] <-> *f* solvabilité *f*

Lira ['liːra] <-, Lire> f italienische ~ HIST
lire f|italienne|; **türkische ~** livre f turque

Lispeln ['lɪspəln] vi zézayer

Lissabon ['lɪsabɔn] <-s> nt Lisbonne

List [lɪst] <-, -en> f ruse f

Liste ['lɪstə] <-, -n> f liste f

listig adj (Person) rusé(e); (Plan) astucieux
(-euse)

Litauen ['liːtauən] <-s> nt la Lituanie

Litauer(in) <-s, -> m(f) Lituanien(ne) m(f)

litauisch I. adj lituanien(ne) **II.** adv - miteinander sprechen parler en lituanien

Litauisch <-[s]> nt kein art lituanien m; s. a.
Deutsch

Liter ['liːtɐ] <-s, -> m o nt litre m

literarisch [lɪtə'raːrɪʃ] adj littéraire

Literatur [lɪtəra'tuːɐ] <-, -en> f littérature f

Literaturkritik f critique f littéraire **Litera-
turpreis** m prix m littéraire **Literaturwis-
senschaft** f lettres fpl

literweise adv au litre

Litfaßsäule f colonne f Morris

Lithografie[RR], **Lithographie** [litogra'fiː]
<-, -n> f lithographie f

litt [lɪt] Imp von **leiden**

Liturgie [lɪtʊr'giː] <-, -n> f liturgie f

liturgisch [li'tʊrgɪʃ] adj liturgique

live [laif] adj, adv en direct

Livesendung[RR] f émission f en direct

Lizenz [li'tsɛnts] <-, -en> f licence f; **jdm eine ~ erteilen** délivrer une licence à qn

Lizenzgebühr f royalties fpl

Lizenziat[RR] [litsɛn'tsjaːt] <-[e]s, -e> nt UNIV
≈ licence f de théologie CH ≈ licence de
lettres et sciences humaines

Lkw, LKW [ɛlkaː'veː] <-[s], -[s]> m Abk von
Lastkraftwagen poids m lourd

Lob [loːp] <-[e]s> nt félicitations fpl

lobby ['lɔbi] <-, -s> f lobby m

loben ['loːbən] **I.** vt ❶ féliciter; **jds Arbeit ~**
louer qn pour son travail ❷ REL **Gott ~**
louer Dieu **II.** vi complimenter

lobenswert adj digne d'éloges

Loblied nt ▸**ein ~ auf jdn/etw singen**
chanter les louanges de qn/qc **Lobrede** f
panégyrique m

Loch [lɔx, Pl: 'lœçə] <-[e]s, Löcher> nt trou
m ▸**jdm ein ~ in den Bauch fragen** fam
cribler qn de questions

lochen vt perforer; (Fahrkarte) poinçonner

Locher <-s, -> m (für Papier) perforeuse f

löcherig adj troué(e)

löchern vt fam gonfler

Locke ['lɔkə] <-, -n> f boucle f |de cheveux|

locken ['lɔkən] **I.** vt ❶ (verlockend sein) attirer ❷ (Tier) appeler **II.** vr **sich ~** (Haare)
boucler

lockend adj alléchant(e)

Lockenwickler <-s, -> m bigoudi m

locker ['lɔkɐ] adj ❶ (Schraube) desserré(e);
(Zahn) branlant(e); (Muskel) relâché(e); (Bo-
den) poreux(-euse); (Teig) léger(-ère) ❷ fam
(Haltung) détendu(e); (Bekanntschaft) vague

locker|lassen vi irr fam **nicht ~** ne pas lâ-
cher prise

lockern I. vt ❶ (Schraube) desserrer; (Zügel)
relâcher ❷ (Muskeln) décontracter ❸ (Gesetz) assouplir **II.** vr **sich ~** ❶ (Schraube)
se desserrer ❷ (sich entspannen) se décontracter

lockig adj bouclé(e)

Lockvogel m a. fig appât m

Loden <-s, -> m loden m

lodern ['loːdɐn] vi + haben (Feuer) flamboyer; ~**d** flamboyant(e)

Löffel ['lœfəl] <-s, -> m ❶ cuillère f; **ein ~
Mehl** une cuillérée de farine ❷ (Hasen-, Ka-
ninchenohr) oreille f

löffeln vt **seine Suppe ~** manger sa soupe à
la cuillère

löffelweise adv (essen, füttern) à la cuillère;
(hinzugeben) par cuillérées

log [loːk] Imp von **lügen**

Logarithmus [loga'rɪtmʊs] <-, -rithmen>
m MATH logarithme m

Logbuch nt NAUT journal m de bord

Loge ['loːʒə] <-, -n> f loge f

Logik ['loːgɪk] <-> f logique f

Login ['loːgɪn] <-s> nt INFORM ouverture f
d'une session

Logis [lo'ʒiː] <-> nt logement m

logisch ['loːgɪʃ] adj logique

Logistik [lo'gɪstɪk] <-> f logistique f

logistisch adj logistique

Logo ['loːgo] <-s, -s> nt logo m

Logoff <-s> nt INFORM clôture f d'une session

Logopäde [logo'pɛːdə] <-n, -n> m, **Logo-
pädin** f orthophoniste mf

Lohn [loːn, Pl: 'løːnə] <-[e]s, Löhne> m
❶ (Arbeitslohn) salaire m ❷ kein Pl (Belohnung) récompense f

Lohnempfänger(in) m(f) salarié(e) m(f)

lohnen ['loːnən] **I.** vr **sich für jdn ~ etw zu**

L

tun valoir la peine pour qn de faire qc **II.** *vt* (*wert sein*) **einen Besuch ~** mériter une visite

löhnen ['lø:nən] *vi fam* casquer

lohnend *adj* profitable

Lohnerhöhung *f* hausse *f* des salaires; (*einer Einzelperson*) augmentation *f* [de salaire]

Lohnforderung *f* revendication *f* salariale

Lohnfortzahlung *f* maintien *m* du salaire

Lohnkosten *Pl* coûts *mpl* salariaux **Lohnnebenkosten** *Pl* charges *fpl* annexes [au salaire]

Lohnsteuer *f* impôt *m* sur le salaire

Lohnsteuerjahresausgleich *m* ➊ (*Antrag*) demande *f* de régularisation annuelle du trop-perçu d'impôt sur le salaire ➋ (*Rückzahlung*) remboursement du trop-perçu d'impôt sur le salaire **Lohnsteuerkarte** *f* fiche *f* fiscale (*sur laquelle figure la catégorie d'imposition d'un employé*)

Loipe ['lɔypə] <-, -n> *f* piste *f* de ski de fond

lokal [lo'ka:l] *adj* local(e)

Lokal <-s, -e> *nt* (*Kneipe*) bistro[t] *m*; (*Speiselokal*) restaurant *m*; (*Vereinslokal*) cafétéria *f*

lokalisieren* [lokali'zi:rən] *vt* localiser

Lokalnachricht *f meist Pl* ~en nouvelles *fpl* locales **Lokalpatriotismus** *m* esprit *m* de clocher

Lokomotive [lokomo'ti:və] <-, -n> *f* locomotive *f*

Lokomotivführer(in) *m(f)* conducteur (-trice) *m(f)* de locomotive

Lokus ['lo:kʊs] <-, -> *m fam* petit coin *m*

Lolli ['lɔli] <-s, -s> *m fam* sucette *f*

London ['lɔndɔn] <-> *nt* Londres

Londoner(in) <-s, -> *m(f)* Londonien(ne) *m(f)*

Look [lʊk] <-s, -s> *m* look *m*

Looping ['lu:pɪŋ] <-s, -s> *m o nt* looping *m*

Lorbeer ['lɔrbe:ɐ̯] <-s, -en> *m* laurier *m*
►**sich auf seinen ~en ausruhen** *fam* se reposer sur ses lauriers

Lorbeerblatt *nt* feuille *f* de laurier **Lorbeerkranz** *m* couronne *f* de laurier

los [lo:s] **I.** *adj* ➊ (*abgetrennt*) défait(e) ➋ *fam* (*befreit*) **jdn/etw ~ sein** être débarrassé de qn/qc ➌ (*im Gange*) **dort ist viel ~** [il] y a la grosse ambiance là-bas; **was ist ~?** qu'est-ce qu'[il] y a? (*fam*) ►**mit ihm ist nichts ~** *fam* (*er ist erschöpft*) il n'est pas dans son assiette **II.** *adv* ➊ **~!** partez!

➋ *fam* (*fort*) **sie ist schon ~** elle s'est déjà tirée

Los [lo:s] <-es, -e> *nt* ➊ **etw durch das ~ entscheiden** décider qc au sort ➋ (*Lotterie-los*) billet *m* ➌ *kein Pl geh* (*Schicksal*) sort *m*
►**mit jdm/etw das große ~ gezogen haben** avoir tiré le gros lot avec qn/qc

lösbar *adj* ➊ (*Aufgabe*) résoluble ➋ CHEM soluble

los|binden *vt irr* **etw/jdn von etw ~** détacher qc/qn de qc

Löschblatt *nt* buvard *m*

löschen ['lœʃən] *vt* ➊ (*Feuer, Licht*) éteindre; **seinen Durst ~** se désaltérer ➋ (*tilgen*) effacer ➌ NAUT décharger

Löschen <-s> *nt* extinction *f*

Löschfahrzeug *nt* voiture *f* de pompier **Löschpapier** *nt* [papier *m*] buvard *m* **Löschtaste** *f* INFORM touche *f* effacement

lose ['lo:zə] *adj* ➊ (*Knopf*) qui bouge; (*Halterung*) branlant(e); (*Blatt*) volant(e) ➋ (*unverpackt*) **etw ~ verkaufen** vendre qc en vrac

Lösegeld *nt* rançon *f* **Lösemittel** *nt* solvant *m*

losen ['lo:zən] *vi* **um etw ~** tirer qc au sort

lösen ['lø:zən] **I.** *vt* ➊ (*Schicht*) enlever ➋ (*Knoten*) défaire; (*Handbremse*) desserrer ➌ (*Husten*) calmer ➍ (*Aufgabe*) résoudre ➎ (*Verlobung*) annuler; (*Vertrag*) résilier ➏ CHEM dissoudre ➐ (*Fahrschein*) acheter **II.** *vr* ➊ **sich von etw ~** (*Schicht*) s'enlever de qc; (*Stein*) se détacher de qc ➋ (*sich auf-sich in etw* (*dat*) ~ se dissoudre dans qc ➌ (*sich aufklären*) **sich ~** se résoudre ➍ (*sich befreien*) **sich von jdm ~** se détacher de qn **sich von etw ~** se dégager de qc

los|fahren *vi irr + sein* **von etw ~** partir de qc

los|gehen *vi irr + sein* ➊ s'en aller ➋ *fam* (*beginnen*) commencer ➌ (*angreifen*) **mit etw auf jdn ~** s'élancer sur qn avec qc

los|kommen *vi irr + sein fam* ➊ (*gehen können*) pouvoir partir ➋ (*sich befreien*) **von jdm ~** se sortir des pattes de qn

los|lassen *vt irr* lâcher; **jdn nicht ~** (*Vorstellung*) ne pas quitter qn

los|legen *vi fam* (*anfangen*) **mit der Arbeit ~** s'attaquer au travail

löslich ['lø:slɪç] *adj* soluble

los|machen I. *vt* (*losbinden*) détacher **II.** *fam* **sich von etw ~** (*sich losreißen*) se dégager de qc; (*sich befreien*) se libérer de qc

los|reißen *irr* I. *vt* arracher II. *vr* ❶ (*sich entwinden*) **sich von jdm ~** se dégager de qn ❷ *fam* (*sich innerlich lösen*) **sich ~** s'arrêter; **er konnte sich von dem Anblick nicht ~** il ne pouvait détourner son regard

los|schicken *vt* envoyer

Losung ['lo:zʊŋ] <-, -en> *f* (*Wahlspruch*) mot *m* d'ordre

Lösung ['løːzʊŋ] <-, -en> *f* ❶ (*das Lösen*) résolution *f* ❷ (*Ergebnis*) solution *f* ❸ (*Aufhebung: einer Verlobung*) annulation *f*; (*eines Vertrags*) résiliation *f* ❹ CHEM solution *f*

Lösungsmittel *nt* solvant *m*

los|werden *vt irr + sein* ❶ (*Person*) se débarrasser de; (*Gefühl*) se défaire de ❷ *fam* (*verkaufen*) fourguer

Lot [loːt] <-[e]s, -e> *nt* ❶ (*Senkblei*) fil *m* à plomb ❷ NAUT sonde *f*

loten *vt* sonder

löten ['løːtən] *vt* **etw an etw** (*akk*) **~** souder qc à qc

Lothringen <-s> *nt* la Lorraine

Lotion [lo'tsio:n] <-, -en> *f* lotion *f*

Lötkolben *m* fer *m* à souder

Lotse ['loːtsə] <-n, -n> *m*, **Lotsin** *f* ❶ NAUT pilote *m* ❷ (*Fluglotse*) aiguilleur(-euse) *m(f)* du ciel

lotsen *vt* (*Schiff*) piloter

Lotterie [lɔtə'riː] <-, -n> *f* loterie *f*

Lotto ['lɔto] <-s, -s> *nt* loto *m*; **~ spielen** jouer au loto

Lottogewinn *m* gain *m* au loto **Lottoschein** *m* bulletin *m* de loto

Löwe ['løːvə] <-n, -n> *m* ❶ lion *m* ❷ ASTRO Lion *m*

Löwenzahn *m kein Pl* pissenlit *m*

Löwin ['løːvɪn] *f* lionne *f*

loyal [loa'jaːl] *geh adj* loyal(e)

Loyalität [loajali'tɛːt] <-> *f* loyauté *f*

LP [ɛl'peː] <-, -s> *f Abk von* **Langspielplatte** 33 tours *m*

Luchs [lʊks] <-es, -e> *m* lynx *m*

Lücke ['lʏkə] <-, -n> *f* ❶ (*Zwischenraum*) trou *m* ❷ (*Unvollständigkeit*) lacune *f*

Lückenbüßer(in) <-s, -> *m(f)* **der ~ sein** *fam* jouer les bouche-trous

lückenhaft *adj* incomplet(-ète); (*Erinnerung*) défaillant(e)

lückenlos *adj* complet(-ète); (*Beweis*) irréfutable

lud [luːt] *Imp von* **laden**

Luder ['luːdɐ] <-s, -> *nt fam* (*durchtriebene Frau*) bougresse *f*; (*kokette Frau*) garce *f*

Luft [lʊft, *Pl:* 'lʏftə] <-, Lüfte> *f* ❶ *kein Pl* air *m*; **an die** [*frische*] **~ gehen** aller prendre l'air ❷ *kein Pl* (*Atem*) **die ~ anhalten** retenir son souffle; **keine ~ mehr bekommen** étouffer; **~ holen** inspirer ❸ *fam* (*Platz*) espace *m* ▶**von ~ und Liebe leben** *iron fam* vivre d'amour et d'eau fraîche; **es herrscht** <u>dicke</u> **~** *fam* il y a de l'orage dans l'air; **die ~ ist** <u>rein</u> *fam* pas de danger à l'horizon; **sich in ~ auflösen** se volatiliser; **jdn wie ~ behandeln** faire comme si qn n'existait pas; **es liegt etwas in der ~** il y a quelque chose qui se prépare

Luftabwehr *f* défense *f* antiaérienne **Luftangriff** *m* attaque *f* aérienne **Luftballon** *m* ballon *m* [de baudruche] **Luftblase** *f* bulle *f* [d'air] **Luftbrücke** *f* pont *m* aérien **luftdicht** *adj* hermétique **Luftdruck** *m kein Pl* METEO pression *f* atmosphérique

lüften ['lʏftən] I. *vt* (*Raum*) aérer; (*Geheimnis*) dévoiler II. *vi* aérer

Luftfahrt *f kein Pl form* aviation *f* **Luftfeuchtigkeit** *f* humidité *f* de l'air

luftig *adj* (*Kleidung*) léger(-ère)

Luftkurort *m* station *f* climatique **luftleer** *adj* vide d'air **Luftlinie** *f* ligne *f* droite **Luftmatratze** *f* matelas *m* pneumatique **Luftpost** *f* **mit ~** par avion **Luftpumpe** *f* pompe *f* [à air]; (*für Fahrrad*) pompe à vélo **Luftröhre** *f* ANAT trachée **Luftschiff** *nt* dirigeable *m* **Luftschlange** *f* serpentin *m* **Luftschloss**^{RR} *nt meist Pl* Luftschlösser bauen construire des châteaux en Espagne **Luftsprung** *m* bond *m* en l'air **Luftstützpunkt** *m* base *f* aérienne

Lüftung <-, -en> *f* (*~ssystem*) ventilation *f*

Luftveränderung *f* changement *m* d'air **Luftverkehr** *m* trafic *m* aérien **Luftverschmutzung** *f* pollution *f* de l'air **Luftwaffe** *f* armée *f* de l'air **Luftweg** *m kein Pl* AVIAT voie *f* aérienne **Luftzufuhr** *f kein Pl* arrivée *f* d'air **Luftzug** *m* courant *m* d'air

Lüge ['lyːgə] <-, -n> *f* mensonge *m*

lügen <log, gelogen> *vi* mentir; **das ist gelogen!** c'est faux!

Lügner(in) ['lyːgnɐ] <-s, -> *m(f) pej* menteur(-euse) *m(f)*

lügnerisch *adj pej* ❶ (*verlogen*) menteur (-euse) ❷ (*erlogen*) mensonger(-ère)

Luke ['luːkə] <-, -n> *f* ❶ (*Dachluke*) lucarne *f* ❷ (*Schiffsluke*) écoutille *f*

lukrativ [lukra'tiːf] *adj geh* lucratif(-ive)

Lümmel ['lʏməl] <-s, -> m ❶ *pej* (*Flegel*) malotru m ❷ *fam* (*Bürschchen*) bonhomme m, coco m

Lump [lʊmp] <-en, -en> m *pej* crapule f

lumpen ['lʊmpən] ▸sich nicht ~ **lassen** *fam* [ne] pas mégoter

Lumpen <-s, -> m *meist Pl* (*Kleidung*) haillon m *souvent pl*

Lunch [lantʃ] <-[e]s, -[e]s> m lunch m

Lunge ['lʊŋə] <-, -n> f poumons mpl

Lungenbläschen ['lʊŋənblɛːsçən] nt ANAT alvéole f pulmonaire **Lungenentzündung** f MED pneumonie f **Lungenflügel** m poumon m

lungern ['lʊŋɐn] vi *fam* glandouiller

Lunte ['lʊntə] <-, -n> f mèche f ▸~ **riechen** flairer quelque chose

Lupe ['luːpə] <-, -n> f loupe f ▸jdn/etw unter die ~ **nehmen** *fam* examiner qn/qc sous toutes les coutures

Lurch [lʊrç] <-[e]s, -e> m amphibien m

Lust [lʊst, *Pl:* 'lʏstə] <-, Lüste> f ❶ *kein Pl* (*Freude*) plaisir m; (*Neigung*) envie f ❷ (*sexuelle Begierde*) désir m

lüstern ['lʏstɐn] adj (*sexuell erregt*) lubrique

lustig ['lʊstɪç] adj ❶ (*fröhlich*) gai(e); **sich über jdn/etw ~ machen** se moquer de qn/qc ❷ (*spaßig*) drôle

lustlos I. adj morose II. adv sans entrain

Lustspiel nt comédie f

lutschen ['lʊtʃən] I. vt (*Bonbon*) sucer; (*Eis*) manger II. vi **an etw** (*dat*) ~ sucer qc

Lutscher <-s, -> m sucette f

lütt adj NDEUTSCH petit(e)

Lüttich <-s-> nt Liège

Luxemburg ['lʊksəmbʊrk] <-s> nt (*Stadt*) Luxembourg; (*Land*) le Luxembourg

Luxemburger(in) <-s, -> m(f) Luxembourgeois(e) m(f)

luxemburgisch adj luxembourgeois(e)

luxuriös [lʊksuri'øːs] adj luxueux(-euse)

Luxus ['lʊksʊs] <-> m *kein Pl* luxe m

Luxushotel nt hôtel m de luxe

Luzern [lu'tsɛrn] <-s> nt Lucerne

Luzifer ['luːtsifɐ] <-s> m Lucifer m

Lymphe ['lʏmfə] <-, -n> f lymphe f

Lymphknoten m ANAT ganglion m lymphatique

lynchen ['lʏnçən] vt lyncher

Lynchjustiz f justice f expéditive

Lyrik ['lyːrɪk] <-> f poésie f lyrique

lyrisch adj lyrique

Mm

M, m [ɛm] <-, -> nt M m/m m

m *Abk von* **Meter** m

MA. *Abk von* **Mittelalter**

machbar adj (*Projekt*) réalisable; (*Gehaltserhöhung*) possible

machen ['maxən] I. vt ❶ (*tun*) faire; Sport/Musik ~ faire du sport/de la musique; **gut gemacht!** bien joué!; **so etwas macht man nicht** ça ne se fait pas; **nichts zu ~** rien à faire!; **ich mache das schon!** (*ich erledige das*) je m'en charge[rai]!; (*ich bringe das in Ordnung*) je vais arranger ça!; **du lässt ja alles mit dir ~!** tu te laisses complètement faire!; **etw mit Wasser voll ~** *fam* remplir qc d'eau ❷ (*fertigen*) **jdm etw ~** faire qc à qn; **selbst gemacht** de sa fabrication; (*Kuchen*) fait(e)/(*Unordnung ~* mettre le désordre ❹ (*bereiten: Mut, Durst*) donner; **jdm Angst ~** faire peur à qn; **jdm Probleme ~** poser des problèmes à qn ❺ *fam* (*ausbreiten*) **auseinander ~** (*Karte*) déplier (*Beine*) écarter ❻ (*Führerschein*) passer (*Preis*) obtenir; (*Kurs*) suivre ❼ (*Party, Reise*) faire ❽ *fam* (*ergeben*) **wie viel macht drei mal sieben?** combien font trois fois sept? ❾ (*kosten*) **was macht das?** combien ça fait? ❿ *fam* (*verdienen: Gewinn*) réalise ⓫ (*werden lassen*) **jdn glücklich/wütend ~** rendre qn heureux(-euse)/mettre qn en colère; **es sich** (*dat*) **leicht ~** ne pas se compliquer la vie; **sich** (*dat*) **Feinde ~** se faire des ennemis; **jdn schlank ~** (*Kleidung*) amincir qn ⓬ (*ziehen*) **was machst du denn für ein Gesicht?** tu en fais une tête! ⓭ (*bewirken*) **der Stress macht, das ...** le stress a pour effet que ... ⓮ *fam* (*sich beeilen*) **macht, dass ihr verschwindet!** arrangez-vous pour disparaître! ⓯ (*ausmacht nichts!** ça ne fait rien!; **mach dir nichts daraus!** ne t'en fais pas! ⓰ (*mögen*) **sich** (*dat*) **etwas aus jdm/etw ~** s'intéresser à qn/qc ⓱ *fam* (*beschmutzen*) **die Hose[n] voll ~** faire dans sa culotte ⓲ (*schaffen*) **für etw wie gemacht sein** être fait pour qc ⓳ *fam* (*stehen mit*) **was macht Paul?** que devient Paul?; (*beruflich*) que fa

Paul? **II.** *vt unpers* ❶ **es macht mich trau-rig, dass** ça me rend triste que + *subj;* **es macht mich glücklich zu hören, dass ...** je suis heureux(-euse) d'entendre que ... ❷ *fam (ein Geräusch erzeugen)* **es macht bumm** ça fait boum **III.** *vi* ❶ *fam (dumm ~ (Fernsehen)* rendre débile ❷ *fam (seine Notdurft verrichten)* **ins Bett ~** faire [ses besoins] au lit ❸ *(erscheinen lassen)* **dick ~** *(Hose)* grossir ❹ *fam (sich beeilen)* **schnell ~** se grouiller ❺ *fam (sich geben)* **auf Experte ~** jouer les experts ❻ *(handeln)* **lass ihn |nur| ~** laisse-le [donc] faire **IV.** *vr* ❶ **sich bei jdm beliebt ~** s'attirer les sympathies de qn; **sich wichtig ~** *pej* faire l'important ❷ *(sich entwickeln)* **sich |gut| ~** *(Kind)* pousser ❸ *fam (sich gut entwickeln)* **sich ~** avoir le vent en poupe ❹ *(sich begeben)* **sich an die Arbeit ~** se mettre au travail ❺ *(bereiten)* **sich Sorgen ~** se faire du souci; **~ Sie sich wegen mir keine Umstände!** ne vous dérangez pas pour moi!

Machenschaften *Pl pej* machinations *fpl*
Macho ['matʃo] <-s, -s> *m fam* macho *m*
Macht [maxt, *Pl:* 'mɛçtə] <-, Mächte> *f* ❶ *kein Pl (Befugnis, Staatsgewalt)* pouvoir *m;* **die ~ ausüben** exercer le pouvoir; **an die ~ kommen** accéder au pouvoir ❷ *(mächtiger Staat)* puissance *f* ❸ *kein Pl (Einfluss)* **die ~ der Gewohnheit** la force de l'habitude

Machtergreifung *f* prise *f* du pouvoir
Machthaber(in) <-s, -> *m(f) pej* dirigeant(e) *m(f)*
mächtig ['mɛçtɪç] **I.** *adj* ❶ *(einflussreich)* puissant(e) ❷ *(Schlag)* violent(e) ❸ *fam (Hitze)* sacré(e) antéposé ❹ *geh (kundig)* **des Französischen ~ sein** maîtriser le français **II.** *adv fam (sich ärgern)* drôlement
Machtkampf *m* lutte *f* pour le pouvoir
machtlos I. *adj* ❶ *(Politiker, Staat)* impuissant(e) ❷ *(hilflos)* **gegen etw ~ sein** être désarmé devant qc **II.** *adv* **einer S.** *(dat)* **~ gegenüberstehen** faire face à qc avec un sentiment d'impuissance
Machtlosigkeit <-> *f* impuissance *f*
Machtmissbrauch[RR] *m* abus *m* de pouvoir
Machtpolitik *f* politique *f* d'hégémonie
Machtwechsel *m* changement *m* de gouvernement **Machtwort** <-worte> *nt* **ein ~ sprechen** faire acte d'autorité

Macke ['makə] <-, -n> *f fam (Tick)* tic *m;* **eine ~ haben** *fam* avoir le cerveau fêlé
Macker ['makɐ] <-s, -> *m fam* mec *m*
Mädchen ['mɛːtçən] <-s, -> *nt* ❶ fille *f* ❷ *(jugendliche Frau)* [jeune] fille *f*
mädchenhaft *adj* de jeune fille
Mädchenname *m* ❶ *(weiblicher Vorname)* prénom *m* féminin ❷ *(Geburtsname)* nom *m* de jeune fille
Made ['maːdə] <-, -n> *f* asticot *m*
madig *adj* véreux(-euse)
Mafia ['mafia] <-> *f a. fig, pej* maf[f]ia *f*
Magazin [maga'tsiːn] <-s, -e> *nt* ❶ *(Lager)* magasin *m* ❷ *(Zeitschrift)* magazine *m* ❸ TECH *(einer Schusswaffe)* chargeur *m*
Magdeburg ['makdəbʊrk] *nt* Magdebourg *f*
Magen ['maːgən, *Pl:* 'mɛːgən] <-s, Mägen> *m* estomac *m;* **auf nüchternen ~** à jeun
Magenbeschwerden *Pl* troubles *mpl* gastriques **Magengeschwür** *nt* ulcère *m* à l'estomac **Magensäure** *f* acidité *f* gastrique **Magenschmerzen** *Pl* maux *mpl* d'estomac; **~ haben** avoir mal à l'estomac **Magenverstimmung** *f* indigestion *f*
mager ['maːgɐ] *adj (Person, Käse)* maigre; *(Ernte)* médiocre
Magermilch *f* lait *m* écrémé **Magersucht** *f kein Pl* anorexie *f*
Magie [ma'giː] <-> *f* magie *f*
Magier(in) ['maːgiɐ] <-s, -> *m(f)* ❶ *(Zauberkünstler)* prestidigitateur(-trice) *m(f)* ❷ *(Zauberer)* magicien(ne) *m(f)*
magisch I. *adj* magique **II.** *adv* comme par magie
Magister [ma'gɪstɐ] <-s, -> *m* ❶ *(Universitätsgrad)* **~ Artium** ≈ maîtrise *f* de sciences humaines ❷ *(Inhaber des Universitätsgrades)* ≈ titulaire *mf* d'une maîtrise

Le niveau **Magister,** ou plus exactement Magister Artium (M.A.), correspond à un diplôme qui est décerné, en Allemagne, à la fin des études de sciences humaines. En Autriche, il sanctionne aussi des études de pharmacie.

Magnesium [ma'gneːziʊm] <-s> *nt* magnésium *m*
Magnet [ma'gneːt] <-[e]s, -e[n]> *m* aimant *m*
Magnetband *nt* bande *f* magnétique **Magnetfeld** *nt* champ *m* magnétique

M

magnetisch *adj* magnétique
Magnolie [ma'gno:liə] <-, -n> *f* magnolia *m*
Mahagoni [maha'go:ni] <-s> *nt* acajou *m*
mähen ['mɛ:ən] *vt* (*Wiese*) faucher; (*Getreide*) moissonner; (*Rasen*) tondre
Mahl [ma:l] <-[e]s, -e> *nt geh* repas *m*
mahlen ['ma:lən] <mahlte, gemahlen> *vt* moudre
Mahlzeit *f* repas *m*
Mähne ['mɛ:nə] <-, -n> *f a. pej* crinière *f*
mahnen ['ma:nən] I. *vt* ❶ jdn zur Vorsicht ~ inviter qn à la prudence ❷ (*zur Zahlung auffordern*) envoyer un rappel à II. *vi* (*an~*) zur Ruhe ~ inviter au calme ❷ (*zur Zahlung auffordern*) envoyer un rappel
Mahnmal <-[e]s, -e> *nt* mémorial *m*
Mahnung <-, -en> *f* ❶ (*Ermahnung*) avertissement *m* ❷ (*Mahnbrief*) lettre *f* de rappel
Mahnwache *f* commémoration *f* silencieuse
Mai [mai] <-[e]s, -e> *m* mai *m*; *s. a.* April

Dans la nuit du 30 avril au 1er mai, les Allemands s'amusent à jouer des tours à leurs concitoyens, un peu comme les Français, le 1er avril. Pour le **1. Mai**, la tradition veut que l'on fasse une grande randonnée en famille et entre amis. La journée se termine généralement par un barbecue.

Maiglöckchen ['maiglœkçən] *nt* muguet *m*
Maikäfer *m* hanneton *m*
Mail ['mɛɪl] <-, -s> *f* fam INFORM [e-]mail *m*
Mailbox ['mɛɪlbɔks] <-, -en> *f* INFORM boîte *f* aux lettres électronique
mailen ['mɛɪlən] *vt fam* INFORM **etw** ~ envoyer qc par [e-]mail
Main [main] <-s> *m* **der** ~ le Main
Mainz [maints] <-> *nt* Mayence
Mais [mais] <-es, -e> *m* maïs *m*
Maiskolben *m* épi *m* de maïs
Majestät [majɛs'tɛ:t] <-> *f kein Pl* Majesté *f*
majestätisch *adj* majestueux(-euse)
Majo [ma:jo] <-, -s> *f Abk von* Majonäse *fam* mayo *f*
Majonäseᴿᴿ [majo'nɛ:zə] <-, -n> *f* mayonnaise *f*
Major(in) [ma'jo:ɐ̯] <-s, -e> *m(f)* commandant(e) *m(f)*
Majoran [ma:joran] <-s, -e> *m* ❶ (*Pflanze*) marjolaine *f* ❷ (*Gewürz*) origan *m*
makaber [ma'ka:bɐ] *adj* macabre

Makel ['ma:kəl] <-s, -> *m* ❶ (*Schandfleck* tare *f* ❷ (*Fehler*) défaut *m*
makellos *adj* ❶ (*untadelig*) irréprochable ❷ (*fehlerlos*) impeccable
mäkeln ['mɛ:kəln] *vi pej* critiquer
Make-up [me:k'ʔap] <-s, -s> *nt* maquillage *m*
Make-up-Entferner <-s, -> *m* démaquillan *m*
Makkaroni *Pl* macaroni *mpl*
Makler(in) ['ma:klɐ] <-s, -> *m(f)* courtier (-ière) *m(f)*; (*Immobilienmakler*) agent *m* immobilier
Makrele [ma'kre:lə] <-, -n> *f* maquereau *m*
Makro ['ma:kro] <-s, -s> *nt o m* INFORM macro *m*
Makrone [ma'kro:nə] <-, -n> *f* macaron *m*
mal [ma:l] *adv* ❶ *fam* (*einmal*) **wieder** ~ une fois de plus; **das ist nun ~ so** c'es comme ça; **warst du schon ~ in Kanada** tu as déjà été au Canada? ❷ *fam* (*eben* **komm** ~ **her!** viens ici! ❸ MATH **drei** vier ist zwölf trois fois quatre [font] douze
Mal <-[e]s, -e> *nt* fois *f*; **das erste/letzte** la première/dernière fois; **das eine ode andere** ~ de temps en temps; **von** ~ **zu** [à] chaque fois; **ein für alle** ~ une fois pou toutes ►**mit einem** ~ tout d'un coup
Malaria [ma'la:ria] <-> *f* paludisme *m*
malen ['ma:lən] I. *vt* (*Gemälde*) peindre (*Baum*) dessiner II. *vi* peindre
Maler(in) <-s, -> *m(f)* ❶ (*Kunstmaler*) peintr *m* ❷ (*Anstreicher*) peintre *m* [en bâtiment]
Malerei [ma:lə'rai] <-> *f kein Pl* peinture *f*
malerisch *adj* pittoresque
Malheur [ma'lø:ɐ̯] <-s, -s> *nt fam* [petit] ac cident *m*
mal|nehmen *vt irr* multiplier
Malta ['malta] <-s> *nt* Malte
malträtieren* *vt* rudoyer
Malve ['malvə] <-, -n> *f* mauve *f*
Malz [malts] <-es> *nt* malt *m*
Malzbier *nt* bière *f* de malt
Mama [ma'ma:] <-, -s> *f*, **Mami** [ma'm <-, -s> *f fam* maman *f*
Mammut ['mamʊt] <-s, -s> *nt* mammout *m*
mampfen ['mampfən] *fam* I. *vi* se goinfre II. *vt* bouffer
man [man] *pron indef* on; ~ **hat fes gestellt, dass ...** il a été établi que ...
Management ['mɛnɪʤmənt] <-s, -s> *n*

management *m*

managen ['mɛnɪdʒən] *vt* (*Firma, Problem*) gérer; (*Künstler*) servir d'imprésario à; (*Sportler*) manager

Manager(in) ['mɛnɛdʒɐ] <-s, -> *m(f)* manager *mf*

manch *pron indef* ❶ ~ **eine Frau** plus d'une femme; ~**e Menschen** bien des hommes ❷ *substantivisch* ~**e lernen es nie** certains ne l'apprendront jamais; ~**e von denen, die ...** beaucoup de ceux/celles qui ...

mancherlei ['mançɐ'laɪ] *adj inv* toutes sortes de

manchmal *adv* quelquefois

Mandant(in) [man'dant] <-en, -en> *m(f)* mandant(e) *m(f)*

Mandarine [manda'riːnə] <-, -n> *f* mandarine *f*

Mandat [man'daːt] <-[e]s, -e> *nt* POL, JUR mandat *m*

Mandel ['mandəl] <-, -n> *f* ❶ amande *f* ❷ ANAT amygdale *f*

Mandelentzündung *f* amygdalite *f*

Mandoline [mando'liːnə] <-, -n> *f* mandoline *f*

Manege [ma'neːʒə] <-, -n> *f* piste *f*

Mangel¹ ['maŋəl, *Pl:* 'mɛŋəl] <-s, Mängel> *m* ❶ (*Fehler*) défaut *m* ❷ *kein Pl* (*Knappheit*) manque *m* ❸ *kein Pl* (*Defizit*) ~ **an Vitaminen** carence *f* en vitamines; **aus ~ an Beweisen** faute de preuves

Mangel² <-, -n> *f* TECH repasseuse *f*

mangelhaft I. *adj* ❶ défectueux(-euse) ❷ (*Note*) médiocre II. *adv* (*vorbereitet*) insuffisamment

mangeln *vi unpers* **es mangelt ihm an ...** il manque de ...

mangelnd *adj* insuffisant(e); **das ~e Interesse** le manque d'intérêt

mangels *präp* + *gen form* ~ **eines Hammers** faute d'un marteau

Mango ['maŋɡo] <-, -s> *f* mangue *f*

Mangold ['maŋɡɔlt] <-[e]s, -e> *m* bette *f*

Manie [ma'niː] <-, -n> *f* manie *f*

Manier [ma'niːɐ] <-, -en> *f Pl* (*Umgangsformen*) manières *fpl*

manierlich *adj* convenable

Manifest [mani'fɛst] <-[e]s, -e> *nt* manifeste *m*

Maniküre [mani'kyːrə] <-, -n> *f* (*Person, Pflege*) manucure *f*

Manipulation [manipula'tsjoːn] <-, -en> *f*

geh manipulation *f*

manipulieren* [manipu'liːrən] *geh vt* manipuler

manisch ['maːnɪʃ] *adj* PSYCH maniaque

manisch-depressiv ['maːnɪʃdeprɛ'siːf] *adj* PSYCH maniacodépressif(-ive)

Manko ['maŋko] <-s, -s> *nt* ❶ (*Mangel*) défaut *m* ❷ COM trou *m*

Mann [man, *Pl:* 'mɛnə] <-[e]s, Männer> *m* ❶ (*männliche Person*) homme *m* ❷ (*Ehemann*) mari *m* ❸ (*einzelne Person*) **pro ~** par personne ▶**der kleine ~** le simple citoyen; **o** ~ *fam* purée!; **o** ~**!** *fam* eh ben, mon vieux!; **selbst ist der ~!** on n'est jamais si bien servi que par soi-même

Männchen ['mɛnçən] <-s, -> *nt* ❶ *Dim von* **Mann** petit homme *m* ❷ (*männliches Tier*) mâle *m* ▶~ **machen** (*Hund*) faire le beau

Mannequin ['manəkɛ̃] <-s, -s> *nt* mannequin *m*

Männerfreundschaft *f* amitié *f* entre hommes **Männersache** *f* affaire *f* d'hommes

männlich ['mɛnlɪç] *adj a.* LING masculin(e); (*Kind*) du sexe masculin; (*Tier, Hormon*) mâle; (*Geschlechtsteil*) de l'homme; (*Auftreten*) résolu(e)

Männlichkeit <-> *f* virilité *f*

Mannschaft <-, -en> *f* (*von Sportlern, Mitarbeitern*) équipe *f*

Mannschaftssport *m* sport *m* d'équipe

Manöver [ma'nøːvɐ] <-s, -> *nt* MIL *a. fig* manœuvre *f*

manövrieren* [manøː'vriːrən] I. *vi* **mit etw** ~ manœuvrer qc II. *vt* **das Bett durch die Tür** ~ faire passer le lit par la porte

Mansarde [man'zardə] <-, -n> *f* mansarde *f*

Manschette [man'ʃɛtə] <-, -n> *f* ❶ (*Ärmelabschluss*) poignet *m* ❷ MED (*Halskrause*) manchon *m*

Manschettenknopf *m* bouton *m* de manchette

Mantel ['mantəl, *Pl:* 'mɛntəl] <-s, Mäntel> *m* ❶ manteau *m* ❷ (*Radmantel*) chape *f*

manuell [manu'ɛl] *adj* manuel(le)

Manuskript [manu'skrɪpt] <-[e]s, -e> *nt* manuscrit *m*

Mäppchen <-s, -> *nt* trousse *f* d'écolier

Mappe ['mapə] <-, -n> *f* ❶ (*Dokumentenhülle*) chemise *f* ❷ (*Zeichenmappe*) carton *m* à dessin ❸ (*Aktentasche*) serviette *f*

Marathon ['maratɔn] <-s, -s> *m* marathon *m*

M

Marathonlauf *m* marathon *m* **Marathonläufer(in)** *m(f)* marathonien(ne) *m(f)*

Märchen ['mɛːɐ̯çən] <-s, -> *nt* ❶ LITER conte *m* ❷ *fam* (*erfundene Geschichte*) histoire *f* à dormir debout

Märchenbuch *nt* livre *m* de contes

märchenhaft *adj* fabuleux(-euse)

Märchenprinz *m*, **-prinzessin** *f* prince *m* charmant/princesse *f*

Marder ['mardɐ] <-s, -> *m* martre *f*

Margarine [marga'riːnə] <-, -n> *f* margarine *f*

Margerite [margə'riːtə] <-, -n> *f* marguerite *f*

marginalisieren* *vt geh* marginaliser

Maria <-s> *f* (*Mutter Gottes*) Marie *f*; **die heilige ~** la Sainte Vierge

Marienbild *nt* Madone *f* **Marienkäfer** *m* coccinelle *f*

Marihuana [marihu'aːna] <-s> *nt* marijuana *f*

Marille [ma'rɪlə] <-, -n> *f* A abricot *m*

Marinade [mari'naːdə] <-, -n> *f* marinade *f*

Marine [ma'riːnə] <-, -n> *f* marine *f*

marineblau *adj* bleu marine *inv*

marinieren* [mari'niːrən] *vt* mariner

Marionette [marjo'nɛtə] <-, -n> *f a. fig, pej* marionnette *f*

Mark[1] [mark] <-, -> *f* HIST (*deutsche Währung*) mark *m*

Mark[2] <-[e]s> *nt* ❶ (*Knochenmark*) moelle *f* ❷ (*Fruchtmark*) pulpe *f*

markant [mar'kant] *adj* (*Kinn*) prononcé(e); (*Schrift*) ferme

Marke ['markə] <-, -n> *f* ❶ marque *f* ❷ (*Briefmarke*) timbre *m* ❸ (*Essensmarke*) ticket *m* ❹ (*Dienstmarke*) plaque *f*

Markenartikel *m* article *m* de marque **Markenname** *m* [nom *m* de] marque *f* **Markenzeichen** *nt* ❶ (*Warenzeichen*) logo *m* ❷ (*Merkmal*) image *f* de marque

Marker *m* surligneur *m*

markerschütternd *adj* perçant(e)

Marketing ['markətɪŋ] <-s> *nt* marketing *m*

markieren* [mar'kiːrən] *vt* ❶ (*Textstelle, Tier*) marquer; (*Fahrbahn*) signaliser ❷ INFORM surligner

Markierung <-, -en> *f* (*einer Fahrbahn*) marquage *m*

Markise [mar'kiːzə] <-, -n> *f* store *m*

Markstück *nt* HIST pièce *f* d'un mark

Markt [markt, *Pl:* 'mɛrktə] <-[e]s, Märkte> *m* marché *m*

Marktanalyse *f* analyse *f* de marché **Marktanteil** *m* part *f* de marché **marktbeherrschend** *adj attr* (*Firma*) qui contrôle le marché; (*Stellung*) dominant(e) sur le marché **Marktforschung** *f kein Pl* étude *f* de marché **Marktfrau** *f* marchande *f* [ambulante] **Marktführer** *m* leader *m* **Markthalle** *f* marché *m* couvert **Marktlücke** *f* créneau *m* [commercial] **Marktplatz** *m* place *f* du marché **Marktwert** *m* valeur *f* marchande **Marktwirtschaft** *f kein Pl* économie *f* de marché

Marmelade [marmə'laːdə] <-, -n> *f* confiture *f*

Marmor ['marmoːɐ̯] <-s, -e> *m* marbre *m* **marmoriert** [marmo'riːɐ̯t] *adj* marbré(e) **Marmorkuchen** *m* gâteau *m* marbré

marode [ma'roːdə] *adj* épuisé(e); **~ sein** être en piteux état

Marokkaner(in) [marɔ'kaːnɐ] <-s, -> *m(f)* Marocain(e) *m(f)*

marokkanisch *adj* marocain(e)

Marokko [ma'rɔko] <-s> *nt* le Maroc

Marone [ma'roːnə] <-, -n> *f* (*Kastanie*) marron *m*

Marotte [ma'rɔtə] <-, -n> *f* marotte *f*

Mars [mars] <-> *m* ASTRO [**der**] **~** [la planète] Mars *f*

marsch [marʃ] *interj fam* [**los,**] **~!** [allez,] oust[e]!

Marsch [marʃ, *Pl:* 'mɛrʃə] <-[e]s, Märsche> *m* (*Fußmarsch*, *~musik*) marche *f*

Marschall(in) ['marʃal] <-s, Marschälle> *m(f)* maréchal(e) *m(f)*

marschieren* [mar'ʃiːrən] *vi + sein* ❶ MIL **durch eine Stadt ~** défiler dans une ville ❷ (*zu Fuß gehen*) marcher

Marschmusik *f* musique *f* militaire **Marschroute** *f* itinéraire *m*

Marsmensch *m* Martien(ne) *m(f)*

Marter ['martɐ] <-, -n> *f* supplice *m*

Marterl ['martɐl] <-s, -n> *nt* A calvaire *m*

martern *vt geh* supplicier

Marterpfahl *m* poteau *m* de torture

martialisch [mar'tsiaːlɪʃ] *adj* martial

Märtyrer(in) ['mɛrtyrɐ] <-s, -> *m(f)* ❶ REL martyr(e) *m(f)* ❷ *fig geh* victime *f*

Martyrium [mar'tyːriʊm] <-s, -rien> *n* martyre *m*

Marxismus [mar'ksɪsmʊs] <-> *m* marxisme *m*

marxistisch *adj* marxiste

März [mɛrts] <-[es], -e> *m* mars *m; s. a.* April

Marzipan [martsi'pa:n] <-s, -e> *nt o m* pâte *f* d'amandes

Masche ['maʃə] <-, -n> *f* ① (*Schlaufe*) maille *f* ② A, CH (*Schleife*) nœud *m* ③ *fam* (*Trick*) combine *f*

Maschendraht *m* grillage *m*

Mascherl ['maʃɐl] <-s, -n> *nt* A (*Fliege*) papillon *m*

Maschine [ma'ʃi:nə] <-, -n> *f* ① machine *f* ② (*Flugzeug*) appareil *m* ③ *fam* (*Motorrad*) bécane *f*

maschinell [maʃi'nɛl] *adj* mécanique

Maschinenbau *m kein Pl* ① IND construction *f* mécanique ② (*Lehrfach*) mécanique *f* **Maschinengewehr** *nt* mitrailleuse *f* **maschinenlesbar** *adj* exploitable par ordinateur **Maschinenpistole** *f* mitraillette *f* **Maschinenschrift** *f* dactylographie *f*

Masern ['ma:zɐn] *Pl* rougeole *f*

Maserung <-, -en> *f* veinure *f*

Maske ['maskə] <-, -n> *f* ① *a. fig* masque *m* ② THEAT maquillage *m* ③ INFORM grille *f* d'écran

Maskenball *m* bal *m* masqué **Maskenbildner(in)** ['maskənbɪldnɐ] <-s, -> *m(f)* maquilleur(-euse) *m(f)*

maskieren* [mas'ki:rən] I. *vt* masquer II. *vr* **sich als Clown ~** se déguiser en clown

Maskottchen [mas'kɔtçən] <-s, -> *nt* mascotte *f*

maskulin [masku'li:n] *adj* masculin(e)

Masochist(in) [mazo'çɪst] <-en, -en> *m(f)* masochiste *mf*

masochistisch *adj* masochiste

Maß¹ [ma:s] <-es, -e> *nt* ① (*~einheit*) mesure *f* ② (*Bandmaß*) mètre *m* ③ *Pl* (*Körpermaße*) mesures *fpl* ④ (*Ausmaß*) **in zunehmendem ~e** de plus en plus; **in dem ~[e], wie ...** dans la mesure où ... ▶**in ~en** avec mesure

Maß² <-, -> *f* A, SDEUTSCH chope *f* (*d'un litre*)

Massage [ma'sa:ʒə] <-, -n> *f* massage *m*

Massaker [ma'sa:kɐ] <-s, -> *nt* massacre *m*

massakrieren* [masa'kri:rən] *vt* massacrer

Maßanzug *m* costume *m* sur mesure **Maßarbeit** *f* travail *m* sur mesure

Masse ['masə] <-, -n> *f* ① *a.* PHYS masse *f* ② (*Teigmasse*) mélange *m* ③ (*große Menge*) foule *f;* **in ~n** en masse; **die breite ~**

le grand public

Maßeinheit *f* unité *f* de mesure

Massenandrang *m* affluence *f* **Massenarbeitslosigkeit** *f* chômage *m* généralisé **Massengrab** *nt* fosse *f* commune

massenhaft *adj* massif(-ive)

Massenmedien [-me:diən] *Pl* média *mpl* **Massenmord** *m* massacre *m* collectif **Massentierhaltung** *f* élevage *m* en batterie **massenweise** *s.* **massenhaft**

Masseur(in) [ma'sø:ɐ̯] <-s, -e> *m(f)* masseur(-euse)[-kinésithérapeute] *m*

Masseuse [ma'sø:zə] <-, -n> *f* masseuse *f*

maßgeblich *adj* (*Kreise*) autorisé(e); (*Urteil*) déterminant(e)

maßgeschneidert *adj* (*Kleidung*) sur mesure

massieren* [ma'si:rən] *vt* masser

massig ['masɪç] *adj* (*Gestalt*) massif(-ive)

mäßig ['mɛ:sɪç] I. *adj* ① (*maßvoll*) modéré(e) ② (*Qualität*) médiocre; (*Verdienst*) modeste II. *adv* (*essen*) modérément

mäßigen *vt, vr* [**sich**] **~** [se] modérer

Mäßigung <-> *f* modération *f*

massiv [ma'si:f] *adj* massif(-ive); (*Bau*) en dur; (*Kritik*) vif(vive)

Massiv [ma'si:f] <-s, -e> *nt* massif *m*

maßlos I. *adj* démesuré(e) II. *adv* excessivement

Maßnahme ['ma:sna:mə] <-, -n> *f* mesure *f;* **~n gegen etw ergreifen** prendre des mesures contre qc

Maßstab *m* ① (*einer Karte*) échelle *f* ② (*Kriterium*) critère *m*

maßstab[s]getreu *adj, adv* à l'échelle **maßvoll I.** *adj* modéré(e) II. *adv* avec modération

Mast [mast] <-[e]s, -en> *m* ① *a.* NAUT mât *m* ② (*Telefonmast*) poteau *m* ③ (*Hochspannungsmast*) pylône *m*

mästen ['mɛstən] *vt* engraisser

masturbieren* *vi* se masturber

Matchball ['mɛtʃbal] *m* balle *f* de match

Material [materi'a:l] <-s, -ien> *nt* ① (*Rohstoff*) matériau *m* ② (*Ausrüstung*) matériel *m pas de pl* ③ (*Unterlagen*) matériaux *mpl*

Materialismus [materia'lɪsmʊs] <-> *m* matérialisme *m*

materialistisch *adj* matérialiste

Materie [ma'te:riə] <-, -n> *f* ① *kein Pl* matière *f* ② (*Thema*) sujet *m*

materiell [materi'ɛl] *adj* matériel(le)

M

Mathe ['matə] <-> *f fam* math[s] *fpl*
Mathematik [matema'ti:k] <-> *f* mathématiques *fpl*
mathematisch [mate'ma:tɪʃ] *adj* mathématique
Matjes ['matiəs] <-, -> *m: jeune hareng mariné dans du sel*
Matratze [ma'tratsə] <-, -n> *f* matelas *m*
Mätresse [mɛ'trɛsə] <-, -n> *f* maîtresse *f*
Matriarchat [matriar'ça:t] <-[e]s, -e> *nt* matriarcat *m*
Matrix ['ma:trɪks, *Pl:* ma'tri:tsən] <-, Matrizen> *f* matrice *f*
Matrixdrucker *m* INFORM imprimante *f* matricielle
Matrize [ma'tri:tsə] <-, -n> *f* stencil *m*
Matrose [ma'tro:zə] <-n, -n> *m* matelot *m*
Matsch [matʃ] <-[e]s> *m* ❶ (*Schlamm*) gadoue *f* ❷ (*Schneematsch*) soupe *f* ❸ (*breiige Masse*) bouillie *f*
matschig *adj fam* ❶ (*schlammig*) boueux (-euse) ❷ (*Frucht*) écrabouillé(e)
matt [mat] *adj* ❶ (*Person*) las(se); (*Glieder*) fatigué(e); (*Augen*) terne; (*Foto*) mat(e); (*Licht*) faible; (*Glas*) dépoli(e) ❷ SPIEL ~ **sein** être mat *inv*
Matt [mat] <-s, -s> *nt* SPIEL mat *m*
Matte ['matə] <-, -n> *f* ❶ natte *f*; SPORT tapis *m* ❷ (*Fußmatte*) paillasson *m*; (*im Auto*) tapis *m* de sol ❸ A, CH (*Bergwiese*) alpage *m*
Mattigkeit <-> *f* lassitude *f*
Matura [ma'tu:ra] <-> *f* A, CH baccalauréat *m*
Mauer ['mauɐ] <-, -n> *f* ❶ mur *m* ❷ (*Stadtmauer*) enceinte *f*
Mauerblümchen ['mauɐbly:mçən] *nt fam* jeune fille *f* qui fait tapisserie
mauern *vt* maçonner
Maul [maul, *Pl:* 'mɔylə] <-[e]s, Mäuler> *nt* gueule *f*; **halt's ~!** [ferme] ta gueule!
maulen *vi fam* râler
Maulesel *m* mulet *m* **Maulheld(in)** *m(f) pej* grande gueule *f* (*fam*) **Maulkorb** *m* (*eines Hundes*) muselière *f* **Maultasche** *f:* raviole souabe **Maultier** *s.* **Maulesel Maulwurf** <-[e]s, -würfe> *m* taupe *f* **Maulwurfshügel** *m* taupinière *f*
Maurer(in) ['mauɐe] <-s, -> *m(f)* maçon(ne) *m(f)*
Maus [maus, *Pl:* 'mɔyzə] <-, Mäuse> *f* ❶ a. INFORM souris *f* ❷ *Pl fam* (*Geld*) pèze *m*
mauscheln *vi fam* magouiller
Mausefalle *f* souricière *f* **Mauseloch** *nt*

trou *m* de souris
Mauser ['mauzɐ] <-> *f* mue *f*
mausern *vr* **sich ~** ❶ (*Vogel*) muer ❷ *fam* se métamorphoser
Mausklick *m* INFORM **per ~** en cliquant
Mausoleum [mauzo'le:ʊm] <-s, Mausoleen> *nt* mausolée *m*
Mauspad ['mauzpɛt] <-s, -s> *nt* INFORM tapis *m* souris **Maustreiber** *m* INFORM driver *m* de la souris
Maut [maut] <-, -en> *f bes.* A péage *m*
Mautstelle *f bes.* A péage *m*
maximal [maksi'ma:l] I. *adj* maximal(e) II. *adv* au maximum
Maximum ['maksimʊm] <-s, Maxima> *nt* maximum *m*
Mayonnaise^ALT [majo'nɛ:zə] *s.* **Majonäse**
mazedonisch *adj* macédonien
Mäzen [mɛ'tse:n] <-s, -e> *m* mécène *m*
MB [ɛm'be:] *nt Abk von* **Megabyte** Mo *m*
m. E. *Abk von* **meines Erachtens** à mon avis
Mechanik [me'ça:nɪk] <-> *f* mécanique *f*
Mechaniker(in) <-s, -> *m(f)* mécanicien(ne) *m(f)*
mechanisch *adj* mécanique
Mechanismus [meça'nɪsmʊs] <-, -nismen> *m* mécanisme *m*
Mecklenburg-Vorpommern ['mɛklənburg'fo:ɐpɔmen] <-s> *nt* le Mecklembourg-Poméranie-Antérieure *f*
Medaille [me'daljə] <-, -n> *f* médaille *f*
Medaillon [medal'jõ:] <-s, -s> *nt* médaillon *m*
Medien ['me:diən] *Pl* ❶ *Pl von* **Medium** ❷ (*Informationsmittel*) média *mpl*
medienwirksam *adj* médiatique
Medikament [medika'mɛnt] <-[e]s, -e> *nt* médicament *m*
medikamentös [medikamɛn'tø:s] I. *adj* médicamenteux(-euse) II. *adv* avec des médicaments
Meditation [medita'tsjo:n] <-, -en> *f* méditation *f*
meditieren* [medi'ti:rən] *vi* méditer
Medium ['me:diʊm] <-s, -dien> *nt* ❶ (*Mensch*) médium *m* ❷ PHYS milieu *m*
Medizin [medi'tsi:n] <-, -en> *f* ❶ *kein Pl* (*Heilkunde*) médecine *f* ❷ *fam* (*Medikament*) médicament *m*

Mediziner(in) <-s, -> *m(f)* médecin *mf*
medizinisch *adj* (*Ausbildung*) médical(e);
(*Fakultät*) de médecine; (*Bad*) traitant(e)
Medizinmann <-männer> *m* guérisseur *m*
Meer [meːɐ̯] <-[e]s, -e> *nt* mer *f*; **am ~** au
bord de la mer
Meerenge <-, -n> *f* détroit *m*
Meeresforschung *f* océanographie *f* **Meeres-**
früchte *Pl* fruits *mpl* de mer **Meeres-**
kunde *s.* **Meeresforschung Meeres-**
spiegel *m* niveau *m* de la mer
Meerrettich *m* raifort *m* **Meerschwein-**
chen *nt* cochon *m* d'Inde **Meerwasser** *nt*
eau *f* de mer
Meeting ['miːtɪŋ] <-s, -s> *nt* réunion *f*
Megabyte [mega'baɪt] *nt* méga-octet *m*
Megafon^{RR} [mega'foːn] <-s, -e> *nt* mégaphone *m*
Megahertz ['megahɛrts] *nt* méga-hertz *m*
Megaphon [mega'foːn] <-s, -e> *nt s.* **Me-**
gafon
Mehl [meːl] <-[e]s, -e> *nt* farine *f*
mehlig *adj* (*Kartoffel*) farineux(-euse)
Mehlschwitze ['meːlʃvɪtsə] *f* roux *m*
mehr [meːɐ̯] I. *pron indef, inv Komp von* **viel**
plus; **~ Brot** plus de pain II. *adv* ❶ (*in grö-*
ßerem Maße) davantage; **sich noch ~ är-**
gern se fâcher encore plus ❷ (*in Verbin-*
dung mit Verneinungen) **nicht ~ rauchen**
ne plus fumer; **nichts ~ sagen** ne ... plus
rien dire; **nie ~** ne ... plus jamais; **nie-**
mand/keiner ~ ne ... plus personne; **kein**
Geld/keine Zeit ~ haben ne plus avoir
d'argent/le temps
Mehr <-[s]> *nt* CH (*Stimmenmehrheit*) majorité *f*
mehrbändig ['meːɐ̯bɛndɪç] *adj* en plusieurs
volumes
mehrdeutig ['meːɐ̯dɔytɪç] *adj* ambigu(ë)
Mehrdeutigkeit <-> *f* ambiguïté *f*
mehrere ['meːrərə] *pron indef* plusieurs; **~s**
plusieurs choses *fpl*
mehrfach I. *adj* ❶ (*vielfach*) multiple
❷ (*wiederholt*) réitéré(e) II. *adv* à plusieurs
reprises
Mehrfamilienhaus *nt* immeuble *m* **mehr-**
farbig *adj* multicolore
Mehrheit <-, -en> *f* majorité *f*; **in der ~**
sein être majoritaire
mehrheitlich *adv* majoritairement
Mehrheitswahlrecht *nt kein Pl* scrutin *m*
majoritaire

mehrjährig *adj* pluriannuel
mehrmals *adv* plusieurs fois
mehrsprachig I. *adj* (*Person*) polyglotte;
(*Land*) plurilingue II. *adv* en plusieurs langues **mehrstimmig** *adj, adv* à plusieurs
voix **mehrstöckig** ['meːɐ̯ʃtœkɪç] I. *adj* de
plusieurs étages II. *adv* sur plusieurs étages
mehrtägig *adj* de plusieurs jours **Mehr-**
wegverpackung *f* emballage *m* réutili-
sable **Mehrwertsteuer** *f* taxe *f* à la valeur
ajoutée **Mehrzahl** <-> *f* ❶ **die ~ der Besu-**
cher la plupart des visiteurs ❷ (*Überzahl*)
in der ~ sein être plus nombreux ❸ LING
pluriel *m*
meiden ['maɪdən] <mied, gemieden> *vt*
geh éviter
Meile ['maɪlə] <-, -n> *f* (*1,609 km*) mil[l]e *m*
Meilenstein *m* borne *f* **meilenweit** *adv* (*sich*
erstrecken) sur des kilomètres
mein [maɪn] *pron poss* ❶ **~ Bruder** mon
frère; **~e Schwester/Freundin** ma sœur/
mon amie; **~e Eltern** mes parents; **dieses**
Buch ist ~[e]s ce livre est à moi ❷ *substan-*
tivisch **der/die/das ~e** le mien/la mienne;
das sind die ~en ce sont les miens/mien-
nes
Meineid ['maɪnʔaɪt] *m* parjure *m*
meinen ['maɪnən] I. *vt* ❶ (*denken*) **~, dass**
... penser que ... ❷ (*sagen*) **~[, dass ...]** dire
[que ...]; **was meinst du damit?** qu'est-ce
que tu entends par là? ❸ (*im Sinn haben*)
meinst du sie? tu parles d'elle? ❹ (*beab-*
sichtigen) **es gut mit jdm ~** vouloir du bien
à qn; **so war das nicht gemeint** ce n'est
pas ce que j'ai voulu dire II. *vi* **~ Sie?** vous
croyez?; **wenn Sie ~!** si vous voulez!
meiner *pron pers gen von* **ich** *geh* **wer er-**
barmt sich ~? qui a pitié de moi?
meinerseits ['maɪnɐzaɪts] *adv* (*was mich be-*
trifft) pour ma part ▶**ganz ~** de même pour
moi
meines *s.* **mein 1.**
meinesgleichen ['maɪnəs'glaɪçən] *pron inv*
ich verkehre nur mit ~ je ne fréquente
que mes semblables
meinetwegen ['maɪnət'veːgən] *adv* ❶ (*we-*
gen mir) à cause de moi ❷ (*mir zuliebe*)
pour moi ❸ (*wenn es nach mir ginge*) s'il
n'en tient qu'à moi
Meinung <-, -en> *f* avis *m*; **der ~ sein, dass**
... être d'avis que ...; **meiner ~ nach** à
mon avis; **seine ~ ändern** changer d'avis

M

Meinungsaustausch m échange m de vues **Meinungsforschung** f sondage m d'opinion **Meinungsfreiheit** f kein Pl liberté f d'expression **Meinungsumfrage** f sondage m [d'opinion] **Meinungsverschiedenheit** f euph (Auseinandersetzung) différend m

Meise ['majzə] <-, -n> f mésange f

Meißel ['majsəl] <-s, -> m ciseau m

meißeln vt ❶ (Inschrift) ciseler; (Skulptur) sculpter ❷ (ein-) graver

meist [majst] s. **meistens**

meistbietend adv etw ~ verkaufen vendre qc au plus offrant

meiste pron indef Superl von viel ❶ (der überwiegende Teil) die ~n Leute la plupart des gens; die ~ Zeit la majeure partie de son/mon/... temps; das ~ la plus grande partie ❷ (die größte Gesamtmenge) die ~n Probleme macht mir diese Frage c'est cette question qui me pose le plus de problèmes; das ~ le plus

meistens adv le plus souvent

Meister(in) ['majstɐ] <-s, -> m(f) ❶ (Handwerksmeister) contremaître(-esse) m(f); (Chef) patron(ne) m(f); den ~ machen fam passer sa maîtrise ❷ SPORT champion(ne) m(f) ❸ KUNST, MUS maître m

Meisterbrief m brevet m de maîtrise

meisterhaft adv admirablement [bien]

meisterlich s. **meisterhaft**

meistern vt venir à bout de

Meisterprüfung f brevet m professionnel

Meisterschaft <-, -en> f SPORT championnat m

Meisterwerk nt chef-d'œuvre m

Melancholie [melaŋko'li:] <-, -n> f mélancolie f

melancholisch [melaŋ'ko:lɪʃ] adj mélancolique

Melange [me'lãʒə] <-, -n> f A café m au lait

Melanzani [melan'tsa:ni] <-, -> f A aubergine f

melden ['mɛldən] I. vt ❶ (Vorfall) signaler; (Todesfall) faire la déclaration de ❷ MEDIA (veröffentlichen) rapporter ❸ (denunzieren) jdn bei jdm ~ dénoncer qn à qn ❹ (an-) wen darf ich ~? qui dois-je annoncer? II. vr ❶ (die Hand heben) sich ~ lever le doigt ❷ (sich zur Verfügung stellen) sich zu etw ~ se porter volontaire pour qc ❸ (am Telefon) sich ~ répondre ❹ (von sich hören lassen) sich bei jdm ~ se manifester auprès de qn

Meldepflicht f (Pflicht zur An- und Abmeldung) obligation de déclarer tout changement de domicile au service administratif compétent

meldepflichtig adj ~ sein devoir être obligatoirement déclaré

Meldung <-, -en> f ❶ MEDIA information f; ~en vom Sport nouvelles fpl sportives ❷ (offizielle Mitteilung) déclaration f [officielle]

meliert [me'li:ɐt] adj (Wolle, Teppich) chiné(e); [grau] ~e Haare des cheveux poivre et sel

Melisse [me'lɪsə] <-, -n> f mélisse f

melken ['mɛlkən] <melkte, gemolken> I. vt traire II. vi faire la traite

Melkmaschine f trayeuse f

Melodie [melo'di:] <-, -n> f mélodie f

melodisch [me'lo:dɪʃ] adj mélodieux(-euse)

Melodram <-s, -en> nt mélodrame m

melodramatisch [melodra'ma:tɪʃ] adj mélodramatique

Melone [me'lo:nə] <-, -n> f ❶ (Honigmelone) melon m; (Wassermelone) pastèque f ❷ fam (Hut) (chapeau m] melon m

Membran [mɛm'bra:n] <-, -en>, **Membrane** [mɛm'bra:nə] <-, -n> f membrane f

Memoiren [memo'a:rən] Pl mémoires mpl

Menge ['mɛŋə] <-, -n> f ❶ quantité f; eine kleine ~ Zucker une petite quantité de sucre; eine ~ Arbeit fam un tas de travail; eine ganze ~ Äpfel fam pas mal de pommes ❷ (Menschenmenge) foule f ❸ MATH ensemble m

mengen I. vt mélanger II. vr fam sich unter die Besucher ~ se mêler aux visiteurs

Mengenlehre f kein Pl théorie f des ensembles **Mengenrabatt** m remise f sur achat en quantité

Meniskus [me'nɪskʊs] <-, Menisken> m ANAT ménisque m

Mensa ['mɛnza] <-, Mensen> f restaurant m universitaire

Mensch [mɛnʃ] <-en, -en> m ❶ (Person) personne f; ein höflicher ~ quelqu'un de poli; viele ~en meinen, dass ... beaucoup de gens sont d'avis que ...; viel unter ~en kommen voir du monde ❷ (Gattung) homme m ❸ fam (Ausruf) ~! putain!

Menschenaffe m singe m anthropoïde

menschenfeindlich adj (Person, Haltung

misanthrope; (*Klima*) hostile **Menschenfresser(in)** <-s, -> *m(f) fam* cannibale *mf* **Menschenhandel** *m* traite *f* des esclaves **Menschenkenntnis** *f kein Pl* connaissance *f* du genre humain **Menschenkette** *f* chaîne *f* humaine **Menschenleben** *nt* ❶ **zwei ~ fordern** (*Unfall*) coûter la vie à deux personnes ❷ (*Leben eines Menschen*) vie *f* d'un homme **menschenleer** *adj* désert(e) **Menschenmenge** *f* foule *f* **Menschenrechte** *Pl* droits *mpl* de l'homme **menschenscheu** *adj* insociable

Menschenskind *interj fam* ❶ (*Ausdruck der Freude, des Erstaunens*) nom de Dieu ❷ (*Ausdruck des Vorwurfs, Ärgers*) bon Dieu **menschenunwürdig I.** *adj* indigne d'un être humain **II.** *adv* de façon inhumaine **menschenverachtend** *adj* méprisant(e) pour le genre humain **Menschenverstand** ▶**der gesunde ~** le bon sens **Menschenwürde** *f* dignité *f* humaine

Menschheit <-> *f* humanité *f*

menschlich I. *adj* humain(e) **II.** *adv* humainement

Menschlichkeit <-> *f* humanité *f*

Mensen *Pl von* **Mensa**

Menstruation [mɛnstrua'tsi̯oːn] <-, -en> *f* règles *fpl*

mental [mɛn'taːl] *adj* mental(e)

Mentalität [mɛntali'tɛːt] <-, -en> *f* mentalité *f*

Menthol [mɛn'toːl] <-s> *nt* menthol *m*

Menü [me'nyː] <-s, -s> *nt* GASTR, INFORM menu *m*

menügesteuert *adj* INFORM commandé(e) par menu

Menüleiste *f* INFORM barre *f* de menu

Meridian [meri'di̯aːn] <-s, -e> *m* méridien *m*

Merkblatt *nt* notice *f*

merken ['mɛrkən] *vt* ❶ (*erkennen*) voir; **jdn etw nicht ~ lassen** ne pas montrer qc à qn ❷ (*im Gedächtnis behalten*) **sich** (*dat*) **etw ~ retenir** qc; **merk dir das!** *fam* rentre-toi ça dans le crâne!

merklich *adv* sensiblement; **sich ~ verändern** changer beaucoup

Merkmal <-s, -e> *nt* caractéristique *f*; **besondere ~e** signes *mpl* particuliers

Merkur [mɛr'kuːɐ̯] <-s> *m* |der| ~ |la planète| Mercure

merkwürdig I. *adj* étrange **II.** *adv* étrangement

merkwürdigerweise *adv* curieusement

messbar^RR, **meßbar**^ALT *adj* mesurable

Messbecher^RR, **Meßbecher**^ALT *m* verre *m* mesureur

Messdiener^RR**(in)**, **Meßdiener**^ALT**(in)** *m(f)* enfant *mf* de chœur

Messe ['mɛsə] <-, -n> *f* ❶ (*Gottesdienst*) messe *f* ❷ (*Ausstellung*) foire|-exposition| *f*

Messegelände *nt* parc *m* des expositions

Messehalle *f* hall *m* des expositions

messen ['mɛsən] <misst, maß, gemessen> **I.** *vt* mesurer; **Fieber ~** prendre la température **II.** *vr geh* **sich nicht mit jdm ~ können** ne pas être de taille à rivaliser avec qn

Messer ['mɛsɐ] <-s, -> *nt* couteau *m*

messerscharf *adj* (*Kante*) coupant(e); (*Verstand*) aigu(ë) **Messerspitze** *f* pointe *f* du couteau; **eine ~ Salz** une pointe de sel **Messerstecherei** <-, -en> *f* bagarre *f* au couteau

Messestand *m* stand *m* de foire

Messgerät^RR *nt* **~ für die Einschaltquote** audimat *m*

Messias [mɛ'siːas] <-> *m* REL **der ~** le Messie

Messing ['mɛsɪŋ] <-s> *nt* laiton *m*

Messinstrument^RR, **Meßinstrument**^ALT *nt* instrument *m* de mesure

Messung, **Messwert**^RR, **Meßwert**^ALT *m* mesure *f*

Metall [me'tal] <-s, -e> *nt* métal *m*

metallic [me'talɪk] *adj inv* métallisé(e)

Metallindustrie *f* industrie *f* métallurgique

metallisch I. *adj* (*aus Metall, metallartig*) métallique **II.** *adv* **~ glänzen** avoir des reflets métalliques

Metapher [me'tafɐ] <-, -n> *f* métaphore *f*

Metastase [meta'staːzə] <-, -n> *f* métastase *f*

Meteor [mete'oːɐ̯] <-s, -e> *m* météore *m*

Meteorit [meteo'riːt] <-en, -e|n|> *m* météorite *m*

Meteorologe [meteoro'loːɡə] <-n, -n> *m*, **Meteorologin** *f* météorologiste *mf*

Meteorologie [meteorolo'ɡiː] <-> *f* météorologie *f*

meteorologisch [meteoro'loːɡɪʃ] *adj* météorologique

Meter ['meːtɐ] <-s, -> *m o nt* mètre *m*; **zwei ~ hoch sein** faire deux mètres de haut|eur|

Metermaß *nt* ❶ (*Bandmaß*) mètre *m* |à| ru-

M

ban ❷ (*Zollstock*) mètre *m* pliant

Methode [me'to:də] <-, -n> *f* méthode *f*

methodisch *adj* méthodique

Metro ['me:tro] <-, -s> *f* métro *m*

Metronom [metro'no:m] <-s, -e> *nt* métronome *m*

Metropole [metro'po:lə] <-, -n> *f* (*Zentrum*) métropole *f*

Meute ['mɔytə] <-, -n> *f* meute *f*

Meuterei [mɔytə'rai] <-, -en> *f* mutinerie *f*

meutern ['mɔytɐn] *vi* se mutiner

Mexiko ['mɛksiko] <-s> *nt* le Mexique

MEZ [ɛmʔeː'tsɛt] *Abk von* **mitteleuropäische Zeit** heure *f* d'Europe centrale

MfS [ɛmʔɛf'ɛs] *nt: services de Sécurité de l'ex-R.D.A.*

MHz *Abk von* **Megahertz** MHz

miauen* *vi* miauler

mich [mɪç] **I.** *pron pers, akk von* **ich:** ohne ~ sans moi; **er sieht** ~ il me voit **II.** *pron refl* **ich wasche** ~ je me lave; **ich schäme** ~ j'ai honte

mick[e]rig *adj pej fam* (*Kerl*) maigrichon(ne); (*Pflanze*) rabougri(e)

Mief [mi:f] <-[e]s> *m pej fam* ❶ (*Geruch von verbrauchter Luft*) odeur *f* de renfermé; (*Geruch von Abgasen*) air *m* vicié ❷ (*einer Kleinstadt*) la vie étriquée

miefen *vi pej fam* [s]chlinguer

Miene ['mi:nə] <-, -n> *f* mine *f*; **mit freundlicher** ~ d'un air sympathique

mies [mi:s] *adj fam* (*Wetter*) dégueulasse; (*Unterkunft*) minable

Miese *Pl fam* ▸**in den** ~**n sein** être dans le rouge

Miesmuschel ['mi:smuʃəl] *f* moule *f*

Miete ['mi:tə] <-, -n> *f* (*Wohnungsmiete*) loyer *m*

mieten *vt* louer

Mieter(in) <-s, -> *m(f)* locataire *mf*

Mieterhöhung *f* hausse *f* de loyer **Mietrecht** *nt* droit *m* locatif

Mietshaus *nt* immeuble *m* locatif

Mietvertrag *m* contrat *m* de location **Mietwagen** *m* voiture *f* de location **Mietwohnung** *f* logement *m* en] location *f*

Migräne [mi'grɛ:nə] <-, -n> *f* migraine *f*; ~ **haben** avoir la migraine

Mikro ['mikro] <-s, -s> *nt fam Abk von* **Mikrofon** micro *m*

Mikrobe [mi'kro:bə] <-, -n> *f* microbe *m*

Mikrochip ['mi:krotʃɪp] <-s, -s> *m* INFORM

puce *f* **Mikroelektronik** *f* microélectronique *f* **Mikrofaser** *f* microfibre *f* **Mikrofiche** <-s, -s> *m o nt* microfiche *f* **Mikrofilm** *m* microfilm *m* **Mikrofon** <-s, -e> *nt* microphone *m* **Mikroorganismus** *m* micro[-]organisme *m* **Mikrophon** *s.* **Mikrofon Mikroprozessor** *m* INFORM microprocesseur *m* **Mikroskop** <-s, -e> *nt* microscope *m* **Mikrowelle** *f fam* (*Herd*) micro-ondes *m* **Mikrowellenherd** *m* four *m* à micro-ondes

Milbe ['mɪlbə] <-, -n> *f* acarien *m*

Milch [mɪlç] <-> *f* lait *m*

Milcheis *nt* glace *f* au lait **Milchflasche** *f* ❶ (*Flasche für Milch*) bouteille *f* à lait ❷ (*Babyfläschchen*) biberon *m*

milchig ['mɪlçɪç] *adj* (*Glas*) opale; (*Flüssigkeit*) laiteux(-euse)

Milchkaffee *m* café *m* au lait **Milchprodukt** *nt* produit *m* laitier **Milchpulver** *nt* lait *m* en poudre **Milchreis** *m* riz *m* au lait **Milchshake** [-ʃe:k] <-s, -s> *m* milk-shake *m* **Milchstraße** *f* **die** ~ la Voie lactée **Milchzahn** *m* dent *f* de lait

mild[e] **I.** *adj* (*Klima, Geschmack*) doux (douce); (*Richter, Worte*) indulgent(e); (*Urteil*) clément(e) **II.** *adv* ~ **gewürzt** peu épicé(e)

Milde ['mɪldə] <-> *f* (*des Klimas, Geschmacks*) douceur *f*; (*eines Richters*) clémence *f*

mildern ['mɪldɐn] *vt* (*Geschmack*) adoucir; (*Strafmaß*) commuer; (*Not*) atténuer

mildtätig *adj geh* (*Person*) charitable; (*Organisation*) caritatif(-ive)

Milieu [mi'ljø:] <-s, -s> *nt* milieu *m*

militant [mili'tant] *adj* (*Demonstrant*) combatif(-ive); (*Gruppe*) activiste

Militär [mili'tɛ:ɐ] <-s> *nt* (*Armee*) armée *f*

Militärdienst *m kein Pl* service *m* militaire

militärisch *adj* militaire

Militarist(in) <-en, -en> *m(f)* militariste *mf*

Militärstützpunkt *m* position *f* stratégique de défense

Miliz [mi'li:ts] <-, -en> *f* milice *f*

Milliardär(in) [mɪljar'dɛ:ɐ] <-s, -e> *m(f)* milliardaire *mf*

Milliarde [mɪl'ljardə] <-, -n> *f* milliard *m*

Milligramm [mɪli'gram] *nt* milligramme *m*

Milliliter *m* millilitre *m* **Millimeter** *m o nt* millimètre *m*

Millimeterpapier *nt* papier *m* millimétré

Million [mɪ'ljo:n] <-, -en> *f* million *m*

Millionär(in) [mɪljoˈnɛːɐ̯] <-s, -e> *m(f)* millionnaire *mf*

Millionstel <-s, -> *nt* millionième *m*

Milz [mɪlts] <-, -en> *f* rate *f*

Milzbrand *m* MED maladie *f* du charbon

mimen *vt fam* simuler

Mimik [ˈmiːmɪk] <-> *f* mimique *f*

Mimose [miˈmoːzə] <-, -n> *f* ❶ BOT mimosa *m* ❷ *pej* (*Mensch*) **eine ~ sein** être d'une sensibilité exacerbée

min., Min. *Abk von* **Minute[n]** mn

minder *adv* moins

mindere(r, s) [ˈmɪndərə, -rɐ, -rəs] *adj attr* moindre

Minderheit <-, -en> *f* minorité *f*; **in der ~ sein** être minoritaire

minderjährig *adj* mineur(e) **Minderjährige(r)** *f(m) dekl wie adj* mineur(e) *m(f)*

mindern *vt* réduire

minderwertig *adj* ❶ (*Produkt*) de moindre qualité ❷ *fig* **sich ~ fühlen** se sentir inférieur(e) **Minderwertigkeit** <-> *f* mauvaise qualité *f* **Minderwertigkeitskomplex** *m* complexe *m* d'infériorité

Mindestalter *nt* âge *m* minimum

mindeste(r, s) [ˈmɪndəstə, -tə, -təs] *adj* **der/die/das ~ ...** le/la moindre ...

mindestens *adv* au moins

Mindesthaltbarkeitsdatum *nt* date *f* limite de conservation **Mindestlohn** *m* salaire *m* minimum **Mindestmaß** *nt* strict minimum *m*

Mine [ˈmiːnə] <-, -n> *f* mine *f*

Mineral [mineˈraːl] <-s, -e> *nt* minéral *m*

Mineralöl *nt* huile *f* minérale **Mineralölsteuer** *f* taxe *f* sur les produits pétroliers **Mineralstoffe** *Pl* sels *mpl* minéraux **Mineralwasser** *nt* eau *f* minérale

En Autriche, il est courant de boire de l'eau du robinet. En Allemagne et en Suisse, c'est plutôt rare : on achète dans des magasins spécialisés dans la vente de boissons de la **Mineralwasser** en bouteille. Cette eau contient différents sels minéraux et est, en général, gazeuse.

Miniatur [miniaˈtuːɐ̯] <-, -en> *f* miniature *f*

Minigolf *nt* minigolf *m*

minimal [miniˈmaːl] *adj* minime

Minimum [ˈmiːnimʊm] <-s, Minima> *nt geh* [strict] minimum *m*

Minirock *m* minijupe *f*

Minister(in) [miˈnɪstɐ] <-s, -> *m(f)* ministre *mf*

Ministerium [minɪsˈteːriʊm] <-s, -rien> *nt* ministère *m*

Ministerpräsident(in) *m(f)* ministre-président(e) *m(f)*

Le **Ministerpräsident** est le chef du gouvernement d'un *Land* allemand. En Autriche, c'est le *Landeshauptmann*. Le chef du gouvernement d'un canton suisse s'appelle le *Kantonalpräsident*.

Ministerrat *m* Conseil *m* des ministres **Ministrant(in)** [minɪsˈtrant] <-en, -en> *m(f)* REL enfant *mf* de chœur

Minnesänger *m* ≈ troubadour *m*

minus [ˈmiːnʊs] **I.** *präp* + *gen* **tausend Euro ~ Mehrwertsteuer** mille euros moins la TVA **II.** *konj* MATH moins **III.** *adv* (*unter Null*) moins; **einige Grad ~** quelques degrés en dessous de zéro

Minus <-> *nt* déficit *m*

Minuspol *m* ❶ ELEC pôle *m* négatif ❷ PHYS pôle *m* magnétique négatif **Minuspunkt** *m* ❶ (*Strafpunkt*) pénalité *f* ❷ (*Manko*) point *m* négatif **Minuszeichen** *nt* signe *m* moins

Minute [miˈnuːtə] <-, -n> *f* minute *f*; **es ist zehn ~n nach/vor acht** il est huit heures dix/moins dix

Minutenzeiger *m* grande aiguille *f*

Minze [ˈmɪntsə] <-, -n> *f* menthe *f*

Mio. *Abk von* **Million[en]** million[s]

mir [miːɐ̯] **I.** *pron pers, dat von* **ich mit ~** avec moi; **er folgt ~** il me suit; **er ist ein Freund von ~** il est un de mes amis; **es geht ~ heute besser** je vais mieux aujourd'hui; **das ist ~ egal** ça m'est égal; **sag es ~!** dis-le-moi! *fam* j'ai rien contre! **II.** *pron refl* **ich wasche ~ die Haare** je me lave les cheveux; **ich werde ~ einen Pulli anziehen** je vais mettre un pull

Mirabelle [miraˈbɛlə] <-, -n> *f* (*Frucht*) mirabelle *f*

Mischbrot *nt* pain *m* bis

mischen [ˈmɪʃən] **I.** *vt* mélanger **II.** *vr* **sich ~** (*Flüssigkeiten*) se mélanger; **sich unter die Menge ~** se mêler à la foule

Mischling [ˈmɪʃlɪŋ] <-s, -e> *m* ❶ (*Mensch*) métis(se) *m(f)* ❷ ZOOL bâtard *m*

M

Mischmaschine f bétonnière f **Mischpult** nt pupitre m de mixage

Mischung <-, -en> f mélange m

Mischwald m forêt f d'essences mixtes

miserabel [mizə'ra:bəl] I. adj (Zustand, Film) lamentable; (Wetter, Essen) exécrable II. adv (sehr schlecht) lamentablement

Misere [mi'ze:rə] <-, -n> f geh situation f désastreuse

missachten*ᴿᴿ [mɪs'ʔaxtən], **mißachten*ᴬᴸᵀ** vt ❶ (Vorschrift) ne pas respecter; (Warnung) ne pas tenir compte de ❷ (Person) mésestimer

Missachtungᴿᴿ, **Mißachtung**ᴬᴸᵀ f ❶ (Geringschätzung) mépris m ❷ (Ignorierung: einer Vorschrift) non-respect m; (eines Ratschlags, einer Warnung) non-prise f en compte

Missbildungᴿᴿ, **Mißbildung**ᴬᴸᵀ <-, -en> f malformation f

missbilligen*ᴿᴿ [mɪs'bɪlɪgən], **mißbilligen*ᴬᴸᵀ** vt désapprouver

missbilligendᴿᴿ, **mißbilligend**ᴬᴸᵀ I. adj (Blick) désapprobateur(-trice) II. adv d'un air réprobateur

Missbilligungᴿᴿ, **Mißbilligung**ᴬᴸᵀ <-> f désapprobation f

Missbrauchᴿᴿ [mɪs'braux], **Mißbrauch**ᴬᴸᵀ m (von Drogen) abus m; (einer Notbremse) emploi m abusif; **sexueller** ~ abus sexuel

missbrauchen*ᴿᴿ [mɪs'brauxən], **mißbrauchen*ᴬᴸᵀ** vt (Vertrauen) abuser de; (Medikament) faire un usage abusif de; **jdn [sexuell]** ~ abuser [sexuellement] de qn

Misserfolgᴿᴿ, **Mißerfolg**ᴬᴸᵀ m (einer Person) échec m; (eines Stücks) fiasco m

Missernteᴿᴿ, **Mißernte**ᴬᴸᵀ f mauvaise récolte f

Missetat ['mɪsəta:t] f hum sale tour m

missfallen*ᴿᴿ [mɪs'falən], **mißfallen*ᴬᴸᵀ** vi irr geh **jdm** ~ déplaire à qn

Missgeburtᴿᴿ, **Mißgeburt**ᴬᴸᵀ f enfant mf mal formé(e)

Missgeschickᴿᴿ, **Mißgeschick**ᴬᴸᵀ nt malheur m

missglücken*ᴿᴿ [mɪs'glʏkən], **mißglücken*ᴬᴸᵀ** vi + sein échouer

Missgriffᴿᴿ, **Mißgriff**ᴬᴸᵀ m mauvais choix m

Missgunstᴿᴿ, **Mißgunst**ᴬᴸᵀ f jalousie f

missgünstigᴿᴿ, **mißgünstig**ᴬᴸᵀ adj jaloux (-ouse)

misshandeln*ᴿᴿ [mɪs'handəln], **mißhandeln*ᴬᴸᵀ** vt maltraiter

Misshandlungᴿᴿ [mɪs'handlʊŋ], **Mißhandlung**ᴬᴸᵀ f mauvais traitements mpl

Mission [mɪ'sio:n] <-, -en> f mission f

Missionar(in) [mɪsio'na:ɐ] <-s, -e> m(f), **Missionär(in)** [mɪsio'nɛ:ɐ] <-s, -e> m(f) A missionnaire mf

missionarisch [mɪsio'na:rɪʃ] adj missionnaire

Missklangᴿᴿ, **Mißklang**ᴬᴸᵀ m ❶ MUS dissonance f ❷ (Unstimmigkeit) désaccord m

Misskreditᴿᴿ, **Mißkredit**ᴬᴸᵀ m kein Pl jdn in ~ **bringen** discréditer qn; **in** ~ **geraten** se discréditer

misslingenᴿᴿ [mɪs'lɪŋən] <misslang, misslungen>, **mißlingen**ᴬᴸᵀ <mißlang, mißlungen> vi + sein échouer

Misslingenᴿᴿ, **Mißlingen**ᴬᴸᵀ <-s> nt échec m

Missmutᴿᴿ, **Mißmut**ᴬᴸᵀ m mauvaise humeur f

missmutigᴿᴿ, **mißmutig**ᴬᴸᵀ adj, adv de mauvaise humeur

missraten*ᴿᴿ [mɪs'ra:tən], **mißraten*ᴬᴸᵀ** vi irr + sein rater; **ein ~es Kind** un enfant mal élevé

Missstandᴿᴿ, **Mißstand**ᴬᴸᵀ m anomalie f

misstrauen*ᴿᴿ [mɪs'trauən], **mißtrauen*ᴬᴸᵀ** vi jdm/einer S. ~ se méfier de qn/qc

Misstrauenᴿᴿ ['mɪstrauən], **Mißtrauen**ᴬᴸᵀ <-s> nt méfiance f

Misstrauensantragᴿᴿ, **Mißtrauensantrag**ᴬᴸᵀ m POL motion f de censure **Misstrauensvotum**ᴿᴿ, **Mißtrauensvotum**ᴬᴸᵀ [mɪs'trauənsvo:tʊm] nt POL vote m de défiance

misstrauischᴿᴿ, **mißtrauisch**ᴬᴸᵀ adj méfiant(e)

Missverhältnisᴿᴿ, **Mißverhältnis**ᴬᴸᵀ nt disproportion f

missverständlichᴿᴿ, **mißverständlich**ᴬᴸᵀ adj qui prête à équivoque

Missverständnisᴿᴿ, **Mißverständnis**ᴬᴸᵀ <-ses, -se> nt malentendu m

missverstehen*ᴿᴿ [mɪs'fɛɐ...], **mißverstehen*ᴬᴸᵀ** vt irr jdn/etw ~ mal comprendre qn/qc; **sich missverstanden fühlen** se sentir mal compris(e)

Misswirtschaftᴿᴿ, **Mißwirtschaft**ᴬᴸᵀ f mauvaise gestion f

Mist [mɪst] <-[e]s> m ❶ (Dung) fumier m ❷ fam (Unsinn) conneries fpl ❸ fam (Ärger) [so ein] ~! merde!

Mistel ['mɪstəl] <-, -n> f gui m
Mistgabel f fourche f à fumier **Misthaufen** m tas m de fumier **Mistkäfer** m bousier m **Miststück** nt pej fam (gemeine Frau) salope f (vulg)
mit [mɪt] I. präp + dat ① (zur Angabe der Art und Weise) avec; ~ **großen Schritten** à grands pas ② (per) ~ **dem Fahrrad** à vélo; ~ **dem Auto/Flugzeug** en voiture/avion; ~ **dem Lkw** par camion; ~ **der Post/ Bahn** par la poste/le train ③ (in Begleitung von, versehen ~) avec; **Tee ~ Rum** du thé au rhum ④ (zur Angabe des Zeitpunkts) ~ **18 [Jahren]** à 18 ans ⑤ fam (und dazu) **du ~ deiner Arroganz!** toi et ton arrogance! ⑥ (hinsichtlich) ~ **dem Rauchen aufhören** arrêter de fumer II. adv **bist du ~ dabei gewesen?** est-ce que tu y étais aussi?
Mitarbeit f ① (Mitwirkung) collaboration f ② SCHULE, UNIV participation f
mit|arbeiten vi ① SCHULE, UNIV collaborer ② SCHULE, UNIV participer
Mitarbeiter(in) m(f) collaborateur m/collaboratrice f
mit|bekommen* vt irr ① (bekommen) recevoir ② (hören) entendre ③ (verstehen) comprendre
mit|benutzen* vt utiliser aussi
mit|bestimmen* I. vi avoir voix au chapitre; (Arbeitnehmer) prendre part à la gestion II. vt (Verfahrensweise) influer sur
Mitbestimmung f ① participation f ② (im Betrieb) [betriebliche] ~ cogestion f [d'entreprise]
Mitbestimmungsrecht nt droit m de cogestion
Mitbewohner(in) m(f) colocataire mf
mit|bringen vt irr (Sachen) apporter; (Personen) amener
Mitbringsel ['mɪtbrɪŋzəl] <-s, -> nt fam petit quelque chose m
Mitbürger(in) m(f) concitoyen(ne) m(f)
mit|denken vi irr (überlegt handeln) réfléchir
mit|dürfen vi irr fam **mit jdm ~** pouvoir venir avec qn
Miteigentümer(in) m(f) copropriétaire mf
miteinander [mɪt?aɪ'nandə] adv ① (gemeinsam) ensemble ② (untereinander) **gut ~ auskommen** s'entendre bien
Miteinander [mɪt?aɪ'nandə] <-s> nt coopération f

Mitesser <-s, -> m point m noir
mit|fahren vi irr + sein **mit jdm ~** faire le voyage avec qn
Mitfahrgelegenheit f possibilité f de faire le voyage avec qn **Mitfahrzentrale** f société f de covoiturage
mit|fühlen vi **mit jdm ~** avoir de la compassion pour qn
mitfühlend I. adj compatissant(e) II. adv avec compassion
mit|führen vt form **etw ~** avoir qc [avec soi]
mit|geben vt irr (auf den Weg geben) donner
Mitgefühl nt kein Pl sympathie f
mit|gehen vi irr + sein ① (begleiten) **mit jdm ~** accompagner qn ② (sich mitreißen lassen) se laisser emporter ▸**etw ~ lassen** fam piquer qc
Mitgift <-, -en> f dot f
Mitglied nt membre m
Mitgliederversammlung f assemblée f générale
Mitgliedsausweis m carte f de membre **Mitgliedsbeitrag** m cotisation f
Mitgliedschaft <-, -en> f appartenance f
Mitgliedsstaat m État m membre
mit|haben vt irr fam **etw ~** avoir qc sur soi
mit|halten vi irr (nicht unterliegen) tenir tête
mit|helfen vi irr aider
Mithilfe f kein Pl aide f
mit|hören vt surprendre
mit|kommen vi irr + sein ① **mit jdm ~** venir avec qn ② fam (mithalten) suivre
mit|kriegen s. **mitbekommen**
mit|laufen vi irr + sein ① (ebenfalls laufen) courir [aussi] ② (Tonband) tourner
Mitläufer(in) m(f) pej suiveur(-euse) m(f)
Mitlaut m consonne f
Mitleid nt pitié f; ~ **mit jdm haben** avoir pitié de qn
mitleidig I. adj (mitfühlend) compatissant(e) II. adv (voller Mitgefühl) avec compassion
mit|machen I. vi ① **bei etw ~** participer à qc; **machst du mit?** tu es partant(e)? ② fam (Herz) tenir le coup; (Wetter) être de la partie II. vt (sich beteiligen) participer à ② fam **viel mitgemacht haben** en avoir vu des vertes et des pas mûres
Mitmensch m semblable mf
mit|müssen vi irr fam (mitgehen müssen) être obligé d'y aller
mit|nehmen vt irr ① (mit sich nehmen) prendre ② (körperlich erschöpfen) épuiser

M

❸ (*psychisch belasten*) bouleverser

mit|reden *vi* **bei etw ~** avoir son mot à dire dans qc

mit|reißen *vt irr* ❶ (*mit sich reißen*) emporter ❷ (*begeistern*) enthousiasmer

mitreißend *adj* enthousiasmant(e)

mitsamt [mɪt'zamt] *präp + dat* avec

mit|schreiben *irr* **I.** *vt* **etw ~** prendre qc en note **II.** *vi* prendre des notes

Mitschuld *f* complicité *f*; **seine/ihre ~ an etw** (*dat*) (*Mitverantwortung*) sa part *f* de responsabilité dans qc

Mitschüler(in) *m(f)* camarade *mf* d'école

mit|spielen *vi* ❶ **bei etw ~** jouer aussi à qc ❷ SPORT jouer ❸ CINE, THEAT faire partie de la distribution ▶**jdm übel ~** jouer un sale tour à qn

Mitspracherecht *nt kein Pl* droit *m* de regard

Mittag ['mɪtaːk] <-[e]s, -e> *m* (*~szeit*) midi *m;* **zu ~ essen** déjeuner; **einen Salat zu ~ essen** manger une salade à midi

Mittagessen *nt* déjeuner *m,* dîner *m* (BELG, CH); **was gibt es heute zum ~?** qu'est-ce qu'on mange à midi?

mittags *adv* à midi

Mittagspause *f* pause *f* de midi **Mittagsruhe** *f* repos *m* de midi; **die ~ einhalten** respecter le repos de midi **Mittagsschlaf** *m* sieste *f* **Mittagszeit** *f* heure *f* du déjeuner

Mitte ['mɪtə] <-, -n> *f* ❶ milieu *m;* (*Mittelpunkt*) centre *m;* **~ des Jahres** au milieu de l'année; **~ Januar** à la mi-janvier; **~ zwanzig sein** avoir environ vingt-cinq ans; **sie nahmen ihn in die ~** ils l'ont pris entre eux ❷ POL centre *m*

mit|teilen *vt* **jdm etw ~** annoncer qc à qn

mitteilsam *adj* communicatif(-ive)

Mitteilung *f* communication *f*; **die ~ bekommen, dass ...** être informé que ...

Mittel ['mɪtəl] <-s, -> *nt* ❶ (*Medikament*) médicament *m;* (*Hausmittel*) remède *m* ❷ (*Methode*) moyen *m* ❸ *Pl* (*Geldmittel*) moyens *mpl* ❹ (*Durchschnitt*) moyenne *f*

Mittelalter *nt* **das ~** le Moyen Âge **mittelalterlich** *adj* médiéval(e) **Mittelamerika** *nt* l'Amérique *f* centrale **Mitteleuropa** *nt* l'Europe *f* centrale **mitteleuropäisch** *adj* d'Europe centrale **Mittelfeld** *nt* ❶ *kein Pl* (*Teil des Spielfelds*) centre *m* du terrain ❷ (*Gruppe*) [gros *m* du] peloton *m* **Mittel-**

finger *m* majeur *m* **mittelfristig** *adj, adv* à moyen terme **Mittelklassewagen** *m* voiture *f* [de] milieu de gamme **Mittellinie** *f a.* SPORT ligne *f* médiane **mittellos** *adj* sans ressources **Mittelmaß** *nt kein Pl* [petite] moyenne *f* **mittelmäßig** *adj* médiocre **Mittelmeer** *nt* **das ~** la [mer] Méditerranée **Mittelpunkt** *m* ❶ (*Punkt*) centre *m;* (*einer Geraden*) milieu *m* ❷ (*Zentrum*) centre *m* ❸ (*Hauptperson*) personnage *m* central

mittels *geh präp + gen Sing* au moyen de

Mittelschule *f* ❶ *s.* Realschule ❷ CH (*höhere Schule*) établissement d'enseignement du second degré

Mittelstand *m* classe *f* moyenne **mittelständisch** *adj* des classes moyennes; **die ~en Betriebe** les petites et moyennes entreprises **Mittelstreckenrakete** *f* missile *m* [de] moyenne portée **Mittelstreifen** *m* terre-plein *m* **Mittelstufe** *f:* classes de quatrième, troisième et seconde **Mittelstürmer(in)** *m(f)* avant-centre *mf* **Mittelwelle** *f* RADIO onde *f* moyenne **Mittelwert** *m* valeur *f* moyenne

mitten ['mɪtən] *adv* **~ im Wald** au milieu de la forêt; **~ in der Nacht** au beau milieu de la nuit

mittendrin ['mɪtən'drɪn] *adv fam* **~ sein** être en plein milieu **mittendurch** *adv* (*führen*) à travers

Mitternacht ['mɪtɐnaxt] *f kein Pl* minuit *f*

mittlere(r, s) ['mɪtlərə, -rə, -rəs] *adj attr* ❶ (*Qualität*) moyen(ne); (*Katastrophe*) aux conséquences limitées; (*Verbrauch*) moyen(ne) ❷ (*Balkon*) du milieu ❸ (*Bruder*) deuxième; **~n Alters** d'un certain âge

mittlerweile ['mɪtlɐ'vaɪlə] *adv* (*währenddessen*) entre-temps; (*im Gegensatz zu früher*) maintenant

Mittwoch ['mɪtvɔx] <-s, -e> *m* mercredi *m, s. a.* Dienstag

Mittwochabend *m* mercredi *m* soir **Mittwochmorgen** *m* mercredi *m* matin

mittwochs *adv* le mercredi

mitunter [mɪt'ʔʊntɐ] *adv* parfois

mitverantwortlich *adj* **~ sein** être coresponsable

mit|wirken *vi* ❶ **bei/an etw** (*dat*) **~** participer à qc ❷ CINE, THEAT *form* faire partie de la distribution

Mitwohnzentrale *f* centrale *f* immobilière

mixen ['mɪksən] *vt* mixer

Mixer <-s, -> *m* mixe[u]r *m*
Mixtur [mɪks'tuːɐ̯] <-, -en> *f* mixture *f*
mm *Abk von* **Millimeter** mm
Mob [mɔp] <-s> *m* populace *f*
Mobbing <-s> *nt* harcèlement *m* moral (*exercé sur le lieu de travail*)
Möbel ['møːbəl] <-s, -> *nt* meuble *m*
Möbelwagen *m* camion *m* de déménagement
mobil [mo'biːl] *adj* ❶ ~ **sein** être mobile ❷ MIL ~ **machen** mobiliser
Mobile <-s, -s> *nt* mobile *m*
Mobilfunk *m* téléphonie *f* numérique mobile
mobilisieren* [mobili'ziːrən] *vt* mobiliser
Mobilität [mobili'tɛːt] <-> *f* mobilité *f*
Mobiltelefon *nt* téléphone *m* sans fil
möblieren* [mø'bliːrən] *vt* meubler
Mode ['moːdə] <-, -n> *f* mode *f*
Modehaus *nt* maison *f* de mode
Model ['mɔdəl] <-s, -s> *nt* modèle *m*
Modell [mo'dɛl] <-s, -e> *nt* ❶ (*verkleinerte Ausgabe*) modèle *m* réduit ❷ *a.* KUNST (*Ausführung*) modèle *m* ❸ (*Kleidungsstück*) création *f*
Modelleisenbahn *f* train *m* électrique
modellieren* [modɛ'liːrən] *vt* modeler
Modem ['moːdɛm] <-s, -s> *nt o m* INFORM modem *m*
Modenschau *f* défilé *m* de mode
Moderation [modera'tsi̯oːn] <-, -en> *f* présentation *f*
Moderator [mode'raːtoːɐ̯] <-s, -toren> *m*, **Moderatorin** *f* RADIO, TV présentateur (-trice) *m(f)*; (*einer Spielshow*) animateur (-trice) *m(f)*
moderieren* *vt* présenter
modern¹ ['moːdɐn] *vi* + *haben o sein* moisir
modern² [mo'dɛrn] **I.** *adj* moderne; (*Person*) de son temps; (*Kleidung*) [à la] mode **II.** *adv* (*sich kleiden*) [à la] mode
Moderne [mo'dɛrnə] <-> *f* **die** ~ (*Epoche*) l'époque *f* moderne; (*Kunstrichtung*) l'école *f* moderne
modernisieren* [modɛrni'ziːrən] *vt* moderniser
Modeschmuck *m* bijou *m* fantaisie **Modeschöpfer(in)** *m(f)* créateur(-trice) *m(f)* [de mode] **Modewort** *nt* LING mot *m* à la mode
Modi *Pl von* **Modus**
modisch *adj* à la mode
Modul [mo'duːl] <-s, -e> *nt* INFORM module *m*

Modus ['moːdʊs] <-, **Modi**> *m* mode *m*
Mofa ['moːfa] <-s, -s> *nt* mobylette® *f*
mogeln ['moːgəln] *vi fam* tricher
mögen¹ ['møːgən] <**mag**, **mochte**, **gemocht**> *vt* ❶ (*gern haben*) aimer ❷ (*haben wollen*) **was möchten Sie, bitte?** vous désirez?; **ich möchte [gern] ...** je voudrais ... ❸ (*erwarten*) **sie möchte, dass** elle voudrait que + *subj*
mögen² <**mochte**, **gemocht**> *vi* (*wollen*) vouloir [bien]; **sie möchte nach Hause** *fam* elle voudrait rentrer
mögen³ <**mochte**, ~> *aux modal, mit Infin* ❶ (*wollen*) **sie möchte hier bleiben** elle voudrait rester ici ❷ *geh* (*als Ausdruck des Zugestehens*) **mag sein, dass** il est possible que + *subj* ❸ (*sollen*) **Sie möchten ihn bitte zurückrufen** vous êtes prié(e) de le rappeler ❹ *geh* (*als Ausdruck eines Wunschs*) ~ **sie miteinander glücklich werden!** qu'ils soient heureux ensemble! ❺ (*geneigt sein*) **man möchte meinen, dass ...** on pourrait croire que ..
möglich ['møːklɪç] *adj* ❶ (*durchführbar*) possible; **es ist ~, dass** il est possible que + *subj* ❷ (*denkbar*) **alle ~en Länder** tous les pays possibles; **alles Mögliche** toutes sortes de choses ❸ *attr* (*potenziell*) potentiel(le)
möglicherweise *adv* peut-être
Möglichkeit <-, -en> *f* possibilité *f*
möglichst *adv* ❶ ~ **groß** le plus grand possible ❷ (*wenn möglich*) si possible
Mohn [moːn] <-s> [-[e]s, -e> *m* pavot *m*; (*Klatschmohn*) coquelicot *m*
Möhre ['møːrə] <-, -n> *f* carotte *f*
mokieren* [mo'kiːrən] *vr geh* **sich über jdn/etw** ~ se moquer de qn/qc
Mokka ['mɔka] <-s, -s> *m* moka *m*
Mole ['moːlə] <-, -n> *f* môle *m*
Molekül [mole'kyːl] <-s, -e> *nt* molécule *f*
Molke ['mɔlkə] <-> *f* petit-lait *m*
Molkerei [mɔlkə'raɪ̯] <-, -en> *f* laiterie *f*
Moll [mɔl] <-> *nt* mineur *m*
mollig ['mɔlɪç] *adj* rondelet(te) (*fam*)
Molotowcocktail ['moːlotɔfkɔkteɪl] *m* cocktail *m* Molotov
Moment [mo'mɛnt] <-[e]s, -e> *m* (*Augenblick*) moment *m*; (*kurze Zeitspanne*) instant *m*; **im** ~ pour le moment; ~ **mal!** eh, minute! (*fam*)
momentan [momɛn'taːn] *adj* ❶ (*derzeitig*)

M

actuel(le) ❷ (*vorübergehend*) momentané(e)

Monaco ['moːnako] <-s> *nt* [la Principauté de] Monaco

Monarch(in) [mo'narç] <-en, -en> *m(f)* monarque *m*

Monarchie [monar'çiː] <-, -n> *f* monarchie *f* **monarchistisch** *adj* monarchiste

Monat ['moːnat] <-[e]s, -e> *m* mois *m*; **diesen ~** ce mois-ci; **im nächsten ~** le mois prochain

monatelang I. *adj attr* de plusieurs mois **II.** *adv* pendant des mois

monatlich *adj* mensuel(le)

Monatsblutung *s.* **Menstruation Monatseinkommen** *nt* revenu *m* mensuel **Monatskarte** *f* (*Fahrkarte*) abonnement *m* [mensuel] **Monatsrate** *f* mensualité *f*

Mönch [mœnç] <-[e]s, -e> *m* moine *m*

Mond [moːnt] <-[e]s, -e> *m* ❶ *kein Pl* (*Erdsatellit*) lune *f* ❷ (*Trabant*) satellite *m*

Mondfinsternis *f* éclipse *f* de Lune **Mondlandung** *f* atterrissage *m* sur la Lune **Mondlicht** *nt* clarté *f* de la lune **Mondschein** *m* clair *m* de lune **Mondsichel** *f* croissant *m* **mondsüchtig** *adj* somnambule

Monegasse [mone'gasə] <-n, -n> *m*, **Monegassin** *f* Monégasque *mf*

Moneten [mo'neːtən] *Pl fam* pognon *m*

Mongole [moŋ'goːlə] <-n, -n> *m*, **Mongolin** *f* Mongol(e) *m(f)*

Mongolei [moŋgo'lai] <-> *f* **die ~** la Mongolie

Mongolismus [moŋgo'lɪsmʊs] <-> *m* MED mongolisme *m*

mongoloid [moŋgolo'iːt] *adj* MED mongoloïde

Monitor ['moːnitoːɐ̯] <-s, -toren> *m* moniteur *m*

Monogamie [monoga'miː] <-> *f* monogamie *f*

Monogramm [mono'gram] <-s, -e> *nt* monogramme *m*

Monokultur ['moːnokʊltuːɐ̯] *f* monoculture *f*

Monolog [mono'loːk] <-[e]s, -e> *m* monologue *m*

Monopol [mono'poːl] <-s, -e> *nt* monopole *m*

Monopolstellung *f* situation *f* de monopole **monoton** [mono'toːn] *adj* monotone

Monotonie [monoto'niː] <-, -n> *f* monoto-

nie *f*

Monoxid <-[e]s, -e> *nt* monoxyde *m*

Monster ['monstɐ] <-s, -> *nt* monstre *m*

monströs [mon'strøːs] *adj geh* monstrueux (-euse); (*riesig*) énorme

Monstrum ['monstrʊm] <-s, Monstren> *nt* monstre *m*

Monsun [mon'zuːn] <-s, -e> *m* mousson *f*

Montag ['moːntaːk] <-s, -e> *m* lundi *m*; *s. a.* **Dienstag**

Montagabend *m* lundi *m* soir

Montage [mon'taːʒə] <-, -n> *f* montage *m*

Montagmorgen *m* lundi *m* matin

montags *adv* le lundi

Monteur(in) [mon'tøːɐ̯] <-s, -e> *m(f)* installateur(-trice) *m(f)*

montieren* *vt* ❶ (*zusammenbauen*) monter ❷ (*anbringen*) installer

Monument [monu'mɛnt] <-[e]s, -e> *nt* monument *m*

monumental [monumɛn'taːl] *adj* colossal(e)

Monumentalfilm *m* superproduction *f*

Moor [moːɐ̯] <-[e]s, -e> *nt* marais *m*

Moos [moːs] <-es, -e> *nt* ❶ BOT mousse *f* ❷ *kein Pl fam* (*Geld*) pognon *m*

Moped ['moːpɛt] <-s, -s> *nt* vélomoteur *m*

Mopedfahrer(in) *m(f)* motocycliste *mf*

Moppᴿᴿ [mop] <-s, -s> *m* balai *m* à franges

Mops [mops, *Pl:* 'mœpsə] <-es, Möpse> *m* ZOOL carlin *m*

Moral [mo'raːl] <-> *f* (*Ethik*) morale *f*

moralisch *adj* moral(e)

Moralpredigt *f* sermon *m*

Morast [mo'rast] <-[e]s, -e *o* Moräste> *m* ❶ (*sumpfiges Gelände*) marécage *m* ❷ *kein Pl* (*Schlamm*) boue *f*

Morchel ['morçal] <-, -n> *f* morille *f*

Mord [mort] <-[e]s, -e> *m* meurtre *m*

Mordanschlag *m* attentat *m* **Morddrohung** *f* menace *f* de mort

morden ['mordan] *vi* assassiner; (*Massenmord begehen*) massacrer

Mörder(in) ['mœrdɐ] <-s, -> *m(f)* meurtrier(-ière) *m(f)*

mörderisch *adj fam* ❶ (*schrecklich*) atroce ❷ (*Hunger*) terrible; (*Tempo*) infernal(e)

Mordshunger ['morts'hʊŋɐ] *m fam* faim *f* de loup

Mordwaffe *f* arme *f* du crime

morgen ['morgən] *adv* demain; **~ früh** demain matin

Morgen¹ <-s> *nt* demain *m*

Morgen² <-s, -> m ❶ matin m; (*in seinem Verlauf*) matinée f; **am ~** le matin; **heute/ Montag ~** ce/lundi matin; **am nächsten ~** le lendemain matin; |**guten**| ~! bonjour! ❷ (*Flächenmaß*) ≈ arpent m

morgendlich ['mɔrgəntlɪç] adj (*Stille*) matinal(e); (*Hektik*) du matin

Morgengrauen <-s, -> nt aube f **Morgenmantel** m, **Morgenrock** m robe f de chambre **Morgenmuffel** <-s, -> m fam **ich bin ein ~** le matin, je ne suis pas à prendre avec des pincettes

morgens adv le matin; **von ~ bis abends** du matin au soir

morgig adj attr de demain

Mormone [mɔr'moːnə] <-n, -n> m, **Mormonin** f mormon(e) m(f)

Morphium ['mɔrfiʊm] <-s> nt morphine f

morsch [mɔrʃ] adj (*Holz*) pourri(e)

Morsealphabet nt alphabet m morse

morsen ['mɔrzən] vt, vi télégraphier en morse

Mörser ['mœrzə] <-s, -> m mortier m

Mörtel ['mœrtəl] <-s, -> m mortier m

Mosaik [moza'iːk] <-s, -e[n]> nt mosaïque f

Moschee [mɔ'ʃeː] <-, -n> f mosquée f

Moschus ['mɔʃʊs] <-> m musc m

Möse ['møːzə] <-, -n> f vulg con m

Mosel ['moːzəl] <-> f **die ~** la Moselle

Moskau ['mɔskau] <-s> nt Moscou

Moskito [mɔs'kiːto] <-s, -s> m moustique m

Moslem ['mɔslɛm] <-s, -s> m, **Moslime** f musulman(e) m(f)

moslemisch [mɔs'leːmɪʃ] adj musulman(e)

Most [mɔst] <-[e]s> m moût m

Motel ['moːtəl] <-s, -s> nt motel m

Motiv [mo'tiːf] <-s, -e> nt motif m

Motivation [motiva'tsi̯oːn] <-, -en> f motivation f

motivieren* [moti'viːrən] vt motiver

Motor ['moːtɔr] <-s, -toren> m moteur m

Motorboot ['moːtorboːt] nt bateau m à moteur **Motorhaube** f capot m

motorisiert adj motorisé(e) (*fam*)

Motorrad ['motoraːt] nt moto f **Motorradfahrer(in)** m(f) motocycliste mf **Motorroller** m scooter m **Motorsäge** f tronçonneuse f

Motte ['mɔtə] <-, -n> f mite f

Mottenkugel f boule f antimite

Motto ['mɔto] <-s, -s> nt devise f

motzen ['mɔtsən] vi fam râler

Mountainbike ['maʊntənbaik] <-s, -s> nt vélo m tout-terrain, V.T.T. m

Möwe ['møːvə] <-, -n> f mouette f

Mrd. Abk von **Milliarde[n]** Mrd.

MS [ɛm'ʔɛs] Abk von **Multiple Sklerose** sclérose f en plaques

Mücke ['mʏkə] <-, -n> f moustique m

Mückenstich m piqûre f de moustique

Mucks [mʊks] <-es, -e> m fam (*Wort*) mot m; **ohne einen ~** sans moufter

mucksmäuschenstill ['mʊks'mɔɪsçən'ʃtɪl] fam I. adj silencieux(-euse); **seid ~!** pas de bruit! II. adv sans faire de bruit

müde ['myːdə] I. adj fatigué(e); (*gelangweilt*) lassé(e); **einer S.** (*gen*) **~ werden/ sein** se lasser/être fatigué de qc II. adv **da kann ich nur ~ lächeln** je ne trouve pas cela très original

Müdigkeit <-> f fatigue f

Müesli ['myːɛsli] <-s, -s> nt CH mu[e]sli m

Mühe ['myːə] <-, -n> f peine f; **sich** (*dat*) **~ geben** se donner du mal; **sich** (*dat*) **die ~ machen etw zu tun** se donner la peine de faire qc; **machen Sie sich** (*dat*) **keine ~!** ne vous dérangez pas! ▶**mit Müh und Not** fam avec bien du mal

mühelos I. adj facile II. adv sans peine

muhen ['muːən] vi meugler

mühevoll s. **mühsam**

Mühle ['myːlə] <-, -n> f ❶ moulin m ❷ (*~spiel*) marelle f [assise]

Mühlrad nt roue f du moulin

mühsam adj pénible

Mulde ['mʊldə] <-, -n> f GEO cuvette f

Mull [mʊl] <-[e]s, -e> m MED gaze f

Müll [mʏl] <-s> m déchets mpl; (*Hausmüll*) ordures fpl ménagères

Müllabfuhr <-, -en> f (*das Abfahren*) ramassage m des ordures ménagères **Müllberg** m fam (*große Menge Müll*) montagne f d'ordures ménagères

Mullbinde f bande f de gaze

Müllcontainer m benne f à ordures **Mülldeponie** f décharge f **Mülleimer** m poubelle f

Müller(in) ['mʏlə] <-s, -> m(f) meunier(-ière) m(f)

Müllhalde f dépotoir m **Müllkippe** f décharge f **Müllmann** <-männer o Mülleute> m fam éboueur m **Müllschlucker** <-s, -> m vide-ordures m inv **Mülltonne** f poubelle f **Mülltrennung** f triage m des déchets

M

En Allemagne, on pratique la **Mülltrennung**. C'est-à-dire que les déchets ménagers sont triés directement par les ménages. On sépare les déchets organiques et matières minérales que l'on met dans une *Biotonne*. Le plastique et les emballages sont récupérés dans un grand sac jaune, le *gelber Sack* et ce qui ne peut pas être recyclé va dans la poubelle noire. Le papier et le carton sont placés dans un conteneur à part que la municipalité vient vider tous les quinze jours. Seul le verre doit être amené aux conteneurs publics.

Müllverbrennung *f* incinération *f* des ordures **Müllverbrennungsanlage** *f* usine *f* d'incinération des déchets **Müllwagen** *m* camion *m* de ramassage des ordures ménagères

mulmig ['mʊlmɪç] *adj fam* (*Gefühl*) étrange

multikulturell [mʊltikʊltu'rɛl] *adj* multiculturel(le) **Multimedia** <-[s]> *kein Pl* ~ le multimédia **multinational** *adj* multinational(e)

Multiplikation [mʊltiplika'tsi̯oːn] <-, -en> *f* multiplication *f*

multiplizieren* [mʊltipli'tsiːrən] *vt* etw mit etw ~ multiplier qc par qc

Multitasking <-s> *nt* INFORM multiprogrammation *f*

Mumie ['muːmi̯ə] <-, -n> *f* momie *f*

mumifizieren* [mumifi'tsiːrən] *vt* momifier

Mumps [mʊmps] <-> *m* MED oreillons *mpl*

München ['mʏnçən] <-s> *nt* Munich

Mund [mʊnt, *Pl:* 'mʏndə] <-[e]s, Münder> *m* bouche *f;* **halt den ~!** *fam* boucle-la!

Mundart *f* patois *m*

münden ['mʏndən] *vi* + haben o sein **in etw** (*akk*) ~ (*Fluss*) se jeter dans qc; (*Diskussion*) aboutir à qc

Mundgeruch *m* mauvaise haleine *f* **Mundharmonika** *f* harmonica *m*

mündig ['mʏndɪç] *adj* ❶ (*Bürger*) responsable ❷ (*volljährig*) ~ **sein** avoir la majorité **mündlich** ['mʏntlɪç] *adj* (*Prüfung*) oral(e); (*Vereinbarung*) verbal(e)

Mundpropaganda *f* bouche à oreille *m* **Mundschutz** *m* masque *m*

Mündung <-, -en> *f* ❶ (*eines Flusses*) embouchure *f* ❷ (*einer Kanone*) gueule *f;* (*ci-*

nes Gewehrs) extrémité *f*

Mundwasser *nt* bain *m* de bouche **Mundwerk** *nt* **ein freches ~ haben** *fam* avoir la langue bien pendue **Mund-zu-Mund-Beatmung** *f* bouche-à-bouche *m*

Munition [muni'tsi̯oːn] <-, -en> *f* munitions *fpl*

Münster ['mʏnstɐ] <-s, -> *nt* cathédrale *f*

munter ['mʊntɐ] *adj* ❶ (*heiter*) gai(e) ❷ (*wach*) réveillé(e)

Münze ['mʏntsə] <-, -n> *f* pièce *f* de monnaie **Münzfernsprecher** *m form* téléphone *m* à pièces

mürb[e] *adj* (*Fleisch*) tendre **Mürbeteig** *m* pâte *f* brisée

Murmel ['mʊrməl] <-, -n> *f* bille *f*

murmeln ['mʊrməln] I. *vi* marmonner II. *vt* murmurer

Murmeltier *nt* marmotte *f* ▸**schlafen** **wie** **ein ~** dormir comme un loir

murren ['mʊrən] *vi* **über etw** (*akk*) ~ maugréer au sujet de qc

mürrisch ['mʏrɪʃ] *adj* (*Person*) grincheux (-euse); (*Gesicht*) renfrogné(e)

Mus [muːs] <-es, -e> *nt o m* compote *f*

Muschel ['mʊʃəl] <-, -n> *f* coquillage *m;* (*Miesmuschel*) moule *f*

Muschi <-, -s> *f fam* chatte *f*

Muse ['muːzə] <-, -n> *f* muse *f*

Museum [mu'zeːʊm] <-s, Museen> *nt* musée *m*

Musical ['mjuːzikəl] <-s, -s> *nt* comédie *f* musicale

Musik [mu'ziːk] <-, -en> *f* musique *f*

En Allemagne, la transcription des notes de musique n'est pas la même qu'en France : à do, ré, mi, fa, sol, la, si correspondent C, D, E, F, G, A, H.

musikalisch [muzi'kaːlɪʃ] *adj* ❶ (*die Musik betreffend*) musical(e) ❷ (*musikbegabt*) musicien(ne)

Musikant(in) [muzi'kant] <-en, -en> *m(f)* musicien(ne) *m(f)*

Musikbox *f* juke-box *m inv*

Musiker(in) ['muːzikɐ] <-s, -> *m(f)* musicien(ne) *m(f)*

Musikhochschule *f* ≈ conservatoire *m* [de musique] **Musikinstrument** *nt* instrument *m* de musique **Musikkassette** *f* cassette *f* audio

musisch ['muːzɪʃ] *adj* (*Person*) doué(e) pour les arts; (*Begabung*) d'artiste

musizieren* [muziˈtsiːrən] *vi* faire de la musique

Muskat <-[e]s, -e> *m* muscade *f*

Muskel [ˈmʊskəl] <-s, -n> *m* muscle *m*

Muskelkater *m* courbatures *fpl* **Muskelprotz** [ˈmʊskəlprɔts] <-es, -e> *m fam* paquet *m* de muscles (*hum*)

Musketier <-s, -e> *m* mousquetaire *m*

muskulös [mʊskuˈløːs] *adj* musclé(e)

Müsli [ˈmyːsli] <-s, -> *nt* mu[e]sli *m*

Muslim [ˈmʊslɪm] <-[s], -e> *m*, **Muslime** *f* musulman(e) *m(f)*

Muss^RR [mʊs], **Muß**^ALT <-> *nt* ein ~ sein être obligatoire

Muße [ˈmuːsə] <-> *f* loisirs *mpl*

müssen [ˈmʏsən] **I.** <muss, musste, müssen> *vt modal* ❶ er muss arbeiten il doit travailler; **lachen ~** ne pas pouvoir s'empêcher de rire; **das muss sein** c'est absolument nécessaire; **man müsste ...** il faudrait ... ❷ (*brauchen*) du musst mir nicht helfen tu n'as pas besoin de m'aider; **das muss nicht heißen, dass ...** cela ne veut pas forcément dire que ... ❸ (*Ausdruck der Wahrscheinlichkeit*) **er muss krank sein** il doit être malade **II.** <musste, gemusst> *vi* ich muss zum Arzt je dois aller chez le médecin; **du musst!** tu dois le faire!; [mal] ~ *fam* avoir besoin d'aller aux W.-C.

müßig *adj* oiseux

Muster [ˈmʊstɐ] <-s, -> *nt* ❶ (*von Stoffen*) motif *m* ❷ (*Warenprobe*) échantillon *m* ❸ (*Vorlage*) modèle *m* ❹ (*Schnittmuster*) patron *m*

Musterbeispiel *nt* ein ~ für etw l'exemple *m* type de qc **Musterexemplar** *nt* échantillon *m*; (*Buch*) spécimen *m* **mustergültig** *adj*, **musterhaft** *adj* (*Person*) modèle; (*Verhalten*) exemplaire

mustern [ˈmʊstɐn] *vt* ❶ examiner ❷ MIL **gemustert werden** passer les tests de sélection militaire

Musterprozess^RR *m* procès *m* exemplaire **Musterschüler(in)** *m(f)* élève *mf* modèle

Musterung <-, -en> *f* MIL tests *mpl* de sélection militaire

Mut [muːt] <-[e]s> *m* courage *m*; **den ~ verlieren** perdre courage

Mutation [mutaˈtsi̯oːn] <-, -en> *f* mutation *f*

mutieren* *vi* BIO muter

mutig [ˈmuːtɪç] *adj* courageux(-euse)

mutlos *adj* découragé(e)

mutmaßlich *adj attr* (*Täter*) présumé(e)

Mutprobe *f* épreuve *f* de courage

Mutter[1] [ˈmʊtɐ, *Pl:* ˈmʏtɐ] <-, Mütter> *f* mère *f*; ~ **sein** être mère de famille

Mutter[2] <-, -n> *f* TECH écrou *m*

Muttergesellschaft *f* société *f* mère **Mutterleib** *m* im ~ dans le ventre maternel

mütterlich [ˈmʏtɐlɪç] *adj* maternel(le)

mütterlicherseits *adv* du côté maternel

Mutterliebe *f* amour *m* maternel **Muttermal** *nt* tache *f* de naissance **Muttermilch** *f* lait *m* maternel **Muttermund** *m* ANAT col *m* de l'utérus

Mutterschaft <-> *f* maternité *f*

Mutterschaftsurlaub *m* congé *m* de maternité

Mutterschutz *m* protection *f* sociale de la femme enceinte **mutterseelenallein** [ˈmʊtɐˈzeːlənʔaˈlai̯n] *adj* ~ **sein** être tout seul **Muttersöhnchen** <-s, -> *nt pej fam* petit garçon *m* à sa maman **Muttersprache** *f* langue *f* maternelle **Muttersprachler(in)** <-s, -> *m(f)* locuteur *m* natif **Muttertag** *m* fête *f* des Mères **Muttertier** *nt* AGR, ZOOL mère *f*

Mutti [ˈmʊti] <-, -s> *f fam* maman *f*

mutwillig I. *adj* causé(e) par un vandale/des vandales **II.** *adv* par vandalisme

Mütze [ˈmʏtsə] <-, -n> *f* (*Pudelmütze*) bonnet *m*; (*Schirmmütze*) casquette *f*; (*Baskenmütze*) béret *m*

MwSt. *Abk von* **Mehrwertsteuer** T.V.A.

Myrr[h]e^RR [ˈmyrə] <-, -n> *f* myrrhe *f*

mysteriös [mʏsteriˈøːs] *adj* mystérieux (-euse)

Mystik [ˈmʏstɪk] <-> *f* mysticisme *m*

mythisch *adj* mythique

Mythologie [mytoloˈgiː] <-, -n> *f* mythologie *f*

Mythos [ˈmyːtɔs] <-, Mythen> *m* mythe *m*

N

N (margin letter)

N, n [ɛn] <-, -> *nt* N *m*/n *m*

N *Abk von* **Norden** N

na [na] *interj fam* ❶ (*Ausdruck des Zweifels*)

ben ❷ (*Ausruf der Entrüstung*) hé; ~ **warte!**
eh là, pas si vite! ►~ **gut** bon, allez; ~ **also!**
tu vois/vous voyez!; ~ **und?** et [puis] alors?
Nabel ['na:bəl] <-s, -> *m* nombril *m*
Nabelschnur *f* cordon *m* ombilical
nach [na:x] I. *präp* + *dat* ❶ (*räumlich*) ~
Nizza fahren aller à Nice; ~ **Frankreich**
en France; ~ **Dänemark** au Danemark; ~
Norden vers le nord; **der Zug ~ Borde-**
aux le train pour Bordeaux; ~ **Hause ge-**
hen aller à la maison ❷ (*zeitlich*) après;
fünf [Minuten] ~ **drei** trois heures cinq
[minutes]; ~ **drei Tagen** trois jours plus
tard ❸ (*entsprechend*) selon; ~ **meiner Mei-**
nung ~ à mon avis; ~ **Autoren geordnet**
sein (*Katalog*) être classé par auteurs; ~
den Vorschriften conformément au règlement II. *adv* ►~ **und** ~ peu à peu; ~ **wie**
vor toujours
nach|ahmen ['na:xʔa:mən] *vt* imiter
Nachahmung <-, -en> *f* imitation *f*
Nachbar(in) ['naxbaːɐ] <-n, -n> *m(f)* voi-
sin(e) *m(f)*
Nachbarschaft <-> *f* voisinage *m*
Nachbarstaat *m* [État *m*] voisin *m*
nach|bestellen* *vt* **zwei Kisten** ~
commander deux autres caisses
Nachbildung *f* copie *f*
nachdem [na:x'de:m] *konj* ❶ (*zeitlich*)
kurz ~ **wir zurückgekommen waren**
peu après notre retour; ~ **er umgezogen**
war, ... après avoir déménagé, ... ❷ (*da,*
weil) comme
nach|denken *vi irr* **über etw** ~ réfléchir sur
qc; (*eine Entscheidung suchen*) réfléchir à
qc
nachdenklich *adj* pensif(-ive)
Nachdruck <-s> *m* ❶ insistance *f*; **mit** [allem]
~ (*verlangen*) expressément; (*ablehnen*) catégoriquement
nach|drucken *vt* réimprimer
nachdrücklich ['na:xdrʏklɪç] I. *adj* insis-
tant(e); (*Forderung*) ferme; (*Warnung*) ap-
puyé(e) II. *adv* (*fordern*) fermement; (*war-*
nen) expressément; (*ablehnen*) catégoriquement
nach|eifern *vi* **jdm** ~ prendre modèle sur qn
nacheinander [na:xʔajˈnandɐ] *adv* ~ **den**
Raum verlassen quitter la salle l'un(e)
après l'autre; **etw zweimal** ~ **tun** faire qc
deux fois de suite
Nacherzählung *f* compte *m* rendu de lec-

ture
nach|fahren *vi irr* + *sein* ❶ (*verfolgen*) **jdm**
~ suivre qn ❷ (*später nachkommen*) **jdm** ~
rejoindre qn [en voiture/par le train]
nach|feiern *vt* **etw** ~ fêter qc après coup
Nachfolge *f* succession *f*
nachfolgend *geh* I. *adj* suivant(e); **im**
Nachfolgenden ci-après II. *adv* ensuite
Nachfolger(in) <-s, -> *m(f)* successeur *mf*
nach|fordern *vt* demander après coup; **etw**
~ (*nachträglich fordern*) demander qc après
coup; (*zusätzlich fordern*) demander qc en
plus
nach|forschen *vi* ~ faire des recherches
Nachforschung *f* recherches *fpl*
Nachfrage *f* ~ **nach etw** demande *f* de qc
nach|fragen *vi* **bei jdm** ~, **ob/wie ...** se
renseigner auprès de qn pour savoir si/
comment ...
nach|fühlen *vt* **er wird** [mir] **sicher** ~ **kön-**
nen, ... il comprendra fort bien que + *subj*
nach|füllen *vt* (*Glas*) remplir de nouveau
Nachfüllpackung *f* [éco]recharge *f*
nach|geben *vi irr* ❶ céder; (*Boden*) s'enfon-
cer ❷ FIN, ÖKON reculer
nach|gehen *vi irr* + *sein* ❶ **jdm** ~ suivre qn;
einem Hinweis ~ vérifier un indice
❷ (*Uhr*) retarder
nachgemacht *adj* (*Unterschrift*) imité(e)
Nachgeschmack *m* arrière-goût *m*
nachgiebig ['na:xgiːbɪç] *adj* (*Person*) [trop]
accommodant(e)
Nachgiebigkeit <-> *f* (*Wesensart*) manque
m de fermeté
nach|gießen *vt, vi irr* resservir
nachhaltig ['na:xhaltɪç] *adj* durable
nachhauseᴿᴿ *adv* A, CH ~ **gehen** aller à la
maison
nach|helfen *vi irr* donner un coup de pouce
nachher, nachher [na:xˈheːɐ] *adv* ❶ (*da-*
nach) après ❷ (*gleich*) tout à l'heure
Nachhilfe *f*, **Nachhilfeunterricht** *m* cours
m particulier
Nachhineinᴿᴿ ['na:xhɪnajn] **im** ~ après
coup
Nachholbedarf *m* ~ **an Bildung** retard *m* à
combler en matière de culture
nach|holen *vt* ❶ (*Jugend*) rattraper ❷ (*nach-*
kommen lassen) faire venir
nach|jagen *vi* + *sein* **jdm/dem Geld** ~ cou-
rir après qn/l'argent
nach|kaufen *vt* **etw** ~ racheter qc [par la

suite]

Nachkomme ['naːxkɔmə] <-n, -n> *m* descendant(e) *m(f);* **die ~n** la descendance
nach|kommen *vi irr + sein* ❶ **jdn ~ lassen** faire venir qn ❷ *(Schritt halten)* suivre
Nachkommenschaft <-> *f* descendance *f*
Nachkriegszeit *f* après-guerre *m*
nach|laden *vi, vt irr* recharger
Nachlass^{RR} <-es, -e>, **Nachlaß**^{ALT} ['naːxlas] <-lasses, -lasse> *m* ❶ *(eines Verstorbenen)* succession *f;* *(Werke)* œuvres *fpl* posthumes ❷ *(Preisnachlass)* réduction *f*
nach|lassen *vi irr (Sturm)* se calmer; *(Sehkraft)* faiblir; *(Schmerz)* s'atténuer
nachlässig I. *adj (Personal)* négligent(e); *(Arbeit, Äußeres)* négligé(e) **II.** *adv* **~ arbeiten** être négligent dans son travail
Nachlässigkeit <-, -en> *f* négligence *f*
nach|laufen *vi irr + sein* **jdm ~** ❶ *(hinterherlaufen)* poursuivre qn ❷ *fam (erobern wollen)* courir après qn
nach|lesen *vt irr* **etw ~** vérifier qc
nach|lösen *vt* acheter dans le train; **die Fahrkarte ~** acheter son billet dans le train
nach|machen *vt* ❶ *(nachahmen)* imiter ❷ *(fälschen)* contrefaire
nach|messen *vt, vi irr* vérifier les mesures
Nachmieter(in) *m(f)* locataire *m* suivant
Nachmittag *m* après-midi *m o f inv;* **am ~** l'après-midi; **heute ~** cet après-midi; **am frühen ~** tôt dans l'après-midi
nachmittags *adv* l'après-midi
Nachnahme ['naːxnaːmə] <-, -n> *f* **etw per ~ schicken** envoyer qc contre remboursement
Nachname *m* nom *m* [de famille]
nachprüfbar *adj* vérifiable; **nicht ~** invérifiable
nach|prüfen *vt, vi* vérifier
nach|rechnen I. *vi* refaire les calculs **II.** *vt* [re]vérifier
nach|reichen *vt* **jdm etw ~** faire parvenir qc à qn ultérieurement
nach|reisen *vi + sein* **jdm nach Italien ~** rejoindre qn en Italie
Nachricht ['naːxrɪçt] <-, -en> *f* ❶ information *f* ❷ *(Mitteilung)* nouvelle *f*
Nachrichtensprecher(in) *m(f)* présentateur(-trice) *m(f)* [du journal] **Nachrichtentechnik** *f* télécommunications *fpl*
nach|rücken *vi + sein* ❶ prendre la place ❷ MIL **jdm ~** suivre qn

Nachruf *m* nécrologie *f*
nach|rüsten I. *vi* MIL augmenter son potentiel militaire **II.** *vt (Computer)* compléter l'équipement de
nach|sagen *vt (behaupten)* **jdm Gutes ~** dire du bien de qn
Nachsaison *f* basse saison *f*
nach|schauen I. *vt* vérifier **II.** *vi* ❶ **~, ob ...** aller voir si ...; **im Wörterbuch ~** regarder dans le dictionnaire ❷ *(nachblicken)* **jdm/ einer S. ~** suivre qn/qc des yeux
nach|schenken *geh* **I.** *vt* **jdm Wasser ~** resservir de l'eau à qn **II.** *vi* **jdm ~** resservir à boire à qn
nach|schicken *vt* réexpédier
Nachschlag *m* portion *f* supplémentaire
nach|schlagen *irr + haben* **I.** *vt* ❶ *(suchen)* chercher ❷ *(überprüfen)* vérifier **II.** *vi* **in einem Lexikon ~** consulter une encyclopédie
Nachschub <-[e]s, -schübe> *m* ravitaillement *m*
nach|sehen *irr* **I.** *vi* ❶ **~, ob/wo/...** aller voir si/où/... ❷ *(nachschlagen)* **in einem Lexikon ~** consulter une encyclopédie ❸ *(nachblicken)* **jdm/einer S. ~** suivre qn/qc des yeux **II.** *vt* ❶ **etw im Wörterbuch ~** chercher qc dans le dictionnaire ❷ *(kontrollieren)* vérifier ❸ *(verzeihen)* **jdm etw ~** pardonner qc à qn
nach|senden *vt irr* **jdm etw ~** réexpédier qc à qn
Nachsicht <-> *f* indulgence *f*
nachsichtig I. *adj* indulgent(e) **II.** *adv* avec indulgence
nach|sitzen *vi irr* **~ müssen** être en retenue
Nachspeise *f* dessert *m*
nach|sprechen *vt, vi irr* répéter
nächstbeste(r, s) ['nɛːçst'bɛstə, -tə, -təs] *adj attr* **der/die Nächstbeste** le premier venu/la première venue
nächste(r, s) ['nɛːçstə, -tə, -təs] *adj Superl von* **nah[e]** ❶ *(in größter Nähe gelegen)* **die ~ Tankstelle** la station d'essence la plus proche; **am ~n** le plus près ❷ *(bevorstehend)* **in der ~n Woche** la semaine prochaine; **am ~n Tag** le lendemain; **bei der ~n Gelegenheit** à la première occasion [qui se présente] ❸ *(in Bezug auf eine Reihenfolge)* **der Nächste, bitte!** au suivant, s'il vous plaît! ❹ *(sehr vertraut)* **die ~n Verwandten/Angehörigen** les proches *mpl*

N

Nächste(r) *m* mein ~r mon prochain

nachstehend *adj* qui suit

nach|stellen *vt* (*Uhr*) retarder; (*Szene*) jouer

Nächstenliebe *f* amour *m* du prochain

nächstens *adv* (*bald*) prochainement

nächstgelegen *adj attr* das ~e **Dorf** le village le plus proche **nächstliegend** *adj attr* das **Nächstliegende** le plus simple **nächstmöglich** *adj attr* zum ~en Termin le plus tôt possible

nachtᴬᴸᵀ *s.* **Nacht**

Nacht [naxt, *Pl:* 'nɛçtə] <-, **Nächte**> *f* nuit *f;* **heute** ~ cette nuit; **es wird** ~ il commence à faire nuit; **bei** ~ de nuit; **gute** ~! bonne nuit! ▶**über** ~ du jour au lendemain

nachtaktiv *adj* ZOOL nocturne

Nachtarbeit *f* travail *m* de nuit

Nachteil <-[e]s, -e> *m* inconvénient *m;* **zum** ~ **der Steuerzahler** au détriment des contribuables; **im** ~ **sein** être désavantagé

nachteilig I. *adj* (*Auswirkungen*) préjudiciable II. *adv* sich ~ **auswirken** avoir des conséquences fâcheuses

nächtelang ['nɛçtəlaŋ] *adv* [pendant] des nuits entières

Nachthemd *nt* chemise *f* de nuit

Nachtigall ['naxtɪɡal] <-, -en> *f* rossignol *m*

Nachtisch *m* dessert *m*

Nachtklub *m* boîte *f* [de nuit] **Nachtleben** *nt* vie *f* nocturne

nächtlich ['nɛçtlɪç] *adj attr* nocturne

Nachtlokal *nt* boîte *f*

Nachtrag <-[e]s, -träge> *m* annexe *f*

nach|tragen *vt irr* ❶ (*ergänzen*) ajouter ❷ *fig* jdm etw ~ en vouloir à qn de qc

nachtragend *adj* rancunier(-ière)

nachträglich ['na:xtrɛːklɪç] *adj* (*Hinweis*) ultérieur(e); (*Genehmigung*) donné(e) par la suite

nach|trauern *vi* jdm ~ regretter qn

nachts *adv* la nuit; **spät** ~ tard dans la nuit

Nachtschicht *f* ❶ (*Arbeit*) poste *m* de nuit ❷ (*Schichtarbeiter*) équipe *f* de nuit

Nachttisch *m* table *f* de chevet **Nachttischlampe** *f* lampe *f* de chevet **Nachtwache** *f* veillée *f*

nachvollziehbar *adj* compréhensible; **leicht** ~ **sein** être facile à comprendre

nach|vollziehen* *vt irr* suivre; (*verstehen*) comprendre

nach|wachsen *vi irr* + *sein* repousser

Nachweis ['na:xvaɪs] <-es, -e> *m* preuve *f;* (*von Giftstoffen*) mise *f* en évidence

nachweisbar *adj* qui peut être prouvé

nach|weisen *vt irr* (*Wohnort*) prouver; (*Giftstoffe*) déceler la présence de; **jdm** ~, **dass** ... prouver à qn que ...

Nachwort <-worte> *nt* postface *f*

Nachwuchs *m* rejetons *mpl*

nach|zahlen I. *vt* **Steuern** ~ payer un rappel d'impôts II. *vi* payer un supplément

nach|zählen *vt, vi* recompter

Nachzahlung *f* ❶ (*Gehaltsnachzahlung*) rappel *m* ❷ (*zu bezahlender Betrag*) supplément *m*

nach|ziehen *irr* I. *vt* + *haben* (*Schraube*) resserrer II. *vi* mit etw ~ emboîter le pas en faisant qc

Nacken ['nakən] <-s, -> *m* nuque *f*

nackt [nakt] *adj* nu(e)

Nackte(r) *f(m) dekl wie adj* homme *m* nu/femme *f* nue

Nadel ['na:dəl] <-, -n> *f* aiguille *f;* (*Stecknadel*) épingle *f*

Nadelbaum *m* conifère *m* **Nadeldrucker** *m* INFORM imprimante *f* matricielle **Nadelholz** *nt kein Pl* (*Holz*) bois *m* de résineux

nadeln *vi* perdre ses aiguilles

Nadelöhr *nt* chas *m;* (*Engpass*) goulet *m* d'étranglement

Nagel ['na:ɡəl, *Pl:* 'nɛːɡəl] <-s, Nägel> *m* ❶ (*Metallstift*) clou *m* ❷ (*Finger-, Zehennagel*) ongle *m* ▶**den** ~ **auf den Kopf treffen** *fam* mettre le doigt dessus

Nagelfeile *f* lime *f* à ongles **Nagellack** *m* vernis *m* à ongles **Nagellackentferner** <-s, -> *m* dissolvant *m*

nageln *vt* etw vor das Fenster ~ clouer qc devant la fenêtre

Nagelschere *f* ciseaux *mpl* à ongles

nagen ['na:ɡən] *vi* ❶ an einem Knochen ~ ronger un os ❷ *fig* an jdm ~ (*Schuldgefühle*) ronger qn

Nager ['na:ɡɐ] <-s, -> *m,* **Nagetier** *nt* rongeur *m*

nah [na:] <näher, nächste> I. *adj* ❶ (*räumlich/zeitlich*) ~ **sein** être proche ❷ *fig* **den Tränen** ~|e| **sein** être au bord des larmes; ~|e| **daran sein** etw **zu tun** être sur le point de faire qc II. *adv* ❶ (*räumlich: gelegen sein*) [tout] près; **von** ~em de près ❷ (*eng*) **ich bin** ~ **mit ihm verwandt** nous sommes proches parents

nahe ['na:ə] I. *präp* + *dat* ~ **dem Brunnen** près du puits II. *adj s.* **nah**

Nähe ['nɛ:ə] <-> *f* ❶ proximité *f;* **in der ~ à** proximité ❷ (*Anwesenheit: einer Person*) présence *f*

nahe|gehenᴬᴸᵀ *s.* **gehen I.16.**

nahe|kommenᴬᴸᵀ *s.* **kommen I.▶**

nahe|legenᴬᴸᵀ *s.* **legen I.▶**

naheliegendᴬᴸᵀ *s.* **liegen ▶**

nahen *vi* + *sein geh* approcher

nähen ['nɛ:ən] I. *vt* (*Kleid*) coudre; (*Wunde*) recoudre II. *vi* faire de la couture

näher ['nɛ:ɐ] I. *adj Komp von* **nahe** ❶ (*räumlich*) plus près; **in der ~en Umgebung des Bauernhofs** à proximité de la ferme ❷ (*zeitlich*) plus rapproché(e); **in ~er Zukunft** dans un proche avenir ❸ (*detaillierter*) plus précis(e) ❹ (*Bekanntter*) assez proche; (*Zusammenarbeit*) assez étroit(e) II. *adv* ❶ (*räumlich*) plus près; ~ **an etw** (*akk*) **herantreten** se rapprocher [plus] de qc; **treten Sie ~!** veuillez vous approcher! ❷ (*zeitlich*) ~ **rücken** approcher ❸ (*detaillierter*) de façon plus précise

nähern *vr* ❶ (*räumlich*) **sich jdm/einer S.** ~ [s']approcher de qn/qc ❷ (*zeitlich*) **sich einer S.** (*dat*) ~ approcher de qc

nahe|stehenᴬᴸᵀ *s.* **stehen I.11.**

nahezu ['na:ə'tsu:] *adv* presque

Nähgarn *nt* fil *m* à coudre

nahm [na:m] *Imp von* **nehmen**

Nähmaschine *f* machine *f* à coudre **Nähnadel** *f* aiguille *f* à coudre

Nahost ['na:'ɔst] *kein art* **aus/in** ~ du/au Proche-Orient

nahrhaft ['na:ɐhaft] *adj* nourrissant(e)

Nährstoff *m* substance *f* nutritive

Nahrung ['na:rʊŋ] <-,> *f* nourriture *f;* **feste** ~ des aliments *mpl* solides

Nahrungsaufnahme *f kein Pl form* absorption *f* de nourriture; **die ~ verweigern** refuser de nourriture **Nahrungsmittel** *nt* produits *mpl* alimentaires

Nährwert *m* valeur *f* nutritive

Naht [na:t, *Pl:* 'nɛ:tə] <-, **Nähte**> *f* ❶ couture *f* ❷ MED [points *mpl* de] suture *f*

nahtlos I. *adj* (*lückenlos*) immédiat(e) II. *adv* sans pause

Nahverkehr *m* trafic *m* urbain; **der öffentliche ~** les transports *mpl* en commun **Nahverkehrszug** *m* train *m* de banlieue

naiv [na'i:f] *adj* naïf(-ïve)

Naivität [naivi'tɛ:t] <-> *f* naïveté *f*

Name ['na:mə] <-ns, -n> *m,* **Namen** <-s, -> *m* nom *m* ▶**im ~n des Gesetzes/des Volkes** au nom de la loi/du peuple

namenlos *adj* (*anonym*) anonyme

namens *adv* **ein Herr ~ Dietz** un monsieur du nom de Dietz

Namenstag *m* fête *f* **Namensvetter** *m* homonyme *m*

namentlich ['na:məntlɪç] I. *adj* nominal(e) II. *adv* ❶ nommément ❷ (*insbesondere*) particulièrement

namhaft *adj* (*berühmt*) renommé(e)

nämlich ['nɛ:mlɪç] *adv* ❶ (*und zwar*) et ce; (*genauer gesagt*) à savoir ❷ (*denn*) en effet

nannte ['nantə] *Imp von* **nennen**

nanu [na'nu:] *interj* ça alors

Napf [napf, *Pl:* 'nɛpfə] <-[e]s, **Näpfe**> *m* gamelle *f*

Narbe ['narbə] <-, -n> *f* cicatrice *f*

Narkose [nar'ko:zə] <-, -n> *f* anesthésie *f* générale

Narkosearzt *m,* **-ärztin** *f* anesthésiste *mf*

Narr [nar] <-en, -en> *m* ❶ (*Dummkopf*) imbécile *m* ❷ (*Hofnarr*) fou *m* ▶**jdn zum ~en halten** se moquer de qn

Närrin ['nɛrɪn] <-, -nen> *f* imbécile *f*

Narzisse [nar'tsɪsə] <-, -n> *f* narcisse *m*

nasal [na'za:l] *adj* nasal(e)

naschen ['naʃən] I. *vi* grignoter des friandises; **von etw ~** (*heimlich kosten*) goûter [en cachette] à qc II. *vt* grignoter

Nase ['na:zə] <-, -n> *f* ❶ nez *m;* **sich** (*dat*) **die ~ putzen** se moucher ❷ (*Schnauze*) truffe *f* ▶**die ~ voll haben** *fam* en avoir plein le dos; **auf die ~ fallen** *fam* se casser le nez; **jdm auf der ~ herumtanzen** *fam* mener qn par le bout du nez; **vor seiner/deiner/... ~** *fam* sous son/ton nez

näseln ['nɛ:zəln] *vi* parler du nez

Nasenbluten <-s> *nt kein Pl* saignement *m* de nez; **~ haben** saigner du nez **Nasenloch** *nt* narine *f* **Nasenspitze** *f* bout *m* du nez **Nasentropfen** *Pl* gouttes *fpl* pour le nez

Nashorn *nt* rhinocéros *m*

nassᴿᴿ, **naß**ᴬᴸᵀ [nas] <nasser, nasseste> *adj* ❶ mouillé(e); **ganz ~** trempé(e) ❷ (*regnerisch*) humide

Nässe ['nɛsə] <-> *f* humidité *f*

nasskaltᴿᴿ *adj* froid(e) et humide

Nation [na'tsi̯o:n] <-, -en> *f* nation *f;* **die**

N

Vereinten ~en les Nations Unies
national [natsi̯o'na:l] *adj* national(e)
Nationalhymne *f* hymne *m* national
Nationalismus [natsi̯ona'lɪsmʊs] <-> *m* nationalisme *m*
Nationalist(in) [natsi̯ona'lɪst] <-en, -en> *m(f)* nationaliste *mf*
nationalistisch I. *adj* nationaliste II. *adv* en nationaliste
Nationalität [natsi̯onali'tɛːt] <-, -en> *f* nationalité *f*
Nationalmannschaft *f* équipe *f* nationale **Nationalrat** *m kein Pl* A, CH Conseil *m* national **Nationalrat** <-räte> *m*, **-rätin** *f* A, CH membre *m* du Conseil national **Nationalsozialismus** *m* national-socialisme *m* **Nationalsozialist(in)** *m(f)* national-socialiste *mf* **nationalsozialistisch** *adj* national-socialiste **Nationalversammlung** *f* (*französisches Parlament*) **die ~** l'Assemblée *f* nationale
NATO ['na:to] *f Abk von* **North Atlantic Treaty Organization** O.T.A.N. *f*
Natrium ['na:tri̯ʊm] <-s> *nt* CHEM sodium *m*
Natron ['na:trɔn] <-s> *nt* CHEM natron *m*
Natter ['natɐ] <-, -n> *f* couleuvre *f*
Natur [na'tuːɐ̯] <-> *f* (*a. Wesen*) nature *f*
Naturalien [natu'ra:li̯ən] *Pl* produits *mpl* de la terre
Naturalismus [natura'lɪsmʊs] <-> *m* naturalisme *m*
Naturereignis *nt* phénomène *m* naturel **Naturforscher(in)** *m(f)* naturaliste *mf* **naturgemäß** *adj* naturel(le) **Naturgesetz** *nt* loi *f* de la nature **naturgetreu** *adj* fidèle [à la réalité] **Naturheilkunde** *f* médecine *f* douce **Naturkatastrophe** *f* catastrophe *f* naturelle **Naturkost** *f* aliments *mpl* naturels **Naturkundemuseum** *nt* musée *m* d'histoire naturelle
natürlich [na'tyːɐ̯lɪç] I. *adj* ❶ naturel(le); (*Gebiss*) vrai(e) ❷ (*menschlich*) **es ist [nur] ~, dass/wenn** il est tout naturel que + *subj* II. *adv* (*selbstverständlich*) naturellement
Natürlichkeit <-> *f* naturel *m*
Naturschutz *m* protection *f* de la nature; **unter ~ stehen** être protégé **Naturschutzgebiet** *nt* réserve *f* naturelle **Naturtalent** *nt* **du musst ein echtes ~ sein** tu dois être vraiment doué **naturverbunden** *adj* proche de la nature **Naturvolk** *nt* peuple *m* primitif **Naturwissenschaft** *f* **die ~en** les sciences naturelles **Naturwissenschaftler(in)** *m(f)* scientifique *mf* **naturwissenschaftlich** *adj* scientifique
Navigation [naviga'tsi̯oːn] <-> *f* navigation *f*
navigieren* [navi'giːrən] I. *vi* naviguer II. *vt* piloter
Nazi ['na:tsi] <-s, -s> *m*, <-, -s> *f* nazi(e) *m(f)*
NC <-> *m* numerus *m* clausus
n. Chr. *Abk von* **nach Christus** apr. J.-C.
'ne [nə] *art indef fam Abk von* **eine** une
Neandertaler [ne'andɐta:lɐ] <-s, -> *m* homme *m* de Neandertal
Nebel ['ne:bəl] <-s, -> *m* ❶ brouillard *m*; (*leicht*) brume *f* ❷ ASTRO nébuleuse *f*
nebelig *adj* brumeux(-euse)
Nebelscheinwerfer *m* phare *m* antibrouillard
neben ['ne:bən] I. *präp* + *dat* ~ **jdm/einer S.** à côté de qn/qc; **rechts ~ dem Eingang** à droite de l'entrée II. *präp* + *akk* **sich ~ jdn/etw setzen** s'asseoir à côté de qn/qc; **sich links ~ jdn/etw stellen** se mettre à gauche de qn/qc
nebenan [ne:bən'ʔan] *adv* à côté
nebenbei [ne:bən'bai̯] *adv* ❶ (*nebenher*) en plus [du reste] ❷ (*beiläufig*) **~ [bemerkt]** soit dit en passant
nebenberuflich I. *adj* extra-professionnel(le) II. *adv* à titre d'activité annexe
Nebenbeschäftigung *f* activité *f* annexe
Nebenbuhler(in) <-s, -> *m(f)* rival(e) *m(f)*
Nebeneffekt *m* effet *m* secondaire
nebeneinander ['ne:bən'ʔai̯'nandɐ] *adv* ❶ (*räumlich*) côte à côte ❷ (*zeitlich*) conjointement
Nebeneinander <-s> *nt* coexistence *f*
Nebeneingang *m* entrée *f* latérale
Nebenfach *nt* matière *f* secondaire
Nebenflussᴿᴿ *m* affluent *m*
nebenher ['ne:bən'heːɐ̯] *adv* (*zusätzlich*) en plus
Nebenjob *m fam* boulot *m* d'appoint
Nebenkosten *Pl* ❶ (*zusätzliche Kosten*) frais *mpl* supplémentaires ❷ (*für Wohnung*) charges *fpl*
Nebenprodukt *nt* sous-produit *m*
Nebenrolle *f* rôle *m* secondaire
Nebensache *f* **~ sein** être accessoire
nebensächlich *adj* accessoire
Nebensaison *f* basse saison *f*

Nebensatz *m* LING [proposition *f*] subordonnée *f*

Nebenstraße *f* route *f* secondaire

Nebenverdienst *m* revenu *m* supplémentaire

Nebenwirkung *f* effet *m* secondaire

Nebenzimmer *nt* chambre *f* voisine

neblig *s.* nebelig

necken ['nɛkən] *vt, vr* [sich] ~ [se] taquiner

neckisch *adj* malicieux

nee [ne:] *adv fam* non

Neffe ['nɛfə] <-n, -n> *m* neveu *m*

negativ ['ne:gati:f] *adj* ❶ *a.* MED négatif(-ive) ❷ *(Folge)* défavorable

Negativ <-s, -e> *nt* négatif *m*

Neger(in) ['ne:gɐ] <-s, -> *m(f) pej* nègre *m/* négresse *f*

negieren* [ne'gi:rən] *vt* LING **einen Satz ~** mettre une phrase à la forme négative

Negligéᴬᴸᵀ, **Negligee**ᴿᴿ [negli'ʒe:] <-s, -s> *nt* CH déshabillé *m*

nehmen ['ne:mən] <nimmt, nahm, genommen> *vt* prendre; *(Schmerzen)* supprimer; [sich *(dat)*] etw ~ prendre qc; **auseinander ~** démonter; **jdm die Sicht ~** boucher la vue à qn; **jdm die Lust an etw ~** gâcher l'envie à qn; **jdm etw übel ~** en vouloir à qn de qc; **sie nahm ihm die Angst** elle dissipa son angoisse

Neid [naɪt] <-[e]s> *m* kein Pl envie *f* ▶**vor ~ erblassen** crever de jalousie

Neider(in) <-s, -> *m(f)* envieux(-euse) *m(f)*

neidisch I. *adj (Person)* envieux(-euse); **auf jdn ~ sein** envier qn II. *adv (betrachten)* avec envie

neidlos I. *adj* sincère II. *adv* sans arrière-pensée

neigen I. *vi* **zu Übergewicht ~** avoir une tendance à l'embonpoint II. *vr* **sich ~** *(Person)* se pencher; *(Hang)* être en pente; *(Schiff)* pencher III. *vt (Kopf)* pencher

Neigung <-, -en> *f* ❶ *(Schräge)* inclinaison *f* ❷ *(Vorliebe)* penchant *m*

nein [naɪn] *adv* non; **leider ~** malheureusement pas

Nein <-s> *nt* non *m*

Neinstimme *f* voix *f* contre

Nektarine [nɛkta'ri:nə] <-, -n> *f* nectarine *f*

Nelke ['nɛlkə] <-, -n> *f* ❶ *(Blume)* œillet *m* ❷ *(Gewürz)* clou *m* de girofle

'nem [nəm] *art indef fam Abk von* **einem** [à] un(e)

'nen [nən] *art indef fam Abk von* **einen** un(e)

nennen ['nɛnən] <nannte, genannt> I. *vt* ❶ *(anreden)* appeler; **Katharina II., genannt die Große** Catherine II, dite la Grande ❷ *(bezeichnen)* **wie nennt man das?** comment appelle-t-on ça? ❸ *(angeben)* indiquer II. *vr* **sich Maler ~** se dire peintre

nennenswert *adj* notable

Nenner <-s, -> *m* MATH dénominateur *m*

Neon ['ne:ɔn] <-s> *nt* néon *m*

Neonazi ['ne:ona:tsi] *m* néonazi(e) *m(f)*

Neonlicht *nt* néon *m* **Neonröhre** *f* [tube *m* au] néon *m*

neppen ['nɛpn] *vt fam* arnaquer

Neptun [nɛp'tu:n] <-s> *m* ❶ HIST Neptune *m* ❷ ASTRO [**der**] ~ [la planète] Neptune

'ner [nɐ] *art indef fam Abk von* **einer** un(e)

Nerv [nɛrf] <-s, -en> *m* ❶ ANAT nerf *m* ❷ *Pl* **gute ~en haben** avoir les nerfs solides; **die ~en verlieren** perdre le contrôle de soi-même ▶**jdm auf die ~en gehen** *fam* taper sur les nerfs de qn

nerven *fam* I. *vt* **jdn ~** casser les pieds à qn; **genervt sein** être énervé II. *vi (Person)* être casse-pieds; *(Sache)* être horripilant

nervenaufreibend *adj* nerveusement éprouvant(e) **Nervenbündel** *nt* paquet *m* de nerfs **Nervengift** *nt* neurotoxine *f* **Nervenkitzel** <-s, -> *m fam* petit frisson *m* **Nervensäge** *f fam* casse-pieds *mf inv* **Nervensystem** *nt* système *m* nerveux **Nervenzentrum** *nt* centre *m* nerveux **Nervenzusammenbruch** *m* dépression *f* nerveuse; **einen ~ haben** craquer nerveusement

nervig ['nɛrfɪç] *adj* tuant

nervlich ['nɛrflɪç] *adj* nerveux(-euse)

nervös [nɛr'vø:s] *adj (Person)* nerveux(-euse); *(Stimmung)* agité(e)

Nervosität [nɛrvozi'tɛ:t] <-> *f* nervosité *f*

nervtötend *adj fam* tuant(e)

Nerz [nɛrts] <-es, -e> *m* vison *m*

Nessel <-, -n> *f (Brenn~)* ortie *f*

Nest [nɛst] <-[e]s, -er> *nt* ❶ nid *m* ❷ *fam (Kaff)* patelin *m*

nett [nɛt] *adj (Person)* gentil(le); *(Abend)* sympathique; **~ zu jdm sein** être gentil avec qn

netto ['nɛto] *adv* net

Netz [nɛts] <-es, -e> *nt* ❶ *(Stromnetz, System)* réseau *m* ❷ *(Fischer-, Einkaufsnetz) a.*

N

SPORT filet m ❸ (*Spinnennetz*) toile f

Netzhaut f rétine f **Netzteil** nt transformateur m

neu [nɔy] I. *adj* ❶ (*noch nicht gebraucht*) neuf(neuve); (*soeben hergestellt, gekauft*) nouveau(-velle) *antéposé* ❷ (*aktuell*) récent(e); **die ~esten Nachrichten** les [toutes] dernières nouvelles ❸ (*erneut*) nouveau(-velle) nouveau(-velle) m/nouvelle venue f ❹ (*noch nicht da gewesen*) nouveau(-velle) ❺ (*unbekannt*) **das war mir ~** je n'en savais rien ▶**seit ~[e]stem** depuis peu; **von ~em** de nouveau II. *adv* ❶ (*von vorn*) **wieder ganz ~ anfangen müssen** devoir repartir à zéro ❷ (*erneut*) ~ **bearbeiten** remanier ❸ (*soeben*) ~ **eröffnet** qui vient d'ouvrir

Neuankömmling ['nɔyʔankœmlɪŋ] <-s, -e> m nouveau venu m/nouvelle venue f

neuartig *adj* (*Technologie*) inédit(e); (*Wörterbuch*) de conception nouvelle

Neuauflage f *kein Pl* nouveau tirage m

Neubau <-bauten> m nouvel immeuble m

Neubaugebiet nt ≈ Z.U.P. f **Neubausiedlung** f nouveau lotissement m

Neubearbeitung f ❶ *kein Pl* (*das Bearbeiten*) refonte f ❷ (*neue Ausgabe*) nouvelle édition f ❸ MUS, THEAT nouvelle adaptation f

Neubeginn m nouveau départ m

Neue(s) nt *dekl wie adj* ❶ **das ~ an etw** (*dat*) la nouveauté dans qc; **Altes und ~s** le vieux et le neuf ❷ (*neue Sache*) **etwas ~s** quelque chose de nouveau ❸ (*Neuigkeit*) **was gibt's ~s?** *fam* quoi de neuf?

Neuentwicklung f innovation f

neuerdings ['nɔyeˈdɪŋs] *adv* depuis peu [de temps]

neueröffnetᴬᴸᵀ *s.* **neu** II.3.

Neuerung <-, -en> f innovation f

Neueste(s) nt *dekl wie adj* **das ~** (*neue Nachricht*) la dernière [nouvelle]; (*neues Produkt*) ce qui vient de sortir

neugeboren *adj* nouveau-né ▶**wie ~** tout revigoré

Neugeborene(s) nt *dekl wie adj* nouveau-né(e) m(f)

Neugier[de] <-> f curiosité f

neugierig I. *adj* (*Person*) curieux(-euse); (*Frage*) indiscret(-ète); **~ sein, ob/wie ...** être curieux de savoir si/comment ... II. *adv* avec curiosité

Neugriechisch <-[s]> nt *kein art* le grec moderne; *s. a.* **Deutsch**

Neuheit <-, -en> f nouveauté f

Neuigkeit <-, -en> f nouvelle f

Neujahr nt *kein Pl* nouvel an m ▶**prost ~!** bonne année!

Neujahrstag m jour m de l'an

Neuland nt terres fpl nouvelles

neulich *adv* récemment; **~ abends** l'autre soir

Neuling ['nɔylɪŋ] <-s, -e> m novice mf

Neumond m *kein Pl* nouvelle lune f

neun [nɔyn] *num* neuf ▶**alle ~[e]!** strike!; *s. a.* **acht**¹

Neun <-, -en> f neuf m

neuneinhalb *num* ~ **Meter** neuf mètres et demi; *s. a.* **achteinhalb**

neunerlei *adj inv* ~ **Sorten Brot** neuf sortes de pain; *s. a.* **achterlei**

neunfach *adj* **die ~e Menge** neuf fois la quantité; *s. a.* **achtfach Neunfache(s)** nt *dekl wie adj* **das ~ verdienen** gagner neuf fois plus; *s. a.* **Achtfache(s)** **neunhundert** *num* neuf cents **Neunjährige(r)** f(m) *dekl wie adj* fille f/garçon m de neuf ans **neunmal** *adv* neuf fois; *s. a.* **achtmal**

neunt *adv* **zu ~ sein** être [à] neuf; *s. a.* **acht**²

neuntausend ['nɔynˈtaʊzənt] *num* neuf mille

neunte(r, s) *adj* ❶ neuvième ❷ (*bei Datumsangaben*) **der ~ Mai** le neuf mai ❸ SCHULE **die ~ Klasse** ≈ la seconde; *s. a.* **achte(r, s)**

neuntel *adj* neuvième; *s. a.* **achtel**

Neuntel <-s, -> nt *a.* MATH neuvième m

neuntens *adv* neuvièmement

neunzehn *num* dix-neuf; *s. a.* **acht**¹ **neunzehnte(r, s)** *adj* dix-neuvième; *s. a.* **achte(r, s)**

neunzig ['nɔyntsɪç] *num* quatre-vingt-dix, nonante(BELG, CH); *s. a.* **achtzig**

Neunzig <-, -en> f quatre-vingt-dix m, nonante m (BELG, CH)

neunziger *adj* **die ~ Jahre** les années fpl quatre-vingt-dix; *s. a.* **achtziger**

neunzigjährig *adj attr* de quatre-vingt-dix ans, de nonante ans (BELG, CH) *s. a.* **achtzigjährig**

neunzigste(r, s) *adj* quatre-vingt-dixième, nonantième(BELG, CH); *s. a.* **achtzigste(r, s)**

Neuordnung f réorganisation f

Neuregelung f nouvelle réglementation f

neureich *adj* parvenu(e)

Neurodermitis [nɔyrodɛrˈmiːtɪs] f MED névrodermite f

Neurologe [nɔyro'lo:gə] <-n, -n> *m*, **Neurologin** *f* neurologue *mf*

neurologisch *adj* neurologique

Neurose [nɔy'ro:zə] <-, -n> *f* névrose *f*

neurotisch *adj* (*Person*) névrosé(e); (*Verhalten*) névrotique

Neuschnee *m* neige *f* fraîche

Neuseeland [nɔy'ze:lant] *nt* la Nouvelle-Zélande

Neuseeländer(in) <-s, -> *m(f)* Néo-Zélandais(e) *m(f)*

neuseeländisch *adj* néo-zélandais(e)

neusprachlich *adj* (*Unterricht*) de langues vivantes

Neuste(s) *s.* **Neueste(s)**

neustens *s.* **neuerdings**

neutral [nɔy'tra:l] **I.** *adj* neutre **II.** *adv* ❶ (*sich verhalten*) de façon impartiale ❷ CHEM ~ **reagieren** avoir une réaction neutre

neutralisieren* [nɔytrali'zi:rən] *vt* neutraliser

Neutralität [nɔytrali'tɛ:t] <-> *f* ❶ POL neutralité *f* ❷ *geh* (*Unparteilichkeit*) impartialité *f*

Neutron ['nɔytro:n] <-s, -tronen> *nt* neutron *m*

Neutrum ['nɔytrʊm] <-s, Neutra> *nt* LING neutre *m*

Neuverschuldung *f* nouvel endettement *m*

Neuwahl *f* nouvelle élection *f*

neuwertig *adj* comme neuf(neuve)

Neuzeit *f kein Pl* **die** ~ les temps *mpl* modernes

Newcomer ['nju:kamə] <-s, -> *m* nouveau venu *m*/nouvelle venue *f*

Newsgroup ['nju:zgru:p] <-, -s> *f* INFORM infogroupe *m*

nicht [nɪçt] *adv* ❶ ne ... pas; **um sich ~ zu erkälten** pour ne pas attraper froid; ~ **schlecht/möglich** pas mauvais/possible; ~ **sehr** pas très; ~ **mehr** ne ... plus; **warum ~?** pourquoi pas?; **bitte ~!** non, s'il te/vous plaît!; ~ **eine(r)** [ne ...] pas un(e) [seul(e)]; **er ~!** pas lui! ❷ (*stimmt's*) ~? non?

Nichtbeachtung *f form* non-respect *m*

Nichte ['nɪçtə] <-, -n> *f* nièce *f*

nichtig ['nɪçtɪç] *adj* JUR nul(le)

Nichtigkeit <-> *f kein Pl* JUR nullité *f*

Nichtraucher(in) *m(f)* non-fumeur(-euse) *m(f)* **Nichtraucherabteil** *nt* compartiment *m* [réservé aux] non-fumeurs

nichts [nɪçts] *pron indef* ne ... rien; **gar ~** rien du tout; ~ **mehr** [ne ...] plus rien; **das**

geht Sie ~ an! ça ne vous regarde en rien!; **es ist ~** ce n'est rien; **das macht ~** ça ne fait rien ▶**für ~ und wieder ~** *fam* pour des clopinettes; ~ **wie weg!** tirons-nous! (*fam*)

Nichts <-, -e> *nt kein Pl* PHILOS **das** ~ le néant ▶**vor dem ~ stehen** avoir tout perdu; **aus dem** ~ (*von irgendwoher*) comme tombé(e) du ciel

nichtsahnend^ALT *s.* **ahnen**

Nichtschwimmer(in) *m(f)* ~ **sein** ne pas savoir nager

nichtsdestotrotz *adv* néanmoins

nichtsdestoweniger [nɪçtsdɛsto've:nɪgɐ] *adv* néanmoins

Nichtsnutz ['nɪçtsnʊts] <-es, -e> *m pej* vaurien(ne) *m(f)* **nichtssagend**^ALT *s.* **sagen I.4. Nichtstuer(in)** [nɪçtstu:ɐ] <-s, -> *m(f) pej* fainéant(e) *m(f)* **Nichtstun** *nt* ❶ (*Faulenzen*) oisiveté *f* ❷ (*Untätigkeit*) inaction *f*

Nichtwähler(in) *m(f)* POL abstentionniste *mf*

Nickel ['nɪkəl] <-s> *nt* nickel *m*

Nickelbrille *f* lunettes *fpl* cerclées

nicken ['nɪkən] *vi* hocher la tête; (*Zustimmung signalisieren*) faire un signe d'approbation

Nickerchen ['nɪkeçən] <-s> *nt fam* roupillon *m*

nie [ni:] *adv* ❶ (*zu keinem Zeitpunkt*) ne ... jamais; **er hat ~ davon gesprochen** il n'en a jamais parlé; ~ **wieder** ne ... plus jamais ❷ (*bestimmt nicht*) **das werden sie ~ schaffen** ils/elles n'y arriveront jamais

nieder ['ni:də] *adv* ~ **mit dem Feind!** à bas l'ennemi!

nieder|brennen *vi irr + sein* se réduire en cendres

niederdeutsch *adj* LING bas allemand *inv*

Niederdeutsch <-[s]> *nt kein art* le bas allemand

nieder|drücken *vt* ❶ (*Türklinke, Taste*) appuyer sur ❷ *geh* (*deprimieren*) démoraliser; ~**d** démoralisant(e)

niedere(r, s) *adj attr* (*Stand*) bas(se) *antéposé*; (*Beamte*) petit(e) *antéposé*

Niedergang *m kein Pl* déclin *m*

nieder|gehen *vi irr + sein* (*Lawine*) s'abattre

niedergelassen *adj* CH (*Schweizer*) établi(e)

niedergeschlagen *adj* abattu(e)

nieder|knien *vi + sein* s'agenouiller

Niederlage *f* ❶ MIL, SPORT, POL défaite *f* ❷ (*Misserfolg*) échec *m*

N

Niederlande ['niːdɛlandǝ] <-> *Pl* **die** ~ les Pays-Bas *mpl*

Niederländer(in) ['niːdɛlɛndǝ] <-s, -> *m(f)* Néerlandais(e) *m(f)*

niederländisch I. *adj* néerlandais(e) II. *adv* ~ **miteinander sprechen** discuter en néerlandais

Niederländisch <-[s]> *nt kein art* néerlandais *m; s. a.* **Deutsch**

nieder|lassen *vr irr* ❶ **sich in einer Stadt** ~ s'établir dans une ville ❷ *geh (sich setzen)* prendre place

Niederlassung <-, -en> *f (Zweigstelle)* succursale *f*

nieder|legen *vt* ❶ *(Amt)* se démettre de; *(Arbeit)* cesser; *(Mandat)* démissionner de ❷ *geh (Kranz)* déposer

Niederlegung <-, -en> *f* ❶ *(eines Kranzes)* dépôt *m* ❷ *(einer Aufgabe)* démission *f; (der Arbeit)* cessation *f*

nieder|machen *vt fam* descendre

nieder|metzeln ['niːdɛmɛtsǝln] *vt* massacrer

Niederösterreich *nt* la Basse-Autriche

nieder|prasseln *vi + sein a. fig* s'abattre

Niedersachsen ['niːdɛzaksn] *nt* la Basse-Saxe

Niederschlag *m* METEO précipitation *fpl*; CHEM précipité *m*

nieder|schlagen *irr* I. *vt* ❶ **jdn** ~ frapper qn à terre ❷ *(Aufstand)* réprimer ❸ *(Augen)* baisser II. *vr fig* **sich in etw** *(dat)* ~ s'exprimer dans qc

niederschmetternd *adj (Nachricht)* bouleversant(e); *(Resultat)* catastrophique

nieder|schreiben *vt irr* mettre par écrit

Niedertracht <-> *f* bassesse *f*

niederträchtig ['niːdɛtrɛçtɪç] *adj* infâme

Niederträchtigkeit <-, -en> *f* ❶ *kein Pl (Charaktereigenschaft)* bassesse *f* ❷ *(Tat)* infamie *f*

niedlich ['niːdlɪç] *adj* adorable

niedrig ['niːdrɪç] I. *adj* ❶ bas(se) ❷ *(gering)* peu élevé(e); *(Trinkgeld)* maigre *antéposé*; *(Geschwindigkeit)* réduite ❸ *(gemein)* bas(se) *antéposé* II. *adv* bas

Niedriglohn *m meist Pl* bas salaires *mpl*

Niedrigwasser *nt* étiage *m*

niemals ['niːmaːls] *adv* ne ... jamais; *(auf keinen Fall)* ne ... jamais [de la vie]

niemand ['niːmant] *pron indef* ne ... personne; **das geht ~[en] von euch etwas an** cela ne regarde aucun de vous

Niemand <-s, -e> *m* rien du tout *mf*

Niere ['niːrǝ] <-, -n> *f* ❶ ANAT rein *m* ❷ *meist Pl* GASTR rognon

Nierenentzündung *f* néphrite *f*

nieseln ['niːzǝln] *vi unpers* **es nieselt** il bruine

Nieselregen *m* bruine *f*

niesen ['niːzǝn] *vi* éternuer

Niesen <-s> *nt* éternuement *m*

Niete ['niːtǝ] <-, -n> *f* ❶ *(Los)* billet *m* perdant ❷ *fam (Versager)* minable *mf* ❸ TECH, COUT rivet *m*

nieten *vt* river

Nikolaus <-, -e> *m* ❶ *(Gestalt)* **[der]** ~ Saint Nicolas *m* ❷ *kein Pl (~tag)* la Saint-Nicolas

Le **Nikolaus** est un personnage de la période de Noël. Il arrive le soir du 5 décembre dans toutes les villes allemandes et apporte aux enfants des petits cadeaux (mandarines, noix et sucreries). D'après ce qu'on dit, il sait très exactement si les enfants ont été sages pendant l'année, car il a tout noté dans son livre d'or. Il est accompagné de *Knecht Ruprecht*, un personnage que craignent les enfants qui n'ont pas été sages et qui vient, avec son fouet à la main, leur rappeler qu'ils doivent s'assagir l'année suivante.

Nikotin [niko'tiːn] <-s> *nt* nicotine *f*

Nilpferd *nt* hippopotame *m*

nimmer ['nɪmɛ] *adv* A, SDEUTSCH *(nicht mehr)* ne ... plus

nimmt [nɪmt] 3. *Pers Präs von* **nehmen**

nippen ['nɪpǝn] *vi* **an einem Glas** ~ siroter un verre

nirgends, nirgendwo ['nɪrgǝntvoː] *adv* ne ... nulle part

nirgendwohin *adv* ne ... nulle part

Nische ['niːʃǝ] <-, -n> *f* ❶ ARCHIT, BIO niche *f* ❷ *(Marktnische)* créneau *m*

nisten ['nɪstǝn] *vi* nicher

Nitrat [ni'traːt] <-[e]s, -e> *nt* nitrate *m*

Niveau [ni'voː] <-s, -s> *nt* niveau *m; ~* **haben** *(Person)* être cultivé

nix [nɪks] *pron indef fam* rien

Nizza ['nɪtsa] <-s> *nt* Nice *f*

NO *Abk von* **Nordosten** N.-E.

nobel ['noːbǝl] I. *adj* ❶ *(edel)* noble ❷ *(luxuriös)* chic II. *adv (edel)* avec noblesse

Nobelpreis [no'bɛlprajs] *m* prix *m* Nobel

noch [nɔx] *adv* ❶ encore; ~ **besser** encore mieux; **er ist immer ~ krank** il est toujours malade; **er hat ~ nicht angerufen** il n'a pas encore téléphoné; **bringen Sie mir ~ ein Bier!** apportez-moi une autre bière! ❷ (*verstärkend*) ~ **heute** aujourd'hui même ❸ (*eigentlich*) **wie war das ~?** comment c'était déjà? ❹ (*knapp*) **den Zug gerade ~ erreichen können** pouvoir tout juste attraper le train

nochmals *adv* encore une fois

Nockerl ['nɔkel] <-s, -n> *nt* A (*kleiner Kloß*) quenelle *f*

Nominativ ['no:minati:f] <-[e]s, -e> *m* LING nominatif *m*

nominieren* [nomi'ni:rən] *vt* **jdn für ein Amt ~** désigner qn à une fonction

Nonne ['nɔnə] <-, -n> *f* religieuse *f*

Nordamerika ['nɔrt?a'me:rika] *nt* l'Amérique *f* du Nord **norddeutsch** *adj* de l'Allemagne du Nord **Norddeutschland** *nt* l'Allemagne *f* du nord

Comme d'autres pays, l'Allemagne est "virtuellement" séparée en deux parties – l'Allemagne du Nord et l'Allemagne du Sud – qui se différencient par leur géographie, leurs traditions et coutumes, leurs dialectes et leurs spécialités culinaires. La **Norddeutschland**, de majorité protestante, est une région plate et bordée par la mer. On y trouve deux très grandes métropoles : Hambourg et Berlin.

Norden ['nɔrdən] <-s> *m* ❶ (*Himmelsrichtung*) nord *m*; **nach ~** vers le nord; **von ~** du nord ❷ (*nördliche Gegend*) Nord *m* ▸**im hohen ~** dans le Grand Nord

Nordfrankreich *nt* le nord de la France

Nordkap *nt* **das ~** le cap Nord **Nordküste** *f* côte *f* septentrionale

nördlich ['nœrtlɪç] I. *adj* [situé(e) au] nord II. *präp* + *gen* ~ **des Polarkreises** au nord du cercle polaire

Nordlicht *nt* aurore *f* boréale **Nordosten** *m* nord-est *m*; *s. a.* Norden **nordöstlich** I. *adj* [situé(e) au] nord-est II. *präp* + *gen* ~ **der Stadt** au nord-est de la ville **Nord-Ostsee-Kanal** *m* **der ~** le canal de la mer du Nord à la Baltique **Nordpol** *m* **der ~** le pôle Nord **Nordrhein-Westfalen** ['nɔrtraɪnvɛst'fa:lən] *nt* la Rhénanie-du-Nord-Westphalie

Nordsee *f* **die ~** la mer du Nord **Nordseite** *f* côté *m* nord **nordwärts** *adv* vers le nord **Nordwesten** *m* nord-ouest *m*; *s. a.* Norden **nordwestlich** I. *adj* [situé(e) au] nord-ouest II. *präp* + *gen* ~ **der Stadt** au nord-ouest de la ville

nörgeln ['nœrgəln] *vi* **über etw** (*akk*) ~ râler à cause de qc

Nörgler(in) <-s, -> *m(f)* râleur(-euse) *m(f)*

Norm [nɔrm] <-, -en> *f* norme *f*

normal [nɔr'ma:l] *adj* normal(e); **es ist [ganz] ~, dass** il est [tout à fait] normal que + *subj*

Normalbenzin *nt* [essence *f*] ordinaire *m*

normalerweise *adv* normalement

normalisieren* [nɔrmali'zi:rən] I. *vt* normaliser II. *vr* **sich ~** revenir à la normale

Normalität [nɔrmali'tɛ:t] <-> *f* normalité *f*

Normalzustand *m kein Pl* état *m* normal

Normandie [nɔrman'di:] <-> *f* **die ~** la Normandie

normannisch *adj a.* HIST normand(e)

normen *vt* standardiser

normieren* [nɔr'mi:rən] *vt geh* (*Maße*) standardiser

Norwegen ['nɔrve:gən] <-s> *nt* la Norvège

Norweger(in) ['nɔrve:gɐ] <-s, -> *m(f)* Norvégien(ne) *m(f)*

norwegisch ['nɔrve:gɪʃ] I. *adj* norvégien(ne) II. *adv* ~ **miteinander sprechen** discuter en norvégien

Norwegisch <-[s]> *nt kein art* norvégien *m*; *s. a.* Deutsch

Nostalgie [nɔstal'gi:] <-> *f geh* nostalgie *f*

nostalgisch [nɔs'talgɪʃ] *adj geh* nostalgique

not[ALT] *s.* Not

Not [no:t, *Pl:* 'nø:tə] <-, Nöte> *f* ❶ *kein Pl* (*Armut*) misère *f* ❷ (*Bedrängnis*) détresse *f*; **in ~ sein** être dans le besoin ▸**zur ~** au besoin

Notar(in) [no'ta:ɐ] <-s, -e> *m(f)* notaire *m*

notariell [notari'ɛl] I. *adj* notarié(e) II. *adv* devant notaire; ~ **beglaubigt werden** être notarié

Notarzt *m*, **-ärztin** *f* médecin *mf* d'urgence; (*in Frankreich*) médecin *mf* du SAMU **Notarztwagen** *m* voiture *f* du SAMU **Notaufnahme** *f* (*eines Krankenhauses*) urgences *fpl* **Notausgang** *m* sortie *f* de secours **Notbremse** *f* AUT signal *m* d'alarme

notdürftig *adj* (*Reparatur*) provisoire

Note ['no:tə] <-, -n> *f* ❶ MUS note *f*; *Pl*

N

(*~ntext*) partition *f;* **ganze/halbe** ~ ronde *f*/blanche *f* ❷ SCHULE, UNIV, SPORT note *f* ❸ (*Banknote*) billet *m*

Six est en Allemagne la plus mauvaise note. Elle signifie *insuffisant*. La meilleure **Note** est un. En Suisse, c'est le contraire : six est la meilleure note et un la plus mauvaise. En Autriche, la plus mauvaise note est cinq et la meilleure un.

Notebook ['noʊtbʊk] <-s, -s> *nt* [ordinateur *m*] portable *m*
Notenschlüssel *m* clé *f* **Notenständer** *m* pupitre *m*
Notepad-Computer ['noʊtpɛdkɔm'pjuːtɐ] *m* bloc-notes *m* électronique
Notfall *m* ❶ (*Zwangslage*) situation *f* d'urgence ❷ MED [cas *m* d']urgence *f*
notfalls *adv* au besoin
notgedrungen *adv* bon gré mal gré
notieren* [no'tiːrən] I. *vt* ❶ (*aufschreiben*) |sich (*dat*)] etw ~ noter qc ❷ FIN **notiert werden** être coté II. *vi* ❶ (*schreiben*) noter ❷ FIN **mit 60 Euro** ~ coter à 60 euros
nötig ['nøːtɪç] *adj* nécessaire; **mit der ~en Vorsicht** avec la prudence qui s'impose; **etw ~/nicht ~ haben** (*Person*) avoir besoin de qc/pouvoir se passer de qc
nötigen *vt* **jdn zu etw** ~ forcer qn à faire qc
Nötigung <-, -en> *f* coercition *f*
Notiz [no'tiːts] <-, -en> *f* ❶ note *f* ❷ (*Pressenotiz*) entrefilet *m*
Notizblock <-blöcke> *m* bloc-notes *m* **Notizbuch** *nt* carnet *m*
Notlage *f* situation *f* critique **notlanden** <notlandete, notgelandet> *vi* + *sein* faire un atterrissage forcé **Notlösung** *f* solution *f* provisoire **Notlüge** *f* pieux mensonge *m*
notorisch [no'toːrɪʃ] *adj* **ein ~er Lügner** un fieffé menteur
Notruf *m* (*Anruf*) appel *m* d'urgence **Notrufnummer** *f* numéro *m* d'appel d'urgence
Notstand *m* [cas *m* d'] urgence *f* **Notwehr** <-> *f* légitime défense *f*
notwendig ['noːtvɛndɪç] *adj* nécessaire
Notwendigkeit <-, -en> *f* nécessité *f*
Nougat ['nuːgat] <-s, -s> *m o nt* praliné *m*
November [no'vɛmbɐ] <-s, -> *m* novembre *m; s. a.* **April**
Novize [no'viːtsə] <-n, -n> *m*, **Novizin** *f* novice *mf*

Nr. *Abk von* **Nummer** n°
NS [ɛn'ʔɛs] I. *Abk von* **Nationalsozialismus** national-socialisme *m* II. *Abk von* **nationalsozialistisch** national-socialiste
NSDAP [ɛnʔɛsdeːaːʔpeː] *f* HIST *parti ouvrier allemand national-socialiste*
NS-Regime *nt* nazisme *m*
N.T. *nt Abk von* **Neues Testament** N.T.
Nu [nuː] ▶**im** ~ en un clin d'œil
Nuance [ny'ãːsə] <-, -n> *f* nuance *f*
nüchtern ['nʏçtɐn] *adj* ❶ (*mit leerem Magen*) ~ **sein** être à jeun ❷ (*nicht betrunken*) sobre ❸ (*realitätsbewusst*) lucide ❹ (*sachlich: Tatsachen*) concret(-ète); (*Stil*) sobre
nuckeln ['nʊkəln] *vi fam* **an etw** (*dat*) ~ téter qc
Nudel ['nuːdəl] <-, -n> *f* nouille *f* ~**n** *Pl* pâtes *fpl*
Nudelholz *nt* rouleau *m* à pâtisserie **Nudelsuppe** *f* soupe *f* au vermicelle
Nugat ['nuːgat] *s.* **Nougat**
nuklear [nukle'aːɐ̯] *adj attr* nucléaire
Nuklearmacht *f* puissance *f* nucléaire
null [nʊl] *num* zéro; ~ **Fehler** un sans-faute; **um** ~ **Uhr** à minuit ▶~ **und nichtig sein** être nul et non avenu
Null <-, -en> *f* ❶ zéro *m* ❷ *fam* (*Versager*) nullard *m*
Nullpunkt *m kein Pl* zéro *m* ▶**auf dem** ~ **ankommen** (*Stimmung*) être à zéro **Nulltarif** *m kein Pl* **zum** ~ gratuitement
numerieren* ᴬᴸᵀ *s.* **nummerieren**
numerisch [nu'meːrɪʃ] *adj* numérique
Nummer ['nʊmɐ] <-, -n> *f* ❶ (*Ziffer, Zahl*) numéro *m* ❷ (*Größe: Stiefel*) pointure *f;* (*Bluse*) taille *f* ❸ (*Autonummer*) numéro *m* [d'immatriculation]
nummerieren* ᴿᴿ [numeˈriːrən] *vt* numéroter **Nummernschild** *nt* plaque *f* d'immatriculation

La **Nummernschild** est en Allemagne blanche et les inscriptions noires. À gauche, on indique d'une, deux ou trois lettres la ville où le véhicule est immatriculé. Ensuite, on peut voir le blason en couleur du Land. Au dessus de ce même blason, il y a la vignette du contrôle technique et du contrôle antipollution. Suivent ensuite des lettres et des chiffres que l'on peut, en payant un supplément, choisir soi-même. Exemples : S AC 113, B MA 1975

nun [nu:n] *adv* ❶ maintenant; **von ~ an** désormais ❷ (*einlenkend*) ~ **gut** eh bien, soit; ~ **ja** ma foi ❸ (*auffordernd*) alors; ~ **mach schon!** allez, vas-y!

nur [nu:ɐ̯] *adv* ❶ (*lediglich*) seulement; **ich wollte ~ fragen, ob ...** je voulais juste demander si ...; **nicht ~ ..., sondern auch ...** non seulement ..., mais aussi ... ❷ (*ausschließlich*) ~ **Wasser trinken** ne boire que de l'eau ❸ (*bloß*) **wie konnte ich das ~ vergessen!** comment ai-je pu oublier!; **machen Sie sich ~ keine Umstände!** surtout, ne vous dérangez pas!; **er soll ~ kommen!** il n'a qu'à venir! ▸~ **Mut!** [du] courage, voyons!

Nürnberg ['nʏrnbɛrk] <-s> *nt* Nuremberg

nuscheln ['nʊʃəln] *vt, vi fam* parler dans sa barbe

Nussᴿᴿ <-, Nüsse>, **Nuß**ᴬᴸᵀ [nʊs, *Pl:* 'nʏsə] <-, Nüsse> *f* (*Haselnuss*) noisette *f*; (*Walnuss*) noix *f*

Nussbaumᴿᴿ *m* noyer *m* **Nussknacker**ᴿᴿ *m* casse-noisettes *m inv*

Nutte ['nʊtə] <-, -n> *f fam* pute *f* (*vulg*)

Nutzᴿᴿ ▸**sich** (*dat*) **etw zu ~e machen** tirer profit de qc

nutzbar *adj* (*Energie*) utilisable

nütze ['nʏtsə] ▸**zu nichts ~ sein** n'être bon à rien

nutzen *vt* ❶ (*Gegenstand*) se servir de; (*Gelegenheit*) profiter de ❷ *s.* **nützen II.**

Nutzen ['nʊtsən] <-s> *m* avantage *m*; **von ~ sein** être utile

nützen I. *vi* **jdm** ~ servir à qn II. *vt* **jdm nichts** ~ ne servir à rien à qn

nützlich *adj* utile ▸**sich ~ machen** se rendre utile

Nützlichkeit <-> *f* utilité *f*

nutzlos *adj* inutile

Nutzung <-, -en> *f* utilisation *f*

NW *Abk von* **Nordwesten** N.-O.

Nylonstrumpf ['nailɔnʃtrʊpf] *m* bas *m* nylon®

O

O, o [o:] <-, -> *nt* O *m*/o *m*

O *Abk von* **Osten** E

Oase [o'a:zə] <-, -n> *f* oasis *f*

ob [ɔp] *konj* si; **nicht wissen, ~ ...** ne pas savoir si ...; ~ **Reich, ~ Arm** [qu'on soit] riche ou pauvre ▸**und** ~! mais si!

obdachlos *adj* sans abri

Obdachlose(r) *f(m)* sans-abri *mf*

Obduktion [ɔpdʊk'tsi̯oːn] <-, -en> *f* autopsie *f*

obduzieren* [ɔpduˈtsiːrən] I. *vt* autopsier II. *vi* faire une autopsie

oben ['oːbən] *adv* ❶ (*opp: unten*) en haut; ~ **im Schrank** en haut de l'armoire; ~ **auf der Liste** en tête de liste; **dort ~** là-haut; **bis ~ |hin|** en haut jusqu'à ras bord; **voll sein** être plein jusqu'à ras bord; **jdn von ~ bis unten mustern** examiner qn de la tête aux pieds ❷ (*an der Oberseite*) |*hier*| ~! haut! ❸ (*in einem oberen Stockwerk*) **nach ~ gehen** aller en haut; **das Klavier nach ~ tragen** monter le piano ❹ *fam* (*auf höherer Ebene*) en haut; **nach ~ wollen** vouloir faire carrière ❺ (*vorher*) plus haut; **siehe ~** voir ci-dessus ▸~ **ohne** *fam* seins nus; **von ~ herab** de haut

obendrauf *adv fam* dessus **obendrein** *adv* par-dessus le marché

Ober ['oːbɐ] <-s, -> *m* (*Kellner*) **Herr ~!** garçon *m* |, s'il vous plaît|!

Oberarm ['oːbearm] *m* bras *m* **Oberarzt** *m*, **-ärztin** *f* médecin *mf* en chef **Oberbegriff** *m* terme *m* générique **Oberbürgermeister(in)** *m(f)* maire *m* (*d'une grande ville*)

obere(r, s) ['oːbərə, -rɐ, -rəs] *adj attr* a. GEO supérieur(e); (*Abschnitt*) précédent(e)

Oberfläche *f* surface *f* ▸**|wieder| an die ~ kommen** (*Verdrängtes*) refaire surface **oberflächlich** *adj* superficiel(le)

Oberflächlichkeit <-> *f* caractère *m* superficiel

Obergeschossᴿᴿ *nt* étage *m* supérieur

oberhalb I. *präp* + *gen* ~ **des Dorfes** au-dessus du village II. *adv* ~ **von etw** au-dessus de qc

oberirdisch *adj, adv* à la surface **Oberkiefer** *m* mâchoire *f* supérieure **Oberkörper** *m* (*Brustkorb*) buste *m*

Oberösterreich *nt* la Haute-Autriche

Oberschenkel *m* cuisse *f* **Oberschicht** *f* classe *f* supérieure **Oberschwester** *f* infirmière *f* |en| chef

Oberst ['oːbəst] <-en, -e[n]> *m* colonel *m*

O

oberste(r, s) adj ❶ (ganz oben befindlich) supérieur(e); (Stockwerk) dernier(-ière); (Schublade) du haut ❷ (rangmäßig) plus élevé(e)

Oberstufe f SCHULE les trois années avant le baccalauréat **Oberteil** nt (eines Kleidungsstücks) haut m

obgleich [ɔp'glaɪç] konj bien que + subj

Obhut ['ɔphu:t] <-> f geh garde f; **unter seiner/ihrer ~** sous sa protection

Objekt [ɔp'jɛkt] <-[e]s, -e> nt ❶ (Gegenstand) objet m ❷ (Immobilie) bien-fonds m ❸ LING complément m d'objet

objektiv [ɔpjɛk'tiːf] adj (sachlich) objectif (-ive); (unvoreingenommen) impartial(e)

Objektiv <-s, -e> nt (eines Fotoapparats) objectif m

obligatorisch [obliga'toːrɪʃ] adj geh obligatoire

Oboe [o'boːə] <-, -n> f hautbois m

Observatorium [ɔpzɛrva'toːriʊm] nt observatoire m

Obsorge <-> f A (Fürsorge) soins mpl

Obst [oːpst] <-[e]s> nt fruits mpl

Obstbaum m arbre m fruitier **Obstgarten** m verger m **Obstkuchen** m tarte f aux fruits

obszön [ɔps'tsøːn] adj obscène

obwohl [ɔp'voːl] konj bien que + subj

Occasion [ɔka'zioːn] <-, -en> f CH occasion f

Ochse ['ɔksə] <-n, -n> m ❶ bœuf m ❷ fam (Dummkopf) tête f d'âne

Ocker ['ɔkɐ] <-s, -> m o nt (Farbe) ocre m

öde ['øːdə] adj ❶ (verlassen) désert(e) ❷ (fade) ennuyeux(-euse)

oder ['oːdɐ] konj ❶ ou; **~ aber** ou alors ❷ (nicht wahr) **das schmeckt gut, ~?** c'est bon, n'est-ce pas?

Oder <-> f die ~ l'Oder m

Ofen ['oːfən, Pl: 'øːfən] <-s, Öfen> m ❶ (Heizofen) poêle m ❷ (Backofen) four m ❸ TECH fourneau m

ofenfrisch adj qui sort du four

offen ['ɔfən] I. adj ❶ ouvert(e); (Haare) détaché(e); (Flasche) entamé(e); (Rechnung) en souffrance; (Gesellschaft) libéral(e); (Protest) déclaré(e); **~ haben** (Geschäft) être ouvert ❷ (unentschieden) **noch ist alles ~** tout est encore possible ❸ (freimütig) franc(franche) ❹ (aufgeschlossen) **jdm gegenüber ~ sein** être ouvert envers qn

II. adv franchement ▸**~ gesagt** pour être franc

offenbar ['ɔfənbaːɐ̯] I. adj évident(e) II. adv manifestement

Offenbarung <-, -en> f révélation f

Offenheit <-> f franchise f

offenherzig adj (freimütig) franc(franche)

offenkundig adj manifeste

offen|lassenALT s. lassen I.2.

offensichtlich I. adj évident(e); **~ sein** sauter aux yeux II. adv de toute évidence

offensiv [ɔfɛn'ziːf] adj offensif(-ive); (Werbung) agressif(-ive)

Offensive [ɔfɛn'ziːvə] <-, -n> f offensive f ▸**in die ~ gehen** passer à l'offensive

offen|stehenALT s. stehen I.15.

öffentlich adj public

Öffentlichkeit <-> f (Allgemeinheit) public m; **in aller ~** devant tout le monde

Öffentlichkeitsarbeit f relations fpl publiques

öffentlich-rechtlich adj attr (Sender) public(-ique)

offiziell [ɔfi'tsi̯ɛl] adj (Schreiben, Anlass) officiel(le); (Feier) solennel(le)

Offizier(in) [ɔfi'tsiːɐ̯] <-s, -e> m(f) officier m

offlineRR ['ɔːflaɪn] adv INFORM hors ligne; (im Internet) autonome

offline ['ɔːflaɪn] adv INFORM hors ligne

OfflinebetriebRR m INFORM mode m autonome

öffnen ['œfnən] I. vt, vi a. INFORM ouvrir II. vr **sich ~** s'ouvrir

Öffnung <-, -en> f ❶ (offene Stelle) orifice m ❷ kein Pl a. POL (das Öffnen) ouverture f

Öffnungszeiten Pl heures fpl d'ouverture

oft [ɔft] <öfter> adv souvent

öfter[s] adv assez souvent

oh [oː] interj oh

ohne ['oːnə] I. präp + akk sans ▸**nicht ~ sein** fam avoir de la ressource II. konj **~ zu überlegen** sans réfléchir

ohnegleichen adj sans pareil

Ohnmacht ['oːnmaxt] <-, -en> f ❶ syncope f; **in ~ fallen** tomber en syncope ❷ geh (Machtlosigkeit) impuissance f

ohnmächtig ['oːnmɛçtɪç] adj ❶ évanoui(e); **~ werden** s'évanouir ❷ geh (Wut) impuissant(e)

Ohr [oːɐ̯] <-[e]s, -en> nt oreille f ▸**ganz ~ sein** iron fam être tout ouïe; **jdm die ~en lang ziehen** fam tirer les oreilles à qn; **halt**

die ~en **steif!** *fam* tiens le coup!; **viel um die ~en haben** *fam* ne pas/plus savoir où donner de la tête; **jdn übers ~ hauen** se payer la tête de qn (*fam*); **sich** (*dat*) **etw hinter die ~en schreiben** *fam* se mettre qc dans le crâne; **bis über beide ~en verliebt sein** être fou amoureux

Öhr <-[e]s, -e> *nt* chas *m*

ohrenbetäubend *adj* assourdissant(e)

Ohrfeige <-, -n> *f* gifle *f*

ohrfeigen *vt* gifler

Ohrring *m* boucle *f* d'oreille

oje [o'je:] *interj* bon sang

Ökobauer ['ø:kobaυɐ] *m*, **-bäuerin** *f* agriculteur(-trice) *m(f)* biologique **Ökoladen** *m* magasin *m* vert

Ökologe [øko'lo:gə] <-n, -n> *m*, **Ökologin** *f* écologiste *mf*

Ökologie [økolo'gi:] <-> *f* écologie *f*

ökologisch [øko'lo:gıʃ] **I.** *adj* écologique **II.** *adv* sur le plan écologique

Ökonomie [økono'mi:] <-, -n> *f* économie *f*

ökonomisch [øko'no:mıʃ] *adj* ❶ (*Problem*) économique ❷ (*sparsam*) économe

Ökosteuer *f* écotaxe *f* **Ökosystem** *nt* écosystème *m*

Oktave [ɔk'ta:və] <-, -n> *f* octave *f*

Oktober [ɔk'to:bɐ] <-s, -> *m* octobre *m; s. a.* **April**

Le 3 octobre 1990, la R.D.A. a été rattachée à la République fédérale d'Allemagne. Le 12 septembre déjà, "le traité sur la régulation finale concernant l'Allemagne" avait été signé, à Moscou, par les quatre pays vainqueurs, la République fédérale d'Allemagne et le ministre-président de la R.D.A. Depuis, le **3. Oktober**, *Tag der deutschen Einheit*, le jour de l'unité allemande est la fête nationale.

Oktoberfest *nt* **das ~** *la fête de la bière à Munich*

Ökumene [øku'me:nə] <-> *f* œcuménisme *m*

ökumenisch *adj* œcuménique

Öl [ø:l] <-[e]s, -e> *nt* huile *f;* (*Erdöl*) pétrole *m;* (*Heizöl*) mazout *m*

Ölbild *nt* peinture *f* à l'huile

Oldtimer ['oυltaımɐ] <-s, -> *m* (*Auto*) voiture *f* ancienne

ölen *vt* huiler

Ölfarbe *f* peinture *f* à l'huile

Olive [o'li:və] <-, -n> *f* olive *f*

Olivenbaum *m* olivier *m* **Olivenöl** *nt* huile *f* d'olive

olivgrün *adj* vert olive *inv*

Ölkrise *f* crise *f* du pétrole **Ölpest** *f* marée *f* noire **Ölquelle** *f* puits *m* de pétrole **Ölscheich** *m pej* prince *m* du pétrole

Ölung <-, -en> *f* ❶ huilage *m* ❷ REL **die Letzte ~** l'extrême-onction *f*

Ölwechsel *m* vidange *f*

Olympiade [ɔlym'pia:də] <-, -n> *f* olympiades *fpl*

olympisch [o'lympıʃ] *adj* olympique

Oma [o:ma] <-, -s> *f* ❶ *fam* mamie *f* ❷ *pej fam* (*alte Frau*) mémère *f*

Omelett [ɔm(ə)'lɛt] <-[e]s, -e> *nt*, **Omelette** <-, -n> *f* A, CH omelette *f*

Omnibus ['ɔmnibʊs] *m* bus *m*

onanieren* [ona'ni:rən] *vi* se masturber

Onkel ['ɔŋkəl] <-s, -> *m* oncle *m*

online ['ɔnlaın] *adj* INFORM en ligne

Onlinebetrieb^RR *m* INFORM mode *m* connecté

OP [o:'pe:] <-s, -s> *m Abk von* **Operationssaal** salle *f* d'opération

Opa [o:pa] <-s, -s> *m* ❶ *fam* papi *m* ❷ *pej fam* (*alter Mann*) pépère *m*

OPEC ['o:pɛk] <-> *f* O.P.E.P. *f*

Openair^RR ['oυpn'ɛɐ] *nt* concert *m* en plein air

Oper ['o:pɐ] <-, -n> *f* opéra *m*

Operation [opəra'tsio:n] <-, -en> *f* opération *f*

operativ [opəra'ti:f] *adj* ❶ MED chirurgical(e) ❷ MIL opérationnel(le)

Operator [opəra'to:r] <-s, -oren> *m*, **Operatorin** *f* INFORM opérateur(-trice) *m(f)*

Operette [opə'rɛtə] <-, -n> *f* opérette *f*

operieren* [opə'ri:rən] **I.** *vt* **jdn am Magen ~** opérer qn de l'estomac **II.** *vi* ❶ MED opérer ❷ MIL mener une opération/des opérations

Opernglas *nt* jumelles *fpl* de théâtre **Opernsänger(in)** *m(f)* chanteur *m* d'opéra/cantatrice *f*

Opfer ['ɔpfɐ] <-s, -> *nt* ❶ (*Menschenleben*) victime *f* ❷ *a.* REL sacrifice *m*

opfern I. *vt* REL sacrifier; **jdm etw ~** donner qc en offrande à qn **II.** *vr* **sich ~** se sacrifier

Opferung <-, -en> *f* sacrifice *m*

Opium ['o:piʊm] <-s> *nt* opium *m*

O

opportun [ɔpɔr'tu:n] *adj* geh ❶ (*angepasst*) opportuniste ❷ (*vorteilhaft*) ~ **sein** être opportun

Opportunismus [ɔpɔrtu'nɪsmʊs] <-> *m* opportunisme *m*

Opportunist(in) *m(f)* opportuniste *mf*

opportunistisch I. *adj* opportuniste **II.** *adv* en opportuniste

Opposition [ɔpozi'tsjo:n] <-, -en> *f a.* POL opposition *f*; **in ~ zu jdm/etw stehen** être opposé à qn/qc

oppositionell [ɔpozitsjo'nɛl] *adj* POL de l'opposition

Optik ['ɔptɪk] <-, -en> *f* PHYS, PHOT optique *f*

Optiker(in) <-s, -> *m(f)* opticien(ne) *m(f)*

optimal [ɔpti'ma:l] geh *adj* optimal(e); (*Partner*) idéal(e)

Optimismus [ɔpti'mɪsmʊs] <-> *m* optimisme *m*

Optimist(in) <-en, -en> *m(f)* optimiste *mf*

optimistisch *adj* optimiste

optisch ['ɔptɪʃ] *adj* (*Linsen*) optique; (*Instrumente*) d'optique

Opus ['o:pʊs, *Pl:* 'o:pəra] <-, Opera> *nt* ❶ (*Gesamtwerk*) œuvre *f* ❷ MUS opus *m*

Orakel [o'ra:kəl] <-s, -> *nt* oracle *m*

oral [o'ra:l] *adj* oral(e); (*Einnahme*) par voie orale

orange [o'rã:ʒə] *adj inv* orange *inv*

Orange¹ [o'rã:ʒə] <-, -n> *f* (*Frucht*) orange *f*

Orange² <-, -n> *nt* (*Farbe*) orange *m*

Orangenbaum *m* oranger *m*

Orang-Utan ['o:raŋ'ʔu:tan] <-s, -s> *m* orang-outan[g] *m*

Orchester [ɔr'kɛstɐ] <-s, -> *nt* (*Ensemble*) orchestre *m*

Orden ['ɔrdən] <-s, -> *m* ❶ MIL décoration *f* ❷ REL ordre *m*

ordentlich ['ɔrdəntlɪç] **I.** *adj* ❶ (*aufgeräumt*) rangé(e) ❷ (*Ordnung liebend*) ordonné(e) ❸ (*Benehmen*) correct(e) ❹ *fam* (*Portion*) bon(ne) *antéposé* **II.** *adv* ❶ *fam* (*tüchtig*) bien ❷ (*arbeiten*) sérieusement

ordern *vt, vi* commander

Ordinalzahl [ɔrdi'na:ltsa:l] *f* nombre *m* ordinal

ordinär [ɔrdi'nɛ:ɐ] *adj* ❶ (*vulgär*) vulgaire ❷ (*gewöhnlich*) simple *antéposé*

ordnen ['ɔrdnən] *vt* ❶ (*sortieren*) classer ❷ (*in Ordnung bringen*) mettre de l'ordre dans

Ordner <-s, -> *m* (*Aktenordner*) classeur *m*

Ordnerin <-, -nen> *f* membre *m* du service d'ordre

Ordnung <-, -en> *f* ❶ *kein Pl* (*das Sortieren*) classement *m* ❷ (*Aufgeräumtheit*) ordre *m* ❸ *kein Pl* (*ordentliches Verhalten*) **jdn zur ~ rufen** rappeler qn à l'ordre *m* ❹ (*Vorschrift*) règlement *m* ▸**in ~ sein** [bien] marcher; |**das ist**| **in ~!** *fam* d'accord!

ordnungsgemäß I. *adj* réglementaire **II.** *adv* en bonne et due forme **Ordnungsstrafe** *f* contravention *f* **Ordnungswidrigkeit** *f* infraction *f* **Ordnungszahl** *s.* Ordinalzahl

Organ [ɔr'ga:n] <-s, -e> *nt a. fig* organe *m*

Organisation [ɔrganiza'tsjo:n] <-, -en> *f* organisation *f*

Organisator [ɔrgani'za:tɐ] <-s, -toren> *m*, **Organisatorin** *f* organisateur(-trice) *m(f)*

organisatorisch [ɔrganiza'to:rɪʃ] *adj* (*Leistung*) organisationnel(le)

organisch [ɔr'ga:nɪʃ] *adj* organique

organisieren* [ɔrgani'zi:rən] **I.** *vt* organiser **II.** *vi* s'occuper de l'organisation **III.** *vr* **sich ~** (*Arbeitnehmer*) s'organiser

Organismus [ɔrga'nɪsmʊs] <-, -nismen> *m* organisme *m*

Organizer ['ɔ:gənaɪzɐ] <-s, -> *m* INFORM agenda *m* électronique

Organspender(in) *m(f)* donneur(-euse) *m(f)* d'organes

Orgasmus [ɔr'gasmʊs] <-, Orgasmen> *m* orgasme *m*

Orgel ['ɔrgəl] <-, -n> *f* orgue *m*

Orgie ['ɔrgiə] <-, -n> *f* orgie *f*

Orient ['o:riɛnt] <-s> *m* **der ~** l'Orient *m*

orientalisch [oriɛn'ta:lɪʃ] *adj* oriental(e)

orientieren* [oriɛn'ti:rən] *vr* ❶ (*sich zurecht finden*) **sich an etw** (*dat*) ~ s'orienter à qc ❷ (*sich ausrichten nach*) **sich an jdm/etw ~** agir en fonction de qn/qc

Orientierung [oriɛn'ti:rʊŋ] <-, -en> *f* orientation *f*

Orientierungssinn *m kein Pl* sens *m* de l'orientation

original [origi'na:l] *adj* original(e); (*Zustand*) d'origine

Original <-s, -e> *nt* original *m*

Originalfassung *f* version *f* originale **originalgetreu** *adj* fidèle [à l'original]

Originalität [originali'tɛ:t] <-> *f* ❶ (*Echtheit*) authenticité *f* ❷ (*Einfallsreichtum*) originalité *f*

originell [origi'nɛl] *adj* original(e)

Orkan [ɔr'ka:n] <-[e]s, -e> *m* ouragan *m*

Ornament [ɔrna'mɛnt] <-[e]s, -e> *nt* ornement *m*

Ort [ɔrt] <-[e]s, -e> *m* ❶ *(Stelle)* lieu *m* ❷ *(~schaft)* localité *f* ❸ *(Belegstelle)* **am angegebenen ~** à l'endroit cité ►**an ~ und** Stelle sur place

Örtchen <-s, -> *nt* ►**das** [stille] **~** *fam* le petit coin

orten *vt* localiser

orthodox [ɔrto'dɔks] *adj* orthodoxe

Orthografieᴿᴿ [ɔrtogra'fi:] <-, -en> *f* orthographe *f*

orthografischᴿᴿ *adj (Regel)* d'orthographe

Orthographieᴬᴸᵀ [ɔrtogra'fi:] *s.* **Orthografie**

orthographischᴬᴸᵀ [ɔrto'gra:fɪʃ] *s.* **orthografisch**

Orthopäde [ɔrto'pɛ:də] <-n, -n> *m*, **Orthopädin** *f* orthopédiste *mf*

orthopädisch *adj* orthopédique

örtlich ['œrtlɪç] *adj* local(e)

ortsansässig *adj (Firma)* local(e); **die ~en Bewohner** les autochtones

Ortschaft <-, -en> *f* localité *f;* **geschlossene ~** agglomération *f*

Ortsgespräch *nt* communication *f* locale

ortskundig *adj* qui connaît l'endroit **Ortsname** *m* nom *m* de lieu **Ortsnetz** *nt* réseau *m* local **Ortsschild** <-schilder> *nt (am Ortseingang)* panneau *m* d'entrée en agglomération; *(am Ortsausgang)* panneau de fin d'agglomération **Ortstarif** *m* tarif *m* de la communication locale **Ortszeit** *f* heure *f* locale

Öse ['ø:zə] <-, -n> *f (eines Schuhs)* œillet *m*

Oslo ['ɔslo] <-s> *nt* Oslo

Ossi ['ɔsi] <-s, -s> *m*, <-, -s> *f fam* surnom *des habitants de l'ex-R.D.A.*

Ost [ɔst] <-[e]s> *m* ►**aus ~ und** West de l'Est *m* et de l'Ouest *m*

Ostasien *nt* l'Asie *f* orientale **ostdeutsch** *adj* d'Allemagne de l'Est **Ostdeutschland** *nt* l'Allemagne *f* de l'Est

Osten ['ɔstən] <-s> *m* ❶ est *m* ❷ *(Osteuropa)* **der ~** l'Est *m* ❸ *(Kleinasien, Asien)* **der Nahe ~** le Proche-Orient; **der Mittlere ~** le Moyen-Orient; **der Ferne ~** l'Extrême-Orient *m; s. a.* **Norden**

Osterei *nt* œuf *m* de Pâques **Osterhase** *m* lapin *m* de Pâques **Osterlamm** *nt* agneau

m pascal **Ostermontag** *m* lundi *m* de Pâques

Ostern ['o:stən] <-, -> *nt* Pâques *fpl;* **frohe ~!** joyeuses Pâques!

Österreich ['ø:stəraɪç] <-s> *nt* l'Autriche *f*

Österreicher(in) <-s, -> *m(f)* Autrichien(ne) *m(f)*

österreichisch *adj* autrichien(ne)

Ostersonntag ['o:stɐ'zɔnta:k] *m* dimanche *m* de Pâques **Osterwoche** *f* semaine *f* sainte

Osteuropa *nt* l'Europe *f* de l'Est **Ostküste** *f* côte *f* orientale

östlich ['œstlɪç] **I.** *adj* GEO, METEO de l'est; *(Gebiet)* oriental(e) **II.** *präp +gen* **~ der Autobahn** à l'est de l'autoroute

ostpreußisch *adj* de la Prusse-Orientale

Östrogen [œstro'ge:n] <-s, -e> *nt* œstrogène *m*

Ostsee *f* **die ~** la [mer] Baltique **Ostwind** *m* vent *m* d'est

ÖTV [ø:te:'fau] <-> *f Abk von* **Gewerkschaft Öffentliche Dienste, Transport und Verkehr** *syndicat allemand des services publics, des transports et de la circulation*

out [aut] *adj fam* **~ sein** être out

outen ['autən] *vr* **sich ~** se déclarer

Outfit ['autfɪt] <-s, -s> *nt* touche *f (fam)*

oval [o'va:l] *adj* ovale

Oval [o'va:l] <-s, -e> *nt* ovale *m*

Overall ['ouvərɔ:l] <-s, -s> *m* combinaison *f*

Overheadprojektor ['o:və(r)hɛdpro'jɛkto:ɐ] *m* rétroprojecteur *m*

ÖVP [ø:fau'pe:] <-> *f Abk von* **Österreichische Volkspartei** *parti populaire autrichien*

Oxid [ɔ'ksi:t] <-[e]s, -e> *nt* oxyde *m*

oxidieren* I. *vi + haben o sein* s'oxyder **II.** *vt + haben* oxyder

Ozean ['o:tsea:n] <-s, -e> *m* océan *m*

Ozeandampfer *m* paquebot *m; (im Atlantischen Ozean)* transatlantique *m*

Ozon [o'tso:n] <-s> *nt* ozone *m*

Ozonalarm *m* alerte *f* à la pollution par l'ozone **Ozonloch** *nt* trou *m* dans la couche d'ozone **Ozonwert** *m* taux *m* d'ozone

O

Pp

P, p [pe:] <-, -> *nt* P *m*/p *m*

paar [pa:ɐ] *adj inv* (*wenige*) **ein ~ Minuten** quelques minutes

Paar <-s, -e> *nt* ❶ (*Menschen*) couple *m* ❷ (*Dinge*) paire *f*

paaren ['pa:rən] *vr* **sich ~** s'accoupler

Paarung <-, -en> *f* accouplement *m*

Paarungszeit *f* saison *f* des amours

paarweise *adv* ❶ (*sich aufstellen*) par couples ❷ (*verkaufen*) par paire[s]

Pacht [paxt] <-, -en> *f* fermage *m*

pachten *vt* louer

Pächter(in) ['pɛçtɐ] <-s, -> *m(f)* preneur (-euse) *m(f)* [à bail]

Pachtvertrag *m* bail *m*

Päckchen ['pɛkçən] <-s, -> *nt* ❶ POST petit paquet *m* ❷ (*Packung*) paquet *m*

Packeis *nt* banquise *f*

packen ['pakən] I. *vt* ❶ (*Koffer*) faire; **jdn** (*Wut*) saisir qn; (*Buch*) captiver qn ❷ (*ergreifen*) saisir ❸ *fam* (*schaffen*) réussir II. *vi* faire ses valises

Packen <-s, -> *m* **ein ~ Bücher** une pile de livres

packend *adj* captivant(e)

Packesel *m* âne *m* de bât **Packpapier** *nt* papier *m* kraft

Packung <-, -en> *f* (*Schachtel*) paquet *m*; (*Geschenkpackung*) boîte *f*

Pädagoge [pɛda'go:gə] <-n, -n> *m*, **Pädagogin** *f* pédagogue *mf*

Pädagogik [pɛda'go:gɪk] <-> *f* pédagogie *f*

pädagogisch *adj* pédagogique

Paddel ['padəl] <-s, -> *nt* pagaie *f*

Paddelboot *nt* kayak *m*

paddeln ['padəln] *vi* + *haben o sein* pagayer

paffen ['pafən] *fam* I. *vi* fumer II. *vt* (*Zigarette*) tirer sur

Paket [pa'ke:t] <-[e]s, -e> *nt* ❶ POST colis *m* ❷ *a. fig* paquet *m*

Pakistan ['pa:kɪsta:n] <-s> *nt* le Pakistan

Pakistani [pakɪs'ta:ni] <-[s], -[s]> *m*, <-, -[s]> *f* Pakistanais(e) *m(f)*

Pakt [pakt] <-[e]s, -e> *m* pacte *m*

Palast [pa'last, *Pl:* pa'lɛstə] <-[e]s, Paläste> *m* palais *m*

Palästina [palɛs'ti:na] <-s> *nt* la Palestine

Palästinenser(in) [palɛsti'nɛnzɐ] <-s, -> *m(f)* Palestinien(ne) *m(f)*

Palette [pa'lɛtə] <-, -n> *f* ❶ KUNST, IND palette *f* ❷ *geh* (*Vielfalt*) gamme *f*

Palme ['palmə] <-, -n> *f* palmier *m* ▶**jdn auf die ~ bringen** *fam* hérisser le poil à qn

Palmsonntag ['palm'zɔnta:k] *m* |**der**| ~ les Rameaux *mpl*

Pamphlet [pam'fle:t] <-[e]s, -e> *nt geh* pamphlet *m*

pampig *adj fam* (*frech*) malotru(e)

Panda ['panda] <-s, -s> *m* panda *m*

panieren* [pa'ni:rən] *vt* paner

Paniermehl *nt* chapelure *f*

Panik ['pa:nɪk] <-, -en> *f* panique *f*

panisch I. *adj attr* panique II. *adv* (*reagieren*) par la panique

Panne ['panə] <-, -n> *f* ❶ (*Defekt*) panne *f* ❷ *fam* (*Missgeschick*) boulette *f*

Panorama [pano'ra:ma] <-s, Panoramen> *nt* panorama *m*

panschen ['panʃən] I. *vt* (*Wein*) couper II. *vi* ❶ (*Winzer*) couper le vin ❷ *fam* (*planschen*) barboter

Panter^RR, Panther ['pantɐ] <-s, -> *m* panthère *f*

Pantoffel [pan'tɔfəl] <-s, -n> *m* pantoufle *f* ▶**unter dem ~ stehen** *fam* être mené par le bout du nez [par sa femme]

Pantomime [panto'mi:mə] <-, -n> *f* pantomime *f*

pantomimisch I. *adj* mimé(e) II. *adv* en mimant

Panzer ['pantsɐ] <-s, -> *m* ❶ MIL (*Fahrzeug*) char *m* ❷ ZOOL carapace *f*

panzern *vt* blinder

Panzerschrank *m* coffre-fort *m*

Papa ['papa] <-s, -s> *m fam* papa *m*

Papagei [papa'gai] <-s, -en> *m* perroquet *m*

Papi ['papi] <-s, -s> *m fam* papa *m*

Papier [pa'pi:ɐ] <-s, -e> *nt* ❶ papier *m* ❷ (*Wertpapier*) titre *m*

Papierkorb *m* corbeille *f* [à papier]; INFORM corbeille *f* **Papierkram** *m fam* paperasse *f* (*péj*) **Papierkrieg** *m fam* guerre *f* bureaucratique **Papierstau** *m* bourrage *m* de papier **Papiertaschentuch** *nt* mouchoir *m* en papier

Pappe ['papə] <-, -n> *f* carton *m*

Pappel ['papəl] <-, -n> *f* peuplier *m*

Pappkarton *m* (*Schachtel*) boîte *f* en carton **Pappmaché^ALT, Pappmaschee^RR** ['papmaʃe:] <-s, -s> *nt* papier *m* mâché

Paprika ['paprika] <-s, -[s]> m ❶ (*Schote*) poivron m ❷ *kein Pl* (*Gewürz*) paprika m

Paprikaschote f poivron m

Papst [pa:pst, *Pl:* 'pɛ:pstə] <-[e]s, Päpste> m pape m

päpstlich ['pɛ:pstlɪç] *adj* papal(e)

Papyrus [pa'py:rʊs] <-, Papyri> m papyrus m

Parabel [pa'ra:bəl] <-, -n> f parabole f

Parabolantenne f antenne f parabolique

Parade [pa'ra:də] <-, -n> f ❶ MIL défilé m ❷ SPORT parade f

Paradebeispiel nt exemple m révélateur

Paradeiser [para'daizɐ] <-s, -> m A tomate f

Paradies [para'di:s] <-es, -e> nt a. fig paradis m

paradiesisch *adj* paradisiaque

paradox [para'dɔks] *adj* paradoxal(e)

Paradox <-es, -e> nt geh paradoxe m

paradoxerweise [para'dɔksɐ'vaizə] *adv* paradoxalement

Paragliding ['pa:raglaidɪŋ] <-s> nt parapente m

Paragrafᴿᴿ, **Paragraph** [para'gra:f] <-en, -en> m article m

parallel [para'le:l] *adj* ❶ (*räumlich*) parallèle ❷ (*zeitlich*) simultané(e)

Parallelcomputer m INFORM ordinateur m parallèle

Parallele <-, -n> f ❶ MATH parallèle f ❷ fig parallèle f

Parallelklasse f classe f parallèle

Parallelogramm [paralelo'gram] <-s, -e> nt parallélogramme m

Paranoia [para'nɔya] <-> f paranoïa f

paranoid MED, PSYCH I. *adj* paranoïde II. *adv* (*reagieren*) comme un(e) paranoïaque

Parasit [para'zi:t] <-en, -en> m BIO a. fig parasite m

parat [pa'ra:t] *adj* **eine Antwort ~ haben** avoir une réponse toute prête

Pärchen ['pɛ:ɐçən] <-s, -> nt ❶ (*Liebespaar*) couple m [d'amoureux] ❷ (*Tierpärchen*) couple m

Pardon [par'dõ:] <-s> m o nt (*Verzeihung*) pardon m

Parfüm [par'fy:m] <-s, -e> nt parfum m

Parfümerie [parfymə'ri:] <-, -en> f parfumerie f

parfümieren* [parfy'mi:rən] vt, vr |sich| ~ [se] parfumer

parieren* [pa'ri:rən] vi obéir

Paris [pa'ri:s] <-> nt Paris m

Pariser[1] [pa'ri:zɐ] *adj attr* (*Innenstadt*) de Paris; (*Akzent*) parisien(ne)

Pariser[2] <-s, -> m ❶ Parisien m ❷ fam (*Kondom*) capote f [anglaise]

Pariserin <-, -nen> f Parisienne f

Park [park] <-s, -s> m parc m

Parka ['parka] <-s, -s> m, <-, -s> f parka f o f

parken ['parkən] I. vi (*Person*) se garer; (*Fahrzeug*) être garé II. vt (*Fahrzeug*) garer

Parkett [par'kɛt] <-s, -e> nt ❶ (*~boden*) parquet m ❷ (*Tanzfläche*) piste f [de danse] ❸ THEAT orchestre m

Parkett[fuß]boden m parquet m

Parkgebühr f taxe f de stationnement

Parkhaus nt parking m à étages

Parklücke f place f libre **Parkplatz** m parking m; (*Parklücke*) place f de parking **Parkscheibe** f disque m de stationnement **Parkschein** m ticket m de parking **Parkscheinautomat** m parcmètre m **Parkuhr** f parcmètre m **Parkverbot** nt ❶ (*Verbot*) défense f de stationner ❷ (*Bereich*) stationnement f m interdit

Parlament [parla'mɛnt] <-[e]s, -e> nt (*Institution*) Parlement m; **das Europäische ~** le Parlement européen

Parlamentarier(in) [parlamɛn'ta:riɐ] <-s, -> m(f) parlementaire mf

parlamentarisch *adj* parlementaire

Parlamentswahl f élections fpl législatives

Parmesan [parme'za:n] <-s> m parmesan m

Parodie [paro'di:] <-, -n> f parodie f

parodieren* [paro'di:rən] vt parodier

Parodontose <-, -n> f parodontose f

Parole [pa'ro:lə] <-, -n> f ❶ MIL mot m de passe ❷ (*Losung*) slogan m

Partei [par'tai] <-, -en> f ❶ parti m ❷ JUR partie f ▸ **für jdn ~ ergreifen** prendre parti pour qn

parteiisch I. *adj* partial(e) II. *adv* avec partialité

parteilos *adj* sans étiquette; (*Abgeordneter*) non-inscrit(e) **Parteipolitik** f politique f de parti **parteipolitisch** *adj* qui relève de la politique de parti **Parteiprogramm** nt programme m de parti **Parteitag** m (*Konferenz*) congrès m de/du parti **Parteivorsitzende(r)** f(m) dekl wie adj chef mf de/du parti

P

parterre [par'tɛr] *adv* au rez-de-chaussée
Parterre [par'tɛr(ə)] <-s, -s> *nt* rez-de-chaussée *m*; THEAT orchestre *m*
Partie [par'ti:] <-, -n> *f* partie *f*
partiell [par'tsi̯ɛl] *geh adj* partiel(le)
Partikel [par'ti:kl] <-s, -> *nt*, <-, -n> *f* particule *f*
Partisan(in) [parti'za:n] <-s, -en> *m(f)* partisan(e) *m(f)*
Partition <-, -en> *f* INFORM partition *f*
Partitur [parti'tu:ɐ̯] <-, -en> *f* MUS partition *f*
Partizip [parti'tsi:p] <-s, -ien> *nt* LING participe *m*
Partner(in) [ˈpartnɐ] <-s, -> *m(f)* ❶ partenaire *m/f*; (*Lebensgefährte*) compagnon *m/* compagne *f* ❷ (*Geschäftspartner*) associé(e) *m(f)*
Partnerschaft <-, -en> *f* ❶ (*Lebensgemeinschaft*) vie *f* en couple ❷ (*Städtepartnerschaft*) jumelage *m*
Partnerstadt *f* ville *f* jumelée
partout [par'tu:] *adv* (*wollen*) à tout prix
Party [ˈpaːɐ̯ti] <-, -s> *f* soirée *f*; (*für Jugendliche*) boum *f*
Parzelle <-, -n> *f* parcelle *f*
Pascha [ˈpaʃa] <-s, -s> *m* pacha *m*
Pass[RR] <-es, Pässe>, **Paß**[ALT] [pas, *Pl:* ˈpɛsə] <-sses, Pässe> *m* ❶ (*Reisepass*) passeport *m* ❷ (*Gebirgspass*) col *m* ❸ SPORT passe *f*
passabel [pa'sa:bəl] *adj* correct(e)
Passage [pa'sa:ʒə] <-, -n> *f* passage *m*
Passagier(in) [pasa'ʒi:ɐ̯] <-s, -e> *m(f)* passager(-ère) *m(f)*
Passagierflugzeug *nt* avion *m* de ligne
Passant(in) [pa'sant] <-en, -en> *m(f)* passant(e) *m(f)*
Passat <-[e]s, -e> *m* alizé *m*
Passbild[RR] *nt* photo *f* d'identité
passen [ˈpasən] *vi* ❶ (*gut sitzen: Hose*) être à la bonne taille; (*Schuhe*) être à la bonne pointure ❷ (*harmonieren*) **zu jdm/etw** ~ aller [bien] avec qn/qc ❸ (*sich einrichten lassen*) **jdm** ~ (*Termin*) convenir à qn ❹ (*gefallen*) **jdm nicht** ~ ne pas plaire à qn ❺ SPIEL passer
passend *adj* ❶ (*Hose*) à la bonne taille; (*Schuhe*) à la bonne pointure ❷ (*Farbe*) assorti(e); (*Kleidung*) convenable ❸ (*Worte*) approprié(e); (*Termin*) qui convient
Passfoto[RR] s. **Passbild**
passieren* [pa'si:rən] **I.** *vi + sein* ❶ (*sich er-*

eignen) se passer ❷ (*vorkommen*) arriver; **jdm** ~ arriver à qn ❸ (*zustoßen*) **ihm ist etwas passiert** il lui est arrivé quelque chose **II.** *vt + haben* (*Grenze*) passer
Passion [pa'sjo:n] <-, -en> *f* REL **die** ~ [Jesu] la Passion [de Jésus]
passioniert [pasi̯o'ni:ɐ̯t] *adj* passionné(e)
passiv [ˈpasi:f] *adj* (*Art*) passif(-ive)
Passiv <-s, -e> *nt* LING passif *m*
Passivität [pasivi'tɛ:t] <-> *f* passivité *f*
Passivrauchen [ˈpasi:frau̯xən] *nt* tabagisme *m* passif
Passkontrolle[RR] *f* contrôle *m* des passeports
Passwort[RR] [ˈpasvɔrt] <-wörter> *nt* code *m* [d'accès]
Paste [ˈpastə] <-, -n> *f* pâte *f*
Pastell [pas'tɛl] <-s, -e> *nt* (*Technik, Bild*) pastel *m*
Pastete [pas'te:tə] <-, -n> *f* ❶ (*Fleischpastete*) pâté *m* ❷ (*Blätterteigpastete*) vol-au-vent *m*
pasteurisieren* [pastøri'zi:rən] *vt* pasteuriser
Pate [ˈpaːtə] <-n, -n> *m*, **Patin** *f* parrain *m/* marraine *f*
Patenkind *nt* filleul(e) *m(f)* **Patenonkel** *m* parrain *m*
Patenschaft <-, -en> *f* parrainage *m*
patent [pa'tɛnt] *adj fam* **ein ~er Kerl** un type bien
Patent [pa'tɛnt] <-[e]s, -e> *nt* brevet *m*
Patentamt *nt* ≈ office *m* des brevets [d'inventions]
Patentante *f* marraine *f*
patentieren* [patɛn'ti:rən] *vt* breveter
Patentrezept *nt* remède *m* miracle
Pater [ˈpaːtɐ] <-s, -> *m* père *m*
pathetisch [pa'te:tɪʃ] **I.** *adj* pathétique **II.** *adv* (*sich ausdrücken*) avec pathos
pathologisch [pato'lo:gɪʃ] *adj* (*Institut*) de pathologie
Pathos [ˈpaːtɔs] <-> *nt* pathos *m*
Patience [pa'si̯ãs] <-, -n> *f* patience *f*
Patient(in) [pa'tsi̯ɛnt] <-en, -en> *m(f)* patient(e) *m(f)*
Patin [ˈpaːtɪn] s. **Pate**
Patres *Pl von* **Pater**
Patriarch [patri'arç] <-en, -en> *m* REL patriarche *m*
patriarchalisch [patriar'ça:lɪʃ] *adj* patriarcal(e)
Patriarchat <-[e]s, -e> *nt* patriarcat *m*

Patriot(in) [patri'o:t] <-en, -en> *m(f)* patriote *mf*

patriotisch *adj* patriotique

Patriotismus [patrio'tɪsmʊs] <-> *m* patriotisme *m*

Patrone [pa'tro:nə] <-, -n> *f* ❶ MIL. cartouche *f* ❷ (*Tintenpatrone*) cartouche *f*

Patrouille [pa'trʊljə] <-, -n> *f* MIL patrouille *f*

patrouillieren* [patrʊl'ji:rən] *vi* patrouiller

patsch [patʃ] *interj* paf

Patsche ['patʃə] <-, -n> *f fam* ▶jdm aus der ~ <u>helfen</u> tirer qn du pétrin

patzig *adj fam* (*Antwort*) culotté(e)

Pauke ['paʊkə] <-, -n> *f* timbale *f*

pauken I. *vi fam* (*Schüler*) bûcher II. *vt fam* (*Vokabeln*) potasser

Pauker(in) <-s, -> *m(f) fam* prof *mf*

pausbäckig ['paʊsbɛkɪç] *adj* joufflu(e)

pauschal [paʊ'ʃa:l] *adj* ❶ (*undifferenziert*) global(e) ❷ FIN forfaitaire

Pauschale [paʊ'ʃa:lə] <-, -n> *f* forfait *m*

Pauschalreise *f* voyage *m* à prix forfaitaire

Pause ['paʊzə] <-, -n> *f* ❶ *a.* MUS pause *f* ❷ SCHULE die große ~ la récréation; die kleine ~ l'interclasse *m*

pausenlos I. *adj attr* incessant(e) II. *adv* sans répit

pausieren* [paʊ'zi:rən] *vi* prendre du repos

Pauspapier *nt* ❶ (*dünnes Papier*) [papier *m*] calque *m* ❷ (*Kohlepapier*) [papier *m*] carbone *m*

Pavian ['pa:via:n] <-s, -e> *m* babouin *m*

Pavillon ['pavɪljõ] <-s, -s> *m* ❶ (*Gartenhaus*) pavillon *m* ❷ (*Musikpavillon*) kiosque *m* [à musique]

Pay-TV ['pɛɪti:vi:] <-s, -s> *nt* chaîne *f* à péage

Pazifik [pa'tsi:fɪk] <-s> *m* der ~ le Pacifique

Pazifist(in) [patsi'fɪst] <-en, -en> *m(f)* pacifiste *mf*

pazifistisch *adj* pacifiste

PC [pe:'tse:] <-s, -s> *m Abk von* **Personalcomputer** P.C. *m*

PDS [pe:de:'?ɛs] <-> *f Abk von* **Partei des Demokratischen Sozialismus** *parti issu du S.E.D. de l'ex-RDA*

Pech [pɛç] <-[e]s> *nt* ❶ (*Teer*) poix *f* ❷ *kein Pl fam* (*Missgeschick*) poisse *f*; ~ **gehabt!** *fam* tant pis pour toi/lui/elle/...!

pechschwarz ['pɛçʃvarts] *adj fam* (*Haare*) de jais

Pechvogel *m fam* malchanceux(-euse) *m(f)*

Pedal [pe'da:l] <-s, -e> *nt* pédale *f*

Pedant(in) [pe'dant] <-en, -en> *m(f)* maniaque *mf*

pedantisch I. *adj* tatillon(ne) II. *adv* (*vorgehen*) minutieusement

Peeling ['pi:lɪŋ] <-s, -s> *nt* peeling *m*

Peepshow^RR ['pi:pʃo:] <-, -s> *f* peep-show *m*

Pegel ['pe:gəl] <-s, ->, **Pegelstand** *m* niveau *m* des eaux

peilen ['paɪlən] I. *vt* NAUT prendre le relèvement de II. *vi fam* zieuter

peinigen *vt geh* tourmenter

Peiniger(in) <-s, -> *m(f) geh* tortionnaire *mf*

peinlich I. *adj* (*Frage*) gênant(e); (*Genauigkeit*) minutieux(-euse) II. *adv* (*genau*) extrêmement

Peitsche ['paɪtʃə] <-, -n> *f* fouet *m*

peitschen I. *vt + haben* fouetter II. *vi + sein* **gegen etw ~** (*Regen*) fouetter qc

Peking ['pe:kɪŋ] <-s> *nt* Pékin *m*

Pelikan ['pe:lika:n] <-s, -e> *m* pélican *m*

Pelle ['pɛlə] ▶jdm auf die ~ <u>rücken</u> *fam* coller à qn

pellen *vt fam* peler

Pellkartoffel *f* pomme *f* de terre en robe des champs

Pelz [pɛlts] <-es, -e> *m* fourrure *f*

pelzig *adj* (*Haut*) velouté(e); (*Baumblatt*) velu(e)

Pendant [pã'dã:] <-s, -s> *nt geh* **das ~ zu etw** le pendant de qc

Pendel ['pɛndəl] <-s, -> *nt* pendule *m*

pendeln *vi* ❶ + *haben* (*Gegenstand*) osciller ❷ + *sein* (*Person, Bus*) faire la navette

Pendler(in) <-s, -> *m(f): personne qui fait tous les jours la navette entre son domicile et son lieu de travail*

penetrant [pene'trant] I. *adj* (*Geruch*) pénétrant(e); (*Person*) importun(e) II. *adv* (*riechen*) fort

peng [pɛŋ] *interj* pan

penibel [pe'ni:bəl] *adj geh* (*in Bezug auf Sauberkeit*) méticuleux(-euse)

Penis ['pe:nɪs] <-, -se> *m* pénis *m*

Penizillin [penitsɪ'li:n] <-s, -e> *nt* pénicilline *f*

Penne <-, -n> *f* bahut *m*

pennen ['pɛnən] *vi fam* (*schlafen*) roupiller

Penner(in) <-s, -> *m(f) pej fam* (*Stadtstreicher*) clodo *mf*

P

Pension [pã'zi̯oːn] <-, -en> f ❶ (*Unterkunft*) pension f de famille ❷ (*Ruhegehalt*) pension f [de retraite] ❸ (*Ruhestand*) retraite f

Pensionär(in) [pãzi̯o'nɛːɐ] <-s, -e> m(f) retraité m

pensionieren* [pãzi̯o'niːrən] vt **pensioniert werden** (*Beamter*) être mis à la retraite

pensioniert [pɛnzi̯o'niːɐt] adj retraité(e)

Pensionierung [pãzi̯o'niːrʊŋ] <-, -en> f mise f à la retraite

Pensionsgast m pensionnaire mf

Pensum [pɛnzʊm] <-s, Pensa> nt tâche f

Penthouse ['pɛnthaus] <-, -s> nt penthouse m

Peperoni [pepe'roːni] <-, -> f piment m

peppig ['pɛpɪç] fam adj (*Aufmachung*) tape-à-l'œil

per [pɛr] präp + akk ❶ (*durch*) ~ **Luftpost** par avion; ~ **Einschreiben** en recommandé ❷ (*pro*) pour

perfekt [pɛr'fɛkt] adj ❶ (*vollkommen*) parfait(e) ❷ fam (*abgeschlossen*) etw ~ **machen** conclure qc

Perfekt ['pɛrfɛkt] <-s, -e> nt LING passé m composé

Perfektion [pɛrfɛk'tsi̯oːn] <-> f perfection f

perfektionieren* vt perfectionner

Perfektionist(in) [pɛrfɛktsi̯o'nɪst] <-en, -en> m(f) perfectionniste mf

Pergament [pɛrga'mɛnt] <-[e]s, -e> nt parchemin m

Pergamentpapier nt papier-parchemin m; (*Butterbrotpapier*) papier m sulfurisé

Periode [peri'oːdə] <-, -n> f ❶ a. MATH période f ❷ (*Menstruation*) règles fpl

Periodensystem nt (*Tafel*) système m périodique des éléments

periodisch adj périodique

Peripherie [perife'riː] <-, -n> f ❶ a. MATH périphérie f ❷ INFORM périphérique m

Perle ['pɛrlə] <-, -n> f ❶ (*Schmuckperle*) perle f ❷ (*Wasserperle*) goutte f

perlen vi ❶ (*sprudeln*) pétiller ❷ (*sichtbar sein*) **auf etw** (dat) ~ (*Regentropfen, Schweiß*) perler sur qc

Perlmutt ['pɛrlmʊt] <-s> nt nacre f

Perlon® ['pɛrlɔn] <-s> nt perlon® m

permanent [pɛrma'nɛnt] I. adj permanent(e) II. adv (*streiten*) constamment

perplex [pɛr'plɛks] adj perplexe

Perron [pɛ'rõː] <-s, -s> m A, CH quai m

Perser ['pɛrzɐ] <-s, -> m ❶ HIST Persan m ❷ fam (*Teppich*) tapis m persan

Perserin <-, -nen> f HIST Persane f

Perserteppich m tapis m persan

Persien ['pɛrzi̯ən] <-s> nt HIST la Perse

persisch I. adj HIST persan(e) II. adv ~ **miteinander sprechen** discuter en persan

Persisch <-[s]> nt kein art persan m; s. a. Deutsch

Person [pɛr'zoːn] <-, -en> f ❶ personne f; **juristische/natürliche** ~ JUR personne f morale/physique ❷ LITER personnage m

Personal [pɛrzo'naːl] <-s> nt personnel m

Personalabbau m réduction f du personnel

Personalabteilung f service m du personnel

Personalausweis m carte f d'identité

Personalcomputer m micro-ordinateur m

Personalien [pɛrzo'naːli̯ən] Pl identité f

Personalpronomen nt LING pronom m personnel

Personalrat m (*Gremium*) délégation f du personnel **Personalrat** m, **-rätin** f délégué(e) m(f) du personnel

personell [pɛrzo'nɛl] adj de/du personnel

Personenbeschreibung f signalement m

Personenschaden m dommage m corporel

Personenstand m form état m civil

personifizieren* [pɛrzonifi'tsiːrən] vt personnifier

persönlich [pɛr'zøːnlɪç] I. adj ❶ personnel(le); (*Freiraum*) individuel(le) ❷ (*anzüglich*) ~ **werden** devenir vexant(e) II. adv (*erscheinen*) en personne

Persönlichkeit <-, -en> f personnalité f

Perspektive [pɛrspɛk'tiːvə] <-, -n> f perspective f

perspektivisch [pɛrspɛk'tiːvɪʃ] adv en perspective

Peru [pe'ruː] <-s> nt le Pérou

Perücke [pe'rʏkə] <-, -n> f perruque f

pervers [pɛr'vɛrs] adj pervers(e)

Peseta [pe'zeːta] <-, -ten> f HIST peseta f

Pessar [pɛ'saːg] <-s, -e> nt diaphragme m

Pessimismus [pɛsi'mɪsmʊs] <-> m pessimisme m

Pessimist(in) [pɛsi'mɪst] <-en, -en> m(f) pessimiste mf

pessimistisch I. adj pessimiste II. adv avec pessimisme

Pest [pɛst] <-> f peste f

Pestizid [pɛsti'tsiːt] <-s, -e> nt pesticide m

Peter ▸jdm den <u>schwarzen</u> ~ zuschieben fam faire porter le chapeau à qn

Petersilie [petɐ'ziːliə] <-, -n> f persil m

Petition [peti'tsjoːn] <-, -en> f pétition f

Petroleum [pe'troːleʊm] <-s> nt pétrole m; *(für ~lampen)* pétrole lampant

Petrus <-> m Saint Pierre

Petting ['pɛtɪŋ] <-s, -s> nt attouchements mpl

petzen ['pɛtsən] vt, vi pej fam rapporter

peu à peu [pøa'pø] adv peu à peu

Pf Abk von **Pfennig** pfennig m

Pfad [pfaːt] <-[e]s, -e> m ❶ sentier m ❷ IN-FORM chemin m

Pfadfinder(in) <-s, -> m(f) scout m / guide f

Pfahl [pfaːl, Pl:pfɛːlə] <-[e]s, Pfähle> m *(Zaunpfahl)* pieu m

Pfalz [pfalts] <-, -en> f GEO **die** ~ le Palatinat

Pfand [pfant, Pl: 'pfɛndə] <-[e]s, Pfänder> nt ❶ kein Pl *(für Leergut)* consigne f ❷ a. SPIEL gage m

pfänden ['pfɛndən] vt saisir

Pfandflasche f bouteille f consignée

Pfändung <-, -en> f saisie f

Pfanne ['pfanə] <-, -n> f ❶ *(Bratpfanne)* poêle f ❷ CH *(Topf)* casserole f

Pfannkuchen ['pfankuːxən] m crêpe f *(épaisse)*

Pfarrei [pfa'raɪ] <-, -en> f *(Gemeinde)* paroisse f

Pfarrer(in) ['pfarɐ] <-s, -> m(f) *(evangelisch)* pasteur m; *(katholisch)* curé m

Pfarrgemeinde f paroisse f **Pfarrhaus** nt presbytère m

Pfau [pfaʊ] <-[e]s, -en> m paon m

Pfauenauge nt paon m de jour

Pfeffer ['pfɛfɐ] <-s, -> m poivre m ▶**der soll bleiben, wo der ~ wächst!** il peut rester où il est!

Pfefferminz <-es> nt menthe f

Pfefferminze <-> f menthe f *(poivrée)* **Pfeffermühle** f moulin m à poivre

pfeffern ['pfɛfɐn] vt poivrer

Pfefferstreuer <-s, -> m poivrier m

Pfeife ['pfaɪfə] <-, -n> f ❶ *(Tabakspfeife)* pipe f ❷ *(Trillerpfeife)* sifflet m ❸ fam *(Nichtskönner)* nullard(e) m(f) ▶**nach jds ~ tanzen** fam se laisser mener [par le bout du nez] par qn

pfeifen ['pfaɪfən] <pfiff, gepfiffen> I. vi siffler; **auf etw** *(akk)* ~ fam se ficher de qc II. vt *(Lied)* siffler

Pfeifton m signal m

Pfeil [pfaɪl] <-s, -e> m flèche f

Pfeiler ['pfaɪlɐ] <-s, -> m pilier m

Pfennig ['pfɛnɪç] <-s, -e> m pfennig m

Pfennigabsatz m fam talon m aiguille **Pfennigfuchser(in)** ['pfɛnɪçfʊksɐ] <-s, -> m(f) fam grippe-sou mf

Pferd [pfeːɐt] <-[e]s, -e> nt ❶ cheval m; **auf einem** ~ **reiten** chevaucher ❷ *(Turngerät)* cheval m d'arçons ❸ SPIEL cavalier m ▶**keine zehn ~e** fam rien au monde

Pferdeapfel m crottin m **Pferderennsport** m hippisme m **Pferdeschwanz** m queue f de cheval **Pferdestall** m écurie f

pfiff [pfɪf] Imp von **pfeifen**

Pfiff [pfɪf] <-s, -e> m *(Pfeifton)* sifflement m

Pfifferling ['pfɪfɐlɪŋ] <-[e]s, -e> m girolle f

pfiffig ['pfɪfɪç] I. adj malin(-igne) II. adv avec finesse

Pfingsten ['pfɪŋstən] <-, -> nt meist ohne art la Pentecôte

Pfingstmontag m lundi m de Pentecôte

Pfingstsonntag [pfɪŋst'zɔntaːk] m dimanche m de [la] Pentecôte

Pfirsich ['pfɪrzɪç] <-s, -e> m pêche f

Pfirsichbaum m pêcher m

Pflanze ['pflantsə] <-, -n> f plante f

pflanzen vt *(setzen)* planter

Pflanzenfett nt graisse f végétale **Pflanzenfresser** m herbivore m **Pflanzenschutzmittel** nt produit m phytosanitaire

pflanzlich adj attr ❶ *(aus Pflanzen gewonnen)* végétal(e) ❷ *(Nahrung)* végétarien(ne)

Pflaster ['pflastɐ] <-s, -> nt ❶ *(Heftpflaster)* sparadrap m ❷ *(Straßenbelag)* chaussée f; *(Kopfsteinpflaster)* pavé m

pflastern vt, vi paver

Pflasterstein m pavé m

Pflaume ['pflaʊmə] <-, -n> f *(Frucht)* prune f

Pflaumenbaum m prunier m

Pflege ['pfleːgə] <-> f ❶ *(Körper-, Krankenpflege)* soins mpl ❷ *(Obhut)* **jdn bei jdm in** ~ **geben** mettre qn en pension chez qn ❸ *(von Anlagen)* entretien m ❹ geh *(Aufrechterhaltung)* maintien m

pflegebedürftig adj *(Person)* dépendant(e)

Pflegeeltern Pl parents mpl adoptifs **Pflegefall** m personne f qui réclame des soins constants **Pflegeheim** nt maison f médicalisée **Pflegekind** nt enfant m placé dans une famille **pflegeleicht** adj ❶ *(Kleidung)* facile à entretenir; *(Pflanze)* facile à soigner

P

❸ *fig, iron* (*Person*) facile à vivre

pflegen I. *vt* **❶** (*Kranken, Tier, Pflanze*) soigner; (*Denkmal*) entretenir **❷** (*Beziehungen*) cultiver **❸** (*gewöhnlich tun*) **er pflegt zu schwimmen** il a l'habitude de nager II. *vr* **sich ~** soigner son apparence; (*sich schonen*) se ménager

Pfleger(in) <-s, -> *m(f)* infirmier(-ière) *m(f)*

Pflegeversicherung *f* assurance *f* dépendance

Pflicht [pflɪçt] <-, -en> *f* devoir *m*

pflichtbewusst[RR] *adj* conscient(e) de ses devoirs **Pflichtbewusstsein**[RR] *nt*, **Pflichtgefühl** *nt* sens *m* du devoir **Pflichtfach** *nt* matière *f* obligatoire **Pflichtversicherung** *f* assurance *f* obligatoire **Pflichtverteidiger(in)** *m(f)* avocat(e) *m(f)* commis(e) d'office

Pflock [pflɔk, *Pl:* ˈp[l]œkə] <-[e]s, Pflöcke> *m* piquet *m*

pflücken [ˈpflʏkən] *vt* cueillir

Pflug [pfluːk, *Pl:* ˈpflyːgə] <-es, Pflüge> *m* charrue *f*

pflügen [ˈpflyːgən] *vt* (*Acker*) labourer

Pforte [ˈpfɔrtə] <-, -n> *f* porte *f*

Pförtner(in) [ˈpfœrtnə] <-s, -> *m(f)* gardien(ne) *m(f)*

Pfosten [ˈpfɔstən] <-s, -> *m* poteau *m*

Pfote [ˈpfoːtə] <-, -n> *f* patte *f*; **~n weg!** *fam* bas les pattes!

Pfropfen <-s, -> *m* bouchon *m*

pfui [pfʊi] *interj* be[u]rk

Pfund [pfʊnt] <-[e]s, -e> *nt* livre *f*

pfuschen [ˈpfʊʃən] *vi fam* bâcler le travail

Pfütze [ˈpfʏtsə] <-, -n> *f* flaque *f*

Phänomen [fɛnoˈmeːn] <-s, -e> *nt* phénomène *m*

Phantasie [fantaˈziː] <-> *f kein Pl* imagination *f*

phantasieren* *s.* **fantasieren**

phantastisch *s.* **fantastisch**

Phantom [fanˈtoːm] <-s, -e> *nt* fantôme *m*

Phantombild *nt* portrait-robot *m*

Pharao [ˈfaːrao] <-s, Pharaonen> *m*, **Pharaonin** *f* pharaon(ne) *m(f)*

Pharisäer [fariˈzɛːɐ] <-s, -> *m* **❶** REL pharisien *m* **❷** (*Getränk*) café avec du rhum, couronné de crème Chantilly

Pharmakonzern *m* groupe *m* pharmaceutique

pharmazeutisch [farmaˈtsɔytɪʃ] *adj* pharmaceutique

Pharmazie [farmaˈtsiː] <-> *f* pharmacie *f*

Phase [ˈfaːzə] <-, -n> *f a.* ELEC phase *f*

Philharmonie [fɪlharmoˈniː] <-, -n> *f* philharmonie *f*

Philharmoniker(in) [fɪlharˈmoːnikɐ] <-s, -> *m(f) Pl* (*Orchester*) **die Wiener ~** l'orchestre *m* philharmonique de Vienne

Philippinen [filɪˈpiːnən] *Pl* **die ~** les Philippines *fpl*

Philologie [filoloˈgiː] <-, -n> *f* philologie *f*

philologisch *adj* de philologie

Philosoph(in) [filoˈzoːf] <-en, -en> *m(f)* philosophe *mf*

Philosophie [filozoˈfiː] <-, -n> *f* philosophie *f*

philosophieren* [filozoˈfiːrən] *vi* philosopher

philosophisch *adj* philosophique

phlegmatisch *adj geh* indolent(e)

Phobie [foˈbiː] <-, -n> *f* phobie *f*

Phonetik <-> *f* phonétique *f*

phonetisch *adj* phonétique

Phosphat [fɔsˈfaːt] <-[e]s, -e> *nt* phosphate *m*

Phosphor [ˈfɔsfoːɐ] <-s> *m* phosphore *m*

Photo *s.* **Foto**

Photosynthese *f* BIO photosynthèse *f*

Phrase [ˈfraːzə] <-, -n> *f pej* formule *f* [toute faite]

pH-Wert [peːˈhaːvɛɐt] *m* pH *m*

Physik [fyˈziːk] <-> *f* physique *f*

physikalisch [fyziˈkaːlɪʃ] *adj* (*Formel*) de physique; (*Gesetz*) physique

Physiker(in) [ˈfyːzikɐ] <-s, -> *m(f)* physicien(ne) *m(f)*

physiologisch [fyzioˈloːgɪʃ] *adj* physiologique

physisch [ˈfyːzɪʃ] *adj* physique

Pi [piː] <-[s]> *nt* [**die Zahl**] **~** [le nombre] pi *m*

Pianist(in) [piaˈnɪst] <-en, -en> *m(f)* pianiste *mf*

piano *adv* piano

Pickel [ˈpɪkəl] <-s, -> *m* **❶** bouton *m* **❷** (*Eispickel*) piolet *m*

pick[e]lig *adj* (*Gesicht*) boutonneux(-euse)

picken [ˈpɪkən] *vt* (*Körner*) picorer

Picknick [ˈpɪknɪk] <-s, -s> *nt* pique-nique *m*

picknicken *vi* pique-niquer

picobello [ˈpiːkoˈbɛlo] *adv fam* impec

Piep ▶**keinen ~ sagen** *fam* ne pas pipe [mot]

piepen ['pi:pən] **I.** *vi* (*Vogel*) pépier; (*Maus*) couiner (*fam*) (*Funkgerät*) faire bip[-bip] **II.** *vi unpers fam* **bei ihm piept's** il déraille

piepsen ['pi:psən] *vi s.* **piepen I.**

Piepser <-s, -> *m fam* ❶ (*Piepton*) signal *m* sonore ❷ (*Personenrufgerät*) bip *m*

piesacken ['pi:zakən] *vt fam* **jdn ~** (*Person*) embêter qn; (*Tier*) enquiquiner qn

pietätlos [pie'tɛ:t-] *geh adj* irrespectueux

Pigment [pɪ'gmɛnt] <-s, -e> *nt* pigment *m*

Pik [pi:k] <-s, -> *nt* SPIEL pique *m*

pikant [pi'kant] **I.** *adj* ❶ relevé(e); (*Soße*) piquant(e) ❷ (*frivol: Witz*) piquant(e) **II.** *adv* ~ **schmecken** être relevé

piken ['pi:kən] *fam vt, vi* piquer

pikiert [pi'ki:ɐt] *geh* **I.** *adj* offusqué(e) **II.** *adv* (*reagieren*) avec indignation

Pikkolo ['pɪkolo] <-s, -s> *m* ≈ quart *m* de mousseux

piksen *s.* **piken**

Pilger(in) ['pɪlgɐ] <-s, -> *m(f)* pèlerin(e) *m(f)*

Pilgerfahrt *f* pèlerinage *m*

pilgern *vi + sein* **nach Mekka ~** se rendre en pèlerinage à la Mecque

Pille ['pɪlə] <-, -n> *f* (*Tablette, Antibabypille*) pilule *f*

Pilot(in) [pi'lo:t] <-en, -en> *m(f)* pilote *mf*

Pilotfilm *m* film-pilote *m*

Pils [pɪls] <-, -> *nt* pils *f*

Pilz [pɪlts] <-es, -e> *m a.* MED champignon *m*

Pilzvergiftung *f* intoxication *f* par des champignons

Pimmel ['pɪməl] <-s, -> *m fam* zizi *m*

pingelig ['pɪŋəlɪç] *adj fam* maniaque

Pinguin ['pɪŋgui:n] <-s, -e> *m* pingouin *m*

Pinie ['pi:niə] <-, -n> *f* pin *m* parasol

Pink <-s, -s> *nt* rose *m* vif

pinkeln ['pɪŋkəln] *vi fam* pisser

pinkfarben *adj* rose vif

Pinnwand ['pɪnvant] *f* tableau *m* aide-mémoire

Pinsel ['pɪnzəl] <-s, -> *m* pinceau *m*

pinseln *vt fam* (*schreiben*) **einen Spruch an die Wand ~** barbouiller une inscription au mur

Pinzette [pɪn'tsɛta] <-, -n> *f* pincette *f*; (*Kosmetikpinzette*) pince *f* à épiler

Pionier(in) [pio'ni:ɐ] <-s, -e> *m(f)* pionnier(-ière) *m(f)*

Pipeline ['paɪplaɪn] <-, -s> *f* pipeline *m*

Pipette [pi'pɛta] <-, -n> *f* pipette *f*

Pipi ['pɪpi] <-s> *nt Kinderspr.* ~ **machen** faire pipi

Piranha [pi'ranja] <-[s], -s> *m* piranha *m*

Pirat(in) [pi'ra:t] <-en, -en> *m(f)* pirate *m*

Pirouette [pi'ruɛtə] <-n> *f* pirouette *f*

pissen ['pɪsən] *vi vulg* pisser (*fam*)

Pissoir [pɪ'soa:ɐ] <-s, -s> *nt* urinoir *m*

Pistazie [pɪs'ta:tsia] <-, -n> *f* pistache *f*

Piste ['pɪstə] <-, -n> *f* piste *f*

Pistole [pɪs'to:lə] <-, -n> *f* pistolet *m* ▸**wie aus der ~ geschossen** *fam* du tac au tac

Pizza ['pɪtsa] <-, -s> *f* pizza *f*

Pizzeria <-, -s o -ien> *f* pizzeria *f*

Pkw ['pe:ka:ve] <-s, -s> *m Abk von* **Personenkraftwagen** voiture *f* [particulière]

Placebo [pla'tse:bo] <-s, -s> *nt* MED placebo *m*

Plackerei [plakə'raɪ] <-, -en> *f fam* galère *f*

plädieren* [plɛ'di:rən] *vi* plaider

Plädoyer [plɛdoa'je:] <-s, -s> *nt* ❶ JUR (*eines Rechtsanwalts*) plaidoirie *f*; (*eines Staatsanwalts*) réquisitoire *m* ❷ *geh* (*Eintreten*) plaidoyer *m*

Plage ['pla:gə] <-, -n> *f* plaie *f*; (*Schädlingsplage*) fléau *m*

plagen I. *vt* **jdn ~** (*Gewissen*) tourmenter qn; (*Hunger*) tenailler qn **II.** *vr* **sich ~** s'esquinter (*fam*)

Plakat [pla'ka:t] <-[e]s, -e> *nt* affiche *f*

Plakette [pla'kɛta] <-, -n> *f* badge *m*

Plan [pla:n, *Pl:* 'plɛ:nə] <-[e]s, Pläne> *m* ❶ plan *m* ❷ *meist Pl* (*Planung*) projet *m*

Plane ['pla:nə] <-, -n> *f* bâche *f*

planen *vt* (*Projekt*) planifier; (*Bauwerk*) dessiner les plans de

Planet [pla'ne:t] <-en, -en> *m* planète *f*

Planetarium [plane'ta:riʊm] <-s, -tarien> *nt* planétarium *m*

Planke ['plaŋkə] <-, -n> *f* planche *f*

Plankton ['plaŋktɔn] <-s> *nt* plancton *m*

planlos I. *adj* désordonné(e) **II.** *adv* au hasard

planmäßig I. *adj* (*Ankunft*) normal(e); (*Vorgehen*) méthodique **II.** *adv* (*stattfinden*) comme prévu

Planquadrat *nt* quadrilatère *m* [du plan]

Planschbecken *nt* pataugeoire *f*

planschen ['planʃən] *vi* barboter

Plantage [plan'ta:ʒə] <-, -n> *f* plantation *f*

Planung <-, -en> *f* plan *m*

plappern ['plapɐn] *fam* **I.** *vi* bavarder **II.** *vt* marmonner

P

Plasma ['plasma] <-s, Plasmen> *nt* plasma *m*

Plastik¹ ['plastɪk] <-s> *nt* (*Kunststoff*) plastique *m*

Plastik² <-, -en> *f* KUNST sculpture *f*

Plastikmüll *m* déchets *mpl* plastiques **Plastiktüte** *f* sac *m* en plastique

plastisch *adj* (*Wirkung*) en relief; (*Schilderung*) clairement réalisé(e); (*Chirurgie*) plastique

Platane [pla'ta:nə] <-, -n> *f* platane *m*

Plateau [pla'to:] <-s, -s> *nt* plateau *m*

Platin ['pla:ti:n] <-s> *nt* platine *m*

platonisch [pla'to:nɪʃ] *geh adj* (*Liebe*) platonique

plätsch [platʃ] *interj* vlan; (*beim Aufprall auf Wasser*) plouf

plätschern ['plɛtʃɐn] *vi* ❶ + *haben* (*Wasser*) clapoter ❷ + *sein* (*Bach*) s'écouler en clapotant

platt [plat] **I.** *adj* ❶ (*flach*) plat(e); (*Nase*) aplati(e); (*Reifen*) à plat ❷ (*geistlos*) banal(e) ❸ *fam* (*verblüfft*) ~ **sein** [en] être baba **II.** *adv* ~ **drücken** écraser

Platt *s.* Plattdeutsch

plattdeutsch I. *adj* (*Dialekt*) bas allemand(e); (*Wort*) de bas allemand **II.** *adv* ~ **miteinander sprechen** discuter en bas allemand

Plattdeutsch *nt kein art* bas allemand *m*; *s. a.* Deutsch

Platte ['platə] <-, -n> *f* ❶ (*Stein-, Keramikplatte*) (*klein*) carreau *m*; (*groß*) dalle *f* ❷ (*Metallplatte*) plaque *f* ❸ (*Servierplatte*) plateau *m* ❹ (*Speiseplatte*) **kalte** ~ assiette *f* anglaise ❺ (*Schallplatte*) disque *m* ❻ (*Kochplatte*) plaque *f* [électrique]

Plattenspieler *m* platine *f* [disques]

Plattform *f* plate-forme *f* **Plattfuß** *m* pied *m* plat

Platz [plats, *Pl:* 'plɛtsə] <-es, Plätze> *m* ❶ (*Ort*) terrain *m* ▶**fehl am** ~[e] **sein** (*Person*) ne pas être à sa place; (*Sache*) être déplacé

Platzangst *f fam* (*Klaustrophobie*) claustrophobie *f* **Platzanweiser(in)** <-s, -> *m(f)* ouvreur(-euse) *m(f)*

Plätzchen ['plɛtsçən] <-s, -> *nt* ❶ *Dim von* **Platz** petite place *f* ❷ (*Gebäck*) ≈ petit gâteau *m sec*

platzen ['platsən] *vi* + *sein* ❶ (*Tüte*) éclater; (*Reifen*) crever; (*Naht*) craquer; **vor Neu-**

gier (*dat*) ~ crever de curiosité ❷ *fam* (*Termin*) foirer

platzieren*ᴿᴿ [pla'tsi:rən] *vt a.* SPORT placer

Platzierungᴿᴿ <-, -en> *f* (*Rangfolge*) classement *m*

Platzkarte *f* [billet *m* de] réservation *f* **Platzverweis** *m* expulsion *f* [du terrain] **Platzwunde** *f* plaie *f* ouverte

Plauderei <-, -en> *f* causerie *f*

plaudern ['plaʊdɐn] *vi* bavarder

plausibel [plaʊ'zi:bəl] *adj* plausible

Playback, Play-backᴿᴿ ['ple:bɛk] <-s, -s> *nt* play-back *m*

Playboy ['ple:bɔy] <-s, -s> *m* play-boy *m*

Plazenta [pla'tsɛnta] <-, -s> *f* MED placenta *m*

plazieren*ᴬᴸᵀ *s.* platzieren

Plazierungᴬᴸᵀ *s.* Platzierung

pleite ['plaɪtə] *adj fam* ~ **sein** (*Person*) être fauché; (*Firma*) être en déconfiture

Pleite <-, -n> *f fam* ❶ faillite *f* ❷ (*Reinfall*) fiasco *m*

plemplem [plɛm'plɛm] *adj fam* ~ **sein** être zinzin

Plenarsaal [ple'na:ɐza:l] *m* ≈ hémicycle *m*

Plenum ['ple:nʊm] <-s, Plena> *nt* assemblée *f* plénière

PLO [pe:ʔɛl'ʔo:] <-> *f Abk von* **Palestine Liberation Organization** OLP *f*

Plombe ['plɔmbə] <-, -n> *f* (*Zahnplombe*) plombage *m*

plombieren* [plɔm'bi:rən] *vt* plomber

Plotter ['plɔtɐ] <-s, -> *m* INFORM traceur *m*

plötzlich ['plœtslɪç] **I.** *adj* soudain(e); (*Tod*) subit(e) **II.** *adv* soudain

Plug-in [plʌg'ʔɪn] <-s, -s> *nt* INFORM plugiciel *m*

plump [plʊmp] *adj* ❶ (*Bewegungen*) gauche ❷ (*dummdreist*) primitif(-ive)

plumpsen ['plʊmpsən] *vi* + *sein fam* **ins Wasser** ~ tomber dans l'eau en faisant un grand plouf

Plumpsklo[sett] *nt fam* latrines *fpl*

Plunder <-s> *m fam* bric-à-brac *m*

Plünderer <-s, -> *m*, **Plünderin** *f* pillard *m*

plündern ['plʏndɐn] **I.** *vt* piller **II.** *vi* se livrer au pillage

Plünderung <-, -en> *f* pillage *m*

Plural ['plu:ra:l] <-s, -e> *m* pluriel *m*

pluralistisch [plura'lɪstɪʃ] *adj geh* pluraliste

plus [plʊs] **I.** *präp* + *gen* plus **II.** *konj* plus **III.** *adv* (*über null Grad*) **drei Grad** ~ plus trois degrés

Plus nt ❶ plus m ❷ (*Überschuss*) excédent m

Plüsch [plyːʃ] <-[e]s, -e> m peluche f

Plüschtier nt animal m en peluche

Pluspol m pôle m positif **Pluspunkt** m (*Vorzug*) plus m

Plusquamperfekt ['pluskvampɛrfɛkt] <-s, -e> nt LING plus-que-parfait m

plustern ['pluːstən] vt, vr [sich] ~ [se] hérisser

Pluszeichen nt signe m plus

Pluto ['pluːto] <-s, -s> m [la planète] Pluton f

Plutonium [pluˈtoːniʊm] <-s> nt plutonium m

PLZ Abk von **Postleitzahl** code m postal

Po [poː] <-s, -s> m fam fesses fpl

Pöbel ['pøːbəl] <-s> m pej populace f

pöbeln vi fam faire du barouf

pochen ['pɔxən] vi geh ❶ (*klopfen*) **gegen/an etw** ~ frapper contre/à qc ❷ (*Herz*) battre

Pocken ['pɔkən] Pl variole f

Podest [poˈdɛst] <-[e]s, -e> nt o m estrade f

Podium ['poːdiʊm] <-s, Podien> nt podium m

Podiumsdiskussion f débat m public

Poesie [poeˈziː] <-, -s> f geh poésie f

Poesiealbum nt ≈ album m souvenir (*petit album d'enfant rempli par les parents et amis*)

poetisch adj geh poétique

Pogrom [poˈɡroːm] <-s, -e> m o nt pogrom[e] m

Pointe ['poɛ̃ːtə] <-, -n> f chute f

Pokal [poˈkaːl] <-s, -e> m coupe f

Pokalspiel nt match m de coupe

pökeln ['pøːkəln] vt saler

Poker ['poːke] <-s> nt o m poker m

pokern vi jouer au poker

Pol [poːl] <-s, -e> m pôle m

polar [poˈlaːɐ̯] adj polaire

Polarkreis m cercle m polaire **Polarstern** m étoile f polaire

Pole ['poːlə] <-n, -n> m, **Polin** f Polonais(e) m(f)

polemisch [poˈleːmɪʃ] adj polémique

polemisieren* [polemiˈziːrən] vi polémiquer

Polen ['poːlən] <-s> nt la Pologne

Police [poˈliːsə] <-, -n> f police f [d'assurance]

Polier(in) <-s, -e> m(f) contremaître m

polieren* [poˈliːrən] vt (*Schuhe*) lustrer; (*Auto*) briquer; **glatt** ~ polir

Polio ['poːlio] <-> f MED polio[myélite] f

Politesse [poliˈtɛsə] <-, -n> f contractuelle f

Politik [poliˈtiːk] <-> f politique f

Politiker(in) [poˈliːtike] <-s, -> m(f) homme m/femme f politique

Politikverdrossenheit f ras-le-bol m de la politique

politisch adj politique

politisieren* [politiˈziːrən] vi parler politique

Politologie [politoloˈɡiː] <-> f science(s) f(pl) politique(s)

Polizei [poliˈtsai] <-, -en> f ❶ police f ❷ kein Pl (*Dienstgebäude*) poste m de police

Polizeidirektion f direction f de la police **Polizeieinsatz** m intervention f de la police

polizeilich I. adj (*Ermittlung*) policier(-ière) II. adv (*überwachen*) par mesure de police

Polizeipräsidium nt préfecture f de police **Polizeirevier** nt poste m **Polizeischutz** m protection f policière **Polizeistaat** m État m policier **Polizeistreife** f patrouille f de police **Polizeiwache** f poste m de police

Polizist(in) [poliˈtsɪst] <-en, -en> m(f) policier(-ière) m(f)

Polka ['pɔlka] <-, -s> f polka f

Pollen ['pɔlən] <-s, -> m pollen m

Pollenallergie f allergie f au pollen

polnisch ['pɔlnɪʃ] I. adj polonais(e) II. adv ~ **miteinander sprechen** discuter en polonais

Polnisch <-[s]> nt kein art polonais m; s. a. **Deutsch**

Polo ['poːlo] <-s, -s> nt polo m

Polohemd ['poːlohɛmt] nt polo m

Polonaise [poloˈnɛːzə] <-, -n> f polonaise f

Polster ['pɔlste] <-s, -> nt o A m ❶ (*eines Möbelstücks*) coussin m; (*Polsterung*) rembourrage m ❷ (*Schulterpolster*) épaulette f ❸ fam (*Rücklage*) pécule m

Polstermöbel nt meuble m rembourré

polstern vt (*Möbel*) capitonner

Polterabend m ≈ veille f des noces (*soirée au cours de laquelle on casse de la vaisselle pour porter bonheur aux futurs jeunes mariés*)

poltern ['pɔlten] vi ❶ + haben (*lärmen*) faire du vacarme ❷ + sein (*sich ~d bewegen*) **durch etw** ~ faire du vacarme dans qc

Polyester [polyˈɛste] <-s, -> m polyester m

polygam [polyˈɡaːm] adj polygame

Polygamie [polygaˈmiː] <-> f polygamie f

P

Polynesien [poly'ne:ziən] <-s> *nt* la Polynésie

Polyp [po'ly:p] <-en, -en> *m* ZOOL, MED polype *m*

Pomade [po'ma:də] <-, -n> *f* pommade *f*

Pommes frites [pɔm'frɪt] *Pl* [pommes *fpl*] frites *fpl*

Pomp [pɔmp] <-[e]s> *m* faste *m*

pompös [pɔm'pø:s] *adj* somptueux(-euse); (*Ausstattung*) fastueux(-euse)

Poncho ['pɔntʃo] <-s, -s> *m* poncho *m*

Pony¹ ['pɔni] <-s, -s> *nt* poney *m*

Pony² <-s, -s> *m* (*Stirnfransen*) frange *f*

Pool [pu:l] <-s, -s> *m* piscine *f*

Pop [pɔp] <-s> *m* pop *f*

Popcorn ['pɔpkɔrn] <-s> *nt* pop-corn *m*

Popel ['po:pəl] <-, -> *m fam* crotte *f* de nez

popeln ['po:pəln] *vi fam* se curer le nez

Popkonzert *nt* concert *m* [de musique] pop **Popmusik** *f* musique *f* pop

Popo [po'po:] <-s, -s> *m Kinderspr. fam* fesses *fpl*

populär [popu'lɛ:ɐ] *adj* populaire

Popularität [populari'tɛ:t] <-> *f* popularité *f*

Pore ['po:rə] <-, -n> *f* pore *m*

Porno ['pɔrno] <-s, -s> *m fam* porno *m*

Pornografie^RR [pɔrnogra'fi:] <-> *f* pornographie *f*

pornografisch^RR [pɔrno'gra:fɪʃ] *adj* pornographique

Pornographie *s.* **Pornografie**
pornographisch *s.* **pornografisch**

Pornoheft *nt fam* revue *f* porno

porös [po'rø:s] *adj* poreux(-euse)

Porree ['pɔre] <-s, -s> *m* poireau *m*

Portal [pɔr'ta:l] <-s, -e> *m* portail *m*

Portemonnaie [pɔrtmɔ'ne:] <-s, -s> *nt* porte-monnaie *m*

Portier [pɔr'tje:] <-s, -s> *m* portier *m*

Portion [pɔr'tsjo:n] <-, -en> *f* portion *f*; (*zugeteilte Menge*) part *f*

Portmonee^RR [pɔrtmɔ'ne:] *s.* **Portemonnaie**

Porto ['pɔrto] <-s, -s> *nt* port *m*

Porträt [pɔr'trɛ:] <-s, -s> *nt* portrait *m*

porträtieren* *vt* jdn porträtieren (*Maler*) faire le portrait de qn; (*Autor*) représenter qn

Portugal ['pɔrtugal] <-s> *nt* le Portugal

Portugiese [pɔrtu'gi:zə] <-n, -n> *m*, **Portugiesin** *f* Portugais(e) *m(f)*

portugiesisch I. *adj* portugais(e) **II.** *adv* ~ **miteinander sprechen** discuter en portu-gais

Portugiesisch <-[s]> *nt kein art* portugais *m; s. a.* **Deutsch**

Portwein ['pɔrtvain] *m* porto *m*

Porzellan [pɔrtsɛ'la:n] <-s, -e> *nt* porcelaine *f*

Posaune [po'zaunə] <-, -n> *f* trombone *m*

Posaunist(in) *m(f)* tromboniste *mf* (*form*)

Pose ['po:zə] <-, -n> *f* pose *f*

posieren* [po'zi:rən] *vi geh* poser

Position [pozi'tsjo:n] <-, -en> *f* ❶ a. MIL position *f* ❷ (*beruflich*) situation *f*

positiv ['po:ziti:f] *adj* a. MED, PHYS positif (-ive); ~ **sein** *fam* (*HIV-~ sein*) être [séro]positif

Posse ['pɔsə] <-, -n> *f* farce *f*

Possessivpronomen ['pɔsɛsi:fprono:mən] *nt* LING [pronom *m*] possessif *m; (adjektivisches ~*) [adjectif *m*] possessif *m*

Post [pɔst] <-> *f* ❶ (*Unternehmen*) poste *f* ❷ (*~sendung*) courrier *m;* **elektronische ~** courrier électronique

Postamt *nt* bureau *m* de poste **Postanweisung** *f* mandat *m* **Postbote** *m*, **-botin** *f* facteur(-trice) *m(f)*

Posten ['pɔstən] <-s, -> *m* ❶ (*Amt*) poste *m* ❷ (*Wachmann*) sentinelle *f* ▶**nicht ganz auf dem ~ sein** *fam* être mal fichu

Poster ['po:stɐ] <-s, -[s]> *nt* poster *m*

Postfach *nt* (*bei der Post*) boîte *f* postale; (*im Hotel, Büro*) casier *m* [à courrier] **Postgeheimnis** *nt* secret *m* postal

posthum *s.* **postum**

postieren* [pɔs'ti:rən] *vt* poster

Postkarte *f* carte *f* postale **postlagernd** *adj/adv* poste[-]restante **Postleitzahl** *f* code *m* postal

Après la réunification, il a été nécessaire de mettre en place un nouveau système de code postal. Ainsi, depuis juillet 1993, le **Postleitzahl** est à cinq chiffres. Les deux premiers chiffres désignent la région et les trois autres la localité, la boîte postale ou une grande entreprise. En Autriche et en Suisse, quatre chiffres suffisent jusqu'à présent et désignent une localité. Les deux derniers chiffres des grandes villes suisses correspondent au quartier de la localité désignée par les deux premiers.

postmodern [pɔstmoˈdɛrn] *adj* postmoderne

Postsendung *f* envoi *m* postal **Postsparbuch** *nt* livret *m* d'épargne de la poste **Poststempel** *m* cachet *m* de la poste

postum [ˈpɔsˈtuːm] *geh* **I.** *adj* posthume **II.** *adv* à titre posthume

postwendend [ˈpɔstˈvɛndənt] *adv* par retour du courrier **Postwertzeichen** *nt form* timbre-poste *m* **Postwurfsendung** *f* publicité *f* distribuée par la poste

potent [poˈtɛnt] *adj* (*Person*) sexuellement puissant(e)

Potential [potɛnˈtsiaːl] *s.* **Potenzial**

potentiell [potɛnˈtsiɛl] *s.* **potenziell**

Potenz [poˈtɛnts] <-, -en> *f* ❶ MATH puissance *f* ❷ (*sexuelle ~*) virilité *f*

Potenzial[RR] [potɛnˈtsiaːl] <-s, -e> *nt a.* PHYS potentiel *m*

potenziell[RR] [potɛnˈtsiɛl] *geh adj* potentiel(le)

potenzieren* [potɛnˈtsiːrən] *vt* MATH **eine Zahl mit fünf ~** élever un nombre à la puissance cinq

Power [ˈpauɐ] <-> *f fam* (*einer Person*) punch *m*

PR [peːˈʔɛr] <-> *f Abk von* **Public Relations** relations *fpl* publiques

Präambel [prɛˈambəl] <-, -n> *f* préambule *m*

Pracht [praxt] <-> *f* splendeur *f*

Prachtexemplar *nt* belle pièce *f*

prächtig [ˈprɛçtɪç] **I.** *adj* (*Raum*) somptueux(-euse); (*Wetter*) splendide **II.** *adv* (*sich verstehen*) à merveille

prachtvoll *s.* **prächtig**

Prädikat [prɛdiˈkaːt] <-[e]s, -e> *nt* ❶ LING prédicat *m* ❷ COM label *m* [de qualité]

Präferenz [prɛfeˈrɛnts] <-, -en> *f* préférence *f*

Präfix <-es, -e> *nt* préfixe *m*

Prag [praːk] <-s> *nt* Prague

prägen [ˈprɛːgən] *vt* (*Münzen*) frapper; (*Landschaft*) caractériser; (*Begriff*) forger; **jdn ~** (*Erlebnis*) marquer qn

pragmatisch I. *adj* pragmatique **II.** *adv* avec pragmatisme

Prägung <-, -en> *f* (*Aufdruck*) gravure *f*

prähistorisch [prɛhɪsˈtoːrɪʃ] *adj* préhistorique

prahlen [ˈpraːlən] *vi* [**mit etw**] **~** se vanter [de qc]

Prahlerei [praːləˈrai] <-, -en> *f* vantardise *f*

Praktik [ˈpraktɪk] <-, -en> *f meist Pl* pratique *f*

praktikabel [praktiˈkaːbəl] *adj* praticable

Praktikant(in) [praktiˈkant] <-en, -en> *m(f)* stagiaire *mf*

Praktikum [ˈpraktɪkʊm] <-s, Praktika> *nt* stage *m*

praktisch I. *adj* pratique **II.** *adv* ❶ (*in der Praxis*) dans la pratique ❷ (*so gut wie*) pratiquement

praktizieren* [praktiˈtsiːrən] *vi* (*Arzt*) exercer

Praline [praˈliːnə] <-, -n> *f* A chocolat *m*

prall [pral] **I.** *adj* (*Ballon*) bien gonflé(e) **II.** *adv* **~ gefüllt** bien rempli(e)

prallen [ˈpralən] *vi + sein* **gegen jdn/etw ~** heurter qn/qc

Prämie [ˈprɛːmiə] <-, -n> *f* prime *f*

prämieren* *vt* primer

Prämisse [prɛˈmɪsə] <-, -n> *f geh* prémisse *f*

prangen [ˈpraŋən] *vi geh* **am Himmel ~** (*Sterne*) resplendir dans le ciel

Pranger [ˈpraŋɐ] <-s, -> *m* pilori *m*

Pranke [ˈpraŋkə] <-, -n> *f* patte *f*

Präparat [prɛpaˈraːt] <-[e]s, -e> *nt* préparation *f*

präparieren* [prɛpaˈriːrən] *vt* ❶ (*konservieren*) naturaliser ❷ (*sezieren*) disséquer

Präposition [prɛpoziˈtsion] <-, -en> *f* LING préposition *f*

Prärie [prɛˈriː] <-, -n> *f* **die ~** la Prairie

Präsens [ˈprɛːzɛns] <-, Präsenzien> *nt* LING présent *m*

präsent *adj geh* présent(e)

präsentieren* [prɛzɛnˈtiːrən] *vt* présenter

Präservativ [prɛzɛrvaˈtiːf] <-s, -e> *nt* préservatif *m*

Präsident(in) [prɛziˈdɛnt] <-en, -en> *m(f)* président(e) *m(f)*

Präsidentschaft <-, -en> *f* présidence *f*

Präsidentschaftswahlen *Pl* [élections *fpl*] présidentielles *fpl*

Präsidium [prɛˈziːdiʊm] <-s, Präsidien> *nt* (*Polizeipräsidium*) commissariat *m*

prasseln [ˈprasəln] *vi + sein* **gegen/auf etw** (*akk*) **~** crépiter contre/sur qc

präventiv [prɛvɛnˈtiːf] *adj* préventif(-ive)

Praxis [ˈpraksɪs] <-, Praxen> *f* ❶ (*Arztpraxis*) cabinet *m* ❷ (*Anwendung*) pratique *f*

Präzedenzfall [prɛtseˈdɛntsfal] *m* précédent *m*

P

präzis[e] geh I. adj précis(e) II. adv avec précision

präzisieren* [prɛtsi'ziːrən] vt geh préciser

Präzision [prɛtsi'zjoːn] <-> f geh précision f

predigen ['preːdɪɡən] I. vi prêcher II. vt (Toleranz) recommander

Prediger(in) <-s, -> m(f) prédicateur(-trice) m(f)

Predigt <-, -en> f (Ermahnung) sermon m

Preis [praɪs] <-es, -e> m prix m; **einen ~ auf etw** (akk) **aussetzen** offrir une récompense pour qc

Preisanstieg m hausse f des prix **Preisausschreiben** nt [jeu-]concours m

Preiselbeere ['praɪzəlbeːrə] f airelle f

preisen ['praɪzən] <pries, gepriesen> vt geh (Gott) louer

preis|geben vt irr geh ❶ (aufgeben) abandonner ❷ (verraten) révéler **preisgekrönt** adj primé(e) **preisgünstig** adj (Artikel) bon marché **Preislage** f gamme f de prix **Preis-Leistungs-Verhältnis** nt rapport m qualité-prix **Preisliste** f tarif m **Preisnachlass**[nn] m remise f **Preisschild** nt étiquette f **Preisträger(in)** m(f) lauréat(e) m(f); SPORT vainqueur mf **Preisverleihung** f remise f des prix

preiswert s. preisgünstig

Prellbock m butoir m

prellen ['prɛlən] I. vt ❶ sich (dat) etw ~ se contusionner qc ❷ (betrügen) jdn um etw ~ escroquer qn de qc II. vr sich an etw (dat) ~ se contusionner qc

Prellung <-, -en> f contusion f

Premiere [prə'mjeːrə] <-, -n> f première f

Premierminister(in) m(f) premier ministre mf

Presse ['prɛsə] <-, -n> f presse f

Pressefreiheit f liberté f de la presse **Pressekonferenz** f conférence f de presse

pressen ['prɛsən] I. vt ❶ (Blatt) presser ❷ TECH presser II. vi pousser

pressieren* [prɛ'siːrən] A, CH, SDEUTSCH I. vi être pressant II. vi unpers **es pressiert nicht** ça ne presse pas

Prestige [prɛs'tiːʒ(ə)] <-s> nt geh prestige m

Preuße ['prɔʏsə] <-n, -n> m, **Preußin** f Prussien(ne) m(f)

Preußen ['prɔʏsən] <-s> nt la Prusse

preußisch adj prussien(ne)

prickeln ['prɪkəln] vi ❶ (kribbeln) picoter

❷ (Sekt) pétiller

Priel [priːl] <-[e]s, -e> m petit chenal m

pries [priːs] Imp von **preisen**

Priester(in) ['priːstə] <-s, -> m(f) prêtre (-esse) m(f)

prima ['priːma] fam I. adj inv super II. adv super-bien

primär [pri'mɛːɐ] geh I. adj premier(-ière) antéposé II. adv en premier lieu

Primarschule [pri'maːɡʃuːlə] CH école f primaire

Primel ['priːməl] <-, -n> f primevère f

primitiv [primi'tiːf] adj ❶ (urtümlich) primitif(-ive) ❷ (simpel) rudimentaire

Primzahl ['priːmtsaːl] f MATH nombre m premier

Prinz [prɪnts] <-en, -en> m, **Prinzessin** prince m/princesse f

Prinzip [prɪn'tsiːp] <-s, -ien> nt principe m

prinzipiell [prɪntsi'pjɛl] I. adj de principe II. adv par principe

Priorität [priori'tɛːt] <-, -en> f geh priorité f

Prise ['priːzə] <-, -n> f pincée f

Pritsche ['prɪtʃə] <-, -n> f lit m rudimentaire

pritschen [prɪtʃln] vi A patauger

privat [pri'vaːt] I. adj privé(e); (Unterlagen) personnel(le) II. adv (sprechen) en privé

Privatangelegenheit f affaire f privée **Privatdetektiv(in)** m(f) détective mf privé(e

Privateigentum nt propriété f privée

privatisieren* [privati'ziːrən] vt privatiser

Privatleben nt vie f privée **Privatperson** particulier m **Privatvergnügen** nt fam **ich mache das nicht zu meinem ~** je ne le fais pas pour mon plaisir

Privileg [privi'leːk] <-[e]s, -ien> nt geh privilège m

privilegiert adj geh privilégié(e)

pro [proː] I. präp + akk par II. adv pour

Pro <-> nt |das| ~ **und** |das| **Kontra** geh le pour et le contre

Probe ['proːbə] <-, -n> f ❶ (eines Gesteins) échantillon m ❷ MUS, THEAT répétition ❸ (Prüfung) épreuve f

Probealarm m simulation f d'alarme **Probeexemplar** nt spécimen m **Probefahrt** f essai m [sur route]

proben vt, vi répéter

probeweise adv (einstellen) à l'essai **Probezeit** f période f d'essai

probieren* [pro'biːrən] I. vt essayer; (Brot) goûter; (Wein) déguster II. vi ❶ essaye

❷ (*kosten*) goûter

Problem [pro'ble:m] <-s, -e> *nt* problème *m*

Problematik [proble'ma:tɪk] <-> *f geh* difficultés *fpl*

problematisch *adj* problématique

Problemfall *m* ❶ (*Angelegenheit*) cas *m* problématique ❷ (*problematischer Mensch*) problème *m* **problemlos** I. *adj* sans problème|s| II. *adv* sans |aucun| problème

Produkt [pro'dʊkt] <-[e]s, -e> *nt* produit *m*

Produktion [prodʊk'tsi̯o:n] <-, -en> *f* production *f*

produktiv [prodʊk'ti:f] *adj* productif(-ive)

Produktivität [prodʊktivi'tɛ:t] <-> *f* productivité *f*

Produzent(in) [produ'tsɛnt] <-en, -en> *m(f)* producteur(-trice) *m(f)*

produzieren* [produ'tsi:rən] I. *vt, vi* produire II. *vr pej fam* **sich vor jdm ~** faire l'intéressant(e) devant qn

profan [pro'fa:n] *adj geh* (*nicht sakral*) profane

professionell [profɛsi̯o'nɛl] I. *adj* professionnel(le) II. *adv* avec professionnalisme

Professor [pro'fɛso:ɐ̯] <-s, -soren> *m*, **Professorin** *f* professeur *mf*

Professur [profɛ'su:ɐ̯] <-, -en> *f* chaire *f* |de professeur|

Profi ['pro:fi] <-s, -s> *m fam* (*Sportler*) pro *mf*

Profil [pro'fi:l] <-s, -e> *nt* profil *m*; (*eines Reifens*) sculptures *fpl*

Profit [pro'fi:t] <-[e]s, -e> *m* profit *m*

profitieren* [profi'ti:rən] *vi* ❶ faire du profit ❷ (*Nutzen haben*) **bei/von etw ~** profiter de qc

Prognose [pro'gno:zə] <-, -n> *f* ❶ *geh* prévision *f* ❷ MED pronostic *m*

Programm [pro'gram] <-s, -e> *nt* ❶ programme *m* ❷ INFORM logiciel *m*

Programmaufruf *m* INFORM appel *m* de programme **Programmfehler** *m* INFORM erreur *f* dans le programme

programmieren* [progra'mi:rən] *vt* INFORM programmer

Programmierer(in) <-s, -> *m(f)* INFORM programmeur(-euse) *m(f)*

Programmiersprache *f* INFORM langage *m* de programmation

Programmierung <-, -en> *f* INFORM programmation *f*

progressiv [progrɛ'si:f] *adj geh* progressiste

Projekt [pro'jɛkt] <-[e]s, -e> *nt* projet *m*

Projektor [pro'jɛkto:ɐ̯] <-s, -toren> *m* projecteur *m*

projizieren* [proji'tsi:rən] *vt* projeter

Proletariat [proletari̯a:t] <-[e]s, -e> *nt* prolétariat *m*

Prolog [pro'lo:k] <-[e]s, -e> *m* prologue *m*

Promenade [promə'na:də] <-, -n> *f* promenade *f*

Promenadenmischung *f hum fam* bâtard *m*

Promille [pro'mɪlə] <-[s], -> *nt* ❶ elf ~ onze pour mille ❷ *fam* (*Blutalkohol*) **0,5 ~ haben** avoir 0,5 gramme

prominent [promi'nɛnt] *adj* éminent(e)

Prominente(r) *f(m) dekl wie adj* personnalité *f*

Promotion [promo'tsi̯o:n] <-, -en> *f* UNIV doctorat *m*

promovieren* [promo'vi:rən] *vi* ❶ (*eine Doktorarbeit schreiben*) **über jdn/etw ~** préparer une thèse |de doctorat| sur qn/qc ❷ (*den Doktorgrad erwerben*) **in Philosophie** (*dat*) ~ soutenir une thèse de philosophie

prompt [prɔmpt] I. *adj* rapide II. *adv fam* (*erwartungsgemäß*) aussi sec

Pronomen [pro'no:mən] <-s, -> *nt* LING pronom *m*

Propaganda [propa'ganda] <-> *f* propagande *f*

propagandistisch *adj* à des fins de propagande; (*Material*) de propagande

Propeller [pro'pɛlɐ] <-s, -> *m* hélice *f*

Prophet(in) [pro'fe:t] <-en, -en> *m(f)* prophète *m/*prophétesse *f*

prophezeien* [profe'tsai̯ən] *vt* prophétiser

Prophezeiung <-, -en> *f* prophétie *f*

prophylaktisch [profy'laktɪʃ] I. *adj* prophylactique II. *adv* préventivement

Prophylaxe [profy'laksə] <-, -n> *f* prophylaxie *f*

Proportion [propɔr'tsi̯o:n] <-, -en> *f* proportion *f*

proportional [propɔrtsi̯o'na:l] *geh adj* proportionnel(le)

Prosa ['pro:za] <-> *f* prose *f*

prosit ['pro:zɪt] *s.* **prost**

Prosit <-s, -s> *nt* toast *m*

Prospekt [pro'spɛkt] <-[e]s, -e> *m* prospectus *m*

P

prost *interj* à la tienne/vôtre

Prostata ['prɔstata] <-> *f* ANAT prostate *f*

prostituieren* [prɔstitu'iːrən] *vr* **sich ~** se prostituer

Prostituierte(r) *f(m) dekl wie adj* prostitué(e) *m(f)*

Prostitution [prɔstitu'tsjoːn] <-> *f* prostitution *f*

Protein [prote'iːn] <-s, -e> *nt* protéine *f*

Protest [pro'tɛst] <-[e]s, -e> *m* protestation *f*

Protestant(in) [protɛs'tant] <-en, -en> *m(f)* protestant(e) *m(f)*

protestantisch *adj* protestant(e)

protestieren* [protɛs'tiːrən] *vi* protester

Protestwähler(in) *m(f)* électeur(-trice) *m(f)* protestataire

Prothese [pro'teːzə] <-, -n> *f* **①** (*Ersatzgliedmaße*) prothèse *f* **②** (*Zahnersatz*) dentier *m*

Protokoll [proto'kɔl] <-s, -e> *nt* **①** protocole *m*; (*Sitzungsprotokoll*) compte *m* rendu **②** (*Vernehmungsprotokoll*) procès-verbal *m*

protokollieren* [protokɔ'liːrən] **I.** *vt* (*Zeugenaussage*) enregistrer **II.** *vi* établir le procès-verbal

Proton ['proːtɔn] <-s, Protonen> *nt* PHYS proton *m*

Prototyp [pro:to'tyːp] *m* prototype *m*

protzig *fam* adj type-à-l'œil

Proviant [provi'ant] <-s> *m* provisions *fpl*

Provinz [pro'vɪnts] <-, -en> *f* province *f*

provinziell [provɪn'tsjɛl] *adj pej* provincial(e)

Provision [provi'zjoːn] <-, -en> *f* commission *f*

provisorisch [provi'zoːrɪʃ] **I.** *adj* provisoire; (*Unterkunft*) précaire **II.** *adv* provisoirement

provokant [provo'kant] *geh adj* provocant(e)

Provokation [provoka'tsjoːn] <-, -en> *f geh* provocation *f*

provozieren* [provo'tsiːrən] *vt* provoquer

Prozent [pro'tsɛnt] <-[e]s, -e> *nt* **①** **zehn ~** dix pour cent **②** (*Alkoholgehalt*) degré *m* [d'alcool]

Prozentsatz *m* pourcentage *m*

prozentual [protsɛntu'aːl] **I.** *adj* exprimé(e) en pourcentage[s] **II.** *adv* au pourcentage

Prozess^{RR} [pro'tsɛs] <-es, -e>, **Prozeß**^{ALT} <-sses, -sse> *m* **①** procès *m* **②** (*Vorgang*) processus *m*

prozessieren* [protsɛ'siːrən] *vi* **gegen jdn ~** intenter un procès à qn

Prozession [protsɛ'sjoːn] <-, -en> *f* procession *f*

Prozesskosten^{RR} *Pl* frais *mpl* de justice

Prozessor [pro'tsɛsoːɐ̯] <-s, -soren> *m* INFORM processeur *m*

prüde ['pryːdə] *adj* prude

prüfen ['pryːfən] *vt* **①** **jdn ~** faire passer un examen à qn; **geprüft** (*Krankenschwester*) diplômé(e) **②** (*Gerät*) vérifier; (*Antrag*) examiner

Prüfer(in) <-s, -> *m(f)* examinateur(-trice) *m(f)*

Prüfung <-, -en> *f* examen *m*; (*in einem Fach*) épreuve *f*

Prüfungsangst *f* trac *m* [de l'examen]

Prügel ['pryːgəl] <-s, -> *m Pl* (*Schläge*) coups *mpl*

Prügelei [pryːgə'lai̯] <-, -en> *f fam* bagarre *f*

Prügelknabe *m* souffre-douleur *m inv*

prügeln I. *vt* battre **II.** *vr* **sich mit jdm ~** se battre avec qn

Prunk [prʊŋk] <-s> *m* luxe *m* ostentatoire

prunkvoll I. *adj* somptueux(-euse) **II.** *adv* fastueusement

prusten ['pruːstən] *vi* s'ébrouer; **vor Lachen ~** pouffer de rire

PS [peː'ʔɛs] <-, -> *nt* **①** *Abk von* **Pferdestärke** ch *m* **②** *Abk von* **Postskript[um]** P.-S. *m*

Psalm [psalm] <-s, -en> *m* psaume *m*

Pseudonym <-s, -e> *nt* pseudonyme *m*

pst [pst] *interj* chut

Psychiater(in) [psy'çjaːtɐ] <-s, -> *m(f)* psychiatre *mf*

Psychiatrie [psyçja'triː] <-, -n> *f* psychiatrie *f*

psychiatrisch [psy'çjaːtrɪʃ] **I.** *adj* psychiatrique; (*Abteilung*) de psychiatrie **II.** *adv* **jdn ~ behandeln** soumettre qn à un traitement psychiatrique

psychisch ['psyːçɪʃ] *adj* psychique

Psychoanalyse [psyço?ana'lyːzə] *f* psychanalyse *f* **Psychoanalytiker(in)** [psyçoana'lyːtikɐ] *m(f)* psychanalyste *mf*

Psychologe [psyço'loːgə] <-n -n> *m*, **Psychologin** *f* psychologue *mf*

Psychologie [psyçolo'giː] <-> *f* psychologie *f*

psychologisch [psyço'loːgɪʃ] **I.** *adj* psychologique **II.** *adv* **~ ausgebildet sein** avoir une formation en psychologie

Psychopharmakon [psy'ço'farmakɔn] <-s

-pharmaka> *nt meist Pl* médicament *m*
psychopharmacologique
psychosomatisch [psyçozo'ma:tıʃ] *adj*
psychosomatique
Psychoterror ['psy:çotɛro:ɐ̯] *m fam* terrorisme *m* intellectuel **Psychotherapie** *f
kein Pl* psychothérapie *f*
Pubertät [pubɛr'tɛ:t] <-> *f* puberté *f*
pubertieren* *vi geh* faire sa puberté
Publicity [pʌ'blɪsətɪ] <-> *f* médiatisation *f*
publik [pu'bli:k] *adj* ~ **werden** être rendu
public
Publikation [publika'tsi̯o:n] <-, -en> *f* publication *f*
Publikum ['pu:blikʊm] <-s> *nt* ❶ (*Besucher*) public *m* ❷ (*Zuhörerschaft*) auditoire
m
publizieren* [publi'tsi:rən] *vt* publier
Pudding ['pʊdıŋ] <-s, -s> *m* pudding *m*
Puddingpulver [-fɐ, -vɐ] *nt* préparation *f*
pour pudding
Pudel ['pu:dəl] <-s, -> *m* caniche *m*
Pudelmütze *f* bonnet *m* [à pompon] **pudelwohl** ['pu:dəl'vo:l] *adj* ▶**sich ~ fühlen** *fam*
prendre son pied
Puder ['pu:dɐ] <-s, -> *m o fam nt* poudre *f*
Puderdose *f* poudrier *m*
pudern I. *vt* poudrer II. *vr* **sich ~** se poudrer
Puderzucker *m* sucre *m* glace
Puff [pʊf] <-[e]s, -e> *m fam* (*Bordell*) bordel
m (*vulg*)
Puffer <-s, -> *m*, **Pufferspeicher** *m* INFORM
mémoire *f* tampon
Pull-down-Menü [pʊl'daunmeny:] *nt* IN-
FORM menu *m* déroulant
Pulli ['pʊli] <-s, -s> *m fam* pull *m*
Pullover [pʊ'lo:vɐ] <-s, -> *m* pull-over *m*
Puls [pʊls] <-es, -e> *m* pouls *m*
Pulsader *f* veine *f* du poignet
pulsieren* [pʊl'zi:rən] *vi* (*Schlagader*) battre; (*Blut*) circuler
Pult [pʊlt] <-[e]s, -e> *nt* pupitre *m*
Pulver ['pʊlvɐ] <-s, -> *nt* poudre *f*
Pulverkaffee ['pʊlfɐ-] *m* café *m* en poudre
Pulverschnee *m* poudreuse *f*
Puma ['pu:ma] <-s, -s> *m* puma *m*
pumm[e]lig ['pʊm(ə)lıç] *adj fam* dodu(e)
Pump ▶**auf ~** *fam* à crédit
Pumpe ['pʊmpə] <-, -n> *f* ❶ TECH pompe *f*
❷ *fam* (*Herz*) palpitant *m*
pumpen I. *vt* ❶ pomper ❷ *fam* (*leihen*) **jdm**

etw ~ filer qc à qn II. *vi* (*Herz*) battre; (*Maschine*) pomper
Pumps [pœmps] <-, -> *m* escarpin *m*
Punker(in) ['paŋkɐ] <-s, -> *m(f)* punk *mf*
Punkt [pʊŋkt] <-[e]s, -e> *m* ❶ point *m*
❷ (*Tupfen*) pois *m* ❸ (*Stelle*) endroit *m*
❹ (*bei Zeitangaben*) ~ **drei [Uhr]** à trois
heures précises
pünktlich ['pʏŋktlıç] I. *adj* ~ **sein** être ponctuel II. *adv* à l'heure
Pünktlichkeit <-> *f* ponctualité *f*
Punsch [pʊnʃ] <-es, -e> *m* punch *m*
Pupille [pu'pılə] <-, -n> *f* pupille *f*
Puppe ['pʊpə] <-, -n> *f* (*Spielzeug*) poupée *f*
Puppentheater *nt* théâtre *m* de marionnettes **Puppenwagen** *m* landau *m* de poupée
pupsen *vi fam* péter
pur [pu:ɐ̯] *adj, adv* pur(e)
Püree [py're:] <-s, -s> *nt* purée *f*
Pürierstab *m* GASTR presse-purée *m*
Puritaner(in) [puri'ta:nɐ] <-, -> *m(f)* puritain(e) *m(f)*
Purpur ['pʊrpʊr] <-s> *m* (*Farbe*) pourpre *m*
Purzelbaum *m fam* galipette *f*
purzeln ['pʊrtsəln] *vi* + *sein* **von der Bank
~** dégringoler du banc
Pusteblume *f fam* aigrette *f* de pissenlit
Pustel ['pʊstəl] <-, -n> *f* pustule *f*
pusten ['pu:stən] *vi fam* souffler
Pute ['pu:tə] <-, -n> *f* dinde *f*
Puter ['pu:tɐ] <-s, -> *m* dindon *m*
Putsch [pʊtʃ] <-[e]s, -e> *m* putsch *m*
Putz [pʊts] <-es, -e> *m* crépi *m*
putzen ['pʊtsən] I. *vt* nettoyer II. *vr* **sich ~**
(*Tier*) faire sa toilette
Putzfrau *f* femme *f* de ménage
putzig ['pʊtsıç] *adj fam* (*niedlich*) trognon
Putzlappen *m* lavette *f*; (*Wischlappen*) serpillière *f* **putzmunter** ['pʊts'mʊntɐ] *adj
fam* frais(fraîche) comme un gardon
Puzzle ['pazəl] <-s, -s> *nt* puzzle *m*
PVC [pe:fau'tse:] <-, -s> *nt Abk von* **Poly-
vinylchlorid** P.V.C. *m*
Pyjama [py'(d)ʒa:ma] <-s, -s> *m o A, CH,
SDEUTSCH nt* pyjama *m*
Pyramide [pyra'mi:də] <-, -n> *f* pyramide *f*
Pyrenäen [pyre'nɛ:ən] *Pl* **die ~** les Pyrénées
fpl
Python ['py:tɔn] <-, -s> *f* python *m*

P

Q
q

Q, q [ku:] <-, -> nt Q m/q m

Quacksalber ['kvakzalbɐ] <-s, -> m pej charlatan m

Quader ['kvaːdɐ] <-s, -> m ❶ (Baustein) pierre f de taille ❷ MATH parallélépipède m rectangle

Quadrat [kva'draːt] <-[e]s, -e> nt MATH carré m

quadratisch adj carré(e)

quaken ['kvaːkən] vi (Frosch) coasser; (Ente) cancaner

Qual [kvaːl] <-, -en> f ❶ supplice m ❷ meist Pl (Leid) souffrance f

quälen ['kvɛːlən] I. vt ❶ (Person) torturer; (Tier) martyriser ❷ fig jdn ~ (Person, Gedanke) tourmenter qn II. vr ❶ sich ~ souffrir ❷ (sich herum~) sich mit etw ~ se tourmenter avec qc

quälend adj attr (Schmerzen) pénible; (Ungewissheit) cruel(le)

Quälerei [kvɛlə'rai] <-, -en> f ❶ kein Pl fam (Anstrengung) calvaire m ❷ (das Zusetzen) harcèlement m

Quälgeist m fam enquiquineur(-euse) m(f)

Qualifikation [kvalifika'tsjoːn] <-, -en> f qualification f

qualifizieren* [kvalifi'tsiːrən] vt, vr [sich] ~ [se] qualifier

qualifiziert adj qualifié(e)

Qualität [kvali'tɛːt] <-, -en> f qualité f

qualitativ [kvalita'tiːf] adj qualitatif(-ive)

Qualle ['kvalə] <-, -n> f méduse f

Qualm [kvalm] <-[e]s> m (épaisse) fumée f

qualmen vi ❶ (Schornstein) fumer ❷ fam (rauchen) fumer

qualvoll adj (Tod) atroce; (Ungewissheit) [très] pénible

Quäntchen^RR <-s, -> nt ein ~ Salz une once de sel

Quantität [kvanti'tɛːt] <-, -en> f quantité f

Quarantäne [karan'tɛːnə] <-, -n> f quarantaine f

Quark [kvark] <-s> m ❶ ≈ fromage m blanc ❷ fam (Unsinn) conneries fpl

Quartal [kvar'taːl] <-s, -e> nt trimestre m

Quarte <-, -n> f quarte f

Quartett [kvar'tɛt] <-[e]s, -e> nt MUS qua-tuor m

Quartier [kvar'tiːɐ] <-s, -e> nt (Unterkunft) logement m; (Ferienquartier) location f

Quarz [kvaːɐts] <-es, -e> m quartz m

Quarzuhr f montre f à quartz

quasi ['kvaːzi] adv quasiment

quasseln ['kvasəln] fam I. vi papoter II. vt Blödsinn ~ débiter des conneries

Quatsch <-[e]s> m fam ❶ (dummes Gerede) conneries fpl; [so ein] ~! n'importe quoi! ❷ (Unfug) connerie f

quatschen fam I. vt dummes Zeug ~ sortir des conneries II. vi mit jdm ~ tailler une bavette avec qn

Quatschkopf m pej fam radoteur(-euse) m(f)

Quebec [ke'bɛk] <-s> nt Québec m

Quecksilber ['kvɛkzɪlbɐ] nt mercure m

Quelle ['kvɛlə] <-, -n> f source f

quellen ['kvɛlən] <quillt, quoll, gequol-len> vi + sein ❶ (herausfließen) aus etw ~ couler de qc ❷ (auf~) gonfler

Quellenangabe f indication f des sources

Quellensteuer f FIN retenue f à la source

Quengelei [kvɛŋə'lai] <-, -en> f fam pleurni-cheries fpl

quengelig adj fam (Kind) pleurnicheur (-euse)

quengeln ['kvɛŋəln] vi fam pleurnicher

quenglig s. quengelig

quer [kveːɐ] adv en travers; sich bei etw ~ legen fam se mettre en travers de qc

Quere ['kveːrə] ►jdm in die ~ kommen se mettre en travers de son/mon/... chemin

querfeldein ['kveːɐfɛlt'ʔain] adv à travers champs

Querflöte f flûte f traversière **Querformat** nt format m oblong **quer|legen^ALT** s. quer

Querschiff nt ARCHIT transept m **Quer-schnitt** m ❶ (Schnitt) coupe f transversale ❷ (Überblick) aperçu m

querschnitt[s]gelähmt adj paraplégique

Querstraße f rue f transversale **Querstrei-fen** m rayure f horizontale

Querulant(in) [kveru'lant] <-en, -en> m(f), geh chicaneur(-euse) m(f)

Querverbindung f (Beziehung) connexion f

quetschen ['kvɛtʃən] I. vt ❶ (zwängen) en-tasser ❷ (verletzen) sich (dat) einen Fin-ger ~ se coincer un doigt II. vr ❶ fam sich durch (akk) ~ se forcer un passage à travers ❷ (sich verletzen) sich ~ se pincer

Quetschung <-, -en> f (Verletzung) contusion *f*

Queue [køː] <-s, -s> *nt o m* queue *f*

quicklebendig ['kvɪkle'bɛndɪç] *adj fam* fringant(e)

quieken ['kviːkən] *vi* (*Ferkel*, *Maus*) couiner (*fam*)

quietschen ['kviːtʃən] *vi* (*Bremsen*) grincer; (*Reifen*) crisser

quillt [kvɪlt] *3. Pers Präs von* **quellen**

Quinte ['kvɪntə] <-, -n> *f* dominante *f*

Quintessenz ['kvɪntɛsɛnts] *f geh* quintessence *f*

Quintett [kvɪn'tɛt] <-[e]s, -e> *nt* quintette *m*

Quirl [kvɪrl] <-s, -e> *m* batteur *m*

quirlen *vt* (*Zutaten*) battre

quirlig *adj fam* remuant(e); (*Kind*) turbulent(e)

quitt [kvɪt] *adj* quitte

Quitte ['kvɪtə] <-, -n> *f* (*Frucht*) coing *m*

quittieren* [kvɪ'tiːrən] *vt* (*Rechnung*) acquitter

Quittung ['kvɪtʊŋ] <-, -en> *f* (*Zahlungsbeleg*) reçu *m*

Quiz [kvɪs] <-, -> *nt* quiz *m*; (*Fernsehsendung*) jeu *m* télévisé

quoll [kvɔl] *Imp von* **quellen**

Quote ['kvoːtə] <-, -n> *f* (*Anteil*) taux *m*

Quotenregelung *f* règles *f* d'attribution de postes par fixation de quotas

Quotient [kvo'tsiɛnt] <-en, -en> *m* MATH quotient *m*

R

R, r [ɛr] <-, -> *nt* R *m*/r *m*

Rabatt [ra'bat] <-[e]s, -e> *m* remise *f*

Rabe ['raːbə] <-n, -n> *m* corbeau *m*

rabiat [rabi'aːt] *adj* ❶ (*grob*) brutal(e) ❷ (*aufgebracht*) ~ **werden** voir rouge

Rache ['raxə] <-> *f* vengeance *f*; **aus** ~ par vengeance

Racheakt *m* acte *m* de vengeance

Rachen ['raxən] <-s, -> *m* gorge *f*

rächen ['rɛçən] I. *vt* (*Person*, *Tat*) venger II. *vr* ❶ (*Rache nehmen*) **sich an jdm für etw** ~ se venger de qc sur qn ❷ (*sich nach-*teilig auswirken*) **sich** ~ (*Leichtsinn*) se payer

Rächer(in) <-s, -> *m(f)* vengeur *m*/vengeresse *f*

Rachsucht *f kein Pl* soif *f* de vengeance

Raclette <-, -s> *f*, ['raklɛt, ra'klɛt] <-s, -s> *nt* raclette *f*

Rad [raːt, *Pl:* 'rɛːdə] <-[e]s, Räder> *nt* ❶ roue *f* ❷ (*Fahrrad*) bicyclette *f*; ~ **fahren** aller à vélo; SPORT faire du vélo

Radar [ra'daːɐ̯] <-s> *m o nt* |système *m*| radar *m*

Radarfalle *f fam* contrôle-radar *m* **Radargerät** *nt* radar *m* **Radarkontrolle** *f* contrôle-radar *m*

Radau [ra'dau̯] <-s> *m fam* raffut *m*

radeln ['raːdəln] *vi* + *sein fam* faire du vélo

Räderwerk ['rɛːdevɛrk] *nt* rouages *mpl*

rad|fahrenᴬᴸᵀ *s.* **Rad 2. Radfahrer(in)** *m(f)* cycliste *mf* **Radfahrweg** *s.* **Radweg**

Radiator [ra'diaːtor] <-s, -toren> *m* radiateur *m*

radieren* [ra'diːrən] *vt, vi* gommer

Radiergummi *m* gomme *f*

Radierung <-, -en> *f* gravure *f* |sur métal|; (*Ätzung*) |gravure à l'|eau-forte *f*

Radieschen [ra'diːsçən] <-s, -> *nt* radis *m*

radikal [radi'kaːl] *adj* ❶ POL extrémiste ❷ (*Bruch*) radical(e); (*Ablehnung*) catégorique

Radikale(r) *f(m) dekl wie adj* extrémiste *mf*

radikalisieren* *vt* radicaliser

Radikalismus [radika'lɪsmʊs] <-> *m* extrémisme *m*

Radio ['raːdio] <-s, -s> *nt o* CH, SDEUTSCH *m* radio *f*; ~ **hören** écouter la radio; **im** ~ à la radio

radioaktiv [radioʔak'tiːf] I. *adj* radioactif (-ive) II. *adv* ~ **verseucht/verstrahlt** contaminé(e)/irradié(e) **Radioaktivität** *f kein Pl* radioactivité *f*

Radiologie [radiolo'giːə] <-> *f* radiologie *f*

Radiorecorder [ra:diore'kɔrde] *m* radiocassette *f* **Radiowecker** *m* radio-réveil *m*

Radius ['raːdiʊs] <-, Radien> *m* rayon *m*

Radler ['raːdle] <-s, -> *m fam* ❶ cycliste *m* ❷ SDEUTSCH (*Getränk*) panaché *m*

Radlerin <-, -nen> *f* cycliste *f*

Radrennbahn *f* vélodrome *m* **Radrennen** *nt* course *f* cycliste **Radtour** *f* randonnée *f* à vélo **Radweg** *m* piste *f* cyclable

RAF [ɛrʔaː'ʔɛf] <-> *f Abk von* **Rote Armee Fraktion** HIST fraction *f* armée rouge

raffen ['rafən] *vt* ❶ (*einsammeln*) rafler

Q
R

(*fam*) ❷ (*Stoff*) plisser ❸ (*kürzen*) abréger; **gerafft** (*Form*) condensé(e)

Raffinerie [-'riːən] <-, -n> f raffinerie f

Raffinesse [rafiˈnɛsə] <-, -n> f (*luxuriöses Detail*) **mit allen ~n** [ausgestattet] hyper-équipé(e)

raffiniert I. *adj* ❶ (*durchtrieben*) rusé(e) ❷ (*Plan*) astucieux(-euse) ❸ (*Speise*) raffiné(e) **II.** *adv* (*durchtrieben*) astucieusement

Rafting ['raːftɪŋ] <-s> *nt* rafting *m*

Rage ['raːʒə] <-> f *fam* ❶ (*Wut*) rogne f ❷ (*Erregung*) énervement *m*

ragen ['raːgən] *vi* **in die Luft ~** s'élever en l'air; **aus dem Wasser ~** se dresser au-dessus de l'eau; **über das Gelände ~** dépasser du terrain

Ragout [raˈguː] <-s, -s> *nt* ragoût *m*

Rahm [raːm] <-[e]s> *m* crème f

rahmen ['raːmən] *vt* encadrer

Rahmen <-s, -> *m* ❶ cadre *m* ❷ (*Türrahmen*) encadrement *m* ❸ (*Bereich*) **im ~ des Möglichen** dans les limites de mes/ses/... moyens

Rakete [raˈkeːtə] <-, -n> f ❶ (*Flugkörper*) fusée f ❷ (*Waffe*) missile *m*

Rallye ['rali] <-, -s> f rallye *m*

RAM [ram] <-[s], -[s]> *nt Abk von* **random access memory** INFORM RAM f

rammen ['ramən] *vt* ❶ (*Fahrzeug*) emboutir ❷ (*stoßen*) enfoncer

Rampe ['rampə] <-, -n> f rampe f

ramponieren* [rampoˈniːrən] *vt fam* esquinter; **ramponiert** (*Gegenstand*) en piteux état

Ramsch [ramʃ] <-[e]s> *m fam* camelote f

ran [ran] *adv fam* [jetzt aber] ~! allez!, on y va!

Rand [rant, *Pl:* 'rɛndə] <-es, Ränder> *m* ❶ bord *m*; (*einer Stadt*) périphérie f ❷ (*Stoffrand*) bordure f ❸ (*unbeschriebener Teil*) marge f

randalieren* [randaˈliːrən] *vi* faire du grabuge (*fam*)

Randbemerkung f (*Bemerkung*) remarque f accessoire **randlos** *adj* (*Brille*) sans cercle

rang [raŋ] *Imp von* **ringen**

Rang [raŋ, *Pl:* 'rɛŋə] <-[e]s, Ränge> *m* ❶ (*Stellung*) rang *m* [social] ❷ *kein Pl* (*Kategorie*) valeur f; **ersten ~es** de premier ordre ❸ (*Dienstgrad*) grade *m* ❹ (*Zuschauerraum*) balcon *m*; (*Sportstadion*) gradin *m*

ran|gehen ['raŋɡeːən] *vi irr + sein fam*

❶ (*sich nähern*) **an etw** (*akk*) **~** se rapprocher de qc ❷ (*offensiv sein*) attaquer

rangieren* [raŋˈʒiːrən] *vt* (*Waggon*) aiguiller

Rangordnung f hiérarchie f

ranken ['raŋkən] *vr + haben* **sich nach oben ~** (*Pflanze*) grimper

rann [ran] *Imp von* **rinnen**

rannte ['rantə] *Imp von* **rennen**

Ranzen ['rantsən] <-s, -> *m* SCHULE cartable *m*

ranzig ['rantsɪç] *adj* rance; **~ werden** rancir

Rap [rɛp] <-> *m* MUS rap *m*

rapide *adj* rapide

Rappen ['rapən] <-s, -> *m* centime *m*

Rapper(in) ['rɛpə] <-s, -> *m(f)* rap[p]eur(-euse) *m(f)*

Raps [raps] <-es, -e> *m* colza *m*

rar [raːɐ̯] *adj* rare; **~ werden** se raréfier

Rarität <-, -en> f rareté f

rasant [raˈzant] **I.** *adj* (*Fahrer*) rapide; (*Tempo*) infernal(e) **II.** *adv* (*schnell*) à toute vitesse

rasch [raʃ] **I.** *adj* rapide **II.** *adv* vite

rascheln ['raʃəln] *vi* (*Papier*) faire entendre un froissement; (*Laub*) frémir

rasen ['raːzən] *vi* ❶ + *sein* (*schnell fahren*) rouler à toute allure ❷ + *sein* (*Zeit*) filer à toute allure ❸ + *haben* (*toben*) être déchaîné

Rasen ['raːzən] <-s, -> *m* ❶ gazon *m* ❷ SPORT pelouse f

rasend *adj* (*Geschwindigkeit*) fou(folle); (*Person*) furieux(-euse); (*Menge*) déchaîné(e); (*Schmerz*) atroce

Rasenmäher <-s, -> *m* tondeuse f à gazon

Raserei [raːzəˈraɪ] <-, -en> f ❶ *kein Pl* (*schnelles Fahren*) vitesse f excessive ❷ *kein Pl* (*Wutanfall*) fureur f

Rasierapparat *m* rasoir *m*

rasieren* [raˈziːrən] *vt, vr* [sich] ~ [se] raser

Rasierer <-s, -> *m fam* (*Elektrorasierer*) rasoir *m*

Rasierklinge f lame f de rasoir **Rasierpinsel** *m* blaireau *m* **Rasierschaum** *m* mousse f à raser **Rasierwasser** *nt* après-rasage *m*

raspeln ['raspəln] *vt* râper

Rasse ['rasə] <-, -n> f race f

Rassel ['rasəl] <-, -n> f (*Babyspielzeug*) hochet *m*

rasseln *vi* ❶ + *haben* (*Schlüssel*) cliqueter ❷ + *sein fam* **durch die Prüfung ~** louper l'examen

Rassendiskriminierung f discrimination f raciale **Rassentrennung** f kein Pl ségrégation f raciale

Rassismus [raˈsɪsmʊs] <-> m racisme m

Rassist(in) [raˈsɪst] <-en, -en> m(f) raciste mf

rassistisch adj raciste

Rast [rast] <-, -en> f pause f; ~ **machen** faire une halte

rastlos I. adj ❶ (unermüdlich) sans relâche ❷ (Person) agité(e); (Leben) mouvementé(e) **II.** adv inlassablement

Rastlosigkeit <-> f (Unermüdlichkeit) activité f inlassable

Rastplatz m aire f de repos équipée **Raststätte** f restoroute® m

Rasur [raˈzuːɐ̯] <-, -en> f rasage m

Rat¹ <-[e]s> m conseil m; jdn um ~ **fragen** demander conseil à qn; **auf seinen ~ |hin|** sur son conseil

Rat² [raːt, Pl: rɛːtə] <-[e]s, Räte> m ❶ (Person) conseiller m municipal ❷ (Institution) conseil m |municipal|; **der ~ der Europäischen Union** le Conseil de l'Union européenne; **Großer ~** CH Grand Conseil

rät [rɛːt] 3. Pers Präs von **raten**

Rate [ˈraːtə] <-, -n> f (Monatsrate) mensualité f; **auf ~n** à crédit; **in ~n** à tempérament

raten [ˈraːtən] <rät, riet, geraten> vi, vt ❶ (einen Rat geben) conseiller ❷ (erraten) deviner

Ratenzahlung f kein Pl paiement m à crédit

Ratgeber <-s, -> m conseiller m; (Buch) guide m

Ratgeberin <-, -nen> f conseillère f

Rathaus nt hôtel m de ville; (in kleineren Orten) mairie f

ratifizieren* vt ratifier

Rätin [ˈrɛːtɪn] <-, -nen> f (Stadträtin) conseillère f |municipale|

Ration [raˈtsjoːn] <-, -en> f ration f

rational [ratsjoˈnaːl] geh adj rationnel(le)

rationalisieren* [ratsjonaliˈziːrən] vt (Ablauf) rationaliser

rationieren* [ratsjoˈniːrən] vt rationner

ratlos I. adj perplexe; **völlig ~ sein** être désemparé **II.** adv avec perplexité

Ratlosigkeit <-> f perplexité f

rätoromanisch I. adj rhéto-roman(e) **II.** adv ~ **miteinander sprechen** discuter en rhéto-roman; s. a. **deutsch**

ratsam adj opportun(e)

Ratschlag [ˈraːtʃaːk] m conseil m

Rätsel [ˈrɛːtsəl] <-s, -> nt énigme f

rätselhaft adj (Person, Lächeln) énigmatique; (Umstände) mystérieux(-euse)

rätseln vi chercher

Ratsherr(in) m(f) conseiller(-ère) m(f) municipal(e)

Ratte [ˈratə] <-, -n> f rat m

rattern [ˈratən] vi + haben (Blechteile) vibrer |bruyamment|; (Maschine) pétarader

rauᴿᴿ [raʊ] adj ❶ (Haut, Putz) rugueux(-euse); (Oberfläche) raboteux(-euse) ❷ (Stimme) rauque ❸ (Gegend) rude; (Klima) rigoureux(-euse) ❹ (Umgangston) grossier(-ière)

Raub [raʊp] <-[e]s> m (das Rauben) vol m |à main armée|; (Menschenraub) rapt m

Raubbau m kein Pl exploitation f effrénée; ~ **an etw** (dat) exploitation effrénée de qc

rauben [ˈraʊbən] **I.** vt ❶ jdm etw ~ dérober qc à qn ❷ (entführen) enlever **II.** vi voler

Räuber(in) [ˈrɔʏbɐ] <-s, -> m(f) brigand m

räuberisch adj ❶ (Unternehmung) criminel(le) ❷ ZOOL (Tier) rapace

Raubkatze f félin m **Raubkopie** f copie f pirate **Raubmord** m crime m crapuleux **Raubtier** nt carnassier m **Raubüberfall** m attaque f à main armée **Raubvogel** m oiseau m de proie

Rauch [raʊx] <-[e]s> m fumée f

rauchen [ˈraʊxən] vt, vi fumer

Raucher(in) <-s, -> m(f) fumeur(-euse) m(f)

Raucherabteil nt compartiment m fumeurs

räuchern [ˈrɔʏçɐn] vt fumer

rauchig adj enfumé(e); (Stimme) rauque

räudig adj galeux(-euse)

rauf [raʊf] s. **herauf, hinauf**

Raufasertapeteᴿᴿ f ≈ papier peint m d'apprêt

raufen [ˈraʊfən] **I.** vi mit jdm ~ se battre avec qn **II.** vr sich ~ se battre

Rauferei [raʊfaˈraɪ] <-, -en> f rixe f

rauhᴬᴸᵀ s. **rau**

Raum [raʊm, Pl: ˈrɔʏmə] <-[e]s, Räume> m ❶ (Zimmer) pièce f ❷ kein Pl (Platz) espace m; ~ **für etw schaffen** faire de la place pour qc

räumen [ˈrɔʏmən] vt (Wohnung) libérer; (entfernen) **etw in das Regal** ~ ranger qc sur les étagères; **etw aus dem Weg** ~ enlever qc du passage

Raumfahrt f kein Pl navigation f spatiale

R

Rauminhalt *m* volume *m*

räumlich ['rɔymlɪç] *adv* ❶ ~ **eingeengt sein** être à l'étroit ❷ (*dreidimensional*) ~ **sehen** avoir une vue stéréoscopique

Raumschiff *nt* vaisseau *m* spatial

Räumung ['rɔymʊŋ] <-, -en> *f* évacuation *f*

Räumungsverkauf *m* liquidation [totale] *f*

raunen ['raʊnən] *vt, vi geh* susurrer

Raupe ['raʊpə] <-, -n> *f* chenille *f*

Raupenfahrzeug *nt* véhicule *m* à chenilles

Raureifᴿᴿ *m kein Pl* gelée *f* blanche

raus [raʊs] *adv fam s. a.* **heraus, hinaus**

Rausch [raʊʃ, *Pl:* 'rɔyʃə] <-[e]s, Räusche> *m* ❶ ivresse *f;* **einen ~ haben** être ivre ❷ *geh* (*Ekstase*) griserie *f*

rauschen ['raʊʃən] *vi* + *haben* (*Wind*) mugir; (*Bach*) gronder; (*Blätter*) bruire; (*Lautsprecherbox*) grésiller

rauschend *adj* (*Beifall*) retentissant(-e)

Rauschgift *nt* drogue *f* **Rauschgifthandel** *m* trafic *m* de drogue **rauschgiftsüchtig** *adj* toxicomane

raus|kriegen *vt fam* (*Lösung*) finir par trouver

räuspern ['rɔyspɐn] *vr* **sich** ~ se racler la gorge

raus|schmeißen ['raʊsʃmaɪsən] *vt irr fam* ❶ (*entlassen*) virer ❷ (*wegwerfen*) balancer

Raute ['raʊtə] <-, -n> *f* losange *m*

Razzia ['ratsia] <-, Razzien> *f* descente *f* [de police]

Reagenzglas *nt* éprouvette *f*

reagieren* [rea'giːrən] *vi a.* CHEM, PHYS réagir; **mit etw** ~ réagir à qc

Reaktion [reak'tsi̯oːn] <-, -en> *f* réaction *f*

reaktionär *adj* réactionnaire

reaktivieren* [-'viː-] *vt* (*Person*) rappeler

Reaktor [re'aktoːɐ] <-s, -toren> *m* réacteur *m*

real [re'aːl] I. *adj* réel(le) II. *adv* ❶ *geh* (*tatsächlich*) réellement ❷ ÖKON en valeur réelle

realisierbar *adj* réalisable

realisieren* [reali'ziːrən] *vt* réaliser

Realisierung <-, -en> *f* réalisation *f*

Realismus <-> *m* réalisme *m*

Realist(in) [rea'lɪst] <-en, -en> *m(f)* réaliste *mf*

realistisch [rea'lɪstɪʃ] I. *adj* réaliste II. *adv* ❶ (*betrachten*) avec réalisme ❷ KUNST de manière réaliste

Realität [reali'tɛːt] <-, -en> *f* ❶ réalité *f* ❷ *Pl*

A (*Immobilien*) immeubles *mpl*

Reality-TV <[-s]> *nt kein pl* télé-réalité *f*

Realschulabschlussᴿᴿ *m* ≈ brevet *m* des collèges

Realschule *f* ≈ collège *m*

> En Allemagne, la **Realschule** correspond plus ou moins au collège français. Elle est sanctionnée à l'issue de la dixième classe par un examen, la *Mittlere Reife*. Les élèves quittent alors l'école et suivent une formation professionnelle de trois ans.

Realschüler(in) *m(f)* ≈ collégien(ne) *m(f)*

Rebell(in) [re'bɛl] <-en, -en> *m(f)* rebelle *m,*

rebellieren* [rebɛ'liːrən] *vi* se rebeller

Rebellion [rebɛ'li̯oːn] <-, -en> *f* rébellion *f*

rebellisch *adj* ❶ (*Truppen*) rebelle ❷ *geh* (*aufbegehrend*) insurgé(e)

Rechen ['rɛçən] <-s, -> *m bes.* SDEUTSCH râteau *m*

Rechenaufgabe *f* (*Rechenübung*) exercice *m* de calcul; (*Hausaufgabe*) calcul *m*

Rechenschaft <-> *f* ~ **über etw** (*akk*) **ablegen** rendre des comptes au sujet de qc; **jdn für etw zur ~ ziehen** demander des comptes à qn au sujet de qc

Rechenzentrum *nt* centre *m* informatique

Recherche [re'ʃɛrʃə] <-, -n> *f* recherche *f*

recherchieren* [reʃɛr'ʃiːrən] I. *vi* faire des recherches II. *vt* (*Fall*) enquêter sur

rechnen ['rɛçnən] I. *vt* ❶ MATH (*Aufgabe*) calculer ❷ (*veranschlagen*) compter ❸ (*einstufen*) **jdn zu den Besten** ~ compter qn parmi les meilleurs II. *vi* ❶ calculer ❷ (*er warten*) compter; **damit ~, dass** s'attendre à ce que + *subj* III. *vr* **sich** ~ être rentable

Rechner <-s, -> *m* (*Computer*) ordinateur *m*

Rechner(in) <-s, -> *m(f)* calculateur(-trice) *m(f)*

rechnergesteuert *adj* informatisé(e)

rechnerisch *adj* arithmétique

Rechnerleistung *f* capacité *f* [de l'ordinateur] **rechnerunterstützt** *adj* assisté(e) par ordinateur

Rechnung <-, -en> *f* ❶ facture *f;* (*im Restaurant*) addition *f;* (*im Hotel*) note *f;* **jdm etw auf die ~ setzen** mettre qc sur le compte de qn ❷ (*das Rechnen*) calcul *m*

Rechnungshof *m* ≈ Cour *f* des comptes; **der Europäische ~** la Cour des Comptes Européenne

recht [rɛçt] **I.** *adj* ❶ (*Ort*) bon(ne); (*Augenblick*) opportun(e) ❷ (*richtig*) **ganz ~!** très juste! ❸ (*angenehm*) **jdm ~ sein** convenir à qn **II.** *adv* ❶ (*richtig*) bien; **ich weiß nicht ~** je ne sais pas trop ❷ (*ziemlich*) assez ▸**das geschieht ihm ~!** c'est bien fait pour lui/elle!

Recht <-[e]s, -e> *nt* ❶ droit *m* ❷ (*Anspruch*) **ein ~ auf etw** (*akk*) **haben** avoir droit à qc; **zu ~** à juste titre ▸**das ist dein gutes ~** c'est ton bon droit

Rechte <-n, -n> *f a.* SPORT, POL droite *f*

rechte(r, s) [ˈrɛçtə, -tə, -təs] *adj attr* ❶ (*opp: linke*) droit(e); (*Straßenseite*) de droite ❷ POL de droite; (*Flügel*) droit(e)

Rechte(r) *f(m) dekl wie adj* homme *m*/ femme *f* de droite

Rechteck <-[e]s, -e> *nt* rectangle *m* **rechteckig** *adj* rectangulaire

rechtfertigen I. *vt* justifier **II.** *vr* **sich vor jdm für etw ~** se justifier de qc devant qn

Rechtfertigung *f* justification *f*

rechthaberisch *adj pej* **~ sein** vouloir toujours avoir raison

rechtlich *adj* juridique

rechtmäßig *adj* ❶ (*legitim*) légitime ❷ (*legal*) légal(e)

Rechtmäßigkeit <-> *f* ❶ (*Legitimität*) légitimité *f* ❷ (*Legalität*) légalité *f*

rechts [rɛçts] *adv* ❶ à droite; **~ oben** en haut à droite; **~ von dir** à ta droite; **sich ~ einordnen** se mettre sur la voie de droite; **nach ~** à droite ❷ (*auf, von der Außenseite*) **etw von ~ bügeln** repasser qc sur l'endroit

Rechtsabbieger <-s, -> *m* véhicule *m* qui tourne à droite

Rechtsanwalt *m*, **-anwältin** *f* avocat(e) *m(f)*

Rechtsaußen <-, -> *m* SPORT ailier *m* droit

rechtschaffen I. *adj* (*Person*) honnête **II.** *adv* avec honnêteté

Rechtschreibfehler *m* faute *f* d'orthographe **Rechtschreibung** *f* orthographe *f*

Rechtsextremist(in) *m(f)* extrémiste *mf* de droite **rechtsextremistisch** *adj* d'extrême droite **rechtsgültig** *adj* valide

Rechtshänder(in) [ˈrɛçtshɛndɐ] <-s, -> *m(f)* droitier(-ière) *m(f)*

rechtshändig I. *adj* droitier(-ière) **II.** *adv* de la main droite

rechtsherum *adv* (*fahren*) à droite; (*sich drehen*) de gauche à droite

rechtskräftig *adj* (*Beschluss*) qui a force de loi; (*Urteil*) exécutoire **Rechtslage** *f* situation *f* juridique **Rechtsmittel** *nt* recours *m* **Rechtsordnung** *f* législation *f*

Rechtsprechung <-, -en> *f* justice *f*

rechtsradikal *adj* d'extrême droite **Rechtsradikale(r)** *f(m)* extrémiste *mf* de droite **rechtsrheinisch** *adj* [situé(e)] sur la rive droite du Rhin **rechtsrum** *s.* **rechtsherum**

Rechtsstaat *m* État *m* de droit **rechtsstaatlich** *adj* (*Grundsatz*) fondé(e) sur le droit

Rechtsverkehr *m* conduite *f* à droite

Rechtsweg *m kein Pl* procédure *f* **rechtswidrig** *adj* illégal(e) **Rechtswissenschaft** *f kein Pl* droit *m*

rechtwinklig *adj* (*Dreieck*) rectangle

rechtzeitig I. *adj* (*Ankunft*) à l'heure; (*Anmeldung*) en temps voulu **II.** *adv* (*dasein*) à l'heure [fixée]; (*erfolgen*) en temps voulu

Reck [rɛk] <-[e]s, -e> *nt* barre *f* fixe

recken I. *vt* (*Hals, Faust*) tendre **II.** *vr* **sich ~** s'étirer

Recorder <-s, -> *m* ❶ (*Kassettenrecorder*) magnéto[phone] *m* ❷ (*Videorecorder*) magnétoscope *m*

recyceln* [riˈsaikln] *vt* recycler

Recycling [riˈsaiklɪŋ] <-s> *nt* recyclage *m* **Recyclingpapier** *nt* papier *m* recyclé

Redakteur(in) [redakˈtøːɐ̯] <-s, -e> *m(f)* rédacteur(-trice) *m(f)*

Redaktion [redakˈtsi̯oːn] <-, -en> *f* rédaction *f*

Redaktor [reˈdaktoːɐ̯] <-s, -toren> *m*, **Redaktorin** *f* CH rédacteur(-trice) *m(f)*

Rede [ˈreːdə] <-, -n> *f* discours *m*; **die ~ ist von ...** il est question de ...

Redefreiheit *f kein Pl* liberté *f* d'expression

reden I. *vi* **über jdn/etw ~** parler de qn/qc; **mit sich selbst ~** parler tout(e) seul(e) **II.** *vt* (*Unsinn*) dire

Redewendung *f* tournure *f*

redlich [ˈreːtlɪç] **I.** *adj* honnête **II.** *adv* (*sich bemühen*) considérablement

Redner(in) [ˈreːdnɐ] <-s, -> *m(f)* orateur (-trice) *m(f)*

redselig [ˈreːtzeːlɪç] *adj* bavard(e)

reduzieren* [reduˈtsiːrən] *vt* réduire

Reederei [reːdəˈrai̯] <-, -en> *f* compagnie *f* maritime

reell [reˈɛl] *adj* (*Chance*) véritable

R

Referat [refe'ra:t] <-[e]s, -e> nt SCHULE, UNIV exposé m

Referendar(in) [referɛn'da:ɐ̯] <-s, -e> m(f) stagiaire mf

Referendariat [referɛndari'a:t] <-[e]s, -e> nt stage m

Referent(in) [refe'rɛnt] <-en, -en> m(f) (Redner) conférencier(-ière) m(f)

referieren* [refe'ri:rən] vi über jdn/etw ~ faire un exposé sur qn/qc

Reflektor [re'flɛkto:ɐ̯] <-s, -toren> m (am Fahrrad) cataphote® m

Reflex [re'flɛks] <-es, -e> m ❶ ANAT réflexe m ❷ (Lichtreflex) reflet m

reflexiv LING adj (Verb) pronominal(e)

Reflexivpronomen nt pronom m réfléchi

Reform [re'fɔrm] <-, -en> f réforme f

Reformation [refɔrma'tsi̯o:n] <-> f HIST **die ~** la Réforme

Reformer(in) [re'fɔrmɐ] <-s, -> m(f) ❶ (wer Reformen durchführt) réformateur(-trice) m(f) ❷ (wer Reformen anstrebt) réformiste mf

reformieren* [refɔr'mi:rən] vt réformer

Refrain [rə'frɛ:] <-s, -s> m refrain m

Regal [re'ga:l] <-s, -e> nt étagère f

Regatta [re'gata] <-, Regatten> f régate f

rege ['re:gə] adj (Anteilnahme) vif(vive); (Beteiligung) actif(-ive)

Regel ['re:gəl] <-, -n> f ❶ (Norm) règle f ❷ (Menstruation) règles fpl

regelmäßig I. adj régulier(-ière); (Verstöße) répété(e) II. adv régulièrement

Regelmäßigkeit <-> f régularité f

regeln I. vt ❶ (erledigen) régler ❷ (Bestimmungen) réglementer II. vr sich ~ se régler

regelrecht fam I. adj véritable II. adv carrément

Regelung <-, -en> f ❶ (Vereinbarung) convention f ❷ kein Pl (das Regulieren) régulation f

regelwidrig SPORT adv sich ~ verhalten faire une faute

Regelwidrigkeit f SPORT faute f

regen ['re:gən] vr sich ~ (Lebewesen) bouger; (Gefühle) s'éveiller

Regen ['re:gən] <-s, -> m pluie f; **saurer ~** pluies acides

Regenbogen m arc m en ciel

Regeneration [regenera'tsi̯o:n] f a. BIO, MED régénération f

regenerieren* vt, vr |sich| ~ |se| régénérer

Regenmantel m imperméable m **Regenschirm** m parapluie m **Regentropfen** m goutte f de pluie **Regenwald** m |tropischer| ~ forêt f équatoriale **Regenwetter** nt temps m pluvieux **Regenzeit** f saison f des pluies

Reggae ['rɛge:] m reggae m

Regie [re'ʒi:] <-, -n> f ❶ THEAT mise f en scène; CINE, RADIO, TV réalisation f ❷ (Verantwortung) **in eigener ~** tout(e) seul(e)

regieren* [re'gi:rən] vt, vi |ein Land| ~ gouverner |un pays|; (Herrscher) régner sur |un pays|

Regierung <-, -en> f ❶ (Kabinett) gouvernement m ❷ (~sgewalt) pouvoir m; **an der ~ sein** être au pouvoir

Regierungschef(in) m(f) chef mf de/du gouvernement **Regierungspartei** f parti m au pouvoir **Regierungsrat** m kein Pl CH Conseil m d'État **Regierungsrat** m, **-rätin** f CH (Mitglied der Kantonsregierung) membre du Conseil d'État m **Regierungssprecher(in)** m(f) porte-parole m gouvernemental

Regime [re'ʒi:m] <-s, -s> nt pej régime m

Regiment [regi'mɛnt] <-[e]s, -er> nt MIL régiment m

Region [re'gi̯o:n] <-, -en> f région f

regional [regi̯o'na:l] I. adj régional(e) II. adv selon les régions

Regisseur(in) [reʒɪ'sø:ɐ̯] <-s, -e> m(f) THEAT metteur(-euse) m(f) en scène; CINE, RADIO, TV réalisateur(-trice) m(f)

Register [re'gɪstɐ] <-s, -> nt ❶ (Index) index m ❷ ADMIN registre m

registrieren* [regɪs'tri:rən] vt enregistrer

Regler ['re:glɐ] <-s, -> m régulateur m

reglos [re:klo:s] adj, adv immobile

regnen ['re:gnən] vi unpers pleuvoir; **es regnet** il pleut

regnerisch adj pluvieux(-euse)

regulär [regu'lɛ:ɐ̯] I. adj (Preis) réglementaire II. adv normalement

regulieren* [regu'li:rən] vt (einstellen) régler

Regulierung <-, -en> f (der Heizung) réglage m

Regung ['re:gʊŋ] <-, -en> f ❶ (Bewegung) mouvement m ❷ (Empfindung) émotion f

regungslos adj, adv immobile

Reh [re:] <-[e]s, -e> nt chevreuil m

Rehabilitation [rehabilita'tsi̯o:n] <-, -en>

MED rééducation f

rehabilitieren* [rehabili'ti:rən] **I.** vt (Kranken) rééduquer; (Behinderten) réinsérer **II.** vr geh sich ~ se réhabiliter

Rehbock m chevreuil m [mâle]

Reibe ['rajbə] <-, -n> f râpe f

Reibekuchen m galette f de pommes de terre [râpées]

reiben ['rajbn] <rieb, gerieben> **I.** vt frotter; (Möhre, Käse) râper **II.** vi frotter

Reibereien Pl fam frictions fpl

Reibung <-> f kein Pl PHYS frottement m

reibungslos adj, adv sans problème

reich [rajç] **I.** adj riche; ~ **an Vitaminen sein** être riche en vitamines **II.** adv (beschenken) richement

Reich [rajç] <-[e]s, -e> nt ❶ empire m; **das Dritte ~** le IIIᵉ Reich ❷ (Königreich) royaume m

Reiche(r) f(m) dekl wie adj riche mf

reichen ['rajçən] **I.** vi (Vorräte) suffire; **weit ~d** (Geschütz) à longue portée; **vom Sofa bis zur Wand ~** aller du canapé jusqu'au mur **II.** vi unpers **es reicht [mir], wenn ...** ça [me] suffit si ... **III.** vt geh ❶ (geben) **jdm etw ~** passer qc à qn ❷ (servieren) **jdm etw ~** servir qc à qn

reichhaltig adj (Angebot) varié(e); (Mahlzeit) copieux(-euse)

reichlich I. adj (Niederschläge) abondant(e) **II.** adv (vorhanden sein) en quantité; (jung) plutôt

Reichtum <-[e]s> m kein Pl richesse f; **zu ~ kommen** faire fortune

Reichweite f ❶ (eines Senders) portée f ❷ (greifbare Nähe) **in ~ sein** être à portée de [la] main; **außer ~ sein** être hors de portée

reif [rajf] adj mûr(e)

Reif [rajf] <-[e]s, -e> m (Armreif) bracelet m

Reife <-> f maturité f ▶mittlere ~ ≈ brevet m des collèges

reifen vi + sein a. fig mûrir

Reifen ['rajfən] <-, -> m pneu m; **den ~ wechseln** changer de roue

Reifenpanne f crevaison f

reiflich adj (Überlegung) mûr(e) antéposé

Reihe ['rajə] <-, -n> f ❶ (von Personen) rang m; (von Stühlen) rangée f; (von Ziffern) série f; **eine ~ von Fragen** un nombre important de questions ❷ (Sitzreihe) rang m ❸ (~nfolge) **der ~ nach** l'un(e) après l'autre ▶**du bist an der ~** c'est ton tour

Reihenfolge f ordre m **Reihenhaus** nt maison f mitoyenne

Reiher <-s, -> m héron m

reihum [raj'ʔʊm] adv à tour de rôle; ~ **gehen** faire le tour

Reim [rajm] <-[e]s, -e> m ❶ rime f ❷ Pl (Verse) vers mpl

reimen vr **sich mit etw/auf etw** (akk) ~ rimer avec qc

rein¹ [rajn] s. herein, hinein

rein² **I.** adj ❶ (Zufall) pur(e) antéposé; **eine ~e Wohngegend** un quartier purement résidentiel ❷ (Gold) pur(e) ❸ (Hemd) propre **II.** adv ❶ (symbolisch) purement ❷ fam (ganz und gar) ~ **gar nichts** absolument rien

Reinerlös m produit m net

Reinfall m bide m (fam)

rein|fallen ['rajnfaln] vi irr + sein fam (enttäuscht werden) tomber dans le piège; **auf jdn/etw ~** se faire avoir par qn/avec qc

Reingewinn m bénéfice m net

Reinheit <-> f (der Luft, des Edelsteins) pureté f

reinigen ['rajnıgən] vt (Kleider) nettoyer

Reinigung <-, -en> f ❶ kein Pl nettoyage m ❷ (~sbetrieb) pressing m; **chemische ~** nettoyage m à sec

rein|legen vt fam (hintergehen) **jdn ~** rouler qn

reinrassig adj de [pure] race

Reis [rajs] <-es> m riz m

Reise ['rajzə] <-, -n> f voyage m; **auf ~n gehen** partir en voyage; **gute ~!** bon voyage!

Reiseandenken nt souvenirs mpl de voyage **Reisebüro** nt agence f de voyages **Reisebus** m autocar m de tourisme **Reiseführer(in)** m(f) guide mf **Reisekosten** Pl frais mpl de voyage **Reiseleiter(in)** m(f) guide mf **reiselustig** adj ~ **sein** aimer voyager

reisen vi + sein voyager

Reisende(r) f(m) dekl wie adj voyageur (-euse) m(f)

Reiseproviant m provisions fpl de route **Reiseroute** f itinéraire m **Reisezeit** f saison f touristique

Reisig ['rajzıç] <-s> nt bois m mort

reißen ['rajsən] <riss, gerissen> **I.** vi + sein (Papier) se déchirer; (Faden) casser **II.** vt + haben ❶ (Stoff, Karton) déchirer; [sich (dat)] **ein Loch in die Hose ~** [se] faire un trou dans le pantalon ❷ (gewaltsam an

R

sich nehmen) **jdm etw aus den Händen ~** arracher qc des mains à qn; **an sich** (*akk*) **~** (*Herrschaft, Macht*) s'emparer de III. *vr* + *haben fam* **sich um jdn/etw ~** se battre pour avoir qn/qc

reißend *adj* ❶ (*mit starker Strömung*) déchaîné(e) ❷ *fam* **~en Absatz finden** se vendre comme des petits pains (*fig*)

reißfest *adj* indéchirable **Reißverschluss**ᴿᴿ *m* fermeture *f* éclair®

reiten ['raitən] <ritt, geritten> *vi* + *sein* faire du cheval

Reiter(in) <-s, -> *m(f)* cavalier(-ière) *m(f)*

Reithose *f* culotte *f* de cheval **Reitkappe** *f* bombe *f* **Reitpferd** *nt* cheval *m* de selle **Reitsport** *m* sport *m* hippique **Reitstall** *m* (*Gebäude*) écurie *f* **Reitstiefel** *m* botte *f* de cheval

Reiz ['raits] <-es, -e> *m* ❶ charme *m* ❷ ANAT stimulus *m*

reizbar *adj* irritable

Reizbarkeit <-> *f* irritabilité *f*

reizen I. *vt* ❶ (*verlocken*) attirer ❷ MED irriter ❸ (*provozieren*) provoquer II. *vi* ❶ **zum Lachen/Weinen ~** provoquer le rire/les larmes ❷ SPIEL surenchérir

reizend *adj* (*Mensch*) charmant(e); (*Anblick*) ravissant(e)

Reizung <-, -en> *f* MED irritation *f*

reizvoll *adj* attrayant(e); (*Angebot*) alléchant(e)

Reklamation [reklama'tsjoːn] <-, -en> *f* réclamation *f*

Reklame [re'klaːmə] <-, -n> *f* ❶ (*Werbematerial*) publicité *f* ❷ (*Werbung*) réclame *f*

reklamieren* [rekla'miːrən] *vt, vi* réclamer; [etw] **~** réclamer [au sujet de qc]

rekonstruieren* [rekɔnstruˈiːrən] *vt* reconstituer

Rekonstruktion [rekɔnstrʊk'tsjoːn] *f* reconstitution *f*

Rekord [re'kɔrt] <-s, -e> *m* record *m*

Rekordzeit *f* temps *m* record; **in ~** en un temps record

Rekrut(in) [re'kruːt] <-en, -en> *m(f)* recrue *f*

rekrutieren* [rekruˈtiːrən] *vt* recruter

Rekrutierung <-, -en> *f* recrutement *m*

Rektor ['rɛktoːɐ] <-s, -toren> *m*, **Rektorin** *f* ❶ UNIV recteur *m* ❷ SCHULE directeur(-trice) *m(f)*

Rektorat [rɛktoːra't] <-[e]s, -e> *nt* UNIV rectorat *m;* SCHULE bureau *m* du directeur

Relation [rela'tsjoːn] <-, -en> *f* geh relation

relativ [rela'tiːf] *adj* relatif(-ive)

relativieren* [relatiˈviːrən] *vt* geh relativiser

Relativpronomen *nt* pronom *m* relatif **Relativsatz** *m* [proposition *f*] relative *f*

Relevanz [rele'vants] <-> *f* geh pertinence *f*

Relief [re'liːɛf] <-s, -s> *nt* relief *m*

Religion [reli'gjoːn] <-, -en> *f* ❶ religion ❷ SCHULE instruction *f* religieuse

En Allemagne, le catéchisme fait partie du programme scolaire. C'est un cours obligatoire de deux heures, appelé **Religionsunterricht**, qui a lieu dans l'enceinte des établissements scolaires. Il est possible d'en dispenser son enfant en l'inscrivant au cours de *Ethik*. Les élèves y apprennent à réfléchir sur des questions concernant la vie en communauté, la vie en société et sur des questions de solidarité et de civisme.

Religionsfreiheit *f* liberté *f* religieuse **Religionsgemeinschaft** *f* form communauté religieuse

religiös [reli'gjøːs] I. *adj* ❶ (*opp: weltlich*) religieux(-euse) ❷ (*fromm*) pieux(-euse) II. *adv* (*prägen*) par la religion; (*erziehen*) religieusement

Reling ['reːlɪŋ] <-, -s *o* -e> *f* bastingage *m*

Reliquie [re'liːkvi̯ə] <-, -n> *f* relique *f*

Renaissance [rənɛ'sãːs] <-> *f* kein Pl HIST Renaissance *f*

Rendezvous [rãde'vuː] <-, -> *nt* rendez-vous *m* [galant]

Rennbahn *f* (*beim Pferdesport*) hippodrome *m*; (*beim Motorsport*) circuit *m*; (*beim Radsport*) vélodrome *m*

rennen ['rɛnən] <rannte, gerannt> *v* + *sein* (*schnell laufen*) courir

Rennen <-s, -> *nt* (*Autorennen*) course *f* automobile; (*Pferderennen*) course *f* de chevaux

Rennfahrer(in) *m(f)* ❶ AUT pilote *m* de course ❷ (*Fahrradrennfahrer*) coureur(-euse) *m(f)* cycliste **Rennpferd** *nt* cheval *m* de course **Rennstrecke** *f* circuit *m* **Rennwagen** *m* voiture *f* de course

Renommee <-s, -s> *nt* geh renommée *f*

renommiert *adj* geh renommé(e)

renovieren* [renoˈviːrən] *vt* rénover; (*Fassade*) ravaler

Renovierung <-, -en> f rénovation f; (der Fassade) ravalement m

rentabel [rɛn'taːbəl] **I.** adj rentable **II.** adv de façon rentable

Rentabilität <-> f rentabilité f

Rente ['rɛntə] <-, -n> f (Altersruhegeld) [pension f de] retraite f; **in ~ gehen** prendre sa retraite

Rentenversicherung f assurance retraite f

rentieren* [rɛn'tiːrən] vr sich für jdn ~ être rentable pour qn

Rentner(in) ['rɛntnɐ] <-s, -> m(f) retraité(e) m(f)

reparabel adj geh réparable

Reparatur [repara'tuːɐ̯] <-, -en> f réparation f

Reparaturwerkstatt f (Autowerkstatt) garage m

reparieren* [repa'riːrən] vt jdm etw ~ réparer qc à qn

Repertoire [repɛr'toaːɐ̯] <-s, -s> nt répertoire m

Reportage [repɔr'taːʒə] <-, -n> f reportage m

Reporter(in) <-s, -> m(f) reporter m

Repräsentation [reprɛzɛnta'tsi̯oːn] <-, -en> f représentation f

repräsentativ [reprɛzɛnta'tiːf] adj représentatif(-ive)

repräsentieren* [reprɛzɛn'tiːrən] vt, vi geh représenter

Reproduktion [reprodʊk'tsi̯oːn] <-, -en> f TYP, KUNST reproduction f

reproduzieren* [reprodu'tsiːrən] vt reproduire

Reptil [rɛp'tiːl] <-s, -ien> nt reptile m

Republik [repu'bliːk] <-, -en> f république f

Republikaner(in) [republi'kaːnɐ] <-s, -> m(f) ❶ (in den USA) républicain(e) m(f) ❷ (in Deutschland) membre ou militant(e) d'un parti d'extrême droite en Allemagne

republikanisch adj républicain(e)

Requiem ['reːkvi̯ɛm] <-s, Requien> nt requiem m

Requisit [rekvi'ziːt] <-s, -en> nt a. THEAT accessoire m

Reserve [re'zɛrvə] <-, -n> f réserve f

Reservekanister m bidon m de réserve **Reserverad** nt roue f de secours **Reservereifen** m pneu m de rechange

reservieren* [rezɛr'viːrən] vt réserver

Reservierung <-, -en> f réservation f

Reset-Taste ['riːsɛtastə] f touche f reset

Residenz [rezi'dɛnts] <-, -en> f résidence f

resignieren* [rezɪ'gniːrən] vi geh se résigner; **wegen etw ~** se résigner à cause de qc

resolut [rezo'luːt] **I.** adj résolu(e) **II.** adv résolument

Resonanz [rezo'nants] <-, -en> f ❶ geh (Reaktion) écho m ❷ MUS résonance f

Respekt [re'spɛkt] <-s> m respect m; **vor jdm/etw ~ haben** avoir du respect pour qn/qc; **sich** (dat) **~ verschaffen** se faire respecter

respektabel adj geh respectable

respektieren* [respɛk'tiːrən] vt respecter

respektlos **I.** adj irrespectueux(-euse) **II.** adv avec irrespect

respektvoll adj respectueux(-euse)

Ressort [rɛ'soːɐ̯] <-s, -s> nt ❶ (Zuständigkeitsbereich) jds ~ le ressort de qn ❷ (Abteilung) département m

Ressource [rɛ'sʊrsə] <-, -n> f meist Pl a. FIN ressources fpl

Rest [rɛst] <-[e]s, -e o CH -en> m reste m

Restaurant [rɛsto'rãː] <-s, -s> nt restaurant m

restaurieren* [rɛstau̯'riːrən] vt restaurer

Restaurierung <-, -en> f restauration f

restlich adj (Betrag) restant(e); (Leute) autre

restlos adj total(e)

Restposten m fin f de série

Resultat [rezʊl'taːt] <-[e]s, -e> nt résultat m

Resümee [rezy'meː] <-s, -s> nt geh ❶ (Schlussfolgerung) conclusion f ❷ (Zusammenfassung) résumé m

Retorte [re'tɔrtə] <-, -n> f cornue f

Retortenbaby [ret'tɔrtənbeːbi] nt bébééprouvette f

retour [re'tuːɐ̯] adv A, CH **etw ~ gehen lassen** renvoyer qc; **eine Fahrkarte nach Basel und [wieder] ~!** un aller [et] retour pour Bâle!

Retourspiel nt A, CH match m retour

retten ['rɛtən] **I.** vt sauver; (Gebäude) sauvegarder **II.** vr sich ~ se sauver

Retter(in) <-s, -> m(f) sauveur(-euse) m(f)

Rettich <-s, -e> m radis m

Rettung <-, -en> f sauvetage m; (des Gebäudes) sauvegarde f

Rettungsboot nt bateau m de sauvetage

Rettungsdienst m service m de secours

R

rettungslos *adv* sans espoir [de secours]; **wir sind ~ verloren** tout espoir est perdu

Rettungsring *m* bouée *f* de sauvetage

Rettungsschwimmer(in) *m(f)* maître nageur *m*

Rettungswagen *m* ambulance *f*

Return-Taste [rɪˈtɛːntastə] *f* INFORM touche *f* Entrée

Reue [ˈrɔyə] <-> *f* ~ **über etw** (*akk*) regret *m* de qc

reuen *vt unpers* **es reut jdn, etw getan zu haben** qn regrette d'avoir fait qc

Revanche [reˈvãːʃ(ə)] <-, -n> *f* revanche *f*

revanchieren* [revãˈʃiːrən] *vr* ❶ (*sich erkenntlich zeigen*) **sich ~** rendre la pareille ❷ (*sich rächen*) **sich für etw ~** se venger de qc

revidieren* [reviˈdiːrən] *vt* ❶ (*rückgängig machen: Entscheidung*) revenir sur ❷ CH *geh* (*Maschine*) réviser

Revier [reˈviːɐ] <-s, -e> *nt* ❶ (*Polizeidienststelle*) commissariat *m* ❷ (*Bezirk*) district *m* ❸ (*Jagdrevier*) territoire *m* de chasse ❹ ZOOL territoire *m*

Revision [reviˈzjoːn] <-, -en> *f* ❶ FIN vérification *f* ❷ JUR cassation *f*; **~ einlegen** se pourvoir en cassation ❸ TYP révision *f* [des épreuves]

Revolte [reˈvɔltə] <-, -n> *f* révolte *f*

Revolution [revoluˈtsjoːn] <-, -en> *f* révolution *f*; **die Französische ~** la Révolution française

revolutionär [revolutsjoˈnɛːɐ] *adj* révolutionnaire

Revolutionär(in) <-s, -e> *m(f)* révolutionnaire *mf*

Revolver [reˈvɔlvə] <-s, -> *m* revolver *m*

rezensieren* [retsɛnˈziːrən] *vt* critiquer

Rezension [retsɛnˈzjoːn] <-, -en> *f* critique *f*

Rezept [reˈtsɛpt] <-[e]s, -e> *nt* ❶ recette *f* ❷ MED ordonnance *f*

rezeptfrei *adj* en vente libre

Rezeption [retsɛpˈtsjoːn] <-, -en> *f* réception *f*

rezeptpflichtig *adj* délivré(e) uniquement sur ordonnance

Rezession [retsɛˈsjoːn] <-, -en> *f* récession *f*

rezitieren* [retsiˈtiːrən] *vt, vi* réciter

Rhabarber [raˈbarbə] <-s, -> *m* rhubarbe *f*

Rhein [rain] <-s> *m* **der ~** le Rhin; **Kehl am ~** Kehl sur Rhin

rheinisch *adj attr* rhénan(e)

Rheinländer(in) <-s, -> *m(f)* Rhénan(e) *m(f)*

Rheinland-Pfalz [rainlantˈpfalts] *f* la Rhénanie-Palatinat

Rhesusfaktor [ˈreːzʊsfaktoːɐ] *m* ~ [facteur *m*] rhésus *m*

Rhetorik [reˈtoːrik] <-> *f* rhétorique *f*

rhetorisch I. *adj* rhétorique; (*Figur*) de rhétorique II. *adv* **~ begabt** doué(e) en matière de rhétorique

Rheuma [ˈrɔyma] <-s> *nt fam* rhumatisme *m souvent pl*

rheumatisch *adj* rhumatismal(e)

Rheumatismus [rɔymaˈtɪsmʊs] <-> *m form* rhumatisme *m*

Rhinozeros [riˈnoːtserɔs] <-[ses], -se> *nt* rhinocéros *m*

rhythmisch [ˈrʏtmɪʃ] *adj* (*Bewegungen*) rythmé(e); (*Gymnastik*) rythmique

Rhythmus [ˈrʏtmʊs] <-, Rhythmen> *m* rythme *m*

richten [ˈrɪçtən] I. *vr* ❶ (*sich orientieren*) **sich nach jdm/etw ~** se conformer à qn/qc ❷ (*abhängen von*) **sich nach etw ~** dépendre de qc II. *vt* ❶ (*Brief*) adresser; (*Blick*) diriger; (*Finger*) pointer ❷ (*Heizung*) réparer III. *vi geh* (*urteilen*) **über jdn/etw ~** juger qn/qc

Richter(in) [ˈrɪçtə] <-s, -> *m(f)* JUR juge *mf*

richterlich *adj attr* judiciaire

Richtfest *nt* fête *f* pour l'achèvement du gros œuvre (*à laquelle le propriétaire convie les artisans et éventuellement des voisins*)

Richtgeschwindigkeit *f* vitesse *f* conseillée

richtig [ˈrɪçtɪç] I. *adj* ❶ (*Antwort, Haus, Haltung*) bon(ne) *antéposé*; **das ist ~** c'est juste; **etw ~ stellen** rectifier qc; **zur ~en Zeit** au bon moment; **es ist ~ gewesen, dass** c'était bien que + *subj* ❷ (*Eltern, Name, Idiot*) vrai(e) *antéposé* II. *adv* ❶ (*schreiben*) correctement; (*verstehen*) bien; **~ gehen** (*Uhr*) donner l'heure exacte ❷ (*vorgehen*) judicieusement; **sehr ~!** très juste! ❸ (*stehen*) à la bonne place ❹ *fam* (*wütend*) vraiment

Richtige(r) [*f/m*] *dekl wie adj* ❶ (*Partner*) bon(ne) partenaire *mf* ❷ (*Treffer*) **sechs ~ im Lotto** six bons numéros *mpl* au loto

Richtige(s) *nt dekl wie adj* (*Zusagendes*) **das ~/etwas ~s** ce qu'il me/te/... faut

Richtigkeit <-> *f* (*der Lösung*) justesse *f*; (*der Schreibung*) exactitude *f*; **mit etw hat es seine ~** qc est justifié(e)

richtig|stellenALT *s.* richtig I.1. **Richtig-stellung** *f* rectification *f*

Richtlinie *f meist Pl* directive *f*

Richtung <-, -en> *f* ❶ (*Himmelsrichtung*) direction *f*; **aus östlicher ~** de l'est; **in ~ Bahnhof** en direction de la gare ❷ (*Tendenz*) **politische ~** tendance *f* politique

Richtwert *m* valeur *f* indicative

rieb [ri:p] *Imp von* reiben

riechen ['ri:çən] <roch, gerochen> I. *vi* (*Geruch verströmen*) **gut/schlecht ~** sentir bon/mauvais; **nach Parfüm ~** sentir le parfum II. *vt* (*als Geruch wahrnehmen*) sentir III. *vi unpers* **es riecht nach Zitrone** ça sent le citron

rief [ri:f] *Imp von* rufen

Riegel ['ri:gəl] <-s, -> *m* ❶ (*Verschluss*) verrou *m*; **den ~ vorlegen** mettre le verrou ❷ (*Schokoladenriegel*) barre *f*

Riemen ['ri:mən] <-s, -> *m* (*der Tasche*) courroie *f*

Riese ['ri:zə] <-n, -n> *m*, **Riesin** *f* géant(e) *m(f)*

rieseln ['ri:zəln] *vi + sein* (*Körner*) s'écouler; (*Putz*) se détacher des murs

Riesenerfolg *m* succès *m* formidable **riesengroß** *adj fam* ❶ (*sehr groß*) géant(e) ❷ (*Enttäuschung*) énorme *antéposé* (*fig*)

riesig I. *adj* (*Gebäude*) gigantesque; **ein ~er Kerl** un géant; (*Anstrengung*) immense; (*Überraschung*) sacré(e) *antéposé* (*fam*) II. *adv* (*sich freuen*) énormément

riet [ri:t] *Imp von* raten

rigoros [rigo'ro:s] *adj* (*Maßnahme*) rigoureux(-euse)

Rikscha ['rıkʃa] <-, -s> *f* pousse-pousse *m*

Rille ['rılə] <-, -n> *f* rainure *f*

Rind [rınt] <-[e]s, -er> *nt* bovin *m*

Rinde ['rındə] <-, -n> *f* ❶ (*Baumrinde*) écorce *f* ❷ (*Brot-, Käserinde*) croûte *f*

Rinderwahnsinn *m* maladie *f* de la vache folle

Rindfleisch *nt* [viande *f* de] bœuf *m*

Rindvieh <-viecher> *nt fam* (*Dummkopf*) andouille *f*

Ring [rıŋ] <-[e]s, -e> *m* ❶ (*ringförmiger Gegenstand*) anneau *m* ❷ (*Fingerring*) bague *f*; (*Ehering*) alliance *f* ❸ (*von Personen*) cercle *m* ❹ (*~straße*) périphérique *m* ❺ SPORT ring *m* ❻ *Pl* (*Turngerät*) anneaux *mpl*

Ringbuch *nt* classeur *m*

ringeln I. *vt* (*Schwanz*) enrouler II. *vr* **sich ~** (*Haare*) s'enrouler

ringen ['rıŋən] <rang, gerungen> *vi* **mit jdm/sich ~** lutter contre qn/soi-même; **um Fassung ~** essayer de se reprendre

Ringfinger *m* annulaire *m* **ringförmig** *adj* circulaire **Ringkampf** *m a. fig* combat *m* [de lutte]

rings [rıŋs] *adv* **um das Haus** autour de la maison; **~ um jdn/etw stehen** se tenir autour de qn/qc

ringsherum, ringsum, ringsumher *adv* [tout] autour

Rinne ['rınə] <-, -n> *f* ❶ (*Vertiefung*) cavité *f* ❷ (*Dachrinne*) gouttière *f*

rinnen ['rınən] <rann, geronnen> *vi + sein* ❶ (*fließen, rieseln*) couler ❷ (*herausfließen, -rieseln*) *a. fig* s'écouler

Rinnstein *m* ❶ (*Gosse*) caniveau *m* ❷ (*Bordstein*) bordure *f* de trottoir

Rippchen ['rıpçən] <-s, -> *nt* côtelette *f*

Rippe ['rıpə] <-, -n> *f* ANAT côte *f*

Risiko ['ri:ziko] <-s, -s> *nt* risque *m*; **kein ~ eingehen** ne prendre aucun risque; **auf dein [eigenes] ~** à tes risques et périls

riskant [rıs'kant] *adj* risqué(e)

riskieren* [rıs'ki:rən] *vt* (*Leben*) risquer; **es ~ etw zu tun** se risquer à faire qc

rissRR [rıs], **riß**ALT *Imp von* reißen

RissRR <-es, -e>, **Riß**ALT <Risses, Risse> *m* ❶ (*rissige Stelle*) fissure *f* ❷ (*beschädigte Stelle*) déchirure *f*

rissig *adj* crevassé(e)

ritt [rıt] *Imp von* reiten

Ritt [rıt] <-[e]s, -e> *m* promenade *f* à cheval

Ritter ['rıtɐ] <-s, -> *m* chevalier *m*

rittlings ['rıtlıŋs] *adv* à califourchon

Ritual [ritu'a:l] <-s, -e> *nt* rituel *m*

rituell [ritu'ɛl] *adj* rituel(le)

Ritus ['ri:tʊs] <-, Riten> *m* rite *m*

Ritze ['rıtsə] <-, -n> *f* fissure *f*

ritzen I. *vt* graver II. *vr* **sich an etw** (*dat*) **~** s'égratigner à qc

Rivale [ri'va:lə] <-n, -n> *m*, **Rivalin** *f* rival(e) *m(f)*

rivalisieren* [rivali'zi:rən] *vi geh* rivaliser

Riviera [ri'vie:ra] <-> *f* **die ~** la Riviera

RNS [ɛr'ɛn'ʔɛs] <-> *f Abk von* Ribonukleinsäure A.R.N. *m*

Roastbeef ['ro:stbi:f] <-s, -s> *nt* rosbif *m*

Robbe ['rɔbə] <-, -n> *f* phoque *m*

Roboter ['rɔbɔtɐ] <-s, -> *m* robot *m*

robust [ro'bʊst] *adj* robuste

R

roch [rɔx] *Imp von* **riechen**

röcheln ['rœçəln] *vi* râler

Rock[1] [rɔk, *Pl:* 'rœkə] <-[e]s, Röcke> ❶ jupe *f* ❷ CH (*Kleid*) robe *f*; (*Jackett*) veste *f*

Rock[2] <-[s]> *m* MUS rock *m*

Rockband ['rɔkbɛnt], **Rockgruppe** *f* groupe *m* de rock

Rocker(in) ['rɔkɐ] <-s, -> *m(f)* (*Halbstarker*) blouson *m* noir

Rodel[1] ['ro:dəl] <-s, -> *m* CH, SDEUTSCH fichier *m*

Rodel[2] <-s, -> *m*, <-, -n> *f* A, SDEUTSCH luge *f*

rodeln ['ro:dəln] *vi + haben o sein* (*Schlitten fahren*) faire de la luge

roden ['ro:dən] *vt* (*Bäume*) enlever; (*Land*) défricher

Roggen ['rɔgən] <-s> *m* seigle *m*

roh [ro:] *adj* ❶ (*Fleisch, Gemüse*) cru(e) ❷ (*Holz, Diamant*) brut(e) ❸ (*Person*) brutal(e) ❹ (*rau, grob*) grossier(-ière)

Rohbau *m kein Pl* (*Bauabschnitt*) gros œuvre *m*

Roheit[ALT], **Rohheit**[RR] <-> *f kein Pl* (*brutale Art*) rudesse *f*

Rohkost *f* crudités *fpl*

Rohling <-s, -e> *m* TECH pièce *f* brute

Rohr [ro:ɐ] <-[e]s, -e> *nt* ❶ TECH tube *m*; (*groß*) tuyau *m* ❷ (*Teil eines Geschützes*) canon *m* ❸ A, SDEUTSCH (*Backofen*) four *m*

Rohrbruch *m* rupture *f* de canalisation

Röhrchen <-s, -> *nt Dim von* **Röhre** ❶ MED tube *m* ❷ (*Alkoholtest~*) embout *m*

Röhre ['rø:rə] <-, -n> *f* ❶ TECH tuyau *m* ❷ ELEC tube *m* ❸ (*Backofen*) four *m*

röhren *vi* ❶ (*Hirsch, Elch*) bramer ❷ (*dröhnen: Auspuff, Motorrad*) vrombir

Rohrleitung *f* canalisation *f* **Rohrzucker** *m* sucre *m* de canne

Rohstoff *m* matière *f* première

Rokoko ['rɔkoko] <-[s]> *nt* rococo *m*

Rollladen[ALT] *s.* **Rollladen**

Rollbalken <-s, -> *m* A (*Rollladen*) volet *m* roulant

Rolle ['rɔlə] <-, -n> *f* ❶ (*Garnrolle*) bobine *f* ❷ (*eines Möbelstücks*) roulette *f* ❸ CINE, THEAT, SOZIOL rôle *m* ▶**es spielt keine ~, ob** ça n'a pas d'importance que + *subj*

rollen ['rɔlən] **I.** *vi + sein* rouler **II.** *vt + haben* ❶ rouler ❷ (*fortbewegen*) faire rouler

Rollenspiel *nt* jeu *m* de rôle

Roller ['rɔlɐ] <-s, -> *m* ❶ (*Kinderroller*) trottinette *f* ❷ (*Motorroller*) scooter *m* ❸ A *s.* **Rollo**

Rollerskates ['ro:lɐske:ts] *Pl* patins *mpl* à roulettes

Rollfeld *nt* AVIAT piste *f* |de décollage/d'atterrissage| **Rollkragen** *m* col *m* roulé **Rollladen**[RR] <-s, -läden> *m* volet *m* roulant

Rollo ['rɔlo] <-s, -s> *nt* store *m*

Rollschuh *m* patin *m* à roulettes **Rollschuhläufer(in)** *m(f)* patineur(-euse) *m(f)* à roulettes **Rollsplitt** *m* gravillon *m* **Rollstuhl** *m* fauteuil *m* roulant **Rollstuhlfahrer(in)** *m(f)* handicapé(e) *m(f)* en fauteuil roulant **rollstuhlgerecht** *adj* adapté(e) aux fauteuils roulants **Rolltreppe** *f* escalator *m*

Rom [ro:m] <-s> *nt* Rome

ROM [rɔm] <-[s], -[s]> *nt Abk von* **Read Only Memory** INFORM ROM *f*

Roma ['ro:ma] *Pl* Rom *mpl*

Roman [ro'ma:n] <-s, -e> *m* roman *m*

Romanik [ro'ma:nɪk] <-> *f* ARCHIT, KUNST |style *m*| roman *m*

romanisch *adj* ❶ LING, ARCHIT, KUNST roman(e) ❷ GEO latin(e)

Romanistik [roma'nɪstɪk] <-> *f* étude *f* des langues et littératures romanes

Romanschriftsteller(in) *m(f)* romancier(-ière) *m(f)*

Romantik [ro'mantɪk] <-> *f* ❶ LITER romantisme *m* ❷ (*eines Abends*) romanesque *m*

Romantiker(in) [ro'mantikɐ] <-s, -> *m(f)* romantique *mf*

romantisch *adj* (*Stimmung*) romantique; (*Altstadt*) pittoresque

Romanze [ro'mantsə] <-, -n> *f* idylle *f*

Römer(in) <-s, -> *m(f)* Romain(e) *m(f)*

römisch *adj* romain(e)

römisch-katholisch *adj* catholique romain(e)

ROM-Speicher *m* mémoire *f* morte

röntgen ['rœntgən] *vt* radiographier; **sich ~ lassen** passer une radio

Röntgen <-s> *nt* radio|graphie| *f*

Röntgenaufnahme *f* radio|graphie| *f* **Röntgenstrahlen** *Pl* rayons *mpl* X

rosa ['ro:za] *adj inv* rose

Rosa <-s - *o fam* -s> *nt* rose *m*

Rose ['ro:zə] <-, -n> *f* ❶ (*Blüte*) rose *f* ❷ (*Strauch*) rosier *m*

Rosé <-s, -s> *m* rosé *m*

Rosenkohl *m* chou *m* de Bruxelles **Rosenkranz** *m* chapelet *m* **Rosenmontag** *m*.

lundi précédant le Mardi gras **Rosenstock** *m* rosier *m*

Roséwein *m* rosé *m*

rosig ['roːzɪç] *adj a. fig* rose

Rosine [roˈziːnə] <-, -n> *f* raisin *m* sec

Rosmarin ['roːsmariːn] <-s> *m* romarin *m*

Rossᴬᴿ [rɔs] <-es, -e>, **Roß**ᴬᴸᵀ <Rosses, Rosse> *nt* A, CH, SDEUTSCH (*Pferd*) cheval *m*

Rosskastanieᴬᴿ *f* ❶ (*Frucht*) marron *m* d'Inde ❷ (*Baum*) marronnier *m* d'Inde

Rost [rɔst] <-[e]s, -e> *m* ❶ (*Gitter*) grille *f* ❷ (*Grillrost*) gril *m* ❸ *kein Pl* (*Eisenoxyd*) rouille *f*

rostbraun *adj* cuivré(e)

rosten ['rɔstən] *vi + haben o sein* rouiller

rösten ['rœstən] *vt* (*Brot*) faire griller; (*Kaffee*) torréfier; (*Kartoffeln*) faire sauter

rostfrei *adj* inoxydable

Rösti ['rœsti] *Pl* CH s. **Röstkartoffeln**

rostig *adj* rouillé(e)

Röstkartoffeln *Pl* pommes *fpl* [de terre] sautées

Rostschutz *m* protection *f* contre la rouille

rot [roːt] <-er, -este> *adj* rouge; (*Haare*) roux(rousse); ~ **werden** rougir

Rot <-s, -> *nt* rouge *m*

rotbraun *adj* cuivré(e)

Röte ['røːtə] <-, -n> *f* rouge *m*

Röteln ['røːtəln] *Pl* rubéole *f*

röten I. *vr* sich ~ (*Haut*) rougir; (*Himmel*) devenir rouge II. *vt* faire rougir

Rotfuchs *m* ❶ (*Fuchs*) renard *m* roux ❷ (*Pferd*) alezan *m* **rothaarig** *adj* roux (rousse)

rotieren* [roˈtiːrən] *vi + haben* (*sich drehen, den Posten tauschen*) tourner

Rotkäppchen ['roːtkɛpçən] <-s> *nt* [das] ~ le Petit Chaperon rouge **Rotkehlchen** <-s, -> *nt* rouge-gorge *m* **Rotkohl**, **Rotkraut** *nt* A, SDEUTSCH chou *m* rouge

rötlich *adj* rougeâtre; (*Haare*) tirant sur le roux

Rotlicht *nt kein Pl* lumière *f* rouge **rot|sehen** *vi irr fam* voir rouge

Rötung <-, -en> *f* rougeur *f*

Rotwein *m* vin *m* rouge **Rotwild** *nt* cerfs *mpl*

Rotz [rɔts] <-es> *m fam* (*Nasenschleim*) morve *f*

Rotznase *f vulg* (*Nase*) nez *m* qui coule

Rouge [ruːʒ] <-s, -s> *nt* rouge *m*

Roulade [ruˈlaːdə] <-, -n> *f* roulade *f*

Roulett [ruˈlɛt] <-[e]s, -e *o* -s>, **Roulette** [ruˈlɛt] <-s, -s> *nt* roulette *f*

Route ['ruːtə] <-, -n> *f* itinéraire *m*

Routine [ruˈtiːnə] <-> *f* ❶ (*Erfahrung*) savoir-faire *m* ❷ (*Gewohnheit*) routine *f*

routiniert [rutiˈniːɐt] I. *adj* expérimenté(e) II. *adv* avec savoir-faire

Rowdy ['raudi] <-s, -s> *m pej* voyou *m*

rubbeln ['rʊbəln] *vt fam* (*Körper*) frotter

Rübe ['ryːbə] <-, -n> *f* betterave *f*; |**Gelbe**| ~ CH, SDEUTSCH (*Möhre*) carotte *f*

Rubel ['ruːbəl] <-s, -> *m* rouble *m*

rüber ['ryːbɐ] *adv fam s.* **herüber, hinüber**

Rubin [ruˈbiːn] <-s, -e> *m* rubis *m*

Rubrik [ruˈbriːk] <-, -en> *f* rubrique *f*

Ruck [rʊk] <-[e]s, -e> *m* (*Stoß*) secousse *f*; **mit einem** ~ d'un [seul] coup

ruckartig *adj* brusque

Rückblende *f* flash-back *m* **Rückblick** *m* retour *m* en arrière **rückblickend** *adj* rétrospectif(-ive)

rucken *vi* avancer par à-coups

rücken ['rʏkən] I. *vi + sein* ❶ (*weg~*) se pousser ❷ (*gelangen*) *fig* **in den Mittelpunkt** ~ devenir le point de mire II. *vt + haben* (*Möbelstück*) pousser

Rücken ['rʏkən] <-s, -> *m* (*einer Person*) dos *m* ▶**jdm in den** ~ **fallen** poignarder qn dans le dos

Rückendeckung *f* ❶ MIL couverture *f* de l'arrière ❷ *fig* soutien *m* **Rückenlehne** *f* dossier *m* **Rückenmark** *nt* moelle *f* épinière **Rückenschmerzen** *Pl* ~ **haben** avoir mal au dos **Rückenschwimmen** *nt* nage *f* sur le dos **Rückenwind** *m* vent *m* favorable

rück|erstatten* *vt nur Infin und PP* rembourser **Rückfahrkarte** *f* |billet *m*| aller retour *m* **Rückfahrt** *f* |voyage *m* |retour *m*; **auf der** ~ au retour **Rückfall** *m* ❶ MED rechute *f* ❷ JUR récidive *f* **Rückflug** *m* vol *m* retour; **auf dem** ~ au retour **Rückgabe** *f* (*Umtausch einer Ware*) retour *m* **Rückgang** *m* recul *m* **rückgängig** *adj* (*Entwicklung*) en recul ▶**etw** ~ **machen** annuler qc **Rückgewinnung** *f* TECH recyclage *m* **Rückgrat** <-[e]s, -e> *nt* ❶ colonne *f* vertébrale ❷ *kein Pl geh* (*Stehvermögen*) force *f* d'âme **Rückhalt** *m* soutien *m* **Rückhand** *f kein Pl* SPORT revers *m*

Rückkehr ['rʏkkeːɐ] <-> *f* retour *m*

rückläufig *adj* à la baisse **Rücklicht** *nt* feu *m* arrière

R

rücklings ['rʏklɪŋs] *adv* (*sitzen*) à l'envers; (*überfallen*) par derrière

Rückmeldung *f* ❶ UNIV réinscription *f* ❷ (*Reaktion*) réaction *f* **Rückreise** *f* retour *m;* **auf der ~** au retour **Rückruf** *m* (*Anruf*) rappel *m*

Rucksack ['rʊkzak] *m* sac *m* à dos

Rückschlag *m* (*Verschlechterung*) revers *m* **Rückschritt** *m* régression *f* **Rückseite** *f* ❶ (*einer Seite*) verso *m* ❷ (*eines Gebäudes*) derrière *m* **Rücksendung** *f* retour *m* **Rücksicht** <-, -en> *f* (*Schonung*) égard *m;* **auf etw** (*akk*) **~ nehmen** tenir compte de qc **rücksichtslos I.** *adj* (*Verhalten*) sans scrupules; **~ sein** ne manifester aucun égard **II.** *adv* (*ohne Nachsicht*) sans scrupules **rücksichtsvoll I.** *adj* prévenant(e) **II.** *adv* avec prévenance **Rücksitz** *m* siège *m* arrière **Rückspiegel** *m* rétroviseur *m* **Rückspiel** *nt* match *m* retour **Rücksprache** *f* entretien *m;* **nach ~ mit Frau Braun** après avoir consulté Mme Braun **Rückstand** *m* ❶ (*der Abstand*) retard *m* ❷ (*Bodensatz*) résidu *m* **rückständig** *adj* arriéré(e) **Rückständigkeit** <-> *f* retard *m* **Rücktritt** *m* ❶ (*Amtsniederlegung*) démission *f* ❷ (*von einem Vertrag*) résiliation *f* **Rücktrittbremse** *f* frein *m* à rétropédalage

rückwärts ['rʏkvɛrts] *adv* ❶ (*blicken*) en arrière; (*gehen*) à reculons; (*fahren*) en marche arrière ❷ A (*hinten*) à l'arrière; **von ~** par derrière

Rückwärtsgang *m* marche *f* arrière **Rückweg** *m* |chemin *m* du| retour *m* **Rückzahlung** *f* remboursement *m*

Rückzug *m* MIL retraite *f;* **den ~ antreten** battre en retraite

Rüde <-n, -n> *m* mâle *m*

Rudel ['ru:dəl] <-s, -> *nt* harde *f*

Ruder ['ru:dɐ] <-s, -> *nt* ❶ (*Paddel*) rame *f* ❷ (*Steuerruder*) gouvernail *m*

Ruderboot *nt* barque *f;* SPORT canoë *m*

rudern I. *vi* + *haben o sein* ramer **II.** *vt* + *haben* **jdn/etw über den Fluss ~** ramener qn/qc de l'autre côté de la rive à la rame

Rudersport *m* aviron *m*

Ruf [ru:f] <-[e]s, -e> *m* ❶ (*Ausruf*) appel *m* ❷ (*eines Vogels*) cri *m* ❸ *kein Pl* (*Ansehen*) réputation *f*

rufen ['ru:fən] <rief, gerufen> **I.** *vi* appeler; (*laut schreien*) crier; **nach jdm/etw ~** appeler qn/à qc **II.** *vt* ❶ (*aus~*) crier; **Hilfe ~** appeler à l'aide ❷ (*herbestellen*) **jdn/ein Taxi ~** appeler qn/un taxi

Rüffel <-s, -> *m fam* savon *m*

Rufname *m* prénom *m* usuel **Rufnummer** *f* numéro *m* de téléphone

Rüge ['ry:gə] <-, -n> *f* réprimande *f*

rügen *vt* (*Verhalten*) condamner; (*Person*) réprimander

Ruhe ['ru:ə] <-> *f* ❶ (*Stille*) silence *m* ❷ (*Erholung*) repos *m* ❸ (*Gelassenheit*) calme *m;* **jdn aus der ~ bringen** faire perdre son calme à qn; **immer mit der ~!** *fam* on se calme! ▶ **die letzte ~ finden** *geh* trouver le repos éternel

ruhelos *adj* anxieux(-euse)

ruhen *vi* ❶ (*aus~*) se reposer ❷ *fig geh* (*Verantwortung*) reposer sur qn/qc ❸ (*liegen, verweilen*) **auf jdm/etw ~** (*Blick*) être posé sur qn/qc

Ruhepause *f* pause *f* **Ruhestand** *m kein Pl* retraite *f;* **im ~** en retraite **Ruhestörung** *f* atteinte *f* à la tranquillité **Ruhetag** *m* **dienstags ~** fermeture *f* hebdomadaire le mardi

ruhig ['ru:ɪç] **I.** *adj* calme; **Sie können ganz ~ sein** vous pouvez être rassuré **II.** *adv* ❶ (*untätig*) tranquillement ❷ *fam* **wir können ~ darüber reden** on peut bien en parler

Ruhm [ru:m] <-es> *m* gloire *f*

rühmen ['ry:mən] **I.** *vt* **jdn wegen etw ~** féliciter qn pour qc; **etw ~** célébrer qc **II.** *vr* **ohne mich ~ zu wollen** sans vouloir me vanter

rühmlich *adj* glorieux(-euse)

ruhmreich *adj* glorieux(-euse)

Ruhr <-> *f* ❶ GEO **die ~** la Ruhr ❷ MED dysenterie *f*

Rührei *nt* œufs *mpl* brouillés

rühren ['ry:rən] **I.** *vt* ❶ (*Teig*) remuer ❷ (*unter~*) mélanger ❸ (*erweichen*) toucher **II.** *vi* ❶ (*um~*) remuer ❷ (*erwähnen*) **an etw** (*akk*) **~** évoquer qc **III.** *vr* **sich ~** (*sich bewegen*) bouger

rührend *adj* touchant(e)

Ruhrgebiet *nt* **das ~** le bassin de la Ruhr

Rührung <-> *f* émotion *f*

Ruin [ruˈiːn] <-s> *m* ruine *f*

Ruine [ruˈiːnə] <-, -n> *f* ruines *fpl*

ruinieren* [ruiˈniːrən] *vt* (*Person*) ruiner; (*Gegenstand*) abîmer

rülpsen ['rʏlpsən] *vi fam* roter

Rum [rʊm] <-s, -s> *m* rhum *m*

Rumäne [ru'mɛːnə] <-n, -n> *m*, **Rumänin** *f* Roumain(e) *m(f)*

Rumänien [ru'mɛːniən] <-s> *nt* la Roumanie

rumänisch I. *adj* roumain(e) **II.** *adv* ~ **miteinander sprechen** discuter en roumain

Rumänisch <-[s]> *nt kein art* roumain *m; s. a.* **Deutsch**

Rummel ['rʊməl] <-s> *m fam* foire *f*

Rumpf [rʊmpf, *Pl:* 'rʏmpfə] <-[e]s, Rümpfe> *m* ANAT tronc *m*

rümpfen ['rʏmpfən] *vt* **über etw** (*akk*) **die Nase** ~ faire la moue à qc

Rumpsteak ['rʊmpsteːk, -ʃteːk] *nt* rumsteck *m*

Run [ran] <-s, -s> *m* ~ **auf etw** (*akk*) ruée *f* sur qc

rund [rʊnt] **I.** *adj* ❶ rond(e) ❷ (*Zahl*) arrondi(e) **II.** *adv* ❶ ~ **um etw führen/gehen** faire le tour de qc ❷ *fam* (*kosten*) en gros

Rundblick *m* panorama *m* **Rundbrief** *m* circulaire *f*

Runde ['rʊndə] <-, -n> *f* ❶ (*Gesellschaft*) assemblée *f* ❷ (*Rundgang, -fahrt, -flug*) tour *m* ❸ SPORT MODE ❹ SPIEL partie *f*

runden *vt* (*auf~, ab~*) arrondir

Rundfahrt *f* circuit *m* [touristique] **Rundfunk** *m* de] radio *f* **Rundfunkgerät** *nt form* [poste *m* de] radio *f* **Rundfunksprecher(in)** *m(f)* animateur(-trice) *m(f)* radio **Rundgang** *m* tour *m* [à pied]; (*eines Wachmanns*) ronde *f* **rundherum** *adv* ❶ (*ringsherum*) tout autour ❷ *s.* **rundum**

rundlich *adj* (*Person*) rondelet(te); (*Gesicht*) rond(e)

Rundreise *f* circuit *m* **Rundschreiben** *s.* **Rundbrief rundum** *adv* ❶ (*ringsum*) à la ronde ❷ (*zufrieden*) tout à fait

Rundung <-, -en> *f* (*Wölbung*) arrondi *m*

runter *interj fam* dégage; ~ **von dem Balkon!** (*komm herein*) dégage du balcon!

runter|fallen *vi irr* + *sein fam* tomber **runter|kommen** *vi irr* + *sein fam* (*herunterkommen*) descendre **runter|laufen** *vi irr* + *sein fam* (*Straße, Treppe*) descendre

runzeln *vt* (*Stirn*) plisser

Rüpel <-s, -> *m pej* mufle *m*

rupfen ['rʊpfən] *vt* (*Geflügel*) plumer; (*Unkraut*) arracher

ruppig ['rʊpɪç] *pej adj* grossier(-ière)

Ruß [ruːs] <-es> *m* suie *f*

Russe ['rʊsə] <-n, -n> *m*, **Russin** *f* Russe *mf*

Rüssel ['rʏsəl] <-s, -> *m* (*eines Elefanten*) trompe *f*; (*eines Schweins*) groin *m*

rußen ['ruːsən] *vi* (*Kerze*) fumer; (*Ofen*) faire de la suie

rußig *adj* couvert(e) de suie

russisch I. *adj* russe **II.** *adv* ~ **miteinander sprechen** discuter en russe

Russisch <-[s]> *nt kein art* russe *m; s. a.* **Deutsch**

Russlandᴿᴿ ['rʊslant], **Rußland**ᴬᴸᵀ *nt* la Russie

Russlanddeutsche(r)ᴿᴿ *f(m) dekl wie adj* Russe d'origine allemande

rüsten ['rʏstən] *vi* MIL **zum Krieg** ~ se lancer dans des préparatifs de guerre

rüstig ['rʏstɪç] *adj* vigoureux(-euse)

rustikal [rʊsti'kaːl] *adj* rustique

Rüstung ['rʏstʊŋ] <-, -en> *f* ❶ *kein Pl* (*das Rüsten*) armement *m* ❷ (*Ritterrüstung*) armure *f*

Rute ['ruːtə] <-, -n> *f* ❶ (*Gerte*) baguette *f* ❷ (*Angelrute*) canne *f*

Rutsch [rʊtʃ] <-es, -e> *m* glissement *m* [de terrain] ▸**guten ~!** *fam* bonne année!

Rutschbahn *f* ❶ (*Rutsche*) toboggan *m* ❷ *fam* (*Eisbahn*) patinoire *f*

Rutsche <-, -n> *f a.* TECH toboggan *m*

rutschen ['rʊtʃən] *vi* + *sein* ❶ (*ausrutschen*) glisser ❷ *fam* (*rücken*) se pousser ❸ (*herunter-: Brille*) tomber; **vom Stuhl** ~ (*Person*) glisser de la chaise ❹ (*die Rutschbahn benutzen*) faire du toboggan

Rutschgefahr *f* (*für Fahrzeuge*) risque *m* de dérapage

rutschig *adj* glissant(e)

rütteln ['rʏtəln] **I.** *vt* secouer **II.** *vi* **an der Tür** ~ secouer la porte

S

S

S, s [ɛs] <-, -> *nt* S *m*/s *m*

s. *Abk von* **siehe** cf.

S *Abk von* **Süden** S

S. *Abk von* **Seite** p.

Saal ['zaːl, *Pl:* 'zɛːlə] <-[e]s, Säle> *m* salle *f*

Saar [zaːɐ] <-> f die ~ la Sarre
Saarbrücken nt Sarrebruck
Saarland nt das ~ la Sarre
Saat [zaːt] <-, -en> f ❶ kein Pl (das Säen) semailles fpl ❷ (~gut) semence f
Saatgut nt semences fpl
Sabbat ['zabat] <-s, -e> m sabbat m
sabbern ['zabɐn] fam vi baver
Säbel ['zɛːbəl] <-s, -> m sabre m
Sabotage [zabo'taːʒə] <-, -n> f sabotage m
Saboteur(in) [zabo'tøːɐ] <-s, -e> m(f) saboteur(-euse) m(f)
sabotieren* [zabo'tiːrən] vt saboter
Sa[c]charin [zaxa'riːn] <-s> nt saccharine® f
Sachbearbeiter(in) m(f) personne f chargée du dossier **Sachbeschädigung** f déprédation f **Sachbuch** nt livre m spécialisé **sachdienlich** adj form (Hinweis) utile
Sache ['zaxə] <-, -n> f ❶ (Angelegenheit) chose f; **das ist seine ~** c'est son affaire ❷ (Zweck) cause f ❸ (Thema) **zur ~ kommen** en venir au fait; **bei der ~ sein** être attentif ❹ (Arbeit) **seine ~ gut machen** faire bien son travail ❺ Pl (Kleidungsstück) **warme/leichte ~n** vêtements mpl chauds/légers ❻ Pl (Dummheit) **was machst du bloß für ~n!** fam [mais] qu'est-ce que tu fabriques! ❼ JUR affaire f
Sachgebiet nt domaine m **sachgemäß** I. adj adéquat(e) II. adv correctement **Sachkenntnis** f compétences fpl **sachkundig** I. adj (Person) expert(e); (Information) documenté(e) II. adv avec compétence
Sachlage f situation f
sachlich I. adj ❶ (objektiv) objectif(-ive) ❷ (die Sache betreffend) conforme aux faits ❸ (schmucklos) sobre II. adv (objektiv) avec objectivité
sächlich ['zɛçlɪç] adj neutre
Sachlichkeit <-> f objectivité f
Sachschaden m dégâts mpl matériels
Sachse ['zaksə] <-n, -n> m, **Sächsin** f Saxon(ne) m(f)
Sachsen ['zaksən] <-s> nt la Saxe
Sachsen-Anhalt ['zaksən'ʔanhalt] <-s> nt la Saxe-Anhalt
sächsisch [-ks-] adj saxon(ne)
Sächsisch ['zɛksɪʃ] nt le saxon
sacht[e] I. adj (Berührung, Gefälle) léger(-ère); (Streicheln) doux(douce) II. adv ❶ (berühren) délicatement ❷ (ansteigen) légèrement

Sachverhalt <-[e]s, -e> m faits mpl
Sachverständige(r) f(m) dekl wie adj expert(e) m(f)
Sack [zak, Pl: 'zɛkə] <-[e]s, Säcke> m ❶ (Beutel) sac m ❷ A, CH, SDEUTSCH (Hosentasche) poche f [de pantalon]
sacken ['zakən] vi + sein (Gebäude) s'affaisser
Sackgasse f ❶ cul-de-sac m ❷ (fig) impasse f
Sadismus [za'dɪsmʊs] <-, Sadismen> m sadisme m
Sadist(in) [za'dɪst] <-en, -en> m(f) sadique mf
sadistisch adj sadique
säen ['zɛːən] vt, vi a. fig semer
Safari [za'faːri] <-, -s> f safari m
Safe [seɪf] <-s, -s> m coffre-fort m
Safer Sex [seːfɐ] <-es> m rapports mpl protégés
Safran ['zafran] <-s, -e> m safran m
Saft [zaft, Pl: 'zɛftə] <-[e]s, Säfte> m ❶ (Fruchtsaft) jus m ❷ (Pflanzensaft) sève f
saftig adj ❶ (Frucht) juteux(-euse) ❷ fam (Rechnung) salé(e)
Saftpresse f presse-fruits m inv
Sage ['zaːɡə] <-, -n> f légende f
Säge ['zɛːɡə] <-, -n> f ❶ (Werkzeug) scie f ❷ A (Sägewerk) scierie f
Sägemehl nt sciure f
sagen ['zaːɡən] I. vt ❶ jdm etw ~ dire qc à qn; **was ich noch ~ wollte** à propos ❷ (befehlen) **jdm ~, dass er warten soll** dire à qn d'attendre; **sich** (dat) **nichts ~ lassen** ne vouloir écouter personne ❸ (meinen) **was soll ich dazu ~?** qu'est-ce que tu veux/vous voulez que je réponde à ça? ❹ (bedeuten) **nichts zu ~ haben** ne pas avoir d'importance; **nichts ~d** creux(-euse); **viel ~d** (Blick) qui en dit long II. vi **wie gesagt** comme je viens de le dire; **genauer gesagt** plus précisément
sägen ['zɛːɡən] vt, vi scier
sagenhaft adj ❶ fam fabuleux(-euse) ❷ geh (Gestalt) légendaire
Sägespäne Pl sciure f [de bois] **Sägewerk** nt scierie f
sah [zaː] Imp von sehen
Sahara [za'haːra] <-> f die ~ le Sahara
Sahne ['zaːnə] <-> f crème f
sahnig adj crémeux(-euse)
Saison [zɛ'zõː] <-, -s A -en> f saison f

saisonbedingt adj saisonnier(-ière)

Saite ['zaɪtə] <-, -n> f corde f

Saiteninstrument nt instrument m à cordes

Sakko ['zako] <-s, -s> m o nt veston m

sakral [za'kraːl] adj geh sacré(e)

Sakrament [zakra'mɛnt] <-[e]s, -e> nt sacrement m

Sakristei [zakrɪs'taɪ] <-, -en> f sacristie f

Salamander [zala'mandɐ] <-s, -> m salamandre f

Salami [za'laːmi] <-, -s> f salami m

Salat [za'laːt] <-[e]s, -e> m salade f

Salatschüssel f saladier m

Salbe ['zalbə] <-, -n> f crème f; (fettig) pommade f

Salbei ['zalbaɪ] <-s> m sauge f

Salbung <-, -en> f onction f

salbungsvoll adj pej (Predigt) onctueux(-euse)(iron); (Worte) mielleux(-euse)(iron)

Saldo ['zaldo] <-s, -s> m solde m

Säle ['zɛːlə] Pl von **Saal**

Salmiak [zal'miak] <-s> m o nt chlorure m d'ammonium

Salmonelle [zalmo'nɛlə] f meist Pl salmonelle f

Salon [za'lõː] m geh salon m

salonfähig adj (Person) présentable

salopp [za'lɔp] adj (Kleidung) décontracté(e); (Redeweise) léger(-ère)

Salpetersäure f acide m nitrique

Salto ['zalto] <-s, -s> m saut m périlleux

salutieren* [zalu'tiːrən] vi faire le salut militaire

Salz [zalts] <-es, -e> nt sel m

Salzburg ['zaltsbʊrk] <-s, -> nt ❶ (Stadt) Salzbourg ❷ (Bundesland) la province de Salzbourg

salzen vt, vi saler

salzig adj (Essen) salé(e)

Salzkartoffel f meist Pl pomme f de terre [cuite] à l'eau **Salzsäure** f acide m chlorhydrique **Salzstange** f stick m [salé] **Salzstreuer** <-s, -> m salière f **Salzwasser** <-s, -> nt eau f salée

Samariter [zama'riːtɐ] <-s, -> m ▶**ein barmherziger ~** geh un bon Samaritain

Samen ['zaːmən] <-s, -> m ❶ BOT semence f ❷ kein Pl (Sperma) sperme m

Samenerguss^RR m éjaculation f **Samenkorn** <-körner> m grain m

sämig adj (Soße, Suppe) velouté(e)

Sammelband <-bände> m recueil m **Sammelbegriff** m terme m générique **Sammelbestellung** f commande f groupée

sammeln ['zaməln] I. vt ❶ (Beeren) cueillir; (Pilze) ramasser ❷ (Briefmarken) collectionner ❸ (Altkleider) collecter ❹ (Informationen, Eindrücke) recueillir II. vr sich ~ (sich versammeln) se rassembler; (sich konzentrieren) se concentrer

Sammeltaxi nt taxi m collectif

Sammler(in) <-s, -> m(f) collectionneur(-euse) m(f)

Sammlung <-, -en> f (von Gegenständen) collection f

Sampler ['saːmplɐ, 'zamplɐ] <-s, -> m bestof m

Samstag ['zamstaːk] <-[e]s, -e> m samedi m; s. a. **Dienstag**

Samstagabend m samedi m soir **Samstagmorgen** m samedi m matin

samstags adv le samedi

Samt [zamt] <-[e]s, -e> m velours m

sämtlich ['zɛmtlɪç] adj ~**e Freunde** tous les amis

samtweich adj velouté(e)

Sanatorium [zana'toːriʊm] <-s, -rien> nt sanatorium m

Sand [zant] <-[e]s, -e> m sable m

Sandale [zan'daːlə] <-, -n> f sandale f

Sandalette [zanda'lɛtə] <-, -n> f sandalette f

sandig adj (Boden) sablonneux(-euse); (Schuhe) plein(e) de sable

Sandkasten m bac m à sable **Sandkorn** <-körner> nt grain m de sable **Sandmännchen** nt marchand m de sable **Sandstrand** m plage f de sable **Sandsturm** m tempête f de sable

sandte ['zantə] Imp von **senden**^2

Sanduhr f sablier m

Sandwich ['sɛntvɪtʃ] <-[s], -[e]s> nt o m sandwich m

sanft [zanft] I. adj (Händedruck, Brise) léger(-ère); (Musik, Person) doux(douce); (Tourismus) respectueux(-euse) de l'environnement II. adv ❶ (sacht) doucement ❷ (abfallen) légèrement

Sänfte ['zɛnftə] <-, -n> f chaise f à porteurs

sanftmütig ['zanftmyːtɪç] adj geh débonnaire

sang [zaŋ] Imp von **singen**

Sänger(in) ['zɛŋɐ] <-s, -> m(f) chanteur(-euse) m(f)

S

sanieren* [za'niːrən] *vt a.* ÖKON assainir
Sanierung <-, -en> *f a.* ÖKON assainissement *m*

sanitär [zani'tɛːɐ̯] *adj attr* sanitaire
Sanität [zani'tɛːt] <-, -en> *f* ❶ *kein Pl* A *(Gesundheitsdienst)* service *m* de santé publique ❷ CH *(Ambulanz)* SAMU *m* ❸ A, CH *(Sanitätstruppe)* service *m* de santé
Sanitäter(in) [zani'tɛːtɐ] <-s, -> *m(f)* MED secouriste *mf*
sank [zaŋk] *Imp von* **sinken**
Sankt [zaŋkt] *adj inv* ~ *Peter* saint Pierre
Sanktion [zaŋk'tsi̯oːn] <-, -en> *f* sanction *f*
sanktionieren* [zaŋktsi̯o'niːrən] *vt* ❶ *geh (Maßnahme)* cautionner ❷ JUR *(Besetzung)* entériner
sann [zan] *Imp von* **sinnen**
Saphir ['zaːfiɐ̯] <-s, -e> *m* saphir *m*
Sarde ['zardə] <-n, -n> *m*, **Sardin** *f* Sarde *mf*
Sardelle [zar'dɛlə] <-, -n> *f* anchois *m*
Sardine [zar'diːnə] <-, -n> *f* sardine *f*
Sardinien [zar'diːni̯ən] <-s> *nt* la Sardaigne
Sarg [zark, *Pl:* 'zɛrgə] <-[e]s, Särge> *m* cercueil *m*
Sarkasmus [zar'kasmʊs] <-, -men> *m* sarcasme *m*
sarkastisch [zar'kastɪʃ] *adj* sarcastique
Sarkophag [zarko'faːk] <-[e]s, -e> *m* sarcophage *m*
saß [zaːs] *Imp von* **sitzen**
Satan ['zaːtan] <-s> *m kein Pl* REL *der* ~ Satan *m*
satanisch [za'taːnɪʃ] *adj attr* satanique; *(Plan)* diabolique
Satellit [zatɛ'liːt] <-en, -en> *m* satellite *m*
Satellitenschüssel *f* antenne *f* parabolique **Satellitenstadt** *f* cité-satellite *f*
Satin [za'tɛ̃ː] <-s, -s> *m* satin *m*
Satire [za'tiːrə] <-, -n> *f* satire *f*
satirisch *adj* satirique
satt [zat] *adj* ❶ rassasié(e); *sich* ~ *essen* manger à sa faim ❷ *(Farbton)* soutenu(e) ▸*jdn/etw* ~ *haben fam* en avoir marre de qn/qc
Sattel ['zatəl, *Pl:* 'zɛtəl] <-s, Sättel> *m* ❶ selle *f* ❷ *(Bergrücken)* croupe *f*
satteln *vt* seller
sättigen ['zɛtɪgən] I. *vt* ❶ *geh (Person)* rassasier ❷ CHEM saturer II. *vi (Suppe)* rassasier
sättigend *adj* consistant(e)
Saturn [za'tʊrn] <-s> *m* |der| ~ |la planète|

Saturne
Satz [zats, *Pl:* 'zɛtsə] <-es, Sätze> *m* ❶ phrase *f* ❷ MUS mouvement *m* ❸ TYP composition *f* ❹ *(festgelegter Betrag)* tarif *m* ❺ SPORT set *m* ❻ MATH *der* ~ *des Pythagoras* le théorème de Pythagore ❼ *(Sprung)* bond *m* ❽ *(Kaffeesatz)* marc *m*
Satzung ['zatsʊŋ] <-, -en> *f* statuts *mpl*
Satzzeichen *nt* signe *m* de ponctuation
Sau [zau, *Pl:* 'zɔy̯ə] <-, -en> *f* ❶ *(weibliches Schwein)* truie *f* ❷ *pej fam (schmutziger Mensch)* gros porc *m*

sauber ['zaubɐ] I. *adj* ❶ *(rein)* propre; *(Luft)* pur(e); *(Umwelt)* sain(e); *jdn/etw* ~ **machen** laver qn/nettoyer qc ❷ *(Arbeit)* soigné(e) II. *adv (sorgfältig)* soigneusement; ~ **machen** faire le ménage
Sauberkeit <-> *f* propreté *f*
sauber|machen^ALT *s.* **sauber** I.1., II.
säubern ['zɔybɐn] *vt* ❶ *geh (reinigen)* nettoyer ❷ *euph (befreien)* épurer
Saudi-Arabien [-bi̯ən] <-s> *nt* l'Arabie *f* Saoudite
saudumm ['zau̯dʊm] *adj fam* débile
sauer ['zaue] I. *adj* ❶ *(Frucht)* acide; *(Wein)* aigre; *(Drops)* acidulé(e) ❷ *(geronnen)* tourné(e) ❸ *(Gurke)* au vinaigre; *(Hering)* mariné(e) ❹ CHEM acide ❺ *fam* ~ *sein* être de mauvais poil; *auf jdn* ~ *sein* être en rogne contre qn II. *adv fam (reagieren)* avec mauvaise humeur
Sauerbraten *m* rôti *m* de bœuf mariné [dans du vinaigre]
Sauerei [zauə'rai̯] <-, -en> *f fam* saloperie *f*
Sauerkirsche *f* ❶ *(Frucht)* griotte *f* ❷ *(Baum)* cerisier *m* **Sauerkraut** *nt* choucroute *f*
säuerlich ['zɔyɐlɪç] *adj (Geschmack)* aigrelet(te); *(Wein)* vert(e)
säuern I. *vt* acidifier II. *vi* donner des aigreurs
Sauerstoff *m kein Pl* oxygène *m* **Sauerstoffgerät** *nt (Atemgerät)* masque *m* à oxygène **Sauerteig** *m* levain *m*
saufen ['zaufən] <säuft, soff, gesoffen> I. *vt* boire II. *vi* ❶ *(Tier)* s'abreuver ❷ *fam (Alkoholiker sein)* picoler
Säufer(in) ['zɔyfɐ] <-s, -> *m(f) fam* pochard(e) *m(f)*
säuft [zɔyft] *3. Pers Präs von* **saufen**
saugen ['zaugən] <sog, gesogen> I. *vi an der Brust* ~ *(Baby)* téter le sein II. *vt (Tep-*

pich) passer l'aspirateur sur; (*Flüssigkeit*) aspirer **III.** *vr* **sich voll ~** (*Schwamm*) s'imbiber complètement

säugen ['zɔygən] *vt* allaiter

Sauger <-s, -> *m* (*auf einer Flasche*) tétine *f*

Säugetier *nt* mammifère *m*

saugfähig *adj* absorbant(e)

Säugling ['zɔyklɪŋ] <-s, -e> *m* nourrisson *m*

Saugnapf *m* ventouse *f*

saukalt *adj fam* **es ist ~** il fait un froid de canard

Säule ['zɔylə] <-, -n> *f* ❶ colonne *f* ❷ *fig geh* pilier *m*

Säulengang *m* colonnade *f*

Saum [zaʊm, *Pl*: 'zɔymə] <-[e]s, Säume> *m* (*umgenähter Rand*) ourlet *m*

säumen ['zɔymən] *vt* (*Stoff*) ourler

Sauna ['zaʊna] <-, -s> *f* sauna *m*

Säure ['zɔyrə] <-, -n> *f* ❶ CHEM acide *m* ❷ (*Geschmack*) acidité *f*

Saurier ['zaʊriɐ] <-s, -> *m* saurien *m*

säuseln ['zɔyzəln] *vi* ❶ (*Wind*) murmurer ❷ *geh* (*sprechen*) susurrer

sausen ['zaʊzən] *vi* ❶ + *haben* (*Sturm*) mugir ❷ + *sein* (*sich bewegen*) **durch die Luft ~** (*Pfeil*) fendre l'air en sifflant

Saustall *m fam* bordel *m* **Sauwetter** *nt fam* temps *m* de cochon **sauwohl** ['zaʊ'voːl] *adv fam* **sich ~ fühlen** se sentir vachement bien

Savanne [za'vanə] <-, -n> *f* savane *f*

Saxofon^{RR}, **Saxophon** [zaksoˈfoːn] <-[e]s, -e> *nt* saxophone *m*

SB [ɛsˈbeː] *Abk von* **Selbstbedienung** libre-service *m*

S-Bahn [ˈɛsbaːn] *f* train *m* de banlieue; (*in Paris*) R.E.R. *m*

SBB [ˈɛsbeːbeː] *f Abk von* **Schweizerische Bundesbahn** *sigle de la société des chemins de fers suisses*

scannen ['skɛnən] *vt* scanner

Scanner ['skɛnɐ] <-s, -> *m* INFORM scanne[u]r *m*

Schabe ['ʃaːbə] <-, -n> *f* cafard *m*

Schabernack ['ʃaːbɐnak] <-[e]s, -e> *m* farce *f*

schäbig ['ʃɛːbɪç] *adj* miteux(-euse); (*Verhalten*) mesquin(e)

Schablone [ʃaˈbloːnə] <-, -n> *f* (*Vorlage*) modèle *m*; (*Malschablone*) pochoir *m*

Schach [ʃax] <-s> *nt* échecs *mpl*; **~ spielen** jouer aux échecs; **~ und matt!** échec et mat!

Schachbrett *nt* échiquier *m*

schachern ['ʃaxɐn] *vi pej* marchander

Schachfigur *f* ❶ pièce *f* d'échecs ❷ *fig* pion *m* **schachmatt** *adj* **jdn ~ setzen** mettre qn échec et mat **Schachspiel** *nt* jeu *m* d'échecs

Schacht [ʃaxt, *Pl*: 'ʃɛçtə] <-[e]s, Schächte> *m a.* MIN puits *m*; (*eines Fahrstuhls*) cage *f*

Schachtel ['ʃaxtəl] <-, -n> *f* boîte *f*

Schachzug *m* ❶ coup *m* ❷ (*Manöver*) manœuvre *f*

schade ['ʃaːdə] *adj* |**das ist**| **~!** [c'est] dommage!; **es ist wirklich ~, dass** c'est vraiment dommage que + *subj*; **zu ~ für jdn sein** (*Person*) être trop bien pour qn; (*Geschenk*) être trop beau pour qn; **sich** (*dat*) **für nichts zu ~ sein** ne reculer devant rien

Schädel ['ʃɛːdəl] <-s, -> *m* crâne *m*

schaden ['ʃaːdən] *vi* ❶ **jdm/sich mit etw ~** nuire à qn/se nuire en faisant qc ❷ *fam* (*verkehrt sein*) **es kann nichts ~, wenn ...** ça peut pas faire de mal si ...; **das schadet nichts** ça fait rien

Schaden <-s, Schäden> *m* ❶ (*Sachschaden*) dommage *m*; (*Verwüstung*) dégâts *mpl* ❷ (*Beeinträchtigung*) **jdm/einer S. ~ zufügen** faire du tort à qn/qc ❸ (*Verletzung*) lésion *f*

Schadenersatz *s.* **Schadensersatz Schadenfreude** *f* malin plaisir *m* **schadenfroh** *adj* **~ sein** (*Person*) se réjouir du malheur des autres

Schadensersatz *m* dommages et intérêts *mpl*; (*Schmerzensgeld*) pretium *m* doloris

schadhaft *adj* défectueux(-euse)

schädigen ['ʃɛːdɪgən] *vt* ❶ **jdn/etw ~** nuire à qn/qc ❷ (*beschädigen*) endommager

schädlich ['ʃɛːtlɪç] *adj* nocif(-ive)

Schädling ['ʃɛːtlɪŋ] <-s, -e> *m* parasite *m*

Schädlingsbekämpfung *f* destruction *f* des parasites

Schadstoff *m* polluant *m* **schadstoffarm** *adj* peu polluant(e) **schadstofffrei** *adj* biologique

Schaf [ʃaːf] <-[e]s, -e> *nt* ❶ mouton *m* ❷ *fam* (*Dummkopf*) andouille *f*

Schafbock *m* bélier *m*

Schäfchenwolken *Pl* nuages *mpl* moutonnés

Schäfer(in) ['ʃɛːfɐ] <-s, -> *m(f)* berger(-ère) *m(f)*

S

Schäferhund *m* berger *m* allemand
schaffen¹ ['ʃafən] <schaffte, geschafft>
I. *vt* ❶ (*Examen*) réussir; **es ~** y arriver;
ich schaffe es nicht mehr je n'en peux
plus ❷ (*bekümmern*) **jdm zu ~ machen**
causer [bien] du souci à qn II. *vi* CH,
SDEUTSCH (*arbeiten*) travailler
schaffen² <schuf, geschaffen> *vt* créer;
(*Frieden*) faire
Schaffner(in) ['ʃafnɐ] <-s, -> *m(f)* contrô-
leur(-euse) *m(f)*
Schafskäse *m* fromage *m* de brebis
Schaft [ʃaft, *Pl*: 'ʃɛftə] <-[e]s, Schäfte> *m*
(*einer Axt*) manche *m*; (*einer Lanze*) corps
m; (*eines Baums*) fût *m*; (*einer Pflanze, eines
Stiefels*) tige *f*
Schakal [ʃa'ka:l] <-s, -e> *m* chacal *m*
schäkern ['ʃɛːkən] *vi* flirter
schal [ʃa:l] *adj* (*abgestanden*) éventé(e)
Schal [ʃa:l] <-s, -s> *m* écharpe *f*; (*aus Seide*)
foulard *m*
Schale ['ʃa:lə] <-, -n> *f* ❶ (*Eierschale*) coquille *f* ❷ (*Haut von Obst, Gemüse*) peau *f*;
(*von Orangen, Zitronen*) écorce *f*; (*abge-
schält*) pelure *f* ❸ (*Gefäß*) coupe *f*
schälen ['ʃɛːlən] I. *vt* (*Obst, Kartoffel*) éplucher; (*Nuss, Ei*) écaler II. *vr* **sich ~** (*Haut*)
peler
Schalk [ʃalk] <-[e]s, -e *o* Schälke> *m* ▶**jdm
sitzt der ~ im Nacken** qn est très farceur
(-euse)
Schall [ʃal] <-s, -e> *m* ❶ *geh* (*Klang*) bruit *m*
❷ *kein Pl* PHYS son *m*
schalldämmend *adj* isolant(e) **Schalldämpfer** *m* silencieux *m* **schalldicht** *adj*
(*Fenster*) insonore; (*Raum*) insonorisé(e)
schallen *vi* résonner
schallend I. *adj* retentissant(e) II. *adv* (*lachen*) aux éclats
Schallgeschwindigkeit *f kein Pl* vitesse *f*
[de propagation] du son **Schallmauer** *f kein
Pl* mur *m* du son **Schallplatte** *f* disque *m*
Schallwelle *f* onde *f* sonore
Schalotte [ʃa'lɔtə] <-, -n> *f* échalote *f*
schalt [ʃalt] *Imp von* **schelten**
schalten ['ʃaltən] I. *vt* ❶ (*einstellen*) **etw
auf „ein" ~** allumer qc ❷ ELEC, TELEC **eine
Leitung ~** mettre une ligne en service II. *vi*
❶ (*Gang einlegen*) changer de vitesse; **in
den zweiten Gang ~** passer la seconde
❷ *fam* (*begreifen*) piger
Schalter <-s, -> *m* ❶ (*Theke*) guichet *m*

❷ ELEC, TECH interrupteur *m*
Schalterstunden *Pl* heures *fpl* d'ouverture
des guichets
Schalthebel *m* ❶ (*einer Gangschaltung*) levier *m* de vitesse ❷ ELEC [levier *m* de]
commande *f* **Schaltjahr** *nt* année *f* bissextile **Schaltplan** *m* schéma *m* de connexion
Schalttag *m* jour *m* intercalaire
Schaltung <-, -en> *f* ❶ (*Gangschaltung*)
changement *m* de vitesse ❷ ELEC circuit *m*
Scham [ʃa:m] <-> *f* honte *f*
Schambein *nt* pubis *m*
schämen ['ʃɛːmən] *vr* **sich für jdn/wegen
etw ~** avoir honte pour qn/de qc
Schamgefühl *nt kein Pl* pudeur *f* **Scham-
haar** *nt* (*einzelnes Haar*) poil *m* du pubis
schamhaft *adj* pudique
Schamlippen *Pl* grandes lèvres *fpl*
schamlos *adj* (*unverschämt*) impudent(e)
Schande ['ʃandə] <-> *f* honte *f*
schänden ['ʃɛndən] *vt* (*entweihen*) profaner
Schandfleck *m* souillure *f*
schändlich ['ʃɛntlɪç] *adj* (*niederträchtig*)
ignoble
Schank <-, -en> *f* A (*Tresen*) comptoir *m*
Schänkeᴿᴿ ['ʃɛŋkə] *s.* **Schenke**
Schanze ['ʃantsə] <-, -n> *f* (*Sprungschanze*)
tremplin *m*
Schar [ʃa:ɐ] <-, -en> *f* (*große Menge*) bande
f; **in ~en** en masse
scharen ['ʃa:rən] *vr* **sich um jdn/etw ~** se
rassembler autour de qn/qc
scharf [ʃarf] <schärfer, schärfste> I. *adj*
❶ (*Messer*) coupant(e) ❷ (*Kante*) aigu(ë)
❸ (*stark gewürzt*) épicé(e) ❹ (*Beobachter*)
perspicace; (*Kontrolle*) strict(e) ❺ (*Hund*)
méchant(e) ❻ (*Munition*) à balles [réelles];
(*Bombe*) amorcé(e) ❼ (*Augen*) perçant(e)
❽ (*präzise*) précis(e) ❾ (*Kurve*) serré(e)
❿ *fam* (*versessen*) **auf jdn/etw ~ sein** être
dingue de qn/avoir vachement envie de qc
⓫ *fam* (*Typ, Auto*) d'enfer II. *adv* ❶ (*kritisieren*) énergiquement ❷ (*ansehen*) fixement;
(*nachdenken*) bien ❹ (*sehen*) nettement
❺ (*bremsen*) soudainement
Scharfblick *m kein Pl* perspicacité *f*
Schärfe ['ʃɛrfə] <-, -n> *f* ❶ (*eines Messers*)
tranchant *m* ❷ (*starke Würze*) goût *m* très
épicé ❸ (*Heftigkeit*) **in aller ~** (*kritisieren*)
très sévèrement; (*zurückweisen*) avec force
❹ (*des Verstandes*) acuité *f*

schärfen ['ʃɛrfən] vt aiguiser

Scharfschütze m, **-schützin** f tireur(-euse) m(f) d'élite **Scharfsinn** m kein Pl sagacité f

scharfsinnig I. adj (Person) sagace; (Be-merkung) pertinent(e) **II.** adv avec sagacité

Scharlach ['ʃarlax] <-s> m MED scarlatine f

Scharlatan ['ʃarlatan] <-s, -e> m charlatan m

Scharnier [ʃar'niːɐ̯] <-s, -e> nt charnière f

Schärpe ['ʃɛrpə] <-, -n> f écharpe f

scharren ['ʃarən] **I.** vi gratter **II.** vt (Loch) creuser

Scharte ['ʃartə] <-, -n> f (Einkerbung) brè-che f

Schaschlik ['ʃaʃlɪk] <-s, -s> nt brochette f

Schatten ['ʃatən] <-s, -> m ombre f

Schattenmorelle f (Frucht) griotte f **Schat-tenseite** f (Kehrseite) revers m de la mé-daille

schattieren* [ʃa'tiːrən] vt ombrer

Schattierung <-, -en> f geh (Nuance) ten-dance f

schattig adj ombragé(e)

Schatz [ʃats, Pl: 'ʃɛtsə] <-es, Schätze> m ❶ trésor m ❷ fam (Liebling) chéri(e) m(f)

schätzen ['ʃɛtsən] **I.** vt ❶ (ein~) estimer; **etw auf tausend Euro ~** évaluer qc à mille euros ❷ (würdigen) estimer **II.** vi **ich schätze, dass ...** je pense que ...

Schatzmeister(in) m(f) trésorier(-ière) m(f)

Schätzung <-, -en> f

schätzungsweise adv approximativement

Schau [ʃaʊ] <-, -en> f show m

Schaubild nt graphique m

Schauder ['ʃaʊdɐ] <-s, -> m geh (Gefühl) frémissement m

schauderhaft adj ❶ (Szene) d'horreur; (Ge-stank) horrible ❷ fam (sehr schlecht) épou-vantable

schaudern vt unpers **ihm schaudert es bei dem Gedanken, dass** il frémit à l'idée que + subj

schauen ['ʃaʊən] vi (blicken) regarder

Schauer ['ʃaʊɐ] <-s, -> m ❶ (Regenschauer) averse f ❷ (Frösteln) frisson m

Schaufel ['ʃaʊfəl] <-, -n> f (Werkzeug) pelle f

schaufeln vt, vi pelleter; (Loch) creuser [à la pelle]

Schaufenster nt vitrine f **Schaufenster-bummel** m fam **einen ~ machen** faire du lèche-vitrine **Schaufensterpuppe** f man-

nequin m

Schaukel ['ʃaʊkəl] <-, -n> f balançoire f

schaukeln vi ❶ (auf einer Schaukel) faire de la balançoire ❷ (wippen) se balancer

Schaukelpferd nt cheval m à bascule

Schaukelstuhl m rocking-chair m

Schaulustige(r) f(m) dekl wie adj badaud(e) m(f)

Schaum [ʃaʊm, Pl: 'ʃɔʏmə] <-s, Schäu-me> m ❶ (Seifenschaum) mousse f; (Wel-lenschaum, Geifer) écume f ❷ GASTR mousse f

schäumen ['ʃɔʏmən] vi ❶ mousser ❷ geh (in Rage sein) écumer

Schaumfestiger m mousse f fixante

Schaumgummi m caoutchouc m mousse

schaumig adj mousseux(-euse); (Gewässer) écumeux(-euse)

Schaumkrone f (von Wellen) mouton m d'écume **Schaumstoff** m mousse f **Schaumwein** m form vin m mousseux

Schauplatz m théâtre m

schaurig ['ʃaʊrɪç] adj (Geschichte) macabre; (Ort) lugubre

Schauspiel nt ❶ THEAT pièce f de théâtre ❷ geh (Anblick) spectacle m **Schauspie-ler(in)** m(f) ❶ THEAT comédien(ne) m(f) ❷ TV acteur(-trice) m(f) **schauspielern** vi ❶ faire du théâtre ❷ (sich verstellen) jouer la comédie **Schauspielhaus** nt théâtre m **Schauspielschule** f conservatoire m d'art dramatique

Schausteller(in) <-s, -> m(f) forain(e) m(f)

Scheck [ʃɛk] <-s, -s> m chèque m

Scheckkarte f carte f bancaire

scheffeln ['ʃɛfəln] vt **Geld ~** amasser de l'ar-gent

Scheibe ['ʃaɪbə] <-, -n> f ❶ (große Glas-scheibe) verre m; (Fensterscheibe) vitre f; (Windschutzscheibe) parebrise f ❷ (Brot-scheibe) tranche f ❸ (runder Gegenstand) disque m

Scheibenwaschanlage f lave-glace m **Scheibenwischer** <-s, -> m essuie-glace m

Scheich [ʃaɪç] <-s, -e> m cheik m

Scheide ['ʃaɪdə] <-, -n> f ❶ (eines Schwerts) fourreau m ❷ ANAT vagin m

scheiden ['ʃaɪdən] <schied, geschieden> **I.** vt + haben (Ehe) dissoudre; **sich von jdm ~ lassen** divorcer de qn **II.** vi geh + sein **aus einem Amt ~** quitter un poste

S

Scheideweg *m* ▶am ~ **stehen** être à la croisée des chemins

Scheidung <-, -en> *f* divorce *m*

Schein [ʃaɪn] <-[e]s, -e> *m* ❶ *kein Pl* (*einer Lampe*) lumière *f* ❷ *kein Pl* (*Anschein*) apparence *f* ❸ (*Banknote*) billet *m* ❹ *fam* (*Bescheinigung*) attestation *f* ❺ UNIV *fam* unité *f* de valeur

scheinbar *adj* apparent(e)

scheinen [ʃaɪnən] <schien, geschienen> I. *vi* ❶ (*Sonne, Mond*) briller ❷ (*den Anschein haben*) **er scheint zu schlafen** il a l'air de dormir; **das scheint schwierig zu sein** cela semble être difficile II. *vi unpers* **es scheint, dass …** il semble que …

Scheinfirma *f* société *f* fictive **scheinheilig** *pej adj* hypocrite **Scheinwerfer** *m* projecteur *m*; (*Autoscheinwerfer*) phare *m*

Scheiß <-> *m pej fam* conneries *fpl*

Scheiße [ʃaɪsə] <-> *f fam* merde *f*

scheißen <schiss, geschissen> *vi* ❶ *fam* chier ❷ *fam* (*nichts geben auf*) **ich scheiße drauf!** j'en ai rien à foutre!

Scheißkerl *m fam* sale con *m*

Scheit [ʃaɪt] <-[e]s, -e *o* A, CH -er> *nt* bûche *f*

Scheitel [ʃaɪtəl] <-s, -> *m* raie *f*

Scheiterhaufen [ʃaɪtəhaʊfən] *m* bûcher *m*

Scheitern <-s> *nt* échec *m*

Schelle [ʃɛlə] <-, -n> *f* ❶ TECH collier *m* [de serrage] ❷ (*Klingel*) sonnette *f*

Schelm [ʃɛlm] <-[e]s, -e> *m* farceur *m*

schelmisch *adj* malicieux(-euse)

schelten <schilt, schalt, gescholten> *geh vt* (*ausschimpfen*) **jdn wegen etw** ~ réprimander qn pour qc

Schema [ʃeːma] <-s, -s> *nt* schéma *m*

schematisch [ʃeˈmaːtɪʃ] I. *adj* (*Darstellung*) schématique II. *adv* (*darstellen*) schématiquement

Schemel [ʃeːməl] <-s, -> *m* tabouret *m*

Schemen *Pl von* **Schema**

Schenke [ʃɛŋkə] <-, -n> *f* auberge *f*

Schenkel [ʃɛŋkəl] <-s, -> *m* ❶ cuisse *f* ❷ MATH (*eines Winkels*) côté *m*

schenken [ʃɛŋkən] *vt* (*Blumen*) faire cadeau de; **jdm etw** ~ offrir qc à qn; **etw geschenkt bekommen** recevoir qc en cadeau; **jdm Beachtung** ~ accorder de l'attention à qn

Schenkung <-, -en> *f* JUR donation *f*

Scherbe [ʃɛrbə] <-, -n> *f* débris *m*

Schere [ʃeːrə] <-, -n> *f* ❶ [paire *f* de] ci-

seaux *mpl* ❷ (*eines Krebses*) pince *f*

scheren[1] [ʃeːrən] <schor, geschoren> *vt* (*Tier*) tondre; (*Hecke*) tailler

scheren[2] <scherte, geschert> I. *vr* **sich nicht um jdn/etw** ~ ne pas s'occuper de qn/qc II. *vt* **was schert mich das?** qu'est-ce que ça peut bien me faire?

Schererei <-, -en> *f meist Pl fam* embêtement *m*

Scherz [ʃɛrts] <-es, -e> *m* plaisanterie *f*

Scherzartikel *m meist Pl* farces *fpl* et attrapes

scherzen *vi* plaisanter

scherzhaft I. *adj* pour plaisanter II. *adv* en plaisantant

scheu [ʃɔy] *adj* ❶ (*Verhalten*) timide; (*Blick*) craintif(-ive) ❷ (*menschen~*) farouche

Scheu <-> *f* (*Hemmung*) timidité *f*

scheuchen [ʃɔyçən] *vt* chasser

scheuen [ʃɔyən] I. *vt* (*Arbeit*) reculer devant; **keine Kosten** ~ ne pas regarder à la dépense II. *vr* **sich vor etw** (*dat*) ~ reculer devant qc III. *vi* (*Pferd*) se dérober

scheuern [ʃɔyərn] I. *vt* (*Topf*) récurer; (*Fußboden*) frotter II. *vi* (*Kragen*) gratter

Scheuklappe *f* œillère *f*

Scheune [ʃɔynə] <-, -n> *f* grange *f*

Scheusal [ʃɔyzaːl] <-s, -e> *nt* monstre *m*

scheußlich [ʃɔyslɪç] I. *adj* ❶ (*Anblick*) monstrueux(-euse); (*Film*) horrible ❷ *fam* (*Schmerzen*) atroce II. *adv* ~ **riechen** avoir une odeur infecte

Schi *s.* Ski

Schicht [ʃɪçt] <-, -en> *f* ❶ (*Lage*) couche *f* ❷ SOZIOL couche *f* [sociale] ❸ (*Arbeitsgruppe*) équipe *f*; ~ **arbeiten** être travailleur posté

Schichtarbeit *f kein Pl* travail *m* posté

schichten [ʃɪçtən] *vt* empiler

Schichtwechsel *m* relève *f*

schick [ʃɪk] *adj, adv* chic

Schick <-s> *m* (*eines Kleidungsstücks*) chic *m*

schicken [ʃɪkən] I. *vt* (*senden*) **jdm etw** ~ envoyer qc à qn II. *vi geh* **nach jdm** ~ faire venir qn III. *vr* **das schickt sich nicht** cela ne se fait pas

Schickeria [ʃɪkəˈriːa] <-> *f pej fam* gratin *m*

Schicksal [ʃɪkzaːl] <-s, -e> *nt* destin *m*

schicksalhaft *adj* ❶ (*Ereignis*) lourd(e) de conséquences; (*Tag*) fatidique ❷ (*unabwendbar*) fatal(e)

Schicksalsschlag *m* coup *m* du destin
Schiebedach *nt* toit *m* ouvrant
schieben ['ʃiːbən] <schob, geschoben>
I. *vt* pousser; **sich** (*dat*) **etw in den Mund**
~ se fourrer qc dans la bouche; **die Schuld**
auf jdn ~ rejeter la culpabilité sur qn II. *vi*
pousser
Schieber <-s, -> *m fam* (*Schwarzhändler*)
trafiquant *m*
Schiebetür *f* porte *f* coulissante
schied [ʃiːt] *Imp von* **scheiden**
Schiedsrichter(in) *m(f)* arbitre *mf*
　Schiedsspruch *m* sentence *f* arbitrale
schief [ʃiːf] I. *adj* ❶ (*Wand*) penché(e); (*Ebe-ne*) incliné(e) ❷ (*Bild*) faux(fausse) II. *adv*
❶ (*aufsetzen*) de travers ❷ *fam* (*nicht gut*)
~ **gehen** foirer
Schiefer ['ʃiːfɐ] <-s, -> *m* ardoise *f*
schief|gehenᴬᴸᵀ *s.* **schief II.2. schief|la-chen** *vr fam* **sich** ~ se tordre [de rire]
schielen ['ʃiːlən] *vi* ❶ loucher ❷ *fam* **nach**
jdm/etw ~ reluquer qn/qc
schien [ʃiːn] *Imp von* **scheinen**
Schienbein *nt* tibia *m*
Schiene ['ʃiːnə] <-, -n> *f* ❶ (*Zug-, Führungs-schiene*) rail *m* ❷ MED éclisse *f*
schienen *vt* MED éclisser
Schienennetz *nt* (*Bahnnetz*) réseau *m* ferro-viaire
Schießbude *f* baraque *f* de tir
schießen ['ʃiːsən] <schoss, geschossen>
I. *vi* ❶ + *haben* **mit dem Gewehr** ~ tirer
au fusil ❷ + *sein fam* **um die Ecke** ~ dé-bouler au coin II. *vt* + *haben* tirer
Schießerei [ʃiːsə'raɪ] <-, -en> *f pej* fusillade *f*
Schiff [ʃɪf] <-[e]s, -e> *nt* ❶ bateau *m*; **mit**
dem ~ **fahren** prendre le bateau ❷ (*Kir-chenschiff*) nef *f*
Schiffahrtᴬᴸᵀ *s.* **Schifffahrt**
schiffbar *adj* navigable
Schiffbau *m kein Pl* construction *f* navale
　Schiffbruch *m* naufrage *m* **Schiffbrüchi-ge(r)** *f(m) dekl wie adj* naufragé(e) *m(f)*
　Schifffahrtᴿᴿ *f kein Pl* navigation *f*
Schiffsjunge *m* mousse *m* **Schiffsverkehr**
m trafic *m* maritime
Schikane [ʃi'kaːnə] <-, -n> *f* chicane *f*
schikanieren* [ʃika'niːrən] *vt* chicaner
Schikoreeᴿᴿ [ʃiko're:] *s.* **Chicorée**
Schild¹ [ʃɪlt] <-[e]s, -er> *nt* ❶ (*Verkehrs-schild*) panneau *m* ❷ (*Hinweisschild*) écri-teau *m* ❸ *fam* (*Preisschild*) étiquette *f*

Schild² <-[e]s, -e> *m* (*Schutzschild*) bouclier
m
Schilddrüse *f* [glande *f*] thyroïde *f*
schildern ['ʃɪldɐn] *vt* décrire
Schildkröte *f* tortue *f*
Schilf [ʃɪlf] <-[e]s, -e> *nt* (*Pflanze*) roseau *m*
schillern ['ʃɪlɐn] *vi* chatoyer
schillernd *adj* (*Seide*) chatoyant(e)
Schilling ['ʃɪlɪŋ] <-s, -e> *m* schilling *m*
schilt [ʃɪlt] *3. Pers Präs von* **schelten**
Schimmel ['ʃɪməl] <-s> *m kein Pl* (*~pilz*)
moisissure *f*
schimmelig *adj* moisi(e)
schimmeln *vi* + *haben o sein* moisir
Schimmer ['ʃɪmɐ] <-s> *m* (*Glanz*) reflet *m*;
ein ~ **von Hoffnung** une lueur d'espoir
schimmern *vi* reluire
Schimpanse [ʃɪm'panzə] <-n, -n> *m* chim-panzé *m*
Schimpf <-[e]s> *m* ▸**mit** ~ **und** Schande
avec ignominie
schimpfen ['ʃɪmpfən] *vi* ❶ (*wettern*) **auf**
jdn/etw ~ pester contre qn/qc ❷ (*zurecht-weisen*) **mit jdm** ~ gronder qn
schimpflich *geh adj* ignominieux(-euse)
Schimpfwort <-wörter> *nt* gros mot *m*
Schindel ['ʃɪndəl] <-, -n> *f* bardeau *m*
schinden ['ʃɪndən] <schindete, geschun-den> I. *vr* **sich** ~ s'échiner II. *vt* ❶ (*Arbei-ter*) épuiser ❷ *fam* **bei jdm Eindruck** ~
wollen vouloir épater qn
Schinken ['ʃɪŋkən] <-s, -> *m* ❶ jambon *m*
❷ *pej fam* (*Buch*) pavé *m*
Schinkenspeck *m* lard *m* maigre
Schippe ['ʃɪpə] <-, -n> *f* NDEUTSCH pelle *f*
Schirm [ʃɪrm] <-[e]s, -e> *m* ❶ (*Regen-schirm*) parapluie *m* ❷ (*Sonnenschirm*) pa-rasol *m* ❸ (*Lampenschirm*) abat-jour *m*
Schirmherr(in) *m(f)* parrain *m*/marraine *f*
　Schirmherrschaft *f* parrainage *m*
　Schirmmütze *f* casquette *f* à visière
　Schirmständer *m* porte-parapluies *m*
schissᴿᴿ [ʃɪs], **schiß**ᴬᴸᵀ *Imp von* **scheißen**
Schissᴿᴿ, **Schiß**ᴬᴸᵀ ▸**vor jdm/etw** ~ haben
fam avoir la trouille de qn/qc
schizophren [ʃitso'freːn] *adj* MED schizo-phrène
schlabberig *adj fam pej* (*wässerig*) clai-ret(te); **dieses ~e Bier/dieser ~e Kaffee**
cette bibine/lavasse
schlabbern ['ʃlabɐn] I. *vi fam* ❶ (*sabbern*)
baver ❷ (*Kleidung*) pendouiller II. *vt fam*

S

(*Katze*) (*Milch*) laper
Schlachts [ʃlaxt] <-, -en> *f* bataille *f*
Schlachtbank *f* table *f* d'équarrissage
schlachten ['ʃlaxtən] *vt* abattre
Schlachter(in) <-s, -> *m(f)* NDEUTSCH boucher(-ère) *m(f)*
Schlachtfeld *nt* champ *m* de bataille **Schlachthof** *m* abattoirs *mpl*
Schlacke ['ʃlakə] <-, -n> *f* scories *fpl*
Schlaf [ʃlaːf] <-[e]s> *m* sommeil *m*
Schlafanzug *m* pyjama *m*
Schläfchen <-s, -> *nt* [petit] somme *m*
Schläfe ['ʃlɛːfə] <-, -n> *f* tempe *f*
schlafen ['ʃlaːfən] <schläft, schlief, geschlafen> *vi* ❶ dormir; ~ **gehen** aller se coucher ❷ *fam* **mit jdm** ~ coucher avec qn
Schläfer(in) <-s, -> *m(f)* dormeur(-euse) *m(f)*
schlaff [ʃlaf] *adj* (*Segel*) qui pend [mollement]; (*Seil*) lâche
Schlafgelegenheit *f* (*in einer Stadt*) endroit *m* où dormir **Schlaflied** *nt* berceuse *f*
schlaflos *adj* (*Nacht*) blanc(blanche)
Schlaflosigkeit <-> *f* insomnie *f* **Schlafmittel** *nt* somnifère *m* **Schlafmütze** *f fam* (*Mensch*) endormi(e) *m(f)*
schläfrig ['ʃlɛːfrɪç] *adj* somnolent(e); ~ **sein** avoir sommeil
Schlafsaal *m* dortoir *m* **Schlafsack** *m* sac *m* de couchage **Schlafstörungen** *Pl* troubles *mpl* du sommeil
schläft [ʃlɛːft] *3. Pers Präs von* schlafen
Schlaftablette *f* somnifère *m* **Schlafwagen** *m* wagon-lit *m* **schlafwandeln** *vi* + *haben o sein* être somnambule **Schlafwandler(in)** <-s, -> *m(f)* somnambule *mf* **Schlafzimmer** *nt* chambre *f* à coucher
Schlag [ʃlaːk, *Pl:* 'ʃlɛːgə] <-[e]s, Schläge> *m* ❶ (*Hieb*) coup *m* ❷ (*Hall*) bruit *m* [de choc]; (*einer Uhr*) coup *m* ❸ (*Schicksalsschlag*) coup *m* dur ❹ (*Stromschlag*) électrocution *f* ►**mich trifft der ~!** *fam* je vais avoir une attaque!
Schlagabtausch <-[e]s> *m* (*Rededuell*) prise *f* de bec **Schlagader** *f* artère *f* **Schlaganfall** *m* attaque *f* [d'apoplexie]
schlagartig *adj* brusque
Schlagbaum *m* barrière *f* **Schlagbohrer** *m* perceuse *f* à percussion
schlagen ['ʃlaːgən] <schlägt, schlug, geschlagen> I. *vt* + *haben* ❶ **jdn ins Gesicht** ~ frapper qn au visage ❷ (*besiegen*) battre ❸ (*Baum*) abattre ❹ (*Nagel*) enfoncer

❺ (*läuten*) sonner II. *vi* + *haben* ❶ **mit etw auf etw** (*akk*)/**gegen etw** ~ frapper avec qc sur/contre qc ❷ (*zu~*) **um sich** ~ se débattre ❸ (*Herz*) battre III. *vr* **sich mit jdm** ~ se battre avec qn; **sich gut** ~ bien se défendre
Schlager ['ʃlaːgɐ] <-s, -> *m* ❶ (*Lied*) tube *m* (*fam*) ❷ *fam* (*Verkaufsschlager*) article *m* qu'on s'arrache
Schläger ['ʃlɛːgɐ] <-s, -> *m* (*Tennisschläger*) raquette *f*; (*Hockeyschläger*) crosse *f*; (*Golfschläger*) club *m*; (*Baseballschläger*) batte *f*
Schlägerei [ʃlɛːgəˈraj] <-, -en> *f* bagarre *f*
Schlagersänger(in) *m(f)* chanteur(-euse) *m(f)* de variété
schlagfertig I. *adj* (*Person*) qui a de la répartie II. *adv* du tac au tac **Schlagfertigkeit** <-> *f* sens *m* de la répartie **Schlaginstrument** *nt* instrument *m* à percussion
Schlagkraft <-> *f* (*Wirksamkeit: eines Arguments, Beweises*) force *f* de persuasion
schlagkräftig *adj* ❶ (*Armee*) puissante ❷ (*Argument*) persuasif(-ive) **Schlagloch** *nt* nid-de-poule *m* **Schlagsahne** *f* (*flüssig*) crème *f* fleurette; (*geschlagen*) [crème *f*] chantilly *f*
schlägt [ʃlɛːkt] *3. Pers Präs von* schlagen
Schlagwort <-worte> *nt pej* (*Parole*) formule *f* [toute faite] **Schlagzeile** *f* gros titre *m* **Schlagzeug** <-[e]s, -e> *nt* batterie *f* **Schlagzeuger(in)** <-s, -> *m(f)* batteur(-euse) *m(f)*
schlaksig ['ʃlaksɪç] *adj fam* (*Bewegungen*) désarticulé(e)
Schlamassel <-s, -> *m o nt fam* (*Durcheinander*) bordel *m*
Schlamm [ʃlam] <-[e]s, -e> *m* boue *f*
schlammig *adj* boueux(-euse)
Schlammschlacht *f* foire *f* d'empoigne **Schlampe** ['ʃlampə] <-, -n> *f pej fam* (*liederliche Frau*) traînée *f*
Schlamperei [ʃlampəˈraj] <-, -en> *f fam* (*Nachlässigkeit*) bâclage *m*
schlampig *fam* I. *adj* (*Arbeit*) bâclé(e); (*Äußeres*) débraillé(e) II. *adv* ❶ (*nachlässig*) à la va comme je te pousse ❷ (*ungepflegt*) en débraillé
schlang [ʃlaŋ] *Imp von* schlingen
Schlange ['ʃlaŋə] <-, -n> *f* ❶ ZOOL serpent *m* ❷ (*Warteschlange*) queue *f*; ~ **stehen** faire la queue
schlängeln ['ʃlɛŋəln] *vr* **sich durch etw**

(akk) ~ *(Schlange)* ramper à travers qc; *(Straße)* serpenter à travers qc

schlank [ʃlaŋk] *adj (Person)* mince

Schlankheitskur *f* cure *f* d'amaigrissement

schlapp [ʃlap] *adj fam* ~ **sein** être flagada

Schlappe <-, -n> *f fam* veste *f*

schlapp|machen *vi fam* craquer

Schlaraffenland [ʃla'rafənlant] *nt* pays *m* de cocagne

schlau [ʃlau] *adj* ❶ astucieux(-euse) ❷ *fam* **aus jdm/etw nicht ~ werden** ne pas comprendre qn/ne rien comprendre à qc

Schlauberger ['ʃlaubɛrgə] <-s, -> *m fam iron (Besserwisser)* Monsieur *m* Je-sais-tout

Schlauch [ʃlaux, *Pl:* 'ʃlɔʏçə] <-[e]s, Schläuche> *m* ❶ tuyau *m* ❷ *(Reifenschlauch)* chambre *f* à air

Schlauchboot *nt* bateau *m* pneumatique

schlauchen ['ʃlauxən] *vt, vi fam* pomper

Schlaufe ['ʃlaufə] <-, -n> *f* ❶ *(Gürtelschlaufe)* passant *m*; *(an einer Jacke)* bride *f* ❷ *(Halteband)* dragonne *f*

Schlaumeier ['ʃlaumaiɐ] *s.* **Schlauberger**

schlecht [ʃlɛçt] I. *adj* ❶ *(nicht gut)* mauvais(e) *antéposé; (Material)* de mauvaise qualité; **ein ~es Benehmen haben** se tenir mal ❷ *(Bezahlung)* médiocre ❸ *(verdorben)* ~ **werden/sein** s'abîmer/être avarié ❹ *(übel)* **jdm wird/ist** ~ qn se sent mal II. *adv* ❶ mal; ~ **gelaunt sein** être de mauvaise humeur ❷ *(negativ)* ~ **über jdn denken** penser du mal de qn ▸**jdn ~** <u>machen</u> dénigrer qn

schlecht|machen^{ALT} *s.* **schlecht II.**▸

schlecken ['ʃlɛkən] I. *vt* lécher II. *vi (naschen)* manger des sucreries

Schlegel <-s, -> *m* A, CH, SDEUTSCH *(Geflügel-, Hasenkeule)* cuisse *f*; *(Reh-, Wildschweinkeule)* cuissot *m*

schleichen ['ʃlaiçən] <schlich, geschlichen> I. *vi + sein* ❶ se déplacer furtivement ❷ *fam (langsam fahren)* se traîner II. *vr* **sich aus dem Haus ~** sortir de la maison furtivement

schleichend MED *adj attr* insidieux(-euse)

Schleichwerbung *f* publicité *f* déguisée

Schleier ['ʃlaiɐ] <-s, -> *m* voile *m*

schleierhaft *adj fam* **jdm ~ sein** être un mystère pour qn

Schleife ['ʃlaifə] <-, -n> *f* ❶ *(Knoten)* nœud *m* ❷ *(Kurve)* méandre *m*

schleifen¹ ['ʃlaifən] I. *vt + haben* traîner

II. *vi + haben o sein* **an etw** *(dat)* ~ *(Fahrradkette)* frotter contre qc

schleifen² <schliff, geschliffen> *vt (Messer)* aiguiser; *(Edelstein)* tailler

Schleifpapier *nt* papier *m* de verre

Schleim [ʃlaim] <-[e]s, -e> *m* ❶ MED mucus *m* ❷ *(einer Schnecke)* bave *f*

schleimen *vi fam* faire de la lèche

Schleimhaut *f* muqueuse *f*

schleimig ['ʃlaimɪç] *adj* ❶ MED muqueux (-euse) ❷ *(Schnecke)* baveux(-euse)

schlemmen ['ʃlɛmən] I. *vi* faire bombance II. *vt* déguster

Schlemmer(in) <-s, -> *m(f)* fine bouche *f*

schlendern ['ʃlɛndɐn] *vi + sein* **durch die Stadt ~** flâner en ville

schlenkern ['ʃlɛŋkɐn] I. *vi (Arme)* ballotter; **mit den Armen ~** balancer les bras II. *vt (Handtasche)* balancer

Schleppe ['ʃlɛpə] <-, -n> *f* traîne *f*

schleppen ['ʃlɛpən] I. *vt (schwer tragen)* traîner avec peine II. *vr (sich fortbewegen)* **sich zum Telefon ~** se traîner jusqu'au téléphone

schleppend I. *adj (Gang)* traînant(e); *(Bearbeitung)* lent(e) II. *adv (vorangehen)* lentement

Schlepper <-s, -> *m* ❶ *(Schleppschiff)* remorqueur *m* ❷ *fam (Schleuser)* passeur *m*

Schlepplift *m* remonte-pente *m*

Schlesien ['ʃleːziən] <-s> *nt* la Silésie

schlesisch *adj* silésien(ne)

Schleswig-Holstein ['ʃleːsvɪçˈhɔlʃtain] <-s> *nt* le Schleswig-Holstein

Schleuder ['ʃlɔʏdɐ] <-, -n> *f* ❶ *(Waffe)* fronde *f* ❷ *(Wäscheschleuder)* essoreuse *f*

schleudern I. *vt + haben* ❶ **etw ~** *(Person)* lancer qc ❷ *(Wäsche)* essorer II. *vi + sein (Fahrzeug)* déraper

Schleudersitz *m* siège *m* éjectable

schleunigst *adv* dans les plus brefs délais

Schleuse ['ʃlɔʏzə] <-, -n> *f* NAUT écluse *f*

schleusen *vt (heimlich bringen)* **jdn über die Grenze ~** faire passer en douce la frontière à qn

schlich [ʃlɪç] *Imp von* **schleichen**

Schliche ['ʃlɪçə] *Pl* **jdm auf die ~ kommen** découvrir les combines de qn *(fam)*

schlicht [ʃlɪçt] I. *adj (Person)* simple II. *adv* ❶ *(einrichten)* sobrement ❷ *(glattweg)* tout simplement

schlichten ['ʃlɪçtən] *vt* régler

S

Schlick [ʃlɪk] <-[e]s, -e> m vase f

schlief [ʃliːf] *Imp von* **schlafen**

Schliere ['ʃliːrə] <-, -n> f traînée f |grasse|

schließen ['ʃliːsən] <schloss, geschlossen> **I.** vi ❶ fermer ❷ (*Schlüssel*) tourner |dans la serrure|; **schlecht ~** (*Fenster*) fermer mal ❸ (*enden*) terminer ❹ FIN (*Börse*) clôturer ❺ (*schlussfolgern*) **auf etw** (*akk*) **~** conclure qc; **von sich auf andere ~** généraliser |son cas| **II.** vt (*Fenster, Augen*) fermer; (*Konferenz*) clôturer; (*Abkommen*) conclure; (*Lücke*) combler; **etw aus seinen Beobachtungen ~** conclure qc de ses observations **III.** vr **sich ~** se fermer

Schließfach nt (*Gepäckschließfach*) consigne f automatique

schließlich adv ❶ finalement ❷ (*immerhin*) après tout

Schließmuskel m ANAT muscle m constricteur

Schließung <-, -en> f fermeture f

schliff [ʃlɪf] *Imp von* **schleifen²**

schlimm [ʃlɪm] **I.** adj (*Nachricht*) grave; (*Zeit*) difficile; **es ist ~, dass** c'est grave que + *subj;* **es gibt Schlimmeres** il y a pire **II.** adv mal; **~ dran sein** *fam* être dans de beaux draps

schlimmstenfalls adv dans le pire des cas

Schlinge ['ʃlɪŋə] <-, -n> f ❶ (*Schlaufe*) nœud m coulant ❷ (*Armbinde*) écharpe f

Schlingel ['ʃlɪŋəl] <-s, -> m fam affreux jojo m

schlingen ['ʃlɪŋən] <schlang, geschlungen> **I.** vt ❶ **seine Arme um jdn ~** prendre qn dans ses bras ❷ (*Essen*) engloutir **II.** vi (*Person, Tier*) dévorer

schlingern ['ʃlɪŋɐn] vi NAUT rouler

Schlingpflanze f plante f grimpante

Schlips [ʃlɪps] <-es, -e> m cravate f

Schlitten ['ʃlɪtən] <-s, -> m (*Rodelschlitten*) luge f; **~ fahren** faire de la luge

schlittern ['ʃlɪtɐn] vi + sein ❶ glisser ❷ fam (*ungewollt geraten*) **in etw** (*akk*) **~** se retrouver dans qc

Schlittschuh m patin m à glace; **~ laufen** faire du patin à glace **Schlittschuhlaufen** <-s> nt patinage m

Schlitz [ʃlɪts] <-es, -e> m ❶ (*Einsteckschlitz*) fente f ❷ (*Spalt*) interstice m ❸ fam (*Hosenschlitz*) braguette f

Schlitzauge nt œil m bridé **Schlitzohr** nt fam roublard m

Schlögel <-s, -> m A (*Keule*) gigot m

schlossᴿᴿ [ʃlɔs], **schloß**ᴬᴸᵀ *Imp von* **schließen**

Schlossᴿᴿ [ʃlɔs] <-es, Schlösser>, **Schloß**ᴬᴸᵀ <-sses, Schlösser> nt ❶ (*Palast*) château m ❷ (*Türschloss*) serrure f

Schlosser(in) ['ʃlɔsɐ] <-s, -> m(f) serrurier (-ière) m(f)

Schlosserei [ʃlɔsə'raɪ] <-, -en> f serrurerie f

Schlot [ʃloːt, *Pl:* 'ʃloːtə] <-[e]s, -e> m (*Schornstein*) cheminée f |d'usine|

schlottern ['ʃlɔtɐn] vi trembler

Schlucht [ʃluxt] <-, -en> f gorge f

schluchzen ['ʃluxtsən] vi sangloter

Schluck [ʃlʊk, *Pl:* 'ʃlʏkə] <-[e]s, -e> m gorgée f; **ein kleiner ~** une goutte

Schluckauf <-s> m hoquet m

schlucken [ʃlʊkən] **I.** vt ❶ (*hinunter~*) avaler ❷ fam (*Ausrede*) gober ❸ (*Geräusche*) assourdir **II.** vi avaler

Schlucker <-s, -> m **armer ~** fam pauvre type m

Schluckimpfung f vaccination f orale

schludrig s. **schlampig**

schlug [ʃluːk] *Imp von* **schlagen**

schlummern vi geh sommeiller

Schlund [ʃlʊnt, *Pl:* 'ʃlʏndə] <-[e]s, Schlünde> m ❶ ANAT gosier m ❷ geh (*Abgrund*) abîme m

schlüpfen ['ʃlʏpfən] vi + sein ❶ **aus dem Ei ~** sortir de l'œuf ❷ (*hinein~*) **in etw** (*akk*) **~** enfiler qc

Schlüpfer <-s, -> m |petite| culotte f

Schlupfloch nt (*Öffnung*) trou m pour passer

schlüpfrig ['ʃlʏpfrɪç] adj (*anstößig*) scabreux(-euse)

Schlupfwinkel m repaire m

schlurfen ['ʃlʊrfən] vi + sein marcher en traînant les pieds

schlürfen ['ʃlʏrfən] vt, vi aspirer bruyamment

Schlussᴿᴿ [ʃlʊs] <-es, Schlüsse>, **Schluß**ᴬᴸᵀ <Schlusses, Schlüsse> m (*Ende*) fin f; **zum ~** pour terminer; **~ damit!** ça suffit!

Schlüssel ['ʃlʏsəl] <-s, -> m ❶ clé f; a. fig **der ~ zum Erfolg** la clé du succès ❷ (*Verteilungsschema*) barème m

Schlüsselanhänger m porte-clés m **Schlüsselbein** nt clavicule f **Schlüsselbund** <-bunde> m o nt trousseau m de clés **schlüsselfertig** adj, adv clés en main **Schlüsselloch** *nt* trou *m* de serrure

schlussfolgernᴿᴿ *vt* déduire **Schlussfolgerung**ᴿᴿ <-, -en> *f* déduction *f*; **seine ~en ziehen** tirer ses conclusions

schlüssig [ˈʃlʏsɪç] *adj* (*folgerichtig*) concluant(e)

Schlusslichtᴿᴿ *nt* ❶ (*eines Fahrzeugs*) feu *m* [rouge] arrière ❷ *fam* (*Letzter*) **das ~ sein** être la lanterne rouge **Schlussstrich**ᴿᴿ *m* ▶**einen ~ unter etw** (*akk*) **ziehen** tirer un trait sur qc **Schlussverkauf**ᴿᴿ *m* soldes *mpl*

Schmach [ʃmaːx] <-> *f* geh ignominie *f*

schmachten [ˈʃmaxtən] *vi geh* languir

schmachtend *adj* langoureux(-euse)

schmächtig [ˈʃmɛçtɪç] *adj* fluet(te)

schmackhaft [ˈʃmakhaft] *adj geh* (*Speise*) savoureux(-euse)

Schmäh [ʃmɛː] <-s, -s> *m* A (*Scherz*) plaisanterie *f*

schmal [ʃmaːl] <-er, -ste> *adj* (*Hüften, Straße*) étroit(e); (*Taille*) mince

schmälern [ˈʃmɛːlɛn] *vt* dénigrer

Schmalz [ʃmalts] <-es, -e> *nt* GASTR saindoux *m*

schmalzig *adj pej fam* à l'eau de rose

schmarotzen* *vi* ❶ *pej* faire le/la pique-assiette ❷ BIO croître en parasite

Schmarotzer [ʃmaˈrɔtsɐ] <-s, -> *m* ❶ *pej* (*Mensch*) pique-assiette *m* ❷ BIO parasite *m*

Schmarr[e]n <-s, -> *m* ❶ GASTR A, SDEUTSCH *spécialité à base de lambeaux de crêpe* ❷ *kein Pl fam* (*Unsinn*) conneries *fpl*

schmatzen [ˈʃmatsən] *vi* (*beim Essen*) faire du bruit en mâchant

schmecken [ˈʃmɛkən] **I.** *vi* ❶ (*munden*) **etw schmeckt** qc est bon(ne); **es schmeckt |ihr|** |elle trouve que| c'est bon ❷ (*Geschmack haben*) **sauer ~** avoir un goût acide **II.** *vt* goûter

Schmeichelei [ʃmaiçaˈlai] <-, -en> *f* flatterie *f*

schmeichelhaft *adj* flatteur(-euse)

schmeicheln [ˈʃmaiçəln] *vi* **jdm ~** flatter qn **Schmeichler(in)** <-s, -> *m(f)* flatteur(-euse) *m(f)*

schmeißen [ˈʃmaisən] <schmiss, geschmissen> *fam* **I.** *vt* ❶ (*werfen*) balancer; **jdn aus dem Haus ~** foutre qn dehors ❷ (*Laden*) faire tourner **II.** *vi* **mit Geld um sich ~** (*fig*) dépenser sans compter

Schmeißfliege [ˈʃmaisfliːgə] *f* mouche *f* bleue

schmelzen [ˈʃmɛltsən] <schmilzt, schmolz, geschmolzen> **I.** *vi* + *sein* fondre **II.** *vt* + *haben* (*Metall*) fondre; (*Eis*) faire fondre

Schmelzpunkt *m* point *m* de fusion

Schmerz [ʃmɛrts] <-es, -en> *m* MED, PSYCH douleur *f*

schmerzempfindlich *adj* (*Person*) douillet(te)

schmerzen I. *vi* faire mal; **mir schmerzen die Füße** j'ai mal aux pieds **II.** *vt* affecter

Schmerzensgeld *nt* pretium *m* doloris

Schmerzgrenze *f* limite *f* du supportable

schmerzhaft *adj* douloureux(-euse)

schmerzlich I. *adj* douloureux(-euse) **II.** *adv* (*vermissen*) amèrement

schmerzlos *adj* (*Eingriff*) indolore **schmerzstillend** *adj* analgésique **Schmerztablette** *f* comprimé *m* contre la douleur

Schmetterball *m* smash *m*

Schmetterling [ˈʃmɛtɐlɪŋ] <-s, -e> *m* papillon *m*

schmettern [ˈʃmɛtɛn] **I.** *vt* + *haben* ❶ (*schleudern*) **etw an die Wand ~** envoyer qc contre le mur ❷ SPORT (*Ball*) smasher ❸ (*Lied*) entonner **II.** *vi* + *sein* (*aufprallen*) **gegen etw ~** s'écraser contre qc

Schmied(in) [ʃmiːt] <-[e]s, -e> *m(f)* forgeron *m*

Schmiede [ˈʃmiːdə] <-, -n> *f* forge *f*

schmieden [ˈʃmiːdən] *vt* forger

schmiegen [ˈʃmiːgən] *vr* ❶ (*sich kuscheln*) **sich an jdn ~** se blottir contre qn ❷ (*eng anliegen*) **sich an etw** (*akk*) **~** mouler qc

Schmiere [ˈʃmiːrə] <-, -n> *f* (*Fett*) cambouis *m*

schmieren [ˈʃmiːrən] **I.** *vt* ❶ (*Brot*) tartiner ❷ (*Scharnier*) graisser ❸ *pej fam* (*bestechen*) graisser la patte à ▶**jdm eine ~** *fam* en coller une à qn **II.** *vi fam* (*Kugelschreiber*) baver

Schmierfett *nt* graisse *f* **Schmierfink** *m fam pej* (*Journalist*) pisseur *m* de copie **Schmiergeld** *nt* *fam* bakchich *m* **Schmieröl** *nt* huile *f* lubrifiante **Schmierseife** *f* savon *m* noir **Schmierzettel** *m* bout *m* de papier

schmilzt [ʃmɪltst] *3. Pers Präs von* **schmelzen**

S

Schminke ['ʃmɪŋkə] <-, -n> f maquillage m
schminken vt, vr |sich| ~ |se| maquiller
schmirgeln ['ʃmɪrgəln] vt, vi poncer
Schmirgelpapier nt papier m [d']émeri
schmissRR ['ʃmɪs], **schmiß**ALT Imp von **schmeißen**
Schmöker ['ʃmøːkɐ] <-s, -> m fam roman m de gare
schmökern ['ʃmøːkɐn] vi fam **in etw** (dat) ~ bouquiner qc
schmollen ['ʃmɔlən] vi bouder
schmolz [ʃmɔlts] Imp von **schmelzen**
Schmorbraten m bœuf m braisé
schmoren ['ʃmoːrən] I. vt ❶ (Braten) faire braiser II. vi ❶ (Braten) cuire à petit feu ❷ fam (warten) **jdn ~ lassen** laisser mariner qn
Schmuck [ʃmʊk] <-[e]s> m ❶ bijoux mpl ❷ (Verzierung) décoration f
schmücken ['ʃmʏkən] vt (Raum) décorer
Schmuckkästchen nt coffret m à bijoux **Schmuckstück** nt bijou m
schmudd[e]lig adj sale, crasseux(-euse)
Schmuggel ['ʃmʊgəl] <-s> m contrebande f
schmuggeln ['ʃmʊgəln] I. vt (Waren) faire de la contrebande de; (Drogen, Waffen) faire du trafic de II. vi faire de la contrebande
Schmuggler(in) <-s, -> m(f) contrebandier (-ière) m(f)
schmunzeln ['ʃmʊntsəln] vi sourire
schmusen ['ʃmuːzən] vi fam **mit jdm ~** faire des mamours à qn
Schmutz [ʃmʊts] <-es> m saleté f
Schmutzfink m fam [petit] cochon m
schmutzig adj ❶ sale; **sich ~ machen** se salir ❷ pej (anrüchig) sale
Schnabel ['ʃnaːbəl, Pl: 'ʃnɛːbəl] <-s, Schnäbel> m bec m
Schnake ['ʃnaːkə] <-, -n> f (nicht stechende Mücke) cousin m
Schnalle ['ʃnalə] <-, -n> f boucle f
schnallen vt ❶ **etw enger ~** serrer qc ❷ fam (begreifen) piger
schnalzen ['ʃnaltsən] vi **mit den Fingern ~** faire claquer ses doigts
Schnäppchen ['ʃnɛpçən] <-s, -> nt fam [bonne] affaire f
schnappen ['ʃnapən] I. vi ❶ + haben **nach etw ~** essayer d'attraper qc; **nach jdm ~** (Hund) chercher à mordre qn ❷ + sein **ins Schloss ~** s'enclencher dans la serrure II. vt + haben fam (ergreifen) **sich** (dat) **jdn**

~ harponner qn; **sich** (dat) **etw ~** se choper qc
SchnappschlossRR nt serrure f à ressort **Schnappschuss**RR m instantané m
Schnaps [ʃnaps, Pl: 'ʃnɛpsə] <-es, Schnäpse> m eau-de-vie f **Schnapsidee** f fam idée f loufoque
schnarchen ['ʃnarçən] vi ronfler
schnattern ['ʃnaten] vi (Ente) cancaner; (Gans) criailler
schnauben ['ʃnaubən] vi (Pferd) s'ébrouer
schnaufen ['ʃnaufən] vi ❶ + haben (angestrengt atmen) haleter ❷ + haben SDEUTSCH (atmen) respirer
Schnauzbart m moustache f
Schnauze ['ʃnautsə] <-, -n> f gueule f ▶**die ~ voll haben** fam en avoir ras le bol
schnauzen vi fam gueuler
schnäuzenRR ['ʃnɔytsən] vr **sich die Nase ~** se moucher le nez
Schnauzer <-s, -> m (Hundeart) schnauzer m
Schnecke ['ʃnɛkə] <-, -n> f escargot m
Schneckenhaus nt coquille f [d'escargot] **Schneckentempo** nt fam **im ~** comme un escargot/des escargots
Schnee [ʃneː] <-s> m neige f
Schneeball m a. BOT boule f de neige **Schneeballschlacht** f bataille f de boules de neige **Schneebesen** m fouet m **Schneefall** m chute f de neige **Schneeflocke** f flocon m [de neige] **Schneeglöckchen** <-s, -> nt perce-neige m o f **Schneekette** f meist Pl chaîne f [à neige] **Schneemann** <-männer> m bonhomme m de neige **Schneematsch** m neige f fondante **Schneepflug** m chasse-neige m **Schneeregen** m neige f fondue **schneeweiß** adj (Haare) blanc(blanche) comme la neige; (Haut) laiteux(-euse)
Schneewittchen [ʃneːˈvɪtçən] <-s> nt Blanche-Neige f
Schneid [ʃnait] <-[e]s> m fam **~ haben** avoir du cran
Schneide ['ʃnaidə] <-, -n> f fil m, tranchant m
schneiden ['ʃnaidən] <schnitt, geschnitten> I. vt ❶ (mit dem Messer) couper; (mit der Schere) découper; **klein ~** (Zwiebel) hacher finement ❷ (Fingernägel, Haare) couper; (Bart) tailler ❸ (Fahrzeug) faire une queue de poisson à ❹ (Film) monter

❺ (*meiden*) fuir **II.** *vr* ❶ **sich** (*akk o dat*) **in den Finger** ~ se couper au doigt ❷ (*sich kreuzen*) **sich** ~ (*Straßen*) se couper

schneidend *adj* (*Kälte*) mordant(e)

Schneider ['ʃnaɪdɐ] <-s, -> *m* tailleur *m*

Schneiderei [ʃnaɪdə'raɪ] <-, -en> *f* atelier *m* de couture

Schneiderin <-, -nen> *f* couturière *f*

schneidern *vi* (*als Beruf*) être tailleur/couturière; (*als Hobby*) faire de la couture

Schneidersitz *m* im ~ en tailleur

Schneidezahn *m* incisive *f*

schneien ['ʃnaɪən] *vi unpers* neiger; **es schneit** il neige

Schneise ['ʃnaɪzə] <-, -n> *f* tranchée *f*

schnell [ʃnɛl] **I.** *adj* rapide **II.** *adv* (*gehen*) vite; (*arbeiten*) rapidement

Schnelle *f* (*Strom~*) rapide *m* ▶**auf die ~** *fam* vite fait

schnellen *vi + sein* **in die Höhe** ~ faire un bond

Schnellhefter *m* chemise *f* **Schnellimbiss**[RR] *m* snack *m* **Schnellkochtopf** *m* autocuiseur *m*, cocotte-minute® *f*

schnellstens *adv* au plus vite

Schnellstraße *f* voie *f* rapide **Schnellzug** *m* train *m* express

schneuzen[ALT] *s.* **schnäuzen**

schniefen ['ʃniːfən] *vi* renifler

Schnippchen ▶**jdm ein** ~ **schlagen** *fam* faire un pied de nez à qn

schnippen ['ʃnɪpən] *vi* **mit den Fingern** ~ claquer des doigts

schnippisch ['ʃnɪpɪʃ] *pej adj* impertinent(e)

Schnipsel ['ʃnɪpsəl] <-s, -> *m o nt* petit morceau *m*

schnitt [ʃnɪt] *Imp von* **schneiden**

Schnitt [ʃnɪt] <-[e]s, -e> *m* ❶ *a.* MED (*Einschnitt*) incision *f* ❷ (*~wunde*) coupure *f* ❸ CINE montage *m* ❹ (*von Kleidung*) coupe *f*

Schnitte <-, -n> *f* tranche *f*; (*belegt*) tartine *f*

Schnittfläche ['ʃnɪtflɛçə] *f* coupe *f* **Schnittkäse** *m:* fromage vendu en tranches **Schnittlauch** *m kein Pl* ciboulette *f* **Schnittmuster** *nt* patron *m* **Schnittpunkt** *m* (*von Linien*) point *m* d'intersection **Schnittstelle** *f* INFORM interface *f* **Schnittwunde** *f* coupure *f*; (*tief*) entaille *f*

Schnitzel ['ʃnɪtsəl] <-s, -> *nt* GASTR escalope *f*

schnitzen ['ʃnɪtsən] *vt, vi* sculpter

Schnitzer <-s, -> *m fam* (*Fehler*) **einen ~ machen** *fam* faire une gaffe

schnöde ['ʃnøːdə] *pej geh adj* (*Geiz, Motiv, Tat*) sordide

Schnorchel ['ʃnɔrçəl] <-s, -> *m* tuba *m*

Schnörkel ['ʃnœrkəl] <-s, -> *m* (*Ornament*) fioriture *f*

schnorren ['ʃnɔrən] *fam* **I.** *vi* faire la manche **II.** *vt* taxer

Schnorrer(in) <-s, -> *m(f) fam* tapeur(-euse) *m(f)*

Schnösel ['ʃnøːzəl] <-s, -> *m pej fam* morveux *m*

schnüffeln ['ʃnʏfəln] *vi* **an jdm/etw** ~ flairer qn/qc

Schnüffler(in) <-s, -> *m(f) pej fam* (*Detektiv*) privé(e) *m(f)*

Schnuller ['ʃnʊlɐ] <-s, -> *m* sucette *f*

Schnulze ['ʃnʊltsə] <-, -n> *f pej fam* (*Lied*) chanson *f* sentimentale

schnulzig *adj fam* sentimental

schnupfen ['ʃnʊpfən] *vt* (*Schnupftabak*) priser; (*Kokain*) sniffer

Schnupfen <-s, -> *m* rhume *m;* ~ **haben/ bekommen** avoir un rhume/s'enrhumer

schnuppern ['ʃnʊpɐn] *vi* **an etw** ~ renifler qc

Schnur [ʃnuːɐ, *Pl:* 'ʃnyːrə] <-, **Schnüre>** *f* ❶ ficelle *f*; (*einer Angel*) fil *m* ❷ ELEC *fam* fil *m*

schnüren ['ʃnyːrən] *vt* (*Paket*) ficeler; **sich** (*dat*) **die Schuhe** ~ lacer ses chaussures

schnurgerade ['ʃnuːɐ̯gə'raːdə] **I.** *adj* rectiligne **II.** *adv* (*verlaufen*) en ligne droite

schnurlos *adj* (*Telefon*) sans fil

Schnurrbart *m* moustache *f*

schnurren ['ʃnʊrən] *vi* ronronner

Schnurrhaare *Pl* moustaches *fpl*

Schnürsenkel ['ʃnyːɐ̯zɛŋkəl] *m* lacet *m*

schnurstracks ['ʃnuːɐ̯'ʃtraks] *adv fam* (*geradewegs*) tout droit

Schnute ['ʃnuːtə] <-, -n> *f fam* petite bouche *f*

schob [ʃoːp] *Imp von* **schieben**

Schock [ʃɔk] <-[e]s, -s> *m* choc *m*

schocken *vt fam* choquer

schockieren* [ʃɔ'kiːrən] *vt* choquer

Schöffe ['ʃœfə] <-n, -n> *m*, **Schöffin** *f* assesseur *m* (*non-professionnel*)

Schokolade [ʃoko'laːdə] <-, -n> *f* chocolat *m*

Schokoriegel *m* barre *f* de chocolat

scholl *Imp von* **schallen**

S

Scholle ['ʃɔlə] <-, -n> f ❶ (*Fisch*) carrelet m ❷ (*Erdscholle*) motte f ❸ (*Eisscholle*) bloc m de glace

schon [ʃoːn] *adv* ❶ (*bereits*) déjà; ~ **jetzt** dès maintenant; ~ **immer** depuis toujours; ~ **wieder?** encore? ❷ (*irgendwann*) **er wird es ~ noch lernen** il apprendra bien ça un jour ❸ (*allein*) ~ **deshalb** rien que pour cela ❹ (*durchaus*) plutôt ❺ (*denn*) **was macht das ~?** qu'est-ce que ça peut bien faire? ❻ (*irgendwie*) **es wird ~ klappen** ça va bien marcher ❼ *fam* (*endlich*) **sag ~!** allez, dis!

schön [ʃøːn] I. *adj* ❶ beau(belle); **etwas Schönes** quelque chose de beau ❷ (*Abend, Urlaub*) bon(ne); **bei ihnen ist es ~** c'est bien chez eux ❸ *fam* (*gut*) **na ~!** c'est bon ❹ *iron fam* (*Geschichte*) beau(belle) II. *adv* (*angenehm*) bien

schonen ['ʃoːnən] *vt* (*Person, Gegenstand*) ménager

schonend I. *adj* (*Behandlung*) soigneux (-euse); (*Waschmittel*) doux(douce) II. *adv* (*pfleglich*) avec précaution; (*rücksichtsvoll*) avec ménagements

schöngeistig *adj* esthétique

Schönheit <-, -en> f (*Eigenschaft*) beauté f

Schönheitschirurgie f chirurgie f esthétique **Schönheitsfehler** m (*eines Menschen*) imperfection f (*esthétique*) **Schönheitsoperation** f opération f de chirurgie esthétique

Schonkost f nourriture f diététique

schön|machen *vr fam* **sich ~** se faire beau (belle)

Schönschrift f (*in Reinschrift*) au propre

schonungslos *adj* (*Offenheit*) impitoyable

Schonzeit f période f de fermeture de la chasse

Schopf [ʃɔpf, *Pl:* 'ʃœpfə] <-[e]s, Schöpfe> m ❶ toupet m ❷ ZOOL aigrette f

schöpfen ['ʃœpfən] *vt* ❶ (*Suppe*) prendre ❷ (*Mut*) reprendre

Schöpfer(in) <-s, -> m(f) ❶ (*eines Kunstwerks*) créateur(-trice) m(f) ❷ (*Gott*) **der ~** le Créateur

schöpferisch I. *adj* (*Person, Talent*) créateur(-trice) II. *adv* ~ **tätig** travailler dans le domaine créatif

Schöpfkelle f louche f

Schöpfung <-, -en> f ❶ *geh* (*das Geschaffene*) création f ❷ *kein Pl* REL (*Welt*) Création f

Schöpfungsgeschichte f *kein Pl* Genèse f

Schoppen ['ʃɔpən] <-s, -> m (*Viertelliter*) quart m; **ein ~ Wein** un quart de vin

schor [ʃoːɐ̯] *Imp von* **scheren**[1]

Schorf [ʃɔrf] <-[e]s, -e> m croûte f

Schorle <-, -n> f SDEUTSCH (*Weinschorle*) mélange de vin et d'eau minérale gazeuse

Dans le sud de l'Allemagne, on boit souvent des boissons mélangées à de l'eau minérale gazeuse, afin d'atténuer leur goût sucré ou leur degré d'alcool. On appelle ces boissons des **Schorlen**. On boit une **Apfelsaftschorle**, une **Orangensaftschorle**, mais aussi la **Weinschorle** qui se fait parfois avec les meilleurs vins.

Schornstein ['ʃɔrnʃtain] m cheminée f

Schornsteinfeger(in) <-s, -> m(f) ramoneur(-euse) m(f)

schoss[RR] [ʃɔs], **schoß**[ALT] *Imp von* **schießen**

Schoß [ʃoːs, *Pl:* 'ʃøːsə] <-es, Schöße> m **auf dem/den ~** sur les genoux

Schoßhund m bichon m

Schote ['ʃoːtə] <-, -n> f cosse f

Schotte ['ʃɔtə] <-n, -n> m, **Schottin** f Écossais(e) m(f)

Schotter ['ʃɔtə] <-s, -> m gravier m

schottisch *adj* écossais(e)

Schottland ['ʃɔtlant] *nt* l'Écosse f

schraffieren* [ʃra'fiːrən] *vt* hachurer

schräg [ʃrɛːk] I. *adj* (*Wand*) incliné(e); (*Linie*) oblique; (*Stellung*) penché(e) II. *adv* (*halten*) de travers; (*verlaufen*) en biais

Schräge <-, -n> f ❶ (*schräge Fläche*) plan m incliné ❷ (*einer Wand*) inclinaison f; (*eines Dachs*) pente f

Schrägstrich m barre f oblique

Schramme ['ʃramə] <-, -n> f (*Verletzung*) éraflure f

schrammen I. *vi* + *sein* faire des rayures II. *vr* + *haben* **sich** (*dat*) **das Knie ~** s'érafler le genou

Schrank [ʃraŋk, *Pl:* 'ʃrɛŋkə] <-[e]s, Schränke> m (*Wandschrank*) placard m; (*Kleiderschrank*) armoire f

Schranke ['ʃraŋkə] <-, -n> f barrière f

schrankenlos *adj* (*Vertrauen*) sans bornes

Schrankwand f bibliothèque f (*composée d'éléments modulables*)

Schraube ['ʃraubə] <-, -n> f ❶ TECH vis f ❷ NAUT hélice f ▶**bei ihm ist eine ~ lo-**

cker *fam* il ne tourne pas rond

schrauben *vt* (*anbringen*) etw an/auf etw (*akk*) ~ visser qc à/sur qc

Schraubenschlüssel *m* clé *f* **Schraubenzieher** <-s, -> *m* tournevis *m*

Schraubstock *m* étau *m* **Schraubverschluss**[RR] *m* fermeture *f* à vis

Schrebergarten ['ʃreːbɐgaʁtən] *m* jardin *m* ouvrier

Schreck [ʃrɛk] <-s> *m* peur *f*; **jdm einen ~ einjagen** faire peur à qn; **einen ~ bekommen** *fam* avoir peur

schrecken[1] <schreckte, geschreckt> *vt* + *haben als* (*Person*) effrayer

schrecken[2] <schrak, geschrocken> *vi* + *sein geh* **aus dem Schlaf ~** être tiré brutalement de son sommeil

Schrecken <-s, -> *m* peur *f*; **mit dem ~ davonkommen** en être quitte pour la peur

Schreckensherrschaft *f* régime *m* de terreur

Schreckgespenst *nt* spectre *m*

schreckhaft *adj* peureux(-euse)

schrecklich I. *adj* ❶ terrible ❷ *pej fam* (*Mensch*) affreux(-euse) **II.** *adv* ❶ (*furchtbar*) horriblement ❷ *fam* (*heiß, einsam*) affreusement; (*gern haben*) terriblement

Schreckschusspistole[RR] *f* pistolet *m* d'alarme

Schrei [ʃraɪ] <-[e]s, -e> *m* cri *m*

Schreibblock <-blöcke> *m* bloc-notes *m*

schreiben ['ʃraɪbən] <schrieb, geschrieben> **I.** *vt* ❶ (*Text*) écrire; (*Klassenarbeit*) faire; (*Rechnung*) établir ❷ (*füllen*) **voll ~** (*Blatt*) noircir **II.** *vi* écrire **III.** *vr* (*korrespondieren*) **sich** (*dat*) **~** s'écrire

Schreiben <-s, -> *nt* lettre *f*

Schreiber(in) ['ʃraɪbɐ] <-s, -> *m(f)* auteur *mf*

schreibfaul *adj* trop paresseux(-euse) pour écrire **Schreibfehler** *m* faute *f* d'orthographe **Schreibheft** *nt* cahier *m* **Schreibkraft** *f* dactylo *mf* **Schreibmaschine** *f* machine *f* à écrire **Schreibschrift** *f a.* TYP écriture *f* cursive **Schreibschutz** *m* INFORM protection *f* en écriture **Schreibtisch** *m* bureau *m* **Schreibunterlage** *f* sous-main *m* **Schreibwaren** *Pl* [articles *mpl* de] papeterie *f* **Schreibwarenhandlung** *f* papeterie *f* **Schreibweise** *f* (*Schreibung*) orthographe *f*

schreien ['ʃraɪən] <schrie, geschrie[e]n> **I.** *vi* (*Mensch*) crier; (*Baby*) pleurer **II.** *vt* crier

schreiend *adj* (*Farbe*) criard(e); (*Unrecht*) criant(e)

Schreihals *m fam* braillard(e) *m(f)*

Schreiner(in) ['ʃraɪnɐ] <-s -> *m(f)* SDEUTSCH menuisier(-ière) *m(f)*

schreiten ['ʃraɪtən] <schritt, geschritten> *vi* + *sein geh* s'avancer; **zur Tat ~** *fig* passer à l'acte

schrie [ʃriː] *Imp von* **schreien**

schrieb [ʃriːp] *Imp von* **schreiben**

Schrift [ʃrɪft] <-, -en> *f* ❶ (*Handschrift*) écriture *f* ❷ TYP caractères *mpl* ❸ (*Abhandlung*) écrit *m* ❹ REL **die Heilige ~** les Saintes Écritures *fpl*

Schriftdeutsch *nt* allemand *m* écrit **Schriftgröße** *f* INFORM taille *f* des caractères

schriftlich I. *adj* écrit(e) **II.** *adv* par écrit

Schriftsprache *f* langue *f* écrite

Schriftsteller(in) <-s, -> *m(f)* écrivain *m*

Schriftstück *nt* document *m* **Schriftzeichen** *nt* caractère *m*

schrill [ʃrɪl] *adj* (*Ton*) strident(e)

schritt [ʃrɪt] *Imp von* **schreiten**

Schritt [ʃrɪt] <-[e]s, -e> *m* ❶ pas *m*; **mit leisen ~en** à pas de loup ❷ *kein Pl* (*Tempo*) pas *m*; **mit jdm ~ halten** suivre l'allure de qn ❸ (*Maßnahme*) mesure *f* ❹ COUT entrejambe *m*

Schrittempo[ALT] *s.* **Schritttempo Schrittmacher** *m* MED stimulateur *m* cardiaque

Schritttempo[RR] *nt* vitesse *f* réduite

schrittweise *adv* (*vorankommen*) progressivement

schroff [ʃrɔf] **I.** *adj* ❶ (*steil*) abrupt(e) ❷ (*barsch*) sec(sèche); (*Verhalten*) cassant(e) **II.** *adv* (*abfallen*) à pic

schröpfen ['ʃrœpfən] *vt fam* (*ausnehmen*) plumer

Schrot [ʃroːt] <-[e]s, -e> *m o nt* ❶ *kein Pl* (*gemahlenes Getreide*) farine *f* grossière ❷ JAGD plomb *m* [de chasse]

Schrotflinte *f* carabine *f* à plombs

Schrott [ʃrɔt] <-[e]s> *m* ❶ ferraille *f* ❷ (*wertloses Zeug*) camelote *f*

Schrotthändler(in) *m(f)* ferrailleur(-euse) *m(f)* **Schrottplatz** *m* (*Autoschrottplatz*) casse *f* **schrottreif** *adj* bon(ne) pour la casse

schrubben ['ʃrʊbən] *fam vt* (*Boden*) frotter

Schrubber <-s, -> *m* balai-brosse *m*

S

schrullig *adj fam* lunatique
schrumpelig ['ʃrompəlɪç] *s.* **schrumplig**
schrumpfen ['ʃrompfən] *vi + sein* (*Muskeln*) fondre; (*Frucht*) se ratatiner; (*Vorräte*) se réduire
schrumplig *adj fam* (*Schale, Haut*) ratatiné(e)
Schub [ʃuːp, *Pl:* 'ʃyːbə] <-[e]s, Schübe> *m* PHYS poussée *f;* MED crise *f*
Schubkarre *f* brouette *f* **Schubkarren** *m* brouette *f* **Schubkraft** *f* poussée *f* **Schublade** <-, -n> *f* tiroir *m*
schubsen ['ʃʊpsən] *vt fam* bousculer
schüchtern ['ʃʏçtən] *adj* timide
Schüchternheit <-> *f* timidité *f*
schuf [ʃuːf] *Imp von* **schaffen²**
Schuft [ʃʊft] <-[e]s, -e> *m pej* crapule *f*
schuften ['ʃʊftən] *vi fam* trimer
Schufterei [ʃʊftə'raɪ] <-, -en> *f fam* boulot *m* de forçat
Schuh [ʃuː] <-[e]s, -e> *m* chaussure *f*
Schuhbändel CH, SDEUTSCH *s.* **Schnürsenkel** **Schuhcreme** *f* cirage *m* **Schuhgeschäft** *nt* magasin *m* de chaussures
Schuhgröße *f* pointure *f;* **ich habe ~ 40** je fais du 40 **Schuhlöffel** *m* chausse-pied *m* **Schuhmacher(in)** *m(f)* cordonnier(-ière) *m(f)* **Schuhsohle** *f* semelle *f* [de chaussure]
Schulanfang *m* (*Schulbeginn nach den Ferien*) rentrée *f* [scolaire] **Schularbeiten** *Pl* devoirs *mpl* [à la maison] **Schulbank** <-bänke> *f* banc *m* d'école **Schulbesuch** *m* scolarisation *f* **Schulbildung** *f kein Pl* formation *f* scolaire **Schulbuch** *nt* livre *m* [scolaire] **Schulbus** *m* car *m* de ramassage [scolaire]
schuld [ʃʊlt] ▶**an etw** (*dat*) ~ **sein** (*Person*) être responsable de qc; (*Sache*) être à l'origine de qc
Schuld [ʃʊlt] <-, -en> *f* ❶ *kein Pl* (*Verschulden*) culpabilité *f* ❷ (*Verantwortung*) **an etw** (*dat*) ~ **haben** être responsable de qc; **jdm ~ geben** donner la faute à qn ❸ *a.* FIN (*Verpflichtung*) dette *f;* **~en machen** s'endetter
schuldbewusstᴿᴿ *adj* (*Miene*) coupable
schulden ['ʃʊldən] *vt* **jdm Geld ~** devoir de l'argent à qn
Schuldgefühl *nt* sentiment *m* de culpabilité
schuldig *adj* ❶ responsable ❷ JUR coupable ❸ (*verpflichtet*) **jdm Geld ~ sein** devoir de l'argent à qn

Schuldige(r) *f(m) dekl wie adj* coupable *mf*
Schuldirektor(in) *m(f)* directeur(-trice) *m(f)* de l'école
schuldlos I. *adj* non responsable **II.** *adv* (*unverschuldet*) sans y être pour rien
Schuldner(in) ['ʃʊldnɐ] <-s, -> *m(f)* débiteur(-trice) *m(f)*
Schuldzuweisung *f* accusation *f*
Schule ['ʃuːlə] <-, -n> *f* ❶ école *f;* **zur ~ gehen** aller à l'école/au collège/au lycée ❷ *kein Pl* (*Unterricht*) **die ~ ist aus** l'école *f* est finie; **am Samstag ist ~** il y a classe le samedi
schulen *vt* (*Person*) former; (*Gedächtnis*) exercer
Schüler(in) ['ʃyːlɐ] <-s, -> *m(f)* ❶ élève *mf* ❷ (*eines Philosophen*) disciple *mf*
Schüleraustausch *m* échange *m* scolaire **Schülerausweis** *m* ≈ carte *f* de lycéen(ne) **Schülerzeitung** *f* journal *m* scolaire
Schulfach *nt* matière *f* **Schulferien** *Pl* vacances *fpl* scolaires

En Allemagne et en Suisse, les **Schulferien** ne commencent pas au même moment dans tout le pays car ce sont les Länder et les cantons qui en fixent les dates. En Autriche, les vacances ont lieu presque en même temps. Les élèves allemands et autrichiens ont environ 12 semaines de vacances par an, à Noël, au printemps (à Pâques) en Pentecôte et en été. En Allemagne, il y a en plus les vacances d'automne. En Suisse, il y a 14 semaines de vacances, en automne, à Noël, pour le carnaval, à Pâques et en été. Les vacances d'été durent environ 6 semaines en Allemagne, en Suisse entre 5 et 9 semaines, et en Autriche environ 2 mois.

schulfrei *adj* (*Samstag*) sans école; **~ haben** ne pas avoir classe **Schulfreund(in)** *m(f)* camarade *mf* d'école/de collège/lycée **Schulgeld** *nt* frais *mpl* de scolarité **Schulheft** *nt* cahier *m* **Schulhof** *m* cour *f* [de l'école]
schulisch *adj* scolaire
Schuljahr *nt* année *f* scolaire **Schulkamerad(in)** *m(f) s.* **Schulfreund** **Schulklasse** *f* classe *f* **Schulleiter(in)** *m(f)* chef *mf* d'éta-

blissement **Schulpflicht** *f kein Pl* obligation *f* scolaire **schulpflichtig** *adj* (*Kind*) d'âge scolaire **Schulranzen** *m* cartable *m* [à bretelles] **Schulschluss**^{RR} *m kein Pl* fin *f* des cours **Schulsprecher(in)** *m(f)* délégué(e) *m(f)* des élèves **Schulsystem** *nt* système *m* scolaire **Schultag** *m* jour *m* de classe

Schulter [ˈʃʊltɐ] <-, -n> *f* épaule *f*

Schulterblatt *nt* omoplate *f* **schulterfrei** *adj* (*Kleid*) à épaules nues **schulterlang** *adj* arrivant aux épaules

schultern *vt* mettre sur l'épaule

Schulterpolster *nt* épaulette *f*

Schulung <-, -en> *f* ❶ (*Kurs*) formation *f* ❷ (*des Gedächtnisses*) entraînement *m*

Schulunterricht *m* cours *mpl* **Schulweg** *m* chemin *m* de l'école **Schulzeit** *f* scolarité *f* **Schulzeugnis** *nt* bulletin *m* scolaire

schummeln [ˈʃʊməln] *vi fam* tricher

schumm[e]rig *adj fam* (*Beleuchtung*) tamisé(e)

Schund [ʃʊnt] <-[e]s> *m pej fam* (*wertlose Ware*) camelote *f*

Schuppe [ˈʃʊpə] <-, -n> *f* ❶ ZOOL écaille *f* ❷ *Pl* (*Kopfschuppe*) pellicules *fpl*

Schuppen [ˈʃʊpən] <-s, -> *m* hangar *m*; (*klein*) appentis *m*

schuppig *adj* (*Fisch, Haut*) écailleux(-euse); (*Haar*) pelliculeux(-euse)

schüren [ˈʃyːrən] *vt* attiser

schürfen [ˈʃʏrfən] I. *vi* **nach Gold ~** prospecter pour trouver de l'or II. *vt* **sich** (*dat*) **das Knie ~** s'érafler le genou

Schürfwunde *f* écorchure *f*

Schürhaken *m* tisonnier *m*

Schurke [ˈʃʊrkə] <-n, -n> *m* crapule *f*

Schurwolle *f* laine *f* vierge

Schürze [ˈʃʏrtsə] <-, -n> *f* tablier *m*

Schürzenjäger *m pej fam* dragueur *m*

Schuss^{RR} <-es, Schüsse>, **Schuß**^{ALT} [ʃʊs] <-sses, Schüsse> *m* ❶ coup *m* de feu ❷ (*Munition*) balle *f* ❸ (*Spritzer*) **ein ~ Essig** un filet de vinaigre ❹ SPORT tir *m*

Schussel <-s, -> *m fam* (*ungeschickter Mensch*) manchot(e) *m(f)*

Schüssel [ˈʃʏsəl] <-, -n> *f* ❶ plat *m* creux; (*Salatschüssel*) saladier *m* ❷ (*Waschschüssel*) cuvette *f*

schusselig *adj fam* (*ungeschickt*) manchot(e)

Schusslinie^{RR} *f* ligne *f* de tir **Schusswaffe**^{RR} *f* arme *f* à feu

Schuster(in) [ˈʃuːstɐ] <-s, -> *m(f)* cordonnier(-ière) *m(f)*

Schutt [ʃʊt] <-[e]s> *m* gravats *mpl*; (*Gebäudetrümmer*) décombres *mpl*

Schuttabladeplatz *m* décharge *f* de déblais

Schüttelfrost *m* frissons *mpl*

schütteln [ˈʃʏtəln] I. *vt, vi* **jdn/etw ~** secouer [qn/qc] II. *vr* **sich ~** s'ébrouer

schütten [ˈʃʏtən] I. *vt* (*Wasser, Mehl*) verser II. *vi unpers fam* **es schüttet** il pleut comme vache qui pisse

Schutz [ʃʊts] <-es> *m* ❶ **~ vor/gegen etw** protection *f* contre qc ❷ (*Sicherheit*) **~ vor etw suchen** chercher à se mettre à l'abri de qc ▸**jdn vor jdm in ~ nehmen** protéger qn contre qn

Schutzanzug *m* combinaison *f* protectrice **Schutzblech** *nt* (*eines Fahrrads*) garde-boue *m* **Schutzbrille** *f* lunettes *fpl* de protection

Schütze [ˈʃʏtsə] <-n, -n> *m*, **Schützin** *f* ❶ SPORT, JAGD tireur(-euse) *m(f)* ❷ ASTRO Sagittaire *m*

schützen [ˈʃʏtsən] I. *vt* **etw vor Nässe ~** protéger qc contre l'humidité II. *vi* **gegen die Kälte ~** protéger contre le froid III. *vr* **sich vor etw** (*dat*) **~** se protéger contre qc

schützend *adj* protecteur(-trice)

Schützenfest *nt* fête *f* de la société de tir **Schutzengel** *m* ange *m* gardien **Schützengraben** *m* tranchée *f* **Schutzgeld** *nt* taxe *f* (*extorquée par des racketteurs*) **Schutzhelm** *m* casque *m* de sécurité **Schutzhütte** *f* refuge *m* **Schutzimpfung** *f* vaccination *f* préventive **schutzlos** *adj, adv* sans défense **Schutzmarke** *f* marque *f* déposée **Schutzmaßnahme** *f* mesure *f* protectrice **Schutzumschlag** *m* jaquette *f*

Schwabe [ˈʃvaːbə] <-n, -n> *m*, **Schwäbin** *f* Souabe *mf*

Schwaben [ˈʃvaːbən] <-s> *nt* la Souabe

schwäbisch *adj* souabe

schwach [ʃvax] <schwächer, schwächste> I. *adj* (*Person, Schüler, Argument*) faible; (*Herz*) fragile II. *adv* (*duften*) légèrement; (*besucht*) peu

Schwäche [ˈʃvɛçə] <-> *f kein Pl* ❶ (*geringe Kraft*) faiblesse *f* ❷ (*Vorliebe*) **eine ~ für jdn/etw haben** avoir un faible pour qn/qc **Schwächeanfall** *m* malaise *m*

schwächen *vt, vi* affaiblir

S

Schwachkopf *m fam* débile *mf*
schwächlich *adj* (*Person*) chétif(-ive)
Schwächling ['ʃvɛçlɪŋ] <-s, -e> *m* gringalet *m*
Schwachsinn *m kein Pl* MED débilité *f* mentale **schwachsinnig** *adj* ❶ MED débile [mental(e)] ❷ *fam* (*unsinnig*) débile
Schwachstelle *f* point *m* faible
Schwächung <-, -en> *f a. fig* affaiblissement *m*
Schwaden ['ʃvaːdən] <-s, -> *m meist Pl* (*Rauchschwaden*) nuage *m;* (*Nebelschwaden*) nappe *f*
schwafeln ['ʃvaːfəln] *fam* I. *vi* (*lange reden*) radoter II. *vt* sortir
Schwager ['ʃvaːgɐ, *Pl:* 'ʃvɛːgɐ] <-s, Schwäger> *m*, **Schwägerin** *f* beau-frère *m*/belle-sœur *f*
Schwalbe ['ʃvalbə] <-, -n> *f* hirondelle *f*
Schwall [ʃval] <-[e]s, -e> *m* (*von Wasser, Worten*) flot *m*
schwamm [ʃvam] *Imp von* **schwimmen**
Schwamm [ʃvam, *Pl:* 'ʃvɛmə] <-[e]s, Schwämme> *m* ❶ *a.* ZOOL éponge *f* ❷ A, CH (*Pilz*) champignon *m* [comestible]
schwammig *adj* (*vage*) évasif(-ive)
Schwan [ʃvaːn, *Pl:* 'ʃvɛːnə] <-[e]s, Schwäne> *m* cygne *m*
schwand [ʃvant] *Imp von* **schwinden**
schwang [ʃvaŋ] *Imp von* **schwingen**
schwanger ['ʃvaŋɐ] *adj* (*Frau*) enceinte
Schwangere *f dekl wie adj* femme *f* enceinte
Schwangerschaft <-, -en> *f* grossesse *f*
Schwangerschaftsabbruch *m* interruption *f* [volontaire] de grossesse **Schwangerschaftstest** *m* test *m* de grossesse
schwanken ['ʃvaŋkən] *vi* ❶ + *haben* (*Gerüst*) osciller ; (*Preis*) fluctuer ❷ + *sein* (*Mensch*) tituber
Schwankung <-, -en> *f* variation *f*
Schwanz [ʃvants, *Pl:* 'ʃvɛntsə] <-es, Schwänze> *m* queue *f*
schwänzen ['ʃvɛntsən] *vt, vi fam* sécher
schwappen ['ʃvapən] *vi* ❶ + *sein* **über den Rand** ~ déborder ❷ + *haben* (*sich hin und her bewegen*) clapoter
Schwarm [ʃvarm, *Pl:* 'ʃvɛrmə] <-[e]s, Schwärme> *m* ❶ **ein** ~ **Bienen**/**Heuschrecken**/**Fische** un essaim d'abeilles/une nuée de sauterelles/un banc de poissons ❷ *kein Pl fam* (*verehrter Mensch*) idole *f*

schwärmen ['ʃvɛrmən] *vi* + *haben* (*begeistert reden*) **von etw** ~ parler avec enthousiasme de qc
Schwärmerei [ʃvɛrməˈraɪ] <-, -en> *f* (*Begeisterung*) engouement *m*
schwärmerisch I. *adj* (*Person*) passionné(e) II. *adv* avec emballement
Schwarte ['ʃvartə] <-, -n> *f* GASTR couenne *f*
schwarz [ʃvarts] <schwärzer, schwärzeste> I. *adj* ❶ noir(e); **für jdn**/**etw** ~ **sehen** qn mal parti/être pessimiste sur qc ❷ *fam* (*Liste*) noir(e); (*Benutzung*) illégal(e); (*Erwerb*) au noir II. *adv* ❶ (*gekleidet*) en noir ❷ *fam* (*illegal*) au noir
Schwarzafrika *nt* l'Afrique *f* noire
Schwarzarbeit *f kein Pl* travail *m* au noir
Schwarzarbeiter(in) *m(f)* travailleur(-euse) *m(f)* au noir **Schwarzbrot** *nt* pain *m* noir
Schwarze(r) *f(m) dekl wie adj* Noir(e) *m(f)*
schwärzen *vt* noircir
schwarz|fahren ['ʃvartsfaːrən] *vi irr* + *sein* voyager sans billet **Schwarzfahrer(in)** *m(f,* (*Mensch ohne Fahrausweis*) voyageur(-euse *m(f)* sans billet **schwarzhaarig** *adj* aux cheveux noirs; ~ **sein** avoir les cheveux noirs **Schwarzhandel** *m kein Pl* **Schwarzmarkt** *m* marché *m* noir **Schwarzwald** *m der* ~ la Forêt-Noire **schwarzweiß** ['ʃvarts'vaɪs], **schwarzweiß**ᴿᴿ *adj* ❶ (*Zeichnung*) noir et blanc *in* ❷ CINE, PHOT [en] noir et blanc **Schwarzweißfilm** *m* PHOT pellicule *f* noir et blanc CINE film *m* [en] noir et blanc **Schwarzweißfoto** *f* photo *f* [en] noir et blanc **Schwarzwurzel** *f* salsifis *m*
Schwatz [ʃvats] <-es, -e> *m fam* causette *f*
schwatzen *vi* (*tratschen*) bavarder **Schwätzer(in)** <-s, -> *m(f) pej* bavard(e *m(f)*
schwatzhaft *adj* bavard(e)
Schwebe ['ʃveːbə] **in der** ~ **sein** (*Entscheidung*) être en suspens
Schwebebahn *f* chemin *m* de fer suspendu **schweben** *vi* ❶ + *haben* (*Mensch*) planer (*Verfahren*) être en suspens ❷ + *sein* (*herab sinken*) **zu Boden** ~ descendre lentement
Schwede ['ʃveːdə] <-n, -n> *m*, **Schwedin** Suédois(e) *m(f)*
Schweden ['ʃveːdən] <-s> *nt* la Suède
schwedisch I. *adj* suédois(e) II. *adv* ~ **mit einander sprechen** parler en suédois

Schwedisch <-[s]> *nt kein art* suédois *m; s. a.* Deutsch

Schwefel ['ʃveːfəl] <-s> *m* soufre *m*

Schwefelsäure *f* CHEM acide *m* sulfurique

Schweif [ʃvaɪf] <-[e]s, -e> *m* queue *f*

schweifen ['ʃvaɪfən] *vi + sein geh* (*Gedanken, Blick*) vagabonder

Schweigemarsch *m* marche *f* silencieuse

schweigen ['ʃvaɪgən] <schwieg, geschwiegen> *vi* (*Person*) garder le silence; **schweig!** silence! ▶**ganz zu ~ von ...** sans parler de ...

Schweigen <-s> *nt* silence *m;* (*absichtliches Nichtreden*) mutisme *m* ▶**jdn zum ~ bringen** faire taire qn

schweigend I. *adj* silencieux(-euse) II. *adv* sans dire un mot

Schweigepflicht *f* **ärztliche ~** secret médical

schweigsam *adj* (*Person*) taciturne

Schwein [ʃvaɪn] <-s, -e> *nt* ① cochon *m* ② *fam* (*~efleisch*) porc *m* ③ *fam* (*Mensch*) salaud *m;* **ein armes ~** un pauvre mec

Schweinebraten *m* rôti *m* de porc

Schweinefleisch *nt* [viande *f* de] porc *m*

Schweinerei [ʃvaɪnəˈraɪ] <-, -en> *f fam* ① (*Unordnung*) cochonnerie *f* ② (*Gemeinheit*) vacherie *f*

Schweineschmalz *nt* saindoux *m* **Schweinestall** *m fam* porcherie *f*

schweinisch *fam* I. *adj* cochon(ne) II. *adv* (*sich verhalten*) comme un cochon/des cochons

Schweiß [ʃvaɪs] <-es> *m kein Pl* sueur *f*

Schweißausbruch *m* accès *m* de transpiration

Schweißbrenner *m* chalumeau *m*

schweißen ['ʃvaɪsən] *vt, vi* souder

schweißgebadet ['ʃvaɪsɡəˈbaːdət] *adj* en nage

Schweißnaht *f* soudure *f*

schweißnass[RR] *adj* trempé(e) de sueur

Schweißtropfen *m* goutte *f* de sueur

Schweiz [ʃvaɪts] <-> *f* **die ~** la Suisse; **die deutschsprachige/französische/italienische ~** la Suisse alémanique/romande/italienne

Schweizer *adj attr* suisse; (*Hauptstadt*) de la Suisse

Schweizer(in) <-s, -> *m(f)* Suisse(-esse) *m(f)*

schweizerdeutsch I. *adj* suisse-allemand(e) II. *adv* **~ miteinander sprechen** discuter en suisse-allemand

Schweizerdeutsch *nt kein art* suisse-allemand *m; s. a.* Deutsch

schweizerisch *s.* Schweizer

schwelgen ['ʃvɛlɡən] *vi* ① (*sich gütlich tun*) se régaler, se délecter ② *geh* (*sich gehen lassen*) **in Erinnerungen ~** plonger dans ses souvenirs

Schwelle ['ʃvɛlə] <-, -n> *f* ① (*Tür-, Reizschwelle*) seuil *m* ② (*Bahnschwelle*) traverse *f*

schwellen ['ʃvɛlən] <schwillt, schwoll, geschwollen> *vi + sein* MED enfler

Schwellenangst *f* appréhension *f* (*à aborder une situation nouvelle*) **Schwellenland** *nt* nouveau pays *m* industrialisé

Schwellung <-, -en> *f* enflure *f*

schwenkbar *adj* orientable

schwenken ['ʃvɛŋkən] *vt + haben* ① (*Brief*) agiter ② (*Kamera*) diriger ③ GASTR **etw in Butter** (*dat*) **~** remuer qc dans du beurre

schwer [ʃveːɐ] I. *adj* ① lourd(e); **fünf Kilo ~ sein** peser cinq kilos ② (*Verletzung*) grave ③ (*Bedenken*) grave *antéposé;* (*Irrtum*) lourd(e) *antéposé* ④ (*hart*) dur(e) ⑤ (*Krankheit*) grave *antéposé* ⑥ (*schwierig*) difficile ⑦ *attr* (*Sturm, Lkw*) gros(se) *antéposé* ⑧ (*Essen, Wein*) lourd(e) II. *adv* ① (*beladen*) lourdement; (*wiegen*) lourd ② (*arbeiten*) durement ③ (*enttäuschen*) profondément; (*treffen*) durement ④ (*atmen*) difficilement; (*hören*) mal ⑤ (*sich verletzen*) gravement ⑥ (*bestrafen*) sévèrement ⑦ (*nicht leicht*) **es ~ haben** avoir la vie dure

Schwerarbeit *f kein Pl* travail *m* de force

schwerbehindert[ALT] *s.* **behindern Schwerbehinderte(r)** *f(m) dekl wie adj* handicapé(e) *m(f)* sévère

Schwere <-> *f* JUR, MED gravité *f*

schwerelos *adj* (*Gegenstand, Körper*) en apesanteur; (*Zustand*) d'apesanteur

Schwerelosigkeit <-> *f* apesanteur *f*

schwerfällig *adj* (*Person, Tier*) lourdaud(e); (*Bewegung*) pataud(e); (*Stil*) gauche

Schwergewicht *nt* ① (*Gewichtsklasse*) catégorie *f* [des] poids lourds ② (*Sportler*) poids *m* lourd **schwerhörig** *adj* malentendant(e) **Schwerhörigkeit** *f kein Pl* surdité *f* partielle **Schwerindustrie** *f* industrie *f* lourde **Schwerkraft** *f kein Pl* pesanteur *f* **Schwerkranke(r)** *f(m) dekl wie adj* malade *m/f* grave **Schwermetall** *nt* métal *m* lourd

S

schwermütig *adj* mélancolique **Schwerpunkt** *m* ❶ den ~ auf etw (*akk*) legen mettre l'accent sur qc ❷ PHYS centre *m* de gravité

Schwert [ʃveːɐ̯t] <-[e]s, -er> *nt* (*Waffe*) épée *f*

schwer|tun^ALT *s.* tun III.►

Schwerverbrecher(in) *m(f)* grand(e) criminel(le) *m(f)* **Schwerverletzte(r)** *f(m)* *dekl wie adj* blessé(e) *m(f)* grave **schwerwiegend** *adj* grave; (*Bedenken*) sérieux(-euse)

Schwester [ˈʃvɛstɐ] <-, -n> *f* ❶ a. REL sœur *f* ❷ (*Krankenschwester*) infirmière *f*

schwesterlich I. *adj* de sœur; (*Liebe*) d'une sœur II. *adv* comme des sœurs

schwieg [ʃviːk] *Imp von* **schweigen**

Schwiegereltern [ˈʃviːgɐʔɛltɐn] *Pl* beaux-parents *mpl* **Schwiegermutter** *f* belle-mère *f* **Schwiegersohn** *m* gendre *m* **Schwiegertochter** *f* belle-fille *f* **Schwiegervater** *m* beau-père *m*

Schwiele [ˈʃviːlə] <-, -n> *f* cal *m*

schwierig [ˈʃviːrɪç] *adj* difficile

Schwierigkeit <-, -en> *f* difficulté *f*; jdn in ~en bringen mettre qn en difficulté

schwillt [ʃvɪlt] *3. Pers Präs von* **schwellen**

Schwimmbad *nt* piscine *f*

schwimmen [ˈʃvɪmən] <schwamm, geschwommen> I. *vi* + *sein* ❶ nager ❷ (*treiben*) auf dem/im Wasser ~ (*Gegenstand*) flotter sur/surnager dans l'eau II. *vt* + *haben o sein* hundert Meter ~ nager un cent mètres

Schwimmer(in) [ˈʃvɪmɐ] <-s, -> *m(f)* nageur(-euse) *m(f)*

Schwimmhalle *f* piscine *f* couverte **Schwimmweste** *f* gilet *m* de sauvetage

Schwindel [ˈʃvɪndəl] <-s> *m* ❶ (*Betrug*) escroquerie *f* ❷ (*benommener Zustand*) vertige *m*

Schwindelanfall *m* étourdissement *m*

Schwindelei <-, -en> *f fam* bobard *m*

schwindelfrei *adj* ~ sein ne pas avoir le vertige

schwindelig *s.* **schwindlig**

schwindeln *vi fam* raconter des bobards

schwinden [ˈʃvɪndən] <schwand, geschwunden> *vi* + *sein geh* (*Ressourcen*) s'amenuiser; (*Interesse*) tomber

Schwindler(in) <-s, -> *m(f)* (*Betrüger*) escroc *m*

schwindlig *adj* jdm ist ~ qn a le vertige

schwingen [ˈʃvɪŋən] <schwang, geschwungen> I. *vt* + *haben* (*Fähnchen*) agiter; (*Schwert*) brandir II. *vi* + *haben o sein* (*Membran, Saite*) vibrer; (*Brücke*) osciller III. *vr* + *haben* sich aufs Motorrad ~ sauter sur sa moto

Schwingung <-, -en> *f* (*Pendelbewegung*) oscillation *f*

Schwips [ʃvɪps] <-es, -e> *m fam* einen ~ haben être pompette

schwirren [ˈʃvɪrən] *vi* + *sein* durch die Luft ~ (*Vögel*) voler dans un bruissement d'ailes

schwitzen [ˈʃvɪtsən] *vi* suer

Schwitzen <-s> *nt* transpiration *f*; ins ~ kommen se mettre à transpirer

schwoll [ʃvɔl] *Imp von* **schwellen**

schwören [ˈʃvøːrən] <schwor, geschworen> I. *vi* jurer II. *vt* ❶ einen Eid ~ prêter serment ❷ (*geloben*) jdm etw ~ jurer à qn qc ❸ (*fest versichern*) jdm ~ etw zu tun jurer à qn de faire qc

schwul [ʃvuːl] *adj fam* homo

schwül [ʃvyːl] *adj* lourd(e); es ist ~ il fait lourd

Schwule(r) *m dekl wie adj fam* homo *m*, pédé *m*

schwulstig [ˈʃvʊlstɪç] *adj* A *s.* **schwülstig**

schwülstig [ˈʃvʏlstɪç] *adj* (*Stil*) ampoulé(e)

Schwund [ʃvʊnt] <-[e]s> *m* (*Verlust*) perte *f*

Schwung [ʃvʊŋ, *Pl:* ˈʃvʏŋə] <-[e]s, Schwünge> *m* (*Bewegung*) élan *m*; ~ holen prendre son élan

schwunghaft *adj* florissant(e) **schwungvoll** I. *adj* (*Bewegung*) impétueux(-euse); (*Handschrift*) vigoureux(-euse) II. *adv* (*mit Schwung*) avec vivacité; (*mit Elan*) avec entrain

Schwur [ʃvuːɐ̯, *Pl:* ˈʃvyːrə] <-[e]s, Schwüre> *m* serment *m*

Schwurgericht *nt* cour *f* d'assises

Sciencefiction^RR [ˈsaɪəns'fɪkʃən] <-, -s> *f* science-fiction *f*

sechs [zɛks] *num* six; *s. a.* acht[^1]

Sechs <-, -en> *f* ❶ (*Zahl, Spielkarte, Augenzahl*) six *m* ❷ (*Schulnote*) ≈ zéro *m*; CH ≈ vingt *m*

Sechseck *nt* hexagone *m* **sechseckig** *adj* hexagonal(e)

sechseinhalb *num* ~ Meter six mètres et demi; *s. a.* **achteinhalb**

Sechser <-s, -> *m fam* ❶ (*Schulnote*) bulle *f* ❷ (*Lottogewinn*) six bons numéros *mpl* ❸ CH (*Schulnote*) ≈ vingt *m*

sechserlei *adj inv* ~ **Sorten Brot** six sortes de pain; *s. a.* **achterlei**

Sechserpack *m* pack *m* de six

sechsfach I. *adj* **die ~e Menge nehmen** prendre six fois la quantité **II.** *adv* (*falten*) en six; *s. a.* **achtfach sechshundert** *num* six cents **sechsmal** *adv* six fois; *s. a.* **achtmal**

sechst *adv* **zu ~ sein** être six; *s. a.* **acht**[2]

sechstausend *num* six mille

sechste(r, s) *adj* ① sixième ② (*bei Datumsangaben*) **der ~ März** le six mars; *s. a.* **achte(e, r)**

sechstel *adj* sixième; *s. a.* **achtel**

Sechstel <-s, -> *nt* sixième *m*

sechstens *adv* sixièmement

sechzehn ['zɛçtseːn] *num* seize; *s. a.* **acht**[1] **Sechzehntel** *nt a.* MATH seizième *m*

sechzig ['zɛçtsɪç] *num* soixante; *s. a.* **achtzig**

Sechzig <-, -en> *f* soixante *m*

sechziger *adj inv* **die ~ Jahre** les années *fpl* soixante; *s. a.* **achtziger**

sechzigste(r, s) *adj* soixantième; *s. a.* **achtzigste(r, s)**

Secondhandladen ['sɛkəndhɛndlaːdn] *m* friperie *f*

SED [ɛsʔeːˈdeː] <-> *f* HIST *Abk von* **Sozialistische Einheitspartei Deutschlands** *parti socialiste unifié de l'ex-R.D.A.*

See[1] [zeː] <-s, -n> *m* lac *m*

See[2] <-> *f kein Pl* (*Meer, ~gang*) mer *f*

Seebad *nt* station *f* balnéaire **Seegang** *m kein Pl* houle *f*; **starker ~** mer forte *f* **Seehund** *m* phoque *m* **Seeigel** *m* oursin *m* **seekrank** *adj* ~ **sein** avoir le mal de mer **Seekrankheit** *f kein Pl* mal *m* de mer **Seelachs** *m* colin *m*

Seele ['zeːlə] <-, -n> *f* ① REL âme *f* ② (*Psyche*) psychisme *m* ③ (*Herz*) **aus tiefster ~** de tout cœur

Seelenheil *nt* salut *m* [de l'âme] **Seelenruhe** *f* **in aller ~** en toute tranquillité **seelenruhig** *adv* tranquillement

Seeleute *Pl von* **Seemann**

seelisch I. *adj* psychique **II.** *adv* ~ **bedingt** (*Krankheit*) psychosomatique

Seelsorge *f kein Pl* direction *f* de conscience **Seelsorger(in)** <-s, -> *m(f)* directeur (-trice) *m(f)* de conscience

Seeluft *f kein Pl* air *m* marin **Seemann** <-leute> *m* marin *m* **Seemeile** *f* mille *m*

marin **Seenot** *f kein Pl* **in ~ geraten** se retrouver en [situation de] détresse **Seepferdchen** ['zeːpfeːɐ̯tçən] *nt* hippocampe *m* **Seeräuber** *m* pirate *m* **Seereise** *f* croisière *f* **Seerose** *f* ① BOT nénuphar *m* ② ZOOL anémone *f* de mer **Seestern** *m* étoile *f* de mer **Seetang** *m* fucus *m* **Seeweg** *m* voie *f* maritime **Seezunge** *f* sole *f*

Segel ['zeːgəl] <-s, -> *nt* voile *f*

Segelboot *nt* voilier *m* **segelfliegen** *vi nur Infin* faire du vol à voile **Segelfliegen** *nt* vol *m* à voile **Segelflugzeug** *nt* planeur *m* **Segeljacht** *f* yacht *m* à voiles

segeln *vi* + *sein* ① (*fahren*) naviguer [à la voile] ② (*den Segelsport betreiben*) faire de la voile

Segelschiff *nt* voilier *m* **Segeltuch** <-tuche> *nt* toile *f* [à voile]

Segen ['zeːgən] <-s, -> *m* bénédiction *f*

segensreich *adj geh* salutaire

Segler <-s, -> *m* ① navigateur *m* ② (*Segelschiff*) voilier *m*

segnen ['zeːgnən] *vt* bénir

sehbehindert *adj* malvoyant(e)

sehen ['zeːən] <sieht, sah, gesehen> **I.** *vt* ① voir; **sich ~ lassen** se manifester; **wieder ~** revoir ② (*an~: Fernsehfilm*) regarder; (*Theaterstück, Kinofilm*) voir ③ (*betrachten*) **so gesehen** vu sous cet angle ④ (*erleben, ertragen*) **etw nicht ~ können** ne pas supporter la vue de qc **II.** *vi* ① voir ② (*hinschauen*) **darf ich mal ~?** puis-je regarder?; **siehe oben/unten** (*Verweis*) voir plus haut/ci-dessous **III.** *vr* **sich** [**wieder**] ~ se [re]voir

Sehen <-s> *nt* **jdn vom ~ kennen** connaître qn de vue

Sehenswürdigkeit <-, -en> *f* curiosité *f*

Sehkraft *f kein Pl* vue *f*

Sehne ['zeːnə] <-, -n> *f* ① ANAT tendon *m* ② *a.* MATH corde *f*

sehnen ['zeːnən] *vr* **sich nach jdm/etw ~** rêver d'avoir qn/désirer [ardemment] qc

Sehnenscheidenentzündung *f* MED inflammation *f* du tendon

Sehnerv *m* nerf *m* optique

sehnig *adj* (*Person*) nerveux(-euse)

sehnlich I. *adj* (*Hoffnung, Wunsch*) ardent(e); (*Erwartung*) éperdu(e) **II.** *adv* ardemment

Sehnsucht <-, Sehnsüchte> *f* nostalgie *f*; ~ **nach jdm haben** se languir de qn

S

sehnsüchtig I. *adj attr* (*Blick*) nostalgique; (*Erwartung*) éperdu(e); (*Hoffnung*) ardent(e) **II.** *adv* ardemment

sehr [ze:ɐ̯] <**mehr**, **am meisten**> *adv* ❶ *mit Verb* beaucoup; **jdn ~ lieben** aimer beaucoup qn ❷ *mit adj, adv* très; **~ groß** très grand; **~ viel** énormément

Sehtest *m* test *m* visuel **Sehvermögen** *nt* kein Pl vue *f*

seicht [zaiçt] *adj* (*Gewässer*) peu profond(e); (*Unterhaltung*) insipide

seid [zait] *2. Pers Pl Präs von* **sein**[1]

Seide ['zaidə] <-, -n> *f* soie *f*

Seidenpapier *nt* papier *m* de soie **Seidenraupe** *f* ver *m* à soie

seidig *adj* soyeux(-euse)

Seife ['zaifə] <-, -n> *f* savon *m*

Seifenblase *f* bulle *f* de savon **Seifenoper** *f* soap-opéra *m*

Seil [zail] <-[e]s, -e> *nt* corde *f*; (*Drahtseil*) câble *m*

Seilbahn *f* (*auf Schienen*) funiculaire *m*; (*Drahtseilbahn*) téléphérique *m* **seil|springen** *vi irr, nur Infin und PP + sein* sauter à la corde **Seiltänzer(in)** *m(f)* funambule *mf*

sein[1] [zain] <bin, bist, ist, sind, seid, war, gewesen> **I.** *vi + sein* être; **so nett ~ etw zu tun** être assez gentil pour faire qc ❷ *mit nom* **Angestellter ~** être employé ❸ (*existieren*) exister; **hallo, ist da jemand?** ohé! il y a quelqu'un? ❹ (*herstammen*) **aus Frankreich ~** être [originaire] de France ❺ (*empfunden werden*) **jdm peinlich ~** gêner qn ❻ (*ergeben*) **2 und 2 ist 4** 2 et 2 font 4; **wie viel ist das?** ça fait combien? ❼ (*geschehen*) **was ist?** qu'est-ce qu'il y a? ❽ *mit modalem Hilfsverb* **~ können/dürfen** être possible; **das muss ~** c'est indispensable ❾ *mit zu und Infin* **das ist schwer zu sagen** c'est difficile à dire ►**das wär's!** c'est tout! **II.** *vi unpers + sein* ❶ *mit adj* **es ist schön, dass** c'est bien que + *subj* ❷ (*die betreffende Person sein*) **ich bin's!** *fam* c'est moi! ❸ (*bei Zeitangaben*) **es ist Montag** c'est lundi; **es ist Januar** on est en janvier; **es ist sieben Uhr** il est sept heures ❹ METEO **es ist warm** il fait chaud ❺ (*empfunden werden*) **jdm ist kalt** qn a froid ► **es sei denn ...** à moins que ... **III.** *aux mit PP* ❶ *zur Bildung des Zustandspassivs* **fotografiert worden ~** avoir été photographié(e) ❷ *zur Bildung des Perfekts* **gefahren/gesprungen ~** être allé/avoir sauté; **krank gewesen ~** avoir été malade

sein[2] *pron poss* ❶ **~ Bruder** son frère; **~e Schwester/Freundin** sa sœur/son amie; **~e Eltern** ses parents ❷ *substantivisch* **der/die/das ~e** le sien/la sienne; **das sind nicht meine Socken, sondern die ~en** ce ne sont pas mes chaussettes, mais les siennes

Sein <-s> *nt* être *m*

seiner *geh pron pers, gen von* **er**: **ich werde ~ gedenken** je me souviendrai de lui

seinerseits ['zainɐ'zaits] *adv* ❶ (*er wiederum*) de son côté ❷ (*was ihn betrifft*) pour sa part

seinerzeit *adv* à l'époque

seinesgleichen ['zainəs'glaiçən] *pron inv* ❶ *pej* (*Menschen seines Schlags*) [er und] [lui et] ses semblables ❷ (*Menschen wie er*) **nur mit ~ verkehren** n'avoir affaire qu'à ses semblables

seinetwegen ['zainət've:gən] *adv* ❶ (*wegen ihm*) à cause de lui ❷ (*ihm zuliebe*) pour lui

seinetwillen ['zainət'vilən] *adv* **um ~** [amour] pour lui

Seismograf[RR] [zaismo'graːf], **Seismograph** <-en, -en> *m* s[é]ismographe *m*

seit [zait] **I.** *präp + dat* depuis **II.** *konj s.* **seitdem II.**

seitdem [zait'de:m] **I.** *adv* depuis [ce moment-là] **II.** *konj* depuis que

Seite ['zaitə] <-, -n> *f* ❶ côté *m*; (*eines Würfels*) face *f*; **etw auf die ~ legen** mettre qc de côté ❷ (*Buchseite*) page *f* ❸ (*beteiligte Partei*) **auf jds ~** (*dat*) **sein** être du côté de qn ❹ (*Richtung*) **nach allen ~n** dans toutes les directions; **zur ~ gehen** s'écarter ►**auf der einen ~ ...**, **auf der anderen ~ ...** d'un côté ..., de l'autre ...; **~ an ~** côte à côte

Seitenansicht *f* vue *f* latérale **Seitenhieb** *m fig* coup *m* de griffe **Seitenlage** *f* position *f* latérale

seitens *präp + gen form* du côté de

Seitensprung *m fam* infidélité *f* **Seitenstechen** *nt kein Pl* point *m* de côté **Seitenstraße** *f* rue *f* latérale **Seitenstreifen** *m* (*der Straße*) bas-côté *m*; (*der Autobahn*) bande *f* d'arrêt d'urgence **seitenverkehrt** *adj, adv* à l'envers **Seitenzahl** *f* ❶ numéro *m* de page ❷ (*Anzahl der Seiten*) nombre *m* de pages

seither [za͜it'heːɐ̯] *adv* depuis [ce moment-là]
seitlich I. *adj* latéral(e) II. *präp + gen* à côté de III. *adv* sur le côté
seitwärts ['za͜itvɛrts] *adv* sur le côté
sek., Sek. *Abk von* **Sekunde** s
Sekret [zeˈkreːt] <-[e]s, -e> *nt* sécrétion *f*
Sekretär [zekreˈtɛːɐ̯] <-s, -e> *m* secrétaire *m*
Sekretär(in) [zekreˈtɛːɐ̯] <-s, -e> *m(f)* secrétaire *mf*
Sekretariat [zekretariˈaːt] <-[e]s, -e> *nt* secrétariat *m*
Sekt [zɛkt] <-[e]s, -e> *m* [vin *m*] mousseux *m*
Sekte ['zɛktə] <-, -n> *f* secte *f*
Sektflasche *f* bouteille *f* à champagne
Sektglas *nt* verre *m* à champagne
Sektor ['zɛktoːɐ̯] <-s, -toren> *m* secteur *m*
sekundär [zekʊnˈdɛːɐ̯] *adj geh* secondaire
Sekundarschule *f* CH ≈ collège *m*, ≈ C.E.S. *m* **Sekundarstufe** *f* ≈ secondaire *m*; ~ I/II ≈ premier/second cycle *m*
Sekunde [zeˈkʊndə] <-, -n> *f* seconde *f*
Sekundenzeiger *m* trotteuse *f*
selbe(r, s) ['zɛlbə, -bɐ, -bəs] *pron* même; **am ~n Tag** le même jour
selber s. **selbst**
selbig s. **selbe(r, s)**
selbst [zɛlbst] I. *pron dem* ➊ (*an sich*) **der Film/die Ferien ~** le film en lui-même/ les vacances en elles-mêmes ➋ (*in eigener Person*) **der Direktor ~** le directeur en personne ➌ (*persönlich*) **sie ist nicht mehr sie** ~ elle n'est plus elle-même ➍ (*ohne fremde Hilfe*) tout seul; **er macht das ~** il le fait lui-même II. *adv* ~ **du würdest ihm Recht geben** même toi, tu lui donnerais raison
Selbstachtung *f* amour-propre *m*
selbständig ['zɛlpʃtɛndıç] s. **selbstständig**
Selbstständige(r) s. **Selbstständige(r)**
Selbstbedienung *f* libre-service *m* **Selbstbefriedigung** *f* masturbation *f* **Selbstbeherrschung** *f* sang-froid *m* **Selbstbestimmung** *f kein Pl* autodétermination *f* **Selbstbeteiligung** *f* franchise *f*; (*bei Krankenkassen*) ticket *m* modérateur **selbstbewusst**ᴿᴿ *adj* sûr(e) de soi **Selbstbewusstsein**ᴿᴿ *nt* conscience *f* de sa propre valeur **Selbstdarstellung** *f* présentation *f* de soi **Selbsterkenntnis** *f kein Pl*
▶~ **ist der erste** <u>Schritt</u> **zur Besserung**

prov la connaissance de soi est la première condition du progrès **selbstgefällig** *adj* imbu(e) de sa personne **Selbstgespräch** *nt* soliloque *m*; ~**e führen** soliloquer **Selbsthilfe** *f kein Pl* **zur ~ greifen** s'organiser par ses propres moyens **Selbsthilfegruppe** *f* association *f* d'entraide **selbstklebend** *adj* autocollant(e) **Selbstkostenpreis** *m* **zum ~** à prix coûtant **selbstkritisch** *adj* (*Person*) critique envers soi-même **selbstlos** *adj* désintéressé(e) **Selbstmitleid** *nt* apitoiement *m* sur soi-même
Selbstmord *m* suicide *m*; ~ **begehen** se suicider **Selbstmörder(in)** *m(f)* suicidé(e) *m(f)* **selbstmörderisch** *adj* suicidaire **Selbstmordversuch** *m* tentative *f* de suicide
selbstsicher I. *adj* (*Person*) sûr(e) de soi; (*Art*) plein(e) d'assurance II. *adv* avec assurance **Selbstsicherheit** *f kein Pl* assurance *f*
selbstständigᴿᴿ I. *adj* (*Person, Handeln*) autonome; (*Tätigkeit*) indépendant(e); **sich als Übersetzer ~ machen** se mettre traducteur à son compte II. *adv* (*handeln*) de façon autonome
Selbstständige(r)ᴿᴿ *f(m) dekl wie adj* travailleur(-euse) *m(f)* indépendant(e)
selbsttätig *adj* automatique **selbstverständlich** I. *adj* tout(e) naturel(le); **das ist doch ~!** ça va de soi! II. *adv* [bien] évidemment; [aber] ~! [mais] bien entendu! **Selbstverständlichkeit** <-, -en> *f* évidence *f* **Selbstverteidigung** *f* autodéfense *f* **Selbstvertrauen** *nt* confiance *f* en soi **Selbstverwaltung** *f* gestion *f* autonome **Selbstverwirklichung** *f* épanouissement *m* personnel **Selbstwertgefühl** *nt* amour-propre *m* **Selbstzweck** *m kein Pl* fin *f* en soi
selektieren* *vt geh* sélectionner
Selen [zeˈleːn] <-s> *nt* CHEM sélénium *m*
selig ['zeːlıç] I. *adj* ➊ (*Gefühl*) de bonheur ➋ (~ *gesprochen*) bienheureux(-euse) *antéposé* II. *adv* ~ **sprechen** béatifier
Seligkeit <-> *f* ➊ (*Glücksgefühl*) [sentiment *m* de] béatitude *f* ➋ REL bonheur *m* éternel
selig|sprechenᴬᴸᵀ s. **selig** II.
Sellerie ['zɛləri] <-s, -[s]> *m*, <-, -> *f* A céleri *m*
selten ['zɛltən] I. *adj* rare II. *adv* rarement
Seltenheit <-> *f kein Pl* rareté *f*; **es ist eine ~, dass** il est rare que + *subj*

S

seltsam I. *adj* (*Person*) curieux(-euse); (*Aussehen*) bizarre II. *adv* (*sich benehmen*) bizarrement; ~ **schmecken** avoir un drôle de goût

seltsamerweise *adv* curieusement

Semantik [ze'mantɪk] <-> *f* LING sémantique *f*

Semester [ze'mɛstɐ] <-s, -> *nt* UNIV semestre *m* (*unité de temps utilisée pour le décompte des années d'études dans les universités allemandes*)

Semesterferien *Pl* vacances *fpl* semestrielles

Semikolon [zemi'koːlɔn] <-s, -s> *nt geh* point-virgule *m*

Seminar [zemi'naːɐ] <-s, -e *o* A -ien> *nt* ❶ (*Lehrveranstaltung*) séminaire *m* ❷ (*Universitätsinstitut*) institut *m*

Semit(in) [ze'miːt] <-en, -en> *m(f)* Sémite *mf*

semitisch *adj* sémite; (*Sprache*) sémitique

Semmel ['zɛməl] <-, -n> *f* A, SDEUTSCH petit pain *m*

Semmelknödel *m* A, SDEUTSCH boulette *f* à base de pain

Senat [ze'naːt] <-[e]s, -e> *m* ❶ POL (*in Berlin, Bremen und Hamburg*) sénat *m* (*nom donné au gouvernement régional*); (*in Frankreich und den USA*) Sénat *m* ❷ JUR cour *f* ❸ UNIV conseil *m* d'administration [de l'université]

Senator(in) [ze'naːtoːɐ] <-s, -toren> *m(f)* HIST, POL sénateur(-trice) *m(f)*

senden¹ ['zɛndən] <sendete, hat gesendet *o* CH sandte, hat gesandt> I. *vt* (*Film*) diffuser; (*Botschaft*) envoyer II. *vi* émettre

senden² <sandte, gesandt> *vt* (*Brief, Paket*) envoyer; **jdm etw** ~ adresser qc à qn

Sendepause *f* intermède *m*; (*zwischen Sendeschluss und Sendebeginn*) arrêt *m* des émissions

Sender <-s, -> *m* ❶ (*Sendeanstalt*) station *f* ❷ (*Sendegerät*) [poste *m*] émetteur *m*

Sendereihe *f* série *f* d'émissions **Sendeschluss**ᴿᴿ *m* fin *f* des programmes **Sendezeit** *f* temps *m* d'antenne

Sendung <-, -en> *f* ❶ (*Rundfunk-, Fernsehsendung*) émission *f* ❷ *kein Pl* **auf ~ sein** être à l'antenne ❸ (*Warensendung*) envoi *m*

Senf [zɛnf] <-[e]s, -e> *m* moutarde *f*

sengend *adj* (*Sonne*) brûlant(e); (*Hitze*) torride

senil [ze'niːl] *adj* sénile

senior ['zeːnjoːɐ] *adj inv* **Gustav Müller ~** Gustav Müller père

Senior(in) ['zeːnjoːɐ] <-s, Senioren> *m(f)* ❶ (*ältere Person*) personne *f* âgée ❷ *Pl* SPORT **die ~en** les seniors *mpl*

Senke ['zɛŋkə] <-, -n> *f* dépression *f* [de terrain]

senken ['zɛŋkən] I. *vt* (*Arm, Kopf*) baisser; (*Wasserstand*) abaisser; (*Steuern*) réduire; (*Fieber*) faire baisser II. *vr* **sich** ~ (*Grundwasserspiegel*) baisser

senkrecht *adj* vertical(e)

Senkrechte <-n, -n> *f dekl wie adj* perpendiculaire *f*

Senkung <-, -en> *f* ❶ (*des Erdbodens*) affaissement *m* ❷ *kein Pl* (*Verringerung*) réduction *f*

Sensation [zɛnza'tsjoːn] <-, -en> *f* sensation *f*

sensationell [zɛnzatsjo'nɛl] *adj* sensationnel(le)

Sense ['zɛnzə] <-, -n> *f* faux *f*

sensibel [zɛn'ziːbəl] I. *adj* sensible II. *adv* avec sensibilité

sensibilisieren* [zɛnzibili'ziːrən] *vt geh* **jdn für etw** ~ sensibiliser qn à qc

Sensibilität [zɛnzibili'tɛːt] <-, -en> *f geh* sensibilité *f*

Sensor ['zɛnzoːɐ] <-s, -soren> *m* capteur *m*

sentimental [zɛntimɛn'taːl] *adj* sentimental(e)

Sentimentalität [zɛntimɛntali'tɛːt] <-, -en> *f* sentimentalité *f*

separat [zepa'raːt] *adj* séparé(e)

separatistisch *adj* séparatiste

September [zɛp'tɛmbɐ] <-[s], -> *m* septembre *m*; *s. a.* **April**

Sequenz [ze'kvɛnts] <-, -en> *f* séquence *f*

Sera *Pl von* **Serum**

Serbe <-n, -n> *m*, **Serbin** *f* Serbe *mf*

Serbien ['zɛrbien] <-s> *nt* la Serbie

serbisch ['zɛrbɪʃ] *adj* serbe

serbokroatisch [zɛrbokro'aːtɪʃ] *adj* serbocroate

Seren *Pl von* **Serum**

Serie ['zeːriə] <-, -n> *f* série *f*

seriell *adj* (*Schnittstelle*) séquentiel(le)

serienmäßig I. *adj* (*Herstellung*) en série; (*Ausstattung*) de série II. *adv* (*herstellen*) en série

serienweise ['zeːriən-] *adv* COM en série

seriös [zeri'ø:s] *adj* sérieux(-euse)

Serpentine [zɛrpɛn'ti:nə] <-, -n> *f* route *f* en lacets

Serum ['ze:rʊm] <-s, Seren> *nt* sérum *m*

Server ['sœ:vɐ] <-s, -> *m* INFORM serveur *m*

Service¹ ['sœrvɪs] <-> *m* service *m*

Service² [zɛr'vi:s] <-[s], -> *nt* (*Geschirr*) service *m*

servieren* [zɛr'vi:rən] I. *vt* jdm etw ~ servir qc à qn II. *vi* faire le service

Serviette [zɛr'vi̯ɛtə] <-, -n> *f* serviette *f* |de table|

Servolenkung *f* direction *f* assistée

servus ['zɛrvʊs] *interj* A, SDEUTSCH salut (*fam*)

Sesam ['ze:zam] <-s, -s> *m* sésame *m*

Sesambrot *nt* pain *m* de sésame

Sessel ['zɛsəl] <-s, -> *m* ❶ fauteuil *m* ❷ A (*Stuhl*) chaise *f*

Sessellift *m* télésiège *m*

sesshaftᴿᴿ ['zɛshaft], **seßhaft**ᴬᴸᵀ *adj* sédentaire

Set [sɛt] <-s, -s> *m o nt* ❶ lot *m* ❷ (*Platzdeckchen*) set *m* |de table|

setzen ['zɛtsən] I. *vt + haben* ❶ das Kind auf den Stuhl ~ mettre l'enfant sur la chaise; den Hut auf den Kopf ~ mettre son chapeau ❷ (*Pflanze*) planter ❸ (*Denkmal*) élever ❹ (*Frist*) fixer ❺ (*Geldsumme*) miser ❻ (*erklären*) jdm etw auseinander ~ expliquer qc à qn II. *vr + haben* ❶ sich ~ (*Person, Tier*) s'asseoir; (*Vogel*) se poser; sich aufs Fahrrad ~ monter sur le vélo; sitz! assis! ❷ (*sich senken*) sich ~ (*Erdreich*) s'affaisser ❸ (*sich befassen*) sich mit jdm/etw auseinander ~ se pencher sur qn/qc III. *vi + haben* (*wetten*) auf jdn/etw ~ miser sur qn/qc

Setzerei [zɛtsə'raɪ] <-, -en> *f* TYP atelier *m* de composition

Seuche ['zɔʏçə] <-, -n> *f* épidémie *f*

seufzen ['zɔʏftsən] *vt, vi* soupirer

Seufzer <-s, -> *m* soupir *m*

Sex [zɛks] <-[es]> *m* sexe *m*

Sexfilm *m* film *m* érotique

Sexist(in) [zɛ'ksɪst] <-en, -en> *m(f)* sexiste *mf*

sexistisch *adj* sexiste

Sexshop [zɛks'ʃɔp] <-s, -s> *m* sex-shop *m*

Sextourismus *m* tourisme *m* sexuel

Sexualität [zɛksuali'tɛ:t] <-> *f* sexualité *f*

Sexualkunde *f kein Pl* éducation *f* sexuelle

Sexualtäter(in) *m(f)* auteur *mf* de délit sexuel

sexuell [zɛ'ksu̯ɛl] *adj* sexuel(le)

sexy ['zɛksi] *adj inv fam* sexy

sezieren* [ze'tsi:rən] *vt* (*Leiche*) disséquer

Shampoo ['ʃampu] <-s, -s> *nt* shampo|o|ing *m*

Shareware ['ʃɛ:evɛ:ɐ] <-, -s> *f* INFORM logiciel *m* contributif, partagiciel *m* (CAN)

Sherry ['ʃɛri] <-s, -s> *m* sherry *m*

Shift-Taste ['ʃɪftastə] *f* INFORM touche *f* Majuscule

Shirt [ʃœrt] <-s, -s> *nt* t|ee|-shirt *m*

Shortcut ['ʃɔ:tkʌt] *m* INFORM raccourci *m* clavier

Shorts [ʃɔrts] *Pl* short *m*

Show [ʃɔʊ] <-, -s> *f* show *m*

Showbusinessᴿᴿ ['ʃoʊ'bɪznɪs], **Showbusineß**ᴬᴸᵀ *nt kein Pl* show-business *m* **Showgeschäft** *s.* Showbusiness

siamesisch [zia'me:zɪʃ] *adj* siamois(e)

Siamkatze *f* chat *m* siamois

Sibirien [zi'bi:riən] <-s> *nt* la Sibérie

sibirisch *adj* sibérien(ne); (*Hauptstadt*) de la Sibérie

sich [zɪç] I. *pron refl, akk* se; (*Höflichkeitsform*) vous; ~ waschen se laver; stolz auf ~ sein être fier de soi II. *pron refl, dat* se; ~ die Haare waschen se laver les cheveux

Sichel ['zɪçəl] <-, -n> *f* faucille *f*; (*des Mondes*) croissant *m*

sicher ['zɪçɐ] I. *adj* ❶ (*gewiss*) certain(e); jdm ~ sein (*Sieg*) être assuré pour qn ❷ (*Arbeitsplatz, Zufluchtsort*) sûr(e); (*Abstand*) de sécurité; vor jdm/etw ~ sein (*Person*) être à l'abri de qn/qc ❸ (*Zusage*) ferme ▸~ ist ~ deux précautions valent mieux qu'une II. *adv* ❶ (*höchstwahrscheinlich*) certainement ❷ (*aufbewahren*) en sécurité ❸ (*fahren*) avec sûreté

sicher|gehen *vi irr + sein* prendre ses précautions

Sicherheit <-, -en> *f* ❶ *kein Pl* sécurité *f*; soziale ~ protection *f* sociale ❷ *kein Pl* (*Gewissheit*) certitude *f* ❸ *kein Pl* (*einer Methode*) fiabilité *f* ❹ (*Kaution*) caution *f*; FIN garantie *f*

Sicherheitsabstand *m* distance *f* de sécurité **Sicherheitsgurt** *m* ceinture *f* de sécurité **sicherheitshalber** *adv* par |mesure de| précaution **Sicherheitskopie** *f* INFORM |copie *f* de| sauvegarde *f* **Sicherheitsnadel** *f* épingle *f* de sûreté

S

sicherlich *adv* sûrement

sichern *vt* ❶ (*schützen*) protéger; (*Frieden*) assurer; (*Spuren*) relever; (*Daten*) sauvegarder ❷ (*Schusswaffe*) mettre le cran de sûreté à

sicher|stellen *vt* (*Diebesgut*) saisir

Sicherung <-, -en> *f* ❶ *kein Pl* INFORM sauvegarde *f* ❷ ELEC fusible *m*

Sicherungskopie *f* INFORM sauvegarde *f*

Sicht [zɪçt] <-> *f* ❶ vue *f* ❷ (*Betrachtungsweise*) vision *f*; **aus heutiger ~** du point de vue actuel ▶**auf lange ~** à long terme

sichtbar I. *adj* ❶ visible ❷ (*Fortschritt*) sensible II. *adv* (*altern*) nettement; (*sich verschlechtern*) sensiblement

sichten *vt* ❶ NAUT apercevoir ❷ (*Korrespondenz*) passer en revue

sichtlich *adj* visible

Sichtverhältnisse *Pl* [conditions *fpl* de] visibilité *f* **Sichtweite** *f* visibilité *f*; **außer/in ~ sein** être hors de/en vue

sickern [ˈzɪkən] *vi* ❶ *sein* suinter; **in den Erdboden ~** s'infiltrer dans la terre

sie¹ [ziː] I. *pron pers, 3. Pers Sing, nom* ❶ elle; **da kommt ~!** la voilà qui arrive! ❷ **eine Katze fotografieren, während ~ frisst** photographier un chat pendant qu'il mange II. *pron pers, 3. Pers Sing, akk* ❶ la; **ich werde ~ anrufen** je lui téléphonerai ❷ **da drüben ist eine Katze, siehst du ~?** là-bas, il y a un chat, tu le vois?

sie² I. *pron pers, 3. Pers Pl, nom* ❶ ils/elles; (*allein stehend*) eux; **da kommen ~!** les voilà qui arrivent! ❷ **den Katzen zuschauen, während ~ fressen** observer les chats pendant qu'ils mangent II. *pron pers, 3. Pers Pl, akk* ❶ **er begleitet ~** il les accompagne; **ich werde ~ fragen** je leur demanderai; **ohne ~** sans eux; (*auf ausschließlich weibliche Personen, Tiere bezogen*) sans elles ❷ (*allgemein auf Tiere und Sachen bezogen*) les

Sie¹ *pron pers, Höflichkeitsform* vous; **kommen ~ schnell!** venez vite!

Sie² <-> *nt* **jdn mit ~ anreden** vouvoyer qn

Sie³ <-, -s> *f fam* **eine ~** une nana; (*weibliches Tier*) une femelle; **Er sucht sportliche ~** Homme cherche femme sportive

Sieb [ziːp] <-[e]s, -e> *nt* (*Küchensieb*) passoire *f*; (*für Sand*) tamis *m*

sieben¹ *num* sept; *s. a.* **acht¹**

sieben² *vt* ❶ tamiser ❷ *fam* (*Bewerber*) faire

Sieben <-, - *o* -en> *f* sept *m*

siebenarmig *adj* à sept branches

siebeneinhalb *num* ~ **Meter** sept mètres et demi; *s. a.* **achteinhalb**

siebenerlei *adj inv* ~ **Sorten Brot** sept sortes de pain; *s. a.* **achterlei**

siebenfach I. *adj* **die ~e Menge nehmen** prendre sept fois plus II. *adv* (*falten*) sept fois; *s. a.* **achtfach siebenhundert** [ˈziːbənˈhʊndət] *num* sept cents **siebenjährig** *adj* (*Kind, Amtszeit*) de sept ans **siebenmal** *adv* sept fois; *s. a.* **achtmal Siebensachen** *Pl fam* **seine ~ packen** prendre ses cliques et ses claques **Siebenschläfer** *m* loir *m*

siebentägig *adj* de sept jours

siebentausend [ˈziːbənˈtaʊzənt] *num* sept mille

siebt *adj* **zu ~ sein** être [à] sept; *s. a.* **acht²**

siebte(r, s) *adj* ❶ septième ❷ (*bei Datumsangaben*) **der ~ Mai** le sept mai; *s. a.* **achte(r, s)**

siebtel *adj* septième; *s. a.* **achtel**

Siebtel <-s, -> *nt* MATH septième *m*

siebtens *adv* septièmement

siebzehn *num* dix-sept; *s. a.* **acht¹**

siebzig [ˈziːptsɪç] *num* soixante-dix, septante (BELG, CH) *s. a.* **achtzig**

Siebzig <-> *f* soixante-dix *m*, septante *m* (BELG, CH)

siebziger *adj inv* **die ~ Jahre** les années *fpl* soixante-dix; *s. a.* **achtziger**

Siebzigjährige(r) *f(m) dekl wie adj* homme *m*/femme *f* de soixante-dix ans

siedeln [ˈziːdəln] *vi* s'établir

sieden [ˈziːdən] *vi* bouillir

Siedepunkt *m* température *f* d'ébullition

Siedler(in) [ˈziːdlɐ] <-s, -> *m(f)* colon *m*

Siedlung <-, -en> *f* (*Wohnhausgruppe*) lotissement *m*

Sieg [ziːk] <-[e]s, -e> *m* victoire *f*

Siegel [ˈziːɡəl] <-s, -> *nt* ❶ (*Abdruck*) sceau *m* ❷ (*Stempel*) cachet *m*

siegen [ˈziːɡən] *vi* ❶ MIL être vainqueur ❷ SPORT gagner

Sieger(in) <-s, -> *m(f)* vainqueur *mf*

Siegerehrung *f* remise *f* des prix

siegessicher *adj* (*Person*) sûr(e) de la victoire

siegreich I. *adj* victorieux(-euse) II. *adv* en vainqueur

sieht [zi:t] *3. Pers Präs von* **sehen**

siezen ['zi:tsən] *vt* vouvoyer

Signal [zɪ'gna:l] <-s, -e> *nt* signal *m*

signalisieren* [zɪgnali'zi:rən] *vt* jdm etw ~ laisser entendre qc à qn

Signatur [zɪgna'tu:ɐ̯] <-, -en> *f* ❶ (*Buchsignatur*) cote *f* ❷ geh (*Unterschrift*) signature *f*

signieren* [zɪ'gni:rən] *vt* etw ~ signer qc; (*Schriftsteller*) dédicacer qc

Silbe ['zɪlbə] <-, -n> *f* syllabe *f*

Silbentrennung *f* en syllabes

Silber ['zɪlbɐ] <-s> *nt* ❶ (*Edelmetall*) argent *m* ❷ (*Tafelsilber*) argenterie *f*

Silberbesteck *nt* argenterie *f* **Silberhochzeit** *f* noces *fpl* d'argent **Silbermedaille** *f* médaille *f* d'argent

silbern *adj* (*aus Silber*) en argent

Silhouette [zi'lu̯ɛtə] <-, -n> *f* silhouette *f*

Silikon [zili'ko:n] <-s> *nt* CHEM silicone *f*

Silo ['zi:lo] <-s, -s> *m* silo *m*

Silvester [zɪl'vɛstɐ] <-s, -> *m o nt* Saint-Sylvestre *f*

> On passe la plupart du temps **Silvester** entre amis ou en famille. Après avoir mangé une fondue ou une raclette, on trinque à minuit avec du mousseux et on se souhaite "ein frohes neues Jahr„. Puis on allume des fusées et des feux d'artifice et les jeunes font claquer des pétards. Certains organisent ensuite un *Bleigießen* : on jette du plomb fondu dans de l'eau froide et on essaie de lire l'avenir dans les figures ainsi obtenues.

simpel ['zɪmpəl] *adj* simple

Sims [zɪms] <-es, -e> *m o nt* (*Fenstersims*) rebord *m*; (*Kaminsims*) corniche *f*

Simulant(in) [zimu'lant] <-en, -en> *m(f)* simulateur(-trice) *m(f)*

Simulation <-, -en> *f* simulation *f*

simulieren* [zimu'li:rən] *vt*, *vi* simuler

simultan [zimʊl'ta:n] geh adj simultané(e)

sind [zɪnt] *1. und 3. Pers Pl Präs von* **sein**[1]

Sinfonie [zɪnfo'ni:] <-, -n> *f* symphonie *f*

Sinfonieorchester *nt* orchestre *m* symphonique

Singapur ['zɪŋgapu:ɐ̯] <-s> *nt* Singapour *m*

singen ['zɪŋən] <sang, gesungen> *vi*, *vt* chanter

Single[1] ['sɪŋgl] <-, -s> *f* 45 tours *m*

Single[2] <-s, -s> *m* célibataire *mf*

Singular ['zɪŋgula:ɐ̯] <-s, -e> *m* LING singulier *m*

Singvogel *m* [oiseau *m*] chanteur *m*

sinken ['zɪŋkən] <sank, gesunken> *vi* + sein ❶ (*versinken*) couler ❷ (*Ballon*) descendre ❸ (*nieder~*) tomber ❹ (*Kurs, Fieber*) baisser

Sinn [zɪn] <-[e]s, -e> *m* ❶ kein Pl sens *m*; **das macht keinen ~** fam c'est n'importe quoi ❷ (*Verstand*) **bist du noch bei ~en?** tu as encore toute ta tête?

Sinnbild *nt* symbole *m* **sinnbildlich** *adj* symbolique

sinnen ['zɪnən] <sann, gesonnen> *vi* geh (*grübeln*) **über etw** (*akk*) ~ méditer sur qc; (*nachdenken*) réfléchir à qc

Sinnesorgan *nt* organe *m* sensoriel **Sinnestäuschung** *f* illusion *f* des sens **Sinneswandel** *m* revirement *m*

sinngemäß *adj*, *adv* en substance

sinnig *adj* sensé(e)

sinnlich I. *adj* (*Wahrnehmung*) sensoriel(le); (*Begierde*) sensuel(le) II. *adv* (*wahrnehmen*) au niveau sensoriel

Sinnlichkeit <-> *f* sensualité *f*

sinnlos I. *adj* ❶ (*Handlung*) absurde ❷ (*Anstrengung*) vain(e) II. *adv* ❶ (*nutzlos*) sans raison ❷ (*sich anstrengen*) en vain ❸ (*hemmungslos*) complètement

Sinnlosigkeit <-, -en> *f* ❶ (*Nutzlosigkeit*) absurdité *f* ❷ (*Vergeblichkeit*) vanité *f*

sinnvoll *adj* ❶ (*zweckmäßig*) sensé(e) ❷ (*erfüllend*) intéressant(e)

Sintflut ['zɪntflu:t] *f* déluge *m*

Sinti ['zɪnti] *Pl* Sinté *mpl*

Sinus ['zi:nʊs] <-, -> *m* MATH sinus *m*

Sippe ['zɪpə] <-, -n> *f* fam tribu *f*

Sirene [zi're:nə] <-, -n> *f* sirène *f*

Sirup ['zi:rʊp] <-s, -e> *m* (*Fruchtsirup*) sirop *m*

Sisal ['zi:zal] <-s> *m* sisal *m*

Site [saɪt] <-, -s> *f* INFORM site *m*

Sitte ['zɪtə] <-, -n> *f* ❶ (*Gepflogenheit*) coutume *f* ❷ meist Pl (*Benehmen*) manières *fpl*

Sittich ['zɪtɪç] <-s, -e> *m* perruche *f*

sittlich *adj* form moral(e)

Situation [zitua'tsi̯o:n] <-, -en> *f* situation *f*

situiert *adj* gut ~ sein avoir une bonne situation

Sitz [zɪts] <-es, -e> *m* (*~gelegenheit, Amtssitz*) siège *m*

Sitzblockade *f* sit-in *m*

S

sitzen ['zɪtsən] <saß, gesessen> vi + haben o A, CH, SDEUTSCH sein ❶ (a. Tiere) être assis; **beim Friseur/Essen** ~ être chez le coiffeur/à table ❷ fam (inhaftiert sein) être en taule ❸ (angebracht sein) **schief** ~ (Krawatte) être de travers; **gut** ~ (Hose) tomber bien ❹ (Bemerkung) faire mouche ►~ **bleiben** rester assis(e); (Schüler) redoubler; **lassen** fam (versetzen) poser un lapin à

sitzen|bleibenᴬᴸᵀ s. sitzen ► **sitzen|lassen**ᴬᴸᵀ s. sitzen ►

Sitzordnung f ❶ (Übersicht) plan m des places assises ❷ (Sitzanordnung) répartition f des sièges **Sitzplatz** m place f assise **Sitzstreik** m sit-in m

Sitzung <-, -en> f ❶ (Besprechung) réunion f ❷ (Kabinettssitzung) session f

sizilianisch adj sicilien(ne)

Sizilien [zi'tsi:liən] <-s> nt la Sicile

Skala ['ska:la] <-, Skalen> f (Gradeinteilung) échelle f graduée

Skalp [skalp] <-s, -e> m scalp m

Skalpell [skal'pɛl] <-s, -e> nt scalpel m

Skandal [skan'da:l] <-s, -e> m scandale m

skandalös [skanda'lø:s] adj scandaleux (-euse)

Skandinavien [skandi'na:viən] <-s> nt la Scandinavie

Skandinavier(in) <-s, -> m(f) Scandinave mf

skandinavisch [-'na:vɪʃ] adj scandinave

Skat [ska:t] <-[e]s, -e> m skat m (jeu de cartes à trois joueurs)

Skateboard ['skɛɪtbɔ:t] <-s, -s> nt skate [-board] m

skaten ['ske:tn] vi fam faire du roller

Skelett [ske'lɛt] <-[e]s, -e> nt squelette m

Skepsis ['skɛpsɪs] <-> f scepticisme m

skeptisch I. adj sceptique II. adv avec scepticisme

Sketch [skɛtʃ] <-[es], -e[s]> m sketch m, saynète f

Ski [ʃi:] <-s, - o er> m ski m

Skier ['ʃi:ɐ] Pl von Ski

Skifahren nt ski m **Skigebiet** nt domaine m skiable **Skiläufer(in)** m(f) skieur(-euse) m(f) **Skilehrer(in)** m(f) moniteur(-trice) m(f) de ski **Skilift** m téléski m

Skinhead ['skɪnhɛt] <-s, -s> m skin[head] mf

Skipassᴿᴿ m forfait m de ski **Skisport** m ski m **Skispringen** nt saut m à skis

Skizze ['skɪtsə] <-, -n> f (Zeichnung) esquisse f

skizzieren* [skɪ'tsi:rən] vt (zeichnen) esquisser

Sklave ['skla:və] <-n, -n> m, **Sklavin** f a. fig esclave mf

Sklavenhandel m commerce m des esclaves; (mit Schwarzen) traite f des noirs

Sklaverei [skla:və'raɪ] <-, -en> f esclavage m

Sklerose [skle'ro:zə] <-, -n> f MED **multiple** ~ sclérose f en plaques

Skonto ['skɔnto] <-s, -s> nt o m escompte m

Skorpion [skɔr'pjo:n] <-s, -e> m ❶ scorpion m ❷ ASTRO Scorpion m

Skript [skrɪpt] <-[e]s, -en> nt UNIV notes fpl [de cours]

Skrupel ['skru:pəl] <-s, -> m meist Pl scrupule m

skrupellos adj, adv sans scrupules

Skrupellosigkeit <-> f absence f de scrupules

Skulptur [skʊlp'tu:ɐ] <-, -en> f sculpture f

skurril [skʊ'ri:l] adj geh (Person) bizarre

Slalom ['sla:lɔm] <-s, -s> m a. SPORT slalom m

Slang [slɛŋ] <-s> m (saloppe Sprache) argot m

Slawe ['sla:və] <-n, -n> m, **Slawin** f Slave mf

slawisch adj slave

Slip [slɪp] <-s, -s> m slip m

Slipeinlage f protège-slip m

Slogan ['sloʊɡən] <-s, -s> m slogan m

Slowake [slo'va:kə] <-n, -n> m, **Slowakin** f Slovaque mf

Slowakei [slova'kaɪ] <-> f die ~ la Slovaquie

slowakisch I. adj slovaque II. adv ~ **miteinander sprechen** discuter en slovaque

Slowakisch <-[s]> nt kein art slovaque m, s. a. Deutsch

Slowene [slo've:nə] <-n, -n> m, **Slowenin** f Slovène mf

Slowenien [slo've:niən] <-s> nt la Slovénie

slowenisch I. adj slovène II. adv ~ **miteinander sprechen** discuter en slovène

Slowenisch <-[s]> nt kein art slovène m, s. a. Deutsch

Slum [slam] <-s, -s> m bidonville m

Small talk ['smɔ:ltɔ:k] <- -s> m brin m de causette

Smaragd [sma'rakt] <-[e]s, -e> m émeraude f

Smog [smɔk] <-[s], -s> m smog m

Smogalarm m alerte f au smog

Smoking ['smo:kɪŋ] <-s, -s> *m* smoking *m*

SMS *f* texto *m*

Snob [snɔp] <-s, -s> *m* snob *mf*

snobistisch [sno'bɪstɪʃ] *adj* snob

Snowboard ['snəʊbɔːt] <-s, -s> *nt* snowboard *m*

so [zo:] **I.** *adv* **❶** *mit adj, adv* si; ~ **groß wie ein Pferd** aussi grand(e) qu'un cheval; **es war ~ kalt, dass ...** il faisait tellement froid que ... **❷** *mit Verb* ~ |**sehr| lieben** aimer tellement **❸** *(auf diese Weise)* comme ça **❹** *(solch)* ~ **eine Gelegenheit** une occasion comme celle-là **❺** *(solchermaßen)* ~ **genannt** soi-disant *inv*; **es ist ~, wie du sagst** c'est comme tu dis **❻** *(gleichsam)* ~, **als ob ...** comme si ... **❼** *(etwa)* à peu près; ~ **gegen acht Uhr** aux environs de huit heures ▶~ **oder** ~ d'une manière ou d'une autre **II.** *konj* **❶** ~ **dass ...** à tel point que ... **❷** *(wie ... auch)* même si **III.** *interj (zusammenfassend)* bon; *(auffordernd)* allez

s.o. *Abk von* **siehe oben** voir plus haut

sobald [zo'balt] *konj* dès que ...

Söckchen <-s, -> *nt Dim von* **Socke** socquette *f*

Socke ['zɔkə] <-, -n> *f* chaussette *f*

Sockel ['zɔkəl] <-s, -> *m* **❶** *(eines Denkmals)* socle *m* **❷** ARCHIT soubassement *m*

sodassᴿᴿ, **sodaß**ᴬᴸᵀ [zo'das] *konj* à tel point que ...

Sodbrennen ['zo:tbrɛnən] *nt* brûlures *fpl* d'estomac

soeben [zo'ʔe:bən] *adv (gerade eben)* juste; **er ist ~ gegangen** il vient de partir

Sofa ['zo:fa] <-s, -s> *nt* canapé *m*

sofern [zo'fɛrn] *konj* si; ~ **nicht** à moins que + *subj*

soff [zɔf] *Imp von* **saufen**

sofort [zo'fɔrt] *adv* tout de suite

sofortig *adj* immédiat(e)

Software ['sɔftwɛːɐ̯] <-> *f* INFORM logiciel *m*

Softwarepaket *nt* INFORM progiciel *m*

sog [zo:k] *Imp von* **saugen**

sog. *adj Abk von* **so genannt**

Sog [zo:k] <-[e]s, -e> *m (eines Strudels)* remous *mpl*

sogar [zo'ga:ɐ̯] *adv* même

sogenanntᴬᴸᵀ *s.* **so I.5.**

Sohle ['zo:lə] <-, -n> *f* **❶** *(Schuhsohle)* semelle *f* **❷** *(Fußsohle)* plante *f* du pied

Sohn [zo:n, *Pl:* 'zø:nə] <-[e]s, Söhne> *m* fils *m*

Sojabohne *f* soja *m*

solang[e] *konj* tant que ...

Solarenergie *f* énergie *f* solaire

Solarium [zo'la:riʊm] <-s, -ien> *nt* solarium *m*

Solarzelle *f* photopile *f*

solch *adj inv* ~ **eine Frage** une question pareille

solche(r, s) *adj* ~ **Leute** de telles personnes

Sold [zɔlt] <-[e]s> *m* solde *f*

Soldat(in) [zɔl'da:t] <-en, -en> *m(f)* soldat(e) *m(f)*

Söldner(in) ['zœldnɐ] <-s, -> *m(f)* mercenaire *m*

Soli *Pl von* **Solo**

solidarisch [soli'da:rɪʃ] *adj* solidaire

solidarisieren* *vr* **sich mit jdm/etw ~** se solidariser avec qn/qc

Solidarität [zolidari'tɛ:t] <-> *f* solidarité *f*

Solidaritätsbeitrag *m* impôt *m* [de] solidarité

solid[e] *adj* **❶** *(stabil)* solide **❷** *(Lebenswandel)* sérieux(-euse)

Solist(in) [zo'lɪst] <-en, -en> *m(f)* soliste *mf*

Soll [zɔl] <-[s], -[s]> *nt* doit *m*

sollen¹ ['zɔlən] <sollte, ~> *aux modal* **❶** *(müssen)* **er soll zuhören** il doit écouter **❷** *(brauchen)* **du sollst dir deswegen keine Gedanken machen** tu n'as pas à te faire de souci pour ça **❸** *(können)* **man sollte annehmen, dass ...** on pourrait supposer que ... **❹** *(möglich sein)* **sollte ich vor ihr sterben ...** si je venais à mourir avant toi ...; **was soll das heißen?** qu'est ce que ça veut dire? **❺** *(vermuten)* **er soll abgereist sein** il paraît qu'il est parti **❻** *(dürfen)* **das hättest du nicht tun ~** tu n'aurais pas dû faire ça

sollen² <sollte, gesollt> *vi* **❶** *(gehen/kommen müssen)* **du solltest besser ins Bett** tu ferais mieux d'aller te coucher **❷** *fam (bedeuten)* **was soll die Frage?** que veut dire cette question? ▶**was soll's?** *fam* et alors?

solo ['zo:lo] *adj inv fam (ohne Partner)* ~ **sein** être seul

Solo ['zo:lo] <-s, Soli> *nt* solo *m*

somit [zo'mɪt] *adv* par conséquent

Sommer ['zɔmɐ] <-s, -> *m* été *m*

Sommeranfang *m* début *m* de l'été **Sommerferien** *Pl* SCHULE grandes vacances *fpl*

sommerlich *adj* estival(e)

S

Sommerloch *nt fam* creux *m* estival **Sommerschlussverkauf**ᴿᴿ *m* soldes *fpl* d'été **Sommersemester** *nt* semestre *m* d'été **Sommersprosse** *f meist Pl* tache *f* de rousseur **Sommerzeit** *f* (*Uhrzeit*) heure *f* d'été

Sonate [zo'naːtə] <-, -n> *f* sonate *f*

Sonde ['zɔndə] <-, -n> *f* MED, AVIAT sonde *f*

Sonderangebot *nt* offre *f* spéciale

sonderbar *adj* (*Person*) curieux(-euse); (*Verhalten*) étrange

Sonderfall *m* cas *m* particulier **Sondergenehmigung** *f* autorisation *f* spéciale

sonderlich I. *adj attr* particulier(-ière) **II.** *adv* particulièrement

Sondermarke *f* timbre *m* de collection **Sondermüll** *m* déchets *mpl* spéciaux

sondern ['zɔndɐn] *konj* mais

Sonderschule *f* école *f* spécialisée (*pour enfants déficients ou inadaptés*)

La **Sonderschule** est un établissement scolaire pour les enfants et jeunes adolescents présentant des troubles sociaux ou un handicap mental ou physique. Elle fait partie de l'ensemble du système éducatif public. Les professeurs qui y enseignent ont suivi une formation pédagogique spéciale.

sondieren* *vt, vi geh* sonder

Sonett [zo'nɛt] <-[e]s, -e> *nt* sonnet *m*

Song [sɔŋ] <-s, -s> *m fam* tube *m*

Sonnabend ['zɔnʔaːbənt] *m* NDEUTSCH samedi *m*

Sonne ['zɔnə] <-> *f* ❶ soleil *m* ❷ ASTRO Soleil *m*

sonnen *vr sich* ~ prendre un bain de soleil

Sonnenaufgang *m* lever *m* du soleil **Sonnenblume** *f* tournesol *m* **Sonnenbrand** *m* coup *m* de soleil **Sonnenbrille** *f* lunettes *fpl* de soleil **Sonnenenergie** *f* énergie *f* solaire **Sonnenfinsternis** *f* éclipse *f* de Soleil **Sonnenlicht** *nt kein Pl* lumière *f* du soleil **Sonnenschein** *m* soleil *m* **Sonnenschirm** *m* parasol *m* **Sonnenschutzcreme** *f* crème *f* de protection solaire **Sonnenstich** *m* insolation *f* **Sonnenstrahl** *m* rayon *m* de soleil **Sonnensystem** *nt* système *m* solaire **Sonnenuhr** *f* cadran *m* solaire **Sonnenuntergang** *m* coucher *m* de soleil

sonnig *adj* ensoleillé(e)

Sonntag ['zɔntaːk] *m* dimanche *m; s. a.* Dienstag

Sonntagabend *m* dimanche *m* soir

sonntäglich *adj* dominical(e)

Sonntagmorgen *m* dimanche *m* matin

sonntags *adv* le dimanche

sonn- und feiertags *adv* les dimanches et jours fériés

sonst [zɔnst] *adv* ❶ (*andernfalls*) sinon ❷ (*gewöhnlich*) d'habitude ❸ (*außerdem*) à part ça; |**darf es**| ~ **noch etwas** |**sein**|? et avec ça? ❹ *indef fam* ~ **was** n'importe quoi; ~ **wohin** quelque part ailleurs ❺ *fam* (*anders*) **wer** |**denn**| ~? qui d'autre?

sonstig *adj attr* autre *antéposé*

sonstwasᴬᴸᵀ *s.* sonst 4. **sonstwohin**ᴬᴸᵀ *s.* sonst 4.

sooft [zo'ʔɔft] *konj* tant que ...

Sopran [zo'praːn] <-s, -e> *m* (*Stimme*) soprano *m*

Sopranist(in) [zopra'nɪst] <-en, -en> *m(f)* soprano *mf*

Sorge ['zɔrgə] <-, -n> *f* souci *m;* **mit** ~ avec inquiétude ▶**lass das meine ~ sein!** laisse-moi faire!

sorgen I. *vi* **für jdn** ~ s'occuper de qn; **dafür ~, dass** veiller à ce que + *subj;* **für Aufsehen ~** faire du bruit **II.** *vr* **sich um jdn ~** se faire du souci pour qn

sorgenfrei *adj, adv* sans souci **sorgenvoll I.** *adj* (*Gesicht*) soucieux(-euse) **II.** *adv* avec inquiétude

Sorgerecht *nt kein Pl* droit *m* de garde des enfants

Sorgfalt ['zɔrkfalt] <-> *f* soin *m*

sorgfältig ['zɔrkfɛltɪç] *adj* (*Arbeit*) soigné(e)

sorglos *adj* (*achtlos*) négligent(e)

Sorglosigkeit <-> *f* insouciance *f*

sorgsam *adj geh s.* sorgfältig

Sorte ['zɔrtə] <-, -n> *f* ❶ (*Art*) sorte *f* ❷ *Pl* FIN devises *fpl*

sortieren* [zɔr'tiːrən] *vt* (*ordnen*) trier

Sortiment [zɔrti'mɛnt] <-[e]s, -e> *nt* assortiment *m*

SOS [ɛsoːˈʔɛs] <-, -> *nt* S.O.S. *m*

sosehr [zo'zeːɐ] *konj* ~ ... |**auch**| bien que + *subj*

Soße ['zoːsə] <-, -n> *f* sauce *f*

sott [zɔt] *Imp von* sieden

Souffleur [zuˈfløːɐ] <-s, -e> *m*, **Souffleuse** *f* souffleur(-euse) *m(f)*

souffllieren* [zuˈfliːrən] *vi* **jdm** ~ souffler à qn

Sound [saund] <-s, -s> *m fam* son *m*

Soundkarte *f* INFORM carte *f* son

Souvenir [zuvə'niːɐ̯] <-s, -s> *nt* souvenir *m*

souverän [zuvə'rɛːn] **I.** *adj* ❶ POL souverain(e) ❷ (*überlegen*) supérieur(e) **II.** *adv* (*überlegen*) suprêmement

Souveränität [zuvərɛni'tɛːt] <-> *f* souveraineté *f*

sovielALT1 [zo'fiːl] *adv s.* **viel I.1.**

soviel² *konj* |pour| autant que + *subj;* ~ **ich weiß** à ce que je sais

soweitALT1 [zo'vaɪt] *adv s.* **weit II.2., II.▶**

soweit² *konj* pour autant que + *subj*

sowenig *konj* ~ **mir das auch gefällt** même si ça ne me plaît pas beaucoup

sowie [zo'viː] *konj* ❶ (*sobald*) aussitôt que ... ❷ *form* (*und*) ainsi que

sowieso [zovi'zoː] *adv* en tout cas

sowjetisch *adj* soviétique

Sowjetunion *f* HIST **die** ~ l'Union *f* soviétique

sowohl [zo'voːl] *konj* ~ **... als auch ...** non seulement ..., mais |encore| ...

sozial [zo'tsi̯aːl] *adj* social(e)

Sozialabgaben *Pl* charges *fpl* sociales **Sozialamt** *nt* bureau *m* d'aide sociale **Sozialdemokrat(in)** *m(f)* social(e)·démocrate *m(f)* **sozialdemokratisch** *adj* social(e)·démocrate **Sozialhilfe** *f kein Pl* ≈ R.M.I. *m*

Sozialismus [zotsi̯a'lɪsmʊs] <-> *m* socialisme *m*

Sozialist(in) [zotsi̯a'lɪst] <-en, -en> *m(f)* socialiste *mf*

sozialistisch *adj* socialiste

Sozialleistungen *Pl* prestations *fpl* sociales **Sozialstaat** *m* État *m* social **Sozialversicherung** *f* assurance *f* sociale; (*in Frankreich*) Sécurité *f* sociale **Sozialwohnung** *f* ≈ H.L.M. *m o f*

Soziologe [zotsi̯o'loːgə] <-n, -n> *m*, **Soziologin** *f* sociologue *mf*

Soziologie [zotsi̯olo'giː] <-> *f* sociologie *f*

soziologisch [zotsi̯o'loːgɪʃ] *adj* sociologique

sozusagen [zoːtsu'zaːgən] *adv* pour ainsi dire

Spachtel ['ʃpaxtəl] <-s, -> *m* (*Werkzeug*) spatule *f*

spachteln I. *vt* mastiquer à la spatule **II.** *vi* mastiquer

Spagat [ʃpa'gaːt] <-[e]s, -e> *m o nt* SPORT grand écart *m*

Spaghetti [ʃpa'gɛti] *Pl* spaghetti *mpl*

spähen ['ʃpɛːən] *vi* (*blicken*) guetter

Spalier [ʃpa'liːɐ̯] <-s, -e> *nt fig* haie *f*

Spalt [ʃpalt] <-[e]s, -e> *m* ❶ (*Schlitz*) fente *f* ❷ (*Felsspalt*) fissure *f* ❸ (~*breit*) entrebâillement *m*

Spalte ['ʃpaltə] <-, -n> *f* ❶ (*breiter Riss*) fissure *f;* (*eines Gletschers*) crevasse *f* ❷ TYP colonne *f*

spalten I. *vt* ❶ < *PP* **gespalten**> (*Holz*) fendre ❷ PHYS diviser **II.** *vr* (*Fraktionen bilden*) **sich in zwei Lager** ~ se diviser en deux camps

Spaltung <-, -en> *f* ❶ PHYS fission *f* ❷ PSYCH ~ **der Persönlichkeit** dédoublement *m* de la personnalité

Span [ʃpaːn, *Pl:* 'ʃpɛːnə] <-[e]s, Späne> *m* copeau *m*

Spanferkel ['ʃpaːnfɛrkəl] *nt* cochon *m* de lait

Spange ['ʃpaŋə] <-, -n> *f* ❶ (*Haarspange*) barrette *f* ❷ (*Zahnspange*) appareil *m* |de correction| dentaire

Spanien ['ʃpaːni̯ən] <-s> *nt* l'Espagne *f*

Spanier(in) <-s, -> *m(f)* Espagnol(e) *m(f)*

spanisch I. *adj* espagnol(e) **II.** *adv* ~ **miteinander sprechen** discuter en espagnol **▶etw kommt jdm** ~ **vor** *fam* qc ne paraît pas |très| catholique à qn

Spanisch <-[s]> *nt kein art* espagnol *m; s. a.* **Deutsch**

spann [ʃpan] *Imp von* **spinnen**

Spanne ['ʃpanə] <-, -n> *f* (*Gewinnspanne*) marge *f*

spannen ['ʃpanən] **I.** *vt* ❶ (*straffen*) tendre; (*Muskel*) contracter ❷ (*auf~*) **etw über etw** (*akk*) ~ tendre qc au-dessus de qc **II.** *vi* (*Kleidungsstück*) serrer trop; (*Haut*) tirer

spannend *adj* (*Film*) captivant(e)

Spanner <-s, -> *m fam* (*Voyeur*) voyeur *m*

Spannkraft *f kein Pl* vigueur *f*

Spannung <-, -en> *f* ❶ *kein Pl* (*fesselnde Art*) suspense *m;* (*gespannte Erwartung*) tension *f* |nerveuse| ❷ ELEC tension *f*

Spannweite *f* (*der Flügel*) envergure *f*

Sparbuch *nt* livret *m* |de caisse| d'épargne

Sparbüchse *f* tirelire *f*

sparen ['ʃpaːrən] **I.** *vt* ❶ (*Betrag*) épargner ❷ (*Zeit*) économiser ❸ (*unterlassen*) **sich** (*dat*) **einen Ratschlag** ~ garder un conseil pour soi **II.** *vi* ❶ épargner ❷ (*sparsam sein*) se montrer économe; **an etw** (*dat*) ~ rogner sur qc

S

Sparer(in) <-s, -> m(f) épargnant(e) m(f)
Sparflamme f petite flamme f ▶auf ~ **arbeiten** fam bosser au ralenti
Spargel ['ʃpargəl] <-s, -> m asperge f
Sparkasse f caisse f d'épargne
spärlich ['ʃpɛːɐlɪç] I. adj (Haarwuchs) clair-
semé(e) II. adv peu
sparsam I. adj (Person) économe; (Motor)
économique II. adv (verwenden) avec parci-
monie
Sparsamkeit <-> f [sens m de l']économie f
Sparschwein nt tirelire f
spartanisch adj (Leben) de Spartiate
Sparte ['ʃpartə] <-, -n> f ① (Branche) branche f ② (Spezialbereich) spécialité f ③ (Rubrik) rubrique f
Spaß [ʃpaːs, Pl: 'ʃpɛːsə] <-es, Späße> f
① kein Pl (Vergnügen) divertissement m;
(Freude) plaisir m; **viel ~!** amuse-toi/amu-
sez-vous bien! ② (Scherz) plaisanterie f
spaßen vi plaisanter
spaßig adj **eine ~e Geschichte** une drôle
d'histoire
Spaßverderber(in) <-s, -> m(f) rabat-joie m
Spaßvogel m plaisantin m
spastisch ['ʃpastɪʃ] adj spastique
spät [ʃpɛːt] I. adj ① **es ist ~** il est tard; **wie
~ ist es?** quelle heure est-il? ② (die Spät-
phase betreffend) tardif(-ive) II. adv |zu| ~
[trop] tard
spätabends adv tard dans la soirée
Spatel ['ʃpaːtəl] <-s, -> m MED spatule f
Spaten ['ʃpaːtən] <-s, -> m bêche f
später ['ʃpɛːtɐ] I. adj (Generation) futur(e)
II. adv plus tard
spätestens adv au plus tard
Spätfolgen Pl (einer Krankheit) séquelles fpl
tardives **Spätschicht** f équipe f du soir
Spätsommer m fin f de l'été
Spatz [ʃpats] <-en, -en> m moineau m
Spätzle ['ʃpɛtslə] Pl GASTR spaetzle fpl (spécialité de pâtes alsacienne et souabe)
spazieren* [ʃpaˈtsiːrən] vi + sein **mit jdm ~
gehen** aller se promener avec qn
spazieren|gehenᴬᴸᵀ s. **spazieren**
Spaziergang <-gänge> m promenade f [à
pied] **Spaziergänger(in)** [ʃpaˈtsiːɐɡɛŋɐ]
<-s, -> m(f) promeneur(-euse) m(f)
SPD [ɛspeːˈdeː] <-> f Abk von **Sozialdemo-
kratische Partei Deutschlands** parti
social-démocrate allemand
Specht [ʃpɛçt] <-[e]s, -e> m pic m

Speck [ʃpɛk] <-[e]s, -e> m lard m
Spediteur(in) [ʃpediˈtøːɐ] <-s, -e> m(f)
transporteur m
Spedition [ʃpediˈtsjoːn] <-, -en> f entreprise
f de transport
Speer [ʃpeːɐ] <-[e]s, -e> m javelot m
Speiche ['ʃpaɪçə] <-, -n> f (eines Rads)
rayon m
Speichel ['ʃpaɪçəl] <-s> m salive f
Speicher ['ʃpaɪçɐ] <-s, -> m INFORM mémoire f
Speicherchip m INFORM puce f à mémoire
Speicherkapazität f INFORM capacité f de
mémoire
speichern vt, vi INFORM sauvegarder
Speicherung <-, -en> f INFORM sauvegarde f
speien ['ʃpaɪən] <spie, gespien> vt geh (Lava) cracher; (Blut) vomir
Speise ['ʃpaɪzə] <-, -n> f ① meist Pl geh (Gericht) repas m ② (Nahrung) nourriture f
Speisekammer f cellier m **Speisekarte** f
carte f
speisen I. vi geh se restaurer II. vt ① geh
(essen) consommer ② (Stromnetz) alimenter
Speiseröhre f œsophage m **Speisesaal** m
salle f à manger **Speisewagen** m wagon-
restaurant m
Spektakel¹ [ʃpɛkˈtaːkəl] <-s, -> m fam tintouin m
Spektakel² <-s, -> nt (Schauspiel) spectacle
m
spektakulär [ʃpɛktakuˈlɛːɐ] adj spectaculaire
Spektrum ['ʃpɛktrʊm] <-s, Spektren> nt
PHYS spectre m
Spekulation [ʃpekulaˈtsjoːn] <-, -en> f spéculation f
spekulativ adj geh spéculatif(-ive)
spekulieren* [ʃpekuˈliːrən] vi ① fam (rechnen) **auf etw** (akk) ~ spéculer sur qc
② (Spekulant sein) **an der Börse ~** spéculer
à la bourse
Spelunke [ʃpeˈlʊŋkə] <-, -n> f pej fam boui
[-]boui m
spendabel [ʃpɛnˈdaːbəl] adj fam généreux
(-euse)
Spende ['ʃpɛndə] <-, -n> f don m
spenden I. vt a. MED donner II. vi **für jdn/
etw ~** faire un don pour qn/qc
Spender(in) <-s, -> m(f) (Person) donateur
m/donatrice f; MED donneur m/donneuse f

spendieren* [ʃpɛn'diːrən] *vt fam* **jdm etw ~** payer qc à qn

Sperber <-s, -> *m* épervier *m*

Sperling ['ʃpɛrlɪŋ] <-s, -e> *m* moineau *m*

Sperma ['ʃpɛrma] <-s, Spermen> *nt* sperme *m*

sperrangelweit [ʃpɛr'ʔaŋəl'vait] *adv fam* **~ offen** grand ouvert(e)

Sperre ['ʃpɛrə] <-, -n> *f* ❶ (*der Polizei*) barrage *m* ❷ (*Barrikade*) barricade *f* ❸ (*Spielverbot*) suspension *f*

sperren ['ʃpɛrən] **I.** *vt* ❶ (*Grenze*) fermer; (*Gebiet*) interdire ❷ (*Kredit*) bloquer; (*Telefon*) couper ❸ (*ein~*) enfermer ❹ SPORT suspendre **II.** *vr* **sich ~** se braquer

Sperrgebiet *nt* zone *f* interdite

sperrig *adj* (*Gegenstand*) encombrant(e)

Sperrmüll *m* ❶ (*Müll*) vieux objets encombrants dont on veut se débarrasser ❷ (*~abfuhr*) collecte de vieux objets encombrants

Afin de se débarrasser des vieux meubles qui s'entassent dans leurs greniers ou dans leurs caves, on dispose en Allemagne, une ou deux fois par an, selon les municipalités, du **Sperrmüll**. Il s'agit d'un ramassage municipal et collectif des objets encombrants dont on ne veut plus et que l'on dépose tout simplement sur le trottoir devant sa maison à une date fixe.

Sperrung <-, -en> *f* ❶ (*Schließung*) fermeture *f* ❷ (*eines Kontos, Kredits*) blocage *m*

Spesen ['ʃpeːzən] *Pl* frais *mpl* [de gestion]

Spezialgebiet [ʃpe'tsiːalɡəbiːt] *nt* spécialité *f*

spezialisieren* [ʃpetsiali'ziːrən] *vr* **sich auf etw** (*akk*) **~** se spécialiser dans qc

Spezialist(in) [ʃpetsiaˈlɪst] <-en, -en> *m(f)* spécialiste *mf*

Spezialität [ʃpetsialiˈtɛːt] <-, -en> *f* spécialité *f*

speziell [ʃpeˈtsi̯ɛl] *adj* spécial(e)

Spezies ['ʃpeːtsiːɛs, 'sp-] <-, -> *f* espèce *f*

spezifisch [ʃpeˈtsiːfɪʃ] *adj* spécifique

spezifizieren* *vt* préciser

Sphäre ['sfɛːrə] <-, -n> *f* sphère *f*

Sphinx [sfɪŋks] <-, -e> *f* sphinx *m*

spie [ʃpiː] *Imp von* **speien**

Spiegel ['ʃpiːɡəl] <-s, -> *m* miroir *m*

Spiegelbild *nt* reflet *m* **spiegelglatt** *adj* (*Straße*) très glissant(e)

spiegeln I. *vi* ❶ (*spiegelblank sein*) briller ❷ (*reflektieren*) miroiter **II.** *vr* **sich in etw** (*dat*) **~** se refléter dans qc

Spiegelreflexkamera *f* [appareil *m*] reflex *m*

Spiel [ʃpiːl] <-[e]s, -e> *nt* ❶ jeu *m* ❷ SPORT match *m*; **die Olympischen ~e** les Jeux olympiques ❸ SPIEL. (*Partie*) partie *f* ▶**jdn/etw aus dem ~ lassen** laisser qn/qc en dehors de ça

Spielautomat *m* machine *f* à sous

spielen I. *vt* ❶ **Domino/Fußball ~** jouer aux dominos/au football ❷ MUS **Klavier ~** jouer du piano ❸ (*Rolle*) jouer **II.** *vi* jouer; **gegen jdn ~** SPORT jouer contre qn

spielend *adv* facilement

Spieler(in) <-s, -> *m(f)* joueur(-euse) *m(f)*

Spielerei [ʃpiːləˈrai] <-, -en> *f kein Pl* (*Kinderspiel*) rigolade *f* (*fam*)

spielerisch I. *adj* (*Eleganz*) désinvolte; (*Leistung*) technique **II.** *adv* (*bewältigen*) avec désinvolture

Spielfeld *nt* terrain *m*; (*Tennisplatz*) court *m* **Spielfilm** *m* film *m* **Spielkasino** *nt* casino *m* **Spielplatz** *m* terrain *m* de jeux **Spielraum** *m* marge *f* de manœuvre **Spielregel** *f meist Pl* règle *f* du jeu **Spielsachen** *Pl* jouets *mpl* **Spielstand** *m* score *m* **Spielverderber(in)** <-s, -> *m(f)* rabat-joie *mf inv* **Spielwaren** *Pl* jouets *mpl* **Spielzeit** *f* ❶ SPORT temps *m* réglementaire ❷ (*Theatersaison*) saison *f* **Spielzeug** *nt* jouet *m*

Spieß [ʃpiːs] <-es, -e> *m* (*Bratenspieß*) broche *f*; (*klein*) brochette *f*

Spießer(in) <-s, -> *m(f) fam* petit(e)-bourge *m*

spießbig *adj fam* petit(e)-bourgeois(e)

Spikes [ʃpaiks] *Pl* (*an Sportschuhen*) crampons *mpl*

Spinat [ʃpiˈnaːt] <-[e]s> *m* ❶ BOT épinard *m* ❷ GASTR épinards *mpl*

Spind [ʃpɪnt] <-[e]s, -e> *m* armoire *f* métallique

Spindel ['ʃpɪndəl] <-, -n> *f* (*eines Spinnrads*) fuseau *m*

spindeldürr ['ʃpɪndəl'dʏr] *adj fam* (*Person*) maigre comme un clou

Spinne ['ʃpɪnə] <-, -n> *f* araignée *f*

spinnen ['ʃpɪnən] <spann, gesponnen> **I.** *vt* (*Netz*) filer **II.** *vi* ❶ (*am Spinnrad*) filer ❷ *fam* (*verrückt sein*) débloquer

Spinnennetz *nt* toile *f* d'araignée

S

Spinner(in) <-s, -> *m(f) fam* (*verrückter Mensch*) cinglé(e) *m(f)*

Spinnerei [ʃpɪnəˈraɪ] <-, -en> *f* ❶ (*Textilbetrieb*) filature *f* ❷ *kein Pl pej fam* (*Blödsinn*) connerie *f*

Spinnrad *nt* rouet *m*

Spion [ʃpi̯oːn] <-s, -e> *m* ❶ (*Kundschafter*) espion *m* ❷ *fam* (*Türspion*) judas *m*

Spionage [ʃpi̯oˈnaːʒə] <-> *f* espionnage *m*

spionieren* [ʃpi̯oˈniːrən] *vi* ❶ (*als Spion tätig sein*) faire de l'espionnage ❷ *fam* (*heimlich lauschen*) espionner

Spionin <-, -nen> *f* espionne *f*

Spirale [ʃpiˈraːlə] <-, -n> *f* ❶ spirale *f* ❷ MED stérilet *m*

Spirituosen *Pl* GASTR *form* spiritueux *mpl*

Spiritus [ˈʃpiːrɪtʊs] <-> *m* alcool [à brûler] *m*

Spital [ʃpiˈtaːl, *Pl:* ʃpiˈtɛːlə] <-s, Spitäler> *nt* A, CH hôpital *m*

spitz [ʃpɪts] I. *adj* pointu(e); (*Winkel, Schrei*) aigu(ë); (*Bemerkung*) acéré(e) II. *adv* (*~züngig*) d'un ton piquant

Spitzbart *m* (*Bart*) bouc *m* **Spitzbube** [ˈʃpɪtsbuːbə] *m fam* galopin *m* **spitzbübisch** [ˈʃpɪtsbyːbɪʃ] *adj* (*Grinsen*) malicieux(-euse)

Spitze [ˈʃpɪtsə] <-, -n> *f* ❶ (*spitzes Ende*) pointe *f* ❷ (*eines Zugs*) tête *f* ❸ TEXTIL dentelle *f*

Spitzel [ˈʃpɪtsəl] <-s, -> *m* indicateur *m*

spitzeln *vi* être un indicateur

spitzen *vt* ❶ (*Bleistift*) tailler ❷ (*aufstellen*) **die Ohren ~** tendre l'oreille

Spitzenkandidat(in) *m(f)* tête *f* de liste **Spitzenleistung** *f* prouesse *f* **Spitzenreiter(in)** *m(f)* (*Mensch*) leader *m* **Spitzensportler(in)** *m(f)* sportif(-ive) *m(f)* de haut niveau **Spitzentechnologie** *f* technologie *f* de pointe

spitzfindig I. *adj* (*haarspalterisch*) pointilleux(-euse) II. *adv* en ergotant **Spitzfindigkeit** <-, -en> *f* (*Äußerung*) ergoterie *f* **Spitzname** *m* sobriquet *m*

Spleen [ʃpliːn] <-s, -s> *m fam* dada *m*

Spliss^RR [ˈʃplɪs] <-es>, **Spliß**^ALT <-sses> *m* (*Haarspliss*) fourches *fpl*

splitten [ˈʃplɪtn] *vt* répartir

Splitter [ˈʃplɪtɐ] <-s, -> *m* éclat *m*; (*Glassplitter*) éclat de verre

splittern *vi* ❶ + *sein* (*Glas*) voler en éclats ❷ + *haben* (*Splitter bilden*) se fragmenter

splitternackt *adj, adv fam* [complètement] à poil

SPÖ [ɛspeːˈʔøː] <-> *f Abk von* **Sozialistische Partei Österreichs** *parti social démocrate autrichien*

Spoiler [ˈʃpɔylɐ] <-s, -> *m* spoiler *m*

sponsern [ˈʃpɔnzɐn] *vt* sponsoriser

Sponsor [ˈʃpɔnzɐ] <-s, -soren> *m*, **Sponsorin** *f* sponsor *m*

spontan [ʃpɔnˈtaːn] *adj* spontané(e)

Spontaneität [ʃpɔntaneiˈtɛːt] <-> *f geh* spontanéité *f*

sporadisch [ʃpoˈraːdɪʃ] *adj* sporadique

Sporn [ʃpɔrn, *Pl:* ˈʃpoːrən] <-[e]s, Sporen> *m meist Pl* éperon *m*

Sport [ʃpɔrt] <-[e]s> *m* sport *m*

Sportart *f* discipline *f* [sportive] **Sporthalle** gymnase *m*; (*für Sportveranstaltungen*) salle *f* de sport **Sportlehrer(in)** *m(f)* professeur *m* f d'éducation physique et sportive

Sportler(in) <-s, -> *m(f)* sportif(-ive) *m(f)*

sportlich I. *adj* (*Person*) sportif(-ive); (*Kleidung*) de sport *inv* II. *adv* **sich ~ betätigen** faire du sport

Sportplatz *m* terrain *m* de sport

Sportverein *m* club *m* sportif **Sportwagen** *m* ❶ (*Auto*) voiture *f* de sport ❷ (*Kinderwagen*) poussette *f*

Spot [spɔt] <-s, -s> *m* spot *m*

Spott [ʃpɔt] <-[e]s> *m* moquerie *f*

spottbillig [ˈʃpɔtˈbɪlɪç] *fam* I. *adj* vraiment donné(e) II. *adv* pour que dalle

spötteln [ˈʃpœtəln] *s.* **spotten**

spotten [ˈʃpɔtən] *vi* **über jdn/etw ~** se moquer de qn/qc

Spötter(in) [ˈʃpœtɐ] <-s, -> *m(f)* moqueur (-euse) *m(f)*

spöttisch *adj* moqueur(-euse)

Spottpreis *m* prix *m* ridicule

sprach [ʃpraːx] *Imp von* **sprechen**

Sprache [ˈʃpraːxə] <-, -n> *f* ❶ langue *f* ❷ *kein Pl* (*Ausdrucksweise, Sprachfähigkeit*) langage *m*; **hast du die ~ verloren?** tu as perdu la langue?

Sprachfehler *m* défaut *m* de prononciation **Sprachführer** *m* guide *m* de conversation **Sprachgefühl** *nt kein Pl* sens *m* de la langue **Sprachkenntnisse** *Pl* (*einer Sprache, mehrerer Sprachen*) connaissances *fpl* de la langue/des langues **Sprachkurs** *m* cours *m* de langue **Sprachlabor** *nt* laboratoire *m* de langues

sprachlich *adj* linguistique

sprachlos *adj* muet(te) **Sprachrohr** ▶ sich

zum ~ einer S. machen se faire le porte-parole de qc **Sprachwissenschaft** *f* linguistique *f*

sprang [ʃpraŋ] *Imp von* **springen**

Spray [ʃpreː] <-s, -s> *m o nt* aérosol *m*; (*Kosmetikspray*) spray *m*

Spraydose ['ʃpreː-, 'spreː-] *f* (*Kosmetikspraydose*) spray *m*

sprayen ['ʃpreːən] **I.** *vi* peindre à la bombe **II.** *vt* (*Parole*) bomber (*fam*)

Sprechanlage *f* interphone *m* **Sprechblase** *f* bulle *f*

sprechen ['ʃprɛçən] <spricht, sprach, gesprochen> **I.** *vi* ❶ (*reden*) parler ❷ (*telefonieren*) **mit jdm ~** parler à qn [au téléphone] ❸ (*empfangen*) **für niemanden zu ~ sein** n'être là pour personne ❹ (*tratschen*) **über jdn ~** raconter des choses sur qn ❺ (*eintreten*) **für jdn ~** plaider en faveur de qn **II.** *vt* ❶ (*Wort*) dire; (*Nachrichten*) présenter ❷ (*beherrschen*) **~ Sie Chinesisch?** parlez-vous [le] chinois? ❸ (*sich unterreden mit*) parler à

Sprechen <-s> *nt* (*das Reden*) **beim ~** en parlant

Sprecher(in) <-s, -> *m(f)* ❶ (*Wortführer*) porte-parole *m inv* ❷ (*Rundfunksprecher*) présentateur(-trice) *m(f)*

Sprechstunde *f* consultation *f* **Sprechzimmer** *nt* cabinet *m*

spreizen ['ʃpraitsən] *vt* (*Beine*) écarter; (*Flügel*) déployer

sprengen ['ʃprɛŋən] *vt* ❶ (*mit Sprengstoff zerstören*) faire sauter ❷ (*Versammlung*) disperser ❸ (*Rasen*) arroser

Sprengkopf *m* tête *f* explosive **Sprengstoff** *m* ❶ explosif *m* ❷ *fig* dynamite *f*

Spreu [ʃprɔy] <-> *f* bal[l]e *f*

spricht [ʃprɪçt] *3. Pers Präs von* **sprechen**

Sprichwort ['ʃprɪçvɔrt] *nt* proverbe *m*

sprichwörtlich *adj* proverbial(e)

sprießen ['ʃpriːsən] <spross, gesprossen> *vi + sein* (*Knospe*) éclore; (*Haare*) pousser

Springbrunnen *m* fontaine *f*

springen ['ʃprɪŋən] <sprang, gesprungen> **I.** *vi + sein* ❶ (*hüpfen*) sauter ❷ (*Vase*) se fendre **II.** *vt + haben o sein* (*vier Meter*) sauter

Springer <-s, -> *m* (*beim Schach*) cavalier *m*

Springform *f* moule *m* au bord amovible

Sprint [ʃprɪnt] <-s, -s> *m* sprint *m*

sprinten ['ʃprɪntən] *vi + sein* ❶ SPORT sprin-

ter ❷ *fam* (*schnell laufen*) **über die Straße ~** traverser la rue au sprint

Sprinter(in) <-s, -> *m(f)* sprinte[u]r(-euse) *m(f)*

Sprit [ʃprɪt] <-[e]s> *m fam* (*Benzin*) essence *f*

Spritze ['ʃprɪtsə] <-, -n> *f* ❶ (*Injektionsspritze*) seringue *f* ❷ (*Injektion*) piqûre *f*

spritzen ['ʃprɪtsən] **I.** *vi* ❶ + *haben o sein* (*Fett, Wasser*) gicler ❷ + *haben* MED faire une piqûre/des piqûres **II.** *vt* + *haben* ❶ (*Auto*) peindre au pistolet ❷ (*Rasen*) arroser ❸ MED **jdm Insulin ~** injecter de l'insuline à qn

Spritzer <-s, -> *m* ❶ (*Tropfen*) éclaboussure *f* ❷ (*kleine Menge*) giclée *f*

spritzig *adj* (*Dialog*) pétulant(e)

Spritztour *f fam* virée *f* [en voiture]

spröde ['ʃprøːdə] *adj* ❶ (*unelastisch*) cassant(e) ❷ (*Person*) revêche

spross[RR] [ʃprɔs], **sproß**[ALT] *Imp von* **sprießen**

Spross[RR] [ʃprɔs] <-es, -e>, **Sproß**[ALT] <-sses, -sse> *m* BOT jeune pousse *f*

Sprosse ['ʃprɔsə] <-, -n> *f* (*Leitersprosse*) échelon *m*

Sprössling[RR], **Sprößling**[ALT] ['ʃprœslɪŋ] <-s, -e> *m iron* rejeton *m*

Spruch [ʃprʊx, *Pl:* 'ʃpryçə] <-[e]s, Sprüche> *m* ❶ (*~weisheit*) dicton *m* ❷ (*Bibelspruch*) verset *m*; *pej* formule *f* toute faite

Spruchband <-bänder> *nt* banderole *f* **spruchreif** *adj fam* **~ sein** être mûr

Sprudel ['ʃpruːdəl] <-s, -> *m* eau *f* gazeuse

sprudeln *vi* ❶ + *haben* (*aufkochen*) bouillonner ❷ + *sein* **aus dem Boden ~** (*Quelle*) jaillir du sol

sprühen ['ʃpryːən] **I.** *vt* + *haben* (*Flüssigkeit*) pulvériser; (*Parfüm*) vaporiser **II.** *vi* ❶ + *sein* (*Funken*) jaillir ❷ + *haben* **vor Lebenslust ~** pétiller de joie de vivre

Sprühregen *m* bruine *f*

Sprung [ʃprʊŋ, *Pl:* 'ʃprʏŋə] <-[e]s, Sprünge> *m* ❶ (*einer Person, eines Tiers*) saut *m* ❷ (*feiner Riss*) craquelure *f* ❸ *fam* (*kurze Entfernung*) **es ist nur ein ~** ce n'est qu'à deux pas

Sprungbrett *nt* SPORT tremplin *m*

sprunghaft *adj* ❶ (*Anstieg*) brutal(e) ❷ (*unstet*) versatile

Sprungschanze *f* tremplin *m* [de saut à skis] **Sprungtuch** <-tücher> *nt* toile *f* de sauvetage

S

Spucke ['ʃpʊkə] <-> f fam salive f
spucken vi, vt cracher
Spuk [ʃpuːk] <-[e]s, -e> m ❶ (Geister-erscheinung) apparition f de fantômes ❷ (Albtraum) cauchemar m
spuken vi unpers **hier spukt es** il y a des fantômes ici
Spule ['ʃpuːlə] <-, -n> f a. ELEC bobine f
Spüle ['ʃpyːlə] <-, -n> f évier m
spulen ['ʃpuːlən] vt (Film) embobiner
spülen ['ʃpyːlən] I. vi ❶ (Toilette) tirer la chasse [d'eau] ❷ SDEUTSCH (abwaschen) laver la vaisselle II. vt ❶ (ab~) laver ❷ (schwemmen) **etw ans Ufer ~** rejeter qc sur la rive ❸ (Geschirr) rincer
Spülmaschine f lave-vaisselle m **spül-maschinenfest** adj garanti(e) lave-vaisselle
Spülmittel nt produit m [pour la] vaisselle
Spülung <-, -en> f (Wasserspülung) chasse f d'eau
Spur [ʃpuːɐ] <-, -en> f ❶ trace f; **von ihr fehlt jede ~** elle n'a plus donné signe de vie ❷ (Fußspur) trace f [de pas] ❸ (Fahr-bahn) voie f
spürbar adj sensible
spüren ['ʃpyːrən] vt (bemerken, fühlen) sentir; (Schmerz) ressentir
Spurenelement nt oligoélément m
spurlos adv (verschwinden) sans laisser de traces
Spürsinn m kein Pl flair m
Squash ['skvɔʃ] <-> nt squash m
Sri Lanka ['sriː 'laŋka] <-s> nt le Sri Lanka
St. ❶ Abk von **Stück** pièce f ❷ Abk von **Sankt** St/Ste
Staat [ʃtaːt] <-[e]s, -en> m POL État m
Staatenbund <-bünde> m confédération f [d'États]
staatlich I. adj (Förderung) de l'État; (Einrichtung) public(-ique) II. adv (anerkannt) par l'État
Staatsangehörige(r) f(m) dekl wie adj ressortissant(e) m(f) **Staatsangehörigkeit** <-, -en> f nationalité f **Staatsanwalt** m, **-anwältin** f avocat m général/avocate f générale **Staatsbegräbnis** nt obsèques fpl nationales **Staatsbesuch** m visite f officielle **Staatsbürger(in)** m(f) form citoyen(ne) m(f) **staatsbürgerlich** adj attr form civique **Staatsbürgerschaft** f form s. **Staatsangehörigkeit Staatsexamen** nt examen m d'État (sanctionnant les études de droit, de

médecine et de pharmacie et obligatoire aussi pour la titularisation des enseignants)
Staatskasse f Trésor m [public], caisses fpl de l'État **Staatsmann** <-männer> m geh homme m d'État **Staatsministerium** nt ministère m d'État **Staatsoberhaupt** nt chef mf d'État/de l'État **Staatssekretär(in)** m(f) secrétaire mf d'État **Staatssicherheitsdienst** m HIST services de Sécurité de l'État de l'ex-R.D.A.
Stab [ʃtaːp, Pl: 'ʃtɛːbə] <-[e]s, Stäbe> m ❶ (Holzstab) baguette f ❷ (Gitterstab) barreau m ❸ (Gruppe) équipe f ❹ MIL état-major m
Stäbchen <-s, -> nt baguette f
Stabhochsprung m saut m à la perche
stabil [ʃtaˈbiːl] adj (Möbel) solide; (Wetterlage) stable; (Beziehung) durable
stabilisieren* [ʃtabiliˈziːrən] I. vt (Regal) consolider; (Kreislauf) stabiliser II. vr a. MED **sich ~** se stabiliser
Stabilität [ʃtabiliˈtɛːt] <-> f stabilité f
stach [ʃtaːx] Imp von **stechen**
Stachel [ʃtaxəl] <-s, -n> m (eines Igels) piquant m; (eines Insekts) dard m; (einer Pflanze) épine f
Stachelbeere f groseille f à maquereau **Stacheldraht** m [fil m de fer] barbelé m
stach[e]lig adj (Tier) hérissé(e) [de piquants]; (Pflanze) épineux(-euse)
Stachelschwein nt porc-épic m
Stadion ['ʃtaːdiɔn] <-s, Stadien> nt stade m
Stadium ['ʃtaːdiʊm] <-s, Stadien> nt ❶ (ei-ner Entwicklung) phase f ❷ MED stade m
Stadt [ʃtat, Pl: 'ʃtɛ(ː)tə] <-, Städte> f ❶ ville f ❷ (Stadtverwaltung) municipalité f
Stadtbezirk m arrondissement m **Stadt-bücherei** f bibliothèque f municipale **Stadtbummel** m promenade f en ville **städtebaulich** adj d'urbanisme **stadteinwärts** adv ~ **fahren** entrer dans la ville **Städtepartnerschaft** f jumelage m **Städter(in)** <-s, -> m(f) citadin(e) m(f) **städtisch** ['ʃtɛtɪʃ] adj ❶ municipal(e) ❷ geh (urban) urbain(e)
Stadtmauer f rempart m **Stadtmitte** f centre-ville m **Stadtplan** m plan m de la ville **Stadtrand** m périphérie f de la ville **Stadtrat** m (Verwaltungsorgan) conseil m municipal **Stadtrat** m, **-rätin** f (Person) conseiller m municipal/conseillère f municipale

Stadtrundfahrt *f* visite *f* guidée de la ville
Stadtstaat *m* ville-État *f* **Stadtstreicher(in)** <-s, -> *m(f)* clochard(e) *m(f)*
Stadtteil *m* quartier *m* **Stadtverwaltung** *f* administration *f* municipale **Stadtwerke** *Pl* services *mpl* techniques |de la ville|
Staffel ['ʃtafəl] <-, -n> *f* **①** (*beim ~lauf*) équipe *f* de relais **②** (*Fliegerstaffel*) escadrille *f*
Staffelei [ʃtafə'laɪ] <-, -en> *f* chevalet *m*
Staffellauf *m* course *f* de relais
staffeln *vt* (*Preise, Gebühren*) échelonner
Stagnation [ʃtagna'tsi̯oːn] <-, -en> *f* stagnation *f*
stagnieren* [ʃta'gniːrən] *vi* stagner
stahl [ʃtaːl] *Imp von* **stehlen**
Stahl [ʃtaːl, *Pl:* 'ʃtɛːlə] <-[e]s, Stähle> *m* acier *m*
Stahlindustrie *f* industrie *f* sidérurgique
stak *Imp von* **stecken**
Stalinismus [ʃtali'nɪsmʊs] <-> *m* stalinisme *m*
stalinistisch [ʃtali'nɪstɪʃ] *adj* stalinien(ne)
Stall [ʃtal, *Pl:* 'ʃtɛlə] <-[e]s, Ställe> *m* (*Kuhstall*) étable *f*; (*Pferdestall*) écurie *f*; (*Schweinestall*) porcherie *f*; (*Kaninchenstall*) clapier *m*; (*Hühnerstall*) poulailler *m*
Stamm [ʃtam, *Pl:* 'ʃtɛmə] <-[e]s, Stämme> *m* **①** (*eines Baums*) tronc *m* **②** (*Volksstamm*) tribu *f* **③** (*Kundenstamm*) clientèle *f*
Stammbaum *m* arbre *m* généalogique
Stammbuch *nt* livret *m* de famille
Stammdaten *Pl* INFORM données *fpl* de base
stammeln ['ʃtaməln] *vt, vi* bredouiller
stammen ['ʃtamən] *vi* **①** *aus Spanien ~* être originaire d'Espagne; *aus sehr einfachen Verhältnissen ~* être d'origine très modeste **②** (*herrühren*) *von jdm ~* (*Werk*) être de qn; *aus dem 16. Jahrhundert ~* dater du 16ième siècle
Stammgast *m* habitué(e) *m(f)*
stämmig ['ʃtɛmɪç] *adj* trapu(e)
Stammkneipe *f fam* café *m* habituel
Stammkunde *m*, **-kundin** *f* client *m* habituel/cliente *f* habituelle **Stammtisch** *m* **①** (*Tisch*) table *f* des habitués **②** (*Stammgäste*) tablée *f* d'habitués
stampfen ['ʃtampfən] **I.** *vi + haben* (*mit den Füßen*) trépigner; (*mit den Hufen*) piaffer **II.** *vt + haben* (*Kartoffeln*) écraser
stand [ʃtant] *Imp von* **stehen**

Stand [ʃtant, *Pl:* 'ʃtɛndə] <-[e]s, Stände> *m* **①** (*eines Zählers*) niveau *m* **②** *kein Pl* (*Zustand*) état *m* **③** (*Spielstand*) score *m* **④** (*Verkaufsstand*) étal *m*; (*Messestand*) stand *m* **⑤** (*gesellschaftliche Schicht*) catégorie *f* ▶*zu etw im ~e sein* être capable de qc
Standard ['ʃtandart] <-s, -s> *m* standard *m*
standardisieren* [ʃtandardi'ziːrən] *vt* standardiser
Standbild *nt* **①** KUNST statue *f* **②** TV arrêt *m* sur image
Ständchen ['ʃtɛntçən] <-s, -> *nt* chanson *f* en son/mon/... honneur
Ständer ['ʃtɛndɐ] <-s, -> *m* **①** (*Gestell*) support *m* **②** (*Kleiderständer*) portemanteau *m* **③** (*Notenständer*) pupitre *m*
Standesamt *nt* |bureau *m* de l'|état *m* civil **standesamtlich** *adj* (*Trauung*) civil(e) **Standesbeamte(r)** *m dekl wie adj*, **Standesbeamtin** *f* officier *m* d'état civil **standesgemäß** *adj* conforme à ma/sa/... position |sociale|
standhaft *adj* ferme
Standhaftigkeit <-> *f* fermeté *f*
stand|halten *vi irr* tenir le coup; *einer S. (dat) ~* résister à qc
ständig ['ʃtɛndɪç] **I.** *adj* **①** (*dauernd*) permanent(e) **②** (*Wohnsitz*) fixe **II.** *adv* (*dauernd*) continuellement
Standlicht *nt kein Pl* feux *mpl* de position
Standort *m* (*eines Unternehmens*) lieu *m* d'implantation; (*Produktionsstätte*) site *m* de production **Standpauke** *f fam* savon *m* **Standpunkt** *m* point *m* de vue **standrechtlich** *adj, adv* par décision de la cour martiale **Standspur** *f* bande *f* d'arrêt d'urgence
Stange ['ʃtaŋə] <-, -n> *f* **①** barre *f* **②** (*Fahnenstange*) hampe *f*
Stängel^RR ['ʃtɛŋəl] <-s, -> *m* tige *f*
stank [ʃtaŋk] *Imp von* **stinken**
stanzen ['ʃtantsən] *vt* **①** (*Blech*) emboutir **②** (*ein~*) poinçonner
Stapel ['ʃtaːpəl] <-s, -> *m* (*Haufen*) pile *f*
stapeln *vt, vr* |*sich*| *~* |s'|empiler
stapfen ['ʃtapfən] *vi + sein* *durch den Schnee ~* marcher en s'enfonçant dans la neige
Star^1 [ʃtaːɐ] <-[e]s, -e> *m* ZOOL étourneau *m*
Star^2 [ʃtaːɐ] <-[e]s> *m* MED *grauer ~* cataracte *f*; *grüner ~* glaucome *m*
Star^3 [staːɐ] <-s, -s> *m* **①** (*Filmstar*) star *f*

S

❷ *fig* vedette *f*

starb [ʃtarb] *Imp von* **sterben**

stark [ʃtark] <stärker, stärkste> **I.** *adj*
❶ fort(e) **❷** (*Schulklasse, Ast*) gros(se) antéposé; (*Balken*) épais(se); **tausend Mann ~
sein** compter mille personnes **❸** (*Nerven*)
solide **❹** (*Ab-, Zuneigung*) grand(e); (*Gefühl*)
profond(e) **❺** (*Motor*) puissant(e) **❻** *fam*
(*hervorragend*) super **II.** *adv* **❶** (*sehr*) très;
(*übertreiben*) beaucoup; (*hoffen*) bien; (*be-
eindruckt*) fortement **❷** (*intensiv*) **~ duften**
sentir fort **❸** *fam* (*hervorragend*) vachement
bien

Stärke [ˈʃtɛrkə] <-, -n> *f* **❶** force *f* **❷** (*Dicke*)
épaisseur *f* **❸** (*des Winds*) force *f*; (*der
Schmerzen*) intensité *f* **❹** (*einer Brille*) puissance *f* **❺** (*zahlenmäßige Größe*) nombre *m*;
(*einer Armee*) effectif *m* **❻** (*pflanzliche Substanz*) amidon *m*

stärken I. *vt* **❶** (*Kreislauf*) régulariser; (*Wi-
derstandskraft*) augmenter **❷** (*verbessern*)
renforcer **❸** (*Wäsche*) amidonner **II.** *vr* **sich
~** se restaurer

Starkstrom *m* courant *m* haute tension

Stärkung <-, -en> *f* (*Mahlzeit*) collation *f*

starr [ʃtar] *adj* (*Haltung*) rigide; **~ vor
Schreck** paralysé(e) par la peur

Starre [ˈʃtarə] <-> *f* torpeur *f*; (*einer Leiche*)
rigidité *f*

starren [ˈʃtarən] *vi* (*starr blicken*) avoir le regard fixe; **an die Decke ~** regarder fixement le plafond

Starrsinn *m* entêtement *m* **starrsinnig**
I. *adj* entêté(e) **II.** *adv* obstinément

Start [ʃtart] <-s, -s> *m* **❶** (*eines Flugzeugs*)
décollage *m* **❷** SPORT départ *m* **❸** (*Beginn*)
démarrage *m*

Startbahn *f* piste *f* d'envol **startbereit** *adj* **~
sein** (*Sportler*) être prêt au départ; (*Flugzeug*) être prêt à décoller

starten I. *vi* + *sein* **❶** (*Flugzeug*) décoller
❷ SPORT prendre le départ **❸** (*Tournee*) démarrer **II.** *vt* + *haben* **❶** (*Auto*) mettre en
route; (*Computer*) mettre en marche
❷ (*Kampagne*) lancer **❸** INFORM (*Programm*)
démarrer

Startkapital *nt* capital *m* initial **Startmenü**
nt INFORM menu *m* démarrer **Start-
schuss**^{RR} *m* signal *m* du départ ▸**den ~
für etw geben** donner le feu vert à qc

Stasi [ˈʃtazi] <-> *f Abk von* **Staatssicher-
heit[sdienst]** *abréviation familière pour ser-

vices de Sécurité de l'État de l'ex-R.D.A.

Statement [ˈsteːtmənt] <-s, -s> *nt* déclaration *f* publique; (*eines Pressesprechers*)
communiqué *m* officiel

Statik [ˈʃtatɪk] <-, -en> *f* statique *f*

Station [ʃtaˈtsi̯oːn] <-, -en> *f* **❶** (*Haltestelle*)
station *f* **❷** (*einer Reise*) étape *f* **❸** MED service *m*

stationär [ʃtatsi̯oˈnɛːɐ̯] **I.** *adj* (*Behandlung*) à
l'hôpital **II.** *adv* **jdn ~ behandeln** hospitaliser qn

stationieren* [ʃtatsi̯oˈniːrən] *vt* **❶ Truppen
~** mettre des troupes en place **❷** (*Raketen*)
déployer

Stationsarzt *m*, **-ärztin** *f* [médecin-]chef *m*
du/de service

statisch [ˈʃtatɪʃ] *adj* statique

Statist(in) [ʃtaˈtɪst] <-en, -en> *m(f)* figu-
rant(e) *m(f)*

Statistik [ʃtaˈtɪstɪk] <-, -en> *f* statistique *f*

statistisch [ʃtaˈtɪstɪʃ] *adj* statistique

Stativ [ʃtaˈtiːf] <-s, -e> *nt* pied *m*

statt [ʃtat] **I.** *präp* + *gen* à la place de
II. *konj* **~ zu warten** au lieu d'attendre

stattdessen^{RR} *adv* au lieu de cela

Stätte [ˈʃtɛtə] <-, -n> *f* geh lieu *m*

statt|finden *vi irr* avoir lieu

stattlich [ˈʃtatlɪç] *adj* **❶** (*Erscheinung*) impo-
sant(e) **❷** (*beträchtlich*) considérable

Statue [ˈʃtaːtuə] <-, -n> *f* statue *f*

Statur [ʃtaˈtuːɐ̯] <-, -en> *f geh* stature *f*

Status [ˈʃtaːtʊs] <-, -> *m geh* statut *m*

Status quo <- -> *m geh* statu quo *m*

Statussymbol *nt* symbole *m* de réussite sociale

Statut [ʃtaˈtuːt] <-[e]s, -en> *nt meist Pl* statut *m*

Stau [ʃtaʊ] <-[e]s, -e> *m* bouchon *m*

Staub [ʃtaʊp] <-[e]s, -e> *m* poussière *f*; **~
saugen** passer l'aspirateur ▸**sich aus dem
~ machen** *fam* prendre la poudre d'escam-
pette

stauben [ˈʃtaʊbən] *vi unpers* **es staubt** ça
fait de la poussière

staubig *adj* poussiéreux(-euse)

Staubkorn <-körner> *nt* grain *m* de poussière **staubsaugen** < *PP* staubgesaugt>
I. *vi* passer l'aspirateur **II.** *vt* (*Zimmer*) passer l'aspirateur dans **Staubsauger** *m* aspirateur *m*

Staudamm *m* barrage *m*

Staude [ˈʃtaʊdə] <-, -n> *f* plante *f* vivace

stauen [ˈʃtaʊ̯ən] **I.** vt (Wasser) retenir; (Bach) endiguer **II.** vr sich ~ (Wasser) s'accumuler; (Bach) stagner; (Autos) former un bouchon (fam)

staunen [ˈʃtaʊ̯nən] vi **über jdn/etw** ~ être étonné par qn/de qc

Staunen <-s> nt étonnement m; **jdn in ~ versetzen** étonner qn

Stausee m lac m de barrage

Stauung <-, -en> f (Verkehrsstau) embouteillage m

Steak [steːk] <-s, -s> nt steak m

stechen [ˈʃtɛçən] <sticht, stach, gestochen> **I.** vi ❶ (Insekt, Kaktus) piquer; (Sonne) taper ❷ (hinein~) **mit einer Nadel in etw** (akk) ~ enfoncer une aiguille dans qc ❸ SPIEL **mit etw** ~ couper avec qc **II.** vt ❶ piquer ❷ SPIEL **die Zehn mit dem As** ~ prendre le dix avec l'as ❸ (gravieren) **etw in etw** (akk) ~ graver qc sur qc ❹ (Spargel) ramasser **III.** vr **sich an den Dornen** ~ se piquer avec les épines

Stechen <-s, -> nt (Schmerz) élancement m

stechend adj (Blick) perçant(e); (Schmerz) lancinant(e)

Stechmücke f moustique m **Stechpalme** f houx m **Stechuhr** f pointeuse f

Steckbrief m avis m de recherche **Steckdose** f prise f |de courant|

stecken [ˈʃtɛkən] **I.** vi ❶ **in etw** (dat) ~ (Dorn, Splitter) être enfoncé(e) dans qc; **im Schnee** ~ être bloqué(e) dans la neige ❷ (sich befinden) **im Schloss** ~ (Schlüssel) être sur la porte; **in Schwierigkeiten** (dat) ~ (Person) avoir de gros problèmes ❸ (verantwortlich sein) **hinter einer Sache** ~ être pour quelque chose dans une affaire **II.** vt ❶ **etw in eine Schublade** ~ mettre qc dans un tiroir; **er steckte ihr den Ring an den Finger** il lui passa la bague au doigt ❷ fam **jdn ins Gefängnis** ~ fourrer qn en prison ❸ fam **viel Geld in etw** (akk) ~ investir beaucoup d'argent dans qc

Steckenpferd nt violon m d'Ingres

Stecker <-s, -> m fiche f |d'alimentation|

Stecknadel f épingle f

Steg [ʃteːk] <-[e]s, -e> m ❶ (kleine Brücke) passerelle f ❷ (Bootssteg) appontement m

Stegreif [ˈʃteːkraɪf] ▶**aus dem** ~ au pied levé

stehen [ˈʃteːən] <stand, gestanden> **I.** vi + haben o A, CH, SDEUTSCH sein ❶ (Person) être debout; **am Fenster** ~ être à la fenêtre; **auf einer Liste** ~ être inscrit(e) sur une liste ❷ (Maschine, Uhr) être arrêté(e) ❸ (beeinflusst sein) **unter Schock** ~ être sous le choc ❹ (konfrontiert sein) **vor dem Ruin** ~ être au bord de la ruine ❺ LING **im Futur** ~ être au futur ❻ (kleidsam sein) **jdm |gut|** ~ (Frisur) aller |bien| à qn ❼ SPORT, SPIEL **es steht unentschieden** le score est nul ❽ fam (Vortrag) être prêt(e); (Mannschaft) être formé(e) ❾ (unterstützen) **zu/hinter jdm** ~ soutenir qn; **zu einer Abmachung** ~ s'en tenir à un accord ❿ (gleichbedeutend sein mit) **für etw** ~ (Abkürzung) signifier qc; (Symbol) représenter qc ⓫ (eingestellt sein) **jdm nahe** ~ être proche de qn ⓬ (stecken) **jd steht hinter etw** (dat) il y a qn derrière qc ⓭ fam (gut finden) **auf jdn/etw** ~ craquer pour qn/être fana de qc ⓮ (unanfechtbar sein) **über etw** (dat) ~ être au-dessus de qc ⓯ (sein) **offen** ~ (Fenster) être ouvert(e); (Rechnung) être en souffrance **II.** vi unpers **es steht schlecht um ihn** il va mal

Stehen <-s> nt **zu etw im** ~ tun faire qc debout; **zum** ~ **kommen** (Auto) s'arrêter

stehen|bleibenᴬᴸᵀ s. bleiben I.4., I.7.

stehend adj attr (Gewässer) stagnant(e)

stehen|lassenᴬᴸᵀ s. lassen I.5., I.▶

Stehkragen m col m droit **Stehlampe** f lampadaire m

stehlen [ˈʃteːlən] <stiehlt, stahl, gestohlen> **I.** vt voler **II.** vr **sich aus dem Haus** ~ s'esquiver de la maison

Stehplatz m place f debout

Steiermark [ˈʃtaɪ̯ɐmark] <-, -> f Styrie f

steif [ʃtaɪ̯f] **I.** adj ❶ (starr) rigide ❷ (Bein) raide; (Gelenk) ankylosé(e) ❸ (förmlich) guindé(e) **II.** adv (förmlich) froidement

Steigbügel m a. ANAT étrier m

Steige [ˈʃtaɪ̯gə] <-, -n> f A (Obstkiste) boîte f à fruit

steigen [ˈʃtaɪ̯gən] <stieg, gestiegen> **I.** vi + sein ❶ (klettern) **auf eine Leiter/einen Berg** ~ monter sur une échelle/escalader une montagne ❷ (aufsitzen, absitzen) **aufs Fahrrad** ~ monter à vélo; **vom Fahrrad** ~ descendre de vélo ❸ (ein~, aus~) **in den Zug** ~ monter dans le train; **aus dem Auto** ~ descendre de la voiture ❹ (Ballon, Spannung) monter ❺ (sich erhöhen) **um drei Prozent** ~ augmenter de trois pour cent

S

II. vt + sein (Treppen) monter
steigern ['ʃtaigən] **I.** vt ❶ augmenter; (Spannung) faire monter; (Qualität) améliorer ❷ LING **ein Adjektiv ~** mettre un adjectif au comparatif/superlatif **II.** vr **sich ~** s'améliorer; (Geschwindigkeit) augmenter
Steigerung <-, -en> f ❶ (der Geschwindigkeit) augmentation f; (der Leistung, Qualität) amélioration f ❷ LING comparaison f
Steigung <-, -en> f ❶ (steile Strecke) côte f ❷ (Neigung) pente f
steil [ʃtail] **I.** adj ❶ (Abhang) escarpé(e); (Straße) raide ❷ fig (Karriere) fulgurant(e) **II.** adv (ansteigen) abruptement; (abfallen) à pic
Steilhang m escarpement m **Steilküste** f falaise f
Stein [ʃtain] <-[e]s, -e> m ❶ pierre f ❷ (Kieselstein) caillou m ❸ (Pflasterstein) pavé m ▶**ihm/ihr fällt ein ~ vom Herzen** ça lui ôte un grand poids
steinalt ['ʃtain'ʔalt] adj très vieux(vieille)
Steinbock m ❶ bouquetin m ❷ ASTRO Capricorne m **Steinbruch** m carrière f [de pierres]
steinern adj en pierre
steinhart adj dur(e) comme pierre
steinig adj (mit Steinen bedeckt) pierreux (-euse)
steinigen vt lapider
Steinkohle f kein Pl houille f
Steinmetz(in) ['ʃtainmɛts] <-en, -en> m(f) tailleur(-euse) m(f) de pierres
Steinpilz m cèpe m **steinreich** adj richissime **Steinschlag** m chute f de pierres **Steinzeit** f kein Pl âge m de pierre
Steiß [ʃtais] <-es, -e> m ❶ ANAT coccyx m ❷ fam (Hintern) postérieur m
Steißbein nt ANAT coccyx m
Stelle ['ʃtɛlə] <-, -n> f ❶ endroit m ❷ (Fleck) tache f ❸ (Textstelle) passage m ❹ MATH chiffre m ❺ (Arbeitsplatz) emploi m; (im öffentlichen Dienst) poste m ❻ (Abteilung) service m ❼ (Rang) **an erster ~ stehen** occuper la première place ▶**an deiner/seiner ~** (dat) à ta/sa place
stellen ['ʃtɛlən] **I.** vt ❶ poser ❷ (aufrecht hin~) mettre debout ❸ (ein~: Wecker) régler; **leiser ~** baisser [le son de] ❹ (Frage) poser; (Antrag) présenter ❺ (Aufgabe) donner ❻ (Täter) arrêter ❼ (Prognose) faire; (Diagnose) établir ❽ (bereit~) fournir **II.** vr ❶ **sich hinter etw** (akk) **~** se mettre der-

rière qc; **sich den Journalisten ~** faire face aux journalistes; **sich jdm ~** (Täter) se livrer à qn ❷ (sich ausgeben) **sich schlafend ~** faire semblant de dormir ❸ (sich aufdrängen) **es stellt sich die Frage, ob ...** la question se pose de savoir si ...
Stellenangebot nt offre f d'emploi **Stellenausschreibung** f avis m de recrutement **Stellengesuch** nt recherche f d'emploi **stellenweise** adv par endroits **Stellenwert** m importance f
Stellplatz m place f de stationnement
Stellung <-, -en> f ❶ position f ❷ (Arbeitsplatz) emploi m ❸ (Rang) rang m
Stellungnahme ['ʃtɛlʊŋnaːmə] <-, -n> f ❶ kein Pl (das Äußern) prise f de position ❷ (geäußerte Meinung) position f
stellvertretend adj suppléant(e) **Stellvertreter(in)** m(f) suppléant(e) m(f) **Stellvertretung** f suppléance f
Stelze ['ʃtɛltsə] <-, -n> f échasse f
stelzen vi + sein (Vogel) se déplacer sur ses pattes d'échassier
stemmen ['ʃtɛmən] **I.** vt (schwerer Gegenstand) soulever; **die Arme in die Seiten ~** mettre les poings sur les hanches **II.** vr **sich gegen etw ~** s'appuyer contre qc
Stempel ['ʃtɛmpəl] <-s, -> m (Gerät, ~abdruck) tampon m
Stempelkissen nt tampon m encreur
stempeln I. vt (Formular) tamponner; (Briefmarke) oblitérer **II.** vi tamponner
StengelALT s. **Stängel**
Steno [ʃteːno] <-> f fam Abk von **Stenographie** sténo f
Stenographie [ʃtenogra'fiː] <-> f sténographie f
stenographieren* vt, vi sténographier
Stenotypist(in) [ʃtenoty'pɪst] <-en, -en> m(f) sténotypiste mf
Steppdecke f couette f
Steppe ['ʃtɛpə] <-, -n> f steppe f
steppen ['ʃtɛpən] vi faire des claquettes
StepptanzRR m claquettes fpl
Sterbebett nt lit m de mort **Sterbehilfe** f kein Pl euthanasie f
sterben ['ʃtɛrbən] <stirbt, starb, gestorben> vi + sein ❶ **an Krebs** (dat) **~** mourir d'un cancer ❷ fam (vergehen) **ich bin vor Angst fast gestorben** j'ai failli mourir de peur ▶**gestorben sein** fam (Sache) être à l'eau

sterbenslangweilig *adj fam* à mourir d'ennui **Sterbenswörtchen** [ˈʃtɛrbənsˈvœrtçən] ▶**kein** ~ **verraten** ne pas dire un [traître] mot

Sterbesakramente *Pl* derniers sacrements *mpl* **Sterbeurkunde** *f* acte *m* de décès

sterblich *adj geh* mortel(le)

Sterblichkeit <-> *f* mortalité *f*

stereo [ˈʃteːreo, ˈsteːreo] *adv* en stéréo

Stereo [ˈʃteːreo] <-> *nt* stéréo *f*

Stereoanlage *f* chaîne *f* stéréo

stereotyp [ʃtereoˈtyːp] *adj* stéréotypé(e)

steril [ʃteˈriːl] *adj* stérile

Sterilisation [ʃteriliˈzaˈts̝oːn] <-, -en> *f* stérilisation *f*

sterilisieren* [ʃteriliˈziːrən] *vt* stériliser

Stern [ʃtɛrn] <-[e]s, -e> *m* étoile *f*

Sternbild *nt* constellation *f*

sternhagelvoll [ˈʃtɛrnˈhaːɡəlˈfɔl] *adj fam* pinté(e)

sternklar *adj* étoilé(e) **Sternschnuppe** <-, -n> *f* étoile *f* filante **Sternstunde** *f geh* moment *m* fort **Sternzeichen** *nt* signe *m* astrologique

Stethoskop [ʃtetoˈskoːp] <-s, -e> *nt* stéthoscope *m*

stetig *adj* permanent(e)

stets [ʃteːts] *adv* constamment

Steuer¹ [ˈʃtɔyɐ] <-s, -> *nt* ❶ (*Lenkrad*) volant *m* ❷ (*Ruder*) gouvernail *m*

Steuer² <-, -n> *f* impôt *m*

Steuerberater(in) *m(f)* conseiller *m* fiscal/conseillère *f* fiscale

steuerbord *adv* à tribord

Steuererklärung *f* déclaration *f* d'impôt[s] **Steuergelder** *Pl* deniers *mpl* publics **Steuerhinterziehung** *f* fraude *f* fiscale **Steuerklasse** *f* tranche *f* d'imposition

Steuerknüppel *m* levier *m* de commande

steuerlich *adj* fiscal(e)

Steuermann <-männer *o* -leute> *m* ❶ (*Offizier*) second *m* ❷ (*Steuerer eines Ruderboots*) barreur(-euse) *m(f)*

steuern I. *vt* + *haben* ❶ (*Fahrzeug*) conduire; (*Schiff*) piloter ❷ (*regulieren*) régler ❸ (*Entwicklung*) orienter II. *vi* + *haben* **nach rechts** ~ (*Fahrer*) diriger la voiture à droite; (*Steuermann*) diriger le bateau à droite

steuerpflichtig *adj* imposable

Steuerrad *nt* ❶ (*Lenkrad*) volant *m* ❷ NAUT barre *f*

Steuerreform *f* réforme *f* fiscale

Steuerung <-, -en> *f* (*eines Flugzeugs*) système *m* de pilotage; (*eines Schiffs*) gouverne *f*

Steuerzahler(in) *m(f)* contribuable *mf*

Steward [ˈstjuːɐt] <-s, -s> *m* steward *m*

Stewardessᴿᴿ [ˈstjuːɐdɛs] <-, -en> *f*, **Stewardeß**ᴬᴸᵀ <-, -ssen> *f* hôtesse *f* de l'air

StGB [ɛsteːɡeːˈbeː] <-[s]> *nt Abk von* **Strafgesetzbuch** ≈ code *m* pénal

stibitzen* [ʃtiˈbɪtsən] *vt hum fam* piquer

Stich [ʃtɪç] <-[e]s, -e> *m* ❶ (*Insektenstich*) piqûre *f* ❷ (*~verletzung*) coup *m* de couteau ❸ (*Schmerz*) élancement *m* ❹ (*Nähstich*) point *m* ❺ (*Farbnuance*) **ein** [**leichter**] ~ **ins Bläuliche** une pointe de bleu ❻ (*Radierung*) gravure *f* ❼ SPIEL pli *m*

sticheln [ˈʃtɪçəln] *vi* lancer des piques (*fam*)

stichhaltig *adj* (*Beweis*) concluant(e)

Stichprobe *f* prélèvement *m*

sticht [ʃtɪçt] *3. Pers Präs von* **stechen**

Stichtag *m* jour *m* fixé **Stichwahl** *f* scrutin *m* de ballottage **Stichwort** *nt* ❶ <-wörter> (*in Nachschlagewerken*) entrée *f*; (*in Registern*) mot-clé *m* ❷ <-worte> (*Äußerung*) mot *m* repère; (*Gedächtnisstütze*) mot-clé *m* **Stichwunde** *f* coup *m* de couteau

sticken [ˈʃtɪkən] *vt, vi* broder

Stickerei [ʃtɪkəˈrai] <-, -en> *f* broderie *f*

stickig [ˈʃtɪkɪç] *adj* (*Luft*) confiné(e)

Stickstoff [ˈʃtɪkʃtɔf] *m kein Pl* CHEM azote *m*

Stiefbruder [ˈʃtiːfbruːdɐ] *m* demi-frère *m*

Stiefel [ˈʃtiːfəl] <-s, -> *m* botte *f*

Stiefeltern *Pl* beaux-parents *mpl* **Stiefkind** *nt* enfant *mf* d'un autre lit **Stiefmutter** *f* belle-mère *f* **Stiefmütterchen** *nt* pensée *f* **Stiefschwester** *f* demi-sœur *f* **Stiefsohn** *m* beau-fils *m* **Stieftochter** *f* belle-fille *f* **Stiefvater** *m* beau-père *m*

stieg [ʃtiːk] *Imp von* **steigen**

stiehlt [ʃtiːlt] *3. Pers Präs von* **stehlen**

Stiel [ʃtiːl] <-[e]s, -e> *m* ❶ (*Griff*) manche *m*; (*eines Glases*) pied *m* ❷ (*einer Blume*) tige *f*; (*eines Apfels*) queue *f*

Stier [ʃtiːɐ] <-[e]s, -e> *m* ❶ taureau *m* ❷ ASTRO Taureau *m*

stieren [ˈʃtiːrən] *vi* **vor sich hin** ~ regarder fixement devant soi

Stierkampf *m* corrida *f*

stieß [ʃtiːs] *Imp von* **stoßen**

Stift¹ [ʃtɪft] <-[e]s, -e> *m* ❶ (*Schreibgerät*) crayon *m* ❷ (*Nagel*) clou *m*

S

Stift² <-[e]s, -e> nt (christliche Institution) fondation f

stiften ['ʃtɪftən] vt ❶ (Preis) offrir; **jdm etw ~** faire don de qc à qn ❷ (Unfrieden) provoquer

Stiftung <-, -en> f fondation f; (Schenkung) don m

Stil [ʃtiːl] <-[e]s, -e> m ❶ style m ❷ (Verhaltensweise) genre m

stilecht adj de style

stilisiert adj stylisé(e)

stilistisch adj stylistique

still [ʃtɪl] I. adj ❶ calme; **sei ~!** tais-toi! ❷ (Leben) tranquille; (Hoffnung) secret (-ète); (Einvernehmen) tacite II. adv ❶ (lautlos) silencieusement ❷ (bewegungslos) tranquillement; **den Kopf ~ halten** ne pas bouger la tête

Stille [ʃtɪlə] <-> f (Laut-/Bewegungslosigkeit) calme m

Stillebenᴬᴸᵀ s. **Stillleben**

still|legenᴬᴸᵀ s. **stilllegen**

stillen I. vt ❶ (Baby) allaiter ❷ (Durst) étancher; (Hunger) calmer; (Verlangen) assouvir ❸ (Blutung) arrêter II. vi (Mutter) allaiter

still|halten vi irr se tenir tranquille

Stilllebenᴿᴿ nt nature f morte

still|legenᴿᴿ vt fermer; **stillgelegt** abandonné(e)

Stilllegungᴿᴿ <-, -en> f fermeture f

still|liegenᴿᴿ vi irr + haben (Fabrik) être fermé

stillos I. adj (Einrichtung, Architektur) dépourvu(e) de style II. adv sans style

Stillschweigen nt silence m **stillschweigend** I. adj tacite II. adv en silence; (billigen) tacitement **Stillstand** m kein Pl arrêt m **still|stehen** vi irr (Maschine) être arrêté

stilvoll I. adj de bon goût II. adv avec goût

Stimmband <-bänder> nt meist Pl corde f vocale **Stimmberechtigte(r)** f(m) dekl wie adj votant(e) m(f) **Stimmbruch** m mue f

Stimme ['ʃtɪmə] <-, -n> f a. fig voix f

stimmen ['ʃtɪmən] I. vi ❶ (zutreffen) être juste; (Rechnung) être bon ❷ (votieren) **für jdn ~** voter pour qn II. vt ❶ MUS accorder ❷ (machen) **jdn traurig ~** rendre qn triste

Stimmenthaltung f vote m blanc **Stimmgabel** f diapason m

stimmhaft adj sonore

stimmlos adj LING sourd(e) **Stimmrecht** nt droit m de vote

Stimmung <-, -en> f ❶ (Laune) humeur f ❷ fam (gute Laune) bonne humeur f; (gute Atmosphäre) ambiance f

Stimmungskanone f fam boute-en-train m **stimmungsvoll** adj (Gedicht) évocateur (-trice); (Lied) sentimental(e)

Stimmzettel m bulletin m de vote

Stimulation [ʃtimulaˈtsi̯oːn] <-, -en> f stimulation f

Stinkbombe f boule f puante

stinken ['ʃtɪŋkən] <stank, gestunken> vi ❶ **nach Schweiß ~** puer la sueur ❷ fam (Sache) être louche

stinklangweilig ['ʃtɪŋkˈlaŋvaɪlɪç] adj fam barbant(e), chiant(e) **stinksauer** ['ʃtɪŋkˈzaʊɐ] adj fam furax **Stinktier** nt mouffette f

Stipendiat(in) <-en, -en> m(f) boursier (-ière) m(f)

Stipendium [ʃtiˈpɛndiʊm] <-s, -dien> nt bourse f [d'études]

stirbt [ʃtɪrpt] 3. Pers Präs von **sterben**

Stirn [ʃtɪrn] <-, -en> f front m; **die ~ runzeln** plisser le front

Stirnband <-bänder> nt bandeau m

stöbern ['ʃtøːbɐn] vi **in etw** (dat) **~** fouiller dans qc

stochern ['ʃtɔxɐn] vi **im Essen ~** picorer dans son assiette; **sich** (dat) **in den Zähnen ~** se curer les dents

Stock¹ [ʃtɔk, Pl: 'ʃtœka] <-[e]s, Stöcke> m ❶ bâton m ❷ (Spazierstock) canne f

Stock² <-[e]s> m étage m

stockdunkel adj fam **eine stockdunkle Nacht** une nuit d'encre

stocken ['ʃtɔkən] vi (innehalten) s'interrompre; (Gespräch) être interrompu; (Verkehr) être bloqué

Stockholm ['ʃtɔkhɔlm] <-s> nt Stockholm

Stockwerk nt étage m

Stoff [ʃtɔf] <-[e]s, -e> m ❶ (Textilmaterial) tissu m ❷ (Substanz) substance f ❸ kein Pl (Thema) matière f ❹ kein Pl fam (Rauschgift) came f

Stofftier nt [animal m en] peluche f **Stoffwechsel** m métabolisme m

stöhnen ['ʃtøːnən] vi gémir

Stöhnen <-s> nt gémissement m

Stola ['ʃtoːla] <-, Stolen> f étole f

Stollen ['ʃtɔlən] <-s, -> m ❶ MIN galerie f ❷ (Gebäck) stollen m (gâteau brioché de Noël)

stolpern ['ʃtɔlpɐn] vi + sein **über etw** (akk

~ trébucher sur qc

stolz [ʃtɔlts] *adj* ❶ fier(fière) ❷ *fam* (*Preis*) substantiel(le)

Stolz <-es> *m* fierté *f*

stolzieren* [ʃtɔlˈtsiːrən] *vi + sein* se pavaner

stopfen [ˈʃtɔpfən] **I.** *vt* ❶ **voll ~** (*Koffer*) bourrer; **etw in die Tasche ~** enfoncer qc dans le sac ❷ (*Socken*) raccommoder ❸ (*Ritze*) boucher ❹ (*Kissen*) bourrer **II.** *vi* ❶ (*ausbessern*) faire du raccommodage ❷ (*Verstopfung verursachen*) constiper

stopp [ʃtɔp] *interj* stop

Stopp <-s, -s> *m* (*Halt*) arrêt *m*

Stoppel [ˈʃtɔpəl] <-, -n> *f meist Pl* ❶ (*Getreidestoppel*) chaume *m* ❷ (*Bartstoppel*) poil *m* dru

stoppen **I.** *vt* ❶ (*anhalten*) stopper ❷ (*Zeit*) chronométrer **II.** *vi* **vor etw** (*dat*) ~ s'arrêter devant qc

Stoppschild <-schilder> *nt* |panneau *m*| stop *m* **Stoppuhr** *f* chronomètre *m*

Stöpsel [ˈʃtœpsəl] <-s, -> *m* ❶ (*Pfropfen*) bouchon *m* ❷ *hum fam* (*Knirps*) moutard *m*

Storch [ʃtɔrç, *Pl:* ˈʃtœrçə] <-[e]s, Störche> *m* cigogne *f*

stören [ˈʃtøːrən] **I.** *vt* ❶ (*belästigen*) déranger ❷ (*Veranstaltung*) troubler ❸ (*Leitung*) perturber **II.** *vi* (*lästig sein*) déranger

Störenfried [ˈʃtøːrənfriːt] <-[e]s, -e> *m* trouble-fête *m* (*fam*)

Störfall *m* incident *m*

stornieren* *vt* (*Auftrag*) annuler; (*Betrag*) rectifier

Storno [ˈʃtɔrno] <-s, Storni> *m o nt* (*einer Reise, eines Auftrags*) annulation *f*; (*eines Betrags*) rectification *f*

störrisch [ˈʃtœrɪʃ] *adj* (*Mensch, Esel*) têtu(e)

Störung <-, -en> *f* ❶ (*Unterbrechung*) dérangement *m* ❷ (*Störgeräusch*) perturbation *f* ❸ (*technischer Defekt*) incident *m* ❹ MED dysfonctionnement *m*

Störungsstelle *f* |service *m* des| dérangements *mpl*

Stoß [ʃtoːs, *Pl:* ˈʃtøːsə] <-es, Stöße> *m* ❶ (*Schubs*) poussée *f* ❷ (*Aufprall*) choc *m* ❸ (*Erschütterung*) secousse *f* ❹ (*Stapel*) pile *f*

Stoßdämpfer *m* amortisseur *m*

stoßen [ˈʃtoːsən] <stößt, stieß, gestoßen> **I.** *vt + haben* ❹ (*schubsen*) pousser ❷ (*Messer*) flanquer un coup de ❸ (*Kugel*) lancer **II.** *vr + haben* ❶ (*sich verletzen*) **sich ~** se cogner ❷ (*Anstoß nehmen*) **sich an**

etw (*dat*) ~ s'offusquer de qc **III.** *vi + sein* ❶ **gegen jdn/etw ~** heurter qn/qc ❷ (*finden*) **auf jdn/etw ~** tomber sur qn/qc; **auf Ablehnung** (*akk*) ~ se heurter à un refus

Stoßgebet *nt* oraison *f* jaculatoire **Stoßstange** *f* pare-chocs *m*

stößt [ʃtøːst] *3. Pers Präs von* **stoßen**

stoßweise *adv* ❶ (*ruckartig*) par saccades ❷ (*in Stapeln*) en tas **Stoßzahn** *m* défense *f* **Stoßzeit** *f* (*Hauptverkehrszeit*) heures *fpl* de pointe

stottern [ˈʃtɔtən] **I.** *vi* bégayer **II.** *vt* (*Antwort*) bredouiller

Stövchen [ˈʃtøːfçən] <-s, -> *nt* réchaud *m*

Str. *Abk von* **Straße** r|ue|

Strafanzeige *f* plainte *f* **Strafarbeit** *f* punition *f*

strafbar *adj* répréhensible; **sich ~ machen** être passible d'une sanction

Strafe [ˈʃtraːfə] <-, -n> *f* ❶ (*Bestrafung*) punition *f* ❷ JUR (*Haftstrafe*) peine *f*; (*Geldstrafe*) amende *f*

strafen *vt* **jdn für etw ~** punir qn pour qc; **jdn mit Verachtung ~** *fig* répondre à qn par le mépris

strafend *adj* (*Blick*) réprobateur(-trice)

straff [ʃtraf] **I.** *adj* (*Seil*) tendu(e); (*Haut*) ferme; (*Organisation*) sévère **II.** *adv* ❶ (*fest*) étroitement ❷ (*organisieren*) rigoureusement

strafflig *adj* JUR délinquant(e); **~ werden** tomber dans la délinquance

straffen *vt* ❶ (*anziehen*) tendre ❷ (*Text*) condenser

Strafgefangene(r) *f(m) dekl wie adj* prisonnier(-ière) *m(f)* **Strafgesetzbuch** *nt* ≈ code *m* pénal

sträflich [ˈʃtrɛːflɪç] **I.** *adj* inadmissible **II.** *adv* **jdn/etw ~ vernachlässigen** délaisser éhontément qn/qc

Sträfling [ˈʃtrɛːflɪŋ] <-s, -e> *m* détenu(e) *m(f)*

strafmildernd *adj* favorable **Strafprozess**^{RR} *m* procès *m* pénal **strafrechtlich** **I.** *adj* pénal(e) **II.** *adv* **jdn ~ verfolgen** poursuivre qn pour délit **Straftat** *f* délit *m* **Straftäter(in)** *m(f)* délinquant(e) *m(f)* **Strafverfahren** *nt* procédure *f* pénale **Strafzettel** *m fam* P.-V. *m*

Strahl [ʃtraːl] <-[e]s, -en> *m* ❶ (*Lichtstrahl*) rayon *m* ❷ (*Flüssigkeitsstrahl*) jet *m* ❸ *Pl* PHYS **radioaktive ~en** radiations *fpl*

S

strahlen vi ❶ (leuchten) briller ❷ (erfreut sein) **vor Freude** (dat) ~ rayonner de joie ❸ (radioaktiv sein) irradier

Strahlenbelastung f irradiation f

strahlend I. adj ❶ (Wetter) radieux(-euse); (Sonnenschein) éclatant(e) ❷ (radioaktiv) radioactif(-ive) II. adv ❶ (leuchtend) ~ **weiß sein** être d'un blanc éclatant ❷ (freudig: ansehen) d'un air radieux

Strahlung <-, -en> f rayonnement m; (radioaktiv) radiations fpl

Strähne ['ʃtrɛːnə] <-, -n> f mèche f

stramm [ʃtram] adj ❶ (straff) tendu(e) ❷ (Bursche) robuste ❸ (Waden) potelé(e)

strampeln ['ʃtrampəln] vi + haben **mit den Beinen** ~ gigoter les jambes

Strand [ʃtrant, Pl: 'ʃtrɛndə] <-[e]s, Strände> m plage f

stranden ['ʃtrandən] vi + sein (auf Grund laufen) [s']échouer

Strandkorb m fauteuil-cabine m en osier

Les **Strandkörbe** sont typiques des plages de la mer du Nord et de la mer Baltique. Ce sont de grands fauteuils solides en osier pour deux personnes. Ils protègent les vacanciers du vent du nord, frais et parfois violent, de la pluie, mais aussi des rayons du soleil.

Strandpromenade f promenade f

Strang [ʃtraŋ, Pl: 'ʃtrɛŋə] <-[e]s, Stränge> m ❶ (Strick) corde f ❷ (Muskelstrang) cordon m

strangulieren* [ʃtraŋgu'liːrən] vr, vt [sich] ~ [s']étrangler

Strapaze [ʃtra'paːtsə] <-, -n> f fatigue f

strapazieren* [ʃtrapa'tsiːrən] vt (Schuhe) fatiguer; (Sitzmöbel) malmener; **jds Geduld** ~ mettre la patience de qn à rude épreuve

strapaziös [ʃtrapa'tsjøːs] adj épuisant(e)

Straps [ʃtraps] <-es, -e> m (Strumpfhalter) jarretelle f

Straßburg ['ʃtraːsbʊrk] <-s> nt Strasbourg

Straße ['ʃtraːsə] <-, -n> f ❶ (in Ortschaften) rue f; (Landstraße) route f ❷ (Meerenge) détroit m

Straßenbahn f tram[way] m **Straßenbau** m kein Pl construction f de routes **Straßenglätte** f verglas m **Straßengraben** m fossé m **Straßenkarte** f carte f routière **Straßenkreuzung** f (im Ort) carrefour m **Straßenrand** m bas-côté m **Straßenschild**

<-schilder> nt plaque f de rue **Straßenverkehr** m circulation f routière **Straßenverkehrsordnung** f code m de la route

Strategie [ʃtrate'giː] <-, -en> f stratégie f

strategisch [ʃtra'teːgɪʃ] adj stratégique

sträuben ['ʃtrɔʏbən] I. vr **sich** ~ ❶ (sich widersetzen) regimber; **sich gegen etw** ~ s'opposer à qc ❷ (Fell, Gefieder) se hérisser II. vt **das Fell/Gefieder** ~ hérisser ses poils/plumes

Strauch [ʃtraʊx, Pl: 'ʃtrɔʏçə] <-[e]s, Sträucher> m arbuste m

straucheln ['ʃtraʊxəln] vi + sein geh ❶ (stolpern) trébucher ❷ (straffällig werden) mal tourner

Strauß¹ [ʃtraʊs, Pl: 'ʃtrɔʏsə] <-es, Sträuße> m (Gebinde) bouquet m

Strauß² [ʃtraʊs] <-es, -e> m autruche f

streben ['ʃtreːbən] vi + haben **nach Anerkennung** ~ aspirer à être reconnu; **danach** ~ **etw zu tun** ambitionner de faire qc

Streber(in) <-s, -> m(f) pej fam (Schüler) fayot(e) m(f); (Berufstätiger) arriviste mf

strebsam adj (Schüler) assidu(e)

Strecke ['ʃtrɛkə] <-, -n> f ❶ (Wegstrecke) route f; **auf halber** ~ à mi-chemin ❷ (Entfernung) distance f ❸ (Eisenbahnstrecke) ligne f [de chemin de fer] ❹ (zurückgelegte Weg) trajet m

strecken ['ʃtrɛkən] I. vt ❶ (Arm, Bein) tendre ❷ fam (Suppe) allonger II. vr **sich** ~ s'étirer

Streich [ʃtraɪç] <-[e]s, -e> m plaisanterie f

streicheln ['ʃtraɪçəln] vt caresser

streichen ['ʃtraɪçən] <strich, gestrichen> I. vt + haben ❶ (an~) peindre ❷ (schmieren) **Butter aufs Brötchen** ~ tartiner du beurre sur le petit pain ❸ (glätten) **glatt** ~ (Haar) lisser; (Zettel) défroisser ❹ (Namen) rayer; (Wort) barrer ❺ (Zuschuss) supprimer II. vt ❶ + haben **mit der Hand über etw** (akk) ~ passer la main sur qc ❷ + sein (streifen) **ums Haus** ~ rôder autour de la maison

Streicher(in) <-s, -> m(f) MUS **die** ~ les cordes fpl

Streichholz nt allumette f **Streichinstrument** nt instrument m à cordes

Streichung <-, -en> f (gestrichener Text) passage m supprimé

Streife ['ʃtraɪfə] <-, -n> f patrouille f

streifen ['ʃtraɪfən] I. vt + haben ❶ (flüchtig berühren) frôler ❷ (flüchtig erwähnen) ef fleurer ❸ *(überziehen)* **sich** *(dat)* **den Pullover über den Kopf ~** enfiler le pull **II.** *vi geh + sein* **durch den Wald ~** errer dans la forêt

Streifen <-s, -> m ❶ *(schmale Linie)* rayure *f*; *(breite Linie)* bande *f* ❷ *(Striemen)* marque *f* ❸ *(Stoffstreifen)* bande *f* ❹ *fam (Film)* film *m*

Streifenwagen *m* voiture *f* de police

Streifzug *m* ❶ *(Bummel)* balade *f* ❷ *(Exkurs)* tour *m* d'horizon

Streik [ʃtraik] <-[e]s, -s> *m* grève *f*

Streikbrecher(in) *m(f)* briseur(-euse) *m(f)* de grève

streiken *vi* ❶ **für etw ~** faire grève pour qc ❷ *iron fam (sich weigern)* faire grève

Streikende(r) *f(m) dekl wie adj* gréviste *mf*

Streikposten *m* piquet *m* de grève

Streit [ʃtrait] <-[e]s, -e> *m* ❶ *(privater Konflikt)* dispute *f*; *(öffentlich)* altercation *f*; *(mit Handgreiflichkeiten)* rixe *f* ❷ *(Kontroverse)* polémique *f*; *(Meinungsverschiedenheit)* différend *m*

streiten [ʃtraitən] <stritt, gestritten> **I.** *vi* ❶ **mit jdm ~** se disputer avec qn ❷ *(diskutieren)* **mit jdm über etw** *(akk)* **~** débattre de qc avec qn **II.** *vr* ❶ *(zanken)* **sich ~** se disputer ❷ *(diskutieren)* **sich** |**darüber**| **~, wer/wie ...** débattre pour savoir qui/comment ...

Streiterei [ʃtaitəˈrai] <-, -en> *f fam* chamaillerie *f*

Streitgespräch *nt* débat *m*

streitig *adj* **jdm den Vorrang ~ machen** disputer la vedette à qn

Streitigkeiten *Pl* querelles *fpl*

Streitkräfte *Pl* forces *fpl* armées **streitsüchtig** *adj* querelleur(-euse)

streng [ʃtrɛŋ] **I.** *adj* ❶ *(unnachsichtig)* sévère ❷ *(Anweisung, Winter)* rigoureux (-euse); *(Diät)* draconien(ne); *(Bettruhe)* absolu(e); *(Geruch)* pénétrant(e) **II.** *adv* ❶ *(bestrafen)* sévèrement ❷ *(strikt)* strictement ❸ *(genau)* **~ genommen** à proprement parler

Strenge [ʃtrɛŋə] <-> *f* sévérité *f*

strenggenommen^ALT *s.* **streng** **II.3.** **strenggläubig** *adj* très croyant(e)

Stress^RR [ʃtrɛs] <-es, -e>, **Streß**^ALT <-sses, -sse> *m meist Sing* stress *m*

stressen *vt fam* stresser

stressig *adj fam* stressant(e)

Streu [ʃtrɔy] <-> *f* litière *f*

streuen [ʃtrɔyən] *vt* ❶ *(Dünger)* épandre; *(Mehl)* saupoudrer ❷ *(gegen Glätte schützen)* **die Straße ~** *(mit Sand/Salz)* sabler/saler la rue

streunen [ʃtrɔynən] *vi + sein (Person)* vagabonder; **~de Hunde** des chiens errants

Streuselkuchen [ʃtrɔyzəlkuːxn] *m* tarte *f* fleurie *(avec des boules de farine et beurre)*

strich [ʃtrɪç] *Imp von* **streichen**

Strich [ʃtrɪç] <-[e]s, -e> *m* ❶ *(Linie)* trait *m*; *(schräg, senkrecht)* barre *f* ❷ *(Teilstrich einer Skala)* division *f* ❸ *fam (Straßenstrich)* quartier *m* chaud; **auf den ~ gehen** faire le trottoir ▶**unterm ~** *fam* au bout du compte

Strichcode *m* code-barres *m* **Strichpunkt** *m* point-virgule *m*

Strick [ʃtrɪk] <-[e]s, -e> *m* corde *f*

stricken [ʃtrɪkən] *vt, vi* tricoter

Strickjacke *f* gilet *m* **Strickleiter** *f* échelle *f* de corde **Stricknadel** *f* aiguille *f* à tricoter

striegeln *vt* étriller

Striemen [ʃtriːmən] <-s, -> *m* marque *f* de coup de fouet/ceinture

strikt [ʃtrɪkt] *adj (Weigerung)* catégorique

strippen [ʃtrɪpən] *vi fam* faire du strip|-|tease

Striptease [ʃtrɪptiːs] <-> *m o nt* strip|-|tease *m*

stritt [ʃtrɪt] *Imp von* **streiten**

strittig [ʃtrɪtɪç] *adj (Frage)* controversé(e); *(Fall)* litigieux(-euse)

Stroh [ʃtroː] <-[e]s> *nt* paille *f*

Strohhalm *m* ❶ *(Getreidehalm)* brin *m* de paille ❷ *(Trinkhalm)* paille *f* **Strohhut** *m* chapeau *m* de paille **Strohmann** <-männer> *m* homme *m* de paille *(péj)*

Strom [ʃtroːm, *Pl:* ˈʃtrøːmə] <-[e]s, Ströme> *m* ❶ *kein Pl* |**elektrischer**| **~** courant *m* |électrique| ❷ *(breiter Fluss)* fleuve *m* ❸ *fig (von Besuchern)* flot *m*

stromabwärts *adv* en aval **stromaufwärts** *adv* en amont

Stromausfall *m* panne *f* de courant

strömen [ʃtrøːmən] *vi + sein* ❶ **in das Becken ~** se déverser en grande quantité dans le bassin; **aus etw ~** *(Wasser, Gas)* s'échapper en grande quantité de qc ❷ *(eilen)* **ins Freie ~** affluer vers la sortie

Stromkabel *nt* câble *m* électrique **Stromkreis** *m* circuit *m* électrique **Stromleitung** *f* ligne *f* électrique **Stromnetz** *nt* réseau *m* électrique **Stromschnelle** *f meist Pl*

S

rapides *mpl* **Stromstärke** *f* intensité *f* du courant

Strömung <-, -en> *f* courant *m*

Stromzähler *m* compteur *m* électrique

Strophe ['ʃtroːfə] <-, -n> *f* strophe *f*

strubb[e]lig ['ʃtrʊbəlɪç] *adj* (*Haar*) ébourifé(e); (*Fell*) hérissé(e)

Strudel ['ʃtruːdəl] <-s, -> *m* ❶ (*Wirbel*) tourbillon *m* ❷ GASTR strudel *m*

strudeln *vi* faire des tourbillons

Struktur [ʃtrʊk'tuːɐ] *f* ❶ (*Gliederung*) structure *f* ❷ TEXTIL texture *f*

strukturieren* [ʃtrʊktu'riːrən] *vt* structurer

Strukturierung <-, -en> *f* (*Struktur*) texture *f*

Strumpf [ʃtrʊmpf, *Pl:* 'ʃtrʏmpfə] <-[e]s, Strümpfe> *m* ❶ (*Kniestrumpf*) chaussette *f* ❷ (*Damenstrumpf*) bas *m*

Strumpfhose *f* collant *m*

Strunk <-[e]s, Strünke> *m* trognon *m*

struppig ['ʃtrʊpɪç] *adj* (*Haare*) hérissé(e); (*Fell*) dur(e)

Stube ['ʃtuːbə] <-, -n> *f* pièce *f* commune; **die gute ~** le salon

Stubenarrest *m fam* **~ bekommen/haben** être privé de sortie **stubenrein** *adj* (*Katze, Hund*) propre

Stuck [ʃtʊk] <-[e]s> *m* stuc *m*

Stück [ʃtʏk] <-[e]s, -e> *nt* ❶ morceau *m*; **etw in ~e reißen** déchirer qc en mille morceaux ❷ (*einer Schnur, Straße*) bout *m* ❸ (*eines Textes*) partie *f* ❹ (*wertvoller Gegenstand, Theaterstück*) pièce *f* ▶**aus freien ~en** de mon/ton/... propre chef; **das ist ein starkes ~!** *fam* c'est le bouquet!

Stückpreis *m* prix *m* à l'unité **stückweise** *adv* à la pièce **Stückzahl** *f* nombre *m* de pièces

Student(in) [ʃtu'dɛnt] <-en, -en> *m(f)* étudiant(e) *m(f)*

Studentenausweis *m* carte *f* d'étudiant **Studentenwohnheim** *nt* foyer *m* d'étudiants

studentisch *adj attr* (*Selbstverwaltung*) des étudiants

Studie ['ʃtuːdiə] <-, -n> *f* étude *f*

Studien ['ʃtuːdiən] *Pl von* **Studium**

Studienabschluss[RR] *m* diplôme *m* universitaire **Studiengang** *m* filière *f* universitaire **Studienplatz** *m* place *f* à l'université **Studienrat** *m*, **-rätin** *f* ≈ professeur *mf* certifié (*premier échelon des professeurs du se-*condaire) **Studienreise** *f* voyage *f* d'études

studieren* [ʃtu'diːrən] **I.** *vi* faire des études [supérieures] **II.** *vt* ❶ **Philosophie ~** faire des études de philosophie ❷ (*genau betrachten*) étudier

Studio ['ʃtuːdio] <-s, -s> *nt* ❶ (*Aufnahmestudio, Wohnung*) studio *m* ❷ (*Atelier*) atelier *m*

Studium ['ʃtuːdiʊm] <-s, Studien> *nt* ❶ études *fpl* [supérieures] ❷ *kein Pl* (*genaues Lesen*) étude *f*

Stufe ['ʃtuːfə] <-, -n> *f* ❶ (*einer Treppe*) marche *f*; (*einer Entwicklung*) phase *f*; (*eines Geräts*) vitesse *f* ❷ (*Niveau*) niveau *m*

stufen *vt fig* **jdn höher ~** promouvoir qn **Stufenschnitt** *m* dégradé *m* **stufenweise** *adv* par étapes

Stuhl [ʃtuːl, *Pl:* 'ʃtyːlə] <-[e]s, Stühle> *m* ❶ chaise *f* ❷ (*Behandlungsstuhl*) fauteuil *m* ❸ REL **der Heilige ~** le Saint-Siège ❹ *form* (*~gang*) selles *fpl*

Stuhlbein *nt* pied *m* de chaise **Stuhlgang** *m kein Pl form* transit *m* intestinal **Stuhllehne** *f* dossier *m* de chaise

stülpen ['ʃtʏlpən] *vt* **eine Haube über etw** (*akk*) **~** recouvrir qc d'une housse

stumm [ʃtʊm] **I.** *adj* ❶ [von Geburt an] **~ muet(te)** [de naissance] ❷ (*schweigsam*) **~ werden/sein** se taire/être silencieux ❸ (*Vorwurf, Konsonant*) muet(te); (*Blick*) taciturne **II.** *adv* silencieusement

Stummelfilm *m* film *m* muet

Stummel ['ʃtʊməl] <-s, -> *m* (*Kerzenstummel*) lumignon *m*; (*Bleistiftstummel*) bout *m*; (*Gliedstummel*) moignon *m*

Stümper(in) ['ʃtʏmpɐ] <-s, -> *m(f) pej* branquignol *m* (*fam*)

Stümperei <-, -en> *f pej* (*stümperhafte Leistung*) travail *m* bâclé

stumpf [ʃtʊmpf] *adj* ❶ (*Klinge*) émoussé(e) ❷ (*Bleistift*) usé(e) ❸ (*Haare*) terne ❹ MATH (*Winkel*) obtus

Stumpf [ʃtʊmpf, *Pl:* 'ʃtʏmpfə] <-[e]s, Stümpfe> *m* (*Körperglied*) moignon *m*

Stumpfsinn *m kein Pl* ❶ (*geistige Trägheit*) hébétude *f* ❷ (*Stupidität*) stupidité *f* **stumpfsinnig** *adj* ❶ (*geistig träge*) hébété(e) ❷ (*Arbeit*) abrutissant(e)

Stunde ['ʃtʊndə] <-, -n> *f* ❶ heure *f*; **bis zur ~** à l'heure qu'il est; **~n geben** (*unterrichten*) donner des cours ❷ *meist Pl* (*Moment*) moment *m*

Stundengeschwindigkeit f vitesse f [horaire] **Stundenkilometer** Pl kilomètres-heure mpl **stundenlang I.** adj (Verhandlung) qui dure/durent des heures **II.** adv (warten, herumlaufen) [pendant] des heures **Stundenlohn** m salaire m horaire **Stundenplan** m emploi m du temps **stundenweise** adv (arbeiten) quelques heures

stündlich ['ʃtʏntlɪç] adj, adv toutes les heures

Stunk [ʃtʊŋk] <-s> m fam grabuge m

Stuntman ['stʌntmɛn, -wuman] <-s, -men> m, **-woman** f cascadeur(-euse) m(f)

Stupsnase f nez m retroussé

stur [ʃtuːɐ] **I.** adj ❶ (dickköpfig) entêté(e) ❷ (Haltung) borné(e) **II.** adv (uneinsichtig) obstinément

Sturheit <-> f obstination f

Sturm [ʃtʊrm, Pl: 'ʃtʏrmə] <-[e]s, Stürme> m ❶ (starker Wind) tempête f ❷ SPORT attaque f

stürmen ['ʃtʏrmən] **I.** vi unpers + haben **es stürmt** la tempête fait rage **II.** vi + sein (rennen) **zum Eingang ~** se précipiter vers l'entrée **III.** vt + haben **etw ~** prendre d'assaut qc

Stürmer(in) <-s, -> m(f) attaquant(e) m(f)

Sturmflut f raz[-]de[-]marée m

stürmisch ['ʃtʏrmɪʃ] **I.** adj (Tag) de tempête; (Meer) déchaîné(e); (Begrüßung) frénétique; **nicht so ~!** doucement! **II.** adv (begrüßen) frénétiquement

Sturmschaden m meist Pl dégâts mpl causés par la tempête

Sturz [ʃtʊrts, Pl: 'ʃtʏrtsə] <-es, Stürze> m ❶ chute f ❷ (Fenstersturz) linteau m

stürzen ['ʃtʏrtsən] **I.** vi + sein ❶ (fallen) tomber ❷ (rennen) **nach draußen ~** bondir dehors ❸ POL **über etw** (akk) **~** (Regierung) être renversé à la suite de qc **II.** vt + haben ❶ **jdn aus dem Fenster ~** précipiter qn par la fenêtre ❷ (Regierung, Backform) renverser **III.** vr ❶ **sich aus dem Fenster ~** se jeter par la fenêtre ❷ fig **sich auf jdn/etw ~** se précipiter sur qn/qc; **sich in Unkosten** (akk) **~** se lancer dans des dépenses

Sturzflug m vol m en piqué; **im ~** en piqué **Sturzhelm** m casque m [de moto]

Stuss^RR [ʃtʊs] <-es>, **Stuß^ALT** <-sses> m fam connerie f

Stute ['ʃtuːtə] <-, -n> f jument f

Stütze ['ʃtʏtsə] <-, -n> f ❶ (Gebäudeteil) étai m ❷ (Halt) appui m ❸ (seelischer Beistand) soutien m

stutzen ['ʃtʊtsən] **I.** vi (Person) rester coi(te) **II.** vt (Hecke, Bart) tailler; (Flügel) couper

stützen ['ʃtʏtsən] **I.** vt ❶ (physischen Halt geben) **jdn ~** (Person) soutenir qn; **etw ~** (Vorrichtung) [servir à] maintenir qc ❷ (Gebäude, Währung) soutenir ❸ (auf~) **den Arm auf etw** (akk) **~** appuyer son bras sur qc ❹ (Theorie) étayer **II.** vr **sich auf jdn/etw ~** a. fig s'appuyer sur qn/qc

stutzig adj **~ werden** avoir des soupçons

Stützpunkt m MIL base f militaire

stylen ['stajlən] vt (Haare) sculpter

s.u. Abk von **siehe unten** voir ci-dessous

Subjekt [zʊp'jɛkt] <-[e]s, -e> nt ❶ LING sujet m ❷ pej (übler Mensch) individu m

subjektiv [zʊpjɛk'tiːf] adj subjectif(-ive)

Subjektivität [zʊpjɛktiviˈtɛːt] <-> f subjectivité f

Substantiv ['zʊpstantiːf] <-s, -e> nt substantif m

Substanz [zʊp'stants] <-, -en> f substance f

subtil [zʊp'tiːl] adj geh ❶ (nuanciert) subtil(e) ❷ (kompliziert) complexe

subtrahieren* [zʊptra'hiːrən] vt, vi soustraire

Subtraktion [zʊptrak'tsjoːn] <-, -en> f soustraction f

Subtropen ['zʊptroːpən] Pl GEO **die ~** la zone subtropicale

subtropisch ['zʊptroːpɪʃ] adj subtropical(e)

Subvention [zʊpvɛn'tsjoːn] <-, -en> f subvention f

subventionieren* [zʊpvɛntsjo'niːrən] vt subventionner

subversiv [zʊpvɛr'ziːf] geh adj subversif(-ive)

Suchaktion f recherches fpl

Suche ['zuːxə] <-, -en> f **auf der ~ nach einer Wohnung sein** être à la recherche d'un logement

suchen ['zuːxən] **I.** vt chercher; **bei jdm Schutz ~** chercher protection auprès de qn ▶**er hat hier nichts zu ~!** fam il n'a rien à foutre ici! **II.** vi chercher; **nach jdm/etw ~** être à la recherche de qn/qc

Sucher <-s, -> m viseur m

Suchmaschine f INFORM outil m de recherche

Sucht [zʊxt, Pl: 'zʏçtə] <-, Süchte> f ❶ MED dépendance f; (Rauschgiftsucht) toxicoma-

S

nie *f* ❷ (*starkes Verlangen*) manie *f*

süchtig ['zʏçtɪç] *adj* ❶ MED dépendant(e); (*rauschgift~*) toxicomane ❷ (*versessen*) ~ **nach etw sein** être avide de qc

Süchtige(r) *f(m) dekl wie adj* toxicomane *mf*

Südafrika *nt* l'Afrique *f* du Sud **Südafrikaner(in)** *m(f)* Sud-Africain(e) *m(f)* **südafrikanisch** *adj* sud-africain(e) **Südamerika** *nt* l'Amérique *f* du Sud **Südamerikaner(in)** *m(f)* Sud-Américain(e) *m(f)* **südamerikanisch** *adj* sud-américain(e) **süddeutsch** *adj* de l'Allemagne du Sud **Süddeutschland** *nt* l'Allemagne *f* du Sud

> Le sud de l'Allemagne, **Süddeutschland**, est vallonné et bordé au sud par les Alpes. C'est une région à majorité catholique dont les deux plus grandes villes sont Munich et Stuttgart.

Süden ['zy:dən] <-s> *m* sud *m*; *s. a.* **Norden**

Südeuropa *nt* l'Europe *f* du Sud **Südeuropäer(in)** *m(f)* Européen(ne) *m(f)* du Sud **Südfrankreich** *nt* Midi *m* **südfranzösisch** *adj* du sud de la France **Südfrüchte** *Pl* fruits *mpl* exotiques **Südhalbkugel** *f* hémisphère *m* sud **Südkorea** ['zy:tkore:a] <-s> *nt* la Corée du Sud **Südkoreaner(in)** ['zy:tkore:nɐ] *m(f)* Sud-Coréen(ne) *m(f)* **südkoreanisch** ['zy:tkore:nɪʃ] *adj* sud-coréen(ne) **Südküste** *f* côte *f* méridionale **Südländer(in)** <-s, -> *m(f)* Méditerranéen(ne) *m(f)* **südländisch** *adj* méditerranéen(ne)

südlich I. *adj* du sud *inv* II. *präp* + *gen* ~ **des Polarkreises** au sud du cercle polaire **Südosten** *m* sud-est *m*; *s. a.* **Norden südöstlich** I. *adj* [situé(e) au] sud-est; **in ~er Richtung** en direction du sud-est II. *präp* + *gen* ~ **des Dorfs** au sud-est du village **Südpol** *m* **der** ~ le pôle Sud **Südsee** *f* **die** ~ les mers *fpl* du Sud **Südseite** *f* face *f* sud **Südtirol** *nt* le Tyrol du Sud **Südwesten** *m* sud-ouest *m*; *s. a.* **Norden südwestlich** I. *adj* [situé(e) au] sud-ouest; **in ~er Richtung** en direction du sud-ouest II. *präp* + *gen* ~ **des Flusses** au sud-ouest du fleuve **Südwind** *m* vent *m* du sud

Suff [zʊf] <-[e]s> *m fam* ivrognerie *f*

süffig ['zʏfɪç] *adj* agréable en bouche

Suffix ['zʊfɪks] <-es, -e> *nt* LING suffixe *m*

suggerieren* [zʊɡe'ri:rən] *vt geh* jdm etw

~ suggérer qc à qn

Sühne ['zy:nə] <-, -n> *f geh* expiation *f*

Suite ['svi:tə, zu'i:tə] <-, -n> *f a.* MUS suite *f*

Sulfat [zʊl'fa:t] <-[e]s, -e> *nt* CHEM sulfate *m*

Sultan(in) ['zʊlta:n] <-s, -e> *m(f)* sultan(e) *m(f)*

Sülze ['zʏltsə] <-, -n> *f* ❶ (*Aspik*) gelée *f* ❷ (*Speise in Aspik*) aspic *m*

Summe ['zʊmə] <-, -n> *f* ❶ MATH total *m* ❷ FIN somme *f*

summen ['zʊmən] I. *vi* (*Person*) fredonner; (*Biene*) bourdonner II. *vt* (*Melodie*) fredonner

summieren* [zʊ'mi:rən] *vr* **sich** ~ s'additionner

Sumpf [zʊmpf, *Pl:* 'zʏmpfə] <-[e]s, Sümpfe> *m* (*Morast*) marais *m*

sumpfig *adj* marécageux(-euse)

Sünde ['zʏndə] <-, -n> *f* ❶ REL péché *m* ❷ (*Fehltritt*) faute *f*

Sündenbock *m* bouc *m* émissaire **Sündenfall** *m kein Pl* **der** ~ la chute [originelle]

Sünder(in) <-s, -> *m(f)* pécheur(-eresse) *m(f)*

sündhaft *adj* ❶ REL (*Leben*) de péchés; (*Tat*) infâme ❷ *fam* (*Preis*) exorbitant(e)

sündig *adj* ❶ REL (*Leben*) de péchés; (*Tat*) infâme ❷ (*Blick*) vicieux(-euse)

sündigen *vi* REL pécher

super ['zu:pe] *fam* I. *adj inv* **ein ~ Film** un film super II. *adv* (*klingen*) super bien; ~ **schmecken** être super bon

Super <-s> *nt* super *m*

Superlativ ['zu:pelati:f] <-[e]s, -e> *m* LING superlatif *m*

Supermarkt *m* supermarché *m*

Suppe ['zʊpə] <-, -n> *f* soupe *f*; **klare** ~ bouillon *m*

Suppengrün *nt* herbes *fpl* potagères **Suppenschüssel** *f* soupière *f* **Suppenteller** *m* assiette *f* creuse

Surfbrett *nt* surf *m*; (*Windsurfbrett*) planche *f* à voile

surfen ['sœːɐfən] *vi a.* INFORM surfer; (*wind~*) faire de la planche à voile

Surfer(in) ['sœrfɐ] <-s, -> *m(f)* surfeur(-euse) *m(f)*; (*Windsurfer*) [véli]planchiste *mf*

Surrealismus [zʊrea'lɪsmʊs] <-> *m* surréalisme *m*

surren ['zʊrən] *vi* + *haben* (*Insekt, Stromleitung*) bourdonner; (*Ventilator*) ronronner

suspekt [zʊs'pɛkt] *adj geh* suspect(e)

suspendieren* [zʊspɛn'diːrən] *vt* **jdn vom Dienst ~** suspendre qn de service

süß [zyːs] *adj* ❶ (*Gericht, Getränk*) sucré(e); (*Wein*) doux(douce) ❷ (*Duft*) suave ❸ (*Kind*) mignon(ne)

Süße(r) *f(m) dekl wie adj* |**mein**| **~r**/|**meine**| **~** |**mon**| chéri/|**ma**| chérie

süßen *vt, vi* sucrer

Süßholz ▶~ raspeln *fam* passer de la pommade à qn

Süßigkeit <-, -en> *f meist Pl* sucrerie *f*

süßlich *adj* (*Geschmack*) douceâtre

süßsauer[RR] [ˈzyːsˈzauɐ] *adj* (*Speise*) aigredoux(douce) **Süßspeise** *f* entremets *m* |sucré| **Süßstoff** *m* aspartam[e] *m* **Süßwasser** *nt* eau *f* douce

Sweatshirt [ˈswɛtʃœːt] <-s, -s> *nt* sweatshirt *m*

Swimmingpool [ˈsvɪmɪŋpuːl] <-s, -s> *m* piscine *f*

Symbiose [zʏmbi'oːzə] <-, -n> *f* symbiose *f*

Symbol [zʏm'boːl] <-s, -e> *nt* symbole *m*

symbolisch *adj* symbolique

symbolisieren* [zʏmbolizi'rən] *vt* symboliser

Symmetrie [zʏme'triː] <-, -n> *f* symétrie *f*

symmetrisch [zʏ'meːtrɪʃ] *adj* symétrique

Sympathie [zʏmpa'tiː] <-, -en> *f* sympathie *f*

sympathisch [zʏm'paːtɪʃ] *adj* ❶ (*Mensch*) sympathique ❷ (*Vorstellung*) réjouissant(e)

sympathisieren* [zʏmpati'ziːrən] *vi* **mit jdm ~** sympathiser avec qn

Symphonie [zʏmfo'niː] *s.* **Sinfonie**

Symposium [zʏm'poːziʊm] <-s, Symposien> *nt* symposium *m*

Symptom [zʏmp'toːm] <-s, -e> *nt* symptôme *m*

symptomatisch [zʏmpto'maːtɪʃ] *adj geh* symptomatique

Synagoge [zyna'goːgə] <-, -n> *f* synagogue *f*

synchron [zʏn'kroːn] *geh* **I.** *adj* (*Übersetzung*) simultané(e); (*Bewegung*) synchrone **II.** *adv* **~ zu etw verlaufen** se dérouler parallèlement à qc

Synchronisation [zʏnkroniza'tsjoːn] <-, -en> *f* doublage *m*

synchronisieren* [zʏnkroni'ziːrən] *vt* (*Film*) doubler

Syndrom [zʏn'droːm] <-s, -e> *nt* syndrome *m*

Synode [zy'noːdə] <-, -n> *f* synode *m*

Synonym <-s, -e> *nt* synonyme *m*

syntaktisch [zʏn'taktɪʃ] *adj* syntaxique

Syntax <-, -en> *f* LING syntaxe *f*

Synthese [zʏn'teːzə] <-, -n> *f* synthèse *f*

Synthesizer [ˈzʏntəsaizɐ] <-s, -> *m* synthétiseur *m*

Synthetik [zʏn'teːtɪk] <-s> *nt* synthétique *m*

synthetisch [zʏn'teːtɪʃ] *adj* CHEM, MED synthétique

Syphilis [ˈzyːfilɪs] <-> *f* syphilis *f*

Syrer(in) [ˈzyːrɐ] <-s, -> *m(f)* Syrien(ne) *m(f)*

Syrien [ˈzyːriən] <-s> *nt* la Syrie

syrisch *adj* syrien(ne)

System [zʏs'teːm] <-s, -e> *nt* ❶ système *m* ❷ ÖKOL **duales ~** *système de recyclage*

systematisch [zʏste'maːtɪʃ] **I.** *adj* (*Arbeit*) méthodique; (*Beeinflussung*) systématique **II.** *adv* systématiquement

systematisieren* [zʏstemati'ziːrən] *vt* systématiser

Szene [ˈstsɛːnə] <-, -n> *f* ❶ (*Theaterszene*) scène *f* ❷ (*Bereich*) milieux *mpl*

T

T, t [teː] <-, -> *nt* T *m*/t *m*

Tabak [ˈtabak] <-s, -e> *m* tabac *m*

tabellarisch [tabɛ'laːrɪʃ] *adj, adv* sous forme de tableau

Tabelle [ta'bɛlə] <-, -n> *f* tableau *m*

Tabellenkalkulationsprogramm *nt* INFORM tableur *m*

Tablett [ta'blɛt] <-[e]s, -s> *nt* plateau *m*

Tablette [ta'blɛtə] <-, -n> *f* comprimé *m*

tablettensüchtig *adj* pharmacodépendant(e)

tabu [ta'buː] *adj inv* **~ sein** être tabou *inv*

Tabu <-s, -s> *nt geh* tabou *m*

tabuisieren* [tabui'ziːrən] *vt* tabouiser

Tabulator [tabu'laːtɔr] <-s, -toren> *m* tabulateur *m*

Tabulator-Taste *f* touche *f* Tabulation

Tacho [ˈtaxo] <-s, -s> *m fam*, **Tachometer** *m o nt* compteur *m* de vitesse

Tadel [ˈtaːdəl] <-s, -> *m* réprimande *f*

tadellos *adj* impeccable

tadeln vt blâmer; **jdn für etw ~** réprimander qn pour qc

Tafel ['taːfəl] <-, -n> f ❶ (Wandtafel) tableau m ❷ (Gedenktafel) plaque f ❸ (rechteckiges Stück) **eine ~ Schokolade** une tablette de chocolat ❹ form (Tisch) table f

Taft [taft] <-[e]s, -e> m taffetas m

Tag [taːk] <-[e]s, -e> m ❶ jour m; **der ~ X** le jour J; **der jüngste ~** REL le Jugement dernier; **guten ~!** bonjour!; **es ist ~** il fait jour; **bei ~|e|** de jour; **auf den ~ |genau|** au jour près ❷ (~esverlauf) journée f; **am ~** dans la journée; **den ganzen ~ |lang|** toute la journée ▶**an den ~ kommen** éclater au grand jour

tagaus [taːkˈʔaʊs] adv ▶**~, tagein** jour après jour

Tagebau <-baue> m mine f à ciel ouvert

Tagebuch nt journal m [intime]

tagelang I. adj qui dure des jours entiers II. adv [pendant] des journées entières

tagen ['taːgən] I. vi unpers geh **es tagt** le jour point II. vi (konferieren) siéger

Tagesanbruch m lever m du jour **Tageskarte** f GASTR menu m du jour **Tageslicht** nt kein Pl lumière f du jour **Tagesmutter** f nourrice f **Tagesordnung** f ordre m du jour

Le **Tagesschau** est le journal d'informations nationales. Il est diffusé tous les soirs à 20 heures sur la première chaîne de télévision nationale allemande, ARD, depuis 1952.

Tageszeit f moment m de la journée **Tageszeitung** f quotidien m

tageweise adv à la journée

täglich ['tɛːklɪç] adj quotidien(ne)

tagsüber adv pendant la journée

tagtäglich ['taːkˈtɛːklɪç] I. adj quotidien(ne) II. adv tous les jours [sans exception]

Tagung <-, -en> f congrès m

Taifun [taɪˈfuːn] <-s, -e> m typhon m

Taille ['taljə] <-, -n> f taille f

Takelage [takaˈlaːʒə] <-, -n> f gréement m

Takt [takt] <-[e]s, -e> m ❶ MUS mesure f; **im ~** en mesure ❷ kein Pl (Feingefühl) tact m

Taktgefühl nt tact m, délicatesse f

taktieren* vi user de tactique; **geschickt ~** user d'une habile tactique

Taktik ['taktɪk] <-, -en> f tactique f

Taktiker(in) <-s, -> m(f) tacticien(ne) m(f)

taktisch I. adj tactique II. adv (vorgehen) tactiquement; (klug) d'un point de vue tactique

taktlos I. adj dénué(e) de tact II. adv sans [le moindre] tact

Taktstock m baguette f [de chef d'orchestre]

taktvoll I. adj plein(e) de tact II. adv avec tact

Tal [taːl, Pl: ˈtɛːlə] <-[e]s, Täler> nt vallée f

Talar [taˈlaːɐ] <-s, -e> m toge f

Talent [taˈlɛnt] <-[e]s, -e> nt talent m

talentiert [talɛnˈtiːɐt] adj (Person) qui a du talent

Talg [talk] <-[e]s, -e> m ❶ BIO sébum m ❷ GASTR suif m

Talisman ['taːlɪsman] <-s, -e> m talisman m

Talkshow[RR] ['tɔːkʃoː] <-, -s> f talk-show m

Talsperre f barrage m

Tamburin ['tamburiːn] <-s, -e> nt tambourin m

Tampon ['tampɔn] <-s, -s> m tampon m

Tandem ['tandɛm] <-s, -s> nt tandem m; **~ fahren** faire du tandem

Tang [taŋ] <-[e]s, -e> m varech m

Tangente [taŋˈgɛntə] <-, -n> f ❶ MATH tangente f ❷ (Straße) rocade f

tangieren* [taŋˈgiːrən] vt geh ❶ (streifen) effleurer ❷ (betreffen) toucher

Tango ['taŋgo] <-s, -s> m tango m

Tank [taŋk] <-s, -s> m ❶ (Benzintank) réservoir m ❷ (Flüssigkeitsbehälter) citerne f

tanken I. vi prendre de l'essence II. vt ❶ **zehn Liter/bleifrei ~** prendre dix litres [d'essence]/du sans plomb; **voll ~** (Auto) faire le plein de ❷ fig fam **frische Luft ~** faire le plein d'air frais

Tanker <-s, -> m pétrolier m

Tankfüllung f plein m **Tankstelle** f station-service f **Tankwart(in)** m(f) pompiste mf

Tanne ['tanə] <-, -> f sapin m

Tannenbaum m sapin m [de Noël] **Tannennadel** f aiguille f de sapin **Tannenzapfen** m pomme f de pin

Tante ['tantə] <-, -n> f tante f

Tante-Emma-Laden [tantəˈʔɛmaːdən] m fam petite épicerie f [du coin]

Tantieme [tãˈtieːmə, tãˈtiɛːmə] <-, -n> f meist Pl ❶ (Gewinnbeteiligung) tantième m ❷ (Autorenhonorar) droits mpl d'auteur

Tanz [tants, Pl: ˈtɛntsə] <-es, Tänze> m

❶ danse *f*; **jdn zum ~ auffordern** inviter qn à danser ❷ (*~veranstaltung*) bal *m*

Tanzabend *m* soirée *f* dansante

tänzeln ['tɛntsəln] *vi* + *haben o sein* (*Boxer*) sautiller; (*Pferd*) piaffer

tanzen [tantsən] *vt*, *vi* danser

Tänzer(in) ['tɛntsɐ] <-s, -> *m(f)* danseur (-euse) *m(f)*

Tanzfläche *f* piste *f* |de danse| **Tanzkurs** *m* cours *m* de danse **Tanzpartner(in)** *m(f)* cavalier(-ière) *m(f)* **Tanzschule** *f* école *f* de danse

Tapete [ta'pe:tə] <-, -n> *f* papier *m* peint

Tapetenwechsel *m fam* changement *m* d'air

tapezieren* [tape'tsi:rən] *vt* tapisser

tapfer ['tapfɐ] **I.** *adj* (*Person*) brave; (*Verhalten*) courageux(-euse) **II.** *adv* avec bravoure

Tapferkeit <-> *f* bravoure *f*

tappen ['tapən] *vi*, **tapsen** ['tapsən] *vi fam* + *sein* avancer à tâtons

tapsig *fam adj* pataud(e)

Tarantel <-, -n> *f* tarentule *f*

Tarif [ta'ri:f] <-[e]s, -e> *m* ❶ accord *m* salarial ❷ (*Gebühr*) tarif *m*

Tarifgruppe *f* groupe *m* tarifaire **Tariflohn** *m* salaire *m* contractuel **Tarifverhandlungen** *Pl* négociations *fpl* sur la convention collective **Tarifvertrag** *m* convention *f* collective

tarnen ['tarnən] **I.** *vt* camoufler **II.** *vr* **sich als etw ~** se camoufler en qc

Tarnfarbe *f* peinture *f* de camouflage

Tarnung <-> *f kein Pl* camouflage *m*

Tasche ['taʃə] <-, -n> *f* ❶ (*an der Kleidung*) poche *f* ❷ (*Tragetasche*) sac *m*

Taschenbuch *nt* livre *m* de poche **Taschendieb(in)** *m(f)* pickpocket *mf* **Taschengeld** *nt* argent *m* de poche **Taschenlampe** *f* lampe *f* de poche **Taschenmesser** *nt* canif *m* **Taschenrechner** *m* calculette *f* **Taschentuch** *nt* mouchoir *m*

Tasse ['tasə] <-, -n> *f* tasse *f*

Tastatur [tasta'tu:ɐ] <-, -en> *f* clavier *m*

Taste ['tastə] <-, -n> *f* touche *f*

tasten ['tastən] **I.** *vi* **nach etw ~** chercher qc à tâtons **II.** *vr* **sich zur Tür ~** avancer en tâtonnant vers la porte **III.** *vt* (*Schwellung*) sentir en palpant

Tasteninstrument *nt* instrument *m* à clavier **Tastentelefon** *nt* téléphone *m* à touches

Tastsinn *m kein Pl* toucher *m*

tat [ta:t] *Imp von* **tun**

Tat [ta:t] <-, -en> *f* ❶ acte *m* ❷ (*Straftat*) délit *m* ▶**in der ~!** effectivement!

Tatbestand *m* état *m* de fait

tatenlos I. *adj* inactif(-ive) **II.** *adv* sans rien faire

Täter(in) ['tɛ:tɐ] <-s, -> *m(f)* coupable *mf*

tätig ['tɛ:tɪç] *adj* ❶ (*berufs~*) **als etw ~ sein** être employé comme qc ❷ (*Person*) actif (-ive)

tätigen *vt form* (*Einkäufe*) effectuer; (*Anruf*) passer

Tätigkeit <-, -en> *f* activité *f*

Tatkraft *f kein Pl* dynamisme *m* **tatkräftig I.** *adj* dynamique, énergique **II.** *adv* activement **Tatort** *m* lieu *m* du crime

tätowieren* [tɛto'vi:rən] *vt* tatouer

Tätowierung <-, -en> *f* tatouage *m*

Tatsache *f* fait *m*

tatsächlich I. *adj attr* (*Ereignis*) réel(le); (*Grund*) véritable **II.** *adv* ❶ (*in Wirklichkeit*) en réalité ❷ (*wirklich*) réellement

tätscheln ['tɛtʃəln] *vt* tapoter |affectueusement|

Tatze ['tatsə] <-, -n> *f* ZOOL patte *f*

Tau¹ [tau] <-[e]s> *m* METEO rosée *f*

Tau² <-[e]s, -e> *nt* NAUT cordage *m*

taub [taup] *adj* ❶ sourd(e) ❷ (*Körperteil*) insensible

Taube ['taubə] <-, -n> *f* pigeon *m*

Taubenschlag *m* pigeonnier *m*

Taubheit <-> *f* ❶ surdité *f* ❷ (*von Gliedmaßen*) insensibilité *f*

taubstumm *adj* sourd(e)-muet(te) **Taubstumme(r)** *f(m) dekl wie adj* sourd-muet (sourde-muette) *m(f)*

tauchen ['tauxən] **I.** *vi* + *haben o sein* plonger **II.** *vt* + *haben* **jdn/etw in etw** (*akk*) **~** plonger qn/qc dans qc

Taucher(in) <-s, -> *m(f)* plongeur(-euse) *m(f)*

Taucherbrille *f* lunettes *fpl* de plongée

tauen ['tauən] **I.** *vi unpers* + *haben* dégeler **II.** *vi* + *sein* fondre

Taufe ['taufə] <-, -n> *f* baptême *m*

taufen *vt* **jdn ~** baptiser qn

Taufpate *m*, **-patin** *f* parrain *m*/marraine *f*

taufrisch *adj* humide de rosée

taugen ['taugən] *vi* **etwas ~** (*Person*) être bon à quelque chose; (*Sache*) valoir quelque chose

T

Taugenichts <-[es], -e> *m pej* propre *mf* à rien

tauglich *adj* ❶ ~ **sein** convenir ❷ MIL apte [au service militaire]

Taumel ['taʊməl] <-s> *m* ❶ vertige *m* ❷ (*Überschwang*) ivresse *f*

taumeln *vi* + *sein* chanceler

Tausch [taʊʃ] <-[e]s, -e> *m* échange *m*

tauschen I. *vt* échanger II. *vi* faire un échange

täuschen ['tɔyʃən] *vt, vi, vr* [**sich**] **täuschen** [se] tromper

täuschend I. *adj* trompeur(-euse) II. *adv* **jdm** ~ **ähnlich sehen** ressembler à s'y méprendre à qn

Tauschhandel *m kein Pl* (*das Handeln*) [commerce *m* de] troc *m*

Täuschung <-, -en> *f* ❶ tromperie *f*; (*beim Examen*) fraude *f* ❷ (*Irrtum*) erreur *f*; **optische** ~ illusion *f* d'optique

Täuschungsmanöver *nt* feinte *f*

tausend ['taʊzənt] *num* ❶ mille; *s. a.* **acht** ❷ *fam* (*viele*) [tout] un tas de

Tausend <-, -en> *f* (*die Zahl 1000*) mille *m*

Tausender <-s, -> *m* ❶ *fam* (*Geldschein*) billet *m* de mille ❷ MATH millier *m*

Tausendfüßler ['taʊzəntfy:slɐ] <-s, -> *m* mille-pattes *m*

tausendjährig *adj attr* ❶ (*tausend Jahre alt*) millénaire ❷ (*tausend Jahre dauernd*) de mille ans **tausendmal** *adv* ❶ mille fois; *s. a.* **achtmal** ❷ *fam* (*vielmals*) des tas et des tas de fois

tausendste(r, s) *adj* millième; *s. a.* **achte (r, s)**

tausendstel *adj* millième *m*; *s. a.* **achtel**

Tautropfen *m* goutte *f* de rosée **Tauwetter** *nt a. fig* dégel *m*

Tauziehen *nt* tir *m* à la corde

Taxe ['taksə] <-, -n> *f* ❶ (*Kurtaxe*) taxe *f* de séjour ❷ (*Schätzwert*) estimation *f*

Taxi ['taksi] <-s, -s> *nt* taxi *m*

Taxifahrer(in) *m(f)* chauffeur *m* de taxi **Taxistand** *m* station *f* de taxis

Team [ti:m] <-s, -s> *nt* équipe *f*

Teamarbeit *f* travail *m* d'équipe

Technik ['tɛçnɪk] <-> *f kein Pl* ❶ technique *f* ❷ (*einer Maschine*) technologie *f*

Techniker(in) <-s, -> *m(f)* technicien(ne) *m(f)*

technisch I. *adj* technique II. *adv* sur le plan technique

Techno ['tɛkno] <-(s)> *m o nt* MUS techno *m*

Technologie <-, -n> *f* technologie *f*

technologisch *adj* technologique

Teddybär ['tɛdibɛːɐ] *m* ours *m* en peluche

Tee [te:] <-s, -s> *m* ❶ [**schwarzer**] ~ thé *m* [noir] ❷ (*Kräutertee*) tisane *f* ❸ (~*strauch*) thé[ier] *m*

Teebeutel *m* sachet *m* de thé **Teekanne** *f* théière *f* **Teelicht** *nt* bougie *f* à chauffe-plat **Teelöffel** *m* ❶ petite cuillère *f* ❷ (*Menge*) **ein** ~ **Zucker** une cuillerée à café de sucre

Teenager ['ti:neɪdʒɐ] <-s, -> *m* teenager *mf*

Teenie ['ti:ni] <-s, -s> *m fam* ado *mf*

Teer [te:ɐ] <-[e]s, -e> *m* goudron *m*

teeren ['te:rən] *vt* goudronner

Teestube *f* salon *m* de thé **Teetasse** *f* tasse *f* à thé

Teich [taiç] <-[e]s, -e> *m* étang *m*

Teig [taik] <-[e]s, -e> *m* pâte *f*

Teigwaren *Pl* pâtes *fpl* [alimentaires]

Teil¹ [tail] <-[e]s, -e> *m o nt* ❶ partie *f* ❷ (*An~*) part *f*; **ich für meinen** ~ en ce qui me concerne

Teil² <-[e]s, -e> *nt* (*eines Geräts*) pièce *f*

teilbar *adj* **durch zehn** ~ divisible par dix

Teilchen ['tailçən] <-s, -> *nt* PHYS particule *f*

teilen I. *vt* ❶ (*auf~*) **sich** (*dat*) **etw** ~ se partager qc ❷ MATH **durch vier** ~ diviser par quatre ❸ (*mitfühlen*) **Freude mit jdm** ~ prendre part à la joie de qn; **jds Schicksal** ~ subir le même sort que qn II. *vr* **sich** ~ se séparer III. *vi* partager

teil|haben *vi irr* prendre part **Teilhaber(in)** <-s, -> *m(f)* associé(e) *m(f)*

Teilnahme ['tailna:mə] <-, -n> *f* participation *f*

teilnahmslos I. *adj* indifférent(e) II. *adv* avec indifférence

teil|nehmen *vi irr* participer

Teilnehmer(in) <-s, -> *m(f)* ❶ participant(e) *m(f)* ❷ TELEC abonné(e) *m(f)*

teils *adv* en partie; ~, ~ *fam* oui et non

Teilstrecke *f* section *f*

Teilung <-, -en> *f* ❶ *kein Pl* partage *m* ❷ (*das Geteiltsein*) division *f*

teilweise I. *adv* partiellement II. *adj attr* partiel(le)

Teilzahlung *f* **auf** ~ à crédit

Teilzeitarbeit *f* travail *m* à temps partiel **teilzeitbeschäftigt** *adj* employé(e) à temps partiel

Teint [tɛ̃:] <-s, -s> *m* teint *m*

Telearbeit f télétravail m

Telefax ['te:lefaks] nt fax m

Telefon [tele'fo:n] <-s, -e> nt téléphone m

Telefonanlage f installation f téléphonique **Telefonanruf** m appel m téléphonique **Telefonanschluss**ᴿᴿ m ligne f téléphonique

Telefonat [telefo'na:t] <-[e]s, -e> nt form communication f téléphonique

Telefonbuch nt annuaire m |téléphonique| **Telefongespräch** nt conversation f téléphonique

telefonieren* [telefo'ni:rən] vi **mit jdm ~** téléphoner à qn

telefonisch [tele'fo:nɪʃ] I. adj téléphonique II. adv par téléphone

Telefonkarte f carte f de téléphone **Telefonkonferenz** f multiplexe m **Telefonleitung** f ligne f |téléphonique| **Telefonnummer** f numéro m de téléphone **Telefonsex** m fam amour m au téléphone **Telefonverbindung** f liaison f |téléphonique| **Telefonzelle** f cabine f téléphonique

Telegraf [tele'gra:f] <-en, -e> m télégraphe m

telegrafieren* [telegra'fi:rən] I. vi envoyer un télégramme II. vt télégraphier

telegrafisch [tele'gra:fɪʃ] adj télégraphique, par télégramme

Telegramm [tele'gram] <-gramme> nt télégramme m

Telekommunikation f télécommunications fpl

Teleobjektiv ['te:leʔɔpjɛkti:f] nt téléobjectif m

Teleshopping ['te:leʃɔpɪŋ] <-s> nt téléachat m

Teleskop [tele'sko:p] <-s, -e> nt téléscope m

Telespiel ['te:leʃpi:l] nt jeu m vidéo

Telex ['te:lɛks] <-, -e> nt télex m

Teller ['tɛlɐ] <-s, -> m assiette f

Tellerwäscher(in) m(f) plongeur(-euse) m(f)

Tempel ['tɛmpəl] <-s, -> m temple m

Temperament [tɛmp(ə)ra'mɛnt] <-[e]s, -e> nt tempérament m

temperamentvoll I. adj plein(e) de tempérament II. adv avec ferveur

Temperatur [tɛmpəra'tu:ɐ̯] <-, -en> f a. MED température f

Tempo ['tɛmpo] <-s, -s> nt ➊ vitesse f ➋ MUS tempo m

Tempolimit nt limitation f de vitesse

Dans les centres-villes allemands, la vitesse est limitée à 50 km/h, comme en France, mais dans toutes les zones résidentielles et semi-piétonnes, elle est limitée à 30 km/h. C'est ce que l'on appelle la *Dreißiger Zone*. Sur les autoroutes, la vitesse n'est pas limitée, sauf sur certaines portions à problème où la **Tempolimit** se situe entre 110 et 120 km/h. Afin de contrôler la vitesse, des radars fixes sont installés aux endroits les plus dangereux pour les automobilistes. Mais il y a aussi des radars mobiles et certaines stations de radio signalent leur emplacement régulièrement.

Tendenz [tɛn'dɛnts] <-, -en> f tendance f

tendenziell [tɛndɛn'tsjɛl] adj **eine ~e Verbesserung** une tendance à l'amélioration

tendenziös pej adj tendancieux(-euse)

tendieren* [tɛn'di:rən] vi **zu etw ~** avoir tendance à qc; **dazu ~ etw zu tun** être enclin à faire qc

Tennis ['tɛnɪs] <-> nt tennis m

Tennisball m balle f de tennis **Tennisplatz** m court m de tennis **Tennisschläger** m raquette f de tennis

Tenor¹ ['te:nɔr] <-s> m fond m

Tenor² [te'no:ɐ̯] <-s, Tenöre> m MUS ténor m

Teppich ['tɛpɪç] <-, -e> m tapis m

Teppichboden m moquette f **Teppichklopfer** <-s, -> m tapette f |à tapis|

Termin [tɛr'mi:n] <-s, -e> m ➊ (*Uhrzeit*) rendez-vous m; **sich** (*dat*) **einen ~ geben lassen** prendre rendez-vous ➋ (*Datum*) date f

Terminal¹ ['tœ:minəl] <-s, -s> nt INFORM terminal m

Terminal² <-s, -s> nt o m AVIAT, NAUT terminal m

termingerecht adj, adv dans les délais **Terminkalender** m agenda m

Terminologie [tɛrminolo'gi:] <-, -n> f terminologie f

Terminplan m planning m

Terpentin [tɛrpɛn'ti:n] <-s, -e> nt o A m térébenthine f

Terrakotta [tɛra'kɔta] <-, -kotten> f terre f cuite

Terrasse [tɛ'rasə] <-, -n> f terrasse f

T

territorial [tɛritori'aːl] *adj* territorial(e)

Territorium [tɛri'toːriʊm] <-s, -rien> *nt* territoire *m*

Terror ['tɛroːɐ̯] <-s> *m* terrorisme *m*

Terroranschlag *m* attentat *m* terroriste

terrorisieren* [tɛrori'ziːrən] *vt* terroriser

Terrorismus [tɛro'rɪsmʊs] <-> *m* terrorisme *m*

Terrorist(in) [tɛro'rɪst] <-en, -en> *m(f)* terroriste *mf*

terroristisch *adj* terroriste

Terz [tɛrts] <-, -en> *f* tierce *f*

Tesafilm® ['teːzafɪlm] *m* scotch® *m*

Test [tɛst] <-[e]s, -s> *m* test *m*

Testament [tɛsta'mɛnt] <-[e]s, -e> *nt* ❶ testament *m* ❷ REL **das Alte/Neue ~** l'Ancien/le Nouveau Testament

testamentarisch [tɛstamɛn'taːrɪʃ] I. *adj* testamentaire II. *adv* par testament

testen ['tɛstən] *vt* tester

Tetanus ['tɛtanʊs] <-> *m* tétanos *m*

teuer ['tɔyɐ̯] I. *adj* cher(chère) II. *adv* cher ▶**jdn ~ zu stehen kommen** coûter cher à qn

Teufel ['tɔyfəl] <-s, -> *m* ❶ *kein Pl* diable *m* ❷ (*böser Mensch*) démon *m* ▶**weiß der ~, ...! ** *fam* ..., Dieu seul le sait!

Teufelskreis *m* cercle *m* vicieux

teuflisch ['tɔyflɪʃ] *adj* diabolique

Text [tɛkst] <-[e]s, -e> *m* texte *m*

Textdatei *f* INFORM fichier-texte *m*

texten ['tɛkstən] *vt* (*Schlager*) composer; (*Slogan*) écrire

Textilien [tɛks'tiːliən] *Pl* [matières *fpl*] textiles *mpl*

Textilindustrie *f* industrie *f* textile

Textmarker *m* surligneur *m* **Textverarbeitungsprogramm** *nt* [programme *m* de] traitement *m* de texte

Thailand ['taɪlant] *nt* la Thaïlande

Thailänder(in) ['taɪlɛndɐ] <-s, -> *m(f)* Thaïlandais(e) *m(f)*

thailändisch I. *adj* thaïlandais(e) II. *adv* **miteinander sprechen** discuter en thaïlandais

Thailändisch <-[s]> *nt kein art* thaïlandais *m; s. a.* **Deutsch**

Theater [te'aːtɐ] <-s, -> *nt* théâtre *m; ~* **spielen** faire du théâtre

Theateraufführung *f* représentation *f* théâtrale **Theaterstück** *nt* pièce *f* de théâtre

theatralisch [tea'traːlɪʃ] *adj* théâtral(e)

Theke ['teːkə] <-, -n> *f* bar *m; (Ladentisch)* comptoir *m*

Thema ['teːma] <-s, Themen> *nt* sujet *m* ▶**für jdn kein – sein** être hors de question pour qn

Themen *Pl von* **Thema**

Themse ['tɛmzə] <-> *f* **die ~** la Tamise

Theologe [teo'loːgə] <-n, -n> *m,* **Theologin** *f* théologien(ne) *m(f)*

Theologie [teolo'giː] <-, -n> *f* théologie *f*

theoretisch [teo're:tɪʃ] *adj* théorique

Theorie [teo'riː] <-, -n> *f* théorie *f*

Therapeut(in) [tera'pɔyt] <-en, -en> *m(f)* thérapeute *m(f)*

Therapie [tera'piː] <-, -n> *f* thérapie *f*

Thermalbad [tɛr'maːlbaːt] *nt* bain *m* thermal

Thermometer [tɛrmo'meːtɐ] <-s, -> *nt* thermomètre *m*

Thermosflasche® ['tɛrmɔsflaʃə] *f* [bouteille *f*] thermos® *f*

Thermostat [tɛrmo'staːt] <-es, -e[n]> *m* thermostat *m*

These ['teːzə] <-, -n> *f geh* thèse *f*

Thriller ['θrɪlɐ] <-s, -> *m* thriller *m*

Thrombose [trɔm'boːzə] <-, -n> *f* thrombose *f*

Thron [troːn] <-[e]s, -e> *m* trône *m*

thronen *vi* trôner

Thronfolger(in) <-s, -> *m(f)* prétendant(e) *m(f)* au trône

Thunfisch^ALT *s.* **Tunfisch**

Thüringen ['tyːrɪŋən] <-s> *nt* la Thuringe

Thymian ['tyːmiaːn] <-s, -e> *m* thym *m*

Tick [tɪk] <-[e]s, -s> *m fam* MED tic *m* nerveux

ticken ['tɪkən] *vi* faire tic-tac

Ticket ['tɪkət] <-s, -s> *nt* billet *m*

tief [tiːf] I. *adj* ❶ profond(e); (*Schnee*) épais(se); **hundert Meter ~** de cent mètres de profondeur ❷ (*Temperatur*) bas(se) ❸ (*Stimme*) grave ❹ (*Schlaf*) profond(e); (*Blau*) foncé(e) II. *adv* ❶ (*tauchen*) profondément; (*bohren*) en profondeur; **~ fallen** tomber de haut ❷ (*hängen*) bas ❸ (*sitzen*) en profondeur ❹ (*empfinden, atmen*) profondément

Tief <-[e]s, -e> *nt a.* METEO dépression *f*

Tiefbau *m kein Pl* travaux *mpl* publics [en sous-sol] **Tiefdruck** *m kein Pl* ❶ METEO basses pressions *fpl* ❷ TYP impression *f* en creux, hélio[gravure] *f* **Tiefdruckgebiet** *nt*

zone *f* de basse pression
Tiefe ['ti:fə] <-, -n> *f* profondeur *f*
Tiefenschärfe *f* profondeur *f* de champ
Tiefgang *m kein Pl* ❶ NAUT tirant *m* d'eau ❷ *fig* profondeur *f* **Tiefgarage** [-gara:ʒə] *f* parking *m* souterrain **tiefgekühlt** *adj* congelé(e) **tiefgründig** *adj* profond(e) **Tiefkühlkost** *f* [produits *mpl*] surgelés *mpl* **Tiefkühlschrank** *m* congélateur *m* [armoire] **Tiefkühltruhe** *f* congélateur *m* [bahut] **Tiefpunkt** *m* niveau *m* zéro **Tiefschlag** *m* SPORT coup *m* bas **tiefschwarz** *adj* noir(e) d'ébène **Tiefsee** *f* grands fonds *mpl*

Tiegel ['ti:gəl] <-s, -> *m* poêlon *m*
Tier [ti:ɐ] <-[e]s, -e> *nt* animal *m*, bête *f*
Tierarzt *m*, **-ärztin** *f* vétérinaire *mf*
Tierhaltung *f* entretien *m* d'animaux **Tierheim** *nt* refuge *m* [pour animaux]
tierisch I. *adj* ❶ animal(e) ❷ *fam (sehr)* terrible **II.** *adv fam* comme une bête; *(wehtun)* vachement
Tierkreiszeichen *nt* signe *m* du zodiaque
tierlieb *adj* ami(e) des animaux **Tierpark** *m* parc *m* zoologique **Tierquälerei** *f* cruauté *f* envers les animaux **Tierversuch** *m* expérience *f* sur des animaux **Tierzucht** *f kein Pl* élevage *m*
Tiger(in) ['ti:gɐ] <-s, -> *m(f)* tigre(sse) *m(f)*
Tilde ['tɪldə] <-, -n> *f* tilde *m*
tilgen ['tɪlgən] *vt geh* ❶ *(Kredit)* rembourser; *(Schuld)* éteindre ❷ *(Spuren)* éliminer
timen ['taimən] *vt etw* ~ prévoir le timing de qc
Timesharingᴿᴿ ['taimʃɛ:rɪŋ] <-s> *nt* INFORM temps *m* partagé
Timing ['taimɪŋ] <-s> *nt* timing *m*
tingeln *vi* + *sein fam* **durch die Kneipen** ~ se produire dans les cafés
Tinktur [tɪŋkˈtu:ɐ̯] <-, -en> *f* teinture *f*
Tinte ['tɪntə] <-, -n> *f* encre *f*
Tintenfassᴿᴿ *nt* encrier *m* **Tintenfisch** *m* seiche *f* **Tintenstrahldrucker** *m* imprimante *f* à jet d'encre
Tippᴿᴿ [tɪp] <-s, -s> *m fam* ❶ *(Hinweis)* tuyau *m* ❷ *(beim Wetten)* pronostic *m*
tippen ['tɪpən] **I.** *vi* ❶ *fam (Schreibmaschine schreiben)* taper [à la machine] ❷ *(Lotto spielen)* jouer [au loto] ❸ *fam (vorhersagen)* **auf jdn/etw** ~ parier sur qn/qc **II.** *vt fam* ❶ *(Text)* taper ❷ *(wetten)* **die 15** ~ jouer le 15

Tippfehler *m* faute *f* de frappe
tipptopp ['tɪpˈtɔp] *adj fam* impeccable
Tirol [tiˈro:l] <-s> *nt* le Tyrol
Tiroler(in) <-s, -> *m(f)* Tyrolien(ne) *m(f)*
Tisch [tɪʃ] <-[e]s, -e> *m* table *f*; **sich an den** ~ **setzen** se mettre à table
Tischbein *nt* pied *m* de table **Tischdecke** *f* nappe *f*
Tischler(in) ['tɪʃlə] <-s -> *m(f)* menuisier (-ière) *m(f)*
Tischlerei <-, -en> *f* menuiserie *f*
tischlern *vt fam* menuiser
Tischplatte *f* dessus *m* de table **Tischrede** *f* discours *m* de banquet **Tischtennis** *nt* tennis *m* de table **Tischtennisplatte** *f* table *f* de ping-pong **Tischtennisschläger** *m* raquette *f* de ping-pong
Titel ['ti:təl] <-s, -> *m a.* SPORT titre *m*

En Allemagne et surtout en Autriche, quand on a obtenu un titre universitaire tel que celui de *Doktor* ou de *Professor*, il est très important que ce titre soit mentionné lorsqu'on décline son identité. On ne parle pas de *Herr Berger* ou *Frau Maier*, mais de *Herr Doktor Berger* ou *Frau Doktor Maier*. Cet **akademischer Titel** est inscrit sur les boîtes aux lettres des personnes qui en sont titulaires et il est plutôt impoli de l'omettre lorsqu'on s'adresse à elles.

Titelbild *nt* photo *f* de couverture **Titelblatt** *nt* *(eines Buches)* page *f* de titre **Titelrolle** *f* rôle-titre *m* **Titelseite** *f* couverture *f* **Titelverteidiger(in)** *m(f)* tenant(e) *m(f)* du titre
Titte ['tɪtə] <-, -n> *f vulg meist Pl* nichon *m* *(fam)*
Toast [to:st] <-[e]s, -e> *m* ❶ pain *m* grillé ❷ *(Trinkspruch)* toast *m*
Toastbrot ['to:st-] *nt* *(Brot zum Toasten)* pain *m* de mie
toasten ['to:stn] *vt* faire griller
Toaster ['to:stə] <-s, -> *m* grille-pain *m*
toben ['to:bən] *vi* ❶ + *haben (wütend)* fulminer; *(begeistert)* être déchaîné ❷ + *haben (Kinder)* se défouler; *(Sturm)* faire rage
Tobsucht *f kein Pl* rage *f* **tobsüchtig** *adj* furieux(-euse)
Tochter ['tɔxtɐ, *Pl:* 'tœçtɐ] <-, Töchter> *f* fille *f*
Tochtergesellschaft *f* filiale *f*

T

Tod [to:t] <-[e]s, -e> *m* mort *f* ▶**sich zu ~e langweilen** s'ennuyer à mourir

todernst ['to:t'?ɛrnst] **I.** *adj* [très] sérieux (-euse); (*Miene*) d'enterrement **II.** *adv* avec une extrême gravité

Todesangst *f* angoisse *f* de la mort **Todesfall** *m* décès *m* **Todeskampf** *m* agonie *f* **Todesopfer** *nt* mort *m* **Todesstrafe** *f* peine *f* de mort **Todesursache** *f* cause *f* de la mort **Todesurteil** *nt* condamnation *f* à mort

todkrank ['to:t'kraŋk] *adj* très gravement malade; (*sterbend*) moribond(e)

tödlich ['tø:tlɪç] **I.** *adj* mortel(le); (*Gefahr*) de mort **II.** *adv* ❶ **~ verunglücken** avoir un accident mortel ❷ *fam* (*beleidigen*) à mort

todmüde ['to:t'my:də] *adj* mort(e) de fatigue **todschick** *adj fam* très classe **todsicher** *adj fam* (*Angelegenheit*) totalement fiable **Todsünde** *f* péché *m* mortel

Tohuwabohu [to:huva'bo:hu] <-[s], -s> *nt* pagaille *f* (*fam*)

Toilette [toa'lɛtə] <-, -n> *f* toilettes *fpl*, W.C. *mpl*

Toilettenpapier *nt* papier *m* hygiénique

Tokio ['to:kio] <-s> *nt* Tokyo

tolerant [tole'rant] *adj* tolérant(e)

Toleranz [tole'rants] <-> *f kein Pl* tolérance *f*

tolerieren* [tole'ri:rən] *vt* tolérer

toll [tɔl] **I.** *adj fam* extra; (*Idee*) super **II.** *adv fam* (*wild*) de façon débridée

tollen *vi* ❶ + *haben* **im Kinderzimmer ~** faire le fou(la folle) dans la chambre ❷ + *sein* (*laufen*) **durch das Haus ~** courir comme un fou(une folle) dans la maison

tollkühn *adj* intrépide; (*Plan*) très audacieux(-euse) **Tollpatsch**^RR <-es, -e> *m* empoté(e) *m(f)* **tollpatschig**^RR *adj* empoté(e) (*fam*) **Tollwut** *f* rage *f* **tollwütig** *adj* enragé(e)

Tölpel ['tœlpəl] <-s, -> *m* empoté(e) *m(f)* (*fam*)

Tomate [to'ma:tə] <-, -n> *f* tomate *f*

Tomatenketchup, **Tomatenketschup**^RR *m o nt* ketchup *m* **Tomatenmark** *nt* concentré *m* de tomates **Tomatensoße** *f* sauce *f* tomate

Tombola ['tɔmbola] <-, -s> *f* tombola *f*

Tomographie [tomogra'fi:] <-, -n> *f* tomographie *f*

Ton¹ <-[e]s, -e> *m* MINER argile *f*

Ton² [to:n, *Pl:* 'tø:nə] <-[e]s, Ton> *m* ❶ son *m* ❷ *fam* (*Wort*) **keinen ~ herausbringen** ne pas arriver à sortir un mot ▶**der gute ~** la bienséance

Tonart *f a. fig* ton *m* **Tonband** <-bänder> *nt* bande *f* magnétique **Tonbandgerät** *nt* magnétophone *m*

tönen ['tø:nən] **I.** *vi* (*Stimme*) sonner **II.** *vt* (*Haare*) teindre

Toner <-s, -> *m* (*eines Fotokopierers*) encre *f*; (*eines Laserdruckers*) toner *m*

tönern ['tø:nɐn] *adj* en terre [cuite]

Tonfall *m* ton *m* **Tonkopf** *m* tête *f* [de lecture] **Tonleiter** *f* gamme *f*

Tonne ['tɔnə] <-, -n> *f* ❶ fût *m*; (*Mülltonne*) poubelle *f* ❷ (*Maßeinheit*) tonne *f*

Tontechniker(in) *m(f)* ingénieur *mf* du son

Tönung <-, -en> *f* ❶ *kein Pl* (*das Tönen*) teinture *f* ❷ (*Farbton*) teinte *f*

Tool [tu:l] <-s, -s> *nt* INFORM outil *m*

Top [tɔp] <-s, -s> *nt* COUT débardeur *m*

Topf [tɔpf, *Pl:* 'tœpfə] <-[e]s, Töpfe> *m* ❶ (*Kochtopf*) casserole *f* ❷ (*Blumen-, Nachttopf*) pot *m*

Töpfer(in) ['tœpfɐ] <-s, -> *m(f)* potier(-ière) *m(f)*

Töpferei [tœpfə'rai] <-, -en> *f* [atelier *m* de] poterie *f*

töpfern ['tœpfɐn] *vi* faire de la poterie

Topflappen *m* manique *f* **Topfpflanze** *f* plante *f* en pot

Tor [to:ɐ] <-[e]s, -e> *nt* ❶ porte *f* ❷ SPORT buts *mpl*; **ein ~ schießen** marquer un but

Torf [tɔrf] <-[e]s, -e> *m* tourbe *f*

Torheit <-> *f geh kein Pl* folie *f*

töricht ['tø:rɪçt] *adj geh* insensé(e)

torkeln ['tɔrkəln] *vi* + *sein* tituber

Tornado [tɔr'na:do] <-s, -s> *m* tornade *f*

torpedieren* [tɔrpe'di:rən] *vt a. fig* torpiller

Torpedo [tɔr'pe:do] <-s, -s> *m* torpille *f*

Torschütze *m*, **-schützin** *f* buteur *m*

Torso ['tɔrzo] <-s, -s *o* Torsi> *m* KUNST torse *m*

Torte ['tɔrtə] <-, -n> *f* (*Obsttorte*) tarte *f*; (*Cremetorte*) gâteau *m*

Tortenboden *m* fond *m* de tarte **Tortenheber** <-s, -> *m* pelle *f* à tarte

Tortur [tɔr'tu:ɐ] <-, -en> *f geh* torture *f*

Torwart ['to:ɐvart] *m*, **-frau** *f* gardien(ne) *m(f)* [de but]

tosen ['to:zən] *vi* + *haben* mugir; (*Sturm*) faire rage

tot [to:t] *adj* mort(e)

total [to'ta:l] I. *adj* complet(-ète) II. *adv fam* totalement

totalitär [totali'tɛ:ɐ̯] *adj* totalitaire

Totalschaden *m* destruction *f* totale

Tote(r) *f(m) dekl wie adj* mort(e) *m(f);* (*Unfallopfer*) tué(e) *m(f)*

töten ['tø:tən] *vt* tuer

Totenkopf *m* crâne *m;* (*Symbol*) tête *f* de mort **Totensonntag** *m* Fête *f* des morts (*dans la liturgie protestante*) **totenstill** *adj* **es ist ~** il règne un silence de mort **Totenstille** *f* silence *m* de mort

tot|fahren *vt irr* écraser **Totgeburt** *f* enfant *m* mort-né **tot|lachen** *vr fam* **zum Totlachen sein** être à mourir de rire

Toto ['to:to] <-s, -s> *nt o m* loto *m* sportif

Totschlag *m kein Pl* homicide *m* involontaire **tot|schweigen** *vt irr* passer sous silence

Touchscreen ['tatʃskri:n] <-, -s> *f* INFORM écran *m* tactile

Toupet [tu'pe:] <-s, -s> *nt* postiche *m*

Tour [tu:ɐ̯] <-, -en> *f* ❶ (*Reise*) excursion *f* ❷ (*Fahrt*) tournée *f* ❸ *Pl* (*Umdrehung*) tour *m* ❹ *fam* (*Vorgehen*) magouille *f*

Tourismus [tu'rɪsmʊs] <-> *m* tourisme *m*

Tourist(in) [tu'rɪst] <-en, -en> *m(f)* touriste *mf*

Tournee [tʊr'ne:] <-, -n *o* -s> *f* tournée *f;* **auf ~ gehen** partir en tournée

Tower ['taue] <-s, -> *m* INFORM tour *f*

toxisch ['tɔksɪʃ] *adj* toxique

Trab [tra:p] <-[e]s> *m* trot *m*

Trabant [tra'bant] <-en, -en> *m* satellite *m*

traben ['tra:bən] *vi + sein* trotter

Trabi <-s, -s> *m: surnom donné à la voiture de la marque "Trabant" fabriquée en R.D.A.*

Tracht [traxt] <-, -en> *f* costume *m*

trachten ['traxtən] *vi geh* **nach etw ~** aspirer à qc

trächtig ['trɛçtɪç] *adj* plein(e)

Trackball ['trɛkbɔ:l] <-s, -s> *m* INFORM trackball *m*

Tradition [tradi'tsio:n] <-, -en> *f* tradition *f*

traditionell [traditsjo'nɛl] *adj* traditionnel(le)

traf [tra:f] *Imp von* **treffen**

Trafo ['tra:fo] <-[s], -s> *m fam Abk von* **Transformator** transfo *m*

Tragbahre *f* brancard *m*

tragbar *adj* ❶ portable ❷ (*akzeptabel*) acceptable

träge *adj* ❶ (*körperlich ~*) mou(molle) ❷ (*geistig ~*) indolent(e) ❸ PHYS, CHEM inerte

tragen ['tra:gən] <trägt, trug, getragen> I. *vt* ❶ porter; **bei sich ~** porter sur soi; **das Haar offen ~** ne pas attacher ses cheveux ❷ (*Früchte*) donner ❸ (*Folgen*) subir; (*Schicksal*) supporter II. *vi* ❶ (*Baum*) donner ❷ (*trächtig sein*) être en gestation ❸ (*begehbar sein*) tenir ▶**zum Tragen kommen** entrer en vigueur III. *vr* ❶ **sich angenehm ~** se porter agréablement ❷ *geh* **sich mit dem Gedanken ~ auszuwandern** caresser l'idée d'émigrer ❸ (*finanziell*) **sich ~** s'autofinancer

Träger ['trɛ:ge] <-s, -> *m* ❶ (*autorité f*) responsable *m* ❷ *meist Pl* COUT bretelles *fpl* ❸ TECH poutrelle *f*

Träger(in) <-s, -> *m(f)* ❶ (*Lastenträger*) porteur(-euse) *m(f)* ❷ (*eines Titels*) détenteur (-trice) *m(f)*

Tragetasche *f* sac *m*

tragfähig *adj* ❶ résistant(e) ❷ *fig geh* acceptable **Tragfläche** *f* surface *f* portante

Trägheit <-, -en> *f* ❶ indolence *f;* (*Schwerfälligkeit*) paresse *f* ❷ PHYS inertie *f*

Tragik ['tra:gɪk] <-> *f* tragique *m*

tragisch *adj* tragique

Traglast *f form* chargement *m*

Tragödie [tra'gø:djə] <-, -n> *f* tragédie *f*

trägt [trɛ:kt] *3. Pers Präs von* **tragen**

Tragweite *f* portée *f*

Trainer ['trɛ:ne] <-s, -> *m* CH survêtement *m*

Trainer(in) <-s, -> *m(f)* entraîneur(-euse) *m(f)*

trainieren* [trɛ'ni:rən] I. *vt* ❶ (*Sportler*) entraîner ❷ (*Sportart*) s'entraîner à II. *vi* s'entraîner

Training ['trɛ:nɪŋ] <-s, -s> *nt* entraînement *m*

Trainingsanzug *m* survêtement *m*

traktieren* [trak'ti:rən] *vt fam* malmener

Traktor ['trakto:ɐ̯] <-s, -toren> *m* tracteur *m*

trällern ['trɛlen] *vt, vi* fredonner

Tram [tram] <-s, -s> *nt* tram *m*

Trampel ['trampəl] <-s, -> *m o nt fam* lourdaud(e) *m(f)*

trampeln ['trampəln] *vi + haben o sein* piétiner

Trampelpfad *m* piste *f* battue **Trampeltier** *nt* chameau *m* [à deux bosses]

trampen ['trɛmpən] *vi + sein* faire du stop

Tramper(in) ['trɛmpɐ] <-s, -> m(f) auto-stoppeur(-euse) m(f)

Trampolin ['trampoli:n] <-s, -e> nt trampo-line m

Tramway ['tramvai] <-, -s> f A tramway m

Trance ['trãs(ɔ)] <, ‑n> f transe f

tranchieren* [trã'ʃi:rən] vt découper

Träne ['trɛ:nə] <-, -n> f larme f

tränen vi larmoyer

Tränengas nt gaz m lacrymogène

tranig adj ❶ (Fett, Geschmack) rance ❷ fam (träge) flemmard(e)

trank [traŋk] Imp von **trinken**

Trank [traŋk, Pl: 'trɛŋkə] <-[e]s, Tränke> m geh breuvage m

Tränke ['trɛŋkə] <-, -n> f abreuvoir m

tränken vt ❶ abreuver ❷ (durchnässen) etw ~ imbiber qc

Transaktion [transʔak'tsjo:n] f transaction f

Transfer [trans'fe:ɐ̯] <-s, -s> m transfert m

transferieren* [transfe'ri:rən] vt transférer

Transformator [transfɔr'ma:to:ɐ̯] <-s, -toren> m transformateur m

Transfusion [transfu'zjo:n] <-, -en> f transfusion f

Transistor [tran'zɪsto:ɐ̯] <-s, -toren> m transistor m

Transit [tran'zi:t] <-s, -s> m transit m

transitiv ['tranziti:f] adj transitif(-ive)

Transitverkehr m trafic m de transit

transparent [transpa'rɛnt] adj transpa-rent(e)

Transparent <-[e]s, -e> nt banderole f

Transparenz [transpa'rɛnts] <-> f geh trans-parence f

transpirieren* [transpi'ri:rən] vi geh transpi-rer

Transplantation [transplanta'tsjo:n] <-, -en> f transplantation f

transplantieren* [transplan'ti:rən] vt trans-planter

Transport [trans'pɔrt] <-[e]s, -e> m ❶ kein Pl (das Transportieren) transport m ❷ (Wa-genladung) convoi m

transportabel [transpɔr'ta:bəl] adj trans-portable

transportfähig adj transportable

transportieren [transpɔr'ti:rən] vt transpor-ter

Transportkosten Pl frais mpl de transport

transsexuell adj transsexuel(le)

Transvestit [transvɛs'ti:t] <-en, -en> m tra-

vesti m

Trapez [tra'pe:ts] <-es, -e> nt a. MATH tra-pèze m

Trasse ['trasə] <-, -n> f tracé m

trat [tra:t] Imp von **treten**

Tratsch [tra:tʃ] <-[e]s> m fam ragot m

tratschen vi fam cancaner

Traualtar m eine Frau zum ~ führen geh mener une femme à l'autel

Traube ['traubə] <-, -n> f ❶ (einzelne ~) grain m ❷ Pl (Weintrauben) raisins mpl ❸ BOT grappe f

Traubensaft m jus m de raisin **Trauben-zucker** m glucose m

trauen ['trauən] I. vi jdm ~ faire confiance à qn; einer S. (dat) ~ croire à qc II. vt (Paar) marier III. vr sich ~ etw zu tun oser faire qc

Trauer ['trauɐ] <-> f tristesse f; ~ tragen porter le deuil

Trauerfall m décès m **Trauerkleidung** f vê-tements mpl de deuil **Trauermarsch** m marche f funèbre

trauern vi um jdn ~ porter le deuil de qn

Trauerweide f saule m pleureur **Trauerzug** m cortège m funèbre

träufeln ['trɔyfəln] vt etw in/auf etw (akk) ~ instiller des gouttes de qc dans qc

Traum [traum, Pl: 'trɔymə] <-[e]s, Träu-me> m rêve m ▶das wäre mir nicht im ~ eingefallen cela ne me viendrait même pas à l'esprit

Trauma ['trauma] <-s, Traumen> nt trau-matisme m

träumen ['trɔymən] vt, vi a. fig rêver; etwas Schönes ~ faire de beaux rêves

Träumer(in) <-s, -> m(f) rêveur(-euse) m(f), utopiste m(f)

träumerisch adj rêveur(-euse)

traurig ['trauːrɪç] adj ❶ (Person) affligé(e); (Blick) triste; über jdn/etw ~ sein avoir de la peine au sujet de qn/être attristé par qc ❷ (Sache) affligeant(e); |es ist| ~, dass |il est| triste que + subj

Traurigkeit <-> f tristesse f

Trauring m alliance f

Trauung <-, -en> f mariage m

Trauzeuge m, -zeugin f témoin m |de ma-riage|

Trecker ['trɛkɐ] <-s, -> m fam tracteur m

Treff <-s, -s> m fam ❶ (Treffen) rencontre f ❷ (~punkt) rendez-vous m

treffen ['trɛfən] <trifft, traf, getroffen>
I. *vt* ➊ (*begegnen*) rencontrer
➋ (*vorfinden*) trouver ➌ (*Ziel*) atteindre; **getroffen!** touché! ➍ (*innerlich berühren*) toucher ➎ (*Maßnahmen*) prendre; (*Vorbereitungen*) faire ▶**es mit etw gut/schlecht getroffen haben** être bien/mal tombé avec
qc II. *vi* + *haben* **das Ziel ~** (*Person*) atteindre son objectif; (*Schuss*) toucher sa cible
III. *vr* + *haben* **sich ~** (*Personen*) se rencontrer; **sich mit jdm ~** rencontrer qn
➋ (*sich fügen*) **das trifft sich |gut|** ça tombe
bien
Treffen <-s, -> *nt* rencontre *f*
treffend *adj* pertinent(e)
Treffer <-s, -> *m* ➊ (*Schuss*) coup *m* réussi
➋ SPORT (*Tor*) but *m*; (*Boxhieb*) coup *m* de
poing ➌ (*Erfolg*) coup *m* heureux
Treffpunkt *m* |lieu *m* de| rendez-vous *m*
Treibeis *nt* glaces *fpl* flottantes
treiben ['traibən] <trieb, getrieben> I. *vt*
+ *haben* ➊ *a.* *fig* pousser; **jdn zur Eile ~**
presser qn de se dépêcher; **auseinander ~**
(*Menge*) disperser ➋ (*an~: Maschine*) mouvoir ➌ (*be~: Handel*) faire ▶**es mit jdm ~**
fam baiser avec qn II. *vi* ➊ + *sein* **auf dem
Wasser ~** dériver dans l'eau; **auseinander
~** (*Wolken*) se disperser ➋ + *haben* BOT
bourgeonner ➌ + *haben* (*harntreibend wirken*) être diurétique ▶ **sich ~ lassen** se
laisser porter par les événements
Treiben <-s> *nt* agitation *f*
Treiber <-s, -> *m* INFORM pilote *m*
Treibgas *nt* gaz *m* propulseur **Treibhaus** *nt*
serre *f* **Treibhauseffekt** *m kein Pl* effet *m*
de serre **Treibjagd** *f* battue *f* **Treibstoff** *m*
carburant *m*
Trekking [trɛkɪŋ] <-s, -s> *nt* trekking *m*
Trend [trɛnt] <-s, -s> *m* tendance *f*
trennen ['trɛnən] I. *vt* ➊ séparer ➋ COUT découdre ➌ (*Wort*) couper II. *vr* **sich ~** se séparer III. *vi* (*unterscheiden*) faire la différence
Trennung <-, -en> *f* ➊ séparation *f* ➋ (*Unterscheidung*) distinction *f*
Trennungsstrich *m* LING trait *m* d'union
Trennwand *f* cloison *f*
treppauf *adv* ~, **treppab gehen** monter et
descendre les escaliers
Treppe ['trɛpə] <-, -n> *f* escalier *m*
Treppenabsatz *m* palier *m* **Treppenhaus**
nt cage *f* d'escalier **Treppenstufe** *f* marche
f |d'escalier|

Tresen ['tre:zən] <-s, -> *m* (*Theke*) bar *m*;
(*Ladentisch*) comptoir *m*
Tresor [tre'zo:ɐ] <-s, -e> *m* coffre-fort *m*
Tretboot *nt* pédalo *m*
treten ['tre:tən] <tritt, trat, getreten> I. *vt*
+ *haben* ➊ donner un coup de pied à ➋ (*Pedal*) appuyer sur II. *vi* ➊ + *haben* (*Person*)
donner des coups de pieds ➋ + *sein* (*gehen*)
in/auf etw (*akk*) ~ (*Person*) marcher dans/
sur qc ➌ + *haben o sein* (*betätigen*) **auf etw**
(*akk*) ~ appuyer sur qc ➍ + *sein* **aus etw ~**
(*Sache*) sortir de qc
treu [trɔy] *adj* fidèle
Treue <-> *f* fidélité *f*
treuherzig *adj* (*Blick*) candide
treulos *adj* infidèle
Triangel ['tri:aŋəl] <-s, -> *m o* A *nt* triangle *m*
Triathlon ['tri:atlɔn] <-s, -s> *nt* triathlon *m*
Tribüne [tri'by:nə] <-, -n> *f* tribune *f*
Tribut [tri'bu:t] <-[e]s, -e> *m* tribut *m pas de
pl*
Trichter ['trɪçtɐ] <-s, -> *m* ➊ entonnoir *m*
➋ (*Bombentrichter*) cratère *m*
Trick [trɪk] <-s, -s> *m* truc *m*
Trickfilm *m* dessin *m* animé
trieb [tri:p] *Imp von* **treiben**
Trieb [tri:p] <-[e]s, -e> *m* ➊ impulsion *f*
➋ BOT pousse *f*
Triebtäter(in) *m(f)* maniaque *mf* |sexuel(le)|
Triebwerk *nt* réacteur *m*
triefen ['tri:fən] <triefte, getrieft> *vi*
➊ + *haben* (*nass sein*) dégouliner ➋ + *sein*
(*rinnen*) **aus/von etw ~** ruisseler de qc
Trier [tri:ɐ] <-s> *nt* Trèves
trifft [trɪft] *3. Pers Präs von* **treffen**
triftig ['trɪftɪç] *adj* pertinent(e); (*Argument*)
solide
Trikolore [triko'lo:rə] <-, -n> *f* drapeau *m*
tricolore
Trikot [tri'ko:] <-s, -s> *nt* maillot *m*
trillern ['trɪlɐn] *vi* faire des trilles
Trillerpfeife *f* sifflet *m* à roulette
Trilogie [trilo'gi:] <-, -n> *f* trilogie *f*
Trimester <-s, -> *nt* trimestre *m*
Trimm-dich-Pfad ['trɪmdɪçpfa:t] *m* parcours *m* de santé
trinkbar *adj* (*Wasser*) potable
trinken ['trɪŋkən] <trank, getrunken> *vt, vi*
boire; **auf jdn ~** boire à la santé de qn
Trinker(in) <-s, -> *m(f)* ivrogne *mf*
trinkfest *adj* ~ **sein** bien tenir l'alcool

T

Trinkgeld nt pourboire m **Trinkspruch** m toast m; **einen ~ auf jdm/etw halten** porter un toast à qn/qc **Trinkwasser** nt eau f potable

Trio ['triːo] <-s, -s> nt trio m

trippeln ['trɪpəln] vi trottiner

Tripper ['trɪpɐ] <-s, -> m MED blennorragie f

trist [trɪst] adj geh sinistre

tritt [trɪt] 3. Pers Präs von **treten**

Tritt [trɪt] <-[e]s, -e> m ❶ coup m de pied ❷ (Laufrhythmus) **aus dem ~ kommen** perdre le rythme

Trittbrett nt marchepied m

Triumph [triˈʊmf] <-[e]s, -e> m triomphe m **Triumphbogen** m arc m de triomphe **triumphieren*** [triʊmˈfiːrən] vi geh **über jdn/etw ~** triompher de qn/qc **triumphierend** adj triomphant(e)

trivial [triˈviaːl] adj banal(e)

trocken ['trɔkən] adj sec(sèche); (Sekt) brut(e)

Trockenhaube f casque m

Trockenheit <-, -en> f aridité f; (einer Jahreszeit) sécheresse f

trocken|legen vt ❶ (Baby) changer ❷ (Sumpf) assécher **Trockenmilch** f lait m en poudre **Trockenzeit** f saison f sèche

trocknen ['trɔknən] I. vi + sein sécher II. vt + haben ❶ sécher; **sich** (dat) **die Haare ~** se sécher les cheveux ❷ (dörren) dessécher

Trockner <-s, -> m sèche-linge m

Trödel ['trøːdəl] <-s, -> m fam bric-à-brac m

Trödelmarkt m foire f à la brocante

trödeln ['trøːdəln] vi + haben traîner (fam)

Trödler(in) <-s, -> m(f) brocanteur(-euse) m(f)

troff [trɔf] Imp von **triefen**

trog [troːk] Imp von **trügen**

Trog [troːk, Pl: 'trøːgə] <-[e]s, Tröge> m auge f; (Backtrog) pétrin m

Trommel ['trɔməl] <-, -n> f tambour m; (eines Revolvers) barillet m

Trommelfell nt tympan m

trommeln I. vi ❶ jouer du tambour ❷ (klopfen: Person) tambouriner; (Regen) frapper II. vt (Marsch) tambouriner; (Takt) battre

Trompete [trɔmˈpeːtə] <-, -n> f trompette f **trompeten*** vi jouer de la trompette

Trompeter(in) <-s, -> m(f) trompettiste mf

Tropen ['troːpən] Pl **die ~** les tropiques mpl

Tropenholz nt bois m exotique **Tropenwald** m forêt f tropicale

Tropf [trɔpf] <-[e]s, -e> m goutte-à-goutte m **tröpfeln** ['trœpfəln] I. vi + haben goutter II. vi unpers **es tröpfelt** il tombe des gouttes III. vt **etw auf/in etw** (akk) **~** verser des gouttes de qc sur/dans qc

tropfen ['trɔpfən] vi goutter

Tropfen <-s, -> m goutte f; **ein edler ~** fig une bonne bouteille (fam)

Trophäe [troˈfɛːə] <-, -n> f trophée m

tropisch adj tropical(e)

Trost [troːst] <-[e]s> m consolation f ▶**nicht ganz bei ~ sein** fam dérailler

trösten ['trøːstən] vr, vt [sich] **~** [se] consoler

tröstlich adj réconfortant(e)

trostlos adj (Wetter) démoralisant(e); (Gegend) sinistre **Trostpreis** m lot m de consolation

Trott [trɔt] <-s> m **der alte ~** le train-train m

Trottel ['trɔtəl] <-s, -> m fam gourde f

trotz [trɔts] präp + gen malgré

Trotz [trɔts] <-es> m rébellion f; **aus ~** par bravade; **jdm/einer S. zum ~** en dépit de qn/qc

trotzdem adv tout de même

trotzen vi **der Gefahr ~** braver le danger

trotzig I. adj rétif(-ive) II. adv avec entêtement

trübe adj ❶ (Flüssigkeit) trouble; (Fensterscheibe) terne ❷ (Wetter) maussade ❸ (Stimmung) sombre

Trubel ['truːbəl] <-s> m tumulte m

trüben vr, vt [sich] **~** [se] troubler

Trübsal ['tryːpzaːl] <-> f geh ▶**~ blasen** fam broyer du noir

trübselig adj morose

trübsinnig adj sombre

trudeln ['truːdəln] vi + haben o sein (Flugzeug) tomber en vrille

Trüffel ['trʏfəl] <-, -n> f truffe f

trug [truːk] Imp von **tragen**

trügen ['tryːgən] <trog, getrogen> I. vt tromper II. vi être trompeur

trügerisch adj illusoire

Trugschluss^nn m jugement m fallacieux

Truhe ['truːə] <-, -n> f coffre m

Trümmer ['trʏmɐ] Pl ruines fpl

Trumpf [trʊmpf, Pl: 'trʏmpfə] <-[e]s, Trümpfe> m atout m

Trunkenbold ['trʊŋkənbɔlt] <-[e]s, -e> m pej fam buveur m

Trunkenheit <-> f ivresse f

Trunksucht f geh kein Pl alcoolisme m

[chronique]

Truppe ['trʊpə] <-, -n> f ❶ *kein Pl* MIL unité f ❷ THEAT troupe f

Truppenabzug m retrait m des troupes

Truthahn ['tru:tha:n] m dindon m **Truthenne** f dinde f

Tscheche ['tʃɛçə] <-n, -n> m, **Tschechin** f Tchèque mf

Tschechien ['tʃɛçiən] <-s> nt la République tchèque

tschechisch I. adj tchèque **II.** adv ~ miteinander sprechen discuter en tchèque

Tschechisch <-[s]> nt kein art tchèque m; s. a. **Deutsch**

Tschechoslowakei <-> f HIST **die** ~ la Tchécoslovaquie

tschüs^ALT, **tschüss**^RR [tʃʏs] interj fam salut

T-Shirt ['ti:ʃœːt] <-s, -s> nt t[ee]-shirt m

TU [te:'ʔu:] <-, -s> f Abk von **Technische Universität** ≈ I.U.T. m

Tuba ['tu:ba] <-, **Tuben**> f tuba m

Tube ['tu:bə] <-, -n> f tube m

Tuberkulose [tubɛrku'lo:zə] <-, -n> f tuberculose f

Tuch¹ [tu:x] <-[e]s, **Tücher**> nt ❶ COUT foulard m ❷ (*Putztuch*) chiffon m

Tuch² <-[e]s, -e> nt (*Stoff*) tissu m

tüchtig ['tʏçtɪç] **I.** adj capable antéposé (*Schüler*) bon(ne) **II.** adv ❶ (*helfen*) beaucoup ❷ fam (*viel*) pas mal

Tüchtigkeit <-> f compétence f

Tücke ['tʏkə] <-> f kein Pl perfidie f

tückisch adj perfide; (*Kurve*) traître

tüfteln ['tʏftəln] vi fam bricoler

Tugend ['tu:gənt] <-, -en> f vertu f

tugendhaft adj vertueux(-euse)

Tülle ['tʏlə] <-, -n> f (*einer Kanne*) bec m verseur

Tulpe ['tʊlpə] <-, -n> f tulipe f

tummeln ['tʊmәln] vr sich ~ s'ébattre

Tumor ['tu:mo:ɐ̯] <-s, **Tumoren**> m tumeur f

Tümpel ['tʏmpəl] <-, -> m mare f

Tumult [tu'mʊlt] <-[e]s, -e> m meist Pl émeute f

tun [tu:n] <**tut**, **tat**, **getan**> **I.** vt ❶ (*machen*) faire; **wieder** ~ refaire ❷ fam (*legen, stellen*) **irgendwohin** ~ mettre quelque part ❸ (*antun*) **jdm etwas** ~ faire quelque chose à qn ❹ fam (*ausreichen*) **damit ist es nicht getan** cela ne suffit pas ▶**es mit jdm zu** ~ **kriegen** fam aller avoir affaire à

qn **II.** vr es tut sich etwas il se passe quelque chose **III.** vi ❶ zu ~ haben avoir à faire ❷ (*wirken*) **gut** ~ faire du bien ▶ **sich** (*akk o dat*) **schwer** ~ avoir bien du mal; **tu doch nicht so!** fam ne fais pas semblant!

Tünche ['tʏnçə] <-, -n> f badigeon m

tünchen vt badigeonner

tunen ['tju:nən] vt (*Motor*) trafiquer (*fam*)

Tuner ['tju:nɐ] <-s, -> m tuner m

Tunesien [tu'ne:ziən] <-s> nt la Tunisie

Tunesier(in) [tu'ne:ziɐ] <-s, -> m(f) Tunisien(ne) m(f)

tunesisch adj tunisien(ne)

Tunfisch^RR ['tu:nfɪʃ] m thon m

Tunke ['tʊŋkə] <-, -n> f sauce f [froide]

tunken vt tremper

tunlichst ['tu:nlɪçst] adv si possible

Tunnel ['tʊnəl] <-s, -> m tunnel m

Tünte ['tʊntə] <-, -n> f fam folle f

tupfen ['tʊpfən] vt **sich** (*dat*) **etw von etw** ~ s'essuyer qc sur qc

Tupfen <-s, -> m pois m

Tupfer <-s, -> m MED compresse f

Tür [ty:ɐ̯] <-, -en> f ❶ porte f ❷ (*Fahrzeugtür*) portière f ▶**mit der** ~ **ins Haus fallen** fam annoncer tout de but en blanc

Turban ['tʊrba:n] <-s, -e> m turban m

Turbine [tʊr'bi:nə] <-, -> f turbine f

turbulent [tʊrbu'lɛnt] adj agité(e)

Turbulenz [tʊrbu'lɛnts] <-, -en> f METEO, PHYS turbulence f

Türke ['tʏrkə] <-n, -n> m, **-in** f Turc(Turque) m(f)

Türkei [tʏr'kaɪ] <-> f **die** ~ la Turquie

türkis [tʏr'ki:s] adj turquoise inv

türkisch ['tʏrkɪʃ] **I.** adj turc(turque) **II.** adv ~ miteinander sprechen discuter en turc

Türkisch <-[s]> nt kein art turc m; s. a. **Deutsch**

Türklinke f poignée f de porte

Turm [tʊrm, Pl: 'tʏrmə] <-[e]s, **Türme**> m ❶ a. SPIEL tour f ❷ (*Glockenturm*) clocher m ❸ (*Sprungturm*) [grand] plongeoir m

türmen ['tʏrmən] **I.** vt + haben empiler **II.** vr + haben **sich** ~ s'entasser **III.** vi + sein fam se casser

Turmuhr f horloge f

turnen ['tʊrnən] vi faire de la gymnastique

Turnen <-s> nt gymnastique f; (*Sportunterricht*) E.P.S. f

Turner(in) <-s, -> m(f) gymnaste mf

T

Turnhalle f gymnase m
Turnier [tʊrˈniːɐ̯] <-s, -e> nt tournoi m
Turnschuh m chaussure f de sport
Turnus [ˈtʊrnʊs] <-, -se> m roulement m
Türrahmen m chambranle m **Türschild** nt
plaque f **Türschloss**ᴿᴿ nt serrure f **Tür-
spalt** m entrebâillement m
turteln [ˈtʊrtəln] vi roucouler
Turteltaube f tourterelle f
Tusch [tʊʃ] <-es, -e> m fanfare f
Tusche [ˈtʊʃə] <-, -n> f encre f de Chine
tuscheln [ˈtʊʃəln] vi murmurer
Tussi [ˈtʊsi] <-, -s> f fam nana f
tut 3. Pers Präs von **tun**
Tüte [ˈtyːtə] <-, -n> f sac m; (klein) sachet m
▶ [das] **kommt nicht in die ~!** fam pas
question!
tuten [ˈtuːtən] vi corner
Tutor [ˈtuːtor] <-s, Tutoren> m, **Tutorin** f
❶ UNIV moniteur(-trice) m(f) ❷ SCHULE tu-
teur(-trice) m(f)
TÜV [tʏf] <-, -[s]> m Abk von **Technischer
Überwachungs-Verein** centre m de
contrôle technique

Tous les véhicules motorisés qui veulent être autorisés à circuler sur la voie
publique, doivent d'abord subir un
contrôle technique et aller au **TÜV**. Si
lors du contrôle aucun défaut n'est à
signaler, une vignette attestant du
bon fonctionnement du véhicule est
collée sur la plaque d'immatriculation
arrière. Cette vignette est alors valable
deux ans.

TV-Serie [teːˈfauzeːriə] f feuilleton m télé-
visé
Typ [tyːp] <-s, -en> m ❶ individu m; **ein
bestimmter ~ von Männern/Frauen** un
certain type d'hommes/de femmes ❷ fam
(Kerl) mec m
Typhus [ˈtyːfʊs] <-> m typhus m
typisch [ˈtyːpɪʃ] I. adj typique II. adv typiquement
Typografieᴿᴿ [typograˈfiː] <-, -n> f typographie f
Typographie s. **Typografie**
Typus [ˈtyːpʊs] <-, Typen> m type m
Tyrann(in) [tyˈran] <-en, -en> m(f) tyran m
Tyrannei [tyraˈnai] <-, -en> f tyrannie f
tyrannisch [tyˈranɪʃ] adj tyrannique
tyrannisieren* [tyraniˈziːrən] vt tyranniser

U u

U, u [uː] <-, -> nt U m/u m
u. Abk von **und**
u.a. Abk von **unter anderem/anderen**
U-Bahn [ˈuːbaːn] f métro m **U-Bahnhof** m
station f de métro
übel [ˈyːbəl] I. adj ❶ (Geruch) mauvais(e);
(Gefühl) pénible ❷ (schlimm) sale antéposé
❸ (verkommen) mal famé(e) ❹ (schlecht)
jdm ist/wird ~ qn a mal au cœur II. adv
❶ mal ❷ (unangenehm) **~ riechen/
schmecken** sentir/être mauvais
Übel <-s, -> nt mal m
Übelkeit <-, -en> f nausée f
Übeltäter(in) m(f) malfaiteur(-trice) m(f)
üben [ˈyːbən] I. vt ❶ s'exercer à ❷ (Lied)
travailler II. vr fig **sich in Geduld ~** s'armer de patience III. vi **mit jdm ~** (für die
Schule) travailler avec qn; (trainieren) s'entraîner avec qn
über [ˈyːbɐ] I. präp + dat ❶ **~ dem Sofa** au-
dessus du canapé ❷ (zusätzlich zu) **~ dem
Hemd einen Pulli tragen** porter un pull
par-dessus la chemise II. präp + akk ❶ **ein
Poster ~ das Sofa hängen** accrocher un
poster au-dessus du canapé ❷ (auf, entlang)
den Mantel ~ den Stuhl legen poser le
manteau sur la chaise; **sie strich ihm ~
die Wange** elle lui caressa la joue ❸ (quer
hinüber) **~ die Straße gehen** traverser la
rue; **den Zaun schauen** regarder par-
dessus la clôture; **der Blick ~ das Tal** la
vue sur la vallée ❹ (betreffend) **~ jdn/etw
sprechen** parler de qn/discuter de qc; **ein
Buch ~ Schiller** un livre sur Schiller ❺ (in
Höhe von) **ein Scheck ~ hundert Euro** un
chèque de cent euros ❻ (durch, mittels) **~
jdn erfahren, dass ...** apprendre par qn
que ...; **~ Satellit** par satellite; **etw ~ den
Rundfunk bekannt geben** annoncer qc à
la radio ❼ (via) **~ Dijon nach Lyon fahren** aller à Lyon en passant par Dijon
❽ (zur Angabe der Dauer) **den ganzen Tag
~** toute la journée; **~ Ostern verreisen**
partir pour Pâques III. adv ❶ (mehr als) plus
de; **bei ~ 40° C** au-dessus de 40 °C ❷ (älter als) de plus de
überall [yːbɐˈʔal] adv ❶ partout ❷ (immer)

~ **mitreden** avoir toujours quelque chose à dire

Überalterung <-> f sur-vieillissement m

Überangebot nt suroffre f

überanstrengen* [y:bɐ'ʔanʃtrɛŋən] I. vr **sich** ~ se surmener II. vt **seine Augen durch etw** ~ s'esquinter les yeux avec qc (fam)

Überanstrengung f surmenage m

überarbeiten* [y:bɐ'ʔarbaitən] I. vt remanier II. vr **sich** ~ se surmener

überaus ['y:bɐʔaus] adv geh extrêmement

überbacken* vt irr **etw** ~ faire gratiner qc

überbeanspruchen* <überzubeanspruchen> vt (Person) épuiser; (Kräfte) présumer de; (Bandscheiben, Gelenke) surmener; (Motor, Reifen) malmener

überbelichten* <überzubelichten> vt surexposer

Überbevölkerung f kein Pl surpopulation f

überbezahlen* <überzubezahlen> f surpayer

überbieten* [y:bɐ'bi:tən] irr I. vt ❶ SPORT améliorer ❷ (übertreffen) **nicht zu** ~ **sein** être inégalable II. vr **sich** |**gegenseitig**| **an Mut** ~ rivaliser de courage

Überblick m ❶ (Sicht) ~ **über etw** (akk) vue f d'ensemble de qc ❷ fig **ein kurzer** ~ **über etw** (akk) un bref aperçu de qc ❸ (Übersicht) **den** ~ **verlieren** ne plus savoir où on en est

überblicken* [y:bɐ'blɪkən] vt ❶ **etw** ~ **können** pouvoir embrasser qc du regard ❷ (Aktivitäten) se faire une idée globale de

überbringen* [y:bɐ'brɪŋən] vt irr remettre; (Nachricht) transmettre

überbrücken* [y:bɐ'brʏkən] vt ❶ pallier ❷ (Differenzen) concilier

überdachen* [y:bɐ'daxən] vt couvrir

überdenken* [y:bɐ'dɛŋkən] vt irr reconsidérer

überdimensional ['y:bɐdimɛnzio̯na:l] adj démesuré(e)

Überdosis f surdose f; (bei Drogen) overdose f

überdreht adj fam surexcité(e)

Überdruck <-drücke> m surpression f

Überdrussᴿᴿ ['y:bɐdrʊs] <-es->, **Überdruß**ᴬᴸᵀ <-sses> m saturation f

überdrüssig ['y:bɐdrʏsɪç] adj **einer S.** ~ **sein** en avoir |plus qu'|assez de qc

überdurchschnittlich I. adj supérieur(e) à la moyenne II. adv ~ **gut sein** être meilleur que la moyenne

übereifrig adj trop zélé(e)

übereilt adj précipité(e)

übereinander [y:bɐʔai̯'nandɐ] adv ❶ ~ **legen** entasser; ~ **liegen** être posés l'un sur l'autre; ~ **schlagen** (Beine) croiser ❷ (über sich) ~ **reden** parler l'un sur l'autre

Übereinkunft <-, -künfte> f accord m

überein|stimmen vi ❶ convenir ❷ (sich gleichen) être conforme

übereinstimmend I. adj (Aussage) concordant(e); (Ansicht) unanime II. adv ~ **erklären, dass ...** déclarer à l'unanimité que ...

Übereinstimmung f ❶ accord m ❷ (Gleichheit) unanimité f

überempfindlich I. adj MED hypersensible II. adv MED ~ **auf etw** (akk) **reagieren** avoir une réaction allergique à qc

überfahren* [y:bɐ'fa:rən] vt irr ❶ écraser ❷ (Ampel) brûler; (Linie) dépasser ❸ fam (übertölpeln) embobiner

Überfahrt f traversée f

Überfall m der ~ **auf jdn/etw** l'agression f de qn/l'attaque f de qc

überfallen* [y:bɐ'falən] vt irr ❶ (Person) agresser; (Bank) attaquer ❷ (bestürmen) **jdn mit etw** ~ assaillir qn de qc

überfällig adj (Schiff) en retard; (Zahlung) en souffrance

überfliegen* [y:bɐ'fli:gən] vt irr ❶ (Gebiet) survoler ❷ (Buch) parcourir

Überflussᴿᴿ m kein Pl |sur|abondance f ▶**zu allem** ~ pour couronner le tout

überflüssig adj **es ist** ~, **dass** il est superflu que + subj

überfluten* [y:bɐ'flu:tən] vt (Gebiet) inonder

überfordern* [y:bɐ'fɔrdɐn] vt **jdn** ~ en demander trop à qn; **überfordert sein** être dépassé

Überforderung f kein Pl (körperlich) surmenage m; (geistig) exigences fpl trop grandes

überführen* [y:bɐ'fy:rən] vt ❶ JUR **jdn** ~ convaincre qn ❷ (Patienten) transférer; (Fahrzeug) convoyer

Überführung f passage m supérieur

überfüllt [y:bɐ'fʏlt] adj surchargé(e); (Gebäude) bondé(e)

Übergabe f remise f

Übergang <-gänge> m ❶ passage m

U

❷ (*Überweg*) passage m clouté

übergeben* [y:bɐ'ge:bən] *irr* **I.** *vt* ❶ (*überreichen*) remettre ❷ MIL livrer **II.** *vr* **sich ~** vomir

über|gehen¹ ['y:bɐge:ən] *vi irr + sein* ❶ (*überwechseln*) **zu etw ~** passer à qc ❷ (*übertragen werden*) **in jds Besitz** (*akk*) **~** devenir propriété de qn

übergehen*² [y:bɐ'ge:ən] *vt irr* ❶ **jdn ~** oublier qn ❷ (*Einwand*) passer outre ❸ (*Abschnitt*) sauter

übergeschnappt ['y:bɐgəʃnapt] *adj fam* maboul(e)

Übergewicht *nt kein Pl* excès m de poids

überglücklich *adj* comblé(e) de bonheur

Übergriff m acte m de violence

überhandᴿᴿ [y:bɐ'hant] **~ nehmen** prendre des proportions démesurées

überhäufen* [y:bɐ'hɔyfən] *vt* ❶ **jdn mit etw ~** accabler qn de qc ❷ (*bedecken*) **etw mit etw ~** couvrir qc de qc

überhaupt [y:bɐ'haupt] *adv* ❶ (*eigentlich*) **was fällt dir ~ ein?** qu'est-ce qui te prend? ❷ (*abgesehen davon, zudem*) vraiment ❸ *verstärkend* (*ganz und gar*) **~ nicht** [pas] du tout

überheblich *adj* arrogant(e)

überhöht [y:bɐ'hø:t] *adj* excessif(-ive)

überholen* [y:bɐ'ho:lən] **I.** *vt* ❶ (*vorbeifahren*) doubler ❷ (*instand setzen*) réviser **II.** *vi* doubler

Überholspur *f* voie *f* de gauche

überholt *adj* (*Ansichten, Moral*) dépassé(e)

Überholverbot *nt* interdiction *f* de dépasser

überhören* [y:bɐ'hø:rən] *vt* ❶ ne pas entendre ❷ (*nicht hören wollen*) ignorer

überirdisch *adj* surnaturel(le)

über|kochen *vi + sein* déborder

überkommen* [y:bɐ'kɔmən] *irr vt* s'emparer de; **jdn ~** (*Gefühl*) s'emparer de qn

überladen* [y:bɐ'la:dən] *vt irr* surcharger

Überlänge *f* **ein Film mit ~** un film très long

überlassen* [y:bɐ'lasən] *vt irr* **jdm etw ~** laisser qc à qn

überlasten* [y:bɐ'lastən] *vt* ❶ surcharger; (*Organ*) trop solliciter ❷ (*Telefonnetz*) encombrer

Überlastung <-, -en> *f* ❶ (*überlasteter Zustand: einer Person*) exténuation *f*; **nervliche ~** stress m ❷ ELEC, TELEC (*des Stromnetzes*) surcharge *f*

überlaufen*¹ ['y:bɐlaufən] *vt irr* SPORT passer

über|laufen² [y:bɐ'laufən] *vi irr + sein* ❶ (*Flüssigkeit*) déborder ❷ (*Soldat*) passer à l'ennemi

Überläufer(in) *m(f)* transfuge m

überleben* [y:bɐ'le:bən] **I.** *vt, vi* survivre **II.** *vr* **sich ~** passer

Überlebende(r) *f(m) dekl wie adj* survivant(e) *m(f)*

überlegen*¹ [y:bɐ'le:gən] **I.** *vi* réfléchir **II.** *vt* [**sich** (*dat*)] **etw ~** réfléchir à qc; [**sich** (*dat*)] **~, ob ...** réfléchir si ...

über|legen² ['y:bɐle:gən] *vt* **jdm etw ~** couvrir qn avec qc

überlegen³ *adj* **jdm ~ sein** être supérieur à qn

Überlegenheit <-> *f* ❶ (*überlegener Status*) supériorité *f*; **~ gegenüber jdm** supériorité par rapport à qn ❷ (*Herablassung*) condescendance *f*

Überlegung <-, -en> *f Pl* (*Erwägungen*) réflexions *fpl*

überliefern* [y:bɐ'li:fɐn] *vt* **jdm etw ~** transmettre qc à qn

Überlieferung *f* ❶ *kein Pl* transmission *f* ❷ (*Brauchtum*) tradition *f*

überlisten* [y:bɐ'lɪstən] *vt* (*Person*) berner; (*System*) déjouer

überm ['y:bɐm] = **über dem** s. **über**

Übermacht *f kein Pl* supériorité *f*

übermäßig I. *adj* extrême **II.** *adv* ❶ (*sich anstrengen*) trop ❷ (*trinken*) sans modération

Übermensch m surhomme m

übermenschlich *adj* surhumain(e)

übermitteln* [y:bɐ'mɪtəln] *vt* transmettre; **jdm etw ~** transmettre qc à qn

übermorgen *adv* après-demain; **~ früh/ Abend** après-demain matin/soir

übermüdet [y:bɐ'my:dət] *adj* épuisé(e)

Übermut m (*Leichtsinn*) exubérance *f*; **aus ~** par malice ►**~ tut selten gut** *prov* ≈ prudence est mère de sûreté

übermütig ['y:bɐmy:tɪç] **I.** *adj* ❶ exubérant(e) ❷ (*aufgeregt*) turbulent(e) **II.** *adv* **sich ~ aufführen** être turbulent

übern ['y:bɐn] = **über den** s. **über**

übernachten* [y:bɐ'naxtən] *vi* **im Hotel/ bei Freunden ~** passer la nuit à l'hôtel/ chez des amis

Übernachtung <-, -en> *f* **~ mit Frühstück** nuit|ée] *f* avec petit-déjeuner

Übernahme ['y:bɐna:mə] <-, -n> *f* ❶ (*der*

Verantwortung) prise *f* en charge ❷ (*einer Firma*) reprise *f*

übernatürlich *adj* surnaturel(le)

übernehmen* [y:bɐ'ne:mən] *irr* I. *vt* ❶ reprendre ❷ (*Verantwortung*) assumer; (*Kosten*) se charger de ❸ (*Auftrag*) accepter ❹ (*Mitarbeiter*) garder II. *vr* **sich ~** vouloir trop en faire III. *vi* prendre le relais

Überproduktion *f* surproduction *f*

überprüfen* [y:bɐ'pry:fən] *vt* ❶ contrôler; (*Bewerber*) examiner ❷ (*Angabe*) vérifier l'exactitude de ❸ (*Motor*) réviser

Überprüfung *f kein Pl* ❶ (*eines Bewerbers*) examen *m* ❷ (*einer Aussage*) vérification *f* ❸ (*eines Motors, Wagens*) révision *f* ❹ (*einer Haltung*) révision *f*

überqueren* [y:bɐ'kve:rən] *vt* traverser

überragen* [y:bɐ'ra:gən] *vt* **jdn ~** dépasser qn; **etw um zwei Meter ~** dominer qc de deux mètres

überragend [y:bɐ'ra:gənt] *adj* excellent(e)

überraschen* [y:bɐ'raʃən] *vt* surprendre

überraschend I. *adj* inattendu(e) II. *adv* (*besuchen*) à l'improviste; (*sterben*) subitement

Überraschung <-, -en> *f* surprise *f*

Überreaktion *f* réaction *f* excessive

überreden* [y:bɐ're:dən] *vt* convaincre

überregional *adj* interrégional(e)

überreichen* [y:bɐ'raiçən] *vt* remettre

Überrest *m meist Pl* vestiges *mpl*

überrumpeln* [y:bɐ'rʊmpəln] *vt* **den Gegner ~** prendre l'adversaire par surprise

übers ['y:bɐs] = **über das** *s.* **über**

Überschall *m* fréquence supersonique *f*

überschatten* [y:bɐ'ʃatən] *vt* jeter une ombre sur

überschätzen* [y:bɐ'ʃɛtsən] *vr, vt* [**sich**] ~ [se] surestimer

überschaubar [y:bɐ'ʃauba:ɐ̯] *adj* dont on garde une bonne vue d'ensemble

Überschlag *m* SPORT roue *f*

überschlagen*¹ [y:bɐ'ʃla:gən] *irr* I. *vt* ❶ (*auslassen*) sauter ❷ (*berechnen*) **die Kosten ~** évaluer les coûts [approximativement] II. *vr* **sich ~** ❶ (*Akrobat*) faire une culbute; (*Fahrzeug*) faire un tonneau ❷ (*Ereignisse*) se précipiter; (*Nachrichten*) affluer ❸ *fam* (*übereifrig sein*) faire du zèle ❹ (*Stimme*) devenir strident(e)

über|schlagen² ['y:bɐʃla:gən] *irr vt + haben* (*Beine*) croiser

über|schnappen *vi + sein fam* débloquer

überschneiden* [y:bɐ'ʃnaidən] *vr irr* **sich ~** se chevaucher

überschreiben* [y:bɐ'ʃraibən] *vt irr* ❶ INFORM (*Datei*) réécrire sur ❷ (*übertragen*) **seinen Besitz jdm ~** transférer ses biens à qn

überschreiten* [y:bɐ'ʃraitən] *vt irr* ❶ (*Grenze*) franchir ❷ *fig* (*Fähigkeiten*) dépasser ❸ (*Befugnisse*) outrepasser

Überschrift *f* titre *m*

Überschussᴿᴿ *m* excédent *m*; **ein ~ an Arbeitskräften** un sureffectif

überschütten* [y:bɐ'ʃytən] *vt fig* **mit Geschenken ~** couvrir de cadeaux; **mit Vorwürfen ~** accabler de reproches

überschwänglichᴿᴿ ['y:bɐʃvɛŋlɪç] I. *adj* débordant(e) II. *adv* **sich ~ bedanken** se confondre en remerciements

überschwemmen* [y:bɐ'ʃvɛmən] *vt a.* COM inonder

Überschwemmung <-, -en> *f* inondation *f*

überschwenglichᴬᴸᵀ *s.* **überschwänglich**

Übersee ▶**in** = outre-mer; **nach** = outre-mer

übersehen* [y:bɐ'ze:ən] *vt irr* ❶ (*nicht sehen*) ne pas voir ❷ (*abschätzen*) **etw ~** mesurer l'ampleur de qc ❸ (*überblicken*) **etw ~** avoir une vue d'ensemble de qc

übersetzen*¹ ['y:bɐzɛtsən] I. *vt* traduire II. *vi* faire une traduction

über|setzen² [y:bɐ'zɛtsən] I. *vt + haben* **jdn ~** [faire] passer qn sur l'autre rive II. *vi + sein* **mit der Fähre ~** passer avec le ferry

Übersetzer(in) *m(f)* traducteur(-trice) *m(f)*

Übersetzung <-, -en> *f* ❶ traduction *f* ❷ (*eines Getriebes*) transmission *f*

Übersicht <-, -en> *f* ❶ *kein Pl* (*Überblick*) vue *f* d'ensemble ❷ (*knappe Darstellung*) aperçu *m* [général]

übersichtlich *adj* ❶ (*Form*) clair(e) ❷ (*Platz*) dégagé(e)

Übersiedler(in) *m(f):* immigré(e) [politique] de la RDA en RFA

übersinnlich *adj* surnaturel(le)

überspielen* [y:bɐ'ʃpi:lən] *vt* ❶ MEDIA copier ❷ (*kaschieren*) dissimuler

überspringen*¹ ['y:bɐʃprɪŋən] *vt irr* ❶ franchir ❷ (*Lektion*) sauter

über|springen² [y:bɐ'ʃprɪŋən] *vi irr + sein* **auf jdn/etw ~** gagner qn/qc

überstehen*¹ [y:bɐ'ʃte:ən] *vt irr* (*Belastung*)

surmonter

über|stehen² ['y:bəʃteːən] *vi irr + haben* (*Ladung*) dépasser

übersteigen* [y:bəˈʃtaɪgən] *vt irr* ❶ (*klettern über*) passer par-dessus ❷ (*Fähigkeiten*) dépasser; (*Kräfte*) être au-dessus de

überstimmen* [y:bəˈʃtɪmən] *vt* **jdn ~** mettre qn en minorité

Überstunde *f* heure *f* supplémentaire

überstürzen [y:bəˈʃtʏrtsən] *vr, vt* |**sich**| **~** |se| précipiter

überstürzt *adj* précipité(e)

überteuert *adj* (*Preis*) exorbitant(e)

übertönen* *vt* **etw/jdn ~** couvrir qc/la voix de qn

Übertrag ['y:bətraːk, *Pl:* 'y:bətrɛːgə] <-[e]s, Überträge> *m* report *m*

übertragbar [y:bəˈtraːkbaːɐ̯] *adj* ❶ MED contagieux(-euse) ❷ (*Methode*) applicable ❸ (*Ausweis*) transmissible

übertragen*¹ [y:bəˈtraːgən] *irr* I. *vt* ❶ RADIO, TV diffuser ❷ MED **etw auf jdn ~** transmettre qc à qn ❸ (*übernehmen*) **etw auf eine neue Seite ~** reporter qc sur une nouvelle page ❹ (*übergeben*) **jdm die Verantwortung ~** déléguer la responsabilité à qn ❺ JUR **jdm etw ~** transférer qc à qn ❻ (*Methode*) appliquer II. *vr* ❶ MED **sich ~** être contagieux; **sich auf jdn ~** se transmettre à qn ❷ (*beeinflussen*) **sich auf jdn ~** (*Nervosität*) gagner qn

übertragen² I. *adj* (*Bedeutung*) figuré(e) II. *adv* au |sens| figuré

Übertragung <-, -en> *f* ❶ *kein Pl* (*das Senden*) diffusion *f* ❷ (*Sendung*) retransmission *f* ❸ *kein Pl* (*einer Krankheit*) transmission *f* ❹ *kein Pl* (*von Befugnissen*) délégation *f* ❺ *kein Pl* (*von Besitz*) transfert *m* ❻ *kein Pl* (*einer Methode*) application *f*

übertreffen* [y:bəˈtrɛfən] *irr* I. *vt* ❶ (*besser sein*) **jdn ~** surpasser qn ❷ (*hinausgehen über*) **alle Erwartungen ~** dépasser toutes les attentes II. *vr* **sich selbst ~** se surpasser

übertreiben* [y:bəˈtraɪbən] *vt, vi irr* exagérer

Übertreibung <-, -en> *f* exagération *f*

über|treten¹ ['y:bətreːtən] *vi irr + sein* ❶ REL se convertir ❷ SPORT mordre sur la ligne

übertreten*² [y:bəˈtreːtən] *vt irr* (*Vorschrift*) enfreindre

übertrieben [y:bəˈtriːbən] *adj* exagéré(e)

Übertritt *m* conversion *f*

überwachen* [y:bəˈvaxən] *vt* ❶ surveiller ❷ (*Ablauf*) superviser; (*Qualität*) contrôler

überwältigen* [y:bəˈvɛltɪgən] *vt* maîtriser

überwältigend [y:bəˈvɛltɪgənt] *adj* ❶ grandiose; (*Gefühl*) renversant(e) ❷ (*Mehrheit*) écrasant(e)

überweisen* [y:bəˈvaɪzən] *vt irr* ❶ **Geld ~** virer de l'argent ❷ MED **jdn zu einem Facharzt ~** adresser qn à un spécialiste

Überweisung <-, -en> *f* ❶ (*Geldüberweisung*) virement *m* ❷ (*eines Patienten*) transfert *m*

überwiegen* [y:bəˈviːgən] *irr* I. *vi* prédominer II. *vt* **etw ~** (*Neugier*) l'emporter sur qc

überwiegend I. *adj* large *antéposé* II. *adv* plutôt

überwinden* [y:bəˈvɪndən] *irr* I. *vt* ❶ (*Bedenken*) surmonter; (*Problem*) venir à bout de ❷ (*Gegner*) vaincre ❸ (*Mauer*) franchir II. *vr* **sich ~** faire un effort sur soi-même

Überwindung <-> *f* (*Selbstüberwindung*) effort *m* sur soi-même

überwintern* [y:bəˈvɪntən] *vi* ❶ passer l'hiver ❷ (*Bär*) hiberner

Überzahl *f kein Pl* **in der ~ sein** être supérieur en nombre

überzeugen* [y:bəˈtsɔʏgən] I. *vt* convaincre; **jdn davon ~, dass ...** persuader qn que ... II. *vi* (*Person*) être convaincant III. *vr* **sich von etw ~** s'assurer de qc

überzeugend *adj* convaincant(e)

überzeugt *adj* convaincu(e)

Überzeugung <-, -en> *f* conviction *f*

überziehen*¹ ['y:bətsi:ən] *irr* I. *vt* ❶ (*bedecken*) recouvrir ❷ (*belasten*) **das Konto um hundert Euro ~** mettre son compte à découvert de cent euros II. *vi* (*Person*) dépasser son temps d'antenne

über|ziehen² [y:bəˈtsi:ən] *vr, vt irr* |**sich etw ~** |se| passer qc

Überzug *m* ❶ (*Schicht*) couche *f* ❷ (*Hülle*) housse *f*

üblich ['y:plɪç] *adj* usuel(le); **wie ~** comme d'habitude

U-Boot ['u:bo:t] *nt* sous-marin *m*

übrig ['y:brɪç] I. *adj* ❶ *attr* (*restlich*) **die ~en Teilnehmer** les autres participants; **die ~en Bücher** les livres restants ❷ (*~ bleibend*) **~ sein** rester ▶**für jdn etwas ~ haben** avoir un faible pour qn; **im Übrigen** du reste II. *adv* **~ bleiben** rester

übrig|bleibenᴬᴸᵀ *s.* **übrig** II.

übrigens ['y:brɪgəns] *adv* ❶ (*nebenbei bemerkt*) au fait ❷ (*außerdem*) d'ailleurs

Übung ['y:bʊŋ] <-, -en> *f* exercice *m*

UEFA-Cup [u'e:fakap] <-s, -s> *m*, **UEFA-Pokal** *m* coupe *f* de l'U.E.F.A.

Ufer ['u:fe] <-s, -> *nt* rive *f*; (*Meeresufer*) côte *f*; **am ~ stehen** être au bord de l'eau

Ufo <-[s], -s> *nt Abk von* **unbekanntes Flugobjekt** OVNI *m*

Uganda [u'ganda] <-s> *nt* l'Ouganda *m*

U-Haft ['u:haft] *f fam* détention *f* préventive

Uhr [u:ɐ] <-, -en> *f* ❶ (*öffentliche ~*) horloge *f*; (*Armbanduhr*) montre *f*; (*Wanduhr*) pendule *f* ❷ (*bei Zeitangaben*) **um drei ~** à trois heures; **um zwölf ~ mittags** à midi; **es ist fünf ~ früh** il est cinq heures du matin; **um wie viel ~?** à quelle heure?; **wie viel ~ ist es?** quelle heure est-il? ▶**rund um die ~** vingt-quatre heures sur vingt-quatre

Uhrmacher(in) *m(f)* horloger(-ère) *m(f)* **Uhrzeiger** *m* aiguille *f* [d'une horloge/montre] **Uhrzeit** *f* heure *f*

Uhu ['u:hu] <-s, -s> *m* grand duc *m*

Ukraine [ukra'i:nə] <-> *f* l'Ukraine *f*

Ukrainer(in) [ukra'i:nɐ] <-s, -> *m(f)* Ukrainien(ne) *m(f)*

ukrainisch [ukra'i:nɪʃ] I. *adj* ukrainien(ne) II. *adv* **~ miteinander sprechen** discuter en ukrainien

Ukrainisch [ukra'i:nɪʃ] <-[s]> *nt kein art* ukrainien *m*; *s. a.* **Deutsch**

UKW [u:ka:'ve:] <-> *Abk von* **Ultrakurzwelle** FM *f*

ulkig *adj fam* marrant(e)

Ulme ['ʊlmə] <-, -n> *f* orme *m*

Ultimatum [ʊlti'ma:tʊm] <-s, -s> *nt* ultimatum *m*

Ultrakurzwelle [ʊltra'kʊrtsvɛlə] *f* modulation *f* de fréquence **Ultraschall** *m* ❶ PHYS ultrason *m* ❷ MED échographie *f* **Ultraschalluntersuchung** *f* [examen *m* par] échographie *f* **ultraviolett** *adj* ultraviolet(te)

um [ʊm] I. *präp* + *akk* ❶ (*örtlich*) ~ **die Ecke** au coin de la rue; ~ **den Park herum** autour du parc; ~ **sich schlagen/treten se** dispute ❷ (*bei Zeitangaben*) ~ **fünf Uhr/Mitternacht** à cinq heures/minuit ❸ (*ungefähr*) environ; ~ **die fünfzig Euro kosten** coûter dans les cinquante euros ❹ (*hinsichtlich, wegen*) ~ **deinetwillen** [par égard] pour toi; ~ **der Freundschaft willen** par amitié ❺ (*zur Angabe des Aus-*

maßes) ~ **zehn Zentimeter größer sein** être plus long de dix centimètres II. *konj* **er kam ~ zu siegen** il vint pour vaincre III. *adv* ~ **sein** être passé

umarmen* [ʊm'ʔarmən] *vt* **jdn ~** serrer qn dans ses bras

Umarmung <-, -en> *f* accolade *f*

Umbau <-[e]s> *m kein Pl* (*eines Gebäudes*) transformations *fpl*; **sich im ~ befinden** être en travaux

umbauen[1] *vt* (*Gebäude*) transformer II. *vi* faire des transformations

umbauen*[2] [ʊm'baʊən] *vt* entourer de constructions

umbenennen* *vt irr* rebaptiser

umbilden *vt* POL remanier

umbinden *vt irr* [sich (*dat*)] etw ~ [se] mettre qc

umblättern *vi* tourner la page

umbringen *irr* I. *vt* tuer II. *vr* **sich ~** se suicider

umbuchen *vt, vi* modifier une réservation

umdenken *vi irr* réviser son opinion

umdrehen I. *vt* + *haben* ❶ **jdn/etw ~** retourner qn/qc ❷ (*Schlüssel*) tourner II. *vr* + *haben* **sich nach jdm/etw ~** se retourner en direction de qn/qc III. *vi* + *haben o sein* faire demi-tour

umeinander [ʊm?aj'nandɐ] *adv* **sich ~ kümmern** s'occuper l'un(e) de l'autre

umfahren[1] ['ʊmfa:rən] *vt irr fam* renverser

umfahren*[2] [ʊm'fa:rən] *vt irr* (*Hindernis*) contourner; (*Stau*) éviter

umfallen *vi irr* + *sein* ❶ (*Figur*) se renverser; (*Baum*) se coucher ❷ (*zu Boden fallen*) **tot ~** tomber raide mort(e) (*fam*)

Umfang <-[e]s, Umfänge> *m* ❶ (*einer Kugel*) circonférence *f* ❷ (*eines Gebiets*) superficie *f*; (*eines Verlusts*) étendue *f*

umfangreich *adj* (*Werk*) riche et varié(e); (*Studien*) dans des domaines divers

umfassen* [ʊm'fasən] *vt* ❶ **jdn ~** prendre qn dans ses bras; **etw ~** prendre qc dans ses mains ❷ (*enthalten*) comprendre

umfassend I. *adj* ❶ (*Vollmachten*) étendu(e) ❷ (*alles enthaltend*) complet(-ète) II. *adv* ~ **berichten** faire un rapport détaillé

Umfeld *nt* milieu *m*

umformen *vt* modifier

Umfrage *f* sondage *m*

umfüllen *vt* transvaser

umfunktionieren* *vt* transformer

U

Umgang *kein Pl m* ❶ (*Kontakt*) **im ~ mit Kindern** avec les enfants ❷ (*Freunde*) fréquentations *fpl*

umgänglich *adj* conciliant(e)

Umgangssprache *f* (*im täglichen Umgang verwendet*) langage *m* courant; (*nachlässige Sprache*) langage familier

umgeben* [ʊmˈgeːbən] *vr, vt irr* [**sich**] ~ [s']entourer

Umgebung <-, -en> *f* environs *mpl*

um|gehen[1] [ʊmˈgeːən] *vi irr + sein* ❶ (*behandeln*) traiter ❷ (*Gerücht*) circuler

umgehen*[2] [ˈʊmgeːən] *vt irr* ❶ (*vermeiden*) esquiver; **etw ist nicht zu ~** qc ne peut pas être évité ❷ (*Embargo*) contourner

umgehend [ˈʊmgeːənt] **I.** *adj* immédiat(e) **II.** *adv* dans les plus brefs délais

Umgehungsstraße [ʊmˈgeːʊŋʃtraːsə] *f* contournement *m*

umgekehrt *adj* inverse; **genau ~!** tout le contraire! **II.** *adv* (*andersherum*) dans l'autre sens

um|graben *vt irr* bêcher

Umhang <-[e]s, Umhänge> *m* cape *f*

um|hängen *vt* **sich** (*dat*) **eine Jacke ~** se mettre une veste sur les épaules

Umhängetasche *f* sac *m* à bandoulière

um|hauen *vt irr fam* (*verblüffen*) souffler

umher [ʊmˈheːɐ̯] *adv* **weit ~** tout le pays à la ronde

umher|irren *vi + sein* errer

umkämpft [ʊmˈkɛmpft] *adj* assiégé(e)

Umkehr <-> *f* retour *m*

umkehrbar *adj* réversible

um|kehren I. *vi + sein* faire demi-tour **II.** *vt + haben geh* (*Mandatsverteilung*) renverser

um|kippen I. *vi + sein* ❶ (*Person*) tomber; (*Gegenstand*) se renverser ❷ *fam* (*bewusstlos werden*) tourner de l'œil ❸ *fam* (*die Meinung ändern*) retourner sa veste ❹ ÖKOL s'asphyxier **II.** *vt + haben* renverser

umklammern* *vt* se cramponner à

Umkleideraum *m* vestiaire *m*

um|kommen *vi irr + sein* **bei etw/in etw** (*dat*) ~ mourir dans qc

Umkreis *m* **im ~ der Stadt** à la périphérie de la ville; **im ~ von zehn Kilometern** dans un rayon de dix kilomètres

umkreisen* *vt* tourner autour de

um|krempeln *vt* ❶ retrousser; [**sich** (*dat*)] **die Ärmel ~** retrousser ses manches ❷ *fam* (*Person*) tourner la boule à; (*Firma,*

Leben) chambouler

Umland *nt kein Pl* périphérie *f*

Umlauf *m* ❶ circulaire *f* ❷ (*Zirkulation*) **im ~ sein** (*Münze*) être en circulation

Umlaufbahn *f* ASTRO orbite *f*

Umlaut *m* voyelle *f* infléchie

um|legen *vt* ❶ **jdm einen Schal ~** mettre une écharpe à qn ❷ *fam* (*umbringen*) zigouiller ❸ (*Kabel*) changer de position

um|leiten *vt* (*Verkehr*) dévier; (*Fluss*) détourner

Umleitung *f* déviation *f*

um|lernen *vi* changer son comportement; (*einen anderen Beruf erlernen*) se reconvertir

umliegend *adj* alentour *inv*

Umnachtung *f geh* **geistige ~** démence *f*

um|organisieren* *vt* réorganiser

umranden* *vt* entourer

um|räumen I. *vi* changer les meubles de place **II.** *vt* changer de place

um|rechnen *vt* convertir

umreißen* [ˈʊmraɪsən] *vt irr* (*Situation*) esquisser

um|rennen *vt irr* renverser [en courant]

Umriss[RR] *m* (*einer Person*) silhouette *f*; (*eines Gegenstands*) contours *mpl*

um|rühren *vt, vi* remuer

ums [ʊms] = **um das** *s.* **um**

Umsatz *m* chiffre *m* d'affaires

um|schalten I. *vi* ❶ (*Ampel*) changer; **auf Grün ~** passer au vert ❷ (*den Fernsehsender wechseln*) changer de chaîne **II.** *vt* **ein Gerät auf Wechselstrom ~** brancher un appareil sur le courant alternatif

Umschlag *m* ❶ (*Briefumschlag*) enveloppe *f* ❷ (*eines Buchs*) jaquette *f* ❸ MED compresse *f* ❹ *kein Pl* (*von Waren*) transbordement *m*

um|schlagen *irr* **I.** *vt + haben* ❶ (*Ärmel*) rabattre ❷ (*Güter*) transborder **II.** *vi + sein* changer; (*Wind*) tourner

umschlingen* *vt irr* ❶ enlacer ❷ (*sich herumschlingen*) **einen Baum ~** (*Pflanze*) enlacer un arbre

umschlungen *adj* **sich ~ halten** se tenir enlacé(e)s

um|schreiben[1] [ˈʊmʃraɪbən] *vt irr* ❶ (*Text*) ré[é]crire ❷ JUR **auf jdn ~** mettre au nom de qn

umschreiben*[2] [ʊmˈʃraɪbən] *vt irr* (*mit anderen Worten ausdrücken*) périphraser

um|schulen *vt* ❶ (*beruflich*) **jdn ~** reconvertir qn; **sich ~ lassen** se reconvertir ❷ SCHULE **sein Kind ~** changer son enfant d'école

Umschulung f (beruflich) reconversion f

Umschweife ['ʊmʃvaɪfə] Pl circonlocutions fpl; **ohne ~ zur Sache kommen** ne pas y aller par quatre chemins

um|schwenken vi + sein ❶ (zur Seite schwenken) changer de direction ❷ pej (die Meinung ändern) retourner sa veste

Umschwung m ❶ revirement m ❷ SPORT soleil m ❸ CH (Gelände) terrain m

um|sehen vr irr ❶ (sich informieren) **sich ~** regarder ❷ (suchen) **sich nach jdm/etw ~** chercher qn/qc du regard

um|sein^ALT s. **um III.**

um|setzen I. vt ❶ **jdn ~** faire changer de place à qn ❷ (Erfahrungen) appliquer; **etw in die Praxis ~** mettre en pratique II. vr **sich ~** changer de place

umsichtig I. adj circonspect(e) II. adv avec circonspection

um|siedeln I. vt + haben déplacer II. vi + sein **nach Köln ~** aller s'installer à Cologne

umso^RR ['ʊmzo] konj **~ mehr/weniger** d'autant plus/moins; **~ besser** tant mieux

umsonst adv ❶ (kostenlos) gratuitement ❷ (vergebens) inutilement

Umstand <-[e]s, Umstände> m ❶ (Tatsache) fait m; (Bedingung) circonstance f; **unter allen Umständen** quoi qu'il arrive ❷ Pl (Schwierigkeiten) complications fpl; **jdm Umstände machen** causer des problèmes à qn

umständlich adj (Person) compliqué(e)

um|steigen vi irr + sein (den Zug/Bus wechseln) changer de train/bus; **in den Zug nach Frankfurt ~** prendre la correspondance pour Francfort

um|stellen ['ʊmʃtɛlən] I. vt ❶ (Möbelstück) déplacer ❷ (Schalter) modifier le réglage de II. vi **auf Gas ~** passer au gaz III. vr **sich auf etw** (akk) **~** s'adapter à qc

Umstellung f changement m

um|stimmen vt **jdn ~** faire changer qn d'avis

um|stoßen vt irr ❶ faire tomber ❷ (Entschluss) revenir sur

umstritten [ʊmˈʃtrɪtən] adj controversé(e)

um|strukturieren* vt restructurer

Umsturz m coup m d'état

um|stürzen I. vi + sein se renverser II. vt + haben ❶ (Säule) faire tomber ❷ fig (Regime) renverser

Umtausch m ❶ (von Waren) échange m ❷ FIN **~ von Euro in Dollar** change m d'euros en dollars

um|tauschen vt ❶ échanger; **jdm etw ~** reprendre qc à qn ❷ FIN **Geld ~** changer de l'argent

um|topfen vt (Pflanze) rempoter

Umtrunk m pot m (fam)

Umverpackung f (sur)emballage m

um|verteilen* vt redistribuer

um|wandeln vt transformer

Umwandlung f transformation f

Umweg m détour m

Umwelt f kein Pl ❶ ÖKOL environnement m ❷ (Mitmenschen) entourage m

Umweltbelastung f pollution f **umweltbewusst**^RR adj, adv écologique **umweltfreundlich** adj écologique **Umweltkriminalität** f délits mpl en matière d'environnement **Umweltpapier** nt papier m recyclé **Umweltpolitik** f politique f de l'environnement **Umweltschützer(in)** m(f) écologiste mf **Umweltverschmutzer(in)** <-s, -> m(f) pollueur(-euse) m(f)

um|werfen vt irr ❶ (Glas) renverser; (Plan) bouleverser ❷ fam (verblüffen) **jdn ~** renverser qn

umwerfend I. adj renversant(e) II. adv incroyablement

umwickeln* [ʊmˈvɪkəln] vt **etw mit Papier ~** entourer qc de papier

um|ziehen vi irr ❶ vi + sein déménager II. vr + haben **sich ~** se changer

umzingeln* [ʊmˈtsɪŋəln] vt encercler

Umzug m ❶ déménagement m ❷ (Festzug) défilé m

UN [uːˈʔɛn] <-> Pl Abk von **United Nations die ~** les Nations fpl Unies

unabhängig adj indépendant(e)

Unabhängigkeit f kein Pl indépendance f

unabsehbar [ʊnˈʔapˈzeːbaːɐ̯] adj imprévisible

unabsichtlich adj involontaire

unabwendbar adj inéluctable

Unachtsamkeit f inattention f

unanfechtbar [ʊnˈʔanˈfɛçtbaːɐ̯] adj incontestable

unangefochten adj incontesté(e)

unangemeldet I. adj (Besucher) qui n'a pas

U

annoncé sa venue; (*Patient*) qui n'a pas pris rendez-vous II. *adv* ~ **kommen** venir à l'improviste; (*ohne Terminabsprache kommen*) sans [prendre] rendez-vous

unangemessen *adj* inconvenant(e)

unangenehm I. *adj* désagréable; **das ist mir** ~ ça m'est pénible II. *adv* (*riechen*) mauvais; ~ **schmecken** avoir mauvais goût

unangreifbar *adj* inattaquable

Unannehmlichkeit *f meist Pl* désagrément *m;* ~**en bekommen/haben** s'attirer/ connaître des ennuis

unansehnlich *adj* insignifiant(e)

unanständig *adj* indécent(e)

unantastbar *adj* intangible

unappetitlich *adj* dégoûtant(e)

Unart *f* mauvaise habitude *f*

unartig *adj* mal élevé(e)

unauffällig I. *adj* discret(-ète) II. *adv* discrètement

unauffindbar *adj* introuvable

unaufhaltsam [ʊnˈʔaʊfhaltzaːm] *adj* inexorable

unaufhörlich [ʊnˈʔaʊfhøːɐ̯lɪç] I. *adj* continuel(le) II. *adv* **es regnet** ~ il n'arrête pas de pleuvoir

unaufmerksam *adj* ❶ (*Schüler*) inattentif (-ive); ~ **werden** relâcher son attention ❷ (*Begleiter*) peu prévenant(e)

Unaufmerksamkeit *f kein Pl* inattention *f*

unaufrichtig *adj* ~ **sein** ne pas être franc

unausgeglichen *adj* ❶ pas très équilibré(e) ❷ ÖKON en déséquilibre

unaussprechlich [ʊnʔaʊsˈʃprɛçlɪç] *adj* indicible

unausstehlich [ʊnʔaʊsˈʃteːlɪç] *adj* insupportable

unausweichlich [ʊnʔaʊsˈvaɪçlɪç] *adj* inéluctable

unbändig [ˈʊnbɛndɪç] I. *adj* ❶ turbulent(e) ❷ (*Verlangen*) irrépressible II. *adv* (*lachen*) à gorge déployée; (*weinen*) à chaudes larmes

unbarmherzig *adj* impitoyable

unbeabsichtigt I. *adj* involontaire II. *adv* sans faire exprès

unbedenklich I. *adj* ~ **sein** (*Aktion*) être sans risques II. *adv* en toute tranquillité

unbedeutend I. *adj* ❶ (*Ereignis*) insignifiant(e) ❷ (*Menge*) négligeable II. *adv* à peine

unbedingt I. *adj attr* absolu(e) II. *adv* **nicht** ~ pas forcément; ~! absolument!

unbefangen I. *adj* ❶ (*Zeuge*) impartial(e); ❷ (*Kind*) spontané(e) II. *adv* ❶ (*unvoreingenommen*) sans préjugés ❷ (*nicht gehemmt*) sans complexe

unbefriedigend I. *adj* insatisfaisant(e) II. *adv* de façon peu satisfaisante

unbefristet I. *adj* à durée indéterminée; (*Aufenthaltserlaubnis*) permanent(e) II. *adv* sans limitation de durée

unbegreiflich [ʊnbəˈgraɪflɪç] *adj* incompréhensible

unbegrenzt *adj* ❶ (*Zeit, Dauer*) indéterminé(e) ❷ (*grenzenlos*) sans limites

unbegründet *adj* infondé(e)

Unbehagen *nt* gêne *f*

unbehaglich I. *adj* qui met mal à l'aise II. *adv* **sich ~ fühlen** se sentir mal à l'aise

unbeholfen [ˈʊnbəhɔlfən] I. *adj* gauche II. *adv* maladroitement

unbekannt *adj* inconnu(e); ~ **verzogen** parti(e) sans laisser d'adresse

Unbekannte <-n, -n> *f a.* MATH inconnue *f*

unbekümmert [ˈʊnbəkʏmɐt] I. *adj* insouciant(e) II. *adv* avec insouciance

unbelastet I. *adj* ❶ (*frei*) libre ❷ POL (*schuldlos*) correct(e) ❸ ÖKOL naturel(le) II. *adv* l'esprit libre

unbelehrbar [ˈʊnbəleːɐ̯baːɐ̯] *adj* incorrigible

unbeliebt *adj* peu apprécié(e)

unbemannt *adj* ~**e Raumfahrt** navigation *f* spatiale inhabitée

unbemerkt I. *adj* inaperçu(e) II. *adv* sans être aperçu

unbenutzt I. *adj* inutilisé(e) II. *adv* sans l'avoir utilisé(e)

unbeobachtet *adj* **in einem ~en Moment** dans un moment d'inattention

unbequem *adj* inconfortable

unberechenbar [ʊnbəˈrɛçənbaːɐ̯] *adj* imprévisible

unberücksichtigt *adj* ~ **bleiben** ne pas être pris en compte

unberührt *adj* ❶ (*Natur*) sauvage ❷ (*Bett*) non défait(e) ❸ (*unbeeindruckt*) ~ **bleiben** rester impassible

unbeschreiblich [ˈʊnbəˈʃraɪplɪç] I. *adj* indescriptible II. *adv* (*schnell*) infiniment; (*dumm*) extrêmement

unbeschrieben *adj* (*Blatt, Seite*) blanc(blanche)

unbesonnen I. *adj* irréfléchi(e) II. *adv* sans réfléchir

unbesorgt I. *adj* ~ **sein** ne pas se faire de souci II. *adv* **etw** ~ **tun können** pouvoir sans crainte faire qc

unbeständig *adj* instable

unbestechlich [ʊnbə'ʃtɛçlɪç] *adj* incorruptible

unbestimmt *adj* ❶ vague; (*Gefühl*) confus(e) ❷ LING indéfini(e)

unbestritten [ʊnbə'ʃtrɪtən] I. *adj* incontesté(e); **es ist ~, dass er lügt** il ment, sans conteste II. *adv* sans conteste

unbeteiligt [ʊnbə'taɪlɪçt] *adj* ❶ **an einem Unfall** ~ **sein** ne pas être impliqué dans un accident ❷ (*desinteressiert*) peu intéressé(e)

unbewaffnet *adj* sans arme; ~ **sein** ne pas être armé

unbeweglich [ʊnbə'veklɪç] *adj* ❶ immobile; (*Miene*) impassible ❷ (*Feiertag*) fixe

unbewegt *adj* ❶ immobile ❷ (*Miene*) impassible

unbewohnbar *adj* inhabitable

unbewohnt *adj* inoccupé(e); (*Planet*) inhabité(e)

unbewusst[RR] I. *adj* inconscient(e) II. *adv* inconsciemment

unbezahlbar [ʊnbə'tsa:lba:ɐ̯] *adj* ❶ exorbitant(e) ❷ *iron fam* (*Tipp*) précieux(-euse)

unbezahlt *adj* ❶ (*Rechnung*) impayé(e) ❷ (*Überstunde*) non payé(e)

unbezähmbar *adj* irrépressible

unbezwingbar *adj* ❶ (*Festung*) imprenable ❷ (*Verlangen*) irrésistible

unblutig I. *adj* sans effusion de sang II. *adv* ~ **verlaufen** se dérouler sans effusion de sang

unbrauchbar *adj* inutilisable; **als Chef** ~ **sein** ne pas convenir comme chef

unbürokratisch I. *adj* qui ne passe pas par la bureaucratie II. *adv* sans passer par la bureaucratie

und [ʊnt] *konj* ❶ et; **du** ~ **ich** toi et moi ❷ (*als Ausdruck der Intensivierung*) **sie reden** ~ **redet** elle n'arrête pas de parler ❸ (*selbst wenn*) ~ **sei es noch so spät** aussi tard soit-il; ~ **wenn du noch so schreist** même si tu cries autant

Undank *m geh* ingratitude *f*

undankbar *adj* ingrat(e)

undefinierbar [ʊndefi'ni:ɐ̯ba:ɐ̯] *adj* indéfinissable

undenkbar [ʊn'dɛŋkba:ɐ̯] *adj* impensable

undeutlich I. *adj* ❶ (*Schrift*) illisible; (*Aussprache*) indistinct(e) ❷ (*Vorstellung*) vague II. *adv* ❶ (*erkennen*) indistinctement ❷ (*formulieren*) en termes vagues

undicht *adj* non étanche; (*Rohr, Ventil*) qui fuit

Unding *nt* **es ist ein** ~ **das zu tun** c'est une aberration de faire cela

undiszipliniert *adj* indiscipliné(e)

undurchlässig *adj* (*Stoff*) imperméable; (*Beton*) étanche

undurchschaubar *adj* (*Person*) difficile à cerner; (*Plan*) mystérieux(-euse)

undurchsichtig *adj* ❶ (*Fenster*) opaque ❷ (*Person*) louche

uneben *adj* inégal(e); (*Gelände*) accidenté(e)

Unebenheit <-, -en> *f* ❶ *kein Pl* (*unebene Beschaffenheit*) inégalité *f* ❷ (*unebene Stelle*) aspérité *f*

unecht *adj* faux(fausse)

unehelich *adj* naturel(le)

unehrlich *adj* (*Person, Charakter*) pas franc (franche); (*Mitarbeiter, Absicht*) malhonnête

uneigennützig I. *adj* désintéressé(e) II. *adv* ~ **denken** avoir des pensées désintéressées

uneingeschränkt *adj*, *adv* sans réserve

uneinig *adj* en désaccord

unempfindlich *adj* ❶ insensible ❷ (*Material*) résistant(e)

unendlich [ʊn'ʔɛntlɪç] I. *adj* infini(e) II. *adv fam* vachement; ~ **viele Leute** un monde pas possible

Unendlichkeit *f* ❶ *kein Pl* (*das Unendlichsein*) infinité *f* ❷ *fam* (*sehr lange Zeit*) éternité *f*

unentbehrlich [ʊnʔɛnt'be:ɐ̯lɪç] *adj* indispensable

unentgeltlich *adj* (*Benutzung*) gratuit(e); (*Arbeit, Einsatz*) bénévole

unentschieden I. *adj* ❶ SPORT nul(le) ❷ (*unentschlossen*) indécis(e) II. *adv* SPORT ~ **spielen** faire match nul

Unentschieden <-s, -> *nt* match *m* nul

unentschlossen I. *adj* indécis(e) II. *adv* sans parvenir à se décider

unentschuldigt I. *adj* non excusé(e) II. *adv* sans excuse; (*in der Schule*) sans mot d'excuse

unerbittlich [ʊnʔɛɐ̯'bɪtlɪç] I. *adj* impitoyable II. *adv* impitoyablement

U

unerfahren *adj* inexpérimenté(e)
unerfreulich I. *adj* fâcheux(-euse) II. *adv* mal
unerhört ['ʊnʔɛɐ̯høːɐ̯t] I. *adj* ❶ *pej* (*Benehmen*) inouï(e) ❷ (*Summe*) exorbitant(e) II. *adv* ❶ (*empörend*) **sich ~ aufführen** se comporter comme un malotru ❷ (*fleißig*) incroyablement
unerklärlich [ʊnʔɛɐ̯'klɛːɐ̯lɪç] *adj* inexplicable
unerlässlichᴿᴿ [ʊnʔɛɐ̯'lɛslɪç], **unerläßlich**ᴬᴸᵀ *adj* indispensable
unermesslichᴿᴿ *geh* I. *adj* (*Ausdehnung, Dimensionen*) incommensurable; (*Elend, Verwüstungen*) énorme II. *adv* (*reich*) immensément; **~ wertvoll** d'une valeur inestimable
unermüdlich [ʊnʔɛɐ̯'myːtlɪç] I. *adj* infatigable II. *adv* inlassablement
unerreichbar [ʊnʔɛɐ̯'raɪ̯çbaːɐ̯] *adj* ❶ inaccessible ❷ (*telefonisch nicht zu erreichen*) **~ sein** ne pas être joignable
unersättlich *adj* insatiable
unerschöpflich *adj* inépuisable
unerschütterlich [ʊnʔɛɐ̯'ʃʏtɐlɪç] I. *adj* inébranlable II. *adv* (*festhalten, glauben*) de façon inébranlable
unerschwinglich [ʊnʔɛɐ̯'ʃvɪŋlɪç] *adj* inabordable
unersetzlich *adj* (*Mitarbeiter*) irremplaçable; (*Schaden*) irréparable
unerträglich [ʊnʔɛɐ̯'trɛːklɪç] *adj, adv* insupportable
unerwartet I. *adj* imprévu(e) II. *adv* (*besuchen*) inopinément
unerwünscht *adj* indésirable
UNESCO [u'nɛsko] <-> *f Abk von* **United Nations Educational, Scientific and Cultural Organization** Unesco *f*
unfähig *adj* incapable
Unfähigkeit *f kein Pl* incapacité *f*
unfair *adj* **das ist ~!** *fam* ce n'est pas juste!
Unfall *m* accident *m;* **bei einem ~** dans un accident
Unfallflucht *f* délit *m* de fuite **Unfallgefahr** *f* risque *m* d'accident **Unfallopfer** *nt* accidenté(e) *m(f)* **Unfallversicherung** *f* assurance-accidents *f*
unfassbarᴿᴿ *adj* ❶ (*Wunder*) inconcevable ❷ (*unvorstellbar*) inimaginable
unfehlbar I. *adj* (*Person*) infaillible II. *adv* immanquablement

unförmig ['ʊnfœrmɪç] *adj* informe
unfreiwillig I. *adj* ❶ contre son/mon/... gré ❷ (*Witz*) involontaire II. *adv* contre son/mon/... gré
unfreundlich I. *adj* ❶ peu aimable; **~ zu jdm sein** ne pas être aimable avec qn ❷ (*Klima*) désagréable II. *adv* **sich jdm gegenüber ~ benehmen** se montrer désagréable avec qn
unfruchtbar *adj* stérile
Unfug ['ʊnfuːk] <-s> *m* bêtises *fpl*
Ungar(in) ['ʊŋgar] <-n, -n> *m(f)* Hongrois(e) *m(f)*
ungarisch ['ʊŋgarɪʃ] I. *adj* hongrois(e) II. *adv* **~ miteinander sprechen** discuter en hongrois
Ungarisch <-[s]> *nt kein art* hongrois *m; s. a.* **Deutsch**
Ungarn ['ʊŋgarn] <-s> *nt* la Hongrie
ungastlich I. *adj* inhospitalier(-ère) II. *adv* de façon inhospitalière
ungeachtet [ʊŋgə'ʔaxtət] *präp* +*gen geh* **~ dieser Tatsache** en dépit de ce fait; **~ dessen, dass** bien que +*subj*
ungebeten I. *adj* indésirable II. *adv* **~ kommen** venir à l'improviste
ungebildet *adj* inculte
ungebräuchlich *adj* inusité(e); (*Methode*) inhabituel(le)
ungebunden *adj* ❶ (*Buch*) non relié(e) ❷ (*ohne Verpflichtungen*) indépendant(e); **~ sein** ne pas avoir d'attaches familiales
ungedeckt *adj* ❶ (*Tisch*) qui n'est pas mis(e) ❷ (*Scheck*) sans provision ❸ (*Spieler*) qui n'est pas marqué(e)
Ungeduld *f* impatience *f*
ungeduldig I. *adj* impatient(e); **~ werden** s'impatienter II. *adv* impatiemment
ungeeignet *adj* (*Bewerber*) incompétent(e); (*Mittel*) inadapté(e)
ungefähr [ʊŋgə'fɛːɐ̯] I. *adv* à peu près; **~ um acht Uhr** aux environs de huit heures; **~ ein Pfund Mehl** environ une livre de farine; **das könnte ~ stimmen** c'est à peu près ça II. *adj* approximatif(-ive)
ungefährlich *adj* pas dangereux(-euse); (*Erkrankung*) bénin(-igne)
ungeheuer [ʊŋgə'hɔʏ̯ɐ] I. *adj* énorme; (*Schätze*) immense II. *adv* extrêmement
Ungeheuer <-s, -> *nt* monstre *m*
ungehobelt *adj* ❶ (*Brett*) non raboté(e) ❷ *pej* (*unhöflich*) mal dégrossi(e)

ungehörig *adj* inconvenant(e)

ungehorsam *adj* désobéissant(e); **jdm gegenüber ~ sein** désobéir à qn

ungeklärt I. *adj* ❶ non élucidé(e) ❷ (*Abwässer*) non épuré(e) **II.** *adv* (*ungereinigt*) sans épuration

ungekürzt I. *adj* intégral(e) **II.** *adv* intégralement

ungelegen I. *adj* gênant(e); (*Zeitpunkt*) mal choisi(e) **II.** *adv* **jdm ~ kommen** déranger qn

ungelernt *adj* non qualifié(e)

ungelöst *adj* (*Problem*) non résolu(e); (*Fall*) non éclairci(e); (*Frage*) sans réponse

ungemein [ʊngəˈmaɪn] **I.** *adj* considérable **II.** *adv* énormément

ungemütlich I. *adj* inconfortable **II.** *adv* (*eingerichtet*) sans confort

ungenau I. *adj* imprécis(e); (*Messung*) inexact(e) **II.** *adv* avec imprécision

Ungenauigkeit <-, -en> *f Pl* (*Fehler*) **eine Arbeit voller ~en** un travail plein d'inexactitudes

ungeniert [ʊnʒeˈniːɐ̯t] **I.** *adj* désinvolte **II.** *adv* sans se gêner

ungenießbar [ʊngəˈniːsbaːɐ̯] *adj* ❶ (*Pilz*) non comestible; (*Essen*) immangeable; (*Getränk*) imbuvable ❷ *iron fam* (*Person*) invivable

ungenügend *adj* insuffisant(e)

ungenutzt I. *adj* (*Raum*) inutilisé(e); (*Gelegenheit*) qu'on a laissé passer; (*Ressourcen*) inexploité(e)

ungepflegt *adj* (*Hände, Haare*) mal soigné(e); (*Garten, Park*) mal entretenu(e)

ungerade *adj* impair(e)

ungerecht *adj a.* JUR injuste

Ungerechtigkeit <-, -en> *f* injustice *f*

ungereimt I. *adj* ❶ (*verworren*) absurde, inepte ❷ (*reimlos*) non rimé(e) **II.** *adv* **~ klingen** avoir l'air absurde

ungern *adv* ❶ (*nicht gerade gern*) **etw ~ tun** ne pas faire qc volontiers ❷ (*widerwillig*) à contrecœur

ungeschickt I. *adj* maladroit(e) **II.** *adv* **sich ~ anstellen** *fam* être empoté

ungeschliffen *adj* ❶ (*Edelstein*) brut(e) ❷ (*Benehmen, Manieren*) grossier(-ière), fruste

ungeschminkt I. *adj* ❶ non maquillé(e) ❷ (*ohne Beschönigung*) sans fard **II.** *adv* ❶ sans être maquillé ❷ (*unverblümt*) sans fard; **~ die Wahrheit sagen** dire la vérité toute nue

ungesetzlich *adj* illégal(e)

ungestört I. *adj* tranquille **II.** *adv* en paix

ungesund I. *adj* ❶ malsain(e) ❷ (*Aussehen*) maladif(-ive) **II.** *adv* **~ leben** avoir un mode de vie mauvais pour la santé

ungewissᴿᴿ *adj* ❶ (*Ausgang*) incertain(e); **es ist noch ~, ob/wie ...** on ne sait toujours pas si/comment ... ❷ (*unklar*) **jdn über etw** (*akk*) **im Ungewissen lassen** laisser qn dans l'incertitude quant à qc

Ungewissheitᴿᴿ <-, -en> *f* incertitude *f*

ungewöhnlich *adj* ❶ inhabituel(le) ❷ (*außergewöhnlich*) exceptionnel(le)

ungewohnt *adj* inhabituel(le)

ungewollt I. *adj* involontaire; **das war ~** ce n'était pas intentionnel **II.** *adv* **~ grinsen müssen** ne pas pouvoir s'empêcher de ricaner

Ungeziefer <-s> *nt* vermine *f*

ungezogen *adj* mal élevé(e); (*Benehmen*) impoli(e)

ungezwungen *adj* décontracté(e) (*fam*)

ungläubig I. *adj* ❶ incrédule ❷ (*gottlos*) **ein ~er Mensch** un incroyant **II.** *adv* d'un air incrédule

unglaublich [ʊnˈglaʊplɪç] *adj* incroyable

unglaubwürdig I. *adj* invraisemblable; **er ist ~** il n'est pas crédible **II.** *adv* **~ wirken** avoir l'air peu crédible

ungleich I. *adj* inégal(e) **II.** *adv* (*weitaus*) **~ größer** largement plus grand

ungleichmäßig *adj* ❶ (*Puls*) irrégulier(-ière) ❷ (*Verteilung*) inégal(e)

Unglück <-e> *nt* ❶ malheur *m*; (*Zugunglück*) catastrophe *f* ❷ *kein Pl* (*Pech*) malchance *f*

unglücklich I. *adj* malheureux(-euse) **II.** *adv* ❶ **~ aussehen** avoir l'air malheureux ❷ (*ungeschickt*) **~ stürzen** faire une mauvaise chute

unglücklicherweise *adv* malheureusement

ungültig *adj* ❶ (*Ausweis*) périmé(e); (*Eintrittskarte*) non valable; **~ werden** (*Ausweis*) expirer ❷ (*Wahl*) nul(le)

ungünstig I. *adj* (*Zeitpunkt*) mal choisi(e); (*Wetter*) défavorable **II.** *adv* **sich ~ auswirken** avoir un effet défavorable

unhandlich *adj* peu pratique

Unheil *nt geh* malheur *m*; **~ anrichten** *fam* (*Person*) faire un désastre

unheilbar [ʊnˈhaɪlbaːɐ̯] *adj* incurable

unheimlich I. *adj* ❶ (*Geschichte*) macabre; (*Haus*) lugubre; (*Erlebnis*) inquiétant(e) ❷ *fam* (*Zufall*) pas croyable ❸ *fam* (*Angst*) terrible; **es hat uns ~en Spaß gemacht** cela nous a énormément plu II. *adv* ❶ (*Grauen erregend*) ~ **aussehen** être à faire peur ❷ *fam* (*sehr*) vachement

unhöflich *adj* impoli(e)

uni [yˈniː] *adj inv* uni(e)

Uni <-, -s> *f fam Abk von* **Universität** fac *f*

UNICEF [ˈuːnitsɛf] <-> *f Abk von* **United Nations International Children's Emergency Fund** UNICEF *f*

Uniform [uniˈfɔrm] <-, -en> *f* uniforme *m*

uninteressant *adj* inintéressant(e)

Union [uˈnjoːn] <-, -en> *f* union *f*; **Europäische** ~ Union européenne

universell [univɛrˈzɛl] I. *adj* universel(le) II. *adv* (*begabt*) en tout

Universität [univɛrziˈtɛːt] <-, -en> *f* université *f*

Universitätsklinik *f* centre *m* hospitalo-universitaire, C.H.U. *m*

Universum [uniˈvɛrzʊm] <-s> *nt* univers *m*

unkenntlich *adj* méconnaissable; (*Kennzeichen*) indéchiffrable

Unkenntnis *f kein Pl* ignorance *f*; **aus** ~ par ignorance

unklar I. *adj* ❶ peu clair(e); (*Text*) confus(e) ❷ (*Situation*) confus(e) ▶**jdn im Unklaren lassen** laisser qn dans l'incertitude II. *adv* de manière ambiguë

Unklarheit <-, -en> *f* ❶ *kein Pl* (*Ungewissheit*) confusion *f* ❷ (*ungeklärter Tatbestand*) ambiguïté *f*

unklug *adj* imprudent(e)

unkompliziert *adj* (*Person, Fall*) simple, qui n'est pas compliqué(e)

unkontrollierbar [ˈʊnkɔntrɔliːɐ̯baːɐ̯] *adj* incontrôlable

unkonventionell I. *adj* peu conventionnel(le) II. *adv* de manière peu conventionnelle

Unkosten *Pl* frais *mpl*

Unkraut *nt* mauvaise herbe *f*

unkritisch I. *adj* qui n'est pas critique II. *adv* avec un manque de sens critique

unlauter *adj* déloyal(e)

unleserlich [ʊnˈleːzɐlɪç] I. *adj* illisible II. *adv* illisiblement

unlogisch *adj* illogique

unlösbar [ʊnˈløːsbaːɐ̯] *adj* insoluble

unmäßig I. *adj* immodéré(e); ~**es Rauchen** l'abus de tabac; ~**es Essen** l'alimentation excessive II. *adv* sans modération

Unmenge *f* **eine** ~ **von Fragen** une quantité énorme de questions; ~**n von Touristen** une foule de touristes

Unmensch *m* monstre *m*

unmenschlich [ʊnˈmɛnʃlɪç] *adj* ❶ inhumain(e) ❷ *fam* (*Schmerzen*) épouvantable

unmerklich [ʊnˈmɛrklɪç] *adj* imperceptible

unmissverständlichᴿᴿ [ˈʊnmɪsfɛɐ̯ˈʃtɛntlɪç] I. *adj* sans équivoque; (*Weigerung*) catégorique II. *adv* sans équivoque

unmittelbar I. *adj* immédiat(e) II. *adv* ~ **bevorstehen** être imminent

unmodern I. *adj* démodé(e) II. *adv* **sich** ~ **kleiden** porter des vêtements démodés

unmöglich [ʊnˈmøːklɪç] I. *adj* impossible; **es ist ihm/ihr** ~ **das zu tun** il/elle est dans l'impossibilité de faire cela II. *adv* ❶ (*keinesfalls*) **er kann** ~ **der Täter sein** il est impossible que ce soit lui le coupable ❷ *pej fam* ~ **aussehen** avoir un air pas possible

Unmöglichkeit *f kein Pl* impossibilité *f*

unmoralisch *adj* immoral(e)

unmotiviert [-viː-] I. *adj* (*Frage*) gratuit(e); (*Lachen*) immotivé(e); (*Wutanfall*) irraisonné(e) II. *adv* sans motif, sans raison

unmündig *adj* ❶ mineur(e) ❷ (*geistig unselbstständig*) irresponsable

unnachahmlich *adj* inimitable

unnachgiebig *adj* intransigeant(e)

unnahbar *adj* inaccessible

unnatürlich I. *adj* peu naturel(le); (*Bedingungen*) artificiel(le) II. *adv* de manière contrainte

unnötig *adj* superflu(e); **es ist** ~ **etw zu tun** ce n'est pas la peine de faire qc

unnütz [ˈʊnnʏts] *adj* inutile

UNO [ˈuːno] <-> *f kein Pl Abk von* **United Nations Organization** O.N.U. *f*

UNO-Friedenstruppen *Pl* casques *mp* bleus

unordentlich I. *adj* (*Person*) désordonné(e); (*Zimmer*) en désordre II. *adv* ❶ (*arbeiten*) négligemment ❷ (*unaufgeräumt*) en désordre

Unordnung *f kein Pl* désordre *m*

unparteiisch I. *adj* impartial(e) II. *adv* en toute impartialité

unpassend *adj* ❶ (*unangebracht*) déplacé(e) ❷ (*ungelegen*) mal venu(e)

unpersönlich *adj* (*Person*) froid(e); (*Art*) impersonnel(le)

unpolitisch *adj* apolitique

unpraktisch *adj* ❶ (*Methode*) pas pratique ❷ (*Person*) maladroit(e) [de ses mains]

unproblematisch I. *adj* qui ne pose aucun problème II. *adv* sans problème

unpünktlich I. *adj* ❶ ~ **sein** ne pas être ponctuel; **du bist immer** ~! tu n'es jamais à l'heure! ❷ (*verspätet*) ~ **sein** avoir du retard II. *adv* en retard

unrealistisch *adj* irréaliste

unrecht *adj* ❶ *geh* (*Weise*) injuste ❷ (*unpassend*) **das ist mir gar nicht so** ~! cela ne tombe pas si mal!

Unrecht *nt kein Pl* tort *m;* **zu** ~ à tort

unrechtmäßig *adj* illégal(e)

unregelmäßig I. *adj* irrégulier(-ière) II. *adv* ~ **konjugiert werden** avoir une conjugaison irrégulière

unrein *adj* impur(e); (*Haut*) peu sain(e)

unrichtig *adj* inexact(e)

Unruhe *f* ❶ agitation *f;* (*Sorge*) inquiétude *f* ❷ *Pl* (*Tumulte*) troubles *mpl*

unruhig I. *adj* ❶ agité(e) ❷ (*besorgt*) inquiet(-iète) ❸ (*Herzschlag*) irrégulier(-ière) II. *adv* ~ **schlafen** avoir un sommeil agité

uns [ʊns] I. *pron pers, dat von* **wir** ❶ nous; **wem hat er es gegeben?** — **Uns!** à qui l'a-t-il donné? — À nous! ❷ *refl* nous; **wir haben** ~ **gedacht, dass** nous avons pensé que II. *pron pers, akk von* **wir** ❶ nous; **er wollte** ~ **sprechen** il voulait nous parler ❷ *refl* nous; **wir haben** ~ **umgedreht** nous nous sommes retournés

unsachlich *adj* (*Person*) partial(e); (*Bemerkung*) subjectif(-ive)

unsauber I. *adj* sale II. *adv* mal

unscharf *adj* ❶ (*Umrisse*) flou(e) ❷ (*Einstellung*) imprécis(e)

unschätzbar [ʊnˈʃɛtsbaːɐ̯] *adj* (*Mitarbeiter*) très précieux(-euse); (*Wert*) inestimable

unscheinbar *adj* (*Aussehen*) insignifiant(e); (*Pflanze*) qui n'a l'air de rien

unschlagbar *adj* imbattable

unschlüssig I. *adj* indécis(e) II. *adv* d'un air indécis

unschön *adj* ❶ (*hässlich*) laid(e) ❷ (*unerfreulich*) déplaisant(e)

Unschuld *f* innocence *f*

unschuldig I. *adj* innocent(e); **an etw** (*dat*) ~ **sein** ne pas être responsable de qc II. *adv* ❶ à tort ❷ (*arglos*) d'un air innocent

unselbständigᴬᴸᵀ, **unselbstständig**ᴿᴿ *adj* ❶ dépendant(e) des autres ❷ (*Tätigkeit*) salarié(e)

unser [ˈʊnzɐ] *pron poss* ❶ notre; ~**e Eltern** nos parents; **das ist alles** ~**es** c'est tout à nous; **ist das dein Ball oder** ~**er?** est-ce ton ballon ou le nôtre? ❷ *substantivisch* **der/die/das** ~**e** le/la nôtre; **das sind die** ~**en** ce sont les nôtres

unsereiner, unsereins *pron indef fam* nous [autres]; ~ **ist immer hilfsbereit** (*wir*) nous, nous sommes toujours serviables; (*ich*) moi, je suis toujours serviable

unsererseits *adv* ❶ (*wir wiederum*) de notre côté ❷ (*was uns betrifft*) de notre part

unseresgleichen *pron inv* ❶ (*Menschen unseres Schlags*) nos semblables; **wir sind unter** ~ nous sommes entre gens du même monde ❷ (*Menschen wie wir*) **das kann sich** ~ **nicht leisten** nous autres, nous ne pouvons pas nous le permettre

unseretwegen *adv* ❶ (*wegen uns*) à cause de nous ❷ (*uns zuliebe*) pour nous ❸ (*von uns aus*) en ce qui nous concerne

unseretwillen [ˈʊnzərətˈvɪlən] *adv* **um** ~ pour nous faire plaisir

unsers *s.* **unser**

unsicher I. *adj* ❶ peu sûr(e) ❷ (*Person*) qui manque d'assurance; **jdn** ~ **machen** ébranler qn ❸ (*Zukunft*) incertain(e) ❹ (*Schritte*) mal assuré(e) II. *adv* ❶ (*sich bewegen*) en chancelant ❷ (*fragen*) d'une voix hésitante

Unsicherheit *f* ❶ *kein Pl* manque *m* d'assurance ❷ *kein Pl* (*mangelnde Verlässlichkeit*) manque *m* de fiabilité

unsichtbar *adj* invisible ▶**sich** ~ **machen** *fam* se déguiser en courant d'air

Unsinn *m kein Pl* absurdité *f*

unsinnig *adj* insensé(e)

Unsitte *f* mauvaise habitude *f*

unsittlich I. *adj* indécent(e) II. *adv* ~ **berührt werden** être victime d'attouchements

unsportlich *adj* ❶ (*Person*) pas sportif(-ive) ❷ (*Verhalten*) antisportif(-ive)

unsre *s.* **unser**

unsrerseits *s.* **unsererseits**

unsresgleichen *s.* **unseresgleichen**

U

unsrige(r, s) *pron poss geh* der/die/das ~ le/la nôtre; **die Unsrigen** les nôtres

unsterblich [ˈʊnˌʃtɛrplɪç] I. *adj* immortel(le) II. *adv fam* **sich ~ verlieben** tomber éperdument amoureux(-euse)

Unsterblichkeit *f* immortalité *f*

unstet *adj geh* instable, inconstant(e)

unstillbar *adj geh* (*Sehnsucht*) insatiable

Unstimmigkeit <-, -en> *f* ❶ (*Ungenauigkeit*) inexactitude *f* ❷ *meist Pl* (*Differenzen*) dissension *f*

unsympathisch *adj* (*Vorstellung*) désagréable; **jdm ~ sein** être antipathique à qn

untätig I. *adj* inactif(-ive) II. *adv* les bras croisés

untauglich *adj* ❶ (*Methode*) inapproprié(e) ❷ *a.* MIL (*Person*) **für etw ~ sein** être inapte à qc

unteilbar *adj* indivisible

unten [ˈʊntən] *adv* ❶ (*opp: oben*) en bas; ~ **im Koffer** au fond de la valise; **weiter ~** plus bas ❷ (*an der Unterseite*) **das Auto ist ~ durchgerostet** le dessous de la voiture est rouillé; **wo ist denn ~?** où est le bas? ❸ (*in einem unteren Stockwerk*) ~ **im Keller** en bas à la cave; **nach ~ gehen** descendre; **von ~ kommen** venir d'en bas ❹ (*nachher*) **siehe ~** voir ci-dessous

unter [ˈʊntɐ] I. *präp + dat* ❶ sous; **einen Meter ~ der Decke hängen** pendre à un mètre du plafond; **er wohnt ~ ihm** il habite au-dessous de lui ❷ (*schlechter als*) ~ **dem Durchschnitt** en dessous de la moyenne ❸ (*inmitten, zwischen*) parmi; **mitten ~ uns** parmi nous; ~ **anderem** entre autres [choses] ❹ (*untergeordnet*) **jdn ~ sich haben** avoir qn sous ses ordres; ~ **seiner Leitung** sous sa direction II. *präp + akk* sous III. *adv* ❶ (*weniger als*) **Einkommen ~ tausend Euro** des revenus de moins de mille euros; **bei ~ 25 Grad** en dessous de 25 degrés ❷ (*jünger als*) **etwas ~ dreißig sein** avoir un peu moins de trente ans

Unterarm *m* avant-bras *m*

unterbelichten* *vt* sous-exposer

unterbewusst[RR] *adj* subconscient(e)

Unterbewusstsein[RR] *nt* subconscient *m*

unterbieten* [ʊntɐˈbiːtən] *vt irr* ❶ (*billiger sein*) **jdn ~** vendre moins cher que qn ❷ (*Rekord*) battre; (*Zeit*) améliorer

unterbinden* [ʊntɐˈbɪndən] *vt irr* (*Belästi-*

gung) mettre un terme à; (*Diskussion*) couper court à

unterbrechen* [ʊntɐˈbrɛçən] *vt irr* ❶ (*Person*) couper la parole à; (*Arbeit*) interrompre ❷ (*Leitung*) couper

Unterbrechung <-, -en> *f* (*vorübergehende Aufhebung*) interruption *f*

unter|bringen *vt irr* ❶ (*Person*) loger; (*Verwaltung*) installer ❷ (*Möbel*) caser

unterderhand[ALT] [ʊntɐdeːɐˈhant] *s.* **Hand** ▶

unterdessen *adv geh* pendant ce temps[-là]

unterdrücken* [ʊntɐˈdrʏkən] *vt* (*Person*) opprimer; (*Gefühl, Unruhen*) réprimer

Unterdrückung <-, -en> *f* (*eines Volks*) oppression *f*

unterdurchschnittlich I. *adj* inférieur(e) à la moyenne II. *adv* (*verdienen*) au-dessous de la moyenne

untere(r, s) [ˈʊntərə, -rə, -rəs] *adj attr* inférieur(e); (*Wohnung*) d'en bas

untereinander *adv* ❶ (*besprechen*) entre eux/elles/nous/... ❷ (*sich helfen*) mutuellement ❸ (*stellen*) l'un(e) au-dessous de l'autre

unterentwickelt *adj* ❶ (*Organ*) atrophié(e); ~ **sein** être insuffisamment développé ❷ ÖKON sous-développé(e)

unterernährt *adj* sous-alimenté(e)

Unterführung [ʊntɐˈfyːrʊŋ] *f* passage *m* souterrain

Untergang <-gänge> *m* ❶ (*eines Schiffs*) naufrage *m* ❷ ASTRO coucher *m* ❸ (*eines Reiches*) chute *f*; (*einer Kultur*) disparition *f*

Untergebene(r) *f(m) dekl wie adj* subalterne *mf*

unter|gehen *vi irr + sein* ❶ couler ❷ ASTRO se coucher ❸ (*Kultur, Reich*) disparaître

untergeordnet *adj* ❶ (*zweitrangig*) secondaire ❷ (*subaltern*) subalterne

Untergeschoss[RR] *nt* sous-sol *m*

untergewichtig *adj* ~ **sein** avoir un poids insuffisant

untergliedern* *vt* structurer

Untergrund *m* ❶ GEO sous-sol *m* ❷ *kein Pl* POL clandestinité *f*

Untergrundbahn *f form* métropolitain *m*

unterhalb I. *präp + gen* ~ **des Dorfes** au-dessous du village II. *adv* ~ **von der Burg** au-dessous du château fort

Unterhalt <-[e]s> *m kein Pl* ~ **zahlen** verser une pension alimentaire

unterhalten*¹ [ʊntɐˈhaltən] *vt irr* ❶ (*Fami-*

lie) subvenir aux besoins de ➋ (*Kraftfahrzeug*) entretenir; (*Firma*) diriger

unterhalten² *irr* I. *vt* (*Publikum*) divertir II. *vr* ➊ (*sich vergnügen*) **sich ~** s'amuser ➋ (*sprechen*) **sich mit jdm ~** s'entretenir avec qn

unterhaltsam *adj* divertissant(e)

Unterhaltspflicht *f* obligation *f* alimentaire

Unterhaltung [ʊntɐˈhaltʊŋ] <-, -en> *f* ➊ entretien *m* ➋ *kein Pl* (*Zeitvertreib*) distraction *f*

Unterhaltungsindustrie *f* industrie *f* des loisirs

Unterhändler(in) [ˈʊntɐhɛndlɐ] *m(f)* négociateur(-trice) *m(f)*

Unterhemd *nt* (*Herrenunterhemd*) tricot *m* de corps; (*Damenunterhemd*) chemise *f* américaine

Unterhose *f* (*Boxershorts*) caleçon *m*; [*kurze*] ~[**n**] slip *m*

unterirdisch I. *adj* souterrain(e) II. *adv* sous terre

Unterkiefer *m* mâchoire *f* inférieure

unter|kommen *vi irr + sein* ➊ (*Unterkunft finden*) trouver à se loger ➋ *fam* (*Arbeit finden*) **in einer Firma ~** trouver un boulot dans une entreprise ➌ *fam* (*begegnen*) **so etwas/jemand ist mir noch nicht untergekommen** je n'ai encore jamais vu cela/quelqu'un comme ça

Unterkunft [ˈʊntɐkʊnft, *Pl:* ˈʊntɐkʏnftə] <-, -künfte> *f* gîte *m*; (*für längere Zeit*) logement *m*

Unterlage *f* ➊ support *m* ➋ *meist Pl* (*Dokument*) document *m*

unterlassen* *vt irr* ➊ (*nicht ausführen*) omettre [de faire] ➋ (*bleiben lassen*) se dispenser de

Unterlauf *m* cours *m* inférieur

unterlaufen* [ʊntɐˈlaʊfən] *irr* I. *vi + sein* échapper II. *vt + haben* (*Bestimmungen*) contourner

unter|legen¹ [ˈʊntɐleːgən] *vt* (*darunter legen*) **etw ~** mettre qc dessous; **jdm etw ~** mettre qc sous qn

unterlegen² *adj* inférieur(e)

Unterleib *m* bas-ventre *m*

unterliegen* [ʊntɐˈliːgən] *vi irr + sein* ➊ (*verlieren*) perdre ➋ (*unterworfen sein*) **der Kontrolle ~** être soumis à un contrôle; **einem Irrtum ~** être victime d'une erreur

Unterlippe *f* lèvre *f* inférieure

Untermiete *f* **in/zur ~ wohnen** sous-louer une chambre

Untermieter(in) *m(f)* sous-locataire *mf*

unternehmen* [ʊntɐˈneːmən] *vt irr* entreprendre

Unternehmen <-s, -> *nt* entreprise *f*

Unternehmer(in) <-s, -> *m(f)* entrepreneur (-euse) *m(f)*

unternehmungslustig *adj* entreprenant(e)

Unteroffizier(in) *m(f)* (*Dienstgrad*) sous-officier *m*

unter|ordnen I. *vt* ➊ (*zurückstellen*) **seine Bedürfnisse einer S.** (*dat*) **~** subordonner ses besoins à qc ➋ (*unterstellen*) **jdm/einer Institution untergeordnet sein** être soumis à qn/à une institution II. *vr* **sich jdm ~** se soumettre à qn

Unterredung [ʊntɐˈreːdʊŋ] <-, -en> *f* entrevue *f*

Unterricht [ˈʊntɐrɪçt] <-[e]s> *m* cours *m*; (*in der Grundschule*) classe *f*

unterrichten* [ʊntɐˈrɪçtən] I. *vt* ➊ enseigner ➋ *form* (*informieren*) instruire II. *vi* enseigner III. *vr* **sich über etw** (*akk*) **~** s'informer de qc

Unterrichtsfach *nt* matière *f*

Unterrock *m* combinaison *f*

untersagen* [ʊntɐˈzaːgən] *vt* interdire

unterschätzen* [ʊntɐˈʃɛtsən] *vt* sous-estimer

unterscheiden* [ʊntɐˈʃaɪdən] *irr* I. *vt* ➊ différencier ➋ (*auseinander halten*) distinguer II. *vi* **zwischen verschiedenen Dingen ~** faire la différence entre différentes choses III. *vr* **sich ~** différer

Unterscheidung *f* distinction *f*

Unterschenkel *m* jambe *f*

Unterschied [ˈʊntɐʃiːt] <-[e]s, -e> *m* ➊ différence *f* ➋ (*Unterscheidung*) distinction *f*

unterschiedlich *adj* différent(e)

unterschlagen* [ˈʊntɐʃlaːgən] *vt irr* ➊ JUR soustraire; **Geld ~** détourner de l'argent ➋ (*Informationen*) dissimuler

Unterschlagung <-, -en> *f* détournement *m*, soustraction *f*

Unterschlupf [ˈʊntɐʃlʊpf] <-[e]s, -e> *m* refuge *m*

unterschreiben* [ʊntɐˈʃraɪbən] *vt, vi irr* signer

Unterschrift *f* signature *f*

unterschwellig *adj* subliminal(e)

U

Unterseeboot *nt* sous-marin *m*

Unterseite *f* (*eines Geräts, Tellers*) dessous *m*; (*einer Decke, Matratze*) envers *m*

Unterstand *m* abri *m*

unterste(r, s) ['ʊntɐstə, -tɐ, -təs] *adj Superl von* **untere(r, s)**

unterstehen* *irr* I. *vi* jdm/einer S. ~ dépendre de qn/qc II. *vr* was ~ Sie sich? pour qui vous prenez-vous?

unterstellen*[1] *vt* **①** ihm sind vier Mitarbeiter unterstellt il a quatre collaborateurs sous ses ordres **②** (*vorwerfen*) jdm Nachlässigkeit ~ taxer qn de négligence **③** (*annehmen*) ~ wir einmal, dass supposons que + *subj*

unter|stellen² **①** *vt* (*Fahrrad*) rentrer II. *vr* sich ~ s'abriter

Unterstellung *f* allégation *f* [mensongère]

unterstreichen* [ʊntɐ'ʃtraiçən] *vt irr* souligner

Unterstufe *f* premier cycle *m*

unterstützen* [ʊntɐ'ʃtʏtsən] *vt* **①** soutenir **②** (*Projekt*) subventionner

Unterstützung *f* **①** *kein Pl* (*Hilfe*) soutien *m* **②** FIN aide *f* financière

untersuchen* [ʊntɐ'zu:xən] *vt* **①** examiner; (*Blut*) analyser **②** (*durchsuchen*) fouiller

Untersuchung <-, -en> *f* **①** MED (*eines Patienten*) examen *m* **②** (*Studie, Analyse*) étude *f* **③** (*durch die Polizei*) enquête *f*

Untersuchungsausschussᴿᴿ *m* commission *f* d'enquête **Untersuchungshaft** *f* détention *f* provisoire

Untertan(in) <-en, -en> *m(f)* sujet(te) *m(f)*

Untertasse *f* soucoupe *f*

unter|tauchen *vi* + *sein* **①** (*tauchen*) plonger **②** (*sich verstecken*) im Ausland ~ se réfugier à l'étranger **③** (*verschwinden*) in der Menge (*dat*) ~ se fondre dans la foule

Unterteil *nt o m* partie *f* inférieure, bas *m*

unterteilen* [ʊntɐ'tailən] *vt* diviser; etw noch einmal/weiter ~ [encore] subdiviser qc

Untertitel *m* sous-titre *m*

Unterwalden ['ʊntɐvaldən] <-s> *nt* l'Unterwald *m*

Unterwäsche *f* sous-vêtements *mpl*; (*Damenunterwäsche*) lingerie *f*

unterwegs [ʊntɐ've:ks] *adv* **①** ~ nach Berlin sein être en route pour Berlin **②** (*auf, während der Reise*) en cours de route

unterweisen* [ʊntɐ'vaizən] *vt irr geh* instruire

Unterwelt *f kein Pl* **①** (*Kriminellenmilieu*) pègre *f* **②** HIST enfers *mpl*

unterwerfen* [ʊntɐ'vɛrfən] *vr*, *vt* jdm [sich] ~ [se] soumettre

unterwürfig ['ʊntɐ'vʏrfɪç] *adj pej* (*Person*) obséquieux(-euse); (*Verhalten*) servile

unterzeichnen* [ʊntɐ'tsaiçnən] *vt form* signer

unterziehen*[1] ['ʊntɐtsi:ən] *irr* I. *vr* sich einer S. (*dat*) ~ se soumettre à qc; sich einer Operation ~ subir une opération II. *vr* jdn/etw einer S. (*dat*) ~ soumettre qn/qc à qc

unter|ziehen² [ʊntɐ'tsi:ən] *vt irr* [sich (*dat*)] ein T-Shirt ~ mettre un tee-shirt dessous

Untiefe *f* (*seichte Stelle*) bas-fond *m*

untragbar *adj* (*Zustand*) insupportable

untrennbar [ʊn'trɛnbaːɐ] *adj* inséparable; (*Wort*) insécable

untreu *adj* infidèle; jdm ~ sein tromper qn **Untreue** *f* infidélité *f*

untröstlich [ʊn'trøːstlɪç] *adj* **①** inconsolable **②** (*voller Bedauern*) ich bin ~, dass ich es vergessen habe je suis désolé(e) de l'avoir oublié

untrüglich *adj* qui ne trompe pas

untypisch *adj* inhabituel(le)

unüberlegt I. *adj* inconsidéré(e) II. *adv* sans réfléchir

unübersichtlich *adj* **①** (*Kurve*) sans visibilité; (*Gelände*) sans vue dégagée **②** (*nicht einschätzbar*) confus(e)

unüblich *adj* inhabituel(le)

unumgänglich *adj* inévitable

unumstritten [ʊn'ʊm'ʃtrɪtən] I. *adj* incontesté(e); es ist ~, dass ... il est incontestable que ... II. *adv* von ~ guter Qualität d'une qualité incontestable

ununterbrochen [ʊn'ʊntɐ'brɔxən] I. *adj* ininterrompu(e) II. *adv* sans arrêt

unveränderlich [ʊnfɛɐ'ʔɛndɐlɪç] *adj* invariable

unverändert [ʊnfɛɐ'ʔɛndɐt] I. *adj* **①** (*Gesundheit*) stable; (*Einsatz*) constant(e) **②** (*ohne Änderung*) intégral(e) II. *adv* toujours; morgen ist es wieder ~ kalt pas de changement pour demain, il fera froid

unverantwortlich [ʊnfɛɐ'ʔantvɔrtlɪç] I. *adv* irresponsable II. *adv* en personne irresponsable

unverbesserlich *adj* incorrigible
unverbindlich *adj* ⓵ (*Auskunft*) sans engagement ⓶ (*Art*) peu amène
unverbleit *adj* sans plomb
unverblümt *adj* direct(e), sans détour
unvereinbar *adj* incompatible; **mit etw ~ sein** être incompatible avec qc
unverfälscht [ʊnfɛɐˈfɛlʃt] *adj* non trafiqué(e)
unverfroren [ʊnfɛɐˈfroːrən] *adj* ~ **sein** être effronté
unvergesslichᴿᴿ [ʊnfɛɐˈɡɛslɪç] *adj* inoubliable
unvergleichlich [ʊnfɛɐˈɡlaiçlɪç] I. *adj* sans pareil(le) II. *adv* extrêmement
unverhältnismäßig *adv* excessivement
unverheiratet *adj* non marié(e)
unverhofft [ʊnfɛɐˈhɔft] I. *adj* inespéré(e); (*Besuch*) inattendu(e) II. *adv* (*besuchen*) à l'improviste ▸~ **kommt oft** il faut s'attendre à tout
unverkäuflich [ʊnfɛɐˈkɔyflɪç] *adj* ~es **Muster** échantillon *m* gratuit
unvermeidbar [ʊnfɛɐˈmaitbaːɐ] *adj*, **unvermeidlich** [ʊnfɛɐˈmaitlɪç] *adj* inévitable
unvernünftig I. *adj* déraisonnable; **es ist ~ etw zu tun** ce n'est pas raisonnable de faire qc II. *adv* ~ **handeln** ne pas agir en personne raisonnable
unveröffentlicht *adj* inédit(e)
unverschämt I. *adj* ⓵ impertinent(e); ~es **Benehmen** impertinence *f* ⓶ (*Frechheit*) qui dépasse les bornes; (*Preis*) exorbitant(e) II. *adv* ⓵ (*grinsen*) avec insolence ⓶ (*teuer*) ~ **teure Preise** des prix exorbitants
Unverschämtheit <-, -en> *f* (*unverschämte Art*) impertinence *f*
unverschuldet [ʊnfɛɐˈʃʊldət] *adv* sans en être responsable
unversehrt *adj* (*Person*) indemne
unversöhnlich [ʊnfɛɐˈzøːnlɪç] *adj* irréconciliable; (*Gegner*) irréductible
unverstanden *adj* incompris(e)
unverständlich *adj* incompréhensible
Unverständnis *nt* incompréhension *f*
unverträglich *adj* ⓵ (*Person*) peu sociable, insociable ⓶ (*Lebensmittel*) indigeste
unverwechselbar [ˈʊnfɛɐvɛksəlbaːɐ] *adj* unique; (*Gegenstand*) très caractéristique
unverwüstlich [ʊnfɛɐˈvyːstlɪç] *adj* très résistant(e)
unverzeihlich [ʊnfɛɐˈtsailɪç] *adj* impardonnable

unverzüglich I. *adj* immédiat(e) II. *adv* sans attendre
unvollendet *adj* inachevé(e)
unvollständig [ʊnfɔlˈʃtɛndɪç] *adj* incomplet(-ète)
unvorbereitet I. *adj* improvisé(e); (*Prüfung*) non préparé(e) II. *adv* ⓵ (*unterrichten*) sans préparation; ~ **eine Rede halten** improviser un discours ⓶ (*unerwartet*) de façon inattendue
unvoreingenommen *adj, adv* sans prévention
unvorhergesehen I. *adj* imprévu(e) II. *adv* (*passieren*) de façon imprévue; (*besuchen*) à l'improviste
unvorsichtig *adj* imprudent(e); (*Bemerkung*) inconsidéré(e)
unvorstellbar [ʊnfoːˈɐʃtɛlbaːɐ] *adj* inimaginable; **es ist ~, dass** il est inimaginable que + *subj*
unwahr *adj* contraire à la vérité, faux(fausse)
Unwahrheit *f* **die ~ sagen** mentir
unwahrscheinlich *adj* ⓵ invraisemblable; **es ist ~, dass** il est peu vraisemblable que + *subj* ⓶ *fam* (*unerhört*) incroyable
unweigerlich [ʊnˈvaigɐlɪç] *adj attr* inévitable
unwesentlich I. *adj* minime II. *adv* à peine
Unwetter *nt* tempête *f*
unwichtig *adj* insignifiant(e)
unwiderruflich [ʊnviːdɐˈruːflɪç] *adj* irrévocable
unwiderstehlich [ʊnviːdɐˈʃteːlɪç] *adj* irrésistible
unwillig I. *adj* maussade II. *adv* (*widerwillig*) à contrecœur
unwillkürlich I. *adj* involontaire II. *adv* (*lachen*) sans le faire exprès
unwirklich *adj* irréel(le)
unwirksam *adj* ⓵ inefficace ⓶ (*Vertrag*) nul(le)
unwirtlich *adj* inhospitalier(-ière)
unwirtschaftlich *adj* (*Fahrweise*) peu économique; (*Verfahren*) peu rentable
unwissend *adj* ⓵ ignorant(e) ⓶ (*ahnungslos*) ~ **sein** ne pas être au courant
Unwissenheit <-> *f* ignorance *f*
unwohl *adj* **sich ~ fühlen** (*schlecht*) ne pas se sentir bien; (*unbehaglich*) être mal à l'aise
Unwohlsein *nt* indisposition *f*
unwürdig *adj* indigne

U

unzählig [ʊnˈtsɛːlɪç] *adj* ~e Freunde d'innombrables amis

unzerbrechlich [ʊntsɛɛˈbrɛçlɪç] *adj* incassable

unzertrennlich [ʊntsɛɛˈtrɛnlɪç] *adj* inséparable

unzüchtig *adj* obscène

unzufrieden *adj* mit jdm/etw ~ sein être mécontent de qn/qc

Unzufriedenheit *f* mécontentement *m*

Unzukömmlichkeit *f* CH *s.* **Unzulänglichkeit Unzulänglichkeit** <-, -en> *f* insuffisance *f*

unzulässig *adj* inadmissible

unzumutbar *adj* (*Belastung*) intolérable

unzurechnungsfähig *adj* irresponsable

unzutreffend *adj* inexact(e)

unzuverlässig *adj* ❶ er/sie ist ~ il/elle n'est pas fiable ❷ (*Zeuge*) peu crédible

Update [ˈapdɛɪt] <-s, -s> *nt* INFORM dernière version *f*

üppig [ˈʏpɪç] *adj* ❶ (*Mahlzeit*) copieux (-euse) ❷ (*Vegetation*) luxuriant(e) ❸ (*Formen*) opulent(e)

Ural [uˈraːl] <-s> *m* der ~ l'Oural *m*

uralt *adj* ❶ (*Baum*) très vieux(vieille); (*Brauch*) très ancien(ne) ❷ *fam* (*Trick*) archiconnu(e)

Uran [uˈraːn] <-s> *nt* CHEM uranium *m*

Uraufführung *f* première représentation *f*

urban *adj geh* urbain(e)

urchig CH *s.* **urig**

Ureinwohner(in) *m(f)* aborigène *mf*

Urenkel(in) *m(f)* arrière-petit-fils *m*/arrière-petite-fille *f*

urgieren *vt* A faire avancer

Urgroßeltern *Pl* arrière-grands-parents *mpl* **Urgroßvater** *m* arrière-grand-père *m*

Urheberrecht *nt* ❶ (*eines Autors*) droit *m* d'auteur, copyright *m* ❷ (*Gesetz*) loi *f* sur la propriété littéraire et artistique

urheberrechtlich I. *adj* concernant le droit d'auteur II. *adv* ~ geschützt sein être protégé [par un copyright]

Uri [ˈuːri] <-s> *nt* l'Uri *m*

urig [ˈuːrɪç] *adj fam* ❶ (*Kauz*) folklo ❷ (*Weinkeller*) très couleur locale

Urin [uˈriːn] <-s, -e> *m* urine *f*

urinieren* *vi form* uriner

Urkunde [ˈuːɐkʊndə] <-, -n> *f* ❶ document *m* ❷ (*Ernennungsurkunde*) arrêté *m* de nomination

Urkundenfälschung *f* faux *m* en écriture

Urlaub [ˈuːɐlaʊp] <-[e]s, -e> *m* congé *m*; ~ haben être en congé

Urlauber(in) <-s, -> *m(f)* vacancier(-ère) *m(f)*

Urlaubsgeld *nt* prime *f* de vacances **Urlaubszeit** *f* (*Ferienzeit*) période *f* des vacances

Urne [ˈʊrnə] <-, -n> *f* urne *f*

urplötzlich [ˈuːɐˈplœtslɪç] I. *adj attr* (*Auftreten*) soudain(e); (*Einfall*) subit(e) II. *adv* subitement

Ursache *f* cause *f*; ~ und Wirkung la cause et l'effet ▶keine ~! [il n'y a] pas de quoi!

Ursprung <-s, Ursprünge> *m* (*einer Zivilisation*) origines *fpl*; (*eines Wortes*) origine *f*

ursprünglich [ˈuːɐʃprʏŋlɪç] I. *adj* ❶ *attr* (*Projekt*) initial(e); (*Haltung*) premier(-ière); (*Absicht*) à l'origine ❷ (*Landschaft*) à l'état sauvage II. *adv* au début

Urteil [ˈʊrtaɪl] <-s, -e> *nt* ❶ JUR ein ~ fällen rendre un jugement ❷ (*Meinung*) opinion *f*

urteilen *vi* über jdn/etw ~ juger qn/qc

Urteilsspruch *m* verdict *m* **Urteilsvermögen** *nt* [faculté *f* de] jugement *m*

Urwald *m* forêt *f* vierge **urwüchsig** [ˈuːɐvʏksɪç] *adj* primitif(-ive) **Urzeit** *f* die ~ l'ère *f* primaire

USA [uːˈʔɛsˈʔaː] *Pl Abk von* **United States of America: die** ~ les USA *mpl*

User(in) [ˈjuːsɐ] <-s, -> *m(f)* INFORM utilisateur(-trice) *m(f)*

usw. *Abk von* und so weiter etc.

Utensil [utɛnˈziːl] <-s, -ien> *nt meist Pl* ustensile *m*

Utility [juːˈtɪlɪti] <-s, -s> *nt* INFORM utilitaire *m*

Utopie [utoˈpiː] <-, -n> *f* utopie *f*

utopisch [uˈtoːpɪʃ] *adj* utopique; (*Roman*) d'anticipation

u.v.a.[m.] *Abk von* und vieles andere [mehr] etc.

V

V, v [fau] <-, -> *nt* V *m*/v *m*

Vagabund(in) [vagaˈbʊnt] <-en, -en> *m(f)* vagabond(e) *m(f)*

vage ['va:gə] *adj* vague

vaginal [vagi'na:l] *adj* vaginal(e)

Vakuum ['va:kuʊm] <-s, Vakuen> *nt a. fig* vide *m*

vakuumverpackt *adj* |conditionné(e)] sous vide

Vamp [vɛmp] <-s, -s> *m* vamp *f*

Vampir ['vampiːɐ] <-s, -e> *m* vampire *m*

Vanille [va'nɪljə] <-, -en> *f* vanille *f*

Vanilleeis *nt* glace *f* à la vanille **Vanillezucker** *m* sucre *f* vanillé

variabel [va-] *adj* variable

Variante [vari'antə] <-, -n> *f* variante *f*

Variation [varia'tsi̯oːn] <-, -en> *f* MUS variation *f*

Varieté, VarieteeRR [varie'teː] <-s, -s> *nt* ❶ (*Vorführung*) spectacle *m* de variétés ❷ (*Gebäude*) music-hall *m*

variieren* [vari'iːrən] *vi* varier

Vasall [va'zal] <-en, -en> *m* vassal *m*

Vase ['va:zə] <-, -n> *f* vase *m*

Vaseline [va-] <-> *f* vaseline *f*

Vater ['fa:tɐ, *Pl:* 'fɛ:tɐ] <-s, Väter> *m* père *m*

Vaterland *nt* patrie *f*

väterlich ['fɛ:tɐlɪç] I. *adj* paternel(le) II. *adv* comme un père

Vaterschaft <-, -en> *f* paternité *f*

Vatertag *m* fête *f* des pères **Vaterunser** <-s, -> *nt* **das/ein ~** le/un Notre Père

Vatikan [vati'ka:n] <-s> *m* **der ~** le Vatican **V-Ausschnitt** ['faʊaʊsʃnɪt] *m* encolure *f* en V

v. Chr. *Abk von* **vor Christus** av. J.-C.

Vegetarier(in) [vege'ta:riɐ] <-s, -> *m(f)* végétarien(ne) *m(f)*

vegetarisch [vege'ta:rɪʃ] *adj* végétarien(ne)

Vegetation [vegeta'tsi̯oːn] <-, -en> *f* végétation *f*

vegetativ [ve-] *adj* ❶ BIO végétatif(-ive) ❷ MED **das ~e Nervensystem** le système neurovégétatif

vegetieren* [vege'tiːrən] *vi* végéter

Veilchen ['faɪlçən] <-s, -> *nt* violette *f*

Vektor ['vɛ-] <-s, -toren> *m* MATH, PHYS vecteur *m*

Velo ['ve:lo] <-s, -s> *nt* CH vélo *m*

Vene ['ve:nə] <-, -n> *f* veine *f*

Venedig [ve'ne:dɪç] <-s> *nt* Venise *f*

Venezolaner(in) [venetso'la:nɐ] <-s, -> *m(f)* Vénézuélien(ne) *m(f)*

Venezuela [venetsu̯e:la] <-s> *nt* le Venezuela

Ventil [vɛn'ti:l] <-s, -e> *nt* ❶ (*Schlauchventil*) valve *f* ❷ AUT soupape *f* ❸ MUS piston *m*

Ventilator [vɛnti'la:toːɐ] <-s, -toren> *m* ventilateur *m*

Venus ['ve:-] <-> *f* ASTRO Vénus *f*; **die ~** la planète Vénus

verabreden* [fɛɐ'ʔapreːdən] I. *vr* **sich ~** prendre rendez-vous II. *vt* **einen Ort/Termin ~** fixer un endroit/rendez-vous; **wie verabredet** comme convenu

Verabredung <-, -en> *f* ❶ rendez-vous *m* ❷ (*Vereinbarung*) accord *m*

verabreichen* *vt form* **jdm ein Medikament ~** administrer un médicament à qn

verabscheuen* *vt* détester

verabschieden* I. *vr* **sich von jdm ~** dire au revoir à qn II. *vt* (*Gesetz*) voter; (*Haushalt*) adopter

verachten* *vt* mépriser

verächtlich [fɛɐ'ʔɛçtlɪç] I. *adj* ❶ (*Verachtung zeigend*) méprisant(e) ❷ (*zu verabscheuen*) méprisable II. *adv* avec mépris

Verachtung *f* mépris *m*

verallgemeinern* *vt, vi* généraliser

Verallgemeinerung <-, -en> *f* généralisation *f*

veralten* *vi* + *sein* vieillir

veraltet *adj* (*Ansichten*) suranné(e); (*Gerät*) dépassé(e)

Veranda [ve'randa] <-, Veranden> *f* véranda *f*

veränderlich *adj a.* METEO variable

verändern* I. *vt* changer; (*Ablauf*) modifier II. *vr* **sich ~** changer

Veränderung *f* ❶ (*Wandel*) changement *m*; (*Änderung*) modification *f* ❷ (*beruflich*) changement *m* d'emploi

verängstigen* *vt* effrayer

veranlagt *adj* **künstlerisch ~ sein** être doué pour les arts; **praktisch ~ sein** avoir le sens pratique

veranlassen* *vt* ❶ (*in die Wege leiten*) faire le nécessaire pour; **~, dass** faire en sorte que + *subj* ❷ (*dazu bringen*) **jdn dazu ~ etw zu tun** amener qn à faire qc

Veranlassung <-, -en> *f* ❶ **auf seine/ihre ~** |hin] à son instigation ❷ (*Grund*) raison *f*

veranschaulichen* *vt* **jdm etw ~** illustrer qc pour qn

veranschlagen* *vt* estimer

veranstalten* *vt* organiser

Veranstaltung <-, -en> *f* ❶ *kein Pl* (*das*

V

Durchführen) organisation *f* **②** (*Ereignis*) manifestation *f*

verantworten* I. *vt* **etw vor jdm ~** assumer la responsabilité de qc devant qn II. *vr* **sich für etw vor jdm ~** se justifier de qc auprès de qn

verantwortlich *adj* **①** **~ dafür sein, dass** être responsable du fait que ⫶ *subj* **②** (*schuldig*) **jdn für etw ~ machen** rendre qn responsable de qc

Verantwortung <-, -en> *f* responsabilité *f*

verantwortungsbewusstᴿᴿ *adj* conscient(e) de ses responsabilités **verantwortungslos** I. *adj* irresponsable II. *adv* ~ **handeln** être irresponsable |dans ses actes| **verantwortungsvoll** *adj* à responsabilité

verarbeiten* *vt* **①** (*Rohstoff*) traiter **②** (*Zement*) utiliser **③** (*Eindrücke*) assimiler; (*Scheidung*) assumer

Verarbeitung <-, -en> *f* **①** (*das Verarbeiten*) transformation *f* **②** (*Fertigungsqualität*) finition *f*

verärgern* *vt* fâcher

Verärgerung <-, -en> *f* irritation *f*

verarzten* *vt fam* soigner

verausgaben* *vr* **sich ~** (*physisch*) se donner à fond; (*finanziell*) se ruiner

veräußern* *vt form* céder

Verb [vɛrp] <-s, -en> *nt* verbe *m*

Verband <-[e]s, Verbände> *m* **①** MED bandage *m* **②** (*Bund*) association *f* **③** MIL unité *f*

Verband[s]material *nt*, **Verband[s]zeug** *nt* pansements *mpl*

verbannen* *vt geh* bannir

Verbannung <-, -en> *f* exil *m*

verbarrikadieren* [fɛɐbarika'diːrən] *vr*, *vt* |sich| ~ |se| barricader

verbergen* *vr* **sich** |**sich**| ~ |se| cacher

verbessern* I. *vt* **①** améliorer **②** (*Text*) corriger II. *vr* **①** (*besser werden*) **sich in etw** (*dat*) ~ s'améliorer dans qc **②** (*beruflich vorwärts kommen*) **sich ~** trouver une meilleure situation

Verbesserung <-, -en> *f* amélioration *f*

verbeugen* *vr* **sich ~** s'incliner

Verbeugung *f* révérence *f*

verbeulen* *vt* cabosser

verbiegen* *vr*, *vt irr* |sich| ~ |se| tordre

verbieten <verbot, verboten> *vt* interdire

verbinden* *irr* I. *vt* **①** (*Person*) faire un bandage à; (*Wunde*, *Arm*) bander **②** (*zusammenfügen*) raccorder **③** TELEC **jdn mit jdm**

~ passer qn à qn; |**Sie sind**| **falsch verbunden!** vous avez fait un faux numéro! **②** AUT **Berlin mit Bonn ~** (*Straße*) relier Berlin à Bonn **⑤** (*assoziieren*) **einen Namen mit etw ~** associer un nom à qc **⑥** (*zu sammengehörig machen*) |**miteinander**| **verbunden sein** être unis; **uns ~ gemeinsame Erinnerungen** nous sommes lié(e)s par des souvenirs communs II. *vi* **①** (*zusammenhängen*) **mit Kosten verbunden sein** impliquer des frais **②** (*Zusammengehörigkeit schaffen: Erlebnisse*) créer des liens III. *vr* **①** CHEM **sich mit etw ~** se combiner à qc **②** (*sich zusammenschließen*) **sich mit jdm/etw ~** s'associer à qn/qc

verbindlich I. *adj* sûr(e); (*Vereinbarung*) contractuel(le) II. *adv* de façon ferme

Verbindlichkeit <-> *f kein Pl* **①** (*bindende Charakter*) fiabilité *f* **②** (*entgegenkommende Art*) amabilité *f*

Verbindung *f* **①** rapport *m*; **in ~ mit etw** as socié(e) à qc **②** (*gedankliche Verknüpfung*) combinaison *f* **③** (|*persönliche*| *Beziehung*) relation *f* **④** (*Kontakt*) **sich mit jdm in ~ setzen** contacter qn; **mit jdm/etw in ~ stehen** être en relation avec qn/qc **⑤** TELEC, AUT **~ nach Paris** liaison *f* avec Paris **⑥** (*Telefongespräch*) communication *f* **⑦** CHEM composé *m*

verbissen [fɛɐ'bɪsən] I. *adj* **①** acharné(e) **②** (*Miene*) crispé(e) II. *adv* avec acharnement

Verbissenheit <-> *f* (*eines Gegners*) acharnement *m*

verbitten* *vt irr* **sich** (*dat*) **etw ~** ne pas tolérer qc

verbittern* *vt* rendre amer(amère)

verbittert *adj* aigri(e), amer(amère)

verblassen* *vi + sein* **①** (*Farbe*) passer **②** *geh* (*Eindruck*) s'estomper

verbleiben* *vi irr + sein* rester

verbleit [fɛɐ'blaɪt] *adj* contenant du plomb

verblöden* *fam* I. *vi + sein* devenir abruti(e) II. *vt + haben* abrutir

verblüffen* *vt* épater

verblüfft I. *adj* stupéfait(e) II. *adv* **~ schauen** avoir l'air stupéfait

verblühen* *vi + sein* faner

verbohrt *adj pej fam* borné(e)

verborgen* [fɛɐ'bɔrgən] *s.* **verleihen**

verbot [fɛɐ'boːt] *Imp von* **verbieten**

Verbot <-[e]s, -e> *nt* interdiction *f*

verboten [fɛɐ'boːtən] I. *PP von* **verbieten**
II. *adj* ❶ interdit(e); **es ist ~ etw zu tun** il
est interdit de faire qc ❷ *fam* (*Aussehen*) pas
possible

verbrach *Imp von* **verbrechen**

Verbrauch <-> *m* consommation *f*

verbrauchen* *vt* ❶ (*Vorräte*) consommer
❷ (*Energien, Geld*) dépenser

Verbraucher(in) <-s, -> *m(f)* consomma-
teur(-trice) *m(f)*

verbrechen <verbricht, verbrach, ver-
brochen> *vt fam* commettre

Verbrechen <-s, -> *nt* crime *m*

Verbrecher(in) <-s, -> *m(f)* criminel(le) *m(f)*

verbrecherisch *adj* criminel(le)

verbreiten* I. *vt* ❶ (*Gerücht, Krankheit*) propager; **weit verbreitet** commun(e); (*Ansicht*) [très] répandu(e) ❷ (*Entsetzen*) semer
II. *vr a.* MED **sich ~** se propager

verbreitern* *vt, vr* [**sich**] **~** [s']élargir

verbreitet *adj* répandu(e)

Verbreitung <-, -en> *f* ❶ *kein Pl* (*einer Lüge*) propagation *f* ❷ (*Vertrieb*) diffusion *f*
❸ MED, BOT (*einer Krankheit*) propagation *f*

verbrennen* *irr* I. *vt* ❶ (*Holz*) brûler; (*Müll*) incinérer ❷ *fam* (*Toten*) incinérer
II. *vr + haben* **sich ~** se brûler III. *vi + sein*
brûler

Verbrennung <-, -en> *f* ❶ *kein Pl* incinération *f* ❷ TECH combustion *f*

verbringen* *vt irr* **den Tag mit Lesen ~**
passer la journée à lire

verbrochen [fɛɐ'brɔxən] *PP von* **verbrechen**

verbrüdern* [fɛɐ'bryːdɐn] *vr* **sich ~** fraterniser

verbrühen* *vr* **sich ~** s'ébouillanter

verbuchen* *vt* COM **etw ~** enregistrer qc

verbummeln* *vt fam* ❶ **den Nachmittag ~**
passer l'après-midi à gland[ouill]er ❷ (*verlieren*) paumer

Verbund <-bunde> *m* groupement *m*

verbünden* [fɛɐ'bʏndən] *vr a.* POL **sich mit
jdm ~** s'allier à qn

Verbündete(r) *f(m)* allié(e) *m(f)*

verbürgen* *vr* **sich für jdn/etw ~** se porter
garant(e) de qn/qc

verbüßen* *vt* purger

Verdacht [fɛɐ'daxt] <-[e]s> *m* soupçon *m*
souvent pl ▶**auf ~** *fam* à tout hasard

verdächtig [fɛɐ'dɛçtɪç] I. *adj* suspect(e)
II. *adv* **im Haus ist es ~ ruhig** il règne un

silence suspect dans la maison

verdächtigen* *vt* **jdn einer S.** (*gen*) **~**
soupçonner qn de qc

verdammen* *vt* ❶ (*verfluchen*) maudire
❷ (*verurteilen*) condamner

verdammt I. *adj* ❶ *fam* (*widerwärtig*) fou-
tu(e) *antéposé* ❷ *fam* (*sehr groß*) **er hat
~es Glück gehabt!** il a eu une de ces chances! ❸ REL **~ sein** être damné II. *adv fam*
(*ärgerlich*) vachement

verdampfen* *vi + sein* s'évaporer

verdanken* *vt* ❶ **jdm/einer S. etw ~** devoir qc à qn/qc; **es ist ihm zu ~, dass ich
noch lebe** je lui suis encore en vie, c'est
grâce à lui ❷ CH *form* (*Dank aussprechen*)
jdm etw ~ remercier qn pour qc

verdarb [fɛɐ'darp] *Imp von* **verderben**

verdauen* [fɛɐ'dauən] *vt, vi a. fig* digérer

verdaulich *adj* digeste; **schwer ~** difficile à
digérer

Verdauung <-> *f* digestion *f*

Verdeck <-[e]s, -e> *nt* capote *f*

verdecken* *vt* cacher

verdeckt *adj* secret(-ète)

verdenken* *vt irr geh* **jdm etw ~** tenir rigueur à qn de qc; **das kann Ihnen keiner
~** personne ne peut vous en vouloir

verderben [fɛɐ'dɛrbən] <verdirbt, verdarb, verdorben> I. *vt + haben* ❶ (*Charakter*) corrompre ❷ (*zunichte machen*) **jdm
das Fest ~** gâcher la fête à qn ❸ (*verscher-
zen*) **es sich** (*dat*) **mit niemandem ~ wollen** vouloir ménager la chèvre et le chou
II. *vi + sein* (*Lebensmittel*) s'avarier; (*Sahne*)
tourner

verderblich *adj* périssable

verdeutlichen* *vt* clarifier

verdichten* *vr* **sich ~** ❶ (*Bewölkung*)
s'amonceler; (*Nebel*) s'épaissir ❷ (*Eindruck*)
s'accentuer

verdienen* I. *vt* ❶ gagner ❷ (*finanzieren*)
sich (*dat*) **sein Studium selbst ~** financer
ses études soi-même ❸ (*Lob*) mériter II. *vi*
❶ **gut/schlecht ~** gagner bien/mal sa vie
❷ (*Gewinn machen*) **an etw** (*dat*) **~** faire
des bénéfices sur qc

Verdienst <-[e]s, -e> *m* revenu *m*

verdient I. *adj* ❶ mérité(e) ❷ (*Person*) émérite II. *adv* **~ siegen** remporter une victoire
méritée

verdirbt [fɛɐ'dɪrpt] *3. Pers Präs von* **verderben**

V

verdoppeln* I. vt ❶ doubler ❷ (Anstrengungen) redoubler II. vr sich ~ doubler

verdorben [fɛɐ'dɔrbən] I. PP von **verderben** II. adj ❶ (Fleisch) avarié(e); (Käse) moisi(e) ❷ (moralisch) dépravé(e)

verdorren* [fɛɐ'dɔrən] vi + sein se dessécher

verdrängen* vt jdn von seinem Platz ~ prendre la place de qn

Verdrängung <-, -en> f ❶ PHYS déplacement m ❷ (das Ersetzen) remplacement m ❸ PSYCH refoulement m

verdrehen* vt ❶ (Hals) tourner; **die Augen** ~ rouler des yeux ❷ fam (Sachverhalt) déformer

verdreifachen* vt, vr [sich] ~ tripler

verdrossen [fɛɐ'drɔsən] adj renfrogné(e); (Gesicht) maussade

verdrücken* fam I. vt etw ~ s'envoyer qc II. vr sich ~ se tirer

verduften* vi + sein fam se barrer

verdunkeln* I. vt ❶ (Fenster) masquer ❷ (verdüstern) etw ~ (Wolke) obscurcir qc II. vr sich ~ (Himmel) s'assombrir

verdünnen* vt etw ~ diluer qc

verdunsten* vi + sein s'évaporer

verdursten* vi + sein mourir de soif

verdüstern* geh I. vr sich ~ (Himmel) s'obscurcir; (Miene) s'assombrir II. vt etw ~ (Wolke) obscurcir qc

verdutzt [fɛɐ'dʊtst] I. adj déconcerté(e) II. adv jdn ~ ansehen regarder qn l'air ahuri(e)

verehren* vt a. REL vénérer

Verehrer(in) <-s, -> m(f) ❶ admirateur (-trice) m(f) ❷ iron (Flirt) soupirant m

Verehrung f kein Pl (Bewunderung) admiration f

vereidigen* vt ❶ assermenter ❷ (verpflichten) jdn auf etw (akk) ~ faire prêter serment à qn sur qc

Verein [fɛɐ'ʔaɪn] <-[e]s, -e> m association f; (Sportverein) club m

vereinbar adj compatible

vereinbaren* vt convenir

Vereinbarung <-, -en> f (Abmachung) accord m; laut ~ comme convenu

vereinen* vt ❶ regrouper ❷ (vereinbaren) etw mit etw ~ können pouvoir concilier qc avec qc

vereinfachen* vt simplifier

Vereinfachung <-, -en> f simplification f

vereinheitlichen* vt uniformiser

vereinigen* I. vt (Firmen) fusionner; (Organisationen) réunir II. vr sich ~ s'associer; sich wieder ~ (Land) se réunifier ❷ (bekommen) hundert Stimmen auf sich (akk) ~ cumuler cent voix [électorales]

vereinigt adj associé(e); das wieder ~e Deutschland l'Allemagne réunifiée

Vereinigung <-, -en> f (Organisation) association f

vereinsamen* vi + sein s'isoler

vereinzelt I. adj (Rufe) sporadique; (Fälle) isolé(e) II. adv METEO ~ Schauer des averses par endroits

vereisen* vi + sein (Fahrbahn) devenir verglacé(e); (Fensterscheibe) se givrer

verenden* vi + sein être en train de crever

verengen* vr sich ~ (Gefäße) se contracter; (Straße) se rétrécir

vererben* vt ❶ JUR léguer ❷ BIO transmettre héréditairement

verewigen* I. vr sich ~ s'immortaliser II. vt perpétuer

verfahren*¹ irr I. vi + sein procéder II. vr sich ~ se tromper de route III. vt (Kraftstoff) consommer

verfahren² adj sans issue

Verfahren <-s, -> nt ❶ procédé m ❷ JUR procédure f

Verfall m kein Pl ❶ (eines Gebäudes) délabrement m; (der Kräfte) déclin m; (des Körpers) dégradation f ❷ geh (Niedergang) déclin m ❸ (das Ungültigwerden) expiration f

verfallen* vi irr + sein ❶ (Gebäude) se délabrer; (Mensch) décliner ❷ (Fahrkarte) être périmé; (Anspruch) être déchu ❸ (erliegen) jdm ~ tomber sous l'emprise de qn; dem Alkohol ~ sombrer dans l'alcool

Verfallsdatum nt date f de péremption

verfälschen* vt déformer

Verfälschung f bidonnage m

verfärben* I. vr sich ~ changer de couleur II. vt (Wäsche) déteindre sur

verfassen* vt (Artikel) rédiger; (Buch) écrire

Verfasser(in) <-s, -> m(f) auteur(-trice) m(f)

Verfassung f ❶ kein Pl (Befinden) état m ❷ POL constitution f

Verfassungsschutz m fam (Bundesamt für ~) ≈ Direction f de la sécurité du territoire

verfaulen* vi + sein ❶ (Gemüse, Obst) se gâter; (Fleisch) s'avarier ❷ (verwesen) pourrir

verfehlen* vt ❶ (*danebentreffen*) manquer ❷ (*Person, Bus*) rater ❸ (*nicht erreichen*) **das Thema** ~ s'éloigner du sujet

verfeinden* vr **sich** ~ se brouiller

verfeinern* vt améliorer

verfilmen* vt porter à l'écran

Verfilmung <-, -en> f adaptation f cinématographique

verfilzen vi + *sein* (*Wollpullover*) [se] feutrer; (*Haare*) s'emmêler

verfilzt adj fam embrouillé(e)

verfinstern* vr **sich** ~ s'obscurcir; (*Miene*) s'assombrir

Verflechtung <-, -en> f ÖKON interdépendance f

verfliegen* vi irr + *sein* s'évaporer; (*Kummer*) s'envoler

verflixt [fɛɐ'flɪkst] I. adj fam **dieser ~e Kerl!** ce con de type! II. adv fam foutrement III. interj fam ~! la vache!

verflossen [fɛɐ'flɔsən] adj geh (*Jahre*) écoulé(e)

verfluchen* vt maudire

verflucht fam I. adj (*Kerl*) sale *antéposé*; (*Auto*) foutu(e) *antéposé* II. adv vachement III. interj ~! nom d'un chien!

verflüchtigen* vr **sich** ~ s'évaporer

verflüssigen* vt liquéfier

verfolgen* vt ❶ (*nachsetzen*) **jdn** ~ poursuivre qn ❷ (*Spur*) suivre ❸ (*drangsalieren*) persécuter

Verfolgung <-, -en> f ❶ poursuite f ❷ (*Drangsalierung*) persécution f

Verfolgungswahn m délire de [la] persécution m

verformen* vt, vr [sich] ~ se déformer

verfrachten* vt fam **jdn ins Bett** ~ expédier qn au lit

verfremden* vt distancier (*pour créer l'effet de distanciation*)

verfressen* adj fam morfal(e)

verfrüht adj prématuré(e)

verfügbar adj disponible

verfügen* I. vi **über etw** (*akk*) ~ disposer de qc II. vt ~, **dass** ordonner que + *subj*

Verfügung <-, -en> f **jdm zur** ~ **stehen** être à la disposition de qn

verführen* vt ❶ **jdn zu etw** ~ entraîner qn à faire qc ❷ (*Mann, Frau*) séduire

Verführer(in) m(f) séducteur(-trice) m(f)

verführerisch adj séduisant(e)

vergammeln* fam I. vi + *sein* moisir II. vt

+ *haben* **den Tag** ~ passer la journée à glander

vergangen [fɛɐ'gaŋən] adj passé(e)

Vergangenheit <-> f passé m

Vergangenheitsbewältigung f fait d'assumer son passé m

vergänglich adj éphémère

vergasen* vt ❶ (*töten*) gazer ❷ TECH gazéifier

vergaß [fɛɐ'gaːs] Imp von **vergessen**

vergeben* irr I. vi **jdm** ~ pardonner à qn II. vt ❶ geh (*verzeihen*) **etw** ~ pardonner qc ❷ (*Auftrag*) attribuer; **Eintrittskarten zu ~ für ...** billets à donner pour ...

vergeblich I. adj vain(e) II. adv en vain

Vergebung <-, -en> f pardon m

vergegenwärtigen vr **sich** (*dat*) **etw** ~ réaliser qc

vergehen* irr I. vi + *sein* ❶ (*Zeit*) passer ❷ (*Schmerz*) disparaître; **jdm vergeht die Lust** qn [en] perd l'envie ❸ (*fast umkommen*) **vor Angst** ~ mourir de peur II. vr + *haben* **sich an jdm** ~ abuser de qn

Vergehen <-s, -> nt délit m

vergelten vt irr récompenser

vergessen [fɛɐ'gɛsən] <vergisst, vergaß, vergessen> I. vt oublier ▸**das werde ich dir/ihr nie** [*o* **nicht**] ~! je m'en souviendrai! II. vr **sich** ~ perdre son sang-froid

vergesslichRR, **vergeßlich**ALT adj étourdi(e)

vergeuden* [fɛɐ'gɔɪdən] vt gaspiller

Vergeudung <-, -en> f gaspillage m

vergewaltigen* vt violer

Vergewaltigung <-, -en> f viol m

vergewissern* vr **sich** ~, **dass ...** s'assurer que ...

vergießen* vt irr verser

vergiften* I. vt empoisonner II. vr ❶ **sich durch verdorbenen Fisch** ~ s'intoxiquer en mangeant du poisson avarié ❷ (*Selbstmord begehen*) **sich** ~ s'empoisonner

Vergiftung <-> f kein Pl empoisonnement m, intoxication f

vergilben vi + *sein* jaunir

VergissmeinnichtRR <-[e]s, -[e]> nt myosotis m

vergisstRR, **vergißt**ALT [fɛɐ'gɪst] 3. Pers Präs von **vergessen**

verglasen* vt vitrer

Vergleich [fɛɐ'glaɪç] <-[e]s, -e> m comparaison f; **im** ~ **zu den anderen** en comparaison des autres

V

vergleichbar adj comparable

vergleichen* irr I. vt comparer; **vergleiche S. 20** voir p. 20 II. vr **sich mit jdm ~** se comparer à qn

vergleichsweise adv relativement

vergnügen* [fɛɐ'gnyːɡən] I. vr **sich mit etw ~** s'amuser en faisant qc; **sich mit jdm ~** se divertir avec qn II. vt amuser

Vergnügen <-s, -> nt plaisir m; **viel ~!** amuse-toi/amusez-vous bien!; **mit ~!** avec plaisir! ▶**hinein ins ~!** fam allez, on va s'éclater!

vergnügt I. adj réjoui(e) II. adv joyeusement

Vergnügung <-, -en> f divertissement m

Vergnügungspark m parc m d'attractions

vergolden* vt dorer

vergraben* irr I. vt (Leiche) enterrer; (Schatz) enfouir II. vr (sich beschäftigen mit) **sich in etw** (akk) **~** se plonger dans qc

vergraulen* vt fam faire ficher le camp

vergreifen* vr irr **sich an jdm ~** s'en prendre à qn

vergriffen [fɛɐ'ɡrɪfən] adj épuisé(e)

vergrößern [fɛɐ'ɡrøːsən] I. vt ➊ a. PHOT agrandir ➋ (Abstand) augmenter II. vr MED **sich ~** grossir III. vi OPT **stark ~** grossir énormément

Vergrößerung <-, -en> f PHOT agrandissement m

Vergünstigung <-, -en> f ➊ avantage m ➋ (Ermäßigung) réduction f

verhaften* vt arrêter

Verhaftung <-, -en> f arrestation f

verhalten*¹ vr irr **sich ~** ➊ se comporter ➋ CHEM réagir

verhalten² adj ➊ (Fahrweise) modéré(e) ➋ (Ärger) retenu(e)

verhaltensgestört adj perturbé(e)

Verhältnis [fɛɐ'hɛltnɪs] <-ses, -se> nt ➊ **im ~ zu jdm/etw** par rapport à qn/qc ➋ (Proportion) proportion f ➌ (Beziehung) **ein gutes ~ zu jdm haben** avoir de bons rapports avec qn ➍ (Liebesverhältnis) liaison f ➎ Pl (Zustand) situation f ➏ Pl (Lebensumstand) conditions fpl ▶**er lebt über seine ~e** il vit au-dessus de ses moyens; **in keinem ~ zu etw stehen** être disproportionné à qc

verhältnismäßig adv relativement

Verhältniswahlrecht nt proportionnelle f

verhandeln* I. vi **über etw** (akk) **~** négocier qc II. vt JUR juger

Verhandlung f ➊ meist Pl négociation f ➋ JUR audience f

verhängen* vt masquer

verhängnisvoll adj fatal(e)

verharmlosen* vt minimiser

verhärten* vr sich ~ ➊ se durcir ➋ MED s'indurer

verhasstⁿⁿ adj détesté(e)

verhauen* <verhaute, verhauen> I. vt fam ➊ tabasser ➋ (Klassenarbeit) louper II. vr fam **sich um zwanzig Euro ~** se planter de vingt euros

verheerend I. adj dévastateur(-trice) II. adv affreusement

verheilen* vi + sein cicatriser

verheimlichen* vt **etw ~** cacher qc

verheiraten* vr **sich ~** se marier; **sich wieder ~** se remarier

verheiratet adj marié(e); **glücklich ~ sein** être heureux en ménage

verhelfen* vi irr **jdm zu seinem Recht ~** aider qn à obtenir son bon droit

verherrlichen* vt exalter

verhexen* vt ensorceler

verhindern* vt **~, dass** empêcher que ... [ne] + subj

verhöhnen* vt se moquer de

Verhör <-[e]s, -e> nt interrogatoire m; (eines Zeugen) audition f

verhören* I. vt interroger II. vr **sich ~** entendre de travers

verhüllen* I. vt **das Gesicht mit einem Schleier ~** se voiler le visage II. vr **sich mit etw ~** se couvrir de qc

verhungern* vi + sein mourir de faim

verhunzen* vt fam défigurer

verhüten* vt (Empfängnis) empêcher; (Schwangerschaft) éviter

Verhütungsmittel nt contraceptif m

verinnerlichen* vt assimiler

verirren* vr **sich ~** s'égarer

verjagen* vt chasser

verjähren* vi + sein se prescrire

verjüngen* I. vi rajeunir II. vt **jdn ~** [faire] rajeunir qn III. vr **sich ~** (schmaler werden) se rétrécir

verkabeln* vt câbler

verkalken* vi + sein ➊ TECH s'entartrer ➋ (Arterien) se scléroser

Verkalkung <-, -en> f ➊ TECH entartrage m ➋ MED (der Gefäße) calcification f ➌ fam (Vergreisung) ramollissement m

verkannt *adj* méconnu(e)

Verkauf *m* vente *f*

verkaufen* I. *vt* ❶ vendre; **zu ~** à vendre ❷ *fam* (*weismachen*) **jdm etw ~** faire gober qc à qn II. *vr* **sich gut/schlecht ~** (*Ware*) se vendre bien/mal; (*Person*) savoir/ne pas savoir se vendre

Verkäufer(in) *m(f)* vendeur(-euse) *m(f)*

verkäuflich *adj* **~ sein** être à vendre

Verkehr [fɛɐˈkeːɐ] <-[e]s> *m* ❶ circulation *f* ❷ (*Transportverkehr*) trafic *m* ❸ *geh* (*Geschlechtsverkehr*) rapports *mpl*

verkehren* *vi* ❶ + *haben o sein* circuler ❷ + *haben* (*Gast sein*) **bei jdm/in etw** (*dat*) **~** fréquenter qn/qc

Verkehrsampel *f* feux *mpl* de signalisation

verkehrsberuhigt *adj* à circulation réduite et vitesse limitée **verkehrsgünstig** *adj* **in ~er Lage wohnen** habiter un quartier bien desservi **Verkehrsmittel** *nt* moyen *m* de transport **Verkehrsregel** *f* règle *f* de conduite **Verkehrsschild** *nt* panneau *m* de signalisation **Verkehrsteilnehmer(in)** *m(f) form* usager(-ère) *m(f)* de la route **Verkehrszeichen** *s.* **Verkehrsschild**

verkehrt I. *adj* **der ~e Schlüssel** la mauvaise clé; **in die ~e Richtung gehen** aller dans la direction inverse II. *adv* ❶ (*erzählen*) de travers ❷ (*aufmachen*) du mauvais côté; **~ herum** à l'envers

verkennen* *vt irr* méconnaître

Verkettung <-, -en> *f* (*von Misserfolgen*) enchaînement *m*

verklagen* *vt* **jdn ~** porter plainte contre qn

verklären* I. *vr* **sich ~** ❶ (*Blick*) s'illuminer; **verklärt** radieux(-euse) ❷ (*zu schön erscheinen: Vergangenheit*) s'enjoliver II. *vt* (*Vergangenheit*)

verkleiden* *vt* ❶ (*kostümieren*) déguiser ❷ (*Heizkörper*) recouvrir; (*Wand*) revêtir

Verkleidung *f* ❶ (*Kostümierung*) déguisement *m* ❷ (*einer Wand*) revêtement *m*

verkleinern* I. *vt* ❶ rapetisser ❷ (*Format*) réduire II. *vr* **sich ~** ❶ rapetisser ❷ (*Tumor*) diminuer de volume

Verkleinerungsform *f* diminutif *m*

verklemmen* *vr* **sich ~** se coincer

verklemmt *adj* coincé(e) (*fam*)

verkneifen* *vt irr fam* **sich** (*dat*) **eine Bemerkung ~** se retenir de faire une remarque

verkniffen *pej* I. *adj* pincé(e) II. *adv* d'un air pincé

verknoten* I. *vt* nouer II. *vr* **sich ~** s'emmêler

verknüpfen* *vt* ❶ **etw mit der Bedingung ~, dass** associer qc à la condition que + *subj* ❷ INFORM **eine Datei mit einem Programm ~** associer un fichier à un programme

verkommen* *vi irr* + *sein* (*Person*) tourner mal; (*Gebäude*) se délabrer

verkörpern* *vt* incarner

verkraften* *vt* supporter

verkrampfen* *vr* **sich ~** se contracter

verkriechen* *vr irr* ❶ **sich ~** se terrer ❷ *fam* **sich unter der Decke ~** se fourrer sous les draps

verkrüppelt *adj* estropié(e)

verkünden* [fɛɐˈkʏndən] *vt* ❶ *geh* annoncer ❷ JUR prononcer

verkürzen* I. *vt* ❶ (*Schnur*) raccourcir ❷ (*Dauer*) réduire II. *vr* **sich ~** (*Abstand*) diminuer

verladen* *vt irr* charger

Verlag [fɛɐˈlaːk, *Pl:* fɛɐˈlaːɡə] <-[e]s, -e> *m* maison *f* d'édition

verlagern* *vt* ❶ déplacer ❷ (*verlegen*) **etw ins Ausland ~** transférer qc à l'étranger

verlangen* I. *vt* ❶ (*Geld*) réclamer ❷ (*erfordern*) **Mut ~** exiger du courage ▸**das ist ein bisschen viel verlangt!** c'est demander beaucoup! II. *vi geh* **nach jdm/etw ~** réclamer qn/qc

Verlangen <-s> *nt* ❶ (*Wunsch*) désir *m* ❷ (*Forderung*) exigence *f*

verlängern* [fɛɐˈlɛŋɐn] I. *vt* ❶ **etw ~** [r]allonger qc ❷ (*andauern lassen*) prolonger II. *vr* **sich ~** se prolonger

Verlängerung <-> *f kein Pl* (*einer Frist*) prolongation *f*

Verlängerungskabel *nt* rallonge *f*

verlangsamen* [fɛɐˈlaŋzaːmən] I. *vt* ❶ ralentir ❷ (*Entwicklung*) freiner II. *vr* **sich ~** se ralentir

verlassen* *irr* I. *vt* ❶ quitter ❷ (*verloren gehen*) **jdn ~** (*Hoffnung*) abandonner qn II. *vr* **sich auf jdn/etw ~** compter sur qn/qc

Verlassenschaft <-, -en> *f* A succession *f*

verlässlich[RR] *adj* (*Freund*) sur lequel on peut compter; (*Zeuge*) digne de foi

Verlauf *m* ❶ tracé *m;* (*eines Flusses*) cours *m* ❷ (*Entwicklung*) déroulement *m*

verlaufen* *irr* I. *vi* + *sein* ❶ (*sich erstrecken*) am Seeufer ~ passer au bord du lac ❷ (*ablaufen*) se dérouler II. *vr + haben* sich ~ ❶ (*sich verirren*) s'égarer ❷ (*auseinander gehen*) se disperser

verlegen*¹ *vt* ❶ (*Schlüssel*) égarer ❷ (*verschieben*) reporter ❸ (*legen*) poser ❹ (*publizieren*) éditer ❺ (*Behörde*) transférer

verlegen² *adj* embarrassé(e); ~ **werden** être gagné par l'embarras

Verlegenheit <-> *f kein Pl* (*Betretenheit*) gêne *f*

Verlegung <-> *f* ❶ (*Verschiebung*) report *m* ❷ (*das Legen*) pose *f* ❸ (*von Patienten, Behörden*) transfert *m*

Verleih <-[e]s> *m kein Pl* (*das Verleihen*) location *f*

verleihen* *vt irr* ❶ prêter; (*gegen Entgelt*) louer ❷ (*Orden*) décerner ❸ (*geben*) **jdm Kraft ~** donner de la force à qn

verleiten* *vt* inciter

verlernen* *vt* oublier

verlesen* *irr* I. *vt* (*Namen*) donner lecture de II. *vr* sich ~ se tromper en lisant

verletzbar *adj* susceptible

verletzen [fɛɐ'lɛtsən] I. *vt* ❶ blesser ❷ (*Vorschrift*) enfreindre II. *vr* sich ~ se blesser

Verletzte(r) *f(m) dekl wie adj* blessé(e) *m(f)*

Verletzung <-, -en> *f* ❶ (*Wunde*) blessure *f* ❷ *kein Pl* (*das Nichtbefolgen*) **die ~ der Bestimmungen** la violation du règlement

verleugnen* *vt* renier; **nicht ~ können, dass ...** ne [pas] pouvoir nier que ...

Verleumdung <-, -en> *f* calomnie *f*

verlieben* *vr* **sich in jdn ~** tomber amoureux(-euse) de qn

verliebt *adj* (*Person, Blick*) amoureux(-euse)

verlieren [fɛɐ'liːrən] <verlor, verloren> I. *vt* ❶ perdre ❷ (*Öl*) laisser s'échapper; **Luft ~** fuir II. *vr* sich ~ se passer III. *vi* **an Bedeutung** (*dat*) ~ perdre en signification

Verlierer(in) <-s, -> *m(f)* perdant(e) *m(f)*; (*eines Kriegs*) vaincu(e) *m(f)*

Verlies <-es, -e> *nt* oubliettes *fpl*

verloben* *vr* se fiancer

verlobt *adj* **mit jdm ~ sein** être fiancé à qn

Verlobte(r) *f(m) dekl wie adj* fiancé(e) *m(f)*

verlockend *adj* attrayant(e)

verlogen [fɛɐ'loːgən] *adj* menteur(-euse)

verlor [fɛɐ'loːɐ] *Imp von* **verlieren**

verloren [fɛɐ'loːrən] I. *PP von* **verlieren** II. *adj* perdu(e) III. *adv* ~ **gehen** se perdre

verloren|gehenᴬᴸᵀ *s.* **verloren III.**

verlosen* *vt* tirer au sort

Verlust [fɛɐ'lʊst] <-[e]s, -e> *m* perte *f*

vermachen* *vt* ❶ JUR **jdm etw ~** léguer qc à qn ❷ *fam* (*schenken*) **jdm etw ~** faire cadeau de qc à qn

vermarkten* *vt* **ein Produkt ~** commercialiser un produit

vermasseln* *vt fam* **jdm das Geschäft ~** foutre en l'air l'affaire de qn

vermehren* I. *vr* sich ~ ❶ se reproduire ❷ (*zunehmen*) augmenter II. *vt* ❶ multiplier ❷ (*Besitz*) accroître

vermeidbar *adj* évitable

vermeiden* *vt irr* éviter

vermelden* *vt* annoncer

Vermerk <-[e]s, -e> *m* note *f*

vermessen*¹ *irr* I. *vt* mesurer II. *vr* sich ~ se tromper en mesurant

vermessen² *adj geh* présomptueux(-euse)

Vermessung *f* mesurage *m*

vermieten* *vt, vi* louer

Vermieter(in) *m(f)* ❶ (*Hauswirt*) propriétaire *mf* ❷ (*Verleiher*) loueur(-euse) *m(f)*

Vermietung <-, -en> *f* location *f*

vermindern* I. *vt* réduire II. *vr* sich ~ diminuer

verminen* *vt* miner

vermissen* *vt* ❶ **ich vermisse dich** tu me manques ❷ (*als abwesend feststellen*) **vermisst werden** être porté disparu ❸ (*Schlüssel*) ne plus retrouver

vermitteln* I. *vt* ❶ (*Stelle*) fournir; (*Arbeitskräfte*) recruter ❷ (*Lehrstoff*) transmettre II. *vi* **in etw** (*dat*) ~ servir d'intermédiaire dans qc

Vermittler(in) <-s, -> *m(f)* ❶ (*Schlichter*) médiateur(-trice) *m(f)* ❷ (*Makler*) intermédiaire *mf*

Vermittlung <-> *f kein Pl* ❶ (*das Vermitteln*) **die ~ von Arbeitskräften** le placement de la main-d'œuvre ❷ (*Schlichtung*) médiation *f* ❸ TELEC (*das Schalten*) **die ~ eines Gesprächs** l'établissement *f* d'une communication

vermöbeln* *vt fam* tabasser

Vermögen <-s, -> *nt* ❶ fortune *f* ❷ *kein Pl geh* **sein ~ etw zu tun** sa capacité à faire qc

vermögend *adj geh* fortuné(e); ~ **sein** avoir des biens

vermummen* *vr* sich ~ dissimuler son visage

vermuten* [fɛɛˈmuːtən] vt **~, dass ...** supposer que ...

vermutlich adj attr probable

Vermutung <-, -en> f supposition f, présomption f

vernachlässigen* I. vt (Kind) délaisser; (Kleidung) négliger II. vr **sich ~** se laisser aller

vernageln* vt (Kiste, Sarg) clouer; **das Fenster mit Brettern ~** condamner la fenêtre en clouant des planches

vernarben* vi + sein se cicatriser

vernehmen* vt irr ❶ (Zeugen) entendre; (Beschuldigten) interroger ❷ geh (hören) percevoir ❸ geh (erfahren) apprendre

vernehmlich adj geh audible; (Stimme) clair(e)

Vernehmung <-, -en> f (eines Zeugen) audition f; (Verhör) interrogatoire m

verneigen* vr geh **sich ~** s'incliner

verneinen* vt ❶ (Frage) donner une réponse négative à ❷ (leugnen) nier

Verneinung <-, -en> f ❶ (einer Frage) réponse f négative ❷ (Leugnung) négation f

vernetzen* vt INFORM **Rechner [miteinander]** ~ mettre des ordinateurs en réseau

Vernetzung <-, -en> f ❶ INFORM mise f en réseau, interconnexion f ❷ (Verbindung) imbrication f

vernichten* [fɛɛˈnɪçtn] vt détruire; (Arbeitsplätze) supprimer

vernichtend I. adj écrasant(e) II. adv **jdn ~ schlagen** battre qn à plate[s] couture[s]

Vernichtung <-, -en> f (von Beweisen, einer Ernte) destruction f; (von Arbeitsplätzen) suppression f

Vernunft <-> f raison f

vernünftig [fɛɛˈnʏnftɪç] I. adj ❶ (Person) raisonnable ❷ (Argument) sensé(e) II. adv fam (akzeptabel) convenablement

veröffentlichen* [fɛɛˈœfntlɪçn] vt publier

Veröffentlichung <-, -en> f publication f

verordnen* vt prescrire

Verordnung <-, -en> f ❶ kein Pl (das Verschreiben) prescription f ❷ form (Verfügung) disposition f

verpachten* vt (Bauernhof) affermer; **ein Lokal ~** donner un établissement à bail

verpacken* vt emballer

Verpackungsmüll m emballages mpl usagés

verpassen* vt (Bus) rater; (Chance) laisser passer

verpatzen* vt fam gâcher

verpesten* vt polluer

verpfeifen* vt irr fam balancer

verpflegen* vr, vt [sich] ~ [se] nourrir

Verpflegung f alimentation f

verpflichten* I. vt obliger II. vi nicht zum Kauf ~ être sans obligation d'achat III. vr sich zu etw ~ s'engager à qc

Verpflichtung <-, -en> f meist Pl (Pflicht) engagement m

verpfuschen* vt a. fig fam bousiller

verplanen* vt ❶ (Summe) prévoir; (Zeit) programmer ❷ fam (ausbuchen) **verplant sein** être pris

verprassen* vt **etw ~** dilapider qc

verprügeln* vt **jdn ~** rouer qn de coups

verputzen* vt ❶ (Haus) crépir; (Wand) enduire ❷ fam (aufessen) avaler

Verrat <-[e]s> m **~ begehen** commettre une trahison

verraten <verrät, verriet, verraten> I. vt ❶ trahir ❷ iron fam (sagen) **sie hat mir nicht ~ wollen, wer ...** elle n'a pas voulu me dire qui ... II. vr **sich ~** se trahir

Verräter(in) <-s, -> m(f) traître(-esse) m(f)

verräterisch I. adj (Aussehen) qui trahit II. adv **jdm ~ zuzwinkern** faire un clin d'œil traître à qn

verrauchen* I. vi + sein (Ärger) se dissiper II. vt + haben **ein verrauchtes Lokal** un bistro[t] enfumé

verrechnen* I. vr ❶ **sich um zehn Euro ~** se tromper de dix euros en comptant ❷ (sich irren) **sich ~** faire une erreur [dans ses calculs] II. vt **die Anzahlung mit dem Gesamtbetrag ~** déduire l'acompte du montant total

Verrechnungsscheck m chèque m barré

verregnet adj très pluvieux(-euse)

verreisen* vi + sein **mit dem Zug ~** partir en voyage par le train

verrenken* [fɛɛˈrɛŋkən] vr **sich (dat) den Hals ~** se tordre le cou

verrichten* vt accomplir

verriegeln* vt verrouiller

verringern* [fɛɛˈrɪŋɐn] I. vt réduire II. vr **sich ~** ❶ diminuer ❷ (sich verschlechtern) s'amenuiser

Verrissᴿᴿ m mauvaise critique f

verrosten* vi + sein rouiller

verrotten* [fɛɛˈrɔtn] vi + sein pourrir

verrückt adj fam ❶ fou(folle); **jdn ~ ma-**

V

chen *fam* rendre qn cinglé(e); **bist du ~?** *fam* t'es malade [ou quoi]? ❷ (*Kleidung*) dingue ❸ (*versessen*) **nach jdm ~ sein** être dingue de qn; **auf etw** (*akk*)/**nach etw ~ sein** raffoler de qc ►**wie ~** *fam* comme un fou/une folle

Verrückte(r) *f(m) dekl wie adj fam* fou (folle) *m(f)*

Verruf *m* **in ~ kommen** compromettre sa réputation

verrufen *adj* mal famé(e)

Vers [fɛrs] <-es, -e> *m* ❶ vers *m* ❷ (*Bibelvers*) verset *m*

versagen* I. *vi* ❶ échouer; **aus Angst zu ~** par peur de l'échec ❷ (*Erziehung*) être un échec ❸ (*Alarmanlage*) ne pas fonctionner; **seine Stimme versagte** sa voix lui fit défaut II. *vt geh* **jdm etw ~** refuser qc à qn

Versagen <-s> *nt* ❶ échec *m* ❷ (*eines Herzens*) arrêt *m* ❸ (*Fehlverhalten*) **menschliches ~** défaillance *f* humaine

Versager(in) <-s, -> *m(f)* raté(e) *m(f)*

versalzen* *vt irr* ❶ (*Essen*) trop saler ❷ *fam* (*verderben*) **diese Freude werde ich ihm ~!** je vais lui gâcher ce plaisir!

versammeln* *vt, vr* |sich| ~ [se] rassembler

Versammlung *f* ❶ réunion *f* ❷ (*die versammelten Menschen*) assemblée *f*

Versand <-[e]s> *m* (*das Versenden*) envoi *m*

Versandhaus *nt* entreprise *f* de vente par correspondance

versauen* *vt fam* (*Boden*) dégueulasser

versäumen* *vt* ❶ (*Termin*) manquer; (*Gelegenheit*) laisser passer ❷ (*unterlassen*) |es| ~ **etw zu tun** omettre de faire qc

Versäumnis [fɛɡˈzɔʏmnɪs] <-ses, -se> *nt geh* omission *f*

verschaffen* I. *vt* **das wird dir Respekt ~** ainsi, tu te feras respecter II. *vr* **sich** (*dat*) **Geld ~** se procurer de l'argent; **sich** (*dat*) **Respekt ~** s'attirer le respect

verschämt I. *adj* gêné(e) II. *adv* timidement

verschärfen* I. *vr* **sich ~** s'aggraver II. *vt* ❶ (*Bestimmung*) renforcer; (*Strafe*) alourdir ❷ (*zuspitzen*) aggraver

verschätzen* *vr* (*sich täuschen*) **sich ~** se tromper

verschenken* *vt* (*Kleider, Geld*) donner; (*Besitz*) faire don de

verscherzen* *vr* **sich** (*dat*) **jds Freundschaft ~** perdre l'amitié de qn par sa faute

verschicken* *vt* envoyer

verschieben* *irr* I. *vt* ❶ (*verrücken*) **etw ~** déplacer qc ❷ (*verlegen*) reporter; **etw auf die nächste Woche ~** remettre qc à la semaine prochaine II. *vr* ❶ **sich auf die nächste Woche ~** être reporté à la semaine prochaine ❷ (*verrutschen*) **sich ~** glisser

Verschiebung *f* report *m*

verschieden [fɛˈʃiːdən] I. *adj* ❶ différent(e) ❷ *attr* (*einige*) **~e Leute** plusieurs personnes II. *adv* **~ breit/hoch sein** être de largeurs/hauteurs différentes

verschiedenartig *adj* de différentes sortes

verschiedentlich [fɛɡˈʃiːdɛntlɪç] *adv* à diverses reprises

verschimmeln* *vi + sein* moisir

verschlafen*¹ *irr* I. *vi* se réveiller trop tard II. *vt fam* (*vergessen*) oublier carrément

verschlafen² *adj* (*Person*) encore [tout(e)] endormi(e)

verschlagen* *vt irr* ❶ (*schlagen*) battre ❷ (*Ball*) rater

verschlampen* *vt fam* paumer

verschlechtern* I. *vt* aggraver II. *vr* **sich ~** ❶ (*Lage*) s'aggraver ❷ (*beruflich*) être bien moins loti

Verschlechterung <-, -en> *f* (*einer Lage*) aggravation *f*; (*des Wetters*) dégradation

verschleiern* [fɛɡˈʃlaɪɐn] I. *vt* ❶ *a. fig* voiler ❷ (*Sachverhalt*) dissimuler II. *vr* **sich ~** se voiler

verschleißen [fɛɡˈʃlaɪs] <verschliss, verschlissen> I. *vi + sein* s'user II. *vt, vr + haben* |sich| ~ |s'|user

verschleppen* *vt* ❶ déplacer ❷ (*Krankheit*) traîner

verschleudern* *vt* dilapider

verschließen* *irr* I. *vt* ❶ fermer [à clé] ❷ (*Flasche*) boucher II. *vr* **sich einer Überlegung ~** se fermer à une réflexion

verschlimmern* *vr, vt* |sich| ~ |s'|aggraver

verschlingen* *vt irr* dévorer

verschlissen [fɛɡˈʃlɪsən] I. *PP von* **verschleißen** II. *adj* usé(e)

verschlossen [fɛɡˈʃlɔsən] *adj* ❶ (*Person*) renfermé(e) ❷ (*unverständlich*) **jdm ~ bleiben** rester un mystère pour qn

verschlucken* I. *vt* ❶ avaler ❷ (*dämpfen*) étouffer II. *vr* **sich an etw** (*dat*) **~** avaler qc de travers

Verschlussᴿᴿ *m* (*eines Glases*) couvercle *m,* (*einer Flasche*) bouchon *m* ►**etw unter ~**

halten garder qc sous clé

verschlüsseln* *vt* coder; **das Programm verschlüsselt senden** diffuser le programme crypté

verschmelzen* *vi irr* + *sein* **mit etw ~** fondre et se mélanger à qc

verschmerzen* *vt* se consoler de

verschmitzt I. *adj* malicieux(-euse) II. *adv* **~ lächeln** arborer un sourire malicieux

verschmutzen* I. *vt* + *haben* ❶ salir ❷ (*Umwelt*) polluer II. *vi* + *sein* **schnell ~** se salir facilement

verschnaufen* *vi, vr fam* [**sich**] **~** reprendre son souffle

Verschnaufpause *f* ▶**eine ~ einlegen** souffler un peu

verschneit *adj* enneigé(e)

verschnupft *adj* ❶ enrhumé(e) ❷ *fam* (*verärgert*) en rogne

verschollen [fɛɐˈʃɔlən] *adj* |porté(e)| disparu(e)

verschonen* *vt* épargner qn/qc

verschönern* [fɛɐˈʃøːnɐn] *vt* embellir

verschränken* [fɛɐˈʃrɛŋkən] *vt* (*Arme, Beine*) croiser

verschreiben* *irr* I. *vt* **jdm etw ~** prescrire qc à qn II. *vr* ❶ (*falsch schreiben*) **sich ~** faire une faute |d'orthographe| ❷ (*sich widmen*) **sich einer S.** (*dat*) **~** se vouer à qc

verschreibungspflichtig *adj* délivré(e) sur ordonnance

verschroben *adj* extravagant(e)

verschrotten* *vt* **etw ~** mettre qc à la ferraille

verschüchtert [fɛɐˈʃʏçtɐt] *adj, adv* effarouché(e)

verschulden* I. *vt* + *haben* (*Unfall*) être responsable de II. *vi* + *sein* s'endetter III. *vr* + *haben* **sich bei jdm ~** s'endetter auprès de qn

Verschuldung <-, -en> *f* endettement *m*

verschütten* *vt* ❶ renverser ❷ (*begraben*) ensevelir

verschweigen* *vt irr* **etw ~** taire qc; **jdm etw ~** cacher qc à qn

verschwenden* *vt* ❶ Geld **~** gaspiller de l'argent ❷ *fig* **keinen einzigen Gedanken an jdn/etw ~** ne pas accorder la moindre pensée à qn/qc

verschwenderisch I. *adj* ❶ (*Person*) gaspilleur(-euse) ❷ (*Pracht*) opulent(e) II. *adv* **mit Energie ~ umgehen** gaspiller l'énergie

Verschwendung <-, -en> *f* gaspillage *m*

verschwiegen [fɛɐˈʃviːgən] *adj* discret(-ète)

Verschwiegenheit <-> *f* discrétion *f*

verschwimmen* *vi irr* + *sein* s'estomper

verschwinden* *vi irr* + *sein* ❶ disparaître ❷ (*sich davonmachen*) **rasch ~** s'esquiver

verschwitzen* *vt* ❶ **etw ~** mouiller qc de sueur ❷ *fam* (*vergessen*) **einen Termin ~** foirer un rendez-vous

verschwommen [fɛɐˈʃvɔmən] *adj* flou(e)

verschwören* *vr irr* conspirer

Verschwörer(in) <-s, -> *m(f)* conspirateur(-trice) *m(f)*

Verschwörung <-, -en> *f* conspiration *f*

versehen* *irr* I. *vt form* **jdn mit etw ~** munir qn de qc; **etw mit einem Stempel ~** apposer un tampon sur qc II. *vr* **sich mit etw ~** se munir de qc

Versehen <-s, -> *nt* méprise *f*; **aus ~** par mégarde

versehentlich [fɛɐˈzeːəntlɪç] I. *adj attr* accidentel(le) II. *adv* par erreur

versenden* *vt irr o reg* expédier

versenken* *vt* ❶ (*Schiff*) couler ❷ (*Verdeck*) escamoter

Versenkung *f* ▶**aus der ~ auftauchen** *fam* refaire surface

versetzen* I. *vt* ❶ ADMIN **jdn ~** muter qn ❷ SCHULE **jdn in die höhere Klasse ~** faire passer qn dans la classe supérieure ❸ (*Spielfigur*) déplacer ❹ (*verpfänden*) **etw ~** mettre qc en gage ❺ *fam* (*umsonst warten lassen*) **jdn ~** poser un lapin à qn ❻ (*geben*) **jdm einen Stoß ~** donner un coup à qn II. *vi geh* (*erwidern*) rétorquer III. *vr* (*sich einfühlen*) **sich in die Lage seines Freundes ~** se mettre à la place de son ami

Versetzung <-, -en> *f* ❶ ADMIN mutation *f* ❷ (*eines Schülers*) passage *m*

verseuchen* *vt* ❶ contaminer; (*Umwelt*) polluer ❷ INFORM **etw ~** (*Virus*) contaminer qc

versichern* I. *vt* ❶ **jdn/etw ~** assurer qn/qc ❷ (*beteuern*) **jdm ~, dass ...** donner l'assurance à qn que ... ❸ *geh* (*zusichern*) **jdn seiner Freundschaft ~** (*gen*) répondre de son amitié à qn II. *vr* **sich gegen etw ~** s'assurer contre qc

Versicherung *f* assurance *f*

Versicherungsgesellschaft *f* compagnie *f* d'assurances **versicherungspflichtig** *adj* obligé(e) de s'assurer

V

versiegeln* vt (Brief) cacheter; (Wohnung) sceller; (Parkett) vitrifier

versinken vi irr + sein ① im Meer ~ (Schiff) sombrer au fond de la mer; **versunken** (Schatz) englouti(e) ② (einsinken) s'enfoncer

versinnbildlichen* vt symboliser

Version [vɛr'zio:n] <-, -en> f version f

versklaven* [fɛɐ'skla:vn] vt jdn ~ réduire qn en esclavage

versnobt adj snob

versöhnen* [fɛɐ'zø:nən] vt, vr [sich] ~ [se] réconcilier

versöhnlich adj conciliant(e)

versorgen I. vt ① (Person, Tier) s'occuper de ② (versehen) jdn mit etw ~ fournir qc à qn II. vr sich mit Reiseproviant ~ faire des provisions pour le voyage

Versorgung <-> f ① (das Versorgen) sich um die ~ der Tiere/Pflanzen kümmern s'occuper des animaux/soigner les plantes ② (das Ausstatten) l'approvisionnement m

verspäten* vr sich ~ (Person) se mettre en retard; (Flugzeug) être en retard

verspätet adj, adv en retard

Verspätung <-, -en> f retard m

verspeisen* vt geh ingurgiter

versperren* vt ① (Straße) couper; (Weg) barrer ② (Aussicht) boucher

verspielen* vt ① (Geld) perdre au jeu ② (Chance) gâcher ▶bei jdm verspielt **haben** être discrédité auprès de qn

verspielt adj ① ~ sein (Kind, Hund) être joueur ② (Dekor) fantaisie inv

verspotten* vt se moquer de

versprechen* irr I. vt promettre II. vr ① (erwarten) sich [dat] von einer Reise viel ~ attendre beaucoup d'un voyage ② (sich beim Sprechen vertun) sich ~ faire un lapsus

Versprechen <-s, -> nt promesse f

verspritzen* vt ① (versprengen) Wasser ~ faire gicler de l'eau; etw über jdn/etw ~ asperger qn/qc de qc ② (Farbe, Tinte) pulvériser ③ (ausstoßen) cracher

verspüren* vt geh ressentir, éprouver

verstaatlichen* vt nationaliser

Verstand [fɛɐ'ʃtant] <-[e]s> m raison f

verstanden [fɛɐ'ʃtandən] PP von **verstehen**

verständigen* I. vt informer II. vr ① (sich verständlich machen) sich ~ se faire comprendre ② (sich einigen) sich ~ s'en-

tendre

verständlich [fɛɐ'ʃtɛntlɪç] adj ① (begreiflich) compréhensible; leicht ~ facile à comprendre ② (hörbar) intelligible

verständnislos I. adj d'incompréhension II. adv avec un air d'incompréhension

verstärken* I. vt ① (Mauer) consolider ② (vergrößern) die Belegschaft ~ renforcer les effectifs ③ MEDIA amplifier II. vr sich ~ se renforcer

Verstärker <-s, -> m amplificateur m

Verstärkung f kein Pl ① (einer Mauer) consolidation f ② (eines Teams) renforcement m ③ (der Anstrengungen) intensification f

verstauben* vi + sein se [re]couvrir de poussière; verstaubt sein être empoussiéré

verstaubt adj (Ansichten) poussiéreux (-euse)

verstauchen* vt sich [dat] etw ~ se fouler qc

Verstauchung <-, -en> f foulure f

verstauen* vt etw im Auto ~ mettre qc dans la voiture

Versteck <-[e]s, -e> nt cachette f

verstecken* I. vt cacher II. vr sich ~ se cacher

Verstecken ▶~ spielen jouer à cache-cache

versteckt adj ① (verborgen) caché(e) ② (abgelegen) très à l'écart ③ (unausgesprochen) voilé(e)

verstehen <verstand verstanden> I. vt ① (akustisch wahrnehmen) comprendre; kaum zu ~ sein être presque inintelligible ② (begreifen) comprendre; jdn richtig/falsch ~ comprendre qn bien/mal II. vr ① (auskommen) sich mit jdm ~ s'entendre avec qn ② (sich einschätzen) sich als Künstler ~ se considérer comme artiste ▶sich von selbst ~ aller de soi III. vr comprendre; verstanden? compris?

versteigern* vt vendre aux enchères

Versteigerung f vente aux enchères f

versteinern vi + sein ① GEO se fossiliser ② fig er saß mit versteinertem Gesicht da il était là, le visage pétrifié

Versteinerung <-, -en> f fossile m

verstellbar adj réglable

verstellen* I. vt ① (Höhe) régler ② (woandershin stellen) déplacer ③ (Weg) barrer ④ (Stimme) contrefaire II. vr sich ~ simuler

versteuern* *vt* payer des impôts sur

verstimmen* *vt* jdn ~ (*Person*) fâcher qn

Verstimmung *f* mauvaise humeur *f*

verstohlen I. *adj* furtif(-ive) **II.** *adv* (*winken*) en cachette

verstopft *adj* (*Rohr, Nase*) bouché(e); (*Straße*) encombré(e)

Verstopfung <-, -en> *f* MED constipation *f*

verstorben [fɛɐ'ʃtɔrbən] *adj geh* défunt(e); ~ **sein** être décédé (*form*)

Verstorbene(r) *f(m) dekl wie adj* défunt(e) *m(f)*

verstört *adj, adv* bouleversé(e)

Verstoß *m* infraction *f*

verstoßen* *irr* **I.** *vi* **gegen ein Gesetz ~** transgresser une loi; **gegen die Disziplin ~** manquer à la discipline **II.** *vt* jdn ~ rejeter qn

verstrahlen *vt* irradier

verstreichen* *irr* **I.** *vt* + *haben* **Creme ~** (*dat*) étaler de la crème **II.** *vi* + *sein* (*Ultimatum*) expirer; (*Zeit*) s'écouler; **etw ~ lassen** laisser passer qc

verstreuen* *vt* ❶ (*ausstreuen*) répandre ❷ (*achtlos hinwerfen*) **etw auf dem Boden ~** éparpiller qc par terre

verstreut [fɛɐ'ʃtrɔyt] *adj* disséminé(e)

verstricken* **I.** *vt* entraîner **II.** *vr* **sich in etw** (*akk*) ~ s'empêtrer dans qc

verströmen* *vt geh* (*Duft, Aroma*) exhaler

verstümmeln* [fɛɐ'ʃtʏməln] *vt* ❶ (*verletzen*) **jdn/sich ~** mutiler qn/se mutiler ❷ (*Text*) tronquer

Versuch [fɛɐ'zuːx] <-[e]s, -e> *m* ❶ essai *m* ❷ (*Experiment*) expérience *f*

versuchen* **I.** *vt* ❶ (*einen Versuch unternehmen*) tenter ❷ (*ausprobieren*) essayer ❸ (*Kuchen*) goûter **II.** *vr* **sich in der Malerei ~** s'essayer à faire de la peinture

Versuchskaninchen *nt fam* cobaye *m* **Versuchstier** *nt* animal *m* de laboratoire

Versuchung <-, -en> *f* tentation *f*

versunken [fɛɐ'zʊŋkən] **I.** *PP von* **versinken II.** *adj* ❶ (*Kultur*) disparu(e) ❷ (*vertieft*) **in etw** (*akk*) ~ **sein** être plongé dans qc

versüßen* *vt fig* **jdm den Abschied ~** rendre les adieux moins amers à qn

vertagen* **I.** *vt* ajourner **II.** *vr* **sich ~** ajourner sa session

vertauschen* *vt* ❶ (*verwechseln*) **etw ~** prendre qc pour le sien/la sienne ❷ (*austauschen*) échanger

verteidigen* [fɛɐ'taɪdɪgən] **I.** *vt* ❶ défendre ❷ (*Vorsprung*) maintenir **II.** *vr* **sich ~** se défendre

Verteidiger(in) <-s, -> *m(f)* ❶ JUR avocat(e) *m(f)* de la défense ❷ SPORT défenseur(-euse) *m(f)*

Verteidigung <-, -en> *f* défense *f*

Verteidigungsminister(in) *m(f)* ministre *mf* de la Défense; (*in Frankreich*) ministre de la Défense nationale **Verteidigungsministerium** *nt* ministère *m* de la Défense; (*in Frankreich*) ministère de la Défense nationale **Verteidigungspolitik** *f* politique *f* de défense

verteilen* **I.** *vt* ❶ distribuer ❷ (*platzieren*) disposer ❸ (*Blumenerde*) répandre **II.** *vr* **sich ~** se répartir

Verteilung *f* ❶ (*Austeilung*) distribution *f* ❷ (*das Ausstreuen: von Dünger*) épandage *m*

verteuern* *vr, vt* [sich] ~ augmenter

vertiefen* **I.** *vt* approfondir **II.** *vr* **sich in etw** (*akk*) ~ se plonger dans qc

Vertiefung <-, -en> *f* ❶ creux *m* ❷ (*von Kenntnissen*) approfondissement *m*

vertikal [vɛrti'kaːl] **I.** *adj* vertical(e) **II.** *adv* à la verticale

vertilgen* *vt* ❶ (*Unkraut*) détruire; (*Ungeziefer*) exterminer ❷ *fam* (*aufessen*) liquider

Vertrag [fɛɐ'traːk, *Pl*: fɛɐ'trɛːgə] <-[e]s, Verträge> *m* ❶ JUR contrat *m* ❷ POL traité *m*

vertragen* *irr* **I.** *vt* supporter **II.** *vr* (*auskommen*) **sich mit jdm ~** s'entendre avec qn

verträglich [fɛɐ'trɛːklɪç] *adj* ❶ (*umgänglich*) accommodant(e) ❷ (*Essen*) digeste

Vertragsabschluss^RR *m* signature *f* du contrat **vertragsbrüchig** *adj* qui rompt un contrat **Vertragshändler(in)** *m(f)* concessionnaire *mf* **vertragswidrig I.** *adj* non conforme aux termes du contrat **II.** *adv* contrairement au contrat

vertrauen* *vi* ❶ (*glauben*) **jdm ~** faire confiance à qn ❷ (*sich verlassen auf*) **auf etw** (*akk*) ~ se fier à qc

Vertrauen <-s> *nt* ❶ confiance *f* ❷ POL **jdm das ~ aussprechen/entziehen** accorder/retirer sa confiance à qn ▸**im ~** tout à fait confidentiellement

Vertrauensbruch *m* abus *m* de confiance **vertrauensselig** *adj* crédule **vertrauensvoll I.** *adj* basé(e) sur la confiance **II.** *adv*

V

en toute confiance **vertrauenswürdig** *adj* digne de confiance

vertraulich *adj* confidentiel(le)

verträumt *adj* ❶ (*idyllisch*) idyllique ❷ (*realitätsfern*) rêveur(-euse)

vertraut *adj* ❶ familier(-ière); (*Umgang*) intime ❷ (*bekannt*) **sich mit etw ~ machen** se familiariser avec qc

vertreiben* *vt irr* ❶ chasser ❷ (*Minderheit*) expulser

vertretbar *adj* ❶ (*Argument*) défendable; (*Haltung*) justifiable ❷ (*Zeitraum*) acceptable

vertreten* *vt irr* ❶ (*Kollegen*) remplacer ❷ (*Angeklagten*) défendre [les intérêts de] ❸ (*repräsentieren*) représenter ❹ (*verfechten*) soutenir

Vertreter(in) <-s, -> *m(f)* ❶ (*Stellvertreter*) remplaçant(e) *m(f)* ❷ (*Handelsvertreter*) représentant(e) *m(f)*

Vertretung <-, -en> *f* ❶ *kein Pl* (*das Vertreten*) remplacement *m* ❷ (*Stellvertreter*) remplaçant(e) *m(f)* ❸ (*Mission*) **diplomatische ~** représentation *f* diplomatique

Vertrieb <-[e]s> *m* COM ❶ (*das Vertreiben*) distribution *f* ❷ (*~sabteilung*) service commercial *m*

Vertriebene(r) *f(m) dekl wie adj* expatrié(e) *m(f)*

Vertriebsgesellschaft *f* société *f* de distribution **Vertriebsleitung** *f* direction *f* des ventes

vertrocknen* *vi + sein* sécher; (*Brot*) rassir; **vertrocknet** sec(sèche)

vertrösten* *vt* faire patienter

vertun* *irr* I. *vr fam* **sich ~** se gourer II. *vt* (*ungenutzt lassen*) laisser passer

vertuschen* *vt* dissimuler

verübeln* *vt* **jdm eine Bemerkung ~** en vouloir à qn d'une remarque

verüben* *vt* commettre

verunfallen* *vi + sein* CH avoir un accident

verunglücken* *vi + sein* **mit dem Auto ~** avoir un accident de voiture; **verunglückt** accidenté(e)

verunsichern* *vt* **jdn ~** (*Person*) inquiéter qn; (*Situation*) ébranler qn

verunstalten* *vt* défigurer

veruntreuen* *vt* détourner

verursachen* *vt* provoquer

Verursacher(in) <-s, -> *m(f)* responsable *mf*

verurteilen* *vt* ❶ JUR condamner ❷ (*bestim-*

men) **zum Scheitern verurteilt sein** être voué à l'échec

Verurteilung <-, -en> *f* condamnation *f*

vervielfachen* *vr, vt* [**sich**] **~** [se] multiplier

vervollkommnen* [fɛɐ'fɔlkɔmnən] I. *vt* (*Methode*) perfectionner; (*Werk*) parfaire II. *vr* **sich ~** se perfectionner

vervollständigen* *vt* compléter

verwahren* I. *vt* garder II. *vr geh* **sich gegen etw ~** s'indigner contre qc

verwahrlosen* *vi + sein* (*Person*) tomber bien bas; (*Gebäude*) se délabrer

verwalten* *vt* ❶ ADMIN administrer ❷ AGR, FIN, INFORM gérer

Verwalter(in) <-s, -> *m(f)* FIN administrateur(-trice) *m(f)*

verwandeln* *vr, vt* [**sich**] **~** [se] transformer

Verwandlung *f* métamorphose *f*

verwandt¹ [fɛɐ'vant] *adj* ❶ **mit jdm ~ sein** être parent avec qn ❷ (*artverwandt*) de la même famille ❸ *fig* (*Sprachen*) apparenté(e)

verwandt² *PP von* **verwenden**

verwandte *Imp von* **verwenden**

Verwandte(r) *f(m) dekl wie adj* parent(e) *m(f)*

Verwandtschaft <-, -en> *f* (*die Verwandten*) **die** [**nähere**] **~** les [proches] parents *mpl;* **meine ~** ma famille

verwarnen* *vt* ❶ avertir ❷ (*gebührenpflichtig*) **jdn ~** mettre une contravention à qn

Verwarnung *f* ❶ *kein Pl* (*das Verwarnen*) avertissement *m* ❷ (*Strafmandat*) **gebührenpflichtige ~** contravention *f* payable sur place

verwaschen *adj* (*Farbe*) délavé(e)

verwässern* *vt* ❶ (*Wein*) couper ❷ (*abschwächen: Gesetz*) édulcorer

verwechseln [fɛɐ'vɛksln] *vt* confondre

Verwechslung [-'vɛks-] <-, -en> *f* confusion *f*

verwegen [fɛɐ've:ɡən] *adj* audacieux(-euse)

verwehren* *vt geh* **jdm etw ~** proscrire qc à qn

verweichlichen* I. *vi + sein* s'amollir; **verweichlicht** amolli(e) II. *vt + haben* **jdn ~** amollir qn

verweigern* *vt* refuser

Verweis [fɛɐ'vaɪs] <-es, -e> *m* blâme *m*

verweisen* *irr* I. *vt* ❶ renvoyer ❷ SPORT **jdn vom Platz ~** expulser qn du terrain II. *vi* **auf etw** (*akk*) **~** renvoyer à qc

verwelken* *vi + sein* se faner

verwenden <verwendete, verwendet> *vt*

utiliser; **wieder ~** réutiliser
Verwendung <-, -en> *f* utilisation *f*, emploi *m*
verwerfen* *vt irr* rejeter
verwerflich *adj geh* blâmable
verwerten* *vt* (*Faserstoffe*) assimiler; (*Abfälle*) utiliser; **wieder ~** recycler
verwesen* [fɛɛˈveːzən] *vi + sein* se décomposer
Verwesung <-> *f* décomposition *f*
verwickeln* I. *vt* **jdn in einen Skandal ~** impliquer qn dans un scandale II. *vr* **sich in Widersprüche ~** s'emmêler dans des contradictions
verwildern* *vi + sein* ❶ (*Park*) tomber en friche ❷ (*zum Wildtier werden*) redevenir sauvage ❸ (*Umgangsformen*) se dégrader
verwinkelt *adj* (*Gebäude*) tout(e) en coins et recoins; (*Gasse*) tortueux(-euse)
verwirklichen* I. *vt* (*Traum*) réaliser; (*Gedanken*) concrétiser II. *vr* **sich ~** se réaliser
Verwirklichung <-, -en> *f* (*eines Traums*) réalisation *f*; (*einer Idee*) concrétisation *f*
verwirren* *vt* déconcerter
Verwirrung <-, -en> *f* désarroi *m*
verwischen* I. *vt* ❶ étaler ❷ (*Spur*) effacer II. *vr* **sich ~** s'estomper
Verwitterung *f* érosion *m*
verwitwet *adj* veuf(veuve)
verwöhnen* [fɛɛˈvøːnən] I. *vt* gâter II. *vr* **sich ~** s'accorder une petite gâterie
verwöhnt [fɛɛˈvøːnt] *adj* exigeant(e); (*Kind*) gâté(e)
verworren [fɛɛˈvɔrən] *adj* embrouillé(e)
verwundbar *adj* vulnérable
verwunden* *vt* blesser
verwunderlich *adj* **es ist ~, dass** il est surprenant que + *subj*
verwundern* I. *vt* étonner; **es verwundert mich, dass** je suis étonné(e) que + *subj* II. *vr* **sich über etw** (*akk*) **~** s'étonner de qc
Verwunderung <-> *f* étonnement *m*; **voller ~** avec stupéfaction
verwünschen* *vt* ❶ (*verfluchen*) maudire ❷ (*verzaubern*) **jdn/etw ~** jeter un sort à qn/ensorceler qc
verwüsten* *vt* **etw ~** (*Armee*) ravager qc; (*Sturm*) dévaster qc
Verwüstung <-, -en> *f meist Pl* ravages *mpl*
verzählen* *vr* **sich ~** se tromper en comptant

verzapfen* *vt fam* **Blödsinn ~** débiter des bêtises
verzaubern* *vt* ❶ (*verhexen*) ensorceler ❷ (*bezaubern*) envoûter
Verzehr [fɛɛˈtseːɐ̯] <-[e]s> *m form* consommation *f*
verzeichnen* *vt* répertorier
Verzeichnis <-ses, -se> *nt* INFORM répertoire *m*
verzeigen* *vt* CH porter plainte contre
verzeihen [fɛɛˈtsaɪən] <verzieh, verziehen> *vt, vi* pardonner
verzeihlich *adj* pardonnable
verzerren* I. *vt* ❶ (*Mund*) tordre; **das Gesicht vor Wut ~** grimacer de colère ❷ (*entstellen*) **jds Gesicht ~** déformer le visage de qn ❸ (*Tatsachen*) déformer; (*Wettbewerb*) fausser; **etw verzerrt wiedergeben** donner une version déformée de qc II. *vr* **sich zu einer Grimasse ~** se déformer en grimace
Verzicht <-[e]s, -e> *m* renoncement *m*
verzichten* *vi* **auf etw** (*akk*) **~** renoncer à qc
verzieh [fɛɛˈtsiː] *Imp von* **verzeihen**
verziehen*¹ [fɛɛˈtsiːən] I. *vt* ❶ *vt + haben* ❶ (*Mund*) tordre; **das Gesicht ~** faire une grimace ❷ (*Kind*) élever mal II. *vi + sein* **sie sind ins Ausland verzogen** ils sont partis à l'étranger III. *vr + haben* **sich ~** disparaître
verziehen² *PP von* **verzeihen**
verzieren* *vt* décorer
verzinsen* I. *vt* payer des intérêts sur II. *vr* **sich gut/schlecht ~** rapporter des intérêts élevés/bas
verzögern* I. *vt* retarder II. *vr* **sich um eine Stunde ~** être retardé d'une heure
Verzögerung <-, -en> *f* retard *m*
verzollen* *vt* dédouaner; **haben Sie etwas zu ~?** avez-vous quelque chose à déclarer?
Verzug <-[e]s> *m* retard *m*; **in ~ kommen** prendre du retard
verzweifeln* *vi + sein* désespérer
verzweifelt *adj* désespéré(e)
Verzweiflung <-> *f* désespoir *m*
verzweigen* *vr* **sich ~** se ramifier
verzwickt [fɛɛˈtsvɪkt] *adj fam* inextricable
Veto [ˈveːto] <-s, -s> *nt* veto *m*
Vetter [ˈfɛtɐ] <-s, -n> *m* cousin *m*
vgl. *Abk von* **vergleiche** cf.
Viadukt [via-] <-[e]s, -e> *m o nt* viaduc *m*

V

vibrieren* [vi'briːrən] *vi* vibrer

Video ['viːdeo] <-s, -s> *nt* ❶ (~*film*) [film *m*] vidéo *f*; (~*clip*) clip *m*; (~*kassette*) cassette *f* vidéo ❷ *kein Pl* (*Medium*) vidéo *f*

Videofilm *m* film *m* vidéo **Videokamera** *f* caméscope *m* **Videorecorder** <-s, -> *m* magnétoscope *m* **Videospiel** *nt* jeu *m* vidéo **Videotext** *m kein Pl* Télétex® *m* **Videothek** [video'teːk] <-, -en> *f* vidéoclub *m*

Vieh [fiː] <-[e]s> *nt* ❶ (*Rinder*) bétail *m* ❷ *fam* (*Tier*) bestiau *m*

Viehzucht *f* élevage *m*

viel [fiːl] I. <mehr, meiste> *pron indef* ❶ ~ Salz beaucoup de sel; **so ~ Arbeit** tellement de travail; **so ~ Salz wie nötig** autant de sel que nécessaire; **zu ~ Arbeit** trop de travail ❷ *substantivisch* ~es beaucoup de choses; ~es [von dem], was ... beaucoup de ce qui/que ... II. *adj* ❶ ~e Leute beaucoup de gens ❷ (*diese große Menge*) **die ~e Arbeit** tout ce travail III. <mehr, am meisten> *adv* beaucoup

vielbeschäftigtᴬᴸᵀ *s.* **beschäftigt 1.** **vieldeutig** I. *adj* ambigu(ë) II. *adv* avec ambiguïté

vielerlei ['fiːlɐlaɪ] *adj inv* ~ Sorten Käse toutes sortes de fromages

vielfach I. *adj* ❶ **die ~e Menge** une quantité bien plus grande ❷ (*Hinsicht*) multiple II. *adv* (*häufig*) très souvent **Vielfalt** <-, -en> *f* diversité *f* **vielfältig** *adj* varié(e) **Vielfraß** <-es, -e> *m* ❶ *fam* (*Mensch*) morfal(e) *m(f)* ❷ ZOOL glouton *m*

vielleicht [fiː'laɪçt] *adv* ❶ (*eventuell*) peut-être ❷ (*ungefähr*) à peu près ❸ *fam* (*etwa*) par hasard ❹ *fam* (*wirklich*) **das ist ~ schwierig!** que c'est difficile!

vielmals *adv geh* de nombreuses fois

vielmehr [fiːl'meːɐ] I. *adv* ❶ (*im Gegenteil*) au contraire ❷ (*genauer gesagt*) plutôt II. *konj* mais

vielsagendᴬᴸᵀ *s.* **sagen I.4.**

vielseitig I. *adj* ❶ (*Person*) polyvalent(e) ❷ (*Interessen*) varié(e) ❸ (*Gerät*) à fonctions multiples II. *adv* ❶ ~ interessiert sein avoir des intérêts variés ❷ (*für unterschiedliche Zwecke*) ~ verwendbar sein servir à de multiples usages

vielversprechend I. *adj* prometteur(-euse); (*Nachricht*) encourageant(e) II. *adv* **sich ~ anhören** paraître prometteur(-euse) **Vielzahl** *f kein Pl* multitude *f*

vier [fiːɐ] *num* quatre; *s. a.* **acht**¹ ►**auf allen ~en** *fam* à quatre pattes

Vier <-, -en> *f* quatre *m*; (*Schulnote*) ≈ dix *m* sur vingt

Vieraugengespräch [fiːɐ'aʊɡənɡəʃprɛːç] *nt* tête-à-tête *m* **vierbeinig** *adj* (*Tisch*) à quatre pieds; (*Tier*) quadrupède **Viereck** *nt* quadrilatère *m* **viereckig** *adj* rectangulaire **viereinhalb** *num* ~ Kilometer quatre kilomètres et demi; *s. a.* **achteinhalb**

viererlei *adj inv* ~ Sorten Käse quatre sortes de fromages; *s. a.* **achterlei**

vierfach I. *adj* **das ~e Gewicht** quatre fois le poids II. *adv* (*falten*) quatre fois; *s. a.* **achtfach vierhändig** *adj, adv* MUS à quatre mains **vierhundert** ['fiːɐ'hʊndɐt] *num* quatre cents **Vierkantschlüssel** *m* clé *f* à quatre pans **viermal** *adv* quatre fois; *s. a.* **achtmal Vierradantrieb** *m* quatre roues *fpl* motrices **vierspurig** *adj, adv* à quatre voies **vierstimmig** *adj, adv* à quatre voix

viert *adv* **zu ~ sein** être quatre; *s. a.* **acht**²

viertausend ['fiːɐ'taʊzənt] *num* quatre mille **vierte(r, s)** *adj* ❶ quatrième ❷ (*bei Datumsangaben*) **der ~ Mai** le quatre mai

viertel ['fɪrtl] *num* **ein/drei ~ Liter** un quart/trois quarts de litre; *s. a.* **achtel**

Viertel ['fɪrtl] <-s, -> *nt* ❶ *a.* MATH quart *m*; **ein ~ Wein** un quart de vin ❷ (*15 Minuten*) **es ist ~ vor elf** il est onze heures moins le quart ❸ (*Stadtbezirk*) quartier *m* **Viertelfinale** *nt* quart *m* de finale **Vierteljahr** *nt* trimestre *m* **vierteljährlich** *adj* trimestriel(le)

vierteln ['fɪrtln] *vt* couper en quatre **Viertelnote** *f* noire *f* **Viertelpause** *f* soupir *m* **Viertelstunde** *f* quart *m* d'heure

viertens *adv* quatrièmement

Viervierteltakt *m* mesure *f* à quatre temps **Vierwaldstätter See** [fiːɐ'valtʃtɛtɐ 'zeː] *m* **der ~** le lac des Quatre-Cantons

vierzehn ['fɪːɐtseːn] *num* quatorze; ~ Tage **dauern** durer quinze jours; *s. a.* **acht**¹ **vierzehntägig** ['fɪːɐtseːntɛːɡɪç] *adj* de quinze jours

Vierzeiler <-s, -> *m* quatrain *m*

vierzig ['fɪrtsɪç] *num* quarante; *s. a.* **achtzig Vierzig** ['fɪrtsɪç] <-, -en> *f* ❶ (*Zahl*) quarante *m* ❷ (*Alter*) quarantaine *f*; **auf die ~ zugehen** aller sur ses quarante ans

vierziger ['fɪrtsɪɡɐ] *adj inv* **die ~ Jahre** les années *fpl* quarante; *s. a.* **achtziger**

Vierzigerjahre ['fɪrtsɪgə-] *Pl* **die** ~ les années *fpl* quarante

vierzigste(r, s) ['fɪrtsɪgstə] *adj* quarantième; *s. a.* **achtzigste(r, s)**

Vierzigstundenwoche [fɪrtsɪç-] *f* semaine *f* de quarante heures

Vierzimmerwohnung ['fiːɛ'tsɪmɛvoːnʊŋ] *f* quatre-pièces *m*

Vietnam [viɛt'nam] <-s> *nt* le Viêt-nam

Vietnamese [viɛtna'meːzə] <-n, -n> *m*, **Vietnamesin** *f* Vietnamien(ne) *m(f)*

vietnamesisch [viɛtna'meːzɪʃ] I. *adj* vietnamien(ne) II. *adv* ~ **miteinander sprechen** discuter en vietnamien

Vietnamesisch [viɛtna'meːzɪʃ] <-[s]> *nt kein art* vietnamien *m*; *s. a.* **Deutsch**

Vikar(in) [vi-] <-s, -e> *m(f)* vicaire *m*

Villa ['vɪla] <-, Villen> *f* villa *f*

violett [vio'lɛt] *adj* violet(te)

Violine [vio'liːnə] <-, -n> *f* violon *m*

Violinkonzert [vio-] *nt* concert *m* pour violon[s] **Violinschlüssel** *m* clé *f* de sol

VIP [viː'ʔai'piː, vɪp] <-, -s> *m Abk von* **very important person** V.I.P. *mf (fam)*

Viper ['viːpɐ] <-, -n> *f* vipère *f*

Viren ['viːrən] *Pl von* **Virus**

Virensuchprogramm *nt* [programme *m*] antivirus *m*

virtuell [vɪrtu'ɛl] *adj* virtuel(le)

virtuos [vɪrtu'oːs] I. *adj geh (Musiker)* virtuose; *(Leistung, Spiel)* brillant(e) II. *adv geh* avec virtuosité

Virtuose [vɪrtu'oːzə] <-n, -n> *m*, **Virtuosin** *f* virtuose *m*

Virus ['viːrʊs] <-, Viren> *nt o m* virus *m*

Virusinfektion *f* infection *f* virale

Visa ['viːza], **Visen** ['viːzen] *Pl von* **Visum**

Visage [vi'zaːʒə] <-, -n> *f pej fam* tronche *f*

Visier [vi'ziːɐ] <-s, -e> *nt (einer Schusswaffe)* viseur *m*; *(eines Helms)* visière *f*

Vision [vi'zioːn] <-, -en> *f geh* vision *f*

Visite [vi'ziːtə] <-, -n> *f a.* MED visite *f*

Visitenkarte [vi-] *f* carte *f* de visite

visuell [vi'zuɛl] *adj geh* visuel(le)

Visum ['viːzʊm] <-s, Visa> *nt* visa *m*

vital [vi'taːl] *adj geh* ① *(Person)* plein(e) de vitalité ② *(Bedeutung)* vital(e)

Vitamin [vita'miːn] <-s, -e> *nt* vitamine *f*

Vitaminmangel *m* carence *f* en vitamines

Vitrine [vi'triːnə] <-, -n> *f* vitrine *f*

Vizepräsident(in) *m(f)* vice-président(e) *m(f)*

Vogel ['foːgəl, *Pl:* 'føːgəl] <-s, Vögel> *m* oiseau *m*

Vogelfutter *nt* graines *fpl* pour les oiseaux **Vogelkäfig** *m* cage *f* **Vogelnest** *nt* nid *m* d'oiseau **Vogelperspektive** *f* perspective *f* à vol d'oiseau; **aus der** ~ à vue d'oiseau; PHOT en plongée **Vogelscheuche** <-, -n> *f a. fig* épouvantail *m*

Vogerlsalat *m* A mâche *f*

Vogesen [vo'geːzən] <-> *Pl* **die** ~ les Vosges *fpl*

Vokabel [vo'kaːbəl] <-, -n> *f* ① mot *m* de vocabulaire ② *geh (Begriff)* terme[-clé] *m*

Vokabular [vo-] <-s, -e> *nt geh (Wortschatz)* vocabulaire *m*

Vokal [vo'kaːl] <-s, -e> *m* voyelle *f*

Volk [fɔlk, *Pl:* 'fœlkə] <-[e]s, Völker> *nt* ① *(Nation)* peuple *m* ② *kein Pl (die Menschen)* **das** ~ le peuple ►**sich unters** ~ **mischen** *fam* prendre un bain de foule

Völkermord *m* génocide *m* **Völkerrecht** *nt kein Pl* droit *m* international public **Völkerwanderung** *f* **die** ~ les grandes invasions *fpl*

Volksabstimmung *f* référendum *m* **Volksbegehren** *nt* initiative *f* populaire **Volksfest** *nt* fête *f* populaire

La **Volksfest** est une fête traditionnelle qui a lieu en plein air et souvent durant plusieurs jours. Elle propose différentes attractions comme une grande roue, des montagnes russes et des tentes sous lesquelles on peut boire de la bière. L'une des plus célèbres **Volksfeste** est la *Münchner Oktoberfest* c'est-à-dire la "Fête de la bière" à Munich.

Volkshochschule *f* université *f* populaire

La **Volkshochschule** est un centre public de formation continue en Allemagne. Les cours sont ouverts, indépendamment du statut social, à toutes les classes d'âge de la population. Les cours sont reconnus comme cours de formation professionnelle continue.

Volksinitiative CH *s.* **Volksbegehren** **Volkslied** *nt* chanson *f* populaire **Volksmehr** <-s> *nt* CH majorité *f* confédérale **Volksmund** *m* langage *m* populaire **Volksmusik** *f* musique *f* folklorique **Volksrepublik** *f* république *f* populaire **Volksschule** *f*

V

A (*Grundschule*) ≈ école f primaire **Volkstanz** m danse f folklorique

volkstümlich ['fɔlksty:mlɪç] *adj* traditionnel(le); (*Fest*) populaire

Volksvertretung f représentation f nationale **Volkswirt(in)** m(f) économiste mf **Volkswirtschaft** f (*Nationalökonomie*) économie f [nationale] **Volkszählung** f recensement m

voll [fɔl] **I.** *adj* ① plein(e); ~ **werden** se remplir ② (*bedeckt*) ~[**er**] **Schnee sein** être recouvert de neige ③ (*Jahr, Monat*) entier (-ière) ④ (*vollständig*) **die ~e Summe** la totalité de la somme ⑤ (*Gewissheit*) total(e) ⑥ *fam* (*satt*) ~ **sein** être gavé ⑦ *fam* (*betrunken*) ~ **sein** être plein **II.** *adv* ① (*ausnutzen*) pleinement; (*sperren*) totalement ② (*treffen*) très violemment ③ *fam* (*gut*) vachement; ~ **doof sein** être complètement nul

volladenᴬᴸᵀ *s.* **laden 1.**

Vollbart m barbe f

Vollbeschäftigung f kein Pl plein emploi m

Vollblüter <-s, -> m pur-sang m

Vollbremsung f freinage m brusque

vollbringen* [fɔl'brɪŋən] *vt irr geh* accomplir

vollenden* [fɔl'ʔɛndən] *vt geh* achever

vollendet [fɔl'ʔɛndət] *adj* ① (*Kunstwerk*) parfait(e) ② (*Gastgeber*) accompli(e)

vollends ['fɔlɛnts] *adv* complètement

voller *adj mit* gen **eine Schachtel ~ Kekse** une boîte pleine de petits gâteaux

Volleyball ['vɔlibal] m kein Pl volley[-ball] m

Vollgas nt ~ **geben** accélérer à fond

völlig ['fœlɪç] **I.** *adj* total(e) **II.** *adv* parfaitement

volljährig *adj* majeur(e); ~ **werden** atteindre sa majorité

Volljährigkeit <-> f majorité f

vollkommen ['fɔlkɔmən] **I.** *adj* ① parfait(e) ② (*Übereinstimmung*) total(e); (*Katastrophe*) complet(-ète) **II.** *adv* (*unmöglich*) complètement

Vollkornbrot nt pain m complet

vollmachenᴬᴸᵀ *s.* **machen I.1., I.17.**

Vollmacht <-, -en> f procuration f

Vollmilch f lait m entier

Vollmilchschokolade f chocolat m au lait

Vollmond m kein Pl pleine lune f

Vollpension f pension f complète

vollsaugenᴬᴸᵀ *s.* **saugen III.**

vollschlank *adj* rondelet(te)

vollschreibenᴬᴸᵀ *s.* **schreiben I.2.**

vollständig **I.** *adj* complet(-ète) **II.** *adv* (*besiegen*) à plate couture

Vollständigkeit <-> f intégrité f; (*von Angaben*) caractère m complet

vollstopfenᴬᴸᵀ *s.* **stopfen I.1.**

vollstrecken* [fɔl'ʃtrɛkən] *vt* exécuter

volltankenᴬᴸᵀ *vt, vi s.* **tanken II.1.**

Volltreffer m ① (*Treffer*) coup m dans le mille ② *fam* (*Erfolg*) coup m de maître

Vollversammlung f assemblée f générale

vollwertig *adj* ① (*Ernährung*) complet(-ète) ② (*Ersatz*) **kein ~er Ersatz für jdn sein** ne pas remplacer totalement qn

vollzählig **I.** *adj* complet(-ète) **II.** *adv* ~ **erschienen sein** être apparus au complet; ~ **anwesend sein** être tous présents/toutes présentes

vollziehen* [fɔl'tsi:ən] *irr* **I.** *vt geh* (*Befehl*) exécuter; (*Ehe*) consommer **II.** *vr geh* **sich ~** s'accomplir

Vollzug m kein Pl form ① (*eines Befehls*) exécution f ② (*Strafvollzug*) détention f; **offener ~** régime m de semi-liberté

Volontär(in) [vɔlɔn'tɛ:ɐ̯] <-s, -e> m(f) stagiaire mf

Volontariat [vo-] <-[e]s, -e> nt ① (*Ausbildungszeit bei einer Zeitung*) stage m de journalisme ② (*Stelle*) stage m

Volt [vɔlt] <-[e]s, -> nt volt m

Volumen [vo'lu:mən] <-s, -> nt volume m

vom [fɔm] = **von dem** *s.* **von**

von [fɔn] *präp + dat* ① (*räumlich*) ~ **der Leiter steigen** descendre de l'échelle; **das Glas vom Tisch nehmen** prendre le verre sur la table; **links ~ ihm** à gauche de lui; ~ **Paris nach Brüssel** de Paris à Bruxelles ② (*zeitlich*) **die Zeitung ~ gestern** le journal d'hier; ~ **morgen an** à partir de demain ③ (*Urheberschaft*) **ein Brief ~ den Eltern** une lettre des parents ④ (*über, wegen*) ~ **etw erzählen/träumen** raconter qc/rêver de qc ⑤ (*zur Angabe der handelnden Person*) par; ~ **allen abgelehnt werden** être refusé de tous ⑥ (*in Bezug auf*) ~ **Beruf ist sie Ärztin** elle est médecin de profession ⑦ (*als Adelsprädikat*) **der Prinz ~ Wales** le Prince de Galles ▸**etw ~ sich aus tun** faire qc de son plein gré; ~ **wegen!** *fam* des clous!

voneinander [fɔn'ʔaɪ̯'nandɐ] *adv* ~ **lernen** (*zwei Personen*) apprendre l'un(e) de l'autre; (*mehrere Personen*) apprendre les un(e)s des autres

vor [foːɐ] **I.** *präp* + *dat* ❶ (*räumlich*) ~ **mir/ dem Haus** devant moi/la maison ❷ (*zeitlich*) ~ **einer Woche** il y a une semaine; **das war schon** ~ **Jahren** ça remonte à loin ❸ (*in Bezug auf eine Reihenfolge*) ~ **dem Urlaub** avant les vacances ❹ (*bedingt durch*) ~ **Angst zittern** trembler de peur **II.** *präp* + *akk* ~ **das Haus gehen** aller devant la maison ►~ **sich hin gehen** marcher tranquillement **III.** *adv* ~ **und zurück** d'avant en arrière

vorab [foːɐˈʔap] *adv* au préalable

Vorabend *m* veille *f*

Vorahnung *f* pressentiment *m*

voran [foˈran] *adv* ❶ (*vorwärts*) en avant ❷ (*vorn befindlich*) en tête

voran|gehen *irr* **I.** *vi* + *sein* ❶ **jdm** ~ précéder qn ❷ (*Arbeit*) avancer **II.** *vi unpers* + *sein* **es geht voran** ça avance

voran|kommen *vi irr* + *sein* ❶ (*vorwärts kommen*) progresser ❷ (*Fortschritte machen*) avancer

Vorarbeiter(in) *m(f)* contremaître(-esse) *m(f)*

Vorarlberg [ˈfoːɐʔarlbɛrk] <-s> le Vorarlberg

voraus [foˈraʊs, *aber:* ɪm ˈfoːraʊs] *adv* devant ►**jdm** ~ **sein** avoir de l'avance sur qn; **im Voraus** (*bezahlen*) d'avance; (*wissen*) à l'avance

voraus|sagen *vt* prédire

vorausschauend I. *adj* prévoyant(e) **II.** *adv* en anticipant

voraus|sehen *vt irr* prévoir; **nicht vorauszusehen sein** être imprévisible

voraus|setzen *vt* ❶ **etw als selbstverständlich** ~ considérer qc comme une évidence; **vorausgesetzt, dass** à supposer que + *subj* ❷ (*erfordern*) **Geduld** ~ supposer de la patience

Voraussetzung <-, -en> *f* ❶ (*Vorbedingung*) condition *f* préalable; **unter der** ~, **dass** à condition que + *subj* ❷ (*Prämisse*) hypothèse *f*

voraussichtlich I. *adj* prévu(e) **II.** *adv* probablement

Vorbau <-bauten> *m* avancée *f*

Vorbehalt [ˈfoːɐbəhalt] <-[e]s, -e> *m* réserve *f*; **unter** ~ sous réserve

vorbei [foːɐˈbaɪ] *adv* ❶ (*räumlich*) **an jdm/ etw** ~ à côté de qn/le long de qc ❷ (*zeitlich*) ~ **sein** être fini

vorbei|fahren *irr vi* + *sein* ❶ (*vorüberfahren*) passer; **im Vorbeifahren** en passant [devant] ❷ (*aufsuchen*) **bei jdm** ~ passer chez qn

vorbei|gehen *vi irr* + *sein* ❶ (*vorübergehen*) **an jdm/etw** ~ passer devant qn/qc ❷ *fam* (*aufsuchen*) **bei jdm** ~ passer chez qn

vorbei|kommen *vi irr* + *sein* ❶ *fam* (*kurz besuchen*) passer ❷ (*vorbeigehen können*) **kommst du hier vorbei?** tu peux passer?

vorbei|lassen *vt irr* laisser passer

vorbei|marschieren *vi* + *sein* MIL défiler

vorbei|reden *vi* **aneinander** ~ avoir un dialogue de sourds

vorbei|ziehen *vi irr* + *sein* ❶ (*vorüberziehen*) défiler ❷ (*überholen*) **an jdm** ~ (*Fahrzeug*) doubler qn

vorbelastet *adj* ~ **sein** être désavantagé

vor|bereiten* *vr, vt* [**sich**] ~ [se] préparer

Vorbereitung <-, -en> *f* préparation *f*

vor|bestellen* *vt* réserver

Vorbestellung *f* réservation *f*

vorbestraft *adj* ayant des antécédents judiciaires

vor|beugen I. *vi* ❶ MED prévenir le mal ❷ (*unterbinden*) **einer S.** (*dat*) ~ prévenir qc ❷. *vt* **sich** ~ se pencher en avant

vorbeugend *adj* préventif(-ive)

Vorbild *nt* modèle *m*

vorbildlich *adj* modèle; (*Verhalten*) exemplaire

vor|bringen *vt irr* (*Fakten*) présenter; (*Frage*) formuler

vordere(r, s) [ˈfɔrdərə, -rɐ, -rəs] *adj* de devant; **der** ~ **Teil** la partie avant

Vordergrund *m* **im** ~ au premier plan ►**im** ~ **stehen** occuper le devant de la scène

Vordermann <-männer> *m* **mein** ~ mon voisin de devant **Vorderpfote** *f* patte avant *f* **Vorderrad** *nt* roue *f* avant **Vordersitz** *m* siège *m* avant

vorderste(r, s) *adj Superl von* **vordere(r, s)** le plus avancé/la plus avancée; **der** ~ **Platz** la toute première place

Vorderteil *m o nt* devant *m*

vor|drängen *vr* **sich** ~ ❶ passer devant ❷ *fig* se mettre en avant

vor|dringen *vi irr* + *sein* ❶ gagner du terrain ❷ (*gelangen*) **bis zu jdm** ~ arriver jusqu'à qn

voreilig *adj* (*Entschluss, Urteil*) hâtif(-ive), précipité(e)

V

voreinander [foːeʔaɾˈnandə] *adv* ~ **Angst haben** (*zwei Personen*) avoir peur l'un/l'une de l'autre; (*zwei Gruppen*) avoir peur les uns/les unes des autres

Vorentscheidung *f* **①** décision *f* préliminaire **②** SPORT **die ~ war gefallen** la partie était jouée d'avance

vorerst [ˈfoːeʔeːəst] *adv* dans un premier temps

Vorfahr(in) <-en, -en> *m(f)* ancêtre *mf*

vor|fahren *irr* **I.** *vi* + *sein* **①** se présenter; **mit einem Taxi ~** arriver en taxi **②** (*weiterfahren*) **etwas ~** avancer un peu **II.** *vt* + *haben* avancer

Vorfahrt *f* priorité *f*

Vorfahrtsstraße *f* route *f* prioritaire

vor|finden *vt irr* trouver

Vorfreude *f* **seine ~ auf die Party** sa joie à la perspective de la fête

vor|führen *vt* **①** (*Film*) projeter; (*Modell*) présenter **②** (*Häftling*) amener

Vorführung *f* (*eines Films*) projection *f*; (*von Kleidern*) présentation *f*

Vorgänger(in) [ˈfoːɐɡɛŋe] <-s, -> *m(f)* prédécesseur *m*

vor|geben *vt irr* **①** (*vorschützen*) prétexter **②** *fam* (*nach vorn geben*) **etw ~** faire passer qc [devant]

vorgefasst[RR], **vorgefaßt**[ALT] *adj* **eine ~e Meinung** une opinion toute faite

vor|gehen *vi irr* + *sein* **①** (*vorausgehen*) partir devant **②** (*zu schnell gehen*) **fünf Minuten ~** avancer de cinq minutes **③** (*Priorität haben*) passer avant **④** (*vorrücken*) **gegen jdn/etw ~** (*Polizei*) avancer sur qn/qc

Vorgehen *nt* **①** (*Einschreiten*) intervention *f* **②** (*Verfahrensweise*) manière d'agir *f*

Vorgeschichte *f* **①** antécédents *mpl* **②** *kein Pl* (*Prähistorie*) préhistoire *f*

vorgeschichtlich *adj* préhistorique

Vorgeschmack *m* ▸**einen kleinen ~ von etw bekommen** avoir un petit avant-goût de qc

Vorgesetzte(r) *f(m) dekl wie adj* supérieur(e) *m(f)* [hiérarchique]

vorgestern *adv* avant-hier; **~ Abend** avant-hier soir; **~ Nacht** dans la nuit d'avant-hier

vor|greifen *vi irr* **jdm ~** devancer qn; **dem Ergebnis ~** anticiper sur le résultat

vor|haben *vt irr* ~ **zu verreisen** avoir l'intention de partir en voyage; **ich habe morgen Abend schon etwas vor** j'ai déjà prévu quelque chose pour demain soir

Vorhaben <-s, -> *nt* projet *m*

vorhanden [foːeˈhandən] *adj* **①** (*verfügbar*) disponible **②** (*existierend*) existant(e)

Vorhang <-s, Vorhänge> *m* rideau *m*

Vorhängeschloss[RR] *nt* cadenas *m*

vorher [ˈfoːehɐ] *adv* auparavant; **kurz ~** peu de temps avant

vorher|bestimmen* *vt* **etw ~** déterminer qc à l'avance

vorhergehend *adj* précédent(e)

vor|herrschen *vi* (*Meinung*) prévaloir; (*Steppe*) être prédominant

vorherrschend I. *adj* dominant(e) **II.** *adv* **morgen ~ Regen** demain prédominance des pluies

Vorhersage *f* **①** METEO prévisions *fpl* [météo] **②** (*Voraussage*) prédiction *f*

vorher|sehen *vt irr* prévoir

vorhin [foːeˈhɪn] *adv* à l'instant; **Stefan hat ~ angerufen** Stefan vient d'appeler

Vorhof *m* **①** ARCHIT avant-cour *f* **②** ANAT (*des Herzens*) oreillette *f*

vorig *adj attr* **①** (*Jahr*) dernier(-ière); (*Mal*) dernier(-ière) *antéposé* **②** (*Wohnsitz*) précédent(e)

Vorjahr *nt* année *f* dernière

Vorkehrung <-, -en> *f* mesure *f* [préventive]

Vorkenntnis *f meist Pl* connaissance *f* préalable

vor|kommen *irr* **I.** *vi* + *sein* **①** (*Fehler*) se produire; (*Zwischenfall*) arriver; **es kommt vor, dass** il arrive que + *subj* **②** (*anzutreffen sein*) **diese Pflanze kommt nur in Asien vor** on ne trouve cette plante qu'en Asie **③** (*erscheinen*) **das kommt mir komisch vor** cela me semble bizarre **④** (*nach vorn kommen*) venir devant **II.** *vr* **sich** (*dat*) **dumm ~** se sentir bête

Vorkommen <-s, -> *nt* **①** *meist Pl* MIN, MINER gisement *m* **②** (*das Auftreten: von Erregern*) apparition *f*

Vorkommnis <-ses, -se> *nt* événement *m*; (*unangenehm*) incident *m*

Vorkriegszeit *f* avant-guerre *m o f*; **in der ~** avant la guerre

vor|laden *vt irr* citer

Vorladung *f kein Pl* (*das Vorladen*) citation *f*

Vorlage *f* **①** (*Zeichenvorlage*) modèle *m* **②** *kein Pl* (*das Vorlegen*) présentation *f* **③** (*Gesetzesvorlage*) projet *m* de loi

vor|lassen *vt irr* **①** *fam* (*Vortritt lassen*) **jdn**

~ laisser passer qn devant ❷ (*Zutritt gewähren*) laisser passer

Vorläufer(in) *m(f)* précurseur *m*

vorläufig I. *adj* provisoire **II.** *adv* (*ausreichen*) pour l'instant

vorlaut *adj* impertinent(e)

vor|legen *vt* ❶ (*Beweis*) produire; **jdm etw ~** présenter qc à qn ❷ (*Kette*) mettre

vor|lesen *irr* **I.** *vt* lire **II.** *vi* lire à haute voix; **jdm aus einem Buch ~** lire tout haut un livre à qn

Vorlesung *f* UNIV cours *m*

vorletzte(r, s) *adj* avant-dernier(-ière)

Vorliebe *f* prédilection *f*; **eine ~ haben** avoir une préférence

vor|liegen *vi irr* **es liegt eine Beschwerde gegen Sie vor** une plainte a été déposée contre vous; **sobald uns Ihre Bewerbung vorliegt, ...** dès que votre candidature nous sera parvenue, ...

vor|machen *vt* montrer; **jdm etwas ~** jouer la comédie à qn; **sich** (*dat*) **etwas ~** se faire des idées

Vormarsch *m* avance *f*

vormittag^{ALT} *s.* **Vormittag**

Vormittag *m* matinée *f*; **am ~** dans la matinée; **heute/Samstag ~** ce/samedi matin

vormittags *adv* le matin

Vormund <-[e]s, -e *o* Vormünder> *m* (*eines Minderjährigen*) tuteur *m*; (*eines Entmündigten*) curateur *m*

Vormundschaft <-, -en> *f* tutelle *f*

vorn [fɔrn] *adv* ❶ (*im vorderen Bereich*) devant; **~ im Bus** à l'avant du bus; **nach ~ gehen** s'avancer ❷ (*auf der Vorderseite*) devant; **etw von ~ betrachten** regarder qc de face ❸ (*zu Beginn*) **~ im Buch** au début du livre ❹ (*an der Vorderfront*) devant

Vorname *m* prénom *m*

vorne *s.* **vorn**

vornehm ['foːəneːm] *adj* ❶ distingué(e) ❷ (*Gegend*) chic; (*Limousine*) élégant(e) ❸ (*Familie*) aristocratique

vor|nehmen *vt irr* ❶ **sich** (*dat*) **~ etw zu tun** prévoir de faire qc ❷ *fam* (*zur Rede stellen*) **sich** (*dat*) **jdn ~** faire sa fête à qn (*iron*) ❸ (*Überprüfung*) effectuer

Vorort *m* faubourg *m*; **die ~e** la banlieue

vorrangig I. *adj* prioritaire **II.** *adv* en priorité

Vorrat <-[e]s, Vorräte> *m* réserves *fpl* meist *Pl* (*Lebensmittel*) provisions *fpl*; **solange der ~ reicht** jusqu'à épuisement des stocks

vorrätig *adj* en stock

vor|rechnen *vt* faire le compte

Vorrichtung <-, -en> *f* dispositif *m*

vor|rücken I. *vi + sein* ❶ avancer ❷ MIL progresser ❸ SPORT remonter au classement **II.** *vt + haben* (*Stuhl*) avancer

vor|sagen *vt, vi* souffler

Vorsaison *f* avant-saison *f*

Vorsatz <-es, Vorsätze> *m* ❶ (*Absicht*) résolution *f* ❷ TYP (*eines Buchs*) gardes *fpl*

vorsätzlich ['foːezɛtslɪç] *adj* intentionnel(le); (*Körperverletzung*) volontaire

Vorschein *m* ▶**etw zum ~ bringen** faire apparaître qc; (*Hass*) se manifester

vor|schieben *vt irr* ❶ (*nach vorn schieben*) avancer ❷ (*Riegel*) pousser ❸ (*Verhinderung*) prétexter

Vorschlag *m* proposition *f*

vor|schlagen *vt irr* **jdm ~ etw zu tun** proposer à qn de faire qc

vor|schreiben *vt irr* ❶ (*niederschreiben*) **etw ~** écrire qc en modèle ❷ (*befehlen*) prescrire

Vorschrift *f* consigne *f*; **das ist ~** c'est le règlement; **nach ~** conformément au règlement

vorschriftsmäßig I. *adj* réglementaire **II.** *adv* réglementairement

Vorschulalter *nt* âge *m* préscolaire (*avant six ans*)

Vorschuss^{RR} *m* avance *f*

vor|sehen *irr* **I.** *vr* **sich vor jdm/etw ~** prendre garde à qn/qc; **sich ~, dass** prendre garde que + *subj* **II.** *vt* prévoir; **für etw vorgesehen sein** être destiné à qc; **es ist vorgesehen, dass/etw zu tun** il est prévu que + *subj*/de faire qc

vor|setzen I. *vt* ❶ (*anbieten*) servir ❷ (*nach vorn setzen*) **jdn ~** faire asseoir qn devant **II.** *vr* **sich ~** aller s'asseoir devant

Vorsicht <-> *f* prudence *f*; **~!** attention!

vorsichtig I. *adj* prudent(e) **II.** *adv* ❶ (*vorgehen*) prudemment; (*transportieren*) avec précaution ❷ (*schätzen*) raisonnablement

vorsichtshalber *adv* par [mesure de] précaution **Vorsichtsmaßnahme** *f* [mesure *f* de] précaution *f*

Vorsilbe *f* préfixe *m*

vor|singen *irr* **I.** *vt* **jdm etw ~** chanter qc à qn **II.** *vi* **jdm ~** auditionner devant qn

Vorsitz *m* présidence *f*; **den ~ bei etw haben** présider qc

V

Vorsitzende(r) *f(m) dekl wie adj* président(e) *m(f)*

Vorsorge *f* ❶ prévoyance *f* ❷ (*Altersversicherung*) **private ~** assurance *f* vieillesse complémentaire

vor|sorgen *vi* prendre des précautions; **fürs Alter ~** préparer sa retraite

Vorsorgeuntersuchung *f* examen *m* de dépistage

vorsorglich I. *adj* préventif(-ive) **II.** *adv* à titre préventif

Vorspann <-[e]s, -e> *m* générique *m* [de début]

Vorspeise *f* (*erster Gang*) hors-d'œuvre *m;* (*Eingangsgericht*) entrée *f*

vor|spielen I. *vt* MUS **jdm etw ~** jouer qc à qn **II.** *vi* **jdm ~** auditionner devant qn

vor|sprechen *irr* **I.** *vt* [jdm] **etw ~** montrer [à qn] comment on prononce qc **II.** *vi* THEAT **jdm ~** auditionner devant qn

Vorsprung *m* ❶ avance *f* ❷ ARCHIT saillie *f*

Vorstand *m* ❶ comité *m* directeur, conseil *m* d'administration ❷ (*~smitglied*) membre *m* du comité directeur

vorstellbar *adj* concevable; **kaum ~ sein** être à peine imaginable

vor|stellen I. *vr* ❶ (*sich bekannt machen*) **sich jdm ~** se présenter à qn ❷ (*vergegenwärtigen*) **sich** (*dat*) **etw ~** [s']imaginer qc; **darunter kann ich mir nichts ~** ça ne me dit rien **II.** *vt* ❶ présenter ❷ (*Uhr*) avancer

Vorstellung *f* ❶ *kein Pl* **die ~ der neuen Kollegin übernehmen** se charger de présenter la nouvelle collègue ❷ (*gedankliches Bild*) idée *f* ❸ (*Theateraufführung*) représentation *f* ❹ (*eines Produkts*) présentation *f*

Vorstellungsgespräch *nt* entretien *m* [d'embauche]

vor|strecken *vt* ❶ (*leihen*) **etwas Geld ~** avancer un peu d'argent ❷ (*Hand*) tendre; (*Kopf*) avancer

Vorstufe *f* stade *m* préliminaire

Vortag *m* **die Zeitung vom ~** le journal de la veille

vor|täuschen *vt* simuler; **Interesse ~** faire semblant d'être intéressé

Vorteil <-s, -e> *m* ❶ (*Vorzug*) avantage *m* ❷ (*Nutzen*) intérêt *m* ▸**jdm gegenüber im ~ sein** être avantagé par rapport à qn

vorteilhaft I. *adj* (*günstig*) avantageux(-euse) **II.** *adv* (*erwerben, kaufen*) à des conditions avantageuses

Vortrag ['foːɛtraːk, *Pl:* 'foːɛtrɛːɡə] <-[e]s, Vorträge> *m* (*längeres Referat*) conférence *f;* (*auf einem Kongress*) communication *f*

vor|tragen *vt irr* ❶ réciter, interpréter ❷ (*Bitte*) exposer

vor|treten *vi irr + sein* ❶ [s']avancer ❷ *fam* (*Augen*) ressortir; (*Ader*) saillir

Vortritt *m kein Pl* CH *s.* **Vorfahrt**

vorüber [foˈryːbɐ] *adv* ❶ (*räumlich*) **der Läufer ist schon ~** le coureur est déjà passé; **wir sind an dem Geschäft schon ~** nous avons déjà dépassé le magasin ❷ (*zeitlich*) **~ sein** (*Veranstaltung*) être terminé

vorüber|gehen *vi irr + sein* ❶ (*vorbeigehen*) **an jdm/etw ~** passer devant qn/qc; **im Vorübergehen** en passant ❷ (*ein Ende finden: Kummer*) [se] passer

vorübergehend I. *adj* (*Erscheinung*) passager(-ère), temporaire; (*Abwesenheit*) momentané(e) **II.** *adv* (*abwesend*) momentanément; (*sich bessern*) provisoirement

Vorurteil *nt* préjugé *m*

Vorverkauf *m* location *f*

vor|verlegen* *vt* (*Termin*) avancer

Vorwahl *f* ❶ POL (*élection f*) primaire *f* ❷ (*~nummer*) indicatif *m*

Vorwand ['foːvant, *Pl:* 'foːvɛndə] <-[e]s, Vorwände> *m* prétexte *m;* **unter dem ~ etw tun zu müssen** sous prétexte de faire qc

vorwärts ['foːvɛrts] *adv* ❶ (*nach vorn*) en avant ❷ (*weiter*) **jdn ~ bringen** faire avancer qn; **~ kommen** progresser; **es geht ~** ça avance

vorwärts|bringenᴬᴸᵀ *s.* **vorwärts 2.**

Vorwärtsgang <-gänge> *m* marche *f* avant

vorwärts|gehenᴬᴸᵀ *s.* **vorwärts 2. vorwärts|kommen**ᴬᴸᵀ *s.* **vorwärts 2.**

vorweg|nehmen *vt irr* **die Pointe ~** trahir la chute de l'histoire

vor|werfen *vt irr* reprocher

vorwiegend *adv* ❶ principalement ❷ METEO le plus souvent

vorwitzig *adj* hardi(e)

Vorwort <-worte> *nt* préface *f*

Vorwurf <-[e]s, Vorwürfe> *m* reproche *m;* **das kann mir niemand zum ~ machen** personne ne peut me le reprocher

vorwurfsvoll I. *adj* réprobateur(-trice) **II.** *adv* d'un air réprobateur

Vorzeichen *nt* ❶ signe *m* avant-coureur

② MUS altération *f*

vor|zeigen *vt* présenter

vorzeitig **I.** *adj* prématuré(e) **II.** *adv* **~ in den Ruhestand treten** prendre une retraite anticipée

vor|ziehen *vt irr* **①** préférer **②** (*früher erfolgen lassen*) avancer; **vorgezogener Ruhestand** retraite *f* anticipée

Vorzimmer *nt* secrétariat *m*

Vorzug <-[e]s, Vorzüge> *m* **①** (*Vorteil*) avantage *m* **②** (*gute Eigenschaft*) qualité *f* **③** *form* (*Vorrang*) **jdm/einer S. den ~ geben** donner la préférence à qn/qc

vorzüglich **I.** *adj* (*Qualität*) excellent(e); (*Gericht*) délicieux(-euse) **II.** *adv* **①** (*speisen*) merveilleusement **②** (*hauptsächlich*) en premier lieu

vorzugsweise *adv* de préférence

Votum ['vo:tʊm] <-s, Voten> *nt geh* **①** POL vote *m* **②** (*Entscheidung*) verdict *m*

Voyeur(in) [voa'jø:ɐ] <-s, -e> *m(f)* voyeur (-euse) *m(f)*

vulgär [vʊl'gɛ:ɐ] **I.** *adj pej geh* (*Wort*) grossier(-ière); (*Pose*) vulgaire **II.** *adv* **~ aussehen** avoir l'air vulgaire

Vulkan [vʊl'ka:n] <-[e]s, -e> *m* volcan *m*

vulkanisch [vʊlka:nɪʃ] *adj* volcanique

W w

W, w [ve:] <-, -> *nt* W *m*/w *m*

W *Abk von* **Westen** O

Waage ['va:gə] <-, -n> *f* balance *f*

waag[e]recht *adj* horizontal(e)

Waagschale *f* plateau *m* de [la] balance ►**etw in die ~ werfen** *geh* mettre qc dans la balance

Wabe ['va:bə] <-, -n> *f* rayon *m* [de miel]

wach [vax] *adj* (*Person*) éveillé(e); **~ werden** se réveiller

Wache ['vaxə] <-, -n> *f* **①** *kein Pl* (*Wachdienst*) [service *m* de] garde *f* **②** MIL sentinelle *f* **③** (*Polizeiwache*) poste *m* [de police]

wachen *vi* **①** veiller **②** (*beaufsichtigen*) surveiller

Wachhund *m* chien *m* de garde **Wach-**

mann <-leute *o* -männer> *m* gardien(ne) *m(f)*

Wacholder [va'xɔldɐ] <-s, -> *m* genévrier *m*

wach|rufen *vt irr* réveiller; **etw in jdm ~** réveiller qc en qn **wach|rütteln** *vt* **jdn ~** secouer qn pour le réveiller

Wachs [vaks] <-es, -e> *nt* cire *f*

wachsam **I.** *adj* vigilant(e) **II.** *adv* attentivement

wachsen¹ ['vaksən] <wächst, wuchs, gewachsen> *vi + sein* **①** (*Kind*) grandir; (*Pflanze, Haare*) pousser **②** (*Begeisterung*) augmenter

wachsen² *vt* (*Boden*) cirer; (*Ski*) farter

wächst [vɛkst] *3. Pers Präs von* **wachsen¹**

Wachstum ['vakstu:m] <-[e]s> *nt kein Pl* croissance *f*; (*einer Geschwulst*) développement *m*

Wachtel ['vaxtəl] <-, -n> *f* caille *f*

Wächter(in) ['vɛçtɐ] <-s, -> *m(f)* surveillant(e) *m(f)*

Wachtmeister(in) ['vaxtmaɪstɐ] *m(f)* agent *m* de police

Wackelkontakt *m* faux *m* contact

wackelig *adj* (*Stuhl*) bancal(e); (*Konstruktion*) branlant(e)

wackeln ['vakəln] *vi* **①** + *haben* (*Stuhl*) être bancal **②** + *haben* (*sich bewegen*) vaciller

wacklig *s.* **wackelig**

Wade ['va:də] <-, -n> *f* mollet *m*

Wadenbein *nt* péroné *m* **Wadenkrampf** *m* crampe *f* au mollet

Waffe ['vafə] <-, -n> *f* arme *f*

Waffel ['vafəl] <-, -n> *f* gaufre *f*; (*Eistüte*) cornet *f*

Waffeleisen *nt* gaufrier *m*

Waffenruhe *f* cessez-le-feu *m* **Waffenschein** *m* permis *m* de port d'armes **Waffenstillstand** *m* armistice *m*

wagemutig **I.** *adj* audacieux(-euse) **II.** *adv* de manière audacieuse

wagen ['va:gən] **I.** *vt* **①** risquer **②** (*sich getrauen*) oser **II.** *vr* **sich an ein Projekt ~** oser entreprendre un projet

Wagen ['va:gən] <-, -*o* A Wägen> *m* **①** voiture *f*; **mit dem ~** en voiture **②** ASTRO **der Große ~** la Grande Ourse

Wagenheber <-s, -> *m* cric *m*

Waggon [va'gõ:] <-s, -s> *m* wagon *m*

waghalsig **I.** *adj* intrépide **II.** *adv* (*fahren*) de manière risquée

Wagnis ['va:knɪs] <-ses, -se> *nt* entreprise *f*

W

hasardeuse

Wagonᴿᴿ [va'gõ:] *s.* **Waggon**

Wahl [va:l] <-, -en> *f* ❶ choix *m* ❷ (*Abstimmung*) élection *f souvent pl;* **zur ~ gehen** aller voter ❸ (*Ergebnis*) **die ~ annehmen** accepter le verdict des urnes

wählbar *adj* POL éligible

Wahlbenachrichtigung *f* ≈ carte *f* d'électeur (*qui tient lieu de convocation pour une élection précise*) **wahlberechtigt** *adj* qui a le droit de vote **Wahlbeteiligung** *f* participation *f* [électorale]

wählen ['vε:lən] I. *vt* ❶ (*Partei*) voter pour; **jdn zum Kanzler ~** élire qn chancelier ❷ (*Telefonnummer*) faire ❸ (*aussuchen*) choisir II. *vi* ❶ POL voter ❷ (*auswählen*) **unter etw** (*dat*) **~** choisir parmi qc

Wähler(in) <-s, -> *m(f)* électeur(-trice) *m(f)*

Wahlergebnis *nt* résultat *m* des élections

wählerisch *adj* difficile

Wählerschaft <-, -en> *f form* électorat *m*

Wahlfach *nt* option *f* **Wahlgang** <-gänge> *m* tour *m* [de scrutin] **Wahlkampf** *m* campagne *f* électorale **Wahllokal** *nt* bureau *m* de vote **wahllos** *adv* au hasard **Wahlrecht** *nt kein Pl* ❶ (*Recht*) droit *m* de vote ❷ (*Gesetze*) loi *f* électorale **Wahlsieg** *m* victoire *f* électorale **Wahlurne** *f* urne *f* **wahlweise** *adv* au choix

Wahn [va:n] <-[e]s> *m a.* MED folie *f*

Wahnsinn *m kein Pl* ❶ *fam* (*Unsinn*) folie *f* ❷ MED aliénation *f* mentale ▶**etw ist heller ~** *fam* qc est complètement dingue

wahnsinnig I. *adj* ❶ MED fou(folle) ❷ *attr fam* (*Hitze*) sacré(e) *antéposé;* (*Sturm*) terrible ❸ *fam* (*herrlich*) super II. *adv fam* vachement

Wahnsinnige(r) *f(m) dekl wie adj* fou *m/* folle *f*

wahr [va:ɐ̯] *adj* ❶ (*Geschichte*) vrai(e); (*Aussage*) véridique; **nicht ~?** n'est-ce pas? ❷ *attr* (*Freund*) véritable *antéposé;* (*Glück*) vrai(e) *antéposé*

wahren ['va:rən] *vt* ❶ (*Interessen*) préserver ❷ (*Ruf*) conserver; (*Geheimnis*) garder

währen *vi* ▶**was lange währt, wird endlich gut** *prov* tout vient à point à qui sait attendre

während ['vε:rənt] I. *präp* + *gen* pendant II. *konj* ❶ (*wohingegen*) alors que ... ❷ (*in der Zeit als*) pendant que ...

währenddessen [vε:rənt'dεsən] *adv* pendant ce temps[-là]

wahrhaben *vt irr* **etw nicht ~ wollen** ne pas vouloir admettre qc

Wahrheit <-, -en> *f* vérité *f;* **in ~** en réalité ▶**um die ~ zu sagen** à vrai dire

Wahrheitsgehalt *m* véracité *f* **wahrheitsgetreu** *adj* fidèle

wahrnehmbar *adj* perceptible

wahr|nehmen *vt irr* ❶ (*Geräusch*) percevoir ❷ (*Gelegenheit*) profiter de ❸ (*Interessen*) défendre

Wahrnehmung <-, -en> *f* ❶ (*eines Geräuschs*) perception *f* ❷ (*von Interessen*) défense *f;* (*von Angelegenheiten*) prise *f* en charge

wahr|sagen I. *vi* prédire l'avenir II. *vt* **jdm etw ~** prédire qc à qn

Wahrsager(in) <-s, -> *m(f)* voyant(e) *m(f)*

wahrscheinlich [va:ɐ̯'ʃajnlɪç] *adj* probable; **es ist** [nicht] **~, dass** il est [peu] probable que + *subj*

Wahrscheinlichkeit <-, -en> *f* probabilité *f;* **mit hoher ~** très probablement

Wahrung <-> *f* préservation *f*

Währung ['vε:rʊŋ] <-, -en> *f* monnaie *f*

Währungseinheit *f* unité *f* monétaire **Währungsinstitut** *nt* **das Europäische ~** l'Institut *m* monétaire européen **Währungsreform** *f* réforme *f* monétaire **Währungssystem** *nt* système *m* monétaire; **das Europäische ~** le Système monétaire européen **Währungsunion** *f* union *f* monétaire; **die Europäische ~** l'union *f* monétaire européenne

Wahrzeichen *nt* emblème *m*

Waise ['vajzə] <-, -n> *f* orphelin(e) *m(f)*

Waisenhaus *nt* orphelinat *m* **Waisenkind** *nt* [petit] orphelin *m/* [petite] orpheline *f*

Wal [va:l] <-[e]s, -e> *m* baleine *f*

Wald [valt, *Pl:* 'vεldə] <-[e]s, Wälder> *m* forêt *f;* (*kleiner*) bois *m*

waldig *adj* boisé(e)

Waldlauf *m* footing *m* en forêt **Waldsterben** *nt* dépérissement *m* des forêts

Wales [wεɪls] <-> *nt* le pays de Galles

Walkie-Talkieᴿᴿ ['wɔ:kɪ'tɔ:kɪ] <-[s], -s> *nt* talkie-walkie *m*

Walkman® ['wɔ:kmən] <-s, -men> *m* baladeur *m*

Wall [val, *Pl:* 'vεlə] <-[e]s, Wälle> *m* talus *m*

Wallfahrer(in) *m(f)* pèlerin *m* **Wallfahrtsort** *m* [lieu *m* de] pèlerinage *m*

Wallis ['valɪs] <-> *nt* **das** ~ le Valais

Wallone <-n, -n> *m*, **Wallonin** *f* Wallon(ne) *m(f)*

Walnussᴿᴿ ['valnʊs], **Walnuß**ᴬᴸᵀ *f* ❶ noix *f* ❷ (*Baum*) noyer *m*

Walpurgisnacht *f* nuit *f* de Walpurgis

Walrossᴿᴿ ['valrɔs], **Walroß**ᴬᴸᵀ *nt* morse *m*

walten ['valtən] *vi geh* ❶ (*Geist*) régner; (*Kräfte*) se manifester ❷ (*üben*) **Gnade ~ lassen** faire preuve de grâce

Walze ['valtsə] *f* ❶ MATH, TECH cylindre *m* ❷ (*Straßenwalze*) rouleau *m* compresseur

walzen ['valtsən] *vt* ❶ (*Piste*) damer ❷ (*Stahl*) laminer

wälzen ['vɛltsən] **I.** *vt* ❶ **jdn auf die Seite ~** tourner qn sur le côté ❷ GASTR **etw in Mehl ~** rouler qc dans la farine ❸ *fam* (*Buch*) compulser ❹ *fam* (*Probleme*) ruminer **II.** *vr* **sich im Schlamm ~** se vautrer dans la boue

Walzer ['valtsə] <-s, -> *m* valse *f*

Wampe ['vampə] <-, -n> *f fam* brioche *f*

wand [vant] *Imp von* **winden**[1]

Wand [vant, *Pl:* 'vɛndə] <-, **Wände**> *f* ❶ (*Mauer*) mur *m;* ~ **an** ~ porte à porte ❷ (*~schirm*) spanische ~ paravent *m*

Wandalismus [vanda'lɪsmʊs] <-> *m* vandalisme *m*

Wandel ['vandəl] <-s> *m geh* changement *m*

wandeln ['vandəln] *geh* **I.** *vt* modifier **II.** *vr* **sich ~** changer **III.** *vi + sein* **auf und ab ~** déambuler

Wanderausstellung *f* exposition *f* itinérante

Wanderer <-s, -> *m*, **Wanderin** *f* randonneur(-euse) *m(f)*

Wanderkarte *f* guide *m* des sentiers de grande randonnée

wandern ['vandən] *vi + sein* ❶ faire de la randonnée; **das Wandern** la marche ❷ (*Gletscher*) se déplacer ❸ (*Völker*) migrer

Wanderung <-, -en> *f* ❶ randonnée *f* ❷ (*von Völkern*) migration *f*

Wanderweg *m* sentier *m* de [grande] randonnée

Wandlampe *f* applique *f*

Wandlung ['vandlʊŋ] <-, -en> *f geh* transformation *f*

Wandschrank *m* placard *m*

wandte ['vantə] *Imp von* **wenden**

Wandteppich *m* tapis *m* mural; (*gewebt*) ta-pisserie *f*

Wange ['vaŋə] <-, -n> *f geh* joue *f;* ~ **an** ~ joue contre joue

wankelmütig ['vaŋkəlmy:tɪç] *adj geh* versatile

wanken ['vaŋkən] *vi* ❶ + *haben* (*Person*) chanceler; (*Turm*) vaciller ❷ + *sein* **nach Hause** ~ tituber jusqu'à la maison

wann [van] *adv interrog* quand; **seit ~** depuis quand; **von** ~ **an** à partir de quand; ~ |**auch**| **immer** n'importe quand

Wanne ['vanə] <-, -n> *f* (*Badewanne*) baignoire *f;* **in die ~ gehen** prendre un bain

Wanze ['vantsə] <-, -n> *f* ❶ punaise *f* ❷ *fam* (*Abhörgerät*) micro *m*

Wappen ['vapən] <-s, -> *nt* armoiries *fpl*

wappnen ['vapnən] *vr geh* **sich** ~ se mettre sur ses gardes; **gewappnet sein** être paré

war [va:ɐ̯] *Imp von* **sein**[1]

warb [varp] *Imp von* **werben**

Ware ['va:rə] <-, -n> *f* ❶ marchandise *f* ❷ (*Lebensmittel*) denrées *fpl*

Warenhaus *nt* grand magasin *m* **Warenzeichen** *nt* marque *f* déposée

warf [varf] *Imp von* **werfen**

warm [varm] <**wärmer, wärmste**> **I.** *adj* ❶ chaud(e); **es ist ~ hier** il fait chaud ici; **jdm ist ~** qn a chaud ❷ SPORT **sich ~ laufen** s'échauffer ❸ TECH ~ **laufen** (*Motor*) chauffer **II.** *adv* ❶ ~ **duschen** prendre une douche chaude ❷ (*nachdrücklich*) **jdn wärmstens empfehlen** recommander très chaleureusement qn

Warmblüter <-s, -> *m* animal *m* à sang chaud

Wärme ['vɛrmə] <-> *f* chaleur *f*

Wärmedämmung *f* isolation *f* [thermique]

wärmen ['vɛrmən] **I.** *vt, vi* chauffer **II.** *vr* **sich ~** se réchauffer

Wärmflasche *f* bouillotte *f*

Warmfront *f* METEO front *m* chaud **Warm-halteplatte** *f* chauffe-plat *m* **warmherzig** *adj* chaleureux(-euse) **warm|laufen**ᴬᴸᵀ *s.* **warm I.2., I.3. Warmluft** *f* air *m* chaud **Warmmiete** *f* loyer *m* charges comprises **Warmstart** *m* INFORM démarrage *m* à chaud **Warmwasserversorgung** *f* approvisionnement *m* en eau chaude

Warnblinkanlage *f* feux *mpl* de détresse **Warndreieck** *nt* triangle *m* de signalisation

warnen ['varnən] **I.** *vt* prévenir **II.** *vi* mettre

W

en garde

Warnschild <-schilder> *nt* panneau *m* avertisseur; (*Verkehrsschild*) panneau de danger **Warnschuss**ᴿᴿ *m* tir *m* de sommation **Warnsignal** *nt* (*optisches Zeichen*) signal *m* lumineux; (*akustisches Zeichen*) signal sonore **Warnstreik** *m* grève *f* d'avertissement

Warnung <-, -en> *f* avertissement *m*

Warnzeichen *nt* ❶ (*Warnschild*) signal *m* ❷ (*Anzeichen*) avertissement *m*

Warschau ['varʃau̯] <-s> *nt* Varsovie

Wartehalle *f* hall *m* d'attente **Warteliste** *f* liste *f* d'attente

warten ['vartən] I. *vi* **auf jdn/etw** ~ attendre qn/qc; **auf sich** (*akk*) ~ **lassen** se faire attendre; **warte mal!** attends voir! II. *vt* TECH (*Auto*) réviser

Wartesaal *m* (*in Bahnhöfen*) salle *f* d'attente **Wartezeit** *f* attente *f* **Wartezimmer** *nt* salle *f* d'attente

Wartung <-, -en> *f* (*eines Autos*) entretien *m*; (*eines Geräts*) maintenance *f*

warum [va'rʊm] *adv interrog* pourquoi; ~ **nicht?** pourquoi pas?

Warze ['vartsə] <-, -n> *f* verrue *f*

was [vas] I. *pron interrog* ❶ ~ **ist** [**denn**] **das?** qu'est-ce que c'est [que ça]?; ~ **ist?** qu'est-ce qu'il y a?; ~ **für ein Glück!** quelle chance! ❷ *fam* (*wie viel*) ~ **kostet das?** qu'est-ce que ça coûte? ❸ *fam* (*wie bitte*) ~? quoi? ❹ *fam* (*woran, worauf*) **an** ~ **denkst du?** à quoi penses-tu? ❺ *fam* (*nicht wahr*) **schmeckt gut,** ~? c'est bon, hein? II. *pron rel* **sie bekommt immer** [**das**], ~ **sie will** elle obtient toujours ce qu'elle veut III. *pron indef fam* (*etwas*) quelque chose

waschbar *adj* lavable **Waschbär** *m* raton *m* laveur **Waschbecken** *nt* lavabo *m*

Wäsche ['vɛʃə] <-> *f kein Pl* ❶ lessive *f*; ~ **waschen** faire la lessive ❷ (*Textilien*) linge *m*; (*Unterwäsche*) sous-vêtements *mpl*; (*für Frauen*) dessous *mpl*

waschecht *adj* grand teint

Wäscheklammer *f* pince *f* à linge **Wäscheleine** *f* corde *f* à linge

waschen ['vaʃən] <wäscht, wusch, gewaschen> I. *vt* ❶ laver ❷ *fam* (*Geld*) blanchir II. *vi* faire une lessive

Wäscherei [vɛʃə'raɪ̯] <-, -en> *f* blanchisserie *f*

Wäscheständer *m* séchoir *m* [à linge] **Wäschetrockner** *m* sèche-linge *m*

Waschküche *f* buanderie *f* **Waschlappen** *m* gant *m* de toilette **Waschmaschine** *f* machine *f* à laver **Waschmittel** *nt* lessive *f* **Waschpulver** *nt* lessive *f* [en poudre] **Waschsalon** *m* laverie *f* [automatique] **Waschstraße** *f* tunnel *m* de lavage

wäscht [vɛʃt] *3. Pers Präs von* **waschen**

Wasser ['vasɐ] <-s, -> *nt* ❶ *kein Pl* eau *f*; **fließend** ~ eau courante ❷ *euph* (*Urin*) ~ **lassen** uriner ▸**jdm steht das** ~ **bis zum Hals** *fam* qn est dans la panade; **jdm läuft das** ~ **im Mund**[**e**] **zusammen** qn en a l'eau à la bouche; **sich über** ~ **halten** garder la tête hors de l'eau

Wasserbad *nt* bain-marie *m* **Wasserball** *m* ❶ *kein Pl* (*Sportart*) water-polo *m* ❷ (*Ball*) ballon *m* **Wasserdampf** *m* vapeur *f* d'eau **wasserdicht** *adj* (*Uhr*) étanche; (*Stoff*) imperméable **Wasserfall** *m* cascade *f* **Wasserfarbe** *f* peinture *f* à l'eau **wasserfest** *adj* ❶ (*Farbe*) lavable ❷ *s.* **wasserdicht** **Wasserflugzeug** *nt* hydravion *m* **Wasserglas** *nt* verre *m* à eau **Wasserhahn** *m* robinet *m*

wässerig ['vɛsərɪç] *s.* **wässrig**

Wasserkessel *m* bouilloire *f* **Wasserkraftwerk** *nt* centrale *f* hydroélectrique **Wasserlauf** *m* cours *m* d'eau **Wasserleitung** *f* conduite *f* d'eau **wasserlöslich** *adj* soluble **Wassermann** <-männer> *m* ASTRO Verseau *m* **Wassermelone** *f* pastèque *f*

wassern *vi* + *haben o sein* amerrir

wässern ['vɛsən] *vt* arroser

Wasseroberfläche *f* surface *f* de l'eau **Wasserpflanze** *f* plante *f* aquatique **Wasserpistole** *f* pistolet *m* à eau **Wasserratte** *f* rat *m* d'eau **wasserscheu** *adj* qui a peur de l'eau **Wasserspiegel** *m* ❶ (*Wasseroberfläche*) surface *f* de l'eau ❷ (*Wasserstand*) niveau *m* d'eau **Wassersport** *m* sport *m* aquatique **Wasserspülung** *f* chasse *f* d'eau **Wasserstand** *m* niveau *m* d'eau **Wasserstoff** *m* hydrogène *m* **Wasserstoffbombe** *f* bombe *f* à hydrogène **Wasserstrahl** *m* jet *m* d'eau **Wasserstraße** *f* voie *f* navigable **Wassertropfen** *m* goutte *f* d'eau **Wasserturm** *m* château *m* d'eau **Wasserverbrauch** *m* consommation *f* d'eau **Wasserverschmutzung** *f* pollution *f* des eaux **Wasserversorgung** *f* approvisionnement *m* en eau **Wasservogel** *m* oiseau *m* aquatique **Wasserwerfer** *m* canon *m* à eau **Wasserwerk** *nt* centre *m* de distribution des eaux **Wasserzeichen** *nt* filigrane *m*

wässrigᴿᴿ ['vɛsrɪç], **wäßrig**ᴬᴸᵀ *adj* ❶ (*Kaffee*) clairet(te) ❷ (*Lösung*) aqueux(-euse) ❸ (*Farbe*) glauque

waten ['va:tən] *vi* + *sein* **durch das Wasser ~** passer l'eau à gué

Watschen <-, -> *f* A *fam* baffe *f*

Watt [vat] <-s, -> *nt* PHYS watt *m*

Watte ['vatə] <-, -n> *f* coton *m*

Wattebausch *m* |morceau *m* de| coton *m*

Wattenmeer *nt* kein Pl **das ~** le Wattenmeer (*eaux qui recouvrent le Watt à marée haute*)

Wattestäbchen ['vatəʃtɛ:pçən] *nt* cotontige® *m*

wattieren* [va'ti:rən] *vt* (*Jacke*) ouatiner; **wattiert** molletonné(e)

WC [ve:'tse:] <-s, -s> *nt* W.-C. *mpl*

weben ['ve:bən] I. *vt* tisser II. *vi* faire du tissage

Weber(in) <-s, -> *m(f)* tisserand(e) *m(f)*

Weberei [ve:bə'raɪ] <-, -en> *f* |usine *f* de| tissage *m*

Webseite *f* INFORM site *m* sur Internet

Webstuhl *m* métier *m* à tisser

Wechsel ['vɛksəl] <-s, -> *m* ❶ changement *m* ❷ (*Geldwechsel*) change *m* ❸ FIN lettre *f* de change

Wechselgeld *nt* monnaie *f*

wechselhaft *adj* instable

Wechseljahre Pl ménopause *f* **Wechselkurs** *m* taux *m* de change

wechseln ['vɛksln] I. *vt* + *haben* ❶ changer ❷ (*Briefe, Ringe*) échanger II. *vi* ❶ + *haben* **jdm ~** faire le change à qn ❷ + *haben* (*eine neue Stelle antreten*) changer d'employeur ❸ + *sein* **auf die andere Spur ~** changer de voie

wechselseitig I. *adj* réciproque II. *adv* mutuellement

Wechselstrom *m* courant *m* alternatif **Wechselstube** *f* bureau *m* de change

wechselweise *adv* en alternance; (*in Bezug auf Menschen*) à tour de rôle

Wechselwirkung *f* interaction *f*

wecken ['vɛkən] *vt* ❶ réveiller ❷ (*Interesse*) susciter

Wecken <-s, -> *m* A petit pain *m*

Wecker <-s, -> *m* réveil *m*

wedeln *vi* + *haben* **mit etw ~** remuer qc

weder ['ve:dɐ] *konj* **~ ... noch ...** ni ... ni

weg [vɛk] *adv* ~ **sein** (*abwesend sein*) ne pas être là; (*weggegangen sein*) être parti; (*verschwunden sein*) avoir disparu

Weg [ve:k] <-[e]s, -e> *m* ❶ chemin *m*; (*Route*) itinéraire *m*; **auf dem ~ ins Kino sein** être en route pour le ciné; **sich auf den ~ zu jdm machen** partir chez qn; **das liegt auf dem ~** c'est sur le chemin; **aus dem ~!** dégage/dégagez le passage! ❷ (*Methode*) moyen *m* ❸ (*Art, Weise*) **auf diesem ~e** de cette façon; **auf illegalem ~e** par des moyens illégaux ▶**jdm/einer S. aus dem ~ gehen** éviter qn/qc; **etw in die ~e leiten** engager qc; **jdm/einer S. im ~ stehen** faire obstacle à qn/qc

weg|bleiben *vi irr* + *sein* ne pas venir; **lange ~** s'absenter longtemps

weg|bringen *vt irr* (*Person*) emmener

wegen ['ve:gən] *präp* + *gen* ❶ (*aufgrund von*) **~ des Regens** à cause de la pluie ❷ (*bezüglich*) **~ einer S.** à propos de qc ❸ (*um ... willen*) à cause de

weg|fahren *irr* I. *vi* + *sein* ❶ (*verreisen*) partir |en voyage| ❷ (*abfahren*) partir II. *vt* + *haben* (*Fahrzeug*) déplacer

weg|fallen *vi irr* + *sein* devenir caduc (-uque); **etw ~ lassen** supprimer qc

weg|fliegen *vi irr* + *sein* (*Flugzeug*) s'envoler

weg|geben *vt irr* se débarrasser de

weg|gehen *vi irr* + *sein* ❶ (*fortgehen*) partir; **geh weg!** va-t'en! ❷ *fam* (*Fleck*) s'en aller

weg|gießen *vt irr* jeter

weg|jagen *vt* chasser

weg|kommen *vi irr* + *sein* *fam* ❶ (*loskommen*) se défaire de ❷ (*abhanden kommen*) disparaître ❸ (*abschneiden*) **gut/schlecht ~** bien/mal s'en sortir

weg|lassen *vt irr* ❶ *fam* (*auslassen*) laisser tomber; (*versehentlich*) omettre ❷ (*fortgehen lassen*) laisser partir

weg|laufen *vi irr* + *sein* ❶ (*fortlaufen*) se sauver; **vor jdm ~** fuir devant qn ❷ *fam* **von zu Hause ~** faire une fugue

weg|legen *vt* poser

weg|machen *vt fam* enlever

weg|nehmen *vt irr* enlever

Wegrand *m* bord *m* du chemin

weg|räumen *vt* évacuer

weg|rennen *vi irr* + *sein* (*Reißaus nehmen*)

décamper

weg|schauen *s.* wegsehen

weg|schicken *vt* (*Brief*) envoyer; (*Person*) renvoyer

weg|schmeißen *vt irr fam* balancer

weg|schnappen *vt fam* jdm etw ~ souffler qc à qn

weg|sehen *vi irr* ❶ (*nicht hinsehen*) détourner les yeux ❷ *fam* (*hinwegsehen*) |**über etw** (*akk*)| ~ fermer les yeux [sur qc]

weg|setzen *vt, vr* |**sich**| ~ changer de place

weg|stecken *vt fam* ❶ (*einstecken*) ranger ❷ (*verkraften*) encaisser

weg|stellen *vt* déplacer

weg|tragen *vt irr* emporter

weg|treten *vi irr* + *sein* MIL rompre les rangs; **weggetreten!** rompez!

weg|tun *vt irr* ❶ (*weglegen*) enlever ❷ (*wegwerfen*) jeter

wegweisend ['ve:kvaizənt] *adj* porteur (-euse) d'avenir; ~ **sein** ouvrir des perspectives

Wegweiser <-s, -> *m* poteau *m* indicateur

weg|werfen *vt irr* jeter

Wegwerfgesellschaft *f pej* société *f* de gaspillage

weg|ziehen *irr* **I.** *vi* + *sein* ❶ (*fortziehen*) déménager ❷ (*Vögel*) migrer **II.** *vt* + *haben* (*Hand*) retirer

weh [ve:] *adj* douloureux(-euse)

wehe ['ve:ə] *interj* malheureux(-euse)!; ~ |**dir**|, **wenn ...!** gare à toi si ...!

Wehe ['ve:ə] <-, -n> *f* ❶ (*Schneewehe*) congère *f* ❷ *meist Pl* (*Geburtswehe*) contraction *f*

wehen ['ve:ən] *vi* ❶ + *haben* (*Wind*) souffler ❷ + *haben* **im Wind** ~ (*Haare*) flotter au vent

wehklagen *vi geh* se lamenter

wehleidig *adj* douillet(te)

Wehmut ['ve:mu:t] <-> *f geh* nostalgie *f*

wehmütig ['ve:my:tɪç] *geh adj* nostalgique

Wehr¹ [ve:ɐ̯] *f* ▶ **sich zur ~ setzen** se défendre

Wehr² <-[e]s, -e> *nt* (*Stauanlage*) digue *f*

Wehrdienst *m kein Pl* service *m* militaire

Wehrdienstverweigerer <-s, -> *m*, **-ver-weigerin** *f* objecteur *m* de conscience

Wehrdienstverweigerung *f* objection *f* de conscience

wehren ['ve:rən] *vr* ❶ **sich** ~ (*sich verteidigen*) se défendre ❷ (*sich sträuben*) **sich da-**

gegen ~ etw zu tun se refuser à faire qc

Wehrersatzdienst *m* service *m* civil

wehrlos *adj, adv* sans défense

Wehrmacht *f* HIST **die ~** la Wehrmacht

Wehrpflicht *f kein Pl* |**allgemeine**| ~ service *m* militaire obligatoire **wehrpflichtig** *adj* astreint(e) au service militaire

weh|tunᴿᴿ *vi* jdm ~ faire mal à qn; **mir tut der Rücken weh** j'ai mal au dos

Weib [vaip] <-[e]s, -er> *nt fam* bonne femme *f*

Weibchen ['vaipçən] <-s, -> *nt* ZOOL femelle *f*

weibisch *adj* efféminé(e)

weiblich *adj* ❶ *a.* LING féminin(e) ❷ BOT femelle

Weiblichkeit <-> *f* féminité *f*

weich [vaiç] *adj* ❶ doux(douce); (*Boden*) mou (molle); (*Bett*) moelleux(-euse) ❷ (*Fleisch*) tendre ❸ FIN faible

Weiche ['vaiçə] <-, -n> *f* aiguillage *m*

weichen ['vaiçən] *adj* <wich, gewichen> *vi* + *sein* ❶ (*Spannung*) s'apaiser ❷ (*nachgeben*) **einer S.** (*dat*) ~ céder à qc ❸ (*weggehen*) **zur Seite** ~ s'écarter

weichgekochtᴬᴸᵀ *s.* kochen II.1.

Weichkäse *m* fromage *m* à pâte molle

weichlich *adj* mou(molle)

Weichling <-s, -e> *m pej* mollasse *mf*

Weichsel [-ks-] <-> *f* **die** ~ la Vistule

Weichspüler <-s, -> *m* assouplissant *m*

Weichteile *Pl* ❶ (*Eingeweide*) parties *fpl* molles ❷ *fam* (*Geschlechtsteile*) parties *fpl*

Weichtier *nt* mollusque *m*

Weide ['vaidə] <-, -n> *f* ❶ (*Baum*) saule *m* ❷ (*Viehweide*) pâturage *m*

Weideland *nt* pâturages *mpl*

weiden **I.** *vi* paître **II.** *vt* faire paître **III.** *vr* (*sich erfreuen*) **sich an etw** (*dat*) ~ se délecter de qc

Weidenkorb *m* panier *m* d'osier

weigern ['vaigərn] *vr* **sich** ~ refuser

Weigerung <-, -en> *f* refus *m*

Weihe ['vaiə] <-, -n> *f* REL ❶ *kein Pl* (*das Weihen*) consécration *f* ❷ (*eines Priesters*) ordination *f*

weihen *vt* ❶ consacrer ❷ (*die Weihe erteilen*) **jdn zum Priester** ~ ordonner qn prêtre

Weiher ['vaiɐ] <-s, -> *m* étang *m*

Weihnachten <-, -> *nt* Noël *m*; **fröhliche ~!** joyeux Noël!

En Allemagne, on fête **Weihnachten** du 24 au 26 décembre. Le jour du réveillon, les gens travaillent jusqu'à midi. La plupart du temps, on installe le sapin de Noël et on le décore l'après-midi. Les deux jours de Noël (le 25 et le 26 décembre) sont fériés.

weihnachtlich I. *adj* de Noël II. *adv* pour Noël

Weihnachtsbaum *m* arbre *m* de Noël **Weihnachtsfest** *nt kein Pl* jour *m* de Noël **Weihnachtsgeld** *nt* prime *f* de Noël **Weihnachtsgeschenk** *nt* cadeau *m* de Noël **Weihnachtslied** *nt* chant *m* de Noël **Weihnachtsmann** <-männer> *m* père *m* Noël **Weihnachtsmarkt** *m* marché *m* de Noël

En Allemagne, de fin novembre ou début décembre à Noël, les villes organisent des marchés de Noël autour des mairies. Ce sont de véritables marchés avec des cabanes en bois en guise de stands, joliment décorées et illuminées. On peut y acheter toutes sortes de produits artisanaux : jouets en bois, décorations de Noël, gants, chapeaux, etc. On y respire un mélange d'odeurs de vin sucré, de cannelle, de chocolat, de noisettes et d'épices qui parfument également les traditionnels biscuits de Noël, incontournables sur les marchés comme l'immense sapin érigé en leur centre. Les **Weihnachtsmärkte** sont un rendez-vous à ne pas manquer.

Weihnachtszeit *f* die ~ la période de Noël **Weihrauch** *m* encens *m* **Weihwasser** *nt* eau *f* bénite

weil [vail] *konj* ❶ (*da*) parce que ❷ (*da ... nun*) comme

Weilchen ['vailçən] <-s> *nt* ein ~ un petit moment

Weile ['vailə] <-> *f* moment *m; vor einer ~* il y a un moment; eine [ganze] ~ un [bon] moment

Weiler ['vailɐ] <-s, -> *m geh* hameau *m*

Wein [vain] <-[e]s, -e> *m* ❶ (*Getränk*) vin *m* ❷ *kein Pl* (~*rebe*) vigne *f* ❸ *kein Pl* (~*trauben*) der ~ wird im Oktober geerntet les vendanges se font en octobre

Weinbau *m kein Pl* viticulture *f* **Weinbeere** *f* ❶ (*einzelne Beere*) grain *m* de raisin ❷ A, CH *s.* **Rosine** **Weinberg** *m* vignoble *m* **Weinbrand** *m* cognac *m*

weinen ['vainən] *vt, vi* pleurer

weinerlich ['vainɐlɪç] *adj* (*Person*) pleurnichard(e) (*fam*); (*Stimme*) pleurnicheur(-euse)

Weinfassᴿᴿ *nt* tonneau *m* de vin **Weingeist** *m kein Pl* esprit-de-vin *m* **Weingut** *nt* domaine *m* viticole **Weinkarte** *f* carte *f* des vins **Weinkeller** *m* cave *f* à vins

Weinkrampf *m* crise *f* de larmes

Weinlese *f* vendanges *fpl* **Weinprobe** *f* dégustation *f* [de vins] **Weinrebe** *f* vigne *f* **weinrot** *adj* bordeaux *inv* **Weinstube** *f* bar *m* à vin[s] **Weintraube** *f* (*einzelne Beere*) grain *m* de raisin; blaue **~n kaufen** acheter du raisin noir

weise *adj geh* sage

Weise ['vaizə] <-, -n> *f* ❶ (*Art*) manière *f;* auf diese ~ de cette manière; in der ~, dass ... (*auf diese Art*) de telle manière que ...; (*so dass*) de manière que + *subj* ❷ *geh* (*Melodie*) air *m*

Weise(r) *f(m) dekl wie adj* sage *m/*femme *f* sage

weisen ['vaizən] <wies, gewiesen> *vt geh* ❶ (*Weg*) indiquer ❷ (*fortschicken*) jdn aus dem Haus ~ chasser qn de la maison ▶etw |weit| von sich ~ rejeter qc

Weisheit <-, -en> *f* ❶ *kein Pl* sagesse *f* ❷ *meist Pl* (*Erkenntnis*) conseil *m* de bon sens

Weisheitszahn *m* dent *f* de sagesse

weis|machen *vt fam* jdm ~, dass ... faire gober à qn que ...

weiß[1] [vais] *1. und 3. Pers Präs von* **wissen**

weiß[2] *adj* blanc(blanche); ~ werden (*Haare*) blanchir; (*Gesicht*) pâlir

Weiß <-[es]> *nt* blanc *m*

weissagen *vt* prédire

Weissagung <-, -en> *f* prédiction *f*

Weißbier *nt* bière *f* blanche **Weißblech** *nt* fer-blanc *m* **Weißbrot** *nt* pain *m* blanc **Weißdorn** *m* aubépine *f*

Weiße(r) *f(m) dekl wie adj* Blanc *m/*Blanche *f*

Weißglut *f kein Pl* incandescence *f* ▶jdn zur ~ **treiben** échauffer les oreilles à qn **Weißgold** *nt* or *m* blanc **weißhaarig** *adj* aux cheveux blancs **Weißkohl** *m*, **Weißkraut** *nt* A chou *m* blanc

weißlich *adj* blanchâtre

W

WeißrusslandRR *nt* la Biélorussie **Weißwein**
m vin *m* blanc **Weißwurst** *f* boudin *m*
blanc

Weisung <-, -en> *f* directive *f*

weit [vait] I. *adj* ❶ (*Schuhe*) large; **etw ~er
machen** élargir qc ❷ (*Strecke*) long(longue)
antéposé; **ist es noch ~ bis zum Hotel?**
c'est encore loin jusqu'à l'hôtel? ❸ (*zeitlich
entfernt*) **es ist noch ~ bis zum Sommer?**
l'été, c'est encore loin? II. *adv* ❶ (*gehen*)
loin; **~ offen** [stehend] grand(e) ouvert(e);
fünf Meter ~ springen sauter à cinq mètres; **haben Sie es noch sehr ~?** vous allez encore loin? ❷ (*in zeitlicher Hinsicht*)
so ~ sein être prêt; **~ nach zehn Uhr** bien
après dix heures; **~ zurückliegen** être il y a
longtemps ❸ *fig* **es ~ gebracht haben**
avoir réussi; **das geht** [entschieden] **zu ~!**
c'en est trop!; **wie ~ bist du** [gekommen]**?**
où en es-tu? ❹ (*schlechter*) bien [plus];
(*übertreffen*) de beaucoup ▶**so ~, so gut**
bon, jusque là, ça va; **so ~ __kommt__ es**
[noch]**!** *fam* et puis quoi encore!

weitab ['vait?ap] *adv* loin [de tout]

weitaus [vait'?aus] *adv* ❶ (*schöner*) bien
[plus] ❷ (*eindeutig*) **er ist der ~ beste
Schüler** il est de loin le meilleur élève

Weitblick *m kein Pl* clairvoyance *f*

Weite <-, -n> *f* ❶ étendue *f* ❷ (*Breite*) largeur *f*

weiten *vt* élargir

weiter ['vaitɐ] *adv* ❶ *Komp von:* **weit ~
oben** plus haut; **~!** on continue! ❷ (*sonst*)
das hat ~ nichts zu sagen ça ne veut rien
dire; **und ~?** et après? ▶**und so ~** [und so
fort] et cætera

weiter|arbeiten *vi* continuer son/le travail
weiter|bilden *vr sich* ~ compléter sa for-
mation **Weiterbildung** *f* formation *f* conti-
nue **weiter|bringen** *vt irr* faire avancer

weitere(r, s) *adj* autre *antéposé;* **alles Weitere besprechen wir morgen** on discute-
ra des détails demain ▶**bis auf ~s** momentanément; **__ohne__ ~s** sans problèmes

weiter|empfehlen* *vt irr* recommander
weiter|entwickeln* I. *vt* (*Gerät*) perfec-
tionner; (*Idee*) développer II. *vr sich* ~ évo-
luer **weiter|erzählen*** I. *vt* (*Neuigkeit*) ré-
péter II. *vi* continuer à raconter **weiter|
fahren** *vi irr + sein* nach Basel ~ continuer
sa route vers Bâle **weiter|führen** *vt* ❶ (*Pro-
jekt*) poursuivre ❷ (*weiterbringen*) **jdn ~**

(*Vorschlag*) faire avancer qn **Weitergabe** *f*
(*von Unterlagen*) transmission *f* **wei-
ter|geben** *vt irr* (*weiterreichen*) faire passer;
(*mitteilen*) transmettre **weiter|gehen** *vi irr
+ sein* ❶ poursuivre son chemin ❷ (*seinen
Fortgang nehmen*) continuer; **wie soll es
nun ~?** qu'est-ce qu'on va faire? **weiter|
helfen** *vi irr* aider; **jdm in einer Angelegenheit ~** aider qn dans une affaire **weiterhin** *adv* ❶ (*immer noch*) encore ❷ (*auch
zukünftig*) dans l'avenir ❸ (*außerdem*) en
outre **weiter|kommen** *vi irr + sein* avancer
weiter|laufen *vi irr + sein* (*Person, Kosten*)
continuer à courir **weiter|leiten** *vt* (*Infor-
mation*) transmettre; (*Brief*) faire suivre
weiter|machen *vi fam* continuer **weiter|
sagen** *vt* répéter; **nicht ~!** motus et bouche cousue!

weitgehend <**weit**gehender *o* A **weiterge-
hend**>, **weit**estgehend> I. *adj* étendu(e)
II. *adv* à quelques détails près

weither *adv geh* de loin

weithin *adv geh* (*hörbar*) alentour

weitläufig I. *adj* ❶ vaste *antéposé* ❷ (*Verwandtschaft*) éloigné(e) II. *adv* **~** [mit-
einander] **verwandt sein** être parents éloignés

weitreichendALT *s.* **reichen I.**

weitschweifig *adj* diffus(e)

Weitsicht *s.* **Weitblick**

weitsichtig *adj* MED presbyte

Weitsprung *m* ❶ *kein Pl* (*Disziplin*) saut *m*
en longueur ❷ (*Sprung*) saut *m*

weitverbreitetALT *s.* **verbreiten I.1.**

Weizen ['vaitsən] <-s> *m* blé *m* ❶

Weizenmehl *nt* farine *f* de froment

welch *pron interrog geh* **~ eine Enttäuschung!** quelle déception!

welche(r, s) I. *pron inter-
rog* quel(le) II. *pron rel* **das Programm,
mit ~m sie arbeitet** le logiciel avec lequel
elle travaille III. *pron indef* ❶ en; **brauchst
du Streichhölzer? Hier sind ~!** tu as besoin d'allumettes? En voici! ❷ *Pl fam* (*einige
Leute*) **es gibt ~, die ...** il y en a qui ...

welk [vɛlk] *adj* flétri(e)

welken *vi + sein geh* se flétrir

Wellblech *nt* tôle *f* ondulée

Welle ['vɛlə] <-, -n> *f* ❶ *a. fig* vague *f* ❷ (*Lo-
cke*) ondulation *f* ❸ PHYS, RADIO onde *f*

wellen *vr sich* ~ onduler

Wellenbrecher <-s, -> *m* brise-lame[s] *m*

Wellenlänge f longueur f d'onde **Wellenlinie** f ligne f ondulée **Wellenreiten** nt surf m **Wellensittich** m perruche f

wellig adj ondulé(e)

Wellpappe f carton m ondulé

Welpe ['vɛlpə] <-n, -n> m chiot m

Welt [vɛlt] <-, -en> f ➊ kein Pl (die Erde) **die ~** le monde; **in aller ~** dans le monde entier ➋ kein Pl fam (die Menschen) **alle ~** tout le monde ➌ (politische Sphäre) **die westliche ~** l'Occident m; **die Dritte ~** le tiers-monde ▶**etw aus der ~** schaffen mettre fin à qc

Weltall nt univers m **Weltanschauung** f conception f du monde **weltberühmt** adj célèbre dans le monde entier **Weltbild** nt vision f du monde **weltfremd** adj irréaliste **Weltgeschichte** f kein Pl histoire f universelle ▶**in der ~ herumfahren** hum fam rouler sa bosse **weltgeschichtlich** adj (Ereignis) qui fait date **Weltkrieg** m guerre f mondiale; **der Erste/Zweite ~** la Première/Seconde Guerre mondiale **Weltliteratur** f kein Pl littérature f mondiale **Weltmacht** f grande puissance f **Weltmarkt** m marché m international **Weltmeister(in)** m(f) champion(ne) m(f) du monde **Weltmeisterschaft** f championnat m du monde **Weltraum** m kein Pl espace m **Weltreich** nt empire m **Weltreise** f tour m du monde **Weltrekord** m record m du monde **Weltsicherheitsrat** m Conseil m de sécurité de l'O.N.U. **Weltstadt** f grande ville f de renommée mondiale **Weltuntergang** m fin f du monde **weltweit** I. adj mondial(e) II. adv (tätig sein) dans le monde entier; (bedeutsam sein) pour le monde entier **Weltwirtschaft** f économie f mondiale **Weltwunder** nt **die sieben ~** les Sept Merveilles fpl du monde

wem [ve:m] I. pron interrog, dat von **wer**: **~ gehört ...?** à qui appartient ...?; **mit ~** avec qui; **von ~** de qui II. pron rel, dat von **wer** celui à qui

wen [ve:n] I. pron interrog, akk von **wer**: **durch/für ~** par/pour qui II. pron rel, akk von **wer**: **~** celui que

Wende ['vɛndə] <-, -n> f ➊ tournant m ➋ HIST **die ~** le tournant (désigne la réunification allemande)

Wendekreis m ➊ (eines Autos) rayon m de braquage ➋ GEO **der nördliche ~** le tropique du Cancer; **der südliche ~** le tropique du Capricorne

Wendeltreppe ['vɛndəltʀɛpə] f escalier m en colimaçon

wenden¹ ['vɛndən] vr ➊ (sich drehen) se tourner ➋ (sich richten an) **sich an jdn ~** s'adresser à qn ➌ (entgegentreten) **sich gegen jdn ~** se retourner contre qn; **sich gegen etw ~** réfuter qc

wenden² I. vt (Blatt) retourner; **bitte ~!** tournez, s'il vous plaît! II. vi faire demi-tour

Wendepunkt m tournant m

wendig adj (Person) souple d'esprit; (Auto) manœuvrable

Wendung <-, -en> f ➊ retournement m ➋ LING tournure f

wenig ['ve:nɪç] I. adj, pron indef ➊ **~ Zeit** peu de temps; **zu ~** trop peu ➋ (nicht viele) **es kamen nur ~e** peu de gens sont venus ➌ (etwas) **ein ~ Zucker** un peu de sucre II. adv ➊ (kaum, nicht sehr) **~ hilfreich** guère secourable; **nicht ~ überrascht sein** ne pas être peu surpris ➋ (selten) **~ ausgehen** sortir peu ➌ (etwas) **ein ~ verärgert** un peu irrité(e)

weniger ['ve:nɪɡɐ] I. adj, pron indef, Komp von **wenig ~ Zeit** moins de temps; **er verdient ~ als ich** il gagne moins que moi; **etwas ~** un peu moins; **~ werden** (Vorräte) diminuer; (Vermögen) s'amenuiser ▶**~ wäre mehr gewesen** le mieux est l'ennemi du bien II. adv Komp von **wenig** moins III. konj moins; **21 ~ 4 ist 17** 21 moins 4 égale 17

wenigste(r, s) I. adj, pron Superl von **wenig: das ~ Geld** le moins d'argent II. adv Superl von **wenig** le moins

wenigstens ['ve:nɪçstns] adv ➊ (mindestens) au moins ➋ (zumindest) du moins

wenn [vɛn] konj ➊ (falls) si ➋ (sobald) dès que ➌ (obwohl) **~ sie auch Recht hat** même si elle a raison ➍ (in Wunschsätzen) **~ es morgen bloß nicht regnet!** si seulement il ne pleuvait pas demain!

wenngleich [vɛnˈɡlaɪç] konj geh bien que + subj

wer [ve:ɐ] I. pron interrog qui [est-ce qui] II. pron rel [celui] qui III. pron indef fam **wenn ~ anruft** s'il y a quelqu'un qui téléphone ▶**er/sie ist ~** il/elle n'est pas n'importe qui

Werbeagentur f agence f de publicité **Werbefernsehen** nt publicité f à la télévision

Werbegeschenk *nt* cadeau *m* publicitaire
werben ['vɛrbən] <wirbt, warb, geworben> I. *vt* (*Kunden*) parrainer II. *vi* ❶ (*Reklame machen*) **für etw ~** faire de la publicité pour qc ❷ (*zu erhalten suchen*) **um Vertrauen ~** chercher à gagner la confiance
Werbespot ['vɛrbəspɔt] *m* spot *m* publicitaire **werbewirksam** *adj* **ein ~er Slogan** un slogan publicitaire qui fait de l'effet
Werbung <-> *f* ❶ publicité *f* ❷ (*das Anwerben*) parrainage *m*
Werdegang <-gänge> *m* ❶ beruflicher/künstlerischer ~ parcours *m* professionnel/artistique ❷ (*Lebenslauf*) curriculum *m* vitæ
werden ['ve:ɐdən] I. <wird, wurde, geworden> *vi* + *sein* ❶ (*seinen Zustand, Status verändern*) devenir; **krank ~** tomber malade; **schlimmer ~** empirer ❷ (*seine Befindlichkeit verändern*) **jdm wird besser** qn se sent mieux; **jdm wird schwindlig** qn a des vertiges ❸ (*sich entwickeln*) **aus diesem Jungen wird noch etwas** ce garçon ira loin; **was soll nur aus ihm ~?** que va-t-il devenir? ❹ (*ein Alter erreichen*) **er wird zehn** [**Jahre alt**] il va avoir dix ans II. <*PP* worden> *aux* ❶ (*zur Bildung des Futurs*) **sie wird ihm bald schreiben** elle va lui écrire bientôt ❷ (*zur Bildung des Passivs*) **gesehen ~** être vu ❸ (*zur Bildung des Konjunktivs*) **würdest du mir kurz helfen?** tu pourrais m'aider un instant?
werfen ['vɛrfən] <wirft, warf, geworfen> I. *vt* ❶ lancer ❷ (*tun*) jeter ❸ (*bilden: Falten*) faire ❹ (*gebären*) **Junge ~** faire des petits II. *vi* ❶ lancer ❷ (*Junge bekommen*) mettre bas III. *vr* (*sich stürzen*) **sich auf den Boden ~** se jeter par terre
Werft [vɛrft] <-, -en> *f* chantier *m* naval
Werk [vɛrk] <-[e]s, -e> *nt* ❶ (*Fabrik*) usine *f* ❷ (*eines Künstlers*) œuvre *f* ❸ (*Buch*) ouvrage *m* ❹ *kein Pl geh* (*Arbeit*) ouvrage *m*; **sich ans ~ machen** se mettre à l'œuvre
Werkbank <-bänke> *f* établi *m* **Werkstatt** *f* (*Schreinerwerkstatt*) atelier *m*; (*Autowerkstatt*) garage *m* **Werktag** *m* jour *m* ouvrable **werktags** *adv* en semaine **Werkzeug** <-[e]s, -e> *nt* outil *m* **Werkzeugkasten** *m* caisse *f* à outils
Wermut ['ve:ɐmu:t] <-[e]s> *m* ❶ BOT absinthe *f* ❷ (*Wein*) vermout[h] *m*

wert [ve:ɐt] *adj* ❶ **viel ~ sein** valoir beaucoup ❷ *fig* **das ist nicht der Mühe** (*gen*) **~** ça ne vaut pas la peine
Wert <-[e]s, -e> *m* ❶ (*Preis*) valeur *f* ❷ *Pl* (*Untersuchungsergebnis*) résultats *mpl* ❸ (*wertvolle Eigenschaft*) qualité *f* ❹ (*Bedeutung*) valeur *f*; **einer S.** (*dat*) **viel ~ beimessen** *geh* attacher beaucoup d'importance à qc ▶**das hat keinen ~** *fam* c'est pas la peine
wertbeständig *adj* à valeur stable **Wertbrief** *m* lettre *f* chargée
werten *vt* ❶ noter ❷ (*Aussage*) considérer; (*Sachverhalt*) juger
Wertgegenstand *m* objet *m* de valeur **wertlos** *adj* sans valeur; **für jdn ~ sein** ne servir à rien à qn **Wertpapier** *nt* valeur *f* **Wertsache** *f* *meist Pl* objet *m* de valeur **Wertstoff** *m* matériau *m* recyclable
Wertung <-> *f* *kein Pl* ❶ notation *f* ❷ (*von Sachverhalten*) appréciation *f*
wertvoll *adj* de grande valeur
Wesen ['ve:zən] <-s, -> *nt* ❶ (*Geschöpf*) créature *f*; **menschliches ~** être *m* humain ❷ *kein Pl* (*einer Ideologie*) essence *f*
Wesensart *f* nature *f* **Wesenszug** *m* trait *m* de caractère
wesentlich ['ve:zəntlɪç] I. *adj* essentiel(le); (*Bedeutung*) fondamental(e) II. *adv* bien plus
weshalb [vɛs'halp] I. *adv interrog* pourquoi II. *adv rel* **der Grund, ~ ...** la raison pour laquelle ...
Wespe ['vɛspə] <-, -n> *f* guêpe *f*
Wespennest *nt* nid *m* de guêpes ▶**in ein ~ stechen** *fam* [sou]lever un lièvre
wessen ['vɛsən] I. *pron interrog, gen von* **wer:** **~ Geldbörse ist das?** à qui appartient ce porte-monnaie? II. *pron interrog, gen von* **was:** **~ klagt man ihn an?** de quoi l'accuse-t-on?
Wessi ['vɛsi] <-s, -s> *m*, <-, -s> *f* *fam* surnom des habitants de l'ex-Allemagne de l'Ouest
westdeutsch *adj* de l'Allemagne de l'Ouest; HIST (*Regierung*) ouest-allemand(e) **Westdeutschland** *nt* GEO l'Allemagne *f* occidentale; HIST l'Allemagne *f* de l'Ouest
Weste ['vɛstə] <-, -n> *f* gilet *m*
Westen ['vɛstən] <-s> *m* ❶ ouest *m* ❷ POL **der ~** l'Occident *m*; *s. a.* **Norden** ▶**der Wilde ~** le Far West

Western ['vɛstɐn] <-[s], -> *m* western *m*

Westeuropa *nt* GEO l'Europe *f* occidentale; POL l'Europe *f* de l'Ouest

Westfale [vɛst'fa:lə] <-n, -n> *m*, **Westfälin** *f* Westphalien(ne) *m(f)*

Westfalen [vɛst'fa:lən] <-s> *nt* la Westphalie

westfälisch [vɛst'fɛ:lɪʃ] *adj* de Westphalie

Westküste *f* côte *f* ouest

westlich I. *adj* ❶ (*Land*) [situé(e)] à l'ouest; (*Wind*) [en provenance] de l'ouest; **in ~er Richtung** en direction de l'ouest ❷ POL occidental(e) II. *adv* à l'ouest III. *präp* + *gen* à l'ouest de

Westmächte *Pl* puissances *fpl* occidentales

Westwind *m* vent *m* d'ouest

weswegen [vɛs've:gən] *s.* **weshalb**

Wettbewerb ['vɛtbəvɛrp] <-[e]s, -e> *m* ❶ *kein Pl* concurrence *f* ❷ (*Veranstaltung*) concours *m*; **sportlicher ~** compétition *f* sportive

Wette ['vɛtə] <-, -n> *f* pari *m*; **eine ~ abschließen** faire un pari

wetteifern *vi geh* **mit jdm um etw ~** rivaliser avec qn pour qc

wetten I. *vi geh*; **mit jdm um zehn Euro ~** parier dix euros avec qn; **~, dass ...?** *fam* on parie que ...? II. *vt* (*Geld*) parier

Wetter ['vɛtɐ] <-s> *nt kein Pl* temps *m*; **es ist schönes/schlechtes ~** il fait beau/mauvais

Wetterbericht *m* bulletin *m* météo[rologique] **wetterfest** *adj* résistant(e) aux intempéries **wetterfühlig** *adj* sensible aux changements de temps **Wetterkarte** *f* carte *f* météo[rologique] **Wettervorhersage** *f* prévisions *fpl* météo[rologiques]

Wettkampf *m* compétition *f* **Wettlauf** *m* course *f* à pied **wett|machen** *vt* (*Zeit*) rattraper; (*Versäumnis*) réparer **Wettrennen** *nt* course *f* **Wettrüsten** *nt* course *f* aux armements

wetzen ['vɛtsən] I. *vt* + *haben* aiguiser II. *vi* + *sein fam* **nach Hause ~** filer à la maison

WG [ve:'ge:] <-, -s> *f Abk von* **Wohngemeinschaft** communauté *f* (*personnes partageant un appartement*)

Whisky ['vɪski] <-s, -s> *m* whisky *m*

wich [vɪç] *Imp von* **weichen**

wichtig ['vɪçtɪç] *adj* important(e) ▸**sich ~ machen** *fam* faire l'important(e); **sich zu ~ nehmen** se prendre trop au sérieux

Wichtigkeit <-> *f* importance *f*

Wickel ['vɪkəl] <-s, -> *m* MED compresse *f*

wickeln I. *vt* ❶ (*herumbinden*) **sich** (*dat*) **einen Schal um den Hals ~** s'enrouler une écharpe autour du cou ❷ (*ein~*) envelopper ❸ (*Baby*) langer II. *vr* **sich um etw ~** s'enrouler autour de qc

Wickeltisch *m* table *f* à langer

Widder ['vɪdɐ] <-s, -> *m a.* ASTRO bélier *m*

wider ['vi:dɐ] *präp* + *akk geh* contre

widerfahren* [vi:dɐ'fa:rən] *vi irr* + *sein geh* **jdm ~** arriver à qn **Widerhall** *m geh* écho *m* **wider|hallen** *vi* résonner, retentir **widerlegen*** *vt* réfuter

widerlich *adj* répugnant(e)

widerrechtlich *adj* illégal(e) **Widerrede** *f* objection *f*; **keine ~!** pas de discussion! **Widerruf** *m* révocation *f*; **bis auf ~** jusqu'à nouvel ordre **widerrufen*** *vt irr* (*Genehmigung*) révoquer; (*Aussage*) revenir sur **Widersacher(in)** ['vi:dɐzaxɐ] <-s, -> *m(f)* adversaire *mf* **widersetzen*** *vr* **sich jdm ~** résister à qn; **sich einer S.** (*dat*) **~** s'opposer à qc **widersinnig** *adj* absurde **widerspenstig** *adj* rebelle; (*Kind*) rétif(-ive) **wider|spiegeln** *geh* I. *vt* renvoyer l'image de II. *vr* **sich in etw ~** (*dat*) se refléter dans qc **widersprechen*** *vi irr* contredire **Widerspruch** *m kein Pl* contradiction *f* **widersprüchlich** *adj* contradictoire **widerspruchslos** I. *adj* exempt(e) de protestations II. *adv* sans protester

Widerstand *m* résistance *f* **widerstandsfähig** *adj* robuste; (*Material*) résistant(e) **Widerstandskämpfer(in)** *m(f)* résistant(e) *m(f)* **widerstandslos** *adj* sans résistance

widerstehen* *vi irr* résister **widerstreben*** *vi geh* **es widerstrebt ihm dorthin zu gehen** ça le répugne d'y aller **widerwärtig** *adj* répugnant(e) **Widerwille** *m* répugnance *f*; **mit ~n** à contrecœur **widerwillig** *adj*, *adv* à contrecœur

widmen ['vɪtmən] I. *vt* **jdm etw ~** dédier qc à qn II. *vr* **sich jdm/einer S. ~** se consacrer à qn/qc

Widmung <-, -en> *f* dédicace *f*

widrig ['vi:drɪç] *adj geh* défavorable

wie [vi:] I. *adv interrog* ❶ comment; **~ heißt du?** comment t'appelles-tu?; **~ geht es dir?** comment vas-tu?; **~ bitte?** comment? ❷ (*auf welche Weise*) comment ❸ (*in welchem Maße*) **~ alt bist du?** quel âge as-tu?; **~ groß bist du?** combien mesures-tu?; **~**

W

spät ist es? quelle heure est-il?; ~ **oft** ... combien de fois ... ❹ (*welche Menge*) ~ **viel** combien ❺ (*in Ausrufen*) ~ **schön!** que c'est beau!; ~ **schade!** comme c'est dommage! **II.** *adv* **rel die Art, ~** ... la façon dont ... **III.** *konj* ❶ (*vergleichend*) **weiß ~ Schnee** blanc comme neige; **so groß ~ ein Fass** aussi grand(e) qu'un tonneau; **er ist so alt ~ ich** il a le même âge que moi ❷ (*beispielsweise*) comme ❸ (*entsprechend dem, was*) ~ **ich höre** d'après ce que j'entends dire ❹ (*dass*) **er sah, ~ der Krug umkippte** il a vu la cruche basculer

wieder ['viːdə] *adv* ❶ (*erneut*) de nouveau; **es regnet schon** ~ il pleut encore; **nie** ~ plus jamais ❷ (*allerdings*) en tout cas

Wiederaufbau [viːdɐˈʔaʊfbaʊ] *m kein Pl* reconstruction *f*

wieder|auf|bauenᴬᴸᵀ [viːdəˈʔaʊfbaʊən] *s.* **aufbauen I.2.**

wieder|auf|bereiten*ᴬᴸᵀ *s.* **aufbereiten**

Wiederaufbereitung [viːdəˈʔaʊfbərajtʊŋ] <-, -en> *f* ÖKOL retraitement *m*

Wiederaufbereitungsanlage *f* ÖKOL usine *f* de traitement des déchets radioactifs

Wiederaufnahme [viːdəˈʔaʊfnaːmə] *f* reprise *f*

wieder|bekommen* *vt irr* récupérer

wieder|beleben*ᴬᴸᵀ *s.* **beleben I.2.**

Wiederbelebung *f* renaissance *f*

wieder|entdecken*ᴬᴸᵀ *s.* **entdecken 2.**

wieder|erkennen*ᴬᴸᵀ *s.* **erkennen I.2.**

Wiedereröffnung *f* réouverture *f*

wieder|findenᴬᴸᵀ *s.* **finden I.1.**

Wiedergabe *f* ❶ reproduction *f* ❷ (*Schilderung*) description *f*

wieder|geben *vt irr* rendre

Wiedergeburt *f* réincarnation *f*

wieder|gewinnen* *vt irr* ❶ ÖKOL **etw aus Abfällen** ~ obtenir qc en retraitant des déchets ❷ (*Eigentum*) récupérer

Wiedergewinnung <-> *f* récupération *f* [après traitement]

wieder|gut|machenᴬᴸᵀ [viːdəˈʔguːtmaxən] *s.* **gutmachen 1.**

Wiedergutmachung <-, -en> *f* réparation *f*

wieder|haben *vt irr fam* récupérer

wieder|her|stellen [viːdəˈheːɐʃtɛlən] *vt* ❶ rétablir ❷ (*restaurieren*) **etw** ~ remettre qc en état

wiederholen*¹ ['viːdəhoːlən] **I.** *vt* ❶ (*Satz*) répéter ❷ (*Film*) rediffuser ❸ (*Klasse*) re-

doubler ❹ (*Lektion*) réviser **II.** *vr* **sich** ~ se répéter

wieder|holen² [viːdəˈhoːlən] *vt* **sich** (*dat*) **etw** ~ récupérer qc

wiederholt [viːdəˈhoːlt] **I.** *adj* répété(e) **II.** *adv* à plusieurs reprises

Wiederholung [viːdəˈhoːlʊŋ] <-, -en> *f* ❶ (*eines Worts*) répétition *f* ❷ (*eines Films*) rediffusion *f* ❸ (*einer Klasse*) redoublement *m*

Wiederhören |**auf**| ~! au revoir!

wieder|käuen ['viːdəkɔyən] **I.** *vt* ❶ (*Gras*) ruminer ❷ *pej* (*ständig wiederholen*) rabâcher **II.** *vi* ruminer

Wiederkäuer <-s, -> *m* ruminant *m*

wieder|kommen *vi irr + sein* ❶ revenir ❷ (*Gelegenheit*) se représenter

wieder|sehenᴬᴸᵀ *irr* **I.** *vt s.* **sehen I.1. II.** *vi s.* **sehen III.1.**

Wiedersehen <-s, -> *nt* |**auf**| ~! au revoir!

wieder|tunᴬᴸᵀ *s.* **tun I.1.**

wiederum ['viːdərʊm] *adv* ❶ (*abermals*) de nouveau ❷ (*dagegen*) en revanche

wieder|vereinigen*ᴬᴸᵀ *s.* **vereinigen II.1.**

Wiedervereinigung *f* réunification *f*

Après la guerre froide, qui avait vu la séparation de l'Allemagne en deux États (avec la RFA – république fédérale allemande – à l'ouest et la RDA – république démocratique allemande – à l'est) et la construction du mur de Berlin, une politique de détente s'est amorcée. Le 9 novembre 1989 a vu la chute du mur de Berlin et le début de grands changements qui ont abouti, le 3 octobre 1990, à la signature d'un traité d'union et à la **Wiedervereinigung**, c'est-à-dire la réunification. Après la chute de l'État de la RDA, l'ancien territoire de l'Allemagne de l'Est a été intégré à la RFA.

wieder|verheiraten*ᴬᴸᵀ *s.* **verheiraten**

wieder|verwenden*ᴬᴸᵀ *s.* **verwenden**

Wiederverwendung *f* réutilisation *f*

wieder|verwerten*ᴬᴸᵀ *s.* **verwerten**

Wiederverwertung *f* recyclage *m*

Wiederwahl *f* réélection *f*

Wiege ['viːgə] <-, -n> *f geh* berceau *m*

Wiegemesser *nt* hachoir *m*

wiegen¹ ['viːgən] <wog, gewogen> *vt*, *v* |**sich**| ~ |se| peser

wiegen² **I.** *vt* (*Kind*) bercer **II.** *vr* (*sich bewe* *gen)* **sich ~** se balancer

Wiegenlied *nt* berceuse *f*

wiehern [ˈviːɐn] *vi* hennir

Wien [viːn] <-s> *nt* Vienne

Wiener(in) <-s, -> *m(f)* Viennois(e) *m(f)*

Wiese [ˈviːzə] <-, -n> *f* pré *m*

Wiesel [ˈviːzəl] <-s, -> *nt* belette *f*

wieso [viˈzoː] *adv interrog* pourquoi

wievielALT *s.* **wie I.4.**

wievielte(r, s) *adj interrog* **zum ~n Mal ...?** combien de fois ...?; **der Wievielte ist heute?** le combien sommes-nous aujourd'-hui? (*fam*)

Wikinger(in) <-s, -> *m(f)* HIST Viking *mf*

wild [vɪlt] **I.** *adj* ❶ sauvage ❷ (*Spekulation*) fou(folle) *antéposé* ❸ *fam* (*wütend*) furieux(-euse) ▶**wie ~** comme un(e) enragé(e) **II.** *adv* ❶ (*in freier Natur*) à l'état sauvage ❷ (*unkontrolliert*) sauvagement

Wild <-[e]s> *nt* gibier *m*

Wildbahn *f* **in freier ~** en liberté

Wilde(r) *f(m) dekl wie adj* sauvage *mf*

Wilderer <-s, -> *m* braconnier *m*

wildern [ˈvɪldɐn] *vi* ❶ (*Person*) braconner ❷ (*Tier*) chasser

wildfremd [ˈvɪltˈfrɛmt] *adj fam* totalement inconnu(e)

Wildheit <-, -en> *f* ❶ sauvagerie *f* ❷ (*eines Kampfs*) violence *f*

Wildkatze *f* chat *m* sauvage **Wildleder** *nt* daim *m*

Wildnis <-, -se> *f* contrée *f* sauvage

Wildschwein *nt* sanglier *m*

Wille [ˈvɪlə] <-ns, -n> *m* ❶ volonté *f*; **etw aus freiem ~n tun** faire qc de sa propre initiative; **etw wider ~n tun** faire qc sans le vouloir ❷ (*Absicht*) volonté *f*; **das war kein böser ~** ce n'était pas intentionnel ▶**sein/ihr letzter ~** *geh* ses dernières volontés

willen *präp* +*gen* **um seiner/deiner ~** pour l'amour de lui/de toi

willenlos *adj* sans la moindre volonté

willens *adj geh* **~ sein etw zu tun** être disposé à faire qc

Willenskraft *f kein Pl* volonté *f* **willensschwach** *adj* sans volonté

willig *adj* |qui fait preuve| de bonne volonté; (*Kind*) docile

willkommen [vɪlˈkɔmən] *adj* ❶ bienvenu(e) ❷ (*Gelegenheit*) opportun(e)

Willkommen <-s, -> *nt* bienvenue *f*

Willkür [ˈvɪlkyːɐ] <-> *f* arbitraire *m*

willkürlich *adj* arbitraire

wimmeln [ˈvɪməln] *vi unpers* grouiller

wimmern [ˈvɪmɐn] *vi* geindre; (*Baby*) vagir

Wimpel [ˈvɪmpəl] <-s, -> *m* fanion *m*

Wimper [ˈvɪmpɐ] <-, -n> *f* cil *m* ▶**ohne mit der ~ zu zucken** sans sourciller

Wimperntusche *f* mascara *m*

Wind [vɪnt] <-[e]s, -e> *m* vent *m*

Windbeutel *m* chou *m* à la crème

Winde [ˈvɪndə] <-, -n> *f* ❶ TECH treuil *m* ❷ BOT liseron *m*

Windel [ˈvɪndəl] <-, -n> *f* couche *f*

windelweich [ˈvɪndəlˈvaiç] *adj* ▶**jdn ~ schlagen** *fam* tabasser qn

winden [ˈvɪndən] <**wand**, **gewunden**> **I.** *vr* ❶ **sich vor Schmerzen ~** se tordre de douleur ❷ (*sich vorwärts bewegen*) **sich ~** (*Schlange, Wurm*) se faufiler ❸ (*in Kurven verlaufen*) **sich ~** serpenter **II.** *vt* (*herumschlingen*) **etw um etw ~** enrouler qc autour de qc

Windenergie *f* énergie *f* éolienne

windgeschützt *adj, adv* à l'abri du vent **Windhund** *m* lévrier *m*

windig *adj* ❶ (*mit viel Wind*) venteux(-euse); **es ist ~** il y a du vent ❷ *fam* (*Vertreter*) pas sérieux(-euse); (*Sache*) foireux(-euse)

Windjacke *f* blouson *m* **Windkraftanlage** *f* éolienne *f* **Windmühle** *f* moulin *m* à vent **Windpocken** *Pl* varicelle *f* **Windrichtung** *f* direction *f* du vent **Windschatten** *m* côté *m* abrité du vent **windschief** *adj* tout(e) tordu(e) **Windschutzscheibe** *f* pare-brise *m* **Windstärke** *f* force *f* du vent **windstill** *adj* sans vent **Windstille** *f* calme *m* plat **Windstoß** *m* bourrasque *f* **Windsurfer(in)** *m(f)* |véli|planchiste *mf* **Windsurfing** *nt* planche *f* à voile

Windung <-, -en> *f* (*eines Wasserlaufs*) méandre *m*; (*einer Straße*) lacet *m*

Wink [vɪŋk] <-[e]s, -e> *m* ❶ indication *f* ❷ (*Bewegung*) signe *m*

Winkel [ˈvɪŋkəl] <-s, -> *m* ❶ MATH angle *m* ❷ (*Ecke*) coin *m* ❸ (*~maß*) équerre *f*

winken [ˈvɪŋkən] **I.** *vi* ❶ faire signe ❷ (*in Aussicht stehen*) **jdm winkt etw** qc attend qn **II.** *vt* **sie winkte ihn zu sich** elle lui fit signe de s'approcher d'elle

winseln [ˈvɪnzəln] *vi* gémir

Winter [ˈvɪntɐ] <-s, -> *m* hiver *m*

Winteranfang *m* début *m* de l'hiver

W

Wintereinbruch m irruption f de l'hiver
Wintergarten m jardin m d'hiver
winterlich I. adj d'hiver II. adv pour affronter l'hiver
Wintermantel m manteau m d'hiver **Winterreifen** m pneu m neige **Winterschlaf** m hibernation f; ~ **halten** hiberner **Winterschlussverkauf**[RR] m soldes mpl d'hiver
Wintersemester nt semestre m d'hiver
Wintersport m sports mpl d'hiver
Winzer(in) ['vɪntsɐ] <-s, -> m(f) vigneron(ne) m(f)
winzig ['vɪntsɪç] adj ❶ minuscule ❷ (Menge) infime
Wipfel ['vɪpfəl] <-s, -> m cime f
Wippe ['vɪpə] <-, -n> f bascule f
wippen vi se balancer
wir [viːɐ] pron pers nous; **wer ist draußen? — Wir!** qui est là? — C'est nous!
Wirbel ['vɪrbəl] <-s, -> m ❶ ANAT vertèbre f ❷ fam (Trubel) remue-ménage m ❸ (Wasserwirbel) remous m; (Luftwirbel) tourbillon m ❹ (Haarwirbel) épi m
wirbeln I. vi ❶ + sein (gewebt werden) tourbillonner ❷ + haben fam (geschäftig sein) s'activer II. vt + haben **die Unterlagen durcheinander ~** (Wind) faire virevolter les documents
Wirbelsäule f colonne f vertébrale **Wirbelsturm** m cyclone m **Wirbeltier** nt vertébré m
wirbt [vɪrpt] 3. Pers Präs von **werben**
wird [vɪrt] 3. Pers Präs von **werden**
wirft [vɪrft] 3. Pers Präs von **werfen**
wirken ['vɪrkən] I. vi ❶ (Substanz) agir; **gut/nicht ~** être efficace/inefficace ❷ (Drohung) faire effet ❸ (erscheinen) **müde ~** avoir l'air fatigué(e); **lächerlich ~** être ridicule ❹ (zur Geltung kommen) **gut ~** rendre bien II. vt **Wunder ~** faire des miracles
wirklich ['vɪrklɪç] I. adj ❶ (Begebenheit) véritable; **sein ~er Name** son vrai nom ❷ (Hilfe) réel(le) II. adv ❶ (tatsächlich) réellement; **~?** c'est vrai?; **~ nicht?** vraiment pas? ❷ (aufrichtig, sehr) vraiment
Wirklichkeit <-, -en> f réalité f; **in ~** en réalité
wirksam adj ❶ efficace ❷ (rechtskräftig) **~ werden** entrer en vigueur
Wirksamkeit <-> f efficacité f
Wirkstoff m substance f active
Wirkung <-, -en> f ❶ effet m ❷ (Rechtskraft)

mit ~ vom 15. Oktober avec effet au 15 octobre
wirkungslos adj inefficace **wirkungsvoll** adj efficace
wirr [vɪr] I. adj ❶ emmêlé(e) ❷ (Traum) confus(e) II. adv en désordre
Wirren ['vɪrən] Pl troubles mpl
Wirrkopf m pej esprit m confus
Wirrwarr ['vɪrvar] <-s> m fouillis m; (von Stimmen) mélange m confus
Wirsing <-s> m chou m frisé
Wirt(in) ['vɪrt] <-[e]s, -e> m(f) patron(ne) m(f)
Wirtschaft ['vɪrtʃaft] <-, -en> f ❶ économie f ❷ (~szweig) **die freie ~** le secteur privé ❸ (Gastwirtschaft) bistro[t] m
wirtschaften vi ❶ (Geld, Mittel verwalten) gérer son budget; **eine Firma/ein Land zugrunde ~** ruiner une entreprise/mener un pays à la ruine ❷ (sich betätigen) **in der Küche ~** être occupé à la cuisine
wirtschaftlich adj ❶ économique; **seine ~en Verhältnisse** sa situation financière ❷ (Hausfrau) économe; (Denken) en termes d'économie
Wirtschaftlichkeit <-> f ❶ fonctionnement m économique ❷ (Rentabilität) rentabilité f
Wirtschaftsgymnasium nt lycée m à dominante économique **Wirtschaftskriminalität** f criminalité f économique **Wirtschaftskrise** f crise f économique **Wirtschaftslage** f situation f économique **Wirtschaftspolitik** f politique f économique **Wirtschaftsprüfer(in)** m(f) expert-comptable(experte-comptable) m(f) **Wirtschafts- und Währungsunion** f union économique et monétaire **Wirtschaftswachstum** nt croissance f économique **Wirtschaftswissenschaft** f meist Pl sciences fpl économiques
Wirtshaus nt auberge f
Wisch [vɪʃ] <-[e]s, -e> m pej fam papelard m
wischen ['vɪʃən] vt ❶ (Fußboden) passer la serpillière sur ❷ (entfernen) **sich** (dat) **den Schweiß von der Stirn ~** essuyer la sueur sur son front
wispern ['vɪspɐn] I. vt chuchoter II. vi parler en chuchotant
Wissbegier[de][RR], **Wißbegier[de]**[ALT] f kein Pl besoin m de savoir **wissbegierig**[RR] **wißbegierig**[ALT] adj extrêmement curieux (-euse)

wissen ['vɪsən] <weiß, wusste, gewusst> I. *vt* ❶ (*als Kenntnisse besitzen*) savoir; (*Fakten*) connaître; **viel ~** avoir beaucoup de connaissances; **davon weiß ich nichts** je ne suis absolument pas au courant ❷ (*können*) **sich** (*dat*) **zu helfen ~** savoir se débrouiller ❸ (*erfahren*) **jdn etw ~ lassen** faire savoir qc à qn II. *vi* **~ von etw ~ geh** avoir connaissance de qc; **soviel ich weiß** autant que je sache ❷ (*sich erinnern*) **weißt du/~ Sie noch?** tu te rappelles/vous vous rappelez? ▶**nicht mehr ein noch aus ~** ne plus savoir quoi faire

Wissen <-s> *nt* connaissances *fpl*

Wissenschaft <-, -en> *f* science *f*

Wissenschaftler(in) <-s, -> *m(f)* scientifique *mf*

wissenschaftlich *adj* scientifique

Wissensdurst *m geh* soif *f* de savoir **Wissenslücke** *f* lacune *f*

wissentlich ['vɪsəntlɪç] I. *adj* délibéré(e) II. *adv* délibérément

wittern ['vɪtən] *vt* flairer

Witterung <-, -en> *f* ❶ METEO temps *m* ❷ JAGD flair *m*

Witwe ['vɪtvə] <-, -n> *f* veuve *f*

Witwer ['vɪtvɐ] <-s, -> *m* veuf *m*

Witz [vɪts] <-es, -e> *m* ❶ plaisanterie *f* ❷ kein *Pl geh* (*Esprit*) esprit *m* ▶**mach keine ~e!** fam allez, arrête tes conneries!; **das soll wohl ein ~ sein!** fam c'est une blague ou quoi?

Witzbold ['vɪtsbɔlt] <-[e]s, -e> *m* plaisantin *m*

witzig *adj* amusant(e)

witzlos *adj fam* (*sinnlos*) **~ sein** ne servir à rien

WM [veː'ʔɛm] <-, -s> *f Abk von* **Weltmeisterschaft**

wo [voː] I. *adv interrog* où; **~ bist du?** où es-tu? II. *adv rel* **die Stelle, ~ es passierte** l'endroit où c'est arrivé III. *konj* ❶ (*zumal*) d'autant que ... ❷ (*obwohl*) alors que ...

woanders [voˈʔandɐs] *adv* ailleurs

wob [voːp] *Imp von* **weben**

wobei [voˈbaɪ] I. *adv interrog* comment II. *adv rel* ❶ (*bei welcher Sache*) au cours duquel/de laquelle ❷ (*während welcher Sache*) pendant lequel/laquelle ❸ (*aber, jedoch*) cependant

Woche ['vɔxə] <-, -n> *f* semaine *f*; **nächste ~** la semaine prochaine; **pro ~** par semaine

Wochenarbeitszeit *f* durée *f* hebdomadaire du travail **Wochenende** *nt* week-end *m*; **am ~** le week-end; **schönes ~!** bon week-end! **Wochenendhaus** *nt* résidence *f* secondaire (*surtout pour le week-end*) **wochenlang** I. *adj* de plusieurs semaines II. *adv* pendant plusieurs semaines **Wochenmarkt** *m* marché *m* **Wochentag** *m* jour *m* de la semaine; **an ~en** en semaine

wochentags *adv* en semaine

wöchentlich ['vœçəntlɪç] I. *adj* hebdomadaire II. *adv* chaque semaine; **zweimal ~** deux fois par semaine

Wochenzeitschrift *f* [revue *f*] hebdomadaire *m*

Wodka ['vɔtka] <-s, -s> *m* vodka *f*

wodurch [voˈdʊrç] I. *adv interrog* comment II. *adv rel* ce qui explique que + *subj*

wofür [voˈfyːɐ] I. *adv interrog* pour quoi; **~ halten Sie mich eigentlich?** pour qui me prenez-vous?; **~ interessieren Sie sich?** à quoi vous intéressez-vous? II. *adv rel* **das Match, ~ sie trainiert** le match pour lequel elle s'entraîne

wog [voːk] *Imp von* **wiegen**[1]

Woge ['voːgə] <-, -n> *f geh* vague *f*; **die ~n** les flots *mpl*

wogegen [voˈgeːgən] I. *adv interrog* contre quoi II. *adv rel* contre lequel/laquelle III. *konj* alors que; *s.a.* **wohingegen**

wogen ['voːgən] *vi adv* ❶ (*Meer*) rouler des vagues ❷ (*Kampf*) faire rage

woher [voˈheːɐ] *adv interrog, rel* d'où

wohin [voˈhɪn] I. *adv interrog* où; **~ gehst du?** où vas-tu? II. *adv rel* où; **geh, ~ du willst!** va où tu veux!

wohingegen *konj geh* alors que

wohl [voːl] *adv* ❶ **sich ~ fühlen** se sentir bien ❷ (*gut*) **jdm ist nicht ~ bei etw** qc met qn mal à l'aise ❸ (*wahrscheinlich*) vraisemblablement ❹ (*doch, schon*) tout à fait; **das kann man ~ sagen!** ça, tu peux/vous pouvez le dire! ❺ (*überhaupt*) **ob das ~ genügt?** ça suffira, vraiment? ❻ (*endlich*) **willst du ~ gehorchen!** alors, tu te décides à obéir! ▶**~ oder übel** bon gré mal gré; **leb ~!** adieu!

Wohl <-[e]s> *nt* ❶ bien *m* ❷ (*~befinden*) bien-être *m*; **zum ~!** à ta/votre santé!

wohlauf [voːl'ʔaʊf] *adj geh* **~ sein** se porter bien

Wohlbefinden <-s> *nt geh* bien-être *m*

W

wohlbehalten *adv* ❶ en bon état ❷ (*unverletzt*) sain(e) et sauf(sauve)

wohlbekanntᴬᴸᵀ *s.* **bekannt 1.**

wohlerzogen ['vo:l?ɛɐtso:gən] <besser erzogen, besterzogen> *adj geh* bien élevé(e)

Wohlfahrtsstaat *m pej* État[-]providence *m*

wohlgemerkt *adv* il faut le souligner

wohlhabend <wohlhabender, wohlhabendste> *adj* fortuné(e)

wohlig *adj* agréable

wohlklingend <wohlklingender, wohlklingendste> *adj geh* (*Stimme*) mélodieux(-euse)

wohlschmeckend <wohlschmeckender, wohlschmeckendste> *adj geh* savoureux(-euse)

Wohlstand *m kein Pl* aisance *f*

Wohlstandsgesellschaft *f* société *f* d'abondance

Wohltat *f kein Pl* délice *m*

Wohltäter(in) *m(f)* bienfaiteur(-trice) *m(f)*

wohltätig *adj* charitable; **ein ~er Zweck** un but caritatif

Wohltätigkeitsbasar *m* vente *f* de charité

wohltuend [vo:ltu:ənt] <wohltuender, wohltuendste> *adj* bienfaisant(e)

wohlverdient *adj geh* bien mérité(e)

wohlweislich ['vo:lvaislɪç] *adv* en toute connaissance de cause

Wohlwollen <-s> *nt* bienveillance *f*

wohlwollend <wohlwollender, wohlwollendste> **I.** *adj* bienveillant(e) **II.** *adv* avec bienveillance

wohnen ['vo:nən] *vi* habiter

Wohnfläche *f* surface *f* habitable **Wohngebiet** *nt* zone *f* résidentielle **Wohngegend** *f* zone *f* résidentielle **Wohngemeinschaft** *f* communauté *f* (*personnes partageant un appartement ou une maison*)

wohnhaft *adj form* **in Berlin ~ sein** être domicilié à Berlin

Wohnhaus *nt* immeuble *m* d'habitation **Wohnheim** *nt* (*Studentenwohnheim*) foyer *m* pour étudiants **Wohnlage** *f* quartier *m*

wohnlich **I.** *adj* agréable à habiter **II.** *adv* avec confort

Wohnmobil ['vo:nmobi:l] <-s, -e> *nt* camping-car *m* **Wohnort** *m* domicile *m* **Wohnraum** *m* ❶ (*Raum*) pièce *f* d'habitation ❷ *kein Pl* (*Wohnungen*) [parc *m* de] logements *mpl* **Wohnsitz** *m* domicile *m*

Wohnung <-, -en> *f* appartement *m*

Wohnungsbau *m kein Pl* construction *f* de logements **Wohnungsmarkt** *m* marché *m* du logement **Wohnungssuche** *f* recherche *f* d'un logement [à louer] **Wohnungstür** *f* porte *f* de l'appartement

Wohnviertel *nt* quartier *m* résidentiel **Wohnwagen** *m* caravane *f* **Wohnzimmer** *nt* [salle *f* de] séjour *m*

Wok [vɔk] <-, -s> *m* wok *m*

wölben ['vœlbən] *vr* ❶ (*sich biegen*) **sich ~** bomber ❷ (*überspannen*) **sich über etw** (*akk*) ~ (*Dach*) former une voûte au-dessus de qc

Wölbung <-, -en> *f* ARCHIT voûte *f*

Wolf [vɔlf, *Pl*: 'vœlfa] <-[e]s, Wölfe> *m* ❶ loup *m* ❷ (*Fleischwolf*) hachoir *m*

Wölfin ['vœlfɪn] <-, -nen> *f* louve *f*

Wolke ['vɔlkə] <-, -n> *f* nuage *m*

Wolkenbruch *m* pluie *f* torrentielle **Wolkenkratzer** *m* gratte-ciel *m* **wolkenlos** *adj* sans nuages

wolkig *adj* couvert(e)

Wolldecke *f* couverture *f* en laine

Wolle ['vɔlə] <-, -n> *f* laine *f*

wollen ['vɔlən] <will, wollte, wollen> **I.** *aux modal* ❶ **arbeiten ~** vouloir travailler; **ich wollte Sie fragen, ob ...** (*Höflichkeitsfloskel*) je voulais vous demander si ...; **willst du lieber eine Kassette oder eine CD haben?** tu préfères avoir une cassette ou un CD? ❷ (*in Aufforderungssätzen*) **~ Sie einen Moment Platz nehmen?** auriez-vous l'obligeance de prendre place un instant? ❸ (*werden*) **es sieht aus, als will es gleich ein Gewitter geben** on dirait qu'il va bientôt faire de l'orage **II.** <will, wollte, gewollt> *vi* ❶ vouloir ❷ (*gehen, reisen ~*) **zu jdm ~** vouloir voir qn ❸ (*wünschen*) **wie du willst** c'est comme tu veux; **ich wollte, ...** j'aimerais que ... ▸**dann ~ wir mal!** eh bien allons-y! **III.** *vt* ❶ (*haben ~, wünschen*) vouloir; **willst du lieber Kaffee oder Tee?** tu préfères du café ou du thé?; **ohne es zu ~** sans le vouloir ❷ (*bezwecken*) **was willst du mit dem Hammer?** que veux-tu faire avec ce marteau? ▸ **da ist nichts zu ~** *fam* y a pas moyen; **was will man mehr!** que demande le peuple!

Wollknäuel *nt* pelote *f* de laine

Wollust ['vɔlʊst] <-> *f geh* volupté *f*

womit [vo'mɪt] *adv* ❶ **~ sollen wir anfan-**

gen? par quoi devons-nous commencer? ❷ (*mit welchem Gegenstand*) **~ waren sie bewaffnet?** de quoi étaient-ils armés? ❸ (*wie, mit welchem Mittel*) **~ kann man diesen Fleck entfernen?** comment peut-on enlever cette tache? ❹ (*mit dem, mit der*) **das, ~ alle einverstanden sind** ce avec quoi tous sont d'accord

womöglich [vo'mœː:klıç] *adv* peut-être [même]

wonach [vo'naːx] *adv* ❶ **~ suchst du?** qu'est-ce que tu cherches? ❷ (*nach dem, nach denen*) **es gibt Gerüchte, ~ er ein Spieler sein soll** il y a un bruit qui court qui dit qu'il serait un joueur

Wonne ['vɔnə] <-, -n> *f geh* exaltation *f*

woran [vo'ran] *adv* ❶ **~ denkst du gerade?** à quoi penses-tu en ce moment? ❷ (*an welchem Gegenstand*) **~ kann ich mich festhalten?** à quoi est-ce que je peux me tenir? ❸ (*aus welchem Grund, Anlass*) **~ ist er gestorben?** de quoi est-il mort? ❹ (*an dem, an der*) **das Einzige, ~ ich mich erinnere** la seule chose dont je me souviens

worauf [vo'rauf] *adv* ❶ **~ wartest du?** qu'est-ce que tu attends?; **ich habe nicht verstanden, ~ er sich bezieht** je n'ai pas compris ce à quoi il se réfère ❷ (*auf was*) **~ kann ich mich setzen?** je peux m'asseoir sur quoi? ❸ (*auf den, auf die, auf das*) **etwas, ~ ich nicht gefasst war** ce à quoi je ne m'attendais pas

woraus [vo'raus] *adv* ❶ (*aus welchem Material*) **~ besteht diese Legierung?** de quoi est fait cet alliage? ❷ (*aus welchen Anzeichen*) **~ schließen Sie das?** d'où tirez-vous cette conclusion?

worden *PP von* **werden**

worin [vo'rın] *adv* ❶ **~ liegt das Problem?** où est le problème? ❷ (*in welchem Raum*) où ❸ (*in dem, in der*) **etwas, ~ sich die Angebote unterscheiden** ce en quoi les offres diffèrent

Workaholic [wœ:kə'hɔlık] <-s, -s> *m fam* stakhano *m*

Workshop ['wɔ:kʃɔp] <-s, -s> *m* atelier *m*

World Wide Web [wœrldwaıd'wεp] <-> *nt* World Wide Web *m*

Wort [vɔrt] <-[e]s, -e> *nt* <Wörter o -e> ❶ **mit anderen ~en** en d'autres termes ❷ (*Begriff*) **etw in ~e fassen** rendre qc par des mots ❸ (*Äußerung*) parole *f*

❹ *kein Pl* (*Versprechen*) **jdm sein ~ geben** donner sa parole à qn; **jdn beim ~ nehmen** prendre qn au mot ❺ *kein Pl* (*Rede*) **jdm ins ~ fallen** couper la parole à qn ▶**ein ernstes ~ mit jdm reden** dire deux mots à qn; **mit einem ~** en un mot

Wortart *f* catégorie *f* grammaticale

wortbrüchig *adj geh* parjure

Wörterbuch ['vœrtebuːx] *nt* dictionnaire *m*

Wortfetzen *Pl* bribes *fpl* de conversation

wortgetreu *adj* (*Übersetzung*) littéral(e); (*Wiedergabe*) textuel(le) **wortgewandt** I. *adj* éloquent(e) II. *adv* avec éloquence

wortkarg *adj* peu loquace **Wortlaut** *m kein Pl* contenu *m*; (*eines Vertrages*) termes *mpl*

wörtlich ['vœrtlıç] I. *adj* ❶ littéral(e) ❷ LING **~e Rede** discours *m* direct II. *adv* **etw ~ nehmen** prendre qc au pied de la lettre

wortlos I. *adj* muet(te) II. *adv* sans mot dire

Wortschatz *m kein Pl* vocabulaire *m* **Wortspiel** *nt* jeu *m* de mots **Wortwechsel** *m* altercation *f* **wortwörtlich** I. *adj* textuel(le) II. *adv* mot pour mot

worüber [vo'ryːbɐ] *adv* ❶ **~ habt ihr gesprochen?** de quoi avez-vous parlé? ❷ (*über welchen/welchem Gegenstand*) **~ bist du gestolpert?** sur quoi as-tu trébuché? ❸ (*über dem, über das*) **etwas, ~ wir sprechen müssen** quelque chose dont nous devons parler

worum [vo'rʊm] *adv* ❶ **ich habe keine Ahnung, ~ es geht** je n'ai aucune idée de quoi il s'agit ❷ (*um den, um das*) **alles, ~ du mich bittest** tout ce que tu me demandes

worunter [vo'rʊntɐ] *adv* ❶ **~ leidet er?** de quoi souffre-t-il? ❷ (*unter den, unter die*) **der Schrank, ~ sie den Karton gestellt hatte** l'armoire sous laquelle elle avait mis la boîte ❸ (*unter dem, unter der*) **ein Bündel Geldscheine, ~ auch Falschgeld war** une liasse de billets parmi lesquels il y avait des faux billets

wovon [vo'fɔn] *adv* ❶ **~ ist sie aufgewacht?** qu'est-ce qui l'a réveillée?; **ich weiß nicht, ~ du sprichst** je ne sais pas de quoi tu parles ❷ (*von dem, von der*) dont ❸ (*wodurch*) **er redete viel, ~ er Halsschmerzen bekam** il parla beaucoup ce qui lui donna des maux de gorge

wovor [vo'foːɐ] *adv* ❶ **~ hat er Angst?** de quoi a-t-il peur? ❷ (*vor dem*) **das Einzige,**

W

~ **sie sich fürchtet** la seule chose qui lui fait peur

wozu [vo'tsu:] *adv* ❶ (*warum, wofür*) ~ **brauchst du das Geld?** tu as besoin de l'argent pour quoi faire?; **ich weiß nicht, ~ das gut ist** je ne sais pas à quoi ça sert ❷ (*zu dem, zu der*) **die Miete, ~ noch die Helzkosten kommen** le loyer auquel s'ajoutent les frais de chauffage

Wrack [vrak] <-s, -s> *nt* épave *f*

wringen ['vrɪŋən] <wrang, gewrungen> *vt* tordre; **das Wasser aus etw ~** essorer qc

Wucher ['vu:xɐ] <-s> *m pej* (*zu hoher Preis*) prix *mpl* exorbitants; (*zu hohe Zinsen*) usure *f*

wucherisch *adj* (*Zinsen*) usuraire; (*Preis*) exorbitant(e)

wuchern ['vu:xɐn] *vi + haben o sein* (*Pflanzen*) proliférer; (*Geschwulst*) grossir

Wucherpreis *m pej* prix *m* exorbitant

Wucherung <-, -en> *f* néoplasme *m*

wuchs [vu:ks] *Imp von* **wachsen¹**

Wuchs [vu:ks] <-es> *m* ❶ croissance *f* ❷ (*Gestalt*) taille *f*

Wucht [vʊxt] <-> *f* violence *f*

wuchtig *adj* ❶ (*mit Wucht*) violent(e) ❷ (*Gegenstand*) imposant(e)

wühlen ['vy:lən] I. *vi* (*kramen*) **in etw** (*dat*) ~ fouiller dans qc II. *vr* ❶ (*sich bewegen*) **sich in die Erde ~** s'enfouir dans la terre ❷ *fam* (*arbeiten*) **sich durch etw ~** liquider qc

Wühlmaus *f* campagnol *m*

Wulst [vʊlst, *Pl:* 'vʏlstə] <-es, Wülste> *m* bourrelet *m*

wulstig *adj* (*Lippen*) épais(se)

wund [vʊnt] *adj* (*Ferse*) écorché(e); **das Baby ist am Po ~** le bébé a les fesses irritées

Wunde ['vʊndə] <-, -n> *f* plaie *f*

Wunder ['vʊndɐ] <-s, -> *nt* miracle *m*; **es ist kein ~, dass** *fam* c'est pas étonnant que + *subj* ▶**sein blaues ~ erleben** *fam* avoir une drôle de surprise; **an ein ~ grenzen** tenir du miracle; **~ wirken** faire des miracles

wunderbar I. *adj* (*Person*) fantastique; (*Abend*) merveilleux(-euse) II. *adv* tellement

Wunderkerze *f* cierge *m* magique **Wunderkind** *nt* enfant *m* prodige

wunderlich *adj* bizarre

Wundermittel *nt* remède *m* miracle

wundern I. *vt* étonner II. *vr* **sich über etw** (*akk*) ~ s'étonner de qc

wunderschön ['vʊndɐ'ʃøːn] *adj* superbe **wundervoll** *adj* merveilleux(-euse)

Wundsalbe *f* pommade *f* cicatrisante

Wundstarrkrampf *m MED* tétanos *m*

Wunsch [vʊnʃ, *Pl:* 'vʏnʃə] <-[e]s, Wünsche> *m* ❶ souhait *m*; **haben Sie sonst noch einen ~?** vous désirez autre chose?; **auf ~** sur demande ❷ (*Glückwunsch*) vœux *mpl*

wünschen ['vʏnʃən] I. *vr* **sich** (*dat*) **etw ~** vouloir qc II. *vt* ❶ **jdm Glück ~** souhaiter bonne chance à qn ❷ (*erhoffen*) ~, **dass** souhaiter que + *subj* ❸ (*Erklärung*) demander; **was ~ Sie?** que désirez-vous?; **wie gewünscht** comme souhaité III. *vi* **Sie ~?** vous désirez?; [**ganz**] **wie Sie ~** comme vous voulez

wünschenswert *adj* souhaitable

Wunschzettel *m* liste *f* de cadeaux

wurde ['vʊrdə] *Imp von* **werden**

Würde ['vʏrdə] <-> *f kein Pl* dignité *f*

würdelos *adj* indigne

Würdenträger(in) *m(f) geh* dignitaire *m*

würdevoll I. *adj geh* digne II. *adv* avec dignité

würdig I. *adj* ❶ digne ❷ (*Rahmen*) adéquat(e) II. *adv* ❶ (*mit Würde*) avec dignité ❷ (*gebührend*) dignement

würdigen *vt* ❶ (*Person*) rendre hommage à ❷ (*schätzen*) **etw zu ~ wissen** savoir apprécier qc à sa juste valeur ❸ *geh* **jdn keines Blickes ~** ne pas daigner jeter un seul regard à un

Würdigung <-, -en> *f* (*einer Person, Sache*) reconnaissance *f*

Wurf [vʊrf, *Pl:* 'vʏrfə] <-[e]s, Würfe> *m* ❶ (*mit einem Ball*) lancer *m*; (*mit einem Stein*) jet *m* ❷ *SPORT* lancer *m* ❸ (*beim Würfeln*) coup *m* ❹ (*Jungtiere*) portée *f*

Würfel ['vʏrfəl] <-s, -> *m* ❶ dé *m* ❷ *MATH* cube *m*

würfeln I. *vi* **um etw ~** jouer qc aux dés II. *vt* ❶ **eine Fünf ~** faire un cinq ❷ (*in Würfel schneiden*) **den Speck ~** couper le lard en dés

Würfelspiel *nt* jeu *m* de dés **Würfelzucker** *m kein Pl* sucre *m* en morceaux

würgen ['vʏrgən] I. *vt* étrangler II. *vi* (*Brechreiz haben*) être pris de nausée[s]

Wurm [vʊrm, *Pl:* 'vʏrmə] <-[e]s, Würmer> *m* ver *m* ▶**da ist der ~ drin** *fam* c'est un

sac de nœuds

Wurmfortsatz *m* appendice *m*

wurmstichig *adj* (*Apfel*) véreux(-euse); (*Holz*) vermoulu(e)

Wurst [vʊrst, *Pl:* ˈvyrstə] <-, Würste> *f* ❶ *kein Pl* (*Wurstwaren*) charcuterie *f* ❷ (*Würstchen*) saucisse *f;* (*geräuchert*) saucisson *m*
►**das** <u>ist</u> **mir/ihm ~** *fam* j'en ai/il en a rien à cirer

Wurstbrot *nt* sandwich *m* au saucisson

Würstchen [ˈvʏrstçən] <-s, -> *nt* ❶ saucisse *f* ❷ *pej fam* (*Mensch*) mauviette *m*

Würzburg <-s> *nt* Wurtzbourg

Würze [ˈvʏrtsə] <-, -n> *f* saveur *f*

Wurzel [ˈvʊrtsəl] <-, -n> *f* ❶ *a.* MATH racine *f* ❷ *geh* (*Ursprung*) origine *f*

wurzeln *vi geh* **in etw** (*dat*) **~** avoir son origine dans qc

Wurzelzeichen *nt* MATH radical *m*

würzen [ˈvʏrtsən] *vt* assaisonner

würzig *adj* épicé(e)

wusch [vuːʃ] *Imp von* **waschen**

Wuschelkopf *m fam* frisettes *fpl*

wusste[RR] [ˈvʊstə], **wußte**[ALT] *Imp von* **wissen**

Wust [vuːst] <-[e]s> *m fam* **ein ~ von Akten** un tas *m* de dossiers

wüst [vyːst] *adj* désert(e)

Wüste [ˈvyːstə] <-, -n> *f* désert *m*

Wut [vuːt] <-> *f* rage *f*

Wutanfall *m* accès *m* de fureur

wüten [ˈvyːtən] *vi* ❶ se déchaîner ❷ (*Zerstörung verursachen: Sturm*) faire des ravages

wütend *adj* furieux(-euse)

wutentbrannt [ˈvuːt?ɛntˈbrant] I. *adj* saisi(e) de furie II. *adv* comme une furie

WWW [veːveːˈveː] *nt Abk von* **World Wide Web** WWW *m*

X

X, x [ɪks] <-, -> *nt* ❶ X *m/*x *m* ❷ *fam* (*unzählige*) **x Briefe schreiben** écrire trente-six lettres

X-Beine [ˈɪksbaɪnə] *Pl* jambes *fpl* en |forme de| x

x-beliebig [ˈɪksbəˈliːbɪç] I. *adj fam* **ein ~er Käse** n'importe quel fromage II. *adv fam* de n'importe quelle façon

X-Chromosom [ˈɪkskromozoːm] *nt* chromosome *m* X

x-fach [ˈɪksfax] I. *adj fam* multiple II. *adv fam* trente-six fois

x-mal [ˈɪksmaːl] *adv fam* x fois plus une

x-te(r, s)[RR] [ˈɪkstə, -tə] *adj fam* **das ~ Mal** la ixième fois

x-temal[ALT] [ˈɪkstəmaːl] *s.* **x-te(r, s)**

Xylophon [ksyloˈfoːn] <-s, -e> *nt* xylophone *m*

Y

Y, y [ˈʏpsilɔn] <-, -> *nt* Y *m/*y *m*

Yacht [jaxt] <-, -en> *f* yacht *m*

Yeti [ˈjeːti] <-s, -s> *m* yéti *m*

Yoga [ˈjoːga] <-[s]> *m o nt* yoga *m*

Ypsilon [ˈʏpsilɔn] <-[s], -s> *nt* i grec *m*

Yuppie [ˈjʊpi] <-s, -s> *m*, <-, -s> *f* yuppie *mf*

Z

Z, z [tsɛt] <-, -> *nt* Z *m/*z *m*

Zack [tsak] ►**auf ~ sein** *fam* avoir la pêche

Zacke [ˈtsakə] <-, -n> *f* dent *f*

zackig I. *adj* ❶ déchiqueté(e) ❷ *fam* (*Marsch*) qui chauffe II. *adv* crânement

zaghaft *adj* timide

zäh [tsɛː] I. *adj* ❶ (*Fleisch*) dur(e) ❷ (*~flüssig*) visqueux(-euse) ❸ (*schleppend*) ardu(e) ❹ (*Mensch*) résistant(e) ❺ (*hartnäckig*) obstiné(e) II. *adv* ❶ (*schleppend*) péniblement ❷ (*hartnäckig*) obstinément

zähflüssig *adj* dense

Zahl [tsaːl] <-, -en> *f* ❶ nombre *m* ❷ (*Ziffer*) chiffre *m*

X
Y
Z

zahlbar adj payable

zahlen ['tsaːlən] vi, vt payer

zählen ['tsɛːlən] **I.** vi ❶ compter ❷ (zuge-rechnet werden) **zu den beliebtesten Kollegen ~** faire partie des collègues les plus appréciés ❸ (sich verlassen) **auf jdn/etw ~** compter sur qn/qc **II.** vt ❶ (Besucher) compter ❷ geh (dazurechnen) **jdn zu seinen Freunden ~** compter qn au nombre de ses amis

zahlenmäßig I. adj numérique **II.** adv (in Zahlen) par des chiffres

Zahlenschloss^RR nt cadenas m à chiffres

Zähler <-s, -> m compteur m

Zählerstand m consommation f compteur

zahllos adj innombrable

zahlreich I. adj ~**e Briefe** de nombreuses lettres **II.** adv en grand nombre **Zahltag** m jour m de paie

Zahlung <-, -en> f versement m

Zählung <-, -en> f (Volkszählung) recensement m

zahlungsfähig adj solvable **Zahlungsmittel** nt moyen m de paiement **Zahlungsmoral** f kein pl morale f de paiement **zahlungsunfähig** adj insolvable **Zahlungsverkehr** m **elektronischer ~** monétique f

Zahlwort <-wörter> nt numéral m

zahm [tsaːm] adj apprivoisé(e)

zähmen ['tsɛːmən] vt ❶ (Tier) apprivoiser ❷ (Neugier) refréner

Zähmung <-, -en> f apprivoisement m

Zahn [tsaːn, Pl: 'tsɛːnə] <-[e]s, Zähne> m dent f

Zahnarzt m, **-ärztin** f [chirurgien m] dentiste mf **Zahnarzthelfer(in)** m(f) assistant(e) m(f) dentaire **Zahnarztpraxis** f cabinet m dentaire **Zahnbelag** m plaque f dentaire **Zahnbürste** f brosse f à dents **Zahncreme** f dentifrice m

zähneklappernd adj attr claquant des dents **Zahnersatz** m dentier m **Zahnfleisch** nt gencive f **zahnlos** adj édenté(e) **Zahnpasta** s. **Zahncreme Zahnpflege** f soins mpl dentaires **Zahnrad** nt roue f dentée **Zahnradbahn** f chemin m de fer à crémaillère **Zahnschmelz** m émail m **Zahnschmerzen** Pl mal m de dents **Zahnseide** f fil m dentaire **Zahnspange** f appareil m [dentaire] **Zahnstein** m kein Pl tartre m **Zahnstocher** <-s, -> m cure-dent m **Zahnweh** s. **Zahnschmerzen**

Zander ['tsande] <-s, -> m sandre m

Zange ['tsaŋə] <-, -n> f pince f

Zank <-[e]s> m dispute f

zanken I. vi se disputer; (Kinder) se chamailler **II.** vr **sich ~** se disputer; (Kinder) se chamailler

Zäpfchen ['tsɛpfçən] <-s, -> nt ❶ MED suppositoire m ❷ ANAT luette f

Zapfen ['tsapfən] <-s, -> m ❶ (von Nadelbäumen) pomme f de pin ❷ (Eiszapfen) stalactite f

Zapfenstreich m MIL couvre-feu m

Zapfsäule f pompe f à essence

zappelig adj (Kind) agité(e)

zappeln ['tsapəln] vi **mit den Beinen ~** gigoter des jambes (fam)

zappen ['tsɛpn] vi fam zapper

Zar(in) [tsaːɐ] <-en, -en> m(f) tsar m/tsarine f

zart [tsaːɐt] **I.** adj ❶ doux(douce) ❷ (Gesundheit) délicat(e) ❸ (Fleisch) tendre **II.** adv tendrement ▶**~ besaitet** délicat(e)

Zartbitterschokolade f chocolat m noir

Zartheit <-> f ❶ (der Haut) douceur f ❷ (von Fleisch) tendreté f

zärtlich ['tsɛːɐtlɪç] adj tendre

Zärtlichkeit <-, -en> f ❶ kein Pl tendresse f ❷ Pl (Liebkosung) caresses fpl

Zauber ['tsaʊbe] <-s, -> m ❶ kein Pl (das Zaubern) sortilège m ❷ (~wirkung) sort m ❸ kein Pl (Faszination) charme m

Zauberei [tsaʊbəˈraɪ] <-> f kein Pl magie f

Zauberer <-s, -> m, **Zauberin** f ❶ (Hexer) magicien(ne) m(f) ❷ (Zauberkünstler) prestidigitateur(-trice) m(f)

Zauberformel f (Formel) formule f magique

zauberhaft adj merveilleux(-euse)

Zauberkünstler(in) m(f) prestidigitateur(-trice) m(f) **Zauberkunststück** nt tour m de magie

zaubern I. vi ❶ (Fee) faire de la magie ❷ (Zauberkunststücke vorführen) faire des tours de prestidigitation **II.** vt ❶ (erscheinen lassen) **etw aus dem Zylinder ~** faire sortir qc du chapeau comme par enchantement ❷ fam (kochen) mitonner

Zauberspruch s. **Zauberformel Zauberstab** m baguette f magique **Zaubertrick** s. **Zauberkunststück**

zaudern ['tsaʊden] vi hésiter

Zaum [tsaʊm, Pl: 'tsɔʏmə] <-[e]s, Zäume> m bride f ▶**etw in ~ halten** mettre un frein à qc

zäumen ['tsɔymən] *vt* brider

Zaun [tsaun, *Pl:* 'tsɔynə] <-[e]s, Zäune> *m* clôture *f*

z.B. *Abk von* **zum Beispiel** par ex.

ZDF [tsɛtde:'ʔɛf] <-s> *nt Abk von* **Zweites Deutsches Fernsehen** *deuxième chaîne de la télévision allemande*

Zebra ['tse:bra] <-s, -s> *nt* zèbre *m*

Zebrastreifen *m* passage *m* clouté

Zeche ['tsɛçə] <-, -n> *f* ❶ MIN mine *f* [de charbon] ❷ *fam* (*Rechnung*) addition *f*

zechen ['tsɛçən] *vi iron* biberonner (*fam*)

Zecke ['tsɛkə] <-, -n> *f* tique *f*

Zeder ['tse:də] <-, -n> *f* cèdre *m*

Zeh [tse:] <-s, -en> *m*, **Zehe** ['tse:ə] <-, -n> *f* ❶ ANAT orteil *m* ❷ BOT gousse *f*

Zehenspitze *f* pointe *f* de/du pied

zehn [tse:n] *num* dix; *s. a.* **acht** [1]

Zehn <-, -en> *f* dix *m*; *s. a.* **Acht** [1]

Zehner <-s, -> *m fam* (*Zehneuroschein*) billet *m* de dix euros

Zehnerkarte *f* carnet *m* de dix

zehnerlei *adj inv* ~ **Sorten Brot** dix sortes de pain; *s. a.* **achterlei**

Zehneuroschein *m* billet *m* de dix euros

zehnfach I. *adj* die ~e **Menge nehmen** [en] prendre dix fois plus II. *adv* (*kopieren*) en dix exemplaires; *s. a.* **achtfach zehnjährig** *adj* (*Amtszeit*) de dix ans **Zehnkampf** *m* décathlon *m*

zehnmal *adv* dix fois; *s. a.* **achtmal**

zehnt *adv* zu ~ **sein** être dix; *s. a.* **acht** [2]

zehntausend ['tse:n'tauzənt] *num* dix mille

zehnte(r, s) *adj* ❶ dixième ❷ (*bei Datumsangaben*) **der ~ März** le dix mars; *s. a.* **achte(r,s)**

zehntel *adj* dixième; *s. a.* **achtel**

Zehntel <-s, -> *nt* dixième

zehntens *adv* dixièmement

Zeichen ['tsaiçən] <-s, -> *nt* ❶ signe *m* ❷ (*Markierung*) marque *f* ❸ CHEM symbole *m* ❹ INFORM caractère *m*

Zeichenblock <-blöcke *o* -blocks> *m* bloc *m* à dessin **Zeichensetzung** <-> *f* ponctuation *f* **Zeichensprache** *f* langage *m* des signes **Zeichentrickfilm** *m* dessin *m* animé

zeichnen ['tsaiçnən] I. *vt* ❶ dessiner ❷ (*erkennbar prägen*) marquer ❸ (*unter~*) signer II. *vi* **mit Tusche ~** dessiner à l'encre de Chine

Zeichner(in) <-s, -> *m(f)* (*Beruf*) **technischer ~/technische ~in** dessinateur in-

dustriel/dessinatrice industrielle

Zeichnung <-, -en> *f* dessin *m*

Zeigefinger *m* index *m*

zeigen ['tsaigən] I. *vt* ❶ **jdm etw ~** montrer qc à qn ❷ (*im Fernsehen bringen*) passer ❸ (*zum Ausdruck bringen*) **Interesse ~** montrer de l'intérêt ❹ (*anzeigen*) **10° C ~** indiquer 10° C ❺ (*erkennen lassen*) **~, dass ...** (*Vorfall*) |dé|montrer que ... II. *vi* ❶ (*deuten*) montrer ❷ (*weisen*) **nach Norden ~** (*Nadel*) indiquer le nord III. *vr* ❶ (*sich sehen lassen*) **sich ~** (*Person*) se montrer ❷ (*sich herausstellen*) **es zeigt sich, dass ...** il s'avère que ...

Zeiger <-s, -> *m* aiguille *f*

Zeile ['tsailə] <-, -n> *f* ligne *f*

Zeilenabstand *m* interligne *m*

Zeisig ['tsaizɪç] <-s, -e> *m* serin *m*

Zeit [tsait] <-, -en> *f* ❶ temps *m* ❷ (*Uhrzeit*) heure *f* ❸ (*~raum*) **in letzter ~** ces derniers temps; **eine ~ lang** un certain temps ❹ (*Epoche*) époque *f* ❺ (*Normalzeit*) temps *m*; **mitteleuropäische ~** heure *f* de l'Europe centrale ▶**zur ~** actuellement

Zeitabschnitt *m* période *f* **Zeitalter** *nt* époque *f* **Zeitansage** *f* heure *f* [exacte] **zeitaufwändig**ᴿᴿ, **zeitaufwendig** *adj* qui nécessite beaucoup de temps **Zeitbombe** *f* bombe *f* à retardement **Zeitdruck** *m kein Pl* course *f* contre la montre **Zeiteinteilung** *f* organisation *f* du temps **Zeitgeist** *m kein Pl* esprit *m* du temps **Zeitgenosse** *m*, **-genossin** *f* contemporain(e) *m(f)* **zeitgenössisch** *adj* ❶ (*heutig*) contemporain(e) ❷ (*der damaligen Epoche*) de l'époque **Zeitgeschehen** *nt kein Pl* actualité *f* **Zeitgeschichte** *f kein Pl* histoire *f* contemporaine

zeitig *adv* de bonne heure

zeitlich I. *adj* chronologique II. *adv* au niveau de l'heure/du jour

zeitlos *adj* classique

Zeitlupe *f kein Pl* ralenti *m* **Zeitnot** *f kein Pl* manque *m* extrême de temps **Zeitplan** *m* calendrier *m* **Zeitpunkt** *m* (*Termin*) date *f*; (*Stunde*) heure *f*

zeitraubend *adj* qui prend beaucoup de temps

Zeitraum *m* période *f* **Zeitrechnung** *f kein Pl* ère *f* **Zeitschrift** *f* magazine *m* **Zeitspanne** *f* laps *m* de temps **Zeitumstellung** *f* changement *m* d'heure

Z

Zeitung ['tsaɪtʊn] <-, -en> f journal m

Zeitungsabonnement nt abonnement m à un journal **Zeitungsannonce** f petite annonce f **Zeitungsartikel** m article m de journal **Zeitungsausschnitt** m coupure f de presse **Zeitungspapier** nt papier m journal

Zeitverschiebung f décalage m horaire **Zeitverschwendung** f kein Pl gaspillage m de temps **Zeitvertreib** <-[e]s, -e> m passetemps m

zeitweilig ['tsaɪtvaɪlɪç] I. adj ❶ temporaire ❷ (Schneefall) passager(-ère) II. adv s. **zeitweise**

zeitweise adv ❶ par intermittence ❷ (eine Zeit lang) par moments

zelebrieren* [tsele'bri:rən] vt ❶ REL célébrer ❷ geh (feierlich gestalten) solenniser

Zelle ['tsɛlə] <-, -n> f ❶ a. BIO cellule f ❷ (Telefonzelle) cabine f

Zellkern m BIO noyau m cellulaire **Zellteilung** f BIO division f cellulaire

Zelluloid [tsɛlu'lɔyt] <-s> nt celluloïd m

Zelt [tsɛlt] <-[e]s, -e> nt tente f

zelten vi camper

Zeltlager nt campement m

Zement [tse'mɛnt] <-[e]s, -e> m ciment m

zementieren* [tsemɛn'ti:rən] vt cimenter

Zenit [tse'ni:t] <-[e]s> m zénith m

zensieren* [tsɛn'zi:rən] vt ❶ noter ❷ (der Zensur unterwerfen) censurer

Zensur [tsɛn'zu:ɐ̯] <-, -en> f ❶ note f ❷ kein Pl (Kontrolle) censure f

Zentiliter m o nt centilitre m

Zentimeter [tsɛnti'me:tɐ] m o nt centimètre m

Zentimetermaß nt mètre m

Zentner ['tsɛntnɐ] <-s, -> m demi-quintal m

zentral [tsɛn'tra:l] I. adj central(e) II. adv (liegen) au centre; (erfassen) de manière centralisée

Zentralafrika nt l'Afrique f centrale **Zentralbank** <-banken> f banque f centrale; **die Europäische ~** la banque centrale européenne; **Europäisches System der ~en** Système m européen des banques centrales

Zentrale <-, -n> f ❶ siège m ❷ (Telefonzentrale) standard m

Zentralheizung f chauffage m central

zentralisieren* [tsɛntrali'zi:rən] vt centraliser

Zentralmassiv nt GEO **das ~** le Massif cen-

tral **Zentralverriegelung** <-, -en> f verrouillage m central[isé]

Zentren Pl von **Zentrum**

Zentrifugalkraft f force f centrifuge

Zentrum ['tsɛntrʊm] <-s, Zentren> nt centre m

Zeppelin ['tsɛpəli:n] <-s, -e> m dirigeable m

Zepter ['tsɛptɐ] <-s, -> nt sceptre m

zerbeißen* vt irr ❶ (Bonbon) croquer ❷ (Schuh) mordiller ❸ fam (stechen) **jdn ~** (Floh) dévorer qn

zerbrechen* irr I. vt + haben casser II. vi + sein ❶ se casser ❷ fig se briser

zerbrechlich adj fragile

zerbröckeln* I. vt + haben (Brot) émietter; (Erde) effriter II. vi + sein (Kuchen) s'émietter

zerdrücken* vt ❶ écraser ❷ s. **zerknittern**

Zeremonie [tseremo'ni:] <-, -n> f cérémonie f

Zerfall m kein Pl ❶ dégradation f ❷ (Niedergang) décadence f ❸ PHYS désintégration f

zerfallen* vi irr + sein ❶ tomber en ruine ❷ PHYS se désintégrer ❸ (sich gliedern) **in etw** (akk) **~** se diviser en qc

zerfetzen* vt ❶ déchirer ❷ (verstümmeln) déchiqueter

zerfleddern* vt fam esquinter

zerfleischen* I. vt déchiqueter II. vr sich ~ se torturer

zerfließen* vi irr + sein ❶ (Butter) fondre; (Make-up) couler ❷ fig **vor Mitleid ~** se confondre en apitoiements

zerkleinern* vt **etw ~** couper qc en petits morceaux

zerklüftet adj (Berg, Felsen) crevassé(e)

zerknirscht adj, adv contrit(e)

zerknittern* vt chiffonner

zerknüllen* vt froisser

zerkratzen* vt ❶ rayer ❷ (verletzen) griffer

zerlassen* vt irr faire fondre

zerlegen* vt ❶ démonter ❷ (Gans) découper

zerlumpt [tsɛɐ̯'lʊmpt] adj déguenillé(e)

zermahlen* vt moudre

zermürben* vt épuiser; **~d sein** être usant

zerplatzen* vi + sein éclater

zerquetschen* vt écraser

zerreiben* vt irr piler

zerreißen* irr I. vt + haben déchirer II. vi + sein se déchirer

Zerreißprobe f épreuve f de vérité

zerren ['tsɛrən] **I.** *vt* **jdn ins Zimmer ~** tirer qn dans la pièce **II.** *vi* **an etw** (*dat*) **~** tirer sur qc **III.** *vr* **sich** (*dat*) **einen Muskel ~** se froisser un muscle

zerrinnen* *vi irr + sein geh* (*Träume*) partir en fumée

zerrissen [tsɛ'rɪsən] *adj fig* déchiré(e)

Zerrung <-, -en> *f* élongation *f*

zerrütten* [tsɛ'rʏtən] *vt* (*Nerven*) démolir; (*Ehe*) briser

zersägen* *vt* scier

zerschellen* *vi + sein* s'écraser

zerschlagen*[1] *irr* **I.** *vt* casser **II.** *vr* **sich ~** tomber à l'eau

zerschlagen[2] *adj* **~ sein** être fourbu

zerschmettern* *vt* (*Schädel*) fracasser; (*Kiefer*) briser

zerschneiden* I. *vt irr* découper **II.** *vr* **sich** (*dat*) **die Hand ~** se couper la main

zersetzen* *vt*, *vr* [**sich**] **~** [**se**] décomposer

Zersetzung <-> *f* ➊ décomposition *f* ➋ (*Untergrabung*) dégradation *f*

zersplittern* I. *vt + haben* faire éclater **II.** *vi + sein* voler en éclats

zerspringen* *vi irr + sein* éclater

zerstampfen* *vt* écraser

zerstäuben* [tsɛɐ̯'ʃtɔybən] *vt* (*Parfüm*) vaporiser

Zerstäuber <-s, -> *m* vaporisateur *m*

zerstören* *vt* détruire

zerstörerisch *adj* destructeur(-trice)

Zerstörung <-, -en> *f* ➊ *kein Pl* (*das Zerstören*) destruction *f* ➋ (*Verwüstung*) dévastation *f*

zerstoßen* *vt irr* concasser

zerstreiten* *vr irr* **sich ~** se brouiller

zerstreuen* I. *vt* ➊ (*auseinander treiben*) disperser ➋ (*Truppen*) disséminer; (*Papiere*) éparpiller **II.** *vr* **sich ~** ➊ (*sich amüsieren*) se distraire ➋ (*Menschenmenge*) se disperser ➌ (*Sorgen*) s'envoler

zerstreut *adj* ➊ (*unkonzentriert*) distrait(e) ➋ (*verstreut*) éparpillé(e)

Zerstreuung <-, -en> *f* distraction *f*

zerstückeln* *vt* dépecer

zerteilen* *vt* découper

Zertifikat [tsɛrtifi'kaːt] <-[e]s, -e> *nt* certificat *m*

zertrampeln* *vt* piétiner

zertreten* *vt irr* (*Käfer*) écraser; (*Gras*) piétiner

zertrümmern* *vt* ➊ (*Fensterscheibe*) défoncer ➋ (*Schädel*) fracasser ➌ (*Nierenstein*) détruire

zerwühlen* *vt* ➊ (*Boden*) labourer ➋ (*Bett*) défaire

zetern ['tseːtən] *vi pej* brailler

Zettel ['tsɛtəl] <-s, -> *m* ➊ [bout *m* de] papier *m*; (*mit einer Notiz*) note *f* ➋ (*Einkaufszettel*) liste *f*

Zeug [tsɔyk] <-[e]s> *nt fam* ➊ bazar *m* ➋ (*Nahrungsmittel*) truc *m* ➌ (*Unsinn*) **dummes ~ reden** raconter des conneries

Zeuge ['tsɔygə] <-n, -n> *m*, **Zeugin** *f* témoin *m*

zeugen[1] ['tsɔygən] *vt geh* (*Kind*) engendrer

zeugen[2] *vi* **von großer Erfahrung ~** témoigner d'une grande expérience

Zeugenaussage *f* témoignage *m* **Zeugenstand** *m* **jdn in den ~ rufen** appeler qn à la barre [des témoins]

Zeugnis ['tsɔyknɪs] <-ses, -se> *nt* ➊ (*Schulzeugnis*) bulletin *m* [scolaire] ➋ (*Arbeitszeugnis*) certificat *m* de travail

Zeugung <-, -en> *f geh* procréation *f*

zeugungsunfähig *adj form* inapte à procréer

z.H[d]. *Abk von* **zu Händen** à l'attention de

Zicke ['tsɪkə] <-, -n> *f pej fam* chiante *f*

Zickzack ['tsɪktsak] *m* **im ~** en zigzag

Ziege ['tsiːgə] <-, -n> *f* ➊ chèvre *f* ➋ *pej fam* (*Schimpfwort*) **diese** |**blöde**| **~!** cette conne!

Ziegel ['tsiːgəl] <-s, -> *m* ➊ (*~stein*) brique *f* ➋ (*Dachziegel*) tuile *f*

Ziegeldach *nt* toit *m* de tuiles

Ziegelei [tsiːgə'lai] <-, -en> *f* briqueterie *f*; (*für Dachziegel*) tuilerie *f*

Ziegelstein *s.* **Ziegel**

Ziegenbock *m* bouc *m* **Ziegenkäse** *m* [fromage *m* de] chèvre *m* **Ziegenmilch** *f* lait *m* de chèvre

ziehen ['tsiːən] <zog, gezogen> **I.** *vt + haben* ➊ tirer ➋ (*bewegen*) **die Rollläden nach oben ~** monter des volets roulants ➌ (*zerren*) **jdn an den Haaren ~** tirer qn par les cheveux ➍ (*Zahn*) arracher ➎ (*Degen*) sortir ➏ (*Zaun*) installer ➐ (*Pflanzen*) cultiver ➑ (*an~*) **alle Blicke auf sich** (*akk*) **~** attirer tous les regards sur soi ➒ (*zur Folge haben*) **Veränderungen nach sich** (*akk*) **~** entraîner des changements **II.** *vi* ➊ *+ haben* (*zerren*) **an etw** (*dat*) **~** tirer sur qc ➋ *+ sein* (*um~*) **nach**

Z

Berlin ~ déménager à Berlin ❸ + *sein* (*unterwegs sein*) **durch die Stadt** ~ traverser la ville ❹ + *sein* ZOOL (*Vögel*) migrer ❺ (*sich bewegen*) **nach rechts/links** ~ (*Fahrzeug*) tirer à droite/gauche ❻ + *haben* (*beim Rauchen*) **an etw** (*dat*) ~ tirer sur qc ❼ + *sein* (*dringen*) **durchs Haus** ~ (*Duft*) se répandre dans la maison ❽ + *haben* (*Tee*) infuser **III.** *vi unpers* + *haben* ❶ **es zieht!** il y a un courant d'air! ❷ (*schmerzen*) **es zieht** [mir] **in den Beinen** ça [me] tire dans les jambes; **ein ~der Schmerz** une douleur lancinante **IV.** *vt unpers* + *haben* **jdn zieht es in die Ferne** qn est attiré(e) par les contrées lointaines **V.** *vr* + *haben* ❶ **sich** ~ (*Verhandlungen*) traîner en longueur ❷ (*sich erstrecken*) **sich durch das Tal** ~ (*Straße*) s'étendre à travers la vallée ❸ (*sich hoch~*) **sich in die Höhe** ~ se hisser en haut

Ziehharmonika *f* accordéon *m*

Ziehung <-, -en> *f* tirage *m*

Ziel [tsiːl] <-[e]s, -e> *nt* ❶ (*Reiseziel*) destination *f* ❷ (*opp: Start*) [ligne *f* d']arrivée *f* ❸ (*~scheibe*) cible *f* ❹ *fig* but *m*

zielen *vi* ❶ viser ❷ (*gerichtet sein*) **auf jdn/etw** ~ (*Waffe*) être pointé sur qn/qc

Zielgruppe *f* |groupe *m*| cible *f* **Ziellinie** *f* ligne *f* d'arrivée

ziellos *adj, adv* sans but |précis|

Zielscheibe *f* cible *f* **zielsicher** **I.** *adj* **ein ~er Schütze** un fin tireur **II.** *adv* ~ **auf jdn/etw zugehen** se diriger sans hésiter vers qn/qc

zielstrebig **I.** *adj* déterminé(e) **II.** *adv* avec détermination

ziemlich **I.** *adj fam* **eine ~e Entfernung** une bonne petite distance **II.** *adv* assez; **er musste sich** ~ **beeilen** il a dû pas mal se dépêcher

Zierde [ˈtsiːɐ̯də] <-, -n> *f* parure *f*; **zur** ~ comme décoration

zieren [ˈtsiːrən] **I.** *vt* orner **II.** *vr* **sich** ~ faire des manières

Zierfisch *m* poisson *m* |exotique| d'aquarium

zierlich *adj* menu(e)

Ziffer [ˈtsɪfə] <-, -n> *f* chiffre *m*

Zifferblatt *nt* cadran *m*

zig [tsɪç] *adj fam* trente-six

Zigarette [tsigaˈrɛtə] <-, -n> *f* cigarette *f*

Zigarettenautomat *m* distributeur *m* de cigarettes **Zigarettenschachtel** *f* paquet *m* de cigarettes

Zigarre [tsiˈgarə] <-, -n> *f* cigare *m*

Zigeuner(in) [tsiˈgɔynɐ] <-s, -> *m(f)* tzigane *mf*; (*in Südfrankreich, Spanien lebend*) gitan(e) *m(f)*

zigmal [ˈtsɪçmaːl] *adv fam* trente-six fois

Zikade [tsiˈkaːdə] <-, -n> *f* cigale *f*

Zimmer [ˈtsɪmɐ] <-s, -> *nt* ❶ pièce *f* ❷ (*zum Schlafen*) chambre *f*

Zimmerdecke *f* plafond *m* **Zimmerlautstärke** *f* **etw auf** ~ (*akk*) **stellen** mettre qc en sourdine **Zimmermädchen** *nt* femme *f* de chambre **Zimmermann** <-leute> *m* charpentier *m*

zimmern [ˈtsɪmɐn] **I.** *vt* fabriquer **II.** *vi* **an etw** (*dat*) ~ bricoler qc

Zimmerpflanze *f* plante *f* d'appartement **Zimmersuche** *f* recherche d'une chambre *f* **Zimmertemperatur** *f* température *f* ambiante

zimperlich [ˈtsɪmpɐlɪç] *adj* douillet(te)

Zimt [tsɪmt] <-[e]s> *m* cannelle *f*

Zink [tsɪŋk] <-[e]s> *nt* zinc *m*

zinken *vt* biseauter

Zinn [tsɪn] <-[e]s> *nt* étain *m*

Zinne [ˈtsɪnə] <-, -n> *f* créneau *m*

Zins [tsɪns] <-es, -en> *m* intérêt *m*

Zinseszins *m* intérêts *mpl* composés

zinslos *adj, adv* sans intérêts

Zinssatz *m* taux *m* d'intérêt

Zipfel [ˈtsɪpfəl] <-s, -> *m* (*eines Kissens*) coin *m*; (*einer Wurst*) entame *f*

Zipfelmütze *f* bonnet *m* à pointe

zirka [ˈtsɪrka] *adv* environ

Zirkel [ˈtsɪrkəl] <-s, -> *m* compas *m*

zirkulieren* [tsɪrkuˈliːrən] *vi* circuler

Zirkus [ˈtsɪrkʊs] <-, -se> *m* cirque *m*

Zirkuszelt *nt* chapiteau *m*

zirpen [ˈtsɪrpən] *vi* chanter

zischen [ˈtsɪʃən] *vi* ❶ + *haben* (*Schlange*) siffler; (*Fett*) grésiller ❷ + *sein* **aus etw** ~ (*Dampf*) chuinter en sortant de qc; (*Bier*) jaillir de qc ❸ + *haben* (*Unmut äußern*) siffler

ziselieren* *vt* ciseler

Zisterne <-, -n> *f* citerne *f*

Zitat [tsiˈtaːt] <-[e]s, -e> *nt* citation *f*

zitieren* [tsiˈtiːrən] *vt* citer

Zitronat [tsitroˈnaːt] <-[e]s, -e> *nt* citron *m* confit

Zitrone [tsiˈtroːnə] <-, -n> *f* citron *m*

Zitronenlimonade f citronnade f **Zitronensaft** m jus m de citron

Zitrusfrucht ['tsi:trʊsfrʊxt] f agrume m

zittern ['tsɪtɐn] vi ❶ trembler ❷ fam (Angst haben) **vor jdm** ~ avoir la frousse de qn

Zitze ['tsɪtsə] <-, -n> f (einer Kuh, Sau) mamelle f; (einer Katze, Hündin) tétine f

Zivi ['tsi:vi] <-s, -s> m fam Abk von **Zivildienstleistende(r)** objecteur de conscience qui effectue son service civil

zivil [tsi'vi:l] adj ❶ civil(e) ❷ fam (akzeptabel) ~e **Preise** des prix potables

Zivil <-s> nt tenue f civile; **in ~** en civil

Zivilbevölkerung f population f civile **Zivilcourage** f courage m de ses opinions; (politisch) courage civique **Zivildienst** m kein Pl service m civil

Zivildienstleistende(r) f(m) dekl wie adj: objecteur de conscience qui effectue son service civil

Zivilisation [tsiviliza'tsjo:n] <-, -en> f civilisation f

Zivilisationskrankheit f: maladie liée au mode de vie dans les pays industrialisés

zivilisieren* [tsivili'zi:rən] vt civiliser

zivilisiert [tsivili'zi:ɐt] I. adj civilisé(e) II. adv **sich ~ benehmen** se comporter en personne civilisée

Zivilist(in) [tsivi'lɪst] <-en, -en> m(f) civil(e) m(f)

Zivilprozessʀʀ m procès m civil **Zivilrecht** nt droit m civil **Zivilschutz** m sécurité civile f

zocken ['tsɔkən] vi fam jouer; (um hohe Beträge spielen) flamber

Zoff ['tsɔf] <-s> m fam engueulade f

zögerlich ['tsø:gɐlɪç] adj hésitant(e)

zögern ['tsø:gɐn] vi hésiter

Zögern <-s> nt hésitation f

zögernd I. adj hésitant(e) II. adv en hésitant

Zölibat [tsøli'ba:t] <-[e]s, -e> nt o m célibat m

Zoll¹ [tsɔl, Pl: 'tsœlə] <-[e]s, Zölle> m ❶ (Einfuhrabgabe) droits mpl de douane ❷ kein Pl (~verwaltung) **der ~** la Douane ❸ kein Pl fam (~kontrolle) **durch den ~ müssen** devoir passer la douane

Zoll² <-[e]s, -> m pouce m; **17-~-Monitor** écran m 17 pouces

Zollbeamte(r) m, **-beamtin** f douanier m/ douanière f **zollfrei** adj, adv en franchise

Zollkontrolle f contrôle douanier m **zollpflichtig** adj à déclarer **Zollstock** m mètre m [pliant]

Zombie ['tsɔmbi] <-[s], -s> m zombie m

Zone ['tso:nə] <-, -n> f zone f

Zoo [tso:] <-s, -s> m zoo m

Zoologie [tsoolo'gi:] <-> f zoologie f

zoologisch [tsoo-] adj zoologique

Zoom [zu:m] nt zoom m

Zopf [tsɔpf, Pl: 'tsœpfə] <-[e]s, Zöpfe> m ❶ (Haarzopf) natte f; (klein) tresse f ❷ (Hefezopf) brioche f tressée

Zopfmuster nt torsades fpl

Zorn [tsɔrn] <-[e]s> m colère f; (heftig) fureur f

zornig adj en colère

zottelig adj fam (Haar) hirsute; (Fell) touffu(e)

z.T. Abk von **zum Teil**

zu [tsu:] I. präp + dat ❶ (bei Richtungsangaben) **~m Arzt gehen** aller chez le médecin ❷ fig **sich ~ jdm hingezogen fühlen** se sentir attiré(e) par qn ❸ (bei Entfernungs-, Fristangaben) **ich habe bis ~m 10. März Zeit um das fertig zu machen** j'ai jusqu'au 10 mars pour finir ça; (die Frist einhalten müssen) je dois finir ça pour le 10 mars ❹ (in Eigennamen) **das Gasthaus zur Sonne** l'Auberge f du Soleil ❺ (bei Zeitangaben) **~ Ostern** à Pâques ❻ (anlässlich) **jdm ~m Geburtstag gratulieren** souhaiter l'anniversaire à qn ❼ (gemeinsam) **gut ~ etw passen** (Bluse) aller bien avec qc ❽ (bezüglich) **jdn ~ etw befragen** questionner qn au sujet de qc ❾ (bei Angaben des Zwecks) **hast du etwas ~m Schreiben?** tu as quelque chose pour écrire? ❿ (eine Veränderung ausdrückend) **jdn ~m Sprecher wählen** élire qn porte-parole ⓫ (eine Relation ausdrückend) **es steht zwei ~ zwei** il y a deux à deux; **~ zweit spielen** jouer à deux II. adv ❶ (all~) trop; **ich würde ja ~ gern abreisen** j'aimerais tant partir ❷ (geschlossen) **~ sein** (Tür) être fermé ❸ fam (betrunken) **~ sein** être raide ❹ (bei Richtungsangaben) **nach Süden ~** vers le sud III. konj ❶ **sie hat vor ~ kommen** elle a l'intention de venir ❷ (als Ausdruck des Könnens) **er ist nicht ~ sprechen** il ne peut pas recevoir ❸ (als Ausdruck des Müssens) **ich habe viel ~ tun** j'ai beaucoup à faire

zuallererst [tsu'ʔalɐ'ʔe:ɐst] adv avant toute

Z

chose

zuallerletzt [tsuˈʔalɐˈlɛtst] *adv* en tout dernier lieu

Zubehör [ˈtsuːbəhøːɐ̯] <-[e]s> *nt o m* accessoires *mpl*

zu|beißen *vi irr* mordre

zu|bereiten* *vt* préparer

Zubereitung <-, -en> *f* préparation *f*

zu|billigen *vt* accorder

zu|binden *vt irr* (*Sack*) fermer; (*Schuh*) lacer; (*Schürze, Senkel*) nouer

zu|blinzeln I. *vi* jdm ~ faire un clin d'œil à qn **II.** *vr* sich (*dat*) ~ se faire un clin d'œil

Zucchini [tsuˈkiːni] *f* courgette *f*

Zucht [tsʊxt] <-, -en> *f* ❶ (*Tiere*) race *f*; (*Pflanzen*) variété *f* ❷ kein Pl (*Disziplin*) discipline *f*

züchten [ˈtsʏçtən] *vt* (*Tiere*) faire l'élevage de; (*Pflanzen*) cultiver

Züchter(in) <-s, -> *m(f)* (*von Tieren*) éleveur(-euse) *m(f)*; (*von Pflanzen*) cultivateur (-trice) *m(f)*

Zuchthengst *m* étalon *m*

züchtigen [ˈtsʏçtɪgən] *vt* geh châtier

Zuchtperle *f* perle *f* de culture

Züchtung <-, -en> *f* (*Tiere*) race *f*; (*Pflanzen*) variété *f*

zucken [ˈtsʊkən] *vi* ❶ + haben (*Augenlid*) tressaillir; (*Mundwinkel*) frémir ❷ + sein über den Himmel ~ (*Blitz*) sillonner le ciel

zücken [ˈtsʏkən] *vt* geh (*Messer*) sortir; (*Degen*) dégainer

Zucker [ˈtsʊkɐ] <-s, -> *m* ❶ sucre *m* ❷ fam (*~krankheit*) diabète *m*

Zuckerdose *f* sucrier *m* **Zuckerguss**[RR] *m* ❶ glaçage *m* **zuckerkrank** *adj* diabétique

zuckern *vt* sucrer

Zuckerrohr *nt* canne *f* à sucre **Zuckerrübe** *f* betterave *f* à sucre

Zuckung <-, -en> *f* meist Pl convulsion *f*; **nervöse ~en** des tics *mpl*

zu|decken *vt* couvrir

zudem [tsuˈdeːm] *adv* geh de surcroît

zu|drehen *vt* ❶ fermer ❷ (*zuwenden*) jdm den Rücken ~ tourner le dos à qn

zudringlich *adj* collant(e) (*fam*)

Zudringlichkeit <-, -en> *f* ❶ kein Pl (*zudringliche Art*) insistance *f* [déplacée] ❷ meist Pl (*Handlung*) avance *f*

zu|drücken I. *vt* fermer **II.** *vi* ziemlich fest ~ (*beim Händeschütteln*) serrer assez fort [ement]

zueinander [tsuʔaiˈnandɐ] *adv* nicht ~ passen ne pas aller ensemble

zuerst [tsuˈʔeːɐ̯st] *adv* ❶ (*als Erster*) ~ durchs Ziel gehen franchir le premier la ligne d'arrivée ❷ (*erledigen*) en premier ❸ (*anfangs*) d'abord

Zufahrt *f* accès *m*

Zufahrtsstraße *f* voie d'accès *f*

Zufall *m* hasard *m*

zu|fallen *vi irr* + sein ❶ (*Tür*) se refermer [brusquement] ❷ (*zuteil werden*) jdm ~ (*Erbe*) revenir à qn

zufällig *adj* fortuit(e) **II.** *adv* par hasard

zu|fliegen *vi irr* + sein ❶ auf jdn/etw ~ (*Flugzeug*) voler en direction de qn/qc; (*Vogel, Ball*) se diriger sur qn/qc ❷ (*geflogen kommen*) jdm ~ (*Vogel*) venir s'installer chez qn ❸ fam (*zufallen: Tür*) se refermer [brusquement]

Zuflucht <-, -en> *f* refuge *m*

Zufluchtsort *m* refuge *m*

Zufluss[RR] *m* ❶ kein Pl (*das Zufließen*) afflux *m* ❷ (*Gewässer*) affluent *m*

zu|flüstern *vt* chuchoter

zufolge [tsuˈfɔlgə] *präp* + dat d'après

zufrieden [tsuˈfriːdən] **I.** *adj* ❶ satisfait(e); sich mit etw ~ geben se contenter de qc; ~ stellen satisfaire ❷ (*in Ruhe*) jdn ~ lassen laisser qn tranquille **II.** *adv* (*lächeln*) d'un air satisfait

zufrieden|geben[ALT] *s.* zufrieden I.1.

Zufriedenheit <-> *f* [sentiment *m* de] satisfaction *f*

zufrieden|lassen[ALT] *s.* zufrieden I.2. **zufrieden|stellen**[ALT] *s.* zufrieden I.1.

zu|frieren *vi irr* + sein geler complètement

zu|fügen *vt* ❶ jdm etw ~ infliger qc à qn ❷ geh (*hinzufügen*) additionner

Zufuhr [ˈtsuːfuːɐ̯] <-, -en> *f* ❶ (*Versorgung*) approvisionnement *m* ❷ (*von Frischluft*) arrivée *f*

zu|führen *vi* mener

Zug [tsuːk, Pl: ˈtsyːgə] <-[e]s, Züge> *m* ❶ train *m* ❷ (*Lastzug*) semi-remorque *m* ❸ (*Inhalieren des Rauchs*) bouffée *f* ❹ (*Schluck*) gorgée *f* ❺ kein Pl (*Luftzug*) courant *m* d'air ❻ (*Spielzug*) coup *m* ❼ (*lange Kolonne*) cortège *m* ❽ (*Gesichtszug*) trait *m*

Zugabe *f* ❶ mus bis *m* ❷ (*Dreingabe*) cadeau *m* [publicitaire]

Zugabteil *nt* compartiment *m*

Zugang <-gänge> *m* ❶ (*Eingang*) accès *m*

❷ *kein Pl* (*Zutritt*) ~ **zu etw** accès *m* à qc
❸ *kein Pl* (*Zugriff*) ~ **zu allen Daten haben** avoir accès à toutes les données

zugänglich ['ʦuːgɛŋlɪç] *adj* ❶ leicht ~ **sein** être facilement accessible ❷ (*verfügbar*) **etw ist allen** ~ tout le monde a accès à qc ❸ (*Person*) d'un abord facile

Zugbrücke *f* pont-levis *m*

zu|geben *vt irr* admettre

zugegen [ʦuːˈgeːgən] *adj geh* présent(e)

zu|gehen *irr* **I.** *vi + sein* ❶ (*sich schließen lassen*) fermer; (*Klappe*) se [re]fermer ❷ (*sich schließen*) [von allein] ~ se fermer [automatiquement] ❸ (*zusteuern*) **auf jdn/etw** ~ s'avancer vers qn/qc ❹ (*sich nähern*) **auf die vierzig** ~ approcher de la quarantaine **II.** *vi unpers + sein* **hier geht es lustig zu** on s'amuse bien ici

zugehörig *adj* ❶ *attr* (*Unterlagen*) qui vont avec ❷ (*nicht ausgeschlossen*) **sich** ~ **fühlen** se sentir bien intégré(e)

Zugehörigkeit <-> *f* appartenance *f*

zugeknöpft *adj fam* **ziemlich** ~ **sein** ne pas être très causant

Zügel ['ʦyːgəl] <-s, -> *m* rêne *f*

zügellos *adj* (*Person*) excessif(-ive)

zügeln ['ʦyːgəln] **I.** *vt + haben* ❶ (*Pferd*) tenir la bride courte à ❷ (*Neugierde*) refréner **II.** *vr + haben* **sich** ~ se refréner

Zugeständnis *nt* concession *f*

Zugfahrplan *m* horaire *m* des trains

zügig ['ʦyːgɪç] *adj* rapide

zugleich [ʦuˈglaɪç] *adv* en même temps

Zugluft *f kein Pl* courant *m* d'air

zu|greifen *vi irr* ❶ (*zupacken*) [s']agripper ❷ (*sich bedienen*) se servir ❸ (*ein Angebot wahrnehmen*) **sofort** ~ sauter sur l'occasion (*fam*) ❹ INFORM **auf etw** (*akk*) ~ avoir accès à qc

Zugrestaurant *nt* wagon-restaurant *m*

Zugriff *m* INFORM **auf etw** (*akk*) accès *m* à qc

Zugriffsgeschwindigkeit *f*, **Zugriffszeit** *f* INFORM vitesse *f* d'accès

zugrunde [ʦuˈgrʊndə] *adv* ~ **gehen** (*Person*) se perdre; **dieser Politik** (*dat*) **liegt das Prinzip** ~, **dass** cette politique est fondée sur le principe que

Zugunglück *nt* accident *m* de chemin de fer

zugunstenᴬᴸᵀ, **zu Gunsten**ᴿᴿ [ʦuˈgʊnstən] *präp* + *gen o dat* ~ **seines Kindes** en faveur de son enfant

zugute [ʦuˈguːtə] *adv* **jdm** ~ **kommen** (*Er-*

fahrung) se révéler être un avantage pour qn

Zugverbindung *f* liaison *f* [ferroviaire] **Zugverkehr** *m* trafic *m* ferroviaire **Zugvogel** *m* oiseau *m* migrateur **Zugzwang** *m* **in** ~ **geraten** se retrouver au pied du mur

zu|haben *irr* **I.** *vi* (*Geschäft*) être fermé **II.** *vt* (*Koffer*) avoir fermé

zu|halten *vt irr fam* **sich** (*dat*) **die Ohren** ~ se boucher les oreilles

Zuhälter(in) ['ʦuːhɛltɐ] <-s, -> *m(f)* proxénète *mf*

zu|hauen *irr* **I.** *vt fam* (*Tür*) claquer **II.** *s.* **zuschlagen**

Zuhause [ʦuˈhaʊzə] <-s> *nt* maison *f*

zu|heilen *vi + sein* se refermer

zu|hören *vi* **jdm** ~ écouter qn

Zuhörer(in) *m(f)* auditeur(-trice) *m(f)*

zu|jubeln *vi* **jdm** ~ acclamer qn

zu|klappen **I.** *vt + haben* [re]fermer **II.** *vi + sein* se [re]fermer

zu|kleben *vt* cacheter

zu|knallen *fam* **I.** *vt + haben* (*Tür*) claquer **II.** *vi + sein* se fermer en claquant

zu|knöpfen *vt* boutonner

zu|kommen *vi irr + sein* ❶ **auf jdn/etw** ~ venir vers qn/qc ❷ *fig* **alles auf sich** (*akk*) ~ **lassen** laisser faire les choses ❸ (*bevorstehen*) **auf jdn** ~ (*Aufgabe*) attendre qn ❹ (*gebühren*) **jdm** ~ revenir à qn ❺ *geh* (*zuteil werden*) **jdm etw** ~ **lassen** (*übermitteln*) faire parvenir qc à qn; (*gewähren*) accorder qc à qn

Zukunft ['ʦuːkʊnft] <-> *f* ❶ avenir *m*; **in** ~ à l'avenir ❷ LING futur *m*

zukünftig **I.** *adj* futur(e) **II.** *adv* à l'avenir

Zukunftsperspektive *f* perspective *f* d'avenir

zu|lächeln *vi* **jdm** ~ sourire à qn

Zulage <-, -n> *f* prime *f*

zu|langen *vi fam* ❶ **kräftig** ~ se servir copieusement ❷ (*in Bezug auf Geld*) matraquer le client ❸ (*zuschlagen*) cogner

zu|lassen *vt irr* ❶ (*dulden*) tolérer ❷ (*ermöglichen*) **wenn die Situation es zulässt** si la situation le permet ❸ (*Deutung*) autoriser ❹ (*amtliche Erlaubnis erteilen*) **jdn zur Prüfung** ~ autoriser qn à passer un examen ❺ (*Kraftfahrzeug*) faire immatriculer ❻ *fam* (*geschlossen lassen*) **etw** ~ laisser qc fermé(e); (*nicht aufknöpfen*) garder qc boutonné(e)

zulässig *adj* autorisé(e); (*Abweichung*) tolé-

Z

ré(e)

Zulassung <-, -en> f fam (*Fahrzeugschein*) carte f grise

Zulauf m ❶ (*Rohr, Schlauch*) arrivée f|d'eau| ❷ (*Zuspruch*) ~ **haben** (*Arzt*) avoir une grosse clientèle

zu|laufen vi irr + sein ❶ (*sich nähern*) **auf jdn/etw** ~ courir vers qn/qc ❷ (*enden*) **spitz** ~ (*Schere*) se terminer en pointe ❸ (*gelaufen kommen*) **jdm** ~ (*Katze*) trouver refuge chez qn

zu|legen I. vt fam (*zunehmen*) **fünf Kilo** ~ prendre cinq kilos **II.** vi fam (*zunehmen*) prendre du poids **III.** vr fam sich (*dat*) **ein Fahrrad** ~ se payer un vélo

zuleide [tsu'laɪdə] adv **jdm etwas** ~ **tun** faire du mal à qn

zuletzt [tsu'lɛtst] adv ❶ (*als Letzter*) ~ **ins Ziel kommen** passer la ligne d'arrivée le dernier/la dernière ❷ (*zum Schluss*) |**ganz**| ~ |tout| à la fin ❸ fam (*sehen*) pour la dernière fois ▸**nicht** ~ notamment; **nicht** ~, **weil wir ein Zeichen setzen wollen** d'autant plus que nous voulons donner l'exemple

zuliebe [tsu'liːbə] adv etw **jdm** ~ **tun** faire qc pour |faire plaisir à| qn

Zulieferer <-s, -> m, **Zulieferin** f sous-traitant(e) m(f)

zum [tsʊm] = **zu dem** s. **zu**

zu|machen I. vt fermer; (*Flasche*) |re|fermer; (*Schuh*) lacer **II.** vi fermer

zumal [tsu'maːl] **I.** konj d'autant plus que **II.** adv surtout

zu|mauern vt murer

zumeist [tsu'maɪst] adv la plupart du temps

zumindest [tsu'mɪndəst] adv ❶ du moins; (*wenigstens*) au moins ❷ (*jedenfalls*) en tout cas

zumutbar adj tolérable

Zumutbarkeit <-, -en> f **die Grenzen der** ~ les limites fpl du tolérable

zumute [tsu'muːtə] adv **jdm ist zum Weinen** ~ qn a envie de pleurer

zu|muten ['tsuːmuːtən] **I.** vt **jdm viel** ~ exiger beaucoup de qn **II.** vr **sich zu viel** ~ présumer de ses forces

Zumutung f **eine** ~ **sein** être plus qu'on ne peut en supporter

zunächst [tsu'nɛːçst] adv ❶ (*anfangs*) |tout| d'abord ❷ (*vorläufig*) pour l'instant

Zunahme ['tsuːnaːmə] <-, -n> f augmenta-

tion f

Zuname m nom m patronymique (*form*)

zündeln ['tsʏndəln] vi A jouer avec des allumettes

zünden ['tsʏndən] vt (*Triebwerk*) procéder à la mise à feu de

zündend adj (*Idee*) de génie, lumineux (-euse); (*Rede*) enflammé(e)

Zünder <-s, -> m détonateur m

Zündkerze f bougie f **Zündschloss**ᴿᴿ n contact m **Zündschlüssel** m clé f de contact **Zündschnur** f mèche f

Zündung <-, -en> f allumage m

zu|nehmen irr **I.** vi ❶ (*Person*) grossir ❷ (*Spannung*) grandir; (*Umweltverschmutzung*) augmenter ❸ (*stärker werden*) gagner en intensité **II.** vt |**wieder**| **zehn Kilo** ~ |re|prendre dix kilos

zunehmend I. adj croissant(e) **II.** adv constamment

zu|neigen vr sich dem Ende ~ toucher à sa fin

Zuneigung f penchant m

Zunft [tsʊnft, Pl: 'tsʏnftə] <-, Zünfte> f corporation f

Zunge ['tsʊŋə] <-, -n> f langue f

züngeln ['tsʏŋəln] vi ❶ darder sa langue ❷ (*Flammen*) jaillir

Zungenbrecher <-s, -> m (*schwer aussprechender Satz*) phrase f difficile à prononcer **Zungenspitze** f bout m de la langue

zunichte [tsu'nɪçtə] adv etw ~ **machen** réduire qc à néant

zu|nicken vi **jdm** ~ faire un signe de tête à qn

zunutze [tsu'nʊtsə] adv **sich** (*dat*) **etw** ~ **machen** tirer profit de qc

zu|ordnen vt **jdn einer politischen Richtung** (*dat*) ~ classer qn dans un courant politique

zu|packen vi ❶ serrer ❷ (*mithelfen*) donner un coup de main

zupfen ['tsʊpfən] vt **jdn am Ärmel** ~ tirer qn par la manche

zur [tsuːɐ] = **zu der** s. **zu**

Zürcher adj de Zurich

Zürcher(in) <-s, -> m(f) Zurichois(e) m(f)

zu|rechnen vt s. **zuordnen**

zurechnungsfähig adj responsable de ses actes

zurecht|finden [tsu'rɛçtfɪndən] vr irr s'y re

trouver **zurecht|kommen** *vi irr + sein* ❶ **mit den Kollegen** ~ s'entendre avec les collègues ❷ *(klarkommen)* **mit einem Gerät nicht** ~ ne pas s'en sortir avec un appareil **zurecht|machen** *vt fam* ❶ **das Bett** ~ faire le lit ❷ *(schminken)* **sich** ~ se faire une beauté **zurecht|rücken** *vt (Krawatte)* rajuster; *(Stuhl)* remettre en place **zurecht|weisen** *vt irr* réprimander **Zurechtweisung** *f* réprimande *f*

zu|reden *vi* **jdm gut** ~ essayer de raisonner qn

Zürich ['tsy:rɪç] <-s> *nt* Zurich

Züricher(in) *s.* **Zürcher(in)**

zu|richten *vt* ❶ **jdn furchtbar** ~ mettre qn dans un état effrayant ❷ *(beschädigen)* **etw schlimm** ~ mettre qc dans un état pitoyable

zurück [tsuˈrʏk] *adv* ❶ *(~gekehrt)* ~ **sein** être de retour ❷ *(in Bezug auf den Rückweg)* **einmal Stuttgart-Nancy und** ~, **bitte!** un aller et retour Stuttgart-Nancy, s'il vous plaît!; ~! demi-tour! ❸ *(rückwärts)* **drei Schritte** ~! trois pas en arrière!

Zurück <-s> *nt* **es gibt kein** ~ il n'est pas possible de faire machine arrière

zurück|blicken *vi* ❶ *(sich umsehen)* jeter un regard en arrière ❷ *(betrachten)* **auf etw** *(akk)* ~ jeter un regard rétrospectif sur qc **zurück|behalten*** *vt irr (Narbe, Schaden)* garder **zurück|bekommen*** *vt irr* récupérer **zurück|bilden** *vr* **sich** ~ se résorber **zurück|bleiben** *vi irr + sein* ❶ rester ❷ *(langsam sein)* rester en arrière **zurück|blicken** *vi* ❶ *(sich umsehen)* jeter un regard en arrière ❷ *(betrachten)* **auf etw** *(akk)* ~ jeter un regard rétrospectif sur qc **zurück|bringen** *vt irr (Person)* ramener; *(Gegenstand)* rapporter **zurück|datieren*** *vt* antidater **zurück|denken** *vi irr* repenser **zurück|drängen** *vt* repousser **zurück|erhalten*** *s.* **zurückbekommen zurück|erobern*** *vt (Region, Fans)* reconquérir **zurück|fahren** *irr* I. *vi + sein* ❶ repartir ❷ *(zurückweichen)* **vor jdm/etw** ~ reculer brusquement devant qn/pour éviter qc II. *vt + haben* ❶ *(Fahrzeug)* reculer ❷ *(Person)* reconduire; *(Gegenstand)* rapporter **zurück|fallen** *vi irr + sein* ❶ *(fallen)* **sich** ~ **lassen** s'affaler ❷ *(Läufer)* être distancé ❸ *(absteigen)* **auf den vierten Platz** ~ *(Sportler)* retomber au quatrième rang

❹ *(angelastet werden)* **auf jdn** ~ *(Verhalten)* retomber sur qn **zurück|finden** *vi irr* retrouver le chemin **zurück|fliegen** *irr* I. *vi + sein (Person)* repartir [par avion]; *(Flugzeug)* repartir II. *vt + haben* **jdn/etw** ~ ramener qn/qc [en avion] **zurück|fordern** *vt* exiger la restitution **zurück|führen** I. *vt* ❶ **der Unfall ist auf einen technischen Fehler zurückzuführen** l'accident est dû à une erreur technique ❷ *(zurückbringen)* **jdn ins Zimmer** ~ reconduire qn dans la pièce II. *vi* **zur Hauptstraße** ~ *(Weg)* revenir à la route principale **zurück|geben** *vt irr* ❶ *(wiedergeben)* rendre ❷ *(Waren)* rendre ❸ *(erneut verleihen)* **jdm sein Selbstvertrauen** ~ redonner de l'assurance à qn **zurückgeblieben** *adj (Kind)* retardé(e) **zurück|gehen** *vi irr + sein* ❶ retourner ❷ *(Umsatz)* reculer; *(Fieber)* baisser ❸ *(Schwellung)* se résorber **zurückgezogen** *adj* retiré(e) **zurück|greifen** *vi irr* **auf etw** *(akk)* ~ recourir à qc **zurück|halten** *irr* I. *vr* ❶ *(sich beherrschen)* **sich** ~ se contenir ❷ *(sich vorsichtig äußern)* **sich mit seiner Kritik** ~ rester mesuré(e) dans sa critique II. *vt* ❶ *(Person)* retenir ❷ *(Beweise)* faire de la rétention de **zurückhaltend** I. *adj* ❶ *(reserviert)* réservé(e) ❷ *(vorsichtig)* mesuré(e) II. *adv (vorsichtig)* avec circonspection

Zurückhaltung *f kein Pl* retenue *f*, réserve *f* **zurück|holen** *vt* **jdn** ~ ramener qn [ici]; |**sich** *(dat)*| **etw** ~ récupérer qc **zurück|kehren** *vi + sein geh* revenir; **zu jdm** ~ retourner vivre avec qn **zurück|kommen** *vi irr + sein* revenir **zurück|lassen** *vt irr* abandonner; *(Adresse)* laisser **zurück|legen** *vt* ❶ *(legen)* reposer; **etw auf den Tisch** ~ remettre qc sur la table ❷ *(reservieren)* **jdm etw** ~ mettre qc de côté pour qn ❸ *(Strecke)* parcourir; *(Entfernung)* couvrir ❹ *(sparen)* |**sich** *(dat)*| **Geld** ~ mettre de l'argent de côté **zurück|lehnen** *vr* **sich** ~ se pencher en arrière **zurück|melden** *vr* MIL **sich bei jdm** ~ se faire porter rentrant(e) auprès de qn **zurück|nehmen** *vt irr* ❶ reprendre ❷ *(Vorwurf)* retirer **zurück|rollen** *vi + sein (Fahrzeug)* se mettre à reculer; *(Ball)* rouler en arrière **zurück|rufen** *vt, vi irr a.* TELEC rappeler **zurück|schalten** *vi* **in den zweiten Gang** ~ rétrograder en deuxième **zurück|schauen** *s.* **zurückblicken**

Z

zurück|schicken vt ❶ (*Brief*) renvoyer ❷ (*nicht einreisen lassen*) refouler **zurück| schieben** vt irr etw ~ pousser qc en arrière **zurück|schlagen** irr I. vt ❶ (*Ball*) renvoyer ❷ (*Bettdecke*) rejeter II. vi a. MIL riposter **zurück|schrauben** vt fam (*Erwartungen*) réduire **zurück|schrecken** vi irr + haben o sein reculer **zurück|spulen** vt, vi rembobiner **zurück|stecken** I. vt remettre; **etw in die Hosentasche ~** remettre qc dans sa poche II. vi ❶ (*nachgeben*) céder ❷ (*sich bescheiden*) se montrer moins exigeant **zurück|stellen** vt ❶ (*wegräumen*) remettre; **etw ins Regal ~** remettre qc dans l'étagère ❷ (*Möbelstück, Zeiger*) reculer ❸ (*Kind*) retarder la scolarisation de; (*Plan*) repousser **zurück|stufen** vt (*Kfz-Versicherten*) appliquer un malus à **zurück|tragen** vt irr jdn/ etw ~ ramener qn/remporter qc **zurück| treten** vi irr + sein ❶ (*zurückgehen*) reculer ❷ (*seinen Rücktritt erklären*) démissionner ❸ (*rückgängig machen*) **von einem Vertrag ~** résilier un contrat **zurück|verfolgen*** vt remonter **zurück|weichen** vi irr + sein reculer **zurück|weisen** vt irr récuser **zurück|werfen** vt irr renvoyer **zurück|zahlen** vt rembourser **zurück|ziehen** irr I. vt + haben ❶ (*Hand*) retirer; (*Vorhang*) rouvrir ❷ (*Kandidatur*) retirer; (*Angebot*) annuler II. vr + haben **sich ~** se retirer

Zuruf m appel m; (*eines Zuschauers*) acclamation f

zu|rufen vt irr jdm einen Gruß ~ crier bonjour à qn

zurzeit adv A, CH pour le moment

Zusage f réponse f positive

zu|sagen I. vt jdm Hilfe ~ promettre de l'aide à qn II. vi ❶ (*bestätigen*) répondre positivement; **sie wollen sich noch nicht ~** elle ne veut pas encore s'engager ❷ (*gefallen*) **jdm ~** (*Angebot*) plaire à qn; (*Essen*) être au goût de qn

zusammen [tsu'zaman] adv ❶ ensemble; **mit jdm ~ sein** (*befreundet sein*) être avec qn ❷ (*zusammengerechnet*) au total

Zusammenarbeit f kein Pl collaboration f; POL coopération f

zusammen|arbeiten vi travailler ensemble **zusammen|bauen** vt monter **zusammen|bekommen*** vt irr fam ❶ (*Geld*) arriver à dégoter ❷ (*Puzzle*) arriver à monter; (*Geschichte*) arriver à reconstituer **zusam-**

men|binden vt irr [sich (*dat*)] **die Haare ~** se nouer les cheveux **zusammen|brechen** vi irr + sein ❶ (*Person*) s'écrouler; (*Brücke*) s'effondrer ❷ (*Verkehr*) s'immobiliser; (*Rechnernetz*) se planter

Zusammenbruch m ❶ (*eines Systems*) effondrement m ❷ (*Kollaps*) syncope f; (*Nervenzusammenbruch*) dépression f nerveuse

zusammen|drängen I. vt (*Menschenmenge*) entasser II. vr **sich auf dem Marktplatz ~** s'entasser sur la place du marché **zusammen|drücken** vt ❶ comprimer ❷ (*aneinander drücken*) **die Hände ~** presser les mains l'une contre l'autre **zusammen|fahren** I. vi + sein (*erschrecken*) sursauter II. vt + haben fam (*Auto*) esquinter **zusammen|fallen** vi irr + sein (*sich ereignen*) coïncider **zusammen|falten** vt plier **zusammen|fassen** I. vt ❶ résumer ❷ (*vereinigen*) **Verschiedenes unter einem Oberbegriff ~** regrouper diverses choses sous un terme générique II. vi résumer **zusammenfassend** I. adj récapitulatif(-ive) II. adv en résumé

Zusammenfassung f résumé m **zusammen|flicken** vt fam rafistoler

zusammen|fließen vi irr + sein confluer **zusammen|fügen** vt geh assembler **zusammen|gehören*** vi (*Ehepartner*) être faits l'un pour l'autre; (*Teile*) aller ensemble **zusammengehörig** I. adj (*Teile*) qui vont ensemble II. adv **sich ~ fühlen** se sentir uni(e)s

Zusammengehörigkeitsgefühl nt sentiment m d'union

zusammengewürfelt adj (*Gruppe, Mobiliar*) hétéroclite

Zusammenhalt m kein Pl cohésion f

zusammen|halten irr I. vi ❶ tenir ensemble ❷ (*zueinander halten*) être solidaire(s) II. vt **seine Ersparnisse ~** être assis sur ses économies

Zusammenhang <-[e]s, -hänge> m ❶ (*Verbindung*) rapport m; **jdn mit einem Vorfall in ~ bringen** établir un lien entre qn et un incident ❷ (*Kontext*) contexte m **zusammen|hängen** vi irr ❶ **mit etw ~** être en rapport avec qc ❷ (*Teile*) être collés **zusammenhängend** adj cohérent(e) **zusammenhang[s]los** adj incohérent(e) **zusammen|heften** vt agrafer **zusammen| kehren** vt balayer **zusammenklappbar**

adj pliant(e) **zusạmmen|klappen I.** *vt* *f*
+ *haben* (*Taschenmesser*) |re|fermer; (*Klapp-*
stuhl) |re|plier **II.** *vi* + *sein* ❶ se replier
❷ *fam* (*kollabieren*) tomber dans les pom-
mes **zusạmmen|kleben** *vt, vi* coller **zu-**
sạmmen|kneifen *vt irr* (*Augen*) plisser **zu-**
sạmmen|kommen *vi irr* + *sein* ❶ se retro-
uver; **mit jdm** ~ rencontrer qn ❷ (*sich an-*
häufen) s'accumuler **zusạmmen|kriegen**
s. **zusammenbekommen**
Zusạmmenkunft [tsu'zamənkʊnft] <-,
-künfte> *f* rencontre *f*
zusạmmen|laufen *vi irr* + *sein* ❶ (*Straßen*)
se rencontrer ❷ (*Neugierige*) s'attrouper
zusạmmen|leben *vi* vivre ensemble; **mit**
jdm ~ vivre avec qn **zusạmmen|legen**
I. *vt* ❶ (*Wolldecke*) |re|plier ❷ (*Häftlinge*)
mettre ensemble **II.** *vi* se cotiser **zusạm-**
men|nähen *vt* coudre [ensemble] **zusạm-**
men|nehmen *irr* **I.** *vt* **seinen ganzen**
Mut ~ prendre son courage à deux mains
II. *vr* **sich** ~ se maîtriser **zusạmmen|pa-**
cken *vt* emballer **zusạmmen|passen** *vi*
❶ (*Einzelteile*) s'accorder ❷ (*Personen, Far-*
ben) aller bien ensemble **zusạmmen|pfer-**
chen *vt* parquer
Zusạmmenprall *m* collision *f*
zusạmmen|prallen *vi* + *sein* entrer en colli-
sion; **mit den Köpfen** ~ se cogner la tête
zusạmmen|pressen *vt* (*Lippen*) serrer
zusạmmen|raufen *vr fam* **sich** ~ trouver
un terrain d'entente **zusạmmen|rechnen**
vt faire le total de **zusạmmen|reißen** *vr irr*
fam **sich** ~ se ressaisir **zusạmmen|rollen**
I. *vt* |en|rouler **II.** *vr* **sich** ~ (*Person*) se pelo-
tonner; (*Katze*) se mettre en boule **zusạm-**
men|rücken I. *vi* + *sein* se rapprocher **II.** *vt*
+ *haben* (*Gegenstände*) rapprocher **zusạm-**
men|schlagen *irr* **I.** *vt* + *haben* ❶ (*Person*)
rouer de coups ❷ (*Einrichtung*) mettre en
pièces **II.** *vi* + *sein* **über jdm** ~ s'abattre
sur qn **zusạmmen|schließen** *vr irr* **sich** ~
❶ s'associer ❷ (*fusionieren*) fusionner
Zusạmmenschlussᴿᴿ *m* fusion *f*
zusạmmen|seinᴬᴸᵀ *s.* **zusammen 1. zu-**
sạmmen|setzen I. *vt* ❶ (*Stücke*) assem-
bler ❷ (*nebeneinander setzen*) mettre
l'un(e) à côté de l'autre **II.** *vr* ❶ **sich aus**
einzelnen Teilen ~ se composer de différentes pièces ❷ (*sich zueinander setzen*)
sich ~ s'asseoir l'un(e) à côté de l'autre
Zusạmmensetzung <-, -en> *f* composition

zusạmmen|stauchen *vt fam* **jdn** ~ engueu-
ler qn **zusạmmen|stehen** *vi irr* se trouver
ensemble **zusạmmen|stellen** *vt* (*Möbel*)
rassembler; (*Liste*) établir
Zusạmmenstellung *f* liste *f* [par écrit]
Zusạmmenstoß *m* ❶ collision *f* ❷ *fam* (*Aus-*
einandersetzung) échauffourée *f*
zusạmmen|stoßen *vi irr* + *sein* (*Fahrzeuge*)
entrer en collision; (*Personen*) se heurter
zusạmmen|strömen *vi* + *sein* (*Demons-*
tranten, Zuschauer) affluer **zusạmmen|**
stürzen *vi* + *sein* s'écrouler **zusạmmen|**
tragen *vt irr* recueillir **zusạmmen|treffen**
vi irr + *sein* ❶ (*Personen*) se rencontrer
❷ (*Umstände*) coïncider
Zusạmmentreffen *nt* ❶ rencontre *f*
❷ (*gleichzeitiges Eintreten*) coïncidence *f*
zusạmmen|treten *vi irr* + *sein* (*Versamm-*
lung) se réunir **zusạmmen|trommeln** *vt*
fam rameuter **zusạmmen|tun** *vr irr fam*
sich ~ se mettre ensemble **zusạmmen|**
wachsen [-ks-] *vi irr* + *sein* ❶ se souder;
wieder ~ (*Knochen*) se ressouder ❷ *fig*
(*Ortsteile*) finir par ne faire qu'un **zusạm-**
men|wirken *vi geh* être concomitants **zu-**
sạmmen|zählen *vt* additionner **zusạm-**
men|ziehen *irr* **I.** *vt* + *haben* ❶ (*Netz*) |res|-
serrer ❷ (*Truppen*) amasser; (*Polizeiauf-*
gebot) concentrer **II.** *vr* + *haben* **sich** ~
❶ (*Pupillen*) |se| rétrécir; (*Muskel*) se
contracter ❷ (*Gewitter*) se préparer **III.** *vi*
+ *sein* s'installer ensemble **zusạmmen|zu-**
cken *vi* + *sein* tressaillir
Zusatz *m* ❶ ajout *m* ❷ (*~stoff*) additif *m*
❸ *kein Pl* (*das Hinzufügen*) addition *f*
Zusatzinformation *f* information *f* complémentaire
zusätzlich ['tsu:zɛtslɪç] **I.** *adj* (*Kosten*) supplémentaire; (*Versicherung*) complémen-
taire **II.** *adv* en plus
Zusatzzahl *f* numéro *m* complémentaire
zu|schauen *s.* **zusehen**
Zuschauer(in) <-s, -> *m(f)* spectateur(-trice)
m(f)
Zuschauerraum *m* salle *f* **Zuschauertri-**
büne *f* tribune *f*
zu|schieben *vt irr* ❶ **jdm etw** ~ passer qc à
qn ❷ (*zur Last legen*) **jdm die Verantwor-**
tung ~ faire endosser la responsabilité à qn
❸ (*Schiebetür*) fermer
Zuschlag *m* (*zum Lohn*) majoration *f*; (*zum*

Z

Fahrpreis) supplément *m*
zu|schlagen *irr* **I.** *vt* + *haben* (*Tür*) claquer; (*Buch*) refermer **II.** *vi* ❶ + *sein* (*zufallen: Tür*) claquer ❷ + *haben* **mit einem Knüppel** ~ donner un coup/des coups de matraque ❸ + *haben* (*Schicksal*) frapper ❹ + *haben* *fam* (*ein Angebot nutzen*) saisir l'occasion ❺ + *haben* *fam* (*viel essen*) **beim kalten Büfett kräftig** ~ vraiment faire honneur au buffet froid
zuschlagpflichtig *adj* à supplément
zu|schließen *vt, vi irr* fermer à clé
zu|schnappen *vi* ❶ + *haben* (*Hund*) happer ❷ + *sein* (*Tür*) se refermer
zu|schneiden *vt irr* (*Stoff*) couper; (*Brett*) découper
zu|schnüren *vt* (*Schuhe, Korsett*) lacer; (*Paket*) ficeler
zu|schrauben *vt* [wieder] ~ [re]visser
Zuschrift *f* lettre *f*
zuschulden [tsu'ʃʊldən] **sich** (*dat*) **etwas** ~ **kommen lassen** avoir quelque chose à se reprocher
ZuschussRR *m* aide *f* financière; (*aus öffentlichen Kassen*) subvention *f*
zu|sehen *vi irr* ❶ regarder ❷ (*tatenlos bleiben*) **einem Unrecht tatenlos** ~ assister à une injustice sans rien faire ❸ (*dafür sorgen*) ~, **dass alles rechtzeitig fertig wird** veiller à ce que tout soit terminé à temps
zusehends ['tsu:ze:ənts] *adv* à vue d'œil
zu|seinALT *s.* **zu II.2., II.3.**
zu|senden *vt* envoyer
zu|setzen *vi* ❶ (*Krankheit*) éprouver ❷ (*bedrängen*) harceler
zu|sichern *vt* assurer
Zusicherung *f* ❶ *kein Pl* (*das Zusichern*) assurance *f* ❷ (*das Zugesicherte*) promesse *f*
zu|sperren *vt* A **die Tür** ~ fermer la porte à clé
zu|spielen *vt* **jdm den Ball** ~ passer le ballon à qn
zu|spitzen *vr* **sich** ~ s'aggraver
zu|sprechen *vt irr* ❶ **jdm Trost** ~ prodiguer des paroles de consolations à qn (*soutenu*) ❷ JUR **das Kind wurde der Mutter zugesprochen** la garde de l'enfant a été confiée à la mère
Zuspruch *m kein Pl geh* ❶ (*Trost*) paroles *fpl* de réconfort ❷ (*Interesse*) ~ **finden** avoir du succès ❸ (*Zustimmung*) approbation *f*
Zustand <-[e]s, -stände> *m* ❶ état *m* ❷ *Pl*

pej (*Gegebenheit*) **katastrophale Zustände** des conditions *fpl* de vie catastrophiques
zustande [tsu'ʃtandə] *adv* **eine Einigung** ~ **bringen** parvenir à un accord; **nichts** ~ **bringen** n'arriver à rien; ~ **kommen** (*Vertrag*) être conclu
zuständig *adj* compétent(e)
Zuständigkeit <-, -en> *f* compétence *f*
zu|stecken *vt* glisser
zu|stehen *vi irr* ❶ **jdm** ~ (*Erbschaft*) revenir [de droit] à qn ❷ (*zukommen*) **eine solche Äußerung steht Ihnen nicht zu** il ne vous appartient pas de tenir de tels propos
zu|steigen *vi irr* + *sein* monter [en cours de voyage]
zu|stellen *vt* ❶ *form* (*bringen*) distribuer ❷ (*Eingang*) encombrer
Zusteller(in) <-s, -> *m(f) form* préposé(e) *m(f)*
Zustellung *f form* (*eines Briefs*) distribution *f*; (*eines Urteils*) notification *f*
zu|steuern *vi* + *sein* ❶ **auf jdn/etw** ~ se diriger vers qn/qc ❷ *fig* **auf eine Katastrophe** ~ aller au-devant d'une catastrophe
zu|stimmen *vi* ❶ (*gleicher Meinung sein*) être du même avis ❷ (*einverstanden sein*) être d'accord
zustimmend I. *adj* approbateur(-trice) **II.** *adv* d'un air approbateur
Zustimmung *f* approbation *f*
zu|stoßen *irr* **I.** *vi* ❶ + *haben* frapper ❷ + *sein* (*Unglück*) arriver **II.** *vt* + *haben* **etw mit dem Fuß** ~ fermer qc d'un coup de pied
Zustrom *m kein Pl a. fig* afflux *m*
zutage [tsu'ta:gə] ~ **fördern** étaler au grand jour
Zutat <-, -en> *f meist Pl* ingrédient *m*
zuteil [tsu'tail] *geh* **jdm** ~ **werden** (*Ehre*) être imparti à qn
zu|teilen *vt* (*Portion*) distribuer; (*Mitarbeiter*) attribuer
Zuteilung *f* ❶ (*eines Anteils*) distribution *f*; (*einer Arbeit*) attribution *f* ❷ (*zugeteilte Portion*) rationnement *m*
zutiefst [tsu'ti:fst] *adv* au plus haut point
zu|tragen *irr geh vr* **sich** ~ se passer
zuträglich *adj geh* sain(e); **jdm/einer S.** ~ **sein** convenir à qn/qc; **der Gesundheit** (*dat*) **nicht** ~ **sein** être insalubre
zu|trauen *vt* **jdm etw** ~ croire qn capable de qc
Zutrauen <-s> *nt* confiance *f*

zutraulich *adj* (*Kind*) confiant(e); (*Hund*) familier(-ière)

zu|treffen *vi irr* être juste; **auf jdn/etw ~** (*Beschreibung*) correspondre à qn/s'appliquer à qc

zutreffend *adj* exact(e)

Zutritt *m kein Pl* accès *m*

Zutun *nt* **das geschah ohne mein ~** je n'y suis pour rien

zuunterst [tsuˈʔʊntɛst] *adv* tout en dessous

zuverlässig [ˈtsuːfɛɐlɛsɪç] *adj* fiable

Zuverlässigkeit <-> *f* fiabilité *f*

Zuversicht [ˈtsuːfɛɐzɪçt] <-> *f* confiance *f*

zuversichtlich *adj* confiant(e)

zuvielᴬᴸᵀ *s.* **viel I.1.**

zuvor [tsuˈfoːɐ] *adv* ① (*früher*) auparavant; **am Tag ~** la veille ② (*zunächst*) au préalable

zuvor|kommen *vi irr + sein* devancer

zuvorkommend I. *adj* prévenant(e) II. *adv* avec prévenance

Zuwachs [ˈtsuːvaks] <-es, Zuwächse> *m* ① accroissement *m* ② *iron fam* (*Kind*) **die Familie bekommt ~** il va y avoir une naissance dans la famille

Zuwanderer *m*, **Zuwanderin** *f* immigrant(e) *m(f)*

Zuwanderung *f* immigration *f*

zuwege [tsuˈveːgə] *adv* **etw ~ bringen** mener qc à bien

zuweilen [tsuˈvailən] *adv geh* de temps à autre

zu|weisen *vt irr* (*Aufgabe*) assigner; (*Arbeitsplatz*) attribuer

zu|wenden *irr* I. *vt* **jdm den Rücken ~** tourner le dos à qn II. *vr* ① **sich jdm ~** se tourner vers qn ② (*sich widmen*) **sich einer S. ~** se consacrer à qc

Zuwendung *f* ① *kein Pl* attention *f* ② (*finanzielle Unterstützung: seitens des Staats*) allocation *f*; (*seitens einer Privatperson*) aide *f*

zuwenigᴬᴸᵀ [tsuˈveːnɪç] *pron s.* **wenig I.1.**

zu|werfen *vt irr* lancer

zuwider [tsuˈviːdɐ] *adj* **jdm ~ sein** inspirer de la répugnance à qn

zuwider|handeln *vi* contrevenir **Zuwiderhandlung** *f form* infraction *f*; (*gegen ein Verbot*) transgression *f*

zu|winken *vi* faire un signe [de la main]

zu|zahlen I. *vt* payer en supplément II. *vi* payer un supplément

zu|ziehen *irr* I. *vt + haben* (*Schlinge*) serrer;

(*Vorhang*) tirer II. *vr + haben* **sich ~** ① (*auf sich ziehen*) s'attirer ② (*Verletzung*) se faire III. *vi + sein* (*Einwohner*) [venir] s'installer

zuzüglich [ˈtsuːtsyːklɪç] *präp + gen* **hundert Euro ~ Mehrwertsteuer** cent euros, la T.V.A. en sus

zu|zwinkern *vi* faire un clin/des clins d'œil

ZVS [tsɛtfauˈʔɛs] <-> *f Abk von* **Zentralstelle für die Vergabe von Studienplätzen** *centre de répartition des inscriptions dans les universités allemandes*

Zwang [tsvaŋ, *Pl:* ˈtsvɛŋə] <-[e]s, Zwänge> *m* contrainte *f*

zwängen [ˈtsvɛŋən] I. *vt* **etw in den Koffer ~** bourrer qc dans la valise II. *vr* **sich durch die Tür ~** se faufiler à travers la porte

zwanghaft *adj* (*Verhalten*) maladif(-ive)

zwanglos I. *adj* sans cérémonie II. *adv* librement

Zwangsarbeit *f* travaux *mpl* forcés **Zwangsjacke** *f* camisole *f* [de force] **Zwangslage** *f* situation *f* [très] embarrassante **zwangsläufig** *adj* inévitable **zwangsversteigern*** *vt* **zwangsversteigert werden** être vendu aux enchères publiques **Zwangsversteigerung** *f* vente *f* judiciaire

zwanzig [ˈtsvantsɪç] *num* vingt; *s. a.* **achtzig**

Zwanzig <-, -en> *f* vingt *m*

zwanziger *adj inv* **die ~ Jahre** les années *fpl* vingt; *s. a.* **achtziger**

Zwanziger¹ <-s, -> *m fam* (*Zwanzigeuroschein*) billet *m* de vingt euros

Zwanziger² <-, -> *m HIST fam* (*Briefmarke*) timbre *m* à vingt pfennigs

Zwanzigerjahre *Pl* **die ~** les années *fpl* vingt

Zwanzigeuroschein *m* billet *m* de vingt euros

zwanzigste(r, s) *adj* vingtième; *s. a.* **achtzigste(r, s)**

zwar [tsvaːɐ] *adv* ① (*einschränkend*) certes ② (*präzisierend*) **und ~** à savoir

Zweck [tsvɛk] <-[e]s, -e> *m* ① (*Ziel*) objectif *m*, but *m*; **für einen guten ~** pour une bonne cause ② (*Sinn*) raison *f* d'être ③ (*Verwendungszweck*) fonction *f*

zweckdienlich *adj* utile **zweckentfremden*** *vt* **etw ~** détourner qc de sa fonction **zwecklos** *adj* (*Unterfangen*) inutile **zwecks** *präp + gen form* en vue de

zwei [tsvai] *num* deux; *s. a.* **acht** ¹

Z

Zwei <-, -en> f ❶ (*Zahl, Augenzahl*) deux m ❷ (*Schulnote*) bonne note située entre quatorze et seize sur vingt CH mauvaise note située entre trois et six sur vingt ❸ kein Pl (*U-Bahn-Linie*) deux m

Zweibeiner <-s, -> m hum fam bipède m

Zweibettzimmer nt chambre f double; (*im Krankenhaus*) chambre à deux lits **zweideutig** adj ❶ ambigu(ë) ❷ (*Bemerkung*) équivoque **zweidimensional I.** adj bidimensionnel(le) **II.** adv en deux dimensions

Zweidrittelmehrheit f majorité f des deux tiers

zweierlei adj inv ~ Sorten Wein deux sortes de vin; s. a. **achterlei**

Zweierreihe f double rangée f

zweifach I. adj double; **die ~e Summe** deux fois la somme **II.** adv (*falten*) deux fois; s. a. **achtfach**

Zweifamilienhaus [-liən-] nt maison f de deux appartements

Zweifel ['tsvaɪfəl] <-s, -> m meist Pl doute m

zweifelhaft adj (a. péj) douteux(-euse)

zweifellos adv incontestablement

zweifeln vi douter

Zweifelsfall m ▶im ~ dans le doute

Zweig [tsvaɪk] <-[e]s, -e> m ❶ a. COM branche f ❷ (*Fachrichtung*) option f

zweigeteilt adj coupé(e) en deux **zweigleisig** adj ❶ (*Strecke*) à double voie ❷ fig **~e Verhandlungen** des négociations sur deux fronts

Zweigstelle f succursale f; (*der Post*) bureau m

zweihundert ['tsvaɪ'hʊndɐt] num deux cents **zweijährig** adj (*Kind*) de deux ans **Zweijährige(r)** f(m) dekl wie adj garçon m/fille f de deux ans **zweimal** adv deux fois; s. a. **achtmal Zweirad** nt form meist Pl deux-roues m **zweiseitig** adj (*Brief*) de deux pages **zweispaltig** adj, adv sur deux colonnes **zweisprachig I.** adj bilingue **II.** adv ~ **aufwachsen** avoir une éducation bilingue **zweispurig** adj à deux voies **zweistellig** adj à deux chiffres **zweistimmig** adj, adv à deux voix **zweistöckig** ['tsvaɪʃtœkɪç] adj de deux étages **zweistündig** adj attr de deux heures

zweit adv zu ~ **sein** être [à] deux; s. a. **acht** [2]

Zweitakter <-s, -> m véhicule m deux-temps

zweitälteste(r, s) ['tsvaɪt'?ɛltəstə, -tə, -təs] adj ❶ (*Einwohner*) second(e) [par rang d'âge] ❷ (*Kind*) cadet(te)

zweitausend ['tsvaɪ'tauzənt] num deux mille

Zweitausender <-s, -> m sommet m de [plus de] deux mille mètres

zweitbeste(r, s) ['tsvaɪt'bɛstə, -tə, -təs] adj deuxième meilleur(e)

zweite(r, s) adj ❶ deuxième ❷ (*bei Datumsangaben*) **der ~ März** le deux mars; s. a. **achte(r, s)**

zweiteilig adj en deux parties

zweitens adv deuxièmement

zweitgrößte(r, s) adj (*Person*) deuxième en taille; (*Stadt*) deuxième **zweithöchste(r, s)** adj ❶ (*Berg*) deuxième [plus haut(e)] ❷ (*Stellung*) deuxième dans la hiérarchie **zweitklassig** adj pej de deuxième catégorie **zweitletzte(r, s)** adj avant-dernier(-ière) **zweitrangig** adj ❶ (*Problem*) de second ordre ❷ s. **zweitklassig Zweitschlüssel** m double m **Zweitstimme** f POL deuxième voix f (*accordée à une liste nationale lors des élections au Bundestag ou au Landtag*)

Zweitürer <-s, -> m fam deux portes f **zweitürig** adj [à] deux portes

Zweitwagen m deuxième voiture f **Zweitwohnung** f résidence f secondaire

Zweizimmerwohnung ['tsvaɪtsɪmevo:nʊŋ] f deux-pièces m

Zwerchfell ['tsvɛrçfɛl] nt ANAT diaphragme m

Zwerg(in) [tsvɛrk] <-[e]s, -e> m(f) a. fig, pej nain(e) m(f)

Zwetschge <-, -n> f quetsche f

zwicken ['tsvɪkən] A **I.** vi (*Hose*) serrer **II.** vt pincer

Zwicker <-s, -> m A pince-nez m

Zwickmühle f ▶in der ~ **sein** fam être coincé

Zwieback ['tsvi:bak] <-[e]s, -e> m biscotte f

Zwiebel ['tsvi:bəl] <-, -n> f oignon m

Zwiebelkuchen m tarte f à l'oignon **Zwiebelsuppe** f soupe f à l'oignon

Zwiegespräch ['tsvi:gəʃprɛ:ç] nt geh tête-à-tête m **Zwielicht** nt kein Pl pénombre f ▶ins ~ **geraten** être entraîné dans une affaire douteuse **zwielichtig** adj pej louche **Zwiespalt** m kein Pl tiraillement m [intérieur] **zwiespältig** adj geh partagé(e) **Zwietracht** <-> f geh discorde f

Zwilling ['tsvɪlɪŋ] <-s, -e> m ❶ jumeau m/jumelle f ❷ ASTRO **die ~e** les Gémeaux mpl

Zwillingsbruder m [frère m] jumeau m
Zwillingsschwester f [sœur f] jumelle f
zwingen ['tsvɪŋən] <zwang, gezwungen>
I. vt **❶** forcer **❷** geh (drängen) **zu Boden ~**
faire toucher le sol II. vr **sich zu einer Ar-**
beit ~ (sich überwinden) se forcer à [faire]
un travail
zwingend I. adj impérieux(-euse) II. adv forcément
Zwinger <-s, -> m chenil m
zwinkern ['tsvɪŋkɐn] vi cligner des yeux/de
l'œil
zwirbeln ['tsvɪrbəln] vt (Bart) tortiller
Zwirn [tsvɪrn] <-s, -e> m fil m [retors]
zwischen ['tsvɪʃən] I. präp + dat entre
II. präp + akk entre
Zwischenbemerkung f parenthèse f **Zwi-**
schending nt fam **ein ~ zwischen Stock**
und Krücke quelque chose entre la canne
et la béquille **zwischendurch** adv **❶** (gelegentlich) de temps en temps; (inzwischen)
entre-temps **❷** (außer der Reihe) **nichts ~**
essen ne rien manger entre les repas
❸ (örtlich) au milieu **Zwischenfall** m incident m **Zwischenfrage** f question f [inci-
dente] **Zwischenlager** nt **atomares ~** lieu
de stockage provisoire des déchets nucléai-
res **zwischen|lagern** vt stocker provisoire-
ment **zwischen|landen** vi + sein faire es-
cale **Zwischenlandung** f escale f **Zwi-**
schenmahlzeit f collation f **zwischen-**
menschlich adj entre les personnes; **~e**
Beziehungen des relations avec les autres
Zwischenraum m **❶** (räumlicher Abstand)
intervalle m; (eng) interstice m **❷** (Zeilenabstand) interligne m **Zwischenruf** m interpellation f **Zwischenstation** f halte f
Zwischenzeit f **in der ~** dans l'intervalle

Zwischenzeugnis nt (Schulzeugnis) bulletin m intermédiaire; (in Frankreich) bulletin
trimestriel
Zwist [tsvɪst] <-es, -e> m geh dissension f
zwitschern ['tsvɪtʃɐn] vi gazouiller
Zwitter ['tsvɪtɐ] <-s, -> m hermaphrodite m
zwo [tsvo:] num fam deux
zwölf [tsvœlf] num douze; s. a. **acht** [1]
zwölffach I. adj **die ~e Menge nehmen**
prendre douze fois plus II. adv (falten)
douze fois; s. a. **achtfach** **Zwölf-**
fingerdarm m ANAT duodénum m
zwölfmal adv douze fois; s. a. **achtmal**
zwölft adv **zu ~ sein** être douze; s. a. **acht** [2]
zwölfte(r, s) adj **❶** douzième **❷** (bei Datumsangaben) **der ~ März** le douze mars; s. a.
achte(r, s)
zwölftel adj douzième; s. a. **achtel**
Zwölftel <-s, -> nt douzième m
Zyankali [tsyan'ka:li] <-s> nt CHEM cyanure
m de potassium; (Gift) cyanure
zyklisch ['tsy:klɪʃ] adj a. CHEM cyclique
Zyklon [tsy'klo:n] <-s, -e> m cyclone m
Zyklus ['tsy:klʊs] <-, Zyklen> m **❶** a. BIO cycle m **❷** (von Gedichten) série f
Zylinder [tsi'lɪndɐ] <-s, -> m **❶** MATH, TECH
cylindre m **❷** (Hut) haut-de-forme m
zylindrisch [tsy'lɪndrɪʃ] adj cylindrique
Zyniker(in) ['tsy:nɪkɐ] <-s, -> m(f) cynique
mf
zynisch I. adj cynique II. adv avec cynisme
Zynismus [tsy'nɪsmʊs] <-, -ismen> m
❶ kein Pl cynisme m **❷** (Bemerkung) remarque f cynique
Zypern ['tsy:pɐn] <-s> nt Chypre f
Zypresse [tsy'prɛsə] <-, -n> f cyprès m
zypriotisch adj cypriote, chypriote
z.Z[t]. Abk von **zur Zeit**

Z

Französische Kurzgrammatik
Précis de grammaire française

1 Der Artikel

1.1 Der bestimmte Artikel

Die Formen des bestimmten Artikels

		vor Konsonant		vor stummem h		vor Vokal	
männliche Formen	**Singular**	**le**	train	**l'**	hôtel	**l'**	arbre
	Plural	**les**	trains	**les**	hôtels	**les**	arbres
weibliche Formen	**Singular**	**la**	ville	**l'**	heure	**l'**	autoroute
	Plural	**les**	villes	**les**	heures	**les**	autoroutes

Die Präpositionen *à* und *de* und der bestimmte Artikel

à + le	=	au	de + le	=	du
à + les	=	aux	de + les	=	des

Der Gebrauch des bestimmten Artikels

Der bestimmte Artikel wird verwendet bei:

– der Gesamtheit einer Menge:

J'aime **les** livres.

– Eigennamen:

Les Noblet habitent à Paris.

– Titeln:

Le docteur Lacroix est parti en vacances.

– Körperteilen:

Géraldine a **les** yeux verts.

– festen Wendungen:

J'apprends **le** français.

1.2 Der unbestimmte Artikel

	männlich		**weiblich**	
Singular	**un**	livre	**une**	voiture
Plural	**des**	livres	**des**	voitures

1.3 Der Teilungsartikel

Die Formen des Teilungsartikels

Der Teilungsartikel besteht aus der Präposition **de** und dem bestimmten Artikel.

Der Gebrauch des Teilungsartikels

1. Der Teilungsartikel wird verwendet, wenn man eine **unbestimmte Menge**, d.h. unzählbare Dinge, bezeichnen möchte. Er gibt einen Teil eines Ganzen an.

2. Nach **sans** und **de** steht kein Teilungsartikel. Sollte jedoch eine bestimmte Menge gemeint sein, dann steht bei **de** der bestimmte Artikel:

Jean a besoin **de l'**argent **qu'il a gagné**.

3. Nach **avec** wird der Teilungsartikel verwendet:

Jean prend son pain **avec de la** confiture.

4. Außerdem steht der Teilungsartikel bei einigen festen Wendungen, z.B.:

faire **du** volley/**du** sport	Volleyball spielen/Sport treiben
jouer **du** piano	Klavier spielen
avoir **de** la chance	Glück haben

5. Die Verneinung wird beim Teilungsartikel mit **ne … pas de** gebildet.

Mengenangaben mit *de*

An Mengenangaben wird das nachfolgende Substantiv nur mit der Präposition **de** angeschlossen:

Il faut acheter un litre **de** vin, un kilo **de** tomates, une bouteille **d'**eau minérale, beaucoup **de** fruits, un peu **de** fromage, assez **de** limonade.

2 Das Substantiv

2.1 Das Geschlecht der Substantive

2.1.1 Das Geschlecht bei Lebewesen

1. Bei Personen oder Tieren gibt es in der Regel für jedes Geschlecht eine Form.

männlich	→	weiblich			
un ami	→	une amie	-	→	-e
un employé	→	une employée	-é	→	-ée
un acteur	→	une actrice	-teur	→	-trice
			Ausnahme:		
			un chanteur	→	une chanteuse
un vendeur	→	une vendeuse	-eur	→	-euse
			Ausnahme:		
			un pêcheur	→	une pêcheresse

männlich	→	weiblich			
un boulanger	→	une boulang**ère**	**-er**	→	**-ère**
un voisin	→	une vois**ine**	**-in**	→	**-ine**
			Ausnahme:		
			un cop**ain**	→	une copine
un pays**an**	→	une pays**anne**	**-an**	→	**-anne**
un esp**ion**	→	une esp**ionne**	**-on**	→	**-onne**
un Ital**ien**	→	une Ital**ienne**	**-ien**	→	**-ienne**
un veu**f**	→	une veu**ve**	**-f**	→	**-ve**
un tigr**e**	→	une tigr**esse**	**-e**	→	**-esse**

2. Bei einigen Substantiven kann man das Geschlecht nur am **Artikel** erkennen, da die **männlichen** und die **weiblichen** Formen **identisch** sind:

> **un/une** élève, **un/une** enfant, **un/une** journaliste, **un/une** secrétaire

3. Aber es gibt auch Bezeichnungen, bei denen die **männliche** und **weibliche** Form aus zwei verschiedenen Substantiven bestehen:

> **un** homme – **une** femme, **un** frère – **une** sœur, **un** coq – **une** poule

2.1.2 Das Geschlecht bei Sachen und Dingen

Das Geschlecht von Wortgruppen

Männlich sind	– Wochentage:	le lundi, le vendredi;		
	– Jahreszeiten:	le printemps, l'automne;		
	– Himmelsrichtungen:	le sud, le nord;		
	– Sprachen:	le portugais, l'italien;		
	– Bäume:	le chêne, le sapin;		
	– Metalle:	l'or, le platine;		
	– chemische Elemente:	le mercure, le soufre, l'uranium;		
	– Transportmittel:	le bus, le train, l'avion.		
Weiblich sind	– Länder:	la France, la Pologne,	*aber:*	le Portugal, le Danemark, le Luxembourg;
	– Flüsse:	la Saône, la Moselle,	*aber:*	le Rhône, le Danube;
	– Wissenschaften:	la géographie, la médecine,	*aber:*	le droit;
	– Autonamen:	la BMW, la Citroën.		

2.2 Der Plural der Substantive

Singular		Plural	Ausnahmen		
le train	→	les trains			
la voiture	→	les voitures			
le prix	→	les prix			
le nez	→	les nez			
le Français	→	les Français			
le gâteau	→	les gâteaux			
le jeu	→	les jeux	le pneu	→	les pneus
le bijou	→	les bijoux	le cou	→	les cous
le journal	→	les journaux	le bal	→	les bals
le travail	→	les travaux	le détail	→	les détails

3 Das Adjektiv

3.1 Die Stellung des Adjektivs

Das Adjektiv als Attribut

1. Die meisten Adjektive, insbesondere mehrsilbige Adjektive, stehen in der Regel **hinter** dem Substantiv.

2. Kurze und häufig gebrauchte Adjektive stehen **vor** dem Substantiv, z. B.

grand, gros, petit, jeune, vieux, bon, mauvais, beau und *joli.*

3. Bei einigen Adjektiven ändert sich die Bedeutung je nachdem, ob sie **vor** oder **hinter** dem Substantiv stehen, z. B.:

un pauvre homme (ein **bedauernswerter** Mann)
un homme pauvre (ein **armer** Mann)

3.2 Das Adjektiv im Singular und im Plural

	männlich	weiblich
Singular	le petit jardin	la petite maison
	le jardin est petit	la maison est petite
Plural	les petits jardins	les petites maisons
	les jardins sont petits	les maisons sont petites

Die weibliche Form des Adjektivs bildet man, indem man an die männliche Form ein *-e* anhängt. Endet die männliche Form bereits auf *-e,* so bleibt die weibliche Form unverändert, z. B.:

le livre roug**e**   la voiture roug**e.**

Der Plural wird durch Anhängen von *-s* an die jeweilige Form des Singulars gebildet.

Es gibt einige wenige Adjektive, die **nicht verändert** werden, so zum Beispiel *bon marché, orange* und *chic.*

3.3 Sonderfälle bei den Femininformen

Regel			männlich		weiblich	Ausnahme		
-er	→	-ère	cher	→	chère			
-et	→	-ète	complet	→	complète	muet	→	muette
-c	→	-que	turc	→	turque	blanc	→	blanche
						sec	→	sèche
						grec	→	grecque
-f	→	-ve	actif	→	active			
-g	→	-gue	long	→	longue			
-eux	→	-euse	heureux	→	heureuse			
-el	→	-elle	naturel	→	naturelle			
-il	→	-ille	gentil	→	gentille			
-en	→	-enne	européen	→	européenne			
-on	→	-onne	bon	→	bonne			
-os	→	-osse	gros	→	grosse			
-teur	⇒	-teuse	menteur	→	menteuse			
		-trice	conservateur	→	conservatrice			
-eur	⇒	-eure	meilleur	→	meilleure			
		-euse	rieur	→	rieuse			

3.4 Sonderfälle bei der Pluralbildung

	männlich			weiblich		
Singular	un homme		brutal	une femme		brutale
Plural	des hommes		brutaux	des femmes		brutales
Singular	un	beau	jour	une	belle	surprise
	un	gros	sac	une	grosse	valise
Plural	de(s)	beaux	jours	de(s)	belles	surprises
	de(s)	gros	sacs	de(s)	grosses	valises

3.5 Die Adjektive *beau, nouveau* und *vieux*

beau, nouveau, vieux vor männlichen Substantiven, die mit **Konsonant** beginnen.
bel, nouvel, vieil vor männlichen Substantiven, die mit **Vokal** oder **stummem h** beginnen.

Bei prädikativem Gebrauch stehen im Singular männlicher Substantive nur die Formen *beau, nouveau* und *vieux* zur Verfügung stehen, z.B:

L'hôtel est **beau**.
L'ordinateur est **nouveau**.
L'ordinateur est **vieux**.

3.6 Die Steigerung der Adjektive

Der Positiv und der Komparativ

Positiv:	Pierre est	**grand.** *(Pierre ist groß.)*	
Komparativ:	Pierre est	**plus grand que**	moi. *(Pierre ist größer als ich.)*
	Pierre est	**moins grand que**	moi. *(Pierre ist kleiner als ich.)*
	Pierre est	**aussi grand que**	moi. *(Pierre ist genauso groß wie ich.)*

Der Superlativ

Quel est	le	fleuve	**le**	**plus**	**long**	d'Europe?
Quelle est	la	ville	**la**	**plus**	**grande**	du monde?
Quels sont	les	trains	**les**	**moins**	**rapides**	de France?

Unregelmäßige Steigerungsformen:

| bon, bonne *(gut)* | meilleur, e *(besser)* | le/la meilleur, e *(der/die/das beste)* |
| mauvais, e *(schlecht)* | pire *(schlechter)* | le/la pire *(der/die/das schlechteste)* |

4 Das Adverb

4.1 Die Formen

Die abgeleiteten Adverbien

Adjektiv		Adverb
männlich	weiblich	
fort	forte	fortement
sérieux	sérieuse	sérieusement
terrible	terrible	terriblement
pratique	pratique	pratiquement

Bei Adjektiven, die auf einem **hörbaren Vokal**, aber nicht auf **-e** enden, wird **-ment** an die männliche Form angehängt, z. B.:

Adjektiv		Adverb
männlich	weiblich	
vrai	vraie	vraiment
absolu	absolue	absolument

Ausnahmen sind z. B.:

gai, gaie → gaiement
nouveau, nouvelle → nouvellement
fou, folle → follement

Adjektive, die auf *-ant* oder *-ent* enden, bilden ihr Adverb auf *-amment* und *-emment.*

Adjektiv		Adverb
männlich	weiblich	
élég**ant**	élégante	élég**amment**
évid**ent**	évidente	évid**emment**

Es gibt außerdem unregelmäßige Adverbformen, z. B.:

précis – précise – **précisément**
gentil – gentille – **gentiment**
bref – brève – **brièvement**
bon – bonne – **bien**
meilleur – meilleure – **mieux**
mauvais – mauvaise – **mal**

4.2 Die Stellung der Adverbien

Die Adverbien des Ortes und der bestimmten Zeit stehen am **Satzanfang** oder am **Satzende.**

Aujourd'hui il fait beau.	*oder:*	Il fait beau **aujourd'hui.**

Die meisten anderen Adverbien stehen direkt **hinter** dem konjugierten Verb.

Philippe regarde **toujours** la télé.
Hier, il a **beaucoup** travaillé.
Aujourd'hui, il ne fait **pratiquement** rien.

Tôt, tard und *ensemble* stehen in zusammengesetzten Zeiten immer **hinter** dem *Participe passé* und bei Infinitivkonstruktionen **hinter** dem Infinitiv.

Nous sommes arrivés **tôt**. Nous voulons manger **ensemble**.

Adverbien, die sich auf den ganzen Satz beziehen, stehen in der Regel am **Anfang** oder am **Ende** des Satzes. Sie werden durch ein Komma vom restlichen Satz getrennt.

Malheureusement, je n'ai pas trouvé l'hôtel.

4.3 Die Steigerung der Adverbien

Positiv	Elle court	**vite.**		*(Sie rennt schnell.)*
Komparativ	Elle court	**plus vite que**	son mari.	*(Sie rennt schneller als ihr Mann.)*
	Elle court	**moins vite que**	son mari.	*(Sie rennt langsamer als ihr Mann.)*
	Elle court	**aussi vite que**	son mari.	*(Sie läuft genauso schnell wir ihr Mann.)*
Superlativ	Elle court	**le plus vite de**	tous.	*(Sie rennt von allen am schnellsten.)*
	Elle court	**le moins vite de**	tous.	*(Sie rennt von allen am langsamsten.)*

Unregelmäßige Steigerungsformen:

bien (gut)	mieux (besser)	le mieux (am besten),
beaucoup (viel)	plus (mehr)	le plus (am meisten),
peu (wenig)	moins (weniger)	le moins (am wenigsten)

5 Die Pronomen

5.1 Die verbundenen Personalpronomen

Singular	1. Person	**je/j'** (vor Vokal und stummem h)	*ich*
	2. Person	**tu**	*du*
	3. Person	**il/elle**	*er/sie*
Plural	1. Person	**nous**	*wir*
	2. Person	**vous**	*ihr, Sie*
	3. Person	**ils** (männlich)/**elles** (weiblich)	*sie*

Der Gebrauch der verbundenen Personalpronomen *il(s), elle(s)*

männlich	weiblich
Monsieur Pasquali est d'où?	**Madame Pasquali** est d'où?
Il est de Montpellier.	**Elle** est aussi de Montpellier.
Le livre est où?	**La clé** est où?
Il est sur la table.	**Elle** est sur la table.
Les garçons sont d'où?	**Les filles** sont d'où?
Ils sont de Lyon.	**Elles** sont de Paris.
Les livres sont où?	**Les clés** sont où?
Ils sont sur la table.	**Elles** sont sur la table.

Les filles et les garçons sont où? – **Ils** sont dans le jardin.

Die Höflichkeitsform *vous*

Monsieur Noblet, **vous** êtes fatigué?	*Sind Sie müde, Herr Noblet?*
Voulez-**vous** entrer, Madame?	*Wollen Sie eintreten, meine Dame?*
Mesdames et Messieurs, voulez-**vous** entrer?	*Meine Damen und Herren wollen Sie eintreten?*

5.2 Die unverbundenen Personalpronomen

Die Formen der unverbundenen Personalpronomen

Singular	1. Person	moi	*ich*
	2. Person	toi	*du*
	3. Person	lui/elle	*er/sie*
Plural	1. Person	nous	*wir*
	2. Person	vous	*ihr, Sie*
	3. Person	**eux** (männlich)/**elles** (weiblich)	*sie*

Der Gebrauch der unverbundenen Personalpronomen

Die unverbundenen oder betonten Personalpronomen werden verwendet

– nach einer Präposition:

Est-ce que tu sors **avec moi**, ce soir? – Non, je préfère sortir **sans toi**.

– zur Hervorhebung eines Subjekts:

Qu'est-ce-que vous faites dans la vie? – **Moi**, je suis pharmacienne.

– allein:

Qui veut apprendre le français? – **Moi**!

– nach *c'est* und *ce sont:*

Qui est-ce qui a pris les photos? – **C'est lui** qui a pris les photos.

– beim bejahten Imperativ:

Donnez-**moi** le livre, s'il vous plaît.

5.3 Die direkten Objektpronomen

Die Formen der direkten Objektpronomen

Singular	1. Person	me/m'	(vor Vokal und stummem h)	*mich*
	2. Person	te/t'	(vor Vokal und stummem h)	*dich*
	3. Person	le/l'	(vor Vokal und stummem h)	*ihn, es*
		la/l'	(vor Vokal und stummem h)	*sie*
Plural	1. Person	nous		*uns*
	2. Person	vous		*euch, Sie*
	3. Person	les		*sie*

Der Gebrauch der direkten Objektpronomen

Die direkten Objektpronomen ersetzen ein **Akkusativobjekt** und stimmen in Zahl und Geschlecht mit ihm überein, z. B.:

männlich	weiblich
Est-ce que tu as vu **Jean**?	Est-ce que tu as vu **Brigitte**?
Oui, je l'ai vu.	Oui, je l'ai vue.
Est-ce que tu as vu **les garçons**?	Est-ce que tu as vu **les filles**?
Oui, je **les** ai vus.	Oui, je **les** ai vues.
Est-ce que Eric lit **ce livre**?	Est-ce que vous lisez **cette revue**?
Oui, il **le** lit.	Non, nous ne **la** lisons pas.
Est-ce que Eric lit **ces livres**?	Est-ce que vous lisez **ces revues**?
Oui, il **les** lit.	Non, nous ne **les** lisons pas.

Die Stellung der direkten Objektpronomen

1. Die direkten Objektpronomen stehen **vor dem konjugierten Verb**. Wird der Satz verneint, so umschließt die Verneinung das Objektpronomen und das konjugierte Verb. Steht der Satz im *Passé composé* oder im Plusquamperfekt, dann stehen die Objektpronomen vor dem konjugierten Hilfsverb:

La télé t'intéresse?	– Oui, elle **m'**intéresse.
	– Non, elle ne **m'**intéresse pas.
Est-ce que vous avez acheté les journaux?	– Oui, nous **les** avons achetés.
	– Non, nous ne **les** avons pas achetés.

2. Bei Verben, die einen Infinitiv bei sich haben, steht das direkte Objektpronomen **vor dem Infinitiv**:

Est-ce que tu vas écouter la radio?	– Oui, je vais **l'**écouter.
	– Non, je ne vais pas **l'**écouter.
Est-ce que tu peux ranger ta chambre?	– Oui, je peux **la** ranger.
	– Non, je ne peux pas **la** ranger.

3. Bei Imperativen wird das Objektpronomen **an den bejahten Imperativ** mit Hilfe eines Bindestrichs angehängt:

Maman, est-ce que je peux inviter mes amis? – Oui, invite-**les**.

5.4 Die indirekten Objektpronomen
Die Formen der indirekten Objektpronomen

Singular	1. Person	**me/m'**	(vor Vokal und stummem h)	*mir*
	2. Person	**te/t'**	(vor Vokal und stummem h)	*dir*
	3. Person	**lui**		*ihm, ihr*
Plural	1. Person	**nous**		*uns*
	2. Person	**vous**		*euch, Ihnen*
	3. Person	**leur**		*ihnen*

Der Gebrauch der indirekten Objektpronomen

Die indirekten Objektpronomen ersetzen Dativobjekte, die in der Zahl mit dem Dativobjekt übereinstimmen.

männlich	weiblich
Tu donnes ton adresse **à Jean**?	Tu vas répondre **à Sandra**?
Oui, je **lui** donne mon adresse.	Non, je ne vais pas **lui répondre**.
Vous écrivez **à vos amis**?	Vous pouvez téléphoner **à mes amies**?
Oui, nous **leur** écrivons.	Oui, nous pouvons **leur** téléphoner.

Die Stellung der indirekten Objektpronomen

1. Die indirekten Objektpronomen stehen **vor dem konjugierten Verb.** Wird der Satz verneint, so umschließt die Verneinung das Objektpronomen und das konjugierte Verb. Steht der Satz im *Passé composé* oder im Plusquamperfekt, dann steht das Objektpronomen vor dem konjugierten Hilfsverb:

Brigitte, tu téléphones à tes amies?	– Oui, je **leur** téléphone.
	– Non, je ne **leur** téléphone pas.
Est-ce que tu as montré les photos à ton copain?	– Oui, je **lui** ai montré les photos.
	– Non, je ne **lui** ai pas montré les photos.

2. Bei Verben, die einen Infinitiv bei sich haben, steht das indirekte Objektpronomen **vor dem Infinitiv**:

Est-ce que tu vas écrire à ta grand-mère?	– Oui, je vais **lui** écrire.
	– Non, je ne vais pas **lui** écrire.

5.5 Die Reflexivpronomen

Je	**m'**	appelle Annie.
Tu	**t'**	appelles Jean.
Il/Elle	**se**	promène en ville.
Nous	**nous**	lavons les mains.
Vous	**vous**	douchez ce soir.
Ils/Elles	**s'**	habillent.

5.6 Das Adverbialpronomen en

Der Gebrauch von *en*

1. *En* ist ein Pronomen, das bestimmte Ergänzungen, meist Mengen, vertritt und in diesem Zusammenhang oft mit *davon* übersetzt wird. Es vertritt

– *des* + Substantiv:

> Est-ce que tu achètes **des fruits**?
> Oui, j'**en** achète.

– den Teilungsartikel + Substantiv:

> Est-ce que tu prends **de la limonade**?
> Oui, j'**en** prends.

– Mengenangabe + Substantiv:

> Tu veux **une bouteille de coca**?
> Oui, j'**en** veux **une.**

– Zahlwort + Substantiv:

> Tu prends **dix pommes**?
> Non, j'**en** prends seulement **six.**

– *un/une* + Substantiv:

> Est-ce que tu prends **une pomme**?
> Oui, j'**en** prends **une.**

2. *En* vertritt auch andere Ergänzungen mit *de*. In diesen Fällen wird *en* oft mit *davon, darüber, von dort* und *dorther* übersetzt:

> Tu es déjà rentré **du Portugal**? Oui, j'**en** suis rentré hier, mais j'**en** rêve encore.

Folgt jedoch auf die Präposition *de* ein Personensubstantiv, so übernehmen die betonten Personalpronomen seine Vertretung, z. B.:

> Tu te souviens **d'Annette**? Non, je ne me souviens pas **d'elle**.

Die Stellung von *en*

1. Das Pronomen *en* steht **vor dem konjugierten Verb.** Wird der Satz verneint, so umschließt die Verneinung *en* und das konjugierte Verb. Steht der Satz im *Passé composé* oder im Plusquamperfekt, dann steht *en* vor dem konjugierten Hilfsverb:

| Est-ce que tu prends du beurre? | Oui, j'**en** prends. |
| Est-ce que Martin a acheté du beurre hier? | Oui, il **en** a acheté./ Non, il n'**en** a pas acheté. |

2. Bei Verben, die einen Infinitiv bei sich haben, steht *en* **vor dem Infinitiv:**

| Il me manque du café. Alors je vais **en** acheter tout de suite. |

3. Bei Imperativen wird *en* **an den bejahten Imperativ** mit Hilfe eines Bindestrichs angehängt:

| Est-ce que je peux prendre du fromage? – Oui, prends-**en**. |

5.7   Das Adverbialpronomen *y*

Der Gebrauch von *y*

Das Pronomen *y* vertritt

– Ortsbestimmungen, die durch Präpositionen wie *à, dans, en, chez, sur* und *sous* eingeleitet werden:

| Est-ce que vous habitez **à Paris**? – Oui, nous **y** habitons. |

– Ergänzungen mit à + Sachsubstantiven:

| Est-ce que tu penses **à Noël**? – Oui, j'**y** pense toujours. |

Die Stellung von *y*

1. Das Pronomen *y* steht **vor dem konjugierten Verb.** Wird der Satz verneint, so umschließt die Verneinung *y* und das konjugierte Verb. Steht der Satz im *Passé composé* oder im Plusquamperfekt, dann steht *y* vor dem konjugierten Hilfsverb:

| Est-ce que vous allez en France? | Oui, nous **y** allons./ Non, nous n'**y** allons pas. |

2. Bei Verben, die einen Infinitiv bei sich haben, steht *y* **vor dem Infinitiv:**

| J'ai oublié mon porte-monnaie à la boulangerie. Alors je vais **y** aller tout de suite. |

3. Bei Imperativen wird *y* **an den bejahten Imperativ** mit Hilfe eines Bindestrichs angehängt. Bei den Verben auf *-er* sowie bei dem unregelmäßigen Verb *aller* wird an den Imperativ Singular jedoch ein *-s* angehängt:

| Vas-**y**. |

5.8 Die Stellung der Pronomen bei mehreren Pronomen im Satz

me					
te	le				
		lui			
se	la		y	en	+ konjugierte Verbform oder Infinitiv
		leur			
nous	les				
vous					

Es können bis zu zwei Pronomen vor dem konjugierten Verb oder Infinitiv, wie folgt, stehen:

Maman, est-ce que tu me racontes l'histoire?	– Oui, je **te la** raconte tout de suite.
Est-ce que vous lui avez donné le livre?	– Non, je ne **le lui** ai pas encore donné.
Est-ce que tu peux nous parler des vacances?	– Oui, je vais **vous en** parler tout de suite.
Il y a encore du café?	– Oui, il **y en** a encore.

5.9 Die Demonstrativpronomen

Die Formen der Demonstrativpronomen

	vor Konsonant		vor Vokal		vor stummem h	
männlich						
Singular	ce	train	cet	arbre	cet	hôtel
Plural	ces	trains	ces	arbres	ces	hôtels
weiblich						
Singular	cette	ville	cette	information	cette	histoire
Plural	ces	villes	ces	informations	ces	histoires

Der Gebrauch der Demonstrativpronomen

Die Demonstrativpronomen werden benutzt, um auf bestimmte Gegenstände oder Personen hinzuweisen:

Il faut lire **ce** livre.	*Dieses Buch muss man lesen.*

Die Demonstrativpronomen gebraucht man auch in folgenden Wendungen:

ce matin	*heute Morgen*
cet après-midi	*heute Nachmittag*
ce soir	*heute Abend*

5.10 Die Possessivpronomen

Die Formen der Possessivpronomen

	Singular		Plural
	männlich	**weiblich**	**männlich + weiblich**
Ein Besitzer			
1. Person	**mon** frère	**ma** sœur	**mes** frères/amis
	mon ami	**mon** amie	**mes** sœurs/amies
2. Person	**ton** frère	**ta** sœur	**tes** frères/amis
	ton ami	**ton** amie	**tes** sœurs/amies
3. Person	**son** frère	**sa** sœur	**ses** frères/amis
	son ami	**son** amie	**ses** sœurs/amies
Mehrere Besitzer			
1. Person	**notre** frère	**notre** sœur	**nos** frères/sœurs
2. Person	**votre** frère	**votre** sœur	**vos** frères/sœurs
3. Person	**leur** frère	**leur** sœur	**leurs** frères/sœurs

Der Gebrauch der Possessivpronomen

Die Possessivpronomen werden verwendet, um ein Besitz- oder ein Zugehörigkeitsverhältnis zum Ausdruck zu bringen:

Sur la table, il y a **mon** livre.	*Auf dem Tisch befindet sich mein Buch.*
Je vais passer les vacances avec **mes** parents.	*Ich werde die Ferien mit meinen Eltern verbringen.*

5.11 Die Indefinitpronomen

5.11.1 *aucun*

Aucun stimmt im Genus mit seinem Bezugselement überein. Es wird in **verneinten** Sätzen von der Negation *ne* begleitet und mit **kein** übersetzt:

Est-ce qu'il y a un problème?	*Gibt es ein Problem?*
Non, nous n'avons **aucun** problème.	*Nein, wir haben **kein** Problem.*

5.11.2 *certain*

certain als Begleiter des Substantivs

		männlich		weiblich	
Singular	Il y a	**un certain**	problème avec	**une certaine**	personne.
Plural	Il y a	**certains**	problèmes avec	**certaines**	personnes.

Wenn ***certain*** als Begleiter des Substantivs verwendet wird, so gleicht es sich in Zahl und Geschlecht dem Substantiv an, auf das es sich bezieht. Im Singular steht vor *certain, certaine* der unbestimmte Artikel ***un*** oder ***une***, der im Plural entfällt.

certains **als Stellvertreter des Substantivs**

Wenn *certains* als Stellvertreter des Substantivs gebraucht wird, ist es unveränderlich. Das Verb wird dann in der 3. Person Plural angeschlossen:

Tous mes amis veulent faire une fête, mais **certains** ne veulent pas m'aider à la préparer.

5.11.3 *chaque, chacun*

Chaque ist unveränderlicher Begleiter des Substantivs:

Le chef du supermarché parle aux employés :	On a besoin de **chaque** client et de **chaque** cliente
	Wir brauchen jeden Kunden und jede Kundin.

Chacun und *chacune* ersetzen ein Substantiv. Sie werden nur im Singular gebraucht. **Chacun** steht für männliche Substantive. *Chacune* ersetzt weibliche Substantive:

Il dit bonjour à **chacun** et à **chacune**.	*Er sagt jedem und jeder guten Tag.*

5.11.4 Das unpersönliche *on*

On wird in der Umgangssprache häufig für *nous* verwendet und wird mit **wir** übersetzt:

Vous êtes où ?	**Nous** sommes ici.	*Wir sind hier.*
	On est ici.	*Wir sind hier.*

On kann auch für das deutsche **man** stehen:

On dit que …	*Man sagt, dass …*

5.11.5 *plusieurs*

Plusieurs in der Bedeutung von **mehrere** ist unveränderlich und steht als
– Begleiter des Substantivs:

On a vendu **plusieurs** jupes et pantalons.

– Stellvertreter des Substantivs:

Plusieurs sont bon marché.

5.11.6 *quelqu'un/quelque chose – personne/rien*

Quelqu'un est venu. *(Jemand ist gekommen.)*	**Personne** n'est venu. *(Niemand ist gekommen.)*
Quelque chose me fait plaisir. *(Etwas macht mir Spaß.)*	**Rien** ne me fait plaisir. *(Nichts macht mir Spaß.)*
J'ai vu **quelqu'un**. *(Ich habe jemanden gesehen.)*	Je **n'**ai vu **personne**. *(Ich habe niemanden gesehen.)*
J'ai trouvé **quelque chose**. *(Ich habe etwas gefunden.)*	Je **n'**ai **rien** trouvé. *(Ich habe nichts gefunden.)*

5.11.7 *quelque(s)*

Il me faut **quelque** temps pour terminer le livre.	*Ich benötige einige Zeit, um das Buch zu beenden.*
Je vais acheter **quelques** livres.	*Ich werde einige Bücher kaufen.*
Plus tard, je vais acheter aussi **quelques** pommes.	*Später werde ich auch einige Äpfel kaufen.*

5.11.8 *tout*

Die Formen von *tout* als Begleiter des Substantivs

	männlich		weiblich	
(Singular)	**tout**	le monde	**toute**	ma famille
(Plural)	**tous**	ces quartiers	**toutes**	les capitales

Der Gebrauch von *tout* als Begleiter des Substantivs

Tout + **bestimmter Artikel** wird gebraucht, um **der/die/das ganze** oder **alle** zum Ausdruck zu bringen.

Das unveränderliche *tout*

Tout ist in der Bedeutung von **alles** unveränderlich:

Est-ce que tu as **tout** mangé ?	*Hast du alles gegessen?*

6 Das Verb

6.1 Die Bildung der Verben auf *-er* im Präsens

Die regelmäßigen Verben auf *-er*

parler	je	parle	nous	parlons
	tu	parles	vous	parlez
	il/elle	parle	ils/elles	parlent

Die Verben auf *-er* mit Besonderheiten in der Schreibweise

commencer				manger			
je	commence	nous	commençons	je	mange	nous	mangeons
tu	commences	vous	commencez	tu	manges	vous	mangez
il/elle	commence	ils/elles	commencent	il/elle	mange	ils/elles	mangent

Damit die Aussprache des Stammes immer erhalten bleibt, wird bei den Verben:
– auf *-cer* in der 1. Person Plural *-c-* zu *-ç-*.
– auf *-ger* in der 1. Person Plural *-g-* zu *-ge-*.

Die Verben auf *-ayer, -oyer* und *-uyer*

payer	je	paie/paye	nous	payons
	tu	paies/payes	vous	payez
	il/elle	paie/paye	ils/elles	paient/payent

nettoyer				essuyer			
je	nettoie	nous	nettoyons	j'	essuie	nous	essuyons
tu	nettoies	vous	nettoyez	tu	essuies	vous	essuyez
il/elle	nettoie	ils/elles	nettoient	il/elle	essuie	ils/elles	essuient

Verben auf *-er* mit stamm- und endungsbetonten Formen

Bei Verben mit stammbetonten und endungsbetonten Formen sind immer die 1., 2. und 3. Person Singular sowie die 3. Person Plural stammbetont und die 1. und 2. Person Plural endungsbetont.

acheter				jeter			
j'	achète	nous	achetons	je	jette	nous	je t ons
tu	achètes	vous	achetez	tu	jettes	vous	je t ez
il/elle	achète	ils/elles	achètent	il/elle	jette	ils/elles	jettent

préférer	je	préfère	nous	préférons
	tu	préfères	vous	préférez
	il/elle	préfère	ils/elles	préfèrent

6.2 Die Bildung der Verben auf -ir im Präsens

ohne Stammerweiterung			mit Stammerweiterung			
partir			**finir**			
je	pars	nous	partons	je	finis	nous	finissons
tu	pars	vous	partez	tu	finis	vous	finissez
il/elle	part	ils/elles	partent	il/elle	finit	ils/elles	finissent

6.3 Die Bildung der Verben auf -re im Präsens

lire	je	lis	nous	lisons
	tu	lis	vous	lisez
	il/elle	lit	ils/elles	lisent

Die Verben auf -dre im Präsens

attendre	j'	attends	nous	attendons
	tu	attends	vous	attendez
	il/elle	attend	ils/elles	attendent

6.4 Die Bildung der reflexiven Verben

s'habiller			**se laver**		
je	**m'**	habille	je	**me**	lave
tu	**t'**	habilles	tu	**te**	laves
il/elle	**s'**	habille	il/elle	**se**	lave
nous	**nous**	habillons	nous	**nous**	lavons
vous	**vous**	habillez	vous	**vous**	lavez
ils/elles	**s'**	habillent	ils/elles	**se**	lavent

6.5 Die Bildung des Imperfekts

regarder	je	regardais	nous	regardions
	tu	regardais	vous	regardiez
	il/elle	regardait	ils/elles	regardaient

Das Imperfekt wird gebildet, indem man an den Stamm der 1. Person Plural Präsens die Imperfektendungen **-ais, -ais, -ait, -ions, -iez** und **-aient** anhängt.

Im Imperfekt ist nur *être* unregelmäßig.

Damit die Aussprache des Stammes immer erhalten bleibt, wird bei den Verben:

- auf **-cer** bei *je, tu, il, elle, on, ils* und *elles* **-c-** zu **-ç-**.
- auf **-ger** bei *je, tu, il, elle, on, ils* und *elles* **-g-** zu **-ge-**.

6.6 Die Bildung des Passé composé

6.6.1 Die Formen des Passé composé mit *avoir* und *être*

parler	j'	ai	parlé	nous	avons	parlé
	tu	as	parlé	vous	avez	parlé
	il/elle	a	parlé	ils/elles	ont	parlé

arriver	je	suis	arrivé(e)	nous	sommes	arrivé(e)s
	tu	es	arrivé(e)	vous	êtes	arrivé(e)s
	il	est	arrivé	ils	sont	arrivés
	elle	est	arrivée	elles	sont	arrivées
	on	est	arrivé(e)(s)			

Bei der Bildung des *Passé composé* mit **avoir** bleibt das Partizip Perfekt in der Regel unveränderlich.

Wird das *Passé composé* jedoch mit **être** gebildet, so gleicht sich das Partizip Perfekt in Geschlecht und Zahl dem Subjekt des Satzes an. Bezieht sich das Partizip Perfekt auf ein Subjekt, das aus unterschiedlichem Genus besteht, so richtet es sich nach dem Männlichen, z.B.:

Marc et Marie sont all**és** à la piscine.

6.6.2 Die Bildung des Passé composé mit *avoir* oder *être*

Die meisten Verben bilden das *Passé composé* mit **avoir**:

Hier, Pierre **a** préparé le repas. Puis, il **a** mangé.

Einige wenige Verben bilden das *Passé composé* mit **être**: dazu gehören einige Verben der Bewegungsrichtung oder des Verweilens, z.B. **aller, arriver, entrer, partir, rester, rentrer, tomber, venir** und **revenir**:

Hier, je **suis** allé(e) à Paris. Je **suis** arrivé(e) vers dix heures.

Die Verben **naître, devenir, mourir** und **décéder** bilden das *Passé composé* mit **être**:

Il **est** né en 1960.

Die **reflexiven Verben** bilden das *Passé composé* stets mit **être**:

Elle s'**est** réveillée. Puis, elle s'**est** levée.

6.6.3 Besonderheiten beim Partizip Perfekt im Passé composé mit *avoir*

Geht dem *Passé composé* ein **direktes Objekt** voraus, so wird das Partizip Perfekt in Geschlecht und Zahl dem direkten Objekt angeglichen. Das direkte Objekt kann ein **direktes Objektpronomen**, z.B. **me, te, le, la, nous, vous** oder **les**, sein. Es kann aber auch in Form des Relativpronomens **que** vorausgehen:

Est-ce que vous avez **vu Julie**? Oui, nous l'avons **vue**. C'est **Julie que** nous avons **vue**.

J'ai acheté **les** livres. Je **les** ai acheté**s**. Ce sont **les** livres **que** j'ai acheté**s**.

6.7 Die Bildung des Plusquamperfekts

lire			rester		
j'	avais	lu	j'	étais	resté/restée
tu	avais	lu	tu	étais	resté/restée
il			il	était	resté
elle	avait	lu	elle	était	restée
on			on	était	resté(s)/restée(s)
nous	avions	lu	nous	étions	restés/restées
vous	aviez	lu	vous	étiez	restés/restées
ils			ils	étaient	restés
elles	avaient	lu	elles	étaient	restées

6.8 Die Bildung des Passé simple

	parler	attendre	choisir	croire
je/j'	parlai	attendis	choisis	crus
tu	parlas	attendis	choisis	crus
il/elle/on	parla	attendit	choisit	crut
nous	parlâmes	attendîmes	choisîmes	crûmes
vous	parlâtes	attendîtes	choisîtes	crûtes
ils/elles	parlèrent	attendirent	choisirent	crurent

6.9 Die Bildung des Futur composé

je	vais	aller	nous	allons	rester
tu	vas	chercher	vous	allez	boire
il/elle	va	prendre	ils/elles	vont	faire

6.10 Die Bildung des Futurs I

regarder		attendre		écrire	
je	regarderai	j'	attendrai	j'	écrirai
tu	regarderas	tu	attendras	tu	écriras
il/elle/on	regardera	il/elle/on	attendra	il/elle/on	écrira
nous	regarderons	nous	attendrons	nous	écrirons
vous	regarderez	vous	attendrez	vous	écrirez
ils/elles	regarderont	ils/elles	attendront	ils/elles	écriront

6.11 Die Bildung des Futurs II

parler			arriver		
j'	aurai	parlé	je	serai	arrivé/arrivée
tu	auras	parlé	tu	seras	arrivé/arrivée
il			il	sera	arrivé
elle	aura	parlé	elle	sera	arrivée
on			on	sera	arrivé(s)/arrivée(s)
nous	aurons	parlé	nous	serons	arrivés/arrivées
vous	aurez	parlé	vous	serez	arrivés/arrivées
ils			ils	seront	arrivés
elles	auront	parlé	elles	seront	arrivées

6.12 Die Bildung des Konditionals I

regarder		attendre		écrire	
je	regarderais	j'	attendrais	j'	écrirais
tu	regarderais	tu	attendrais	tu	écrirais
ils/elle/on	regarderait	ils/elle/on	attendrait	ils/elle/on	écrirait
nous	regarderions	nous	attendrions	nous	écririons
vous	regarderiez	vous	attendriez	vous	écririez
ils/elles	regarderaient	ils/elles	attendraient	ils/elles	écriraient

6.13 Die Bildung des Konditionals II

parler			arriver		
j'	aurais	parlé	je	serais	arrivé/arrivée
tu	aurais	parlé	tu	serais	arrivé/arrivée
il			il	serait	arrivé
elle	aurait	parlé	elle	serait	arrivée
on			on	serait	arrivé(e)(s)
nous	aurions	parlé	nous	serions	arrivés/arrivées
vous	auriez	parlé	vous	seriez	arrivés/arrivées
ils			ils	seraient	arrivés
elles	auraient	parlé	elles	seraient	arrivées

6.14 Die Bildung des Partizips Perfekt

Das Partizip Perfekt der Verben auf *-er* wird gebildet, indem die Endung des Infinitivs, *-er,* durch *-é* ersetzt wird:

parler – parlé

Das Partizip Perfekt der Verben auf -*ir* wird gebildet, indem die Endung des Infinitivs, -*ir*, durch -*i* ersetzt wird:

dormir – dormi,
choisir – choisi

Das Partizip Perfekt der Verben auf -*re* wird gebildet, indem die Endung des Infinitivs, -*re*, durch -*u* ersetzt wird:

attendre – attendu

6.15   Die Bildung des Partizips Präsens

Infinitiv	1. Person Plural Präsens			Partizip Präsens
parler	nous	**parl**	ons	**parlant**
dormir	nous	**dorm**	ons	**dormant**
choisir	nous	**choisiss**	ons	**choisissant**
attendre	nous	**attend**	ons	**attendant**

Es gibt nur ganz wenige unregelmäßige Formen:

avoir – **ayant,**
être – **étant,**
savoir – **sachant**

6.16   Die Bildung des Gerundiums

Infinitiv	Gerundium	Infinitiv	Gerundium
être	**en étant**	dormir	**en dormant**
avoir	**en ayant**	finir	**en finissant**
attendre	**en attendant**	regarder	**en regardant**

6.17   Die Bildung des Imperativs

Infinitiv	Du-Form	Wir-Form	Sie-Form/Ihr-Form
parler	parle	parlons	parlez
descendre	descends	descendons	descendez
dormir	dors	dormons	dormez
choisir	choisis	choisissons	choisissez
faire	fais	faisons	faites

Der Imperativ verfügt nur über wenige unregelmäßige Formen:

Infinitiv	Du-Form	Wir-Form	Sie-Form/Ihr-Form
avoir	aie	ayons	ayez
être	sois	soyons	soyez
savoir	sache	sachons	sachez

6.18 Die Bildung des Subjonctif

Die *Subjonctif*Endungen

Il veut que j'	attende.	Il veut que nous	attendions.
Il veut que tu	attendes.	Il veut que vous	attendiez.
Il veut qu'il/elle	attende.	Il veut qu'ils/elles	attendent.

Die Ableitung des *Subjonctif*

Infinitiv	3. Person Plural Präsens			*Subjonctif*		
parler	ils	**parl**	ent	que je	**parl**	e
mettre	ils	**mett**	ent	que tu	**mett**	es
partir	ils	**part**	ent	qu'il/elle/on	**part**	e
connaître	ils	**connaiss**	ent	que nous	**connaiss**	ions
plaire	ils	**plais**	ent	que vous	**plais**	iez
vivre	ils	**viv**	ent	qu'ils/elles	**viv**	ent

6.19 Die Bildung des Subjonctif passé

		travailler		sortir	
Il faut	que j'/je	**aie**	travaillé.	**sois**	sorti/sortie.
	que tu	**aies**	travaillé.	**sois**	sorti/sortie.
	qu'il			**soit**	sorti.
	qu'elle	**ait**	travaillé.	**soit**	sortie.
	qu'on			**soit**	sorti(s)/sortie(s).
	que nous	**ayons**	travaillé.	**soyons**	sortis/sorties.
	que vous	**ayez**	travaillé.	**soyez**	sortis/sorties.
	qu'ils/qu'elles	**aient**	travaillé.	**soient**	sortis/sorties.

6.20 Die Bildung des Passivs

Die Passivformen im Präsens

je	suis	interrogé/interrogée	nous	sommes	interrogé(e)s
tu	es	interrogé/interrogée	vous	êtes	interrogé(e)s
il	est	interrogé	ils	sont	interrogés
elle	est	interrogée	elles	sont	interrogées
on	est	interrogé(s)/interrogée(s)			

Das Passiv in anderen Zeiten und Modi

Il	**a été**	interrogé.	*Passé composé*	Il		**sera**	interrogé	Futur I
Il	**était**	interrogé.	Imperfekt	Il		**serait**	interrogé.	Konditional I
Il	**fut**	interrogé.	*Passé simple*	Il faut qu'il	**soit**	interrogé.	*Subjonctif*

Die Nennung des Urhebers im Passiv

Der **Urheber** der Handlung wird einfach mit der Präposition **par** als präpositionale Ergänzung angeschlossen:

Il sera interrogé **par** la police.	*Er wird von der Polizei verhört.*

7 Satzarten

7.1 Der Aussagesatz

Adverbiale Bestimmung Zeit/Ort	Subjekt	Prädikat	direktes Objekt	indirektes Objekt	Adverbiale Bestimmung Zeit/Ort
	J'	achète	un livre.		
	Je	donne	un livre	à Jean.	
Hier,	j'	ai donné	un livre	à Jean.	
Hier, à l'école,	j'	ai donné	un livre	à Jean.	
	Il	habite			en France.

7.2 Der Fragesatz

7.2.1 Die Intonationsfrage

Die Intonationsfrage wird im gesprochenen Französisch als Gesamtfrage häufig benutzt. Sie behält die Stellung der Satzglieder des Aussagesatzes bei, wird aber mit steigender Intonation gesprochen, z. B.:

Luc va au bureau?	*Geht Luc ins Büro?*

7.2.2 Die Frage mit *est-ce que* als Gesamtfrage

Est-ce que	Aussagesatz	
Est-ce que	tu vas au bureau?	*Gehst du ins Büro?*
Est-ce qu'	on va au cinéma ce soir?	*Gehen wir heute Abend ins Kino?*

7.2.3 Die Frage mit Fragepronomen

Die Frage mit *est-ce que* + Fragepronomen

Fragewort	est-ce que	Subjekt	Prädikat	Objekte	Adverbiale Bestimmungen
Quand	est-ce que	tu	ranges	ta chambre?	
Où	est-ce que	tu	as trouvé	ton sac?	
Pourquoi	est-ce que	vous	étudiez	le français?	
Qu'	est-ce qu'	il	fait		demain?

Die Frage mit nachgestelltem Fragepronomen

Aussagesatz	Fragepronomen
Tu t'appelles	**comment?**
Tu pars	**quand?**
Tu arrives	**d'où?**

7.2.4 Die Frage mit *qui*

Die Frage nach dem Subjekt

Qui habite à Paris?	*Wer wohnt in Paris?*
Qui est-ce qui habite à Paris?	*Wer wohnt in Paris?*

Die Frage nach dem Objekt

Wird *qui* mit einer **Präposition** verbunden, ist *est-ce que* immer notwendig, z. B.:

A qui est-ce que tu donnes le livre?	*Wem gibst du das Buch?*

Die Frage — nach dem direkten Objekt lautet:

Qui est-ce que vous cherchez?

— nach dem indirekten Objekt lautet:

A qui est-ce que tu penses?

7.2.5 Die Frage mit *que*

Die Frage nach dem Objekt

Que fait Paul?	*Was macht Paul?*

Mit *que* können Sachen erfragt werden. Wenn nach dem direkten Objekt gefragt werden soll, verwendet man *que* oder *qu'est-ce que:*

Qu'est-ce que tu cherches?	*Was suchst du?*
Que cherches-tu?	*Was suchst du?*

Bei der Frage nach dem indirekten Objekt wird *à quoi* verwendet, z. B.:

A quoi est-ce qu'il pense?	*Woran denkt er?*

7.2.6 Die Inversionsfrage

Die Inversionsfrage wird im gesprochenen Französisch nicht sehr häufig verwendet. Man trifft sie hauptsächlich in schriftlich fixierten Texten an, z. B. in Briefen usw.

Fragewort	Verb + Subjektpronomen	Ergänzungen
Quand	**pars-tu**	en vacances?
Comment	**vas-tu**	en vacances?
Comment	**va-t-il?**	
Où	**habite-t-elle?**	
	Veux-tu	prendre le train?

Bei der Inversionsfrage steht das **Subjektpronomen hinter dem Verb**. Zwischen Verb und Subjekt wird ein **Bindestrich** eingefügt. In der 3. Person Singular bei *il, elle* oder *on* tritt zwischen Verb und Subjektpronomen ein *-t-*, wenn die Verbform auf *-e* oder *-a* endet. Die **Fragewörter** stehen bei Inversionsfragen **vor dem Verb**.

7.3 Der Relativsatz

7.3.1 Der Relativsatz mit *qui*

Das Relativpronomen *qui* leitet einen Relativsatz ein, bei dem *qui* gleichzeitig **Subjekt** des Relativsatzes ist. *Qui* ist unveränderlich und kann sich im Singular und Plural

– auf Personen beziehen:

J'ai **une amie**	**qui**	m'aide toujours.

– auf Sachen beziehen:

J'ai reçu **un livre**	**qui**	me plaît beaucoup.

7.3.2 Der Relativsatz mit *que*

Das Relativpronomen *que* leitet einen Relativsatz ein, bei dem *que* gleichzeitig **direktes Objekt** des Relativsatzes ist. *Que*, das sich vor Vokal und stummem h in *qu'* verwandelt, kann sich im Singular und Plural

– auf Personen beziehen:

J'ai **une amie**	**que**	j'aime beaucoup.

– auf Sachen beziehen:

J'ai reçu **un livre**	**que**	j'aime beaucoup.

7.3.3 Der Relativsatz mit *dont*

Das Relativpronomen *dont* vertritt **Ergänzungen mit *de*** in einem Relativsatz. *Dont* bezieht sich im Singular und Plural

– auf Personen:

C'est Paul	**dont**	Marie est amoureuse.

– auf Sachen:

Il cherche la maison	**dont**	il a besoin.

7.3.4 Der Relativsatz mit *lequel, laquelle, lesquels, lesquelles*

	männlich	weiblich
Singular	lequel	laquelle
Plural	lesquels	lesquelles

Der Gebrauch von *lequel* im Relativsatz

Die Relativpronomen *lequel, laquelle, lesquels* und *lesquelles* vertreten in der Regel in einem Relativsatz **Sachen** oder **Personen**, die nach

– Präpositionen stehen:

C'était un hiver	**pendant lequel**	il neigeait.
C'était la raison	**pour laquelle**	il y avait beaucoup d'accidents.

– präpositionalen Ausdrücken stehen:

Il a une maison	**à côté de**	**laquelle** se trouve la gare.

à + lequel	= auquel	de + lequel	= duquel
à + laquelle	= à laquelle	de + laquelle	= de laquelle
à + lesquels	= auxquels	de + lesquels	= desquels
à + lesquelles	= auxquelles	de + lesquelles	= desquelles

Die Formen *duquel, de laquelle* usw. finden nur dann Verwendung, wenn ihnen eine **Präposition**, z. B. *près de*, vorausgeht. Einfache **Ergänzungen mit *de*** werden im Relativsatz durch *dont* vertreten.

7.3.5 Der Relativsatz mit *où*

Das Relativpronomen *où* vertritt **Ortsbestimmungen** im Relativsatz:

Montpellier est la ville **où** Jean fait ses études.

7.3.6 Der Relativsatz mit *ce qui, ce que*

Die Relativpronomen *ce qui* und *ce que* haben kein direktes Bezugswort:
Ce qui ist Subjekt:

Je sais bien	**ce qui**	m'intéresse.

Ce que ist Objekt:

Je sais bien	**ce que**	Julien a dit.

7.4 Der Bedingungssatz

7.4.1 Der reale Bedingungssatz

Der Gebrauch des realen Bedingungssatzes

Der reale Bedingungssatz wird verwendet, wenn es sich um eine **Bedingung** handelt, die **tatsächlich** erfüllt werden kann, z. B.:

Si j'ai le temps, je lirai un livre.	*Wenn ich Zeit habe, lese ich ein Buch.*

Die Bildung des realen Bedingungssatzes

Si-Satz im Präsens	**Hauptsatz im Futur I/Präsens**
Si tu **as** le temps,	nous **ferons** les courses.
S'il fait beau,	je **vais** à la piscine.

7.4.2 Der irreale Bedingungssatz

Der Gebrauch des irrealen Bedingungssatzes

Der irreale Bedingungssatz wird verwendet, wenn eine Bedingung der Wirklichkeit nicht entspricht und ihre Erfüllung fraglich oder unmöglich ist, z. B.:

Si j'étais riche, je ferais le tour du monde.	*Wenn ich reich wäre, würde ich eine Weltreise machen.*

Die Bildung des irrealen Bedingungssatzes

Im *si*-Satz darf **nie** das **Konditional** verwendet werden, sondern nur das **Imperfekt**.

Si-Satz im Imperfekt	**Hauptsatz im Konditional**
S'il avait plus d'argent	il **achèterait** une maison.
Si je **faisais** le tour du monde	je **ferais** beaucoup de connaissances.

7.5 Die indirekte Rede

7.5.1 Die Bildung der indirekten Rede/Frage

Die indirekte Rede

Die indirekte Rede wird durch *que* eingeleitet; vor Vokal wird *que* zu *qu'*:

Elle dit	**que**	la jupe est bon marché.
Elle dit	**qu'**	il a raison.

Die indirekte Frage

Die indirekte Frage wird durch

- *si* eingeleitet:

Elle demande	**si**	Luc veut aller au cinéma.

– **s'** vor Vokal eingeleitet:

Elle demande	**s'**	il veut aller au cinéma.

– das entsprechende **Fragewort** eingeleitet:

Paul veut savoir	**où**	son copain travaille.
Elle veut savoir	**pourquoi**	Nicole habite à Lyon.
Il me demande	**quand**	j'ai commencé à travailler.

7.5.2 Die Zeitenfolge in der indirekten Rede/Frage

Die Zeitenfolge in der Gegenwart

Steht das redeeinleitende Verb im **Präsens**, so steht das Verb im Nebensatz, d. h. in der indirekten Rede/Frage, in der gleichen Zeit wie in der direkten Rede/Frage.

Direkte Rede:	Marie dit : « Je **vais partir** en vacances. »
Indirekte Rede:	Marie dit qu'elle **va partir** en vacances.

Die Zeitenfolge in der Vergangenheit

Bei der indirekten Rede in der **Vergangenheit** gilt es einige Besonderheiten im Hinblick auf die Verwendung der Zeiten zu beachten.

1. Zeit in der	**– direkten Rede:**	**Präsens**		
	Il a dit :	« Elle	**va**	au cinéma. »
	– indirekten Rede:	**Imperfekt**		
	Il a dit	qu'elle	**allait**	au cinéma.
2. Zeit in der	**– direkten Rede:**	**Perfekt**		
	Il avait dit :	« Elle	**est allée**	au cinéma. »
	– indirekten Rede:	**Plusquamperfekt**		
	Il avait dit	qu'elle	**était allée**	au cinéma.
3. Zeit in der	**– direkten Rede:**	**Imperfekt**		
	Il disait :	« Elle	**allait**	au cinéma. »
	– indirekten Rede:	**Imperfekt**		
	Il disait	qu'elle	**allait**	au cinéma.
4. Zeit in der	**– direkten Rede:**	**Plusquamperfekt**		
	Il a dit :	« Elle	**était allée**	au cinéma. »
	– indirekten Rede:	**Plusquamperfekt**		
	Il a dit	qu'elle	**était allée**	au cinéma.
5. Zeit in der	**– direkten Rede:**	**Futur I**		
	Il disait :	« Elle	**ira**	au cinéma. »
	– indirekten Rede:	**Konditional I**		
	Il disait	qu'elle	**irait**	au cinéma.
6. Zeit in der	**– direkten Rede:**	**Futur II**		
	Il a dit :	« Elle	**sera allée**	au cinéma. »

	– indirekten Rede:	Konditional II		
	Il a dit	qu'elle	**serait allée**	au cinéma.
7. Zeit in der	– direkten Rede:	Konditional I		
	Il disait:	«Elle	**irait**	au cinéma.»
	– indirekten Rede:	Konditional I		
	Il disait	qu'elle	**irait**	au cinéma.
8. Zeit in der	– direkten Rede:	Konditional II		
	Il a dit:	«Elle	**serait allée**	au cinéma.»
	– indirekten Rede:	Konditional II		
	Il a dit	qu'elle	**serait allée**	au cinéma.

Diese Zeitenverschiebung gilt nicht nur in der indirekten Rede/Frage, sondern auch in anderen Nebensätzen, z.B.:

Präsens	Je crois	que tu	**es**	en vacances.
Imperfekt	Je croyais	que tu	**étais**	en vacances.

Französische Verben

Innerhalb der Konjugationsmuster für die Verbendungen -**er**, -**ir** und -**re** gibt es wiederkehrende Besonderheiten, die im folgenden an 14 Musterverben dargestellt werden. Aus Platzgründen wurden die Verben im Wörterbuchteil mit Ziffern in Spitzklammern versehen; diese Ziffern zeigen den Konjugationstyp des betreffenden Verbs an und verweisen auf diese Musterverben hier. Verben, die sehr viele Besonderheiten aufweisen, sind im Wörterbuchteil mit <*irr*> gekennzeichnet. Diese Verben sind im Anschluss an die 14 Musterverben in alphabetischer Reihenfolge aufgeführt.

Verbes français

La conjugaison des verbes terminés en -**er**, -**ir** et -**re** présente des particularités qui se répètent. Le tableau ci-dessous résume ces particularités à l'exemple de 14 verbes modèles. Pour des raisons d'économie de place, les verbes sont suivis dans la partie dictionnaire de chiffres entre chevrons ; ces chiffres indiquent le type de conjugaison du verbe et renvoient à l'un des verbes de référence ci-dessous. Les verbes présentant de nombreuses irrégularités sont annotés dans le dictionnaire du symbole <*irr*>. Vous trouverez ces verbes ordonnés alphabétiquement dans une liste à la suite des 14 verbes exemples.

1 chanter

	INDICATIF				SUBJONCTIF
	Présent	Imparfait	Futur simple	Passé composé	Présent
(que) je/j'	chante	chantais	chanterai	ai chanté	chante
(que) tu	chantes	chantais	chanteras	as chanté	chantes
(qu')il/elle	chante	chantait	chantera	a chanté	chante
(que) nous	chantons	chantions	chanterons	avons chanté	chantions
(que) vous	chantez	chantiez	chanterez	avez chanté	chantiez
(qu')ils/elles	chantent	chantaient	chanteront	ont chanté	chantent

2 commencer

	INDICATIF				SUBJONCTIF
	Présent	Imparfait	Futur simple	Passé composé	Présent
(que) je/j'	commence	commençais	commencerai	ai commencé …	commence
(que) tu	commences	commençais	…		commences
(qu')il/elle	commence	commençait			commence
(que) nous	commençons	commencions			commencions
(que) vous	commencez	commenciez			commenciez
(qu')ils/elles	commencent	commençaient			commencent

2a changer

	INDICATIF				SUBJONCTIF
	Présent	Imparfait	Futur simple	Passé composé	Présent
(que) je/j'	change	changeais	changerai …	ai changé …	change
(que) tu	changes	changeais			changes
(qu')il/elle	change	changeait			change
(que) nous	changeons	changions			changions
(que) vous	changez	changiez			changiez
(qu')ils/elles	changent	changeaient			changent

3 rejeter

	INDICATIF				SUBJONCTIF
	Présent	Imparfait	Futur simple	Passé composé	Présent
(que) je/j'	rejette	rejetais …	rejetterai …	ai rejeté …	rejette
(que) tu	rejettes				rejettes
(qu')il/elle	rejette				rejette
(que) nous	rejetons				rejetions
(que) vous	rejetez				rejetiez
(qu')ils/elles	rejettent				rejettent

4 peler

	INDICATIF				SUBJONCTIF
	Présent	Imparfait	Futur simple	Passé composé	Présent
(que) je/j'	pèle	pelais …	pèlerai	ai pelé …	pèle
(que) tu	pèles		pèleras		pèles
(qu')il/elle	pèle		pèlera		pèle
(que) nous	pelons		pèlerons		pelions
(que) vous	pelez		pèlerez		peliez
(qu')ils/elles	pèlent		pèleront		pèlent

5 préférer

	INDICATIF				SUBJONCTIF
	Présent	Imparfait	Futur simple	Passé composé	Présent
(que) je/j'	préfère	préférais …	préférerai …	ai préféré …	préfère
(que) tu	préfères				préfères
(qu')il/elle	préfère				préfère
(que) nous	préférons				préférions
(que) vous	préférez				préfériez
(qu')ils/elles	préfèrent				préfèrent

6 appuyer

	INDICATIF				SUBJONCTIF
	Présent	Imparfait	Futur simple	Passé composé	Présent
(que) je/j'	appuie	appuyais …	appuierai …	ai appuyé …	appuie
(que) tu	appuies				appuies
(qu')il/elle	appuie				appuie
(que) nous	appuyons				appuyions
(que) vous	appuyez				appuyiez
(qu')ils/elles	appuient				appuient

7 essayer

	INDICATIF				SUBJONCTIF
	Présent	Imparfait	Futur simple	Passé composé	Présent
(que) je/j'	essaie/essaye	essayais …	essaierai/	ai essayé …	essaie/essaye
(que) tu	essaies/essayes		essayerai …		essaies/essayes
(qu')il/elle	essaie/essaye				essaie/essaye
(que) nous	essayons				essayions
(que) vous	essayez				essayiez
(qu')ils/elles	essaient/ essayent				essaient/ essayent

8 agir

	INDICATIF				SUBJONCTIF
	Présent	Imparfait	Futur simple	Passé composé	Présent
(que) je/j'	agis	agissais	agirai	ai agi ...	agisse
(que) tu	agis	agissais	agiras		agisses
(qu')il/elle	agit	agissait	agira		agisse
(que) nous	agissons	agissions	agirons		agissions
(que) vous	agissez	agissiez	agirez		agissiez
(qu')ils/elles	agissent	agissaient	agiront		agissent

9 devenir

	INDICATIF				SUBJONCTIF
	Présent	Imparfait	Futur simple	Passé composé	Présent
(que) je/j'	deviens	devenais ...	deviendrai	suis devenu (e) ...	devienne
(que) tu	deviens		deviendras		deviennes
(qu')il/elle	devient		deviendra		devienne
(que) nous	devenons		deviendrons		devenions
(que) vous	devenez		deviendrez		deveniez
(qu')ils/elles	deviennent		deviendront		deviennent

10 sortir

	INDICATIF				SUBJONCTIF
	Présent	Imparfait	Futur simple	Passé composé	Présent
(que) je/j'	sors	sortais ...	sortirai ...	suis sorti (e) ...	sorte
(que) tu	sors				sortes
(qu')il/elle	sort				sorte
(que) nous	sortons				sortions
(que) vous	sortez				sortiez
(qu')ils/elles	sortent				sortent

11 ouvrir

	INDICATIF				SUBJONCTIF
	Présent	Imparfait	Futur simple	Passé composé	Présent
(que) je/j'	ouvre	ouvrais ...	ouvrirai ...	ai ouvert ...	ouvre
(que) tu	ouvres				ouvres
(qu')il/elle	ouvre				ouvre
(que) nous	ouvrons				ouvrions
(que) vous	ouvrez				ouvriez
(qu')ils/elles	ouvrent				ouvrent

12 apercevoir

	INDICATIF				SUBJONCTIF
	Présent	Imparfait	Futur simple	Passé composé	Présent
(que) je/j'	aperçois	apercevais ...	apercevrai ...	ai aperçu ...	aperçoive
(que) tu	aperçois				aperçoives
(qu')il/elle	aperçoit				aperçoive
(que) nous	apercevons				apercevions
(que) vous	apercevez				aperceviez
(qu')ils/elles	aperçoivent				aperçoivent

13 comprendre

	INDICATIF				SUBJONCTIF
	Présent	Imparfait	Futur simple	Passé composé	Présent
(que) je/j'	comprends	comprenais	comprendrai	ai compris ...	comprenne
(que) tu	comprends	comprenais	comprendras		comprennes
(qu')il/elle	comprend	comprenait	comprendra		comprenne
(que) nous	comprenons	comprenions	comprendrons		comprenions
(que) vous	comprenez	compreniez	comprendrez		compreniez
(qu')ils/elles	comprennent	comprenaient	comprendront		comprennent

14 vendre

	INDICATIF				SUBJONCTIF
	Présent	Imparfait	Futur simple	Passé composé	Présent
(que) je/j'	vends	vendais	vendrai ...	ai vendu ...	vende
(que) tu	vends	vendais			vendes
(qu')il/elle	vend	vendait			vende
(que) nous	vendons	vendions			vendions
(que) vous	vendez	vendiez			vendiez
(qu')ils/elles	vendent	vendaient			vendent

Französische unregelmäßige Verben – Verbes français irréguliers

Infinitif	Présent	Imparfait	Futur	Participe passé	Subjonctif présent
abattre siehe *battre*, **abstraire** siehe *extraire*, **accourir** siehe *courir*					
accroître	j'accrois	j'accroissais	j'accroîtrai	accru, e	que j'accroisse
	il accroît	il accroît	il accroîtra		qu'il accroisse
	nous accroissons	nous accroissions	nous accroîtrons		que nous accroissions
	ils accroissent	ils accroissaient	ils accroîtront		qu'ils accroissent
accueillir siehe *cueillir*					
acquérir	j'acquiers	j'acquérais	j'acquerrai	acquis, e	que j'acquière
	il acquiert	il acquérait	il acquerra		qu'il acquière
	nous acquérons	nous acquérions	nous acquerrons		que nous acquérions
	ils acquièrent	ils acquéraient	ils acquerront		qu'ils acquièrent
admettre siehe *mettre*					
aller	je vais	j'allais	j'irai	allé, e	que j'aille
	tu vas	tu allais	tu iras		que tu ailles
	il va	il allait	il ira		qu'il aille
	nous allons	nous allions	nous irons		que nous allions
	vous allez	vous alliez	vous irez		que vous alliez
	ils vont	ils allaient	ils iront		qu'ils aillent
apparaître siehe *paraître*					

Infinitif	Présent	Imparfait	Futur	Participe passé	Subjonctif présent
asseoir	j'assieds	j'asseyais	j'assiérai	assis, e	que j'asseye
	il assied	il asseyait	il assiéra		qu'il asseye
	nous asseyons	nous asseyions	nous assiérons		que nous asseyions
	ils asseyent	ils asseyaient	ils assiéront		qu'ils asseyent
	o j'assois	*o* j'assoyais	*o* j'assoirai		*o* que j'assoie
	il assoit	il assoyait	il assoira		qu'il assoie
	nous assoyons	nous assoyions	nous assoirons		que nous assoyions
	ils assoient	ils assoyaient	ils assoiront		qu'ils assoient

atteindre *siehe peindre*

avoir	j'ai	j'avais	j'aurai	eu, e	que j'aie
	tu as	tu avais	tu auras		que tu aies
	il a	il avait	il aura		qu'il ait
	nous avons	nous avions	nous aurons		que nous ayons
	vous avez	vous aviez	vous aurez		que vous ayez
	ils ont	ils avaient	ils auront		qu'ils aient

battre	je bats	je battais	je battrai	battu, e	que je batte
	il bat	il battait	il battra		qu'il batte
	nous battons	nous battions	nous battrons		que nous battions
	ils battent	ils battaient	ils battront		qu'ils battent

boire	je bois	je buvais	je boirai	bu, e	que je boive
	il boit	il buvait	il boira		qu'il boive
	nous buvons	nous buvions	nous boirons		que nous buvions
	ils boivent	ils buvaient	ils boiront		qu'ils boivent

Infinitif	Présent	Imparfait	Futur	Participe passé	Subjonctif présent
bouillir	je bous	je bouillais	je bouillirai	bouilli, e	que je bouille
	nous bouillons	nous bouillions	nous bouillirons		que nous bouillions
	ils bouillent	ils bouillaient	ils bouilliront		qu'ils bouillent

circonscrire *siehe* **écrire**, **combattre** *siehe* **battre**, **commettre** *siehe* **mettre**, **comparaître** *siehe* **paraître**
compromettre *siehe* **mettre**

conclure	je conclus	je concluais	je conclurai	conclu, e	que je conclue

concourir *siehe* **courir**

conduire	je conduis	je conduisais	je conduirai	conduit, e	que je conduise

connaître *siehe* **paraître**, **conquérir** *siehe* **acquérir**, **construire** *siehe* **conduire**, **contraindre** *siehe* **craindre**
contredire *siehe* **dire**, **contrefaire** *siehe* **faire**, **convaincre** *siehe* **vaincre**, **convenir** *siehe* **rompre**

coudre	je couds	je cousais	je coudrai	cousu, e	que je couse
	il coud	il cousait	il coudra		qu'il couse
	nous cousons	nous cousions	nous coudrons		que nous cousions
	ils cousent	ils cousaient	ils coudront		qu'ils cousent

courir	je cours	je courais	je courrai	couru, e	que je coure
	il court	il courait	il courra		qu'il coure
	nous courons	nous courions	nous courrons		que nous courions
	ils courent	ils couraient	ils courront		qu'ils courent

Infinitif	Présent	Imparfait	Futur	Participe passé	Subjonctif présent
craindre	je crains	je craignais	je craindrai	craint, e	que je craigne
	nous craignons	nous craignions	nous craindrons		que nous craignions
	ils craignent	ils craignaient	ils craindront		qu'ils craignent
croire	je crois	je croyais	je croirai	cru, e	que je croie
	il croit	il croyait	il croira		qu'il croie
	nous croyons	nous croyions	nous croirons		que nous croyions
	ils croient	ils croyaient	ils croiront		qu'ils croient
croître	je croîs	je croissais	je croîtrai	crû, crue, cru (e)s	que je croisse
	nous croissons	nous croissions	nous croîtrons		que nous croissions
	ils croissent	ils croissaient	ils croîtront		qu'ils croissent
cueillir	je cueille	je cueillais	je cueillerai	cueilli, e	que je cueille
	il cueille	il cueillait	il cueillera		qu'il cueille
	nous cueillons	nous cueillions	nous cueillerons		que nous cueillions
	ils cueillent	ils cueillaient	ils cueilleront		qu'ils cueillent

cuire siehe conduire, **débattre** siehe battre, **décrire** siehe écrire, **décroître** siehe accroître, **déduire** siehe conduire, **défaire** siehe faire, **démettre** siehe mettre, **dépeindre** siehe peindre, **déplaire** siehe plaire, **desservir** siehe servir, **détruire** siehe conduire, **dévêtir** siehe vêtir

devoir	je dois	je devais	je devrai	dû, due, du (e)s	que je doive
	il doit	il devait	il devra		qu'il doive
	nous devons	nous devions	nous devrons		que nous devions
	ils doivent	ils devaient	ils devront		qu'ils doivent

Infinitif	Présent	Imparfait	Futur	Participe passé	Subjonctif présent
dire	je dis	je disais	je dirai	dit, e	que je dise
	nous disons	nous disions	nous dirons		que nous disions
	vous dites	vous disiez	vous direz		que vous disiez
	ils disent	ils disaient	ils diront		qu'ils disent

disparaître siehe paraître, **dissoudre** siehe absoudre, **distraire** siehe extraire

dormir	je dors	je dormais	je dormirai	dormi	que je dorme
	nous dormons	nous dormions	nous dormirons		que nous dormions
	ils dorment	ils dormaient	ils dormiront		qu'ils dorment

écrire	j'écris	j'écrivais	j'écrirai	écrit, e	que j'écrive
	il écrit	il écrivait	il écrira		qu'il écrive
	nous écrivons	nous écrivions	nous écrirons		que nous écrivions
	ils écrivent	ils écrivaient	ils écriront		qu'ils écrivent

élire siehe lire, **émettre** siehe mettre, **émouvoir** wie mouvoir; Ausnahme: ému, e, **endormir** siehe dormir
enduire siehe conduire, **enfreindre** siehe peindre, **enfuir** siehe fuir; **ensuivre** siehe suivre, **entrevoir** siehe voir

envoyer	j'envoie	j'envoyais	j'enverrai	envoyé, e	que j'envoie
	nous envoyons	nous envoyions	nous enverrons		que nous envoyions
	ils envoient	ils envoyaient	ils enverront		qu'ils envoient

équivaloir siehe valoir; **éteindre** siehe peindre

Infinitif	Présent	Imparfait	Futur	Participe passé	Subjonctif présent
être	je suis	j'étais	je serai	été	que je sois
	tu es	tu étais	tu seras		que tu sois
	il est	il était	il sera		qu'il soit
	nous sommes	nous étions	nous serons		que nous soyons
	vous êtes	vous étiez	vous serez		que vous soyez
	ils sont	ils étaient	ils seront		qu'ils soient
exclure	j'exclus	j'excluais	j'exclurai	exclu, e	que j'exclue
	il exclut	il excluait	il exclura		qu'il exclue
	nous excluons	nous excluions	nous exclurons		que nous excluions
	ils excluent	ils excluaient	ils excluront		qu'ils excluent
extraire	j'extrais	j'extrayais	j'extrairai	extrait, e	que j'extraie
	nous extrayons	nous extrayions	nous extrairons		que nous extrayions
	ils extraient	ils extrayaient	ils extrairont		qu'ils extraient
faillir	je faillis	je faillissais	je faillirai	failli	que je faillisse
	nous faillissons	nous faillissions	nous faillirons		que nous faillissions
	ils faillissent	ils faillissaient	ils failliront		qu'ils faillissent
		o je faillais	o je faudrai		o que je faille
		nous faillions	nous faudrons		que nous faillions
		ils faillaient	ils faudront		qu'ils faillent

Infinitif	Présent	Imparfait	Futur	Participe passé	Subjonctif présent
faire	je fais	je faisais	je ferai	fait, e	que je fasse
	tu fais	tu faisais	tu feras		que tu fasses
	il fait	il faisait	il fera		qu'il fasse
	nous faisons	nous faisions	nous ferons		que nous fassions
	vous faites	vous faisiez	vous ferez		que vous fassiez
	ils font	ils faisaient	ils feront		qu'ils fassent
falloir	il faut	il fallait	il faudra	fallu	qu'il faille
frire	je fris	*fehlt*	je frirai	frit, e	*fehlt*
	nous/vous/ils *fehlt*		nous frirons		
			ils friront		
fuir	je fuis	je fuyais	je fuirai	fui, e	que je fuie
	il fuit	il fuyait	il fuira		qu'il fuie
	nous fuyons	nous fuyions	nous fuirons		que nous fuyions
	ils fuient	ils fuyaient	ils fuiront		qu'ils fuient
haïr	je hais	je haïssais	je haïrai	haï, e	que je haïsse
	il hait	il haïssait	il haïra		qu'il haïsse
	nous haïssons	nous haïssions	nous haïrons		que nous haïssions
	ils haïssent	ils haïssaient	ils haïront		qu'ils haïssent

inscrire siehe *écrire*, **interdire** siehe *contredire*, **interrompre** siehe *rompre*, **introduire** siehe *conduire*

Infinitif	Présent	Imparfait	Futur	Participe passé	Subjonctif présent
joindre	je joins il joint nous joignons ils joignent	je joignais il joignait nous joignions ils joignaient	je joindrai il joindra nous joindrons ils joindront	joint, e	que je joigne qu'il joigne que nous joignions qu'ils joignent
lire	je lis il lit nous lisons ils lisent	je lisais il lisait nous lisions ils lisaient	je lirai il lira nous lirons ils liront	lu, e	que je lise qu'il lise que nous lisions qu'ils lisent
luire *siehe nuire*					
mettre	je mets il met nous mettons ils mettent	je mettais il mettait nous mettions ils mettaient	je mettrai il mettra nous mettrons ils mettront	mis, e	que je mette qu'il mette que nous mettions qu'ils mettent
moudre	je mouds il moud nous moulons ils moulent	je moulais il moulait nous moulions ils moulaient	je moudrai il moudra nous moudrons ils moudront	moulu, e	que je moule qu'il moule que nous moulions qu'ils moulent
mourir	je meurs il meurt nous mourons ils meurent	je mourais il mourait nous mourions ils mouraient	je mourrai il mourra nous mourrons ils mourront	mort, e	que je meure qu'il meure que nous mourions qu'ils meurent

Infinitif	Présent	Imparfait	Futur	Participe passé	Subjonctif présent
naître	je nais	je naissais	je naîtrai	né, e	que je naisse
	il naît	il naissait	il naîtra		qu'il naisse
	nous naissons	nous naissions	nous naîtrons		que nous naissions
	ils naissent	ils naissaient	ils naîtront		qu'ils naissent
nuire	je nuis	je nuisais	je nuirai	nui	que je nuise
	nous nuisons	nous nuisions	nous nuirons		que nous nuisions
	ils nuisent	ils nuisaient	ils nuiront		qu'ils nuisent
paraître	je parais	je paraissais	je paraîtrai	paru, e	que je paraisse
	il paraît	il paraissait	il paraîtra		qu'il paraisse
	nous paraissons	nous paraissions	nous paraîtrons		que nous paraissions
	ils paraissent	ils paraissaient	ils paraîtront		qu'ils paraissent
parcourir *siehe courir*					
peindre	je peins	je peignais	je peindrai	peint, e	que je peigne
	nous peignons	nous peignions	nous peindrons		que nous peignions
	ils peignent	ils peignaient	ils peindront		qu'ils peignent
permettre *siehe mettre*					
plaindre	je plains	je plaignais	je plaindrai	plaint, e	que je plaigne
	il plaint	il plaignait	il plaindra		qu'il plaigne
	nous plaignons	nous plaignions	nous plaindrons		que nous plaignions
	ils plaignent	ils plaignaient	ils plaindront		qu'ils plaignent

Infinitif	Présent	Imparfait	Futur	Participe passé	Subjonctif présent
plaire	je plais il plaît	je plaisais il plaisait	je plairai il plaira	plu	que je plaise qu'il plaise
pleuvoir	il pleut ils pleuvent	il pleuvait ils pleuvaient	il pleuvra ils pleuvront	plu	qu'il pleuve qu'ils pleuvent
fig					
poursuivre *siehe* suivre					
pouvoir	je peux il peut nous pouvons ils peuvent	je pouvais il pouvait nous pouvions ils pouvaient	je pourrai il pourra nous pourrons ils pourront	pu	que je puisse qu'il puisse que nous puissions qu'ils puissent
prédire	je prédis il prédit nous prédisons	je prédisais il prédisait nous prédisions	je prédirai il prédira nous prédirons	prédit, e	que je prédise qu'il prédise que nous prédisions

prévoir *wie* voir, *Ausnahme:* je prévoirai, **produire** *siehe* conduire, **promettre** *siehe* mettre, **rasseoir** *siehe* asseoir, **réapparaître** *siehe* paraître, **reconduire** *siehe* conduire, **reconnaître** *siehe* paraître, **reconstruire** *siehe* conduire, **recoudre** *siehe* coudre, **récrire** *siehe* écrire, **recueillir** *siehe* cueillir, **recuire** *siehe* conduire, **redire** *siehe* dire, **redormir** *siehe* dormir, **réduire** *siehe* conduire, **refaire** *siehe* faire, **réinscrire** *siehe* écrire, **rejoindre** *siehe* joindre, **relire** *siehe* lire, **remettre** *siehe* mettre, **reparaître** *siehe* paraître, **reproduire** *siehe* conduire

| résoudre | je résous
il résout
nous résolvons
ils résolvent | je résolvais
il résolvait
nous résolvions
ils résolvaient | je résoudrai
il résoudra
nous résoudrons
ils résoudront | résolu, e | que je résolve
qu'il résolve
que nous résolvions
qu'ils résolvent |

Infinitif	Présent	Imparfait	Futur	Participe passé	Subjonctif présent

resservir siehe servir; **retransmettre** siehe mettre, **revaloir** siehe valoir, **revivre** siehe vivre, **revoir** siehe voir
revouloir siehe vouloir

rire	je ris	je riais	je rirai	ri	que je rie
	il rit	il riait	il rira		qu'il rie
	nous rions	nous riions	nous rirons		que nous riions
	ils rient	ils riaient	ils riront		qu'ils rient

rompre	je romps	je rompais	je romprai	rompu, e	que je rompe
	il rompt	il rompait	il rompra		qu'il rompe
	nous rompons	nous rompions	nous romprons		que nous rompions
	ils rompent	ils rompaient	ils rompront		qu'ils rompent

satisfaire siehe faire

savoir	je sais	je savais	je saurai	su, e	que je sache
	il sait	il savait	ils saura		qu'il sache
	nous savons	nous savions	nous saurons		que nous sachions
	ils savent	ils savaient	ils sauront		qu'ils sachent

secourir siehe courir; **séduire** siehe conduire

servir	je sers	je servais	je servirai	servi, e	que je serve
	il sert	il servait	il servira		qu'il serve
	nous servons	nous servions	nous servirons		que nous servions
	ils servent	ils servaient	ils serviront		qu'ils servent

Infinitif	Présent	Imparfait	Futur	Participe passé	Subjonctif présent
soumettre siehe mettre, **sourire** siehe rire, **soustraire** siehe extraire					
suffire	je suffis	je suffisais	je suffirai	suffi	que je suffise
	nous suffisons	nous suffisions	nous suffirons		que nous suffisions
	ils suffisent	ils suffisaient	ils suffiront		qu'ils suffisent
suivre	je suis	je suivais	je suivrai	suivi, e	que je suive
	il suit	il suivait	il suivra		qu'il suive
	nous suivons	nous suivions	nous suivrons		que nous suivions
	ils suivent	ils suivaient	ils suivront		qu'ils suivent
survivre siehe vivre					
taire	je tais	je taisais	je tairai	tu, e	que je taise
	il tait	il taisait	il taira		qu'il taise
	nous taisons	nous taisions	nous tairons		que nous taisions
	ils taisent	ils taisaient	ils tairont		qu'ils taisent
traduire	je traduis	je traduisais	je traduirai	traduit, e	que je traduise
	il traduit	il traduisait	il traduira		qu'il traduise
	nous traduisons	nous traduisions	nous traduirons		que nous traduisions
	ils traduisent	ils traduisaient	ils traduiront		qu'ils traduisent

Infinitif	Présent	Imparfait	Futur	Participe passé	Subjonctif présent
traire	je trais	je trayais	je trairai	trait, e	que je traie
	il trait	il trayait	il traira		qu'il traie
	nous trayons	nous trayions	nous trairons		que nous trayions
	ils traient	ils trayaient	ils trairont		qu'ils traient

transcrire *siehe écrire,* **transmettre** *siehe mettre,* **transparaître** *siehe paraître,* **tressaillir** *siehe défaillir*

vaincre	je vaincs	je vainquais	je vaincrai	vaincu, e	que je vainque
	il vainc	il vainquait	il vaincra		qu'il vainque
	nous vainquons	nous vainquions	nous vaincrons		que nous vainquions
	ils vainquent	ils vainquaient	ils vaincront		qu'ils vainquent
valoir	je vaux	je valais	je vaudrai	valu, e	que je vaille
	il vaut	il valait	il vaudra		qu'il vaille
	nous valons	nous valions	nous vaudrons		que nous valions
	ils valent	ils valaient	ils vaudront		qu'ils vaillent
vêtir	je vêts	je vêtais	je vêtirai	vêtu, e	que je vête
	il vêt	il vêtait	il vêtira		qu'il vête
	nous vêtons	nous vêtions	nous vêtirons		que nous vêtions
	ils vêtent	ils vêtaient	ils vêtiront		qu'ils vêtent
vivre	je vis	je vivais	je vivrai	vécu, e	que je vive
	il vit	il vivait	il vivra		qu'il vive
	nous vivons	nous vivions	nous vivrons		que nous vivions
	ils vivent	ils vivaient	ils vivront		qu'ils vivent

Infinitif	Présent	Imparfait	Futur	Participe passé	Subjonctif présent
voir	je vois	je voyais	je verrai	vu, e	que je voie
	il voit	il voyait	il verra		qu'il voie
	nous voyons	nous voyions	nous verrons		que nous voyions
	ils voient	ils voyaient	ils verront		qu'ils voient
vouloir	je veux	je voulais	je voudrai	voulu, e	que je veuille
	il veut	il voulait	il voudra		qu'il veuille
	nous voulons	nous voulions	nous voudrons		que nous voulions
	ils veulent	ils voulaient	ils voudront		qu'ils veuillent

Deutsche Kurzgrammatik
Précis de grammaire allemande

L'article

Un substantif allemand peut être **masculin**, **féminin** ou **neutre**.
C'est grâce aux articles suivants (*der*, *die* ou *das*) que l'on reconnaît le **genre** du substantif.

	article défini				article indéfini			
	m	f	nt	pl	m	f	nt	pl
nom.	der	die	das	die	ein	eine	ein	*il n'existe pas de*
acc.	den	die	das	die	einen	eine	ein	*forme du pluriel en*
gén.	des	der	des	der	eines	einer	eines	*allemand*
datif	dem	der	dem	den	einem	einer	einem	

Le substantif

Il existe en allemand trois types de déclinaison du substantif: la déclinaison faible, la déclinaison forte et la déclinaison mixte (voir aussi la déclinaison des adjectifs).

On reconnaît les substantifs forts à leur terminaison en *-s*, *-sch*, *ß* et *z*. Ils prennent au génitif singulier la terminaison *-es*.

Hals – Halses, Busch – Busches, Fuß – Fußes, Reiz – Reizes, Kuss – Kusses

1. Déclinaison forte: masculin et neutre

	pluriel en ~e	pluriel en ~̈e	pluriel en ~er	pluriel en ~̈er
singulier				
nominatif	der Tag	der Traum	das Kind	das Dach
accusatif	den Tag	den Traum	das Kind	das Dach
génitif	des Tag(e)s	des Traum(e)s	des Kind(e)s	des Dach(e)s
datif	dem Tag(e)	dem Traum(e)	dem Kind(e)	dem Dach(e)
pluriel				
nominatif	die Tage	die Träume	die Kinder	die Dächer
accusatif	die Tage	die Träume	die Kinder	die Dächer
génitif	der Tage	der Träume	der Kinder	der Dächer
datif	den Tagen	den Träumen	den Kindern	den Dächern

	pluriel en ~s	pluriel sans terminaison ¨	pluriel sans terminaison	pluriel sans terminaison
singulier				
nominatif	das Auto	der Vogel	der Tischler	der Lappen
accusatif	das Auto	den Vogel	den Tischler	den Lappen
génitif	des Autos	des Vogels	des Tischlers	des Lappens
datif	dem Auto	dem Vogel	dem Tischler	dem Lappen
pluriel				
nominatif	die Autos	die Vögel	die Tischler	die Lappen
accusatif	die Autos	die Vögel	die Tischler	die Lappen
génitif	der Autos	der Vögel	der Tischler	der Lappen
datif	den Autos	den Vögeln	den Tischlern	den Lappen

2. Déclinaison forte : féminin

	puriel en ¨e	pluriel sans terminaison ¨	pluriel en ~s
singulier			
nominatif	die Wand	die Mutter	die Bar
accusatif	die Wand	die Mutter	die Bar
génitif	der Wand	der Mutter	der Bar
datif	der Wand	der Mutter	der Bar
pluriel			
nominatif	die Wände	die Mütter	die Bars
accusatif	die Wände	die Mütter	die Bars
génitif	der Wände	der Mütter	der Bars
datif	den Wänden	den Müttern	den Bars

3. Déclinaison faible : masculin

	pluriel en ~n	pluriel en ~en	pluriel en ~n
singulier			
nominatif	der Bauer	der Bär	der Hase
accusatif	den Bauern	den Bären	den Hasen
génitif	des Bauern	des Bären	des Hasen
datif	dem Bauern	dem Bären	dem Hasen

pluriel

nominatif	die Bauern	die Bären	die Hasen
accusatif	die Bauern	die Bären	die Hasen
génitif	der Bauern	der Bären	der Hasen
datif	den Bauern	den Bären	den Hasen

4. Déclinaison faible : féminin

	pluriel en ~en	pluriel en ~n	pluriel en ~n	pluriel en ~nen
singulier				
nominatif	die Uhr	die Feder	die Gabe	die Ärztin
accusatif	die Uhr	die Feder	die Gabe	die Ärztin
génitif	der Uhr	der Feder	der Gabe	der Ärztin
datif	der Uhr	der Feder	der Gabe	der Ärztin
pluriel				
nominatif	die Uhren	die Federn	die Gaben	die Ärztinnen
accusatif	die Uhren	die Federn	die Gaben	die Ärztinnen
génitif	der Uhren	der Federn	der Gaben	der Ärztinnen
datif	den Uhren	den Federn	den Gaben	den Ärztinnen

5. Déclinaison mixte : masculin et féminin

Ils se déclinent au singulier comme des substantifs *forts*, au pluriel comme des substantifs *faibles*.

	pluriel en ~n	pluriel en ~en	pluriel en ~n	pluriel en ~en
singulier				
nominatif	das Auge	das Ohr	der Name	das Herz
accusatif	das Auge	das Ohr	den Namen	das Herz
génitif	des Auges	des Ohr(e)s	der Namens	des Herzens
datif	dem Auge	dem Ohr(e)	dem Namen	dem Herzen
pluriel				
nominatif	die Augen	die Ohren	die Namen	die Herzen
accusatif	die Augen	die Ohren	die Namen	die Herzen
génitif	der Augen	der Ohren	der Namen	der Herzen
datif	den Augen	den Ohren	den Namen	den Herzen

6. Déclinaison des adjectifs substantivés

masculin

singulier

nominatif	der Reisende	ein Reisender
accusatif	den Reisenden	einen Reisenden
génitif	des Reisenden	eines Reisenden
datif	dem Reisenden	einem Reisenden

pluriel

nominatif	die Reisenden	Reisende
accusatif	die Reisenden	Reisende
génitif	der Reisenden	Reisender
datif	den Reisenden	Reisenden

féminin

singulier

nominatif	die Reisende	eine Reisende
accusatif	die Reisende	eine Reisende
génitif	der Reisenden	einer Reisenden
datif	der Reisenden	einer Reisenden

pluriel

nominatif	die Reisenden	Reisende
accusatif	die Reisenden	Reisende
génitif	der Reisenden	Reisender
datif	den Reisenden	Reisenden

neutre

singulier

nominatif	das Neugeborene	ein Neugeborenes
accusatif	das Neugeborene	ein Neugeborenes
génitif	des Neugeborenen	eines Neugeborenen
datif	dem Neugeborenen	einem Neugeborenen

pluriel

nominatif	die Neugeborenen	Neugeborene
accusatif	die Neugeborenen	Neugeborene
génitif	der Neugeborenen	Neugeborener
datif	den Neugeborenen	Neugeborenen

7. Déclinaison des noms propres

Les noms propres forment leur forme génitive selon les règles suivantes:

nom propre avec article	nom propre sans article	nom propre qui se termine en -s, -ß, -x, -z	plusieurs noms propres qui se suivent	nom propre avec apposition
est invariable	**prend un -s**	**prend une apostrophe**	**le dernier nom prend un -s**	**est décliné comme un substantif**
des Aristoteles	Marias Auto	Aristoteles' (Schriften)	Johann Sebastian Bachs (Musik)	**nominatif** Karl der Große **accusatif**
des (schönen) Berlin	die Straßen Berlins	die Straßen Calais'		Karl den Großen **genitif** Karls des Großen **datif** Karl dem Großen

Les noms de famille prennent un -s au pluriel.

> die Schneider**s**.

S'ils se terminent par -s, -ß, -x ou -z, ils peuvent avoir un pluriel en -ens.

> die Schmitz**ens**.

Les noms propres de rues, d'édifices, d'entreprises, de bateaux, de journaux et d'organisations sont toujours déclinés.

Les adjectifs

Lorsqu'un adjectif se situe devant un substantif, il s'accorde en **cas**, en **genre** et en **nombre** avec ce substantif. Ainsi l'adjectif est décliné. Et comme pour le substantif, l'adjectif connaît une déclinaison *forte*, une déclinaison *faible* et une déclinaison *mixte*.

1. La déclinaison forte

– lorsque l'adjectif est relié à un substantif sans article,
– lorsque l'adjectif est précédé d'un mot qui ne donne aucune indication de genre,

> mehrere liebe Kinder, manch guter Wein

– après des nombres cardinaux et après *ein paar, ein bisschen,*

> Sie hörte zwei laute Schritte.
> Wir machen eine Reise mit ein paar guten Freunden.
> Mit einem bisschen guten Willen schaffst du das.

	m	f	nt
singulier			
nominatif	guter Wein	schöne Frau	liebes Kind
accusatif	guten Wein	schöne Frau	liebes Kind
génitif	guten Wein(e)s	schönen Frau	lieben Kindes
datif	gutem Wein(e)	schönen Frau	liebem Kind(e)
pluriel			
nominatif	gute Weine	schöne Frauen	liebe Kinder
accusatif	gute Weine	schöne Frauen	liebe Kinder
génitif	guter Weine	schöner Frauen	lieber Kinder
datif	guten Weinen	schönen Frauen	lieben Kindern

2. La forme faible

- est appliquée lorsque l'adjectif est relié au substantif avec l'article défini *der, die, das,*
- avec des pronoms qui donnent une indication de genre du substantif, par ex. *diese(r), folgende(r), jede(r), welche(r, s).*

	m	f	nt
singulier			
nominatif	der gute Wein	die schöne Frau	das liebe Kind
accusatif	den guten Wein	die schöne Frau	das liebe Kind
génitif	des guten Wein(e)s	der schönen Frau	des lieben Kindes
datif	dem guten Wein	der schönen Frau	dem lieben Kind
pluriel			
nominatif	die guten Weine	die schönen Frauen	die lieben Kinder
accusatif	die guten Weine	die schönen Frauen	die lieben Kinder
génitif	der guten Weine	der schönen Frauen	der lieben Kinder
datif	den guten Weinen	den schönen Frauen	den lieben Kindern

3. La forme mixte

- est appliquée lorsque l'adjectif est relié à un substantif avec l'article indéfini *ein*, *kein* (au singulier pour les substantifs masculins et neutres),
- avec les pronoms possessifs *mein, dein, sein, unser, euer, ihr.*

	m	nt
singulier		
nominatif	ein guter Wein	ein liebes Kind
accusatif	einen guten Wein	ein liebes Kind
génitif	eines guten Wein(e)s	eines lieben Kindes
datif	einem guten Wein(e)	einem lieben Kind

4. Les adjectifs en *-abel, -ibel, -el*

Déclinés, ces adjectifs perdent le *-e* de la syllabe finale.

	miserabel	penibel	heikel
singulier			
nominatif	ein miserabler Stil	eine penible Frau	ein heikles Problem
accusatif	einen miserablen Stil	eine penible Frau	ein heikles Problem
génitif	eines miserablen Stils	einer peniblen Frau	eines heiklen Problems
datif	einem miserablen Stil	einer peniblen Frau	einem heiklen Problem
pluriel			
nominatif	miserable Stile	penible Frauen	heikle Probleme
accusatif	miserable Stile	penible Frauen	heikle Probleme
génitif	miserabler Stile	penibler Frauen	heikler Probleme
datif	miserablen Stilen	peniblen Frauen	heiklen Problemen

5. Les adjectifs en *-er, -en*

En règle générale, déclinés, ces adjectifs conservent le *-e* de la syllabe finale, sauf dans le style littéraire.

finster	seine finstren Züge

L'exception concerne aussi les adjectifs d'origine étrangère.

makaber	eine makabre Geschichte
integer	ein integrer Beamter

6. Les adjectifs en *-auer, -euer*

En règle générale, déclinés, ils perdent le *-e* de la syllabe finale.

teuer	ein teures Geschenk
sauer	saure Gurken

7. Les degrés de l'adjectif

Les qualités peuvent être soumises à des comparaisons. On distingue alors trois formes ou trois degrés de comparaison :

	m	f	nt
positif	schön	schöne	schönes
comparatif	schöner	schönere	schöneres
superlatif	der schönste	die schönste	das schönste

Si l'on veut mettre l'une des formes de la comparaison au génitif, au datif ou à l'accusatif, alors les mêmes règles de déclinaison doivent être appliquées que pour un adjectif positif accompagné d'un substantif.

> Der Garten mit den schönsten Blumen. (datif, pluriel)

Particularités:

1. Les adjectifs et les adverbes prennent un _e_ devant la terminaison du superlatif.
– lorsqu'ils sont monosyllabiques,
– si l'accent tombe sur la dernière syllabe,
– s'ils se terminent en -s, -ß, -st, -x, -z (toujours),
– s'ils se terminent en -d, -t, -sch (presque toujours).

spitz	adj.	spitze(r, s)
	adv.	am spitzesten
beliebt	adj.	beliebteste(r, s)
	adv.	am beliebtesten

La même règle est valable pour les adjectifs et les adverbes composés et ceux qui détiennent un préfixe, sans tenir compte de la syllabe sur laquelle l'accent tombe.

| unsanft | adj. | unsanfteste(r, s) |
| | adv. | am unsanftesten |

2. Les adjectifs monosyllabiques qui ont au radical un _a_, _o_ ou un _u_ prennent au comparatif et au superlatif une inflexion (_Umlaut_).

arm	ärmer	ärmste(r, s)
groß	größer	größte(r, s)
klug	klüger	klügste(r, s)

3. Les groupes des adjectifs suivants ne prennent jamais d'inflexion (_Umlaut_) au superlatif et au comparatif.
– avec une **diphtongue** (par ex. _au_),

| faul | fauler | faulste(r, s) |

– avec les **suffixes** -bar, -haft, -ig, -lich, -sam,

dankbar	dankbarer	dankbarste(r, s)
schwatzhaft	schwatzhafter	schwatzhafteste(r, s)
schattig	schattiger	schattigste(r, s)
stattlich	stattlicher	stattlichste(r, s)
sorgsam	sorgsamer	sorgsamste(r, s)

– lorsqu'ils sont employés comme des **participes**,

| überrascht | überraschter | überraschteste(r, s) |

– lorsqu'ils sont **d'origine étrangère**.

banal	banaler	banalste(r, s)
interessant	interessanter	interessanteste(r, s)
grandios	grandioser	grandioseste(r, s)

4. Formes irrégulières du comparatif et du superlatif de certains adjectifs et adverbes

gut	besser	beste(r, s)
viel	mehr	meiste(r, s)
gern	lieber	am liebsten
bald	eher	am ehesten

L'adverbe

Lorsque les adjectifs ont un emploi adverbial, ils sont invariables.

Er singt gut.
Sie schreibt schön.
Er läuft schnell.

Les adverbes employés à la forme comparative suivent les mêmes règles que pour l'adjectif.

Er singt besser.
Sie schreibt schöner.
Er läuft schneller.

La plupart des adverbes forment leur superlatif selon la structure suivante: *am.......sten*.

Er singt am besten.
Sie schreibt am schönsten.
Er läuft am schnellsten.

Les verbes

Le présent

Le présent permet d'exprimer en allemand **une action qui est en train de se dérouler au moment de l'énonciation, un fait établi** ou **un déroulement avenir**.

Was machst du? Ich lese.
Die Erde dreht sich um die Sonne.
Morgen habe ich frei.

1. Les verbes réguliers (verbes faibles)

	machen	**legen**	**sagen**	**sammeln**
ich	mache	lege	sage	sammle
du	machst	legst	sagst	sammelst
er sie es	macht	legt	sagt	sammelt
wir	machen	legen	sagen	sammeln
ihr	macht	legt	sagt	sammelt
sie	machen	legen	sagen	sammeln

Les verbes dont le radical se termine en *s, ss, ß* und *z.*

	rasen	**passen**	**küssen**	**grüßen**	**reizen**
ich	rase	passe	küsse	grüße	reize
du	rast	passt	küsst	grüßt	reizt
er sie es	rast	passt	küsst	grüßt	reizt
wir	rasen	passen	küssen	grüßen	reizen
ihr	rast	passt	küsst	grüßt	reizt
sie	rasen	passen	küssen	grüßen	reizen

Les verbes dont le radical se termine en *d* ou *t*, avec une consonne + *m*, ou une consonne + *n*, prennent un *-e* à la deuxième personne du singulier.

	reden	**wetten**	**atmen**	**trocknen**
ich	rede	wette	atme	trockne
du	redest	wettest	atmest	trocknest
er sie es	redet	wettet	atmet	trocknet
wir	reden	wetten	atmen	trocknen
ihr	redet	wettet	atmet	trocknet
sie	reden	wetten	atmen	trocknen

Les verbes dont le radical se termine par *e* oder *er* atone perdent le *e* à la première personne du singulier.

angeln	ich angle
zittern	ich zittre

2. En ce qui concerne les verbes irréguliers (verbes forts), ils changent pour la plupart leur voyelle du radical.

	tragen	**blasen**	**laufen**	**essen**
ich	trage	blase	laufe	esse
du	trägst	bläst	läufst	isst
er sie es	trägt	bläst	läuft	isst
wir	tragen	blasen	laufen	essen
ihr	tragt	blast	lauft	esst
sie	tragen	blasen	laufen	essen

→Se reporter dans le dictionnaire aux verbes irréguliers et à la liste en annexe.

Le prétérit

Le prétérit exprime une **action passée**.

Letztes Jahr reisten wir nach Spanien.

1. Les verbes réguliers

	machen	**sammeln**	**küssen**	**grüßen**	**reizen**
ich	machte	sammelte	küsste	grüßte	reizte
du	machtest	sammeltest	küsstest	grüßtest	reiztest
er sie es	machte	sammelte	küsste	grüßte	reizte
wir	machten	sammelten	küssten	grüßten	reizten
ihr	machtet	sammeltet	küsstet	grüßtet	reiztet
sie	machten	sammelten	küssten	grüßten	reizten

Les verbes dont le radical se termine par *d*, *t*, une consonne + *m* ou une consonne + *n*

	reden	**wetten**	**atmen**	**trocknen**
ich	redete	wettete	atmete	trocknete
du	redetest	wettetest	atmetest	trocknetest
er sie es	redete	wettete	atmete	trocknete
wir	redeten	wetteten	atmeten	trockneten
ihr	redetet	wettetet	atmetet	trocknetet
sie	redeten	wetteten	atmeten	trockneten

2. Les verbes irréguliers

	tragen	blasen	laufen	essen
ich	trug	blies	lief	aß
du	trugst	bliest	liefst	aßt
er sie es	trug	blies	lief	aß
wir	trugen	bliesen	liefen	aßen
ihr	trugt	bliest	lieft	aßt
sie	trugen	bliesen	liefen	aßen

→ Se reporter dans le dictionnaire aux verbes irréguliers et à la liste en annexe.

Le passé composé

Le passé composé exprime une **action totalement révolue** ou **un état**,

Der Zug ist abgefahren.
Heute Nacht hat es geregnet.

Le passé composé est formé des formes du présent des auxiliaires *haben* ou *sein* et du participe passé du verbe conjugué.

1. Les verbes qui expriment un mouvement ou un changement d'état forment le passé composé avec l'auxiliaire *sein.*

	radeln	fahren	verstummen	sterben
ich	bin geradelt	bin gefahren	bin verstummt	bin gestorben
du	bist geradelt	bist gefahren	bist verstummt	bist gestorben
er sie es	ist geradelt	ist gefahren	ist verstummt	ist gestorben
wir	sind geradelt	sind gefahren	sind verstummt	sind gestorben
ihr	seid geradelt	seid gefahren	seid verstummt	seid gestorben
sie	sind geradelt	sind gefahren	sind verstummt	sind gestorben

2. Les verbes transitifs, réfléchis et impersonnels forment le passé composé avec l'auxiliaire *avoir*, alors que la plupart des verbes intransitifs qui expriment un état qui dure, forment le passé composé avec l'auxiliaire *être*.

	legen	sich freuen	regnen	leben
ich	habe gelegt	habe mich gefreut		habe gelebt
du	hast gelegt	hast dich gefreut		hast gelebt
er sie es	hat gelegt	hat sich gefreut	es hat geregnet	hat gelebt
wir	haben gelegt	haben uns gefreut		haben gelebt
ihr	habt gelegt	habt euch gefreut		habt gelebt
sie	haben gelegt	haben sich gefreut		haben gelebt

Pour les verbes auxiliaires, les mêmes règles que pour le passé composé sont valables.

Le plus-que-parfait

Le plus-que-parfait exprime **une action accomplie et antérieure à une autre action passée**.

Als er im Kino ankam, hatte der Film schon begonnen.

Il est constitué des formes du prétérit des auxiliaires *haben* ou *sein* et du participe passé du verbe conjugué.
Les règles concernant l'emploi des auxiliaires sont les mêmes que pour le prétérit.

	fahren	sterben	legen	leben
ich	war gefahren	war gestorben	hatte gelegt	hatte gelebt
du	warst gefahren	warst gestorben	hattest gelegt	hattest gelebt
er sie es	war gefahren	war gestorben	hatte gelegt	hatte gelebt
wir	waren gefahren	waren gestorben	hatten gelegt	hatten gelebt
ihr	wart gefahren	wart gestorben	hattet gelegt	hattet gelebt
sie	waren gefahren	waren gestorben	hatten gelegt	hatten gelebt

Les verbes auxiliaires *haben, sein* et *werden*

On les appelle verbes auxiliaires, car ils permettent de construire certaines formes de temps des verbes (par ex. le passé composé, le plus-que-parfait, le futur) ainsi que le passif.

Présent

	sein	haben	werden
ich	bin	habe	werde
du	bist	hast	wirst
er sie es	ist	hat	wird
wir	sind	haben	werden
ihr	seid	habt	werdet
sie	sind	haben	werden

Prétérit et participe

	sein	haben	werden
ich	war	hatte	wurde
du	warst	hattest	wurdest
er sie es	war	hatte	wurde
wir	waren	hatten	wurden
ihr	wart	hattet	wurdet
sie	waren	hatten	wurden
Participe	gewesen	gehabt	geworden

Les verbes modaux

Présent

	können	dürfen	mögen	müssen	sollen	wollen
ich	kann	darf	mag	muss	soll	will
du	kannst	darfst	magst	musst	sollst	willst
er sie es	kann	darf	mag	muss	soll	will
wir	können	dürfen	mögen	müssen	sollen	wollen
ihr	könnt	dürft	mögt	müsst	sollt	wollt
sie	können	dürfen	mögen	müssen	sollen	wollen

Prétérit

	können	dürfen	mögen	müssen	sollen	wollen
ich	konnte	durfte	mochte	musste	sollte	wollte
du	konntest	durftest	mochtest	musstest	solltest	wolltest
er sie es	konnte	durfte	mochte	musste	sollte	wollte
wir	konnten	durften	mochten	mussten	sollten	wollten
ihr	konntet	durftet	mochtet	musstet	solltet	wolltet
sie	konnten	durften	mochten	mussten	sollten	wollten

Passé composé

können	ich habe gekonnt
dürfen	ich habe gedurft
mögen	ich habe gemocht
müssen	ich habe gemusst
sollen	ich habe gesollt
wollen	ich habe gewollt

Le participe passé des verbes modaux (par ex. *gekonnt*) est remplacé par l'infinitif (*können*) s'il est précédé par un autre verbe à l'infinitif.

Ich habe gehen können.
Ich habe fragen dürfen.

Participe I (participe présent)

On forme le participe I ou participe présent en ajoutant un -*d* à l'infinitif du verbe.

singen**d**, lachen**d**, etc.

Il exprime de manière brève une proposition subordonnée.

Er saß in der Badewanne und sang.	– Er saß singen**d** in der Badewanne.
Sie öffnete die Tür und lachte.	– Sie öffnete lachen**d** die Tür.

Participe II (participe passé)

Le participe passé des verbes réguliers est formé selon les règles suivantes :

	préfixe	**+ radical**	**+ terminaison**
machen	– ge	+ mach	+ t

legen	– ge**legt**
sagen	– ge**sagt**
vierteln	– ge**viertelt**
rasen	– ge**rast**
hassen	– ge**hasst**
küssen	– ge**küsst**
rußen	– ge**rußt**
reizen	– ge**reizt**
reden	– ge**redet**
wetten	– ge**wettet**
trocknen	– ge**trocknet**

Aux verbes qui se terminent en *-ieren* ainsi qu'aux verbes qui commencent par *be-, em-, ent-, er-, ge-, miss-, ver-,* et *zer-* on ne rajoute pas le préfixe *ge-*. Ils sont marqués d'un ***** dans la partie allemand-français du dictionnaire. Ils suivent les règles suivantes :

	radical	**+ terminaison**
manövrieren*	– manövrier	+ t

empören*	– empör**t**
entgiften*	– entgifte**t**
ersetzen*	– ersetz**t**
vertrösten*	– vertröste**t**
zerreden*	– zerrede**t**

Le préfixe *ge-* tombe aussi pour les verbes composés à particule inséparable. Ces verbes sont aussi marqués d'un *.

übersetzen*	– übersetz**t**
durchwaten*	– durchwate**t**
unterlegen*	– unterleg**t**
umarmen*	– umarm**t**

Le participe passé des verbes composés à particule séparable (par ex. *durchmachen*) se forme selon les règles suivantes :

préfixe verbe	+ Préfixe ppII ge-	+ radical du verbe	+ terminaison *t*
durch	+ ge	+ mach	+ t

anbeten	– an**ge**bete**t**
überschnappen	– über**ge**schnapp**t**
umdeuten	– um**ge**deute**t**

Tous les verbes composés à particule séparable sont marqués dans le dictionnaire du signe I. Les formes irrégulières sont données à l'infinitif. Les verbes composés dont les formes correspondent à celles du verbe de base irrégulier sont signalés par la mention *irr.* Les verbes allemands irréguliers les plus courants sont à consulter dans la liste en annexe.

Futur

Avec le futur on exprime des **états de choses qui se rapportent au futur**, par ex. des déclarations, des intentions, des suppositions ou des promesses.

Il est constitué des formes du présent de l'auxiliaire *werden* et de l'infinitif du verbe conjugué.

Morgen wird es schneien.	(indication de date)
Er wird noch im Urlaub sein.	(supposition)
Ich werde dich immer lieben.	(promesse, intention)

	legen	fahren	sein	haben	können
ich	werde legen	werde fahren	werde sein	werde haben	werde können
du	wirst legen	wirst fahren	wirst sein	wirst haben	wirst können
er sie es	wird legen	wird fahren	wird sein	wird haben	wird können
wir	werden legen	werden fahren	werden sein	werden haben	werden können
ihr	werdet legen	werdet fahren	werdet sein	werdet haben	werdet können
sie	werden legen	werden fahren	werden sein	werden haben	werden können

Le *Konjunktiv I* (mode du potentiel)

Le *Konjuktif I* se forme à partir du radical du verbe au présent auquel on ajoute les terminaisons -*e*, -*est*, -*e*, -*en*, -*et*, -*en*. Le *Konjunktiv I* permet de s'exprimer au **discours indirect**.

Kannst du mir helfen?	(discours direct)
Er fragt sie, ob sie ihm helfen könne.	(discours indirect)

Certains verbes irréguliers changent leur inflexion (*Umlaut*) ou leur voyelle à l'indicatif (mode du réel) mais pas au *Konjunktiv I*.

infinitif	présent de l'indicatif	*Konjunktiv I*
fallen	du fällst	du fallest
geben	du gibst	du gebest

Le *Konjunktiv I* est non seulement employé dans le discours indirect mais aussi dans certaines locutions figées.

> Er lebe hoch!
> Gott sei Dank!
> Man nehme Salz, Mehl und Butter ...

	legen	**hassen**	**küssen**	**reden**
ich	lege	hasse	küsse	rede
du	legst	hassest	küssest	redest
er sie es	lege	hasse	küsse	rede
wir	legen	hassen	küssen	reden
ihr	leget	hasset	küsset	redet
sie	legen	hassen	küssen	reden

Le *Konjunktiv I* des auxiliaires sein, haben et werden

	sein	**haben**	**werden**
ich	sei	habe	werde
du	seist	habest	werdest
er sie es	sei	habe	werde
wir	seien	haben	werden
ihr	seiet	habet	werdet
sie	seien	haben	werden

Le *Konjunktiv I* des verbes modaux

	können	**dürfen**	**mögen**	**müssen**	**sollen**	**wollen**
ich	könne	dürfe	möge	müsse	solle	wolle
du	könnest	dürfest	mögest	müssest	sollest	wollest
er sie es	könne	dürfe	möge	müsse	solle	wolle
wir	können	dürfen	mögen	müssen	sollen	wollen
ihr	könn(e)t	dürf(e)t	mög(e)t	müss(e)t	soll(e)t	woll(e)t
sie	können	dürfen	mögen	müssen	sollen	wollen

Le *Konjunktiv II*

Le *Konjunktiv II* est formé à partir du radical du verbe au prétérit auquel on ajoute les terminaisons *-e*, *-(e)st*, *-e*, *-en*, *-(e)t*, *-en*. Pour les verbes réguliers, les formes du *Konjunktiv II* et du prétérit de l'indicatif sont identiques. En ce qui concerne les verbes irréguliers en *i* ou *ie* dans leur forme du prétérit, ils conservent le *i* et *ie* dans les formes du *Konjunktiv II*.

Le *Konjunktiv II* est le mode du **discours irréel**, il est aussi employé dans les **comparaisons** et dans **les formules de politesse**.

Wenn ich Zeit hätte, ginge ich heute mit dir ins Kino.	(irréel)
Die Leiter schwankte so, als fiele sie gleich um.	(comparaison)
Können Sie uns bitte eine Auskunft geben?	(politesse)

	gehen/ging	rufen/rief	greifen/griff
ich	ginge	riefe	griffe
du	ging(e)st	rief(e)st	griff(e)st
er sie es	ginge	riefe	griffe
wir	gingen	riefen	griffen
ihr	gin(e)t	rief(e)t	griff(e)t
sie	gingen	riefen	griffen

Les verbes qui ont la voyelle *a*, *o* ou *u* au prétérit de l'indicatif prennent au *Konjunktiv II* une inflexion (*Umlaut*).

	singen/ sang	fliegen/ flog	fahren/ fuhr	sein/war	haben/ hatte	werden/ wurde
ich	sänge	flöge	führe	wäre	hätte	würde
du	säng(e)st	flög(e)st	führ(e)st	wär(e)st	hättest	würdest
er sie es	sänge	flöge	führe	wäre	hätte	würde
wir	sängen	flögen	führen	wären	hätten	würden
ihr	säng(e)t	flög(e)t	führ(e)t	wär(e)t	hättet	würdet
sie	sängen	flögen	führen	wären	hätten	würden

Les formes les plus importantes du *Konjunktiv II*

befehlen	- beföhle	haben	- hätte	sehen	- sähe
beginnen	- begänne	heben	- höbe	sein	- wäre
bergen	- bärge	helfen	- hülfe	singen	- sänge
bersten	- bärste	klingen	- klänge	sinken	- sänke
bewegen	- bewöge	kommen	- käme	sinnen	- sänne
biegen	- böge	können	- könne	sitzen	- säße
bieten	- böte	kriechen	- kröche	spinnen	- spänne
binden	- bände	laden	- lüde	sprechen	- spräche
bitten	- bäte	lesen	- läse	sprießen	- sprösse
brechen	- bräche	liegen	- läge	springen	- spränge
brennen	- brennte	löschen	- lösche	stechen	- stäche
bringen	- brächte	lügen	- löge	stehen	- stände/stünde
denken	- dächte	melken	- mölke	stehlen	- stähle
dreschen	- drösche	messen	- mäße	sterben	- stürbe
dringen	- dränge	misslingen	- misslänge	stinken	- stänke
dürfen	- dürfte	mögen	- möchte	tragen	- trüge
empfehlen	- empföhle	müssen	- müsste	treffen	- träfe
empfinden	- empfände	nehmen	- nähme	treten	- träte
essen	- äße	quellen	- quölle	trinken	- tränke
fahren	- führe	riechen	- röche	trügen	- tröge
finden	- fände	ringen	- ränge	tun	- täte
flechten	- flöchte	rinnen	- ränne	verderben	- verdürbe
fliegen	- flöge	saufen	- söffe	vergessen	- vergäße
fliehen	- flöhe	schaffen	- schüfe	verlieren	- verlöre
fließen	- flösse	schelten	- schölte	wachsen	- wüchse
fressen	- fräße	scheren	- schöre	wiegen	- wöge
frieren	- fröre	schieben	- schöbe	waschen	- wüsche
gären	- gäre	schießen	- schösse	werben	- würbe
gebären	- gebäre	schinden	- schünde	werden	- würde
geben	- gäbe	schlagen	- schlüge	werfen	- würfe
gelingen	- gelänge	schließen	- schlösse	wiegen	- wörfe
gelten	- gälte	schlingen	- schlänge	winden	- wände
genießen	- genösse	schmelzen	- schmölze	wissen	- wüsste
geschehen	- geschähe	schwellen	- schwölle	ziehen	- zöge
gewinnen	- gewönne	schwimmen	- schwömme	zwingen	- zwänge
gießen	- gösse	schwinden	- schwände		
glimmen	- glömme	schwingen	- schwänge		
graben	- grübe	schwören	- schwüre		

La phrase au conditionnel

Le *Konjunktiv II* de *werden* ajouté à l'*infinitif* du verbe conjugué exprime **un état de chose** subordonné à quelque condition ou éventualité. Il est donc le mode de l'hypothétique.

> Wenn ihr uns einladen würdet, würden wir fahren (au lieu de: *führen*).

Certaines formes du *Konjunktiv II* particulièrement inusitées ou vieillies sont remplacées aujourd'hui par l'emploi de la structure suivante: *werden* au *Konjunktiv II* + Infinitif du verbe.

> Wenn Flugzeuge nicht umweltfreundlicher fliegen würden (au lieu de: *flögen)*, würde es bald keine saubere Luft mehr geben (au lieu de: *gäbe*).

	legen	fahren
ich	würde legen	würde fahren
du	würdest legen	würdest fahren
er sie es	würde legen	würde fahren
wir	würden legen	würden fahren
ihr	würdet legen	würdet fahren
sie	würden legen	würden fahren

L'impératif

L'impératif sert à exprimer **une sommation, une requête, un avertissement**, etc. ou une **interdiction**. Il ne connaît que deux formes: la deuxième personne du singulier et celle du pluriel.

1. **Pour les verbes réguliers, on ajoute au singulier un *e* et au pluriel un *t* au radical du verbe. La forme du pluriel de l'impératif est identique à la deuxième personne du pluriel de l'indicatif présent.**

Dans la forme de politesse avec *Sie* on a un phénomène **d'inversion** (c'est-à-dire que le prédicat est placé avant le sujet). L'ordre normal des mots est inversé.

Sie schreiben einen Brief.	(constat/indicatif)
Schreiben Sie einen Brief!	(sommation/impératif)

infinitif	singulier	pluriel	forme de politesse
schreiben	schreibe	schreibt	schreiben Sie
singen	singe	singt	singen Sie
trinken	trinke	trinkt	trinken Sie
atmen	atme	atmet	atmen Sie
reden	rede	redet	reden Sie

Particularités :

Les verbes qui se terminent en *-eln*, *-ern* peuvent perdre le *-e* au singulier.

infinitif	singulier	pluriel	forme de politesse
sammeln	samm(e)le	sammelt	sammeln Sie
fördern	förd(e)re	fördert	fördern Sie
handeln	hand(e)le	handelt	handeln Sie

Si le radical du verbe se termine en *m* ou *n* précédé *d'un m, n, r, l, h,* il peut perdre le *-e* final au singulier.

infinitiv	singulier	pluriel	forme de politesse
kämmen	kämm(e)	kämmt	kämmen Sie
rennen	renn(e)	rennt	rennen Sie
lernen	lern(e)	lernt	lernen Sie
qualmen	qualm(e)	qualmt	qualmen Sie
rühmen	rühm(e)	rühmt	rühmen Sie

Exceptions :

Si on trouve une autre consonne devant le *-m* ou le *-n*, alors la terminaison *-e* doit absolument être conservée.

atme, rechne

2. Les verbes irréguliers qui ne changent pas leur voyelle en *-i* ou *-ie* au présent suivent à l'impératif les mêmes règles que les verbes réguliers.

→ Les formes de l'impératif sont indiquées dans la liste des verbes allemands irréguliers en annexe.

Changement vocalique en *-i* ou *-ie*

infinitif	singulier	pluriel
lesen	lies	lest
werfen	wirf	werft
sterben	stirb	sterbt
essen	iss	esst
sehen	sieh	seht

Les auxiliaires *sein*, *haben* et *werden*

infinitif	singulier	pluriel
sein	sei	seid
haben	habe	habt
werden	werde	werdet

La voix active et la voix passive

La voix active **décrit un déroulement qui est vu du point de vue du sujet agissant**. Au passif **c'est le déroulement même qui est au centre de l'énoncé**, sans que le sujet agissant n'ai besoin d'être nommé.

Die Parlamentarier wählen den Präsidenten.	(voix active)
Der Präsident wird von den Parlamentariern gewählt.	(voix passive)

Le passif est formé de l'auxiliaire *werden* et du participe passé du verbe conjugué.

	lieben	schlagen
présent	ich werde geliebt	ich werde geschlagen
prétérit	ich wurde geliebt	ich wurde geschlagen

Le pronom

Les pronoms en allemand sont déclinés comme les articles, les substantifs, les adjectifs et les adverbes.

1. Le pronom personnel

Il désigne la personne qui parle ou dont il est question dans la phrase.

nominatif	accusatif	génitif	datif
ich	mich	meiner	mir
du	dich	deiner	dir
er	ihn	seiner	ihm
sie	sie	ihrer	ihr
es	es	seiner	ihm
wir	uns	unser	uns
ihr	euch	euer	euch
sie	sie	ihrer	ihnen

2. Le pronom réfléchi

Il se rapporte au sujet de la phrase et doit s'accorder en **personne** et en **nombre** avec lui.

Ich wasche mich.
Du wäscht dich.
Er/Sie/Es wäscht sich.
Wir waschen uns.
Ihr wascht euch.
Sie waschen sich.

3. Le pronom possessif

Il indique **une relation d'appartenance** ou un **rapport de possession** et s'accorde en **cas**, en **genre** et en **nombre** avec le substantif auquel il se rapporte.

Il peut se trouver comme un adjectif devant le substantif ou remplacer le substantif.

a) Emploi adjectival

	m	f	nt	pl
1ère personne du singulier				
nominatif	mein	meine	mein	meine
accusatif	meinen	meine	mein	meine
génitif	meines	meiner	meines	meiner
datif	meinem	meiner	meinem	meinen
2e personne du singulier (décliné comme *mein*)				
nominatif	dein	deine	dein	deine
3e Personne du singulier (m) (décliné comme *mein*)				
nominatif	sein	seine	sein	seine
3e personne du singulier (f) (décliné comme *mein*)				
nominatif	ihr	ihre	ihr	ihre
3e personne du singulier (nt) (décliné comme *mein*)				
nominatif	sein	seine	sein	seine
1ère personne du pluriel				
nominatif	unser	uns(e)re	unser	uns(e)re
accusatif	uns(e)ren	uns(e)re	unser	uns(e)re
génitif	uns(e)res	uns(e)rer	uns(e)res	uns(e)rer
datif	uns(e)rem unserm	uns(e)rer	uns(e)rem unserm	uns(e)ren unsern
2e personne du pluriel				
nominatif	euer	eure	euer	eure
accusatif	euren	eure	euer	eure
génitif	eures	eurer	eures	eurer
datif	eurem	eurer	eurem	euren
3e personne du pluriel				
nominatif	ihr	ihre	ihr	ihre
accusatif	ihren	ihre	ihr	ihre
génitif	ihres	ihrer	ihres	ihrer
datif	ihrem	ihrer	ihrem	ihren

b) Employé à la place du substantif

se référant à	m	f	nt	pl
1ère p. du sing.	meiner	meine	mein(e)s	meine
2e p. du sing.	deiner	deine	dein(e)s	deine
3e p. du sing. m, nt	seiner	seine	sein(e)s	seine
3e pers. du sing. f	ihrer	ihre	ihr(e)s	ihre
1ère pers. du pl.	uns(e)rer	uns(e)re	uns(e)res	uns(e)re
2e pers. du pl.	eurer	eure	eures, euers	eure
3e pers. du pl.	ihrer	ihre	ihr(e)s	ihre

4. Le pronom démonstratif

Il reprend ou désigne un élément dont il vient d'être question dans l'énoncé.

	m	f	nt	pl
nominatif	dieser	diese	dieses	diese
accusatif	diesen	diese	dieses	diese
génitif	dieses	dieser	dieses	dieser
datif	diesem	dieser	diesem	diesen
nominatif	jener	jene	jenes	jene
accusatif	jenen	jene	jenes	jene
génitif	jenes	jener	jenes	jener
datif	jenem	jener	jenem	jenen
nominatif	derjenige	diejenige	dasjenige	diejenigen
accusatif	denjenigen	diejenige	dasjenige	diejenigen
génitif	desjenigen	derjenigen	desjenigen	derjenigen
datif	demjenigen	derjenigen	demjenigen	denjenigen
nominatif	derselbe	dieselbe	dasselbe	dieselben
accusatif	denselben	dieselben	dasselbe	dieselben
génitif	desselben	derselben	desselben	derselben
datif	demselben	derselben	demselben	denselben

Dieser renvoie à un élément **proche** ; *jener* à un élément **éloigné**. L'article défini *der, die, das* peut être employé aussi comme un pronom démonstratif.

5. Le pronom relatif

Les pronoms relatifs les plus usités sont *der, die, das*; moins courants sont *welcher, welche, welches*. Tous introduisent une proposition subordonnée dans laquelle est donné un nouvel énoncé qui complète celui de la phrase principale. Le pronom relatif s'accorde en **genre** et en **nombre** avec le mot de la principale auquel il se rapporte,

| Par ex. | Er putzt sein neues Auto, das/welches er sich gekauft hat. |

	m	**f**	**nt**	**pl**
nominatif	welcher	welche	welches	welche
accusatif	welchen	welche	welches	welche
génitif	dessen	deren	dessen	deren
datif	welchem	welcher	welchem	welchen

Wer et *was* peuvent aussi être employés comme des pronoms relatifs.

| Wer das behauptet, lügt. |
| Mach doch, was du willst! |

6. Le pronom interrogatif

Le pronom interrogatif se distingue selon qu'il se rapporte à une **personne** *(Wer?)* ou à une **chose** *(Was?)*. Il ne possède que des formes du singulier.

	personne	**chose**
nominatif	*Wer* spielt mit?	*Was* ist das?
accusatif	*Wen* liebst du?	*Was* höre ich da?
génitif	*Wessen* Haus ist das?	
datif	*Wem* gehört das Haus?	

Le génitif du pronom interrogatif *wessen* est de plus en plus remplacé par le datif *wem*.

| Wem gehört das Haus? |

Par l'expression *was für ein(er)* la question porte sur les caractéristiques d'une personne ou d'une chose.

| Was für ein Mensch ist Peter eigentlich? |
| Was für einen Anzug möchten Sie? |

Avec les pronoms interrogatifs *welcher, welche* et *welches* la question porte sur une personne ou une chose concrète parmi un ensemble ou groupe.

Welche Schuhe soll ich nehmen?	(Die braunen oder die schwarzen?)
Mit welchem Bus kommst du?	(Mit dem um 16 oder um 17 Uhr?)
Welches Eis schmeckt dir besser?	(Erdbeer- oder Schokoladeneis?)

	m	f	nt	pl
nominatif	welcher	welche	welches	welche
accusatif	welchen	welche	welches	welche
génitif	welches	welcher	welches	welcher
datif	welchem	welcher	welchem	welchen

Les prépositions

Des prépositions qui régissent

– l'**accusatif**:

bis	wider
durch	für
gegen	je
ohne	pro
um	

– le **datif**:

ab	aus
außer	bei
binnen	entgegen
entsprechend	gegenüber
gemäß	mit
nach	nächst
nahe	nebst
samt	seit
von	zu
zufolge	zuwider

– l'**accusatif** ou le **datif** * :

an	auf
entlang	hinter
in	neben
über	unter
vor	zwischen

* Lorsqu'elles décrivent un mouvement ou un changement de direction *(Wohin?)* elles régissent l'accusatif;
Lorsqu'elles donnent une indication de lieu *(Wo?)* elles régissent le datif.

| Er hängt die Uhr an die Wand. | *(Wohin?)* |
| Die Uhr hängt an der Wand. | *(Wo?)* |

→ Dans le dictionnaire on trouve pour chaque préposition une indication concernant leur rection.

Certaines prépositions peuvent s'agglutiner à certaines formes grammaticales de l'article pour former un seul mot.

an/in	+ dem	devient	am/im
bei	+ dem		beim
von	+ dem		vom
zu	+ dem/der		zum/zur
an/in	+ das		ans/ins

Deutsche unregelmäßige Verben

Verbes allemands irréguliers

Die unregelmäßigen Formen der mit *auf-*, *ab-*, *be-*, *er-*, *zer-* usw. präfigierten Verben entsprechen denen ihrer Grundform. Neben dem Infinitiv wird zusätzlich die 2. Person Singular angegeben, wenn diese gegenüber der Grundform einen Umlaut aufweist oder eine Vokalveränderung erfährt. Ebenso wird zum Partizip Perfekt das Hilfsverb aufgeführt, mit welchem es gebildet wird.

La conjugaison des verbes dérivés à partir des préfixes *auf-*, *ab-*, *be-*, *er-*, *zer-* etc. correspond à celle du verbe de base. En plus de la forme infinitive, la liste suivante donne la 2e personne du singulier du verbe si celui-ci prend une inflexion *(Umlaut)* ou change de voyelle. La liste indique aussi pour chaque participe passé l'auxiliaire avec lequel il est formé.

1. Infinitiv 1. Infinitif	2. Imperfekt 2. Prétérit	3. Partizip Perfekt 3. Participe passé	4. Imperativ – Sing/Pl 4. Impératif – sing/pl
backen bäckst, backst	backte	hat gebacken	back[e]/backt
befehlen befiehlst	befahl	hat befohlen	befiehl/befehlt
beginnen	begann	hat begonnen	beginn[e]/beginnt
beißen	biss	hat gebissen	beiß[e]/beißt
bergen birgst	barg	hat geborgen	birg/bergt
bersten birst	barst	ist geborsten	birst/berstet
bewegen	bewog	hat bewogen	beweg[e]/bewegt
biegen	bog	hat/ist gebogen	bieg[e]/biegt
bieten	bot	hat geboten	biet[e]/bietet
binden	band	hat gebunden	bind[e]/bindet
bitten	bat	hat gebeten	bitt[e]/bittet
blasen bläst	blies	hat geblasen	blas[e]/blast
bleiben	blieb	ist geblieben	bleib[e]/bleibt
bleichen	bleichte blich	hat gebleicht hat geblichen	bleich[e]/bleicht
braten brätst	briet	hat gebraten	brat[e]/bratet
brechen brichst	brach	hat/ist gebrochen	brich/brecht
brennen	brannte	hat gebrannt	brenn[e]/brennt
bringen	brachte	hat gebracht	bring/bringt
denken	dachte	hat gedacht	denk[e]/denkt
dreschen drischst	drosch	hat/ist gedroschen	drisch/drescht
dringen	drang	ist gedrungen	dring[e]/dringt
dürfen darfst	durfte	hat gedurft	

1. Infinitiv 1. Infinitif	2. Imperfekt 2. Prétérit	3. Partizip Perfekt 3. Participe passé	4. Imperativ – Sing/Pl 4. Impératif – sing/pl
empfangen empfängst	empfing	hat empfangen	empfang[e]/empfangt
empfehlen empfiehlst	empfahl	hat empfohlen	empfiehl/empfehlt
empfinden	empfand	hat empfunden	empfind[e]/empfindet
erlöschen erlischst	erlosch	hat erloschen	erlisch/erlöscht
erschrecken erschrickst	erschrak	ist erschrocken	erschrick/erschreckt
essen isst	aß	hat gegessen	iss/esst
fahren fährst	fuhr	hat/ist gefahren	fahr[e]/fahrt
fallen fällst	fiel	ist gefallen	fall[e]/fallt
fangen fängst	fing	hat gefangen	fang[e]/fangt
fechten fichtst	focht	hat gefochten	ficht/fechtet
finden	fand	hat gefunden	find[e]/findet
flechten flichtst	flocht	hat geflochten	flicht/flechtet
fliegen	flog	hat/ist geflogen	flieg[e]/fliegt
fliehen	floh	ist geflohen	flieh[e]/flieht
fließen	floss	ist geflossen	fließ[e]/fließt
fressen frisst	fraß	hat gefressen	friss/fresst
frieren	fror	hat gefroren	frier[e]/friert
gären	gor gärte	hat/ist gegoren hat/ist gegärt	gär[e]/gärt
gebären gebierst	gebar	ist geboren	gebier[e]/gebärt
geben gibst	gab	hat gegeben	gib/gebt
gedeihen	gedieh	ist gediehen	gedeih[e]/gedeiht
gefallen gefällst	gefiel	hat gefallen	gefall[e]/gefallt
gehen	ging	ist gegangen	geh[e]/geht
gelingen	gelang	ist gelungen	geling[e]/gelingt
gelten giltst	galt	hat gegolten	gilt/geltet
genesen	genas	ist genesen	genese/genest
genießen	genoss	hat genossen	genieß[e]/genießt
geraten gerätst	geriet	ist geraten	gerat[e]/geratet

1. Infinitiv 1. Infinitif	2. Imperfekt 2. Prétérit	3. Partizip Perfekt 3. Participe passé	4. Imperativ – Sing/Pl 4. Impératif – sing/pl
gerinnen	gerann	ist geronnen	gerinn[e]/gerinnt
geschehen geschieht	geschah	ist geschehen	geschieh/gescheht
gestehen	gestand	hat gestanden	gesteh[e]/gesteht
gewinnen	gewann	hat gewonnen	gewinn[e]/gewinnt
gießen	goss	hat gegossen	gieß[e]/gießt
gleichen	glich	hat geglichen	gleich[e]/gleicht
gleiten	glitt	ist geglitten	gleit[e]/gleitet
glimmen	glomm	hat geglommen	glimm[e]/glimmt
graben gräbst	grub	hat gegraben	grab[e]/grabt
greifen	griff	hat gegriffen	greif[e]/greift
haben hast	hatte	hat gehabt	hab[e]/habt
halten hältst	hielt	hat gehalten	halt[e]/haltet
hängen	hing	hat gehangen	häng[e]/hängt
hauen	haute hieb	hat gehauen	hau[e]/haut
heben	hob	hat gehoben	heb[e]/hebt
heißen	hieß	hat geheißen	heiß[e]/heißt
helfen hilfst	half	hat geholfen	hilf/helft
kennen	kannte	hat gekannt	kenn[e]/kennt
klingen	klang	hat geklungen	kling[e]/klingt
kneifen	kniff	hat gekniffen	kneif[e]/kneift
kommen	kam	ist gekommen	komm[e]/kommt
können kannst	konnte	hat gekonnt	
kriechen	kroch	ist gekrochen	kriech[e]/kriecht
küren	kürte	hat gekürt	kür[e]/kürt
laden lädst	lud	hat geladen	lad[e]/ladet
lassen lässt	ließ	hat gelassen	lass/lasst
laufen läufst	lief	ist gelaufen	lauf[e]/lauft
leiden	litt	hat gelitten	leid[e]/leidet
leihen	lieh	hat geliehen	leih[e]/leiht
lesen liest	las	hat gelesen	lies/lest
liegen	lag	hat gelegen	lieg[e]/liegt
lügen	log	hat gelogen	lüg[e]/lügt

1. Infinitiv	2. Imperfekt	3. Partizip Perfekt	4. Imperativ – Sing/Pl
1. Infinitif	2. Prétérit	3. Participe passé	4. Impératif – sing/pl
mahlen	mahlte	hat gemahlen	mahl[e]/mahlt
meiden	mied	hat gemieden	meid[e]/meidet
melken	molk melkte	hat gemolken hat gemelkt	melk[e], milk/melkt
messen misst	maß	hat gemessen	miss/messt
misslingen	misslang	ist misslungen	
mögen magst	mochte	hat gemocht	
müssen musst	musste	hat gemusst	
nehmen nimmst	nahm	hat genommen	nimm/nehmt
nennen	nannte	hat genannt	nenn[e]/nennt
pfeifen	pfiff	hat gepfiffen	pfeif[e]/pfeift
preisen	pries	hat gepriesen	preis[e]/preist
quellen quillst	quoll	ist gequollen	quill/quellt
raten rätst	riet	hat geraten	rat[e]/ratet
reiben	rieb	hat gerieben	reib[e]/reibt
reißen	riss	hat/ist gerissen	reiß/reißt
reiten	ritt	hat/ist geritten	reit[e]/reitet
rennen	rannte	ist gerannt	renn[e]/rennt
riechen	roch	hat gerochen	riech[e]/riecht
ringen	rang	hat gerungen	ring[e]/ringt
rinnen	rann	ist geronnen	rinn[e]/rinnt
rufen	rief	hat gerufen	ruf[e]/ruft
salzen	salzte	hat gesalzen hat gesalzt	salz[e]/salzt
saufen säufst	soff	hat gesoffen	sauf[e]/sauft
schaffen	schuf	hat geschaffen	schaff[e]/schafft
schallen	schallte scholl	hat geschallt	schall[e]/schallt
scheiden	schied	hat/ist geschieden	scheid[e]/scheidet
scheinen	schien	hat geschienen	schein[e]/scheint
scheißen	schiss	hat geschissen	scheiß[e]/scheißt
schelten schiltst	schalt	hat gescholten	schilt/scheltet
scheren	schor	hat geschoren hat geschert	scher[e]/schert
schieben	schob	hat geschoben	schieb[e]/schiebt

1. Infinitiv 1. Infinitif	2. Imperfekt 2. Prétérit	3. Partizip Perfekt 3. Participe passé	4. Imperativ – Sing/Pl 4. Impératif – sing/pl
schießen	schoss	hat geschossen	schieß[e]/schießt
schinden	schindete	hat geschunden	schind[e]/schindet
schlafen schläfst	schlief	hat geschlafen	schlaf[e]/schlaft
schlagen schlägst	schlug	hat geschlagen	schlag[e]/schlagt
schleichen	schlich	ist geschlichen	schleich[e]/schleicht
schleifen	schliff	hat geschliffen	schleif[e]/schleift
schließen	schloss	hat geschlossen	schließ[e]/schließt
schlingen	schlang	hat geschlungen	schling[e]/schlingt
schmeißen	schmiss	hat geschmissen	schmeiß[e]/schmeißt
schmelzen schmilzt	schmolz	ist geschmolzen	schmilz/schmelzt
schnauben	schnaubte	hat geschnaubt	schnaub[e]/schnaubt
	schnob	hat geschnoben	
schneiden	schnitt	hat geschnitten	schneid[e]/schneidet
schreiben	schrieb	hat geschrieben	schreib[e]/schreibt
schreien	schrie	hat geschrie[e]n	schrei[e]/schreit
schreiten	schritt	ist geschritten	schreit[e]/schreitet
schweigen	schwieg	hat geschwiegen	schweig[e]/schweigt
schwellen schwillst	schwoll	ist geschwollen	schwill/schwellt
schwimmen	schwamm	hat/ist geschwommen	schwimm[e]/schwimmt
schwinden	schwand	ist geschwunden	schwind[e]/schwindet
schwingen	schwang	hat geschwungen	schwing[e]/schwingt
schwören	schwor	hat geschworen	schwör[e]/schwört
sehen siehst	sah	hat gesehen	sieh/seht
sein 1. Präs Sing bin 2. Präs Sing bist 3. Präs Sing ist 1. Präs Pl sind 2. Präs Pl seid 3. Präs Pl sind	war	ist gewesen	sei/seid
senden	sendete CH sandte	hat gesendet CH hat gesandt	send[e]/sendet
sieden	siedete sott	hat gesiedet hat gesotten	sied[e]/siedet
singen	sang	hat gesungen	sing[e]/singt
sinken	sank	ist gesunken	sink[e]/sinkt
sinnen	sann	hat gesonnen	sinn[e]/sinnt
sitzen	saß	hat gesessen	sitz[e]/sitzt
sollen	sollte	hat gesollt	

1. Infinitiv 1. Infinitif	2. Imperfekt 2. Prétérit	3. Partizip Perfekt 3. Participe passé	4. Imperativ – Sing/Pl 4. Impératif – sing/pl
spalten	spaltete	hat gespalten hat gespaltet	spalt[e]/spaltet
speien	spie	hat gespie[e]n	spei[e]/speit
spinnen	spann	hat gesponnen	spinn[e]/spinnt
sprechen sprichst	sprach	hat gesprochen	sprich/sprecht
sprießen	spross sprießte	ist gesprossen ist gesprießt	sprieß[e]/sprießt
springen	sprang	ist gesprungen	spring[e]/springt
stechen stichst	stach	hat gestochen	stich/stecht
stecken	steckte stak	hat gesteckt	steck[e]/steckt
stehen	stand	hat gestanden	steh[e]/steh
stehlen stiehlst	stahl	hat gestohlen	stiehl/stehlt
steigen	stieg	ist gestiegen	steig[e]/steigt
sterben stirbst	starb	ist gestorben	stirb/sterbt
stinken	stank	hat gestunken	stink[e]/stinkt
stoßen stößt	stieß	hat gestoßen	stoß[e]/stoßt
streichen	strich	hat gestrichen	streich[e]/streicht
streiten	stritt	hat gestritten	streit[e]/streitet
tragen trägst	trug	hat getragen	trag[e]/tragt
treffen triffst	traf	hat getroffen	triff/trefft
treiben	trieb	hat getrieben	treib[e]/treibt
treten trittst	trat	hat getreten	tritt/tretet
triefen	triefte troff	hat getrieft hat getroffen	trief[e]/trieft
trinken	trank	hat getrunken	trink[e]/trinkt
trügen	trog	hat getrogen	trüg[e]/trügt
tun *1. Präs Sing* tue *2. Präs Sing* tust *3. Präs Sing* tut	tat	hat getan	tu[e]/tut
verbieten	verbot	hat verboten	verbiet[e]/verbietet
verbrechen verbrichst	verbrach	hat verbrochen	verbrich/verbrecht
verderben verdirbst	verdarb	hat verdorben	verdirb/verderbt

| 1. Infinitiv | 2. Imperfekt | 3. Partizip Perfekt | 4. Imperativ – Sing/Pl |
1. Infinitif	2. Prétérit	3. Participe passé	4. Impératif – sing/pl
vergessen vergisst	vergaß	hat vergessen	vergiss/vergesst
verlieren	verlor	hat verloren	verlier[e]/verliert
verraten verrätst	verriet	hat verraten	verrat[e]/verratet
verschleißen	verschliss	hat verschlissen	verschleiß[e]/verschleißt
verstehen	verstand	hat verstanden	versteh[e]/versteht
verwenden	verwendete verwandt	hat verwendet hat verwandt	verwend[e]/verwendet
verzeihen	verzieh	hat verziehen	verzeih[e]/verzeiht
wachsen wächst	wuchs	ist gewachsen	wachs[e]/wachst
waschen wäschst	wusch	hat gewaschen	wasch[e]/wascht
weben	wob webte	hat gewoben hat gewebt	web[e]/webt
weichen	wich	ist gewichen	weich[e]/weicht
weisen	wies	hat gewiesen	weis[e]/weist
wenden	wendete wandte	hat gewendet hat gewandt	wend[e]/wendet
werben wirbst	warb	hat geworben	wirb/werbt
werden wirst	wurde	ist geworden	werd[e]/werdet
werfen wirfst	warf	hat geworfen	wirf/werft
wiegen	wog	hat gewogen	wieg[e]/wiegt
winden	wand	hat gewunden	wind[e]/windet
wissen weißt	wusste	hat gewusst	wiss[e]/wisset
wollen willst	wollte	hat gewollt	woll[e]/wollt
ziehen	zog	hat/ist gezogen	zieh[e]/zieht
zwingen	zwang	hat gezwungen	zwing[e]/zwingt

Faux amis

Die falschen Freunde sind alphabetisch geordnet. Ausschlaggebend ist dabei die französische Schreibung.

Falsche Freunde

L'ordre alphabétique respecte l'orthographe française qui est la plupart du temps à l'origine des faux amis allemands correspondants.

Bedeutung des französischen Ausdrucks im Deutschen:			Französische Übersetzung des deutschen Ausdrucks:
Signification de l'expression française en allemand:	français	deutsch	Traduction de l'expression allemande en français:
Mitglied der Académie française	académicien	Akademiker	diplômé de l'enseignement supérieur
1) Attribut, Eigenschaft 2) prädikative Ergänzung zum Subjekt	attribut	Attribut	1) particularité 2) épithète
Waage	balance	Balance	équilibre
1) schaukeln 2) schwenken 3) (weg)schmeißen	balancer	balancieren	[se] tenir en équilibre
1) Streifen, Band 2) Binde 3) Gruppe, Schar	bande	Band	1) ruban 2) bande 3) volume 4) orchestre
1) [Auto]batterie 2) Schlagzeug 3) Reihe, Set	batterie	Batterie	1) pile, batterie (de voiture) 2) mélangeur
1) Tier, Vieh 2) Ungeziefer 3) dumm	bête	Bestie	1) bête féroce 2) monstre
1) tadeln 2) die Schuld geben 3) einen Verweis erteilen	blâmer	blamieren	1) ridiculiser 2) se couvrir de ridicule
1) weiß 2) leer 3) sauber 4) unschuldig 5) Schein-	blanc	blank	1) brillant(e), étincelant(e) 2) pur(e) 3) nu(e)
1) [Arbeits]kittel 2) Bluse	blouse	Bluse	chemisier
Feuerzeug	briquet	Brikett	briquette
1) Schnalle 2) Locke 3) Schleife, Windung	boucle	Buckel	bosse (dans le dos, du terrain)
1) Pilz 2) Gaspedal	champignon	Champignon	champignon de Paris

Bedeutung des französischen Ausdrucks im Deutschen: Signification de l'expression française en allemand:	français	deutsch	Französische Übersetzung des deutschen Ausdrucks: Traduction de l'expression allemande en français:
1) Endivie 2) Kaffee-Ersatz	chicorée	Chicorée	endive
1) Ziffer, Zahl 2) Betrag 3) Kode	chiffre	Chiffre	1) numéro d'identification 2) code secret
Tastatur	clavier	Klavier	piano
1) Truhe 2) Kofferraum 3) Safe	coffre	Koffer	valise, malle
1) Wettbewerb 2) Preisausschreiben	concours	Konkurs	faillite
1) [Herren]anzug 2) Tracht	costume	Kostüm	1) tailleur 2) costume
1) zugedeckt 2) versichert/ 1) Besteck 2) Gedeck	couvert	Kuvert	enveloppe (pour le courrier)
Daten	dates	Daten	1) dates (pluriel de: *Datum*) 2) données, informations
anständig	décent	dezent	discret(-ète)
1) Beweis 2) Beweisführung 3) Demonstration 4) Vorführung	démonstration	Demonstration	1) manifestation 2) démonstration
Schonkost, Diät	diète	Diät	régime (alimentaire)
führende Persönlichkeit, Führung	dirigeant	Dirigent	chef d'orchestre
Aufsatz	dissertation	Dissertation	thèse de doctorat
ausschließlich, alleinig, Exklusiv-	exclusif	exklusiv	raffiné(e)
1) Laune 2) Marotte 3) Einfallsreichtum	fantaisie	Phantasie	imagination
1) verhängnisvoll 2) tödlich 3) unabwendbar 4) schicksalhaft	fatal	fatal	fatal(e), affreux(-euse)

Bedeutung des französischen Ausdrucks im Deutschen:			Französische Übersetzung des deutschen Ausdrucks:
Signification de l'expression française en allemand:	français	deutsch	Traduction de l'expression allemande en français:
1) treu 2) wahrheitsgetreu/Gläubige	fidèle	fidel	joyeux(euse), gai(e)
1) Gesicht 2) Persönlichkeit 3) Figur, graphische Darstellung	figure	Figur	1) silhouette 2) pièce 3) personnage 4) figure
Geruchssinn	flair	Flair	1) aura 2) ambiance 3) charme
1) Flotte 2) Wasser 3) Regen	flotte	flott	1) rapide, dégourdi(e), entraînant(e) 2) smart(e), fringant(e) 3) dépensier(-ière)
1) Eis 2) Spiegel 3) Glasscheibe	glace	Glas	verre (matériau et ustensile)
dick, schwer, grob, groß	gros(se)	groß	grand(e), gros(e)
Turnhalle, Turnplatz	gymnase	Gymnasium	lycée
1) nicht kennen, nicht wissen 2) ignorieren	ignorer	ignorieren	ignorer, ne pas prendre en considération
1) Eifersucht 2) Neid	jalousie	Jalousie	jalousie, store
Heide(land)	lande	Land	pays, terre, terrain, campagne
1) leicht, dünn 2) mild, leise, schwach	léger (légère)	leger	décontracté(e)
Kompott, Marmelade	marmelade	Marmelade	confiture
Messe	messe	Messe	1) messe (catholique) 2) foire
1) Welt 2) Menschenmenge	monde	Mond	lune
1) sauber, ordentlich 2) klar, eindeutig	net(te)	nett	1) gentil 2) sympathique
1) alltäglich, üblich 2) einfach 3) gewöhnlich	ordinaire	ordinär	1) vulgaire 2) simple
1) Wort, Ausspruch, 2) Sprache	parole	Parole	slogan

Bedeutung des französischen Ausdrucks im Deutschen: Signification de l'expression française en allemand:	français	deutsch	Französische Übersetzung des deutschen Ausdrucks: Traduction de l'expression allemande en français:
auf dem Boden/ Parkett (im Theater), Gartenbeet	**par terre**	**Parterre**	1) rez-de-chaussée 2) orchestre
überall	**partout**	**partout**	absolument, à tout prix
1) Chef 2) Wirt 3) Boss	**patron(e)**	**Patrone**	cartouche
schulmeisterlich, besserwisserisch	**pédant**	**pedantisch**	tatillon(ne)
1) anstrengend, schwierig 2) traurig 3) unangenehm	**pénible**	**penibel**	1) méticuleux(-euse) 2) rigoureux(-euse)
Satz	**phrase**	**Phrase**	formule [toute faite]
1) Stapel 2) Batterie 3) [Münz]vorderseite 4) pünktlich	**pile**	**Pille**	pilule
1) Versteck 2) ruhiger Job 3) Unterschlupf	**planque**	**Planke**	planche
Höflichkeit	**politesse**	**Politesse**	contractuelle (de la police)
gebrannte Mandel	**praline**	**Praline**	(bonbon au/crotte de) chocolat
1) Lehrer 2) Professor, Dozent	**professeur**	**Professor**	professeur d'université
1) Beförderung 2) Aufstieg 3) Jahrgang 4) Sonderangebot	**promotion**	**Promotion**	doctorat
1) Schläger 2) Schneeschuh	**raquette**	**Rakete**	fusée, missile
Ratte	**rat(e)**	**Rat**	conseil
Milz	**rate**	**Rate**	traite, mensualité
1) Rezept (GASTR) 2) Einnahmen	**recette**	**Rezept**	1) recette (MED) 2) ordonnance
Genuss, Gaumenfreude	**régal**	**Regal**	étagère, rayon (de bibliothèque)
1) Termin, Verabredung 2) Rendezvous 3) Treffpunkt	**rendez-vous**	**Rendezvous**	rendez-vous galant

Bedeutung des französischen Ausdrucks im Deutschen: Signification de l'expression française en allemand :	français	deutsch	Französische Übersetzung des deutschen Ausdrucks: Traduction de l'expression allemande en français :
Fels	**roc**	**Rock**	1) jupe 2) rock (and roll)
1) Nutte 2) Miststück	**salope**	**salopp**	décontracté, léger, osé
1) Handtuch, Badetuch 2) Serviette 3) Aktentasche	**serviette**	**Serviette**	serviette de table
1) fest 2) stabil 3) fundiert	**solide**	**solide**	1) solide 2) sérieux 3) solvable
1) Anblick 2) Vorstellung	**spectacle**	**Spektakel**	1) tintouin 2) spectacle
1) Lutschtablette 2) Ablageplatte 3) Tafel (Schokolade)	**tablette**	**Tablett/** **Tablette**	plateau/comprimé
1) Fleck 2) Makel 3) Klecks/ 1) Arbeit 2) Aufgabe	**tache/tâche**	**Tasche**	1) poche 2) sac
1) Klaps 2) Teppichklopfer, Fliegen-klappe 3) Falle	**tapette**	**Tapete**	papier peint, tapisserie
[schwarzer] Tee	**thé**	**Tee**	1) thé 2) infusion, tisane
1) Turm 2) Hochhaus	**(la) tour**	**Tour**	1) excursion 2) tournée 3) tour
1) (um)drehen 2) (zu)wenden 3) (um)rühren	**tourner**	**turnen**	faire de la gymnastique
1) Spur, Fährte 2) Pfad	**trace**	**Trasse**	tracé (d'une voie)
[Transparent]folie	**transparent**	**Transparent**	banderole
Schatz	**trésor**	**Tresor**	coffre-fort
1) Jacke 2) Jackett 3) Strickjacke	**veste**	**Weste**	gilet

Die Zahlwörter
die Grundzahlen

Les nombres
les nombres cardinaux

null	0	zéro
einer, eine, eins; ein, eine, ein	1	un, une
zwei	2	deux
drei	3	trois
vier	4	quatre
fünf	5	cinq
sechs	6	six
sieben	7	sept
acht	8	huit
neun	9	neuf
zehn	10	dix
elf	11	onze
zwölf	12	douze
dreizehn	13	treize
vierzehn	14	quatorze
fünfzehn	15	quinze
sechzehn	16	seize
siebzehn	17	dix-sept
achtzehn	18	dix-huit
neunzehn	19	dix-neuf
zwanzig	20	vingt
einundzwanzig	21	vingt et un
zweiundzwanzig	22	vingt-deux
dreiundzwanzig	23	vingt-trois
vierundzwanzig	24	vingt-quatre
fünfundzwanzig	25	vingt-cinq
dreißig	30	trente
einunddreißig	31	trente et un
zweiunddreißig	32	trente-deux
dreiunddreißig	33	trente-trois
vierzig	40	quarante
einundvierzig	41	quarante et un
zweiundvierzig	42	quarante-deux
fünfzig	50	cinquante
einundfünfzig	51	cinquante et un
zweiundfünfzig	52	cinquante-deux
sechzig	60	soixante
einundsechzig	61	soixante et un
zweiundsechzig	62	soixante-deux

siebzig	70	soixante-dix
einundsiebzig	71	soixante et onze
zweiundsiebzig	72	soixante-douze
fünfundsiebzig	75	soixante-quinze
neunundsiebzig	79	soixante-dix-neuf
achtzig	80	quatre-vingt(s)
einundachtzig	81	quatre-vingt-un
zweiundachtzig	82	quatre-vingt-deux
fünfundachtzig	85	quatre-vingt-cinq
neunzig	90	quatre-vingt-dix
einundneunzig	91	quatre-vingt-onze
zweiundneunzig	92	quatre-vingt-douze
neunundneunzig	99	quatre-vingt-dix-neuf
hundert	100	cent
hundert(und)eins	101	cent un
hundert(und)zwei	102	cent deux
hundert(und)zehn	110	cent dix
hundert(und)zwanzig	120	cent vingt
hundert(und)neunundneunzig	199	cent quatre-vingt-dix-neuf
zweihundert	200	deux cents
zweihundert(und)eins	201	deux cent un
zweihundert(und)zweiund-zwanzig	222	deux cent vingt-deux
dreihundert	300	trois cents
vierhundert	400	quatre cents
fünfhundert	500	cinq cents
sechshundert	600	six cents
siebenhundert	700	sept cents
achthundert	800	huit cents
neunhundert	900	neuf cents
tausend	1 000	mille (1.000)
tausend(und)eins	1 001	mille un
tausend(und)zehn	1 010	mille dix
tausend(und)einhundert	1 100	mille cent
zweitausend	2 000	deux mille
zehntausend	10 000	dix mille
hunderttausend	100 000	cent mille
eine Million	1 000 000	un million (1.000.000)
zwei Millionen	2 000 000	deux millions
zwei Millionen fünfhundert-tausend	2 500 000	deux millions cinq cent mille
eine Milliarde	1 000 000 000	un milliard
eine Billion	1 000 000 000 000	mille milliard

die Ordnungszahlen   **les nombres ordinaux**

(der, die, das)			
erste	1.	1er, 1ère	premier, première
zweite	2.	2nd, 2nde, 2^e	second, seconde deuxième
dritte	3.	3^e	troisième
vierte	4.	4^e	quatrième
fünfte	5.	5^e	cinquième
sechste	6.	6^e	sixième
siebte	7.	7^e	septième
achte	8.	8^e	huitième
neunte	9.	9^e	neuvième
zehnte	10.	10^e	dixième
elfte	11.	11^e	onzième
zwölfte	12.	12^e	douzième
dreizehnte	13.	13^e	treizième
vierzehnte	14.	14^e	quatorzième
fünfzehnte	15.	15^e	quinzième
sechzehnte	16.	16^e	seizième
siebzehnte	17.	17^e	dix-septième
achtzehnte	18.	18^e	dix-huitième
neunzehnte	19.	19^e	dix-neuvième
zwanzigste	20.	20^e	vingtième
einundzwanzigste	21.	21^e	vingt et unième
zweiundzwanzigste	22.	22^e	vingt-deuxième
dreiundzwanzigste	23.	23^e	vingt-troisième
dreißigste	30.	30^e	trentième
einunddreißigste	31.	31^e	trente et unième
zweiunddreißigste	32.	32^e	trente-deuxième
vierzigste	40.	40^e	quarantième
fünfzigste	50.	50^e	cinquantième
sechzigste	60.	60^e	soixantième
siebzigste	70.	70^e	soixante-dixième
einundsiebzigste	71.	71^e	soixante et onzième
zweiundsiebzigste	72.	72^e	soixante-douzième
neunundsiebzigste	79.	79^e	soixante-dix-neuvième
achtzigste	80.	80^e	quatre-vingtième
einundachtzigste	81.	81^e	quatre-vingt-unième
zweiundachtzigste	82.	82^e	quatre-vingt-deuxième
neunzigste	90.	90^e	quatre-vingt-dixième
einundneunzigste	91.	91^e	quatre-vingt-onzième
neunundneunzigste	99.	99^e	quatre-vingt-dix-neuvième

hundertste	100.	100^e	centième
hundertunderste	101.	101^e	cent unième
hundertundzehnte	110.	110^e	cent dixième
hundertundfünfund-neunzigste	195.	195^e	cent quatre-vingt-quinzième
zweihundertste	200.	200^e	deux(-)centième
dreihundertste	300.	300^e	trois(-)centième
fünfhundertste	500.	500^e	cinq(-)centième
tausendste	1 000.	1 000^e	millième (1.000^e)
zweitausendste	2 000.	2 000^e	deux(-)millième
millionste	1 000 000.	1 000 000^e	millionième
zehnmillionste	10 000 000.	10 000 000^e	dix(-)millionième

die Bruchzahlen   les fractions

ein halb	$^1/_2$	un demi
ein Drittel	$^1/_3$	un tiers
ein Viertel	$^1/_4$	un quart
ein Fünftel	$^1/_5$	un cinquième
ein Zehntel	$^1/_{10}$	un dixième
ein Hundertstel	$^1/_{100}$	un centième
ein Tausendstel	$^1/_{1000}$	un millième
ein Millionstel	$^1/_{1 000 000}$	un millionième
zwei Drittel	$^2/_3$	deux tiers
drei Viertel	$^3/_4$	trois quarts
zwei Fünftel	$^2/_5$	deux cinquièmes
drei Zehntel	$^3/_{10}$	trois dixièmes
anderthalb, ein(und)einhalb	$1^1/_2$	un et demi
zwei(und)einhalb	$2^1/_2$	deux et demi
fünf drei Achtel	$5^3/_8$	cinq trois huitièmes
eins Komma eins	1,1	un virgule un

Poids et mesures
système décimal

Maße und Gewichte
Dezimalsystem

méga	1 000 000	M	Mega
hectokilo	100 000	hk	Hektokilo
myria	10 000	ma	Myria
kilo	1 000	k	Kilo
hecto	100	h	Hekto
déca	10	da	Deka
déci	0,1	d	Dezi
centi	0,01	c	Zenti
milli	0,001	m	Milli
décimilli	0,000 1	dm	Dezimilli
centimilli	0,000 01	cm	Zentimilli
micro	0,000 001	μ	Mikro

mesures de longueur

Längenmaße

mille marin	1 852 m	–	Seemeile
kilomètre	1 000 m	km	Kilometer
hectomètre	100 m	hm	Hektometer
décamètre	10 m	dam	Dekameter
mètre	1 m	m	Meter
décimètre	0,1 m	dm	Dezimeter
centimètre	0,01 m	cm	Zentimeter
millimètre	0,001 m	mm	Millimeter
micron	0,000 001 m	μ	Mikron, My
millimicron	0,000 000 001 m	mμ	Millimikron, -my
Angstrœm	0,000 000 000 1 m	Å	Ångströmeinheit

mesures de surface

Flächenmaße

kilomètre carré	1 000 000 m²	km²	Quadratkilometer
hectomètre carré	10 000 m²	hm²	Quadrathektometer
hectare		ha	Hektar
décamètre carré	100 m²	dam²	Quadratdekameter
are		a	Ar
mètre carré	1 m²	m²	Quadratmeter
décimètre carré	0,01 m²	dm²	Quadratdezimeter
centimètre carré	0,000 1 m²	cm²	Quadratzentimeter
millimètre carré	0,000 001 m²	mm²	Quadratmillimeter

mesures de volume

Kubik- und Hohlmaße

kilomètre cube	1 000 000 000 m³	km³	Kubikkilometer
mètre cube	1 m³	m³	Kubikmeter
stère		st	Ster
hectolitre	0,1 m³	hl	Hektoliter
décalitre	0,01 m³	dal	Dekaliter
décimètre cube	0,001 m³	dm³	Kubikdezimeter
litre		l	Liter
décilitre	0,000 1 m³	dl	Deziliter
centilitre	0,000 01 m³	cl	Zentiliter
centimètre cube	0,000 001 m³	cm³	Kubikzentimeter
millilitre	0,000 001 m³	ml	Milliliter
millimètre cube	0,000 000 001 m³	mm³	Kubikmillimeter

poids

Gewichte

tonne	1 000 kg	t	Tonne
quintal	100 kg	q	Doppelzentner
kilogramme	1 000 g	kg	Kilogramm
hectogramme	100 g	hg	Hektogramm
décagramme	10 g	dag	Dekagramm
gramme	1 g	g	Gramm
carat	0,2 g	–	Karat
décigramme	0,1 g	dg	Dezigramm
centigramme	0,01 g	cg	Zentigramm
milligramme	0,001 g	mg	Milligramm
microgramme	0,000 001 g	µg, g	Mikrogramm

Deutschland	l'Allemagne
Länder (und Hauptstädte)	**Länder (et capitales)**
Baden-Württemberg (Stuttgart)	le Bade-Wurtemberg (Stuttgart)
Bayern (München)	la Bavière (Munich)
Berlin (Berlin)	Berlin (Berlin)
Brandenburg (Potsdam)	le Brandebourg (Potsdam)
Bremen (Bremen)	l'Etat de Brême (Brême)
Hamburg (Hamburg)	l'Etat de Hambourg (Hambourg)
Hessen (Wiesbaden)	la Hesse (Wiesbaden)
Mecklenburg-Vorpommern (Schwerin)	le Mecklembourg-Poméranie-Antérieure (Schwerin)
Niedersachsen (Hannover)	la Basse-Saxe (Hanovre)
Nordrhein-Westfalen (Düsseldorf)	la Rhénanie-du-Nord-Westphalie (Düsseldorf)
Rheinland-Pfalz (Mainz)	la Rhénanie-Palatinat (Mayence)
Saarland (Saarbrücken)	la Sarre (Sarrebruck)
Sachsen (Dresden)	la Saxe (Dresde)
Sachsen-Anhalt (Magdeburg)	la Saxe-Anhalt (Magdebourg)
Schleswig-Holstein (Kiel)	le Schleswig-Holstein (Kiel)
Thüringen (Erfurt)	la Thuringe (Erfurt)

Österreich	l'Autriche
Bundesländer (und Hauptstädte)	**provinces (et capitales)**
Burgenland (Eisenstadt)	le Burgenland (Eisenstadt)
Kärnten (Klagenfurt)	la Carinthie (Klagenfurt)
Niederösterreich (St. Pölten)	la Basse-Autriche (St. Pölten)
Oberösterreich (Linz)	la Haute-Autriche (Linz)
Salzburg (Salzburg)	la province de Salzbourg (Salzbourg)
Steiermark (Graz)	la Styrie (Graz)
Tirol (Innsbruck)	le Tyrol (Innsbruck)
Vorarlberg (Bregenz)	le Vorarlberg (Bregenz)
Wien (Wien)	Vienne (Vienne)

die Schweiz	la Suisse
Kantone (und Hauptorte)	**cantons (et chefs-lieux)**
Aargau (Aarau)	l'Argovie (Aarau)
Appenzell Außerrhoden (Herisau)	le demi-canton d'Appenzell Rhodes- Extérieures (Herisau)
Appenzell Innerrhoden (Appenzell)	le demi-canton d'Appenzell Rhodes- Intérieures (Appenzell)
Basel-Land (Liestal)	le demi-canton de Bâle-Campagne (Liestal)
Basel-Stadt (Basel)	le demi-canton de Bâle-Ville (Bâle)
Bern (Bern)	le canton de Berne (Berne)
Freiburg (Freiburg)	le canton de Fribourg (Fribourg)
Genf (Genf)	le canton de Genève (Genève)
Glarus (Glarus)	le canton de Glaris (Glaris)
Graubünden (Chur)	le canton des Grisons (Coire)

Jura (Delémont)	le canton du Jura (Delémont)
Luzern (Luzern)	le canton de Lucerne (Lucerne)
Neuenburg (Neuenburg)	le canton de Neuchâtel (Neuchâtel)
Sankt Gallen (Sankt Gallen)	le canton de Saint-Gall (Saint-Gall)
Schaffhausen (Schaffhausen)	le canton de Schaffhouse (Schaffhouse)
Schwyz (Schwyz)	le canton de Schwyz (Schwyz)
Solothurn (Solothurn)	le canton de Soleure (Soleure)
Tessin (Bellinzona)	le Tessin (Bellinzona)
Thurgau (Frauenfeld)	la Thurgovie (Frauenfeld)
Unterwalden nid dem Wald (Stans)	le demi-canton de Nidwald Unterwald (Stans)
Unterwalden ob dem Wald (Sarnen)	le demi-canton d'Obwald Unterwald (Sarnen)
Uri (Altdorf)	le canton d'Uri (Altdorf)
Waadt (Lausanne)	le canton de Vaud (Lausanne)
Wallis (Sitten)	le Valais (Sion)
Zug (Zug)	le canton de Zoug (Zoug)
Zürich (Zürich)	le canton de Zurich (Zurich)

La France	Frankreich
régions (et préfectures)	**Regionen (und Regierungsstädte)**
l'Alsace (Strasbourg)	das Elsass (Straßburg)
l'Aquitaine (Bordeaux)	Aquitanien *nt* (Bordeaux)
l'Auvergne (Clermont-Ferrand)	die Auvergne (Clermont-Ferrand)
la Bourgogne (Dijon)	Burgund *nt* (Dijon)
la Bretagne (Rennes)	die Bretagne (Rennes)
le Centre (Orléans)	das Centre (Orleans)
la Champagne-Ardenne (Châlons-en-Champagne)	(die Region) Champagne-Ardennen (Châlons en Champagne)
la Corse (Ajaccio)	Korsika *nt* (Ajaccio)
la Franche-Comté (Besançon)	die Franche-Comté (Besançon)
l'Île-de-France (Paris)	die Ile de France (Paris)
le Languedoc-Roussillon (Montpellier)	das Languedoc-Roussillon (Montpellier)
le Limousin (Limoges)	das Limousin (Limoges)
la Lorraine (Metz)	Lothringen *nt* (Metz)
le Midi-Pyrénées (Toulouse)	(die Region) Midi-Pyrénées (Toulouse)
le Nord-Pas-de-Calais (Lille)	der Nord-Pas de Calais (Lille)
la Basse-Normandie (Caen)	die (westliche) Normandie (Caen)
la Haute-Normandie (Rouen)	die (östliche) Normandie (Rouen)
les Pays de la Loire (Nantes)	(die Region) Pays de la Loire (Nantes)
la Picardie (Amiens)	die Picardie (Amiens)
le Poitou-Charentes (Poitiers)	(die Region) Poitou-Charentes (Poitiers)
(la région) Provence-Alpes-Côte d'Azur (Marseille)	(die Region) Provence-Alpes-Côte d'Azur (Marseille)
(la région) Rhône-Alpes (Lyon)	(die Region) Rhône-Alpes (Lyon)

La Belgique

régions

la Flandre

la Wallonie

provinces (et chefs-lieux) en Flandre

(la province d') Anvers
(Anvers)

le Brabant flamand
(Bruxelles)

la Flandre occidentale
(Bruges)

la Flandre orientale
(Gand)

le Limbourg
(Hasselt)

provinces (et chefs-lieux) en Wallonie

le Brabant wallon
(Bruxelles)

le Hainaut
(Mons)

(la province de) Liège
(Liège)

(la province de) Luxembourg
(Arlon)

(la province de) Namur
(Namur)

Belgien

Regionen

Flandern *nt*

Wallonien *nt*

Provinzen (und Hauptstädte) in Flandern

(die Provinz) Antwerpen
(Antwerpen)

das flämische Brabant
(Brüssel)

Westflandern *nt*
(Brügge)

Ostflandern *nt*
(Gent)

(die Provinz) Limburg
(Hasselt)

Provinzen (und Hauptstädte) in Wallonien

das wallonische Brabant
(Brüssel)

der Hennegau
(Bergen)

(die Provinz) Lüttich
(Lüttich)

(die Provinz) Luxemburg
(Arlon)

(die Provinz) Namur
(Namur)

Le Québec

province (et capitale)

le Québec
(Québec)

Quebec

Provinz (und Hauptstadt)

Quebec *nt*
(Quebec)

Notizen

Notizen

Notizen

Notizen

Notizen

Notizen

Notizen

Notizen

Notizen

Notizen

Notizen

Notizen

Notizen